◉方位と時刻

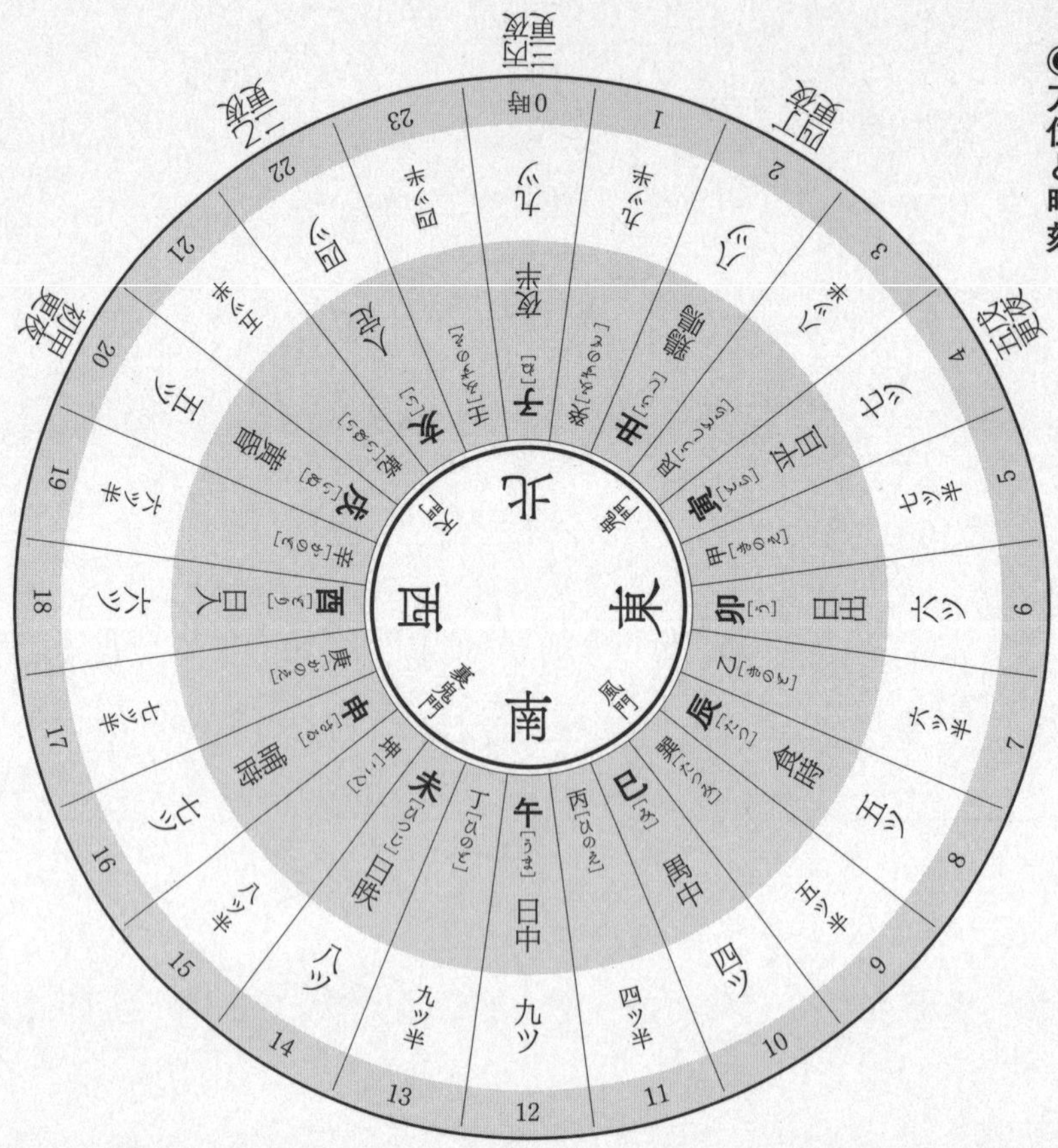

◉三貨換算表

・江戸時代は金・銀・銭の三貨が通用、変動相場制。
・金は高額貨幣で、銀や銭と両替して使用した。
・金一両は銭四貫文、銀六十四匁替の時の相場割を試算した。
・但し、銭千文は実質九六〇文で使用する。
・江戸時代は米遣いの経済故、米一石を金一両、銀六十匁替えが当座の目安である。

金 定量貨幣四進法	銭 定量貨幣十進法	銀 秤量貨幣十進法
一両（＝四歩(分)）	四貫（＝四千文）	六十四匁
三歩(分)	三千文	四十八匁
二歩(分)	二千文	三十二匁
一歩(分)（＝四朱）	一貫文（＝一千文(九六〇文)）	十六匁
三朱	七二〇文	十二匁
二朱	四八〇文	八匁
一朱	二四〇文	四匁
	六十文	一匁（＝十分《ぷん》）
	四十八文	八分
	四十二文	七分
	三十六文	六分
	三十文	五分
	二十四文	四分
	十八文	三分
	十二文	二分
	六文	一分（＝十厘）

長友千代治［編著］

江戸時代生活文化事典

重宝記が伝える江戸の智恵

上［あ〜さ］

勉誠出版

序

周知のように、江戸時代における伝統的な随筆文学の中で、最も盛行した一群に考証随筆がある。この事典に近い例をあげれば、喜多村筠庭《いんてい》『嬉遊笑覧《きゆうしょうらん》』（天保元 一八三〇）、喜多川守貞『守貞謾稿《もりさだまんこう》』（嘉永六 一八五三）があるが、いずれも四民生活の諸事について、諸史料を援用して私見や見聞を加えて考証整理したものである。後者には大坂と江戸の風俗習慣等の類同を記したりする特色もある。作者も、彼らのような好事的考証家から、山東京伝（『骨董集』文化十一 一八一三成立）らの戯作者がおり、勿論 和漢の学者が取り組んでいる。江戸時代随筆の翻刻集成は、「日本随筆大成」（一～三期、別巻）、「続日本随筆大成」（別巻）、「燕石十種」（続・新）、「百家説林」の外にも数多く、特筆すべきはこれら随筆の総索引『日本随筆索引・正続』（大田為三郎）があり、閲読に多大な便益が図られていることである。

これに対してこの事典は、江戸時代の日常生活の案内書、「重宝記」（標題に「重宝記」「調宝記」「調法記」「調方記」、或は「重宝」「重法」等と記される書物を一括総称する）から当時の生活・文化・風俗・習俗等の大方の記事を整理して立項、原文に忠実に、解り易く、現代語訳したものである。この種のことを事典として編集するのは初めての試みであり、項目数は優に一万五千、図版数はのべ七百点を超える。

慶長八年（一六〇三）江戸幕府成立以来、一応は平和な世の中が続き、商工業の発達は寛文期（一六六一～七三）を一つの頂点とし、その後の繁栄は元禄期（前後の延宝・天和・貞享・（元禄）・宝永・正徳時代を含める。一六七三～一七一六）になると、四民（士・農・工・商）は自ら知識を学び取り、生活に運用し、また経営に活用する時代になっている。幕初期からすると三代目の時代に当たるが、諺に「長者に三代なし」（『日本永代蔵・四』ハ「三代」）と言い、反対に基礎を固めて何代も続く長者を「楠分限《くすのきぶんげん》」（『同・二』）と言う。

「重宝記」は、早く寛文十年（一六七〇）正月に大坂で『寛文重宝記』の刊行があり、元禄年間には「好色本」同様の売れ行きがあったと伝える元禄十五年（一七〇二）『元禄大平記』の記事があり、その記事内容の確認は済ましている。その重宝記の製作販売は出版本屋の主導によるが、啓蒙学者や通俗作者を起用して、彼らの文章表現力や発信力を利用、地方辺土にまで広まって行った。その内容は時代が下るにつれて、生活文化諸領域を広く網羅して総合的に編集したり、主題別に編集したりするなど、読者の利用に応えようとしている。拙編の『重宝記資料集成 四十五巻・別巻索引』（臨川書店 平成十六～二十一年）では、日用事典、往来物、教養・教習、文字尽、礼法・服飾、俗信・年暦、算法・経世、医方・薬方、農業・工業、商業・地誌、料理・食物、遊芸・遊里に分類している。各々の重宝記にはそれぞれ編集目的があり、宝暦十年（一七六〇）『増補永代重宝記宝蔵』では、「世人日夜重宝の数条を拾ひ集めて漏らす事なし。実に四民便用の宝庫也」と言い、その内容は御高札式目、当用諸礼の品々、養生論、婦人小児、食物禁好、灸治指南、妙薬方、年中行事、食物和歌、万年暦、男女吉凶、生果貯様、当世料理で、実際生活への知識伝授に満ち溢れている。

なお、本書掲出の個々の項目については、諸本によって記事の長短、精粗、場合によっては矛盾も見られるが、これらのことについては原文記事をその主旨に従って整理した。さらに、項目の説明記事の多さは、その事に対する問題の重要さを表すものであり、この事から言えば、小児科の「痘瘡」は急性重篤の難症で、その発症、経過、対症療治については六十件以上にも及ぶが、ここからは江戸期の診断法・治療法・薬剤製法など医療技術の研究 努力 執念を見て取るべきであろう。身近な火傷《やけど》や霜焼《しもやけ》についても色々な療治法が示されており、料理については季節毎の献立から食事作法に及び、草花の栽培方法は分植や接木の技術、或は農工技術などの説明も詳しくなる。

また、「重宝記」は人間の生き方についても言及するところが多々あった。『人倫重宝記・五』には、上古には恙虫《つつがむし》がいたが、この百年の間に奢《おごり》という虫が人間《じんかん》にいて人を損なうのに人は気付いていない、千石の家では万石の家を、十貫目は百貫目を真似し、下々《したじた》まで己が分際よりも過ぎて世を渡るので、上も下も金に事欠くことになった。これは皆「奢虫」のすることであり、この虫を祓《はら》うには「倹約」の二字を書いて貼ると退《しりぞ》くとある。江戸の社会では分相応に生活することを勧めているのである。

これらの記事は多くは先行諸書からの「摘英《てきえい》」で、普遍妥当な知識であり、江戸時代の生活史・精神史そのものが記されており、江戸時代の理解と説明をそのままに受け取ることができる。このことは江戸時代の文学・歴史・風俗などの本質的理解に、大いに役立つ筈である。

平成三十年一月十五日

長友千代治

目次

凡例

一、本書は、著者編の『重宝記資料集成 四十五巻・別巻索引』（臨川書店 平成十六～二十一年）と、同叢書に未収録の「重宝」「重法」「調宝」「調法」等の語を標題に含む書物から、江戸時代の日常生活に関する諸記事を採録して解説とし、『江戸時代生活文化事典』として編集したものである。

二、見出し項目は、主として『重宝記資料集成 別巻・総索引』（平成二十一年）に採録した項目を基準にしているが、次の処理をした。

①見出し項目の排列は五十音順とした。濁音・半濁音・促音・拗音は清音とみなして排列している。

②見出し項目の標記が、漢字や仮名標記等で異なりながら同一内容の記事については、最も適切と考えられる見出し項目を選び、現代通行の表記法で立項、排列した。

③上位の項目を親見出しとして作り、子項目を分出した。例えば、親項目として「脈の事」を立項して概要を解説し、次に「四季の脈」「五臓の脈」「六死の脈」「七死の脈」「七表の脈」「八要の脈」「八裏の脈」「九道の脈」「中風の脈」等をそれぞれ総覧し、解説はそこに記されている個々の項目の記事により行なった。

④③とは異なり全体を総括しながら解説した項目もある。例えば「生花の事」では、「花器」「薄板」「嫌う花」「生け様法度」「借葉／借花」「生花見様」「生花心得」等の説明を総合して行った。一方で、立花に関連する項目、「心《しん》」「胴作り」等は別項目とした。

また、例えば「茶の事」では、〈異名〉〈薬性〉〈製法〉〈茶進じ様〉〈茶飲み様〉〈茶の酔い〉〈斤目〉〈茶を白湯にする〉〈茶染み〉〈紋様〉の見出しを設定し、一括して解説し、「茶の湯」等の事項は別項目とした。

⑤同種類の項目で、その意味の違いを区別する必要のある場合は総括して立項し、一方は送り項目とした。例えば、「駕籠」「乗物」「箯輿《あんだ》」は、「乗物と駕籠」の項で一括して詳しく解説し、「箯輿」「駕籠」は送り項目にした。

⑥内容の関連する項目についてはその事を含めて解説した。例えば、「離縁」については、「離縁状」で「三行半《みくだりはん》」も含めて、女の再婚には「三行半」が必要な事の解説をし、「婦人七去」を参照にするなど、関連事項にも配慮した。「婦人七去」には「三ツの去らざる法」も含めて解説するなどの配慮をした。

⑦下巻末尾に「掲載項目一覧」を附した。

三、解説は次の要領によった。

①項目の解説は、依拠する「重宝記」の記事を忠実に活かしながら現代語訳することを旨としたが、平易な文章については原文をそのまま引用した場合もある。表記は現在通行体の漢字や仮名遣いを用いた。引用文も同様の処理をした場合がある。記事中に理解不明の箇所などがあった場合は原本の記述を尊重した箇所がある。

②記事が、複数の「重宝記」に記載されていて同趣旨の場合は、最も適切と思われる一書を選んで解説とした。「重宝記」名は〔 〕(亀甲括弧)に記している。なお、『改正増補昼夜重宝記(安永七刊)』を〔昼夜重宝記・安永七〕とするなど、書名を一部省略して示している場合がある。解説を理解し易く、また詳細にするために、別の「重宝記」で補完した箇所もあるが、繁雑さを避けて「重宝記」名を省略した場合もある。

③反対に、「重宝記」の記事内容が異なり、矛盾などのある場合は、その依拠する「重宝記」名を逐一記して解説した。当然のことながら街道の記事は刊行時期により相違があるが、本書での解説は特定の「重宝記」を用いることにした。

④同類の事物や品目が並列 列記されている場合は、出来るだけ網羅することにしたが、省略した場合は○○等何種(品目)と、なるべくその点数を示した。

⑤「重宝記」の記事だけでは理解し難いと考えた場合は、「節用集」や近世の「辞書」類など、関係資料類により補完し、その典拠名を『 』(二重括弧)に示した。また、必要な範囲で追加加筆した場合もある。

⑥記事に注記が必要と考えた場合は、その語句の意味、年号・年代、引用歌、古典作品名等を( )(小括弧)に入れて補記した。但し、典拠が明らかにならないものも多い。

⑦解説文中の語句で、別項目にて解説しているものについては、対象となる語の末尾に*(星印)を付けた。例えば「四季の脈*」は「四季の脈」を、「五臓*の脈」は「五臓」のみを対象にしている。但し、必ずしも項目名を示すものではないので、関連項目も参照していただきたい。また、同意の記事や語句、送り項目については「ヲ見ル」、参考記事や関連記事等は「参照」等と記した。

⑧読み易く、理解し易くすることを考えて、長い解説文は適宜改行して段落を付けた外、〈 〉(山括弧)、「 」(鍵括弧)、○(○印)、◇(四角印)を付けて記事を区切り、見易くした。また、記事を要約した場合もある。一般辞書のように、本義から分化した形式ではなく、併記である。

⑨解説記述は必ずしも「重宝記」の成立年代順ではない。関連づけながら解説したため、年次の前後する場合がある。尚、解説中、「今」とか「当時」等というのは、その資料の成立時点を言うものであり、今日現代とは区別する。

⑩「中国」というのは日本の中国地方を指すのであり（例『男重宝記』）、唐の国を言う中国は「シナ」と表記した。

⑪菓子名の説明に、上・中・下とあるが、その菓子の上部位・中部位・下部位を示すものである。

⑫本書は『重宝記資料集成』について、江戸期の「解説索引」としても利用して頂きたいと念じている。解説の不可解な点や確認については、同書の閲読をお願いしたい。

⑬本文の依拠資料の表示は、本題名のみを記して、割書や副題名に記す「重宝記」等の一文を省略した場合がある。長く繁雑になるのを避けたためである。

⑭原本の破損や刷りの状況などで難読の箇所は□で示している個所がある。

四、図版は、「重宝記」の記事に掲載する図画を掲げた。記事と同等の意味があるので、必要な範囲で極力収録した。

五、現在からすれば、身分や男女 性差に関する記事が見られるが、歴史資料を理解する上から、そのまま記述していることを御理解賜りたい。但し、全体を詳細に検討して頂ければ、上は下を労わり、下は上に報いるという基本思想がある。

主要依拠資料

『重宝記資料集成』所収のものを中心に掲げた。
配列は五十音順としたが、内容が類似するものは、
一部纏めたものもある。

「重宝記」の部

標題に「重宝記」や「調法記」の語を含むもの

医術調法記弁料理書（明和六写）
医道重宝記（嘉永二改補刊）
医道療治重宝記（万延元求版）
牛療治調宝記（宝暦六刊）
占調法記（元禄十三刊）
永代調法記宝庫（文政六刊）
永代日暦重宝記（慶応二写）
（新版／不正／誤字）小野𥶡譃字尽平生不用妄書人間無重宝記（文化三刊）
音信重宝記（天保三刊）
教訓女大学教草童女重宝記（幕末頃刊）
女重宝記（元禄十五刊）
新板増補女調法記（宝永八頃刊）
絵入日用女重宝記（弘化四刊）
女寺子調法記（天保十三刊）
女文翰重宝記（享保五刊）
改算重宝記（元禄頃刊本の文化以降後印）
懐中重宝記（弘化五刊）
改補外科調宝記（文化三刊）
斎民外科調宝記（延享三刊）
江戸流行万買物重宝記肇輯（一枚摺）
万買物調方記（元禄五刊）
格致重宝記（宝暦三刊）
菓子調法集（天保三写）
家伝調方記（天保八写）
金持重宝記（元禄七刊）
紙漉重宝記（寛政四刊）
江戸神仏願懸重宝記（文化十一刊）
願懸重宝記初編（大坂）（文化十刊）
丸散重宝記（天明二序刊本の後印）
江戸町中喰物重法記（天明七刊）
家内重宝記（元禄二刊）
絹布重宝記（天明九刊）
倹約重宝記（天保四頃刊）
耕作重宝記（文化十序刊）
好色重宝記（元禄九頃刊）
胡椒一味重宝記（嘉永七刊）
金神方位重宝記（文政七刊）
算学重宝記（万延元刊）
古今増補算法重宝記改正（正徳五刊）
地方重宝記（明治三刊）
色道重宝記（安政三頃刊）
初心手習重宝記（元禄頃刊）
酒造重宝記（寛政元写）
呪詛調法記（元禄十二刊）
続呪詛調法記（元禄十四刊）
増補呪詛調法記大全（安永十刊）
新撰呪詛調法記大全（天保十三刊）
万まじない調宝記（弘化四写）
消息調宝記（天保三序写）
掌中年代重宝記（文政十一頃刊）
小児療治調法記（正徳五刊）
書札調法記（明和四刊）
女中仕立物調方記
諸人重宝記（元禄八刊）
女用智恵鑑宝織（明和六刊）
諸礼調法記大全（天保九刊）
鍼灸重宝記綱目（寛延二刊）
鍼灸日用重宝記（文化十三刊）
進物調法記（寛政七刊）
人倫重宝記（元禄九刊）
数量字尽重宝記（文久元刊）
俳諧之重宝記すり火うち（元禄五刊）
世界万宝調法記（元禄九刊）
世話重宝記（元禄八刊）
文政新刻俗家重宝法集（文政七刊）
常用奇法俗家重宝集（文政十刊）
染物重宝記（天明五刊）（文化八刊）
算盤調法記（弘化三刊）
大広益字尽重宝記綱目（寛延二刊）
童子調宝記大全世話千字文（幕末刊）
大増補万代重宝記（文久元刊）
烟草一式重宝記（一枚摺）（寛政五刊）
茶屋諸分調方記（元禄十一刊）
昼夜調法記（正徳四刊）
昼夜重宝記（安永七刊）
〔重宝記〕（宝永元序刊）
〔ちやうほう記〕（文化七写）
重宝記永代鑑（慶応頃刊）
調法記四十ゟ（江戸後期写）
調法記四十七ゟ五十七迄（江戸後期写）
秘伝手染重宝記（一枚物 万笈堂英平吉板）
寺子調法記（元治二刊）
田畑重宝記（延享五刊）
東街道中重宝記（寛政三刊）
男重宝記（元禄六刊）
新板増補男重宝記（元禄十五刊）

男女御土産重宝記（元禄十三刊）
男女日用重宝記（元禄十五刊）
新板日夜重宝記（両面摺　明和六頃刊）
日用重宝記（文政十二写）
新板秘伝日用重宝記（文政十二刊）
女筆調法記（元禄十刊）
庭木重宝記（江戸中期刊）
年中重宝記（元禄七刊）
農家調宝記初編（安政三再刻）
同二・三編（安政四再刻）
同付録・同続録（安政四以降後印）
新撰農家重宝記（明治十三活版）
馬医調法記（元禄四写）
洛中洛外売薬重宝記（安永六刊）
囃子謡重宝記（元禄十二刊）
算盤調法記（文政十二刊）
馬療調法記（明和九刊）
篇冠字引重宝記（安永三刊）
万代重宝記（安政四頃刊）
万物絵本大全調法記（元禄六刊）
万民調宝記（元禄五刊）
万用重宝記（寛政四刊）
筆海重宝記（元文元刊）
大成筆海重宝記（寛政九刊）
備中重宝記（天保十四写）
秘伝日用重宝記初編（一枚摺）（天保六刊）
秘法重宝記（江戸後期写）
秘密妙知伝重宝記（天保八写）
広嶋調法記（弘化四写）
武家重宝記（元禄七刊）
不断重宝記大全（元禄四刊）
稗史家不重宝記（享和二刊）
舟乗重宝記（文政元奥書）
染物重宝記（文化八刊）
麗玉百人一首吾妻錦 婦人日用重宝記 毎事心得袖文庫（文化八刊）
聞香重宝記（寛文九奥書）
文章指南調法記（安永十刊）
方角重宝記（明和五刊）
宝訓女大学 百家必用女用重宝記（江戸後期刊）
古易方位万代調法記（嘉永五刊）
新撰広益妙薬重宝記（明治十三刊）
紋絵重宝記（元禄十刊）
薬種重宝記（正徳四刊）
薬種日用重宝記授（安政七写）
薬法重宝記（天明五写）
養蚕重宝記（天保十一刊）
嫁娶調宝記（元禄十刊）
翻訳必要蘭学重宝記（嘉永三刊）
里俗節用重宝記（江戸中期写）
永代必用両面重宝記（寛延四刊）
料理重法記（江戸後期編綴刊）
料理調法集（文政―天保頃、近代写）
和物之部・田夫類之部・煎物之部・寄物之部・漬物之部・焙炉之部・蒲鉾之部・半弁之部・玉子之部・魚鳥貝時節記・焼物之部・野菜時節記・口伝之部・秘事之部・汁之部・煮出煎酒 酢之部・囲方之部・煮物之部・麩之部・国産之部・家方物之部・塩魚之部・干魚之部・川魚料理之部・つまり酒菜（詰魚）之部・貝類之部・諸鳥人数分料・諸鳥之部・造醸之部・調製味噌・汁之部・囲方之部・豆腐之部・麺類之部・塩辛之部・料理酒之部・法論味噌之部・味噌之部・飯之部・鮨之部・鱧餅・真薯
和漢年代重宝記（嘉永元刊）
和漢年暦調法記（安政三刊）

「重宝」の部

標題に「重宝」や「調法」の語を含むもの

万民重宝改正大ざつ書（文化十三刊）
重宝女訓女今川操文庫（天保四刊）
日用重宝女大学（寛政二刊）
日用重宝万物図解嘉永大雑書三世相（嘉永四刊）
童子重法字註絵抄御成敗式目（江戸中期刊）
算学調法塵劫記（文政九刊）
万家重宝女用花鳥文章（明和三刊）
幼童諸礼手引草 懐中重宝（嘉永元刊）
日用調法人家必用（天保八序刊）
日時調法通用文則（寛政九刊）
日用重宝童訓古状揃（天保十四刊）
懐中重宝日用早覧初編（文久元刊）
（百姓／日用／重宝）農人往来（文政新改）
新成復古日夜重宝俳席両面鑑
正風俳諧日夜重宝二面鏡小筌（両面）（弘化四補刻）
平常重宝万徳大雑書（江戸後期後印）
万法重宝秘伝集（享和元刊）
初学必用万宝古状揃大全 新撰童子調宝（天保十四刊）
新板絵入童子重宝万用字尽教鑑（元禄板の後印）
改正刪補日夜重宝万暦両面鑑
昼夜重宝両面雑書増補永暦小筌（両面）（慶応二刊）

あ

埃【あい】 小数の単位*。塵*の十分の一（一の百億分の一）。十渺*をいう。〔童蒙単語字尽重宝記〕。

間【あい】 遊里の盃法。「酒 急にて飲めぬ時、盃と膳の方にあい（間）と言ふて、飲ますなり。そのあいする人もある」。〔茶屋諸分調方記〕

愛【あい】 七情*の一。愛。いとおしみ。かわゆい中にも、どんなに猛き者も子を見るにつけ哀れまない者はない。歌にも「物言はぬ四方《よも》の獣《けだもの》すらさへも哀れなるかな親の子を思ふ」（金槐集・雑）と詠んでいる。しかし、かわいがるばかりでは成人してよい人間にはならないので、よくよく育て方に心をつけるべきである。〔女文翰重宝記〕

相合【あいあい】 算法。変化して「あいやい」ともいう。ある物を何人か共同で買う時、その出資額に応じて分配する計算法。例えば、長さ二丈六尺の布一反が五匁二分する時、甲は銀二匁五分、乙は弐匁、丙は七分出して買う時、各人の取り分は如何。答え。二丈六尺に各人の出資額を掛けて一反の代銀で割る。〔算法重法記改正・上〕〔算学重法記〕

相打【あいうち】 弓の事*。張弓名所。弓と弦《つる》*と、相打ち当たる部所をいう。〔武家重宝記・二〕

相生蕎麦【あいおいそば】 「相生そば」は深川中丁 松坂屋にある。〔江戸町中喰物重法記〕

相生の心【あいおいのしん】 立花*。松の本《もと》が一本で、二股に分かれた心《しん》*をいう。副受《そえうけ》*正心《しょうしん》*等、二ツずつある。添うて退き、退いて添うという習いがある。専ら、祝儀の時にする。〔昼夜重法記・正徳四〕

愛敬の符【あいきょうのふ】 〔増補呪咀調法記大全〕に「衆人愛敬の守」がある（図1）。「夫妻中よくする符」「夫妻愛敬の符」は「夫婦《ふうふ》の事」ヲ見ル

愛敬の枕【あいきょうのまくら】 長さ二尺五寸程、深み二尺二寸程で、シャム等産の班枝花《パンヤ》の種子から採った綿毛を入れ、その内へ匂いの物を入れて作った枕。共寝用の枕である。〔女中仕立物調方記〕

藍媚茶【あいこび(ぶ)ちゃ】 〔染物重宝記〕には少し藍色じみて、くすんだ茶色という。下染めは薄浅黄にする。〔秘伝手染重宝記〕に「あいこびちゃいろ」は、下地を浅黄に染め、渋木（山桃）を二度、素鉄を一度引く。その侭水で濯ぎ乾す。木綿物も同じ。

あいさ【あいさ】 「秋早」とも書く。羽白霜降鴨*の類の鳥で、汁《しる》*に遣うと八九人前、煎鳥《いりとり》*にして七八人前になる。羽白霜降鴨の代りになる。脂は、沖から来る鳥なので悪い。〔諸鳥分料記〕

挨拶松【あいさつまつ】 「ことぶきのまつ（言吹伝の松）」ヲ見ル

相性名乗字【あいしょうなのりじ】 「男の名頭字」「女の名頭字」ヲ見ル。「五性相性名頭字尽」「五性名頭の文字」ともいう。

相性に忌む事【あいしょうにいむこと】 〔諸人重宝記・五〕に男女の相性で悪い年に次がある。○男を殺す女は、甲《きのえ》寅、壬《みずのえ》子、庚《かのえ》申。○女を殺す男は、丙《ひのえ》午、己《つちのと》亥、癸《みずのと》酉である。このような年を吟味して縁組の契約をするのがよい。「女に祟る男」「丙午」参照

あいず散【あいずさん】 あいず散は、当帰・川骨《こうぼね》（各八匁）、芍薬（十六匁）を黒焼きにし、細末（粉）にして用いる。〔薬種日用重宝記授〕

相図の六具【あいずのろくぐ】 武具。六具の一*。〔武家重宝記・四〕に、鉄砲*。

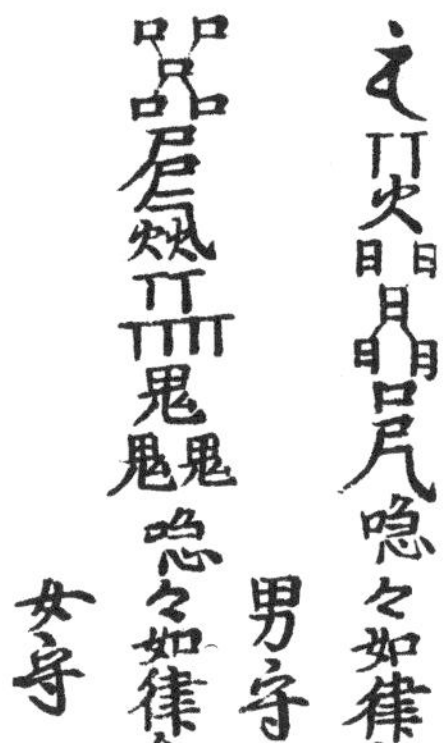

図1 「衆人愛敬の守 男・女」（増補呪咀調法記大全）

ともある。狼煙《のろし》*。旗*。螺《かい》。松明《たいまつ》。飛星《ひせい》。松明、飛星を除いて鐘、太鼓を加えることもある。

愛染真言【あいぜんしんごん】 真言陀羅尼*の一。「おん。まからぎや。ばぞろしゆにしや。ばざらさとば。じやくうんばんこく」と唱える。〔続呪咀調法記〕

藍染めの事【あいぞめのこと】 〈染め直し〉〔染物重宝記・文化八〕に「色上げ染直し 藍の分」として次がある。○花色の上は、藍海松茶《あいみるちゃ》、前栽茶、茶ビロード、御召茶、江戸納戸黒によい。○千種色の上は藍鳶によい。その外は花色と同じことである。○花色、千種ともに、赤茶、薄茶、灰汁茶に悪い。○浅黄の上は諸色茶類、鳶色類によい。紋付模様にも染めるとよい。糊の灰汁で色が抜けて白地に紛う。

〈染み物落し様〉〔永代調法記宝庫・三〕に藍染染み物は、石灰《いしばい》を水に入れ、染めた物とともに煮ると白くなる。〔麗玉百人一首吾妻錦〕に藍染や紅絹染に、雨漏りの懸ったのを落し様は、塩湯で濯ぐとよい。その他の色物に雨漏り際付《きわづ》いたのは早く塩湯で濯ぎ、後は清水で振り濯ぐ。〔秘伝手染重宝記〕に「雨漏りおとし」は、雨の掛ったのはその侭干さぬ内に雨漏りでよく洗い、また清水で濯ぐと奇妙である。この雨の滴《しずく》で洗う事は、元へ還る心である。〈藍色落す伝〉〔万家調法呪詛伝授嚢〕に「藍の色を落す伝」は、水に石灰を入れて煮立てると元の地になる。

会津百合【あいづゆり】 草花作り様。会津百合は、花は薄色、白。咲く頃は三月末。土は白、赤土、白砂を等分にする。肥しは茶殻を夏中に一二度根廻りに置く。分植は春、秋がよい。〔昼夜重宝記・安永七〕

藍礪茶【あいとのちゃ】 〔秘伝手染重宝記〕に「あいとのちや」は、渋木（山桃）百目に水二升五合程を入れて煎じ二度引き、梅を一度引き、よく乾し、手盥に水を一杯入れ、石灰を手一合程入れて搔き回し、斑なく手早く染め、よく濯いで乾し張る。

相併ぶ【あいならぶ】 算盤の用字。縦、横を合計すること。和*に同じ。〔古今増補算法重宝記改成・上〕

あい抜き煙硝蠟【あいぬきえんしょうろう】 手品。あい抜き煙硝蠟は、丹礬（少）をよく粉にして徳利に入れ、薬の入ったのを火の上に載せると、その息（気体）が片方へ水になって溜るのに、饂飩粉を入れる。〔清書重宝記〕

藍鼠【あいねずみ】 染色。「あいねつみ（藍鼠）」は、下地は斑無く浅黄に染め、白いご（豆汁）の中へ墨を少し入れ、色合を加減して二度引く。濃い薄いは望みに任せ、色合を見合せて染める。〔秘伝手染重宝記〕

間の山【あいのやま】 「古市場」ヲ見ル

間の弓【あいのゆみ】 〈弓法〉万事手早くするのが要用である。只何となくさらさらと射場に着き、左の膝を付きさまに弓を右へ取り、さし俯き肩を抜き、衣紋を寛げて弓を左へ取り直し矢を番い、右膝を立てて射る。射終って弓を右へ取り肩を入れ、左へ取りながら早く退《しさ》り蹲う。中った射手は下座へ行き、乙矢を羽長《たけ》を引き出し置き、本の座に帰る。〔弓馬重宝記・上〕

あいは紺屋にござります【あいはこんやにござります】 〈平生ソレよく言う言語〉小娘らの用もない呼び掛けに「あい」と答えると、戯れて「あい（藍）は紺屋にござります」と言い返す。〔小野篁譃字尽〕

相引【あいびき】 鎧*名所。請慈板《しょうじのいた》*より前へ繋ぎ留めた鞐《こはぜ》の糸をいう。〔武家重宝記・三〕

藍海松茶【あいみるちゃ】 染色。〔麗玉百人一首吾妻錦〕に藍がかった暗緑色の茶色とある。下染茶*に花色、中染には桃皮の汁で二回染め、上の留めには桃皮の汁に明礬《みょうばん》の粉と鉄漿《おはぐろ》を少し入れて染める。〔秘伝手染重宝記〕に「あいみるちやいろ」は下地を空色に染め、渋木（山桃）百目を水二升五合程入れて煎じ、一度染めてよく乾し、また一度は濡れのまま湯を手盥一杯に入れ、その内へ素鉄を二合程入れて搔き回し、斑無く染め、

湯を入れ湯の中へ明礬、引茶を三服程入れ、染め水で濯ぎ乾すと青めいて色よい。木綿、絹類も同じ。

姻娅【あいやけ】〔農家調宝記・二編〕に「姻娅 あいやけ」。『饅頭屋本節用集』に「相舅 あいやけ」とある。婿と嫁の親同士が、その関係を互いに呼ぶ語。

あいりんの針【あいりんのはり】 馬療灸点。〔馬療調法記〕にあいりんの針は、馬の右の折り骨を数えて二ツ目である。腰を煩うのに灸する。

あいろ【あいろ】 片言。「あひるは、鷲あいろ」という。〔不断重宝記大全〕

阿吽の二王【あうんのにおう】〔農家調宝記・二編〕に執金剛神《しゅうこんごうじん》は、左は蜜迹《みっしゃく》金剛、右は那羅延。俗に阿吽《あうん》の二王という。寺院山門の仁王や狛犬《こまいぬ》等の相である。阿は口を開いて発する音で全ての音の始め、吽は口を閉じる音で全ての音の終りを表す。

和え数子【あえかずのこ】〔料理調法集・和物之部〕に和え数子は、新しい数の子をよく冷やして、程よく切り 塩で揉み洗い 煮返し 酒に漬けて置いて酒気をよく絞り、青和え*、白和え*、胡麻和えに使うとよい。

安部無し【あえなし】〔世話重宝記・五〕に安部《あえ》無しとは、物の脆いことをいう。昔、安部多《あえのおおし》という人が赫夜《かぐや》姫に惚れて、火鼠《ひねずみ》の皮を求めて試してみようと火の中に入れた所、めらめらと燃えたことから、安部《あえ》なしと言い始めたと『竹取物語』に見えるとある。

和交ぜ【あえまぜ】〔世界万宝調法記・下〕に次がある。色々の干物を削り物にし、精進物も取り交ぜ、精進物には煎り酒に水を交ぜ、酢を加え、膾のように和える。魚の煎り酒より精進の煎り酒が交じり、煎り酒に酸い気味がある時は酢は加えない。〔里俗節用重宝記・中〕は卵白身 栗 生姜 独活《うど》 木くらげ、また黒豆 青豆 辛皮等はせん(繊)に切って、塩酒でさっと煮しめ、花鰹で和える。また出汁酢でもよい。〔永代調法記宝庫・六〕の「和交の部 魚類精進の部」には「ごまめ 花鰹 人参 大根 桜海苔 木海月 芹 栗 生姜 蜜柑 煎り酒 醤油 酢 酒入れて」「鯣 花鰹 目刺 芋茎 大根 青豆 生姜 栗 柚 酢醤油 酒入れて」等六献立がある。「和交の部 精進酢和の部」には「大根 生姜 人参 海苔 蜜柑 椎茸 芹 独活 蒟蒻 栗 胡桃酢にて」「揚げ牛蒡 麩 海苔 豆 蓼和えにして」等四献立がある。〔家内重宝記〕〔昼夜重法記〕等にも和交の献立がある。

和え物【あえもの】 和え物は野菜や魚貝の類を味噌 胡麻 酢などで和えた料理。サラダ。〔昼夜重法記〕には一年十二ヶ月、〔懐中料理/重宝記〕等には四季の献立がある。〔永代調法記宝庫・六〕には二ケ所に十二ケ月献立例があるが重複もある。その十二ケ月献立の例。正月は「鮟鱇の嚢取り和え 生姜 山葵 煎り酒」「田螺 繁縷 山椒」の外四献立。二月は「蜆嫁菜 芥子 山椒」「蛸 芥子 土筆」の外五献立。三月は「田作 嫁菜 山椒」「枸杞 五加 黒胡麻」の外四献立。四月は「馬刀 三ツ葉 芥子 山椒」「牛蒡皮 陳皮 干大根」の外五献立。五月は「串海鼠 木海月 豆の粉 饅和え」「茄子 小海老 諸味」等の献立。六月は「竹の子 蕗 辛子」「箒木 山椒」等の献立。七月は「串鮑 松茸 芥子 蓼」「蛤 平茸 山椒」等の献立。八月は「ささげ 海苔 揚げ麩 蓼」「木耳 芋茎 胡麻味噌」等の献立。九月は「海鼠細切り 鰶の薄身焼いて胡麻酢で」。十月は「ひじき 干瓢 牛蒡の皮 黒胡麻にて」「臭木 芥子 焼味噌」等の献立。十一月は「茹玉子 伊勢海老割いて 酢味噌和え」「くも蛸 柚の皮 山椒」等の献立。十二月は「栄螺 干河豚の皮 芹 味噌」「牛蒡 大根 生姜」等の献立。

〈和え物色々〉〔料理調法集・和物之部〕には 和え数の子* 青和え* 水和え* 煮和え* 紅和え* 山吹和え* 白和え* 黒和え* かせち和え* 羽節和え* 奈良和え*(紅葉和) 三皮和え* 切和え* 腸和え* 蠣和え* 塩魚かき和え* 唐墨和え* 沙羅沙和え* 黄菊和え* むた和え* けしぬた和え* からし和え* 桜瓜和え* 桜瓜もどき* 等がある。

青和え【あおあえ】 和え物*の一。よせ芥子に青豆を湯煮して味噌を摺り加え、

酒で延べ和える。品は串海鼠 田螺 烏賊 馬刀貝 鮑 蜆の類に味をつける。また菜類は何でも好み次第に取り合わせるとよい。〔料理調法集・和物之部〕

葵【あおい】〔万物絵本大全調法記・下〕に「葵き／あふい。総名也。夏」。〔書札調法記・六〕に葵の異名に、一丈紅《いちじょうこう》、道家装《どうけしょう》、蛾黄《がこう》、対人冠《たいじんかん》がある。〈作り様〉〔昼夜重宝記・安永七〕には花は八重、千紫、万葉。土は田土に、合せ土*を交ぜて用いる。肥しは塵《ごみ》、埃《ほこり》を根廻りに置く。分植は実を春 秋に蒔く。〈紋様〉〔紋絵重宝記・下〕に「立ち葵」「二ツ葵」「丸に一ツ葵」「葵の丸紋」がある。

青石【あおいし】〈軽重数〉一寸四方六方の重みを、〔古今増補算法重宝記改成・上〕は二十五匁、〔永代調法記宝庫・首〕は三十目、〔童蒙単語字尽重宝記〕は二十六匁とある。

葵祭【あおいまつり】〔年中重宝記・五〕に次がある。賀茂の社家 氏子が、四月中の酉の日に、葵葛を衣領につけて祭祀を行うのを葵祭という。この葵は旧例として、北岩倉と長谷《ながたに》との間、中村という所から毎年献ずる。古くはこの辺は賀茂の神領の内であったのであろう。また鞍馬の東南静原の里よりも葵葛を採って来る。「賀茂の神事」参照

青い蜜柑の皮【あおいみかんのかわ】「しょうひ（青皮）」ヲ見ル

青色【あおいろ】青色は、藍蠟を磨って麩糊に練り混ぜる。薄い濃いは加減して使う。〔永代調法記宝庫・三〕

青牛【あおうし】〔牛療治調法記〕に「青牛」は、頭・脚が黄で角の白いのを黄播牛《おうばんぎゅう》と名付ける。大いに吉。「あめうし（黄牛）」参照

青梅置き様【あおうめおきよう】〔男女日用重宝記・上〕に「青梅置き様」は、竹の子を逆様に削ぎ、その中に青梅を入れて置くと久しく持つ。〔永代調法記宝庫・六〕等には、白砂糖と古酒を杯一ツの割合で用意し、古酒で砂糖を練り、青梅の青い内に採り、練った砂糖の中へ梅が見えない程入れて置くといつまでも風味よく青い。但し、口を開けて取った後は色が変り持たないので、入れ物をいくつも用意するのがよい。〔万用重宝記・下〕には生梅を二升の水に炊き、どろどろに潰し冷まして置いて、それからその中へよい青梅を入れて蓋をして置く。至極の風味がある。これを東山煮梅*という。〔ちやうほう記〕には青梅を枝葉ともに藁で括り、寒の水一升に梅酢七合を合せて漬けて置くと色がさめない。

青梅漬【あおうめづけ】五月に青梅を木からすぐに取り、寒の水一升に塩八合を煎じ、冷まして梅を漬け、三日程置いてその汁を捨て、前のように塩水を煎じて入れ、口張りして置く。〔料理調法集・漬物之部〕

青瓜囲い方【あおうりかこいかた】〔諸人重宝記・四〕に「青瓜囲い方」は、寒の中の雪を取って塩を辛く入れて煎じ壺に入れて置き、瓜を二ツに割って中子《なかご》を取り漬けて置くと、来年の夏まで持つ。根深や豇豆《ささげ》も同じである。〔料理調法集・囲方之部〕には青瓜を細かに切りよい天気に干し酒で揉み 壺に詰めて風に当たらないように口張りして囲って置く。冬春に出してよく洗って使う。色青く生のようである。

青漆師【あおうるしし】〔万買物調方記〕に、江戸の青漆師に、日本橋南二丁目に松村河内がいる。

青貝細工【あおがいさいく】〔万買物調方記〕に、「京ニテ青貝細工」は富小路三条下ル 伊兵へ、猪熊御池上ル 四郎兵衛、丸太町堀川西へ入 弥兵へ、寺町高辻下 半三郎。小川二条上ル丁（氏名ナシ）、仏光寺通堺丁東へ入（同）。「青貝磨り」は二条ノ辻子川原町西へ入。「貝類細工の事」参照

青貝紛い伝【あおがいまがいでん】青貝は、螺鈿《らでん》に用いる鮑《あわび》や鸚鵡貝等をいう。鮑の貝を焼いて土中に埋めて置き、また出して叩くと薄く剝げる。〔清書重宝記〕

青搗和【あおがちあえ】「がぜち和え（疎忽和）」ヲ見ル

青搗汁【あおがちしる】〔料理調法集・汁之部〕に二法がある。①雉子《きじ》の腸を

叩き、味噌を少し入れ鍋で狐色になるまで煎り、鍋を濯ぎ、次に出し汁を入れ、煮え立ち次第鳥を入れ、塩加減を吸い合わせて出す。煎り加減が大事である。霜や雪、正月頃の物である。②鳥の肉を細かに作って摺り、醤《ひしお》をして、鳥の腸をよく解いて鍋に入れて煎りつけ、酒を少しずつ差し、よい時分に水を入れ、揉み鰹を入れて煮立て、鳥を入れ、味見し胡椒の粉を放して出す。柚子も入れる。大事の汁である。

青木草【あおきぐさ】 草花作り様。〔昼夜重宝記・安永七〕に青木草は花は中白である。土は合せ土、*肥しは魚の洗い汁を用いる。分植は秋がよい。

青木を見事にする伝【あおきをみごとにするでん】 口伝。生木の時所々に灸を据え、次に青木をよく削り、石灰と古酒で練って一遍塗り、干して後に磨り落すと灸した所は角のように白くなるが、全体は黒くなる。その時、皮に砥の粉をつけて磨くと光沢《つや》が出て見事である。〔調法記・全七十〕

青越【あおごえ】 伊勢の山田から大和へ行く道筋の一ツ。〔東街道中重宝記・七ざい所巡道しるべ〕に山田から伊勢街道を帰り、六軒屋から長谷へ行く二十四里八丁をいう。六軒屋越とも、長谷越ともいう。田丸越*よりは行程は一里半程遠いが、道筋がよく、多くの人が通る。

青鷺【あおさぎ】 〔料理調法集・諸鳥人数分料〕に青鷺は、料理に遣うにはまず汁に八九人前から十一二人前まで遣う。夏は夏鶴といって夏に賞翫し重宝なものである。年を経たものを から（幹）といい、若鳥をひな（雛）という。料理には ひながよい。〈薬性〉〔永代調法記宝庫・四〕に青鷺は脾腎の虚をも補い、また諸々の毒を消すという。

青大角豆【あおささげ】 〔ちやうほう記〕に青大角豆の漬け様は、湯を懸け、乾かし、粳米小糠一升に塩三合を交ぜ、糠を一遍敷き、大角豆を並べ、また糠と段々に漬け、竹の皮を蓋にして押しをして置き、入用の時に茹でて遣う。

青侍【あおさふらい】 武家名目。〔男重宝記・一〕に若党は、年の若い侍をいう。将軍家では青葉者《あおばもの》*といい、公家では青侍《あおさふらい》という。徒若党《かちわかとう》*に同じ。

青酢【あおず】 〔料理調法集・煮出煎酒之部〕に青酢は、芥菜《からしな》を擂り、水嚢で濾した水を鍋に入れて小火で煮立て、青みが浮かんだ時杓子で掬い、水嚢の裏へ上げて置き、次に芥子を擂り合せて酢で延べ、先の寄せ菜を合せる。

青蘇大明神【あおそだいみょうじん】 大坂願所。真田山稲荷社境内 青蘇大明神へ毎月朔日参詣すると、中風の患いがない。失念のないように月参するとよい。〔願懸重宝記・初〕

青麻の拵え様【あおそのこしらえよう】 〔男女日用重宝記・上〕に青麻の拵え様は、苧麻《からむし》を刈り、麻のように皮を剥き、上の皮を刮《こそ》げ取り、天日に乾して白水*に浸し、取り上げ、小糠を懸けて麻の様に捻る。

青田に虫の付いた時【あおたにむしのついたとき】 〔万用重宝記〕に青田に虫の付いた時は、菜種の油糟・石灰・小麦藁の灰を合わせ、肥しにするように蒔くとよい。一切の虫や貝類は死ぬ。その年は上々作、翌年もその田には虫は付かず、米糠《こぬか》虫、うんか、蛭、蛙まで根絶やしにする。

青茶色【あおちゃいろ】 〔染物重宝記・天明五〕に青茶は、千種色に下染をする。〔秘伝手染重宝記〕「青ちやいろ」は下地を薄花色に染め、刈安*を三度引き、湯一升に明礬を粉にして入れ一度引き、豆を磨りご（豆汁）の中へ墨を鼠色程に加減して引く。

青漬方【あおづけほう】 〔諸民秘伝重宝記〕に茄子・瓜・豇豆の類の青漬の伝は、切らず（雪花菜＝おから）五升、塩三升（一書に、二升）を揉み合わせ、風が入らないようにして漬けて置くと生のように青い。〔料理調法集・漬物之部〕には水一升に、塩一升を煮返し、焼き明礬を入れるとよい。

青梨子漬け様【あおなしつけよう】 〔調法記・全七十〕に青梨子を生渋に漬けて置くと、渋が悪くても果物の中へ染むことはなく、味わいがよい。

〈貯え様〉〔昼夜重宝記・安永七〕には木から捥ぎ取り、生赤小豆の中へ

摺れ合わないように置くと、いつまでもよく持つ。十の内七八迄は生り立ての梨のようである。木から直に採ったのがよく、地上へ叩き落したのは悪い。「梨子の事」参照

青海苔【あおのり】〔万物絵本大全調法記・下〕に「苔菜 たいさい／あをのり。総名也」。〔医道重宝記〕に、○崎釐《あをのり》は温で毒はなく、中《うち》を温め食を消し 胃の気を強くする。○苔菜《もずく》は寒で毒はなく、気を下し結塊《かたまり》を消し痰を去る。多く食うと脾を破る。〔永代調法記宝庫・四〕には下り腹を止めるともある。《食合せ》〔万用重宝記〕に青海苔と生鯖を食い合わせると悪く、病を生ずるとある。「甘海苔《あまのり》」参照

白馬の節会【あおばのせちえ】〔年中重宝記・一〕に正月七日に「青馬節会《あをばのせちゑ》」のことがある。馬は陽の獣であり、青は春の色であり、この日青馬を見ると年中の邪気を去るという本文があるので、天子が今日白馬を御覧になる。極めて白いものは青ざめて見ゆる物故、白馬を見られる。童《わらんべ》が春駒というのもこれより始る。

青葉者【あおばもの】武家名目。〔武家重宝記・一〕に「徒若党《かちわかたう》。青葉者《あをばもの》なんど云て騎兵にあらざる士卒なり。しかるを今下部《しもべ》の刀指《かたなさし》を徒若党と呼ぶは誤り」とある。〔男重宝記・一〕に将軍家における若党、即ち年の若い侍をいう。「青侍」参照

青人草【あおひとぐさ】大和詞。「あを人くさとは、民《たみ》百姓《しやう》*をいふ」。〔新板増補女調法記・五〕「青人草《あをひとぐさ》」モ見ル

青豆蒲鉾【あおまめかまぼこ】〔料理調法集・蒲鉾之部〕に青豆蒲鉾は、枝豆を湯煮してはじき、皮を蒲鉾の中へ入れたもの。

青豆飯【あおまめめし】〔料理調法集・飯之部〕に青豆飯は、枝豆を湯煮して薄皮を去り、四ツ割に切り、米に交ぜ、水加減に塩を加えて煮る。

青物ボテイ【あおもの】天秤棒で担ぐ青物売の符帳。*万《よろず》（一）。原の（二）。ゲタヤミ（三）。ダリ（四）。目（五）。イデロンジ（六）。才南（七）。バンドウ（八）。ガケキワ（九）。〔早算調法記〕

青物囲い方【あおものかこいかた】〔重宝記・礒部家写本〕に青物囲い方は、何でも雪花菜《きらず》*に漬けて置くとよい。

青物侍節記【あおものじせつき】〔料理調法集・青物侍節記〕に次が出る。○正月。生若布（相州三浦郡毘沙門若布）本俵 苣 くぐたち（茎立）菜 蕗 土筆 根芋 生椎茸 干大根 京干菜 紀州蜜柑 甲州枝柿 西条串柿など十八種。○二月。蕨 木の芽 若紫蘇 鶯菜 韮 大蒜 生姜 芥子葉 抜き茸 茗荷茸 久年甫など十八種。○三月。浅葱 隠元豇 大独活 花柚 防風 根芋 蓼 山葵 夏大根 生椎茸 松露など十七種。○四月。初茄子 京三ツ葉（二月下旬より出る）夏蕪 青山椒 青ずいき 青豆 銘豆 早松茸 新牛蒡 苺 伊勢若布など十六種。○五月。白瓜 長豇 地初茄子 松本新漬蕨 巻海苔 裏白干椎茸 大藻など十一種。○六月。青豇 黒慈姑 藜 木天蓼《またたび》 穂蓼 真桑瓜 荒川瓜 西瓜など十二種。○七月。新里芋 唐苣 新蓮根 長茄子 色山椒 曳菜 夕顔 千本しめじ 小麦粉林檎など十九種。○八月。小人参 小大根 秋茄子 冬瓜 八重成もやし ほうれん草 芹 根深（四季共土用中 青葉の中に虫があり用いない。岩槻名物）初茸しめじ茸 松茸 新栗 青久年甫 松尾梨子 紫蘇穂 葡萄 柿など二十八種。○九月。摘み菜 葉芹 葉人参 紫蘇実 練馬大根（雑司ヶ谷辺より出るを最上とする）南部薯蕷 金山松茸 胡桃 石榴 青梨 柚子 美濃柿 甲州御所柿など十八種。○十月。独活 白芋茎 蓮根 根芹 小蕪 榎茸 紀州蜜柑（早出は豆州）など十種。○十一月。蕪菜 枸杞 天王寺蕪 青海苔 かじめ（搗布）青海松 干瓢 小豆など九種。○十二月。土筆 もやし三ツ葉 嫁菜 苗苣 春菊 水菜 もやし根芋 生海苔 生若布 勝栗。

青柳蒲鉾【あおやぎかまぼこ】〔料理調法集・蒲鉾之部〕に青柳蒲鉾は、白と青の摺り身をつけて焼き上げた蒲鉾をいう。

青柳の糸【あおやぎのいと】大和詞。「あをやぎの糸、みだれ（乱）やすき」をいう。〔不断重宝記大全〕

青柚の事【あおゆずのこと】〔諸民秘伝重宝記〕に青柚漬け様は、青柚十を刻み、塩六合と水一升を一緒にしてさわさわと煎じ、そのまま七日程鍋に置き、その煮汁を壺に入れて、次に青柚の新しいのをその水に漬けて風が入らないようにする。〔料理調法集・漬物之部〕には白米一升を飯に炊き、麴一升五合、水一升を入れ、一夜濾した汁一升に塩三合、砂糖十匁、柚十五程の割合に漬け、上に銅線の屑を汁一升に一匁振り掛ける。壺には口張をする。〔ちやうほう記〕には内も皮も擂り梅酢でとろとろと溶き交ぜ、大竹の筒の中へ漬けて置く。〈貯え様〉〔ちやうほう記〕には生竹を削いでその内へ入れ、目を合せ竹の皮でよく包んで置くとよい。〔料理重宝記・下〕の「青柚葉付貯え様」は、生竹《はえたけ》を削いで中へ柚子を入れ、その後削ぎ目を少しも違わぬように接ぎ合せ、その上を竹の皮で巻いて置く。一年経っても穫り立てのようで変らない。

青柚干【あおゆほし】〔料理調法集・調製味噌之部〕に青柚干は、寒晒の米の粉五合（餅でもよい）、青柚子二十を皮ばかりを山葵《わさび》卸でおろし（身は除く）、白味噌二合五勺、焼塩小匙一ツ、砂糖五十匁、唐辛子（皮ばかり）・榧（炒りてもその侭でも）・胡桃の三品を捏ね合せて箱に入れ、蒸籠で蒸し、三棹程も蒸して干す。干し過ぎると悪い。白く出来るが、黒いのを好む場合は黒胡麻を擂り込む。普通の棹柚干も同じ割合であるが、青柚を遣うか熟柚を遣うかの差である。

障泥【あおり】馬具。〔武家重宝記・五〕に障泥は、鞍の飾りとある（図2）。「韂」「鞆」「泥障」「蔽泥」などとも書く。一差《ひとさし》という。

赤【あか】大和詞。「あづきは、あか」という。〔女重宝記・一〕

唖科【あか】〔鍼灸重宝記綱目〕に唖科は稚児《ちご》の療治、即ち小児科をいう。小児には、問診即ち症状を問うことができないことからの称である。面部（顔）の形色（外候）及び「虎口三関*」によりその症を極める。〔重宝記・宝永元序刊〕には、日本では上池院の先祖士仏がよく「蘇香合円*」を調合し、人の急を救い、第一に小児（唖科）に応ずるので、上池院を唖科という。「小児科」ヲ見ル

赤小豆粥【あかあずきがゆ】〔料理重宝集・年中嘉祝之飾〕に赤小豆粥は一月十五日 神の祭礼に、赤色・日気をもって和膳に仕立てる。七草粥*の膳と同じ。粥は赤小豆を入れて作る。

赤小豆餅【あかあずきもち】〔料理調法集・年中嘉祝之飾〕に赤小豆餅は、赤小豆の汁を搗き入れにして熨斗餅にする。色餅ともいう。

赤鮑【あかあわび】〔料理調法集・貝類之部〕に、鮑*の貝を離して水でよく洗い、板の上に並べて細い木か竹で疵が付かないように暫く叩き、鮑十杯に水七八升、鰹節二ツ程を削り入れ、三刻（六時間）程煮ると柔らかになる。その内へ酒一升五合程を入れ、醬油を程よく入れて煮る。もっとも醬油は早く入れると鮑が締まるので遅い方がよい。

閼伽井【あかい】高野山名所。〔東街道中重宝記・七ざい所巡道しるべ〕に灯籠堂*の西にあり、弘法大師が自ら掘られた井戸とある。全て、高野山の水で手を洗い 口を濯ぐと、自然と身 口 意は浄まり、煩悩の罪垢を滅し、往生浄土証菩提の縁となる。

赤石【あかいし】「おおう（雄黄）」ヲ見ル

赤色【あかいろ】〔永代調法記宝庫・三〕に赤色は、蘇木《すおう》を煎じ出し、合せて使う。

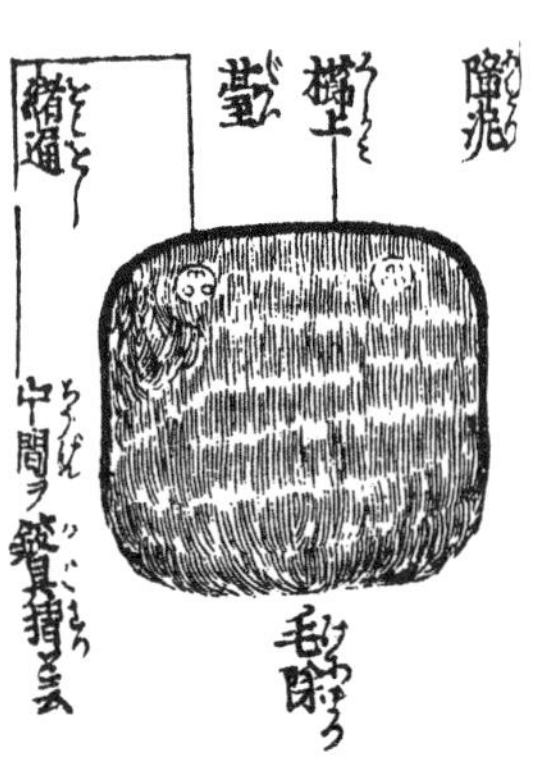

図2 「障泥」（武家重宝記）

赤鰯【あかいわし】「塩鰯」ヲ見ル

あかえ【あかえ】〔万用重宝記〕に「あかえ」は赤鱝《あかえび》の異称で、腹薬。疱瘡の出の後は決して食わしてはならない。

赤朮【あかおけら】「そうじゅつ（蒼朮）」ヲ見ル

垢落し【あかおとし】〔里俗節用重宝記・下〕に「だしあくの法」として、麦藁の灰を灰汁として使うと、物の垢はよく落ちる。油の垢を落すには、シャボン*というものが垢や油をよく取る。

赤御真魚【あかおまな】大和詞。「さけ（鮭）の魚は、あかおまな」。また「ます（鱒）の魚は、あかおまな」と言う。〔女重宝記・一〕

赤貝【あかがい】蚶とも書く。〔万物絵本大全調法記・下〕に「蚶 かん／あかがひ」。〈異名〉〔書札調法記・六〕に蚶の異名に、魽《あかがい》魁蛤《かいごう》魁陸《かいりく》がある。〈薬性〉〔医道重宝記〕に魁蛤《あかがい》は平にして毒なく、胃を強くし、食を進め、渇を止め、五臓を潤し、痢病を治し、腰・背の冷え、或は萎え痺れによい。〔永代調法記宝庫・四〕に、胸腹の冷えや陰の萎えによいとする。〈料理仕様〉〔諸人重宝記・四〕に赤貝は、汁 殻焼 煮物 鱠 串焼きにする。

赤貝蒲鉾【あかがいかまぼこ】〔料理調法集・蒲鉾之部〕に赤貝蒲鉾は、赤貝を栄螺《さざえ》蒲鉾*のように柔らかに蒸して、腸を入れるか除くか好きにして、栄螺蒲鉾のように作る。

赤貝長せん【あかがいちょうせん】〔料理調法集・貝類之部〕に赤貝長せんの造り様は、赤貝の殻を剝き二ツに剝がし、腸を去り、次に薄く剝がして大根を小口から一分程に切った中へ挟み、真ん中に竹串を差して置き、廻りから薄く剝くと長せんになる。

赤貝ふわふわ【あかがいふわふわ】〔料理調法集・貝類之部〕に赤貝ふわふわは、赤貝を薄く剝ぎ、皮を去り、大根でよく叩き、擂鉢で摺り、玉子で伸ばし、常のふわふわのように仕立てる。

赤貝／鮑柔かに仕様【あかがい／あわびやわらかにしよう】〔料理重法記・下〕に赤貝・鮑の柔かに仕様は、殻を離し籠に入れ小石を見合わせて適当に入れ、ひたすらに振ると柔かになる。

赤頭鴨【あかがしらかも】〔料理重法記・鳥人数分料〕に赤頭鴨は、割鳥にしても鷺 鴨同前のものである。但し、そこ（底）物と言って下の物であるが、あじ鴨*等の位に使ってよい。脂もあじ鴨同前である。一名を「びん」という。

銅【あかがね】「銅の事」ヲ見ル

皹の事【あかぎれのこと】〈片言〉〔不断重宝記大全〕には「あかぎれを、片言にし手皹《あかがり》と訓じ、（中略）厳寒に手足凍へて指頭の裂くるをひび あかぎれと云う。垢毒に指の切るるなり」とある。主な療治法は、〔家内重宝記〕に「皹 皸」は、山椒を煎じて洗う。また牛の膠を溶いて洗うとよい。〔諸民必用懐中咒咀重宝記〕には白い蛤を酢に漬け、火の上で七度焙り焼き、粉にして鬢付油に混ぜてつける。〔薬家秘伝妙方調法記〕には松脂を煎じ濾して上酒を入れ、掻き混ぜて固まったらまた酒を入れて掻き混ぜ、七度繰り返して七度目に猪か胡麻の油を少し入れ、混ぜて置くといつまでも乾かずよく効く。〔永代調法記宝庫・三〕には車前草 荷葉 鶏糞を等分に煎じて皹をよく洗い、犬蓼を黒焼にして続飯（飯粒を練った糊）で練りつける。また五倍子《ふし》の粉を練りつけてもよい。〔女重宝記・四〕に「ひびの薬」としてあて（翌檜）の実をにじり、汁をつけるとよい。柚の酢を塗るのもよく、薑《はじかみ》の葉で洗ってもよい。「あかがりの薬」としてほくろという物（芋の子のような物）をこそげて手の内で練ると粘り、これを続飯に押し交ぜて皹の内へ入れると一夜の内に治る。〔重宝記・宝永元序刊本〕には黄檗《きわだ》を細かに卸し、よい酢で煮て練りつけると妙である。また内へ蚕の糞を少し加え酒でつけても妙。また生姜の茎・葉で洗っても妙、等とある。〔調法記・四十七ゟ五十七迄〕には

五月五日の早朝、苦菜《にがな》を摘み汁を揉み出し、皹の出来る所へつけて置くと永く皹の患いはない。また獺《かわうそ》の黒焼を蜜で溶いてつけるのは大妙薬である。〔薬家秘伝妙方調法記〕には「あきれ あかぎりの薬」として鶏卵を黒焼にして松脂を入れて練り作る。〈処方薬〉〔洛中洛外売薬重宝記・上〕には皹の薬として神方油*（白木や兵右衛門）、重宝散*（済生堂）、潤膚錬（加島氏）等、数品の販売がある。

足掻【あがく】〈何が不足で癇癪の枕言葉〉「ものいふ（物言）、あがく」。〔小野篶謔字尽〕

赤水鶏【あかくいな】〔料理調法集・諸鳥人数分料〕に赤水鶏は、焼き鳥で、二ツ割りの物である。

赤くらめき鴫【あかくらめきしぎ】〔料理調法集・諸鳥人数分料〕に赤くらめき鴫は、白くらめきより少し小さく、焼き鳥にして二ツ割りのものである。春夏に焼き鳥にし、晴れの事に用いる。

藜【あかざ】〔医道重宝記〕に藜《あかざ》は平で小毒があり、虫を殺し、瘡腫によく、補益の効はなく、多食してはならない。〔永代調法記宝庫・四〕には、脾癪血の道不食、また諸病に食して障りがない。〔料理調法集・口伝之部〕に藜 唐高《からちさ》は七月に賞翫のもので、三の汁、また和え物にしてよい。〈食合せ〉〔万用重宝記〕には藜に油揚の餅を食うと即座に吐血して死ぬ。〈薬方〉〔昼夜重宝記・安永七〕には喉痺の薬として、藜を黒焼きにして巴豆《はず》一粒に明礬を巴豆の隠れる程入れ、土器《かわらけ》でふかせて後、巴豆を取り捨て、藜の黒焼きと明礬を細末にして用いると甚だ妙である。「杖の事」参照

赤坂より垂井へ【あかさかよりたるいへ】 木曾海道宿駅*。一里十二丁。本荷六十文、軽尻三十九文、人足三十文。大垣領。この宿に、孫六 兼元という刀鍛冶がいる。ひるい（昼飯）村、骨墓村 右方に長者の住む跡がある。同じく右方 山上に朝長の旧墓がある。村の出離れ 右の田の中に松の木の下に照牛という清水がある。青野村 青野が原は松原である。街道の左に熊坂長範が物見の松の古跡がある。垂井の宿入口に中仙道、木曾路の別れ道がある。垂井より左は赤坂、右は大垣道で、ここから二里半。野上川は徒歩渡り。坂があり、土手下り口左方に弘法石がある。〔東街道中重宝記・木曾道中重宝記六十九次 享和二〕

赤坂より藤川へ【あかさかよりふじかわへ】 東海道宿駅*。二里九丁。本荷百四十八文、軽尻九十五文、人足七十一文。遊女がいる。長沢、元宿 茶屋がある。宝蔵寺、茶の木原、桐の木、中柴、これより少しずつ坂になる。山中 ここで麻の網、袋、早縄を売る。毎木村 八幡鳥居がある。〔東街道中重宝記・寛政三〕

明石潟【あかしがた】 本朝勝景。播磨国明石の海岸。歌枕。「明石潟色なき人の袖を見よ すずろに月も宿る物かは」（新古今・雑上）の歌を挙げて、風景画がある。〔麗玉百人一首吾妻錦〕

明石月餅【あかしげっぺい】 菓子名。明石月餅、上羊羹、中しめし物、下うき物、山の芋入り。〔男重宝記・四〕

明石縮【あかしちぢみ】 「ちぢみ（縮布）」ヲ見ル

明石火矢【あかしひや】 火矢*の一。周防国の明石内蔵之助高基が伝えた火矢があるといい、また播州国明石の三木茂太夫が伝えた火矢があるという。このように盛んになり名人が流出、内海火矢、鎌田火矢、炮攊《ほうろく》火矢《ひや》*等諸流が出た。〔武家重宝記・四〕

あかしゅ【あかしゅ】 片言。「あかしゆは、若衆《わかしゅ》」である。〔不断重宝記大全〕

赤染【あかぞめ】 百人一首読曲。「赤染」は、「あかぞめ」と濁る。〔麗玉百人一首吾妻錦〕

赤染右衛門【あかぞめえもん】 赤染右衛門は平安時代の女流歌人。〈和歌威徳伝〉〔女用智恵鑑宝織〕には大江匡衡に嫁し、挙周《たかちか》、江侍従を産んだ。挙周が病んで危篤の時、赤染右衛門は住吉社に詣で我が子の命

に替わることを祈ると忽ち癒えた。挙周は後にこのことを漏れ聞き、密かに住吉社に詣で、母が我が命に替わられたことに忍びず、我が病を元のようにして、母の命を延ばされよと涙を流して祈ると神威があり、母子ともに恙なく寿を増した。母の慈、子の孝とする。〈百人一首〉〔麗玉百人一首吾妻鑑〕等に「やすらはでねなましものをさよふけてかたふくまでの月をみしかな」がある。

赤染めの事【あかそめのこと】〔染物重宝記・文化八〕に「色上げ染直し 赤の分」として次がある。○本紅《もみ》の上は色を抜かずに鳶色類によい。但し、紫鳶には悪い。色抜きして濃茶類に大いによく、薄茶は大概よい。鼠藤色 白茶に悪い。下染を茶に染めると色悪く、地が弱る。○中紅は色を抜かずに鳶色類に大いによい。色抜きすると、どの色にもよい。○桃色 紅梅色は、灰汁打 鬱金気がないので藍に染めても地の弱ることはない。濃茶類 鳶色によく、白茶 柳茶 鼠藤色 素海松茶《すみるちゃ》 納戸茶に大概よい。○梅や渋染 赤土染の上は何色にも悪い。

阿伽陀円【あかだえん】〔丸散重宝記〕に阿伽陀円は小児の冷疳 冷瀉によく、陳皮・伏苓・人参・良姜・胡椒（各三十匁）、桂心（五十匁）、沈香（十匁五分）、大風・藿香・鬱金・川芎・檳榔（各十匁）、木香（三匁三分）・甘草・青皮*（各一匁）を蜜丸にする。〔万買物調方記〕に「大坂ニテあかだゑん」は大坂安堂寺町一丁目 かせや長兵衛、御霊前あはぢ町角 いそのや又兵衛にある。〔洛中洛外売薬重宝記・上〕には「あかだゑん 佐藤昭成」として、癪痞え 疝気 胸虫 目眩い 立暗み 下り腹 霍乱 食傷によいとある。

赤中鴫【あかちゅうしぎ】〔料理調法集・諸鳥人数分料〕に赤中鴫を汁に遣うには二三人前、煎鳥にも脂がのれば二三人前、焼鳥には四人前までも遣う。脂がのれば、煎鳥料理に遣うのが一番よい。

暁明星【あかつきのみょうじょう】 星の名。日の出る前に東の空に見える星。太《たい》白星《はくせい》*。赤星。*金星。啓明。〔農家調宝記・初〕

赤蜻蛉の黒焼【あかとんぼのくろやき】 喉痺の薬。赤蜻蛉を黒焼きにして、吹き入れるとよい。〔昼夜重宝記・安永七〕。「とんぼう」参照

あかなそ【あかなそ】「痢病の事」ヲ見ル

茜【あかね】〔万物絵本大全調法記・上〕に「霞 か／あかね。赤雲の気」。〔同・下〕には「茜 せん／あかね。夏」。〈大和詞〉〔不断重宝記大全〕には「あかねさすとは、日の出る事」とある。

茜染【あかねぞめ】 染色。茜に明礬を少し加え入れて三遍染め、止めには刈安*を煎じ染めて色よくする。〔麗玉百人一首吾妻錦〕

赤の餅【あかのかちん】 大和詞。〔女重宝記・一〕に「あづきもち（小豆餅）は、あか（赤）のかちん」。

赤腹【あかはら】 魚名。〔料理調法集・川魚料理之部〕に赤腹は、利根川筋産は骨が少なく一品である。煮浸《にびたし》や刺身によい。『物類称呼』に「鯎うぐい」*は信州諏訪の湖水で「あかうを」、相州箱根で「あかはら」、小さいものを「やまめ」と言う。

垢痢【あかはら】 病名。垢腹《あかはら》は赤痢をいう。腹の垢を下す意。〔薬家秘伝妙方調法記〕に垢腹の薬として、薄味噌汁に葱の白い所を少し入れ、葛の粉を水で練り、豆粒程に千切って入れ、よく煮る。箸で挟んで透かし、透き通るのを再々食わせるとよい。

赤星【あかほし】 星の名。太白星《たいはくせい》*。明星。金星。日に先き立って出る時は啓明という。〔万物絵本大全調法記・上〕

赤本時代の詞癖【あかほんじだいのことばくせ】〔稗史億説年代記〕に「赤本時代の詞くせを早く覚ゆる歌」として次がある。「大木のはえきは（生際）ときふとじるし（太印）てんとふとひの根じやふてらこい」「あらふがや／きてゐる／きたは／てんやわや／ナント子どもしゆ（衆）がてん（合点）かがてんか」。

赤松円心【あかまつえんしん】〔大増補万代重宝記〕に赤松円心《えんしん》は、護良《もりよし》親王*

の命を受けて六波羅の兵と戦い、軍労を尽くしたが恩賞がなく、源尊氏*の謀反にその子弟を率いて帰し、遂に官軍の巨害となった。正平五年（一三五〇）、七十四歳で没。

赤松則祐【あかまつそくゆう】〔大増補万代重宝記〕に赤松則祐《そくゆう》は赤松円心*の子である。村上源氏より出、護良《もりよし》親王*の旨に応じて六波羅を攻めたが恩賞を加えられず、遂に源尊氏*に付き、しばしば軍事を勤めた。建徳二年（一三七一）没。

あか万能膏【あかまんのうこう】〔洛中洛外売薬重宝記・上〕に「あか万能膏」は、縄手大和橋上ル丁外療井上にある。一切の腫物につけてよい。

吾身【あがみ】　諸国言葉遣。そなたということを京の言葉で「あがみ（吾身）」という。人を親しんだ言葉である。丹波では「あんに」、中国には「あれん」というが、この意味合いは知らないという。〔男重宝記・五〕

赤味噌【あかみそ】〔料理調法集・造醸之部〕に赤味噌製法が三ツある。①大豆一斗をよく煮て甑《こしき》にかけ蒸水を取り替え一日一夜蒸すと紅のようになる。次に麹二斗、塩四升を搗き交ぜて仕込む。②大豆一斗を赤くなるまでよく煮て寝させて麹にし、塩四升を搗き交ぜて桶に仕込み、一年経て用いる。色は紅のようである。③白味噌*一升、道明寺味噌*一升、砂糖二百目、溜り杓子に九盃。この溜りで砂糖を煎じ、白味噌、道明寺味噌の三ツを搗き交ぜ、桶に仕込む。

赤蒸飯積り【あかむしめしつもり】〔音進重宝記〕に赤蒸し飯の百軒分、一軒に一升ずつの見積り方は、餅米七斗、粳白米三斗、赤小豆三斗。多少は時の見合せによる。「白蒸飯の積り」参照

麒麟竭【あかやに】〔薬種重宝記・下〕に唐木、「麒麟竭 きりんけつ／あかやに　そのまま卸す」。

赤癩病【あからいびょう】〔薬家秘伝妙方調法記〕に赤癩病には、らい丸、大黄、黄芩がよいとする。

あからめ【あからめ】　大和詞。〔不断重宝記大全〕に「あからめとは、よそめ（余所目）と云ふ事」。〔女重宝記・五 弘化四〕には「あからめもせぬとは、よそめせぬ也」。

上る【あがる】〔女用智恵鑑宝織〕に「ものくふ（物食）はあがる。我が事はたべる」。

あきうど【あきうど】　片言。〔不断重宝記大全〕に「あきうどは、商人《あきひと》」。

阿魏円【あぎえん】〔丸散重宝記〕に阿魏円に二方がある。①『治論』を引き、脾胃の弱いのに冷食し、果物を多食して、胃（中焦）に痞えてよく消化できず、腹張り、さし痛み、から吐き、瀉し、秘するものの薬とある。阿魏・肉桂・莪蒁・麦芽・青皮*・神麹・蘿蔔子・白朮・干姜（各二匁）、百草の霜（三分）、巴豆（一匁）を糊丸にして、生姜湯で飲む。②諸虫、霍乱、冷腹痛、吐瀉、手足の冷えによい。良姜・苦参・楊梅皮・葛根（各十匁）、胡椒（二匁五分）を糊で丸にする。霍乱には塩湯で、渋り腹には飯の取り湯で、走瀉には夏冬ともに冷水で、瘧《おこり》には塩湯で用いる。

秋霞【あきかすみ】　菓子名。秋霞、上うき物、中羊羹、下ながし物。〔男重宝記・四〕

秋菊【あきぎく】　秋菊の種蒔きは、枯れ花をむしり、二月に蒔くとよい。土拵えは、砂と土を五分々々にし、肥しは米糠を水に腐らして三四月に入れる。五六月には水藻を掛けるとよい。また大輪に、重ね円満に作るには、七八月に下肥（＝人の糞尿）掛ける。〔享保四年大雑書・草木植替重宝記〕

安芸郡【あきぐん】〔広嶋調法記〕には、安芸郡 三十八ヶ村、高二万五千三百五十六石六斗八升五合とある。

秋篠寺【あきしのでら】　奈良名所。秋篠寺は西大寺の北にあり、本尊は薬師如来である。正月禁中へ硯の水を上ぐる。この寺の西に外山《とやま》の里があり、名木の楓がある。菅原へ十五丁。〔東街道中重宝記・七ざい所巡道しるべ〕

あきじり【あきじり】 片言。「清盲《あきじ》を、あきじり」という。〔世話重宝記・五〕

秋田味噌【あきたみそ】〔料理調法集〕に秋田味噌は、大豆一斗をよく煮て、糀一斗、塩七升五合をよく搗き交ぜて桶に入れ、凡そ一月ばかりは毎日一度ずつ搗いて桶に入れ、堅く封をし、風が空かぬようにし一年余にして使う。一伝に、始め搗いて納める時塩五升を入れ、その後一ケ月に一度ずつ搗くごとに、塩二合ずつ入れるともある。

空地へ植置く野菜【あきちへうえおくやさい】〔綟約重宝記〕には、少しでも空地を持つ者は野菜を植えるのがよいとし、その品種を示している。欵冬《ふき》、三葉、地膚《ほうきぎ》、茗荷、独活《うど》、蓼《たで》、苦菜《ちさ》、生姜、蕃椒《とうがらし》の類は、どこでも成長する。

秋津洲【あきつしま】〔農家調宝記・初〕に、日本人皇第一代神武天皇三十一年に「我国の形、蜻蛉《あきつむし》に似たり」とて、秋津洲となづけたとある。「あきつむし」は「とばう・蜻蛉《せいれい》」である（〔万物絵本大全調法記〕）。とんぼの形をしていることから日本国*をいう。〈大和詞〉〔不断重宝記大全〕に「あきつ嶋とは、日本の事」とある。

腮の色を診る【あぎとのいろをみる】 小児の「面部形色顔色の事（顔色の事*）」による診断法。〔小児療治調法記〕に、○左腮は肝臓*に属し、色の青いのを順、白いのを逆とする。赤いのは肝経の風熱、青黒いのは驚風（脳膜炎の類）腹痛、淡赤いのは潮熱 痰嗽を主《つかさど》る。○右腮は肺*に属し、色の白いのを順、赤いのを逆とする。赤の甚だしいのは咳嗽 喘急を主り、その色が頽《ひたい》*へ伝わると小便は赤く渋り、或は通じない。

商い医者【あきないいしゃ】〔人倫重宝記・三〕には人も許さないのに自ら大医と名乗り、はやらせたがる、大変穢い心根の医者を商い医者という。

商い日吉凶【あきないびきっきょう】〈商い吉日〉〔諸人重宝記・五〕に商いに吉日の事として、甲《きのえ》丙《ひのえ》庚《かのえ》壬《みずのえ》の寅・辰の日。乙《きのと》の丑・寅・巳・卯の日。戊《つちのえ》の子の日。癸《みずのと》の巳の日とある。〈商い初め吉日〉〔重宝記永代鏡〕に甲の辰・酉の日。乙の丑・辰の日。丁《ひのと》の寅・辰の日。戊の亥の日。庚《かのえ》の寅の日。壬の寅・辰の日。癸巳の日とある。〔昼夜重宝両面雑書増補永暦小筌・慶応二〕には「商い始め吉日」は次の各日。甲と丙は寅・辰の日。乙は丑・卯・巳・酉の日。丁は卯の日。戊は子の日。庚は寅の日。壬は寅・辰の日。癸は巳の日。〈商い初め悪日〉子と午年の人は卯・酉の日。丑年の人は辰・戌の日。寅と申年の人は巳・亥の日。卯年の人は午・亥の日。辰年の人は未・丑の日。巳年の人は申・酉の日。未年の人は戌・未の日。酉年の人は子・巳の日。戌年の人は丑・午の日。亥年の人は寅・申の日とある。この日は損失多く、毎月商いをし始めてはならない。

秋の季餅【あきのきもち】 菓子名。秋《あき》の季《き》餅、ながし物、中へ豆入り。〔男重宝記・四〕

安芸国【あきのくに】 芸州。〔広島調法記〕の安芸国の記事を抜抄する。佐伯郡六十三ケ村、高三万四千七百九十八石七升。沼田郡三十ケ村、高一万五千五百五石二斗一升四合。山県郡六十四ヶ村、高二万五百十八五石六斗六升九合。高田郡六十四ケ村、高四万三千七十五石二斗二合。高宮郡三十二ケ村、高一万百九十三石七斗九升六合。安芸郡三十八ケ村、高二万五千三百五十六石二斗八升五合。豊田郡五十六ケ村、高五万千四百十四石八斗五升八合。加茂郡八十八ケ村、高四万九千二百九十八石八斗九升二合。合せて、八郡、村数四百三十三ケ村、高合せ二十六万九千四百七十八石三斗二升。但し、合計は村数・石高とも合わない。〔万民調宝記〕には居城知行高を、広島・松平安芸四十二万六千石とある。〔大増補万代重宝記〕には、安芸、芸州、上管八郡、四方二十四里、田数一万七千八十四町、知行高二十五万九千三百八十四石等とある。〔重宝記・幕末頃写〕に行程南北二日半、山深く材木多く、海近く塩苔饒である。五穀秀れず、大下国とある。一ノ宮は厳島で城下は広島、今の広島県西部にあたる。〈名物〉〔万買物調方記〕に広嶋紙子 木地 葛籠 焔硝 水

晶豆腐の湯波《うば》（湯葉）雷（眼張の子）蒲刈の塩辛 新城山葵 西条柿など。

秋の事【あきのこと】〔永代調法記宝庫・四〕に秋は揫《しゅう》《おさむ》であり、万物成熟し揫《しゅう》斂《れん》する時である。また白蔵となづけ少陰である。七・八・九月。〔消息調宝記・三〕に四時の内に秋を第一とするのは、金気の時節なので別して月*を称美するからである。〈音物〉〔音進重宝記〕に秋の音物《いんぶつ》は鶉 鴫 山鳥、全ての小鳥がよい。また鮭 生鰯 銹鮎《さびあゆ》 新蕎麦 新酒 松茸 自然薯 銀杏 梨 柿 人参 葡萄など。〈紋様〉〔紋絵重宝記・上〕には秋の字の紋章と、文字の意匠がある。〈秋の気を見て吉凶を知る〉〔重宝記・幕末頃写〕に次がある。秋は金で白色である。秋の気が申酉（十六〜十八時）に東へ立つと家内に死人があり、南へ立つと災難があり、西の方へ立つのは宝が来る相である。北へ立つと長久、未申（南西）へ靡くのは大吉。また真直ぐに高く立つのも大吉である。〈異名〉〔俳諧之重宝記すり火うち〕に秋の異名に、白蔵 旻天 金商 明景 爽籟がある。

秋の空【あきのそら】 菓子名。秋の空、下 羊羹で山形、上 しめし物。〔男重宝記・四〕

秋の田【あきのた】 大和詞。「あきの田とは、ほに出る（外に顕るる）思ひ」である。〔不断重宝記大全〕

秋の種蒔【あきのたねまき】〔庭木重宝記〕に秋の種蒔は、美人草 芥子 高麗菊 金銭花など。これらは八月に蒔いてよい。

秋の七草【あきのななくさ】〔麗玉百人一首吾妻錦〕には旋頭歌、「（秋の野に咲きたる花を指折りてかき数ふれば七草の花）萩の花 尾花 葛花 なでしこの花 おみなえし また藤袴 朝顔の花」（万葉集・一五三八）。

秋の野【あきのの】 菓子名。秋の野、ながし物、中へ山の芋に胡麻入り。〔男重宝記・四〕

秋の萩【あきのはぎ】 大和詞。「あきのはぎとは、わりなきを云」。〔不断重宝記大全〕

秋の脈【あきのみゃく】 四季の脈*の一。秋の脈は微毛を平脈とする。胃の気がある。但毛《たんもう》を病脈とする。浮 大なのを四時の逆脈という。〔斎民外科調宝記〕

秋の宮人【あきのみやびと】 大和詞。「秋の宮人とは、中宮后を云ふ」。〔不断重宝記大全〕

秋葉山幷鳳来寺へ道法【あきばさんならびにほうらいじへみちのり】 東海道の掛川*より、秋葉*から鳳来寺を経て、東海道の御油*へ出る道程である。〔東街道中重宝記〕に以下のようにある。○掛川〈三里〉森町〈一里半〉市野瀬〈一里半〉子ならあ〈一里〉戌亥〈二里十四丁〉秋葉山。○これより鳳来寺への道法。秋葉山〈一里十五丁〉うんなあ（雲名）〈一里半〉石井〈二里〉くま〈一里二十丁〉大平〈一里半〉酢山〈一里〉大野〈一里〉鳳来寺［九丁］かどや〈三里〉新城〈二里半〉大木〈二里半〉御油。

飽き果てた心【あきはてたこころ】 大和詞。「かみな月とは、あきはてたる心」をいう。〔不断重宝記大全〕

商人の祭神【あきびとのさいしん】〔掌中年代重宝記〕に商人の祭神は、蛭子命（恵比須神）大国主命（大黒神）とし、推古帝九年（六〇一）蛭子命に誓って売り買いの法式を定め、大国主命に福徳を祈る。

秋山蒲鉾【あきやまかまぼこ】〔料理調法集・蒲鉾之部〕に秋山蒲鉾は、蒲鉾の中へ木の葉形を入れる。木の葉は煮抜き卵の黄身を合せた摺身を板につけ、蒸し冷やし、長さ二寸余に切って木の葉形にし、外を紅椀になるように煮て切り、小口三枚程見えるように入れて蒸す。

秋山餅【あきやまもち】 菓子名。秋山餅《あきやまもち》、上 うす物、下 ながし物。〔男重宝記・四〕

阿膠【あきょう】〔薬種重宝記・下〕に「阿膠 あけう／唐牛 膠《にかわ》／剉麺をまぜ炒る」。〔医道重宝記〕に阿膠《あきやう》は、甘く温。労損 虚羸《きょるい》（＝衰弱疲労）を治し、崩漏 尿血 経水の調わないのを治す。燥を潤し、咳を止め、肺萎、

肺癰を治す。刻んで土器《かわらけ》に入れて炒り、玉にして用いる。

皸【あきれ】「皹《あかぎれ》の事」ヲ見ル

あきれいす／あきれもしない【あきれいす／あきれもしない】〔増補新版名代町法記・不断の言葉〕に「あきれいすとは、大口を言ふ事」。〔増補新版名代廓法記・不断の言葉〕に「あきれもしないとは、大口を言ふ事」。

悪源太義平【あくげんたよしひら】〔大増補万代重宝記〕に悪源太義平は源義平の子である。十五歳でおじ源義賢を武蔵で討ち殺し、悪源太と呼ばれた。十九歳で待賢門に破り、永暦元年（一一六〇）二十歳で平清盛に殺された。

悪事千里を行く【あくじせんりをゆく】〔世話重宝記・四〕に『北夢鎖言』に出る「好事不出門、悪事行千里」を引用し、悪いことをするとその噂は千里も遠くまで、すぐに知れ渡る意とする。

悪実【あくじつ】〔薬種重宝記・下〕に、「悪実あくじつ、牛房子*」。

悪星の事【あくしょうのこと】〔恵々にちや頂宝記〕に次がある。悪性に悪星を、或は欲《ほし》に星を言い掛けて洒落たものである。強欲星。邪智星。奸謀星。奸賊星。虚言星。兆道星。不義星。無理星。邪淫星。買〆星。ムサホリ星。高歩星。日中カゲ星。入日カゲ星。是星。アレ星。人ノ物星をあげる。この外悪星が数多《あまた》いますが故に、各々油断なく拝まないように慎むのがよいとある。「吉星《きちせい》の事」参照

悪水を直す法【あくすいをなおすほう】〈悪水をよく仕様〉〔男女御土産重宝記〕に、米の粉を水の中へ入れて置いて上水《うわみず》を使うとよい。毒気を去る。〈悪水を清水に直す法〉〔俗家重宝集・後編〕に水二荷入りの分量に、明礬二匁程、小砂利一升程を混ぜて悪水の中へ入れ、掻き廻し蓋をして一夜置くと清水になる。

悪相【あくそう】人相*の一。〔万法重宝秘伝集〕に悪とは、親に不孝で、常に殺生を好み人を害する。悪相《あくそう》は一生心に悪事を企み人を悩ます。それ故、我が身も骨肉を砕いて、一身が危うい。慎むがよい。

悪瘡の治方【あくそうのじほう】〔文政新刻俗家重宝集〕に痰瘤《たんこぶ》とともに悪瘡を治す方として、カマエビ（草葡萄）の葉を採り陰干にして艾のようにし、痰瘤幷に悪瘡の上へ灸のように据えると妙である。「こぶ（瘤）」参照

口頭瘡の切【あくちのきれ】〔諸民必用懐中咒咀調法記〕に口頭瘡（小児の口辺の腫物）が切れたのには、貝母を粉にして蜜で塗る。

灰汁茶【あくちゃ】〔染物重宝記・文化八〕に唐茶、黄枯茶、桑茶、昔唐茶、繻子茶、の五色を灰汁茶という。

悪方の事【あくほうのこと】〔方角重宝記〕に「方角善悪*」の解説がある。悪方は水中に石が沈むように必ず祟る。特に大祟りはその年、三年目、七年目と死人の年忌同事に周り祟る。多くは、年々死人か不縁の人が出る。節分の方違があるとしても節分迄無事な人は稀であり、忽せにしてはならない。当卦が悪いと家作 所替の月より煩死する。本人が無事でも妻子 眷属に祟り、年々家内の病人が絶えず、追々死んで遂には血筋も絶える。或は火災 盗賊 諸々の災難があり、一切の願望叶わず、家業は損失があって遂には家屋敷を離れる。その代に祟らなくても子の代に祟る。子孫の乱行 悪性の止まないのはこの祟りが多い。

悪魔除け【あくまよけ】図3の如く書く。〔調宝記・文政八写〕

図3「悪魔除け」（調宝記・文政八）

悪夢を善事にする事【あくむをぜんじにすること】「夢の事」ヲ見ル

あげ【あげ】「あごた」「顎」ヲ見ル

上げ衣【あげぎぬ】〔女重宝記・三〕に生れ子のあげ衣は、布《ぬの》とある。綿《わた》で水を取る。

挙句【あげく】連俳用語。連句で最終の句をいう。初心者は付けない方が

よい。一句になり、付けあぐむと興ざめになるからである。ただあさあさと付けるのがよく、前句が恋なら恋、春なら春で納めるのがよい。挙句は案じて置くともいう。これは多分前句は花である故、前三折の花につけた句とも春の気を考えて指合《さしあい》のない物を分別し、発句から一巻の首尾を思い合わせ、巻軸の心を案じ置く時は、当らずといえども遠からぬことである。祝言めいた句体も時宜による。〔世界万法調法記・中〕

上げ下し【あげくだし】「吐瀉《としゃ》」ヲ見ル

明暮御煎餅【あけくれごせんべい】「明暮御せんべい」は、芝いさら子坂上水茶屋にある。〔江戸町中喰物重法記〕

明暮ない【あけくれない】大和詞。「あけくれなひ、心なしと云ふ心」である。〔不断重宝記大全〕

上玉【あげたま】甲冑名所*。正字は上神《あげたま》と書く。〔武家重宝記・三〕上玉《あげたま》は、天空《てんくう》*の回りに抜け出たように設けたもの。神霊 正直の頭に宿り 闘戦の武冥を加えるとする。八幡宮を武家擁護の氏神と仰ぎ 八幡鎮座の表意をもって八幡座ともいう。また輪の縁を設けて囲垣《いがき》といい、神籬《いかき》 根菊 敷菊 透菊《すき》 濃菊《こう》の五種が大体である。

明智が新道【あけちがしんみち】「松尾越」ヲ見ル

上所【あげどころ】「かきどまり（書留り）」ヲ見ル

揚羽【あげは】〔万物絵本大全調法記・下〕に「蝶 てう／かはひらご。又あげは」。〈紋様〉〔紋絵重宝記・下〕には「あげはむかひ（揚羽向い）」の意匠がある。「蝶の事」参照

木通【あけび】〔万物絵本大全調法記・下〕に「燕覆 ゑんぷく／あけび。秋」。〔薬種重宝記・下〕に和草、「木通 あけびかづら。麁皮 節を去り、刻み 焙る」。〔医道重宝記〕に木通《もくつう》は甘く平、五淋（気・労・冷・膏・石の五種の淋疾）を通じ、腫脹を除き、竅《あな》を利し、経を通じ、熱を泄《もら》す。麁皮を削り、節を去り、刻み、焙る。

揚麩の方【あげふのほう】〔料理重法記・下〕に揚麩の方は、生麩を一夜味噌に漬け、翌日取り出し、よく洗って揚げる。よく膨れる。

曙の月【あけぼののつき】大和詞。「明ぼのの月とは、つれなき事」である。〔不断重宝記大全〕

あけぼの餈【あけぼのむしもち】「あけぼの餈」は、芝土器町五丁目 京橋屋幸助にある。〔江戸町中喰物重法記〕

総角【あげまき】鎧*名所。〔武家重宝記・三〕に総角《あげまき》は、鎧の背の逆板の中央の環につけて垂らし、輪を左右に出し中央を石畳に結ぶ（図4）。総角を武器に用いる訳はその形を十字にするためで、それ故に武器の装いとする。緒は紅を用いる。「総角の鐶」は着長《きせなが》にあり、口伝がある。〈大和詞〉〔不断重宝記大全〕に「あげまきとは、かぐら（神楽）の名」とある。

図4「総角」（武家重宝記）

上松より須原へ【あげまつよりすはらへ】木曾海道*宿駅。三里九丁。本荷百七十八文、軽尻百十七文、人足八十七文。名古屋領。○中沢村 諏訪明神社があり 松原を上松の松原という。○三帰村 延喜帝の時 三帰の翁の住所で、上松から十丁余ある。○寝覚村 入口右方畠の中に細道があり、寝覚の床、村の鳥居へ出る。寝覚村 寝覚山臨泉寺の床の懸物に浦嶋釣りの御墨絵があり 庭より寝覚の床を見下し 地景が残らず見える。木曾川の流れの内に渕 岩組み、間々に小松 岩躑躅 青葉 青草の眺めが続く。浦

嶋の釣場の石 畳石 屛風石 俎板石 舟葛籠石 白石 大釜石 小釜石等の名石が多い。川原に姫小松という名木があり その下に弁財天の社がある。眺めのよい名所である。村には茶屋があり蕎麦が名物である。ひで楊枝を売る。近衛院「谷川の音には夢も結ばじを寝覚めの床と誰かなづけし」。なめ川 大橋がある。○小野の原 小野の滝が右方にある。山中の街道は大木が茂り道が悪く、一町余は平物《ひらもの》（＝板）を敷き、次に樅《もみ》の大木十本の碇《いかり》の上を往来する。○新道村、倉本村、荻原村、番馬村、大野村。〔東街道中重宝記・木曾道中重宝記六十九次 享和二〕

上尾より桶川へ【あげをよりおけがわへ】 木曾海道*宿駅。三十丁。本荷四十二文、軽尻二十九文、人足二十二文。右方に岩村へ行く道があり二里。日光街道 左に浅間社がある。箕田村観音堂。本村、門前村、町屋村、南村。右に久保村、左に雷電山の林があり、雷電の宮がある。いと（井戸）木村。〔東街道中重宝記・木曾道中重宝記六十九次 享和二〕

顎【あご】〈顎落ち治方〉病人を仰伏させ両手を病人の口中へ入れ、左右の奥歯の止《とまり》へ医者の両手の親指を掛けて、男は口を窄めかける時口を開き、女は初め口を開きかける時口を窄めれば、自然とつぼへ掛る。〔俗家重宝集・後編〕

網子【あご】 大和詞。「あこ（網子）とは、つな引く人」である。〔不断重宝記大全〕

阿漕【あこぎ】 大和詞。「あこぎとは、たびかさなる（度重）を云」。〔不断重宝記大全〕

あごた【あごた】 片言。〔不断重宝記大全〕に「あげ／あごたは、顎《あぎと》」。〔世話重宝記・五〕には「腮《あぎと》を、あごた」という。

麻【あさ】 「まにん（麻仁）」ヲ見ル

浅々【あさあさ】 大和詞。「あさづけ（浅漬）は、あさあさ」という。〔女重宝記・一〕

朝寝【あさい】 大和詞。「あさゐとは、朝寝の事」である。〔不断重宝記大全〕

あさい粽【あさいちまき】 〔男女日用重宝記・下〕にあさい粽の拵え様は、椿の灰一斗に餅米一斗二升程の積りにする。榎木の葉枝ともに煎じ出して椿の葉の灰五升程灰汁に垂れ、一番灰汁を一斗程取って置き、二番灰汁一斗三升程で米を一夜浸し、芯のないように蒸かして取り上げ、一番灰汁七八升で食い固まらない様に緩め、一時（二時間）蓋をして置き、また蒸かしてよい時分に桶に入れ、擂木で飯の四ツ五ツ割に少し搗いて、一番灰汁を手につけて形を造り、巻きに結い 榎木の葉を濃く煎じた汁で釜に入れ、結い巻きを煎じる。

浅瓜【あさうり】 「白瓜」ヲ見ル

麻苧【あさお】 麻苧は、麻や苧麻《からむし》等から作った糸である。〔江戸流行買物重宝記・肇輯〕に「江戸の諸国麻苧の売り店」が、通油町 沢田屋喜兵衛、神田松枝町 伊勢屋清兵衛、湯嶋四丁目 綱屋六兵衛等十一軒がある。

朝顔の事【あさがおのこと】 牽牛とも書く。〔万物絵本大全調法記・下〕に「牽牛 けんご／あさがほ」。

〈草花作り様〉〔昼夜重宝記・安永七〕に朝顔の花は、浅黄 白 薄紫である。土は肥土に砂を交ぜる。肥しは茶殻の粉を用いる。分植は実を採り三四月に蒔く。

〈花変らせ様〉〔清書重宝記〕に朝顔の花を変らせるには、種を蒔く時種の目を切って蒔くと黄や斑になる。また辛子を肥しにするとなんきんになる。〔調法記・四十七ゟ五十七迄〕に○「即座に斑入り拵える伝」は、酢を筆に着け朝顔の花に何なりとも書くと思うまま綺麗に出来る。○「水揚げ伝」は、朝顔の蔓の根元をよい茶を煎じて煮立てたのに漬けて置き、茶の冷めた後 冷水に移して置いて活ける。水が揚がり、後 蕾が段々に毎朝咲くこと妙である。

〈実〉〔薬種重宝記・中〕に和草、「牽牛子 けんごし／あさがほのみ。皮

を去り、炒って卸し、一番篩いを用ゆ、残りは用いず」。
〈大和詞〉〔不断重宝記大全〕に、①「あさがほとは、ほど（程）なきを云」、②「あさがほとは、夕を待たぬ心」である。③〔女重宝記・一〕には「ふ（麩）のやき（焼）は、あさがほ」とある。

朝顔の花【あさがおのはな】 大和詞。「あさがほの花とは、人の心得たるを云」。〔不断重宝記大全〕

麻上下の積り【あさかみしものつもり】〔麗玉百人一首吾妻錦〕に「麻上下の積り」は、上八尺九寸、下一丈九尺五寸である。

朝餉【あさがれい】〔男重宝記・一〕に、朝餉《あさがれい》は天皇が召し上がる朝飯の膳。又は それを召し上がる所を言い、清涼殿の台盤所の北の部屋。御膳所を朝餉という。

浅黄【あさぎ】 絵具製法 礬砂の加減。〔万物絵本大全調法記・上〕に浅黄の製法は、胡粉*の加減に似た物とある。若芽の葱色、藍染の極淡である。

浅黄水色染【あさぎみずいろぞめ】〔男女日用重宝記・上〕に浅黄水色染は、早稲藁の灰汁を垂れ、三升の内へ臭木《くさぎ》の実を一升入れ、一升五合に煎じ詰め、実をも拉ぎ汁簁《しるとおし》で通し、その汁で何でも染める。色は塩を重ね次第で濃くも薄くもなる。また、このように煎じて水嚢で通し 焼物壺に入れてよく蓋をして置くと、いつでも持用の時に染められる。

浅黄無垢【あさぎむく】 下着。〔諸礼調法記大全・天〕に浅黄無垢は平人が着るが、元服以後は慎む。極く老人と児《ちご》若衆はよい。しかし、公には慎むべきである。

浅黄餅【あさぎもち】 菓子名。あさぎ餅、上白こね物、中黄こね物、中羊羹。丸。〔男重宝記・四〕

浅霧悪しき気に中らぬには【あさぎりあしききにあたらぬには】〔里俗節用重宝記・上〕に『博物志』にあるとして、浅霧の悪しき気に中《あた》らない方は、食物より酒に勝るものはないという。

浅草餅【あさくさもち】 餅菓子。浅草餅は、金龍山き丶やうや安兵衛にある。〔江戸町中喰物重法記〕

朝熊万金丹【あさくままんきんたん】〔洛中洛外売薬重宝記・上〕に朝熊《あさくま》万金丹は、勢州朝倉 中倉広布軒にある。取り次は四条小橋東へ入丁 平野屋十三郎。第一気つけ、毒消しによい。

朝倉山椒【あさくらさんしょう】〔薬種重宝記・下〕に和果、「蜀椒 しよくしやう／あさくらさんせう」。芽枝口の開かぬのを去り、少し炒り、汗を出して用いる。

朝ごって【あさごって】 片言。「朝毎《あさごと》を、朝《あさ》ごって」という。〔世話重宝記・五〕

浅瘤【あさこぶ】 療治。〔妙薬調法記〕に浅瘤は、天南星*を粉にして生漆で練りつけ 紙を蓋にする。また六月土用に採り 陰干にし、糯を水に一夜漬けて置き、取り上げて二日干し、牡蠣の灰と三色を等分にして、浅瘤の上を刮げ 破りつける。川原艾の葉で灸を一ツ据えるのもよい。

浅茅酒【あさじさけ】〔昼夜重宝記・安永七〕に浅茅酒の造り様に二法がある。①豊後造り。上米五斗。酒に入る一日前に水に漬け、飯に蒸してよく冷ます。糀五斗。但し、一日一夜水に漬け、蒸して糀に寝させ、酒に入る前に一夜渋紙に広げてよく冷やす。水四斗。前の飯と糀をよく混ぜ合せ、壺へ入れ下から押しつけ入れ、少し中高に上まで押しつけ、次に水を入る時榎木を飯の上に渡し、上から水を注ぎ込み、飯が動かぬように仕込む。壺の口を平地から七寸程深く埋め、蓋をして渋紙で包み、上を土で埋め、人の歩かぬ屋根の下の風の吹き抜く所がよい。寒の内に仕込んで来年六月の土用の内に口を明ける。色は枇杷色のみぞれ酒である。
②肥後造り。上白の糯米と粳米各五斗を別々の桶に入れ寒の内に水で洗う。初一番目の水を捨て、二番目の水をそのまま七日置き、八日目に常のように蒸して飯にする。但し、糯米と粳米とは別々に同じ加減に蒸す。上白糀六斗。先の七日漬けた水六斗（糯米の水三斗、粳米の水三斗を合

せ）。次に二色の蒸し飯を人肌に冷まし、半切桶に入れよく揉み合わせて一夜置き、翌日臼で蒸し、飯が半分過ぎ潰れる程に搗く。それより七日間、一日に二度三度手で揉み合わせ、上下掻き回して暖かな所に置く。八日目に壺に入れ、板で蓋をし、その上を渋紙でよく包み、湿気の入らないようにして土に埋め、来年六月土用の内に口を明ける。豊後造りより味は甘く、色の白い濁り酒である。

胡葱【あさつき】 浅葱とも書く。〔万物絵本大全調法記・下〕に「胡葱 こそう／あさつき」。〔永代調法記宝庫・四〕には、目を明らかにし、虫を殺す。多く食うと精を損ずる。〈食合せ〉〔万用重宝記〕には、浅葱に鯖は食い合せとある。

浅漬【あさづけ】 〔料理調法集・漬物之部〕に「浅漬の法」が三通りある。①大根百本、糀一斗五升、塩一升五合で漬け、強い押しをして三十日程で漬かる。又、大根十貫目に塩二百三十目の積りにする。②大根百本、糀六升、中白米四升を飯に炊き、塩一升三合を交ぜ合せて漬け、押しをすると二十日程で漬かる。③大根百本、糠一斗、糀三升、塩二升をよく交ぜ合せて漬け、押しをする。よく漬かったら押しを軽くする。〔ちやうほう記〕に「早浅漬法」は、大根を洗い さっと蒸し、刈安*を桶に敷き、塩を振り大根を並べ、また刈安*を敷き、次第にこのようにして漬ける。糀を入れるのもよい。二三日で食える。

朝な【あさな】 大和詞。「あさなとは、あした（朝）の事」である。〔不断重宝記大全〕

字【あざな】 元服*して呼ぶ名を字《あざな》という。〔武家重宝記・一〕

麻につるる蓬【あさにつるるよもぎ】 諺。〔童子重宝記〕に『荀子・勧学篇』に「蓬麻中に生ずれば扶けずして直し」によるとして、蓬が麻の中に生ずると真直な麻に従って共に真直ぐ育つように、人も幼い時から正しい人の中に置くと正しい人になる。善悪は友によるという戒めを守るべきである。この意を家隆は「然りとて直き心も世に唯にまじる蓬のあさましの世や」（壬二集・雑）。俊成は「直しとて麻の蓬はなにならず 乱れてもあれ野辺の刈萱」と詠んだ。

痣抜【あざぬき】 〔薬家秘伝妙方調法記〕に、○白痣を抜く薬は、白胡麻硫黄を拉いで山にある牛尾菜《しおで》の蔓で擦り、破る。○黒痣は、狐尾枷 芭蕉根を等分に、塩を少し布に包み、度々痣の上を擦り破る。〔調法記・四十七ゟ五十七迄〕は、○六月に藜《あかざ》を黒焼にし、石灰と砥石を合せて壺に入れ、水をひたひたに入れ、その中に餅米を入れて夏日は日に乾し、冬は竈の際に置いて米の蕩けた時、鴉又《あざ》を竹の篦でこそげ血を出した上にこの薬を塗り、紙を蓋にして置くと妙に抜ける。○竹の切り株に溜まった露を綿に浸し取った水でよく洗った後、「開元通宝」の銭を火で暖め沁む程焼き、その後で天花粉*に白粉を少し入れ、再々塗るとよい。○蕎麦粉（百目）、丹礬（五目）を水糊で練り、一廻り程（七日間）つける。十五歳までは十日程、小児は七日程で治る。黒いのは治り易く赤いのは治り難い。但し、水糊は冬は出水、夏は流れ水とする。〔妙薬調方記〕に「疣・黒子・痣を治す妙薬」は、欅《けやき》の灰と石灰をつけるとよい。〔俗家重宝記・後編〕に「初生の子痣直す法」は、蝸牛《まいまい》を痣の上に置き、四五度這わせると即座に消える。「疣抜《いぼぬき》」参照

朝寝髪【あさねがみ】 大和詞。「あさねがみとは、思ひ乱れ髪。（歌）あさねがみ思ひ乱るる折々はもと結ひ初し人ぞ恋しき」〔不断重宝記大全〕

朝早く起きる呪い【あさはやくおきるまじない】 〔秘密妙知伝重宝記〕に朝早く起きる呪いは、「人丸や誠あかしのうらならば 我にも見せよ人麿のつか」と三遍唱えると、早く目の覚めることは疑いない。

朝日蒲鉾【あさひかまぼこ】 「紅《べに》蒲鉾」ヲ見ル

朝日餅【あさひもち】 菓子名。朝日餅。上うき物、下 ながし物、中 黒羊羹、山の芋入り。〔男重宝記・四〕

朝日山【あさひやま】　菓子名。朝日山。角。上白しめし物、中山の芋、下黄色、しめし物。〔男重宝記・四〕

麻布で気が知れぬ【あざぶできがしれぬ】　〈平生ソレよく言う言語〉気が知れないの意。気に木を言い掛けた。麻布に六本木はあるが、それがどの木か分からないからとも、麻布界隈に青山 赤坂 白銀 目黒はあるが、五色の黄が分からないから（擲銭青楼占・序）ともいう。〔小野篤謔字尽〕

朝熊岳【あさまがたけ】　伊勢名所。〔東街道中重宝記・七ざい所巡道しるべ〕に宇治から峠の茶屋まで四十五丁、登り坂である。茶屋の左は朝熊村を見降ろし、右は谷深く水が流れ、北は伊勢の海、東は三河 遠江の山、駿河の富士が見えて絶景である。この茶屋から勝峯山金剛証寺門前の下乗まで十五丁。本堂、本尊虚空蔵菩薩。仏牙堂、釈尊の御牙があり、甚だ尊いことゆえ開帳百銭を出し、必ず拝するとよい。求聞持堂、求聞持所は日本第一で、第二は高野山である。連珠《つれま》の池、明星水があり 奥の院は呑海庵といい 本尊は地蔵尊である。ここの前から二見の浦が眼下に見える。峠の茶屋まで帰って、茶店から三十五丁朝熊村へ下る。ここの茶店からは山田へ一里半、宇治へ十丁、二見の浦へは五十丁ある。朝熊山は仏閣で神社ではない。朝熊の社は朝熊村の北 鹿海村にある。「霊方万金丹」参照

朝熊万金丹【あさままんきんたん】　〔調宝記・文政八写〕に「朝熊万金丹」の仕様は、阿煎薬・新丁子・青付子・木香・甘草・麝香（各等分）を、上糯で練る。「万金丹」モ見ル

浅緑【あさみどり】　大和詞。「あさみどりとは、柳の事」である。〔不断重宝記大全〕

薊の事【あざみのこと】　〔万物絵本大全調法記・下〕に「薊 けい／あざみ」。〈薬性〉〔永代調法記宝庫・四〕には、薊こそ精を盛るのによく、気を廻らし、傷薬とする。胡椒は禁物である。〈草花作り様〉〔昼夜重宝記・安永七〕に薊の花は白 紫がある。土は肥土に砂を交ぜ合せて用いる。肥しは雨前に小便を注ぐ。分植は秋がよい。〈水揚げ伝〉〔調法記・四十七ゟ五十七迄〕に薊には刺《とげ》があり活ける物ではないが、日に干し萎れた処を竹に結い副え、振りをつけて水に葉茎ともに浸して置くと、元のように水が揚るのを、器に活ける。

朝催【あさもよい】　「朝もよひ」は、朝飯を炊ぐ煙である。〔消息調宝記・四〕

朝焼け【あさやけ】　「雨風の事」「日の事」「日和を見る事」ヲ見ル

朝康【あさやす】　百人一首読曲。「文室朝康」は、「ともやす」とは読まず、「あさやす」と読む。〔麗玉百人一首吾妻錦〕

蜊料理【あさりりょうり】　〈料理仕様〉〔諸人重宝記・四〕に蜊《あさり》は吸物、なしもの（塩辛）がよい。〈塩辛〉〔料理調法集・塩辛仕様〕には寒の中に蜊の剝き味をそのまま洗い、雫をよく垂らし、剝き味一升に塩五合、糀五合を合せ、剝き味と麹の鮨を漬けるように、一遍一遍に桶に漬け、押しを強く掛け二十日程経て、半日程押しを緩めるとよい。

葦【あし】　「よし（葦）」ヲ見ル

鰺【あじ】　〔万物絵本大全調法記・下〕に「鰺 さう／あぢ」。〈薬性〉〔医道重宝記〕に平にして毒なし、水腫・痢病を治す。多食してはならない。〔永代調法記宝庫・四〕には諸病に食し毒はない。気虚 労瘵によく、五臓を補う。〈料理仕様〉〔諸人重宝記・四〕に鰺は、汁 沖鱠 酢煎り なまび（生干）同わた（腸）なしもの（塩辛）焼物。縞鰺も同じ。

葦小舟【あしおぶね】　大和詞。「あしをぶねとは、思ひつくとの事」である。〔不断重宝記大全〕

足利 上野倉が野へ江戸よりの道【あしかが こうずけくらがのへえどよりのみち】　〔家内重宝記・元禄二〕に江戸より足利、足利より上野倉が野への道筋がある。立（館）林までは日光海道*に同じで、その後の道程がある。立林〈三

里〉足利〈一里半〉新田〈一里半〉木崎〈二里〉なはしまし〈一里〉玉村〈一里〉倉が野。倉が野から日光へ行くには、前の道、新田（太田とも云う）が追分で、右は立林へ四里半、新田の外端より足利へ廻り、末にて佐野へ出る道筋である。新田〈二里八丁〉矢木〈半里〉簗田〈半里〉川崎〈二里〉佐野。これより日光海道に同前となる。

足利高経【あしかがたかつね】〔大増補万代重宝記〕に足利高経は源尊氏*の族である。越前の黒丸の城を守る義貞をしばしば攻めたが勝てず、義貞はついに死んだ。その後、故あって南方に属し、義詮に仕えて執事の職となり、名を道朝と改めた。その別号を斯波《しば》という。世にいわゆる武衛である。正平二年（一三六七）病没。

脚拳【あしかがみ】〔小児療治調法記〕に脚が拳《かが》み伸びないのは、生れつき腎気不足して血気がまだ栄えず、脚の指や拳が縮まり伸べる力がないためである。治方には海桐皮散*を用いる。

足利基氏【あしかがもとうじ】〔大増補万代重宝記〕に足利基氏は源尊氏*の子で、義詮の弟である。尊氏は基氏を鎌倉に置いて東州の鎮大とした。よく兵を用いて従わない者を攻め討ち、累城累拠にして、ようやく東国を平らげた。正平二十二年（一三六七）、二十八歳没。

足利義氏【あしかがよしうじ】〔大増補万代重宝記〕に足利義氏は頼朝の親戚である。建暦年中（一二一一〜一三）に和田の一族謀反の時、義氏、実朝に仕えて営門を守り、賊を防ぎ、かつ自ら朝比奈義秀と相当り、その功は抜群である。即ち、これは源尊氏*の先祖である。建長六年（一二五四）、六十六歳没。

足利義満【あしかがよしみつ】「くぼう（公方）」ヲ見ル

葦垣【あしがき】大和詞。「あしがき（葦垣）とは、ちかき（近）事」である。〔不断重宝記大全〕

足鴨【あしかも】〔料理調法集・諸鳥人数分料〕に「吉崎鴨*」に同じとする。割鳥。鳥の位も違うことはない。少し身は和らかで料理に遣ってもよい。脂も同じ。

あじ鴨【あじがも】〔料理調法集・諸鳥人数分料〕にあじ鴨は、渡りがけの鳥は汁には三四人前、脂がのると五六人前ある。割鳥にして真鴨一羽の代りに、あじ鴨や小鴨は三羽の当てである。脂は少し赤みがあり、渡りがけから冬の内は脂が少なく、二月から多くのる。『重訂本草綱目啓蒙・四十三』に「鳧《けり》…種類甚多し。まがもと呼者肪多く味美にして上品とす…あしがも、一名あじかも、又おかよしとも云」。

足軽【あしがる】武家名目。大将の下知にしたがって進退自由なので、足軽という。〔武家重宝記・一〕

悪しき日悪しき方へ行く時の符【あしきひあしきほうへゆくときのふ】「塞りの符／守」ヲ見ル

蘆久保茶【あしくぼちゃ】蘆久保茶は駿河の安倍郡足久保から産する茶。安倍茶とともに名茶。〔江戸町中喰物重法記〕に次がある。①「粲 蘆久保御茶所（現金掛値無し）中橋南伝馬二丁目 堺屋友次郎」。②「㊉ 極上阿部足久保茶 麴町三町目 駿河屋治兵衛」。③「一 介 御膳蘆久保 本郷壱丁目 小野寺重兵衛」等がいる。

葦毛【あしげ】馬の毛色。葦毛《あしげ》、驄《あしげ》ともいう。〔武家重宝記・五〕に白毛に青・黒・濃褐色等の毛が混じる。連銭葦毛《れんぜんあしげ》（＝葦毛に灰白色の丸い銭形の斑紋のあるもの）等がある。

紫陽花【あじさい】草花作り様。紫陽花の花は、浅黄、白、赤がある。草に非ず。土は真土・肥土・砂の等分を吉とする。肥しは雨前に小便を根ばかりに注ぐのがよい。分植は春と秋がよく、又は挿し木にする。〔昼夜重宝記・安永七〕

足摺【あしずり】大和詞。「あしずりとは、悲しき事」である。〔不断重宝記大全〕

足駄【あしだ】「ぼくり（木履）」ヲ見ル

足高鴫【あしたかしぎ】〔料理調法集・諸鳥人数分料〕に足高鴫は、春に重宝して焼鳥にし、秋はそれほど用いない。晴れのことには、焼鳥のほかは遣わない。浜鴫である。

蘆田より長窪へ【あしだよりながくぼへ】木曾海道*宿駅。一里半。本荷六十九文、軽尻四十六文、人足三十四文。この宿は悪く、山坂道である。ここから上ノ諏訪へ七里、善光寺へ十五里。上池沢村は坂があり、石割坂という。石荒坂峠 この辺は旅人は食物に不自由である。〔東街道中重宝記・木曾道中重宝記六十九次 享和二〕

足手の骨損傷治法【あしてのほねそんしょうじほう】〔骨継療治重宝記・中〕に次がある。足手の骨の圧し砕けたのは、まず麻薬《まやく》*（＝しびれぐすり）を呑ませ、或は刃物で截り開け、甚だしいのは剪刀《ひらばり》で骨鋒《ほねさき》を截り去り 衝き破らないようにし、粉砕《こだごだ》になった骨があれば去り、膿血が出る災いを除く。次に桑の大片《おおへぎ》の皮を用い、補肉膏 或は定痛膏*を桑皮の上に塗り置き、次に挟みは骨肉の上に置き 差錯《ゆが》めない。三日に一度洗い、臭穢を避ける。薬で治すが、自らに薬のあるのをよいことに、濫りに割き剪《き》ってはならない。微細に診断して、適切に処置すべきである。

味な【あじな】片言。「物の心よろしきをあぢなと云は、美味の心で、味の字」である。〔不断重宝記大全〕

足の陰蹻【あしのいんきょう】灸穴要歌。〔永代調法記宝庫・三〕に「疝気には左右を代へよ経《けい》乱れ痺れだるくは足の陰蹻」。足の内踝の下の際の窪みで、三壮する。

足の薬【あしのくすり】〔医道重宝記〕に「足薬の加減」として、○「足に力無ければ」牛膝・杜仲・防已を加える。○「足の火《ほ》めくには」知母・黄栢を加える。○「足の冷ゆる」には沈香・肉桂を加える。

〈足の草臥を除く〉〔万用重宝記〕に旅で足の痛みを取り頑丈にする薬は、草烏頭・細辛・防風を細末（粉）にし、水に浸した草鞋の上に置いて履くと奇妙である。〔懐中重宝記・慶応四〕に足の草臥れには、半夏の粉を生姜の絞り汁で練りつけるとよい。「脚気の事」モ見ル

〈足の痛みの治方〉〔重宝記・礒部家写本〕に脚の痛みの治方は、硫黄（四匁）、当帰・白芷（各三匁）を水二升に入れて一升に煎じ、木綿布に浸し痛む所を度々蒸すとよい。

〈加減例*〉〔医道重宝記〕に脚痛が、風湿によるのは槟榔子・木瓜を、湿熱によるのは木通・防已・蒼朮・黄栢を、寒湿によるのは呉茱萸・生姜・蒼朮・肉桂を、腎虚によるのは牛膝・杜仲を、それぞれ加える。

足の厥陰肝の脈【あしのけついんかんのみゃく】十四経脈動所生病。「足の厥陰肝の脈」は、大指の聚毛《ななつげ》（＝指に集り生える毛）の上に起り、足の跗《こう》の上廉《かど》を廻り 内踝を一寸去り 踝に八寸上る。太陰の後ろに交じり出て 膕《ひざのうしろ》の内廉《かど》に上り 股をめぐり陰中に入る。性器をめぐり小腹に至り 胃を挟んで肝に属し 胆を絡《まと》う。上って膈《むね》を貫き 脇肋《わきあばら》に布《し》き 喉嚨《のどぶえ》の後ろをめぐり上って頏《のどの》 顙《うわあぎ》に入り、目系《めのつりお》に連なり 上って額に出て 督脈と頂《いただき》に会する。その支《えだ》は目系より頬の裏に下り 唇の内をめぐる。一支はまた肝より分れて膈《むね》上を貫き 肺に注ぐ。この経は血は多く 気は少ない。これが動ずると腰が痛み 屈伸ができない。男は疝気*、女は小腹《ほがみ》*が腫れ、甚だしい時は喉が乾き、顔が赤み色を失う。生ずる病は、胸満ち、吐逆*、腹下り（痢病）*、疝気、遺溺*、癃閉《りんびょう》（＝淋病*）等である。〔鍼灸重宝記綱目〕

足の少陰腎の脈【あしのしょういんじんのみゃく】十四経脈動所生病。小指の下に起り 斜めに足の裏に行き 然谷の下に出 内踝の後ろへ廻り分れて跟に入る。腨《こむら》に上り 膕《ひかがみ》内の廉《かど》に出て 股の内後ろ廉に上り 背を貫き 腎に属し膀胱を絡《まと》う。その直なものは腎より上って肝《かん》 膈《むね》を貫き、肺中に入り 喉《の》嚨《ど》を廻り 舌の元を挟む。その支《えだ》は肺より出て 心を絡《まと》い 胸中に注ぐ。この経は気多く 血は少ない。動ずる時は飢えても食欲なく 顔黒く 喘咳唾

血、座して立つ時目が眩み見えないようである。飢えて気不足し 恐れ人に捕らえられそうである。生ずる病は、口熱し 舌乾き 咽腫れ 上気し 煩心 心痛 黄疸 腸癖 背 尻 股内の後ろ廉が痛み、萎厥して好んで臥し 足の下は熱して痛む。〔鍼灸重宝記綱目〕

足の少陽胆の脈【あしのしょうようたんのみゃく】 十四経脈動所生病。目の眥《まなじり》に起り、上って頭の角に至り 耳の後ろに下り、頸を循《めぐ》り手の少陽の前を行き、肩上に至り、還って少陽の後ろに交じり 出て欽盆に入る。その支《えだ》は耳の後ろより耳中に入り 耳の前に出て走り、目の眥の後ろに至る。一の支《えだ》は目の眥より分れて大迎に下り、手の少陽に合し、目の下に至り 頬車に加わり、頸を下り鈌盆に合し 胸中に下り 膈《むね》を貫き、肝を絡《まと》い胆に属し、脇の裏を循り 気衝に出て毛際を循り、横に髀厭の中に入る。その直なものは鈌盆より脇に下り、胸を循り脇骨の下を過ぎ、下って髀陽を循り 膝の外廉《かど》に出て、外の脛の脇骨の前に下り、直に下って絶骨の端に至り、下って外踝の前に出 足の跗上を循り 小指の次指の間に入る。一の支は分れて足の跗より大指の間に入り 大指の岐骨《またぼね》の内を循りその端に出る。還って貫いて爪の甲に入り三毛に出る。この経は気は多く血は少い。動ずる時は、口苦くよく大息し 胸脇が痛み寝返りし難く、甚だしい時は顔汚れ 体に潤いなく 足の跗が熱し 骨を主る。生ずる病は、頭の角 頤が痛み、眥痛み、鈌盆の中腫れ痛み、腋の下腫れ、瘰癧瘻汗出て震いつき、瘧、胸脇、膝髀の外脛に至り、絶骨、外踝の前 及び諸節みな痛み、小指の次指は使えない。〔鍼灸重宝記綱目〕

足の諸症【あしのしょしょう】 「手足の諸症*」の外、「足の…」モ見ル

足の寸【あしのすん】 灸の分寸を定むる法。〔医道重宝記〕に足の先の寸は、足の裏大指の先から跟《きびす》の角まで一尺二寸、横の広さ四寸を用いる。〔鍼灸日用重宝記・二〕には、内輔《うちかまち》の上廉《かど》より下廉まで三寸半、内輔の下廉より内踝まで一尺三寸、膝より内踝まで一尺六寸、内踝より地に至って三寸、足の掌の長さ一尺二寸、足の広さ四寸とする。

足の損傷治法【あしのそんしょうじほう】 〔骨継療治重宝記・中〕に足に六出臼*四折骨*がある。脚板の上、膝頭に交わる処の臼《つがい》が出たら人に抜かす。自らは手でその骨節を撫で、骨が突き出て内にあれば手で正し骨頭を引いて外にやり、骨が出て外に向かえば力を出して引いて内にやると臼に入る。引いて手で臼に整え入れなければ痼疾となる。按骨膏 定痛膏*をつける。足の膝の脱臼と臂肘の脱臼は同じで、内に出 或は外に出る。一辺の挟みで縛り締めるが、ここは筋脈が最も多く 時々に曲め直し 又注意を怠ってはならない。足の大腿《ふともも》の根の脱臼は、身の方の骨が臼で腿の根は杵である。前に出 或は後ろに出るが、どちらも一人に患者を抱き締めさせ 一人には手に力を出して足を曳かせて握り締め、元の臼に戻す。或は挫きが開けたら柔らかい綿縄を足より縛り逆様に吊り上げて置き、手でその挫き開いた骨節を整えて上から下に墜《おと》すと自然と元の臼に戻る。次に接骨膏をつけて挟み縛る。
○「鉄釘が足に立った時」〔調法記・四十ゟ〕に鉄釘が立ったのは、螻《け》蛄《ら》を続飯《そくい》（＝飯粒糊）に擂り交ぜてつけると妙である。又、せんちんむし（便所の蛆）を黒焼にして続飯でつけると即座に痛みは止み治す。又鼠糞（大）巴豆（小）を糊で練り中へ入れる。○「針が足に立った時」〔万家調法呪詛伝授嚢〕に針が立ったのには、めめず（蚯蚓）の土を去って練りつけるとよい。「足手の骨損傷治法」「足の薬」〈足の痛み治法〉参照

足の太陰の脈【あしのたいいんのみゃく】 〈十四経脈 動所生病〉大指の端に起り、指の内側白肉の間を循り 覈骨の後《しりえ》を過ぎ、内踝の前廉《かど》に上る。腨《こむら》の内に上り 脛骨の後を循り 厥陰の前に交わり出て 上って膝股の内廉を循り腹に入り 脾に属し胃を絡《まと》い 膈《むね》に上り 咽を挟み 舌の根を連ねて舌の下に散ずる。その支《えだ》は胃より分れて膈に上り 心中に注ぐ。この経は気は多く血は少ない。これが動く時は舌の根強り 嘔吐し 胃脘痛み 腹腫りよく

噫《おくび》し、大便と屁ひる時は快くし 身体はみな重い。生ずる病は、舌の根痛み体は動かず、不食 胸熅《いき》れ痛み 寒瘧 腹下り 黄疸、夜寝られず強り立つと股膝の内が腫れ 足の大指が萎える。〔鍼灸重宝記綱目〕

足の太陽膀胱の脈【あしのたいようぼうこうのみゃく】〈十四経脈 動所生病〉目の内眥《まがしら》に起って額に上り 頂《いただき》に交る。その支《えだ》は頂より耳の上廉《かど》に至る。直に行くものは頂より入り 脳を絡《まと》い 還って出て分れて項《うなじ》に下る。肩髆の内を循り背《せな》を挟み 腰中に入って膂を循り 腎を絡い 膀胱に属する。一支は腰中より下って臀《しり》を貫き 膕《ひつかがみ》中に入る。一支は髆内の左右より分れ下り 胛《かたぼね》を貫き 背の内を挟み 髀《もも》枢を過ぎる。髀の外後ろ廉を循り下り膕中に合い 下って腨《こむら》の内を貫く。外踝の後ろに出て京骨を循り 小指の外側の端に至る。この経は血は多く 気は少い。動ずる時は頭痛、目 項が抜け、腰が折れるようである。腿《もも》は強り痛み背の中央に通り 咽は結ぼれ腨は裂けるようである。生ずる病は痔 瘧 狂 癲癇 顖 頂痛み、目は黄ばみ、涙 鼻血が出、項 腰 尻 腨 脚と皆痛む。小指は使えない。〔鍼灸重宝記綱目〕

蘆の葉蒲鉾【あしのはかまぼこ】〔料理調法集・蒲鉾之部〕に蘆の葉蒲鉾は、青い擂り身を板へ蘆の葉の傍片のようにつけ、蒸して冷まし板を離し、裏へ黄身の擂身を葉の中の一筋のようにつけ、その上に葉の傍片に拵えた青蒲鉾をまたつけて蒸す。

足の引屈みの折目両端に灸【あしのひっかがみのおりめりょうはしにきゅう】 灸穴要歌。〔永代調法記宝庫・三〕に「腰重く立たず 筋攣り 寝返らず 伸び屈まずは足にこそあれ」。足の引屈みの折目両端に灸を両方一時に三壮する。

脚盤の損傷治法【あしのひらのそんしょうじほう】〔骨継療治重宝記・中〕に脚の盤の臼《つがい》を出たのは、患者を座らせて医師は脚で腿の上から一度は踏み一度は押し込み、両手で一押しして動かすことを二三度して、接骨膏 定痛膏*、或は理傷膏*をつける。

足の豆【あしのまめ】〔新選広益妙薬重宝記〕に豆の治薬は、饂飩粉を水で溶いて塗る。又 紅螺の粉に半夏の粉を少しばかり入れて続飯で混ぜてつける。〔懐中重宝記・慶応四〕は足の豆には半夏の粉を続飯で練りつける。足の草臥れには半夏の粉を生姜の絞り汁で練りつける。〈豆を取る〉〔里俗節用重宝記・上〕に足に豆の出た時は、かくせき（角石カ）・黄連・朱（各等分）を合せ、軽粉を少し加え椰子油で溶き、苧に針をつけ、糸に薬を塗り、豆を通し、後先を糸を切って引くとその侭癒える。〈豆の呪〉〔万まじない調宝記〕は苧殻で拭くと奇妙とする。〔増補咒咀調法記大全〕は「足の豆の呪」を「そつかう そつかう」と三遍唱えて小刀の先で突く真似を三度し、念仏を三度唱える。旅中に草鞋に食われ豆が出来て痛むのにも同じ呪いをすると忽ち治る。

足の脈【あしのみゃく】〔斎民外科調宝記〕に足の脈を診るには、趺陽* 太谿* 太衝*の三脈がある。

足の陽明の脈【あしのようめいのみゃく】〈十四経脈 動所生病〉鼻の交頞《はなばしら》中に起り下って鼻の外を循《めぐ》り上歯の中に入り 還り出て口を挟み唇を循り 下って承漿に交る。却って頤の下の下廉《かど》を循り大迎に出て 頬車を循り耳の前に上り 客主人を過ぎ髪際を循り額の顱《おどり》に至る。その支《えだ》の分れは大迎の前より人迎に下り 喉嚨を循り 欽盆に入り膈《むね》に下り胃に属し 脾を絡《まと》う。その直に行くは鈌盆より乳の内廉《うちかど》に下り 臍を挟み気衝の中に入る。一の支《えだ》は胃の下口に起り腹中を循り下り 気衝の中に至って合い 髀関に下って膝髕に入り 下って骭《こう》（＝脛の頭部）外廉を循り 足の跗に下り 中指の外の間に入る。一支は膝を下り三里に注ぎ 分れて中指の外間に入る。一支は分れて足の跗より大指の間に入りその端に出る。この経は気も血も多い。動く時は悪寒し 欠伸し 顔黒く 人と火とを憎み 木の音を聞くと驚き 高所に上り歌うたい 着物を捨てて走る。生ずる病は気狂 湿淫 鼻血 口歪み唇裂け 頸腫れ 水腫 胸腹 股 脛 足の跗 中指等皆痛む。実する

時は身の前熱し よく飢え 尿は黄で、虚する時は身の前寒慄し 脹満する。〔鍼灸重宝記綱目〕

足引【あしびき】 大和詞。「あしびき」とは山を言い、山の枕詞である。〔不断重宝記大全〕

亜細亜洲【あじやしゅう】 〔童蒙単語字尽重宝記〕に亜細亜洲《あじやしゅう》は、広さ一千五百八十万坪、民は六億三千五百万人。凡そ十四ケ国がある。

阿閦真言【あしゅくしんごん】 真言陀羅尼*の一。〔新撰咒咀調法記大全〕に阿《あ》閦 真言《しゅくしんごん》は、「唵悪乞蒭毘也吽《おんちきしゅびや》」と唱える。

葦分舟【あしわけぶね】 大和詞。「あしわけ舟とは、心くるしきを云」。〔不断重宝記大全〕

飛鳥【あすか】 所名。昔の飛鳥の宮の跡で、飛鳥大明神がある。町の入口に飛鳥の井がある。飛鳥寺の本尊は釈迦如来。飛鳥川は南にあるが、ある説に古歌に詠んだ飛鳥川は河内にあるという。守屋大臣が如来の尊像を入れたという難波《なんば》の堀江はこの辺にある。摂州大坂の阿弥陀池はこれと紛れるが、区別して知るのがよい。田の中に昔の大仏の跡がある。橘寺へは十丁。〔東街道中重宝記・七ざい所巡道しるべ〕

飛鳥川【あすかがわ】 大和詞。「あすか川とは、かは（変）りやすき事」である。（歌）「世中を何にたとへんあすか川昨日の淵は今日の瀬となる」（『古今集・雑下』に「世の中は何か常なる……（読人知らず）」ガアル）〔不断重宝記大全〕

預手形【あずかりてがた】 預かり金の借用証書。諸書に範例文は多く、〔諸礼調法記大全〕〔寺子調法記〕〔音信重宝記〕等には「預申銀子之事」、〔重宝記永代鏡〕〔改正数量字尽重宝記〕等には「借用申金子之事」とあり、その範例文には長短がある。〔書札調法記・五〕には「金銀預り手形」として次がある。「預申金子之事／一小判三百両〔此利足一ヶ月ニ金子何程づつ毎月無違変進可申候〕／右之金子慥ニ預申所実正也 何時ニ而茂其元御入用次第元利共ニ急度相渡シ可申候 為後日仍而如件／預主松屋甚介（印判）／年号月日／鳫金屋 五兵衛殿」。後日のため、借用証は極めて重要である。「手形証文の事」参照

小豆粥【あずきがゆ】 〔年中重宝記〕に、○正月十五日、小豆粥を食うことは寛平（八八九～八九八）の頃から始る。『公事根源』を引いて、唐高辛氏の娘の霊魂が人を悩ますので、この娘が常に小豆粥を好んだことから小豆粥を作って祭ったことに始る。正月十五日粥ともいう。○十一月二十四日大師講、叡山・三井寺・愛宕で天台智者の忌日を勤めるのに赤小豆《あずき》粥《がゆ》を炊く。

小豆の事【あずきのこと】 〔万物絵本大全調法記・下〕に「荅 たう／あづき。小豆 せうず也。秋」。**〈種蒔〉**〔農家調宝記・初編〕に大豆《まめ》 小豆 刀豆《なたまめ》の種は、八十八夜前後に蒔く。**〈薬性〉**〔医道重宝記〕には熱を去り、渇《かわき》を止め 小便を通じ 酒毒を消す。多食すると膚が乾燥する。〔永代調法記宝庫・四〕には腸満を癒し 熱を冷まし 瘍腫物の膿も去る。**〈早く煮様〉**〔料理調法集・秘事之部〕に早く煮様は小豆に瀬戸物の割れを入れて煮る。また小豆一升程に竹［〔重宝記〕には真竹］の皮一枚を入れると早く煮える。〔新撰咒咀調法記大全〕には高麗天目の欠けを一ツ入れて煮る。また小豆に水をよい程入れて鍋に蓋をし 火打石で火を打ち掛け 火打金・火打石とも蓋の上に置くと早く煮える。〔諸民秘伝重宝記〕には小豆の中へ白砂糖を少し入れて炊くと妙に早く煮える。また藁を結んで入れるのも妙である。**〈和らか煮様〉**〔里俗節用重宝記・下〕に小豆の和らか煮様は、一度煮て塩を打ち込む時、最初の湯をこぼして水を入れ替え、また煮るとよい。**〈生れ子養生〉**〔女重宝記・三 弘化四〕に粟の枕を拵えて生まれた子が寝入った時腹の上に置くが、小豆を用いる人もある。**〈食合せ〉**〔料理調法集・当流献方食物禁戒条々〕には小豆と鮓の食い合せは凶とし、〔料理調法集・当流献方食物禁戒条々〕には

小豆と飴の食い合せを忌む。

小豆飯【あずきめし】〔料理調法集・飯之部〕に小豆飯は、米一升に小豆四合の渋を取り、渋へ塩を少し加えて炊く。また小豆を入れたら二合分程残してよいという。「色付飯」ともいう。

梓弓【あずさゆみ】 大和詞。〔不断重宝記大全〕に「あづさゆみとは、心を引を云」。〔女重宝記・五 弘化四〕には「ひきみる事也」とある。

垜【あずち】 的場の施設（図5）。垜《あずち》（＝土を丸く盛って弓の的を立てる所。的山）の例式の始めは知り難いが、神功帝の時、多々良浜で浜の藻屑を集めて山として築いた、云々のことを記している。今の垜は高さ七尺、根並一丈二尺、上巾七尺、檜垣高さ一尺二寸、小垜高さ二尺八寸、横六尺である。但し、その場に応じて作り、口伝がある。矢先は南か西、北や東は左字に書く。〔弓馬重宝記・上〕

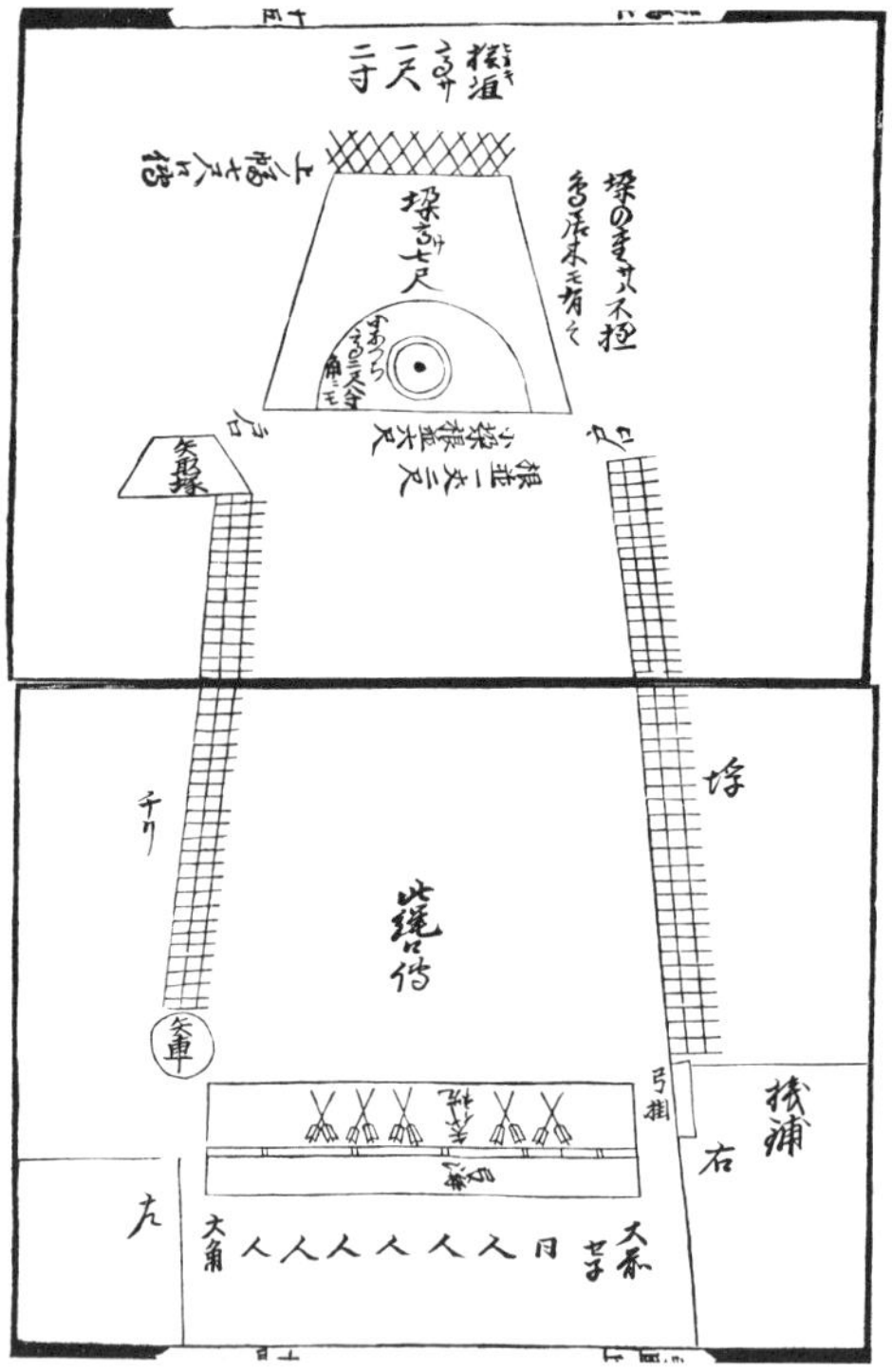

図5 「垜」(弓馬重宝記)

あすぶ【あすぶ】 片言。「遊ぶを、あすぶ、あすぶ、あすばせ」という。〔世話重宝記・五〕

東国【あずま】 吾嬬とも書く。大和詞。〔女重宝記・五〕に「あづま」とは東の国のこととある。〔世話重宝記・五〕に「吾嬬」とは『王代一覧』を引いて、景光天皇（『日本書紀』には第十二代）の時に、日本武尊が夷《えびす》征伐に東国に下り、上総の海を渡る時風が烈しく船が危くなり、尊の妾橘媛（橘姫）*は龍神の祟りとして尊の身代わりに立ち、自ら海に沈むと忽ち風は静まり、尊は夷を平らげて後、上野を廻り、碓日坂《うすひさか》に登り東南を望み、橘媛を「吾嬬よ」と呼んだことから、東国を「あづま」という言葉の始りになったという。

東路【あずまじ】 大和詞。「あづまぢとは、〔京都カラ〕東の道」である。〔不断重宝記大全〕

あずまずし【あずまずし】〔御誂あづまずし〕は、市谷左内坂町 海老屋喜太郎にある。〔江戸町中喰物重法記〕

東人【あずまびと】 大和詞。「あづま人とは、いなか（田舎）人を云」。〔不断重宝記大全〕

東百官【あずまひゃっかん】「ひゃっかんな（百官名）*」にならって関東武士が用いた諸官 諸職名。〔永代調法記宝庫・巻首〕には「東百官 相馬百官共」とあり、〔文章指南調法記・四〕には「東百官 鎌倉百官ともいふ」とあり、〔重宝記永代鏡〕には「東百官名尽」がある。左門 数馬 右内 平馬 作膳 多門 典礼 一学《いつがく》 典膳 左源太など。

吾妻餅【あずまもち】「吾妻餅」は、虎御門外菊房町 嶋林長次郎にある。〔江戸町中喰物重法記〕

汗風癬【あせたむし】〔薬種日用重宝記授〕に汗風癬《あせたむし》の薬は、天南星・貝母（各一匁）、和大黄（二匁）を細末（粉）にし、酢でつける。「たむし（風癬）」参照

汗手拭紙で拵え様【あせてぬぐいかみでこしらえよう】〔調法記・四十ち〕に汗手拭紙で拵え様は、大直紙（大形の美濃紙）*に紅屋紅で絵を書いて置き、蒟蒻

芋の皮を剝いて山葵《わさび》擂で卸し、擂鉢でよく擂り、また白豆を水に漬けて置いて柔らげて搗き、この水を芋に合せ、焼明礬を加えてよく擂り合せて後、紙を板に張り、この薬を刷毛で引く。但し、六月土用の炎天に乾くと引き、裏表に三度引くとよい。

汗癜風の奇薬【あせなまずのきやく】〔文政新刻俗家重宝集〕に汗癜風《あせなまず》は汗に爛れてできる皮膚病である。密陀草の末（粉）を酢に交ぜ、雄黄を加えて塗ると妙である。

阿是の穴【あぜのけつ】〔鍼灸日用重宝記・一〕に次がある。絡穴 三百六十所は経の正道であるが、この外痛む所を押して針灸を行うことを「阿是の穴」といい、また「天応の穴」「散針」ともいう。妄りに行ってはならず、経絡を熟得して行う時は速効がある。

汗の事【あせのこと】〔医道重宝記〕に「汗証」として、動揺《うごき》や労役《ほねおり》をせず、時となく汗の出るのを自汗*といい、陽虚に属する。盗汗《(寝汗)》*とは寝ている内に総身に汗が出て目覚めて後に知るのを言い、陰虚に属する。脈は大にして虚、或は浮にして軟で、寸口（寸関尺*）にあるのを自汗、尺部（同じく薬指）にあるのを盗汗とする。薬は当帰六黄湯*参帰湯*黄芪建中湯*等があり、症状により加減がある。また汗の証で気虚には桂枝 芍薬 黄芪を、血虚には当帰 芍薬 黄芪を加える。盗汗 気虚には牡蠣 酸棗仁、血虚には当帰 生地黄、虚労には牡蠣 黄芪がある。〔鍼灸重宝記綱目〕に発散によらず自ずから出るのを自汗といい、陽虚である。眠る内に覚えず出る汗を盗汗といい、陰虚である。盗汗には腎兪、自汗には脾兪 肺兪 腎兪に灸をする。針は合谷 曲池 湧泉 然谷にする。〈汗かかぬ法〉〔文政新刻俗家重宝集〕には水晶の玉、或は数珠玉でも臍の中へ入れ、上から布で腹帯を締めて歩行すれば、汗は妙に出ない。〈汗食物宜禁〉〔世界万宝調法記・下〕に「宜い物」は干梅 酢 葛粉 芹 蠣 烏賊 狗。「禁物」は酒 麵 葱 芥子 大根 蕎麦がある。

汗（疣）【あせぼ】〔斎民外科調宝記〕に汗瘡《あせぼ》には青蒿《よもぎ》を煎じて洗う。また棗《なつめ》の葉もよい。重いのは瘡のようになる。菉豆《ぶんどう》の粉・滑石（各五匁）を粉にして絹に包んで擦る。擦り破って瘡になったのには黄栢・棗葉（各五匁）に片脳を少し加える。〔女重宝記・四〕には蛤貝を焼いて饂飩粉を半分交ぜ、絹に包んで振り掛ける。〔調法記・四十七ゟ五十七迄〕には壁土を粉にして絹に包んで汗疣に振りつける。また胡瓜を小口切りにしてその小口で擦るとよい。また升麻を水で煎じて洗うのもよい。〔調宝記・文政八写〕は麦の殻の汁の滓《おり》を取ってつけると妙とある。〔懐中重宝記・慶応四〕には葛粉・紅花（各等分）を粉にしてつける。

汗溝【あせみぞ】「かんこう（汗溝）」ニ同ジ

阿仙薬【あせんやく】〔薬種重宝記・下〕に唐虫、「阿仙薬 あせんやく／さるはう」。止血剤、収斂薬にする。

阿僧祇【あそうぎ】大数*の単位。〔改算重宝記〕に万万恒河沙を阿僧祇という。十阿僧祇、百阿僧祇、千阿僧祇。

被遊の事【あそばされのこと】簡礼書法。〔大増補万代重宝記〕に次がある。「被成御座」は上輩に用いる。「不《ず》被成御座」という位は「被遊」の字を書いてよい。しかし、さらに崇めると言って「被為成《なさせられ》」「被為遊《あそばせられ》」と「為《せ》」の字を入れることは古例にないことである。「為」の字は上様《さま》ではないと用いないものであるが、現在は披露状*などにも用いている。

値むつかし【あたいむつかし】女詞遣。「あたゐ（値）むつかしきといふを、代物高直《だいもつこうぢき》といふは聞にくし」。〔女重宝記・一〕

徒比べ【あだくらべ】大和詞。「あだくらべとは、たがひに徒《あだ》」であることをいう。〔不断重宝記大全〕

愛宕権現【あたごごんげん】愛宕権現は、丹波 桑田郡水雄の北に鎮座。昔、山州愛宕郡《おたぎのこおり》に鎮座あったのでこの号があるという。〔改正増補字尽重宝記綱目〕

愛宕山【あたごさん】 山城最高の山で愛宕神社があり火除の神として信仰される。〈愛宕神社〉〔農家調宝記・二編〕に愛宕神社は伊弉冊 火産霊二座であったが、後に聖徳太子の師日羅を合祀した。〔東街道中重宝記〕には愛宕山は一の鳥居より山道五十町 景色甚だ美である。一の鳥居を入り試みの坂という少しの坂を越えるときれいな茶店がある。清滝*から火打の権現*まで四丁。この坂から京及び諸所が眼下に見えて佳景である。ここから谷へ土器《かわらけ》を投げて見ると面白い。中でも二十三丁目が勝れ日暮しの滝がある。二十五丁目から月の輪 高雄 栂の尾が見え、二十六丁目からは丹波 亀山の城が見える。下の茶屋 上の茶屋は粽《ちまき》が名産である。樒《しきみ》が原は愛宕山の名所であるが道筋ではない。樒は愛宕山の名産である。山を朝日の峯という。「愛宕大権現」の鳥居には白雲寺という額がある。御本社の棰鼻《たるきはな》の内に七宝を入れていて注意すると見える。奥の院がある。下向道 六坊の出離れ左に細道があり、月の輪道という。〈愛宕参り〉〔年中重宝記〕に、六月二十四日は愛宕山千日参り。愛宕参りする人が下向に北野天満宮に直に参詣を忌むとのいうのは、菅丞相を讒した本院の大臣時平卿の塔が奥の院の傍らにあるためというが、これは世人の誤りで実は護摩の灰を捨てる場があって不浄を禁じて塔を建て置いたものである。〈産穢之慎〉〔永代調法記宝庫・首〕には、初産は男五十日 女七十日、第二産は男三十日 女五十日、第三産は男二十日 女三十日、産踏合*、又は合火をも忌み参詣する。

安達が原【あだちがはら】 大和詞。「あだちがはらとは、恐ろしき事」である。〔不断重宝記大全〕

痞【あたばら】『天正本節用集』に「痞 あたばら。中悪 あたばら」とある。『日葡辞書』には「Atabara.（痞）急激な腹痛」とある。「せんき（疝気）」ヲ見ル

徒人【あだびと】 大和詞。「あだ人とは、たしかならぬ人（徒ら人）」である。〔不断重宝記大全〕

頭虱【あたまじらみ】〔諸民秘伝重宝記〕に「頭の虱失せる伝」は、草烏頭を日半日程水に漬け置いた水を髪に塗るとただ一度で失せる。〔新撰咒咀重宝記大全〕に「頭虱を直す薬」は、雷丸《たけほど》の油を塗ると悉く去る。〔調法記・四十七ゟ五十七迄〕には灰汁の強い煙草の葉を湯で濡らして擦りつけると赤くなって死ぬ。〔万用重宝記〕には白鬱金を切り刻み茶色になる程水に漬けた水をつけると虱は悉く死ぬ、等とある。「毛虱」参照

頭の事【あたまのこと】〈頭の疵〉〔改補外科調宝記〕には頭の疵に三様がある。①切疵 ②突き疵 ③血の出ない打ち疵で、これにも骨の砕けたのか、鉢を打ち窪めるか、髄筋を包む薄様が痛むか色々ある。鉢の割れたか割れないかを知ることは大事である。無疵で鉢の割れた徴は、度々吐逆し眼赤く目を眩し、牙を噛み鳴らし、塵一筋も食い切られぬ等の症が出るが、この外にも推量する法がある。乳香・蠟・豚の油各等分をよく合せて温め、頭を剃り一日つけて翌日見て、割れたのは余所から乾く。頭疵に下し薬を用いると必ず吐逆する。頭疵の手負は働き動くのも長く伏すのも悪く、また寒いのも暖か過ぎるのも悪い。月水のある女は近づけてはならず、また女の衣類で疵を包んではならない。

〈頭の損傷治法〉〔骨継療治重宝記・中〕に打撲で皮が破れない時は退腫膏*をつける。皮が破れ肉も損じたら、まず封口薬*を振り掛けて上に散血膏*をつける。皮が破れて血の流れるのには止血散を振り掛ける。腫れ痛むのには葛葉・毛藤葉・楓葉尾を砍《きし》り爛らかしてつける。頭の損傷には風に当り 水に近づくのは甚だ悪く、破傷風*となる。脳骨の傷砕が硬い所であれば治り、大陽《たいよう》の穴《けつ》を傷《やぶ》ると治し難い。脳骨の破損は力を入れずに手で押し治して平らかにする。損傷が髪際にあれば髪を剃るか挟むかして診察し、先の薬を用いる。頭の損傷を洗うには熟油を用い、或は薬水を温茶に調えて洗う。傷《やぶ》れが脳の両角、頭の後ろ、眉の辺にあれば治る。

〈頭の瘡・垢〉〔万まじない調宝記〕に頭の瘡《くさ》には、大葉子の葉を茹でて灰汁を出し菜《さい》にして食わせるとよい。〔妙薬調法集御成敗式目〕に頭に瘡ができて膿血が髪の中に流れて痛むのには、山帰来を煎じて一廻り（一週間）呑むとよい。頭に頭垢《ふけ》の出来た時は、児手柏《このてがしわ》の葉を生で一握り長さ三寸に切り、水一杯を入れて七八分に煎じ、少し冷まして洗うとよい。

あたり【あたり】 俳言の仙傍（訕謗）。「かねヲ あたり」。〔新成復古日夜重宝俳席両面鑑〕「頭虱」「頭痛」参照

当り合見様【あたりごうみよう】 上田一反の坪刈《つぼがり》をするのに、籾は如何程と見る時、この田の斗代《とだい》*八斗に当るなら何合毛《ごうけ》で合うかと当合毛を見ること。これは斗代を七五*に割り一升六勺六々と知る。この当合より何程増減あるべきかを考えて刈り取る。四分取りなら斗代を六に割る。〔農家調宝記・初編〕

あたん【あたん】 片言。「仇《あた》を、あたん」という。〔世話重宝記・五〕

あちこち【あちこち】 片言。〔不断重宝記大全〕には「あち（東風）、こち（西風）、あちらこちら 苦しからず。あちらおもて こちらおもて」と歌にある。〔世話重宝記・五〕には「あちこちを、あっちこっち」という。

あちね【あちね】 大和詞。「あちねとは、ねむく（眠）なりて寝る事」。〔不断重宝記大全〕

阿茶羅漬【あちゃらづけ】 〔料理調法集・漬物之部〕に阿茶羅漬は、酢一升、塩三合を煮返して熱い内に漬ける。小茄子・生姜・茗荷の子・蓮根等、また魚も漬ける。〔諸民秘伝重宝記〕には、醤油・酒・酢（各一合）を一ツに合せ、煮返し冷まして置いて、何魚でもひらひらと作り、漬けて置く。他に何でも精進物を入れる。三杯漬ともいう。

暑気【あつけ】 「しょきのこと（暑気の事）」ヲ見ル

集め汁【あつめじる】 〔料理調法集・汁之部〕に集め汁は、中味噌に出汁を加え、摘入《つみれ》・干鮑・煎海鼠・大根・牛蒡・芋・竹の子、その他色々と取り合わせる。

敦盛草【あつもりそう】 草花作り様。敦盛草は、花は薄色、白色もある。土は合せ土*、肥しは魚の洗い汁がよい。分植は蕾の時がよい。熊谷草ともいう。〔昼夜重宝記・安永七〕

当買【あてがい】 絹の差し値段で、その絹をそのままで何十目と札をつけることをいう。絹の良否、厚薄、出来不出来、模様柄、捌け不捌けを目利きして値段を入れる。当値段《あてねだん》、当《あて》ともいう。高機類の錦、金襴、茶宇、丹後嶋、斜子《ななこ》、琥珀、天鵞絨など全て糊気のある物、生絹でも信州・上州及び全て関東より織り出す物が対象である。「目廻り」*の対。〔絹布重宝記〕

宛状【あてじょう】 「披露状」ニ同ジ

宛名の事【あてなのこと】 〈宛名書き様〉〔不断重宝記大全〕に書状の宛名の書き様は、上は「丹州様（次さま）」「何兵衛様（次さま）」。中は「丹後守様（永さま）」「（片名字）何兵衛様（永さま）」。下は「名字丹後守様（水さま）」「名字何兵衛様（水さま）」。この例のように、高位尊者の人は姓氏が顕然としているので姓氏は書かないのが崇敬で、凡人は誰と正しく顕す。名字を書かず役職名に限るのを上とし、二字姓氏を一字書くのを中とし、二字三字ともに書くのを下とする。○様、殿、の書き様も、上から下へ真行草に差をつけて書く。凡人は顕然と名字、或は何某誰と姓氏を正しく顕す。反対に、我が名氏を略するのを非とする。不肖で我が名の知れないのを委細に顕し知らす意となる。しかし、貴人といえども人《にん》体《てい》（人品）により一字名氏を用いる。三卿の外公家 武家ともに官名を調える時は、此の方の名もまたその通りに習うのが口伝である。

〈簡礼書法〉〔男重宝記・四〕には、上所（あげどころ／じょうしょ／かきどまり［書留］*）から、一般には三寸六分を明け、本文より半字下げて月日を書き、さらに三寸六分を明けて宛名を書く。その場合、貴人の宛名は

本文より上、目上は本文に並べ、同輩は月日に並べて書く。宛名に名字《みょうじ》を書かないのを昔は敬いとしたが、今は大方書く。二字の名字を一字書くのは敬いである。自分の名を一字書くのは無礼である。〈脇付〉〔大増補万代重宝記〕に人に遣わす時の媚びた宛名、或は上封等に書く時は「尊大人」「先生」「大人」「仁兄」「雅君」「雅丈」等、儒者には「大仁宅」「大国器」「大儒宗」等であるが、「大」を抜くこともある。「仁宅先生」或は「先生」とばかり書くこともある。文人には「大文宗」「大名家」、医者には「大国手」「大神医」、僧には「大禅師」「大和尚」等がある。僧から施主には「大檀越《だいだんおつ》」「大施門」等で、脇付は前の媚びた脇付を見合せて用いる。「脇付の事」「書状の事」モ見ル

跡腹痛むに【あとはらいたむに】〔女重宝記・三〕に児枕（跡腹＝産後の腹痛）が痛むには、延胡索*を末（粉）にして酒で用いる。○松茸の石突きと芋の茎を味噌汁で用いる。○麻の苧を腹帯にすると痛まない。〔丸散重宝記〕に児枕が痛むには、蒲黄の末（粉）二匁を米飲で下す。また肉桂の末（粉）を酒で調える。

穴賢【あなかしこ】〔世話重宝記・五〕に『下学集』に出るとして、上代は家を造らず皆穴の中に住んでいたが、土中に恙虫《つつがむし》がいて人を螫した。書札の終りに穴賢《あなかしこ》と書くのは、穴を賢く閉じて塞ぎ恙虫を防がれよという意である。女の手紙に「かしこ」と書くのも「あなかしこ」の略である。〈大和詞〉〔不断重宝記大全〕には「あなかしことは、ふかくやすき（深安）心」とある。

孔痔【あなじ】〔改補外科調宝記〕に孔痔には、三品一条鎗*を糸のようにして孔の内へ入れるとよい。上には玉紅膏*をつける。

兄き【あにき】片言。「兄を、兄きといふ。但し、兄君《あにきみ》と云ふ事か。人に対して慮外也」とある。〔世話重宝記・五〕

網引【あびき】大和詞。「あびきとは、あみ（網）引く人」である。〔不断重宝記大全〕

我孫子観音【あびこかんのん】大坂願所。住吉 我孫子の観音を信心すると厄難を逃れる。毎年、初午・二の午・三の午の日に、竜頭の開帳があり、参詣して拝するのがよい。〔願懸重宝記・初〕

亜比西尼【あびしにや】〔童蒙単語字尽重宝記〕に亜比西尼《あびしにや》は「エチオピヤ」のことである。広さ二十八万坪、民は三百万人。

亜非利加洲【あひりかしゅう】〔童蒙単語字尽重宝記〕に亜非利加洲《あひりかしゅう》は、亜弗利《あぶり》加《か》ともいう。広さ一千一百四十万坪、民七千万人。凡そ十七ヶ国がある。

鶩鴨の事【あひる かものこと】〔万物絵本大全調法記・下〕に「鶩 ぼく／あひる。家鳧 かふ、同」「鳧 かも、鴨」。〈中毒治法〉〔斎民外科調宝記〕には家鴨鴨の毒に中ったら、糯米《もちごめ》の白水*を温めて用いるとよい。〈卵を産ます呪い〉〔新撰咒咀調法記大全〕に「鶩に玉子を産ます呪い」は、大唐米を餌《え》にして飼うと卵を多く産む。

虻【あぶ】〔万物絵本大全調法記・下〕に「蝱 ばう／あぶ。夏」。〈呪い〉〔新撰咒咀調法記大全〕に「虻を去る呪ひ」として「風煙」の字を書いて窓の下に貼るとよいとある。〔万家調法呪詛伝授嚢〕に「蛇虻家内へ入らぬ呪」は、五月五日午《ひる》の時に、朱砂で「茶」という字を一ツ書いて門柱に逆様に貼って置くと、蛇虻が家内に来ることはない。

阿富汗【あふがにすたん】〔童蒙単語字尽重宝記〕に阿富汗《あふがにすたん》は、酋長の分治。広さ二十二万五千坪、民は五百万人。

鐙【あぶみ】乗馬の人が両足を踏み掛ける物で左右にある（図6）。〔武家重宝記・五〕に鐙の頸 逆靼《ちからがわ》を掛くる所を鉸具頭《かぐかしら》といい、蛸頭《たこがしら》というのは誤りである。輪中の揺鉄《ゆるぎかね》を鞁踏金《ひとうかね》という。今は俗に引通《ひとう》と書く。○「鐙進じ様」自分が踏むように持参し、御前で取り直し押し揃え、左右に常に踏まれるように置く。押し揃え、鳩胸が左へ向うようにするのもよい。○「名数」一足《そく》二足と数える。〈鐙師〉〔万買物調方記〕に「京ニ

テ鐙師弁象眼」は夷川堺町西へ入 喜多川喜兵へ、東洞院二条上ル 友貞、二条ふや町 川勝、新町仏光寺下ル 重信ら八人がいる。〔江戸ニテ鐙師弁象眼」はおが町横町 作左衛門、源介町 五郎左衛門、神田佐竹殿前 正次。〔江戸流行買物重宝記・肇輯〕に「鐙鍛冶工」は小石川伝通院前 金子甚兵衛がいる。「大坂」は記載なし。〈紋様〉〔紋絵重宝記・下〕に「鐙繋ぎ」の意匠がある。

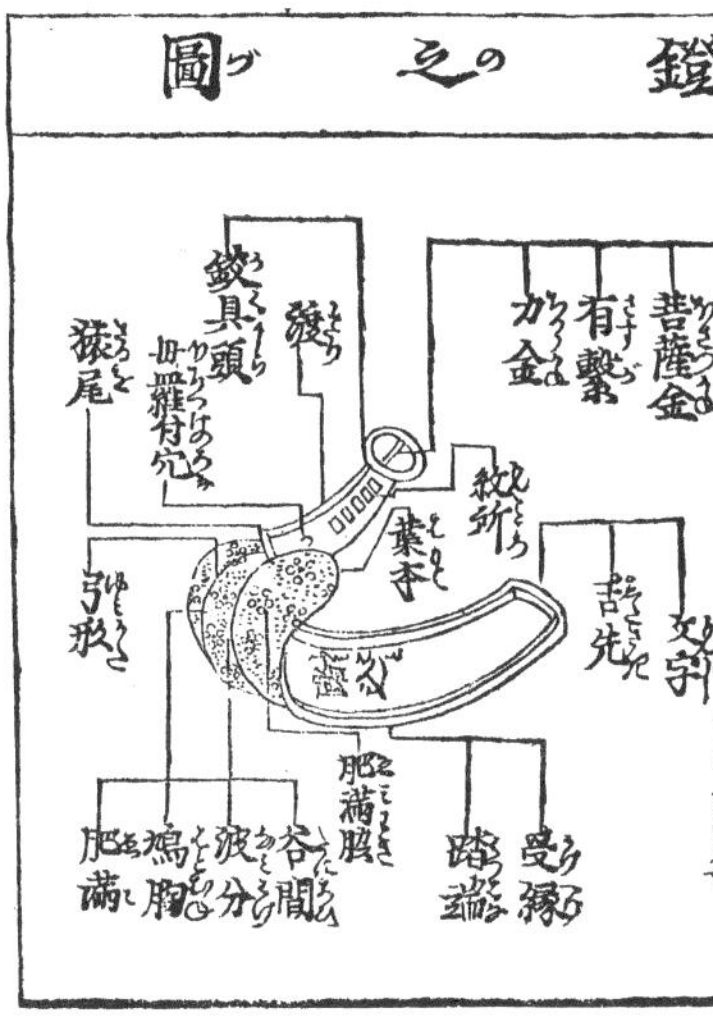

図6 「鐙」(武家重宝記)

承鐙肉【あぶみずり】 馬形名所*。鐙*が当る 馬の横腹の肉。垂れたのがよい。〔武家重宝記・五〕

油揚蒲鉾【あぶらあげかまぼこ】〔ちやうほう記〕に油揚蒲鉾は、鯛でも鮃でも常のように擂り、糯米の粉 玉子を擂り合せて丸め、油で揚げる。

油揚の事【あぶらあげのこと】〈鍋に火が入った時〉〔男女御土産重宝記〕に豆腐 昆布 その他何でも油揚をする時、火を強く焼くと必ず鍋に火が入り困惑する。これには同じ油を少し添えると忽ち鎮まる。世間に油揚をする時、鍋の傍に青菜を置くのは間違いで、油の中へ水気を入れると愈々悪くなる。これに対し、〔秘密妙知伝重宝記〕は油揚の鍋の内より火が出たら、何んでも青菜を入れて蓋をするとよい。早く塩を入れてもよい。〔懐中重宝記・慶応四〕は九年母の皮を煎じて用いる、とある。

〈油揚に中った時〉〔胡椒一味重宝記〕は胡椒を少し飲むとよい。

〈油揚屋〉〔江戸町中喰物重法記〕には山王町 春日屋長右衛門がある。

油落し様【あぶらおとしよう】〈衣服〉〔女重宝記・四〕に、○油が小袖*に着いた時は、水一升に塩一合を入れてよく沸かし、少し冷まして濯ぐ。○縫箔の類等で水に洗えない物は、油の上に紙を敷いて滑石の粉を振り掛け、さらに紙を敷いて火熨《ひのし》*で何度も撫でると落ちる。但し、木綿は落ちない。○紙に油のついたのは土器《かわらけ》の粉を振り掛けるとよい。魚鳥の血 油のついたのは蕪の汁で洗うとよい。〔染物重宝記〕は、○絹 木綿何でも油の懸ったのは、常に壌《こずち》（＝石塊のない柔らかい土）を蓄えて置き、焙烙で熱く炒って振り掛け、上に強く重しを掛けて置くと一夜の間に落ちる。○何色でも油の掛った時はすぐに壁土か釜の下の焼け土を粉にして両面から振りかけ、火熨を当て 重しを掛けて置くとよい。○衿の油が染み着いたのには水垢離の餅で摺りつけると落ちる。また姫糊（＝飯を水で磨り潰した糊）を塗りつけて置き、よく乾いてから洗い落す。〔調宝記・文政八写〕には木綿・縮緬によらず一切着物の油抜きは、鶏卵を落した湯で洗う。〔大増補万代重宝記〕に穢《けがれ》が久しくなり落ちないのは、酸漿草《かたばみ》の汁で洗うと忽ち落ちる。もし、この汁で色が着いた時は木患子《むくろじ》か小豆の粉で再び洗うとシミの着くことはない。○油の着いた所に大根の卸しを揉みつけて置き、湯で洗い落す。〔里俗節用重宝記・下〕には油垢を落すには、シャボン*という物がよく取る。〔万家調法呪詛伝授囊〕には、滑石と天花粉*を粉にして油の上に置く。一度で落ちない時は五六度も取り替えると、不思議に去る。

〈畳〉〔家内重宝記・元禄二〕に畳に油が着いたのは、石灰を篩い掛けて置くと石灰に染み付いて止る。色のある物には石灰を掛けて置くのが

よい。また続飯（飯糊）を紙にぴたっとつけ、油の着いた上に押しつけ、一夜置くと悉く油気は落ちる。

〈紙 書物〉〔永代調法記宝庫・三〕に油染みの紙や書物の油落し様は、土器《かわらけ》をなるだけ細く粉にして火で炒り、熱い内に五分の厚さに敷き、その上に紙一枚を敷き、その上に油の付いた紙を置き、その上に又薄紙一枚を敷いて又土器の粉を五分の厚さに置き、その上に又紙を蓋にして、なるだけ重い物を押しにして一夜置くとすべて油は落ちる。但し、跡は残る。この法は衣服の油着きにもよい。〔女用智恵鑑宝織〕は木灰を細かに篩《ふる》い、炒箱《いりばこ》の内に厚く置き、その上に油の付いた紙を何枚でも置き、又その上に灰を入れて箱の内へ蓋をして鮓《すし》押しのようにして強く重しをかけて置くと落ちる。〔女中重宝記〕には随分濃い白水（米の溶き汁）を煮やし、その中へ入れて炊くと落ちる。〔日用調法人家必用〕に「書物に脂が掛ったのを抜く伝」は、屋根の瓦に塗った漆灰《しっくい》を取って細末（粉）にし、紙の裏から振り掛けて伸し、一晩過ぎると油は悉く脱けて跡はなくなるという。衣類にもよい。

油掛地蔵尊【あぶらかけのじぞうそん】 大坂願所。大坂安堂寺町一丁目筋東北角油掛の地蔵尊に、小児諸病平癒の立願をする。参詣に「油掛け能化の地蔵大菩薩 げに安曇寺の古跡残れる」の御詠歌を三遍称えて立願、成就すれば油を掛け奉ると誓い、御礼参りには地蔵堂の外の石仏の地蔵尊へ油を注ぐ。この地は昔安曇寺という大寺の跡で、地蔵尊は千五百年に及ぶという。〔願懸重宝記・初〕

油糟【あぶらかす】 〔農家調宝記・続録〕に油糟は、干鰯《ほしか》とともに金肥《かねこえ》*である。美濃国では油糟ばかりを肥しに作る所があり、ここは昔から蝗災《こうさい》が少ないという。油は蝗*に大敵である。ここの米は尊い方の御上り米となるので、この国では油糟は大切にして他国へ出さず、肥しの入れ様や、用い方は所々の農家に詳しい。「肥しの事」参照

油薬【あぶらぐすり】 〔洛中洛外売薬重宝記・上〕に油薬は、河原町三条下ル村上氏にある。小包十二文。切り傷、打ち身、諸々の腫物につけ、癒すこと妙である。

油薬官養香【あぶらぐすりかんようこう】 〔洛中洛外売薬重宝記・上〕に油薬官養香は、よしや町下立売上ル 玄々堂にある。一貝十二文。取り次は、麩屋丁六角下ル丁 わたや利兵へ、四条大宮東へ入丁 大坂や伊兵へ、松原猪熊西へ入丁 大坂や吉左衛門等五軒がある。諸の腫物、炮、毒虫の刺したのにつけると妙に癒える。

油気の物へ文字書く法【あぶらけのものへもじかくほう】 〔俗家重宝集・後編〕に油気の物へ文字書く法は、皂角子《さいかし》の莢を煎じた水で墨 又は絵具を溶いて書くとよい。〔大増補万代重宝記〕に油紙・傘に文字を書く法は、青松葉を手一束五分位に切り一夜水に浸した水で墨を磨って書くと墨を弾《はじ》かない。また鉄漿《おはぐろ》を少し墨に磨り交ぜて書くのもよい。

油皿の事【あぶらざらのこと】 〔新撰咒咀調法記大全〕に「油壺 或は油差しの氷らぬ呪」は、寒中に胡椒を四五粒入れて置くと油に限らず水瓶も氷らない。○「油坏（皿）の鼠を避ける方」は、鼠の付いた油に蓖麻子油を少し加えると鼠は二度と来ない。○「油坏に虫の入らぬ呪」は、「金西金舎」の四字を行灯*に貼って置き、土器の上に菖蒲を一筋置くとよい。また「イシフシヱンリンキリフクヱニフクリン」と片仮名で書いて貼って置くとよい。〈灯火に虫の入らぬ法〉〔万まじない調宝記〕に灯火に虫の入らぬ法は、三味線草へ卯月（四月）八日の甘茶を掛け、行灯へ吊って置くとよい。

油火の事【あぶらびのこと】 〔万物絵本大全調法記・下〕に「燈 とう／ともしび／あぶらひ」。〈油の代用〉〔諸民秘伝重宝記〕には「油なくて灯す灯火の伝」は、乳香・硫黄・乾漆・松脂（各一両）、黒豆（四両）、焰硝（二匁）を漆で固く練り合せ、無患子ほどに丸じ、鉄か細い焼き物の上で灯

す、とある。〈油の倹約、水の入った時〉〔万用重宝記〕に○「倹約の仕方」は下土器に生塩を一杯入れ上の土器にも折々塩を少しずつ入れて灯すと、油が土器に焼け浸み込むことも 火の弾けることもなく、一合は五勺も延びて常の油と同じく灯る。○「灯し油の中に水の入った時」には、灯し口へ生塩を少し置いて灯すと火の消えることはない。〈灯に葡萄の陰を見せる伝〉〔調法記・全七十〕には壺に油を入れ、この中に葡萄を一房入れてよく蓋をして葡萄棚の下へ埋めて置き、三十日して取り出し、油を土器に入れて火を灯すと、妙に葡萄の陰が映る。

油虫【あぶらむし】〔万物絵本大全調法記・下〕に「滑虫 くわつちう／あぶらむし」。〈竈の油虫〉〔秘密妙知伝重宝記〕に油虫を絶やすには、朝顔の種を竈《へっつい》で燻すと奇妙に絶える。〔新撰咒咀調法記大全〕には青蒿（かわらよもぎ。臭蒿［河原人参］ともいい 色青く少し黄味がある。臭い悪く 食し難い）の茎 葉を竈の間に置くと奇妙に悉く去る。〈除去の呪〉〔万用重宝記〕に油虫を去る呪いは、鶏の絵馬を荒神へ供えると妙である。〈木のあぶら虫〉〔男女日用重宝記・下〕に木草にあぶら虫の付いた時は、熊《くま》皮を黒焼にし熊の胆《い》を少し入れ、水で振り立て虫の付いた所に振り掛けるとよい。木草が二ツ葉 三ツ葉になる時、振り掛けてもよい。〔日用調法人家必用〕に「木虫《あぶらむし》を去る伝」は、三月雛棚に供した蛤を樹の枝に掛けるとその年はあぶら虫は生じない。菊枝に付いたあぶら虫には、莨《たばこ》の茎を煎じてその水を掛けるとよい。〔秘密妙知伝重宝記〕には木にあぶら虫の付いた時は、三月雛祭に供えた蛤貝に「我は次郎左衛門也」と書いて虫の付いた枝に紙に包んで下げて置くと、忽ち妙に落ちる。

油を量り分る算【あぶらをはかりわくるさん】 三升枡と七升枡で、油一斗を五升ずつに分ける法を問う。答えは、三升枡で三回量って七升枡へ入れる時、二升残る。七升を元に戻して残った二升を空いた七升枡に入れ、また三升枡で一回量り込むと、五升ずつになる。〔古今増補算法重宝記改正・上〕

阿部【あべ】 所名。阿部山満願寺がある。御堂 本尊は文殊菩薩、開帳百銭。岩窟があり、不動尊がある。飛鳥へ一里。〔東街道中重宝記・七ざい所巡道しるべ〕

安倍清明の事【あべのせいめいのこと】〔新撰咒咀調法記大全〕に安倍清明は、陰陽の道に精《くわ》しく専ら神符をもって衆人の殃《わざわい》を救うとある。〔人倫重宝記・四〕には賀茂保憲《かものやすのり》の弟子で、占いの名人。当時薩摩に道満という占いの名人がいて清明と優劣を争った。〈清明塚〉〔年中重宝記・五〕には安倍清明が「鴨川の洪水」*を祈って験《しるし》があり、寺を建て法城寺*と名付けた。初めは真言宗、中世には浄土宗となり、寺号を心光寺と改め、慶長十二年（一六〇七）に三条の端東に寺を移し、清明死後はこの寺に葬り、近世までは五条川原に清明塚があった。〈清明社祭〉〔同・三〕に「九月」二十六日、安倍清明社祭りがある。〈清明流呪い〉〔諸人重宝記・五〕に「清明流太乙定分」は、五歳 十一歳 十七歳 二十三歳 二十九歳 三十五歳 四十一歳 四十七歳 五十三歳 五十九歳 六十五歳。五歳に始り七年目に廻る。この年をよく心得えて何事も慎み、信心祈禱するのがよい。怠ると一大事出来、災難に会う。〈清明流物裁ち悪日〉男の衣裳を裁たぬ日は、己《つちのと》巳・庚辛《かのえかのと》の日。女の衣裳を裁たぬ日は、甲《きのえ》申の日。但し、女の月の障りがある時は裁ち手も着る主も大いに悪い。〈太乙定分の月日を知る事〉〔万民重宝改正大ざつ書〕に次がある。○子午の人は、寅申の年三月九月子午の日 寅申の時 一定である。○丑未の人は、卯酉の年四月十月丑未の日 卯酉の時 一定である。○寅申の人は、辰戌の年五月十一月寅申の日 寅申の時 一定である。○卯酉の人は、子午の年六月十二月辰戌の日 子午の時 一定である。○巳亥の人は、丑未の年三月八月巳亥の日 丑未の時 一定である。○辰戌の人は 子午の年五月七月辰戌の日子午の時 一定である。〈安倍清明袖之下〉〔懐中重宝記・弘化五〕に、○子の日は門を建てない。

○丑の日は造作 元服 袴着をしない。○寅の日は仏神に仕えない。○卯の日は吉凶なし。○辰の日は人を訪ねない。○巳の日は竈を塗らない。○午の日は家を作らない。○未の日は薬を飲み始めない。○申の日は衣服を裁たない。○酉の日は弓矢 太刀 脇差を求めない。○戌の日は商売を始めない。○亥の日は婿嫁を取らない。

〈安倍清明 日和の考え〉〔年号重宝記・文化元〕に、○申（十六時）子（零時）辰（八時）の三時に降り出すと長い。○巳（十時）酉（十八時）丑（二時）に降り出すとやがて晴れる。○寅（四時）午（十二時）戌（二十時）に降り出すと半ば晴と言い降り降らず雲る。○未（十四時）時に降り出すと多くは風となり晴れる。○卯（六時）亥（二十二時）時に降り出すと風が少しあり晴日和が続く。○寅卯（東々北）の方に帯のような黒雲が棚引くと甲《きのえ》乙《きのと》の日に雨が降る。○辰巳（東南）の方に棚引く時は丙《ひのえ》丁《ひのと》の日に雨が降る。○午未（南々西）の方に棚引く時は戊《つちのえ》己《つちのと》の日に雨が降る。○虹が立ち後先《あとさき》が早く消える時は俄に大風か大雨、虹が中から消える時は雨が少し降る。

安部比羅夫【あべのひらふ】〔大増補万代重宝記〕に安部比羅夫《あべのひらふ》は、斎明帝の朝（六六五～六六一）、蝦夷を討ち、平らげた。また粛眞を討ち、生熊及びその皮若干を得た。

阿片【あへん】〔薬種重宝記・下〕に唐草、「阿片あへん／けし（芥子）*の汁」。

阿房【あほう】〔世話重宝記・五〕に、唐の秦の始皇帝は阿房宮《あぼうきゅう》を造り、高さ数十仞、東西五里、南北千歩あり、上には数万人を居らせ、下には五丈の旗を立てても届かない程の宮殿であった。ここに数多の宮女を貯えて置き奢りを極めたが、すぐに項羽に滅ぼされ、阿房宮も焼失した。これより、益のないことを好み奢りを極める者を、阿房《あほう》という。

海女／蜑戸【あま】蜑戸《あま》は海辺の女漁師である。腰に縄をつけて水に入り、鮑 栄螺 螺の類を捕り、上る時に縄を動かし舟より引き上げる。悪くすると悪魚に食われることがある。〔日用重宝女大学〕

雨覆【あまおい】「さつきげ（五月毛）」ヲ見ル

天児の事【あまがつのこと】大和詞。〔不断重宝記大全〕に「あまがつとは、男子の三歳ばかり」とある。〔女重宝記・二、弘化四〕に「天児《あまがつ》の事 御這子《おはふこ》といふ是也」とあり、次の説明がある。これは幼少の女子が布《きれ》で猿を縫い 背負って遊び歩く形のような物であり、その後は張子人形のようにした。女子の縁付に先立って持たせるのは、災難は悉く這子に引き受けさせ、その身には障りなしと、朝も夕も衣類を着せ、美食のある時は供え、四時の果物の外菓子類まで供えてかしずき置く。嫁入の後まで も大切に崇め置く事は、高貴の方々迄 我が国の風俗である（軽い者にはこの事はない）。古名を岐佐宜《きさぎ》という。〔麗玉百人一首吾妻錦〕に「あまがつ（天児）」「御這子」はいずれも凶事を避ける人形である。寸法に定りがあり、頭は練絹で十二の襞があり、衣装は両割れに仕立て、模様は鶴亀松竹である。これを嫁入の乗物の前に立て置く。衣裳を着せるのをかんどり（蟹取）小袖という。小児五歳 七歳まで新しい着物を着せる時、まずこの人形に着せ初めると悪事災難を遁れる。また懐妊の後に胞《え》衣《な》桶《おけ》にも天児の形を作って入れる。

天切る【あまぎる】大和詞。「あまぎるとは、雲の切れたこと」をいう。〔不断重宝記大全〕

甘九献【あまくこん】大和詞。「あまざけは、あま九こん」という。〔女重宝記・一〕

甘口新酒造り様【あまくちしんしゅつくりよう】〔醸造重宝記・中〕に「新酒甘口」の造り様は、被《かぶ》り元《もと》*の造り様と同じであるが、元米の蒸し時分、掛け時の加減がある。元米を洗い半切や壺の付置は、被り元位の黴をよくよく見立て覚えて蒸す。黴が薄く一面に出 笊《いかき》の飯の真ん中に銭の丸さ程の穴が開くのを待たず、一遍に黴が渡る時蒸す。黴がかすむ位を見覚

えることである。○（朔日）元米 一石分（水一石一斗。麹十四貫目）。○（二日）添米 一石（水一石六斗。麹二十二貫目）。ここで石水に平す。ここで九斗水麹十二貫目に平す。○（三日）中米 四石（水二石九斗。麹四十八貫目）。ここで八斗水麹十二貫目宛に平す。この通り毎日続けて掛る。○都合七石に留る。水合 五石六斗。麹合 八十四貫目。蒸の冷まし加減は、○元米は七分冷まし 温みを三分つけに入る。○添米はよく冷まし切って入れる。○中米はよく冷ましひやし切って入る。外に詳しい造り様がある。「辛口新酒造り様」参照

鼷【あまぐちねずみ】〔万物絵本大全調法記・下〕に「鼷 けい／あまくちねずみ。又はつかねずみ」。

甘子【あまご】「山辺《やまべ》」（魚名）ヲ見ル

天児【あまご】「天児《あまがつ》の事」「ほうこ（這子）」ヲ見ル

雨乞い【あまごい】「旱魃の事」「小野小町」「七小町の事」参照

甘酒【あまざけ】「醴酒」とも書く。**〈造り様〉**〔男女日用重宝記・下〕に甘酒の造り様は、上白糯米一升を乾飯《ほしいい》のように挽き割り強飯に炊き、糀一升五合、水一升に糀を入れ、糀の花を揉み洗い出し、布で濾し絞り出し、その汁で造る。また強飯をよく冷まして造る。〔昼夜重宝記・安永七〕に醴酒は、上白米糯一升（荒々と挽き割り 常の強飯のように蒸し よく冷ます）、糀一升（粳の白米上糀）、水一升、この内へ三分一程酒を加え、また酒五合 水五合で一升にする。水の中へ糀を浸し、一夜たって翌日十分に強く揉むと糀の花がよく落ちる。同じくは、糀の米の傍にある黴までも落ちるようによく揉み、次に糀を濾し捨て、その中へ強飯を仕込む。この醴酒は寒の内に造り、よく出来た時鍋へ入れ、よく沸かし壺に入れて置くと、来年の夏までも持つ。沸かした酒は固くなるので、用いる時水で延べて燗をして飲む。この造りようは常の醴酒より久しく持つ。〔料理調法集・料理酒之部〕に甘酒は上白米一升を飯に炊き、白糀一升三合、水一升で、八九月中迄は前日に造る。冬は五日程前に造り込む。〔ちやうほう記〕に四季甘酒の法として、白米三升を挽き割り よく蒸して冷ます、糀五升、水三升。糀を入れて揉み水嚢で濾し 絞り糟を捨て、その水で作る時掻き合す。夏は三日、冬は五日でよい。沸かしてもよい。〔諸民秘伝重宝記〕に甘酒の名伝は、米一升を強目に炊き 蒸れた所へ糀八合を揉んで入れ 杓子でよく掻き混ぜ 押しつけ 布団に包んで温めて置く。夏は朝仕込むと夕方には甘酒になる。折々掻き回して見ると熟れたのが分る。湯水等は少しも入れてはならない。極めて堅造りなのは糀が少ないためで、諸人は疑い危ぶむが、糀を沢山入れたよりも甘い。出来上がってから湯を入れ 火に掛けて飲む。

〈早造り甘酒の方〉〔料理重法記・下〕には、酒・水・仙台糒《ほしい》・砂糖を各茶碗に一ツ、玉子二ツを一ツに掻き回して煮ると忽ち甘酒になる。精進には玉子を去ると味はさらに軽くなる。〔料理調法集・料理酒之部〕には、①道明寺糒一升を湯煮して洗い上げ、糀一升に水一升五合を入れ、擂り立てて濾し、一ツに合せて鍋に入れ、白砂糖を加えとろとろと練ると即座に甘酒になる。②焚き立ての飯へ糀を合せて塩を少し入れ寝かすと、一時（二時間）ばかりで甘酒になる。**〈辛味の付かぬ方〉**〔ちやうほう記〕には、甘酒の中へ挽茶を少し入れて置くと辛味は付かない。

〈久しく置く造り方〉〔昼夜重宝記・安永七〕には、糯米一升（糯の大きさに挽き割り 粉を篩い去り 常の強飯より柔かに蒸して冷ます）、糀二升、水二升。糀を水に浸し 揉み洗い出し 滓を捨ててよく通し 飯を入れ掻き混ぜて置くと常のような甘酒になる。桶の廻りに泡が立つ時炭火でよく煮、白い泡が立つのを備前徳利へ入れ、冷えた時分に上げて置くといつまでも持つ。日数が経って味が辛くなる時には、また炭火で煮て徳利に入れて冷やして置く。〔ちやうほう記〕には、糀二升（よく揉み風の吹かぬ時二日程天日に干し花の失せないようにして入れる）、白米五合（よく磨ぎ常の如し）。飯

に炊き、温かな内に糀を鍋に入れ 水をよい程に加減して温め 冷まして用いる。

〈甘酒所〉〔江戸町中喰物重法記〕に次がある。「御膳大白あま酒」は神田須田町二丁目 丹波屋利兵衛。「江戸一流名物名代本栗醴酒所 根元」は芝宇田川町 大黒屋新兵衛。「江都根元御膳あまさけ製所」は横山町三丁目 恵美須屋（溶き掻き廻し沸かして呑む）。「（江戸／元祖／本製）三国一あま酒所」は横山町二丁目 大黒屋」（煮え立せ湯を甘酒と等分入れ掻き廻し沸かして呑む）。「名代あまさけ浅草海苔」は赤坂一ツ木町 植木屋惣七など。

甘酒煮【あまざけに】〔料理調法集・煮物之部〕に甘酒煮は、甘酒を擂り出し、煮物の下汁へ、際《きわ》に椀の中へ、よい程を差す。

雨障子の事【あましょうじのこと】雨障子は、雨を防ぐため 明障子《あかりしょうじ》に油等を引いて強くしたもの。〔万用重宝記〕は提灯 雨障子に、油の替りに大根の絞り汁を刷くと油に勝り水を弾く。〈雨障子張り様〉〔男女御土産重宝記〕に姫糊（姫糊拵え様*）の中へ女の遣う五倍子《ふし》を入れて貼ると奇妙に離れない。世間で遣いつけているのは、蕨の粉を糊にして貼るが、これは心安く出来て重宝である。

甘汁【あまじる】〔料理調法集・口伝之部〕に煮抜汁*とは、垂れ味噌*に仕立てたものであるが、麪類の汁には甘汁ともいう。

甘鯛【あまだい】「白皮鯛」ヲ見ル

雨垂拍子【あまだれびょうし】〔重宝記・能〕に「鼓の拍子」はどれほど諷が遅くまた早くても、雨垂拍子（規則正しい雨垂のように一定の間隔で奏でる事）に合わないことはない。大鼓 小鼓ともに伸び縮んだ所を色々手を変えて打つ。大鼓を請けて小鼓は打つ。大鼓が無拍子では悪い。尤も声を第一とする。カタ地とは「（大鼓）●イヤ（小鼓）○●○ハヤハ」と請けて打つ。この意で「トリ」も「五地」も外の手も同じ事である。

天つ神【あまつかみ】大和詞。「あまつかみとは、天神七代*」である。〔不断重宝記大全〕

甘漬【あまづけ】〔料理重法記・下〕に甘漬は、糀・塩・飯、各一升。飯を強く炊き、よく洗い、水気を去り、一ツに合せ、茄子・大根・鉈豆を漬ける。押しを強くして置く。〈本方甘漬〉〔ちやうほう記〕には黒米二升を強く炊いて冷まし、糀二升を入れて掻き交ぜ、敷布に包み火を苞立てに包み一夜寝かせ、翌日昼に塩一升五合を入れて冷まし桶に入れ、茄子・瓜を水気を去り、塩を一摑み二摑みして桶に入れる。内外に蓋一枚をし、内の蓋へは石を重しに置く等とある。

甘漬魚【あまづけうお】〔料理調法集・漬物之部〕に甘漬魚は、何魚でも塩を振り塩が流れた時、糀と酒に餅の和らかなのを入れ、三日程漬けて置く。

甘漬鮞【あまづけはららご】〔料理調法集・漬物之部〕に甘漬鮞は、鮞（＝魚の卵塊、特に鮭の卵をいう）を塩なしに砂糖蜜に漬ける料理。

尼寺の五山【あまでらのござん】景愛寺。護念寺。檀林寺。恵淋寺。通玄寺。〔万民調宝記〕

天照大神【あまてるおおんかみ】〈大和詞〉〔不断重宝記大全〕に「天てるおゝんかみ、天照太神也」とある。〈女人の始め〉〔女重宝記・一〕に天地別れて国常立尊より天神七代*の間は男女の別ちなく、七代目の伊弉諾尊伊弉冉尊の二神より男 女に別れ、天の浮橋のもとで初めて婚合《みとのまくばい》をして一女三男を産んだ。一女が天照太神《てんしやうだいじん》で、容貌は光り輝き麗しいので天《あま》照太神《てるをゝんかみ》という。また日の神ともいい高間原《たかまがはら》を治め、天下りして下界を治め地神の祖《みおや》と仰がれ、今も諸人が敬い奉る。女は天照太神の流れなので神代は勿論人の世となっても、上代の女は素直で、邪《よこしま》ではなかった。〈諸生説〉〔金持重宝記〕に『天地宝山集』に曰くとして、天照皇大神は三の位があり 上の位は花蔵世界に、中の位は梵天宮に居し、下の位は天照皇大神に顕れる。天竺国（印度）では釈迦と化生して無量の仏を集めて法を説き、震旦国（中国）では世々の聖賢と生れて人道の品を教え

られ、この外数多の国々で出生され、恵みは深い。

尼名尽【あまなづくし】〔篇冠字引重宝記〕に「尼名尽」として、栄寿 妙春 知月 寿仙 恵三 清真 貞心 光月 知覚 俊慶など三十五名字が出る。

天野【あまの】 高野山名所。四所大明神の宮がある、拝殿を透楼という。持所 本尊は愛染明王。勅願の護摩堂 本尊は不動尊。御影堂 本尊は弘法大師。塔 本尊は大日如来。山王堂 本尊は四所大明神の御本地。宝蔵、曼荼羅尹、西行堂、一切経蔵、鏡池、如法経の杉等がある。〔東街道中重宝記・七ざい所巡道しるべ〕

天の岩戸【あまのいわと】「高倉の岩窟」ヲ見ル

天の浮橋【あまのうきはし】 大和詞。「天のうき橋、天の総名」である。〔不断重宝記大全〕

天香具山【あまのかぐやま】 山名。低い山である。大和三山（畝傍山* 耳無［成］山*）の一。〔東街道中重宝記・七ざい所巡道しるべ〕

天の河【あまのがわ】〔万物絵本大全調法記・上〕に「天漢 てんかん／あまのがは。天河 てんが也。天潢《てん》くはう、銀河 ぎんが。並に同」とある。

天の橋立【あまのはしだて】 本朝勝景。丹後国与謝宮津。〔麗玉百人一首吾妻錦〕に「思ふことなくてや見まし 与謝の海のあまの橋だて都なりせば」（千載和歌集・旅）の歌を挙げて、天橋立等の風景画がある。〈大和詞〉〔不断重宝記大全〕に「天のはし立とは、未だあひ見ぬ事」である。

甘海苔【あまのり】〔万物絵本大全調法記・下〕に「紫菜 しさい／あまのり。又 むらさきのり」。〔書札調法記・六〕に紫菜《あまのり》の異名に、紫莢《しせん》がある。〈薬性〉〔医道重宝記〕に紫菜《あまのり》は、寒にして毒なし、熱を去り、咽をよくし、気の滞りを去る。浅草海苔ともいう。

甘蒸【あまむし】 大和詞。「ひしお（醬）は、あまむし」という。〔女重宝記・一〕

雨漏り際付落し様【あまもりきわつきおとしよう】「藍染めの事」〈染み落し様〉ヲ見ル

余【あまり】〔算学調法塵劫記〕に「止余 じよ／余 あまり」。多い数の内から少ない数を引いた残りをいう。

雨龍【あまりょう】〔万物絵本大全調法記・下〕に「螭 ち／あまれう」。〈膏薬〉〔重宝記・礒部家写本〕に「アマレウ」という膏薬は、たうろふ（唐蠟カ）（十匁）、やしを（椰子）（七匁）、胡麻油（十五匁）を練り合せ、大傷には卵を杉原に浸して下につけ、蓋はこの膏薬でする。また牛の油（二匁）、猪の油（一匁）を入れてもよい。

あみだいじ【あみだいじ】「あみだいじは、あみだ寺」である。〔不断重宝記大全〕

鯆の料理【あみのりょうり】〔ちやうほう記〕に、○「鯆糀漬《あみ》」は、鯆一升・塩四合・酒糟一升に、茄子、人参、蕨、笋子、生姜、茗荷等を入れて漬ける。○「鯆塩辛」は、鯆《あみ》一升、塩三合の配合でつくる。

飴【あめ】〈練り様〉〔昼夜重法記・正徳四〕に飴は、白砂糖三斤、水二升を銅鍋で一沫《あわ》煎じ 水嚢で濾しよく洗った鍋へ入れ、また炭火で半分に煎じ 米酢を盃七分程入れて一沫煎じ、汁飴飯椀に八分目程入れ、また一沫煎じ 糯三合五勺をよく擂り入れ、篦《へら》で二人も三人も寄り 鍋底に焦げ付かないように練り詰め、たらたらとよい加減の時饂飩粉の上に杓子で移し 固まった時切る。〔男女日用重宝記・下〕は麦を萌《もや》してよく干し粉にする。また糯米をよく搗いて飯に炊き 息の出ないように置く。湯を手引き燗にして飯にひたひたに入れ、米二升なら萌し粉を二合で合せ甘酒に造る。熟れ過ぎない時に布で通し練り詰める。まず緩々と水飴にし、硬飴《かたあめ》には強く練り詰める。小糠を沢山に置き、その上に掛けて固まった時形は望み次第にする。〔菓子調法集〕は唐法師（大唐米）糯米一斗を強飯にして水一斗五升入れ、三時（六時間）程置き、萌しを五合入れ、搔き回し嚢に入れて絞り、その汁一斗を三升に煎じ詰め、固まったのを引き伸ばし引き伸ばしすると白くなる。

〈早飴の法〉〔菓子調法集〕に早飴は、糯米一升を常のように炊き、糀三合、水一升五合を一ツに合せ、夏は一時（二時間）置き、冬は一夜置いて布袋に入れ、汁を垂らして鍋に入れ火を細くして練り詰める。白砂糖を入れて練ると飴に白筋が出る。また袋を絞り出して練ると少し濁る。垂れ粕に糀を少し入れて置くとよい甘酒になる。〈製飴屋〉〔江戸町中喰物重法記〕に「飴品々／おこし品々」は、浅草田原丁 桑名屋がある。〈薬性〉〔永代調法記宝庫・四〕に五臓を潤し虚にもよいが、多食すると障る。

鯇【あめ】〔万物絵本大全調法記・下〕に「江鮏 こうせい／あめ。又 水鮏 すいせい。同」。〔医道重宝記〕に鯇《あめ》は、温にして毒なく、胃を暖め、中《うち》を和《か》し、多食すると瘡《くさ》を生ずる。〈料理仕様〉〔諸人重宝記・四〕にあめ（鯇）は、汁 日照り 鱠 鮨 焼く。

黄牛【あめうし】 牛相。〔牛療治調法記〕に黄牛《あめうし》（＝毛色が暗黄色）。青牛 黒牛ともに額《ひたい》の上に一ツの黄の花の形があるのは大いによい。

雨風の事【あめかぜのこと】〔和漢年暦調法記〕○夜九ツ時（零時）に降り出すと、長雨になる。八ツ時（二時）に降り出すと、程なく晴れる。七ツ時（四時）に降り出すと、ばらばらで止む。○朝六ツ時（六時）に降り出すと、半日降る。五ツ時（八時）に降り出すと、長雨である。○昼四ツ時（十時）に降り出すと、やがて晴れる。九ツ時（十二時）に降り出すと、ばらばらで止む。八ツ時（十四時）に降り出すと、半日程降る。七ツ時（十六時）に降り出すと、長雨である。○暮六ツ時（十八時）に降り出すと、やがて晴れる。○夜五ツ時（二十時）に降り出すと、ばらばらで止む。四ツ時（二十二時）に降り出すと、半日程降る。但し、夕立や時雨等は定まらない。

○春は東風が多く吹く。南風や東南の風が吹くと、必ず雨が降る。春に雨が降り続き 上って山の手が四方共に空き 雲が千切れたのは、やがて晴れる。風は東々北の間に変る。○夏至に至り 西南より風が吹いたら、その夏中は大いに暑い。○五月梅雨の内に 朝口に風が二三日吹くと、晴れる。六月土用中に東風が吹く時は、天気がよい。また西風も吹く。七月に夜寒く冷ややかであれば、風はない。暑いと雨が降る。朝雲が赤く朝焼けする時は、雨が降る。夕焼けする時は、天気がよい。秋の日北風が吹くと雨が降る。夜に吹く北風は晴れる。○寒の内に天気が良いと、翌年は雨が少ない。○四季共に、日の出の方に向って雲が行くのは、その日は天気の徴である。○真西より風が吹くと、雨はない。また真西の風は、いつでも冷ややかである。西北より吹く風は、晴れる。○出雲 入雲は、所々で違う。京大坂辺では 北東・北西へ行くのを入雲と言い、大方雨が降る。また南東・南西へ雲の行くのを出雲と言い、大方晴れる。

○東風は雨が降るが、土用と梅雨には降り続く雨も大方は晴れる。○春大変寒く、夏蒸し暑く、秋俄に涼しく、冬忽ち暖かくなるのは、雨の降る徴である。○一天雲なく 至って青い時は、三日の内に雨が降る。盛る雲が早く消えるのは、大風の吹く兆しである。また雲が切れ切れになって早い時は、大風である。○虹が早く消える時は、風である。暗くなる時は、雨が降る。また虹の後先や中の消えるのが早いのは、風である。虹が西方に立つと翌日雨が降る。東方に立つのは雨は降らない。また日の入に東南方に立つのは必ず大風が吹く。

○稲光が西南方にある時は、晴れる。西北方にある時は、雨が降る。乱れて煌めく時は、天気のよい徴である。○朝に鳶が鳴く時は、雨が降る。夕べに鳴く時は、晴れる。○鳴り物の音が常より清く冴える時は、風雨の徴である。○石が湿り 或は煙が下へ下り 硯石が強く乾き 人の身が上気して頭の痒い時は、皆風の徴である。○湖に泡が多く浮く時は、大風の徴である。○京 大坂辺で夏の内の雲が北東方へ行く時は、天気が

よい。夏中が過ぎると違う。

〔昼夜弁要万宝二面鑑・寛政十二〕には、○蚊が空に集まるのは雨。○猫が青草を噛むのは雨。犬が草を噛めば晴。○鳥が水を浴びるのは雨。鳶が朝鳴けば雨。暮方に鳴けば晴。○羽蟻が多く集るのは雨風。○山が近く見えるのは雨。○人の頭が痒く、耳の熱いのは近々に雨。○燈火が動き光り、俄にぱちぱち鳴るのは雨。○雲が切れ切れになって足の速いのは大風。○一天に雲なく晴れ青い時は三日の内に雨。「雨の事」「天気の事」「農家四季の占」「日の事」「日和の事」参照

飴醤油【あめしょうゆ】〔料理調法集・造醸之部〕に飴醤油は、大豆を煮た飴一石、塩四斗の二品を煎り、桶に入れて冷まし、七日目に糀六斗を搔き交ぜて仕込む。

天地【あめつち】大和詞。「あめつちとは、天地を云」。〔不断重宝記大全〕

雨の事【あめのこと】〔万物絵本大全調法記・上〕に「雨う／あめ。暴雨 ばうう／むらさめ／はやさめ。凍雨 とうう。白雨 はくう。並に同じ。霖《りん》雨／ながあめ」。〔書札調法記・六〕に雨の異名に、霖雨（三日以上の雨をいう）詹溜《せんりゅう》 点滴 甘沢《かんたく》がある。

〔増補呪咀調法記大全〕に「年中雨降る時節の考え様」がある。正月朔日 二日の雨は、七月水。正月三日の雨は、五月水。正月四日の雨は、四月水。正月五日の雨は、三月水。正月六日の雨は、二月水。正月七日 八日の雨は、三月水。正月九日の雨は、十一月水。正月十日の雨は、九月水。正月十一日の雨は、十月水。

〔重宝記・幕末頃写〕には「毎月定めて風吹き雨降る日の事」がある。正月朔日 二日は午の時（十二時）に風があり、風がなければ雨がある。二月九日 十二日 二十四日は、昼過ぎて雨風がある。三月三日 十七日 二十七日は、午の時後雨風がある。四月八日 十二日 二十三日は、午の時雨風がある。五月三日 十七日 二十七日は、昼過ぎて風雨がある。六月十二日 十八日は、卯（六時）辰（八時）の時風がある。七月七日 九日 十五日は、午の時風雨がある。八月三日 八日 十七日 二十七日は、雨風がある。八月中に甲寅 己丑の日があれば必ず風が吹く。九月十一日 十七日 十九日は、雨風がある。十月十五日 十八日 十九日 二十七日は、卯の時西風がある。十一月一日 三日 十九日は、雨風がある。十二月二日 二日 五日 二十二日 二十八日は、雨風がある。

〔耕作重宝記播州加古駅植田嘉兵衛施板〕には雨について凡そ次がある。○雨が降るのは、水の静かな時。水に泡のある時。水の冷ゆる時。石が湿る時。波の湿る時。鐘がよく鳴る時など。○春は南風により、夏は西風により、秋は北風により、冬は東風により、雨が降る。尤も東風は四季ともに降る。○半（奇数）の日降り出す雨は長く、長（偶数）の日降り出す雨は短い。○雨が降り出した時により大雨か小雨かを知るには、左手の人差指頭を子（零時）、中指頭を丑（二時）、薬指頭を寅（四時）、子指頭を卯（六時）、二段目をまた順に辰（八時）巳（十時）午（十二時）未（十四時）、三段目をまた申（十六時）酉（十八時）戌（二十時）亥（二十二時）と配して、人差指ならば雨、中指ならば降らず、薬指ならば時雨、子指ならば半雨と知る。○雨が降り出た時により長短の雨を知る歌。「長雨は卯辰未に申や亥子。短きは戌酉巳午丑寅」。○晴天で入り日に虹が立てば一夜過ぎて雨が降る。

〔船乗重宝記・文政元〕に「雨降り様の事」がある。○申（十六時）子（零時）辰（八時）に降り出すのは、長雨。酉（十八時）丑（二時）巳（十時）に降るのは、晴れる。戌（二十時）寅（四時）午（十二時）に降るのは、直に止む。亥（二十二時）卯（六時）未（十四時）に降るのは、続かない。○四季共に夜中に雨が上ると、二十四時（四十八時間）の内に雨になる。その内冬は少しでも時雨れると、日和《ひより》が続く。○巳時に晴れると、やがて又雨になる。未時に晴れると、天気はよい。○雨が降り午時に晴れて日

が見えるのは、大雨の標である。○夜七ツ時（四時）に雨が降ると、翌日は晴れる。日暮七ツ時に降り出すのは、雨は上り難い。○長雨後 暮方に雨が止み明らかに晴れると、必ず又雨が降る。長雨 長晴は甲《きのえ》の日より変る。長雨が晴れないのは、丙丁《ひのえひのと》の日より晴れる。久しく雨が降らないのは、戊己《つちのえつちのと》の日より変る。長雨は庚《かのえ》の日に晴れる。長晴は戊の日に降る。○丁巳《ひのとのみ》の日に降り出せば長雨となる。○長雨が上ると、必ず晴が続くものである。○亥卯の時に雨がぱらぱらとしてやがて晴れるのは、卯時ならばその夜に、亥の時ならば翌日に大風雨がある。これは不変の理である。

〔重宝記・幕末頃写〕には雨が降り出す時の情況により天気を窺う。○申子辰の時降り出すと、雨は長い。巳酉丑の時降り出すと、やがて日が晴れる。寅午戌時降り出すと、降り降らずで曇る。亥卯未の時降り出すと、やがて日が晴れる。○寅 卯の時寅卯（東々北）の方に帯のような白雲また黒雲がたなびくと、甲 乙の日は必ず雨が降る。辰巳（東南）の方に白雲か黒雲がたなびくと、丙丁の日に雨が降る。午未の時に午未（南南西）の方に白雲か黒雲があって日を襲うと、戊己の日に雨が降る。また旺相（五行の四時盛んな相）の日に雨が降ると、百物を損ない枯れる。○虹が立って後先や中が早く消えるのは、俄に大風か大雨が降る。○雨の足が細かいと陰風が生じ、太いと陽風が生ずる。

○六月土用に雨が降ると、冬の土用に日旱りする。○三月に霜が降ると、後に必ず雨が降る。○鵺が夜に一声泣くのは風、二声は雨、三声四声は明日は長閑で雨風はない。○羽蟻が出、魚が水面に躍るのは、雨風の験しである。○朝霧が出ると雨が降り、夕霧は晴れる。○卯時に風が吹くと、その日は雨が降る。○月が既に畢宿（雨を司る星）を離れると、車軸を流す雨が降る。○秋に東南方より風が吹くと雨が降る。春夏に西北方より風が吹くと雨風になる。○春の己卯《つちのとう》の日に風が吹くと、その年は大風になる。○夏の己卯の日に風が吹くと、五穀不作となる。○秋の己卯の日に風が吹くと、日旱りする。○冬の己卯の日に風が吹くと、大煩いをする。

〔昼夜懐要両面重宝記・寛延六〕には「雨降り出し長短考」があり、考え様は図（図7）について、例えば寅の日申（十六時）の刻に雨が降り出したら、［一］を寅、［二］を卯、［三］を辰、［四］を巳と数え、また始めから午未申と数えて、寅の干支より降り出しの申の刻の干支迄数えて当る黒星［三］の下により長短を知る。［一］に当れば少しの雨で、一時半（三時間）ばかりで止む。［二］に当ればぱらぱらですぐに止む。［三］に当れば、大雨また小雨で長引くこともある。［四］に当れば、半日また一夜で上る。《紋様》〔紋絵重宝記・上〕には雨の字に水馬《みずすまし》の意匠、また雨字の意匠がある。「雨風の事」「天気の事」「農家四季の占」「日の事」「日和の事」参照

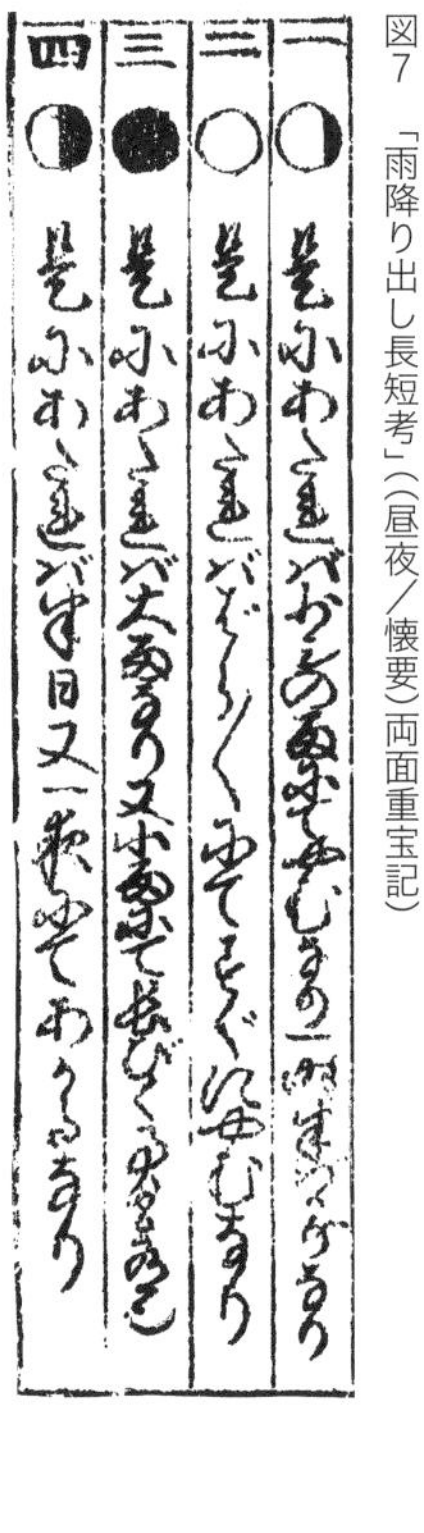

図7「雨降り出し長短考」（昼夜／懐要）両面重宝記

雨撒【あめまき】〔耕作重宝記〕に白雲が出てさざ波 或は鱗形のように雲に皺が寄ったのは、雨蒔《あめまき》 水撒《みずまき》と言って降る。

飴萌やし【あめもやし】〔菓子調法集〕に「飴萌やし」の製法に四法がある。①大麦を春の内に水で冷やし、箱に広げ蓋を仕込み、一日に水を二度ずつかけ、二寸程に生え出た時引き解き、水で洗い日に干し、その後石臼で挽き、細かに篩い使う。②小麦を水に一日冷やし 笊籬《いかき》（＝ざる）に入れ、雫を垂らし切って桶に入れて蓋をし一夜置く。小麦に白く萌やしが

出てから萌黄に変るまで毎日水を掛け淡黄になった時細かに切る。極寒の時分には温湯でこの通りにする。③糯米一升を強飯にして桶に入れ、その上に萌やしを粉にし一合振り掛け、水をひたひたに入れて蓋をし、飯がよく冷める時手でよく揉み合わせて粒の無いように見える時、袋に入れて豆腐を絞るように絞り、また粕にも水を入れて揉み濾し、鍋で煎じ、五度程煮返し、袋で濾し、加減する。④糯米二升を強飯にし、粳米二合水二升で、強飯をよく冷まし萌しを掻き混ぜ水を入れ、冬は一夜半程、夏は一夜置いて甘酒のようになる時、布の袋に入れて絞り、火を細くして練る。

雨漏の掛りを落し様【あめもりのかかりをおとしよう】 染み落し様。紅絹・藍染などに漏り雨のかかったのは塩湯で濯ぐとよい。〔男女日用重宝記・上〕

亜米利加【あめりか】 〔童蒙単語字尽重宝記〕に次がある。①亜米利加は広さ一万四千六百万坪、民六千五百十五万人。亜墨《あめ》利加とも米利堅《めりけん》とも書く。②亜米利加州は北部凡そ十一ヶ国。③魯属亜米利加魯領。広さ四十八万坪、民は五万四千人。④英属亜米利加英領。広さ二百九十八万坪、民は三百四十万人。⑤亜米利加合衆国と盟約通信の国は、荷蘭《おらんだ》魯西亜《ろしや》英吉利《いぎりす》仏蘭西《ふらんす》葡萄牙《ぼるとがる》独逸《どいつ》瑞士《すうゐつるらんど》比利時《べるじうむ》以太利《いたりや》嗹国《てねまるく》西斑牙《いすぱにや》瑞典《すういーでん》墺地利《おおすとりや》哈維《はわい》支那《しな》。また、各国はそれぞれ盟約。

雨を乞う歌【あめをこううた】 〔女用智恵鑑宝織〕には「和歌威徳伝略」に、月を経て雨が降らなかった年、貴船の社司が詔りし祈念したが験なく、賀茂幸平は貴舟（布祢）明神*に詣で、「おほみたの潤ふばかり堰掛けて井堰に落せ川上の神」（新古今集・神祇歌）の歌を手向けると、歌に感じてか、大いに雨が降ったという。「旱魃の事」ヲ見ル

あも【あも】 女中御所詞。「餅は、かちん、又あも共」いう。〔麗玉百人一首吾妻鑑〕

瘂門【あもん】 禁灸*の穴。〔鍼灸重宝記綱目〕は一穴、瘂門は後ろの髪際の真中より五分上にある。〈経絡要穴 頭面部〉一穴。一名は舌横、また瘖門。風府*の後へ五分にあり針四分二分、留ること三呼して瀉し、五吸にして瀉し尽くす。更に針を留めてこれを取る。灸は禁穴。舌が急《こわ》りにして語らず、重舌《こじた》諸々の陽熱、気盛んで鼻血の止まないのを治す。〔鍼灸日用重宝記・二〕には風府の後へ五分にあり、仰向きあがく所で、鍼灸ともに禁穴である。ここに灸をすると瘂の病を生ずるという。

あや木【あやき】 諸国片言。「しもと（標）」ヲ見ル

怪しい時に立る符【あやしいときにたてるふ】 〔増補咒咀調法記大全〕に「万の物怪しきに立よ」として符がある（図8）。

図8 怪しい時に立る符（増補咒咀調法記大全）

綾ながし【あやながし】 菓子名。綾ながし、上しめし物、下うき物、小豆粒入り、羊羹。〔男重宝記・四〕

綾なし【あやなし】 「あやなしとは、無益《むやく》」である。〔女重宝記・五 弘化四〕

綾の毛【あやのけ】 鷹の名所*。〔武家重宝記・五〕に綾の毛は鷹の羽交《はがい》の上に連なって生ずる毛をいう。帷毛《かたびらげ》の所にある。

穴織宮【あやはのみや】 「くれはのみや（呉服宮）」ヲ見ル

あやまわりの療治【あやまわりのりょうじ】 〈平生ソレよく言う言語〉あやまる、の意。「あやまわり」を「按摩《あんま》針《はり》」の呼び声に言い掛けた。〔小野篁謔字尽〕

危【あやむ】 十二直*の一。暦中段。〔童女重宝記〕には、斗魁（北斗七星の第一星から四星迄。天枢・璇《せん》・璣・権）の前の険といい、何事も悪い。〔和漢年暦調法記〕等に凶日であるが、家造り、酒・味噌造り、神を祭り、木を伐り、婚礼、種蒔は吉。舟乗り、馬乗り、山へ行き、夜歩きは凶。

菖蒲【あやめ】 〔万物絵本大全調法記・下〕に「菖 しやう／あやめ。石菖

蒲」。〈草花作り様〉〔昼夜重宝記・安永七〕には菖蒲草、花は薄色紫、白浅黄。三月に咲く。土は野土、赤土を少し交ぜる。肥しは茶殻の粉がよい。分植は春、秋がよい。〈掛香の名方〉〔新板増補女調法記・四〕には沈香（一匁）、丁子（八分）、白檀（一匁二分）、甘松（八分）、麝香（四分）、龍脳（一分）である。

菖蒲羹【あやめかん】 羊羹の中へ、蓮根を湯煮して皮を去り、竪に中へ一通り入れ、蒸し立てる。〔菓子調法集〕

菖蒲草【あやめぐさ】 大和詞。「あやめ草とは、菖蒲の事」である。〔不断重宝記大全〕

文目も知らぬ【あやめもしらぬ】 大和詞。「あやめもしらぬ、涙の繁き事」をいう。〔不断重宝記大全〕

綾紋紗綾【あやもんさや】 〔絹布重宝記〕に綾紋紗綾は、飛紗綾*に丈巾も同様である。紋柄定まらず、太模様で色々ある。大方は帯地である。綾地に紋を織り、輪無し紋柄がまま多い。

鮎【あゆ】 〔万物絵本大全調法記・下〕に「年魚 ねんぎよ／あゆ」。〈異名〉〔書札調法記・六〕に鰷《あゆ》の異名に、年魚 銀口魚がある。〔医道重宝記〕に鰷は温で毒なく、胃を温め、冷瀉を治す。〔永代調法記宝庫・四〕に鮎は平で、五臓を補い筋骨を強くする、常に食うとよい。〔調法記・四十ゟ〕には鮎の鱁《うるか》（＝腸）の砂を取るには、蒟蒻の上に鱁を置き、篦《へら》で撫でこそげ取ると、砂は蒟蒻の中に入る。〈料理仕様〉〔諸人重宝記・四〕に鮎は、鱠 汁 刺身 鮨 焼く 白干し 塩引きにして肴 酒浸《さかびて》うるか（鱁）子はなし物（塩辛）子を生で煎り酒を掛けてよい。〔料理重法記・上〕に「鮎鱠百人前早く拵え様」は、竹皮付きの篦のような物を薄く拵え、二ツに折り撓め、左手で鰷《あゆ》の首を捕え、右手に竹を持ち撓んだ所を鰷の鰓《あぎと》に引っ掛けて扱《しご》き、又ひっくり返して扱くと、骨 皮 身の三枚になる。小刀を遣うと面倒であるがこの法では百人前は暫時にできる。〈食合せ〉〔料理調法集・当流献方食物禁戒条々〕に鮎の鮓を食い、麻や猪を食うことを忌む。

あゆかすな【あゆかすな】 大和詞。〔不断重宝記大全〕に「あゆかすなとは、はらかすなと云心／はしたかのおきゐせんとてかまへたゝをしはらかすなねすみとりへく」（国歌大観『拾遺集・物名』二八「箸鷹のをぎゑにせむと構たるおしあゆがすなねずみとりべく」トアル）。「ばらかすな」の意カ。

洗い柿【あらいがき】 染色。薄い柿色。〔秘伝手染重宝記〕に「あらいがき」は白絹の上に、ご（豆汁）を一度引きその上を丹石墨《にいしずみ》を少し入れ、随分薄く、色合を見合わせ刷毛で斑無く一度引く。また白いごを一度引く。

洗薬【あらいぐすり】 〔改補外科調宝記〕に、①「腫物」の洗薬は当帰・独活・白芷・甘草（各二匁）、葱頭（五）、水（三椀）を入れて煎じ、薬味が煮爛れた時あげて濾す。渣を去り、絹切を茹でて腫物を洗い清め、膏薬をつける。洗う時は腫物を風に当てないようにする。②「肥癬」の洗薬は、荊芥・黄檗・苦参（各等分）。痛み腫れるのには山椒の芽、痒いのには蛇床子を加えて洗う。〔骨継療治重宝記・下〕には洗薬《せんやく》として、桑白皮・荊芥・黄連・黄檗・当帰・白芷・赤芍薬・連翹・生地黄を煎じて滓を去り、洗い浄める。この外、脱肛*・癰疽*等、各種の洗薬がある。

洗い粉【あらいこ】 洗顔 洗髪用の粉剤。〈製法〉〔童女重宝記〕に製法がある。婦人は殊に器量の美醜に拘わらず身綺麗にし、垢付かぬのが愛《めでた》い。諺にも「垢抜けたよい風俗」というのは朝夕の嗜みによる。常に浴びて肌えを濃やかに艶にする洗い粉を製して用いるのがよい。①縁豆《やえなり》（五合）、龍脳（二両）、滑石・白付子・白檀・白芷・甘松（各一両）を細末（粉）にし、常に浴する時に肌に塗り糠で洗うと、総身は艶を出し玉の如く、汗瘡 皰 雀斑の憂いなく、腫物を生ぜず、鮫肌も羽二重のように色白になる。②赤小豆（五合）、滑石（二匁）、白檀・丁子（各一両）の粉を用いるのもよい。〔調法記・全七十〕に「洗い粉の名方」は小豆を粉にして三

年程置き、小豆粉一升に龍脳一両程をよく磨り入れ、顔を一遍洗い濡れ手拭で薬をつけ、その手拭でよく顔を拭い、また薬を足手の中で溶き、顔を一遍塗り、薬の乾く間少し置いて洗い落す。又法は、赤小豆（五合）を粉にして滑石（二目）、白檀（一両）をよく細末（粉）にして用いる。滑石を去り、枸杞の葉を加えるのもよい。〔大増補万代重宝記〕には文豆《ぶんどう》（五合）と冬瓜種《かもうりたね》（三合）を臼で挽いて篩い用いると同じ効能があるとし、面皰 そばかす 田虫等は出来ないという。湯は遣わない。小児等は顔へ粉を塗り、手拭を熱湯で絞って拭うと油気が落ちる。

〈洗い粉の腥《なまぐさき》を去る伝〉〔諸民秘伝重宝記〕は白豇豆《ささげ》でも小豆でも粉にして釜に掛けてよく蒸し、固まった所を日に干して乾かし、揉み解して遣う。又鷺の糞を少し入れると愈々よく落ち、肌目細かによく艶が出る。

澣汚【あらいすすぎ】〔日用重宝女大学〕に次がある。澣汚《あらいすすぎ》（＝洗濯）は女の仕事である。秋深く砧《きぬた》の音がするのも冬を待つ家の用意である。衣の洗い濯ぎは、まず灰汁に和して汚れを落す。強く油が浸み込んだのは滑石の粉を振り掛けて濯ぐとよく落ちる。

洗物をする時【あらいものをするとき】〔女用智恵鑑宝織〕に染み物を洗い落す時、小野小町の歌「まかなくに何を種とて浮草の 波のうねうね生ひしげるらん」（謡曲『草子洗小町』）を三回唱えるとよいとは昔からの言い伝えとある。

荒井より白須賀【あらいよりしらすが】 東海道*宿駅。一里二十四丁。本荷百十文、軽尻七十文、人足五十五文。御番所があり、女人 武具の御改めがある。吉田の城主より勤番である。左方に浜名の橋の跡があり、八畳敷程の石がある。右の山を天神山といい、その続きの山を高師山といい、名所である。三日月山、摩訶耶寺と大福寺の両寺から浜名納豆*が出る。吉野新田、元白須賀、塩見坂、地蔵堂。〔東街道中重宝記・寛政三〕

荒馬を鎮むる薬【あらうまをしずむるくすり】〔馬医調法記秘伝馬医書〕に「荒駒を懐くる薬」は、土薑（生姜）を粉にし、また夏蚕《なつご》の糞尿を粉にして湯でも酒でも飼う。〔武家重宝記・五〕には馬の荒いのを鎮むるには、甘草*をよい酒で擂り、五ツずつ飼う。余り過してはならない。

粗金【あらかね】 大和詞。〔不断重宝記大全〕には「あらかねとは、つち（土）の事」とある。〔女重宝記・五 弘化四〕には「あらかねとは、ち（地）と云枕詞」とある。

荒肥【あらこえ】〔農家調宝記・続録〕に山芝、馬糞、厩肥《うまやこえ》、牛屋肥を、荒《あら》肥《こえ》という。

嵐【あらし】〔耕作重宝記〕に風は四方四角より吹いて雲が起るが、嵐は地より起るとある。〈紋様〉〔紋絵重宝記・上〕に隅切に嵐、また嵐の字の意匠がある。「風の事」参照

荒塩焼【あらしおやき】〔料理調法集・焼物之部〕に荒塩焼は、鯛に塩ばかり漬けて焼き、掛汁で出すとある。

嵐山餅【あらしやまもち】 菓子名。嵐山餅、上ながし物、下こね物、小豆粒入り。〔男重宝記・四〕

紫羅欄花【あらせいとう】 草花作り様。「あらせいとう（紫羅欄花）」は花は濃い紫、三月に咲く。土は合せ土*がよい。肥しは魚の洗い汁を根廻りに用いる。分植は春、秋がよい。〔昼夜重宝記・安永七〕

荒苧【あらそ】「ほうま（茴麻）」ヲ見ル

荒血掛る【あらちかかる】 雑穢。荒血（刀傷や分娩等の出血）が掛るのは、三十日を忌む。〔永代調法記宝庫・首〕

亜喇伯【あらびや】〔童蒙単語字尽重宝記〕に亜喇伯《あらびや》は亜辣伯とも書く。土酋の分治。広さ八十三万五千坪、民は一千万人。麦加《めっか》 民は三万人。

あらほど【あらほど】 片言。〔不断重宝記大全〕に「あらほど、咹程 あれほど」。〔男重宝記・五〕に「あらほど こらほどは、咹程《あれほど》 是程《これほど》」である。

荒祭宮【あらまつりのみや】 伊勢名所。内宮第一の別宮で、本宮の北の坂の上

にある。〈遥拝所〉荒祭宮遥拝所は、本道の左の方に石壺がある。〔東街道中重宝記・七ざい所巡道しるべ〕

荒布【あらめ】〔万物絵本大全調法記・下〕に「海帯 かいたい／あらめ、又わかめ」。〈異名〉〔書札調法記・六〕に海帯の異名に、石蓴《せきじゅん》がある。〈薬性〉〔医道重宝記〕に海帯《あらめ》は寒で毒はなく、風邪を去り水を下す。多食してはならない。〈早く煮様〉〔重宝記・礒部家写本〕に荒布を早く茹でる時は、酢を少し加えると早く柔かになる。

荒和布の蛭になる【あらめのひるになる】〔世話重宝記・四〕に変化の理、変ずるものは化し 化すものは変ずる習いをいう。荒和布《あらめ》が久しく雨滴りに潤えば、蛭となるのを目の当りに見たこともあるという。

荒物符帳【あらものふちょう】 符帳。* 大《だい》（一）、ヘ《やま》（二）、△《うろこ》（三）、×《つじ》（四）、かたり（五）、りう（六）、しやく（七）、ぬけ（八）、久《きゅう》（九）、○《まる》（十）。また、―（1本）、＝（2本）がある。例えば、十一匁は大大と使わず 言いもせず 大―、十二匁は大＝とする。次からは、大△、大×と法の通りに使う。大―本、大＝本と使うのは法の外である。また、五なお半とも使う。六七八等の図は「符帳」ヲ見ル。〔早算調法記〕

あられ【あられ】「うけいり（請入）」ヲ見ル

霰請入【あられうけいり】「うけいり（請入）」ヲ見ル

霰蒲鉾【あられかまぼこ】〔料理調法集・蒲鉾之部〕に霰蒲鉾は、白蒲鉾を角につけ、また青蒲鉾のでも、黄蒲鉾のでも、別に角につけ、蒸して双方ながら細長く四角に切って擂身を粘のようにつけ、段々入れ違いに寄せ、又さっと蒸して冷ました時、上を蒲鉾形に落し さっと火取り 切り形をする。

あらればしりの豊明【あらればしりのとよのあかり】「とうかのせちえ（踏歌の節会）」ヲ見ル

霰半平【あられはんぺい】〔料理調法集・鱧餅真薯之部〕に「霰はんぺい」は、魚の擂り身を半平のように合せたものを、荒い竹水嚢で、煮立てた湯の中へ漉し込む。

霰湯【あられゆ】〔懐中料理重宝記〕に「あられゆ」は、霰餅 又は清水米《しみず》（洗い米）をよく炒って白湯で通し、焼塩で加減したもの。

在明【ありあけ】 薫物の方。沈香（五十匁）、丁子（二十匁）、白檀（一匁五分）、貝香（十匁）、薫陸（五匁）、麝香（一匁五分）。〔昼夜重宝記・安永七〕

有明【ありあけ】 俳言の仙傍（訕謗）。「酒ヲ ありあけ」という。〔新成復古日夜重宝俳席両面鑑〕

有明の月【ありあけのつき】 大和詞。「有明の月とは、つれなきを云」。〔不断重宝記大全〕

蟻の事【ありのこと】〔万物絵本大全調法記・下〕に「蟻 ぎ／あり」。〈耳へ入った時〉〔諸民必用懐中咒咀調法記〕に蟻が耳へ入ったのには、灯心に油を浸して耳へ入れると出る。また杏仁を耳へ少し入れるのもよい。〈蟻を避ける法〉〔万まじない調宝記〕には「今日四ツ時（十時）大風」と紙に書いて飛び蟻の出る所に貼ると再び出ない。〔秘密妙知伝重宝記〕には「八ツ時（二時）大風」と書いて蟻の通る柱等に貼ると留ること妙とある。

有の実【ありのみ】「なし（梨子）の事」ヲ見ル

有馬へ京・大坂よりの道【ありまへきょう・おおざかよりのみち】 街道。〔家内重宝記・元禄二〕に京と大坂より、有馬への道がある。○「京より有馬への道」。京〈四里〉山崎〈二里〉芥川〈二里〉郡山〈二里〉瀬川〈三里〉小浜〈一里〉生瀬〈二里〉湯本（有馬）である。入口に川があり、舟渡しである。この間五十町一里である。舟坂といい、茶屋がある。○「大坂より有馬への道」。八軒屋〈三里〉神崎〈二里〉伊丹〈一里〉小浜〈一里〉生瀬〈二里〉有馬湯本（この二里は山道川道、四十八ヶ瀬がある）。

ありやけ【ありやけ】 片言。「ありやけ、晨明 ありあけ」である。〔不断重

宝記大全〕

歩きながら道程を測る法【あるきながらみちのりをはかるほう】〔文政新刻俗家重宝集〕に両足で二百足歩くと、一町（約百九メートル）である。但し、大男では少しの違いがある。

亜尓日尓【あるじーる】〔童蒙単語字尽重宝記〕に亜尓日尓《あるじーる》は阿爾及とも書く。仏領。広さ九万坪、民は二百九十万人。亜尓日尓は民は四万八千六百二十八人。

有平蒲鉾【あるへいかまぼこ】〔料理調法集・蒲鉾之部〕に有平蒲鉾は、紅の擂身を薄くつけて焼き上げ、青も焼き上げて置き、白い擂身を薄くよい程に板につけ、その上に紅 青の薄蒲鉾を細かく切って有平の嶋のようにつけ、焼き上げて、切り形をして曲は盛りにする。

有平糖【あるへいとう】〔昼夜重法記・正徳四〕に有平糖は、砂糖水をひたひたに入れ 木綿で濾し 塵を取り 弱火で煎ずると粘りが出るのを、箆につけ水へ入れ 扱いてみると冷め折れる。その時、鉢に入れ 水洗して温く冷まし 飴のように少し固めたのを手で引き延ばし くすねをするようにすると 色白くなる。形《なり》はどのようにも心次第、手品である。また氷砂糖ですると猶よい。〔菓子調法集〕には上々の氷砂糖一斤に水五升を入れ、砂糖が透ける程に煎じ 絹で濾し、煎じ詰め、匙で少し掬い 水で冷まし 薄く伸ばし ぱりぱりと折れる時、銅鍋に胡桃の油を引いて鍋に移し 水で冷まし 手が浸けられる程にしてよく引き伸ばすと白くなるのを、小さく色々の形に切る。

あれん【あれん】 諸国言葉遣。〔男重宝記・五〕にそなた（其方）ということを、中国の言葉で「あれん」という。人を親しんだ言葉かどうか、意味合いは分からない。

阿波【あわ】 阿州。〔重宝記永代鏡〕に板野、阿波、美馬、三好、麻埴《まや》、名《な》東《ひがし》、名西《なにし》、勝浦、那賀の九郡がある。城下は徳島、一ノ宮は大麻彦である。〔万民調宝記〕に居城知行高は、徳島・松平淡路二十五万七千石とある。〔大増補万代重宝記〕には海部があり、十郡となる。上管、四方三十里。田数は五千二百四十五町、知行は十八万六千七百九十三石とある。〔重宝記・幕末頃写〕には、四方二日。土厚く 稷稲豊かに稔り、山深く、魚鱗、禽獣の類が多い。名東県から、今の徳島県にあたる。〈名物〉〔万買物調方記〕に、材木（数多く悉く記し難い）ひじき 鳴門和布 火打ち先の燧石 むや（撫養）蛤（碁石に用る）等々。

安房【あわ】 房州。〔重宝記永代鏡〕に平郡《へぐり》、安房、朝夷《あさひな》、長狭《ながさ》の四郡がある。城下は北条、一ノ宮は洲崎である。〔万民調宝記〕には居城知行高は、加知山・酒井大和一万石とある。〔大増補万代重宝記〕には中管、南北一日半、大中国。田数四千三百六十二町、知行高九万千七百七十九石とある。〔重宝記・幕末頃写〕には知行高九万九千七百七十九石とあり、「九千」の差がある。山川原野平均し、魚貝は多く田の肥しとする。今の千葉県の南部にあたる。〈名物〉〔万買物調方記〕に木綿 小湊海苔 幅海苔 生家の紐海苔 浪の子（蜆貝に似る）目ぐろ鰹（特に大きく、当国は田の養にする）。

あわおり玉【あわおりたま】 大和詞。「あはをり玉とは、波にうつ露」である。〔不断重宝記大全〕

粟米【あわごめ】 食性。〔永代調法記宝庫・四〕に粟米は、脾胃の熱を去り食を進め 腎を補い、膈の薬である。

淡路【あわじ】 淡州。〔重宝記永代鏡〕に津名、三原の二郡、城下は須本で、一ノ宮は多賀である。〔大増補万代重宝記〕には上管、四方十二里。田数二千八百七十町、知行高六万三千六百二十石とある。〔重宝記・幕末頃写〕には上管、四方一日。国の母である。塩、魚乏しからず、良材木多く、小上国である。名東県から、今の兵庫県の淡路島全体があたる。〈名物〉〔万買物調方記〕には、にが（苦）竹 煎餅飴 むしま女郎（魚）に

し〔螺〕さざい〔栄螺〕とべた貝など。

粟嶋大明神【あわしまだいみょうじん】　大坂願所。天満堀川寺町橋角堀川の戎社粟嶋大明神へ諸病平癒の立願をすると、忽ち験がある。御礼には立雛一対か立雛の絵馬を奉納する。御縁日は巳の日。〔願懸重宝記・初〕

合せ心【あわせしん】　立花*。三重の若松を二本合せたものである。合せ様は上中下の三所程に相釘を打つ。挿し様は真の花*に同じ。〔昼夜重宝記・安永七〕

合せ酢【あわせず】　〔料理調法集・煮出煎酒之部〕に合せ酢は、上々酢一升、酒五合、塩一合五勺を煮返えらして遣う。

合せ土【あわせつち】　〔昼夜重宝記・安永七〕に合土《あわせつち》は、真土《まつち》・野土《のつち》・赤土《あかつち》を砂で等分に交ぜ、叩《はた》き篩った土である。草花作りに良い土である。

合せ麩【あわせふ】　〔料理調法集・麩之部〕に合せ麩は、生麩に豆腐を八分揉み交ぜ、湯煮して遣う。固い時は煮酒を少し合せるとよい。

袷を着る【あわせをきる】　袷は裏付の着物である。〔年中重宝記・三〕に袷を着るのは、四月朔日より五月四日迄、また九月朔日より九月八日迄とある。「帷子《かたびら》」「綿入《わたいれ》」参照

粟津晴嵐【あわづのせいらん】　近江八景*の一。〔麗玉百人一首吾妻錦〕粟津晴嵐。歌「雲はらふ嵐につれて百舟《もも》も千舟《ち》も浪のあは津にぞよる」。〔年中重宝記・一〕に、三月三日粟津祭り。

粟の事【あわのこと】　〈薬性〉〔医道重宝記〕には腎を養い、虚を補い、渇《かわき》を止め、熱を去り、小便を通ずる。多食すると気を滞らし、虫を生ずる。〈調理〉〔男女日用重宝記・下〕に「香の物」に漬け様として、味噌を取り分けて固く押しつけてその味噌へ丸木で穴をいくつも明け、次に粟をよく搗いて煎り、味噌の穴に入れ、その上に味噌を置くと二十日三十日一年も置き使うことができる。〈供物〉〔年中重宝記・五〕には素盞烏尊が南海に行幸の折、日暮れに蘇民の家を借り、蘇民は貧しく粟の飯を供した。これより素盞烏尊を祭神とする祇園社*の六月神事の日、京極四条御旅所で粟の飯を御輿に供えるのが旧例となった。〈粟の枕〉〔女重宝記・三、弘化四〕に粟の枕を拵え、生れ子が寝入った時腹の上に置くとよい。小豆を用いる人もある。〈種蒔き〉〔農家調宝記・初編〕には粟の種は八十八夜前後に蒔き、七月盆後に早粟を刈る。〈食合せ〉〔永代調法記宝庫・二〕に粟と杏仁を食い合わせると吐瀉する。〈紋様〉〔紋絵重宝記・上〕には、粟の葉実を円型に意匠している。「粟飯」参照

鮑蒲鉾【あわびかまぼこ】　〔料理調法集・蒲鉾之部〕に鮑蒲鉾は、鮑の生きたのを締め、皮を剥いて山葵卸でおろし、魚の擂身を三分の一入れ、よく擂り合せ、常のように板につけて蒸す。

鮑塩辛【あわびしおから】　〔ちやうほう記〕に二方がある。①鮑を細かに切り、腸に切り合せ、一升に塩三合。床ふし塩辛。②貝ともに一升、塩三合。或は塩二合。糀も入れる。

鮑長せん【あわびちょうせん】　〔料理調法集・貝類之部〕に鮑長せんは、鮑をよく締めて、貝を離し腸を去り、耳の所をくるりと丸く剥き捨て、それより薄くまで剥いてよく巻き締め、端の方に竹串を刺して置き、小口から細く切り伸ばし、揃えて上の方を竹の皮で結んで置き、温い湯に入れ、段々と少しずつ熱い湯に入れてよく絞り、味醂酒醤油を煮詰めて漬け込んで置く。また清まし葛引の類にも遣う。

鮑とろろ【あわびとろろ】　〔料理調法集・體餅真薯之部〕に鮑とろろは、鮑の雌貝を塩をつけずによく洗い、耳を取り、皮を剥き、山葵卸でおろし、よく擂り、澄ましで伸べる。

鮑の事【あわびのこと】　〔万物絵本大全調法記・下〕に「鰒 はく／あわび、石決明 せきけつめい 也」。〈異名〉〔書札調法記・六〕に鰒《あわび》の異名に、石決明 九孔螺《きゅうこうら》がある。〔薬種重宝記・下〕に和介、「石決明 あわび」。麺を水に捏ね包んで埋火で焼き、黒い所を削り去り、厚い所を末〔粉〕にす

る。〈薬性〉〔医道重宝記〕には目の病を治し、精を増し、風邪熱を去り、労虚（肺結核）を補い、淋病を治す。〔永代調法記宝庫・四〕には久しく食して精を増し、身を軽くするともある。〔万用重宝記〕には労咳（肺結核）や淋病で目の内が曇る時は、鮑を食うのが薬である。

〈水に漬ず柔らかくする伝〉〔万家調法呪詛伝授嚢〕白砂糖を茶匙《さじ》に一掬い入れて煮立てると早く煮える。秘伝。

〈料理仕様〉〔諸人重宝記・四〕に鮑は貝焼き 煮貝 酢貝 刺身 生干 脹煮 山葵和え のぶすま（野衾）。「鮑蒲鉾*」「鮑長せん*」「鮑とろろ*」「鮑丸焼」。

〈和か煮様〉〔世界万宝調法記・下〕には女貝の殻を離し、腸を取ってよく洗い、鮑の切れないように耳まで念を入れて叩き、鍋に昆布を敷いて上に鮑を置き、殻を蓋にして、味噌汁で煮る。また水と酒と等分にして薄い服紗味噌（擂らぬ味噌）の位に鮑の殻の上迄汁がある程入れ、半分になる程煮ると、大方練味噌くらいになる。その時取り出して塩を振ってもよく、葛溜りでもよく、そのまま食える。〔調法記・全七十〕には大根とともに煮ると至極柔かになる。〔諸民秘伝重宝記〕には鮑の貝を取り離して身を大根でそろそろ叩くと生でも煮ても柔かである。〔ちやうほう記〕には俎板の上に置いて擂粉木で叩く。〔日用調法人家必用〕に「鮑柔らか煮る伝」は大根の絞り汁に一時（二時間）程漬けて置いて煮る。又方は、大根でも擂粉木でも鮑を俎板の上に乗せて叩くと忽ち柔らかになる。風味は少し落ちる。

〈口伝〉〔万用重宝記〕には、鮑や栄螺等貝類を小口（断面）切りにするには、貝を酢でよく炊き、出刃包丁を藁の灰汁《あく》で寝刃《ねたば》を合せて切る。また貝とともに切る。法として、切る所に金釘で筋をつけて丹礬を酢で練ってつけ、二時程してからその筋を切ると手際よく切れる。

〈大和詞〉〔不断重宝記大全〕に「あわびとは、かた（片）思ひを云」。

鮑丸焼【あわびまるやき】〔ちやうほう記〕に鮑丸焼は、新しい鮑を、庭に俯けに置き、上に炭火でも薪火でも置いて焼くと、灰も付かずきれいに焼ける。

あわまんじゅう【あわまんじゅう】「根元あハまんぢう」は、御蔵前猿屋町 若松屋丹後にある。〔江戸町中喰物重法記〕

粟飯【あわめし】〔料理調法集・飯之部〕に「粟飯 おみなんし」は、粟をよく洗い水に浸して置き、米を常より水を少し多くして炊き、煮え上った時粟を米の上にぱらりと、米一升に粟二合程入れる。〔綸約重宝記〕には、粟をよく磨ぎ二日程も水に漬けて置き、米・割麦・粟各一升の同分量をよく交ぜ合せて炊くと、殊の外増える。水加減は常のようでよい。

粟焼【あわやき】〔江戸町中喰物重法記〕には次の二軒が出る。①「根元あわやき」は、牛込赤城横丁入口 遠州屋甚兵衛にある。②「根本阿わ焼」は、市ヶ谷佐内坂 さゝや八郎兵衛にある。

淡雪【あわゆき】草花作り様。花は黄色に咲く。土は合せ土*がよい。肥しは雨前に小便を注ぐ。分植は七月末から八月がよい。〔昼夜重宝記・安永七〕

泡雪玉子【あわゆきたまご】〔料理調法集・鶏卵之部〕に、○泡雪玉子は、玉子の白身を黄身の交らないように取り、絹で濾し、丼鉢に入れ 茶筅でよく掻き立て 泡の立ったのを煮立った湯に流し入れ 杓子で掬い遣う。○早泡雪は、玉子五ツの白身に葛の粉を一分程合せ、鍋に手引き加減の湯を入れて置いて、この玉子を打ち込み手早く掻き立てる。常の泡雪、玉子十程の量になる。少し和らかである。

あわれ【あわれ】俳言の仙傍（訕謗）。「鳥の惣名あわれ」。〔新成復古日夜重宝俳席両面鑑〕

粟を小付の刺身に仕様【あわをこづけのさしみにしよう】〔男女日用重宝記・下〕に粟を小漬（小椀に盛った汁と飯。来客等への即席料理）の刺身に仕様は、糯《もち》粟をよく搗き竹の筒に入れ 口を詰め湯に入れて煮て、竹を割って粟を振り解き、海海苔 蒟蒻に浸けると、鯉の刺身のようである。

青人草【あをひとぐさ】大和詞。「あを人ぐさとは、生きとし生ける物（人

民〕」である。〔不断重宝記大全〕「青人草《あおひとぐさ》」モ見ル

按【あん】 十四の鍼法*の一。〔鍼灸重宝記綱目〕に手で針を按《お》して、進め退けすることなく、按し切る状《かたち》である。

餡入白玉【あんいりしらたま】 「長崎名物あん入白玉」は、神田通新石町 長崎や同店／牛込肴町 真猿屋八兵衛にある。〔江戸町中喰物重法記〕

餡餅【あんかちん】 大和詞。「餡餅は、あんかちん」という。〔女重宝記・一〕

鮟皮【あんかわ】 「あんぴ」ともいう。鮟鱇の皮を干した物。〔料理調法集・干魚調理之部〕に鮟皮は、白水*に漬けて置き、湯煮して遣う。但し、煮る時味噌を少し入れるとよい。〈吸物〉鮟鱇汁のように赤味噌にしてよい。取り合せは、胡桃、豆腐、新牛蒡の類。〈丼〉①よい程に切り、独《う》活《ど》、或は短冊大根等入れて辛子味噌、ぬた和えにする。②よい程に切り、胡麻油で煎り、酒と醬油で煮、山椒の粉を振る。

安居【あんご】 「けつげ（結夏）」ヲ見ル

あんこう【あんこう】 片言。「中国には、躻《うつけ》をあんかう（暗向）」という。〔不断重宝記大全〕

鮟鱇汁【あんこうじる】 〔料理調法集・汁之部〕に鮟鱇汁は、鮟鱇の皮を剝ぎ卸し切って、皮も身も煮え湯へ入れ白んだ時あげ、水で冷やしその後酒を懸けて置き、味噌汁が煮だった時魚を入れ、どぶ*を差す。また澄ましにも仕立てる。

安産の事【あんざんのこと】 〈薬〉〔調宝記・文政八写〕に安産の妙薬は、大腹皮・人参・甘草（各三匁）、陳皮・紫蘇・当帰・白朮（各二匁）に生姜を入れ、水煎して服する。春は川芎・防風、夏は黄芩・黄連・五味子、秋は沢瀉、冬は砂仁を加える。産前の八月九月目頃に二十服ばかり服すると百人に一人も難産の憂いはない。〈呪い〉〔新撰咒咀調法記大全〕に「安産の符」を飲み、また守ともする（図9）。〔万用重宝記〕に安産には、孕み女の敷き物の下へ獣の革を敷いて置くと産に怪我はない。〔万まじない調宝記〕に安産の方は、門の土を少し取り八月目に袋に入れて腰につけて置き、臨月に一匁飲むと安産は疑いない。また子が生れ兼ねる時郎君子（酢貝）を手に握れば平産する。〔調宝記・文政八写〕は安産の方として子を産む時向ってよい方がある。申・子・辰の年は亥（北々西）の方。亥・卯・未の年は寅（東々北）の方。寅・午・戌の年は巳（南々東）の方。巳・酉・丑の年は申（西々南）の方。これは天岩神の方で、昔から百人に一人も難産はない。〈安産の贈物〉〔進物調法記〕に湯巻 湯上げ 襁《むつき》 巻蒲団 餅 鯉 飛魚 魴鮄 千振 梔子 紅 紅木綿 紅染 藍の花 小切着類 守袋 守刀など二十品がある。

図9 「安産の符」（新撰咒咀調法記大全）

あんじゃへる【あんじゃへる】 草花作り様。〔昼夜重宝記・安永七〕に、あんじゃへるの花は赤 万紫とある。土は肥土に野土を交ぜる。分植は春がよい。 カーネーションの別名。

安神丸【あんじんがん】 「銭《せん》氏《し》安神丸《あんじんがん》」ト同ジ

安神散【あんじんさん】 〔丸散重宝記〕に安神散は、神《しん》を安んじ、気を快くし、精《せい》を固くする。『医林』を引き、男《おとこ》婦《おんな》とも心気不足し精神恍惚として眠りが少なく、或は酒後に房事をすると精神散乱して病を受けるのに用いる。『正伝』を引き、心虚 遺精白濁 寝汗によい。『得効方』を引き、心気不足 志意不定 驚悸 悲憂 虚煩 眠らずに好んで怒り 飲食味わいなく頭昏 眩暈 消渇小便渋りによい。○調合は茯苓・茯神・黄芪・遠志（各一戔）、桔梗（五分）、山薬・木香（各三分）、辰砂（四分）、甘草（二分）を細末にする。酒後に房事をし酒熱には茵陳湯、産後の眩暈には地黄当帰湯、心虚白濁には灯心茯苓湯、夢中遺精には温酒、熱があれば麦門湯で、そ

れぞれ下す。〔昼夜重法記・正徳四〕には「辰砂妙香散」ともいい、産後気つけの妙薬として、前の配合に人参（五分）を加える。血の道には酒で服する。産後の血虚 心気不足 驚悸恐怖等には生地黄・当帰の煎じ湯で用いる。童便を加えてもよく、家伝に麝香を加えるものもある。男女共その症に神効がある。

杏【あんず】〔万物絵本大全調法記・下〕に「杏 きやう／からもも／あんず」。〈薬性〉〔薬種重宝記・下〕に和果、「杏仁 きやうにん／あんずのさね。湯に浸し、皮尖を去り、刻み焙《い》る。核《さね》の二ツあるを不用。一斤は百八十匁」。〔医道重宝記〕に杏仁は苦く温。風痰、喘嗽を治し、大腸を潤し、気逆 便閉を治す。湯に浸し、皮尖を去り、刻み、よく炒る。両仁《ふたご》には毒があり用いてはならない。「食性」は心臓に病のある者によい。多食してはならない。〔永代調法記宝庫・四〕には乳子には決して食わせるな、筋骨を破り、目を悪くする。

〈食合せ〉〔家内重宝記〕に杏に栗を食い合せると吐却し腹下るとある。

安禅寺【あんぜんじ】吉野名所。本堂は蔵王大権現、御丈は一丈六尺、役行者の作。開帳は百銭（文）。多宝塔がある。〔東街道中重宝記・七ざい所巡道しるべ〕

安息香【あんそくこう】〔薬種重宝記・下〕に唐木、「安息香 あんそくかう」。粉にし酒で煮て、底に沈んだのを水に入れ、粘るとまた煮る。エゴノキ科の樹脂。矯臭剤。

あんだ【あんだ】片言。〔不断重宝記大全〕に何ぞと言うのを「あんだ」というのは関東の言葉。〔男重宝記・五〕に関東では「何ぞといふ事をあんだといひ、なんだ*とはぬる」。

箯輿【あんだ】〔万物絵本大全調法記・上〕に「籃輿 かんよ／あんだ。又あをだ」。箱形の駕籠に編み板を敷き、天井がなく、轅を突き通した簡略な駕籠。「乗物と駕籠」参照

安胎丸【あんたいがん】〔昼夜重宝記・安永七〕安胎丸は孕婦は常に服するとよい。当帰・川芎・芍薬・条芩（各一両）、白朮（五匁）を細末（粉）とし、酒糊で丸じ、梧桐子大にして、日に三度 五十丸ずつ 空腹に茶湯で飲むとよい。血を養い 脾を健やかにし 熱を涼しくする方であり、胎動 小産*に用いてもよい。

あんだら【あんだら】片言。「あんだらは、暗太郎《あんたら》となり」。〔不断重宝記大全〕

安虫丸【あんちゅうがん】〔丸散重宝記〕に安中散は、虫痛みによい。香附子・黄檗・莪蒁（各二戔）、萹蓄・梹榔・黄連・三稜（各一戔二分）、竜胆（一戔）、干姜・青皮*・萆薢（各二分）を糊で丸ずる。

安虫散【あんちゅうさん】〔小児療治調法記〕に安虫散は、小児の虫痛みを治す。黄粉（黄色に炒る＝胡粉）・梹榔子・楝子（核を去る）・鶴虱（各二両）、枯礬（二匁半）を末（粉）として、痛む時一度に一字、或は大きなのには五分、また一分を温水で用いる。『宝鑑』には、米糊《のり》で丸じ、安虫丸となづけるという。

行燈の事【あんどうのこと】〔万物絵本大全調法記〕に「方燈 はうとう／あんどう」（図10）。〈片言〉〔不断重宝記大全〕には「あんどん、行灯 あんどう」とある。〈虫の入らぬ呪〉〔文政新刻俗家重宝集〕に行灯に虫の入らぬ呪いは、五月五日「イシフシヱンリンキリフクヱニフクリン」と紙に書き、行燈の中に貼って置くとよい。「八方行燈」「無尽灯」参照

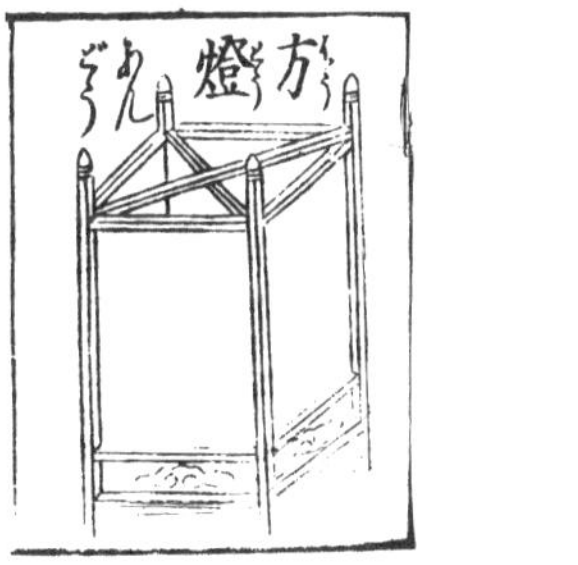

図10　行燈の事
①方燈
（万物絵本大全調法記）

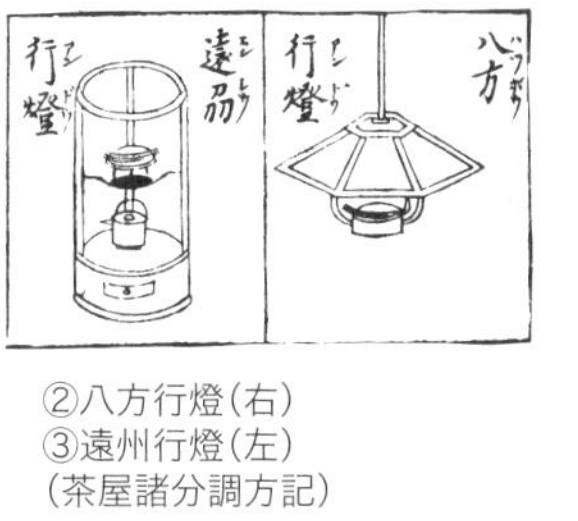

②八方行燈（右）
③遠州行燈（左）
（茶屋諸分調方記）

あんどん【あんどん】「あんどう（行灯）は、あんどん」。〔小野篁譃字尽・かまど詞大概〕

安中より松井田へ【あんなかよりまついだへ】木曾海道宿駅*。二里十六丁。本荷百十文、軽尻六十九文、人足五十四文。この宿は城主板倉佐渡守殿三万石の城下で、特によい。左に妙義山が見える。ここから一里の山に百合若矢抜けの穴が見える。ここから一の宮へ二里余である。〔東街道中重宝記・木曾道中重宝記六十九次 享和二〕

あんなみこうじ【あんなみこうじ】片言。「あんなみこうじは、安楽小路《あんらくこうぢ》」である。昔、安楽光院はここにあったという。〔不断重宝記大全〕

安南【あんなん】〔万物絵本大全調法記・上〕に「安南 あんなん／交趾 かうち／交州 かうしう／東京 とんきん。並に同」。〔童蒙単語字尽重宝記〕に安南は帝国、広さ二十四万坪、民は千三百四十万人。東京《とんきん》、東浦寨市《かんほしや》とある。

あんに【あんに】片言。そなた（其方）を、丹波で「あんに」という。〔不断重宝記大全〕

餡練り様【あんねりよう】〔菓子調法集〕に餡練り様は、濾し粉一升に砂糖蜜一斤を入れ、よく練り詰める。極上の餡は砂糖を二百目も入れる。

案の字百貫【あんのじひゃっかん】「思案の二字」ヲ見ル

塩梅茶飯【あんばいちゃめし】〔料理調法集・飯之部〕に塩梅茶飯は、茶に醤油・酒・塩を入れて、飯を炊く。

安否の上下【あんぴのじょうげ】書札認め様。「益御機嫌能」「倍御機嫌能」「益御安泰」「益御勇健」等と書くが、「弥御安泰」「弥御勇健」等と書いてはならない。「弥」は中以下である。民家から武家方等の貴人へは「益」を、長袖（公卿・僧侶・医師・学者）へは「益御安泰」を上々として書く。「弥御安静（中）」「弥御無事（下下）」等は「御」字の真 行 草の書き様により上中下を分つ。〔大増補万代重宝記〕

按麩【あんふ】〔料理調法集・麩之部〕に按麩は、生麩を酒でよく揉んで、出汁溜りでよく煮る。

あんぺん【あんぺん】〔医術調法記幷料理書〕に「あんぺん」は、葛を飯の取り湯（重湯）で延ばし、掬い上げ、湯に浸ける。

あんまいらず【あんまいらず】〔洛中洛外売薬重宝記・上〕に次がある。①「阿蘭陀秘伝方あんまいらず」は、松野祐介の製（住所不記）である。代二十四文。一切の諸腫物に、一切の痛みによい。②「阿蘭陀あんまいらず」は、古門前なわて東へ入 松野祐介にある。功能は前に同じ。

按摩の事【あんまのこと】〔人倫重宝記・五〕に按摩は、元は仙術で、華陀や衢仙《くせん》等仙人がし始めたことで按摩導引の法という。諸病を按摩で治したが、その後方剤が出て薬方を組んで治すようになった。上古のもので最も敬うべき術であるが今は上手はなく、侮る。按摩には盲目また婆や嚊も多く、肩癖捻、経《けい》取、按摩取、腹取等の異名同類も多く、師伝はなく、医者並みに大きな顔することは無用とある。

〔医道重宝記〕に按摩について次がある。〇虚損して血気が廻らないために病になるもので、常に身体を動かす時は食物を消化しやすく、血脈は回り病は生じないものである。張介賓は按摩は気血を順《めぐら》すを要とし、傷を作《な》すのを欲せず、節を緩くし筋を柔らげ、心を調和するものはその病を治すという。しかし、今の按摩を見るとその利害を知らず、専ら手に力を極め、人を苦しめ、関節を開き、人の元気を損ずる。これは内経の旨、按摩の道理を知らないからである。

〇「寿保按摩法」は自己按摩法で辺土の助けとする。「肝臓の積聚 風邪毒気を去り、脇痛みの按摩*」。「胆の腑の風毒や邪気を去る按摩*」。「心臓の事*（心臓の患いの按摩）」。「胸の諸症*（心胸《むね》の間の風邪を去り 諸疾を除く按摩）」。「肺蔵の按摩*（①肺蔵の風邪 積聚の疲れを去る按摩 ②肺蔵の胸臆《むね》の間の風毒を去る按摩）」。「腎臓の事*（腎臓の病を治す按摩）」。「腎 膀胱 腰の間の積聚

風邪を去る按摩*」。「脾臓の積聚 風邪を去り 食を進む按摩*」。「遺精／遺尿*〔遺精不禁を治す按摩*〕」等がある。〈按摩取〉〔万買物調方記〕に「京ニテ按摩 経絡取」に北村理丹がいる。

あんまり【あんまり】 片言。「余りを、あんまり」という。〔世話重宝記・五〕

餡餅屋【あんもちや】 〔万買物調方記〕に京ニテあんもちやは、姉小路ふや町東 根本餅屋、柳馬場姉小路、其外処々に有る。

い

亥【い】 十二支*の一。〔年中重宝記・六〕等から集成すると以下の通り。亥（い・がい・猪）。〈月〉十月である。亥は核、十月は陽気が少し生じて草木が核《めぐみきざ》す時の意。〈時刻〉亥《い》の時は夜の四ツ、十時及びこの前後二時間である。〈方角〉北北西。〈異名〉〔永代調法記宝庫・首〕に、亥の異名は天淵献《てんえんこん》・人定《じんじょう》。「亥の日」参照

言入れ【いいいれ】 「結納」ヲ見ル

譩譆【いいき】 〈経絡要穴 肩背部〉二穴。譩譆《いいき》は六椎の下左右へ各三寸ずつ開く肩髆《かたさき》の内廉《うちかど》処にある。針三分 留むること七呼。或は六分、留むること三呼。瀉は五吸。灸は一日に五壮、百壮まで。大風に汗出ず、労損に臥すことを得ず、瘧《おこり》疾、腹脹り、目眩い、胸脇・腰骨痛み、鼻血、喘息、物食う時の頭痛、五心熱等を治す。〔鍼灸重宝記綱目〕

いひしろ【いいしろ】 大和詞。「いひしろとは、たがひにと云心」である。〔不断重宝記大全〕

頤神【いいしん】 唐人世話詞。「やすむ（休）ことを、頤神《いひしん》」という。〔男重宝記・五〕

飯鮓【いいずし】 「すしやならびにいいすし（鮓屋幷ニ飯鮓）」ヲ見ル

一寸 一尺 一丈【いいすん いいしいいちゃん】 唐人世話詞。「一寸《すん》・一尺《しやく》・一丈《じやう》を、一寸《いヽすん》・一尺《いヽし》・一丈《いヽちやん》」という。〔男重宝記・五〕

一銭 一分 一厘【いいちぇん いいふん いいり】 唐人世話詞。「一匁《もんめ》・一分《ふん》・一リンを、一（銭いヽちゑん）・一分《ふん》・一厘《り》」という。〔男重宝記・五〕

いいねえ【いいねえ】 「いヽねへとは、ほれた人の事」。〔増補新版名代廓法記・上だん（冗談）の言葉〕

一合 一升 一石【いいぽつ いいちん いいこう】 唐人世話詞。「一合《ごう》・一升《しやう》・一石《こく》を、一合《いヽぽつ》・一升《いヽちん》・一石《いヽこう》」という。〔男重宝記・五〕

一二三四五六七八九十【いいろさんすうろちぱきゅうし】 唐人世話詞。一二三四五六七八九十を、「いヽ（一）ろ（二）さん（三）す（四）う（五）ろ（六）ち（七）ぱ（八）きう（九）し（十）」という。〔男重宝記・五〕

家苞【いえずと】 大和詞。「いゑづととは、みやげ」ということである。歌「見てのみや人にかたらん桜花 手ごとに折ていゑづとにせん」（古今集・春歌上）〔不断重宝記大全〕

家出迷子を戻す法【いえでまいごをもどすほう】 〔万用重宝記〕に家出、駆け落ち、逃走、迷い子等、行方の知れない人を戻す名方は、その者が常々食した飯椀を門口の敷の下に埋めて置くとよい。又、その者の着類に磁石を包み井の中に入れて置くと、戻ることは疑いない。

家刀自【いえとうじ】 「いへとうじ（家刀自）は、妻の事」。〔消息調宝記・一〕

家楡【いえにれ】 〔薬種重宝記・下〕に和木、「楡白皮 ゆはくひ／いえにれ。麁皮を去る。白き処を刻み焙る」。

家紀伊【いえのきい】 百人一首読曲。「祐子内親王家紀伊」は、「けきい」と読んではならず、「いゑのきい」と読む。〔麗玉百人一首吾妻錦〕

家の事【いえのこと】 〔万物絵本大全調法記・上〕に「宅 たく／いゑ。舎 家しやか。並ニ同」。〈家作吉凶日〉〔重宝記永代鏡〕に「家作吉日」は、甲《きのえ》子。戊《つちのえ》申。乙《きのと》酉・亥。庚《かのえ》子・午。辛《かのと》丑。壬《みずのえ》申・子・寅。癸《みずのと》巳の各日。
○「家作四季により忌日」は八風日*。春三月は申の日。夏三月は戌の日。

秋三月は辰の日。冬三月は巳の日各日。○「家買わぬ日」は、正・七月は亥の日。二・八月は子の日。三・九月は戌の日。四・五・十・十一月は申の日。六・十二月は辰の日。

〈五性*による屋作り吉方〉〔万民重宝改正大ざつ書〕に次がある。◇「吉方角」○木性の人は北・南の方。○火性の人は東の方。○土性の人は西・南方。○金性の人は北の方。○水性の人は東・西の方。それぞれに向いてよい。◇「屋作りによい年」○木性の人は、戌の年に作れば三年内に宝を得る。子の年に作れば大吉、富貴となる。午の年に作ると六年内に福が来る。○火性の人は、丑の年に作れば大いに富貴する。卯年に作ると二十年内に福が来る。丙・丁の年は悪い。○土性の人は、未の年に作れば大いに富貴、三年内に大吉となる。申の年に作れば六年内に宝を得、大吉となる。○金性の人は、辰の年に作れば吉、天禄の主になる。申の年に作れば十年内に富貴する。○水性の人は、子・卯の年に作れば吉。午の年に作れば富貴になり、二年内に富が来る。未の年に作れば九年内に万億の富が来る。〈懐中調宝記・牛村氏写本〉に「五姓人家造吉凶年」がある（図11）。胎養長以下は立項。

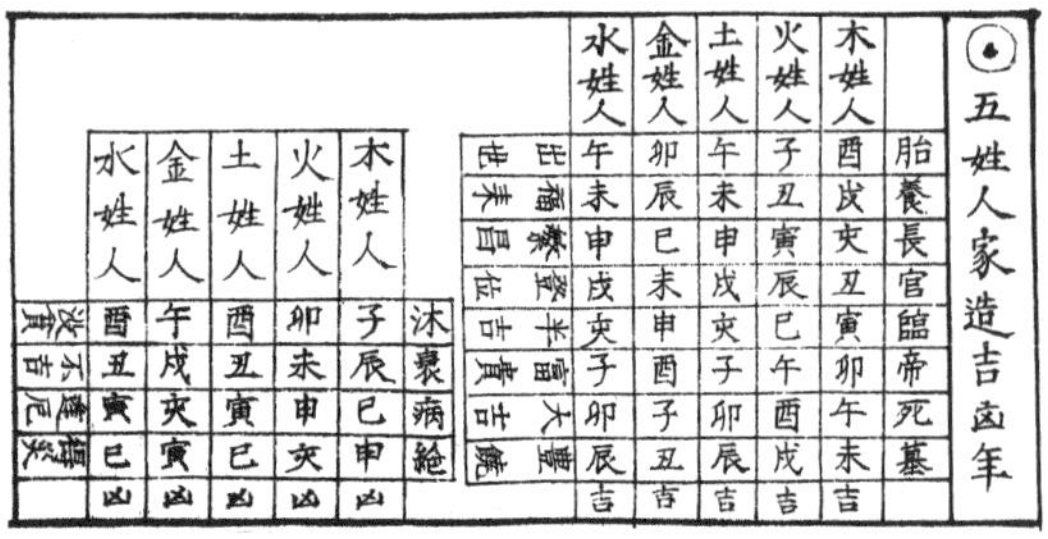

五姓人家造吉凶年	木姓人	火姓人	土姓人	金姓人	水姓人	
胎	酉	子	午	卯	午	出世
養	戌	丑	未	辰	未	福来
長	亥	寅	申	巳	申	繁昌
官	丑	辰	戌	未	戌	登位
臨	寅	巳	亥	申	亥	半吉
帝	卯	午	子	酉	子	富貴
死	午	酉	卯	子	卯	大吉
墓	未	戌	辰	丑	辰	豊饒
	吉	吉	吉	吉	吉	

	木姓人	火姓人	土姓人	金姓人	水姓人	
沐	子	卯	酉	午	酉	[illegible]
衰	辰	未	丑	戌	丑	不吉
病	巳	申	寅	亥	寅	[illegible]
絶	申	亥	巳	寅	巳	[illegible]
	凶	凶	凶	凶	凶	

図11　「五姓人家造吉凶年」（懐中重宝記・牛村氏写本）

〈五性による吉日〉〔新板日夜重宝記・明和六頃〕に◇「家作を五性により吉日を選ぶ」として、○「木性の人」は、酉戌亥丑の日は大吉。寅卯午未の日は吉。子辰巳申の日は凶とある。○「火性の人」は、子丑寅辰の日は大吉。巳午酉辰の日は吉。卯未申亥の日は凶とある。○「土性の人」は、午未申戌の日は大吉。亥子卯辰の日は吉。酉丑寅巳の日は凶とある。○「金性の人」は、卯辰巳未の日は大吉。申酉子丑の日は吉。午戌亥寅の日は凶とある。○「水性の人」は、午未申戌の日は大吉。亥子卯辰の日は吉。酉丑寅巳の日は凶とある。

〈家作 転居をせぬ年〉〔懐中重宝記・弘化五〕に次の年は普請・転居を決してしない。十歳。十九歳。二十八歳。三十七歳。四十八歳。五十五歳。六十四歳。七十三歳。八十二歳。〈家作建物方違い〉〔方角重宝記〕に家作建物は方違いが出来ないので崩すのがよく、崩すことが出来ないのなら売り払い、代りの家を方を選び買い求めるのがよいとする。

〈方位・年月・吉凶日〉〔重宝記永代鏡〕に以下の事がある。○「家作方位凶方」は、大将軍*の方、歳殺神*の方、金神*の方の月塞・日塞の方、を堅く忌む。○「家作年月吉凶」は正月からの奇数月は奇月《きげつ》（ハン・半）と言い半の月で家普請に吉月。二月からの偶数月は偶月《ぐうげつ》（チョウ・丁）と言い長の月で家普請に凶月。「吉日」は地徳日*生家日*国家和合日*白虎頭*。「暦中段」では満《みつ》*成《なる》*建《たつ》*納《おさん》*開《ひらく》*除《のぞく》*破《やぶる》*危《あやむ》*の日。又甲《きのえ》子の日。乙《きのと》酉・亥の日。戊《つちのえ》申の日。庚《かのえ》午・酉の日。辛《かのと》丑の日。壬《みずのえ》子・申・寅の日。◇「凶日」白虎脇*乱火日*折棟日*三隣亡日*飛鹿日*八風日*。「暦下段」では天火日*地火日*十死日*滅門日*亡ぶ日*四箇の悪日*である。

〈買請状・屋号名前等〉〔書札調法記・五〕には家屋敷買請状の範例文が

あり、〔寺子調法記〕には家名尽が屋号名前十一、屋号八十余種がある。〔大成筆海重宝記〕には「家を求る人へ祝儀状」の範例文があり、酒一樽生鯛二尾を進上することを書き添えている。〈家見舞〉〔進物調法記〕は、火災・水災害の見舞 別家 出店も含めて、日用家事道具から食品まで二百二十余種の品目を挙げているが、到来物が重なり不興もあるので、心安い友達には奉加帳のようにして所帯道具を目録にしこの外の品を下さるなら勝手よろしいと回すと好都合、見舞する方も状況をよく弁えるのによい。

〈呪い〉〔増補咒咀調法記大全〕に次の符がある（図12）。①「家の内に蛇死したるに」、②「烏の入りたるに」、③「万の鳥が入りたるに」、④「狐の入りたるに」、それぞれ立てる。⑤「家内に物の失せた時 釜の奥に立て」て、光明真言*を七遍祈念する。

いえばえに【いえばえに】「いへばえにとは、えい（酔）きれぬなり」。〔消息調宝記・一〕

硫黄【いおう】〔薬種重宝記・上〕に和石、「硫黄 いわう。絹袋に入れ、酒で三時（六時間）煮て用いる」。〈毒消し〉〔大増補万代重宝記〕には、硫黄の毒の妙薬は、葛籠藤を煎じて用いると妙である。

伊賀【いが】 伊州。賀州。〔重宝記永代鏡〕に阿部、山田、伊賀、名張の四郡をあげ、城下は上野、一ノ宮は敢国《あえくに》とある。〔大増補万代重宝記〕には下管、四方一日、東南 海、北 山、田数四千五十町、知行高九万九千五百五十四石とある。〔重宝記・幕末頃写〕には暖気にして木竹繁多し、小上国。三重県の北西部があたる。

〈名物〉〔万買物調方記〕に焼物 紅花 煙草 松茸 目薬（家里 真嶋）がある。

烏賊蒲鉾【いかかまぼこ】〔料理調法集・蒲鉾之部〕に烏賊蒲鉾は、烏賊を薄く剝いでよく叩き擂り 濾して、鯛の擂身と等分に合せ、仏掌薯《つくねいも》を卸して入れ煮抜きして伸べ煮、酒を加え、よく擂り合せて板につけ、板の内より焼き上げる。但し、火が通り難ければ、また焼く。冷めぬ内に出すとよい。

図12 家の事
①「家の内に蛇死したるに」（増補咒咀調法記大全）
②「烏の入りたるに」（増補咒咀調法記大全）
③「万の鳥が入りたるに」（増補咒咀調法記大全）
④「狐の入りたるに」（増補咒咀調法記大全）
⑤「家内に物の失せた時 釜の奥に立てる」（増補咒咀調法記大全）

囲垣【いがき】「あげたま（上玉）」ヲ見ル

鋳掛【いかけ】「鋳物師《いもじ》」「鍋釜の事」ヲ見ル

伊賀越【いがごえ】「月本越」ヲ見ル

筏玉子【いかだたまご】〔料理調法集・鶏卵之部〕に筏玉子は、玉子を薄焼きにして篠竹に巻き、巻き留めに生玉子をつけて火取りし、このようにしたのを生の黄身を塗り、筏のように極く細い串に刺して、火取りをする。

筏餅【いかだもち】 菓子名。筏餅、四通りながし物、中へくり入り。〔男重宝記・四〕

烏賊の事【いかのこと】〔万物絵本大全調法記・下〕に「鰞鰂 うそく／いか。烏賊 うぞく也」。〔薬種重宝記〕には和虫、「海螵蛸 かいひやうせう／いかのこう。炙り黄にして用いる」。また和魚「烏賊骨 いかのこう」は、水飛して日に乾かして用いる。〈異名〉〔書札調法記・六〕に烏賊の異名に、鰞鰂《うそく》 墨《ぼく》魚 纜《らん》魚がある。〈薬性〉〔医道重宝記〕には平で毒なし、気を増し志を強くし経水を通ずる。多食すると風気を動かす。〔永代調法記宝庫・四〕には加えて、虫 積聚にもよく、胃を開く。〈食合せ〉〔料理調法集・当流献方食物禁戒条々〕に、烏賊に竹の子の食い合せを忌む。〈料理仕様〉〔諸人重宝記・四〕に烏賊は、卯花熬 鱠 刺身 蒲鉾 和え物 酢烏賊 焼烏賊 吸物。「烏賊蒲鉾」「烏賊の子煮物」「烏賊の丸煮」参照

烏賊の子煮物【いかのこにもの】〔世界万法調法記・下〕に烏賊の子煮物は、烏賊の腹を開けると白い塊があり、これを取って二ツ三ツに切り、煮物にすると、一段とよい物である。

紙鳶【いかのぼり】〔万物絵本大全調法記・上〕に「紙鳶 しゑん／いかのぼり」。〔年中重宝記・一〕の二月に、春分の後は陰気が昇り風が空にあるので、都鄙の童が紙鳶を揚げる。

烏賊の丸煮【いかのまるに】〔世界万法調法記・下〕に烏賊の丸煮として、黒い水を充分によく洗い捨て、甲を抜き、片寄った黒みはそのまま置いて切らずに、薄だれでよく煮る。また筒切りにして、そのまま汁に入れてもよい。

いかまほしき【いかまほしき】大和詞。「いかまほしきとは、いきたきと思ふ心」である。〔不断重宝記大全〕

伊賀餅【いがもち】菓子名。粳米の粉を生捏ねにして餡を包み、上へ生の糯米をつけて蒸し上げる。〔菓子調法集〕

烏賊もどき【いかもどき】〔里俗節用重宝記・中〕に二方がある。①蒟蒻を湯煮して醤油をつけて焙り、好きに切って青芥子か山椒の芽で和える。②播磨牛蒡をさっと湯煮し油揚げにして、酒に漬けて揉み、よい形に切り、胡麻和えにする。

蘭がら餅【いがらもち】菓子名。蘭がら餅、色黄こね物、饅頭の餡入り、上に割り米をつける。〔男重宝記・四〕

胃脘【いかん】「上脘《じょうかん》」ニ同ジ

壱岐【いき】壱州。〔重宝記永代鏡〕には壱岐、石田の二郡をあげ、城下は勝本で、一ノ宮は石田である。〔万民調宝記〕には居城知行高を対馬*の国主に同じとする。〔大増補万代重宝記〕には下管、四方十一里。田数六百二十町、知行高一万五千九百八十二石。〔重宝記・幕末頃写〕にはこの国を対馬*と二嶋*という。四方一日。西戎《せいじゅう》襲来して侵す故、宇佐宮を勧請する。貢は皆異珍である。今の長崎県壱岐島にあたる。〈名物〉〔万買物調方記〕に綾布、雲丹、鰤。

位記【いき】「詔書」ニ同ジ

譩譆【いき】〔永代調法記宝庫・三〕に、灸穴要歌「久瘧や 背《せなか》も悶え 胸痞へ 虚損に寝ずは 譩譆《いき》を灸せよ」がある。譩譆は第六椎の下 左右へ六寸で、五壮する。〔医道重宝記〕には目眩 鼻血 肩背痛 喘急 腹張 脇痛 瘧の落ちぬのに針六分、灸十四壮より百壮に至る。

息あい【いきあい】諸国言葉。脇腹を、東国には「息あひ」という。「いきざし」ともいう。〔男重宝記・五〕

いきざし【いきざし】片言。「わきばらを、いきざしとは〔備前 備中 美作の詞である〕」。「息あい*」ともいう。〔不断重宝記大全〕

生き霊【いきすだま】大和詞。〔不断重宝記大全〕に「いきす玉とは、たましゐの事」。〔消息調宝記・一〕には「いきすだまとは、生霊《いきりやう》 窮鬼《びんぼうがみ》 二色也」とある。

寝穢【いぎたなし】大和詞。「いぎたなしとは、人のねごき〔寝ぞうの悪いこと〕を云」。〔不断重宝記大全〕

息継ぎ【いきつぎ】〔男重宝記・二〕に謡などで「息継ぎ」（息を吸い込むこと）は大事であり、人に知られないように継ぐ。て・に・はで継ぎ、文字の切れないように継ぐ。

いきとき【いきとき】大和詞。「いきときとは、ねられぬ事」を言う。〔不断重宝記大全〕

息の事【いきのこと】〔世界万宝調法記・中〕に「走る時 息切の薬の事」として、道を急ぎ走る時、人参を長さ一寸に切り、口に銜えて走るとどんなに急いでも息の切れることはない（〔大増補万代重宝記〕には髭人参を食うと尚よいとある）。また梅干でも氷砂糖でも口に含むとよい。旅行く時は梅干を持つとよく、水を飲み 割籠弁当を食う時 必ず梅干を一ツ食うと、一切の病は起らない。〔新板秘伝日用重宝記〕に駆け走る時に喉が乾かず息が切れない伝は、大蒜《にんにく》を咬み 鼻の穴に塗ると、喉は乾かない。また、広東人参を含むと愈々よい。〔妙薬調方記〕に急ぐ道を走って息が切れるなら、繁縷の汁に塩を入れて飲むとよい。〔諸民秘伝重宝記〕は走り出す時、息をわざと大きく荒くすると、どれほど走っても息切れはしない。人参を含むと愈々よい。〈息引き詰め〉〔薬家秘伝妙方調法記〕に息を引き詰めるのには、川芎・地黄を使う。〈息臭除け〉〔薬家秘伝妙方調法記〕に息の臭い人には、麝香、栝樓《かつろう》（きからすうり）根を使う。

生の松原【いきのまつばら】大和詞。「いきの松ばらとは、たのめてすぐる事」をいう。〔不断重宝記大全〕

息払【いきばらい】「てんくう（天空）」ヲ見ル

行触【いきぶれ】大和詞。「いきぶれとは、けがらはしき事」をいう。〔不断重宝記大全〕

息巻【いきまき】大和詞。〔不断重宝記大全〕に「いきまきとは、いきほひ（勢）」。〔消息調宝記・二〕には「いきまきとは、いかりはらたつ也」。

生見玉（霊）**の祝儀**【いきみたまのしゅうぎ】〔年中重宝記・三〕に聖霊祭*より前に、生見玉《いきみたま》の祝儀といい、子方より親方へ藕《はす》の飯、樽肴等を送ることがあった。七月は死んだ人を祭る時節なので、今生きている親を見るのが嬉しいとの心の祝儀として生見玉という。〔料理調法集・年中嘉祝之飾〕は七月十五日に、両親 或は親方へ、公卿（供膳）に蓮飯*を据え、向うに鯖一刺を蓮に包み、同席して祝い奉る。十四日は聖霊祭である。

いくる【いくくる】片言。「物をいくくるは、結括 ゆひくくる」である。〔不断重宝記大全〕

軍喚【いくさよばい】〔消息調宝記・一〕に「いくさよばひ（軍喚）とは、とき（鬨）をつくる事（『日葡辞書』にToqino coye. 戦闘を始めるときにあげる喊声）」。

育児【いくじ】「小児初生の心得」ヲ見ル

生玉社【いくたまのやしろ】大坂名所。〔東街道中重宝記・七ざい所巡道しるべ〕に、神武天皇が日向からここ浪速へ着いた時、斎《いわ》ったという。〔年中重宝記・三〕に、九月九日大坂生玉祭。高台で大坂市中から淡路島まで見渡せて眺望よく、境内は茶店 見世物 講釈等多く、遊楽地として賑わう、とある。

行手【いくて】大和詞。「いくて（行手）とは、舟こぐ人を云う」。〔不断重宝記大全〕

行くべ獅子としよう【いくべじしとしよう】〈平生ソレよく言う言語〉「いくべじゝとしやう」は、行くとしよう、の意。角兵獅子に言いかけた。〔小野篤謔字尽〕

幾世【いくよ】菓子名。幾世、下ながし物、胡桃入り、中羊羹、上しめし物。〔男重宝記・四〕

いくよ餅【いくよもち】〔江戸町中喰物重法記〕に、いくよ餅の売り店に三軒がある。①「幾よ餅」は、両国吉川丁 小松屋喜兵衛。②「いくよ餅」は、本所大嶋丁 あふみや。③「名物幾世餅」は、麹町三丁目 ふじや。

郁李仁【いくりにん】〔薬種重宝記・上〕に唐木、「郁李仁 いくりにん／さす

もも。炒りて中の仁を用ゆ。油をよく取る」。

池【いけ】〔万物絵本大全調法記・上〕に「池 ち／いけ。溏 たう。沼 せう。並同」。また「塘 たう／いけ／ためいけ」。〔童蒙単語字尽重宝記〕に「池 いけは地をうがって、水をたむるをいふ。沼も同じ」。

韓【いげた】〔万物絵本大全調法記・上〕に「韓 かん／ゐづゝ／いげた」。〔紋絵重宝記・上〕に「井桁」の紋様と、「韓《おげた》」の字の意匠がある。

生花の事【いけばなのこと】花 葉 木等を、器に挿して山水の景を表し、飾ること。数寄屋の座敷に相応しい投入《なげいれ》*の花が各種の流儀を生んだ。近世では芸道として立花*が盛んになった。
〔里俗節用重宝記・中〕には○「生花之事」として活ける心持ちは人々の機才次第であり、花に嫌うべき活け様を大体覚え、花器に活ける花の取り合せ、応 不応を考え、花の丈は花器の高に一丈《たけ》半より二丈迄、草木により直す。常式の形をよく知る。○花器（花入の事*）には水を打つのと打たないのがあり、よく知るべきである。○薄板*は床畳に敷き、板床には敷かない。但し、駕籠花入にはいつも薄板を用いない。また薄板と花入は取り合わせがあり、角の物には丸いのを用いる等、このようによいように全て推量する。○置花は式正と心得、掛花は行式と理解するのがよい。式正の花入は金《かね》の物・青磁等で形があり、行草式は竹花入である。○釣舟*の花に、出船 入舟の構いはなく、いつも上客位の方に客位の枝を流す。出入りの事は花入の舳先の方を向けて出入りの舟と定める。○花に嫌う入れ物は祝儀には用いない等の外、水際を綺麗にし、根締りも乱れなく、筋よく綺麗なのを良しとする等、以下の配慮も必要である。○嫌う花は、凋み散り易い花、刺のある花、葉のない花、葉ばかりの花、また一花一葉を嫌う。花と葉の数が丁（偶数）と半（奇数）がよく、丁と丁を嫌い、半と半は不吉とする。○活け様法度は、十文字、天地を指す形、丈くらべ、壁挿し、前挿し等。瓶口より垂れる葉、水に浸かる葉、下へ俯く花、実ある物二品。また枝垂り物に垂れ物を入れない等々。○「借葉／借花*」は、牡丹に芍薬の葉、杜若に一八《いちはつ》 菖蒲、河骨《こうぼね》に蕗の葉、椿に山茶花の葉等。全て奇な花を好むのは俗情である。珍しくなくても、切り立ての花、艶々しい花は潔く浮華である。花は麗しく艶よいのを第一の賞玩とする故、時々の走り咲を賞する。
〈生花見様〉〔童学重宝記〕に掛物*生花等を見るには、床の前で一畳を置き手を突いて見る、滅多に褒めるものではない。
〈生花心得〉〔諸礼調法記大全・天〕に「生花の事」として、卓下《しょくした》の生花、常の置き花生の様体、掛花入れ（花器）、釣花入（花生）等の様子は四季折々に用いる。立花*以下投入《なげいれ》*の花で手伝う時、貴人や同輩に心《しん》*を挿せと言われても辞退して挿してはならない。例えば二重切の花入では、下を挿して上の切れ目は人に譲る。立花なら流枝《ながし》*控《ひかえ》*下草を心掛け、心・小心・副*・胴作《どうつくり》*は貴人に譲る。下の生花は一種か二種でよい。二重切は上をよく挿し、下は水ばかりを見る。籠花生*の取り手のあるのには花が掛って切れないようにする。釣花生には櫓櫂にあしらう。

生物【いけもの】〔絹布重宝記・序〕に白絹で取り拵えする物を白張《しらはり》と言い、物にしたのを生物《いけもの》と唱える。生絹《きぎぬ》でも絽紗《ろしゃ》の類は生物がある。これは生絽《きろ》（＝経緯とも絹で織って精製していない絽）、生紗《きしゃ》（＝経緯とも絹織の紗）、毛伏《けぶせ》*をいう。

活け盛り【いけもり】〔料理調法集・口伝之部〕に活盛《いけもり》とは、溜《たまり》 煎酒《いりざけ》 或は浸《ひたし》物《もの》の類を、品々に盛り分けたのをいう。立花、砂物のようである。『精進献立集』に「いけ盛は、何酢にても煎酒にても、活け盛った物に懸からぬ様に脇よりそっと入れ皿の底にたぶたぶと溜めてよし」。

いこう【いこう】「いかうとは、一向《いつかう》の字音也。ひたすらを云也」。〔消息調宝記・一〕

いこう遅なわりました【いこうおそなわりました】女詞遣。「いかふおそ（遅）な

はりましたと云を、ばくだい（莫大）にえんいん（延引）しましたと云も石［堅い譬え］也」。〔女重宝記・一〕

異功散【いこうさん】〔小児療治調法記〕に異功散は、収靨《かせる》*症で、奮え歯ぎりし搔き潰し泄瀉するのを裏虚とするのに用いる。瀉の甚だしいのには肉豆蔲を加える。大付子・人参（各五分）、白朮・白茯・陳皮・半夏・肉桂・厚朴・当帰・木香（各一匁）、丁香（五粒）、肉豆蔲に、生姜（二片）、棗（二ツ）を入れて水で煎ずる。『正伝』には量目を各三分とする。症状により加減が種々ある。

胃口癰【いこうよう】〔改補外科調宝記〕に胃口癰は、乳の上胸の間に出る。寒気に侵されて熱が胃口に集り、寒熱調わず、血肉腐り気が滞る故、胃脈は沈 細で陽気は上に廻らず寒熱漂い、初発は瘧のようである。咳が出、或は膿血を吐く。脈の洪 数《さく》で膿があるのは急に排《はら》い、遅 緊なのは瘀血で下し薬を用いる。治方は大方は癰疽に同じで、大射干湯*を用い、痰の塞がるのには甘桔湯*を用い、大便の通じ難いのには太乙膏*を丸じて用いる。小便が通ぜず、また脹満のように不食するのには三仁湯*、また膿が出て不食すれば補中益気湯*を用いる。

異国海上【いこくかいじょう】〔調法万宝書・延享三〕に次がある。朝鮮へ四十八里。南京へ三百四十里。かぼちや（カンボジヤ）へ千五百里。高砂へ八百四十里。暹羅《しやむ》へ二千六百四十里。ジャガタラ（ジャカルタ）へ三千三百里。韃靼《タタール》へ三百七十里。ぼつきん（北京）へ四百八十里。トンキン（東京）へ千六百里。あまかは（マカオ）へ九百四十里。チャンパンへ千七百里。オランダへ二千五百里。

囲碁の事【いごのこと】〈始り〉〔人倫重宝記・三〕には『博物誌』により碁はシナの尭帝が始めて作り出し子の丹朱に教えたとあり、また舜が作り出したともいう。異名を坐隠《ざいん》 手談《しゅだん》 紋楸《もんしゅう》ともいう。我が朝には吉備大臣が遺唐使から帰朝の時伝えて広まった。碁は仙家の玩び物で憂いを忘れ、隠居の老人の長日を暮らすによい業である。〈碁盤〉〔万物絵本大全調法記・上〕に「棊《き》 囲棊也、碁 棋 並同。ごいし、ごげ」「枰 棊盤を棊枰といふ也。また目《もく》 也」。〔世界万宝調法記・上〕に碁盤を作る法は、高さ六寸、長さ一尺四寸、広さ一尺三寸八分、一目の広さ七分、一年を表して三百六十目を盛り、九曜を象り九ツの聖目があり、昼夜に擬えた黒白の石は一年の日数に合せ三百六十ある。〔永代調法記宝庫・一〕には昼は黒を客の方に、夜は白にする。〈手品〉〔清書重宝記〕に碁盤に水盛る伝は碁盤の四方に白蠟と、角石を蟇《ひきがえる》の油で練り塗るとよい。水は高く盛り上がるが、蟇の油が悪いと上り兼ねるのでよく吟味する。

〈定石の歌〉〔諸人重宝記・三〕に十首がある。○石だちは相手によりて打ち変えよ 扨劫《こ》積り 時の見合せ。○盤数を勝つ程後をしめて打て 少しも心油断ばしすな。○上手とて余りのけすぎ恐るなよ 又恐れぬも悪しきなりけり。○我が前の負になるをば知らずして 向うばかりを見るは下手なり。○作物ありと折り入り案ずれば 思いの外の手をも打つなり。○囲碁はただ下手と打つとも大事なり 小事と思う道の悪しさよ。○我が芸を磨かんことは打ち忘れ 人の曇りを言うぞおかしき。○智案まず早きは悪しし 細やかに始末目算手打だてすな。○時宜法度固く守らば何事も堪忍するは道の道なり。○古今より有難かりし御代なれば 家職を日々に磨くべきなり。

〈碁の詞字〉〔男重宝記・三〕には○「碁三十三法の字」として次がある。「立 たつ／おりきる／おりさかる」「行 のぶる」「飛 けいまとび」「尖 こすみ」「粘 つぐ」「幹 へだつる」「約 おさゆる」「綽 はぬる／はねるかくる」「衝 さしいる」「関 一けんとび／せむる」「覷 のぞく」「殺 うってとる」「劄 とむる。つむる／あたる」「頂 かしらにおく」「擦 からむ／ひらまりおす」「蹺 はねあがる／わたる／またがり」「門 あしだ」「断 たちきる」「打 うつてとらんとす／きる」「点 なりて」「征 しちやう」「薛

つゞかせぬ」「薛 うちきる」「聚 めなる ∷」「劫 こう」「拶 せむる／ついてゆく」「揲 うちかう」「勒 つぶす／からむる」「勅 やぶる」「夾 はさむ／さしはさむ」「盤 わたる／たすけわたる」「鬆 ゆるくとむる」「持せき」。この外、「逹 おしかえす」「闕 とる」「覗・除 のぞく」「塗 ぬる」「駁込 はねこむ」「跨 またげる」「突 つく」「咀 つむ」「抑 おさゆる」「刺 さしやぶる」「八道 むさし」「聖目・星目・井目 せいもく」「争道てだてをあらそう」「贏輸 かちまけ」「強弱 つよしよわし」「持碁 じご」「助言 じよごん」「先 せん」「碁笥 ごげ」「綴五 てつご ∷」「饒三にょうさん ∴」「硬節 こうせつ ∷」「虎口 ここう ∵」。また「烏鷺 くろしろ」「手談 しゆだん」もある。

○「碁から出た詞」「愚かなる者を 碁がなるといふは弱きといふ事也。又うつ共いふ」「征《しちやう》にかゝる」「隅に目を持ちている」「劫《こう》をたつる」「持《ぢ》碁《ご》にはなす」「ねばまがある」「人に綽《はねかく》る」「一を打《うつ》て盤《ばん》を知る」「人の助言《じよごん》をいふ」。〈異名〉〔書札調法記・六〕に碁の異名に、子《し》石《せき》 鵶石 支《し》鵠《こく》芰《し》皓《こう》 商山《しょうざん》がある。〈会所〉〔年中重宝記・五〕に「碁毎日の会所」は、四条函谷鉾の町 石丸三左衛門とある。

葦索【いさく】「しめなわ（注連縄）」ヲ見ル

いささ掛舟【いささかけぶね】 大和詞。「いささかけ舟とは、ほかけ舟」をいう。〔不断重宝記大全〕

いささ川【いささがわ】 大和詞。「いささ川とは、あさく流るる水」をいう。〔不断重宝記大全〕

いささ水【いささみず】 大和詞。「いささ水とは、庭のたまり水」をいう。〔不断重宝記大全〕

いささめ【いささめ】「いささめとは、かりそめ（仮初）の事」をいう。〔消息調宝記・一〕

誘う【いざなう】 大和詞。「いざなふとは、さそふ事」をいう。〔不断重宝記大全〕

伊弉諾尊／伊弉冉尊【いざなぎのみこと／いざなみのみこと】〈神名〉〔世界万宝調法記・上〕に天神七代*の末の末孫で、伊弉諾尊は陽神（江州犬上郡多賀の御神躰になる）、伊弉冉尊は陰神（加州白山比咩の御神躰になる）で国生みをした。天神に命ぜられて天の浮橋から天瓊矛《あまのぬほこ》を下ろして青海浜を掻き混ぜ、その滴りで磤馭慮島《おのころしま》となり、二神はこの島に下り、鶺鴒が尾を動かすのを見て交合の法を学び、大日本国、島々、山川草木を次々に生み、最後に天下の主となる日の神（天照大神＝高天原を治める）月読神《つくよみのかみ》（＝青海原を治める）蛭子《ひるこ》（＝足が立たぬので舟に乗せて流し西の宮の蛭子となる）素戔嗚尊《すさのおのみこと》（＝性猛ゆえ遠国に追放され出雲の簸川で八岐大蛇を退治する）の四神を生んだ。〈拝所〉〔東街道中重宝記・七ざい所巡道しるべ〕に伊勢外宮の洗手所*の北の石積みである。洗手所の前にも板囲《いたがこい》を構えて俗におんぼの拝所という。大神の御母神《おんぼじん》の拝所という略であろうという。

いさなどり【いさなどり】 大和詞。〔不断重宝記大全〕には「いさな鳥とは、くじらうを（魚）の総名」。〔消息調宝記・一〕には「いさなどりとは、くじらのもりをつく也」とある。

諫むる【いさむる】 大和詞。「いさむるとは、人に意見の事」。〔不断重宝記大全〕

十六夜の月【いさ／ざよいのつき】 大和詞。〔不断重宝記大全〕に「いさよひの月とは、十六夜の月」をいう。〔重宝記永代鏡〕には月の和名として、既宵《いざよい》は十六日の月をいう。〔消息調宝記・一〕には「いざよひの月とは、十六夜の月を八月にいへり」とある。

十六夜月【いざようつき】 大和詞。〔不断重宝記大全〕に「いさよふ月とは、出やらぬ月」をいう。〔消息調宝記・一〕には「いざよふ月とは、でやらぬ月を常にいへり」。

尻臀【いさらい】「いさらひは、しりこぶた（尻臀）也」。〔消息調宝記・一〕

漁船【いさりぶね】 大和詞。〔不断重宝記大全〕「いさり舟とは、つり（釣）する舟也」。〔女重宝記・弘化四〕には「魚を捕る舟」とある。

いしい【いしい】 女の柔かな詞遣。「む〔う〕まいといふを、いしい」という。〔女重宝記・一〕

団子【いしいし】 大和詞。「だんご（団子）は、いしいし」という。〔女重宝記・一〕

石臼芸【いしうすげい】 〔世話重宝記・一〕に石臼芸は、諸芸を*数多くあれこれ習い心掛け、一芸も上手にならないのをいう。石臼は米 豆 麦等何でも碾《きし》らぬことはないが、常に庭の隅や竈の辺に置いて、遂に座敷に上がった例はないという譬えである。

石漆の事【いしうるしのこと】 〈拵え様〉〔調法記・四十ち〕に「石漆《いしうるし》拵える伝」は、生麩《なまぶ》を石灰にまぶし、日に干し粉にして置き、用いる時は水で練り合せて何でも継ぐ。又、丹土《につち》黄土《おうど》で色をつけ、色を入れるのによい。〈石漆早継〉〔諸民秘伝重宝記〕に「石うるし（漆）早継ぎの伝」は、生麩を板につけ、二三日寝させ、その後日に干して乾かし、刃物で刮げ落し、その中へ石灰を三分の一入れ、固くよく練り合せ、瀬戸物 塗物類何でも継ぐ。瀬戸物類は火でよく焙ると即座に継ぐ。「せしめうるし（石漆）」「焼物継ぎ様」モ見ル

石かけ【いしかけ】 片言。「石橢《いしかき》といふべきを、石《いし》かけ」という。〔世話重宝記・一〕

石神の社【いしがみのやしろ】 大坂願所。天王寺境内、石神《いしがみ》の社は、旅に出る人が門出に立願すると、道中達者で少しも足の痛みがなく、その上道中の患難を除く。〔願懸重宝記・初〕

石亀【いしがめ】 〔万物絵本大全調法記・下〕に「亀き／かめ、又いしがめ」。〈薬性〉〔医道重宝記〕に石亀は温で毒なく、気を増し、智を助け、食を進め、筋骨の痺れ痛むのを治す。〈食合せ〉〔料理調法集・当流献方食物禁戒条々〕に水亀（＝石亀）の料理を食い、桃の食い合せを忌む。

居敷【いしき】 「せきりょう（脊梁）」ヲ見ル

礎敷き様【いしずえしきよう】 〔重宝記永代鏡〕に礎（柱石）の敷き様の次第は、その月の生気の方*の礎から敷き始め、それより順々に右へ廻り石搗きをする。最初に、神石*とともに、生気の方の石に幣を立て、八足の机を据え、造酒《みき》 洗米 餅米等の供物を供えて祭る。

石摺仕様【いしずりしよう】 〔筆海重宝記〕に石摺仕様は、鉄漿《だしがね》に明礬を加えた汁で書き、よく干し乾いた時裏から墨を引くとよい。また細かな物は、紙に礬砂《どうさ》（＝膠に明礬を加え薄く煎ずる）地《じ》をして蠟を火に掛け沸かして書き、表から墨を引き、乾いた時蠟を削り落す。また空字《うつろじ》に写して外から塗るのもよい。これは地《じ》をせぬ紙が最も良い。

石突【いしづき】 鎗*長刀*棒*等地に突きたてる部分に巻く金具。〔武家重宝記・四〕には石突は、穳《さん》 錞《じゅん》 晋《しん》とも書く（図13）。鋭いのを鐏《そん》、平らかなのを鐓《たい》という。猪目 立五《りゅうご》 飯櫃《いびつ》等のあるのをよしとする。利用口伝があるという。

図13 「石突」（武家重宝記）

石壺【いしつぼ】 伊勢名所。伊勢神宮祭儀の時、勅使・宮司等の着座所を示す石を敷いた所。拝所のしつらえ。外宮は小鳥居の東西にあり、東は勅使宮司の石壺、西は禰宜《ねぎ》の石壺である。内宮は冠木《かぶき》の鳥居の東西にある。〔東街道中重宝記・七ざい所巡道しるべ〕

石燈籠の事【いしどうろうのこと】〔万物絵本大全調法記・上〉に「石燈 せきとう／いしどうろう」。〈苔を生す〉〔大増補万代重宝記〕に石燈籠や手水鉢*に苔を着けるには、蝸牛を砕き汁を石の上に引き、木陰に置き、せっせと水を灌ぐと苔は見事に生ずる。

石投取【いしなどり】〔消息調宝記・二〕に「いしなどりとは、手だま（玉）を云」。『易林本節用集』に「投石 いしなどり」。

石並小川【いしなみおがわ】 大和詞。「石なみ小川とは、石多き川」をいう。〔不断重宝記大全〕

石に文字を書く事【いしにもじをかくこと】〔万物絵本大全調法記・上〕に「石 せき／しやく／いし」。〈文字書き消えぬ法〉〔男重宝記・二〕に石又は木に物を書きつけて後世まで消えぬ法は、亀尿《かめのいばり》を墨に入れて書くとよい。亀尿とは亀の精汁、物を柔かにするので墨はよく中へ通る。精汁を採るには、亀を塗折敷の上に置いて鏡を見せると自分の妻と思い精汁を出す。また蒼耳《なもみ》の自然汁、大力子の汁を用いるという説もある。〔大増補万代重宝記〕に石に文字を書いて消えぬ法は、煙管の脂を墨に磨り込んで書き、石を小溝に投げ入れ六十日過ぎて取り出す。文字は石に染み込み洗っても磨いても落ちない。〈石の墨を落す法〉〔諸民秘伝重宝記〕には石に墨の付いたのを落す法は、大根の切口で摺るとよく落ちる。〈苔をつける法〉〔文政新刻俗家重宝集〕に石に苔をつける法は、土牛蒡《つちごぼう》を石に擦りつけて置くと苔が直ぐに付くのは妙である。

石の帯【いしのおび】〔万物絵本大全調法記・上〕に「革帯 かくたい／いしのおび」。〔万買物調方記〕に「京ニテ石の帯師」は、烏丸一条上ル町松の下にいる。

石の婆々様【いしのばばさま】 江戸願所。木挽町築地稲葉侯の屋敷に年古い石で造った老婆の像があり、諸人が痰咳の患を逃れる願懸けをすると速やかに治る。願解きには豆を煎って供える。小児百日咳、また全て咳に悩む人が往古から信じ、諸人は石の婆々様と称する。〔江戸神仏願懸重宝記〕

石の物言う世の習い【いしのものいうよのならい】〔世話重宝記・一〕に、『日本記・神代巻』には神代には岩根 草木が物言うとし、『左伝・昭公八年』には晋の魏楡という所に石の物言うことがあるとする。天下の民が上《かみ》や君《きみ》に恨みを含めば、恨みが積り、後はあらゆる非常の物までも物言うとある。

石の割れたのを接ぐ法【いしのわれたのをつぐほう】〔新撰咒咀調法記大全〕に一般に石の割れたのを接ぐ法は、蝸牛《ででむし》《かたつぶり》*の肉をよく潰して接ぐとよい。石臼でも長く離れることはない。但し、石の破れ口が久しくなり、又は水や塩気等の付いたのは接ぎ難いので、割れた時に直ぐに接ぐとよい。

石灰【いしばい】〔万物絵本大全調法記・上〕に「石灰 せきくわい／いしばい。蛎灰 かきのはい」。〈田の肥し〉〔農家調宝記・続録〕に江州では石灰を田の肥しに用いるので、病人等には中《あた》るように思われるが、馴れると苦しくないように見える。〈毒消し〉〔万用重宝記〕に石灰の毒消には、砂糖水を飲むとよい。

石原に杭を打つ時【いしはらにくいをうつとき】〔四民格致重宝記〕に、石原に石が多くて杭の根が入り難い時は、松杭を打つと何杭よりも根入りがよいとある。

石火矢【いしびや】 武具。火矢。*〔武家重宝記・四〕に石火矢は、石や鉄の弾丸を射て城郭等を焼く武器をいう。中国では発熕《はっこう》、西洋砲ともいう。日本には天文二十年（一五五一）に南蛮国から房西という者が来て大友に謁し、発熕を献上して広まった。

石部より草津【いしべよりくさつ】 東海道宿駅。*三里。本荷百九十四文、軽尻百二十七文、人足百一文。山間に比叡山が見え、町外れに三上山（一名百足山）が見える。上野村に新善光寺への道がある。高野村に六地蔵がある。梅の木、この宿に和中散*があり、合方である。手ばらみ村には

故事がある。右に笠松があったが、枯れてなく、稲荷の社ばかりがある。まかり川は常は小溝であるが、大水が出ると渡り難く、逗留する所である。草津川は徒歩渡りである。〔東街道中重宝記・寛政三〕

意舎【いしゃ】〈経絡要穴 肩背部〉〔鍼灸重宝記綱目〕二穴。意舎《いしゃ》は第十一椎の下左右へ三寸ずつ開く処にある。針五分。灸五十壮から百壮に至る。腹満ち、泄瀉、小便赤黄、嘔吐、不食、消渇、目の黄なのを治す。〈灸穴要歌〉〔永代調法記宝庫・三〕に「そぞろ寒く胸脇張りて嘔吐して背《せなか》痛くは意舎を灸せよ」。七壮する。尚、意舎は第九椎の下ともある。

石薬師より庄野【いしやくしよりしょうの】東海道宿駅*。二十七丁。本荷四十八文、軽尻三十二文、人足二十五文。右に御殿跡がある。坂下に薬師堂があり、高富山西福寺という。うなき町、高宮川、庄野川は鈴鹿川の流れである。〔東街道中重宝記・寛政三〕

医者断り状【いしゃことわりじょう】〔改正数量字尽重宝記〕に範例文がある。「医者断之状／愚父儀 御蔭を以て段々全快之様子ニ相見へ忝き仕合に存じ奉り候。然ル処 親類共懇意の御医師の由ニ而 達而服薬致ス様 度々申越候ニ付 拠ろ無く転薬致す可くと存じ奉り候。近頃御気之毒乍 黙止《もだし》難く候故 御断り申し上げ候。又々重而相願ひ候儀も御座有る可く哉。兼而此段申上げ置き候。先は右御礼旁 此の如くに御座候 以上」。

医者殺し【いしゃごろし】〔調法記・全四十〕に「ゐしやごろし（医者殺）、げんのせう花（現の証拠）」。『大和本増・九』に「牛扁、れんげ草と云。山野、近道処々に多く繁生す。藻塩草にたちまち草と訓ず。また俗に、げんのせうこととも云。葉は毛莨《けごん》及びきじん草に似て、花の形は梅花の如し。六七月に紅紫花を開く。葉茎花ともに陰干にして末（粉）と為し湯にて服す。能く痢を治す。赤痢に最も可也。又煎湯に為し或は細末（粉）して丸ず。皆験がある」。〔懐中重宝日用早覧初編〕に痢病には「げんのしょうこ。つるばひ草。漢名 牛扁といふ草」といい、つる草で白い花が咲くのを陰干にして置き煎じて用い、甘草を少し加えるとなおよい。即効があるので「現の証拠」と名付く。夏の初めに汁の実、また浸し物等で食うと下痢病を生ぜず、煎じ薬で用いると疫病にもよい。夏の土用中に生姜一片を茶の精汁に入れて飲むと下痢を病まない。痢病の医者いらずの方である。

医者の事【いしゃのこと】〔万物絵本大全調法記〕に「医 い／くすし。毉 い、同」。〔人倫重宝記・三〕には、医は唐の上古の神農が草を舐め根を噛んで味を試み、病を治すのを知り、薬が起った。方剤は漢に始り、名医が世々に出た。日本に伝わり日本医者の元祖は少彦名神（五条天神）と伝える。延喜（九〇一～九二三）頃には典薬寮を置き 和気 丹波の医者を典薬頭とした。日本の医者は皆俗体であったが、宮女 妻室 息女の脈を取る等親しく立ち寄る役なので形を異相にし、後に剃髪し出家僧形にした。昔の大医は渋紙に薬を包み辺土を廻り、病巧が積り上手となり、官位に任じられ大医と称せられたが、当世は医学も病巧もなく、金銀の力で自他ともに大医に拵えた者がある。実義の医者は少なく、商《あきない》医者が多い。〔医道重宝記〕に、医は生・死の集まる所であり、慎まなければならない。病苦は人 我 同じであり、召す人があれば直ぐに行かなければならない。貴賤親疎を選ばず、薬料の多少を論ぜず、人を救うことに専心すべきである。若い女の療治には仮にも戯れの言辞があってはならず、脈を診るのも近所に人のいる時にすべきである。どれ程心易い人に頼まれても、堕胎薬等調合してはならない。〔鍼灸重宝記綱目・一〕に医の道を勤める人は、酒を禁じ、淫欲の念を慎み、貪欲 嫉み 憎む心を生じてはならない。各科の医者は個別に立項した。

〈医者号の字〉〔文章指南調法記・四〕に「法体幷医者号の字」として次がある。○水性の人は、風 豊 讐 丕 模 敷 岷 必 播 巴など七十二文字。○火性の人は、東 動 置 値 乃 題 律 達 溜 臨など七十三文字。○木性の

人は、空穹匱起顧谿言月剛強など七十三文字。○火性の人は、充速随睡思詞裁宰全旋など六十三文字。○土性の人は、翁雄而以愛例遥貨酉幼など六十三文字。

〈医者へ容躰書〉〔改正増補字尽重宝記綱目〕に範例文がある。「医者の方へ容躰書／一ツ 昨日ハ御見廻忝く存じ候。御調合御加減之薬 服用仕ニ候所熱茂少々退き 食事も少し進み申し 頭痛 渇き 泄瀉 悪寒 止み申し候。御影ニ而心持段々宜敷御座候。后刻御見廻御診脈之上 御薬下さる可く候　已上」。〈医者を易ゆる文〉〔文章指南調法記・三〕範例文。「舅容体相替る儀も御座無く 前体之内先は御良薬故少々快き筋ニ相見候。夫に就き病人申は 初発端より数貼之薬服用仕候而泥も出 殊の外転り退屈仕候。二三日も休息仕度旨申候之間 当分御断に逮び候。異変の症も萌し候者 又々御案内可仕候。其砌御見舞可被下候」。「医者断り状」参照

石山寺【いしやまでら】〔東街道中重宝記・七ざい所巡道しるべ〕に（西国三十三ヵ所第十三）巡礼所、御堂 本尊は観世音菩薩。御堂の東の方の間を源氏の間といい、庭には奇石があり、この石は昔は珠のように透き通って見えたという。御堂の後ろの方に高い所があり、湖水弁に湖水辺の諸所が見え、絶景は高観音（「三井寺」参照）に等しい。仁王門の尊像は運慶の作で、門内に比良の大明神の影向の松がある外、拝所 見所が多い。石山は名高い霊場、絶景の地であり、何度参詣しても飽かぬ所である。又「七ざい所巡り」の成就の地でもある。〔年中重宝記・一〕に三月三日 江州石山祭り。〈近江八景*の一〉〔麗玉百人一首吾妻錦〕石山秋月。歌「石山や鳰の海照る月影は赤石も須磨も外ならぬかな」。

痿症【いしょう】〔家内重宝記・元禄二〕に痿症は、身が痿える病である。腎虚し、筋骨痿え、腰痛み、手足の叶わないのには兎絲子 牛膝を等分に末（粉）にし 丸じ服する。また骨が柔かにして行歩叶わず、腰膝痛み総身が痒いのには、何首烏と牛膝を等分に末（粉）にし丸じ服する。また萆薢と杜仲を等分に末（粉）し 丸じ服するのもよい。〈痿症食物宜禁〉〔世界万宝調法記・下〕に「宜い物」は枸杞 瓢 覆盆《いちご》 牛房 芹 榧 独活 五加《うこぎ》 鰻 鱧 田螺。「禁物」は糯 麺類 蕎麦 瓢 胡瓜 冬瓜《かもうり》 小豆 蓼 繁縷 黄瓜 胡椒 杏子 李 林檎 楊梅 鯛 鱒 鮎 雉 雲雀 猪。

いじょう【いじょう】片言。居宅を「いじやう」というのは、「移住」「ゐぢう」である。〔不断重宝記大全〕

衣裳裁つ日吉凶【いしょうたつひきっきょう】〔懐中重宝記・弘化五〕に、「男女の衣裳裁つに吉凶之事」がある（図14・翻字）。日々の吉凶のことで、これを住吉雑書という。図の△「よし（良い）」。▲「わろし（悪い）」。「衣服の事」〈物裁ち着初め吉凶〉ヲ見ル

図14 「男女の衣装裁つに吉凶の事」（懐中重宝記・弘化五）

△よし ▲わろし	正・四・七・十月	二・五・八・十一月	三・六・九・十二月
一日	▲思う人に離るる	△万良し	▲万悪ろし
二日	△福徳来る	△福徳来る	▲下人を捨てる
三日	△宝を儲くる	▲鼠に食わるる	△宝を儲くる
四日	△命長く病なし	▲旅にて病出る	▲大事慎め
五日	▲万悪ろし	△旅にて悦びある	▲万事悪ろし
六日	▲死難あり	▲人に乞わるる	▲病出る
七日	▲思人と違う	▲子に嘆きある	▲嘆き出る
八日	▲一切悪ろし	△親方の恩を得る	△親方の恩を得る
九日	▲宝を失う	▲人に乞わるる	▲病あるべし
十日	▲思う中遠ざかる	▲人の恩を得る	△悦びあり
十一日	△人に知らるる	△争い事出来る	▲万悪ろし
十二日	▲子に嘆きある	▲下人を捨てる	▲弓矢事あり
十三日	▲人と仲違う	▲失う	△万良し
十四日	▲病出る	△官位を増す	△思う事叶う
十五日	△万良し	▲人の方へ出ず	△福徳来る
十六日	▲人に乞わるる	△酒食に合う	△万良し
十七日	▲万悪ろし	▲親に離るる	△親方の恩を得る
十八日	△福徳来る	△宝を儲くる	△悦び事あり

十九日	△恋の心あり	▲禍に合う	▲心に物案じ
廿　日	▲暦を見よ	▲思う人に離るる	▲人に物取らるる
廿一日	▲鼠に食わるる	△福徳来る	▲雨に濡れる
廿二日	▲盗人に取られる	△勿怪《もっけ》来る	△宝を儲くる
廿三日	△万悦びあり	▲損をする	△悦びあり 大吉
廿四日	△親方の恩を得る	▲病あり	▲人に乞わるる
廿五日	▲神の祟りがある	△宝を儲くる	▲諍《いさかい》事あり
廿六日	△人に饗《もてな》さるる	△下人を儲くる	▲祟りあり
廿七日	▲諍《いさかい》がある	△他にて悦びに合う	△清き事あり
廿八日	△心の内悦びあり	△大に悦びあり	△長命なり
廿九日	▲失う	▲病出る	▲万悪ろし
卅　日	△悦びが多い	△酒食の悦びに合う	▲大に悪ろし

石を抱いて淵に入る【いしをだいてふちにいる】〔世話重宝記・一〕に『史記』に出るとして、楚の屈原が上官大夫の讒言により、石を抱いて自ら汨羅《べきら》に沈んだというが、これより自害するを「石を抱いて淵に入る」という。

伊豆【いず】豆州。〔重宝記永代鏡〕に田方、那賀、加茂、君沢をあげ、一ノ宮は三嶋にある。〔大増補万代重宝記〕には君沢がなくて、この外に大島、三嶋、御殿《みと》、蛭嶋、箱根がある。下管、東西一日余、大中国。田数二千八百十四町、知行高二十四万二千石。〔重宝記・幕末頃写〕には知行高九万九千三百五十三石。畠多く田少なく、山高く海盛ん、塩魚類を多く弁貢する。足柄県から、現在の静岡県の伊豆半島、東京都の伊豆七島にあたる。〈名物〉〔万買物調方記〕に縮砂 良姜 椎茸 打ち鮑 江川酒 三嶋暦 修善寺紙 八丈嶋紬。

萎蕤【いずい】〔薬種重宝記・上〕に唐草、「萎蕤 いずい／えひくさ／えみくさ。竹刀にて節皮を去り、一夜蜜水《みつすい》に浸し、蒸し焙る」。唐斤で百六十目。

五十鈴川の橋【いすずがわのはし】所名。〔東街道中重宝記・七ざい所巡道しるべ〕に五十鈴川の橋は、伊勢の内宮参拝に渡る、五十鈴川に架かる橋。長さ二十七間。俗に風の宮の橋という。橋の末、左の方に枝橋があり、この橋を渡って二丁半程行くと、僧尼 山伏の拝所がある。五十鈴川を隔て二丁程先の御正殿に向かって拝する。「洗手所《ちょうずどころ》」参照

涼暮月【いすずくれつき】大和詞。〔不断重宝記大全〕「いすずくれ月とは、六月*の事」をいう。「すずくれつき」ともいう。

是斑牙【いすぱにや】〔童蒙単語字尽重宝記〕に是斑牙《いすぱにや》は王国。広さ十八万三千坪、民は一千五百七十五万二千六百人。「すぺいし」とも言い、「大呂宋」とも書く。馬特民《まどりつと》二十九万八千四百二十六人。

いすぶ【いすぶ】片言。「むすぶ（結）」を、中国では「いすぶ」という。〔不断重宝記大全〕

居住い【いずまい】座っている様子。〔女用智恵鑑宝織〕に女中の居住いは、左膝を伏せ右膝を寄せ掛け、物語等する時は左の手をつくが、常にはこうはせず、心持にする。

泉【いずみ】〔万物絵本大全調法記・上〕に「泉 せん／いづみ。源 げん／みなもと。温泉 をんせん／でゆ」。〔童蒙単語字尽重宝記〕には「泉 いづみ。源水《げんすい》なり。下よりわきいづるをいふ」。

和泉【いずみ】泉州。〔重宝記永代鏡〕に大鳥、和泉、日根の三郡をあげ、城下は岸和田、一ノ宮は大鳥にある。〔万民調宝記〕に居城知行高を、岸和田 岡部美濃五万三千石、当坂 小出大隅一万石、大鳥 柳沢出羽一万二千三十石とある。〔大増補万代重宝記〕には下管、大下国とし、南北百余里、田数四千百二十六町、知行高十三万八千七百九十七石。〔重宝記・幕末頃写〕には山を負い、海を抱き、醤醢魚鼈多く、大下国とある。堺県から、今の大阪府の南部があたる。〈名物〉〔万買物調方記〕の半丁余の記載から抜抄すると、南の庄堺織の沙綾 撰糸 町雛（粗相物）出刃包丁 酒 醤油の溜り 酢 反魂丹 前の魚（西の宮戎の前で曳いた魚。品多く記されず）塩壺 蛸壺 鬼煎餅 中浜の塗木履 数寄屋の天井菰 馬の尾の篩 天川鳥の子（粉吹き紙）等。

和泉式部【いずみしきぶ】〔麗玉百人一首吾妻錦〕に和泉式部は、大江雅致《まさむね》の娘で、和泉守貞道の妻となったので和泉式部という。和歌の道に達し誉れは世に知られたが、いつか夫に厭い嫌われ悲しさの余り貴船明神に祈誓して詠んだ歌は「物思へば沢の蛍も我が身よりあくがれ出る玉かとぞ見る」。神が感じて返した歌は「奥山にたぎりて落つる滝つ瀬の玉ちるばかり物な思ひそ」である（『袋草紙・四』等ニ出ル）。〔女筆調法記・六〕には和泉式部は藤原保昌に忘れられ、悲しさの余り貴船に参り愛敬の祭をしたが、神子《みこ》の教えが余りにも恥かしく捨て置くと、神子はなお責め立てるので顔を赤らめて神前に向い前出の歌を詠むと神感の気色は顕わであった。保昌は内々にこの事を聞いていて曲事を見ようと隠れていたが、堪えられず走り出て式部を連れて帰り、元の契りに復した。式部は和歌の誉れが世に高い歌人であり、前夜に貴船で蛍を見て詠んだ歌とし、御宝殿よりの声（前出の神歌）は保昌で翌日のことであった。式部は後に保昌に連れられ丹後へ下り身を終った。小式部の内侍の母である。〈古跡〉〔東街道中重宝記・七ざい所巡道しるべ〕に和泉式部古跡、軒端の梅がある。今、新京極通六角下ル中筋町 和泉式部寺。

和泉酢【いずみず】〔男女日用重宝記・下〕に和泉酢の作り様は、上酒に五月の菖蒲の本の白身を刻み、一升か一升五合程を入れ、粽三本を後先を切り捨て餅の所を真菰ともに入れ、三十日程過ぎて遣う。茶碗に一盃酢を汲み取ったら、また後に一盃 酒と水を入れ、何時までもその通りにして遣う。菖蒲《しょうぶ》酢《す》*とする。〔料理調法集・造醸之部〕には黒米一斗を一夜水に浸して蒸し、糀三升、水二斗五升。桶は菰筵で外を幾重も包み水を入れ、糀を入れ、米はよく蒸して入れ、そのまま蓋をして蓋の上にも菰筵を幾重も置き、七日過ぎて蓋を開け飯の浮くのを掻き廻し、また蓋をして七日目毎に掻き交ぜ、凡そ三十日程経て飯が沈むのを次第に上を汲み取り、後は絞り取る。日数が経つ程よくなる。

和泉丹後【いずみたんご】「白粉の事」ヲ見ル

出雲【いずも】雲州。〔重宝記永代鏡〕に意宇、能義、嶋根、秋鹿《あいか》、楯縫、神門《かんど》、飯石《いいし》、仁多《にった》、大原、出雲の十郡をあげ、城下は松江で、一ノ宮は杵筑《きつき》である。〔万民調宝記〕に居城知行高を、松江 松平出羽十八万六千石、松江 松平美作一万石、広瀬 松平上野之助二万石。〔大増補万代重宝記〕には上管、四方二十四里。田数九千九十六町、知行高二十万三千四百七十七石。〔重宝記・幕末頃写〕には東西二日半。樹木、瓜蓏相交わり、野菜土産多く、鉄農器、絹布も多く、大上国である。今の嶋根県の東部にあたる。〈名物〉〔万買物調方記〕に鉄 紺染 杵築酒 友嶋鰤 松江の鱸 鯉 鮒 立貝《たいらぎ》、十六嶋海苔《うつぶるい》など。

石動へ滑川よりの道【いするぎへなめりかわよりのみち】〔家内重宝記・元禄二〕に、○「越中滑川より石動への道 浜通り」は、滑川〈三里半〉岩瀬〈四里〉放生津〈一里半〉伏木〈二里〉守山〈一里〉さかの〈三里〉石動である。○「放生津から六渡寺の舟渡しを越ゆる道」は、放生津［六渡寺の舟渡し］〈二里〉高岡〈四里〉石動である。

伊勢【いせ】俳言の仙傍（訕謗）。「便りヲ いせ」。〔新成復古日夜重宝俳席両面鑑〕

伊勢【いせ】勢州。〔重宝記永代鏡〕に桑名、員弁《いんべん》、朝明《あさけ》、三重、河曲《かわわ》、鈴鹿、庵芸《あぶき》、安濃《あの》、壱志《いちし》、飯高《いいたか》、多気《たけ》、飯野《いいの》、度会《わたらい》、多度、錦嶋の十五郡。城下は桑名、津、神戸《かんべ》、長嶋、久井、亀山、山田、一ノ宮は都波《つば》岐《き》。〔万民調宝記〕には居城知行高を、津 藤堂和泉二十七万石、久居 藤堂佐渡五万石、亀山 板倉周防五万石、桑名 松平越中十二万石、神戸 石川主水一万七千石、長嶋 松平佐渡一万石。〔大増補万代重宝記〕には大管、大上々国、南北三日余。田数一万九千二十四町、知行高五十七万二千七百八十六石。地名の河曲はなく、御座嶋が出る。〔重宝記・幕末頃写〕には員弁、三重、安濃、飯野、度会、多気を神郡とし、伊勢は山海平均、親土厚貢多く、大上々国とある。度会県と三重県より、今の三重

県の中央部にあたる。

〈名物〉〔万買物調方記〕の半丁余の記載から抜抄する。神仙丸（くし本と云）綿 紬 木綿 海老 鮑 鯨 荒布 甘海苔 椎茸 小ウ山の水かね（水銀）暦 松坂の鐙 山田の櫛 御田扇（骨数外宮は六本 内宮は七本 神主より配りこの風に当ると病なしと云。五月下旬内 外の祭に用いる）斎宮の菅笠 宇治のおこし 米 間の山*の飴・草履 白子の紺形（諸国の紺屋へ遣す）白粉 素麵 安濃津の綟子（肩衣に用いる）関の地蔵の竹火縄 神戸《かんべ》筵 庄野の焼米俵（旅人の土産）等など。

遺精【いせい】 〔医道重宝記〕に夢に交合して精を漏らすのを夢遺*という。思いや願いが遂《かな》わず、心《しん》疲れ 火《ひ》動き 或は色欲を過ごして腎虚*し、よく精を漏らす者は皆 遺精をなす。左右の尺脈*が洪（大）数《さく》なのは遺精、寸脈*が短小なのを心の虚とする。薬に清心湯*（遺精 夢遺を治す）がある。○「遺精 不禁の治す按摩」方は、寝る時身を屈《かが》め弓を引くようにして寝、両膝を臍の所に縮め、左 或は右に側ち寝て、一の手で陰嚢を引き一の手で胆田（臍下二寸五分）を覆い心を安んじて静かに寝る。精を固くして洩らさず、身を保つ妙術である。〔鍼灸重宝記綱目〕には夢遺によらず、精が自ずから出るのを精滑という。これは心腎内虚によって固く守ることができず、皆相火動ずるためである。久しく交合せず、精が満ち溢れるのは病ではない。灸は脾兪 肺兪 腎兪 気海 三里にする。針は関元 曲泉 然谷 大赫 三陰交にする。〔鍼灸日用重宝記・五〕には遺精は精気を内に保って導く時は漏れず、腎を尽くして津液の燥く時、或は飽食 酒、或は煮熟した物を食して脾胃に熱を貯える時は遺精する。脾兪 肺兪 腎兪 気海 三里に灸する。遺精白濁には腎兪 関元 三陰交に灸する。

〈治薬〉〔家内重宝記・元禄二〕には「遺精 夢泄」に、腎虚して精の漏れるのには竜骨・蓮肉・益智を等分に粉にして服すると精を増し腎を強くする妙薬。〔丸散重宝記〕には「夢中遺精」は安神散*を温酒で下す、熱があれば麦門冬*で下す。〔大増補万代重宝記〕に「遺精を治す」には、五倍子・白茯苓を共に粉にして豆の大きさに丸じ、空腹に十粒ずつ用いる。また牡蠣を粉にして七分ずつ酒で寝る時用いる。また白茯苓を細末（粉）にして二匁ずつ飯の取り湯で用いる。

〈食物宜禁〉〔世界万宝調法記・下〕に「遺尿《よばり》遺精に宜い物」は糯 韮 覆盆子 芹 莧 枸杞 五加《うこぎ》 蘩蔞 海月 蠣 雀 鶏。「同禁物」小豆 茄子 笋 葱 茶 瓜。

伊勢海老の事【いせえびのこと】 〈料理仕様〉〔諸人重宝記・四〕に伊勢海老は、車海老同前に、茹でて、また焼いてもよい。〈食合せ〉〔万用重宝記〕に、伊勢海老と甘草を食い合わせた毒は、硫黄の花を飲むとよい。

伊勢御影参【いせおかげまいり】 「伊勢参宮」ヲ見ル

伊勢白粉【いせおしろい】 「水銀粉《はらや》」ヲ見ル

伊勢海道へ初瀬よりの道【いせかいどうへはつせよりのみち】 〔家内重宝記・元禄二〕に「初瀬より伊勢海道」として次がある。初瀬〈一里半〉かい（榛）原〈三里〉田口〈二里〉むも（桃）の股〈二里〉すかの〈二里半〉石名原〈一里半〉多気〈二里〉仁ケ木〈二里〉大石〈三里〉相可〈三里〉田丸〈一里〉山田（伊勢）である。

伊勢粉玉子【いせこたまご】 〔料理調法集・鶏卵之部〕に伊勢粉玉子は、煮抜き玉子の黄身を水嚢で裏濾しにしたもの。濾し粉玉子ともいう。

伊勢桜餅【いせさくらもち】 菓子名。〔男重宝記・四〕に伊勢桜餅は、上しめし物、中ながし物、小豆粒入り。

伊勢参宮の事【いせさんぐうのこと】 〔懐中重宝記・弘化五〕に次がある。○「寅卯年の生れの人」は、子・丑・辰の年の参宮は福徳が来て、土産を貰った人まで福貴になり、人の恵みを受け、武士は所領を増し、百姓は耕作よく、仏神の加護がある。巳・午・戌・亥の年の参宮は利生があり人々に用いられ富貴がある。寅・卯・未・申の参宮は道中で災難がある。

土産を貰った人迄も悩みは絶えず大いに悪い。酉年の参宮は家を失い子に別れ親類迄も凶である。

○「巳年の生れの人」は、子・丑・寅の年に参宮は富貴になり、馬に縁があり、思わぬ宝を得る。大上々吉。卯・申・戌の年の参宮は富貴になり、親類迄も悦びがあり大いによく、仏神の加護があり、人の恵みを受け大いによい。辰年の参宮は子に別れ、女は夫に別れ、道連も凶、初穂を奉るのも凶である。未の年の参宮は親類迄も病難があり、住所に別れることがある。巳・午の年の参宮は道より病を受けて返る。もし助かれば親・妻子に離れ、家を失い、思うこと絶えず大凶である。酉・亥の年の参宮は留守に子に別れ、病絶えず、大凶である。

○「亥子年の生れの人」は、子・丑・卯・辰・酉・戌・亥の年の参宮は万事よい。仏神の加護があり思う事は叶い、悦び事が来、大上々吉である。寅・巳・午・未・申の年の参宮は家を失う。人に頼まれ代参も無用である。○「丑未辰戌年の生れの人」は、寅・辰・巳・未・申・酉・戌・亥の年の参宮は思う事が叶い万事大吉である。土産を貰った人まで大いによい。子の年の参宮は命を失い、武士は知行に離れ、百姓は田畑に離れ、親類その他土産を貰った人まで凶である。丑の年の参宮は命があっても病が多く、留守に火事に遭う事がある。午の年の参宮は道中で死ぬ事がある。○「申酉年の生れの人は」は、卯・辰・未・酉・戌・亥の年の参宮は仏神の加護があり大上々吉である。子・巳の年の参宮は万事凶。代参も無用。丑の年の参宮はその年の内に死ぬ事があり、或は子に別れる事がある。寅・午・申の年の参宮は家を失うか大病をする。

○「何の生れでも参宮せぬ歳」は、十歳 十三歳 二十歳 二十六歳 三十歳 三十八歳 四十二歳 四十七歳 四十九歳 五十二歳 五十三歳 五十六歳 五十八歳 五十九歳 六十歳 六十四歳 七十歳である。咎めを受ける。

〈伊勢御影参り〉〔重宝記・儀部家写本〕には、明和八辛卯年（一七七一）伊勢御影参り諸国に流行る。丹波国に出、それより大和 山城 大坂 伊賀 伊勢 尾張名古屋に広がる。道中は「伊勢道中」参照

伊勢参宮道【いせさんぐうみち】 東海道から伊勢参宮するには、四日市より石薬師へ一里十四丁の追分より神戸*白子*上野*津*雲津*松坂*小俣*山田*に至る。伊勢参宮して京へ上るには、津迄戻り関*へ出、東海道を行く。〔東街道中重宝記・寛政三〕

伊勢と言う字【いせというじ】 「伊勢」という字を分解すると、「人尹 生 丸《ひとこれうまるるはまろが》力《ちから》」と読むので、「難産*」や「子生れ兼る呪*」に、「伊勢」の字を紙に書いて信心し、水で産婦に飲ませると神力で生れる。〔女重宝記・三〕

伊勢道中【いせどうちゅう】 伊勢参宮の道筋で、京と江戸からの二道がある。①〔家内重宝記・元禄二〕に、京より関の地蔵迄は東海道*に同じ、それから先の道筋。関〈四里。本駄賃百二十メ。軽尻七十四メ。人足同。以下この順による〉窪田〈一里半。四十四メ。二十八メ。同〉安濃津〈二里。五十六メ。四十二メ。同〉雲津〈二里。五十六メ。四十二メ。同〉松坂〈四里。百四十七メ。百二十五メ。同〉小幡〈一里半。二十七メ。十九メ。同〉山田〈五十丁〉内宮。伊雑宮《いぞうぐう》 山田より五里。立石〈三見〉山田より三里十町。朝熊《あさくま》 山田より三里。②〔東街道中重宝記〕には、東海道*四日市からの道程は以下の通り。四日市〈一里十四丁〉追分〈一里二十一丁。本荷百八十八文。軽尻百二十二文。人足九十二文。以下この順〉神戸〈一里半。六十二文。四十二文。三十一文〉白子〈一里半。八十六文。五十九文。四十三文〉上野〈二里半。百十四文。六十九文。五十五文〉津〈二里。松阪迄百九十一文。百二十五文。九十四文〉雲津〈二里。宿次無し〉松坂〈四里。小俣へ付出し無し〉小俣〈一里半。宿次無し〉山田。参宮後京へ出るには、津まで戻り関へ出る。津〈一里半〉久保田（窪田）〈四里〉となる。道中記は個別に掲出。

〔女文翰重宝記〕には「伊勢本海道道中記幷名所付」があり、京三条よ

り東海道経由の前記①に同じであるが、道中の名所案内が詳しい。〔懐中重宝記・明治十四〕には大阪・松原・小瀬より大和 伊賀越えで、伊勢参宮道の道順がある。「奈良越」モ見ル

伊勢豆腐【いせどうふ】〔料理調法集・豆腐之部〕に伊勢豆腐は、豆腐を絞り、山芋を卸し、魚の擂り身を山芋の三分の一と玉子の白身三ツを入れて擂り合せ、布に包み また箱に入れて蒸し、切り形は好み次第にする。葛溜り、或は鳥濃醤、山葵味噌を懸けて出す。擂り身、玉子を入れず、豆腐に山芋ばかりでもする。

いせのさいしん【いせのさいしん】片言。「いせのさいしんは、祭主《さいしゅ》である。〔不断重宝記大全〕

伊勢物語【いせものがたり】〔女重宝記・四〕に『伊勢物語』は、業平が伊勢の国へ狩の使に行き斎宮を犯した事、なまめいた女を垣間見た事などを書いたので伊勢物語という。また伊勢という女が書いた物語なので伊勢物語というとの説もある、という。〔女用智恵鑑宝織〕には業平が作り置いたのに、伊勢が十三歳の時書き加えたという。業平を好色人のように心得てはならず、伊勢が作り添えたために、昔男と他の人事をも書き加えたのを、一様に昔男を業平と見るのは大きな誤りで、業平は仁義の人であったとかいう。〔日用重宝記・二〕に『伊勢物語』は業平の自記に伊勢が色々と書き加え、人の詠歌も其処に応じて直して入れ、作り物語として宇多院の后七条温子へ奉ったという。訓釈に一条殿（兼良）『愚見抄』、牡丹花（肖白）『肖聞録（抄）』、翠軒（清原宣賢）『惟清抄』、細川玄旨『闕疑抄』等がある。〔好色重宝記・下〕に、『伊勢物語』百二十五段は皆歌による恋、その外後家狂を始め、主ある妻を盗み出し、未だ知恵づかぬ小娘をそそのかし、遊女 夜発 貧人 乞食まで枕を並べたのを手日記に記して置いたもので、問答体に構成しているという。

伊勢山田へ金沢よりの道【いせやまだへかなざわよりのみち】〔家内重宝記・元禄二〕に「加州金沢より伊勢山田道」への道程がある。金沢〈十三里〉大正（聖）寺〈二里半〉細呂木〈一里〉金津〈二里〉長崎〈二里〉舟橋〈一里〉福井〈二里〉浅生津〈一里〉水荷〈一里〉鯖江〈一里〉府中〈四里〉湯尾〈一里〉今庄〈三里〉板鳥〈三里〉中の河内〈一里九丁〉つばい（椿市）梁ヶ瀬〈八丁〉大谷〈一里〉東野〈二里〉木の本〔以下伊勢道へ〕〈三里半〉長浜〈二里半〉前（米）原〈一里〉鳥（井）本〈一里半〉高宮（多賀宮）〈二里〉越知川〈二里〉八日市〈二里〉岡本〈半里〉石原〔二里〕貝掛〈二里〉土山〈二里〉坂下〈二里〉関地蔵で、これから伊勢道になる。〔以下は名古屋道で、木の本以後の道程〕木の本〈二里半〉小谷〈□〉水晶（春照）〈三里半〉関ヶ原〈三里半〉垂井〈二里半〉大垣〈二里〉州の股〈二里〉尾越（起）〈一里〉萩原〈一里半〉稲葉〈一里半〉清洲〈一里〉名古屋〈一里半〉宮で、これから東海道*に同じである。

伊勢山田へ郡山よりの道【いせやまだへこおりやまよりのみち】〔家内重宝記・元禄二〕に「大和郡山より伊勢山田道」として次がある。郡山〈五十丁〉奈良〈二里〉加茂〈二里〉笠置〈一里半〉大河原〈一里三十丁〉〔伊勢〕嶋か原〈二里〉上野〈五里〉阿波〈二里〉長野〈二里〉かんべ（神戸）〈三里〉月本〈一里〉松坂〈四里〉小幡〈一里〉山田（伊勢）四里、である。

威相【いそう】人相の一*。〔万法重宝秘伝集〕に威相は威勢があり、一生人に従わないで、物の頭に成る。人に敬われ、慈悲深く、下々を憐れみ、末繁昌にして栄華を極める。

瘜瘡【いそう】〔改補外科調宝記〕に瘜瘡は、頬項《うなじ》に生じて蔓延《はびこ》り、豆梅のようで痒く汁多く流れ、両耳の内外が湿る。これは足の少陽の湿熱である。薬は、桑根《くわのね》*、莢栢礬*を用いる。

急がば回れ【いそがばまわれ】〔世話重宝記・一〕に「急がば回れ」というのを「急げば回る」というのは誤りとする。この詞の出所は歌に「武士《もののふ》の

矢ばせの舟は早くとも急がば回れ勢多《せた》の長橋」〔雲玉集〕とある。「勢多《せた》絡《からげ》（＝着物の裾を絡げ帯に挟む）」という詞も此処を回る時より言い初めたとある。

磯鷺【いそさぎ】 鵠*に同じ。〔料理調法集・諸鳥人数分料〕に磯鷺は、毛色は黒く、まことに見事なもので、飼鳥になる。

いそしく【いそしく】「いそしくとは、いさおし（功）ある事」。〔消息調宝記・二〕

磯煮【いそに】〔料理調法集・煮物之部〕に磯煮は、青海苔を火取り、布の袋に入れて煮立てる。海苔の香を取る。

石上【いそのかみ】〈枕詞〉〔消息調宝記・二〕に「いそのかみとは、枕詞の和州の名所、ふると続く」。〈所名〉〔東街道中重宝記・七ざい所巡道しるべ〕には帯解《おびとき》へ一里。石の上より六七丁東に布留《ふる》大明神社があり、二十二社の内である。布留の里は名所である。在原山有光寺は本尊観世音菩薩である。在原大明神、布留の滝（桃の尾の滝）は名所で諸病が癒える。布留の北の山の上の桃尾山竜福寺は本尊観世音菩薩である。

いそのたちはき【いそのたちはき】「いそのたちはきとは、さる（猿）の異名也」。〔消息調宝記・二〕

磯の吹寄【いそのふきよせ】「三国一磯乃吹寄／入船餅」は、神田明神下 御台所町 みなとや金七にある。〔江戸町中喰物重法記〕

磯の雪【いそのゆき】〔料理調法集・鱧餅真薯之部〕に磯の雪は、糝薯*の上に青海苔を火取り、粉にして振り、蒸す。また青海苔をよい程に摘み切り、火取りして上に糝薯をつけ、蒸したのもよい。この類は吸物、澄ましに用いる。

いそぶり【いそぶり】「いそぶりとは、石振と書く。岸の波を云」。〔消息調宝記・二〕

磯部【いそべ】 伊勢名所。志摩国答志郡磯部村である。山田から四里、宇治から三里というが、これは五十丁を一里としたものかという。磯部近くの道筋に鸚鵡石があって、人の言葉のみならず琴 鼓等一切の音声が外よりも内の音が勝って響く無類 奇妙 不思議の石がある。石は北面《きたおもて》で、南は山に埋もれ、高さ九間 長さ二十四間、西は高く東は低く、歌い所聞き所がある。この石の所は度会郡一の瀬の郷中村の里で、内宮の洗手《ちょうず》場《ば》辺で五十鈴川へ流れ入る。御裳裾川はこの里から流れ出る。内宮第五の別宮 伊雑宮《いぞうぐう》があり、宮地には大歳社《おおとしのやしろ》がある。岩窟《いわや》、滝、大きな楠がある。〔東街道中重宝記・七ざい所巡道しるべ〕

磯辺餅【いそべもち】 菓子名。磯辺餅、上黄ながし物、中羊羹、芋入り、下白ながし物。〔男重宝記・四〕

磯飯【いそめし】〔料理調法集・飯之部〕に磯飯は、青海苔を焙って粉にして飯に振り交ぜる。また若布を火取り細々にして飯に交ぜ、暫く熟して置いたのもよい。

いそ文字【いそもじ】「いそもじ、閙 いそがはしき事」をいう。〔万家重宝女用花鳥文章〕

徒寝【いたずらね】「いたづらね（徒寝）とは、恋の詞は ひとりね（一人寝）の事」をいう。〔消息調宝記・二〕

鼬の事【いたちのこと】〔万物絵本大全調法記・下〕に「鼬 てう／いたち」。〔増補咒咀調法記大全〕に①「鼬の道切る時の符」。②「鼬の泣く時立てる符」（図15）。〈鼬除け〉〔新撰咒咀調法記〕に鼬の道を止むる呪いは、胡椒を紙に包んで鼬の通う所に置くとよい。〔調法記・四十ち〕には「鼬の来ぬ伝」として、「いたちのまじなひはたかんなのねぢきりなり／これぞ五大天王のいはれ候らん」の句を仮名で小さい札に書いて泉水等に立てて置くと来ることはない。

平題【いたつき】〔武家重宝記・二〕に平題《いたつき》は、的矢*に用いる先の尖っていない鏃である。

図15　鼬の事
①「鼬の道切る時の符」（増補咒咀調法記大全）

②「鼬の泣く時立てる符」（増補咒咀調法記大全）

虎杖【いたどり】〔万物絵本大全調法記・下〕に「虎杖 こぢやう／いたどり／さいたづま」。〔永代調法記宝庫・四〕に虎杖は微温のもので毒はない。月水を下し血塊によい。血を破るものなので孕み女には嫌う。「さいたづくし」ともいう。

虎杖競べ【いたどりくらべ】「貴舟（布祢）明神」ヲ見ル

板に物を書く【いたにものをかく】〔調法記・全七十〕に「板に物書く伝」として、檜 杉等の柔らかな木に物を書くには濃い墨では滲むので、五《ふ》倍子《し》の粉を板に振り、紙で一遍擦りつけ、払い取って書く。少しも滲まず妙である。〔万用重宝記〕に「板の上の文字を書き違え、また墨汚れを落す伝」は、生塩で擦すると落つる。

板の上の銭出し入れ【いたのうえのぜにだしいれ】手品。〔清書重宝記〕に板の上の銭を出し入れするには、板を剝ぎ、目を合せて二枚を合せ、中板は回る。前の板に穴を彫り、そこへ銭を入れる。

板の物【いたのもの】板の物とは、薄い板を心《しん》にして平たく畳んだ絹織物をいう。綾 練り縞などの厚板、纐片色《じじらかたいろ》などの薄板がある。

〈板の物を御目に掛る事〉〔小笠原諸礼調法記・天〕に板の物は合せ目を人の方へなし、いか程も重ねて御目にかける。絹巻物*は切り目を差し出して御目に掛ける。〈包方 折方〉〔新板増補女調法記・五〕に進上物として、包み方折り方の図と、積み方の図がある（図16）。

板橋より蕨へ【いたばしよりわらびへ】木曾海道*宿駅。二里十丁。本荷百六文、軽尻六十七文、人足五十一文。宿中に橋があり、川は王子へ流れる。宿を出て小坂があり、蓮沼村、あつ（小豆）沢村、清水村、戸田の渡し。この川は水が増すと志村迄川が開き舟も及ばず、江戸へ入る人は岩淵 千住へ回る。堤は板橋より一里余ある。入間川、戸田村。元蕨村、前後、山梨、野原道がある。〔東街道中重宝記・木曾道中重宝記六十九次 享和二〕

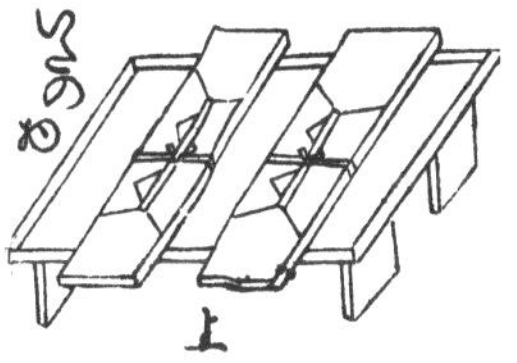

図16　「板の物 包み方」
（(新板／増補)女調法記）

板鼻より安中へ【いたはなよりあんなかへ】木曾海道*宿駅。三十丁。本荷三十九文、軽尻二十五文、人足十九文。宿の末 右方に鷹の巣山があり、近く見上げる程高く聳え、西は切り立った崖で麓を木曾川が流れる。山上に鷹巣寺《ようそうじ》があり 景地である。〔東街道中重宝記・木曾道中重宝記六十九次 享和二〕

板焼【いたやき】〔料理調法集・二〕に板焼は、鴈鳴の類を大びらに作り、出汁溜りを塩梅してつけ、杉板 又は杉の片（折）木（へぎ）に乗せて焼く。「片木焼」ともいう。

以太利【いたりー】〔童蒙単語字尽重宝記〕に以太利《いたりー》は王国。広さ十一万九千五百坪、民は二千六百七十八万五千人。「意太利亜」とも書く。羅馬《ろうま》民は二十一万七百人。那不里斯《なーぺるす》民は四十一万八千九百六十八人。

板類に墨移り伝【いたるいにすみうつりでん】板類に書く字は墨の散るもので、墨の中へ耳の垢を磨り交ぜて書くとよい。〔筆海重宝記〕

異端【いたん】「じゅどう（儒道）」ヲ見ル

市【いち】〔万物絵本大全調法記・上〕に「市し／いち」。〈始り〉〔人倫重宝記・二〕に商人《あきんど》が売り買いして貨《たから》を通じ合うのを市《いち》という。唐では神農が日中に市をなし交易してより始り、孔子の弟子子貢《しこう》も貨殖すると言って商いを始めた。周の国には羊唖《ようだ》の市*があり、我が国では聖徳太子が六済《ろくさい》の市*を立てた。

一黄散【いちおうさん】 打撲で傷《けが》の痕が紫黒し、瘀血が流れ注ぐことがあり、熱のあるものを治す。大黄を末（粉）にして薑汁で調え、温めてつける。〔骨継療治重宝記・下〕

一行禅師吉凶秘事【いちぎょうぜんじきっきょうひじ】 一行禅師はシナ唐代の仏教密宗の祖。〈出行日吉凶秘事〉〔方角重宝記〕に、◇「正・四・七・十月」○一・七・十三・十九・二十五日は、万事心に叶い祥門を開き大吉。○二・八・十四・二十・二十六日は、門を出るな、万事大凶。○三・九・十五・二十一・二十七日は、高貴に仰がれ万事心に叶い、大吉。○四・十・十六・二十二・二十八日は、千里心に叶い悦びに逢い、大吉。○五・十一・十七・二十三・二十九日は、万事大凶。○六・十二・十八・二十四・三十日は、十方心に叶い悦びあり、大吉。

◇「二・五・八・十一月」○一・九・十七・二十五日は、死に絶ゆる事あり、万事大凶。○二・十・十八・二十六日は、心中に幸いあり、万事大吉。○三・十一・十九・二十七日は、宝を失い愁い多く、万事大凶。○四・十二・二十・二十八日は、人に仰がれ一切心に叶い、大吉。○五・十三・二十一・二十九日は、茶飯口に足り商売徳を得て、大吉。○六・七・十四・十五・二十二・二十三・三十日は、十里外へ行くな災に逢う、大凶。○八・十六・二十四日は、飲酒の悦び商売に利あり、大吉。

◇「三・六・九・十二月」○一・九・十七・二十五日は、悪難があり口舌宝を失う、大凶。○二・十・十八・二十六日は、安穏にして驚くことなく宝を得る、大吉。○三・十一・十九・二十七日は、東西南北心に叶い宝を得る、大吉。○四・十二・二十・二十八日は、盗賊に逢い宝を失う、大凶。○五・十三・二十一・二十九日は、弓箭火災に逢い家に帰らず、大凶。○六・七・十四・十五・二十二・二十三・三十日は、十方人に仰がれ飲酒の悦びに逢い、大吉。○八・十六・二十四日は、女人の口舌に逢い遠行すると家に帰らない、大凶。

〈出行吉凶〉〔懐中調宝記・牛村氏写本〕に「一行禅師出行吉凶」がある（図17）。歌に「清《すめ》ば行け濁らば止まれ殊《じゅ》の字をば殊に慎め人は善し悪し」とある。

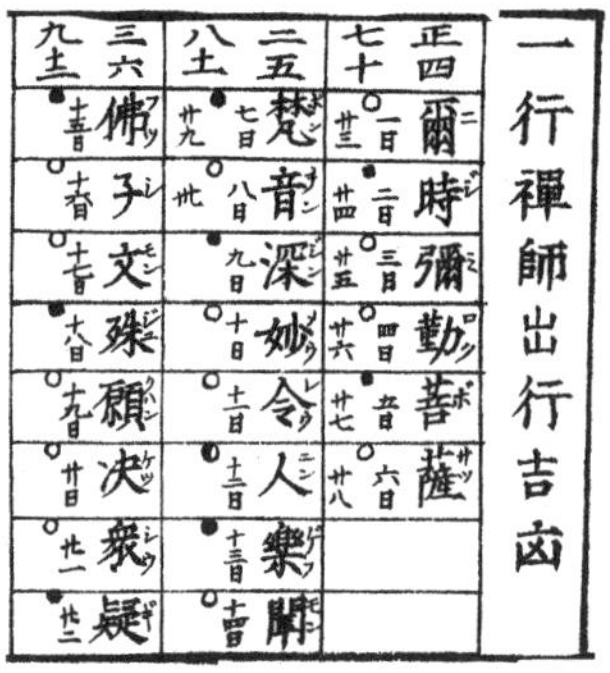

図17 「一行禅師出行吉凶」（懐中調宝記・牛村氏写本）

〈悪日〉〔方角重宝記〕に、◇「病を得るに悪日の事」として次の日に患いつくと死ぬ、死なければ長引くとある。○木性の人は癸未《みずのと》の日。○火性の人は甲戌《きのえ》の日。○土性の人は丙辰《ひのえ》の日。○金性の人は乙丑《きのと》の日。○水性の人は壬辰《みずのえ》の日。◇「一代用いぬ悪日の事」として干支に構わず忌むとある。○木性の人は未の日。○火性の人は戌の日。○土性の人は辰の日。○金性の人は丑の日。○水性の人は辰の日である。

覆盆子酒【いちござけ】〔料理調法集・料理酒之部〕に覆盆子酒は、いちご（苺、覆盆子*）のとても新しいのを採り、焼酎一升に浸して置き、糯米七

升を強飯にして糀三升を交ぜ、糀がよく付く時蒸して、先の造り酒に入れる。七日間は一日に一度、七日を過ぎると二日に一度掻き混ぜ、前後三十日程経て開ける。

一越【いちこつ】〔囃子謡重宝記〕に一越は、土用の調子である。方角は中央、人の臓では脾臓である。その色は黄、味は甘く、土性である。口に通ずる調子である。閏月も一越で土用である。〈四季五行に当てる時〉〔諸人重宝記・二〕には「土用・木、牙の声」とある。

苺の事【いちごのこと】〔万物絵本大全調法記・下〕に「苺ぼ／いちご、覆盆子ふくぼんし也」。〔薬種重宝記・中〕に和草、「覆盆子ふくぼんし／くさいちご。酒に浸し、少し炒る」。〈薬性〉〔家内重宝記・元禄二〕に覆盆子は、毎朝水で三銭ずつ服する。陰を強くし、肝を補い、目を明らかにし、男女共に大いに虚を補う。〔永代調法記宝庫・四〕に覆盆子は、平にして甘く毒なく、脾胃によく、女が食し懐妊となる。髪を黒くし気力を増し身を軽くし腎を補う。

苺餅【いちごもち】 伊賀餅*と同じ仕方で、上に紅の道明寺*をつけて蒸す。〔菓子調法集〕

一字異名【いちじいみょう】 陬《むつき》は、正月。如《きさらぎ》は、二月。寎《やよい》は、三月。余《うづき》は、四月。皐《さつき》は、五月。且《みなづき》は、六月。相《ふづき》は、七月。壮《はづき》は、八月。玄《ながづき》は、九月。陽《かみなづき》は、十月。辜《しもつき》は、十一月。涂《しわす》は、十二月。吉は、朔日。旬は、十日。念は、二十日。晦《つごもり》は、晦日。〔改正増補字尽重宝記綱目・三〕

いちじく【いちじく】 片言。「いちじく、一熟 いちじゅく」である。〔不断重宝記大全〕

一字八方【いちじはっぽう】「永字八法」ヲ見ル

一汁五菜【いちじゅうごさい】 飯の他に、汁物一品、菜五品の膳立。普通のもてなし。「膳の事」ヲ見ル

一樹の影一河の流れも他生の縁【いちじゅのかげいちがのながれもたしょうのえん】〔世話重宝記・一〕に仏書に出るとして、一本の木陰に雨宿りし暑さを凌ぐ時、他人もまた同じくして、この木の下で初めて知人になるのは生々《しょうしょう》の縁である。一河の流れを我も人も汲み合い、知らぬ人と交わるのも生々の縁である。一本の樹、一河の流れが縁となって親類でない人と睦じく交わるという事である。

一乗院【いちじょういん】〔男重宝記・一〕に一乗院は、法諱、真敬。公方門跡。知行、千四百九十二石。大乗院とともに南都の両門という。法相宗を兼ねる。

一条殿【いちじょうどの】 五摂家*の一。〔男重宝記・一〕に一条殿は、家領千五百十九石とある。〔人倫重宝記・一〕には九条殿より別れて一条家、二条家*があるという。

一畳半の置き合せ立て様の図【いちじょうはんのおきあわせたてようのず】 茶の湯。〔新板／増補男重宝記・三〕に①「一畳半置合の図」があり、説明は、○水差は炉と左の地敷の真中、くはん付の通りに置く。茶入 茶碗は水差の前を差し挟んで置く。置き合せども色々ある。②「一畳半立て様の図」の説明は、茶を立てる時、炉縁の通りを吾が身の中すみにあてるとよい（図18）。

図18 一畳半の置き合せ立て様の図
①「一畳半置合の図」（新板／増補）男重宝記
②「一畳半立て様の図」（新板／増補）男重宝記

著し【いちじるし】〔消息調宝記・一〕「いちじるし（著）とは、はきとわかること」をいう。

一字露顕【いちじろけん】 賦物の一*。〔重宝記・宝永元年序刊〕に一字露顕は、一音の語で二義にわたるものをいう。賦物の中、日を火、蚊を香、名を

菜と言い掛ける類。

一人【いちじん】「天子の事」ニ同ジ

一駄【いちだ】「荷物《にもち》掛目御定めの覚」ヲ見ル

一代守本尊を知る歌【いちだいまもりほんぞんをしるうた】〔新板日夜重宝記〕に守本尊の歌がある。「子は千手（観音 十八日）、丑寅こそは虚空蔵（菩薩 十三日）、卯は文殊（菩薩 二十五日）にて、辰巳普賢（菩薩 二十四日）よ。午勢至（菩薩 二十三日）、未と申は大日（如来 二日）よ、酉は不動（明王 二十八日）に、戌亥八幡（菩薩 十五日）」。〔童女重宝記〕には詳述がある。守本尊については個別に掲出。縁日に異動も見られる。ここでは〔教訓女大学教草〕の図を掲げる（図19）。

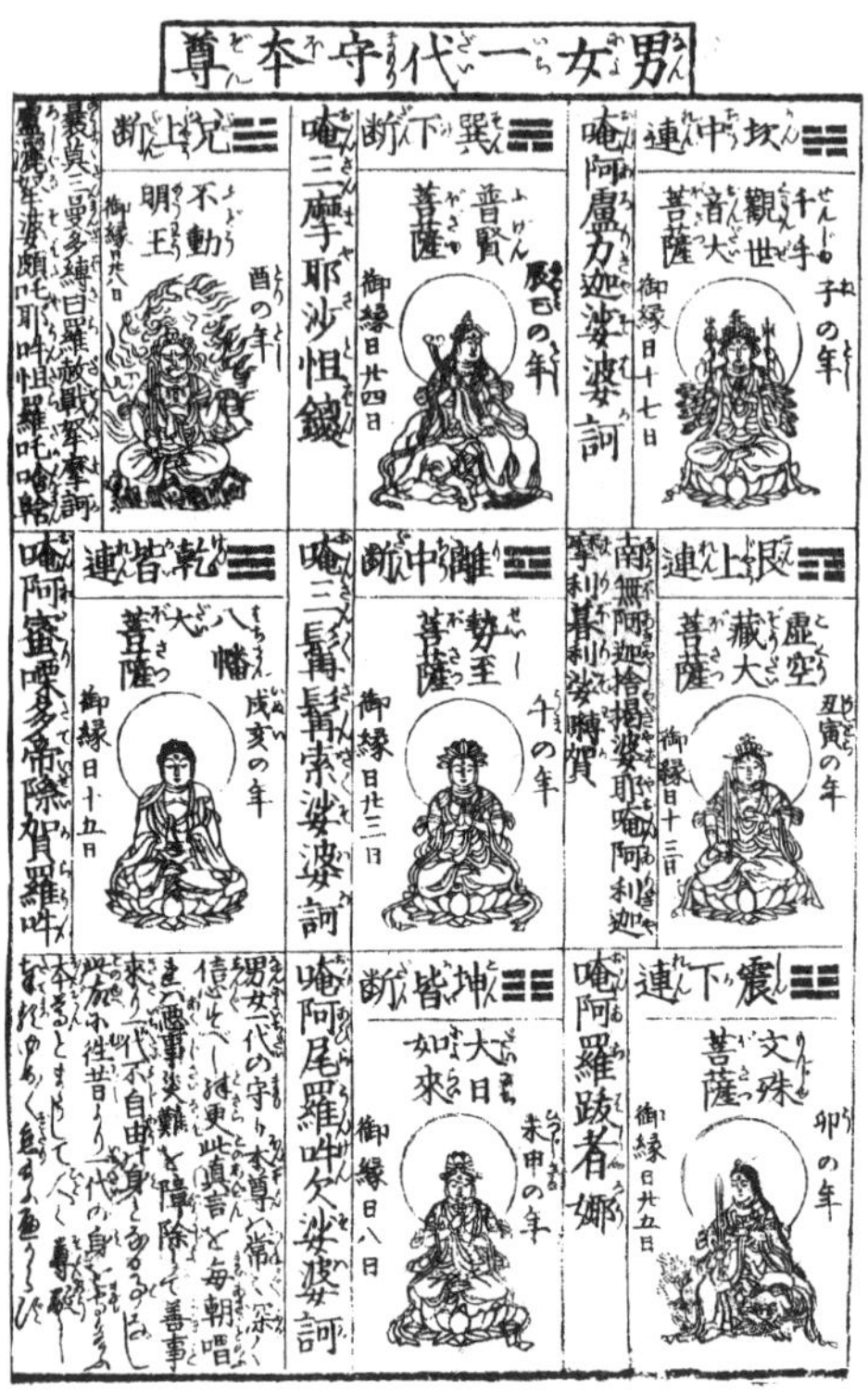

図19　「一代守本尊」（教訓女大学教草）

一日の暦【いちにちのこよみ】〔農家調宝記・二編〕に次がある。暦は昼夜百刻を十二時《とき》に別つので一時は八刻三十三分三十三秒である。時の鐘 太皷時計等は昼夜十二時百二十分で、一時は十分ずつでこれを一尺とし、その一分を一寸とする。暦の午の四刻十六分余の処で、昼の九ツを敲《う》つので暦と鐘とはいつも半時の進退がある。夜半子の四刻十六分余の処で、夜の九ツを敲つ。これが「昨日と今日の界*」である。

一の鳥居【いちのとりい】伊勢名所。〇内宮の一の鳥居と外宮の一の鳥居の間は五十丁ある。両宮ともに、一の鳥居前下乗で、弓 鎗等の兵具、仏舎利 仏経 念珠等の仏具を帯して入ることを禁ずる。勅使 上使もここで下乗し、兵杖を解いて入る。ここから内は濫りに唾を吐き、高声に物語し、総じて不敬がないように慎む。〇一の鳥居から宇治へ行く間に、尾部《おべ》〔上〕坂《さか》があり、俗に間《あい》の山ともいい、この辺の山を尾部山 隠山《かくれやま》 隠岡《かくれのおか》ともいう。昔 倭姫命が退き、尾上山の峯に石隠《いわかくれ》したというのはここである。坂を登り五丁程奥に常明寺があり、門内に鳥居岩窟があり、ここが石隠の所と伝えるが確証はない。〔東街道中重宝記・七ざい所巡道しるべ〕

一の橋【いちのはし】高野山名所。一の橋から奥の院まで十八丁、北東へ向って行く。この間に古今貴賤の石塔がある。一の橋から三丁行くと玉川があり、毒水である。また二丁行くと、右に蛇柳《じゃやなぎ》がある。〔東街道中重宝記・七ざい所巡道しるべ〕

一の宮【いちのみや】伊勢名所。外宮参詣の最初の宮なのでいう。宮域の西北に巡る川を豊川《とよかわ》といい、橋は下乗で兵具 仏具を禁じ、これより入った所に小社があり、一の宮とも小宮ともいう。御本宮を大宮というのに対するのか、卑俗の語である。案内者が参詣者を連れて行って拝ませ、これを本社と思って余りに小さいと驚き大いに悪いといった人が数人いるが、この社のことと思われる。これより禰宜の宿館《しゅくかん》* 子良の館《たち》* 上の御井*を巡り、洗手場*に至り、一の鳥居*より入り来る本道と一ツになる。

市原村【いちはらむら】京名所。補陀落寺に、小野小町と四位の少将の墓がある。〔東街道中重宝記・七ざい所巡道しるべ〕

一番糕【いちばんこう】菓子粉に、水飴をよい加減に交ぜ合せ、これに秘事

種を少し入れる。餡は黒砂糖と饂飩粉を等分に交ぜ合せ、先の種に包み平みをつけ、丸ぼうる*のように焼く。〔菓子調法集〕

補骨脂【いちび】〔薬種重宝記・上〕に唐草、「補骨脂 ほこつし／いちび。酒に浸し一夜にして少し炒る」。又「破胡紙 補骨脂《ほこつし》」とある。〈薬性〉〔医道重宝記〕に「破古紙 辛くして温、腰膝酸（痺）れ痛むに、陽を興し精を固くす。枝皮を択《え》り去りて塩酒に一夜浸し、刻み少し炒る」。

市姫【いちひめ】 市姫は、洛陽 五条裏寺町市屋道場に鎮座の明神である。商売の守護神。〔改正増補字尽重宝記綱目〕

一富士二鷹三茄子【いちふじにたかさんなすび】「夢判じ」ヲ見ル

市女【いちめ】 大和詞。「いちめとは、物うる女」をいう。〔不断重宝記大全〕

一夜鮨【いちやずし】〔料理調法集・鮨之部〕に一夜鮨は、飯を常の塩加減より辛くして、洗った鮎の腹に入れ、草苞に包み、庭に火を炊いて苞ともに焙り、その上を菰で二三遍巻いて、焚き捨ての火の本に置き、重しを強く懸ける。また柱に巻きつけて強く締めてもよい。一夜に熟れる。但し、塩魚はできない。〔ちやうほう記〕には二方がある。①飯を常のように炊いて塩を入れ、上酢で飯を洗い、何でも漬ける。重しを強く懸けて暖かな所に置く。茗荷の類、竹の子、茄子の類を漬けるとよい。②魚を投作《なげつくり》（＝薄作りの刺身）にし、或は鱚《きす》 鯵 鰡の類を三枚に卸し、酢に塩を加え鱠の加減にして、塩を少し辛目にして酒を加え、飯に漬ける。重しを強く懸け、水が上るのがよい。

一夜漬柿鮨【いちやづけこけらずし】〔料理調法集・塩魚之部〕に一夜漬柿鮨《こけらずし》（＝鮭を材料にした鮨）に次がある。○「鮭」の身を水に少し漬け薄く大にすき、酢の中に渡し、木茸 繊生姜 又は色よい沢庵 大根を繊に切って入れ、飯に交ぜて漬ける。○「小丼」鮭の皮ばかりをよく水に冷やして置き鱗を去り 水気を絞り 胡麻油で揚げ 大根の絞り汁に醤油を合せて掛ける。付合はぬかご（零余子）の油揚等がよい。○「鱠」鮭頭を割り ひず（氷頭）を取り 薄く切り 酢に漬け、大根は人前で卸し酢醤油でよい。又は独活の繊などがよい。○「筋子」煮え湯に通して解し、豆腐の殻汁に入れ、又はその侭解して山葵酢等がよい。

一夜味噌【いちやみそ】〔男女日用重宝記・上〕に一夜味噌は、①大豆一斗（〔料理調法集・造醸之部〕では一升とする）を一夜よく煮て搗き、糀一升、塩二合を搗き交ぜ、桶に入れ、湯煎にすると一夜の内に上々味噌になる。②豆はどれ程でも常のように煮て搗き、熱い内に桶に入れてよく押しつけて置き、上の割れた時取り出して搗き、その時糀と塩を合せ、また押しつけて置く。糀は胴返し（米と麦の半々）、塩は常の如く夏冬加減して入れる。

委中【いちゅう】〈経絡要穴 足太陽膀胱経〉〔鍼灸重宝記綱目〕に二穴。委中は足の膕《ひつかがみ》の横筋の中央陥みの中にある。針五分、留まること七呼。灸三壮。或は禁灸。腰・背・膝痛み、委中の大脈を刺してはならない。遺溺、小腹《ほがみ》堅く脹り、身痺れ、髀枢痛み（血を出す）、傷寒、四肢熱し、熱病、汗出ず（血をとる）、大風《かったい》で髪眉抜け落ちた者は刺《はりさ》して血を出すとよい。〈灸穴要歌〉〔永代調法記宝庫・三〕に「足弱く腰も重たく筋攣りて身の叶はぬは委中なるべし」。

胃虫【いちゅう】 九虫*の一。〔鍼灸重宝記綱目〕に胃虫は蛙に似ているという。吐逆、噦《しゃくり》をさせる。

銀杏【いちょう】『伊京集』に「銀杏《イチヤウ》、〔異名 鴨脚〕」。〔万物絵本大全調法記・下〕に「銀杏 ぎんきやう／ぎんあん。秋」。〈紋様〉〔紋絵重宝記〕には追駆二ツ銀杏の紋と文字の意匠、銀杏車の意匠がある。〈農具〉〔農家調宝記・続録〕に「杏葉《いちょう》万農草けづり」は、柄三尺六寸で銀杏の刃型をした草削り鍬である。画図は「農具」ニ出ル

一陽来復【いちようらいふく】「冬至」ヲ見ル

一より九迄の割声【いちよりくまでのわりごえ】〔秘術改撰算学重法記〕に「一より九迄の割声」として次がある（図20）。一退《たい》、六二五。二退、一二五。

三退、一八七五。四退、二五。五退、三一二五。六退、三七五。七退、四三七五。八作ノ五。九退、五六二五。十百千万でも同じことである。○例えば、唐物一貫二百目がある。この斤目は何程かを問う。答えは七斤半という。二一五とこの桁の二を一に作り、したへ二五加える。一退六二五とこの桁の六を払い、下の桁へ六二五を加える。他もこれに准ずる。

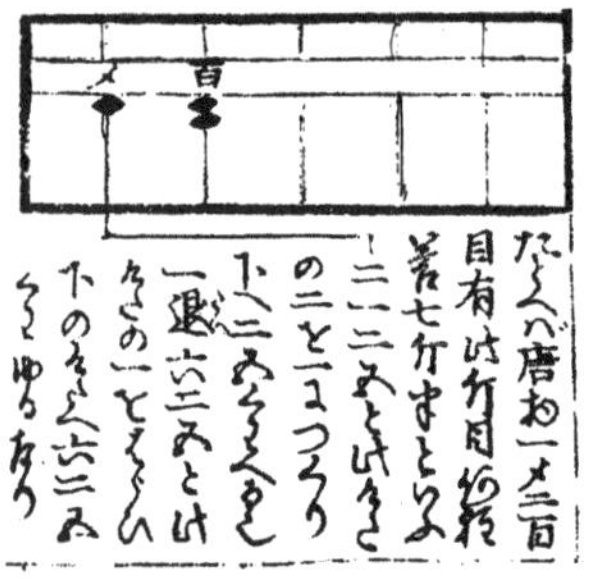
図20 「一より九迄の割声」（秘術改撰算学重法記）

一里塚【いちりづか】〔掌中年代重宝記〕は百七代正親町院天正十年（一五八二）に、三十六丁を一里とするという。昔は里から里迄を一里という。一歩は六尺、一反は六間、一町は六十間、一里は六百間。坪数六ツをつけて三十六丁である。今、奥州（多賀城）に六丁一里があり、また七里が浜、九十九里の浜等は皆六丁が一里である。「里《り》」参照

一粒金丹【いちりゅうきんたん】〔洛中洛外売薬重宝記・上〕に、①「一粒金丹」は、両替町二条上ル 金屋歳林軒にある。第一に元気を盛んにし、腎水を増し、脾胃を補う神方である。②「一粒金丹」は、七条烏丸東へ入 扶寿館にある。第一に言容を増し、精気を補い、陰道（房中術）を強くする。

一流膏【いちりゅうこう】〔洛中洛外売薬重宝記・上〕に一流膏は、（住所不記）仙暁堂政勝にある。第一に痔、脱肛、一切の痛む所につけてよい。

一粒万倍日【いちりゅうまんばいにち】暦下段。〔諸人重宝記・五〕には一粒万倍日に人に物を借りてはならないとある。正月は丑・午の日。二月は酉・寅の日。三月は子・卯の日。四月は卯・辰の日。五月は巳・午の日。六月は酉・午の日。七月は子の日。八月は卯・申の日。九月は、酉・午の日。十月は、酉・戌の日。十一月は、亥・子の日。十二月は、卯・子の日である。〔永代調法記宝庫・五〕に春は庚《かのえ》午の日。夏は辛《かのと》酉の日。秋は庚《かのえ》子の日。冬は辛《かのと》卯の日とある。〔掌中年代重宝記〕には春夏の彼岸*の入る日をいう。〔重宝記永代鏡〕は一粒万倍日に物の種を蒔き、財宝を貸す等にはよい。他から財宝を借るのは悪い。正月は酉の日。二月は申の日。三月は未の日。四月は午の日。五月は巳の日。六月は辰の日。七月は卯の日。八月は寅の日。九月は丑の日。十・十一月は亥の日。十二月は戌の日である。

一緑散【いちりょくさん】〔骨継療治重宝記・下〕に一緑散は、打撲、眼胞赤く腫れ、疼痛を治す。芙蓉葉・生地黄（各等分）をすり爛らしてつける。或は末（粉）とし鶏卵白に調えてつける。

一輪草【いちりんそう】草花作り様。一輪草は花は白色である。土は合せ土*、分植は春がよい。〔昼夜重宝記・安永七〕

一を打って盤を知る【いちをうってばんをしる】碁より出た言葉。〔男重宝記・三〕に「一を打って盤を知る」とある。一を以って全体を推知することをいう。

一をもって万を知れ【いちをもってばんをしれ】〔世話重宝記・一〕に、『荀子』に出るとして、物の全体を見ないけれどもその端を見て奥を知ることである。ある説に、碁を打つのに初手の一目を打ち出すより磐中の地取を工夫し知る事を、「一を打って万を知れ」と私説をつけて心得る人もある。

噎【いつ】「えつ」ともいう。〔鍼灸重宝記綱目〕に噎《いつ》とは、食い物や飲み物が下らず、噎《む》せることである。〔薬家秘伝妙方調法記〕には生姜・干姜・半夏を加える。「膈噎《かくいつ》」参照

溢飲【いついん】　四飲*の症の一。〔鍼灸日用重宝記綱目・五〕に溢飲は、水は手足に流れ、汗が出るはずなのに出ず、身の重い症をいう。

いっかい【いっかい】〔女用智恵鑑宝織〕に「京に いつかい（大）、大坂に おほきな」という。大きなことをいう。

噎膈【いっかく】〔家内重宝記・元禄二〕に噎膈《いっかく》、食に噎せ、或は胸に詰まり食を返す時は、陳皮と橘核の二味に生姜を加えて煎じて飲む。

沃懸【いっかけ】　片言。「沃懸《いかけ》（＝水を注ぎ掛けること）を、いつかけ」という。〔世話重宝記・一〕

いつき【いつき】　大和詞。「いつきとは、出るさま」をいう。〔不断重宝記大全〕

斎娘【いつきむすめ】「いつきむすめ（斎娘）とは、ひさうむすめ（秘蔵娘）の事」をいう。〔消息調宝記・一〕

呃逆【いつぎゃく】「嘔吐 反胃 呃逆 呑酸」ヲ見ル

一休の賛【いっきゅうのさん】〔重宝記・礒部家写本〕に、「一休のサン／それ地獄遠きにあらず。己 己をせめ極楽眼前也。神は 即ち我也。神の神として神 神也。一代の守本尊 汁と食也。倹約し不断家業をよくして一盃飲んで寝た所 即ち極楽也。獄門 遠島 追放 皆御慈悲の説法也。阿弥一休書判」。一休は臨済宗僧侶、文明十三年（一四八一）年八十八歳没。

厳島【いつくしま】〔世界万宝調法記・上〕に厳島、芸州佐伯郡に鎮座あり、明神は娑竭羅《しゃかつら》 龍王《りゅうおう》の女である。人王三十四代推古天皇（三十三代。五五四～六二八）の時に社《やしろ》を建つ。〔麗玉百人一首吾妻錦〕には「あだならん人には見せじ厳島 波の濡れ衣着せん物かは」の歌を挙げて、厳島の風景画がある。

一向宗【いっこうしゅう】　宗外*の一。〔日用重宝記〕に一向宗は親鸞*上人が、浄土宗*の開基法然上人の師命で、在家往生を導くのに肉食妻帯で一流の宗門を立てた一向専念念仏門とある。〔農家調宝記・二編〕には法然上人が弟子親鸞に命じて在家往生の一派を弘めさせてから親鸞が祖となり、高弟二十四輩が国々に法を弘め、肉縁の正統は親鸞の娘 覚信尼より如信上人と相承し、顕如上人の子息から本願寺二家に別れ、惣領の教如上人を東、次男の准如上人が六条本願寺を継いで西という。また一身田*興正寺、仏光寺等の諸派が出た。〈華洛寺院名籍一覧〉〔万代重宝記・安政六頃刊〕に「本願寺御来由・御坊之部」に大谷御坊（洛東鳥辺野）、山科御坊（山科野村）、西山御坊（洛西川嶋村）等五坊。「東本願寺御由来・御坊之部」に東大谷御坊（洛西真葛原）、山科御坊（山科竹ケ鼻村）、伏見御坊（大坂町油掛）、「興正寺御由来」（西六条境内）、「仏光寺御由来」（西条坊門高倉）等十坊。

一切腫物治湯薬【いっさいしゅもつじとうぐすり】〔洛中洛外売薬重宝記・上〕に一切腫物治湯薬は、御幸町四条上ル丁 象牙屋にある。第一に痛みを治す。癰疔、雁瘡、横根、便毒、肥前によい。

一切蔵経和本【いっさいぞうきょうわほん】〔万買物調方記〕に「京ニテ 一切蔵経和本」は、大和田黄檗山に刻納する。

一切如来真言【いっさいにょらいしんごん】　真言陀羅尼*の一。〔新撰咒咀調法記大全〕に一切如来真言は、「なうまくさつまんだぼだなん。あんさらばぼだほうらさとばきりだやにや。へいしやに。はうまくさらば。びでい。そわか」と唱える。

一切の目に吉さしのこし【いっさいのめによしさしのこし】〔洛中洛外売薬重宝記・上〕に「一切の目に吉さしのこし」は、上立売浄福寺西へ入る 根本ひしやにある。しつのぼり目、目瘡、爛れ目によい。取り次に、蛸薬師西の洞院東へ入る 奥村守貞ら七ケ所があるが、他の六所は京中の住所のみで、氏名は欠く。

一支具【いっしぐ】「身堅《みがため》の六具」ニ同ジ

一紫散【いっしさん】〔骨継療治重宝記・下〕に一紫散は、紫金皮（童便に七

日浸し曬《さら》し乾かす）・生地黄（各等分）を、砍《きし》り爛らして茶清に調えてつけ貼る。他所の傷には用いない。傷損、眼胞青黒紫色に腫れ痛むのを治す。

一子相伝一龍香【いっしそうでんいちりゅうこう】〔洛中洛外売薬重宝記・上〕に一子相伝一龍香は、室町四条下ル丁中西氏にある。第一に皸《あかぎれ》によい。

一縮【いっしゅく】「身堅《みがため》の六具」ニ同ジ

一生身持八景【いっしょうみもちはっけい】〔日時調法通用文則〕に一生身持八景がある。○「手習暮雪」（入木のいろはちりぬるあした暮ても習え雪の灯りに）。○「孝行夕照」（孝行の身に貧しきはむら雲の立ち晴るる胸の夕照）。○「忠臣帰帆」（君は風吹き放つとも忠あればやりてぞ帰る臣は舟人）。○「読書秋月」（物読めば見ぬ唐《もろこし》の名処《などころ》もくまなく照す秋の夜の月）。○「仁愛落雁」（仁あれば背《せな》に負ふ子も抱いた子も土産になびきおりる落雁）。○「世路《せいろの》晩鐘」（もろ人のうき世を渡るみちみちに今日も暮れ行く入あいの鐘）。○「算勘晴嵐」（相算《あいざん》にちりひちよりの店卸《たなおろ》し嵐晴れ行く算盤の音）。○「倹約夜雨」（倹約は駕籠借りて乗れ夜の雨も簡略すれば濡るる晴れ着を）。

一所ところ【いっしょところ】重言。「一所ところ」は、一所の重言*である。〔男重宝記・五〕

一身田【いっしんでん】勢州津にある真宗高田派本山専修寺。〔重宝記・儀部家写本〕に次がある。○安永六年（一七七七）四月十五日から六月五日まで、下野国高田御本尊三尊仏一身田御本山で開帳。○同九年六月三日より二十三日まで、京より御での三尊仏開帳。○天明三年（一七八三）十一月六日夜二時より一身田御殿出火、御書院対面所焼失。○同五年六月高田三尊仏一身田で開帳。九月二十日より十月十九日まで開帳。また同六年に開帳。○寛政十二年（一八〇〇）五月十五日より二十五日まで、京御坊三尊仏開帳。それより六月五日より十五日まで四日市で開帳。○享和二年（一八〇二）三月一身田御本山下馬立つ。○文化六年（一八〇九）五月五日より六月二十四日まで、下野国高田山三尊仏一身田で開帳。

一身の大極【いっしんのたいきょく】「関元《かんげん》」ヲ見ル

一心養寿丸【いっしんようじゅがん】〔洛中洛外売薬重宝記・上〕に一心養寿丸は、万寿寺柳馬場東へ入近江や藤四郎にある。一包四十八文。第一に気つけ、気の尽きによい。

一赤散【いっせきさん】〔骨継療治重宝記・下〕に一赤散《いちせきさん》は、傷損薬をつけた後に疱《みずぶくれ》を起すものを針で破り、粉を振り掛ける。大黄・赤石脂・石膏（煆　各等分）を粉にして振り掛ける。

一銭を施して万利を得る法【いっせんをほどこしてばんりをうるほう】〔新撰咒咀調法記大全〕に一銭を施して万利を得る法は、毎年八月辰の日に銭一文を施すと諸事万物に自然利益がある。不思議の秘法であり、嘲り疑ってはならない。既にこの法を行い、今家業繁栄し子孫連綿の人がある。

一草の事【いっそうのこと】立花。*〔昼夜重宝記・安永七〕に一草の事は、その時節の草花、草を色々取り集め木を交えずに挿すことである。草を後ろから続け、或は両方へ挿し合せてもよい。挿し様は常の花に同じ。

いっち【いっち】片言。「一《いち》といふを、いっち」という。促音にして強めた言い方。〔世話重宝記・一〕

一丁鼓の事【いっちょうつづみのこと】諷と鼓は君臣であるが、一丁諷とは言わない。一丁鼓と言う時は鼓の所望なので、鼓を君にし、諷を臣にする。上下の相違なので謡い様に心得が要る。〔囃子謡重宝記〕

井筒【いづつ】〔万物絵本大全調法記・上〕に「韓かん／ゐづゝ／いげた」とある。〔紋絵重宝記・上〕には「井」（平井筒）の紋絵と「井筒」の文字の意匠がある。

五ツの娶らざる家【いつつのめとらざるいえ】〔嫁娶調宝記・四〕には中国『大戴礼・本命』により次がある。①逆家の子。即ち臣として君に逆心を企て謀反を起した子孫は天理に背くため娶らない。②乱家の子、即ち法に背いた家は物事に自堕落な人故、その子は娶らない。③世々二代も三代

も刑人のある人の娘は娶らない。④悪疾ある人の娘は娶らない。⑤父を失った長子。即ち父母に早く離れた孤児は娶らない。このように言うがそうではなく、その娘の先祖 又心だてをよく聞き分けて娶るのがよい。今の世にはもう一ツあり、切死丹《キリシタン》の末孫は公儀の御帳に付く故遠慮すべきで、子々孫々逃れられない。

いっつも【いっつも】　片言。〔不断重宝記大全〕に「いっつも、朝暮 いつも」である。〔世話重宝記・一〕に「いつもを、いっつも」という。促音にして強めた。

行ってもいいかえ【いってもいいかえ】「い（行）ってもいゝかへとは、床おさまって言ふ事」。〔増補新版名代町法記・不断の言葉〕

一等親【いっとうしん】「五等親」ヲ見ル

一時大力となる法【いっときたいりきとなるほう】〔万用重宝記〕に一時の間 大力となる法は、黄耆・赤石脂・竜骨（各三匁）、防風（五分）、草烏頭（七分）を、蜂蜜で練り 丸子にし 食後に用いると、一時の間力を得る事は限りない。これにより楠正成*が戦場で力を顕した事は諸人の知る所である。

一盃糝薯【いっぱいしんじょ】〔料理調法集・醴餅真薯之部〕に一盃糝薯の法は、糝薯*を擂り合せ 濾した中へ、花海老・和らか串海鼠・松茸・焼栗・三ツ葉の類・胡桃などを、鉢に布を敷いて入れ蒸し上げて大平皿等に入れ、塩梅した下汁を溜め出す。

一白散【いっぱくさん】〔骨継療治重宝記・下〕に一白散は、打撲で傷《けが》の痕が紫黒して瘀血が流れ注ぐことがあり、熱のないものを治す。半夏を粉にして薑汁で調え、温めてつける。

一筆の事【いっぴつのこと】　簡礼書法。〔大増補万代重宝記〕に「一　筆啓上」において、「一」の字の長さだけ「筆」の字との間を開けるのがよく、どの書き物も同じである。「一」の字は長いのは卑しく短く引く。一筆の字を真行草の書体により、差し出す相手の上中下に書き分ける。

一遍上人【いっぺんしょうにん】「時宗《じしゅう》」ヲ見ル

一宝丸【いっぽうがん】〔洛中洛外売薬重宝記・上〕に「㊀一宝丸」は、祇園下河原西側中程（薬店名不記）にある。半服二十四文。第一に癪、痞え、腹一通りによい。

いつまで草【いつまでぐさ】　大和詞。「いつまで草とは、ながき事」をいう。〔不断重宝記大全〕

射手【いて】〔弓馬重宝記・上〕に、射手は矢代を振る内に身繕いして待ち、相を遊ばされよと云う時 さらさらと居直り、乙矢を下に 早矢を射て 肩を入れながら早々退《しさ》る。中った射手は直ぐに下座に行き、直った矢羽長引き出して本の座に帰る。口伝。引き出した矢前から一ツずつ立って射さす。乙矢が中ると一手矢《ひとてや》（＝甲矢と乙矢の二本一組の矢）なのでこれに所務付き、残りは差込みならして置く。一手に所務付き、後は弓置にならされるように断り、また前寄りに立って弓並を射させるのが法である。但し、家々の習い伝えがある。この役の弓を射る内に的場へ行き、早矢の分を抜き取り、前の矢車に入れて置く。射勝った者はこれを取り、代は山である。口伝。

遺溺／遺尿【いでき／いにょう】〔鍼灸重宝記綱目〕に「遺溺《いでき》　いばりたれ」は、小便がしびり、尿《ばり》が覚えず出ることをいう。遺尿《いし》《いにょう》は小腸 膀胱の陽気が衰え脱《ぬけ》るためである。『内経』を引いて膀胱が利《り》しないと癃《しぶり》をなし、約しないと遺《たれる》をなす。また下焦に血を蓄え虚労し内損すると小便を自ずから忘れてしまい、下焦虚寒し水液《みずしる》を温め制しできないので、小便は絶えず流れ出る。鍼灸点は腎兪 気海 小腸兪 絶骨 三里 関元である。〔医道重宝記〕に膀胱の気が約《しじま》りなく覚えず小便を垂れるのを遺溺《いにょう》という。気・肺気の虚して遺溺するには参芪湯*を用いる。急病で元気の虚脱する者には四君子湯*を用い、茯苓を去り 参芪を加える。この方のごとくよく治せない。

〔小児療治調法記〕に遺尿は、膀胱が冷弱して小便が自ずから出て自覚しないのをいい、「いばり」（「寝小便の事」参照）ともいう。薬には破故紙散* 桂肝丸* 益智二伏丸*がある。〔家内重宝記・元禄二〕には「遺尿」は腎虚して下焦冷え、小便の繁いのには破故紙・茴香（各等分）を粉にして服する。また小児の夜尿には丸じて夜に服する。〈秘薬〉〔増補咒咀調法記大全〕に「尿《いばり》垂るるに名誉の秘事」として蓽薢《ひかい》《ところ》を粉にして塩湯で飲ます。また丸じてもよい。小児の夜尿には丸じるとよい。大人の小便繁く、或は渋る等するには粉にして用いる。食物宜禁は遺精*に同じ。

出る哉【いでるかな】 百人一首読曲。「ありあけの月をまち出るかな」は、「いずるかな」とは読まず、「いでる哉」と読む。〔麗玉百人一首吾妻錦〕

いと【いと】 女中詞。「女子《をんなのこ》を いと」という。〔重宝女訓女今川操文庫〕

糸切玉子【いときりたまご】 〔料理調法集・鶏卵之部〕に煮抜き玉子の殻を取り、絹糸でいかにも作意次第に切る。

従弟【いとこ】 伯父* 叔父* の子を従弟という。〔農家調宝記・二編〕

従弟違【いとこちがい】 従弟*の子を 従弟違《いとこちがい》という。また、大伯父* 大叔父*をいう。これより他人*という。〔農家調宝記・二編〕

従弟煮汁【いとこにじる】 〔料理調法集・汁之部〕に従弟煮汁は、小豆 牛蒡 芋 大根 豆腐 焼栗 くわい（慈姑）等を入れ、中味噌で仕立てる。追々に煮るゆえにいう。

いとしげし【いとしげし】 大和詞。〔消息調宝記・一〕に、①「いとしげしとは、しばしまてと云心」。②「いとしげしとは、ことたびたびなる也」。

糸竹の遊び【いとたけのあそび】 〔女筆調法記・五〕に、糸竹（弦・管楽器）の調べは少しはよく、過ぎると悪い。友達の交わり、或は縁付後の一門の付き合いで話相手になり、一曲を望まれて少しばかり掻き鳴らす等は、奥深く心勝りて見える。瞽女《ごぜ》 舞子 白拍子のように人前に進み出て声張り上げて謡わなくても、いかにも恥ずかしく否みがたげに少し調べるのは大変よい。「琴の事」参照

糸豆腐【いとどうふ】 〔諸民秘伝重宝記〕に糸豆腐は、豆腐の水を絞り、よく擂り、紙に薄く塗りつけて置き、何枚も重ねて蒸す。その後細く切る。

暇無き【いとなき】 「いとなき（暇無）とは、いとまなき也」。〔消息調宝記・二〕

井戸の事【いどのこと】 〔万物絵本大全調法記・上〕に「井せい／ゐ」。〔重宝記永代鏡〕に、○井戸掘り吉日は、暦中段 満《みつ》* 定《さだん》* 除《のぞく》* 地福日*がよい。また甲《きのえ》酉・子・申の日。丁《ひのと》酉。戊《つちのえ》寅の日。己《つちのと》酉の日。辛《かのと》未。壬《みずのえ》辰の日。○井戸掘り富貴になる日は、春は甲《きのえ》 乙《きのと》の日。夏は丙《ひのえ》 丁《ひのと》の日。秋は庚《かのえ》辛《かのと》の日。冬は壬《みずのえ》 癸《みずのと》の日。また冬の壬《みずのえ》午の日。戊《つちのえ》戌の日。この日井戸を掘ると富貴は近く来る。○井戸浚は、夏至に井戸浚え また水を改めると瘟疫を病まぬ。秋三月は土公神*が井戸の中に在る故、井戸掘 井戸浚を忌む。但し、七月七日は井戸浚えは吉。○井戸掘り凶日は、暦中段の破《やぶる》* 危《あやむ》*、暦下段の滅日* 没日*。○水脈を知る法は、掘る所へ暮六ツ時（六時）に烏の羽を差して置き翌朝明け六ツ時に羽に露のように水気のある所は水脈のある所、ない所は羽が悉く濡れて垂れる。○井戸水の善悪を知る法は、茶碗に水を汲み太い銅線を一寸程切って一夜入れて置き、翌朝針金に光芒のような気が横さまに出るのは悪水、その気のないのは金気なく水は甘く平で、味は極めてよい。〔大増補万代重宝記〕に井戸を掘る予定地に朱塗の丸盆を一夜俯けて置き、悪水なら盆の露が濁り、よい水なら潔白で濁りはないとある。

〔新撰咒咀調法記大全〕に井戸の事がある。○井戸を掘る時水脈を知る法は、四季ともに夜気の晴れ渡った夜、井戸を掘る予定地に盥に水を入れて並べて置き、星の光が大きく明らかに映る所は水脈がある。○井戸を掘り水のない時水を呼ぶ法は、水脈に当らない時井戸の中へ木綿《わた》を入れて火に燃やし蓋をして置くと水脈を呼び、よく湧き出る。○井戸の底へ明りを見せる呪いは、井戸の中へ松明《たいまつ》でも灯火でも吊り下げ、井戸の

上から朱塗の折敷か盆等で覆いをすると、水の底まで明りが通って〔落下物も〕見える。○井戸水が悪くなるのを清す符（図21）は、井戸水を替え干し、この符を石に括り、水に入れて七日間信心するとよい。

図21「井戸水が悪くなるのを清す符」〔新撰咒咀調法記大全〕

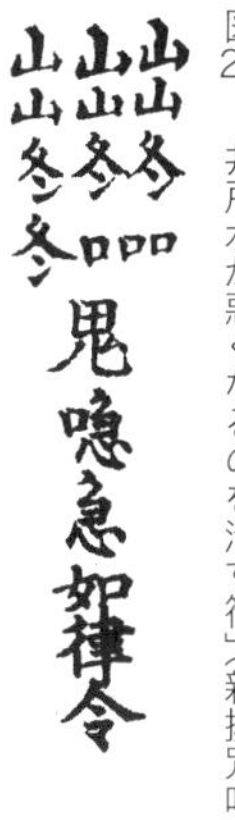

〈井戸水の濁りを直す事〉〔男女御土産重宝記〕に雨の後に井戸水の濁った時は、桃仁と杏仁を擂り爛らかし、汁を連ねて濁り水の中へ入れると少しの間に濁りは底に沈み、忽ち清水になる。〔万用重宝記〕には明礬の大きなのを井戸の中へ入れて置くと妙とある。

〈井戸を埋む〉〔増補咒咀調法記大全〕に次がある。○井戸埋む吉日は、春は甲子《きのえ》 乙丑《きのと》の日。夏は丙丑《ひのえ》 丁卯《ひのと》の日。秋は庚申《かのえ》 辛丑《かのと》の日。冬は壬《みずのえ》子 癸丑《みずのと》の日。○古井戸埋む時の符（図22）は、①の符を書いて井戸底に立てる。次に唐竹を逆様にして井戸の中に立て埋むに従い次第々々に抜き上げる。また②の符を一間下に立てて埋めると大吉である。総じて、井戸辺に桃の木を植えると悪く病が絶えない。埋めた井戸の辺に植えるのもよくない。〔昼夜重宝両面雑書増補永暦小筌〕に、○古井埋む吉日は、木性の人は未の日。火性の人は戌の日。土性の人は辰の日。金性の人は丑の日。水性の人は辰の日。

糸の縺【いとのもつれ】 俗信。〔文政新刻俗家重宝集〕に糸の縺を解く法は、口の中で「糸屋の娘寝肌の衣」と唱えながら解くと妙である。

糸水【いとみず】「いとみづ（糸水）とは、のき（軒）のたま（玉）水也」。〔消息調宝記・一〕

糸物組物【いとものくみもの】〔江戸流行買物重宝記・肇輯〕に、「糸物組物」は、日本橋通二丁メ 山形屋三郎右衛門、通油町 辻屋新兵衛、室町二丁メ 越後屋喜左衛門、新和泉町 大黒屋佐兵衛、横山町三丁メ 丁字屋直次郎ら十四軒にある。

図22「古井戸埋む時の符」〔増補咒咀調法記大全〕

①

②

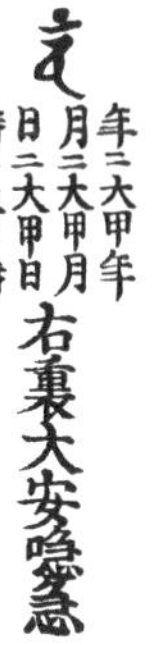

いとゆう【いとゆう】 俳言の仙傍（訕謗）。「茶ヲ いとゆふ」という。〔新成復古日夜重宝俳席両面鑑〕

糸割符【いとわっぷ】〔万買物調方記〕に糸割符（生糸の特権貿易商人）関係の記載が次のように見える。「京 長崎割符年寄之分」三条油小路 金や源右衛門、室町武衛陣町 七文字屋正春、釜ノ座御池上ル町 津田勘兵衛、東洞院松原 菱や五平衛。「江戸ニテ長崎糸割符之人数」記載なし。「大坂ニテ糸割符之人数」「糸割符人数合 六十五人」は記すに及ばないとある。「堺ニテ糸割符之人数」記載なし。「白糸割符所付」参照

亥中【いなか】 月の和名。〔重宝記永代鏡〕に亥中《いなか》は、二十日の月をいう。「寝待月」*ともいう。

田舎羹【いなかかん】 菓子名。上こがし（焦＝香煎）一升を絹篩で濾し、砂糖水で練り、上葛を加減して蒸し上げる。また摘み羹なら葛を入れないのもよい。〔菓子調法集〕

田舎間坪を京間坪に直す【いなかまつぼをきょうまつぼになおす】「京間坪を田舎間坪に直す」ヲ見ル

田舎山葵【いなかわさび】〔里俗節用重宝記・中〕に田舎山葵は、辛子《からし》を常のように擂いて練り上げ、生姜の卸しをよく叩き切って合せて固め、用い

る程ずつ取って吸い口とする。

稲木【いなき】「稲の事」〈掛干〉ヲ見ル

稲茎【いなくき】大和詞。〔不断重宝記大全〕に「いなくきとは、田舎」をいう。〔女用智恵鑑宝織〕に「いなくきとは、ゐなかの事なり」。

蝗【いなご】〔万物絵本大全調法記・下〕に「螽ふ／螽しう。いなご。まろいなご。秋」。「いなむし（蝗）」「田の虫の事」ヲ見ル

稲作善悪見様【いなさくぜんあくみよう】〔米商買相続人調宝記〕に「田作《でんさく》善悪の肝要」がある。夏土用十日前より半土用迄よく照り続くと豊作、天気が悪いと凶作である。尤も、半土用迄よく照り込み、その後悪い天気が続いても構いにならず、この反対は末々迄よくない。田作は旱《ひでり》の年はよく、水気の多い年は極めて不作と心得るのが肝要とある。また「卯年は田作宜し」とし、別して五畿内 江州は豊作、九州は少し不作ではあるものの、銀五十二三匁計より上はない。辰の春は段々下値になり、四十八匁ばかりで年を越す。麦作もよく、五畿内*は特に大豊作で、商人はこのことを心得べきである。

稲妻【いなずま】「稲光の事」ヲ見ル

否諾をせぬ【いなせをせぬ】大和詞。〔不断重宝記大全〕に「いなせをせぬとは、いや共おう共いはぬ」ことをいう。〔消息調宝記・一〕には「いなせとは、諾《だく》の字也。うけが迂（肯）こと」である。

稲光【いなづま】〈菓子名〉〔男重宝記・四〕に、稲妻《いなづま》、上しめし物、下羊羹、中しめしに黒胡麻。〈大和詞〉〔不断重宝記大全〕に「いなづまとは、はかなき事」をいう。〈紋様〉〔紋絵重宝記・下〕には「いなづま」の意匠がある。

いなのめ【いなのめ】「いなのめとは、山の端おそく白む也」。〔消息調宝記・一〕

因幡【いなば】因州。〔重宝記永代鏡〕に、巨濃《この》、八上《やつかみ》、智頭《ちず》、邑美《おうみ》、高草、法美、気多の七郡をあげ、城下は鳥取、鹿野で、一ノ宮は宇部である。〔万民調宝記〕には居城知行高を、鳥取・松平伯耆三十二万石とある。〔大増補万代重宝記〕には、八上がなく、岩井と八頭がある。上管、四方十八里。田数八千二十町、知行高十三万千六百四十三石である。〔重宝記・幕末頃写〕には南北二日。北は海近く、山は深く、河藻・絹布が多い。中の国。今の鳥取県東部にあたる。〈名物〉〔万買物調方記〕に蠟燭、木地山の木地、海素麺《もなり》、鮎の白干、つのじ（鮫の塩引）、引田鼻紙、細川梅など。

稲機【いなばた】「稲の事」〈掛干〉ヲ見ル

稲光の事【いなびかりのこと】〈天象〉〔万物絵本大全調法記・上〕に「電 でん／いなびかり／いなづま。電神を電母と云」。〈稲光による天気占い〉〔永代必用両面重宝記・寛延四〕に、○稲光が坤《ひつじさる》（＝南西）の方に見えると天気がよい。○乾《いぬい》（＝北西）の方は雨が降る。○乱れて閃くのは雨晴れて風もない。○夏の風は稲光の方より吹く。○秋の風は稲光の方へ向って吹く。〔重宝記・幕末頃写〕はさらに、電光《いなびかり》が南の方に見えると明日の天気はよい。春の電光は災いなく、夏は大雨があり、秋は風が吹き、冬は大いに風吹き、東の方は大雨、西の方は日旱、南の方は大雨、北の方は雨風がある。〔平常重宝万徳大雑書・弘化四〕に、稲光は陽気が陰気をうち輝く象とある。東西南北ともに稲光りする方から風雨が起る。

辞びず【いなびず】大和詞。「いなびずとは、いなとはいはぬ」ことをいう。〔不断重宝記大全〕

辞【いなぶ】「いなぶ（辞）とは、じたい（辞退）する事」をいう。〔消息調宝記・一〕

稲舟【いなぶね】大和詞。「いな舟とは、いなにはあらずという事」。また「繁き思ひ」ともいう。歌に「最上川上れば下るいな舟の いなにはあらずこの月ばかり」（古今・東歌）とある。〔不断重宝記大全〕

蝗【いなむし】〔農家調宝記・付録〕に『大和本草』を引いて、螟螣蟊賊の四生を蝗《いなむし》というイナゴの類とするが、稲に付く虫は数生があり、国々に名が変るとしてそのあらましを次のように挙げている。螟《めい》*螣《とう》*蟊《ぼう》*賊《ぞく》*飛虫《とびむし》*苗虫《なえむし》*ほう*葉まくり虫*こぬか虫*小金虫*。総称してウンカともいう。気候の順な時に蝗が生じ、害をなし、飢饉に至る。「田の虫」「虫の事」参照

稲筵【いなむしろ】 大和詞。「いなむしろとは、いなか（田舎）を云」。〔不断重宝記大全〕

稲荷大明神【いなりだいみょうじん】 伏見名所。〔改正増補字尽重宝記綱目〕に、稲荷大明神は伊奈利とも書き、山州紀伊郡にある。この御神は五穀成就の宇賀神福の神なので弘法大師は飯成《いいなり》と書いている。元明天皇の和銅年中（七〇八～七一五）に初めて現れた。また東寺の縁起や『壒嚢抄』等の説には大師が東寺建立の節、大明神を鎮守に崇める契約をして遅れたので、まず若宮八幡の鎮守に備った。その後に、明神は稲を荷う老翁と現じて東寺に来た。大師は芝守長者が家を暫く借って明神を宿し、二十日を経て今の伊奈利山に鎮守した。今の古御旅所が長者の家の跡である。祭は四月上卯の日で、三月中の午の日に御旅所へ御輿を御幸し、祭りの日に本山に還幸がある。この山には絵具があり、絵具山ともいう。

〔年中重宝記〕には稲荷山の上に稲荷の神が初めて出現した三峯が連なり、俗に御檀《おだん》という影向の杉がある。毎年正月五日に社家各々が参詣するのを御山参りという。二月初午の日に稲荷祭に諸人が参詣するのは、元正帝の御宇（七一五～七二四）に当社に影向の日だからである。当日は東福寺に、兆伝子筆観音像三十三幅を方丈に掛ける。十一月八日は、稲荷の庭燎《ほたき》、俗に韋囊《ふいごう》祭といい鍛冶 金細工人が特に祝う。また三月中の午の日から四月上の卯の日まで二十日余、稲荷の神輿は七条油小路南御旅所に御幸がある。〔東街道中重宝記・七ざい所巡道しるべ〕に後ろの山は美景とある。

〈祭祀〉〔農家調法記・初篇〕に世俗に稲荷を穀神、また火防《ひぶせ》と言って家毎に祀るのは覚束ないことである。神代に倉稲魂《うがのみたま》の神が五穀*に与ったとはいうが、火防の所見はない。狐を使令とすることはいよいよ妄誕で日本神道にはかってないことである。

稲荷の社【いなりのやしろ】〈大坂願所〉〔願懸重宝記・初〕に三所ある。①天満天神の社内の稲荷の社 白世根大明神は諸願を納受されるといって繁昌する。宮の後ろに御鬮の筒があり、吉凶十二品を画図に詳しく著している。②道頓堀北側（鍛冶屋町筋塀の内にある）の稲荷の社に安産の願を掛け、臨産の期《とき》が来たら早速代参を立て、只今何町 何屋 何兵衛という方へ御来臨くださいと念ずると、その家の婦人は速やかに平産をする。御礼には絵馬でも挑灯でも奉納するとよい。③加嶋村稲荷社は神主権之頭《ごんのかみ》が世に名高い。野狐が憑き様々に悩まし退かない時は、本人を早く連れて行き神主へそのことを頼むとよい。忽ち正気となるのは疑いない。

〈江戸願所〉〔江戸神仏願懸重宝記〕に、永代橋西詰に高尾稲荷の社があり頭痛、髪の毛の薄い人、頭瘡の類など、頭の患い一切について平癒の願掛けをする時、小さい櫛を一枚祠の内から借り請け、朝夕高尾大明神と祈り髪を撫で付けると速やかに治する。平癒後は新しい櫛一枚を添えて奉納する。

遺尿【いにょう】 「遺溺／遺尿」ヲ見ル

戌【いぬ】 十二支*の一。〔年中重宝記・六〕等から集成すると以下の通り。戌（いぬ・じゅつ・犬）。〈月〉は九月である。戌は滅《めつ》、九月は陰気滅し陽気かすかに生ぜんとする時の意。〈時刻〉戌《いぬ》の時は宵（夜）の五ツ。八時及びこの前後二時間。黄昏《おうこん》という。〈方角〉西北西。〔永代調法記宝庫・首〕に戌の異名に閹茂《えんも》・黄昏《こうこん》がある。「戌年生れ」「戌の日／月」参照

戌亥【いぬい】〈十二支の戌*と亥*〉〔日用重宝記・二〕に戌と亥は陰が斂《おさま》り持守する。狗《いぬ》を盛んとして猪はこれに次ぐ。このため戌亥に配する。狗

猪は鎮《しずめ》静《しずむる》ものである。休息。〈八卦の守本尊〉〔永代必要両面重宝記・寛延四〕に八幡菩薩とする。〈方角〉〔日用重宝記・二〕に北西、また休息の郷《きょう》という。「乾《けん》」参照

いぬき【いぬき】 大和詞。「いぬきとは、人の一名の事」である。〔不断重宝記大全〕

犬食【いぬぐい】 〔諸礼調法記大全・地〕には前後をも考えず、情《こころ》を食味に移して食うことを犬食と言って嫌う。〔女用智恵鑑宝織〕には、挨拶もなく、打ち傾いて飯を食うのが犬食いとあり、挨拶を度々言うのも悪いとある。

犬獣の難を除く【いぬけだもののなんをのぞく】 〔諸民秘伝重宝記〕に「平生諸毒を除き 犬獣の難を除く伝」として、「姑蘇啄摩耶啄」の句を毎朝東に向って三遍唱え、一遍毎に一度ずつ唾を吐くと奇妙とある。

いぬご【いぬご】 股の付根のリンパ腺の腫れ膨れである。「いのご」ともいう。〈薬方〉〔胡椒一味重宝記〕に、いのごの張るには、黒大豆の粉小に、胡椒の粉（大）を水で練りつけるとよい。〈灸〉〔俗家重宝集・後編〕に「イヌゴの名灸」として、イヌゴの張った方の足の大指の頂きへ乗る程の大きさ程の灸をする。今日張ったら一灸《ひとひ》、昨日よりなら二灸等、その張った日の数程すえるとよい。〈奇法〉〔文政新刻俗家重宝集〕には「いのごの奇法」として板の間へ常の灰を平らに撒き、その上に足を一足に揃え、脇へ立ち退き、灰の足跡の土踏まずの所へ、念仏を唱えながら、灸を七灸するとよい。〔懐中重宝記・慶応四〕には足の大指の上の爪際に針を刺し、少し血を採る。右の腫りには左から、左の腫りには右から採る。

犬山椒膏【いぬざんしょうこう】 和蘭陀流膏薬の方。* 犬山椒（十匁 陰干にして）、阿仙薬・大黄・黄栢（各十五匁）、小麦粉（五匁）、丹・まんていか（各二十匁）。まんていか・椰子油・胡麻油の三味の油を鍋に入れて煎じ、残る薬味を煎じ出して布で渣を濾し去り、また鍋に入れ、加減を見合せ 蠟を入れ煉り上げる。この薬は実症で腫れ高く痛む時、痛を止めて散らす。〔改補外科調宝記〕

戌時生れ【いぬどきうまれ】 〔大増補万代重宝記〕には戌時（二十時）に生れる人は身上繁盛して眷族多く、威勢高く、諸人が崇め敬う。武士は知行加増を得るが、若年の間は諸方へ駆け回り苦労が多い。年寄る程仕合せよく身上豊かに富み栄える。〔女用智恵鑑宝織〕で戌時生れの女に特記する事は、位の高い人の妻になるが、宮仕えの女は主君より恵みがあり仕合せがよい。生れ付慈悲心があるため年寄る程栄華がある。不信心なら吉事も悪事となる。

戌年生れ【いぬどしうまれ】 〔大増補万代重宝記〕には「戌年生れ」の人は、一代の守本尊は八幡大菩薩。* 前生は赤帝の子で、北斗の禄存星より米二石と金子八貫目を受けて今世に生れた。生質心軽々しく、朋友の交わりがよい。若年の間は身上の浮沈が度々あり、中年過ぎてより他人の財宝を招き得て繁盛する。夫婦の縁は初めは祟り、後に智恵のある妻を持つ。子は三人あり、一人の力を得る。また子孫に名を顕す者がある。手の芸は成り難いので商人になるのがよい。二十八九歳で大きな災難があり、六十八九歳で命危く、七十三四歳で命は終る。毘沙門は寿命を守り、観音は福徳を与え、普賢は智恵を授ける。一代の内よく信心して祈るとよい。一説に、勇気強く心正しく財禄集り豊かである。但し、思い事は一度は成就し一度は成り難い。商人職人は貴人に愛せられて福分が強い。〔女用智恵鑑宝織〕に「女一代八卦」で特記する点は、前生は南浄国の王子で、天から米二石と金子七貫目を受けて今世に生れた。特に、心多い夫を持つ故恨み嫉む心があるが、これは一生の慎み所である。もし嫉妬心が深いと却って妨げとなり縁の切れることがある。ただ我が身を慎み夫を大切にし舅姑に孝行すれば、後は夫婦仲良く仕合せに繁盛し、老後に果報がある。子は五人か一人である。〔日用重宝万物図解嘉永大雑書三世相〕に戌歳の守本尊は八幡大菩薩。卦は乾皆断とある。

犬の子【いぬのこ】〔世話重宝記・一〕に『史記』の司馬相如の伝に、父が相如を寵愛して「犬子《いぬのこ》 犬子」と呼んだとある。日本で小児が魘《おび》えた時、「犬の子 犬の子」と呼ぶことも小児を愛する心に通うとする。

犬の事【いぬのこと】〔万物絵本大全調法記・下〕に「犬 けん／ゑぬ／いぬ。狗」、「猥 のうけん／むくげいぬ／むくいぬ」、「獒 がうけん／おほいぬ。唐犬也《たうけん》」。〈異名〉〔書札調法記・六〕に犬の異名に、狗 青曹《せいそう》 烏竜《うりゆう》がある。〔新撰咒咀調法記大全〕に犬は九月を司り、方は世界の火気を滅する方であり、それ故に身は常に熱している。よって寒を厭わず雪を喜ぶが、冬至の一日は鼻が冷たい。また犬の子をあまり調戯し過ぎると後には咬み犬になる。〈薬性〉〔医道重宝記〕には五臓を安んじ、虚労を補い、腰・膝を暖め、精髄を増し、腎を補い、腸・胃を厚くする。〔永代調法記宝庫・四〕には加えて葫《にんにく》は禁物で、必ず人を損ずるという。

〈吠付かぬ法〉〔秘密妙知伝重宝記〕に犬の鳴き声を止めるには、戌・亥・子・丑・寅と言って指を固く握る。止まった後で指を戻す。そうしないと犬が苦しむ。〔調法記・四十ゟ〕には大指の先、子《ね》より爪さじをして寅の所で寅と言って息を吹きかけ、それから卯 辰 巳 午 未 申 酉と順に数え廻り、戌に当る所を押して手を握る時は犬は忽ち退き伏す（図23）。同書には又「挑寅 剔丁 掐戌 雲龍風虎降伏猛獣」と念ずると、犬は逃げ去る。

〈咬み犬を避ける法〉〔諸民秘伝重宝記〕に「われは虎 いかに鳴くとも犬は犬 獅子の歯嚙みを恐れざらめや」の歌を三遍詠んで、次に戌 亥 子 丑 寅と言いながら指で数え、五本の指を握り何遍もいう。犬は咬まず遠ざかること妙である。〔文政新刻俗家重宝集〕には縄 帯 下紐等の長い物を後ろ手に持って大路を引いて歩行すると犬はよらない。〔家伝調方記〕には犬に取り巻かれた時の呪は、「ぶしぶつしやうみせたるおんをしらぬかあびらうんけんそはか」と三遍唱えるとよい。

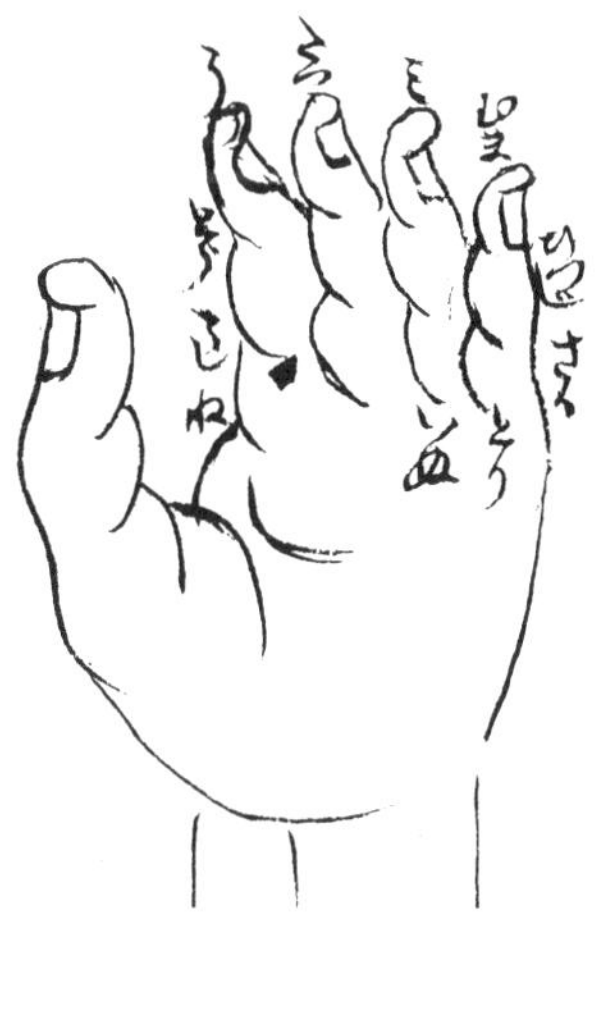

図23「犬を退くる伝」〔調法記・四十ゟ〕

〈咬傷〉〔家内重宝記・元禄二〕には犬に咬まれた時、①蒼耳《なもみ》の葉を酒で煎じて飲む（〔諸民必用懐中咒咀調法記〕には葉を粉にするとある）。②桃の木の甘肌を水で煎じて飲む。③山梔子《さんしし》を焼いて硫黄の末（粉）を加えて塗る。④紫蘇の葉を嚙み砕いて塗る。〔新撰咒咀調法記大全〕には①咬みついた犬の毛を三筋ばかり取って傷口につけると奇妙に痛みを止め、早く治す。②黒砂糖をつけるのもよい。傷が癒えてから暫くの間は小豆を忌む。食うと再発して悩む。〔改補外科調宝記〕には馬銭子《ばせんし》を擂って乳でつける。〔胡椒一味重宝記〕には胡椒の粉を生姜の汁でつける。〔大増補万代重宝記〕には傷跡に井戸の汲立水を掛け、灸を七火ずつ据えると毒は残らず 傷も早く癒える。また地黄を搗いて汁を飲む。また生姜の絞り汁を用いて傷へ醬油を塗る。〔秘密妙知伝重宝記〕には杏仁の細末（粉）を懐中して咬まれた所に早くつける。捨て置くと後患がある。〔万まじない調宝記〕には杏仁を煎って飲み 焼酎で洗い 灸を三火据える。〔懐中重宝記・慶応四〕には銀杏を嚙み潰し 傷口へつける。〔万家調法呪詛伝授囊〕には亀板の灰を塗る。〔鍼灸重宝記綱目〕には咬まれた処に灸をする。〔鍼灸日用重宝記・五〕には癰疽発背*の灸方に同じとある。

〈呪い〉〔万民重宝改正大ざつ書〕に「戌の長吠えに吉凶を知る事」は、子の

日は人が多く来る。丑・辰の日は五人来る。寅の日は人が死ぬ。卯・巳の日は万によい。午の日は病い事がある。未の日は悪い。申の日は大いに悪い。酉の日は口舌事がある。戌の日は良い事が来る。亥の日は宝を得る。〔増補呪咀調法記大全〕に、①「狗 狐怪しい厄いある時の符」は、加持慈救の咒* 大威徳の咒* の両真言を唱えて門に押すとよい。また、②「屋の上へ犬登りたるに立てよ」がある（図24）。

図24 犬の事

①「狗 狐怪しい厄いある時の符」（増補呪咀調法記大全）

②「屋の上へ犬登りたるに立てよ」（増補呪咀調法記大全）

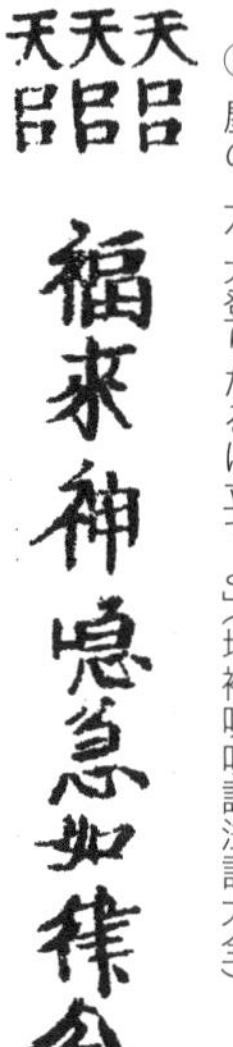

〈犬の年の寄った様な〉〔世話重宝記・一〕に『徒然草・百五十二段』により、徒《いたずら》に年寄って無智無能なのを、犬の年の寄ったようなという。

戌の日／月【いぬのひ／つき】〈日〉〔家内重宝記・元禄二〕に「日用雑書」として次がある。戌の日に釜が鳴るのはよい。耳が鳴ると牛が死ぬ。犬が長吠すると子を儲ける。人神*は膝頭にある。売買は始めない。病は男は重く女は軽い。南が塞がり。八専の間日《まび》*。己亥の年の人は屋造りは凶。行方は東は宝を得、南は病、西は半吉、北は吉。正月戌の日は黒日*。正・三・五・七・九月戌の日は師旦絶命日*。正・四・七・十月戌の日は神外*にあり凶。二月戌の日は運虚日*、また外《げ》（下）食日《じきにち》*。三月戌の日は坎日*。三・六・九・十二月戌の日は神内*にあり吉。三・九月戌の日は家を買わない。四月戌の日は天福日*。四・十二月戌の日は六合日*。五月戌の日は亡ぶ日*。五・十一・十二月戌の日は衣装を裁ち着ない。七月戌の日は遠行すると帰らない。八月戌の日は血忌日*。九月戌の日は千億日*。十月戌の日は一粒万倍日*。十一月戌の日は万福日*。

春戌の日は天悦日*、また門を建るに吉。春甲戌の日に人を出さず、夏戌の日に屋根を葺かず、屋造りをせず、夏冬戌の日は人を出さない。秋戌の日は母倉日*。冬戊戌の日は井掘りに吉、富貴万福。甲戌の日は入学に吉。戊戌の日は釜塗りに吉。土公は戊戌の日は南に、庚戌の日は西にある。また大明日*。壬戌の日は伐（罰）日*。〔重宝記・宝永元序刊〕に戌は犬である。この日出行人に対面始め、主人へ目見え、公用等に万ずよく、その他は悪い。

〈月〉〔日用重宝万物図解嘉永大雑書三世相〕に「戌《いぬ》《じゅつ》、九月、閼茂《あつも》」とある。戌《じゅつ》は滅《めつ》で、この月に陰気滅し、陽気かすかに生ずる意である。この月は神を祭り、婚礼を忌む。

犬走【いぬばしり】〔武家重宝記・一〕に、城の塀の外の際《きわ》の横行きの道を、犬走という。「むしゃばしり（武者走）」参照

犬張子【いぬはりこ】〔麗玉百人一首吾妻錦〕に、犬張子は直宿《とのい》の犬という。嫁入の手道具である。閨に置く。

去ぬる朔日【いぬるついたち】大和詞。「いぬる朔日とは、三月一日上の巳日」をいう。〔不断重宝記大全〕

姉【いね】大和詞。「いねとは、あね（姉）を云」。〔不断重宝記大全〕

稲打棚【いねうちたな】稲打棚。〔農家調宝記・続録〕に稲打棚（図25）は籾にすること。刈り取った稲を田一面に三日も干したのを束ね、稲一束を置き、図版のような棚の上に置いて打ち落す。特に、干方《ひかた》を好む。

稲の事【いねのこと】〈稲は百穀の長〉〔農家調宝記・続録〕は主として稲刈と乾し方を書いている。「稲は百穀の長」「稲は五穀の長*」とあり、稲を作ることは農家第一の急務で、どの国の農夫《ひゃくしょう》も心を尽し思いを凝らし、

図25 「稲打棚」（農家調宝記・続録）

一粒でも益のあることを工夫する。また「稲の雌雄」は、穂に股があり粒の多く付いたのが雌穂で、秋に雌穂を選んで種子とするのがよい。

〈田植〉〔農家調宝記・初編〕等に「田植」は夏至前後五日以上、十日程の間を田植付の時節とする。遅い土地は半夏生を節とし、この前後に仕つける。十五日から二十日程に一番草を取り、手回り次第に三番草まで取る。五月の中夏至より二十日程から田の糞《こやし》を心掛ける。秋の彼岸より早稲を刈り、九月初めに晩稲を刈り、遅い所では十月末氷を砕き刈る所もある。

〈稲の病を去る〉〔万用重宝記〕に稲の色々な病を去るには土用前後に石灰を蒔き毎朝露を払うと、いもち（稲熱）葉熱 稲熱《にち》の病を皆妙に去る。

〈上作 下作を知る法〉〔四民格致重宝記〕に次がある。①刈田に稲の零れの多いのは上作、少ないのは下作。②刈株が平で綺麗なのは上作、畝立ち朽ち藁の多いのは下作。③籾の溝が浅いのは上作、深いのは下作。④藁が太く屈するのは上作、小さいのは下作。「苗代の事」参照

〈地辺干〉〔農家調宝記・続録〕に地辺干《じべほし》は、刈った稲を稲株の上や畦地面に干すことで、籾は上になる方は乾くが地に付いた方は蒸れて乾きが悪く、これを急いで摺り立てて蔵に納めると生干の米から蒸せて虫を生ずる。掛干の米は存分にむらなく干し上り、生質堅く湿気がなく虫を生ずることが甚だ少ない。

〈掛干〉〔農家調宝記・続録〕に深田や雪国では掛干台を作り掛干にする（図26）。○「掛干台」は、足杭竹 長さ一丈位を囲い置き、松丸太 長さ二間半 口四六寸位を用い、また縄を掛け渡して干す。掛干台は「稲機《いなばた》」、畿内では「はぜ」「だて」、北国辺では「はさ」、古くは「はて」、所によっては「稲木」という所もある。畿内北国辺*では田の畔に榛《はり》の木を植えて木や竹を結いつけ稲の株を上に穂を下に掛けるのを「のろせ」「のろし」にかくるという。掛干にすると、収米《とりめ》多く、米の性よく、搗いて減《へり》少なく、虫の付くこと少なく、藁も蒸せず力強く艶があり値段もよい。掛干にすると少しの雨でも刈り取ることができ、麦蒔にも早く取りかかれ、籾干の手間も省ける外、徳分が多い。丸太掛 竹掛 縄掛の法があるが、縄掛は縄が緩むことがある。

○「掛干し仕様」は、一握り稲を刈り取って穂を向うへ地べたに置き、又一握り刈り取って鎌を置き、十筋程を取り分け、残りは前の稲に少し打ち違えて置き、十筋程の稲で結い束ね地べたに置き、そのようにして

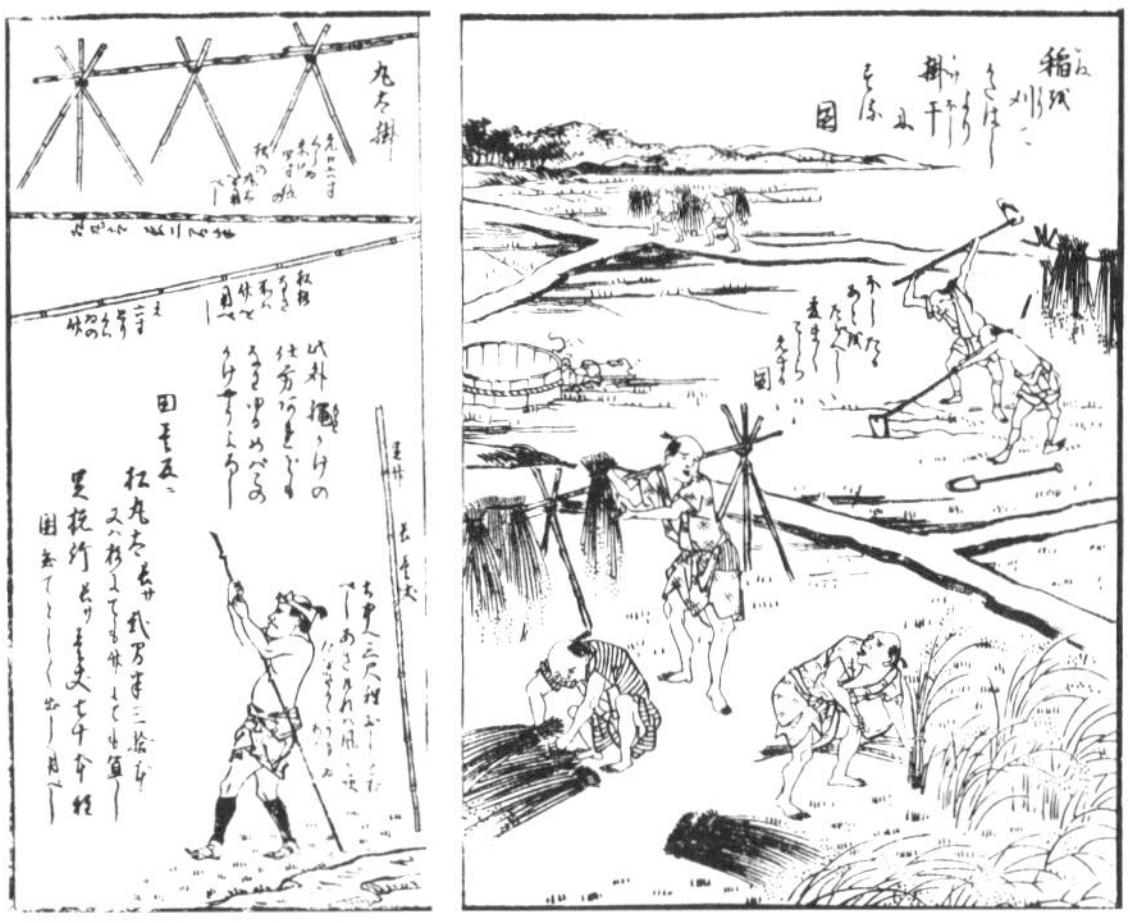
図26 稲の事「稲刈 掛干」（右）「掛干」（左）（農家調宝記・続録）

刈り終って、穂先の二ツに分れたままのを、だて（掛干台）に干す。二三日して株割《かぶわり》といい干した稲の株を両手でむらなく押し割り、先繰りに詰めると株が干上るに従い稲の乾きもよい。掛干にすると藁の精気が下り米の実入りによく光りがあり、俗に言う死米《しにまい》が少ない。掛干の籾は一日干し、また籾干しをしないでも収納できる。

猪脂【いのあぶら】〔薬種重宝記・上〕に和獣、「猪脂　ちよし／いのあぶら」。十二月上の亥の日に、新しい瓶《つぼ》に入れ、亥の方（北々西）の地に埋めて百日して用いる。

井の内の蛙は大海を知らず【いのうちのかえるはたいかいをしらず】〔世話重宝記・一〕に「井の内の蛙は大海を知らず」の語は『荘子』に出るとして、己の狭い智をもって人の広い智を量ることは出来ないという譬えとある。歌に「はかなしや筒井の蛙《かわづ》我ばかり外《ほか》をも知らず浅き心は」がある。

飯月餅【いのげつもち】菓子名。飯月餅、上白、中黄、また中黒赤とながし物。〔男重宝記・四〕

牛膝【いのこずち】〔薬種重宝記・中〕に和・唐草、「牛膝　ごしつ／いのこづち。蘆頭を去り洗ひ刻み干して酒に浸し、また干して焙る」。〔医道重宝記〕には苦く平、筋骨を壮《さか》んにし腰膝を利し寒湿痿痺を治し精を増し陰を強くする。諸薬を引いて下行すること、甚だ早い。土気を払い刻み乾かし酒に浸し焙る。〔万用重宝記〕に和の牛膝は、孕み女には忌む。これを月の朔日に飲むとその月は妊娠しない。

胃の事【いのこと】〔鍼灸重宝記綱目〕に胃の腑は、重さ二斤十四両。紆曲屈伸長さ二尺六寸、大きさ一尺五寸、径五寸、穀を盛ること二斗、水一斗五升。形は大嚢のようである。上口を賁門といい、上脘に当り、咽に通じ、飲食はこれから入って胃中に納まり、脾と合して五臓*を養い、飲食をよく消化して下口から伝えて小腸に至る。小腸の下口で汁は膀胱に注《そそ》ぎ、粕は大腸に入り大小便に分つ。倉廩の官で五味を出し、水穀気血の海とする。図絵がある（図27）。〔改補外科調宝記〕に胃の腑を切った時の疵は、唾に血が交じり、また疵口から食が出る。手足が冷え、吃逆《しやっくり》し、気を失い、痛みが深い。この疵のある所は胸の下鳩《きゅうび》である。

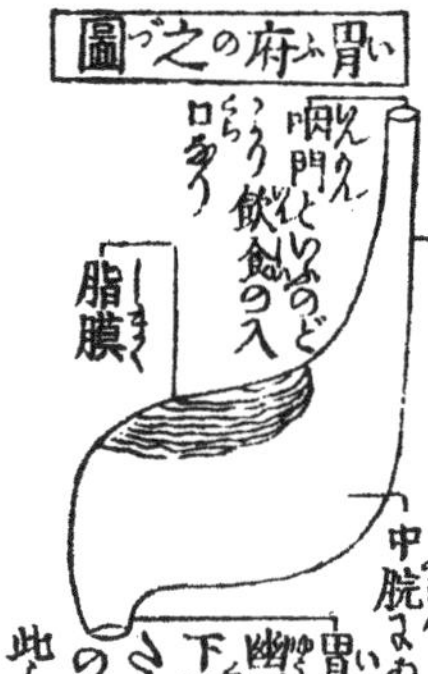

図27「胃腑の図」（鍼灸重宝記綱目）

いのごの腫り【いのごのはり】「いぬご」ヲ見ル

亥子餅【いのこもち】「いのこ」は玄猪《げんちょ》ともいい、豕子《いのこ》とも書く。〔年中重宝記・四〕に十月上の亥の日に餅を搗いて祝う。『公事根源抄』に餅は内《く》蔵寮《ら》より供え朝餉に食される。『延喜式』にはこの餅を食えば病なしという。『子夜行』には十月は亥の月で亥が用いられるのは、子を一年の月数程生み、閏には十三生んでめでたく、婦人女子が持て囃すようになったとの説は尤もである。○俗説に唐の玄宗皇帝の寵愛を受けた楊貴妃の誕生日が十月亥の日なので、婦人女子が肖《あやか》りたいと亥の子を祝うというが、出所が確かでない。○武家で亥の子を祝うのは、愛宕は将軍地蔵で武士の信心する山であり、縁日が亥の月・亥の日故という。〔諸礼調法記・天〕にも『群忌際集』を引用、亥の日の餅を食えば百病を除くと宮中の年中行事のことをいい、次々の亥の日も又同じで、大豆小豆大角豆《ささげ》胡麻栗柿砂糖の粉で拵える。禁中の玄猪餅の大きさは大銭のようで、白餅二ツ、長生草菊の葉、或は蝦蟇手の葉を添える。次々の玄猪には白と赤二ツと黄二ツを畳紙に包んで（玄猪包折形）群臣に給

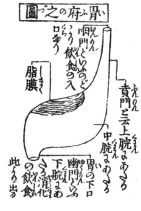

う。〔料理調法集・年中嘉祝之飾〕に玄猪の祝は、猪は子を多く生むので、これに肖る子孫繁昌の祝である等の説があり、熨斗《のし》菊 紅葉 末広之扇飾の図がある。餅は一重、赤白の菱餅二枚は赤白の胞衣を表す。白は生れる前の胞衣、赤は生れる時血に染まり生れ出た胞衣とある。

猪【いのしし】〔万物絵本大全調法記・下〕に「野猪 やちよ／くさゐなき／又 ゐのしし。山猪 さんちよ／やまぶた」。〔永代調法記宝庫・二〕に猪肉は冷、手負《ておい》百病の毒、血を浮かす。〔秘密妙知伝重宝記〕には野猪の塩漬を煮て食えば痔血や下血をよく止める。〈食合せ〉〔家内重宝記〕には猪に蕎麦を食い合わせると髪、髭が皆抜ける。〔永代調法記宝庫・二〕には猪と生姜を食い合わすと癩病を生ずる。〔料理調法集・当流献方食物禁戒条々〕には猪に鶉、黄連、小豆、煎り豆の類の食い合せを大いに忌み、また猪に蕎麦の食い合せは三病（『日葡辞書』には癩病・くっち・癲狂をいう。『倭訓栞』には癩病という）を煩い、また猪の汁を食い梅の食い合せを忌む。〈咬傷〉〔家内重宝記・元禄二〕には猪に咬れ、又は熊や猫も同じで、粟を噛み砕いて塗る。

猪武者【いのししむしゃ】〔世話重宝記・一〕に猪武者とは、進むことのみを知って退くことを知らない者をいう。猪の如しという意である。昔、梶原平三景時が義経を猪武者と言ってより、義経は怨《あた》を梶原に結ぶという。『漢書』に王莽が軍兵を猪突豨勇《ちょとつきゆう》（猪モ豨モ いのしし）とあり、梶原もこれによるか。

命尽【いのちづく】「いのちづくとは、命尽にて、いのちをはる也」。〔消息調宝記・一〕

命長く目耳の丈夫な神方【いのちながくめみみのじょうぶなしんぽう】〔秘伝日用重宝記・初〕に「第一命長く年老いる迄目耳の丈夫なる神方の伝」として次がある。御法度を堅く守り、毎朝早起きして冷水で顔手を洗い、口濯ぎ、東方に向い御日の出を拝礼し、天気を呑んで臍下に納むることを忘れず、我が家業を勤めて怠らないこと。世の人々、暇多く遊びがちであると、幸い少なく命も短い。

命の水【いのちのみず】大和詞。「命の水とは、涙を云」。〔不断重宝記大全〕

亥の時生れ【いのときうまれ】〔大増補万代重宝記〕に亥時（二十二時）に生れる人は位高く、下人多く、諸人が崇め敬う。人の主君となる生れ性で、発明で、手跡学問を好み、詩歌に達する才能がある。生れ付き心豊かで慈悲心深く、万ず心のままに富貴となる。〔女用智恵鑑宝織〕に特記する事は、女は上述の夫を持つと驕る心が生じ、夫を侮り、気侭に身を持ち、離縁されることがある。年寄を敬い、幼い者を憐れむと大いによい。

亥の年生れ【いのとしうまれ】〔大増補万代重宝記〕には「亥年生れ」の人は次のようにある。一代の守本尊は八幡大菩薩*。前生は黒帝の子で北斗の巨文星より白米一石と金子六貫目を受けて今世に生れた。前世で慈悲善根をなしたので今世では衣食に満ち、手に芸があり、財宝は四方より集って来る。一生赤い衣類か赤い物を持つとよい。子は五人あり二人の力を得る。二十八九歳で災難があり、四十五六歳で公事沙汰がある。命は五十八九歳か八十五歳で終る。毘沙門は寿命を守り 釈迦は福徳を与え 彌勒は智恵を授ける。一代の内よく信心するとよい。一説に、住所が定まらず、四十二歳で厄があり、六十五歳で衣食足るとある。賊難の用心をするのがよい。

〔女用智恵鑑宝織〕に「女一代八卦」の特記点は次のようである。前生は北浄国の王子で、天から米一石五斗と金子五貫匁を受けて今世に生れた。智恵敏く、物分りがよく、手芸に秀れ、器用である。縁付はよいが少し遅い。早いと思うようにならない。子は年長けて持てばよく、これも早いと役に立ち難い。万事少しよくなるとひたひたと幸いが来る。何事も堪忍第一に慎まねばならない生れである。万に一ツ、継母か継子があるが、随分と隔てなくすると後は真の親子より睦まじく、仕合せは大

いによい。〔日用重宝万物図解嘉永大雑書三世相〕には、亥歳の守本尊は八幡大菩薩。卦は乾皆連。

亥の日／月【いのひ／つき】〈日〉〔家内重宝記・元禄二〕に「日用雑書」として次がある。亥の日は、婚姻をしない。耳の鳴るのは吉。犬の長吠は宝を得る。病は男は軽く女は重い。人神*は鼻にある。東が塞がり。辰戌の年の人は屋造りは凶。行方は東と北は大吉、西南は吉。正・五・九月亥の日は如意宝珠日*。正・七月亥の日は家は買わない。正・二月亥の日は亡日。三・六・十月亥の日は地福日*。二・五・八・十一月亥の日は神内*にあり吉。三月亥の日は黒日*。三・六・九・十二月亥の日は神外*にあり凶。三・十一月亥の日は六合日*。四月戌の日は報い日*、また八日も報い日。四・七月亥の日は師旦絶命日*。五月亥の日は天福日*。六月亥の日は遠行すると帰らない。六・八月亥の日は衣装を裁ち、着ない。六・十二月亥の日は福徳日*。九月亥の日は運虚日*。十月亥の日は坎日*、外（下）食日*、千億日*、血忌日*。十一月亥の日は一粒万倍日*、大利日*。十二月亥の日は万福日*。春亥の日は母倉日*。春乙《きのと》亥の日、夏丁《ひのと》亥の日、秋辛《かのと》亥の日、冬壬《みずのえ》亥の日の四日は大悪日。万事に用いず、人を出さない。秋亥の日は土用の間日*。乙亥の日は屋造りをしない。また東に門を建てて吉。丁亥の日は罰（伐）日*。乙亥の日は入学に吉。丁・辛・癸《みずのと》の亥の日は大明日*。土公は、己《つちのと》亥の日は南に、辛亥の日は西にある。〔重宝記・宝永元序刊〕に亥は猪で、商始め、戦始め、城攻め、普請始め、万によい。〈月〉〔日用重宝万物図解嘉永大雑書三世相〕に「亥《ゐ》、十月、大淵献《だいえんけん》」とある。亥《がい》は荄で、この月は陽気生じて草木が生じ、草木が荄《きざ》す時である。この日は柱立・移徙を忌む。

亥眼【いのめ】「ようがん（腰眼）」ニ同ジ

胃兪【いのゆ】〈経絡要穴 肩背部〉〔鍼灸重宝記綱目〕二穴。胃兪《いのゆ》は十二椎の下左右へ各一寸五分ずつ開く処にある。針は三分、留むること七呼。灸は一日に三壮五壮。中湿、霍乱、翻胃、嘔吐、不食多食して痩せ疲れ目暗く腹痛む等を治す。〈灸穴要歌〉〔永代調法記宝庫・三〕に「胸脇も冷えて痞えて食時なく痩せ衰へて腹なるは胃よ」。

神主【いはい】「ぶつぐ（仏具）」の内「仏具神主《ぶつぐいはい》」ヲ見ル

医博士【いはかせ】〔万民調宝記〕に医博士は宮内省 典薬寮*に属し、医書を講談する者である。

磐梨【いばなし】片言。「磐梨《いわなし》を、いばなし」という。〔世話重宝記・一〕

茨木饂飩【いばらきうどん】〔世界万宝調法記・下〕に茨木饂飩は、饂飩粉を常のように捏ね、春秋は塩一盃に水四盃、夏は塩一盃に水三盃、冬は塩一盃に水五盃を入れる。杉原紙の薄さに打ち延べ、少し平たく切り、なるだけさっと茹で、浮き上がる時その侭取り上げ、桶に生温るいのを置き、その湯でよく洗い、後に熱い湯を差して出す。

いはら膏薬【いはらこうやく】〔洛中洛外売薬重宝記・上〕に「いはら膏薬」は、製薬店名はなく、取り次は七条油小路東へ入丁 小堀屋、烏丸松原下ル丁 八文字屋、知恩院桜馬場 升や等八軒がある。癰疔、蓮根《はすね》、瘡のたまりによい。

いばらしやうべん【いばらしょうべん】片言。「いばらしやうべんは、茨薔薇（いばらしやうび）」である。〔男重宝記・五〕

棘の事【いばらのこと】茨、薔薇とも書く。〔万物絵本大全調法記・下〕に「棘 きよく／むばら／いばら」。また「薔薇 しやうび／いばら、春。野薔薇」。また「菝葜 はつけつ／えびつ／いばら。夏」。〈茨の花油取り様〉〔改補外科調宝記〕に花の蕊《しべ》を畦唐菜の油に漬けて腐る迄置き日に干し、その後湯煎にして水気のないように取る。熱・傷の痛みにつけてよい。田虫につけてよく虫を殺す。吐逆するのには湯で用いる。

遺尿【いばり】「いでき／いにょう（遺溺／遺尿）」ヲ見ル

蝟皮【いひ】〔薬種重宝記・上〕に唐獣、「蝟皮 いひ／けはりねずみ。刻み黒く炒りて使ふ」。

いび【いび】片言。「いびは、指《ゆび》なり。備前 備中 美作の詞にいべ*と言ふ」。〔不断重宝記大全〕

胃脾湯【いひとう】〔改補外科調宝記〕に胃脾湯は小児葡萄疫*の薬。白朮・茯神・陳皮・遠志・麦門冬・砂仁・五味子・甘草（各等分）を煎じて用いる。

胃風湯【いふうとう】〔医道重宝記〕に胃風湯は、風冷が虚に乗じて腸胃に宿り、泄瀉《はらくだり》、腸鳴《ちょうなり》、腹痛、湿毒下り黒豆汁のようなもの、或は瘀血 膿血の下るのを治す。人参・白朮・茯苓・当帰・白芍・川芎・肉桂（各等分）を、粟一撮《つまみ》を入れて煎ずる。諸症により加減、補薬がある。

伊吹【いぶき】〔万物絵本大全調法記・下〕に「檜 くわい／ひ／いぶき」、また「円栢 ゑんはく／いぶき」。〈植替旬〉〔庭木重宝記〕に「いふき」は杉・椌・白槇等とともに二月より四月迄、また八月より九月迄に植え替える。指し芽は二月より四月迄がよい。

衣服の事【いふくのこと】〔童女重宝記〕に女の物裁《ものたち》 縫針は女子第一の技なので、手習と同じく早く教えるのがよい。例え家に物縫う女を置く身でも少しは縫うのがよい。

〈物裁吉日〉〔永代調法記宝庫・五〕に、○正・四・七・十月は、二・十五・十八・二十三・二十四・二十六・二十八・三十の各日。○二・五・八・十一月は、二・十・十四・十六・十八・二十一・二十六・二十八の各日。○三・六・九・十二月は、三・八・十四・十五・十六・十八・二十三・二十八の各日。尚、〔万民重宝改正大ざつ書〕には各日毎の吉凶の起載がある。〔重宝記永代鏡〕に、○「男衣服裁縫吉日」は、乙《きのと》丑・卯・未の日。丁《ひのと》未の日。○「女衣服裁縫吉日」は辛《かのと》未・亥・巳の日。○毎月二十八日は吉宿《よきほし》なので男女ともによい。○「日時を選ばず急ぎ裁ち縫いする時の歌」、「津の国の荒き夷の衣《きぬ》裁ちて 入る日も時も（〔続咒咀調法記〕ハ「時をも日をも」）嫌はざりけり」「から国の荒き（〔同書〕「あられ」）夷の衣なれば 時をも日をも嫌はざりけり」。急ぎ裁ち縫いする時はこの歌を詠んでする。

〈物裁ち着初め凶日〉〔重宝記永代鏡〕に、○物裁凶日は、戊《つちのえ》・己《つちのと》・丙《ひのえ》・丁《にのと》の各申・辰の日。凶会《くえ》日*　坎日*。また癸《みずのと》の日に詮索を忌み、申の日に衣服を絶つと物思い絶えず衣服を損ずる。正・七月の七日、八・九月の六日も悪い。○衣裳を裁ち着初め悪日は、正月の寅・酉の日。二月の卯の日。三・九月の辰の日。四・十月の申の日。五・十一・十二月の戌の日。六・八月の亥の日。七月の寅・卯の日。十一月は子の日。〔諸人重宝記・五〕には加えて九月の二日は大いに悪い。○「清明流物裁悪日」に男の衣裳を裁たぬ日は、己巳の日。庚《かのえ》・辛《かのと》の日。女の衣裳を裁たぬ日は甲《きのえ》申の日とある。〔懐中重宝記・慶応四〕には男は庚・辛・戊・己・丙・丁の日取りを忌む。女は甲申・戊・己・丙・丁の日取り、月水の内を忌む。

〈物裁ち心得〉〔重宝記永代鏡〕に、○衣服を裁つ時は新しい莫蓙を敷き、上に裁つ絹布を置き、小刀・鋏・尺《さし》・針・糸を器に入れて側に置き、その後東へ差した桑・柳・枇杷・桃の枝を取り、清い鏡の蓋に入れ 裁ち物の左の方に置き、その後小刀で裁つ。○衿を裁つ時は「天福皆来 地福円満 一切諸願 皆令満足」と三遍唱え、次の歌を吟ずる。「千早振神の教えを我ぞする この宿よりぞ富はふりぬる」「あさひめの教え始めし唐衣裁つたびごとに喜びぞする」「あさひめのあひしのみやの教えにて男の上着今ぞ裁つなる」。○女の衣裳を裁つ時は三番目の歌の下の句を変えて「朝ひめのあひしのみやの教えにて うはぎたからを今ぞ裁ちぬふ」とある。［〔続咒咀調法記〕ハ衿を裁つ時の漢詩文と、「朝日たつあひしのみやの教えにて うはぎたからを今ぞ裁ちぬふ」は男の衣服を裁つ呪

いとし、和歌三首は女の衣服を裁つ呪いとする。猶、外にも語句に異同がある」。○「新しい衣裳を着て向かう方」春は辰（東東南）の方、夏は未（南南西）の方、秋は戌（西西北）の方、冬は丑（北北東）の方とある。『麗玉百人一首吾妻錦』にも「裁物の口伝」がある外、裁ち方の図示もある。「衣裳裁つ日吉凶」参照

〈垢 色 油 魚鳥の血油 漆 渋 鉄漿 酒 墨 血 膿 鳥黐 泥 染み物 黴落し様〉

〔増補呪咀調法記大全〕に白き衣服の「垢」落し様は、大根の煮汁で洗う。また菖蒲を粉にして水で洗う。光沢《つや》を出し真っ白になる。〔秘伝手染重宝記〕に衣服の「垢」の多いのを落し様は、はくぶこん（「百部根*」）を煎じ灰汁を混ぜて洗うとよい。〔諸民秘伝重宝記〕に衣服の「際付《きわつき》」を外す伝は、大根の絞り汁を刷毛に少しつけ、その跡を手拭等で拭くと消える。〔大増補万代重宝記〕に衣服の「穢れ」が久しくなり落ちない時は、酸漿草《かたばみ》の汁で洗うと忽ち落ちる。着物により「色」が着いた時は木患子《むくろじ》或は小豆の粉で再び洗うと後で染みの付くことはない。〔年中重宝記・二〕に衣服の「色付」は冬瓜《かもうり》の汁に浸して洗う。また枇杷の核を擂り末（粉）して洗う。

〔諸民秘伝重宝記〕に衣服に「油」が付いた時は、滑石と天花粉*の粉を等分にして油の着いた表裏に厚くつけ、紙を宛ててその上に重い押しを置くとよい（〔増補呪咀調法記大全〕には一度で落ちない時は五六度も取り替えてつけると妙とある）。また灰 石灰を使う。また筆屋の筆の粉を同じようにしてもよい。いずれも火熨《ひのし》*で暖めると即座に落ちる。

〔年中重宝記・二〕には上記に加えて蜜で洗うのもよい。〔万用重宝記〕は着類に着いた「油」は胡粉《ごふん》を振り掛け重しを置くと落ちる。〔重宝記・儀部家写本〕に「油」の落し様は、何にても大根の卸し汁をつける。〔女中重宝記〕には随分濃い白水*を煮やし中へ入れて炊く。人の身の油でも、掛った油でも快く落ちる。〔麗玉百人一首吾妻錦〕には衿に「油」の着いたのは水鳥の餅（丸めた物）で叩くとよい。〔女重宝記・四〕に「魚鳥の血油」の落し様は蕪の汁で洗う。〔新撰呪咀調法記大全〕に「魚鳥の油」の落し様は栗と米を嚙み砕いて上に塗り水で洗う。

〔年中重宝記・二〕に「漆」の着いたのは、杏仁と山椒を等分に合せて磨り爛らかし擦りつけて洗う。〔麗玉百人一首吾妻錦〕には味噌汁の熱湯で洗う。〔家内重宝記・元禄二〕に「渋」の着いたのは燈心や鰹節を煎じて洗う。また麻の屑を灰に焼き、灰汁に垂れて洗う。また味噌汁で洗うのもよい。一書に、白砂糖を揉みつけて洗うとある。〔新撰呪咀調法記大全〕には蟹を磨り潰して洗い、その後を杏仁を嚙んで洗う。〔俗家重宝集・後編〕には味噌汁を煎じ澄まし冷して洗う。〔諸民秘伝重宝記〕に衣服に「鉄漿」の着いたのは、酢で洗い水で濯ぐとよい。

〔諸民秘伝重宝記〕に衣服に「酒」の着いたのを洗わずに落すには、藤の花の陰干をその絹の上下に敷き、紙を当て強く重しを掛ける。藤の花は酒を吸い少しも残らず落ちる。〔新撰呪咀調法記大全〕に「酢・酒・醬油」等の落し様は、蓮の根を擦りつけると跡なく落ちる。

〔年中重宝記・二〕に衣服の「墨付」は、杏の皮を細末（粉）し挽き茶と等分に合わせ、汚れた上に捻り掛け、熱湯で湿し、よく擦りつけて洗う。〔諸民秘伝重宝記〕には飯粒を「墨」の着いた所に包み含み水でよく揉み洗うと落ちる。〔万家調法呪詛伝授囊〕には堅海苔を擦りつけ、よく揉んで洗うと速やかに落ちる。〔増補呪咀調法記大全〕に衣服の「墨」を落すには、歌に「まかまくに何を種とて浮き草の波のうねうねおひ茂るらん」（謡「草子洗小町」）を三遍詠みながら含み水で洗う。〔万用重宝記〕に着類に「蠟燭」の染みた時は熱灰を紙に包み、その上を紙を替え何度も温めると紙に浸み込み残らず抜ける。〔大増補万代重宝記〕に芝居の「蠟燭」の掛ったのは蕪を山葵卸しで摺った汁で洗う。

〔年中重宝記・二〕に衣服に「血」が付いた時は生姜を薄く剝ぎ、汚れ

た上に紙を敷き、楊枝で突いて抜き取る。生大根を噛み砕き（一書、絞り汁）擦りつけて洗うと落ちる。〔麗玉百人一首吾妻錦〕には折敷に水を少し入れて「血」の付いた所を載せ、水が上に染みる程にして綿の実の灰を振り掛けると残らず落ちる。〔万まじない調宝記〕に「膿」落し様は、膠を水で炊いて冷ました水で洗う。〔諸民秘伝重宝記〕に「鳥黐」が衣服に着いたのは鮹の滑りで洗い、後を水で濯ぐ。〔万まじない調宝記〕には辛子の粉を振り掛けて置くと自然に取れる。〔万まじない調宝記〕に「泥」が着いた時はよく揉み落し、後を生姜の絞り汁で洗う。〔日用調法人家必用〕にはよく「泥」を乾して羅紗かビロードで布目の通りに竪横に擦るとよい。ただ一通りに揉む等すると小皺が着くのみならず、物によっては地も損ずる。

〈染み一般〉〔麗玉百人一首吾妻錦〕に黄蘗や山梔子等の「染み」は梅の酢で濯ぐ。梅酢は、盛りの時梅の肉とともに剝き日によく干して置き、入用の時水に浸して置くと梅酢になる。紅絹紅の物を洗う時もこの酢で洗う。梅剝《うめむき》は生薬屋にもある。〔大増補万代重宝記〕に万の「染み物」は汚れた所をよく洗い落し、その後灰汁に漬ける。最初から水で洗うと落ちない。〔文政新刻俗家重宝集〕に衣類の「雨染み」は、紅・藍染等は、塩湯で洗うと妙である。〔女重宝記・四〕に「藍物」を落とすには石灰で、茶染を落すには酒で（『麗玉百人一首吾妻錦』ハ溜り水）煮ると落ちるとある。

〈黴〉〔年中重宝記・二〕に梅雨に黴びた衣服や諸道具等は取り出して土用干*にする。

〈虱や虫の着かぬ伝〉〔新板秘伝日用重宝記〕に衣服に「虱」の集らぬ伝は、朝顔の実を紙に包んで肌身につけ、又は両袖に入れて置くと集らず、うつることもない。また水銀で燻《ふす》ぶるのもよい。〔万まじない調宝記〕に「虫」の着かぬ法は、五月の節句の菖蒲の葉を簞笥の中へ入れて置くとよい。〈良い香を着ける〉〔秘密妙知伝重宝記〕に牡丹皮（一両）と甘松（一分）を細末（粉）とし衣を洗って後、この水に浸すと香が良い。

〈字尽し〉〔改正増補字尽重宝記綱目〕「第二十衣服部」には㋑㋺㋩順に、例えば、素韠《いろ》（喪服也。今俗に葬送の服也）、禄衫《ろうさん》（また六襂同じ、六位の袍なり）、汗衫《はだき》《かんさん》（「多識に在り」「釈名に云 汗衣は身に近づけ汗垢を受る衣也」）等解説付の語を含め約五百語近く、「第二十三言語幷世話部 付衣裳染色之字」には約四十語がある。〔女寺子調法記〕「衣類の字」には、緋袴《ひのはかま》 被帽《かずきぼう》 子《し》 繻袢《じゅばん》 纐染《くくりそめ》 帕腹《はらあて》等八十語がある。〔農家調宝記・三編〕には百七十余語がある。「縫針／縫物」参照

いぶせき【いぶせき】 大和詞。「いぶせきとは、心もとなき事」をいう。〔不断重宝記大全〕

指【いべ】 諸国言葉。指《ゆび》を備前 備中 美作の言葉で「いべ」という。「いび」という国もある。悪い。〔男重宝記・五〕

いぼう【いぼう】 灸が爛れること、悪くなることをいう。〔女用智恵鑑宝織〕には「京に灸がいぼふ。大坂うぐふ」とある。

異方銀白散【いほうぎんばくさん】 〔小児療治調法記〕に異方銀白散は、吐き、瀉し、痰涎《たんぜん》鳴り 少し喘ぎ、睛を露《あらわ》し、驚き跳るようになるのを治す。石蓮肉・白扁豆（炒）・茯苓（各一匁）、白付子・人参・天麻・全蝎・木香・炙甘・藿香（各半匁）、陳米（香色に炒 三匁）。毎服二匁、冬瓜仁（七粒）生姜（一片）を入れ水で煎ずる。この薬は胃を助け、風を去り、慢驚風*に通じ、用いる。

疣痔【いぼじ】 〔改補外科調宝記〕に疣痔は、荊芥・朴硝・防風の煎じ湯で洗い、後に木鱉子・鬱金を粉にして竜脳を少し粉にし、よく交ぜ合せてつける。また熊胆・片脳を粉にしてつけるのもよい。

疣毟【いぼじり】 「いぼじり（疣毟）とは、かまきりの事」である。〔消息調宝記・一〕

疣抜【いぼぬき】 〔新撰咒咀調法記大全〕に疣が二ツも三ツも出たのには唐

芋の蔓を切って白い汁が出るのを度々つける。また総身に多く出たのには、手の五本の指の股に小豆程の灸を日に一ツずつ七日すると必ず治る。〔妙薬調方記〕に疣・黒子《ほくろ》・痣《あざ》を治す妙薬は、欅の灰と石灰をつける。〔調法記・四十七ゟ五十七迄〕には、○石灰と灰を練り合せ、竹の篦で疣の根際につけ、跡を糸で括って置くと一夜に取れる。○筆軸に紙を巻き長さ一寸程に切り、疣の上に被せてその紙に火を付ると、疣の根際より取れる。○蜆貝に赤味噌を入れて中に米粒を疣の数程入れて貝を合せ、人が踏まない所に埋めて置くと悉く治る。○薬屋から正石水を求めて疣につけると落ちる。〔妙術重宝記〕に疣・黒子は、硫黄の花を茄子に切々擦りつける。〔秘術妙知伝重宝記〕に茄子の蔕の切り口の水気のある所で疣の上をよく擦り、蔕は川へ流す。また疣を蜘蛛の巣で七八重に巻くと取れる。〔文政新刻俗家重宝集〕には牛蒡の花を揉んで疣を摺るとよく、また蛞蝓《なめくじ》を衣に包み五六度撫でると治る。〔懐中調宝記・牛村氏写本〕に疣を取る薬は、天南星を末（粉）して酢で練りつける（〔懐中重宝記・慶応四〕にはほくろ抜きも同じという）。〔胡椒一味重宝記〕に疣には石灰粉（大）・胡椒粉（小）を水でつける。〔大増補万代重宝記〕に「疣黒 痣抜」は灰と石灰とを等分に合せて水で捏ね、その中へ糯《もちごめ》二十粒を竪に植えて暖気の所に置くと一両日を経て水銀のようになるのをつけると落ちる。黒子には切々つける。但し、脇へ付かないようにする。〔女重宝記・四〕には疣の大小によって筆の軸に紙を巻いて長さ一寸程にして疣に着せ、その紙の小口に火をつけると疣の際まで焼き切る。これを二三火程すると疣に皺がよって夜の間に抜ける。〔鍼灸重宝記綱目〕には疣の上に灸一壮して水を滴らす。

〈疣抜呪い〉〔庶民秘伝重宝記〕に疣黒子を取る法として、節分の夜、釜帚と塵取とを持ち、帚で疣・黒子を塵取へ掃き落し、四辻へ持って行き、帚で塵取を払い落し後を見ないで帰る。帚・塵取は持って帰る。〔日用調法人家必用〕には雷の鳴る時外に出て、稈心帚《みごぼうき》で三遍帚き落す真似をすると消える。また精霊祭に用いた鼠尾草《みそはぎ》を貯えて置いて撫でるのもよい。「ほくろぬき（黒疣抜）」参照

今井屋仁右衛門【いまいやにえもん】 大坂願所。土佐堀二丁目鍵屋裏 大露地表西角の町家 今井屋仁右衛門方へ、未だ疱瘡をしない小児の常日頃遊ぶ土人形を一夜預けて翌朝取りに行き、一礼を述べて持って帰り、すぐさま疱瘡の神と称して神棚を調えて祭って置く。日を経て後、家の小児が疱瘡の軽いのは疑いない。土人形は小児の上下《かみしも》を着て座したのがよく、今井屋の近隣の家で商っているので尋ねて求めるとよい。〔願懸重宝記・初〕

今川了俊愚息仲秋制詞条々【いまがわりょうしゅんぐそくなかあきせいしのじょうじょう】 今川了俊（貞世）が、応永（一三九四～一四二八）初め頃、弟で自分の養子とした仲秋に書き与えた領主・武士としての家訓。「文道を知らずして武道終に勝利を得ざる事」等、始めの二十三条は文武両道による世の安定を説き、その後は総論（五千字弱）である。腰越状* 義経含状*等とともに寺小屋の教科書として広く流布した。〔寺子調法記〕等には「応永十九年（一四一二）」付のもの、〔童学調宝記〕には「永享元年（一四二九）九月日」付のものが載る。今川状ともいう。

新熊野【いまくまの】 京名所。泉涌寺*の塔頭。紀州熊野大権現をここに勧請した。御堂があり、本尊は観世音菩薩。巡礼所である。〔年中重宝記〕に、四月十五日東山新熊野大般若経転読、十月八日新熊野祭りがある。

いまさか【いまさか】 片言。「美作《みまさか》を、いまさか」という。〔世話重宝記・五〕

今し【いまし】 大和詞。〔不断重宝記大全〕に「いましとは、今という事」とある。「し」をつけて強調して言う。

今須より柏原へ【いまずよりかしわばらへ】 木曾海道*宿駅。一里。本荷四十八文、

軽尻三十三文、人足二十三文。宿は悪く、山坂谷道である。○寝物語は美濃と近江の境である。坂を下り 茶屋がある。少しの溝に土橋があり、寝物語の橋という。寝物語村は たけくらべともいう。右に伊吹山が見える。〔東街道中重宝記・木曾道中重宝記六十九次 享和二〕

いまぞかりける【いまぞかりける】「いまぞかりけるとは、まだ存生《そんじやう》なりし時と云事」。〔消息調宝記・一〕

居待月【いまちづき】 大和詞。〔不断重宝記大全〕に「ゐまち月とは、十八夜を云」。〔重宝記永代鏡〕には、居待《いまち》十九日の月をいう。

今津へ小浜より出る道【いまづへおばまよりでるみち】〔家内重宝記・元禄二〕に「若狭小浜より今津へ出る道」がある。小浜〈五里〉くまと〈四里〉今津（琵琶湖北西岸。越前街道と若狭街道の分岐点）である。

今出川【いまでがわ】 今出川は七清花*の一。家領千三百五十五石。菊亭ともいう。〔人倫重宝記・一〕

今出川豆腐【いまでがわとうふ】〔料理調法集・豆腐之部〕に今出川豆腐は、下汁は三番の白水*に酒を入れ、昆布を四半に切り入れ、豆腐を大丸に作り、香色に焼き、串より直ぐに下汁へ入れよく煮て、盛り出す時に昆布を下に豆腐を盛り、胡麻味噌を懸け、花鰹、山葵等を上置きにする。また鳥濃醤、練葛を懸けるとよい。

今は【いまは】「今はとは、限りを省きて云詞。最期の事」をいう。〔消息調宝記・一〕

今参り【いままいり】「いままいり（今参）とは、新参者の事」をいう。〔消息調宝記・一〕

今升【いまます】 慶長年間（一五九六〜一六一五）、京升*制定以後の升、即ち京升。〔改算重宝記〕に口広さ四方・底深さの寸法を、一合から五勺ずつ増して一升迄と、一斗、五斗、一石の寸法がある。例えば、○一合枡は、広さ二寸二分七厘四毛四、深さ一寸二分五厘三毛二。○五合枡は、広さ三寸八分九厘九毛四、深さ二寸一分四厘三毛。○一升枡は、広さ四寸九分、深さ二寸七分。○一斗枡は、広さ一尺〇五分五厘六毛七、深さ五寸八分一厘七毛、の各容積である。〔永代調法記宝庫・首〕に今升は、指渡し（広さ四方）四寸九分、深さ二寸七分。容積六四八二七をいう。したがってこの容積で割ると升目を知り得る。「升《しよう》」ヲ見ル

今宮【いまみや】 京名所。〔人倫重宝記・二〕に今宮は、その上《かみ》、京中に疫病が流行った時禁裏より疫病を洛北紫野に送り、そこに社を建て今宮と号した。御神体は御幣で、御幣の氏子という意味で「御《お》へいこ」という。「おへこ」というとあほらしいように思うのは違う。西陣の機織る者を「絹屋の御へこ」というのは西陣の者は今宮の氏子のためである。〔年中重宝記〕に、五月十五日 紫野今宮祭。これは疫癘の神で、正暦五年（九九四）長保二年（一〇〇〇）、天下静かならぬ時 この神社を祀られた。藤原長能は二首の歌を奉納したという。「白妙のとよみてぐらをとりもて いはひぞそむる紫の野に」（後拾遺集・神祇雑上）「今よりは荒ぶる心ましますな 花の都に社《やしろ》定めつ」（同）。京都の所司より米五石を寄付して祭の資料とする。十一月十五日、今宮火炊き。「十日夷」参照

今様生潮【いまようなまうしお】「うしおに（潮煮）」③ヲ見ル

忌明の事【いみあきのこと】 服喪の期間が終わること。服喪は服忌令*にそれぞれの定めがある。〈喪忌明の返書〉〔文章指南調法記・三〕の範例文。「一筆啓上致し候。祖母相果て候刻は早々御慰問として御出 中陰之内も切々蒙気御見廻 色々御菓子御提重 貴慮に懸けられ忝く存じ奉り候。忌中明き候ニ付 御謝礼として茲の如くに御座候」。

いみじき【いみじき】 大和詞。〔不断重宝記大全〕には「いみじきとは、ほめ（褒）たる事を云」。〔消息調宝記・一〕には「いみじとは、大きにと云心、甚しき也」とある。

諱【いみな】 生前の実名、俗に名乗*の通り字をいう。〔男重宝記・一〕に

「天子とは当今を申奉る……御実名を御諱《いみな》と申奉る。俗に名乗といふ事也」とある。〔武家重宝記・一〕には死んでから後に、生きていた時の名を呼ぶことを諱というとある。〈名乗字引〉〔童蒙単語字尽重宝記〕には五性（水・火・木・金・土）の吉凶をつけ、画数順に二千百字余が出ている。〈名乗の通り字を遣わす時書き様〉〔不断重宝記大全〕に名乗の通《とおり》字《じ》を遣わすには苗氏*に出す時のように、折紙を三ツ折りした中央上部に、例えば「長」を書く。

異名の事【いみょうのこと】〔書札調法記・五〕に次がある。○人の家＝高閣 高花《こうか》 金殿《きんでん》 門墀 門庭 仙居 崇宇 文館 健屋 玉楼 蘭房など十七語。○我が家＝蝸舎《かしゃ》 矮屋《わいおく》 廃檐《はいえん》 破宅 柴門 荊扉 白屋《はくおく》 蓬戸《ほうこ》 茅棟 寒舎《かんしゃ》 私第など十五語。○人の故郷＝仙府 仙郷 僊郡 貴県 錦里。○我が故郷＝郷邑 幣郷 寒郷 下《か》里《り》 賤里。○人の一門＝名家 令姓 花族 貴族 盛族 盛宗。○我が一門＝微族 寒族 衰族 卑族 賤累 冷裔。○師匠＝師宗 尊師 先生 先師 夫子《ふうし》。○朋友＝親朋 親友 心友 莫逆《ばくげき》 同志 金石交。○同姓＝宗長《そうちょう》 宗丈 宗兄 宗契。○儒《じゅ》＝省元《せいげん》 魁元《かいげん》 学士《がくし》 宿儒 鴻儒 碩儒《せきじゅ》。○人の父＝厳父 尊公 令父 郎伯《ろうはく》 令椿《れいちん》 家尊 廼尊 尊翁 厳君 老大人。○我が父＝家厳 家父 家君 家尊 郎罷《ろうはい》 膝下《しっか》 先君子（死後に云）。○人の母＝令尊 令堂 萱室《せんしつ》 廼堂 寿母 賢母。○我が母＝老母 慈母 家慈 膝前 高堂 大人《うし》 老寿人。○人の子＝国器《こくき》 桂子 令子 象賢《しょうけん》 蘭玉 掌珠《しょうしゅ》。○女子《にょし》＝閨秀《けいしゅう》 閨愛 令愛 愛玉《あいぎょく》。○人の兄＝令兄 難兄《なんけい》 令伯 元芳 玉昆 厳兄。○我が兄＝長兄 家兄 長公 阿兄 嫡兄 家兄大人。○人の弟＝令弟 貴介 難弟 令仲 次公 淑弟。○我が弟＝仲弟 阿仲 阿叔 家弟 叔弟。○人の妻＝令正《れいせい》 令壼《れいこ》 内子《だいし》 内相《だいしょう》 尊閫《そんこん》。○我が妻＝細君 内助 荊布 荊妻 荊房 家荊 裙布 脩房《しゅぼう》 賤妾 山妻 裙布 中饋《ちゅき》 拙荊。○外舅《しゅうと》＝宅相《たくしょう》 姨夫《いふ》 令外舅（人の舅を云）令外妗（人の姑を云）。○人の聟＝令婿 佳婿 驕客 門楣《もんひ》 令館甥《れいかんせい》。○我が婿＝小婿 子婿 女夫《じょふ》 半子《はんし》。○夫＝夫君 良人《りょうじん》 家夫 藁砧《こうてん》 卿々《きょうきょう》 狂夫 令夫主。○我が嫁＝子婦《よめ》 又媳 同じ。○人の嫁＝令似《れいじ》 令郎 令器 賢家婦。○我が姑＝伯姑《はくこ》（父の姉） 叔姑《しゅくこ》（父の妹）。○人の姑＝令姑。○伯母《はくぼ》（母の姉） 叔母《しゅくぼ》（母の妹）。○おじ 伯父（父の兄） 叔父・仲父《ちゅうふ》 叔父（父の弟） 季父（父の末弟）。○外舅（母方のおじ）。なお、独立項目についてはそれぞれに記す。

射向け【いむけ】 鎧名所*。〔武家重宝記・三〕に鎧の左方の総名である。矢を射る時 左を敵に向けることから射向という。〈射向の袖〉〔弓馬重宝記・下〕に袖は肩罩《けんとう》で、射向の袖は大袖 中袖 小袖がある。大袖は本式の鎧ではなく用い難い。中袖 小袖は縅様が色々あり、秘事が多い。表は緞子錦、或は絵革である等の細い解説がある（図28）。

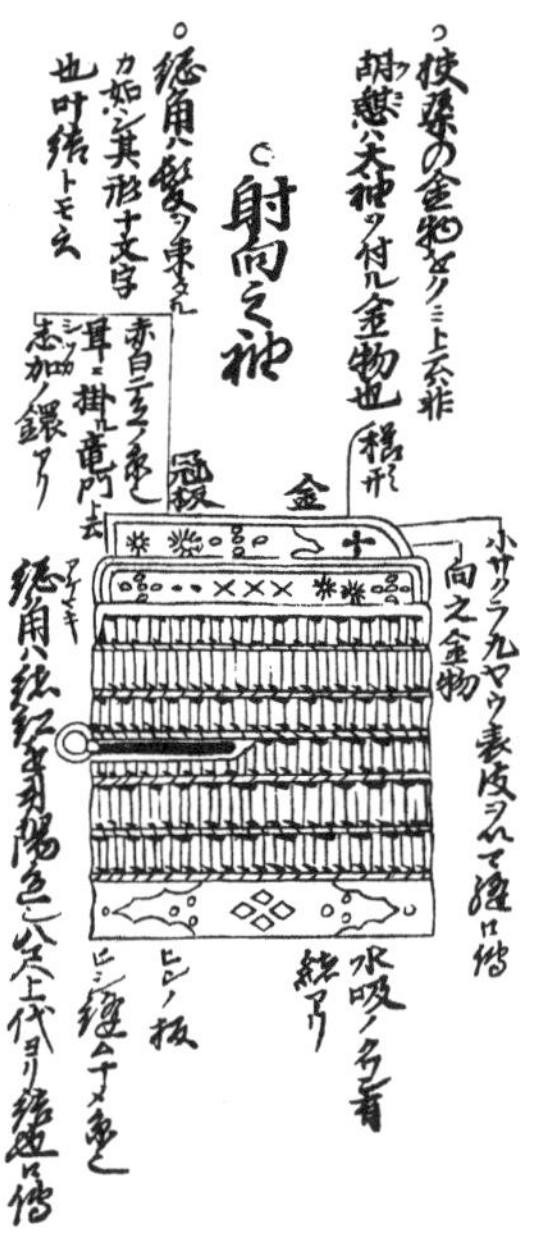

図28 「射向けの袖」（弓馬重宝記）

妹許【いもがり】 大和詞。「いもがりとは、女のもとへ行く事。（歌）［思ひかねいもかり行は冬の夜の川風寒み千鳥鳴くなり」（拾遺集・冬）」〔不断重宝記大全〕

薯蕷酒【いもざけ】 造り様。〔昼夜重法記・正徳四〕に薯蕷酒《いもざけ》は、山の芋の皮を去り、厚さ一分半程に割り笊《いかき》へ入れ、鍋に湯を沸かし笊のまま湯に漬け、熱い茶二三服飲む間置き、そのまま揚げて雫を垂らし、擂鉢でよく擂り、冷えた時酒を入れ練り酒のように延べ、徳利へ入れて置き、飲む度ごとに燗をして出す。五日程は持つ。〔料理調法集・料理酒之部〕

に芋酒は、山の芋の見事に白いのを細かに卸し、冷酒でよく溶き、燗をして出す。塩を少し、砂糖を入れるとよい。

い文字【いもじ】 大和詞。「いか（烏賊）は、いもじ」という。〔女重宝記・一〕

鋳物師【いもじ】 「いものし」。鉄や銅を溶かして鋳型に流し込んで器具を造る人。鍋 釜 鉢 花瓶 鐘の類を造った。〔万物絵本大全調法記・上〕に「冶や／いものし」とある。〈鋳物師〉〔万買物調方記〕には、「京ニテ鋳物師」三条釜の座 和田信濃、同町 近藤丹波。「江戸ニテ鋳物師并仏具」神田鍋町 椎名伊予、南鍋町 はせ川越後、神田かぢ町 和泉守時重、同所 小沼播磨。「大坂ニテ鋳物師 鍋釜」阿波座太郎介橋。立売ぼり。真西橋ばくらう町（氏名なし）。「銅器 鑄物」参照

妹背【いもせ】 大和詞。〔不断重宝記大全〕には「いもせとは、夫婦を云」。〔消息調宝記・一〕「いもせとは、水魚《いもせ》共書く。ふうふ也」とある。

妹背鳥【いもせどり】 大和詞。「いもせ鳥とは、ほととぎす」をいう。〔不断重宝記大全〕

鑄物【いもの】 「銅器 鑄物」ヲ見ル

芋の事【いものこと】 〔万物絵本大全調法記・下〕に「芋ぅ／いも。夏」。〈薬性〉〔医道重宝記〕に芋は平にして小毒がある。熱を去り、渇きを止め、腸胃を緩くし、血の滞りを通ずる。多食すると気を滞らし、脾を苦しめ消化しがたい。〔永代調法記宝庫・四〕には冬ばかり食え、他の月は諸病の毒、久しく食うと虚労する。茎は冷え物であるが干したのは懐妊の腹が動いてよい。〔世話重宝記・二〕に芋の茎の汁は蜂に刺された時の薬。〔新撰咒咀調法記大全〕には蜘蛛に刺された時の薬とする。〔綸約重宝記〕には芋類は全て粘りが強いので体に害があり、どれほど飢えを凌ぐといっても毒のあるものを食してはならないが、大飢饉ともなれば是非もない。〈蘞からぬ呪い〉〔新撰咒咀調法記大全〕に「芋の蘞《えぐ》からぬ呪い」は芋を右手に、刃物を左手に持って皮を剥き、左手で切る。生で食っても蘞くない。また干《ひ》山椒を入れて煮ると咽《のど》は蘞つかない。

痘疹【いもはしか】 「とうそう（痘瘡）の事」ヲ見ル

芋和ら【いもやわら】 〔料理調法集・鱧餅真薯之部〕に芋和らは、魚の擂身に糝薯*よりは芋を少なく入れ、玉子の白身を加え、出汁でよく伸べる。糝薯よりは堅く仕立てる。

いやつぎつぎ【いやつぎつぎ】 「いやつぎつぎとは、次第につぎつぐ也。弥《いや》継嗣」。〔消息調宝記・一〕

恭敬【いやび】 「ゐやびは、礼を云」。〔消息調宝記・一〕

否目【いやめ】 「いやめ（否目）とは、なみだ（涙）ぐむ眼の事」である。〔消息調宝記・一〕

伊予【いよ】 予州。〔重宝記永代鏡〕には宇摩、新居《にいい》、周敷《すふ》、桑村、越智、野間、風早、和気《わけ》、温泉、久米、浮穴《うきあな》、伊予、喜多、宇和の十四郡をあげ、城下は宇和島、今治、西条、小松、松山、田子、大洲で、一ノ宮は和多志である。〔万民調宝記〕には居城知行高を、松山 松平隠岐十五万石、西条 松平左京、宇和島 伊達遠江七万石、吉田・伊達宮内三万石、今張（治）松平駿河四万石、大津（洲）加藤遠江五万石、田子 加藤右京一万石である。〔大増補万代重宝記〕には上管、四方五十里。田数一万四千八百二十五町、知行高三十八万千六百四十石。〔重宝記・幕末頃写〕には四方二日。原野 田草多く、桑麻塩草豊で、大中国である。今の愛媛県にあたる。〈名物〉〔万買物調方記〕には半夏、胡麻、豆腐の豆、一本瀬米、松山の素麵、道後酒、帯、大津《おおづ》の紫皮、宇和嶋の鰯（畳鰯 くろつけ 赤鰯。「西の海宇和の郡の魚までも我こそは我世を救ふ」、この歌は住吉大明神の神詠と云）綾布、盆山石 同敷石（五色がある）、塗板奉書・杉原、みさき鮑（嶋曲と書く）、室鯵、くしまの白藻、白峯の鴿、簾など。

愈々の上下【いよいよのじょうげ】 「益／愈の字の上下」ヲ見ル

委陽【いよう】 〈経絡要穴 腿却部〉二穴。委陽は承扶の下一尺六寸、膕中《ひつかがみ》

の横筋の外側の頭両筋の間にある。針七分。灸三壮。腰 背痛み 陰中に引き小便通ぜず、癲癇、小腹《ほがみ》堅く傷寒 大熱を治す。〔鍼灸重宝記綱目〕

以来【いらい】 女詞遣。「かさね（重）ていふべきを、以来《いらい》の向後《けうこう》のといふは、しさい（子細）らし」い。〔女重宝記・一〕

いらうな【いらうな】 片言。「物をいらうなは、綺（弄）いらふ」である。〔不断重宝記大全〕

答え【いらえ】 大和詞。「いらへとは、返事する事」をいう。〔不断重宝記大全〕

いらなく【いらなく】 「いらなく（苛）とは、ことごとしきさまを云」。〔消息調宝記・一〕

煎蛎【いりかき】 〔料理調法集・煎物之部〕に煎蛎《いりかき》は、蠣を水に浸けず、柱を取り、鍋をよく焼いて蠣を六ツ七ツ入れて焼きつけ、杓子で擂り潰し、水を入れ塩加減を軽くし 醤油は実に少しばかり加えて煮立て、蠣を沢山に入れ さっと煮て 塩梅して出す。酒を煮返して少し加えてもよい。

炒榧【いりかや】 〔ちやうほう記〕に炒榧の仕様は、上皮を去り 水に二三日浸けて取り上げ 乾かし 柳荒透で擂る。

煎菊【いりきく】 〔料理調法集・煎物之部〕に煎菊《いりきく》は、小菊を空鍋に入れて煎りつけ、よいほどに煮えた時、味噌でも清ましでも仕立てる。

熟り梟【いりけり】 〔料理調法集・煎物之部〕に熟り梟は、鴨 鳫を皮作りにして下汁 出汁 醤油 酒で塩梅し、鳥を入れじぶじぶといい、皮の曲る時がよい。この類の取り合わせは、茸類、根深、芹類がよい。吸口は山葵、柚山椒がよい。

煎海鼠【いりこ】 〈薬性〉〔永代調法記宝庫・四〕に「いりこ」は平、常に食うとよい。眼病の薬には柔らかによく煮て、酒や溜りで常に食うとよく、百病にさほど障らず、腎を補う。〈和か煮様〉〔諸民秘伝重宝記〕には水に漬けず そのまま白砂糖を匙一掬入れて煮ると早く和かに煮える。また水に漬ける時は、欠き餅一ツを入れて漬けて置くと早く和かになる。〈早煎海鼠〉〔料理調法集・煮物之部〕に早煎海鼠は、生海鼠の大きいのを二ツに割り、内をよく取り筋違いに三ツ四ツに切り鉢に塩を沢山に入れ生海鼠を掻き交ぜて暫く置き、煮え湯を鉢一杯に入れ塩が出切らない内に遣う。和らかである。「くしこ（串海鼠）」モ見ル

炒瓦【いりごうら】 片言。〔不断重宝記大全〕には「いりがうらは、炒瓦 いりがはら」である。〔男重宝記・五〕には「いりがうらは、瓦盆《いりかはら》」とあり、又「いりがらは、瓦盆《いりかはら》」とある。〔女用智恵鑑宝織〕に京で炒瓦《いりごうら》（＝いりがわらノ音便）、大坂でほうろく（焙烙）という。火に掛けて物を炒る土鍋である。

煎酒【いりざけ】 記載は諸書に多いので若干例を出す。〔諸人重宝記・四〕には煎酒は、鰹一升に梅干十五 或は二十を入れ、酒二升に水と溜りを少し入れ、一升に煎じ、濾し冷ます。また酒二升に水一升を入れ二升に煎じてもよい。〔料理調法集・煮出煎酒之部〕には二方がある。①古酒一升五合に大鰹節二ツを入れて煎じ、凡そ一升余になった時、醤油を貝杓子に四ツ程、塩も少し入れ 一升に仕上げる。加減は吸い合せ、色の濃い薄いを見はからう。杓子は大小により違いがある。一升の煎酒は三十五人前程に使う。②古酒三升、醤油五合、鰹節の削った二升（一書に二合）を水でさっと洗い、この三種を炭火で煎じ 酒の香が退くまで煮、炒り塩で加減する。また梅干二十程を入れてもよい。遣い方により酢も加える。鰹節は濾して遣う。極煎酒* 精進煎酒* 早煎酒* 出汁酒* 精進煎酒*がある。

煎砂糖【いりさとう】 〔菓子調法集〕に、砂糖一貫目に水二升を入れ、一升四合程に煎じ詰める。

炒山椒【いりざんしょう】 〔男女日用重宝記・下〕に炒山椒は、山椒・味噌・塩、各一合。味噌をよく擂り、塩を合せ、加減を硬めにして水で延べ、

山椒を和えて天日に干し萎びた時、山椒実を一粒ずつ砕き、葛の粉を白めに掛けてまた干し、銅鍋か土鍋に紙を敷いてぱらぱらとなる程炒って置く。

煎酢【いりず】〔料理調法集・煮出煎酒之部〕に煎酢は、合酢*に鯛の中骨を入れ、また鰹節を削り入れて煮返し、冷まして濾す。鳥膾には胴殻を入れて煮る。いずれも酢の油が走らないようにする。但し、油気を嫌う時は削り鰹ばかりで仕上げる。〔料理調法集・口伝之部〕に煎酢は、十月より初春まで、鯉・鮒の子を詰める時節に専ら用いる。

煎鯛【いりだい】〔料理調法集・煎物之部〕に煎鯛は、鯛を刺身より大びらに造り、子も切って、煎酒*に酢を落し、出す時鯛も子も入れて煮過ぎないようにする。

入立つ【いりたつ】「いりたつ（入立）とは、入り込むといふ事」である。〔消息調宝記・一〕

煎鶏卵【いりたまご】〔料理調法集・鶏卵之部〕に煎鶏卵は、玉子を割り掻き交ぜ、塩と煮酒で塩梅し、鍋に入れ湯煎にして杓子で掻き回し、煎豆腐*のようにする。

煎豆腐【いりどうふ】〔惣菜料理年中重宝記〕に煎豆腐は、豆腐をくずし水とともに鍋に入れて火に掛け、豆腐の崩れが浮かんだら笊に布切を敷いて入れ、四方から包んで鍋蓋で押しをし一時間程置く。鍋に戻し、卵を入れて細かに潰しながら掻き交ぜ、火に掛け箸で掻き混ぜ、水気を取り、ぱらぱらになったら煮出しと砂糖を入れ、醤油を差し、火から離す。

煎鳥【いりとり】熟（「熬」ノ意）鳥とも書く。〔料理調法集・煎物之部〕に二方がある。①鴨雁等を平作りにして、下汁は出汁醤油酒で塩梅して煮たて、鳥を入れて白めが付いた時下汁を掛けて煎りつけ、加減のよい時分に取り除けて置いた下汁を入れて出す。②鳥は①のようにして、下汁に皮骨の油のある所を入れて煮出して取り出し、汁もよい程残し、作った身を入れて煎りつけ、汁を段々少しずつ差して後、残った汁を皆入れ塩梅して出す。〔料理調法集・諸鳥之部〕「熟とり」に、鴨鳫を造り身にして酒を掛けて置いて空鍋を焼いて鳥の身を入れ、煎りつけてじぶじぶと言って薄皮の曲がる時身を上げて置き、かげ（醤油）を入れ、酒醤油で塩梅し、具を入れ、煮て出す時、上げて置いた鳥を入れる。〔料理調法集・煎物之部〕には「熟鳥《じくし》あたゝめ」とあり、鳫でも鴨でも皮造りにして下汁、出汁、醤油、酒で塩梅し、鳥を入れじぶじぶという皮の曲る時がよい。この類は何も茸の類、根深、芹等を取り合す。吸い口は山葵、柚、山椒等がよい。

煎菜【いりな】〔料理調法集・煮物之部〕に煎菜《いりな》は、煮菜を空鍋に入れて煎りつけ、よい程に煮えた時、味噌でも澄ましでも仕立てる。

煎羽【いりは】〔料理調法集・煎物之部〕に煎羽《いりは》は、鳥の胴殻を入れて煎じ、煎り酒醤油で塩梅して煮立てる時骨を上げ、また大蒜《にんにく》を少し入れてそのまま上げ、次に作り身を入れ、出す時に酢を少し加える。

入日餅【いりひもち】菓子名。入日餅、中もろこし、脇ながし。〔男重宝記・四〕

入舟【いりふね】大和詞。「入り舟とは、今に会はんと云心」をいう。〔不断重宝記大全〕

煎布【いりめ】〔料理調法集・煎物之部〕に煎布《いりめ》は、荒布でも相良布《さがらめ》でも湯して灰汁を取り、微塵に切りよく洗い水を絞り空鍋《からなべ》で煎りつけ水気を去りよく乾いた時、酒醤油を入れ乾く程煎る。硯蓋に盛り合せ、或は竹の子甘煮《うまに》等に懸けるとよい。

煎物【いりもの】〔料理調法集・口伝之部〕に煎物とは、煎酒で仕立てた物である。〔料理調法集・煎物之部〕に煎物は鮭を投げ造り（刺身の薄造り）にして、下汁は煎酒、出汁は醤油で塩梅し、はららご（鮞＝魚特に鮭の卵塊）を半潰しにし、玉子を掻き混ぜて入れる。「つま」は茸類を入れる。

語頭に「煎」を冠する以外の料理に、卯の花煎*尾花煎*生皮煎*松笠煎*桜煎*酢煎*鱧子煎*早煎海鼠*ふくら煎*蛎煎*などがある。

いりやい【いりやい】　片言。「いりやひは、晩鐘 いりあひ」である。〔不断重宝記大全〕

煎焼【いりやき】〔料理調法集・口伝之部〕には煮鳥、煎焼の類はすべて冬鳥を用いる。正月末まで遣う。春の彼岸からは、貴人の料理には遣わない。「煎焼」は、例えば『料理物語』に「いりやき、鴨を大きに造り溜《たまり》を掛け置いて、皮を煎り身を挟み入れ、鍋にて一枚並びに焼く事である。余りに汁なくば、掛け置いた溜りを少し入るべき」とある。

胃苓湯【いりょうとう】〔医道重宝記〕には暑湿に中《あた》り或は食に傷《やぶ》られて、泄瀉*するものを治す。蒼朮・厚朴・陳皮・苓猪・沢瀉・芍薬・白朮・茯苓（各一戔）、甘草（炙）、肉桂（五分）に、生姜と棗を入れて煎ずる。水のように瀉するのには滑石を加える。脾を乾かし湿を滲《もら》す剤で、気虚津液《うるおい》乾き小便が少なく、又は腎気の虚するものに用いてはならない。〔医道療治重宝記〕には、諸症状により加減、補薬がある。

衣類【いるい】「衣服の事」ヲ見ル

衣類節倹心得【いるいせっけんこころえ】〔日用調法人家必用〕に「家作節倹心得」がある。衣類は値段が少し高くても、地合よく丈夫向きを用いるのが第一である。また縞でも小紋でも濯いで色の変らないのを選び、家内の人が同じ品を着すると痛み損じた時に仕立て直すことが出来て徳用する。同品でないと綴り寄せとなり下着でない限り用い難い。染物などは安い値段で地合を弱めることがあり、僅かの値段で大損をすることがないように心得るべきである。衣類により表を飾ることは人情の免れない所であるが、衣類は身の寒熱を防げば十分で、外向きを飾るには及ばない。

葳霊仙【いれいせん】〔薬種重宝記・上〕に唐・和草、「葳霊仙 いれいせん／ふなばら。蘆頭を去り刻む。火を忌む」。〔医道重宝記〕には苦く温。腰膝冷えて痛むのに、積聚 痃癖 風湿の病に通じて用いる。蘆頭を去り刻み用いる。火を忌む。〔斎民外科調宝記〕に打擲されて、人を見知らず死にそうなのには、葳霊仙一味を砕いて水に入れ、渣を濾し去り半盞程用いると、痰を吐き出して蘇る。

入子算【いれこざん】　入子算は、等差級数の項数・公差・総和が分っていてその項を求める問題である。〔改算重宝記〕に、五ツ入子を、銀三十六匁に買う時、二番目は一番目に一割下り、三番目は二割下り、四番目は三割下り、五番目は四割下りにして、一番目の代銀を問う。答えは九匁。まず十九八七六合せて四十あるのを目安にして総代銀三十六匁を割る時一番目の代銀九匁を知る。これに順に割合を掛けると各個の代銀を得る。

色々鹿の子【いろいろかのこ】〔料理調法集・鱧餅真薯之部〕に色々鹿の子は、糝薯*を薄く板につけ、三嶋海苔を細かに裂き、糝薯の上に振り、さっと蒸すとある。

弄う【いろう】「いろ（弄）うとは、取り扱う事」。〔消息調宝記・一〕

色切れ【いろきれ】　立花*。例えば〔男重宝記・三〕に、青い葉にまた似た葉を立て合せ、その色合いが見分け難い時に、二種の間に色の異なる葉か草花を使って分けるのを色切《いろきれ》という。〔新板増補男重宝記・三〕には「いろきり」とある。

いろこがた【いろこがた】　片言。「うろこがた、鱗形 いろこがたよし」とある。〔不断重宝記大全〕

色白の薬【いろじろのくすり】〔大増補万代重宝記〕に色の黒い人を白くする法は、篦《へら》で冬瓜《とうが》《かもうり》*の皮と種を去り、一剝ずつ薄く切って細かにし、酒一升五合と水一升で煮たらかし、滓を濾し、煮詰めると膏薬のようになるのを貯え置き、毎夜塗ると面体ともに白玉のようになる。〔懐中重宝記・慶応四〕に色白くなる薬は、緑豆《やえなり》（五合）・甘松（四匁）・白竜脳（八匁）・麝香（二分）を各々細末（粉）し、湯を浴びて後に肌へ塗ると肌理

細かになること妙である。

色染雨漏り際付落し様【いろぞめあまもりきわつきおとしよう】 「藍染めの事」〈染み物落し様〉ヲ見ル

色染の洗い張り【いろぞめのあらいばり】 〔秘伝手染重宝記〕に「色ぞめのあらいばり（洗張）」は、茶 樺 浅黄 花色類は、何灰汁でも苦しくない。紅類はシャボン*白水*で洗う。

色付飯【いろつきめし】 「あずきめし（小豆飯）」ヲ見ル

色取る月【いろどるつき】 大和詞。「いろどる月とは、九月の事」をいう。〔不断重宝記大全〕

色直し【いろなおし】 〈祝言の色直し〉〔女重宝記・二 弘化四〕に式三献の儀式が済むと、色直しといい婿方より遣わす小袖（地赤白無垢一重 帯二筋）に着換える。婿も嫁持参の小袖（熨斗目*白無垢一重 帯 畳紙といい鼻紙を七折りして 扇子一本 麻裃）を着る。ともに座敷に出て一ツ鮒の吸物に座り、また盃事がある。嫁方より舅姑、小舅・姑、その他待女郎 酌人下々の面々迄、進上物 土産物がある。婿入も同じ。嫁の父親から婿へ引出物に拵え付きの腰の物等遣わすことがあるが下々にはこれはない。全て身の程による。〈生れ子色直し〉〔諸礼調法記大全・地〕には児が生れて七十五日に当る日、初めて色ある小袖を着せる祝儀のことをいう。

色なき人【いろなきひと】 大和詞。「いろなき人とは、心なき人」をいう。〔不断重宝記大全〕

色なる【いろなる】 「色なるとは、殊に美しきをいふ」。〔消息調宝記・一〕

妹【いろね】 大和詞。「いろねとは、いもと」をいう。〔不断重宝記大全〕

いろはの事【いろはのこと】 〈いろはの始り〉〔世界万宝調法記・上〕には弘法大師が涅槃経の四句の文（「諸行無常 是生滅法 生滅滅已 寂滅為楽」）を和らげて作ったとして、片仮名 平仮名 漢字の三体に書いている。「いろ（色）は にほ（匂）へど ちり（散）ぬるを わが（我）よ（世）たれ（誰）ぞつね（常）ならん うゐ（有為）のおくやま（奥山）けふ（今日）こ（越）えてあさ（浅）きゆめ（夢）み（見）しゑ（酔）ひもせず（不）、一二三四五六七八九十（漢字無量の義理を表す）、京（後に伝教大師が加えたもので、三界〔欲界・色界・無色界〕を出離し 安養浄土に至る字、法身至極の理は京の字の心）」とある。「いろは」は四句の文を和釈して衆生に施す故、利鈍の男女 貴賤の老少はその分に従い利益を蒙る教えとある。〔麗玉百人一首吾妻錦〕には漢字「色葉匂止。散奴流乎。我世誰常奈良牟。有為之奥山今日越天。浅夢見不酔」も挙げている。

〔万家日用調法記〕には「いろは」には八宗の奥蔵が皆籠っている。「いろはにほへどちりぬるを」とは飛花落葉目前の境界、般若の四句の心が籠っている。「わがよたれぞつねならん」とは世界に何事か常住のものがあるかと自らを咎めて言う心である。「うゐのおく山けふこへて」とは有為煩悩の嶮山を越え尽きて実相無漏の地に至るをいう。「あさきゆめみしゑひもせず」とは生死の夢覚め無明煩悩の酒の覚めることである。伝教大師が加えた「京」はみやこで 都は法性の一理とある。

〔女筆調法記・三〕には男女とも手習の始めは「いろは」四十七字より習い上がる（「手習の事」参照）。これは、弘法大師が下々の無知のために真名を草に書き出したもので、いたずらに四十七字を書き連ねたものではなく、梵語で四句の偈《げ》を説いたものである。「いろはにほへどちりぬるを（花の色は匂うが程なく散り失せて甲斐もない、人もまた同じ） わがよたれぞつねならん（我が世に誰も常な者はいない。常楽我浄の転倒）うゐのおくやま（世間の無常を奥山に譬え、無常の常は、仁王経に体は常の主がなく、魂は常の家なしと説き、主とは魂 体とは家とし、みな共にあだにして失せるようだ）、けふこえて（酒に酔い奥山に迷うようだ）あさきゆめみしゑひもせす（人間の生を受けるのは僅かな浅い夢を見るようだ。夢が覚めて必ず本地寂光の都へ帰る）」と詠まれてより、今まで学び伝え、一文不知の輩や愚かな児女が初歩から深

く学び、有り難い恵みとなった。歌を詠むにもこれより学び始めて、次第々に詠み上がるのがよいとある。〔男重宝記・二〕には唐の童子は千字文を習うが、我が国では「いろは」を書き習うとあり、〔女重宝記・四〕には手習の始めには先ず「いろは」より書き習い、後には文章を連ね、男文字も覚えるとある。〈以呂波三体〉〔女寺子調法記〕等に「いろは」を草体の漢字・平仮名・片仮名で書いて文字学習の教材とする。〈小謡〉〔童学重宝記〕等には「いろは」を謡った小謡がある。〈俗諺など〉〔麗玉百人一首吾妻鑑〕に「いろは教訓加歌」があり「㋑幼《いとけ》なき人に見せばやいろは歌 見聞き物いふ皆親の恩」等、〔万家日用調法記〕には「いろは算かな割」、〔小野篁謔字尽 人間無重宝記〕には「いろは新字（いろはのパロディ）」があり「いろとさけにわみなまよひやす（色酒皆迷安）」とこじつける。〈順番記号〉〔新板増補男重宝記・五〕の「いろはづぼうし」は灸穴寸法のいろは付である。「仮名遣」「七《ななつ》以呂波」参照

色餅【いろもち】「赤小豆餅」ヲ見ル

色雪餅【いろゆきもち】菓子名。色雪餅、上下しめし物。〔男重宝記・四〕

色類の染代【いろるいのそめだい】〔男女御土産重宝記〕には「色類の御染代」が十四種ある。○本紅絹紛い染 一匁九分。○中紅絹染 一匁五分。○木瓜色染 七匁五分。○紅鬱金 三匁。○黄鬱金、山吹色 一匁九分。○朽葉色五匁五分。○偽紫 一匁九分。○本藤色 三匁七分。○偽黒紅 三匁三分。○本黒紅 御望み次第。○結鹿子紋所類、打出し鹿子紋所類 御好み次第。○唐物類 絹 紬 幅広、五分増し。以上は、京都で染める当座銀の代付である。江戸では、染物受取所ではこの値段に三割増し。但し、上り下り駄賃共に、二十五日切で渡す。模様物によっては御好みにより、少々日限が延びる。

色を見て悪を察す【いろをみてあくをさっす】〔世話重宝記・一〕に『左伝・疏』から次を引く。斉の桓公が諸侯を集めた時 衛公一人が来ないので、管仲に討てと命じ 必ず多言するなと言って奥に入った。衛夫人は桓公の色を察して罪を許し 伐るのを止めよと言うのに、どうして知ったのかと尋ねると、答えは、常に君を見るのに三ツの色がある。知楽の色は悦懌し、酒肉の色は逸楽し、兵革の色は壮烈である。今君の色は壮烈なので知ると言うと、桓公は喜んで衛公を討つのを止めた。これより「色を見て悪を察す」という世話が出た。「色をみて灰汁《あく》をさす」と心得るのは、誤りとする。

祝月【いわいづき】「斎月《さいげつ》」ヲ見ル

いわえる【いわえる】片言。「物をいはえるは、結ゆはゆる」ことである。〔不断重宝記大全〕

いはおろす【いわおろす】大和詞。「いはおろすとは、あみの事也」。〔不断重宝記大全〕

稚【いわけ】「いわけ（稚）とは、をさなき（幼）也。しりよ（思慮）なき也」。〔消息調宝記・二〕

鰯【いわし】〔万物絵本大全調法記・下〕に「鰮 うん／いわし」。〈食性〉〔医道重宝記〕に鰯は平にして毒なし、五臓を通ずる、多食すると風熱を助け 瘡を生ずる。〔永代調法記宝庫・四〕に鰯は平、腎を補い目の薬、赤鰯は中風にもよい。多食すると丹毒、胸が痞えて吐脚する。

鰯溜【いわしだまり】〔料理調法集・造醸之部〕に鰯溜は、生鰯・糀・塩（各一斗）に水一斗五升を入れて煎じ、冷まし、鰯と糀を合せて壺に漬け込む。三ヶ月程経て中に籠簀を立て、溜りを取る。この壺を日向に置いて一日に一両度ずつ搔き交ぜる。〔重宝女訓女今川操文庫〕に「女中詞」に「いわしを おむろ」という。

鰯の頭も信心から【いわしのかしらもしんじんから】〔世話重宝記・一〕に『風俗通』に出るとして次がある。唐 汝南の鮦陽で、田の中で麕《しか》一匹を得る

者があり、田の主が獲らない間に魚商人がその麞を獲り、代りに鮑魚《いわし》を一疋置いて過ぎ去った。暫くして田の主が行って見ると、麞はなく鮑魚があり、思うに此処は人が往来する所ではないので麞が化して鮑魚となったのは怪しいこと、神であると、仮に祠《やしろ》を建て鮑魚を斎込《いわい》め、病を祈り福を求めると験《しるし》のないことはなく、鮑君神《ほうくんしん》と号し、近国は勿論百里四方からも参詣群集が数十年に及んだ。その後、鮑魚の主が来て祠の謂れを聞き、これは我が魚と祠の鮑魚を取り返してからは、宿願祈禱の験がなくなり、参詣人もなくなった。「鰯の頭も信心から」ということはこれより始ったという。

岩清水【いわしみず】大和詞。「いはし水（岩清水）とは、やはたに有る名所」をいう。〔不断重宝記大全〕

鰯飯【いわしめし】〔料理調法集・飯之部〕に鰯飯は、米一升に当座塩鰯*八尾の積りで、頭を去りよく洗い、飯が煮え立った時飯の中へ鰯を逆に差し込み尾ばかり出して置き、熟れた時尾を持ち引き立てると骨は皆抜ける。飯を上下によく交ぜて出す。

鰯料理【いわしりょうり】〔ちやうほう記〕には次の鰯料理がある。○「鰯糟漬」は、鰯を一夜塩にして翌日洗い水気を去り、酒の糟一合を合せ酢のように漬け、重しを強く懸ける。或は、一夜塩鰯を酒の糟に漬け重しを強く置く。○「鰯酢糟漬」は、生鰯を きざけ（生酒）をして、酢《すし》のように酢の糟に漬け、重しを強くして置く。○「鰯漬」は、塩鰯を乾して、小糠に塩を合せ、鮨のように漬ける。

岩瀬海道【いわせかいどう】〔家内重宝記・元禄二〕に北陸海道*の内、今石動《いまいするぎ》から富山に至る道筋をいう。今石動〈一里〉岩村〈一里〉福岡〈一里〉立野〈一里〉高岡〈六里〉富山である。

岩田帯【いわたおび】大和詞。〔不断重宝記大全〕に「いはたおびとは、はらめ（孕）る女の帯」をいう。「はらおび（腹帯）の事」ヲ見ル

岩茸【いわたけ】〔万物絵本大全調法記・下〕に「岩耳 せきじ／いはたけ」。〈異名〉〔書札調法記・六〕に岩茸の異名に、石菌《せききん》がある。〈薬性〉〔医道重宝記〕に岩茸は平にして毒なく、精を増し、目を明らかにする。多食すると、大小便を渋らす。

岩躑躅【いわつつじ】菓子名。餅に餡を包み、上へ芋 紅 黄 青等の粉をつける。何でもよい。〔菓子調法集〕

いわとかしは【いわとかしわ】大和詞。「いはとかしはとは、木にてあらず石かと也」。〔不断重宝記大全〕

岩戸関【いわとのせき】大和詞。「いはとのせき（岩戸の関）とは、天の事」をいう。〔不断重宝記大全〕

岩戸の茶屋【いわとのちゃや】伊勢名所。岩戸（高倉の岩窟*）の後ろにある。眼下に山田原《やまだのはら》、宮川の流れ、北に伊勢の海、東に三河 遠江の山々、駿河富士山が見えて美景である。ここから元の坂を四丁下ると右に岐路があり、その路筋《みちすじ》を高神山《こうじんやま》という。高神、客神の社がある。それから下って岡本に出る。坂の下右の方の道は脇道で、宮崎へ行く道である。〔東街道中重宝記・七ざい所巡道しるべ〕

言わぬは言うに勝る【いわぬはいうにまさる】〔世話重宝記・一〕に「言はぬは言ふに勝る」の詞は、『風雅集』の前左兵衛督惟方の歌より出たとする。「言ふよりも言はで思ふは増るとて 問はぬも問ふに劣りやはせじ」（神祇雑）。また「心には下ゆく水の湧き返り いはで思ふぞ言ふにまされな」（古今和歌六帖・五）。「万言《ばんげん》万当一黙に如かず」と山谷《さんこく》が言ったのもこの心とある。

岩根餅【いわねもち】菓子名。岩根餅、皆こね物羊羹。〔男重宝記・四〕

岩橋【いわばし】大和詞。「いははし（石橋）とは、中絶えたる」をいう。〔不断重宝記大全〕

岩枕【いわまくら】大和詞。「いはまくらとは、七夕の枕」をいう。〔不断重

宝記大全〕

石見【いわみ】 石州。〔重宝記永代鏡〕には、安濃《あの》、迩摩《にま》、那賀、邑知《おうち》、鹿《か》足《あし》、美濃の六郡をあげ、城下は津和野・浜田で、一ノ宮は物部《もののべ》である。〔万民調宝記〕には居城知行高を、浜田・松平周防五万石、津和野・亀井能登四万三千石。〔大増補万代重宝記〕には中管。四方二十四里。田数七千二町、知行高は十三万七千三百七十石である。〔重宝記・幕末頃写〕には南北二日。藻 布 塩利多く、税貢他国に倍する。中下国。浜田県から、今の嶋根県の西部に当る。〈名物〉〔万買物調方記〕に、白《はく》蜜、防風、欅の柱、銀、浜田折敷、高津の白黒の碁石などが出る。

石見潟【いわみがた】 大和詞。「いはみがたとは、うらむと云心」をいう。〔不断重宝記大全〕

岩村田より塩名田へ【いわむらたよりしおなだへ】 木曾海道*宿駅。一里半。本荷六十文、軽尻三十九文、人足三十文。小諸領。宿中に流れがあり、ここから八幡まで寂しい道である。平塚村、下塚村、釜村、いわを（巌）村。〔東街道中重宝記・木曾道中重宝記六十九次 享和二〕

岩世餅【いわよもち】 菓子名。岩世餅、上ながし物、下羊羹。〔男重宝記・四〕

藺鞋【いわらじ】 百姓の妻を、御方とも藺鞋《いわらじ》ともいう。下女に藁鞋《わらわらじ》をはかせるという意による。〔女重宝記・一〕

言われたり【いわれたり】 「言われたりとは、言ふ所がもっとも也との意」である。〔消息調宝記・一〕

岩蓮華【いわれんげ】 草花作り様。土は肥土を用いる。岩間に咲く。〔昼夜重宝記・安永七〕

岩緑青【いわろくしょう】 絵具製法 礬砂の加減。〔万物絵本大全調法記・上〕に、岩緑青の製法は花紺青*に同じである。〔重訂本草綱目啓蒙・六〕には「緑青 いはろくせう」とあり、摂州多田 羽州阿仁 長州会津等より出、銅山に緑青 扁青《いわこんじょう》 共に生ずる銅の精である。数品があり 土中に生じて塊をなし、外面に疣瘖《いぼ》があり打破すると内に篦筋《のぎすじ》のある物を上品とする。緑青で色は濃い。

引【いん】 度数。十丈《じょう》*をいう。〔算学調法塵劫記〕

因【いん】 算盤の用字。〔算学調法塵劫記〕に因《いん》は、一桁の法*を掛けることをいう。また因《よる》は、掛けてある数のこと。「相因」ともいう。

陰萎【いんい】 〔家内重宝記・元禄二〕に陰萎は陰が萎えて上がらぬことをいう。覆盆子《いちご》を酒に浸し、末（粉）して一日に三銭ずつ服すると、甚だ妙である。また蛇床子・五味子・菟絲子の三味を末（粉）して服するのも甚だ妙である。

陰下湿痒【いんかしつよう】 経験方。〔丸散重宝記〕に下焦虚冷し陰下湿り痒いのには、杜仲の末（粉）を白湯で下すとよい。

陰癇【いんかん】 「慢驚風《まんきょうふう》」ヲ見ル

飲癇【いんかん】 癲癇*の一。〔鍼灸重宝記綱目〕に飲癇は、手足をびくつき、動かし、食飽くことなく、或は数日食せず、寝中に発《おこ》り、飽く時にも発る。「驚癇」参照

匀気散【いんきさん】 〔医道重宝記〕に匀気散は、腰腿痛み 手足の伸びができず 半身叶わず 眼口の歪むのを治す。風気 中風等に風薬《ふうやく》を用いて癒えないのに効がある。白朮（四匁）、烏薬・天麻（各一匁）、人参・沈香・白芷・青皮・甘草（各五分）、紫蘇・木瓜（各三分）を生姜と棗を入れて煎じる。気の道筋が塞がる時は、外邪は散じ難い。これは気を調え順《めぐ》らす剤である。〔医道療治重宝記〕には諸症状により加減がある。〔重宝記・礒部家写本〕には打ち身の薬とし、打撲の傷が甚だしい時、この薬で気を調え、その後損傷の薬を用いる。主方は陳皮・桔梗・麦芽・蒼朮（各一匁）、青茴香・厚朴・白芷・烏薬・杏仁（各半匁）、甘草（二分）に、生姜を入れ、常のように煎じ二三服用いる。

院経師【いんきょうじ】 〔万買物調方記〕に院経師は、京 車屋町椹木町下 藤

蔵がいる。「経師屋《きょうじや》」参照

隠居の事【いんきょのこと】〔嫁娶調宝記・四〕に、子供が次第に成長し、その身も五十ばかりになり隠居する時、髪をおろす。禅門形《ぜんもんなり》になることなので、寺の住持を招き仏前に火を灯し経があり剃刀を戴き法名をつける。その後 上下《かみしも》を改め十徳を着て礼に出、振舞がある。一門の面々が皆寄り合うのに赤飯を出し、一家の衆へも一重《いちじゅう》ずつ配る。名も宗閑とか宗徳等に替える。翌日は寺へ礼に行き、身代により色々ある。同宿衆へもそれぞれ礼をし、総領（長男）に世を渡し楽に隠居する。子供が二三人あれば身代を分け、町の譲り状にも書いて出す。目出度く千秋万歳となる。

〈隠居する吉凶日〉〔重宝記永代鏡〕には、○隠居する吉日は「天老日」。正月は巳 酉。二月は午。三月は子。四月は巳。五・六・七月は寅 卯。八月は未。九月は酉 亥。十月は寅。十一月は卯。十二月は申 亥の各日。○隠居する凶日は暦の中段 除*《のぞく》 破*《やぶる》の日、暦の下段 五墓日* 帰忌日*の各日。

〈隠居を祝う状〉〔大成筆海重宝記〕の範例文は、「今般御家督（家産・遺産・金銀）御譲リ 御両所様御隠居成され候之状 千秋万歳目出度く存じ奉り候。茲に因て御羽織地壱表 浅黄縮緬帽子一 進上仕リ候。尚 後刻拝顔万慶申上ぐ可く候。恐惶謹言」。

〈隠居を祝う進物〉〔進物調法記〕には「法体幷隠居」として、十徳《じっとく》 肩衣《かたぎぬ》 紙子 頭巾 帯 眼鏡 杖 珠数袋 孝行臼 孝行槌 煙草入 名産茶 上草履 脇息 孫の手等二十八品が出る外、瓢箪の根付（老人の転ばぬ呪い）、鳩杖（杖の頭に鳩をつけるのは老人が食物に咽せぬ呪い）がある。また田麩、菜味噌、漬物類もある。

陰菌【いんきん】 女陰が餅のようにむくれ出たものを陰菌《いんきん》という。〔女用智恵鑑宝織〕に薬は「陰門の諸症」〈陰門延び出たのに〉ヲ見ル

陰癬【いんきん】「たむし（風癬）」ヲ見ル

陰茎の諸症【いんけいのしょしょう】〔新撰咒咀調法記大全〕に、○「陰茎腫れ痛むを治する方」は、茘枝《れいし》の実《たね》を細末（粉）し一匁ずつ酒で用いる。また滑莧《すべりひゆ》を搗き爛らかしてつける。○「腫れ痒きを治する方」は、桃仁を香ばしい程に炒って細末（粉）にして一匁ずつ日に二度酒で用いる。○「細かき物出来痒く爛れたるを治す方」は、黄檗を水で煎じて洗う。また生の蜜を塗り、また胡麻を嚙んでつける。〔増補咒咀調法記大全〕に、○「男子の茎湿り痒き大事」には、破胡紙を粉にして飲ます。〔改補外科調宝記〕に、○「玉茎の強く痛む」には、乳香一匁を粉にして葱の汁で練りつける。〔大増補万代重宝記〕に、○「陰茎の頭に細かい物が出来た」のは、烏賊の甲を粉にして振りかける。また甘草を蜜で煎じて塗るとよい。〔鍼灸日用重宝記・五〕に、○「陰茎の腫れ痛む」には、曲泉 陰陵 陰谷 行間 大敦 腎兪 三陰交等十点に、○「陰茎痛み陰嚢汗し湿る」のには、魚際 中極 三陰交にそれぞれ灸する。〔増補呪咀調法記大全〕に、○「大人小児陰腫れ痛む大事」は、木香・枳殻・甘草を煎じて飲む。○「男子陰萎え立たざる大事」には、天雄・菟絲子を粉にし、雀の卵を搗き混ぜて丸じ、早朝に酒で五粒ずつ飲ますと陰精を強くし子を生ます。女子の帯下にも妙である。○「陰腫れ痛み陰萎えて起らず 茎痒き大事」には、蛇床子・蓮葉・浮草を煎じて洗うと妙である。○「陰強くする大事」には、蛇床子・五味子・菟絲子の三味を粉にして丸じて飲む。若い人には用いてはならない。○「陰萎えて上らざる大事」には、覆盆子を酒に浸し粉にして一日に三銭ずつ飲むと、固く大きくなる。〔続咒咀調法記〕に、○「玉茎大にする法」に、西馬《さいば》丹*《たん》がある。

〈呪い〉〔万用重宝記〕に、○「玉茎の弱い呪い」には胸に「鰌」の字を三ツ書くと妙とある。〔茶屋諸分調方記〕には総じて上の玉茎《たまぐき》は五寸、また四寸ともいう。〔続咒咀調法記〕に「男の玉茎を立たさぬ呪」は、

家では水を尽かせ、外ばかりを家にしている心多い男には、嬶様が男の玉茎の太さ長さを土で作り、その歳と何性かを書き、男が外の女の元へ行った後でこれを火で煎ると、男は行く先でどうしても立たない。

隠元禅師【いんげんぜんじ】 黄檗宗隠元禅師。〔日用重宝記・四〕に、黄檗宗は禅の一派で明朝二十主由榔の永暦八年、日本では後光明院承応三年（一六五四）に隠元禅師が来朝、城州宇治で一寺を開き黄檗山という。弟子の木庵等が弘めたことから始まった。

隠元饅頭【いんげんまんじゅう】 〔諸民秘伝重宝記〕に隠元饅頭の方は、皮は常の饅頭通りにして、餡へ胡麻を擂り入れて煎じ 砂糖で練り、その内へ擂らない白胡麻を少々入れる。蒸し方は常の通り。

咽喉【いんこう】 「のど（咽喉）の諸症」ヲ見ル

陰交【いんこう】 〈経絡要穴 心腹部〉一穴。陰交は臍の下一寸にある。針八分。気を得て即ち瀉す。瀉して後に補う。灸二十一壮より百壮まで。妊婦には忌む。胸腹痛み、陰中に引いて小便通ぜず 疝気陰 汗《あせ》湿り痒く、腰膝 攣り痛み、臍下 熱し、鼻血、婦人の崩漏、月水絶えず帯下、産後悪露止まず、臍の廻り冷え痛み、陰痒く、積塊、小児の顋陥《おどりくぼ》むのを治す。この穴に灸針をすると一生子を孕まない。〔鍼灸重宝記綱目〕

陰谷【いんこく】 〈経絡要穴 腿脚部〉二穴。陰谷は膝の折目の外に大骨の輔《ほ》骨《こつ》があり、その下廉（角）、大筋の下小筋の上にある。針四分。灸三壮。膝痛み、陰萎え男は蠱脹《こちょう》、女は妊《はらみ》のようになるのを治す。〔鍼灸重宝記綱目〕

院参【いんざん】 院*へ参ることを院参という。付き奉る公家を、院参衆という。〔男重宝記・一〕

院使【いんし】 院*の使いを院使という。〔男重宝記・一〕

陰市【いんし】 〈経絡要穴 足陽明胃経〉二穴。陰市《いんし》は膝の上三寸、即ち三里の通りにある。針三分。禁灸。腰・脚・膝冷え萎え痺れ、疝気・小腹《ほがみ》痛み脹り満ち、消渇を治す。〔鍼灸重宝記綱目〕

陰痔【いんじ】 〔改補外科調宝記〕に婦人の陰痔には、草烏頭《そううず》七ツを黒焼きにし、瓦釜に酢を入れ、一ツに煎じて桶の内へ入れ、蓋に穴を開け、その上に陰門を当てて薫ずるとよい。

印地切【いんじきり】 〔重宝記・宝永元序刊〕に昔は印地切といって、小児たちが旗を立て 弓を引き 木刀 竹遣等で、互いに戦いを催すことがあった。五月五日に疫病を送るのに、舟に旗 鉾 弓 長刀等の兵具を備えて太鼓を打ち 鐘を鳴らし 舟に載せて送るのは、印地切の遺風といい、今の紙甲人形の由来とある。「印地」「印地売」とも言う。「端午の事」参照

陰虱【いんしつ】 「陰毛虱」ヲ見ル

印章【いんしょう】 「印の事」ヲ見ル

陰症／陽症【いんしょう／ようしょう】 癰*疽*の発症で、陰症と陽症がある。〔改補外科調宝記〕に、○陰症は、初発に瘡とも知れず 粟粒のようで腫れず 赤からず 痛みはなく 熱気があり 瘡は少し温かなようで心苦しいこともある。七八日後、身が草臥れたように晴れ上っても高からず 瘡の根が広がり締まらず 腐っても膿もなく 食事が出来ず 寒く心忙々である。瘡の上に絹を被せたように薄くあるのもある。膿の出たのは臭く起き伏しも出来ず、声弱く続かない。瘡の色は紫黒、顔の色は背黄 鼾高く 独り言を言い 口渇き舌強ばる。この症は純陰の症で極めて大事で多分は治し難い。療治は、膿み膏薬で膿ませ 口が開くと 百に一ツは生きることがある。純陰は色黒く腫れて牛皮のようで痛まず、半陽半陰の証があり腫れるようで腫れず、疼むようで疼まず、潰えるようで潰えない。これを薬で陽症になす時は生きる。癰*疽*の発症で、陽症 陰症がある。○陽症は、腫れが大きく瘡色赤目に色づき痛み強く寒気立ち傷寒のようで勢いは凄じい。発熱疼痛して病人が苦しむのは、瘡が膿むからであり、医者は癒え易いので恐れない。純陽は色赤く潰れて治し易い。

引接寺閻魔堂念仏【いんじょうじえんまどうねんぶつ】〔年中重宝記・五〕に、京の千本の引接寺の閻魔堂の念仏は如輪《にょりん》上人が始めた。方丈の庭に普賢像の桜があり 毎年三月桜の花盛りの時、住僧は花の枝を切って京師の所司に捧げて念仏を始めることを訴え、所司からは古例として米三石余を給うのは、十日間の念仏会の資料である。これは壬生寺*の地蔵院の会式《えしき》と同じで、共に融通念仏の余流である。後小松院の応永年中（一三九四～一四二八）に天下に餓死者多く、諸寺で踊躍《ゆやく》念仏を修行し、慈真坊良快は鎮香花法会を修した。千本壬生の念仏もこの遺意である。

陰触瘡【いんしょくそう】「陰瘡」ヲ見ル

癮疹【いんしん】 皮膚の小腫物。〔鍼灸重宝記綱目〕に癮疹には熱風とともに、肩髃 曲沢 曲池 環跳 合谷 湧泉に灸をする。

いんじん【いんじん】 片言。「印地《いんぢ》といふべきを、ゐんぢん」という。〔世話重宝記・一〕

音信物の事【いんしんもののこと】 音物《いんもつ》ともいう。好意を表す贈り物。

〈遣し方〉〔永代調法記宝庫・二〕遣し方は、折や袋等に、等輩の方へも「進上」と書く。真 草は心持次第である。〔書札調法記・五〕には「進物幷箱肴目録」の範例文があり、中人には「進上」も名も書かない。

〈音信物を得て礼状〉〔不断重宝記大全〕には次の範例文がある。「御音信として爰許《ここもと》希有《けう》の肴 贈り給ひ候。毎度御懇請の段 過分の至りに存じ候。別而浅からず賞翫仕り候」。「珍物」も書き、或は沢山の物はその名と数を書く。貴人方より請けたら「下され」「御意に懸けられ」とも書く。毎度は「たびごと」の意。「御芳情」「御芳志」「御芳恩」「御芳恵」とも書く。

〔進物調法記〕には音信物の請け遣りは世間の義理とし、義理にも倹約があるとして、祝い事や正月から十二月に至る各月の音信物の列挙がある。○正月は年玉としても、筆 油煙墨 硯石 紙類、鬢付油 白粉、箸類、懐中暦 重宝記 年代記 相場付、芝居の札、絵本 豆絵本 錦絵、掛鯛 鮎 蛤 伊勢海老、小鴨 雉子 蜜柑 橙 橘、氷豆腐 菊菜 干椎茸 等二百数品物がある。○二月は、烏賊幟 若狭小鯛 雉子、蕨 嫁菜 山の芋、金柑 蜜柑等三十八品物があり、余は正月の部を見合せる。○三月は、曲水の盃、雛御殿、人形類、竹筒の生花、草の餅 白酒 高麗餅、豆絵本、桜鯛 鯵 塩干蛤等三十八品物があり、余は正月二月の部を見合せる（春の音物）。

○四月は、甘茶、蚤取、日傘、蛍籠、盆画、絵筵、青鷺、雲雀、干鮎 筋鰹 塩鯨、新麦、牛蒡 初茄子 竹の子等八十品物がある。○五月は、幟 人形類、蘆（柏）茅巻 菖蒲、豊後梅 山桃 枇杷、小鯵 鱧等二十一品物があり、余は四月の部を見合せる。○六月は暑気見舞いとしても、氷餅 葛水 冷や麦 心太、西瓜 桃李 名酒類、すずめ鮓、ビイドロ徳利に金魚入りきりぎりす籠入り、活け花、帷子、雲雀 鱸 蒲焼 塩魚 青物 干物類、豆腐 蒟蒻類等六十種余の品物があり、余は四月五月の部を見合せる（夏の音物）。

○七月は、星祭、短冊、からくり細工、花笠、虫籠、草花、新綿、刺し鯖 川鱸 栄螺 鮑 鴫 生鰤、紬、鳥鶉、新蕎麦 蓮根、瓜類 柿など六十数種の品物がある。○八月は、塩煮芋 団子、新米、新酒、松茸、草花、飯太刀魚 鰯 鰶、鯊釣り道具等二十一品物があり、余は七月の部を見合せる。○九月は、菊の酒、甘酒、栗、柿、青蜜柑、茱、枝豆、松茸、もみじ鮒、菊の花、紅葉等二十四品物があり、余は七月八月の部を見合せる（秋の音物）。

○十月は、亥の子餅、炭団 火桶 湯たんぽ 五徳、帽子 沓、干し魚 鱈 鯨 赤貝 玉子 小鮒 栄螺壺焼、吊るし柿 栗 若布 蕪 薩摩芋 山の芋等八十数品物がある。○十一月は、末広扇 麻苧 守り袋 肩衣、蜜柑 霰酒、黒豆 小豆、二股大根 新生姜、魚鳥類 青物類 干物類等二十二品物があり、余は十月の部を見合せる。○十二月は寒気見舞いとともに、乙子餅、寒紅梅

玉椿、玉子酒、池田炭、挽き茶、串柿菓子昆布譲り葉、鰤赤貝の身塩鯛干鮭数の子鯣鯉味噌等七十六品物があり、余は十月十一月の部を見合せる（冬の音物）。この外、歳暮・安産・忌明・誕生・入学・婚姻・普請などの祝儀、中陰幷入院・仏事・移徙《わたまし》・火災・水災などの見舞はそれぞれに立項。「進物の事」参照

銀子一銭【いんずいいちえん】　唐人世話詞。「銀子《ぎんす》一匁を、銀子《いんづ》一銭《いゝちゑん》と云」。〔男重宝記・五〕

飲水宜禁【いんすいぎきん】〔世界万宝調法記・下〕に飲水に宜禁がある。「飲水に宜い物」は干柿 熟柿 橘《みかん》 梅 胡桃 覆盆《いちご》 粟 大・小豆 大・小麦 藕《はす》 牛蒡 山芋 莇《あざみ》 葛粉 笋 葱 零余子《むかご》 韮 昆布 大根 青海苔 蛎 石決明《あわび》 海月 雁 猪 鯉 鮒 鴈 鹿。「禁物」は胡瓜 茄 餅 酒 姜 蕎麦 山椒 蕎麦 麵類 炙り物 房事である。

いんぜ／いんぜん【いんぜ／いんぜん】　片言。「いぜん（以前）」ということを、「いんぜ」又は「ゐんぜん」は悪い。中国には「ぜん（前）に」という。〔不断重宝記大全〕

院宣【いんぜん】　院*の御文を院宣という。〔男重宝記・一〕

咽瘡【いんそう】「のどのしょしょう（咽喉の諸症）」ヲ見ル

陰瘡【いんそう】　病名。「陰触瘡」とも言う。〔改補外科調宝記〕には男女の陰瘡がある。○男の陰瘡は、月水が未だ清くならない内に女と交合してよく洗浄しないため汚れが滞り、玉茎より睾丸が腫れ痛み 小便が淋病のようになったのをいう。甘草（三両）・葱根（三本）・大豆（一合）を水三升入れて煮て大豆のよく煮えた時、槐《えんじゅ》の枝一握りを入れて煮て、上澄みの湯を熱くして洗う。冷めたらまた温めて洗うと二三度で癒える。○婦人陰瘡は、玉門に瘡の生ずるもの。下疳ではなく、多くは七情*の鬱火、肝脾の破れ、湿熱のしわざである。腫物の形は子宮外へ出て蛇菌鶏冠のようになる。内には虫を生じ、腫れ痛み痒い。小便の渋るのには、朝は補中益気湯*晩には竜胆瀉肝湯*を用い、瘡は芎皈湯*で洗い、雄黄藜蘆散*を捻り掛くる。〔斎民外科調宝記〕に陰瘡疼き水を出し癒えないのには、山椒・荊芥・蛇床子（各等分）、槐・柳の枝（各一寸）を煎じ、塵芥を去り、洗う。また朴硝を粉にし、卵の白身でつけるのもよい。〔女重宝記・四〕に前（陰部）に瘡の出るのは、硫黄を粉にしてつける。また桃の葉を摺り綿に包み前に入れて置くとよい。

茵陳蒿【いんちんこう】「かわらよもぎ（茵陳蒿）」ヲ見ル

銀子十枚【いんつうしばん】　唐人世話詞。「銀子《ぎんす》十枚と云ふ事を、銀子十枚《いんつうしばん》」という。〔男重宝記・五〕

陰挺【いんてい】〔女用智恵鑑宝織〕に女陰の核が長く五寸ばかり伸び出たものを陰挺《いんてい》という。薬は「陰門の諸症」〈陰門延びたのに〉ヲ見ル

陰都【いんと】〈経絡要穴〉〔鍼灸重宝記綱目〕に二穴、陰都《いんと》は通谷の下一寸にある。針三分。灸三壮。胸満ち、しゃくり、腹鳴り、肺脹り、目赤く痛むのを治す。〈灸穴要歌〉〔永代調法記宝庫・三〕に「身も寒く又は熱して心ほれふるひ病は陰都よきなり」。食宮ともいう。

印度【いんど】〔万物絵本大全調法記・上〕に「天竺てんぢく／乾毒 けんどく／身毒 しんどく／印度 いんど。並に同」。〔童蒙単語字尽重宝記〕に印度は、過半は英領、広さは二百十五万坪、民は一億五千二百万人、天竺とも云う。甲谷太（加尓各他 かるきゅった）民は四十一万三千人。（品川海より）二千百四十四里。網買（孟子 ほんばい）民は五十万人。馬打拉《まだら》薩《す》民は七十三万人。「天竺」モ見ル

陰徳あれば陽報あり【いんとくあればようほうあり】〔世話重宝記・一〕に『世説』『蒙求』を引用、次がある。楚国の孫叔敖は幼時に両頭の蛇を見て殺し埋めた。家に帰って泣いている所を母に訳を聞かれ、両頭の蛇を見る者は必ず死ぬというが自分は今日見たので死ぬだろうという。母が

その蛇はどこにいたのかと問うのに、叔敖は他人に見せないために是非なく殺して埋めたというと、母はお前は必ず死を免れるだろう。陰徳といって陰で人に恩徳があると陽《あらわ》にその報いがあると言った。果して他事なく、長じて官位に登り富み栄えた。これより「陰徳ある者は陽報あり」という世話が出た。

印肉墨【いんにくすみ】〔昼夜重法記・正徳四〕に「印肉墨の合せ様」は「黄檗流の相伝」として、常に硯に使う油煙墨《ゆえんすみ》を鮫皮などで粉にして萆麻子油でよく練り合せ、艾葉《もぐさ》をよく揉んで糟を抜いて交ぜ合せ、絹布に包んで結い目を下にして墨入に入れて置いて使う。〈滲まぬ伝〉〔新撰咒咀調法記大全〕に山椒を粉にして少し入れると滲まない。

陰嚢の諸症【いんのうのしょしょう】〈陰嚢皮の傷〉〔骨継療治重宝記・中〕に刀斧や鉄礚で陰嚢の皮を傷るものは、まず独清散を、次に止痛薬*を服する。もし内に宿血のあるものは破血薬*を用いる。〈湿り痒い物〉〔丸散重宝記〕に男子の陰嚢が湿り痒いのは、蛇床子（一戔）と白礬（二分）を煎じて洗う。〔大増補万代重宝記〕に湿り痒く皮が剥れるのは、呉茱萸を水で煎じて洗う、また石菖蒲の根と蛇床子を等分に末（粉）にしてつける。〈腫れ痛み〉〔新撰咒咀調法記大全〕に陰嚢の腫れ痛むのを治す方は、馬鞭草を擣き爛らしてつけ、また荊芥の穂を採り粉にし酒で用い、また蕪《かぶら》菜《な》の根を擣き酢で溶いてつける。〔薬家秘伝妙方調法記〕にへのこ（陰嚢）の腫れるには、まず柳木を煎じて睾丸を洗い、桂心・桃仁を炒り等分を末（粉）し酒で溶きつける。〔改補外科調宝記〕には陰嚢の嚢癰*について治方が色々あるのは省略。〈爛れ〉〔文政新刻俗家重宝集〕に陰嚢幷びに男根爛れの奇方は、川蓬を煎じて洗うと妙、小児には殊更妙、神の如しとある。

〈脱入〉〔骨継療治重宝記・中〕に陰嚢を引き脱かれたのには、鶏卵の黄身油を塗り、金毛犬の背の毛を上に薄く広げて置き、次に封口薬《ほうこう》*を振りかけ、また散血膏*をつける。その他は中葉・金鎖匙・紫金皮を水煎して服する。洗うには紫蘇葉を水煎して洗う。陰嚢に青黒紫色があり、腫れるのには補肉膏をつける。また定痛膏*に芍薬・草烏・良薑・肉桂各少量を加え、韮の葉を擣き爛らかして薬と同じくつける。韮の葉がない時は葱の葉でもよい。或は小便を利する薬をつけてもよい。下腿胯 陰嚢等の近い所に骨の抜け出たのには通薬を用いず、ただ膏をつけて血が流れないようにする。〔鍼灸日用重宝記・五〕に陰腎《ふぐり》が腹に入るのには、腹の下六寸、両傍へ一寸ずつ開きに点じ、左が痛むのには右に灸し、右が痛むのには左に灸する。

〈呪い〉〔増補咒咀調法記大全〕に「ふぐりの病に呑む符」がある（図29）。

図29 「ふぐりの病に呑む符」（増補咒咀調法記大全）

印の事【いんのこと】〔万物絵本大全調法記・上〕に「印 いん／をして」とある。〈印形始め〉〔掌中年代重宝記〕に印形の始めは、文武帝 慶雲元年（七〇四）四月、紀清則が始めて印を用いるという。〔武家重宝記・一〕には判は神代よりあり、天照太神が素盞烏尊と誓われた時 髻に纏いつけられたもので、今の代に伝わり神璽となづけ、三種神器《みくさのかみうつわ》*の一ツとなる。これは神代の判である。〔筆海重宝記〕には「花押石印」といい、唐のこととして、天子の印を玉璽、高官の印を印章、庶人のは印とばかりいう。用材は蠟石とある。〈印の墨溜りを取る法〉〔俗家重宝集・後編〕に印形の墨溜りは、棕櫚箒の毛で洗うとよい。また熱湯に浸して置いて洗うのもよい。「判の事」モ見ル

院の事【いんのこと】〔男重宝記・一〕に院とは天子*が御位を退かれることを

いう。太上天皇 太上亭院 上皇等ともいう。御かざり（髪）を剃り落されると法皇《ほうおう》という。御所を院の御所 仙洞 仙院等という。当今が退位されると新院といい、前の院を本院という。院へ参るを院参、付き奉る公家を院参衆、院の御文は院宣、使いを院使という。

隠白【いんぱく】〈経絡要穴 足太陰脾経〉二穴。隠白《いんぱく》は足の大指の外側、爪の生え際の角を韮の葉程去る処にある。灸三壮。或は禁灸。針一分か三分、留ること三呼。腹脹り喘満《すだき》して臥すことが出来ず、嘔吐、不食、胸熱し、暴泄《はらくだり》、鼻血、足冷え、婦人月経止まらず、小児慢驚風 客忤《おびえ》を治す。〔鍼灸重宝記綱目〕

陰包【いんぼう】〈経絡要穴 腿脚部〉二穴。陰包は直に曲泉の上四寸、正座すると此処の肉に溝が出て舟のようになる二筋の間にある。針六分。灸三壮。腰尻より小腹へ引き痛み、小便覚えず通ずるを治す。〔鍼灸重宝記綱目〕

陰脈【いんみゃく】 馬形名所。* 陰脈は、俗に言う魔羅鞘である。〔武家重宝記・五〕

陰毛虱【いんもうじらみ】〔好色重宝記・下〕に「陰虱門 つびじらみの事」があり、男女にあり 特に女性に多い。薬は多いが自由には効かない。刻み煙草を水に浸して汁をつけると虱は赤く変じ忽ち死に、二度と出ない不思議の妙薬である。〔改補外科調宝記〕には陰毛の間に虫を生じ痒いことがあれば、桃仁を搗き爛らかしてつけるとよい。〔新板秘伝日用重宝記〕に陰毛虱は、百部根を刻み水に漬け、その汁を度々つけるとさっぱり失せる。〔男女御土産重宝記〕に女人開虱《かいしらみ》養生の事があり、陰門に虱が湧き、色々療治しても治り兼ね、身内になるのは豆腐の湯を熱く沸かし明礬を少し入れて洗うとよい。男子陰門の脇に湧いたのも同じ。〔女用智恵鑑宝織〕には前（陰部）に虱の湧いたのは、はらや（水銀粉）を摺りつけると妙である。

音物【いんもつ】「音信物《いんしんもの》の事」「進物の事」ヲ見ル

淫漏れぬ薬【いんもれぬくすり】〔茶屋諸分調方記〕に男の淫の漏れない薬は、丁子・龍骨・訶子・縮砂・辰砂を、餅糊で丸じて小豆粒程にし、一義の時一粒ずつ酒で飲むと、女四五人に会っても精汁は漏れない。〔好色重宝記・下〕には「男淫漏らさぬ薬」がある。①交合の時に枸杞の実十粒を冷酒で飲むと、何程戦っても漏るることはない。②蝮《まむし》を捕って黒焼きにし、蓖麻子*の実に搗き交ぜ、臍一杯に入れ、その上を紙に糊をつけて貼り塞いで行う時は漏るることはない。尚、『好色旅枕』に詳しく、こはその補とする。「よがり薬」モ見ル

殷門【いんもん】〈経絡要穴 足太陽膀胱経〉二穴。殷門《いんもん》は直に立って臀肉と股の肉との折目紋の真中より六寸下にある。承扶の下六寸。針七分。禁灸。腰背痛み、伸び屈みできず、外腿腫れ、重いのを持ち、瘀血痛み腹下るのを治す。〔鍼灸重宝記綱目〕

咽門【いんもん】 咽門の重さ十両、広《めぐり》二寸半、胃に至り長さ一尺六寸。〔鍼灸日用重宝記・二〕

瘖門【いんもん】「瘂門《あもん》」ニ同ジ

陰門の諸症【いんもんのしょしょう】〈陰門開かぬ時〉〔里俗節用重宝記・上〕に陰門や尻穴が開かないのは、早く外科に診せて截ち割くのがよい。皮の下に穴がある。そのままにして置くと大小便が詰まって死ぬ。

〈開を狭める薬〉〔続咒咀調法記〕に広い開《かい》《つび》を狭くする薬は、硫黄四分と人参二分を粉にして生絹の袋に入れ、開に入れて置くと必ず狭くなる。

〈破れ痛むに〉〔好色重宝記・下〕に新鉢を割られ 或は大茎を受けて玉門がひらつき痛むのに用いる薬は、樟脳を胡麻の油で溶いてつけると治る。〔男女御土産重宝記〕に男に交わり陰門の破れた時の薬は、芍薬・牛膝（各五両）、地黄（一両）、干姜（半両）、甘草（少）を刻み葱（一文字）の白根（十本）を入れて常のように煎じ、三服に分けて飲む。この間は

男に交わってはならない。〔女重宝記・四〕に陰門が久しく破れて癒えないのには、石灰を煎じて度々洗う。また雄黄を粉にして捻り掛けるのも妙である。

〈腫れ痛むに〉〔改補外科調宝記〕に玉門が腫れて石のごとく固く痛み堪え難く、大小便通ぜず 死にそうなのには、枳実と陳皮（各四両）を炒って熱いのを絹に包み半身を上から下まで熨し、特に陰門の上を頻りに熨すとよい。冷えたら取り替える。枳実の香が咽に入ったと分ると痛みは止み、腫れが引いて大小便も通ずる。〔女重宝記・四〕に前（陰門）が腫れ痛むのには、菊の若苗を細く摺り 熱い湯で掻き立てて洗う。また馬鞭草を摺って塗るのもよい。〔増補咒咀調法記大全〕には蛇床子を煎じて洗う。牛膝を酒で煎じて飲ます。〔大増補万代重宝記〕には馬便と桃仁を等分にして擂り合せてつける。

〈茸の様なのに〉〔男女御土産重宝記〕に陰門が剝くれ出て腫れ茸《くさびら》のようになり小便が頻りに少しずつ出て内熱があり痒く痛いのに似た時の症は、黄芪・人参・白朮・甘草・当帰（各二分）、陳皮（一分）、柴胡・升麻（各一分）、山慈姑・茯苓・車前子・青皮を常のように煎じて用いると奇妙である。またつけ薬は、生の猪の脂に和姑《わこ》（半夏《はんげ》の別名）を粉にして押し交ぜて塗ると治まる。〈陰門が延びたのに〉〔女用智恵鑑宝織〕には陰挺*陰菌*、また鶏頭花のように腫れ内に虫が生じ湿り痒く、また痒く内熱があって月水調わず 食味なく 陰上《ほがみ》の腫れるのには、熟地黄・当帰（各三分）、白朮（二分）、川芎・柴胡・山梔子・龍胆・牡丹皮（各一匁五分）を常のように煎じて用いる「〔男女御土産重宝記〕は処方が少し異なる」。

〈陰痔〉〔改補外科調宝記〕に婦人の陰痔には、草烏頭七ツを黒焼にして瓦釜に酢を入れて一ツに煎じ、桶の内に入れて蓋に穴を開け、その上に陰門をあてて薫ずるとよい。〈陰瘡〉〔女重宝記・四〕に前に瘡の出るのには硫黄を粉にしてつける。また桃の葉を摺り綿に包み 前に入れて置くとよい。〈陰の爛れ〉〔女用智恵鑑宝織〕に前が強く爛れたのには、茯苓・当帰・白朮・神麴・芍薬・牡丹皮（各等分）に、生姜と棗を入れて煎じ用いる（〔男女御土産重宝記〕は処方が少し異なる）。

〈虫生じ痒いのに〉〔改補外科調宝記〕に陰中に小さい虫が生じ堪え難く痒いのには、虫は臓器に入って死ぬが、人は発熱し労症（肺結核）のようになる。まず蛇床子を煎じて洗い、次に梓樹皮を炒って乾かし粉にし、明礬を四一《よつひと》分入れ、麝香を少し加えて塗ると最も効験がある。〔大増補万代重宝記〕に痒いのは三虫という虫が食うもので、甚だしいのは破れる。洗い薬は防風・蓮房（各三分）、大戟（二分）、艾葉（五分）を煎じて洗う。〔男女御土産重宝記〕に陰門が特に痒いのには、蛇床子と明礬を等分に煎じて洗い、五倍子《ふし》と明礬を粉にして捻り掛ける。杏仁を灰に焼いて熱い時綿に包んで陰門の中に入れ、毎日三度ずつ入れ替えるのもよい。「湿気があって強く痒い時の薬」は、人参・黄芪・茯苓・当帰・龍眼肉・遠志・酸棗仁（各二分）、木香・甘草（各一分）、山梔子・牡丹皮・柴胡を常の様に煎じて用いる。

〈乾きや冷え〉〔改補外科調宝記〕に陰門の乾きには、桃の葉を搗き爛らかして陰中に入れる。冷ゆるには呉茱萸を水で洗い二十粒程砕き粉にして木綿に包み、常に陰内に入れて置くと自ずからよく治す。〔丸散重宝記〕に陰戸（陰門）子宮の寒冷には、座薬を陰戸に差し入れて置く。蛇床子を末（粉）して白粉《おしろい》を少し入れて和し、棗の大きさにして綿に包み納《いれ》ると、自然に温まる。また陰戸の痒いのには、蛇床子（一戔）と白樊（二分）を煎じて洗うとよい。

〈悪臭〉〔好色重宝記・下〕に玉門悪臭は恋の醒める思い、女の大疵で嘆いても余りある。一方は藤瘤・竹の虫糞・丁子（各等分）を合せて粉にし、雷丸の油に練り合せてつけると即効がある。〔俗家重宝集・後編〕に陰門の臭いのを去る薬は榎の実（色赤き実）を八月に採り、絹の布に

包み陰門の中へ入れる。又小豆の花を陰干にして入れると妙である。
〈蛇が入った時〉〔男女日用重宝記〕に陰門の中へ蛇が入った時は、枇杷の実を十粒呑ませる。蛇の尾先が見えたら尾先を破《わ》り、胡椒一粒を挟み糸に括って置くと、忽ちに出る。
〈陰門療治心得〉〔男女御土産重宝記〕に若い女等は薬師《くすし》（＝医者）に会うのを恥じて大方は包み隠し、父母が会わせても、尋ねないと返事もしない。月水の異常等は薬師に言わないとどうにもならない。女人の煩いは十に八九までは気の滞りで内七情《ないしちじょう》（七情ハ別項）とて気より生じた病故、悉く薬師に言うことである。「陰瘡」「陰毛虱」ハ別項

陰陽弓【いんようきゅう】 八張弓の一*。〔弓馬重宝記・下〕に陰陽弓は、産屋の蟇目、女房迎いの時に用いる。

陰陽散【いんようさん】〔改補外科調宝記〕に陰陽散に二方がある。①鋭毒* 夭疽*の薬。芍薬、白芷、独活、石菖蒲、五倍子、荊芥、紫蘇を粉にして酢で溶いてつけ、上には太乙膏*をつけ、加減（人参）内托散*を服用する。②癰疽* 腫毒* 流注* 半陰半陽に用いてよい。赤芍薬・白芷・独活・石菖蒲・五倍子（各二両）、紫荊皮（五両）を粉にし酢で練りつける。

陰陽日【いんようにち】〔重宝記永代鏡〕に陰陽日は婚礼に吉日とする。正・七月は亥・子の日。二・八月は丑・寅の日。三月は午・卯・辰の日。四・十月は巳・午の日。五・十一月は未・申の日。六・十二月は酉・戌の日。九月は卯・辰の日。

陰陽和合【いんようわごう】〈始め〉〔女筆調法記・四〕に、神代の末に伊奘諾《いざなぎの》尊《みこと》伊奘冉《いざなみ》尊の二神が天の浮橋で にわくなぶり（鶺鴒*）が尾を動かすのを見て、始めて御門目合《みとのまぐわい》（＝交合）があり、陰陽和合が始って、その流れの我等までこれを知らない者はない。〈陰陽配偶すべからざる日〉〔調法記・全七十〕に五月十四日と十六日は、陰陽会合してはならない。もし誤って閨事があれば、年の内に死ぬと『医心方』にあるという。

陰陵泉【いんりょうせん】〈経絡要穴 足太陰脾経〉二穴。に陰陵泉は膝の下内側ら輔骨の下陥みの中にあり、足を伸べてとる。禁灸。針五分。腹中冷え、疝気、腰痛み、水腫、小便通ぜず、淋病、陰の痛むのを治す。〔鍼灸重宝記綱目〕

陰廉【いんれん】〈経絡要穴 腿脚部〉二穴。陰廉《いんれん》は気衝を筋交いに二寸下り、股の付根にある。針八分、留むること七呼。灸三壮。一切婦人の病を治す。子のない人、或は子の落ち易い人は、ここに灸すると妙である。〔鍼灸重宝記綱目〕

う

卯【う】 十二支の一*。〔年中重宝記・六〕等から集成すると凡そ次の通り。卯（う・ぼう・兎）。〈月〉卯《う》の月は二月である。二月は万物地を冒《おか》し出る意。〈時刻〉卯《う》の時は、朝（明け）の六ツ。六時 この前後二時間。日の出、日出《にちじゅつ》という。〈方角〉東。〈異名〉〔永代調法記宝庫・首〕に卯の異名に、単閼《たんあつ》・日出《じっしゅつ》がある。「卯の日」参照

羽【う】〈五行の音〉〔万まじない調宝記〕に、羽は水に配し唇に触れて発する声（〔同〕唇で唱えるハ行・マ行の字）。〈謡分け〉〔囃子謡重宝記〕に「羽」は吟ずる時右の人差指で鼻へ当てて開くと黄鐘、夏の調子である。また「五音謡分の事／蘭曲 黒空」とし蘭曲は位のたけた曲で、謡も至らず滅多に謡うと聞かれない。まず宮*商*角*徴*の四音を心に浮かべ、その後に謡うのがよい。この曲は、例えば庭前の松に垣を結い目を引くのをよく見ると、色々の作為があり興醒めするように、蘭曲と言うと声を細め太め 伸べ縮め その上拍子に合わない様に謡うのは大きな間違いである。ただ、何となく真にして 何の癖もなく久しく 苔の生じた霊木を見るように謡うのがよい。〈五音の気で吉凶を知る〉〔重宝記・幕末頃写〕に「羽気」は冬を司る気で盤渋《ばんじき》である。この気形は蔓の木の山茨が

花開いたようで悪気である。〔記述の齟齬はママ〕

茴羹【ういかん】〔菓子調法集〕に茴羹は、寒晒粳の粉一升に糯の粉三合を入れて煎じ、氷砂糖で合せ、その後上梔子を水で溶いて入れ、甑に箱を置き布を敷き一時（二時間）程強く蒸す。砂糖が悪いと出来かねる。

茴香【ういきょう】〔万物絵本大全調法記・下〕に「蘹香 くわいかう／くれのをも。茴香ういきやう。同」。〔薬種重宝記・中〕に唐・和、「茴《うい》香 くれのをも。酒に浸し、刻み、少し炒る」。〈薬性〉〔医道重宝記〕に茴香《ういきょう》は、辛く平。脚気、疝気、腹腰の痛み、気を下し、胃を温め、命門の不足を補う。そのまま刻み、塩水に浸し、乾かす。

茴香膏【ういきょうこう】 和蘭陀流膏薬の方。[*]〔改補外科調宝記〕に茴香膏は腫物、虚症で膿み痞えたものが傷《やぶ》れ長く癒えないのによい。総じて膿をよく吸い出し、肉を早く上げる。松脂・椰子の油（各二十匁）、蠟（三十五匁）、青木葉（陰干 十匁）、茴香（五匁）、小麦粉（二匁）、胡麻の油（三十匁）。二色の油を一ツに入れて煎じ、松脂を入れ蕩けた時、二色の薬を入れて掻き交ぜ、蠟を入れ加減をみる。後に布で濾す。

茴香散【ういきょうさん】〔小児療治調法記〕に茴香散は小児の盤腸気痛[*]を治す薬。木香（炮）・茴香（炒）・付子（炮）・金鈴子・檳榔・故紙（炒）・白豆蔻（煨）・蘿蔔子（炒）に、塩を入れて水で煎ずる。

茴香飯【ういきょうめし】〔料理調法集・飯之部〕に茴香飯は、茴香[*]の粉を飯の上にかけた飯。

有為の世【ういのよ】〔消息調宝記・二〕に「うゐのよとは、無常也」。有為転変の世をいう。

外郎餅【ういろうもち】 菓子名。〔昼夜調法記・正徳四〕に外郎餅は、粳米上白粉（七合）、糯米上白粉（三合）、白砂糖（少し）。二色の米を一ツに合せ、半分ずつ取り分け、一方は梔子の汁で捏ね、一方は水で捏ね、ぱらぱらの加減にして米通しの荒いので篩い、蒸籠に入れて蒸し、黄色と白との間に美濃の釣り柿を薄く剝いで並べ、蒸せた時蒸籠よりあげ、板の上に冷まして切る。〔菓子調法集〕に二法がある。①寒晒粳米の粉（八合）、寒晒糯米の粉（二合）。梔子で黄色に色つけして煎じ、氷砂糖（二百匁）を入れて交ぜ合せ、蒸し立てる。②一箱に粳米の粉（七合）、糯米の粉（三合）、砂糖蜜（百目）とする。○「早外郎」は、粳米の粉六合、糯米の粉四合、蜜でぱらぱらに練り、蒸して臼でよく搗き、角に固める。

外郎透頂香【ういろんとうちんこう】〈丸薬〉〔好色重宝記・下〕には、阿仙薬（五十五匁）、丁字・甘草・白檀（各七匁五分）、石膏（二十匁）、蓬砂（五分）、竜脳（一匁）、麝香（二匁五分）。これらを煎じ練り詰め、葛の粉を少し入れ、黒味に黄栢の黒焼（二匁）を入れる。丸ずる時手に胡桃の油を塗り、焙炉の上へ丸じ落し、干し乾いた時、唐胡桃の油で光沢《つや》をつける。気つけ、痰切り等に有効である。〈売り店〉〔万買物調方記〕には「京ニテ外郎透頂香」は、西洞院錦下ル 二位杏林。「江戸ニテ（同）」は本町三丁目益田隠居、博労町 伊兵へ・伝兵へ。「大坂ニテ（同）」は、立売掘ひの上嶋野定春がいる。

上【うえ】「うへとは、宮中《きうちう》を云、うへのころも」。〔消息調宝記・二〕

上々方より下々への文【うえうえがたよりしたじたへのふみ】〔女筆調法記・三〕に上々方より下々《したじた》への文は墨薄く書く。そもじどの、そのほう。わが身、われわれ。これ等の使う言葉の例示があり、先の名は「殿《どの》」書きで、「たれどの／御内へまいる」等と書き、我が名は一字名をかすかに書く。例えば「おくよさま」といえば「く」の字ばかりを書く。大方、主人より内衆等への文には我が傍に使う女の名を書いて遣る。

上江伝七【うええでんしち】 異類異名尽。「乇、上江伝七。上へ頭の出ぬ七の字ゆえ」。〔小野篡譃字尽〕

植木植替、手入の事【うえきうえかえ、ていれのこと】〔庭木重宝記〕に、○「寒木の部」として梅 桜 柿 梨 林檎 桃 柳等の外、十月より葉が皆落ちる木

の一切植え替え旬は、十月より二月とし、二月が特によいとする。この旬を外れて植え替えする時は枝を切り葉を毟り、冬の心にして植え替える。○「暑木の部」として、鼠梓《ねずみもち》 木斛《もっこく》 木犀 多羅樹 榊 樫 柊 青木 椎 柘植等の類は三月より五月迄、また八月より九月迄の植え替えがよい。寒い時は悪いが、下肥《しもごえ》（＝人の糞尿）を少し置くとよい。杉 檜 樅 松 竹 檜 柑橘 躑躅 椿の類については別項目参照。〈虫を絶つ〉〔秘密妙知伝重宝記〕に「植木の虫を絶やす」には、荒布を茹で汁を冷まして掛けるとよい。〈霧や油虫等に遇い実の落るのを防ぐ〉〔男女日用重宝記・下〕に「霧等に遇い実の落るのを防ぐ」伝は、土際より手一束置いて縄を引き回し木の太さの寸を採り、その寸を土際より上へ引き延べて比べ、縄の届く外れの所に灸を七火も十一火も据える。大木ならば大きく、小木ならばそれに従うのがよい。○「木草にあぶら虫の付いた時」は、熊の皮の黒焼に熊の胆を少し入れ、水で振り立てて振り掛けるとよい。また、二ツ葉三ツ葉になる時に振り掛けてもよい。

上杉憲実【うえすぎのりざね】〔大増補万代重宝記〕に上杉憲実は鎌倉管領の重臣。将軍足利義教の時、持氏謀反の志があり、憲実は諫めたが聞き入れなかった。その為、密かに京都に訴え、持氏父子を攻め、数年にして父子は戦死した。憲実はかって『五経正義』を足利学校に寄納した。文正元年（一四六六）、五十六歳没。

植田に虫付かぬ伝【うえだにむしつかぬでん】〔調法記・四十七ゟ五十七迄〕に植田に虫の付かぬ伝は、日当りのよい土中に壺を埋めて置き、極月（十二月）に降った雪を取って中に入れて貯え、籾種をこの水に入れて浸し芽をさらし種を卸すと、虫の付くことはない。畑物には、その畑の四角に馬の爪を切って埋めて置くと虫の付くことはない。

上田へ越後の遠見（青海）よりの道【うえだへえちごのとおみよりのみち】〔家内重宝記・元禄二〕に、越後の青（遠）見より根津を越えて信州上田への道がある。善光寺道。金沢より境まで十三里。境〈一里〉市振〈二里〉哥〈一里〉遠見（青海）〈六里〉山の坊（洞）〈六里半〉宮本〈五里〉飯田〈四里半〉にしな大町〈二里半〉池田〈六里〉会田〈六里〉浦野〈三里〉上田。

上野より津へ【うえのよりつへ】伊勢参宮道。二里半。本荷百十四文、軽尻六十九文、人足五十五文。宿はずれに橋がある。右に伊賀へ行く道がある。左に地蔵堂、稲荷宮があり、この間に小橋が三ケ所ある。右に一身田*が見える。〔東街道中重宝記・寛政三〕

上臥【うえぶし】「うへぶし（上臥）とは、宮中にとのい（宿直）する也」。〔消息調宝記・二〕

右衛門五郎汁【うえもんごろうじる】〔料理調法集・汁之部〕に右衛門五郎汁は、菜を長くも短くも短冊にも切り、干鰹と糠味噌を入れた汁をいう。

飢を凌ぐ方【うえをしのぐほう】〔里俗節用重宝記・上〕に「飢を凌ぐ方」として、干飯三十目、氷砂糖十五匁、人参三分を粉にして糊で丸じ、葛を衣にし六七十粒を飲むとよい。〔万用重宝記〕には糯米三合をよく炒り焦し粉にし、蜜蠟四十匁を鍋に入れて火を細く炊き、よく蕩かし、その中へ糯米粉を入れて搔き混ぜ、また水を少しずつ入れて練り合せて火を引くと団子のようになる。二ツに丸め、下地には飯を相応に食して一ツを用い、後の一ツは四日目にまた飯を食して用ると、どんなに働く人でも七日の飢を凌ぎ、この間は飲み食い不用である。これは楠正成軍用の名方でる。

烏焉馬【うえんば】〔文章指南調法記・一〕に「烏焉馬」の字のように、文字がそれぞれ似て紛らわしいことをいう。「魚魯《ぎょろ》刀刁《とうちょう》*」も同じ。文字の判別に注意を要する。「似寄りの字」参照

魚【うお】「うお（魚）……」ハ「さかな（魚）」モ見ル

魚板蒲鉾【うおいたかまぼこ】「沖蒲鉾」ヲ見ル

魚饂飩【うおうどん】〔料理調法集・鱧餅真薯之部〕に魚饂飩は、鯛の擂り身に玉子の擂り身を多く入れ、葛水で饂飩の加減に伸ばし厚さよい程に板につけ、大鍋に薄葛湯を煮立てて置き、板を離して入れ、煮て細く切る。

禹王の廟【うおうのびょう】〔年中重宝記・五〕に「目病地蔵」*と同じ伝説があるが、「禹王の廟」はその所は分らないという。近世迄は清明塚というのがあり、その近くにあったという。

魚煎餅【うおせんべい】「焙炉の料理」の内「ほいろきす（焙炉鱚）」ヲ見ル

魚索麺【うおぞうめん】〔料理調法集・鱧餅真薯之部〕に魚索麺は、鯛一枚を崩し擂り、烏賊五ツを剝いでよく叩き擂り、玉子白身十五程を加えて擂り合せ、和らかめに仕立てて濾し、紺屋で遣う糊筒の中に入れ、鍋に湯を煮立てて置いて筒より絞り出す。

魚田楽【うおでんがく】〔料理調法集・焼物之部〕に魚田楽は、鯛 蛤 海老 烏賊 鯒《こち》等の類を、山椒醤油、或は味噌をつけて焼く。

魚豆腐【うおどうふ】〔料理調法集・鱧餅真薯之部〕に魚豆腐は、鯛の擂り身に玉子を多く入れ五合に、餅の練り種中量三盃程をよく擂り合せ、加減を見合せ出汁で伸べ、箱に布を敷いて蒸し上げ、箱より出して水の中で切り形をする。但し、餅種は餅米を水に浸して置いて擂り、絹で絞り濾し、煮抜きぐらいの堅さに練る。

魚鳥塩出し様【うおとりしおだしよう】〔料理重法記・下〕に魚鳥の塩出し様は、魚鳥を共に卸し 水に入れ 柿の葉二十を細かに刻んで入れて置くと塩が出る。柿の葉のない時分は醤油を引き、また塩出しをした塩水で出す。

魚鳥の油血落し様【うおとりのあぶらちおとしよう】〔女用智恵鑑宝織〕に魚の油や血汁の落し様は、蕪《かぶら》を圧し潰してその汁で洗うとよい。〔里俗節用重宝記・上〕には魚の油気が鋳物や塗物に着いて落ちないのは、菜の葉で洗うとよい。

魚とろろ【うおとろろ】〔料理調法集・鱧餅真薯之部〕に魚とろろは、糝薯*を和らかく加減して蒸籠に敷布して入れ、蒸し上げて擂り鉢へ取り置き、長芋 つくね芋を二分ずつ卸してよく擂り、糝薯と合せて擂り交ぜ、垂れ味噌で延ばす。

魚の骨あるのを食い様の事【うおのほねあるのをくいようのこと】〔女用智恵鑑宝織〕に魚に骨のあるのを食い様のこと。○料理には魚の骨等ないのが女中客への馳走である。魚に骨等があるのは膳の脇へ出して置かないようにする。○食う時は器物の中でよく見て、骨の無い所を食うとよい。○口から骨を選り出してはならない。食い終った料理で、骨や硬い物、嫌いな物があれば、平壺又は汁椀等蓋のある物の内へ入れて蓋をして置く。食い荒らしたままで置くのは悪い。○焼物等を毟っても後が見苦しくないようにする。○食い終ったら箸は鼻紙で拭って置く。○膳の内には何でも雫《しずく》の落ちないように心得る。常々の嗜みが必用。

魚の目【うおのめ】〈療治〉〔大増補万代重宝記〕に疣ではない魚《いお》の目ができて、捨て置くと次第に大きくなる。糯を嚙んでつけると癒えないことはない。〔調法記・四十七ゟ五十七迄〕に魚の目を落すには、硫黄を粉にしてつけるとよい。また餅米を嚙んで二度つけると癒える。〔文政新刻俗家重宝集〕には提灯の弓、或は鯨を小刀で削り続飯（飯粒糊）に交ぜて紙で貼りつけるとよい。また胡瓜の切り口より出る脂《やに》を折々つけると治る。〈呪い〉〔調宝記・文政八写〕に魚の目の名方として、白米一粒を魚の目に押し当て、小刀で米の上に十字を書いて溝の中へ捨て、米が腐ると魚の目は抜ける。〔懐中重宝記・慶応四〕には石灰を五日水に浸し、日に乾して末（粉）し、酒で溶くとよい。

魚味噌【うおみそ】〔料理調法集・調製味噌之部〕に魚味噌は、鯛、鮭、鱚の類を常のように洗い、丸ながらでも 卸し身でも、濃い味噌でよく煮、冷まして俎板に取り上げ 庖丁で押し 骨を去り、また元の味噌へ入れて練る。蒸冬瓜、風呂吹き、大根、蒸茄子等に掛けて出す。

魚飯【うおめし】〔料理調法集・飯之部〕に魚飯は、鯛 甘鯛の類を卸して皮を引き、身を賽形に切り、塩湯で仕上げて置く。米を炊く時、魚を煮た湯のよく清んだ所を水加減に三分の一程加えて炊く。飯を鉢へ移す時に魚を交ぜる。また飯を盛った上に置き、出す。〔懐中料理重宝記〕には、魚飯（鯛 鮃 鰹）に、魚の卸し身を擂って湯がき、揉んで飯の蒸れた後に交ぜる。

魚羊羹拵え様【うおようかんこしらえよう】〔新板秘伝日用重宝記〕に鮫を煮て、その下地で何でも入れ、一夜置くと固まる。

浮し【うかし】〈何が不足で癇癪の枕言葉〉「舟、うかし」。〔小野篁謔字尽〕

浮れ女【うかれめ】〔万物絵本大全調法記・上〕に「娼婦 しやうふ／うかれめ。倡伎 しやうぎ。妓女 ぎぢよ。並同」。〈大和詞〉〔不断重宝記大全〕「うかれめとは、遊女の事」。「とうせい（当世）」モ参照

羽気【うき】〔重宝記・幕末頃写〕に羽気《うき》は、冬を司る気であり、盤渉《ばんしき》である。真っ直ぐに立つかと思えば末には曲がり、山慈姑の花が開いたようで、羽気という。悪気である。

浮き紙文【うきがみもん】 手品。〔清書重宝記〕に浮き紙文は、白ささぎ（豇豆）を細末（粉）にして明礬を少々入れ、濡らした紙に塗り、上に文字を書く。これを水の中に入れて後、紙を楊枝で下へ抜き取る。

浮草【うきくさ】 大和詞。「うきくさとは、うかれ（浮）たる事」。また「わかれ（別）たる事」。〔不断重宝記大全〕

蘋饅頭【うきくさまんじゅう】 菓子名。〔諸民秘伝重宝記〕に蘋饅頭《うきくさ》は、粳の粉・長芋・砂糖（各百目）を末（粉）にしてよく擂り混ぜ、中へ常の餡を包み、蒸し上げる。

うきとの餅【うきとのもち】 菓子名。うきとの餅、上下 ながし物、中 羊羹、下ながし物。〔男重宝記・四〕

浮橋【うきはし】〔万物絵本大全調法記・上〕に「浮橋 ふきやう／うきはし／ふなはし。浮梁 ふりやう、同」。

浮麩【うきふ】〔菓子調法集〕には糯米の粉八分、粳米の粉二分を捏ね、取る時 糯米の粉を使う。〔菓子調法集・麵類之部〕に浮麩は、啜団子《すすりだんご》とする。糯米の粉六分、粳米の粉四分を水で捏ね、無患子程にして 小豆の絞り粉で煮、塩加減をして、椀盛にして出す。また砂糖も入れる。但し、糯米の粉八分、粳米の粉二分で和らかになる。膳の向う酢菜、花鰹、数の子、大根、独活《うど》の類、また猪口《ちょく》に砂糖を入れて出す。〈売り店〉〔江戸町中喰物重法記〕に「うきふ 玉すだれ」は深川 きぬ屋にある。「□うきふしんこ」は横山丁同明町 しなの屋吉兵衛にある。

浮役【うきやく】「流作場《りゅうさくば》」ヲ見ル

浮き病【うきやまい】〔万まじない調宝記〕に、①うき病《やまい》ならば、明石の夏小豆、又は白花のたんぽぽもよい。②うき病は、赤蜻蛉《とんぼう》を そくい（飯粒糊）で足の裏に貼るとよい。浮き病は脚気の類、体の浮腫する病である。「永消湯《えいしょうとう》」参照

右京職【うきょうしき】〔万民調宝記〕に右京職は宮内省*に属し、京中の屋敷、田畠を司る。

浮世絵師【うきよえし】〔万買物調方記〕に「京ニテ当世絵書」は丸太町西洞院 古 又兵衛、四条通御旅の後 半兵衛。「江戸ニテ浮世絵師は橘町 菱川吉兵へ、同 吉左衛門、同 太郎兵へ。なお「絵師」「当世絵書」「仏絵師」参照

浮世毛【うきよげ】「髮付《かねつけ》の毛」ヲ見ル

浮世餅【うきよもち】 菓子名。〔男重宝記・四〕に浮世餅は、上 三通りながし物 山の芋入り、下 羊羹入り。〔江戸町中喰物重宝記〕に「風流浮世餅」は糀町六町目 伊勢屋安兵衛にある。

烏金散【うきんさん】〔牛療治調法記〕に烏金散は、没薬・芍薬・茴香・黄栢・麒麟竭・地骨皮・川大黄・胡黄連・茱萸・甘草。これ等を末（粉）

し毎服一両に、水一升 酢半盞で和し滌ぐ。膀胱に病があると毛焦れ、日々気調わず、総身痩せ、脚の腫れるのに効がある。

鯎【うぐい】〔万物絵本大全調法記・上〕に「魪 ひつ／うぐひ」。『物類称呼』に「鯎 うぐい」は、信州諏訪の湖水で「あかうを」、相州箱根で「あかはら*」、小さいものを「やまめ」と言う。

鶯【うぐいす】〔万物絵本大全調法記・下〕に「鸎 あう／うぐひす。鶯 あう。同」。〈異名〉〔書札調法記・六〕に鶯の異名に、黄鳥《こうちょう》 黄鸝《こうり》 黄離《こうり》 巧舌《こうぜつ》 嬌舌とある。〈女中御所詞〉〔麗玉百人一首吾妻錦〕に「せつかい（切匙）は、うぐひす（鶯）」という。禁鳥《とどめどり》* 匂鳥* 百千鳥*も鶯の別名である。

鶯袖【うぐいすそで】 大和詞。〔不断重宝記大全〕に「うぐひすの袖、わきあけ（脇明）の袖」。〔女重宝記・五〕には「うぐひす袖」とは脇あけのことである。

鶯茶染【うぐいすちゃぞめ】〔永代調法記宝庫・三〕に鶯茶は、藍蠟を摺り出し、桃の皮の煎じ汁で加減し、合せて遣う。〔万用重宝記〕には豆の汁に藍を交ぜ、麩糊《ふのり》を少し入れて一遍染め、刈安*の煎じ汁で二遍染め、上の留めに明礬を少し水に掻き立てて染める。

鶯菜【うぐいすな】〔料理調法集・口伝之部〕に鶯菜とは、蕪の小さいのをいう。小菜は、鶯菜の少し大きいのをいう。

うぐう【うぐう】〔女用智恵鑑宝織〕に「京に灸がいぼふ。大坂 うぐふ」という。灸が爛れること、悪くなることである。

うぐるす【うぐるす】 片言。「うぐるすは、小栗栖《をぐるす》」である。〔不断重宝記大全〕

受け【うけ】 立花*。心《しん》*の曲《ゆが》んだ方を違えて出すのに使う木や草花。心が左へ行けば受は右へ出し、副《そえ》*に葉のないものならば葉の繁ったものがよい。高くは挿さない。心の下枝と花瓶の縁《ふち》との真ん中に挿すのがよく、枝に勢《せい》があり、或は戻枝《もどりえだ》のあるのがよい。〔男重宝記・三〕

受け上りの心【うけあがりのしん】 立花*。受け*を心《しん》の退《のき》の所より上で出す。溜め口を低くする。大抵は込みより七 八寸である。水際退の心* 又は胴より退いた心等にする。竹柳等の垂《しだ》ったものがよい。〔男重宝記・三〕

請入【うけいり】〔料理調法集・口伝之部〕に請入《うけいり》は、つみいり（摘み入*）をいう。冬は、あられうけいり（霰請入）ともいう。

受飼【うけがい】 鷹の名所*。〔武家重宝記・五〕に受飼《うけがい》は、鷹の頤《おとがい》の所の毛をいう。山かけの毛ともいう。

請食【うけぐい】〔諸礼調法記大全・地〕に、飯でも汁でも「通い*」から受け取り、膳に置かず直ぐに食うのを「うけぐい（請食）」と言って嫌う。

受け吸い【うけすい】〔女用智恵鑑宝織〕に、「通い*」を待たせて置いて汁を吸ったり、通いが汁を替えて持って出るのを直ぐに取って食うのは「受け吸い」と言い、不躾でしてはならないこととして嫌う。

請け玉子【うけたまご】〔料理調法集・鶏卵之部〕に「請け玉子」は、玉子の新しいのを黄身の散らないように銅杓子へ割って落し、杓子を持ちながら湯の上に浮かめ、皮が張った時杓子とも湯の中に入れ、よく煮て取り上げ、竹箆で周りから起す。

受け流枝の事【うけながしのこと】 立花*。心《しん》*の座りが重く退《の》いた時は、受け*と流枝《ながし》*の間から、心に釣り合う道具を流枝に兼ね用いて挿す。しかし、常の流枝の所に軽い物をあいしらい、七ツ道具*の数に入れる。これを中《ちゅう》流枝ともいう。〔昼夜重宝記・安永七〕

うけむく【うけむく】「うけむくとは、承引《しょういん》する也。承知するに同じ」。〔消息調宝記・一〕

有卦無卦【うけむけ】「有気 向気」「有慶 無慶」とも書く。〔年中重宝記・六〕に人には十二運*があり、胎* 養* 長* 沐* 官* 臨* 帝*のよい七運が続いて有卦七年といい、衰* 病* 死* 墓《ぼ》* 絶*の悪い五運が続いて無卦五年という。七運五運合せて十二運が互いに廻り、人の一生に禍服をなす。吉はよいにつけ、凶は悪いにつけて祝うのがよい。○木性《きしょう》の人は、酉の年八月（八月

は酉の月。以下も、その年の干支のその月日時刻に入る）酉の日酉の時に有卦に入り戌亥子丑寅卯の七年はよい。辰の年三月辰の日辰の時に無卦に入り巳午未申の五年は悪い。○火性《ひしょう》の人は子の年十一月子の日子の時に有卦に入り丑寅卯辰巳午の七年はよい。未の年六月未の日未の時に無卦に入り申酉戌亥の五年は悪い。○土《つち》・水性《みずしょう》の人は午の年五月午の日午の時に有卦に入り未申酉戌亥子の七年はよい。丑の年十二月丑の日丑の時に無卦に入り寅卯辰巳の五年は悪い。○金性《かねしょう》の人は卯の年二月卯の日卯の時に有卦に入り辰巳午未申酉の七年はよい。戌の年九月戌の日戌の時に無卦に入り亥子丑寅の五年は悪い。

〈有卦無卦を知る歌〉〔掌中年代重宝記・文政十〕には、「木は酉よ、金の兎に火の鼠、土水性は午よりぞ入る。無卦はまた、辰の木性に未の火、丑は土水、戌は金なり」とある。

保食神【うけもちのかみ】 葦原国（日本の古称）で、万物を育てたという神。穀物の神、食物の神である。〔諸人重宝記・一〕に次がある。月読神が日の神（天照大神）の命を受けて保食所《うけもちの》へ行くと、五穀百草海の物山の物など数多くの品々を口から吹き出して諸神に供えたのを見て、穢らわしいと怒り剣を抜いて打ち殺した。このことを日の神に告げると怒って仲違いし、一日一夜隔てて住むことになった。この後また天熊人《あめくまひと》を遣わすと既に死んでおり、頭は牛馬となり、額の上には粟、眉の上には蚕、眼の中には稗、腹の中には稲、臍（陰）の中には麦大・小豆などの物が悉く生じていた。これを取って日の神に奉ると悦び、これは蒼人《あおひとくさ》（＝諸々の人）を養う物といって粟稗麦豆は陸田種子《はたつもの》とし、稲を水田種子《みなつもの》として植え、秋には盛んに稔り、万物生育の始りとなったとある（日本書紀・一）。

五加木【うこぎ】「五加」「五加葉」とも書く。〔万物絵本大全調法記・下〕に「五加 ごか／うこぎ。春」。〈大和詞〉〔女重宝記・一〕に「うこぎは、うのめ」という。〈薬性〉〔薬種重宝記・中〕に和木、「五加皮（ごかひ／うこぎ」として、泔《しろみず》*で土を洗い、心と麁皮《そひ》《あらかわ》を去り、刻み炒る。〔医道重宝記〕には温《うん》にして毒なく、五加葉《うこぎ》は皮膚の風湿を去り、胸腹の痛み、疝気によい。〔永代調法記宝庫・四〕には中風や脚気によく、精を増し、小便通じ、中を補う。

五加木飯【うこぎめし】〔料理調法集・飯之部〕に五加木飯は、五加木*の葉を摘んで菜飯*のようにする。

鼹の事【うごろもちのこと】〔万物絵本大全調法記・下〕には「鼹 ゑん／うごろもち。又むぐらもち」とある。〈片言〉〔不断重宝記大全〕に「うごろもち、鼹鼠 うぐろもち。中国にては むぐろもちと云」。〈侵入を防ぐ〉〔万まじない調宝記〕に、土龍虫《うごろもち》が土を持ち荒す時には、魚の洗い汁を月に二三度撒くと甚だよく、樹木もよく育つ。〔諸民秘伝重宝記〕に「花壇へむぐらの入らざる伝」は、椿の実皮ともに打ち砕き、花壇の周りに埋めて置くと決して入らない。〈呪符〉〔家伝調方記〕に「野鼠むぐら（土竜）蛇除け歌」があり、「虫むぐら半夏が畑へ来るならば田守の神ぞ成敗をする」を書き、半夏生*に畑の中に建てる。〔増補咒咀調法記大全〕は、①「土龍《うぐろもち》のもちたるに吉符」。〔調法記・四十ろ〕には②「土龍《ふごろ》を除る伝」。〔大増補万代重宝記〕には③「土龍《うごろもち》を除く方」は、小さい木に書き、盛った所へ建てて置くと再び来ることはない（図30）。

鬱金【うこん】〔薬種重宝記・中〕に唐草、「鬱《う》金 かほりさきのくさ。（根茎の）毛を去り刻む」とある。〈鬱金染〉〔調法記・四十ろ〕に「うこん木綿又は外の物うこん染」は、うこん粉を極く強い灰汁で練り、また灰汁で延ばして染める。鬱金色は鮮やかな濃黄色。

烏犀円【うさいえん】「烏犀円」は、江戸で本町三丁目七郎兵へ、新橋南二丁目大坂や七郎兵へにある。〔万買物調方記〕

兎汁【うさぎじる】〔料理調法集・汁之部〕に兎汁は、兎を造り、湯搔き、水

図30　鼹の事
①「土龍のもちたるに吉符」（増補咒咀調法記大全）

②「土龍を除る伝」（調法記・四十五）

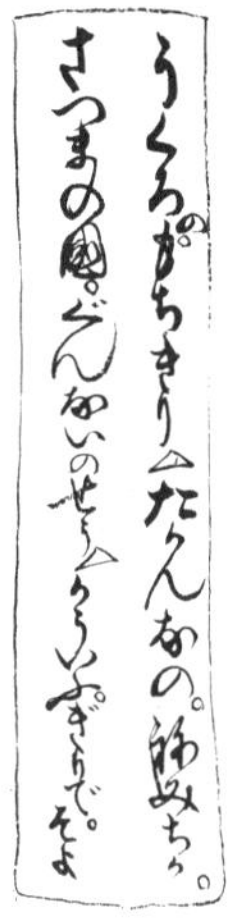

③「土龍を除く方」（大増補万代重宝記）

に久しく漬け、また酒に漬けて用いる。味噌漬、粕漬もよい。彩は色々、とある。

兎の事【うさぎのこと】〔万物絵本大全調法記・下〕に「兎と／うさぎ」。〈異名〉〔書札調法記・六〕に兎の異名に、朴握《ぼくあく》三窟がある。〈兎名数〉〔同書〕に、兎は二ツを一耳と言い、一ツを片耳という。〈薬性〉〔医道重宝記〕に薬性は平にして毒なく、気を増し中《うち》を補い渇《かわき》を止め、熱毒を解し、血を涼しくし、大腸を通じ、脾を健やかにする。〈食合せ〉〔永代調法記宝庫・二〕は兎には食い合わせがあり食するなとあり、生れる子は声がなく、孕み女は兎欠《いぐち》を生む。また獺《かわうそ》と兎と合食すると遁尸（死）する。〔料理調法集・当流献方食物禁戒条々〕は兎に生姜の食い合わせは霍乱*を起す。木耳・辛子は三病（『日葡辞書』には癩病・くっち・癲狂をいう。『倭訓栞』には癩病をいう）となる。蜜柑・九年母・鶏・雲雀・蟹は食い合せである。〈薬効〉〔小児療治調法記〕に痘後の翳眼《かすみめ》を治すには兎糞《うさぎのふん》四五丸を水に煎じて用いる。〈紋絵〉〔紋絵重宝記〕に薄に兎を意匠した紋章がある。

を元とする。祭神は応神帝の霊である。

宇佐八幡宮【うさはちまんぐう】〔農家調宝記・二編〕に八幡宮は、豊前宇佐を元とする。祭神は応神帝の霊である。

丑【うし】十二支の一*。〔年中重宝記・六〕等から集成すると凡そ以下の通り。丑（うし・ちゅう・牛）。〔永代調法記宝庫・首〕に丑の異名は赤奮《せきふん》若《じゃく》。鶏鳴である。〈月〉丑の月は十二月である。丑は紐、十二月は万物紐《ひも》き動き出る意。〈時刻〉丑の時は夜の八ツ。二時この前後二時間である。鶏鳴という。〈方角〉丑の方位は北北東。「丑の日／月」参照

牛【うし】「ぎゅう（牛）」ヲ見ル

姓【うじ】「姓氏《せいし》」ヲ見ル

宇治【うじ】山城名所。〔東街道中重宝記・七ざい所巡道しるべ〕に宇治は拝所や見所が多く、見廻る次第を平等院*橋姫の社*橋寺　恵心院*興聖寺*三室戸*黄檗山万福寺*とする。〔年中重宝記・二〕に五月八日は「宇治祭り」とある。

宇治御煎じ茶【うじおせんじちゃ】「宇治御せんじ茶」は、両国薬研堀不動前井筒屋利助にある。〔江戸町中喰物重法記〕

潮煮【うしおに】〔料理調法集・煮物之部〕は潮煮に三方がある。①二番白水*一盃、水六盃、酒三盃。但し、酒は一盃でも二盃でもよい。塩は加減次第。②潮をまずよく漉す。浦で潮を汲み鯛を参らすより始る。潮を煮返し鯛を入れ酒塩を差す。③鯛でも鱸でも庖丁して塩を振り置き、湯を煮立て、魚の塩を洗い落して湯の中へ入れさっと煮て、魚に白みが付いた時湯を零し捨て、水を入れてまた煮立てる時塩で塩梅して出す。これは今様生潮ともいう。

牛駆【うしかけ】大坂願所。毎年五月五日の朝、北野梅田道で牛駆《うしかけ》ということがある。この日、近在の農夫が野飼の牛の角に色々の野花を結び着けて梅田の野道に放ち、牛の心のままに遊ばせる。これを「牛の藪入」ともいう。この時牛に付き添っている農夫が見物の諸人に粽を与えるのを

貰って帰るのは、小児の疱瘡を軽くするためである。牛駆をみるのも一興である。〔願懸重宝記・初〕

氏神の事【うじがみのこと】〔日用重宝記・二〕に氏神はその姓の祖神とある。源姓は六孫王の権現。平姓は高望王《たかもちおう》の霊。藤原姓は多武峯 談山権現の祖 天児屋根尊 及び春日社。橘姓は梅の宮。菅原姓は天穂日命。その他の姓についても、それぞれ氏の祖神がある。〈氏神参り〉〔嫁娶調宝記・三〕には「髪置*」を男子女子共に三歳の霜月（十一月）に吉日を選んで行い、氏神参りをし、初穂をあげ、一門へは赤飯を配る。「鎮守」参照

宇治川の蛍【うじがわのほたる】〔年中重宝記・五〕に毎年五月節前、宇治川また江州勢田の両所に蛍が見える。勢田は石山の麓の蛍谷《ほたるだに》という所から数万の蛍が湧き出、川下の入道が関や鹿飛《ししとび》等に別して多い。一夜々々、流れに従い川下に下って宇治川に至る。

うし小路【うしこうじ】 片言。「押小路《をしこうぢ》を、うし小路」という。〔世話重宝記・二〕

氏郷【うじさと】 薫物の方。〔昼夜重宝記・安永七〕に氏郷は、沈香（三十匁）、丁子（十匁）、白檀（一匁五分）、貝香（十匁）、甘松（二匁五分）、麝香（二匁）。

宇治茶【うじちゃ】〔年中重宝記・一〕に三月に宇治の茶摘みを諸人が見物に行く。〔日用重宝女大学〕は宇治茶は名物で、義満将軍が大内介に命じて植えさせ、その後義澄が殊に賞し、これを選んで「極《ごく》」「上揃《じょうそう》」「別義《べつぎ》揃《ぞろえ》」という。近世、上林《かんばやし》峯順 竹庵らが丹波から移り富み栄えた。宇治の一家の茶師 公儀の御壺を納め献ずる。その余は製茶の一袋二袋に十一家の壺の内に詰めて納める。その他煎じ茶は後から出る。〈売店〉〔江戸町中喰物重法記〕に「宇治御挽茶御茶之道具/極上せんじ茶」は本石丁通十軒店 八幡屋覚右衛門、「宇治 信楽御茶所茶器類品々/茶湯御服紗」他は日本倍南二丁目 山本加兵衛、「宇治/信楽/薗久保御銘茶品々」は糀町七丁目 久米屋弥三郎ある。

牛天神【うしてんじん】〔万宝古状大成〕に、菅原道真*の神徳を敬う貴賤が袖を連ねて参詣する中にも、牛天神と言って御縁日が丑の日であるのを尊ぶのは、菅公の生れが丑年で、常に牛を見て慰まれたことによる。配所でも自愛の牛がいて不憫厚かったが、葬送の車を曳き墓所に至ると忽ち倒れ死んだといい、結縁の深い獣である。牛*は、法身の観念、神仏一如の縁日、利生も殊に速やかである。

牛に突かれ損傷治法【うしにつかれそんしょうじほう】〈人が牛に突かれた時の治法〉〔骨継療治重宝記・中〕に二方がある。①牛に突かれ 腸が出て命を損じない者は、急に戻し送り入れ、桑白皮尖 生白麻を用いて糸とし、肚の皮を縫い合わせ、縫いの上に血竭の末（粉）、或は百草霜《なべずみ》の末（粉）をふりかける。血は止み立ち所に活きる。封じ覆うと、膿をなす。②脇が破れ腸が出て臭く穢れた者は、急に胡麻油で腸を撫で、手で送り入れ、人参 地骨皮湯を煎じて注ぐと皮は自ずから合う。羊肉 羹《あつもの》を食わすと十日間で癒える。〈馬が牛に突かれた時〉〔馬療調法記〕に馬が牛に突かれたのは、藤瘤と山の芋を煎じて、滓共に度々洗う。夏なら天南星を捻り掛けるとよい。〈牛が人を突くのを治す薬〉〔牛療治調法記〕牛が顛走（＝くるいはしる）して人を触《つ》くのは胆脹《たんちょう》に始る。蜀大黄と宣黄連（各半匁）を末（粉）にし、卵白一箇を酒一升に和して用いる。時々発るのには、鶏狗群者を入れ、排（這）風散*（一匁）・阿膠・桑の白皮《あおはだ》・槐の白皮に水二升を入れ、半合に煎じて用いる。

牛の事【うしのこと】〔万物絵本大全調法記・下〕に「牛 ぎう／うし。犢 と く／こうじ」。〈異名〉〔書札調法記・六〕に牛の異名に、八里 黒牡丹がある。〈牛相〉〔牛療治調法記〕には牛の毛色 牛相がある。黄牛《あめうし》* 青牛* 黄播牛* 黒牛* 牛中王相* 孝頭牛相* 鹿班凶相* 蒿脊《こうせき》牛相* 喪門《そうもん》牛相* 龍門牛相* 白胸牛相* 頭陀坊主* 鉄蹄《ふてつ》* 恋滴《れんてき》*。〈薬性〉〔医道重宝記〕に牛は温で毒なく気を増し、中《うち》を安んじ、脾胃を

養い、腰脚を補い、渇《かわき》を止《や》め、唾涎を止《とど》める。〔永代調法記宝庫・四〕は牛は痩せた人や冷ゆる人の血を温め虚損を補う。〈食中り〉〔改補外科調宝記〕は牛馬の肉を食い毒を生じたら、烏柏根《うきゅうこん》・葱根（各一両）、大豆（一合）、生酒（三椀）を入れ、煎じて用い、汗が出ると癒える。もし死んだ六畜（馬牛羊豚犬鶏）の肉を食って毒に中ったら、焙黄栢《あぶりおうばく》を粉にして一二匁程用いるとよい。主な事項は個別に立項した。

〈牛の相法〉〔牛療治調法記〕は牛はその力を農事に資し 重い物を運搬する等人力に代えて重用するとして牛の相法がある。眼が角に近く 大きく 眼中に白い筋があり 瞳に入るのは最もよく行く。○膺庭（胸）が広く 肩中央より下脹大きく、尾の下 大脚 腕下に肉を得るのはよい牛である。

○「耕牛の相法」は、①牛の頭は小さく 脳天は大きく 形は長く 身は短く 角は力強く 眼は円く角に近く 背は高く 臋《しりえ》は低《た》れ 食毛（縟毛カ＝細い密生する毛）は分れず 膝は足に等しいのは耕力をなす（細部については諸書からも引用した）。②頭に肉のあるのは悪い。顔が高く 長い歯があり 頭の低いのは半年で死ぬ。③眼の赤いのは人を突く。恋滴《れんてき》（＝眼の下にある旋毛）のあるのは悪い。④鼻の上に逆毛のあるのは凶。鼻に鑢を挽くような声で鳴くのは力がない。⑤歯は白いのがよい。⑥角は短く 方形で 大きく 絞《ねじ》れ 渦《うずま》き 弓を仰ぐようなのはよい。丸く紋の細かいのは往行が遅滞。角が前に向うのはよく、後ろに向うのは凶。角の間に乱れ毛の起っているのを頭陀坊主となづける。角と耳の間が指を入れる程なのは千里を往っても転ばない。⑦頸の骨が長く大きなのはよい。肩の窊《くぼ》んだのは単肩《たんけん》と言い力がない。⑧毛が短く密で黒いのは寒によく絶える。毛が疎で長く鼠の毛のようなのは 寒を怕《おそ》る。毛が赤く堅いのは自害する。倚《い》毛《もう》が前に向うのは大吉、後ろ向きは凶。肚《はら》の下に横毛のあるのは往き倒れする。⑨前脚は直で 濶《ひろ》く 後脚は曲って開くのは吉。股が痩せて小さいのは凶。鉄蹄《ふてい》*は吉、蹄の色が黄なのは往くのに力がない。⑩前帯抱候《はらすじ》があって耳に臨み入るのは早く死ぬ。無いのは老いる迄害がない。⑪尿を前に射るのは大いによく、直に下るのはよい。蹲放《うずま》くのがよい。⑫屎《ふん》は螺《ほらがい》のように、力を雷のように用いることは大いによい。⑬身円く角厚く尾骨が麁《あらく》毛の少ないのは力があり、尾がやや長いのは大いによい。

○「子を多く生む牛」は、母牛の孔紅（産門の赤いもの）なのは子が多い。大吉。乳諫が黒いのは子がない。○「子の生れ難い」のは、莨菪《たばこの》子《み》（三合）を末（粉）にし、秫米《もちあわ》を粥にし和し灌ぐ。又方は、六月六日に車前子《おおばこ》一合を取り酒で和し灌ぐ。○「牛の脈を診る法」は、牛が病まない時は角は寒雪の中でも温である。薬を用いる時は手で角をとり、その温を診て薬を与える。冷える時は死ぬ。人の診脈と同じく審らかにする。○「牛療治の口訣」は、牛の病を診るのに頭を地に貼《つ》けるか貼けないか、口鼻 及び大小便に血が出るか出ないかを見て、頭を地に貼け、口鼻・大小便に血を出すのは医《いや》せない。この症が無ければ症を詳らかにして薬を用いる。この三症が牛療治の口訣である。

牛の諸症【うしのしょしょう】〈諸症〉〔牛療治調法記〕に載る諸症を療治薬*とともに列挙する。牛熱* 烏蛇散* 牛瘴* 牛力病* 瘴疫牛* 心黄頭黄病* 仲脐《ちゅうせい》* 張口病* 転胞の牛* 葉中乾燥* 壅熱風毒*等は個別に立項した。○「汗の方」。牛が汗を発するのによい薬方は、升麻・川芎・当帰・皂角・甘草・麻黄・芍薬・人参・香付子・紫金子・葱（三根）・生姜（三片）を末（粉）し、良い酒一升で潅ぐ。○「噎梗」。牛が菜の根を喰らい噎梗《いっこう》（＝のどにたつ）するには、皂角を末（粉）にして鼻の中へ吹き入れるとよくなる。○「疓《いん》」。牛が地に倒れるものを疓という。前疓、後疓、水疓がある。木灰（一匙）、好酢、細茶（一撮）を、同じく煎じて冷やし 左の耳へ潅ぎ入れる。○「項の腫れ破れ」。牛が駕して項が腫れ痛み破れたのには鳩の卵を塗ると癒える。○「瘟疫」は毛焦れ 腹脹り 脚

は顚狂する。人参散*を用いる。○「暈悶《うんもん》」は春に労苦し暑月に目くるめき牛屋に寄り掛り地に倒れ悶え焦《こが》れ少しも水を飲まなくなるもので、甘草水・塩湯、粉草（十匁）、蒲黄（炒る）・山梔子（炒る）・黄芩（各一匁）、天竺黄・冷消（各五分）、枇杷葉（皮去掏多）を末（粉）し、泉水で調え下すと、渇を止め熱を解す。○「牛が喘を発し自ら戦《ふる》い汗が出て口鼻が冷える」には桃と柳の樹の心（各一握）を煎じ、冷えるのを待って潅ぐ。

○「咳嗽」に二方がある。①食塩（一両）、淡豉汁（一升）、葱白（一握）、男童子小便（一升）を和し潅《そそ》ぐ。②咳しわぶきの方には、細茶・蜜（各一両）、椒子・清油・生姜（各半両）を細かに刻み、姜並びに水に和し搗き蒸し熟し、また酒姜汁で蒸し、油が潤う時鍋で煎り、毎日朝晩に常服する。○「疥瘡方 肥前瘡」の類には雄黄・花椒・三奈子（一両）を焙り、末（粉）にし、猪油（ぶたの油）で塗る。○「回頭斜走」は牛が頭を振り斜《よこ》に走るもので、鬱金・梔子・黄連・黄芩・黄栢（各五分）、毎頭米一升を同じく煎じ、蜜（四両）、葱白（一把）、酒（一升）、水（五合）を同じく煎じて啖《くらわ》す。○「春月方」。春の方剤。大黄・黄連・甘草・防丰・枝子・瓜蔞根・黄薬子・知母・貝母。○「夏月方」。夏の方剤。黄芩・黄連・大黄・鬱金・黄根・黄薬子・白薬子・甘草・知母・貝母・薄荷・兜苓・桔梗・地黄。○「秋月方」。秋の方剤。枇杷葉・知母・貝母・甘草・兜苓・杏仁・地黄・木通・紫蘇・芍薬・黄連・秦交・欵冬花・瓜蔞根・麦門冬・白薬子。○「冬月方」。冬の方剤。芍薬・厚朴・青皮・陳皮・細辛・山薬・甘草・青毫・益智仁・何首烏・玄胡索。

○「瘡」には蕎麦を焼灰にし、硫黄を少しばかり、調えて塗る。○「肩の癰」には針の法があり、疾病のある時は薬を用いる。頻りに針を用いてはならず、恐らくは筋骨を破り、力を用いることが出来ず、廃物となる。肩の上に癰を生ずるには二種がある。①は水牛 黄牛《あめうし》が大指で圧して皮を破るもの、②は虻が刺した毒で癰を生ずるもの。その皮は硬く血を撲《う》って蝎虫を散じ、火針で毒気を出し、薬を塗る。このような蛇《ど》毒《く》にはまず夜明砂《やみょうしゃ》（蝙蝠の糞）を酒に調えて塗り肌を調える。○乾役《かんえき》は、牛の口鼻が日々に乾くのを言い、縮舎・麝香・阿魏（各等匁）を末（粉）にし、赤脂石・荳蔲酒で煎じ、相和して用いる。

○「肝の病」は眼赤く頭を昂《あ》げ尾を掉《うごか》し張り東へ走り西へ走り停《とどま》らない。口が青く舌が黒いものは日数が早いと救えるが、延びると救えない。天竹黄・玄参・黄芩・車前子・青箱子・石決明・川大黄・斑竹笋・甘草・木賊を末（粉）し、毎服二両を、朴硝・枳穀（四両）・酒（一升）を和して潅ぐ。○「眼膜虫脹」は眼に白膜のある眼疾で、食塩（炒る）と竹節灰（各一銭）を和し、白膜の上に貼り、退くのを診る。即ち癒える。○「気脹」は不時に気脹り消えないもので、人の垢の着いた襪《かわたび》の洗い汁（一升）と酢（五升）を和して潅ぐ。○「狂走」には、朴硝（五分）、梔子（十個）、甘草（二匁）を、水五升で二升五合に煎じ詰め、連日潅ぐ。○「結喉」は鈴を引く声に似ている。寒水石・楡皮・地黄・滑石・朴硝・塩（一両）を、米泔（米の磨汁）一升で煎じて冷し、潅ぐ。○「口中の幕悪気を除く」には、菜の実・麻の実（各一升）の汁を研《きし》り、生油（白絞り＝白胡麻の精製油）を和して潅ぐと、即座に癒える。○「牛が日々に泡を吐き口鼻の乾くのを治す薬」は、縮砂・麝香・阿魏（各等匁）を末（粉）し、赤石脂・荳《ず》蔲《く》を酒で煎じ、和して灌ぐ。

○「紫役《しえき》」を病み血を吐くのには、水銀・訶子・白芷・肉蓯蓉（各一分）を末（粉）して酒に和して用いる。○「舌の瘡」には、丁香・木香・麝香・安息香・黄葉・黄連・鬱金・金梔子（各五分）を末（粉）し、大麻子（三升の末（粉）を用い）、杏仁（五分皮を去る）、油（半斤）を水三升で共に煎じて潅ぐ。ここで米一升を葱白一把で煮、ねばい粥にして温め、ともに食わせる。○「膝肘膊冷肺病」牛の膝《ひざ》肘《ひじ》膊《こぶら》の冷えるのは、即ち肺病冷疾である。蚕沙（二半）、柳蛇糞（三升）、食塩（五合）を相和して二刻

(四時間)蒸し、袋に盛り、前後の膊の上に置き、一日に三度上げ、二日後に排(這)風散*を用いて、塩(半両)、葱白(一把)を水二升で一升に煎じて淹ぐ。肺病は眼睛は黄に、多くは眼を閉じ、四脚を動かすことが出来ず、肝経が剋《こく》を受けるので起き臥しは時なしといい、白槐散*を用いる。又頭を墻に抵《ふ》り、喘気多く転筋し、蹶張するのには菖蒲散*がよい。○「重舌」は小舌とも言い、舌下腺による嚢腫である。山豆根・貫衆・硇砂・滑石・寒水石・麝香・海標消(烏賊の甲)・白茯苓、これ等を末(粉)し芭蕉の自然汁で調え下す。

○「焦毛」は牛が痩せて毛や尾が焦れ禿げるもので、肚中《はらのなか》に積聚及び砂石があるからという。楡皮・滑石・朴硝(各三両)を末(粉)にして酒三両で煎じて淹ぐ。○「食役《しょくえき》」を病み喘声《ぜりぜり》の定まらないのは、硇砂・縮砂・寒水石(各少々)を、酒一升で和して用いる。○「暑熱中悪《ちゅうお》(急に胸悪く喘ぐ)」には、①水(一升)、塩(四匁)、葱(一根)、酒(一升)で和して煎じ淹ぐ。②粟米《あわ》を粥にして飼う。③甘草・大黄(各二両)、薫陸香(二両)、酒(五升を三升に煎じる)に、油蜜を加えて用いる。

○「中悪」は急に胸悪く喘ぐもので、①舌の上に「宮」の字を一ツ書くと活きる。②苦参・甘草・大黄を水三升で濃く煎じ冷えるのを待って淹ぐ。③狗屎《いぬのくそ》を焼灰にして三ツの指で撮み、両耳の穴の中へ淹ぐと、即効がある。○「腸結」は打肋《ちょうろく》等で大腸が結し通じ難い病で、白米(二升を水に浸け一宿・生油(白絞り=白胡麻の精製油)を相和し用いる。○「打肋」は牛が誤って石や木で肋《むね》を打ったのを言い、巴豆(二箇、皮を去る)・生油(白絞り=白胡麻の精製油一両)・淡水(半升)を用いる。○「吐涎」は涎を吐く瘟疫で、黄蘗(研ぎ汁)・白石灰(焼く)を用いる。○「吐脹」腹が脹るのを吐脹といい、古い手巾一条《てぬぐいひとすじ》を焼灰にし、酒一升で煎じ、相和して用いる。○「吐糞」は牛が糞を吐くもので、鬼木板(多年のものを焼灰にして)一匙を酒で調えて用いる。

○「蕩々《うかうか》する者」は、白米二升を粥に煮、一夜曝し、卯(六時)午(十二時)申(四時)の時に用いる。○「軟脚瘟方」の病を治すには、細辛・五加皮・八月瓜根・槐条二根《えんじゅのえだのね》・柏条七根《かしわのえだのね》(火に焙る)・鶏卵・地骨皮・麝香・茹香・芍薬・茴香。これ等を末(粉)し酒で淹ぐ。○「尿血方」尿出血の治薬。①雄黄・硃砂・海金砂・馬鞭梢・柏木葉・紅花・当帰・麻子・風鬼草・胡水滕・五加皮を末(粉)し酒で淹ぐ。②瞿麦子根・紅茨藤根・黄薬根・厚子根・山茱萸・地膚子根。水火の通じないのには五加皮煎を用いる。肚《はら》の痛むのには細辛煎を用いる。並びに李子蘂《すもものしべ》(三分)を用いる。○「破傷風」。四肢が弓のように張り、両眼の睛に白膜が通り、喘に似て口の張り難いのを破傷風という。六竅(六穴=目鼻口耳肛門陰部)の血を出すと急に治す。「天麻散*」を用いる。

○「鼻の汗乾」。牛の病の治・不治を知るには、まず鼻の頭に汗の有無を診て、汗があれば症に随って治し、汗がなければ死ぬ。牛に鼻の津液がなく、耳を垂れないで、起立して行かないのは畜類の極病である。

○「流行瘟病《はやりやくびょう》」の症は、熱が小腸に入ると尿に血が多く混じり、水草を喰わず、大屎が詰まり、日夜苦しみ、身を動かすのに懶《ものう》い。「当帰散*」を用いる。○「補仙の方」は、紅豆(一斤)・白礬(五両)を用いる。○「風瘡」はかざぼろし。燕石・猪牙・皂角・信石を末(粉)にし、麻油(白絞り=白胡麻の精製油)で塗る。

○「牛の痩せ」①「牛が痩せる」のは水草《すいそう》の多くないことによる。塩三両を炒り三ツに分ち、醋漿水の内に入れて啖《くらわ》せ、二日後に淡豆《たんず》三匁と陳飯(古い乾し飯)一升を、黄栢と童便に相和してともに啖すとよい。また甘草・生地黄(各炒三匁)、葱白(半斤)、酒(三合)を相和して啖す。

②「牛の痩せを治す方」は心紅・硃砂・海肥子(四個)・当帰・烏鶏(一双)を末(粉)にし、猪胶(一斤)・塩(一両)で擦《ぬ》ると即効がある。

③「牛が痩せ毛尾が焦がれ禿げる」のは肚《はら》の中に積聚《しゃくじゅ》及び砂石がある

といい、楡皮・滑石・朴硝（各三両）を末（粉）し、酒三升で煎じて灌ぐ。

〈雑病〉〔牛療治調法記〕に「雑病を治する方」がある。○「牛が毒に中《あて》られるのを治す方」は、菉豆粉（十両）、真鉛粉、泥礬（五両）を末（粉）し冷水に調えて潅ぐ。又方、川鬱金・青黛・川朴硝（五両）を末（粉）し水に調えて潅ぐ。○「口瘡の生ずるのを治す方」は、南星 朴硝 黄栢皮 鬱金 雄黄 活石 寒水石 半夏を末（粉）にし口の中へ蜜水で調え刷《は》く。又方、滑石・川硝・青黛・白礬・黄栢皮・山豆根・寒水石（炒）を末（粉）し蜜で調え塗る。○「喉が熱し口瘡ができ目の赤いのを治す方」は、川鬱金・滑石（各一両）、甘草を末（粉）し麦門冬飲で調えて潅ぐと即効がある。○「両眼に屎の生ずるのを治す方」は、銅青・滑石・黄連・杏仁・青皮・蒺黎《しつり》を末（粉）し白湯で洗い、薄荷葉で調え潅ぎ下す。○「両眼の赤濁を治す方」は、防丰・荊芥・滑石・黄連・山梔子・黄菊花を末（粉）し白湯で洗い、後に薄荷水で調え潅ぐ。「蕩《うかうか》するもの」は、白米二升を粥に煮一夜露《さら》し、卯（六時）午（十二時）申（十六時）の時に灌ぐ。○「両眼の青濁を治す方」は、黄栢皮・黄連・羌活・当帰を末（粉）にし白湯に点じ洗う。○「血を瀉《くだ》すを治す方」は、桑白皮・蜀葵根・生葛の汁三升を採って潅ぎ下す。○「屎血をを治す方」は、川当帰・絮花を末（粉）にし酒二升で一升に煎じ、冷えたのを潅ぎ下す。○「吃渇を治す方」は、楡白皮（二両）を水でで煮極め三升を取り潅ぐ。又方、豆汁を塩で調えて潅ぐ。○「生風《かざぼろし》を治す方」は、生土と当帰を搗き酢に一夜浸して塗る。癒えて又胡脊油を調えて塗る。○「沙芥（肥前瘡の類）を治す方」は、蕎麦の焼灰の灰淋汁《あく》で緑礬を入れて塗ると癒える。○「肩の爛れを治す方」は、古綿絮《ふるわたいと》（二両）を焼灰にし麻油（白絞り）で調えて塗る。水を五日忌むと癒える。○「糞門爛瘡を治す方」は、鶏卵殻煆（卵の殻を焼き）・茄子葉・布花葉を末（粉）し麻油で調えて塗る。又方 明礬・雄黄・黄連・連堯・穿山甲を末（粉）し黄丹・軽粉で相和し、まず患部を塩湯で洗って塗ると即効がある。〔昼夜重法記・正徳四〕には次がある。①牛の温疫を治す方は、石菖蒲・淡竹葉・葛粉・鬱金・菉豆・蒼朮（各等分）を細末（粉）とし、毎服一両、芭蕉の自然汁三升入り、白蜜一両、黄蠟二匁を掻き調え、服さす。又方、匝茶《つめちゃ》（茶の下品）二両を細末（粉）し、水五升に和し調え服させる。又方、兎の頭を灰に焼いて水で調え服させる。②牛の眼に白膜のあるのを治すには、炒り塩、竹の節を灰に焼き、各一匁を和し、膜の上に付けると直ぐに明らかとなる。③牛の口舌が渇くのには、赤石脂・肉豆蔲（各等分）を灰に焼き酒（一本）に調え和して服さす。④牛が草を喫《ついば》むのに快からず 口の内が痛むのには、蘿葡子と麻の実（各等分）を擂り砕き、汁（一升）と胡麻油（三両）を和して用いる。⑤牛の毛が焦れ草を食わないのは心臓の病である。白芷・黄連・大黄（各□両）を搗いて末（粉）し、玉子二ツを酒（一升）と大根汁（三合）に和して用いる。⑥牛の咳嗽を治すには、楡白皮（三両）を水で煮熟し、三升を用いる。⑦牛が暑に中《あた》り病むのには、漿水*（一升）塩（二両）を和して飲ませると内羅《ないら》（「馬の内羅」参照）は癒える。⑧牛が駕により項《うなじ》が脹れ痛み破れるのには、鳩の卵を塗ると直ぐに癒える。⑨牛の腹が脹り死にそうなのには、婦人の陰毛を取って草に包んで与え食《は》ますと直ぐに癒える（以上は朝鮮牛経の方である）。

〈療治薬〉〔牛療治調法記〕等に、四十余種の牛療治薬*があり、個別に立項した。

丑の時生れ【うしのときうまれ】〔大増補万代重宝記〕に丑時（二時）に生れる人は、知恵賢く 学問芸能を好み 衣食に乏しくない。年寄る程仕合せがよい。武士は諸芸*に達し 誉れを顕し 子孫は繁盛する。〔女用智恵鑑宝織〕で特記点は、宮仕えの女は主人からよい夫を給わり、夫婦仲が良く子に縁があり 神仏を信心して 益々子孫繁盛する。

丑の年生れ【うしのとしうまれ】〔大増補万代重宝記〕には「丑年生れ」の人は次のようにある。一代の守本尊は虚空蔵菩薩*。前生は朱帝の子で北斗の巨星である。米一石五斗と金子六貫目を受けて今世に生れる。性才気があり 弁舌よく 応対事をよくする。万事に敏く 細工事は器用である。夫婦の縁は初めは祟り、離別することがあり、身上は初めはよく、中年に衰え、また仕合せが直り、老いて富貴繁盛する。子は四人あるが、二人は短命で先立つことがある。老いて一人の子の力を得る。十八歳で命が危く 慎むのがよい。七十三歳で死ぬ。釈迦如来は寿命を守り、普賢は福徳を授けるので、一代の内に信心してよい。一説に、父母に孝があり 貴人に近付き 衣食の尽きることはない。生れ付きは力強く 静かである。十八歳頃厄に遇うが、善事をなせば免れて天命を保つ。〔日用重宝万物図解嘉永大雑書三世相〕にも同様の事があり、特記点は次の通り。卦は艮上連。丑歳の人は智恵才覚があり、万事に聡く、人の是非も弁え、物事 細工に器用である。釈迦如来は寿命を守り、普賢は福徳を与え、文殊は智恵を授けられる。信心するとよい。

宇治の橋姫【うじのはしひめ】大和詞。「うぢのはしひめ（宇治橋姫）とは、むなしき事」をいう。〔不断重宝記大全〕

牛の鍼灸穴法の図【うしのはりきゆうけつぽうのず】〔牛療治調法記〕に「牛の鍼灸穴法の図」がある（図31）。その病症を審らかにし 穴法を察し 端的に針治するのがよい。針して後の針口や、風雨など養護にも留意すること。

丑の日／月【うしのひ／つき】〈日〉〔家内重宝記・元禄二〕に「日用雑書」として次がある。丑の日には家を造らない。元服*袴着*は凶。釜の鳴るのは吉。耳の垂るるのは吉。八専*の間日。西は塞がり。犬の長吠は人が五人来る。病は男は重く女は軽い。人神*は頤にある。行く方は、東は半吉、西は大吉、南は悪、北は悪い。正月丑の日は一粒万倍日*、また血忌日*。正・五月丑の日は六合日*。正・四・七・十月は神外*にあり 凶。三・六・九・十二月は神内*にあり 吉。二月丑の日は万福日*。丑の日、申年の人は屋造りに凶。乙《きのと》丑の日は利銭商いによい。乙・丁《ひのと》の丑の日は神吉日*。乙・己《つちのと》の丑の日は釜を塗るのに吉。丁丑の日は入学に吉。また中の槌の間日*。土公は乙丑の日は北に、癸《みずのと》丑の日は西にある。丁・癸の丑の日は大明日*。辛《かのと》丑の日は太刀 武具を持ち初めて吉。辛・癸の丑の日は屋造りに吉。癸丑の日は伐（罰）日*。〔重宝記・宝永元序刊〕に丑の日は牛である。この日は一切万事に用いない日。特に食い初めによくない。何事も強い事を始めるのがよい。

〈月〉〔日用重宝万物図解嘉永大雑書三世相〕に「丑《うし》、十二月、赤奮石《せきふんやく》」とあり、丑は紐《ちゅう》で、ひもとくと読む。万物が既に紐《ちゅう》を解こうとする意である。

宇治の町【うじのまち】伊勢名所。内宮の町である。度会郡宇治の郷五十鈴の川上で、五十鈴川が町中を流れる。五十鈴川は神路山《かみじやま》から流れ出る。昔、太神が天上から金の鈴五十口を投げ降ろした所ゆえ五十鈴川といい、また五十鈴の川上に遷幸された時、河際で倭姫命の御裳の裾が汚れたのを濯がれたことから、御裳濯川ともいう。橋を宇治橋*という。〔東街道

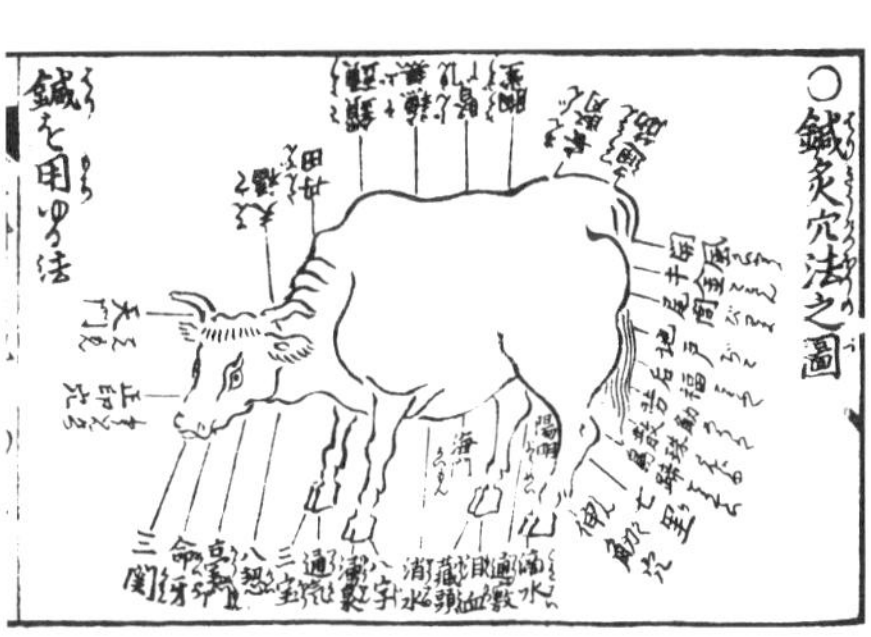

図31 「牛の鍼灸穴法の図」（牛療治調法記）

中重宝記・七ざい所巡道しるべ〕

牛の宮【うしのみや】　大坂願所。天王寺境内太子堂の外北手牛の宮へ立願すると全て足の病を平癒する。御礼には土細工の牛、又は牛の絵馬を奉納する。〔願懸重宝記・初〕

牛の藪入【うしのやぶいり】「うしかけ（牛駆）」ヲ見ル

宇治橋【うじばし】〔東街道中重宝記・七ざい所巡道しるべ〕に二橋が出る。①「伊勢参宮名所」として内宮 宇治の町*五十鈴川にかかる橋。長さは六十間あり、橋の前後に大鳥居があり、橋詰に橋を司る神 橋姫の社がある。この橋から一の鳥居までは一丁である。②「山城名所」として山城の平等院*前の橋。長さ七十三間あり、この橋に茶の水を汲む所があり、三の間《ま》の水といい名高い。橋際に通円の茶屋がある。橋の小島が崎は洪水に流されて今はない。橋から一丁程川上に経の嶋があり、嶋に十三重の石の塔がある。山吹の瀬はこの辺というが、定かにならない。豊後橋*観月橋ともいう。

宇治橋蒲鉾【うじばしかまぼこ】〔料理調法集・蒲鉾之部〕に宇治橋蒲鉾は、蒲鉾を常のようにつけ、蒸し冷まして、上に挽き茶に 寄せ菜を少し入れた擂り身を薄くつけて蒸す。

烏蛇散【うじゃさん】〔牛療治調法記〕に烏《う》蛇《じゃ》散は、交脚風病*に用いる。烏蛇・乾蝎・白付子・川芎・茴香・当帰・牛膝・半夏・芍薬（各三両）、桂心（二両四匁）を末（粉）し、酒（一升）と油（一両）で調え、毎服一両を灌ぐ。

宇治山香【うじやまこう】　十種の代表的組香の一。〔聞香重宝記〕に「宇治山香の記しか（鹿）ぞすむ（住）」として、香の五色を十にして、五色には上に銘を書き 五色には中に書く。喜撰法師の歌「わが庵は（名乗）都の辰巳（名乗）鹿ぞ住む（名乗）世を宇治山と（名乗）人はいふなり（名乗）」（古今集・雑歌下）に振り宛て、試しを出して後、五包のどれに当るか心次第に札紙の奥に我が名を書いて硯箱の蓋に入れ、各人の札紙を開き記録紙に写して置き、最後に開いて当否を争う。

牛療治薬【うしりょうじやく】〔牛療治調法記〕等に牛療治薬に次がある。烏《う》金《きん》散* 烏蛇散* 鬱金散* 温脾《うんぴ》散* 黄雀丸* 滑石散* 苽蔞《かろう》散* 杏仁散* 金銭草散* 牙消《げしょう》散* 行気散* 五積《ごしゃく》散* 五如《ごじょ》散* 骨砕《こっすい》散* 殺胡草果《さつこそうか》散* 三聖散* 四順散* 芍薬散* 消黄散* 青皮散* 菖蒲散* 地龍散* 神怪散* 青塩散* 舌胎散* 穿腸散* 仙伝海上方* 大戟散* 通霊散* 猪膏散* 定風《ていふう》散* 天麻散* 当帰散* 擣心《とうしん》散* 内補散* 難効方* 人参散* 人参軽骨散* 白礬散* 排風散* 半夏散* 白槐《びゃっかい》散* 檳榔散* 麸烙《ふらく》散* 麻黄散* 霊応散*。

後ろより両方へ使う物【うしろよりりょうほうへつかうもの】　立花*。〔昼夜重宝記・安永七〕に松 梅 檜 柏 藤 柳 枇杷 伊吹 山躑躅 南天 梨花 庭桜 海棠等十九種を挙げ、これらの類は後ろから縁《えん》を続ける。この外、大木の類は皆両方に使う。

渦【うず】〔万物絵本大全調法記・上〕に「渦 くわ／うづ。泡 はう／あは。浮漚 ふをう 同。沫 まつ／しらあわ」。〔童蒙単語字尽重宝記〕に「渦 うづ、水廻る也」、水が廻って巴の字をなすとある。〈紋様〉〔紋絵重宝記〕には渦の紋と渦の字、また「渦に小文字」の意匠がある。

雨水【うすい】　二十四節*の一。〔重宝記永代鏡〕に、正月中、昼四十五刻半余 夜五十四刻余。雨水とは、陽気のために雪水の氷が溶けて水気が天に昇り、雨水となって降るゆえにいう。草木萌し動く。〈耕作〉〔新撰農家重宝記・初編〕に新暦では二月四日。田畑に手を入れてよいが、氷のある日は忌む。新暦二月二十四日頃から茅 梅 杏 李を植える。

薄板【うすいた】　立花*。〔昼夜重宝記・安永七〕に花生の下敷にする薄い板をいう（図32）。角花生には丸板がよく、丸花生には角板がよい。籠には薄板がよい。

薄色付子【うすいろぶし】　草花作り様。薄色付子《うすいろぶし》は、花は赤薄色。土は肥土に砂を交ぜて用いる。肥しは魚の洗い汁を根廻りに掛ける。分植は春、秋がよい。〔昼夜重宝記・安永七〕

図32「薄板」〔昼夜重宝記・安永七〕

薄柿【うすかき】 染色。〔秘伝手染重宝記〕に「うすかき」は「洒落柿*」のようにいかにも薄く加減して二度引く。よく乾し、また水で濡らして乾す。

薄霞【うすがすみ】 菓子名。〔男重宝記・四〕には薄霞、はた白、こね物、中うき物、山の芋入りとある。〔江戸町中喰物重法記〕に「薄霞」は江戸神田三河丁、小野屋にある。

薄皮餅【うすかわもち】 「薄かわもち」は、牛天神下諏訪丁 大黒屋にある。〔江戸町中喰物重法記〕

うすけい【うすけい】 草花作り様。「うすけい」は紫蘭*の異名。花は薄赤である。土は合せ土*を用いる。肥《こやし》は雨前に小便を注ぐ。分植は時期なし。〔昼夜重宝記・安永七〕

烏枢沙磨明王【うすさまみょうおう】 大坂願所。平野町御霊の社内宝城寺に、烏枢沙磨明王を安置する。諸願を納受され、中にも五痔*の類で難渋する人が信心すると忽ち霊験がある。御礼参には絵馬を奉納する。縁日は十五日、二十三日、二十九日。〔願懸重宝記・初〕

薄墨【うすずみ】 大和詞。「そばがいもち（蕎麦掻餅）」は、うすずみという。〔女重宝記・二〕

薄墨油【うすずみあぶら】 拵え様。〔男女御土産重宝記〕に薄墨油は、鍋墨、油煙墨、真菰の灰（少）の三色を等分に交ぜ、合羽の紙に移すとよい。

烏頭草【うずそう】 草花作り様。烏頭草《うずそう》は花は瑠璃色である。土は肥土に砂、肥しは魚の洗い汁がよい。分植に時期はない。〔昼夜重宝記・安永七〕

薄茶【うすちゃ】 茶の湯。〔里俗節用重宝記・中〕に薄茶は、煎じ茶の心で古式（よい取扱いという意）である。薄茶は真に立て、濃茶*を草に立てるという。濃い茶の次に薄茶を出したら煎じ茶は出さない。薄茶は、立前が一座の客への馳走で、茶は渇きを止めるばかりのことである。薄茶は一人ずつ出し、茶は茶杓に一懸一杯に懸け、湯は柄杓に七分目内に入れ、よく振り泡を立て、薄茶と言って出す。取って戴き、まだ渡らない人に挨拶し、飲み終ったら戴き返す（「茶の湯の事」参照）。〈染色〉〔染物重宝記・文化八〕に、柳茶、鶯茶、白茶、素海松茶、素昆布茶の五色を薄茶という。

薄月【うすづき】 「うすづきとは、いそが（忙）しく立ち走るさま也」。〔消息調宝記・二〕

薄鼠染【うすねずみぞめ】 染色。〔麗玉百人一首吾妻錦〕に薄鼠染は、松笠か茄子の木の殻を焼いて炭とし、擂鉢で摺り、水に溶いて染める。干して水で洗う。

渦巻【うずまき】 菓子名。渦巻、饅頭の皮、餡は薄く引く。〔男重宝記・四〕

太秦【うずまさ】 京名所。〔東街道中重宝記・七ざい所巡道しるべ〕に愛宕*へ行く道に、広隆寺*がある。〈太秦祭り〉〔年中重宝記〕に四月上酉の日太秦祭り。九月十二日太秦牛祭り夜に入る。十二月朔日 太秦仏名経。

埋み火【うずみび】 大和詞。「うづみ火とは、下にくゆる（燻）を云ふ。また、下にこが（焦）るる共」いう。〔女用智恵鑑宝織〕

埋鞭【うずみむち】 「鞭の事」ヲ見ル

埋み飯【うずみめし】 〔料理調法集・飯之部〕に埋み飯は、豆腐を霰に切り、塩湯でさっと煮、網杓子で椀に盛り、その上に飯を盛り出す。

埋む白雲【うずむしらくも】 大和詞。「うづむ白雲とは、梅の花の事」である。〔不断重宝記大全〕

薄物【うすもの】 「しゃ（紗）」ヲ見ル

薄雪煎餅【うすゆきせんべい】 ○「うすゆきせんべい」は尾張町一丁目 いせや治郎兵衛にある。焼き加減は、火に風の当らないよう風炉に掛けるとよく延び、焼箸を火で暖め、煎餅を挟み 手の内でくるくる回すとよく延び、御慰みになされるように作る。箱入御好次第、焼箸を添え差上げる。出店に、かわらけ町四丁目 いせや三四郎、芝柴井丁 いせ屋忠兵衛がある。○「名物／大うす雪煎餅 小日向 大日坂」にある。〔江戸町中喰物重法記〕

うす雪餅【うすゆきもち】 菓子名。うす雪餅、上白ながし物、中黄山の芋入り、下羊羹。以上角。〔男重宝記・四〕

鶉衣【うずらごろも】 大和詞。「うづら衣とは、みじかき（短）衣を云」。〔不断重宝記大全〕

鶉の事【うずらのこと】 〔万物絵本大全調法記・下〕に「鶉 じゆん／うづら」。〈異名〉〔書札調法記・六〕に鶉の異名に、雀佳賓《じゃっかひん》 白唐《はくとう》がある。〈薬性〉〔医道重宝記〕に鶉は平で毒なく、五臓を補い 気を増し 筋骨を壮《さかん》にし 熱を消し 小児の疳 及び下痢によい。〔永代調法記宝庫・四〕には五臓 筋骨を強くし、春は茸との同食を嫌う。〈料理仕様〉〔諸人重宝記・四〕に鶉は、汁 串焼き 煎り鳥 濃漿 船場（煮） 骨抜き かぜち（疎忽） 和え。〔料理調法集・諸鳥人数分料〕に鶉は、九月から十月迄が盛りながら、囲鳥（胡麻油で煮返し 塩をし 密封した貯蔵肉）が不断にある。麦うりと云うのは四月に出る焼鳥で二ツ割りである。〔料理調法集・汁之部〕には鶉を少し焼いて大きく作り、何でも時の物を加え、服紗味噌で仕立てる。〈食合せ〉〔料理調法集・当流献方食物禁戒条々〕に、鶉に一切の茸を食い合わせてはならないとある。

渦輪【うずわ】 〔料理調法集・口伝之部〕に「うずわ」は鰹の小さいのを言い、末秋の言葉である。但し、末秋より冬の鰹は鱠、刺身には遠慮し、雉子焼、煎物の類にして用いるのがよい。

失せ人を戻らす呪い【うせびとをもどらすまじない】 〔諸民必用懐中咒咀調法記〕に失せ人を戻らすには、走った人の着る物に磁石を包み、井戸へ下げて置くとよい。又方、紙の丈三寸、巾二寸五分にして、符（図33）を三ツに折り畳み、中を結び、失せ人が常に行った雪隠の丑寅（北東）の角《すみ》の屋根の小舞（垂木の上の桟）に挟むとよい。

図33 「失せ人の符」（増補呪咀調法記大全）

失せ物占い【うせものうらない】 〔万民重宝改正大ざつ書〕に次がある。○子の日は西方の女が盗り、山の中に隠して置く。○丑の日は西方の男が盗り、西々北方に隠して置く。○寅の日は西の女房が盗り、北の間に隠して置く。○卯の日は東々南方の男が盗り、北西の間に隠して置く。○辰の日は南方の女が盗り、西方の家に隠して置く。○巳の日は北方の女が盗り、西方、また北方に隠して置く。○午の日は北々西方の子供が盗り、北方の林の中に隠して置く。○未の日は北々東の人が盗り、南々西方の岩屋に隠して置く。○申の日は南々西方の女が盗り、北方、又西々南の間に隠して置く。○酉の日は西方の男が盗り、人の手へ渡す。○戌の日は西方の法師が盗り、北々西の間に隠して置く。○亥の日は西々南のしもべ（僕）が盗り、南南東に隠して置く。

迂詐【うそ】 〔世話重宝記・三〕に迂詐《うそ》は、偽り欺く事である。獺《おそ》*を誤り、「うそ」という説もある。獺が尾で人を欺き偽るのを、獺のたわれ尾という。山に住み また川に住んで、常の性がないため人の偽りに譬える。『幽冥禄』を引用して、唐の呂球は或る時船で曲阿湖に行き風を真菰の

間に避けていると、若い女が船に乗って来て菱を取るのを見ると衣裳が荷《はす》の葉なので、なぜ人が荷の葉を着るのかと問うと、女は恐れて古人が荷の葉を裂いて衣裳にするのを知らないのかと言い、船を廻らし帰ろうとした。呂球は真の人間ではないと思い、深々と矢を射て倒れ伏したのを見ると、大きな獺で船は浮萍であった。この時向う岸に老女がいて、呂球に菱を取る女を見なかったかと尋ねた。呂球がまた老女を射殺してみるとこれも古い獺であった。呂球が二ツの獺を得て船から上ると、所の人はこの辺に菱を取る女がいて麗しく、人々が来て契りを結ぶことが多かったが、この獺が化けたのだと言った。

烏賊骨【うそくこつ】〔薬種重宝記・中〕に和魚、「烏賊骨《うそくこつ》／いかのかう」。水飛し日に乾かして用いる。「いか（烏賊）の事」参照

嘘を築地の【うそをつきじの】〈平生ソレよく言う言語〉「嘘を築地の御門跡」の略。嘘をつくに、築地を言い掛けた。〔小野篁謔字尽〕

歌合の次第【うたあわせのしだい】〔女筆調法記・一〕に歌合の次第がある。○座上に住吉大明神、又は玉津嶋明神の御影を掛け、右には人丸の影を掛ける。その前に文台を置き、花瓶 焼香 閼伽を供える。○講師 読師。次第に座を定めて歌人が左右に直る。○歌の書き様 三行三字 二行七字のことがある（歌合は、左右の詠歌を一首ずつ組み合わせて、判者が勝負を決める）。

謡 謡い様【うたい うたいよう】〔男重宝記・二〕に、謡のうたい様は諸流ともに「位を知る」*ことを第一とする。俗に、一声二節《いちこえにふし》と言うが、必ず声に心をつけ声をよくしようと思ってはならず、ただ癖のないようにと嗜むべきである。古人の言葉に「声を忘れて曲を知れ。曲を忘れて拍子を知れ」ということがあり、謡は節 拍子 開口 仮名遣をよく覚えて、声は生れ付のままにすらすらと繕わず竦《すく》まないように謡うのがよいとある。また謡を賞翫とする時は謡を君とし、鼓を臣として謡を窺い育てて鼓を打つ。鼓を賞翫とする時は鼓を君とし、謡を臣として鼓を育てて謡う。〔諸人重宝記・二〕には音阿弥の歌を引き「音曲はただ大竹の如くにてすぐに清くて節少なかれ」（謡はするすると節のないように聞こえて節が籠り、延べ縮み盛んながら耳に立たぬ）という。また「謡はんにまづ祝言を専らにさてその後は恋慕哀傷」「師匠にも問はずはいかで教ゆべき心を砕き懇ろに問へ」「何事も工夫に勝ることあらじ習ひの上の工夫なりけり」。

謡鞁の事【うたい つづみのこと】〔諸人重宝記・二〕に鞁のことは、一通り習わなくては合点が行かないものである。差し当たり、謡を稽古する初心のために記すとして次がある。◇打切は「」、▲は大鞁、○は小鞁。◇本地は「」、大鞁二ツ 小鞁三ツである。◇片地は「」、大鞁一ツ 小鞁三ツである。◇ヒツトリは「」、大鞁一ツ 小鞁三ツである。◇ヲクリは「」、本地のあとへ小鞁二ツである。

謡会日【うたいかいび】 諸芸洛陽会日*の一。〔万民調宝記〕に次がある。○月次二十二日、観世流 双林寺内* 林阿弥。○月次 十七日、進藤流 意三門流高台寺内 昌純院。

謡稽古仕様【うたいけいこしよう】〔囃子謡重宝記〕に謡の稽古は、声を忘れて曲をなし、また調子を忘れて拍子を知れという。この心は、例えば声に心をつける時は調子を捨て、拍子の時は拍子ばかり習い 声は良かろと悪しかろと構わず、曲を習う時は曲ばかりを習い、また声が出したければ曲に構わず声ばかりを出して謡うのを第一とする。その上で調子を鍛錬し曲を浮かべ 拍子を堪能に覚えて、その後に曲にまた曲を彩り声の位を知り色々と自由に謡うのをよいとする。

謡講廻状【うたいこうかいじょう】〔寺子調法記〕に謡講廻状の範例がある。「来ル十三日私宅に於て 謡講興行致し候例会之通酉半刻（十九時）各々様御出席罷り下さる可く候 已上／月日 某／誰様／誰様。追而 番組別紙之通ニ御座候 以上」。

諷式法【うたいしきほう】〔囃子謡重宝記〕に諷式法がある。サシは滝のごとく、曲舞《くせまい》は淀みの如しとかいう。その曲舞の中に色々あり、大夫居曲舞は静であり、立曲舞は大夫が立って仕舞をするので囃子も数度も位が早い。また居曲舞の立曲舞、立曲舞の居曲舞という事は位の変りがある。曲舞の内に序破急とは、曲の謡い出しより打切りの所迄は序で静かである。それよりシテの上哥迄は破で少し位が早い。上哥より切迄は急なので早いと知るべきである。また上哥が二ツあるのを二段曲舞と言い、この時も同じである。

謡訟の事【うたいしょうのこと】〔諸人重宝記・二〕に「訟のこと 是は当流也」として図示がある（図34）。①「ふるしやう」。②「まはす」。③「くりまはし」。④「ふってひく」。⑤「のむ」。⑥「あたる」。⑦「いろ」。⑧「もつしやう」。⑨「うく」。⑩「べ丶しやう」。⑪「べ丶しやう」。

図34 「謡訟の事」（諸人重宝記）

右大臣【うだいじん】〔男重宝記・一〕に右大臣は左大臣*に次ぎ、左大臣と同じく諸々の政務を執り行う役である。

謡初め【うたいぞめ】新年に、武家の殿中で能役者を招いて初めて謡をする式。〔料理調法集・年中嘉祝之飾〕には「松囃 謡初也」とあって、式三番謡を始むる。その時引渡 雑煮 吸物を出す。三々九度の御祝い。家臣の面々へ盃頂戴。高砂 西王母 猩々の類。嶋台を出すとある。〔年中重宝記・一〕には正月二日、松拍子《まつばやし》〔『書言字考節用集・二』に「松拍子／まつばやし。申楽家に言ふ所」とある〕東西の本願寺にある。朝廷や幕府では正月三日、民間でも三日から十五日に行う。

謡出し拍子の事【うたいだしひょうしのこと】〔囃子謡重宝記〕に「謡出し拍子の事」が次のようにある。本拍子は「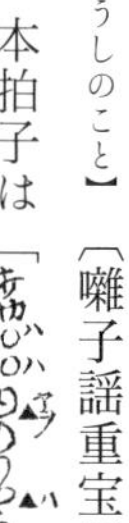」、一ノ拍子は「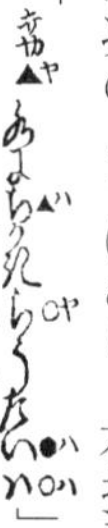」、一ノ後は「」、二ノ前は「」、二ノ拍子は「」。

謡の上手／悪い謡【うたいのじょうず／わるいうたい】〔囃子謡重宝記〕に「謡の上手／悪しき謡」が次のようにある。〇「謡の上手」は、謡の題号（精神）を理解し、てにをはの外、本の字に心をなし、神祇 釈教 歌道 恋慕 田夫 野人 魔鬼などの心を知り、所々の文句の意味によって謡うのが肝要である。只、さわさわと文字ごとに心をつけて文字に心を留めず、静かなのは静かにして舌怠くなく、早い物は早くしてそらず 上走らず、文字はいかにも緩々として弱からず強からず舌怠るからず、ただ美しく優しく口の内の惚けやかなのが第一といい、謡の上手という。〇「悪しき謡」は、打ち聞いた所は様がましくして文字聞こえず、節《ふし》多く浮き沈み、声を太め細め 延べ縮め 舌怠く、仮名は字に付き 字は仮名に付き、訛り歪みのあるのをいう。これでは謡の体と謡とは別になり、古えから足駄《あしだ》と足中《あしなか》（踵のない半分の草履）を履いたようだと言っている。

泡沫【うたかた】大和詞。〔不断重宝記大全〕に「うたかたとは、水の泡をいう。〔消息調宝記・二〕に「うたかたとは、みづの泡玉をなす也」とある。〔消息調宝記・四〕には「うたかたは少しと云ふ意《こころ》」とある。

哥かるた【うたかるた】〔男重宝記・四〕菓子名。哥かるた、角、上しめし物、下羊羹に胡麻入り。

歌加留多【うたがるた】〔女重宝記・四〕に次がある。『百人一首』*の歌を上の句と下の句に書き分けて、下の句を撒き加留多とし、上の句を吟じて合せて取る。歌加留多を打つとは言わず、続松《ついまつ》を取るというのがよい。業平が伊勢の斎宮を犯して別れる時、斎宮の方から杯の皿に歌の上の句

を書いて贈る。「かち人の渡れど濡れぬえにしあれば」（上の句）とあったので、業平はその杯の皿に続松《ついまつ》の炭で「又あふ坂の関はこえなん」と下の句を書きつけたことが『伊勢物語・六十九』にある。よって歌加留多の上の句と下の句を分けたのを続松*という。続松とは松明《たいまつ》のことである。

転心【うたたごころ】 大和詞。「うたゝ心とは、うつりやすき心を云。（歌）「花とみて折らんとすれば女郎花 うたゝあるさまの名こそありけれ」（古今集・雑体）。〔不断重宝記大全〕

転寝【うたたね】 大和詞。「うたたねとは、恋しき人を待かねた」心である。〔女用智恵鑑宝織〕

歌の女【うたのおんな】 大和詞。「うたの女とは、みみず〔蚯蚓書ニヨル〕」の事」である。〔不断重宝記大全〕

歌の父母【うたのちちはは】 〔女筆調法記・五〕に「難波津に咲くやこの花冬ごもり 今を春べと咲くやこの花」（王仁が神武天皇の即位を祝した詠作と伝える）を『古今和歌集・仮名序』に入れて六義《りくぎ》の始めの添え歌とし、歌の父と言うとある。その序には「安積山《あさかやま》 影さへ見ゆる山の井の 浅き心をわが思はなくに」の「ふたうた（二歌）は、歌のちちはは（父母）のようにてぞ、てならふ（手習）人のはじめ（始）にもしける」とある。

歌の病【うたのやまい】 歌学用語。〔男重宝記・二〕に歌の病として次がある。初一二一不同*毎句同*同心*乱思*欄蜍《らんし》*渚鳴*花橘*老楓*。

歌を詠み習う事【うたをよみならうこと】 「和歌の事」ヲ見ル

打上げ【うちあげ】 〈婚礼〉〔嫁娶調宝記・二〕に嫁が来た夜に夫婦連で舅の方へ行くこともあるが、本式には三日目に打上《うちあげ》と言って行くことである。士なら太刀 折紙を、町人なら樽肴を持参する。五種の進物なら鯣十連、昆布百本、鯛一掛、鴨三ツ、樽一荷であるが、それより軽いのは干鯛一折、樽一荷である。嫁には進物はない。聟は仲人、また身近い一門一二人を連れて行く。聟は装束、以下は服沙、小袖、半上下であり、士なら熨斗目*を着る。座敷の様体や式法がある。〈能楽用語〉〔囃子謡重宝記〕に「打上の事」がある（図35）。連続演奏した末に、太鼓打込み、鼓打上げ、ヱイの声と同前にして、一段落すること。

図35「打上」（囃子謡重宝記）

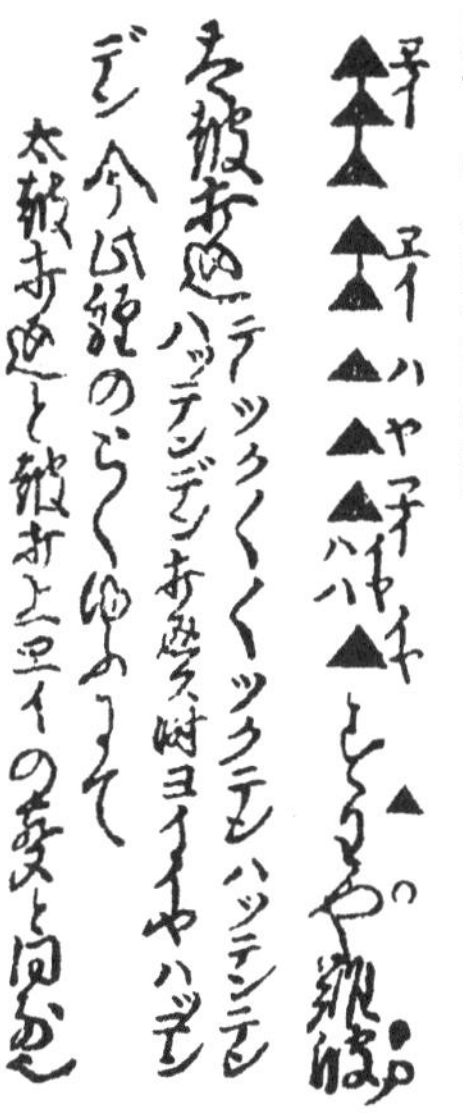

打鮑【うちあわび】 〔料理調法集・貝類之部〕に打ち鮑は、鮑貝を離し 水でよく洗い 板の上に並べ、細い木か竹で疵が付かないように暫く叩き、鮑十盃に水七八升、鰹節二ツ程を削って入れ、三刻（六時間）程煮ると和らかになる。その中へ酒一升五合程入れ、醤油を塩梅して煮る。尤も醤油を早く入れると鮑が締るので遅く入れるのがよい。

打ちおろし【うちおろし】 「綿核《わたざね》の油」ヲ見ル

打柿餅【うちかきもち】 〔男女日用重宝記・下〕に打柿餅は、糯米の粉二合に粳米の粉一合を合せてよく蒸し、色の付いた柿の皮を剥いて薄く切り、前の蒸した上に広げて温め、餅に搗き合す。

内冑【うちかぶと】 甲冑名所*。〔武家重宝記・三〕に裏冑《うちかぶと》とも書く。上《かみ》を浮《うけ》張《はり》とも裏張《うちはり》ともいう。木綿 麻布を用いる。近来は、日を厭い暑気を避けると言い、金箔で濃《だ》みたのがある。力革《ちからかわ》といい、十文字を入れたのがある。或る人は、冑は裏張、鎧は浮張と辞《ことば》を分けたという。また浮裏《うけうら》ともいう。

打傷及び内傷等を治す方【うちきずおよびないしょうとうをじすほう】 〔骨継療治重宝記・中〕に打撷や樹木に押され、或は高所より転け落ちたのは四肢五臓

を驚かす故 必ず悪血が内にあり、専ら胸が悪い。まず清心薬*打血薬の大小腸を通ずる薬を、童便を加えて服すると即効がある。打擷や刀石の傷、或は諸般の損傷の至極重傷には清心薬を服して清んだ小便を服し、三度去血の薬を服する。或は傷を受けて血が止まらないのは打《お》うて傷口から出し、或は滞って内にあれば薬を大腸に打ち入れて下す等、傷部位の症状により処置がある。薬は皆 湯使による。まず清心薬を煎じ、後に童便一盞を加えたのを用いて痛みを止める。重症の傷には薑湯や灯心湯を用い、また二十五味の薬を整えて用い、また薄荷湯もよい。〔骨継療治重宝記・下〕には高所より落ち、或は打撃 内傷等を治す神効の方は、麝香・水蛭（各一両）を刻み砕き炒り煙を出し、これを研《おろ》して細末（粉）とし、酒で二銭を調え、滞る血を下す。止らない時は再び服する。神効のある色々の調合がある。

打切り【うちきり】 「謡《うたい》鞁《つづみ》の事」ヲ見ル

内肥【うちごえ】 肥料。〔農家調宝記・続録〕に灰・煤・海川の藻などを、内肥《うちごえ》という。「肥しの事」参照

打越し【うちこし】 〔麗玉百人一首吾妻錦〕に打越を、当来《とうらい》を差し置き、未来のし文字（祝福）を詠む歌を云う。将来を祝福した賀歌。打越歌ともいう。「打越《うちこし》／君が代の久しかるべきためしには予ねてぞ植し住吉の松」。

打敷【うちしき】 大和詞。「うちしきとは、いなか（田舎）を云」。〔不断重宝記大全〕

内副の事【うちそえのこと】 立花*。心《しん》*の一の枝が下り、副《そえ》がつかぬ時、心と正心の間から心にそえて出すのを内副《うちそえ》という。〔昼夜重宝記・安永七〕

打擲れ死【うちたたかれし】 救急。〔改補外科調宝記〕に打ち擲かれて呆然とし人を見分けられず、死にそうなのには、葳霊仙*を研《くだ》き水に入れ、渣を濾し去り、半盞程用いると痰を吐き出して甦る。

うちつく【うちつく】 片言。「落着を、うちつく」という。〔世話重宝記・二〕

打ち付け書【うちつけがき】 〔永代調法記宝庫・一〕に打ち付け書は、脇付*のない書状をいう。自分より目下の方へ遣る状で、宛所は殿書にして、自分は片名字にするか、或は名字を書かない。

打ち付け事【うちつけごと】 「うちつけごととは、さそく（早速）の事」である。〔消息調宝記・二〕

打ち付け焼【うちつけやき】 〔料理調法集・焼物之部〕に打ち付け焼は、小鯛、鮎、鯵の類を火へ直ぐに打ちくべて焼く。卸し身、切り身でも、塩でそのまま焼く。出汁、酢等を懸けて出す。

内舎人【うちのとねり】 〔万民調宝記〕に内舎人《うちのとねり》は中務省*に属し、太刀を帯する官。

打針の事【うちばりのこと】 〔鍼灸日用重宝記・一〕に打針は、軸一寸、穂二寸二分である。〈手法〉〔鍼灸重宝記綱目〕に打針の手法に次がある。一身は栄（血）と衛（気）をもって主とし、血（栄）は筋の内を流れて肌膚を潤す。気（衛）は血筋の外を廻り肌肉を暖めるので、打針は太くして槌で打ち、栄衛を動かし、骨随に徹《こたえ》る理である。手法は、病人に立ち寄り左足を敷き右膝を立て槌を右の方に定置する。針を口に含み左手で病人の腹を窺い、左中指を人差指の後に重ねて穴《けつ》に置き、針を左中指と人差指の間に差し挟み、針先が肌に触らぬ程にして、槌を取り皮を切るのに痛まぬように針を打つ。秘伝は、一分程で槌に手応えがあり、二三分より深くは入れない。打針は浅く刺して効があり 深くは刺さぬ。打って気血を動かし、推して肉に徹し、捻って補瀉*迎*随*を行う。針を抜いて後、針口を閉じる。推手《おして》を強く、槌を軽く押す。推手が弱く槌になまり（鈍）があると痛む。槌の打ち方は乱《しどろ》になく、一ツ二ツと数えて手際よく打ち、腹ばかりに用いて、外の経には用いない。諸病は皆五臓*より生じるので、その本を求めて治す。図絵（図36）は〔鍼灸日用重宝記・一〕から。「針（鍼）の事」「管針《くだばり》の事」「撚針《ひねりばり》の事」参照

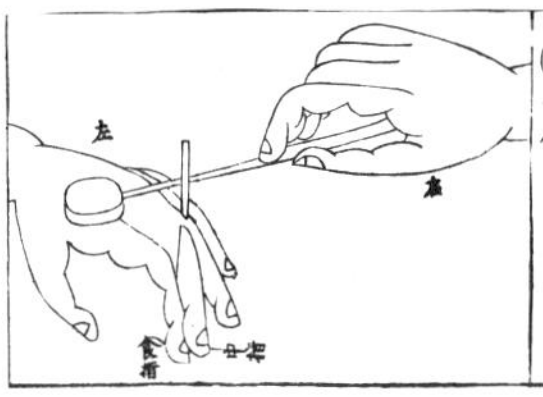

図36 「打針の事」（鍼灸日用重宝記）

〈金銀打針〉〔万買物調方記〕に「京ニテ金銀打針師」寺町四条下ル 村田駿河、寺町四条上ル町／下ル町 ならや弥左衛門、御幸町仏光寺上ル 弥十郎。「江戸ニテ金銀打針」京橋南一丁目 井林次左衛門、同 松村庄兵へ、南大工町ノ角庄兵へ。「大坂ニテ金銀打針」尼が崎町西淀や橋（氏名なし）。

打撒【うちまき】大和詞。「米《こめ》は、うちまき（打撒）」という。〔女重宝記・一〕

打身切傷薬【うちみきりきずぐすり】〔洛中洛外売薬重宝記・上〕に「打身《うちみ》切きず薬」は、烏丸四条下ル三丁目 間治麻にある。打ち身や切り傷の付け薬である。

打撲の事【うちみのこと】〔改補外科調宝記〕に打撲の対症がある。○折傷《うちみ》は外の皮肉筋骨を打ち破ったのは治るが、内臓腑を損ずるのは治らない。○高所から落ち内に瘀血があり 腹が脹り 脈の堅なのは治るが、脈の弱いのは治らない。○血が大分出て脈の細小なのは生き、浮大数《さく》実なのは死ぬ。○高所より落ちて昏沈し醒めず、二便の通じないのには大成湯*を、それでも醒めないのには独参湯*を用いる。○軽いのには復元活血湯*を、筋骨を破り 血の止まらないのには独勝《どくしょう》散*を塗る。また煙草を疵の上に塗る。○打撲 挫き 金瘡 矢等に当り、筋切れ 骨損じ 疼き痛みが止まず 肉の生じないのには、乳香・没薬・羌活・紫蘇・細辛・草烏・蛇含石（童便に浸し入る）・降真香・当帰・厚朴・白芷・蘇木・檀香・竜骨・天南星（各二匁）、麝香（三分）・花蘂石（童便を七度浸し入る、五匁）を極く細末（粉）にし、疵を葱の煎じ汁で洗い清めて捻り掛け、その上を古い絹布で縛り、一日に一度ずつ取り替えるとすぐ癒える。○総じて打撲の方は、苧麻《からむし》の葉と茎を共によく干し墨焼きにし、酒で酔う程用いる。他に回春再造散*もある。

〔骨継療治重宝記・中〕に、○打撲 傷損 骨折 脱臼には何首烏散*を、発熱体実の人は踈風敗毒散*を、寒気があり体の弱い人には五積交加散*を用いる。後に黄白黒四味の末（粉）を（散血定痛）補損丹*活血丹*等の薬で治す。○打撲《うちみ》跌《くじき》落ちて脇下を破り滞り 痛み忍び難いのには、まず破血薬*と独聖《どくせい》散を用い、次に復元活血湯*で調え理める。各症状により調合がある。〔永代調法記宝庫・三〕は、○折傷《うちみ》打身に、瓢《ふくべ》の黒焼を酒で用いる。○饂飩粉を酒で酔う程用いる。○馬等に踏まれ筋骨の砕け切れたのは、地黄を搗き爛らかし 汁を絞り出し 酒に入れて服する。○大黄を粉にし生姜の汁で塗る。〔増補咒咀調法記大全〕に馬に踏まれ高所より落ち物に押され打たれ等した大事は、大黄・当帰・桃仁を煎じて飲む。〔大成筆海重宝記〕に「救急妙薬秘方」は打ち身には、松の木の節を刻み煎じて用いる。また打ち傷《やぶ》ったのには何首烏を粉にして疵につける。〔家伝調方記・天保八写〕に「打身妙薬付薬」は、松の葉を細末（粉）に刻み 擂鉢に飯粒を入れてよく擂り酢で練る。男は女松、女は男松がよい。「妙薬呑薬」は川芎・紅花・甘草・百草（鍋墨）・白ケヘ分（各一分）を常のように煎じて用いる。〔万用重宝記〕に打身 挫き 筋違えには、延胡索（七分）当帰（五分）肉桂（三分）を常のように煎じて飲むと忽ち治る。これは外科第一の妙薬である。〔胡椒一味重宝記〕に打ち身には、胡椒（小）と野菊花（大）を煎じて洗う。

〈打撲傷損 及び腫瘤等の内傷〉〔骨継療治重宝記・中〕に破れが重く、初め痺れて痛まないのには、抜き伸ばし押し直す。或は刀で皮を割い

て二三日後に痛むのは まず気血を整える。杖で打たれ痛み腫れ破れないのには、まず稜針《ひらばり》で血を出す（破れたのは血は出さぬ）。撒地金銭・山薄荷・生地黄・地薄荷・猪豜・聹葉・沢蘭葉・血見愁を搗いてつける。打たれて傷となったのには黒膏薬 白膏薬 紅膏薬 太乙膏* 中指膏をつける。刀斧傷のものは軽重を考えて薬を用いる。軽いものにはただ補肌散を振り掛け、重いものには封口薬*を振り掛けてきちっと縛る。別に散血膏*をつける。〔骨継療治重宝記・下〕に打撲 傷損、及び一切の腫癰等が破れず内傷するのを治す方は、生地黄（研泥の如くする）と木香の細末（粉）を地黄膏で腫れの大小に従って紙の上に伸ばし、木香の末（粉）を振り掛け、これを三度行う。〔丸散重宝記〕に骨が砕け筋が切れたのには、地黄を搗き爛らかして膏のようにし痛む所につけて柳の皮で巻き、一昼夜に十度替えるとよい。

〔薬家秘伝妙方調法記〕に打ち身の薬は蓮の葉を黒焼にして用いる。〔調法記・四十ち〕に、①打ち身 筋骨の痛みを治すには、接骨木《にわとこ》でも蒴藋《そくず》でも湯に沸かして洗うとよく治る。②打ち身の薬は、肉桂・忍冬・甘草・灯心・瓠《ふくべ》・梅干・大黄を煎じて用いる。また桐の実と鹿の角の黒焼を酒で用いる。③打ち身の付薬は、饂飩粉を生姜の汁と酒で練りつける。④打ち身腫れ物の妙薬は、二蓮《にれん》の木と葉を陰干にして粉にしてつける。別に乳腫れ物にも妙である。打身瘡皮の剝けたのには酒でつける。⑤身を打ち損じ 骨の砕けたのには、楊梅皮を煎じよく沸して洗い、その糟をよく磨って違った所につけて一時（二時間）ばかり置くと、砕けた骨も違った所も速やかに治る。〔里俗節用重宝記・中〕に打ち身・挫きには、饂飩粉を茶椀に一ツ湯で濃く掻き立て直ぐに飲ませ、次に茶碗酒一盃を飲ませ、少しの間寝せて置くと痛みは起らない。〔万家調法呪咀伝授嚢〕は、苧麻の葉を茎もともによく干し黒焼きにして酒で酔う程用いるとよい。唐の芋を食するのもよい。〔懐中重宝記・慶応四〕は、槇の葉と鮒を黒焼きにして糯米糊で練りつけるとよく、当分痛むのは薬が相応するからである。

〔秘密妙知伝重宝記〕に「打ち身」は、○竹の皮を黒焼きにして続飯でつける。○桐の木を黒焼きにして続飯で練りつけるのもよい。〔重宝記・礒部家写本〕に打撲の甚だしい時は、匀気散《いんきさん》を用いて気を調え、陳皮・桔梗・麦芽・蒼朮（各一匁）、青茴香・厚朴・白芷・烏薬 杏仁（各半匁）、甘草（二分）に生姜を入れ常のように煎じ、二三服用いる。次に損傷の主方薬を与える。即ち、打ち身の妙薬として黄連・紅花・桃仁・青皮・柴胡・当帰・川芎・枳殻・芍薬（各等分）を煎じ常の如くする。〔懐中調宝記・牛村氏写本〕に打ち身の薬は楢の木黒焼（大）、三角革（中）、大黄・甘草（各小）等に酒と水を等分に交ぜて煮てつける。

〈売薬〉〔洛中洛外売薬重宝記・上〕には「打身薬之部」がある。御打身薬* 早順散* 人参養血湯* 人参打身湯*（南蛮）ほねつぎ膏薬* 万病むゆう膏* 油《あぶら》薬* 打身骨接薬* 難波療治筋違骨接所* 薫《くすべぐすり》 方延寿香* 明愈膏* 灸代かうやく* 打身切きず薬* 家伝龍謝膏*。

打身骨接薬【うちみほねつぎぐすり】〔洛中洛外売薬重宝記・上〕に「打身《うちみ》骨接薬」は、仏具や丁魚の棚上ル丁 清水美福にある。第一に打ち身、骨継ぎ、切り傷、突き腕、筋違い、底豆、皸《あかぎれ》、鼻緒擦れ、疵一切によい。取次には、室町松原上る いせや清介ら六人がいる。

うちもの【うちもの】〔菓子調法集〕に「うちもの」の製法がある。種微塵粉と太白砂糖を等分に見定め、砂糖の方へ少し水で湿りを入れ交ぜ合せて置く。微塵粉を砂糖によく交ぜ合せ、金通しで篩い、押す。色ものは砂糖に交ぜ合せてよく、紅を交ぜる時は水の湿りに及ばず砂糖ばかりでよい。押形は胡桃の油で拭くとよい。油が過ぎると悪く、押形を湯で洗う秘事がある。道具は匙 金通し 胡桃 刷毛とある。

鉄物地金【うちものじがね】〔万法重宝秘伝集〕に、万打物の仕様がある。鋼《はがね》

を火打ち釜の処に薄く拵えて置き、常の鉄を包丁や小刀何でもその形に拵えて置き鋼を刃にする方に乗せて、その上にへな土（粘土）の水で蕩《とろ》かしたのをたっぷりと掛け、火へ入れ赤く焼けた時に金床の上にあげ、鋼と本鉄を打ち合せて形を拵えて置き、その後また火の上へ乗せ紫色に焼き、刃元の方を水へ入れジュウと言わせ、余程黒くなった時にずっと水へ入れる。〔江戸流行買物重宝記・肇輯〕に「鉄物地金《うちものぢがね》」は、通油町鉄屋彦助、南茅場町 石橋弥七郎、日本橋釘店 伊勢屋平助、岩井町 紀伊国屋甚兵衛にある。「刃物の事」の内「刃物打物」参照

打ち破り傷【うちやぶりきず】〔筆海重宝記〕に打ち破り傷には、何首烏を粉にして、傷につけるとよい。

団扇【うちわ】〔万物絵本大全調法記・上〕に「団扇 だんせん／うちは」。〈紋様〉〔紋絵重宝記・上〕に丸に七本骨扇の紋、また扇の字の紋様がある。「おうぎのこと（扇の事）」参照

打つ【うつ】「凡そ麵類を打つといふは、棒にてうつ故なり」。〔日用重宝女大学〕

空貝【うつおがい】大和詞。「うつをがいとは、あひ（合）てやみ（止）なん」という心である。〔女用智恵鑑宝織〕「うつせがい（虚貝）」参照

美しい【うつくしい】五色*の褒め詞。「赤き色の物をば、美しい」と褒める。〔男重宝記・五〕

鬱金散【うつこんさん】〔牛療治調法記〕に鬱金散に三方がある。①苦心・人参・鬱金・甘草・麻黄・砂参・薄荷。これ等を末（粉）し毎服半両に、蜜（四両）・水（一升）を和して調え熱して喰わす。総身に瘡疥があり毛衣の退くのは皆肺毒積熱、また頭を垂れ喘し尿に血の出る等を治す。②鬱金・甘草・黄薬子・黄連・白礬・黄栢・黄芩・蛇床・狗脊・水銀・朱砂・牛黄・木香・竜脳・麝香。これ等を末（粉）し毎服二両を漿水*二升で調え、毎日二服を灌ぐ。胆張の患は、胸硬く毛焦れ薬を用い難いとして、この方がある。③甘草・鬱金・寒水石（各一両）、大黄（一匁四分）、白礬・黄芩（一両一匁）を末（粉）し、毎服五匁に米泔（半升＝米の磨ぎ汁）を和して鼻の中に灌ぐ。総身に血が出水草は常の通りで、眼から血の出るのは治し難いが、鬱金散を用いる。

虚し心【うつしごころ】大和詞。〔女用智恵鑑宝織〕に「うつし心は、物ぐるひなり」。〔女重宝記・五 弘化四〕に「うつし心とは、狂乱なるを云」。

現し心【うつしごころ】大和詞。「うつし心とは、うつつ（現）心［本心］」である。〔不断重宝記大全〕

鬱症【うっしょう】〔鍼灸重宝記綱目〕に気 血通じ 和すれば、百病は生じない。一ツでも結び聚る時は六鬱*（気 血 食 痰 熱 湿の各鬱症）より生ずる。常の時は生ぜず、重なる時は皆鬱をなす。針灸の穴に膏肓 神道 肝兪 不容 梁門がある。「諸気 鬱症」モ見ル

虚貝【うつせがい】大和詞。〔不断重宝記大全〕に「うつせがいとは、あひ（合）てやみ（止）なん」という意とある。「うつおがい（空貝）」参照

空蟬【うつせみ】大和詞。〔不断重宝記大全〕「うつせみとは、はかなき世」をいう。

宇都宮公綱【うつのみやきんつな】武将。〔大増補万代重宝記〕に宇都宮公綱《きんつな》は本姓は藤原氏。楠正成*と天王寺に戦おうとして果たさず、その後若干の軍事があった。正平十一年（一三五六）、五十五歳没。

うつぶく【うつぶく】片言。「うつぶくは、うつむく」である。〔不断重宝記大全〕

うつぼ【うつぼ】内裏仙洞詞。「葱《ひともじ》*は、うつぼ」。〔女用智恵鑑宝織〕

靫【うつぼ】矢を雨露から避けるため、矢全体を入れて背負う筒形の容器。外側を皮・籐・漆塗りで包んだ皮靫、籠靫、塗り靫がある。〔弓馬重宝記・下〕に革靫の図がある（図37）。矢には本数などにより並べ方がある。〈受取り渡しの事〉〔諸礼調法記大全・天〕に靫は竃を左に持ち 脇側を右に持ち、渡す時は取り廻して穂を左へなして渡し、そのまま受け取る。

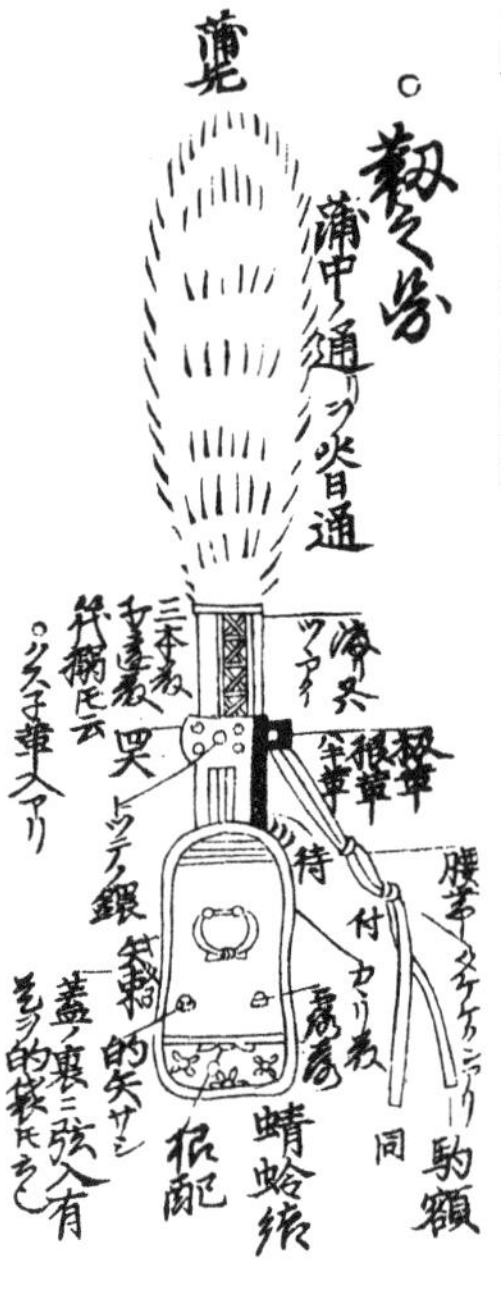

図37「靫の図」〈弓馬重宝記〉

〈靫師〉〔万買物調方記〕に「京ニテ靫師」は、小川元誓丸寺下 喜兵へ他がいる。「江戸ニテ靫師」は、京橋内町 小川喜左衛門、同弓町 靫や茂左衛門、糀町二丁 勘左衛門、日本橋南二丁目 靫や四郎兵への他、南伝馬町かん田橋にいる。大坂の記載はない。〈紋様〉〔紋絵重宝記・上〕には、靫と靫の文字の移匠がある。

空木【うつぼぎ】 大和詞。「うつぼ木とは、くち（朽）木の事」である。〔不断重宝記大全〕

移り箸【うつりばし】 喰物作法。菜《さい》*を食い、それからそれへと他の菜へ移るのを移り箸といい、嫌う。「渡り箸*」ともいう。〔女用智恵鑑宝織〕

器の垢や餅気を取る伝【うつわのあかやもちけをとるでん】〔諸民秘伝重宝記〕に器に垢や餅気の付いたのを取る伝は、大根の干し葉を茹でて洗うと奇妙に落ちる。

腕越【うでごし】 喰物作法。〔永代調法記宝庫・一〕に一二の膳を喰って、その手を三 四の膳へすぐに越し、一度に挟み喰うことをいう。これを腕越といい嫌う。

腕の痛みを治る方【うでのいたみをなおるほう】〔新撰咒咀調法記大全〕に「腕《かいな》（＝うで）の痛みを治る方」がある。天南星と蒼朮の二品を煎じて飲むとよい。また芥子《からし》の実を擂って塗るのもよい。

独活【うど】〔万物絵本大全調法記・下〕に「独活 どくくわつ／うど」。〈異名〉〔書札調法記・六〕に独活の異名に、独搖草がある。〔薬種重宝記・上〕に和草、「独活 どくはつ／つちたらうど。洗ひ黒き処を去り、刻み焙る」。〈漬け様〉〔世界万宝調法記・下〕に漬け様は、独活の葉を去り、強《こわ》い所を揃えて上皮を去り、三日程水に曝し一日に三度ずつ水を替え、よく揉み洗い水気を垂らし、独活一遍、塩一遍を置いて重しを掛けて置く。〈薬性〉〔永代調法記宝庫・四〕に独活は中風、脚気、歯の薬とし、風邪引き、頭痛、金瘡にもよいとする。

卯酉【うとり】 十二支の卯*と酉*。卯と酉は日月の出入の門、二物一竅。兎は雄の毛を舐めて孕み、感じて交わらない。鶏は合踏して跡なく、交わりて感じない。〔日用重宝記・二〕

饂飩豆腐【うどんどうふ】〔料理調法集・豆腐之部〕に饂飩豆腐は、豆腐を長さ三寸、巾一分四方位に切り、葛湯を炭火で煮立て、豆腐を入れ、網杓子で椀に盛り、差し湯にも少し葛を引き、甘汁で出す。〔調法記・全七十〕は、湯の中に盃に酢を一盃入れ、煮え立たせて置き、その中へ豆腐を心天《ところてん》の突き出しで突き出すと細くして砕けない。このようにすると客が百人あっても間に合う。〈細く仕様〉〔料理重法記・上〕には饂飩豆腐を煮る時、葛を少し入れるとどれ程小さくても千切れることはない。葛がなければ糯米を七粒程入れるとよく、極く薄刃で切るとよい。

饂飩の事【うどんのこと】「うどん」は「うんどん（饂飩）」の片言である〔文章指南調法記・二〕。〈製法〉〔料理調法集・麵類之部〕に饂飩は、粉は上白を吟味し、捏ね水は夏は塩一升に水三升、冬は塩一升に水五升の割合で粉をよく捏ね丸め、器に入れる。布を湿して被せて置き、一ツずつ取り出して打つ。風の当らないように注意する。よく伸し打って湯煮して洗い、また温め溜め湯して出す。汁は煮抜き、また垂れ味噌、甘汁でもよい。膳の向うは皿、或は猪口に花鰹、又は梅干。薬味は山椒の粉か胡椒粉を折形に包んで出す。〔料理調法集・点心之部〕には饂飩調え様

の塩加減を、六七月の温気は塩一盃に粉三升、寒気の時は粉四升、極寒には粉五升で捏ね、伸べ打つ。盃は末の嵩とする。また功者の言として、四季ともに粉一升に塩一盃（末の嵩）水三盃で捏ねて置き、温め伸べる。〈伸びぬ仕様〉〔料理調法集・秘事之部〕饂飩を常より少し塩辛くして太目に打ち、酒で煮て取り上げて置くと一日経っても伸びない。出す時は洗い、湯煮して出す。少し酒気があると風味がよい。〈薬性〉〔永代調法記宝庫・四〕には労瘵の熱や脾胃によく、汗も止め、不食にもよい。〈四倍に打つ法〉〔万用重宝記〕に、○「饂飩を打ち四倍に増やす法」は、常の饂飩粉一升に酒一合を入れ、松子（実）を五粒粉にして混ぜ、塩加減と水加減は常のようにして打ち延べ、極く細く切り、茹で加減は一泡立つ時火を引き、杓でその湯を一盃取り水を一倍入れ、また湯一盃取り水一倍入れ、段々に取り替え生温くし暫く蓋をして置くと、饂飩の中にすが立ち穴が開き増えること妙、風味もよく、貴人に出しても名物とある。「干《ほし》うんどん」参照

〈食い様〉〔女重宝記・四〕に男のように汁を掛けて食わず、索麵《そうめん》*のように食い、辛みも臭み等も決して汁に入れない。〔日用重宝女大学〕には温飩は唐の不拖《ふとん》に同じで、唐では必ず蘿蔔《だいこん》汁に和して食う。今の日本で蕎麦切りに入れるのと同じとある。〔料理調法集・点心之部〕に食い様は（常の椀に入れ湯を溜め蓋をして出す）汁が出、椀の蓋に受けて置き、箸を取り直ぐに持ち、胡椒紙を右手で取り上げ左手に持ち右手で明けて粉を入れ、紙を前のように畳み元の所に置く。汁を持ち上げ、饂飩を挟み入れて食う。但し、一盃饂飩と言い再進を請けない。

うない子【うないご】 大和詞。「うなひ子とは、おさなき（幼）男女」である。〔不断重宝記大全〕

馬鬣松【うないまつ】 〔消息調宝記・二〕に「うなゐ松とは、馬鬣と書く。うまのたてがみに見立《たつ》」とある。小児がうない髪に結った、という。「うない子」参照

鰻の事【うなぎのこと】 〔万物絵本大全調法記・下〕に「鰻まん／むなぎ／うなぎ」。〈薬性〉〔医道重宝記〕に、江鰻《うなぎ》は平で毒なく、虚弱を補い労熱を去り虫を殺し血を増す。〔永代調法記宝庫・四〕に鰻は腎を強くし、労瘵*や諸々の瘡、痔*の薬である。〔万用重宝記〕には鰻は人に薬となる。〈料理仕様〉〔諸人重宝記・四〕に鰻は、鱠 刺身 鮨 蒲焼き 杉焼き 山椒味噌焼き、この外色々。〔料理調法集・川魚之部〕に、○「鰻汁」は、崩し豆腐に、鰻の皮を剝き或は割いて程よく切り、赤味噌で煮る。〔料理調法集・川魚之部〕に、○「蒲焼」は、山川の鰻は油強く皮も堅く味が悪いが、蒲焼にするのが普通である。醬油よりは山椒味噌がよい。秋頃の鰻は流れ川に活けて置いて用いる。汐塩の入る所がよい。武州江戸前の鰻は夏向きがよく、冬向きは西浦北浦の鰻がよい。鰻の蒲焼の醬油には味醂酒醬油に鰹節を沢山入れ、鰻の頭を入れて煮出し、この内へ赤味噌を少々加える。〔江戸町中喰物重法記〕に「江戸前大蒲焼」は大黒屋にあり、「江戸鱣御椛焼」は尾張町寿々記にある。〔世界万宝調法記・下〕に、○「鰻の鮨」は、鰻をよく洗い雫を垂らし三ツ四ツ程に短く切り、酒に塩を食い塩より辛目に交ぜて一夜浸し、翌日飯に食い塩を交ぜて常のように漬ける。押しは中位に掛ける。〈食合せ〉〔料理調法集・当流献方食物禁戒条々〕には鰻に繁縷《はこべ》、〔懐中重宝記・弘化五〕には鰻に銀杏梅干〔梅酢〕篠笋、〔重宝記永代鏡〕には鰻に飴砂糖梅李桃の類は食い合わせとある。

海原【うなばら】 大和詞。「うなばらとは、海の総名」である。〔不断重宝記大全〕

うなめうし【うなめうし】 片言。「おなめうしは、乳牛うなめうし」である。〔不断重宝記大全〕

雲丹【うに】 「海膽かいたん／うに。又かぶとがひ」。〔万物絵本大全調法

記・下〕

雲丹蒲鉾【うにかまぼこ】〔料理調法集・蒲鉾之部〕に雲丹蒲鉾は、常の擂身に塩を入れず、雲丹を擂り合せた塩で塩梅し、常のように仕立てる。

雲丹塩辛【うにしおから】〔ちやうほう記〕に雲丹塩辛は、雲丹一升に塩二合とする。

雲丹半平【うにはんぺい】〔料理調法集・體餅真薯之部〕に雲丹半平は、魚擂り身七分、薯蕷三分卸し、よく擂り合せ、塩を入れず雲丹の塩で塩梅し、常のように仕立てる。

鵜沼より加納へ【うぬまよりかのうへ】木曾海道*宿駅。四里八丁。本荷百九十五文、軽尻百三十三文、人足九十五文。宿の左方に犬山城が見える。鏡野広い野原で、松並木がある。この近辺左方は山は見えず野原であり、右方は遠山が多く見える。丹蔵寺縄手を一里余行き、岐道があり左は加納道、右は岐阜道である。加納と岐阜*の間は町続きで五十丁ある。鵜沼より岐阜の間は四里、岐阜より加納へは二里である。〔東街道中重宝記・木曾道中重宝記六十九次享和二〕

うぬめ【うぬめ】片言。「己《おのれ》めを、うぬめ」という。〔世話重宝記・二〕

畝傍山【うねびやま】大和所名。八木より南で道から四五丁西にある。この辺には皇居の旧跡（橿原宮）や御陵等が多い。西に久米寺*や芋洗の芝がある。近くに益田の池がかすかに残り、池の西に琴ひき原、白鳥《しらとり》の御陵もある。里人は持明寺山《じみょうじやま》という。〔東街道中重宝記・七ざい所巡道しるべ〕

采女司【うねめのつかさ】〔万民調宝記〕に采女司《うねめのつかさ》は宮内省*に属し、炊事や食事の役目によい女があれば、諸国より奉るのを奉行とする。

うの字を書く仮名【うのじをかくかな】「う」を下に書くことは下の開きを色々に読まない時に書く。僧《そう》宝《ほう》焼香《せうかう》同道《だうどう》少々《せうせう》等。この類は大方「う」の仮名である。訓に読む時「う」と読む字は「ふ」の仮名である。これは詰めて読む入声の字を言う。例えば、入《にふ》蠟《らふ》塔《たふ》及《きふ》の類である。

卯の時生れ【うのときうまれ】〔大増補万代重宝記〕に、卯時（六時）に生れる人は心立てが卑しくない。生国には住み難く、強いて住むと病身になり損失が多い。他国に住居するとよく、商売も旅を回る家業をするなら仕合せよく、金銀財宝は心の侭である。〔女用智恵鑑宝織〕で特記することは、心立てはよいものの、縁付は思うようにならないが早く縁付くとよい。父母の家に久しく居ると煩い事が多いが、早く夫の家に行くと仕合せよく繁盛する。不信心であると心の侭にならない。

卯の年生れ【うのとしうまれ】〔大増補万代重宝記〕に「卯年生れ」の人は、一代の守本尊は文殊菩薩*。前生は青帝の子で、北斗の文曲星である。富貴繁盛して智恵才覚があり、また学問を好み諸芸*を習うことが多いが末遂げ難い。夫婦の縁はよく、子は三人あり、二人の力を得る。三十五六歳で災があり、四十九歳で福が来る。命は七十七歳で終る。薬師は寿命を守り、虚空蔵は福徳を与え、勢至は智恵を授けるので、いずれも一代信心するとよい。一説に、万事をなすのに一度は成就し一度は破ることがある。末に至り安楽にして衣食足る。天性心美しく人に愛される生れである。

〔女用智恵鑑宝織〕「女一代八卦」に特記する点は、前世は東都国の王子で、天より豆一石、金七貫目を受得して今世へ生れる。利発才覚で、芸能は多く習っても末遂げ難い。二十歳過ぎて縁に着くと大いによく、後に百倍の分限になる。子は三人で、産は安いが養生が悪いと命が危い。三十五歳で災いがあり、四十八九歳で命が危い。守本尊を信心すれば智恵利根物覚えがよく、無実の難を逃れ、人に愛敬があり、不信心なら思い通りにならず、人とも疎遠になる。〔日用重宝万物図解嘉永大雑書三世相〕に卯歳の守本尊は文殊菩薩。卦は艮上連。

卯の花【うのはな】〈大和詞〉〔不断重宝記大全〕には「うのはなとは、五月節供」をいう。〔女寺子調法記・文化三〕には「きらずを、から又う

の花 共」とある。〈吸物仕様〉〔諸人重宝記・四〕に「卯の花」があり、烏賊の背の肩を筋かい十文字に細かに切り掛け、大きさはよい程に切り、湯煮をして海苔等を置き、出汁に溜りを少し差して吸い合せ、出す。

卯の花煎【うのはないり】〔料理調法集・煎物之部〕に卯の花煎は、烏賊の皮を剝き松笠煎*のように筋違いに刀目を入れ、よい程に切り湯煮して、清《すま》しに仕立てる。取合せは物好きによる。

卯の花雉子【うのはなきじ】〔料理調法集・諸鳥之部〕に卯の花雉子は、雉子、又は鴨、小鳥等の類でも、骨ともに細かに叩き、雪花菜《きらず》*を濾し、油で煎り、鳥を交ぜ、酒醬油で塩梅し煎りあげる。

卯の花降し【うのはなくだし】「卯の花降し」は「卯の花流し」とともに、「迎《げい》梅雨《ばいう》」ニ同ジ

卯花月【うのはなづき】大和詞。「うの花月とは、四月の事」である。〔不断重宝記大全〕

雪花菜飯【うのはなめし】〔綟約重宝記〕に雪花菜飯《うのはなめし》の炊き様は、雪花菜《きらず》*の水気を絞り飯の水の引き際へばらばらにして散らし、塩を少し入れて蓋をしっかりして蒸す。移す時 杓子で搔き交ぜて飯桶へ取る。分量は米一升に糠《から》五合五勺でよい。食する時は大根卸しで食う。案外風味よく、糧《かて》として大変益があるので心がけて用いるとよい。

卯の日／月【うのひ／つき】〈日〉〔家内重宝記・元禄二〕に「日用雑書」として次がある。卯の日に耳の鳴るのは吉。犬の長吠は大吉。乳母を取るのに吉。味噌に凶。病は男は軽く女は重い。東は塞がり。人神*は腹にある。午の年の人は屋造りは凶。くしゃみ（嚔）は大吉。正・四・七・十月の卯の日は神内*にあり吉。二・五・八・十一月の卯の日は神外*にあり悪い。二月の卯の日は千億日*、また遠行すると帰らない。二・七月の卯の日は衣装を裁ち、着ない。三・四・八・十二月の卯の日は万億日*。一粒万倍日*。四・八・十二月の卯の日は万億日。五月の卯の日は報い日*、願成就日*、血忌日*、坎日*。五月十六日は報い日。七月の卯の日は大利日*。八月の卯の日は師旦絶命日*。九月の卯の日は天福日*。十一月の卯の日は黒日*。十二月の卯の日は運虚日*、炙針をしない、また外（下）食日*。夏の卯の日は母倉日*。夏冬の卯の日は土用の間日*。乙卯の日は利銭商い・釜塗りに吉、又炙をしない。己卯の日は太刀 武具を初めて着て吉。丁卯の日は三宝吉日、又 西に門を建てるのに吉。土公は丁卯の日は北に、己卯の日は東にある。丁・己の卯の日は入学に吉。丁・己・癸の卯の日は大明日*。癸卯の日は屋造りによい。〔重宝記・宝永元序刊〕に卯の日は兎とある。この日は元服 袴着 奉公出初め出行 入部によい。井掘り 嫁取りには悪い。〈月〉〔日用重宝万物図解嘉永大雑書三世相〕に「卯《う》《ぼう》、二月、単閼《たんあつ》」とある。卯は冒《ぼう》で、既に諸木諸草が地を冒《おか》して出る意である。この日は井堀、舟に乗ることを忌む。

うのめ【うのめ】大和詞。「うこぎ（五加）は、うのめ」という。〔女重宝記・一〕

乳母【うば】生母に代り、乳を飲ませて養育、監督する者を乳母いう。〔童女重宝記〕は孕み月六月目より探して置く。生れ付き息災で、心根を糺して大人しい者を抱える。〔重宝記永代鏡〕等には「乳母奉公人請状之事」の範例が文あり、身分確認、奉公期間、給金条件、子息を大切にする外、宗旨等の事が書き込まれている。「乳母取吉日」は寅 卯 申 酉の日は皆よいとある。

烏梅【うばい】〔薬種重宝記・中〕に和果、「烏梅 うばい／ふすべうめ。よく洗ひ、蒸し、核を去り、刻む」。〈薬性〉〔医道重宝記〕に烏梅は酸く温、肺気を斂《おさ》め、嗽《しわぶき》を定《しず》め、渇を止め 声を清くし 痰を去り 蚘《むし》によく、熱を退け 酒毒を消す。水の澄むまでよく洗い、蒸して核を去り、刻む。

烏羽玉【うばたま】「うばたまとは、夜《よる》を云」。〔女重宝記・五 弘化四〕

姥百合【うばゆり】 草花作り様。姥百合の花は青色。土は白・赤土に、白砂を等分にする。肥しは茶殻の粉を夏中根に置く。分植は春、秋がよい。〔昼夜重宝記・安永七〕

生髪【うぶがみ】〔童女重宝記〕には、男子が生れてから三十日目に生髪《うぶかみ》を剃る。「宮参《みやまいり》」参照

産着の事【うぶぎのこと】〔重宝記永代鏡〕に、○産着は、男児は父、女児は母の古着を用い、新衣では作らない。○産着の染色は、甲乙《きのえきのと》の生れは緑色、丙丁《ひのえひのと》は青、戊己《つちのえつちのと》は赤、庚辛《かのえかのと》は黄、壬癸《みずのえみずのと》は白が、それぞれよいとする。○産着の着初めに忌む日時。甲乙の日の生れは、庚辛の日未（十四時）申（十六時）の時は悪い。丙丁の日の生れは、甲乙の日戌（二十時）の時は悪い。戊己の日の生れは、壬癸の日丑（二時）未辰（八時）戌の時は悪い。庚申の日の生れは、丙丁の日巳（十時）午（十二時）の時は悪い。壬癸の日の生れは、戊巳の日丑未辰戌の時は悪い。また辰巳の日がよく、男の子は申の時がよく、女の子は酉（十八時）の時がよい。癸の日には産着の洗濯はしない。〔重宝綱目女要婦見硯〕に産髪絹《うぶぎぬ》は七日目に着せ、男の子は左の手から、女の子は右の手から袖を通す。上は帯を結ばず、打ち掛ける。この日名前を付ける。一七夜《ひとしちや》とは、天神七代*より世の始った寿きで、生れ出る祝の始めである。〈裁ち様〉〔万用重宝記〕に産着一ツ身の裁ち様は、八尺を二ツに裁ち、四尺を身に取り、四尺を二ツに割り、袖衿衽と裁つものとする。

生土神【うぶすながみ】〔農家調宝記・二編〕に生土神は、誕生した所の鎮守*、地主《じしゅ》の神をいう。日本に生れる者は貴賤ともに皆神の御裔であり、村々の古来の鎮座中興の勧請ともに、伊勢神宮に続いて尊むべきである。

生土詣【うぶすなもうで】「宮参《みやまいり》」ヲ見ル

産の神の爪り【うぶのかみのつめり】〔童女重宝記〕に懐胎して女の気血の収らない内に交合すると、生れる子の腰の辺りに青い跡があり、成人の後に疾病となる。これを俗に「産神《うぶのかみ》の爪りたり」という。

産屋の事【うぶやのこと】〔嫁娶調宝記・二〕に次がある。中人以上の人は産屋《うぶや》を建て、中人以下は常の所で産をする。○用意すべき物。手桶二ツ。匙笥《かいげ》二本。取り上げの時の盥一ツ。湯溜め桶一ツ。胞衣納め桶二ツ（曲物にして拵え周りに鶴亀松竹を色絵に書かす）。臍の緒を突く竹の小刀二本（家に久しくいる人が小刀形に削る。それぞれ役向きには時の物を遣わす）。石一ツ。苧二筋。○産屋に向いてよい方。子午卯酉の日は南。寅申巳亥の日は西北の間。辰戌丑未の日は東南の間に向いて吉。月により悪い方は、奇数月は丙壬の方、偶数月は甲庚の方。

産湯【うぶゆ】〔女重宝記・三〕に産湯には、米泔水（磨ぎ汁）に塩を少し包んで入れるとよい。〔小児療治調法記〕に初浴《うぶゆ》は益母草*忍冬の煎じ汁を浴びせる。また、『寿世保元』には五根湯*を浴びせると諸瘡を生じないとある。〔童女重宝記〕には唐の風俗には、生後三日目に産湯を使わせ、その内に臍の緒を押し絶つ、とある。産湯は骨の固まらないように強く洗うことを忌み、産湯の後は度々洗わず、四五日に一度洗う時は風邪をひかないように早く取り回し、喉や脇の下、或は股のつけ根の爛れやすい所には、天花粉*や竹の虫食いを掛けて置くとよい。

うべ【うべ】「むべ（宣）」ヲ見ル

午【うま】 十二支*の一。〔年中重宝記・六〕等から集成する。午（うま・ご・馬）。〔永代調法記宝庫・首〕に、午の異名は敦牂《とんしょう》日中がある。〈月〉月は五月である。午は悟《ご》、五月は陰気悟逆し、陽気地を冒して出る意。〈時刻〉午《うま》の時は昼の九ツで、十二時及びこの前後二時間である。日中、日南《じつなん》という。〈方角〉方角は南。また上。「午の日／月」参照

烏麻円【うまえん】〔洛中洛外売薬重宝記・上〕に烏麻円は、木や町松原上ル丁伊藤玄寿にある。第一に女の腰の冷えるのは腎の陽気の薄いためで、用いるとよい。労咳によい。取り次に西洞院出水上ル丁菱田や源

介、三条河原町西へ入 福井文右衛門がいる。

馬刷【うまぐし】 馬の毛の梳き櫛。〔武家重宝記・五〕に馬刷《うまぐし》の製法は、長さ二寸五分、柄の所五寸、歯の数十三 或は十五、又は七ツ九ツ半に作る。形は定めがない。一刷《いっさつ》と数える。

馬屯【うまだまり】 「ますがた（升形）」ニ同ジ

馬繋ぎ【うまつなぎ】 〔諸民秘伝重宝記〕に「馬繋ぐ所がない時繋ぐ伝」は、「西東北や南にませ（籬）さして 中に立たる駒ぞ留まる」の歌を三遍唱えると、留まり居るのは奇妙である。また歩ませるには、「西東北や南のませ抜きて 中に立たる駒ぞ放るる」の歌を三遍詠んで、それより馬を引き出すとよい。〔清書重宝記〕に「馬繋ぎの伝」は、我が身を清め観音経を唱え、馬頭観世音と三遍唱え、馬の頭を撫でるとよい。〔馬医調法記〕に「馬を繋ぐに忌む日」のこととして、戊《つちのえ》寅、己《つちのと》卯、壬《みずのえ》戌、丙《ひのえ》戌、戊申、庚《かのえ》巳、辛《かのと》辰は悪日である。

馬道具屋【うまどうぐや】 〔万買物調方記〕に「江戸ニテ馬道具屋」は御ほりばた 京橋西問屋町 通油町南横町にある。「きっつけのこと（切付の事）」モ見ル

馬による損傷治法【うまによるそんしょうじほう】 〈咬まれた時〉〔家内重宝記・元禄二〕人が馬に嚙まれた時は、馬歯莧《すべりひゆ》を煎じて服し、烏梅を砕き酢で塗り、死にそうな時は童便を飲み、外には益母草を擂り砕き酢で塗る。〔諸民秘伝重宝記〕は馬に咬まれ 或は踏み破られたのを治すには、その傷に灸をし、人糞 或は馬糞を灰に焼いてつける。〔重宝記・礒部家写本〕には男には牝鳥の鶏冠の血を、女には牡鳥の鶏冠の血をつける。〔調法記・四十ゟ〕には升の隅から水を呑ませると忽ち痛みは減ずる。また馬歯莧を擂り爛らし煎じて服し、或は栗を嚙み砕いてつける。〔胡椒一味重宝記〕に馬　傷《うまにかまれたきず》には、○胡椒の粉を傷口へつける。○傷口に灸三壮を据えて胡椒をつけるとよい。

〈咬み蹴られた時〉〔骨継療治重宝記・中〕に、○馬に咬まれ蹴られた時は益母草を搗き爛らし酢に交ぜ炒ってつける。○馬鞭梢を焼き灰にして塗る。○一粒の栗の実を焼き灰にしてつけるのも妙である。○鼠糞二七枚、古い馬鞭梢五寸を、同じく焼き灰にし、猪脂《ぶたあぶら》に調えてつける。傷口は風に当ててはならない。〈馬に踏まれた時〉〔万家調法呪咀伝授嚢〕に馬に踏まれ 或は高所より落ちたのによい法は、大黄・当帰・桃仁を煎じて飲ます。〈落馬を治す〉〔薬法重宝記〕に、人が馬から落ちたのを治すには、鬱金の粉・楊梅皮・石灰の三味を等分に合せ、続飯（飯粒糊）で丸じて水で呑む。

馬の汗【うまのあせ】 〔里俗節用重宝記・上〕に馬の汗は大毒故、食物に着いたり、目に入らないようにする。〔懐中重宝記・慶応四〕には、出物・切傷・灸崩れから馬の汗が入り痛みが甚しい時は、生の栗を嚙んでつけるとよい。また石灰 或は婦人の経水をつけるのもよい。

馬の事【うまのこと】 〔万物絵本大全調法記・下〕に「馬ば／むま」「駒く／こま」「驪り／くろうま」「騮りう／かげのうま」「驄そう／あしげのうま」「駁ばく／ぶちうま」「驢ろ／うさぎうま」「駝だ／らくだのうま」。〈異名〉〔書札調法記・六〕に、飛兎《ひと》 歩景《ほけい》 宛西《えんさい》 金羈《きんき》がある。〔新撰咒咀調法記大全〕に馬は南方の火気に位し、昼九ツ（十二時）を司る獣で、眠らず立ちながら夜を明かす。腹中に火気を含み肝は常に熱する。膽《きも》に腑がないので物に驚く。毛に黒白があるが、赤を主とするものは火気に位するからである。〔馬療調法記〕に、馬は古くから重荷を荷い遠行し 天下を利沢し、周に八龍があり、漢には九逸がいた。農家には耕作の助けとなし、武門には戦伐の具としてきた。士 農の家には一日も欠かせないものである。〔馬療調法記〕に「馬臓腑の図」が三図ある（図38）。灸所穴も示している。図示のみで説明は省略した。

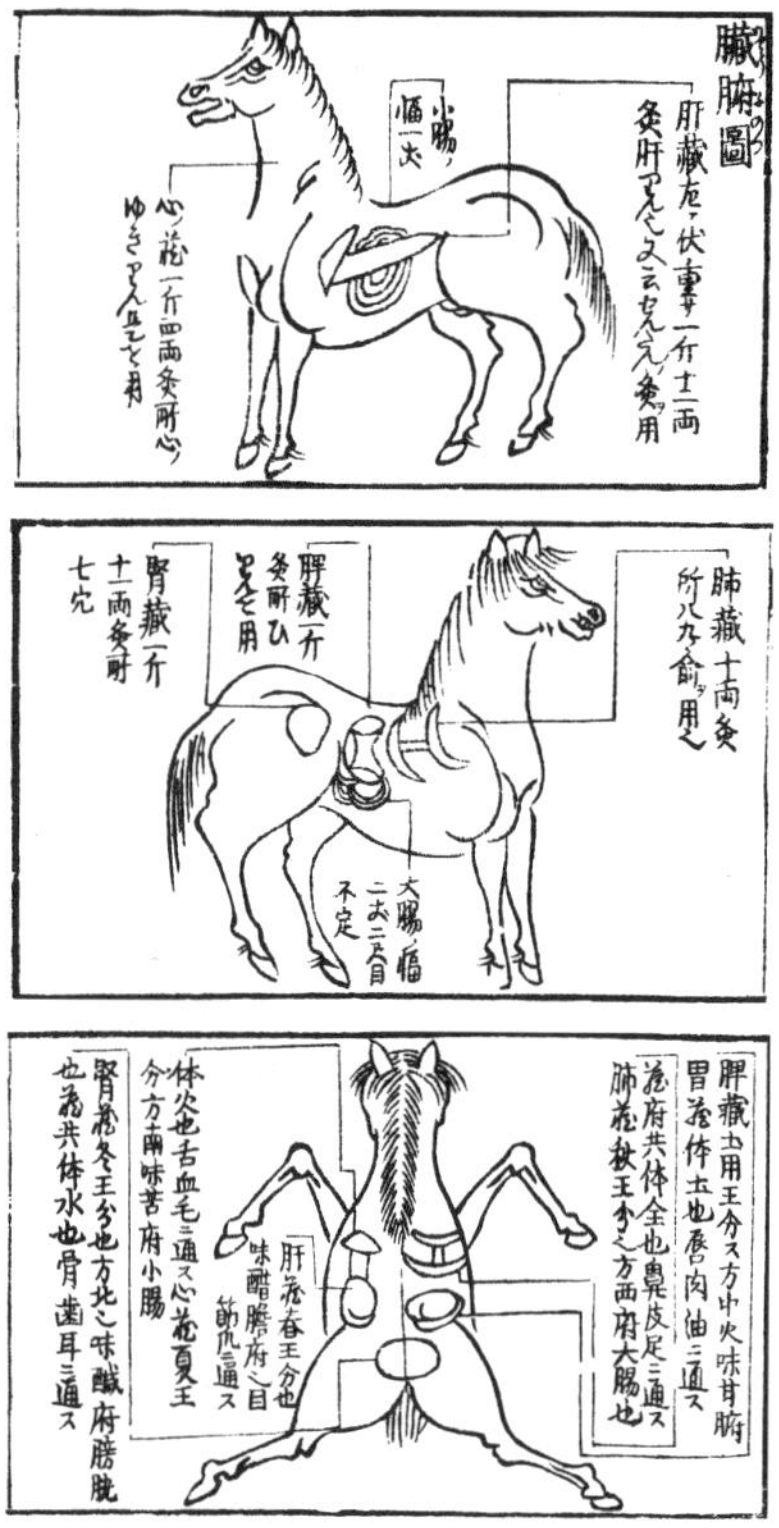
図38 「馬臓腑の図」(馬療調法記)

〈馬の相〉〔武家重宝記・五〕に「馬に十四相有」と出るが記述は十二で、この外に馬に吉凶の二相があるという。①頭は高《たかく》峻《たかし》なのがよい。②面《おもて》は痩せて肉の少ないのがよい。③耳の小さいものは、肝も小さく人の意《こころ》を知る。④鼻の大きいのは、肺も大きくよく走る。⑤眼の大きいのは猛利で物に驚かない。⑥腎の小さいのがよい。⑦腸《はら》は厚いのがよい。⑧嚥《のど》の小さいのは、脾も小さく養い易い。⑨胸の潤《ひろ》いのがよい。⑩肪骨は十二条を良しとする。⑪四《よつの》蹄《ひづめ》は注実なのがよい。⑫腹下の両辺に逆毛を生ずるのがよい。○馬には、駿馬《しゅんば》逸馬《いつば》乗馬《じょうめ》駑馬《どば》癖馬があり、これより下って小荷駄馬 伝馬《てんま》等がある。○馬の毛色は、白馬《しろうま》 黒馬（驪馬くまうま）額白《ひたいしろ》 戴星馬《つきひたい》 柑子栗毛 紅梅栗毛 連銭栗毛 月毛 鶴毛《ひばりげ》 鹿毛《かげ》* 葦毛* 河原毛* 糟毛* 駁《ぶち》* 栗毛* 蹄白《よつしろ》*（踏雪馬「よつしろうま」とも）等ある。

〈馬の陰陽を知る事〉〔馬療調法記〕に次がある。○「[え（兄）陽」青毛―木―蘆毛［と（弟）陰］」。（以下「え」（先）、「と」（後）はこの形式による）○「栗毛―火―ひばり」。○「鹿毛―土―糟毛」。○「月毛―金―河原毛」。○「黒毛―水―こけ」。○「ひらき爪―ほそみ爪」。○「肥え馬―痩せ馬」。○「乳太―乳細」。○「太腹―細腹」。これが陰陽であり、先の陽の馬は後の陰の馬に 先の陰の馬は後の陽の馬に、語らったものである。陰の馬にけん（乾）の扱いをしてはならない。陽の馬には陽の扱いをする。陰の馬に陽の扱いをすれば我が心をけん（乾）に持って扱うのがよい。陽の馬にはけん（乾）のあつかいを、我と陽に持ってする。

〈馬扱い方五ケ条〉〔馬療調法記〕に、①名馬が久しく患い寛いでも、糞をまる（排泄）べき弁えもないのには、他の馬の糞を飲ますと糞を出す。馬屋は暗い所を禁ずる。久しく患った馬には折々広野を見せるのが第一の療治である。②五淋 或は消渇を久しく悩み、いばり（尿）を弁えない馬には、友馬を引き立て、腰に水を静かに掛け、水が尿のように落ちるのを見せて尿を出す。度々友馬を見せるのが肝要である。馬屋は火の近くを禁ずる。③馬の内羅*の療治には、馬屋を極めて暗い所に建て、煙を厭う。米の類 又は塩 味噌類で決して飼わない。外には繋がない。④筋の煩い 又諸悪瘡には塩 味噌類を禁ずる。外に繋ぐのは悪く、火の近くも厭う。⑤虫 又は寸白《すばく》を煩う馬は、すぐに馬屋を建て替える。薬には内を温め外を冷ますのを用いる。

〈馬に乗る事〉〔武家重宝記・五〕に『易』を引き、皇帝牛に服し馬に乗るとあり、『通典』には尭 白馬に乗るとあるのでその始めは古く、馬の乗り方は師について習わないと知り難い。**〈馬を新しい馬屋へ入れぬ日〉**〔馬医調法記〕に馬を新しい馬屋へ入れる悪日は、戊寅《つちのえ》、丙午《ひのえ》の日とある。**〈馬を船に乗せる呪い〉**〔新撰咒咀調法記大全〕に馬を舟に乗せる呪いは、「天竺の流沙川なる渡し舟 駒もろともにのりの道かな」の歌を三遍馬の左の耳へ口を添えて詠み入れる。また馬の額に「賦」の字を書いて旁の「武」の字の一点を舟の中へ打つと馬は速やかに乗る。**〈馬諸流〉**〔文章指南調法記・五〕に、○八条流○大坪流○悪馬《あくば》流の三流がある。**〈呪符〉**〔増補咒咀調法記大全〕に①「馬の腹の病」符を草に添えて飲ます。②もある。③「馬の煩ひの符」もある（図39）。〔馬医調法記〕に

「馬の腹の病をまじなう様」として「南無阿弥陀仏薬王薬浄第一薬」の文を唱えて、「朝日さすあたかの山に朝日しりて駒ぞ腹病む」と三遍唱える。心経一巻を読んで置いて、「草食え臥して死ぬるなよ十一面観音真言をんろけいちんはらきりきりそはか」を二十一遍唱える等方がある。

図39　馬の事
①「馬の腹の病の符」（増補呪咀調法記大全）
②「同前」（増補呪咀調法記大全）
③「馬の煩ひの符」（増補呪咀調法記大全）

馬の三懸【うまのさんがい】〔武家重宝記・五〕に馬の三懸《さんがい》は、面懸《おもがい》*鞅《むながい》*鞦《しりがい》の三品をいう。

馬の諸病【うまのしょびょう】〔馬療調法記〕に、○「馬の万病を二病に分くる事」は、内心の病は何でも熱、肉筋の病は寒、皮の病は内心にも肉筋にもつく。○「馬病療治日取の事」干支で、え（兄）の日に病を受けたら半の日（奇数日）に治す。と（弟）の日に病を受けたら丁の日（偶数日）に治す。

〈馬の死相〉〔馬医調法記秘伝馬医書〕に馬の口を開けてよく見、春は青み、夏は赤み、秋は白みなのがよい。この色に違うと、病み着き、大事と知る。

〈馬の血脈八道〉〔馬療調法記〕に次がある。①「浮脈」。太く大で押して見ると強く指を押し返すようである。熱脈であり、血を持ったと思い血を取るのがよい。但し、夏と冬には心得がいる。②「不足の脈」。押して見ると指の跡が上らず直らない。十四日以内に必ず死ぬ。但し、瘡馬は死脈ではない。③「大脈」。押し下して見ると上でも下でも半分は浮脈、半分は沈脈である。これは三日病の脈である。葦毛馬は七日も病む。但し、胸繫《むなかい》の辺に瘡心があれば三日病の脈症ではない。④「石連の脈」。押してみると血筋の内に節が立っているようで、和らかな物に砂を置いて指に障るようである。瘡の脈である。但し、この脈には大痳子《ろし》が出る。他の瘡にはこの脈は現れない。⑤「洪脈」。脈筋を見ると細く出してみると硬く強く覚える。これは皮肉が熱し腹中の寒である。但し、五歳より内は平脈である。⑥「滑脈」。脈筋をみると太く大で押してみると無いようである。これは胸の腫れる癰腫の脈である。薬は赤螺を黒焼にして酢で度々つける。⑦「速脈」。息の早い脈で何病でも息が早く見えたら血を採り、また冷やす。息が静かで細いのは血を採ってはならない。熱し煩う時には二日の間に五三度も血を取る。又かうがい薬を用いる。⑧「沈脈」。沈脈の馬には酸いものは用いない。

〈馬の五脈〉〔馬療調法記〕に次がある。①「入脈《にゅうみゃく》」。一動ニはり二動ニ入る。虫寸白*の脈である。②「外脈《がいみゃく》」。一動ニ入る二動ニはる。瘡又は諸の腫物の脈である。③「沈草《ちんそう》の脈」。水の底に草の葉が浮かんで動くようである。筋の病で悪脈である。④「骨動《こつどう》の脈」。折骨《おりほね》をはる。内羅*の脈である。⑤「鶴遊脈」。一動ニはり二動ニ入る、或は二動ニはり一動ニ入る。本脈ニ入りはり定まらないのを云う。これは乱病の脈で悪脈である。○「入・外」の二ツは、陽脈である。「沈・骨」の二ツの脈は、陰脈である。「鶴遊脈」は陰陽を兼ねている。

〈馬の脈薬相当相剋〉〔馬療調法記〕に「馬の脈薬 相当相尅の事」がある。○浮脈の馬に辛い物を用いてはならず、鹹《しおはゆ》いのを用いる。○沈脈の馬に酸い物を用いてはならず、甘い物を用いる。○石連の脈には塩辛い

物を用いてはならず、酢い物を本味として滑なのを用いる。○竹筋《ちくきん》の脈には辛い物を用いず、甘い物を本味とする。○滑脈には塩辛い物を用いてはならず、濁《だく》の味を本味とする。炮する。○洪脈の馬には辛い物を忌み、酢い物塩辛い物を用いる。「馬の諸病」〈馬の血脈八道〉参照

〈馬の寒熱七ケ条〉〔馬療調法記〕に馬の寒熱は、目・耳・鼻・舌・唇・毛・きん（陰嚢）の七所で見分ける。○熱病には、目の内赤く耳垂れ鼻開き 唇厚く 舌乾き 毛は身に着き きん（陰嚢）が下がる。○寒病には、目の色青く 耳・鼻・唇が窄《すぼ》み 皺より 毛立ち きん（陰嚢）上がり 馬の形は竦み 舌は濡れる。この寒熱に合わない熱は、「労熱／愁寒*」となづける。

〈馬の五病吉悪相〉〔馬療調法記〕に次がある。「吉相」①結馬*を頻りに患っても、腹が鳴り 尾を差すのはよい。②虫・寸白*で、熱症に見えるなら吉相である。③ばりけつ（尿結*）を病んでも腹鳴り 目が赤ぎり 身震いするのは容易い。③内羅*を久しく病んでも脾腹（横腹）が下がり 鼻の中鳴らず 糠草を疎まないのは容易い。⑤痒がり また諸の瘡が数多くあっても 糠を食い頭を軽くするのは容易く治す。「悪相」①結馬の腹が鳴らず 鼻窄《すぼ》み きん（陰嚢）腫れ 息臭く 口を開けると、水の流れるのは悪い。②虫・寸白で鼻より黄な水の出るのは悪い。③ばりけつ（尿結*）に歯を噛み口を開けないのは大切である。④内羅に脾腹（横腹）が上がり目固まり 糠草を疎み 鼻息の荒いのは死ぬ。⑤諸の瘡に、再発の時内羅を吹き出すのは大切である。

〈馬の忌み物四ケ条〉〔馬療調法記〕に次がある。①打ち目 底翳《そこひ》 上翳《うわひ》 虫目等諸の目を煩う馬は、日の当る所を忌み、暗い方に立てる。②瘡を煩う馬は、人近く出入りの道を嫌う。③内羅*の馬は寒い所に立ててはならず、夏は焚火を忌み、また乗ることを忌む。④腎虚*の馬には粥を忌む。

〈乗馬の諸相〉〔馬療調法記〕に乗る馬の諸症を療治薬とともに以下に記す。○「顎の外れた時」は、かちやのすりね・燕の糞・うるか・牛皮・かはみやうふ（各黒焼）を、猪の油で練り固め、外れた所へ押し込む。また上にもつけ、その上を鉄漿水で溶き入れ、沓を掛けて置く。療治の間は乗らない。○「瘜肉（あまじし 余肉）」は、苺のように根は細く末広く出る。療治は竹刀で瘡を切り取り、その跡を鶏糞を掛けて黒くなるほど鉄《かね》で焼く。その後の薬は、犬の頭と皂莢（各黒焼）を等分に合せて良い酢でつける。水を忌む。○「洗い薬」忍冬・干し菜・甘草を煎じて袋のような物で洗う。

〈一刻相伝の事〉〔馬療調法記〕に、馬の何病でも一刻（二時間）の内にすべき処置、秘法である。①四足の病なら傾向かない方の足に三角の木を伏せて沓を掛け、追い打つ。②虫・寸白なら腹中を打ち、一そく（束）木で口を割り、荒く乗るとよい。○「いんらいけつ」。腫れた所へ糠糙を使い 水をよく絞り出しよく冷やし その後手綱で拭い 薬をつける。辛子・藍の実・塩をよく合せ上精酢でつける。治らない間は何度もよく冷やして薬をつける。また河で冷やす。

〈大竦み〉〔馬療調法記〕に、大竦みは馬屋でも竦む。四脚を働かさず、総身爪先で歩む。まず総血を採り、三日五日過ぎて中頃より裾へばかり血を採り、また五日も過ぎて肢の血ばかり採り、始めからよく冷やす。竦みは腕口に溜りがあり 総身に熱《ほと》おる。さゝかへし りうそう ふしかけ、溜りの多く溜まった所で針を刺す。その後に川へ引き入れ よく冷やす。川より上げて腕口から煙の立ち止んだ時、四足平癒*を腕口へよくつける。○「馬の緊急の事」馬の筋が詰まり 首が鋘れ 足竦み 蹲う馬には次の薬を竹筒で飼う。麻実・たたらひ（たたらめ＝細辛）・乾姜（少）。又方、五倍子・芥子。『日葡辞書』に「Vmano axiga scunda. 馬の足が萎えて歩けないようになる」。

〈尾の毛抜け〉〔馬療調法記〕に、尾溝*でもなく、痒がりでもなくて、尾の毛が抜けることがある。まず尾筒に糠糙を使い よく血を出して 水で

冷やし、その後馬のばり（尿）で洗い、辛子・血縛り（血止め薬）・苧麻の根・石灰・塩を擂り合せて、よい酢で溶き、緩々延べてつける。尾本・尾中・尾前から血を採る。

〈瘡〉〔馬療調法記〕に、皮に付いた一切の瘡は外から拵える薬を本とし、突いた瘡は内薬を本としてその後から拵える。①根抜きの薬。巴豆（去毒三粒）、皂莢（黒焼一戔）、黄栢（粉半戔）、なつつの（半戔）、白い物（白粉、その侭半戔）。よく合せて続飯（飯粒糊）で小豆大に丸じ、瘡の上に針を刺して押し込む。七日後に糟で洗い 膿を押し出し 根を抜く。②瘡の癒え薬。犬の頭（黒焼十戔）、天南星・皂莢（黒焼 各五戔）、牛の皮（黒焼三戔）を粉にして度々つける。③内薬。皂莢・大根（各黒焼十戔）、白い物（白粉 十戔）、鼠糞（炒 七戔）を粉にして、酒で一度に五ツずつ飼うが、酒が中ったら対処もある。糠草を喰わない時は牛膝を刻みよく擂り 忍冬《すいかずら》の煎じ汁で延べて飼う。酒はほんの飼汁と心得る。④諸の瘡の薬。鼠粉、大根（黒焼）、胡椒（少）を酒で用いる。一筒に一銭入れる。はるびゆいと（馬の腹帯結びカ）より前なら糠を飼ってから後に飼い、後ろなら糠より前に飼う。⑤「瘡の寒熱を知る事」。瘡寒は瘡の上の毛が立って毛が強く、瘡熱は瘡の上の毛が柔らかく身に付く。

○「瘡腫物」の類が俄に出るのには、蓮の油と雌黄（灰）を練り合せてつける。又方、螺殻（黒焼）を酒で練りつける。○「瘡に大竦みの合薬」。宿砂・芍薬・皂莢（黒焼 各一両）・鼠糞（一銭）を粉にして、女の厩で七日飼う。様子により度々用いる。○「瘡に寸白」の合病薬。杏仁・黎蘆（炒 各二銭）・むらだち・胡粉（炒 各一両）を粉にして、桃の皮を煎じた汁で飼う。○「瘡に風病」の合病は、黎蘆（炒・黒焼・生、各一両）、鼠粉（炒 二銭）、羅葡（黒焼 一両）を粉にして酒で飼う。風病は煩いよく瘡に必ず残るので、その時はまた瘡の内薬を本として風病の薬を合せて七日も飼う。○「瘡馬の薬」。搗栗・干麻・連肉・白い物・天南星（等分）を粉にして酢で一筒に一銭入れ、一度に五ツずつ飼うと、諸瘡を腹中へ引き纏めて外の瘡は癒えて食が止り煩う。この時 瀉薬、鼠糞（炒）、巴豆*（去毒 三粒）、牽牛子・大黄（各一両）、温石（二分）を粉にして一筒に一銭入れ、一度に五ツずつ酒で飼う。

〈諸病〉〔馬療調法記〕に出る病を列挙する。○「肩脱き」の馬を引き立てて見ると脱いた方の足は長い。薬は、土木通《つちあけび》（干し粉にし）・犬蓼（黒焼十銭）・乾姜（五銭）・川芎（三銭）・阿仙薬（一銭）を、温湯で七日飼う。肩を強く脱き 痛めて糠草を疎めば忍冬と車前子を煎じ飼い汁にして飼う。つけ薬は「四足平癒*」を五日、また七日周りにつける。煎薬は車前子・枸杞・五倍子を煎じ濁り酒を少し入れて茹でて、度々水を掛けて冷やす。皮薬を治せぬ前に草分の針八寸に刺し、脱いた足へ木を結い副えて押し込むなどする。決して臥せさせない。○「痒がり」。馬が痒がり毛を擦り抜く所を見ると、油のような汁が出て 周りの毛が濡れている。つけ薬は、白い物（白粉）・括蔞根（各半戔）、明礬・焼塩（各一戔）を細末（粉）して、梅干の汁で粘々溶いてつける。薬をつける前には、こもうつぎ（接骨木）と苦辛を濃く煎じて洗ってからつける。毛を強く擦り抜いたら皂莢（黒焼）をつけてから塗る等、方がある。水は忌む。

○「眼病」療治は様々あるが、血熱と壮熱である。①血熱は打ち目・虫目・火入る等がある。療治は、そうかう 眼脈 すいけつ（共に眼周辺の針穴）より血を取り、次に薬を差す。烏賊の甲・黄栢・繁縷（黒焼 各一銭）、焼塩・橡（半銭）、熊胆（少）を粉にして、空木の青味の汁と梅酢を等分に合せ、粘々溶いて目の中へ押し入れる。但し、先に眼の内を水でよく冷してから薬を差す。その後、上を手綱で結んで置き三時間ばかり置いて取る。虫目の見分け様は、黒玉と白玉の間から白い物が黒玉へ鋸歯のように掛り、刀の焼刃のように広がる。前に打った目は白い霞の中に赤い物が所々に掛る。②壮熱で患う眼は、上翳《うわひ》・底翳で、これは針を刺さ

ず薬ばかりで治す。上翳は瞳に薄い白い霞が掛かり、霞の上には赤筋がある。底翳は目は明らかで見えないのを言い、乗り使うのは悪く火の近くを忌む。○「馬の目薬」。諸眼薬は、空木の青味・繁縷（黒焼）・烏賊骨（各等分）、堅塩、橡の木、熊胆（減半）を粉にし、空木の青味の汁と梅干の汁を等分に合せ、薬をねばく粘り合せ烏の羽で眼へ入れる。

○「盲眼」。俄に目が白くなって煩うのをいう。土龍と鶏糞を、まず蕪菜を卸した汁で洗う。また蕪菜を目の形に削って目の中へ押し込み、手綱で結んで置くのもよい。

○「挫き」は竦み（「馬の諸病」〈大竦み〉参照）が溜らず強く、熱《ほと》おらず、堅くなり、是にはしばおきを針刺して血を出し冷やし、「四足平癒*」をつける。治らない内は腹掛はしない。内薬は、宿砂・赤小豆ノ花・芍薬・松の緑（干して粉にする）・松脂（少）を粉にし母の灸で五日も七日も用いる。母の灸がなければ松の緑を煎じて用いる。○「口を蝿に食われた時」。薬は牛膝《いのこずち》と露草を揉み合わせて飼う。○「口の内の腫れ」。腫れた所を木で挟み針をよくよく刺す。

○「五淋消渇の薬」。乾姜・干野老（各一両）、葛（二分）、胡椒（五粒）を粉にして酒で用いる。一筒に一銭入れ、一度に五ツずつ用いる。○「子を産み兼る薬」。鼠糞（炒二銭）・熊胆（少）。夕顔の蔓を酒で煎じて薬を一筒に半銭入れ、一度に三ツずつ用いる。○「逆子を産む時」。後足を先へ出したら、烏頭《からすがしら》（＝馬の後足の外へ向いた関節）より下へ塩を塗り押し込む。馬を動かしてはならない。その後、熊胆を温湯でたてて三箇ずつ飼うとやがて平産する。○「鞘（陰門）に出た瘡」。馬を臥せて鞘をとり糟湯で洗い揉み入れ、その後に白い物（白粉）・霊天蓋・胡椒・焼塩・皂莢（黒焼）をよく合せ、瘡の上へ捻り掛ける。このように度々して油断しなければ治る。○「三剋相伝の事」。馬の何病でも一日（三剋＝六時間）で平馬になす薬は、人の腹中より出る虫（一両）、竜脳（一分）、馬の脳、一寸の内に節の九ツある鎖陽、瓜蔞根、蘆毛馬の血。これ等を粉にして、時の適味で飼う。一筒に半銭を入れ、一度に五筒ずつ用いる。○「三七九の灸」。取髪《とりかみ》（首から肩辺のたてがみ）より六寸下の背骨を灸する。脾門という。それより六寸下左の鞍下を左章門といい、右は右門という。

○「舌輝」。舌が二所も三所も割れる病である。まず馬を臥せて舌の裏の方を引き返し、青筋を三所も針で刺して切り血を出し、その後濁り酒をよい燗にして茹でる。その後に鰹を五六度つける。米の類は飼わない。

○「腫物」。皮腫《ひはれ》でも、腹中・下腹の腫でも、腫れたら蓋を押す。腫れ物の蓋は唐荏の油・巴豆・五八草（『譬喩尽』ニ干乾しの蝮トアル）・夏草を、続飯（飯粒糊）に押し合せ、紙を切って塗りつけ押しつけ、腹中下腹の辺なら百会《ひゃくえ》の穴《けつ》に押す。胸の辺平首なら取髪《とりかみ》の辺に押しつける。腫が出て一二日の間なら必ず平癒する。久しく腫れ根が差し出て見えるなら根引をする。根抜も胸の薬も同前である。○「諸寒病」。薬はかん粉（十両）・胡椒（三両）を粉にし飯の湯で丸じて少し干し、その後桃白皮・牛膝・接骨木を等分に煎じ、前の丸薬を練り蒸して中まで湿った時、粉にし小便で練り、また丸じて用意する。「馬の諸病」〈馬の寒熱七ヶ条〉参照

○「腎虚」。毛先に鱗が出る。高ずると後肢の左右は揃わず腰の自由も叶わない。白朮（五銭）、塩蛤・干野老《ところ》（各三銭）を粉にして酒で用いる。一筒に一銭を入れ、一度に五ツずつ日に二度、症状によっては五日も七日も飼う。灸治は七穴に灸する。

○「筋瘡内瘡」。瘡が右でも左でも一方にあるのは治し易い。前肢或は後肢の左右の節に一様に出るのは極めて大切である。四足に限らずどこでも左右同前に出るのは悪い。○「筋渡し」。桂心・阿膠（少）を粉にして骨折の薬に交ぜて巻きつける。時により所により少しずつ温めることもある。但し、心持ちによる。

○「筋の薬」。①諸の筋の薬は良香・白朮（各一両）、乾姜（二分）、はん

かを粉にして酒で用いる。結馬*には馬をよく冷まして用いる。一筒に一銭を入れ 一度に五ツずつ 日に三度も二度も、馬の年によって用いる。②瓜蔞根（一両）、大黄（三銭）、葛・牽牛子（各二銭）。胡麻のひざ（被蓑）を刻みよく擂り、忍冬の煎じ汁で前の薬を延べ、一度に七ツずつ 日に二度、三日も四日も用いる。③筋の煩い、又は悪瘡には塩味噌の類を禁ずる。また外繋ぎはよくない。火の近くを厭う。

○「虫 寸白の事」。①虫・寸白を患ったら馬は以前立った所には立てず、病み出したら早速馬屋を替える。薬は内を温め外を冷ます。②虫・寸白の薬は むらたち（一両）・乾姜（二分）・胡麻たう（半匁）を粉にして、酒で用いる。一筒に二銭ずつ入れ、一度に七筒ずつ用いる。③虫・寸白に鼻から黄の水が出るのは悪い。④「寸白腎虚の症」生姜でも乾姜でも叩き拉ぎ下に敷き、その上に餅の食の熱いのを置き、鮨のように押し、その上にいんたうをあつながらつぐ、七日過ぎて取り上げ 火で焙り、乾姜（十両）・焼塩（三両）を粉にし、合せて用いる。

○「筋渡し」。桂心・阿膠（少）を粉にして骨折の薬に交ぜて巻きつける。時や所により 少しずつ温めることもある。但し、心持ちによる。「せくすり（背薬カ）」雀・牛の皮・鹿の角（各黒焼）、葛・焼塩（各等分）を、疵を洗ってつける。穴が深く開いたら髪の油で溶いてつける。洗い様は 湯の内へ濁り酒と塩を少し加える。○「せつけつの事」水かね（水銀）・犬亀の目を等分にして、地黄煎の汁で貼り、口を湿す。

○「喘息 咳」。俄に発作が出る時は、①しふつきやう・胡椒・すがり粉を等分に合せて飲ます。②陰陽 小便を等分に合せて飲ます。又「咳嗽《せきしわぶき》の方」細茶・蜜（各一両）、椒子・清油・生姜（各半両）を細かに刻み、生姜と水に和し 搗き蒸し 熟し、また酒 生姜汁で蒸し、油が潤う時鍋で炒り、毎日早晩に常服する。

○「血止め薬」。垣を結って朽ちた縄に蘆毛馬の血を等分に合せ、紫蘇葉殻の灰汁を濃く垂れた汁で洗い、その上につける。「血留の符」もある（図40）。「血瘡」。血瘡の吉凶は、①瘡の中頃に根があり固くても瘡の出止めが大きく根の固いのは易い。②瘡の中頃に根が端にあり瘡に根がなく柔らかいのは大切である。③何瘡でもその所を五臓に合せ、その位を定めて、諸の臓の本味に当るのを用いる。④寒瘡は冷薬で、熱瘡は温薬で治す。

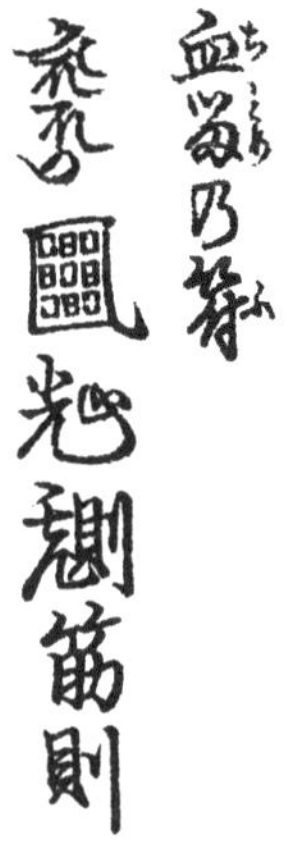

図40 「馬の血留の符」（馬療調法記）

○「つくひ」。眼に白い物が掛かると悪く、歯を食い口の開かないのは悪い。舌きん（筋）が腫れないのは悪く、薬は用いない。眼に白いものが少し掛り 歯も少々食い 口も開き 四足 きんも腫れたら薬を用いる。温石・白朮（各一両）、芍薬・紫蘇・蓮肉（各二分）を粉にし酒で用いる。馬を暗みに立て 水で度々口を洗う。馬が熱したら血を採る。馬の症状により針や灸の色々な方があり、糠草をよく食うようにして、その後灸をする。歯を食いしめないのはただ筋の病である。

○「つけ薬」。馬の付薬は甘草（少）・苦参・山梔子・黄栢・大黄とある。

○「内薬」。馬の内薬は甘草（少）・乾姜・虎肉・山梔子・川芎・唐茌の油を合せて飼う。湯で洗い押し込み、蓋をする。米の粥を用いる。○「内羅*に便血の合病薬」。皂莢（黒焼）、茯苓・干野老（各一両）、乾姜（二銭）を粉にして酒で用いる。○「虫腹に内羅の合病薬」。芍薬・良姜・むらだち・皂莢（黒焼各一両）、乾姜（二銭）を粉にし、酒で夏草を煎じ滓ともに擂り立て、七筒に薬を一銭ずつ入れて用いる。○「蓮」。瘡の一種。「常の蓮」「てはす」ともに灸をする。「常の蓮」は、天南星と皂

莢（黒焼）を合せてつける。「てはす」は、天南星と鹿の角（黒焼）をつける。煎薬には藤瘤・車前子・ふつせむき、を煎じて糟塩を添えて洗ってつける。穴の奥が見える程十文字に割き、鉄《かね》で焼く。○「鼻血」が出るには、紫旦（粉二分）、五倍子・楊梅皮（各一分）の三味を粉にして、薄酒で用いる。又、すいけつより血を採る。〈呪い〉〔増補咒咀調法記大全〕に「馬の腹の病の符」は草に添えて呑ます（図41）。

図41 「馬の腹の病の符」（増補呪咀調法記大全）

○「尿結」。『日葡辞書』に「Bariqet.（尿結）。馬に起こる病気で小便することができなくなるもの」。〔馬療調法記〕に尿結は、尻が低く鞘口（陰門）の鞘を出し入れする。症は様々多いが、寒 熱 虫に因る。白朮・乾姜・干し野老《ところ》・桑白皮・大黄（各二分）を細末（粉）にし、生野老《ところ》をよく擂り、甘酒で五ツも七ツも九ツも用いる。折々に腹を嚙み下部の虫に因るのは、桑白皮でも むらだち（油ちゃん）でも加える。○馬が冷えて煩うには酒で用いる。但し、この薬で治せず却って熱が出れば冷やす。尿結とうさ（擣剉カ）の拵え様は、馬を伏せて鞘を洗い紙縒の先に胡椒をつけ、鈴口（亀頭の小便の出る穴）に五分ばかり入れて抜くと尿が出る。尿結で鯉口（陰門口）の開かないのは死ぬ。

○「びそう（糜瘡）」。瘡蓋がたち腐り岩くれ立ち毛を抜いて見ると毛が凝り抜ける。内薬は常の内薬に同じ。また糟湯で洗う。薬は、皂莢（黒焼）にさかき（龍眼）を合せて何度もつける。○「ひはれ（皮腫）」。腫れる所を探って見ると根もなく皮肉は訳もなく人の瘡腫のように腫れる。三月から八月まで出、大熱がある。足の血をまず取る。薬は、からむしのね（苧麻根。干一両）・瓜婁根（二両）・白薬（一両）を細末（粉）して、上精酢で一筒に一銭入れ、一度に七筒飼う。息荒く 或は早いのには、せせな（細流）の水で飼う。川に入れてよく冷すとよい。

○「風病」。様々多いものの皆一薬で治す。俄に戦《ふる》え、戦え方により変りがある。白朮（一両）、桂心（二分）、人参（少）を粉にして、蕺《どくだみ》を竹で五筒も七筒も九筒も 馬により飼う。強く戦うのは川へ引き入れ、扁身へ水を掛けて冷し、また皮薬を飼うて冷す等何度も心掛ける。治しても陰嚢《きん》の皮が厚く股の毛が濡れ色なのは まだ風病が残っている。

○「不食」には大黄・黄芩・赤小豆の花・葛（各等分）を用いる。別に牛膝草を細かに刻んでよく擂り 忍冬を煎じた湯で延べ、一筒に一銭入れ、一度に一筒を朝夕に用いる。○血に酔い不食するには、宿舎・紫蘇（各等分）を粉にし、せせなき水（細流）で常のように朝晩飼う。尤も水で度々洗うのがよい。

○「骨継」。骨を打ち折ったのにはゆやなぎ（猫柳）を削って酢に合せ、餅米の飯をよい羹にして酢の上に広げ、また乾姜を粉にしてこの上に振って押し包み、折った骨を押し合せてつけて絡んで置く。上下には「四足平癒*」膏をつける。馬を臥させてはならない。○「疿子《ぼろし》」は、根もなく梅の核より小さく、物を撒き散らしたように出る。薬は、苦辛と皂莢をよく煎じた汁で二度も三度も洗うと、必ず引き込む。

○「虫腹」。大刺し腹で、また腹を繁く嚙み、尿 糞を出し、頻りに病むのをいう。むらだち（油ちゃん）、桑白皮、莪朮、こまさら（半分生 半分炒）、しおさら・みそさら（各半分）を擂り合せ、熱の虫ならせせなき（細流）の水で用いる。又は桑白皮を煎じて用いる。寒の虫には酒で用いる。また虫腹と見て冷やしてはならない（但し夏虫には冷やす）が、大熱には冷やす。虫腹を頻りに病み鼻から黄の水が出るのは必ず死ぬ。○虫腹を久しく患うのには魂門*に灸をする。

○「股落ち」。尾口の通りの小股《こもも》の上の肉が落ちるのをいう。薬は瘡の

根抜きの薬（「瘡の事」参照）を落ちた所へ差して、強《したた》かに腫れた時「四足平癒*」をつける。度々冷やし、臥させない。○「股切《ももきれ》」を継ぐには瓜蔞根・土器粉・楊梅皮・辛子・天南星を粉にして酢で溶いてつける。○「病の左右を知る」には、『根力送伝』を引いて、左右の眼を見て小さい方に必ず病があるという。但し、初めの目を本とする。○「揺ぎ病」は、人が酒に酔ったようによろよろとして倒れ臥すのをいう。薬は瓜蔞根・ふなわう・白薬を等分に粉にして、せせなぎ（細流）水で七筒も九筒も用いる。大熱が少し結する時用いる。○「漏血」は、馬を責め過して血の尿を出すのをいう。石見川（石膠）・黎蘆（香色炒 各五銭）、こくろやき（十銭）の三味を一度に三筒ずつ 一日に二度 五日飼う。早く冷やしてはならない。

○「毒を喰った馬」は、沫を嚙み 腹膨れ 涎を垂らす。○「蜘蛛蛭猫の糞を喰った馬」は、面《つら》腫れ 項《うなじ》を垂れて煩う。皮薬の茶を去り酒で用いる。○「鶏・鳶の糞を喰った馬」は、涎を垂れ結馬*（便秘の馬）のように病む。よい酒でせせな（細流）の出を搔き立てていつものように用いる。○「毒草を喰った時の薬」は、極上ノ茶・桜ノ花（干各十銭）、五倍子（五銭）を細末（粉）にして生姜をせせなの水で擂り、一筒に一銭入れ一度に五筒ずつ用いる。○「水天蓼《またたび》を喰った時」は、人のつける歯黒水で飼う。腹が大きく膨れたら、瓜蔞根を少し加える。頻りに沫を吐けば桜の花を加える。

〈外傷〉〔馬療調法記〕に次がある。○馬が頭を打って打身は治り、その後目の見えなくなるのには、茯苓（一両）、川芎・瓜蔞根・しうよう（各二銭）を粉にし、忍冬を煎じて一筒に一銭を入れ、一度に三筒ずつ日に二度、五日も用いる。○馬が馬に喰われたら、すわら（素藁カ）を煎じた汁で洗い、その後猪の油をつける。また猪 或は熊に掛けられた傷は味噌汁で洗い、猪の油をつける。○馬が陰嚢《きん》を裂いた時は、青木葉・大麦・藤瘤に濁り酒と塩を少し入れ煎じた汁で、馬を臥させて裂けた陰嚢を洗う。付薬は、天南星・鹿の角（黒焼）を油で溶いてつける。裂けた陰嚢は馬の尾で縫い、皮薬を度々つける。縫い様は細針で穴を少しずつ明け、その後に縫い針で縫う。○馬が口中に針を入れ腹中に留まる時は、昆布粉、昆布（洗い刻み 十両）、人の爪（一両）、剃刀砥（三両）を合せて、蕎麦粉を練って用いる。○馬が牛に突かれた時は、藤瘤と山の芋を煎じて 糟とともに度々洗う。夏なら天南星を捻りかける。○馬が蛇に喰われた時、大きく腫れ膨れて毛の辺りに油が着いて見える所を、青鹿の黒焼を猪の油に交ぜてつける。水を忌む。

馬の諸薬【うまのしょやく】〔昼夜重法記・正徳四〕には次の六種が出る。①馬にも人のように五労七傷、四肢疼痛の病がある。当帰・桃仁・連堯（各五匁）、漢防已・独活・羌活・防風・甘草（炒）・肉桂・沢瀉・大黄・黄栢（酒に浸し 各七匁）を末（粉）し、毎服五匁、酒半盞・水半盞を入れて煎じ、四五度程沸き立たせて熱いのを用いる。②馬の諸々の腫毒、並に筋骨腫れて大きくなるのを治すには、雄黄・川椒・白芨・白蘞・官桂・草烏頭・芸台子《うんだいし》・大黄・白芥子・硫黄を末（粉）し、大匙に一ツ酢一椀（〔昼夜重宝記・安永七〕は大匙三ツ、麵粉大匙三ツ、酸《す》一椀）で炒り熟し、腫れ痛む所につける。③馬の息合《いきづかい》、気喘《あえぎ》を治す薬は、葶藶・黄芪・知母・玄参・牛蒡子・升麻・馬兜苓（各等分）を末（粉）し、毎服二十匁ずつ漿水*一升で煎じ用いる。④馬が脾を傷《やぶ》った薬は、厚朴の皮を去り末（粉）し、生姜と棗（各等分）を煎じて用い、唇が笑うようで不食するのによい。⑤馬が毒草に中って口中に沫《あわ》を吐き悶死しそうな時は、白芨（五匁）・塩（十匁）を細末（粉）し、搔き合わせ馬の舌の上に塗る。やや久しくして甘草（二十匁）を水二升を壱升に煎じ詰めて用いると立ち所によい。⑥馬の諸風を治すには、天馬散*を用いる。

〈馬の三薬〉〔馬医調法記秘伝馬医書〕に次がある。①痩馬・肥馬ともに、

唐荏・ひいちこくしん（カ）・万年青を湯で用いる。②松のみどり・繁縷・あさえ（麻荏カ）を等分に合せ、墨焼きにし、酒で三銭用いる。飼料にも入れる。万病によい。③苦辛・天南星・蛇苺の根を等分に酒で用いる。但し、肥えた馬は五銭、痩せた馬は二銭で用いる。

〈馬を飼う薬〉〔馬医調法記〕に、○「癖を治す薬」は、夏子の糞（夏蚕の糞）と麻の実を粉にして髪の垢を磨り合せて飼うとよい。○「荒駒を懐づくる薬」は、生姜を粉にして夏子の糞、同ひる（蛾）を粉にして飼うとよい。○「肥やす薬」は、春夏は牛膝《いのこずち》で飼う、秋冬は干葉を水に入れ半ぶん煎じて飼う。○「痩せ衰え」たのには、餅米に棗を加えて度々飼い調えるとよい。これは脾臓の薬である。

〈馬の病を治す伝〉〔調法記・四十ゟ〕に馬が病になったら、白鳳仙花の根葉共に刻み、鍋で煮て搗き膏薬のように拵えて置き、眼の四角の上につけると汗が出て治る。〔家伝調方記〕に馬の煩い薬は、黄檗と髪の毛の黒焼を、下水の水で用いるとよい。〔昼夜重宝記・安永七〕等に「馬の諸風を治す」として天麻散*が出るが、〔馬療調法記〕には尾溝《おみぞ》*腰抜け馬*疎経活血湯*馬の内羅*火虫の薬*火際の瘡*のように、各病名に対する療治法を記している。「馬の事」「馬の内羅」「馬の針」参照

馬の爪の事【うまのつめのこと】〔馬療調法記〕に「馬の爪の次第（大秘伝）」として、爪擣《つめうち》（＝爪を切り調える事）の十項目がある。①直《すぐ》な爪は、四方を一文字に切り角を少し丸め向うは内弱に切り脇は副え刀に切り次第に向うへ連れる。②爪が内へ踏み出し錑《もじ》れたのは、踏み出した長い方を内弱に詰めて切り外の方の踏みまくりの通りの内を削る。③反る爪は、向うを内弱に切り爪先を薄く削り横刀を宛てる。横刀は横様の通りを直に三分ばかり刻む。④爪縮皺《つまちじら》は、常のように切り軽石で滑らかになる程磨り鱒魚卵を潰してつける。又一日に五六度も小便を掛けるとよい。⑤見せ爪はよくて、裏の痛む爪は裏を少し削り刮げて鱒魚卵を塗り白水（米の磨ぎ汁）を日に五六度も掛けその後松脂の焼けたのを掛けて乾かぬ時に鍛冶の素鉄を押しつけて沓を打ち、その後日に二度ずつ七日の間川へ入れる。

⑥爪を虫が食い白い物が出て患うのには、虫糞を全部払い除け虫食いの穴へ童子の髪を髪油で煎った油を冷まして入れ、その上へ鰻の油を粉にしてつけ裏膏薬を打って沓を掛け、二夜置く。虫は死に再び食うことはない。⑦刺《とげ》等を踏み抜いた穴には、⑥の油を冷まして入れ、また赤牛の額の毛を少し押し入れ、その後松脂を焼き掛けるとよい。このような馬は爪根より度々血を取る。腕口の腫れたのは節かけより血を出す。⑧刺《とげ》の抜けない療治は直ぐに抜かずに、一夜過ぎて回りが膿み緩んだ時に抜くと容易い。抜けた跡の膿血悪血を押し出し、牛の皮（黒焼）・甘草（少）を猪油と松脂を等分にして煎じ合せ堅く練り合せ穴の大小に合せて丸めて押し入れ、その上へ松脂を焼き垂れ、沓を打って置く。これも爪根より度々血を取る。

⑨爪の諸病の薬は、杉葉・こもうつぎ（接骨木）・忍冬・牛膝・しほたわら・大麦の葉を、濃く煎じて糠舟の内に馬の前二の足を立て、皮煎湯の沸き返るのを傍らより入れ、爪の七分迄を煮る。湯が少しでも冷めたら取り捨て、また熱い湯を注ぎ、三度程煮る。但し、馬が狂い湯が爪根へ跳ね上ると爪の毛が抜け皮がめくれて患う。それ故、爪を煮るにはまず手綱を濡して爪の根をよく巻きその上を糸で結び範囲を決めて煮る。⑩あぐとはずれの事（『日葡辞書』に「Aguto. 馬の前足首のくびれた所」）は、外れたあぐとを刀目を少し入れて刮げ、猪油・松脂を等分に沸かし合せ、燕の糞、かはみやうふ・うるか（鯲鮧各黒焼）、かちやのすりねを、等分に合せて前の油に入れてよく練り堅くして置く。その後いかにも堅くなった時挽き砕いて外れた所へつけ、上へかね（鉄）を宛てる。薬が蕩けて割れ目へ入り満ちた時、沓を置くと一夜に平愈する。

〈爪喰いの事〉〔馬療調法記〕に○「つまくい（爪喰）」。爪の根の毛が立ち後に皮が腫れたように皮厚く見える。丹礬・皂莢（黒焼）・はんり（藩蘺草）・胡椒・白物（白粉）を等分にし、韮の根と垣通しの二味をよく擂り合せ、前の薬を交ぜてつける。まず皂莢でよく洗い糠糂を使い悪血を絞り出してつける。又ささがえし・りうそう・芝引（脚の爪の裏の上）より血を取る。水を忌む。様子により、上を手綱で結び、沓を掛けて置く。○「虫に食われる事」。爪を虫に食われたら必ず白い物が出る。童の頭髪を、髪油で炒って盪かした油を冷まし、食われた穴の虫糞を払ってつける。その上に鰻の皮を粉にしてつけ裏膏薬を打ち、履を掛けて二夜置く。必ず虫が出て二度と食わない。冷やすのがよい。

○「爪を齧り喰う事」。爪を頻りに噛り付くには、歯の根ごとに糠糂を使い貼り目に、山桃の皮・犬蓼（黒焼 各等分）を擦りつける。また嘴太《はしぶと》鴉《がらす》の腸を干して粉にし、犬の油を押し合せて爪につける。

午の時生れ【うまのときうまれ】〔大増補万代重宝記〕に午時（十二時）に生れる人は、知恵才覚があり諸芸*学問に達するが、父母兄弟妻子に縁薄く離れることがある。家に引き籠って居ては人の知ること少なく、仕合せは悪い。他所へ出て出世するのがよい。〔女用智恵鑑宝織〕に特記することは、心を正直にして柔和であればよい夫を持ち、着る物や食い分は多い。不信心なら煩いは絶えない。

午の年生れ【うまのとしうまれ】〔大増補万代重宝記〕に「午年生れ」の人は、一代の守本尊は勢至菩薩*である。前生は赤帝の子で、北斗の破軍星より粟一石と金子七貫を受けて今世に生れる。父母の家に住むと祟ることがあり、別に家を持つとよい。武家奉公をすると手柄を顕し、知行感状を受けることがある。いずれ衣食の縁があるが若年の内は苦労が多い。年寄ってからは仕合せよく、夫妻の縁は初めは替り二度目の縁が定まり子は三人あるが、一人の力を得て老後を送る。二十五六歳で危いことがあり、命は六十二三歳、又は七十八九歳で死ぬ。薬師は寿命を守り、毘沙門は福徳を与え、文殊は智恵を授ける。一代信心するとよい。一説に、三十五六歳で衣食乏しく、この年を過ぎると追々財宝が集る。妻子が厄に遭うことがあり、信心するとよい。

〔女用智恵鑑宝織〕の「女一代八卦」で特記点は、前世は南清国の王子で、天から粟一石三斗と金七貫匁を受けて今世に生れる。若い時に姑のいない所を望み縁付きが遅くなるので、慎んで何処でも縁があるのに任せて行き孝行を尽くせば、後に孝行の子を持ち又孝行の嫁を持つ。そうでなければ大不孝の子を持つ。夫婦中は殊の外よいが、二十五六歳で災難があり危く、兼ねてから慎むのがよい。只、へりくだり苦労すると、老いてから果報がある。子は三人で、一人はよい子である。〔日用重宝万物図解嘉永大雑書三世相〕に寅歳の守本尊は勢至菩薩、卦は離中断である。

馬の内羅【うまのないら】『日葡辞書』に「Naira.（内羅）馬に起こる咳の一種」とある。〔馬療調法記〕に内羅には様々の薬を用いるが、飼汁の心得がなくては相当するのは遅い。○口伝に、初めは冷より起り、後には次第に苦しみ、熱に見えるが実熱ではなく、寒と心得るのがよいが、初め寒に見える時はいかにも辛い苦《にが》い酒で飼い、熱があれば次第に薄く少し酸く辛味のない酒で飼う。本薬は、うつ（空）木ノ青味・茯苓・皂莢（黒焼）（各等分）、茴香・良姜を細末（粉）にして用いる。○冬期に強く冷えての内羅には酒を少し燗をする。頭が熱し眼の内に赤筋が張り鼻息の荒いのはしみづ（耳下顎の頭）より血を出し、肺の俞を灸する。常に空吹きするなら八九を灸する。○鼻塞がり息苦しげなら八九はいの中三所を灸する。○夏は心得があり寛ぐ。薬は、りうかう・胡椒・黎蘆（炒）・皂莢（黒焼）（各半銭）、楊梅皮・しふんきやう。半分を各末（粉）にして酢で溶き、節を込めた竹筒二本に薬を分けて注ぎ、酢は一杯ずつ、両鼻へ一度に入れて急に竹を抜き、頭を下げる。症状により別の方もある。

○腰の内羅は腰を振り尻が低い。薬は本薬に同じ。○「虫腹に内羅の合病」薬は、芍薬・良姜・むらだち・皂莢（黒焼 各一両）、乾姜（二銭）を粉にし、酒で夏草を煎じ滓ともに擂り立て、七筒に薬を一銭ずつ入れて飼う。○「諸内羅の薬」は、茯苓・皂莢・うつ木青味（各一両）を粉にして、酒で一筒に一銭入れ、一度に五筒ずつ日に二度朝夕に用いる。秋冬は大蒜《にんにく》を五粒用いる。また内羅の薬は、鹿（『物類称呼・三』に「うど（独活）。西国にて しかといふ」）の立ち隠れを六月の土用の内に取って干し粉にして、一銭ずつ皿磨りにして、七日も五日も三日も止り次第に飼う。但し、一日に三度ずつ、どんな内羅にもよい。○「療治」。馬屋を極めて暗い所に建て、煙を厭う。米の類 又は塩 味噌類で決して飼わない。外に繋がない。牛の内羅については「牛の諸症」参照

馬の餞別【うまのはなむけ】「うまのはなむけとは、たびおくり（旅送）也」。〔女重宝記・五 弘化四〕

馬の針【うまのはり】〔馬療調法記〕に次がある。上・中・下の各六脈がある。

〈上六脈の事〉○「さうかうの針」は、眼の前より下る血筋である。針刺しは二分、血出しは二合余。諸の勢気が頭に上り、涙流れ目の煩いによい。○「めいたうのはり」は、唇のつるである。針刺しは二分、血出しは二合。諸の邪病に刺してよい。血の色に口伝がある。特に脾の臓の熱に刺す。煩う時、茶碗に水を入れて見て散るのは易く、固まって沈むのは悪い。○「すいけつの針」は、口脇一束ばかり上に横様に血筋があり、この脇に針刺しは二分、血出しは半頭分。これも脾臓の熱気が頭に昇り 腹の腫れるのによい。○「穴道《けつどう》の針」は、鼻の穴の奥に小さく窪んだ穴に針刺しは三分、血出しは五合。肺臓が虚し 喘息が鼻を吹き出し 膿汁の出るのに用いる。刺して後に少し鉄灸を当てるのがよい。○「曲道《きょくどう》の穴」は、顎《あぎと》の第三である。針刺しは二分、血出しは五合。諸熱は口中に留り、沫を噛み 物を食《は》まず 舐《ねぶ》り煩うのに用いる。

〈中六脈の事〉○「眼脈の針」は、眼の後ろ 耳の前に太い血筋があり、針刺しは二分、血出しは五合。諸の目の病によく、特に打目に刺す。○「骨脈の針」は、笛の脇から面骨《つら》へ昇る血脈である。この脈に針刺しは三分、血出しは十合。肺の病に用いる。○「きうたうの針」は、襟合に足のつけ根へ張った筋で、この脈に針刺しは二分、血出しは八合。心の熱に、また物を蹴り 足本の弱いのに用いる。○「帯脈の針」は、腹の中 折骨の外れに見える血脈である。これを血また一寸下げて刺す。脾臓の熱に用い、また乗り過して背が切れ腫れたのを治す。○「じんとうの針」は、内股に縦にある血脈で、針刺しは二分、血出しは六合。腎の熱に用いる。○「尾本の針」は、尾の根に竪にある血脈で、針刺しは二分、血出しは半合分。尾を擦り痒がり 諸の皮熱に用いる。

〈下六脈の事〉○「心りんの針」は、左の折骨を数えて六ツ目、背骨より六寸下を針三分、また紙を敷いて鉄灸を当てる。○「肝りんの針」は、左の折骨を数えて五ツ目、背骨より六寸下を針して灸する。○「腎りんの針」は、左の折骨一ツ目、背より六寸に灸する。○「肺りんの針」は、右の折骨を数えて八ツ目、背骨より一尺置いて刺して灸をする。○「脾りんの針」は、右の肩の折骨を数えて五ツ目、刺して灸する。○「命りんの針」は、右の折骨より数えて二ツ目、腰を煩うのに灸する。

この十八脈の外に、それぞれ細部の針に三十九脈があるが省略した。針口が腫れて煩うのを針急労《はりきゅうろう》*という。

〈馬針の図〉〔馬療調法記〕に「馬針の図」*が五図ある（図42）。

馬の日【うまのひ】〔諸礼調法記大全・天〕に「（正月）六日 馬の日」とある。

「ばじつ（馬日）」ヲ見ル

午の日／月【うまのひ／つき】〈日〉〔家内重宝記・元禄二〕に「日用雑書」として次がある。午の日は家造りをしない。耳鳴りはよい。犬の長吠は病事。病は男は重く女は軽い。人神*は胸にある。八専の間日*。南が塞がり

である。丑の年の人は屋造りに凶。行方は東は禍、南は病、西・北は悪い。正・四・七・十月午の日は、神内*にあり吉。二・五・八・十一月午の日は、神外*にあり凶。正・五・九月午の日は万億日*。正・七月午の日は福徳日*。正・五・六・九月午の日は一粒万倍日*。三月午の日は師旦絶命日*。四月午の日は大利日*。五月午の日は運虚日*、また外（下）食日*、また千億日*。六月午の日は報い日*、六月二十四日も報い日。また黒日*、願成就日*。七月午の日は万福日*である。

〈月〉〔日用重宝 万物図解 嘉永大雑書三世相〕に「午《うま》《ご》、五月、敦協《とんきょう》」とある。午は栄う、諸草・木栄え茂る意で、午という。この月、柱建て、家作りはじめ、竈を塗るのはよくない。

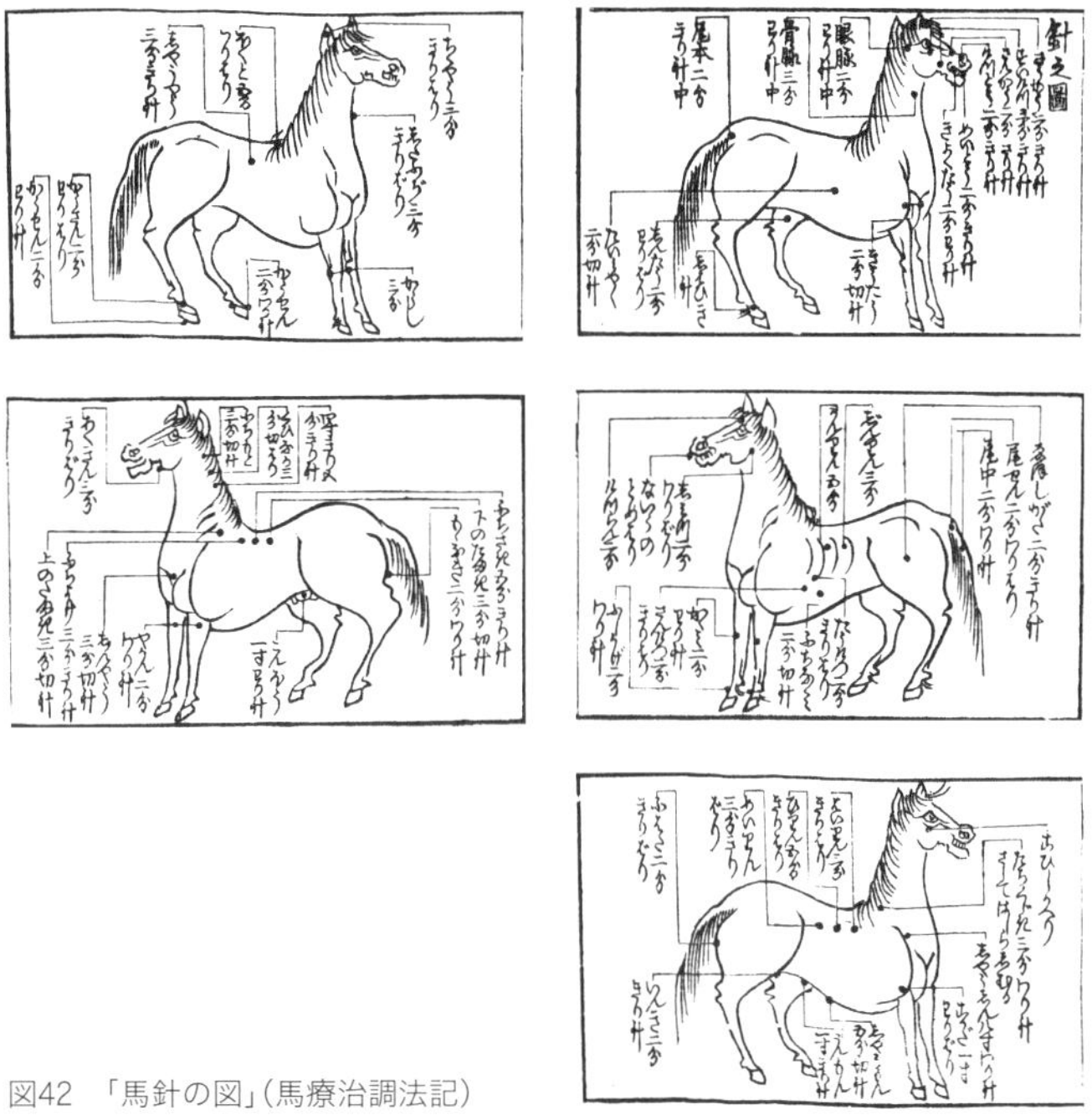

図42 「馬針の図」（馬療治調法記）

馬の三ツの癖【うまのみっつのくせ】「玉伝《ぎょくでん》の事」ヲ見ル

馬の耳に風【うまのみみにかぜ】〔世話重宝記・三〕に東坡の詩に出るとして、金言を言っても愚人の耳に聞き入れないのは、さながら馬の耳に風の誘うたようなものという譬えとある。権輿ない（気にもかけない）である。

馬乗り降り様【うまのりおりよう】〔武家重宝記・五〕に、○「具足を着 太刀を佩く時に柄を鞍に当てず乗る」には、馬の後ろの方へ身を開き素早く乗るとよい。○「乗り姿」は、前輪を詰めて鐙を踏み出し開き、耳の上六寸を見て手綱を引くとよい。○「降り様」は、右手は手綱を押さえ野髪を取り添え、左手は鞍の前輪を大指を内へして押さえて降りる。これを前山押《まえやまおさえ》という。○「不断の乗り様」は、退《し》さらかして右へ寛《くつろ》げて左へ折って退さり、口を乗り 次に馬を歩ませ右へ折って退さり、口を乗る。数は定まらないがまず三度で乗り納める。このように乗ると頭の浅い馬も高くなり、前足 後足の心得にも渡り、乗り姿は尋常に見える。この乗り様を蟻行《ぎぎょう》という。図のようである（図43）。

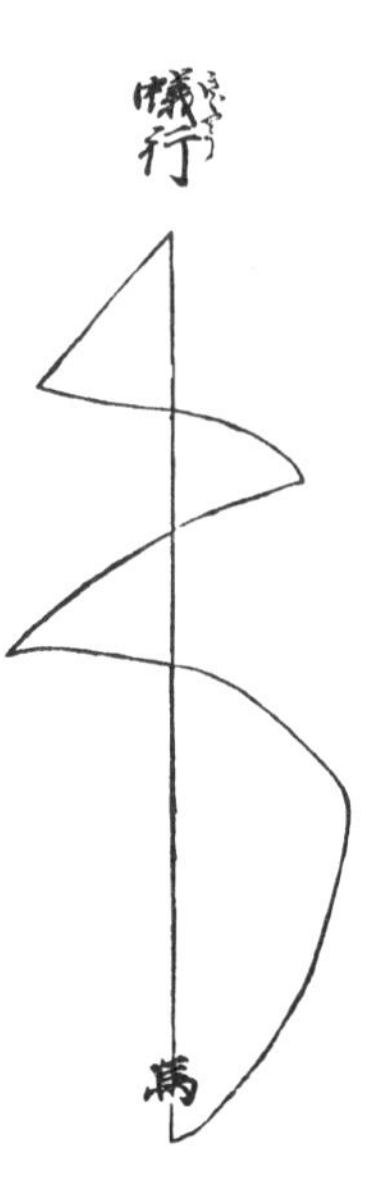

図43 「馬乗り降り様」（武家重宝記）

馬乗り初【うまのりそめ】「ひめはじめ（飛馬初）」ヲ見ル

馬乗り酔い【うまのりよい】「のりものよい（乗物酔）」ヲ見ル

馬乗り分け算【うまのりわけざん】〔古今増補算法重宝記改正・上〕に「馬乗り分け算」がある。六里の道を、四人で馬三匹を借り、等分に乗る時、何程と問う。答え、一人前四里半ずつ。解は、馬三匹に六を掛けて十八、これを四人で割ると四里半になり、これを馬三匹で割ると一里半になる

ので、一里半ずつを替る替る先繰りに乗替える。一人は一里半乗って歩き三里目からまた乗り通す。一人は三里乗って四里半目からまた乗る。一人は四里半乗って後は歩き通す。一人は一里半歩いて後は乗り通す。

うまびせき【うまびせき】　片言。「馬《むま》ふせぎを、馬《むま》びせき」という。〔世話重宝記・三〕

午未【うまひつじ】　十二支の午*と未*。午と未は、高明。〔日用重宝記・二〕

馬屋の事【うまやのこと】　〈馬屋〉〔永代調法記宝庫・一〕に馬屋を見るには、まず寄付《よりつき》の馬屋をよく見て、奥へ直ぐに通り 次第々々に口へ見て出て、口に立てた馬を見て帰る。〔武家重宝記・一〕に「馬屋」は五間馬屋 七間馬屋の時、中の馬屋を一の馬屋という。馬屋を見ることは中を見て、奥を見て、それより奥の次を次第々々に見る。馬屋には櫪《しきいた》、抑《よせはしら》（＝馬を繋ぐ柱）、去留木《さろぎ》（＝馬屋の上にある木で腹掛けのため）がある。〈馬屋の掛物〉〔武家重宝記・五〕には一の馬屋は差し入口の脇、奥の留りを二の馬屋という。馬屋は奥と端上りである。「馬屋に七ツの掛物」として馬《うま》刷《ぐし》* 爪擣槌《つめうちつち》* 爪擣槌包丁（刀）* 勒通縄《ろくとうなわ》 薬筒《くすりつつ》 畠藁《はたけわら》 馬刀《うまたが》がある。◯「馬屋で立馬《たてうま》見様」は、まず右を見て後ろへ廻り左へ通って見る。この後は後ろへ通ってもよい。〈馬屋へ入る吉日〉〔馬医調法記〕には正・五・九月は申、二・六・十月は巳、三・七・十一月は寅、四・八・十二月は辰の日に馬屋へ入れる。〈馬屋新築の符〉〔増補咒咀調法記大全〕に「厩新しく作りたる時の符」は、柱に押す（図44）。

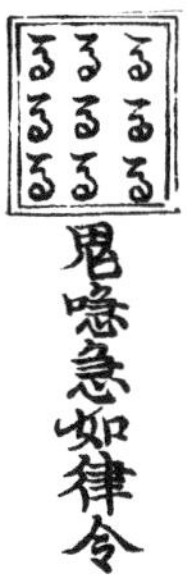

図44 「厩新しく作りたる時の符」（増補呪咀調法記大全）

馬療治薬【うまりょうじやく】　〔昼夜重宝記・安永七〕等に「馬の諸風を治す」として天麻散*が出るが、〔馬療調法記〕には尾溝《おみぞ》* 腰抜け馬* 疎経活血湯* 馬の内羅* 火虫の薬* 火際の瘡*のように、各病名に対する療治法を記していて、薬名は見当たらない。「馬の諸薬」参照

生れ子の事【うまれごのこと】　〈初生養生〉〔小児療治調法記〕に、生れてまだ泣く声が出ない前に、指を綿や絹で巻き、黄連 甘草を等分に濃く煎じた汁を浸し、舌の上の古血や穢い物を悉く拭い取る（〔嫁取調宝記・二〕には古血を呑むと胎毒*になり 後々疳*となり 驚風*となり 十六七の頃に労咳*となり、老いて中風*となるとある）。また水飛した辰砂を白蜜で練り 小豆大にして生後三日の間、一日に一粒ずつ乳で呑ますと胎毒*や痘疹*を免れる。初生三五日の間は頭を立てて抱いて出ず、襁褓《むつき》の類に包んで寝かせて置くと驚癇*は出ない。乳と食とを一時に交ぜて与えると疳癖痞積*の病が出ることがある。尚、「臍の緒」「産湯」「産着」「上げ衣」「宮参」「食初め」「髪置」「袴着の事」を参照

〔女重宝記・三〕に産は、取上婆は二人とし、一人は子 一人は親の世話をする。「生れ子の養生」は、①生れ落ちるとそのまま甘草（一匁）と黄連（二分）を粉にして振り出し 綿に浸して飲ます。五香湯*もよい。海人草・甘草・蕗の根を煎じて寒の紅を入れて飲ませるのもよく、腹中の胎毒が下り疱瘡も軽い。②臍の緒が落ちない間は、再々湯浴びをしない。臍風撮口*となる。臍の緒が落ちて爛れなどする時は麝香・五倍子・軽粉《はらや》を粉にしてつける。③生れ子の襁褓《むつき》や衣服を夜に入る迄外に干すのは悪い。また火に当ててそのまま着せると丹毒*を患う。④子が寝入ったら灯を遠くから明かすのがよい。乳母が寝入った鼻息で子の顖門《おどり》を吹くと病となる。⑤粟の枕を拵え寝入った時、腹の上に置くとよい。

〔家内重宝記・元禄二〕に生れ子が泣かない時は冷たい水を口へ入れ、葱で叩くと必ず泣き出す。〔重宝記・礒部家写本〕に「童子初生」の薬は種々あるが、甘草（二分）と黄連（一分五厘）を振り出し、口の内の悪露をよく拭き取って用いる。海人草《まくり》を入れるというのは悪い。〔女用智

恵鑑宝織〕は歯茎に粟粒程の出来物ができて乳を飲まない時は、指に絹を巻いて湯に浸し、そろそろと割り、その跡に白姜参を少し炒り粉にして蜜で塗りつける。〔丸散重宝記〕は小児の初生に黄連の煎じ湯を注ぐと瘡《くさ》の患いがない。〔万まじない調宝記〕は生れ子に黄連・甘草を用いるのを甘連湯*と言い、妙薬とする。〔万家調法呪詛伝授囊〕に「夜泣きする子の呪」は、五倍子を粉にし唾で溶き延べ、臍につける。又明鏡を小児の枕元に掛けるとよい。〈呪い〉〔増補兕咀調法記〕は、①「生れ子驚く符」があり、左の手に紙に書いて付ける。②「生れ子夜泣の符」は柱に押し「鬼」と言う。朱で左右の目の下にも書く。また次の歌を三遍唱える。「妹が子は腹這う比に成にけり 清盛取って養ひにせよ」「夜泣きするただもり立よ末の代に 清く盛へることもあるべし」（図45）。

図45　生れ子の事

①「生れ子驚く符」（増補呪咀調法記大全）

②「生れ子夜泣の符」（増補呪咀調法記大全）

〈生れ子の命〉〔女用智恵鑑宝織〕に、四季土用の中に生れる子は、短命である。但し、熊・虎・鹿等四ツ足の物の名を象りつけるとよい。また犯土《つち》*の内に生れる子も短命である。〈生れ子が育たず死ぬ家〉〔里俗節用重宝記・上〕に子が生れる度に必ず死ぬ家は、胞衣《えな》を鰶魚《このしろ》と一所に地中に埋めるとその子は成長する。尤も、一生の間 鰶を食わせない。「生れ子男か女を知る」には「胎内の子」ヲ見ル

生れ月吉凶【うまれづききっきょう】〔万民重宝改正大ざつ書〕に次がある。正・二・四・六・八・九・十・十一月生れは男は吉、女は凶。三月生れは男は吉、女は貧。五月生れは男は命長く、女は貧。七月生れは男は貧、女は吉。十二月生れは男は官位があり、女は吉である。〔大増補万代重宝記〕〔女用智恵鑑宝織〕〔日用重宝万物図解嘉永大雑書三世相〕等により各月毎に立項した。

生れ年／時吉凶【うまれどし／ときき っきょう】「十二支の事」ヲ見ル

生れによる吉凶の見方【うまれによるきっきょうのみかた】生れによる運勢の見方に次がある。「生れ日吉凶*」「生れ月吉凶*」「十二運*」「十二支の事*（生れ時・生れ年善悪）」「干支による生れ性*」など。

生れ日吉凶【うまれびきっきょう】〔永代調法記宝庫・五〕に「産子善悪の事」として「大功徳弁才天経」に云うとして、毎月節に入り上十日の内に産れる子は上吉、中十日は中吉、下十日は悪とある。一説として、上十五日は白月なので吉、下十五日は黒月なので悪い生れとある。また「大陽《たいよう》日《にち》」「太陰日」「天父日」「天母日」「天帝日」「天皇日《てんこうにち》」ヲ見ル

海魚積み様【うみうおつみよう】〔女用智恵鑑宝織〕に祝儀に海魚の積み様は、腹を向うへ頭を右へなして積む。数の多い時は頭を向うへ背中を持ち出る者の右へなして積む。婚礼の時は海・川魚*ともに頭を持ち出る者の右にして腹を合せて積む。

海蝦【うみえび】〔万物絵本大全調法記・下〕に「鰝 かう／うみえび」。〈薬性〉〔医道重宝記〕に、海蝦は平で毒なく、虫を殺し、諸瘡によい。

海鳫【うみがん】〔料理調法集・諸鳥人数分料〕に海鳫は、鳥は小さく鳫金*に同じい。風味も出汁がない。晴れの料理に遣うことはない。汁にして十一二人前、煎鳥にして八九人前に遣う。鴨の代りに遣う時は、真鴨一羽に小鴨一羽の当てである。脂は薄いが、時によりよくのることもある。海鳫は沖より来、また田にもいる。

海の浜焼【うみのはまやき】「焼鯛」ヲ見ル

海より地を知る【うみよりちをしる】〔里俗節用重宝記・上〕に船中より土地の気を知るには、黄気を現すのは人家・土地、白気は山峰、黒気は水で

ある。

梅が枝田夫【うめがえでんぶ】〔料理調法集・田夫之部〕に梅が枝田夫は、鰑のせん（繊）、梅仁を少し入れ、麻の実や山椒を刻んで入れ、湯溜りで仕立て、粉の鰹を煮て交ぜて遣う。〈売り店〉〔江戸町中喰物重法記〕に、①「本家根元梅かえでんぶ所」は、長谷川町 梅かへ儀兵衛として「魚類梅かへでんぶ」「精進松がへでんぶ」等がある。②「京都梅がえでんぶ所」は、両国米沢町一丁目 摂津国や喜助がいる。

梅が香【うめがか】〈料理〉〔料理調法集・田夫之部〕に「梅が香」は、①土佐鰹節を細かに削り薬研で卸し篩い、古酒（一升）、醬油（六合）・水（五合）を合せて、粉鰹にひたひたに入れ、炭火の上で煮て煮汁が減り次第、合せた汁を入れなくなるまで煮る。内へ梅干肉を擂り、梅仁皮を去り刻み干山椒の内皮を去り 細かに刻み、各少しずつ入れ、よく炒り乾かし冷まして壺に入れて貯えて置く。梅や山椒等は好き次第に入れる。②鰹節（赤身ばかり用い血合を除く）をいかにも薄く荒く掻き、水でさっと洗い、古酒（一盃半）、水（半分）、梅干は塩のまま実ばかり入れ、一泡煎じ塩をよい程入れ、汁を滴《した》め置き、煎じ詰め、幾夜も汁を差し煮る。〈薬方〉〔薬種日用重宝記授〕に「（薬方）梅ヶ香」は沈香（四匁）、丁子・甘松（各二匁）、薫陸（六匁）、龍脳（五分）、桐墨（八匁）、白檀（十五匁）を細末（粉）し合せ梅汁で練る。

梅が香味酢【うめがかあじず】〔料理調法集・煮出煎酒之部〕に梅が香味酢は、梅干を湯煮して種を去り、擂り、水嚢で濾し、酒で延べ、紅で色をつける。酢気が少ない時は酢を加え、また遣い方によって砂糖も加える。

梅が香梅仕様【うめがかうめしよう】〔料理調法集・田夫之部〕に梅が香梅仕様は、大梅干を四日程前に二度程も煮出し水に漬けて置き、又その翌日一度煮出し漬けて置く。前日酒で煎り上げ、当日菓子に包《くる》む。但し、湯煮する時 土鍋に水を沢山入れ煮え返らぬように火を緩くする。強く煮ると梅の皮が損じる。

梅が香麩【うめがかふ】〔料理調法集・麩之部〕に梅が香麩は、生麩を湯煮して布巾で絞り、よく揉むと粉のようになるのを水で醂し、また絞り撰古酒を煮詰め 溜りで塩梅し、鰹節を粉にしてよく篩い、麩と同じく入れ、煮上げる。

梅加味蒲鉾【うめかみかまぼこ】〔料理調法集・蒲鉾之部〕に梅加味蒲鉾は、常の擂身に、梅干の肉を擂り合せて塩梅し、常のようにする。

梅酒【うめざけ】〔料理調法集・料理酒之部〕に梅酒は、中梅の光沢《つや》のよいのを二升、古酒五升、白砂糖七斤。梅に疵のないのを一夜灰にまぶし、翌日取り出してよく洗い、水気のないようにして、全て壺に入れ風を引かないように口張をして、二十日程経つとよい。〔料理重宝記・下〕には古酒一升、梅の大きいのを二十、砂糖を心次第。梅の少しも疵のないのを花付きを取り、飯粒を込め一夜灰汁に漬けて置き、翌日取り出し飯粒を取り、よく洗い水気を拭い、酒へ入れる。〔万用重宝記〕に梅酒を作るには、酒一升、青梅四十、白砂糖二百四十匁を合せ、壺に入れて土の中に埋め、七十五日して用いる。

梅酢【うめず】〔麗玉百人一首吾妻鑑〕に梅酢は、梅の盛りの時梅肉ともに剝き、日によく干して置き、入り用の時水に浸して置くと、梅酢になる。黄檗 山梔子の染みた物、紅絹《もみ》 紅《べに》の物を洗うのにもよい。梅剝《うめむき》といい、木薬屋にある。

梅漬【うめづけ】〔料理調法集・漬物之部〕に梅漬は、①梅の生固まり一升に塩二合を合せ、よい酒をひたひたに入れ、焼物壺に入れて置く。②三年梅漬で、梅百に塩二合五勺で漬けて置き、六月中旬にその塩汁を煎じ冷まし、紫蘇を少し揉んで甕に入れて漬け、口を張って置く。李《すもも》や木瓜《ぼけ》の実の漬けようも同じ。「三年梅漬」「丸山梅漬」モ見ル

梅の雨【うめのあめ】大和詞。「梅の雨とは、五月雨」である。〔不断重宝記

大全〕

梅の木【うめのき】　薫物香具拵様。〔男女御土産重宝記〕に梅の木は、白梅だけを用いる。拵え様は楠木*と同じ。野梅の花を入れるのもある。

梅の事【うめのこと】〔万物絵本大全調法記・下〕に「梅ばい／むめ」。〈異名〉〔書札調法記・六〕に梅の異名に、清客《せいかく》 和美《かび》 氷肌《ひょうき》 逸民《いつみん》 氷雪《ひょうせつ》 孤山 縞花《こうか》 皎雪《こうせつ》がある。〈薬性〉〔医道重宝記〕に梅は平で毒なく、渇《かわき》を止め、多食すると歯を損じ、筋を傷《やぶ》る。〔永代調法記宝庫・四〕には虚熱が出るともいう。〈毒消し〉〔重宝記永代鏡〕に梅を食い歯の腫れたのには、生姜を噛むとよい。〈食合せ〉〔万用重宝記〕に梅と卵と小豆を食い合わせると即座に死ぬ。〔料理調法集・当流献方食物禁戒条々〕には梅に茯苓の食い合せは大いに忌む。〔懐中重宝記・弘化五〕には梅に蛸 鮪 鰻は食い合せである。〔重宝記永代鏡〕には梅を食い黄精*を呑み合わせると悪い。

〈花貯え様〉〔万宝重宝記・下〕に梅干を二ツに割って種を去り、擂り潰した梅干の肉に咲き立ての梅の蕾の花柄を植えて置き、それを器物又は蓋茶碗の類に入れて風が全く入らないようにして囲い、いつでも入用の時水に浮かして置くと花が開く。また花が開いた白梅や紅梅等を交ぜて同じようにして置き、六七月暑気の時分にその梅干とともに酒の肴に出すと至極珍重される。〔重宝記・儀部家写本〕に梅の花開きを保つ法は、梅干を擂り潰して器物に入れ、花を挿して入れて蓋をして置くとよい。〔ちやうほう記〕には梅干肉を壺の内肌へつけ、梅花の莟を小さく折り肉へつけ、木が見えない程肉で包み植えて置くようにする。壺をよく封じて置くと色も香も変わらず三年も貯えられる。〈植替〉〔庭木重宝記〕に梅、桜、柿等十月より落葉する木の類は十月から二月迄がよいとし、この季節以外は枝を切り葉を皆むしり、冬の心にして植え替える。〈紋様〉〔紋絵重宝記〕に梅花とその意匠、「梅に鶯」の紋様がある。

梅の本漬【うめのほんづけ】〔ちやうほう記〕に梅の本漬は、青梅を拉ぎ、紫蘇の葉で包み、昆布で詰め、練り酒に漬けて壺に入れ、蓋をして風が入らないようにして置く。

梅の宮【うめのみや】〔年中重宝記〕に洛西梅津村 梅の宮の社に、世人は臨月に当社の白砂を乞い受け、帯 襟に帯び、平産することがある。謂れは、嵯峨天皇の后 檀林皇后が太子を懐妊しないのを天皇が嘆き、当社の酒解《さかとけ》の神に祈った時に感応があって懐妊、当社の白砂を茣蓙の下に敷き、その上で仁明天皇が誕生した例に準じ、民間にも白砂を用いる。○四月上酉の日 梅の宮祭り。〔農家調宝記・二編〕に梅の宮は、平《たいら》姓の氏神*とある。〔東街道中重宝記・七ざい所巡道しるべ〕に、近くの梅津川には、舟渡しがある。

梅醤【うめひしお】〔料理調法集・田夫之部〕に梅醤《うめひしお》は、①梅干の大きなのをよく洗い、酒醤油溜りでよく煮、肉を取り、木耳、麻の実、生姜の細々等を入れ、砂糖を加えるとよい。魚の絞り身を入れるのもよい。②大梅干を土鍋で酢味が程よく出るまで湯煮して肉を取り、擂り、水嚢で濾し、砂糖水でよく練り合せて冷まし、紅を加える。梅和えなどにはこの仕立てがよい。

梅麩【うめふ】〔料理調法集・麩之部〕に梅麩は、生麩に梅干の肉、又は小梅でも包み、湯煮して遣う。

梅ぼうし【うめぼうし】片言。「梅干《むめぼし》を、梅《むめ》ぼうし」という。〔世話重宝記・三〕

梅干漬【うめぼしづけ】漬け様。〔男女日用重宝記・上〕に梅干の仕様は、よく実の入った梅に塩をだぶだぶと振り掛け、三四日程押しを懸けて取り出し、三日程日に干し、また薄塩を振り掛けて菰に包んで置く。梅干は喉の渇きを止め、疵につけて血を止め、舟酔いを醒まし、喉の痛む時によい。〔永代調法記宝庫・四〕には吐却を止めるが多食してはならないとある。〔料理重法記・下〕には梅一升に塩三合。梅を一日一夜水に漬

け苦みを出し、水気のないように乾かし、この塩加減で二十一日の間漬け押しを置き、天気のよい日に三日干し、一夜夜露にあて、その後一日干して壺に入れて置く。入用の時は塩をよく洗い出し、酒を煮やし、さわさわと煮て用いる。〔ちやうほう記〕には梅一升に塩三合。熟した梅を塩押しし、天気のよい時干して白く吹く時、壺に入れるか、苞に巻く。〔料理調法集・漬物之部〕に梅干漬は、梅一升に紫蘇の葉一升、塩四合を入れ、石を懸け、土用の内まで置く。土用に入り至極よい日和に二日程干し、また元の梅塩汁へ紫蘇ともに漬けて置くと色は見事である。〈梅干種共切り様〉〔万用重宝記〕には出刃包丁の刃を灯心で十分に磨き、梅干の真ん中に庖丁をあて、握り拳でとんと叩くと見事に切れる。〔万用重宝記〕には唐黍殻の皮を剝ぎ中ので刃物の刃を撫でて切ると、手際よく切れる。

梅味噌【うめみそ】「梅味噌／さゞれみそ／梅が香」ほかが、瀬戸物町南側冨士田屋佐七にある。〔江戸町中喰物重法記〕

う文字【うもじ】女詞遣。「ないぎを、うもじ」という。〔女寺子調法記・天保十〕

埋れ木【うもれぎ】大和詞。「むもれ木とは、人に知られぬ事」である。〔不断重宝記大全〕

烏薬【うやく】〔薬種重宝記・中〕に唐木、「烏《う》薬（烏）やく／かめはそ。麁皮を去り刻み焙る」。〈薬性〉〔医道重宝記〕に烏薬は辛く温。心腹《むね》の痛み脹《は》れるのに、小便が滑《なめ》らかで頻りなのに、脚気 疝気 気厥の頭痛、婦人の血気、七情*の鬱結を治す。気を廻らす要薬である。後先の細く堅い所を去り、刻んで焙る。

烏薬順気散【うやくじゅんきさん】〔医道重宝記〕に烏薬順気散は、中風で偏身が痺れ、言語は萎え渋り、口目が歪み、喉の中は気荒く痰のあるものを治す。麻黄・川芎・白芷・枳殻・桔梗（各一匁）、烏薬・陳皮（各二匁）、白姜蚕・乾姜・甘草（各五分）に生姜・棗を入れて煎ずる。これは邪気実し、初発の病人、気滞り風ある者に用いる。

敬う言葉に【うやまうことばに】敬う言葉には「お」文字をつける。お茶、お言葉の類。〔女用智恵鑑宝織〕

うら【うら】俳言の仙傍（訕謗）。「九ヲうら」。〔新成復古日夜重宝俳席両面鑑〕

うら【うら】片言。〔不断重宝記大全〕に「うらは、烏郎《うら》なり。小者、僕《やつこ》の事なり。田舎の下輩の詞なり。近江に遣ふ詞なり」とある。〔男重宝記・五〕に近江詞に「我《われ》といふ事を、うら」という。

内【うら】「うらさびし うらがなし。うらは内也。心は身の内にある故うらと云。秘説とぞ」。〔消息調宝記・四〕

裏【うら】〔骨継療治重宝記・下〕に裏（薬名）は、○肝脈が搏堅で、長く脇下が痛み 忍び難いのには、瘀血を巡らすのがよい。○海蔵が云う、高所から落ち重い物に打たれ 箭鏃《やじり》刃傷《やいばきず》が胸腹 胸中に停り積り 鬱血が散じなければ、上中下三焦で分ち、上部は易老 犀角 地黄湯*、中部は桃仁 承気湯*、下部は抵当の類で下《くだ》す。○小便酒で同じく煎じて治す。○内に生地黄と当帰を加えて煎ずるもの、大黄のあるものもある。○虚人に下すには四物湯*に穿山甲*を加え 煎じて服し、妙である。○花蘂石散があり、童子の小便で煎ずる。○この薬を酒で服するものは、この薬は前の寒薬とまさに陰陽を分かち弁ずる。○瘀血が去ると復元通気散に当帰を加えて用い、煎じ服するのもよい。

裏鬼門【うらきもん】〔方角重宝記〕に未申《ひつじさる》（南西の方角）は、裏鬼門である。「鬼門の事」参照

浦嶋蒲鉾【うらしまかまぼこ】〔料理調法集・蒲鉾之部〕に浦嶋蒲鉾は、鞘巻海老（車海老の幼魚の異名）を湯煮して皮を去り、黄味蒲鉾と煮て四ツ半に切り、蒲鉾の中へ入れる。

裏十四句【うらじゅうしく】連俳用語。連句で初折の裏の十四句。〔俳諧之重宝記すり

火うち〕には、十句目を月か秋、十三句目を花の定座とする（花より前に月秋を三句結ぶため）。もし月が出ない時は月花を結ぶ。それにも春をつけるのをよしとする。雑の句をつけてもよい。表の内、発句 脇 第三迄に花の句があれば定座の花はなく、梅 桜にする。〔筆海重宝記〕には月は十一句目、花は十三句目とある。〔世界万法調法記・中〕には裏の九句目よりは神祇 釈教 恋 無常 述懐 名所 哀傷、何でもよい。六句目に春を仕出さず、十句目に高い植え物を斟酌する。花に仕えるからである。十三句より前によい句が出たら、その春の季の中で花の句をしてしまうことを引き上げの花、また前に春の季が出てその結び三句の内にしてしまうのを呼び出しの花という。植え物が出たらその付句に花があるべきとする。「裏一順」かろがろとつける。句だけをくるにも及ばない。

裏白【うらじろ】〔料理調法集・鱧餅真薯之部〕に「うら白」は、鮫皮の類をよく湯煮して水気を拭き取り、裏へ摘み入位*に合せた擂り身をつけて蒸す。また 菜、嫁菜の類にもつける。この類は生でつけて蒸すとよい。雪菜ともいう。

〈連俳様式〉〔正風俳諧日夜重宝二面鏡小筌〕に、表の六句（歌仙*）、或は八句（百韻*）だけをする。反対に「表白」もあり、同じように裏の十二句（歌仙*）、或は十四句（百韻*）だけをする。「しだ（歯朶）」参照

裏白連歌【うらじろれんが】「北野天満宮の事」ヲ見ル

占【うらない】「ぼく（卜）の事」ヲ見ル

占い様【うらないよう】〔占調法記〕の占い様は、一行禅師《いちぎょう》（唐鉅鹿の人、姓は張氏、天台山国清寺で学を極めた）の作り始めたものとして次がある。白紙を四角に八枚に切り、紙に一から八を書きつけて札にし、一枚ずつ丸め、両手の内に入れ目を閉じて我が前に撒き散らし、南無一行禅師と唱えて一ツを取って広げ、占い事に合せて、一ならば一の所を見、二ならば二の所を見る。占い事は五十八番が出ている。䰗八本にして筒から抜き取るのもよく、或は木札八枚に番号を記して蓋のある物に入れて錐で突き出す等の仕方もある。

例えば五十三番「待ち人の占ひ」様は以下のようにある。①来らず。連れ人があり子の日、卯の日に仕合せよく来る。②遅し。心は急ぐが人に止められる。庚 辛の日、また子 辰の日に来る。連れ人もなく仕合せが悪い。③来る。連れ人なく、仕合せもよくない。結句連れ人がある時はその人は気遣いな連れである。祈念するがよい。④来らず。仕合せ大吉。丑 寅 午の日に先の宿を出る。⑤来る。聟か嫁か出家か、もしくは文ばかり来ることがある。かわることはない。⑥遅いが仕合せよい。この占いをした日、先の家を出る。⑦来る。仕合せ悪く、連れ人もない。亥 丑 未の日に待つとよい。但し、故郷へ帰ってよい思案があるので仕合せを直すとよい。⑧仕合せのよい便りがある。連れ人待ち合せて、丑 酉の日に先を立つ。大吉。

裏無し【うらなし】〔消息調宝記・二〕に「うらなし（裏無）は、はき（履）物の名」とある。裏をつけないで一枚に作った草履。

卜部随役の神道【うらべずいやくのしんとう】「ほんじすいじゃく（本地垂迹）」ヲ見ル

盂蘭盆【うらぼん】〔年中重宝記・三〕に、七月十四日、禁裏で盂蘭盆会がある。聖武帝 天平五年（七三三）に初めて行われた。盂蘭盆は梵語で倒《とう》懸救器《けんくき》*と翻訳する。今日十四日、先祖の廟に参詣し灯籠をとぼし、自分の家にも七月中とぼすことは、後堀川院の寛喜（一二二九〜一二三二）の前後に始ったと定家の『明月記』に出るという。盂蘭盆は〔重宝記・宝永元序刊〕は十五日とする。釈迦如来の弟子目連尊者が亡き母を懐かしく思い、一日地獄中を駆け回り餓鬼道に落ちて苦しんでいる母を見て悲しく思い、帰って如来に話し、教えを受けて供養することになったのが始りという。

裏見せ栄螺【うらみせさざい】〔料理調法集・鱧餅真薯之部〕に裏見せ栄螺は、栄螺の蓋に擂り身を程よくつけて蒸す。

怨の符【うらみのふ】〔増補咒咀調法記大全〕に、①「怨持ちたる人の符」。②「怨来たる時の符」がある。怨みを取り除く呪いである（図46）。

図46　怨の符

①「怨持ちたる人の符」〔増補呪咀調法記大全〕

②「怨来たる時の符」〔増補呪咀調法記大全〕

占算【うらやさん】「ぼく（卜）の事」ヲ見ル

うらやむ【うらやむ】「うらやむは愛する意《こころ》」である。〔消息調宝記・四〕

麗か【うららか】大和詞。「うららか、晴れやかなる事」をいう。〔不断重宝記大全〕

浦廻【うらわ】「浦廻《うらわ》、うらの廻り也。嶋廻《しまわ》と云詞もある」。〔消息調宝記・四〕

浦和より大宮へ【うらわよりおおみやへ】木曾海道*宿駅。一里十一丁。本荷五十六文、軽尻三十九文、人足二十九文。空が晴れると浅間山が見える。宿の内 左に稲荷社がある。針がえ村 ここから大宮迄は原で三十余丁、左に落合村があり空が晴れると富士山が見える。右方に大宮権現社があるのは氷川大明神の御社である。道の際に石の鳥居があり、社の近辺迄左右に松並木が十七八丁続く。社領は三百石、社地は大宮町の東にある。〔東街道中重宝記・木曾道中重宝記六十九次 享和二〕

売掛を乞う【うりかけをこう】「掛乞い」ヲ見ル

売初め【うりぞめ】〔年中重宝記・一〕に売初めは正月二日、商人が商売始めをする日である。

瓜の事【うりのこと】〔万物絵本大全調法記・下〕に「瓜 くわ／ふり／うり。総名なり」。〈種生やし様〉〔男女日用重宝記・下〕に瓜種の生《は》やし様は、砂糖、よい串柿、飴で瓜核を合せ、冷して八十八夜前後に植える。〈瓜漬〉〔男女日用重宝記・上〕に瓜丸漬の仕様は、丸瓜に熱湯を懸けて冷まし、糟に塩を常のように合せ 瓜と瓜とが突き会わないように縦に並べて糟を再々置き、沢山に漬ける。〔諸民秘伝重宝記〕に「茄子 瓜 豇豆の類青漬の伝」は雪花菜《きらず》五升、塩三升を揉み合せて何でも漬けて置くと生のように青い。但し、風が入らないようにして置く。〈貯え様〉〔万用重宝記〕に「瓜 茄子 年中生で貯へ様」は、寒の中の潮水に漬けて置けば損ずることはない。〈剝き様〉〔女筆調法記・六〕に、手と小刀をよく洗い、右の膝を立て、頭《かしら》の皮を切り離して剝く。皮数は六ツ半に剝く。次に小さく一切《ひときれ》切って置き、切る時は我が方へ切り、前を少し切りかけて人前へ出し、取る時に切り離す。女中が食する時、口の跡が両に着いて醜いので、毒見を取って後、縦にずんと小刀を渡して切って出す。こうすると二ツに割いて食うのによい。〔諸礼調法記大全・天〕は輪切りにし、土用が過ぎたら縦に二ツに割り、また横に切る。これは中の水を取るという心得である。〈紋様〉〔紋絵重宝記〕に、①瓜に唐花紋と瓜の字の意匠、②瓜実を瓜の蔓で抱き合せた意匠がある。

羽林家【うりんけ】羽林は近衛府の唐名。近衛の少・中将を経て大納言に迄進むことのできる家柄である。〔世界万宝調法記・上〕に、○羽林家は四辻 中山 飛鳥井 冷泉 六条 阿野 清水谷 小倉 綾小路 庭田 松本 姉小路 橋本 川鰭《かわはた》 持明院 園 水無瀬 滋野井 難波《なんば》 白川 四条 鷲尾 山科 西大路 油小路の二十五家。○「羽林名家の外」は、高倉 高辻 五条 坊城 唐橋 五辻 富小路 土御門 竹内 舟橋の十家。

閏月【うるうづき】「じゅんげつ」とも。〔大増補万代重宝記〕に閏月の説と

して次がある。周天の廻り三百六十余度を、日輪は一年間に一周し、この日数は三百六十五日余である。これを十二月に割ると一ケ月の日数は三十日半強となり、これを一ケ月とすべきであるが、日月の合朔する朔日を以って月の初めと定めるため、月に大小が出来る。一年の定め大七ケ月、小五ケ月、合せて三百五十五日、これを十二ケ月に割ると、一ケ月の日数は凡そ二十九日半となる。そのため一ケ月に凡そ一日強ずつ余り、この日数が積って閏月となるので三十三ケ月目に一度閏月が出来する。閏月には節はない。〈閏月を知る法〉〔農家調宝記・三編〕に当年の暦十一月の中、冬至の日数が十八日迄なら来年に閏はない。十八日以後なら定法二十九日の内、冬至の日を減じ残りが五日あれば来年五六月の頃が閏であり、六日あれば六七月に閏がある。閏は三年に一ツ、五年に二ツ、十九年に七ツあり過不足はない。全て閏月には中気なく前月の晦日翌月の朔日に中気がある。閏の月半に節ばかりがあるものとする。〔昼夜重宝 両面雑書 増補永暦小筌・天保十一重刻〕に没日《もつにち》*滅日《めつにち》*の二日を積り合せて、三年に一度ずつ閏月がある、という。「じゅんげつ」ともいう。〔蘭学重宝記〕には西洋暦には閏月はなく、四年目に閏日*があり、正月は冬至より十一日程に当る。また、各月の呼名を示している。「大小の月」「閏日」参照

閏日【うるうび】「せいようごよみ（西洋暦）」ヲ見ル。「閏月」参照

鰇の砂取り様【うるかのすなとりよう】〔料理重法記・上〕に鰇（鮎の腸）の砂を取るには、蒟蒻の上へ鰇を乗せて篦で撫で叩くと、少しも残らず蒟蒻の中に入る。

烏拉乖【うるぎゅうにー】〔童蒙単語字尽重宝記〕に烏拉乖《うるぎゅうにー》は、連邦。広さ七万坪、民は二十五万人。「烏魯圭《ウルグァイ》」とも書く。門抵非豆《もんちびでお》（＝モンテビデオ）民は三万七千七百八十七人。

右流左思【うるさし】大和詞。〔不断重宝記大全〕に「うるさしとは、うとましき心」をいう。〔女用智恵鑑宝織〕には「うるはしき心」とある。〈世話〉〔世話重宝記・三〕菅丞相（菅原道真）は右大臣の時、左大臣時平の嫉みにより筑紫に流されて死んだが、その後霊魂が時平を悩まして時平も死んだ。これより、あれこれよくないことを右流左思《うるさし》というより始ったとする。

漆細工【うるしさいく】〔人倫重宝記・四〕に、唐では舜が初めて器物を作り、食器まで漆で塗り、現在まで塗師《ぬし》*というものが伝わっている。日本では漆は奥州より多く出て貢物にも供え、庭訓にも奥州の漆とある。今は吉野より出る。〔調法記〕には「漆細工の伝」があり、粉くそ（木屑）・布・地・切粉・中塗・上塗の蠟色・花塗・朱塗の工程がある。

漆の事【うるしのこと】〔薬種重宝記・上〕に和木、「乾漆 かんしつ／うるし。煙の尽る程炒る」「沢《たく》漆 しつ／うるし／煎り乾す」。〈漆負 漆瘡〉〔改補外科調宝記〕には漆に触れて熱が出、顔や目が痒く、粒々の痒い所を掻くと水が流れ、重いのは総身豆のように膿みほ（熱）めき痛むのには、生蟹の黄色い所を取って瘡の大きさ程につける、砥汁をつける、柳の葉を煎じて洗う、等とある。〔家内重宝記・元禄四〕には朝倉山椒を煎じて洗う。また朝倉山椒を擂り砕き鼻の穴に塗ると漆に近付いても負けない。負けて瘡になったのには薄荷の汁を塗る。〔昼夜重宝記・安永七〕に漆かぶれの薬には、杉菜を擦りつける。又方、香付子・肉桂・桂心・茯苓（各一両）、甘草（少々）、白粉を粉にして呑み、汁と繁縷の汁に寒紅を溶いて与える。〔永代調法記宝庫・三〕に瘡になったのは、柳の葉と蘩《はこべ》を刻んで煎じてもよい。〔妙薬調法記〕は爪白の蟹と餅米を鉢でよく擂り混ぜてつけると名誉の薬となる。〔筆海重宝記〕は蓮の葉 或は杉の葉を煎じて洗う。鉄漿《おはぐろ》で洗うのもよい。〔調法記・四十七ゟ五十七迄〕は川蟹を生で擂り潰してつけると忽ち治し、塩を塗りつけてもよく、海藻《あらめ》を煎じて洗うの

もよく、また蓮の葉の乾いたのを煎じて洗うのもよい。また山椒を摺り砕き鼻の穴に塗るとどんな漆にもかぶれない。〔大増補万代重宝記〕は鰹節を削って粉にして篩い、胡麻の油で溶いてつける。また沢蟹を摺り潰し塗っても食してもよい。〔丸散重宝記〕は漆に負けて痒いのは、貫首（数珠）を末（粉）して胡麻の油に練ってつける。頭瘡、白禿《しらくも》にもよい。〔胡椒一味重宝記〕は漆瘡には胡椒を煎じて洗うとよい。

うるまの嶋【うるまのしま】 大和詞。「うるまの嶋とは、りうきう（琉球）国」である。〔不断重宝記大全〕

末【うれ】 「うれは、こずゑ（梢）也」。〔消息調宝記・二〕

憂い【うれい】 〔永代調法記宝庫・二〕に、百病は皆気より起るとし、憂れうる時は気が縮まり、甚だしい時は脾臓を破る。

うれたき【うれたき】 〔消息調宝記・二〕に「うれたきは、慨哉の字」である。〔消息調宝記・四〕に「うれたきは、うれしき也」とある。

烏鷺【うろ】 碁の白黒を、烏鷺《うろ》という。〔男重宝記・三〕

鱗毛【うろこげ】 「ちょうりんのけ（重鱗の毛）」ニ同ジ

鱗のない魚を食うと難産をする【うろこのないうおをくうとなんざんをする】 〈食合せ〉懐妊中、鰌や鰻などの類の鱗のない魚を食うと難産をする。〔新板増補女調法記・三〕

上書【うわがき】 宛名の事で上中下の格がある。〔永代調法記宝庫・一〕に「相州様（上々）」と書くのは「相模守」という人へ遣る時の上書に書く。先の苗字を書かず名ばかりを真字に書く。自分は名字を確かに書く。「松半兵衛様（上）」は「松田半兵衛」という人へ遣る時の書き様である。字を略して書く時は上の次になる。自分の名字「坂田」を「坂何右衛門」と片仮名に書き、先方を「松田半兵衛様」と書くのは大無礼である。又先方の名を墨濃く書き、自分の名を略してかすり筆に書くのは猶々の無礼である。名字 名を確かに書くのは肩衣袴を着したようなものであり、略したのは袴ばかりを着たようである。法体の人、医者等へは「何老 参人々御中」と書くが、「老」は長年を敬う意である。僧へは「何院（寺／和尚／上人）」と書き、脇付*がある。

上刺矢【うわさしのや】 〔武家重宝記・二〕に上刺矢《うわさしのや》は、箙《えびら》矢籠《し こ》*（＝矢を入れて背負う具）の内へ、一本か二本指し添えるのをいう。尖矢《とがりや》*或は鏑矢《かぶらや》*を用いるのが法である。

うわし【うわし】 片言。「うはしは、鰯」である。〔不断重宝記大全〕

上包み封じ様【うわづつみふうじよう】 〔永代調法記宝庫・一〕に「上包み封じ様」は、先の名 我が名を書き、開いて名の切れないように封をする。封じ目は状の裏に下げてする。上にするのは我より下輩へ用いる。双方の名を表に書く時は脇付*は書かない。文箱に入れる時は脇つけをして、表に我が名乗、裏に名、遠国へ遣る封じ状は、敬う所でも双方名字を略せずに書く。

蟒【うわばみ】 〔万物絵本大全調法記・下〕に「蟒 まう／やまかゞち。又うはばみ」。「蛇の事」「虫の事」参照

上翳【うわひ】 瞳の上が翳って目が見えなくなる病気。〔薬家秘伝妙方調法記〕に「うわひ（上翳）には、けいかい（荊芥）せつこく（石斛）」を用いる。〔調宝記・文政八写〕には「突き目*」の薬と同じとする。

うんか【うんか】 〔農家調宝記・付録〕に、『大和本草』は「螟《めい》*螣《とう》*蟊《ぼう》*賊《ぞく》*の四生を蝗《いなむし》といふイナゴの類」と言うが、稲に付く虫は多く、また蝗《いなむし》をすべてウンカと言う所は多いとある。

雲客【うんかく】 〔男重宝記・一〕に次がある。天子*を、龍・天・日に例える。公《こう》*卿《きょう》*を月卿という。殿上人*を雲客という。

雲月餅【うんげつもち】 菓子名。雲月餅、皆ながし物、中へ山の芋入り。〔男重宝記・四〕

瘟瘟日【うんこうにち】 鍼灸忌日。〔永代調法記宝庫・三〕は『奇効良方』

『医林撮要』を引用し、また長崎で唐人よりの直伝ともいい、瘟癀神が月々に居り位する所があり、この日に灸をすると強いのはその日に、軽いのは翌日に、翌々日迄三日の内に死する、堅く守るべき大切の日とする。正月は未の日。二月は戌の日。三月は辰の日。四月は寅の日。五月は午の日。六月は巳の日。七月は酉の日。八月は申の日。九月は亥の日。十月は子の日。十一月は丑の日。十二月は卯の日、である。運虚日とも記す。〔童女重宝記〕には暦にない悪日で、鍼灸を忌む日とする。

膿んだら端を突潰せ【うんだらはなをつっつぶせ】〈平生ソレよく言う言語〉腫物が膿んだら、はな（端）を突き潰し膿を出して治せ。災いの基は早く潰せの意。〔小野篡謡字尽〕

うんたん【うんたん】「うんたん」は、下谷七軒丁伊勢屋にある。〔江戸町中喰物重法記〕

温痰【うんたん】「ふうたん（風痰）」ヲ見ル

温膽湯【うんたんとう】〔医道療治重宝記〕に温膽湯は、心虚膽虚事に触れて驚き安く、夜は不祥の異像を夢見て心驚き、気鬱して痰涎を生じ、或は短気に悸《わなな》き、自汗飲食味なく、或は傷寒一切の病後に虚煩して眠り臥しの出来ないものによい。半夏・陳皮・茯苓・枳実（各二匁）、竹茹（各一匁）、甘草（五分）に姜棗を入れて、煎じ服する。これを用いるのに四ツの口訣がある。①心煩怔忡驚悸する者、肥盛で痰火の多い者。②大病後心膽和せず虚煩し眠ることのできない者。③睡眠中に喜び驚き、或は悪夢・遺精・眩暈の症、本より痰飲のある者。④胸中不快飲食屈曲して膈症に似て軽い者に用いる。症状により加減がある。

温中丸【うんちゅうがん】〔小児療治調法記〕に温中丸は、小児が冷乳に傷《やぶ》られるものを治す。人参・炙甘・白朮（各一両）を末（粉）として、麵粉の糊を生姜汁で丸じ、粳米飲で用いる。

うんてんばんてん【うんてんばんてん】「雲泥万里《うんでいばんり》を、うんてんばんてん」という。〔小野篡謡字尽・かまど詞大概〕

うんてんばんり【うんてんばんり】片言。「雲泥万里《うんでいばんり》を、うんてんばんりといふはあし〻」。雲は天、泥は地で、天地の間数万里を隔てたことである。〔世話重宝記・三〕

温脾丸【うんぴがん】〔小児療治調法記〕に温脾丸は、脾胃虚冷し、涎を流して収まらないのを治す。半夏・丁香・木香（各五匁）、姜蚕・白朮・青皮・陳皮（各二匁半）を末（粉）し、糊で麻子の大きさに丸じ、一歳の児には十丸、二歳には二十丸を、米湯で用いる。

温脾散【うんぴさん】〔牛療治調法記〕に温脾散は、茴香・蒼朮・厚朴・防丰・枳穀・芍薬・陳皮・甘草・細辛・当帰・青皮を末（粉）し、毎服一両に、酒（一升）と姜（一両）を煎じて潅ぐ。蕩《なめくだり》の患いは脾・胃に起因する。水飲は宿《もた》れて鼻水のようであり、頭を揺り総身の戦《ふる》うものは最も悪く、この方を用いる。

瘟病【うんびょう】「じえき（時疫）」ヲ見ル

雲母膏【うんぼこう】〔改補外科調宝記〕に「諸流家伝の膏薬」として雲母膏が載る。○「調合」川椒・白芷・赤芍薬・当帰・菖蒲・黄芪・白芨・川芎・木香・龍旦・白蘞・防風・厚朴・桔梗・柴胡・蒼朮・黄芩・付子・白茯苓・良姜・百合皮・桑白皮・陳皮・槐枝・柳枝（各二両）を胡麻油二升五合に七日浸し、その後炭火で煎じ柳の枝で手を止めず掻き交ぜ、充分に沸き上る時火から降ろし、沸き静まる時再び火に懸ける。これを三度繰り返して薬の色が枯れて黒くなる時、布で濾し滓を去り、また煎じて丹（二十両）、乳香・没薬・塩火・血竭・麝香（各五匁）、雲母・磁石（各四両）を粉にし槐の枝で手を止めず、先の薬を入れて練り合せ、焼き物に水を入れて膏薬を一滴水に落してみて、それが浮かんで玉となり柔らかならず堅からぬ時に上げて鉢に入れ、温かな内に水銀二両を絹に包み手でよく交ぜ、膏薬の上蓋にして置く。用いる時は水銀を削って用

いる。○「効能」一切の腫物に妙である。乳癰 瘰癧 骨癰には外につけ、内には膏薬一両を三ツに分けて酒で用いると悪物を去る。腸癰には外につけ、内には五両を五ツに分けて甘草を煎じて用いる。膿まないのは散じ、膿んだのは薬とともに下る。膿が下ったら毎日五粒ずつ酒で用いる。鬢疽 耳癰 臍癰 牙癰 瘤 及び一切の腫毒につけてよい。即時に散じ痛みは止み癒える。難産には温酒で一分用いる。血暈で死にそうなのには生姜の絞り汁に童便を加え、温酒で十粒程用いる。死胎には楡白皮の煎じ汁で五匁程用いると、即生きる。矢の根が肉に入って抜けないのには外につけ、内には豆粒程ずつ毎日用いると自ずから出る。毒薬に中ったのには、酒で毎日一分ずつ用いる。四日目程には悪血を吐き下す。

雲門【うんもん】〈経絡要穴 心腹部〉二穴。雲門は喉の結喉の下二寸、左右へ六寸ずつ、陥みの中にある。針三分。或は禁鍼。灸五壮。傷寒、手熱し気上り胸をつき脇から背に通って痛み肘を上げることができず、喉痺、息短く、瘻気等を治す。〔鍼灸重宝記綱目〕

運利香【うんりこう】〔俗家重宝集・後編〕に「御守り薬細川氏製／冨貴自在運利香」（陶朱公天授秘法三国無双之妙剤）は、薬種料のみで一包代二百三十三文。男女ともに常に懐中する時は運強く何事の願い望みでも速やかに叶う。立身出世を願う人、勝負事の開運のしるしは、神の如しとある。悪い病を受けず、諸人愛敬を増し、悪事災難除けの御守り薬である。

え

荏【え】〔万物絵本大全調法記・下〕に「荏 じん／え、ゑのごま。秋」。〈種蒔〉〔農家調宝記・初編〕に四月末迄に、大角豆《ささげ》胡麻荏の類を蒔く。

栄【えい】〔鍼灸重宝記綱目〕に経《けい》に従い精気の巡るものを、栄《えい》という。「栄を窺う」とは血*の流れを診ることをいう。「衛《え》を窺う」「診脈」参照

叡【えい】〔男重宝記・一〕に、天子*の御事には「勅」「叡」の字をつける。勅使・勅書・勅撰など。叡感・叡覧・叡慮など。

瘻【えい】〔改補外科調宝記〕に肩・項《うなじ》に出来て、皮ゆるく急ならず垂れ下がるこぶ*を瘻といい、肉瘻* 筋瘻* 血瘻* 気瘻* 石瘻*の五種がある。痛みはないが、軽々しく破ってはならない。悪く切り破ると膿血が止らず死ぬ。「瘤《りゅう》」モ見ル

鱝【えい】 鱏とも書く。〔万物絵本大全調法記・下〕に「鱝 ふん／こめ。又えひ」。〈薬性〉〔医道重宝記〕に鶂魚《えい》は平で毒なく、小便が濁り渋り痛むのによい。多食してはならない。〔永代調法記宝庫・四〕は癖疾《かたかい》*（＝へきしつ）五疳* 労瘵* 積聚* 血塊*によい。〈料理仕様〉〔諸人重宝記・四〕に鱝は、汁 鱠 田楽 鍋焼 吸物。

栄衛反魂湯【えいえはんごんとう】〔医道療治重宝記〕に栄衛反魂湯は、何首烏・当帰・木通・赤芍薬・白芷・茴香・烏薬・枳穀・甘草を、酒と水を等分にして煎ずる。症状により加減がある。流注 癰疽 発背 傷折を治す。この方でなければ効はない。壊《え》病を救い、死気を活《いか》し、憂いの萌さぬ前に止め、病後によく、大いに気（衛）を順じ、血（栄）を調える真の神仙の妙剤である。

栄衛を破る【えいえをやぶる】〔鍼灸重宝記綱目〕に「栄衛を破る」とは、鍼灸で針を急に手荒く抜くと針口から血の出るのをいう。

衛気【えいき】〔鍼灸重宝記綱目〕には『鍼経』を引用して、衛気は浮気《ふき》が経《けい》に従い巡るものという。

英国【えいこく】「えぎりす（英吉利）」ヲ参照

栄西栄西【えいさいえいさい】〔世話重宝記・四〕に「栄西栄西《えいさいえいさい》」とは、建仁寺の僧 栄西が建久二年（一一九一）四月宋より帰朝、建仁二年（一二〇二）六月建仁寺建立上棟の日、大材木が重く上らないので栄西は人々に下知して、我が名を呼んで引き上げよと言うと、案のごとく虹梁《うつばり》は容易に上った。この時から重い物を上げるのに、栄西《えいさい》 栄西《えいさい》と称えるように

なった。今は誤って「ようさやようさや」という。

叡山の三門跡【えいざんのさんもんぜき】〔男重宝記・一〕に「叡山の三門跡」は、円融院*青蓮院*妙法院*をいう。山門（叡山）の座主を兼ねる。

叡山法華八講【えいざんほっけはっこう】〔年中重宝記・四〕に叡山法華八講は十月十日。山門の衆徒（比叡山の僧兵）が下賀茂に来て御手洗《みたらし》の水を汲み灑水の用とする。この日社務は束帯して拝殿に出る。

盈朒【えいじく】〔古今増補算法重宝記改正・上〕に、盈《えい》は余り、朒《じく》は不足の意で、過不足算のこととして出る。寄り合って銀を分けるのに、人数も銀高も知れないが、一人に三百五十目ずつ分けると三百目余り、また一人に四百五十目ずつ分けると九百目足らないという。この時の銀高と人数を問う。答え、銀高は四貫五百目、人数は十二人。解は、余りと不足とを合せて一貫二百目となる。一人の分け前三百五十目と四百五十目との差百目で、一貫二百目を割ると十二人を得る。これに三百五十目を掛けると四貫二百目となり、余りの三百目を加えると銀高四貫五百目を得る。

永字八法【えいじはっぽう】筆道秘伝。〔大増補万代重宝記〕に図版のようにあり（図47）、この永字八法の伝は真字の伝であるが、行字草字ともにこの筆法に漏れない。この八画の筆法を悟る時は七十二点*も自ずから手に入り、筆道に明るくなる。一に側《そく》（＝第一筆で点を打つ法）。二に勒《ろく》（＝第二筆で横に短く線を引く法）。三に努《ど》（＝第三筆で縦に線を引く法）。四に趯《てき》（＝第四筆でかぎ状に撥ねる法）。五に策《さく》（＝第五筆で横に短くすくい上げる法）。六に掠《りょう》（＝第六筆で左下へはらう法）。七に啄《たく》（＝第七筆で右肩から斜めに打ち込む法）。八に磔《けつ》（＝第八筆で右へ波状に引く法）。これは、一字八方の筆道とする。〔筆海重宝記〕には「永字八方変形」もある。

永字八法変形【えいじはっぽうへんぎょう】「ひっぽうてんかくず（筆法点画図）」ヲ見ル

図47「永字八法」（大増補万代重宝記）

永消湯【えいしょうとう】〔薬種日用重宝記授〕に「ウキ病カッケ一切永消湯」は、大黄（二十匁）、防風・山帰来・白朮・蒼朮・陳皮・厚朴・枳実・ヒルモ草・沢瀉・砂仁・木通・猪苓・木香・香付子・茯苓（各十匁）、紫蘇（五匁）、太服皮・燈心草（各八匁）、檳榔子（六匁）、木瓜・生姜（各三匁）を合せて細製する。外に赤小豆（八十目）を極く黒炒りにして用いる方がある。

永銭【えいせん】「永楽通宝」ヲ見ル

栄専／永仙【えいせん】「丹後縮緬」ヲ見ル

詠草書き様【えいそうかきよう】〔諸人重宝記・一〕に詠草書き様がある。〇兼題（前以って出して置く歌の題）は竪紙に頭《かしら》を二字程下げて書く。その外に我が名を小さく真字で書く。歌を上下の句ともに同じ通りに間を分けて書く。一首二首三首五首も同じである。〇当座（会の席で出す歌の題）は折紙で兼題のように題を書いて二行七字である。〇冷泉家には兼題も当座も、折紙に二行七字書く。〔消息調宝記・四〕に懐紙の書き様は、仮名真名文字混じりに書いて、終りの三字のみ万葉書にする。図示の通り（図48）。連歌の懐紙もこの心得である。〇俳諧の三ツ物も発句・脇・第三句の一わたりを書くのにもこの心でし、脇の韻字留もはっきりと字を書き、第三の「て留」「らん留」は、皆仮名でよいとする。

永高【えいだか】永納、永取、永盛ともいう。年貢の公納を「永楽通宝」等の銭に換算して納めること。夏秋冬三度に納めることもあり、夏秋二度に納めることもあり、色々である。〔四民格致重宝記〕に「永高」の

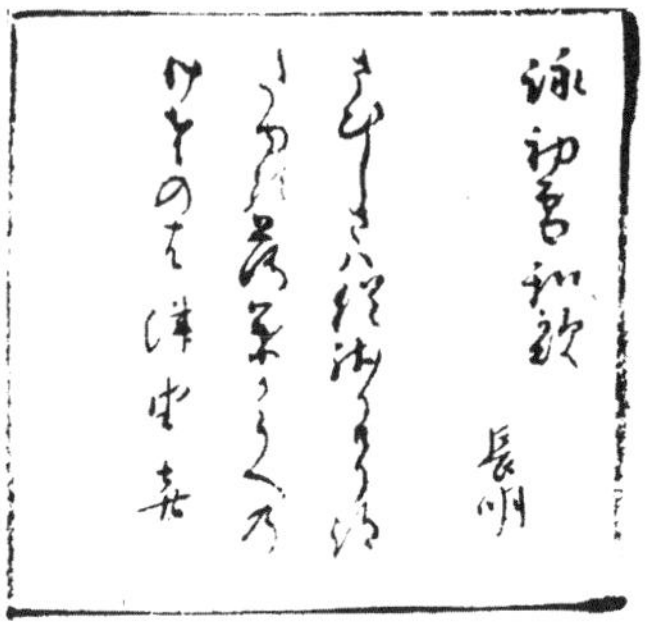
図48「詠草書き様」(消息調宝記)

所は反歩は不明で、水帳《みずちょう》(「検地」参照)には「永何十文 誰」「永何百文 誰」とばかりあって反別はない。検地の時には今のように反歩をつけ、上中下の位もつけ、それぞれの永盛を一筆ごとにつけたが、清書の水帳には反歩を記さず、永ばかりを記した。永高一貫文は石高にして五石である。昔は取るべき永を究めて高に用いたので百貫の高よりは百貫の取をとった。取永は一貫文を二石五斗に用いたので五ツの定めである。〔農家調宝記・初編〕に畑の「永取」を知ることは、上畑九ツの盛取米《もりとりまい》反に四斗五升(田に準じて言うので仮の取米とする)は、定法二石五斗の相場に割ると永百八十文が一反の取永《とりえい》になる。

鋭毒 夭疽【えいどく ようそ】〔改補外科調宝記〕に鋭毒 夭疽は、耳の後ろ一寸三分にある至命に生ずる。右に生じるのを鋭毒、左に生じるのを夭疽という。頭に生ずる腫物は皆六腑の陽毒が上り、蒸すのである。治方は、腫物の上に大蒜《にんにく》を敷いて灸をし、外には陰陽散*を用い、加減内托散*、太乙膏*がある。

翳風【えいふう】〈鍼灸要穴〉二穴。翳風《えいふう》は耳の尖りの後ろの下角、陥《くぼみ》の中を押すと耳の中へ応え痛む処である。灸は三壮から七壮。針の刺しは三分七分。耳聾、耳鳴、口眼歪み、頬の腫れるのを治す。〔鍼灸重宝記綱目〕

永福丸【えいふくがん】薬名。「永福丸」は一ツ橋御用、金幸堂菊屋幸三郎の謹製。一廻り(一週間)六百五十文、一包百文。功能は小児は五疳*驚風*熱症の多いのに、虫を殺し、疱瘡前に一廻り用いるとよく、乳母も飲んでよく、脾胃の虚するのによい。大人は留飲、痰、咳、喘息、酒の二日酔、舟の酔、痞え、膈、霍乱、水中り《あた》、菌《くさびら》の毒、毒消し、歯の痛み、婦人血の道、腹の痛み、産後の目眩によく、妊婦に用いてはならない。伊勢山田住 宮掌大内人稲田真栄の能書があり、神伝慈授の霊薬等とある。〔江戸神仏願懸重宝記・広告〕

永楽大典【えいらくたいてん】〔日用重宝記・三〕に『永楽大典』は、明の永楽元年(一四〇三)の勅撰。経書子史天文医卜技芸僧家の言まで百般の書を一集し、考索するに嚢を探って物を採るようにしようと儒臣に命じて成り、最初『文献大成』と名づけたが、まだ備わらずとして儒士大勢がさらに四年を経てようやく成った。二万二千九百巻、一万一千一百冊に及び、その名を『永楽大典』とした。余りにも巻冊が多いので刊布に及ばず、その後動乱等により散亡遺失した。現存は、中国・欧米・日本に五百余冊が知られている。

永楽通宝【えいらくつうほう】〔農家調宝記・初編〕に永楽通宝は、大明の永楽年中(一四〇三~一四二四)に鋳造された銅銭で「永楽通宝」(図49)の文字がある。この銭を積んだ舟が難風に遭い日本へ漂着し、銭は留め舟は返した。この永楽銭一文を日本の銭四文に通用させ、日本では金一両の定相場を銭四貫文としていたので、永楽一貫文を金一両に通用させた。金一両を四ツに割り金一歩は永銭二百五十文となる。

〈相場割〉〔算盤調法記・文政元〕には相場割を知るには永銭のことを知る必要があるとし、関東は金一両に銀六十目(匁)の定めなので次の通りとする。永銭十文は銀六分、永銭百文は銀六匁、永銭一貫文は銀六十目(匁)、永銭十貫文は銀六百目(匁)。永銭を銀に直すには六を掛

け、銀を永銭に直すには六で割る。金に直すこともある。〔永代調法記宝庫・巻首〕には、金一両は銭一貫文。金三歩は銭七百五十文。金二歩は銭五百文。金一歩は銭二百五十文。これは一歩を二五と掛け、二歩を五とし、三歩を七五とし、掛けて金の代を知るのである。〈銭占〉〔万用重宝記〕にはこの銭を持ったら神仏へ納めると、願は成就するとある。「えいらくぜに」「えいらくせん」「永銭」「永」ともいう。但し、実際は慶長十三年（一六〇八）に通用禁止。「ぜに（銭）の事」「びた（鐚）」参照

図49 「永楽通宝」（万用重宝記）

癭瘤【えいりゅう】〔改補外科調宝記〕に癭瘤は、気血《きけつ》の滞《とどこおり》より結《むすぼ》れて出るとある。○癭*は、肩項《うなじ》について皮ゆるく垂れ下る。○瘤*は、瘀血痰が結ぼれて、初めは梅李《すもも》程あり皮が柔かに光り、次第に大きく盃程になる。癭瘤が柔かく或は硬く痛んで痒みのないのは実症である。海藻散堅丸*を用いる。治方はむさと針をせず、ただ灸膏薬煎薬丸薬などを用いる。○「癭瘤抜薬」瘤が初めて出て、未だ破れず根が小さく散らない時につける。白砒霜・磠砂・黄丹・軽粉・雄黄・乳香・没薬・硼砂（各一匁）、班猫（二十）、田螺（大きなのを殻を去り一ツ日に晒し干して切る）。これ等を細末（粉）し糯米の粥で練り合せ碁石のように固め、日に干し、次に瘤の上に灸を三火してこの薬をつけ、その上に黄栢の粉を水で練りつけて十日余蓋にして置くと、瘤は自然に枯れ落ちる。その後は斂瘤《れんりゅう》膏*をつける。「えい（癭）」「りゅう（瘤）」「瘤《こぶ》の事」モ見ル

会陰【えいん】禁針（鍼*）の穴。一穴。会陰は、前陰と尻の穴の間にある。〔鍼灸重宝記綱目〕

ええり【ええり】大和詞。「ゑゝりとは、ももの花」である。〔不断重宝記大全〕

易【えき】〔古易方位万代調法記〕に易の道は、人王八代孝元天皇の後胤安部仲磨（宝亀元年［七七〇］、七十三歳没）が入唐して伝来、それより一千有余年間盛んに行われる。安部晴明（寛弘二年［一〇〇五］、八十五歳没）、安部泰親（晴明五世の孫）が専ら卜筮の道を広めたのは有名である。その後唐土では清の康熙帝（一七二二、六十九歳没）に『御纂折中』の勅撰があり、易道はこの書により益々備わった。我が国では近年新井白蛾（寛政四年［一七九二］、六十四歳没）が古易及び卜筮の活法に精しく、この人に過ぎる者はいない。

穢気【えき】「小児科」〈小児痘瘡穢気〉「痘瘡の事」〈痘瘡の穢気〉ヲ見ル

益黄散【えきおうさん】〔小児療治調法記〕に益黄散に二方がある。①胃中の風熱を治す。黄芪（二匁）、陳皮・人参（各一匁）、白芍（七分）、生甘草・炙甘草（各五分）、黄連（少許）を、水で煎じ食前に用いる。②脾疳及び肺疳を治す。陳皮（一匁）、青皮・訶子・炙疳（各五分）を一服とし、水で煎じて用いる。また、人参・白朮（各一匁）を加えて用いる。

益気聡明湯【えききそうめいとう】〔医道重宝記〕に益気聡明湯は、飲食労役により脾胃が不足し、内障《そこひ》耳鳴《みみなり》するのを治す。黄芪・人参（各五分）、升麻・葛根（各三分）、芍薬・黄栢（各一分）、蔓荊子（一分半）を煎ずる。眼が常に昏《くら》く、物を見難いもの、元気の大いに虚しないものに用いる。元気の大いに虚するものには補中益気湯*を用い、人参・黄芪を倍する。長く病んで形気ともに虚損するもの、血虚のものには、十全《じつぜん》大補湯*に白豆蔻・沈香・付子を加えて用いる。

益気養栄湯【えききようえいとう】〔医道重宝記〕に益気養栄湯は、鬱症で瘰癧を生じ、手足腫れ肉の色変わらず、或は日暮に熱気がさし、或は潰えておさまらないのを治す。黄芪・人参・白朮（各一匁半）、当帰・芍薬・

熟地黄・陳皮・貝母・香付子（各一匁半）、柴胡・桔梗・川芎・地骨皮（各五分）、甘草（三分）を煎じて用いる。気血が大いに虚するものには十《じっ》全《ぜん》大補湯*に香付子・貝母・遠志を加えて用いる。

益元散【えきげんさん】〔丸散重宝記〕に益元散は、中暑 身熱 煩渇 小便の通じないのによい。調合は、滑石（六戔）、甘草（一戔）を細末（粉）にする。

益元透肌散【えきげんとうきさん】〔小児療治調法記〕に益元透肌散は、専ら擁熱の痘瘡を治す。羌活散鬱湯*を服用して擁瘡が悉く開き気血和平し、「出瘡《でそろう》」*の三四日後肥大しないもの、「貫膿《みずもる》」*をしないものに用いると、よく気を調え 毒を消し 肌を透すなど効があり、「貫膿」「収靨《かせる》」*等によい。桔梗・紫草・川芎・山査子・木通・人参・甘草・牛房子・蟬退・陳皮・糯米（五十粒）に、灯心（十四根）・棗（二ツ）を入れて水で煎ずる。加減は太乙保和湯*と同じ。「貫膿」の後は、別に保嬰百補湯*がある。

疫神裁断日【えきじんさいだんにち】〔懐中調宝記・牛村氏写本〕に疫神裁断日は、正月七日、九月十五日とあり、出行に凶である。

益中散【えきちゅうさん】〔丸散重宝記〕に益中散は、泄瀉 腹痛 冷痢《ひえくだり》によい。宿食（不消化で胃に食物のあるもの）には砂仁を加える。腹痛の甚だしいのには蜜を加える。日用の効は甚だ多い。白朮（四戔）、芍薬・茯苓（各三戔）、陳皮（二戔）、干姜（一戔）、甘草（三分）を用いる。

益児餅【えきにびょう】〔小児療治調法記〕に益児餅《えきにびょう》は、小児の癖疾*を治す。木香（一匁）、檳榔（一匁半）、神麹（炒 二匁半）、白朮（四匁）、山査・使君・水紅花子（各五匁）を末（粉）し、黄蠟を入れ、麺粉を水に交ぜて煎じ、餅となして喫する。

絵絹【えぎぬ】 絹織物。〔絹布重宝記〕に絵絹は、巾は好きに従い何程でも織り、出来合は七八尺位に限る。糸性は勝れてよい物で、これを練《ね》らせ染めて着尺《きじゃく》にする。至って上品、麗しい。五分練にして夏羽織にも佳い。丈は六丈より八九丈迄あり、定まらない。

腋門【えきもん】〈経絡要穴 肘手部〉二穴。腋門《えきもん》は手の小指と薬指との間、薬指の本節の前にある。拳を握ってとる。針二分、留むること二呼。灸三壮。瘧、胸騒ぎ、咽腫れ、手の肘痛み、頭痛、目赤く渋り、耳聴こえず、歯茎の痛むのを治す。〔鍼灸重宝記綱目〕

疫痢【えきり】〔医道重宝記〕に、一家 或は一郷中に皆流行り病むのを、疫痢という。倉廩散*を用いる。

英吉利【えぎりす】〔童蒙単語字尽重宝記〕に英吉利《えぎりす》に次がある。①王国。広さ十二万一千一百坪、民は二千九百八十六万五千五百人。大不列顛《だいぶりてん》とも云う。倫敦（倫頓《ろんどん》）民は三百六万七千五百三十六人。（品川海より）四千八百七十里。立弗布立《りぶるぷーる》 民は四十八万四千三百三十七人。他弗兒《とぶゆる》。〇英の愛蘭《あいらんど》、都伯林《ぢゅぶりん》 民は三十万八千四百三十七人、蘇格《すこっとらんど》、壹丁不《えぢんびゅるく》 民は十七万五千百十八人。②「英国之内」は、英蘭《えんげらんど》、蘇格蘭《すこっとらんど》、威尔斯《うぇーるす》、阿尔蘭《あいらんど》。英・蘇・威の三国を合称して大貌利太尼亜《だいぶりたにや》 或は不列顛《ぶれってん》といい、阿の一国を加えて四国を総称し、合衆王国ともいう。

疫癘【えきれい】「疫病《やくびょう》」*に同じ。〔調宝記・文政八写〕に「疫癘《えきれい》 俗に云ヤクビヤウノ事」とあり、蘭の葉を陰干しにして刻み二匁ばかり常の如く煎じて用いる。また葉を門戸に掛けて置くと疫病はその内へ入らないという。〔永代調法記宝庫・三〕には疫癘の世間に流行るのを天行病《てんぎょうびょう》という。まず家内に蒼朮を焼き邪気を払い、次に蒼朮の粉を水で飲むと病は染《うつ》らない。病人を見舞うのにも雄黄の粉を鼻に塗って行くと染らない。〔薬方重宝記〕に元日屠蘇を酒に浸して飲むと疫癘を払う。〔妙薬調方記〕には疫癘や流行病《はやりやまい》が来たら、しそう（紫草）と麦を煎じて呑んで置くとよい。〔秘方重宝記〕に疫癘流行の時 難を逃れる奇方は、人参敗毒散*の茶匕加減である。種人参（一分五厘）、柴胡・桔梗・独活・川芎・茯苓・前胡・羌活・枳殻（各二分）、薄荷・甘草（各一分）を、水二合半を半分に煎じ、毎日一貼ずつ三日の間空腹時に用いる。また木朴湯*もよい。

〔日用調法人家必用〕に「疫癘除けの呪」は、節分に門戸に挿した鰯・柊・豆殻を黒焼きにして懐中するとよい。少し熱気がある時は白湯《さゆ》で服する。これは圧勝の理で悪気を避ける方である。

厄瓜多厄【えくあとる】〔童蒙単語字尽重宝記〕に厄瓜多厄《えくあとる》は連邦、広さ二十四万坪、民は一百四万四百人とある。葉圭奪《えくあどる》とも書く。

えぐの若菜【えぐのわかな】大和詞。「ゑぐのわかなとは、せり（芹）の事」である。〔不断重宝記大全〕

えご【えご】〈何が不足で癇癪の枕言葉〉「子供、ゑご」。〔小野篁謔字尽〕

絵師【えし】〔万物絵本大全調法記・上〕に「画工 ぐはこう／ゑし。画師 ぐわし也」。〔万買物調方記〕に、○「京ニテ絵師」高辻通室町西へ入 狩野永真。新町通松原下ル 狩野外記。中立売西洞院西入 土佐将監。東之寺内 雪渓、新町二条下ル 狩野縫殿介。○「江戸ニテ絵師」中橋大ク町会所 狩野永志丶。かぢ橋かし前 同探雪。同所 同探信。新橋南一丁目 同洞雲。同北一丁目横町 同養朴。○「大坂ニテ絵師」高麗橋難波橋 安原安清。谷町 北岑正甫。雪舟末孫 長谷川典之丞。「浮世絵師」「当世絵書」「仏絵師」ハ別項

衛士【えじ】大和詞。「ゑじとは、大り（内裏）の火焚」である。〔不断重宝記大全〕

埃及【えじぷと】〔童蒙単語字尽重宝記〕に埃及《えじぷと》は王国、広さ十七万五千坪、民は三百万人。介尓阿《かいろ》民は二十五万人。亜拉散得《あれきさんとりい》民は八万人。（品川海より）三千七百里。衣接とも書く。

江尻より府中【えじりよりふちゅう】東海道宿駅。*二里二十九丁。本荷百六十八文、軽尻百十二文、人足八十一文。児橋《ちごばし》長さ十九間。この川（巴川）を下へ五六丁行くと清水の町で、富貴な所である。夏大根の種が出る。この清水から三保へ海上一里というが二十丁ばかりある。三保の松原は竪一里三丁、横二十丁余、東へ長く出、西は地続きである。本社は三保津姫明神で、牛頭天王の社もある。嶋の内は並松で、松の下は萱等あり松露が多く、肉蓯蓉《オニク》もある。天人が下って衣を掛けた所もある。三保の入江、三保の浦、風早の浦。吹上の砂の高い所から見ると、田子の浦の舟は松の上を漕ぐようである。富士、足高山の麓に興津、蒲原、薩埵、久野が見えて無双の景である。久能山は江尻の南二里で御宮がある。右の畑中に姥が池がある。平川地子、岩原、右の方に大内の観音がある。梶原山は梶原父子が自害した所である。一里山村、釜の段、十丁ばかり左渚明神、楠木、洞の内、八畳敷の大木がある。小田村、左は吉田、平沢は躑躅の名所。栗原、長沼、やつ、狐が崎。府中入口に愛宕、三松、清水があり、左は八幡大社がある。久能海道、稲川、まがりがね。〔東街道中重宝記・寛政三〕

恵心院【えしんいん】山城名所。恵心院は、宇治の中宿《なかやど》という名所である。〔東街道中重宝記・七ざい所巡道しるべ〕

嘔吐【えずき】「おうと（嘔吐）」ヲ見ル

鱛【えそ】〔万物絵本大全調法記・下〕に「鰣し／はそ、又はす」。『天正十八年本節用集』には「鰣《エソ》、鱛《エソ》」とある。〈食合せ〉〔里俗節用重宝記・上〕に鱛《ゑそ》と一文字（葱）は食い合せ。〈料理仕様〉〔諸人重宝記・四〕に鱛は、鱠。木の芽焼き 熬り物。

枝の事【えだのこと】立花。*〔男重宝記・三〕に枝は、○枝葉を前後へ長く出してはならない。○周り枝と云って、前より後ろへ指し出し後ろへ廻し、また後ろから前へ廻してはならない。○余所の枝が横へ出た前へ縦に出し、縦に出た前へ横に出して十文字にしてはならない。切ると言い嫌う。〈紋様〉〔紋絵重宝記・下〕に「柚の枝折」「樽に山椒の枝折」「枝橘」「ひらぎ（柊）枝」「枝牡丹」「枝もみぢ」等の意匠がある。

枝を鳴らさぬ御代【えだをならさぬみよ】〔世話重宝記・四〕に、謡（高砂）にも「枝を鳴らさぬ御代なれや」というのは、太平の世の譬えである。五

日に一度《たび》風吹き、十日に一度雨降る、風枝を鳴らさず、雨塊《つちくれ》を破らずと、『論衡』に出る。

愛知川より武佐へ【えちがわよりむさへ】 木曾海道宿駅*。二里半。本荷百二十一文、軽尻七十七文、人足五十七文。愛知川《えちがわ》は徒歩渡り。小畑村 宿は長い、三軒茶屋。三俣村 右の山に石場山の観音がある。阿由井村 建部大明神 作り山の麓である。町屋村、石寺村、清水が鼻村 清水が鼻という山の曲がり角にあり、米はぜを紙袋に入れて売る。右の山に関寺という観音がある。佐々木代々を神に斎った雑賀明神社があり、この山は佐々木承禎の根城で佐々木城跡があり、巡礼三十一番の札所である。大磯村、西正木村。〔東街道中重宝記・木曾道中重宝記六十九次 享和二〕

越後【えちご】 越州。〔重宝記永代鏡〕に、頸城《くびき》、三嶋、魚野、蒲原《かんばら》、沼《ぬ》垂《たり》、石船《いわふね》、古志《こし》、刈羽《かりば》の八郡をあげ、城下は高田、出雲崎、長岡、糸魚川、新発田、村松、村上で、一ノ宮は伊夜彦《いやひこ》（＝弥彦）である。〔万民調宝記〕には居城知行高を、村上・榊原虎之助十五万石、高田・稲葉丹波十万三千石、長岡・牧野駿河七万四千石、与板・牧野遠江一万石、柴田・溝口信濃五万石、村松・堀左京三万石とある。〔大増補万代重宝記〕には魚野、沼垂はなく魚沼がある。上管、四方六十里。田数二万三千七百二十九町、知行高四十二万六千石九斗。〔重宝記・幕末頃写〕には四方六日、山南に高く、北は海、五穀は不熟、桑麻多く、大上々国等とある。新潟県と柏崎県から今の新潟県で、佐渡を除く地域にあたる。〈名物〉〔万買物調方記〕に鉛、漆、蠟燭、白兎、松の山の白布、米山の当帰、弥彦の黄連、草生津の油（地より湧く油）、糸魚川の糸魚、直江川の八ツ目鰻、塩引などがある。

越後鮭子籠【えちごさけこごもり】 〔料理調法集・国産之部〕に越後鮭子籠《えちごさけこごもり》は、鮭十本に付き塩一斗を水一斗二升の中へ入れ、揉み 砕き 塵を濾して煮返し、よく冷まし、鮭は腸を取り子が少なければ別の子を加え入れ、子が抜け出ないように薄身の所を糸で縫い、前の水へ七日漬けて置く。その後、取り出し三所程細かな輪で結ぶか、又くるくる巻きにして縄をつけ、日陰に吊して置く。和らかにするには十日程も吊して菰に包んで置く。堅くするには二十日も三十日も吊して置く。

越後鮭披【えちごさけひらき】 〔料理調法集・国産之部〕に越後鮭披《えちごさけひらき》は、塩一斗を水一斗二升の中へ入れ、揉み 砕き 塵を濾して、水一斗になる程に煎じてよく冷まし、鮭を抜き この塩水に四五日漬けて置き、その後取り出し、日陰に固まるまで干して置く。早く請けるには三日程塩水に浸けて置く。

越後筋子【えちごすじこ】 〔料理調法集・国産之部〕に越後筋子《えちごすじこ》は、塩一斗を水一斗二升の中へ入れ、揉み 砕き 塵を濾し、煎じてよく冷まし、鮭の子を袋が損じないように出し、この塩水に二時（四時間）程漬け、取り上げて壺に入れ、二三日も置いて固まる時に薄く稾を当て風吹きに置く。料理の時は切って酒を懸けて出す。

越前【えちぜん】 越州。〔重宝記永代鏡〕は、黒田、池上、榊田、吉田、南条、敦賀、丹生、今立、足羽、大野、坂井の十一郡をあげ、城下は福井、大野、勝山、丸岡、鯖江で、一ノ宮は笥飯《つつい》《けひ》である。〔万民調宝記〕には居城知行高を、海居・松平兵部二十五万石、松岡・松平中務五万石、丸岡・本多飛騨四万六千二百石、大野・土井甲斐四万石、敦賀・酒井右京一万石とある。〔大増補万代重宝記〕には八郡をあげて、黒田、池上、榊田がない。大管、四方四十五日。田数二万二千五百三十九町、知行高六十八万二千六百五十四石。〔重宝記・幕末頃写〕には南北三日半、南は山、北は海、五穀熟せず、桑麻が多い。或は、五穀万倍、大上々国等とある。敦賀県から、今の福井県北東部にあたる。〈名物〉〔万買物調方記〕に黄連、鉛、奉書、鳥の子雲紙、薄様、厚紙、嶋布、絹、北の庄の切り石、常慶寺砥、金津の毛抜、戸の口の網代ごり・塗笠、敦賀の小荷

駄、引田鮓、三国の鱒・鮭・鱈・鰈・大蛸など魚類、丸岡の素麵、大野の酒、だま（椨）の油木（当国に多く産す）など。

朴市田久津【えちのたくつ】〔大増補万代重宝記〕に朴市田久津《えちのたくつ》は、天地帝の命を受け、百済を救って白村江《はくすきのえ》に唐の兵と大いに戦い、奮戟して死ぬ。

拭手巾【えちゅうきん】唐人世話詞。手拭を「拭手巾《ゑちうきん》」という。〔男重宝記・五〕

悦気【えっき】〔重宝記・幕末頃写〕に軍中で、敵対する臨む軍陣に、気が天上して白いのを悦気と言い、必ず大利を得るという。「軍中に霊煙の気を見て吉凶を知る事」参照

越鞠丸【えつきくがん】〔丸散重宝記〕に越鞠丸は、婦人の胸痞え、食進まず、胸脇痛み、噫腐《あいふ》、呑酸、頭痛、脈の沈なのに用いる。神麴（炒）・香附子（童便制）・蒼朮・山梔子の四味を糊で丸ずる。

絵繕い師【えつくろいし】「江戸ニテ絵繕い師」等は、「表具師」参照

えった【えった】片言。「穢多を、ゑった」という。〔世話重宝記・四〕

越中【えっちゅう】越州。〔重宝記永代鏡〕には砺波、射水《いみず》、婦負《うぶ》、新川《にいかわ》の四郡があり、城下は富山、一ノ宮は高瀬である。〔万民調宝記〕に居城知行高は、富山・松平大蔵十万石。〔大増補万代重宝記〕には上管。四方二十八里。田数二千三百九十九町、知行高五十三万六千二十七石。〔重宝記・幕末頃写〕には四方三日。塩藻・魚鼈・五穀・漆等多く、大々中国等とある。新川県から、今の富山県にあたる。〈名物〉〔万買物調方記〕に焰硝・黄連・白川糸・八講布・倶利伽羅の磨き砂・鰤・熊引《つのじ》・鮫など。

越鳥南枝に巣を掛け 古馬北風に嘶う【えっちょうなんしにすをかけこばほくふうにいばう】〔世話重宝記・四〕に謡（蟻通）にもこの詞が出るのは『文選』によるとし、越の国は南で 越の鳥は他国に住んでも南枝に巣を掛けるのは 故郷を思うからである、胡の国は北で 胡の馬は北風に嘶《いなな》うのは 故郷を思うからである、という。

餌包【えっつみ】鷹の名所。*〔武家重宝記・五〕に餌包《えつつみ》は、鷹の高骨《こうこつ》の所、府定《ふさだめ》*と連なる所をいう。

えと【えと】諸国詞。物の多いことを「中国にては ゑと といひ、又でこ」という。〔男重宝記・五〕

江戸鹿子【えどかのこ】〔秘伝手染重宝記〕に「江戸かのこ」として「小太夫鹿子」の結い様は、絹の巾を差し、丈長の紙でも鹿子のように四角に割り合わせ、四角の中を小刀で丸く印を押し絹に当て、青花といい露草の花の染め紙がある。これを水で溶き筆の先で印をつけ、前の印の所を苧で割き、少し置きくるくると巻き、よく締め、二返りずつ留むる。粒は目分量で見合す。

江戸三弥【えどさんや】菓子名。江戸三弥、上羊羹、下しめし物。〔男重宝記・四〕

江戸茶染【えどちゃぞめ】〔万用重宝記〕に江戸茶染は、桃皮の汁・明礬・だしかね（鉄漿）を少し入れて染める。〔家内重宝記・元禄二〕には、江戸茶は下をいかにも薄く染める。

江戸の京御菓子所【えどのきょうおかしどころ】〔江戸町中喰物重法記〕に次の店がある。①「京御菓子所」久松町 花沢屋近江。②「京御菓子所」京橋銀座四丁目 京藤屋久兵衛。③「京御菓子所」横山丁三丁目角 藤塚屋近江。④「京御菓子所」青山御手大工町 三升屋六右衛門。⑤「京御菓子所長崎求肥飴唐菓子品々」神田松永町 近江屋大和。三都の「御菓子所」*は別項

江戸への道（下の諏訪より甲州へ掛り）【えどへのみち（しものすわよりこうしゅうへかかり）】〔家内重宝記・元禄二〕に、「下の諏訪より甲州へ掛り江戸への道」として、次がある。下の諏訪〈二里〉上の諏訪〈三里〉青柳〈三里半〉津た木〈二里半〉台ヶ原〈四里〉韮崎〈三里半〉府中〈一里半〉いさは〈石佐〉〈一里半〉栗原〈一里〉勝沼〈一里〉鶴瀬〈二里半〉黒のた〈一里半〉初狩〈一里半〉花崎〈半里〉大着（月）〈半里〉駒はし〈半里〉

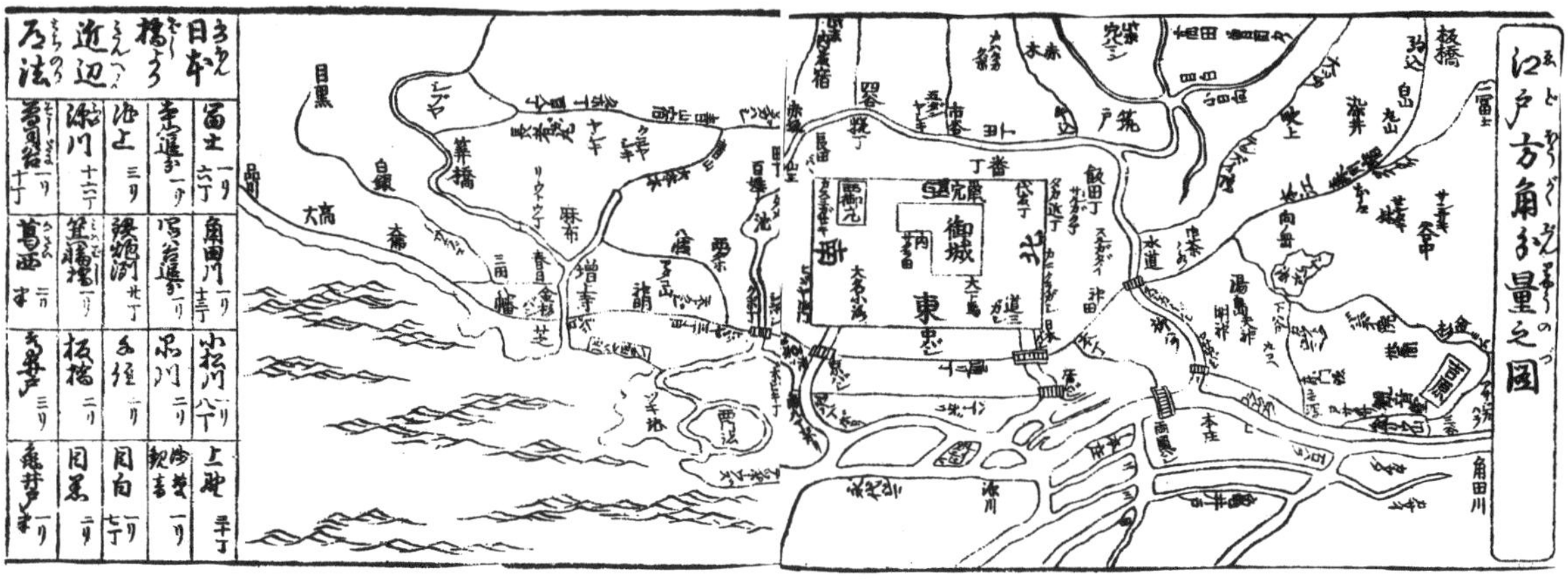

図50　「江戸方角分量之図」（大成筆海重宝記）

猿はし・小にし〈一里半〉ゐ（犬）の目〈一里〉の田尻（尾）〈一里〉鶴川〈半里〉上野原〈一里〉関野〈一里〉吉野〈一里〉寺瀬〈三里〉小仏〈一里〉駒絹（木野）〈二里〉八王寺〈二里〉日野〈二里〉府中〈一里半〉富田〈二里〉高井（戸）〈三里〉江戸。

江戸へ松本よりの道【えどへまつもとよりのみち】〔家内重宝記・元禄二〕に「信州松本より江戸への道」として、次がある。松本〈三里〉法輪寺〈五里〉落合〈三里〉竜の口〈五里〉小諸。これより追分、木曾海道*を経て江戸へ三十九里。

江戸方角分量の図【えどほうがくぶんりょうのず】〔大成筆海重宝記・寛政九〕には「江戸方角分量之図」（図50）（〔筆海重宝記〕元文元年本にも載る）、〔日用重宝記・明和元〕には「江戸方角図」がある。

江戸迄舟路大坂より【えどまでふなじおおざかより】〔家内重宝記・元禄二〕に大坂より江戸迄の舟路として次がある。大坂〈十四里〉泉州谷川〈半里。歩路同〉小嶋〈一里半。歩路同〉加田〈これより紀州。二里。雑賀崎へ三里。高嶋へ五里。歩路三里半〉大崎〈一里半。歩路同〉とつつい〈一里半〉由良の内〈一里。歩路同〉日比〈五里。歩路同〉印南〈五里。歩路同。本島〉田辺〈一里。歩路二里〉綱しらず〈三里。歩路一里〉富田〈十町〉にぐさ（三木佐）〈一里、朝なぎへ半里〉市江〈半里〉笠帆〈一里〉すさみ（周参見）〈七里〉江田〈一里。歩路同〉有田〈一里。歩路同〉にぶ（二部）の袋〈三里半。歩路同〉熊野大嶋〈五里。歩路同〉神浦〈一里。歩路少し近い〉泰（太）地〈一里。歩路二里余〉那智勝浦〈一里。歩路同〉うぐゐ〈一里。歩路同〉宮崎〈七里〉泊り〈一里。歩路同〉あたしか〈半里。歩路同〉ゆきな〈一里。歩路同〉みき嶋〈一里〉三木〈一里余。歩路半里〉葉枝〈半里。歩路一里〉九鬼（木）〈三里。歩路同〉尾鷲〈一里。歩路同〉この本〈五丁。歩路同〉引本〈一里。歩路同〉すがる（須加留）〈三里。歩路二里半〉嶋のかづら〈半里。歩路

同〉しろ（城）〈半里。歩路同〉三浦〈二里。歩路同〉長嶋〈一里。歩路同〉錦〈一里。歩路同〉こはい（古和）〈□〉たなはし（棚越）〈一里近い。歩路同〉本庄（本座）〈一里近い。歩路同〉亀崎（神崎）〈一里。歩路同〉東宮〈半里。歩路三丁〉にえ（二江）〈半里。歩路三丁〉道かた〈三里。歩路同〉さゝら〈二里。歩路五里〉勢州浜嶋〈二里。歩路同〉としか〈五里。歩路同〉夏湊安乗〈四里。歩路同〉浦〈一里。歩路半里〉鳥羽〈七十五里〉伊豆田子〈□〉安良里〈三里。歩路三里半〉岩地〈二里半。歩路同〉妻（女）良［うらの内である］〈□〉うら〈三里。歩路同〉中木〈一里。歩路同〉長土〈一里。歩路同〉こいな〈二里。歩路一里半〉下田〈半里。歩路同〉洲崎〈一里。歩路同〉外浦〈三里。歩路同〉稲取〈二十一里〉川野〈三里〉足代〈三里〉まなつろ（真鶴）〈八里。歩路十里余〉永江〈一里。歩路同〉宮田〈一里。歩路同〉小足代〈五丁。歩路二丁〉油壺〈半里。歩路十四丁〉みさき（御崎）〈一里。歩路同〉しろ〈半里。歩路同〉浦川〈□〉泊り〈三里半〉久（九）里浜〈半里。歩路同〉榎木戸（榎堂）〈四里〉金川（神奈川）〈六里〉品川〈二里〉江戸である。

〈海路難所〉〔家内重宝記・元禄二〕に大坂より江戸まで海上難所がある。①紀州の内、日井（比）三崎より由（湯）崎まで十三里、港がない。②紀州の内、塩の御崎、塩の狂いがあり悪い。③勢州の内三里、さき嶋、沖へ瀬が出て大難所である。④鳥羽安乗、勢州より伊豆下田まで七十五里は、塩の狂いがあり悪い。⑤下田より鎌倉御崎まで三十五里、鎌倉御崎より浦川まで五里、遠州御前岬はいずれも大難所である。

屠児【えとり】　餌取とも書く。〔消息調宝記・二〕に「ゑとりは、屠児と書。ゑたの事」。〔万物絵本大全調法記・上〕に「屠者　としや／ゑとり。又ゑた。屠児　とじ。同」。

胞衣の事【えなのこと】　〔万物絵本大全調法記・上〕に「胞胎　はうたい／えな、胞衣　はうえ也。胎衣　たいゑ、同。はらごもり」。〔女重宝記・三　弘化三〕に胞衣《えな》は子が胎内で十月の間担ぎ、子を養い、母の食物の毒気を防ぐ。その元は臍から続き生気を通ずる。胞衣は後産《のちざん》という。

〈胞衣が下りない時〉〔女重宝記・三〕は、蕈麻子《とうごま》の殻を去り捨て、続飯で練り交ぜ、足の裏に塗るとそのまま下りる。〔日用調法人家必用〕には、男子の生れる時は小豆七粒、女子の時は二十一粒を生のまま一口に呑ますと忽ち下りる。〔麗玉百人一首吾妻錦〕は、大麦の煎り粉を水に掻き立て用いる。〔里俗節用重宝記・上〕は、猪の油一両を沸かして五七度沸き返るのを飲ます。〔大増補万代重宝記〕は、十二月（節分）に門へ差した柊と鰯の頭を煎じて飲ます早速出る。〔調宝記・文政八写〕に、○「逆産 胎死 胞衣 横産何によらず好（吉）」として、六月土用中前、山椒の葉を採り陰干にして伊勢海苔を薄くたてて用いると妙である。○「胞衣 後の物*の下りぬ」のに、鼠尾萩（みそはぎを七月に採り黒焼）と荷葉《いなのは》（黒焼）を等分に合せて粉にし、湯で用いる。〔鍼灸重宝記綱目〕にも胞衣の下らないのには、中極 崑崙 三陰交に針する。［資料には「後の物*ト混同ガアル」］

〈呪い〉〔増補咒咀調法記大全〕に、①「女の後の物下すに呑む符」、②「後の物下らざる符」を呑む。〔新撰咒咀調法記大全〕に③④「胞衣下らざる符」を呑むには、男に井戸の中へ手の届く程の土を取らせ、水に混ぜて飲む。⑤はこの二字を書いて鶏の鶏冠の血を取り水にたてて用いる。薬方は牛膝と当帰を煎じて用いる。また茄子の蔕を黒焼きにして糊で練り右の足の平へ貼る。但し下りたら取る（図51）。

〈胞衣を洗う〉〔嫁娶調宝記・二〕に次がある。「胞衣を疑う事」は昔よりあり、妾等が子を産んで、我が子か人の子かの見ようは、胞衣を洗わせて新しい三方に載せて見ると、その親の家に伝える紋が明らかに見える。人の子なら人の紋、百姓の子なら鎌・鍬の紋が座る。明らかに見え

図51 胞衣の事
①「女の後の物下すに呑む符」（増補呪咀調法記大全）
②「後の物下らざる符」（増補呪咀調法記大全）
③④「胞衣下らざる符」（新撰咒咀調法記大全）
⑤「胞衣下らざる符」（新撰咒咀調法記大全）

ない時は清い水に浮かべて見ると ちらちらと見える。○「その子の先の世を見る」には、貴人か物知りなら胞衣を洗ってみると、蓮《はちす》が見える。必ずその子は人に勝れ、世に名高い人になる。

〈胞衣桶〉〔女重宝記・三 弘化三〕に、○「産前の拵え物」は、産屋の箆竹を小刀左刃 右刃の一対に削り、紙に包んで水引をかける。「寿命《じゅめい》」と銘を切るのもある。これは目上の親類か、歴々は家老等を箆親に立て貰い受け、粗末にしない。胞衣桶は押桶《おしおけ》ともいい、本式には十二要るが一ツでもすむ。経は六・七・九寸、高は六・七・八・九寸、蓋に鶴亀松竹を書く。十二押桶の時は小刀も十二要るが、一ツの時は一ツでよい。押桶・小刀・苧・土器《かわらけ》三枚は予め拵えて置く。臍の緒を切るには始めは白刃を当てず 竹の箆で切る真似をし、土器の上に押し当て小刀で臍の緒をつぎ（切るの忌み詞）、跡を紙で包み、苧で結わえつけて置く。胞衣桶には銭十二文・米少しを、また苧一筋・藁五筋・熨斗《のし》一筋を、また扇二本・筆一対・墨一挺を、また女子には五色の糸少し・針二本を添えて入れる。

〈胞衣納むる吉方〉〔同書〕には、産をした居間の下、人の越える敷居の下等に地を一尺余り掘り、地神に礼する心で塩水を少しずつ打ち埋める。下々の産で菰に包んで路頭に捨てるのを鳶や烏が取り宮社、鳥居、新朴の上等に捨て置くのは勿体ないことである。〔日用重宝 万物図解 嘉永大雑書三世相〕には多少の相違があるが、もしその年の凶方なら産婦の座った下に納めるとよく、四季の土用中は土用が明いて納めるとよい。〔和漢年暦調法記〕は胞衣桶を納める吉方を、大将軍歳殺*大陰*金神*天一神*の方とし、次もある。○子年は、巳午の間（南南東）、子（北）の方。○丑年は、午未の間（南南西）、丑（北北東）の方。○寅年は、申酉の間（西西南）、寅（東東北の方）。○卯年は、酉戌の間（西西北）、寅（東東北）の方。○辰年は、酉戌の間、辰（東東南）の方。○巳年は、亥子の間（北北西）、巳（南南東）の方。○午年は、亥子の間、午（南）の方。○未年は、子丑の間（北北東）、未（南南西）の方。○申年は、寅卯の間（東東北）、申（西西南）の方。○酉年は、卯辰の間（東東南）、酉（西）の方。○戌年は、卯辰の間戌（北北西）の方。○亥年は、巳午の間亥（北北西）の方。〔女用智恵鑑宝織〕には多少相違があるが、単に戌亥（北西）の方の地を七尺掘って埋める。〈雑穢〉〔永代調法記宝庫・首〕に「胞衣納者／洗者」の服忌は、胞衣を持ち行き埋める者は七日を忌み、洗う者は七十日を忌む。

縁【えにし】 大和詞。「えにしとは、えん（縁）の端」をいう。〔不断重宝記大全〕

えの仮名遣い【えのかなづかい】〔万民調宝記〕に中を「ゆ」と読む仮名は、中は「え」を書く。「越 こえる／こゆる」。「消 きえる／きゆる」。「見 みえる／みゆる」。「聞 きこえる／きこゆる」。「絶 たえる／たゆる」の

類。「ゑの仮名遣い」参照

榎坂の榎【えのきざかのえのき】 江戸願所。溜池の葵坂の上の大榎の根元に行き、白山権現を念じて虫歯の願を懸け 治して後、柳の楊枝を木の根に供すると里人が言っている。〔江戸神仏願懸重宝記〕

榎木 藤 篠の事【えのき ふじ ささのこと】〔馬療調法記〕に榎木、藤、篠なりの見ようは、榎の木は苦く、藤は甘く、篠は酸い。

絵具 染草【えのぐ そめくさ】〔江戸流行買物重宝記・肇輯〕に「絵具 染草」は、通油町新道 伊勢屋吉兵衛、神田鍛冶町一丁メ 大坂屋庄八、大伝馬丁三丁メ 村田宗清、瀬戸物町 大坂屋信三郎、いせ町 伊勢屋喜十郎ら八名がいる。

絵具屋【えのぐや】〔万買物調方記〕に「京ニテ絵具屋」二条東洞院東へ入 稲野信濃、松原室町西へ入 金青や五兵へ、富小路二条下ル 勘兵衛、竹屋町富小路東へ入 緑青屋、御池富の小路角 光明たんや。「江戸ニテ絵具屋」南伝天馬町一丁目 稲野信濃、京橋北一丁目 ゑのぐや惣兵へ、同所 同市兵へ、尾張町一丁目 同五兵衛。「青漆師」日本橋南二丁目 松村河内。「大坂ニテ絵具屋」本町一丁目 惣兵衛。

絵の目利き【えのめきき】〔万買物調方記〕に「京ニテ絵の目利」四条柳馬場東へ入 弓削や半兵衛。「江戸ニテ絵の目利」直に絵師の許へ尋ねるとよい。

葡萄葛【えびかずら】 大和詞。「ゑびかづらとは、葡萄の事」、また「女の作り蔓」をいう。〔不断重宝記大全〕

海老糝薯【えびしんじょう】〔料理調法集・鱧餅真薯之部〕に海老糝薯は、車海老の尾 頭 皮を取り去り、背 腸を抜いてよく叩き搗き、芋少しと玉子白身を加えて常のように仕立てる。

戎舁【えびすかき】「人形操機《あやつりからくり》」ヲ見ル

夷講【えびすこう】〔重宝記・宝永元序刊〕に、〇正月二十日、商売家でゑびす講となづけて祝う。今日、西宮より日本国へ商売に出る日という。〇十月二十日、恵美酒講というのは西宮大神宮の御祭である。正月二十日に諸国に出て今日入ると世俗にいうが、特に今日を祭るのは十月は豕《い》の月で、豕は十二子を産むので、商人は子息が継ぐことを悦ぶためこの月を祭ると、或る翁の話である。〔年中重宝記・四〕に十月二十日、今日は夷講といい、商人は夷を祭り祝う。

海老玉子【えびたまご】〔料理調法集・鶏卵之部〕に海老玉子は、鞘巻海老（車海老の幼いもの）を塩煮して皮を取り、蒸し玉子の中へ入れる。また厚焼き玉子の中に入れてもよい。

絵櫃【えびつ】 節句に用いる檜の曲物《わげもの》の飯櫃。三月には桃 柳 松、九月には菊 鶴等を絵具で描き、草餅や赤飯を入れる。〔女用智恵鑑宝織〕に「京にゑびつ、ひなのいいびつ。大坂 おだいひつ」とある。

海老根【えびね】 草花作り様。海老根は、花は白薄色 また柿色もあり、三月に咲く。えびす草、唐蘭《からあららぎ》ともいう。土は赤土、肥しは魚の洗い汁を折々根に注ぐ。分植は春秋がよい。〔昼夜重宝記・安永七〕

海老の事【えびのこと】〔万物絵本大全調法記・下〕に「鰕か／えび」「鰝かう／うみえび」。〔絵本重宝記・二〕には「海老 ゑび」。〈薬性〉〔医道重宝記〕に「鰕」は、温にして小毒がある。風痰を去り 癪を消し 陽道を壮《さかん》にし 乳汁を通ずる。「海蝦」は平で毒はない。虫を殺し 諸瘡によい。〔永代調法記宝庫・四〕に「ゑび」は幼児に嫌う。毒多く、能は少ない。〈料理仕様〉〔諸人重宝記・四〕に海老は、熬り物 鱠 煮物 小えび汁 鱠 吸物。〈食合せ〉〔家内重宝記・元禄二〕に海老に蟹を食い合わせると霍乱を起こし腹くだる。〔料理調法集・当流献方食物禁戒条々〕等に海老に、砂糖 鶏 蜜 麻 猪 串柿は食い合せである。

海老飯【えびめし】〔料理調法集・飯之部〕に海老飯は、裂き海老にして飯の上に盛って出す。

箙【えびら】〔弓馬重宝記・下〕に箙《えびら》は弓矢を盛る器で、皮で作り、背中に

背負う。古今品形多く、平箙 筑紫箙 短冊箙は鐶・花があり、これ等を尤箙という。また、壺箙 柳箙等は品が変わる。これらを元として品類が多い。或説に、大将のを箙、平士のを胡箙《やなぐい》とするが、当世にその区別はないものの、胡箙は箙に準ずる。平士が専ら用いるのは矢籠《しっこ》*で胡箙に次ぐ。箙に矢をさすのは二十四筋が本式で二十五筋のこともあり、この時は一筋を「本矢」といい羽の中に名字 官を書き、死後迄残す矢という。また平胡箙は節会の時 衛府の公卿が用いる。○「中休の矢」は山鳥の羽を四立に作り、篦は白篦、根は鏑根を居え、中央をさして矢を立て竪める。外の矢を「払いの矢」という。「休の矢」一本を残すのは軍礼である。休の矢を射るには秘事があり、先ずは軍士破れ 矢種射尽し難儀に及ぶ時、敵に向い大将分の兵を選んで射、速やかに自害する。敵は名高い草木の枝を取って休の矢の所にさす。世人はこれを「花箙」といい、或は「忠度の短冊箙」ともいう。また軍神へ願状を奉る時この矢に添えて奉る。秘事である。本箙の図がある（図52）。

図52 「箙」（弓馬重宝記）

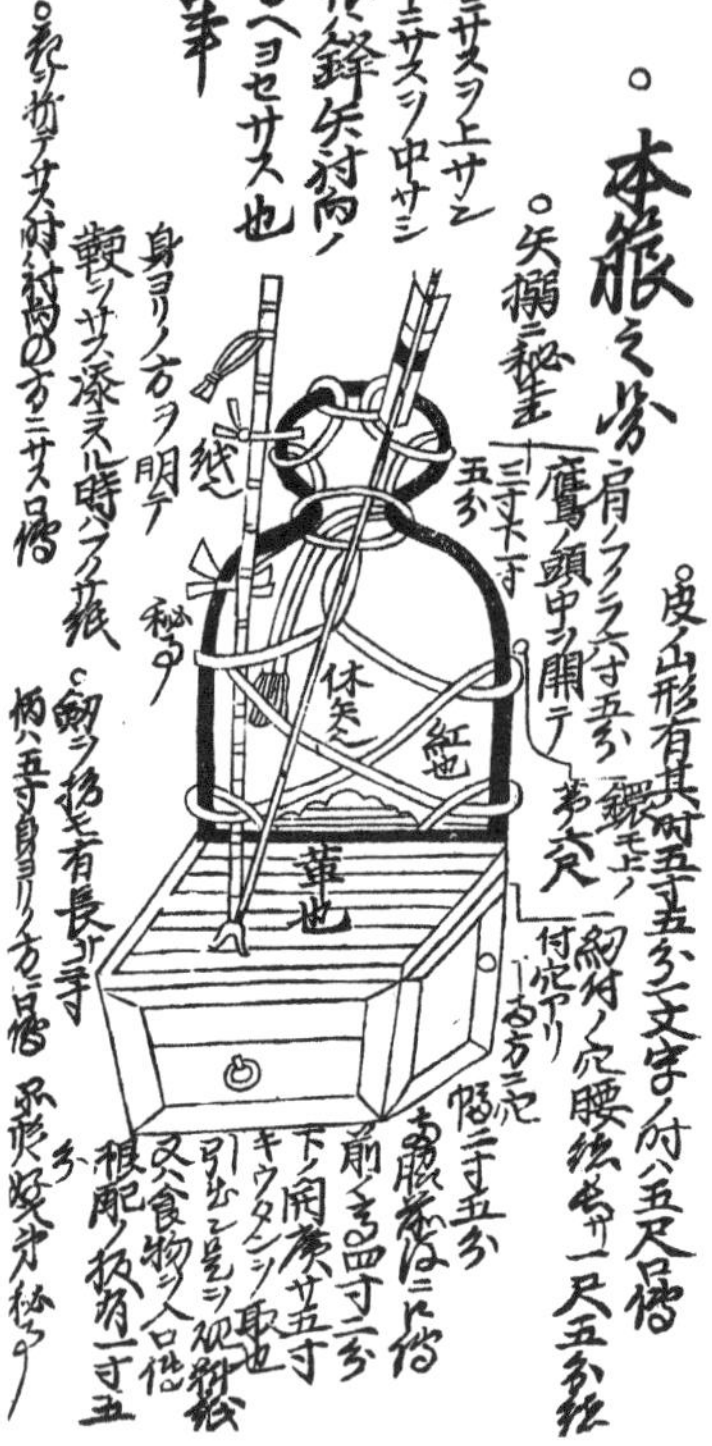

箙田楽【えびらでんがく】〔料理調法集・焼物之部〕に箙田楽は、豆腐を常のように田楽に焼いて出す時、深い重箱等の器に中程に簀を入れ、その上に田楽を置き、簀の下に梅花を入れ、出す時に煮湯を差し、蓋をして出す。蓋を取る時に梅花が薫る。

絵筆屋【えふでや】「筆の事」ヲ見ル

衛府の四分【えふのしぶん】 衛府は左衛門府《さえもんのふ》右兵衛府《うひょうえのふ》等、警衛の役所。〔男重宝記・一〕に下の四分*は、督《かみ》佐《すけ》尉《じょう》志《さかん》である。

えべす【えべす】 片言。〔世話重宝記・四〕「夷《えびす》を、ゑべす」という。〔小野篁謔字尽・かまど詞大概〕に「夷《えびす》を、ゑべす」。

えぼ【えぼ】 片言。木竹の末を「ゑぼ」というのは中国の詞である。京では「とんぼさき」という。〔不断重宝記大全〕

恵方【えほう】「年徳恵方《としとくえほう》」ヲ見ル

烏帽子の事【えぼしのこと】〔万物絵本大全調法記・上〕に「烏帽 うばう。烏帽子 ゑぼし也」。〔人倫重宝記・一〕に次がある。緇布冠《しふかん》*は代々形も名も変ったが、わが国では聖徳太子*が十二階の制を定めて絹で縫い、今の冠*は上古の冠よりも高く巾子《こじ》も大で、纓も広く、冠師には三宅土佐守がいる。烏帽子はシナの烏衺（袂）が渡来して初めて作り出した。烏衺を異名して烏丸殿《からすまるどの》といい、その烏衺が居た所なので、今に烏丸通という。『庭訓往来』にも「烏丸烏帽子」として名物に載せられているが今はなく、烏丸折は皆室町にある。

〈烏帽子折〉〔万買物調方記〕に「京ニテ御冠并烏帽子折」油小路中立売下 木村筑波、同一条上ル町 同庄兵衛、室町一条上ル町 杉本美作、室町三条下ル町 三宅近江。「江戸ニテ御冠烏帽子并装束」日本橋南二丁目 前羽孫兵へ、同三丁目 山城守重正らがいる。大坂ハ記載ナシ。

〈烏帽子親〉堂上・武家方での元服*において烏帽子を授け、名乗を与える仮の親をいう。〔嫁娶調宝記・一〕に烏帽子親から名乗の一字を贈る事があり、また元服人が名を替える故それをつける事もある。一門の内で士なら刀 或は脇差を贈られる事もある。烏帽子は、親老人の子孫繁

昌の人で、元服人の為にも重んずる人がなる。元服人は翌日烏帽子親へ必ず礼に行く。親父の方より身代りにより色々の贈り物をし、巻物また銀子を贈る事もある。その時の様子次第である。理髪の人の方へも贈り物がある。一門へ赤飯を配る。「能の道具」〈能烏帽子〉ヲ見ル

絵馬【えま】〔大増補万代重宝記〕に絵馬を二面献ずる時は、馬も文字も向い合わせにする。「所願成就」と書く。一面は「奉掛／御宝殿」或は「奉献／八幡宮廣前」と向い合わせに書く。式正に名字 官 名乗は書かず、姓ばかりを書き、その時は敬白も書かない。又全て絵馬に名乗など書く時は、神前その社《やしろ》の高下を考えて戸帳 御簾の中央より下の通りに懸ける。高いのは甚だ失礼である（図53）。

図53 「絵馬」(大増補万代重宝記)

えみす社榎【えみすしゃえのき】大坂願所。藤《ふじ》の野田村 ゑみすの社内榎《ゑのき》へ立願を込めると、速やかに験がある。御礼には絵馬を献ずる。〔願懸重宝記・初〕

えもぎ【えもぎ】「蓬《よもぎ》を、ゑもぎ」という。〔世話重宝記・三〕

え文字【えもじ】「ゑび（海老）は、ゑもじ」という。〔女重宝記・一〕

疫病【えやみ】「えやみとは、疫病《やくびょう》を云」。〔女重宝記・五 弘化四〕

会陽【えよう】〈経絡要穴 腿脚部〉二穴。会陽《えよう》は亀の尾と尻骨の陥みにある。針八分。灸五壮。腹冷え 熱気 寒気の泄瀉、久しい痔、下血、陽気衰え、陰汗《ひあせ》湿るを治す。〔鍼灸重宝記綱目〕

えらい【えらい】卑語。「今大坂にて大きなる事を ゑらいといふ」は、耳だちて悪い。『万葉集』にもあるが、流行り言葉にすると聞きにくい。〔女用智恵鑑宝織〕

えり【えり】俳言の仙傍（訕謗）。「嫁ヲ ゑり」。〔新成復古日夜重宝俳席両面鑑〕

襟合【えりあい】「おくきょう（臆胸）」ニ同ジ

衿の汚れ落し様【えりのよごれおとしよう】〔麗玉百人一首吾妻錦〕に衿の油落し様は、水どりの餅《もち》で叩くとよい。〔大増補万代重宝記〕に衿の垢落し様は、小豆の粉を絹で篩い水で掻き立てて水を三度捨て、底に残った粉をよい天気に乾して貯えて置き、洗う時熱い湯の中へ挽茶一ツ程を入れ、掻き立て洗うとよい。

ヱル【える】「度量考」ヲ見ル

衛を窺う【えをうかがう】気*を診ることをいう。「栄」の内「栄《えい》を窺う」、「診脈」参照

絵を見るには【えをみるには】〔諸民秘伝重宝記〕に絵を見るのに次がある。塀重門より入る時は、入口で履物を脱ぎ、縁に上がり右手で砂を払い、座敷へ入り、まず墨絵を見て、次に彩色絵を見る。

淵腋【えんえき】禁灸*の穴。二穴。直に腋つぼの下三寸にある。〔鍼灸重宝記綱目〕

縁鶯膏【えんおうこう】よがり薬。*〔調法記・四十ち〕に縁鶯膏は、常散・付子・龍骨・烏賊甲・細辛（各等分）に、山椒（三粒）を粉にして水で練り、交合の時少し陰門に入れて行う。

鴛鴦の事【えんおうのこと】〔万物絵本大全調法記・下〕に「鴛鴦 ゑんあう／をし」。〈異名〉〔書札調法記・六〕に鴛鴦の異名に、比翼 合観 錦機 匹《ひつ》翼《よく》がある。〈夫婦仲のよい譬え〉〔世話重宝記・四〕に「鴛鴦《ゑんわう》《をしどり》の被《ふすま》」に、鴛鴦は形は鳧《かも》に似て 頭は白く 毛に文彩があり、雌雄は常に離れず夫婦仲のよいのに譬える。『開元遺事』を引用、鴛鴦が雌雄常に離れないの

を夫婦仲のよいのに譬えるとし、玄宗皇帝と楊貴妃が昼水殿の内に寝ていた時、宮女が欄干に雌雄の水鳥の戯れるのを争って見るのを、玄宗は絹帳の内に貴妃を抱き、宮女達に水鳥が愛するのは我が被《ふすま》の鴛鴦を愛するのに比べられるものかと言ったという故事を引いている。また『同二』には「連理の樹*」の枝に鴛鴦《おしどり》が朝夕飛んで来て悲しむのを人々が見て、墳の韓朋夫婦の亡魂の化したものと言った。これより夫婦の契りを鴛鴦の被《ふすま》を重ねるということある。〈料理〉〔料理調法集・諸鳥人数分料〕には飼い鳥で、決って料理には遣わないが、鴨が切れた時遣うことも万が一あり、味は鴨*くらいのものとある。

垣下【えんか】「しょうばん（相伴）」ヲ見ル

遠行忌日【えんぎょういみび】〔昼夜重宝両面雑書増補永暦小筌・天保十一重刻〕に、遠《えん》行《ぎょう》するのに忌日《いみび》がある。正・四・七・十月は酉の日。二・五・八・十一月は巳の日。三・六・九・十二月は丑の日。

遠行脚打泡の方【えんぎょうきゃくだほうのほう】薬方。〔骨継療治重宝記・下〕に「遠行脚打泡の方」は、饂飩粉の糊を貼《つけ》る。夜を過し乾くのを、擦り傷《やぶ》ってはならない。また飯を粘《ねや》して貼《つ》ける。夜を過ごし紙で覆う。神効があり、翌日は平復する。

猿猴【えんこう】〈何が不足で癇癪の枕言葉〉「手、ゑんこう（猿猴）」。〔小野篡譃字尽〕

猿猴海老【えんこうえび】〔料理調法集・口伝之部〕に猿猴海老とは、手長海老のこととある。

猿猴が月【えんこうがつき】〔世話重宝記・四〕に『僧祇律』に出るとし次がある。猿猴が月を狙うというのは、前世に波羅奈城に五百の猿がいて、水中に映った月を取ろうとし一匹の猿が木の枝に取り付き、それより五百の猿が手と尾を取り次いで下ったら枝は折れて猿は悉く溺れ死んだ。人の愚痴なのを譬えて仏の言われた故事とある。愚かな人間が無理な大望を抱いて失敗することをいう。

延胡索【えんごさく】〔薬種重宝記・下〕に唐草、「延胡索 ゑんごさく／せぶふ。少し焙る。秘薬」。〈薬性〉〔医道重宝記〕に、辛く温、心腹《しんふく》の痛みを治し、血を破り、経を通じ、血中の気を廻らし、血暈《けつうん》（＝ちぶるい）血《けつ》崩《ぼう》を治す。そのままで刻み、少し焙る。

臙脂の具【えんじのぐ】絵具製法 礬砂の加減。〔万物絵本大全調法記・上〕に臙脂の製法は、胡粉*の加減に似た物である。紫と赤を混ぜた濃い紅色。

縁者【えんじゃ】〔農家調宝記・二編〕に縁者は、舅・姑（妻の父・母）、小舅・小姑（妻の兄弟・姉妹）、娘を嫁した先の婿、次男三男を養子に遣わした先の嫁等である。続《つづき》はない。

遠州柚味噌【えんしゅうゆずみそ】〔料理調法集・調製味噌之部〕に遠州柚味噌は、白味噌三分の一、豆腐三分の二、胡桃をよい程見合せて擂り漉し、酒で緩めて練り、柚を釜へ入れて焼く。但し、柚を一遍蒸して前の品を入れて焼くと、皮ともに賞翫できる。好きにより木耳、又は鯆（はららご。鮭の卵塊）等を入れるのもよい。

円周率【えんしゅうりつ】〔算盤調法記・文政元序〕に「円周率 三箇一分四厘一毛五絲九忽（3.14159）」とある。即ち、円周とその直径の比、πである。

延寿薬酒【えんじゅくすりざけ】〔女中重宝記〕に延寿薬酒は、百病を治す神仙の延命酒である。拵え様は、人参（蘆を去る）・南芎（各一両）、粉草（焙る、一両半）、白茯苓（皮を去る）・白芍（蒸して、各二両）、当帰（酒で洗う）・白朮（蘆を去り炒る、各三両）、五加皮（八両酒で洗い乾かす）、核桃肉・生地黄（酒で洗う）・小肥紅棗（核を去る、各四両）を絹袋に入れ、よい酒四斤でよく煮、瓶か徳利の類に入れ清い土中に五日程埋めて取り出し、十四日過ぎて朝昼晩盃に一杯ずつ飲むと、血を巡らし 臓腑を養い 脾胃を調え 精を強くし 顔色を艶やかにし 諸虚を補い 百病を除く。

延寿香【えんじゅこう】〔洛中洛外売薬重宝記・上〕に「（薫方ふすべぐすり）延

寿香」は、御池通東洞院東ヘ入丁 長浜屋与兵へ にある。打ち身、打ち傷、突き目、切り傷、瘭疽、つまばらみ（代指）によい。

延寿反魂丹【えんじゅはんごんたん】〔丸散重宝記〕に延寿反（返）魂丹は、一切の虫癪、癲癇、卒死、眩暈《めまい》、霍乱、吐瀉に効がある。木香・鶴虱・莪蒁・三稜・陳皮・大黄・黄連・胡黄連（各三匁七分五厘）、雄黄・枳殻・青皮・黄芩（各二匁五分）、乳香・丁子（各一匁二分五厘）、甘草（五分）〔以上の諸薬を末（粉）する〕黒牽子《こくけんごし》・雷丸・熊胆（各三匁七分五厘）、麝香（一匁二分五厘）、白丁香・赤小豆（各三匁五分）を糊で丸ずる。食傷で腹痛み、或は痰飲で胸を痛めるには 生姜湯で下す。〔売薬重宝記〕には、ふや丁二条下ル丁 池田屋治兵衛、むろ町四条上ル 桔梗屋にある。

〔万法重宝秘伝集〕には「延寿返魂丹」として、熊胆（熱い湯で煮て溶く）・陳皮・黄連・雄黄・麝香・木香・鶴虱・雷丸・莪蒁・三稜（各一匁二分）、大黄（酒に浸し八分二厘）、胡黄連（六分五厘）、黒牽子（半分は炒り、半分は生。六分五厘）、丁子・乳香・枳殻・黄芩・青皮（各三分二厘）、赤小豆（三十七粒。生で粉にする）、白丁香（赤小豆の重さ程）、甘草（二分五厘）を細末（粉）とし、饂飩粉と蕎麦粉を等分にして合わせ糊に煮て、合わせて細かに丸じ、辰砂を衣にかける。

焰硝【えんしょう】〔万物絵本大全調法記・上〕に「硝 せう。硝石 せうせき也。本は消に作る。焰硝 ゑんせう／火硝 くわせう。並同。牙硝 げせう／芒硝 ばうせう」。〔薬種重宝記・下〕に「焰硝 えんせう。本名 硝石也。和石しをのねり石也」。

円鍼（針）【えんしん】〔鍼灸日用重宝記・二〕に、円鍼（針）は長さ一寸六分。分間《ぶんかん》の気を揩《す》り、摩《なで》た肌肉を破らない。「鍼（針）の事」参照

円心寺醬【えんしんじひしお】「醬《ひしお》」ヲ見ル

円積率【えんせきりつ】〔算盤調法記・文政元序〕に「円積率 七分八厘五毛三絲九忽（0.78539）」とある。即ち、円の面積とその円に外接する正方形の面積との比。

円左右の手綱【えんそうのたづな】〔武家重宝記・五〕に円左右の手綱は、左右の手綱を輪にして引く。「手綱の事」〈手綱執り様〉参照

厭対日【えんたいにち】日取吉凶。〔重宝記永代鏡〕に厭対日は、婚礼に用いない日とする。正月は辰の日。二月は卯の日。三月は寅の日。四月は丑の日。五月は子の日。六月は亥の日。七月は戌の日。八月は酉の日。九月は申の日。十月は未の日。十一月は午の日。十二月は巳の日とする。〔金神方位重宝記〕では厭対日と厭日*の日取が反対である。太夫以上の官人には用いても咎めはなく、それ以下の人には用いない。

煙草【えんつぁ】唐人世話詞。「たばこを、煙草《ゑんつぁ》」という。〔男重宝記・五〕

豌豆【えんどう】〔万物絵本大全調法記・下〕に「豌 わん／のらまめ。又 ゑんどう。夏」。〈薬性〉〔医道重宝記〕に豌豆《ゑんどう》は平で毒なく、寒熱を治し、小便を通じ、渇《かわき》を止め、腫れを消す。多食すると気病を生ずる。〔永代調法記宝庫・四〕には、血を調え、中を増し、毒はないが、多食してはならない。

艶道【えんどう】〔里俗節用重宝記・中〕に次のようにある。全て、艶道の道を知らない者は物のあわれも知らず、又この道に熟達顔している者はいやらしいものである。

縁豆飯【えんどうめし】〔料理調法集・飯之部〕に縁豆飯は、八重生（＝ぶんどう「緑豆*／文豆」）三合を、水沢山にして煮えた時、米一升を浸して入れ、加減して炊く。

厭日【えんにち】日取吉凶。〔重宝記永代鏡〕に厭日は、婚礼に用いない日とする。正月は戌の日。二月は酉の日。三月は申の日。四月は未の日。五月は午の日。六月は巳の日。七月は辰の日。八月は卯の日。九月は寅の日。十月は丑の日。十一月は子の日。十二月は亥の日とする。〔金神方位重宝記〕では厭日と厭対日*の日取が反対である。太夫以上の官人に

は用いても咎めはなく、それ以下の人には用いない。

延年【えんねん】 八宅八命*の占。〔懐中調宝記・牛村氏写本〕に延年は大吉方で、婚を結び、神仏を営み、また土蔵や大門を新規に設くる類は皆吉である。また病がある時、この方の井水で薬を煎じると全て平癒する。夫婦の合命は子孫が大いに栄える。

延年益寿不老丹【えんねんえきじゅふろうたん】 〔丸散重宝記〕に延年益寿不老丹は、精を増し、気力を壮んにし、寿を増し、内を強くし、表《ひょう》を実して性心を全くする。仙家の妙方である。何首 赤・白（各四十戔、白蜜に浸し、竹刀で刻み、黒豆の汁に浸し、陰干にして、甘草汁に掻き混ぜ、曝し、九度蒸す）、地骨皮・茯苓（各五十戔、酒で洗う）、地黄・天門冬・麦門冬（各三十戔、酒に浸す）、熟地黄*（三十戔、酒蒸）、人参（三十戔）を蜜で丸ずる。

役行者【えんのぎょうじゃ】 〔新撰咒咀調法記大全〕に役行者《えんのぎょうじゃ》は、和州葛城山に入り、孔雀明王の咒を持し、雲に乗り、仙窟に遊ぶ。秘符をもって災いを消す、とある。

塩膚疔【えんぷちょう】 十三疔*の一。〔改補外科調宝記〕に塩膚疔は、大きさは匙《さじ》のようで、四方は皆赤い。

閻魔王の石像【えんまおうのせきぞう】 大坂願所。合法が辻 閻魔王の石像へ頭痛を患う人が参詣し、閻魔王の御頭に白紙で鉢巻をして平癒の立願をすると、忽ち頭痛を忘れる。御礼には絵馬を奉納する。〔願懸重宝記・初〕

閻魔堂【えんまどう】 京名所。〔東街道中重宝記・七ざい所巡道しるべ〕に閻魔堂を千本通というとある。〔年中重宝記・二〕に千本引接寺《いんじょうじ》閻魔堂の念仏は如輪上人が始めたとし、方丈の庭に普賢像の桜があり、毎年三月花盛りの時 住僧は花の枝を切って京師の所司に捧げ念仏を始めることを訴え、所司からは吉例として米三石余を贈り、これは十日間の念仏会の資料とした。この念仏は壬生寺*の地蔵院の会式と同じである。後小松院の応永年中（一三九四～一四二八）に天下大いに餓死し、諸寺で踊躍念仏を修行した。慈真坊良快は鎮花法会を修し、千本や壬生の念仏もこの遺意である。

円満院【えんまんいん】 〔男重宝記・一〕に円満院。三井寺*。宮門跡。知行、六百十九石。聖護院*、実相院*とともに三井寺の三門跡の一で、天台宗*である。三井寺の長吏をかわるがわる勤める。

縁結びの伝【えんむすびのでん】 呪い。〔清書重宝記〕に縁結びの伝は我が髪の毛を少し抜いて、白紙に包み、上に図版のように書いて二人ともに懐中するとよい（図54）。

図54 「縁結びの伝」（清書重宝記）

延命散【えんめいさん】 〔医道重宝記〕に延命散は、虫癪 食傷 不食 霍乱 胸の痞え、腹の痛み、二日酔によい。延命薬は諸病によいと久しく用い伝えて来ているが、実症のものは一往虫癪を押し下すこと、薬味が苦いからである。虚人には常に用いない。白朮・芍薬・良姜（各五匁）、丁子・人参・桔梗・防風・茯苓・熟地黄・山薬・厚朴（各一匁）、陳皮・乾姜・青皮・莪朮・三稜（各三匁）、川芎・木香・胡椒・蓽撥・檳榔子・阿仙茶（各二匁）、胡黄連（七分）を細末（粉）して用いる。世間で「定斎《じょうさい》」というのはこの薬である。〈売り店〉〔万買物調方記〕に「京ニテ定斎 延命散」新町四条下ル近江大目。「江戸ニテ延命散 定斎」南伝馬町一丁目 見すや、南油町中通 ますや松井吉左衛門。「大坂ニテ延命散 定斎」内両替町 根本篠村越後、道修町（氏名ナシ）にある。

延命丹【えんめいたん】 〔丸散重宝記〕に神仙散*を蜜丸にしたものを、延命丹という。

延命日【えんめいにち】 日取吉凶。〔重宝記永代鏡〕に延命日は長寿日*と同じく、病を療じ 薬を飲み 鍼灸等するのによい日。春は辰の日。夏は亥の

日。秋は午の日。冬は子の日。

円融院【えんゆうぃん】〔男重宝記・一〕に円融院は大原にある。法諱、慈胤。宮門跡。知行、千六十四石余。梶井殿。天台宗で、山門（比叡山）の座主を兼ね、叡山三門跡の一である。

煙油湯【えんゆとう】〔洛中洛外売薬重宝記・上〕に煙油湯は、寺町今出川上る七丁目 ゑびすや文蔵にある。一貝十二文。功能は、火傷、肥前、疣痔によい。

円利鍼（針）【えんりしん】〔鍼灸日用重宝記・一〕に円利鍼（針）は、長さ一寸六分で、癰痺を取るのに用いる。また、暴気を取るのにも用いる。

「鍼（針）の事」参照

遠了凡【えんりょうぼん】〔民家豊饒重宝記〕に遠（袁）了凡はシナ明の人。夫婦もろとも善行を修したので、短命の相はたちまち天命が改まり、高官に昇り、六十九歳で『陰隲録』を著述した。

遠類【えんるい】〔農家調宝記・二編〕に遠類は、大伯・叔父、大伯・叔母、甥・姪、従弟（男女）、従弟違（男女）を遠類という。九族*の内であるが、互いに忌服を受けない。続《つづき》がある。

延齢固本酒【えんれいこほんしゅ】〔薬種日用重宝記授〕に延齢固本酒は、防風（八匁）、茴香（七匁）、紅花・牛膝（各四匁）、丁子・唐木香・茯苓・肉桂（各三匁）を細調し、白砂糖一斤に焼酎六合・上々酒四合を合せ、徳利内へ入れる。三十日を過ぎて糟を去り、一日に小盃で二三盃ずつ飲む。

延齢固本丹【えんれいこほんたん】〔丸散重宝記〕には『回春』を引いて、五労*七傷*諸々の不足、顔食憔悴、形体痩せ、中年より陽事起らず、精神薄く、五十歳にならずに髪髭白く、中風で癱瘓行歩叶わず 足の膝痛み、疝気で小腹痛み、婦人久しく子なく、下元虚冷の症に延齢固本丹を用いる。麦門冬・天門冬・地倉・熟地黄・山薬・牛膝・杜仲・巴戟・枸杞子・山茱・茯苓・五味子・人参・木香・栢子仁（各二十匁）、山椒・菖蒲・延志・沢瀉・菟絲子・肉蓯蓉（各四十匁）、覆盆子・車前子・地骨皮（各十五匁）を、蜜で丸ずる。婦人には斥《ただ》き赤石脂を（各十匁）を加え、麵糊《むぎのり》で丸空し、真によい酒で服する。男子の陽事の起らないのには、半月服して壮り、一月で顔色麗しく、目見ること十里、三月になると清心全うして老いない。仙家の妙方である。〔洛中洛外売薬重宝記・上〕に延齢固本丹は、麩屋丁竹屋町下る 香具屋嘉兵衛にあり、顔食悪く、痩せ衰え、精気少なく、身の潤いのないのによいとする。

延齢丹【えんれいたん】〔医道重宝記〕に延齢丹は、一渓老翁之秘方という。第一に痰によい。気力を強くし、気をめぐらし、痰で咽の痛むのに、血の道の気付《きつけ》に、肺気の方に常に用いてよい。肉桂・縮砂・丁字・沈香・辰砂（各十五匁）、白檀・蓽撥（各一匁五分）、木香・桔梗・乳香・訶子（各七匁）、甘草（九匁）、麝香（三匁）、龍脳（二匁四分）を練蜜で調え、先の十二味を細末（粉）にして、龍脳麝香の塵を選り、乳鉢に練蜜を少し入れて擂り、麝香を入れて粒のなくなる程よく擂り、また龍脳を別に擂って、後に麝脳の二味を一ツに合せてよく擂り、蜜を少しずつ入れてどろどろにし、先の薬末（粉）を入れて擂り合せ、また薬の臼でよく搗き合せ 練り終り、塗物に入れて封じて置く。〔丸散重宝記〕に延齢丹は諸々の卒暴（緊急）にまず冷水で下す。痰が胸に塞がり上逆するのに、痰で胸が痛むのに、気絶に陽を助け命を返すのに、血暈《めまい》に大抵気つけに至る。肉桂・砂仁・丁子・沈香・辰砂（各五匁）、蓽撥・白檀（各一匁）、木香・桔梗・乳香・訶子（各七匁五分）、甘草（九匁）、麝香（三匁）、竜脳（二匁四分）を、まず竜脳と麝香を蜜で柔かに練り、諸薬を入れて搗き、三・四日封じて置いて用いる。

遠路を歩いて足痛まぬ法【えんろをあるいてあしいたまぬほう】〔新撰咒咀調法記大全〕に遠路を歩いて足が痛まない法は、足の裏と甲に胡麻の油を塗るとよい。また洗足して後、塩を唾で練り、足の裏へ塗って置くと足が痛む

ことはない。

縁を切る符【えんをきるふ】〔新撰咒咀調法記大全〕に「縁を切る御符」は、人の愛を薄くする。守り袋に入れて持つとよい（図55）。

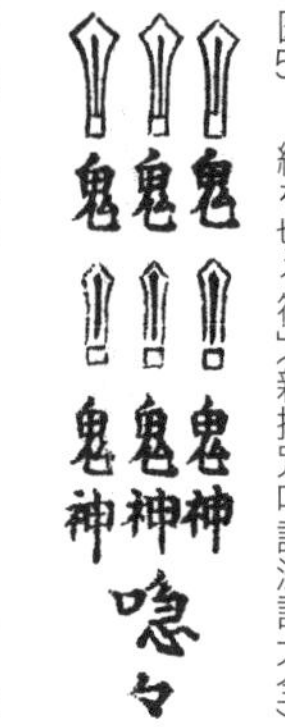

図55「縁を切る符」（新撰咒咀調法記大全）

縁を求る呪【えんをもとむるまじない】〔万用重宝記〕に縁を求る呪は、「竈」の字を三ツ紙に書き、竹の筒に入れ、その人の名を書いて、その人が股ぐ所に埋めて置くと妙である。

お

お／を を書く仮名【お／を をかくかな】〔万民調宝記〕に例示がある。○折 おる／おり、手折 たをる／たをり。○重 おもき／をもし。○親子 おやこ／をや。○小桶 こをけ／おけ。○起別 おきわかれ／あかつきをき。○晩田 おくて／をしね。競 きおふ／きをひ。○帯 おび／ひたちをび。○不及 およばず／をよぶ。○兄弟 おとゝひ／をとゝ。○恐 おそる／をそれ。○趣 おもむくおもじ／をもむきにはをもじ。この類を味わい知れ、と言う。

お足【おあし】〔人倫重宝記・二〕に「お足」は日本での銭の異名で、魯褒が『銭神論』に銭は足なくして行くと書いてから「お足」と言うのであろうといい、また或る説に昔 志賀の大仏を木像に作り替えるのに釈迦の足を鋳潰して銭にしたことから銭をお足というとある。〈大和詞〉〔女重宝記・一〕に「ぜに（銭）は、おあし」。〔麗玉百人一首吾妻錦〕に「銭百文は、おあし一すじ」という。「ぜに（銭）の事」参照

甥／姪【おい／めい】〔農家調宝記・二編〕に兄弟の子の、男を甥《おい》といい、女を姪*という。

老蘇の森【おいそのもり】大和詞。「おひそのもり（老曾森）とは、恥かしき事」である。〔不断重宝記大全〕

老月【おいづき】〔耕作重宝記〕に十四日より後の月を老月《おいづき》という。老月が出るのに曇りもなく晴れやかに出るのは日和である。山の端に雲があって月が出るのは雨が降る。星が晴れると降らない。降っても長雨にはならない。〔船乗重宝記・文政元〕に老《ろう》月には出る時に禍をなし、若月《わかづき》には入る時に禍をなす。大方、若月には降らず、老月の出るには必ず降る。「ろうげつ」ともいう。「若月」参照

置いて【おいて】算法用字。算盤の桁《けた》に思う数を並べ置くこと。「列し」ともいう。〔算学調法塵劫記〕

追手【おいて】舟の詞。「追手《をひて》とは、とも（艫＝船尾）より吹く風」である。〔男女御土産重宝記〕

老いては子に従う【おいてはこにしたがう】〔世話重宝記・二〕に『儀礼』『礼記』に出るとして、女は未だ嫁しない時は父《おや》に従い、嫁しては夫に従い、夫が死んでからは子に従うのがよい。女に家なしというのもこのことである。

老いの波【おいのなみ】大和詞。「おひ（老）の波とは、老人の事」である。〔不断重宝記大全〕

老いらく【おいらく】大和詞。「おひ（老）らくとは、老人の事」である。〔不断重宝記大全〕

花魁【おいらん】「おいらん（花魁）とは、姉女郎の事」である。〔増補新版名代町法記・不断の言葉〕

御色【おいろ】大和詞。「紅《べに》は、おいろ」という。〔女重宝記・一〕

追分【おいわけ】街道の分岐点を追分といい、方々にあるが次の所が著名。①〔東街道中重宝記・寛政三〕に、○「伊勢参宮道・追分より神戸」は

一里二十一丁。本荷百八十八文、軽尻百二十二文、人足九十二文。○追分（東海道四日市より石薬師へ一里十四丁）の町外れ右に稲荷の小社がある。たばた縄手というのがあり長い。内部川 仮橋があり、また先に小川があり、これも仮橋である。水が増すと舟渡しになる。追分の茶屋があって、ここで参宮と上京とに分れる。

②〔東街道中重宝記・木曾道中重宝記六十九次 享和二〕に、○「木曾道中・追分より小田井へ」は一里十一丁。本荷五十六文、軽尻三十七文、人足二十九文。ここは木曾街道と北陸道*の追分である。この宿は浅間山の麓で焼石を道の両方に積み重ねて土手のようである。在原業平「信濃なる浅間の嶽に立つ煙 をちこち（遠近）人の見やは咎めぬ」（伊勢物語・八）。○追分から北国街道（＝小諸・上田・長野・高田を経て直江津で北陸道に至る脇街道）は小諸へ掛り、三里半ある。小諸から松本の城下を通りみませ（三増）峠を越え せんば（洗馬）の宿へ出る松本街道*（＝松本から糸魚川に至る脇街道）は少し遠い。普通は小諸へ掛り、北国街道十六里、板木宿になる。二里南に姥捨山、半里西に更級山の名所がある。○追分から越後高田へ三十五里、加州金沢迄八十一里ある。平岡村、増葉村。この辺は山が多い。

王【おう】 十字の秘術*の一。〔増補咒咀調法記大全〕に弓箭 軍陣 山賊 海賊 夜行の時に、左の手に「王」の字を書いて、日月*の二字を合せて念じ、難を逃れる。

黄汗【おうかん】 五疸*の一。〔鍼灸日用重宝記・五〕に黄汗は、陽明に熱が欝して身が腫れ、熱して渇せず、汗が衣を黄栢《きわだ》のように染める。

黄耆【おうぎ】 〔薬種重宝記・上〕に唐・和草、「黄耆 わうぎ／やわらぐさ。黒みを削り去り、蜜製して焙り、或は塩製して焙り、或は生にて焙る」。〈薬性〉〔医道重宝記〕に黄耆は甘く温、肺気を補い、表を固くし、汗を収め、瘡を托《お》し肌を生ずる。渇を止め 膚熱を解す。蜜に水を交ぜて塗り炙り刻み乾かす。また、腎を補い下焦へ通ずるには、塩水に浸して乾し焙る。鉄を忌む。「黄芪」とも書く。

黄芪建中湯【おうぎけんちゅうとう】 〔医道重宝記〕に黄芪建中湯は、黄芪・膠飴《しるあめ》・肉桂（各二匁）、芍薬（三匁）、甘草（一匁）に生姜・棗を入れて煎ずる。陰気が損じ陽虚するものは皆この方を用い、自汗 盗汗《ねあせ》を治す。

黄芪湯【おうぎとう】 〔小児療治調法記〕に黄芪湯に二方がある。①慢驚風*を治す神薬である。人参（一匁）、黄芪（二匁 蜜水で炒）、炙甘草（五分）、炒芍薬（一匁を加）を、水で煎ずる。②小児が疳労*喘嗽し、骨蒸、虚汗、渇き、腹瀉し、食の少ないのを治す。黄芪・人参・当帰・川芎・芍薬・蝦蟇（炙足を去）・生地黄・鼈甲（各一匁半）、茯苓・陳皮・半夏・柴胡・使君肉（各一匁）に、生姜・棗を入れて煎ずる。

黄芪人参湯【おうぎにんじんとう】 〔改補外科調宝記〕に黄芪人参湯は、風腫*風毒*風毒腫*の内薬である。膿が出て後に用いる。当帰・赤芍薬・地黄・川芎・人参・桂心・茯苓・麦門冬・黄芪（各三匁）、遠志（一匁五分）、甘草（一匁）に、生姜一分を一ツ入れて煎じる。

扇の賀【おうぎのが】 「年賀の事」ヲ見ル

扇の事【おうぎのこと】 〔万物絵本大全調法記・上〕に「扇 せん／あふぎ。摺扇 しうせん」。〈異名〉〔書札調法記・六〉に扇の異名に、雪雀《せつじゃく》 雉尾《ちび》 九花 白羽 軽紈《けいがん》 団翼 蟬玳《せんだい》 氷紈《ひょうがん》がある。〔音信重宝記〕には回風 鵲翅 団霜もある。〈扇の始り〉〔人倫重宝記・一〕に扇は蝙蝠を象って作り始めたもので扇の字は羽により、骨は足、要（鹿目＝かなめ）は頭目である。従って蝙蝠扇《へんぷくせん》ともいう。唐扇は骨数は多いが、日本扇は十本に昔から決っている。その訳は九は陽の極数、極まると陰が生じ、風は陰気の発生する所なので骨数を十本にした。唐土では舜帝が五明扇を作り始め、その後周の文王の時箑《しょう》という扇を作り始めたが、この時は素紈《しろぎぬ》を用い、紙で作るのは簡略で、後代になる。五明扇は官人の笏《しゃく》に替え、箑は涼を

招くためとした。これより日本にも扇子を祝儀の贈り物にするのは笏を進上して官位に進めという意である。

〈日本の扇の始り〉 神功皇后が三韓征伐の時蝙蝠の羽に似せて、始めて軍配扇を作り、その後代々伝わり形を変え骨を減らして涼を招く器となった。中頃、敦盛の御台が洛陽五条の御影堂の尼となり、扇を折って生活手段にしてから、御影堂扇《みえいどうおうぎ》*となり、諸国に広がり、その末は五条通寺町に扇屋がはびこった。花の都は、千歳の鶴の舞扇、歪まぬ御代の尺扇、誰が香を留める袂扇、涼風一吹き風呂扇、空風涼しい朝鮮扇、都に流行る友禅扇は近頃の名物、地紙広く骨太く自画で諸国に名を広げた三条新町大扇屋《だいおうぎや》の石州扇、等が挙っている。

〈扇の種類〉〔日用重宝女大学〕に扇は、昔舜の聖人が作ったのを五明《ごめい》という。檜扇《ひせん》は位のある人が用いる。扇の尺は昔は一尺一寸、今は一尺である。要というのは肝要の心である。能太夫の用いるのを舞扇、僧のは中啓《ちゅうけい》という。長崎から来るのを朝鮮扇といい、唐物店《たな》にある。骨に平骨《ひらぼね》石州 友禅 唐扇《とうせん》等がある。造る所は所々にあるが、京を元とし根本は城殿駒井氏が作る。御影堂の扇は日本に聞えてよい。某阿弥折《なにあみおり》という。

〈扇使う体〉〔童学重宝記〕に貴人の前では扇を使ってはならない。もし暑い時は、半分開いて片手を突き胸の間を少し扇ぐのがよいという。

〈扇を奉る事〉〔諸礼調法記大全・天〕に扇を奉る事は、要《かなめ》の上を人差指と大指で撮み押し立て、貴人の方へ地紙を少しなびけて親骨が向かわないように差し上げる。末広も同じで要を撮んで真直ぐに押し立て、左手を右の拳の下に副えて差し上げる。○「扇に物を載せて奉る事」は扇を広げ要の上を右手で持ち、左手は扇の前の隅を支え、向うの隅を貴人の前にして差し上げる。扇の切目《きりめ》の方を貴人に向けてはならない。

〈扇に物を載せて受け取る時〉〔幼童諸礼手引草懐中重宝〕に扇で物を受け取る時は、右手を要に掛け、褄《つま》へ左手を掛けて受け取る。下へ置いて出された時は、その品を取り、扇を畳んで右手で返す。

〈歌書き様〉〔消息調宝記〕に「扇団《あふぎうちは》に歌書き様」は、扇にはかりそめに書かないことである。人から強く望まれて書くなら、表の絵に掛らないように裏の骨のない所から書く。また絵の心を歌に読んで書くなら表の方の片脇に書く。無地の白い扇なら表の方は骨を避けて書き出す。主人や貴人から賜った物には一切書かない。古歌を書くとしても、感嘆の少ない歌を書いてはならない。書く人の器量まで直ぐに知られて恥ずかしいことである。**〈手品〉**〔清書重宝記〕に「扇糸がらくり」として、扇の地紙と親骨を離して畳み、親骨を割って溝を掘り、要を通して糸を両方へ引き出す。**〈扇包み様〉**〔新板増補女調法記・五〕には扇の草行の包み様、また扇箱積み様の図がある。**〈紋様〉**〔紋絵重宝記〕に丸に扇、扇三本を開いて丸の組み合せ、扇に手鞠などの意匠がある。

〈扇屋〉〔万買物調方記〕に次がある。○「京ニテ扇子所」五条寺町西へ入 御ゑい堂、寺町五条上ル町 東側西側、同町 大黒屋・船屋・鼠屋・井筒屋、五条通寺町より西、その外竪横小路町々にある。「末広所弁舞扇」室町六角下ル 亀屋利兵へ、同町 井筒や平右衛門。「御所扇子弁舞扇」小川元誓丸寺上ル 久文字や勘右衛門、同町 舞扇や三右衛門、一条大宮西へ入（店名ナシ）、三条釜の座 大森市郎左衛門、御幸町二条下ル 扇や善七、ここに軍配扇を造る。「唐扇子所」四条通河原町東へ入 松風軒涼竹。○「江戸ニテ扇子屋弁舞扇」日本橋南一丁目 三村徳右衛門、尾張町一丁目 一文字や重右衛門、日本橋南一丁目 ゑびや大扇子所。その外通町の南北にある。○「大坂ニテ扇子屋」御堂前本町、心斎橋筋、堺筋、梶木町。その外所々にある。二百七十軒余。「扇の事」参照

扇の芝【おうぎのしば】 扇の芝は、宇治平等院の庭にある。源三位頼政が高倉の宮以仁親王に従い謀反を起したが利あらず、頼政はこの所に扇を敷き自害した。後人が憐れんで今に扇の跡を残している。毎年五月二十三

日の夜、宇治川の蛍*が特に多く飛散するのは治承四年（一一八〇）の今日討ち死にした頼政の亡魂が化したものという。〔年中重宝記・五〕

扇日時計【おうぎひどけい】〔文政新刻俗家重宝集〕に扇日時計の法は、扇の長短に拘わらず一尺と採り、日に向かって立て影の長短を測り、時を知る。正月から十二月まで朝五ツ時（辰、八時）から夕七ツ時（申、四時）まで、一年十二月の計測表があるが、四箇月を抽出した（図56）。なお扇には図版のような数値を心覚えに書き留めて置く。

図56　扇日時計

	辰（八時）	巳（十時）	午（十二時）	未（十四時）	申（十六時）
正月	三尺	二尺三寸	一尺	一尺五寸	三尺六寸
四月	二尺	七寸	三寸	八寸	二尺五寸
七月	二尺五寸	九寸	四寸	一尺四寸	二尺八寸
十月	三尺	一尺八寸	一尺五寸	二尺	三尺四寸

嘔逆【おうぎゃく】経験方。〔丸散重宝記〕に嘔逆の止まらないのには、麻仁を擂り、水に掻き立て、その汁に塩を少し入れて服する。

黄鼓疔【おうくちょう】五疔*の一。〔改補外科調宝記〕に黄鼓疔は、脾経に発し口脇、眼下、眼胞、頬先、顳《こめかみ》に出、初めは黄色く泡のようで廻りは赤い。引き攣り、痒く強ばり、重くなる時は吐逆し、手足強ばり痛み、寒熱し、煩《いき》れ渇く。

雄軽散【おうけいさん】〔改補外科調宝記〕に上雄軽散は、顎病、内痔*の薬。雄黄・軽粉（水銀）・胡粉・白芷・白蘞を粉にしてつける。

雄軽硃砂散【おうけいしゅしゃさん】〔改補外科調宝記〕に雄軽硃砂散は、下疳*の薬。白粉（一匁）、雄黄（七分）、辰砂（五分）を粉にしてつける。

黄膏【おうこう】〔改補外科調宝記〕に黄膏は、万の吸膏薬である。膿を吸い破る薬を塗り、その上にこの薬をつけると速やかに吸い破る。蠟・猪油・椰子・胡麻油。赤膏《しゃくこう》*のように煎じ合せ、百合草の黒焼を少し加え、雄黄を見合せ黄色になる程入れる。或は巴豆、萆麻子を少し加える。

横骨【おうこつ】〈経絡要穴 心腹部〉二穴。横骨《おうこつ》は臍の下四寸半、左右へ一寸ずつ、陰毛の生え際、骨の上角のはずれにある。灸五壮、又は三壮。禁鍼。淋病 或は小便通ぜず、陰萎え緩まり、小腹《ほがみ》の満ち痛むのを治す。〔鍼灸重宝記綱目〕

黄芩【おうごん】〔薬種重宝記・上〕に唐草、「黄芩（わう）ごん／ゑゝひらぎ。腐を削り酒製して炒る」。〈薬性〉〔医道重宝記〕には苦く寒、肺火を瀉し、痰熱 嗽《しわぶき》を止め、腸胃の熱を清くし、胎を安くする。腐りを去り、刻み酒に浸し乾かして焙る。

黄金膏【おうごんこう】敷薬。〔改補外科調宝記〕に黄金膏は、大膏・黄栢・天南星・草烏頭・五倍子・酒曲（各一両）、黄芩・鬱金・白芷（各五匁）、芙蓉花（二両）を粉にして、玉子の白身で練ってつける。この薬は癰疽、発背、諸毒の症にかまわず用いる。

黄芩清肺散【おうごんせいはいさん】〔改補外科調宝記〕に黄芩清肺散は、肺風、粉刺（鼻に細かな物ができる）、酒皶鼻（ざくろ鼻）の薬。この三種三名は同種。肺風と粉刺は肺に属し、酒皶鼻は脾に属する。全て血熱が内に滞って外にあらわれる。枇杷葉・川芎・黄芩・当帰・芍薬・生地黄・防風・天瓜粉・連翹・紅花・薄荷に酒を加え、煎じて用いる。

黄芩湯【おうごんとう】〔小児療治調法記〕に黄芩湯は、黄芩・黄連・青皮（各炒）・当帰・川芎・人参・木香（服する時磨して入る）・枳殻・檳榔・甘草を等分に水で煎ずる。麻疹が退いて後に余毒が大腸にあり、赤白を問わず 裏急後重して昼夜となく頻りで、虚するものに香蓮丸*で和し、黄芩湯を以て血を養い 気を巡らして治す。

逢坂【おうさか】草花作り様。逢坂は、花は白色である。時節により三 四月に咲くのもある。土は合せ土*、肥しは魚の洗い汁がよい。分植は春、

秋がよい。〔昼夜重宝記・安永七〕

逢坂の関【おうさかのせき】「大津より京」ヲ見ル

逢坂山【おうさかやま】大和詞。①「あふさか山とは、せきとめん」という意である。②「又あひ見んと云ふ心」である。〔不断重宝記大全〕

横産【おうざん】〔新板増補女調法記・三〕に横産《おうざん》は、充分に子返りせぬ先に息むのが早いと、子が手から生まれるのをいう。〔丸散重宝記〕に横産 逆産*には、蜜と麻油を等分にして温服させる。〔鍼灸重宝記綱目〕には横産で子が手を出したら産母の右の足の小指の尖りの上に灸を小麦程にして三壮か五壮する。〔調宝記・文政八写〕に「逆産 胎死 胞衣 横産 何によらず好」として、六月土用中前、山椒の葉を採り、陰干にして伊勢海苔を薄くたてて用いると妙である。「横子《よここ》」モ見ル

黄鐘【おうじき】〔囃子謡重宝記〕に黄鐘《おうじき》は、夏三月の調子である。方角では南、人の臓では心臓である。色は赤く、味は苦く、火性である。舌に通ずる調子である。〈四季五行に当てる時〉〔諸人重宝記・二〕に黄鐘は、「夏・火、歯の声」とある。

王子権現の鎗【おうじごんげんのやり】江戸願所。王子権現の祭礼は毎年七月十三日で、この日社人や近在の百姓が家から神前に小さい鎗を置て祈念し、悪事 災難を免れる。諸人はこの日神前に至り願望を念じ、神前に納めてある鎗を一本持って帰り我が家に掛けて置き、翌年また七月十三日に前年の鎗を持って行き、神前にある鎗と取り替えてくる。こうすると諸願成就するのみならず盗難 火難を免れる。鎗を初めて乞い請けに行く者は、地内 又は途中で小さい鎗を買い求めて行き奉納する。このように年毎にする時は心願成就し、家内息災という。鎗祭の儀式は正午の刻にあるが、詳しいことは参詣した人に尋ねるとよい。〔江戸神仏願懸重宝記〕

黄雀丸【おうじゃくがん】〔牛療治調法記〕に黄雀丸は、黄雀糞・白竜皮・蜈蚣《むかで》（各一両）、竜脳・細辛（一両一分）を末（粉）し、用いる度に冷水で丸じて鶏卵のようにし、薄い塩湯で耳の中へ注ぐ。虫子《むし》が耳へ入るのは最も治し難い。起き臥しに身を悩み 墻柱や藩籬に触れるのは、耳中に汁が多いからである。

奥州鮭子籠【おうしゅうさけこごもり】〔料理調法集・国産之部〕に奥州鮭子籠は、鮭の腹を開け子を出し、内外へ塩をよくし、子にも塩を多くして、菰に笹の葉を敷き包んで置く。八日目に取り出して鮭も子も水でよく洗い、腹へ一杯に子を詰め、その後薄身の所を糸で縫い七日風に吹かせ、また菰に包んで家の内に吊って置く。鮭一ツの子では少ないので鮭一尺に二ツ三ツの子を取り集めて入れる。

奥州鮭塩引【おうしゅうさけしおびき】〔料理調法集・国産之部〕に奥州鮭塩引は、鮭の腹を開け内外より塩をして菰に包み七日置き、八日目に塩を洗い落して家の内に吊って置く。塩引を堅くするには、風に吹かせる。和らかにするには、その菰に包んで置く。

往生院【おうじょういん】京名所。往生院は、妓王 妓女 仏御前が住んだ所である。嵯峨にあり妓王寺ともいう。〔東街道中重宝記・七ざい所巡道しるべ〕

応身仏【おうじんぶつ】「さんじん（三身）」ヲ見ル

御薄軽焼【おうすかるやき】「京都丸山御薄軽焼」は、新橋内山町 小山伝兵衛にある。〔江戸町中喰物重法記〕

澳太利【おうすたりー】〔童蒙単語字尽重宝記〕に「澳太利群島《オーストラリア》」は過半は英領。広さ四百五十万坪、民二千一百万人。悉尼《しどにー》民は十万人。「澳太利洲」は大洋洲とも云う。凡そ十四ヶ国がある。

旺ずる時【おうずるとき】〔重宝記永代鏡〕に「旺」はさかんと読み、五行*に勝つことを旺ずるという。例えば、子の日は水で 水は火に勝つ故、午

は火で午の時を旺ずるという。何事でもこの時を考えて用いると大いによい。亥・子の日は巳（十時）午（十二時）、寅・卯の日は丑（二時）未（十四時）辰（八時）戌（二十時）、巳・午の日は申（十六時）酉（十八時）、申・酉の日は寅（四時）卯（六時）の、丑・未・辰・戌の日は子（〇時）亥（二十二時）の時が旺ずる時である。

黄精【おうせい】〔薬種重宝記・上〕唐・和草、「黄精 をほえみ／あまどころ。よく洗ひ、酒に浸し、巳《み》（＝十時）より子《ね》（＝零時）まで蒸す」。〔万買物調方記〕に「大坂ニテ黄精」の製薬に、近江町 陰山七兵衛がいる。

黄精枸杞子丸【おうせいくこしがん】〔洛中洛外売薬重宝記・上〕に黄精枸杞子丸は次の二ケ所で売る。①寺町四条上る二丁め 中西卯兵衛。第一に元気を増し、精水を強くし、心気を養い、五臓を補う妙薬とある。②大宮通東寺石橋 白井治兵衛。取り次は松原油小路西へ入丁、三条室町東南角、大坂堂嶋浜一丁目中程、江戸本石町二丁目十軒店（共ニ店名ナシ）がいる。第一に心気を増し、脾腎を補う良剤である。

黄精草の油取り様【おうせいそうのあぶらとりよう】〔斎民外科調宝記〕に黄精草の油の取り様は、よく刻み、畦唐菜の油に十四日漬けて煎じ、布で濾す。癒え難い腫物、又は穴の開いたのには、栓に差すとよい。

罌粟殻【おうぞくこく】〔薬種重宝記・下〕に和殻、「罌粟殻 わうぞくこく／けしのから*」。後先《あとさき》を去り、水に浸し、中の筋を去り、上の皮に蜜を注ぎ、焙る。或は酢に煮ることがある。

黄丹【おうだん】〔薬種重宝記・上〕に和金、「黄《わう》丹 だん。そのまま薬に入る」。

黄疸の事【おうだんのこと】〔医道重宝記〕に黄疸は、湿熱が脾胃に鬱し蒸して顔目手足、総身が皆黄色になるのをいう。虚実があり、一概に治すことは出来ない。洪脈*で数《さく》を実熱とし、微脈*濇脈*を虚弱とする。清熱除湿湯*を用い、症状により加減がある。〔鍼灸重宝記綱目〕には脾胃が、飲み食い湿熱で相蒸す故に黄を発する。胸腹飽き悶え、身顔目皆黄、小便も黄に渋り、汗が着物を染めるのは黄栢《きわだ》の汁のようである。湿と熱と戦い、気が調わないと鬱して疸となる。針は承満 梁門に幾度も刺す。灸は天枢 水分 気海 膈兪 肝兪 胃兪等九穴がある。〔鍼灸日用重宝記・五〕に黄疸は、胃中に熱を蓄え、身顔目が黄になり、小便が黄栢の汁のようである。五種に分けて五疸*の一とする。〔秘方重宝記〕には黄疸を治する穏当な方として茵蔯（大々）、人参・陳皮・肉桂（各大）、黄芩・連肉・山梔子・白朮（各中）、甘草を煎じ、症状よって加減がある。虚疸を療養するのにも良剤とある。〔新撰咒咀調法記大全〕に黄疸は、○鶏卵を皮とも黒焼にして酢に入れよく掻き混ぜ温めて用いると鼻から虫が出て治る。○田螺をよく洗い水で煎じて用いる。○葵の葉を煎じて用いる。〔大増補万代重宝記〕は他に蜆汁を食用に毎日多分に食うと日を追ってよくなる。〔俗家重宝集・後編〕は、○蜆汁で浴《ゆあみ》する。○木槲の枝葉を共に煎じて浴びるとよい。

〈食物宜禁〉〔世界万宝調法記・下〕に「宜い物」は粟 粱《きび》 大麦 小豆 麩 葛 韮 大根 独活 角豆 山芋 胡瓜 楊梅 胡瓜 昆布 鯖 鯉 海月 蠣 雉 鳫 鹿。「禁物」は麵類 油 蕎麦 小麦 林檎 梨 冬瓜 糯 葱 蕨 枸杞 杏 茄子 菌 鮒 鮎 鮭 鯛等。

おうち【おうち】大和詞。「あふちとは、たち花（橘）の事」である。〔不断重宝記大全〕

楝の木【おうちのき】大和詞。「あふちの木とは、せんだんの木」である。〔不断重宝記大全〕

御打身薬【おうちみぐすり】〔洛中洛外売薬重宝記・上〕に御打身薬は、松原通大宮東へ入丁 大坂屋吉左衛門にある。一服四十八文。第一に打撲 折傷総身の痛むのによい。

雄疔【おうちょう】十三疔*の一。〔改補外科調宝記〕に雄疔は、皰頭《にきび》のようで、黄色で、灸のように蓋づくる。

追手【おうて】〔武家重宝記・一〕に追手は、城の表をいう。「大手」とも書く。「からめて（搦め手）」参照

嘔吐 反胃 呃逆 呑酸【おうと ほんい いつぎゃく どんさん】〔鍼灸重宝記綱目〕に○「嘔吐 えずき」には胃虚して吐するもの、胃寒して吐するもの、暑気に犯されるもの、飲食に傷《やぶ》られるもの、気結ぼれて痰の集まるもの等、皆嘔吐をなす。針は気海 風池 大延 三里に、灸は胃兪 三里にする。〈治薬〉〔妙薬調方記〕にえずき（嘔吐）が出て胸悪く吐かない時は、栗を粉にして白湯で飲むとよい。〔万まじない調宝記〕にえずきには、陳皮と生姜を煎じて飲むと止まる。〔大増補万代重宝記〕に○「嘔吐《おうど》」を治す法は、▽白豆蔲の末（粉）を温酒で多く用いる。▽蘆の根を煎じて用いる。▽檳榔子を噛んでもよい。▽嘔吐《えずき》を止める妙法は枇杷葉の毛を去り煎じて飲む。

〈加減例*〉〔医道重宝記〕に○「嘔吐」の寒には丁子・半夏を、熱には黄連・葛根を、痰には半夏・生姜を、胃寒には丁子・陳皮・藿香を、胃虚には人参・白朮・縮砂・烏梅を加える。

〔医道重宝記〕には、○「嘔吐」は胃中に寒熱があり、生冷寒《なまびえ》の硬い物に傷《やぶ》られて発症する。嘔吐《あげる》は声を出して物を吐き出すことをいう。脈の虚 細なのはよく、実 大なのは悪い。○「反胃《ほんい》」は食して後一日、或は半日して吐くのをいう。脈は浮 緩なのがよく、沈 濇なのは悪い。○「呃逆《いつぎゃく》」は胃が寒の気に逆上するのをいう。しゃくりである。脈は浮緩なのがよく、弦 急なのは悪い。○「呑酸」は胃に宿食があり酸き味のあるのをいう。脈は多くは弦 滑、或は沈 遅である。薬には順気和中湯*、清鬱豁痰湯*、丁香柿蔕湯*がある。〔丸散重宝記〕に飲食が口に入ると吐き、既に死にそうな者には人参を濃く煎じて用いる。嘔吐の止まないのには粟米、鶏卵白に人参を加えて粥に煮て少しずつ食わせる。

〈吐逆・反胃食物宜禁〉〔家内重宝記・元禄二〕に「宜い物」は大麦 粟 大根 生姜 胡椒 枸杞 五加皮《うこぎ》 海鮑《くら》 葛 飛魚。「禁物」は糯《もちごめ》 麵類 蕎麦 竹の子 菌茄子《くさびら》 菘菜《ほりいり》冬瓜《なかもうり》 瓢 胡椒 魚鳥 塩 硬い物。

〈呪い〉〔増補咒咀調法記大全〕①「吐逆に呑む符」を飲ます時 心経を一息に読む。病人が読んでもよい。②「病者吐逆によし」がある（図57）。

図57 嘔吐 反胃 呃逆 呑酸

①「吐逆に呑む符」（増補咒咀調法記大全）

②「病者吐逆によし」（増補咒咀調法記大全）

黄土具【おうどぐ】 絵具製法 礬砂の加減。〔万物絵本大全調法記・上〕に黄土の製法は、胡粉*の加減に似た物とある。〔重訂本草綱目啓蒙・六〕には「黄土」は山土の黄なもので、今黄土と言い薬用とし、また水飛して絵具とする。多く江州から出、染家で象牙《たまごいろ》を染めるのに用いる。

黄土散【おうどさん】〔小児療治調法記〕に黄土散は、客忤*夜泣*を治す。竈中黄土・蚯蚓《みみず》糞（各等分）を末（粉）とし、水に和ぜて調え、頂と五心*に塗る。

王仁の祠【おうにんのやしろ】 大坂願所。梅田の西の野中に古樹の松が一本あり、王仁の祠に鳥居が建っていて、諸願を成就させてくれるといって参詣人が絶えない。〔願懸重宝記・初〕

黄梅【おうばい】 草花作り様。黄梅は花は黄色で、小輪である。草ではない。土は真土《まつち》に砂を合せて用いる。肥しは雨の降る前に、小便を花 葉に掛らないように澆ぐとよい。分植は秋がよく、取り木、挿し木にする。〔昼夜重宝記・安永七〕

黄栢散【おうばくさん】 敷薬。〔改補外科調宝記〕に黄栢散は、黄栢・霊天

蓋・楡白皮・黄丹（焼いて）・金銀花（各大）、明礬・乳香・没薬・甘草（各中）、軽粉《はらや》・吉い茶・蛇骨（各小）をよく粉にし、捻りかける。痛みの甚だしいものには乳香・没薬・金銀花を大にして明礬を去り、癒す時には楡白皮を大にする。膿を払う時は朱明礬を大にする。肉を上げる時は馬藺根を少し入れる。上に膏薬をつける。

黄檗山万福寺【おうばくさんまんぷくじ】 山城名所。〔日用重宝記・四〕に黄檗山も禅宗の一派で、後光明院 承応三年（一六五四）、隠元禅師が日本に来て、城州宇治で黄檗山を開き、弟子の木庵等が広めて始った。〔東街道中重宝記・七ざい所巡道しるべ〕に黄檗山万福寺は、禅宗 隠元派の惣本寺。諸堂多く、甚だ美である。〔年中重宝記・三〕に七月十三日、今夜黄檗山施餓鬼幷に水灯会といい、紙に火をとぼし宇治川に流す。〔農家調宝記・二編〕には宗外*の一。禅宗の一派で、承応三年に明の隠元禅師が日本に来て、城州宇治に黄檗山を開き、日本では高弟となった木庵等が継いだ。

黄檗宗【おうばくしゅう】 「黄檗山万福寺」ヲ見ル

黄檗豆腐【おうばくどうふ】〔料理調法集・豆腐之部〕に黄檗豆腐は、豆腐を上下より板で押し、水気を去り、表裏から醤油をつけ焼きにして小口に切り、刺身肴に用いる。

黄栢の事【おうばくのこと】 黄檗とも書く。〔薬種重宝記・上〕に和木、「黄栢（わう）ばく／きはだ。麁皮を去り 刻み 酒に浸し、炒る」。**〈薬性〉**〔医道重宝記〕には苦く寒、腎火の有余を瀉し、小便を利す。火を降《くだ》し、陰を慈《ま》す。下焦の湿熱や腫れ痛むのに、或は下血によく、骨蒸（虚労内熱の症）を治す。粗皮《あらかわ》を去り刻み、酒に浸し、乾かし、色の付く程炒る。**〈炒り黄栢〉**〔改補外科調宝記〕に、もし自ら死んだ六畜（「六畜の事」参照）の肉を食い毒に当ったら、炒り黄栢を粉にして一二匁程用いる。**〈黄蘗落し様〉**〔永代調法記宝庫・三〕に、きわだ（黄蘗）くちなし（梔子）の着いたのは、梅干しで濯ぐとよい。〔女用智恵鑑宝織〕には梅の肉を核まで厚く剝いてよく干して置き、必要な時水に浸すと梅酢になるので、これで洗うとよい。紅絹・紅染めの類を洗う時はもっともよい。「黄和田《きわだ》」モ見ル

黄幡牛【おうばんぎゅう】 牛相。〔牛療治調法記〕に青牛*の頭と脚が黄色で、角の白いものを黄幡牛《おうばんぎゅう》と名付ける。大変悪い牛である。

黄幡神【おうばんじん】 八将神*の一。暦。〔永代調法記宝庫・五〕に黄幡神《おうばんじん》は本地は摩利支天。歳星は羅睺星。この方角に向いて家作、井戸掘等、土を動かすことは大いに悪い。弓始、旗幕等の開き始めは吉。財宝等をこの方から納むることを忌む。子の年は、辰（東東南）の方角。丑の年は、丑（北北東）の方角。寅の年は、戌（西西北）の方角。卯の年は、未（南南西）の方角。辰・巳・午・未の年、また申・酉・戌・亥の年の方角は、それぞれにこの方角で、順に移って行く。

王不留行【おうふるぎょう】〔薬種重宝記・上〕に和草、「王不留行（わうふるぎやう／かさくさ／すゝくさ。一夜水に浸し、蒸し焙る」。

旺分の時【おうぶんのとき】「十二経旺分の時」ヲ見ル

お馬【おうま】「がっすい（月水）の事」ヲ見ル

黄末子【おうまっし】 治症は大活血丸*に同じ。整骨の方剤。〔骨継療治重宝記・下〕に黄末子は、川芎・川烏（炮）・草烏（酢で煮炮）・楓香・降真香・肉桂・松香・薑黄・乳香・没薬・細辛（各五両）、当帰・赤芍薬・羌活・独活・蒲黄・白芷・五加皮・桔梗・骨砕補・何首烏・蒼朮（酢で煮る）・川牛膝・片薑黄（各一両）を末（粉）し、酒で調え下す。良いと思われる程合に自然銅製一両を加えるのは骨折に限る。

近江【おうみ】 近州。江州。〔重宝記永代鏡〕には滋賀、栗本、野洲、蒲生《がもう》、神埼、愛智（上下）、犬山（上）、坂田、浅井、伊香、高嶋、甲賀、膳積《よしずみ》を挙げ、城下は彦根、膳所《ぜぜ》、一ノ宮は建部《たけべ》。〔万民調宝記〕は居城知行

高を、彦根・井伊掃部三十万石、膳所・本多隠岐七万石、水口・加藤佐渡二万石とある。〔大増補万代重宝記〕には大管、方四十里。田数三万三千四百五十町、知行高八十三万二千百三十石。〔重宝記・幕末頃写〕には四方三日半、京に隣り、山河田畠は潤沢、春気早く、種は千倍を得る大上国とある。今の滋賀県があたる。〈名物〉〔万買物調方記〕には一丁半弱に記載があり、大津の練り抜き、刈安*、石灰、鞣皮、納め小豆（世間に大納言と云）、湖の鱒・鯰・鯉・源五郎鮒等種々の魚、朽木の塗物（盆 鉢 五器等）・炭・砥石、膳所米、瀬田の焼餅、甲賀の鉄砲（国友はりと云）、信楽の焼物、日野饂飩・塗物、草津に鞭、守山に鞦、水口の矢ノ根・煙管・葛籠笠、伊吹の艾・当帰・山葵、長浜糸、野洲の晒、観音寺納豆等数多い。

近江紫陽花【おうみあじさい】 草花作り様。近江紫陽花は花は浅黄である。赤白の差し交ぜは常の紫陽花より少ない。土は、真土・肥土・砂の等分がよい。肥しは雨前に小便を根ばかりに注ぐのがよく、分植は春、秋がよい。又は挿し木にする。〔昼夜重宝記・安永七〕

近江八景【おうみはっけい】（図58）〔万民調宝記〕に近江琵琶湖畔の八勝景を言い、そこを詠んだ歌もある。○唐崎夜雨《からさきのよるのあめ》*○石山秋月《いしやまのあきのつき》*○三《み》井晩《いのばん》鐘《しょう》*○矢橋帰《やばせのき》帆《はん》*○粟津晴嵐《あわづのせいらん》*○勢《せ》田夕照《たのせきしょう》（「勢田の橋*」）○比良暮雪《ひらのぼせつ》*○堅田落《かただのらく》雁《がん》*。シナの瀟湘《しょうしょう》八景*にならったものである。〈擬作〉〔色道重宝記〕に「逢身八景」がある。○御殿女中暮雪（どろどろと打出す太皷雪降し閨に散り交ふ紙も白妙）。○阿嬢様落雁（笄の欲しき内こそ命なれ後先見ずの恋の初雁）。○芸者帰帆（帰る帆に誘ふ嵐も丁度また嬉しの森やよき首尾の松）。○後家晩鐘（法華経の功徳に落ちて若後家は恋にさへ実は入相の鐘）。○高輪秋月（あなにくや八ツ山烏また宵を暁顔に騒ぐ月の夜）。○居続夜雨（しつほりと降る春雨に床までもひたと濡れたる居続の夜半）。○仮宅夕照（抱《いだ》き合ふ顔は夕日の色客にのぼせあがりし丁の仮宅）。○品川晴嵐（沖遠く晴るる景色も吉野紙夕べの花と散る床の内）。

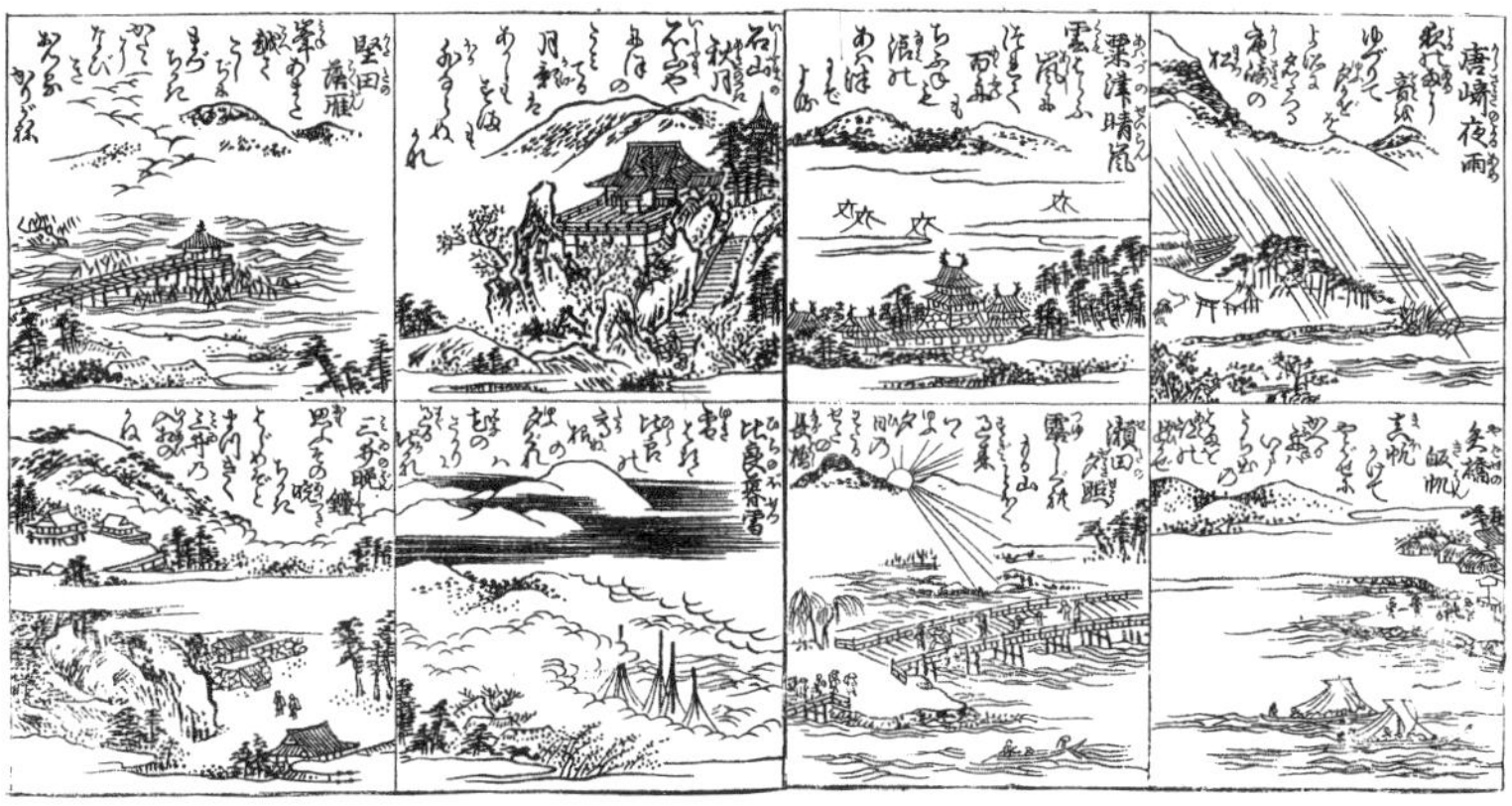

図58 「近江八景」（麗玉百人一首吾妻鏡）

王明散【おうめいさん】〔洛中洛外売薬重宝記・上〕に「王明散」に二方がある。①山城国愛宕郡花洛東六条 伊東氏潮月堂。②西六条花や町新町西へ入る二葉堂。第一に目性の悪いのによい。

往亡日【おうもうにち】 暦下段。〔重宝記永代鏡〕に往亡日は、天の荒神の守る日なので大悪日とする。この神に、往亡、天門、天従の三ツの名がある。立春より七日目。三月の節より十四日目。十二月の節より三十日目を往亡とする。往亡とは往って亡ぶと訓じ、この日遠く旅に出ず、また軍を出すのを忌む。〔永代調法記宝庫・五〕に往亡日は、正月七日。二

月十四日。三月二十一日。四月八日。五月十六日。六月二十七日。八月十八日。九月二十七日。十月十日。十一月二十日。十二月晦日とある。この日は旅立ち、移徙《わたまし》、婚礼に悪い。帰忌日*も同じである。

欧陽詢【おうようじゅん】〔日用重宝記〕に欧陽詢はシナの大書家で、四歳で書を好んだが、家は貧しく筆墨紙が乏しかったので、地上に砂を撒いて萩の枝を筆にして書道を学び、後代に名を残したという。六四一年、八十五歳没。

黄蘭【おうらん】 草花作り様。黄蘭は花は黄色である。土は、白赤土に白砂とを等分にする。肥しは蘭*と同じ。分植は八九月がよい。大蘭も同じである。〔昼夜重宝記・安永七〕

横梁【おうりょう】〔算学重宝記・嘉永四〕に横梁《おうりょう》は、算盤*の上の段五の位と、下の段五ツを隔てる中の隔てをいう。

黄竜丸【おうりょうがん】〔丸散重宝記〕に黄竜《おうりょう》丸は、黄疸*、小便不利に、或は膈熱を清くし、酒の毒を解し、腸胃を厚くする。調合は黄連（一斤）と好酒（五升）を、酒で黄連を煮て酒の乾くのを限度とする。細末にして麵糊《むぎのり》で丸ずる。黄疸には二陳湯に茵陳を加え、生姜と棗を入れ、煎湯で下す。傷酒、下血には米飲で下す。

黄龍散【おうりょうさん】〔改補外科調宝記〕に黄龍散は、耳中に膿のあるものに用いる。明礬・黄丹（水干して）・胭脂（焼灰にして）・竜骨（各一匁）、麝香（少）を細末（粉）して用いる。綿を固い紙縒に巻いて耳中の膿を去り、薬を耳の内へ捻り入れる。毎日用い、風を入れてはならない。

押領使【おうりょうし】 武家名目。〔男重宝記・一〕に、押領使は国司*ではなく、二郡も三群も司領する者をいう。他領に一揆の者がある時、君命を受け一己の勢力をもって追罰し、その恩賞によってその地を押領することをいう。よって使の字を使う。『東鑑』に秀衡法師は出羽の押領使とある。

黄連【おうれん】〔薬種重宝記・上〕に和草、「黄連（わう）れん／かくみぐさ。蘆頭毛を去り 刻み 酒に浸し 焙る」。一斤は百八十目。〈薬性〉〔医道重宝記〕に苦く寒。心火を瀉し、痞満を除き、目を明らかにし、虫を殺し、蚘（回虫）を安んじ、痢疾、心《むね》腹痛むのによく、大腸を清くし、瘡瘍を治す。蘆頭と毛とを去り、酒に浸し刻み焙る。

黄連阿膠丸【おうれんあきょうがん】〔小児療治調法記〕に黄連阿膠丸は、「痘後の余症*」で下痢するものによい。白豆蔲・茯苓・訶子（各一両）、黄連（微し炒る 二両）を末（粉）し、阿膠（一両）を酢で煎じて和し、粟米（あわ）の大きさにして、一歳の児には十粒を米湯で用いる。

黄連救苦湯【おうれんきゅうくとう】〔改補外科調宝記〕に黄連救苦湯は、一切の腫物が初めて出た時毒汗を発するのによい。黄連・升麻・葛根・柴胡・赤芍薬・川芎・当帰・連翹・桔梗・黄芩・羌活・防風・金銀花・甘草を等分に煎じて服する。

黄連杏仁湯【おうれんきょうにんとう】〔小児療治調法記〕に黄連杏仁湯は、黄連・陳皮・杏仁・麻黄・枳殻・葛根に、生姜を入れ水で煎じて服する。瀉があれば厚朴、甘草を加える。効用は瀉白散*に同じ。

黄連解毒湯【おうれんげどくとう】〔医道重宝記〕に黄連解毒湯は、傷寒で汗し吐瀉後も熱が退かず、諸積熱、実火を治す。黄連（一匁）、黄芩・黄栢・山梔子（各二匁）を煎ずる。虚火は一味も用いない。三焦の実火で、内外皆実するものを治す。〔医道療治重宝記〕には諸症により加減、補薬がある。〔小児療治調法記〕には「痘後の余症*」で身熱し煩渇するのに効がある。黄連（一匁）、黄芩・黄栢・山梔子を、水で煎じて用いる。また結痂*の後に斑*を発するのは、余熱が肉分を煎熬《いりへらす》もので、黄連解毒湯に当帰・芍薬・黄芩・石膏を加える。

黄連胡粉膏【おうれんこふんこう】〔改補外科調宝記〕に黄連胡粉膏は、黄連（二両末（粉））、胡粉（一匁）、水銀（一両を研り消え散す）を皮に包み、揉み熟し、和し合してつける。妒乳《とにゅう》*の薬。

黄連消毒散【おうれんしょうどくさん】〔改補外科調宝記〕に黄連消毒散は、石疽*で腫れが広がり行歩するのに骨に当り、大いに痛むのに用いる。黄連・羌活（各一匁）、黄芩・黄栢・藁本・防已・桔梗（各五分）、知母・生地黄・独活・防風・当帰・連翹（各四分）、黄芪・蘇木・陳皮・沢瀉・人参・甘草（各三分）。これ等を煎じて服する。

黄連地黄湯【おうれんぢおうとう】〔医道重宝記〕に黄連地黄湯は、三ツの消渇*を治す。黄連・生地黄・当帰・人参・葛根・茯苓・麦門冬・五味子・天花粉*（各等分）、甘草（少）に、生姜と棗を入れて煎ずる。血熱を除き、液《うるおい》を生じ、渇を止める剤である。下消の腎水が甚だ虚し、津液の上らない者には仲景の八味丸*を用いる。この処方等はその治にはならない。

枉惑者【おうわくもの】〔世話重宝記・二〕に枉惑の語は『論語』に、「諸々の直《なをき》を挙げて枉《まがれる》を措く時は惑はず」（爲政第二ト合ワズ）より出た字とし、「枉惑《わうわく》はまがりまどふ［と］読む。今俗におふちやくといふは誤り」とある。『易林本節用集』に「枉惑 わうわく／無道義」とある。

おえ痔【おえじ】「痔」ヲ見ル

尾株【おえだ】「おもと（尾本）」ニ同ジ

大間【おおあい】遊里の盃法。〔茶屋諸分調方記〕に大間は、「又間《あい》*」から、何れの人へなりとも、「大あい（間）」と言って盃を打ち越しに飲む者がある。「大間」をすれば「又間」へ、「又間」をすれば「差目の間*」へと段々に戻す。この順を決して忘れてはならず、この間に面々の音曲をするのも面白い。

大赤頭【おおあかがしら】〔料理調法集・諸鳥人数分料〕に大赤頭《おおあかがしら》は、一名を「すつとう」「大みやう」という。この鳥は羽白霜降鴨*より少ないので知らない人が多い。（大赤頭）汁は八九人前、煎鳥にして七八人前になる。位も脂も、羽白霜降鴨同前である。

大己貴命【おおあなむちのみこと】〔農家調宝記・初編〕に大己貴命《おおあなむちのみこと》は、神代に少彦名命《すくなひこなのみこと》*とともに国作りの功が大きい神とし、穀神とする。和州の三輪、江州の日吉、雲州の杵築、武州大宮の氷川の神社等は大己貴を祀る。唯一神道に大玉神。農家にも最も崇敬するのがよい。

大井川【おおいがわ】京名所。大井（堰）川は桂川水系の上流部の一名称で、渡月橋の付近をいう。渡月橋からは嵐山が見え、亀山に通じ、この京都と亀岡間の峡谷を保津川という。大井川はこの下流、嵐山 渡月橋付近（嵯峨 松尾辺）をいう。〔東街道中重宝記・七ざい所巡道しるべ〕

大磯より小田原【おおいそよりおだわら】東海道宿駅*。四里。本荷二百五十九文、軽尻百七十二文、人足百三十文。鴫立沢は名所である。ぢふく寺。虎が石。小磯橋。切り通。石地蔵は、古へ、化けて切られたと言い、切り傷がある。国府。新宿。蔵王堂。塩見橋は長さ四十間。東梅沢の入口に小坂がある。橋があり長さ十二間、高い山に藤善寺があり、梅沢山と額がある。吾妻明神社。梅沢にはよい茶屋がある。押切入口に長さ二十九間の橋がある。前かわ 小橋があり 長さ二三間。国府津町の外に長さ十九間の橋がある。ここから右の方、十丁程行くと曾我兄弟の古里がある。中村も近い。曾我の社がある。この西に関本の最乗寺と言い曹洞宗の寺がある。小田原から二里半に小八幡 八幡の宮がある。これより松の並木 海ばたを行く。酒勾《さかわ》村に茶屋がある。まりこ（丸子）川は近年洪水で酒勾川と一流になって今はなく、徒歩渡りであるが、冬は土橋が懸る。近年は水高く往還難儀の所である。一色村町外れに長さ二十間の橋がある。海端を小余綾《こゆるぎ》の磯といい、景色の面白い名所である。〔東街道中重宝記・寛政三〕

大炊御門【おおいのみかど】〔男重宝記・一〕に大炊御門《おおいのみかど》は七清花*の一、家領四百石とある。

大井より大久手へ【おおいよりおおくでへ】木曾海道宿駅*。三里半。本荷二百十六文、軽尻百四十文、人足百七文。名古屋領。大釜戸迄坂道である。大

井川があり、木曾路人馬停止は三町の間である。うわせ川に橋がある。仙滝村。巻鐘村は今宿ともいう、山中にある。深芳村、山中にある。左方遠くに御嶽の高山が見える。西行坂の右方に西行の塚がある。〔東街道中重宝記・木曾道中重宝記六十九次 享和二〕

大炊寮【おおいりょう】〔万民調宝記〕に大炊寮《おおいりょう》は宮内省*に属し、諸国から奉る雑穀の類を領じ、諸司へ渡す。頭《かみ》一人で、権《ごん》はない。

雄黄【おおう】〔薬種重宝記・上〕に唐石、「雄黄 をわう／あかいし」とあり、鉄火を忌み、水を飛ばして用いる。「鶏冠《けいかん》の雄黄」ヲ見ル

雄黄散【おおうさん】〔改補外科調宝記〕に、天蛇頭*の治療で灸を五壮程した後に雄黄散を塗り、玉紅膏*をつける。雄黄散は、雄黄（二匁）、蟾酥（蟾蜍の脂二分）、龍脳（一分）、軽分（五分）を粉にしてつける。

大内十二門額【おおうちじゅうにもんがく】〔重宝記・宝永元序刊〕に大内十二門額は、東門は嵯峨天皇（七八六〜八四二）勅筆。南門は弘法大師（七七四〜八三五）筆。西門は大内記小野泰村筆。北門は但馬守橘逸勢（?〜八四二）筆。各々が勅を受けて垂露の点（縦に引く画の末をはねずに抑えて止める書法）を下した。

大内の帯解き【おおうちのおびとき】「補益活血湯《ほえきかっけつとう》」ヲ見ル

大内義弘【おおうちよしひろ】〔大増補万代重宝記〕に大内義弘は姓は多々羅氏。鹿苑院相国寺の将である。明徳の乱に力戦の功があった。また南帝に諭して和睦の義を調え、また西州の乱を平らげた。その後、応永年中、謀反して、泉州堺で戦死した。応永六年（一三九九）、六十四歳没。

雄黄藜蘆散【おおうりろさん】〔改補外科調宝記〕に雄黄藜蘆《おおうりろ》散は、婦人陰瘡の薬である。鱉頭（黄色になる程炒る）・雄黄・軽粉・竜脳（各一匁）、藜蘆（三匁）等を粉にしてつける。麻仁を搗いて、出た核《さね》の頭に塗ると自ずから吸い入れる。即ち、洗い去る。

おおおし【おおおし】「おほゝしく（鬱）は、うつらうつら物思ふこと」のさまをいう。〔消息調宝記・二〕

大祖父／大祖母【おおおじ／おおおば】曾祖父母の父母を、大伯父《おおおじ》大叔母《おおおば》という。高祖父母。〔農家調宝記・二編〕

大帯【おおおび】鞶とも書く。馬具。〔武家重宝記・五〕に大帯《おおおび》は革の縄をいう。利用によって鎖《くさり》、曝布《さらしぬの》等もある。長さ一丈二尺、色は好みによる。今の二重帯である。一巻《まき》と数える。

大返し【おおがえし】謡。〔囃子謡重宝記〕に節付による説明があるが、簡略には「おそろしや（大返しの間に口の内で おそろしや おそろしや）」と二返謡い、その後 本謡「おそろしや」と謡い出す。位違いのないように、よくよく心得る（図59）。

図59「大返し」（囃子謡重宝記）

大曲尺【おおがね】「まがりがね（曲尺）」ヲ見ル

大鹿の子百合【おおかのこゆり】草花作り様。大鹿の子百合の花は、白、赤、刷き掛け、紫の星がある。夏の鹿の子百合より大輪である。土は白赤土に白砂を交ぜて用いる。肥しは茶殻の粉を散らす。分植は春、秋がよい。〔昼夜重宝記・安永七〕

大蒲焼【おおかばやき】〔江戸町中喰物重宝記〕に次がある。①「大かば焼所」は、今川橋 柳屋。山下仏店 大和屋利右衛門。駿河町新道 京波屋久右衛門。②「江戸前大蒲焼」は、牛込赤城前 木村屋。同所うら門前 神田屋。「江戸前大蒲焼」は大黒屋。③「正真江戸前大蒲焼御進物御重詰 長焼」は、本石丁一丁目横町 山本屋伊助。

大蒲鉾【おおかまぼこ】〔料理調法集・蒲鉾之部〕に大蒲鉾の製法がある。鯛

一枚、甘鯛二ツ、蟢十五を、身を崩し筋を除き擂り、烏賊十を薄く剝ぎよく叩き擂り濾し、玉子の白身十二を煮返し、味醂を少し塩は凡そ五勺程に出汁をよく擂り合せ、巾四寸程の板につけ、板の裏に塩をつけ、火鉢に鉄橡を渡して蒲鉾を乗せ、上に鍋を被せ、鍋の上に焼き上げる。火鉢の火は少し入れて置く。また蒸し上げにもする。

狼兎【おおかみ うさぎ】 食い合せ。〔永代調法記宝庫・二〕に懐妊中、狼や兎*を食うと生れる子は欠唇《いぐち》になる。

狼谷越【おおかみたにごえ】 京師間道*の一。〔万民調宝記〕狼谷越《おおかみたにごえ》は、藤の森の南から山科勧修寺村に出て、大津へ出る道である。

おおかめ【おおかめ】 片言。〔世話重宝記・二〕に「狼《おほかみ》を、おほかめ」という。〔男重宝記・五〕に「おほかめ けつねは、狼《おほかみ》狐《きつね》」である。〔世話重宝記・二〕

おおかめたのき【おおかめたのき】 「狼《おほかみ》狸《たぬき》は、おおかめ たのき」という。〔小野篁謔字尽・かまど詞大概〕

大河水【おおかわみず】 大和詞。「大河水、いせ（伊勢）の宮川」をいう。〔不断重宝記大全〕

大木戸の鉄【おおきどのくろがね】 江戸願所。脚気を患う者が柴牛町の大木戸に参り願を込める。即ち、道中に古い雪踏《せった》の鉄を数をいくつと心に定めて拾い、願懸けして帰ると、その苦痛が速やかに平癒するのは神のようである。古い雪踏の鉄は大道に沢山落ちているものである。〔江戸神仏願懸重宝記〕

正親司【おおきみのつかさ】 〔万民調宝記〕に正親司《おおきみのつかさ》は宮内省*に属し、氏《うじ》等名籍を記す司である。

大久手より細久手へ【おおくでよりほそくでへ】 木曾海道宿駅*。一里三十丁。本荷八十二文、軽尻五十三文、人足四十文。宿悪く、山中で不自由な所である。琵琶坂 琵琶峠、八瀬沢村 弁財天があり、右方の大岩石二ツ岩から加賀の白山が見える。〔東街道中重宝記・木曾道中重宝記六十九次 享和二〕

大蔵省【おおくらしょう】 八省*の一。〔万民調宝記〕に大蔵省は諸国の調《みつぎ》、金銀糸綿織物等を納める蔵である。卿《かみ》・大輔《たゆう》・少輔《しょうゆう》各一人である。織部《おりべの》省《つかさ》*がある。

大検見【おおけみ】 〔四民格致重宝記〕に大検見は、郡代が小検見《こけみ》*の小帳（下見帳）に基づいて、その村の善悪の大要を見ることである。年々見る所では去年と何程、去々年とは何程の増減を見分け、初めての所なら百姓に聞き、また見慣れた類郷の立毛（収穫）に積り合せる。これらにより去年に引き合わせ、上り下りを積る。〔田畑重宝記〕には小検見の小帳（下見帳）の虚実を見合せ再見する。一反に八合とある所は一升二合に刈《かり》出《だし》、或は一升を八合に刈下《かりさげ》る等不正や地方不功者の心得違いがある。自ら検分しないと知り難い。検見耕地功者の役人は歩刈《ぶがり》*に拘わらず、その年の陽気凶豊の訳、水旱風損を考え、取箇《とりか》（＝年貢）は前々からの免状を見合せ、土地の善悪、百姓の豊凶等を見合せ、取り計らうのがよい。

大げん【おおげん】 〈何が不足で癇癪の枕言葉〉「大げん、小判」。「小げん*（小粒）」の対。〔小野篁謔字尽〕

おおこわ【おおこわ】 「おゝこは（恐）」とは、恐くも何ともないこと。〔増補新版名代町法記・不断の言葉〕

大坂案内歌の大概【おおざかあんないうたのたいがい】 町名。〔筆海重宝記〕に大坂中を八区画にして大凡を覚えやすくした歌。○御城 西の筋より東横堀迄六筋。「谷丁に せんなん（善安）御祓 骨屋丁 天神橋筋 東横堀」。○上町北より南へ二十筋。「京橋丁 石町 島屋 近江町 内平野町 内淡路町」「折屋町 南の革屋 北新地 徳井 太郎左に鑓 常盤町」「伏見 両農人橋の北南 ふじ内 久宝 聚 尾張坂」。○中船場東より西へ十三筋。「一丁目 鍛治屋 境に難波橋 中橋 栴檀 どぶ（丼）心斎の筋」「淀屋橋 北には御霊 南に

は御堂 渡辺 西の横堀」。○中船場北より南へ二十四筋。「北に過書 今橋 浮世 高 伏見 道修 平野町 淡路 瓦町」「備 安土 本町 米屋 唐物町 北と南の久太郎町」「北南久宝寺町 博労町 順慶 安堂 塩町 長堀」。○嶋の内東より西へ十三筋。「竹屋町 道人町に鍛治屋町 油 白かね 玉 笠屋町」「畳屋町 餝屋町に御堂筋 佐野屋橋筋 灰炭屋町（此の川筋に四ツ橋がある）」。○嶋の内北より南へ八筋。「南長 鰻 九之介 清水町 周防 八幡 三津 道頓の北」。○東西南北堀々。「東西横堀大川 中之嶋 江戸堀 伏見 海《かい》 阿波座堀」「薩摩堀西の入江ぞ 其南立売堀 長堀 堀江 道頓」。○天満東より西へ。「天満こそ川崎より西十二丁 そこは堀川 未蜆川」。案内歌は古くある。

大坂色茶屋独案内【おおざかいろぢゃやひとりあんない】〔茶屋諸分調方記〕に次がある。○「玉造稲荷」門前かやの木町東西側（此所の色やり繰りのとりやい）。○「同所」南久宝寺町筋南側北側（呼び込んでから放さぬがおかし）。○「同所」稲荷裏門東側（あがられぬ訳を聞いてから放す。玉造の茶屋で色遊女が足らぬ時外の茶屋の色女を自由に取り遣りして物するのは近頃よい趣向、所繁昌の瑞相という）○「新地北町二丁目」南側（この内に中段下段の色がある）。○「同所三丁目」渡辺橋より下（少しは繁昌と見えて上中下がある）。○「同所しじめ（蜆）川」西東三丁片側（甚だ全盛と見えて慣れ過ぎた顔）。○「新堀一丁目二丁目」北側芝居の近所（ひだるい時に味な事して）。○「同所新川」西東四丁両向い（西国舟の落ち合いうたた寝枕）。○「道頓堀中橋筋」北南二丁が間東西側（同じ色ながら各別の訳あり）。○「太左衛門橋筋」北南二丁が間東西側（取れるかしてのっしり姿）。○「畳屋町筋」北南一丁が間東西側（此所しにせた勿体）。○「長町」天王寺へ抜け道南側（ここは比丘尼と髪長との訳）。

大坂高麗橋より近辺への道法【おおざかこうらいばしよりきんぺんへのみちのり】〔筆海重宝記〕高麗橋は東横堀川の架橋、諸方諸国への里程の起点。近辺は商いで賑わう。大凡を記す。○「東方角」守口へ二里。枚方へ五里。淀へ八里半。高槻へ六里。伏見へ九里十二丁。京へ十二里半。愛宕へ十五里。石山へ十六里。大津へ十四里半。宇治へ十一里半。○「西方角」神崎へ二里。尼崎へ三里。西宮へ五里。兵庫へ十里。須磨へ十二里。明石へ十五里。○「南方角」天王寺へ一里。住吉へ二里。堺へ三里。岸和田へ七里。妙見山へ八里。水間へ九里。和歌山へ十六里。高野へ八里。○「北方角」吹田へ二里。池田へ五里。勝尾寺へ六里。伊丹へ四里。箕尾へ六里。中山へ六里。有間へ九里。三田へ七里。○「東南方角」大和路平野へ二里。八尾へ三里。久宝寺へ三里。藤井寺へ四里。道明寺へ四里半。松原へ三里。上の太子へ七里。当麻へ八里。暗り峠へ四里。生駒山へ四里。竜田へ七里。法隆寺へ八里。郡山へ七里。奈良へ八里。

〔家内重宝記・元禄二〕にも高麗橋よりの道程があり、〔筆海重宝記〕と異同のあるもの。○「京方角への道法」は、野江へ一里。岡山へ三十丁。橋本へ七里。淀へ八里。京へ十二里。○「西方角」伝法へ一里半。三軒屋へ一里。摩耶へ八里。兵庫へ十一里。姫路へ二十二里。○「東方角」平岡へ三里半。国分へ四里。上ノ太子へ五里。下ノ太子へ二里。藤井寺へ五里。○「南方角」紀州若山へ十六里。高野へ十六里。天王寺へ二十五丁。○「北方角」長柄へ一里。伊丹へ五里。茨木へ五里。池田へ五里。勝尾寺へ五里。箕面へ五里。多田へ六里半。能勢へ九里。三田へ十一里。

大坂城から天満天神【おおざかじょうからてんまてんじん】大坂名所。大坂城は無双の御城である。御堀は広く、石垣は高く、上の方は出張り、石の切り合せは隙間がない。天満天神*に行くには天神橋を渡るが、東には天満橋、西には難波橋がある。いずれも百二三十間の大橋である。〔東街道中重宝記・七ざい所巡道しるべ〕

大坂図【おおざかず】〔日用重宝記・明和元〕に「大坂図」がある（図60）。

大坂の拝所見所【おおざかのおがみどころみどころ】所名。宿屋は長町にある。長町は九町あり、一丁目は日本橋である。一日に廻る行程は、生玉社*高

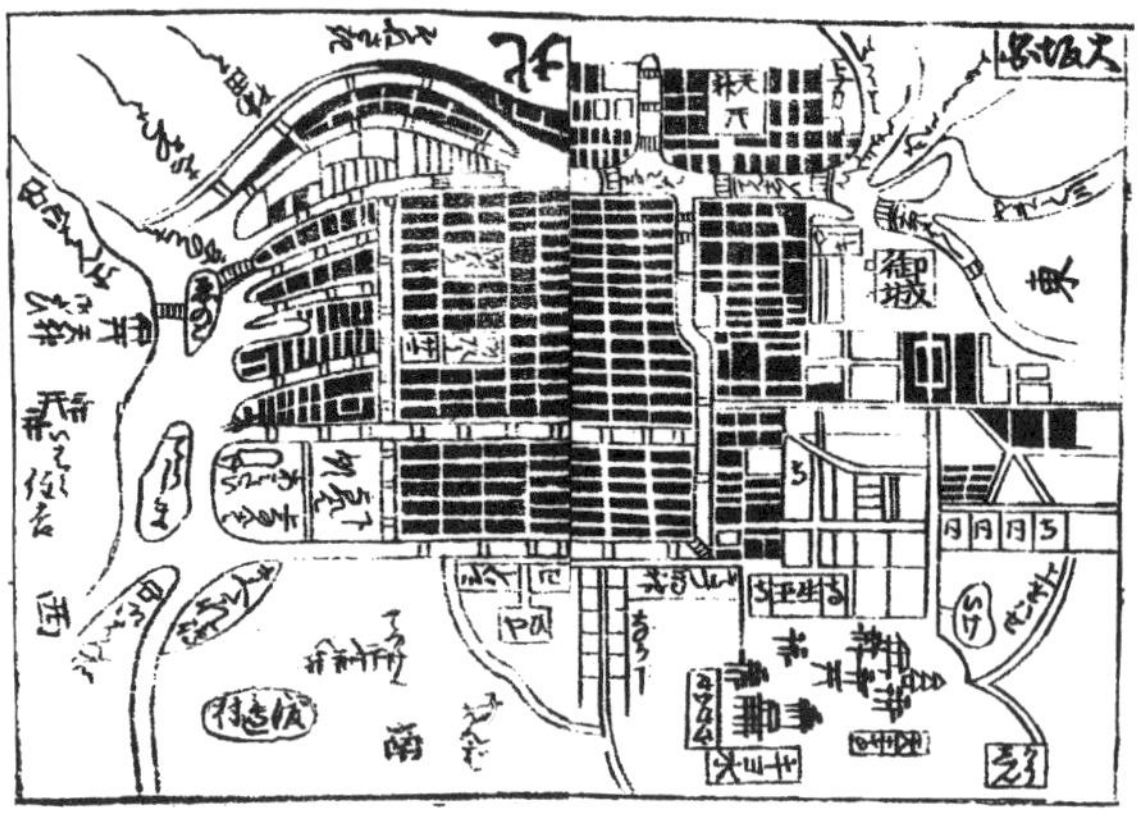

図60　「大坂図」（日用重宝記）

津社*御城*天満天神*御堂*新町 阿弥陀池 茨住吉 大湊*鉄眼寺 千日寺等*が入るが、案内者が悪いと阿弥陀池 大湊等は省いて、鉄眼寺 千日寺へ連れて行く。大坂には社寺は多くあるが、朝早く出れば一日で済ませる行程である。志《こころざし》のある人は尋ね聞いて歩くのがよい。〔東街道中重宝記・七ざい所巡道しるべ〕

大坂花見所【おおざかはなみどころ】〔懐中重宝花見車〕に次の名所があり、十所を示すこともあるが適宜抄書した。○野遊 本庄の菜の花は日本一。○松露取 住吉。崇禅寺。○鮎汲み いな川。多田川。○夕立 網島。景色よし。○秋草 天下茶屋丸山。○もず取 同所八月頃。○しぐれ さらしつゝみ。新清水。○ちどり 川口。御前崎。○梅 岡本。安井。阿弥陀池。梅やしき。天満天神。九条。夷島。○桜 天王寺。南田辺。花寺。長良。龍泉寺。桜宮。○藤 野田。太融寺。尼寺。稲荷山。蒲江。○萩 稲荷。今宮。住吉。鉄眼。○杜若 赤川。九条。住吉。こぼれ口。○紅葉 ほうじゅ寺。じゅほう寺。西照寺、大道村。うしたき。○すもも（李）木のべ（二月七日頃）。○山ぶき のど町人形屋。龍泉寺。日ぐらし茶屋。○牡丹 高津吉介。北のきくじ。しゃくじがある。○時鳥 小ばせ。津国寺。いく田。○くいな 一心寺。うんすい。○さつき 難波。九条。東天満。○蛍 梅田。野崎。平野堤。三島江。○虫 尼寺。阿倍野。大和川。はかまや新田。○茸狩り いづはら山。万願寺。こそべ。○かんごえ（寒声）梅田辺。大川の橋々。難波野。○雪 京橋。難波橋。真田山。玉造宮。高津。

大坂風呂【おおざかぶろ】「据《すえ》風呂徳用の事」ヲ見ル

大坂守口漬【おおざかもりぐちづけ】〔ちやうほう記〕に大坂守口漬は、大根を温湯で洗い 陰干にして、塩に一夜漬け、また洗い日に干し、酒の糟に糀を交ぜて漬ける。桶の口を土で塗り固めて置く。「守口大根漬」モ見ル

大鷺【おおさぎ】〔料理調法集・諸鳥人数分料〕に大鷺は、汁にして十二三人前、煎鳥・焼鳥にして十人前とある。青鷺よりは下の物である。この鳥を島廻《しまめぐり》ともいう。黄足で大きいのを大鷺というが、大鷺は前足の股つきの白さが見覚えである。

大潮／大塩【おおしお】「しおのみちひ（潮汐の満干）」ヲ見ル

大叔父／大叔母【おおしゅくふ／おおしゅくぼ】 祖父母*の弟。大叔母はその妻。〔農家重宝記・二編〕

大将基【おおしょうぎ】〔男重宝記・三〕に大《おお》将基は、竪横各二十五目、駒数は両陣で三百五十四枚。指し様は分らない。「大《だい》将棋」とは区別する。「小《こ》将基」「中将基」参照

澳地利【おおすとりや】〔童蒙単語字尽重宝記〕に澳地利《おおすとりや》は、帝国。広さ二十三万九千坪、民は三千二百五十万七百三千人。未伊那（維也納《ぶいいんな》＝ウィーン）民は五十七万八千五百二十五人。

大隅【おおすみ】 隅州。〔重宝記永代鏡〕には菱刈、桑原、噌唹、大隅、始《あい》

羅《ら》、肝属《きもつき》、馭謨《とも》、熊毛の八郡をあげ、一ノ宮は正八幡である。〔万民調宝記〕に居城知行高は薩摩の国主に同じ。〔大増補万代重宝記〕には中管、四方六十五里。田数八千二百十八町、知行高十七万八百二十八石とある。〔重宝記・幕末頃写〕には東西二日。食類豊か、魚鼈類多く、紙帛は殊に豊かで、中上国等とある。鹿児島県から、今の鹿児島県東部大隅半島と奄美列島にあたる。〈名物〉〔万買物調方記〕に種子島筒、屋久嶋の榑板《くれいた》がある。

仰書【おおせがき】〔消息調宝記・四〕に仰せ書きとは、宮仕えの女中が御主人よりの仰せを受け、文を書くことをいう。先方が上の親しい間柄等には両 敬《りょうやまい》といい敬って書き、御続きのない方には片 敬《かたうやまい》といい、先様ばかりを敬って書く。

大滝【おおたき】吉野名所。大滝は、西河《にしごう》の滝ともいう。常の滝と違って高い所から落ちるのではなく、大水が岩間を漲り落ちるもので、甚だ見事である。近寄って見るのがよく、遠くから見ては面白くない。ここから宮滝*へは一里余、この間に名所の国栖《くず》の里がある。他に滝を見るには安禅寺*の前の茶店から直ぐに行くと青折《あおり》が嶽を過ぎて清明が滝がある。吉野の滝を見廻る道筋は甚だ景色がよい。〔東街道中重宝記・七ざい所巡道しるべ〕

太田より鵜沼へ【おおたよりうぬまへ】木曾海道*宿駅。二里。本荷百十二文、軽尻七十文、人足五十四文。川を渡り左に細い坂道 加茂の坂がある。川向い左方に尾州犬山城が見える。右の山陰に蜂屋村といい御蔵入三千石の所がある。枝柿が名物である。あしどの一ツ茶屋がある。太田から十五六丁行き 観音坂登り口道がある。取首《くみ》村。かち山村 ここは竹が名物で旗竿 指物竿が出る。尾州から御留山である。奈良井は崖険難の危い細道である。下は木曾川が流れ 崖 山 渕崎下り坂を観音坂といい大難所道である。右の曲り角に岩穴があり、摩耶の観音という。赤坂下り口の大難所である。〔東街道中重宝記・木曾道中重宝記六十九次 享和二〕

大樽積【おおだるつもり】「平樽幷大樽積」ヲ見ル

大違い宝船【おおちがいたからぶね】〈平生ソレよく言う言語〉甚だしく違う意。単に「大違い」ともいう。〔小野篁謔字尽〕

大晦日【おおつごもり】「歳暮」ヲ見ル

大槌／小槌【おおつち／こつち】「大土／小土」とも書く。〔和漢年暦調法記〕に、○大槌の日には、春は釜、夏は門、秋は井戸、冬は庭を動かしてはならない。産の産湯なども零してはならず、小槌の日を待って流す。胞衣を埋めるのも同じ。○小槌の日もあり所の方へ向いて産をしてはならない。◇甲子《きのえ》の日より己巳《つちのと》の日迄六日間は小槌。庚午《かのえ》の日より丁《ひのと》丑の日迄八日は大槌。戊寅《つちのえ》の日より癸未《みずのと》の日迄六日は小槌。甲申の日より癸巳《みずのと》の日迄十日は大槌。甲午の日より己亥の日迄六日は小槌。庚子の日より丁未の日迄八日は大槌。戊申の日より癸丑の日迄六日は小槌。甲寅より癸亥の日迄十日は大槌である。〔大増補万代重宝記〕に「小土」は、四季ともに天赦日*を始めとしその後六日間を小土吉日とする。〈日和見〉〔船乗重宝記〕に槌の内は、或は東風、或は西風、或は曇り雨、或は晴と、片異事なものとある。

大津より京【おおつよりきょう】東海道*宿駅。〔東街道中重宝記・寛政三〕に次がある。三里。本荷二百三十九文、軽尻百五十四文、人足百十九文。札の辻 入口に城跡がある。八丁坂左に関寺があり、玉屋といい照手姫の車を寄せた所がある。ここは商船の湊で賑やかであり、湖上の名所が見える。筒井の浄妙が屋敷の跡がある。西国順礼の札所の観音もあり、高観音*は景色がよい。これから小関通といい山科 薮の下へ出る道がある。舞台から白髭明神、比良の嶽、塩津、海津、竹生嶋、その外にも沖の嶋、今津、長向寺が見える。この明神を蟬丸ともいい、ここは古への逢坂の関である。山の上に逆髪社《さかかみのやしろ》*、蟬丸の藁屋の跡がある。両国寺*が近江と山城の境にある。関の清水 走り井の水は、関寺の近所に跡が

あり、小町の像がある。大谷 片町に針 楊枝がある。入口に走り井があり、ここを山科の薬師院前という。

追分があり、左に醍醐、小栗栖、六地蔵、宇治、伏見へ行く道がある。六地蔵堂より山科という。十善寺は本尊は観音で、右に諸羽大明神がある。右方に毘沙門堂門跡入口があり、左に日蓮宗護国寺、右に安祥寺があり、煙草が名物である。左道辺は五条の橋へ出る。上の山に天智天皇の御廟所がある。右方の道は粟田口、日の岡峠は坂が長い。右方 家の脇に千本松があり枝が多く分れている、ここから先は下り坂である。蹴上の茶屋がありここから粟田口で、蹴上げの水入口である。左の山に神明の宮がある。ここから奥に駒が嶽の滝がある。右に猿や楊枝という名物がある。河内国玉櫛の柳を削るという。左に阿弥陀が峯が見える。左の道に天皇の社があり、この道は上京へ行く。右方の道は吉田南禅寺へ行く。左は青蓮院御門跡、白川橋。南へ行く道は智恩院で、祇園、清水、奈良へも行く。同町家の後ろ畑の中に梅の宮がある。名所が多い。真葛原は今の山門の辺という。三条の橋は加茂川の流れである。東に法輪寺、荒神河原、下加茂。左は四条、五条の橋、祇園、清水、鳥辺野、大仏、今熊野、東福寺、稲荷が見える。大橋、小橋の間に旅の宿屋がある。

大津より膳所へ【おおつよりぜぜへ】〔東街道中重宝記・七ざい所巡道しるべ〕には次がある。ここは昔の志賀の都の跡で、湖水の辺を通って行く。大津から勢田辺迄を真野の入江という。湖水の中に竹生島、東に三上山（むかで山）、北方遥かに比良の山が見える。道筋に松本村がありこの辺を打ち出の浜という。石場は矢橋*の渡し舟の着く所である。馬場村、もろこ川がある。木曽義仲の墓が義仲寺にある。〔年中重宝記〕に四月上の亥日 大津祭り。〔重宝記・儀部家写本〕には 天明元年（一七八一）十月十六 十七日 膳所大騒動とある。

王手詰にする【おおてづめにする】 将棊より出た世話。〔諸人重宝記・三〕に「王手詰にする」は、将棊で相手の王将を攻め立てる手をいう。転じて、勝敗や死命を制する手段をいう。

大胴【おおどう】 鎧名所*。〔武家重宝記・三〕に大胴《おおどう》は、鎧の引き合せの方、右の脇である。

大舎人寮【おおとねりりょう】〔万民調宝記〕に大舎人寮《おおとねりりょう》は中務省*に属し、禁中の宿直《とのい》、警護、節会に諸官を召し用事を司る。

大伴金村【おおとものかなむら】〔大増補万代重宝記〕に大伴金村は、仁賢天皇死去の後、平部真鳥 及びその子鮪を殺す。武烈が帝位につき、大連となる。その後 継体天皇を迎えて、越前においてこれを立てた。

大友狭手彦【おおとものさでひこ】〔大増補万代重宝記〕に大友狭手彦は、欽明天皇の時、詔《みことのり》を奉り兵を率いて三韓を破る。その妾《しょう》を、松浦佐用姫という。

大友吹負【おおともふけい】〔大増補万代重宝記〕に大友吹負は、壬申の乱（六七二年）に天武帝に属して大和 河内を定め、かつ近江の兵としばしば戦い、遂に一方を経営する。軍功多く他に異なる。

大鳥玉子【おおとりたまご】〔料理調法集・鶏卵之部〕に大鳥玉子は、玉子蒲鉾*のようにしたのを太く丸く竹の皮に包んで蒸し長さ三寸位に切り、一回り太い竹を四寸位に切り中をよく洗い蒸した玉子を竹の真ん中に入れ片寄らないように工夫し、周りに白身を流し入れて蒸し上げ、冷めてから竹を割って取り出し、小口切りにして遣う。但し、竹は下に節をつけて切る。

おおどれ【おおどれ】「おほどれ（蓬）とは、みだれはびこる（乱蔓）也」。〔消息調宝記・二〕

大根【おおね】「大根の事」ヲ見ル

大野東人【おおのあずまびと】〔大増補万代重宝記〕に大野東人《あずまびと》は、聖武帝の時（七二四～七四九）、藤原広嗣が筑前で反逆したのに勅を受けて行き、戦い敗亡させた。

大庭【おおば】 伊勢名所。「内宮」の祓所*洗手場*の辺を大庭《おおば》という。〔東街

道中重宝記・七ざい所巡道しるべ〕

大伯父／大伯母【おおはくふ／おおはくぼ】 祖父母*の兄。大伯母はその妻。〔農家調宝記・二編〕

車前【おおばこ】 「しゃぜんし（車前子）」ヲ見ル

大葉の事【おおばのこと】 立花。*〔男重宝記・三〕に大葉について次がある。○枇杷 柏葉 紫苑 葱花《ぎぼし》 朴など葉の大きいもの。○大葉の出し所は胴作《どうつくり》*より下へ見ることはない。大葉二色は使わず、葉・花数は丁（偶数）に使わず、葉の表と表が向い合うのはよく、裏と裏とは悪い。花瓶の真後ろで裏をみせない。

大番【おおばん】 武家名目。〔男重宝記・一〕に大番とは諸国の武士が、関東（鎌倉幕府）の下知を帯びて都に登り帝都を警固することで、源頼朝の時より始る。今は、所司という。二条、大坂の城番を大番という。

大鷭【おおばん】 〔料理調法集・諸鳥人数分料〕に大鷭は少しはいるが、料理に遣う程はいない。料理に遣っても小鷭のように重宝にならず、大きさは小鷭の二羽がけである。

大彦命【おおひこのみこと】 〔大増補万代重宝記〕に大彦命《おおひこのみこと》は、崇神帝（『日本書紀』は第十代）の時、北陸将軍となり、武埴安彦叛逆のことを聞いて道より帰り、兵を率いて泉河に討ち殺した。

大広【おおひろ】 〔絹布重宝記〕に「大広 呉服尺」とあり、これは遣い勝手により織った羽二重という。下帯地等にも遣う。

大服【おおぶく】 〔年中重宝記・一〕に大服《おおぶく》は、元日の朝 若水で茶を煮て飲むことをいう。寿を祝し、また服と福の音が通じる大福《おおぶく》の意による。梅干を入れるのは、梅は春に縁があり、また茶の熱いのをうめるという縁をとったものである。

大麻子の大きさ【おおましのおおきさ】 丸薬量。「大麻子の大きさ」というのは、胡麻三粒の大きさである。〔医道重宝記〕

大饅【おおまん】 女の柔かな詞遣。「壱分まんぢう（饅頭）を、大《おほ》まん（饅）」という。〔女重宝記・一〕

大湊【おおみなと】 大坂名所。無双の港で、海上を見渡し、面白い所である。ここから日本橋《にっぽんばし》に帰る迄は一里半である。〔東街道中重宝記・七ざい所巡道しるべ〕

大宮より上尾へ【おおみやよりあげおへ】 木曾海道宿駅*。二里八丁。本荷九十文、軽尻六十文、人足四十六文。宿の出口右方に禅寺東光寺がある。北草村。吉野村。大屋村。土手町村 この辺から秩父山が見える。大成村 ここから原である。左田村。櫛引村。加茂村 右に加茂の明神社がある。左に川越道がある。〔東街道中重宝記・木曾道中重宝記六十九次 享和二〕

大麦【おおむぎ】 〔農家調宝記・初〕に、十月に入り秋の土用明け二十日程の間、日和次第、大麦、蚕豆《そらまめ》を蒔く。〈薬性〉〔医道重宝記〕に大麦は微寒で毒なく、気を増し中《うち》を整え、食を消し、渇《かわき》を止め、気を下し、積《しゃく》を消す。〔永代調法記宝庫・四〕には久しく食すると髪 髭が白くもならず、顔も潤う。

大麦切の方【おおむぎきりのほう】 〔料理重法記・下〕に大麦切の方は、大麦一升、八重生（緑豆）三合をともに洗い、日に干し、一緒に挽き、常の麺類のように打つ。

大文字を書く法【おおもじをかくほう】 〔俗家重宝集・後編〕に大文字を書く法は、糠か米で大文字を下書し、その周りを焼筆で宛て書きする。焼筆は、柔らかい箸のような木の端を炭状に焦がして描く。

大矢数【おおやかず】 〔弓馬重宝記・中〕に大矢数は、文明十四年（一四八二）義政公の時、今熊野観音堂の別当（元は義政の士）が今の三十三間堂*の軒下で、繰り矢を始めて射たのを濫觴とする。その後 慶長十一年（一六〇六）正月 石堂某の末流が始めて矢五十筋を通して名誉が流布、それより国々から上落して天下一と記す者は四十余人いる。〈射様〉今日の日暮

から射始めて翌日の暮迄に終る。夜中は矢先に篝《かがり》を焚き、何刻（時間）の内に通し矢何本 総矢何程と定めて行うのが大矢数である。日の内に行うのを小矢数*という。矢先の芝塚に人が多く居て采配を振り、声を上げ、一度ごとに断るのを芝旆《しさい》という。射前にも七八人いて、放つ度に声を挙げるのを繰り旆《さい》、又送り旆という。〈検見〉他に堂見六人、流儀六流があり、皆町人で、その日の流儀の職人である。同流の堂見一人、外の流より一人が、采配を振り、これを一の采 二の采と呼ぶ。当流は一の旆をその日の司と称し、通る矢を見定める。また検見に松井三河という者がいて矢の員数を帳面に判形する。六流のことは記すことはなく、皆日置の一流である。また帳面ともいう。〈通し矢〉例え一本二本通しても、札に記し実名を書き堂に掛けるが、これも松井の見届けにより確定する。千射 百射も同じで、例えば総矢一百と定め、その内通し矢何分に当ると記す。正保年中（一六四四～四八）に始り、諸国より上洛して争い、この頃元禄三年（一六九〇）四月、総矢一万三千 通し矢八千四百、年十九歳が記録である。これより先は尾州より天下で総矢九千六百通し矢八千八筋か、という。

公事【おおやけごと】「おほやけごと（公事）は、公《きみ》の御用の事」である。〔消息調宝記・二〕

公腹【おおやけばら】「おほやけばら（公腹）とは、ひたすらはらたつ（腹立）也」。〔消息調宝記・二〕

大八洲【おおやしま】大和詞。「大やしまとは、日本の事」である。〔不断重宝記大全〕

大矢田宿祢【おおやだのすくね】〔大増補万代重宝記〕に大矢田宿祢《おおやだのすくね》は、神功皇后が新羅を討った時、将に任じ、暫く留まり、新羅を守った。

大蘭【おおらん】草花作り様。大蘭は花は白色である。土は白 赤土に、白砂を等分にする。分植は八九月がよい。〔昼夜重宝記・安永七〕

岡【おか】飛鳥所名。昔の岡本の宮の跡である。東の方の高い所に岡寺がある。東光山龍蓋寺と号する。御堂 本尊は観世音菩薩。巡礼所である。多武の峯へは一里半である。〔東街道中重宝記・七ざい所巡道しるべ〕

御神楽蕎麦【おかぐらそば】「おかぐらそば」は、田所丁よこ丁 御神楽平兵衛にある。〔江戸町中喰物重法記〕

岡河骨【おかこうぼね】草花作り様。岡河骨《おかこうぼね》は花は鬱金色である。土は合せ土*に田土を交ぜて用いる。肥しは魚の洗い汁がよい。〔昼夜重宝記・安永七〕

岡崎より知立【おかざきよりちりゅう】東海道宿駅*。三里半十一丁二十一間。本荷二百四十一文、軽尻百六十一文、人足百二十四文。左に城がある。町の裏甲山、寺に八幡宮、町の出口に松葉川がある。橋の長さ三十二間。大橋より前の町を八丁という。矢作の橋は長さ二百八間、道中第一の大橋である。大平川、矢作川、吉田と言い大川が三ツある。東矢作に茶屋、西矢作に十王堂があり、この堂に上瑠璃御前の御影がある。左方に矢作の長者の屋敷跡がある。大浜は麵類が名物である。来迎寺、八ツ橋へ行く道がある。右へ八丁行って八橋山無量寿寺、昔の八ツ橋の跡は今は田である。観音があり、八ツ橋の橋杭がある。鳥目（銭）百銅で開帳がある。業平の石塔がある。四月二十日前から五月節句前まで馬市がある。〔東街道中重宝記・寛政三〕

小笠原餅【おがさわらもち】菓子名。小笠原餅、上白ながし物、中 黄山の芋入り、下羊羹。〔男重宝記・四〕

小笠原流【おがさわらりゅう】〔男重宝記・五〕に小笠原流とは、小笠原長秀（一二九一～一三四七）が定めたとする「当流躾方五十一箇条*（小笠原躾方）」等武家礼式の一流をいう。「小笠原」を冠するものには「小笠原食礼」「小笠原流折方図」*等色々あり、江戸時代では四民の礼式として普及した。主要な項目は個別に立項している。躾方には、今川流 小笠原流 伊

勢流の三流があるが、小笠原流を当流とする。

小笠原流折形図【おがさわらりゅうおりかたのず】 折形は、進物等を包む紙の折り方や 或は器物に付ける飾りの紙の折り形である。近世の折形は小笠原流の折形であり、諸書に掲載が多い。〔女重宝記・五〕には「万包物折形の図」二十二図、〔女筆調法記・三〕には「進物の包み様品々」十四図、〔諸礼調法記大全・地〕には「万折形類」四十八図、〔麗玉百人一首吾妻錦〕には二十七図、〔永代調法記宝庫・六〕には十四図が出ている。折り方には真 行 草の折り形があり、先方の格による。この外〔大成筆海重宝記〕〔女寺子調法記〕等諸書にも出ていて重出も多いが、比較すると少異もある（図61）。

可笑しくは御釜の前【おかしくはおかまのまえ】〈平生ソレよく言う言語〉「おかしい」と言った者に戯れて、「可笑しくは御釜の前」（おかしければ笑ったらいい）と言い返す。釜は竈のこと。「御釜の前で杓子を持って笑え」「御釜の前でお茶を上れ」等と続ける。〔小野𥶡譃字尽〕

御菓子昆布ほか【おかしこんぶほか】「御菓子昆布／かんろ梅」等十三種は、芝神明町新道 ひめたや忠蔵にある。大山湯本挽物品々がある。〔江戸町中喰物重法記〕

岡蜆【おかしじみ】〔料理調法集・鱧餅真薯之部〕に岡蜆は、木耳《きくらげ》の極く小さいのを、蜆貝の中身のように、擂り身をつけて蒸す。

御菓子所【おかしどころ】〔江戸町中喰物重法記〕に「御菓子所」は五十余軒が出ていて、例えば次の通り。音羽丁九丁目 大黒屋知義。糀丁平川丁一丁目 鯛屋伊賀。赤坂田四丁目 近江屋幸七。市谷田 一丁目 大黒屋伊兵衛。虎御門外 住吉屋。深川八幡前 布袋屋大和。赤坂伝馬丁 山形屋近江。◇本銀丁二丁目 藤屋和泉掾。上野広小路 めうがや肥後。同所 金沢丹後掾。石町角 同断。本材木丁南 同断（江戸町中喰物重法記〕は『七十五日』の増補改題本であるが、◇以下が増補である）

御方【おかた】 百姓の妻を、「御方」とも「藺鞋《いわらじ》」ともいう。〔女重宝記・一〕

おかだい【おかだい】〈何が不足で癇癪の枕言葉〉「代銭、おかだい」。代銭は代金。〔小野𥶡譃字尽〕

岡田町【おかだまち】 伊勢名所。町の左方に橋がある。その向うに西行上人の庵室の跡があり、今は西行谷神照寺という。左方に豊臣秀吉建立の不動堂があり、また後宇多院の勅願寺がある。参宮が済まない前に仏寺へ寄ってはならない。〔東街道中重宝記・七ざい所巡道しるべ〕

小賀玉の木【おがたまのき】 大和詞。「をがたまの木とは、正月に松竹のかけたる木」である。〔女用智恵鑑宝織〕

お鉄漿あがる【おかねあがる】 御所言葉。「歯ぐろ付るを おかね（鉄漿）あがる」という。〔女用智恵鑑宝織〕

おかのしろ【おかのしろ】〈何が不足で癇癪の枕言葉〉「顔、おかのしろ／おか」。〔小野𥶡譃字尽〕

御壁【おかべ】 大和詞。「たうふ（豆腐）は、おかべ」という。〔女重宝記・一〕

岡部より藤枝【おかべよりふじえだ】 東海道*宿駅。一里二十六丁。本荷百十五文、軽尻七十一文、人足五十五文。横うち入口の小村を油かいという。朝いな川 橋長三十間 土橋である。八幡橋 八幡の社がある。鬼嶋茶屋がある。白子町 伊勢にも白子という所がある。右方に鐙が渕がある。平嶋口、田中の城の裏である。〔東街道中重宝記・寛政三〕

おがみんす【おがみんす】〔増補新版名代町法記・不断の言葉〕「おがみんすとは、言ふてくれるなといふ事」。

おかめだんご【おかめだんご】「おかめだんご」は、飯倉片丁 三河屋にある。〔江戸町中喰物重法記〕

苧（麻）殻【おがら】「ほうま（茴麻）」ヲ見ル

小川だたき【おがわだたき】 指身仕様。〔諸人重宝記・四〕に小川だたきは、生鰹を卸し よく叩き 杉板につけて煮え湯を掛け 白めて造る。「搔き鯛」*

図61　小笠原流折形図

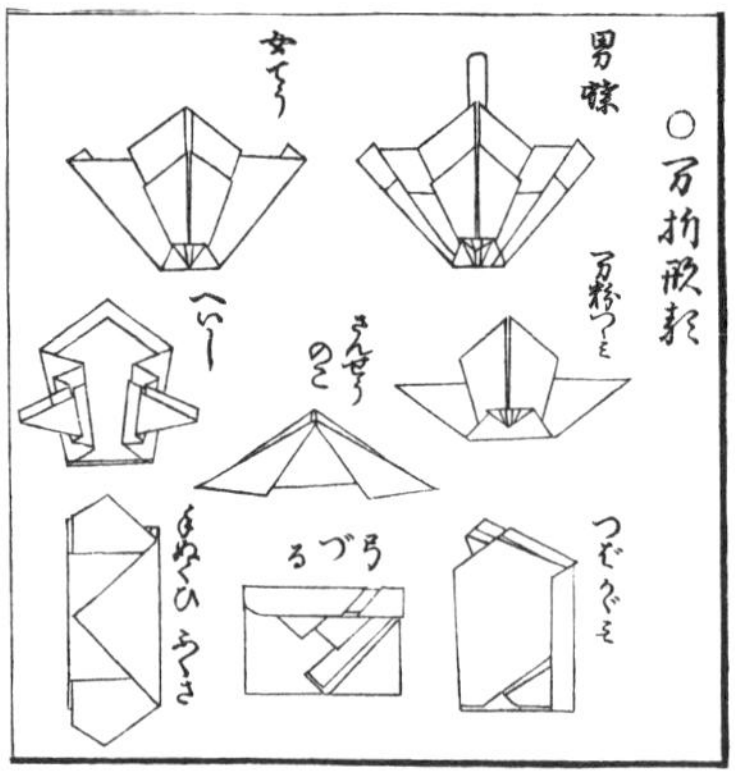

「万折形類」①（諸礼調法記大全）

男蝶。女蝶。万粉包。山椒の粉。瓶子。鍔鑑。弓弦。手拭 服紗

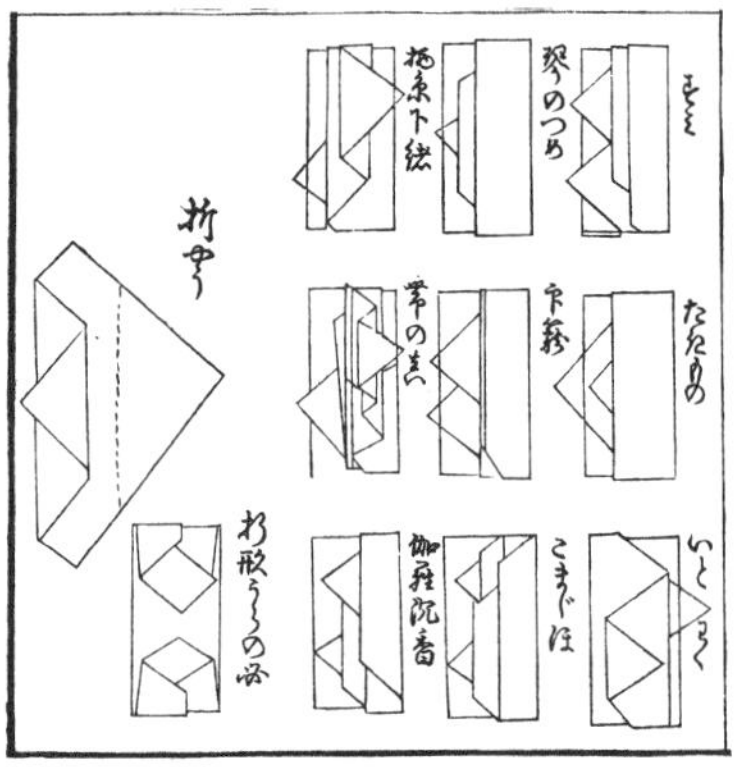

「万折形類」②（諸礼調法記大全）

墨。琴の爪。柄糸下緒。薫物。印籠。帯の真。糸枠。胡麻塩。伽羅沈香。折様。折り形裏の図。

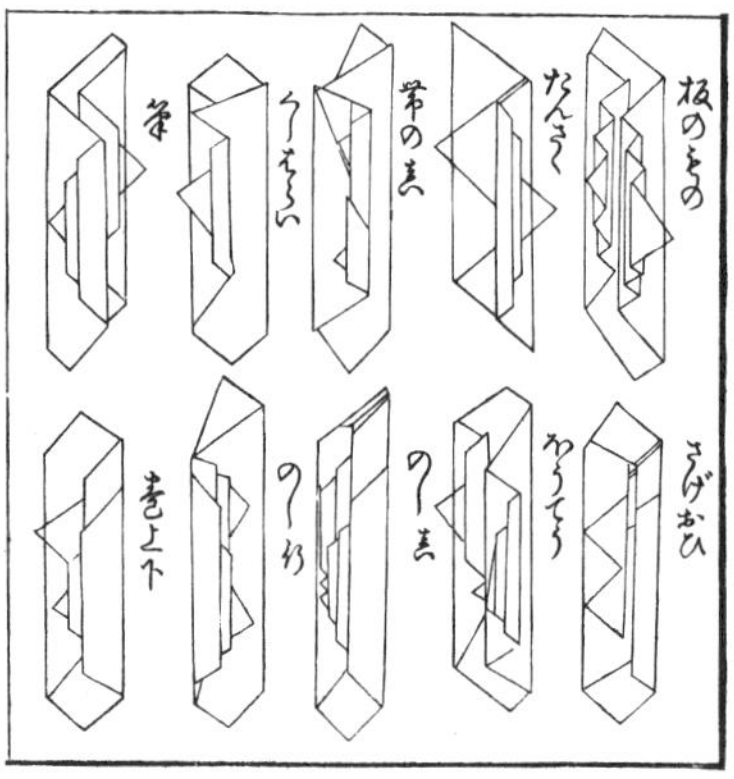

「万折形類」③（諸礼調法記大全）

板の物。短冊。帯の真。櫛払。筆。下げ帯。包丁。熨斗真。熨斗行。巻上下

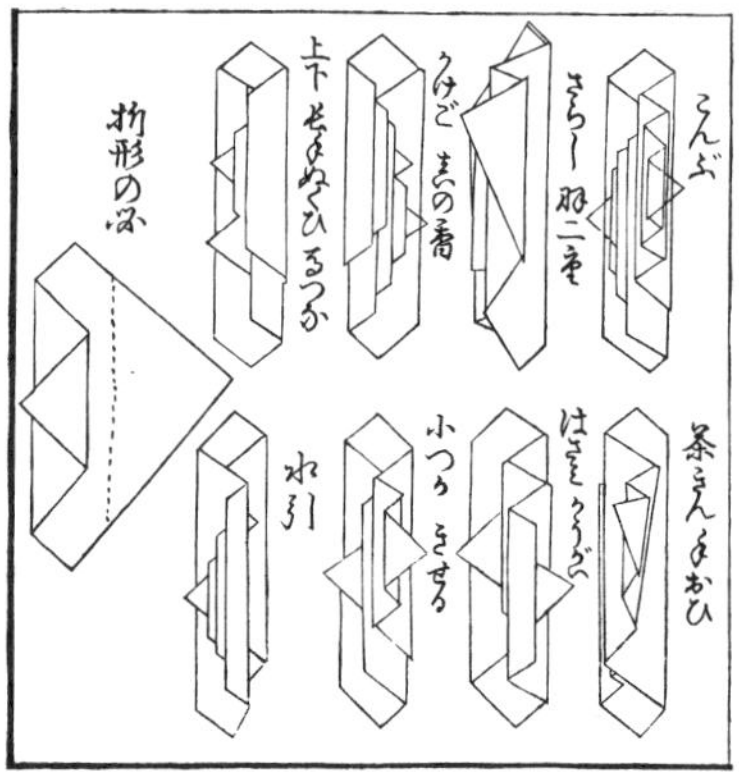

「万折形類」④（諸礼調法記大全）

昆布。晒羽二重。掛香真の香。上下 長手拭 馬綱。茶巾 手甲。鋏 笄。小柄 煙管。水引。折形の図

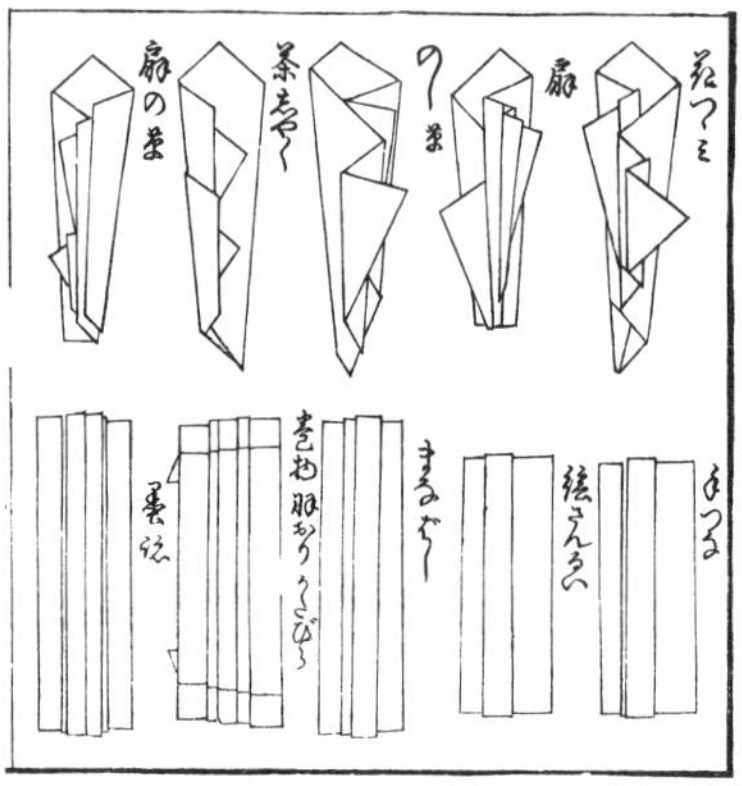

「万折形類」⑤（諸礼調法記大全）

花包。扇。熨斗草。茶杓。扇の草。手綱。絵賛類。真魚箸。巻物 羽織 帷子。墨跡。

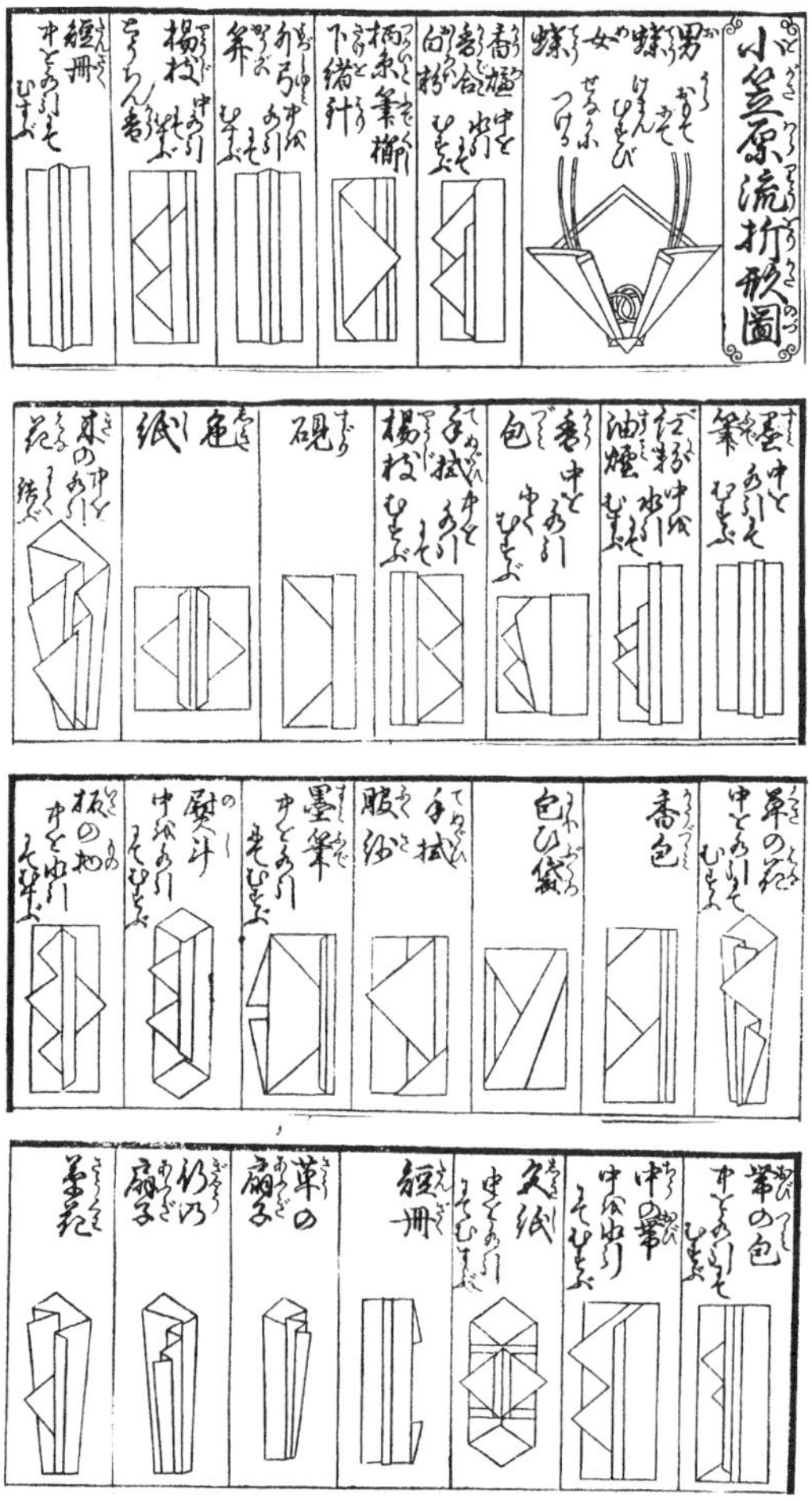

「万折形類」⑥（麗玉百人一首吾妻錦）

等に盛り合わせるとよい。

悪寒【おかん】 加減例*。〔医道重宝記〕に悪寒で、風寒が表にあれば麻黄・防風を、湿による悪寒には蒼朮、熱によれば柴胡、寒によれば肉桂、寒気立ち慄うには桂枝を加える。

隠岐【おき】 隠州。〔重宝記永代鏡〕は知夫《ちぶり》 穏知《おんち》 海部《あまべ》 周吉《すき》をあげ、一ノ宮は由良である。〔万民調宝記〕に、大名は松平出羽。〔大増補万代重宝記〕には下管、四方十五里。田数六百二十四町、知行高一万八千石。〔重宝記・幕末頃写〕に四方二日。五穀乏しく、藻等多く、鮑が称えられる。鳥取県から今の島根県隠岐群島に当る。〈名物〉〔万買物調方記〕に和布 串鮑 鯣 灯し松 桐板（嶋桐と言い木目細かく、上道具の木に用いる）桑板など。

沖蒲鉾【おきかまぼこ】 〔料理調法集・蒲鉾之部〕に沖蒲鉾は、小鯛、甘鯛、大鱚の類を卸した中打（三枚に卸した中央の背骨の所）を生干にして、擂身を常のようにつけ、蒸し上げて骨ともに切り形をする。「魚板蒲鉾」「骨蒲鉾」ともいう。

沖切【おききり】 「きりつけさば（切漬鯖）」ニ同ジ

沖漕ぐ舟【おきこぐふね】 大和詞。「おきこぐ舟とは、とまり定めぬ心」である。〔不断重宝記大全〕

沖鮨【おきずし】 〔料理調法集・鮨之部〕に沖鮨は、小小鯛、鯔《いな》、鱚《きす》の類を骨抜きにして一塩し、飯は当座鮨よりも強めに炊き、酢・塩加減して魚の中に入れ、押しを置く。

息その風【おきそのかぜ】 「おきその風《かぜ》、息《いき》をおきとよむ。『そ』はやすめ字也。息の風也」。〔消息調宝記・四〕

沖津【おきつ】 大和詞。「おき津とは、水の深きを云」。〔女用智恵鑑宝織〕

沖漬【おきづけ】 〔料理調法集・漬物之部〕に沖漬の仕方がある。小小鯛 小鱚 小鯵等の特に新しいのを選び、尾・頭を切り、背鰭・砂摺の鰭を取り、腹の内をよく洗い、水に油気が浮いたら水を替えて洗い、次に諸白一升、酢・塩各三合を合せて煮返し、冷まし、口張をして三日程漬けて置くと骨は和らかく風味がよい。これは合せた酢を舟に入れ沖へ出し、生きた魚を直ぐ拵え漬けたからである。これに醬油を少し入れるのもよい。「鎌倉漬」ともいう。

沖津鯛【おきつたい】 〔料理調法集・干魚調理之部〕に沖津鯛は、駿河奥津の名産で極品とある。一種焼いて中皿等によい。

興津より江尻【おきつよりえじり】 東海道*宿駅。一里二丁。本荷六十六文、軽尻四十五文、人足三十二文。ここは昔 清見が関の関所のあった所である。清見寺は興津より少し先である。古から膏薬を売る求王院という寺がある。尊氏の御影、清見が関の古扉がある。堂の前に十七間の這桜がある。にごり沢。旗打川。横須か。いばら（庵原）川は徒歩渡し。すずき嶋。藍染川は小橋がある。かったい原。〔東街道中重宝記・寛政三〕

掟の書き様【おきてのかきよう】 〔不断重宝記大全〕に次がある。○武家屋敷や寺方等、人の多い内の法度を置く書き様は板の面、又は紙に書く。それは「掟／一何~之事／一何~之事／一何~之事／以上／年号月日」のように箇条書に、法度の仰せ事を半（奇数）に書く。○大名 高家の内の御座の間、或は御内儀近い所に人を寄せないとてかりそめに貼る書き様。「是よりおくへめされ／ざるもの一切出入／有べからざる／者也／月日」。○新しい橋等掛った時の法度書き。「此はしの上を車／幷大石など引／わたすべからざる／者也／月日」。「制札の事」参照

置鳥置鯉台【おきとりおきこいだい】 〔料理調法集・木具寸法〕に置鳥置鯉台は表金・内銀 磨き。方 一尺二寸。足高 五寸 十文字足。縁高 一寸八分 玉縁二筋ある。

翁蒲鉾【おきなかまぼこ】 〔料理調法集・蒲鉾之部〕に翁蒲鉾は、蒲鉾を常の

ようにつけた上に、ふくめ*をむらなくつけて蒸す。

翁丸【おきながん】〔洛中洛外売薬重宝記・上〕に翁丸《おきながん》は、蛸薬師柳馬場東へ入る一文字屋にある。二十四文。第一に男女の痞え、胸腹の痛みによい。

翁草【おきなぐさ】「ちごばな（児花）」ヲ見ル

翁ずし【おきなずし】「御膳一流翁寿し」は、村松町三丁目 西村屋伊兵衛にある。〔江戸町中喰物重法記〕

翁煎餅ほか【おきなせんべいほか】「翁せんべい」「蝶千鳥焼」「きぬたまき」等十三種は てりふり町 おきなや にある。〔江戸町中喰物重法記〕

翁の事【おきなのこと】〔万物絵本大全調法記・上〕に「翁 をう／おきな。叟 そう 同」。〈能の翁の起り〉〔囃子謡重宝記〕に次がある。天神七代*の内第六代面足尊《おもたるの》は、天神の中でも目出度い御代で、今に至っても崇め奉り、翁という。翁の面を二にする事は、面足は身体は竜で、それ故阿義《あき》下《た》に二にする事は天地を表し、また陰陽とする。天下の祈禱にする事は翁はその体は千秋万歳の心で表神を守り、三波面は黒事 陰陽を現し、また昼夜の二で賀志木根の命は陰神、面足は陽神である。「能組」として、例えば〔重宝記〕に「能組」の最初に、翁（保生太夫）、面箱（吉岡佐平次）千歳（室生五郎七）三番三（大倉幸八）とあるように、三老翁の立ち合いの形で行われ、神霊を舞台に迎えるものとする。宗教性が強く天下泰平 国土安全を祈る。「翁に三ケの大事の事」は第一は初出で礼の時の袖の開き様、第二は皆仕舞い立つ時の身の振り様、第三は拍子の踏み様をいう。また座に居る時の足の組み様は、三ケの外の口伝である。

沖鱠【おきなます】料理。〔諸人重宝記・四〕に沖鱠は、鰺、いな（鯔の中位の幼魚名）等を丸造りにして、蓼を荒々と切って入れ、調味した酢で和える。

荻の上風【おぎのうわかぜ】大和詞。「をぎのうは風、身にしむ事」である。〔不断重宝記大全〕

貸る【おぎのる】片言。備前 備中の詞に「もの（物）をもら（貰）ふを おぎのる（貸の字）」という。〔不断重宝記大全〕

置花生【おきはないけ】花入れ*（図62）。〔男重宝記・三〕に置花生には枝垂り物を活けるが、形による。枝垂っても畳 薄板に葉末の付かないようにする。耳弦のある花生には耳弦の上に枝葉の掛らないようにする。弦のある物には枝垂る物を活けない。置花生に舟があり、花は舟の内に挿し、脇へ出すことはない。繫舟《かかりぶね》の心である。水は内の簀蓋《すぶた》の上にあがらないようにする。

図62「置花生」（昼夜重宝記）

おき町殿【おきまちどの】片言。「おき町殿は、正親町殿《をほぎまち》」である。〔不断重宝記大全〕

置き様【おきよう】「貯え方」ヲ見ル

億【おく】大数*の単位。万万を億という。十億、百億、千億。〔改算重宝記〕

臆胸【おくきょう】馬形名所*。両方の股根の前にある。襟合《えりあい》ともいう。〔武家重宝記・五〕

おくごみ【おくごみ】「茶の事」ヲ見ル

奥様【おくさま】〔女重宝記・一〕に大名の妻を奥様という。また「女詞遣い」として「奥《をく》様、御《み》うちさまといふべきを、内義《ないぎ》 内室《ないしつ》」等いうのは堅い。〔女重宝記・一 弘化四〕には「大名の（妻）を御前さま 奥さまと云」とある。

御髪【おぐし】女中詞。「髪を、おぐし」という。〔女寺子調法記・文化三〕

御髪すます【おぐしすます】女の柔かな詞遣。「かみあらふ（髪洗）を、御ぐ

しすます」という。〔女重宝記・一〕

御櫛初【おくしはじめ】〔料理調法集・年中嘉祝之飾〕に「御櫛初」は、新しい三方に敷紙の上に杜葉《ゆずりは》 根松 裏白《うらじろ》を敷き、その上に櫛一対 元結《もとゆい》 畳紙鋏 水入、その外櫛具を取り揃えて錺り出す。女臈へは化粧具を差し添えて出す。白に熨斗 昆布を紙に包み組みつける。また乱箱《みだればこ》 櫛箱に入れて、前のように飾り出してもよい。

御薬飴【おくすりあめ】 御薬飴は、八友丁丸屋丁 田中屋にある。〔江戸町中喰物重宝記〕

御薬水飴【おくすりみずあめ】 御薬水飴は、両国橋通吉川丁櫓下 大黒屋七兵衛にある。曲物入り十六個より段々とある。〔江戸町中喰物重宝記〕

御薬養生湯【おくすりようじょうとう】〔洛中洛外売薬重宝記・上〕に「名方御薬養生湯」は、西洞院姉小路上ル丁 周林斎にある。五臓を調え、気血を廻らし、上気を引き下げ、下部を温め、目を明らかにする薬である。

尾口【おくち】「おもと（尾本）」ニ同ジ

晩稲【おくて】 遅く成熟する稲。〔農家調宝記・初編〕には「九月 早き土地は晩稲《おくて》を刈り、遅き処は十月末 氷を砕き刈るもあり」とある。〔四民格致重宝記〕に、「西高く東下《ひく》き地は晩稲《をくて》満作するなり」。

奥の院【おくのいん】 高野山名所。「ごびょう（御廟）」ヲ見ル

噯気が出て食物が痞えたら【おくびがでてしょくもつがつかえたら】〔妙薬調方記〕におくび（噯気＝げっぷ）が出て食する物が痞えたら、糸瓜《へちまの》の水で蕎麦の粉を飲むとよい。

臆病を剛にする伝【おくびょうをごうにするでん】〔調法記・全七十〕に「臆病の人の心を剛にする伝」は、気弱に心臆した人には雷で裂けた木の裂け口を削って取り置き、これを粉にして飲ませると剛になる。

小倉仙翁花【おぐらせんのうげ】 草花作り様。小倉仙翁花の花は紅色である。土は合せ土*がよい。肥しは土に砂を交ぜて用いる。分植は春がよい。作り様等は、松本仙翁花*に同じ。〔昼夜重宝記・安永七〕

小倉山清まし【おぐらやますまし】〔料理調法集・口伝之部〕に小倉山清《す》ましとは、出汁に古酒、塩の三品で塩梅する。常の清しよりは色をつけた仕立てようである。この三品を調合、一煮煮て上げて置き、後に魚を入れて煮出す。これを「定家煮」という。

小倉山餅【おぐらやまもち】 菓子名。小倉山餅、上うき物、中 羊羹、下 ながし物。〔男重宝記・四〕

ヲクリ【おくり】「謡鞁のこと」ヲ見ル

送り一札【おくりいっさつ】 養子・養女・嫁を他村へ遣わし、また他村より迎える時、双方の役人から「送り」「落着」の一札を取り交し、人別を入れ替える。〔農家調宝記・二編〕の範例文は、「送一札／拙者村内百姓誰娘 何村誰殿媒ニ而、御村方誰殿御子息誰殿妻ニ縁組熟断致シ此度引キ移ラセ申シ候。之ニ依テ当村人別相除キ候間、向後御村方御人別江御入下さる可く候。其為此の如く御座候 以上／何之誰知行所 何郡何村名主誰㊞／年号月日／何之誰様御領分 何郡何村 御名主中」。「落着一札」は省略。

送り火【おくりび】「聖霊《しょうりょう》の送火」ヲ見ル

贈物の文【おくりもののぶん】 贈物、或は送進の範例文がある。〔文章指南調法記・一〕には、「頃日《このごろ》は打絶え御安否も承らず御無沙汰罷り過ぎ候。御挙家御揃御無難ニ御座ある可く珍重の至りに御座候。随而《したがって》北国より到来仕リ候ニ付 雲丹《うに》一曲 寄貝《よせがい》一折 微物乍進呈致し候。誠に御訊問《みまい》之印《しるし》迄ニ御座候」。

送り弓【おくりゆみ】〔弓馬重宝記・上〕に、我が逆弓（中った射手は末弭を上前にして逆様に掛る）をする時、後ろで指す星を射ること。射たと知ったら、その人の弓を取り下座に行き渡す。これを送り弓という。口伝。

小車【おぐるま】 大和詞。「をぐるま めぐりあはん」という意である。〔不

断重宝記大全〕

屋漏【おくろう】〈七死の脈の一*〉〔医道重宝記〕に屋漏の脈は筋にあり、圧すと止り、時に起って連ならず、雨が漏るようである。心肺の死脈という。〈六死の脈の一*〉〔斎民外科調宝記〕に屋漏の脈が来るのは筋にある。一息（呼吸）二息の間に一ツ動いて、また止まるのをいう。胃の気が絶え、穀気の尽きた脈である。

御黒薬【おくろぐすり】〔洛中洛外売薬重宝記・上〕に「屋のねぬき御黒薬」は、黒門通下立売上ル丁 とらや又市にある。釘・針・削げが立ったのに第一に奇妙である。

尾黒中鴫【おぐろちゅうしぎ】〔料理調法集・諸鳥人数分料〕に尾黒中鴫は、赤中鴫*の大きさで一段とよいものであり、ぼと鴫*の代りになる。田にも浜にもいるが、田鴫の内である。脂は春はなく秋にのる。田鴫である。

桶皮【おけかわ】 鎧*名所。〔武家重宝記・三〕に桶皮は糸がない。段々に重ねたような恰好があるためである。

桶川より鴻巣へ【おけがわよりこうのすへ】 木曾海道宿駅*。一里三十丁。本荷八十二文、軽尻五十三文、人足四十文。宿の内に浄念寺があり、岩付道がある。はだか（波高）新田。もと鴻巣、左に天神宮、右に多聞寺、昔の街道が左方にある。東村、きさい（騎西）へ三里、羽生へ五里、左に薬師堂、浅間の宮、上田村、東村。〔東街道中重宝記・木曾道中重宝記六十九次享和二〕

桶大小積り【おけだいしょうつもり】〔改算重宝記〕に、一斗から五斗まで、一石、五石、十石から五十石、百石がある。例えば、〇五斗は、口一尺七寸五分六厘、底一尺五寸七分二厘三毛、深一尺四寸八分。〇一石は、口二尺二寸一分二厘四毛、底一尺九寸八分一厘、深一尺八寸六分四厘六毛。〇十石は、口四尺七寸六分六厘六毛、底四尺二寸六分七厘九毛、深四尺〇一分七厘三毛。

御毛垂【おけたれ】 大和詞。「剃刀はをけたれ（御毛垂）」という。〔女重宝記・一〕

瘀血停積の論【おけつていしゃくのろん】〔骨継療治重宝記・上〕に四説を引用している。〇『素問繆刺論』からは、人が墜堕して悪血が腹中に満ち脹り前後することができないのはまず利薬を飲ませる。上は厥陰の脈を破り、下は少陰の絡を破る。足の内踝の下然骨の前の血脈を刺して血を出し、足の跗上の動脈を刺し、癒えなければ三毛《ならけ》の上を刺すこと各一、痏《きず》血《のち》を見る時は癒える。左の時は右を、右は左を刺す。〇『霊枢厥病篇』からは、堕墜して悪血が内に留まり、激怒して気が上り廻らず下脇の下に積む時は肝を破る。中風或は打ち倒れ、入房し汗が出て風に当る時は脾を破る。頭痛臉にとってはならないものは、撃《う》ち墜《お》ちて悪血が内にあり肉が破れ痛みが已まなければ側《かたわら》に刺す。〇『東垣医学発明論』からは、墜下して悪血を内に留め、十二経絡を分かたないのは中風となす。肝経は脇下に留まり、血は肝が主《つかさど》り、悪血は必ず肝に帰《おもむ》く。何の経の傷《しょう》でも脇下に留まる。痛みの甚だしい時は自汗があり、汗の出るのは風症に属し、皆肝木に属する。破血行経の薬で治す。〇張子和の説は、落馬 墜井 打撲 傷損 損折 折杖、また腫れ上り熱《ほ》めき、痛みの止まないのには、激しく二三十回下すと痛みが止み、腫れが消えたら通経散*（丸）、導水丸等の薬で、或は湯剤を加えて瀉す。後に血を和し腫れを消し毒を散らす薬を飲む。〈瘀血痞積〉〔丸散重宝記〕には、瘀血痞癪（腹中のつかえ）、女子の瘕癥（熱や消化不良で腹中にできるしこり）に乾漆（三戔）、当帰（四戔）、地黄（五十戔）を蜜で丸じ、温酒で服す。

蒼朮【おけら】「白朮」とも書く。「そうじゅつ（蒼朮）」ヲ見ル

御供御【おこご】 御所言葉。「めしをおこゞ（御供御）」という。〔女用智恵鑑宝織〕

粔【おこし】「飴品々／おこし品々」は、浅草田原丁 桑名屋にある。〔江戸

町中喰物重法記〕

おごし【おごし】 片言。「御首《おぐし》を、おごし」という。〔世話重宝記・二〕

おこずる【おこずる】「をこずるとは、あざむく事」である。〔消息調宝記・二〕

おこぜ【おこぜ】 片言。「臘《おこじ》を、おこぜ」という。〔世話重宝記・二〕

お小袖【おこそで】 御所言葉。「衣服は お小袖」という。〔女用智恵鑑宝織〕

御子達【おこたち】 女の柔かな詞遣。「子《こ》どもたちを、お子《こ》たちと云」。〔女重宝記・一〕

鳴呼の者【おこのもの】〔世話重宝記・二〕に『異物志』に出るとして次がある。唐の南蛮に愒《お》憰《こ》という国があり、国の習わしで弟の嫁が麗しいと兄が取って妻とした。また自分の親類が人に殺されると、死んだ所に行って通り過ぎる者を捕えて殺し肉を喰ったという。これより愚かな者を愒《お》憰《こ》の者という。愒《お》憰《こ》、鳴呼は同音である。〔消息調宝記・二〕に「をことは、あはう（阿呆）らしき事」とある。

瘧の事【おこりのこと】〔医道重宝記〕に瘧疾《ぎゃくしつ》《おこり》は、風寒 暑湿が外を犯し、飲食が内を傷《やぶ》って病をなす。逆邪が営衛（動・静脈）に舎るものとする。瘧の脈は弦*数《さく》は熱多く、遅は寒が多い。薬は九味清脾湯*七味清脾湯*人参養胃湯*補中益気湯*等がある。〔鍼灸重宝記綱目〕に、○「痎瘧 おこり」は夏暑《あつけ》に感じては病まず、秋また湿風に傷《やぶ》られておこる。初めは悪寒発熱 頭痛して感冒のようである。但し、右手が震い発るのに時分がある。合谷 曲池 公孫 承満 大椎 三椎の頭に針を二三本し、この針後に灸を二十壮して奇効がある。どの瘧にも梁門に針して奇効がある。長い瘧には承満 梁門の辺りに瘧母という塊があり、これを針で刺し砕くと効がある。○「瘧疾 おこり 黄疸」は、痰《たん》瘧《おこり》 そぞろ寒く 熱差し引き 脾兪に七壮、黄疸には脾兪に三壮灸する。〔鍼灸日用重宝記・四〕は「瘧之論治」に五瘧*があるとし、瘴瘧 寒瘧*牝瘧 牡瘧の四瘧を最初に挙げているが、後の解説には温瘧 痰瘧も挙げ、それぞれの針灸穴を示している。ここでは百会 経渠 前谷の三穴もよいとする。

〈治薬〉〔永代調法記宝庫・三〕に瘧疾の内薬は柴胡・白朮・葛根・蒼朮を等分に煎じて毎日飲む。久しい瘧には牛膝を水で煎じ、瘧る日の朝早く用いる。茎と葉を酒に浸して服する。蒼耳子を酒で丸じ服するのもよく、脚気・筋骨・引き攣り痛むのには忍冬を末（粉）して酒で服する。五加皮を酒で煎じて服し、また酒に浸して丸じ服するのも甚だ妙である。〔筆海重宝記〕は瘧の起る前に青皮の焼き粉を一匁酒で飲めば落ちる。〔家伝調方記・天保八写〕は瘧の妙薬は烏蛇（一匁二分）、白蛇・光明朱・代赫石（各二匁）、辰砂（六匁）、軽粉（三匁）、真珠（二匁五分）、黄柏（十匁）、山椒（五分）、甘草・山帰来（各一両）、唐大黄（一両反）、木香（二両）。忍冬を細かに切り、水三升に入れ一升に煎じ、滓を去り四合に詰め、これで前の薬を練る。十四日に用いる。食前に二度、食後に一度呑むとよい。〔薬種日用重宝記授〕に瘧落しには貝母・常山・知母（各一匁）、檳榔子（二匁）、生姜・草菓・厚朴・半夏・甘草・青皮・榔姜（各五分）とある。〔胡椒一味重宝記〕に瘧には胡椒の粉（大）を水で暁に服する。〔妙薬調方記〕に瘧には呪い事が多いが、山葵《わさび》を煎じて飲むと妙である。〔薬家秘伝妙方重法記〕は、夜は軽く、昼に瘧るのは厚朴・桔梗を使う。

〈呪い〉〔増補咒咀調法記大全〕に、①「瘧に呑む符」、②「夜の瘧の符」、③「男のおこり病の符」、④「女のおこり病の符」がある（図63）。○瘧を落す呪いとして「霜落ちて松の葉かろきあたた（一書ニ、あしたトモ）かな／雲のおこりを払う秋（松）風／月（月影はトモ）はいま日まぜに成りて影もなし」を、盃の中へ字の形が見えないように書き、早朝の水で字を洗い、一般の護符を飲む様に、朝日に向って飲む。○瘧の薬は益母草を陰干にし、水に酒を合せ一服（一匁五分）常のように煎じて用いると奇妙である。○胡桃を黒焼にして、発《おこ》り日 半《なかば》の日に、発った数

図63 瘧の事

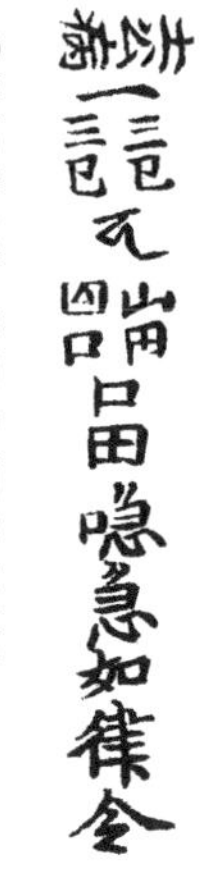

①「瘧に呑む符」（増補咒咀調法記大全）

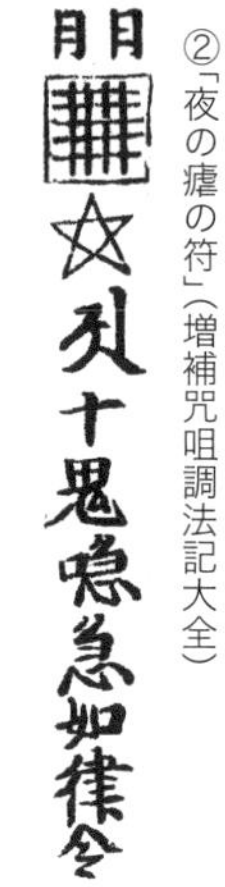

②「夜の瘧の符」（増補咒咀調法記大全）

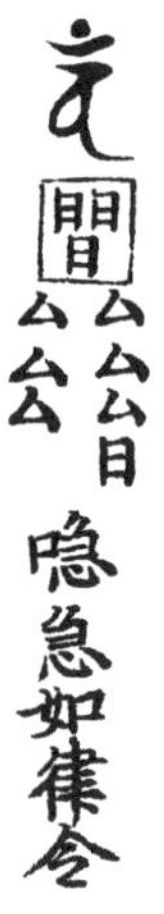

③「男のおこり病の符」（増補咒咀調法記大全）

④「女のおこり病の符」（増補咒咀調法記大全）

程水で用いる。三ツ震うなら三ツ、五ツ震うなら五ツ用いる。〇瘧の秘灸点は、男は左 女は右足の大指より二本目三本目の間の真中に灸をする。三震いならば三火、五震いならば五火、もし震い数が分らなければ七火、又は九火をする。〇久しく落ちない瘧には、蝙蝠の糞（一匁）を発る前に茶の冷えたので用いる。〔懐中重宝記・慶応四〕に「瘧の薬」は、〇唐常山（二匁）を水で煎じ、天石（二匁）を一度に用いる。震う日の朝用いてもよい。〇南天の葉と茎を共に黒焼きにして前夜一匁、朝二匁を上酒で用いる。また湯でもよい。

〔万用重宝記〕に瘧の呪いは、何でも鎧甲を着た武者絵を煎じて飲ますと忽ち治る。〔新版秘伝日用重宝記〕に瘧を落す伝は「一葉の落るは舟のおこりなり」と盃に三遍書いて瘧の日の朝、まだ汲まぬ井戸の水を汲み、東に向かい飲ますとよい。〔万まじない調宝記〕には、〇藁灰を地に敷いて両足で踏みつけ、足形の上へ灸を三火ずつすると速やかに落ちる。〇生きた田螺を採って来て伏せた升の真中に載せて釜の上に置き、速やかに落ちよ、落ちたら元の所へ返し助ける。もし落ちなければ命を取ると懇に言い含め、そのまま捨て置く。田螺が這い出し升の縁より転け落ちると瘧も落ちる。その時田螺を元居た所に返し放すとよい。〇瘧には生姜四匁を汁に絞り、一夜露を受け 北を向いて飲むとよい。

〔調法記・四十七ゟ五十七迄〕に次の法がある。①「年々の瘧を落す伝」は、三年になる鰯の頭を年越の日に服すと、その年からは起らない。②瘧に呪いの効があることは疑うべからずとし、鬼鬼鬼のように紙に書き、この字を早天に汲んだ水に入れ、口の中で「アビラウンケンソハカ」と三遍唱えて飲むとよい。③「一……如律令」のように盃の中に書いて早天に汲み立ての水で字を落し、朝日に向い飲ますとよい。④盃の中に、「くものおこりをはらふ秋風／あり明のひませに成て影もなし」と字性の見えないように書き、前のようにする。⑤「（発句）霜落て松の葉かろきあした哉／（脇）くものおこりをはろう松風／（第三）月影はひませになりてかげもなし」と書き前のようにして呑ます。⑥蟹の甲を門戸に掛けて置くと瘧を煩わず、また掛けると癒える等ともある。⑦重薬《じゅうやく》（蕺薬ドクダミか）の葉を塩で揉み汁を一滴水に落して呑ますと落ちる。⑧薊の木に針を刺し、瘧を落とし給え、落ちたらこの針を抜くと願い置くと、落ちること妙である。⑨キナエレを、朝に水で呑ますと、妙に落ちる。

〈瘧疾食物宜禁〉〔世界万法調法記・下〕に「宜い物」は大根 生姜 牛房 茗荷 枸杞 山芋 海月 薺芹 鯛 鰻 亀 鴈。「禁物」は黄瓜 李 枇杷 蕎麦 茄子 豆腐 麵類 胡瓜 蕨 胡桃 油物 鱧 鰯 蛸 鮎 雉。〔里俗節用重宝記・上〕には、瘧病後七十五日は山椒を食わないのがよいとある。

奢虫【おごりむし】〔人倫重宝記・五〕に次がある。上古には 恙虫《つつがむし》*がいたが、この百年の間に奢りという虫が人間《じんかん》にいて人を損なうのに、人は気付い

ていない。千石の家では万石の家を、十貫目は百貫目を真似し、下々まで己が分際よりも過ぎて世を渡るので、上も下も金《かね》に事欠くこととなった。これはみな「奢虫」のすることであり、この虫を祓うには「倹約」の二字を書いて貼ると退く。

おごりょん【おごりょん】 片言。「御料人《ごれうにん》を、おごりょん、おごう」という。〔世話重宝記・四〕

瘧を除く法【おこりをのぞくほう】「鬼《たゝり》疾《やまひ》邪《つきもの》瘧《おこり》を除く法」ヲ見ル

鼹【おごろもち】「うごろもち（鼹）の事」ニ同ジ

おごんなれ【おごんなれ】 諸国言葉。「ごらん（御覧）じ有《ある》といふを、中国にてはおごんなれと云」。〔男重宝記・五〕

押え【おさえ】〈遊里の盃法〉「飲んで（盃を）差すに、（相手が）今一ツと強いるを、おさ（押）へるといふなり。またつゝかける共云」。〔茶屋諸分調方記〕

御下り【おさがり】 大和詞。「雨《あめ》ふる事は、おさが（下）り」という。〔女重宝記・一〕

おさきただれ【おさきただれ】 大和詞。「さわしがき（醂柿）は、おさきただれ」という。〔女重宝記・一〕

おさぐり【おさぐり】 大和詞。「くじら（鯨）は、をさぐり」という。〔女重宝記・一〕

小笹原【おざさはら】 大和詞。「おざさはらとは、おぼろ月夜を云」。〔女用智恵鑑宝織〕

建す【おざす】〔童女重宝記〕には「建 おざす／けん」とよむ。北斗七星の向う方で、「月建《げっけん》」といい、その月の支《し》に当てる。正月は寅（東々北）、二月は卯（東）、三月は辰（東々南）、四月は巳（南々東）、五月は午（南）と、以下順に一年十二月の間十二支の方角を指す。〔農家調宝記・初編〕に暦に、正月何寅に建《おざ》す（＝破軍星即ち北斗七星の剣先の向う方）とあるのは、暮六ツ時（六時）に寅の方（東々北）に建《おざ》すということで、五ツ時は卯に、四ツ時は辰と一時ずつ違う。暦には毎月暮の六ツ時の向う方を記して夜の時を知らせるためで、勝負を争うものではない。

御雑紙【おざっし】 大和詞。「はながみ（鼻紙*）は、おざつし（雑紙）」という。〔女重宝記・一〕

幼い【おさない】 女の柔かな詞遣。「こ（子）どもを、おさない（幼）」という。〔女重宝記・一〕

幼い方への文【おさないかたへのふみ】 幼い方への文は、仮名で随分読みやすいように、粒々と（一字々々離して）書く。濫りに模様よく書こうと、訳もなく散らし文字交じりに書いたのは、幼い身ではとても読み分けられない。〔女筆調法記・三〕

収める【おさめる】 算法用字。「之を収める」とは、不尽*を約《つづ》め*て、仮に一数とすることをいう。〔算学調法塵劫記〕

納【おさん】 収とも書く。〈暦中段〉〔童女重宝記〕に「納《おさん》とは万物《ばんもつ》を収斂して天倉《てんさう》となづく。故におさむといふ」。〔和漢年暦調法記〕等には半吉の日とある。五穀を取り収め、万の買い入れ、商い始め、移徙《わたまし》、家造りに障りのない日である。婚礼、男女相初め、神祭り、葬礼、出行、鍼灸に凶とある。但し、〔重宝記永代鏡〕には婚礼は吉とある。

おさんの方【おさんのかた】「口中《こうちゅう》おさんの方」ヲ見ル

御師【おし】〔日用重宝記・一〕に、御師は伊勢神宮の下級の神職で、太夫ともいう。毎年末、檀家に御祓に添えて伊勢暦を渡して歩いた。一方では、参拝者の宿泊や案内、また祈禱の委託も受けた。〔大増補万代重宝記〕にある人の言として、明暦（一六五五～五八）頃伊勢度会の御師より初めて民家へ暦を配ったが、殊の外入費が掛り両三年で止めた所、農家には被岸に種物を蒔いて大いに利潤を得たので、農家より御師に頼んで今に民間へ暦を配ることになった。

押桶【おしおけ】「胞衣《えな》の事」〈胞衣桶〉ヲ見ル

小塩山餅【おしおやまもち】菓子名。小塩山餅、下羊羹、上中こね物、いも入り。〔男重宝記・四〕

おし薬【おしぐすり】〈何が不足で癇癪の枕言葉〉「とうがらし、おしぐすり」。〔小野簒譃字尽〕

おしずい【おしずい】重言。「推《をし》ずいといふは、重言*」である。即ち、推し推量となる。〔世話重宝記・二〕

御静まる【おしずまる】女の柔かな詞遣。「ね（寝）るを、おしづまる」。「しづまる」*ともいう。〔女重宝記・一〕には

御浸【おしたし】大和詞。「しやうゆ（醬油）は、おしたし」という。〔女重宝記・一〕

押付【おしつけ】弓の事*。張弓名所。〔武家重宝記・二〕に弓を張る時、押しつける部所をいう。

押通気【おしつけ】鎧*名所。〔武家重宝記・三〕に押通気《おしつけ》は、鎧の後ろの総名とある。後ろの上《かみ》だけを望光《ぼうこう》の板という。第一を佐加板《さかいた》。第二を高光《こうこう》の板。第三を十字の板。第四を護身の板。第五を鬼神の板。第六を神通《じんづう》の板。第七を祓いの板。第八を発信《はっしん》の板。終りを胴尻《どうじり》とも発伝際《ほってぎわ》ともいう。発伝は前後ともにあり、下《しも》のはずれをいう。

押し照る【おしてる】大和詞。「をしてるとは、しほうみ（塩海）」である。〔不断重宝記大全〕

鴛鴦【おしどり】「えんおうのこと（鴛鴦の事）」ヲ見ル

机【おしまずき】〔万物絵本大全調法記・上〕に「几き／をしまづき。憑几へうき也。又机に作る」。但し、「俎そ／つくえ」もある。〈大和詞〉〔不断重宝記大全〕に「をしまづきとは、つくゑ（机）を云」。

おじや【おじや】大和詞。「いれみそ（入味噌）は、おぢや」である。〔女重宝記・一〕

おしろ【おしろ】片言。「おしろは、後うしろ」である。〔不断重宝記大全〕

白粉の事【おしろいのこと】〔万物絵本大全調法記・上〕に「白粉はくふん／おしろい。鉛華ゑんくわ。光粉くはうふん。並同」。〈白粉屋の始り〉〔人倫重宝記・一〕に次がある。『事物紀原』に白粉はシナで蕭史が穆公と石雲丹を練り返して白粉にし、穆公の娘弄玉に塗ったのに始る。我が国では持統天皇の時、観真という沙門が始めて白粉を焼き出して天皇に献上し、宮女にも賜り、化粧道具とした。その頃は皆はらや（水銀粉）伊勢白粉のようであったが、その後唐の土、京白粉、天人粉、美人粉、つや（艶）白粉など様々に焼き返し、京・大坂・江戸で御所白粉となづけ、和泉丹後等と受領の白粉屋が軒を連ねた。御所方は言うに及ばず賤女迄も塗り、女の嗜みばかりでなく祝儀のためとなったが、憂いの時は白粉はしない。清少納言も白粉の濃く塗ったのは見苦しく、耳の陰や衿の回りに白粉の淀んだのは見苦しいという。京の土は西山松尾の月夜見の社の後ろの山の土を採って白粉に焼く。〔童女重宝記〕には白粉は、唐殷の妲姫《だっき》が鉛を焼いて白粉を作って化粧したという。薄々と行き届いて着けるのがよく、首元などに斑々と着けたのは壁が崩れたように見えると紫式部も謗ったとある。〈白粉拵え様〉〔新板日用重宝記〕には、唐の土と吉野葛を水飛《すいひ》（＝皿中に微温湯を八分入れて攪乱 一夜静置し 上水は捨て 沈殿物を乾し用いる）すると極上の白粉になる。

〈売り店〉〔万買物調方記〕に、「京ニテ白粉」車屋町夷川上ル 上村河内、同椹木町下ル 越前大目、同町 越中大目、寺町四条上ル 鸖や伊勢、寺町姉小路上ル 鸖や隼人、同町 鸖や越後、同竹屋町上ル 鸖や信濃、同二条下ル 鸖や丹後、同町 藤や越後ら十八軒がある。「京焼白粉 窯本」椹木町高倉西へ入、車屋町椹木町、その他所々にある。「江戸ニテ白粉所」通銀町 大戸近江、芝源助町 小松近江、石町十軒棚 藤原正重。「大坂ニテ白粉所」北久太郎町一丁目 高松近江、南久宝寺町二丁目 備前や市郎兵

衛、同三丁目 吉野や三郎兵衛、南久太郎町五丁目 堺や作兵へ、さかいすぢ 五兵へ、御堂の前 小西庄右衛門ら十二軒がある。「堺ニテ白粉所」小西白粉とてからやき（唐焼）の根本 がある。

尾白鴫【おじろしぎ】〔料理調法集・諸鳥人数分料〕に尾白鴫は、焼鳥で二ツ割りにする。しかし、脂が少なく、風味が悪いので、それほど用いない。一名、くさ鴫という。

おしろみ【おしろみ】片言。「後見《うしろみ》を、おしろみ」という。〔世話重宝記・三〕

お過ぎなされ終りよかりし【おすぎなされおわりよかりし】女詞遣。「おすぎ（過）なされ 終《おわ》りよかりしと云を、わうじやう（往生）なされ りんじう（臨終）よきと云は だんぎ（談義）らし丶（＝聞きにくい）」。〔女重宝記・一〕

獺【おそ】〔万物絵本大全調法記・下〕に「獺 だつ／をそ／かはをそ」。「うそ（迂詐）」参照

悪阻【おそ】「つわり（悪阻）」ヲ見ル

尾添、湯本（中宮温泉）へ金沢よりの道【おそえ、ゆもと（なかみやおんせん）へかなざわよりのみち】街道。〔家内重宝記・元禄二〕に「加州金沢より尾添湯本の道」がある。金沢〈三里半〉剣（鶴来）〈半里〉三宮〈半里〉広瀬〈五丁〉江能美〈五丁〉福岡〈三丁〉江津〈四丁〉吉岡〈一里〉吉野〈四丁〉中吉野〈二丁〉千条〈十丁〉南佐羅〈十丁〉一乃原（市原）〈二丁〉木滑〈二丁〉にこすみ（濁澄）［越中境］〈一里〉瀬戸〈一里〉新谷〈四丁〉中宮〈五丁〉尾添〈一里〉中小屋〈一里〉大猿鼻〈一里〉湯本（中宮温泉）である。

恐れ入谷の鬼子母神【おそれいりやのきしもじん】〈平生ソレよく言う言語〉「恐れ入谷の鬼子母神」は、恐れ入るを、入谷の鬼子母神に言い掛けたものである。〔小野篁謔字尽〕

恐れ入山形【おそれいりやまがた】〈平生ソレよく言う言語〉「恐れ入山形」は、恐れ多い事を山形に言い掛けたものである。「恐れ入山」ともいう。〔小野篁謔字尽〕

恐ろ感心股を潜りさ【おそろかんしんまたをくぐりさ】〈平生ソレよく言う言語〉「恐ろ感心股を潜りさ」は、恐ろしく侮辱に耐え忍ぶ意。恐れ入るに、「韓信の股潜り」を言い掛けたものである。〔小野篁謔字尽〕

魘われ死【おそわれじに】夢の中に、或は正気を失って、恐ろしい物を見てうなされることをいう。〔鍼灸重宝記綱目〕には「魘れ死する」には両足の大指の聚毛《ななつげ》の中を三五壮灸する。「魘れ死一切の卒死《にわかじに》」には人中《にんじゅう》（＝水溝*）に三五壮灸する。また臍の中に百壮灸する。

御台櫃【おだいびつ】節句に用いる檜の曲物の飯櫃。三月には桃・柳・松、九月には菊・鶴等を絵具で描き、草餅や赤飯を入れた。〔女用智恵鑑宝織〕に「京にゑびつ／ひなのいいびつ。大坂 おだいひつ」がある。

小田井より岩村田へ【おたいよりいわむらたへ】木曾海道宿駅*。一里七丁。本荷五十四文、軽尻三十六文、人足二十八文。この宿は悪い。右方に越後へ行く道がある。金井が原は名所である。和田峠坂。あらい（洗）馬の宿は小諸領である。〔東街道中重宝記・木曾道中重宝記六十九次 享和二〕

おたき【おたき】大和詞。「おたきとは、鳥べ野の事」である。〔女用智恵鑑宝織〕

おたける【おたける】大和詞。「をたけるとは、ねたき事」である。〔不断重宝記大全〕

織田信忠【おだのぶただ】〔大増補万代重宝記〕に織田信忠は信長*の嫡子。長じてしばしば軍功があった。松永久秀を志貴城（信貴山）に滅ぼし、荒木村重を伊丹の塁から追放し、その後甲斐を破り武田氏を滅ぼした。明智光秀の変に自死した。天正十年（一五八二）、二十六歳没。〔大増補万代重宝記〕

織田信長【おだのぶなが】〔大増補万代重宝記〕に織田信長は姓は平氏。尾張より出、近江を領し、源義昭*を奉じて将軍とした。朝倉義景、浅井長政

等を滅ぼし、その子信忠に武田勝頼を殺させ、諸州を指揮下に帰した。遂には明智光秀に殺された。天正十年（一五八二）、四十九歳没。

苧環【おだまき】 大和詞。「をだまきとは、を（苧）をう（績）むへそ（綜麻）〔＝女が機織りにかけるための麻糸を績むこと〕」である。〔不断重宝記大全〕

苧環蒲鉾【おだまきかまぼこ】〔料理調法集・蒲鉾之部〕に苧環蒲鉾は、五色の蒲鉾を薄く随分長い板につけて焼き上げ、糸のように細く切り、杉の薄板を苧環のように拵えて、五色の糸蒲鉾を巻く。但し、常の蒲鉾を苧環の板の巾に合せ、山低く拵えて置き、糸蒲鉾を巻きに入れる。

小田原より箱根【おだわらよりはこね】 東海道宿駅*。四里八丁。（上り）本荷六百十五文、軽尻四百一文、人足三百六文。（下り）本荷七百二十八文、軽尻四百七十二文、人足三百六十四文。右に城がある。外郎《ういろう》が名物。鰹の叩き、梅漬も売る。町中に筋かい橋がある。左方に熱海湯治の道がある。風祭りの杉山を石垣山という。小田原陣の時、秀吉公の向う城の跡がある。入宇田は小田原石が出る所である。長興山浄泰寺は黄檗、鉄牛の開基である。入口は石段が三百級あり、諸堂は結構である。山崎村に早川橋があり名所、三枚橋の右方に塔の沢 湯本道があり、ここから十八丁である。茶屋がある。湯本村入口右に早雲寺といい北条家の寺がある。連歌師宗祇の像、石碑もある。右に地蔵堂がある。曾我堂があり、五郎が足跡石、しのぎ石、矢の根石等がある。すくも沢、忍びの滝、割り石坂、畑の茶屋、本陣もある。さいがち坂、かしの木坂、猿滑《さるすべり》、銚子の口坂。追い平、白水坂、八丁坂。右に蘆の湯への道がある。左は湖の端である。右方に箱根の権現への道があり、権現が見える。宝物が色々ある。時宗の社、賽の河原地蔵堂があり、右方に堂が嶋、弁財天がある。御関所は小田原の城主より勤番。女人、武具は御証文がないと通さない。その他一人なりとも通り手形が要る。三ツ家、新屋、箱根の入口である。この辺、昔は水飲み峠という。〔東街道中重宝記・寛政三〕

御檀【おだん】「御山参り」ヲ見ル

落合より中津川へ【おちあいよりなかつがわへ】 木曾海道宿駅*。一里五丁。本荷六十三文、軽尻四十一文、人足三十二文。美濃領。左方に城山があり、木曾義仲の侍 落合五郎兼行の居住地である。千村平右衛門尉支配 知行四千石。夜（与）坂、宮沢村、古野坂、古野府村、上兼（金）村 茶屋坂という坂があり 薬師堂がある。中津川宿の入口に苗木への別れ道がある。右方の高山は苗木城山、街道より一里、城下前を木曾川が流れる。城主は遠山佐渡守殿一万五千石。〔東街道中重宝記・木曾道中重宝記六十九次 享和二〕

おちい【おちい】 片言。「御乳人《おちのひと》を、おちい」という。〔世話重宝記・二〕

遠近【おちこち】 大和詞。〔不断重宝記大全〕には「をちこちとは、遠き近き」をいう。〔女重宝記・弘化四〕には「遠きも近きもなり」とある。

墜ち死【おちしに】 救急。〔改補外科調宝記〕に墜ちて死んだのには、豆豉（豆味噌）を煎じて用いる。気絶して物言うことができない者には、急に口を開き、熱小便を注ぎ入れる。

御乳取る吉日【おちとるきちにち】〔諸人重宝記・五〕に御乳（乳母）を取るのに吉日は、寅・卯・申・酉の日をよしとする。

落武者は薄の穂に怖ずる【おちむしゃはすすきのほにおずる】〔世話重宝記・二〕に『晋書』より出るとして次がある。晋の謝言は賊を討ち破り追いかけた。賊の軍兵はやっと、八公山まで逃げ延び、草木の動くのを見て、謝言の人衆が追って来ると言って恐れ騒いだ。怯える者は何についても恐ろしく感じることをいう。

御茶師【おちゃし】〔万買物調方記〕に次がある。禁裏様御茶師は、宇治 星野宗以。本院様御茶師は、河村宗順。宇治で御茶師は、宇治橋筋に上林峯順 上林竹庵 上林味卜 上林三八 長井貞圃 吉村道与 竹多道雲の外、地蔵堂前 尾崎有庵、鷺のはし 星野宗以、一之坂 酒多宗有らがいる。

御茶湯の地蔵尊【おちゃとうのじぞうそん】　大坂願所。小児が髪を惜しみ、また月代《さかやき》を嫌って泣き叫ぶのには、上町の御茶湯《おちゃとう》の地蔵尊へ参詣し、霊前に供する御茶湯を小児に戴かせ、余った茶で月代をよく揉んで帰ると、速やかに止む。〔願懸重宝記・初〕

御茶所【おちゃどころ】　〔江戸町中喰物重法記〕には三軒が出る。①「御茶所」日本橋通 堀長右衛門。②「御茶所」宇田川町大横丁 丁子屋。③「現金安売 安部川上御茶所」よし町 よしのや喜兵衛。

おちゃら【おちゃら】　「ちぢみ（縮布）」ヲ見ル

おっかない【おっかない】　片言。物の夥しいことを、関東では「おつかない」という。〔不断重宝記大全〕

おっこちる【おっこちる】　「落《おち》る子を、おっこちる」。〔小野篡譃字尽・かまど詞大概〕

追而書【おってがき】　書状の本文の末尾に書く追伸。〔改正増補字尽重宝記綱目〕に、○追而書、返す書の事。貴人へ遣わす状には書いてはならない。略儀になる。人の元へ音信物を送るのにも返す書に書くことが、今時はあるが、略儀である。式正の時は用いない。○返す書の法は、本文より上げて書いてはならない。本文の中程より少し高く書くのがよい。返す書に、「以上」と書くのは極めて悪い。「左の如し」と書くと義理に聞こえる。弔状に「以上」と書くのは極めて悪い。按 猶々 返々 追而申入候、などと書くのは皆本文の余意を書くことである。大方は女中の消息に用いる。追啓、などと気取ることもあるが、不要のことである。

おっとかいで【おっとかいで】　〔世話重宝記・二〕に「音もせいでといふを、おっともせいで、又おっとかいでと云、悪し」。

膃肭臍【おっとせい】　〔万物絵本大全調法記・下〕に「海狗 かいく／うにう」。〔新撰咒咀調法記大全〕には「膃肭《をつと》、又の名うにふ。又はだかす」とある。「おっとせい（膃肭臍）」というのは、その腎陰を取るのに必ず臍とともに取るのでいう。背中が痛むのには、膃肭臍を酒のつけ焼にし、細末（粉）とし、丸じて用いる。

膃臍腎精丹【おっとせいじんせいたん】　〔洛中洛外売薬重宝記・上〕に膃臍腎精丹は、京三条通松木町 大こくや六兵へにある。第一に五臓を補う練り薬である。

御亭【おてい】　女中詞。「ていしゆ（亭主）を、おてい」という。〔女寺子調法記・天保十三〕

御手が付く【おてがつく】　女の柔かな詞遣。「もの（物）よくまいるを、御手《おて》がつく」という。〔女重宝記・一〕

おでん【おでん】　大和詞。〔女重宝記・一〕に「田楽《でんがく》は、おでん」。〔小野篡譃字尽・かまど詞大概〕に「でんがく（田楽）は、れんがく、又おでん」。

おとうと【おとうと】　片言。「おとうとは、弟」である。〔不断重宝記大全〕

御東に行く【おとうにゆく】　女の柔かな詞遣。「大小《だいしやう》にゆくを、おとう［御東］にゆく」という。東は東司《とうす》（＝便所）の略。〔女重宝記・一〕

頤叩く【おとがいたたく】　卑語。「物いふを おとがいたたく、ほうげたたたく」。〔女用智恵鑑宝織〕

頤の事【おとがいのこと】　頬とも書く。〈診断法〉〔小児療治調法記〕に、小児の「面部形色（顔色の事）」*による診断法がある。頬は腎に属し、色の黒いのを順、黄を逆とする。赤いのは腎と膀胱とに熱があって小便の通じないのを主《つかさど》る。〈頤の外れ治法〉〔骨継療治重宝記・中〕に五法がある。①『医林集要』を引いて、頤骨が外れた時は、患者を座らせ医師が手でその頬を百十遍揉み、口を開かせ親指を入れ奥歯の脇に置き、また両手の指で下頤を押して突き上げ力を入れると元の穴へ入る。②『得効方』を引いて、欠伸《あくび》で頤がはずれたら両手でその頤を牽いてそろそろと押し込むとまた入る。③『三因方』を引いて、欠伸するか 伸《のび》するかして 頤が外れ口の合わないのは、まず酒を大いに飲ませ酔わせて眠った時、皂

図64　男と女の符／守

①「男 女に会ふ符」（増補呪咀調法記大全）

②「女男に無縁の守」（増補呪咀調法記大全）

③「女の男を嫌ふよき符」（増補呪咀調法記大全）

④「男女の中離れん時の符」（増補呪咀調法記大全）

⑤「男の手を離れんと思ふ女の守」（増補呪咀調法記大全）

⑥「男を遁れんと思ひ呑む符」（増補呪咀調法記大全）

⑦「男女共に妨げある守／符」（増補呪咀調法記大全）

⑧「離別の守」（増補呪咀調法記大全）

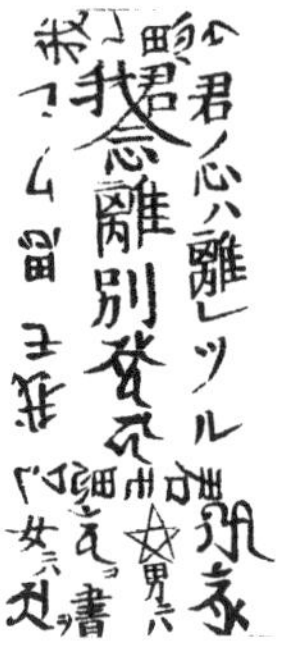

⑨「女の愛を生ずる符」（麗玉百人一首吾妻錦）

角の末（粉）を鼻に振り掛けると嚔《くしゃみ》をして自ら治る。④愚案として、頤が外れたら南星を細末（粉）にし薑汁で練り合せてつけて置き、その上を絹で縛る。一夜で自ずから癒える。⑤一方に、桂心を末（粉）とし阿膠で溶いて練り合わせてつけるのも奇妙である。世間の頤の外れる人は、気虚の人に多い。内薬には補気の剤を選んで用いる。〔新選広益妙薬重宝記〕に「解頤《おとがいのはずれ》を治す薬」は天南星を粉にして生姜の汁で溶き、頬へ度々つけると治る。

音金【おとかね】〔武家重宝記・二〕に音金《おとかね》は、的弓の弦の仕掛の内へ、銅又は鉛等を入れるのをいう。中頃から始った。

乙切草の油取様【おとぎりぐさのあぶらとりよう】〔改補外科調宝記〕に「乙ぎり草（和草）の油取様」は、白百合草花《しろゆりのはな》油取様*と同じ。疵の痛を止める時、耳の痛を止める時は、温めて少しさす。腹の痛むのには酒で用いる。火傷につけてもよい。腫れを散らすこと妙である。

男と女の符／守【おとことおんなのふ／まもり】〔増補呪咀調法記大全〕に次の符がある（図64）。①「男 女に会ふ符」。②「女男に無縁の守」。③「女の男を嫌ふよき符」。④「男女の中離れん時の符」。⑤「男の手を離れんと思ふ女の守」。⑥「男を遁れんと思ひ呑む符」。⑦「男女共に妨げある守／符」。⑧「離別の守」の符は、硯の水は一ツの川が二ツに分れて流れる水で書く。墨に茗荷、また山鳥の羽を焼いて呑ます。守は糊では付けない。また守には茗荷 山鳥の羽を添える。去ってからは、守は帳台か或は再々する出入口の所に挟む。加持に観音経十三巻、心経九巻、金輪の呪千遍、荒神の呪百遍、月に七日ずつ修する。決して人に見せてはならない。〔麗玉百人一首吾妻錦〕に⑨「女の愛を生ずる符」がある。「夫婦の事」参照

男に祟る女【おとこにたたるおんな】〔文政新刻金神方位重宝記〕に、甲寅《きのえ》、壬子《みずのえ》、庚《かのえ》申の各年に生れた女は、男に祟る。

男に就いて【おとこについて】〔男重宝記・一〕に次のようにある。人は男・女ともに万物の霊である。中でも男は女に勝れて霊の霊である。男は陰陽では陽、天地では天、前後左右では前左、上下大小では上大、貴賤剛柔では貴剛である。禽獣《とりけだもの》草木魚虫に至るまで雌雄の別があり、これは天地自然の理である。

男に悪い女【おとこにわるいおんな】「だんじょあいしょう（男女相性）」ヲ見ル

男の名頭字【おとこのながしらじ】◇五行*（木・火・土・金・水）の判断により、名前の最初につけてよい漢字。「右衛門」「左衛門」「兵衛」「太郎」「三郎」「丞」「介」等は皆通じた号なので、その上の頭字の吟味である。例えば〔昼夜調法記・正徳四〕に○木性の人。議・儀・幾・彦・嘉・九・亀・源・勘・義・角・金・久・牛・吉・五・加・権・定・熊・介・覚を挙げ、火性の人にもよく、土性に凶とする。○火性の人。団・瀧・岩・多・藤・徳・治・重・利・仲・貞・長・六・大・伝・忠・林・類・太・竹・卯・千・猪・中・二・仙・仁・島・良を挙げ、土性の人にもよく、金性に凶とする。○土性の人。伊・猪・喜・宇・案・又・恒・與・友・鶴・荒・虎・一・右・和・幸・由を挙げ、金性の人にもよく、水性に凶とする。○金性の人。市・宗・惣・清・瀬・浅・松・善・正・庄・作・次・真・常・佐・孫・辰・巳・丑・三・四・初・新・七・十・才・甚・左・丞・助・小・勝・政の三十三字を挙げ、水性の人にも吉とする。○水性の人。福・平・理・茂・伴・半・武・文・辨・弥・門・間・木・百・兵《ひょう》・万・八・朋・馬・米を挙げ、木性の人にもよく、火性に凶とする。◇〔女文翰重宝記〕〔文章指南調法記〕〔和漢年代重宝記〕〔和漢年暦調法記〕等諸書に記載は多く、〔重宝記永代鏡〕のようにさらに五性の干支を書き分けて、木は何の木、金は何の金と、図（図65）のように細く記したものもある。時代により流行が察せられ、記載順など異なる。「相性名頭字」ともいう。「女の名頭字」参照

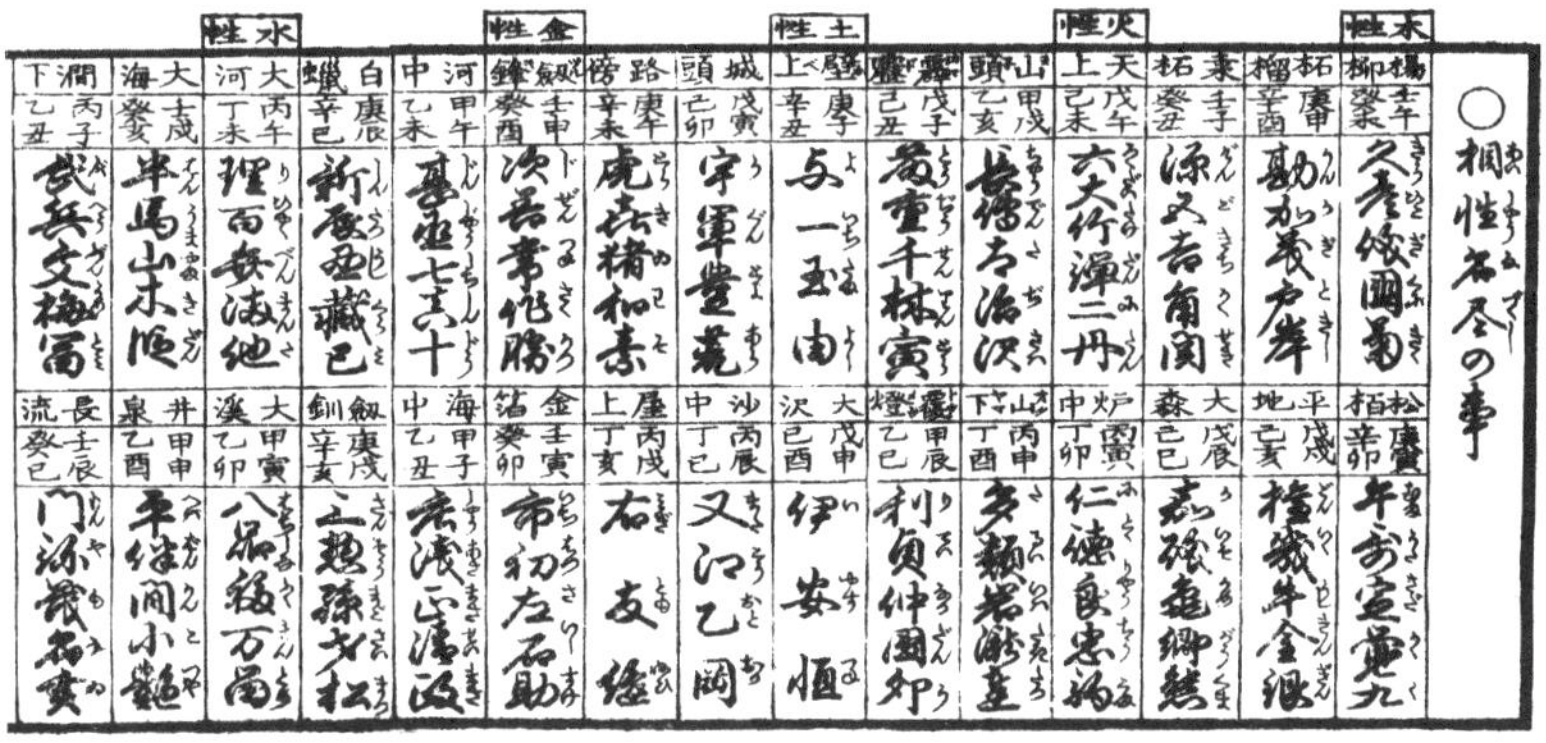

図65 「相性名尽の事」（重宝記永代鏡）

男の乳病【おとこのにゅうびょう】〔続咒咀調法記〕に男の乳病は、腎虚し、血渇き上に廻らず、痰滞り核《さね》を生ずる。両乳が腫れたのは十六味流気飲*を用いる。左乳が痛むのは八珍湯*に山梔子・牡丹皮を加え、或は清肝解鬱湯*を、火盛んに風熱があれば龍胆を炒って五分加え、もし不食 空嘔吐、胸脇痛、頭痛、小便渋りのあるものには六君子湯*に川芎・当帰・柴胡・山梔子を加える。潰え爛れ痛むのには十全《じっぜん》大補湯*を用いる。

男の符／守【おとこのふ／まもり】男について各種の符守がある。〔増補咒咀調

法記大全〕等から一括すると次の通り。①「男胸の病に呑む符（「胸の諸症」ヲ見ル）」。②「男腹の病に呑む符（「腹の諸症」ヲ見ル）」。③「男瘧病《おこりやまい》の符（「瘧の事」ヲ見ル）」。④「男女に会ふ符（「男と女の符／守」ヲ見ル）」。⑤「男女の中離れん時の符（「男と女の符／守」ヲ見ル）」。〔麗玉百人一首吾妻錦〕には⑤「女の愛を生ずる（「男と女の符／守」ヲ見ル）」がある。

男の脈【おとこのみゃく】〔斎民外科調宝記〕に、男の脈は左手より診る。男は陽で気を主《つかさど》る。右手に肺があり、右手を体とし、左手を用とする。左手の脈が常に右手の脈より大きいのを順とし、尺脈は常に弱く、寸脈が常に壮んなのは普通である。女脈を得るのを不足とする。「女の脈」参照

男への文【おとこへのふみ】〔女筆調法記・三〕に、余所の男や近付の方へ用事や見舞文などを遣るには、散らし書は無用、全て並べ書に、文体はさっと書き、細やかには書かないものである。人の娘・嫁・若い女等は、例え用事があっても男や近付の方へは文は遣らず、口上で済ます。もし、口上で埒が明かない事なら、手紙か切紙*等に「口上書」と書き、封じ固めず、誰の目にも見えるようにして遣る。これは男女が通じない嗜みである。

男山【おとこやま】大和詞。「おとこ山とは、やはた（八幡）山を云」。〔女用智恵鑑宝織〕

男山八幡【おとこやまはちまん】「八幡《やわた》」ヲ見ル

縅【おどし】鎧名所*。威・綴とも書く。縅《おどし》は甲冑の装束・華粧である。〔武家重宝記・三〕に札《さね》*を革や組紐で綴った物で、色による緋威 小桜威 卯花威 山吹威等の外、材料等によって黒糸威 洗革威など様々の縅が二十余種もある。

おとつい【おとつい】片言。「おとついは、一昨日 をととひ」である。〔不断重宝記大全〕

おとまし【おとまし】片言。「おとまし、疎 うとまし」である。〔不断重宝記大全〕

おとみずわり【おとみずわり】「きびょう（魃病）」ヲ見ル

乙女【おとめ】大和詞。〔不断重宝記大全〕には「おとめとは、若き女を云。天津といへば天女になり、百敷をいへば上﨟 宮女となり、田野をいへば賤女となる」。〔女重宝記・五 弘化四〕には「おとめとは、天女のこと也」とある。

乙矢【おとや】乙矢《おとや》は、射芸で二番めに射る矢をいう。〔弓馬重宝記・上〕に、○乙矢の分抜は（渡しようは本筈を左手で持ち、握の下を右手で持って行く）、後ろの矢車に入れて置く。星を射た人はこれを取り、代は山である。右に弓を立て一礼して握下を左へ取り直し、本筈を右にして渡す。乙矢振の事は、五ツを引き出したら五人、十を引き出したら十人に射させて、後は弓並になされ、と断る。次に残りは矢所から次第々に立ち渡し、弓並射さする法式である。どちらも口伝である。「的矢／的弓」参照

囮【おとり】〔万物絵本大全調法記・上〕に「囮 くわ／てゝら／をとり。媒鳥ばいてう也」。「てゝら」は「てゝれ」ともいう。

おどれ【おどれ】片言。「己《おのれ》を、おどれ」という。〔世話重宝記・二〕

おとろ【おとろ】諸国片言。「しもと（標）」ヲ見ル

驚き死【おどろきじに】〔胡椒一味重宝記〕に驚き死んだのには、胡椒（大）皂角莢（中）の二味を、鼻へ入れるとよい。

音羽焼【おとわやき】音羽焼は、音羽町九丁め 若狭屋吉兵衛にある。〔江戸町中喰物重法記〕

御中【おなか】大和詞。「わた（綿）は、御なかといふ」。〔女重宝記・一〕

尾長崎鴨【おながさきがも】「真崎鴨」ヲ見ル

おなぎ【おなぎ】片言。「おなぎは、鰻鱺《うなぎ》」である。〔不断重宝記大全〕

おなめうし【おなめうし】片言。「おなめうしは、乳牛 うなめうし」である。〔不断重宝記大全〕

蒼耳【おなもみ】〔万物絵本大全調法記・下〕に「蒼耳 さうに／なもみ／を

なもみ」。〔薬種重宝記・下〕に和草、「蒼耳《さう》に／をなもみ。炒り、熟し、搗いて刺《はり》を去る」。〔男重宝記・二〕には、亀の尿と同じく、蒼耳の自然汁を用いて石木に物を書きつけると、後世まで消えないという説がある。

御成【おなり】〔男重宝記・一〕に、①公方の御出《ぎょしゅつ》を、御成りという。②「大名衆遣い詞」。大名の御出《おんいで》を、御成りという。

御成貴人招請の銚子【おなりきにんしょうせいのちょうし】〔料理調法集・銚子提子名所〕に御成貴人招請銚子《おなりきにんしょうせいのちょうし》之事は、金銚子金紙又は白紙紅裏である。結び数は、長柄十二渡り五ツ提子は十二、留は総角結びである。貴人招請を特に改むる時は白紙を、花は松竹を用いる。

鬼【おに】〔万物絵本大全調法記・上〕に「鬼き／をに。魑魅ちみ／すだま。また山鬼さんき／やまづみ」。「ついな（追儺）の事」モ見ル

小児喰【おにぐい】〔世話重宝記・二〕に『江次第』を引用して、毎年正月三ケ日、禁中で薬子《くすりご》と言って未婚の少女に屠蘇酒をまず飲ませて後、天子に奉るのが恒例である。これより食物の始めに、先ず試みに喰うことを、小児喰《おにぐい》という。

おにこもる【おにこもる】「おにこもる心にくき也」。〔消息調宝記・四〕

鬼つはる【おにつはる】大和詞。〔不断重宝記大全〕に「おに（鬼）つはるとは、人のはらたつを云」。「おにつかる」ともいう。

鬼に癭取らるる【おにこぶとらるる】〔世話重宝記・二〕に『宇治拾遺物語』（巻一・三）に出るとして次がある。昔、ある人が山路に行き暮れて朽ち樹の元に一夜を明かすと、夜半に鬼共が大勢来て酒宴を始め舞い歌った。その人は恐しいのを忘れて面白く思い、酒宴の座に交わり、明け方鬼共はその人に再びここに来て遊べ、約束を違えるなと言って、その人の額《ひたい》の上の癭を質《しち》に取って去った。その人は喜んで家に帰って話すと、隣の癭のある人が例の朽ち樹を尋ねて行くと夜半に鬼共が来て酒宴をするのに交じり遊ぶと、鬼共は喜んで約束を違えず来たのは質物《しちもつ》を取り返すためであろう、今返すと言って懐から癭を取り出し額に投げつけると、癭の上に癭を重ね、泣く泣く家に帰った。

鬼の醜草【おにのしこぐさ】大和詞。〔不断重宝記大全〕に「鬼のしこ草しをん（紫苑*）のこと也。此草をうへてみれば物わすれをせぬといふ事あり」とある。〔女用智恵鑑宝織〕には「おにのしこ草とは、物わすれぬ事を云。此草うへてみれば、人をわすれれぬと云」。

鬼火【おにび】「おに火《び》とは、きつね（狐）火《び》の事」である。〔消息調宝記・二〕

鬼綟子【おにもじ】〔絹布重宝記〕に鬼綟子《おにもじ》は、汗取り襦袢として着るもので、いよいよ野品《やすもの》である。目の荒い麻織物。

鬼追い【おにやらい】「ついな（追儺）の事」ニ同ジ

鬼百合【おにゆり】〔万物絵本大全調法記・下〕に「巻丹けんたん／をにゆり。夏」。〈草花作り様〉〔昼夜重宝記・安永七〕に鬼百合の花には赤星がある。土は、白と赤土と白砂とを等分にし、肥しは茶殻の粉を夏中根に置く。分植は春、秋がよい。

おぬし【おぬし】片言。「おぬしは、御主」である。〔不断重宝記大全〕

御温【おぬる】女の柔かな詞遣。「ねつ（熱）さしたるを、おぬる」という。〔女重宝記・一〕

雄鼠の糞【おねずみのふん】〔小児療治調法記〕に雄鼠の糞は「歯遅《しち》*」を治す。雄鼠の糞二十一粒（両方尖ったのがよい）を毎日一粒をもって、歯の根の上を磨る。二十一日目に歯が生える。

斧 手斧 鉞【おの ておの まさかり】〔万物絵本大全調法記・上〕に次がある（図66）。○「斧ふ／をの。樵斧せうふ也。よき」。「鈇ふ／をの」。○「鐇ばん／たづき。斫斧しやくふ也。まさかり」。○「釿きん／てをの」。

尾上餅【おのえもち】菓子名。尾上餅、上しめし物、中羊羹、下ながし物。〔男重宝記・四〕

おの仮名遣い【おのかなづかい】〔万民調宝記〕に重くあたる声には「お」を

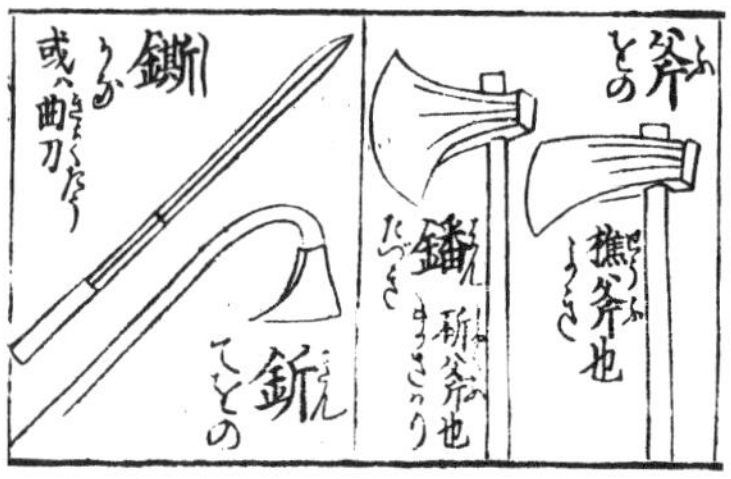
図66　「斧 手斧 釿」（万物絵本大全調法記）

使い、軽くあたる声には「を」を使うのは常の習いとして次がある。男↓おとこ。可笑↓おかし。治↓おさまる。面↓おもて。尾↓お（鳥獣魚虫の尾はみな「お」を使う）」等とある（但し、以上ノ「お」ハ現在「面」以外ハ「ヲ」デアル）。思↓おもう。置↓おく。恐↓おそれ。掟↓おきて。〔女筆調法記・三〕には「大」の字の仮名を「お」とする。「をの仮名遣い」参照

小野篤謔字尽【おのがばかむらうそじづくし】『小野篁歌字尽』*に倣ったこじつけ新造語 新造字集で、社会風俗を穿つを旨とする。〔（新版／不正／誤字）小野篤謔字尽〕には例えば、○「二八《そばきり》《うんどん》、三五《でんがく》、三十《ふりそで》、四十《しまだ》」は、横に「二八ならそば切 三五でんがくよ 三十ふりそで 四十しまだぞ」とある。○「十三《ぱつかり》、六十《かうや》、十六《け》、八十《なち》」は「十三がぱつかり かうや［高野］六十で 毛十六なら八十はなち［那智］」とある。○「十五《げんぷく》、十九《たちまち》、三十《かたまる》、四十《ふんべつ》」は「げんぷくは十五で十九たちまちよ 三十かたまる 四十ふんべつ」とある類。五十九の語群からなる。これから三十六語群を抜粋した片面一枚摺に〔平生不用妄書人間無重宝記小野篤謔字尽〕と〔平生不用無重宝記 小野篤謔字尽〕とがある。

男の子【おのこご】御所言葉。「男の子は わこ、おのこゞ」。〔女用智恵鑑宝織〕

苧の事【おのこと】〔万物絵本大全調法記・上〕に「苧ちよ／からうじ／からを／又まを。夏」。〈苧績む事〉〔童女重宝記〕には「苧績《をうむ》事、女の手業の一ツ。お（を＝苧）の類多し、苧麻《ちうま》は まを、からむし也」。二月に植えて八月に刈り、その上皮を剝き取り、竹でその表を刮げると皮の厚い所は自ずから抜けて裏の筋のような物を取って煮て晒し布に作る。日本では国々で作るが、東の最上《もがみ》を第一とする。また「苘麻《ほうま》」参照

尾の事【おのこと】鷹の名所。*〔武家重宝記・五〕に鷹の尾は左右で十二枚がある。両端から大石打、小石打、鳴羽［ならしは］、鳴尾［なりお］、助尾［たすけお］、鈴付［すずつけ］である。十三枚の時は嶋尾、十四枚の時は嶋知尾《しまちお》が入る。

淤能碁呂島【おのころしま】〔世界万宝調法記・上〕に次がある。伊邪那岐・伊邪那美の二神が、天の浮橋の上から天沼矛《あまのぬほこ》を降ろし青海浜を探り、その滴りが「おのころしま」という島となった。「おのころしま」は今「あきつしま（秋津洲）」*といい、また「あきつくに」という。日本の総名である（古事記・上）。

おのし【おのし】片言。「御主《おぬし》を、おのし」という。〔世話重宝記・二〕

小野小町【おののこまち】和国賢女。〔麗玉百人一首吾妻錦〕に小野小町は、出羽の郡司 小野良実の娘。生れ付き美麗のみならず才智の優長は、衣通姫の流れを汲んで和歌の道に達し、風流は並ぶ者はない。ある時、大いに日照りし三月に至り万民が嘆くのに、小町に勅があり雨乞の歌を詠ませ、神泉苑て「理りや日の本なれば照りもせめ さりとては又あめが下」（狂言「業平餅」等に出る）と詠んだ歌に感応あり、大雨が降り車軸を流したので、民は皆歓喜した等とある。平安前期の女流歌人、六歌仙の一人。伝不詳。「七《なな》小町の事」参照

小野篁歌字尽【おののたかむらうたじづくし】平安前期の漢学者・歌人、小野篁

（仁寿二年〔八五二〕、五十五歳没）にことよせ、江戸前期に編集し流布した往来物、字尽である。〔不断重宝記大全〕には同じ偏旁冠等で数文字を集め、その横にその違いがわかるように歌にしている。例えば艸冠では、「茜莧蔦薯蕷」は「西あかね見るはひゆ也鳥はつたあつきあづかるやまのいもなり」等の語群が百二十五ある。類書に〔（新版／不正／誤字）小野𥶡譃字尽〕〔平成不用無重宝記小野𥶡譃字尽〕（一枚摺二種）等がある。

小野道風【おののとうふう】 小野道風（康保三年〔九六六〕、七十二歳没）は平安中期の能書家。小野篁*の孫。伝説が多い。〔男重宝記・二〕に「小野道風十八行筆法」は烏相《うそう》。蛇形《じゃぎょう》。枯松 立《こしょうりゅう》。獅子尾《ししび》。垂露《すいろ》。下藤《かとう》。上雲《じょううん》。出《しゅつ》雨《う》。雲出《うんじゅつ》。雨足《うそく》。雁尾点《がんびのてん》。仁頭《にんとう》。龍足折点《りゅうそくのおりてん》。高峰墜石《こうほうついせき》。乱草落玉点《らんそうらくぎょくのてん》。月輪《げつりん》。方丈。人頭点《にんとうのてん》がある。『玉章秘伝抄』（続群書類従第三十一輯下）にも「小野道風十八形」があり〔男重宝記〕とは異なる所がある。烏相羽。蛇形。枯松立。獅子尾。垂露。下藤。上雲。出両足。雁飛点。仁頭。龍走。折木。高峰。堕石。乱草。落玉点。月輪方。大神頭ノ点。両本は古式を踏襲して混乱したものと思われ、名称も具体的な筆法も明らかでない。〈伝説〉〔女重宝記・四〕に女中の芸の第一は手を書く事を朝夕心掛ける事とあり、道風に手本を所望した所、古筆《ふるふで》を箱に入れて遣られたので望は古筆ではなく、手本と重ねて言うと、道風はこのように古筆の積る程心に入れて習えと言ったとある。

小野好古【おののよしふる】 〔大増補万代重宝記〕に小野好古《よしふる》は、天慶の乱に追討使長官を拝し、諸将を統《す》べて藤原純友を伏誅した。南海、西海いたるところで功があった。安和元年（九六八）、八十歳没。

おのれ【おのれ】 片言。京の言葉で、人に向い「あがみ」というのは「我身」ということか。そうすると「おのれ」をいうのにはよい言葉である。人に向って「おのれ」は当らないとある。〔不断重宝記大全〕

男の童【おのわらわ】 大和詞。「をのわらわとは、男の童」である。〔不断重宝記大全〕

おは【おは】 大和詞。「な（菜）は、おは（葉）」という。〔女重宝記・一〕

御這子【おはうこ】 「天児《あまがつ》の事」の内「御這子《あまがつ》」ヲ見ル

御萩【おはぎ】 大和詞。「ぼたもち（牡丹餅）は、やわやわとも、おはぎとも」いう。〔女重宝記・一〕

御歯黒の事【おはぐろのこと】 鉄漿とも書く。〔女重宝記・一〕に「御歯黒」は公家の言葉で、御所方では「五倍子水《ふしみず》」「ぬきすの水」という。下々では「付鉄漿《つけがね》」という。春の始めのつけ初めには、堅牢地神に手向ける。飽かぬほど濃く、毎朝つけるのがよい。〔麗玉百人一首吾妻錦〕に歯黒は毎日つけ、五倍子《ふし》*の粉はよく吟味し、荒い粉は艶なく歯の間に溜る。新五倍子には甘草を少し混ぜて遣う。歯を染めてからよく口を拭う。歯を染めるのは日本の風俗であり、よく心をつけ怠ってはならない。〈着かぬ時〉〔万用重宝記〕に鉄漿が着かない時は五倍子の粉に榛木《はりのき》の実と石榴の皮を細末（粉）にして歯を染めると、五日も落ちず光沢《つや》がよく奇妙である。〔女中重宝記〕には御歯黒の出かぬるには壺の内へ少し泡を入れるとよく出る。〈鉄漿付初祝〉〔消息調宝記・三〕に女子十三歳で、鉄漿初《はぐろぞめ》を祝うとあり、〔女寺子調法〕には「漿付《かねつけ》吉日 元服袴着」は甲午《きのえ》、乙巳《きのと》、丙《ひのえ》辰・戌、丁《ひのと》丑・未、戊子《つちのえ》・午、己巳《つちのと》、庚子《かのえ》、辛亥《かのと》、壬寅《みずのえ》、癸卯《みずのと》の日。男子には元服袴着に吉日である。〈再び白くする方〉〔昼夜重法記・正徳四〕には鉄漿の付いた歯を再び白くする方は、松節の焼き灰（一匁）、石膏（一両）を擂り末（粉）して合し、頻りに牙歯に塗ると一月内に雪のように白くなる。但し、酒五辛（大蒜 辣韮 葱 蒜 韮）の類、石榴 棗 蜜 砂糖を忌む。〈御歯黒落し様〉〔永代調法記宝庫・三〕に御歯黒が衣類に染み付いたのを落し様は、米の酢を煎じて洗うとよい。〔染物重宝記・文化八〕は生梅・柚・橙・秋海棠・酸物草《かたばみ》で洗う。

欄【おばしま】 大和詞。「をばしまとは、欄干の事」である。〔不断重宝記大全〕

男茎形【おはせがた】 「をはせがた（男茎形）とは、男根の形を云」。張り形。〔消息調宝記・二〕

小俣より山田【おばたよりやまだ】 伊勢道中宿駅*。〔東街道中重宝記・寛政三〕には一里半、宿次はない。小俣明神が村中にある。そうかし橋、右方に理宮 大神宮がある。町外れに宮川があり、舟渡しである。中河原は茶屋町で、山田へかかる入口である。続けて〔東街道中重宝記・七ざい所巡道しるべ〕に小俣《おばた》は山田札の辻へ二十六丁とある。小俣の宿を出るとその佊大河があり、宮川とも度会川ともいい、舟渡しである。舟から上り垢離をとる。河原の六丁を過ぎると中河原、次に堤、世古の茶店があり、それより少し行くと山田*で、外宮の広い町があり、外宮の御師宅がある。内宮の町は宇治といい、山田より東南（辰巳）の方にあり、内宮の御師の宅は宇治にある。「内宮外宮参宮」モ見ル

尾花煎【おばないり】 〔料理調法集・口伝之部〕に、尾花煎とは鶴*の事である。〔料理調法集・煎物之部〕に、尾花煎は鶴の作り身を上置きに、鮨を置く。

御葉広【おはひろ】 大和詞。「ちさ（萵）は、おはひろ」という。〔女重宝記・一〕

小浜へ敦賀よりの道【おばまへつるがよりのみち】 街道。〔家内重宝記・元禄二〕に、「越前敦賀より若狭小浜への道」として次がある。敦賀〈三里〉佐垣〈六里〉三方〈二里〉小浜である。

御冷え【おひえ】 女中詞。「ぬのこ（布子）*を、おひへ」という。〔女寺子調法記・文化三〕

御鬚の塵を取る【おひげのちりをとる】 〔世話重宝記・二〕に『韻府』に出るとして次がある。唐の寇萊公が羹《あつもの》を食う時、鬚に塵がついて濡れたのを丁謂が諂って立って拭ったことから、人に諂い気に入ろうとすることを御鬚の塵を取るという。

帯解【おびとき】 所名。〔東街道中重宝記・七ざい所巡道しるべ〕に奈良へ一里。帯解地蔵と言って名高い地蔵堂がある。「紐解き」参照

帯直しの祝【おびなおしのいわい】 〔童女重宝記〕に「帯直 祝《おびなおしのいわい》 女子七歳」とある。「紐解き」ヲ見ル

御日成【おひなる】 「おひるなる（御昼成）」ヲ見ル

帯の祝【おびのいわい】 〔女重宝記・三〕に妊娠後五ヶ月目から胎子の形を備えるので、その前に帯をし、胎児が上へ突き上らないようにして難産を避ける。生絹の八尺の帯を四ツに畳み、男の左袖から女の右手へ渡すのが祝儀である。誕生後はこの絹に蟹鳥をつけ、浅黄に染めて産着*にする。何人も子を産んだ人に帯を貰ってするのも祝儀である。帯は三献の祝をして、よい方角に向ってする。この帯は後には他の帯に取り替える。帯する吉日は、甲子《きのえ》・戌の日。乙丑《きのと》・未・辰の日。戊午《つちのえ》・戌・子の日。己《つちのと》丑の日。庚申《かのえ》・戌の日。辛卯《かのと》・酉の日。丙午《ひのえ》・戌の日。〔女筆調法記・五〕「帯の祝」は生絹《すずし》を八尺にして親の方より遣わす。樽に、鯛（＝めでたい）、鯣（＝するすると誕生）、昆布（＝よろこぶ）の三種の肴で、よいことにあやかる意を込める。〔農家調宝記・三編〕に代《だい》で遣わす時は、「帯代目録」の帯代の下に金何百疋と書く。〔嫁娶調宝記・三〕には、この時取り上げ婆を定め、以後臨月まで見廻わせる。

御冷【おひや】 大和詞。「みづ（水）は、おひや」という。〔女重宝記・一〕

おひら【おひら】 女詞遣。〔新板増補女調法記・一〕には鰯を「おひら」という。〔女寺子調法記・天保十〕に「たい（鯛）を、おひら」という。

御昼成【おひるなる】 女の柔かな詞遣。〔女重宝記・一〕「おき（起）るを、おひるなる（お昼成る）」。また〔同・四〕に「おきるを、おひなる」。〔麗玉百人一首吾妻錦〕には「おひになる」とある。

御拾い【おひろい】 女の柔かな詞遣。「あり（歩）くを、おひろい」という。〔女重宝記・一〕

おひんなれ【おひんなれ】 片言。「御昼なれを、おひんなれ」という。〔世話重宝記・二〕

尾部坂【おべさか】 「古市場」ヲ見ル

大暮歳【おぼせい】 諸国言葉。年の暮れを遠江 天竜川の川上の山家の言葉で「おぼせい」という。大暮歳という意かとある。〔男重宝記・五〕

御細【おぼそ】 大和詞。「いわし（鰯）は、おむら*[〔新板増補女調法記・一〕は「おひら」とも、おぼそとも」いう。〔女重宝記・一〕

おぼたい【おぼたい】 片言。〔不断重宝記大全〕に「おぼたいは、重たい」である。〔世話重宝記・二〕には「重きを、おもたき。又おぼたき」という。

おぼぼれ【おぼぼれ】 「おぼぼれとは、恍惚の字、心の定まらぬ也」。〔消息調宝記・二〕

溺れ死【おぼれし】 〔改補外科調宝記〕に溺れ死は、○まず小刀のような物で口を開き、箸一本を含ませて水を出して後、服を解き去り、艾を臍の中に敷いて灸をし、二人が管で耳を吹くと蘇る。○皂角の粉を綿に包んで肛門に入れると水が出て蘇る。○鴨の血を鼻から吹き入れるとよい。〔鍼灸重宝記綱目〕には、○溺死で一夜過ぎてもまず皂角の粉を綿に包んで肛門に入れて百会 関元に針灸をする。○臍の中に灸をするとよい。〔咒調法記〕に「首括り、川に流れて水を飲み死したる大事」は、○胸と頭が暖かならば薬で生かす。半夏の粉、又は皂莢の粉を鼻の穴へ吹き入れる。○首括りは、縄を俄に解くと死ぬので静かに解く。肉桂を煎じ少しずつ口の内へ入れる。〔新撰咒咀調法記大全〕には、○溺死の人を踏み台のような物の上へ腹を乗せて水を吐かせ その後焼火《たきび》で暖める。○酢を鼻の中へ吹き込む。○臍へ多く灸をする。○臍へ塩を入れて置くのもよい。〔胡椒一味重宝記〕には胡椒（大）、杉の葉（三 大）を濃く煎じて用いる。また吹くとよい。〔文政新刻俗家重宝集〕には明礬を焼き返し、鼻から管で吹き込むと忽ち水を吐いて蘇生する。腮《あご》の落ちたのは治らない。「首括り」参照

おぼろかつお【おぼろかつお】 「風流おぼろかつほ」は、赤坂四丁目 桑田屋にある。〔江戸町中喰物重法記〕

朧蒟蒻【おぼろこんにゃく】 〔料理調法集・国産之部〕に朧蒟蒻は、蒟蒻玉を竹の篦でこそげてよく洗い、山葵卸しで水の中へ卸し、鍋に水を多く入れてよく煮やし、卸した蒟蒻芋を湯の中へ入れ、杓子で鍋の上下 底を掻き上げて底に溜まらないようによく煮、常の垂れ灰汁を随分濃く拵えて鍋の廻りから少しずつ幾度も差す。蒟蒻の寄り加減次第に、再々灰汁を差すのがよい。よく煮て蒟蒻が残らないよう煮汁が水になった時取り上げ、常の水に入れ よい大きさに分ける。

朧月夜【おぼろづきよ】 大和詞。「おぼろ月夜とは、春の夜の月」である。〔不断重宝記大全〕

朧舟【おぼろぶね】 大和詞。「をぼろ舟とは、くちたる舟」である。〔不断重宝記大全〕

朧夜餅【おぼろよもち】 菓子名。朧夜餅、下 羊羹、山の芋入り、中 こね物。〔男重宝記・四〕

御前様【おまえさま】 「奥様」ニ同ジ

御前の御無理は御尤【おまえのごむりはごもっとも】 〈平生ソレよく言う言語〉「御前の御無理は御尤」とは、無理 難題を言う人を、表向き言いなだめる語。裏にからかいを含む。〔小野篁字尽〕

お前百迄わしゃ九十九迄【おまえひゃくまでわしゃくじうくまで】 〈平生ソレよく言う言語〉「お前百迄わしゃ九十九迄」は、夫婦仲睦まじく共に長生きしようの意。「共に白髪の生える迄」と続ける。〔小野篁譃字尽〕

御座【おまし】 大和詞。「おましとは、ざしき（座敷）の事」である。〔不断重宝記大全〕

男松の植替【おまつのうえかえ】 植替。〔庭木重宝記〕男松は三月より八月迄に植え替えるとよい。内、四月五月は別してよい。肥しは川芎か蛤の汁を掛けるとよい。

おまはん【おまはん】 妄書かな遣。「おまはん、女中の詞。おまへさまと書くが悪し」。〔小野簒譃字尽〕

御饅【おまん】 御所言葉。「まんじゅう（饅頭）は、おまん」という。〔女用智恵鑑宝織〕

おまんずし【おまんずし】「御膳一流おまんすし」は、本店 堺町通元大坂町 ふしや利右衛門にある。出店 浅草並木町にある。〔江戸町中喰物重法記〕

御御明【おみあかし】 重言。「おみあかし、御明《みあかし》の重言*」である。〔男重宝記・五〕

御御足【おみあし】〈女の柔かな詞遣〉〔女重宝記・一〕に「あし（足）を、おみあし（御御足）」という。〈重言〉〔男重宝記・五〕に「おみあし、御《み》足《あし》の重言*」である。

御味【おみい】 御所言葉。「雑炊は おみい（御味）」という。〔女用智恵鑑宝織〕

御御帯【おみおび】 女詞遣。「おびを、おみおび」という。〔女寺子調法記・天保十〕

御御影【おみかげ】 重言。「おみかげ、御影《みかげ》の重言*」である。〔男重宝記・五〕

おみき【おみき】 重言。「おみきも 御酒《みき》の重言*」であるが、「御酒《みき》 又は三寸《みき》と書く時は重言にあらず」という。〔男重宝記・五〕

おみくじ【おみくじ】 重言。「おみくじ、御鬮《みくじ》の重言*」である。〔男重宝記・五〕

おみぐし【おみぐし】 重言。「おみぐし、御頭《みぐし》の重言*」である。〔男重宝記・五〕

おみこし【おみこし】 重言。「おみこし、御輿《みこし》の重言*」ではあるが、「御輿《みこし》と書く時は重言にあらず」という。〔男重宝記・五〕

小忌衣【おみごろも】 大和詞。「をみ衣とは、神楽の舞人の着る物也。白、地紋なし」。〔女用智恵鑑宝織〕

尾溝の事【おみぞのこと】〔馬療調法記〕に尾溝とは、尾が抜けて皮がたくれ赤くなるのをいう。天南星・皂莢（黒焼 各一両）、焼塩（三分）を粉にして付ける。但し、薬の付かない前に馬便で洗う。尾本と中と前より血を採るとよい。

御御台【おみだい】 重言。「［みだいを］御御台《おみだい》といふは重言*」である。〔世話重宝記・二〕

おみだいさま【おみだいさま】 重言。「おみだい様、御台《みだい》の重言*」である。〔男重宝記・五〕

おみだう【おみどう】 重言。「おみだうは、御堂《みだう》の重言*」である。〔男重宝記・五〕

女郎花の事【おみなえしのこと】〈草花作り様〉〔昼夜重宝記・安永七〕に女郎花《をみなへし》の花は黄色である。土は合せ土*、肥しは茶殻の粉がよく、分植は春がよい。〈大和詞〉〔不断重宝記大全〕に「をみなべしとは、人のくねる事」。〔女重宝記・一〕には「あわ（粟）は、をみなへし」とある。「をみなべし」「をみなめし」ともいう。〈謡の名〉〔諸人重宝記・二〕に小謡がある。

女郎花餅【おみなえしもち】 菓子名。女郎花餅、白砂糖にて、道明寺こね物。〔男重宝記・四〕

おみなんし【おみなんし】「あわめし（粟飯）」ヲ見ル

おみや【おみや】 女の柔かな詞遣。「みやげ（土産）を、おみや」という。〔女重宝記・一〕

おみろ【おみろ】 片言。京で「薪柴」を、但馬では「おみろ（荊棘）、しもと（標）」という。〔不断重宝記大全〕

御蒸【おむし】 女詞遣。「みそを、おむし」という。〔女寺子調法記・天保十〕

御憤る【おむつがる】 女の柔かな詞遣。〔女重宝記・一〕に「なく（泣）を、おむつがる」。〔女寺子調法記〕には「むつがる」とある。

おむら【おむら】　大和詞。〔女重宝記・一〕に「いわし（鰯）は、おむら〔新板増補女調法記・一は「おひら」〕とも、おぼそとも」いう。「御紫」の意。

おむろ【おむろ】　女中詞。「いわしを おむろ」。〔重宝女訓女今川操文庫〕

御目洗い薬【おめあらいぐすり】　〔洛中洛外売薬重宝記・上〕に御目あらひ薬は、綾小路麩屋丁西へ入る 丸屋治兵衛にある。一包料 銀二匁。効能の強いことは神のようである。

おめいこ【おめいこ】　片言。〔不断重宝記大全〕に「おめいこは、御面講《みゑいかう》」である。〔年中重宝記・四〕の十月十三日に、日蓮上人御影供、俗に御名講（をめいこう）と言い、所々の法花宗の寺で供物をそなえ法事がある。

おめく【おめく】　片言。「うめくは、をめく」である。〔不断重宝記大全〕

御目薬【おめぐすり】　〔洛中洛外売薬重宝記・上〕には「目薬之部」があり、「御目薬」としては大方一切の眼病によいとし、次の薬店がある。①京室町通松原下ル町 白井重光。②室町松原上ル町 沢官吾（江州播麻干田村石部官治門葉）。③黒門横神明上ル 松寿軒。④油小路五条上ル丁 竪山昌顕。さし薬二十四文、洗い薬十六文。御療治御望みの方は朝十時過に御出下さいの広告がある。⑤七条米会所岩滝丁 沢屋利兵衛。一貝代十文。⑥柳馬場六角下ル丁 鐙屋太右衛門。〔薬種日用重宝記授〕に御目薬は、梅干の種を去り一ツ分の中へ、燈心を二寸ばかりに切り五十本を入れ、文銭を一文入れて川水に一夜漬け、洗うのに用いる。〔万用重宝記〕に「御目薬七十二眼」は何目に用いても、立ち所に治る奇妙の目薬である。

おめぐり【おめぐり】　将軍家女房詞。「御菜をば、おめぐり」。「まはり（廻り）」というのは悪い。〔女用智恵鑑宝織〕

思い草【おもいぐさ】　大和詞。「思ひ草、撫子」である。〔不断重宝記大全〕

思いそめしか【おもいそめしか】　百人一首読曲。「人しれずこそおもひそめしか」の、「か」の字は澄んで読む。〔麗玉百人一首吾妻錦〕

思いの珠【おもいのたま】　大和詞。「思（念）ひのたまとは、じゆず（数珠）の事」である。〔不断重宝記大全〕

思いの露【おもいのつゆ】　大和詞。「思ひの露、涙」である。〔不断重宝記大全〕

思いの山【おもいのやま】　大和詞。〔女用智恵鑑宝織〕には「思ひの山とは、心の奥知らばやとのこと」をいう。〔消息調宝記・二〕には「思ひの山とは、知らばやとのこと」とある。

思う事叶う符【おもうことかなうふ】　〔増補咒咀調法記大全〕に、「思ふ事叶ふ符」（図67）があり、この符を枕の下に敷くとよい。

図67「思ふ事叶ふ符」〔増補咒咀調法記大全〕

御申し【おもうし】　大名衆遣い詞。〔男重宝記・一〕に、大名へ御振舞い申し上ぐるを、「御申し」という。

思う時に起きる法【おもうときにおきるほう】　「ほのぼのと明石の浦の朝霧に島隠れ行く舟をしぞ思ふ」（古今集・羇旅）の歌を、何時に起きようと思って三遍唱えると心のままに叶う。〔調宝記・文政八写〕

思う時目を覚す法【おもうときめをさますほう】　〔万用重宝記〕に、どれ程くたびれ深く寝入りしても、我が思う時に早速目を明く法は、寝る時何時に起きると心に定めて置き、男は左 女は右の手の平に小指で「大」の文字を三遍書いて口に舐め、「打ち解けてもしもまどろむ事あらば引き驚かせ我が枕神」の歌を三遍唱えて寝ると、思う時に目が明くのは妙である。〔万まじない調宝記〕には同様ながら、文字を舐めて枕に、「につにんふどうゆんたいにち」と書いて、次に歌を三遍唱える。

面懸【おもがい】　馬具名。〔武家重宝記・五〕に次がある（図68）。馬髢《ばもう》《ふりがみ》の組紐で、飾である。頭から轡*に懸ける。「おもがい」は鞦 絆 繁 羈 鞚《おも》頭《つら》とも書く。

表梶【おもかじ】　舟の詞。「右へ行くを、表梶《をもかぢ》といふ」。左へ行くのはとりか

図68 「面懸」（武家重宝記）

じ（取梶*）という。〔男女御土産重宝記〕

お文字【おもじ】 御所言葉。〔女用智恵鑑宝織〕に「帯《おび》は おもじ。又 おみおび」。また、敬う言葉には「お」文字をつけて言うのがよい。「お茶」「お煙草」の類。

表筋【おもすじ】 「まっこう（真向）」ヲ見ル

おもせいろ【おもせいろ】 大和詞。「おもせいろ（色）とは、くれなゐぞめ（紅染）」である。〔不断重宝記大全〕

沢瀉【おもだか】 慈姑とも書く。〔万物絵本大全調法記・下〕に「慈姑 じこ／おもだか／しろぐはい。夏」。〈草花作り様〉〔昼夜重宝記・安永七〕に沢瀉は花は白、水草。田地を用いて水を溜める。肥しは塵埃《ごみほこり》、分植は五月がよい。〈薬性〉〔医道重宝記〕に慈姑《しろぐわい》は微寒、毒はない。病を治す効能は少ない。多食すると諸病を起す。

龓【おもつら】 「おもがい（面懸）」ヲ見ル

おもて【おもて】 俳言の仙傍（訕謗）。〔新成復古日夜重宝俳席両面鑑〕に「八ヲ をもて」。「面八句《おもてはちく》」参照

面【おもて】 「顔の事」ヲ見ル

表白【おもてしろ】 「うらじろ（裏白）」ヲ見ル

面八句【おもてはちく】 連俳用語。連句で初折の表の八句。発句* 脇句* 第三句* 四句目* 五句目* 七句目* 八句目*で、それぞれに作法がある。〈面八句嫌事〉〔万民調宝記〕に「面八句嫌事」があり、恋 無常 述懐 神祇 釈教 名所 古人の名 同名字 同字。神祇でも恵比須大黒は福神なので許す。発句に神祇 釈教 恋 無常などならば脇にもする。

尾本【おもと】 馬形名所*。「びほん」。今言う 尾口《おくち》、尾株《おえだ》である。よい馬は大きい。〔武家重宝記・五〕

万年青【おもと】 〔新板絵本重宝記・五〕に「水藜蘆 おもと」とある。〔薬種重宝記・上〕に和草、「藜蘆 りろ／をもとの根。銅鉄を忌」。〔調法記・四十七ゟ五十七迄〕に「万年青に摸様を拵る伝」は、人灰と焼明礬を水で溶き筆に浸けて何なりと書くと、其処は自然と妙に模様になる。「万年青の枯れる」のには、人参（二匁）、唐土（十匁）に胡麻油を入れ、陶器で焼いて根につけると枯れることはない。

御許人【おもとびと】 大和詞。「おもと人とは、宮仕へする老女を云」。〔女用智恵鑑宝織〕

面無【おもなし】 大和詞。〔不断重宝記大全〕に「おもなしとは、めんぼくなし」。〔女重宝記・五 弘化四〕には「おもなとは、めんぼくなきを云」とある。

重荷に小づけ【おもににこづけ】 〔世話重宝記・二〕に、重い負担にさらに小さな負担が加わる意。『後撰和歌集・慶賀』に今上が梅壺におられた時薪をこらせて奉った歌「山人のこれる薪は君がため 多くの年をつまんとぞ思ふ」。御返しの歌「年の数つまんとすなるおもにには いとど小付をこりも添へなん」。この歌から出た詞とある。

重荷を負い肩傷る者の方【おもにをおいかたやぶるもののほう】 〔骨継療治重宝記・下〕に重荷を負い肩傷《やぶ》る者の方は、猫の児の頭の毛を剪《き》り、不語唾《ものいわぬつばき》で貼《つけ》る。

面映し【おもはゆし】 大和詞。「おもはゆしとは、はづかしき事」である。〔不断重宝記大全〕

おやおやどうしょう南瓜の胡麻汁【おやおやどうしょうかぼちゃのごまじる】〈平生ソレよく言う言語〉「おやおやどうしょう南瓜の胡麻汁」は「おやおやどうしょう」の流行語に、口遊びとして「南瓜の胡麻汁」を言い続けたもの。〔小野篁譃字尽〕

御役高 御役料 御役扶持 御定【おやくだかおやくりょうおやくふちおさだめ】〔重宝記・幕末頃写〕に、宝暦六年（一七五六）春の「御役高 御役料 御役扶持 御定」がある。○千五百石高 御役料千五百俵 京都町奉行 大坂町奉行 佐渡奉行。○千石高 御役料七百俵 駿府御城番 同所町奉行。○千石高 御役料千五俵 禁裏付 院付 堺奉行 奈良奉行 山田奉行。○千石高 御役料五百俵 浦賀奉行。○千石より内は御役料二百俵 御鉄砲方。○御役料二千俵 右衛門督殿御守 刑部御殿御守。○御役料三百人扶持 定火消。○御役料四千六百四十俵 長崎奉行。○御役料五百俵 日光奉行。○五千石 御側衆 御留守居 大御番頭。○四千石 御書院番頭 御小姓組。○三千石 大目付 百人組頭 町奉行 御勘定奉行 甲州勤番頭 小普請組支配。○二千石 御旗奉行 御鎗奉行 御作事奉行 御普請奉行 小普請奉行 西丸御留守居 新御番頭。○千五百石 高家衆肝煎は外に御役料八百俵 御持弓御持筒頭 惣御弓御鉄砲頭。○千石 御留守居番御役料三百俵 御目付 御使番 両御番与頭 御徒頭 小十人頭。

○二百石 御腰物方 御納戸方 大御番 奥御右筆。○三百石 御小姓組 小十人与頭 御書院番。○四百石 西御丸切手頭 御裏門番の頭 御天守番の頭 富士見御宝蔵番の頭 御納戸組頭。○ 五百石 御勘定吟味役 御広鋪御用人、御役料三百俵 御蔵奉行組頭 甲州勤番組頭 小普請の組頭。○六百石 御膳奉行御役料二百俵 新御番組頭 大御番組頭。○七百石 御腰物奉行 西丸御裏門番の頭 二丸御留守居 元方払方御納戸頭 御舟手御鷹匠頭。○七百石高 御役料二百俵 月光院様御用人。○七百石高 御役料三百俵 右衛門督殿・刑部卿殿御物頭 姫君様方御用人、御役料五百俵 養仙院様御用人。○四百石高 法心院殿・蓮浄院殿御用人。○四百石高 御役料二百俵 奥御祐筆組頭。○四百石高 御役料百五十俵 表御祐筆組頭。○三百五十石高 御役料百俵 御勘定組頭。○二百五十石高 新御番 御材木石奉行。○二百五十石高 御役料百俵 御金奉行。

○三百石より内は 御役料百俵 御細工頭。○二百俵四人扶持より内は 御役料百俵 御台所頭。○高多少無構 御役料二百俵 御広鋪番の頭 御切米手形改 御蔵奉行 御賄頭。○高多少無構 御役扶持十人分 御鉄砲御箪笥奉行 御弓矢鑓奉行 御幕奉行 御具足奉行。○二百石高 御女中様方御用達。○二百石高 小普請方 浜御用屋鋪預 吹上御花畑奉行 御大工頭 御徒目付与頭。○高多少無構 御役扶持七人分 御畳奉行。○現米八十石高 諸組与力。○御役扶持十五人分 御馬方。○百五十俵高 表御右筆 漆奉行 林奉行 御鷹匠 御勘定 御馬見与頭 小普請方与頭 火之番組頭 小細工奉行 植木奉行 御徒与頭 御留守居番与力 御鉄砲与力。○百俵十人扶持 小十人組。○百俵五人扶持 御作事方下奉行支配勘定 御天守番 冨士見御宝蔵番 御貝太皷役 関所物奉行 御広鋪漆番 黒鍬の者頭 御掃除之者頭 御徒目付皷。○八十俵五人扶持 野扶持五人分 御鳥見。○八十俵五人扶持 御徒押御提灯奉行 奥火の番 御中間頭 御小人頭。○七十俵五人扶持 表火の番 御女中様方御侍 御徒御膳所与頭 御賄方与頭。○六十俵三人扶持 西丸火の番 二丸火の番 御駕籠の者頭。○五十俵三人扶持 御坊主与頭 紅葉山付坊主。○四十俵三人扶持 御女中様方御台所人 表御台所人 二丸坊主与頭。○三十俵二人扶持 御広鋪伊賀の者 諸組同心。○二十俵二人扶持 小普請方改役人 下役与頭 御中間御小人。○二十俵一人半扶持 御馬口付の者。○十五俵一人半扶持 植木方 御駕籠の者。

御薬湯【おやくとう】〔洛中洛外売薬重宝記・上〕に「名方肥前御薬湯」は、北野下森東 鯉屋又兵衛にある。肥前* 五痔* 脱肛* 下疳* 横根* 淋病* 消渇* 又一切の痒がりによい。

親子草【おやこぐさ】 大和詞。「をやこ草とは、ゆづり葉」である。〔不断重宝記大全〕

親者者【おやじやもの】〔世話重宝記・二〕に「親者《おやじや》者」というのは重言*である。「親舎者」と書く人もあるが固釈《こしゃく》である。「親父《おやぢ》」というのもよくなく、「親仁」「親慈」もただ「親」と書くのがよい。

お山【おやま】「やましゅ（山衆）の事」ヲ見ル

おやまこ【おやまこ】〈何が不足で癇癪の枕言葉〉「三、おやまこ」。〔小野篁謔字尽〕

小山朝政【おやまともまさ】〔大増補万代重宝記〕に小山朝政《ともまさ》は秀郷の胤である。治承の乱（一一八〇年）に兵を野州に起し、もって頼朝に応じた。時に志太義広は軍兵数万人を率いて攻めて来たが、朝政はわずか数百人で討ち破った。その後、弟の宗政、朝光も軍功があった。暦仁元年（一二三八）、八十四歳没。

御山参り【おやままいり】〔年中重宝記・五〕に、三峯《さんぼう》というのは稲荷山の上に三峯が相連なるもので、稲荷の神が初めて出現の所である。俗に御壇《おだん》と言い、影向の杉が今にある。毎年正月五日に社家の各々がここに参詣する。これを御山参りという。

御湯【おゆ】「みこしあらい（御輿洗）」ニ同ジ

御湯加えの事【おゆくわえのこと】 食礼。〔諸礼調法記大全・天〕に御湯加えの事がある。湯はいつも亭主より先へ出し、その後に上客にすすめる。尤も時宜により、勝手より別の椀に盛って出すのが真の饗応である。また時宜により、障《さわ》り金色《かないろ》湯注《ゆつぎ》に注いで、冷《ひやし》汁のように持ち出ることもある。

おゆのした【おゆのした】 大和詞。「ゆのこ（湯粉）は、おゆのした」という。〔女重宝記・一〕

およすげ【およすげ】 大和詞。「をよすげとは、をとなしき事」をいう。〔不断重宝記大全〕

荷蘭【おらんだ】〔童蒙単語字尽重宝記〕に荷蘭《おらんだ》は王国、広さ一万三千六百五十坪、民は三百七十三万五千七百人。「ほるらんど」とも言い、「和蘭」とも書く。海克（はーけ＝ハーグ）民は八万七千三百十九人、恩斯徳爾敦（安特諟＝あむすてるだむ）民は二十六万二千六百九十一人。（品川海より）四千八百七十二里。〔蘭学重宝記〕に和蘭七州の全図、その名 ホルランド、ウトレキト、ゲルデル、コロニン、ゼーランド、フリーズランド、オフルエルスと、その記号及び総記号がある。

阿蘭陀赤膏【おらんだあかこう】〔洛中洛外売薬重宝記・上〕に阿蘭陀赤《おらんだあか》膏は、室町二条 山田保延にある。金瘡 突き傷 打ち身によい。

阿蘭陀油薬【おらんだあぶらぐすり】〔洛中洛外売薬重宝記・上〕に阿蘭陀油薬は、河原町三条下ル丁 村上氏にある。一切の腫物につけてよい。

阿蘭陀アホストロウルン【おらんだあほすとろうるん】〔洛中洛外売薬重宝記・上〕に「阿蘭陀アホストロウルン」は、室町蛸薬師上る 稲垣和右衛門にある。腫物一切によい。

阿蘭陀囁き竹【おらんだささやきだけ】〔万用重宝記〕に阿蘭陀囁き竹の仕法は、六寸廻りの竹を長さ四尺五寸に切り、節をよく抜き一方に紙を貼って置き、樟脳と芥子の花とを燻べ、その煙をよく竹の中へ焼き込み、気の抜けないように両口共紙で貼って置き、囁く時両方の紙を取り、向うの人に見当を少しも違えず、竹に口をよく当て息が少しも散らないように囁く。向うへは甚だ妙に聞える。

阿蘭陀せいかう【おらんだせいこう】〔洛中洛外売薬重宝記・上〕に阿蘭陀セイカウは、室町蛸薬師上る 稲垣和右衛門にある。腫物の毒を寄せて妙である。

阿蘭陀撫子【おらんだなでしこ】 草花作り様。阿蘭陀撫子の花は色々ある。肥しは茶殻の粉を根に置く。分植は実を春蒔く、根植えは春秋の時分がよい。〔昼夜重宝記・安永七〕

紅毛煮【おらんだに】〔料理調法集・煮物之部〕に紅毛煮は、鯛を常のように洗い、丸のまま油で揚げ、酒ばかりで久しく煮ると、骨もやわらかくなる。後に醤油で塩梅する。

紅毛煮鶏【おらんだににわとり】〔料理調法集・煮物之部〕に紅毛煮鶏《おらんだににわとり》は、黒い鶏の黄脚の至って若いのを選び、常のように洗い、丸ながら胡麻の油で揚げ、その油で葱の白い所ばかりを寄せ切りにして煎り、出汁 醤油を加減して、この二品を入れ、煮て噴き上げる時、玉子の黄身を濾して入れ、出す。

和蘭陀味噌【おらんだみそ】〔料理調法集・調製味噌之部〕に和蘭陀味噌は、大豆をよく炒って細かに挽き割り、唐辛子・胡麻・陳皮・麻の実・芥子等を上々の赤味噌に交ぜ、庖丁でよく切り交ぜ、この味噌を胡麻の油で煎り、よい日和に二日程干しつけ、手で揉むと切和え*のようになる。

阿蘭陀餅【おらんだもち】 菓子名。阿蘭陀餅、上うき物、中しめし物、下こね物、羊羹。〔男重宝記・四〕

和蘭陀流膏薬の方【おらんだりゅうこうやくのほう】〔改補外科調宝記〕に「和蘭陀流膏薬の方」がある。犬山椒膏* 茴香《ういきょう》膏* 蝸牛《かぎゅう》膏* 甘草膏* 金性《きんしょう》膏* 鶏子《けいし》膏* 軽粉膏* 琥珀膏* ころは膏* 砂糖ちやん膏* 杉脂《さんし》膏* 神異膏* 大黄膏* 代針膏* 土龍《どりょう》膏* 乳香膏* 鼠色《ねずみいろ》膏* 白寒《はくかん》膏* 蜂蜜《ほうみつ》膏* 麻仁《まにん》* 麻仁膏* 万病秘伝膏* 楊梅皮《ようばいひ》膏* 莨菪《ろうとう》膏*。

おりえ【おりえ】 大和詞。「をりゑとは、しげ（繁）きと云心」である。〔不断重宝記大全〕

折形【おりかた】 進物等を包む紙の折り方、或は器物に付ける飾りの紙の折り形である。「小笠原流折形図」ヲ見ル

折紙／折文【おりがみ／おりぶみ】 ○折紙は奉書紙 鳥子紙 檀紙等を横に二ツに折り、書状 目録 包紙等に用いた。○折文は折紙に書いた書状。〈折紙状認め様〉〔永代調法記宝庫・二〕に奉書紙 鳥子紙 檀紙等を横に二ツに折り、折り目を下にして書いた書状。俗に裏白《うらじろ》という。長文でも片表に書き留め、裏へ返して書かない。裏へ恐惶謹言とばかり書くのは悪い。文言を二ツ三ツ書き添えて何々恐惶謹言と留めるとよい。月日付は、本行より半字ほど下げて書く。判を大に据えるのはぶしつけである。片表に書いた状は書いた方を内にして折る。〔諸礼調法記大全・地〕には杉原紙を二ツ折し折目を下にして用いる通常略式の書状で、全紙その侭を用いる正式の竪文《たてぶみ》*に対する。「三方三六の矩」*、墨継*で書き連ね、書状に大小の文字なく、裏へ返す時は二行半から三行も返して書く。文章を短く片面に書き、裏に恐惶謹言ばかりを書くのは悪く、文言を二三字書き添えて裏へ廻す。月日付は本行より半字程下げて書く。判は小さく据え、大きなのは無礼、片面に書いた方を内へ折り、封じて送る。その上包は、表へ折り目が掛らず、開いて宛名自分の名ともに切れないように封ずるのを敬いとし、同輩以下は折目の上下が明き、裏の封じ目は下がるほど下輩である。裏の封じ目は「封」と書くのが常例、「夕」を敬いとし、「〆」を書く。糊つけを強くせず薄く手間の入らないようにするのがよい。「封じ目」ヲ見ル

〈状間の明き様〉〔大増補万代重宝記〕には折紙状の間の明き様は「三方三六の矩」があるが、文の長い時は二寸八分、余程長い時は三寸六分の半分一寸八分、また二寸八分の半分一寸四分も用いる。いずれの場合にも、口より端作《はしづくり》*まで、上所《あげどころ》《じょうしょ》より月日までと、月日より宛名までの三ヶ所で、同じ明きにする。「横文」ともいう。〈包み様〉〔不断重宝記大全〕に掲図（図69）があり封字目が下がる程下輩とする。折紙目録は「太刀折紙」*、贈呈目録の類は「目録箱書の事」ヲ見ル。「書状の事」参照

織切【おりきり】〔絹布重宝記〕に織切《おりきり》と断る物は全て、丈《たけ》ではなく、幅《はば》のことである。それ故、帯地か肩衣地《かたぎぬじ》に限る。帯幅に織切り、肩衣幅に織切るということである。

図69　折紙／折文「折状包み様」(不断重宝記大全)

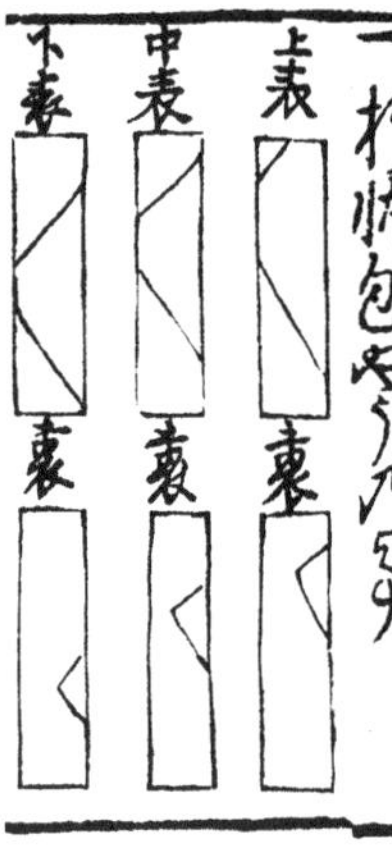

織切肩衣地【おりきりかたぎぬじ】〔絹布重宝記〕に織切肩衣地は、京絽《ろ》*に似て野品《やすもの》である。三分練、五分練、本練など、好みによりこな(扱)す。上州絽*は続きにして登る。京絽は、肩衣地は中買より肩衣尺《だけ》に裁ち売買する。

折句歌【おりくか】　歌学用語。〔諸人重宝記・一〕に折句歌は、かな題の時、物の名を五句の頭に置き、五字を折り入れて詠む。例えば、「かきつばた／から衣 きつつなれにし つましあれば はるばるきぬる 旅をしぞ思ふ」(古今集・九羇旅歌)の類。

織留【おりどめ】「かいきり(界限)」ヲ見ル

織り縫いの事【おりぬいのこと】〔女用智恵鑑宝織〕に織り縫いの事は神代よりあるが、応神天皇(第十五代〔『紀』〕)の時に百済国から真毛津《まけつ》を召し、使いを呉国に遣わして縫工女《きぬぬいひめ》を求め、兄媛《えひめ》・弟媛《おとひめ》、呉織《くれはとり》・穴織《あなはとり》が日本に来てから精美となった。元明天皇 和銅五年(七一二)には諸国に綾錦を織らせ、聖武天皇(七二四〜七四九)の時に吉備大臣が入唐してより、衣服に縫いの模様を伝え 大内に縫殿を建て 世に広く伝わった。歌に「織る綾に勝りて見ゆる唐縫ひの いと品々に彩れるかな」。

織部という盃の名【おりべというさかずきのな】〔世話重宝記・二〕に濃州古田織部正重能は、千宗易 利休居士の弟子で、茶を嗜み数寄の名を得た。器物の物ずき風流にして、織部焼などといい、人々が賞翫する。小さい薄い盃は、織部殿の物ずきなので、そのまま盃の名とし、織部とした。

織部豆腐【おりべとうふ】〔料理調法集・豆腐之部〕に織部豆腐は、豆腐一丁を四ツに切って焼き、中を杓子で割れ目をつけ、出汁に酒 醤油を薄く塩梅して、鍋に中蓋をして汁沢山に久しく煮て、上置きに花鰹 胡桃、或は辛子 卸し大根 山葵の類を置き合せて出す。

織部省【おりべのつかさ】〔万民調宝記〕に織部省《おりべのつかさ》は大蔵省*に属し、諸々の織物を弁別し、また染める司である。「おんべのつかさ」ともいう。

折骨【おりほね】「さんず(三頭)」ヲ見ル

織物裁販【おりものたちうり】〔江戸流行買物重宝記・肇輯〕に、冨沢丁 近江屋喜右衛門。本町一丁メ 升見屋三右衛門。長谷川町 金川屋忠兵衛。横山町三丁メ 播磨屋善九郎ら、五軒がある。

御料理【おりょうり】「三人詰御料理」は、糀丁大よこ丁 日乃屋半兵衛である。「清寿庵」「仕出し料理」も参照。〔江戸町中喰物重法記〕

折鍼の方【おればりのほう】〔鍼灸日用重宝記・一〕に鍼が折れ肉中にあって出ないのには、壮鼠《こねずみ》の肝と脳とを搗き爛らかして針口の上に塗るとよい。鍼によらず、何でも肉に入って抜けないのには、象牙を粉にして水で溶いてつけるとよい。もし鍼口が癒えて合うのには、平鍼で割開《つきあけ》、薬を貼《つけ》るとよい。

下ろし【おろし】「おろしとは、もの(物)のくいのこり(食残)也」。〔消息調宝記・二〕

尾張【おわり】　尾州。〔重宝記永代鏡〕には、海部《あまべ》、中嶋、葉栗《はぐり》、丹羽《にわ》、山田、愛智、春日部《かすかべ》、智多をあげ、城下は名古屋、犬山にある。一ノ宮は国玉《くにたま》にある。〔万民調宝記〕に居城知行高は、名古屋・尾州中納言六十一万九千石。〔大増補万代重宝記〕に下管、日本第一上々国、南北三日。田数七千五百一町、知行高四十八万八百四十石。〔重宝記・幕末頃写〕には知行高を五十二万石とし、地厚く土肥え、種生え千倍、里多く勝れ、日本国の大上国である。愛知県の西北部。〈名物〉〔万買物調方記〕に綿、

藍玉、八丈、大根、名古屋藻魚、南方毛抜、清州政常が小刀など。

御諱【おんいみな】〔男重宝記・一〕に御諱《おんいみな》は、天皇や公方の実名をいう。俗に云う、名乗りである。「諱《いみな》」参照

遠志【おんじ】〔薬種重宝記・上〕に唐草、「遠志 をんじ／こぐさ。鉄火を忌む、蘆頭心を去り、又甘草の汁、又生姜の汁に浸す」。〈薬性〉〔医道重宝記〕に遠志は、苦く辛く温。神《しん》を安んじ、驚《おどろき》を止め、心を鎮め、志を強くし、健忘を治す。よく洗い蘆頭を去り、槌で砕き、心を去り刻み、甘草湯に浸し、乾かして焙る。鉄を忌む。

音声の妙薬【おんじょうのみょうやく】〔家内重宝記・元禄二〕に音声の妙薬に次がある。○総じて声の出ないのには、黄芩・麦門冬を丸じて服する。○冷えて声の出ないのには、架梨勒・桔梗・甘草を童便で煎じて服する。○声が出ず瘖《おし》となるには、蟬蛻《せんぜい》を末（粉）して水で服する。

温泉の事【おんせんのこと】〔万物絵本大全調法記・上〕に「泉 せん／いづみ。源 みなもと。温泉 をんせん／でゆ」。〈温泉見舞〉〔進物調法記〕に湯治見舞は菓子類 餅類 干し魚 浅草海苔 蓮根 漬物 薩摩芋 煙草等三十数品物の他、入湯場所の道中記 名所記 絵図類 読本類がある。〔音信重宝記〕にも酒 醬油 饅頭 菓子 肴類がある。○「但馬」にない物は、鳥貝 牡蠣 蜜柑 林檎 薩摩芋 葡萄等。○「有馬」にない物は醬、油 野菜等が不自由、酒は悪い。肴（魚）は沢山にある。〔大成筆海重宝記〕等には「湯治見舞状」「同返事」の書き方の範例文がある。

御衣【おんぞ】「よぎ（夜着）」ヲ見ル

温痰【おんたん】経験方。〔丸散重宝記〕に温痰《おんたん》は、風痰*の治方に同じとある。

女今川【おんないまがわ】〔女寺子調法記〕に「女今川」は、男子を対象にした「今川了俊愚息仲秋制詞条々」*に擬えて、女の直《すぐ》な道を守らせることを書いたものである。同様に、二十三条からなり、その後は総説である。例えば、「常の心ざし無嗜《ぶたしなみ》にして女の道明らかならざる事」「小事をも愚かにして考へなく何かと誹謗する事」「大事をも辧へなく我心うち解け語る事」「正直にして衰えたるものをかろしむる事」等。「教訓／女今川」「今川になぞらへ女を誡むるの条々」ともいう。

女が男を思うよがり薬【おんながおとこをおもうよがりぐすり】「すんいんほう（寸陰方）」ヲ見ル

女が子を失くした時の生薬【おんながこをなくしたときのきぐすり】〔薬家秘伝妙方調法記〕に、女が子を失くした時の生薬は、烏の毛を黒焼にして用いる。また子種を黒焼にして呑ますとよい。

嫗葛【おんなかずら】「をんなかづら（嫗葛）とは、薬草の芎藭（川芎の古名）也」。〔消息調宝記・二〕

女歌仙【おんなかせん】〔重宝綱目女要婦見硯〕は「女歌仙姿絵抄」に次の十八番左右を番《つが》える。（左）小野小町×（右）式子内親王。（左右は以下同じ）伊勢×宮内卿。中務《なかつかさ》×周防内侍。殷富門院太輔×俊成卿女。右近《うこん》×待賢門院堀川。右大将道綱母×宜秋門院丹後。馬内侍《むまのないし》×嘉陽門院越前。赤染衛門×二条院讃岐。和泉式部×小侍従。蔵人《くろうど》左近《さこん》×後鳥羽院下野《しもつけ》。紫式部×弁内侍。小式部内侍×少将内侍。斎宮女御×伊勢太輔。清少納言×土御門院小宰相。太弐三位×八条院高倉。高内侍《たかないし》×後嵯峨院典侍《すけ》。一《いちの》宮《みや》紀伊《きい》×式乾門院《しょくかんもんゐん》御匣《みくしげ》。相模《さがみ》×藻壁門院《そうへきもんゐん》少輔《しょうゆう》。

女教訓躾嗜み【おんなきょうくんしつけたしなみ】〔女筆調法記・五〕〔嫁娶調宝記・四〕〔女用智恵鑑宝織〕〔重宝女訓女今川操文庫〕等の女子教育・躾の多様な記述を纏めると大略次の通り。○〔宝織〕には女は見目形よりも心の勝るのをよいとし、和順の二ツを以って教導する。幼時から男女の別を教え、衣裳も同じ所に置かず、同所で浴《ゆあみ》せず、受渡しも手より手に直接せず、親類兄弟も男女の別を正す。三従*の道を弁え、婦徳* 婦言* 婦容* 婦功*の行いを身につけさす。○〔女筆〕は容《かたち》（＝「三十二相美人」*に相応する）よく、身の振舞い（頭から足先迄気高く 清潔 口がましくない等）、心遣い

〈「娘の躾」の内「ある母の娘の方へ教訓の歌」参照〉を身につけさせる。○〔宝織〕には七八歳より男子と同じく手習させ、手習の暇には百人一首や古今集等の歌書、また女四書 女誡 聖賢の書も読ませないと物の善し悪しも弁え知らず、夫に近付いても便り少なく、夫婦仲も一門中の付合も宜しくなく、更には歌物語の席に関心のない女は人に見劣りして口惜しい。十二歳よりは外出させず家に居て織り 縫い 績み 紡ぎを習わせ、仮初にも色好み咄 戯れ事 浄瑠璃 歌舞伎は勿論、伊勢 源氏等は好色のこと等多く常に玩ばせない。○〔女筆〕にも十歳を過ぎ十五歳にもなると、その品に従い「学問手習」*させ、士農工商の基《もとい》を油断なく教える。

〈躾け〉〔女文翰重宝記〕には女教訓躾の条文三十一条があり、「教訓歌」八首には図示もある(図70)。「女教訓躾」は次の類は慎む。○人前で楊枝を使い銜えて物を言い、また人前で着替えること。○人の手拭を濫りに使い、扇を奪い合い、爪切や小刀を借りて拭わずに返すこと。○客人に遅く、或は忙がわしく出会うこと。○人の話の中を折り、前に話を仕掛け、手跡を濫りに褒め 謗ること。○人の名を粗相に書き、我が名を念入りに書くこと。○悪筆 又は悪紙で大切な方へ状文を遣わし、封に念を入れ 或は粗末にすること。○盃が出たのを見て、或は酒の半ばで立つこと。○分限なくして上座へ上がり、用もないのに男の前に差し出、或は男の評判をすること。○「教訓歌」は、「世の中の親に孝ある人はただ何につけても頼もしきかな」「折々に悪しきを捨つる心から 後悔程の学問はなし」「手習を花の蕾に譬えけり 心の奥を隠れ家にして」「手習は坂に車を押す如く 油断をすれば後へ戻るぞ」等である。

〈諸礼義〉〔女用智恵鑑宝織〕にも人前での諸礼義のあらましがある。○貴人の前では扇を使わず。○汗を拭わず、鼻を嚙まず。どうしてもなら次の間に行って拭い、嚙む。立たれない時は、よく堪える。○痒い所を掻かぬ。耐え難い時は強く掻いて二度と手を遣らぬ。貴人の前には何事も十分に整えて置いて出るのがよい。○人前では爪を取らず、髪を撫でず、帯を仕直さず、人の寝道具を踏まず、まして人の足等踏み越え等してはならない。○人の話中に他の話をせず、間違いを直さず、人が密かに話す時は直にその場を立ち退き、物事や作法を我れ知り顔に自慢せず、すまし顔をせず、指図等をせず、人の書く文や読む文を共に見ず、打ち

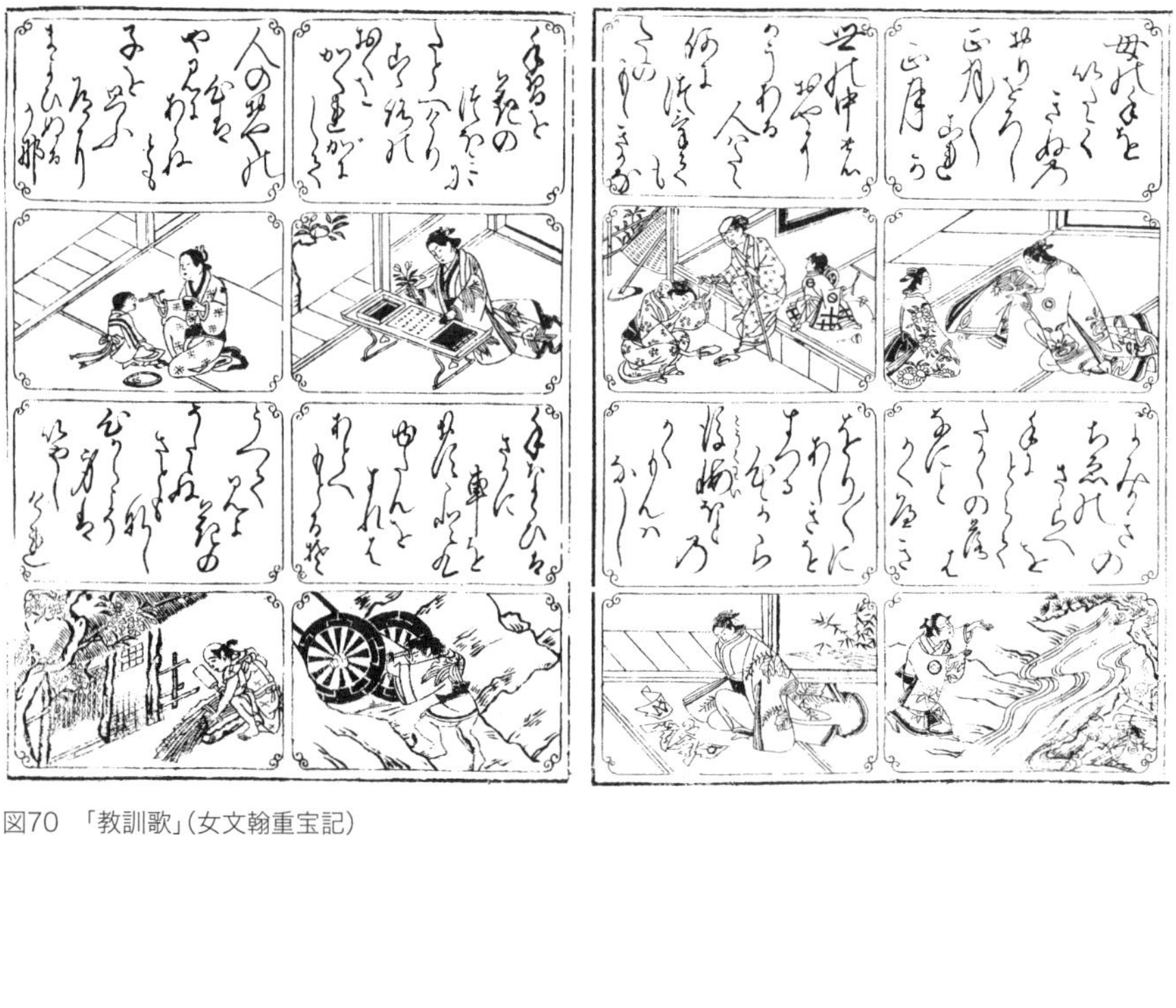

図70 「教訓歌」(女文翰重宝記)

解け顔に問わず、語りや懺悔物語をせず、まして人事 謗り 侮り等を濫りにしない。○人の顔をじろじろと眺めない。○人に誘われて行く時その人の衣裳より勝れてはならない。「行儀嗜み事」「妻の嗜み事」「嫁入り前に教ゆべき十三条」参照

〈嗜み〉〔嫁娶調宝記・四〕には「女の嗜むべき事」がある。○古歌を沢山に覚え、書く文に精を入れ、小学・四書*の類を読み習い、何でも裁ち物をし、秤目 算用 料理 織り方を習い知る。○夫に背かぬのが第一の嗜みであり、徒口をきかず、常々身嗜みをし、歯黒の白まぬようにし、足手の爪を再々切り、腹立顔を夫に見せて飽かれないようにする。このように心入れすると、子孫繁盛し、目出たく暮らせる。「婦人七去*」のことも消える。〔女寺子調法記・文化三〕から女の嗜むべき諸芸*を纏めると、聖人の教えの道をよい師についてよく学び、女の道を守ること、十種香 琴 三味線 歌加留多 茶道 和歌 双六 生花等があり、〔女寺子調法記・天保十〕には幼時には手習い物読み、縫針は第一の嗜み、また物立ち淑やかにして騒がしからず、琴三味線も少しは心掛け、和歌に心掛けると、心優しくなる等とある。

〔重宝女訓女今川操文庫〕に「女の風俗」は、強からず、重からず、徐《しずか》すぎず、早からず、尋常にして足の運びも広からず狭からず、腰を強くする。俗に柳腰とは嫋やかなのがよい。顔は少し反った心持で俯いたのがよい。強いて身振りに心をつけ過ごすと、力みが出ていやらしく見える。ただ何となく優にやさしく心掛けるのがよく、決して遊女めいた姿を見習ってはならない。「女は髪かたち」と言うので、髪結うわざは幼稚《いとけなき》時より嗜み学ぶのがよい。

〔女寺子調法記〕には次がある。○「女子《おんなこ》は幼《いとけなき》より善《よき》ことを学びて友を選ぶにぞあり」。○「父母に返事よくして行儀よく 手跡読物 励め縫物」。○「偽りを殊に女は言わぬもの 家を乱すの始めとぞ知れ」。○「大口や人の陰事誹り口 流行り言葉に差し出口すな」。○「御師匠や父母に言われず こそこそと隠す事なら固く慎め」。○「不器量や不具な人を笑うなよ 笑う我が身も人が笑うぞ」。○「縁に触れ心の移るものなれば仮にも悪しき戯れをすな」。○「召使う者には 我を父母の憐み給う如く恵めよ」。○「遅く寝て早く起きるを癖とせよ 内を治るこれが第一」。○「粗相故怪我過ちの出来るもの 只淑やかに物事をせよ」。○「短気故身を亡すぞ 女子はたゞ癇癪気随きつと慎め」。○「余所へ行く時 父母に行く先も道筋迄も告げて行くべし」。○「幼くと物の道理を考えて 無理を言わじと予ねて学べよ」。○「余の芸は知らでも済めど 知らいでは済まぬが縫針の道」。○「髪飾り衣服好みをする人は 兎角末々難儀するもの」。○「過ちをしたらその座で改めて 断り言えよ負け惜しみすな」。○「嫁入らば夫を主《しゅう》と崇むべし 月日の如く陰日向なく」。○「幼くと男の中に交るな これが女の行儀肝心」。○「兄弟は只睦じく親しめよ これ父母へすぐに孝行」。○「立聞きは分けて女の嗜みぞ 囁く咄し脇へ避け退け」。○「大小用 夜は必ず灯り持て 暗がり歩《ある》行きするは不行儀」。○「妬みごと心の内に萌しなば 三悪道（地獄道・餓鬼道・畜生道）は遁れぬと知れ」。○「徒《あだ》にのみ今日を過すな 暇あらば教えを書きし文を読むべし」。

女詞字幷正字類【おんなことばじならびにしょうじのるい】〔新板増補女調法記・五〕に「女詞字幷正字類」は、いわゆる女詞に対し、どの漢字を宛てるか百二十三語を出している。例えば、たつはる（立春）。せんもじ（先文字）。御たまづさ（玉章）。御ゆかしく（床敷）。まそっと（今少）。うけたまはりたく（承度）。くだされ（被下）。そこもと（其許）の類。

おんなじこと【おんなじこと】片言。「同《をなじ》事を、おんなじ事」という。〔世話重宝記・二〕

女実語教【おんなじつごきょう】〔女寺子調法記〕に「女実語教」は、男子を対象にした「実語教」*「童子教」*に擬えて女一生の教戒を記したものであ

る。幼時は父母に孝行を尽し、成人後は舅・姑に仕えて夫を大切にし、身を修める一生の教えを広く百七十余条に渡って記している。○「品勝れたるが故に貴からず、心正しきを以て貴とします」。○「容《かたち》うるはしきが故に貴からず、才あるを以ってよしとす」。○「富は是れ生けるうちの宝、身まかる時は別れしりぞく」。○「智恵は是れ万代の宝、命終る時は魂にしたがふ」。○「心を慎まざれば義なし。義なき時は畜類に等し」。○「人として陰の徳を行へば、必ず陽の徳あり」等。

女商売往来【おんなしょうばいおうらい】〔女寺子調法記〕に「女商売往来」は、男子を対象にした「商売往来」*に擬えて、商家は勿論、女として、或はどこの妻になるにしても ならないにしても、衣服や諸道具、その他家々に用いる文字を学ぶため見落してはならない書とする。

女節用集【おんなせつようしゅう】〔新板増補女調法記・五〕に「女節用集」として載る次の四部門の字尽集。○「女用器財門」黒棚一流 衣桁一組 屏風一双長持一棹 硯箱 鏡台等、百五語。○「女衣服門」緋袴 綿帽子 手拭 蒲団小袖 布子等、三十五語。○「絹布類」緞子 繻子 縮緬 綾 生絹 絞染等、四十八語。○「万染色の名」藍海松茶 煤竹色 千草染 加賀染 山鳩色 浅黄等、五十語がある。

女大学【おんなだいがく】〔日用重宝女大学〕に、大儒貝原先生の著述、誠に幼女の宝訓で世の女子《によし》は必見の書とあり、『教訓女大学教草』には貝原篤信述とある。但し、著者を貝原篤信とするのは適当でないとする説もある。女子は成長して他家へ嫁ぐので、男子よりも親の教えを厳しくし、容姿よりも心が勝れるのを良しとし、嫁しては両夫にまみえず、「婦人七去の法」*、家を守る婦徳*の教え等、十九条からなる。江戸時代基本の婦書である。

女手習教訓状【おんなてならいきょうくんじょう】〔女寺子調法記〕に「女手習教訓状」は、男子を対象にした「初登山手習教訓書」*に擬え、女子にとって最も大切な手習と縫い針の道を奨めるため、机・文庫・墨・筆・織・縫いの品々をさまざまに譬えて、稽古を面白がらせ 励ます教訓書としたものである。

女に家なし【おんなにいえなし】「老いては子に従う」ヲ見ル

女に溺れない法【おんなにおぼれないほう】〔色道重宝記〕に女に溺れない法は、女郎や芸者を買わず、娘 女房 下女に至るまで、決して色事をしないのが法である。惚れさえしなければ、例え小野小町 楊貴妃でも、溺れることはない。

女に祟る男【おんなにたたるおとこ】〔文政新刻金神方位重宝記〕に女に祟る男は、戊《つちのえ》亥、丙《ひのえ》午、癸《みずのと》酉 の各年に生れた男である。丙午*については反対の説もある。

女に四ツの行い【おんなによっつのおこない】〔女用智恵鑑宝織〕に「女四ツの行い」として「婦言」「婦功」「婦徳」「婦容」ヲ見ル。「女の四徳」モ参照

女に悪い男【おんなにわるいおとこ】「だんじょあいしょう（男女相性）」ヲ見ル

女の事【おんなのこと】〔万物絵本大全調法記・上〕に「女 ぢよ／をんな／むすめ。未だ嫁せざるを女と曰」。〈女の心〉〔女重宝記・一〕に女は、天照大神*の流れで、神代は勿論上代の女は素直で邪《よこしま》はなかったが、末の世今の世となっては女の心は日々に悪くなり、人を嫉み妬み、身を軽んじて色深く、偽り飾り欲心多く、優しい心はなく情を知らない事になった。釈迦も経に女人は地獄の使いであり 仏の種を絶ち 外面は菩薩に似て内心は夜叉と説き、孔子も論語に 女子は近づけると不遜と説いた。唐天竺の昔から僻んだ女の心ながら、心掛け嗜み慎めば、少しは素直な心にもなり 神慮の正直にも叶い 嫉妬の心もなく 欲少なく 情け深く 物を憐み 心も優しくなるものである。女は年若く 未だ嫁入りせぬ時は世を恥じ 身を恥じ 心を嗜む所もあるが、年長け世を持ってからは多くは心悪しく「蛇轆轤首《へびろくろくび》」*の渾名《あだな》を立てられ、下様《しもざま》では夫には「山の神」*と言わ

れ、人には「火車《くわしゃ》」*と呼ばれる類が多い。〈女の相〉〔女筆調法記・四〕に女は一に容貌《かたち》よく〔三十二相美人〕*、二に身の振舞よく〔女教訓躾〕*、三に心遣よく〔女の嗜み〕*あるのがよいという。

女の四徳【おんなのしとく】〔嫁娶調宝記・三〕に女の四徳は次の四ツで、十歳になると外へ出さず、姆（かしずき＝守り役）をつけて女の道を教えよとある。①婉《えん》は、物言いが静かで柔和なこと。②娩《ばん》は、立居振舞いが静かで身の慣わしを嗜むこと。③聴《てい》は、人の言うことを会得して対応すること。④従《じゅう》は、夫・親・子に従うこと。我が心に叶わないことは一旦退いて、後に訳を説いて言い聞かす。「女に四ツの行い」、「婦言」「婦功」「婦徳」「婦容」参照

女の名頭字【おんなのながしらじ】 女の名前の文字としてよい字、「姓」に合せてつける。〔女文翰重宝記・享保五〕〔新板日夜重宝記・明和六頃〕〔女寺子調法記・文化三〕〔女重宝記・弘化四〕等諸書に記されるが、時代により好みの字もあるのか掲載順が異なる。〔女重宝記・弘化四〕は一字名二字名があり一番挙例が多い。○木性の女。福《ふく》豊《とよ》邦《くに》美《よし》褒《よし》武《たけ》米《よね》筆《ふで》等一字名四十七字。茂世《もよ》八百《やを》八十《やそ》美奈 万瀬《ませ》冨喜 冨士等二字名十四字。○火性の女。弓《ゆみ》菊《きく》玉《たま》嶽《たけ》亀《かめ》季《すえ》佳《よし》吉《きち》根《もと》今《いま》など一字名七十八字。久米《くめ》久万《くま》見衛《みゑ》見代《みよ》古代《こよ》喜和《きわ》喜世《きよ》嘉野《かの》嘉瀬《かせ》等二字名十七字。○土性の女。中竹《なかたけ》重冬《しげふゆ》龍知《たつとも》利住《としすみ》町良《まちよし》鈴《すず》等一字名八十四字。登和《とわ》登《と》世利《せり》世利《より》久利《くり》尾類《をる》利名《りな》世多《よた》勢多《せた》喜知《きち》衛知《ゑち》尾《を》等二字名十七字。○金性の女。屋《いへ》郁《いく》閑《しづ》和隠安易宴《やす》薗《その》為《ため》喜好休由《よし》幸《かう》海《うみ》愛《あい》虎《とら》熊《くま》等一字名五十三字。由利《かんゆり》百合 伊瀬《いせ》伊野《いの》伊代《いよ》五百《いを》五十《いそ》等二字名十字。○水性の女。充総《みつふさ》速早《はや》種《たね》燭照《てる》増《ます》勝《かつ》糸《いと》松《まつ》市《いち》時《とき》辰《たつ》之雪 徂《ゆき》真昌 正政《まさ》等一字名八十五字。千万《ちま》千世 千代《ちよ》千衛《ちゑ》千嘉《ちか》津和《つわ》志満《そま》佐代《さよ》須賀《すが》十字《つじ》十弥《そや》十根《そね》等二字名二十字がある。「名頭相性《そうしょう》文字」「女中名頭字」等ともいう。なお〔女文翰重宝記・享保五〕には、女の名前の頭に「お」の字をつけるのは「御」でも「阿」でもなく、男を大とし女を小とするので「小《お》」の字の心という。「男の名頭字」参照

女の符／守【おんなのふ／まもり】〔増補咒咀調法記大全〕には次の符がある（図71、他項デ掲出ノ図モ掲ゲタ）。①「女の胸の病に呑む符（「胸の諸症」ヲ見ル）」。②「女腹の病に呑む符（「腹の諸症」ヲ見ル）」。③「女の瘧病の符（「瘧の事」ヲ見ル）」。④「女の血止らざるに用る符」。⑤「女男に無縁の守」（不断首に掛ける）。⑥「女の男を嫌ふよき符」。⑦「男の手を離れんと思ふ女の守」。⑧「男を逃れんと思ひ呑む符」。「月水の事」参照

〔麗玉百人一首吾妻錦〕には「婦人一生重宝記」として次の符がある。⑨「子安の符」。⑩「後産下り兼る時の符」。⑪「子生れ兼るに呑む符」（秘中の秘、濫りにしない）。⑫「子生れず腹の中にて死したる時呑む符」。⑬「月水《つきやく》を見ざる符」。⑭「月水を止る符」。⑮「女の乳腫物に用る符」。⑯「女の乳出ざるに用る符」。⑰「白血《しらち》を留る符」。⑱「（白血）よくる符」。⑲「月またがり（月経）の符」。⑳「子を求むる符」（晦日ごとに心経一千巻 地蔵の呪千遍唱え この符守を晦日ごとに用いる）。㉑「子を持たぬ符」（蚯蚓の頭の白いのを黒焼にし八重山吹の陰干とこの符を一ツに刻んで用いる）。㉒「催生《はやめ》の符」（赤紙と白紙で符を結んで飲ますと速やかに生れる）。㉓「逆子の符」（呑ます）。㉔「横子《よこご》*の符」（この符を朱砂で書き水で呑ますと子も母も共によい）。㉕「女の長血を留る符」（この符を呑まし加持するのに観音経三巻、文殊・如意輪・荒神の呪文を各千遍、又氏神へ立願する）。

女の外心あるを顕す法【おんなのほかごころあるをあらわすほう】 呪い。〔新撰咒咀調法記大全〕に「女の外心《ほかごころ》あるを顕す法」は、東の方へ行く馬の蹄《あし》の下の土を取って女の衣類に入れて置くと、その心は自ずから詞に顕れる。

女の脈【おんなのみゃく】〔斎民外科調宝記〕に女の脈は右手より診る。女は陰で血を主《つかさど》る。左手に心があり 左手を体とし、右手を用とする。右手

図71　女の符／守

④「女の血止らざるに用る符」(増補咒咀調法記大全)

⑤「女男に無縁の守」(増補咒咀調法記大全)

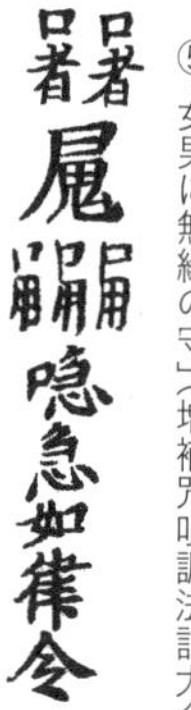

⑥「女の男を嫌ふよき符」(増補咒咀調法記大全)

⑦「男の手を離れんと思ふ女の守」(増補咒咀調法記大全)

⑧「男を逃れんと思ひ呑む符」(増補咒咀調法記大全)

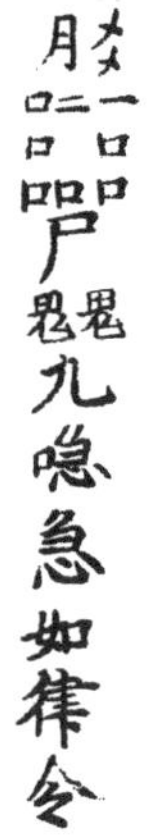

⑨「子安の符」(麗玉百人一首吾妻錦)

⑩「後産下り兼る時の符」(麗玉百人一首吾妻錦)

⑪「子生れ兼るに呑む符」(麗玉百人一首吾妻錦)

⑫「子生れず腹の中にて死したる時呑む符」(麗玉百人一首吾妻錦)

⑬「月水を見ざる符」(麗玉百人一首吾妻錦)

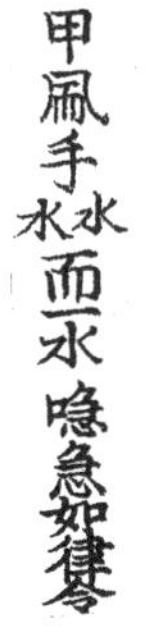

⑭「月水を止る符」(麗玉百人一首吾妻錦)

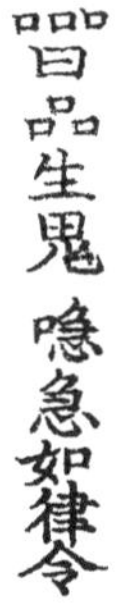

⑮「女の乳腫物に用る符」(麗玉百人一首吾妻錦)

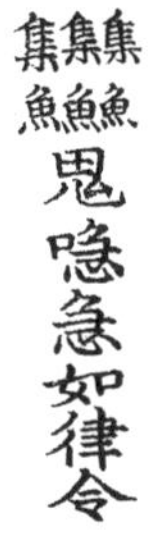

⑯「女の乳出ざるに用る符」(麗玉百人一首吾妻錦)

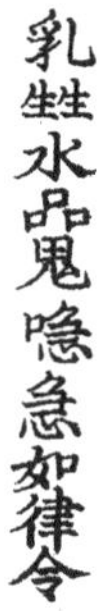

⑰「白血を留る符」(麗玉百人一首吾妻錦)

⑱「(白血)よくる符」(麗玉百人一首吾妻錦)

⑲「月またがり(月経)の符」(麗玉百人一首吾妻錦)

⑳「子を求むる符」(麗玉百人一首吾妻錦)

㉑「子を持たぬ符」(麗玉百人一首吾妻錦)

㉒「催生の符」(麗玉百人一首吾妻錦)

㉓「逆子の符」(麗玉百人一首吾妻錦)

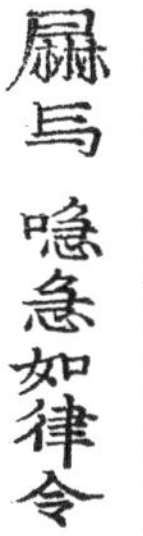

㉔「横子の符」(麗玉百人一首吾妻錦)

㉕「女の長血を留る符」(麗玉百人一首吾妻錦)

の脈が常に左手の脈より大きいのを順とし、尺脈は常に壮んで、寸脈が常に弱いのは普通である。男脈を得るのを大過*とする。「男の脈」参照

女見立床の評判【おんなみたてとこのひょうばん】〔茶屋諸分調方記〕の「女見立床之評判幷上中下百難」に、大略次がある。〇上女 第一瓜核顔で面長、鼻筋通り、艶は桜の盛り、目元細からず太からず、髪は黒く細く嫋か、姿は嫋かで腰は太からず、物言い豊やかで、人に愛敬があり、心も素直、立居振舞も淑やかで、風俗は行き過ぎず くすまず。玉門高く玉茎に吸い付くなど、喜ばしいことの記述がある。〇中・下女 悪いのはどこも悪く見える。中から下の難点を九十余挙げていて、癖のある者はこれを見て心を直せとある。悪いからと言って女の廃った者はない。勝れた女は稀で上女は千人に五人 五百人に二人、例えいても心ざまが卑しいと夜発に出ても銭儲けはできない。とにかく鋭けなく ぼっとりとしているのがよい。中・下の玉門は中・下段にあり、広々として玉茎に当る所もなく、冷え渡り臭い。

女文字【おんなもじ】〔女文翰重宝記〕に、女文字とは「かないろは*」のことである。

女を悦び泣かせる伝【おんなをよろこびなかせるでん】 よがり薬*。〔清書重宝記〕に、甘草・山椒・丁子・阿片をよくよく粉にし、麩糊で玉にし、二ツ三ツも入れて交合すると女はよがる。

おんのける【おんのける】 片言。「おしのける」というを、東では「をんのける」、中国方では「しろのける」という。〔不断重宝記大全〕

御の字【おんのじ】 簡礼書法。〔大増補万代重宝記〕に「御の字の高下」を書くには、真行草に書き分け、真は上方に、行は同輩に、草は下輩に宛て書き、それもそれぞれにくずし方により また上中下に分つ。〔消息調宝記〕に女中と遣り取りの文には、互いに御の字を用いることが多い。送る物ではあるが「御年玉」「御肴」等は、受ける方も御の字をつける。人から賜るものを「御賞翫申上げ」等書くのは常のこととある。「様殿御候中の字高下書き様」ヲ見ル

音博士【おんはかせ】〔万民調宝記〕に音博士《おんはかせ》は大学寮*に属し、呉音*漢音*をただし、諸書の音訓を教える人である。

温病【おんびょう】「傷寒《しょうかん》」ヲ見ル

音便【おんべん】〔日用重宝記・五〕に次がある。音便（を〔お〕んべん＝おんびん）と言い、観音（くわんをん）を「くわんのん」、智恩院（ちおんゐん）を「ちおんにん」、源三位（げんさんゐ）を「げんざんみ」、陰陽師（おんやうじ）を「おんみやうじ」と読む。（ ）の仮名を「 」の仮名で口に読む類を音便（をんべん）と言う。煙（けふり）は「けむり」、傾（かたぶく）は「かたむく」、冠（かんふり）は「かんむり」、神南備山（かみなびやま）は「かみなみかな」と、仮名と口と二色である。この類は古来よりの法である。本を読んで聞かせる時はよく心得るがよい。

陰陽師【おんようじ】〔万民調宝記〕に陰陽師《おんようじ》は中務省*に属し、占いを考えることを司る。

陰陽の矢【おんようのや】「まとや（的矢）」ヲ見ル

陰陽博士【おんようはかせ】〔万民調宝記〕に陰陽博士は陰陽寮*の頭《かみ》の下司である。この道の諸生にその法を教える者である。

陰陽寮【おんようりょう】〔万民調宝記〕に陰陽寮は中務省*に属し、天文を知り諸事を考えて暦を作り、風寒の気を窺い、天地の変異を奏聞することを司る。頭《かみ》一人。陰陽寮に「をんやうのかみ」とあるのを「おんようりょう」に改めた。

温溜【おんる】〈経絡要穴 肘手部〉二穴。温溜《おんる》は直に偏歴の上二寸、腕の後ろ五寸の処にある。針三分。灸三壮。上気、目眩、癲癇、風逆、手足腫れ、肘痛、喉痺、口舌痛み、鼻血を治す。〔鍼灸重宝記綱目〕

か

下【か】〔算学重宝記・嘉永四〕に下《か》は算盤の用字。算盤で粒を飛んで数を読むことをいう。一桁あくこと。

和【か】算盤の用字。〔算学調法塵劫記〕に「和《くわ》／相併《あいならべ》」は、幾数《いくつ》も合すことをいう。三ツ合すを三和《さんか》、四ツ合すを四和《しか》等という。「加《くわえ》」参照

箇【か】〔算学調法塵劫記〕に箇《か》は、数の結びに用いる字で、例えば二箇三箇など言うのも、二ツ三ツに同じである。

雅【が】「りくぎ（六義）」ヲ見ル

革鞋【かあり】唐人世話詞。せきだ（雪駄）を「革《か》鞋《あり》」という。〔男重宝記・五〕

皆【かい】九字の大事の一。〔新撰咒咀調法記大全〕「九字の大事」*の一「皆《かい》」。中央不動明王。外《げ》縛印。

疥【かい】「疥癬瘡」ヲ見ル

開【かい】陰門ニ同ジ

槐【かい】〔万物絵本大全調法記・下〕に「槐 くわい／ゑんず。春」。〔薬種重宝記・中〕に和木、「槐花 えんじゆのはな。刻み、炒る」。また「槐角子 くわいかくし／えんじゅのみ。一夜醋《す》に浸し蒸し炒る」。ともに鉄を忌む。

甲斐【かい】甲州。〔重宝記永代鏡〕には山梨、八代、巨摩《こま》、都留の四郡をあげ、城下は府中で、一ノ宮は浅間である。〔万民調宝記〕に居城知行高は、府中・甲斐宰相三十五万石。〔大増補万代重宝記〕には山代を入れて五郡とする。上管、南北三日余、中国。田数一万四千三町、知行高二十四万二千石。〔重宝記・幕末頃写〕には田浅く畠深く、四方寒く、陽気なく、草木茂り、牛馬多く、中の国とする。今の山梨県にあたる。〈名物〉〔万買物調方記〕に甲州判（金）郡内紬 紙 漆 蠟 小梅 柳下木綿 石《いさ》和《わ》川の鮎 駒などがある。

陔【がい】大数*の単位。〔算法重宝記改成・上〕に、京の一万倍を陔という。十陔、百陔、千陔とある。但し、〔算学調法塵劫記〕等には「陔」や「垓」とするのは誤りで、「該」とするのが通行という。

害【がい】唐尺*の事。〔文政新刻金神方位重宝記〕に、害の寸に中《あた》れば死人が出来、葬礼が度々出、悲しみは絶えない。害は八卦*で絶対。

貝合の起り【かいあわせのおこり】〔女重宝記・二 弘化四〕に「貝合の起元」がある。事八十神《ことやそのかみ》が弟の大巳貴命《おおあなむちのみこと》を憎み殺そうとした時、神皇産霊尊《かんみむさびのみこと》は蚶貝《いかい》姫と蛤《はまぐり》貝姫に教えて天降《あまくだ》らし、蚶貝姫は岐佐宜《ぎさぎ》を作り、蛤貝姫は真井《まない》の水を持って来て塗り和らげると、麗壮夫神《うつくしきかみ》（＝大巳貴命）となり、素盞嗚尊《そさのおの》の許に行き娘の須勢理姫《すせりひめ》を妻とした。蚶貝姫が作った岐佐且は今の天児《あまがつ》*である。婚姻の時に貝桶と等しく天児を先に立てるのは蚶貝姫と蛤貝姫を寿き、妨げをする悪神を祓い鎮める理である。貝合は両姫が大巳貴命の命を救い須勢理姫と婚姻したことから、両姫の名を寄せて貝合をする起りとなった。

人の世となり、景行天皇（『日本書紀』に第十二代 在位六十年）の五十三年十月に東国へ御幸があり、上総から常陸の鹿嶋へ渡られる時、大空に鶚《みさご》が鳴き過ぎる声を聞き、その鳥の形を見ようと海中へ出て白蛤《うんき》を得られた。盤鹿六鴈《ばんろくむかり》はその浦の蒲《がま》を取り結んで襷《たすき》にし、白蛤を膾にして御饗《みけ》を奉った。これより鹿島の浦の蛤貝を拾い貝合をして夫婦仲は和らぎ睦まじく、蛤《はまぐり》貝姫の貝の愛しみの光を玉に添え、寿き貝合をして祭り祝うことになった。今、結納の寿の頼みに酒・鴈・帯を添えて送るのも、盤鹿六鴈が蒲襷の帯を寿き祝うのである。蛤は、古書にも霊珠は抱《ほう》と書いて玉を生む貝であり、その珠を照屋珠《てるやだま》といい、婦人順和の徳に擬え、嫁入りする時笄《こうがい》の飾りに用いる。婦人はこの貝のように平生口を閉じ、心が珠の温和のようになることを願うのである。貝は千万あっても他の貝と

は合わないように我夫の外には身を終る迄他の男に会わず、貞淑の道を教え擬えるものである。
貝は鹿嶋と香取の二浦の蛤貝七十二合《ごう》を調え、男貝の内には金薄を女貝には銀薄を置き、「君が代」の歌の上の句は男貝の内に、下の句は女貝に書いて、錦の袋に入れて桶に納める。男貝桶の内には香取の浦の景色を象り、杉と菖蒲を蒔絵にし、蓋の内裏には洲崎に鶚の雄雌を蒔絵にする（景行帝の事に准え夫婦に別あることを賞する意）。女貝桶には鹿島の浦の景色を象り、松と鳥居一基を蒔絵にし、蓋の内裏には水草に蛤を蒔絵にする。貝合は大巳貴命と須勢理姫の夫婦結ぶの神の契を常陸帯に結び、蛤貝姫のおだまの露の愛しみの貝合をなし、身の障りをする悪い神々を退ける婦人の宝物とする。伊勢の二見浦の貝を拾うのは後世のことである。「貝覆《かいおおい》」参照

開鬱導気湯【かいうつどうきとう】〔医道重宝記〕に開鬱導気湯は、一切の腹痛を治す主剤である。蒼朮・香付子・川芎・白芷・茯苓・滑石・山梔子・神麹（各一匁）、陳皮・干姜（各五分）、甘草（少）を煎ずる。寒により痛むには五積散*、熱には小柴胡湯*、食積があれば香砂平胃散*を用いる。

開運霊符尊神の事【かいうんれいふそんしんのこと】〔古易方位万代調法記〕に、○「開運霊符尊神」は「北に向って毎朝濡手《ぬれて》の文を唱ふ」として、「祈念し奉る 北斗北辰 神武神仙 七十二道の鎮宅霊符尊神 抱卦童子 示卦童郎 善星皆来 悪星退散 武運長久 子孫繁栄 災害不生 福寿増延 大なる哉 乾元亨利貞 三遍／五遍／十五遍」。供花は木犀 梅 松 梔子 榧 初物 四季草花。前の文を毎朝毎夜唱えると、どのような悪運・難事・凶事も万事にわたり忽ち大運になる。
○「開運霊符尊神毎月降臨日」は、正月七日。二月八日。三月三日。四月四日。五月五日。六月七日。七月七日。八月十五日。九月九日。十月二十一日。十一月七日。十二月二十七日。この日は特に初水 清香を供え、星光を頂き拝む。少しでも腹を立てる時は神慮はない。

貝覆【かいおおい】〔重宝女訓女今川操文庫〕に貝覆は「貝合の起り」*にも記述するが、本書には次のようにある。景行天皇（『日本書紀』に第十二代 在位六十年）が東国へ御幸の時、鹿島の水戸で貝を拾い貝合せの寿があった。男女の語らい（契り）を表したもので置貝《じがい》を男に象り、出貝《だしがい》を女に表する。女は一度夫を定めて後は再び他に会わない戒めである。尤も和合を寿き、嫁入りに持って行く。〔女重宝記・四〕には、『源氏物語』の心を貝一対に書き、半《かたし》を撒き貝にして、合せて取る。貝覆《かいおおい》といい、貝合《かいあわせ》*とは言わない。『源氏物語』を覚えないと覆い難い。〈御所言葉〉〔女用智恵鑑宝織〕に「貝合はかいおゝひ（貝覆）」とある。

貝桶【かいおけ】〔女筆調法記・二〕に「貝桶」は合貝《あわせがい》を入れる桶である。「貝桶の絵」は大概住吉の浦を描く。昔 住吉の明神が白楽天に会い問答した時、住吉の浜でもずく（海雲）の貝共が合戦の体をしたとの伝により、この浦を描くという。合貝は三百六十のもので、源氏の絵、花鳥の絵、草花の絵 各百二十である。〔万買物調方記〕では「貝桶」は三都も「畳紙師」*の製である。「貝合の起り」参照

貝形蒲鉾【かいがたかまぼこ】〔料理調法集・蒲鉾之部〕に貝形蒲鉾は、蒲鉾を板へ鮑の貝を離した姿に見えるようにつけ、蒸して板を離し、出す時串に刺して煮詰め、醬油を懸け、火取りして切り形をする。

かい川【かいがわ】片言。「かい川は、紙屋川」である。〔不断重宝記大全〕

蚘疳【かいかん】〔小児療治調法記〕に蚘疳《かいかん》は、小児に極めて早く肉食させたため、肥《うま》く脂濃い物が腸胃に滞り、化して蚘（虫）になったものである。その症は多く泣き、沫《あわ》を吐き、腹痛み脹り満ち、唇は紫色に、肛門及び歯が痒い。薬に下虫丸*妙応丸*がある。

蟹眼【かいがん】〔人倫重宝記・五〕に蟹眼《かいがん》とは悪茶をいう。悪茶は泡太く蟹の目のようだという意。昔は茶を茶筅で振って飲んだが、今は田舎は

知らず京で茶を振って飲むことはない。但し、今は鉢叩《はちたたき》*も茶筅や田楽の串まで造って宿で売っている。

咳気【がいき】「感冒」ヲ見ル

快気散【かいきさん】〔丸散重宝記〕に快気散は、気つけ薬とある。調合は、蒲黄・葛粉（各二分）、人参・胡椒（各一戔）を細末（粉）にする。

咳逆【がいぎゃく】「しゃくり（噦）」ヲ見ル

外丘【がいきゅう】〈経絡要穴 腿却部〉二穴。外丘《がいきゅう》は外踝の上七寸、陽交と相並ぶ。陽交は前、外丘は後ろである。針三分。灸三壮。胸満ち、頭・項《うなじ》痛み、悪寒、犬に傷《やぶ》られて発熱し、癲癇、小児の亀胸を治す。〔鍼灸重宝記綱目〕

界限【かいきり】〔絹布重宝記〕に、口界限《くちかいきり》 奥界限《おくかいきり》は、織留《おりどめ》のこととある。織留とは、織止るという音を忌み嫌い、界限《かいきり》と唱えたものと思われる。繻子ばかりは額《がく》*というのは、古は繻子の織留は皆額を織ったからで、近来は風流の花鳥 山水の善美を尽している。京嶋*はこの織留を、玄人（絹屋）は角《つの》という人もある。

解夏【かいげ】「けつげ（結夏）」ヲ見ル

解谿【かいけい】〈経絡要穴 腿却部〉二穴。解谿《かいけい》は衝陽の後ろ一寸五分にある。足首の番い目、足の人差指と中指の通りにあたる陥みの中にある。灸三壮。針五分、留むること三呼。頭痛 目眩い 癲癇 霍乱 転筋 顔浮き腫れ 腹脹り 脚の腫れるのを治す。〔鍼灸重宝記綱目〕

貝合【かいこう】 薫物香具拵様。〔男女御土産重宝記〕に貝合《かいこう》は、裏表を刮げ石の平で摺り減らし、蟬の羽のように薄くして水で洗い、酒と水を等分に入れひたひたにして一夜置き、常の灰を水でたてて生絹で濾し、その灰汁で久しく煎じ、浮き上ったのを取り水で洗い、甘葛《あまずら》を少し入れて久しく煎じて取り上げ、紙に一重並べに並べて日に乾し、箸や筐筥で搗き砕き細かにして、絹で篩う。

開合【かいごう】「こうちゅう（口中）」ヲ見ル

海蛤粉【かいこうふん】〔薬種重宝記・上〕に和虫、「海蛤粉（かい）かうふん／うみかい。炭火にて焼き、研（擂り砕）いて用ゆ（る）」。

蚕に鼠の付いた時【かいこにねずみのついたとき】〔新撰咒咀調法記大全〕に「蚕に鼠の付いたるを除く符」は、丸木を三角に削り、その所の四方に立てる（図72）。

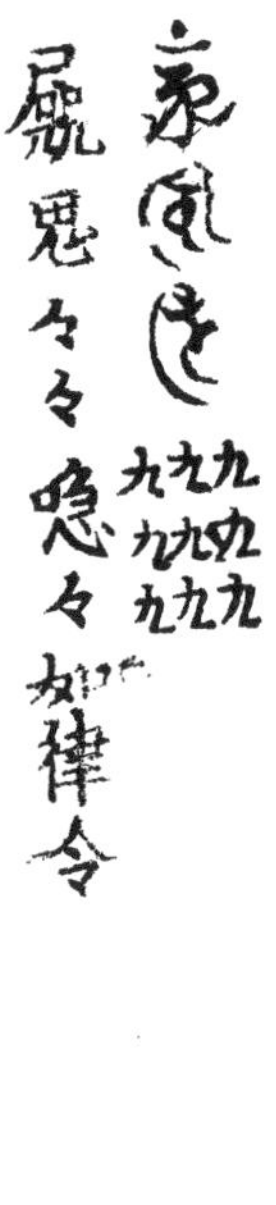

図72「蚕に鼠の付いたるを除く符」（新撰咒咀調法記大全）

蚕の事【かいこのこと】〈蚕間取〉〔養蚕重宝記〕に養蚕の第一は、蚕の間取り置き場所にあるとし、居宅方角の図がある（図73）。

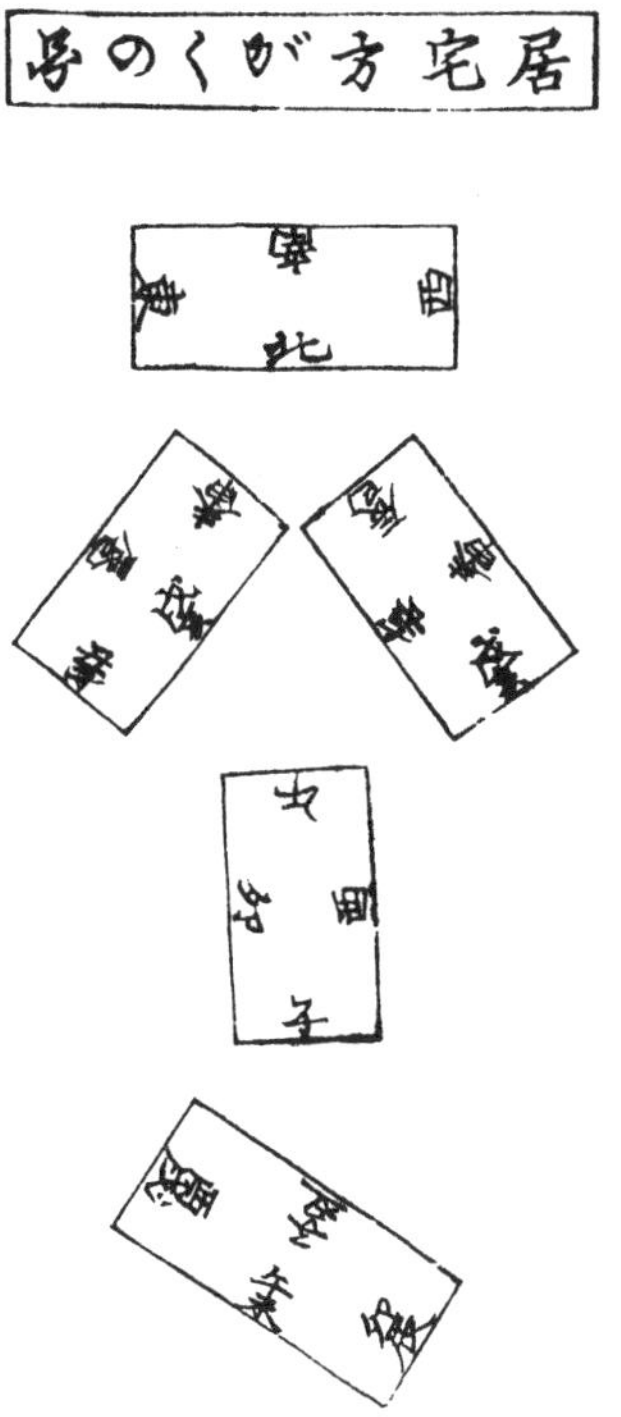

図73「蚕居宅方角図」（養蚕重宝記）

〈蚕の始め〉〔人倫重宝記・二〕に、帛《きぬ》は唐土の伏義が初めて蚕を化して糸を作り始めたとある。また『捜神記』を引き、或る人が家を出て帰らなかったのを一人娘が悲しみ、家の飼い馬に父を尋ね出して連れて帰ったら夫婦になるというと、馬は驚喜し程経て父を乗せて帰って来た。そ

の後、娘を見ては馬が怒るのを父が怪しみ、娘が始めの契約を話すと大いに怒り、馬を殺して皮を剝ぎ桑の木の下に置いた。ある時娘がその皮の辺に行くと娘を引き巻き行く方知れずとなった。父は悲しんだが、その後桑の木に娘と皮が形を現し、悉く化して蚕となり、綿を吐き父を養ったという。この綿を糸に引き機《はた》にかけて織ってから帛《きぬ》が出来た。〈由来〉〔養蚕重宝記〕に養蚕の由来は、人王二十二代雄略天皇（『日本書紀』では二十一代、四一八～四七九年）の后が唐土から常陸国へ着船の官女に習い、自ら養蚕してより広まった。蚕飼は雨を忌み、家内が安全に鎮まって吐くのが秘伝で、五常*の道一ツを欠いても危い。〔農家調宝記・初編〕は天児屋根命《あまのこやねのみこと》の姉天市千《あまのいちち》魂姫《たまひめ》に天祖が命じて天《あまの》豊岡《とよおか》を開き、桑を植えて蚕飼《こがい》を主《つかさど》らせ、今は出羽国象潟豊岡神祠がその姫で、蚕の祖神とある。〈飼い方〉〔養蚕重宝記〕に下々種 下種 中種 上種 極上々種の飼い方がある。例えば、中種の飼い方は、種一枚（目方十八九匁から二十匁）掃き、桑十五駄（一駄は五尺縄六把）を与え、蚕母二人で、繭一石三斗（京升）程を取る。蝶の性分が増し種よく中種とする。下種と上種の差は、中種よりそれぞれ桑と蚕母に五駄と一人の減増があり、繭は五斗減 三斗増である。人掛りが上下を決めることにもなる。「掃き立て」から四度の休みを経て繭造り迄の諸留意点、桑つけ、気候の暖寒、風雨などの対処法がある。
〈蚕を飼う秘伝〉〔万用重宝記〕に、○春蚕は子種を寒の内の水に浸けて置き、その後干して春蚕が出て掃き落し、その入れ物に蓬の葉・山椒の葉を置き、風の要害をする。桑の葉をかみ置き、だき置き、ひな置き、にわ置き迄、常のようである。にわ置きの時、桑をつける時、その桑に酒を吹き食わす。雨風を忌み、濡れ桑・蜘の巣は大毒で、その毒を消すには桑に酒を吹き掛けて用いる。○夏蚕は子種を掃き落し、その後随分柔かな桑をつけ、南風・雨風を忌む。この外、春蚕のようにすると二度の蚕飼で上々の糸を取ることは疑いない。北風で飼い上げる。蚕の男蝶、女蝶の図がある（図74）。

図74「蚕 男蝶・女蝶」（養蚕重宝記）

解索【かいさく】 七死の脈*の一。〔医道重宝記〕に解索の脈は、筋肉の上にあって散乱し、縄が解けるように指に集り、そのまま散ずる。五臟の死脈という。

外痔【がいじ】 〔改補外科調宝記〕に内痔*が外痔になったら薬湯で洗い、蓮房散*を捻り掛ける。

掻敷【かいしき】 食物を盛る器に敷く草木の葉。南天や柏、栗の葉が用いられる。〔永代調法記宝庫・一〕に、折敷足打鉢等に掻敷するには、草木の葉の本を上座へして葉先を末座へなるように敷く。

懐紙の事【かいしのこと】 〔女筆調法記・三〕に次がある。〈懐紙寸法〉大臣大・中納言 参議等は一尺三寸を、晴《はれ》の御会の時に大高《おおたか》檀紙*を包んで用いる。殿上人《てんじょうびと》で四・五・六位等は一尺二寸を用いる。但し、内の御会には主上 上皇以下も常の小高《こたか》檀紙を用いる。上﨟も勿論である。下﨟としては高いのは憚りがある。武家の五位六位の輩は小高檀紙を用いる。侍等はまた一尺五六分も、人によっては用いる。〔重宝綱目女要婦見硯〕には懐紙は横四寸六分、竪六寸。男懐紙は歌の所を四行に、九・十・九・

三字に書き、書き留めの三字は万葉仮名*で留める。〈懐紙書き様〉一首は三行三字、二首よりは二行七字で、二十首より百首になると二行になる。貴人の会には季日・官・姓名を書く。等輩の会には書かない。〈懐紙閉じ様〉懐紙の上と閉じ方の傍とを同様に重ねて閉じる。「色紙の事」「短冊の事」モ参照

外治方薬【がいじほうやく】〔骨継療治重宝記・下〕に外治方薬は、内服せず外から治す薬である。初氏の説を引き、転け傷《けが》して皮が破れ血の出る処が痛み耐え難いのには、風寒の着く処である。葱を搗き砕き塩を少しばかり入れて炒り熱して、上を覆うと痛みは止まる。冷えたら再び温める。『本事方』の説もあり、殺傷で気のまだ絶えないのを治すには、葱白を熱鍋で炒り熱して傷につけ、暫くして再び替える。痛みは自ずから止まる。青葉もよい。

回春再造散【かいしゅんさいぞうさん】〔改補外科調宝記〕に回春再造散は、手足筋骨の打ち砕けたのに用いて妙である。銅銭（五文 酢に浸して炙る）、木香（一匁）、自然銅・麝香（各一分）を粉にして一匁ずつ酒で用いる。まず病人の口に丁香一粒を咬ませてからこの薬を用いる。疵が上にあれば食後に、下にあれば食前に用いる。即日に効がなければ翌日にまた用いる。筋骨の破れないものには用いない。

回状【かいじょう】「茶の湯回状書き様」ヲ見ル

海上難所（大坂より江戸まで）【かいじょうなんじょ（おおざかよりえどまで）】海路難所。〔家内重宝記・元禄二〕に大坂より江戸まで海上難所がある。①紀州の内、日井三崎より由崎まで十三里、港がない。②紀州の内、塩の御崎、塩の狂いがあり悪い。③勢州の内三里、さき嶋、沖へ瀬が出て大難所である。④鳥羽安乗、勢州より伊豆下田まで七十五里は塩の狂いがあり悪い。⑤下田より鎌倉三崎まで三十五里、鎌倉御崎より浦川まで五里。遠州御前岬は、いずれも大難所である。「江戸迄舟路大坂より」ヲ見ル

外腎【がいじん】「陰茎の諸症」ヲ見ル

外吹【がいすい】〔改補外科調宝記〕に外吹《がいすい》は、乳飲み子のいる婦人の乳病である。百歯霜（頭の垢）を丸とし、雄黄を衣とし、七粒を用いる。汗が出て癒える。汗が出なければまた七粒を用いる。神効がある。一方に、梁《うつばり》の上の微塵を酢でつける。また、生地黄の汁をつけると甚だ妙である。

海水をよく仕様【かいすいをよくしよう】〔男女御土産重宝記〕に海中で水が切れた（欠乏）時、小砂を火で温めて潮を濾すと、よい水になる。

魁星印【かいせいいん】「ぶんしょうせい（文昌星）」ヲ見ル

会席の事【かいせきのこと】〔諸人重宝記・一〕に、〇「和歌会席荘厳（かざり）の事」として、和歌会席の床に三具足《みつぐそく》（＝香炉・花瓶・燭台）、或は香炉・香合（こうばこ）ばかりも置く。花瓶には花があり、本尊は住吉 玉津嶋の名号か、或は人麿《ひとまろ》等の御影を掛ける。公宴の御会で主上を本尊に用い奉ると、本尊を掛けるに及ばない。〇「俳諧の会席」は、一般に祝言新宅 夢想 追善等の指合《さしあい》の詞、或は連衆の中等により指合の詞はしない。又、他の句を難じて我が句を付け、着座の内で物語などし、若輩の分として指合を繰ること、或は末座として句数を好み雪 月 花の句をする等は、嗜むべき事である。よく式法を学び、師により伝を受けるのがよい。

疥癬瘡【かいせんそう】「ひぜん（肥癬）」ヲ見ル

改葬【かいそう】雑穢。遠慮一日。〔新板日夜重宝記・明和六〕

疥瘡【かいそう】「ひぜん（肥癬）」ヲ見ル

咳嗽【がいそう】〔医道重宝記〕に「咳嗽 せき」とあり、風寒・暑湿の邪が外皮・毛の間に宿り、内は肺気を傷り、脾湿を動かして咳嗽をなす。声のあるのを咳《がい》とし、痰のあるのを嗽《そう》とする。脈の浮脈*濡脈*はよく、沈脈*伏脈*は忌む。薬に参蘇飲*清肺湯*杏蘇散*宝鑑瀉白散*があり、症状により加減がある。風寒による咳嗽には麻黄・杏仁、風熱には杏仁・桑白皮、肺熱には黄芩・桑白皮、肺寒には五味子・乾姜を加える。長く続くのに

は五味子・烏梅を、労熱には紫苑・阿膠・欵冬花を加える。〔鍼灸重宝記綱目〕にも咳は声があり痰がなく肺気傷れて涼しからず、嗽は脾湿が痰を動かし声がない。或は風寒湿熱の邪に感じ、或は陰虚火動によって労咳をなし、水が浮かれて痰となり、皆よく咳嗽をなす。灸には肺兪肩井少商然谷肝兪期門等があり、針には不容梁門がある。また肺咳は手の大淵、脾咳は足の太白、腎咳は足太谿、多く眠るのには三里、顔赤く熱咳には支溝がある。

〔世界万宝調法記・中〕には咳嗽門風ひく事があり、風邪をひき頭痛し、或は水鼻出て背中じんじんと寒く味噌汁苦く不食し声出ず身内がよだるい（弥怠）ものには、黒豆（十八粒）、ひざんしょう（八粒）、古い蜜柑の皮（五分）、生姜（一片）を入れ、水を天目に二杯入れ一杯半に煎じ、又一杯半入れ一杯に煎じて用いる。

〔家内重宝記・元禄二〕に咳嗽、痰多く咳《しわぶき》するものには陳皮と甘草を丸じて服する。年久しいのには神麹と生姜を加え、餅で丸じて服する。血の出るのには紫苑と五味子を末（粉）し、蜜で服する。小児の咳には蜂の巣を灰に焼いて少しずつ服する。〔胡椒一味重宝記〕に咳嗽には胡椒を酒で服する。〔妙薬調方記〕に痰と咳を治する薬は、榁の実と桔梗の根を煎じて飲む。〔薬法重宝記〕には咳の妙薬は大豆を黒焼きにして用いる。

〈咳嗽食物宜禁〉〔家内重宝記・元禄二〕に「宜い物」は生姜大根蕗莧枸杞梨（焼き冷えて食す）牛蒡飴串柿辛子胡麻鮑海月牡蠣蛤鯉鯛鱧鶴烏。「禁物」は麺類冬瓜蕨橘柑子桃李林檎山桃胡桃枇杷榧柘榴胡椒大蒜蓼昆布芋鮨酒鱠蛸鮒雉。

〈呪い〉〔文政新刻俗家重宝集〕には鶏の雄《おん》だけを紙に画いて、荒神に向い咳が治ったら雌《めん》を画いて納めますと願掛けすると、妙に治る。平癒したら雌鳥を画いて納める。〔増補咒咀調法記大全〕には「しはぶきにのむ符」がある（図75）。

図75「しはぶきにのむ符」（増補咒咀調法記大全）

海藻散堅丸【かいそうさんけんがん】〔改補外科調宝記〕に海藻散堅丸は、瘿瘤*が柔らかく、又は硬くして、痛み痒みのない実証のものに用いる。昆布・龍旦・蛤粉・通草・貝母・枯礬・海松・小麦粉（各三匁）、半夏（二匁）を末（粉）し、蜜で丸薬にし●程に丸じ、三十粒ずつ白湯で寝る時に用いる。甘草・魚鳥・猪肉・五辛・菜の類を忌む。

懐胎の熱【かいたいのねつ】経験方。〔丸散重宝記〕に懐胎の熱を涼しくし胎を安くするには、黄芩と白朮を等分に細末（粉）にして、白湯で下す。

蛔虫【かいちゅう】九虫の一*。〔鍼灸重宝記綱目〕に蛔虫は長さ一尺で、動く時はなま唾を吐き、出る時は心痛する。もし、心（臓）を貫く時は人を殺す。心虫《しんちゅう》《むねむし》を蛔虫という。〈痛みを治す〉〔小児療治調法記〕に痛みを治すには、陳皮・半夏・茯苓・練根・甘草を水で煎じて用いる。

〈下し薬〉〔調宝記・文政八写〕に「蛔虫下し薬」は、①大黄・甘草（各五分）、芒消（四分）、海人草（二匁）を煎じて用いる。〔調法記・四十七ゟ五十七迄〕には、①海人草（大）、大黄（中）、甘草・蒲黄・山椒（各小）を水で煎じて用いると即効がある。②海人草と大黄の二味を粉にして丸薬で用いるのもよい。〔懐中重宝記・慶応四〕に蛔虫の薬は、海人草（三匁）、山椒・蒲黄（各四分）、大黄・甘草（五分）に、水一合半を入れて一合に煎じて用いる。

懐中雨笠【かいちゅうあまがさ】拵え様。〔万用重宝記・下〕に懐中雨笠は、蒟蒻玉をよく茹で擂鉢で擂り潰し、次に桔梗と黄蓮の煎じ汁に前の蒟蒻を擂り交ぜて蒟蒻糊とする。この糊を厚紙に引き、その上へ檜の薄板を幅五六分丈一尺程にして段々順に並べ、上からも厚紙を糊で貼りよく干

す。次に右へ折り左へ折りして段々に折り詰め、元の方を小錐で穴を明け、要糸に水縄を通し、その上に渋墨を塗り、さらに漆を少し刷くと、懐中雨笠となる。

懐中甘酒【かいちゅうあまざけ】〔万用重宝記・下〕に二方がある。①粳一升を飯に炊き、糀二升を飯の熱い内によく混ぜ、壺等に入れてよく押しつけ蓋をして置く。夏は朝仕込むと晩方には甘酒になり、冬は二日目に出来る。②糀一升を洗い、その洗い汁で糯三合の仕立て水として飯に炊く。その飯と洗い糟の糀とをよく合せ、壺の中に朝仕込と晩には甘酒になる。何程でもこの割合である。

懐中精進【かいちゅうしょうじん】〔万用重宝記・下〕に懐中精進は、昆布を火に当てて粉にし、懐中醤油*のように煎り染め、日に干すとよい。いつでも水に合せて使う。

懐中醤油【かいちゅうしょうゆ】〔万用重宝記・下〕に懐中醤油は、よい鰹節をよく削り粉にして、備前の上醤油で煎り染め、日に干すとよい。いつでも水に合せて使いよい醤油になる。

懐中即功紙【かいちゅうそっこうし】〔洛中洛外売薬重宝記・上〕に懐中即功紙は、車屋町御池上ル丁 升屋文左衛門にある。第一に血止め、切り傷、その他一切の諸傷によい。

懐中重宝記諸国売弘所【かいちゅうちょうほうきしょこくうりひろめどころ】〔懐中重宝記・慶応四〕に「懐中重宝記諸国売弘所」として、海道の旅籠・休所・休泊・商人宿を区別してその名前を掲載し、四十冊を売弘めると名前を彫り入れ、満たない者は削除するとして、販売を条件に広告させていた。掲載名は約三百六十八名あり、各人が四十冊を売ったと計算すると〔懐中重宝記・慶応四〕は一万四千七百二十冊の売り上げになる。

懐中道具【かいちゅうどうぐ】懐中道具屋に、ふきや町 堀口幸助がいる。〔江戸流行買物重宝記・肇輯〕

懐中豆腐【かいちゅうとうふ】〔万用重宝記・下〕に懐中豆腐は、白豆をよく干して粉に搗き砕き、豆腐の要る時に塩水で捏ね、豆腐のように茹でると、常の豆腐に勝る風味である。

懐中匂袋【かいちゅうにおいぶくろ】〔万用重宝記・下〕に懐中匂袋は、丁子・白檀・茴香・梅花・山奈・龍脳・甘松・青葉の藿香（各等分）に、麝香を少し加えると、至極よい匂袋*となる。

懐中早鉄漿【かいちゅうはやおはぐろ】〔万用重宝記・下〕に懐中早鉄漿《はやおはぐろ》は、石榴の皮を粉にし、五倍子《ふし》の粉と等分に合せ、御歯黒*の鉄漿《だしかね》の汁で練り固め、日に干し粉にして懐中する。いつでも筆や楊枝の類で歯を染めると、至極艶よく付く。女中の旅に懐中すると他国で大重宝する。

懐中袋物【かいちゅうふくろもの】〔江戸流行買物重宝記・肇輯〕に懐中袋物は、本町二丁メ 丸角屋治郎兵衛、てりふり町 宮川長次郎、さかい町 坂倉屋又四郎、村松町 岸田勘七、本所元町 喜多村清兵衛、馬道 小川屋栄蔵ら二十軒にある。

懐中薬【かいちゅうやく】〔調宝記・文政八写〕に懐中薬は、石榴《ざくろ》根がよいとある。

蛔虫瘤【かいちゅうりゅう】〔改補外科調宝記〕に蛔虫瘤*は、脇の下に出て、後は潰れて、内から虫の出る瘤である。

懐中蠟燭【かいちゅうろうそく】〔清書重宝記〕に懐中蠟燭の拵え様は、カンテラ糸に、黄臘を煎じ、その中へ落葉松の脂 硫黄 樟脳を少し入れて湿し塗り、よく叩く。

掻い繕う【かいつくろう】「かいつくろふ（掻繕）とは、いしやうつき（衣裳付）をなを（直）す也」。〔消息調宝記・二〕

鸊鷉【かいつぶり】〔万物絵本大全調法記・下〕に「鸊鷉 へきてい／にほいよめ。又かいつぶり」。〔薬種重宝記・上〕に和鳥、「鸊鷉 へきてい／かいつぶり。『本綱』に云ふ、肉は中を補ひ気を益す。五味子*を塗り炙り

喰らふ。味甚だ美也」。

回天甘露飲【かいてんかんろいん】〔医道重宝記〕に回天甘露飲は、熱毒が解《さめ》ず、或は毒を解《げ》すことを得ず、収靨《かせる》*の時になっても収靨せず、発熱蒸々とするのを治す。百沸湯《にえゆ》二椀を用い、白砂糖半盞を入れて掻き立て服すると、熱は退き 痘は収靨する。痘が湿り潤いがあって斂《かせ》ないのは内虚である。保元湯*を用い、白朮・茯苓を加える。〔小児療治調法記〕には量目を砂糖を半盞とし、百沸湯に調え一大椀を温服すると、立ち所に収靨せる。万度《まんたび》発し 万度中り、直に回天の力がある。

海（街）道【かいどう】 主要交通路を街道という。例えば〔家内重宝記・元禄二〕には、京より東海道*を行くには草津より石部《いしべ》へ行く。木曾路中仙道は、草津より守山へ通り、美濃の垂井迄行き、垂井より美濃海道*は大垣を越えて尾張の宮へ出る。木曾路*は垂井より赤坂へ出る。伊勢海道*は京より下ると、関の東の宿の関はずれの追分より右の方窪田へ行く。東海道は左の方亀山へ行く。〔東街道中重宝記・寛政三〕〔東街道中重宝記／木曾道中重宝記・享和二〕〔中仙道／道中重宝記〕〔東山道／木曾道中重宝記〕には日本橋より京までの道筋がある。前三者には里数・本荷に加えて軽尻・人足の駄賃も記している。〔東街道中重宝記／木曾道中重宝記・享和二〕の記事は宿駅別に掲出したが、草津より京迄は東海道に同じ。江戸より大津迄道法は百三十一里半一丁。本駄賃 合七貫二百二十二文、軽尻 合四貫七百二十九文、人足 合三貫六百二十二文。

海桐皮散【かいとうひさん】〔小児療治調法記〕に海桐皮散は、脚拳《あしかがみ》*を治す薬である。当帰・熟地黄・牡丹皮・牛膝・海桐（各一両）、補骨脂・山茱萸（各五匁）に、葱白を入れ 水で煎ずる。

甲斐徳本白さまし【かいとくほんしろさまし】「はくめいさん（白明散）」ヲ見ル

飼い鳥の手当【かいとりのてあて】〔日用調法人家必用〕に「病鳥の手当幷羽虫を去る伝」がある。①小鳥の薬には、生竹を上下に節《ふし》をつけ、外側を厚く削って、人糞の中に半年程漬けて置くと、糞汁が竹中へ浸み込み満ちる。その竹をよく水に曝し側らに穴を明け中の水を出し、病鳥の餌に加えて与えるとよい。また水入《みずいれ》につけて呑ますのもよく、必ず効験がある。②えびつる（葡萄）虫（枝ニ瘤ヲ作ル寄生虫）も諸鳥の薬になる。③蒔餌鳥は、牡蠣殻が雨に曝れて手で揉むと砕けるのを貯えて置き、常に少しずつ食わすと糞詰まりの病もなく、卵を産む時も易い。④弱い鳥で卵を生み兼ねる様子なら、種人参の上品なのを煎じて水となし呑ますと大抵は助かる。⑤鶏や鳩等の糞詰りには、餌の中に砂を混ぜて食わすと即時に通じ活きる。⑥何鳥でも羽虫が湧いた時は、朝顔の葉を煎じて洗うとよい。鷹等の虫は薫陸《くんろく》を焼いて燻すと立ち所に虫は死ぬ。

かいなし【かいなし】〔世話重宝記・二〕に『竹取物語（七 燕の子安貝）』に出るとして次がある。石上師高は、赫夜姫《かぐやひめ》が燕の子安貝を取って来れば会うと言うので、燕の巣に手を入れ ひらめ（平目）な物を握って喜んで手を開いて見ると燕の糞であった。師高が「あな貝なのわざや」言ったことから、思うに違うことを「かひなし」というとある。「甲斐なし」と書くのは万葉書きである。〔消息調宝記・四〕には、石上が燕の巣をどれほど探しても小安貝はなく、「貝なのわざや」と言ってから、思うことが違《たが》うことに言うとある。

懐妊／懐胎の事【かいにん／かいたいのこと】〈懐妊法〉〔清書重宝記〕に懐胎させる伝は、夜九ツ時（十二時）前後 毎夜交合すると子を持つのは疑いがない。〔鍼灸重宝記綱目〕に子がないのには、三丘 中曲、又は腎兪 命門に灸をする。

〈懐妊〉〔医道重宝記〕に、男が精を施し 女の血が精を摂《おさ》めると懐胎する。精が女の血に勝って気を子宮《こつぼ》の左に受けると男子となり、血が男の精に勝って気を子宮の右に受けると女子となる。脈は、心脈の動きが甚だしく、腎脈がこれを押して絶しないのを妊娠とする。脈は左が沈・実

なのを男とし、右が浮・大なのを女とする。〔永代調法記宝庫・二〕には月水*が止まり、三月過ぎて左右の尺脈（薬指の当る所）が乱れて正しくないのは、懐妊の脈である。〔女重宝記・三〕には月を超えて懐妊を定め難い時は、川芎の粉一匁を艾葉の煎じ汁で空き腹に飲み、腹中が少し動くようであれば懐妊とする。又よい酢で艾葉を煎じ、盃半分程飲み、腹中が頻りに痛めば懐妊である。懐胎後は交合、身持を濫りにせず、静かに月の重なりを待てば難産で命を失うことはない。月が重なり度々交合すると子は胎毒を受け、生後子の頭に瘡を生ずる。懐妊後は安胎丸*を用いるとよい。〔家内重宝記・元禄二〕には懐妊後は白朮と枳穀を末（粉）し、丸じて常に呑むとよい。

〈懐妊の月を知る〉〔和漢年暦調法記〕に「婦人子を孕む月を知る事」として、右手の三ツの指を立て、人差指の節を上から正・四・七・十月、中指を二・五・八・十一月、薬指を三・六・九・十二月と定め、初め人差指を十歳と数え、順に十一・十二歳と数え、また戻って十三・十四・十五歳と順に数え、その当る所を孕み月とする。例えば十三歳は正・四・七・十月、十四歳は二・五・八・十一月、十八歳なら三・六・九・十二月の四ケ月を孕み月と知る。少しも違わない。図は繰る法である（図76）。〔調法万宝書・延享三〕には、人差指の正・四・七・十月等をそれぞれ円内に記して、同じように繰る法を示している。〈雑穢〉〔永代調法記宝庫・首〕五ケ月より神社へ詣ずるを憚る。

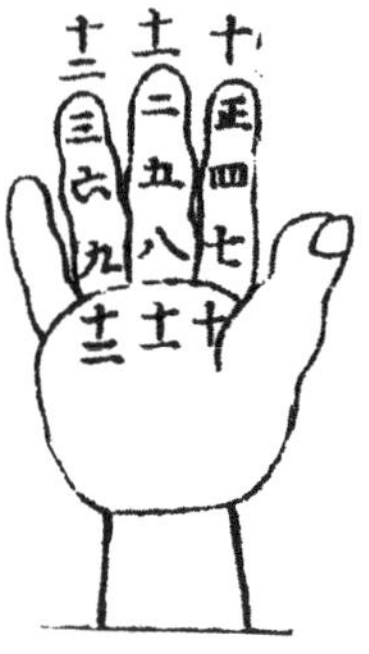

図76 「婦人子を孕む月を知る事」（和漢年暦調法記）

〈悪阻〉〔麗玉百人一首吾妻錦〕には悪阻《つわり》は色々あるが、大方は薬を用いないのがよく、三月目に腹が強く動けば薬を用い、五月目に腹帯*をする。七八ケ月より子が手を働かし静かではないが、病がなければ薬は飲まない。胎動は子が頻りに動き腹が痛み、胎漏《たいろ》は血の下り、子煩《しはん》は身の内のほめ（熱）き、子懸《しけん》は胸への突き上げ、胎水は腫れ、子癇《しかん》は癲癇のごとく、子淋は淋病のごとく、子瘖《しあん》は物言わぬことで、この類の事があっても心を正しく持ち落ち着いて養生すると、障りなく出産する。

〈腹中の子の事〉〔増補咒咀調法記大全〕に○「腹の中の子が泣く大事」は黄連を煎じて用いる。○「腹の内にて子が死したる符」（図77）がある。

図77 「腹の内にて子が死したる符」（増補咒咀調法記大全）

〈胎内の子男女を知る〉〔女用智恵鑑宝織〕には母が丁（偶数）の年に孕み翌年の五月五日（端午）より前に産めば男子、その後に産めば女子である。母が半（奇数）の年に孕み翌年五月五日より前に産めば女子、その後に産めば男子である。〔里俗節用重宝記・上〕には経水が絶えて一・三・五の日に宿るのは男子、二・四・六の日に宿るのは女子、六日を過ぎると宿らない。懐妊の人が雪隠へ行く時、後から呼びかけて左の方から見返るのは男、右の方から見返るのは女である。乳房の塊が左にあるのは男、右にあるのは女である。昼生れるのは父方に似、夜生れるのは母方に似る。〔永代日暦重宝記・慶応元写〕は父・母・子の年を合わせて丁なら女、半なら男。懐妊の年に産む子は年は一ツ、年を越して産む子は二ツである。〔占調法記〕は①次の年数の二年越しの子は男、一年の子は女である。十五・十七・十九・二十三・二十五・二十六・二十七・二十八・三十三・三十六・三十八・四十二・五十六の各歳。②次の年数の二年子は女、一年子は男である。十六・十八・二十・二十一・

二十二・二十四・二十九・三十・三十一・三十二・三十四・三十五・三十七・三十九・四十・四十一・四十三・四十四の各歳。この占いは少しも違わずよく当るので考えてみるがよい。〔調法記・全七十〕に母の年を数え、子が二年子ならば二ツ、一年子ならば一ツを加え、外に六十四を入れ、これを合せた数を三ツずつ払って残る数が半なら男子、丁なら女子。一ツも残らないのは悪い。母の年が丁で孕み半の年に生れる子は男子、丁の年に生れる子は女子。九十七と置き一年子なら十二を入れ、二年子ならば十五を入れ、次に母の年の数を入れ、その内を百五と払い、残りが半ならば男、丁なら女である。

〈毎月の子躰幷守り給う神仏〉〔童女重宝記〕には、父母の両精子が子宮《こぶくろ》に入り、父の精で母の血を包む時は男子、母の血で父の精を包む時は女子となる。嬰児《みどりご》の形は初月は珠露《つゆ》、二月目は桃の花、三月目から男女を分かつ（交合 身持を慎み 静かに月の重なるのを待つのがよい）。四月目には姿が揃い、五月目には五臓*、六月目には六腑*が出来、七月目には全て形が整い、手足の伸縮、目耳鼻等通じ、八月目には魂備わり、九月目には三度その身を転じ、十月目に気を見て夢の醒めたように生れる。〔女重宝記・弘化四〕には、初月は錫杖の形、不動尊が守られる。二月目は独鈷・釈迦无尼如来、三月目は三鈷・文殊師利菩薩、四月目は五鈷・普賢菩薩、五月目は人の形・地蔵菩薩、六月目は弥勒菩薩、七月目は薬師如来、八月目は観世音菩薩、九月目は勢至菩薩、十月目は阿弥陀如来が、それぞれ受け取り引き継ぎ守られる。また医書のいう記述とともに子体が描かれている（図78）。

〈胎内の子生死を知る法〉〔里俗節用重宝記・上〕に懐妊の婦の舌が青いのは子が死ぬ、青く黒いのは子が死んだのであり、腹が冷える。〔永代日暦重宝記・慶応元写〕に、四季土用の内に生まれる子は短命、癸巳《みずのと》より己酉《つちのと》迄十七日間に生れる子も短命とある。

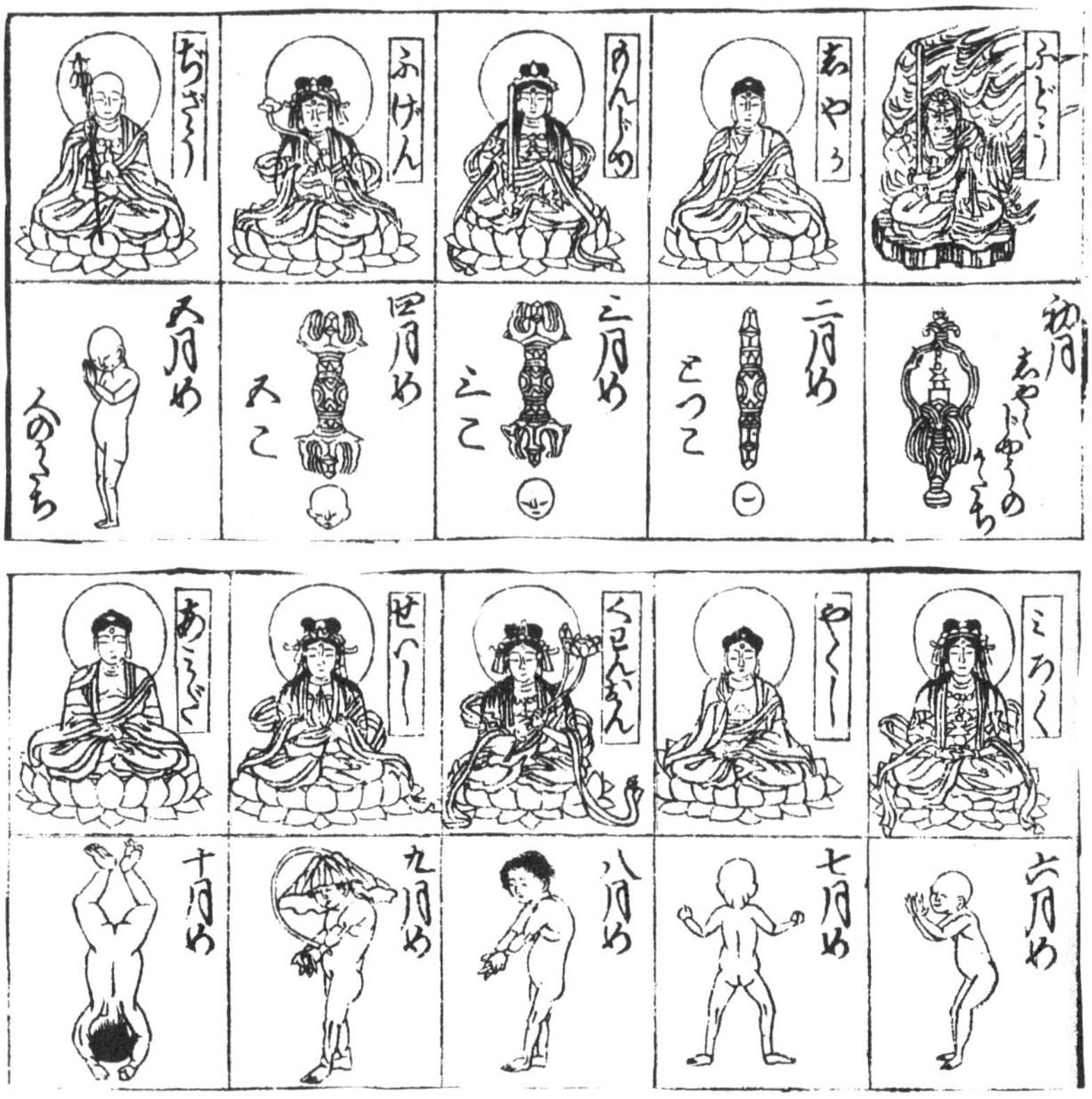

図78「毎月の子躰并守り給う神仏」（女重宝記・弘化四）

〈懐妊食物宜禁〉〔世界万宝調法記・下〕〔里俗節用重宝記・中〕等に「宜い物」は大麦 黍 粟 黒豆 麩 人参 大根 牛蒡 枸杞 苺 五加 独活《うこぎ うど》 芹 山の芋 鯉 水母《くらげ》 烏賊 雁 牡蠣 貝 粥。「禁物」は梅 桃 梨 杏 韮 くわえ（慈姑）豆 生姜 葱の類 辛い物の類 麵類 葛の粉 餅 茸の類 蒟蒻 蓼 鴨類 蜆 鮭 鮓 鮎 海老 兎 雀 鳩 猪 鹿 犬 蟹 玉子 酢 茄子 真桑。この類に準じて考え食ってはならない。また悪い匂いの物を全て食ってはならない。

海馬【かいば】〔万物絵本大全調法記・下〕に「海馬 かいば。雌は白、雄は青」とある（図79）。〔女重宝記・三〕に海馬を産婦の手の内に握らせると難産はない。海に居る魚で、しゃぐなぎという魚に似ている。

図79 「海馬」（万物絵本大全調法記）

掻い放つ【かいはなつ】「かいはなつ（掻放）とは、戸《と》をあくる也」。〔消息調宝記・二〕

かいひのくれ【かいひのくれ】 片言。「かひ日のくれ、潁日暮《かいひのくれ》か」という。

廻文歌【かいぶんか】〔諸人重宝記・一〕に廻文歌は、上からも下からも、打ち返して逆様に同じように読まれるように作った歌。堪能《かんのう》の上手の仕業である。「むらくさに草の名はもしそなはらはなそしも花のさくに咲らむ」。これは、四季恋雑によらず詠む。「輪廻の歌」「輪廻回文」ともいう。〔不断重宝記大全〕

廻文触状【かいぶんふれじょう】〔男重宝記・五〕は奉書紙を横折にし、上包みをし、上に「上《じょう》」の字を書き、また各様《おのおのさま》とも書く。紙の表で書き終るのがよいが人数が多い時は裏へ廻してもよい。初口書き出しは二行明けて三行目から書く。「御隙入り候共」「御隙にて」等と書くのは悪い。亭主の名は日付より前に、判は日付の下に書く。客が同輩の衆なら次第不同、その内で尊敬すべき人を先へ書く。侍衆等なら知行高を先へ書き、次第不同とは書かない。触状・連判等の時は大身・知行高程奥に書き、小身程口に書く。〔改正増補字尽重宝記綱目〕には事書《ことがき》を口に書く時は宛所は口を上位、奥を下位とする。亭主の名は日付の下を下位とし次を上位とする。亭主が一人の時は日付の下に書く。事書を奥に書く法があり、その時は宛所は口を下位とし奥程上位とする。亭主の名も日付の下を上位とし、次を下位とする（図80）。廻文に点を掛けることは式法にはない。名の下傍に「奉」という字を書くのが作法である。但し、点をしてもよく、点は乀はよく、乀は慮外である。

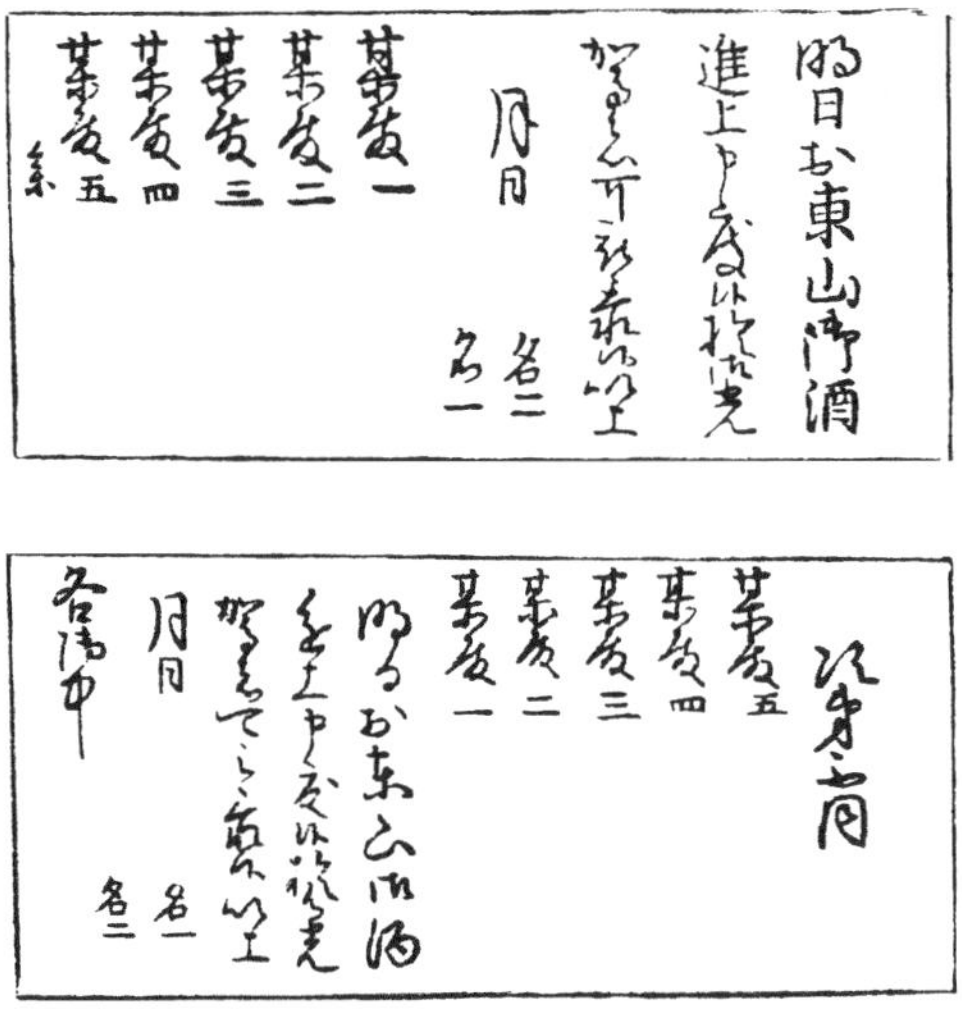
図80 「廻文触状」（改正増補字尽重宝記綱目）

開平円法【かいへいえんぽう】〔算学重宝記・嘉四〕に開平円法は、面積を知ってそれを円にする時、その直径と円の廻りを求めること。面積七百十一歩あるのを円形に造る時、その直径と円の廻りは何程か。答え、直径は三尺。円の廻りは九尺四寸八分。解は、面積七百十一歩を開円法七九（円積率*）で割ると九尺となるのを開平法*に開くと三尺となる。これに円廻の法（円周率*）三一六を掛けると九尺四寸八分となる。

開平法【かいへいほう】　開平《かいへい》は平方根を求めること。〈開平位の割付〉〔改算重宝記〕に次がある。百八一。二百八一四一四二一。三百八一七三二〇五。四百八二。五百八二二三六〇六。［以下は省略］　例題として〔古今増補算重宝記改正〕に「開平法」、平坪積り百六十九歩あるのを四角にすると何程か。答え、十三間四方になる。

搔巻【かいまき】　「よぎ（夜着）」ヲ見ル

垣間見【かいまみ】　「かいま見とは、垣の隙《ひま》よりのぞきみ（覗見）るなり」。〔消息調宝記・二〕

戒名【かいみょう】　〔日用重宝記・一〕に、世俗の人が死ぬと檀那寺から戒名を請ける。夫が死ぬとその時妻もすぐに法号を請け逆修*という。戒名は、例えば浄土宗で「唯信院専誉宗讃居士」とあれば、「唯信院」は霊屋の名であり、「院」は家、「専誉」は道号、「宗讃」が戒名、「居士」は男子の法名の下につける称号である（女子は「大姉」）。幼年には道号はなく戒名だけのものがある。釈迦の経文にあるのは「信士」「信女」であり、「居士」「大姉」は後世に立てたもので、俗に前者は軽く後者は重いとするのは不学である。戒名は死者の行年を考え、その宗の経巻の熟字を分ち、上下まで経巻に合うようにつけ、或は時節の字を採るのである。

貝焼【かいやき】　〔料理調法集・焼物之部〕に貝焼は、鮑の貝を内外よく洗い、穴を味噌に葛粉を合せて蒸し塞ぎ、土器焼*のように仕立てる。また澄ましにもする。但し、殻を遣う時は必ずその貝の身を貝の内へ加える。

回陽酒【かいようしゅ】　〔小児療治調法記〕に回陽酒は、収靨《かせる》*の症で痘が虚寒になり、八九日で色白光りし 水泡のように頂は陥み 根は白く 搔き潰し 歯ぎりし 奮える症を治す。鹿茸（酢で炙る）、大付子、黄芪（炒）、当帰を刻み、酒で煎じて用いる。痰嗽があれば牛胆星《ごたんしょう》を加える。

疥癢癬【かいようせん】　「肥癬《ひぜん》」ヲ見ル

傀儡子【かいらいし】　「人形操機《あやつりからくり》」「人形小細工」「でこ」ヲ見ル

開立円法【かいりつえんほう】　体積を知ってその球の直径を求めること。〔改算重宝記〕に、一寸四方六面の積 三十五万九千四百二十五坪四分三厘一毛を玉にして直径は何程か。答え、直径は九尺。三十五万九千四百二十五坪四分三厘一毛を術積数正潔法（開立法*）で割って後に、七九（円積率*）で割って知る。

戒律宗【かいりつしゅう】　「律宗」ヲ見ル

開立法【かいりつほう】　開立《かいりつ》は立方根を求めること。〈開立の九九〉〔改算重宝記〕に次がある。一 一 一ケ（ガ）一。二 二 二ケ（ガ）八。三 三 三ケ（ガ）二十七。四 四 四ケ（ガ）六十四。五 五 五ケ（ガ）百二十五。六 六 六ケ（ガ）二百十六。七 七 七ケ（ガ）三百四十三。八 八 八ケ（ガ）五百十二。九 九 九ケ（ガ）七百二十九。例題として〔古今増補算重宝記改正〕に「開立法」、立坪積千七百二十八坪を四方六面にすると何程か。答え、十二間四方になる。

かいる【かいる】　片言。「蛙《かへる》を、かいる」という。〔世話重宝記・二〕

貝類細工の事【かいるいさいくのこと】　〈模様細工〉〔調法記・全七十〕に貝類・象牙・鹿の角など、模様腐らかしの伝は、漆で絵を描き 乾かし、剝き梅に三日程浸して置き、取り出し磨き洗うと、悉く模様が顕れる。〈小口切〉〔万用重宝記〕に鮑や栄螺等貝類を小口（断面）切にするには、貝を酢でよく炊き、出刃包丁を藁の灰汁《あく》で寝刃《ねたば》を合せて切るとよい。また貝ともに切る法として、切ろうとする所に金釘で筋をつけて丹礬を酢で練ってつけ、二刻（四時間）程してから、その筋を切るとよく切れる。

貝類料理【かいるいりょうり】　〔料理調法集・貝類之部〕に次がある。赤貝鮑*氷鮑* 鮑長せん* 赤貝ながせん* 赤貝ふわふわ* 打鮑* 蛎ふわふわ* 鮓ふわふわ* 叩き鮑* ぼんぼりみる食* 蒸蛤*。

疥霊丹【かいれいたん】　〔改補外科調宝記〕に疥癬瘡*の薬に、疥霊丹を用いると根を絶つ。白芷（三両）、苦参（水に浸し一日置き干し晒し二両）、白蒺藜

（炒り一両）、枳殻（麦を入れて炒り）・当帰（炒り）・枝子（炒り）・連翘・羌活・荊芥（各七匁）を粉にして蜜で練り、梧桐子の大きさに丸じ一時に五十粒ずつ用いる。

改暦の事【かいれきのこと】〔昼夜重宝両面雑書増補永暦小筌・慶応二〕に次がある。
○慶長元年（一五九六）から天和三年（一六八三）迄は宣明《せんみょう》暦を用いる。
○貞享元年（一六八四）より宝暦四年（一七五四）迄は貞 享《じょうきょう》暦を用いる。
○宝暦五年より寛政八年（一七九六）までは宝暦暦を用いる。
○寛政九年に改暦があって寛政暦を用いる。

解顱【かいろ】〔小児療治調法記〕に解顱は、小児が次第に成長して頭の縫目が開き合わないものをいう。これは腎気が虧《か》けることがあって脳髄が足らないためである。これを治す一方は、天南星*を少し炮《つつみやき》にして末（粉）し、酢で調えてつける。外に薬は人参地黄丸*栢子仁散*三辛散*がある。

偕老同穴【かいろうどうけつ】〔世話重宝記・二〕に『詩経』に出るとして、偕老同穴は男女の契りの深いことをいう。夫婦偕《とも》に年寄まで生きて、寝屋を異にするとも、死んだら必ず穴を同じくするという意である。

和栄散堅丸【かえいさんけんがん】〔改補外科調宝記〕に和栄《かえい》散堅丸は失栄*の薬とする。当帰・熟地黄・茯神・人参・香付子・白朮・陳皮・貝母・酸棗仁・遠志・天南星・栢子仁・牡丹皮・鹿角（各二両）、蘆薈・沈香（各八匁）、辰砂（六匁を衣に掛ける）。これ等を粉にし蜜で丸じ小豆粒大にして、毎日八十丸ずつ、合歓皮を煎じ、飲み汁にして用いる。

反歌【かえしうた】〔消息調宝記・二〕に反歌《かえしうた》は、「なが（長）歌を詠みて、その心を又一首の歌に詠みて、終りに付るを反歌《かへしうた》と云」。

返す書【かえすがき】「おってがき（追而書）」ヲ見ル

帰り花【かえりばな】立花。*〔新板増補男重宝記・三〕に帰り花は、初冬十月の頃時節はずれに咲いた花をいう。また、時節が過ぎて再び返り咲きした花をいう。目出たい祝儀に活ける。

蛙手【かえるで】「かへるでとは、鶏冠木《かえで》なり」。〔消息調宝記・二〕

蛙の願立【かえるのがんだて】〔世話重宝記・二〕に、昔因幡堂の薬師如来は利生あらたかな本尊で、参詣人は夥しかった。堂の後ろの池に住む蛙共が集り、我々は人間と違い匍匐《はらばい》歩くのは口惜しい、これほどの寺に住んで立願しない法はないと、後足で立ち人間のように歩かせよと立願すると、叶った。皆喜び人間の真似をして歩こうとしたが、眼が後にあるので前が見えず、立つばかりで歩くことが出来ず、匍匐が恋しくなった。これより己の分を知らず、他を羨み願うことを、「蛙の願立」という。

蛙の事【かえるのこと】〔万物絵本大全調法記・下〕に「蝦蟆かま／かへる。春」「蝌蚪くわと／かへるこ。春」。〈片言〉〔不断重宝記大全〕に「が《ママ》へるハ、蛙かいる」。〈鳴声を止める伝〉〔里俗節用重宝記・上〕に蛙が鳴くのを止めるには、野菊の花粉を風上より撒き智らすと、五六日は止る。「がま（蝦蟆）の事」ヲ見ル

蝦蟇の毒【かえるのどく】〔斎民外科調宝記〕に蝦蟇の毒に中《あた》ったら、生豆豉《しょうずし》一合を、新汲水（汲立水）半椀に浸し、汁を用いると癒ゆる。

火焰疔【かえんちょう】五疔*の一。〔改補外科調宝記〕に火焰疔は、心経に発し、唇、手の内、指の節の間に出、初めは粟粒一点のように紅黄である。掻くと痛み、痒く定まらない。左右の指が強ばり、重い時は寒熱がある。頭ふらめき胸煩《いき》れ酒に酔ったように譫言《たわごと》をいう。

花押【かおう】「書判《かきはん》」とも「判」ともいう。印《いん》*に対する。〔武家重宝記・一〕に諸事判断をする上で、その是非を正し証拠のために記すもので判と言い、「わかつ」と読む。判は神代よりあり天照太神が素盞烏尊と誓われた時髻に纏い着けたもので、今の代に伝わり神璽と名付け三種の神器の一ツとなる。判は人の魂で最も吉凶のあるものでありよく撰ぶのがよい。〈判形の五性相性*〉〔昼夜重法記・正徳四〕は判形は古文字をもって記すものを印判《いんばん》といい、草書にやつしたものを書判《かきはん》という。五輪五体

を表す故に、五性相性の点画をもって吉凶を定める。従って人間の魂魄を判形に表し証拠印とする。五行*の判断により、文書に証明のための署名とする。自分の名乗の一字あるいは反切によって帰納した文字を図案化し、天・地・人の三方を備えて作る。一字の首尾を我が五体に象ったものゆえ、弱く滞る所があってはならず、また信義を表すものとして粗略があってもならず、形正しく筆を下して書き収めるまで枯れず滞らず安らかに書く。

〔日時調法通用文則〕の「五性書判」は図①の通り（図81）。○運点《うん》。いかにも強く書くべき大事の点で、筆勢が弱いと運は弱い。○命点《いのち》。滞りなく正しく直に引き、筆勢強く書く。弱く均しくないと命に障りがある大事の点。○智恵点。筆勢は横縞にせず、筆先をよく納めて書く。○貧除点。細く書いてはならず、この点が悪いと貧乏する。○病払点《やまいばらう》（敵払点、怨病払点とも）。速やかに剣の形に書く。この点が細いと病事があるか人に憎まれる。○坐点。正直に書く。上へも下へも反らしてはならない。

○住所点。坐点の続きで、書き納めの点で上り下りなくよく書き納める。この点が悪い時は身上定まらず仮令定まっても安全ではない。

○眷属点。筆勢よく上に従うごとく俯かず仰のかず書くのがよい。

○福点・徳点。円に滞りがないように書く。特に徳点は住所点と坐点の間に落としつけて書くのがよい。

○「針型穴数と据え様」。書判にはそれぞれに針の穴を明ける。名乗の下の字を崩したり、名乗の反切によった場合は、穴の数に関係しない。

〔和漢年暦調法記〕に「相性書判の事」は、例えば、○木性の人の穴数は六ツ三ツが吉、一ツ二ツが凶である。他は図②参照（図81）。他書には穴数に異同もある。

〔改正増補字尽重宝記綱目〕に名乗を状文の下の端と同じ通りに書く時は判は一字下る。人によって状の下の端と判の下の端とが同じ通りにするのもある。但し、判形の丈が高いのは狼藉である。切紙や女中宛の文には判はしない。判は名乗を日の下に書いて省略した形である。

〔新板増補男重宝記・四〕は回文触状では判は日付の下に書く。

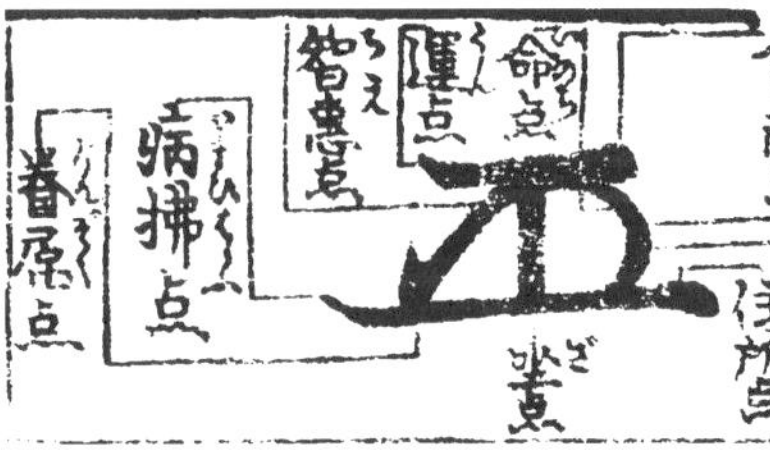

図81　花押
①「五性書判」（(日時／調法)通用文則）

②「書判吉凶」（和漢年暦調法記）

鵞黄散【がおうさん】〔改補外科調宝記〕に鵞黄散は、楊梅瘡*の薬。瘡が潰え爛れ、汁が多く出て、痛みの甚だしいのにつける。石膏・軽粉（水銀粉）・黄栢（各炒り等分）を粉にし、よく乾かして捻り掛け、蓋を作る。爛れると又つけると、毒気が尽きて癒える。

顔直しの進物【かおなおしのしんもつ】〔進物調法記〕に、女子が結婚して眉を剃り顔を直す祝には、剃刀毛抜眉墨白粉小鏡などがある。

顔の事【かおのこと】〔万物絵本大全調法記・上〕に「面 めん／おもて。顔 がん／かほばせ」。〈顔艶よくする伝〉〔男女御土産重宝記〕に、○顔艶を美しくするには、胡麻を炒り水で揉み洗い皮を去り、醤油で炒り朝夕菓子に食うと玉のようになる。○冬瓜《かもうり》*の実を粉にして飯粒で丸じて

呑んでも白く玉のようになる。○冬瓜の葉の汁を飲むと顔の熱するのを妙に直す。〔調法記・四十七ゟ五十七迄〕には、○白瓜仁（冬瓜の種五匁）、桃花（四匁）、白楊皮（三匁）を細末（粉）にして食後に一匙日に三度用いる。○冬瓜一ツを竹篦で皮を去り切り剝ぎ、酒一升五合に水一升を入れ、煮爛らし渣を去り 煮詰め 粉にして毎夜顔に塗ると肌理《きめ》は甚だよくなる。○豆腐殻（雪花菜*）をよい天気に二三日乾し、朝夕湯を使う時洗い粉に用いると油垢を落し艶を出す。豆腐殻が乾かない内に、また天気が悪いと、臭みが出て用いられない。この法は役者も皆用いている。〔女中重宝記〕は、○顔の肌理の悪いのには玉子の白身だけを取り、寝る時顔に塗り、一夜伏して翌朝熱い湯で洗い落し、一廻り（一週間）すると極めて艶を出し美しくなる。○疥《はたけ》には湯屋の湯舟の家根に溜まった露を取って塗ると奇妙に治る。男女に限らず顔の荒れによい。

〈顔諸病〉〔増補咒咀調法記大全〕に、○顔黒く斑なのを治すには、桃の花と冬瓜《かもうり》の核《さね》を粉にして蜜で塗るとよい。〔秘方重宝記〕は、○天門冬*に蜜を入れて搗き砕き毎日顔を洗うと黒いものは失くなる。○甘松・香付子・牽牛子を末（粉）して飲むと、顔の黒いものは失せる。また顔に出た瘡に塗るのもよい。○続髄子《ぞくずいし》*の茎の汁で顔の黒子《ほくろ》を洗うと黒物を去り、○白付子*を酒で練ってつけると面の諸病を治す。癜風《なまず》*等の見苦しいのも自然と落ちる。〔里俗節用重宝記・上〕は、顔の出来物の跡を治し腫物も癒すには、野蒜の黒焼をつける。〔万用重宝記〕は、顔の皰面瘡 出来物の類の薬は昆布に勝るものはない。〔懐中重宝記・慶応四〕は、顔の出物には古い餅を黒焼きにして胡麻油でつける。

〈呪い〉〔増補咒咀調法記大全〕には「面《かほ》の腫物に呑む符」がある（図82）。

図82 「面の腫物に呑む符」（増補咒咀調法記大全）

〈面部病療治〉〔家内重宝記・元禄二〕に、○白付子を酒に和してつけると、面上の百病を治す。黒癜《くろなまず》*に妙である。諸風にもよい。○冬瓜の実を末（粉）し丸じて服すると、顔を白玉のように白くする。また葉を煎じて服すると顔の熱を治す。

〈顔色に病を診る〉〔鍼灸日用重宝記・一〕に、病により平生の顔色が変じ顕れることからの診察。○顔の青いのは腹中の痛みであり、また肝の破れである。赤いのは腹中に熱があり、また心の破れである。○黄なのは脾の臓が弱いためである。○白いのは腹中の冷え、又肺の破れである。○黒いのは腎気の破れである。〔鍼灸重宝記綱目〕にも病気の顔に顕れる色として次がある。○赤いのは熱。○白いのは寒で血虚 癪 肺の弱いもの。○黄色いのは脾胃の虚。○青いのは痛み。○黒いのは腎の痛みである。〔小児療治調法記〕小児科の診断は難しいので、面部外候によるものとし、左右の腮《あぎと》* 額* 鼻* 頞《おとがい》* の形色により診断する（図83）。○面色の赤いのは心臓病で風熱。○青いのは肝臓病で驚風。○黄なのは脾臓弱く疳癖。○白いのは肺蔵の虚寒。○黒気を生ずるのは命破れて死ぬ。

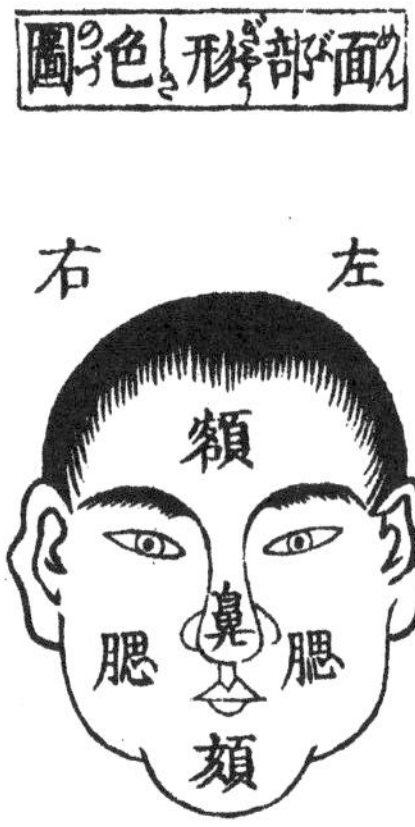

図83 「面部形式」（鍼灸重宝記綱目）

顔花【かおばな】「かほばな（顔花）とは、〔賀茂〕真淵 おもだか（沢瀉）なるべしと云」。〔消息調宝記・二〕

かおよぐさ【かおよぐさ】「芍薬」ヲ見ル

顔佳花【かおよばな】 大和詞。「かほよばなとは、かきつばた」である。〔不

断重宝記大全〕

かか【かか】〔女重宝記・一〕に①下様《しもざま》の人の妻を咡《かか》という。②大和詞。「かつを（鰹）は、かか」という。

加賀【かが】加州。〔重宝記永代鏡〕には、江沼、能美、加賀、石川の四郡をあげ、城下は金沢、大聖寺、小松、一ノ宮は白山である。〔万民調宝記〕に居城知行高は、金沢・松平加賀百二万二千七百石、大聖寺・松平飛驒七万石。〔大増補万代重宝記〕には江沼がなく河北をあげ、上管、四方は二十八里。田数は一万二千五百三十六町、知行高は四十四万二千五百五十石とある。〔重宝記・幕末頃写〕に、東西二日半、地冷え、南部にあたる。酢・醢・酒・漿は澄み、五穀・絹帛多く、中上国等とある。今の石川県南部にあたる。〈名物〉〔万買物調方記〕に奉書 杉原 鼓の皮 鐙 手綱 鳥刺し竿 黒梅染 菊酒 煎餅 黄連 白山の硫黄 小松の糸 撰糸 絹 浅野川のごり等。

禍害【かがい】八宅八命*の占。〔懐中調宝記・牛村氏写本〕に禍害の方は六《りく》殺《さつ》*に同じく凶である。婚姻 移徙 井戸 土蔵等を置いてはならない。夫婦の合命は親類縁者不和となり、懇意は間遠くなる。大となく小となく、軽を積み上げ重に至り凶となる。

花蓋の穴【かがいのけつ】灸穴要歌。〔永代調法記宝庫・三〕に「胸痞へ 咳逆上気 喘嗽は 花蓋の穴にしくことぞなき」。花蓋は胸の高骨より五寸下、仰向けてとる。

かがえける【かがえける】卑語。「肝の潰るるを かがへける」という。〔女用智恵鑑宝織〕

加賀絹の事【かがぎぬのこと】〔絹布重宝記〕に「加賀絹」の相印は「卜印」。常巾は曲尺一寸二寸五分。大広。極上品を諸《もろ》加賀という。諸《もろ》に糸を調合《あわせ》て織る。全て諸加賀には一疋ずつ金糸の札をつけている。中でも梶井という銘のある絹を佳品とし、札に梶井の判を据え、絹にも藍の判がある。似寄りの諸加賀が出てもこれには及ばず、この外小松 大聖寺 城端《じょうがはな》*等から出る。地性は至って強く、糸の素性は絹類の中で勝れて粘く剛い。絹の節は指で抓み毟《むし》ると、他と異なり切らずに糸が引ける。裏地絹には最上物である。甚だ艶があるが、下直の絹は筋が顕れ無地に染めると染め揚げが見苦しく、小紋に染めるとよい。染付は薄色 濃い色ともにみずみずしく、染め揚げの色艶は唐縮緬ほどに麗しい。絹の耳は羽二重*より少し広く薄く、丈は定っていないが過分の長短はない。大抵こなし（扱い）羽二重に准ずる。

○「生絹《きぎぬ》」の時は、加賀撰糸《せんじ》という。朱印の改判が絹毎に上布《うわぬの》にあり、地合がよい。染張り 仕なしする前に判のある所に紙縒の捻り下げをつけて置き、張り上げ仕立ての時にその所を上布に畳み出す。広加賀には総じて糸性のよい上品はなく、元来 紋所《もんつき》 白無垢等晴れがましいものには使わず、下帯地 八掛《はっかけ》（＝裾廻し）地等小裂《こぎれ》に潰す物故である。○「加賀紬」は加賀（石川県南部）産の紬である。全体は太口《ふとくち》の物で、至って強い。近年は毛紬《けつむぎ》が沢山流行り貴品であるが、貴人の召される物ではない。

雅楽寮*【ががくりょう】〔万民調宝記〕に雅楽寮は治部省*に属し歌舞を司る。男女の楽人の音声を選び、この寮で稽古する。頭《かみ》 助《すけ》（各一人）允《じょう》 属《さかん》（各大小）がある。

係ずらう【かかずらう】「かゝずらふとは、かかる（係）と云に同じ」。〔消息調宝記・二〕

かがち【かがち】「かがちとは、はうづき（酸漿）也」。〔消息調宝記・二〕

踵の治方【かかとのじほう】〔文政新刻俗家重宝集〕に「手足踵《きびす》《かかと》の裂け腫れの治方」は、鶏の糞一合に水一升を入れて煎じ、洗うと妙に治する。〔増補咒咀調法気大全〕に踵が痛んで地を踏むことができないのには、黄牛の糞に塩を入れて焙り、熱いので踵を包むとよい。

かがなべて【かがなべて】「かゞなべてとは、かんがふ（考）ること」。〔消息

調宝記・二〕

かかみ【かかみ】　片言。「兄弟をはしをり、かゝみと云は、物の両はし折かゞめたる時は、共にむかひて、其間に物なく、ひしとあひたる義か」とある。〔不断重宝記大全〕

鏡草【かがみぐさ】　大和詞。「かゞみ草とは、大根の事」である。〔女用智恵鑑宝織〕

各務野【かがみの】　所名。ここから鵜沼*へ二里。左方に尾州小牧山が見える。ここの大河を関が原合戦の時、輝正の人数が渡った所がある。新加納村。〔東街道中重宝記・木曾道中重宝記六十九次 享和二〕

鏡の事【かがみのこと】　〔万物絵本大全調法記・上〕に「鏡 きやう／かゞみ」。また「鏡台 きやうだい／かゞみかけ」。〈異名〉〔書札調法記・六〕に鏡の異名に、鸞頭《らんとう》 鸞影 菱花《りょうか》 古菱《こりょう》がある。〈由来〉〔人倫重宝記・一〕に鏡の由来は、天照大神が天の岩戸に隠れて常闇《とこやみ》となったのを諸神が悲しみ、日の神の形を模《うつ》して鏡という物を鋳、天香久山の坂樹の中枝に掛けて祈られた（〔掌中年代重宝記〕には 神代石凝姥命が天香具山の銅をもって鏡としたとある）。鏡を八咫《やたの》鏡とも真経津《まふつの》鏡ともいい、天照大神が岩戸から出てこの鏡に向かうと、我に向かうように思うと言われた。今の禁中に伝わる三種の神器の一ツである。鏡の在る所を内侍所《ないし》とも 賢《かしこ》所ともいう。村上天皇天徳四年（九六〇）九月二十四日内裏炎上の時、この鏡は温明殿にあったが自ら飛び出て南殿の桜の枝に掛った。女房が袖に受け、それよりこの鏡を内侍所という。我が国の鏡の始りはこの神鏡から始ったとする。神道には面色を照らして私なき正直を、儒道*には明徳の明らかなのを、仏法には円覚の悟りを開くのを、それぞれ鏡に譬える。〔童女重宝記〕には、天照皇大神が白銅《ますみのかがみ》鏡を造らせ瓊々杵《ににぎの》尊《みこと》に授け、三種の神宝の内この宝鏡に我を見るようにせよとの詔により神体とした。その後人皇十代崇神天皇の時この鏡の神威を恐れて大和国磯城郡に宮居を建て内裏に御影を移し止めたとあり、上述の内裏炎上のことに続く。鏡は神霊の乗り移っている物故 家々の鏡も常に曇らないように所持する。諺にも女の魂といい、朝夕の化装に用いるばかりでなく、心に思いあれば色に現われるので見苦しいことを見て慎むためとする。神前の鏡に我が姿を映して祈るのも、心を正しくして願い祈るためである。所持の鏡が曇る時は思いごと絶えず禍が来、潔い時は禍も吉事となる。

〈鏡の営為〉〔人倫重宝記・一〕には、○鏡屋は、神代の流れを受けてめでたい鏡を造る職ゆえ、諸職人に別して規模（名誉）の職とある。○鏡の裏に鸞鳥を彫りつけるのは鸞鳥は鏡を見るとよく舞うという故である。○南天を彫りつけるのは、鏡は水銀で磨ぐもので南天が水銀の毒を消す意である。○鏡台は梁の武帝の后が巧み出したもので、常に紅巾を掛けるのは紅は塵を吸うからである。○鏡磨ぎの始めは、唐土の仙人負局が深谷に行き霊水を汲み、瓢箪に入れて枝に掛け諸国を廻り、医術を施して効験のない病人が持っている鏡を、霊水で磨いて病人に見せると病は忽ち癒え 齢も長く身も麗しくなるという。これを鏡磨ぎの始めとする。

〈鏡磨ぐ法〉〔万用重宝記〕に鏡を磨く法は、水銀（一匁）と舎利（米粉一匁八分）を焼き合せ、朴の木の炭でよく磨き、その上を剃刀砥でよく磨ぎ、その跡へ焼き合せた水銀と明礬を少し乗せ、菖蒲の根の切り蕈で充分に擦り廻し、手の平でも擦り廻し、絹布で拭き上げるとよい。また水銀と舎利を等分に合せ土器で温めて練り合せ、砥の粉で卸し、その跡へ先の薬を置いて磨くとよい。〔秘密妙知伝重宝記〕に鏡早磨ぎの伝は、煙草の吸殻を振り掛け充分に手で拭く。極く秘伝である。〔諸民秘伝重宝記〕には即座に磨ぐ伝は、酸漿《かたばみ》草を鏡に揉み着けて磨ぐ。また衣服に鉄漿の着いたのも、青花藍の着いたのも落す。

〈物の形を現す法〉〔里俗節用重宝記・上〕に鏡の中に物の形を現す法は、雌黄 霜硇 砂を細かにして膠水で溶き混ぜて鏡の中に描き、乾かして摩

り落し磨きかけると形ばかりが残る。〔女中重宝記〕に「鏡の磨ぎ立て」は、一日程立て掛けて置くとよい。抑向けて置くと水銀が沈殿して曇りが早い。鏡の面は常に服紗や紙で覆って置くとよい。裸鏡を常に抑向けて置くと自然と心も荒くなり、鏡の面に埃が溜まると心も自然と塞ぎ病を生じるので慎むべきである。

〈鏡師〉〔万買物調方記〕に「京ニテ鏡師」一条下松の下 青盛重、新町御池上ル 中嶋泉、室町中立売上ル 長谷川対馬、三条柳の下 田中伊賀、五条寺町西へ入 松村因幡、五条東洞院東へ入 人見石見、麩屋町椹木町下瀧川備後ら十四軒。「江戸ニテ鏡師」神田乗物丁 中嶋伊勢、尾張町一丁目 中嶋伊勢・山本近江、南なべ町 山本加賀。「大坂ニテ鏡師」高麗橋堺筋 京松村因幡、同東南門 京森田武蔵、平野町二丁目堺筋四角 山辺河内。

〈鏡を持つ吉凶日〉〔重宝記永代鏡〕に「鏡の新品を初めて持つ吉日」は三光和合日。*「同 悪日」は正月は七日。二月は十四日。三月は二十一日。四月は八日。五月は十六日。六月は二十四日。七月は九日。八月は十八日。九月は二十七日。十月は十日。十一月は二十日。十二月は三十日。〔諸人重宝記・五〕には外に往亡日*があり、これ等の日に鏡を初めて持つと病は絶えず、人に疎まれ、万に悪い。〈呪い〉〔男女御土産重宝記〕には毎日鏡を見て瞳がないと、その日は大事が起る。殊に武士は討ち死にする不吉であり、我が影を東に向けて立って首の見えない時は明日討ち死にする印であり、小便に沫《あわ》の立たないのは不吉である。

鏡の節【かがみのふし】「前脚《まえあし》」ヲ見ル

鏡餅の事【かがみもちのこと】〈鏡と名付る事〉〔重宝記・宝永元序刊〕に元朝に餅を鏡と名付けて食することは、『荊楚歳時記』に膠固の儀とし、餅は粒々連続してどう丸めても角の出ないもので、一家親族睦まじく角なく温和の体を象り、鏡の餅を据えると思われる。大内では福生菓《ふくしょうか》と名付けている。〈料理〉〔年中重宝記・一〕には餅を鏡の形に作り、正月元朝に神前に供えたもの。その由来は、神鏡《しんきょう》を岩戸《いわと》の前に掛けて神楽を奏し、天照大神を慰めたのに学んだという。この鏡餅を煮て万民拝賞したことが例となり、後世はこれを雑煮と名付けた。

鏡山【かがみやま】大和詞。「かがみ山とは、おもかげをみん（見る）」との意である。〔不断重宝記大全〕

加賀餅【かがもち】〔菓子調法集〕に加賀餅は、大和小豆を砂糖に溜りを少し入れて至極よく煮、餅を水で捏ねとりをしてよく搗き、前の小豆をつける。

鵝眼【ががん】鵝眼《ががん》は、唐土での銭の異名である。〔人倫重宝記・二〕

餓鬼【がき】卑語。「子どもを、くしがれ、がき（餓鬼）」。倅《せがれ》の意。〔女用智恵鑑宝織〕

蠣和え物【かきあえもの】〔料理調法集・和物之部〕に蠣和え物は、蠣を串に刺し焼いて後、薄く湯で煮しめ、よく雫を垂らして置き、次に黒胡麻又は干し味噌、山葵の三品の内で和える。

かき煎【かきいり】〔料理調法集・煎物之部〕にかき煎は、鯛を背切りにし、鍋に塩を入れて焼きつけ、魚を入れ、塩が干いた程酒を差して煮、酒気のない時三番の白水*を差し塩梅して、吸い口を置き、出す。

柿渋落し様【かきしぶおとしよう】〔男女日用重宝記・上〕に柿渋の付いたのを落すには、鰹節を煎じて洗う。また麻の屑を灰に焼き灰汁に垂れて洗う。小袖についたのは灯心の灰汁で洗う。〔秘伝手染重宝記〕に柿渋の落し様は、渋がどれ程付いていても柿木の青葉を取り、温い湯を口に含み、葉を揉みつけて洗う。落つるのは妙である。〔大増補万代重宝記〕には白砂糖を揉みつけて洗う。「染み物落し様」「柿の事」参照

柿酢【かきす】〔料理調法集・煮出煎酒之部〕に柿酢は、枝柿をよい程に切り種を去り、一夜酒に浸して置き、翌日擂り濾し、合せ酢で延べる。

掻き鯣【かきするめ】「するめ（鯣）」ヲ見ル

書初の事【かきぞめのこと】 新年に初めて字を書く行事。「立春書初」〔万代重宝記〕等）、「試筆《かきぞめ》」〔開化実益現今児童重宝記〕等）、「吉書初《きっしょはじめ》」〔筆海重宝記〕等）ともある。「七夕」*の詩歌とともに行われた。〔料理調法集・年中嘉祝之部〕に「吉書始」は、新しい書篋 又は小折敷に書院硯を据え、文鎮・筆架・硯塀を取り揃え、水入には若松に裏白を挿し、墨は目出度い絵様の墨を用い、筆は白軸、紙は檀紙を近習の人が沙汰する。〈書初之詩歌範例〉〔麗玉百人一首吾妻錦〕に「佳辰令月歓無極」「万歳千秋楽未央」「君が代は千代にやちよにさゞれいしのいはほとなりてこけのむすまで」等。

書き損じの文字を抜く伝【かきそんじのもじをぬくでん】〔日用調法人家必用〕に「書き損じの文字を早く抜く伝」がある。①木通《もくつう》《あけび》の茎の切り口に水をつけて、暫く字の上に当てて置き、水が乾いたら又このように二三度すると、墨を皆吸い取り白地となる。急な時はこの方がよい。②蔓荊子（二匁）、竜骨（□匁）、相子霜（五分）、定粉（少）を、いずれも細末（粉）にし、水を文字の上に点じてこの粉を振り掛けて置き、乾いてから払うと太い文字でも取り去る。③筆の軸の後《しりえ》に水をつけ、白紙を小さく切って字の裏表に当てそろそろと何度も叩いて紙が黒くなったら、また白紙に引き替えて数度すると文字が見えない程に抜ける。しかし紙が少し潤む。「手形証文の事」「落筆秘伝の事」参照

掻き鯛【かきだい】 刺身仕様。〔諸人重宝記・四〕に掻き鯛は、鯛を卸して刮げて盛る。但し、煎酒*けんには より鰹 九年母 蜜柑もよい。

掻大根【かきだいこん】〔料理調法集・口伝之部〕に掻き大根は、葉を掻いて汁などに冬より春まで用いる。

書出【かきだし】 箇礼書法。「端作《はしづくり》」「返事の端作」トモニ見ル

書垂れ【かきたれ】 箇礼書法。〔永代調法記宝庫・一〕に書垂《かきたれ》とは、宛所名字名を書いて、仮名の「どの」（殿）を書く。自分は名ばかり書くことをいう。

掻摑【かきつかん】 大和詞。「かきつかん（掻摑）とは、よりつかんと云う事」である。〔不断重宝記大全〕

杜若の事【かきつばたのこと】〈草花作り様〉〔昼夜重宝記・安永七〕に、杜若の花は紺、浅黄、白、薄色、三月に咲く。土は田土（また合せ土*を交ぜ）に水を溜めて用いる。肥しは塵《ごみ》埃《ほこり》を根廻りに置く。分植は春、秋がよい。〈立花〉〔同書〕に「杜若の一色の事」があり、菖蒲 一八 花菖蒲を挿し交ぜてもよく、杜若の花に用いる。紫 白を交える時は、色移りに心得が要る。前置は河骨《こうぼね》 沢桔梗 槖《つわ》等がよい。射干 檜扇 槖 擬宝珠等の葉を用いることがある。花の着いた葉の花を取って葉を使うと勢いが強くてよい。花数に習いがある。〔童学重宝記〕には「祝儀小謡万歳声」として「かきつばた」がある。〈紋様〉〔紋絵重宝記・上〕には、杜若の絵と文字の意匠がある。

杜若餅【かきつばたもち】 菓子名。杜若餅、上ながし物、小豆入り、中しめし、下羊羹。〔男重宝記・四〕

書留り【かきどまり】 書札の書き留めである。〔書札調法記・五〕に詳しいが、〔大増補万代重宝記〕から抄録する。極上は「為可奉窺御様躰捧愚札候」、中は「此段申述度」等。また披露状*で上々は「猶期拝顔之時候」、中は「尚期面上之時候」「猶期面謁之時候」。或は極々上は「誠恐謹言」「誠惶謹言」「恐々謹言」、中は「恐々」「謹言」、下や同輩には「以上」「已上」「不具」等を用いる。寺等へ書く時は「恐惶頓首」「不具敬白」「不備」「穴賢」とするが、俗には用いない。いずれも相手方の上中下により文言と真 行 草の書き分けをする。折紙状の表で書き留めるには、宛所まで書く。裏へ書き廻す時は、文言を一二行を持ちこす。宛名、名前ばかりを裏に書くことをしてはならない。「あげどころ（上所）」とも「じょうしょ（上所）」ともいう。

鑰の穴から天を覗く【かぎのあなからてんをのぞく】〔世話重宝記・二〕には『漢書』『史記』『説苑』等に出るとして、いずれも「管《くだ》」とあり「鑰《かぎ》」とはなく、昔から言い誤ったと思われるという。小智をもって大道を図る譬えである。

柿の事【かきのこと】〔万物絵本大全調法記・下〕に「柿し／かき。総名也」。〈年切れせぬ法〉〔男女日用重宝記・下〕に正月十四日夜二時頃に大きな錐で木を揉み、鰹節を削り打ち込んで置くと、柿は多く生る。〈薬性〉〔医道重宝記〕に柿は平で毒なく、血を止め 気を健やかにし 熱を去り 渇《かわき》を止め 痰を消し 咳を治し 心肺を潤し 多食すると中《うち》を冷す。〔永代調法記宝庫・四〕に胃を開き血を吐く人に与える。〈貯え様〉〔永代調法記宝庫・六〕に木練《こねり》 木醂《きざわし》共に青く渋気の強い時に採り、同じ柿の葉でよく包み、柿の見えないように藁で括り、その上を藁苞に入れて擦り合わないように包み、柿の葉が見えないようにし 陰に釣り 雨露の懸らないようにして置くと、久しく持つ。赤く色着いた柿は長く持たない。〔万用重宝記〕は年中生で貯えるには柿の渋に漬けて置くと損じない。梨 林檎も同じである。〈漬け様〉〔諸民秘伝重宝記〕は梨 林檎共に傷のないものを生渋《きしぶ》に漬けて置く。渋は少しも果物に染みることはなく、味はいつまでもよい。〈皮剝き様〉〔諸礼調法記大全〕は木練柿ならまず蔕を取り下から小刀を立て丸ながら剝く。常の柿は二ツに割って甲方より剝いて甲に刀目をつける。〈食合せ〉〔万用重宝記〕に柿に榧と鮭の魚は類のない食い合せ、〔料理調法集・当流献方食物禁戒条々〕は柿に蟹、山の芋の類の食い合せを大いに忌む。〔重宝記永代鏡〕は柿に蟹を食い酒を呑み合わせると悪い。〈食当り〉〔懐中重宝記・慶応四〕は柿の中りは胡椒の粉を白湯で用いる。「串柿」「柿渋落し様」「渋柿を甘柿にする法」参照

牡蠣の事【かきのこと】〔薬種重宝記・上〕に和介、「牡蠣 ぼれい／かき。焼きて地の上に冷やし火毒を去る」。〈異名〉〔書札調法記・六〕に蛎の異名は牡蛤《ぼこう》とある。〈薬性〉〔医道重宝記〕に牡蠣《ぼれい》は、微寒 精を渋らし 痰を化し 渇を止め 汗を斂《おさ》め 二便を固くする。火で焼き 水に入れて冷やし取り出し 乾かし 粉にする。また〔同書〕に牡蠣《かき》は温にして毒なく、中《うち》を補い 虚損を治し 渇《かわき》を止め 酒毒を解す。〔永代調法記宝庫・四〕は傷寒の熱 寝汗を止め 積聚や精の漏れるのによく、瘧を落し 虚を補う等とある。〈料理仕様〉〔諸人重宝記・四〕に牡蛎は、汁 吸物 酢牡蛎 串焼き 杉焼きにする。〈料理〉〔世界万宝調法記・下〕に○「牡蠣の和物」は、牡蠣を串に刺して焼いて薄醤油で煮しめ よく雫をたらし、黒胡麻 芥子味噌 山葵で和える。○「牡蠣の吸物」は、鍋に塩を煎りつけて取り上げ、牡蠣を二ツ三ツ鍋に入れて擂り潰し、次に牡蠣に水を浸々に入れ一沫《ひとあわ》で煎り塩を加える。時により、少し醤油を加えても、また酒を差してもよい。〔昼夜懐要両面重宝記・寛延六〕に牡蠣《かき》の貝殻をよく取るには、大根を一ツ入れる。〈食い合せ〉〔料理調法集・当流献方食物禁戒条々〕蠣汁や煎り蠣に、蟹を食い合せるのを忌む。

柿本人麿【かきのもとのひとまろ】『万葉集』*最大の歌人で、和歌三神*〔人麿大明神・玉津嶋大明神・住吉大明神〕*の一。三十六歌仙*百人一首*に選ばれ、その歌は「あし曳の山どりの尾のしだりをのながながしきよをひとりかもねん」〔万葉集・二八〇二［或本］〕である。〈人丸の社寺〉〔紙漉重宝記〕には柿本人麿が石見《いわみ》国の守護であった時、紙の製法を教えて漉かせ、この地の職として相伝し、土州や予州等遠国まで伝えることになったとあり、石見の美濃郡高角里に正一位柿本人丸大明神社の神社図まで示している。〔東街道中重宝記・七ざい所巡道しるべ〕は当麻*の奥の院辺に柿の本村があり、人丸の墓があると記す。

柿本紀僧正【かきのもときのそうじょう】〔女筆調法記・四〕に柿本紀僧正〔真済〕は、弘法大師の弟子で、東寺第一の長者であったが、惟喬 惟仁の御

位争いの時 染殿の后を見染め、今世の対面が叶わなければ思い死にするとし、一念の鬼となって后を犯した。后の目には夫の文徳天皇に見えたという。

書判【かきはん】「花押」ヲ見ル

蠣ふわふわ【かきふわふわ】〔料理調法集・貝類之部〕に蠣の袋ばかりをよく擂り砕き、毛水嚢で濾し、この大蠣五十に玉子白身二十程を入れて掻き交ぜ、魚ふわふわのように仕立てる。

欠餅【かきもち】正月鏡開きの餅を欠き割ったもの。〔永代調法記宝庫・四〕に欠餅は、産後や不食の人にもよく柔らかに煮て食う。また古いのは毒を消し、白痢《なめ》や絞り腹をよく止める。

柿餅【かきもち】〔ちやうほう記〕に柿餅は、餅米一升 粳米五合、この二口を五合にし、色のついた柿の皮を剝いて薄く切り、饅頭*のように蒸かした上に広げ温め、餅に搗き合せて遣う。

蝸牛膏【かぎゅうこう】〔改補外科調宝記〕に、①蝸牛膏は、蝸牛（一匁）、龍脳・麝香（各少）を搗き爛らして汁を取り、痔漏の上につける。痛みを止め腫れを引かすのに妙である。②「和蘭流膏薬の方」として蝸牛膏は、蠟（四十匁）、緑青（三匁）、野菊（二匁）、畦唐菜の油（三十匁）、椰子の油（十匁）、蝸牛の黒焼（三匁）。この内の二色の油を一度に入れて煎じ、残る薬を入れて練る。乳香は鍋をおろして入れる。この膏薬は第一膿を切り痛を止め 悪肉が痞え膿の取れない時栓にさしてよい。また年久しく癒えず長引く腫物につけてもよい。

蝸牛瘡【かぎゅうそう】〔改補外科調宝記〕に蝸牛瘡は多くは手足に生ずる。初めは茱萸のようで、痒く痛く、掻くとたわ汁（瘡瘍の膿汁）が流れ孔があき、久しい時は虫を生ずる。杏仁・乳香（各三匁）、硫黄・軽粉（各一匁）を粉にし、胡麻油（三匁）、黄蠟（五匁）を煎じて蕩かし、先の粉薬を入れ膏薬のように練りよく冷ましてつける。

家業吉凶【かぎょうきっきょう】〔古易方位万代調法記〕に「人々家業吉凶早考」として次がある。○木性の人。木は火を生む 水は木を生むと言い、木の類か土に縁のある商売をすると利運があり、大いに仕合せがよい。また水に縁のある商売もよい。金物商売は大凶。○火性の人。火は土を生む 木は火を生むと言い、木の類か土に縁のある商売をすると仕合せよい。火に縁のある商売も相性でよい。水商売 金物商売は一生大凶。○土性の人。土は金を生む 火は土を生むと言い、金物類か火に縁のあることをするとよい。また土に縁のあることもよい。水の商売は悪い。木商売 水商売は大凶。○金性の人。金は水を生む 土は金を生むと言い、水に縁のある商売か土の類を取り扱う商売は仕合せよい。また金物類などもよい。火商売 木物商売は大いに凶。○水性の人。水は木を生む 金は水を生むと言い、木の類を主《つかさど》る商売は仕合せよい。金物類もよい。火と土の縁のある商売は凶である。土商売 火商売は大凶。相性は大吉、相剋は大凶である。商売のみでなく縁談 相談など何事でも万事に気をつけ、考えるとよい。

火気を見る【かきをみる】〔重宝記・幕末頃写〕に火気を見て吉凶を知る事がある。火気というのは、家の棟の最中に一文字に高く天上する気、また棟より竿のように立って中より折るるをいう。この気は死火にも変ずる。よく政《まつりごと》をするとよい。五色の外で薄いのでよく見るとよい。

角【かく】〈五行の音〉〔万まじない調宝記〕に角は、木に配し 牙に触れて発する声（〔同書〕奥歯で唱えるカ行の字）とある。〈謡分け〉〔囃子謡重宝記〕に「角」は、舌で出す息なので双調、春の調子とある。また「五音謡分の事／恋慕 赤火」とし恋慕は深く思い入れがないと謡れないが、思い入れが過ぎると哀れになり、随分心得が要る。思い入れで謡う曲とある。〈五音の気で吉凶を知る〉〔重宝記・幕末頃写〕に「角気」は春を司る気で、双調《そうじょう》である。真っ直ぐに立ち上り、竹の子の生え並んだよう

で角気という。大吉の気である。

膈【かく】〔鍼灸重宝記綱目〕に膈とは、喉の奥に何やら障り、吐いても出ず、呑んでも下らず、痰の鬱により気が鬱し、食をそのまま吐逆するものである。〈治法〉〔万家調法呪詛伝授嚢〕は野蒜の根を土用中に干して末(粉)にして用いる。また、塩鰯*の頭をよく洗い水で煎じ少しずつ用いるとよい。〔新撰咒咀調法記大全〕は霊天蓋の極めて古いのを焼いて白湯で用いる。〔懐中重宝記・慶応四〕に膈の薬は空木《うつぎ》の中の皮を取り、二寸位の鮒二ツの骨を去り、よく擂り交ぜて紙に延べ、臍の穴へ貼るとよい。「膈噎《かくいつ》」参照

額【がく】〔万物絵本大全調法記・上〕に「署しよ、扁へん、額がく」。〈繻子織留〉〔絹布重宝記〕には繻子の織留*を額《がく》という。古は繻子の織留はいずれも額を織り、近来は色々風流の花鳥山水、美を尽して善美をし、漢唐舶来の大幅やはり額の織留である。よって額と唱えるのは繻子に限る。この外は界限《かいきり》*という。

膈噎【かくいつ】〈病名〉膈*と噎*。現代では食道癌、胃癌などと診断される。〔鍼灸重宝記綱目〕に鍼灸点として、天突・石関・三里・胃兪・胃脘・鬲兪・水分・気海・臆気・胃倉がある。〔家内重宝記・元禄二〕は噎膈で食に噎《む》せ、或は胸に詰り、食を返す時は、陳皮と橘核二味に生姜を加えて煎じ服する。

〈膈噎食物宜禁〉〔家内重宝記・元禄二〕に「宜い物」は、大麦 大根 蒲公英 すべり莧 生姜 牛蒡 榧 独活 枸杞 蓮 山芋 鰻 またたび。「禁物」は糯 麺類 油 小麦 飴 茄子 芥子 瓜 蓼 蕨 竹の子 芋 昆布 芹 菱 蕎麦 砂糖 生魚 川魚 膾 生菓子 鮓 鯛 塩 諸鳥。「しゃくじゅ(積聚)の事」モ同ジ食物宜禁。

鬲関【かくかん】〈経絡要穴 肩背部〉二穴。鬲関《かくかん》は七推の下左右へ三寸ずつ陥みの中にある。針五分。灸三壮。背痛み、悪寒、背強ばり、不食、しゃくり、涎れ唾多く、胸悶え、大便調わず、小便の黄なのを治す。

〔鍼灸重宝記綱目〕

客怯【かくご】客忤とも書く。〔小児療治調法記〕に初生児は心気不足ゆえ、見慣れない客人に怯え驚き、或は家人が馬の汗気を受けて直に児の辺に向い、或は穢らわしい着物を着て近づき、或は児の着物に人の髪の毛があるか、或は白い着物に青い帯をするか、反対に青い着物に白い帯をする等々、初生児が異珍の物に忤《おび》え驚いて病を生じ、口に沫《あわ》を吐き 顔色が変わり 喘ぎ 腹痛み 寝返りしてびくつき、症状は驚風*のようであるが、空目遣いをしないのを客忤という。口中を見て上顎の左右に小粟か粟粒のような物があれば竹の針か爪で破り、汁は喉に入らないように拭い去る。蘇合香丸*を生姜湯で頻りに呑ませ、なお皂角を焼いて身を薫べ、次に淡豆三合を水に湿し搗き鶏卵の大きさに丸じ、児の顋《おどり》の上 また足の裏を各々五六遍も撫で、その後臍の真中を撫でるのを良法とする。薬には犀角散*もある。〔童女重宝記〕に客怯は、見慣れない物等を見て怯える事を言い、燕の巣の中の糞を取って煎じ、度々浴びせるとよい。

隔室【かくしつ】「部屋見舞」ヲ見ル

鶴虱【かくしつ】〔薬種重宝記・中〕に和草、「鶴虱 くはくしつ/いのしりくさ」。少し炒って用いる。

鶴膝【かくしつ】〔小児療治調法記〕に鶴膝は、小児が生まれつき血気不足して充たないため、肌肉は痩せ薄く、骨節が露われ、日々に枯れ悴《かし》けて、鶴の脚のようなのを鶴膝という。薬は加味地黄丸*を用いる。

鶴膝風【かくしつふう】〔医道療治重宝記〕に鶴膝風は、膝は鶴の膝のように太く、股 足は細く、膝痛み弱るのは、風邪の滞りである。治方は付骨疽*に同じ。まず参芪四物湯*を用い、寒熱があるのには五積交加散*、潰えるのには独活寄生湯*を用いる。〔改補外科調宝記〕には、付骨疽が股の間や足膝等に出るものとある。

隔紙白玉膏【かくしはくぎょくこう】〔斎民外科調宝記〕に臁瘡が長く口癒えず、

或は爛れ痛み 甚だ臭いのに隔紙白玉膏をつけ、内薬は蠟礬丸*を用いる。猪肉（炒り滓を去る）、黄蠟・白蠟（同じく一ツに炒る）・萆麻子仁（搗いて泥のようにする）・鶏子（各二両）、鉛粉《みずかね》・胡麻油（各四両）を、煎じた蠟の中へ入れ、よく練り交ぜ冷まし、乳香粉（三匁）、軽粉（五匁）、竜脳（五分）を入れて練り合せ、風を引かないようにして収め貯えて置き、遣う。

霍症の奇薬【かくしょうのきやく】〔俗家重宝集・後編〕に霍症を治す奇薬は、蛤を蒸して白い汁を飯にかけて食わせると吐き、度々食わせると常の体になり、治る。

角孫【かくそん】 禁針（鍼）*の穴。二穴。角孫は耳の後ろ耳の廻りの中程の上角にあたる。髪際《かみのはえぎわ》、口を開くと空《あな》がある。〔鍼灸重宝記綱目〕

楽太鼓 羯鞁 木地師【がくたいこ かっこ きじし】〔万買物調方記〕に「京ニテ楽太鼓 羯鞁 木地師」に、一条通小川西へ入町 嘉兵衛がいる。

角玉子【かくたまご】〔料理調法集・鶏卵之部〕に角玉子は、煮抜き玉子の殻を取り熱い湯に暫く漬けて置いて、美濃紙に包み熱いうちに切り、飯の小さい形に入れ、上より押しつけ、冷めて取り出す。

客熱【かくねつ】〔小児療治調法記〕に客熱は、熱の差し引き（来・去）が定まらない熱とある。

膈兪【かくのゆ】〔鍼灸重宝記綱目〕に二穴、第七椎の下両旁へ一寸五分ずつにある。灸は一日に三壮ずつ三十壮、多く灸をすると心中に通り、胸騒ぎする。針の刺しは三分、留めるのは七呼。もし針して膈に当れば、一年を過ぎず死ぬ。心痛 痺れ 吐食 翻胃 手足怠惰して臥し、或は痃癖 咳逆 嘔吐 熱病 不食 自汗 寝汗などを治す。〈灸穴要歌〉〔永代調法記宝庫・三〕に、「咳逆や嘔吐 胸張り不食して 腹張り寝《いね》ず 胃の冷えは膈」とある。

角花生【かくはないけ】 立花。*〔男重宝記・三〕に角花生には、四方の角《すみ》へ枝を差し出さず、籠には繁く入れるのがよい。

かくはら【かくはら】 大和詞。「かくはらとは、竹の事」である。〔不断重宝記大全〕

額彫師【がくほりし】〔万買物調方記〕に、「京ニテ額彫師」西洞院魚棚下ル 小磯能登、堀川出水上ル町（名不記）、蛸薬師柳ノ馬場東 度々勘兵へ、八幡町ふや町西へ入 金盛子（是は黄檗派の唐木細工）。「江戸ニテ額彫師」宇田川町 学林、京橋北二丁目 春信。「大坂ニテ彫物師」北久太郎町五丁目 五郎右衛門、馬喰町五丁目 いせや市郎兵衛。

学問手習【がくもんてならい】〔女筆調法記・五〕に、仕過ぎても仕過ぎず、習っても習っても期のないのは学問手習である。この道を仕抜くと、歌道も 親孝行もこの道より知り、夫婦の和合、兄弟和順、一族・他人の義理も、この道より弁え知るのであり、よく学び よく知るのがよい。「手習の事」モ見ル

香具山【かぐやま】 百人一首読曲。「天の香具山」は「かぐ山」と濁る。〔麗玉百人一首吾妻錦〕

神楽【かぐら】〔人倫重宝記・三〕に神楽《かぐら》の始りは、天照大神が天岩戸に籠られた時、諸神が岩戸の前で舞い歌って大神を慰めたのに始るという。能*はこの神楽を学んで神を慰め、国土安全を祈るためにするので、神楽に等しいという意で神の字の旁《つくり》を採り、申楽《さるがく》ともいうとある。「申楽／猿楽の能」ヲ見ル

神楽岡【かぐらおか】 京名所。神楽岡は吉田町の東丘陵 吉田山の別名。御本社（吉田の社）*は八角である。大小の神祇 八百万神である。宸筆の額二箇、古筆の額一箇、宸筆の野馬の絵の額一箇がある。本社の前に明星水という名水がある。〔東街道中重宝記・七ざい所巡道しるべ〕

霍乱の事【かくらんのこと】〔医道重宝記〕に霍乱は暑湿の気に中《あて》られて腹痛み 吐瀉し 手足の乱れるのをいう。吐瀉せずに悶乱するのを乾霍乱といい 治し難い。「中暑」参照。〔鍼灸重宝記綱目〕には霍乱は外の暑熱に

感じ、内は飲食生冷に破られ、忽ち心《むね》腹痛み 吐瀉 発熱 悪寒 頭痛 眩暈煩燥《かきみだし》し、手足冷え、脈沈にして死にそうになり、転筋《こむらがえり》が腹に入るのは死ぬ。○転筋は急に吐瀉し、津液が乾き、脈が閉じ、筋が縮まり引き攣り、陰嚢《ふぐり》が縮まり、舌を巻く時は治し難い。男は手で陰嚢を引き、女は両乳を引いて中へ一緒に寄せるのが妙法である。○腹が脹り急に痛む時は、まず針を幽門の穴に刺すと吐逆するが、それでも痛みが増す時は気海 天枢に針をする。霍乱には陰陵泉 支溝 尺沢 承山に、腹痛には委中に、吐瀉には三里 関沖に、胸満ち悶え吐くには幽門に針をする。〔鍼灸日用重宝記・四〕は少し詳しく、霍乱は暑に侵され津液《しんえき》を失い、寒熱が調わず清濁相侵し、陰陽が隔たり、中焦に邪があって吐瀉し、湿霍乱と乾霍乱の二症がある。湿霍乱で死ぬのは稀で、湿邪を吐瀉してしまえば止む。乾霍乱は吐瀉できず、邪は腹中に滞り 正気隔たり 陰陽を閉じ塞いで死ぬので、早く吐かすのがよい。針の仕様も同様の方を示しているが、これも若干詳しい。

〔家内重宝記・元禄二〕は霍乱には香薷散*を用い、吐逆を治すのに熱気があり喉が乾くのには黄蓮を、転筋するのには木瓜を加える。腹痛して死にそうなのには霍香と陳皮を煎じて服する。〔重宝記・礒部家写本〕は、○藿香正気散*を用い、○胡椒を二三粒ずつ毎朝用いるとその日は霍乱はない。○益知・木香・霍香（各等分）を小豆湯で振り出して用いるか、粉にして湯で用いるのもよい。これを三味湯*といい、夏の間は何病にもよい。○葛粉（十匁）、黄栢（六匁）、胡椒（四匁）を粉にして用いると霍乱のほか虫食中り下り腹など何でもよい。〔胡椒一味重宝記〕は胡椒（小）と桂枝（大）を煎じて服する。〔丸散重宝記〕は嘔吐が甚だしく止まらないのは、良姜を煎じて服する。〔家伝調方記・天保八写〕に引《ひき》起《おこし》（何首烏*）は、霍乱の妙薬である。〔秘密妙知伝重宝記〕に五月五日午の刻（正午）に採った枇杷の葉は、霍乱 痢病を治す。〔調宝記・文政八写〕に大霍乱の妙薬は、五月節句に蓬を採り干して置き、煎じる時塩を入れて唐布《からきれ》に包み、熱い内に痛む所を蒸す。〔調法記・四十七ゟ五十七迄〕に蒜《にら》の根を搗き爛らかして水にたてて用いる。吐いて止まらないのには、糯米を水に入れて擂り、汁を呑ます。咽の乾くのには蘆の葉を煎じて用い、腹下りの止まらないのには艾の葉を濃く煎じて用いる。毎日蒜を磨り、或は胡椒一粒を服すると霍乱の予防になる。

〈呪い〉〔増補咒咀調法記大全〕には「霍乱に呑む符」がある（図84）。

図84「霍乱に呑む符」（増補咒咀調法記大全）

〔大増補万代重宝記〕には霍乱を病む時の歌、「してたへばいれてわたりてつゝるてといくせわたりてこゝのせぞかし」がある。

鹿毛【かげ】 馬の毛色。〔武家重宝記・五〕に鹿毛《かげ》は、浅黄色の馬、驪馬《りゅうば》ともいう。

醬油【かげ】 〔料理調法集・口伝之部〕に醬油*を「かげ」という。また金〔一書に、ぎん〕ともいう。また煮方の言葉に、かげを落とすというのは醬油を差すことである。また溜りも落とすという。

かけい【かけい】 片言。「かけいは、勘解由《かげゆ》*」である。〔不断重宝記大全〕

筧の水【かけいのみず】 大和詞。「かけひの水とは、たへたへ（絶え絶え）なるを云」。〔不断重宝記大全〕

洞泉寺【かげかつだんご】 「越後国室野邑洞泉寺《かげかつだんご》」は、桜田ひせん町 丹波屋嘉兵衛にある。〔江戸町中喰物重法記〕

掛川より袋井【かけがわよりふくろい】 東海道*宿駅。二里十六丁。本荷百五十五文、軽尻百二文、人足七十七文。右の方に城がある。葛、布が名物である。町に下坂という鍛冶がいる。渕の上尾池村入口に小橋がある。ここから「秋葉山 鳳来寺への道」*がある。かわた村、沢田村、細田村左

の方 山の麓に高天神、城跡がある。網川村の右方 坂上に新善光寺がある。網川橋は長さ十二間、腹川、背川。右に浅間社、なぐり茶屋がある。この辺は花莫蓙を織って売る。貫名《ぬきな》の左に妙星寺といい 日蓮上人の御父貫名重忠の寺がある。沓部村に茶屋がある。あらや。〔東街道中重宝記・寛政三〕

掛乞い【かけごい】〔年中重宝記〕に、七月十四日（盂蘭盆会*）、商売人は今日を際《きわ》として、正月より半季の間の売掛を乞う。十二月三十日（歳暮*）、商人は掛けを乞い、提灯と秤《はかり》を携えて夜半《よわ》過ぎる迄走り歩き、暁方よりさすがに音もなくなるとある。十二月三十日は一年の売掛を乞う。

掛香【かけごう】 懸香とも書く。匂袋*と同じである。〔新板増補女調法記・四〕に掛香は小袖を畳んだ間に入れて置き、また衣桁等に懸けたのはよい。夏の暑い頃、掛香の甚しいのは初心なものである。◯「掛香の名方」として竜脳（五分）、麝香（六分）、丁字・甘松（各二匁）、白檀（一匁）がある。外に、新枕* 蓬生* 菖蒲* 松風* 梅花*がある。〔好色重宝記・下〕に「懸香の方」として、麝香・丁香・沈香・白檀（各大）、藿香・甘松（各中）、石菖蒲・山橘葉（各小）。これらを荒く刻み袋に入れて用いる。〔昼夜重法記・正徳四〕にも「懸香の方」が二種ある。①麝香・丁子・白檀（各大）、藿香・甘松・沈香（各中）、石菖蒲・山橘葉（各少）を荒々と刻み袋に入れる。②甘松（十匁）、麝香・白檀・丁子（各一匁）、樟脳（一分）。丁子は半両ずつを三ツと二ツに割って刻み、甘松は土気を水で洗い 髭を取り 生乾きした時 刻む。白檀は細かに刻む。この三色に酒を盃一杯 水二杯を入れ、これで手を濡らして揉み合せて入れるのが拵え様の秘伝である。「懐中匂袋」モ見ル

掛鯛【かけだい】〔料理調法集・塩魚之部〕に掛鯛は、正月に藁縄で腹合わせに結び、蔵の前や竈の上等に吊した塩干の鯛をいう。鯛の大小により仕方は変るが、塩出しは白水*に二三日漬けて水でよく洗う。常の塩鯛よりは塩が強いと心得るとよい。◯「汁」は、塩が出た時焦げる程よく焼いて皮を揉み取り、骨ともに細かに叩き、豆腐の殻（雪花菜）汁に入れる。但し、吸い口は焼き唐辛子、葱の類がよい。

花月占伝授【かげつうらないでんじゅ】〔重宝綱目女要婦見硯〕に「花月占伝授」として次がある。花は陽・半と定め、月は陰・丁《ちょう》と定め置き、花は東南を象《かたど》り春夏を含み 色は青と赤である。月は西北を象り 秋冬を含み 色は白と黒である。向うの人が月なりとも花なりとも言い出すのに、その占う時が四ツ（十時）六ツ（六時）八ツ（二時）ならこれは半である。例えば五ツの時に、向うの人が来て花と言えば、半と半で合い、吉である。月もまたこれと同じである。月が丁《ちょう》なのに、占う時が半であれば凶と知る。

花月香【かげつこう】 十種の代表的組香の一。〔聞香重宝記〕には花と月方に分かれて、六色の香を聞き当てる。「花方」は梅花 緑竹 芙蓉、「月方」は蘆葉 芭蕉 岩松の六色で、二ツ宛十二包む。六包には花一・二・三、月一・二・三と各香包の上に書いて試しに出す。残り六包は白紙の内に花一・二・三、月一・二・三と書き、掻き混ぜて傍らに置き、試しの香を出す時、これは花一、花二、花三、これは月一、月二、月三と名乗って出す。但し、香炉二ツ 火本二ツで、花方は左に居 花方より三炷出し、後に月より出す。試し過ぎて六包の内どれでも一包を取って花方より出す時、試しの香に思い合せて花一と思えば花一の札を、月一と思えば月一の札を入れる等して当否を競う。

陰菜【かげな】「ほしな（干菜）」ニ同ジ

影の煩い【かげのわずらい】「影の煩い」は熱病で、一人の病人の姿が二人になって現れ、どれが本人か分からなくなる病気をいう。離魂病。〔新撰咒咀調法記大全〕に治法を、辰砂・人参・茯苓の三品をよく煎じて飲ますとよい。真人《まことのひと》は気分が爽やかになり、影の方は消える。

掛花生【かけはないけ】 花入れ*。〔昼夜重宝記・安永七〕に掛花生には、柳 薄

のような枝垂った物がよい。下から見るからである。留めには大輪の花か、葉の籠ったものがよい（図85）。「二重切花生」参照

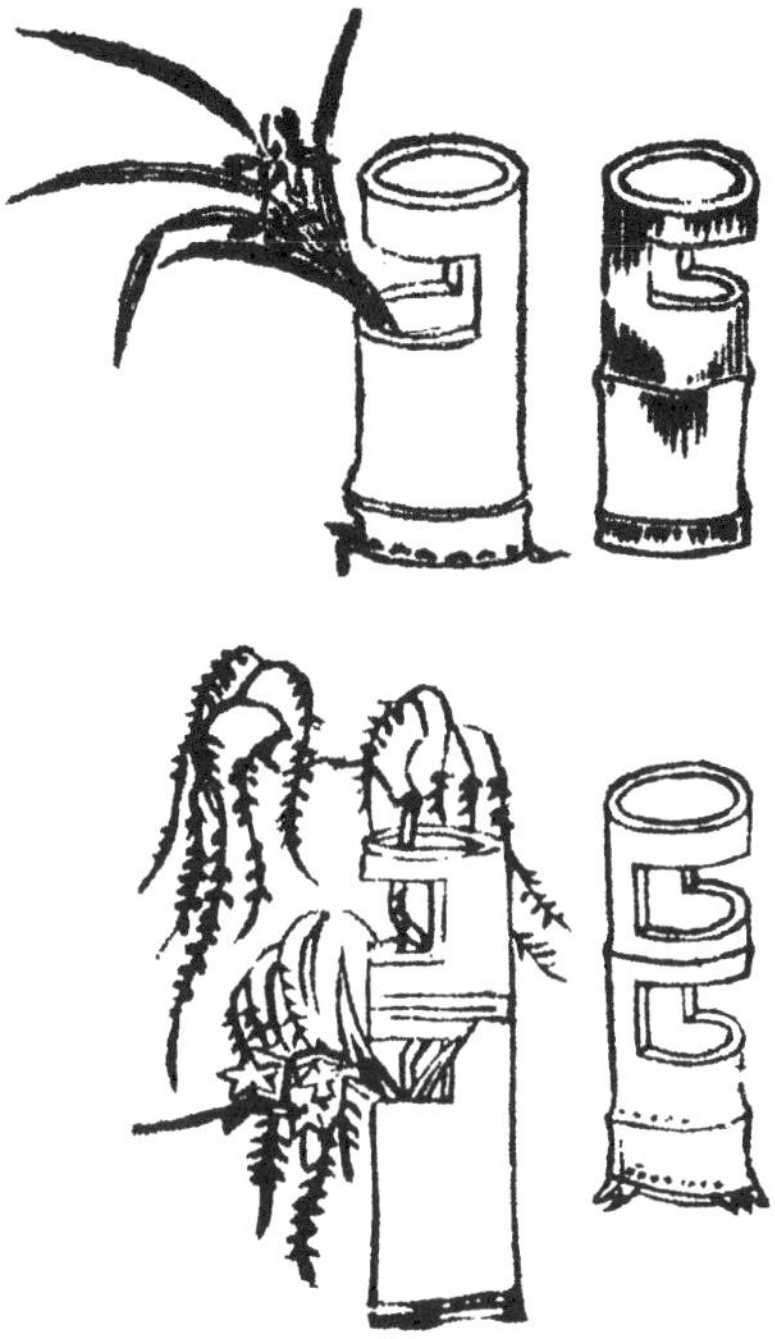
図85　「掛花生」（右）（昼夜重宝記・安永七）
（左）（（新板／増補）男重宝記）

陰鍼の伝【かげばりのでん】　陰鍼は患部を絵に書いて鍼を打ち回復させる呪い。〈調法記・四十ち〉に図版（図86）のように、①紙に病人の形を書き鳩《みぞ》尾《おち》の下に星を四ツ書き、両脇にも二ツ書き、病人をその形に仰向けに寝せ、その絵図に鍼を男は上から立て始め左廻しで真中で立て納め、婦人は中から右へ回し上で立て納める。病症を聞いてその形に絵図を置いて鍼を立てると隣でも治する。この鍼はどれほど痛む腹でも治る。②足裏の陰鍼は、全ての腹痛癪を治し、瘧狐付を落す。男は左足、女は右足の形を寸に採り図示し、鳩尾 臍等を書いて鍼をさす。但し、狐付には臍の左右に痛所、住所があるので分別して三度立てにする。この陰鍼はどんなに痛む腹でも治らないことはない。

掛干【かけぼし】　「稲の事」〈掛干〉ヲ見ル

掛物の事【かけもののこと】　〈万物絵本大全調法記・上〉に「画ぐわ／ゑ、図づ／同。かけもの」。**〈掛け様〉**〈小笠原諸礼調法記・天〉に、一幅掛の時には啄木（紐）を解き、掛物を畳に置いて風帯（表装の上部に垂れている二本の布又は紙）の長さ程解いて風帯を伸ばし、次に掛物を三分の二程さらさらと解き、啄木を上座の方へ引き、絵掛けを上に持ち、左手に掛物を持って打釘に掛け、さらさらと掛物を垂れ下ろす。床から降り一間ばかり退いて、直・不直を見て啄木付の板と軸とを動かして直す。三幅対は中を掛け、次に客位（左）、主位（右）の順に掛ける。巻く時は客位より巻く。三幅対の啄木は客位を上座へ引き、主位を下座へ引く。二幅対は上座と下座と左右へ引き分ける。巻き納める時は大きな掛物は下より少々巻き寄せ、掛ける時のように掛竿に掛けて畳の上に降ろし、まず軸の方を羽箒で埃を払い、歪まないように巻き、埃も払う。

〈見様〉〈小笠原諸礼調法記・天〉は、座敷に着いたら床の飾りや掛物に心を込めて見る。三幅対なら中を見、客位、主位と見る。〈童学重宝記〉は生け花等も含めて、見る時は床の前で一畳を置き手をついて見る。我

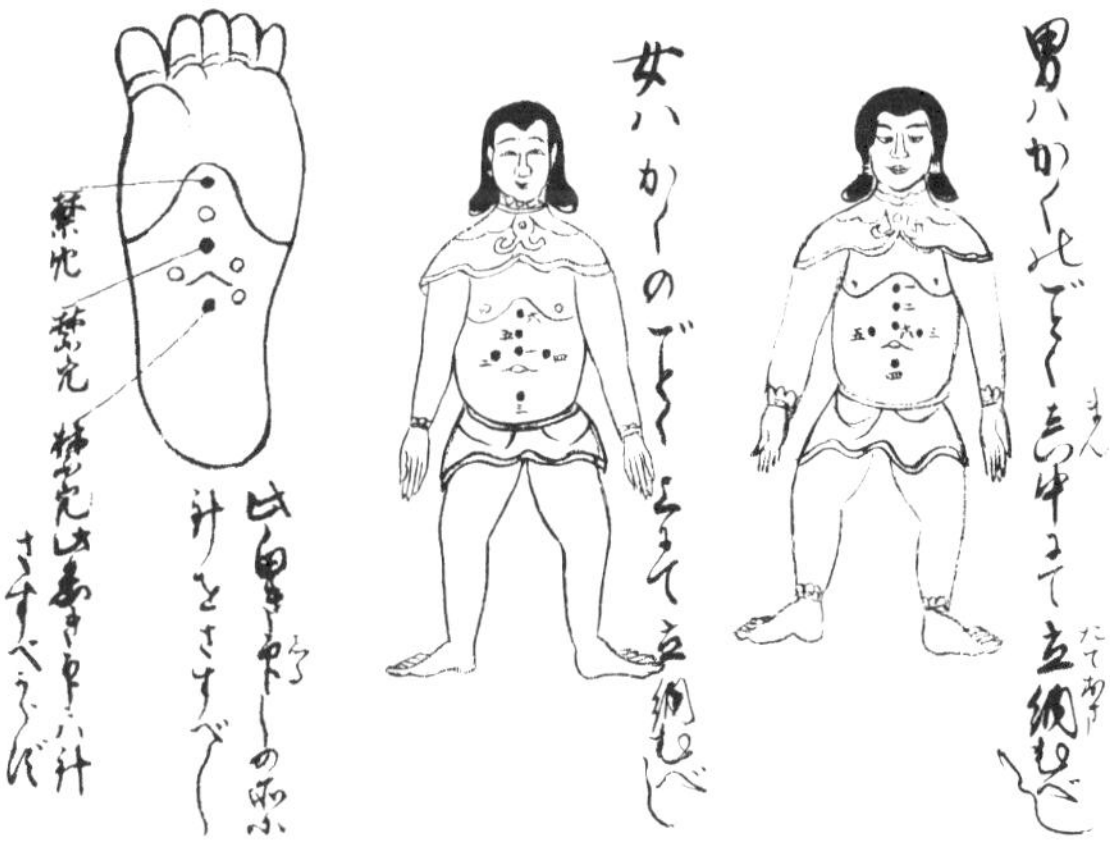
図86　「陰鍼」（調法記・四十ち）

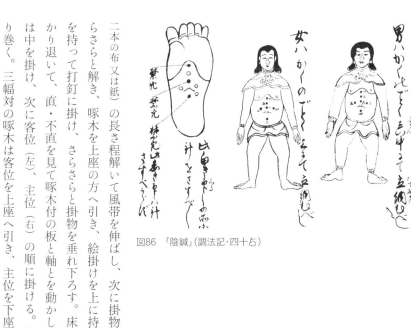

れ知り顔に滅多に褒めるものではない。〈掛物巻物の墨を取る薬〉〔俗家重宝集・後編〕は水仙花の根の玉を切り、小口で墨の付いた所を敲き取り、墨が染み付いたらまた小口を切り、新しい小口で敲き取る。〈名物掛物〉〔万民調宝記〕に茶の湯名物御持来の記があり、大名 高家 地下等の掛物が二十五点程列記されている。〈掛物箱〉〔進物調法記〕に掛物箱の図があり、三幅対の箱では結び紐上方に「（本体左から）左 寒山／中 聖人／右 拾得」。結び紐下に「雪舟庵／三幅対」とある。

勘解由【かげゆ】〔男調宝記・一〕に勘解由は、諸司等交替の際の解由状（事務引き継ぎ書類）を、審査する役とある。

賭弓【かけゆみ】「くじまと（鬮的）」ヲ見ル

蜻蛉【かげろう】大和詞。〔不断重宝記大全〕に「かげろふとは、夕暮に蚊の如く飛ぶ虫」である。「とんぼう」「蜉蝣《ぶゆ》の事」参照

乗除の位を知る歌【かけわりのくらいをしるうた】〔算学重宝記・嘉永四〕に「割れば上《かみ》掛くれば下《しも》へ 算うれば十三百四 千五 万六」。即ち算盤の桁取りで、頭《かしら》より三桁目が十、四桁目が百、五桁目が千、六桁目が万で、以下これに准ずることをいう。

加減【かげん】〔医道重宝記〕に諸病の療治は、寒 熱 虚 実を弁え、主となる本方の薬品を選んで用いるが、雑症のある時は本方の薬品を考えた上で、兼症を治する力の少ない時はその症に随って薬品を加えて力を添え、反する薬味がある時には去る等することを加減という。一方では伝来の方に留意する。

加減十神湯【かげんじつしんとう】〔家伝調方記・天保八写〕に加減十神湯の方は、川芎・甘草・麻黄・白朮・升麻・陳皮・黄芩・麦門冬・香付子・赤芍薬・芍根・細辛・石膏・紫蘇を用いる。

加減十全大補湯【かげんじつぜんだいふとう】〔医道重宝記〕に加減十全《じつぜん》大補湯は、久しく帯下を病み、痩せ衰えて力なく、身痛み、食少なく、日暮には煩《いき》れ熱し、小便の渋るのを治す。方は十全大補湯*に肉桂を去り、車前子・地骨皮・鹿角膠を加えて煎ずる。また症により、処方がある。

加減四物湯【かげんしもつとう】〔昼夜重宝記・安永七〕に加減四物湯は、吐血 衂血《はなぢ》 咳血 咯血 小便血 大便血等を治す。生地黄・当帰・白芍・山梔子・貝母・知母・黄栢・牡丹皮・陳皮・白朮・玄参・麦門冬（各等分）、甘草（少）を水で煎ずる。吐血や衂血が止まらない時は、炒りを黒くする。乾姜・栢葉・茜根・大薊・小薊を加える。身が熱する時は、地骨皮・黄芩を加える。嘔吐には知母を加える。大便血の止まらないのには山梔子を倍し、車前子・小薊・黄連を加える。

加減瀉黄散【かげんしゃおうさん】〔小児療治調法記〕に加減瀉黄散は、湿熱、胸煩れ、皮膚の色が橘子のように黄で、白眼も黄なのを治す。黄連・茵陳（各五匁）、黄栢・黄芩・茯苓・沢瀉・山梔子（各三匁）を水で煎ずる。

加減瀉白散【かげんしゃはくさん】〔医道療治重宝記〕に、①「加減瀉白散」は、咳して口乾き、煩熱し、胸膈利せず、気喘促するのを治す。桑白皮・地骨皮・知母・陳皮・桔梗（各五分）、青皮・細辛・黄金・甘草（各二匁）を煎じ服する。感冒の発熱を退けて後、久しく咳痰が止まず、尿が赤く汗のないのに奇効がある。②「東垣加減瀉白散」は、陰気が下に 陽気が上にあり、咳嗽 嘔吐 喘急を治す。桑白皮（一匁）、地骨皮（七匁）、人参・五味子・陳皮・青皮（各五匁）、伏苓（三匁）に、粳米二十粒を入れ煎じ服す。虚症の久しく嗽するのを治す方である。滋陰降火湯を用い、肺気がいよいよ虚する時は奇効がある。①②とも症により加減がある。

加減順気酒【かげんじゅんきしゅ】〔洛中洛外売薬重宝記・上〕に加減順気酒は、上数珠や町東洞院東へ入 富田氏にある。代百文。第一に気を増し、腎を補う養薬酒である。その他、虚労一切によい。

加減潤燥湯【かげんじゅんそうとう】〔医道重宝記〕に加減潤燥湯は、左半身叶わず、手足萎え、嚔《はなひ》り、欠伸し、眼口歪み、目暈《めまい》 痰火《たんか》盛んに、筋骨

時々痛み、胸騒ぎするのを治す。芍薬（二匁）、当帰（一匁二分）、川芎・白朮・茯苓・半夏・天南星・天麻（各一匁）、陳皮（塩で炒る）・生地黄・熟地黄・酸棗仁・黄芩・牛膝（各八分）、羌活・桃仁・防風・肉桂（各六分）、紅花・甘草（各四分）、黄柏（三分）を煎じ、竹瀝*と生姜汁を入れて服する。血虚し、痰をかね、火を挟んでなす病によい。左右の字により療治を誤ってはならない。〔医道療治重宝記〕には、諸症により加減がある。

加減除湿湯【かげんじょしつとう】〔医道重宝記〕に加減除湿湯は、右半身叶わず、手足萎え、筋骨の痛むのを治す。白朮（一匁二分）、茯苓・当帰・陳皮・半夏・赤芍薬・蒼朮・黄連・黄芩・烏薬・枳殻・羌活（各一匁）、白芷（九分）、人参・川芎・桔梗・防風・甘草（各八分）に生姜を入れて煎じる。湿により痰を生じ、半身叶わず 手足の萎える症を治す。〔医道療治重宝記〕には諸症により加減がある。

加減通聖散【かげんつうしょうさん】〔改補外科調宝記〕に加減通聖散は、楊梅瘡*を治す。防風通聖散*の薬味半斤に苦参半斤を加えて粉にし、酒糊 又は蜜で梧子の大きさに丸じ、空腹に飯の取り湯 又は温め酒で用いる。

加減内托散【かげんないたくさん】「内托散」ニ同ジ

化堅破傷膏【かけんはしょうこう】〔改補外科調宝記〕に化堅破傷膏は失栄*の薬とある。軽粉（五分）、明礬・寒水石・銅录・乳香・没薬・胆礬・麝香・雄黄（各一匁）、天南星（一匁五分）、蟾酥（二匁）、辰砂（三匁）。これ等を粉にしてまず蠟の油を煎じ、薬を入れ、膏薬に練りつける。

加減八味丸【かげんはちみがん】〔丸散重宝記〕に加減八味丸は、腎水不足し、虚火上り 発熱し 渇をなし、口舌に瘡を生じ、牙歯《きば》茎潰蝕し、咽痛み、形痩せ疲れ、寝汗、発熱、五臓等しく衰えるのによい。熟地黄（八十匁）、五味子（四十匁）、山薬・山茱（各四十匁）、茯苓・沢瀉・牡丹皮各（三十匁）、肉桂（二十匁）、附子（十匁）を、蜜で丸ずる。

加減補中益気湯【かげんほちゅうえききとう】〔医道重宝記〕に加減補中益気湯は、積聚*が上・下・左・右等にあって痛みをなし、顔は黄色、肌は痩せ、手足だるく、飲食欲のないのを治す。補中益気湯*から升麻を去り、茯苓・半夏・山査子・枳実・厚朴を加え、生姜に棗を入れて煎ずる。元気の大いに虚する者には枳実・厚朴といえども用いない。

加減万金丹【かげんまんきんたん】〔洛中洛外売薬重宝記・上〕に加減万金丹は、麩屋町二条上ル丁 いけ田や治兵へ にある。取り次は、室町四条上ル 桔梗屋十介。第一に毒消し、気の尽きるのによい。

駕籠【かご】「乗物と駕籠」ヲ見ル

囲い方【かこいかた】「貯え方」ヲ見ル

画工【がこう】「えし（絵師）」ヲ見ル

鵝口瘡【がこうそう】〔改補外科調宝記〕に鵝口瘡は小児の「したしとぎ」という。鵝口瘡は心脾の二経の胎熱が上りせめ、口に白雪のような斑なものが溜まる。甚だしい時は、咽の間が腫れて乳をのむことが出来ず、夜泣きをする。治方は、まず古い絹布《きぬぎれ》で指を巻き、舌の上の白胎を拭い取り、氷硼散*瀉心湯*丹豆散*を塗る。〔鍼灸重宝記綱目〕は口瘡*と共に上脘中脘 下脘に灸をする。〔重宝綱目女要婦見硯〕に子供の「したしとぎ」には天南星《てんなんしょう》を粉にし糊で押し交ぜ、足の平に貼るとよい。

元興寺【がごじ】〔世話重宝記・三〕は『神社考』を引き、都良香の道場法師の伝に、昔 南都元興寺に鬼が住んでいたことを書いていて、これから小児を脅し賺《すか》すのに、目を怒らし 口を開いて「元興寺《がごじ》」というと泣き止むことは、元興寺に始ったとある。「れろれろ（遼来遼来）」モ見ル

加護日【かごにち】日取吉凶。〔重宝記永代鏡〕に加護日は祈禱や立願するのに吉日。春は午の日。夏は丑の日。秋は子の日。冬は寅の日。

水手の事【かこのこと】〔万物絵本大全調法記・上〕に「舟子 しうし／ふな

こ。水手 すいしゆ／かこ。篙工 かうこう。棹師 たうし。並同。かぢとり」。〔船乗重宝記・文政元〕に「船主幷船頭 水主心得の事」があり、要用は次の通り。〇船を用いて生業とする人は造船には簡略なく諸道具を念を入れて整える。入魂の故実がある。〇船子には老人の功者と若者の達者を交えて選ぶ。〇神仏、特に船玉神を尊信し、ただ船の道をよく覚え、油断なく勤める。〇公儀の法度を守り、国所の往来切手を大切にし、船中で諸勝負をせず、類船や津《つ》湊《みなと》の宿と昵懇にする。湊で類船の者と利口そうに無益な口を利く等は、まさかの役には立たない。水手の内からも船持になる人は諸国に多く、随分気をつけて働くのがよい。〇水手が岡上りを好み、酒に長じ、喧嘩好き、私の口論から作病を起す者には、船頭は厳しく制せよ。〇良将が士卒を使うのと、船頭が水手を使うのとは同じで、水手の器量ある者を艫舳の役に決め、水手は請取る役を大切に勤めること。〇船乗は夜を三分の一寝る、その内二分は昼寝るのがよい。〇船乗の子には幼少より水練を習わす等の外、船頭の心掛けもある。

籠花生【かごはないけ】 花入れ。*〔昼夜重宝記・安永七〕に籠花生（図87）で籠に手のあるのには、手に当らないように活け、手により花枝を切らさないようにする。例えば、手は縦にあるのに花は横に切ると悪い。

図87 「籠花生」（昼夜重宝記・安永七）

囲む【かこむ】〔男重宝記・三〕に碁を打つことを、囲むという。

かごめ豆腐【かごめとうふ】「御膳かご目とうふ」「御膳なんきんとうふ」は、麹町五丁目 かしわや伊兵衛にある。〔江戸町中喰物重法記〕

駕籠酔【かごよい】「のりものよい（乗物酔）」ヲ見ル。駕籠《かご》は「乗物と駕籠」ヲ見ル

風折【かざおり】 大和詞。「かざおりとは、ゑぼし（烏帽子の事）*」である。〔不断重宝記大全〕

瘡神の遥拝所【かさがみのようはいしょ】 大坂願所。道頓堀九郎右衛門丁戎橋より一丁西の筋 長久横丁に、泉州堺の湊 瘡神の遥拝所がある。瘡病の人がこの所に立願を込めて平癒しないということはない。縁日は三日、十三日、二十三日である。〔願懸重宝記・初〕

笠置寺【かさぎでら】 所名。奈良越*をする場合は必ず参詣するのがよい。笠置は大河を中にして北笠置 南笠置があり、通り筋は北笠置である。南笠置へは舟で渡り、坂を八丁上ると笠置寺があり、薬師石 文殊石 彌勒石 虚空蔵石等があり、どの石も高さ五六間から八九間の大石であり、北の石門の上の大石は二十間余もある。全体この山の大岩は奇岩が多い。後醍醐天皇の城跡は彌勒石の山の上に本丸 二の丸がある。甚だ険しい。〔東街道中重宝記・七ざい所巡道しるべ〕

翈【かざきり】「風切」とも書く。鷹の名所。*〔武家重宝記・五〕に翈は、鷹の翼の上の短い羽で、風を切る所をいう。

瘡薬【かさぐすり】〔調法記・四十ち〕に瘡薬は、軽粉・川原忍冬・大黄・甘草・陳皮・百緑を煎じて飲ます。〔家伝秘伝妙方調法記〕は、〇「一切くさ薬」として樒・苦参・なもみ（菜耳）（各等分）を繁縷《はこべ》の汁でつける。癰や疔にも酢糊でつける。〇「万くさの薬」として、苦菜・繁縷・鏡草・数珠玉・小茄子（各黒焼）に白い物を少し入れ繁縷の汁、或は油でつける。〔万買物調方記〕に「大坂ニテ瘡気の療治」薬は、三休橋南詰銅や市左衛門（看板なし古瘡の名誉）、かぢき町 靍屋仁右衛門（疾気の療治）

にある。「瘡瘍」参照

家作節倹心得【かさくせっけんこころえ】〔日用調法人家必用〕に「家作節倹心得」がある。人家は小手前にして、手堅く造るのをよしとする。屋根はなるだけ一棟にして谷間の少ないように工夫する。谷が多いと屋根に費えがあり、損じ易い。小手前にして無用の座敷が少ないと畳 鍵も少なく、掃除も省け、その管理人数も少なくて済む。

家作の事【かさくのこと】「家の事」ヲ見ル

風車【かざぐるま】〈風車〉〔万物絵本大全調法記・上〕に「風車 ふうしや／かざぐるま」。〈草花作り様〉〔昼夜重宝記・安永七〕に風車の花は、浅黄白色、また白色である。土は合せ土*を用いる。肥しは魚の洗い汁がよい。分植は秋がよい。〈紋様〉〔紋絵重宝記・上〕には風車と「風車」の文字の意匠がある。

鵲の事【かささぎのこと】〈禽鳥〉〔万物絵本大全調法記・下〕に「鵲《しやく》／かさゝぎ」。〈異名〉〔書札調法記・六〕に鵲の異名に、神女《しんにょ》 芻尼《すうし》がある。〔料理調法集・諸鳥人数分料〕に鵲は、稀な物ゆえ料理に遣うことはない。せせり鷺*より少し小さい。頭から背中まで赤く見事なものゆえ、飼鳥になる。〈紋様〉〔紋絵重宝記・上〕に丸の「鵲」の字、また「鵲」の字の意匠がある。

挿頭の草【かざしのくさ】 大和詞。〔不断重宝記大全〕に「かざしの草とは、葵の事」。〔女重宝記・五〕に「かざし草とは 葵のこと」とある。

がさつもの【がさつもの】 「こうそつ（江帥）な人」ヲ見ル

重ね蝶の折形【かさねちょうのおりかた】〔料理調法集・銚子提子名所〕に重ね蝶の折形がある。図版（図88）のように折り、中より口の方六寸一分折り、また三寸折り返し、口を捻り 水引で結ぶ。折り返す中程に水引一把通し両輪に結び 端を長く余し 老の浪を縫る。両羽に水引で輪をつける。後の方に両紙を裏打して 幅八分 長さ一寸程にしてつける。これを尾の水

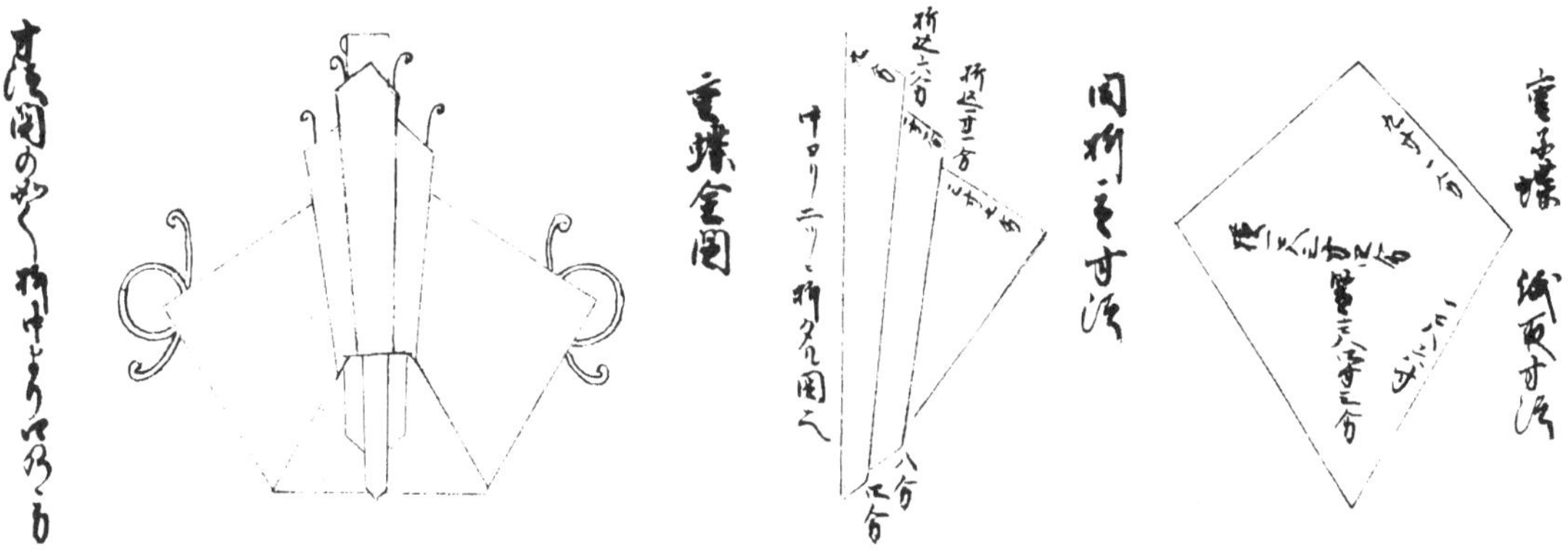

図88 「重蝶折形」（料理調法集・銚子提子名所）

玉という。重ねる時は、上の蝶は俯け、下の蝶は仰向ける。重ね蝶は愛敬の盃の時に銚子ばかりにつけ提子には用いない。夫婦寝間盃の節に用いるのもよい。瓶子にも用い、男蝶は羽を下へ、女蝶は上へ重ねて折る。

重ねて【かさねて】〔女重宝記・一〕に、「かさねてといふべきを、以来の向後《けうこう》のといふは、しさいらし（い）」。

かさはり【かさはり】「ぶらここ」ヲ見ル

風疹【かざほろし】〔新撰咒咀調法記大全〕に風疹は、風の熱で、皮膚にできる細かい瘡である。風疹の奇方は榎の葉を酢で煎じて塗るとよい。

汗衫【かざみ】大和詞。「かざみとは、女童の着る物」である。〔不断重宝記大全〕

がざみ【がざみ】片言。「がざみは、蝤蛑 かざみ」である。〔不断重宝記大全〕

風見草【かざみぐさ】大和詞。「かざみぐさとは、柳の事」である。〔不断重宝記大全〕

風持の毛【かざもちのけ】「たもとずりのけ（袂摺りの毛）」ヲ見ル

笠宿【かさやどり】大和詞。「かさやどりとは、雨やどり」である。〔不断重宝記大全〕

錺細工師【かざりさいくし】〔万買物調方記〕に次がある。「京ニテ錺師」新町椹木町下ル 因幡、油小路上長者町下ル 泰阿弥。その外、二条通東西寺町南北に錺細工が多い。「江戸ニテ錺細工師」おけ町 蜂阿弥図書、御幸町 錺や庄太夫、三河町 同吉阿弥、山しろかし 同七右衛門、大伝馬町三丁目 仏具作兵へ、ひもの町 錺や吉郎兵へ。「大坂ニテ錺細工師」は「万錺金物 根本御座船 諸廻船幷伽藍 御書院の万金物師」として次がある。立売堀山本町 平井市右衛門、心斎橋長堀 武村二郎右衛門、同 松田平左衛門、同心斎橋筋 甚兵へ、北久宝町四丁目 鉄金物 清兵衛。

花山院【かざんのいん】花山院は七清花*の一。家領七百十五石。〔男重宝記・一〕

下三連【かさんれん】漢詩用語。〔世界万宝調法記・上〕に、五言 七言何れの場合でも、一句の下から上へ三字が、四声*の平字《ひょうじ》なら平字が、仄字《そくじ》なら仄字が、それぞれ三字続くことを嫌う。「絶句」「律詩」参照

かし【かし】俳言の仙傍（訕謗）。「味噌ヲかし」。〔新成復古日夜重宝俳席両面鑑〕

訶子【かし】〔薬種重宝記・上〕に唐木《からのこのみ》、「訶子 かし／からがし。紙に包み濡らし、煨《うい》して核《さね》を去り炒る。丹薬には黒く炒る」。〈薬性〉〔医道重宝記〕に訶子《かし》は苦く温、腸を渋らし、痢を止め、肺を斂《おさ》め、嗽を止める。麺の粉をこねて訶子を包み、熱灰で焙り、包んだ粉と核《さね》とを去り、刻み、焙る。

加持【かじ】仏語。〔呪咀調法記〕に加持は、それぞれの真言陀羅尼*の用いる陀羅尼を祈禱修法することをいう。

がし【がし】「がしとは、牂柯（＝戕牁）と書く、舟を繫ぐなり」。〔消息調宝記・二〕

梶井【かじい】「加賀絹の事」ヲ見ル

鰍【かじか】河鹿とも書く。〔綸約重宝記〕に「河鹿《かじか》」は山川の流れや石川に住む魚で、形は沙魚《はぜ》に似て味は沙魚に勝り、捕り立てを魚田楽*にすると鰻に等しく、至って美味である。水中で鳴く鳴かぬの説があるが、西行の歌「山川に汐の満ち干は知られけり 秋風寒く河鹿なくなり」等をあげている。〔料理調法集・川魚料理之部〕に鰍は、山椒味噌魚田楽、また醬油漬焼。焼いたものは、花鰹を入れ煮浸し、また生を焼いて干蕪等を入れ、赤味噌の吸物、本汁にも遣う。

かしき【かしき】片言。「かしきは、喝食《かつしき》」である。〔不断重宝記大全〕

かしく寺【かしくじ】大坂願所。北野新屋敷 法清寺の妙見祠は、霊験著しく参詣者が多い。寺の門内東の際に かしくと言った女の石碑「本具妙暁信女と刻」があり、それ故かしく寺の名が高い。労瘵を治すには、この墓の手向け水を受けて帰り、薬を煎じて病人に飲ませると忽ち平癒する。また悪い癖のある酔狂人の酒を止めるには、本人に知らせずに、余人が参詣して法号を唱え、また「人ごとに恋しく思ふ八重桜 散りては

かなき名は残りけり」の歌を三遍吟じ、手向け水を受けて帰り、酔狂人に飲ませると、酒を禁み嫌《い》うようになると伝える。〔願懸重宝記・初〕

画軸の虫干【がじくのむしぼし】〔年中重宝記・二〕に画軸の物の虫干は、六月土用の内にする。軸の方をよく干し、裏を返す。

菓子肴を貰う時【かしさかなをもらうとき】〔女筆調法記・三〕に主人や貴人に菓子や肴等を貰う時は、御前で食ってはならず、懐へ入れるか、手に持ちながら立って本座へ返ってから食う。

柯子散【かしさん】〔男重宝記・二〕に柯子散は、柯子・杏仁・貝母・甘草（各一匁）を粉にして生姜の汁で服する。咳痰があり声が出ない時に用いる。

梶苧【かじそ】 紙原料の一。〔紙漉重宝記〕にかじ苧（梶木、高さ十米 径六十糎の高木。雌雄異株）は、「こうぞ（楮苧）」*と同じ種類であるが、紙の漉き立てにはよいが、紙の出来立が少なく、価格も安く、掛け目一貫目に付、代銀は一匁六分位とある。

菓子玉子【かしたまご】〔料理調法集・鶏卵之部〕に菓子玉子は、玉子十を割り、道明寺粉一合、白砂糖の塵を取り一合、これを交ぜ合せ、一夜寝かし、箱に入れて蒸す。

果実を多く生らす伝【かじつをおおくならすでん】〔調法記・四十七〕に果実を多く生らす伝は、果木を植えるのに上十五日に植えると実は多く、下十五日に植えると少ない。木には雌雄があり、雄木は実が少ない。木に鑿《のみ》で穴を明け雌木を穴へ打ち込むと実を多く結ぶ。社日*に木を接ぐと実は堅く落ちない。木を穿ち鐘乳の粉を少し入れると実が多く味がよい。木が老いて生らないのにはこのようにすると、盛んに実を結ぶ。

菓子の事【かしのこと】 米や小麦の粉、餅等に、砂糖や餡等の甘味を加えた食事以外の食べ物の菓子と、本菓子の果物とがある。〈間食菓子〉〔新板増補男重宝記・四〕には蒸菓子、干菓子二百五十種余の列挙がある。二十四種に付いて絵図がある（図89）。〔懐中料理重宝記〕には各季六種の菓子名があるが二種を掲出する。〇春 焼饅頭・外郎。〇夏 巻煎餅・椿餅。〇秋 大饅頭・黍餅。〇冬 大軽焼・薄雪煎餅。〔料理重宝記〕には菓子として、①山芋を擂り葛粉を入れ、胡麻油の中へ入れてよくよく揚げる。盛り合せによい。②山芋を擂り油鍋に入れて置き摘み切り、俎板の上へ置き、鍋蓋で押しつけて平くなったのを好み次第に切り遣う。〔大増補万代重宝記〕には菓子は相伴人へも皆出すが、常翫へは縁高、各々へは盆である。略儀には各々へは一ツに盛って出すこともある。食い様は

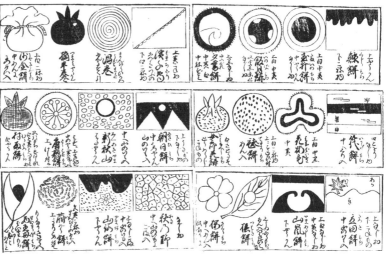

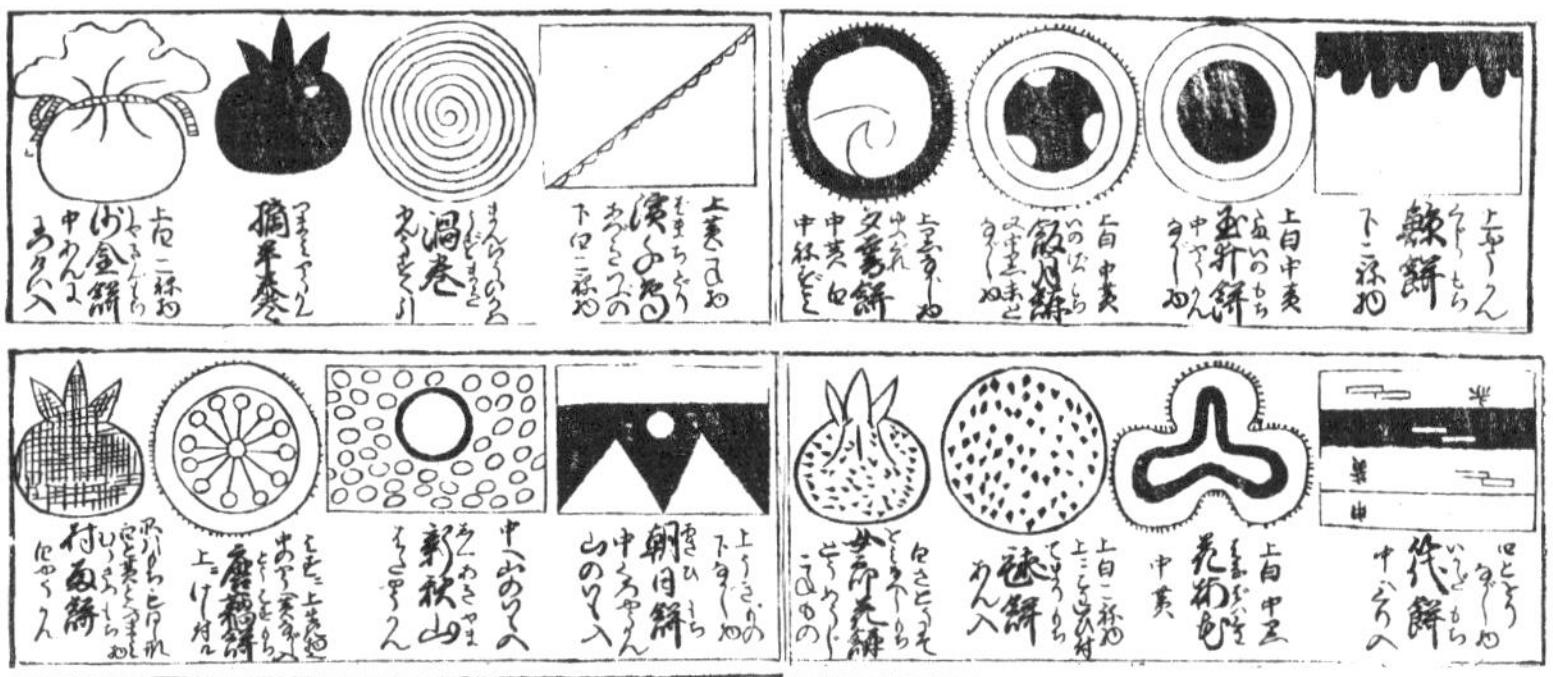
図89 「菓子類」（〔新板／増補〕男重宝記）

何事もそっと食うのがよく、心に任せて食ってはならない。

〈本菓子喰べき事〉〔諸礼調法記大全・天〕には何であっても山類より食う。大方、山海《さんかい》野山《やさん》と食うのがよい。その後はどのようでもよい。「本菓子」は果物である。〔女筆調法記・三〕に主人や貴人に菓子や肴等を貰う時は、御前で食ってはならず、懐へ入れるか手に持ちながら立って、本座へ返ってから食う。

〔万買物調方記〕に「京ニテ菓子所」室町今出川角 二口能登、一条烏丸西へ入 虎や近江、寺町三条上ル 亀屋和泉、同町 丁子や伊予、衣の棚二条上ル 桔梗屋土作、烏丸三条下ル 日本第一 塩瀬宗需、四条通柳馬場 丁子屋、四条河原町東へ入 鯛屋、烏丸姉小路上ル 菊や、東洞院三条ル（ママ）靍や、四条河原町南側 大饅頭屋等二十数軒がある。「江戸ニテ菓子所」本飯田町 虎屋、ふきや街 夷屋九兵衛、かぢ橋の前 伏見屋・虎屋権兵衛・猿屋甚右衛門、石町十間棚 鶴や吉兵へ、くぼ町 つぼや忠四郎・かぎや・ゑびすや三郎兵へ等二十九軒の外饅頭屋、下り京菓子屋がある。「大坂ニテ菓子屋」御堂の前 鯛屋山城、同町東側 同花実庵、同瓦町 飯田和泉、舟町 岡町丹後ら六軒の外、饅頭屋店売り等がある。

火事の事【かじのこと】〈火事に逢わぬ呪〉〔俗家重宝集・後編〕に火事があって危い時は、飯櫃を井戸の上に俯《うつぶ》せにして置くと妙に類焼を逃れる。〔増補咒咀調法記〕には火事が近所にある時の咒咀は、「焼亡は柿の本まで来たれども あか人（赤人）なればそこで人丸《ひとまる》（火止る）」の歌を書いて表 裏の戸に貼ると火の粉も来ない。〔万まじない調宝記〕には我が寝間の上下へ空に「焱」の字を三遍書いて寝ると、盗人・火事の時、早く目を明ける。

〈火事見舞〉〔進物調法記〕に火事見舞は変った物は悪く、ただ重宝の物を老人へ遣わす。水見舞*ともに、場所により別状があるとないとの違いがある。酒餅 握飯 梅干 香の物 手鎌 鉞 鍬 草履 下駄など。静まった後は筵 俵 縄など。板 小切の類を考えて送るのがよい。「大火の事」参照

鍛冶の事【かじのこと】〈鍛冶屋の始り〉〔人倫重宝記・二〕に次がある。鍛冶は唐の黄帝の時 蚩尤《しゆう》が葛天盧の山から金を掘り出して剣と鎧を作り、首山の銅を取って刀を鋳たのに始る。日本では神代より剣があり、末代に及び宇多天皇の時（仁和三〜寛平九、八八七〜八九七）に大和の天国《あまくに》 三条宗近など名鍛冶が多く出た。道具鍛冶は神武天皇が日向に不破の関を据えて木丸殿《きのまるどの》を建て住んだ時に始るという。鍛冶と書いて「たんや」と読み、鍛は「きたう」意、冶は「火で焼きとらかす」意である。鍛冶屋は神社奉納の剣、天子の御剣、将軍の腰の物など代々重宝となる器を打つ職ゆえ諸職の頭となる者である。しかし、道具鍛冶に至っては顔は打ち汚れ鍛冶屋の二蔵・二才と呼ばれて情なく、小さい下部を「でっち」と呼ぶのも二才という言葉から起り、双六の言葉でもある。四人槌の音は「手と身と 手と身と」、五人槌の音は「とってほろり とってほろり」と、六人槌の音は「どろどろがったい どろどろがったい」と聞こえるという。〔消息調宝記・二〕に「かぢとは鍛冶にて、本朝の読みたんやの音とは別也。から国は鍛冶《たんや》と云。かなもの（金物）をきたへ（鍛）る人を云」とある。

〔万買物調方記〕に三都の「鍛冶」「鍛冶所」が出る。「京ニテ鍛冶」西洞院竹屋町下ル 伊賀守金道、同町 和泉守来金道、同町 丹波守吉通ら七人。御池通堀川東へ入 越前守信吉、同町 河内屋広信、上立売大宮東へ入 大和守埋忠吉信、下河原 兼平ら都合十一人。他に「剃刀 小刀 鋏鍛冶」が十六人、「庖丁 小刀類」*四十四人がいる。「江戸ニテ鍛冶所」京橋弓町横町 平安城藤原助房、同所 山城守秀康、山下町 法成寺三郎太夫、惣十郎町 下坂、神田かぢ町 源正友、牛込 嶋田ら二十人。他に矢根、庖丁*剃刀、針金物鍛冶、針金師、毛抜師、鐔師幷象眼がいる。「大坂ニテ鍛冶」南新町三丁目 和泉守 井上真改、ときは町 津田 越前守助広（右は

直段大十牧 小七牧）、久太郎丁二丁目 伊勢守国輝（直段大十五牧 小十牧）、内本町東 河内屋国助、やり屋町 丹波守直道（直段大七牧小五牧）ら二十一人。他に「剃刀 小刀 矢根 毛抜（内平野町町 播磨守兼升、同河内守広高、折屋町 和泉守弘兼ら五人）」、「鋏 毛抜鍛冶（堺筋 長堀より三丁半 南方は久太郎町）」、「大工鍛冶（久太郎町一丁目筋）」、「菜刀（道修町 一文字）」、「鍔師幷象眼」、「針金屋（道頓堀 堺筋ノ東 御堂の前）」等がある。

鹿嶋 赤館へ江戸よりの道【かしま あかたちへえどよりのみち】〔家内重宝記・元禄二〕に、江戸より常陸鹿嶋 及び奥州赤館（棚倉）への道筋がある。江戸〈二里三丁〉千住〈一里半〉笠井〈一里半〉松戸〈一里半〉児（小）金〈三里半〉我孫子〈二里〉あら木〈一里半〉小川〈二里半〉あち木〈六里四丁〉から崎〈六里半十五丁〉潮来〈一里〉鹿嶋〈四里半〉汲上〈二里〉茂見山〈一里〉こなぢ（子生）〈一里半十丁〉夏見〈一里〉木下颪（是より水戸へ二里）〈二里〉勝倉〈二里半〉ぬわだ〈一里半〉太田〈二里〉町屋〈二里〉川原野〈二里半〉小妻〈一里半〉大ぬかり（常陸奥州境）〈一里〉中の宿（奥州、一里）東館〈一里半〉伊香〈二里〉矢槻〈一里〉赤館（又棚倉と云う）である。

火事／水見舞【かじみまい／みずみまい】〔進物調法記〕に家 出店 移徙の祝儀や、火・水災の見舞については、日用家事道具から食品まで二百二十余種の品目が出ているが、到来物が重なり不興もあるので、心安い友達には奉加帳のようにして所帯道具を目録にし、祝儀や見舞を下さるならこの外が勝手がよろしいと回すと好都合とある。贈る方も食物なら早く遣わす等状況をよく弁える。◯「火事見舞」は、変った物は悪く、ただ重宝の品を老人や幼少に遣わす。◯「水見舞」は、水が不自由なのでよい水を遣わす。桶類 俵 縄 筵など。火・水災とも状況の有無による。酒 餅 握飯 煮〆 梅干 手釜 鉞 鋸 熊手 金槌 草履 下駄 板小切れ等。

火車【かしゃ】〔女重宝記・一〕に、揚屋（女郎屋から遊女を呼んで遊興した遊郭内の家）や茶屋（私娼を抱えた色茶屋）の妻を、火車という。花車ではなく恐ろしいという名である。

化積散【かしゃくさん】〔懐中調宝記・牛村氏写本〕に化積散《かしゃくさん》は、癪 痞え 腹痛 腹の張り 痢病 食癪によい。大黄（一両）、三稜・莪朮（各三匁）、陳皮（二匁）、甘草（一匁）を末（粉）して、白湯で用いる。

何首烏【かしゅう】〔薬種重宝記・上〕に和・唐草、「何首烏 かしゅう／ひきをこし。米泔《しろみず》（＝磨ぎ汁）に浸し、刻み 少し焙る、鉄を忌む」。健胃・強壮剤とする。〈食合せ〉〔重宝記永代鏡〕に何首烏に大根・葱・蒜・鱗のない魚、胴・鉄は食い合せとある。

何首烏酒【かしゅうざけ】〔料理調法集・料理酒之部〕に何首烏酒《かしゅうざけ》は、何首烏・茯苓（各八匁）、肉桂（十匁）、紅花（四匁）、丁子（三匁）（いずれも製法したもの）を、袋に入れ、焼酎二升、氷砂糖六百目を一ツにして壺に造り込み、口張をして三十日経つとよい。

何首烏散【かしゅうさん】〔骨継療治重宝記・下〕に何首烏散は、打ち挫きの筋骨を治すのに、初めにこの薬を服して気を順じ、風をすかし、血を活し、痛を定める。何首烏・当帰・赤芍薬・白芷・烏薬・枳殻・防風・甘草・川芎・陳皮・香付・紫蘇・羌活・独活・肉桂に、薄荷・生地黄を煎じて酒を入れ、調えて服する。疼痛の甚だしいのには、乳香・没薬を加える。

何首烏練酒【かしゅうねりざけ】「練酒」ヲ見ル

何首烏麩【かしゅうふ】〔料理調法集・麩之部〕に何首烏麩は、何首烏をよく湯煮して擂り、濾して生麩に挽き交ぜ、湯煮して遣う。

莪朮【がじゅつ】〔薬種重宝記・上〕に和草、「莪朮 がじゆつ。水に浸すこと一夜、麁皮《あらかわ》を去り、酢にて煮て、刻み焙る」。〈薬性〉〔医道重宝記〕には苦く温。積聚を破り、心《むね》腹の痛みを治し、経を通じ、瘀血を消す。皮を削り去り 水に浸し 刻み 酢をかけ、干して焙る。

火症【かしょう】〔医道重宝記〕に火症には、実火と虚火がある。〇実火は、外邪が経絡に鬱して熱を臓腑に積むもの。脈は沈にして大である。〇虚火は、真陰が虚して相火の動くもの。脈は浮にして洪、数《さく》で力がない。〇薬は涼膈散*升陽散火湯*清上防風湯*黄連解毒湯*六味地黄丸*十全《じつぜん》大補湯*補中益気湯*がある。飲食 情欲により気が盛んになり、火症と似るものがあり、症を明らかにして治方を正す。

箇条書【かじょうがき】〔男重宝記・三〕に箇条書は、一行《くだり》より筆を立てる。「覚」「条々」等の類である。箇条は一ツ書きにより引き詰めて書く。また五分 七分 一寸に書くことも、時の恰好よく書くこともある。制札*のようである。

がしょうきん【がしょうきん】片言。「がしやうきん、合食禁《がっしょくきん》」である。〔不断重宝記大全〕

嘉定通宝【かじょうつうほう】銭の事*銭占。〔万用重宝記〕に「嘉定通宝」を「きぢやうつうほう」とあるのを通説の読みに改めた。シナ南宋嘉定年間（一二〇八～一二四）に鋳造された銭（図90）。嘉定通宝銭を持てば災難を逃れ、奉公人は出世する。

図90 「嘉定通宝」（万用重宝記）

嘉祥の事【かじょうのこと】嘉定とも書く。〔年中重宝記・二〕に六月十六日を「嘉祥」というのは、仁明天皇の承和（八三四～八四八）の頃六月十六日を吉日と占い、賀茂社に御代を祈り禊《みそぎ》し、年号を嘉祥（八四八）と改めてより、毎年今日が祝儀となった（『四季物語』）。世俗の伝は、室町将軍の時、六月納涼の遊びに楊弓*を射て、賭《かけもの》に負けた者は嘉定銭《かじょうせん》（＝嘉定通宝*）十六文を出して食物を買い、勝った者をもてなしたことによる。もと嘉定は宋の寧宗の年号で十七年間あり、年毎に十六年間鋳た記しのある銭を十六集め、今日一人毎のもてなし物の代金に定めた。これを俗に嘉定食《かじょうぐい》というが、禁裏でも嘉定を祝うので『四季物語』の説が近いかという。〔重宝記・宝永元序刊〕には嘉祥二年六月十六日、豊後国より白い亀を奉り吉兆とし、嘉祥の祝儀が始ったと推測されるという。一説には、後嵯峨院即位以前に傍仕えの児女らが閑寂を慰め奉るため、宋の嘉定の銭十六文を賭にして楊弓を射、双六等打ち、負けた者に餅や饅頭の類を買わせて勝った者をもてなした。その後即位されたので吉兆として年々絶えず、今に続いて禁中や公方家には一族方で祝儀がある。〔小笠原諸礼調法記・天〕には、承和十四年（八四七）に豊後国より白い亀を奉り、吉事の記しに嘉祥元年と改元し、群臣に物を賜った数は十六で、これを嘉祥食という。今日家々に差し渡し七寸の饅頭を賜うことがある。〔料理調法集・年中嘉祝の飾〕に「六月十六日嘉定之祝」は吉備公の頃より今にあり、餅菓子を小折 又は紙に包み、当日出仕の面々に給わる。

鵝掌風【がしょうふう】〔改補外科調宝記〕に鵝掌風は、手足の裏に出るざくろ瘡のこととある。手足の暘明の火が乾くために外に寒冷を受けて皮が枯れ、或は瘡の余毒が尽きずにこの症をなす。初めは紫色斑《まだら》で白く粒々と出、長い時は皮が枯れ傷《やぶ》れ裂けるのが続く。治方は、杏仁（皮の尖りを去る）と軽粉（各等分）を粉にし、猪の油で練りつけ炭火の上で二三度炙り、艾《もぐさ》を麦粒程にして、親指の頭の真中に灸を三壮すると、二度と発《おこ》らない。薬には二礬湯《じはんとう》*がある。

歌書絵草紙屋【かしょえぞうしや】〔万買物調方記〕に「京ニテ歌書絵草紙」小川一条下ル 林和泉、東洞院丸太町角 屏風や喜左衛門、新橋南一丁目 彦

兵衛、烏丸丸太町上ル 与菱や。「江戸ニテ歌書絵双紙」京橋南三丁目林文蔵、同一丁目 八右衛門、三十間堀三丁目 木戸茂兵衛、日本橋南一丁目 大野木市兵衛。「大坂ニテ歌書絵双紙」御堂前 奥村加賀、安堂寺真斎橋 大野木市兵へ。〔書物絵草子 大夫本〕等は「人形小細工*」にある。

歌書仮名遣【かしょかなづかい】「仮名遣」ヲ見ル

歌書紙拵え様【かしょがみこしらえよう】〔重宝記・宝永元序刊〕に歌を書く紙の拵え様は、明礬を細かにして水に沸《た》て、地の良い紙を選んで刷毛で斑なく引き、内干しにする。堂上方の歌書紙はこれとは別で、早稲藁の灰汁でする。

稼穡の神【かしょくのかみ】「こくじん（穀神）」ヲ見ル

花族の君達【かしょくのきんだち】「清花《せいが》」ヲ見ル

歌書豆腐【かしょどうふ】〔料理調法集・豆腐之部〕に歌書豆腐は、豆腐を色紙短冊に切りさわさわ煮にして出す。取り合せは土筆 花鰹等でする。

かしらき鴫【かしらきしぎ】〔料理調法集・諸鳥人数分料〕にかしらき鴫は、汁にして二三人前、脂がのると煎鳥にしても二三人前まで遣う。風味のよいものである。浜鴫である。一名、胸黒、だい頭ともいう。

橿原宮【かしわばらのみや】〔武家重宝記・一〕に次がある。上代に神武天皇が九州を平らげ、日向国を出て十年後に大和の畝傍山を切り開き、始めて内裏を作り、位に着かれた。これを橿原宮《かしわばらのみや》という。武功に勝れた道臣命《みちおんのみこと》*と宇麻志麻治命《うましまじのみこと》を召し、それぞれ軍兵を具して内裏を警護させ、来目部《くめぶ》と物部《もののぶ》という。これが「もののう（物部）」*の根元である。

柏原より醒ヶ井へ【かしわばらよりさめがいへ】木曾海道*宿駅。一里半。本荷七十文、軽尻四十六文、人足三十六文。両方は谷間である。下り口に安佐川があり河原である。柏原の北六里に小谷山が道から見える。山下に小谷という町があり、山上の城跡は浅井備前守長政の居城である。おいとの坂。鶯が原村、南の方に黒白という村がある。〔東街道中重宝記・木曾道中重宝記六十九次 享和二〕

柏餅【かしわもち】〈売り店〉〔江戸町中喰物重法記〕に、①「柏餅」は浅草かわら丁 今津屋和泉にある。②「かしはもち／うきふ」は八間町丸屋丁 霰屋にある。〈保ち様〉〔日用調法人家必用〕に「柏餅の餡の変らぬ伝」は、餡を練る時水飴を少し入れる。

梶原景時【かじわらかげとき】〔大増補万代重宝記〕に梶原景時は、初めは平軍に属し、石橋山の役で頼朝を助けて従う。一の谷、壇の浦の戦いで軍功多く、奥州の戦いで幕府に近侍した。常に虎狼の佞心がおり、果して狐が崎（静岡市の柚木と曲金の間の地名の俗称）で一族共に在国の武士に討たれた。正治二年（一二〇〇）没。〈異名〉〔世話重宝記・四〕に梶原景時は佞臣で人の憎む故、梶原を馬蚿《げじげじ》に譬えていう。景時《けいじ》の音をかり同音を用いるのである。

梶原源太平左衛門が妻【かじわらげんたへいざえもんがつま】〔女重宝記・四〕に次がある。源頼朝がある女が街道の桜を折って女童に持たせて通るのを見て、「残りなく手折りて見ゆる桜かな 又来ん春は何をながめん」と忠言を遣わした所、女は「出る息の入るをも待たぬ世の中に 又来ん春も頼まればこそ」と返歌したので、頼朝は優しく思い宿を見せると梶原源太平左衛門（景季＝梶原景時の長男）*が妻であった。その後梶原がこの妻を離縁するとの話を聞き、頼朝は桜の返歌をした女房を去ってはならないと言い、梶原も思い止まったという。「歌の徳［和歌の事*］」として伝わる。

かしん【かしん】片言。「菓子《くわし》を、くわしん」という。〔世話重宝記・三〕

がしん【がしん】片言。「餓死《がし》を、がしん」という。〔世話重宝記・二〕

数数【かずかず】大和詞。「数の子*は、かずかず」という。〔女重宝記・一〕

春日大明神【かすがだいみょうじん】奈良名所。〔東街道中重宝記・七ざい所巡道しるべ〕に、御本社は四社、末社は数多である。南の門前に御影向石、如意石等があり、また若宮の御殿、前に神楽所、八重藤という名木

がある。榎本社の前には青滝があり、このほか拝所は多い。灯籠は夥しく、数ははかりがたい。春日山は、御本社の後ろの山で、三笠山ともいう。若草山は麓で面白い所である。〈氏神〉〔農家調宝記・二編〕に藤原姓は、談山権現 及び春日社とある。〔年中重宝記〕に、正月第二の申の日 南都春日の社御田植。二月初子の日 春日大宮祭り。十一月二十五日から二十八日迄 南都春日御祭り。

かすがの餅【かすがのもち】 「根元かすがの餅」は、人形町 瀬川に売る。〔江戸町中喰物重法記〕

被衣の事【かずきのこと】 〈被衣仕立様〉〔万用重宝記〕には被衣《かずき》と帷子《かたびら》*とは同じ事、一尺六寸の法はあるが、当世は大振なのが見よい。被衣の丈は着丈で頭へ被ると裾の丈はよい加減と心得る。〈被衣初〉〔女重宝記・三〕に袴着*被衣初は、五歳の正月にする。〔女用智恵鑑宝織〕には被初男子袴着*は五歳の正月、今は霜月（十一月）を用いる。上ツ方では法式があるが、下々ではただ親類朋友を呼んで式々の酒事料理をし、外よりは祝儀と称して心々に贈物をする。〔進物調法記〕に被衣初は女子の四歳の年の十一月、吉日を選び産神へ詣る。進物は被衣《かずきぎぬ》、上・下着、帯、匂い袋、扇、服紗、延べ紙、紅猪口。〔重宝綱目女要婦見硯〕は女子の四歳の十一月吉日、被着を着せて初めて氏神へ参詣させる。

糟毛【かすげ】 馬の毛色。〔武家重宝記・五〕に霞毛《かすげ》とも、油馬《ゆば》ともいう。灰色に白毛の混じった馬である。

被け物【かずけもの】 大和詞。「かづけものとは、給はるろく（禄）を云」。〔不断重宝記大全〕

粕香【かすこう】 酒を造る時の粕の悪香。「酒造の事」〈酒に香りのせぬ造り様〉ヲ見ル

上総【かずさ】 総州。〔重宝記永代鏡〕には市原、海上《うなかみ》、畔蒜《あびろ》、望陀《もうだ》、周准《すえ》、天羽《あまは》、夷隅《いすみ》、長柄、山辺《やまのべ》、武射《むさ》、埴生《はにゅう》の十一郡をあげ、城下は佐貫、小田喜、久留里、一ノ宮は玉前《たまさき》である。〔万民調宝記〕に居城知行高を、関宿・牧野備後七万三千石とする。〔大増補万代重宝記〕には大管、南北三日、大中国。田数二万二千三百六十六町、知行高三十七万八千八百九十石。佐貫へ江戸より二十四里十六丁、舟路十八里である。〔重宝記・幕末頃写〕には海岸弘碧、藻多く、絹布等が有名とある。千葉県房総半島の中央部にあたる。〈名物〉〔万買物調方記〕に長南の紅花、鯛、東金蛤（かにはまぐり共云）など。

上総介広常【かずさのすけひろつね】 〔大増補万代重宝記〕に上総介広常は関東の良族。頼朝が杉山敗軍の後、広常は兵二万を率いて帰し、その功は最も多いものの、頼朝はやがてこれを殺してしまい、後に悔やむことがあった。

糟漬【かすづけ】 〔料理調法集・漬物之部〕に糟漬は、魚・鳥・貝類でも一夜塩して乾かし、糟にも塩を合せて漬ける。松茸、竹の子類は塩に漬けたのを糟に移す。

粕漬玉子【かすづけたまご】 〔料理調法集・鶏卵之部〕には、よい酒の糟を酒で緩め、塩を少し加え、煮抜き玉子の殻を取って熱い内に漬ける。凡そ二日程漬けて置いて遣う。

かすていら【かすていら】 〈作り様〉〔菓子調法集〕に「かすていら」は、鶏卵三十、小麦粉一升、砂糖□十目。これを一ツに捏ね合せ、二時（四時間）程置いてまた捏り合せ、焼き鍋に厚紙を継ぎ合わせ縁に出る迄一杯に敷いて練った物を流し入れ、火を下には少なく上には多くして焙る。焼き加減は竹箸を細く削って突いて中の焼けよう迄を見る。〔料理調法集・菓子調法集〕には、①上玉子五十、太白砂糖五百目、上々饂飩粉五百目をよく摺り混ぜて置き、四角の箱の底へ紙を張り焼鍋の内へも置き、練り立てを入れ、下の火を強くして三分の二程焼いた時分に、上にも炭火を置いて焼く。再々火加減を見る。②玉子二十の内七

ツは白身を除き、砂糖百八十目、上々饂飩粉六十目をよく摺り合せ、金《かな》風呂の内へ西の内紙*を敷き、胡麻油を塗って内へ流し入れ、炭団をよく熾し、上へ三ツ下へ二ツ置いて焼く。

〈売り店〉〔江戸町中喰物重法記〕に神田三河町三丁目新道 かしはや半蔵がいる。並かすていら一斤に付 代四匁八分から、上は代五匁八分、上々は代五匁八分、極上五三かすていらは十匁、等の広告がある。

粕貞羅豆腐【かすていらとうふ】〔料理調法集・豆腐之部〕に粕貞羅豆腐の作り様は、豆腐を絞って擂り、玉子を黄身ともに擂り合せ、砂糖を入れとろとろにして、箱に敷布をして入れ、蒸し揚げ、焼き目をつけ、切り形をする。

粕貞良鳥【かすていらどり】〔料理重法集・諸鳥之部〕に粕貞良鳥は、鴨でも小鳥でも身を崩して擂り、玉子でよい加減に伸べ、焼き鍋で焼く。煮酒醤油で塩梅する。

かすてらぼうる【かすてらぼうる】〔昼夜調法記・正徳四〕に「かすてらぼうる」は、白砂糖百六十目、玉子十六個、饂飩粉一升を鉢でよく捏ね合わせ、菓子鍋に油紙を鍋の形に敷き、その上へ練り合せた砂糖を入れ、下の火は中程弱く、上の火を強くかけて焼く。紙を敷かないと自由には取れない。練り加減は、練り合せて匙で掬い下へたらたらと落すのがよい。焼き加減は、焦げない程に焼く。

数の子【かずのこ】数の子は、鰊《にしん》の卵を乾燥したり塩漬けしたりした物。〔料理調法集・干魚之部〕に数の子は国産のよせ子がある。どれも水に四五日漬け、度々水を替えてふやけた時出し、花鰹 溜りを振りかけて遣う。◯「中皿」漬けた子をよく洗い、暫く煮え湯に漬け、塩梅醤油、擂り山葵、或は胡椒の酸味噌を懸ける。◯「丼」漬けた子を塩で揉み洗い、芥子 酢味噌で和える。〈早く漬け様〉〔世界万宝調法記・下〕に数の子を布の袋に入れ 流水に漬けて置くと 一日でよく漬かり、匂いが去り歯切れよく、風味が勝れる。こうして酒の糟に漬けたのもよい。又、桶に水一杯を入れ、砂三分一杯に押し交ぜて漬けると、一日一夜でよく漬かる。少しも砂のないように洗い取って料理に遣う。〔料理調法集・秘事之部〕には数の子をよく冷やして引き上げ、青海苔を粉にして群なく振り掛け、塗器へ入れて暫く置き、洗い落し程よくすると解ける。又、直ぐに煎じ出した茶に浸し、よくふやけた時解く。茶は折々取り替える。又、白水*に漬け、一升程なら竹の子の皮五枚程を引き裂いて入れて置くと、二三日の内によく漬かる。〔新撰咒咀調法記大全〕には古い壁土を少し入れて漬けると妙とある。

滓吐【かすはき】「痰飲《たんいん》」ヲ見ル

霞【かすみ】〔万物絵本大全調法記・上〕に「煙*ゑん/けぶり。又云、かすみ。烟ゑん/炯ゑん、並同」。〈紋様〉〔紋絵重宝記〕には「霞」の字の意匠や、「霞に千鳥」がある。

霞玉餅【かすみたまもち】菓子名。霞玉餅、中へ羊羹、脇しめし物。〔男重宝記・四〕

霞の玉【かすみのたま】菓子名。霞の玉、皆ながし物、中へ丸羊羹入り。〔男重宝記・四〕

糟揉み【かすもみ】「かすもみ（糟揉）とは、かす（糟）漬魚の事」。〔消息調宝記・二〕

葛【かずら】「京にかづら（葛）、大坂桶《おけ》のわ（輪）」。桶の輪。箍《たが》。〔女用智恵鑑宝織〕

葛城餅【かずらきもち】菓子名。葛城餅、皆ながし物。〔男重宝記・四〕

鬘師【かずらし】「かもじ かずらし（髢鬘師）」ヲ見ル

葛山【かずらやま】大和詞。「かづら山とは、ほのかにみる事」である。〔不断重宝記大全〕

かせいた【かせいた】〔菓子調法集〕に「かせいた」の作り様に二法がある。

①梨子の皮を去り、山葵卸で卸してよく擂り、白砂糖を梨子の量半分入れ、梨子の水を絞り水嚢で濾し、胴鍋で練り詰める。大方粘ばる時、篦で少し水気を入れ冷ます。②よい梨子の皮を去り四ツに割り、内の芯《しん》を去り、水をひたひたに入れて梨子が落ちたように和らかに湯煮し、笊に上げて水気を切り、擂鉢で極く細かに擂り、濾して置く。多い目に拵え、白砂糖六百目を梨子の煮汁二升程に入れて溶き、水嚢で濾し、調えた梨子とよく合せ鍋に入れ、遠火でそろそろと練り、杉板の曲物（方六寸深さ一寸）に詰めて二日程置くとよい。

風追出す法【かぜおいだすほう】 呪い。〔文政新刻俗家重宝集〕に「風追出す法」は、焼き味噌を小さく拵えて焼き、朝の煮花の茶を清い茶碗に汲み、雨戸一枚でも立て、戸尻の敷居の上へ焼き味噌を置いて、「煮花にて茶を進ぜる程に出で給へ」と口の内で言いながら、茶碗の茶で焼き味噌を外へ流し出し、戸を後へ引き、茶の所を締め切る。

桛木橋【かせぎばし】 大和詞。「かせぎはし（桛木橋）とは、踏（文）みる共会はじ」ということである。〔不断重宝記大全〕

がぜち和え【がぜちあえ】 〔料理調法集・和物之部〕に「がぜち和え」は、小鳥を醬油漬け焼にして細かに叩き、焼味噌に辛子を見合せて擂り、煎り酒で緩めて和える。〔諸人重宝記・四〕には鶉 その他の小鳥でも、醬油をつけよく焙って細かに切り、辛子酢で和える。あおがち（青搗）和えともいう。

佳節の銚子【かせつのちょうし】 〔料理調法集・銚子提子名所〕に「佳節銚子之事」として次がある。凡そ 銚子は白紙を本として包むが、時宜により金銀紅紙等を用いる。○年始。結び数は長柄十三、閏月があると十二渡り。五提子。七花は、松竹橘 杜葉 裏白。○人日。* 結び数は同前。花は梅 柳 南天。○上巳。* 結び数は同前。花は桃 椿。○端午。* 結び数は同前。花は蓬 菖蒲。○七夕。* 結び数は同前。花は梶葉 撫子。○八朔。* 結び数は同前。花は稲穂 萩 栢。○重陽。* 結び数は同前。花は菊。○玄猪。* 結び数は同前。花は菊 銀杏葉。○十二月十五日。結び数は同前。花は松 根笹 橘。佳節の銚子はその月々時節の草木を、本花の松に添える。何時でも松竹を本花と定め、前の草木を包み添えるのが故実である。盃台三方に、年始には梅に熨斗を花包にして元水引で結びつける。人日は柳 橘、上巳は桃花、端午は菖蒲、七夕は梶葉、重陽は菊。この類を台の向うに組みつけて出すのも故実である。

風で雨を知る歌【かぜであめをしるうた】 「五月雨 春は南に 秋は北 いつも東風《こち》にて雨降ると知れ」。〔昼夜重宝両面雑書増補永暦小筌・慶応二〕

風の事【かぜのこと】 〔万物絵本大全調法記〕に「風 ふう／かぜ。旋風 せんぷう／つじかぜ。廻風《くわい》。飆風《へう》。並同」。〈異名〉〔書札調法記・六〕に風の異名に、南薫《なんくん》 夾籟《きょうらい》 番吹《はすい》がある。〈風吹き〉〔耕作重宝記〕に、風は陰陽の気により発するもので春より吹く。春は陰が陽に移る気、秋は陽が陰に移る気である。それ故に、二八月によく風が吹く。陰 陽変動の境に起るため、風は定まりがない。海上航行はこの境を慎むとよい。〔大増補万代重宝記〕に「毎年風の吹く年 吹かぬ年を知る法」は、蜀黍《とうきび》の根が現れ高く絡んだ年は風が吹き、絡まぬ年は吹かない。また菜の葉の大きな年は大雪が降るとある。〔耕作重宝記〕に、○風は四方四角より吹いて雲が起る。地から吹くのを嵐という。例えば、風が東から起るのに、東の山の端からも雲が起り風が下へ行くと、その雲が早くても西の山の端へ押し詰らないと強い風は吹かない。雲が遅くても西の山の端へ押し詰ると、強い風の験《しるし》である。四角ともにこれに同じ。○風が起り強くても、雨が降り出すと風は静まる。また風が吹く中ばに雨が一しきりずつ降ると強い風になる。○昼吹き出す風は弱く長く、夜吹き出す風は強く短い。また高山の出入につ いて、嵐が必ず吹く。○常に風を見るに、雲の納まった方からは風は吹

かない。俄風の雲は黒く、常風の雲は白く、俄雲は風が短い。○日夜の常風は、春の朝は東風が吹く、晩は南風が吹く、宵は西風が吹く。四季このようである。○二八月の風は定めがない。二月初めは西北風が強く吹き、端午*前後は南風が強く長く繁く、盆前後は大北が吹き、十月晦日前後は北風が強く吹くことがある。尤も、節により風雨に前後がある。○春夏は土用*に東風が繁く、八専*には西風が吹き易い。秋冬は土用に西風が吹き、八専に東風が吹く。

〔重宝記・幕末頃写〕は、○秋に東南方より風が吹くと雨、春夏に西北方より風が吹くと雨風、春の己《つちのと》卯日に風が吹くとその年は大風があり、夏の己卯の日に風が吹くと五穀不作、秋の己卯の日に風が吹くと日旱、冬の己卯の日に風が吹くと大煩いをする。○夏と秋の境に大風があると、必ず大雨 洪水がある。星が煌めき白い時は風がある。○月の二十五日六日に雨が降らなければ来月の三日四日に大風がある。○春風は風を包んで霞み、秋風は霧を破る。○大風の吹く時は、前日より大海の潮がぬるみ太る。「六義」の内「風《ふう》」参照

風邪の事【かぜのこと】〈病名〉〔鍼灸重宝記綱目〕に、風邪は百病の長で変化すること極まりなく、偏枯《へんこ》は半身叶わず、風痱《ふうはい》は身に痛みなく四肢収まらず、風懿《ふうい》は昏み侵して人事を知らず、風痺《ふうひ》は痺れて奮う。皆元精虚弱にして栄衛調護を失い、或は憂え思いを過ごして真気耗《へ》り散じ、肌荒れして風邪に中り、中風*にも至る。〈風邪の毒〉〔丸散重宝記〕には天地不正の風や山嵐の障気、邪風に侵され、口眼歪み 一身萎え痺れ、眼の眩めく風邪の毒は、荊芥を末（粉）して温酒で下す。

〈風邪の薬方〉〔永代調法記宝庫・三〕に、風邪引き後に咳強く、日数を経ても治らないのには十味湯*香薷散*を用いる。〔秘方重宝記〕に、○「風邪を治す」には、香付子・茯苓（各四分）、当帰・芍薬（各三分）、陳皮・半夏・黄芩（各二分）、肉桂（二分五厘）、枳殻（一分五厘）、紫蘇（五厘）、甘草を水で煎じ、生姜を入れる。○「風邪を去る」には、白朮・香付子・陳皮・厚朴（各二分）、茯苓（四分）、黄芩・芍薬（各一分五厘）、防風・荊芥（各一分）、甘草を水で煎じ、生姜を入れる。○「風邪咳を治す」には、陳皮・白朮・香付子・杏仁・桑白皮・紫蘇・当帰・甘草を用いる。〔懐風重宝記・慶応四〕の「風邪薬十服の調合」は、大棗・生姜・葛根・杏仁・黄芩・竹節・人参・五味子（各二匁）、芍薬・柴胡（各一匁五分）、桂枝（三匁）、唐麻黄（三匁五分）甘草（一匁五分）。加減には大黄 川芎を用いる。諸病の元は皆風邪より起る。早くこの薬を用いて熱を冷ますと全快する。

〔妙薬調方記〕は「風邪ひかば、蜜柑の皮に紫蘇を混ぜ、生姜 甘草煎じ呑むべし」とある。〔童女重宝記〕は風気頭痛には、川烏頭と天南星を等分に粉にし、葱の白根を搗き爛らし、研《す》り混ぜて太陽につける。〔胡椒一味重宝記〕は風邪引には胡椒の粉を少々用いる。〔調宝記・文政八写〕に「名法風薬」は、陳皮（一匁）、種人参・甘草（各二分）、梅干（三粒）、榊葉（三枚）、柚種（二十一）、葛ノ粉（少分）。〔調法記・四十ゟ〕に、○「風薬の秘伝」は、唐蒼朮（三目）、生姜（五片）、甘草（少）を煎じて用いる。また氷砂糖に生姜を煎じて飲むのもよい。いずれも汗を出して癒える。○「引風邪を一夜に治す伝」は、葱の白根三本を生で食い、熱燗の酒を飲んで寝ると、その夜の内に治る。

〈風邪を引かぬ法〉〔万まじない調宝記〕に風を引かない法は、大福茶の梅干の種を口より新しい綿で包んで置くとよい。〈流行り風邪〉〔文政新刻俗家重宝集〕は、風邪が流行ったら早々に椎茸を火に焼《く》べ嗅ぐ。また鶍の煙を鼻へ通すのもよい。〈流行〉〔重宝記・礒部家写本〕に寛政六年（一七九四）春、諸国に風邪が流行る。〈風邪を引かぬ呪い〉〔日用調法人家必用〕に、①毎月朔日の朝、梅干を一ツ茶に入れて喰い、種を口から紙の中に吐き出し、風が当たらないよう幾重にも包んで箱の内に仕舞って置くと、

果たして風邪を引かない。②手足の爪を取る度毎に、風邪を引く癖のある男は、右の方の小指から薬指、中指、人差指、大指へと順に取り、その後左手も同じ順にする。女は左手から同様にすると風邪を引く憂いはない。これを常に心掛けるとよく、風邪を引く癖のない人でも、この方を用いて爪を取るのがよい。

風の宮【かぜのみや】 伊勢名所。「内宮」では伊勢の内宮第七の別宮である。「外宮」では伊勢の外宮第四の別宮である。これより一の鳥井を経て宇治へ行く。高倉の岩窟《いわや》*へ行くには五十鈴川の橋を渡って右の方にある。〔東街道中重宝記・七ざい所巡道しるべ〕

風の宮の橋【かぜのみやのはし】 伊勢名所。風の宮の橋とは、五十鈴川の橋*を風の宮の左の方より行く。〔東街道中重宝記・七ざい所巡道しるべ〕

風吹の不動【かぜふきのふどう】 「きたやまふどう（北山不動）」ヲ見ル

収靨【かせる】〔小児療治調法記〕に次がある。収靨《かせる》は、貫膿《みずもる》*後の症で、痘が十日になり血尽き、毒を解し、膿《みず》が漸く乾き、蒼蠟色 或は葡萄色のようで、上口鼻の両傍ら 或は面部から収靨《か》せて胸腹に至り、その後額上と脚背と斉しく収靨せ、飲食と二便が常のようなのはよい。また手足の真中、手の指の尖り、或は陰上が収靨せるのもよい。上から収靨せて下に至るのは順、下から上は逆である。痘の初出から収靨まで人中《にんちゅう》（鼻の下陥んだ所）に現れるのはよい。これを陰陽和暢すという。瘡蓋が落ち（落靨）、疤痕が雪白で血の色のないものは死ぬ。急に気血を補い脾胃を養うのがよい。収靨の薬に、木香散*回陽酒*異功散*定中湯*付子理中湯*回天甘露飲*手拈《しゅねん》散*等がある。○「収靨三日に生死を決する例」痘が収靨の時色がますます蒼蠟で紫葡萄なのは一二日で口唇の四辺から収靨せ、腹中から両腿に至り、そして額の上と脚と一斉に収靨せ、皮が落ちて癒る。収靨の時に、総身臭く爛れ餅のようで、近寄り難いものは死ぬ。痘が一時に黒いのは、収靨ではなく、火が極まり裏を攻めるもので、凶である。

歌仙【かせん】〈歌仙の数〉①〔消息調宝記・四〕に「歌仙三十六の数」は『甚秘』（和歌深秘抄カ）を引いて、『書紀・神代上』に伊奘冉尊が「あなうれしにゑや うましをとこにあひぬ」の十八字、次に伊奘諾尊が「あなうれしにゑや うましをとめにあひぬ」（憙哉 遇可美少男［女］焉）とある各十八字を合せた三十六字の数に擬えたものという。後世に十八人を左右に分けて相対させたのもこれによるという。②「三十六歌仙」*ヲ言ウ。③連俳様式。連俳の三十六句で、句作やつけ心は百韻の例に同じ。表は六句で五句目が月の定座。裏は十二句で八句目が月秋、十一句目が花の定座。名残の表は十二句で十一句目が月の定座（〔筆海重宝記〕は十二句目とする）。裏は六句で五句目が花の定座。〔筆海重宝記〕には匂いの花とある。

歌仙貝【かせんがい】 貝合*の一種。貝の内に書く和歌を、三十六歌仙の貝を読む歌の中から三十六種選んだものであるが一定していない。〔麗玉百人一首吾妻錦〕には次がある。①左簾貝×右忘貝。（以下左右は省略）②梅花貝×花貝。③桜貝×増穂貝。④紫貝×白《しら》貝。⑤なでしこ貝×なみまがしわ。⑥砧貝×枕貝。⑦錦貝×色貝。⑧ほら貝×都貝。⑨うらうつ貝×さゞえ。⑩千鳥貝×雀貝。⑪いたや貝×あこや貝。⑫あわび×かたし貝。⑬うつせ貝×身なし貝。⑭あさり×塩貝。⑮物あら貝×かたつ貝。⑯あし貝×みぞ貝。⑰蛤×蜆貝。⑱小貝×千くさ貝。

哥仙餅【かせんもち】 菓子名。哥仙餅、上通りながし物、下もろこし。〔男重宝記・四〕

父母【かぞいろ】 大和詞。「かぞいろとは、ちちはは（父母）を云」。〔不断重宝記大全〕

萱草色【かぞういろ】〔消息調宝記・二〕に「くわさういろ（萱草色）とは、かうじいろ（柑子色）に似たり。萱草色と書く」。赤味を帯びた黄色。

「わすれぐさ（萱草）の事」参照

主計寮【かぞえりょう】〔万民調宝記〕に主計寮《かぞえりょう》は民部省*に属し、諸国の年貢幷に雑物等をはかり納る司である。

花族の君達【かぞくのきんだち】「せいが（清花）」ヲ見ル

肩【かた】弓の事。*張弓名所。〔武家重宝記・二〕に肩は、弓の上部の弦持《つるもち》*をいう。

乞丐翁【かたいおきな】大和詞。「かたい翁とは、いやしき翁」である。〔不断重宝記大全〕

片糸【かたいと】大和詞。「かたいととは、会はぬ事を云」。〔不断重宝記大全〕

傍人【かたえびと】大和詞。「かたへ人とは、諸々の人」である。〔不断重宝記大全〕

肩覆いの毛【かたおおいのけ】「ちょうりんのけ（重鱗の毛）」ニ同ジ

片思い【かたおもい】大和詞。「あわび*とは、かた（片）思ひを云」。〔不断重宝記大全〕

かたかい【かたかい】「癖疾」「癖積」ニ同ジ

堅香子【かたかし】「かたくり（片栗）」ヲ見ル

かたかた【かたかた】女中御所詞。「かつを（鰹）は、かたかた」という。〔麗玉百人一首吾妻錦〕

片仮名の原字【かたかなのもとじ】日本語表記のために、万葉仮名を基にして、漢字の字画を省略して作られた音節文字。片仮名は、経文や漢文の訓読、或は正史類等に漢字片仮名まじり文として、また女の平仮名に対して男文字として使われた。〔現今児童重宝記〕に記す「片仮名の原字」は図示の通り（図91）。

肩衣地織切【かたぎぬじおりきり】〔絹布重宝記〕に肩衣地織切は、紹*同様の巾に織り切っている。取り捌きも紹と同じ。

片栗【かたくり】〔里俗節用重宝記・下〕に片栗は〔奥州〕南部の名物であるが、越後よりも出る。堅香子《かたかし》ともいい、又ぶんだい（文題）百合とも、うわ百合（姥百合カ）ともいう。上品物で、吉野葛よりも佳品である。片栗擬拵《かたくりもどき》え様は、百合の根をざっと湯通しして擂り潰し、水飛の糯粉を合せ練り潰すとよい。『大和本草・付録一』に「かたくり」と云物奥州南部にあり。米粉の如し。餅とす。葛の如し。味よし。又かたことも云」。

図91 「片仮名の原字」（現今児童重宝記）

かたくわ者【かたくわもの】片言。〔不断重宝記大全〕には「かたくは者、痴かたくなもの」とある。〔男重宝記・五〕には、鍬を担げて手を離すという心、とある。

かたこ【かたこ】〈何が不足で癇癪の枕言葉〉「五、かたこ」。片拳《かたこぶし》の下略である。〔小野篁謔字尽〕

片言直し【かたことなおし】完全に話せない幼児言葉や、訛って正しくない言

葉をいう。〔男重宝記・五〕には八十余語、〔文章指南調法記・一〕には二百八十余語の「片言直し」がある。「さんじきハ、桟《さ》敷《じき》」。「のぎすてハ、脱捨《ぬぎすて》」。「ちゃまがハ、茶釜《ちゃがま》」。「あくしちべいハ、悪七兵衛《あくしちびやうゑ》」。「せっちょ［て］うしハ、節用集《せつようしう》」。「なってんハ、南天《なんてん》」。「れんがくハ、田《でん》楽《がく》」の類。本書では目ぼしいものは立項している。なお「じゅうごん（重言）」参照

片地【かたじ】「謡鞁のこと」ヲ見ル

堅地塗物【かたじぬりもの】「ぬりもの（塗物）の事」ヲ見ル

形代【かたしろ】大和詞。〔不断重宝記大全〕に「かたしろ（形代）とは、人［の］かたちの事」とある。即ち、人形のこと。

肩背中の論治【かたせなかのろんじ】〔鍼灸日用重宝記・四〕に肩背中が痺れ痛む時は、風門、肩井、中渚、支溝に、背肩項《うなじ》の痛む時は大椎に、背腰の屈まらず寝返りできない時は腰兪、肺兪に、背腰痛む時は委中、復留に灸をする。〔薬家秘伝妙方調法記〕に「肩疼く」時は、付子と烏薬を使う。

方違いの仕様【かたたがいのしょう】「方角善悪」ヲ見ル

片手綱【かたたづな】〔武家重宝記・五〕に片手綱は、右の手綱を丸《まる》にして引く。これは犬笠懸の手綱のことである。口伝がある。

堅田落鴈【かただのらくがん】近江八景*の一。〔麗玉百人一首吾妻錦〕堅田落鴈。和歌「峯あまた越えて越路にまづ近き かたゞになびきおつる鴈がね」。〔年中重宝記・二〕に、四月上の巳日 江州堅田祭り。

蝸牛螺【かたつぶり】〔万物絵本大全調法記・下〕に「蝸 くわ／かたつぶり。蝸牛 くわぎう也」。〔消息調宝記・二〕に「かたつぶり（蝸牛螺）とは、でゞむし、まいまいつぶろ」。

刀 脇差の事【かたな わきざしのこと】〈寸尺焼刃の吉凶〉〔和漢年暦調法記〕に「刀 脇指寸尺焼刃の吉凶の事」は、○木性の人は五寸・六寸が上吉。三寸・七寸は半吉。小乱れ細直ぐ焼が吉。○火性の人は二寸・八寸が上吉。三四寸・五寸は半吉。小乱れ焼が吉。○土性の人は二寸・八寸が上吉。四寸・九寸は半吉。大乱れ直ぐ焼が吉。○金性の人は二寸・六寸が上吉。一寸・九寸は半吉。小乱れ直ぐ焼が吉。○水性の人は一寸・六寸が上吉。四寸・九寸は半吉。乱れ細直ぐ焼が吉。〔新板日夜重宝記〕等に異説もある。〈焼刃のつけ様〉〔万法重宝秘伝集〕に、○「刀 脇差 乱れ焼きのつけ様」は、へな土（粘土に）煙硝と塩とを合せ水で練り べたべたになる程にして、刃物を残し刃棟の方へこの土を塗る時 乱れ焼刃にする様に描き、土の付かぬ方が焼刃になる。この仕様に上手と下手があり 切れると切れないとがある。○「なまくらの刃物に焼きの仕様」は、炭火をよく熾して前の品を入れ、程よく焼いて刃の方を水へ入れて、焼き過ぎると刃は堅くなり、生焼《なまやけ》なら「なまくら」となる。〈見物仕様〉〔諸礼調法記大全・天〕に「刀 脇差見物の事」は、小尻を右にして柄頭《つかがしら》に左の中指を添えて柄廻り 鍔 栗形の辺等をよくよく見て挨拶して返す。中も見れとある時は、懐中の袱紗を取り出し、右に鞘左に柄を取り、柄に袱紗を打ち掛け、人前を少し背け 膝の上で二寸程くつろげ、鞘を上に 柄を下にして、右手をゆるく持ち、刀の棟《むね》（＝背）を擦るように右手を下ると自ずから鞘を抜け出る。そこで鞘を下に置き、打ち返し見て、袱紗を膝の上に広げ、鞘の鯉口を袱紗で拭い、鞘を高く差し上げ、鯉口に入れ 真っ直ぐに鞘を押し立て落し掛けて鞘に納める。抜く時は身をもって抜き、納める時は鞘から納める。もし側《かたわら》に人が居て抜き身をこちらへとあれば、背を人の方 刃を我が方にして、左に柄を持ち右の掌を柄頭にすけて渡し、鞘も渡す。〈参らす事〉〔麗玉百人一首吾妻鑑〕に「刀 脇差を参らす事」は、右で下緒をともに中程を持ち、左手を小尻に添える。予ねて袱紗を懐中して鞘を巻き出す。

刀の事【かたなのこと】〔掌中年代重宝記〕に刀鍛冶の始として、刀は神代に

天目一箇命《あまめひとつつのみこと》が始めて刀を打って用いた。これは本朝刀鍛冶の祖という。

〈刀の見様〉〔武家重宝記・一〕に、○「抜き刀御目にかくる事」右で冑金《かぶとがね》（＝刀の柄頭の金具）と抱《だき》を強く持ち、左で目抜《めぬき》（＝柄の留め釘）より端を持ち、人の右の方へ刃先のなびくように渡す。○「差した刀を人に出す事」下緒《さげお》（＝鞘に結びつける紐）を鞘に絡め、右手で左の方へ太刀*を出すように渡す。小刀差（鞘の小刀を差す所）を上にするが仕合せによる。○「刀見物の事」取ってまず差表《さしおもて》（＝刀を差す時鞘の外側）を見るのに、負金《おいがね》（＝刀の抜け出すのを防止する鞘につけた鉤）より柄頭《つかがしら》鐺《こじり》（＝鞘の末端）迄見極め、捻りかえして刃向を鞘尻より柄頭迄見、次に右に立て下緒を見下し褒美する。もし抜いて見よとあれば、一礼して刃が当らないように峰（刃の背）につけて三寸五寸の間で抜く。もし全部を見よとあれば、その時抜いてまず左へ居向き差し向いて見ると峰が人の方になる。また右膝を立て替え、居向いて見ると峰が人の方になる。「刀 脇差の事」〈見物仕様〉モ見ル

〈刀の渡し方〉〔武家重宝記・四〕には刀を右に持って脇に立て、左手を突いて意趣を言い、左手で下緒を扱き下げ、そっと柄《つか》に打ち掛け下に置いて出す。〔諸礼調法記大全・天〕には、下緒を刃の方より二ツ三ツ程搦み、折金《おりがね》（＝差した刀の鞘の抜けるのを防止する鉤）を持ち、口上を言い、渡し、刀を取り廻す様に膝を立て替えて渡す。受け取りはまず右手を出して柄頭に掛けて左手で折金の元を取り、右に取り直す。奏者が取り次なら一礼して退く。○「その他心得」刀はいかにも柔かに抜く。抜き刀に向って物を言ってはならず、少し居直って言う。我が刀を人が見たいと言う時は、小刀《こがたな》（＝腰刀の鞘に差し添える小さい刀。小柄）を抜いて置くのが心遣いである。主人が御覧の時は、小刀を抜かず、小刀ともに参らす。

〈錆の事〉〔調法記・四十ゟ〕に「刀に錆来ぬ伝」は、鞘の中に渋を塗って置く。〔新撰咒咀調法記大全〕に「刀 脇差錆びざる方」は、椿の実の油を塗って置く。錆の出たのも椿油を塗って置き、一月程して打ち粉（砥の粉を布に包み刀身に打ちつけて使う）で磨く。跡へまた油を塗って置く。〔里俗節用重宝記・上〕に刀を研ぐ（拭う）のは十月より正月迄、外の月は水性が悪く錆が出る。錆を取るには石菖根を酢で煮て一刻程漬け 木賊で磨る。又、奉書 杉原を寒水に七日浸し、乾かして揉み、鳴滝砥石粉で水飛する事二度、日に乾かす。刀に油を引き 抜き取り、前のを振りかける。刀は台の上に置くのがよく、壁際や畳の上では錆が出る。〔万まじない調宝記〕に「刀又は金物に錆の出たのを落す法は」、文銭で磨り落し、跡を油で拭く。〈血を落す伝〉〔新板秘伝日用重宝記〕に「刀 脇差に血の付たるを落す伝」は、雑木の消し炭で擦り、また粉にして降り掛けよく拭い取る時は少しも血の気は残らない。〔里俗節用重宝記・上〕に刀に血が付いたら生姜汁がよく、ツバ、キでも落つる。

〈刀の目利〉〔万買物調方記〕に「京ニテ刀の目利」本阿弥光叙、同光碩、油小路竹屋町上ル 徳原自仙がいる。「江戸ニテ刀の目利」下谷広小路 本阿弥三郎兵へ ら二十一人、上野黒門前 同光由、同町 同光知、都合二十四人がいる。「大坂ニテ刀の目利」北かわや町 市村茂介がいる。

〈刀の研ぎ屋〉〔万買物調方記〕に「京ニテ刀の研ぎ屋」亀屋のつきぬけ 四条 木や利兵衛、小川二条上ル町、油小路二条より下（共に氏名なし）。「江戸ニテ刀の研ぎ屋」京橋南二丁目 木屋利兵衛、惣十郎町 同理右衛門、数寄屋町 松本十左衛門ら八人がいる。「大坂ニテ刀の研ぎ屋」竹屋作左衛門、四郎兵衛、奥州勘兵へ（共に住所付なし）、伏見両替町 小川太郎左衛門、南新町一丁目 田中庄左衛門がいる。〈刀 脇差 疵直し〉〔万買物調方記〕に「大坂ニテ刀脇差 疵直し」常盤町 菅井清兵衛、鑓屋町 鍔 埋忠数馬とある。「小刀」「太刀」「刀 脇差」「脇差」「腰の物」参照

堅糊【かたのり】 「姫糊《ひめのり》拵え様」ヲ見ル

片腹痛し【かたはらいたし】 「かたはらいたしは、はづかしきことを云」。〔消

息調宝記・四〕

帷子【かたびら】 帷子は裏をつけない一重の着物。〔万物絵本大全調法記・上〕に「衫 さん／かたびら。おほかたびら。公服の托衣也」。〈更衣*〉〔年中重宝記・二〕には、今日（五月五日）より八月晦日まで衫衣《かたびら》を着る。〈血朱を落す〉〔新板秘伝日用重宝記〕に白帷子に血朱が付いたら飯粒を揉みつけて洗う。また続飯《そくい》（＝飯粒を練り潰した糊）を塗っても落ちる。なお、帷子の畳み方は、〔小笠原諸礼調法記・天〕に小袖*と同じとある。

帷子小紋無地値段付【かたびらこもんむじねだんづけ】〔男女御土産重宝記〕には「御帷子小紋無地値段付」が十七種ある。○花色・茶・煤竹等小紋付一匁七分。○浅黄・鼠等小紋付一匁三分。○何色でも返し小紋紋付二匁。○以上紋なし三分引き。○花色・煤竹・唐茶等無地紋付一匁四分。○浅黄・鼠・薄柿など無地紋付一匁二分。○以上紋なし三分引き。

肩骨跌堕の治法【かたぼねてつだのじほう】〔骨継療治重宝記・中〕に次がある。両肩左右の骨が跌づくか堕ちるかして、骨が前にあれば手巾《てぬぐい》を手首に掛け胸先に置く。骨が後ろにあれば手巾を手首に掛け背後に置く。もし左に出れば搯って右の肱《ひじ》に向けて置き、右に出れば搯って左の肱に向けて置くと元のように入る。左を接ぐには右の鬢を撫で、右を接ぐには左の鬢を撫で、その後定痛膏*接骨膏をつけるとよい。

堅間【かたま】「かたま（堅間）は、籠《かご》也。まなしかたま（無目堅間）は、目《め》のなきかご也」。〔消息調宝記・二〕

形見草【かたみぐさ】 大和詞。「かたみ草とは、なつかしき事」である。〔不断重宝記大全〕

かたみにする【かたみにする】 片言。人と我と互いにということを、近江の人が「かたみにする」というのは、互いにするということである。歌に「契りきなかたみに袖を絞りつつ末の松山波こさじとは」（『近代秀歌』）のかたみは互いに、という事である。〔不断重宝記大全〕

形見の水【かたみのみず】 大和詞。〔不断重宝記大全〕に「かたみの水とは、籠に入れたる水」とある。物事の頼みがたいことに喩える。

華佗愈散【かだゆさん】「如聖散《にょせいさん》」ヲ見ル

華陀愈風散【かだゆふうさん】「如聖散」ニ同ジ。中風*諸症の妙薬。〔丸散重宝記〕

語らい合す【かたらいあわす】「かたらひあはす（語合）とは、相談をするを云なり」。〔消息調宝記・二〕

堅楽【かたらく】「かたらくとは、堅楽にて、さつそくの心」である。〔消息調宝記・二〕

片割れ月【かたわれづき】 大和詞。「かたわれ月とは、七日八日比の月」をいう。〔不断重宝記大全〕

片割れ舟【かたわれぶね】 大和詞。「かたわれ舟とは、よるかたなきを云」。〔不断重宝記大全〕

搗栗【かちぐり】〈拵え様〉〔男女日用重宝記・下〕に「かちぐり拵え様の事」がある。○栗を三十日も土に埋めて取り出し、水で洗い天日によく干して後、鍋に糠を敷き、その上に栗を置く。また栗の上に糠を掛けて蒸す。よく蒸けた時、上の糠を取らずに栗を一ツずつ取り出して熱い内に打つと皮は皆取れる。○搗栗の干し様は、天日によく干して後に湯で洗い、また天日に堅くなる程干して、薄く包んで火の上に置く。用いる時に臼で搗き皮を取って使う。○先の搗栗のように土に埋め、洗って二日程水に入れて置き、その後天日によく干して包み、風の涼しい所に置く。〈薬性〉〔永代調法記宝庫・四〕には脾胃を補い、腎薬となる。また傷に食してよく、粉にしてつけると癒える。『書言字考節用集・七』に「搗栗《かちぐり》 兵家 勝栗に作る」とあり、出陣の酒肴に打鮑*昆布と共に用い勝利を祝った。

嘉知子【かちこ】〔女用智恵鑑宝織〕に、嘉知子は、嵯峨天皇（八〇九～八二三）の后で世に類のない美人である。ある時の歌「中華《もろこし》の山のあなたに

立つ雲は ここに炊く火の煙なりけり」を、大唐の斎安国師が聞き伝え、日本の大賢女、志が高いと感嘆したという。遺言に、我が死骸は野原に捨て置き、世の色好む人に見せて改めるようにとあり、亡骸は今の天竜寺に捨てたという。『新古今・釈教歌』の「不邪淫戒／さらぬだにおもきがうへのさよ衣 我が妻ならぬ妻なかさねそ」とあるように、男でさえ色好みは戒められるのに、女の身が色に迷うのは男より甚だしく罪深い、と戒めた。

火疔【かちょう】 十三疔*の一。〔改補外科調宝記〕に火疔は、腫物の形は火で焼くようで瘡の色は黒く、四方は陥み熱《ほと》ぼる。また赤く粟粒のようなものもある。切り割って後、灸をせず、青膏*に白礬・丹礬を加えて腐らかす。せき薬には青椒散、黒梅散を用い、疔毒が去っても癒えないのには粉薬をひねり、上には癒膏薬を貼る。

蚊帳【かちょう】 大和詞。「か（蚊）屋は、かちやう（蚊帳）」という。〔女重宝記・一〕

瘕癥【かちょう】 経験方。〔丸散重宝記〕に女子の瘕癥（熱や消化不良で腹中にできるしこり）、瘀血*、痞積（腹中のつかえ）には、乾漆（三匁）、当帰（四匁）、地黄（五十匁）を蜜で丸じ、温酒で服する。

化疔内消散【かちょうないしょうさん】 〔改補外科調宝記〕に化疔内消散は、疔疽*が初めて発症し、或は針を刺し、或は灸をして後に用いる。皂角刺・金銀花・知母・貝母・天瓜粉・穿山甲・白芨・芍薬・半夏・乳香・甘草（各等分）。これ等に酒を加え煎じて用いる。

徒若党【かちわかとう】 武家名目。〔武家重宝記・一〕に徒若党《かちわかとう》は青葉者*等といい、騎兵でない士卒である。今、下部《しもべ》の刀指《かたなさし》を徒若党と呼ぶのは誤りである。

餅【かちん】 御所言葉。「もち（餅）は、かちん、あも」という。〔女用智恵鑑宝織〕

鰹の事【かつおのこと】 〔新板絵本重宝記・二〕に「鰹魚 かつを」。

〈薬性〉〔医道重宝記〕に鰹は温、小毒がある。胸を清くし、脾胃を調えるが、多食すると血を動かす。〈毒消〉〔秘伝重宝記〕には鰹の酔には鯣《するめ》を煎じて用いるとよい。また白砂糖もよい。〔文政新刻俗家重宝集〕には桜の葉を煎じて呑む。葉がなければ皮でもよい。〔胡椒一味重宝記〕には胡椒の粉を生姜の汁で呑むとよい。

〈料理仕様〉〔諸人重宝記・四〕に鰹は、刺身 汁 鱠 酢煎り、船場（煮）、生火で焼き叩きによい。煮とりは鰹を茹でる時の汁。○「鰹魚塩辛」は〔諸民秘伝重宝記〕に鰹を造り、血あいを去り、刺身のようにし、五合程あるなら、麹五合、塩五合を一緒に合せて壺に入れ、口を貼り、土用の頃二十日ばかり日向《ひなた》に置いて後、さっと摺りまた壺に入れ、貯えて遣う。○「鰹叩き」は〔料理重法記・下〕に鰹叩きの法が、鰹（身を造り）・糀・塩（各五合）。鰹の血あいを去り、膾のように造り、糀と塩を一緒に合せて壺へ入れ、口を張って土用中二十日程日向に置き、血の垂る時さっと摺り、壺に入れて置く。いつ迄も味は変らない。○「鰹飯」は〔料理調法集・飯之部〕に、鰹の背の方ばかりを切って塩をして暫く置き、湯煮して細かに裂き、布で絞り揉みほごして、飯の上に掛けて出す。○「砂糖漬鰹」〔料理調法集・漬物之部〕に鰹を卸し、皮を引き、ふしをとって砂糖に包み、一時ばかり置き、洗い、作り、煎り酒で出す。○「塩鰹」は〔料理調法集・塩魚之部〕に、盤城（宮城県南部福島県東部）から出るものと、甘塩のものと、二通りがあるが、仕方は同じではない。また、渦輪《うずわ》鰹*、目仁奈《めじな》があるが、一段と下品で遣い方はない。○「糟汁」は、盤城より出る甘塩の上々を中賽形に身を取り、上々の留め糟を汁に擂り入れて煮る。取り合せは、大根 牛蒡 里芋を賽形に切って入れる。○「船場煮」は、同じく湯煮して煮こぼし湯を替え、酒少しに醤油を加えて塩梅する。取り合せは若大根 芽独活《めうど》の類。○「酢煮」は、甘

塩がよい。仕方は船場煮に同じ。盛出す時酢を入れる。取り合せは根芹を使う。○「茶椀」は、前と同じ。少し塩を出しよい程に切り蒸して、長芋の餡を懸ける。

〈鰹節〉鰹の内臓を去り、背割りにし、よく干し固めたもの。〔料理調法集・調理干魚之部〕には土佐の鰹節を十日余り味噌に漬け、小口より薄く切り、手塩皿 或は硯蓋等に盛り合わす。○硯蓋は、土佐節の心《しん》を鉋で削り、味醂酒で煮詰め醤油を少し塩梅してさっと煮る。猪口の取り合わせ等にもよい。○取肴は、土佐節の大きなのを上削りして濡れ紙に包み、その上に塩を沢山つけて温灰《ぬくばい》に暫く入れて置き、熱い内に紙ともに小口に薄く切り、後で紙を取る。〈貯え様〉〔料理重法記・下〕に酒を塗って置くと夏日にも虫は入らない。

〈売り店〉〔江戸町中喰物重法記〕に「鰹節品々」麴町四丁目てしま忠兵衛。〔江戸流行買物重宝記・肇輯〕には「結納鰹節」の店十三軒の住所氏名を列記している。〈積様・売店〉〔麗玉百人一首吾妻錦〕には台に鰹節十本の進物積み様の図がある。

〈鰹出汁〉〔料理調法集・煮出煎酒之部〕に鰹出汁は、乾し鰹の出所を選び、土佐清水節を上とする。上皮を去り、血あいの黒みを除いて削ったのを、凡そ五十目に水一升を八合程になったのを、濾して用いる。

葛花解醒湯【かっかげせいとう】〔医道重宝記〕に葛花解醒湯は、大酒して嘔吐し、心煩《いき》れ 乱れ 胸塞がり 不食し、小便の利しないものを治す。葛花・砂仁・白荳蔲（各五匁）、茯苓・陳皮・猪苓・人参（各二匁半）、白朮・神麴・沢瀉・乾生姜（各二匁）、青皮・木香（各三匁）を煎ずる。この薬を恃み、日々酒を過ごし、天寿を損なってはならない。

月経【がっけい】「がっすい（月水）の事」ヲ見ル

喀血【かっけつ】「だけつ（唾血）」ヲ見ル。「労瘵《ろうさい》」参照

活血散【かっけつさん】〔骨継療治重宝記・下〕に活血散は、打撲で手足を傷《やぶ》り挫くのを治す。菉豆粉を新しい鉄鍋の内で炒って紫色にし、熱酒を用い熱酢と同じに調えて膏にし損処につけ、紙切れを蓋にしてつけ、杉木一二片で縛り定める。その効は神のようである。

活血丹【かっけつたん】〔骨継療治調法記・下〕に活血丹は、打撲、墜損、悪血、悶乱、疼痛を治す。踈《すか》しめぐらして後活血丹で調え用いる。青桑灰（一斤）、当帰・牛膝・川芎・赤芍薬・熟苄・黒豆（酒ニ煮）・何首烏・南星（製）・白芷・老松節・杜仲（製）・破古紙・羗活・独活・蒼朮・防風・荊芥・骨砕補・桔梗・栗間・続断（各四両）、草烏（醋で煮炒）、川烏・肉桂・木鼈子（炒）・角茴・地竜（土を去る）・白斂・白芨（煨）・細辛・降真香・檀香・松香・楓香・五霊脂・京墨（煅）・血竭・乳香・没薬（各二両）を粉にし、醋で秫粉《もちあわ》を煮る糊で弾子の大きさに丸じ、晒し乾かし、生漆で手の上に延べ漆を揉んで衣とし陰干にする。布袋に盛り風処に掛け久しく経ても壊れず薬味を失なわない。服用するごとに当帰酒で磨り下す。筋を破り骨を折るには自然銅二両を加え煨き、醋で練る。金刃 出臼には用いない。

脚気の事【かっけのこと】〔医道重宝記〕に脚気は、脾胃が虚弱で外邪に侵され 湿熱が下に注ぎ流れて発症する。脚の腫れるのを湿脚気、腫れないのを乾脚気という。古くは厥《けつ》、後には緩風《かんぷう》という。脈は微 滑を虚とし、牢 堅を実とする。薬は羗活導滞湯*当帰粘痛湯*、寒湿には五積散*に木瓜・檳榔子・穿山甲を加え、風湿の脚気には香蘇散*に木瓜・檳榔子を加えて用いる。〔鍼灸重宝記綱目〕に「脚気 あしのいたみ」は、男は腎虚、女は血海の虚より起る。或は風寒暑湿を受けて起る。走り痛む所が定まらないのは風《かぜ》、筋が拘急《すくばり》して引き裂くように痛いのは寒、腫れて重いのは湿、手足ねまり熱し 燥渇《かわ》き 大便の堅いのは暑熱である。骨節が大きくなり 節の間が細くなるのは鶴湿風*で治し難い。脚気が腹に入る時は大事である。灸は三里 三陰交 風市、内・外踝にし、針は公孫 衝陽 委中

懸鐘 飛揚、また痛む上に針を刺す。婦人の脚気には風市に灸し、次に伏兎に針三分（灸はしない）し、犢鼻 膝眼 地五会 三里 上廉 絶骨に灸をする。

〈薬方〉〔永代調法記宝庫・三〕に筋骨が引き攣り痛むのには、忍冬を粉にし酒で用いる。〇五加皮を酒で煎じて用いる。〇鹿角を黒焼にして茶一服程、空腹に酒で酔うほど三四日も用いる。〔丸散重宝記〕に脚気が腹に入り脹り悶え喘急するのには、霊仙の末（粉）一戔を酒で下す。〔懐風重宝記・慶応四〕に脚気で胸先へ突きつけ死にそうな時は、黒豆（五匁）、大黄（八分）、檳榔樹（一匁）の内、黒豆に水三合を入れて二合に煎じ、残りを入れて又一合に煎じ詰めて用いる。〔万まじない調宝記〕は中の鯉を練味噌で腸ともに煮て食うとよい。〔調宝記・文政八写〕は牛糞を暖い内に取り、痛む所へ塗り上げ、包んで置く。山牛蒡の根・胡瓜の陰干を煎じて用いる。膝の裏の上の所へ灸をする方もある。

〈治法〉〔調法記・四十七ゟ五十七迄〕に、山牛蒡の生根を煎じた汁で赤小豆を煮て食する。尤も塩気を止め 飯を減じ 一切の油の強い魚類を禁ずる。〇冬瓜を小口切にして、中の実を出して小豆を詰め 黒焼にして三十日程白湯で飲むと翌年から脚気は起らない。

〈呪い〉〔同書〕に早天に汲立ての水で朝顔の実を呑む時、「井戸神様 厠の神様 我の脚気を直し下され。さなくば二人が密通を人に告げます」と言って飲む。〔新撰咒咀調法記大全〕は四月八日に、八日花（天道花）の下へ新しい草鞋を一足紙に包み水引を懸けて、日天様 何歳の男と書き 天に供えて、脚気を病まないように祈念し、八日過ぎて川へ流す。脚気に罹らないのは不思議である。〔秘密妙知伝重宝記〕は紙の上に竈釜の下の灰を二分程高く敷き、灰の真ん中へ両足跡をつけ、足跡の土踏まずの真ん中へ左右とも灸一炷ずつ据え、その紙を捻って流れ川へ捨てると、脚気第一の呪いになる。〔日用調法人家必用〕に「脚気の呪」は、雪駄の鉄を人通りの頻繁な所の石垣の隙間に人が見知らぬ様に固く挟んで置くと、必ず効験がある。

〈脚気食物宜禁〉〔世界万法調法記・下〕に「宜い物」は牛房 枸杞 小豆 黒豆 独活 角豆 胡麻 韮 山椒 葡萄 梅 柑子 橘 柚 栗 山芋 胡桃 覆盆 藕 繁縷 昆布 蛤 鮎 鯉 鯛 鰹 鮑 鯖 海月 猪 鰻 海鼠 胡麻 田螺 鴫 鮑 鶉 兎 猪 鹿等四十五種。「禁物」は糯 麩 蕎麦 餅 蕨 黄瓜 茗荷 茄子 林檎 楊梅 杏 大根 烏芋 夕顔 笋 酢 酒 鮎 蛸 雉 鴨 鮨 膾 雉等二十六種がある。

脚気の脹満【かっけのちょうまん】〔薬家秘伝妙方調法記〕に脚気の脹満には、大黄・黄芩・桑白皮・木通を用いる。

かっこ【かっこ】大和詞。「かつことは、鴨の事」である。〔女筆調法記・三〕

藿香【かっこう】〔薬種重宝記・中〕に唐草、「藿香 くはくかう／かはみどり。火を忌む、土砂を洗ひ刻む」。〈薬性〉〔医道重宝記〕に藿香は辛く微温、中を温め、胃を開き、嘔吐を止め、心・腹痛を治し、気をめぐらし、風寒を発散する。霍乱の主薬とする。土砂の尽きるまで洗い、刻み、乾かす。火を忌む。かわみどり。〈薫物香具拵様〉〔男女御土産重宝記〕には甘松*に同じという。

藿香正気散【かっこうしょうきさん】〔医道重宝記〕に藿香正気散は、四時不正の気に感じ、或は内傷に外感《げかん》を挟《さしはさ》み 腹痛み 吐痢 頭痛し、悪寒 発熱があって汗のないのを治す。或は酷暑に納涼を過して外を破り、或は寝入った間に風を感じ、或は生物《なまもの》を食して内を破り、食傷 寒熱 頭痛 吐瀉 腹痛 霍乱等を治す。藿香（三匁）、陳皮・白朮・厚朴・半夏・桔梗（各二匁）、大腹皮・紫蘇・白芷・茯苓（各一匁）、甘草（五分）に、生姜と棗を入れて煎じる。〔小児療治調法記〕には痘発 熱《ほとおり》*に口渇き、乾嘔《からえず》きするには黄連・瞿麦を加えて用いる。藿香正気散の方は 藿香・大腹皮・紫蘇・陳皮・桔梗・茯苓・半夏・厚朴・白芷・甘草に生姜と棗を入れ、水で煎じる。

葛根湯【かっこんとう】〔薬種日用重宝記授〕に葛根湯は、葛根（大）、芍薬・桂枝・麻黄（各中）、大戟（二ツ）、甘草・生姜（各小）を用いる。風邪熱を上げるのによい。「葛の事」参照

合衆国【がっしゅうこく】〔童蒙単語字尽重宝記〕に合衆国は連邦。広さ三百四十八万坪、民は三千二百万人。華盛頓《わしんとん》民は七万五千人。（品川海より）四千七百一里。新約克（紐育 にうよるく）民は八十一万三千六百六十九人。四千七百二十九里。非拉特勒飛亜《ひるてるひや》民は五十六万五千五百二十九人。「亜米利加」参照

合掌散【がっしょうさん】〔改補外科調宝記〕に合掌散は疥癬瘡*の薬。樟脳（二匁）、水銀・蛇床子・白芷・胡椒（各一匁）、大風子（十）。これらを粉にして榧の油で練り丸じて、手の内に置いて擦り練り鼻で嗅ぐ。

月蝕【がっしょく】〔重宝記永代鏡〕に「ぐわつしよく（月蝕）」、異名を撃皷《げきこ》撃鑑《げきかん》という。月蝕は十四日十五日十六日の内とする。それは一ケ月の半《なかば》に至り、日地月が並び、地が月の影に障り暗くなる。日月が地を真中に挟み隔てるので、日の光が月へ欠けて映るのである（図92）。大地の土で月の水を濃くするので悪い。〔永代調法記宝庫・五〕には、日蝕*とともに大悪日とし、万事に用いない。房事を慎む。「月帯蝕」「日蝕」参照

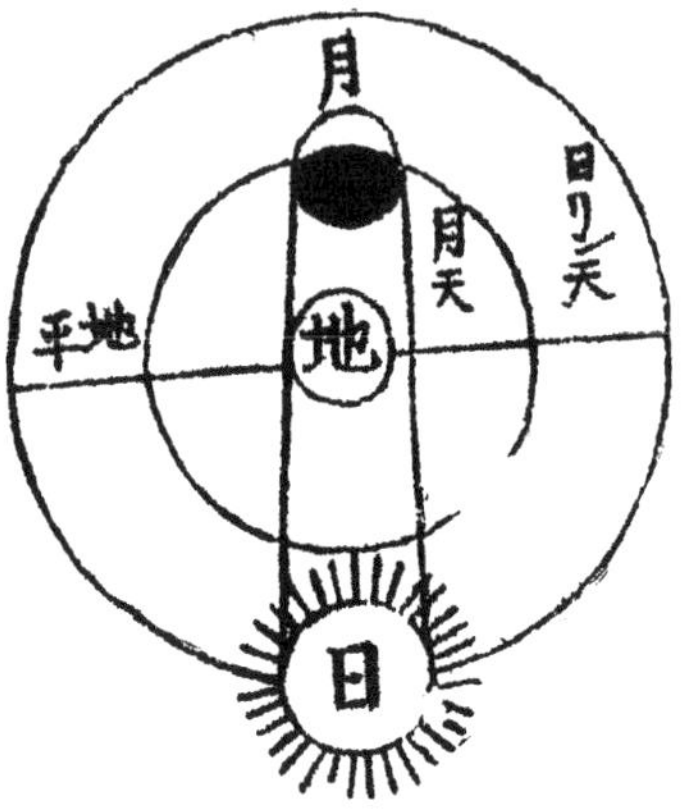

図92 「月蝕」(和漢年暦調宝記)

月蝕瘡【がっしょくそう】〔丸散重宝記〕に経験方がある。小児の月蝕瘡は、耳の後ろに生ずる瘡である。月の初めに生じ、中ばに盛んになり、終りに癒える。黄連の末（粉）をつけると妙である。「雁瘡《がんがさ》」参照

月水の事【がっすいのこと】〈生理〉〔医道重宝記〕に婦人は、十四歳で月水が時を以て下る。これは女は陰で、月に満ち欠けのあるようである。月経《がっけい》が整わないと、後には諸病となるので慎み治すのがよい。脈は左の尺脈で微濇、或は浮滑で均しくないのは月水が調わず、或は通じないものである。経水の調わないのには四物湯*を加減して用いる。

〔昼夜重宝記〕にも同様の説明をし、左の尺脈が正しく乱れなければ、経閉の脈とする。〔女用智恵鑑宝織〕には経水（月水）が毎月同じ頃にあるのを順といい、病のない女中は毎月日も違えずある。例えば、正月五日、二月六七日、三月八九日と少しずつ違いがある。正月は十日、二月は末、三月にあって月越しなのは逆と言って悪い。二三ヶ月も障りがなければ夫のある女中は懐胎か懐胎でないかを試みるのがよい。その法は川芎を細末（粉）にし、艾葉の煎じ汁で一匙飲むと、懐胎なら腹中が少し動く。また月水調わず、食に味なく、陰上《ほがみ》の腫れるのには、熟地黄*・当帰（各三分）、白朮（二分）、川芎・柴胡・山梔子・竜胆・牡丹皮（各一分五厘）を常のように煎じて用いる。

〈延べ縮め薬〉〔男女御土産重宝記〕に、○月水流しの事。綿核（一両）、細辛（三分）、石榴の皮（五分）を粉にして丸薬とし●これ程に丸じて水で用いる。○月水を延べ縮め自由にしたい時。延ばしたい時は、小豆を生で延ばしたい日数程呑んで南無阿弥陀仏を何回も唱え、縮めたい時は昆布に紅をつけて食う。〔増補咒咀調法記大全〕に月水の来ない時は、蒺梨・当帰（各等分）を酒で飲むと甚だ妙である。また月水が止まらず殊の外下る大事には、芍薬・栢葉・艾葉を煎じて用いる。〔薬家秘伝妙方調法記〕に月水の過多には乾姜に芍薬を加えて用いる。月水の滞りに

は横芩に牡丹皮を加えて用いる。〔改補外科調宝記〕に月水が渋り腫れたのには、菖蒲・当帰（各一両）、呉茱萸（半両）を刻み、葱の根を入れて常のように煎じて用いる。〔丸散重宝記〕に婦人経水が通ぜず、臍下に塊が生じ硬く痛み 発熱往来し血気上に攻めて吐き気を催し眠られないのには、乾漆（三戔）、当帰（四戔）、地黄（五十戔）を蜜で丸じ、温酒で服する。〔万用重宝記〕に経水が滞り様々悩む時は、鼈《すっぽん》を汁にして食わすとよい。月水流しの咒は、裏口の敷居の上へ水を二雫落すと奇妙である。

〔庶民秘伝重宝記〕に月水の滞りを直すには、唐胡麻の実を続飯（飯粒を練り潰した糊）に押し混ぜ足の裏に貼って置くと治る。また月水の日を延ばすには、予定日の前にこのようにして頭の百会（脳天）に貼って置くといつ迄も延び、取り捨てるとそのまま通ずる。〔重宝記・儀部家写本〕に月経を延べる薬は、羚羊角（羊の角）を粉にして練り、臍の内へ入れ、切り紙で貼り塞いで置く。

〈鍼灸〉〔鍼灸重宝記綱目〕に月水の不調には気海 三陰交 中極 帯脈に灸を一壮より過してはならない。また肩兪にも効がある。月水が多く下るには通里 行間 三陰交に、月水が来ず顔黄ばみ嘔吐し子のないのには三陰交 曲池 支溝 三里に、月水の不通には気衝に 或は関元に七壮する。月水不通 或は多く心落ち沈み、遠くを見ることができず、腹の痛むのには水泉に五壮する。月水時に交合し 寒熱差し引き 痩せ虚労のようなのには腎兪 風門 中極 気海 三陰交に灸をする。

〈呪い〉〔増補咒咀調法記大全〕に、①「月俣がり（月経）の符」。②月水慎む符の「雨龍留」。③同 よぶ符の「龍雨」。②③は水で呑む。④「月水を止む符（「女の符／守」トハ別ノ符）」。⑤「月水延ばすする符」（図93）。又「月水見へざる符」等は「女の符／守」ニ出ス。〔新撰咒咀調法記大全〕には「血止まらざる女用る符」（同前）もある。

図93　月水の事

①「月俣がり（月経）の符」（増補咒咀調法記大全）

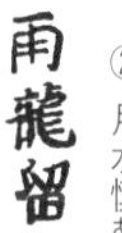

②「月水慎む符」（増補咒咀調法記大全）

③「月水よぶ符」（増補咒咀調法記大全）

④「月水を止む符」（増補咒咀調法記大全）

⑤「月水を延ばす符」（新撰咒咀調法記大全）

〈忌服〉〔女重宝記・三〕に服忌令として、月水の穢れは七日を憚る。十日より神へ参りて苦しからず。

〈処置〉〔色道重宝記〕には婦人の経行を「月役」という。昔は律義に「お馬」というものを拵え開《ぼぼ》*の割目へ引き込み、後ろ前に紙縒を通して下腹に結びつけていたが、近年は多く紙玉を開へ押し込んで置き、無造作になった。

滑石【かっせき】〔医道重宝記〕に滑石の薬性と製法がある。甘く淡く寒。小便を利し、煩渇を解し、心火を降し、黄疸・水腫・脚気を治す。九《きゅう》竅《きょう》*を利する主薬である。粉にし、水飛して干し堅め、砕き用いる。

滑石散【かっせきさん】〔牛療治調法記〕に滑石散は、「転胞の牛」*の薬。滑石・当帰・慈菰・膩粉・木通・莞花・朴硝・没薬・細辛・芥子甜を末

(粉)し、服する毎に二両、水草二両を煎じて用いる。

乞丐【かったい】「癩病」ヲ見ル

月帯蝕【がったいしょく】〔童女重宝記〕に月帯蝕は、日の出入の時刻の蝕故月が平地を離れる半《なか》ば頃、日が月体の上を蝕して日の形が帯のように見える。月の半ば十四・五・六日の内に月の出入りに蝕するのをいう。「月蝕」「日帯蝕」参照

合当離【がったり】「くもて(蜘手)の事」ヲ見ル

甲冑【かっちゅう】「かぶと(冑)の事」ヲ見ル

かつつて【かっつて】片言。「曾《かつ》てを、かつつて」という。〔世話重宝記・二〕

かってこい【かってこい】諸国言葉。〔男重宝記・五〕に、関東の言葉で「買《か》って来い」を京で「買《か》ふて来い」と言っている。関東の促音便と京の「う」音便の違いから、意味に取り違えのあることを指摘している。

月徳日【がっとくにち】暦下段。〔重宝記永代鏡〕にはその月の五行*に当る干《えと》の陽干の日を用いるゆえ月徳という。正・五・九月は火ゆえ、丙《ひのえ》の日を月徳とする。二・六・十月は木ゆえ、甲《きのえ》の日を月徳とする。三・七・十一月は水ゆえ、壬《みずのえ》の日を月徳とする。四・八・十二月は金ゆえ、庚《かのえ》の日を月徳とする。万事に障りのない日とする。〔童女重宝記〕に、月徳の日で大吉日、月の福《さいわい》として婦人のことにはなおもって吉日とする。〈日取吉凶〉〔重宝記永代鏡〕に、正・五・九月は辛《かのと》の日、二・六・十月は己《つちのと》の日、三・七・十一月は丁《ひのと》の日、四・八・十二月は乙《きのと》の日とある。これも万事に用いてよい。

滑肉門【かつにくもん】〈経絡要穴 心腹部〉二穴。太乙《たいいつ》の下一寸にある。灸五壮。針八分。癲癇 嘔逆 吐血 重舌 舌強きを治す。〔鍼灸重宝記綱目〕

合羽【かっぱ】〈合羽に引く油〉〔諸民秘伝重宝記〕には荏の油一升に定粉《とうのつち》(＝粉錫)十匁を入れ少しの内煎じて遣う。土は底に溜っているので上の油だけを引く。この油は粘らない。傘や提灯にもよい。〈合羽の粘りを去る法〉〔秘密妙知伝重宝記〕に桐油合羽が粘り付き合うのには、大根の卸し汁一合に鶏卵一ツを入れて掻き混ぜ、火で少し焙め掻き混ぜ卵の固まらぬ程にしてあげ、合羽の表に刷毛で引くとよい。〈合羽屋〉〔万買物調方記〕に「京ニテ合羽屋」柳の馬場二条上ル りゅうごや、同下ル町、同六角より四条迄の間、同蛸薬師下ル かすがや。「江戸ニテ合羽や」京橋北一丁目 いせや久兵へ、石町三丁目 さつま、よこ山町三丁目 長兵へ 弥兵へ 八兵へ等八軒がある。「大坂ニテ合羽屋 紙子油紙」南久宝寺町 河内屋長右衛門がいる。〔江戸流行買物重宝記・肇輯〕に「桐油合羽」神田はたご丁一丁メ 鳫金屋徳兵衛、本石町十軒店 奥田屋喜右衛門、銀座二丁目 かねや半蔵、馬喰町三丁メ 山田屋吉兵衛、本郷三丁メ 桑名屋忠兵衛ら九人がいる。

滑脈【かつみゃく】七表の脈*の一。〔医道重宝記〕に滑脈は、貫いた珠が絶えず動くような脈とある。血多く気少なく、痰と吐逆を患う人に表れる。〔斎民外科調宝記〕には同趣の説明で「八要の脈*の一」とする。〔昼夜重法記・正徳四〕には陽中の陰、陽気が衰えるごとく血有余とし、痰を主《つかさ》どるとある。

活命散【かつめいさん】活命散飲とも言う。〔改補外科調宝記〕に活命散は、脳癰・脳疽の内薬とある。穿山甲(蛤粉を入れ黄色に炒る)・乳香・甘草節・防風・没薬・赤芍薬・白芷・当帰(各一匁)、天瓜粉・貝母(各八匁)、金銀花・陳皮(各三匁)、皂刺(黄色に炒る 一匁)。この一剤に酒一椀を入れて瓶に入れ、口を封じて息が出ないようにして、炭火で煎じ粗《かす》を去り、食の前後に用いる。上戸は二三杯飲むとよい。

活幽日【かつゆうにち】日取吉凶。〔重宝記永代鏡〕に活幽日は、吉慶日*・幽微《ゆうび》日*・万徳日*とともに十二星の内の四星であり、諸事に用いて十倍の勝利を得る日である。正月は巳の日。二月は戌の日。三月は未の日。四月・七月は亥の日。五月・十二月は酉の日。六月は寅の日。八月は辰の日。

九月は丑の日。十月は午の日。十一月は卯の日。

月曜星【がつようしょう】〈七曜星の一〉*〔重宝記永代鏡〕には、水に属し、大吉、太陰となづく。この日は功徳をなし 出家になり 衣を裁ち 頭を洗い 爪を切り 新しい衣服の着初め 家作り 移徙等によい。下人下女が出奔すると捕え難い。五月五日がこの星に当る年は病多く、秋は霜降り 冷えが早い。この星に生まれる人は智恵があり貌がよく、女は特に器量がよい。〈九曜星の一〉*〔懐中重宝記・弘化五〕には月の二十三日戌の時（二十時）卯の方（東）に祭る。この星に当る人は心正直ならば万人に抜き出て褒美を取ることがある。また旅行して思いがけない喜びがある。不信心の人には火難がある。〔昼夜懐要両面重宝記・寛延六〕に、祭り日は二十三日。万ず吉であるが、月の咎めがある。また住所を去ることがある。信心するとよい。

桂【かつら】「肉桂」ニ同ジ

葛城山【かつらぎやま】 大和の当麻《たえま》*から 右に篠峯《しのみね》が見え、二上が嶽*の南の高山で、俗には葛城山（大和側）、また金剛山《こんごうせん》（河内側）ともいい、日本四番の高山とある。峠まで一里は大和で、峠から西 河内の麓の水分《みずわけ》の社迄は六十六丁ある。この山に登ると大和・河内・摂津の外、諸国が眼下に見える。山上に葛城神社、岩橋の跡、転法輪寺がある。女人禁制である。〔東街道中重宝記・七ざい所巡道しるべ〕

桂の花【かつらのはな】 大和詞。「かつらの花とは、月の光を云」。〔不断重宝記大全〕

桂の花衣【かつらのはなごろも】 大和詞。「かつらの花衣とは、仙人の衣」である。〔不断重宝記大全〕

桂味噌【かつらみそ】〔料理調法集・家方物之部〕に桂味噌は伊勢の神戸の産。上白大麦四斗。仙台上白大豆二斗（食い加減に炒り 皮を去り 二ツ割りにして）。上饂飩粉四斗。赤城塩一斗五升。水三斗八升。麦をよく洗い、一夜水に漬け、翌朝七ツ時分（四時頃）に笊に上げ 一時（二時間）程水を垂らして置き、二ツ割の大豆、饂飩粉とも合せて、蒸籠に布を敷きはかり入れ、六ツ時（六時）頃より昼四ツ時（十時）頃まで蒸し、麦の色が変わる時分に筵に移し取り、固りがないように杓子で解き、人肌に冷まし室に入れ、糀に寝かし、よい天気に一日程干す。塩と水を釜で煎じ、濾し、二日程桶に入れて冷まし、この内五升程残して置き、その外で加減次第に搔く。但し、醤油のように、夏土用中に仕込む。暑中は毎日二度程ずつ搔き交ぜ、涼しくなったら一度ずつでもよい。怠ると黴が生ずる。加味の品々は次の通りで十月柚子のよく熟した時分に知れる。生姜一斗二升（皮を去り繊に切り少し日に干して）。鞍馬辛皮二百目（湯煮して繊に切り溜りで味つけ）。紫蘇の葉二斤半（熱湯に浸しよく洗い乾かし刻む）。栗一斗六升（渋皮を去り繊に切り少し乾かして）。紫蘇の実五合（よく洗い干し炒り細かに刻んで）。剝き胡桃二斤（刻んで）。大豆の粉五升（挽きたてを用る）。柚子百五十（皮を繊に切り少し干して）。白胡麻四升（洗い干し炒り薬研で卸して）。黒胡麻五升（同前）。芥子五升（同前）。朝倉山椒一斤半（炒って卸し篩って）。餅の粉三升（炒って挽き篩って）。大白砂糖三貫五百匁（通しで濾して）。これは十月頃仕込む。搔き混ぜて置き十日程もたつと風味がつく。仕込み桶は杉で四斗樽の内に入る程に拵える。尤も上広がりに結わせ、口一杯にしっくりと桟蓋をし その上に打ち被せ蓋をして置く。

桂山【かつらやま】「かつら山とは、ほのかに見る事」。〔女用智恵鑑宝織〕

加天草【かてぐさ】「山帰来《さんきらい》」ヲ見ル

糧の単位【かてのたんい】〔改算重宝記〕に、粟《ぞく》*。圭《けい》*（〔筆海重宝記〕は粟六粒。〔重宝記永代鏡〕は粟十粒）。撮《さつ》*（＝十圭）。抄*（才《さい》＝十撮。〔算学調法塵劫記〕では「撮」と「抄」とが前後する）。勺*（龠《しゃく》＝十抄）。合*（＝十勺）。升《しょう》*（＝十合。「升《ます》の事」参照）。斗*（十升）。斛（石《こく》＝十斗）。〔算学調法塵劫記〕には次もある。豆《とう》（＝四升をいう）。区《く》（＝四豆、一斗六升）。釜《ふ》（＝五区、八斗）。庾《ゆ》（＝

二釜。十六斗）。鍾《しょう》（＝五庾。八十斗）。秉《へい》（＝二鍾。百六十斗）。〔農家調宝記・初編〕には、今は「と」であるが 実は「とう」であるという。「石」は「斛」とも書き、石を通用とするが、元来は石の重さ百二十斤を後人が一斛を一石としたとし（『夢渓筆談』）、量ではないという。石の音は「セキ」で、「コク」も音ではなく訓である。「イシ」とも「コク」とも覚えるとよいという。

家伝帰脾湯【かでんきひとう】〔洛中洛外売薬重宝記・上〕に、「家伝帰脾湯」は下立売室町東へ入 筒井忠右衛門にある。第一に脾胃を調え、腎を増し、腎虚、労咳に甚だよい。取り次は、通石町二丁め 杉や吉右衛門とある。

家伝金竜香【かでんきんりゅうこう】〔洛中洛外売薬重宝記・上〕に二種ある。①目薬「家伝金竜香」は、仏光寺御幸町西へ入る 美濃屋安兵衛にある。功能 あぶら薬。一切の眼病、目縁《まぶち》に塗ってよい。小児の くさ（瘡）、かさ（瘡）、はすね（蓮根）にもよい。②癰疔腫物の薬「家伝金竜香」は、新橋切通東へ入北側 扇屋さん にある。功能 油薬。

家伝返魂丹【かでんはんごんたん】〔洛中洛外売薬重宝記・上〕に家伝返魂丹は、寺町松原角 山形や善右衛門にある。癪、痞え、食傷、気の尽きによい。

家伝名目膏【かでんめいもくこう】〔医道重宝記〕に「家伝名目膏」は、一切の眼病を治すのに癒えないことはない奇妙の点薬《さしぐすり》とある。炉岩石・海螵硝・硼砂（各十匁）、辰砂・龍脳（各二匁）を極く細末（粉）にして練蜜でよく練り点《さ》す。また粉薬にして、水に振り出して洗うのもよい。

家伝龍謝膏【かでんりゅうしゃこう】〔洛中洛外売薬重宝記・上〕に「家伝龍謝膏」は、天神橋筋朝日神明 浅屋利兵衛にある。第一に打ち身、切り傷に塗って血を止めるのに妙である。取り次は、油小路通七条上ル 吉野屋、大坂西横堀七郎右衛門町 銭屋忠兵衛、江戸小舟町一丁目 川村八郎兵へ がある。

門出の事【かどいでのこと】〈門出の時呪いの歌〉〔続咒咀調法記〕に「きしひこそ たつ（〔和漢年暦調法記〕ハ「まつ」）かみきはにことのねの とこには春をまつ（〔同〕「きみがつま」）ぞこひしき」とある。〈首途に唱える歌〉〔昼夜重宝万年暦・文化八〕に「むらくさに草の名はもし備はらば なそしも花のさくに咲くらむ」（廻文歌*）がある。〈門出せぬ日〉〔諸人重宝記・五〕には、乙卯《きのと》、戊午《つちのえ》、辛酉《かのと》、壬子《みずのえ》の各日がある。この日門出すると再び帰らない。

角入れ【かどいれ】「すみいれのいわい（角入れの祝）」ニ同ジ

歌道【かどう】「わか（和歌）の事」ヲ見ル

火塔額【かとうびたい】女化粧。〔嫁娶調宝記・四〕に火塔額《かとうびたい》は、脇詰の顔にする（図94）。式正の時は額の髪際に、こねずみという物で際をつくる。堂上方には眉をつくる。脇の方をはねるのが習いである。

図94 「火塔額」（嫁娶調宝記）

火毒散【かどくさん】〔洛中洛外売薬重宝記・上〕に火毒散は、室町蛸薬師上ル丁 稲垣和右衛門にある。第一にどんな火傷でも即座に痛みを止めるのは神のようである。

門建て吉凶の事【かどだてきっきょうのこと】〔重宝記永代鏡〕に「門建吉日」は、○「四季吉日」春は戌の日。夏は丑の日。秋は辰の日。冬は未の日。○「方角吉日」南に門建ては乙《きのと》（〔諸人重宝記・五〕は甲《きのえ》）未・巳の日。己未《つちのと》の日。癸卯《みずのと》の日。西に門建ては丙午《ひのえ》の日。丁卯《ひのと》の日。己酉《つちのと》・巳（巳は〔同

書」になし）の日。北に門建ては己未《つちのと》の日。庚申《かのえ》の日。壬申《みずのえ》の日。癸酉《みずのと》の日。辛酉《かのと》の日。東に門建ては丙午《ひのえ》の日。己酉《つちのと》・巳の日。丁亥《ひのと》の日。○「門建忌む月」は、正・五・九月は北を忌む。二・六・十月は東を忌む。三・七・十一月は南を忌む。四・八・十二月は西を忌む。

門火【かどび】〔嫁娶重宝記・一〕に婚礼に門火を、乗物が親の家を出る時、また聟の門に入る時に炊く。〔新板増補女調宝記・二〕に死んだ者は再び帰らない習いであり、嫁入りしたら再び父母の家に帰らないという縁をとり、輿・乗物を蔀*から出し、門火を焚き塩と灰とで打ち出すことは上々にもある。祝言の目出度い首途《かどで》に死人の真似をして呪《のろ》うのは、帰るのをよくよく忌むためであり、舅姑に孝行を尽し、夫を敬い、下々を憐れみ、帰らぬように嗜むのがよい。「婚礼の事」ヲ見ル

門松【かどまつ】 年中行事。門松は、年始の祝儀に門に飾る松飾。必ずしも一様ではないが、〔重宝記・宝永元序刊〕には、松は諸木に勝れて青々と常盤木の色深く、春にはまた一段と緑を増し、蘖《ひこばえ》も出ず、子々孫々一家相続して栄え行くのを象るとし、竹を添えるのも常に青々として変らず、殊に節々正しく、松の友として立てる。即ち、左右に松を立てて竹を添え、上には竹を渡して昆布、搗栗《かちぐり》*、九年母を結び着ける（図95）。

図95 「門松」（重宝記・宝永元序刊）

香取の衣【かどりのきぬ】〔消息調宝記・四〕に「かどりの衣《きぬ》とは、匂ひをとむる時、直ぐに置けば留まらず、間に単衣物《ひとえもの》を置くこと也。それを香取《かどり》の衣と云」。

香取へ江戸よりの道【かとりへえどよりのみち】 木曾海道*宿駅。江戸〈舟。三里〉行徳〈口〉八幡〈二里八丁〉金ヶ井〈二里〉白井〈二里八丁〉大森〈二十八丁〉木下ろし〈舟。十一里〉香取。〔東街道中重宝記・木曾道中重宝記六十九次 享和二〕

神奈川より程ヶ谷【かながわよりほどがや】 東海道*宿駅。一里九丁。本荷六十九文、軽尻四十五文、人足三十五文。宿を出、かる井沢まで海際を行く。右に熊野の権現の社がある。宿の内に橋がある。橋の上をあふ（青）木という茶屋がある。清水山の山根を掘って水を取る。かる井沢 四方民家の傍らに穴が二ツある。富士の麓の人穴に通じた穴といい、仁田四郎が入った穴というのは誤りである。追分大山への道である。かたひらは古くは馬継であった。左に鎌倉道がある。〔東街道中重宝記・寛政三〕

鉄気を抜く法【かなけをぬくほう】〈鉄気出ぬ法〉〔諸民秘伝重宝記〕に新しい鍋・釜*の鉄気を去る伝は、鍋・釜の中で藁を灰となるまで炊き、冷めて後灰を取り捨て、その中に油・漆を一遍塗り、火で温めて乾し、洗って用いる。〈鉄気出ぬ呪〉〔増補咒咀調法記大全〕に「新敷釜かな気出ざる呪い」は「南無阿弥陀仏」の六字を釜の底に書くとよい。〔新撰咒咀調法記大全〕に「鉄気を留る呪い」は鍋・釜の鑄口に灸を一灸すえると忽ち止まる。木瓜を五ツ六ツ入れ、水一升を入れて炊くのもよい。〔俗家重宝集・後編〕に「鉄気を抜く法」は、鍋・釜の臍へ中の方より[illegible]という字を墨で書いて消し、土間へ伏せて置く。

哀【かなしみ】 七情*の一。哀。悲しむこと。人の別れは常であり、特に立ち離れた別れは、あれこれと思い出すにつけてもどうしようもなく恋しい。歌に「ある時はありのすさびに憎かりきなくてぞ人は恋しかりけ

り」（源氏奥入）とある。〔女文翰重宝記〕

仮名遣【かなづかい】〔女重宝記・五 弘化四〕には、仮名遣は『古今集』の頃を「今がな」、『万葉集』の頃以前『古事記』『日本書紀』等にある歌体を「古がな」といい、仮名遣は字をよく知らないと覚え難い。仮名遣を解説するものは多く、〔諸人重宝記・二〕〔女筆調法記・三〕〔大増補万代重宝記〕には一覧もあり、諸書弁えるべき点も共通するが、ここでは説明の仕方を例示する。

〔万民調宝記〕には「和歌の仮名遣」として和歌 和語の仮名遣の簡単な覚え方を示し、なお考えよとある。○「いきくう の通い」（形容詞の活用と音便）。「恋敷 こひしい／こひしき／こひしく／こひしう／こひし」の仮名遣は「い」を書いて「ひ」を書かず、「う」をかいて「ふ」を書かないのを「いきくうの通い」という。例に、目出度い、青い、赤い、白い等があり、准えて知れとある。但し、「こひ」と言うには「ひ」を書いて「い」を書かず、「こふ」と言うには「ふ」を書いて「う」を書かない。○「ひふへ の通い」（動詞のハ行の活用）。「洗 あらひ／あらふ／あらへ／あらへる／あらへり」の仮名遣は「ひ」を書いて「い」を書かず、「あらふ」は「ふ」を書いて「う」を書かない。例は、祝ふ、嫌ふ、味はふ等。○「ゆふへ の通い」（同）。「答こたゆる／こたふる／こたへる／こたへり」の仮名遣は「ゆふへ」に通い、「ひ」に通わない。これらは「は」行に通う五音で中に書く「え」で、奥の「ゑ」ではない。例は、教ゆる、栄ゆる等。○中を「ゆ」と読む仮名は「え」を書く。「越 こえる／こゆる」「消 きえる／こゆる」「見 みえる／みゆる」等。○「ほ」の仮名を「を」と読むのは、撥音に読む字である。「塩 えん／しほ」「庵 あん／いほり」「顔 がん／かほ」等。○「小」の字の類は皆「を」と読む。「小船 をぶね」「小嶋 をしま」「小手巻 をだまき」等。○「大」の字を遣う時は皆「おほ」と読む。「大方 おほかた」「大淀 おほよど」「大海 おほうみ」等。「大空 おほぞら」を「おゝぞら／をゝぞら／おをぞら」等と拙く書かない。○「を」「お」を書く字。「折 おる／おり」「手折 たをる／たをり」。「男 おとこ」「思 おもひ」「奥 おく」「恐 おそれ」「尾 お（鳥獣魚虫の尾は「お」）」。「女 をんな」「己 をのれ」「自 をのづから」「教 をしえ」「置 をく」。「を」「お」の書き分けは分明にならず、歌書や物語、定家の仮名遣に鍛錬して覚えるのがよい。両用もある。「重 おもき／をもし」「小桶 こをけ／おけ」「親子 おやこ／をや」「不及 およばず／をよぶ」「兄弟 おとゝひ／をとゝ」「恐 おそる／をそれ」「趣 おもむくには お文字／をもむきには を文字」の類。この類を味わい知るがよい。「お」は重く、「を」は軽い。口中の響きの軽重により変りがあり、平上去の声に現れる。

○「い」「ゐ」の仮名。「い」は大方上に書き、「ゐ」は書かないが、「為 猪 井 違 委 細」は「ゐ」の仮名故別で、上に書く。「ゐ」は活用しない仮名に用いる。「魂 たましゐ」「椎 しゐ」「宵 よゐ」「終 つゐに」「強 しゐて」「水鶏 くゐな」の類。但し、「鶯 うぐひす」は「うぐゐす」とは書かない。漢呉音は「い」を書いて「ゐ」は書かない。「礼拝 らいはい」「胎内 たいない」「例 れい」「大 だい」の類。

○下に書く「ふ」の仮名。「ひ」「ふ」「へ」の外に入声字は「ふ」と「つ」と通ずる故に「ふ」と書く。「法師 ほふし」「談合 だんかふ」「万葉集 まんえふしふ」。「法 ほふ」「合 かふ」「葉 えふ」「集 しふ」は皆入声で詰むる仮名の類は多くない。これらに「う」は書かない。○「は」の仮名。二字 三字の下や中では皆「は」を書く。「夜半 よは」「岩 いは」「淡雪 あはゆき」「俵 たはら」の類。○「わ」の仮名。二字 三字の上には皆「わ」を書く。「野分 のわき（分わくる字故）」「三輪 みわ（輪わの字故）」「仕侘畢 しわびぬ（侘わびの字故）」。「鷲 わし」「私 わたし」「童 わらべ」「別 わかれ」「若狭 わかさ」の類。

○「ぢ」の仮名。「紅葉 もみぢ」「通路 かよひぢ」「辻 つぢ」「筋 すぢ」「藤 ふぢ」「氏姓 うぢ」の類は皆「ぢ」の仮名である。○「じ」の仮名。「同 おなじ」「衛士 ゑじ」「呪 まじなひ」「躑躅 つつじ」「生死 しゃうじ」の類は皆「じ」の仮名である。○「づ」の仮名。「葛 かづら」「賤 しづ」「窮屈 くづをる」「沈枝 しづゑ」「手水 てうづ」の類は皆「づ」の仮名である。○「ず」の仮名。「数 かず」「礎 いしずへ」「不堪 たへず」の類は皆「ず」の仮名である。

○「ゑ」の仮名。「梢 こずゑ」「声 こゑ」「杖 つゑ」「贄 にゑ」の類は皆「ゑ」の仮名である。この外「衛会営恵」の熟字に付く仮名は皆「ゑ」の仮名である。○「へ」の仮名。「家 いへ」「後 しりへ」「八重 やへ」「上 うへ」「古 いにしへ」「苗 なへ」「帰 かへる」「居 すへて」「鼎 かなへ」「膚 はだへ」「白妙 しろたへ」の類は皆「へ」の仮名である。「ひ」「ふ」「へ」に通わずとも（活用のこと）「へ」である。「辺 部 重」の熟字に付く仮名は皆「へ」である。「いろはの事」参照

〔男重宝記・二〕には「歌書仮名遣」を覚えて置くとよいとして次がある。㋑上に書く「い」、下に書く「ひ」、口合に書く「ゐ」。㋻上に書く「わ」、下に書く「ハ」。㋔上に書く「お」、下に書く「を」。㋒上に書く「う」、下に書く「ふ」。㋓上に書く「え」、下に書く「へ」、口合に書く「ゑ」。㋙上に書かない「こ」、下に書かない「古」、また上下を嫌わない事もある。㋥上下を分けず書く「にに」（共に「に」）。㋭下に書かない「ほ」（ほ）、上下を分けず書く「ほ」。㋬上に書かない「へ」（へ）、上下を分けず書く「と」。㋣上に書かない「と」、上下を分けず書く「へ」。㋕下に書かない「か」。㋛上下を分けず書く「し」。㋟下に書かない「た」、上下を分けず書く「た」（た）。㋒上下を分けず書く「う」。㋡下に書かない「つ」、上下を分けない「つつ」（共に「つ」）。㋤下に書かない「な」、上下を分けず書く「なな」（共に「な」）。㋯上に書かない「み」（み）。㋰下に書かない「む」。㋘上に書く「け」、上下を分けず書く「けけ」（共に「け」）、下に書かない「け」（け）。㋫上下をに分けず書く「ふ」。㋗上に書かない「く」。㋢上下を分けず書く「て」。㋐下に書かない「阿」、上下を分けない「あ」。㋚下に書かない「さ」（さ）、上下を分けず書く「さ」。㋯上に書かない「み」（み）、下に書かない「み」。㋲上に書かない「も」（も）、上下を分けず書く「も」（なお〔新板増補男重宝記〕には㋯がなく、「上に書ざる「よ」」があるが、「ミ」の誤りと思われる）。「仮名遣」モ見ル

〔女重宝記・五 弘化四〕には次がある。○「い」と書くのは下をいと音に読む漢字である。「らいはい（礼拝）」「たいない（胎内）」「さいさい（再々）」等。○「ゐ」は位居の仮名に用いる。「くらゐ（位）」「くもゐ（雲居）」「たましゐ（魂）」「つゐに（終に）」「くゐな（水鶏）」「うゐかふむり（初冠）」等（今仮名は「魂たましゐ」「盥たらひ」）。○「え」と書くのは中をゆと読む字［ヤ行下二段活用］の仮名に用いる。「こえ（越こゆ）」「きえ（消ゆ）」「もえ（燃ゆ）」「きこえ（聞きこゆ）」。○「へ」と書くのはふひ共に通う［ハ行四段活用］のを書く。「おもへ（思おもふ おもひ）」「むくへ（酬むくふ むくひ）」「はらへ（払はらふ はらひ）」。但し、「しろたへ（白妙）」「たへかね（堪兼）」の類もある。○「ゑ」を下に書くのは「ひやうゑ（兵衛 左衛門 衛府）」「こゑ（声）」「すゑ（末）」「いゑ（家）」等で知る。但し、「ゑちぜん（越前）」「ゑいぐわ（栄華）」「ゑしゃく（会釈）」等がある。○「ほ」ををと読むのは漢字音が撥音の字に用いる。「しほ（塩えん）」「いほ（庵あん）」「かほ（顔がん）」「うるほふ（潤じゅん）」（古仮名 竿かんはさを、棹たうはみなさを）。○「を」上に書くをの字は小の字の仮名である。「をふね（小舟）」「をしま（小嶋）」「をぐら（小倉）」「をの（小野）」。「たまのを（玉の緒）」「ふくろのを（袋の緒）」「をしなべて（押し並て）」「をしはかる（推量る）」の類は准えて知る。○「お」大の字の仮名、尾

の字の仮名は「お」である。「おほぞら（大空）」「おほゐがは（大井川）」。「おのへ（尾上）」。また、生類の尾も同じである。○「う」下に書くうの仮名は下の開きを数多に読まないのを書く。「そう（僧）」「せうかう（焼香）」「どうだう（同道）」「だう（堂）」「せうせう（少々）」「れうし（料紙）」。○声に読む字の下をうと読むのは大方うの仮名である〔う音便〕。「わかう（若）」「ほそう（細）」「むつまじう（睦）」。○「ふ」音に読む時うと読む字〔つめて読む入声の字〕はふの仮名である。「にふ（入）」「らふ（蠟）」「たふ（塔）」「きふ（及）」。○「む」をうに読むのは口をつめて読む字の読みである。「むめ（梅）」「むま（馬）」「むもれぎ（埋木）」「むまれきて（埋れ来て）」「むばたま（烏羽玉）」。「いろはの事」「歌書仮名遣参照

要石【かなめいし】「地震の事」ヲ見ル

金物扱いの事【かなものあつかいのこと】〈磨き様〉〔万用重宝記〕に金物の磨き様は、下地に一遍酢を塗り、その後 苗の乾したのに塩をつけて磨くと新しくなる。〈錆落し様〉〔文政新刻俗家重宝集〕に金物錆落し様は、一番の渋に濁り酒を等分にし、錆びた所につけて少し置き、そろそろ落すとよい。〈糊つけ法〉〔新撰咒咀調法記大全〕に金物を糊づけする呪は、糊に塩を入れて貼るとよい。月日が経つ程離れない。

金谷より日坂【かなやよりにっさか】東海道宿駅*。一里二十四丁。本荷二百十文、軽尻百三十六文、人足百三文。日坂迄松山 坂道である。坂を上ると諏訪の原城跡があり、今は牧の原という。菊川坂 上下十六丁、ここは飴と餅が名物である。矢の根鍛冶がいる。小橋があり、この川上の谷間は菊の花が多い。ここは菜飯、田楽が多い。小夜の中山は上り坂十六丁、右方にみたけ山観音寺に無間の鐘があったが、今は土中へ埋めたとの噂がある。日坂の蕨餅を日坂の入口より前で売る。〔東街道中重宝記・寛政三〕

火難を避ける呪い【かなんをさけるまじない】〔万まじない調宝記〕に、火難の呪いに、「亀の尾の山の岩根を止めて落つる滝の白玉千代の数とも」の歌を家内に貼って置くと火難を逃れるという。〔調宝記・文政八写〕に「一生火難を受けざる事」は、○火を踏むことを忌む。○正月初辰日 屋根に水を打つ。○二月初午日 薬を禁ずる。○十一月冬至 屑波からを炊く。○十二月二十四日 酒を禁ずる。これらを心得る時は、火難の愁いはない。

蟹【かに】〔万物絵本大全調法記・下〕に「蟹 かい／かに／いしがに」。〈異名〉〔書札調法記・六〕に蟹の異名に、足魚《そくぎょ》 桀歩《けつほ》 郭索《かくさく》 横行《おうこう》がある。〈薬性〉〔医道重宝記〕に蟹は寒で小毒があり、熱を去り、心臓の痛みを治し、顔の腫れ、口の歪むのを治す。蟹の毒に中ったら、紫蘇の濃い煮汁を三盃飲む。〈毒消〉〔諸民秘伝重宝記〕は紫蘇を常の通りに煎じて飲む。〈食合せ〉〔万まじない調宝記〕に蟹と柿を食い合せたら南天の葉の露を飲むとよい。〔女重宝記・三〕に懐妊中蟹を食うと、生まれる子は横産《おうざん》*するという。〔料理調法集・当流献方食物禁戒条々〕に、蟹に蕗、夏の鷺、蜜柑の食い合せを忌む。〔永代調法記宝庫・二〕に蟹と灰入りの酒を食い合わせると血を吐く。〔同・四〕には血の滞りを破る。また、産前 産後には深く忌む。子も堕し目も回すとある。〔万用重宝記〕に蟹と蜜柑を食う時は即座に血を吐き死ぬ。また生麩を食い合わせると吐却する。〈紋様〉〔紋絵重宝記・上〕には蟹の形状を意匠した紋様がある。

蟹蒲鉾【かにかまぼこ】〔料理調法集・蒲鉾之部〕に蟹蒲鉾に二法がある。①鰹節の赤味を削り 粉にして絹篩いし、三年酒と醬油で煮、蟹の擂身に交ぜ合せて仕立てる。節蒲鉾ともいう。②蟹の擂身を和らかめに合せ、板へ一分程の厚さにつけ、竹の籤《ひご》を間に二分程ずつ置き並べ、擂身を一分程蒸して、籤の間を竪に切り渡すと二分四方になる。板を離し 刺身庖丁で串に刺したまま面を取ると丸くなるのを、少し火取りするとしん

丸になる。籤を随分直し丸く削り蒸す。

蟹食鴫【かにくいしぎ】〔料理調法集・諸鳥人数分料〕に蟹食鴫を汁に遣うと、三四人前、煎鳥にして三人前になる。風味はしゃくなぎ鴫同前である。浜鴫である。一名は、小じゃくなぎという。

加入【かにゅう】 算盤の用字。〔古今増補算法重宝記改成・上〕に加入は加えることをいう。

かねくもる【かねくもる】 大和詞。「かねくもるとは、とを（遠）くなるを云」。〔不断重宝記大全〕

金肥【かねこえ】〔農家調宝記・続録〕に、干鰯《ほしか》や油糟*を金肥《かねこえ》という。金銀を出して調えるものなので、農家の方言である。「肥しの事」参照

予言【かねごと】 大和詞。「かねごととは、かねての約束」である。〔女用智恵鑑宝織〕

曲尺【かねざし】「まがりがね（曲尺）」ヲ見ル

漿付【かねつけ】「御歯黒の事」ヲ見ル

漿付の毛【かねつけのけ】 鷹の名所。*〔武家重宝記・五〕に漿付《かねつけ》の毛は、鷹の嘴の上にある毛。今は、浮世毛《うきよげ》ともいう。

金神【かねのかみ】「かのえかのと（庚辛）」ヲ見ル

曲端のよき【かねのよき】「まがりがね（曲尺）」ヲ見ル。三辺ヲ三四五ノ割合ニシタ直角定規。

銀秤【かねばかり】「はかり（秤）の事」「れいてぐ（釐等）」ヲ見ル

加納より合渡へ【かのうよりごうどへ】 木曾海道宿駅。*一里半。本荷七十七文、軽尻五十一文、人足三十九文。左方に城がある。城主 永井大学殿三万二千石。宿の内に宮社が三所ある。宿の出はずれに丸い城山 因幡山が見える。信長公の古城跡である。『古今集・離別哥』「立わかれいなばの山の峯におふる松としきかば今かへりこん（中納言行平）／しばしとも名残留めぬ不破の関いなばの山のいなはいねとや（国量）」。はまむら。河渡川 舟渡りである。川上はちかに川、川中は 合渡川、川下は 墨波川という。水上は飛騨国から流れ出る。渡しの上に岐阜の別当がある。〔東街道中重宝記・木曾道中重宝記六十九次 享和二〕

庚【かのえ】 十干*の第七。庚《こう》《かのえ》。〔日用重宝万物図解嘉永大雑書三世相〕には庚《かのえ》、上章《じょうしょう》とある。庚は かわるである。夏盛んな草木も 秋になるとかわり行く心である。この干《かん》は、金銭を出し、灸を据え、男の衣服を裁つことを忌む。

庚辛【かのえかのと】〔重宝記・宝永元序刊〕に庚辛《かのえかのと》は金神。*この日は雞・犬・牛馬を求めず、刀を売らず、武具を持たず、酒を造らず、薬を調合せず、出行を忌む。稲刈り取り初め、河猟・山狩・漁《すなどり》によい。養子を求めず、眷属を飼わない。〔日用重宝記・二〕には、庚辛は気の成《なる》とある。

庚年生れの吉凶【かのえどしうまれのきっきょう】〔日用重宝万物図解嘉永大雑書三世相・嘉永四〕に、〇「庚《かのえ》（五柳の枝）」に生れる人は、宮仕え 蚕飼いに縁があり、上の心優にして下心深く、少し短気である。学文の志深く 財宝はまずしいけれども慈悲深い。富貴なら短命である。春の生れは貧、夏の生れは腹を病む。秋の生れは孝心薄く 慎むとよい。冬の生れは法師になるとよい。春夏の生れは日の食米三斗、秋冬は豆二斗がある。前生は駿河富士川の大蛇で、来世は大人《よきひと》に生れる。その証は肩の上に黒子がある。常に祇園天王を信心するとよい。三歳で危い事があり、二十四五歳で火難があり、三十三歳で病があり、また心配がある。三十四歳より福が来る。四十三歳で大福がある。四十六七歳で火難、四十九歳 五十三歳で宝は意の侭になり、六十一歳で腰の病が出る。命は七十六歳 又は八十三歳で五月庚 辛《かのえかのと》の日に死ぬ。常に荒神を祭り、弥陀如来を信心するとよい。

〔女用智恵鑑宝織〕も大同小異である。庚の年生れの女は、春生れは日の食米三斗、夏生れは二斗、秋冬生れは豆三斗がある。前世は駿河国富士川の魚である。短気なために良いことも悪くなり、常に氏神を祭ると

よく、また仁王経を納めて祈るとよい。万事堪忍して慎むと思うまま富貴になり子にも縁がある。十六七八歳で口舌があり命が危いか、そうでなければ煩いがある。二十四五歳で災難があり、三十三歳で病がある。また、夫に疑われる事があるが、慎むと誠が顕れ夫婦仲はよくなる。三十四歳より富貴となり幸いが続く。四十二三歳で夫は世間に知られる身上となり、四十六七歳で少し難がある。五十二三歳で仕合せよく、六十一歳で腰の病がある。寿命は七十六か八十三歳。不信心であれば思い事は絶えない。

庚の日【かのえのひ】〔世界万宝調法記・下〕に「毎日之日取」として次がある。○「庚子の日」天地 福徳日*。金剛部日*。三宝吉日*。宝を納め 神事 嫁取 倉建 移徙 遠行 井掘 出行 家毀によい。○「庚寅の日」万によい日。甘露日*。三宝吉日。十方暮*。金剛部日。人を置き 倉に物を納め 屋根葺 倉建 嫁取 出行 移徙 出陣、造作 家毀つに吉。但し、春は忌む。○「庚辰の日」万によい日。天恩日*。大明日*。三宝吉日。十悪*。大敗日。天地福徳日。元服 嫁取 移徙 井掘 新しい枕する 人を置き 万に吉。但し、物を出さず 灸をしない。○「庚午の日」万によい日。三宝吉日。甘露日。大明日。金剛部日。出陣 井掘 立願 耕作 人を置き 遠行、万によい。○「庚申の日」万によい日。大明日。耕作 元服 学問始め 屋根葺 家毀によい。○「庚戌の日」天恩日。大明日。天地和合日*。金剛部日。一粒万倍日*。仏滅日*。蔵開きに吉。

鹿の子蒲鉾【かのこかまぼこ】〔料理調法集・蒲鉾之部〕に鹿の子蒲鉾は、常の擂身を板へ厚さ一分半程につけて蒸し、四方になるように細かく切り、紅で煮、蒲鉾の中へ程よく入れて蒸す。

蚊の事【かのこと】〔万物絵本大全調法記・下〕に「蚊 ぶん／か／くちぶと。夏」。〔年中重宝記・二〕に蚊・蝿・蚤を去る法がある。○『居家必用』を引用、蒼朮（四両）・木鱉仁（二十ケ）・雄黄（二匁半）を細末（粉）し蜜で丸じて焼く。○浮萍に蝙蝠の血を塗って晒し末（粉）して焼くと蚊蚋《ぶんぜい》（＝共に蚊）を去る。○麻の葉を煙に焼くと蚊を去る。○『千金方』を引用、鼈・鰻・川魚の骨を焼くと蚊は皆死ぬ。○浮萍《うきくさ》に羌活でも雄黄でも交ぜて焼くと蚊を避ける。〔男女御土産重宝記〕に、蚊を無くするには、○壁に酒を注ぐとよい。○蝙蝠の血を蚊帳に塗るとよい。

〔文政新刻俗家重宝集〕に「蚊を水にする法」として、古池や下水等の浮草を採りよく洗って乾し燻《いぶ》すと、蚊は皆水になり去る。浮草を腐らずに乾かすには、桶へ水を入れ平笊の中へ広げて乾すと腐らない。

〔俗家重宝集・後編〕には、蝙蝠の生血を取り金引（草）に塗り、家の四方に貼ると蚊は入らない。

〈蚊食い跡の掻き破りを治す薬〉〔新選広益妙薬重宝記〕に蚊喰い等の跡を掻き破ったのにつける薬は、○白粉を白絞りの油（白胡麻から精製した油）で溶き度々つけると治る。○土蔵の古土をつけるのもよい。○朝顔の葉を揉んでつけるのもよい。〈呪い〉〔調法記・四十ら〕に蚊を避ける呪いがある。○「天地太清 日月太明 陰陽太和 急々如律令勅」と暗い所に向かって七遍唱え、燈心の上を吹き、この燈心で火を灯すと蚊は悉く去る。○「儀方」の二字を朱で札に書き、粽を糊にして逆様に貼って置くと、その座敷には蚊は多く入って来ない。〔文政新刻俗家重宝集〕には、○毎年四月八日潅仏に供えた甘茶で小さい紙に「蚊」の字を書いて口々へ張って置くと、九夏（夏時九十日）三伏（夏の土用）の間、蚊は内へ全く入ることはない。○「大龍王茶」と書いて貼る時は毒虫を去る。

鹿子目結い【かのこめゆい】染紋様。〔日用重宝女大学〕に次がある。糸で絹帛《きぬ》を固く集めて結い紋をし、後に望む色に染め、日に干して後に糸を解くと望む紋が見えて、鹿の子の皮にある紋のようである。これを全て鹿子目《かのこめ》結《ゆい》と呼ぶ。その紋を全てつけるのを総鹿子《そうがのこ》、所々にあるのを村《むら》（斑）鹿《がの》子《こ》という。これは婦人の業で鹿子結《かのこゆい》という。

鹿子餅【かのこもち】　鹿子餅は、人形町 ゑびす屋音八にある。〔江戸町中喰物重法記〕

鹿の子百合【かのこゆり】　草花作り様。鹿の子百合の花は白に赤で、刷き掛けの星がある。土は白 赤土に、白砂を等分にする。肥しは茶殻の粉を夏中根に置く。分植は春、秋がよい。〔昼夜重宝記・安永七〕

鹿【かのしし】〔新板絵本重宝記・一〕に「鹿 かのしし」とある。「しか(鹿)の事」ヲ見ル

かのぞめ【かのぞめ】「中紅絹染め様」ヲ見ル

辛【かのと】　辛《かのと》《しん》は、十干*の第八。〔日用重宝万物図解嘉永大雑書三世相〕に辛は、重光《ちょうこう》とある。辛はからい、五味にとって、秋はからいという心である。この干《かん》は車に乗り初め、酒を造り、竈を塗り、薬を飲むのを忌む。〔永代日暦重宝記・慶応元写〕には、この日は棟上家作をしてはならない。

賀の床飾【がのとこかざり】〔料理調法集・諸祝儀床飾并ニ献立〕に「賀之床飾」の表がある（図96）。中央の掛物は「寿老人、卓 香炉」「蓬莱（両脇ニ）瓶子」、左右に「花瓶 枝小餅 のし／素浜 銚子（右） 提子（左）」。

図96「賀の床飾」（料理調法集・諸祝儀床飾并ニ献立）

辛年生れの吉凶【かのとどしうまれのきっきょう】〔日用重宝万物図解嘉永大雑書三世相・嘉永四〕に、○「辛《かのと》（虚部の枝）」に生れる人は、正直で 心猛く 恵み深く、衣食は満足であるが人の意見を用いない。心を慎むとよく、住所や夫妻について心遣いを要する。春秋の生れは日の食白米三斗があるが貧しく、夏冬の生れは黒米五斗があり富貴する。前世は武蔵国浅草寺の鼬《いたち》で、その証に右目の上 また肩に黒子がある。男は親に不孝なことがあり、女は孝行であり、人の上に立つ。二歳で物の祟り、七八歳で病、十三歳で危うい事があり、十九 二十歳で病、二十七歳で口舌、三十五歳を過ぎて貯えがある。四十二三歳で火事、また災難に遭う。五十三歳で召使のことで口舌があり、五十六歳で新しく土蔵を建てる。八十三歳、又は九十三歳の九月甲子《きのえ》か丙子《ひのえ》の日の巳（十時）の時に死ぬ。常に観世音を深く信心するとよい。

〔女用智恵鑑宝織〕には辛の年生れの女は合縁があり、衣食満足である。心正直であるが人の言うことを用いず、常に夫と口舌がある。子は三人か十一人。春夏生れは日の食米三斗、秋冬生れは米五升がある。春秋生れは土公神*を祭るとよい。前世は武蔵国の士である。七八歳で災難があり、命が危い。十三四歳で病があり、十九 二十歳で夫について気遣いがある。三十二三歳で病がある。氏神を祭るとよい。三十五歳で福が来る。四十二三歳で夫に疑われることがあり、慎しむとよい。五十三歳で下人に口舌があり、五十六七歳で幸いがある。寿命は八十三歳。不信心ならば思い事は絶えない。観音 地蔵を信心すると思いのままである。

辛の日【かのとのひ】〔世界万宝調法記・下〕に「毎日之日取」として次がある。○「辛丑の日」万によい日。金剛部日*。三宝吉日*。立願 出陣 婿・嫁取 馬 牛飼い、女の物裁ち、家を毀つによい。但し、春は忌む。○「辛卯の日」金剛部日 甘露日* 神事 門建 蔵開 元服 嫁取 移徙 宝出し 出陣

屋根葺 家毀によい。春は忌む。但し、旅出は悪い。〇「辛巳の日」三宝吉日 甘露日 天恩日* 十悪* 大敗日 立願 移徙によい。灸をしない。起請誓文をせず、鐘の緒を掛けない。〇「辛未の日」万によい日 三宝下吉日 甘露日* 大明日* 耕作 井掘 神事 蔵開き 遠行 人を置く 立願、万によい。灸をしない。〇「辛酉の日」大明日 三国相応日 井掘 女の物裁ち 耕作 屋根葺 家を毀つによい。但し、春は忌む。〇「辛亥の日」大明日 天恩日 三宝下吉日 金剛部日 元服 蔵開き 立願 物を出さず、万によい。

椛色染【かばいろぞめ】 染色。〔麗玉百人一首吾妻錦〕に椛色《かばいろ》は、梅渋で三遍染め、中染めは渋を一遍引いて、留には石灰を水に掻き立て染める。

かはく草【かはくぐさ】 大和詞。「かはく草とは、梅の事」である。〔不断重宝記大全〕

鵞鼻の骨【がはなのほね】 「しゅじのふし（珠持の節）」ヲ見ル

蒲焼【かばやき】 樺焼とも書く。〔料理調法集・焼物之部〕に蒲焼は、鰻を開き、よい程に切り、まず白焼きにしてから山椒酒等をつけるとよい。焼いてから皮を取るのもよい。

化斑解毒湯【かはんけどくとう】 〔改補外科調宝記〕に化斑解毒湯は、火丹《はしりぐさ》が生じて、総身の痛み、痒みのあるのを治す。玄参・知母・石羔・牛房子・黄連・升麻・連翹・甘草（各等分）に、淡竹葉を加える。

瓜礬散【かばんさん】 〔改補外科調宝記〕に瓜礬散は、鼻痔《びじ》*の薬である。瓜蔕（四匁）、甘遂（一匁）、明礬・田螺殻（炒る）・草烏頭の尖（各五分）。これ等を粉にして胡麻油で練り丸じ鼻の孔へ入れると、薬は肉に通り、水となって爛れ、下り癒える。薬には、辛夷清肺散*、硇砂散《ほうしゃさん》*がある。

黴【かび】 「梅雨の事」ヲ見ル

葦芽【かび】 「かび（葦芽）とは 葦芽《ゐげ》にて、あしのつのぐむなり」。〔消息調宝記・二〕

花瓶【かびん】 「花入の事」ヲ見ル

花瓶の込み【かびんのこみ】 立花。*〔昼夜重宝記・安永七〕「当流立花指南」に「花瓶のこみ拵え様の事」がある。藁の袴を取り、揃えて一握りずつ本《もと》一寸ばかり置き、小把《こたば》に結い花瓶の太さ程に詰め、次に総締めを前の結元で十分堅く結い締め、裾を揃えて花瓶に入れ、上は花瓶の口より二三分ばかり下げて切り揃え、込み締めの緒は少し緩やかに結ぶ。秋冬は一分ばかりも多く上げて切る。

荷負【かぶ】 〔世話重宝記・二〕に『左伝』に古人の語として次があるという。父が薪を折って置いたけれども、その子は負い荷なうて帰ることが出来ない。これは子とし父の跡を継ぐことが出来ない譬えである。親の荷負、師の荷負などという。

歌舞伎芝居【かぶきしばい】 〔人倫重宝記・四〕に「歌舞伎芝居の始」がある。芝居は唐土では戯場《けじょう》と名付ける。隋の煬帝 大業二年（六〇六）に戎国の染于の来朝に端門の外に戯場を建て、舞楽するのに始った。芝居の狂言は合生《がっしょう》と言い、唐 中宗（李顕）の時に始った。日本では後花園院の寛正五年（一四六四）に観世大夫が糺原で勧進能をした時から始った。歌舞伎は、元は白拍子の名で、後白河院の時（一一五五～五八）に磯の禅師 静、鳥羽院の時（一一八三～九八）に嶋の千歳 若の前らの女が、直垂に立烏帽子腰刀を差して舞うことから始った。中頃、法度になって（寛永六年 一六二九、女歌舞伎禁止）後、今の世は女方（形）となづけて男が歌舞伎の真似をし、若女方には美少年が多く、諸寺諸山の浮かれ僧が迷い寺の什物を売り払い、また俗人の酒客も親の遺跡を失った。そのため先年石貝氏が美少年の髻《まえがみ》を降ろさせ（承応元年〔一六五二〕若衆歌舞伎禁止）、美少年を野郎となづけ、後に鬘《かずら》帽子を潤色すると生れ付の前髪よりもなお麗しく人々は愈々迷った。三十余歳迄も長袖をかざし、白粉を衒うと昔の美少年の思いをなし、親仁も大人げないことをした。禁止の理由はいずれも風俗壊乱である。おかしなことを言っ

て狂言するのを唐土では俳優《はいゆう》と言い、日本では道戯《どうけ》と言う。また面を被って鬼の真似をする壬生《みぶ》千本の狂言を唐土では嗔拳《しんけん》と言い、日本では叉手《しゃで》々《で》*という。「竹の鹿《しし》」「蜘舞《くもまい》」参照

冑の事【かぶとのこと】 兜・甲とも書く。〔万物絵本大全調法記・上〕に「冑ちう／かぶと」。〔武家重宝記・三〕に次がある。甲冑《かっちゅう》は「よろいかぶと」であるが、日本の俗が「甲《よろい》」を「冑《かぶと》」と読んで誤った。『周礼』の疏（注釈）に皮で作ったのを甲《よろい》といい、その後金《かね》で作ったので鎧という。甲は少康の子抒《よ》が作り始めたといい、また蚩尤《しゆう》が革を割《た》って甲を作ったとも、黄帝の時玄女が甲冑を作ったともいう。兜鍪《かぶと》書介《かきよろい》とも書く。上古の武士は自ら鎧を作り、頼家将軍の子息達も皆作り左近士《さこし》、半田、岩井等の名を貫ったという。神武帝には筑紫《つくし》鎧《よろい》*があり、桓武帝には大宰府に命じて鉄冑二千九百枚を作らせたことが旧記にある。「冑の図幷ニ名所付」（図97）。「冑の鉢の図」（図98）がある。

〈冑立〉〔武家重宝記・三〕に冑立は長さ六尺、或は六尺五寸、黒塗《くろぬり》にして石突《いしつき》がある。冑を載せて十文字の木に忍緒《しのびのお》を結びつける。留め様に口伝がある（図99）。〈名数〉〔武家重宝記・三〕に冑を一枚《まい》とも一刎《はね》とも唱える。〔重宝記・宝永元序刊〕に敵の兜は「一刎《ひとはね》」という。首を刎ねるに用る字である。味方の大将のは「一頭《ひとかしら》」、平人のは「一ツ」という。「具足の事」モ見ル〈紋様〉〔紋絵重宝記・上〕には甲と甲の文字の意匠がある。「具足の事」モ見ル

冑旗の事【かぶとのぼりのこと】〔年中重宝記・二〕に「冑旗《かぶとのぼり》の事」は、光仁天皇の天応元年（七八一）異国来襲に、第二皇子早良《そうら》親王を大将に退治の宣旨があり、親王は藤の森神*に祈誓して五月五日に出陣、容易に滅ぼした有様を真似び、五月五日に冑旗を家々に建て、童部《わらんべ》は菖蒲刀と木刀を持って印地石打（二手に別れて行う石の投げ合い）をする。我が国、治平の目出度いためしである。

冑耳【かぶとみみ】「吹き返し」ニ同ジ

下部の卒痛【かぶのそっつう】〔秘方重宝記〕に、湿毒が下部に下り、脚気又は脚甲腫痛、その他全て下部の卒痛は、次の調剤で治す。白朮・陳皮・茯苓・山薬（各一匁）、厚朴・香付子・木瓜・肉桂（各五分）、半夏・乾姜・木通・甘草（等分）を煎じて用いる。これは、虚人湿症 咳嗽 下痢腹痛などの諸症合併も治す。

蕪菁【かぶらな】〔万物絵本大全調法記・下〕に「蕪菁 ぶせい／あをな」。〈薬性〉〔医道重宝記〕に蕪菁《かぶらな》は温にして毒なく、気を増し、中を通じ、食を消し、嗽《すわぶき》を止め、腫れを去り、熱毒を消す。〔永代調法記宝庫・四〕には人を肥し、五臓を利すとある。

蕪菜汁【かぶらなじる】〔料理調法集・汁之部〕に蕪菜の類は、水を入れず鍋で煮ると、自然と汁が出る。その汁をかけて味噌に入れて煮る。

蕪に大根【かぶらにだいこん】 食い合せ。〔料理調法集・当流献方食物禁戒条々〕に蕪に大根の食い合わせは、凶とある。

蕪飯【かぶらめし】〔料理調法集・飯之部〕に蕪飯は、大根飯のように蕪を繊にして煮、飯の上に盛って出す。〔綟約重宝記〕には蕪を細かに刻み塩水で洗い、米一升の中へ五合ばかりも入れ、また他に味噌豆二合を入れて米と交ぜ合せて炊く。水加減は常の通り。蕪より水が出ると程よく豆も煮える。これは上州伊箇保の人の伝で、至極風味もよく、食いよい飯である。なるべくなら、豆は宵から水に浸して置くのがよい。

鏑矢【かぶらや】〔武家重宝記・二〕に鏑矢の鏑は、柊 或は鹿角等で作り、鏑には目を二ツ三ツ開け、射放すと音が響くようにする。長さは三ツぶせで、根は鳫股を用いる。また矢束《やつか》巻といい、鏑の挿際《すげぎわ》の上部を二ぶせ置いて、糸で二分巻き黒漆で塗る。図ハ「矢の事」ニ出ス

かぶり【かぶり】〔調宝記・文政八写〕に「かぶり」は下痢の病をいう。かぶりを止むる薬は、山桜皮を黒焼きにし、茶と等分にし、粉にして湯で

図99 「冑立」（武家重宝記）

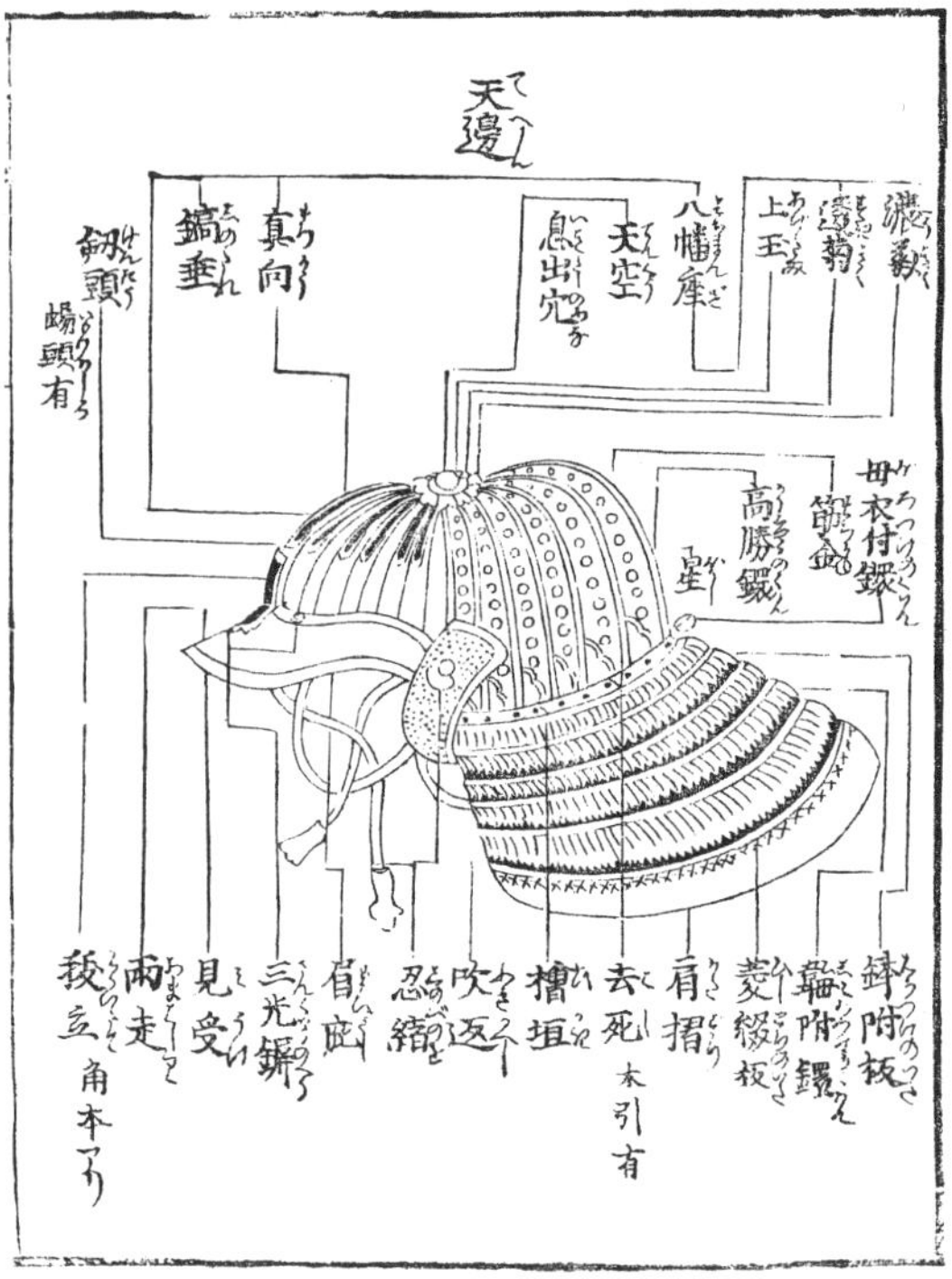

図97 「冑の図」（武家重宝記）

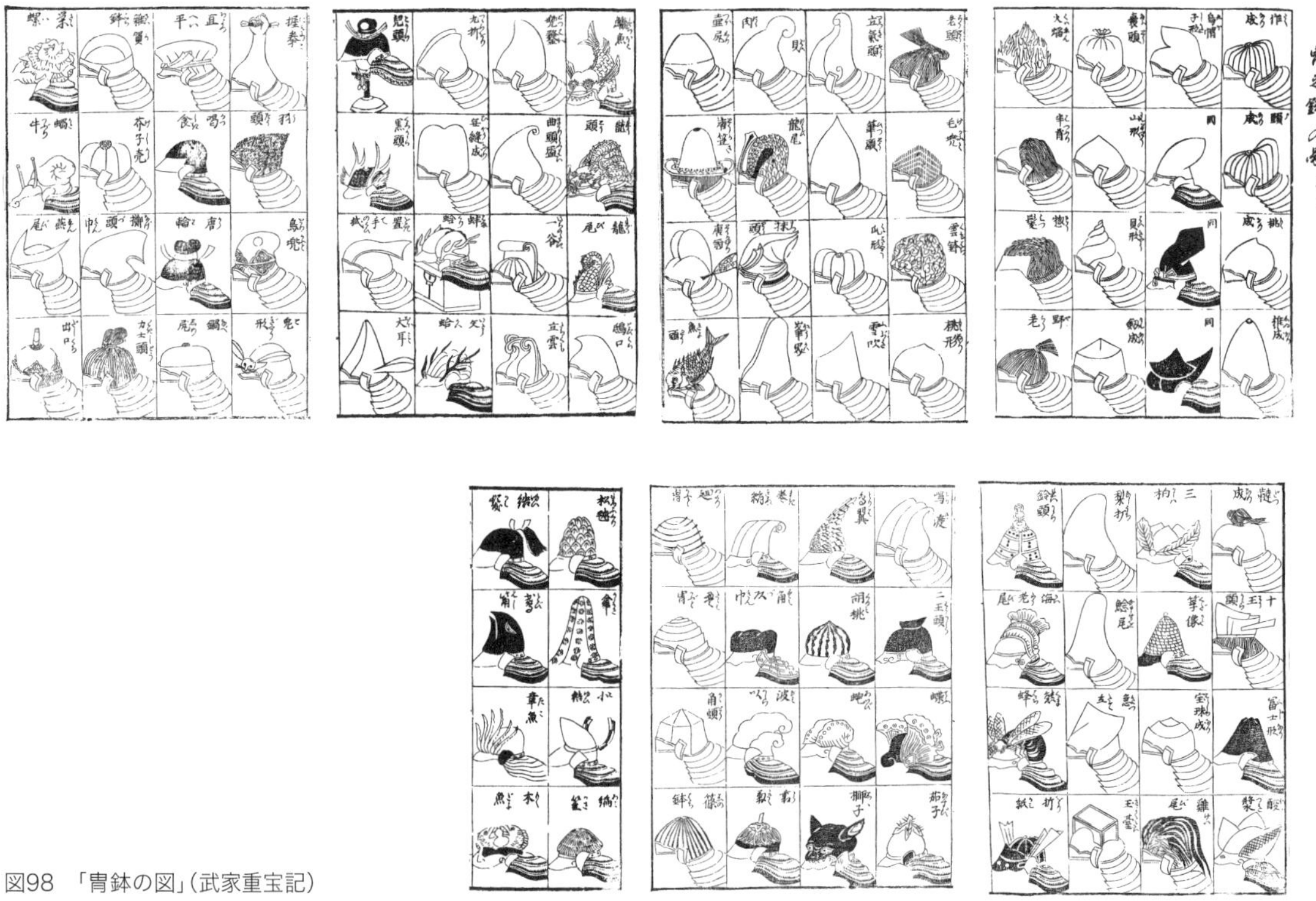

図98 「冑鉢の図」（武家重宝記）

用いるとよい。また生姜古根と極上茶を等分に合せ、常の如く煎じて用いるのもよい。

被り元【かぶりもと】〔醸造重宝記・上〕に新酒の「被《かぶ》り元」は、炎天の残暑まだ甚しく、世間は笠を被《き》て往来する時節から造るのでつけた名か、或は元 水の上に一筋黴が出て物を被く様にもなるので被《かぶり》とつけた名か、不審とある。掛米の格。○元米一石分（水・麹共に菊元に同じ）。○添米二石（同じ）。○中米三石（同）。都合七石に留る。他に詳細な仕様があるが略。

加弗勤亜【かふりや】〔童蒙単語字尽重宝記〕に加弗勤亜《かふりや》は英領。広さ二万坪、民は記載なし。

学文路【かぶろ】高野山所名。苅萱《かるかや》の御台所の墓がある。〔東街道中重宝記・七ざい所巡道しるべ〕

禿髪【かぶろがみ】〔嫁娶調宝記・四〕に禿髪は、堂上方や武家方で、奥に召し使われる七八歳から十二三歳迄の女子が、前髪を分けて目の上で切り、後ろ髪は肩程で一文字に切り撫でつける髪型である（図100）。

図100 「禿髪」(嫁娶調宝記)

壁代【かべしろ】大和詞。〔不断重宝記大全〕に「かべしろとは、家に衣を立る」ことである。室内で臨時の間仕切りとした。

壁に耳あり【かべにみみあり】〔世話重宝記・二〕に壁に耳ありの詞は『博聞録』に出、他に『詩経』『管子』等にも出ているが、皆「墻《かき》に耳有り」とあって「壁」とはない。「墻」も「壁」も同じことである。密談などの漏れやすいことの譬え。

壁の上塗【かべのうわぬり】〔万物絵本大全調法記・上〕に「圬者うしや／かべぬり。圬人うじん、泥工でいこう、泥匠でいしやう。並同」。

〔万用重宝記〕に壁の上塗り早技の名方は、麩糊を煎じた汁で望みの土を泥かし、下地の壁へ水を懸け湿して、その後へこの汁を刷くと壁は厚くならず、甚だ美麗な早技である。〔日用調法人家必用〕に「寒中に新壁を塗って氷らぬ伝」は、蕃椒《とうがらし》を刻んですた（苆スサに同じ。藁・麻・紙等壁土の繋ぎ）のように多く入れて塗ると氷らない。古壁の土を混ぜると猶よい。

蒲黄【がま】〔万物絵本大全調法記・下〕に「蒲ほ／がま。夏」。

〔薬種重宝記・上〕に和草、「蒲黄 ほわう／がま。血を止むるには色のつくほど炒る。血を破るには生《しやう》にて用いる」。

鎌鼬【かまいたち】〔秘方重宝記〕に、痧毒《さどく》*の症で、北国辺に多くカマイタチがある。鎌鼬《かまいたち》と言う魔獣がいて、形は鼬のようで手に鎌のような物を持ち、通行人を切り裂くように切る。また北国は陰地で魔道が多く、天狗は修羅道で互いに剣 矛を振って苦しんでいるが、人の目には見えず、通行人は折々天狗の太刀に障って切る構い太刀という俗説もある。これは全くそうではなく、痧毒のためで、毒の集まる所が爆《は》ぜるのであり、痧毒の所はいかにも刀で裂いたのに似ていて、奇妙である。

構字尽【かまえじづくし】「篇冠構字尽」ヲ見ル

蝦蟆丸【かまがん】〔小児療治調法記〕に蝦蟇丸《かまがん》があり、五疳*で腹脹り、顔黄になり、体痩せ、寒熱し、泥を食らい、鼻を捻り、爪を噛み、頭髪長ぜず、肌肉に瘡癬があり、乳食を吐き、大便の色が定まらず、日々に痩せるのを治す。方は、蝦蟇・使君（炒り肉を取る）・皂角（焼く各十二両）、青黛（二両半）、竜胆・雄黄（研り水飛して各二両）を末（粉）し水糊で粟《あわ》米の大きさに丸じ、一歳の児に七丸、乳米飲で用いる。〔丸散重宝

記〕には蝦蟇丸《かもがん》とあり、五疳を治し、脾胃を調える。蝦蟇《かも》は赤蛙の事。一枚腸《はらわた》を去り、丁香・沈香・胡黄漣・牛膝を腹の中へ入れ、霜《くろづけ》とし、細末（粉）して蜜で丸じて用いる。「蝦蟇の事」参照

鎌倉右大将将軍家来末葉【かまくらうだいしょうしょうぐんけらいばつよう】 諸氏名字。六孫王、多田、河内、乙葉、常盤、八幡《はちまん》、加茂、新羅、三嶋、河野《こうの》、毛利、美濃、宮、石川、錦織、鎌倉、福田、阿野、志田、鎮西、蒲《かば》、志水、新宮、淡路、木曾、吉見、嶋津ら二十六名字が出ている。〔筆海重宝記〕

鎌倉五山【かまくらござん】 鎌倉にある禅宗の五寺。巨福山《こふくざん》建長寺。瑞鹿山円覚寺。亀谷山寿福寺。金峯山《きんぷせん》浄智寺。稲荷山《とうかざん》浄妙寺である。関東五山ともいう。〔日用重宝記・四〕

鎌倉漬【かまくらづけ】 「沖漬」ニ同ジ

鎌倉百官【かまくらひゃっかん】 「あずまひゃっかん（東百官）」ニ同ジ

魣の事【かますのこと】 〔万物絵本大全調法記・下〕に「梭魚 さぎよ／かます」。〈異名〉〔書札調法記・六〕に魣《かます》の異名に、梭魚 梭子魚がある。〈薬性〉〔医道重宝記〕に擐魚《かます》は温にして毒なく、癪を治し 虫を殺し 気力を増し 肌を潤す。〈食中り〉〔斎民外科調宝記〕に鰭（「かます」トアル鰭は鱓で「うつぼごまめ」）に中ったら、生豆豉《しょうずし》一合を 汲み立ての水半椀に浸し、汁を用いると癒ゆるとある。〈料理仕様〉〔諸人重宝記・四〕に魣は、焼物 なまび（生干）ふくめ（肉を細かく毟り解したもの）。

竈詞【かまどことば】 〔小野篁謔字尽 人間無重宝記〕に「かまど詞大概」として出る。「おかしくはおかまの前の八介殿 是松と一ツになってかたことだらけの高ばなし。これは大和詞のこぢつけながら」として、「紅粉《べに》は、べね」。「昨日《きのう》を、きんにょう」。「俳諧は、へえけえ」。「茶釜は、ちゃまが」等のような約五十語余がある。個別に掲出している。

竈の事【かまどのこと】 〔日用調法人家必用〕に「竈徳用向の造り様」がある。竈は築立《つきたて》にしたのが火の用心によく、損じ様も遅い。また竈のふところには大小があり、数の多いのが薪など徳用であるが、手狭の家に数多くの竈は造れないので、近年は古釜の鍔を大小三通りも用意し鍋釜の大小に応じて引き替えて用いると火気の漏れることはない。また総銅篭《どうこ》は見掛けばかりで徳用にはならず、却って薪の費えが多い。三口竈なら分銅《ふんどう》の銅篭二ツを用い、二口竈なら中ばかり銅篭にしたのがよい。銅篭は底の角《すみ》に水抜きをつけるのがよい。

〔万民重宝改正大ざつ書〕には次がある。○「竈を築き塗る土を取る吉方」正・十月は酉（西）。二月は午（南）。三月・十一月は子（北）。八月は丑（北々東）。九月は辰（東々南）。十二月は卯（東）。○「竈を塗る吉日」甲《きのえ》子・辰・午の日。戊辰《つちのえ》・戌の日。乙丑《きのと》・卯・未の日。己丑《つちのと》・未・酉の日。また暦中段の 除《のぞく》* 平《たいら》* の日。［〔昼夜重宝両面雑書増補永暦小筌・慶応二〕の「釜塗り吉日」は、甲子《きのえ》・寅・午・辰。乙丑《きのと》・巳・卯・未。戊寅《つちのえ》・戌。己酉《つちのと》。癸亥《みずのと》、各日」。○「竈を築き替え 或は補修」十月を吉とする。近世大坂等には六月朔日に竈を上塗りすると繁栄するといい、大体この日を用いる。○「竈の口明ける方」竈の口は西向き、また南東がよい。○「竈の高さ広さ」「高さ」は三尺 或は二尺八寸、「広さ」は四尺 或は五尺で、この割合で大小の寸法を定める。〈竈の鳴る時〉〔調法記〕に「竈の鳴る時」は男は女の形、女は男の形をして、竈の傍に寄ると鳴り止む。但し、大勢で立ち騒がないこと。また「婆女、婆女、婆女」と唱えるとよい。婆女とは竈の神で、凶事を変じて吉事とする。

〈竈神と竈祓〉〔文章指南調法記・二〕に「竈神」は、俗間に竈の神を三宝荒神*（土公神*）と心得る人が多いのは全くの誤りで、竈の両神は興津《おきつ》彦命《ひこのみこと》と興津女命《ひめ》の、男女の両神である。○「竈祓」は、朔日と十五日に灯明一盞・灯心二口に灯し、行竈《くど》の上に置くのが竈祓で、必ず冥加がある。事は両神を崇敬して火災を避けることである。

〈竈神を祭る日〉〔増補咒咀調法記大全〕には甲子《きのえ》・申・戌の日。乙丑《きのと》の

日。戊寅《つちのえ》・午の日。己卯《つちのと》・未・酉・亥の日。庚辰《かのえ》・午の日。これらの日に火を浄め竈の神を祭ると悪鬼が去り、善神の影向があるという。〈油虫を避ける伝〉〔新板秘伝日用重宝記〕に「竈の油虫*を避ける伝」は、青蒿《よもぎ》の茎・葉ともに竈の間に置くと、決してその辺に油虫は出ないという。

釜の事【かまのこと】　飯を炊いたり湯を沸かしたする金属製の器。〈新しい釜に金気の出ない呪い〉〔増補咒咀調法記大全〕には「南無阿弥陀仏」の六字を釜の底に書くとよい。〈鑵子　釜を磨く法〉〔新撰咒咀調法記大全〕には酢の絞り滓で磨くとよく早く光が出る。〈漏りを防ぐ法〉〔万用重宝記〕に鍋釜の漏る時は白鑞《しろめ》*を少し鉄の皿の類で沸かし、その漏る所へ流し込むと忽ち鋳掛をしたようになる。〈茶の湯釜〉〔万民調宝記〕の「茶湯名物記」には「筋釜」は尾張殿、「霰姥口」は紀伊殿、「おとごぜ」は松平伯耆守等十種がある。〈釜の鳴る時吉凶歌〉〔昼夜重宝両面雑書増補永暦小筌・慶応二〕に釜の鳴る時吉凶歌は、「丑（二時）寅（四時）や辰（八時）申（十六時）戌（二十時）の時は吉《よし》と知れ。その外は皆悪しきなるべし」とある。〈呪符〉〔咒咀調法記〕には「釜の鳴る時の符」がある（図101）。「竈の事」参照

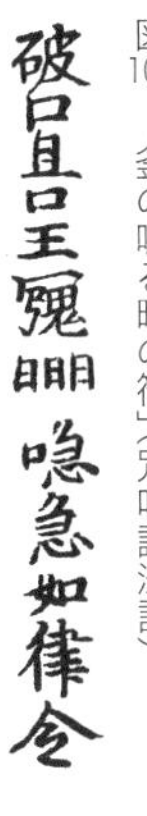
図101「釜の鳴る時の符」（咒咀調法記）

蝦蟇の事【がまのこと】〔万物絵本大全調法記・下〕に「蟾蜍 せんじよ／ひき。蝦蟇 がま。同」、「蝦蟇 かま／かへる。春」、「蝌蚪 くわと／かへること。春」。〔薬種重宝記・上〕に和虫、「蝦蟇 かま／かへる。皮腸爪子《つめこ》を去り、牛酥（牛乳製品）一分を塗り焙る」とあり、〔同書・下〕には唐虫、「蟾蜍 せんじよ／ひきかへる」。〔小児療治調法記〕に小児の疳瘡腹が脹れて鼓のようなのを治す。多少に拘わらず、毎日「蝦蟇《かま》」六七匹を頭足皮腸を去り、本身と四ツの腿とを白水*の中へ塩酒葱山椒を入れ、共に煮熟して癒えるまで食わせる。〈食中り〉〔斎民外科調宝記〕に蝦蟇《かへる》の毒に中《あた》ったら、生豆豉《しょうずし》一合を、汲み立ての水半椀に浸し、汁を急に用いると癒ゆる。「蟇」は「蟆」の別体字。

蒲の穂【がまのほ】〔年中重宝記・二〕に、六月十九日、今日より晦日まで下賀茂御手洗《みたらし》参り。名物の団子「蒲の穂」を諸人が買うて帰る。

釜風呂【かまぶろ】「くろきのこと（黒木の事）」ヲ見ル

蒲鉾心得【かまぼここころえ】〔料理調法集・蒲鉾之部〕に次がある。○「製法」鯛の出所のよい一尺以下のを直ぐに俎板の上でよく卸し身を崩し筋を選り除き擂鉢に入れて塩を見計って合せよく擂りひたひたになり擂り身に光が出た時、玉子の白身を鯛一枚に五ツ程の割合に入れ、味醂酒を煮返し冷まして少し加え、よく擂り合せ、柔かいのを好むならよい程に出汁で伸べ、板につけ、蒸籠で蒸す。但し、蒸し過ぎると中に穴が空くので、蒸し加減をよく心得る。また焼き上げにもする。○「心得」①擂身の筋を取り様は、身を崩したら直ぐに筋を取る。初めから塩を合せ擂って品々を合せる。②身を崩し擂って金濾か水嚢で筋を濾し取り、塩を合せまた擂って品々を合せる。③一方は、身を崩し擂り板の上に上げて筋を寄り取り、塩を合せ、品々を合せる。④夏の心得は、夏は初めから塩を合せるのがよい。小々鯛、鱚の類は裏濾しにするのもよい。冬は常の通り。擂り様は桶に冷水を入れ、その上に擂鉢を置くのがよい。⑤擂加減は、鯛鮃甘鯛等魚により異なるが、何魚でもよく冷まし光が出た時がよい。擂り過ぎると蒸し上げが悪くなる。⑥煮・蒸し加減は、煮返し酒を多く入れると巣が、立つが入らないと風味が悪い。蒸し前は言うまでもなく、蒸し加減を熟得する。

〈蒲鉾種類〉語頭に「蒲鉾」を冠する以外の蒲鉾に次がある。青豆蒲鉾*青柳《あおやぎ》蒲鉾*赤貝蒲鉾*秋山蒲鉾*朝日蒲鉾*蘆の葉蒲鉾*油揚蒲鉾*霰蒲鉾*有平《あるへい》蒲鉾*鮑蒲鉾*烏賊蒲鉾*宇治橋蒲鉾*雲丹《うに》蒲鉾*梅加味《うめかみ》蒲鉾*浦島蒲鉾*大《おお》蒲鉾*

沖蒲鉾* 翁《おきな》蒲鉾* 苧環《おだまき》蒲鉾* 貝形蒲鉾* 蟹蒲鉾* 鹿の子蒲鉾* から糸蒲鉾* 菊蒲鉾* 菊水蒲鉾* 銀糸蒲鉾* 金鍔《きんつば》蒲鉾* 櫛形蒲鉾* 鯨蒲鉾* 海月《くらげ》蒲鉾* 小串《こぐし》蒲鉾* 寿蒲鉾* 海鼠腸《このわた》蒲鉾* 栄螺蒲鉾* 沙羅沙蒲鉾* 七宝蒲鉾* 篠《しの》蒲鉾* 窠餄《すあめ》蒲鉾* 青海《せいがい》蒲鉾* 玉珧《たいらぎ》蒲鉾* 鷹の羽蒲鉾* 蛸蒲鉾* 竹輪《ちくわ》蒲鉾* 茶巾《ちゃきん》蒲鉾* 苞《つと》蒲鉾* 木賊《とくさ》蒲鉾* 鳥蒲鉾* 長《なが》蒲鉾* 棗蒲鉾* 海鼠腸《なまこわた》蒲鉾* 鳴戸蒲鉾* 錦蒲鉾* 海苔《のり》蒲鉾* 梅花蒲鉾* 春山蒲鉾* 吹寄蒲鉾* 富士蒲鉾* 紅《べに》蒲鉾* 星蒲鉾* 巻蒲鉾* 鱒蒲鉾* 饅頭蒲鉾* 味噌蒲鉾* 布巻《めまき》蒲鉾* 山吹蒲鉾* 和らか蒲鉾* 雪輪蒲鉾* 吉野蒲鉾* 縒り蒲鉾* 利休蒲鉾* 腸《わた》蒲鉾。*

蒲鉾刺身肴【かまぼこさしみさかな】〔ちやうほう記〕に蒲鉾刺身肴は、①荒布をよく煮て、蒲鉾を荒布につけて巻き湯煮して、切肴でも刺身でもよい。蒲鉾には玉子の黄身を取り合せてもよい。精進には葛をつける。②鮑を細長く切り、葛をまびり（塗りつけ）吸物にし、また煮る。

蒲鉾吸物【かまぼこすいもの】〔ちやうほう記〕に蒲鉾吸物は、蒲鉾を長く作り、葛をまびり（塗りつけ）、吸物に出す。

蒲鉾饅頭【かまぼこまんじゅう】 蒲鉾饅頭は、浅草弁木町 京都出店近江屋春房にある。〔江戸町中喰物重法記〕

蒲鉾味噌【かまぼこみそ】〔料理調法集・調製味噌之部〕に蒲鉾味噌は、何魚でも身を卸し崩し 擂り身にして、白味噌をよく擂り 濾し、魚の摺身と等分に合せ、割り山椒、生姜等を交ぜ、溜りを塩梅よい程に加え、古酒で緩く溶き、鍋に入れ 火を細くして ぱらつくまで煮詰める。夏は長くは持たない。

かみ【かみ】 四分*の一。〔男重宝記・一〕に、「カミ は長官とてその官の頭《かしら》」である。八省は「卿 きやう／かみ」、諸寮は「頭」、諸職は「大夫《だいぶ》」、諸司は「正」、衛府は「督」、諸国は「守」と、それぞれ「カミ」の文字使が異なる。

神在月【かみありづき】〔年中重宝記・四〕に『奥儀抄』を引用し、十月*を神《かみ》無月《なづき》というのは天下の諸神が出雲国へ行き、この国の外には神がないため神なし月というのを略して神無月という。また『詞林采要抄』を引用し、出雲では神無月を神在月《かみありつき》といい、神月《かみつき》ともいう。神在《かみあり》の浦に神在の社があり、諸神はここに集る。神在の浦には諸神来臨の時、小童の作ったような笹舟を数知れず波上に浮かべる。

神石【かみいし】〔重宝記永代鏡〕に神石とは、礎《いしずえ》敷き様*の石の他に、東西南北乾（西北）坤（西南）巽（東南）艮（東北）の八方に清い石を置いて、生気の方*の石と共に神石に幣を立て、八足の机を据え、造酒《みき》 洗米 餅米等の供物を供えて祭る。

上市【かみいち】 所名。吉野へ一里。吉野川を舟で渡る所を桜の渡しといい、川を渡って飯貝《いかい》の町がある。この辺、川を隔て妹山（龍門側で茂山）、背山（飯貝側で古城の形が見える）があり、両山ともに高くなく同じくらいの山である。吉野に着く所に七曲り坂がある。この辺は桜が特に多い。〔東街道中重宝記・七ざい所巡道しるべ〕

噛み犬【かみいぬ】「犬の事」ヲ見ル

神内日／神外日【かみうちび／かみそとび】 日取吉凶。〔重宝記永代鏡〕に、〈神内日*〉家造り、普請、失せ物も出る吉日。正・四・七・十月は子・午・卯・寅の日。二・五・八・十一月は寅・申・巳・亥の日。三・六・九・十二月は丑・未・辰・戌の日。〈神外日*〉は家造りや普請を忌み、失せ物も出ない凶日。正・四・七・十月は丑・未・辰・戌の日。二・五・八・十一月は午・卯・酉［〔諸人重宝記・五〕には戌の日もある］の日。三・六・九・十二月は寅・申・巳［〔諸人重宝記・五〕には巳の日はない］・亥の日。〔金神方位重宝記〕には「神外*」は「上棟《むねあげ》吉日」。*正月は子、二月は丑、三月は寅で、以下これに従う。

加味温膽湯【かみうんたんとう】〔医道療治重宝記〕に加味温膽湯は、病後 虚煩して睡臥を得ず、また心膽が虚怯し、事に触れて驚き、安く短気虚乏なのを治す。半夏（三匁半）、陳皮（二匁三分）、竹茹・枳実（各二匁半）、

茯苓・甘草（各一匁一分）、遠志・玄参・熟地黄・酸棗仁（各一匁）に羌活・棗を入れて煎じ服する。症状により加減がある。

髪置【かみおき】〔嫁娶調宝記・三〕に髪置は、男子女子ともに三歳の霜月（十一月）に吉日を選んで氏神へ参らす。侍町人ともに、身代《しんだい》（資産）により乗物《のりもの》、或は中間の肩車で参らすことも勝手である。男子は頭に月代《さかやき》を小判形にし、女子は白髪綿を頭半分に被らせ、後ろの衿元で括り寄せる。白髪綿の上を絵元結《えもとゆい》で括り、松 譲り葉の飾りをつけ、裾を二尺八寸の長さにする。小児には段々に着物を着せ、打掛を男子にはできるだけ伊達な色々の染め分けの着物に家の紋をつけ、女子には色々な染め分けの色小袖を長々と着せる。小児には末広を持たせる。〔女文翰重宝記〕にも髪置は男女ともに三歳の霜月十五日とする。髪置親を取り、親の方から広蓋に櫛 鋏 元結 水引 綿と熨斗各一把、藁七筋の七種を出す。子を吉方に向かせ、髪置の親が差し寄り、男子は左右の鬢を三鋏み、中《つむじ》を三鋏み鋏んで、次に綿一把を延べ額より後ろへ長く掛けて置き、その下に熨斗一把と藁七筋を綿に取り添え、根を元結で男結びに両罠に結ぶ。その次を水引二筋で女結びにする。三三九度の盃は食初めに同じ。女子は鬢を右より鋏み始め、その他の礼式は男子に同じ。氏神へ参る。〔童女重宝記〕に髪置は、三歳の十一月十五日と定め、年の老若によらず目出度い人を定めて髪置親とし、広蓋へは色水引十二筋 熨斗十二本 綿一把 藁七筋 鋏一挺を用意する。〔女用智恵鑑宝織〕にも三歳の霜月十五日とし、また霜月の内吉日を選び、上ツ方には色々式法があるが、下ツ方ではただ綿を頭に引き延べて産土神へ参る。綿には苧を飾り、末広扇をも取り添える。〔料理調法集・諸祝儀床飾并ニ献立〕には髪置床飾の図がある（図102）。〔重宝記永代鏡〕に吉凶日は袴着*元服*と同じとする。〔進物調法記〕に髪置は、「三歳の十一月吉日を選び、産神へ詣る。末広扇子。また他所によって、十一月十五日に四ツ身はじめといふとぞ。白髪綿、末広、束ね熨斗、橘、根松」とある。〔俳諧之重宝記すり火うち〕には、元服とともに俳諧に嫌物として、短ン命、みなしごノ沙汰、乱れ髪、捌き髪、禿げ頭、元結い払ヒ、髪切、祓ヒ髪、髪の落チ、髪切虫、きんか（金柑）頭、神無月、紙なくて、の例示がある。〔消息調宝記・三〕等には髪置祝儀の文、同返書の範例文がある。

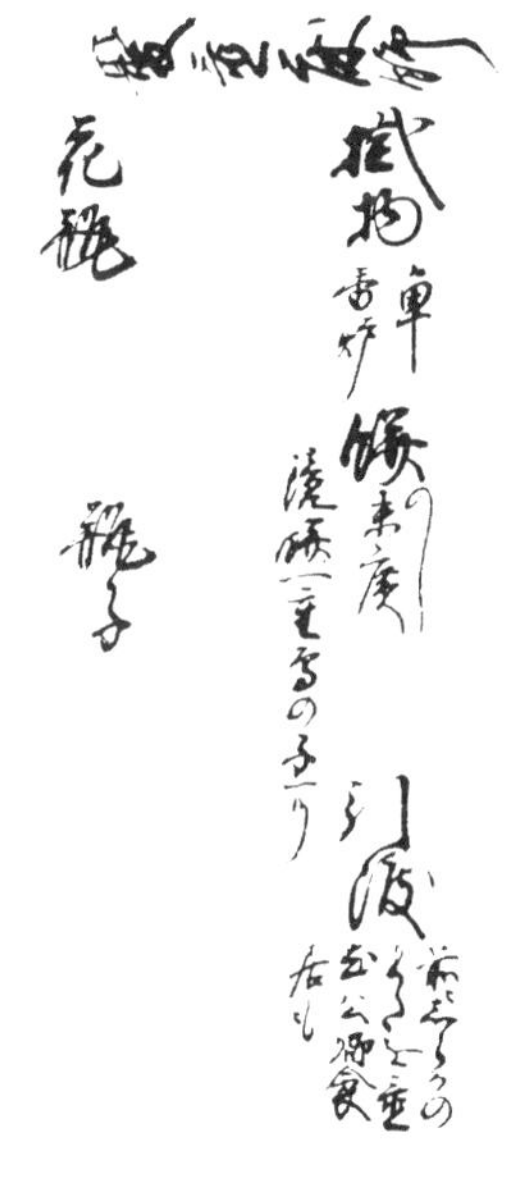

図102 「髪置床飾」（料理調法集・諸祝儀床飾并ニ献立）

上賀茂大明神【かみがもだいみょうじん】「賀茂の神事」ヲ見ル

紙燗鍋【かみかんなべ】〔清書重宝記〕に紙燗鍋は、蒟蒻玉を糊にして泉貨紙に引く。酒の燗、又野菜物を煮るのに甚だよい。常に懐中するとよい。

加味帰脾湯【かみきひとう】〔医道重宝記〕に心脾の虚熱で、舌腫れ痛み発熱し 口乾き食の少ないのには、加味帰脾湯を用いる。帰脾湯*に牡丹皮と山梔子を加えた物である。

紙草【かみくさ】〔紙漉重宝記〕に紙草は紙を漉く原料をいう。一般には「こうぞ（楮苧）」*を指すが、「かじ苧（梶・楮そ）」*「たかそ（高苧）」*等がある。皆、春に芽ぐみ、夏に繁茂し、秋に落葉し、十月に刈り取る。深山に植えて猪鹿の患いを避けるには、猪鹿を打ち取り、近辺に埋めて置くと来ず、また肥しにするのもよい。北国人の話で、是非は知らないとある。

加味荊防敗毒散【かみけいぼうはいどくさん】〔改補外科調宝記〕に加味荊防敗毒散は、膿瘡*や疥癬瘡*の薬。薄荷 瓜蔞 白芷 烏梅 生黄 黄芩 帰尾 半夏 桑白皮 茅根 燈心を煎じて服する。

上毛野八綱田【かみけのやつなだ】武将。十一代垂仁天皇の時、狭穂彦の反逆に勅を受けて討滅し、天皇は賞して日向武《たけ》日向の名を与えた。〔大増補万代重宝記〕

加味交加散【かみこうかさん】〔骨継療治重宝記・下〕に加味交加散は、打撲傷損 骨折 脱臼 発熱 悪寒を治す。体の弱い人に用い、体実する人には疎風敗毒散*がよい。当帰・川芎・白芍薬・生地黄・蒼朮・厚朴・陳皮・白茯苓・繁夏・羌活・独活・桔梗・枳穀・前胡・柴胡・乾薑・肉桂・甘草を生薑で煎じ、服する。熱があれば乾薑と肉桂を除く。

加味五香湯【かみごこうとう】〔医道重宝記〕に加味五香湯は、小児が胎毒によって頭、或は総身に名もない瘡を生ずるのを治す。沈香・木香・乳香・丁子・藿香・升麻・葛根・連翹（各一匁）、木通・大黄（各五分）を煎ずる。一方に、黄連・青皮・甘草を加えて熱湯で振り出し、常に小児に用いて胎毒を下し、疱瘡を逃れる。この薬は小児ばかりでなく、胎毒が内に深く、瘡腫の外に多いのにも用いる。久しく服してはならない。

紙子の拵え様【かみこのこしらえよう】〈紙子拵え様〉〔万用重宝記〕に蒟蒻玉をよく蒸し皮を捨て、搗き潰して粉にし、その後に桔梗と黄蓮の葉の陰干を一両ずつ水で煎じ、汁を少しずつ入れ 段々に搗き交ぜ 蕩かし 仙花紙の裏表にこの糊を引き、よく揉み抜く。その後、思い思いに模様を型紙の上から摺り込み染める。紙鍋も出来る。〔万用重宝記・下〕は懐中雨笠*の拵え様も同様の方を記している。〈紙子染め様〉〔男女日用重宝記・上〕に渋ばかりで染めては薄く、唐黍の殻を煎じて汁を引き、その上に薄渋を引くと、とても柔かく強くなるという。〈売り店〉〔同書〕には東六条上の数珠屋町筋間の町角 紙鍋屋茂兵衛が「紙子類 蒲団 襦袢、私秘密の上、紙子色々御座候」とある。「蒟蒻の事」参照

紙子仏【かみこほとけ】大坂願所。天王寺の紙子仏は評判高く霊験はよく知られている。①中でも婦女の縫針の道に疎い人が信心を凝らし、紙子を縫って仏に奉ると、追々手利きになるのは疑いがない。②頭痛平癒の祈願を込めると忽ち験がある。毎月十日に怠りなく参詣し、願成就の上は紙子を縫って奉納する。〔願懸重宝記・初〕

上御霊【かみごりょう】京名所。〔年中重宝記・四〕に、十一月十八日 御霊御火炊き。上御霊竪町にある。〔東街道中重宝記・七ざい所巡道しるべ〕に上御霊、これより京を離れて行く。この間に川がある。

加味犀角地黄湯【かみさいかくぢおうとう】〔医道療治重宝記〕に加味犀角地黄湯は、上焦 火盛んにして口 舌に瘡を生じ、衄《はなぢ》血 或は下血、また嗽もせずに自ずから血の出るのを治す。犀角・牡蠣（各□匁）、生地黄（二匁半）、赤芍薬（一匁半）、黄連・黄芩・玄参（各一匁）を煎じて服する。吐血に第一の薬であるが、各種出血の症状により加減がある。例えば、吐血に塊があると大黄（一両）・桃仁十ケを加える。喀血には山梔子・麦門冬・黄栢・知母・当帰を加える。衄血には犀角・玄参を去り、升麻・側栢葉・荊芥を加えると奇効を得る。

加味四七湯【かみししちとう】〔医道療治重宝記〕に加味四七湯は、七情*が鬱結して痰を生じ、また咳の痰涎が咽喉の間にあり、吐いても出ず 飲んでも下らないのを消す。婦人が上気 喘急 胸膈 痞悶し、白沫を嘔吐するのに、この湯を与えると奇効がある。茯苓・厚朴・紫蘇・桔梗・半夏・陳皮・青皮・枳実・砂仁・天南星・神麴（各一匁）、白豆蔲・檳榔・益智（各五分）に、生姜を入れて煎じ寝る時に飲む。

加味七気湯【かみしちきとう】「七気湯」ヲ見ル

神島【かみじま】大和詞。「かみしまとは、蓬萊宮」である。〔不断重宝記大全〕

上下染値段付【かみしもそめねだんつけ】〔男女御土産重宝記〕には上下*の御染

値段付が五種ある。〇麻御上下何色にても二匁。〇麻御長上下何色にても三匁。〇絹御上下何色にても二匁五分。〇南京・唐物類御上下何色にても二匁八分。尚「四季の上下」参照

加味四物湯【かみしもつとう】〔医道重宝記〕に加味四物湯は、金瘡の出血多量を治す。四物湯（当帰・川芎・芍薬・熟地黄を水煎）*に人参と黄芪を加える。金瘡を治すには、脾胃の気を扶け、気血を補い血熱を清くする。四君子湯*補中益気湯*八物湯*十全《じつぜん》大補湯*を症に応じて用いる。出血多量で元気が大いに虚脱するのには、独参湯*を用いる。

上下の事【かみしものこと】上下（裃＝かみしも）は武士の礼服で、肩衣《かたぎぬ》と袴を、紋服・小袖の上に着ることである。麻上下を最上とした。〈上下の始〉〔掌中年代重宝記〕には応永七年（一四〇〇）、細川頼之が素袍の袖を切って長上下とし、その後松沢弾正が裾を切って半上下を製したという。〈裁ち様〉〔麗玉百人一首吾妻錦〕に麻上下の積りは、上は八尺九寸、下は一丈九尺五寸。長上下の積りは、上は同じ、下は三丈四尺。四尺五寸ずつ六幅（の）、六尺脇紐まちである。〈召させ様〉〔諸礼調法記大全・天〕に肩衣の後ろの垂れを我が頭の上に被って左右の紐を取り、帯の結び目に十文字に掛け、前へ回して後ろで結び、肩衣の背縫と着物の背縫とよく合せ、袴腰の当る所を左手で押さえ、右手で肩衣の衿を三寸程引き上げ、紋所を合す。〈紋〉〔嫁娶調宝記・三〕に小児袴着の習いとして、上下の紋は子持筋、鶴亀松竹の内に家の紋をする。〈積み様〉〔女用智恵鑑宝織〕に、広蓋に上下を積む時は持ち出す者の左へ腰をなし、肩衣は縦に二ツに折り、向う人の前に形よく置く。「四季の上下」モ見ル

神路山【かみじやま】伊勢名所。内宮の御山の総名である。宮域の南東に廻る。宇治山、天照山《あまてるやま》、鷲日山ともいう。〔東街道中重宝記・七ざい所巡道しるべ〕

加味十全大補湯【かみじゅうぜんだいふとう】「加味十全《じつぜん》大補湯」〔昼夜重宝記・安永七〕は「加減十全《じつぜん》大補湯」ニ同ジ

加味承気湯【かみじょうきとう】〔医道療治重宝記〕に加味承気湯は、瘀血が肉に滞り、胸腹脹満し、或は大便の通じないのを治す。大黄・芒硝（各□匁）、枳実・厚朴・当帰・紅花（各一匁）、甘草（五分）を、酒水を等分にして煎じ服する。病の急なのには用いない。

加味升麻葛根湯【かみしょうまかっこんとう】〔改補外科調宝記〕に加味升麻葛根湯は、小児痘風瘡*の薬である。升麻・葛根・柴胡・黄芩・山梔子（各一匁）、木通・甘草（各五分）、紫蘇・連翹・防風を加え、生姜を入れて煎じ用いる。

加味逍遙散【かみしょうようさん】〔医道重宝記〕に加味逍遙散は肝経に血の少ないもの、脾胃が虚労して肝火の動くものを治す。頬赤く口燥《さわ》ぎ煩《いき》れ熱し、盗汗、咳嗽、肝脾の血虚に属するものを治す。逍遙散*に牡丹皮・山梔子を加えたものである。当帰・芍薬・白朮・柴胡・茯苓（各一匁）、甘草（三分）、牡丹皮・山梔子（各六分）に生姜を入れて煎ずる。

加味四苓湯【かみしれいとう】〔医道療治重宝記〕に加味四苓湯は、湿を治す剤で、殊に小水が通じず、或は渋るのに与える。四苓散*は、火瀉、熱瀉、発熱を治す。五苓散*は湿瀉を治し、下湿を退ける。四苓湯*は瘧疾の寒熱を治す。黄芩・白朮・猪苓・沢瀉・山薬・芍薬・山梔子・陳皮（各一匁）、甘草（五分）・烏梅（一箇）、蒼朮（一匁）に灯草を入れて煎じ服する。各種症状により加減がある。

紙漉代【かみすきだい】「よしか（吉賀）紙漉代」ヲ見ル

紙漉の事【かみすきのこと】〈紙漉き始め〉〔人倫重宝記・二〕に紙は後漢の蔡倫が木の膚を叩いて紙に漉き始めたものである。その昔は縑《かとり》又は布を紙にしたので、糸篇や巾篇を書いて紙 帋とする。日本では記私《きし》という人が漉き始めたという説があり、醍醐天皇の時代（八九七〜九三〇）に洛陽北野で紙を漉いていて そこを紙屋川といい、紙を紙屋紙*いう。〔紙漉

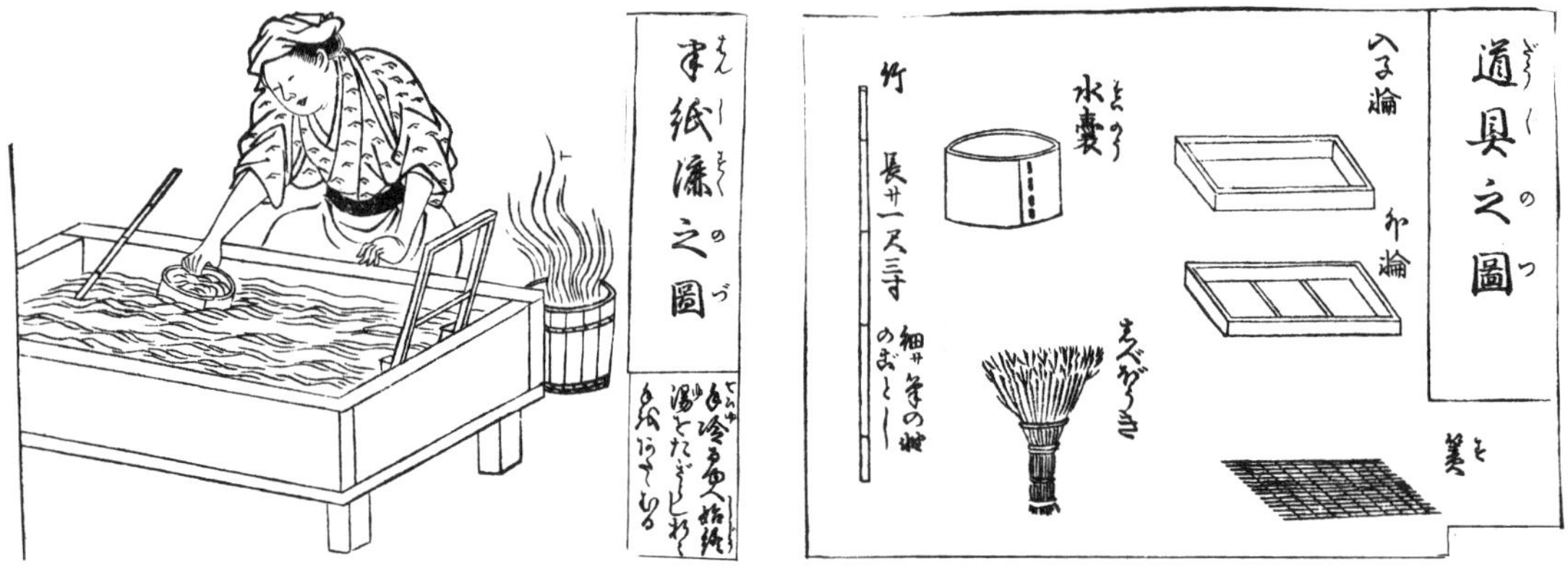

図103　紙漉の事
「半紙漉之図」(左)「道具の図」(右)(紙漉重宝記)

重宝記〕には「半紙漉之図」(図103)がある。明日紙を漉く時は、前夜に楮苧《そそり》を漉く程洗い、朝に朝飯が煮える間、楮苧を擲台《たたきだい》(=板長さ五尺幅三尺余 厚さ三寸五分。樫 桜で作る)の上で擲棒《たたきぼう》(=長さ三尺、先は四角 元は丸)で擲く。冬紙はとろろばかりを入れて擲き、春紙には糊を入れて漉き易くすることもある。漉き方は、とろろ草*を水嚢で濾し、混ぜ桁でゴブリゴブリという程混ぜ合せる。粘りが少なければとろろ草を増して加減する。竹で掻き混ぜ 引き上げて見ると 海苔のような汁があり、竹に掛らぬ程にこなれるのをよしとする。とにかく良く混ぜるのがよい。道具の内 外輪は杉製、手軽く女の力に応ずるように外輪へ簀を敷き、入子の輪で固め用いる。竹の簀竹を水引のようによく削り、馬の尾を図版のように拵える。竹は長さ一尺三寸、細さは筆軸位である。用具は二具拵える。手が冷えるので始終湯を沸かして置き、折々手を温める。

○半紙(縦八寸 横一尺一寸)は女が漉き、杉原(縦一尺一寸 横一尺五寸)等は桁が重く男の職である。漉いた紙は桁持たせに重ねて雫を垂らして置き、今一ツの桁で漉き、先の持たせて置いた桁の紙を移す。このように順々にし、馴れると早く進む。○「紙干」*をして「半紙を切る」には、半紙二十枚ずつの間に藁を入れて十折(石見国では一束といい、都では五帖という)を台木へ乗せ、角《かく》の寸法を極めた定規を当て、右の足で踏みつけ、左の手で鎌を持って裁ち切る。これを十重ねを一〆《しめ》とし、六〆合せて一丸となし、御上納 或は売り紙にも出す。

〔日用重宝女大学〕に、紙を漉く業は楮《かじ》を叩き 黄蜀葵《とろろ》の汁を相和して水に入れ日を経て後に渣滓《かす》を去り 浅い箱に入れて小さい竹簾《す》で掬い 板に干し乾いたら端を裁ち、それぞれになす。紙の出る所は多く、加賀の奉書、越前の鳥子《とりのこ》を第一とする。杉原紙* 美濃紙* 岩城紙 修善寺 備中 檀紙*(大高・小高)、この外北国 西国 中国より様々出る。打曇《うちくもり》 雲紙《くもがみ》 玉盤紙《ぎょくばんし》 湊《みなと》紙 半切紙《はんきり》 厚様《あつよう》 薄様 尺長《たけなが》 五色紙《ごしき》など数多い。「神干《かみほし》」「楮苧《こうぞ》の事」「楮苧《そそり》

煮炊」は別項

かみすり【かみすり】 片言。「剃刀《かみそり》を、かみすり」という。〔世話重宝記・二〕

加味清胃散【かみせいいさん】 〔医道療治重宝記〕に加味清胃散は、口舌唇の薬である。専ら胃火に用い、血燥き唇裂け、或は繭唇となり、或は歯茎の潰乱して痛むのを治す。石膏・生地黄・牡丹皮・当帰・黄連・升麻・防風・荊芥を煎じ、頻々に含み呑む。歯茎が浮腫して痛みの堪えられないのは胃中に湿熱がある。山梔子と玄参を加える。牙歯痛を治す主方とする。

神外日【かみそとび】 「神内日」ヲ見ル

加味大黄湯【かみだいおうとう】 〔改補外科調宝記〕に加味大黄湯は、腸癰*で小腹が痛み 大便結し小便が淋病のようなのを治す。大黄・牡丹皮・桃仁・沢瀉・車前子・茯苓・朴硝・川芎・冬帰・防已・貝母（各等分）を煎じ服する。

加味地黄丸【かみぢおうがん】 〔小児療治調法記〕に加味地黄丸は、小児の鶴膝*を治す薬である。熟地黄（六両）、山茱萸（四両）、山薬（三両一匁五分）、牡丹皮・沢瀉・茯苓（各三両）、鹿茸・牛膝・人参（二）を末（粉）し、練り蜜で丸じ 淡塩湯で用いる。また五加皮を加え量目を替えて行遅*の薬にもする。〈売り店〉〔洛中洛外売薬重宝記・上〕に「加味地黄丸」は洛陽下嵯峨 胎養堂にあり、代百銅。取り次、下長者町いの熊角 金屋四郎兵へ、蛸薬師寺町西入丁 近江屋清左衛門、新丸太町二王門下ル丁 二文字や、烏丸六角下ル丁 三木長兵へ、大宮寺内上ル 木綿や左介、千本下立売上ル 万屋九郎兵へ、縄手古門前角 わかさや茂八。

加味調中益気湯【かみちょうちゅうえききとう】 〔医道重宝記〕に加味調中益気湯は、気血ともに虚し、頭痛のするのを治す。人参・黄芪・蒼朮・川芎（各六匁）、当帰（五分）、升麻・柴胡・陳皮・蔓荊子（各三分）、細辛・黄栢・甘草（各二分）を煎ずる。補中益気湯*十全《じつぜん》大補湯*の類を、宜しきに従って用いる。

紙問屋符帳【かみといやふちょう】 符帳*。〔早算調法記〕に次がある。イ《い》ハ一。コ《こ》ハ二。ヨ《よ》ハ三。キ《き》ハ四。久《きゅう》ハ五。位《くらい》ハ六。ホ《ほ》ハ七。チ《ち》ハ八。リ《り》ハ九。タ《た》ハ十。正ハ百。例えば、百十匁五分は「正タ久」、百五匁は「正○久」となる。

神無月【かみなづき】 「陽月」ともいう。陰暦の十月*である。〔小笠原諸礼調法記・天〕に「陽月 かみなしつき」は、『五雑俎』から十月を陽月《ようげつ》と言うのは鈍陽の月で、陽のないのを嫌って伝えるという。〔年中重宝記・四〕には神無月の事は昔から諸説があり決し難く、当月に神事を憚る理由も知り難いとし、諸説を挙げている。○『奥儀抄』には、「十月を神《かみ》無月《なづき》というのは、天下の諸神は出雲国に行き、国には神が居ず、神無しというのを略して神無月《かみなづき》という。○『詞林采葉抄』は、出雲では神無月を神在月《かみありづき》*とも 神月《かみつき》ともいう。神在《かみあり》の浦にある神在の社に神々が集り大社へは参られない。諸神来臨の時は小童が作るような篠舟が波上に数知れず浮かぶ。○貞徳（松永）説は、鬼は陰の魄《はく》 神は陽の魄で、十月は極陰の月で陽なく、八卦では西北（戌亥）の隅を乾皆連《けんかいれん》と言い、九月十月の卦である。出雲国は日本の西北に当り、十月を神無月といい、諸神は出雲へ集る。○卜部《うらべ》の説は、素戔嗚の御隠れは冬十月で、十月は素戔嗚が司れと勅があり、諸神が出雲の国に入られるので出雲には神有月という。○又の説、この月は陰神 伊弉冉尊《いざなみのみこと》の崩御故という。○又或る説、十月の律を上無《かみむ》といい上無月で、神無月は誤りという。○又の説、十一月に初めて一陽来復、十月は極陰の月で陽神のない意で神無月という。○又の説、陽はかみ（神）、陰はおに（鬼）と読み、よって十月は陽《よう》（＝かみ）無月《なきつき》というとし、この説を用いるべきかとする。〈大和詞〉〔不断重宝記大全〕に「かみな月とは、あきはてたる心」をいう。「じゅうがつ（十月）」モ見ル

紙鍋【かみなべ】「紙子の拵え様」ヲ見ル

雷の事【かみなりのこと】〔万物絵本大全調法記・上〕に①「雷らい／いかづち／かみなり。雷神らいしん、雷公らいかう、と云」（図104）。〔新撰咒咀調法記大全〕には、雷《らい》は陰陽の気が相激してその声をなすものという。その中へ異類《いぞう》の物が空から落ちるのを雷《かみなり》という。雲が深山幽谷より水を巻き上るのに乗じ、その地に住んでいる異形の物が空に登り、半途より雷の響きに触れて落ちるものである。その証には落ちた物が所々によって違い、北国で落ちるのは狸のような物であり、中国で落ちるのは蟹のような異類の物である。○呪いには「雷神除く符守」を貼って置くとよく、また身につけて置くと怪我はない。また、梓木《しんぼく》（俗にあずさ、又河原楸カワラヒサギとも云）を庭に植えると雷の落ちることはなく、この木の種を蒔くと多く生える。また、九月九日に桃の実を三角に削り紅の幣《きれ》を三角の袋にして納め持つとよい。○「雷に打れて死するを助る方」は、稲藁一把の内へ生鮮の蚯蚓五筋を入れて火に燃やし、死人の顔や身を燻るとよい。また、両足の涌泉の穴へ生蚯蚓を擦り殺し、脚の底に厚く塗り、また臍の中四周にも塗り高声にその人の名を呼ぶとよい。〔諸民秘伝重宝記〕には男は左、女は右の掌に「目」の字を指で書いて、手を握り「くはばら くはばら」と何遍も唱えるとよい。〈雷に気絶した妙法〉〔胡椒一味重宝記〕に「雷に驚きたるに」は古椒を服するとよい。〔大増補万代重宝記〕に「雷の気に打たれ気絶したる妙方」は酢を鼻へ吹き入れる。また温めた酒を呑ますのも妙である。〈雷神を除く符〉〔増補咒咀調法記大全〕（図104）に②「雷神《かみなり》除く符守」があり、③「雷神に恐るる人の符」の二字をその家の天井に押し、十二灯明を供え、最も火を強くする。次に焼香でも抹香でも強く焚く。もし、野山を歩く時雷を恐れるには、この二字を懐中し光明真言*を唱えるとよい。〈雷除けの呪文〉〔年中重宝記・五〕には仏説として四方に雷があり、東を「阿伽多」、南を「刹帝魯」、西を「須陀光」、北を「蘇陀摩尼」といい、居所の四方にこの名を書きつけると雷の恐れも障礙もないという。「稲光の事」参照

図104　雷の事

①「雷神」（万物絵本大全調法記）

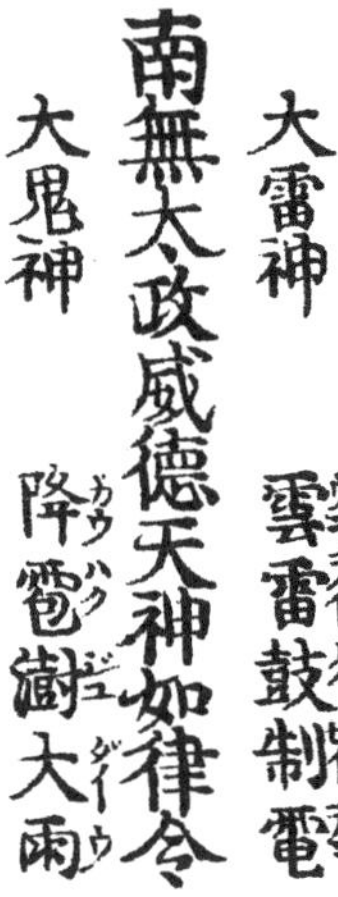

②「雷神除く符守」（増補咒咀調法記大全）

③「雷神に恐るる人の符」（増補咒咀調法記大全）

神日【かみにち】「りとくにち（利徳日）」ヲ見ル

加味二陳湯【かみにちんとう】〔医道療治重宝記〕に、加味二陳湯に二方がある。①一切の癇*の病を治す。もし風痰*を発する時は沈香天麻湯*を用いる。加味二陳湯は茯苓・天南星・陳皮・爪蔞仁・枳実・桔梗・山梔子・半夏・黄芩（各一匁）、木香（五分）、辰砂（五分末〔粉〕とする）に生姜を入

れて煎じ、服する時に竹瀝*姜汁を加え、木香を磨して辰砂の末（粉）を調えて同服する。②痰厥運倒を治す。陳皮・半夏・茯苓・当帰・枳実・桔梗・杏仁（各一匁）、良姜・砂仁（各七分）、木香・官桂・甘草（各五分）に姜を入れ煎じ服する。気逆には紫蘇子を加える。元気虚弱には枳実を去る。〔改補外科調宝記〕には、加味二陳湯は結核*の薬とする。陳皮・麦門冬・茯苓・半夏・大黄・連翹・黄芩・玄参・防風・甘草（各等分）に生姜を入れて煎じ用いる。外治は核上《かたまった》に灸を十壮据え、次に鶏連膏*をつける。

神の事【かみのこと】〔金持重宝記〕には、天地 諸仏 鬼畜 草木の心が全て皆これ神とある。〔日用重宝記・一〕に神というのは、存生の時、聖賢にして功徳の深かった人の死んだ霊を崇め祀る処で、何も怪しいこと、変ったことはない。ただ心を清く正直第一にして、向い拝すべきである。神は形がないので鏡を置いて神に象るが、人もまた鏡のような心を以って向うべきである。主親等のために身を捨てて立願する類は納受もあるが、己の勝手だけを祈るのに感応ある筈がない。神は道理に叶わぬ非礼は受けつけない。〔里俗節用重宝記・下〕にも神を祈る事があり、人倫の道を疎かにし、ただ神を信じて生前の福《さいわい》を祈り、仏を信じて死後の楽しみを願う等は神仏に禍するという。その心に誠があれば、祈らずとても善に幸いし神仏も守られる。恐れ慎むべきである。〔万民重宝改正大ざつ書〕に「神の事に吉、社鳥居（華表の事）*を建つるに吉」として、春三月は寅、夏三月は午、秋三月は申、冬三月は子、の各日がある。

紙の事【かみのこと】〔万物絵本大全調法記・上〕に「紙し／かみ。帋し。同」。〈異名〉〔書札調法記・六〉に紙の異名に、蠟紙《りょうし》 方潔《ほうけつ》 渓藤《けいとう》 白麻《はくま》 楮《ちょ》 児《じ》 竹帛《ちくはく》 霜楮《そうちょ》 素雲《そうん》 縹紈《そかん》がある。〈墨の付かぬ紙に字を書く伝〉〔男重宝記・五〕に紙が古く墨が着かない時には、米泔水《しろみず》*を入れて墨を磨って書くとよい。また色紙 蒔絵 金箔 塗物の上などに字を書く時は、糯米の粉を墨に入れて書くとよい。

〈紙の墨を落す法〉〔男女日用重宝記・上〕に紙に墨の付いた時は、紙の上と下に白紙を置いて楊枝の先に水をつけて突くと、上の紙に写る白紙を取り替え取り替えするとすっかり落ちる。白小袖も同じである。〔調法記・四十五〕に、灯心の切口を熱い湯に浸して墨字の上を度々磨ると綺麗に落ちる。〈紙に付いた油を落す法〉〔男女日用重宝記・上〕に紙に油の付いた時は、土器を粉にして煎り熱い中に五分の厚さに敷き、薄い隔て紙を置いて油のついた紙を入れ、上にも隔て紙をして同じようにし、押しをして置く。また、熱い灰を卸し箱に取り、油の着いた紙を置いて押しを掛けて一夜置くのもよい。一書に、着物類もこのようにして置くとよい。〈煤気を落す伝〉〔諸民秘伝重宝記〕には紙類の煤気の落ちないのには、糯藁の灰汁を湯に沸かしてそろそろ掛けると残らず落ちる。表具物や絹地に物にもよい。塗物道具類は布切を浸して洗うとよく落ち、水の乾いた時に油で拭うと艶が出て新しくなる。〈紙で血を止める伝〉〔調法記・四十五〕に鼻血や切疵類の血を即座に止めるには、紙を四方に裁ち、縦に三ツに また横に三ツに畳み、そのまま血の出る所を覆って暫く押さえて置くと、どんな血でも止まる。〈紙を使う事〉〔茶屋諸分調方記〕に凡そ延べ紙 半紙の二ツ切を女は紙の隅から隅まで折り縮め、裾を扱いて使い、また手の内で揉むが、必ず手の内が強《こわ》くなる。男は自分の腹の熱《いきり》で紙を温める。〈紙による手品〉〔男女御土産重宝記〕に○「白紙に文字を現す伝」は、大豆《まめ》を水に漬けて柔らかくなったのをよく擂り、その汁で白紙に思うことを書き、陰干にして置くと字正は見えない。読む時は鍋墨を振り掛け、振り払って読む。隠密の通信に約束して書く。○「愛宕山文字に書様の事」は、酒で紙に文字を書いて干すと字正は見えないが、読む時火にかけて見ると文字だけ薄焦げに文字が現れる。○「不動の火炎の文字

の事」として、橙《だいだい》の絞り汁で紙に文字を書き、読む時火影で見るとよく見える。◯「紙を魚に切って水に泳がす伝」は、鯉の肝を紙に塗り陰干にして魚形に切り水に入れると生きた魚のように泳ぐ等がある。◯「白紙に酒を包む伝」は〔調法記〕に蒟蒻芋を山葵搔きで卸し、擂鉢でよく擂り、紙の裏表に塗り、日によく干して常の紙と一緒に懐中へ入れて置き、この紙に酒を包む。◯「紙に火・水の字を書き、火の字は燃えて水の字は燃えぬ伝」は〔万宝重宝記・上〕に火の字は墨に硝灰を磨り交ぜて書き、水の字は常の墨で書くとよい。◯「紙で火を釣る伝」は〔新版秘伝日用重宝記〕に紙の先へ唾をつけ、その後塩を針で釣る。〈紙手品〉〔調法記〕に「紙を水に入れ火付る伝」「紙に印を押し一度に多く通す伝」「紙にて人形を拵え水の上歩かす伝」「紙の外より行灯の火を吹き消す」等があるが、仕掛けの記述がない。

〔万買物調方記〕に次がある。「京ニテ紙屋」三条通菱屋町 永はらや、同町 大和屋・丸屋・かぎ屋、同埋忠町 かぎや等五軒。三条通寺町より堀川迄町毎にある。室町出水上ル丁 十一屋、同町 玉屋、御幸町二条上ル大橋。「奉書」は東洞院御池下ル町 加賀越前の絹綿一所。「美濃紙問屋(厚紙・板紙)」御幸町御池下ル 見のや、同東洞院。吉野紙屋は六角通さかい町、高倉六角下ル丁。「江戸ニテ紙屋」日本橋通筋南北、同南東中通、同北東中通、京橋南西中通、御堀端通、姫御門通、三川町通、桶町通、鍛治橋通、西窪、塩留町通。いずれも町々にある。「問屋」は伊勢町通、本町四丁目、大天馬町一丁目にある。

「大坂ニテ紙屋」今橋筋 さかい屋、その外 家名が色々ある。「諸国紙問屋」は二十数軒がある。例えば、岩国は 中の嶋常安町 塩屋宗貞。山代本座・徳地は大こくや善四郎。つゞ・中そね・小松・小川は北浜筑前橋松たかや七郎兵へ。かの紙は玉水町 ながとや太左衛門、大川町つるや喜兵へ・しほや 九兵へ・さかたや清兵へ、舟町 かみや助右衛門。広嶋半紙・諸口は大つかや町 おびや助右衛門。備中 杉原・厚紙は大つかや町川崎や九兵衛。美濃紙は、今橋 加賀屋吉右衛門 同所 四郎兵へ。広嶋塵紙は四ツ橋　わたや善佐衛門・木や利兵へ。高野紙 かねは、河原町一丁目 銭屋与兵へ・いけや太兵へ、米屋町 山がや長左衛門。半切紙は大つかや町 おびや五兵へ 等。

「経師紙類」〔江戸流行買物重宝記・肇輯〕に南転馬町一丁目 伊勢屋源兵衛、本石町十軒店 丸屋彦兵衛、本郷四丁目 万夜彦次郎、麴町三丁目伊勢屋宇兵衛、山下町 備中屋 伝蔵、瀬戸物町 藤田源兵衛ら十五軒がある。

髪の事【かみのこと】〈髪の嗜み〉〔女重宝記・一〕に髪は女風流の第一とし、髪の多少 長短 太細は生れ付きであるが、色黒くしなやかなのは朝夕の心掛けであり、髪形の艶々と美しいのは鈍な顔もよく見える。嗜むべきは髪で、朝寝して寝乱れ髪を夫に見せてはならない。〔嫁娶調宝記・四〕にはしなやかで嬋娟なのを、秋蟬の羽の涼やかに竪横に行き通り、黒く麗しく墨を磨りかけたのに擬え、零れ掛る鬢の面差《おもざし》は艶で見捨てがたいものという。

〈髪結い嗜み〉〔童女重宝記〕に婦人が髪結う始めは、天照皇大神が八《や》坂瓊御統《さかにのみすまる》をもって髻《みつ》鬘《なたき》と腕《かいな》に纏められたことに始る。髻鬘は「けまん」と読んで下げ髪のこととし、天武天皇の御宇に始めて結わせられたと『日本紀』にある。それ以来風俗は時に従い種々変り、士 農 工 商 自ずから異なるが、和国の礼儀であるから嗜みが第一である。諺に髪容《かみかたち》は、姿風俗がどれほどよくても、髪を取り乱したのは殊に見苦しく不礼の意、婦人の慎むべきこととする。

〈女の髪結い様〉〔嫁娶調宝記・四〕に絵図がある。下げ髪* 御所風 揥枝《こうがい》曲《わげ》* 嶋田曲* 角髻《つのくり》曲 夜取上髪《よとりあげかみ》 昼取上髪 兵庫曲 若衆了髻《わかしゅかぶろ》（図105）、すべらかし* 半すべらかし* 吹上曲* しんきわげ* 禿髪* 丸額《まるびたい》* 火塔額《かとうびたい》* があり、説明も絵もないが半笄曲 鹿児島 手細髪もある。〔女重宝記・一〕には上述の外

に、ぐるぐる丸曲 五段曲 大嶋田 今時流行るやつし嶋田の外、様々の結い様があるという。上々には、下げ髪。町風は京も田舎も嶋田・笄曲の二色を上﨟も下女も普く結うのが七八十年来のことである。脇詰のやつし嶋田は訳らしく目に立ち、振袖の笄曲は大人ぶって異なもの故、それぞれに結うのがよい。嶋田・笄共に高いのは田舎めいており、牡丹の花が籬の内に高からず低からず、花瓶相応の程を思い結うのがよい等、鬢や首筋の粧い方にも及んでいる。

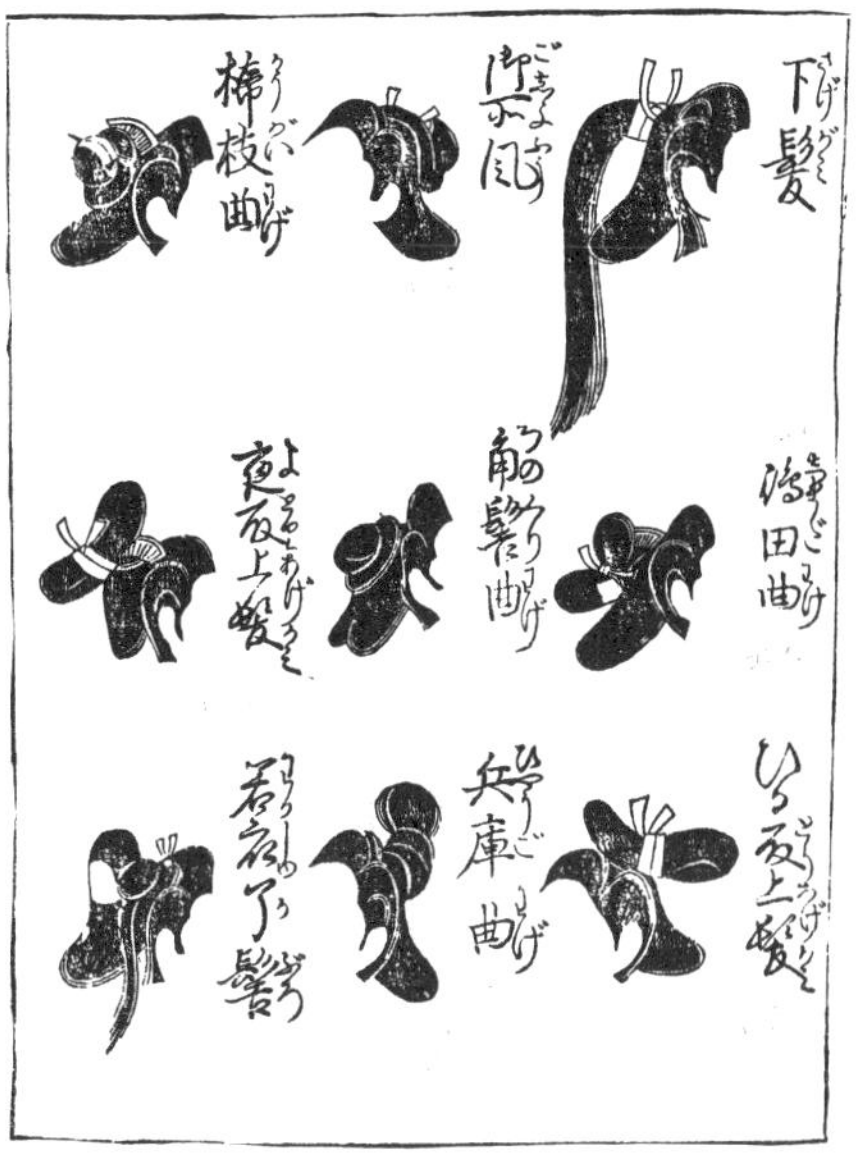

図105 「髪結い様」（嫁娶調宝記）

〈髪油〉〔女重宝記・一〕に髪の油は胡桃の油がよく、色黒く品よく、香は高くない。その他の油はよくない。匂いの悪い油をつけた女は心劣りがする。「香具髪油」モ見ル〈洗髪〉〔昼夜調法記・正徳四〕に髪は再々洗うと品が悪くなる。洗わずに垢を落すには、藁本と白芷（各等分）をよく刻み、夜に髪に摺り塗り 翌朝梳くと垢は自ずから落ちる。〔清書重宝記〕に髪を洗い粘る時には、石灰を湯に入れて洗う。

〈髪抜けぬ方〉〔昼夜調法記・正徳四〕には榧の実と胡桃の実（各三ツ）・側栢《このてがしわ》（指の大きさ程二片［〔女重宝記・四〕には檜の葉］を細末（粉）にして頭の髪肌につけるとよく、また水に浸し櫛水に使うのもよい。この薬は髪の根を強くするので度々すれば髪は抜けない。男子小人も同じである。〔懐中重宝記・慶応四〕に「髪の毛の抜ける」には、木槵子《むくろじ》の皮共に煎じて洗うとよい。煎じ詰めてもよい。〔昼夜重宝記・安永七〕には生禿《しょうとく》烏雲油《ううんゆ》*を塗るか、或は桑白皮を刻み煎じて洗うと髪は落ちない。〔俗家重宝集・後編〕には桑の葉と麻の葉の二味を髪の油に浸し、朝夕つけると抜けず長く延び続ける。〔昼夜調法記・正徳四〕にも婦人の髪について次がある。○「婦人髪を梳り抜けぬ方」は、側栢（指の大きさ程を二片）、榧実・胡桃実（各三ツ）を細かに摺り粉にし髪肌に付けるとよい。又は水に浸して櫛水に使うのもよい。この薬は髪の根を強くするので度々用いれば髪は落ちない。男子少人も同じ。○「禿げた跡に生髪の薬」は、生禿烏雲油*を用いる。秦椒・白芷・川芎（各十匁）、蔓荊子・零苓香・付子（各五匁）を各々生で細かく刻み 絹に包み 白絞りの油に二十一日浸して置き、一日に三度ずつ禿げた跡や髪のない所に塗るとよい。この油が着くとどこでも毛が生えるので無用の所には着かないように用いる。また桑白皮を刻み煎じて髪を洗うと髪は落ちない。○「婦人の髪の短いのを長くする方」は、棗の木の根が東へ向いたのを三尺切り、甑《こしき》の上に横に置いて蒸し、両方の切り口から出る汁を採り、髪に塗ると長くなる。また女の落髪を煎じ焦がし、鍋の底に膏薬のように着いたのを取り、髪に塗ると長くなる。

〈生髪伝〉〔諸民秘伝重宝記〕に○「髪生ゆる伝」は、枳殻を丸ながら黒焼にし 真菰の墨の二色を等分に合せ、髪の油で溶きつける。禿げた所には栗の毬《いが》でしくしく突くとよい。○「毛を抜き痛まぬ伝」は、粉糠を器に入れ その上に炭火を載せて焼き灰とし、粉を摺りつけて抜くと痛まない。〔調法記・四十七ゟ五十七迄〕に、○「髪無き所に髪生る法」は、秦椒・白芷・川芎（各十両）、蔓荊子・零陵香・付子（各五匁）を生

で細かに刻み、絹に包み、白絞り油（白胡麻油）に二十一日浸し、その後一日に三度ずつつけると生える。また禿げた所には鼠赤子・蛭・真菰の根を黒焼にして胡麻油でつけるとよい。○「額の髪の禿げたのを生やす伝」は、蛇《くちなわ》の絹（抜け殻）を禿げた跡の広さにし、饂飩粉を水で捏ね膏薬のように延べてつけると生える。〔昼夜重宝記・安永七〕に「婦人の髪の短いのを長くする方」は、棗の木の根の東へ向いたのを三尺切り取り、甑《こしき》の上に横に置いて蒸し 両方の切り口から出る汁を茶碗に取り、髪に塗ると長くなる。また女の髪の落ちを油で煎じ焦がし、鍋の底に膏薬のようになったのを髪に塗ると長くなる。

〈諸症〉〔調法記・四十七ゟ五十七迄〕に「髪の赤いのを黒くする伝」は、○桐の葉を煎じて洗うと黒くなる。○酸物草《すいものぐさ》と大豆を煮た汁を髪に塗ると、光沢は漆のようになる。○乳香を胡麻油に七日入れて置き、髪に塗るとよい。○五倍子《ふし》の粉で煎じ度々洗うのもよい。○黒胡麻を食うのもよい（〔大増補万代重宝記〕）。〔男女御土産重宝記〕に「白髪を黒くする」には、黒大豆、或は石榴の皮を酢で煎じて鬢水に使う。〔新撰咒咀調法記大全〕に○「髪の粘りを直す伝」は、葳霊仙（十茎）、側栢葉（二枚）、牙草（三茎）、黒牽牛（二十粒）、黄栢皮（一斤）を細末（粉）にし、絹の袋に入れて胡麻油に浸して漬ける。○「髪縮みたるを伸ばす方」は、蕪菁子の油を塗る。○「髪の抜けない方」は、桑白皮（四十匁）を煎じ滓を去り塗る。〔万用重宝記〕に「髪の粘る」のには、酢を少しつけると奇妙である。

〈髪落食物宜禁〉〔世界万宝調法記・下〕に「宜い物」は大麦 韮 葫 胡桃 覆盆 鴈 海鼠。「禁物」は蕎麦 大根 醬 芹。

上の御井【かみのみい】 伊勢名所。〔東街道中重宝記・七ざい所巡道しるべ〕に「外宮」の記載に、「上《かみ》の御《み》井《い》」の水を両大神宮の朝夕の御饌《みけ》（＝供物）を炊《かし》ぐのに用いる。「天忍《あめのおし》穂《ほ》井《い》」とも「おも井」ともいう。「下《しも》の御井」参照

神世七代【かみのよななよ】〔諸人重宝記・七〕に次がある。太古、天地が浮き漂う程に定まる中で、葦牙《あしかび》のように現れた七神で、国常立《くにとこたちのみこと》、次に国《くに》狭槌《さつちの》尊、次に豊斟渟《とよくむぬの》尊、この三神は純男《お》の神である。次に偶生《ぐうしょう》といい二神ずつ現れた。埿土煮《ういじにの》尊・沙土煮《すいじにの》尊。次に大戸之道《おおとのじの》尊・大苫辺《おおとまべの》尊。次に面足《おもるの》尊・惶根《かしこねの》尊。次に伊弉諾《いざなきの》尊・伊弉冊《いざなみの》尊。これまでを神世七代《かみのよななよ》という。国常立より大戸之道・大苫辺までは御形現されず、面足・惶根から陰陽《めお》の機《き》があり、伊弉諾・伊弉冊は正しく五行を備え、事相 全体円妙の神である。神名は『日本書紀』で、『古事記』とは異なる。

加味敗毒散【かみはいどくさん】〔医道重宝記〕に加味敗毒散は、急驚風*が初めて発《おこ》り発熱し、手足びくつき 空目づかいし 反り返るのを治す。風熱甚だしく形 気ともに実する者の初発に用いる。人参敗毒散*に全蝎・白姜蚕・白付子・血骨皮・天麻を加え、共に十五味に生姜を入れて煎ずる。〔改補外科調宝記〕には臁瘡《はばきがさ》*の薬とし、薄荷・瓜蔞・白芷・烏梅・生黄・黄芩・帰尾・半夏・桑白皮・茅根・灯心を煎じて服する。

加味八珍湯【かみはっちんとう】〔改補外科調宝記〕に加味八珍湯は、湯火《とうか》傷《しょう》*で火毒が内に入り身熱し大小便の通じないのに用いる。薬方は、当帰・芍薬・川芎・生地黄・黄芪・黄連・黄芩・茯苓・山梔子・木通・甘草（各等分）を煎じて用いる。

加味肥児丸【かみひにがん】〔小児療治調法記〕に加味肥児丸は、諸々の疳癪*で大きく腹脹り、壮熱するのを治す。青皮・陳皮・香付子・神麹（炒）・麦芽（炒）・白朮・白茯苓・三稜と莪朮（二味煨し 酢で炒）・黄連姜（炒）・胡黄連・使君・蘆薈・檳榔（各五匁）、木香（三匁）を末（粉）し、麵の糊で丸じ、燈心湯で用いる。虚したのには人参を加え、発熱のないのには胡黄連を去る。

加味平胃散【かみへいいさん】〔医道重宝記〕に加味平胃散は、平胃散*に神

麴・麦芽を加えたもの。宿食（前日炊いた飯）の消化しないものを治す。

加味保元湯【かみほげんとう】〔小児療治調法記〕に加味保元湯は、痘の結《ふた》痂《づくる》*の後、虚煩するものに用いる。甘草（五分）、人参（一匁）、山梔子・知母（一匁半）、黄芪（二匁）、麦門冬（二匁半）。これを水で煎じて温服する。結痂の後に余熱のあるものには牛房子（一匁半）・白朮（一匁）を加える。

紙干【かみほし】〔紙漉重宝記〕に、一間板の表裏へ五枚ずつ図の様に貼る。紙の一方は少し厚く、その方へ始め図の様に竹で巻き取り、右手で蘂《しべ》箒《ほうき》で撫でつける、熟練を要する。一人に漉板四十枚を用意する。日和なら早く乾き、雨天なら火に掛けて乾かすことがある（図106）。

図106「紙干の図」（紙漉重宝記）

神谷【かみや】所名。高野山女人堂へ五十八丁ある。ここは七口の内の不動口であ。八丁行くと そとは木《ぎ》という名木があり、又 九丁行くと のまず水、又 三丁行くと四寸岩、又 四丁行くと不動橋、又 十四丁行くと外の不動がある。この間に四十八曲りがあり、不動坂という。又 七丁行くとさいし坂、この辺に岩不動、乳児《ちご》が滝があり、又 七丁行くと花折坂で参詣者が花を折って供える瓶がある。又 六丁行くと女人堂*がある。〔東街道中重宝記・七ざい所巡道しるべ〕

紙屋紙【かみやがみ】昔、内裏で紙屋を［北野紙屋川に］建て紙*を漉いた時、宿直《とのい》を据え置かれたので宿紙《しゅくし》といい、薄墨色で綸旨紙とも言い、蔵人が勅命を奉じて書いて出す公文書に使う。〔重宝記・宝永元序刊〕

神吉日【かみよしにち】暦下段。上吉《かみよし》とも書く。万に用いてよいが不浄の事には忌む。神事 祭礼 遷宮 宮造り 立願 宮参りはことによい。甲《きのえ》申・午の日。乙《きのと》卯・未・午の日。丙《ひのえ》申・午の日。丁《ひのと》卯・酉・未・丑の日。戊《つちのえ》子・申・午の日。己《つちのと》卯・亥・酉・未・巳の日。庚《かのえ》亥・申・午の日。辛《かのと》亥・午・申の日。壬《みずのえ》子・申・午の日。癸《みずのと》卯・酉・亥の日。〈神仏門〉には次がある。甲《きのえ》辰・午・申の日。乙《きのと》巳・丑・酉の日。丙《ひのえ》午の日。丁《ひのと》丑の日。戊《つちのえ》申の日。己《つちのと》巳の日。庚《かのえ》午の日。辛《かのと》酉の日。壬《みずのえ》申・午の日。癸《みずのと》酉の日。〔重宝記永代鏡〕

冠【かむり】〔万物絵本大全調法記・上〕に「冠 くはん／かうぶり／かむり」、又「冕 べん／たまのかむり」。〔人倫重宝記・一〕には、緇布冠《しふかん》*より冠は代々形も名も変ったが、我が国では聖徳太子*が十二階の制を定めて絹で縫ったと『日本紀』にみえる。今の冠は上古の冠よりも高く巾子《こじ》も大きく 纓も広い。冠師は京室町三条下ル町に三宅土佐守がいる。その外烏帽子折*は今は皆室町にある。〔万買物調方記〕に「江戸ニテ御冠并烏帽子折」は、油小路中立売下 木村筑波、同一条上ル町 同庄兵衛、室町一条上ル町 杉本美作、室町三条下ル町 三宅近江。「江戸ニテ御冠烏帽子并装束」は日本橋南二丁目 前羽孫兵衛、同三丁目 山城守重正がいる。

冠字尽【かむりじづくし】「篇冠構字尽」ヲ見ル

亀綾【かめあや】〔絹布重宝記〕に亀綾羽二重ともいう。練糸の極（羅）最上で織り、底光沢《そこつや》があり、結構な絹である。特に御召し地となる絹なので、抜群の絹性で黒紋付にしてこの上ない。

亀井算【かめいざん】算盤の割算計算法の一。割算法は普通は「見一《けんいち》割声」*「八算《はっさん》割声」*を使ったが、亀井算では「九九の声」*を使った。「九九引

算」ともいう。〔万用日用調法記〕の例題、米六石七斗四升三合を五ツに割ると、答えは、一石三斗四升八合六勺。計算法、下位の合から、五六三十引といい三を六にする。升、五八四十引といい四を八にする。斗、四五二十引といい上の五をおろして二ツ引き四となる。石、一五五引といい上へ立てこの内五を引き三となる。三五十五といい、一を三にして下で五を引き一となる。

亀かうやく【かめこうやく】〔洛中洛外売薬重宝記・上〕に「亀かうやく」は、寺町今出川上ル三丁目 たわらや長兵へ にある。第一に筋気、脚気、挫き、打ち身、切り傷、ひび、あかぎれ等によい。

亀の事【かめのこと】〔万物絵本大全調法記・下〕に「亀き／かめ、又いしがめ」。〔薬種重宝記・下〕に和介、「亀甲きかう／かめのかう。亀板きはん／かめのはら。酒を塗り焙ること五度、或は醋《す》にても焙る」。〈薬性〉〔永代調法記宝庫・四〕に亀は甘く平、知恵を助け、食を進め、咳又は耳鳴りによい。十二月に食すると忽ち死ぬ。亀の甲は瘧を落し、幼児の脱肛の薬となる。鼈《うみがめ》は孕み女に嫌い、莧と同食は禁物である。〈精汁の書写物〉〔男重宝記・二〕に亀の精汁を墨に入れて石や木に物を書きつけると、いつまでも消えない。「書写の消えぬ法」モ参照〈食合せ〉〔世界万宝調法記・下〕に懐妊中亀を食うと生れる子は項《うなじ》が短いという。〔家内重宝記〕には亀に莧を食い合せると腹中に亀を生ずる。〈紋絵〉〔紋絵重宝記・上下〕には、亀の抱き合せと亀の丸、また亀字を意匠した模様がある。「いしがめ（石亀）」「すっぽん（鼈）の事」参照

亀の枕【かめのまくら】 大和詞。「かめのまくらとは、八卦の事」である。〔不断重宝記大全〕

亀腹【かめばら】「脹満《ちょうまん》」を見ル

亀山【かめやま】「かめやま（亀山）は、ほうらい（蓬莱）なり」。大亀が背負っているという。〔消息調宝記・二〕

亀山より関【かめやまよりせき】 東海道宿駅*。一里半。本荷百一文、軽尻六十三文、人足四十九文。右に城がある。出口に坂がある。野村 のぞき茶屋がある。野尻 のんこ（能古）茶屋 庭がある。落針 村入口に坂がある。大こうち 縄手十八丁。左は関川である。右に出羽の羽黒を勧請してある。小野村 橋がある。左に城跡がある。左に鳥居があるのは、京からの参宮街道である。ここから山田迄は十四里半ある。〔東街道中重宝記・寛政三〕

冬瓜の事【かもうりのこと】〔薬種重宝記・上〕に和瓜、「冬瓜 とうぐは／かもうり。湯に煎じて痔を洗へば、腫痛を去る」。〈薬性〉〔医道重宝記〕に微寒で毒なく、小便を通じ、腫れを治し、熱を去り、渇《かわき》を止める。多食すると痩せる。〔永代調法記宝庫・四〕には加えて、気を増し、腰より下の冷えを引かし、頭や顔の煩《いき》れを治す。霜が降って後に食しないと膈症*を生ずる。〈料理〉〔料理調法集・口伝之部〕には冬瓜は霜より前には用いない物とし、酒の上、或は後段の汁等には秋の内に用いる。〈漬け様〉〔男女日用重宝記・下〕に「たうぐは（冬瓜）漬け様」は少し色どり、下に酒の糟を敷き、その上に塩を霜の降った程振りつけて並べ、また塩を降り 糟を置きよく押しつけて置く。

鴨川の洪水【かもがわのこうずい】〔年中重宝記・五〕に次がある。毎年五月梅雨の時節は諸国共に洪水するが、特に京師鴨川は例年洪水して家を流し石垣を崩す。後醍醐天皇（文保二～延元四、一三一八～三九）も朕《ちん》が心に任せぬものは鴨川の水と比叡山の法師と言われたという。後堀川院の安貞二年（一二二八）大風雨があり 鴨川が洪水し、勢田判官為兼に命じて河水を防がせたが、どうしようもなく茫然としている時、異僧が来てこの水を防ぐには賀茂川の東岸の南に夏《か》の「禹王の廟」*を建て 北に弁財天の社を造営して祀れと告げ、寺に入り見えなくなった。その寺は今の仲源寺「目病地蔵」*である。為兼は奇異の思いをし、両社を建立すると洪

水は忽ちに治まったという。また安倍清明*が鴨川の洪水を祈って験《しるし》があり、寺を建て法城寺*となづけた。法城の字を分解すると、水を去りて土と成ると書く。初めは真言宗、中世に浄土宗となり、寺号を心光寺と改め、慶長十二年（一六〇七）に三条の端東に寺を移した。清明死後この寺に葬り、よって近世まで五条川原に清明塚があった。

か文字【かもじ】 女詞遣。〔万家重宝女用花鳥文章〕に「かもじ、髪 かみといふ事」。〈母〉〔重宝女訓女今川操文庫〕に「母（はゝ）をかもじ」。〔女寺子調法記・天保十〕には「かかさまは、かもじ」という。

髢／鬘師【かもじ／かずらし】〔万物買物調方記〕に「京ニテ髢 鬘師」は、烏丸通に多い。三条縄手町 鬘師増川庄九郎。「江戸ニテ髢 鬘師」は新橋南二丁目 能の鬘師。通塩町 吉の屋半右衛門。堺町 床の六兵へ。「大坂ニテ髢 鬘師」は、久宝寺町 堺屋久左衛門。堺筋博労丁。御堂の前。御堂筋米屋町 京屋三郎右衛門。

鴨の事【かものこと】〔万物絵本大全調法記・下〕に「鳬 ぶ／かも。鴨」。〈異名〉〔書札調法記・六〕に鴨の異名に、鳬《ふ》付《ふ》 雨《う》群《ぐん》がある。〈薬性〉〔医道重宝記〕に鴨は冷にして毒なく、中《うち》を補い気力を増し、胃を和《か》し食を消す。〔永代調法記宝庫・四〕には虫 水腫 虚によく、胡桃と木耳《きくらげ》は禁物である。〈料理仕様〉〔諸人重宝記・四〕に鴨は、汁 骨抜き 煎り鳥 生皮 刺身 鱠 濃漿 串焼き 酒浸てにする。〈刺身〉〔諸人重宝記・四〕に雉子*のように骨を抜き輪切にし 山葵酢、或は生姜味噌がよい。〈諸料理〉〔料理重法記・下〕に、〇「鴈鴨の叩き方」は鳥の肉と骨を十分細かに叩き、肉一升なら塩五合、麹二合も三合も合せて壺に入れて置く。〇「鴈鴨の煮方」は常の通りに鳥の身を造り、酒と醤油を等分に合せ、鳥を鍋へ入れ、前の汁をひたひた程に入れて墨火で煮る。〈食合せ〉〔料理調法集・当流献方食物禁戒条々〕に、〇鴨に蛤 木耳 胡桃 辛子 桃の類を忌む。〇鴨 雀 鶏玉子を食い、李 蜜を忌む。〇鴨 雉子の料理に、香の豆 煎り豆の食い合せを忌む。〈中毒治法〉〔改正外科調宝記〕に鴨と家鴨の毒に中《あた》った時は糯米の白水*を温めて用いる。〈御目にかくる口伝〉〔諸礼調法記大全・天〕に「雉鴨を御目にかくる事」は、番《つがい》の鳥なら羽衿を差させ、腹と腹とを合せ、男鳥は自分の右、女鳥は左にして出し、自分の前で御目に掛ける。「雉子の事」参照

賀茂の神事【かものじんじ】〔年中重宝記〕に次がある。正月七日朝 賀茂神事。十四日 賀茂御棚飾。十六日 賀茂神事歩射。正月終りの子の日に上賀茂燃灯祭。三月三日 賀茂神事。四月中の日 賀茂国祭り。同四月中酉の日 賀茂葵祭。賀茂の社家 氏子が葵葛を衣領にかけて祭祀を行うので葵祭*という。この葵は旧例として北岩倉と長谷《ながたに》の間、中村から毎年献ずるのは、古くは賀茂の神領の内であったからと思われる。また、鞍馬の東南静原の里からも葵葛を採って来る。翌日は土解《どげ》祭り。五月朔日 賀茂の競馬足揃え。六月二十八日 賀茂神事能は丹波矢田太夫が勤める。七月朔日 賀茂翌日能。十一月十日 賀茂大田祭り。十一月第二の酉の日 賀茂の臨時の祭り。〈京名所〉〔東街道中重宝記・七ざい所巡道しるべ〕に上賀茂大明神に御手洗川《みたらしがわ》がある。社地は景色甚だ美である。

賀茂の社【かものやしろ】 大和詞。「かものやしろとは、物思ふ事」である。〔不断重宝記大全〕

鴨半平【かもはんぺい】〔料理調法集・鱧餅真薯之部〕に鴨半平は、鴨を卸し身を崩しよく擂り、魚の擂り身を二分程合せ、芋 玉子を擂り交ぜ、醤油で塩梅するとよい。鴈や雉子の類も同じ。

鴨飯【かもめし】〔料理調法集・飯之部〕に鴨飯は、鴨を卸して油皮を煎じ、その湯で飯を炊き、鴨の身はこそげるとよい。叩きぼろぼろにして、酒と醤油で煮、飯の上に懸けて出す。

掃部介頼季世葉【かもんのすけよりすえせいよう】 諸氏名字。信濃源氏。乙葉 井上 時田 米持 高梨 順田 桑洞 小坂 窪 仁科 佐久 関山 安木田 村上の十四名字

がある。〔筆海重宝記〕

掃部寮【かもんりょう】〔万民調宝記〕に掃部寮《かもんりょう》は宮内省*に属し、祭 節会等天子の御座、及び人臣の座を構える司である。頭《かみ》一人、御装束の奉行である。

蚊帳【かや】〔万物絵本大全調法記・上〕に「帳 ちやう／かや、蚊帳 ぶんちやう。夏」。〔女中仕立物調方記〕には色々あり、常の通りから、何の役柄もないもの、横竪を色々の糸で大嶋等織りつけたもの、見事な生絹、金紋紗の蚊帳もある。いずれも四天 総縁ともに、唐織金入 繻子緞子に紋散し織りつけ、裾には大方緋綸子色縮緬、縞縮緬などを用いる。金紋紗等には畳縁に板の物を用いる。尤も裾に銀か鉄の押さえ金がある。

栢ながし【かやながし】 菓子名。栢ながし、外郎餅に栢入り、蒸して。〔男重宝記・四〕

榧の事【かやのこと】〔万物絵本大全調法記・下〕に「榧 ひ／かへ／かや」。〈異名〉〔書札調法記・六〕に榧の異名に、栢 棐棑《ひひ》 披子 赤果《せきか》がある。〈薬性〉〔医道重宝記〕には平にして毒なく、痔を治し、虫を去り、食を消し、筋骨を助け、目を明らかにする。〔永代調法記宝庫・四〕には血の薬、寸白《すばく》（＝サナダムシ等寄生虫）を水になし、身を軽くするとある。〔改補外科調宝記〕に榧の実油は、榧の実を粉にして蒸して採る。金瘡、腫物の肉をあげ、第一に傷を癒し、筋を和らげ、悪血を去る。〔万用重宝記〕には寝小便* 或は小用の近い人に榧の実を寝る時食わせると忽ち止まる。〈食合せ〉〔万用重宝記〕に榧の実と鮒の鮓は食い合わせとなる。〔料理調法集・当流献方食物禁戒条々〕に榧を食いながら へた貝を食い、茶を呑むことを忌む。〈薫物香具拵様〉〔男女御土産重宝記〕に「榧の木」も楠木*のようにする。

蚊遣香【かやりこう】〔調法記・全七十〕に「名方蚊遣香、一名霜夜」として次がある。榧木（大）、白檀・甘松・丁子・薫陸（各中）、樟脳・沈香（この二味は大小加減好に任す）。これを荒く刻み 香炉に捻り焚くとよい。

蚊遣火【かやりび】 大和詞。「かやり火とは、夏の蚊をふすぶる（薫）を云ふ。また、人にふすべらるる事」をいう。〔女用智恵鑑宝織〕

蝦遊【かゆう】 七死の脈*の一。蝦遊の脈は皮 毛にあり、蝦《かえる》が水に浮いて動かず、すぐに去り、また来て居場所が分からないようである。脾胃の死脈、魂の去る脈である。〔昼夜調法記・正徳四〕

痒がりに【かゆがりに】 痒がりには、年越のひらぎ（柊）で掻くと妙である。〔万まじない調宝記〕

粥の事【かゆのこと】〔料理調法集・飯之部〕に粥は、米一升に水七升五合で煮ると加減がよい。よく煮えた時 鍋の底に熾《おき》をつけて置くとよい。〔料理調法集・口伝之部〕に粥の汁を、「粥のこ」と言う。〈薬性〉〔永代調法記宝庫・四〕には胃を濯ぐ、食い過ぎると腎にたたる。〔女重宝記・二〕には粥を食うのに汁を掛けてはならず、分け（取り置き）をしてはならない。〈食合せ〉〔料理調法集・当流献方食物禁戒条々〕には粥を食い泔（米の磨汁）の湯を呑むと忽ち死ぬ。また、粥に生姜を食い合わせると霍乱*を起こす。〔家内重宝記〕には粥の後練り湯を呑むと淋病*を生ずる。

通いの事【かよいのこと】〔女用知恵鑑宝織〕に「かよい（通い）」のことを、地下《じげ》に給仕人*と言うのは理由があり、ただ「通い」と言うのがよい。通いを待たせて置いて汁を吸ったり、通いが汁を替えて持って出るのを直ぐに取って食うのは「受け吸い」と言い、してはならない。通い盆は座敷中に捨て置いてはならず、御飯を注ぐ時も盆は持ち添えて出る。但し、御飯は盆では受けず、左手でそっと底を受け、飯を盛って差し出す。汁は盆に受け、勝手で装い 蓋をして持ち出、客の前で取り、盆の縁に掛けて差し出す。汁は減った方へ参らすとはいえ、再々覗き回るなど決してしてはならない。御飯など強いてはならず、何でも持って出る時は差し上げて出る。「祝言の通い」は別項

荷葉【かよう】「はす／はちす（蓮）の事」ヲ見ル

火曜星【かようしょう】〈七曜星の一*〉〔重宝記永代鏡〕には火に属す、半吉。熒惑《けいわく》と名づける。この日は、盗賊を捕えに行き、武芸を習い、馬に乗る等の激しいことによい。薬合せ、種蒔き、家作り、嫁取り等は悪い。この星は夏七十二日を主《つかさど》る。昼見えると火災が多い。この星に生まれる人は心卑しく、貌は醜い。〈九曜星の一*〉〔昼夜懐要両面重宝記・寛延六〕には祭り日二十九日。大いに凶。特に火を慎む。羅睺星 計都星とともに悪星で慎むのがよい。〔懐中重宝記・弘化五〕には毎月の二十九日申の時（十六時）に子の方（北）に祭る。この星に当る人は旅立を固く忌む。その他、万事に悪く、病いがある。望み事について外より災いがある。親類の内、老人に別れることがある。二・三・五・七・九・十一月は火事を慎む。戌亥（北西）の方は一ケ年塞りである。

荷葉餅【かようもち】菓子名。荷葉餅、ながし物、中へはす（荷）入り。〔男重宝記・四〕

駕輿丁【がよちょう】「がよちやう（駕輿丁）とは、かご（駕籠）かく人」。〔消息調宝記・二〕

から【から】片言。「から」とは「故」のことである。何とした故にというような時、伊勢・関東などでは「何としましたから」という。〔不断重宝記大全〕

殻【から】御所言葉。〔女用智恵鑑宝織〕に「きらず（雪花菜）は、から（殻）、ゆき」。また〔女寺子調法記・文化三〕には「きらず（雪花菜）」をいう。「きらずを、から又うの花共」いう。

唐糸蒲鉾【からいとかまぼこ】〔料理調法集・蒲鉾之部〕に唐糸蒲鉾は、銀糸蒲鉾*のようにして五色にする。又は擂身に紅を交ぜ、黄は梔子の汁、黒は干瓢を炮烙で黒く焼き粉にして絹篩いし、青は寄せ菜を絹濾しにして拵える。

から糸餅【からいともち】菓子名。から糸餅、上しめし物、中うき物、下ながし物、小豆入り。〔男重宝記・四〕

碓【からうす】〔万物絵本大全調法記・上〕に「碓 たい／からうす」。〔人倫重宝記・一〕には唐で宓犠が作り始め、始めは水車で舂《うすづ》いていたが、後には人の身で踏むことになり、渡来して日本中に広まった。

唐瓜【からうり】唐瓜《からうり》は真桑瓜*など甘瓜の総称。〈薬性〉〔永代調法記宝庫・四〕にからうり（唐瓜）は、小便通じ、瘡を癒す。渇きを止めるが血が渇く。

空嘔【からえずき】〔万まじない調宝記〕に「からゑづき」（吐気のみで何も吐かぬ事から云）なら、陳皮《ちんぴ》*と桹榔子《びんろうじ》*を煎じて飲むとよい。

傘の事【からかさのこと】〈傘屋の始め〉〔人倫重宝記・四〕に傘《からかさ》は、唐の上代には車の上にさして日を覆うものとし、帛《きぬ》で張り 天子は紅黄色《もみきいろ》、官人は青色を、周の始めからは雨天に用いた。その後日本に伝わり、ある説に聖武天皇の正暦三年（九九三）に田村将軍の臣高重が匠み 作り出したという。日本にも上古より日傘を用いたのか、「久方の天照る月を網にして己が大君は傘に作れり」（人丸）の歌もある。〈傘に文字を書く〉〔筆海重宝記〕に傘類等油を引いた物に文字を書く時は、鉄漿《おはぐろ》で墨を磨って書く。〔万まじない調宝記〕に油紙傘等に物を書く時は、青松葉を一握り五分ばかりに刻み、一夜水に浸した水で墨を磨って書く。鉄漿汁一雫を墨に磨り混ぜて書いても妙である。〈手品〉〔調法記・幕末頃刊〕に「傘より雨を降らす伝」は、油紙に針で穴を明け、その穴を蠟を沸かして防ぎ、その紙に水を包み傘の頭の紙と見せかけ、座敷の上の板に押しつけると、針穴から水が流れ出て雨のようで、奇妙々々。〈売り店〉〔江戸流行買物重宝記・肇輯〕には「笠 傘 金剛」として、新材木町 六門屋源助、横山町二丁メ 加田屋佐兵衛、駒形町 越中屋藤吉、両国元町 伊勢屋甚助ら十八軒がある。

唐金【からかね】　唐金《からかね》は青銅。〈軽重数〉〔古今増補算法重宝記改成・上〕に一寸六方の重みを六十六匁とする。〈鋳取り様の伝〉〔新板秘伝日用重宝記〕に「唐金・銅《あかがね》・真鍮の鋳取り様の伝」として、米糊の強いのを金物の上に着けて上に紙を貼り、日に干して紙を取り去るとよい。

唐紙の事【からかみのこと】『日葡辞書』に「Caracami.（唐紙）ダマスク織［綾織］のような色や文様のついた紙」。多く扇面や襖《ふすま》 障子《しょうじ》に用いた。〈売り店〉〔万買物調方記〕に「京ニテからかみや」東洞院二条下ル二丁目、同六角下ル町、三条ひしや町にある。「江戸ニテ地からかみや」通乗物町 藤林五郎兵へ、京橋南四丁目 入江彦五郎、新宿竹川丁 同作兵へ、出雲町 大塚や次郎兵へ、通銀町 田川市郎兵へ、同所 弥兵へ ら十四軒がある。「大坂ニテからかみや」今橋二丁目同一丁目 からかみ ゐんきんや作兵へ、平の町 印金からかみ、がある。〈煤けた唐紙の上に貼って染みの出ぬ伝〉〔日用調法人家必用〕に「煤気たる唐紙の上をその侭貼り 染みの出ぬ伝」は、生渋《きしぶ》を引き、乾かして後に貼る。

唐木象牙【からきぞうげ】〔江戸流行買物重宝記・肇輯〕に「唐木象牙」は本石町十軒店 唐木屋七兵衛、南転馬町二丁メ 松葉屋久兵衛、本町四丁メ三河屋茂七、室町三丁メ 木屋仁左衛門、神田久左衛門町 尾張屋栄助がいる。

唐木屋【からきや】〔万買物調方記〕に「京ニテ唐木屋」御幸町松原下ル 七兵衛。「唐木細工師」富小路椹木丁 正晴、猪熊下立売 上ル（氏名ナシ）。「江戸ニテ唐木屋」糀町二丁目 橘屋長門、通乗物町 亀屋清左衛門。「唐木細工師」京橋柳町 徳岡木工人、本長崎町一丁目 さし物や休悦・同子久右衛門。「大坂ニテ唐木屋」西横堀 唐木屋五郎右衛門、同 大津屋源源兵衛、同 唐木屋九左衛門。「唐木細工師」は追手口 松村八郎兵衛。

殻切玉子【からきりたまご】〔料理調法集・鶏卵之部〕に殻切玉子は、煮抜き卵の殻の上を薄刃で静かに引き廻して切り、次に絹糸で切り離す。

唐草半平【からくさはんぺい】〔料理調法集・鱧餅真薯之部〕に唐草半平は、半平に擂り合せた身を板へ厚さ一分程につけ、その上に湯引きの海松《みる》を唐草のようにつけて蒸し上げ、切り形をする。

辛口新酒造り様【からくちしんしゅつくりよう】「新酒辛口」造り様は、本代元《ぼだいもと》*の造り方でよい。懸米の格式。○元米 一石分（但し、元を蒸し中二日又は三日間を置いて添えを掛るのに様子がある）。○添米 一石二斗（例えば朔日に添えを掛る）。○中米 二石三斗（三日の朝中を掛る）。○留米 三石五斗（同日の暮方に留をする）。この通り中米と留米とを一日に掛る。都合八石に留る。水合 五石六斗。麹合 八十四貫目。蒸の冷まし加減は、○元米は七分冷まし 温みを三分つけに入る。麹は定法、定法石に八貫目宛でよい。掛様。○元水は、石に一石一斗宛。麹は石に十一貫目宛。○添水は、ここで元と添と石水に平す。麹は元と添と石に八貫目宛。○中水は、ここで石に九斗水に平す。麹は石に八貫目平す。○留水は、ここで惣て水 石に八斗宛平す。麹は惣て八貫目宛に平す。蒸の冷まし加減は、○元米は七分の冷まし、温みを三分付に入る。○添米は九分冷まし、温みを一分付に入る。○中米は能々冷まし切って入る。○留米は米愈々よく冷ましひやし切って入る。この通りに留めて蓋をせず十時（二十時間）過ぎて荒櫂を入れ、愈々蓋を開けて置き、その後は三時目ごとに櫂を入れ、中三日造り桶に置き、留の日から五日目に一緒に打ち寄せ、その当座に能々掻き、その後は一日に三四度宛櫂を入れ、湧きの静かになる時分に蓋を半分掛け、湧き静まるのを見届けて蓋を詰める。この仕掛けで辛口に出来る。〔醸造重宝記・中〕

唐鶏頭【からけいとう】　草花作り様。唐鶏頭の花は、紅葉 蒲《かば》 朽葉 鳶色 黄色がある。土は真土に肥土、砂を交ぜて用いる。肥しは雨前に小便を根廻りへ掛ける。分植は四月に実を蒔き、苗植えをする。〔昼夜重宝記・安永七〕

からげ汁【からげじる】〔料理調法集・汁之部〕にからげ汁は、茄子を二ツに割り中を少し窪め、青山椒 芥子 擂胡桃《すりくるみ》等を入れ、紫蘇の葉に包み昆布を糸にして絡め、味噌汁に出汁を加えよく煮て、出す時葛を溶いて少し入れるとよい。

殻粉の糟【からこのかす】片言。〔不断重宝記大全〕に、京では小麦の挽き糟を「から粉のかす」という。手を洗う粉である。〔女用智恵鑑宝織〕に京でからこのかす（殻粉の滓）、大坂ではもみじ（紅葉）という。

唐小紋紗綾【からこもんさや】〔綿布重宝記〕に唐小紋紗綾は丈巾、紋柄は小模様である。一端（反）では着尺《きだけ》になり難い。同じ紋柄の絹をよせて裁ち合す。甚だ勝手の悪いものとある。

唐崎【からさき】〔東街道中重宝記・七ざい所巡道しるべ〕に、唐崎の一ツ松は名高い松である。宿泊するのによい。〈近江八景*の一〉〔麗玉百人一首吾妻錦〕に唐崎夜雨。和歌「夜の雨に音をゆづりて夕風をよそに名立つる唐崎の松」。〔年中重宝記・二〕に、六月二十八日 江州辛崎千日参り。

乾鮭【からざけ】〈薬性〉〔永代調法記宝庫・四〕に「乾鮭」は気を補い 心によい。筋骨を補い血虚にもよい。冷えた女が食すると月水が止まり懐妊となる。〈切り方〉〔男女御土産重宝記〕には薬を焼き熱灰に入れると柔らかになり、切る時刃物に灯し油を塗ると心易く切れる。〔新撰咒咀調法記大全〕には刃物に胡麻油を引くと快く切れる。また切る所に紙燭を灯して切るのもよい。また熱灰に暫く入れて切るとよい。

芥子【からし】 辛子とも書く。〔万物絵本大全調法記・下〕に「芥 かい／からし。春」。〈擂り様〉〔日用重宝記・下〕には、辛子を擂り 辛味のないのには挽き茶を少し入れて擂り直し、庭を掃いて擂鉢を俯伏せて少し置き、また擂り直すとよい。〈薬性〉〔医道重宝記〕に「芥子」は温で毒なく、気を下し、痰を消し、肺を通ずる。多く食してはならない。〈食合せ〉〔料理調法集・当流献方食物禁戒条々〕には、辛子と胡桃・砂糖・蠣・鯰・生姜の食い合せを忌む。〔重宝記永代鏡〕には辛子に鮒・鶏、或は芥子の葉に鮒・兎は食い合わせである。「みがらし（実芥子）」モ見ル

辛子和え【からしあえ】〔料理調法集・和物之部〕に、粉辛子でも粒辛子でも苦味を取り、擂って隠し味噌を少し入れ、酢酒塩で伸べ、裂海老 或は湯引き白魚、片木玉珧《たいらぎ》、海松食《みるくい》、赤貝等を和える。また酢を加えず和えることもある。品による。

辛子漬【からしづけ】〔料理調法集・漬物之部〕に辛子漬は、粉辛子を練り固め、熱湯で灰汁を去り 擂り、醤油に酒を少し加えて伸べ、濾して、小茄子等一塩押したのを漬ける。好きにより酢を加える。

辛菜効かせる法【からしなきかせるほう】〔俗家重宝集・後編〕辛菜を効かせる法は、辛《からし》を搔く時、右へ回して灰汁《あく》を出し、左へ回して搔くとよい。また大根卸しの絞り汁を入れて搔くとなお効く。

芥子ぬた和え【からしぬたあえ】〔料理調法集・和物之部〕に芥子ぬた和えは、芥子を摺り、隠し味噌を少し加え、豆腐を絞り入れる。粕ぬた、豆の粉ぬたも芥子を摺り合わせる。

軽尻【からじり】「荷物掛目御定めの覚」ヲ見ル

烏瓜【からすうり】「まくわうり（甜瓜／真桑瓜）」ヲ見ル

烏扇【からすおうぎ】〔万物絵本大全調法記・下〕に「射干 やかん／からすあふぎ／ひあふぎ。蝴蝶花」。〔薬種重宝記・中〕に和草、「射干 やかん／からすあふぎ」。蘆頭を去り、米泔《しろみず》*に浸して刻む。秘薬。〈草花作り様〉〔昼夜重宝記・安永七〕に烏扇の花は赤、朽葉色。土は肥土と砂を等分にする。肥しは、茶殻を干し 粉にして根廻りに置く。分植は春、秋ともによい。

犂【からすき】〔万物絵本大全調法記・上〕に「犂 り／からすき」「鑱 きん／からすきのさき」「鐴 へき／からすきのへら」。〔人倫重宝記・一〕に

は、唐で叔均が作り始め、渡来して日本中に広まったという。

犂星【からすきぼし】〔万物絵本大全調法記・上〕に、「参しん／からすきぼし。参星しんせいは、西方七宿之一也」。

烏算【からすざん】〔算学重宝記・嘉永四〕に烏算は、九百九十九羽の烏が九百九十九浦で、一羽が九百九十九声ずつ鳴く時、合せて何声になるか。計算法は九百九十九に九百九十九を二度掛ける。答えは、九億九千七百万二千九百九十九声である。

硝子徳利の中へ手鞠を入れる伝【がらすとつくりのなかへてまりをいれるでん】手品。硝子徳利の中へ手鞠を入れる伝は、心《しん》が灯心である。〔調法記・四十ら〕

鴉の事【からすのこと】烏とも書く。〔万物絵本大全調法記・下〕に「鴉あ／からす はしぶと」、「烏う／からす 茲烏 しう」。〔新撰呪咀調法記大全〕にはからすに大小の二種があり、大きいのを「鴉」、小さいのを「烏」という。鳴いてよく吉凶を人に告げ、また孝鳥とする。嘴の大きいのを大嘴烏《だいはしう》 また嘴太《はしぶと》、細いのは嘴細《はしぼそ》という。〈異名〉〔書札調法記・六〕に烏の異名に、鬼雀《きじゃく》黒鳥《こくちょう》 桑飛《くわひ》がある。〈薬性〉〔永代調法記宝庫・四〕に烏鴉は十二月に捕って黒焼きにし、幼児の癲癇に呑むとよい。

〈烏鳴きの占〉〔改正刪補日夜重宝万暦両面鑑・文化九〕に「東方朔秘伝鴉啼きの占」がある（図107）。〈烏鳴く呪いの事〉〔増補呪咀調法記大全〕には金剛合掌して手を合わせて拝み「千早振る神代の烏告げをして いつしかはらん本の〈梵字〉」を三遍唱え、また「七難即滅 七福即生 寿命長遠 唸急如律令」と唱える。〔諸人重宝記・五〕には「からす鳴く万の神の誓ひかや あじ本ふしやうかじはふりとく」と唱える。

〈闇夜に烏鳴く呪の歌〉〔大増補万代重宝記〕は「闇の夜に鳴かん烏の声聞けば 生れぬ先の父ぞ恋しき」（伝 一休和尚）を一遍唱えると災いを去る。〔増補呪咀調法記大全〕には①「烏家へ入る時の符」。②「烏の糞の掛りたる時の符」がある（図108）。

図107「東方朔秘伝鴉啼きの占」（改正刪補／日夜重宝）万暦両面鑑・文化九）

東方朔秘伝鴉啼占

	東	巽（南東）	南	坤（南西）	西	乾（北西）	北	艮（北東）
寅・卯の時（四～六時）	人より物を贈る	争い事がある	喜びがある	喜びがある	人に招かれる	酒食に遭う	口舌事がある	病事生ず
辰・巳の時（八～十時）	雨風がある	客人が来る	客に招かれる	人愛に遭う	内に争いがある	公事沙汰起る	人が来る	客人が来る
午の時（十二時）	争い事がある	親しい人が来る	争いがある	客人が来る	人より物を贈る	酒食に逢う	六畜を得る	女の家より物を贈る
未・申の時（十四十六時）	憂い事がある	悪い事を聞く	遠い便りを聞く	雨を司る	喜びあり	客人が来る	物を失う	客人が来る
酉の時（十八時）	公事沙汰起る	憂いに遭う	友達が来る	親しい友が来る	客人が来る	失せ物を得る	病事起る	病を司る

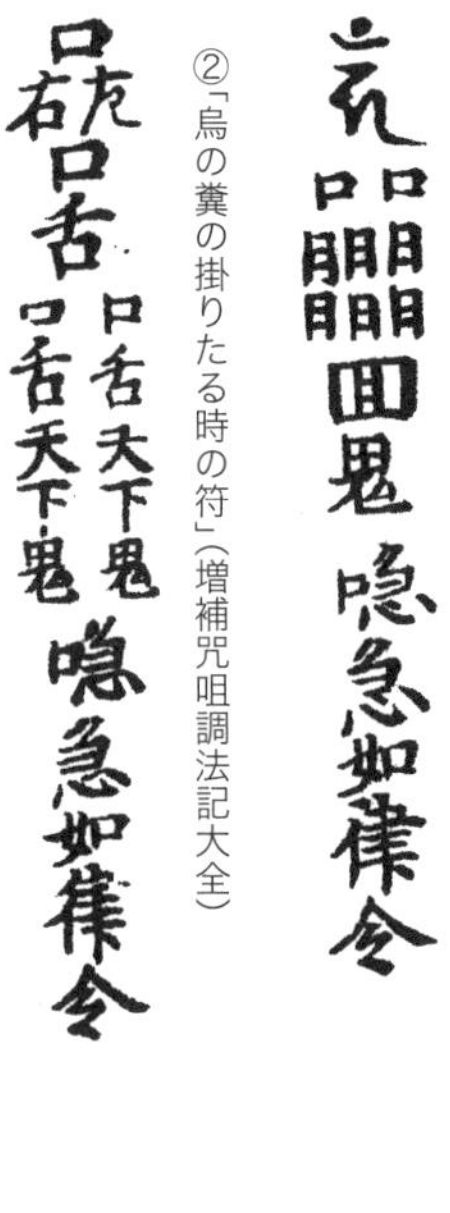

図108 鴉の事
①「烏家へ入る時の符」（増補呪咀調法記大全）
②「烏の糞の掛りたる時の符」（増補呪咀調法記大全）

烏蛇【からすへび】「黒蛇」ヲ見ル

烏丸餅【からすまるもち】菓子名。烏丸餅、上ながし物、下羊羹。〔男重宝記・四〕

鱲子の事【からすみのこと】「唐墨」とも書く。〈鱲子〉〔料理調法集・口伝之部〕に鱲子《からすみ》は、全て魚の子の塩をして干したのをいう。但し、鯔《ぼら》の子を最上とする。鱸子、鮭子が多い。〔料理調法集・囲方之部〕に鱲子は箱等にそのまま入れて置くと黴が出、風味が失せる。米の中に入れて置くのがよい。〔料理調法集・国産之部〕に鱲子は鱲の腸で、鰡 鮭の腸の類を袋のまま子を抜き、塩に漬け込む。大坂表に廻すのは二日程塩を出し、板に並べ押しを掛けて一日程置き、また竹簀へ並べ干し、一夜塩水に漬け、翌日干して六七日でよい。天気が続きよく乾いた時に、胡麻の油で拭く。〈鱲子和え〉〔料理調法集・和物之部〕に鱲子和えは、よい新鱲子の皮を去り山葵卸で卸し、鯛や鮃《ひらめ》の類を刺身のように作り、先の子で和え器に盛り、煎り酒でも合せ、酢でも好き次第にかける。また鯛や鱈等の塩子を解いて和えるのもよい。〈鱲子醬〉〔料理調法集・田夫類之部〕に鱲子醬《ひしお》は、鱲子の皮を去り、一夜煮返して酒に浸して置き、翌日引き上げ、よく解き、酒で煮、唐辛子を擂って入れ、雲丹を少し加味すると一段とよい。

唐豆腐【からとうふ】〔料理調法集・豆腐之部〕に唐豆腐は、豆腐を二日程灰で水を取り、溜りで煮る。〔江戸町中喰物重法記〕には「根元唐豆腐乾」は白金台町六丁目 美濃屋吉兵衛にある。

からな【からな】「ほうれんそう（菠薐草）」ヲ見ル

唐納豆【からなっとう】〔薬種重宝記・上〕に和穀、「大豆豉（だい）づし／からなとう」は、六月六日に黒豆を水に一夜浸し、蒸して蓆に広げ、少し温もりのある時、物で三日覆う。黄色の衣《はな》が生じて干し、黄衣を去り、再び水を拌《かきま》ぜ、瓶に搗き入れ、桑の葉で口を塞ぎ土に塗り込む。七日間日中に晒し、開いて一時（二時間）曝して、また水を拌ぜ、瓶に入れて前のように封ずる。このように七日ずつ七度して、再び蒸し過し、火気を去り、瓶に搗き入れ、泥で封じて置く。
〔昼夜調法記・正徳四〕に唐納豆《からなっとう》に次がある。大豆一斗を味噌豆程に煮る。大麦一斗を十分に搗いて水に一夜漬け、蒸して日に干し、炒って挽き割る。二ツを合せ 糀に寝させ（但し 寝過ぎたのは悪い）、寝た麹を渋紙にあげ 日によく干し 辛子粉に挽き 細かに篩う。山椒一升を粉にして搗き合せる時交ぜる。塩三升と水六升を合せ、手引き燗程の湯に沸かして冷まし、また掻き合せ 押しつけ 七日目毎に臼で搗き合せ これを三度程して、五十日過ぎて用いる。但し、拵えを土用前にして置き土用に入ってから仕込む。〔料理調法集・造醸之部〕に、①大麦一斗上白を炒り二ツ割にして蒸し、大豆一斗を煮蒸して麦に交ぜ糀に寝かし、よく干して細かに挽き割り、篩い、塩三升と水七升を煎じて冷まし、粉を捏ねる。但し、塩水五合程も残し加減を見合す。当座はほろつくが、後はよい加減になる。夏の強い日に十四五日、二十日も干す。その内に五度程も搗く。後で固ければ残して置いた水を上へ引く。山椒を当座々々に実ばかり取り合せるとよい。②白大麦一斗を炒り さっと挽き割り、黒大豆一升をよく煮て、二品を合せ糀に寝かしよく花がつく時日に干し、石臼で細かに挽き割り、絹で篩い、塩二升八合 水七升を入れ、さっと煎じ冷まし、前の粉を捏ね 桶に入れ 強く押しを掛け、百日経て後臼でよく搗き、その時山椒の粉七十匁を入れて搗き交ぜ、また桶に入れ押しを掛けて置く。夏の土用中に仕込む。

唐蓮植替の歌【からはすうえかえのうた】「三月より種蒔き水に漬け日に当てゝ吉」「蓮肉の後先皮を削ぎ取りて 木葉の出でて泥に植えけり」。但し、肥し白大豆を砕いて入れる。〔庭木重宝記〕

唐櫃越【からひつごえ】京師間道*の一。〔万民調宝記〕乙国郡大江村 老の坂の

北から丹波保津村に出る。この坂の峠（大江山の北側）に古松があり、所の者は山の神と号して祭る。昔、普広院義教公が密かに京師を離れ、丹波に逃れた道である。「からとごえ」とも。

唐松 五葉松植替【からまつ ごようまつ】〔享保四年大雑書・草木植替重宝記〕唐松 五葉松は十月より二月迄植え替えるとよい。特に寒中がよい。

唐松草【からまつぐさ】 草花作り様。唐松草は花は白色。土は合せ土*がよい。肥しは溝土を干し、粉にして少しずつ根に置くとよい。分植は春がよい。〔昼夜重宝記・安永七〕

空耳【からみみ】「耳の事」ヲ見ル

からむし【からむし】「お（苧）の事」ヲ見ル

殻虫【からむし】「ぼう（蝨）」ヲ見ル

ガラムマ【がらむま】「度量考」ヲ見ル

搦め手【からめて】 城の裏をいう。〔武家重宝記・一〕「おうて（追手）」参照

辛物【からもの】 大和詞。「大根は、から物」という。〔女重宝記・一〕

唐物小壺【からものこつぼ】〔不断重宝記大全・茶湯初心抄〕に「唐物小壺」があり、大尻脹《おおしりふくら》（尾張殿）、内曇大海《うちぐもりおおうみ》（紀伊殿）、ぶんりん（酒井河内守）、金森丸壺（毛利甲斐守）等四十種がある。

唐物屋【からものや】〔万買物調方記〕に次がある。「京ニテ唐物屋（ながさき見せ）」は三条瀬戸物丁 烏丸通、二条柳ばゞ東西 綾小路、五条だいご町。この外、所々ニ一二軒ずつある。「江戸ニテ唐物屋」は霊丸嶋長崎町 太平五平へ・海老庄兵へ・片岡与兵へ・木や庄三郎・名主・宮川如舟。赤坂溜池の端 善兵へ。西紺屋町 木村左兵へ・なばや三右衛門・吉平へ・八右衛門。数寄屋河岸 有木井新右衛門。京橋南一丁目 片倉仙右衛門。「大坂ニテ唐物屋」は伏見町心斎橋筋より東栴檀の木筋迄にある。

唐百合【からゆり】 草花作り様。唐百合の花は、紅色。土は白赤土に白砂を交ぜて用いる。肥しは茶殻を粉にして少しずつ根に置くとよい。分植は春、秋がよい。〔昼夜重宝記・安永七〕

唐龍紗綾【からりょうさや】〔絹布重宝記〕に唐龍紗綾は、一巾に紋柄が三ツある。蟠龍 或は花の丸である。因みに、絹局《きぬや》の目に龍の丸を丸龍と言う人があるが僻言である。これは蟠龍である。蟠はわだかまる、である。

唐渡煎餅【からわたりせんべい】「根元住吉唐渡せんべい」は、谷中笠森前 松田善兵衛にある。先年オランダ人が堺に着船して住吉参詣の節に伝え請けた名法、今度江戸へ初めて披露、第一に小児の腹中その外諸病に障らぬ御薬菓子との広告がある。駒込浅嘉町 松田茂兵衛の売り出しもある。〔江戸町中喰物重法記〕

がり【がり】 大和詞。〔消息調宝記・二〕「がりは、許《もと》也」。〈何が不足で癇癪の枕言葉〉〔小野篁謔字尽〕「娘、がり」。

雁音【かりがね】 大和詞。「かりがね（雁音）とは、恋のふみ（文）」である。〔不断重宝記大全〕

鳫金【かりがね】〔料理調法集・諸鳥人数分料〕に鳫金《かりがね》は、真鳫*に違わないとし、眼の縁は黄色である。料理に遣っても真鴨同前であるが、鳥が小さいので真鳫とは口鴨一羽程も違う。汁にして十一二人前、煎鳥にして八九人前程に当る。脂は真鳫に同じ。

鳫金餅【かりがねもち】 鳫金餅は、深川万年丁 鳫金や茂左衛門にある。〔江戸町中喰物重法記〕

訶利帝母真言【かりていもしんごん】 真言陀羅尼*の一。「ど。どどまりきやきてい。そわか」と唱える。〔新撰咒咀調法記大全〕

雁の池【かりのいけ】 大和詞。「かりの池とは、親王の御事」である。〔不断重宝記大全〕

仮の取米【かりのとりまい】 畑の永取*（銭による公納）は田に准じて言うので、「仮の取米」とする。〔農家調宝記・初編〕

火裏の苗疸【かりのびょうとう】 出瘡《でそう》*で、熱が退かず 紅点を見《あらわ》すのは 火裏の

苗痘となづけ、必ず紅紫にして堺を分明にしない。急に治らなければ苗は必ず枯れる。清地退火湯*秦艽湯*を用いる。〔小児療治調法記〕

借葉／借花【かりば／かりばな】 立花*。〔男重宝記・三〕に葉のあるものを、花だけか実だけを立ててはならない。葉が落ちたら似た葉をつけて用いる。これを借葉という。〔里俗節用重宝記・中〕に「借葉 借花」を用いるには、牡丹に芍薬の葉、杜若に一八・菖蒲・あやめ、川骨《こうぼね》に蕗《つわ》の葉、椿に山茶花の葉とある。

鴈股【かりまた】〔武家重宝記・二〕に鴈股は、鏑矢*を略したもので鏑巻《かぶらまき》と言い、糸で腰太く巻いて、鏑の形を似せたものである。弓図ハ「矢の事」ニ出ス

刈安【かりやす】〔万物絵本大全調法記・下〕に「藎 じん／かきな／あらゐ／かりやす。秋」。『重訂本草綱目啓蒙・十二』に「藎草 かりやす（和名鈔同名あり）／かいな（同上）／こぶなぐさ（京師）／さゝもどき（江州）…此茎葉を煎じ紙帛を染れば黄色となる。本邦染人黄色を染るに用る草は江州長浜より多く出す所のかりやすなり。其草は伊吹山に多く産す」る等とある。

禾窌【かりょう】 禁灸*の穴。二穴。人中の両傍へ五分ずつ開く所にある。人中は鼻の下の溝である。〔鍼灸重宝記綱目〕

仮童【かりわら】 大和詞。「かりはらとは、山ぶし（山伏）の事なり。（歌）「夕暮に葛城山の高嶺より かりはら下る法螺の音す」（古今打聞・中）。〔不断重宝記大全〕

かる【かる】 俳言の仙傍（訕謗）。「五ヲ かる」。〔新成復古日夜重宝俳席両面鑑〕

軽【かる】 大和詞。「かるとは、鴨の鳥」である。〔不断重宝記大全〕

軽井沢より沓掛へ【かるいざわよりくつかけへ】 木曾海道宿駅*。一里五丁。本荷五十一文、軽尻三十四文、人足二十五文。小諸領分 牧野内膳正殿の領地。ここから蘆田の宿迄佐久郡の内で左右は平葉の原という野原である。はなれ（離）山、新田村 頼朝公の竈石が右方にある。塩沢村、沓掛の入口に坂がある。ここ迄は打ち開いた野原の山道である。〔東街道中重宝記・木曾道中重宝記六十九次 享和二〕

軽石【かるいし】〔万物絵本大全調法記・上〕に「浮石 ふせき／かろいし水花」。〔薬種重宝記・中〕に和石、「浮石 ふせき／かるいし。煮て汁を服して渇を止め、淋を治し、野獣の毒を殺す」。

軽鴨【かるがも】「僧鴨」ヲ見ル

刈萱【かるかや】 大和詞。「かるかやとは、みだれあはん」とのことである。〔不断重宝記大全〕

軽羹【かるかん】〔菓子調法集〕に軽羹《かるかん》は、つくいも（仏掌薯）に粳の粉一割を入れ、蜜で伸べ、随分よく擂り、蒸し上げる。砂糖に加減をする。

かる気【かるき】「かる気出ざる法」は鍋釜の「鉄気《かなけ》を抜く法」ヲ見ル

かるこ【かるこ】 大和詞。「かることは、鴨の事」。〔女用智恵鑑宝織〕

軽籠【かるこ】 藁や葛などで、四角網状に編み、四隅に棒を通す紐をつけ、土等を運ぶ具。〔女用智恵鑑宝織〕に、大坂でもっこ（畚）*、京でかるこ（軽籠）という。

かるた餅【かるたもち】 菓子名。かるた餅、上しめし物、中ながし物、下羊羹。〔男重宝記・四〕

鰈【かれい】 比目魚とも書く。〔万物絵本大全調法記・下〕に「鰈 てう／からえひ／かれひ。王余魚 わうよぎよ、同」。〈異名〉〔書札調法記・六〕に鰈の異名に、王余魚 両鮃がある。〈薬性〉〔医道重宝記〕に比目魚（かれい）は、平にして毒がなく、虚を補い、気力を増す。多食すると、気を動かす。〈料理仕様〉〔諸人重宝記・四〕に鰈は、膾 蒲鉾 汁 田楽 焼物。

枯木に花咲かす伝【かれきにはなさかすでん】「枯木に花咲かす伝」は、唐黍を擂り粉にして、紙に包んで用いる。〔調法記・四十七ゟ五十七迄〕

瓜樓根【かろうこん】〔薬種重宝記・中〕に和草、「栝樓根 くはろうこん、同

〔鉄を忌む〕、米泔《しろみず》に浸し、刻み焙る」。〈薬性〉〔医道重宝記〕に瓜蔞根は天花粉*と同じである。米泔《しろみず》に浸し、洗い、皮を去り、刻み、焙る。鉄を忌む。

苽蔞散【かろうさえん】〔牛療治調法記〕に苽蔞《かろう》散は、肺家の風病は粘った痰を吐き、喘息や気の麁《あら》いのに苽蔞散を用いる。芭蕉葉・桂心・知母（各一両）、瓜蔞・貝母・檳榔・陳皮・紅豆《あずき》・青皮・宿砂・当帰・山梔子を末（粉）し、毎服一両に、蜜（二匁）・水（二升）で調えて潅ぐ。

瓜蔞湯【かろうとう】〔改補外科調宝記〕に瓜蔞湯は、乳癰*のまだ潰えないのによい。瓜蔞（一分）、当帰・甘草（各五匁）、乳香・没薬（各一匁）を、水と酒を等分にして常のように煎じ、用いる。

瓜蔞仁【かろうにん】〔薬種重宝記・中〕に和草、「くはろにん／からすうり。鉄を忌む。皮を去り、炒る」。〈薬性〉〔医道重宝記〕に瓜蔞仁は寒、肺燥を潤し、痰結を除き、咳嗽を安んじ、火を降し、渇を止め、傷寒の結胸を治す。竪にして割り、皮を去り、刻み、炒る。鉄を忌む。「まくわうり（甜瓜／真桑瓜）」参照

瓜蔞枳実湯【かろきじつとう】〔医道重宝記〕に瓜蔞枳実湯は、痰が結ぼれ吐いても出ず、胸痛み満ち悶え、喘息等の症をなすを治す。瓜蔞仁・枳実・桔梗・茯苓・貝母・陳皮・黄芩・山梔子（各一匁）、当帰（六分）、砂仁・木香（各五分）、甘草（三分）を煎じ、竹瀝*・生姜汁を加える。〔医道療治重宝記〕には、諸症により加減、補薬がある。

夏六【かろく】「しゅんさん（春三）」ヲ見ル

川魚の事【かわうおのこと】〈柔らか煮様〉〔新撰咒咀調法記大全〕に「川魚を和らかに煮る方」は、例えば鮒を煮るのに醤油を米水《しろみず》（＝磨ぎ汁）で加減して煮ると骨まで柔らかになる。また昆布巻にするには鮒に油を塗って焼いた後に、昆布巻として煮るとこれも又骨まで和らぐ。〈川魚積み様〉〔女用智恵鑑宝織〕に川魚は背中を向うへなし、頭を持ち出る人の右へなして積む。数多い時は頭を向うへなし、背中を持ち出る人の左へなして積む。婚礼の時は、海魚・川魚ともに頭を持ち出る者の右にして腹を合せて積む。数の多い時は、縦に積む等とある。〈川魚料理〉〔料理調法集・川魚料理之部〕は、山まい*若鰷《あゆ》*鰍《かじか》*柳鰷《やなぎはや》*くき*山椒魚*鰻*鯰*泥鰌*泥亀《すっぽん》*等が出ている。

獺【かわうそ】〔万物絵本大全調法記・下〕に「獺 だつ／をそ／かはをそ」。〈薬性〉〔永代調法記宝庫・二〕に獺は水腫、腸満、熱病、労瘵によく、目を明らかにする。〈食合せ〉〔永代調法記宝庫・一〕には獺と兎を食い合わせると頓死する。

川長【かわおさ】大和詞。「川おさとは、川のぬし」である。〔不断重宝記大全〕

川遠【かわおち】「かはをち（川遠）とは、川にとをき也」。〔消息調宝記・二〕

渇きの病【かわきのやまい】「しょうかつ（消渇）の事」ヲ見ル

かわく【かわく】片言。「びんぼ（貧乏）かはく、或はぬすみ（盗）かはく」という。「かはく」の字は知り難いが、「する」という義で、卑しいとする。〔不断重宝記大全〕

川喰鴨【かわくいがも】〔料理調法集・諸鳥人数分料〕に川喰鴨は、鳥の位はあじ鴨*と同じであるが、この鳥は少なく料理に遣うのは稀である。

川越絹【かわごえぎぬ】〔絹布重宝記〕に川越絹は、川越より織り出す絹である。緯太《ぬきぶと》で琥珀めいた絹である。表地に遣うには、こ（濃）っくりとして染めつけがよくない。裏地である。多くは出ない。

川越へ江戸よりの道【かわごえへえどよりのみち】街道。〔家内重宝記・元禄二〕に江戸より川越への道筋がある。江戸〈二里半〉板橋〈一里〉練馬〈一里余〉白子〈一里〉勝折〈一里〉大和田〈一里〉大井〈三里〉川越である。

川崎より神奈川へ【かわさきよりかながわへ】東海道宿駅*。二里半。本荷百五十八文、軽尻百六文、人足七十八文。宿の入口より左方一里程行くと大師、河原八丁縄手、南の方松並木。女夫橋という橋が二ツある。市場 茶屋

鶴見 生麦茶屋がある。小安入口に本牧の十二天への道がある。新丁入川 かわた村、右の山に浦嶋が塚がある。守り本尊の観音もある。〔東街道中重宝記・寛政三〕

川しなそば【かわしなそば】「川しなそば」は、瀬戸物丁 川しな屋にある。〔江戸町中喰物重法記〕

蛙【かわず】〔万物絵本大全調法記・下〕に「蛙 あ／かわづ。春」。また「蝌蚪 くわと／かへるこ。春」。〈大和詞〉〔女用智恵鑑宝織〕に「かはづとは、かへる（蛙）*を云」。「がま（蝦蟇）」モ見ル

為替手形の事【かわせてがたのこと】 次の二法があった。①振出人が、支払人宛に、受取人へ指定金額の支払いを依頼する手形。〔大増補万代重宝記〕の範例文。「為替手形之事／金何拾両也／右は先達而積送候代呂物代金之内 此度其御地何屋誰助江為替取組候間 来何月幾日限 相違無く御渡シ下さる可く候 以上／何ノ幾月日 誰㊞／大坂 何屋誰殿」。②振出人が受取人に、支払人が指定金額を支払う約束をする手形。範例文は〔重宝記永代鏡〕に「為替手形之事／一 合金何百両也。右は当地米屋誰殿より為替金慥ニ請取申処相違御座無く候上は 此手形を以其御地何屋誰殿方江金高之通御渡し成さる可く候。後日の為替金手形仍て件の如し／年号月日　江戸何町 何屋誰／大坂何町 何屋誰殿」がある。支払人宛に「為替取組」を知らせる範例文「為替取組状／当月三日出之状を以 為替金五百両取組遣し申し候。野拙印形之手形を以て御請取成さる可く候状日限相違無く御渡し下さる可く候。毎度乍御世話之段 然る可き様 頼み上げ候 以上」

皮草履が長刀になる【かわぞうりがなぎなたになる】〔世話重宝記・四〕に、変ずるものは化し、化すものは変ずる習い、変化の理をいう。腐草が化して蛍となり、小麦が化して蝶となり、荒和布《あらめ》が久しく雨垂れに潤うと蛭になるという。又 ある人の軽口に皮草履を履いて遠路へ行くと、帰るとそのまま長刀になるという。皮草履が長刀になれば、「薯蕷《やまのいも》も うなぎ（鰻）になる」*べきものである。

川竹【かわたけ】 大和詞。〔不断重宝記大全〕には「かは竹とは、うきふししげき（繁）心」。転じて、遊女の身の上を譬える。〔女用智恵鑑宝織〕には「かは竹とは、うきふししげき事。又なれてあかぬ事共云」とある。

川竹の流れの女【かわたけのながれのおんな】〔世話重宝記・二〕「遊女」ヲ見ル

がわたろう【がわたろう】 片言。〔世話重宝記・二〕に「河童《がわらう》を、がは太郎」という。〔絹布重宝記〕に山繭で織った紬（山繭紬は中国から沢山に出る）*は、特に河童《かわたろう》が嫌うといい、これを着る時は障りや禍はない。河童は上方には少ないが、九州筋には沢山おり、ことに豊後《ぶんご》河童《かわたろう》とて、分けて多い。

河内【かわち】 河州。〔重宝記永代鏡〕には錦《にしごり》郡、石川、古市、案宿《やすかべ》、大県《おおあがた》、若江、高安、河内、讃良《ささら》、茨田、交野《かたの》、丹南《たなみ》、渋川、志紀、八上、丹《たなみ》北《のきた》の十六郡をあげ、一ノ宮は平岡である。〔万民調宝記〕に居城知行高は、大井・渡部主殿一万三千石、佐山・北条伊勢一万石。〔大増補万代重宝記〕には十五郡とし八上がない。大管、大中国、四方二百余里、田数は一万九百五十七町、知行高は三十万八千八百五十七石。〔重宝記・幕末頃写〕にも十五郡とし八上がない。石堤沼や池井が多く、種生五倍、市鄽《まちや》が多い。堺県から、今の大阪府の東部があたる。〈名物〉〔万買物調方記〕に半丁弱の記載があり、名物が多い。蛇床子 鶏頭実 菱 蓮の根 大豆 大鳥草履 かじ炭。石川郡の山桃、貝塚の麦粉、石津の神馬草《ほだわら》、天川鳥の子（粉吹き紙）。

河内冠者頼任末葉【かわちかんじゃよりとうばつよう】 諸氏名字。河内源氏。河内《こうち》瀧口の二名字が出ている。〔筆海重宝記〕

川苣【かわちさ】〔永代調法記宝庫・四〕に川苣《かわちさ》の薬性は、乳の足らぬ者（乳の冷え）、血の道、気を涼しくし煩《いき》れを醒ます。労瘵によく、気力を増し、

虚を補い、腫を癒す。「川芎は腫物《しゆもつ》や瘡《くさ》や虫薬 手負ひにもよし血をぞ鎮むる」。

皮付半平【かわつきはんぺい】〔料理調法集・鱧餅真薯之部〕に皮付半平*は、半平に擂り合せた身を、厚さをよい程に板へつけ、鯛の生皮に塩を振ったのをよく洗い水気を拭き取り、半平の上につけ、又その上に竹の皮を置き、更にその上に板を置いて蒸し上げ、冷めて切り形を好み次第にする。

革包【かわつつみ】 鎧*名所。胴丸*である。紋の細かい革をもって包むゆえ、紋革包《もんかわつつみ》といい、大紋であれば大荒目《おおあらめ》という。〔武家重宝記・三〕

川皷【かわつづみ】 大和詞。「川つづみとは、七夕の事」である。〔不断重宝記大全〕

川流れ死人【かわながれしにん】 雑穢。川下渡りは穢れなし、川上渡りは七日を忌む。〔永代調法記宝庫・首〕

川菜草【かわなぐさ】 大和詞。〔不断重宝記大全〕には「かはな草とは、川の苔を云」。〔消息調宝記・二〕には「水苔也」とある。

革の事【かわのこと】 韋《かわ》とも書く。〔万物絵本大全調法記・上〕に次がある。「皮 ひ／かわ。革《かわ》韋《かわ》」。「革 かく／つくりかは／あらいかは／なめしかは」。「皮匠 ひしやう／かはざいく」。「毛裘 まうきう／かはぎぬ／かはごろも」。〈革類の手入〉〔諸民秘伝重宝記〕に、○「革類の汚れを洗う伝」は、糯糠を水で掻き混ぜ、よくよく革を揉み洗い 糠を落とさず日に干して揉むと柔かになり、汚れもよく落ちる。○「革類が水で強るのを直す伝」は、革に湿り渡る程酒を吹き 畳みの下にでも敷きつけて置き乾いた時取り出して揉むと柔かになる。〈革類が水に入り強らぬ伝〉〔調法記・全七十〕に水一升に柿の葉百枚を入れ五合に煎じ切り、藁で革の裏から三遍程擦りつけると、どれほど水に浸けても革は強らない。「皮説《ひせつ》」ヲ見ル

川鯊に九年母【かわはぜにくねんぼ】 食い合せ。川鯊に九年母を食い合すと、耳が聞えなくなる。〔家伝調方記〕

川浸し【かわびたし】〔重宝記・宝永元序刊〕に、十二月朔日 世俗に「河ひたり」と言い餅を食す等の事があるとし、この日餅を河水に浸して祭る時は瘧を煩わない。或る翁の説に、十二月朔日に餅を作り「かはひたし」となづけて、水神にも奉り自らも食する事は 水の恩に報いるための祭という。世俗に、今日の餅を小児に食わせると、河にひたる禍を免れると言い、わざと食わせる。「川渡し」*モ見ル

蝶【かわひらこ】「蝶の事」ヲ見ル。『新撰字鏡』に「蝶字加波比良古」。

蝙蝠【かわほり】 大和詞。〔不断重宝記大全〕に「かはほりとは、末広の扇。蝙蝠を見て作り始め」たという。「扇の事」参照

皮剝き饅頭【かわむきまんじゅう】 饅頭を一日乾かし、薄刃で色々物好きに皮を削ぎ、蒸し立てて出す。〔菓子調法集〕

川屋【かわや】「かわや（川屋）とは、みだれあはんとの事」である。〔消息調宝記・二〕

川社【かわやしろ】〔消息調宝記・二〕には「かわやしろ（川社）とは、川に出て祓する也」。また〔消息調宝記・四〕には「川社《かはやしろ》は六月富士精進に、川端に注連を立つる」こととある。

厠へ蛆湧かぬ法【かわやへうじわかぬほう】〔俗家重宝集・後編〕に夏日、厠へ蛆の湧かぬ法は、蓴菜《じゆんさい》（ぬなは）*を入れて置くと少しも湧くことはない。

川除け蛇籠の事【かわよけじゃかごのこと】〔田畑重宝記・上〕に川除け蛇籠《じゃかご》の造り立て様は、八月伐りの竹を九月十月暮迄に造り、立冬正月二月迄に籠を出し、普請三分二通り済まし、その場所に六七分通り台籠ばかりを積み立て、上を二三分夏普請に仕立てる。春夏の出水を見合せ、枠出し等水の中《あた》るのを見合せ、八月の出水を防ぐのが肝要である。水の多い川、猛き川等により法があり、また川々によって独特の仕方があり、他の川には通用しない等、普請の口伝がある。

かわらか【かわらか】「かはらかとは、ち丶（乳）の出ぬなり」。〔消息調宝記・二〕

土器【かわらけ】素焼きの土器や盃。〈土器輪〉〔料理調法集・木具寸法〕に「土器輪 土居共云」。次がある。五斗ノ輪（指渡四寸、高一寸七分）。合ノ輪（指渡三寸五分七厘、高一寸七分）。大重ノ輪（指渡三寸二分、高一寸六分）。小重ノ輪（指渡三寸、高一寸五分）。三斗ノ輪（指渡三寸三分、高一寸）。手塩ノ輪（指渡一寸二分、高一寸）。辛螺ノ輪（指渡三寸少ゆり形に、高一寸八分）。栄螺ノ輪（指渡三寸三分、高一寸五分）。〈俗語〉〔色道重宝記〕に開《ぼぼ》に毛の生えないのを土器《かわらけ》と言い、小娘の未だ生えないのには言わない。核《さね》は黒み、空割（陰裂）が古梅干のようになる迄毛の生えないのを 真の土器《かわらけ》といい、年増《としま》の毛のないのは焙烙*と言うのがよい。

河原毛【かわらげ】馬の毛色。瓦毛とも書く。〔武家重宝記・五〕に河原毛は、白馬 黒鬣《たてがみ》の馬である。

土器焼【かわらけやき】〔料理調法集・焼物之部〕に土器焼は、田保土器（小さい焙烙）でする。玉子を割り、塩梅した冷まし汁で緩々と延べ、鳥の造り身 或は魚の切り身に茸類、銀杏、焼栗の類を入れ、玉子を合せた下汁を土器の中へ分の程を入れ、蓋をして網の上で焼く。

河原藤【かわらふじ】「かわらふぢ（河原藤）とは、さいかし（皂莢）の木の事」。〔消息調宝記・二〕

茵陳蒿【かわらよもぎ】〔万物絵本大全調法記・下〕に「茵蔯 いんぢん／ひきよもぎ／かはらよもぎ」。〔薬種重宝記・上〕に和草、「茵陳蒿 いんちんかう／かはらよもぎ。陰干にして刻む。火を忌む」。〔新撰咒咀調法記大全〕に「あぶらむしの呪いとして」、青 蒿《かはらよもぎ》の茎葉を竈に置くとよく、悉く奇妙に去る。青蒿は臭蒿《くさよもぎ》とも言い、色青く少し黄みがあり、香りは悪く食し難い。油虫の呪いにするという。

替り染【かわりぞめ】〔秘伝手染重宝記〕に「かわり染の次第」は、百塩染は上下 帷子によいもので、下地へ渋木（山桃）を一度引き、その上に刈安*を三度引き、その上に梅を吟味して十度程引き、押えに白いご（豆汁）に墨を薄鼠色のようにして斑無く両面に引く。水で一度濡らし、また水に漬けよく干す。

川渡し【かわわたし】〔料理調法集・年中嘉祝之飾〕に「川渡 十二月朔日」とある。即ち、十二月朔日に搗く餅である。赤小豆の餅を奉るのは俗の祝で、今に用いる。三方に紙を敷き、赤小豆の餅を盛り、熨斗を添えて出す。また折で出すのもある。「川浸し」モ見ル

川を渡るに無難の呪い【かわをわたるにぶなんのまじない】〔新撰咒咀調法記大全〕に川を渡るのに無難の呪いは、筆でも指でも「土」の字を書く。朱で書いたのを持つと、なお難がない。

川を渡る法【かわをわたるほう】〔万法重宝秘伝集〕に川を渡る法に次がある。○川はこちらの岸が浅いと向こう岸は深く、こちらが深いと向こう岸は浅いと知り、深い方から入って浅い方へ渡る。流れ川を渡るには川へ入る前に、向こう岸の上がる所を見定める。○水は左・右どちらかの肋《あばら》に受けるのがよく、前・後に受けるのは悪い。まず川下の方の足を一ツ踏み出し、次に川上の足を川下の足の下へ踏み出し、この足を踏み出したら、また川下の足を踏み出す。左右の足を別々にして歩んではならない。もし一本の足が水に取られ踏み違えた時は忽ち流れる。○足ばかり水に入るよりも、肋迄入るのは渡りよい。水に逆らわないように、流れ渡りするのがよい。

坎【かん】八卦*の一。〔永代必用両面重宝記・寛延四〕に次がある。図（図109）は坎中連の象。子年一代の卦。守本尊は千手観音、御縁日は十七日。坎の卦は北に水を司る卦であり、水は下へ潜り易く上へ渡り難いように、この卦に当ると身上は下り易く 立身は難しい。しかし、信心すれば水の澄むように自ずから立身するのは疑いなく、十七夜待をするのがよい。

正・十二月は患いに祟る（八卦の本尊*は天医）。二月は縁を結び万に吉（同、福徳）。三・四月は人を抱えて吉（同、生家）。五月は火事を慎む（同、絶対）。六・七月は病に祟る（同、絶命）。八月は損をする事がある（同、禍害）。九・十月は損をし盗人に遇う（同、遊魂）。十一月は万ず物事を始めて吉（同、遊年）。

図109 「坎」（〈永代／必用〉両面重宝記・寛延四）

官【かん】 唐尺*の事。〔文政新刻金神方位重宝記〕にこの寸に中《あた》れば、門を建て堂塔宮社、神仏の御丈を差し定めるのによい。官位が進み、商人百姓は分限よくなり、人に用いられる。八卦で官は天医。「つかさ」ともいう。

貫【かん】 通貨銭単位。〔万家日用調法記〕に千文を一貫《かん》文というが、実際は九百六十文を繋いで一貫文とした。金一歩（分）*と同価値。金一両銀六十匁替の場合は、銀十五匁に相当する。

関【かん】 「寸関尺」ヲ見ル

澗【かん】 大数*の単位。〔改算重宝記〕に万万溝を澗《かん》という。十澗、百澗、千澗。

簡【かん】 書物*をいう。「編《へん》」ヲ見ル

癌【がん】 疽*の紫色が潰れ崩れ陥み岩のように堅いのを癌とする。瘰*癧*癌*は治し難い。〔改補外科調法記〕

官位の次第【かんいのしだい】 「四分」ヲ見ル

官運【かんうん】 十二運*の一。冠運とも書く。〔金神方位重宝記〕に官運は、木性は十二月（丑）、火性は三月（辰）、土・水性は九月（戌）、金性は六月（未）生れで、諸人の頭となる。始めは悪しく、末程よい。侍は立身する。〔両面重宝記・寛延六年〕に、官運の人は大吉で、上々の生れゆえ卑しい業をすると仕合せが悪い。住所を度々替えるのがよい。「冠着て位司になる時は身も豊なる心なりけれ」とある。〔和漢年暦調法記〕には天道に叶い、夫婦仲もよく、万長久である。夫婦ともに位高く、武家出家は大いによい。平人は少し障りがあり、後はよい。〔日用重宝万物図解嘉永大雑書三世相〕に冠運の生れは、夫婦の縁は度々変わり、後には親類内より迎えた縁が定まり愈々繁昌する。兄弟は遠く隔たり力とはなりがたい。子は一人か三人ある。卑しい業は悪い。

乾役【かんえき】 「牛の諸症」ヲ見ル

簡易散【かんえきさん】 〔斎民外科調宝記〕に簡易散は、風癬《たむし》*の薬。石膏（炒一両）と硫黄（五匁）を末（粉）し、猪の油でつける。

頷厭【がんおう】 〈経絡要穴 頭面部〉二穴。頷厭《がんおう》は額の角より少し下、竪の髪際、頭維の穴より少し下の前めにある。灸三壮。針七分、留むること七呼。深く針刺す時は耳が聴えなくなる。頭が片々痛み、目眩い、耳鳴り、驚風、癲風、癲癇、手首痛み、目が霞むのを治す。〔鍼灸重宝記綱目〕

漢音と呉音【かんおんとごおん】 〔日用重宝記・五〕に次がある。世間に、儒書は漢音に読み、仏書は呉音に読み、詩章 暦書 算書 医書は漢・呉二音随意に読むという。日本へは呉音（古代シナ呉越地方の発音）は早く伝わり、漢音（随唐以後に長安 洛陽地方の発音）は後から入ったが、日本には応じなかったのか、今儒書を読むのも大いに呉音が混じっている。日本には自然と呉音が適い日々の言語は全て呉音であるという。

肝火【かんか】 「きょうつう（脇痛）」ヲ見ル

乾疥【かんかい】 「疥癬瘡《かいせんそう》」ヲ見ル

乾咳嗽【かんがいそう】 経験方。〔丸散重宝記〕に乾咳嗽は、痰が出ず咳のあるものであるが、これは痰火が肺中に鬱するものである。枳実と桔梗を等分に煎じて服する。

勧学院の雀は蒙求を囀る【かんがくいんのすずめはもうぎゅうをさえずる】 〔世話重宝

記・四〕に、学び習わなくても、見聞に馴れると自然と知るものという譬え。勧学院（三条の北壬生の西にあり、後に雀の森となづけ寺となって更雀寺という）は、学問所。『蒙求』はシナの書名。雀は諸鳥の総名、鶯のことである。勧学院の学文所に住む鶯までも読書の声に馴れて「呂望非熊《りょぼうひゆう》」という『蒙求』の標題を囀るという意。ある説に、雀は僕《しもべ》のこと、勧学院にいる下人、僕まで『蒙求』を馴れて読む意という。「智者の辺の童は習わぬ経を読む」というのも同じで、自然と馴れることの譬えである。

乾霍乱【かんかくらん】「霍乱の事」ヲ見ル

雁瘡【がんがさ】雁瘡は大膿疱疹の俗称で、雁渡来の頃発病し、去る頃治るゆえの称という。〔文政新刻俗家重宝集〕に雁瘡《がんそう》の奇方は、生の相良和布《さがらめ》をそのまま黒焼にして、胡麻の油で練り、羽根でつける。〔俗家重宝集・後編〕に雁瘡《がんそう》の妙薬は、里芋の皮を黒焼にして胡麻の油で練りつけると妙である。〔調法記・四十五〕に雁瘡《がんがさ》妙薬として、桐の木の実を黒焼きにして、瘡の上をよく洗い、胡麻油で練る。〔重宝記・儀部家写本〕には傘の古い紙の黒焼と水銀粉《はらや》を、小便で練りつける。水銀粉は入れないでもよく、瘡に潤いがあれば練らなくてもよい。

〈呪い〉〔日用調法人家必用〕に「雁瘡《がんそう》の呪」は、五月五日の日の出前から田の中に入り古布《ふるきれ》を腰丈浸し日の出過ぎ迄居ると、その秋からは生じない。もし毒深く発生《でき》ても次年にこのようにすると絶える。これは呪いであるが、悪血を消す理である。また瘡が生じた時、水蛭《ひる》に悪血を吸わすと、毒気が薄らぎかせるものである。別名「臁瘡《はばきがさ》」モ見ル

乾渇湯【かんかつとう】〔医道療治重宝記〕に乾渇湯は、専ら酒痔を治す。干渇・枳殻・半夏・茯苓・生地黄・杏仁・黄芩・甘草（各等分）。この三匁に黒豆（百粒）、生姜（五片）、烏梅（一個）を入れて煎じ服す。症状により加減がある。

鳫鴨叩き【がんかもたたき】〔料理調法集・諸鳥之部〕に鳫鴨叩きは、鳥の身も骨も細かに叩き、鷹野でする時は溜まっている血をそのまま全体の身骨に懸けてよく交ぜ、締め鳥なら背中に固まっている血を取って交ぜる。尤も、鳥尻は切り捨て、腸や股毛を入れる。鳥の量一升に塩五合を入れ、よく揉み交ぜて壺へ入れ、十日程過ぎて取り出し、糀を合せる。生血を入れたら辛子二合、血を入れなければ糀五合をよく揉み、粕を焦げ色に炒って臼で挽き、糀花と一ツにして鳥によく交ぜて古酒を加え、又よく叩いて醤の汁をよい程にし、又壺に入れ風が入らないよう口張りして、七八日過ぎるとよい。小鳥も同じことである。鳫鴨の新しいのを不断の料理に遣ってもよい。

肝疳【かんかん】〔鍼灸重宝記綱目〕に肝疳は、頭を揺るがし、目しぼめき揉み、汗を流し、伏むき、筋・身青く、髪立ち、筋痛み、痩せ、疲れる等の症があり、肝兪・簸兪・不容・章門に灸する。〔小児療治調法記〕には風ともいい、同様の症状を記し、地黄丸*と六味丸*等分で肝を治す。生熟地黄丸* 天麻丸*もある。〔薬家秘伝妙方調法記〕には「肝臓の疳」として別に次の症がある。顔色青く、眼の白は消えかかり、常に食欲少なく、腰痛み、小便繁く、足引き攣り、七歳迄物を言わない者もある。大便は青く、頤は首につき、腰抜け、鼻の下に青筋があり、目を見張り底は黒々となり、首は細く夜に歯切りをなす。「薬」は薏苡仁・木通・甘草・莪朮・鶏頭の実（各一分）、軽石の粉（一匁）、乾漆・大腹皮（各小）を丸じて湯で用いる。「下し薬」は巴豆（五両）、大黄・木香・丁子（各二分）、桃仁（一分）、牽牛子・甘草（各小）を丸じて湯で用いる。「振り薬」は人参・木香・羌活・茯苓・香付子・白朮・芍薬・縮砂・丁子（各等分）、甘草（少）を刻み、絹に包み熱湯で振り出し用いる。

寛々【かんかん】妄書かな遣。「くはんかん（寛々）、大きなつらを云」。尊大傲慢な様。〔小野篁謔字尽〕

がんがん【がんがん】妄書かな遣。「がんぐはん（雁々）、三ツ口 かうがい

（笄）と（取）らしよ」。雁が列をなして飛ぶのを見て謡う童謡。雁は驚かない限り、列を乱さないものという。三ツ口は、飛雁の形状が琴柱に似るのをいう。〔小野簒譃字尽〕

寒菊【かんぎく】 草花作り様。寒菊の花は、黄色。土は真土に肥土を交ぜ、肥しは馬糞を干して粉にし、土に交ぜて用いる。分植は三月がよい。〔昼夜重宝記・安永七〕

甘桔湯【かんきとう】 〔改補外科調宝記〕に甘桔湯は、肺痿や肺癰の薬である。桔梗（二匁）、甘草（一匁）、陳皮・川芎・黄芩・柴胡・玄参（各六分）、羌活・升麻（各四分）に葱白一本を入れて煎じ服する。〔小児療治調法記〕に甘桔湯は、肺熱し手 眉毛を揩《な》ずるのを治す。桔梗（五匁）、甘草（一両）を、水で煎ずる。一方に、黄連を加える。

寒気の事【かんきのこと】 〈寒気を防ぐ蒲団 衣服〉〔里俗節用重宝記・上〕に「布団綿」には、藁をよく打ち袴をよく和らげ引き裂いて入れるとよい。白鳥の腹毛もよい。肌着にも甚だよい。俄には、袋綿に首と手の通る穴を切り抜き、小口は糸で縫いからげて肌着に着ける。着物の間に奉書紙を揉んでつけてもよい。〔諸民秘伝重宝記〕に「寒気に凍えぬ伝」は、胡椒を五分程二ツ割りにしてよく炒り焦し、紙に包み気が抜けないようにして、臍に宛てて置くと寒気を妙に凌ぐ。〈寒気を防ぐ飲み物〉〔同・上〕に寒・暑・霍乱共に毎朝胡椒二三粒を飲むとよいが、悪い気に当らない方は食い物より酒に勝るものはない。〔清書重宝記〕に「寒気を凌ぐ伝」は、胡椒の粉を懐中し茶等に入れて毎日少しずつ飲むとよい。〈寒気中り〉〔調法記・四十ち〕に「寒気当りの頭痛」には、胡麻を炒り熱い内に磨り酒で用いる。また呉茱萸の肉を水で煎じて用いる。〔胡椒一味重宝記〕には「寒気中り」は胡椒を煎じて用いる。〈寒気見舞〉〔文章指南調法記・二〕と〔女寺子調法記〕等にそれぞれ男女の「寒気見廻文」の範例文があり、〔進物調法記〕には「寒気見舞」の品物が出るが、「音信物*」の十二月と同じである。

寒瘧【かんぎゃく】 〔鍼灸日用重宝記・四〕に寒瘧不食するには、公孫、内庭、厲兌に針をする。

閑居【かんきょ】 「かんきよ（閑居）とは、物しづかなる処に居る也」。〔消息調宝記・二〕

還御【かんぎょ】 還御は、公方*の御退《ぎょたい》をいう。〔男重宝記・一〕

乾姜【かんきょう】 〔薬種重宝記・上〕に和菜、「乾姜（かん）きやう／かんざらしのしやうが。水に浸しよく洗ひ炒る」。〈薬性〉〔医道重宝記〕には辛く温、中《うち》を温め 脾を補い 風寒 湿脾 腹痛むのを治す。腰の冷えて痛むのに良く、風寒を発散する。血虚 発熱 産後の大熱に用いる。水に浸し、よく洗い 刻み 炒る。

閑曲【かんきょく】 〔囃子謡重宝記〕に次がある。五音《ごいん》*の外に閑曲といい、一音がある。五音の外にはない筈であるが、歌の六義六道のちまたをあらわし、六音とする。この曲はただ閑居のごとく、しんしんとして静かなるにあきたらぬものとする。

かんくろ【かんくろ】 大和詞。「かんなべ（燗鍋）は、かんくろ」という。〔女重宝記・一〕

官桂【かんけい】 「にっけい（肉桂）」ヲ見ル

観月橋【かんげつきょう】 「豊後橋」②ヲ見ル

関元【かんげん】 〈経絡要穴 心腹部〉一穴。関元は臍の下三寸にあり、この穴を手先で押さえて見て力がなく空虚で、指を動かして見て中窪で竪に溝があり指が陥るようなのは死ぬ。この穴は天の一元の気を受け始める所、即ち一身の大極という所である。灸は一日に七壮ずつ三百壮まで。針は一寸二分、留むること七呼。或は八分、留むること三呼、瀉は五吸。妊婦は禁針である。寒気が腹に入り痛み、疝気 労熱 腹下り 淋病 遺尿 崩漏 帯下等を治す。〔鍼灸重宝記綱目〕

汗溝【かんこう】 馬形名所。*〔武家重宝記・五〕に汗溝は、後《あと》尻の両骨の凹《くぼ》んだ所である。深いのがよい。

還幸【かんこう】 天子《てんし》が行幸*から帰られることを「還幸《くはんかう》」いう。〔男重宝記・一〕

咸康元宝【かんこうげんぽう】 銭の事*。銭占。〔万用重宝記〕に「咸康元宝」は、シナ前蜀咸康年間（九二五頃）に鋳造した銭（図110）。「かんげんかうほう」とあるのを通説の読みに改めた。この銭はしんかい方へ行きて仕合せよし。

図110 「咸康元宝」（万用重宝記）

元興寺【がんごうじ】 奈良名所。〔東街道中重宝記・七ざい所巡道しるべ〕に元興寺は、昔は大伽藍であったが、今は五重の塔と御堂一宇が残っている。興福寺の南である。大方の人の廻る道筋は、猿沢の池より始めて、この辺迄を廻る。

嵌甲瘡【かんこうそう】 〔改補外科調宝記〕に嵌甲瘡は履物の鼻緒摺れで、指の甲を損じ四方が熱《ほめ》き腫れ、たわ汁（瘡瘍の膿汁）が五本の指に次第に移り湿り爛れ、後には足の甲に上り火傷のようになり、歩行できなくなる。治方は、まず陳皮の煎じ湯に浸しやや久しくすると、甲肉が離れ開く。その時、手を軽くして肉中の努肉を切り去り、蛇退皮一ツを黒焼きにし、雄黄四匁を粉にし乾かし瘡の上に捻り掛ける。乾く瘡には胡麻の油で溶きつける。上には膏薬を貼って置く。当分の軽い鼻緒摺れには、明礬（大）、黄丹・軽粉（各少）を細末（粉）して捻り掛ける。

陥谷【かんこく】 〈経絡要穴 腿却部経〉に二穴。陥谷は足の人差指の外の間本節の後ろの陥み、内庭を二寸去る処にある。灸三壮。針五分、留むること七呼。顔浮き、腸鳴り、腹痛み、水腫、熱病に汗出ず、悪寒、瘧を治す。〔鍼灸重宝記綱目〕

諫鼓苔深うして鳥驚かず【かんここけふこうしてとりおどろかず】 〔世話重宝記・一〕に「白楽天」の詩、「刑鞭蒲朽ちて蛍空しく去り、諫鼓苔深うして鳥驚かず」による。唐では、罪人は蒲で鞭を作り打擲するが、太平の世には罪人がいないので蒲鞭も朽ち腐り、蛍となり空しく飛び去る。尭帝の時天下のことについて君を諫めんと思う者はこの太鼓を打てと門に置かれたが、太平の世には誤りがなく諫むる者がなかったので、諫鼓も苔深く埋んでしまい、鳥の驚くこともないという意である。

完骨【かんこつ】 〈経絡要穴 頭面部〉二穴。完骨は耳の後ろの髪際に四分入る所を完骨といい、その骨の下つらの陥みである。灸七壮、小児は三壮。針二三分。足萎え、頭顔腫れ、頭頸痛み、虫食い歯、口眼の歪むのを治す。〔鍼灸重宝記綱目〕

肝骨【かんこつ】 馬形名所。*〔武家重宝記・五〕に、肝骨は下頤《したおとがい》である。

眼骨【がんこつ】 馬形名所。*〔武家重宝記・五〕に、眼骨《がんこつ》は眼の前の骨である。「臏《みはり》」参照

冠婚葬祭【かんこんそうさい】 元服 婚姻 葬送 追善供養は、和漢共に大礼とし、冠婚葬祭と云うのはこの四ツである。〔消息調宝記・三〕

関西【かんさい】 「ばんどう（坂東）の称」ヲ見ル

笄【かんざし】 〔万物絵本大全調法記・上〕に「笄けい／かんざし／かうがい。みゝかき」。〔麗玉百人一首吾妻錦〕には『五雑俎』を引き次がある。笄《かんざし》は、唐の女媧の娘が竹を笄として髪を貫く。尭王の時は銅で作り横に貫く。舜王は象牙や玳瑁《たいまい》*で作った。往古は女に限らず男も笄を挿した。

寒晒【かんざらし】 〔ちやうほう記〕に寒晒は、糯米上白を寒の水に取り替え

取り替え七日程冷し、次に濡れたまま臼で挽き、羽二重か布で濾す。糟も挽き、濾し水に浸して置く。上水を零し、沈んだのを取り上げて乾す。

汗衫【かんさん】 唐人世話詞。襦袢を「汗衫《かんさん》」という。〔男重宝記・五〕

元三【がんさん】 「がんじつ（元日）」ヲ見ル

元三大師の事【がんさんだいしのこと】 元三大師は天台中興の祖、良源（延喜十二～寛和元、九一二～九八五）の世称。正月三日に示寂したことからいう。〔年中重宝記〕に次がある。○正月元日、元日より三日まで般舟院《はんじゅういん》に元三大師自画の像開帳。○正月三日、元三大師会、比叡山横川西塔。○十月三日、叡山元三大師の御影は、年中二ケ月は飯室《いむろ》にあり、十ケ月は横《よ》川《がわ》にある。両所に安置する月を、今日鬮を取って分ける。

丸散丹円【がんさんたんえん】 丸・散・丹・円の薬である。要するに薬屋をいう。〔江戸流行買物重宝記・肇輯〕に次がある。湯嶋横町 紀伊国屋源四郎。本町一丁メ いわしや 市右衛門。横山町二丁メ 近江屋小兵衛。本石町十軒店 大坂屋太兵衛。同三丁メ 大坂屋八右衛門。山下町 堺屋徳助。本両替町 伊藤三蔵。同四丁メ 近江屋市兵衛。銀座一丁メ 笠原五郎兵衛。本町一丁メ 長崎や昌三郎。これら二十七軒の記載がある。

干支【かんし】 「十干」と「十二支」ヲ見ル

喚痔散【かんじさん】 〔斎民外科調宝記〕に喚痔散は痔の薬。草烏頭・蛸皮（焼き 各一匁）、塩（炙る 三匁）、明礬・麝香（五分）、龍脳（二分）。これ等を粉にして三匁を唾で練り、肛門に入れると、痔は外へ出て外痔になる。

乾漆【かんしつ】 「漆の事」ヲ見ル

元日【がんじつ】 五節句*の一。〔年中重宝記・一〕に、（正月）元日《がんじつ》を鶏日という。正月一日を朔日《ついたち》とも一日《いちにち》ともいわず、元日《がんじつ》というのは、正月朔日は歳の元《はじめ》・時の元《はじめ》・日の元《はじめ》なので、これを三元《さんげん》という。日本ではこれを転じて元三《がんさん》という。以下の諸事がある。若水*屠蘇酒*四方拝*朝拝朝賀*元日節会*蓬萊*大服《おおぶく》*歯固《はがため》*門松*歯朶《しだ》*楪《ゆずりは》*注連縄*炭魁《すみがしら》*年徳恵方*などである。〔諸礼調法記大全・天〕には正月一日の称は、歳《とし》の朝《あした》・月の朝・日の朝なので三朝《さんちょう》といい、元三《がんさん》という。また歳の始《はじめ》・月の始・日の始・時の始なので四始《しし》という。屠蘇《とそ》雑煮*門松飾 年徳恵方等の諸行事は〔年中重宝記・一〕にも記される。〈異名〉〔書札調法記・五〕に正月の異名に、正朝 元旦 三朝 三始 三微 三元 回始 鶏日 鶏旦 青旦 淑節 良時 初正 元正がある。〈守り〉〔増補呪咀調法記大全〕に「正月一日の守」がある（図111）。首に懸けて置くと長命である。〈元日の花〉〔小笠原諸礼調法記大全・天〕に元日の花は、梅の類 金銭花 水仙である。

図111 「正月一日の守」〈増補呪咀調法記大全〉

元日昆布【がんじつこんぶ】 「焙炉の料理」の内「ほいろこんぶ（焙炉昆布）」ヲ見ル

寒湿瘡【かんしつそう】 「せきそ（石疽）」ヲ見ル

元日の節会【がんじつのせちえ】 禁中の作法。〔年中重宝記・一〕に元日の節会は、朝拝*が終って内弁大臣が陣の座に着して事を行う。

干支による生れ性の事【かんしによるうまれしょうのこと】 〔諸人重宝記・五〕に以下の事がある。

○「甲子《きのえ》・乙丑《きのと》の生れ」は金性で海の金である。魂七ツ、腹は悪いが心は清い。しかし、時々腹を立てる。人に思われてよい。海川の龍ならば崇《たた》る。海を照らす金である。幸があり、何事にもよく、男女ともによい。○「丙寅《ひのえ》・丁卯《ひのと》の生れ」は火性で灯籠の火である。神仏に仕えてよく、殊に出家になるとよい。心は清いがかすかである。魂三ツで、後程よい。○「戊辰《つちのえ》・己巳《つちのと》の生れ」は木性で森の木である。魂は九ツ、人の

日には賢しく見えて常に愛せられるが、心は実直ではない。神仏に仕えてよい。○「庚《かのえ》午・辛《かのと》未の生れ」は土性で道端の土である。魂一ツ、常に人に揉まれて心が定まらない。人にはあるべきように見えて初々しい。しかし後はよい。心に物を思う。○「壬《みずのえ》申・癸《みずのと》酉の生れ」は金性で剣の金である。魂七ツ、心清く猛し。愛敬があって人に欲しがられることがある。但し、人の命を絶とうとする心がある。

○「甲戌・乙亥の生れ」は火性で山の上の火である。魂三ツ、人に見えては類ないが、心定まらない。○「丙子・丁丑の生れ」は水性で池の水である。魂五ツ、耕作によく、心静かである。しかし騒がしげでもある。後はよく、始めは少しよくない。○「戊寅・己卯の生れ」は土性で城の土である。魂一ツ、大いに悪い。時々心の内が騒がしく定まらない。人には気高く見られるが、心苦しいだけである。耕作はよい。○「庚辰・辛巳の生れ」は金性で波の内の金である。魂七ツ、常は心定まらず思い事がある。神仏に仕えてよい。○「壬午・癸未の生れ」は木性で柳の木である。魂九ツ、常に心に物思いして時々は縁を欠いて悪い。春はよい。○「甲申・乙酉の生れ」は水性で、沢の水である。魂五ツ、人の為にはよく、心正直である。神仏に仕えてよく、出家になると猶々よい。夏は悪い。

○「丙戌・丁亥の生れ」は土性で洞の土である。魂一ツ、人に交わることもなく、偶々交わることがあっても謗られ、人には心憎さまに見ゆる。

○「戊子・己丑の生れ」は火性で谷の洞の火である。魂三ツ、人に光を見せる。火のあるように見え聞こえても何事にも乏しい。常に思う事ばかりがあるが、後はよい。○「庚寅・辛卯の生れ」は木性で石榴の木（「和漢年代重宝記」は梨の木）である。魂九ツ、神仏に仕えてよい。常に思い出もなく心に物案ずるばかりである。人のためによい。但し春の心はよい。○「壬辰・癸巳の生れ」は水性で清い水である。魂五ツ、心清く神仏に仕えてよい。しかし物が出て来るようにはあるが乏しい。

○「甲午・乙未の生れ」は金性で砂の中の金である。魂七ツ、売買のためにはよい。人に交わること稀である。秋はよい。○「丙申・丁酉の生れ」は火性で山の下の火、又は沢の火とも見える。魂三ツ、常に思いの侭の事ばかりである。嘆きがあり、人に物を取らせる。○「戊戌・己亥の生れ」は木性で山の上の木である。魂九ツ、心騒がしいことなく、心は清い。

○「庚子・辛丑の生れ」は土性で山の中の土である。魂一ツ人の憐れみがあり、余所へ行く心があっても遂に我が住処を離れない。後はよい。○「壬寅・癸卯の生れ」は金性で白鑞《しろめ》の金である。魂七ツ、常に人に敬われ、心正当である。神仏に仕えてよい。○「甲辰・乙巳の生れ」は火性で灯籠の火である。魂三ツ、心かすかであるが後はよい。神仏に仕えてよい。商によい。○「丙午・丁未の生れ」は水性で天上の水である。魂五ツ、常に人に敬われ高く見えて心清い。但し、常に心煩わしいことである。○「戊申・己酉の生れ」は土性で塔の前の土である。魂一ツ、神仏に仕えてよい。少しずつ煩わしいことがある。但し、土用に入るとよい。○「庚戌・辛亥の生れ」は金性で刀の目貫の金である。魂七ツ、常に人に愛せられて心聡く、幸いがある。

○「壬子・癸丑の生れ」は木性で栗の木である。魂九ツ、心清く人に欲しがられる。神仏に仕えてよい。○「甲寅・乙卯の生れ」は水性で谷の水である。魂五ツ、人に愛敬がなく、心寂しい。常に思う事が多い。

○「丙辰・丁巳の生れ」は土性で山の上の土である。魂一ツ、心聡く、少し腹が立ち、人に見上げられることがある。但し、思い事のみある。

○「戊午・己未の生れ」は火性で天上の火である。魂三ツ、常に心猛く大きく人に用いられることがある。と言っても性格が悪い。命は長い。

○「庚申・辛酉の生れ」は木性で神前の石榴の木である。魂九ツ、人に敬われて愛敬があるが心寂しい。心清くして静かである。○「壬戌・癸亥の生れ」は水性で大海の水である。魂五ツ、神仏に仕えてよい。福徳

広く心のままである。人の来るにも厭わず、静かである。

疳瀉【かんしゃ】〔小児療治調法記〕に疳瀉は、泄瀉する疳をいう。毛が焦がれ、唇は白く、額の上に青い紋が出、肚腸《はら》が鳴り、泄痢する。薬に香《こう》蔻丸《ぐがん》* 至聖丸*がある。

肝積【かんしゃく】五積*の一。〔鍼灸日用重宝記・四〕に肝積は肥気といい、左脇にあり、顔青く、両脇痛み、下腹《ほがみ》引く。

疳積【かんしゃく】〔小児療治調法記〕に疳積は、体が痩せ 腹が脹れ大きくなり 壮熱が出るのをいい、二方がある。①胡黄連・阿膠（酢に浸し各五分）、麝香（当門子 四粒。当門子とは麝香が麻の実程に粒々と塊り 色少し黄なのをいい、最も効があるが今は稀である）、川黄連・神麹（各炒 各二匁）を末（粉）し、猪胆汁で丸じ、白朮湯《びゃくじゅつとう》で用いる。②蝦蟇*を毎日六七匹、頭 足 皮 腸を去り、本身と四ツの腿を、白水*に塩 酒 葱 山椒を入れて共に煮熟し、癒えるまで食わす。外に、加味肥児丸* 香蟾丸* 蘆薈丸* 祖伝檳榔丸*がある。

貫衆【かんしゅ】〔薬種重宝記・中〕に和草、「貫衆 くわんしゅ／やまわらび。洗い、毛を去り、刻み、焙る」。

勧修寺【かんじゅじ】〔男重宝記・一〕に醍醐にある。法諱、寛清。宮門跡。知行、五百石。真言宗で東寺の門跡である。〔年中重宝記・三〕に、八月四日、勧修寺両社大明神法華八講。

閑所【かんじょ】〔不断重宝記大全〕に雪隠（便所）を、「中国にては、閑所《かんじょ》」という。「厠《こうや》の事」「せんち」参照

願書【がんしょ】「ねがいしょ（願書）」ヲ見ル

甘松【かんしょう】〔薬種重宝記・上〕に唐草、「甘松（かん）しやう／かもちぐさ。火を忌む、洗ひ、陰干」にする。〈**薫物香具拵え様**〉〔男女御土産重宝記〕には、甘松を水に入れてよく洗い、土気を落し、水の澄む程洗い、干して刻み細かにして、絹で篩う。

汗症【かんしょう】「汗」ヲ見ル

癇症【かんしょう】〔小児療治調法記〕に、風熱 驚駭して、時ならず目眩き、搐《びくつ》き、痰 沫を吐き、忽然として地に倒れ、人事不省になるのを癇という。身熱し 脈の浮なのを陽とし治し易く、身冷え脈の沈なのを陰とし治し難い。小児の五癇*を治すには臓に従って治すのがよく、臓には各一獣が属する。五色丸* 硃砂滾涎丸* 参朱丸* 虎睛丸* 牛黄丸*の薬がある。〈**癇症食物宜禁**〉〔家内重宝記・元禄二〕に「宜い物」は大麦 粟 麩 蒲公英 大根 牛蒡 莧 芹 榧 葛 苺 五加 鰻 枸杞 八ツ目鰻 田螺 海月等十七種。「禁物」は餅 麵類 脂 飴 砂糖 茄子 瓜 蓼 蕨 竹の子 五辛 菌 酒。

官掌【かんじょう】官位の一。〔万民調宝記〕に官掌は、四人。辻固《つじがため》、太政官（国の政事を司る役）の警固役である。

管城公【かんじょうこう】「管城子」ともいう。筆*の異名を管城公とも管城子ともいう。〔人倫重宝記・三〕

かんじょうじどの【かんじょうじどの】片言。「くはんじやうじ殿は、勧修《くはんじゅ》寺《じ》*殿」である。〔不断重宝記大全〕

願成就日【がんじょうじゅび】日取吉凶。〔諸人重宝記・五〕にはこの日仏神へ願う事、何事も叶う日とある。暦にはない日。正月は寅の日。二月は巳の日。三月は申の日。四月は亥の日。五月は卯の日。六月は午の日。七月は酉の日。八月は子の日。九月は辰の日。十月は未の日。十一月は戌の日。十二月は丑の日。〔諸民秘伝重宝記〕に覚える歌がある。○「正は寅二は巳に三は申なれば四亥五卯六は午と知るべし」。○「七は酉 八子 九辰に 十未霜戌極は丑と知るべし」。頼成就日ともいう。「願望 心願 掛合大吉日」「大願成就日」参照

菅丞相 時平の讒言に遭う【かんじょうしょう じへいのざんげんにあう】〔女筆調法記・六〕に次がある。天満天神が菅丞相の時に、藤原時平公の讒言により、筑紫安楽寺に移され、配所で命を落した。遂に雷となり、御門へ恨みがあり、即ち時平を取り殺し、なお祟りは数々あり、内裏の火災も続いた

が、贈官贈位も行われて漸く鎮まった。その後、天満天神と崇められ御託宣に、諸々の讒言で嘆く者は吾が前へ来て訴えよ、七日の内に明らかにするとし、身の濡れ衣を干した類は数え切れない。宮仕えの身は特に信心して利益に預かるのがよいとある。「北野天満宮」参照

緩小沈細【かんしょうちんさい】〔鍼灸重宝記綱目〕に小児三歳より後は医者の大指で児《ちご》の寸 関 尺*の脈法で、緩小沈細なのは、宿食の消じないものとする。

寒食【かんしょく】「むぎだんご（麦餻）」ヲ見ル

寒食麺【かんしょくめん】〔小児療治調法記〕に次がある。三月の節に入る一日前の日を寒食《かんしょく》日といい、その日は麺粉《うどんのこ》を多少によらず好酒で捏ね打ち延ばし、内には常の麺粉を包みよく蒸して、外の皮を去り、内の粉ばかり用いる。これを寒食麺という。

勧進能【かんじんのう】 勧進能は、寺社の法要や修覆のため寄付を勧めるためにする能楽。〔人倫重宝記・三〕に勧進能は後花園院の寛正五年（一四六四）観世音阿弥 並びに子息又三郎の父子が、糺川原で勧進能をしたのを始めとする。春二月に、南都東大寺の前で、四座の申楽は一代に一度勧進能を勤めるのは家例である。「薪の能」参照

〈式法〉〔囃子謡重宝記〕に「勧進能の式法」がある。勧進能は四日のもので、式三番は初日 二日ともに替る。三日も替るが三日目には翁くずしという習いがあり、これは習い事である。四日目には翁がなくてもよく、舞で初日同前である。また四日には千歳は興がる松と言って舞う秘事である。翁くずしということは、太夫初の礼なしに、翁の常座へ座して居る。千歳はなるは瀧の水と云って出る。又なるは瀧と水と云って舞う。その内に、翁面を掛けて、あげまきや、と謡う。秘すべし。

勧進的【かんじんまと】「くじまと（鬮的）」ヲ見ル

甘遂【かんすい】〔薬種重宝記・上〕に唐草、「甘遂（かん）すい／にはそ。小麦の粉に包み、煨（埋火に）して刻む」。

寒水石【かんすいせき】〔薬種重宝記・下〕に唐石、「寒水石 かんすいせき／塩の固り石。生姜の汁に煮、乾し、末（粉）す」る。

鑵子の事【かんすのこと】 鑵子は茶釜である。〔新撰咒咀調法記大全〕に、○「鑵子釜を磨く方」は、酢の絞り粕で磨くと早く光る。○「鑵子の割れを継ぐ方」は、饂飩粉に石灰 銑屑（鉄屑）を加えて水で継ぐと長く離れない。○瓶《かめ》の割れたのは、漆に饂飩粉を少し入れて継ぐ。○罅《ひびき》（＝細かい割れ目）のあるのは、生姜を細かに卸してつけ、外から漆で繕い塗るとよく、次第に漆は浸み入る。〈熱冷〉〔男女御土産重宝記〕には、湯を十分熱く沸かして鑵子の中へ一杯入れ、手に据えても少しも熱くならない。湯を少し入れると熱く火傷する。

観世【かんぜ】「さるがくののう（申楽／猿楽の能）」ヲ見ル

還睛丸【かんせいがん】 目薬。〔丸散重宝記〕に還睛丸は、一切の眼病、内外の翳瘼《かすみめ》、遠目近目に用いる。或は瞼《まぶた》が返り肉の出るのに、流行り目に、老人の虚昏に、目糞の多く出るのに、風に向かい冷涙の出るのによい。よく火を降し水を増し心力を強くするのが眼病の要方である。人参・甘草・肉蓯蓉・牛膝・杜仲・石斛・杏仁（各十五匁）、天門冬・麦門冬・地黄・熟地黄（各三匁）、川芎・五味子・黄連（各七匁）、当帰・茯苓・山薬・菟絲子・黄栢・枳殻・蒺り（草冠に梨）子・菊花・青葙子・草決明（各十匁）、、知母（二十匁）、防風・犀角（各八匁）を、蜜で丸ずる。

かんぜる【かんぜえる】「算《かぞへ》ることを、かんぜへる」。〔小野篁謔字尽・かまど詞大概〕

観世汁【かんぜじる】〔料理調法集・汁之部〕に観世汁は、豆腐を薄く切り、味噌汁で仕立てる。餡を掛けるとよい。

肝絶【かんぜつ】 死証*の一。〔医道重宝記〕に肝絶は、瞼が陥り盲《めしい》のように涙汗が出て流れない。舌巻き、ふぐり（陰嚢）が縮まり、爪甲青黒く、

目に精彩なく、歯齦《はぐき》が黒い。

乾癬【かんせん】〔改補外科調宝記〕に乾癬は、熱燥 風毒が皮肉に籠り生ずるもので、掻くとぽろぽろと白い粉の落ちるのが肥癬*疥癬瘡で、乾癬ともいう。生姜一両を切り剝ぎ、内に塩と梅干を入れ、紙に包んで焼いて灰とし、人言（砒石）の粉を入れる。一擦で治す。

寒疝【かんせん】七疝*の一。〔鍼灸日用重宝記・五〕に寒疝は、冷えた食を用いると、にわかに胸腹引き、痛む。

頑癬【がんせん】肥癬*疥癬癬*で、〔改補外科調宝記〕に頑癬は、痒くも痛みもないものをいう。

頑癬丸【がんせんがん】〔斉民外科調宝記〕に頑癬丸は、肥癬瘡*が年久しく癒えず 体の壮《さかん》な人に用いる。浮萍・蒼朮・蒼耳（各一両）、苦辛（二両半）・黄芩（五匁）、香付子（二匁五分）を粉にして酒糊で丸じ、白湯《さゆ》で用いる。

甘草【かんぞう】〔薬種重宝記・上〕に唐草、「甘草 かんさう／あまき。麁《あら》皮《かわ》を去り刻み焙る。火を瀉するには生にて用ゆ」る。〔薬性〕〔医道重宝記〕に甘く温、脾を補い、中《うち》を暖め、諸薬を調え、和らげる。生で用いると火熱を瀉し、炙ると裏寒を去る。粗皮《あらかわ》を削り去って刻み、焙る。あまき。甘草一尺とは二両にあたる。

萱草【かんぞう】「わすれぐさ（萱草）」ヲ見ル

雁瘡【がんそう】「がんがさ（雁瘡）」ヲ見ル

甘草膏【かんぞうこう】和蘭陀流膏薬の方*。〔改補外科調宝記〕に、金瘡・腫物・古い瘡に痒みの出るか 虫等の湧く時、甘草膏に胆礬の油を少し加えてつけると、よく虫を出す。小瘡に痒がりのある時は明礬を少し加えてつけると忽ち止む。また古い瘡が外へ出ず痛むのにもよい。松脂（三十匁）、鵜上戸の油（十匁）、蠟（二十五匁）、薺の汁（盃に二ツ）、煙草の汁（盃に一ツ）、甘草（粉にして二匁）、椰子の油（二十匁）、胡麻油（三十匁）。三色の油と汁とを一ツに入れて煎じ、水気のない時脂を入れて蕩けた時蠟を入れて加減をみる。その後布で濾す。

肝臓の事【かんぞうのこと】〔鍼灸重宝記綱目〕に肝臓は重さ四斤四両、背の第九椎につき、右脇右腎の前にあり、その治は左にあり、色は蒼く、形は木の葉のようである（図112）。全て七葉で左脇に三葉、右脇に四葉垂れ、七ツは少陽の数である。系《つり》は上肺を絡《まと》い、出入り口はない。将軍の官で、謀慮を出す（魂を隠す）臓である。五味*は口に入り 胃で消化し 脾に渡すと、五臓六腑*に散じ、肝は味の酸《すい》を好むにより病を知る。〇「五臓の色脈症候虚実」肝は血を臓し 魂を含《やど》し 筋爪風を主《つかさど》る。東方の木に属し 春に旺して脈は弦、外候は目にあり、声は呼ぶ、臭は生臭く、味は酸く、液《しる》は涙 色は青、志は怒、経は足の厥陰、府は胆 変動は握である。癪は肥気 杯のようで左の脇の辺を覆う。肝気の盛んな時は目赤く、両脇下が痛み、小腹《ほがみ》に引く。よく怒り 気が逆する時は、頭が眩めき、耳は聞こえず、額が腫れる。宜しく瀉し、不足する時は目はよく見えない。両脇拘急筋攣り、大きく息ができない。爪甲が枯れ青く、よく怒り、恐れ、人が捕らえるようである。〈肝の兪、灸穴要歌〉〔永代調法記宝庫・三〕に「気短く怒り脇みち翳《まけ》見えず 咳逆唾血肝の兪をせよ」。

図112「肝臓の図」（鍼灸重宝記綱目）

〈肝臓の諸病〉〔改補外科調宝記〕に、肝臓を切った時 肝臓の疵は左の乳の下にある。〔鍼灸日用重宝記綱目・一〕に、肝の中風は筋 脈引き攣り、手足が叶わない症が出る。〈寿保按摩法〉〔医道重宝記〕肝臓の積緊

風邪 毒気を去り、脇痛みの按摩*は平らかに座して両手を相叉《く》み、相引いて反覆し、胸に迎えることを十五度する。〈経験方〉〔丸散重宝記〕に「肝を破り目の暗い」のは、菟絲子を酒に浸し乾かし末（粉）して、鶏卵白で丸じ、空腹に温酒で下す。「五臓の色体」参照

甘草魔羅【かんぞうまら】〔好色重宝記・下〕に世間に甘草魔羅とは玉門に入ってその味わいのよい所を褒美して言うのかの問いに、答えていう。尤もその理に等しいといっても、由来は、業平が河内国高安の里に通った女が痴話の余りに、業平の玉茎を舌に乗せて舐めたのに、その味が甘く甘草*にひとしく、それより上品の玉茎を甘草魔羅と言いならわしたという。

眼代【がんだい】「めつけ（目付）」ヲ見ル

菅大臣嶋【かんだいじんじま】「きょうしま（京嶋）」ニ同ジ

菅大臣祭【かんだいじんまつり】〔年中重宝記・三〕に、八月十六日菅大臣祭京仏光寺通新町西へ入る町に宮がある。これは菅相丞が住んだ旧宅の跡である。「北野天満宮」参照

貫高【かんだか】〔算盤調法記〕に貫高は、一歩に苗を一把を植え 千歩には千杷を植え、千歩の地を一貫という。千歩で歩数を割ったものが貫高である。「貫反別《かんたんべつ》」参照

神田の八町堀【かんだのはっちょうぼり】〈平生ソレよく言う言語〉神田 今川橋西方の神田堀と本銀町辺の称。明暦の大火（明暦三年、一六五七）後、防火のため八丁の土手が築かれた。文芸作品等に登場する人物の居所として描かれた。〔小野篤譃字尽〕

寒玉子【かんたまご】〔ちやうほう記〕に寒玉子は、味噌の中へ入れて置くと久しく持つ。

眼丹【がんたん】〔改補外科調宝記〕に眼丹は、脾胃に風熱結ぼれ、目頭に瘡が生じ、腫れるものである。風の多いのは浮き 腫れて 散り難い。治方は（如意）金黄散*をつけ、膿になったら針を刺し 太乙膏*をつける。表症には荊防敗毒散*、裏症には清胃散*を用いる。

貫反別【かんたんべつ】〔農家調宝記・初編〕に次がある。貫反別何程、石高何程に当ると云うが、諸説まちまちである。一定の説とすべきは、田一千歩を一貫とし、三反三畝十歩である。銭一千文を一貫文と言うようなものである。知行書で一万貫は田で一千万歩、町歩で三千三百三十三町三反三勺十歩である。当時（現在）に引き当てると、高三万石位の反別である。田千歩を一貫とする数である。実は田畑交ぜて千歩とする。「貫高」参照

寛中散【かんちゅうさん】〔丸散重宝記〕に寛中散は、脾虚脹満の薬とする。白朮（二戔）、陳皮（四戔）を酒糊で丸じ、木香湯で下す。

寛中湯【かんちゅうとう】〔医道療治重宝記〕に寛中湯は、七情*が鬱結するのを治す。七気が沈滞し、飲食下らず、気満膨張するのに用いる。香付子・厚朴（各一匁六分）、青皮・陳皮・丁子・砂仁（各四匁）、白豆蔻（二匁）、甘草（五分）、木香（三匁）を末（粉）し、姜塩湯で煎じ服する。年や症状により加減がある。

寒中に墨の氷らぬ伝【かんちゅうにすみのこおらぬでん】寒中に墨の氷らない伝は、酒を入れて磨るとよい。〔清書重宝記〕

寒中の水【かんちゅうのみず】〔里俗節用重宝記・上〕に朝毎に、寒中の水を二口 三口飲むと、目 歯によく、病も生じない。

肝脹【かんちょう】経験方。〔丸散重宝記〕に、睛《ひとみ》が抜け出て鼻まで垂れ下り、痛みが耐え難く、大便に血を出すのを肝脹、肝風という。羌活の煎じ汁を数盃服すると、自ずから癒える。

環跳【かんちょう】〈経絡要穴 腿却部〉二穴。環跳は横に臥して下足を伸べ上足を屈めて腿を腹へ抱きつけて、股と腰と二ツに折る横筋の頭にある。押すと筋骨の解け目のある陥みの処である。灸を三壮か五十壮する。針

一寸、留むること三呼。冷え風邪、湿痺れ、総身・片身遂わず、腰・脚痛み、伸縮ならないのを治す。〔鍼灸重宝記綱目〕

かんちょうらい【かんちょうらい】　妄書かな遣。「かんてうらい、たよわい事をいふ也」。ひよわい。〔小野篁譃字尽〕

かんてら【かんてら】　〈何が不足で癇癪の枕言葉〉「火、かんてら」。〔小野篁譃字尽〕

かんどう【かんどう】　片言。「官途《くはんど》を、くはんだう」という。〔世話重宝記・三〕

関東五山【かんとうござん】　「鎌倉五山」ニ同ジ

関東八州【かんとうはっしゅう】　〔農家調宝記・初編〕に、古は日本六十六ケ国を東西二ツとし、逢坂の関（「大津より京」参照）を据えこの関より東を、関東また坂東の国々三十三ケ国とする。関西も三十三ケ国である。昔の「坂東」*に対して今は逢坂の関がなく箱根より東を関東八州とする。相模 武蔵 安房 上総 下総 常陸 上野 下野の国々である。

がんどうまえびき【がんどうまえびき】　〈何が不足で癇癪の枕言葉〉「きつとは、がんどうまへびき」。「き（ぎ）つと」は侍。「がんどう」は刀。「まえびき」は眉引の訛音で二の意。即、刀二本差しで侍の意。〔小野篁譃字尽〕

巫【かんなぎ】　大和詞。「かんなぎとは、神に仕へる者」である。〔不断重宝記大全〕。「みこ（巫女）」。

坎日【かんにち】　暦下段。〔永代調法記・五〕に坎日、この日は灸 針をせず、身の垢も衣裳も洗わない日とする。正月は辰の日。二月は丑の日。三月は戌の日。四月は未の日。五月は卯の日。六月は子の日。七月は酉の日。八月は午の日。九月は寅の日。十月は亥の日。十一月は申の日。十二月は巳の日。〔農家調宝記・三編〕には「坎日」は元禄七（一六九四）八年の暦に記すが、その後は用いていないとある。

堪忍信濃の善光寺【かんにんしなののぜんこうじ】　〈平生ソレよくいふ言語〉「かんにんしなの丶ぜんくはうじ」。「堪忍しな」を信濃の善光に言いかけた洒落。〔小野篁譃字尽〕

堪忍の忍の字が百貫する【かんにんのにんのじがひゃっかんする】　〔世話重宝記・二〕に『開元遺事』を引き次がある。王守和《おうしゅか》は心柔和な人で人と争わず、常に机案の上に大きく「忍」の字を記し、幌《とばり》や幃《たれぬの》の類にまで忍の字を縫物にしていた。玄宗皇帝は、名前を守和といえば争わないことが解るが、今また好んで忍の字を書くのはなぜかと問うた。答えは、物厳しい時は必ず砕け、強《こわ》い時は必ず折れる。人もまた同じである。万の事は忍の一字に極まる、と言うのを聞いて玄宗皇帝は喜んだ。「百貫する」とは勝れて貴いという譬えである。「忍」の字を書き分けると「刃《にん》」「心《しん》」の二字になり、人が来て刃を我が心（胸）に当てても堪忍せよという心で「忍」と書くのである。

願人坊主【がんにんぼうず】　僧形の乞食をいう。〔人倫重宝記・五〕に世に願人坊主という者があり、形は山伏に見える。当山 本山の支配にもあらず、修験道にもあらず、片遠所に住む下《した》山伏の弟子の性悪師匠から破門された者どもである。ある時は一歯の足駄を履き、ある時は寒垢離となり、ある時は庚申、三ケ月、十七夜、二十三夜の代待ち、また愛宕や唐崎の代参り、貂《てん》になり、狸になり、三十日に一日も同じことを言わず、毎日職を変えて歩く。皆世渡りである。

肝熱【かんねつ】　五臓*の熱症。〔鍼灸日用重宝記・五〕に肝熱は筋熱し、寅（四時）卯（六時）の刻に甚だしい。脈は弦で多く怒り、手足熱して筋は萎える。

疳熱【かんねつ】　〔小児療治調法記〕に疳熱は、骨蒸し 盗汗（寝汗*）する。

寒熱【かんねつ】　〔小児療治調法記〕に寒熱は、瘧《おこり》*の症状のように発《おこ》る。

寒の入【かんのいり】　小寒*の季節になること。〔年中重宝記・四〕に寒の入りに餅を食う事、餅は性温なので寒さを防ぐ意である。〔料理調法集・年中嘉祝之節〕に寒に入る日、赤小豆の餅を奉る事は、医道の養生の為と

し、別に祝儀の沙汰はない。

貫膿【かんのう】「みずもる（貫膿）」ヲ見ル

癇の薬【かんのくすり】 癇は小児の癲癇*をいう。〔調宝記・文政八写〕に次の薬がある。○鴉（ふとからす。「鴉の事」参照）を寒中に捕り、嘴《はし》爪《つめ》を去り黒焼きし、粉にして用いる。○蟾蜍《ひきがえる》を黒焼きにして用いる。○藜蘆《おもとのね》を白水*に浸し 干し粉にして丸じ、毎日三露ずつ四十九日用いる。○羅石《ひる》草《も》葉を採って干し粉にし 湯で用いる。○人を焼き釜の内に煙の固まったのを丸じ金箔を衣にし十粒ずつ湯で用いる。○白蛇を生で用いてもよい。○百足のつけ焼き等がある。

疳の事【かんのこと】〔医道重宝記〕に疳疾は、甘くて脂の付いた物を多く食し 脾に留まり 虫を生じ、変じて疳となる。五疳*があり、五臓（肺・心・肝・脾・腎）に属するが、その初めは脾にある。脾が虚して後に四臓に伝わり五疳となるので、脾胃の虚を摂《おさ》めるのが疳を治する要法である。薬は消疳飲* 生熟地黄湯*がある。〔小児療治調法記〕には『内経』を引用、肥《うま》い物を食うと内熱し、甘い物を食うと中満するのを疳という。小児四五歳迄は乳餔止まず、胃の気がまだ不全で穀気が充たないのに、父母が当分の愛から瓜 果物、その他一切の料理の肥《うま》く甘い物を恣に食わせて段々に積り膠固《かたま》り、身熱し 体痩せ 顔は黄色く、或は腹大きく青筋出で痛み瀉痢し諸疳が発る。また『銭中陽』を引用、小児の疳は多くは大病、或は吐瀉後に薬で下すため、脾胃が虚損し津液が亡じて発るという。薬に消疳飲 消疳湯*がある。〔懐中重宝記・慶応四〕に「小児疳の薬」は、髪の毛が赤く、目が明らかならず、鼻の下が赤くなり、炭土米塩茶等色々好んで食い、身体痩せ腹脹り青くなり、又腹下るのに用いる。蟇《ひきがえる》（＝腸を去り紅花を入れ墨焼き）・燕の糞（各十匁）を細末（粉）し二三分ずつ素湯で用いるが、歳に応ずる。「五疳の治法」モ見ル

勘の事【かんのこと】〔農家調宝記・三編〕に算勘と言うが、算ばかりでは行き届かないことが多く、勘の働きに馴れるようにすべきである。勘は、「象の重さを量る事」*とか、「人を升目に積る事」*等の法に見る。或は、四角柱の対角線の長さを知る法は補助線による法など、頭を働かせることをいう。

鴈の事【がんのこと】〔万物絵本大全調法記・下〕に「鴈がん／かり。雁がん。同」。〈異名〉〔書札調法記・六〕に鴈の異名に、鴈陣 陽鳥 来賓 嘉賓がある。〈薬性〉〔医道重宝記〕に鴈は平で毒なく、筋骨を壮《さかん》にし、臓腑を利し、痺れを治す。多食すると気を動かす。〔永代調法記宝庫・四〕には中風、片身の萎えに少しずつ食うとよい。六七月に食すると魂を破る。〈料理仕様〉〔諸人重宝記・四〕に鳫は、汁、茹で鳥、煎り鳥、皮煎り、生皮、刺身、鱠、串焼き、酒浸て、船場（煮）、この外色々ある。〔諸人重宝記・四〕に、○「指身仕様」は雉子*のように骨抜き輪切りにして、山葵酢 或は生姜味噌がよい。〔料理重法記・下〕には、○「鴈鴨の叩き方」は鳥の肉と骨とを十分細かに叩き、肉一升なら塩五合、麴二合も三合も合せ、壺に入れて置く。○「鴈鴨の煮方」は常の通りに鳥の身を造り、酒と醤油を等分に合せ、鳥を鍋に入れ、汁がひたひたになる程鳥を入れ、墨火で煮る。〈食合せ〉〔料理調法集・当流献方食物禁戒条々〕に、鴈に海鼠《なまこ》 黒大豆は、食い合わせである。〈御目に掛ける口伝〉〔諸礼調法記大全・天〕に鴈鶴等を御目に掛けるには台上に、頭を左の羽交《はがえ》の下へ押し入れて左の上にして据え、頭を自分の前にして御目に掛ける。〔麗玉百人一首吾妻錦〕には祝言の時は頭を向かい合す。

かんのし【かんのし】 片言。「かんのしは、神主」である。〔不断重宝記大全〕

癇の虫【かんのむし】 癇の虫で眼が悪く、腹が腫れ痛む秘伝の薬は、車前草を根とともに取ってよく洗い、陰干して黒焼にし、鰻を焼きつけて食わせるとよい。〔薬家秘伝妙方調法記〕

かんのん【かんのん】「くはんおん（観音）」は、かんのん」である。〔小野篁

譃字尽・かまど詞大概〕

観音真言【かんのんしんごん】 観音真言は真言陀羅尼*の一。「唵《おん》。阿盧力迦《あろりきや》。娑婆訶《そわか》」と唱える。〔続呪咀調法記〕

関白【かんぱく】 〔万民調宝記〕に、関白は五十七代陽成院の元慶年中（八七七～八八五）に基経公を任じたのが始めである。摂政*と関白が一時にあることはなく、一職ずつである。〔男重宝記・一〕に、天子*を補佐して政務を執り行う役とある。

旱魃の事【かんばつのこと】 〔年中重宝記・五〕に旱は日照り、魃は神の名とある。唐の黄帝が蚩尤《しゆう》と涿鹿《たくろく》の野で戦った時、風雨暗く東西を分かたず、この時 色赤く 髪の短かい丈三尺ばかりの童が来て、我は魃魃の童子である、帝を助けると言い、走り去ると忽ち風雨は止り空晴れ、黄帝は戦いに勝った。これは魃と古今の注に出ている。天長元年（八二四）春、大いに旱《ひで》りして農民が耕作の用水を失う時、空海は勅を受け善女 龍王を神泉苑に勧請して雨を祈ると三日三夜大雨が降った。今 民間にも旱すると太鼓を打って雨乞いするのは、龍神を驚かす意という。

蒲原より由井【かんばらよりゆい】 東海道宿駅*。一里。本荷六十二文、軽尻四十二文、人足三十一文。宿の出離れ右に別れの明神がある。左は塩浜である。向田村、川田村、小かね、中村、片浜、関沢、神沢。この間は大方町続きである。〔東街道中重宝記・寛政三〕

寒秘【かんひ】 「老人の諸症」「風秘」ヲ見ル

雁皮【がんぴ】 草花作り様。雁皮の花は白、赤がある。土は合せ土*がよい。肥しは雨前に小便を掛ける。分植は春、秋に樹下に植えてよい。〔昼夜重宝記・安永七〕

干瓢【かんぴょう】 〈製法〉〔男女日用重宝記・下〕に干瓢は、夕顔*を水の中で上の青い皮を擦り捨て、その後なるだけ薄く剝ぎ、細く切って水に入れ、天気の良い日に縄によく干して取り入れ、器物に入れて煮え湯を掛けて絞り上げ、またよく干上がってから取り入れ、注意して保存する。〔料理調法集・国産之部〕には、夕顔を厚さ一寸程の輪に切り一夜白水*に漬けて置き、至極よい日和に干上げる。〈薬性〉〔医道重宝記〕に干瓢は平で毒なく、熱を去り渇《かわき》を止め、悪瘡を治し、水道を通じ、心肺を潤す、また〔永代調法記宝庫・四〕には淋病の痛みを止め、小便を通ずる。〈早煮〉〔日用調法人家必用〕に「干瓢早煮」は水で洗い固く絞って常のように煮る。

干瓢出汁【かんぴょうだし】 〔料理調法集・煮出煎酒之部〕に干瓢出汁は、虫のつかない、黴のない干瓢を選んで十匁をよく洗い、水一升で蒸し六合程になった時干瓢をあげ、すまし用いる。

眼病俄に起りたるに吉【がんびょうにわかにおこりたるによし】 〔洛中洛外売薬重宝記・上〕に「諸眼病俄に起りたるに吉」は、四条通室町西へ入る 菱や次郎兵衛にある。一包、代十文。一切の目の腫れ痛むのによい。

眼病療治【がんびょうりょうじ】 〔洛中洛外売薬重宝記・上〕に「眼病療治」は、油小路五条上ル丁 樫山昌顕がいて、御目薬も発売している。御療治御望みの方は、朝十時（巳）過に御出下さいとある。

肝風【かんふう】 「肝脹」ヲ見ル

緩風【かんぷう】 「脚気の事」ヲ見ル

灌仏【かんぶつ】 〔年中重宝記・二〕に四月八日を、灌仏といい諸寺で五香水を仏に浴びせる。これは釈迦如来が倶毘藍城で生れた時天龍が下って水を濯ぎ浴びせたのに因む。唐では、都梁香を青色水、鬱金香を赤色水、丘降香を白色水、付子香を黄色水、安息香を黒色水として、仏頂に濯ぐと『高僧伝』にあるという。日本では推古天皇（在位五九二～六二八）より始り、禁裏でも五色の水で行われている。「仏生会」ともいう。〔重宝記・宝永元序刊〕には「浴仏日、四月八日也」ともある。

がんふら【がんふら】 〔洛中洛外売薬重宝記・上〕に「がんふら」は、柳馬

場錦上ル 長谷川にある。第一に筋、骨の痛みによい。

疳癖【かんぺき】〔小児療治調法記〕に小児に乳と食と一時に交えて与えると、疳癖 痞積の病を生ずる。

神戸より白子【かんべよりしらこ】 伊勢道中宿駅*。一里半。本荷六十二文、軽尻四十二文、人足三十一文。高岡川 舟渡し 冬は橋がある。城主は一万五千石本多伊予守、天正年中織田信孝居城という。古く上野への近道がある。〔東街道中重宝記・寛政三〕

感冒【かんぼう】〔小児療治調法記〕に、感冒は俗に咳気というもので、外邪の浅いものである。宜しく発散するのがよい。薬に、惺々散* 羌活膏* 香葛散* 参蘇飲* 参花散* 蜜梨噙*がある。「傷寒」モ見ル

寒木植替【かんぼくうえかえ】〔享保四年大雑書・草木植替重宝記〕に、梅 柿 石榴 梨 棗 桃 林檎 楓 銀杏 桐 桜 柳、この外十月から葉の落ちる木の類一切は、十月から二月迄の内がよく、正月 二月が特によい。もしこの旬に外れて植え替えたい時は枝葉を取り、冬の心になして植え替えるとよい。「暑木植替《しょぼくうえかえ》」参照

願亡ぶ日【がんほろぶひ】〔重宝記永代鏡〕に願亡ぶ日は、祈禱するのに悪い日。正月は丑・寅の日。二・六・十月は卯の日。三月は辰・申の日。四・七月は申・酉の日。

盥盆【かんぽん】 唐人世話詞。「手《て》たらい（盥）を、盥–盆（くはんぽん）といふ」。〔男重宝記・五〕

かんまえて【かんまえて】 片言。〔世話重宝記・二〕に「構《かまへて》を、かんまへて」という。

肝脈【かんみゃく】 六脈*の一。〔鍼灸日用重宝記・一〕に肝脈は、医者の右手の中指の下の脈をいう。

関脈【かんみゃく】「寸関尺」ヲ見ル

緩脈【かんみゃく】〈八裏の脈*の一〉〔医道重宝記〕に緩脈は、浮大にして柔かで微、遅い。風結、麻痺を主《つかさど》る。〈八要の脈*の一〉〔斎民外科調宝記〕に緩脈は、指の下に浮大にして軟、脈の往来は微遅、内の病、外邪を侵すことはない。〔昼夜調法記・正徳四〕に緩脈は、表虚を主るとある。

寒脈と熱脈【かんみゃくとねつみゃく】〔昼夜重宝記・安永七年〕に人の息一呼吸の間に、脈四動打つのが平脈*で、実強 洪大なのを熱脈、虚弱 微小なのを寒脈とする。

官名【かんみょう】 常に人の名というのは「官名《くはんめう》」である。「何右衛門《なにへもん》 何兵《なにびやう》衛《へ》 何助《なにすけ》というは皆官者《くはんしや》也。又外に名乗と云ものあり。これなど名と云べきか」。〔武家重宝記・一〕

願望 心願 掛合大吉日【がんもう しんがん かけあいだいきちにち】〔古易方位万代調法記〕に「旅立 移徙 願望 心願 掛合 何事にも大吉日」として次がある。○正月は寅 申 巳 丑の日。○二月は亥 巳 午 寅の日。○三月は寅 巳 未 卯の日。○四月は寅 卯 辰 亥の日。○五月は寅 卯 酉 巳の日。○六月は亥 巳 午 戌の日。○七月は亥 未 卯 申の日。○八月は寅 亥 申 子の日。○九月は巳 酉 卯 丑の日。○十月は子 寅 戌 亥の日。○十一月は卯 巳 申 亥の日。○十二月は子 寅 卯 寅の日。この外、天福日* 地福日* 七福即生日 年徳日*は皆吉日である。暦の中段、建《たつ》* 成《なる》* 納《おさん》*の日は吉である。「願成就日」「大願成就日」参照

眼目の事【がんもくのこと】〔医道重宝記〕に眼は血の養いを得てよく見えるので、血が不足しても 余っても眼病となる。即ち、若い人は有余を、老人は不足を病む。或は風熱が上《かみ》を侵し 辛熱を食すること多く、或は色欲を過ごして腎水を減らし、過労により 気を傷《やぶ》る等皆よく眼の諸症をなす。○眼病の脈、は洪 弦 数《さく》である。○薬には洗肝散* 慈腎明目湯* 益気聰明湯*がある。〔鍼灸重宝記綱目〕に、目は肝の外候（伺い）、五臓*の精華で、諸脈は皆目に属する。瞳は肝木の、両眥《まなじり》は心火の、上下の瞼《まぶた》は脾土の、白睛《しろまなこ》は肺金の、黒睛《くろまなこ》は腎水の、それぞれの精である。俄に赤

く腫れ痛むのは肝経の風、熱久しく目の昏暗《めくらめ》くのは腎虚、遠視できないのは心虚、近視できないのは腎水の耗《へり》とする。灸は巨骨、曲池、脾兪、三里等六穴、針は神庭、上星、前頂のほか、諸症により針灸点がある。〔鍼灸日用重宝記・四〕には『鍼灸重宝記綱目』同様の解説に続けて、○目風 赤く爛れたのには陽谷に、○目の翳膜には合谷 臨泣 腕門 後谿等七点に、○白翳には臨泣 肝兪に、○瞳の痛むのには内庭 上星に、○冷えた涙が出るのには睛明 臨泣 風池 腕骨に、○風眼で両目痛み堪え難いのには睛明 及び手の中指の本節の尖りに、二三壮灸する。○目 背中が急に痛むのには三間に、○目の霞むのには頭維 攢竹 睛明 百会 風府 風池 合谷等十点に、○目眩には臨泣 風府 風池 陽刻 中渚 魚際 糸竹空等八点に、○目の痛むのには陽谿 二間 三間 大陵 前谷 上星に、○眼頭痒く目の痛むのには光明 五会に、○目翳を生ずるには肝兪 命門 合谷 商陽等に、○小児の鳥目には手の親指の甲の後ろ一寸 内廉外の折目の頭《かど》 白肉と甲との間に灸一壮をする。〔重宝記〕に「眼目の名灸」は男は左、女は右の小指の一節の下の縫い目に灸三火をする。〈眼目食物宜禁〉〔家内重宝記・元禄二〕に「宜い物」は黒豆 黒胡麻 小豆 蕗 苣 蓮 山芋 牛房 零余子《むかご》 辛子 榧 枸杞 青海苔 棗 桃 薺 鯉 鯵 田螺 鮑 鰤 煎海鼠 雲雀。風眼には葱の白身。「禁物」は酒 脂 姜《はじかみ》 大蒜 葱 蕎麦 蕨 韮 栗 茸 山椒 辛子 茄子 蓼 越冬 麺類 餅 煎り豆 鮭 鮎 鯛 鯖 鰯 鱧 鰹 烏賊 川魚 鴨 鳩 鷺 鳴 鴨 熊 猪 狸 生芋の茎 諸生冷え物。風呂 湯 日を見る事 煙に向う事 雪の中 力業等五十三の事がある。

患門【かんもん】〈秘伝の穴〉二穴。大指の爪先より足裏を跟の下に敷き膕《ひっかがみ》(=膝の後の窪んだ所)の横筋迄の寸を男は左足 女は右足で取り、その稗《しべ》を鼻の先から頭にのぼせ頸《くび》筋の後ろ背の真中に下して稗の端に仮の点をつけ、一方鼻の下から両口脇までの寸を取り、その稗の中心を仮の点に当て、その両端が患門の二穴となる。灸数は病人の歳の数に一壮増し、三十歳なら三十一壮する。虚労手足の裏熱し、盗汗(寝汗)*、精神苦しみ倦み、骨節痛み冷え、初めは咳嗽して漸く膿血を吐き、肌痩せ顔黄ばみ、食少なく力の乏しいのを治す。〔鍼灸重宝記綱目〕

関門【かんもん】関門は二穴。梁門の下一寸。針八分、灸五壮。喘息 積聚 腹鳴り痛み 泄痢 不食 腹中気走り 臍を挟んで引き攣り痛み 身腫れ 痎瘧奮い寒じ、遺溺するのを治す。〔鍼灸重宝記綱目〕

眼門【がんもん】鷹の名所。* 鷹の両目をいう。月門《げつもん》ともいう。〔武家重宝記・五〕

肝兪【かんゆ】〈経絡要穴 肩背部〉二穴。肝兪《かんゆ》は第九椎の下左右へ各一寸五分ずつ開く処にある。灸は一日に三壮から七壮。針は三分、留むること六呼。針刺して肝に当ると、咳をして五日に死ぬ。多く怒り 黄疸熱病の後、目昏《くら》く涙が出 目眩《めまい》 転筋腹に入り 咳して胸脇に引き、痛み、驚き狂い、鼻血、唾血、積聚等を治す。〔鍼灸重宝記綱目〕

寒百合【かんゆり】草花作り様。寒百合の花は薄白で、冬より春まで咲く。土は赤土、肥しはこの土に馬糞を干し粉にして交ぜ合せ、根廻りへ散らす。分植は春秋、又は六月土用中がよい。〔昼夜重宝記・安永七〕

元来【がんらい】女詞遣。〔女重宝記・一〕に「元《もと》よりといふべきを、元来《ぐはんらい》の根元《こんげん》のといふのは、すさまじ」い。

鴈来草【がんらいそう】〔万物絵本大全調法記・下〕に「様錦 やうきん／もみぢぐさ／又 鴈来紅 がんらいこう」。〈草花作り様〉〔昼夜重宝記・安永七〕には鴈来草の花は赤、黄である。染分《そめわけ》、黄金草《おうごんそう》ともいう。土は真土 肥土 砂の三色を合せる。肥しは茶殻の粉がよい。分植は、二月に実を蒔き秋の頃分植する。

疳痢【かんり】〔小児療治調法記〕に疳痢は、疳に痢病の加わるのをいう。外に、風寒 暑湿を差し挟み、或は飲食滞り、水穀調わず、頻りに下痢するのをいう。薬は、木香丸* 四治黄連丸* 秘伝保安丸*を用いる。

管領【かんりょう】 武家名目。〔武家重宝記・一〕に管領は大老*の異名である。

甘連湯【かんれんとう】 〔医道重宝記〕に児が出生すると、甘連湯をその俀柔らかな絹又は綿を指に巻いてつけ、児の口の中にある悪い汁、穢れた毒を拭い去る。黄連（一匁）・甘草（六分）を、絹に包み熱湯で振り出して用いる。或は、よく水飛した辰砂一分に蜜を少し入れて用いる。辰砂には火に当ててはならない。

寒露【かんろ】 二十四節*の一。〔重宝記永代鏡〕に九月節、昼四十八刻 夜五十二刻。寒露とは九月の節に入り 陰気増長し 降《くだ》る露が寒冷なことからいう。鴻鴈来賓（遅れて来る）す、雀大水に入りて蛤と為る、菊に黄花有り、等とある。〈耕作〉〔新撰農家重宝記・初編〕に新暦では十月九日。○十月に入ると大蒜《にんにく》を植える。かみつれ（加密列）を蒔く。牛蒡を蒔いて春の食とする。桐 茶の実を植える。刈安*を刈る。○寒露は小麦蒔きの旬。大麦 蚕豆 豌豆 紅花を蒔く。三年牛蒡、葡萄の類を蒔く。荏胡麻は葉の少し黄ばんだのを刈る。十三日頃から蕗の根を植える。柿など夏木の類を植え替える。薮の古竹を伐り捨てる。二十日（土用）から十四五日の内に芋、芋茎《ずいき》を刈る。藺、菅を植える。

甘露飲【かんろいん】 「玉露散」ニ同ジ

甘露飲子【かんろいんし】 〔小児療治調法記〕に甘露飲子に二方がある。①胃熱して口臭く、歯茎腫れ痛み、喉口に瘡を生じ、目赤く、及び瘡疹の熱盛んなのを治す。枇杷葉（毛を去る）・熟地黄・生地黄・麦門冬・枳殻・茵陳・天門冬・黄芩・石斛・炙甘（各等分）を水で煎ずる。②痘が出て（出瘡《でそろう》*）、口中の気熱し、咽痛み、口舌に瘡を生ずるのに用いる。生地黄・熟地黄・天門冬・麦門冬・枇杷葉・枳殻・黄芩・石斛・山茵陳・甘草を水で煎じ、食後に温服する。

疳労【かんろう】 〔小児療治調法記〕に疳労は、疳に労瘵（肺結核）の症があり、骨蒸潮熱し、盗汗《ねあせ》し、腹硬く顔肌痩せ、飲食しても肉がつかないのをいう。薬は黄芪湯*鱉血煎*がある。

甘露漬生姜【かんろづけしょうが】 「御膳甘露漬生姜」、他に「梅ひしほ」、また「梅味噌」「九重味噌」等十六種は、瀬戸物町南側 富士田屋佐七にある。〔江戸町中喰物重法記〕

甘露日／羅刹日【かんろにち／らせつにち】 日取吉凶。〔重宝記永代鏡〕に「甘露日」は、その日の二十八宿*と七曜*と五行*とが相応ずる日である。仏事をなすのに吉。「羅刹日」は相克する日である。仏法修行、寺を建て、堂を造るのを忌む。

漢和連句【かんわれんぐ】 「誹諧漢和の法」ヲ見ル

き

帰【き】 算盤の用字。〔算学調法塵劫記〕に、一桁の法で割ることをいう。「之を帰す」とも書く。「叙」参照

義【ぎ】 唐尺*の事。〔文政新刻金神方位重宝記〕に、この寸に中《あた》れば、家内は常に喜び多く、心のままに繁昌する。刀 脇差を差し定めるのによい。八卦で義は遊年。

黄足鷺【きあしさぎ】 〔料理調法集・諸鳥人数分料〕に黄足鷺は、汁に遣うと七八人前、煎鳥・焼鳥にして六七人前である。大鷺*と同じくらいである。夏は大鷺でも黄足でも料理に遣ってよいものである。

紀伊【きい】 紀州。〔重宝記永代鏡〕には伊都《いず》、那賀、名草、海部《あまべ》、在田《ありた》、日高、牟婁の七郡をあげ、城下は若山、田辺、新宮で、一ノ宮は日前《ひのさき》である。〔万民調宝記〕に居城知行高は、和歌山・紀伊大納言五十五万五千石とある。〔大増補万代重宝記〕には、上管、四方六十里。田数七千百十九町、知行高は三十九万五千二百四十七石。〔重宝記・幕末頃写〕には、上管、南北四日半。三方が海、平地を欠く。五穀熟せず、小下国。和歌山県、度会県から、今の和歌山県の大部分にあたる。〈名物〉〔万

買物調方記〕に一丁分程の記載があり、陳皮、枳穀、山桃、蜜柑、若山の忍冬酒・延命酒、紀の川鯉、玉津嶋の牡蠣、松江の浦の蛤、雑賀塩・鯛・真魚鰹などの魚類、和歌浦のもずく・ひじき等、欅・槙・楠（舟木に用る）、榧の木、樵の木（薪）、椿の実、鯨の油・鏑骨、根来椀・折敷（昔寺繁昌の時拵えた道具と云、今は方々で売買する）、粉川の鍬（小荷駄馬に引く）・白干の鮎、那智の碁石、日高の松茸、高野の岩茸・干蕨・行者大蒜（大師が植えたと伝え臭みがない）、目薬、松煙・油煙、傘紙、着笠など。

喫茶【きいさ】 唐人世話詞。茶をお飲みということを、「喫《きい》-茶《さ》」という。〔男重宝記・五〕

帰一【きいち】「見一割声」ヲ見ル

鬼一法眼日取【きいちほうげんひどり】〔昼夜重宝両面雑書増補永暦小筌・慶応二〕に「鬼《き》一《いち》法眼日取」がある。「●」天門 朔日、九日、十七日、二十五日。「●」天郎 二日、十日、十八日、二十六日。「●」天歳 三日、十一日、十九日、二十七日。「○」天陽 四日、十二日、二十八日。「○」天官 五日、十三日、二十一日、二十九日。「◐」天虚 六日、十四日、二十二日、三十日。「○」天眼 七日、十五日、二十三日。「●」天台 八日、十六日、二十四日。「○」印は吉日、「●」印は悪日。但し、悪日でも吉時刻がある。天門は申（十六時）、辰（十時）の刻。天郎は卯（六時）、酉（十八時）の刻。天台は卯（六時）、未（十四時）の刻。それぞれ吉。鬼一は「おにいち」とも読む。『義経記』に見え京一条堀川に住む陰陽師で、文武に通じ『六韜』を秘蔵していた。

几子【きいつ】 唐人世話詞。机を「几《き》-子《いつ》」という。〔男重宝記・五〕

喫飯【きいはん】 唐人世話詞。飯をお食べということを、「喫《きゐ》-飯《はん》」という。〔男重宝記・五〕

来居る【きいる】 大和詞。「きゐるとは、来て居る也。鳥に云」。〔女重宝記・五 弘化四〕

黄色【きいろ】〈染色〉〔永代調法記宝庫・三〕に黄色は、山梔子《くちなし》の汁を出して、合せ使う。但し、念を入れるには鬱金《うこん》を出して使う。〈五色の褒め詞〉〔男重宝記・五〕に「黄色の物はけつこうなとほむべし」。

黄鬱金【きうこん】 染色。〔秘伝手染重宝記〕に「きうこん」は、鬱金粉でも又は黄鬱金でも、紅鬱金*の通りに拵え、二度染に染める。

気鬱【きうつ】 六鬱*の一。〔鍼灸重宝記綱目〕に気鬱は、腹脇が脹り満ちて、刺すように痛んで伸びず、脈は沈でいる。針灸の穴は膏肓 神道 肝兪 不容 梁門である。〔秘方重宝記〕に気鬱には、香付子 川芎を末（粉）して用いる。

気癭【きえい】〔改補外科調宝記〕に気癭とは、気に従って大きくなり 小さくなる癭*をいう。

消え返る【きえかえる】 大和詞。「きへかへるとは、あはんと云ふ心」である。〔不断重宝記大全〕

奇応丸【きおうがん】〔万法重宝秘伝集〕に奇応丸の処方は、人参・熊胆・沈香・麝香を細末（粉）にして練り、細かく丸め金箔を衣にかける。〔洛中洛外売薬重宝記・上〕に奇応丸は次の店にある。①四条寺町西へ入 墨屋弥次兵へ。癪、痞え、頭痛、目眩い、腹の痛みによい。②寺町五条上ル丁 松屋平兵へ。第一に気付、食傷によい。③二条烏丸西へ入丁 いづつや五兵へ。一切の気付、毒消しによい。④油小路仏光寺上ル丁 たち花や治右衛門。気付によい。頓死に用いる。⑤越中富山 茶木屋清兵へ。大人小児の気付によい。⑥油小路松原上ル丁 杉野網美。第一に気付めまい 毒消によい。⑦油小路仏光寺下ル 松屋与兵へ。第一に気付、諸毒を消す。⑧油小路仏光寺上ル 松屋豊春。第一に気付、頓死によい。⑨五条東洞院東へ入 万屋治郎兵へ。代二十四文。一切の気付、目眩い、立ち眩みによい。

妓王寺【ぎおうじ】「往生院」ヲ見ル

祇園社の事【ぎおんしゃのこと】　京名所。〔東街道中重宝記・七ざい所巡道しるべ〕には大きな石の鳥居があり、額は古筆、祇園豆腐*が名物。この辺の野を真葛が原という。〔年中重宝記〕に次がある。五月三十日 祇園神輿洗い、提灯が数多く出る。六月七日 祇園会山鉾渡り初め。同六日 烏丸通蛸薬師下る町にある 祇園手水《ちょうず》の井を開く。同七日より十四日迄 祇園会 同じく御旅参り。十四日 鉾八本 山十四本を渡す。町人に鬮を取らし山鉾の前後を定める。一 二 三の次第を記す紙に京都所司の印があり祭りの日に雑色に渡す。昔は四条通高倉の東北に向かって公方家の桟敷があり、その前を雑色が警固したが、今はその跡はなく旧例により神事の日雑色がここに列座する。祭が過ぎて神輿が三社山より御旅所へ御出で、今夜より十八日まで四条川原涼み、水上に床を並べ 京中の貴賤涼を納め 酒を飲み 糸竹を鳴らし 歌を唄い 詩を吟じ 宴遊する声は、山河を崩すようである。諸国にまたとない遊興 洛陽の繁栄は、この節と思われる。六月十八日 神輿入り、神輿洗いと同じく提灯が数多く出る。十二月三十日夜に入り、祇園神前で大般若経転読。子の刻（零時）拝殿で削掛《けずりかけ》神事。

祇園漬【ぎおんづけ】　〔料理調法集・漬物之部〕に祇園漬は、白瓜を丸のまま六ツ程に小口より切り、中を浚《さら》い 蛇の目のようにして、一夜塩押しにして翌日縄に通し、一日日に干し、翌日酒で洗い、壺に詰め 上酒をひたひたに入れ 砂糖を見計い入れ 口張をして置く。六十日過ぎるとよい。但し、十日程過ぎて口を開け酒が減ったら足す。丸漬瓜 生姜 茗荷 草石《ちょろ》蚕《ぎ》等も塩出しにして漬け込む。

祇園豆腐【ぎおんどうふ】　〔料理調法集・豆腐之部〕に祇園豆腐は、豆腐を一切れ盛るのに大きく切り、香色に焼き、出汁に酒 醤油を塩梅して久しくよく煮、器に盛り入れ、道明寺味噌*、花鰹、割胡桃等を上置きにして出す。

祇園町【ぎおんまち】　〔茶屋諸分調方記〕に「ぎをん町 社の筋南側北側 見せ掛けよしのそこはたり」とある。「京色茶屋独案内」ヲ見ル

麾下【きか】　戯《き》下《か》とも書く。武家名目。〔武家重宝記・一〕に麾下は、将軍*の異名である。

気海【きかい】　〔鍼灸重宝記綱目〕に一穴。臍の下一寸半。啍映・下盲ともいう。灸は七壮、針は八分、気を得て瀉し、瀉して後補う。傷寒、一切の気病久しく癒えず 痩せ疲れ 四支力弱く、また崩漏 帯下 小児の遺尿を治す。〈灸穴要歌〉〔永代調法記宝庫・三〕に「痩せ疲れ 手足も弱く 積《しゃく》固く 気の逆上は 気海なるべし」。小腹《ほがみ》が小気に冷えるのには七壮をする。

癸亥の灸穴【きがいのきゅうけつ】　「ようがん（腰眼）」ヲ見ル

于加単【きかたん】　〔童蒙単語字尽重宝記〕に于加単《きかたん》は連国。広さ五万六千坪、民は四十七万三千人。「ウガンダ」か。

気が揉めの吉祥寺【きがもめのきちじょうじ】　〈平生ソレよく言う言語〉 気が揉める意。駒込の吉祥寺を気が揉めるともじって言う。〔小野篡譃字尽〕

黄唐茶【きからちゃ】　染色。〔秘伝手染重宝記〕に「黄からちや」は、刈安*を一度引き、また梅を一度引き、湯一升程に明礬を引く。茶三服程入れ、斑無く引く。濡れの侭手盥に入れ、水一杯入れ、石灰を手一合程入れ、斑無く掻き回し、また水でよく濯ぐ。

黄枯茶【きがらちゃ】　染色。〔万用重宝記〕に黄枯茶は、桃皮の汁で一遍染め立て、中染めを桃皮の汁に明礬を少し、茜を一合入れて染める。

木皮【きかわ】　「さる皮」ヲ見ル

気疳【きかん】　「肺疳」ト同ジ

気関【きかん】　小児の診断法。「ここうさんかん（虎口三関）」ヲ見ル

気癇【きかん】　「肺疳」ヲ見ル

鬼眼【きがん】　「鬼哭」ヲ見ル

聞忌【ききいみ】　服忌。〔大増補万代重宝記〕に次がある。遠国に在って数

月後訃報の来た時、父母はそれを聞きつけた日から、定式忌五十日服十三月を受ける。その他、諸親類等は死んだ日から数えて残りの日数があればこれを受ける。もし、日数が過ぎているものは忌服を受けるに及ばない。一日遠慮する。

聞き負わず【ききおわず】「きゝおはずとは、聞き入れぬ也」。〔消息調宝記・二〕

黄菊和え【きぎくあえ】〔料理調法集・和物之部〕に黄菊和えは、黄菊をさっと湯煮して細かに刻み合せ、酢に暫く漬け置き、次に鱚《きす》細魚《さより》の類を賽か算木形等に切り酢にいため置き、菊も作り身もよく露気を絞り和え交ぜる。

聞香包紙【ききこうのつつみがみ】香具。〔聞香重宝記〕に大・小の包み紙の図絵があり、大包み紙の広さ寸方は四寸五分に三寸八分である。

聞香炉【ききごうろ】「聞香炉」は聞香に用いる香炉。〔不断重宝記大全〕「茶湯名物御持来之記」に千鳥（尾張殿）、紫銅獅子（同）、朝ねかみ（紀伊殿）、此世・高麗（小堀和泉守）、千鳥・青地（堀美作守）、升屋留山（山本道具）がある。

雉【きぎす】〔万物絵本大全調法記・下〕に「雉ち／きゞす／きじ。野鶏やけい也。春」。〈異名〉〔書札調法記・六〕に雉子の異名に、花虫《くわちう》がある。〈大和詞〉〔不断重宝記大全〕に「きぎすとは、きじの鳥」とある。「雉子の事」ヲ見ル

生絹【きぎぬ】〔絹布重宝記〕に生絹は、生糸を練って精製せず、生《き》のままで織った絹布とし、生絹の時は糊気《のりけ》があるという。「せんじ（撰糸）」ヲ見ル

気逆【きぎゃく】〔丸散重宝記〕に気逆（むせぶ事）は、菟絲子と熟地黄*を等分に末（粉）にして、酒米で丸じ、沈香湯で下す。〔鍼灸日用重宝記・四〕には、商丘 天沢 三陰交 太白に灸するとよい。

危急【ききゅう】大和詞。「ききうとは、いそぐ（急）心」の意である。〔不断重宝記大全〕

桔梗【ききょう】〔薬種重宝記・下〕に和草、「桔梗 ききやう／ありのひふき。蘆頭を去り、泔《しろみず》に浸し、腐《くち》を去り、刻み、焙る」。〈薬性〉〔医道重宝記〕には苦く平。咽の腫れ痛むのを治し、鼻の塞がるのを通じ、胸を開き、痰を消し、風邪を散じ、膿を排薬《おしぐすり》を載せて上昇する。蘆頭を去り、そのまま刻み、焙る。〈草花作り様〉〔昼夜重宝記・安永七〕に桔梗の花は八重、一重、白、浅黄、紫絞りがある。土は肥土に砂を交ぜて用いる。肥しは雨前に小便を根廻りへ掛ける。分植は春、秋がよい。〈紋様〉〔紋絵重宝記・上〕には、桔梗の花、文字を意匠している。

亀胸【ききょう】俗にいう鳩胸である。〔小児療治調法記〕には、肺経が熱を受けて脹満し、胸膈を攻めて胸高く亀の胸のようになるのをいう。この治方は肺気を瀉するのがよい。また乳母が五辛その他の熱物《ねつもつ》を食い過し、その乳を飲ませ、児が病を受ける。また乳母が宿乳《たまりち》をそのまま飲ませると病を受ける。常に宿乳を絞り去って後に飲ませるとよい。薬に瀉白散*百合丹*がある。〔鍼灸重宝記綱目〕に亀胸は、両乳の前各一寸半に、灸三壮をする。

蟻行【ぎぎょう】「馬乗り降り様」ヲ見ル

桔梗洗い【ききょうあらい】「黒紅 地紅 桔梗色洗い」ヲ見ル

桔梗染【ききょうぞめ】染色。〔万用重宝記〕には桔梗は下染を花色にして、唐黍の粕（三升）・蘇芳（五十匁）・明礬（十五匁）・早稲藁の灰汁《あく》の汁で染める。〔重宝綱目女要婦見硯〕に桔梗染は、布切を藍で空色程に染め干し、紅染《もみぞめ》*のように酢で地入れをし、紅を溶いて染めると色がよい。後で水で洗い日陰に干す。紅は形脂《かたべに》（＝口紅 印肉の類）がよい。

桔梗根【ききょうね】〔料理調法集・口伝之部〕に桔梗根は、白水*で煮、和え物などによい。

気虚の症【ききょのしょう】「痘瘡の事」ヲ見ル。痘瘡治例三法*の一。

飢饉【ききん】〔絓約重宝記〕に飢饉は天災であるが、天地ともに大病で働きもなり難く、耕作に妨げをすることである。天地の病が全快する時は、すぐに豊年となって五穀は勿論、何でも自由に出来るので、今の内は天地の病を看病して、身を慎み 粗食を食らい 奢りを省き 全快を心掛けるべきである。

聞く【きく】 御所言葉。「香はきく〈聞〉」という。〔女用智恵鑑宝織〕

規矩【きく】〔万物絵本大全調法記・下〕に「規き／ぶんまわし」、「矩く／まがりがね。*曲尺《きよくしやく》也。又定木ぢやうぎ」とある（図113）。

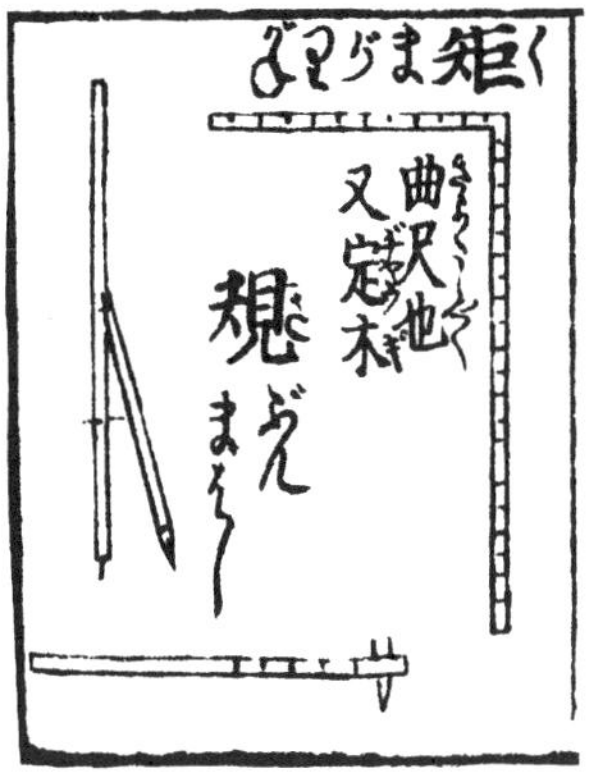
図113 「規矩」
（万物絵本大全調法記）

菊花清燥湯【きくかせいそうとう】〔改補外科調宝記〕に菊花清燥湯は、石榴疽*で膿が潰えて治まらないのに用いる。菊花・当帰・芍薬・川芎・知母・生地黄・貝母・麦門冬・地骨皮・柴胡・黄芩・升麻・甘草・犀角〈各等分〉に、竹葉と灯心を加え、煎じ用いる。

菊蒲鉾【きくかまぼこ】〔料理調法集・蒲鉾之部〕に菊蒲鉾は、蒲鉾を常のようにつけ、上を菊座のように庖丁で極め込み、蒸し、冷まし、上に紅の擂身を薄くつけ、また庖丁で極め込み、焼き上げる。

菊塩辛【きくしおから】〔料理調法集・塩辛仕様〕に菊塩辛は、黄菊一升に、白麴一升、塩二合を入れ、壺に漬けて置く。

菊水蒲鉾【きくすいかまぼこ】〔料理調法集・蒲鉾之部〕に菊水蒲鉾は、青昆布を剝いで板へ水のようにつけ、その上に九年母を皮六筋をよく取って二ツ割りにしてのせ、上に蒲鉾を常のようにつけて蒸す。

菊水仙【きくすいせん】「京綸子」ヲ見ル

木薬屋【きぐすりや】生薬《きぐすり》を売る店。「薬屋」ヲ見ル

菊玉子【きくたまご】〔料理調法集・鶏卵之部〕に菊玉子は、煮抜玉子の殻を取り湯に漬けて丸く直し、白い木綿糸で鞠をかがるように結び、また熱い湯に漬けて紅で煮、糸の留めを解き水の中で糸の端を持って引くと、くるくると解ける。出す時、中から横に二ツに切り、裏の方に焼塩を振り、菊の葉を搔い敷にして出す。

菊池武光【きくちたけみつ】〔大増補万代重宝記〕に菊池武光は藤原氏。西州の勇将。父武重の志を継いでよく勤王の忠を尽くした。少弐を拉ぎ、大友を砕き、宗像を破り、嶋津を掠めて、九州みな風を望み恐れをなした。文中二年（一三七三）没。

菊豆腐【きくどうふ】〔料理調法集・豆腐之部〕に菊豆腐は、豆腐の肌のよく締ったのを一寸六七分四方、厚さ七八分程に切り 俎板に並べ、向前に厚さ一分半程の木でも竹でも置き、蕎麦切のように打ち込む。また横竪に取り置きして打ち込み、四角を切り、塩湯を煮立てて鍋を降ろし、切った豆腐を入れると切り込みより所よく開く。吸物に取合せ菊の若葉また嫁菜、豆腐の上に陳皮を細々に或は擂り柚子等を置く。

菊菜【きくな】「嫁菜」ヲ見ル

菊の事【きくのこと】〔万物絵本大全調法記・下〕に「菊 きく／かはらよもぎ 秋」。〔薬種重宝記・下〕に和草、「菊花 きくは／きく、新を用ゆ、火を忌む」。〈薬性〉〔医道重宝記〕には甘く微寒、頭面の風熱を清くし、目を明らかにし、涙を止め、眼の赤いのを除き、胸中の熱を去る。陰干しにして刻む。火を忌む。〈異名〉〔書札調法記・六〕に菊の異名に、秋香 紫毬《しきゆう》 南陽 酈県《れいけん》 風標がある。〈草花作り様〉〔昼夜重宝記・安永七〕に

は菊の花は白、赤、薄色、浅黄、朽葉、蒲《かば》、飛び入り、咲き分け、この外色々ある。土は真土 赤土 肥土に、砂を少し交ぜ合わせる。肥しは馬糞を干して粉にし根廻りに散らす。又は雨前に小便を根廻りに掛ける、或は魚の洗い汁、油糟、田作りもよい。朝夕、再々手入れして時々水を掛けるのがよい。分植は二月の中がよい。〈咲分け〉〔万用重宝記〕に、赤 白菊を咲き分けに咲かせるには、一ツ所に寄せ接ぎにして、一方を切り離して置くと咲き分けになる。〈肥しの歌〉〔庭木重宝記〕には「米糠を水に腐らし三四月 すいもかけるは五月六月」「大輪に重ね円満作るには 七八月に掛ける下肥《しもごえ》（＝人の糞尿）」。〔料理調法集・年中嘉祝之飾〕に、菊は黄菊を第一とし、白赤はその次とする。茵陳*も見る。〈立花 菊の一色の事〉〔昼夜重宝記・安永七〕に、細い竹か木を真中に指し、心《しん》* 副《そえ》* 受《うけ》* 流《ながし》* 等を結いつける。心は大輪・小輪によらず、恰好次第に用いる。胴《どう》には葉を繁く使い、様々の色菊であしらう。前置は小菊がよい。色切《いろぎれ》 裏菊に習がある。辻菊というのは常に菊にあることである。この一色は他と変わり他の色を交えない習いがある。〈紋様〉〔紋絵重宝記・下〕に①菊の内に三柏。②丸に半菊。③きくに抱き葉。④菊の盃月文字。⑤水に菊。⑥ねじ菊。

菊味漬【きくみづけ】〔料理調法集・漬物之部〕に菊味漬は、苦みのない黄菊を水を懸けてよく清め、花びらをむしり、酒一升に大梅干を十程入れ、壺に漬け込み、口張をして置く。但し、糀を袋に入れ、間々に敷きつけると一段とよい。

菊元【きくもと】〔醸造重宝記・上〕に「菊元」（新酒）は、秋の季になり、七八九月に造ることから言うか。但し、元米の内を少々飯に炊き、いかき（笊）に入れて漬けて置き、麹を少し入れて置くのは麹の色が黄なので菊に擬えてつけた名かという。掛米の格。○元米一石分（水一石。麹秤目十二貫目）。○添米二石（水一石七斗。麹十八貫目）。ここで水九斗、麹十貫目に平す。○中米三石（水二石一斗。麹三十貫目）。これを即ち留め大わけ越しとする。都合六石に留る。これは水八斗に汲み、麹十貫目宛に仕込む。他に詳細な仕様がある。

木耳【きくらげ】〔万物絵本大全調法記・下〕に「木耳 ぼくじ／きのみみ。又きくらげ」。〔書札調法記・六〕に木耳の異名に、木菌《ぼくきん》がある。〈薬性〉〔医道重宝記〕に木耳は気を増し、志《こころざし》を強くする。多食してはならない。木耳の毒は冬瓜《かもうり》*の汁で消す。〔永代調法記宝庫・四〕には五臓を和らげ、痔の薬、気力を増し、身を軽くする。また女の腰気、月水を通じ、陰の痛むのによい。

亀鏡【きけい】〔世話重宝記・五〕に、亀は灼《や》いて吉凶の占を決する物、鏡は明らかにして美悪を照らす物である。二ツとも物の手本となる物なので、亀鏡《きけい》という。

奇経八脈【きけいはちみゃく】〔鍼灸重宝記綱目〕に督脈* 任脈* 陽蹻脈、臨蹻脈、衝脈、陽維脈、陰維脈、帯脈をいう。

気穴【きけつ】〈経絡要穴 心腹部〉二穴。気穴は直に四満の下一寸にある。灸五壮。積聚、腹が上下して痛み、泄瀉止まず、眼頭痛むのを治す。〔鍼灸日用重宝記・二〕

気血凝滞【きけつぎょうたい】経験方。〔丸散重宝記〕に気血が凝滞して一身が痛むのには、諸薬の効がない。延胡索・当帰・肉桂を等分に末（粉）して、温酒で下す。

気血巡り手足痛むに名法【きけつめぐりてあしいたむにめいほう】〔医術調法記幷料理書〕に気血が巡り、手足が痛むのに名法は、白鳳仙花の枝葉を陰干にして使う。

猘犬咬治法【きけんこうじほう】「狂犬《きょうけん》に咬まれた時の治法」及び「病犬《やまいいぬ》に咬まれた時の治法」ヲ見ル

奇験坊の方【きけんぼうのほう】楊梅瘡*（唐瘡）の薬。〔好色重宝記・下〕に奇

験坊の方は、土茯苓（一日目）、当帰・黄連・人参・杜仲・茯苓・黄芩・川芎（各十匁）、沈香・甘草（各二匁）を十五貼《ふく》に分け、二七日（二週間）に用いる。煎じ用は、一番に飯の御器に水二盃を入れて一盃半に煎じ、二番に三盃入れて一盃に煎じ、三番に三盃入れて一盃に煎じて用いる。

気口【きこう】 脈。〔斎民外科調宝記〕に気口は、右手の寸*と関*の間にある。七情*飲食の内傷を窺う。緊で盛んなのは内傷の邪である。人迎*と相応して大小等しいのを、平人の無病の脈とする。

鬐甲【きこう】 「たてがみ（鬣）」ニ同ジ

亀甲／亀板【きこう／きはん】 〔薬種重宝記・下〕に和介、「亀甲 きかう／かめのかう」、また「亀板 きはん／かめのはら」。共に、酒を塗り、五度焙り、或は酢でも焙る。

枳殻【きこく】 〔薬種重宝記・下〕に和・唐木、「枳殻 きこく／からたち。水に浸し瓤を去り 麺製して妙」とある。

〈薬性〉〔医道重宝記〕に苦く微温。咳を止め、喘を定め、気を快くし、腸を緩くし、胸中の気結を消し、水気・脹満を治し、食を消し、裏急ぎ後《しり》重きを治す。水に浸し、内身を剥《す》き、刻み、麺の粉を掻き混ぜ、乾かし、よく炒る。「枳《き》実《じつ》」参照

鬼哭【きこく】 経験方。〔丸散重宝記〕に鬼《き》哭《こく》は、胎内で児の泣くのをいう。黄連を濃く煎じて服するとよい。〈秘伝灸穴〉〔鍼灸日用重宝記・四〕に鬼哭の穴は二穴。病人の両手を合せ大指を揃え並べて動かないように紙縒で縛り、両爪の角と肉と四所に繋るように、艾一壮で灸をする。四所の内一壮でも外れると効がない。七壮か十四壮する。これを手の鬼《き》眼《がん》ともいい、足にもこの法のようにして足の鬼眼となづける。狐憑*物憑驚風*癲癇*を治す。

帰忌日【きこにち】 暦下段。〔永代調法記宝庫・五〕等に、正・四・七・十月は丑の日。二・五・八・十一月は寅の日。三・九・十二月は子の日とある。この日、天棓《てんばい》星の精気が地に下り、人の門戸を塞ぎ、人が家に帰り来るのを妨げる。四ツの名があり、帰忌日・帰化日・天小女《てんこうじょ》・帰来日という。この日旅立帰郷聟・嫁取元服入部等を忌む。〔日用重宝万物図解嘉永大雑書三世相〕に帰るのを忌むという日。人に物を貸し出す事は悪しく、字義により婚礼葬礼にはよいかとある。

着込【きこみ】 「具足の事」の内「京」・「江戸」ヲ見ル

象潟【きさがた】 本朝勝景。出羽国由利。歌枕。「世の中はかくてもへけりきさがたのあまの苫屋を我が宿にして」（後拾遺・羇旅）の歌を挙げ、象潟の島や浦の風景画がある。〔麗玉百人一首吾妻錦〕

后【きさき】 〔人倫重宝記・一〕に天子の御妻をいう。また、皇宮 中宮 后妃ともいう。摂家*清花*の御娘が后になられる。近代は公方*家の娘もなられる。他は、女御《にょうご》*准后《じゅご》*更衣《こうい》*ともいう。

岐佐宜【きさぎ】 「あまがつのこと（天児の事）」ヲ見ル

生酒持ち通す造り様【きざけもちとおすつくりよう】 〔醸造重宝記・上〕に生酒を持ち通す造り様は、元米をよくよく吟味し掛米も麹米も、最も上々白に搗き抜いて用い造るのが肝要である。元米数がいくつもある時は、苦味《にがみ》の強く渋気の少ないのを吟味して用いるのが専要である。水は必ず六斗五升に汲むのがよい。以下の詳しい造り様は省略。〔醸造重宝記・下〕に生酒で夏を持ち越す酒は、諸味の取扱いの時より、入れ桶は勿論、担げ桶、柄杓等迄も水気の無いように乾かして遣うことが第一である。

如月【きさらぎ】 大和詞。「きさらぎとは、二月*の異名」である。〔不断重宝記大全〕

岸【きし】 〔万物絵本大全調法記・上〕に「崖がい／きし／がけ。厓かい、同」。また「岸 がん／きし。高き者を岸といふ」。〔童蒙単語字尽重宝記〕に「岸がん／きし。水際の高き所をいふ」。〈紋様〉〔紋絵重宝記・上〕に浜辺に岸の字、また岸の字の意匠がある。

気痔【きじ】〔改補外科調宝記〕に気痔は、恐れ怒ると発《おこ》り、腫れ痛み、気を散ずれば癒える。

起死回生散【きしかいせいさん】〔医道重宝記〕に起死回生散は、痘が七八日になり忽ち変じて黒くなり、腹の内へ入り総身痒く掻き破り死にそうなのを治す。当帰・川芎・芍薬・生地黄・升麻・紅花（各等分）を煎じ、或は酒を水と等分に入れて煎じる。血を活し熱を清くし毒を抜く法である。もし寒により色が黒くなるには、肉桂一味を粉にして湯で用いる。気が虚し痘の色が灰白になるのには四君子湯*を用い、黄芪・当帰・肉桂を加える。

枳実【きじつ】〔万物絵本大全調法記・下〕に「枳かし／からたちばな。枳《き》実《じつ》也」。

〈薬性〉〔医道重宝記〕に苦く寒、食を消し、痞を除き、結実を破り、脹満を消す。痰を化し積を破るには、墻《かき》を突き倒す功がある。水に浸し、核《さね》と穣《なかご》を漉き去り、刻み、麵の粉を霜の降ったぐらいに掻き混ぜて乾かし、炒る。「枳殻《きこく》」参照

枳実丸【きじつがん】〔重宝記・儀部家写本〕に枳実丸に次の二方がある。①痞え積《しゃく》の妙薬である。枳実（十五匁）、白朮（十匁）、神麴（八匁）、陳皮（五匁）、石（細末粉にして）、薄荷（五匁）の煎じ汁で丸じ、用いる。常に支えのあるのに用いて甚だ薬効がある。②急に胸へ痞え積がさし上る時は、蒼朮・三稜・莪朮・乾姜（黒焼）・陳皮・厚朴・半夏・茯苓・甘草（各等分）を常のように煎ずる。急な時は振り出しで用いる。数度で効がある。

枳実消痞丸【きじつしょうひがん】〔丸散重宝記〕に枳実消痞丸は、心下虚痞不食四肢物憂きによい。枳実・黄連（各五戔）、白朮・半夏・人参（各三戔）、厚朴（四戔）、乾姜・茯苓・麦芽（各二戔）、甘草（五分）を糊で丸ずる。

枳実導滞丸【きじつどうたいがん】〔丸散重宝記〕に枳実導滞丸は、湿熱に破られ、消化せず、胸に痞えて安からず、或は食滞し腹痛み、大便の通じないのによい。伏竜・白朮・黄芩（酒炒）・黄連（酒炒）（各三戔）、沢瀉（二戔）、大黄（十戔）、枳実・神麴（各五戔）を糊で丸ずる。

雉子の事【きじのこと】〔万物絵本大全調法記・下〕に「雉ち／きゞす*／きじ、野鶏也、春」。〔書札調法記・六〕に雉子の異名に、花虫《かちゅう》がある。

〈薬性〉〔医道重宝記〕に雉子は中《うち》を補い気力を増す。多食すると人を殺す。〔永代調法記宝庫・四〕には脾胃を補い、渇きや腹下りを止める。また冬ばかり食し、蕎麦と胡桃茸木茸の同食を忌む。

〈口伝〉〔諸礼調法記大全・天〕には、「雉鴨を御目にかくる事」に番《つがい》の鳥なら羽衿を差させ、腹と腹とを合せ、男鳥は自分の右、女鳥は左にして出し、自分の前で御目に掛ける。

〈料理仕様〉〔諸人重宝記・四〕に雉子は、青がち山かげ醬煎り鱠刺身船場（煮）濃漿串焼き、つかみ酒、羽節酒など色々に使う。〔料理調法集・諸鳥人数分料〕に「雉子」を使う時分は、九月から正月迄、焼鳥にして男鳥十一二人前、女鳥十人前（一書、十二三人前）、汁にして男鳥十二三人前、また煎鳥にして男鳥十人前、女鳥八九人前とある。〔諸人重宝記・四〕に、〇「刺身仕様」は丸にして毟《むし》り、山椒味噌がよいとする。〔料理調法集・汁之部〕に、〇「雉子擂汁《すりじる》」は、雉子を細かに切り、筋と骨とを取り、擂鉢で極く細かに擂り、酒を加えて延べ、田楽味噌の加減にして置く。汁は納豆のようにして根深をさくさくに切って入れてもよい。汁が大方煮える時、前の擂った雉子を納豆のように入れる。雉子は沢山なのがよい。〔料理調法集・飯之部〕に、〇「雉子飯」は、土佐の上鰹節を煮出して飯を炊き、雉子は身を醬油焼きにして細かく裂き、飯の上に盛って出す。〔懐中料理重宝記〕には、雉子の身を遠火でよく焼き、細かに毟って交ぜる。

〈食合せ〉〔料理調法集・当流献方食物禁戒条々〕に、雉子に蕎麦、草片、

木耳、胡桃、鮎、鮒、麻、猪、一文字（葱）は食い合わせとある。また、雉子を食い胡桃と鴨の食い合せを大いに忌み、両午の日に雉子と草片を食い合わせると忽ち血を吐き頓死する。〔万用重宝記〕に雉子と糯米、蕎麦切は食い合わせとある。〔家内重宝記〕に雉子に茸を食い合せると痔を起こす。「鴨」「鶴」「積み様の事」参照

生渋【きしぶ】〔ちやうほう記〕に生渋（生柿を搾った汁）には、柿、林檎、青梨を漬けて置くのによい。

雉子もどき【きじもどき】〔世界万宝調法記・下〕「雉子もどき」は、鰹をよく洗い三枚に卸し、血あい 薄身 皮を去り、湯をかけ、その後水で冷やして雫を垂らし、煎り酒に酢を加え炭火で煮やし、鰹に刳り生姜を入れて掻き廻して出す。山葵、柚の酢等を入れるとよい。「卯の花雉子」*もある。

気舎【きしゃ】〈経絡要穴 心腹部〉二穴。気舎《きしゃ》は天突（結喉の下四寸）の左右へ各一寸五分ずつにある。灸五壮。針三分。上気し 肩腫れ 返り見ることできず 喉痺 咽腫れ 飲食下らず しゃくり 癭瘤等を主《つかさど》る。〔鍼灸重宝記綱目〕

雉子焼【きじやき】〔料理調法集・焼物之部〕に雉子焼は、鰹を卸し節取りし、酒醤油の漬け焼きにして、切って出す。

ぎしやく【ぎしやく】「磁石《じしやく》は、ぎしやく」。〔小野篡謔字尽・かまど詞大概〕

気癪の薬【きしやくのくすり】〔洛中洛外売薬重宝記・上〕に気癪の薬は、堀川蛸薬師下ル丁／堀川高辻上ル丁 宇治山氏にある。小包二十四文。第一に気癪、血癪に用いて甚だ妙である。

気癪胸痛妙薬【きしやくむねいたみみょうやく】〔洛中洛外売薬重宝記・上〕に気癪胸痛み妙薬は、紀州和歌山北新町 貴志や市郎右衛門にある。第一に癪、胸の痞えによい。癪、痞え、疝気、肩の詰りによい。

紀州漬【きしゅうづけ】〔料理調法集・漬物之部〕に紀州漬は、大白瓜を二ツに割り、内を浚《さら》えよく洗い、水気を去り、瓜の中へ塩を一杯入れ、樽に粕を敷き均し、瓜塩ともに仰向けに三ツずつ並べ、その隙間に茄子を塩無しに並べて置き、その上に粕を敷き均し、また瓜・茄子を並べ、このようにして上まで漬け、樽の鏡を打ち目張りして、土用中より来春まで漬けて置く。春になり口を切り使う。

鬼宿日【きしゅくにち】暦下段。〔大増補万代重宝記〕は、二十八宿*の中でも最上の吉日とし、万事によく、毎月に一日ずつある。正月十一日。二月九日。三月七日。四月五日。五月三日。六月朔日。七月二十五日。八月二十二日。九月二十日。十月十八日。十一月十五日。十二月十三日。正月十一日を帳祝、六月朔日を竈の上塗の日、十二月十三日を事始の日とするのも、これによるものかと言う。〔重宝記永代鏡〕では、三月十日と八月二十三日とが異なる。

枳縮二陳湯【きしゅくにちんとう】〔医道療治重宝記〕に枳縮二陳湯は、痰涎心膈の上にあり、腰背を攻め走り 嘔嚗して大痛するのを治す。枳実・砂仁・半夏・陳皮・香付子（各一匁）、厚朴・茴香・延胡索（各八分）、木香・草豆蔲・干姜（炒 各五分）、甘草（二分）。これ等に姜を入れて煎じ、竹瀝*を入れ、木香を磨して入れ、服する。

枳朮丸【きじゅつがん】〈薬名〉〔昼夜重宝記・安永七〕に枳朮丸は、よく脾胃を調え、痞えを消し食を進める。白朮丸（二両・三両）、枳朮（一両）を細末（粉）し、蓮の葉に飯を包み煮て糊にし、緑豆程に丸じ、五十丸を飯の取り湯で用いる。〔丸散重宝記〕にも同趣の記述がある。

気腫の薬【きしゅのくすり】〔新板増補女調法記・四〕に気腫の薬は、時鳥の黒焼をつけると妙である。

気衝【きしょう】〈経絡要穴 心腹部〉二穴。気衝《きしょう》は臍の下八寸、左右へ四寸ずつ開く処、両股の付根動脈のある処である。俗にいう、いのもも所、ぐりぐりする丸い小骨の一寸上にある。禁針。灸三壮七壮。腹満ち、疝気、陰丸《ふぐり》腫れ、小腹《ほがみ》腰痛み、婦人子なく、胎衣《えな》の下らないのを治す。

〔鍼灸重宝記綱目〕

起承転合【きしょうてんごう】〔男重宝記・一〕に絶句*の篇法で、起は一句目で、題の心を言い起す。承は二句目で、一の句の心を受けてつける。転は三句目で、一二句の心を転じてつける。合は四句目で、一詩全体の心をこの句で統べ合す。起・承・転・結とも言い、広く文章作法などにも用いた。

忌辰称呼【きしんしょうこ】〔音信重宝記〕に次がある。○「年忌」一周忌を小祥忌。三回忌を大祥忌。七回忌を休広《きゅうこう》忌。十三年を寂照忌《せきしょうき》。十七年を慈明忌。二十五年を闍良忌。三十三年を清浄忌。五十年を本然清浄忌。七十回忌。百回忌。○「七七忌」初七日を初願忌。二七日（十四日）を以芳忌。三七日（二十一日）を光善忌、また酒水忌。四七日を延芳忌。五七日を小練忌、宝明忌、断信忌。六七日を且弘忌、前至忌。七々日を大練忌、満七忌。百ケ日を幽目忌、また卒哭忌。祭典*をする。

鬼神草【きじんそう】草花作り様。鬼神草《きじんそう》の花は白色である。土は合せ土*、肥しは茶殻の粉がよい。分植に時期はない。〔昼夜重宝記・安永七〕

帰陣の銚子【きじんのちょうし】〔料理調法集・銚子提子名所〕に「帰陣銚子之事」として次がある。金銚子 白紙 紅裏。結び数は長柄九ツ、九曜に表す。渡り十三、年月を表す。提子七ツ、七曜に表す。花は生花の松竹橘、目出たいものを用いる。

傷癒し薬【きずいやしぐすり】「切傷の薬」ヲ見ル

基数【きすう】〔重宝記永代鏡〕に基数は、一・二・三〜八・九・十の整数をいう。

生漉【きすき】〔紙漉重宝記〕に次がある。寒漉《かんすき》で、とろろ草*ばかりで製する紙を生漉《きすき》という。書物に用い年久しく所持するのに虫は入らず、上品で石州紙の妙である。春漉で糊を加えたのは請け合えない。摂州の名塩漉はこの上に鰾膠《にべにかわ》を加えたものである。諸国の紙で糊の入らないのは稀である。

きすけ【きすけ】〈何が不足で癇癪の枕言葉〉「わるき事、きすけ」という。〔小野篁謔字尽〕

黄菅【きすげ】草花作り様。黄菅の花は黄色である。土は赤土に肥土を少し加える。肥しは魚の洗い汁を根廻りに掛ける。分植は春と秋がよい。〔昼夜重宝記・安永七〕

絵残魚【きすご】〈薬性〉〔医道重宝記〕に絵残魚《きすご》は、中《うち》を緩くし、胃を健やかにする。鱚子とも書く。〈料理仕様〉〔諸人重宝記・四〕に絵残魚は、汁 鱠 吸物 溜り焼き なまび（生干）。

傷膏薬【きずごうやく】〔重宝記・儀部家写本〕に「キヅガウヤク」は「アマレウ」（雨龍*）という膏薬である。前後これで良い。

傷の事【きずのこと】疵とも書く。〈手当〉〔改補外科調宝記〕に次がある。疵の大小によらず、焼酎を温めて木綿を手拭にしてよく洗い、血群・毛・土等皆取り捨て少しも血のない時、切針に麻糸を通し疵の真中を二重掛けて一針縫い、それより間を五六分ずつ置いてよく縫い、また焼酎でさっと洗い清める。付け薬は、玉子の白身に椰子油を等分に合せ、木綿を浸し縫った疵の上につけ、その上にも木綿につけて二重程被せ、その上に酢と水とを合せ木綿二重程に浸し被い、その上を巻いて置く。冬は一日に一度、夏は二度つけ替え、七日間こうして痛みもなく腫れも減った時、桁一ツ間を置いて糸を切り取り、また二三日して残りも切り取る。その後のつけ薬は玉子の黄身と椰子油を等分に合せ、てれめんていな*の油を加えよく掻き混ぜて疵口一杯に余る程つけ、その上に薬性の寒の膏薬を大きな木綿に延べてつけ、その上を酢と水と合せ木綿に浸して被せ巻いて置く。付け替え様は前に同じ。癒肉が八九分盛り上ってからは寒剤の癒え薬を用いる。

〈薬〉〔妙薬調法記・御成敗式目所収〕に、○「打疵の薬」は夏枯草《かごそう》を口

で噛み爛らかしてつけると痛みは止り治る。○「切疵の薬」は五倍子を生で砕き 乾かし 粉にして捻り掛けると、血を止め 痛みを無くし 治る。〔調宝記・文政八写〕に「打疵 切疵 血止め一切の痛み」は、乳香 むつやく（没薬カ）の二味を用いる。

義勢豆腐【ぎせいどうふ】〔料理調法集・豆腐之部〕に義勢豆腐は、豆腐を崩しよく湯煮して 水嚢にあけ、古味醂醤油で煮しめ、鮨箱のような箱に入れて重しを置き、冷めて締った時取り出し、薄鍋に油を引き、上下をよく焼いて、切り形をする。

気絶し目を見つめる時【きぜつしめをみつめるとき】〔万用重宝記〕に俄に気を取り失い 歯を食い縛り 目を見つめる時は、韮の汁を鼻の穴へ吹き入れ、臍に灸を二三十程据えると、忽ち正根が付く。

着長【きせなが】〔武家重宝記・三〕に着長《きせなが》というのは、具足の総名で、大将の御召し物をいう。

煙管の事【きせるのこと】〈脂を去る法〉〔文政新刻俗家重宝集〕に煙管の脂を去るには、味噌汁を煮立て、椀に穴を明け、煙管を通す。〈煙管を忘れず、又 時を知る伝〉〔煙草一式重宝記〕に煙管・煙草入れ等は忘れやすいが、次の秘文を三遍ずつ唱えるとどんな物忘れの人も一切忘れることはない（図114）。また時を知る伝は、古い雁首を釣鐘建立に供出すると、時を知る事は妙である。〈煙管を呑む手品〉〔清書重宝記〕に、煙管を呑む時は、羅宇竹をつぎつぎにして手で抜き抜きしながら呑む。羅宇竹を薬袋紙で拵え、羅宇 吹き口を抜き取り隠すのである。〈煙管屋〉〔江戸流行買物重宝記・肇輯〕に「地張煙管」として、浅草黒船町 村田小三郎、池ノ端仲町 住吉屋清三郎、江戸橋四日市 紀伊国屋長太郎、南博労町 村田吉右衛門、てりふり町 村田万蔵等六軒がある。

気疝【きせん】七疝*の一。〔鍼灸日用重宝記・五〕に気疝は、忽ちに満ち、忽ちに減じて痛む。

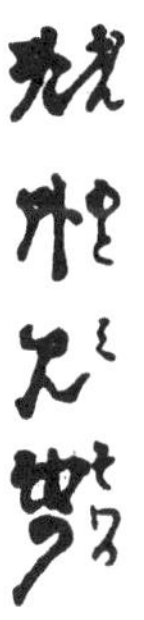
図114「煙管等を忘れぬ秘文」（煙草一式重宝記）

木曽海道【きそかいどう】〔家内重宝記・元禄二〕の記事で、京より草津までは東海道*に同じ、それから先の道程は以下の通り。草津〈一里半。駄賃四十六メ〉守山〈三里半。百七メ〉武佐〈二里半。七十五メ〉愛知《えち》川〈二里。五十九メ〉高宮〈高宮の入口に沢山へ行く道がある。一里半。四十六メ〉鳥（井）本〈一里六丁。三十四メ〉番馬〈一里。三十メ〉醒井〈一里半。四十五メ〉柏原〈一里。三十メ〉今須〈一里。三十メ〉関ヶ原〈一里半。四十五メ〉垂井〈是より中山道*がある。一里半。三十八メ〉赤坂〈二里八丁。六十六メ〉めいち（美江寺）〈一里六丁。三十五メ〉河渡〈二里。五十メ〉加納（この間に岐阜へ行く道がある。五十メ）〈四里。百二十五メ〉鵜沼〈二里。六十九メ〉太田〈二里。六十九メ〉伏見〈一里。三十メ〉御嵩〈三里。百十一メ〉細久手〈二里。五十二メ〉大久手〈三里。百三十六メ〉大井〈御嶽より八里。これより尾張へ出る道がある。二里半。七十八メ〉中津〈一里。四十メ〉落合〈一里。四十メ〉馬籠〈二里。八十六メ〉妻籠〈一里。五十六メ〉三留野〈二里半。九十一メ〉野尻〈一里半。六十三メ〉須原〈三里九丁。百十九メ〉上松〈二里。百四メ〉福嶋〈一里半。五十七メ〉宮の越〈一里半。六十二メ〉薮原〈一里半。五十七メ〉奈良井〈一里半。五十四メ〉贄川〈二里。六十九メ〉本山〈一里。二十七メ〉洗馬〈二里。五十四メ〉塩尻〈三里。百十九メ〉下諏訪〈五里。二百三十二メ〉和田〈二里。六十二メ〉中（長）久保〈一里半。四十四メ〉蘆田〈一里半。三十五メ〉望月〈一里。二十五メ〉八幡〈一里。二十三メ〉塩名田〈一里。四十三メ〉岩田村〈一里。三十五メ〉小田井〈一里半。三十メ〉追分〈北国道*との追分。浅間の麓。一里。二十五メ〉沓掛〈一里。三十メ〉軽井沢〈二里。九十

三メ〉坂本〈二里。六十三メ〉松枝〈二里。六十三メ〉安中〈一里。三十二メ〉板鼻〈二里。四十七メ〉高崎〈一里八丁。四十メ〉倉賀野〈三里半〉本庄〈二里半〉深谷〈二里半。八十メ〉熊谷〈三里半。百二十五メ〉鴻の巣〈一里半。五十二メ〉桶川〈一里。三十五メ〉あきう（上尾）〈二里。五十八メ〉大宮〈一里十一丁。三十七メ〉浦和〈一里半。三十九メ〉蕨〈二里半。五十四メ〉板橋〈二里。六十九メ〉江戸。

〈木曾海道行程合〉百二十里半。駄賃合、但し半駄賃は本駄賃二駄合せて三分一である。また、坂・川・石道の増《まし》は別である。荷物定め、一駄荷三十五貫目より四十貫目迄。乗下（鞍の下部に着ける荷物）、十貫より二十貫目迄。軽尻《からしり》あぶ付、三貫目より六貫目迄。〔東海道中重宝記〕（寛政三年）にも「木曾路六十九次道法幷駄賃付」がある。

木曾路へ宮より出る道【きそじへみやよりでるみち】 街道。〔家内重宝記・元禄二〕に「宮より木曾路へ出る道」として次がある。宮〈一里半〉名古屋〈二里〉梶（勝）川〈四里〉うつつ（内津）〈一里半〉池田〈二里〉高山〈二里半〉土岐〈三里半〉釜戸〈三里半〉大井。これより木曾海道*の馬次となる。

木曾の掛橋【きそのかけはし】 本朝勝景。信濃国木曾路の掛け橋。「なかなかに言ひははなたで信濃なる木曾路の橋の掛けたるやなそ」（拾遺・恋四）の歌を挙げて、掛け橋等の風景画がある。〔麗玉百人一首吾妻錦〕

着衣初【きそはじめ】 暦下段。〔重宝記永代鏡〕に、正月三ヶ日の内吉日を選び、新しい衣服 冠 装束を着初める。殿上方の行いである。食服は人間の肝要事であり、平人でも祝い寿くべきとある。〔童女重宝記〕には機《き》組《そ》と書き、織物組物のこと、機工《はたおり》の始めとある。

着初め吉日【きぞめきちにち】 「太刀 刀 指物 具足 着初め吉日」ヲ見ル

黄染めの事【きぞめのこと】 染め直し。〔染物重宝記・文化八〕に「色上げ染直し 黄の分」として次がある。○鬱金 紅鬱金 朽葉色は日に晒すと色が抜けるので、薄茶 下染茶にも大概よい。紅を抜いた黄も同じことである。○黄枯茶 桑茶は色が抜けないので、前の茶に悪い。茶ビロード 前栽茶に大概染まる。○全て黄色の上は鳶色類に色が悪く、紫鳶 菖蒲 藍に染まらず、茶類で染《しみ》が見えることがある。更紗類によい。○萌黄に二色がある。刈安*萌黄は色を抜いて、納戸茶 藍海松茶《あいみるちゃ》 前栽茶 金いろ茶 茶ビロードによい。黄肌萌黄は色よい納戸茶にならない。前栽茶 藍海松《あいみる》茶《ちゃ》茶ビロード*に大概よい。○檳榔子染*によく、鳶色に黒み大いに悪い。

きたかつ【きたかつ】 大和詞。「きたかつとは、かぜふく（風吹）心」である。〔不断重宝記大全〕

北の御方【きたのおかた】 「御台所《みだいどころ》」ニ同ジ

北野七本松【きたのしちほんまつ】 「京色茶屋独案内」ヲ見ル

北野天満宮の事【きたのてんまんぐうのこと】 京名所。〔重宝記・宝永元序刊〕に、正月二十五日は北野の御祭、菅原氏の人は特に執り行う。王宮の守護神・文道の太祖であれば、尊み崇めるのも道理である。〔東街道中重宝記・七ざい所巡道しるべ〕に、北野にあり、「天満宮」の額は後水尾院（一六一一〜二九）の宸筆であり、末社は数多い。老松の社と紅梅殿は余程離れている。多宝塔 宝蔵 輪蔵の外、悉くは記し難い。御本地堂 本尊は観世音菩薩、東向の観音と称し奉る。御本社と鐘楼の間から平野大明神*へ行く道があり、平野へ行ってまた北野へ帰るのがよい。〔年中重宝記〕には次がある。○正月三日 北野松梅院で裏白連歌がある。懐紙は普通は四枚であるが、中古に執筆が片面を除き書き記さず、これが流例となった。片々白紙を置き、また外に紙一枚を添えて五枚とする。これから裏白の連歌という。○二月二十五日 北野天神の御忌。夜に入り西の京より供物を献ずる。鳥羽院の天仁二年（一一〇九）二月二十五日に初めて修せられた。○二月晦日 御神事、青柏 御供を献ずる。○六月九日 九度参り。天満宮の社に参詣し南門の外へ出、また本社に

詣で、このように九度するのを九度参りという。その昔、村上天皇天暦元年（九四八）六月九日に北野宮初めて遷座があり、九度参りが今日に限るのもこの遺意である。○六月十七十八日 東向の観音開帳。○七月六日 北野御社煤払い。○七月七日 北野御手洗 神宝松風の硯箱の上に梶の葉を置いて供する。○八月四日 北野天神祭。一条院より始る。○冬月初雪日 経堂の前の影向松は、昔 菅神が初雪の降る時必ずこの松の上に来現するとの神託があったので、社家 松梅院はこの日この松の下に御供をして拝する。北野社へ参詣する人は小石を持って北の門を叩く。これは、建長四年（一二五二）八月十八日社辺で出火し、社家が出て鎮め、帰る時各々が北の門に向って小石で叩き、火の鎮まったことを告げた例に基づくという。

〔頭書／調法／絵入〕万宝庭訓往来〕に「天満宮略伝記」がある。この御神は天穂日命《あまのほひのみこと》十七世の孫 菅原是善卿の息子で、仁明天皇御宇承和十二年（八四五）二月に御誕生。人となり穎悟で才智は父祖を超え、参議中納言を経て大納言に昇り右大将を兼ねた。君の寵愛が深く、時平大臣の讒言により昌泰四年（九〇一）二月二十日筑紫 太宰 権帥《だざいのごんのそつ》へ流された。悲しみに絶えず亭子院へ奉る歌「流れ行く我は水屑となりぬとも 君しがらみとなりてとどめよ」（『大鏡・二。時平〔菅原道真〕』）。程なく筑紫で薨じ、後に正二位の位階が贈られ、神託により北野右近の馬場に鎮座ある無双の霊社である。因縁により、童子天神*老松《おいまつ》天神*渡唐天神*牛天神*柘榴《ざくろ》天神*綱敷《つなしき》天神*天満大自在天神*として祀る。「菅原道真」「菅丞相 時平の讒言に遭う」参照

〔万宝古状大成〕には、「天満大自在天神」の事として次がある。天暦元年（九四七）七月に神託があり、洛西北野の近在の馬場に跡を垂れてより千本の松の常葉を掻き、日々に弥《いや》増し、一度参詣の輩に御利生のない者はない。鳥羽院（一一〇七～二三）の時、小大進という女房が女院に使われていたが、ある時御衣が失せて無き名を負い、詮方なく夜に紛れて社参し、「思ひ出づや無き名立ちし〔つ身〕はうかりし〔き〕と荒人神になりし昔を」（沙石集・第五末）という歌を詠んだ。その夜すぐに御衣を盗んだ者が出現したという。

北政所【きたのまんどころ】〔男重宝記・一〕に北政所は、摂政*関白*の妻をいう。

北見村伊右衛門【きたみむらいえもん】江戸願所。「蛇の事」〈蛇除札〉ヲ見ル

北向の地蔵堂【きたむきのじぞうどう】大坂願所。幸橋南詰一丁西 少し南へ入る所に 北向の地蔵堂があり、無言で参詣し、歯痛平癒の立願をすると忽ち治る。その後一年、又は二年三年でも、信心次第塗箸で食事しないと誓言するとよいという。〔願懸重宝記・初〕

北山不動【きたやまふどう】大坂願所。天王寺 寺町口縄坂の角 太平禅寺に 北山不動がある。諸病平癒を祈って験がある。石像の背の火炎が風に吹かれたようなので、世に風吹の不動という。北山友松子寿安（医者。医書が十点余の外、〔馬療調法記〕も記した。元禄十四年没。享年未詳）の墓がある。〔願懸重宝記・初〕

北山友松子寿安墓【きたやまゆうしょうしじゅあんはか】「きたやまふどう（北山不動）」ヲ見ル

木樽【きだる】〔進物調法記〕に結納、或は婿入*や嫁の土産物の目録で、金銭を御樽料 又は肴料として遣すことを「木樽《きだる》」という。「目録箱書の事」ヲ見ル

気違【きちがい】「狂乱の事」ニ同ジ

騎竹馬【きちくば】秘伝の穴。二穴。手の肘の内の折目、尺沢の穴より中指の先までの寸を長い稗《しべ》で男は左、女は右で撮《と》り、病人を丸竹の上に胯げて乗せ、別に二人で両方から竹を持ち上げて足が畳から離れ背を直にし、肘から撮った稗の先を胯げた竹の際《きわ》亀の尾の処にあて、背にそって上に上せ、稗の先端に仮り点をし、それより中指の寸で左右へ一寸ずつの処

を穴とする。五壮か七壮灸する。一説に、腫物が左にあれば右に灸し、右にあれば左に灸する。甚しい時は左右ともに灸をする。癰疽 悪瘡 発背、婦人の乳癰を治す。〔鍼灸日用重宝記・四〕

吉祥日【きちじょうにち】〔重宝記永代鏡〕に吉祥日は、婚礼や婿取、その他祝儀事によい日である。春は戌の日。夏は酉の日。秋は辰の日。冬は卯の日である。

吉星の事【きちせいのこと】〔恵々にちや頂宝記〕に次がある。遊里で亥年より子年に至り吉星というのは、御土産金星と言って、洛中に出現するのは至って稀である。寛永十一年（一六三四）七月十一日に出現してから、文久三年（一八六三）三月四日から五月上旬に至り専ら洛中に出現し、また元治元年（一八六四）正月十五日より出現し、諸人を救うという。薩長土曜星、慈悲星、忠孝星、五常守リ星、政吏正道星、御救星。「悪星《あくしょう》の事」参照

吉日【きちにち】万に吉日で、利銭商いによい日である。〔諸人重宝記・五〕に次がある。甲《きのえ》寅・辰・戌の日。乙《きのと》丑・卯・巳・酉の日。丙《ひのえ》酉・辰の日。庚《かのえ》子の日。辛《かのと》寅・辰の日。戊《つちのえ》寅・辰の日。癸《みずのと》巳の日。

吉日良辰【きちにちりょうしん】万に、吉日吉時。〔懐中調宝記・牛村氏写本〕に次がある。甲《きのえ》 乙《きのと》日 十日酉時（十八時）。丙《ひのえ》 丁《ひのと》日 八日未時（十四時）。戊《つちのえ》 己《つちのと》日 六日巳時（十時）。庚《かのえ》辛《かのと》日 四日卯時（六時）。壬《みずのえ》 癸《みずのと》日 二日丑時（二時）。

黄茶色【きちゃいろ】染色。〔永代調法記宝庫・三〕に黄茶色は、桃皮の煎じ汁で一遍染め、その上を桃皮の煎じ汁に明礬を少し入れて、また一遍染めるとよい。

起脹【きちょう】「やまあぐる（起脹）」ニ同ジ

吉【きつ】唐尺*の事。〔文政新刻金神方位重宝記〕に、吉《きつ》の寸に中れば、家内はよいことのみ続き、楽しみ事が多い。万の物を差し定めるのによい。八卦で吉は生家《しょうけ》となる。

乞食【きっ】唐人世話詞。〔男重宝記・五〕に「乞食《こつじき》を、きつ（乞食）」という。〈何が不足で癇癪の枕言葉〉〔小野篡譃字尽〕「きつとは、がんどうまへびき*」についての説明。「き（ぎ）つと」は侍。「がんどう」は刀。「まえびき」は眉引の訛音で二の意。即ち、刀二本差しで、侍の意とある。

きっかい【きっかい】片言。「奇怪《きくわい》を、きつくわい」という。〔世話重宝記・五〕

橘核【きっかく】〔薬種重宝記・下〕に和果、「橘核 きつかく／みかんのさね」。炒って用いる。「蜜柑の事」モ見ル

きつき納豆【きつきなっとう】「きつき納豆」の製法。黒豆一斗（常の味噌豆のようによく煮て）。大麦一斗（よく搗いて粉にする。前の豆にまぶし 室に入れ 麹に寝さす）。塩三升。水六升。粟を煎じ冷ます。この豆・麦の麹を塩水に合せ桶に入れて置き、七日に一度ずつ三度搗いて二十一日目に漬け、山椒一粒ずつ一升に入れ、よく物に押しつけて置く。四十日ばかりでよい。冬も造るが、最も遅く熟《な》れる。〔昼夜重宝記・安永七〕

木継ぎ様の歌【きつぎようのうた】〔庭木重宝記〕に、木継ぎ様の歌がある。○「継ぎ台の肉と皮とのその間《あい》を削りそのまま唾塗《つばけ》るなり」。○「穂の本を半分削り 唾《つばけ》塗り 締めるに空きは心なりけり」。穂の長さは何でも三寸とする。○「椿 山茶花の類寄せ継ぎ」は、三月より四月迄がよい」。○「指目」は、三月より五月迄がよい。○「水つき」は、六月土用が過ぎてからがよい。

吉慶日【きっけいにち】〔重宝記永代鏡〕に吉慶日は、幽微日*万徳日*活幽日*とともに十二星の内の四星であり、諸事に用いて十倍の勝利を得る日である。正月は酉の日。二月は寅の日。三月は亥の日。四月は辰の日。五月は丑の日。六月は午の日。七月は卯の日。八月は申の日。九月は巳の日。十月は戌の日。十一月は未の日。十二月は子の日。

気付神仙散【きつけしんせんさん】〔懐中調宝記・牛村氏写本〕に気付神仙散は、

気付の薬。甘草・鬱金・胡椒・小人参を等分にし、辰砂で丸ずる。

気付の事【きつけのこと】〔鍼灸重宝記綱目〕に、諸々の気付として次がある。○驚き 肝を潰し 上気し絶え入ったのには三里 三陰交に、○眠るように引き入るように 絶え入ったのには百会 水溝に、○腹痛み絶え入ったのには湧泉に、○胸痛み絶え入ったのには三里に、それぞれ針をするとよい。○気つけには合谷 中府 労宮 陽谿の全部に針をするとよい。○どんな気付でも 神闕 関元に灸を数百壮するとよい。○恐れ死するには 両足の大指の聚毛《ななつげ》の中に三壮か五壮、○恐れ死に 一切の卒死には 人中に三壮か五壮、又臍の中に百壮するとよい。

〈薬方〉〔世界万宝調法記・中〕には、気付練薬に反魂丹* 延齢丹* 安神散* 等がある。〔懐中調宝記・牛村氏写本〕には、気付神仙散*がある。〔妙薬調方記〕には、胡椒の粉を汲み立ての水で呑ますとすぐに気が付く。〔文政新刻俗家重宝集〕に即座気つけの法は、障子の埃《ほこり》の塵《ごみ》を取り、鼻の穴へ吹き込むと妙とある。

乞巧【きっこう】〔年中重宝記・三〕に七夕*を乞巧《きっこう》というのは、七夕に香花《こうげ》を供え、供具を整え、庭上に文《ふみ》を置き、竿の端に五色の糸を掛け、何でも諸芸*の一事を祈ると三年内に必ず叶うことから言い、乞巧奠《でん》とも言う（図115）。貴賤の隔てもないという。また芋の葉の露を硯に磨り、梶の葉に詩歌を書いて手向けることは、『新勅撰和歌集』に「草の上の露取る今朝の玉づさに軒端の梶はもとつ葉もなし」とある。〔世界万宝調法記・上〕にも七夕祭を乞巧奠といい、よしみを乞うとは、よいことを乞い願うのであり、糸を棹に掛けて七夕に祭る。内裏での乞巧は清涼殿の局で六尺の机を四足にして立て祭り、具を供え、灯は九本燈し、九枝《きゅうし》という。管弦の具、鏡を添える。内侍は香を焚き、梶の葉に七耳の針を五色の糸につけて刺し貫く。亥（二十二時）の一天から寅（四時）の四天に至る。今、俗には梶の葉に歌を書いて七夕に供える。

図115 「乞巧」（年中重宝記）

亀甲紋【きっこうもん】〔紋絵重宝記〕に次の紋様がある。①円に三ッ亀甲。②亀甲に藤。③一ッ亀甲四方花菱。

橘氏【きつし】 諸氏名字。〔筆海重宝記〕に敏達天皇（『日本書紀』では 五三八〜五八五、在位 五七二〜五八五）の末孫 橘諸兄（初名は葛城王、天武十三〜天平宝字元年。六八四〜七五七）が祖。楠正成（建武三年［一三三六］没、享年不明）に続く。四姓*の一。

きっしく【きっしく】 片言。「きつしくは、木強 きしく」である。〔不断重宝記大全〕

橘朮四物湯【きつじゅつしもつとう】〔骨継療治重宝記・下〕に橘朮四物湯は、跌撲 磕傷 血を滞らし、体痛 飲食の進まないのを治す。当帰・川芎・白芍薬・淮生芐・陳皮・白朮・紅花・桃仁を生地黄で煎じて服する。骨節の痛むのには羌活・独活を加える。痛みの止まらないのには乳香・没薬を加える。

吉書初【きっしょはじめ】「かきぞめ（書初）の事」ヲ見ル

啄木鳥【きつつき】〔万物絵本大全調法記・下〕に、「啄木 たくぼく／てらつつき」とある。〈薬性〉〔永代調法記宝庫・四〕には毒はなく、瘡や痔の薬となる。黒焼きにして虫歯に塗るとよい。

切付の事【きっつけのこと】馬具。「韉」とも書く。鞍の下に敷いて、馬の背にあてる物をいう。上切付、下切付があり、下切付は敷膚《しきはだ》ともいい、三枚切付である。革の絵様を雲珠《うず》とも、敷鞍《しきぐら》ともいう。〔武家重宝記・五〕に絵図がある（図116）。〈売り店〉〔万買物調方記〕に「京ニテ切付屋」五条松原下ル町 守口や、丸田町東洞院より西とある。「江戸ニテ切付屋」室町三丁目 玉や次郎兵へ、同所 万夜作兵へ、同所 惣左衛門。日本橋南二丁目 井筒や伊右衛門、同所 松村伝左衛門、同所 井筒や七郎兵衛、鎌倉かし 山形や理右衛門ら六軒がある。他に、京橋南北通町とある。「大坂ニテ切付屋 馬道具」上谷町 一町目すじ から物町にある。

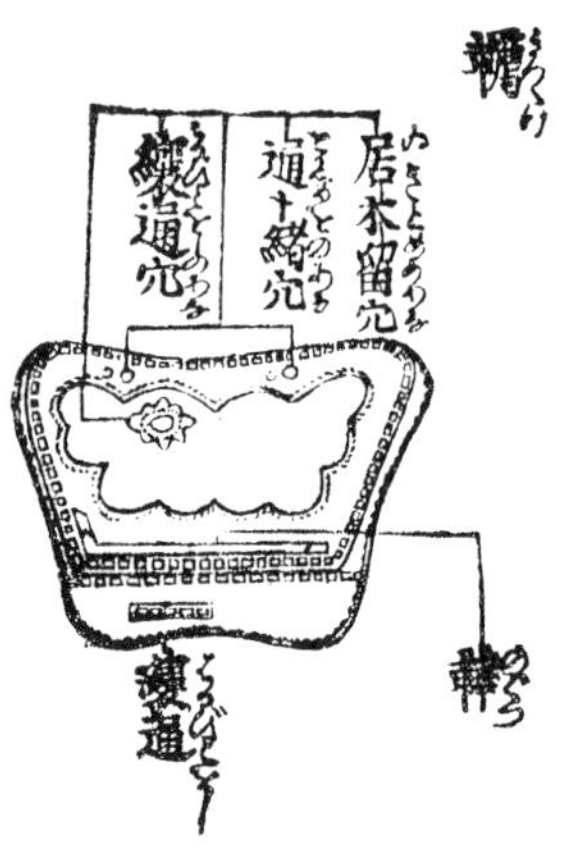

図116 「韉」（武家重宝記）

吃泥【きつでい】〔小児療治調法記〕に吃泥《きつでい》（小児が泥土を愛して食う）の薬には、清胃養脾湯*砂糖丸*がある。

狐狸の事【きつねたぬきのこと】〈狐狸に化かされぬ伝〉〔万まじない調宝記〕には、「王」という字を書いて、常に懐中すると狐*狸*に化かされることはない。〈狐狸かと見様の事〉〔男女御土産重宝記〕に、野山で怪しい人に逢い、この者は狐 狸かと疑わしい時、見分け様の事として、胸口より左の袖へ顔を差し入れて袖口の穴から覗いて見ると、怪しい者ならその姿が現れて見える。怪しい者は裾長く 裄《ゆき》長く着て化けるものと心得るとよい。〔新撰咒咀調法記大全〕に「狸 狐の化けたるを見顕す方」は、古い鏡を持ってその姿を写してみると、必ず本相が写るとある。

狐の事【きつねのこと】〔万物絵本大全調法記・下〕に「狐 こ／きつね／くつね」。〈異名〉〔書札調法記・六〕に狐の異名に、野狐《やこ》 紫公《しこう》がある。〔新撰咒咀調法記大全〕に狐は、百歳にしてよく女に化し、五百歳にして妖魅をなし、千歳にして行く末の事をよく知る。昼は穴に臥し、夜出て食を求める。死ぬ時は丘を枕とする。常に百里に足らぬ地には居らず、そのため日本では四国 佐渡 隠岐 壱岐 対馬等には住まない。〈呪符〉①「狐の鳴く時に立る符」は鳴く方に貼って置く。②「狐の通ひを止める符」を書いて往来する道に埋めて置くと二度と通らない。〔昼夜重宝 両面雑書 増補永暦小筌・文政十〕に「狐憑きを見分る法」は、耳に藁蕊《わらしべ》を障えて見て、動くのは狐憑き、動かないのは乱気である。〔増補咒咀調法記大全〕に、③「狐憑きを知る秘事」は両の手の間に図の梵字一字を数珠のだつま（達磨、数珠に通してある大玉）で書く。狐憑きなら痛み、そうでなければ痛まない。④「狗《いぬ》狐怪しき災いある時の符（「犬の事」ニ出ス）」を「加持慈救咒 大威徳咒」の真言を唱えて貼るとよい。⑤「大きい家に狐入りてあるに立てよ（「家の事」ニ出ス）」。⑥「狐憑きを落す事」の符は病者の頸に掛ける。もし病者が嫌えば病者の居間の上に吊って置

図117 狐の事

①「狐の鳴く時に立る符」（新撰咒咀調法記大全）

②「狐の通ひを止める符」（新撰咒咀調法記大全）

③「狐憑きを知る秘事」（増補咒咀調法記大全）

⑥「狐憑きを落す符」（増補咒咀調法記大全）

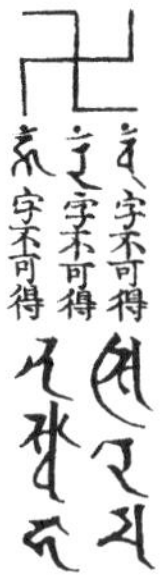

⑦「病者の額にこの符を書く真似をする」（増補咒咀調法記大全）

⑧「前腰・足裏に書く梵字」（増補咒咀調法記大全）

⑨「表の戸に押す符」（増補咒咀調法記大全）

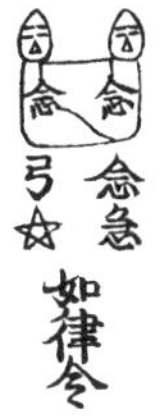

⑩「裏の戸に押す符」（増補咒咀調法記大全）

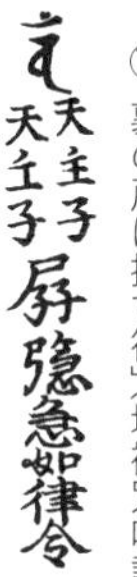

⑪「狐狸の類に化されぬ伝」（調法記・四十ち）

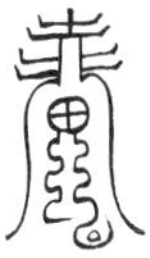

く。次に⑦図の符を病者の額に数珠で書く真似をし、次に⑧図の梵字を前腰足の裏に書く。次に⑨図の札を表の戸に貼り、次に⑩図の札を裏の戸に貼る。〔新撰咒咀調法記大全〕には鶏頭花*粃《しいな》の花の二品を七月十五日の辰の刻（八時）に採って陰干にして粉にし等分に合せ、狐憑きの人の鼻の穴へ吹き入れると奇妙に狐は退く。○「狐を家の辺へ集むる事」は、正月元日同二日両日の三宝の仏供を、初めに握ったのを百日陰干にして香に焼くと、加持程に集る。〔調法記・四十ち〕には、⑪「狐狸の類に化されぬ伝」のように朱紙に認め、男は左女は右の袖に入れて置く。怪しいことがあっても滅し、狐狸に惑わされることはない（図117）。〈狐憑等療治〉〔鍼灸重宝記綱目〕には、狐憑中悪*驚風には鬼哭に灸をする。〈戯語〉〔増補新版名代町法記・上だん（冗談）の言葉〕に「きつねとは、昼ばかりの事」とある。

狐は寅の威を借る【きつねはとらのいをかる】〔世話重宝記・五〕に、下人として主君の威を借ることの譬えとある。『戦国策』を引き、ある時虎が狐を食おうとすると、狐は自分は天帝から許された諸獣の長《かしら》であり、食うと天帝に叛《そむ》くことになる。疑うなら自分の後に随いて来い、諸獣が自分を見て逃げると言う。虎は尤もと思い、狐の後に随《つ》いて行くと諸獣は恐れて逃げ去った。虎は自分を見て逃げたとは知らず、狐を恐れて逃げたとばかり思ったとある。

吉貝【きつばい】「ぬのこ（布子）の事」ヲ見ル

橘皮枳朮丸【きっぴきじゅつがん】薬名。〔昼夜重宝記・安永七〕に橘皮枳朮丸は、枳朮丸*に陳皮を加えたもので、脾胃を健やかにし、痞えを消す。食を進める主薬である。

祈禱の事【きとうのこと】〈祈禱の文〉〔文章指南調法記・二〕に祈禱を依頼する範例文がある。「祈壇に於いて富貴繁栄息災延命武運長久子孫昌隆諸難除と吉粋漏さず御祈念御丹誠下さる可く候」に始り、聖賢になぞ成

り難いが、菩提の道縁が来なくても非道はせず、戦場ではそんなに臆病に働かず、相当に信心しますので、この意味を御理解して御祈りください。「祈禱料の為、白銀三枚 灯明油代金百疋 宝前に供じ奉る」とある。〈祈禱に禁句〉〔俳諧之重宝記すり火うち〕に「祈禱に嫌物」として、玉小柳《たまのおやなぎ》、紅葉しにけり、鳥部《べ》野、生死の沙汰、涙の外に、無常、哀傷等の言葉は、用捨すべきとある。〈祈禱をしない日〉〔諸人重宝記・五〕に正月は四・七日。二月は五・八日。三月は六日。十月は亥の日。十一月は寅の日。十二月は午の日。これらの日は、それぞれ祈禱をしない。

祈禱幣串の事【きとうへいぐしのこと】〔新撰呪咀調法記大全〕に「一切祈禱幣串の事」として次がある。一切の祈禱にはまずその本尊を安置する。病人ならば不動明王 或は薬師如来を本尊とする類で、その祈禱により読誦する。真言陀羅尼*もそれで、行者の心得である。もとより湯欲《ゆあみ》 又は水など浴びて心身を清浄にし、本尊の前に進み向い 丹誠を込めて祈禱する。凡そ祈禱には幣串を用いる事があり、荒神*を祭り祈るには幣串の長さ一尺八寸、地神には二尺八寸、諸神勧請には一尺六寸、神道の小幣は二尺一寸、大幣は五尺二寸とある。その家々での流義は一概に定めてはならない。幣は七五三に切り、かき板の上に串刀をまず重ねて、「この竹は高天原に生《おふ》る草 神のみゆきに生《お》ひにけるかな」「この刀いかなる人や造りけん 文珠の打し不動くりから」「この板はつげの板とは誰かいふ悪魔を払ふ悪絶ちの木ぞ」。この三首の歌を唱えて後に幣を切る。

畿内【きない】「五畿」ヲ見ル

きなぐせ【きなぐせ】片言。柴の折を丹後 但馬では、「きなくせ」という。〔不断重宝記大全〕

黄粉【きなこ】大和詞。「豆の粉は、きなこ」という。〔女重宝記・一〕

黄粉餅【きなこかちん】大和詞。「豆の粉餅は、きなこかちん」という。〔女重宝記・一〕

木に入る【きにいる】「入木の事」ヲ見ル

儀日【ぎにち】日取吉凶。〔重宝記永代鏡〕に、上を生じて、万によい日。甲子《きのえ》の日。乙亥《きのと》の日。丙寅《ひのえ》の日。丁卯《ひのと》の日。戊午《つちのえ》の日。己卯《つちのと》の日。庚《かのえ》辰・戌の日。辛《かのと》丑の日。壬《みずのえ》申の日。癸《みずのと》酉の日。「保日《ほにち》」参照

木に文字を書く事【きにもじをかくこと】〔諸民秘伝重宝記〕に○「木に文字を書き滲まぬ伝」は、墨で書く木の上に五倍子《ふし》の粉を振り掛け、紙で擦りつけ、拭い落してから書く。○「木に書いた文字を落す伝」は、塩を指で擦りつけて落すと悉く禿げ落ちる。また藁の白い灰で擦ってもよい。

きにょう【きにょう】片言。「きのふ（昨日）を、きんのう、きにょう」という。〔世話重宝記・五〕

貴人への応対【きにんへのおうたい】〔幼童諸礼手引草懐中重宝〕に次の間に控えていて、○これへと召された時は、御座の間へ左足より這入り、手と一時に左足より座り、次に右足を手と一時に座り、それより手と一緒に左より先へ摩り寄り、また同じように順々に摩り寄り、両手を突いてその真中に腮《おとがい》を宛て一礼する。礼が済んだら元のように次の間へ引く。○御話等がある内は、貴人の帯の左寄の所へ目をつけ、少し頭を上げて居る。〔女筆調法記・六〕には、○貴人の会には、季（期）日 官 姓名を書くこと。等輩の会には書かない。○主人や貴人に菓子 肴等を貰った時は、御前で食うてはならず、懐へ入れるか 手に持ちながら立ち、本座へ返ってから食う。〔女用智恵鑑宝織〕には、○貴人の前では扇を使わず、汗を拭わず、痒い所を搔かず（堪え難い時はそっと手をやり強く搔き二度と手をやらぬ）、鼻を嚙まず（但し、汗 鼻等の出る時は次へ立ちよく整え、立たれない時は随分堪えよ）、貴人の前に出る時は何事もよく整えて出る。○貴人のおられる座敷では、用もないのに再々立ってはならない。○文などで貴人の名前等、また言い遣る事等は、墨継ぎをする。○貴人が盃を下さる

時は、盃ばかりを手に持って行く。召し上げの時は盃を台の上に置く。台は御前より遠くへ下げない。○盃は銚子より少し高く持つとよく、下から上へ召し上げの時は盃を銚子より少し下げて持つ。○貴人の盃は中座して躙り寄り、いかにも謹んで下を飲み、酒を受ける。同輩のは中座に及ばず、少し賞翫の人にはそっと出座して戴き飲む。下輩の盃は軽く戴く。○貴人へ盃を返す時は、口の当った所を濯ぎ、取り直し戴いて酌人へ渡す。人により持参することもあり、貴人が召し上りの時、中座していかにも謹んで頭を地に着け、御酒を受けて頭を上げ、座へ返る。同輩以上へは戴いて差す。下輩へはそのまま差す。○貴人へ御肴を参らすには、例え貴人が末座へいても、御肴の台を持って行き、挟んで参らす。次には前の所に置く。○貴人が肴を下さる時は、御前へ参り滑りよって肘を着け、いかにも高く頭の上に差し上げて戴き、本座へ直り、御酒を飲む。○貴人に風呂を参らすには、拍子にかかりふくのは悪い。

絹蓋【きぬがさ】〔万物絵本大全調法記・上〕に「蓋 かい／きぬがさ。絹傘けんさん也」（図118）。〔養蚕重宝記〕に「絹笠大明神」の絵像がある。

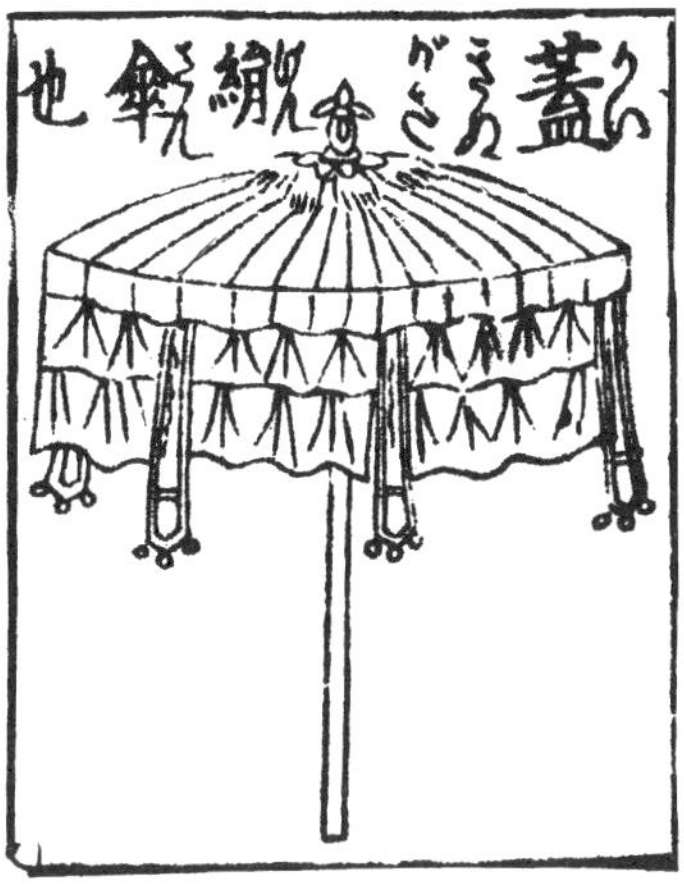
図118 「絹蓋」（万物絵本大全調法記）

後朝【きぬぎぬ】 大和詞。「きぬぎぬとは、あかつき（暁）の別れ」をいう。〔不断重宝記大全〕

きぬけんぷ【きぬけんぷ】 重言。「絹《きぬ》けんぷ、重言*にて悪ろし」。〔不断重宝記大全〕

砧【きぬた】〈器具〉〔万物絵本大全調法記・上〕に、「搗砧 とうちん／きぬいた／きぬた。衣砧 いちん、同」。槌で布地を打ち和らげ艶を出すのに使う板や石の台。

〈料理〉〔料理調法集・鱧餅真薯之部〕に砧は、山吹摘み入*のように擂り合せたのを篠に取り、氷柱摘み入*のように葛粉に転ばかし、湯煮する。〔江戸町中喰物重法記〕に「御膳きぬた」は、横山町三丁目角 藤塚屋近江にある。

絹と盗人の数を知る【きぬとぬすびとのかずをしる】「えいじく（盈朒）」（算法）ヲ参照スル

絹の事【きぬのこと】〔万物絵本大全調法記・上〕に「絹 けん／きぬ。薄《うすき》帛《はく》と云。厚《あつき》を繒《そう》といふ。また、もろきぬ」。〈絹の練り様〉〔男女日用重宝記・上〕に絹一疋《ひき》（＝二反）に早稲藁を二把炊いて灰汁に垂れ、たぶたぶと鍋に入れて沸かし立て絹を入れて練る。絹の端を撚《よ》ってみて撚《より》が解れる時は絹が練れていないのであり、撚が解れない時はよい。絹の耳を指の腹で扱いでみて、糸が撚るのならよい。

〈絹太織〉〔絹布重宝記〕絹太織は至って太く、地は厚い。強いが着用が久しいと染色が白けて見苦しくなり、折々色上げしなければならない。帯地に使う。〈絹縮〉〔絹布重宝記〕に、ぬき（緯）糸に縷《より》を掛けて織ったものである。生糸で織り上げ、練って染め張りする。張り様、筬《しいし》は常に変わっている。紋縮*ともいう。

〈絹の相印〉〔絹布重宝記〕に、絹が小紋摸様物等に染まると分かり難いので、絹の覆い紙 符帖等に他と区別する目印として書きつけて置く。「ヨ印 ＝羽二重」。「ト印 ＝加賀絹」。「タ印 ＝丹後絹」。「ハ印 ＝濱羽二重」。「阝印 ＝郡内絹」。「キ印 ＝上州絹」。「チ印 ＝秩父絹」。

〈絹物裁ち様の次第〉〔嫁娶調宝記・一の二〕には紗綾 縮緬 綸子でも、総長《そうたけ》四尺五寸より二寸迄の着物の裁ち様が十三番まで図示されていて、これに引き合わせ工夫して裁つのがよい。少しずつの違いがあってもそれは裁つ人の料簡による。〔万用重宝記〕に「羽二重 加賀絹 日野紬」等の扱い様に次がある。○「裁ち様」は、袖は袖、衿は衿、身は身と裁つ。縫いようは背も脇も上から下へ縫う。衽は下から上へ縫う。染み物の落とし様*がある。○「張り様」は味噌糊 葛とを等分に入れて、溶きながら刷毛で引く。

〈絹を白張にする伝〉〔調法記・全七十〕に、水仙の根を卸して擂り、これをつけて張るとよい。〈絹の汚れを落す〉〔年中重宝記・二〕に、新天南星を採って汚れた所を度々擦ると落ちる。又 梅干を擦りつけて洗うのもよい。

〈絹類買廻し〉〔絹布重宝記〕に、生絹 撰糸類は目廻《めまわり》*、高機物その外斜《なな》子《こ》琥珀等、全て糊気のある物は当買《あてかい》*とある。

〈緋綸子 緋縮緬 古き絹類の紅を抜く〉〔染物重宝記・天明五〕に、俵を焚き 火のある灰に湯を掛けて灰汁を垂れ、この灰汁に絹を漬けて置くと、悉く紅は抜ける。その抜き紅をよく冷まして生酢《きす》を入れて染める。しかし、絹類は色はよくなく、布 木綿 晒し類はよい。但し、白地を酢に漬けて灰汁気を抜いて後に染めるとよい。総別、手染は何色によらず、反物は染斑《そめむら》が出来るので注意が要る。

〈絹巻物積む時〉〔女用智恵鑑宝織〕に絹巻物を積む時は、数少ない時は横に並べ、数の多い時は縦に積む。巻物三巻程表に巻き返し、紙を横に三ツに折り、巻物を一ツずつ、中に襞を取り、水引で結う。〈巻物・呉服所〉〔万買物調方記〕に、「京」で金襴 今織 唐織 諸々の絹類 染小袖が、室町通下立売より下蛸薬師通迄十町の間に悉くある。「江戸」では本町一二丁目、石町一二丁目、御堀端通。呉服 小袖 下値売は駿河町 ゑちご屋、本町 富山屋・いづぐらや・(紋) いゑき、にある。「大坂」では呉服町は伏見町八丁目より西、本町一丁目高麗橋にある。「積み様の事」「掛物の事」ヲ見ル。〈進物積み様〉〔麗玉百人一首吾妻錦〕に「絹巻物積み様」「真綿」積み方の絵図がある。

絹木綿類の加工【きぬもめんるいのかこう】〈絹 木綿類を強くする法〉〔万用重宝記〕には、絹 木綿 布の類を革の様に強くする法は、桔梗の煎じ汁で小突くと革のように強くなる。〈絹 木綿類の糊した物を鼠に食わせぬ法〉〔万用重宝記〕に曼球沙華を煎じた汁で糊を溶いてつけると、絹や木綿類の糊した物を鼠は食わない。〈絹 木綿へ文字を書く法〉〔俗家重宝集・後編〕に生姜の絞り汁で墨を磨って絹や木綿へ文字を書くと、滲むことはない。〔万まじない調宝記〕にも生姜の絞り汁を磨り混ぜるとよいとある。

絹屋の御へこ【きぬやのおへこ】「今宮」ヲ見ル

巫覡【きね】「きね（巫覡）とは、禰宜を云」。〔消息調宝記・二〕

杵臼の始め【きねうすのはじめ】〔人倫重宝記・一〕に杵《きね》臼《うす》は、唐で神農の後、黄帝尭舜が作り始め、渡来して日本中に広まったという。

気の行く／気の悪い【きのいく／きのわるい】「気の行く」とは、交合に淫水が出て、喜悦 絶頂することをいう。〔色道重宝記〕に同じ開《ぼぼ》から出るのを次のように区別している。小便は、する・垂れる。経水は、見る。淫水は、出る・出す。「気が行く」また「気が悪い」というのは、一義に臨み開《ぼぼ》の受け入れが整ったのに楽しみながら雁首（陰茎）を少し入れ、どうも言えぬ美味《うまみ》の形容を、至って「気の悪いもの」という。

昨日と今日の界【きのうときょうのさかい】〔農家調宝記・二編〕に夜の九ツ（零時）を、昨日と今日の界とする。九ツ以降は 今暁九ツ半（午前一時）、八ツ（午前二時）七ツ（午前四時）とし、明け六ツ（午前六時）より今朝《こんちょう》という。今夜子の刻はなく、今暁子の刻である。

甲【きのえ】　十干*の第一。甲《こう》《きのえ》。〔日用重宝万物図解嘉永大雑書三世相〕には甲《かう》、閼逢《あつほう》、甲は「よろひ」と読む。正月には草木未だ生い出ず、内に芽《きざ》す事は鎧《きのえ》を着たことの譬えである。この日は蔵を開き、具足の事によしとする。〔永代日暦重宝記・慶応元写〕には、蔵を開き財を散らしてはならない。

甲乙【きのえきのと】〔重宝記・宝永元序刊〕に甲乙《きのえきのと》は木神。この日は金を使わず、高を納めず、倉を開かず、木を伐らず、刀脇差等全て刃物を納めず、書物を調え、薬を調合し、衣類を裁ち、奴婢の類を呼び、弟子牛馬飼鳥などを求めてよい。針灸を忌む。牛馬の療治に悪い。〔日用重宝記・二〕には、甲乙は気の始めとする。

甲年生れの吉凶【きのえどしうまれのきっきょう】〔日用重宝万物図解嘉永大雑書三世相・嘉永四〕に「十幹生れ年の吉凶の事」があり、○「甲《きのえ》（寄光《きこう》の枝）」に生れる人は、耕作、商い、宮仕えをしてよい。男女の子に苦労する。春の生れは大福があり 日の食大豆五斗、夏の生れは無病 日の食米三斗、秋の生れは 米五斗、冬の生れは 黍三斗がある。若い時は貧しいが老いて富がある。前生は尾張熱田宮の鼠で、その証は肩の上脇の下に黒子《ほくろ》があり、これを掘って綿に塗り本明星を祭ると来世では長者に生れる。七八歳で神の祟りがあり、生れ所の荒神を祀らないと夫妻に縁がなく、十五六歳で口舌があり、二十六歳で災難があり、三十八九歳で火事に遭うことがある。しかし、幸いが来て五十六歳で病があり、命は七十六歳の十一月午未の日に死ぬ。常に荒神を祀り、また普賢・地蔵菩薩を信心するとよい。〔女用智恵鑑宝織〕も大同小異の記載である。

甲の日【きのえのひ】〔世界万宝調法記・下〕に「毎日之日取」として次がある。○「甲子《きのえ》の日」は天恩日*。屋根葺、人を置き、井掘、門建によい。金剛部日*甘露日*移徙、船乗、元服、倉建 出行によい。但し、人に物を出さず、春は事により忌む。○「甲寅の日」は万によい日。大明日*仏滅日*耕作始め、造作、公事立て、出陣、遠く行く、移徙、物裁ち、人を置くによい。但し、やいひ（灸）をしない。○「甲辰の日」は万に吉日。一騎当千日。金剛部日、大明日、十悪大敗日、耕作始、祈禱、倉建によい。三宝中日。門建、出行、元服、倉に物納むるによい。○「甲午の日」は万によい日。大明日。三宝上吉日。甘露日。瘟瘟日*船乗、出行、門建、神事、元服、物裁ち、人を置くのによい。○「甲申の日」は万によい日。十方暮*神によし、大明日、鐘の緒を掛けない、甘露日、門建、釜塗りによい。但し、九月は忌む。ひめつ日、起請誓文をせぬ。○「甲戌の日」神事、倉建、屋根葺、船乗、出行、新しい枕をするのによい。人に物を出さず。ひめつ日。人を置くによい。

気の往来【きのおうらい】「診脈」ヲ見ル

気の衰えや冷え症の薬【きのおとろえやひえしょうのくすり】　気の衰えや冷え症の薬は、黄鶏《かしわ》に勝る薬はない。三十三の効き道がある。〔万用重宝記〕

きのかた【きのかた】「ろうさい（労瘵）」ヲ見ル

木神【きのかみ】「きのえきのと（甲乙）」ヲ見ル

樹の枯るを活す伝【きのかれるをいかすでん】〔調法記・四十七ゟ五十七迄〕に俄に樹の枯れる時は、地の上三寸、陽（日）に向う処に灸をすると多くは生きる。虫が入って枯れるには杉を釘に削り、虫の穴へ差し込んで置くと虫食いは止まり樹は枯れない。また樹の根に魚の洗い水を懸けると毛虫は生じない。また松の枯れるのには、川芎を煎じ、根に注ぐとよく、忽ち葉が茂る。

木の事【きのこと】〔調法記・四十七ゟ五十七迄〕に次がある。①「木を植えて枯れぬ伝」は、卯月（四月）八日に図版のように紙に書き短冊にして付けて植えると妙に枯れない（図119）。②「木を曲げる伝」は、マンテイカの脂（猪豚等の脂肪）をつけて焙り、そろそろと曲げるとどんな木でも自由に曲る。③「ならざらし（奈良曝）」ヲ見ル。④「木に物を書きつけて後世まで消えぬ法」は、「石に文字を書く事」ヲ見ル

図119
「木を植えて枯れぬ伝」
（調法記・四十七ゟ五十七迄）

気の事【きのこと】〔鍼灸日用重宝記・一〕に気の診脈*は、まず指で浮けとるのに指の腹に浮み通るのが気の往来であり、按《お》して力があり大なのが気の実であり、力なく弱く消えるようなのは気の虚である。即ち、血道*の外を浮かんで軽く巡り、肌肉を暖める。気は陽衛《ようえ》とある。〔同・四〕には『素問』を引き、恬憺（淡）虚無 安く静かならば、真気はこれに従い病は生じない。諸病はみな喜 怒 憂 思 悲 恐 驚の気より生ずる。〔鍼灸重宝記綱目〕に百病は気より起るとし、喜んで心《しん》を傷《やぶ》る時はその気が散じ 腎気が乗ずる。怒って肝を傷る時はその気が登り 肺気が乗ずる。憂えて肺を傷る時はその気が集り 心気が乗ずる。思って脾を傷る時はその気が結ぼれ 肝気が乗ずる。恐れて腎を傷る時はその気が怯《つたな》く脾気が乗ずる。暑い時は気が泄《も》れ 寒い時は気が治まる。又子和《しか》が云うとして、天地の気が常の時は安く、変ずる時は止む。天地の気を受けて五運*は互いに外を侵し、七情*は替る替る内に戦い、そのため諸病は皆七情より起る。それ故、古人は気を惜しむのを重い宝を持つようだという。七情をなくして飲食房事を慎む人は、寒暑にも障えられず千歳を保つ。気病には灸は肺俞 神堂 肝俞 三里、針は承満 梁門にする。〔医道重宝記〕に気は、風寒 暑湿の邪が外を侵し、喜 怒 悲 驚の気が内に争い、留 滞 鬱 結の諸症をなす。脈は沈を気とし、濇 弱は治し難い。薬に 分心気飲*正気天香湯* 六《りく》鬱湯* 沈香降気湯* 帰脾湯*がある。「五行」「五気の論」「九気の説」参照

喜の事【きのこと】 七情*の一。〔女文翰重宝記〕には喜ぶことで、人が感動してよい事にはにこやかに麗しくなる。めでたい中にも上流階級の喜びは、飾る島台《しまだい》*に生育する松の数々、竹の一節《ひとふし》に千代を込めた様子は手本であるという。〔永代調法記宝庫・二〕には百病は皆気より起るとし、喜ぶ時 気が緩まり、甚だしい時は心臓を破る。

木の子の事【きのこのこと】 「くさびら（菌・茸・蕈）」ともいう。〈薬性〉〔永代調法記宝庫・二〕には茸を食うと、生まれる子は驚風（小児脳膜炎の類）を病む。〔同・四〕には「くさびら」は百病の毒、筋を塞ぎ、脚気を起し、また痔の毒とある。〔料理調法集・口伝之部〕に次がある。①「木の子」とは榎茸《えのきたけ》の子をいう。その他は椎茸、平茸等（大形）をいう。②「菌《きのこ》」とは松茸 〆治茸 初茸 松露の類で、露より生じて本体のないのをいう。〈菌類貯え様〉〔ちやうほう記〕には何茸でも、さっと湯煮してそのまま降ろし冷まして後取り上げる。他に塩塊を煎り立て冷まして桶へ入れ、その中へ湯煮した菌を入れ蓋をしっかりして貯えて置くと長く持つ。塩加減の強い程長く持ち、遣う時は茶の煎じ皮を水に入れて一夜塩出しをする。〈毒中り〉〔医道療治重宝記〕に野菌《くさびら》の毒解しには、甘草を多少に拘らず用い、麻油一盞をもって煎じ、数沸して冷まして用いる。〔家伝調方記・天保八写〕は忍冬の茎 葉を生で咬み、汁を飲む。〔改補外科調宝記〕は菌《くさびら》の毒に中ったら漿水《しょうすい》*を飲ます。楓木の菌《きのこ》を食うと人を笑わせて止まず、これを用いてもよい。又、芫花《ふじもどき》をそのまま粉にして一匁程水で用い下す。〔永代調法記宝庫・三〕に茸《きのこ》 菌《くさびら》の毒には、防風を煎じてよく冷し 服する。又、忍冬を搗き 砕き 水を絞り 汁を飲む、〔万用重宝記〕には煎じ汁を飲む。〔諸民秘伝重宝記〕は桜の実を陰干にし、粉にし白湯で用いる。又、木の皮を煎じて用いる。〔薬家秘伝妙方調法記〕は茴香《ういきょう》を粉にして与えると妙とある。〔新撰咒咀調法記大全〕にはくさ

びらの毒は命にかかわるので早く山梔子を煎じて用いる。〔胡椒一味重宝記〕に蕈《きのこ》の毒《あたり》は胡椒（小）、茄蔕（大）を煎じて用いる。

木下道正【きのしたどうせい】「解毒円」ヲ見ル

乙【きのと】 十干*の第二。乙《きのと》《おつ》。〔日用重宝万物図解嘉永大雑書三世相〕には乙《をつ》《きのと》、旃蒙《せんもう》、乙は局《かゞむ》と読む。草木未だ延び立たずしてかがむという意である。この干《かん》に当たる日は金銀を収め、具足の修復を忌む。〔永代日暦重宝記・慶応元写〕に乙には木を植えてはならない。

乙年生れ吉凶【きのととしうまれきっきょう】〔日用重宝万物図解嘉永大雑書三世相・嘉永四〕に「十幹生れ年の吉凶の事」があり、「乙《きのと》（金財の枝）」に生れる人は、上を敬し下を恵む心が深く、福人となり命が長いが短気である。若い内は貧であるが老いて福がある。心賢く人に愛縁があり法師になるとよい。春夏の生まれは大福があり、父母の徳分を得ず、親に心も変わらず仏神に仕えてよい。秋冬の生れは貧で日の食米一斗がある。前生は越後頸城郡の牛で 備中吉備津宮へ法花経をつけて送った功徳で人の身に生れた。来世は必ず鳥に生れるので、信心するとよい。この人は六七歳で病があり、八九歳で大病があり、慎むとよい。十三歳で親に離れるか、不興を受けることがある。十八九歳で男女につき口舌があり、二十一二歳で火災があり、二十四五歳で男女の事、また人の事で禍があるので慎むとよい。二十七八歳で口舌があるが、遠く行くと却って幸いを得る。三十一二歳で病があり、三十三四歳で夫妻につき口舌がある。また海川を慎むとよい。四十二三歳で幸いが来、五十一二歳で官位を増し、五十三歳で大福が来る。命は七十三歳、又は八十一歳で甲《きのえ》乙《きのと》の日に死ぬ。常に薬師如来を信心するとよい。

〔女用智恵鑑宝織〕も大同小異であるが、乙の年生れの女は達者で福があり命は長い。若い時は短気で貧であるが、年寄って心賢く合縁があり、福を得る。春夏生れは大福がある。秋冬生まれは貧であるが神仏を信心すると福がある。前世は越後国の牛で、耕作の助けをしたので今世に生れた。六七歳で命が危く、十二三歳で親に不興を得るか、親に離れ、十五六歳で産の難がある。十八九歳で男について口舌がある。二十一二歳で災難、二十四五歳で災い、二十七八歳で参宮してよい。四十二三歳より福が来る。寿命は七十三歳か八十歳。薬師を信心するとよい。

乙の日【きのとのひ】〔世界万宝調法記・下〕に「毎日之日取」として次がある。〇「乙丑の日」万によい日。船乗 髪置 屋根葺 移徙 井掘 倉建 家毀 門出 人置 物裁ち 出陣によい。甘露日*。〇「乙卯の日」万によい日。男の物裁ち 家毀 公事立て 移徙 元服 出陣によい。旅に出ず、灸をせず、人に物を出さない。〇「乙巳の日」万によい日。大明日*金剛部日*十悪大敗日 船乗 物裁ち 元服 神事 新物食い始め、田植等 万によい。但し、旅に出ない。〇「乙未の日」万によい日。大明日*五墓日*移徙 船乗 男の物裁ち 耕作 種蒔 人置 倉に物を納める等万によい。但し、旅へ出るに悪い。〇「乙酉の日」万によい日。耕作 立願 移徙 門建 釜塗 乳児の髪剃 神によい。起請 誓文をしない。十方暮*鐘の緒を掛けない。〇「乙亥の日」元服 屋根葺 人置 耕作始 新物を食い始めるのによい。

木実峠【きのみとうげ】 地名。紀伊・河内・大和の境である。三本松がある。これは境木である。河内の岩淵へ三日。〔東街道中重宝記・七ざい所巡道しるべ〕

木の芽冷汁【きのめひやじる】「山椒汁」ニ同ジ

木の芽飯【きのめめし】〔料理調法集・飯之部〕に木の芽飯は、如月（二月）の頃、ようやく萠え出た木の芽（特に、山椒を言う）を摘み取って煮え湯をかけ、日に干して細かに刻み、米の上へ置き、炊く。

亀背【きはい】〔小児療治調法記〕には、小児の背中が高く、亀の甲に似たのをいう。大人になるまで治らなければ俗に言う「せむし」*になる。こ

れは児が生れ落ちた時背をよく護らないために風邪が背に宿り、伝えて骨髄にに入り起る。或は強いて座わらせるのが早く、或は咳嗽の久しい時肺気が虚して起る。○治方は、亀の尿を背中の骨節に塗る。亀の尿の採り様は亀を青い蓮葉の上に置いて鏡を見せると尿は自然と出る。薬には松蘂散*がある。○灸法に、亀背*を治す灸法は、肺兪二穴（第三椎の下左右各二寸にある）、心兪二穴（五の椎の下左右各二寸にある）、膈兪二穴（七の椎の下左右各二寸にある）。これ等に各三壮ずつ灸をする。左右各二寸というのは両乳の間は八寸あるのをもって計測する。

牙歯【きばは】「歯の諸症」〈牙歯 歯病〉ヲ見ル

騎馬への礼【きばへのれい】〔小笠原諸礼調法記・天〕に、騎馬への礼は、高貴の人なりとも、いつも左になして礼をする。乗物への礼は、「乗物と駕籠」参照

耆婆鳳凰丹【きばほうおうたん】〔洛中洛外売薬重宝記・上〕に耆婆鳳凰丹は、御池柳馬場東へ入 木魚屋金盛にある。第一に大いに腎を増し、精気を強くする妙薬である。

耆婆万病円【きばまんびょうえん】〔丸散重宝記〕に耆婆万病円は、水病、積聚、心腹脹満、胸煩い苦しく、或は下血、疳虫、蚘虫、或は赤白痢、小児の五疳*、耳が聾え、鼻が塞がるのによい。当帰・芍薬・蒲黄・川芎・肉桂・茯苓・干姜・防風・椒《さんよう》・桑白皮・細辛・草豆蔲・桔梗・人参・葶藶子・前胡・黄連・黄芩・犀角・甘遂・大戟・禹余糧・雄黄・辰砂・牛黄・芫花・巴豆（各二匁）、芫菁（一匁）で、この二十八味を蜜で丸じ、小豆大にして空腹する。但し、吐痢するのを度とする。

ぎば飯【ぎばめし】〔料理調法集・飯之部〕に「ぎば飯」は、ささぎ（豇豆）の若葉を摘まんで、菜飯のように炊く。〔懐中料理重宝記〕には、十六豇豆を薄く小口に切り、煮え湯を通し、岡交ぜ（後から材料を入れ先の材料と交ぜ合せる）し、焼塩を加える。

気秘【きひ】「ひけつ（秘結）」ヲ見ル

肌痺【きひ】五痺*の一。〔鍼灸日用重宝記綱目・四〕に肌痺は、手足だるく、嘔逆《からえずき》する。肝兪 膈兪 胆兪 腎兪 曲池 風市等、痺れる処に針を刺し、血を廻らす。

稷【きび】黍・粱とも書く。〔万物絵本大全調法記・下〕に「稷 しよく／きみ／きび。秋」。〈薬性〉〔医道重宝記〕には稷《きび》とあり、寒で毒なく、気を増し、熱を除き、脾胃を養う。多食すると冷病を起こす。〔永代調法記宝庫・四〕には黄粱《ききび》は湿気（梅毒）や風を去り、中を和らげ、下り腹を止める。白粱は虚熱を去り、吐脚を止め、筋骨を継ぎ、中を和らげる。黒粱は中を補い、気力を増し、身を軽くして命を延ばす等とある。〈種蒔〉〔農家調宝記・初編〕に蜀黍《もろこし》の種は、八十八夜前後に種を蒔く。

吉備仮名【きびがな】片仮名の「いろは」*を、吉備仮名《きびがな》ともいう。〔大成筆海重宝記〕

黍鳴【きびしぎ】〔料理調法集・諸鳥人数分料〕に黍鳴は、汁や煎鳥に遣うが、まず煎鳥である。二人前が常、焼鳥にして上鳥である。春が重宝、秋は少し劣る。

きびす【きびす】片言。「踵《くびす》を、きびす」という。〔世話重宝記・三〕

吉備大臣【きびだいじん】吉備真備《きびのまきび》（持統七～宝亀六年、六九三～七七五）。右大臣。従二位。儒学・天文・兵学等に通じた。二度入唐した。〔人倫重宝記・二〕に吉備大臣が遣唐使の時、唐帝の大臣が才智の程を試すのに野馬台の詩を作って読ませたが、大臣は未知の詩に困惑 長谷の観音に祈誓すると、蜘蛛となり糸を引いて読ませた。大臣は賞美され、七ツの宝を得た上に、「縫」も相伝して帰朝、縫うて帝へ奉ると叡感があり、我が国の「縫針／縫物」*屋の祖となった。大臣は御霊八所明神の内の一座に斎《いわ》れ、今も縫物屋は下御霊へ社参する。東山 黒谷三十三所の観音堂内に吉備大臣の木像があり、近頃京中の縫物屋が集り、結構な厨子を寄進し

て尊く拝まれたのは、縫物法度で衰微し紙子を着て謡をうたい、袖乞いして述懐する余り、吉備大臣を祈ってのことだったともいう。〔男重宝記・三〕に碁が我が朝に渡ったのは、吉備大臣が入唐の時に習い得て帰り、伝えたという。唐土で碁*を打つ図もある。

吉備津神社【きびつじんじゃ】〔大増補万代重宝記〕に吉備津彦は、崇神天皇が将軍を四道に分かつ時、西道の将軍*となり、後世 祭祀し吉備津神社となった。〔備中一国重宝記〕に次がある。賀陽郡宮内村、吉備津宮社領百六十石 御朱引御寄付。『延喜式・神名帳』に備中賀陽郡吉備津彦神社名神大と云々、『一宮記』に吉備津宮は備中・備前・備後三国の一宮と云々、『社伝』に人皇第七代孝霊天皇第三皇子五十《い》狭芹彦命《させりひこのみこと》、又の名は吉備津彦命、この神を祭る所という。御詠の歌、「まかね（真鉄）吹く吉備の中山帯にせる 細谷川の音のさやけき」「常盤なる吉備の中山おしなべて千歳を松の深き色かな」。

帰脾湯【きひとう】〔医道重宝記〕に帰脾湯は、思慮して脾を傷《やぶ》り、或は下血、衂血《はなぢ》、心虚して怔忡《むなさわぎ》し驚き、健忘するのを治す。人参・黄芪・白朮・茯苓・竜眼肉・酸棗仁（各二匁）、遠志・当帰（各一匁）、木香・甘草炙（各三分）に、生姜と棗を入れて煎ずる。心脾の虚するものを治す。

黍餅に蜜【きびもちにみつ】〈食い合せ〉〔料理調法集・当流献方食物禁戒条々〕に、黍餅に蜜をつけて食うてはならない。

婁病【きびょう】〔小児療治調法記〕に婁《き》病は、孕婦が物の祟りを胎中に導き、児を病ませるのをいう。又、小児が生まれて十余月の後にまた孕み、その乳を児が飲むと精神は爽やかでなく、身体は萎瘁し、或は腹下り寒熱往来して病むのをいう。薬に龍胆湯*がある。俗に「おとみずはり」という。

気病の灸【きびょうのきゅう】〔重宝記・儀部家写本〕に「気病《きびょう》の名灸」は、甲子の夜子の刻（零時）亀の尾に大の灸三火すると大便が下る。下らない時は、また甲子の夜子の刻に三火する。〔鍼灸日用重宝記・四〕に気病*の灸は、肺兪 神堂 膈兪 肝兪 三里に、針は承満 梁門にする。「気病み」である。「九気の説」ヲ見ル

生平【きびら】「ならざらし（奈良曝布）」ヲ見ル

岐阜【ぎふ】所名。この宿は長町である。名古屋の福人が引き籠り、安居する所である。刀 脇差 小刀 剃刀を打つ鍛冶が多い。古城の跡があり、大河長良川があり、川向いは漁夫鵜遣の在所である。鵜遣は一人で九羽から十二羽まで遣い、鵜舟一艘に舵取 鵜遣各一人が乗る。舟数は七艘、暮時分に浜町から出す。右方に飛驒高山への街道がある。〔東街道中重宝記・木曾道中重宝記六十九次 享和二〕

忌服【きぶく】「ぶくきりょう（服忌令）」ヲ見ル

岐阜塩漬鮎【ぎふしおづけあゆ】〔料理調法集・漬物之部〕に岐阜塩漬鮎は、塩と水各一升を煮返し、一夜よく冷まし、中蓋をして鮎を漬ける。他の魚も同じで、幾年も持つ。

貴舟明神【きぶねみょうじん】貴布祢明神とも書く。京名所。〔東街道中重宝記・七ざい所巡道しるべ〕市原村*からここ迄に僧正が谷という所がある。壱演僧正が住んだ所なのでいう。俗説に、牛若丸が僧正天狗に剣術を習った所といい、牛若丸の脊比べ石がある。和泉式部*等の故事でも有名である。〔年中重宝記〕に、〇二月九日は貴舟五穀祭り。〇四月朔日は貴舟の御神事で 加茂の氏人が騎馬で貴舟に詣で、帰りに市原野で虎杖《いたどり》を争って採る。これを虎杖競べという。〇九月九日は上京の子供らが小さい神輿を掻いて、貴舟の御輿 狭小輿《ささこし》と洛中を担い回る。これは後奈良院の御宇に、京師の子供が咳逆《せき》を患い死ぬ者が多く、占わされると貴舟神の祟りとあり、弘治二年（一五五六）九月九日に疫癘を祓わされると、咳逆が鎮まったことに基づくという。〇大津貴舟祭は五月五日。

気分の熱【きぶんのねつ】経験方。〔丸散重宝記〕に気分の熱は、久しく咳嗽

して色を犯し、発熱して火の如く、痰湧き、渇をなし、六脈*浮洪し、昼は特に激しいのには、黄芩一味を煎じ服すると癒える。

騎兵一己の六具【きへいいっこのろくぐ】 武具。六具の一。*〔武家重宝記・四〕に騎兵一己の六具は、具足、太刀、鎗、指物《さしもの》、扇、韘《ゆがけ》*をいう。

規模【きぼ】 〔世話重宝記・五〕に、規は ぶん回し（コンパス）、模は 鋳型である。二ツとも手本 定規となる物なので、正しいことを規模《きぼ》という。

擬宝珠【ぎぼうし】 〔万物絵本大全調法記・下〕に「護朽 ごきう。柱揩頭《はしらたつたう》也。又ぎぼうし」。〈**擬宝珠の願懸**〉〔江戸神仏願懸重宝記〕に橋の擬宝珠に願懸けすることは東都・洛陽ともにある。京の五条橋に願懸けして煎餅を加茂川へ流し、歯の痛みを祈る。橋は大勢の人気の寄る所ゆえである。江戸の「京橋の欄檻」*「日本橋の欄檻」*の外、四ッ谷のさめが橋、麻布の笄《こうがい》橋等、いずれも頭痛 又は小児の百日咳の願懸けをする。〈**草花**〉〔万物絵本大全調法記・下〕に「玉簪 ぎょくせん／ぎぼうし」。〈**作り様**〉〔昼夜重宝記・安永七〕に木帽子《ぎぼうし》の花は薄色で、大小の二種がある。土は合せ土*を用いる。肥しは雨前に小便を注ぐとよい。分植は春、秋がよい。うるい草ともいう。〈**歯の大毒**〉〔里俗節用重宝記・上〕に鳳仙花とともに、歯の大毒とある。

奇方神異膏【きほうしんいこう】 〔改補外科調宝記〕に奇方神異膏は、当帰・大黄・玄参・白芷・赤芍薬・肉桂・黄丹・生地黄（各百目）を、荒く刻み胡麻油に春は五日、夏は三日、秋は七日、冬は十日浸す。次に炭火でそろそろと練り、焦がれる時に上げて、絹で濾し渣を去り、また煎じて練る時に丹を入れてよく掻きまぜ、膏薬に練る。癰疽や発背、一切の悪瘡、或は湯火傷 火火傷 切傷 獣に咬まれたのによい。或は女人の腰気や長血に貼るとよい。

貴方覆盆子湯【きほうふくぼんしとう】 〔洛中洛外売薬重宝記・上〕に貴方覆盆子湯は、二条通釜座 ならや半兵へ にある。腎精を増し脾胃を調える妙薬である。

木ほせ【きほせ】 片言。柴の折を、京には「木ほせ」という。丹後 但馬には「きなくせ」という。又 中国には「ほうきれ（棒切）」という。〔不断重宝記大全〕

決り【きまり】 情交させるという証明。〔色道重宝記〕に人の見ぬ間に、口と口、舌と舌を吸い合うのは、させるという手つけ（保証）なので、これを「きまり（決）」という。

紀三井寺【きみいでら】 寺名。御堂 本尊は観世音菩薩。巡礼所（西国三十三箇所の第二）であり、ここは和歌浦を一望する絶景の地である。〔東街道中重宝記・七ざい所巡道しるべ〕

黄身返し玉子【きみがえしたまご】 〔料理調法集・鶏卵之部〕に黄身返し玉子は、玉子の新しいのに針で頭の先に少し穴を開け、糠味噌に五日程漬けて置き、取り出して水でよく洗い、煮抜きにすると、中の黄身は外へ廻り、白身は内に入る。黄返しともいう。

君が袖【きみがそで】 〔万用重宝記〕に、「匂ひ田葉粉 君が袖」。仕様は、丁子・白檀・甘松・山奈・茴香・藿香の六味を細末（粉）にして、煙草に掛けて呑む。どれほど悪い煙草でも、少し懸けると至極風味よくなり、名香のようである。胃熱 高熱を冷まし、痰を切り、胸を開き、口中一切の病に大妙薬である。

君不知【きみしらず】 鷹の名所。*〔武家重宝記・五〕に、鷹の両翼の裏にある毛をいう。

気味水【きみみず】 〔料理調法集・口伝之部〕に気味水は、煎酒で、合酢類を流すことから気味水という。

奇妙丸【きみょうがん】 〔薬種日用重宝記授〕に「キミヨウ丸」は、牛旦（三匁）、大黄（六匁）、セツケン（八匁）、ケンチヤンヲルトル（五匁）、丸薬で毎日二分ずつ用いる。代金百疋。胸の痞えによい。〔洛中洛外売薬重

宝記・上〕に「奇妙丸」は、衣棚二条下ル丁ゑびすや平兵へにある。小包十二文。第一に癪、痞え、疝気、気付、吐脚、小児の虫、疳に奇妙とある。

奇妙散【きみょうさん】〔洛中洛外売薬重宝記・上〕に奇妙散は、烏丸万寿寺上ル東側（薬店名なし）にある。代一匁五分。下疳、横根、切り傷、打ち傷によい。

奇妙頂礼屋の若旦那【きみょうちょうらいやのわかだんな】〈平生ソレよく言う言語〉単に、奇妙の意。仏語の「帰命頂礼」を「奇妙頂礼」ともじり、「頂礼」を「高麗屋」に言い掛けた。高麗屋は天明（一七八一～八八）寛政（一七八九～一八〇〇）頃の人気俳優 市川高麗蔵（五世松本幸四郎）で、屋号高麗屋の若旦那と言われたのによる。〔小野篡譃字尽〕

黄海松茶【きみるちゃ】染色。〔秘伝手染重宝記〕に「黄みるちや」は、渋木（山桃）を一度引き、刈安*を二度引き、留には茶海松茶の通り留める。

木木像【きもくぞう】重言。「木もくざう、木像《もくぞう》の重言」*である。〔男重宝記・五〕

気文字【きもじ】「きもじ、気こころづかひといふ事」。〔万家重宝女用花鳥文章〕

肝豆腐【きもどうふ】〔料理調法集・豆腐之部〕に肝豆腐は、豆腐をよく煮て水を絞り擂って、鯛の白子を豆腐と等分位に入れ、玉子の白身を加えて擂り合せ、濾して箱に布を敷いて入れ、蒸し、切り形をする。

着物【きもの／きるもの】「衣服の事」ヲ見ル

胆の腑の風毒や邪気を去る按摩【きものふのふうどくやじゃきをさるあんま】寿保按摩法。〔医道重宝記〕に胆の腑の風毒や邪気を去る按摩*は、平らかに居て、両手で両足を持ち頭を叩き、次に両手で足首を持ち、引いて十五度揺り動かす。

期門【きもん】〈経絡要穴 心腹部〉二穴。期門は不容の傍ら一寸五分、また乳より直ぐに一寸半下にある。針四分。灸五壮。胸中煩れ熱し、霍乱、腹下り、腹堅く大にして喘《すだ》き臥すことができず、産後の余病、発熱 余寒し 大いに渇き 五六日も譫語止まぬ者、婦人の傷寒 発熱 悪寒、経水たまたま来て七八日熱冷めて脈遅等は、期門に針をすると癒える。〔鍼灸重宝記綱目〕

箕門【きもん】〈経絡要穴 腿脚部〉二穴。箕門は膝頭の内廉《かど》の上七寸半、内股の動脈の中、跪座すると肉が起り魚腹のようで、その肉の上、大筋の間、即ち血海の上六寸にある。灸三壮。禁鍼。淋病、小便を覚えず通ずるのを治す。〔鍼灸重宝記綱目〕

鬼門の事【きもんのこと】二十八宿中 鬼宿のある方角。北東の隅。〔大増補万代重宝記〕に次がある。乾《いぬい》（＝西北）の隅を天門、坤《ひつじさる》（南西）の隅を人門、巽《たつみ》（＝南東）の隅を風門、艮《うしとら》（＝北東）の隅を鬼門という。唐の呉遊子が初めて鬼を描くのに頭に角があって腰に皮を纏うのは、鬼門は丑寅なので画工の才であり、後世も鬼を描くのに倣う。〔方角重宝記〕に鬼門（丑寅）未申（裏鬼門）はいつも除くのがよく、災難があり貧窮して悪い。家作 増築 移徙、土蔵 宝物の置く所を堅く忌む。但し、欠けるのは良い。戌亥・辰巳は良く富貴にして災難がなく、欠けるのは悪い。家作屋鋪形《なり》ともに悪いと家は続かず絶ゆる。〔掌中年代重宝記〕には鬼門の方を、毎年七月・十月・十一月の節は用いて、少しも障りがない。〈吉凶〉〔男女重法日用明鑑万々雑書三世相大全〕に「五性と生れ月で吉凶を知る事」*に、鬼門の人は心正直である。短気で良い事も悪い事も早く、万事移り変り易い。人の事に頼もしい生れであるから禍の来ることも逃れることが多い。これに当たる人は腫物等が出て膿血の出る病がある。また喜びもあるが早く崩れる。夫婦の間は年寄り迄連れ添わない。

脚跟瘡【きゃくこんそう】〔改補外科調宝記〕に脚跟瘡は、初めは足が萎え跟《きびす》が痛み、そろそろと腫れる。内因の損ずる症であり、また犬等に咬まれて腫れるのもある。腫れが広がって不食するのは腎経の滞りで、補中益

気湯*を用いる。咳をして痰を吐くのには八物湯*に黄芪と肉桂を加え、或は（加減）八味丸*を用いる。久しく腫物の癒えないのは、気血を漏らして死ぬ。外治は葱ので瘡を洗い、太乙膏*をつける。

逆産【ぎゃくざん】〔女重宝記・三〕には充分に子返りせぬ先に息《いき》むことが早いと、逆産と言い子が足から生れる。〔鍼灸重宝記綱目〕は胎子が手足を出したら針で手足の心を一分刺して塩を塗り、徐ろに送り入れると子返りして順に産する。〔丸散重宝記〕に逆産 横産《おうざん》*には、蜜と麻油を等分にして温服させるとよい。〔調宝記・文政八写〕は六月土用中前、山椒の葉を採り、陰干にして伊勢海苔を薄くたてて用いると妙である。

瘧疾【ぎゃくしつ】「瘧《おこり》の事」ヲ見ル

逆修【ぎゃくしゅう】〔日用重宝記・一〕に俗人が死ぬと檀那寺から戒名*を受けるが、夫が死ぬとその時妻もすぐに法号を受けるのを逆修という。逆修はその人の存生中なので、鶴・寿・松・栢・長などの字を交えてつける。若死には寺から心得てつける。

脚背発【きゃくはいはつ】〔改補外科調宝記〕に脚背発は、疔*の類で足裏の土踏まず、又は足の指の股に生ずる。色赤く腫れ痛み膿み粘るのは陽に属し、湿熱であり、治し易い。色黒く、腫れも痛みも膿もなく、熱があり口が渇き、小便が渋るのは陰の悪症で治し難い。治方は、陽症はまず大《にん》蒜《にく》を敷き灸をし、次に活命散*で毒を消し、次に補中益気湯*に茴香と白芷を加え、六味丸*（六味地黄丸）を用い精気を補う。色黒く痛まないのには桑木を薄く剝ぎ灸をし陽気を廻らし、その後十全《じつぜん》大補湯*八味丸*等を用いて脾胃を潤せば生を得る。誤って腫物だけを外治すると生気を破り死ぬ。薬は他に八物湯*太乙膏*等がある。

華奢な【きゃしゃな】五色*の褒め詞。白い色の物は「きやしや（花車）な」と褒める。〔男重宝記・五〕

伽羅油の事【きゃらあぶらのこと】鬢つけ油の一。〔男女御土産重宝記〕に、○「伽羅油練り様」は、唐蠟（越後蠟 会津蠟も可、一両）、胡麻油（七匁）、杉脂（蠟を一両入れるなら半両）。まず薄鍋に入れ炭火に蠟が融けるまで掛ける。次に精好織の絹の水漉で通し、よい加減に固まって角の連木《すりこぎ》で艶の出るまで練る。匂いは蠟一匁に竜脳七厘を入れる。これを琥珀練《こはくねり》という。○「伽羅油黒練り様」は、胡麻油で桂心を煎じ、絹の水漉で漉した油を前の琥珀練のように練るとよい。薬味も同じで、他の油は入れない。○「伽羅油山吹色練り様」は、琥珀練の中へ「きおう」（黄黄 =黄色の雌黄カ）というものを煎じ様に入れる。口伝がある。〔昼夜重宝記・安永七〕に「伽羅の油」には唐蠟（五十匁）、胡桃油（三十匁）。この油を銅の薄鍋に入れて煎じ、油の香を抜く秘伝に樒の葉を二枚入れて油揚げのようになるのを布で漉し、地の上に置いて火気を冷まし、丁子・甘松・竜脳・麝香・白檀を細末（粉）し水で固く捏ね、漉した油の中へ入れて置くと匂いは油の総中に留り、渣は底に残る。

〈売り店〉〔万買物調方記〕「京ニテ伽羅油屋」二条二王門町（氏名ナシ）、大仏伏見海道 五十嵐三郎兵へ。「江戸ニテ伽羅油屋幷花の露」神明前大好庵、門前町 林喜左衛門、宇田川町 林法喜、馬喰町 伝兵へ、同所 伊兵衛。「大坂ニテ伽羅油 香具」道頓堀さかへ町 梅花香屋三郎兵へ、（同）仁兵衛、長堀南 五十嵐、平野町 かぶらかう まこもねり 久兵衛。新町西口 東口と心斎橋南久宝寺（共に氏名ナシ）。

伽羅木 槇類植替【きゃらぼく まきるいうえかえ】〔享保四年大雑書・草木植替重宝記〕に伽羅木 槇 栂 栢 樅の類の植え替えは、三月から五月迄がよい。

伽羅屋【きゃらや】売り店。〔万買物調方記〕に「京ニテ沈香 伽羅屋」二条二王門町 服部九左衛門。「江戸ニテ伽羅屋」神田なべ町 山城守、宇田川町 林法喜、神明門前町 林喜左衛門。大坂は記載がない。「堺ニテ伽羅沈香所」大道すぢ 雀や。

瓜的馬拉【ぎゅあちまん】〔童蒙単語字尽重宝記〕に瓜的馬拉《ぎゅあちまん》は連邦。広さ四

万八千一百坪、民は九十八万五千人。

宮【きゅう】〔万物絵本大全調法記・上〕に「宮 きう／みや。社 しゃ／やしろ。祠 し／ほこら」とある。

〈五行の音〉〔万まじない調宝記〕には宮は土に配し喉から発する声。〔掌中年代重宝記〕には五音の仮名を喉で唱えるア行・ヤ行・ワ行の字という。〈謡分け〉〔囃子謡重宝記〕に宮は鼻で出す息なので壱越、土用の調子である。また「五音謡分の事／祝言 青地」は年明けて春の始めの御喜びと礼儀をし、ただ何となく春めき長閑で気に何のつかえもなくわさわさとした心である。第一に目出度いを体とする。「宮気」参照

牛【ぎゅう】「うし（牛）の事」モ見ル

九夏三伏【きゅうかさんぷく】〔年中重宝記・二〕に、○九夏とは、夏の三月の九十日をいい、伏とは金気伏蔵の日である。四季の遷り変りは皆相生し、春は木で冬の水に変り水生木、夏は火で春の木に変り木生火、冬は水で秋の金に変り金生水、秋は金で夏の火に変り火克金で、金は火を恐れる。従って庚《かのえ》の日になり必ず伏する。庚は金である。○三伏とは、夏至の後第三庚を初伏、第四庚を中伏、立秋の後第一庚を末伏とする。このため三伏は凡そ四十日で極めて熱く、極月の大寒に対する。〔万民重宝改正大ざつ書〕に「九夏三ぷく日といふ日の事」に、六月はじめの庚《かのえ》の日婿嫁を取らず、家を作らず、六月末の辛《かのと》の日は移徙を忌む。また煩う事がある。七月始めの庚《かのえ》の日は万に悪い。「三伏日」参照

急疳【きゅうかん】「腎疳」ト同ジ

牛癇【ぎゅうかん】五癇*の一。〔小児療治調法記〕に牛癇は、目直視《みつめ》して、腹脹れ、牛の叫びをする。これは脾である。〔鍼灸重宝記綱目〕に牛癇には鳩尾に三壮、大推に三壮する。

宮気【きゅうき】〔重宝記・幕末頃写〕に宮気《きゅうき》は、四季の土用を司る気で、一越《いちこつ》である。その気の形はいかにも素直で、空へ立ち伸びて歪むことはない。大いに吉の気である。

芎帰調栄湯【きゅうきちょうえいとう】〔改補外科調宝記〕に芎帰調栄湯は、新産に必ず用いる。血を調え気を補う時は、諸症を自ずから除く。方は、芎帰湯*に人参と紅花を加えて、共に煎ずる。気血を補い、瘀血を循らす剤である。

芎帰調血飲【きゅうきちょうけついん】〔昼夜重宝記・安永七年〕に芎帰調血飲は、産後の諸病を治す主薬である。芎帰湯*に加味したもので、よく加減をして用いる。当帰・川芎・芍薬・白朮・茯苓・熟地黄・陳皮・甘草・香付子に生姜と棗を入れて煎じ、温服する。初産に服するには童便一升、良い酒半升を入れて服する。瘀血を循らし熱を去る妙薬である。産後に、目が眩み物を言わないのには、荊芥を加える。発熱の止まらないのには、干姜を加える。気の悩むのには、木香・黄芪を加える等、諸症により処方がある。

芎帰湯【きゅうきとう】〔医道重宝記〕に芎帰湯は、産に臨み生れ難く口噤《つぼ》め危く急なのを治す。血の道を鎮める通方である。当帰（五匁）、川芎（三匁半）を濃く煎じ、酒を半分入れ、温めて用いる。催生《はやめ》には穏当とし、血の盛んな時は産し易く、必ず酒を入れると効がある。胞衣《えな》が下らないのには、牛膝を加えて用いる。〔改補外科調宝記〕には婦人陰瘡の薬とし、川芎・当帰・白芷・甘草・竜胆（各等分）を煎じて洗う。尤も、各掛け目五匁程ずつを用いる。

芎帰内托散【きゅうきないたくさん】〔改補外科調宝記〕に芎帰内托散は、龍泉疽*・虎鬚疽*の療治で、既に膿み疼き痛む時、針で破りつける薬である。当帰・川芎・陳皮・茯苓・天瓜粉・桔梗・黄芪・甘草・金銀花（各等分）に生姜を入れて煎じ服する。

芎帰補血湯【きゅうきほけつとう】〔昼夜調法記・正徳四〕に芎帰補血湯は、産後一切の諸病、気血虚し、脾胃弱く、古血下らず、或は血を下すこと多

く、或は発熱 悪寒し、腹痛み、目眩い、耳鳴り、口乾く等の症を治す。川芎・当帰・白朮・茯苓・熟地黄・陳皮・烏薬・香付子・童便（炒）・乾姜（黒く炒）・焼母草・牡丹皮（各等分）、甘草（少）に、生姜と棗を入れて水で煎じ服する。諸症に対し加減が色々ある。例えば、気大いに脱し血虚極まり、目を眩し醒めないのは、呼び驚かしてはならず、真気を驚かし散じて死ぬ。これには人参と黄芪を加え、牡丹皮・益母・烏薬を去り、まず酢を軽石に懸けてその煙で鼻を燻ぶると冷める。悪露（ふるち）尽きず、瘀血上り攻め、目眩い醒めず、腹満ち硬く痛むのには、桃仁・紅花・肉桂・延胡索・牛膝を加える等がある。

救急【きゅうきゅう】〔改補外科調宝記〕に救急は、首括り*溺れ死*凍え死*暑中り*墜ち死*打ち擲かれ死*等、頓死の類を救うことをいう。

芎藭散【きゅうきゅうさん】〔小児療治調法記〕に芎藭散は、歯の遅く生えるのを治す。山薬・川芎・当帰・白芍（炒炙）・甘草（各二匁半）を末（粉）し、白湯で食後に用い、また歯茎に塗ると歯が生える。

唸急如律令【きゅうきゅうにょりつりょう】〔増補咒咀調法記大全〕に「唸急如律令」と守、符札に書くのには口伝があり、あらましは五体不具の神も仏もこれを得て六根具足いたすと知れとする。悪魔を払う呪文。

九牛の一毛【きゅうぎゅうのいちもう】〔世話重宝記・五〕に少しのことの譬えといい、『漢書』の司馬遷の伝に出るとして、牛は毛の多いものであり、九疋の牛の毛の一筋は極めて実に数が少なく、比較にならないことをいう。

丘墟【きゅうきょ】〈経絡要穴 腿却部〉二穴。丘墟《きゅうきょ》は足の外踝の下、骨の縦《はなれ》の中、臨泣を三寸去り、夾谿より五寸、踝の骨の前にある。灸三壮。針五分、留むること七呼。胸 脇満ち痛み息が出来ず、久しい瘧、震い寒く、腰 腿 脛痛み、転筋 疝気 小腹堅く、寒熱、溜息するのを治す。〔鍼灸重宝記綱目〕

九竅【きゅうきょう】『書言字考節用集』に「(九)《きう》竅《きょう》。陽竅七ツ、耳 目 鼻 口。陰竅二ツ、前陰 後陰」。

急驚風【きゅうきょうふう】〔医道重宝記〕に急驚風は古くは陽癇という。もともと心胆に積熱があり陽気盛んなのに発し、外を風寒に感ずる時は陽を閉じて発しない。そのため神志《しんし》暗く 驚き 乱れて症をなす。急驚の脈は浮 数《さく》 洪 緊で、薬には加味敗毒散*鎮驚散*がある。〔小児療治調法記〕には、驢馬 牛 犬 禽獣の叫び声等非常の声音を聞いて俄に驚き 顔青く口噤み、或は声嘶《か》れて手足冷え、鎮まると元のようになり、やや久しくしてまた発り、身熱し 顔赤く 喉渇き 息熱く 大小便は黄赤く 眠らない症である。熱が甚だしく痰や風を生じ ふと物に驚いて発る病である。もし眼睛翻り転じ 口より血を出し 両足を振り跳らす等、また薬を吐き返して喉に入らず、心中熱して痛み、大いに泣き叫ぶのは不治の症である。薬に敗毒散*人参湯*抑肝散*抱龍丸*利驚丸*宣風散*五福化毒丹*瀉青丸*金箔丸*奪命丹*琥珀散*がある。〔鍼灸重宝記綱目〕には前頂に灸をし、癒えなければ攢竹・人中に各々三壮する。腕骨（最も良い）・百会・前頂・尺沢・少海等十一点に針をする。〔調法記・四十ゟ〕には、鶏の鳥冠の血を口中に浸し、また生姜の絞り汁を煮え湯に入れて掻き立てて呑ますとよい。「驚風」「慢驚風」モ見ル

牛狗疔【ぎゅうくちょう】十三疔*の一。〔改補外科調宝記〕に牛狗疔は、初めは皰《にきび》のようで、掻いても破れない。

九候【きゅうこう】「さんぶきゅうこう（三部九候）」ヲ見ル

九穀を植えるのに忌む日【きゅうこくをうえるのにいむひ】〔重宝記永代鏡〕に九穀を植えるのに忌む日がある。小豆は卯の日。大麦は戌の日。稲と麻は辰の日。秫《もちあわ》は寅の日。黍は丑の日。大豆は申の日。小麦は子の日。晩稲は寅の日。それぞれを植えるのを忌む。

九虎日【きゅうこにち】日取吉凶。四季悪日*の一。九虎日は万に忌む。秋の庚子《かのえね》辛亥《かのとい》の日。〔重宝記永代鏡〕

韮子【きゅうし】 「にら（韮）」ヲ見ル

芎芷香蘇散【きゅうしこうそさん】〔好色重宝記・下〕に芎芷香蘇散は、香蘇散*に川芎と白芷を加えた物。頭痛の甚だしい時に用いる。

牛日【ぎゅうじつ】 正月五日の称。〔年中重宝記・一〕に正月「五日 牛日《ぎうじつ》といふ」。「人日《しんじつ》」参照

給仕人の事【きゅうじにんのこと】〔永代調法記宝庫・一〕に給仕人の心得がある。〇「給仕」とは公家方の言葉で、普通は「かよい」*と言うのがよい。〇給仕する時は鼻紙を懐中し、扇を差してはならない。〇身形《みなり》は腰を据え、少し前に掛り肘を余り開かず、顔持《かおもち》は膳の下から三尺程先を見る。遠目を遣うと怪我をする。通いには、膳*盃*銚子*の作法に従う。〔女用智恵鑑宝織〕に、給仕人が主人の仰せがなく座敷で差し心得てする事は、掛物の歪みや風帯を直す事、蠟燭の芯《しん》を切る事、屏風の倒れそうなのを直す類である。この外は主人の心を知らず、濫りに直してはならない。

九州【きゅうしゅう】 日本の九州。〔改正増補字尽重宝記綱目〕に筑前、筑後、豊前、豊後、肥前、肥後、日向、大隅、薩摩をいう。

牛瘴 消渇 倒草【ぎゅうしょう しょうかつ とうそう】〔牛療治調法記〕に牛瘴*消渇及び倒草のものには、次の方を吃してから五日後に水を下すのを見る。青皮・丁香・茯苓・甘草・厚朴・陳皮・麦葉・神曲（一両半）・半夏・白姜・桂心・蒼朮・良姜・藿香・白朮。これ等を末（粉）し、良い酒四升で煎じ三升にして調え、潅《そそ》ぐ。

牛瘴の事【ぎゅうしょうのこと】〔牛療治調法記〕に載る「瘴」や「瘴疫」をまとめた。瘴は山川の悪気に触れて起る熱病、流行り病をいう。四時の牛瘴を治す方に次がある。〇瘴疫には、皂角数升を糞汁の中へ浸し、夏秋は三日、春冬は二日で取り出し、また地中へ一日埋め、再び取り出し清めて洗い用いる。〇又方は、臘月（十二月）の糠（一升）、茯苓（四匁）、大黄・菖蒲（各二匁）、地黄（五分）、酢（五合）、小便（一升）を同じく煎じ、和し潅《そそ》ぐ。一日置きに潅ぎ、五度で止む。即ち、針で鼻毛の際を一分突き血が出ると癒える。〇又方は、黎蘆（一分）、菖蒲・葱白（各一斤）、細辛（三両）、白朮・川芎（各二両）を細かに刻み、瓦瓶中で焼き、牛の鼻を燻べ、涎が出ると癒える。〇又方は、専ら冷え涎の多いもの、或は微熱が耳を交《ささ》え、尾が垂れ動かないものに潅ぐ。耳の動くのは治し、動かないのは治せない。川付子（冷水で半日浸し 酒醋一盞を入れて掻き混ぜ、火で暫く煮、上げて末（粉）にする）、次に雄黄（一両）と梅花脳（少）を別に磨り末（粉）にし、酒一升五合を温め調え、潅ぐ。〇瀉を止めるには、好紅椒・黄蠟（一両）、胡椒・山薬（半両）、生地黄（多少に拘わらず）を末（粉）にし、麝香を少し入れて白米の粥で煮薬を調え、潅ぎ下す。〇食を進めると吐き倒れるのには、急に宜しく用いる。木通（三両）、晩蚕沙・蒼朮（二両）、山梔・青皮・山薬（二匁）、陳皮・南星（各一匁）、瓜蔞根・香付子を焙り乾かし、末（粉）し、酒で潅ぎ下す。〇涎を去り瀉を理《おさ》めるのには、生硫黄と天南星（二両）を末（粉）し井水で調え、潅ぐ。もし、涎が盛んな時は半夏と萆麻子を加え、春は米泔（米の磨ぎ汁）、夏は車前子を加え、秋は泉水を用い、冬は薄荷の水で調え、潅ぎ下す。〇専ら夏の瘴を治すには、丁香・陳皮・白茯苓・甘草・藿香・蒼朮・肉桂・人参・檳榔を末（粉）にし、烏梅七個で煎じ、湯で調えて潅ぐと即効がある。〇牛の遍身の皮が戦《ひりひり》するには、百薬煎・蒼朮・荊芥・白姜蚕・晩蚕沙（蚕の糞）・大黄・滑石・半夏・姜（汁炒）を末（粉）し蜀葵根の煎じ湯で調え、潅ぎ下す。また毛桃の汁（二両）、麻油（白絞＝白胡麻の精製油。一両）を潅ぎ下す。〇夏の瘴を治し食を進める方は、半夏・雄黄・蒼朮・滑石・南星・硃沙・茯苓・肉桂・香付子を末（粉）にし、酒三升で煎じ、潅ぐ。〇口中に瘡があれば肉桂と香付子を去り、荊芥・朴硝・青黛・黄連を加え、水に潅ぎ下す。〇瘴を治す方は、蒼朮（五分）、辰砂（半両）、良い茶の

粉（二両）を末（粉）にし、銅銭一文を水に浸して調え、潅ぎ下す。又方、白芍薬・藿香・半夏・蒼朮・製朴・甘草・白姜を末（粉）にし、水で潅ぎ下す。○青瘴には、香付子（炒る）・陳皮・甘草・山梔子・南星・肉桂・柴胡・大腹皮・檳榔を末（粉）にし、泉水で煎じ、潅ぐ。○総身が戦《ふる》うものは、川当帰一両を加えて煎じ服す。「地龍散《じりょうさん》」「人参軽骨散」参照。○孕んだ牛が瘴を患うのに使う薬は、白芍薬 地黄 肉桂 荊芥 川芎 当帰 柴胡 防丰 人参 茅根 甘草を末（粉）にし、酒で用いる。○四時の胎瘴を治すには、硃砂 乳香 脳子 麝香 朴硝 山梔子 胡黄連 菊花 荊芥 滑石 羌活 独活 防丰 川芎 甘草を末（粉）にし、臨時に薄荷の水で調えて下す。

九鍼（針）【きゅうしん】〔鍼灸重宝記綱目〕に、鑱鍼《ざんしん》*（＝針。以下同）円鍼* 提鍼* 鋒鍼* 鈹鍼* 円利鍼* 毫鍼* 長鍼* 大鍼*があり、長短 大小 各々施すところがあり、その用を得て病を去る。「鍼（針）の事」参照

急性痢病【きゅうせいりびょう】経験方。〔丸散重宝記〕に急性痢病で、俄に痢を患い、赤白に拘わらず、痛み忍び難いものには 黄連・黄芩（各一戔）を水で煎じて服する。

牛癬【ぎゅうせん】〔改補外科調宝記〕に牛癬は、肥癬*疥癢癬で、皮厚く固く白斑のある肥癬である。薬は烏梅を剝ぎ割り、蜂蜜に浸し、或は軽粉を浸して塗る。

牛相【ぎゅうそう】「牛の事」〈牛相〉ヲ見ル

灸瘡の治法【きゅうそうのじほう】〔家内重宝記・元禄二〕に灸瘡で血が出て止らないのには、黄芩の末（粉）を二銭、酒で飲む。〔鍼灸日用重宝記・一〕に「洗う方」は、灸し終り、葱の赤皮と薄荷を煎じ、灸の周囲を温めて洗うと風気《かざけ》を去り、経脈滞らず、瘡は殨《うぐ》い〔灸の跡が腫れ膿み爛れる〕、病も癒える。痂《ふた》が落ちて後に東南へ差した桃の枝、楊の皮とを煎じ出して洗うとよい。もし瘡が痛む時は黄連を加える。〔鍼灸重宝記綱目〕に灸をして殨うことがなければ病は癒えないので、灸瘡を殨わすには古草履の底を焙り温め火痂《ひぶた》の上を十遍摩《なで》ると三日で潰える。また葱の茎三五本を熱灰の中に温めて火痂を熨《の》すと、三日目に殨う。〔鍼灸日用重宝記・一〕には更に葱の根を煨《うい》して熨し、生麻油《しらしぼり》をつけ、皂角の煎じ湯を冷やしてつけるとよく殨う。気血が衰え殨わない人は、灸の前後に四物湯*を服すとよい。〔童女重宝記〕に「灸瘡」には木蓮花《きはちす》の花を粉にして貼《つけ》るとよい。「灸の事」「火痂《ひぶた》が落ちて後洗う方」参照

九族【きゅうぞく】〔新蔵改正／中興年代重宝記・文化二〕に九族《きゅうぞく》は、自分より四ツ上高祖父《たかじい》迄、下に四ツ玄孫《やしゃご》迄の肉親で、自分とともに九ツなので九族という。また伯父*叔父*から従弟《いとこ》*従弟違*又従弟《またいとこ》*迄、さらに、祖父母*から大伯父*叔父*甥*姪*又甥《またおい》*又姪《まためい》*迄をいう（図120）。九族は互いに疎遠にしてはならない者で、続きの名もないものに至っては他人である。四隅には忌服《いみぶく》*の記載もある。「遠類」「他人」「服忌令《ぶくきりょう》」参照

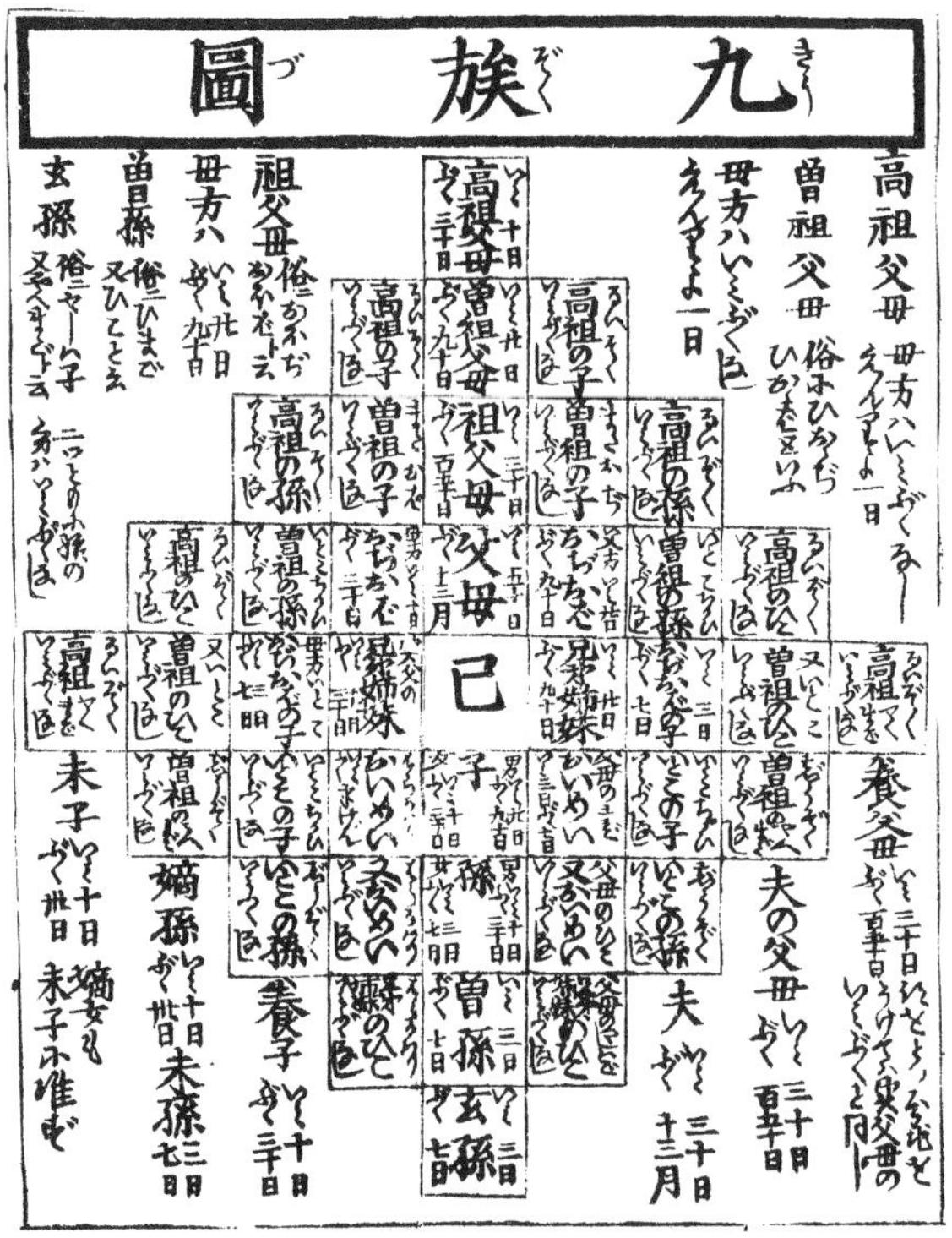

図120 「九族」（（新蔵改正／中興）年代重宝記）

灸代膏薬【きゅうだいこうやく】〔洛中洛外売薬重宝記・上〕に「灸代かうやく」は、寺町今出川上ル七丁目 ゑびすや千蔵にある。功能は、打ち身、脚気、切り傷、何でも痛む所につけて妙である。

九虫【きゅうちゅう】〔鍼灸重宝記綱目〕に人の腹にいる九種の虫。伏虫* 蛔虫* 寸（白）虫* 肉虫* 肺虫* 胃虫* 弱虫* 赤虫* 蟯虫* である。「虫の症」ヲ見ル

牛中王相【ぎゅうちゅうおうそう】 牛相。〔牛療治調法記〕に牛中王相は、白牛の頭が黄なのを牛中王と名づける。極めてよい牛である（図121）。

図121 「牛中王相」（牛療治調法記）

九珍散【きゅうちんさん】〔改補外科調宝記〕に九珍散は、疔疽*の内薬である。大黄・白芷・黄芩・川芎・当帰・芍薬・活蔞根・地黄・甘草を煎じて服する。

九道の脈【きゅうどうのみゃく】〔医道重宝記〕に九道《きゅうどう》の脈は、長脈* 促脈* 短脈* 虚脈* 結脈* 牢脈* 動脈* 細脈* 代脈*の各脈をいう。

九毒の日【きゅうどくのひ】〔重宝記永代鏡〕に、五月の五・六・七日、十六・十七・十八日、二十五・二十六・二十七日の九日間を九毒の日といい、男女 房事を慎む。犯すと三年を待たず命が危い。

牛肉と栗【ぎゅうにくとくり】 食い合せ。〔料理調法集・当流献方食物禁戒条々〕に牛肉を食い、栗の食い合せを忌む。

牛熱の事【ぎゅうねつのこと】〔牛療治調法記〕に次がある。〇牛熱病は、暑月に欄に繋り少しも飲水せず、春月労苦して地に倒れるのをいう。甘草水・塩湯・粉草（十匁）、蒲黄・山梔子（一匁炒）、黄芩（一匁）・天竺黄・冷消（五分）、枇杷葉（皮を去り多く掏る）を末（粉）し、泉水で調え茹で下すと、渇を止め熱を解す。〇牛熱には、川鬱金・貫衆・白礬・井泉石・雄黄・縮砂仁・乾葛（葛の根）・滑石（各五分 牛活）、藍根・山豆根・甘草・牽牛（三分半 生子者）、石膏・荊芥・山梔仁・大黄・木通・黄連を末（粉）にし、糯米糊で丸じ 青黛を衣とし 毎服五丸を灯心一把 水二碗で煎じて灌ぐ。

灸の事【きゅうのこと】〈灸の始め〉〔人倫重宝記・五〕に灸を点ずる事は、唐の滑伯仁や張介賓等の灸の書物で渡来、昔より医者が学んで点ずるが、人には長短肥瘦があり分寸は少しずつ違い、正穴に点じ当てるのは難しい。今の世に名誉の灸おろしと号する者も無学であり、また滅多的を射るように銭を取ってする真言坊主の浪人等もいて、極めて心許ない。〈灸の効と据え方〉〔鍼灸日用重宝記・一〕に、〇「灸の効」は寒邪を散じ、陰毒を除き、鬱を開き、滞りを破り、気を助け、陽を返す。病にあえば、四季や月日に係らずいつでも灸をするのがよい。〇「灸補瀉《ほしゃ》の法」*があり、補は火を吹くことなく自然と立って底に通り消えるように据え、瀉は火を吹いて急に立つように据える。脈数《さく》、躁煩、口渇き、咽痛み、顔赤く火盛んに陰虚内熱等の症には灸は悪く、却って火を助けて害をなす。〔永代調法記宝庫・三〕に、灸は左より始めて右に移り、背中を先に腹は後に、頭顔手足等も上より下へ据え、逆にはしない。但し、上衝しやすい人は下を先にして上へ、或は灸数の少ない所を先に、多い所は後にする。また男は左より、女は右より先にするのは陰陽の道理である。

〈分寸を定める法〉〔鍼灸重宝記綱目〕に「周身尺寸之図」がある（図122）。〔医道重宝記〕に「灸の分寸を定むる法」*があり、例えば「同指寸」*「同身寸」*の二法、又「周身尺寸の図」*「尺寸を定むる法」*の他、頭の寸は「頭の事*（頭竪横分寸）」、「髪際を定むる法」*「手の寸」*がある。

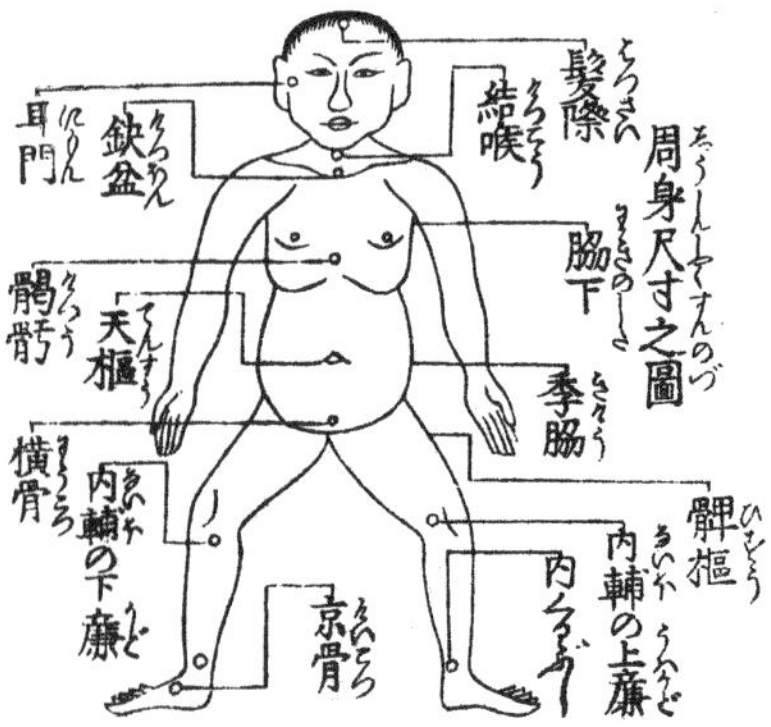

図122 「周身尺寸之図」（鍼灸重宝記綱目）

〈灸穴を点ずる法〉〔鍼灸重宝記綱目〕に灸穴の点をするには、天気がよく曇らず 窓戸を塞ぎ 風のない時、病人は暑くも寒くもないようにし、医者は心を修め点ずる兪穴を思慮し、病人の四体を少しも傾むかず真っ直ぐにして分寸を量り、兪穴を定め、手で穴を按《お》すのに指の下窪み、病人の心に快く応えるのは、兪穴に的《あた》る証である。兪穴を少しでも違うと徒に良い肉を傷《やぶ》り、病に益はない。座して点ずる時は座して灸をし、立って点ずる時は立って灸をする。〈禁灸〉「禁針禁灸の図」*がある。○「灸の大小と数」一般に灸何壮という類は、大綱をあげるもので、人の盛衰 老少 肥痩に従うべきである。手足は皮が薄いので灸は小さく数も少なく、腹背は肉が厚いので灸は大きく 数多くする。背中は最も多くしてよい。頭頂に灸を多くすると精神を失い、手足に多くすると血脈枯竭 手足細く痩せがなくなる。一火を一壮というのは壮人を法とするもので、老少や羸弱《るいじゃく》の人には体力により数を減らす。小児の灸は麦の大きさにする。

〈灸療治〉〔鍼灸重宝記綱目〕に、○「灸する時の眩暈」は、冷い物で灸処を圧すと蘇る。暫くして稀粥《わりがゆ》、或は生姜湯を用いる。○「灸瘡を発《うぐわ》す方」は、灸して発《うぐう》（＝爛れる）わないと病は癒えないので、古い草履の底を焙り 暖め火痂《ひぶさ》（灸痂の上）を十遍さすると三日で潰《つゆ》るので、葱の茎を三五本熱灰の中に埋めて暖め、火痂を熨《の》すと三日で発う。○「灸瘡を洗う方」は、灸が終って薬湯（葱の赤皮の根と薄荷を等分を刻み煎じて絹に浸す）で灸瘡の回りを温めて洗うと、風邪気を除き、経脈を通じ、よく発い病を治す。○「火痂が落ちて洗う方」は、東側の桃の枝・柳の皮を刻み煎じて洗い、温めると風邪を除き、気血を循らし、病を治す。また灸瘡が爛れて甚だしいのは、胡荽・黄連（各等分）を煎じて洗う。血が出て止らないのには、百草霜《なべずみ》を貼る。癒え難いのには、無名異を鉄漿《おはぐろ》で溶いて貼る。また馬の脂をつけてもよい。〔永代調法記宝庫・三〕に、○灸を据え終ったら、まず温湯か薬湯で、灸の回りを温める。灸穴の風邪気を去り、灸が自然によく壊《うぐ》え、病を癒すことになる。薬湯の方は、葱根（薄赤い皮）・薄荷（各等分）を刻み煎じ出して洗う。○灸が壊えて爛れ甚だしく痛むのには、胡荽《こえんどう》・黄連・桃枝・柳枝皮（各等分）を刻み煎じ出して洗うと、肉を生じ痛みを去る。また太乙膏*をつけてもよい。○灸が壊えない時は、古草履の底を火に焙って温め、灸の上を十遍さすると、三日の内に壊える。これでも壊えない時は、葱の茎四五本を熱灰の中で煨して灸の上を熨《の》すと、三日でそのまま壊える。

〈灸による煩い治法〉〔里俗節用重宝記・上〕に、灸の癒し様は、灸の跡を湯でよく湿布して三年茄子の香物を黒焼きにし胡麻油でつける。黄連を細末（粉）して生血黄の汁でつけるのもよい。灸から血走るのには大《にん》

蒜《にく》の上皮をつける。痛むのには生姜を摺りつける。〔新撰咒咀調法記大全〕に灸の疣の治方は鶏卵の黄身をつけると速やかに癒える。また兎の毛を焼きつけると半年も癒えないものも治す。〔胡椒一味重宝記〕には胡椒（小）・甘草（大）をつけるとよい。梅干（小）・胡椒（大）を煎じて用いるのもよい。〔万まじない調宝記〕には烏賊の甲をつける。湯の花（硫黄）をつけるのもよい。

〈灸火 灸箸〉〔鍼灸日用重宝記・二〕に、○「灸火」は天の火が一番よい。鉄石で打って火を出し 胡麻油に灯心を入れて灯して用いるのもよい。魚の油は用いない。艾の茎に火を灯し、或は炭火で灸するのもよい。古来灸火に禁ずる八木は、松栢枳橘楡棗桑竹である。○「箸」は東へ差す桃の枝を三月三日に取って用いる。竹も悪くない。灸して終る時、口で塩を噛み灸穴につけ、また二三壮据える。

〈灸壮秘伝〉〔鍼灸日用重宝記・四〕に次がある。初めまず患門の二穴、四花の横《よこ》の二穴、合せて四穴を一時に灸する。一穴に各二十一壮ずつ毎日灸し、合せて一穴に百壮又は百五十壮に至る。その灸が癒える時、竪《たて》の二穴に毎日七壮ずつ灸し、一穴に五十壮から百壮に至る。しかし、背骨の上には多く灸してはならず、多くすると背中が屈まることがある。灸が癒える時、必ず三里に灸して気を下す。壮数は大法であり、病人の気力を見て増減する。この六穴は伝尸《でんし》と労病に灸する。骨蒸 労熱し、元気がまだ脱しない先に灸すると、十全の験《しるし》を得、脱して後は益はない。

〈灸に吉日時〉〔年中重宝記・二〕に、○「灸治吉日」は、二月と八月の二日とする。二月二日は春分で陽気を助けて灸したのが例年の法となったかという。〔鍼灸重宝記綱目〕に、○「灸治吉時」は、旺分の時を考えて灸をする。寅（四時）は肺、卯（六時）は大腸、辰（八時）は胃、巳（十時）は脾、午（十二時）は心、未（十四時）は小腸、申（十六時）は膀胱、酉（十八時）は腎、戌（二十時）は心胞絡、亥（二十二時）は三焦、子（零時）は肝に気が至る。この旺分の時に灸をすると験がある。

〈灸に忌む季日時〉〔男女ちやうほう記〕に「四季の禁灸」は、春は九の頭《ず》、夏は五の頭、秋は三の頭、冬は十四衝門、土用は十一を禁灸とする。〔昼夜重宝記・安永七〕に○「日により忌む日」は、甲《きのえ》寅、乙《きのと》卯、丙《ひのえ》寅、庚《かのえ》辰、辛《かのと》巳の各日は灸を忌む。○「月により忌む日」は、正月は丑、二月は未、三月は寅、四月は申、五月は卯、六月は酉、七月は辰、八月は戌、九月は巳、十月は亥、十一月は子、十二月は午の各日は灸を忌む。〔永代調法記宝庫・三〕には男は除《のぞく》*の日、女は破《やぶる》の日を忌む。また灸をする時 吉凶の方等*がある。○「灸をせで叶はざる時は間日」を用い（〔大増補万代重宝記〕）、春の土用の間日・巳午酉、夏の土用の間日・卯辰申、秋の土用の間日・未酉亥、冬の土用の間日・卯巳寅の、各三日とする。〔鍼灸重宝記綱目〕に、灸を忌む日は四季の人神*毎日の人神*十二時の人神*血忌日*血支日*長病日*の外に、瘟瘴日*五性による灸を忌む日*十干の人神*十二支の人神*日月による灸を忌む日*がある。〔年中重宝記・六〕にも「灸忌む日」は大風・大雪・大雨・霧・雷電・暑・虹・日月蝕の時、飽食・大酒・飢え・湯風呂・憂怒・労役・遠行・水渡り・汗掻き・房事の後がある。

〈灸する時向いて吉凶の方〉〔昼夜重宝記・安永七〕に次がある。正月は北向きの方が吉、東は凶。二月は西向きが吉、北は凶。三月は東向きが吉、南は凶。四月は東向きが吉、東南は凶。五月は東南が吉、北は凶。六月は北向きが吉、東は凶。七月は南向きが吉、西は凶。八月は西南西が吉、西は凶。九月は南向きが吉、西は凶。十月は西向きが吉、北は凶。十一月は西北西が吉、北は凶。十二月は北北西が吉、南は凶。

〈生れ歳により灸を忌む日〉〔重宝記永代鏡〕に一代灸を忌む日は、○子年生れは二月午の日（この日灸すると〔以下は省略〕二年、〔〔諸民秘伝重宝記〕は三年〕の内に死ぬ）、十一月未の日（月中に死ぬ）。○丑年生れは二月

寅の日（即死）、三月酉の日（男は三日の内に瘧を病む）。○寅年生まれ三月辰の日［〔諸民秘伝重宝記〕は巳の日、〔諸人重宝記・五〕は九月］（十年の内に死ぬ）。正月卯の日（この日に灸すると男女共三年内に命は危い）。○卯年生れは四月申の日（即死）、二月戌の日（二十五日内に死ぬ、小児は癇病みとなる）。○辰年生れは三月亥の日（男は乱心、女は癲癇となる）［〔諸民秘伝重宝記〕は十月戌の日は三年内に死ぬ］。○巳年生れは一代祟りがない。［〔諸人重宝記・五〕は四月］。○午年生れは六月子の日（男女共三年の内に死ぬ）。十月午の日（即死）。［〔諸人重宝記・五〕は十一月］。○未年生れは六月卯の日（男女共腰抜けとなる）、十一月子の日（三日の内に死ぬ）。○申年生れは七月辰の日（男女共癩病になる）。十一月子の日（年内に死ぬ）。○酉年生れは六月酉の日（即死）。八月午の日（男は十日内に死ぬ。女は腹の病を患い命は危い）。［〔諸人重宝記・五〕は三月］。○戌年生れは正月巳・卯の日（即死）。九月酉の日（男は吐血し、女は労咳となる）。［〔諸人重宝記・五〕は五月］。○亥年生れは九月巳の日（大熱病になる。〔諸民秘伝重宝記〕には即死）。十月丑の日（十日以内に命が危い）。以上の外、正月は四・七日、二月は五・八日、三月は六日。十月は亥、十一月は寅、十二月は午、甲《きのえ》寅、乙《きのと》卯、丙《ひのえ》酉、庚《かのえ》辰、辛《かのと》巳、各日。○土性《つちしょう》の生れは四季の土用*に灸をすると三年内に命が危い。諸書に異同がある。

〈生れ歳により灸を忌む月〉〔改正中興年号重宝記〕に次のようにそれぞれ灸を忌む。子・丑年の人は二月。寅・亥年の人は九月。卯・巳年の人は四月。辰・未年の人は十月。巳年の人は四月。午・申年の人は十一月。酉年の人は三月。戌年の人は五月。

〔永代日暦重宝記・慶応元写〕には享保年中（一七一六～三五）に、長崎で罪人に灸を試した長崎奉行伝声の写しが間違いないものとして載る。○子年の人。二月午日に灸すると（以下、省略）、三年内に死ぬ。三月十五日は、三十日目に死ぬ。三月子日は、熱病で死ぬ。○丑年の人。二月寅日は、即死する。十二月酉日は、男は乱心 女は長血になる。十二月七日は、三年内に死ぬ。○寅年の人。正月卯日は、三年内に死ぬ。三月巳日は、十年内に死ぬ。七月十一日は、年内に死ぬ。○卯年の人。二月戌日は、年内に死ぬ。四月申日は、即死する。五月三日は、三日目に死ぬ。○辰年の人。三月亥日は、男女共癩病になる。十月寅日は、三年内に死ぬ。○巳年の人。年中よいが毎月午日は悪く、四月十一日は即死する。○午年の人。三月三日は、三年内に死ぬ。六月子日は、年内に死ぬ。十月午日は、即死する。○未年の人。六月卯日は、癲癇になる。八月十五日は、三年内に死ぬ。十一月子日は、即死する。○申年の人。六月子日は、即死する。七月辰日は、男は下血 女は長血になる。八月未日は、即死する。十一月三日、七日目に死ぬ。○酉年の人。六月酉日、寅日に即死する。八月午日は、吐血して死ぬ。九月二十七日は、八十八目に死ぬ。○戌年の人。正月卯日は、巳日に即死する。九月酉日は、癩病になる。十二月二十二日、十四日目に死ぬ。○亥年の人。九月巳日は、即死する。十一月丑日・十二月二日は、年内に死ぬ。

〈灸諸留意〉〔重宝記永代鏡〕に以下がある。○「食事」は、総じて灸をして後に鱠 麵類等の冷えた物を食ってはならない。大食 大酒等も悪い。大いに腹を立て、飢え疲れるのも悪い。○「男女交合」は、灸前三日間、灸後七日間は慎む（前三後七）。○「灸を忌む日数」は、小児疱瘡の後半年、婦人産後七十五日、大病後男女共百日は忌む。○「天地異変ある時」、日食月食の日、雨風の激しい日、雷の鳴る日、地震のした後など天地に変ある時は鍼灸ともに忌む。○「功能」は、病身の人は二・五・八・十一月に灸して陽気を助け外邪を防ぐ。二月は気絶骨にあり灸をして毒気を戻すと、夏に至り脚気漸進の患いはない。また月に七日ずつ三月灸をするとよい。七日か九日ずつ毎日灸をすると逆上《のぼせ》を下げ、気血が廻り、無病壮健疑いない。〔永代調法記宝庫・首〕に「灸雑穢」は一日

三ヶ所までは穢れはない。〔筆海重宝記〕に「灸の癒えぬ」には烏賊の甲と明礬を等分に粉にしてつける。また竈の下の焼け土を粉にしてつけるのもよい。〔里俗節用重宝記・上〕に「灸の癒し様」は、灸の跡をよくたでた後に胡麻油を塗り、三年茄子の香物を黒焼きにしてつける。また灸から血走るには大蒜の上皮をつける。痛むのには生姜を擂りつける。〔家内重宝記・元禄二〕に血が出て止らないのには黄芩の末（粉）を二銭、酒で飲む。「はりきゅう（針灸）の事」「艾《もぐさ》の拵え様」参照

灸の分寸を定むる法【きゅうのぶんすんをさだむるほう】〔医道重宝記〕に「灸の分寸を定むる法」として、○「胸腹の竪の寸」は欽盆*より鳩尾*迄九寸を用いて胸の竪の寸とする。また鳩尾から臍まで八寸を腹の竪の寸とする。○「胸腹の横の寸」は両の乳頭の間を八寸として用いる。〔鍼灸日用重宝記・一〕には、○喉の高骨結喉より鈌盆迄を四寸とする。○鈌盆より髑骬迄を九寸とする。○髑骬より天枢迄を八寸とする。○天枢より横骨迄を六寸半。○両乳の間広さを九寸半とする。○胸の周りを四尺五寸（丸みのこと）とする。○腰の周りを四尺二寸とする。脇下より季脇迄長さ一尺二寸とする。

牛馬の蠟油肉をとる法【ぎゅうばのろうあぶらにくをとるほう】〔民家豊饒重宝記〕に次のことがある。①老馬を黒鉄板に乗せ鉄鎖で絡め着け、下から炭火を焚いて腹から炙り、生油《いきあぶら》を採る。②老牛を四本の柱に縛り着け、鉄棒を焼いて火棒の焼鉄《やきがね》を、肛門から四五度突き込んで牛蠟を採る。蠟を絞り採った跡は、鉄の大槌で頭を打ち砕く。③牛の生皮を剥いだ後で、生肉を採る。

鳩尾【きゅうび】 禁針*禁灸*の穴。〔鍼灸日用重宝記・二〕には一穴とし、胸前の肋骨を押しはずし、直下一寸にある。『銅人』から禁灸で、これに灸すると、人の心力を捉える。針も大妙手でなければしない。気をとり短命である。針三分、留むること三呼、瀉五吸。『明堂』からは灸三壮とするが、ここは直に心を蔽う蔽骨の部なので、灸をしてはならない。『素註』からは針灸をしてはならないとある。〈灸穴要歌〉〔永代調法記宝庫・三〕に「胸騒ぎ神気疲れて癲癇や狂乱するは鳩尾なるべし」、三壮する。鳩尾は尾翳《びえい》とも骬々ともいう。

求肥飴【ぎゅうひあめ】〔昼夜重宝記・安永七〕に求肥飴に二製法がある。①白砂糖（一斤、氷砂糖は猶よい）、飴（半斤）、小麦粉（五十目）。唐金の鍋で砂糖を煎じ塵を取り、水一升五合に前の三色を入れ、極めて火を弱く炊いて練り詰め、加減を見て折敷の上へ上げ、葛粉で餅のように取って切る。②白砂糖をさわさわと煎じ 水嚢で漉し、また鍋へ入れ煎じ詰め固まった時分、砂糖（一斤）と葛粉（三十目）を入れ、よい時分に折敷に葛の粉を敷き、移す。〔菓子調法集〕には四製法がある。①饂飩粉（十匁）、葛粉・蕨粉・水□□粉（各五匁）、白砂糖（一斤）を水一升でよく練り、水嚢で漉し鍋に入れ、炭火で練り詰め、鉢に移して冷まし塊まった時折敷様の器に饂飩粉を敷いて入れ 押し伸べる。②糯の粉一升に吉野葛を少し入れて水で練り 炭火で練り、上に蕨の粉を三合程入れて練り合せ、砂糖は中太白に水砂糖を煎じ、水飴を入れ、三色で二斤程を加減しよく煎じ詰め、粉に打ち込み練り合せ、箱に麦粉を敷いて飴をあげる。③上白糯米を洗い 挽き粉にして、一升に付き水三升を入れ、前夜より交ぜ合せて置き、炭火で練りしめて加減を見合せ、太白砂糖二百五十目を煎じて入れ、又よく練り、その後に水飴百二十目を入れて交ぜ合せ、練り立て 箱で冷ます。夏は飴を少し控え、また練る時火を強くして箱に入れる。④糯の粉百五十目を砂糖蜜で溶き煎じ固め、降ろし際に水飴三十匁を入れる。

〈早求肥〉〔諸民秘伝重宝記〕に早求肥は、蕨の粉、砂糖をともに茶碗に一杯入れ、水を茶碗に七分目入れてよく掻き交ぜ、鍋に入れ炭火で仕上げ、蕨餅の加減にする。冷ましてから切る。

〈売所〉〔万買物調方記〕に「京ニテ求肥飴」二条通二王門町にある。〔江戸町中喰物重法記〕に求肥飴は神田鍛冶丁一丁目 丸屋播磨にある。「求肥所」に本郷四丁目角 米津屋玄番、「長崎求肥所」は湯島切通しかめ屋六兵衛にある。

九尾狐【きゅうびぎつね】〔万物絵本大全調法記・下〕に「九尾狐《きうびぎつね》、その声 児のごとし」とある。

求肥餅【ぎゅうひもち】〔菓子調法集〕には、糯米の粉（五十匁）、小豆の粉（七十匁）、白砂糖・葛粉（各七匁）。これを一ツに合せ水一升五合で捏ね合せ、水嚢で濾し、よい加減に練り、鮨板の上に饂飩粉を振って伸ばし、上にも饂飩粉を振り掛けて切る。

急病を生す方【きゅうびょうをいかすほう】〔新撰児咀調法記大全〕に「途中にて急病発《おこ》り死せんとするを活す方」として、病人の鼻の下溝のある処の真中を人心《じんしん》といい、ここへ灸三十壮を据えるとよい。また粳米を水に浸し、その汁を多く飲ませてもよい。病人が口を閉じたのには刃物でも歯を抉じ開けて注ぎ入れる。又よく墨を磨って飲ましてもよい。又麝香一匁を粉にして酢半合に掻き混ぜて飲ますのもよい。

灸補瀉の法【きゅうほしゃのほう】〔鍼灸重宝記綱目〕に病の実する者は瀉し、正気の虚する者は補う。瀉には艾炷を吹き或は扇で扇ぎ滅する。補には艾を吹かずに、火が自ずから消え次第にする。「補瀉」参照

九万引【きゅうまんびき】〔料理調法集・口伝之部〕に九万引とは、「しいら」という魚である。俗に、金山魚*という。

胡瓜【きゅうり】〔万物絵本大全調法記・下〕に「胡瓜 こくわ／そばうり。又きうり」。〈薬性〉〔医道重宝記〕に胡瓜は寒で小毒があり、熱を去り渇《かわき》を止め、小便を通ずる。諸病に害がある。小児に用いてはならない。〔永代調法記宝庫・四〕には百病の毒、幼児には固く忌む、疳の虫が出る。

久痢【きゅうり】 経験方。久痢（長い下痢）噤口に、蓮肉の末（粉）二銭を陳平湯で下すと妙である。

九龍控涎散【きゅうりゅうこうぜんさん】〔小児療治調法記〕に九龍控涎散は、小児の熱を蘊《つつ》み、痰経絡を塞ぎ、頭を仰ぎ、上視（そらめづかい）するのを治す。滴乳香（一匁）、天竺黄（一匁半）、雄黄・蠟茶・枯礬（各一匁）、炙甘・荊芥（炒）・菉豆（一百粒。半は生、半は炒）、赤脚蜈蚣（一条、酒に浸し炙る）を末（粉）し、毎服半匁より一匁迄、人参薄荷湯で用いる。

牛力病【ぎゅうりょくびょう】〔牛療治調法記〕に牛力病で牛の力の乏しいのは、水草《すいそう》を吐くことに因る。白礬二匁を毎日搗いて末（粉）にし、酢一升水二升を和して潅《そそ》ぐとよい。

歪阿那歪【ぎゅゐあな】〔童蒙単語字尽重宝記〕に歪阿那歪《ぎゅゐあな》に次がある。①英領。広さ七万六千坪、民は十三万六千人。②荷《オランダ》領。広さ三万七千四百四十坪、民は六万一千人。③仏領。広さ二万七千五百六十坪、民は一万九千八百人。

恐【きょう】 七情*の一。〔永代調法記宝庫・二〕に百病は皆気より起るとし、恐れる時は、気が下り、甚だしい時は腎臓を破る。

卿【きょう】 卿は、大納言・中納言、参議等をいう。〔男重宝記・一〕

興【きょう】「りくぎ（六義）」ヲ見ル

薑【きょう】「しょうが（生姜）」ヲ見ル

驚【きょう】 七情*の一。〔永代調法記宝庫・二〕には百病は皆気より起るとし、驚く時は、気が乱れ甚だしい時は膽《たん》《きも》を破る「驚くことを、膽を潰すというのは、このことである」。

今日【きょう】 大和詞。「けふとは、すぐる（過）事を云」。〔不断重宝記大全〕

京色茶屋独案内【きょういろぢゃやひとりあんない】〔茶屋諸調分方記〕に次がある。○「西石掛町」四条通南西側（鼻声 どうであんす）。○「東石掛町」四条通南東側の分（旅籠屋の出女 ちょとよらんせ）。○「縄手」三条より南大和橋迄西側（障子の透しから 鼠鳴き）。○「祇園町」社ノ筋南側

北側（見せ掛けよしのそこわたり）。○「こつぽり町（穴奥）町」知音院門前より南東側（頭から下卑て見ゆる掛声）。○「八軒町」祇園より南へ下ル西側（うるさや 今の何とさんした）。○「高台寺前」祇園松原西東側（洒落事ぶりての手招き）。○「八坂」塔の前南側（せかぬ顔して客にしたがる）。○「三年坂下」東側西側（男見てびらつけるも身過ぎ）。○「清水坂」三年坂を上り東の分（簾押しやり気の毒な顔）。○「五条通」三年坂より西野はずれ迄（下卑ても物は了見ずく）。○「北野七本松」此所上京西ノやしない（お情けらしいもこちの迷惑）。○「伏見海道」稲荷の前西側東側（喧しい昼狐どうじや）。

竅陰【きょういん】〈経絡要穴 頭面部〉竅陰《きょういん》は二穴。一名、枕骨。耳の後ろに細長い完骨がありその上の陥み、耳の後ろの手で押し動かすと空ある中にある。灸五壮か三壮。針三四分。手足の転筋、目痛み、頭・項《うなじ》・頤《おとがい》痛み、耳鳴り、舌の根から血を出し、労咳、癰疽、手足煩れ、熱し汗が出ず、舌強ばり、脇痛み、しゃくり、喉痺等を治す。〈経絡要穴 腿却部〉二穴。足の薬指の外側爪の生え際 角を一二分去る処にある。灸三壮。針一分か二分、留ること一二呼。脇痛み、しゃくり、息ができず、手足煩れ熱し汗出ず、転筋、癰疽、胸煩れ、舌強ばり、口乾き、口痺、肘痛み、耳聞こえず、目痛むを治す。〔鍼灸重宝記綱目〕

姜黄【きょうおう】〔薬種重宝記・下〕に唐草、「姜黄 きやうわう／きね。毛を去り刻む。火を忌む」。

羌黄湯【きょうおうとう】〔改補外科調宝記〕に羌黄湯は、頭瘡*の薬とする。羌活・黄芩（酒で炒る）、大黄（酒で蒸す）を煎じて用いる。腫れが両目鼻顔にあれば、乾葛・升麻・芍薬・石羔を加える。咽が腫れ痛むのには、姜蚕（一両）、大黄（二両）を蜜で丸じて用いる。

京大水【きょうおおみず】〔重宝記・礒部家写本〕に次の記事がある。安永七年（一七七八）七月二日より三日迄、京大水、人百五六十人死ぬとの［勢陽川曲郡での］風聞。

京織【きょうおり】〔絹布重宝記〕に織り出す絹の内、産地（出所）の銘のないのは京織とある。しかし、丹後縞や駿河縞などは京師で織る。

膠芥湯【きょうがいとう】〔医道療治重宝記〕に膠芥湯は、崩漏*が止まず、小腹《ほがみ》の痛むのを治す。阿膠・川芎・甘草（各一匁）、当帰・艾葉（各二匁）、熟地黄（各四匁）を煎ずる。

経書堂【きょうかくどう】京名所。清水寺の塔頭。経書《きょうかく》堂は聖徳太子の開基で、御自作の十六歳の御影がある。〔東街道中重宝記・七ざい所巡道しるべ〕

羌活【きょうかつ】〔薬種重宝記・下〕に和草、「羌活 黒みを去り、刻み焙る」。〈薬性〉〔医道重宝記〕に羌活は甘く、微温。風寒湿を除き、頭痛身の痛むのに、筋骨が引き攣り痛むのに、頭がふらつき目が眩《くるめ》くのに、項《うなじ》の伸びがたい等を治す。

羌活膏【きょうかつこう】〔小児療治調法記〕に羌活膏は、感冒発熱 咳喘 痰喘潮熱 搐搦を治す。人参・羌活・独活・前胡・川芎・拮梗・天麻（各五匁）、薄荷・地骨皮（各三匁）、甘草（二匁）を末（粉）し、練蜜で芡実の大きさに丸じ、毎服一丸を生姜湯で蕩かし用いる。

羌活散鬱湯【きょうかつさんうつとう】〔小児療治調法記〕に羌活散鬱湯は、「出《で》瘡《ろう》*」の症で実熱壅盛し 鬱遏 表に達せず、気粗《あら》く喘満し、腹脹り煩燥し、狂言譫語し、大小便秘し、怒る形相のようなのに用いて神効がある。防風・羌活・白芷・荊芥・桔梗・地骨皮・川芎・連翹・甘草・大腹皮・牛房子・紫草に、灯心十四根を入れて水で煎ずる。

羌活勝湿湯【きょうかつしょうしつとう】〔医道重宝記〕に羌活勝湿湯は、湿に傷《やぶ》られ、一身悉く痛むのを治す。羌活・独活（各一匁）、藁本・防風・川芎（各五分）、蔓荊子（三分）、甘草（五分）を、生姜を入れて煎ずる。〔昼夜重宝記・安永七年〕では分量が異なるが、身重く腰の痛むのには酒で洗

い、防已を加える。

羌活湯【きょうかつとう】〔医道重宝記〕に羌活湯は、総身骨《ほね》節《ふし》の痛むのを治す。羌活・蒼朮・黄芩・当帰・茯苓・芍薬・香付子・半夏（各一匁半）、木香・陳皮（各七分）、甘草（三分）に生姜を入れて煎ずる。風湿によって通を治す。血気の虚して痛む者に与えると却って病をなす。〔医道療治重宝記〕には諸症により加減がある。

羌活導滞湯【きょうかつどうたいとう】〔医道重宝記〕に羌活導滞湯は、脚気*が初めて起り一身悉く痛み、手足腫れ痛み、大小便滞り結するのを治す。まずこの方を用いて導く。羌活・独活（各小七両）、当帰・防已・枳実（各二戔）、大黄（四戔）。風湿を去り、長病や大小便の順のものには用いない。

羌活乳香湯【きょうかつにゅうこうとう】〔骨継療治重宝記・下〕に羌活乳香湯は、跌撲 傷損 筋動き 骨折 発熱 体痛 外邪を差し挟むのを治す。羌活・独活・川芎・当帰・赤芍薬・防風・荊芥・丹皮・続断・紅花・桃仁・陳皮を生地黄で煎じて服する。熱があれば、柴胡・黄芩を加える。

羌活防風湯【きょうかつぼうふうとう】〔医道重宝記〕に羌活防風湯は、破傷風*の邪気が表《おもて》にあるのを治す。羌活・防風・当帰・芍薬・川芎・藁本（各一匁）、地楡・細辛（各五分）、甘草（三分）を煎ずる。実症の者に用い、気血 虚弱の者には八物湯*、十全《じつぜん》大補湯*の類を用いて風邪《ふうじゃ》を去る薬を加えるのがよい。

強間【きょうかん】〈経絡要穴 頭面部〉強間《きょうかん》は一穴。一名は大羽。後頂の後ろ一寸半。灸七壮、五壮。針二分。頭痛、目眩い、脳の廻り痛み、胸煩れ、嘔吐、項《うなじ》強ばり、臥すことできないのを主《つかさど》る。〔鍼灸重宝記綱目〕

驚癇【きょうかん】 癲癇*の一。〔鍼灸重宝記綱目〕に驚癇は、頭目を廃し、口目を吊し、或は昏く、或は邪に視《み》める。驚き怖れ泣き叫びが発《おこ》るのには頂上の旋毛《つじ》の中に三壮、耳の後ろの青絡に三壮する。また、舌を吐き沫《あわ》を出すのには少衝に三壮する。或は鬼哭に灸をする。「心疳《しんかん》」「てんかん（癲癇）の事」モ見ル

驚悸【きょうき】〔家内重宝記・元禄二〕に驚悸は、怔忡*健忘*とともに胸踊り物忘れ 胸騒ぎし、色の悪いのには黄連・遠志・石菖を末（粉）して酒で服する。〔鍼灸重宝記綱目〕には驚悸は心脾の虚損で、驚き怖れて安からず、人に捕らえられそうである。灸には膈兪・肝兪・脾兪・肺兪・等五点があり、針には神門・上脘・三里・上脘等五穴がある。

交儀【きょうぎ】 灸穴要歌。〔永代調法記宝庫・三〕に「疝気病み 小腹《ほがみ》も痛み便しぶり 赤白《しゃくびゃく》帯下、交儀《けうぎ》なるべし」。交儀は内踝の上五寸、すみより内へ五寸寄りにある。

澆季【ぎょうき】「げうき（澆季）とは、世のすゑ（末）と云事」である。〔消息調宝記・二〕

驚気丸【きょうきがん】〔丸散重宝記〕驚気丸は、心を失い、癲癇の者によい。一人驚恐の後、精神衰えて痴のようなのに一丸を与えて寤《さま》す。付子・木香・蚕《きょうさん》・白蛇・陳皮・天麻・麻黄（各五戔）、葛根（十戔）、麝香（五分）、脳《のうし》（二分）、硃砂（一戔）、南星（姜汁）・紫蘇（各十戔）を蜜で丸じ、薄荷湯で送り下す。

行儀嗜み事【ぎょうぎたしなみごと】〈人の心掛け 嗜み〉〔諸人重宝記・一〕に人として常に心掛け嗜むべきことがある。○主君に忠を尽すこと。（但し、傍輩の嫉みを受けないようにすること）○家職をよく努め 名を上げ 励むこと。（人の身上は三十歳になる迄、一年中の事は春三月の内、一月の事は十日迄、一日の事は夜明けから五ッ時（八時）迄、これをそれぞれ大事とする）○一代の大事のために常によい思案のある人に因み置くこと。（友とする人に智者 医者 福者の三ツがある）○人を頼みに思ってはならない。（深く頼みに思う故に怨みが出来する）○物事に気をつけ 用心せよ。（「油断すな、人は盗人 火は焼亡。損じて人に笑われはせめ」）○心の師となりて心を師とするな。（とにかく我が

分際をよく弁え知るがよい）○一芸を嗜み、随分家業を努め、出費を厭うのがよい。（一銭は求め難く、十銭は捨て易い）

〈婦人の不断の行儀〉〔女用智恵鑑宝織〕から婦人の行儀を抄出する。○朝早く起き出て嗽《くちすす》ぎ、手水《ちょうず》をし、髪を結わない内には人に逢わない。逢わなければならないことがあれば早く起きる。○客が来たら早く出逢う。○戸障子の開閉は荒くしない。閉っている時は蹲って引き、後も確《しっか》り閉じて置く。始めから開けてある時はそのまま開けて置く。○人の物、手拭 汗拭 扇 履物 楊枝等は使わない。仕方のないこともあるが、その時は返すのに心得がある。楊枝は返さない。○盤の遊び 貝覆 続松（加留多）等の時は座敷の赤りを避け、人の赤り先にならないようにする。○人の書く文、読む文を、共に見ない。○男は勿論 女同士でも、人の顔をじろじろと眺めない。○打ち解け顔に、問わず語りや 懺悔物語りをしない。まして他人の謗りを濫りにしてはならない。○貴人の前で扇を使ってはならず、鼻を咬まず、汗を拭わず、痒い所を掻かない。鼻や汗が出る時は次へ立って充分に整えるが、立たれない時は随分堪える。痒く堪え難い時はそっと手をやり、強く掻いて、二度としない。出る前に何事も十分に整えて置く。○人前で爪を取り、髪を撫で、帯の仕直し等はしない。鼻を咬む時は下座を向いて咬む。○人前で楊枝遣い等はしない。下々の前でも楊枝を銜えながらの物言いは決してしない。○人の小刀や鋏等を借りて使ったら拭って返す。筆などは後を拭い、毛先をよく直して置く。○人の寝筵や蒲団を決して踏んではならず、まして人の足を踏み越す等、我が子でもしてはならない。踏む物は履物、越ゆる物は敷居に限る。○人の話の中に出るような話はせず、また人の物語の間違いを我知り顔に訂正してはならない。○盃が出たのを見て、座を立ち帰ってはならない。これも時による。○貴人出席の座敷では用もなく再々立ってはならない。○飛び石のある庭では、地は踏まず、石の上を歩む。築山に上らず、木草の花が美しくても息のかかる程近寄らず、手等添えてはならない。○掛物や道具等、我知り顔に褒めてはならず、心に褒むる体で感じ入るようなのがよい。○人に誘われて行く時は聞き合せ等して、先の衣装より華麗にせず、相応にすべきである。○物事や作法を我知り顔にせず、指図等し、自慢らしく澄ました顔付をしない。○身の空薫《そらだき》はほのかにするのがよく、甚しいのは悪い。匂袋等も、余りしたるいのもうるさい。○座敷の真中に差し出るのは憎く、隅に居るのは初心である。手戯《てそぼり》、扇を鳴らし、茶碗を玩び、また退屈した顔付をして欠伸などを露わにし、人が物言い掛けるのに上の空の返事をしてはならない。○人が密かに物語り等する気配なら、その場を立ち退くのがよい。

〈婦人嗜み薬〉〔昼夜調法記・正徳四〕には婦人の嗜み薬として、「婦人髪の事」*「婦人顔手足を洗う薬」*「御歯黒／鉄漿の事」*「歯の事（歯を重ねて白くする方）」*「香薫をなす方（香薫をなす薬）」*等がある。「女教訓躾嗜み」参照

夾谿【きょうけい】〈経絡要穴 腿却部〉二穴。夾谿《きょうけい》は足の薬指の岐骨《またぼね》の間、本節の前陥みにある。針三分、留むること三呼。灸三壮。胸脇支え満ち、寒熱、傷寒、熱病に汗出ず、目眩い、頬・頤《おとがい》腫れ、耳聾、胸中痛み、痛みの常の処にないのを治す。〔鍼灸重宝記綱目〕

行啓【ぎょうけい】〔男重宝記・一〕に皇后や宮*内親王方*が、他所へ行かれることを行啓という。「行幸《ぎょうこう》」参照

狂犬に咬まれた時の治法【きょうけんにかまれたときのじほう】〔骨継療治重宝記・中〕に次がある。狂犬《きょうけん》に咬まれ、毒気が早く発するものは治し易く、久しくして発するものは難治である。これは毒気が次第に表より内へ攻め侵すからである。震旦（中国）には狂犬が往昔から書に出るが、我が国では風狗《やまいいぬ》*というものを聞かない。しかし、享保二十年（一七三五）の頃多く現れて人を咬み、患うと難治である。牛馬でさえ咬まれると狂死する。

その治法を知る者はなく、高志鳳翼は心を潜めて諸書を考え、『猘《き》狗《く》咬傷治療治法』を撰述したという。「病犬《やまいいぬ》に咬まれた時の治法」参照

向後【きょうこう】 女詞遣。「かさね（重）てといふべきを、以来《いらい》の向後《けうこう》のといふは、しさい（子細）らし」い。〔女重宝記・一〕

行幸【ぎょうこう】〔男重宝記・一〕行きて幸い（行幸）と読み、天子の御歩きのことである。天子の行かれる所は幸いを受けるのでいう。「行啓」参照

恐惶謹言【きょうこうきんげん】 簡礼書法。〔不断重宝記大全〕に「恐々の次第」の高位下人への書き様はその人品により、図のように書く（図123）。〔大増補万代重宝記〕には「恐惶謹言」は上へあげて本行の高さに書く。下に詰めて書き難い時は、下へ「恐惶」と書いて、上へあげて「謹言」と書くのが当世の流行である。本行の沓と同じように下いっぱいに「言」の字を書き詰めることは、祝言・悔状のほかは書いてはならず、前行の沓字より一字半字の加減をする。「恐惶謹言」の四字は墨を継いで書き、決して枯れ筆で書いてはならない。

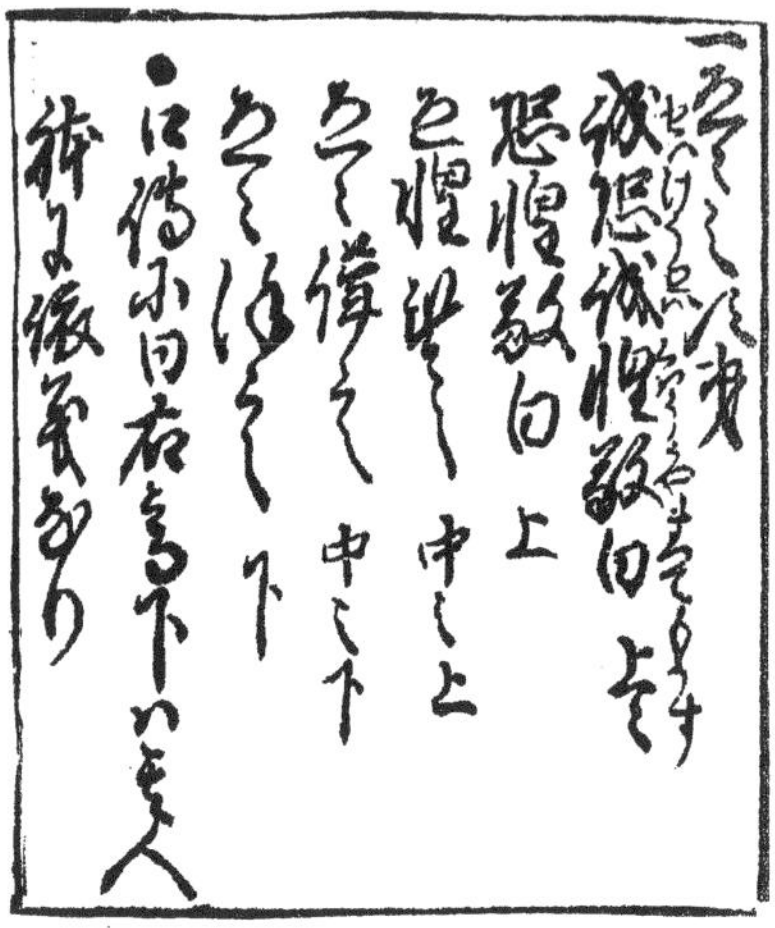
図123「恐々の次第」（不断重宝記大全）

驚後灸法【きょうごきゅうほう】〔小児療治調法記〕は驚後灸法に『医林類証』を引いて次がある。○慢驚風は陰証であり、吐瀉の病が長く脾胃が虚困し搐《びくつく》に似て搐ではない。定志丸* 牛黄鎮驚丸*を用いるが、なお灸するのを切要とする。○眉心 灸三壮。両眉の真中。○顖会 灸三壮。上星の後ろ一寸陥んだ所。上星は鼻筋の真中通り髪際より一寸上の陥んだ所にあり、顖会は髪際より二寸上にある。○百会 灸三壮。○尺沢 二穴 灸七壮。肘の中横紋の上動脈の中にある。

頬骨【きょうこつ】 馬形名所*。〔武家重宝記・五〕に頬骨《きょうこつ》は、頬車《ほおかまち》の骨である。三日月骨ともいう。

京酒の風造り様【きょうざけのふうつくりよう】〔酒造重宝記・中〕に「京酒の風造り様」大概がある。○元 六斗分（水七斗二升。麹秤目九貫六百目）。○（例えば朔日）添 七斗（水四斗五升。麹八貫六百目。ここで六斗水に平す）。○（二日）中 一石三斗（水一石一斗七升。麹十八貫二百目。ここで九斗水で平す）。○（三日）留 二石六斗（水一石八斗二升。麹三十六貫四百目。ここで八斗水で平す）。○（四日と続けて掛る）大留 三石八斗（水二石一斗四升。麹五十三貫二百目。ここで七斗水で平す）。○都合九石に留る。水合 六石三斗。麹合 百二十六貫目。但し、水七斗宛、麹十四貫目宛。蒸の冷まし加減は、○添は二三分冷まし温みを七八分つけて入る。○中は大方冷まして入れる。○留・大留は冷まし切り、随分冷やして入れる。造り様の細部は省略するが、京酒は水の性も人の性も柔らかく、古から酒の性を柔らかにして酔いの薄いように造りなし、他国にはない風である。

薑擦【きょうさつ】 大和詞。「きやうさつ（薑擦）とは、わさびおろし（山葵卸）」である。〔不断重宝記大全〕

京紗綾【きょうさや】〔絹布重宝記〕に京紗綾の紋柄は、稲妻に限る。献上物は十反揃え、箱入に仕入れる。「献上巻紗綾」は図のようである（図124）。紗綾巾程に丈を畳み 中へ打ち綿を入れて小口より巻き 台に載せる。こ

の時は一反二反と言わず、一巻二巻という。大きさ真綿一把程に巻く。巻き綸子 巻縮緬も同様である。八尋はどれも上物である。緋紗綾も献上物は同じである。

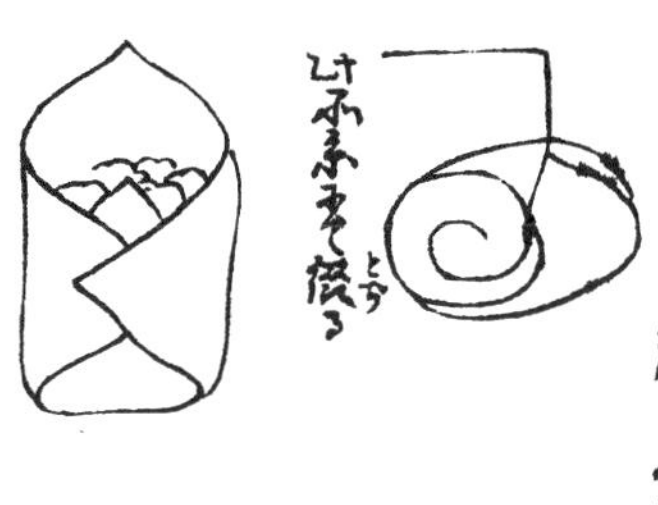

図124　「献上巻紗綾」（絹布重宝記）

経師紙類【きょうじかみるい】　「紙の事」ヲ見ル

京嶋【きょうじま】　〔絹布重宝記〕に京島は、菅公生誕の京菅大臣町で初めて織り出したもので、京では菅大臣嶋という。口の織留（界限）*の外に金糸 赤糸等で小さい印、玄人（絹曲）が角《つの》というものを織りつけている。

頬車【きょうしゃ】　〔鍼灸重宝記綱目〕に二穴。耳の下曲頤の骨の端少し前、口を開くと陥みがあり、口を閉じると骨の蓋う所である。針三四分。灸三壮。中風、歯を食い詰め、口を噤んで物言わず、歯痛み、頤《おとがい》・頬腫れ、眼・口歪むのを治す。一名を「機関《きかん》」「曲牙《きょくげ》」ともいう。

経師屋【きょうじや】　古く、奈良・平安時代に写経所等で経典の書写をした者を経師と言い、その後巻物や折本を仕立てる表装職人を言い、さらには短冊 色紙 薄様 香包 色絵の紙等、紙を以って種々の装訂をする職人を経師屋と称し、その中の長を大経師と号して禁裏の細工をし、暦を改板し、世上に出した。院経師は院の御用をした。これらの仕事が彼等に古くから書物の売買や取引も担わせ、板行する者もいた。近世での業態の一面は〔万買物調方記〕に、○「京ニテ経師屋」に窺える。室町松本町 大経師内匠。車屋町椹木丁下ル 院経師藤蔵［諸々の御用紙を勤む］。烏丸錦上ル 伊兵衛。同町 五兵衛。同六角下ル 久兵衛。同四条上ル 清右衛門［諸々の経物を勤む。この外烏丸の南北に寺院の経師屋が多い。「黄檗の経師屋」烏丸五条より二丁下 太郎右衛門。「一切蔵経」和本 大和田黄檗山に刻納する。「植字の大般若経」昔時烏丸の経師屋数家として経営する。「新板の大般若経六百巻」寺町五条上ル 藤や中野小左衛門。同町 同 惣左衛門。「手鑑経師」寺町の南北にある。手鑑 打紙 色紙 短冊 印可許し 諸々の用紙を勤む。○「江戸ニテ経師屋并手鑑」尾張町二丁目 大経師左京。神田ぬし町 勝田長左衛門。下谷広小路 庄三郎。但し、経物の類は書林にある。通町の南北に経師屋が多い。○「大坂ニテ経師屋」高麗橋一丁目（氏名ナシ）。同 作左衛門。松屋町筋 吉左衛門。四軒町 五郎兵へ。この外、心斎橋筋南に多い。

経宗【きょうしゅう】　「日蓮宗」ヲ見ル

きやうしよ【きょうしょ】　〔料理調法集・口伝之部〕に「きやうしよ」とは、里芋のことである。

京女鳴【きょうじょしぎ】　〔料理調法集・諸鳥人数分料〕に京女鳴は春に出るが、春は脂がのらず、秋によくのる。焼き鳥にして、二人前当てである。

夾疹【きょうしん】　〔小児療治調法記〕に痘に疹《はしか》の交じるのを夾疹という。痘毒は臓に出、臓は陰に属し、血を主《つかさど》り 形・汁がある。疹毒は腑に出、腑は陽に属し 気を主り、形はあるが汁はない。普通は痘と疹は並び出ないが、痘の出る時風寒が肉の肌目を閉塞し、熱気が腑毒を撃ち動かす時並び出る。臓は積受の地で毒を深く受け、腑は伝送の所でやや浅く、疹の発症は軽く、解し易い。まず升麻葛根湯*を服し、解せない時は犀角

地黄湯*を用いる。また銭氏曰くとして、痘が形を見《あらわ》してから砕密《つぶつぶ》になるのは疹《はしか》を挟むもので、毒を解し 疹子を消散させ 痘だけにする。薬は荊防解毒湯*を用いる。これを服して効かないのは凶の兆しで、夾斑*と同じ治療をする。

狂人走れば不狂人も走る【きょうじんはしればふきょうじんもはしる】〔世話重宝記・五〕に『淮南子』に出るとして次がある。狂者が東に走ると、追う者も東に走る。東に走るのは同じであるが、東に走る道理は異っている。例えば、人に意見を言うのに数度に及んでも聞き入れないと、色を変えて争い罵るのは、却ってその人と同じであるという意である。

行水【ぎょうずい】「ふろぎょうずい（風呂行水）の事」ヲ見ル

饗膳【きょうぜん】 饗膳はもてなしの酒肴を載せて出す膳、又その膳部である。〔嫁娶調宝記・一〕に饗の膳は、（中央）饗食・三ツ盃、（左）二重・置鳥、（右）手掛・置鯉は本式の祝儀である（図125）。饗の膳を置く事は、祝言の夜は夷《えびす》に進ずる謂われなので定まった事であるが、略儀祝言には飾るに及ばない。しかし、心持ばかりの膳を拵え床でも夷棚でも 置くのがよい。〔新板増補女調宝記・二〕に「饗の膳箸取り様の事」は、饗の膳に向う時、男は右手で逆手に箸を取り 飯を取り上げ 二箸程食う真似をして すぐに右手に箸を持ちながら汁を取り、左手へ取り移し、汁を吸わず 実を二箸食う真似をして 右手へ取り移し下に置く。また飯を食い前のようにして汁を取り 実を食い 三度目には汁を吸う真似をして実を食わず、中盛より左、それより右の角と食う。昔は饗の膳、七五三の膳*を共によく食ったというが、当世は座るまでである。女は右手を楽にして箸を取り、左手で飯でも汁でも取って食う。食い様は同じである。

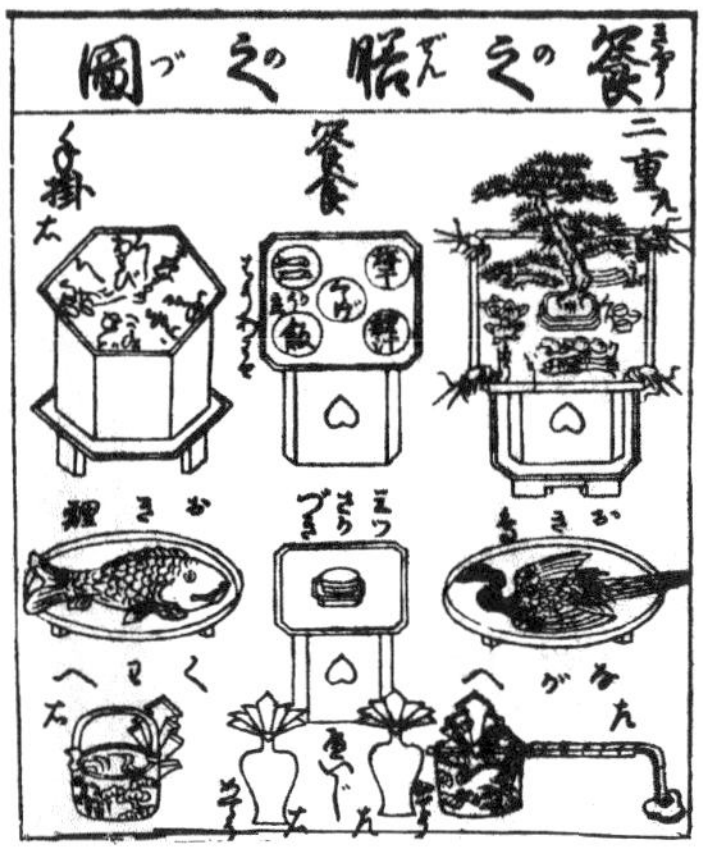

図125 「饗の膳」（〈新板／増補〉女調宝記）

〈木具寸法〉〔料理調法集・木具寸法〕に式三献引渡 雑煮 三献の膳、三膳ともに同寸法がある。二三の膳は本膳の筒へ入子《いれこ》になるよう次第劣りに筒の口の寸法をする。本膳は、図版（図126）のように指渡内法一尺四寸七分、筒高一尺、筒口一尺三分、縁二寸。饗膳は表は金亀甲 上は鶴亀松竹家紋を十二、一方に三ツずつ置く。色々に格があり、例えば「七五三板足」は指渡は一尺三寸六分、足高は五寸五分、縁高二寸、板足とある。また「饗膳菜割合盛輪」や「縁高」「居台」「小角」「片木」「土器輪」等の類品もある。

図126 「饗膳」（料理調法集・木具寸法）

経蔵【きょうぞう】 高野山名所。本尊は釈迦如来。紺紙金泥の一切経がある。この前に杓子の芝がある。〔東街道中重宝記・七ざい所巡道しるべ〕

脇側の寸法【きょうそくのすんぽう】〔鍼灸日用重宝記・二〕に『骨度篇』を引き、腋（脇壺）より季脇（脇壺の通りの下の肋骨の外れ）まで長一尺二寸を十二に折り、季脇より髀枢まで長六寸を六に折り、各一寸とする。脇側

の諸穴はこの寸法を用いる。

杏蘇散【きょうそさん】〔医道重宝記〕に杏蘇散は、上気 痰喘 咳嗽し、顔目の浮き腫れるのを治す。紫蘇（七分）、杏仁・五味子・大腹皮・烏梅（各五分）、紫苑（三分半）、桑白皮・阿膠・麻黄・陳皮・桔梗（各二分半）、甘草（二分）に、生姜を入れて煎ずる。肺を調え 燥を潤す剤で、痰多く 脾湿に属するものには用いない。

行尊【ぎょうそん】百人一首読曲。「行尊」は「ぎょうそん」と濁る。〔麗玉百人一首吾妻錦〕

竟体疽【きょうたいそ】〔改補外科調宝記〕に腫物の潤《わたり》は一尺から二尺、未だ潰れずに、色は紫で黒味があり、堅いのを竟体疽という。

兄弟は他人の始め【きょうだいはたにんのはじめ】兄弟は一体分身なので、兄に従い 弟を恵み、姉を敬い 妹を愛するのは分かり切った道理である。しかし、大方物の争いは兄弟の中より起るもので、これは互いに他を追い落し、一人成り上がらんとして起るのである。それは母がよく教え、戒めないためである。〔女筆調法記・五〕

鏡台骨【きょうだいぼね】馬形名所。*〔武家重宝記・五〕に鏡台骨は、鏡の節と言う名によってなづける。流の《ながれの》骨《ほね》ともいう。

蟯虫【ぎょうちゅう】九虫*の一。〔鍼灸重宝記綱目〕に蟯虫は、細かく菜虫の様で、胴腸にいる。疥癬、痔、瘍《ねぶと》、瘡を生ずる。

京縮緬【きょうちりめん】〔絹布重宝記〕に京縮緬は、巾 丈は目廻《めまわり》*ゆえ不同である。絹の性は至って麗しく、しぼ（皺）は縦横微細によく揃い、行儀がよい。誠に差し上げの絹で、御召し地の仕入れ、染め地には一切遣わない。

脇痛【きょうつう】〔鍼灸重宝記綱目〕に両脇痛は、肝火が盛んに木気《もくき》が実するものである。痰は、咳嗽して痛み走り 注《そそ》ぎ声（音）がする。左脇に塊があって痛処が移らないのは死血、右脇に塊があって飽悶するのは食積である。肝積は左に、肺積*は右にある。針は日月 京門 風市 丘墟 中瀆 期門等八穴にする。灸は肝兪 絶骨 風市に点がある。〔医道重宝記〕に厥陰 肝経は両脇をめぐる故に風寒 痰飲が宿り、或は肝の実火、或は死血があるのは脇痛をなす。脇痛の脈は左右ともに弦脈*である。薬に踈肝湯*がある。〈加減例*〉〔医道重宝記〕に脇痛 肝火には山梔子・柴胡を、肝の積には青皮・柴胡・龍胆を、血積には当帰・大黄を、気には木香を加える。寒により痛むには乾姜・肉桂を、熱には山梔子・黄連を、痰には枳殻・半夏を、気滞には烏薬・木香・香付子・枳殻を加える。

響搨【きょうとう】字を写す法。*〔重法記・宝永元序刊〕に響搨は、紙を窓に貼り、押しつけて光りで写すのをいう。

行徳【ぎょうとく】〈何が不足で癇癪の枕言葉〉「しほ（塩）、げうとく（行徳）」。下総の行徳は塩の産地である。〔小野篡譃字尽〕

京都五山【きょうとござん】〔日用重宝記・四〕に次がある。瑞龍山南禅寺（普門開基）。霊亀山天竜寺（夢窓開基 嵯峨）。万年山相国寺（夢窓開創）。東山建仁寺（栄西開基）。恵日山東福寺（聖一開基）とある。〔日用重宝記・四〕には「和京の五山」と言い、次がある。天竜寺（霊亀山 嵯峨）。相国寺（万年山 禁中の北）。建仁寺（東山）。東福寺（恵日山 大仏の南）。万寿寺（九重の内。よって山号なし）。南禅寺（天海の例によって五山の上）とある。

京都嵯峨おこし【きょうとさがおこし】「御め印三国一流 根元本家京都嵯峨おこし」は、茅場町薬師前 大沢屋伊蔵にある。〔江戸町中喰物重法記〕

京都の事【きょうとのこと】京都のことを、京《みやこ》 京師《けいし》 帝城 帝都 王城 皇城 皇都 日幾《じっき》 鳳闕 関中 花洛 秦雲 神京 九重《きゅうちょう》《ここのえ》 中州《ちゅうしゅう》 上方等ともいう。〔万民重宝記〕には、恒武天皇延暦十三年（七九四）に長岡の都を平安城に遷した。東の京を洛陽、西の京を長安という。古く大内裏は東は京極、西は朱雀迄西の京が繁盛した。その後度々の炎上、又は源平の戦で内裏が狭くなり、今（元禄五年）のようになった。『延喜式』に南北は七百五十三

丈一尺、東西は千五百七十丈という。一条 桃花坊という。二条 銅駝坊という。三条 東は教業坊 西は諫財坊という。四条 東は永昌坊 西は永寧坊という。五条 東は寅風坊、西は宣義坊という。六条 東は淳風坊 西は光徳坊という。七条 東は安寧坊 西は毓財坊という。八条 東は崇仁坊 西は延嘉坊という。九条 東は陶他坊 西は開建坊という。京の町は一条から九条迄あるので九重の都といい、また禁中に九重の門があるからともいう。都は四神相応の地で、北東に叡山があり王城の鬼門*を守り、東に土偶人を作り込めて将軍塚となづけ、帝都を守護させている。

〈京町小路〉京都の町尽、横町と縦町の名がある。〔改正増補字尽重宝記綱目〕等に以下の事がある。〈横町の名〉東西の通りで北から南へ数え、凡そ四十八通りある。鞍馬口通。寺之内通。上立売。五辻《いつつじ》通。須磨町通。今出川。本誓願寺。武者小路。一条（桃花坊と云）。正親町（今ハ中立売と云）。土御門（上長者町と云）。新在家（東西三町）。鷹司（中長者町通と云）。近衛（出水通と云）。勘解由小路（下立売通）。中御門（椹木通と云）。二条春日通（丸太町通と云）。大炊通（竹屋町通と云）。冷泉通（戎川と云）。二条（銅駝坊）。押小路。三条坊門（御池通と云。また八幡丁と云）。姉小路。三条（東は教業坊、西は諫財坊）。六角通（誓願寺通と云）。四条坊門（蛸薬師通と云）。錦小路。四条（東 永昌坊、西 永寧坊）。綾小路。五条坊門（仏光寺通と云）。高辻（藪の下通と云）。松原通。樋口（万寿寺通と云）。五条（松原通と云）。楊梅（やまもも）。六条坊門（今は五条橋通と云）。左女牛。七条坊門。北小路。七条（又 大仏通とも云）。塩小路。八条坊門。梅小路。八条。針小路。九条坊門（信濃小路と云）。唐橋（昔は多那井野小路と云）。九条。〔寺子調法記〕とは以下のように異なる。［一条-中立売・上長者町・中長者町・下長者町・出水通-下立売］、［万寿寺-五条橋通・雪駄や町・魚棚・花屋町・御前通・北小路・七条・下魚棚-八条坊門］。〔大成筆海重宝記〕に「京横筋の歌二首」、「中土中の町今出下さわらぎ丸太竹夷川」「押御池の姉に三誓やくしの錦四あや仏光」。

〈縦町の名〉南北の通りで東から西へ数え、凡そ三十一通りある。建仁寺町通。樵木町。土手（封疆）町。中筋通。川原町（角倉通とも云）。京極通（寺町通と云）。御幸町。白山通（今は麩屋町と云）。冨小路。万里小路（今は柳馬場と云）。堺町（黒門通、材木町通とも云）。高倉（頂妙寺通と云）。間之町。東洞院。車屋町（少将殿突抜と云）。烏丸。両替町。室町（この筋の北は御霊通である）。衣棚突抜。新町（町尻通と云）。釜座突抜。西洞院。小《こ》川《がわ》。油小路。和泉殿突抜（松の下、醒井とも）。堀川。石上《いはがみ》（吉（葭）屋町（又 黒神通とも云）。猪熊。黒門（下では竹屋町と云）。大宮。西朱雀（上では千本通と云）。［〔童学重宝記〕には大宮以下が次のようにある。松屋町。日暮《ひぐらし》。智恵光院。裏門。浄福寺。土屋町。千本。七本松。西之京。］〔万民調宝記〕に「京縦町の歌二首」、「寺御幸麩屋とび柳さかい頂あいの東に車からす丸」「両が室ころも新かま西小川油や堀によしや猪の宮」。

〈京都見物〉〔東街道中重宝記・七ざい所巡道しるべ〕に京都見物の行程を示している。京都は日本無双の勝地で、四辺も景色美であり、見巡るには思いの外日が闌けるので宿は中程の六角堂前にとり、宿の亭主に巧者の案内者を丁寧に頼み前夜の内に相談して置き、朝早く宿を出立するのがよい。六角堂から八日間の行程。

○初日 六角堂* 禁中* 相国寺* 上御霊* 上賀茂大明神* 今宮* 大徳寺* 船岡山* 七《なな》野社* 閻魔堂* 釈迦堂 北野天満宮* 平野大明神* 金閣寺* 神泉苑* 二条御城*等。

○二日目 三条大橋* 白川橋* 青蓮院御門跡* 知恩院* 祇園社* 丸山安養寺* 長楽寺* 東本願寺墓所* 双林寺* 高台寺* 七観音院* 安井御門跡* 珍皇寺* 念仏寺* 六波羅密寺* 庚申堂* 八坂の塔* 正法寺* 三年坂* 経書堂* 子安の塔* 清水寺* 清閑寺* 鳥部野* 西本願寺の墓所* 建仁寺* 目病地蔵。○三日目 仏光寺* 因幡堂* 御影堂* 大仏殿* 耳塚* 泉涌寺* 新熊野* 智積院* 三十三間堂* 東本願寺* 西本願寺* 東寺* 西八条大権現* 嶋原* 壬生寺* 本国寺*。○四日目 東岩倉山* 南禅寺* 永観堂*

銀閣寺* 鹿が谷* 真如堂* 新黒谷* 神竜院* 神楽岡* 新長谷寺* 吉田の社* 百万遍* 清荒神 革堂 下御霊 本能寺* 誓願寺* 和泉式部古跡* 円福寺 祇園の御旅所 大雲院等*。

○五六日目 愛宕へ参り 嵯峨に泊り、翌日高雄 栂の尾 槇の尾へ行く道。（太秦）広隆寺* 梅の宮* 松尾大明神* 西方寺* 法輪寺* 臨川寺* 小督屋敷* 大井川* 天竜寺* 野の宮* 嵯峨町 清涼寺* 二尊院* 三宝寺* 往生院* 愛宕山* 清滝川* 火打の権現* 愛宕大権現 月輪寺等。〔嵯峨に泊り翌日〕大覚寺御門跡* 広沢の池* 高雄山* 栂尾山* 槇尾山* 仁和寺御門跡* 妙心寺* 龍安寺* 等持院など。○七八日目 鞍馬 比叡山への道。下賀茂大明神* 市原村* 貴船大明神* 鞍馬* 比叡山* 坂本* 唐崎* 三井寺* 大津* 膳所* 勢田の橋* 石山寺* 大津* 両国寺* 十禅寺 毘沙門堂 地蔵堂 諸羽大明神等。「京師七道」「京師間道」モ見ル

京都より諸方へ道積り【きょうとよりしょほうへみちつもり】〔万民調宝記〕に京から「諸方道積り」二十六所の内、主要地を抄出する。起点は三条大橋。○嵯峨へ、二里。○伏見へ、二里半余。○大津・鞍馬・淀・大原・醍醐・高尾へは、三里。○愛宕・黄檗へは、三里半。○山崎・比叡山・山崎へは、三里半余。○岩屋・宇治・八幡・唐崎・石山・膳所へは、四里半。○丹波亀山へ五里。○奈良へ十一里。○大坂へ十二里。

嶢な／仰山な【ぎょうな／ぎょうさんな】 片言。物の夥しいことを、京では「嶢《ぎょう》な」とも「仰山な」「どうよくに」ともいう。伊勢では「にくちに」、関東では「おつかない」、播磨では「しぶい」という。〔不断重宝記大全〕

杏仁【きょうにん】「あんず（杏）」ヲ見ル

杏仁散【きょうにんさん】〔牛療治調法記〕に「杏仁散」に二方がある。①喰らうのに飽き、肺を破り、眼頭に泪を注ぎ、水草を欲せず、糞硬く、瘡を生じ、喘急口張るのに用いる。杏仁・蒼朮・阿膠・白芷・桔梗・牛蒡・茋蔞・麦門冬を末（粉）し、毎服二両を白礬と姜黄（各二両）と水一升で潅《そそ》ぐ。②両脚が引き攣り、鼻の中に膿のあるのは肺の敗傷《やぶれ》に用いる。杏仁・百谷・茋蔞・知母・白礬・貝母・荊芥・香草・秦艽・蕎麦・山梔子を末（粉）し、毎服二両を蜜糖（二両）と水一升で調え、一日に二度潅ぐ。

驚熱【きょうねつ】〔小児療治調法記〕に驚熱は、顚《つがえ》り、叫び恍惚する。熱*の薬がある。

京の一字【きょうのいちじ】「いろはの事」ヲ見ル

俠白【きょうはく】〈経絡要穴 肘手部〉二穴。俠白は天府の下二寸 動脈の処にある。針三分。灸五壮。心痛、息短く、乾嘔《からえずき》、胸の痛むのを治す。〔鍼灸重宝記綱目〕

莢栢礬【きょうはくばん】〔改補外科調宝記〕に莢栢礬は、瘂瘡《いそう》*の薬。皂莢《そうきょう》・竹皮（焼く）・黄栢・黄連・白芷・明礬・軽粉《はらや》を粉にする。胡麻の油に蠟を入れて煎じ、前の粉薬を入れ膏薬に練ってつける。

京橋の欄檻【きょうばしのらんかん】 江戸願所。京橋の欄檻 北側の真中の擬宝珠を荒縄で括り、頭痛の願懸けをすると、神のように治する。平癒の時は青竹の筒に茶を入れて注ぎ、又その擬宝珠に掛けて置く。〔江戸神仏願懸重宝記〕

夾斑【きょうはん】 痘に発斑、丹毒の交じることをいう。「斑《はん》」「丹」ヲ見ル。

強半【きょうはん】 明異名訣*。四分の三を強半とする。〔古今増補算法重宝記改正・上〕

驚風【きょうふう】 驚風は小児の脳膜炎の類をいう。〔小児療治調法記〕に「驚風の熱」は面の色は青紅く、額《ひたい》の真中に青い紋があり、手の真中に汗があり、時々驚惕《おどろき》をなし、手の脈絡は少し動いて発熱する。〈灸治〉〔鍼灸重宝記綱目〕に、○急驚風*は風熱より発《おこ》る。或は俄に大声を聞き、或は転んで驚き、搐搦《びくめ》き、身熱し 顔赤く 口渇き 息熱く、大小便黄赤く、目を見つめ反り返る。前頂に灸し、もし癒えなければ攢竹 人中に各三壮する。○慢驚風*には、尺沢（七壮）、顖会・総会（各三壮）。驚風には腕骨（最も良い）百会 前頂 上星 水溝 合谷 尺沢 中脘 章門 少海 長

強。急驚には針がよく、慢驚風には灸がよい。〔女重宝記・三〕には懐妊の時、物に驚き恐れることが多いと、生まれる子は必ず驚風を煩う。また菌《くさびら》を食うと生まれる子は驚風を病む。〔永代調法記宝庫・三〕に癲癇驚風の類は、烏を黒焼にして辰砂を少し入れて用いると十日の内に治る。〔懐中重宝記・慶応四〕に驚風には甘草を煎じて飲ます。「急驚風」「慢驚風」参照

刑部省【ぎょうぶしょう】 八省*の一。〔万民調宝記〕に刑部省は、万民の訴訟を断り、罪に沈むべき人があればそれぞれに行うべきことを司る。大輔《たゆう》一人、権《ごん》一人。少輔《しょうゆう》一人、又は諸大夫の権一人、五位の任である。丞《じょう》大小録、大小がいる。大判事*囚獄司*がいる。

京升積り【きょうますつもり】 京升柄杓の積りである。京升は「いまます（今升）」ヲ見ル。〔改算重宝記〕に、一合から五合までと一升がある。例えば、一合は差し渡し二寸九厘七毛八、深さ一寸八分六厘四毛七。五合は差し渡し三寸五分八厘七毛二、深さ三寸一分八厘八毛六。一升は差し渡し四寸五分一厘九毛五、深さ四寸一厘七毛三。

京間坪を田舎間坪に直す【きょうまつぼをいなかまつぼになおす】 京間《きょうま》坪《つぼ》を田舎《いなか》間《ま》坪《つぼ》に直すには、京間坪の六尺五寸を自乗《かけあわ》せた四二二五を、田舎間坪の六尺を自乗せた三六で割る。田舎間坪を京間坪に直すには、三六を掛けて、四二二五で割る。〔農家調宝記・二編〕

京的【きょうまと】〔弓馬重宝記・上〕に京的《きょうまと》は、法式が家々にあり常様とは格別である。或は云う、京的は天正年中（一五七三～九一）関白秀次公が熊谷大膳介に命じて国々の名人の射手を集め、射道の秘を残らず言上し、京的と言うのが一通りあったが、当世は大方これを略する。

京丸山かるやき【きょうまるやまかるやき】〔江戸町中喰物重法記〕に、①「京丸山かるやき」は、西ノ久保天徳寺前 ながい長兵衛にある。②「京丸山かるやき」外（五色せんべい 等十六種）は、元飯田町坂下よこ丁西側 加賀屋佐吉にある。

京萌やし【きょうもやし】〔醸造重宝記・下〕に京萌やしは、白米一石分に□目二十五匁宛の割合で入れる。入れ様は麹の飯を甑から取り降し半分冷めた時、室の船 或は床へ入れ置き、一時（二時間）が過ぎて萌やしを入れ、よく掻き回し、それから飯の冷めないように筵を何枚も蓋にして一日一夜の積りで床に寝させ、ちょくちょく剥がして麹の蓋盛の状況を見る。

京紋縮緬【きょうもんちりめん】〔絹布重宝記〕に、近江長浜や美濃からも出るが、京紋縮緬は格別である。紋柄もよく浮々として華やかである。

脇癰【きょうよう】〔改補外科調宝記〕に脇癰は、多くは鬱気 肝火盛んで、虚中に熱があり 発する。胸、脇の下、首、項《うなじ》、乳に出る。まず、梔子清肝湯*がよい。誤って熱剤を用いると内を傷《やぶ》る。瓜蔞湯*もよく、鬱を散じ火を下すようにする。既に癰となったのには托裏散*に青皮・香付子を加える。膿んだのは針をして口を開いて付薬するが、深く刺して内膜を破ってはならない。腫物が破れて後は八珍湯*に牡丹皮・山茱萸・沢瀉を加える。虚したのには十全《じつぜん》大補湯*を用いる。外治は太乙膏*がよく腎水を潤すようになる。破れて後に たわ汁（瘡瘍の膿汁）ばかり出て内薬の相応しないのは死症である。

狂乱の事【きょうらんのこと】〔鍼灸重宝記綱目〕に「狂乱 きちがい」とあり、狂はくるい乱れて正しく定まらない、或は痰火実盛 心血不足で憂え驚くために志を失い、この症をなすという。喜んで笑うのは心火の盛んである。針は尺沢 間使 天井《てんせい》百会 神門 中脘に刺す。灸は承山 風池 曲池 尺沢 神門 上脘にする。〈狂乱治法〉〔重宝記〕には徳本家の秘方がある。乳香（二匁半）、辰砂・水銀・黒鉛（各二匁）、雄黄（一匁二分）。加味は芒硝・石膏・白礬（各一匁半）。生密で丸とする。

京綸子【きょうりんず】〔絹布重宝記〕に京綸子は、○常紋は稲妻に菊 蘭の紋

柄である。これを一般に京師の絹局（呉服屋）は菊水仙という。〇変り紋は大紋 中紋 小紋があり、定まりがない。練って染め張りする。張り上げの仕なし、こかし、仕なし、板張り、色々の差別がある。八尋の上物で、献上箱入は巻綸子、皆紗綾、縮緬、同様である。御召に変り紋はなく皆常紋（菊水仙）である。儀式の地白箔地、箔地、黒地、紅等の箔も菊水仙である。変り紋は略儀で、変の字があるので、儀式等に立たず、婚礼等には常紋とする。

狂連新式【きょうれんしんしき】「狂連」は「狂歌連歌」の略である。滑稽趣味の連歌。〔俳諧之重宝記すり火うち〕の「狂連新式」からの抜粋。〇自由に鄙俗語を遣うのはよいが、漫りに乱雑の俚言を遣ってはならない。〇百韻の中に二十年来の世諺を用いない。〇気形 生植 数量 朱引（〔書物朱引の歌〕参照）は本例に随い二連を隔つ。器材 食服は一連を隔つ。〇数量虚押の字は三十字句過ぎると再び用いてよいが、三度は用いない。人名 地名も同じである。〇仮名書は、月を都嗜、山を夜漫、雨を下米、酒を沙嬉。これは百韻に一所で多用してはならない。〇面十句の内、朱引を用いない。三ノ折裏は 朱引を好まない。〇脚句は百韻に二所で、脚句の下の韻字は踊り字を嫌う。対句の時は平仄相兼ねる。

行和芍薬湯【ぎょうわしゃくやくとう】〔薬種日用重宝記授〕に行和芍薬湯は、痢病で絞り下るのに用いてよい。痢の通じないのにもよい。芍薬（大）、大黄（中大）、当帰・黄芩・木香・檳榔子（中）、黄連（中小）、肉桂・甘草（小）。

御戒の松【ぎょかいのまつ】「袖返しの松」ニ同ジ

ぎよぎよし【ぎょぎょし】 片言。〔不断重宝記大全〕に「ぎよぎよしは、百舌《けけし》鳥なり。関東にては よしはら雀、西国にては麦熟《むぎうらし》」という。『物類称呼・二』に、「出雲 及西国四国にては、ぎようぎようしと呼。土佐の国にては、むぎまらし。又をげらなどゝも呼ぶ也。加賀にて、よし鳥と云。播州にて、けゝしと云。仙台にて、からからしと云。東国にて、よしきりと云」。

局【きょく】〔男重宝記・三〕に、碁盤を局《きょく》という。

曲垣【きょくえん】〈経絡要穴 肩部〉二穴。肩の真中 陥みの中、押すと手へ応えて痛む処である。『銅人』を引き、針五分、灸三壮。肩萎え、熱気痛み、引き攣りを治す。〔鍼灸日用重宝記・二〕

玉肌散【ぎょくきさん】「肌洗い粉」ヲ見ル

玉紅膏【ぎょくこうこう】「生肌《せいき》玉紅膏」ヲ見ル

曲骨【きょくこつ】〈経絡要穴 心腹部〉〔鍼灸重宝記綱目〕に一穴。曲骨は臍の下五寸。横骨の上、陰毛の生え際の陥みの中にある。灸は一日に七壮から四十九壮まで。針は二寸か一寸、或は六分、留むること七呼。五臓*虚弱、冷え極まり小腹《ほがみ》脹り痛み小便通ぜず、淋病 遺精 赤・白帯下を治す。〈灸穴要歌〉〔永代調法記宝庫・三〕に「五淋病み 尿《いばり》も黄色 水腫みち白血長血 曲骨の穴」。虚した人は七壮する。

曲差【きょくさ】〈経絡要穴 頭面部〉二穴。曲差は神庭の傍ら左右へ一寸半ずつ前の髪際より五分上にある。針は三分。灸は三壮。目明らかでなく、鼻血、鼻瘡、胸煩れ、頭 項《うなじ》痛み、頂《いただき》の腫れるのを治す。〔鍼灸重宝記綱目〕

玉鎖丹【ぎょくさたん】〔続咒咀調法記〕に玉鎖丹は、男の精分を強くする薬。縮砂・訶子（各二朱）、辰砂（五匁）、丁字（三匁）、竜骨（一分）を粉にして餅糊で小豆粒程にし、交合の前に七粒ずつ温酒で飲むと、どんなに淫らな女五人七人に会っても、精の漏れることはない。第一に腎を補い、身を逞しくする薬である。

玉璽【ぎょくじ】〔筆海重宝記〕に玉璽は、天子の印をいう。「印の事」を見ル

曲尺【きょくしゃく】「きく（規矩）」ヲ見ル

玉女の方【ぎょくじょのほう】〔嫁娶調宝記・三〕に「袴着」*で玉女の方とい

うのはその日の吉方である。座敷を改めて、その日の玉女の方へ碁盤を向けて置く。例えば、その日が子《ね》の日であれば子の方北の真ン中が定座となる。子丑寅卯辰巳午未申の方は九ツ目である。申の方は西の角《すみ》に当る。申の方へ向う様に碁盤を置く。

玉枕【ぎょくしん】〈経絡要穴 頭面部〉二穴。玉枕《ぎょくしん》は曲差の後ろ八寸半、頭の中行より左右へ一寸五分ずつ開いた処にある。灸は三壮。禁鍼。目眩《くる》めき痛み、頭項《うなじ》痛み、鼻塞がり臭いを聞かないのを治す。〔鍼灸重宝記綱目〕

玉真散【ぎょくしんさん】〔洛中洛外売薬重宝記・上〕に玉真散は、小川一条上ル丁 松陽軒にある。胸の痞え、食傷、霍乱、立ち眩み、疝気、淡咳、水の代りによい。

曲水の宴【きょくすいのえん】〔万物絵本大全調法記・上〕に「曲水 きょくすい」。〔年中重宝記・一〕には、三月三日の上巳*に、中国では水辺に遊び、流水に盃を浮かべて詩を作り、宴をなすのを曲水の宴という。日本には顕宗天皇（『日本書紀』には 四五〇～四八七）の時に始ったものの、その後途絶え、奈良時代（七一〇～七八四）には宮廷行事となっていたらしく、平安時代には五卿が参内して清涼殿の東庭で、御溝水《みかわみず》に浮かべて行われていたが、寛治年間（一〇八七～九四）になると途絶えたらしい、とある。

玉枢丹【ぎょくすうたん】 玉枢丹は、一名を紫金錠ともいう。〔重宝記・宝永元序刊〕に、続髄子（油を去る 一匁）、山慈姑・大戟（炉を切り炒る）（各二匁）、みみぶし（五倍子）・麝香（各三匁）。まず、山慈姑・大戟・五倍子を細末（粉）してから続髄子・麝香を入れ、木臼でひたすら搗き合せ、よく練れた時に糯の糊で錠にする。五月五日・七月七日・九月九日、或は天徳日、月徳日*に身を清め、新しい物を着、綺麗な所で手を濯ぎ、香を薫き、心を清めて調合する。病人、腋臭の人、出家、その他穢れのある人に見せてはならない。効能は詳しくは記し難く、居家 出入りの所は一日も欠かせない。大抵は、傷寒 中風 瘧 小児百病 痢病 癲癇、特に驚風によい。〔薬種日用重宝記授〕に紫金錠の調合は、五倍子（三匁）、続髄子（一匁）、大戟（一匁五分）、麝香（三分）とある。

玉石細工【ぎょくせきさいく】〔江戸流行買物重宝記・肇輯〕に玉石細工は、神田鍛冶町一丁メ 玉屋喜兵衛、同二丁メ 玉屋伊三郎、江戸橋四日市 甲州屋新右衛門、葺屋町 越後屋五兵衛、湯島切通し 玉屋五四郎ら八軒がある。

曲泉【きょくせん】〈経絡要穴 腿脚部〉二穴。膝を屈めて内の折目の頭 大筋の上 小筋の下に点をする。針六分。灸三壮。疝気で陰丸《ふぐり》が腫れ、内股が痛み、房事大過して泄痢《はらくだり》、女の血塊を治す。〔鍼灸重宝記綱目〕

極泉【ぎょくせん】〈経絡要穴 肘手部〉二穴。極泉《ぎょくせん》は肘を脇に下げて肘と肩と二ツに折る横筋の頭を少し胸の方へ押し入れてとる筋の動脈のある処である。針三分。灸七壮。肘手足冷え上り、胸脇痛み煩れ、乾嘔《からえずき》し、悲しみが多く起るのを治す。〔鍼灸重宝記綱目〕

玉体【ぎょくたい】 天子*の御体をいう。〔男重宝記・一〕

曲沢【きょくたく】〈経絡要穴 肘手部〉二穴。曲沢《きょくたく》は肘の内の横筋の中にある。曲池へは遠く少海へは近く、動脈の処である。灸三壮。針三分、留むること七呼。心痛、身熱し、煩れ、乾き、嘔血、かざぼろせ、肘腕震い、傷寒、しゃくり、嘔吐し、頭を動かすのを治す。〔鍼灸重宝記綱目〕

曲池【きょくち】〈経絡要穴 肘手部〉〔鍼灸重宝記綱目〕に二穴。曲池《きょくち》は肘を屈め手先を胸に当てて肘の横筋の上方のはずれ曲る骨の間にある。針は七分、気を得て瀉し、後に補す。或は五分、留むること七呼。灸は一日に三壮、また七壮ずつ、二百壮に至る。且つ、十余日休み、また七壮する。中風で半身叶わず、手の肘痛み、風ぼろせ、喉痺、胸いきれ、癲癇、田虫、婦人経脈の通じない等を治す。〈灸穴要歌〉〔永代調法記宝

庫・三〕に「風ぼろし腕《かいな》も伸びず屈まらず細くかじけば曲池なるべし」。手首を胸に着けて七壮する。

玉伝の事【ぎょくでんのこと】〔馬療調法記〕に「玉伝の事」は、三ツの癖に対するものである。一は轡《くつわ》*すまい。二は鞍置きすまい。三は鞦《しりがい》すまいである。轡すまいの油薫陸に口伝がある。鞍置きすまいは、物縫い針に巴豆の油を付ける。鞦すまいも同前である。

曲鬢【きょくひん】〈経絡要穴 頭面部〉二穴。曲鬢《きょくひん》は耳の上の少し前、曲隅《こびたい》の中にある。針三分。灸三壮。或は七壮。頤腫れ痛み、口噤《くいつ》め物言うことならず、頸項《うなじ》返り見られず、脳の両角痛み目に引くのを治す。〔鍼灸重宝記綱目〕

局方妙香丸【きょくほうみょうこうがん】〔丸散重宝記〕に局方妙香丸は、時疫傷寒五毒潮熱癪熱、及び小児驚風、百病によい。或は疫毒大いに起り顚狂の者に、或は沈癪、熱痰、癖癪、熱が急に発し、驚越するのに、或は小児驚風が大いに発し死にそうなのによい。巴豆（二匁）、牛黄・竜脳・膩粉《しふん》・麝香（各一匁）、辰砂（十一匁）、金箔（十一枚）を、蠟（七匁）と蜜（一匁）を同じく練り、諸薬を入れて練り合せる。

玉門【ぎょくもん】　陰門ニ同ジ

玉容膏【ぎょくようこう】〔昼夜調法記・正徳四〕に玉容膏は、一切の腫物が膿み爛れたのを治す。これを用いて肌を生じ、痛みを止め、外を守るのは神のようである。香油（二両）と黄蠟（一両）を火で化して開き、黄丹（粉一匁）と寒石（火に燃やし一両）を細末（粉）し、油の内に入れ、盪して膏とする。

曲令丸【きょくれいがん】〔丸散重宝記〕に曲令丸は、呑酸吐瀉禁口痢、脚気胸につき、或は疝気、筋が攣り痛むのによい。呉茱萸（一匁）、黄連（六匁）を糊で丸ずる。

玉露膏【ぎょくろこう】〔改補外科調宝記〕に玉露膏は、癰疽や瘰癧が愈え、肉を生じ、口を治め、痛みを止める。黄丹（半斤）と水粉（四両）をよく砕き、胡麻の油一斤を入れて煎じ、水でしたでて玉となる時、乳香・竜骨・血竭・茶軽粉（各二匁）を粉にし油の内へ入れ、よく掻き混ぜる。

玉露散【ぎょくろさん】〔小児療治調法記〕に玉露散は、小児の熱乳に傷《やぶ》られるものを治す。或は、白餅子の使用後に用いる。石膏・寒水石（各半両）、生甘草（二匁半）を末（粉）して、毎服一字、或は五分を温水で用いる。一名を、甘露飲という。

玉露霜【ぎょくろそう】　薬菓子。〔昼夜調法記・正徳四〕に玉露霜は、菉豆《やえなり ぶんどう》のよく干した一斤を末（粉）にし、薄荷の葉を水に湿らし甑《こしき》の底に敷き、その上に布を敷き、菉豆の粉をよく篩い布の上に置く。また薄荷の葉を上に敷き、甑の蓋の間を紙糊で固く貼り、気が漏れないようにして線香の一本立つ間蒸して取り出し、薄荷を去り、菉豆の粉一斤に白砂糖四十目を掻き合わせて用いる。

巨闕【きょけつ】〔秘方重宝記〕に、巨闕一穴。鳩尾《みずおち》の下一寸にあり、腹満痛を治す。狂症を主に取る。針六分、灸七壮より七々壮に至る。〈灸穴要歌〉〔永代調法記宝庫・三〕に、「嘔血し胸わき痞え痛みあり霍乱吐痢は巨闕よきなり」。巨闕は鳩尾より一寸下で七壮する。

魚硬【ぎょこう】「魚の骨が立ったのを抜く方」ヲ見ル

魚際【ぎょさい】〈経絡要穴 肘手部〉二穴。魚際は手の大指の本節の後へ内側、腕の横すじの中、寸《すん》口《こう》の脈の上際にある。針一分、留ること三呼。禁灸。酒病、悪寒、虚熱、舌胎、黄ばみ、頭痛、胸腹痛み、目眩、不食、引き攣り、咽乾き、尻痛み、遺尿、乳癰等を治す。〔鍼灸重宝記綱目〕

虚実の補瀉【きょじつのほしゃ】〈鍼法〉虚実の補瀉は、不足を補い、有余を瀉す。不足は痞え、麻《なえ》をなす。有余は腫れ、痛みをなす。経気に迎って針を刺し実を抜くのを迎《げい》*といい、瀉とする。また経気に従って針を刺し虚を済《すく》うのを随《ずい》*といい、補とする。〔鍼灸重宝記・一〕

虚瀉【きょしゃ】〔丸散重宝記〕に老人の虚瀉《きょしゃ》には、肉豆蔲（三戔）、乳香（十戔）を末（粉）し、古米で丸じ米飲で用いる。

魚翔【ぎょしょう】七死の脈*の一。〔医道重宝記〕に魚翔の脈は、皮肉の上にあり、魚が水面にいて尾を振っているようである。腎の死脈である。

虚損【きょそん】〔鍼灸日用重宝記・五〕に、虚損は七情*が内を破り、食物に倦み色欲を過し心気を損じ形体《ぎょうたい》痩せて眼霞み歯焦《こが》れ髪落ち耳遠く腰膝に力なく小便繁く自汗出遺精し、甚だしい時は虚火上り攻め顔赤く喘満する。脾腎の虚である。灸は肺俞 肝俞 脾俞 腎俞 三里にし、針は梁門と中脘の間に何度も刺すと効がある。〈薬方〉〔医道療治重宝記〕には虚労内傷を見合せて、四君子湯*四物湯*八物湯*十全《じつぜん》大補湯*を加減して用いる。〈虚損食物宜禁〉〔世界万宝調法記・下〕に「宜い物」は大麦 黒豆 麩 葛 芹 大根 牛房 鯉 鮑 鱧 飛魚 烏賊 海月 蠣 田螺 鴈 鶴 鶏 狗 粟など二十二種。「禁物」は糯 麺 蕎麦 小豆 胡葱 蕨 笋 胡椒 茄子 瓜 蓼 蕨 鰤 鮎 雉 猪がある。

魚袋【ぎょたい】朝廷行事で束帯着用の時、石帯《いしのおび》の右に下げる飾り。長さ三寸、巾一寸、厚さ六分に魚形六匹を飾った。〔万物絵本大全調法記・上〕に「魚袋 公卿は金魚袋、四品以下は銀魚袋也」とある。

清滝川【きよたきがわ】京名所。愛宕山*の東麓を南下して、大井川*桂川 梅津川に流れ込む川。この橋を渡猿橋という。〔東街道中重宝記・七ざい所巡道しるべ〕

きよ竹餅【きよたけもち】菓子名。きよ竹餅、皆ながし物、中へ小豆入り。〔男重宝記・四〕

虚疸【きょだん】〔秘方重宝記〕に虚疸には、「おうだん（黄疸）」*の方が良剤である。

魚鳥の事【ぎょちょうのこと】〈詞遣い〉〔書札調法記・五〕に、魚鳥の集字（各三十余字、異名も付く）と助数詞がある。〇鯛は一折《おれ》。鯉・鮒は一ツ。鰤・鰻は何枚等の類。〇鷹は一居《もと》。大鷹は一本《もと》。鷹の鳥は一竿《さお》。鴨・鶏は一番《つがい》の類。〈毒〉〔万まじない調宝記〕には魚鳥には頭に毒があり、鯉の頭は特に毒がある。〈染み物〉〔家内重宝記・元禄二〕には魚鳥の血油の着いた時は、蕪《かぶら》を拉《ひし》いだ汁で濯ぐ。魚鳥の味噌汁の着いたのにもよい。

魚鳥目録の書品【ぎょちょうもくろくのかきしな】〔改正増補字尽重宝記綱目〕に次がある。書法は「太刀折紙の事」*に同じ。魚鳥の前後については、まず魚を先に鳥を後に書く。もし精進物があれば奥に書く。また魚鳥を両脇に、精進物を中に書く流もある。樽があれば奥に書く。小袖等は樽の前に書く。簀巻《すまき》の物があれば何の簀巻 幾ツと末に書く。樽は何荷、折は何合と書く。女中へ遣わすには仮名で書く。上輩へは「進上」と氏名を書く。下輩へは「目録」とばかり書いて氏名は書かない（図127）。「目録箱書の事」参照

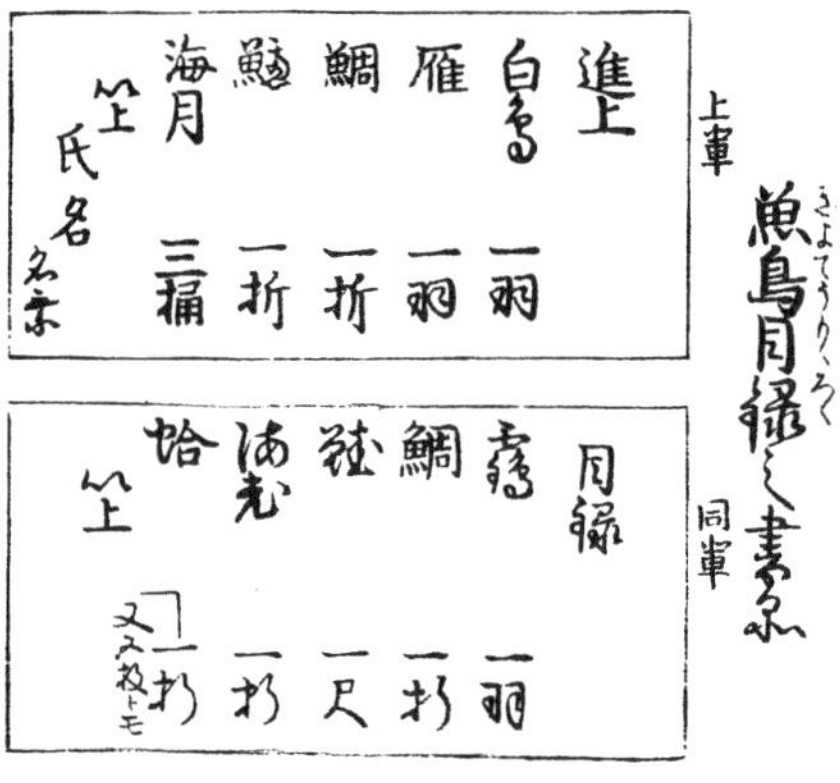

図127 「魚鳥目録の書品」（改正増補字尽重宝記綱目）

魚鳥類時節記【ぎょちょうるいじせつき】〔料理調法集・魚類侍節記〕の「魚類侍節記」の魚・貝・鳥類の月別記載からの抄出。〇正月「魚類」鯛（三浦郡三崎、江戸前と云）、生鱒（下縄川 四ツ手 玉川）鱚 細魚 鮎など十四種。

「貝類」たいらぎ（玉珧、三浦郡）馬刀貝（三浦郡）田螺 夜啼貝。「鳥類」寒塩鶴。〇二月「魚類」子持鮒 小鮎（武州 玉川シカ）石鰈 鰤 川鱚（十二月と云 佃沖三枝洲辺）近江鮒鮨など十一種。「貝類」鮑（房州 豆州下り）海松食（三浦郡内浦）蜆 浅蜊 田螺。「鳥類」鶉 小鴨 寒水漬鴈。〇三月「魚類」小子鯛 鯛の子 鮃 鰆 鯷 烏賊魚 塩朝鮮鱒 新串海鼠など二十二種。「貝類」蛤 床ふし 姫さざい 貝尽し。「鳥類」雲雀 胸黒 川鳫 寒塩雉子 ももげ壒塩（鳥の内臓の塩漬）。〇四月「魚類」松魚 おぼこ（鯔の幼魚）鎌倉海老 嶋鯵 寒干鱈 串蜊など十八種。「貝類」桜鮑。「鳥類」柄首鶏 あせ鴨 胸黒煎り鳥 骨抜き小鴨。〇五月「魚類」木の葉鰈 小鯵 笠子 鰻 尾張鮎鮨など十七種。「貝類」大玉珧 奥大蜆 讃岐串鮑 干赤貝。「鳥類」青鷺味噌漬 新発田毛引鴨。〇六月「魚類」子持鱸 小石鰈 鯊 赤藻魚 芝海老 前橋串焼鮎など十六腫。「貝類」海松食 蛇ひしお 塩灰。「鳥類」雲雀。〇七月「魚類」鎌倉鰹 車海老 いなだ 小鯵背塩辛 刺鯖。「貝類」江州漬鮑 小蛤塩辛。「鳥類」田鴫。〇八月「魚類」初鮭 子持鮎 川鱚 白子 伊勢杉焼鯛など十八種。「貝類」小さざい 蠣 螺 串貝 塩漬鮑など七種。小鴨 ほど鴫 鶫 小鳥 ももけ（鳥臓）。〇九月「魚類」大いな 甘鯛（九月節より出る）安芸切うるか 朝鮮鯷 田作。「貝類」中蛤 夜泣き貝 串貝。「鳥類」鶴 渡り真鴨 尾長鴨 山鳥 鶏卵。〇十月「魚類」大小鯛 魴鮄 丹後鰤 紀州味噌漬節 海鼠のわた 等十種。「貝類」馬刀貝 つべた（津免多貝）。「鳥類」雁がね 雉子 鶴ももけ（内臓）。〇十一月「魚類」鮟鱇 初白魚 生鱈 鱶鮫 眼張など十八種。「貝類」螺。「鳥類」羽白鴨 山鳥 塩雲雀。〇十二月「魚類」大・小鮒 海月 新干鱈 浜物小鯛 数の子など七種。「鳥類」小鳥。

玉階の松【ぎょっかいのまつ】「袖返しの松」ヲ見ル

虚濡【きょなん】 寸関尺*の脈法。〔鍼灸重宝記綱目〕に虚濡《きょなん》は、驚風*である。

魚肉扱いの事【ぎょにくあつかいのこと】〈魚肉を煮て置き様〉〔料理重法記・上〕に暑気の頃魚肉を煮て久しく置き様は、蜜柑の花を取り 陰干にし粉にして置き、夏に魚肉を煮る時、一匙程入れて煮ると半月程置いても損ずることはない。また、明礬を焼き返し、少しばかり入れて煮るのもよい。数日は損ねない。〈魚肉を焼く時網に付かぬ法〉〔万まじない調宝記〕に魚肉を網に載せて焼く時、焼く人の頭の上を三遍廻してから火に掛けると焦げ付くことはない。

虚熱【きょねつ】〔小児療治調法記〕に虚熱は、困倦《くたぶる》して力が少ないのをいう。地骨皮散*などを用いる。

清原武則【きよはらのたけのり】〔大増補万代重宝記〕に清原武則は兵を率いて出羽の国から来て力を合せ、源頼義を助けて安部貞任を破る。頼義はこれを賞した。平安後期、生没年未詳。

虚秘【きょひ】 虚秘は、津液虚し 血少なく 乾き 渋るものをいう。〔丸散重宝記〕に、老人の虚秘 冷秘《れいひ》*には半夏・生硫黄（各等分）を生姜の自然汁で糊丸し、空き腹に温酒で下す。また老人の虚秘《きょひ》 風秘《ふうひ》*には、麻仁・蘇子（各等分）を粥で食するとよい。「ひけつ（秘結）」参照

祛風遂湿膏【きょふうついしつこう】〔改補外科調宝記〕に祛風遂湿膏は、一切の風寒・暑湿に傷《やぶ》られ、骨節疼き 筋攣り、歩行の適い難いのによい。第一に鶴虱風 付骨疽につけてよい。豨薟草・麻黄・川烏・草烏・風藤・半夏・羌活・天南星・萆麻子・桂枝（各三両）、細辛・独活・当帰・白芷・蒼朮・大黄（各二両）を粉にして葱汁と生姜汁二椀に一夜浸し、次の日 胡麻油八斤を入れ、火でゆるゆると煎じて、葱と姜汁の乾いた時あげ絹で濾し、黄丹（十四両）と松脂（一斤）を入れて又煎じ、膏薬に練る。

清まわる【きよまわる】「きよまはるとは、潔斎して清くする也」。〔消息調宝記・二〕

清見関【きよみがせき】 大和詞。「きよみがせき、涙かかる袖なり。（歌）「胸はふし 袖は清見がせきなれや けふり（煙）も波もたたぬ日はなし」（詞

花和歌集・恋上）〔不断重宝記大全〕

清水【きよみず】　大坂名所。清水御堂《きよみずみどう》本尊は観世音菩薩。観音の清水がある。舞台から諸所を見下ろし、佳景である。前に浮瀬《うかむせ》があり、四郎左衛門茶屋に、浮瀬という名高い盞《さかづき》がある。〔東街道中重宝記・七ざい所巡道しるべ〕

清水坂【きよみずざか】　清水寺《せいすじ》*に行く坂道。「京色茶屋独案内」ヲ見ル

清水寺【きよみずでら】　「せいすいじ（清水寺）」ヲ見ル

虚脈【きょみゃく】　九道の脈*の一。〔医道重宝記〕に虚脈は遅大、柔らかで力がない。気血の虚と中暑となる。〔昼夜重法記・正徳四〕には傷暑、精気不足とする。自汗 驚悸を主《つかさ》どる。〔昼夜調宝記・安永七〕には、力なくいかにもうっかりと動くとある。口伝。

御遊【ぎょゆう】　天子*の御遊びを、御遊という。〔男重宝記・一〕

魚らん餅【ぎょらんもち】　「三田山魚らんもち」は、筑後屋六郎兵衛にある。〔江戸町中喰物重法記〕

居窌【きょりょう】　〈経絡要穴 心腹部〉二穴。居窌は直に章門の下八寸三分。斜めにとる。『素註』を引き、四寸三分（不用）、足少陽陽維の会。『銅人』を引き、針八分、留むること六呼。灸三壮。腰 小腹《ほがみ》に引き痛み、肩痛み、腕の上らないのを治す。〔鍼灸日用重宝記・二〕

魚類に中った時【ぎょるいにあたったとき】　〔万用重宝記〕に、一般に魚類に中った時は山査子を煎じて飲むと忽ちに毒を消す。

虚労【きょろう】　「諸虚／虚労」ヲ見ル

魚魯刀刁【ぎょろとうちょう】　〔文章指南調法記・一〕に、「魚魯」「刀刁」のように、文字が似て紛らわしいことをいう。「ぎょろ」「とうちょう」であるが、原振仮名は「ぎよろたうたう」とある。「刀刁」は「刁刀」ともいう。「烏焉馬《うえんば》」「大同小異文字」「似寄りの字」参照

きら【きら】　〈何が不足で癇癪の枕言葉〉「香の物、きら」。〔小野篡譃字尽〕

嫌いな客を一限にする呪【きらいなきゃくをいちげんにするまじない】　「むすぶ手のしずくに濁る山の井のあかでも人には別れぬるかな」（古今集・離別）「岩はしのよるの契りも絶えぬべしあくる侘しき葛城の神」（拾遺集・雑賀）。この二首を書き、客に悟られないように枕の下にそっと敷いて寝さす。その客は自然と来ないようになる。〔万家調法呪詛伝授嚢〕

沖柊と川海老【ぎらぎらとかわえび】　食い合せ。〔万用重宝記〕にぎらぎら（沖柊）と川海老を食い合わせると、三月の内に吐血して死ぬ。

雪花菜【きらず】　大和詞。〔女重宝記・一〕には「きらず（雪花菜）は、おかべのから」。〔女寺子調法記・文化三〕には「きらずを、から（殻）又う（卯）の花 共」。〔女用智恵鑑宝織〕には「きらずは、から、ゆき」。〈貯え様〉〔絵約重宝記〕に雪花菜の貯え様は、手でよく絞り水気を取り日に干すと、風のある日などは忽ちに乾く。これを袋に入れて置く。繁忙期或は飢饉の時など非常食として重宝である。

雲母【きらら】　〔万物絵本大全調法記・上〕に「雲母 うんも／きらら。雲華うんくわ」とある。〔薬種重宝記・中〕に和石、「雲母《うん》 きら。黄色になるほど焙る」。「陽起石」参照

雲母田楽【きららでんがく】　〔料理調法集・焼物之部〕に雲母田楽は、魚または豆腐でも、雲丹をよく擂り 玉子でとろりと伸べ、濾してつけ焼きをする。

きり【きり】　〔万物絵本大全調法記・上〕に「錐 すい／きり／つきとをし」、「鑽 さん／きり／とをしぎり」。

切【きり】　大和詞。「ひやむぎ（冷麦）は、きり」という。〔女重宝記・一〕

切和え【きりあえ】　〔料理調法集・和物之部〕に「切和え」は、拘杞葉や人参の類を湯煮して水気をよく絞り、大概五合程の分量に、白味噌一合五勺程を薄鍋で焦げ目の付く程に焼き、焙炉《ほいろ》に掛け、胡麻をよい程に見合せて炒り、薬研《やげん》で卸し、水嚢で篩い、これらを一ツにして板の上で刻み、

唐辛子でも 山椒でも 好みの品を入れ、次に小豆一合程を潰れないように煮てよく冷まして置き、品々の内へ ぱらぱらと交ぜ、厚さをよい程に固めて好み次第に切り形をする。もし、堅過ぎて寄せ兼ねる時は、煎り酒を少し加える。

希臘【ぎりーし】〔童蒙単語字尽重宝記〕に希臘《ぎりーし》は王国、広さ一万八千五百坪、民は一百九十万六千八百人。「額力西」とも書く。雅典《あぜんす》（＝アテネ）民は四万千二百九十八人。品川海より四千十六里。〔蘭学重宝記〕に「厄《ぎ》利《り》斉《し》亜《あ》字」大字・小字・音がある。

切鱁【きりうるか】〔料理調法集・塩辛仕様〕に切鱁《きりうるか》は、鮎をよく洗い、極めて薄く背越に切り、頭尾先を除き、腸も子もその侭置き、鮎の量一升に塩五合を交ぜる。少しも水気のない塩をよく手で揉み合わせて後、桶に漬け押しを懸ける。多く漬ける程よい。

切代畑【きりかえはた】〔地方重宝記・下〕に切代畑《きりかえはた》は、山方辺鄙の畑作で、一反と言っても二三反あり一年ずつ休みを置いて、隔年に雑穀を作るのをいう。

切紙状【きりかみじょう】〔不断重宝記大全〕に切紙状は、奉書紙*や杉原紙*の折紙を折目通り横に半分に切ったもので、要用のみを走り書きする。元は小文*より出るが当代は用いず、今は前のように調えて心安い方へ用いる。祝儀等の時は軽賤は無用のことである（図128）。

切傷の薬【きりきずのくすり】〔世界万宝調法記・中〕に「万きず薬の方」として、切疵 腫物 瘡気の類が溜り、或は切り傷 擦り剝きが急に癒え兼ねるのに、阿仙薬・沈香・丁子（各一分）を粉にし合せてつける。肥前水瘡の爛れたのには最も効がある。腫物に乾きがあれば白粉を少し加えて用いる。〈内薬〉〔薬家秘伝妙方調法記〕に「切傷の内薬」は地黄 芍薬当帰とある。〈傷薬〉〔重宝記・礒部家写本〕には「キズぐすり」として、①石灰を寒水に十五日浸けてよく干し上げ、辰砂に合せる。但し、桃色になる位がよい。②紫蘇の葉は傷ぐすり。〔薬家秘伝妙方調法記〕に「きづ薬」として繭の実子を黒焼にして傷口へ捻りつける。〈切り傷血止め薬〉〔新撰咒咀調法記大全〕に「切り疵血止まらざるを治る方」は、○五倍子《ふし》を生で砕き 乾かし 粉にしてつける。○鼠の糞を細末（粉）にし糊に混ぜて擂り合せてつける。○梅干の黒焼を粉にしてつける等、色々ある。〔大増補万代重宝記〕には、○広東人参の粉をつける。○自分の小便で洗うのもよい。〔調宝記・文政八写〕に「打傷 切傷血止め 一切の痛み和らげ薬」は、乳香*むつ薬がある。「妙法」として紙を時に合せて織り、手前を日に向けてこの紙で結ぶとよい。〔調法記・四十七ゟ五十七迄〕にも「一切金瘡*切疵 血止并ニ癒薬」がある。○五月五日に韮を取り摺り絞った汁に古い石灰を粉にして練り合せ餅のようにし、風の透かぬ所に久しく置いて細末（粉）とし一切の金瘡につけると血を止め 早く癒える。年を経る程よい。○白壁を刮げてつけると血はよく止まる。○生姜を咬んでつけてもよい。○水仙の根を摺りつけると忽ち癒える。○蓮根を搗いて膏薬のようにし、金瘡 傷《やぶれ》 折《くじき》

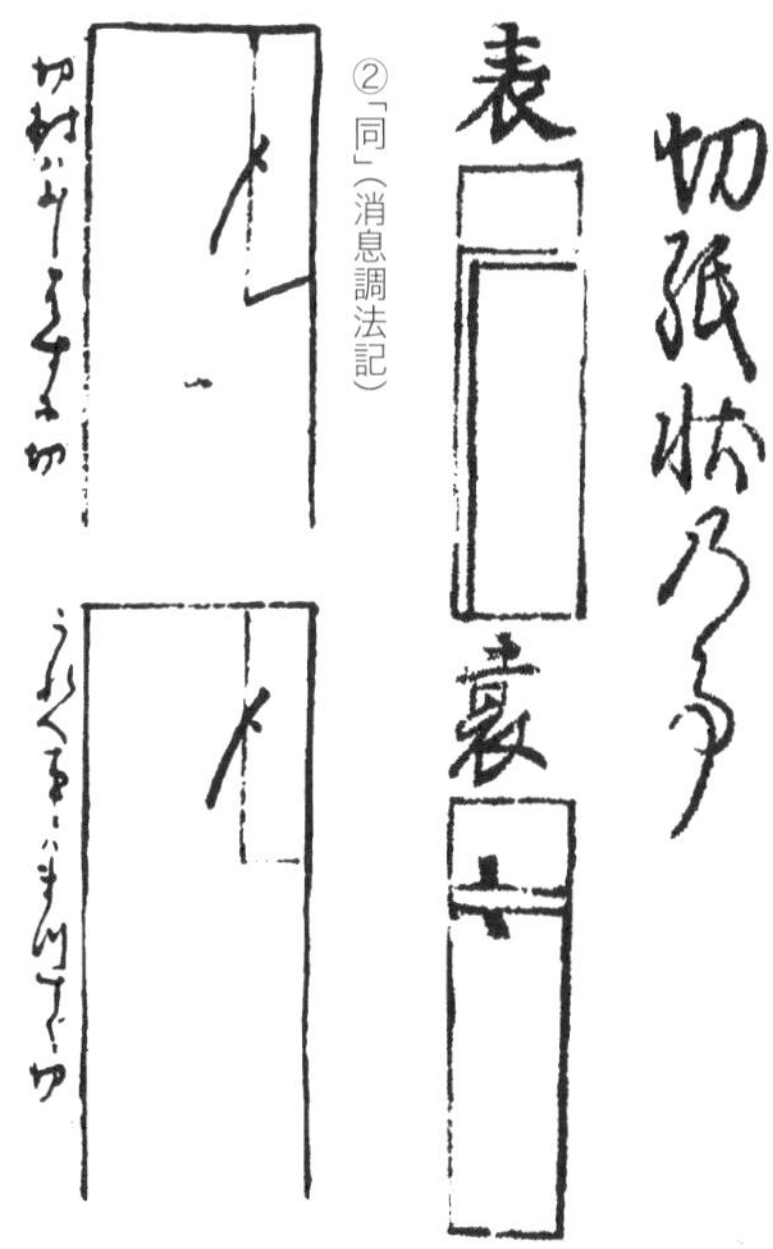
図128 切紙状
①「切紙状」（不断重宝記大全）
②「同」（消息調法記）

切疵 打疵等につけるとよく癒える。○菊葉を影干にし粉にして小麦の粉と練って用いると妙である。〔医術調法記弁料理書〕に「打身切疵の名薬」は鍋を掻いた鍋墨に桃皮と調合する。但し、桃皮をよい日に干し薬研で粉とし、鍋墨に三分ばかりを混ぜつける。但し、粉を糊で練り、痛所へ貼り、紙で蓋をするのがよい。大疵には粉を酒で飲む。〔呪い〕〔諸民秘伝重宝記〕に「切疵 鼻血 血止めの伝」は「難波津に咲くや此花冬籠り 今を春べと咲くやこの花」（王仁が神武天皇の即位を祝した詠作と伝え『古今和歌集・仮名序』に入る）の歌の上の句を口の中で何遍も詠むと切疵でも鼻血でも奇妙に止る。

〈傷薬〉〔洛中洛外売薬重宝記〕には切傷の薬に、即効紙《そくこうし》*（五種）、懐中即効紙*（升屋文左衛門）、煙油湯*（ゑびすや文三）、清種油*（川嶋利兵衛）、ゆびのくすり（わたや五兵へ）、金生油*（越後屋源兵衛）、金瘡油*（池田屋治兵へ）、大宝油*（大生堂）、神方油*（池田屋治兵へ）、白木屋兵右衛門）、血妙紙*（増田製）、即愈膏*（丸烏堂）の外、数品がある。

きりぎりす【きりぎりす】〔万物絵本大全調法記・下〕に「蛬 きよう／きりぎりす。又 こをろぎ。夏秋」、また「絡線 らくせん／はたをりめ。又きりぎりす。夏」とある。「こおろぎ」*も含めて、秋鳴く虫の総称である。

霧嶋 皐月 躑躅植替【きりしま さつき つつじうえかえ】霧嶋 皐月 躑躅の類は、年中植え替えてよい。中でも四・五月は特によい。琉球台に接ぎ、挿し芽ともに五月がよい。土拵えは墨ぼこ、砂、山土、しのぶ土の四色を等分にする。〔庭木重宝記〕

ギリシャ文字【ぎりしゃもじ】〔蘭学重宝記〕には図版のようにある（図129）。

錐大明神【きりだいみょうじん】江戸願所。両国橋の真中で「飛騨国錐大明神」と念じ北方に向って錐を三本ずつ川の中へ流し、「疾瘡の患いを平癒なされよ」と願懸けすると、日ならず 忽ち跡なく平癒するのは 神のようである。平癒後 再び錐を三本川へ流し礼拝すれば再発はしない。自分の年を記して橋上の番屋に行き、しかじかの患いで錐を求め、この年より朔日毎に五ツ時（八時）まで精進し、「飛騨国錐大明神」と称え信心するのがよい。断ち物は、鰯 鯷鱓《ひしこごまめ》である。縁日は卯の日である。〔江戸神仏願懸重宝記〕

霧立つ人【きりたつひと】大和詞。「きりたつ人とは、遠く行く人を云」。〔不断重宝記大全〕

切り卵【きりたまご】切り卵は、卵を潰してよく解き交ぜ、卵五ツに葛の粉と濃い茶一服程を入れ、麩焼に焼く。なるだけ火を緩くして卵を入れ、

図129 「厄利齊亜字」(蘭学重宝記)

極く薄く焼く。細く切り、煎り酒で刺身煮物鱠に交ぜる。〔世界万宝調法記・下〕

切漬鯖【きりつけさば】〔料理調法集・漬物之部〕に切漬鯖は、鯖を三枚に卸し、刺身程に作り、身一升に塩四合 糀六合を揉み交ぜ、壺に漬け口張りして置く。四六漬とも沖切ともいう。舟中で獲り立ての魚を漬ける。

起立唯識宗【きりつゆいしきしゅう】「倶舎宗」ヲ見ル

桐に住む鳥【きりにすむとり】大和詞。「きり（桐）にすむ鳥、鳳凰の鳥」をいう。〔不断重宝記大全〕

霧の籬【きりのまがき】大和詞。「きりのまがき（霧の籬）、ほの見へよと云心」である。〔不断重宝記大全〕に、又「やくもたつ（八雲立）」ヲ見ル

切破風【きりはふ】「切破風」は、切妻破風屋根のこと。〔甲斐重宝記〕の「甲陽三軍家造切破風之事」には、一は要害、また民家の勝手に宜い家造とある。毎家二階建にして、窓に物見の窓を拵え、蚕場にして昼夜に何度も上下するので、遠近を眺めるのは自然であり、櫓 要害になるという。

切り人【きりびと】「きり（切）人とは、出頭《しゅっとう》する人」。〔消息調宝記・二〕

切封【きりふう】簡礼書法。〔諸礼調法記大全・地〕に今の切封は、昔の紐《ひも》封《ふう》で、杉原紙*や奉書紙*等を折文*を書くように中より二ツに折って裁ち切り、その一ツを横に又二ツに折り、一方に事を書き、紐をつけて今の手紙のように封じ、その上を半分の紙で横紙に包んで上下を少しずつ折り、上に名を書く。今はその上包みは絶え、内の切封じのみを用いる。糊付は端を一分ばかり切ってその紐は用いず、上五六分を残して紐を切り、裏の方へ少し廻して糊でつけ、封じ目をつける。〔不断重宝記大全〕には元は小文*より出たものであるが、今は小文は用いない。切封は心安い向きに用い、祝儀等には用いない。〔消息調宝記・四〕は少し斜に切るが、憂え事には真直ぐに切る。

切麦の事【きりむぎのこと】饂飩の仕方は茨木饂飩に同じ。切り方はそれより細かに切り、水に冷して用いる。〔世界万宝調法記・下〕等に、切麦は饂飩を細かに切ったのをいう。○「切麦食い様」は「冷麦食い様」ニ同ジ

きりもの【きりもの】片言。〔世話重宝記・五〕「着物《きもの》を、きり物《もの》」という。〔小野篁謔字尽・かまど詞大概〕「着物《きるもの》は、きりもの」。

気瘤【きりゅう】〔改補外科調宝記〕に気瘤は、昆布丸*が効く瘤*といい、また補中益気湯*を用いる。

桐生【きりゅう】〔絹布重宝記〕に桐生は、素紬で厚強、光沢なく紋はないが、紋のあるものもある。緯《ぬき》太に畦《うね》高である。絹性がしっかりしているので、裃地《かみしも》に桐生を遣うとよい。

気痢裏急後重【きりりきゅうこうじゅう】経験方。〔丸散重宝記〕に気痢裏急後重には、黄連（一戔）、干姜（五分）を細末（粉）にして、温酒で下す。下泄にもよい。

気淋【きりん】五淋*の一。〔新撰咒咀調法記大全〕に気淋には、船底の苔を水で煎じて頻りに呑むとよい。〔鍼灸重宝記綱目〕には気淋は小便渋り痛み、常に余瀝《のこり》があって尽きない。療治は「五淋」参照

麒麟【きりん】シナで、聖人が出現するしるし（徴証）とされる想像上の動物で、一日に千里を走るという。牝を麒、牡を麟という。〔万物絵本大全調法記・下〕

麒麟円【きりんえん】〔改補外科調宝記〕麒麟円は嚢癰*のつけ薬である。麒麟竭・蕎麦粉・噌丹・茴香・芭蕉（各五両）、黒豆・地黄（各十両）をいずれも刻み、水三升を入れて一升に煎じ、布で濾し渣を去り、また練り詰め、上げる時蜜を少し入れて置き、馬糞を煎じ、その汁で溶いてつける。三日に一度ずつ垂れ味噌で前陰を洗い幾度もつける。又 この薬を大豆粒程ずつ一日に三度、芭蕉の根の煎じ汁で用いる。

麒麟竭【きりんけつ】〔薬種重宝記・下〕に唐木、「麒麟竭 きりんけつ／あか

やに。そのまま卸す」。

麒麟血散【きりんけつさん】〔骨継療治重宝記・下〕に麒麟血散は、刀や箭で筋を破り、鼻を断るのを治す。痛みを止め、血を定《しず》め、風を避くる。麒麟竭・白芨(各半両)、黄蘗・蜜陀草・白芷・白斂・当帰・炙甘草(各一両)を細末(粉)とし、用いる度に少しばかり瘡の上に乾かし振り掛けると即効がある。

麒麟膏【きりんこう】〔洛中洛外売薬重宝記・上〕に麒麟膏は、万寿寺新町西へ入 大菅孝道にある。取り次は、天満蜆橋北詰 堺屋新八郎、伏見京橋はりまや清八郎、大津八丁みのや弥三八である。癰疽 疔疽 下疳 横根によい。

麒麟草【きりんそう】 草花作り様。麒麟草の花は瑠璃色である。土は合せ土*を用いる。肥しは茶殻の粉がよい。羅生門ともいう。分植は時期なし。〔昼夜重宝記・安永七〕

きるさ【きるさ】 大和詞。「きるさとは、わかるる(別)さかひ(境)を云」。〔不断重宝記大全〕

切れ【きれ】 立花*。〔男重宝記・三〕に、余所の枝が横へ出た前へ縦に出し、或は縦に出た前へ横に出して、十文字にしない。切《きれ》と言い、嫌う。

きれえだね【きれえだね】「きれへだねとは、丁子やでばかり言ふ事」。〔新板増補男重宝記・三〕では「きり」と読む。〔増補新版名代廓法記・上だん(冗談)の言葉〕

気癧【きれき】〔改補外科調宝記〕に気癧は、丸くして動く血を調え、気を和するように、藿香正気散*を用いる。

切れ字【きれじ】 連俳用語。発句が独立して存在するために、句中や句末で特別に切れる働きをする字をいう。助詞・助動詞・副詞、形容詞の語尾、動詞の命令形等の類。〔俳諧之重宝記すり火うち〕には、切れ字の例が「かな(治定の哉、しずむ哉)」「もがな」「がもな」「かも」「歟《か》(=中のか。哉に通うか)」「けれ」「也」「こそ」「て」「にて」「つつ」「き」「や」「もなし」「けらし」「し(現在のし=古し等。未来のし=さくべし等。過去のし=明けし)等。二字切、三字切、三段切等の外、色々に挙例がある。

蘒蘞【きれん】「めなもみ(蘒蘞)」参照

生蠟【きろう】〔江戸流行買物重宝記・肇輯〕に、「清浄生蠟」として十二軒ある内から抄出した。瀬戸物町 越後屋五左衛門。青物町 網屋源六。日本橋通二丁目 藤木屋徳兵衛。北紺屋町 丸屋卯兵衛。通油街 讃岐屋権三郎。横山同朋町 丸屋平兵衛。

記録所【きろくしょ】 禁中*の評定所を記録所という。〔男重宝記・一〕

限墨の事【きわずみのこと】「際墨」とも書く。〔麗玉百人一首吾妻錦〕に、限《きわ》墨《ずみ》(=額の生え際を整える墨)は、仄かに薄々と、浦山遠く眺《のぞ》むようにする。小額《こびたい》より上で引き消し、ただ尋常なのがよい。〈限墨拵え方〉〔女中重宝記〕には玉子を割り、西の内紙*へ一面に塗り、干して後に火に焼《く》べ、上に茶碗を伏せてその煙を留めると茶碗の内へ油煙が溜る。この墨は何の墨よりも色合よく、濃くなく、薄くなく、この墨で生え際を作ると甚だ綺麗、五六十度もつけると産毛《うぶげ》のように生えるのは妙である。〔里俗節用重宝記・上〕に、限墨には田舎の鍋墨がよいとある。

黄和田【きわだ】〔薬種日用重宝記授〕に黄和田(黄蘗)は、黄蘗(二匁三分)、犬山椒(一匁六分)、楊梅皮(七分)を、極細末(粉)にする。「おうばく(黄栢)の事」モ見ル

木を切る日の善悪【きをきるひのぜんあく】「竹木を切る日の善悪」ヲ見ル

気を揉み大根癪の種【きをもみだいこんしゃくのたね】〈平生ソレよく言う言語〉「気を揉み大根癪の種」は、ますます気を揉み増すことをいう。癪の種になること。「気を揉む」を「揉み大根」に言い掛け、「癪の種」を言い添えた。〔小野篤謔字尽〕

鈞【きん】「はかり(秤)の事」の「衡数こうすう/はかりめ」ヲ見ル

筋瘿【きんえい】〔改補外科調宝記〕に筋瘿は、筋のみえる瘿*をいう。

金黄散【きんおうさん】「如意金黄散」ヲ見ル

金花隔紙膏【きんかかくしこう】〔改補外科調宝記〕に金花隔紙膏は、臁瘡《はばきがさ》*のよく痛むのに用いる薬。黄蠟（二両）、胡麻油（四両）、乱紙（少）を入れて煎じ、髪の蕩けるのを窺い、大黄（一両）、黄連・黄芩・黄栢（各五匁）をともに炒り黒くなる時粉にして、乳香と没薬（各五分）を粉にし、同じく内に入れ、搔き交ぜ滓を去り、膏薬に練る。

金閣寺【きんかくじ】京名所。三重の閣があり、三重目は三間四方の［金の］板で張っている。よい縁がないと見ることはできない。これから北野内へ帰る。右近の馬場、影向松、経王堂などがある。〔東街道中重宝記・七ざい所巡道しるべ〕

銀閣寺【ぎんかくじ】京名所。銀閣があり、仁斎という小室がある。これは今世に茶会に用いる四畳半の根源という。銀閣も仁斎もよい縁がないと見ることはできない。〔東街道中重宝記・七ざい所巡道しるべ〕

金花山きんこ餅【きんかざんきんこもち】「金花山きんこ餅」は、中橋上槇丁伊達や文六にある。〔江戸町中喰物重法記〕

筋疳【きんかん】〔小児療治調法記〕に筋疳は、血を瀉して痩せる。これは地黄丸*の六味を等分にして、肝を補うとよい。

金柑の事【きんかんのこと】〔万物絵本大全調法記・下〕に「金柑 きんかん／ひめたちばな」。〈薬性〉〔医道重宝記〕に金柑は、温で毒がなく、気を下し、膈《むね》を快くし、渇《かわき》を止め、酒毒を解す。〔永代調法記宝庫・四〕には痰を消し、食を進める。〈貯え様〉〔永代調法記宝庫・六〕には生竹を切り、片々に節を込め、一ツ一ツ金柑を入れ、口をよく貼って置くといつまでも持つ。古竹や枯竹は悪い。蜜柑も同じ置き様である。〔料理調法集・囲方之部〕には、荒糠に交ぜて壺に入れ口をよく貼って置く。入用の折りに取り出したら、また同じようにして置く。

〈金柑干〉〔料理調法集・調製味噌之部〕に金柑干は、詰め味噌等の調合は蜜柑干*に同じ。よく熟した金柑の口を切り、身をよく去り、中へ詰め、蒸して陰干に乾かして貯めて置く。会席、挟み肴等に取り合せてよい。〔男重宝記・四〕

金菊餅【きんきくもち】菓子名。金菊餅、皆ながし物、中へ小豆入り。〔男重宝記・四〕

金玉餅【きんぎょくもち】菓子名。金玉餅、上しめし物、小豆入り、下こね物。〔男重宝記・四〕

金魚の事【きんぎょのこと】〔万物絵本大全調法記・下〕に「金魚 きんぎよ。白を銀魚ぎんぎよと云」。〈生かす伝〉〔諸民秘伝重宝記〕に「金魚のあがる（死ぬ）のを生かす伝」は、三七*の葉を絞り、汁を呑ますと必ず生きる。〈虱を去る伝〉〔日用調法人家必用〕に「金魚の虱を去る伝」に、金魚が痩せて身に白い粉《ふん》の着いたのは虱が湧いたもので、捨て置くと死ぬ。その時は焼瓦を人糞の中に漬けて置き、取り出して日に晒し、糞を洗い落として金魚鉢に入れると虱を去り丈夫になる。また鮒や鯉の類が弱り浮かび等した時も、三七の葉を揉み汁を絞って口へ入れると、暫時に活き返る。魚池辺に三七を植えて置くとよい。

銀魚の事【ぎんぎょのこと】〔万物絵本大全調法記・下〕に金魚《きんぎよ》*の白を銀魚《ぎんぎよ》という。〔料理調法集・口伝之部〕に鱸《すずき》の小さなのを、はね はぐら せいご*ともいう。また、銀魚ともいう。

近々【きんきん】妄書かな遣。「きんきむ（近々）、とうせいしたて（当世仕立）也」。現代風な洒落を尽す。〔小野篁譃字尽〕

金銀打箔【きんぎんうちはく】〔江戸流行買物重宝記・肇輯〕に金銀打箔は、京橋筋紺屋町 箔屋惣兵衛、同竹川町 箔屋茂兵衛、浅草寺町 箔屋彦右衛門、神田鍛治や町二丁メ 箔屋権兵衛、小伝馬町二丁メ 箔屋文吉ら六軒がある。皆箔屋を称する。

金銀花【きんぎんか】〔万物絵本大全調法記・下〕に「忍冬 にんどう／すひ

かづら。冬」。〔薬種重宝記・下〕に和草、「忍冬 にんどう／すいかづら、皮を削り刻む」、「金銀草 きんぎん（か）／すひかづら、刻み用いる」。〈薬性〉〔医道重宝記〕に金銀花は甘く温、湿を去り、諸々の腫毒・悪瘡・癰疽を治し、熱を散じ、毒を消す。茎葉を去り、刻む。〈草花作り様〉〔昼夜重宝記・安永七〕に金銀花の花は黄色。土は肥土に砂を少し交ぜるとよい。肥しは、雨前に小便を少し根に掛ける。分植は二月より、毎月種を蒔く。一年切りに限る。

金錦膏【きんきんこう】〔洛中洛外売薬重宝記・上〕に金錦膏は、四条室町西へ入ル丁秋好堂にある。五痔*癰疔 腫物によい。

金銀草【きんぎんそう】 草花作り様。金銀草の花は初めは白色、後は赤である。土は合せ土*がよく、肥しは馬糞を合せ土に交ぜるとよい。分植は春がよい。〔昼夜重宝記・安永七〕

金銀相場【きんぎんそうば】 貨幣の金（金の事*）と銀（銀の事*）の交換比率をいう。目安としては、金一両につき銀六十匁替えであるが、相場は常に変動する。〔男女御土産重宝記・元禄十三〕には、小判一両が五十匁相場の時、一歩に付十二匁五分。二朱に付六匁二分五厘。一両六十五匁の時。一歩に付十六匁二分五厘。二朱に付八匁一分二厘五毛。この間の計算法もある。〔古今増補算法重宝記改成 上・正徳五〕に、小判十六両三歩あり、一両に付き五十四匁ずつの相場で代銀は何程と問う。答え、九百四匁五分。解は、十六両三歩を四で割ると（一両は四歩。金は四進法）十六両七五となる。これに五十四匁を掛けて答えを知る。相場により手数料を取って金と銀を引き替える店があった。〔早算調法記・嘉永六〕には「金銀銭相場早割」がある。「ぜにそうば（銭相場）」参照

金銀箔に文字を書く法【きんぎんはくにもじをかくほう】 「箔に文字を書く法」ヲ見ル

金銀焼付幷に**鍍金の事**【きんぎんやきつけならびにめっきのこと】 〔万用重宝記〕に、○「金銀の焼き付けする極く秘事」は、火に焼けても割れない清水焼の壺にトタン百目を入れて炭火で湯に沸かし、それに穴のある蓋をして、その穴より水銀《みずかね》を四匁入れ、又その穴より火箸でよく掻き混ぜて冷まし、それを槌で細かに砕き、その粉に梅剝《うめむき》を入れて水で煎じ、その湯の中へ真鍮や銅の類をよく磨いて炊くと銀になる。それを炭火でてらてら焙ると金になる。○「金銀焼き付け幷鍍金《メッキ》*焼き様」は、下地を藁で拭いてよく擂り磨き 銅の冴える程にして梅酢を塗り、また藁で磨きトタンと水銀とを和したのを塗り、金箔を置いて焼く。水銀に箔を和して焼いたのを七度焼という。〔重宝記・儀部家写本〕には銅《あかがね》を焼いて赤い上に、金箔に塩を等分絹布に包み擦る。〔調法記・四十ゟ〕に金銀焼付の伝は、本朱・黒めの漆に硼砂を少し入れて模様を書き、金・銀粉を蒔きつけ、炭火で焼き付けてよく冷まし、梅酢に漬け水で洗い、消し炭を細粉にして古い布切で磨く。○梨地にするには、下地を腐らかし梨地漆に硼砂を入れ薄く斑《むら》のないように塗り、同じように焼き付ける。また何色でも彩色の絵を焼きつけるのも同じである。本朱 黒め漆に硼砂がよい。入れ絵具を合せて、絵を描いて焼き付けようも同じである。炭火はいずれの場合も強くする。
〈金銀鍍金を洗う方〉〔新撰咒咀調法記大全〕に金銀の鍍金の器物が汚れたのを洗う方は、酢を沸かして熱い内に洗うと疵が付かずによく落ちる。水母草で磨くのもよい。

金銀を吞んだ時【きんぎんをのんだとき】 中毒治法。〔斎民外科調宝記〕に誤って金銀を吞んだ時は、飴一斤を漸次食すると終いに出る。或は石灰・硫黄（少）、李の核、皂刻刺（大）を一ツにし、擣いて粉とし、湯に入れて用いる。

緊弦【きんげん】 寸関尺*の脈法。〔鍼灸重宝記綱目〕に緊弦は、腹の痛みである。

金海鼠【きんこ】〔料理調法集・干魚之部〕に金海鼠（金子）は、金華山や奥州より出る。湯煮して水に漬け掬う時、腸ごと煮る。湯炒りはしない。

断交【きんこう】〈経絡要穴 頭面部〉一穴。断交《きんこう》は唇の内 上歯の断《はぐき》の縫目の中にある。針三分。灸三壮。鼻の中の息肉《はなたけ》、鼻塞がり、額《ひたい》 頞《はなすじ》 痛み、目頭赤く痒いのを治す。〔鍼灸重宝記綱目〕

噤口【きんこう】 経験方。〔丸散重宝記〕に噤口（口閉じ物を言わない）久痢は、蓮肉の末（粉）（二匁）を陳平湯で下す。妙である。

金国宮中洗面八百散【きんこくきゅうちゅうせんめんはっぴゃくさん】 婦人嗜み薬。婦人が顔手足を洗う薬である。〔昼夜調法記・正徳四〕に金国宮中洗面八百散は、丁香・白付子・白芷・白牽牛子・白姜蚕・白芨・白蒺藜子・白茯苓に皂角（弦を去り）・緑豆（少し）を入れて共に粉にし、朝早く起きて顔手足を洗うと顔色は白く、玉鏡のように光沢が出て透き通り、年の老いるまで肌理細やかに美しく、皺が寄ることはない。

禁獄の三道具【きんごくのみつどうぐ】〔武家重宝記・四〕に禁獄の三道具は、枷《くびかせ》、梏《てかせ》、桎《あしかせ》をいう。

筋骨損傷の事【きんこつそんしょうのこと】 損傷療治。〔骨継療治重宝記・中〕に筋を切り骨を損なうのは、まず手で損ねた所を平正にして接骨膏等（「接骨散」*「接骨丹」*）をつけて置き、正《おも》と副《そえ》の挟みで縛り定める。正の挟みには、杉皮を用い外の重なる皮を去り手指の大きさに縮め、肉の上に並べて薬を杉皮の上につけて置き、その薬の上に副の挟みを竹片の裏の黄味を去り 指の大きさにして疎らに並べて挟み結わう。筋の断《き》れたのは楓香を用い、金沸草で砍汁《きしりしる》を取り調えて塗りつけ、次に理傷膏*をつける。〔丸散重宝記〕に筋骨折れ 破れ損じたのには、米の粉（四十匁）を煎り 黄にして、乳香・没薬（各五匁）を入れ、酒で調えて膏薬とし、痛む所につける。〈経験方〉〔丸散重宝記〕に「筋骨の病」は、男女とも鹿角膠*を酒で服する。〔万家調法呪詛伝授嚢〕に筋骨痛み手足のだるいのによい方は、天南星と瘡朮を煎じて服する。〈傷断を治し筋を継ぐ方〉〔骨継療治重宝記・下〕に旋復（覆）*根を採り汁を搗き、瘡の中に滴《した》む。なお滓を瘡の上につけて封じ、十四日すると筋骨は継ぐ。

金座【きんざ】 幕府直轄の小判と一歩（分）判金貨の鋳造発行統括所。〔万買物調方記〕に、○「京（ニテ金座）」は、姉小路車屋町 後藤庄三郎。○「江戸（ニテ金座）」は、本両替町川岸 同人とある。

銀座【ぎんざ】 幕府直轄の銀貨の鋳造発行統括所。〔万買物調方記〕に次がある。◇「京都（ニテ銀座）」○年寄 両替町 末吉孫九郎・後藤三右衛門・糸屋清五郎・淀屋太左衛門。○大勘定 両替町 中村四郎右衛門、江戸 細谷五郎左衛門。○勘定 両替町に 小南利兵衛・中村九郎右衛門・平野勘右衛門ら五人。○戸棚勘定 錦新町西へ入町 平野助四郎、新町六角下ル 小西彦右衛門、両替町 平野藤右衛門ら十人。○定番 両替町 徳倉宇右衛門ら三人。○平座 両替町 平野治兵衛・中村吉衛門ら十人。○銀見年寄 衣棚姉小路下ル 日下部甚兵衛。○銀見 両替町（日下部）孫兵衛ら二人、他に所々に六人。○平座 布屋九郎兵衛。○常是 両替町 大黒屋長左衛門（又江戸）。○江戸で銀見 古沢新右衛門・久保七郎右衛門。又 勘定 伊丹七兵衛、細谷三郎左衛門、関谷善左衛門。又大勘定 細谷五郎左衛門。◇「江戸ニテ銀座」○京年寄 京橋南一丁目 末吉孫九郎。○京より下り一年代に勤む者として次がある。大勘定（京橋）二丁目銀座長屋 小南理兵衛。戸棚 同 日比谷五郎左衛門、同 庄野清兵衛、銀見 同 金谷彦九郎、同 同喜左衛門。○大勘定 京橋南三町目 細谷五郎左衛門、同二丁目裏 伊丹七兵衛。○戸棚勘定（京橋）南三町丁目 細谷三郎左衛門、同新通 茂山市郎右衛門。○平座（京橋）南二丁目 長谷川長兵衛、同町裏かし 秋田作左衛門、新橋小竹川町 淀屋甚四郎ら八人。○常是 京橋南二丁目 大黒屋長左衛門（又江戸）。◇「大坂ニテ銀座」高麗橋／上町 銀座出見せ。

きんさげ【きんさげ】〔ちやうほう記〕に「きんさげ」の製法がある。大麦二升五合を一夜冷し、大豆一升を二合半煎り、挽き割り、麦と交ぜ、蒸し寝せて干す。瓜と茄子を刻み各一升。塩を六合、一柄杓で漬け、押しを置く。この水で掻き混ぜて、瓜と茄子を二日程漬ける。

金鎖匙【きんさじ】〔改補外科調宝記〕に金鎖匙《きんさじ》は咽喉の薬。川烏（皮を去り二匁）、矮烏《わいう》（皮を去り四匁）、薄荷葉（一匁）を粉にして、食後に茶に掻き混ぜて用いる。水を忌む。この薬を用いて中ったら生姜汁を用いる。

金山魚【きんざんぎょ】〔料理調法集・口伝之部〕に九万引とは、「しいら」という魚である。俗に、金山魚という。「鰆」に大方同じ、品は少し劣る。

経山寺【きんざんじ】〈寺名〉〔万物絵本大全調法記・上〕に「経山寺《きんさんじ》」の風景がある。〈支那五山の一〉『書言字考節用集・十三』に「支那五山、径《きん》山寺。育王寺。天童寺。霊隠寺。浄慈寺」。臨済宗の大道場で、経山寺味噌*はこの寺から伝えられたものという。

経山寺味噌【きんざんじみそ】「金山寺味噌」とも書く。シナの経山寺*で製した味噌。〔永代調法記宝庫・六〕に「金山寺の仕様」は、大麦二升を真《ま》搗《づき》にして水に二日浸す。白豆一升を炒って挽き割り皮を去り、麦と一緒に蒸し寝さす。糀一枚。塩六合。浅瓜と茄子を同じ程細かに刻み 一緒にして二升入れる。紫蘇と山椒とは見合せに入れる。この内へ水を入れてはならず、瓜と茄子の内から水が出てよい加減になる。三十日程経った時、よくよく掻き廻す。〔料理重法記・下〕には、塩二升、大豆一斗（黒くならない程に挽き割る）。これらを剝き豆と一緒に交ぜ合せ、蒸籠で蒸し、その後糀に寝せて花の付く時分、塩を合せ茄子五十を、鮨のように重しを強く置き、七日めに上下へ返し、四十日めに塩漬の山椒殻皮を一緒に交ぜ、七日程過ぎると上へ水が上る。柔らかならば水を外へ取って置く。乾く時はまた前の水を入れて掻き廻す。〔ちやうほう記〕には大麦・大豆・小麦（各二升五合）、茄子・瓜（各三升）、塩（一升四合）。塩 ひしおをよく交ぜ、瓜 茄子の水気のないように一皮ずつ置き、押しを強く置き、七十五日で漬かる。〔調法記・四十五〕には大豆一升（焦げぬように炒り皮を去り水に漬け置き用いる）、大麦一升（よく浸し水に漬け置きよく搗く）、白米一升（よく浸し水に漬け置き用いる）。これらを一ツによく蒸し上げ冷まし花をつける。仕込むには真桑瓜を一升につき百目の割で 皮を去り種を抜き、その種の汁を絞り、その汁も身も一ツにする。尤も身は細かに刻んで用いる。茄子も一升につき百目の割で皮を去り細かに刻み用いる。塩一升に付き二合か一合半の割合。まず塩と瓜と茄子を鉢に入れ、よく交ぜ合せ、それより花付の麴を一ツによく掻き混ぜて蓋をして目張をし、七十五日置くとよく出来る。尤も両三度掻き混ぜるとよい。夏の土用に仕込むのがよい。〔料理調法集・造醸之部〕は小麦一升を一夜水に浸し、大豆一升を炒り挽き割り、皮を去り一ツに合せて蒸し、糀に寝させ花が付いて取り出し、日に干し、塩二合五勺 水八合を煮返しよく冷めて作り込む。重しを置く。

銀糸蒲鉾【ぎんしかまぼこ】〔料理調法集・蒲鉾之部〕に銀糸蒲鉾は、擂身に玉子白身を多く入れ、常のように擂り合せ、塗り板に極く薄くつけ、遠火で焦げないように火取り、脹れそうに見える時直ぐにはがして極く繊に切る。

金糸玉子【きんしたまご】〔料理調法集・鶏卵之部〕に金糸玉子は、玉子十の内 七ツは黄身ばかり、三ツは白身とも掻き回し、塩 砂糖を至って少しずつ入れて交ぜ、麻で濾す。焼鍋に胡麻の油を引き、程よく鍋を焼いて玉子を杓子で掬い懸け、鍋を逆にしてよく垂らし、鍋に付いたのを焦げないように火を取り離し、極く繊に切る。「銀糸玉子」モアル

銀糸玉子【ぎんしたまご】〔料理調法集・鶏卵之部〕に銀糸玉子は、玉子の白身ばかりで、金糸玉子*のように焼く。

銀朱【ぎんしゅ】〔薬種重宝記・下〕に唐金、「銀朱 ぎんしゆ／しゆ。その

偬用ゆ」る。「朱砂」参照

近習【きんじゅう】　武家名目。〔武家重宝記・一〕に近習《きんじゅう》は、主君の傍ら近く、習《な》れ勤仕する士をいう。外様*の対。

筋縮【きんしゅく】〈経絡要穴　背部〉〔鍼灸日用重宝記・三〕に一穴。筋縮は第九椎の下、屈めてとる。『銅人』を引き、灸三壮、針五分とする。また『明下』を引き、灸七壮とする。癲疾、背骨急に強ばり、心痛するを治す。〈灸穴要歌〉〔永代調法記宝庫・三〕に「驚癇や巓走しつつ言《こと》多く目眩《めまは》し空目するは筋縮」、五壮する。

謹上書【きんじょうがき】　簡礼書法。〔不断重宝記大全〕に次がある（図130）。①「謹上・拝上・進上書の事」は、図版の様に真・行・草に書き分けける。当代は「謹上」を好まず、「拝上」は神仏へ供奉する時、その外は禅家の長老等へ自然の時調えるが、その他は余り好まない。「進上」は真行草を分ち、上下共に用いる。②「謹上書一通包み様」は、正式の書状謹上書（包み紙の宛名の上に謹上を書くこと）一通は古来は上包みを用いたが、当代は中包みに礼紙を入れ、その上を包んだ。礼紙は竪紙、上包みは横紙、礼紙と上包みは同紙、本紙には念を入れた紙を用いた。謹上書一通の包みを略して捻り文*、捻り文を略して結び文*とした。

金性膏【きんしょうこう】〔改補外科調宝記〕に金性膏は一切の金瘡*に、第一の膏薬である。金の爐滓（百匁）、明礬・丹礬（焼いて各三匁）、白粉（水飛して四十匁）、あせとうなの油（三合）、まんていか（一合）、蠟（三十匁）。二色の油を入れて煎じ、その後残り四味の薬種を入れて練る。木綿でよく滓を濾し去り、蠟を入れて練りあげる。また和蘭流膏薬の一として料目を変え、一切の疵によいとし、打ち挫きには酢で溶き、実証の腫物にまずつけてよい。落馬には酢で溶いてつけ、癰疽には下に酢を引いて上につける。

金傷散【きんしょうさん】〔骨継療治重宝記・下〕に金傷散は、金・刃・箭・鏃傷で血が出て止まらず、また落馬打傷で肉が綻び血の出るのを治す。白芨・白斂・乳香（各一両）、石灰（半斤 遠年の物がよい）、竜骨・黄丹を細末（粉）とし黄丹を入れて研《す》り、淡紅色になるごとに患部に振り掛け、上に柔らかい紙を用い、さらに絹布で裹《つつ》み守り、風水を忌む。乾いて妙に痂《ふた》を作る。

緊唇【きんしん】〔鍼灸重宝記綱目〕に唇が緊《すく》み、口が小さくなるのを緊唇《きんしん》という。また中気で虚損し唇に口瘡が生ずるものがある。また陰虚火動して唇が渇き裂けて、蚕のようになるものがある。虎口を灸する。男は左、女は右である。また承漿に灸三壮する。

禁針禁灸の図【きんしんきんきゅうのず】〔鍼灸重宝記綱目〕に「禁針（鍼）禁灸の図」がある（図131）。○は針、●は灸である。禁針（鍼）二十九穴、禁灸五十穴については、個別に立項した。「人体図」ヲ見ル

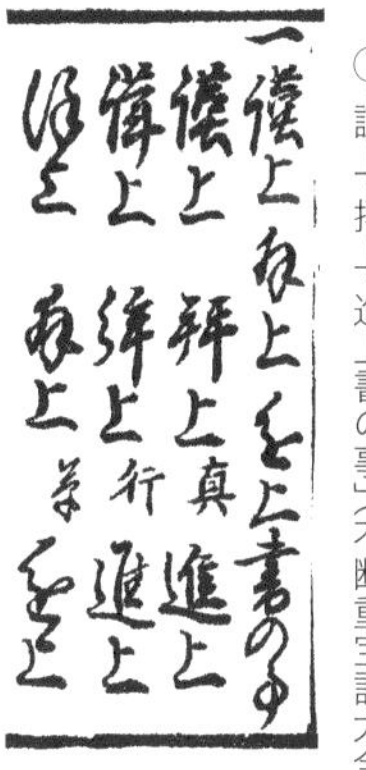

図130　勤上書の事
①「謹上・拝上・進上書の事」（不断重宝記大全）

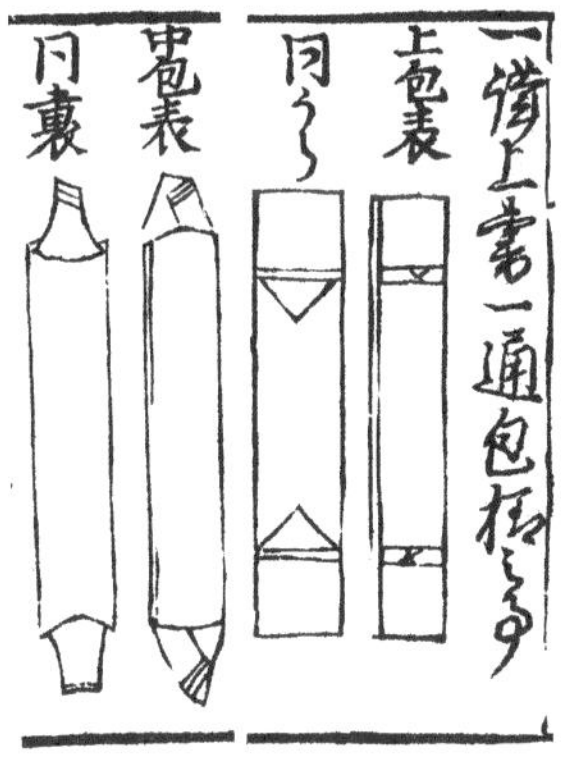

②「謹上書一通包み様」（不断重宝記大全）

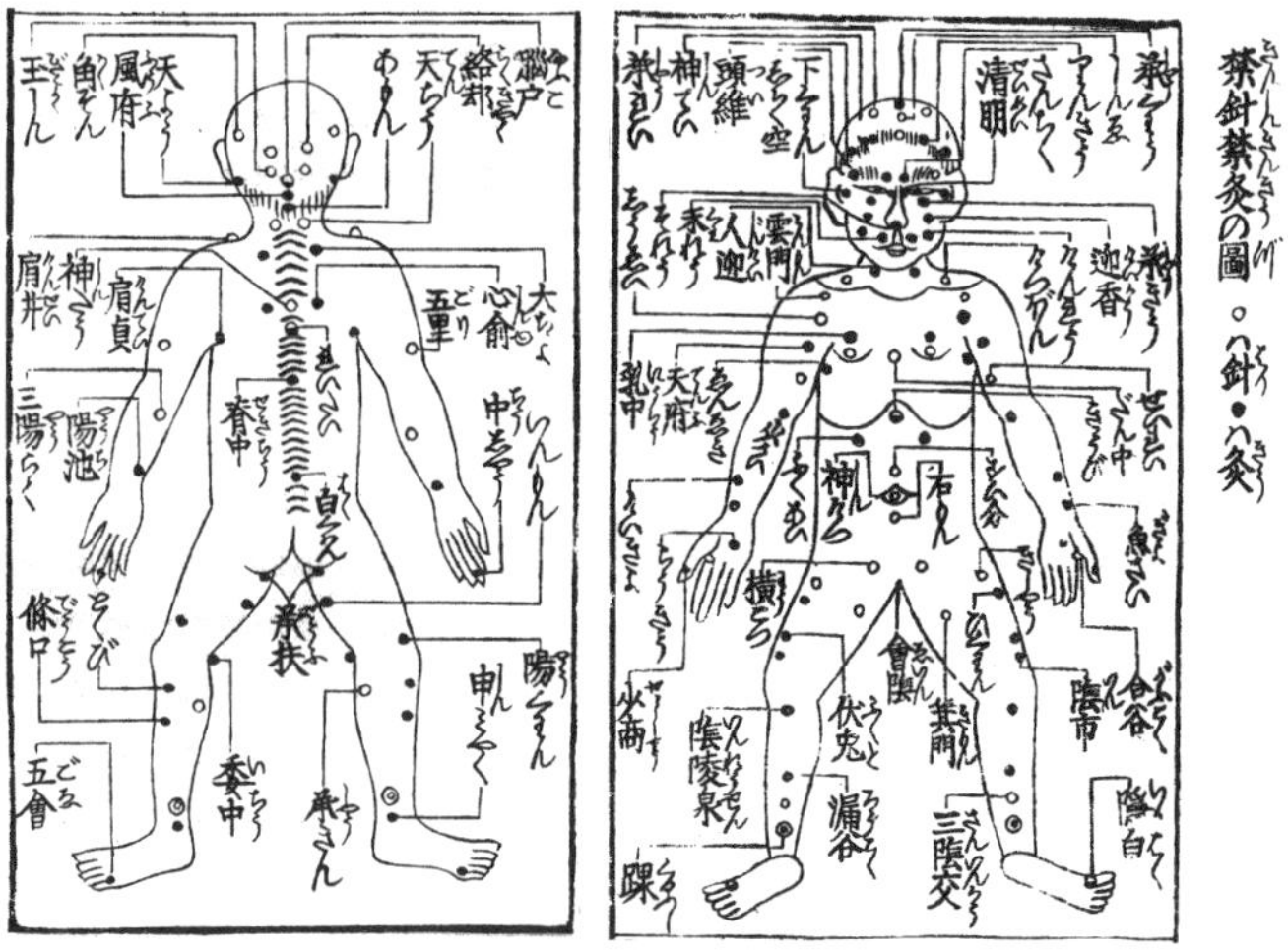

図131 「禁針（鍼）禁灸の図」（鍼灸重宝記綱目）

金針銀針【きんしんぎんしん】「金鰭《ひれ》銀鰭」ニ同ジ

銀煤竹【ぎんすすたけ】〔秘伝手染重宝記〕に銀煤竹《ぎんすすたけ》は、白絹に渋木（山桃）を一度引き、刈安*をよく煎じて二度引き、水一升程、素鉄を三合程入れ、一度引き、その侭水でよく濯ぎ、手盥に水を一杯入れ、石灰を手一合程入れ、掻き回して染める。木綿も同じである。

金煤竹茶【きんすすたけちゃ】〔染物重宝記・文化八〕に、「金煤竹茶といふは、黄唐茶の事」とある。

銀煤竹茶【ぎんすすたけちゃ】〔染物重宝記・文化八〕に、「銀煤竹茶といふは、白茶の事」とある。

金星【きんせい】「たいはくせい（太白星）」ヲ見ル

金生油【きんせいゆ】〔洛中洛外売薬重宝記・上〕に金生油は、冨小路姉小路上ル丁 越後や源兵へ にある。一切の切り傷、霜腫、皸《あかぎれ》によい。

金戔花 芥子 高麗菊 美人草【きんせんかけしこうらいぎくびじんそう】〔享保四年大雑書・草木植替重宝記〕に次がある。○「草花植替」金戔花・芥子・高麗菊・美人草の草花の植え替えは二月から八月までがよい。○「種蒔き」種は八月に蒔くとよい。

金銭草散【きんせんそうさん】〔牛療治調法記〕に金銭草散の方は、当帰（三両）、椅子（二両七匁）、烏石・草葵（各二両一匁）、烏鱉穀（一両九匁）、蜜陀僧（一両）を末（粉）し、毎服一両に酒一升で調え、潅ぐ。両髀《こむら》が腫れて痛み、行き難く、水草を食うのに物憂く、急に地に眠る。これは急所症でこの方を用いる。

金蟾脱甲酒【きんせんだっこうしゅ】〔改補外科調宝記〕に楊梅瘡*を治す薬とする。諸々の療治で癒えないのに、金蟾脱甲酒を酔うほど用い、着物をよく覆い、汗を出すと効がある。服用して七日の内は風に当らず、房事は癒えるまで忌む。百日程して、根を絶ち癒える。諸白の好い酒五斤に大蝦蟇《ひきがえる》一ツを浸し、壺口をよく封じて二時（四時間）ばかりも煮て納め置き、次の日取り出して用いる。酔いが出ると効がある。

金瘡腫物【きんそうしゅもつ】〔改補外科調宝記〕に次がある。金瘡や諸腫物は、若い者にはどれほど強い療治を仕掛けてもよい。手足の腫物は、早く破り専一に速やかに治すべきである。特に、胴の内や頭疵は、裏へ膿血が入らないようにするのが第一である。中でも頭の疵には強く当ってはならない。腫物も同じで、脇にはそれほど急症はない。針を立てる時は女や幼少者は近づけてはならない。一般に病人には、前中後の三がある。○老人小児の病は、初めて罹っても中分にあしらうのがよい。疔等は、老人小児ともに急症なら早く切って治すのがよい。○中頃から後に罹った病人は、胆礬・砒霜・班猫の類を用いてはならない。○早く癒

すべきを遅くすると壊症となり、余病が出て難しくなる。反対に、遅く治すべきを早くすると、痛みは盛んにして腐り悪症となる。

金瘡の事【きんそうのこと】〔改補外科調宝記〕に太刀傷 鎗傷 矢傷 鉄砲傷、その外何でも鉄の類で切ったのは皆金瘡である。○血止めには、血竭と乳香を末（粉）し、兎の毛を刻み玉子の白身に掻き交ぜてつける。止り兼る血を止める時は、三日間は疵の療治をせず、手負は少しも歩ませてはならない。浅い傷で皮が破れ血の流れるのには金瘡丹 桃花散*類で血を止める。太刀傷の深いのは早く血を止めてはならず、遅くても悪く、如聖金刀散か花蕊散の類を捻り掛け、頭を物に寄り掛らせて動かしてはならない。柔かな物で括り膿《う》んだら膏薬をつける。○金瘡は風寒を慎み、冷えたものを忌み、多く出たものには獨参湯*八珍湯*で補う。○血が多く出て脈の虚 細な物は生き、数《さく》実 大なものは死ぬ。血を出し脈の沈 小なのは生き、浮 大なものは死ぬ等の外、金瘡の部位や症状に応じ診断が種々ある。

○金瘡は傷の深浅を見分け、一分八ケ所の生死を弁え、経絡の部を見定め、洗うのも縫うのも手早く仕掛けるのを肝要とする。木綿を手拭にして、温めた焼酎で消毒し血を絞り出し、麻糸を通した針で縫い合す手術法、また施薬の方がある。○腹傷は手に椰子油を塗り、出た腸をよく見、糞の臭いがなければ焼酎で洗い、押し入れて縫い、木綿の一端で腹を巻く。手負は後ろへ寄り掛からせて置く。○金瘡鼻血 鉄砲傷 高所より墜ちた傷は、鶏卵をつけると早く腐るので、まず てれめんてい*なの油か、牛草の花の油か、人油等を差すか付ける。その上に鶏卵の白身に椰子油を合せ 木綿に延べて付け、その上に酢と水と等分に合せて始めのようにする。回りには花の油を塗り付け、二日目に てれめんていなを煎じ、鶏卵の黄味の油を合せて付ける。○突き傷は、大方は前に同じであるが、疵の深い時は水注《みずつぎ》で肉と血を洗う。血が溜まる時は女笹の葉を煎じて飲ませると、忽ち血が出るか大便で下る。血により疵癰を避けるためである。○髄筋《ずいすじ》の傷*等は、各部の施術の解説があり、さらに金性膏*玉紅膏*、突き傷の油、血止め薬*等の処方もある。金瘡薬方には治血湯*白朝散*矢の根抜き薬*膏薬*竜骨散*の処方がある。

〔医道療治重宝記〕等に金瘡を治すには、中気を助け 気血を補い 血熱を清くするのがよく、四君子湯*補中益気湯*八物湯*十全《じつぜん》大補湯*の類を症に従い用いる。大変血が出て元気の虚脱するのには独参湯*を用いる。〔万用重宝記〕に金瘡の毒を消すには、麦門冬と甘草を煎じて呑む。〔丸散重宝記〕に金瘡 破傷風*は、荊芥穂を少し焙って末（粉）し豆淋酒で調えて服する。或は童便で服する。〔調法記・四十七ゟ五十七迄〕に、一切の金瘡 切傷 血留幷ニ癒薬は、○五月五日に蒜を採り、擂り絞り汁に古い石灰を粉にして練り合わせ、餅のようにして風の透かぬ所に久しく置き、細末（粉）にして一切の金瘡につけると血を止め、早く癒える。年を経た物ほどよい。○白壁を刮いでつけると血はよく止まる。○生姜を噛みつけてもよい。○傷癒え薬には、水仙の根を擂りつけると忽ち癒える。○蓮根を搗いて膏薬のようにし、金瘡 挫き 切り傷 打ち傷等につけてもよく癒す。○菊の葉を陰干にして粉にし、小麦の粉と練り合せて用いると妙である。

〔改補外科調宝記〕に金瘡膏薬は、松脂（二十匁）、椰子油（四十匁）、括蔞根（粉にし五十匁）、鶏卵黄身（五）、蠟（見合）を柔らかに練ってつける。痛みを止め早く皮を癒す。

〔万家調法呪詛伝授嚢〕に金瘡の妙薬は、茯苓（一匁）、葛根（三匁）、朱砂（少々）を交ぜ合わせ桃色にして、少し舌の上へ乗せ、目を閉じ気を治める時は、直ちに血が止まる。傷には石灰を付ける。癒し薬方は、水仙の根を擦って付けると妙に癒える。〔懐中重宝記・慶応四〕に金瘡 切傷の薬は、麒麟竭、或は広東人参を末（粉）にして付ける。梅干を黒焼きに

して付けるのもよい。〈経験方〉〔丸散重宝記〉に金瘡 又は打ち破って血の止まらないのは、古い紫蘇葉をその血に浸し、揉み爛らかして傷に付けると妙である。

〈金瘡禁好物〉〔改補外科調宝記〉に「好い物」は、煎鼠 串鮑 鱧 海鼠腸 鰤 干鯛 鯉 小豆 葛 藸 山椒 砂糖 欠き餅 蜜柑 串柿 瓜漬物 鶴 塩鴈 青鷺 鶆 粥 大麦等二十七種。「禁物」は嗔り腹立、物言い笑い、物思い、動き働き、男女交合の五ツは大いに忌む。五辛 豆 山芋 茄子 胡瓜 里芋 茄子 牛蒡 麵類 一切の油揚 茸 餅 鮒 鰡 鮎 蛤 鰈 黒鯛 鰑 鮭 烏賊 蛸 鰌 鱒 鮭 乾鮭 鯨 鰯 雉 鶉 鴫 豆腐等三十九種がある。「切傷の薬」モ見ル

金瘡油【きんそうゆ】〔洛中洛外売薬重宝記・上〕に金瘡油は、麩屋町二条上ル丁 池田屋治兵衛にある。第一に血止め 切り傷 打ち傷 挫き 骨違いによい。

勤息【きんそく】 大名衆遣い詞。〔男重宝記・一〕に大名に御暇が出て国に帰るのを、勤息という。下の人が言う時は「御」の字をつける。

錦袋円【きんたいえん】〔万買物調方記〕に「江戸ニテ錦袋円」は、下谷池の端 勧学院大助、同所 野田玄勝にある。〔洛中洛外売薬重宝記・上〕に「きんたいゑん」は、四条通ぎおん町 勧学や大八にある。気つけ、毒消、目眩い、立ち眩み、精気を増す薬である。

錦袋子【きんたいし】〔医道重宝記〕に錦袋子は一切の気付、腫物につけてよく、効能は悉く尽しがたい。本方秘伝。鬱金・升麻（各十両）、白扁豆・山慈根（赤色共に）・五倍子（各二十目）、牛黄・麝香（各六両）、安息香・木香・蓽撥・縮砂・白檀・乳香・没薬・丁子・雄黄・辰砂・甘草（各二両）。糯米の粉の糊で丸ずる。練り様 製法は、悉く紫金錠に同じである。〈名薬所〉〔万買物調方記〕に「京ニテ錦袋子」は油小路二条上ル町、仏光寺室町東へ入丁（共に氏名ナシ）にある。

玉睾蔵【きんたまかくし】「くさずり（草摺）」ヲ見ル

金太郎【きんたろ】〈何が不足で癇癪の枕言葉〉「あほう（阿保）、きんたろ／たろしらう」。〔小野篤謔字尽〕

きんたん【きんたん】 片言。「金襴《きんらん》を、きんたん」という。〔世話重宝記・五〕

巾着【きんちゃく】〈何が不足で癇癪の枕言葉〉「客、きんちゃく。きんちや」。〔小野篤謔字尽〕

禁中【きんちゅう】 京名所。〔男重宝記・一〕等には、天子の御所を禁中・禁裏（非常、又は凡人を禁ずる故にいう）・禁裡・禁闕・金闕・禁園・鳳闕・鳳池・赤墀《せきさい》・宮中・大内・内裏・殿上・雲上等という。仮初めの住み所を皇居という。〔人倫重宝記・二〕に禁裏の広さ南北百十一間、東西百一間、東西南北に門があり、惣門東は中御霊、西は中立売、南は堺町、北は今出川より入る。御紋は菊桐。桓武天皇 延暦十三年（七九四）に長岡京より平安城に都を遷し、大内裏といい東は京極、西は朱雀、北は一条、南は九条まであったのが度々の兵乱や火災で新造し、昔に劣ることになったものの、年中の行事の執行等は昔に変わることはない。〔東街道中重宝記・七ざい所巡道しるべ〕には中立売通を東へ行けば禁中の西表、西から南の方へ廻ると南の方御表で、御門の内が紫宸殿（清涼殿とともに政を治める所）である。東へ廻り、北表を西のはずれまで出ると、禁中の四方を拝見したことになる。ここから北へ行くと相国寺*の前へ出る。〔年中重宝記〕に、禁中には四方拝*など元日*の儀式のほか、一月十四日には禁裏左義長で灰は聖護院村天王御旅所に捨てる。七月十四日と十五日は禁裏幷に東西両本願寺の灯篭見物などがある。

金鍔蒲鉾【きんつばかまぼこ】〔料理調法集・蒲鉾之部〕に金鍔蒲鉾は、焼鍋に胡麻油を引き 上に金の輪の丸く厚さ四分位なのを置いて、これにも内廻りに油を引く。次に擂身を和らかくして杓子で入れ、下が少し焼けた時 小豆の濾し粉に塩と砂糖を入れたのを丸く平めにして入れ、上にも擂身を懸けて均し、上迄火が通りかかった時、匙で輪ともに掬い返し、

裏を焼き上げて輪を抜く。

金鍔焼【きんつばやき】「金つばやき」は、久松丁 花沢屋近江にある。〔江戸町中喰物重法記〕

金鼎油【きんていゆう】〔薬種日用重宝記授〕に金鼎油の方は、柳子油（二十五匁）、葛貞麻（十五匁）、白蠟（五匁）、麝香・龍脳（各二分）、カタクリ（少々）。油薬三品を炊きおろし、よく冷まし、火毒を去る。麝香と龍脳の二品の内へカタクリを少し見合せて入れ、細末（粉）にし、前の膏薬に入れてよく練る。

金桃【きんとう】接ぎ木。〔調法記・四十七ゟ五十七迄〕に金桃という桃を生らすには、柿の木の台に、桃を接ぎ合わせる。

きんとんずし【きんとんずし】「御膳きんとんすし」は、新よし原あげや丁よろづや卯兵衛にある。〔江戸町中喰物重法記〕

きんとん餅【きんとんもち】菓子名。〔男重宝記・四〕に「きんとん餅、色々の作り物」とある。〔江戸町中喰物重法記〕に「きんとん餅」は、新いづみ丁角 虎屋高林の売り出しである。

筋軟【きんなん】〔小児療治調法記〕に胎中で熱を受け、総身筋《すじ》の軟《な》えるのを筋軟《きんなん》いう。小茸丸《しょうじょうがん》*で治す。

銀杏【ぎんなん】〔万物絵本大全調法記・下〕に「銀杏 ぎんきやう／ぎんあん」。〈薬性〉〔永代調法記宝庫・四〕に銀杏《ぎんなん》は痰を生じて驚風癲癇中風が起る。〈紋様〉〔紋絵重宝記〕に「追駆二ッ銀杏」の紋と、「銀杏」の字の意匠がある。また「いちやう車」の紋もある。

きんにょう【きんにょう】「昨日《きのふ》を、きんにやふ」。〔小野篤譃字尽・かまど詞大概〕

きんのう【きんのう】片言。〔世話重宝記・五〕に「きのふ（昨日）を、きんのう、きによう」という。

金能膏【きんのうこう】〔洛中洛外売薬重宝記・上〕に金能膏は、柳馬場錦上ル丁 長谷川氏にある。癰疽疔毒、便毒、下疳によい。

金の事【きんのこと】〔万物絵本大全調法記・上〕に「金 きん／こがね、黄金也」、「箔／薄」。〈軽重数〉一寸六方の重みを〔古今増補算法重宝記改成・上〕には百四十六匁。〔永代調法記宝庫・首〕には百七十五匁。〔重宝記永代鏡〕には百七十目とある。〈金貨〉〔算学調法塵劫記〕に「金の数の名」として次がある。○枚《まい》は小判十両をいう。○両は小判一箇で、永銭一貫文相当（幕府は慶長十三年［一六〇八］に鐚銭《びたせん》四貫に定める）（両は四匁七分六厘）。○分（歩＝小粒の名）両の四分の一、永銭二百五十相当文。但し一匁一分九厘。○朱（銖＝歩。小粒の四分の一）。一朱六十二文半。これを倍し、永百二十五文は二朱相当である。○小粒一箇（歩金）を金百疋《ひき》といい、十箇を金千疋という。粒《つぶ》とは分金《ぶきん》のことである。通常は定量貨幣。〈色をよくする法〉〔大増補万代重宝記〕に「金の色をよくする法」は、刻み煙草の中へ入れて置くと磨いたようになる。金箔等は煙草で燻るとよい。金箔の煤を落すのも煙草を浸した水で洗う。〈異名〉〔音信重宝記〕には昆吾 黄牙 大真という。また醬油の異名（「かげ（醬油）」ヲ見ル）。○金貨として用いた。「両」「金銀相場」「銭相場」「両替屋」参照

銀の事【ぎんのこと】〔万物絵本大全調法記・上〕に「銀 ぎん／しろかね、白金也」、「箔／薄」。〈軽重数〉一寸四方六方の重みを〔古今増補算法重宝記改成・上〕は百十七匁。〔重宝記永代鏡〕には百四十目とある。〈銀貨〉〔算学調法塵劫記〕に次がある。○貫（一千文目を一貫目という）。○百（百文目を百目という）。○十《じゆう》（＝即ち、十文目）。○戔《せん》（＝一文目、或は泉とも書く。匁）。○分《ふん》（＝一文目の十分の一）。○釐（厘りん＝一分の十分の一）。○毫（毛りん＝一釐の十分の一）。○銀四匁三分を銀一両という。○銀十両を銀一枚という。〔万家日用調法記〕に「銀の数の名」として次がある。匁・分《ふん》・厘・毛《もう》・絲《し》・忽《こつ》・微・繊・沙《しゃ》・塵《じん》・埃《あい》・渺《びょう》・漠《ばく》。次第に十分の

一（十進法）。秤量貨幣。〈異名〉〔音信重宝記〕には淡金 朱提 阿路巴という。○銀貨として用いた。「金銀相場」「銭相場」「両替屋」参照

巾の類の際付くのを落とし様【きんのるいのきわづくのをおとしよう】〔万用重宝記〕に「きんのたぐい（巾の類）」に雨漏*がかかり、際づく（汚れやシミの目立ち）のには、塩湯で洗うのがよい。「巾」は切れぬの。

きんば【きんば】「牙《きば》は、きんば」。〔小野篤謔字尽・かまど詞大概〕

金薄【きんぱく】〔万物絵本大全調法記・上〕に「金薄 きんぱく。箔 はく同。銀薄 銅薄あり」とある。金を打ち延ばし紙のようにしたもの。〔日用重宝記〕に「金薄物煤洗い様」は、綿の実を灰にして水を入れて煎じ、汁の灰汁で洗うと煤は悉く落ちる。〔大増補万代重宝記〕には、金箔の煤を落すには煙草を浸した水で洗う。「箔に文字を書く法」参照

金箔丸【きんぱくがん】〔小児療治調法記〕に金箔丸は、急驚風* 慢驚風* また痰涎の塞がりが盛んなのを治す。半夏・南星（煨製）・白付（炮包み焼）・防風（各半両）、雄黄・珠砂（各二匁半）、生犀角（一匁）、牛黄・龍脳・麝香（各半匁）、金箔（二十片）。これ等を末（粉）とし、生姜汁の麦糊で麻実の大きさに丸じ、三五丸より十 二十丸まで、人参の煎じ湯で用いる。慢驚風には龍脳を去る。

筋痺【きんぴ】〔鍼灸日用重宝記綱目・四〕に筋痺は、夜臥して驚き、飲食多くして、小便の繁いものを言う。肝兪 膈兪 胆兪 腎兪 曲池 風市等痺れる処に針を刺し、血を廻らす。

金平漬茄子【きんぴらづけなす】〔料理調法集・漬物之部〕に金平漬茄子は、酢に塩加減をして煮返し、よく冷まし、唐辛子を五分切にして見はからって入れ、小茄子の蔕を取り、壺に漬け込み、口張して置く。五六日程経つとよい。

金鰭銀鰭【きんひれぎんひれ】〔料理調法集・口伝之部〕に金鰭《きんひれ》 銀鰭《ぎんひれ》、或は金針 銀針というのは、鱶の鰭である。白水*に漬けて用いる。

経行【きんひん】 唐人世話詞。慰みに歩くことを「経《きん》行《ひん》」という。〔男重宝記・五〕

噤風【きんぷう】〔小児療治調法記〕に噤風は、眼閉じ 口噤み 泣き声段々に少なく、舌の上に粟米状の肉を集め、乳が吸えず、口に白い沫を吐き、二便が通じない。これは胎中に熱気を受け、毒を心脾に流すため喉舌に現れ、或は風邪に打たれて発る。初生児が七日の内に口噤むのには、牛黄一匁を細かに擂り、竹瀝*で一字を調えて用いる。薬には辰砂膏*がある。

金風花／銀風花【きんふうか／ぎんふうか】 草花作り様。三月に咲く。金は黄の八重一重、銀は白色。土は肥土《こえつち》に砂を交ぜて用いる。肥しは魚の洗い汁を折々根に注ぐとよい。分植は秋がよい。〔昼夜重宝記・安永七〕

金鳳丹【きんほうたん】〔洛中洛外売薬重宝記・上〕に金鳳丹は、大寿庵 山田頼容にある。取り次は衣棚御池上ル丁 丹波や庄介、江戸本白銀町一丁め万屋佐兵へ。第一に気つけ、毒消し、頓死によい。

銀磨き粉【ぎんみがきこ】〔調法記・四十ろ〕に銀磨き粉は、合水銀 砥の粉焼明礬をよく掻き合せて置き、用いる。

緊脈【きんみゃく】 七表の脈*の一。〔医道重宝記〕には実《じつ》数《さく》で脈に力があり、縄を切るようであり、諸の痛み、寒邪を患う人に表れる。〔昼夜調法記・正徳四〕には筋引き攣り、風痼を主《つかさ》どる。

きんみょう【きんみょう】 妄書かな遣。「きんめう、しやく（癪）やつかえ（痞）と言ふ也」。〔小野篤謔字尽〕

金命丸【きんめいがん】〔薬家秘伝妙方調法記〕に金命丸は、五疳*に熱気が差し引きして腹を下し、大事なのによい。代赭石・赤石脂（各一匁）、木香・青皮・檳榔子・丁子・莪朮・三稜・桃仁・人参・藿香・甜瓜・芍薬・炒り粉（黒焼）（各二分）、巴豆（一分）。これ等を丸薬にし●程に丸じ年の数程湯で用いる。この薬に、蟇《ひき》の腸を除き巴豆（二分）を入れて黒焼きにして入れ、丸じて用いる。この時は本法に巴豆を入れない。

金命丹【きんめいたん】〔薬家秘伝妙方調法記〕に金命丹に二方がある。①小児一切の疳に用いて妙である。代赭石・赤石脂を酢に浸し、一日置いて朝和えると固まるのを細かに砕き、その上へ又酢を注ぎ掛ける。この二色なら二朱ずつ。杏仁（一朱 上皮を去り少し炒り粉にする）、巴豆（一朱 脂をよく取って使う）、牡蠣（一朱 未だ乳を飲む幼児の小便に一夜浸し日に干して粉にする）。この五味を粟粒大に丸薬にして年の数程湯で用いる。②疳下し。代赭石・赤石脂（各一朱 黒くなる程焼く）・寒水石・石膏（各一分、焼く）、巴豆（一朱、よく茎を取り日に干す）。二歳子は三十粒、三歳子は少五十粒、四歳より七歳までは七十粒。八歳より十五歳までは百粒。朝腹に粥を食わせ、温湯で用いる。

斤目量【きんめりょう】〔算法重宝記改正・上〕に、「斤量の数名」に「斤両分（一匁）銖（二分五厘）」がある。

〔算盤調法記・文政元〕には○薬種、一両目は、四匁定め。○一斤は、百匁。○一斤唐目《とうめ》は、百六十目。○一斤大和は、百八十目。○一斤大目は、二百目。○一斤沈香目は、二百十匁。○一斤白目は、二百三十目。○一斤山目は、二百五十目とある。

〔万家日用調法記〕には、一斤 或は六十目・百目・百三十目・百六十目・百八十目・二百十目・二百三十目・二百五十目。一両 或は四匁・四匁三分・四匁四分・五匁。一分《ふん》或は一匁。一銖 或は二分五厘とある。

〈合薬秤量〉〔医道重宝記〕に一斤とは百六十目等「合薬秤量《はかりめ》の例」参照。〔薬種重宝記・上〕は唐斤百六十目を●印、和斤二百三十目を○印で各薬種に注記がある。〔世界万宝調法記・中〕の「諸薬種斤目」にも薬種三百十九種を「伊呂波」順に掲出、斤目の注記がある。

〔筆海重宝記〕に「小買物斤目」として一斤の量目が出ている。○松山の芋 ＝二百六十目。○干山椒 ＝六十匁。○菓子類・砂糖・煙草 ＝百六十匁。○白目《しろめ》＝二百三十目。○煎じ薬 ＝二百五十目。○木付子 ＝百三十目。○木棉 平野目 ＝二百二十目、三ツ目 ＝三百目。○刻み煙草・鬢付・薬種の類 ＝一両四匁。

〔秘術改撰算学重宝記・嘉永四〕等に諸物の一斤についての量目は、○日本《にっぽん》目《め》、一斤ニ付 ＝二百五十目。○白目・和薬類は、同 ＝二百三十目。○唐目《とうめ》唐物類、同 ＝百六十目。○沈香、同 ＝二百十目。○当帰・地黄・川芎・黄蓮・薫陸の五種は、同 ＝百八十目。○辰砂・光明・朱丹は、同 ＝一両四匁ずつ。○薬一両は、同 ＝四匁四分。○実綿は、同 ＝二百二十目（平野目）*、多くは三百目で一斤。他国では百六十目もあり不同。○茶目・松茸は、同 ＝二百五十目。○挽茶は、同 ＝二百目。○紅花は、同 ＝百目。○付子は ＝百三十目。○分銅目は ＝三百目。○煙草 ＝百六十目。田舎では所により百八十目もある。

〔蘭学重宝記〕には西洋の「旧制薬秤分量表」（図132）がある。この表の見方は、例えば「℔（ポンド）」は十二「℥（オンス）」である。「℔（ポンド）」は日本の九十八銭四分。オランダの九十六オンスに当る。「℥（オンス）」は日本の八銭二分。オランダの八ダラクマに当る。「ʒ（ダクラマ）」は日本の一銭二厘五毛。オランダの三スキュルペルに当る。「℈（スキュペル）」は日本の三分四厘四毛、オランダの二十ゲレインに当る。「Gr.（ゲレイン）」は日本の一厘七毛許、オランダの六十分ダラクマの一。フランスの七十二分オンスの一に当る。この薬表はオランダ、諳厄利亜

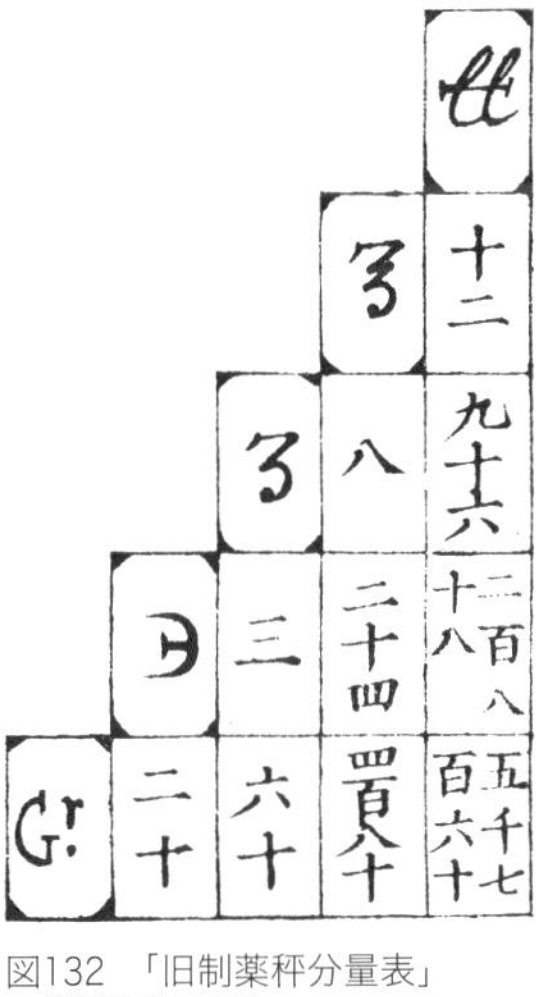

図132 「旧制薬秤分量表」（蘭学重宝記）

（英国の旧称）、ドイツ皆通用する。フランスは一オンスを七十二に分けて、その一分をゲレインとする。その他は諸国と同じ。「度量考」参照

金門【きんもん】〈経絡要穴 腿却部〉二穴。金門は申脈の下一寸にある。針一分。灸三壮。霍乱 転筋 癲癇 疝気、足・膝痛み、身震い、小児口をはり頭を揺《うご》かし身反り返るを治す。〔鍼灸重宝記綱目〕

金曜星【きんようしょう】〈七曜星の一*〉〔重宝記永代鏡〕には金に属す、大吉。太白《たいはく》星と名づく。この日は貴人や上司に見《まみえ》るのによい。髪を洗い、冠衣を着け、婚礼親を求め、人を饗し、宮室に入るのによく、下人の出奔は捕えがたく、狩漁《かりいさなどり》は悪い。この星は秋七十二日を主《つかさど》る。昼見えると火災や水災がある。この星に生まれる人は短命であるが善を好む故、人が慕う。信心すれば命は長い。〈九曜星の一*〉〔昼夜懐要両面重宝記・寛延六〕には祭り日十五日、金物で命を失うことがあり、住所に苦労がある。五六月を慎む。〔懐中重宝記・弘化五〕には月の十五日酉の時（十八時）酉の方（西）に祭る。この星に当る人は悪いことを聞く。親類の内老人に別れ、口舌があるか人と口論があり、刃物 太刀で怪我がある。金物の取り扱いは悪い。信心の人は法事に利徳のある年である。正・三・五・六月は旅立ちに悪い。四月は子供に別れる。慎むとよい。丑寅（北東）が塞りである。

金葉和歌集【きんようわかしゅう】八代集*の第五。『金葉和歌集』は鳥羽院の勅により、天治元年（一一二四）藤原俊頼撰。歌数六百四十四首、十巻。〔女重宝記・四〕

筋絡【きんらく】〔骨継療治重宝記・上〕の「筋説」に、筋は筋絡といい、人身を絡《まと》い動作 屈伸を主《つかさど》る。人身活動の本はこの筋の働きなので人身の至要のものである。仰人と伏人の図がある。「人身十二経 皆筋がある。手足 三陽三陰の筋が一身に分布する。所謂、手足 太陽少陰の筋は身の後にあり、手足 陽明 太陰の筋は身の前にある。手足少陽厥陰の筋は身の側にあり、また別に筋があり、宗筋と言い陰毛中横骨上下の竪筋を言う。蓋し 経に言う。骨を束ねて機関を利する事を主る所以のものがこれである」。「人体図」ヲ見ル

金襴【きんらん】〔万物絵本大全調法記・上〕に「錦 きん／にしき。金襴《きんらん》の類也」。〈金襴屋〉〔万買物調方記〕に「大坂ニテ金襴屋」は安土町二丁目河内屋とある。京 大坂では巻物等の中に「金らん」と出て、店名はない。

禁裏様御茶師【きんりさまおちゃし】〔万買物調方記〕に、「禁裏様御茶師は」は宇治 星野宗以がいる。

禁裏様御呉服所【きんりさまおんごふくしょ】〔万買物調方記〕に、「禁裏様御呉服所」は、室町下立売下ル 八文字や善兵へ がいる。

筋瘤【きんりゅう】〔改補外科調宝記〕に筋瘤には、当帰・川芎・地黄・人参・白朮・茯苓・木瓜・山梔子・竜胆（黒くなる程煎る）を煎じて服す。

金龍膏【きんりゅうこう】〔洛中洛外売薬重宝記・上〕に金龍膏は、西洞院竹や町上ル丁 望月与五郎にある。一切の眼病、まぶち（目縁）に塗ってよい。男女髪の内に出来たもの、皰《にきび》、汗疹《あせも》にもよい。

金竜山の仁王尊【きんりゅうざんのにおうそん】江戸願所。〔江戸神仏願懸重宝記〕に、金龍山浅草寺の仁王尊の右の方の一体を拝し、未だ疱瘡にかからない小児を連れて行って股ぐらを潜らすと、疱瘡 麻疹《はしか》がとても軽いと言い、遠近から聞き伝えて参詣に来る。いつもは錠を降ろして内へ入れないが、毎月八日の御縁日には人を入れる。この辺の茶店で尋ねるとよい。◯「三途川の老婆」浅草寺奥山の左の方三途川の老婆は古代に前歯が二本欠け損じていて、この木像に歯の痛むことを願掛けすると速やかに平癒する。願望成就の時は楊枝を供える。口中の病にはこの老婆の木像に祈願すると平癒する。〈浅草御門再建〉〔大増補万代重宝記〕には、文久辛酉年（一八六一）、浅草御門御再建の図絵がある。

筋癧【きんれき】〔改補外科調宝記〕に筋癧は、肝を清くし鬱を開くように、

柴胡清肝湯*を用いる。

金露円【きんろえん】〔丸散重宝記〕に金露円は、『医書大全 癲癇門』を引き、痰が胸竅に迷い恍惚として人事を知らず、或は狂言 走り飛ぶのによい。或は婦人の痰血、或は気が上り狂乱し、或は歌い笑い、親疎の別なく譫忘する者によい。生地黄・貝母・紫苑・干姜・厚朴・桂枝・人参・枳殻・山茱・川芎・石菖蒲・鳳凰・山椒・桔梗・茯苓・薏苡仁・甘松・烏頭・黄連・甘草（各三匁）、巴豆（一匁）を、まず巴豆を酢に浸し、よく煎じ、酢を煎りつけ、諸薬を入れて糊で丸ずる。胸中に痰があり患えをなすには生姜湯で、胸痛には酸石榴皮湯で、口瘡には蜜湯で、頭痛には石羔湯で、一切の脾気・水瀉・気瀉には陳皮湯で、赤白痢には甘草干姜湯で、胸膈噎悶には木通湯で、婦人の血痛・帯下には当帰湯で、疝気・嵐気・小腸気及び下墜には付子湯で、傷冷腹痛 或は酒食に破られ酒疸・黄疸・結気・痞塞には塩湯塩酒で、それぞれ下す。

く

区【く】「かてのたんい（糧の単位）」ヲ見ル

矩【く】〔万物絵本大全調法記・上〕に「矩く／まがりかね。曲尺也。又定木」。〔古今増補算法重宝記改正・下〕に、矩は函方を知るとある。

食い合わせ【くいあわせ】 二種類以上の食物を同時に食い合わせると害になることをいう。〔料理調法集・当流献方食物禁戒条々〕を中心に、その初出の食物名で個別に掲出した。

喰い合せの禁物【くいあわせのきんもつ】〔懐中重宝日用早覧初編〕に次がある。○胡麻ニ、韮・大蒜《にんにく》・栗・胡桃・生菜。○麻子《あさのみ》ニ、酒・獣肉・鮑・牡蠣・茯苓。○大豆ニ、猪肉。○小豆ニ、魚・鮓・鯉・諸肝。○小麦ニ、鯉・菰《まこも》。○黍ニ、蜜・砂糖。○稷《あわ》ニ、瓢《ひさご》・大麦。○餅ニ、冷水。○飴ニ、生菜・黍・粥・大なまず・菰・大蒜。○麺ニ、枇杷・薺。○油餅ニ、胡瓜・韮・大蒜。○蕎麦ニ、猪羊肉。○塩ニ、熊・甜《てん》。○蜜ニ、筍・棗・李・白黍。○酒ニ、甜・蟹・柿。○酢ニ、蛤・茯苓・芹。○醤ニ、魚・鮓・大蒜。○生薑ニ、黄連・黄芩・楊梅。○薺ニ、麺・莧。○蓼ニ、生魚・小芥・甘草。○芹ニ、猪肝・鮓。○薊ニ、芍薬。○苣《ちしゃ》ニ、餉酪。○蕨ニ、葵。○菌茸《きのこ》ニ、鶏・麦門冬・柏。○海藻ニ、甘草。○笋ニ、鯽・砂糖・蜜。○胡瓜ニ、鮓・酪。○橘ニ、蟹・莧。○棗ニ、生葱・蜜。○桃ニ、白朮。○李《すもも》ニ、雀・雉子・白朮・牛肝・蜜。○柿ニ、蟹。○枇杷ニ、熱炙肉・熱麵。○兎ニ、胡桃・橘・皮薑・鶏肉・菱の実・生菜。○芥鴫ニ、猪肉・大蒜。○雀ニ、白朮・杏。○鯽ニ、笋・猪肉・からし菜。○鯉ニ、生姜・葱・鶏。○鮎ニ、野猪肉。○青魚《さば》ニ、小豆・白朮。○蝦《えび》ニ、杏・梅・生菜・鶏。○蟹ニ、橘子・串柿・生菜。○鼈《うみがめ》ニ、鶏・桃・鴨・からし菜・山鶏。○魚膾ニ、芥・醬・莧・薑。○魚鮓ニ、赤小豆・乳。○芥子ニ、莧・鯽・魚膾・螺・諸魚・鶏肉・茗荷・蓼。○蘿菜《だいこ》ニ、地黄。

これは古く合食と言っても、多くは薬食《くすりぐい》（食餌療法）合せのことである。常に食には、鰻 生麵 鮓 鰹と、茶蕎麦と、西瓜等の類がある。「食物《しょくもつ》の毒当り」参照

喰入れ【くいいれ】 鷹の名所*。〔武家重宝記・五〕に喰入《くいいれ》は、鷹の嘴の両の裂け目をいう。その際《きわ》にある毛を夜寒《よさむ》の毛という。

食い初め【くいぞめ】〔嫁娶調宝記・二〕に食い初めの習は、誕生日より百二十日目に吉凶の目を選ばないとある。身代《しんだい》（資産）により膳部は七五三の違いはあるが、大抵は二の膳で済む。夫婦にも膳を据える。家に久しい年寄が男子は男の左膝の上、女子は女の右膝の上に置いて、膳の右向うの隅の飯（大きく高く盛り、中に石を二ツ置く）の上部を宝珠形に握り置いた生飯《さば》（＝鬼神に供える少量の飯）を小児に銜《くぐ》める体ばかりにする。焼物は魴鮄《かながしら》で、外はその時の首尾による。夫婦も膳に座り、飾り燗鍋一対で九献の盃ごとをし、小児へも夫婦とも盃をさす。銜むる老人が盃を

受け取り、小児に戴かせ 受ける真似をして親達へ戻す。その後老人へ盃が差され、時の物を下され、家来中にも振舞がある。祖父母が出ることもあり、盃事は同事である。〔小笠原諸礼調法記・地〕には、具体的に乳母が児を抱いて出るのを食初めの親が受取り、左の膝に置く時 膳を据える。養う人が飯の御飯を取って膳の向こうの隅に置く。その後三箸銜め、汁も銜める体がある。さらに膳の左に餅を五ツ 木具に据えて三箸銜める体をした後、刀脇差を差す体をし、後見の人に渡す。次に三ツ盃、引き渡し（本膳に盃をを三ツ据えた膳）が出、食い初の親が呑み初めて三献呑み、小児に差す。児が三献呑み、打ち身が出る。平人なら雑煮が出る。児がまた二献呑み、親へ差す。親が三献呑み、腸煎《わたいり》（＝魚の内臓を味噌等で炒り煮たもの）を出す。平人は吸物である。また親が一献呑み児に差す。児が三献呑み 親へ返す。親は一献呑み納める。〔大増補万代重宝記〕には生れて百十日目に飯の上に生飯を宝珠の形に切って置く。〔進物調法記〕は百日目であるが、食い延ばすといって日を延ばして祝う。魴鮄 干魚 生魚 鯖 飛魚 食初めの膳椀。また所によって百二十日目に、善し悪しの日に拘わらず、南天の木で小さい箸を造って用いる。〔重宝綱目女要婦見硯〕にも誕生日より百二十日目に善悪の日を構わず、膳を調えて出生の子に据える。高盛りの上に大生飯を宝珠形に握って置く。男は女の膝の上へ上げ、女は男の右膝へ上げて、口に含ませる心地で祝い納める。

食い積み【くいつみ】〔女用智恵鑑宝織〕に、食積《くいつみ》（新年の賀客に三宝の盆に盛った熨斗鮑・勝栗・昆布などの料理）を、京で「にしざかな」、大坂で「蓬莱」*という。

貴【くいてきん】唐人世話詞。値段の高いことを「貴《くいてきん》」という。〔男重宝記・五〕

幾内亜【くいねや】〔童蒙単語字尽重宝記〕に幾内亜《くいねや》は小王分治。広さ六十五万坪、民は記載ナシ。

食い物作法【くいものさほう】〔永代調法記宝庫・一〕に食い物作法がある。○膳に臨む時は、座敷を見合せ上座と下座へ挨拶し、まず箸を取り直し、飯を二箸食い置き、左で大汁を取り上げ、汁の躬（味）を三箸挟んで食い、汁を右へ取り移し、膳に置く。また飯を食い、汁を取り上げて吸い、下に置く。次に本膳の左隅にある菜《さい》を食い、それからはどのように食ってもよい。但し、重菜《じゅうさい》*腕越《うでごし》*谷越《たにごし》*移り箸《うつばし》*渡り箸《わたばし》*を嫌う。○飯を食うには、始め飯から食い、次に汁を吸い、また飯に返り、また菜に移る。移り箸は嫌う。○箸を深く濡らしてはならず、小箸に挟み幾度も挟む。○膳に座る時は膳と我が膝と三寸ばかり空けて座る。○物食う時は無用の咄等せず、挨拶は左右を見合せ、一列にして出過ぎないのをよしとする。○鼻を嚙むには次の間へ立って嚙むのがよい。立たれない時は下座へ向き、低く、次には少し高く三度に嚙む。○塩はつつかず挟んで食うのがよい。○豆は一粒ずつ挟むが横には挟まない。○貴人より先に汁を掛けず、汁を掛けて後再進を受けず、飯が多くあるのには汁を掛けず、久しく食わず、飯の少ないのには汁を早く掛けて食い収める。○中酒《ちゅうしゅ》（食事後の酒）を受けて早く飲まず、一座請けてから揃って飲む。二献目からは請け次第に飲む。○湯は下座の一人を待って飲む。○膳をあくる時は三寸あけて給仕人へ渡す。俗に、手をつけずにあけさせるのは無礼と心得よ。〔女用智恵鑑宝織〕には味噌の物、塩辛の類、汁の垂れる物、箸の汚れる物、食い難い物、挟み難い物、歯音の高い物には気を遣うこと、腰を屈め 俯いて食わない等、注意を要する。

空海【くうかい】平安初期の僧。讃岐生れ、俗姓 佐伯氏、諡号 弘法大師。延暦二十三年（八〇四）三十一歳の時入唐し 法を伝え 大同元年（八〇六）帰朝して東寺（教王護国寺）を賜り、弘仁七年（八一六）に紀州高野山に

金剛峯寺を開基し、日本真言宗の祖となった。承和二年（八三五）六十二歳寂。〔日用重宝記・四〕

苦辛【くしん】 唐人世話詞。苦しいということを「苦辛《くしん》」という。〔男重宝記・五〕

藕粉【ぐうふん】〔里俗節用重宝記・下〕に藕粉《ぐうふん》は蓮根から取った澱粉。上品物で、吉野葛*よりも佳品である。長門 筑前 長崎に出る。「藕粉擬《もどき》」は百合粉に蕨の粉を合せて練る。

空亡の事【くうぼうのこと】〈空亡日〉〔大増補万代重宝記〕に「空亡日」は、人々が一代用いない日とある（図133 翻字）。仮名で「きのとうし」「きのえね」等は生れ年、これを横に当ててみると真名の「乙亥」「甲戌」で、これが空亡日である。「きのえむま」年生れならば横に当てると「甲辰」が空亡日である。〔同〕に「大空亡日」は、旅行 商いを始め、金銀を人に貸すのを大いに忌む。○正・九月は、六・十四・二十二・三十日。○二・十月は、五・十三・二十一・二十九日。○三・十一月は、四・十二・十九・二十七日。○四・十二月は、三・十一・十九・二十七日。○五月は、二・十・十九・二十七日。○六月は、一・九・十七・二十五日。○七月は、八・十六・二十四日。○八月は、七・十五・二十二日。

〈空亡時〉〔懐中調宝記・牛村氏写本〕に「空亡之時」は、万事に凶の時である。甲子《きのえ》の日より十日の間は戌亥の刻（二十〜二十二時）。甲戌の日より十日の間は申酉の刻（十六〜十八時）。甲申の日より十日の間は午未の刻（十二〜十四時）。甲午の日より十日の間は辰巳の刻（八〜十時）。甲辰の日より十日の間は寅卯の刻（四〜六時）。甲寅の日より十日の間は子丑の刻（〇〜二時）。〔重宝記・宝永序刊〕に「空亡時」は、甲巳の日は申酉の時、乙庚の日は午未の時、丙辛の日は辰巳の時、丁壬の日は寅卯の時、戊癸の日は子丑の時とし、「十日の間」の記載はない。空亡の時に当たれば吉日であっても事は整わない、能々選ぶがよいとある。

図133「空亡日」（大増補万代重宝記）

きのとうし	ひのとう	つちのとみ	かのとひつじ	みづのととり	乙亥	きのとひつじ	ひのととり	つちのとゐ	かのとうし	みづのとう	乙巳
きのえね	ひのえとら	つちのえたつ	かのえむま	みづのえさる	甲戌	きのえむま	ひのえさる	つちのえいぬ	かのえね	みづのえとら	甲辰
きのとゐ	ひのとうし	つちのとう	かのとみ	みづのとひつじ	乙酉	きのとみ	ひのとひつじ	つちのととり	かのとゐ	みづのとうし	乙卯
きのえいぬ	ひのえね	つちのえとら	かのえたつ	みづのえむま	甲申	きのえたつ	ひのえむま	つちのえさる	かのえいぬ	みづのえね	甲寅
きのととり	ひのとゐ	つちのとうし	かのとう	みづのとみ	乙未	きのとう	ひのとみ	つちのとひつじ	かのととり	みづのとゐ	乙丑
きのえさる	ひのえいぬ	つちのえね	かのえとら	みづのえたつ	甲午	きのえとら	ひのえたつ	つちのえむま	かのえさる	みづのえいぬ	甲子

空也忌【くうやき】〔年中重宝記・四〕に、十一月十三日空也忌。京四条の坊門堀川と油小路の間の極楽寺で、午の刻（十二時）に勤める。空也上人は夜々念仏を唱え洛辺を修行していた。暫く貴舟に住居の時、毎夜鹿の鳴くのを愛していたが、ある夜鹿は来なかった。翌日 平定盛が来て、昨夜ここで鹿を殺したと告げるのに大いに嘆き、その鹿の皮を裘とし、角は杖の頭につけて遺愛とした。定盛は深く悔み、剃髪して僧となった。

今極楽寺の十八家の鉢叩は定盛の末裔である。俗体で妻子を携え、着衣の狩衣は定盛の遺風である。この十八家は今日より寒中四十八夜、暁毎に洛中洛外の墓所や葬場を廻り、高声に無常の願文を唱えて修行する。昔は鉢を叩いたが近頃は瓢箪に変わった。「鉢叩き」参照。（〔人倫重宝記・五〕ノ説ト異ナル）

凶会日【くえにち】 暦下段。〔重宝記永代鏡〕に凶会日《くえにち》は、弧陽 弧陰が相闘って衝き破り、陰陽の徳を失う日で大悪日とある。婚礼旅行神事仏事種蒔 金銀取り引き、何事も末遂げ難く、その他万に忌む。〔永代調法記宝庫・五〕に、○正月 辛《かのと》卯・庚《かのえ》戌の日。○二月 己《つちのと》卯・乙《きのと》卯・辛酉の日。○三月 甲《きのえ》子・己亥・甲申・丙《ひのえ》申・丙寅・壬《みずのえ》申・戊《つちのえ》申・庚辰・乙丑・戊辰・甲辰・庚申の日。○四月 戊辰・己巳・丙巳・己午・癸《みずのと》未・辛未・己未・乙未・丁《ひのと》未の日。○五月 丙午・戊午・壬子の日。○六月 己巳・丁巳・己未・丙午・癸《みずのと》丑・戊午の日。○七月 乙酉・庚申・甲辰の日。○八月 己酉・辛酉・乙卯の日。○九月 丙寅・甲辰・辛卯・壬辰・丙辰・乙未・壬寅・甲午・丁酉・丙申・庚戌・戊寅・癸辰・戊戌の日。○十月 乙丑・己巳・辛丑・壬子・己丑・戊戌・丁巳・癸丑・丁丑・己亥の日。○十一月 戊子・丙午・壬子の日。○十二月 壬子・癸丑・戊子・癸亥・丁未の日とある。

久遠寿院【くおんじゅいん】 久遠寿院は山科にある。法諱、公海。摂家門跡。知行、五百七十石余。毘沙門堂という。天台宗である。〔男重宝記・一〕

句数【くかず】 連俳用語。百韻*歌仙*四十四《よよし》*で、各一巻の内で語により、何句まで続けられるかを規定したもの。〔俳諧之重宝記すり火うち〕に「句数之事」として次がある。○春・秋は、三句でも五句でも続く。○夏・冬・神祇・尺教・述懐・夜分・山類・水辺・居所・旅等は一句でも三句迄も続く。○恋ノ句は、二句より五句迄も続く。○天象・人倫・衣類・生類・聳物・降物・名所・食物・植物・芸能・時分などは、一句でも二句迄も続く。「二句去の歌」「三句去」「五句去」を参照

九月【くがつ】 〈異名〉〔改正増補字尽重宝記綱目〕を中心に他の重宝記からも集成すると以下の通り。九月《ながづき》 長夜月 夜長月 長月（夜長月の略） 玄月《げんげつ》 重陽 菊月 菊秋《きくしゅう》 菊重《きくがさね》 盛秋《せいしゅう》 深秋 窮秋 季白 季秋 暮秋 残秋 素秋 秋末《しゅうまつ》 抄秋 晩秋《ばんしゅう》《くれのあき》 梢の秋 涼秋 鴻賓月 築場《ちくじょう》 無射《ぶえき》 色取月 紅葉月 霜月 霜降 貫月《かんげつ》 寒露 授衣《じゅえ》 衣裌 季商 暮商 小田刈月 寝覚月 木末の秋。〈一字異名〉玄《ながつき》。〈九月禁食〉〔年中重宝記・三〕に、九月に薑《はじかみ》を食うと痼疾をなす、小蒜を食うと神（心）を破り寿を損ずる。蓼 雉子 鶏を食うてはならず、犬肉を食うと人の神気を失う。〈九月食合せ〉〔料理調法集・食物禁戒条々〕は瓜と浅葱《あさつき》、生姜の食合せを忌む。鮑に鱠を忌む。蟹、鹿、鰍、川魚を忌む。〈年中養生〉〔懐中重宝記・弘化五〕等に次がある。九月九日、菊の花を酒に入れて飲むと頭風を治し 目を明らかにする、枸杞を浸して飲むと白髪にならず、一切の風邪を引かない。今日は、畳・莫蓙・筵を起さない。十八日は旅立をしない、行き着かず災いがある。薑、霜の掛った瓜、蜂蜜を食わない。当月は万ず甘い物は悪く、塩辛い物はよく、腎気を増す。〈夏末秋初〉甚だ熱する時、裸になり風に当り、また扇を使ってはならず、風が背中より入り、風邪の源になる。○秋には胡麻を食し、身を潤すとよい。老人が新米を食うと宿病を起し、焼き米を多食すると宿病・瘡病を起し、よく脾胃を破る。また秋に薑を食すると人の真気を瀉し命を短くし、多食すると春になり眼を病み力を落す。

九月生れ吉凶【くがつうまれきっきょう】 〔大増補万代重宝記〕に九月生れの人は、前生で珍しい花と菓子を仏に供養し、また縊死する人を助けた功徳により今生では衣装に余りがある。前生で寺から油三升を借りて返さなかったことがあるので、父母に早く別れ、その身も目の病がある。随分施しをするとよい。〔女用智恵鑑宝織〕にも九月生れの女は、前世で仏に供養し、また孤児を育てたので衣食が多く、子にも縁がある。しかし、

人の中傷を信じその人に憂目を見せたので夫婦仲が悪く、離別することがある。慎むとよい。

九月九日【くがつここのか】「ちょうよう（重陽）の事」ヲ見ル

くき【くき】〔料理調法集・川魚料理之部〕に、「くき」は上毛の烏川 神名川筋にいる。生臭げが多く、美味ではない。料理は「山まい」*の仕方に同じである。何もない時に用いる。『本朝食鑑・七』には「くき」は「うぐい（鯎）」*の異名とある。

釘抜太織【くぎぬきふとり】〔絹布重宝記〕に釘抜太織は、加賀産の絹織物。見えより高値なものであるが、地性は至って剛である。帯地にする。

九気の説【くきのせつ】〔鍼灸日用重宝記・四〕に九気の説を、『挙痛論』により百病は気より生ずるとし、怒る時は気上り、喜ぶ時は気緩み、悲しむ時は気消え、恐れる時は気下《くだ》り、驚く時は気乱れ、労する時は気減り、思う時は気結ぼれ、暑い時は気漏れ、寒い時は気縮むとする。また子和《しか》が云うとして、天地の気が常の時は安く、変ずる時は止む、天地の気を受け五運互いに外を侵し、七情かわるがわる内に戦う。故に古人は気を惜しむことを、重い宝を持つようだと言った。諸病は皆 七情*より起り、七情をなくして飲食房事を慎む人は寒暑にも障《さ》えられず、千歳を安く保つ。気病*の灸は肺兪 神堂 膈兪 肝兪 三里に、針は承満 梁門にする。「き（気）の事」「五気」参照

釘針等の折れ込みに【くぎはりなどのおれこみに】〔家内重宝記・元禄二〕には、①「釘竹木」が肉に入ったのには、鼠の頭の白い脳を塗る。②「釘竹」等が折れ籠ったのには、人の爪と酸棗仁と等分に末（粉）して塗ると翌日出る。③「矢の根 釘の根」が胸 喉に留まったのには、鼠の肝を取り脳に交ぜて塗ると出る。〔改補外科調宝記〕には、①竹木の刺《とげ》が肉に深く入り抜け難いのには、甘草の粉と膠を練り付けて置くと自ずと抜ける。象牙の粉を梅肉に突き混ぜて付ける。象牙の粉 琥珀の粉を付ける。②針釘等の折れて抜けないのには、磁石と琥珀を粉にして練って付ける。〔万法重宝秘伝集〕に「竹釘」等の折れ込んだのを抜く法は、①牡鼠の肝と脳とを搗き爛らかして塗る。②象牙を粉にして水で溶いても抜ける。〔新撰咒咀調法記大全〕に、①釘針の足に立った治方は、せんちむし（厠虫）*を黒焼きにして続飯（飯粒糊）で練り付ける。②針の立ったのには蚯蚓の土を扱き去り練り付ける。〔諸民秘伝重宝記〕に、針が皮膚に折り入ったのには、酸棗仁を黒焼にして温酒で呑む。上にあれば食後に、下にあれば食前に用いる。〔妙薬調法記〕に釘針等が身に折れ込んだのは、象牙の粉を水で溶き付けるとそのまま抜ける。〔丸散重宝記〕に、「竹木が肉中に折れ込」んだのは、地黄を搗き爛らかして付けると抜け上る。

〔童女重宝記〕に、①鍼（針）が肉に入り出ないのには、車軸《くるまろくろ》の油を取り付紙《つけかみ》を貼って置く。②黒豆を擂りつけるのもよく、大豆《まめ》の煎じ湯に浸すのもよい。③松脂の粉をつけ、布で包んで置くと抜け出る。魚の骨を呑み込み腹中に入るか肉に入り出ないのには、呉茱萸を煎じて飲むのもよく、嚙んでつけるのもよい。

〔大増補万代重宝記〕に、矢の根 釘の立ったのには、①螻蛄を続飯に擂り交ぜて付ける。②瞿麦を粉にして水で飲むと抜ける。③嚙み砕いて塗るのもよい。④蕪《かぶら》の実を擂り爛らして付けるのもよい。⑤杏仁を搗き爛らし、車の心木《しんぎ》の油で練り貼る。⑥蓖麻子の殻を去り一ツ擂り潰し、帛を傷に敷いて付け、目を離さず、もし針の頭が少しでも出たら抜き取る。⑦梅干の肉で同じようにするのもよい。抜き去る時が遅いと良い肉を吸い出すことがある。⑧蟷螂の頭を糊に交ぜて銭の大きさに貼るのもよい。⑨烏の羽十五枚を火で焦し 粉にし 酢で傷に塗り、その上に紙を貼ると一両度で針は出る。「（とげぬき）刺抜きの事」モ見ル

くきら【くきら】大和詞。「くきらとは、ほととぎす」である。〔不断重宝

記大全〕

釘を舌に打つ【くぎをしたにうつ】 手品。〔清書重宝記〕に釘を舌に打つには、釘を図版のようにして舌を横から入れて挟む（図134）。

図134 「釘を舌に打つ」（清書重宝記）

茎立菜【くくたちな】 〔料理調法集・口伝之部〕に、くく（茎）立菜は、春の言葉である。葉の中に少し芯《しん》が立ち、香のあるのをいう。大きく茎の立ったのをくく立ちと言ってはならない。

傀儡女【くぐつめ】 「くゞつめ（傀儡女）は、遊女也」。〔消息調宝記・二〕

九九の声【くくのこえ】 掛算で、例えば2×2＝4、の暗唱法である。掛けるにも割るにも最初に覚えることが不可欠である。○二二ノ四。二三ノ六。二四ノ八。二五ノ十。二六ノ十二。二七ノ十四。二八ノ十六。二九ノ十八。○三三ノ九。三四ノ十二。三五ノ十五。三六ノ十八。三七二十一。三八二十四。三九二十七。○四四十六。四五二十。四六二十四。四七二十八。四九三十六。○五五二十五。五六三十。五七三十五。五八四十。五九四十五。○六六三十六。六七四十二。六八四十八。六九五十四。○七七四十九。七八五十六。七九六十三。八八六十四。八九七十二。九九八十一。

九九引算【くくひきざん】 「かめいざん（亀井算）」ニ同ジ

公家衆の次第【くげしゅうのしだい】 〔人倫重宝記・一〕に次がある。公家は、多くは天子の別れの末である。摂家に五摂家*があり、いずれも藤氏で高下はなく、摂政関白の職を任ぜられ、摂政の始めは清和の朝（八五八〜八七六）、忠仁公《ちゅうにんこう》良房である。清花は七清花*があり、大臣家*に三家、羽林家*に二十五家、名家*に十二家、羽林名家の外*十家、新家*十九家があり多くは藤氏で左右の大臣、納言、参議、中将、少将等である。また新家二十九家がある。昵近衆*十二人、また昵近衆五人がある。

枸杞【くこ】 〔万物絵本大全調法記・下〕に「枸杞 こうき／ぬみぐすり、又くこ。春」。〈薬方〉〔薬種重宝記・中〕に和木、「枸杞子 くこし／ぬみくす子《ね》。酒に浸し刻み焙る」、又「地骨皮 和木くこの子。心を去り、洗い刻み焙る」。〈薬性〉〔医道重宝記〕に枸杞は温で毒なく、風を去り、熱を消し、眼病を治し、麵類の毒を消す。〔永代調法記宝庫・四〕は気を補い、精を増し、目を明らかにし、風を去る。葉を久しく食うと長生きし、瘡瘍疔の薬である。〔紋絵重宝記・上〕に枸杞の葉と文字の意匠がある。

供御【ぐご】 〔男重宝記・一〕には、天子*の「御食《おしょく》を、供御《ぐご》」という。〈大和詞〉〔女重宝記・一〕に「めし（飯）は、ぐご（供御）」とある。

枸杞五加皮酒【くこうこぎざけ】 製法。〔昼夜調法記・正徳四〕に枸杞五加皮酒の材料は、白米（合せ十石）、麴（合せ三石五斗）、水（合せ六石）で、常の諸白《もろはく》のように造る。この内へ地骨皮（一貫五百目）、五加皮（一貫目）を入れる。この薬種の拵え様は一夜白水*に浸して十分よく洗い常の水で濯ぎ上げ、その後細かに刻みよく干し焦げないように煎って酒を造る。刻んだ二色の薬種を本造りへ交ぜ、そのまま絞り、酒飯に交ぜる。湯加減は常の呑み加減がよく、熱い湯は悪い。刻み薬種は本造りへ交ぜると湧き加減が分らないので、中どめより三度の米高に割りつけて交ぜるのがよい。寒の内に造る。

九穀を植える忌日【くこくをうえるきにち】 〔重宝記永代鏡〕に九穀を植るのに忌日がある。小豆は卯の日。大麦は戌の日。稲・麻は辰の日。秫《もちあわ》は寅の日。黍は丑の日。大豆は申の日。小麦は子の日。晩稲《おくて》は寅の日。

枸杞実酒【くこのみざけ】 〔好色重宝記・下〕に男の淫を漏らさない法として、交合の時に枸杞の実十粒を冷酒で呑むと、何回戦っても淫の漏れることはない。

枸杞飯【くこめし】〔料理調法集・飯之部〕に枸杞飯は、枸杞の芽を摘んで細かに刻み、菜飯*のようにする。〔懐中料理重宝記〕には春の部に枸杞を細かに刻み、煮え湯を掛け、焼塩を加える。

枸杞餅【くこもち】〔菓子調法集〕に枸杞餅は、枸杞を湯で煮てよく搗き、その汁を絞り、糯の粉四分、粳の粉六分を捏ね、蒸してよく搗き、豆の粉に砂糖を合わせて掛ける。五加木《うこぎ》*餅も同じ方法で作る。

九献【くこん】大和詞。「酒は、九献《こん》」という。〔女重宝記・一〕

くさ【くさ】「丹毒」ヲ見ル。「はやくさ」トモ言ウ。

瘡【くさ】「瘡《いそう》」或は「丹毒」ニ同ジ

覆盆子【くさいちご】「苺《いちご》の事」ヲ見ル

蜀漆【くさぎ】「常山《じょうざん》」ヲ見ル

草木差し合い嫌う物【くさきさしあいきらうもの】「立花の事」参照

臭木に鳥【くさぎにとり】食い合せ。〔重宝記永代鏡〕に臭木（常山*）に鳥を食い合わせると悪い。

草木花拵え様【くさきはなこしらえよう】立花*。〔昼夜重宝記・安永七〕に「草木拵え様の事」がある。○全ての草木は朝影 夕影に切るのがよく、そのまま本《もと》を焼いて水に浸し、再々水を換えるとよい。春 冬は久しく堪える。夏中 秋の初め迄は手入れが悪いと直ぐに損ずる。○水仙 早梅 椿に莟があって早く開かせたい時は、桶に浸けて室に入れ 再々水を換えると早く開く。○藤の切った根を叩き酒に浸け火で焼き、汲み立ての水を打つとよい。○水仙は竹の串を細く平めに削り、少し袖を引き 葉へ差す。花には丸く削り葉を綴ることがある。一色をする時は小さい釘を削って葉を綴る。○荷葉（蓮）は花にも葉にも針金を差し込んで自在に矯める。○竹を立てるには、前日か当日に切ると凋まぬ。上から下四五寸上迄 節を抜いて水を入れる。込入《こみいれ》の所は矢筈の様に四五寸ばかり二股に削って挿す。立て仕舞い 葉が手を巻いたのには、塩水を打つ。○薄も凋んだのには塩水を打つ。○万年青の葉の根の厚いのには湯に浸け、水に冷やし、竹串を挿す。○蓮・同葉・河骨《こうぼね》・沢桔梗等の水草を切るには、まず糸で根を括り、その下を切ると水を含みよく堪える。○桔梗・杜若・菖蒲等凋んだのは、花共にずぶりと水に浸けて置くと莟も開く。○牡丹・芍薬・芥子等を切るには、鉄を特に嫌うので、竹篦を使うか 或は折るのがよい。立花にも銅刀を使う。軸が短かく高く使い難い時は、細い竹に水を入れて挿し込んで使う。牡丹の葉は特に弱く芍薬の葉を使う。○仙翁花・岩菲《がんひ》・節黒《ふしぐろ》等切口を焼き、節々を少し裁ち割って水をあげる。花に水を掛けると悪い。○苔 又は胴に使う洒落等は、皆後ろの方を切り欠いたのがよい。流しの込み入などもこの心得である。○菊・百合・杜若・桔梗、この外何でも横に出す時には針金を糸で巻いて矯める。○全て木を矯めるには灯火《ともしび》、太いのは炭火を使うのもよい。○心《しん》を少し退けたい時は、鋸目を入れ楔《くさび》を支う。木振はどのようにもなる。○副《そえ》・受流《うけながし》等の物は、矯めては思うようにならないものである。引き切って外の木に釘つけするのがよい。細工の利いた人は拵え様は自由になる。

くさ鴫【くさしぎ】「尾白鴫」ヲ見ル

草摺【くさずり】鎧*名所。草摺は下散《げさん》という。今世は下の際《かぎり》を草摺とし、上より一二三四を芝摺《しばすり》という。前をば玉睾蔵《きんたまかくし》といい、後ろの一段を引敷《ひしき》という。五枚下《さが》り、六七八枚下り、八間 或は十一二間の物がある。〔武家重宝記・三〕

草津道【くさつみち】木曾海道*の高崎*から諸田へ入り、草津に至る道。高崎〈二里〉諸田〈一里半〉三の倉〈二里半〉大戸〈四里〉すがを〈三里〉長の原〈三里〉草津。〔東山道 木曾道中重宝記〕

草津より大津【くさつよりおおつ】東海道*宿駅。三里半。本荷二百三十五文、軽尻百五十一文、人足百十七文。入口札の辻右方に美濃海道*木曾海道*へ行く道がある。桑名*の渡りを避ける人はこれより森山へ出、美濃路を

経て尾張熱田へ出る。右に明神の社があり、草津の内の追分で、名物の姥が餅がある。追分の右の方は矢橋道《やばせ》である。ここから舟場迄一里八丁である。この間川下を通る。矢橋から舟に乗り大津まで湖上一里余は絶景。しかし、比良の颪に舟が漂泊することがあり、危いと乗らぬ人が多い。建部明神社、篠原の里の跡がある。右に野路の玉水の跡、濁り沢、弁財天がある。左に月の輪の池がり、この辺から大津迄の湖水をままの入江という。橋本に筧の明神の社がある。瀬田の長橋 大橋 長さ九十六間、橋の上より左右山、右に沖の嶋が見える。小橋は三十六間。近江鮒、瀬田鰻の鮓、蜆が名物である。鮒は源五郎鮒といい名物である。左方に道があり石山へ行く。蛍合といい四月に蛍の出る谷があり、甚だ大きく光が強く、この辺は名所である。瀬田松葉は落葉しても色がよい。膳所右方に八幡宮があり、新羅明神社があり、三井寺の鎮守である。町の内に小橋があり、左方に社がり、愛子の若に粟飯を勧めた たばた兄弟の社があり、所の名を粟津という。この辺は堅田、唐崎、坂本まで見える。湖の長さは十八里余ある。形は琵琶に似ている。右は浜場、左は京町、横町に四の宮がある。〔東街道中重宝記・寛政三〕

草留【くさとめ】 立花。*〔新板増補男重宝記・三〕に草留《くさとめ》には、金銭花 小菊 桜草小車がよい。この外、高く伸び切る草がよい。

草南天【くさなんてん】 草花作り様。草南天の花は紫色。土は、肥土に砂を交ぜて用いる。肥しは魚の洗い汁。分植は春 秋がよい。〔昼夜重宝記・安永七〕

草餅【くさのかちん】 大和詞。「よもぎもち（蓬餅）は、くさ（草）のかちん」という。〔女重宝記・一〕

草の汁【くさのしる】 絵具製法 礬砂の加減。〔万物絵本大全調法記・上〕に「クサノシル（草の汁）」は、藤黄《しおう》*と「アイロ（『日葡辞書』に「Airo. 藍色の絵具」）」を交ぜて使うとある。草汁とも言い、草緑色である。

草の葉香の物に漬け様【くさのはこうのものにつけよう】〔男女日用重宝記・下〕に草の葉を香の物に漬け様は、草の葉をよいころに重ねて昆布か藁の稈《み》心《ご》で二ケ所を閉じて蒸し、糟か味噌に漬けるとよい。

草花植替【くさばなうえかえ】 草花植替は、八月から二月迄に、分けて植え替えるとよい。〔庭木重宝記〕

草花作りによい土【くさばなつくりによいつち】〔昼夜重宝記・安永七〕に草花作りによい土は、真土《まつち》（＝植栽に良質の土）、砂真土、野土《のつち》（＝腐植土）、赤土《あかつち》（＝火山灰が風化した赤色の土）、肥土《こえつち》（＝赤土の肥えて黒み軟らかになったもので、諸草に用いてよい）、砂、田土、合せ土*、しのぶ土*がある。「土の性の善悪を知る法」参照

草美楊【くさびよう】 草花作り様。草美楊《くさびよう》の花は黄色、又は朱。時節により三 四月に咲くのもある。土は合せ土*がよい。肥しは魚の洗い汁がよい。分植は春 秋がよい。〔昼夜重宝記・安永七〕

菌【くさびら】「木の子の事」ヲ見ル

くさふけ【くさふけ】 片言。備前 備中で草の繁ったのを、「くさふけ」という。〔不断重宝記大全〕

草牡丹【くさぼたん】 草花作り様。草牡丹の花は白色。土は白赤土に砂を交ぜる。また、肥土に野土を交ぜる。肥しは油土器《かわらけ》を粉にして廻りに置くとよい。また雨前に小便を根に注ぐとよい。分植は春 秋がよいが、とりわけ秋がよい。〔昼夜重宝記・安永七〕

草餅【くさもち】〈草餅の始〉〔世界万宝調法記・上〕は『錦鏽万華谷』を引き、或る人が草の餅を幽王に奉り、王は嘗めてその味を美とし、この餅は珍しいもので宗廟に奉るなら周の世は大いに治まり、遂に太平になろうと言った。後世に相伝え、草の餅を作って三月三日祖霊にすすめた。草の餅はこれより始ったという。〔年中重宝記・一〕にも周の幽王より始ると伝えるとし、昔は和漢ともに三月三日に鼠麴《ははこぐさ》（『物類称呼』に五形《ごぎやう》

蒿《よもぎ》）の汁を採って餅に和して食したのを、いつの頃よりか艾《もぐさ》を用いたと言う。〈製法〉〔菓子調法集〕には蓬の若葉を取り、湯煮して筋を取り、粳（四分）糯（六分）の粉を捏ね蒸して搗き、蓬を入れる。また汁を絞って入れるのもよい。

串鮑の事【くしあわびのこと】〈料理仕様〉〔諸人重宝記・四〕に串鮑は、汁削り物煮物和え物色々遣う。熨斗 短冊 揉み熨斗 結び熨斗 煮物。〈早く煮様〉〔続咒咀調法記〕に白砂糖を茶匙に一掬い入れて煮立てると串鮑は早く煮える。秘伝である。〔料理調法集・秘事之部〕に串鮑を早く煮様は、米の洗い汁に大根を少し加えると早く和らかになる。〔料理調法集・干魚之部〕に○「串鮑」は新しいのを水に四五日漬けて置き、よい程に出し、湯煮してあげ、よく洗って遣う。○「小丼」には薄く切り 花鰹を沢山入れて味醂酒、醬油でよく煮る。また葛を入れて煮閉じしてもよい。○「大猪口」には薄く切り、胡椒味噌に和え、或は雲丹《うに》和えにする。

串帯【くしおび】 片言。〔不断重宝記大全〕に「くしおびは、串鮑《くしあはび》」。〔世話重宝記・三〕にも「串鮑《くしあわび》を、くしおび」という。

串貝の煮様【くしがいのにょう】 早く煮様。〔新撰咒咀調法記大全〕に串貝の煮様は、米汁《しろみず》（＝磨ぎ汁）に大根を少し入れて煮ると奇妙に柔らかくなる。早く煮様は、そのまま白砂糖を匙一掬い入れて煮るとよい。

串柿【くしがき】〈拵え様〉〔男女日用重宝記・下〕に串柿は、よく色着いた柿を剝いて二三日そのまま置いた後に串に挿し、外に横木を結って柿を懸けて覆いをし、雨の当らないように乾す。萎びた時一連ずつ上を藁で包み、家の内の煤けのない高い所に置く。貯え様はよい蓑で柿を包んで置くとよい。〈薬性〉〔永代調法記宝庫・四〕に串柿は脾を強くし、胃熱を去り、声を潤し、虫を殺す。〈食合せ〉〔調法記・四十五〕に串柿と躑躅《つつじ》は食合せである。「柿の事」参照

串柿餅【くしがきもち】〔菓子調法集〕に串柿餅は、串柿の蔕や種を去り、蒸して搗き、次に粳粉六分に餅粉四分を合せ、砂糖醬油で堅く捏ね蒸して、柿と一ツによく搗き合せ、何度も引き廻して切る。砂糖醬油は目分量に合せて緩々煮反し、水嚢で濾す。また生で搗いた柿と粉を合せて蒸すのもよい。

櫛形蒲鉾【くしがたかまぼこ】〔料理調法集・蒲鉾之部〕に櫛形蒲鉾は、山吹蒲鉾*を利休蒲鉾形*につけ、櫛のように両脇を切り落し、白い擂身をぐりと覆輪に懸けて蒸す。

くしかぶれの妙薬【くしかぶれのみょうやく】〔調宝記・文政八写〕にくしかぶれの妙薬は、鳩の糞を胡麻の油に掻き立てて塗るとよい。

くしがれ【くしがれ】 卑語。「子どもを くしがれ、がき（餓喜）」。「くし」は「駒歯（＝幼年）カ」。倅《せがれ》の意。〔女用智恵鑑宝織〕

折傷【くじき】〔改補外科調宝記〕に「折傷《くじき》」には、饂飩粉を焼酎で溶いてつける。又方、生姜 麦の粉を水で練りつけるとよい。〔大増補万代重宝記〕に「くじきの妙方」は、饂飩粉を焼酎で練りつけるとよい。膠を溶いてつけるのもよい。鮒 泥鰌を擂り潰してつけるのもよい。〔妙薬調方記〕には、くじきにも、又うちみ（打撲）にも、早速に饂飩の粉を酒で飲むとよい。「うちみ（打撲）の事」参照

串海鼠【くしこ】〔料理調法集・口伝之部〕に海鼠《なまこ》を煎って串に刺して干したものを串海鼠《くしこ》という。腸《はらわた》を抜き煮て乾したものを煎海鼠《いりこ》*という。〈早く煮様〉〔男女御土産重宝記〕には藁を細かに切り鍋に入れて湯煮する。熱灰の中に入れても和らかになる。〈水につけず煮る伝〉〔諸民秘伝重宝記〕に煎海鼠・串海鼠を水に漬けず煮る伝は、白砂糖を一匙程入れて煮ると早く和らかに煮える。水に漬ける時は 搔き餅を一ツ入れて置くと早く煮える。〈和か煮様〉〔料理重法記・下〕に糠味噌に漬けて取り出して煮ると、早速柔かになる。〔料理調法集・干魚之部〕には白水*で一昼夜も炊き、その上で水に漬け、夏は折々水を取り替え、二三日も漬

ければと至極和らかになり、これより何にも遣い用いる。薄味噌に結び、藁を入れて炊いてもよい。湯煮が過ぎると身が崩れて見苦しくなるので、多くは湯煮を少なくする。「ぬけたこ」ともいう。

公事沙汰【くじざた】　訴訟裁判のことである。〈公事沙汰吉日〉〔万民重宝大ざつ書〕に、正・十二月は酉の日。二・八月は申の日。三・七月は未の日。四・五月は辰の日。六月は寅の日。九・十月は巳の日。十一月は子の日が、それぞれ公事沙汰によい日である。〈公事沙汰に勝つ符〉掲図の符を、九曜の星の剣先に受けないようにして呑む（図135）。〔田畑重宝記〕には「公事の事」は、訴え出る公事・訴訟・論地等の吟味は急いでしないのが往古よりの格式とある。裁許五分々々、或は四六、利非の分に裁きの功者・不功者がいる。双方口書等を取る節に、その者の面体を見ずに尋ね問うのがよい。見ると口の利き方や顔色に愛憎が生じ、理非に迷うことがあり、双方の言い分は違うのが常である。訴訟事は、「片口聞いて理非付かず」の世語のように、よくよくの鍛練を要する。老功者にも十件に二三件の過ちがある。

図135　「公事沙汰に勝つ符」〔増補咒咀調法記大全〕

櫛田【くしだ】　〈七ざい所巡道しるべ〉明星へ一里半。櫛田川 祓川は共に舟渡しである。斎宮村の左の方に森があるのは昔の斎宮の跡で、俗に野の宮という。〔東街道中重宝記・寛政三〕

狗日【くじつ】　正月二日の称。〔年中重宝記・一〕に正月「二日 狗日《くじつ》といふ」。但し、〔重宝記・宝永元序刊〕や〔諸礼調法記大全〕には正月四日を「狗日」という。「人日」参照

櫛の事【くしのこと】　〔万物絵本大全調法記・上〕に「櫛 しつ／くし」。〈櫛引の始り〉〔人倫重宝記・一〕に神代に、手摩乳《てなつち》 脚摩乳《あし》の娘稲田姫が八岐大蛇《やまたのおろち》に呑まれるのを素盞烏尊《そさのおのみこと》が助けようと思い、稲田姫になって湯津爪櫛《ゆづのつまぐし》を作り御髻《みづら》に差したと神代の巻に見える。また稲田姫を素盞烏尊へ参らす時 髪あげして清櫛《きよぐし》を差して后に祝ったともいう。〔麗玉百人一首吾妻錦〕には朝毎に髪を梳る時は 諸々の悪気に犯されず、また櫛を投げてはならないと伝える。〈差し櫛の事〉〔嫁娶調宝記・四〕には、当代に櫛を髷際《わげきわ》に差すのが流行るのは、傾城*の髪から起ったこととする。即ち、傾城が櫛を三ツも四ツも差すのは、傾城は一夜妻で毎夜主が変わるのを手柄とし、また櫛を差すのは別れに櫛を落すとその男との縁が切れるということから何本も差す。常の女は男との縁が切れるのを大いに忌み、常の人が持つ物ではないと心得べきである。〈櫛笄継ぎ様〉〔万用重宝記〕に櫛 笄を継ぐには、折れ口を両方から斜《はす》交《かい》に削り、上下に木を当てて鉄挟《かなばさみ》を火に焼いて挟むと継げ、後は椋の葉で磨くとよい。〈櫛屋〉〔万買物調方記〕に「京ニテ櫛屋」寺町三条上ル 梅木薩摩、同町 桜木河内、寺町御池上ル 舟木長門ら五人。「江戸ニテ櫛屋」日本橋南二丁目 井上数馬、京橋南二丁目 石井近江守、同所 石井対馬守ら五人。「大坂ニテ櫛屋」平の町筋 ほていや上坂和泉、北久宝寺町筋 いつゝや佐兵へ、日本橋南根本 鶴屋太郎兵へ。堺筋南北に多い。唐櫛師は長町筋にいる。〔江戸流行買物重宝記・肇輯〕には「鼈甲 櫛笄」の売り店として十二軒が出る。

九字の大事【くじのだいじ】　〔新撰咒咀調法記大全〕に、臨（独古印）*兵《ひょう》（大金剛輪印）*闘（外獅子印）*者《しゃ》（内獅子印）*皆《かい》（外縛印）*陣（内縛印）*烈（智拳印）*在（日輪方光印）*前（宝瓶印）*があり、「九字の大事」は阿遮梨より伝授を乞うべきものとある。〈九字の神法切り方〉〔清書重宝記〕にこの九字御神法を切りかけ信心する時は悪事災難はないという。九字の切り方は左右を見合せ一二三を見合せて切るとして図がある（図136）。

鬮的【くじまと】〔弓馬重宝記・下〕に鬮的《くじまと》は、今の懸（賭）的である。天武天皇の代より始るといい、即位五年（六七六）正月十六日、西門の庭に的射がある。或る人が云うとして、賭弓といい、天子も正月十八日弓場殿で御覧になり、左右の近衛、左右の兵衛、四府の舎人が射る。中興迄は扇子 畳紙、或は沈香 帛《ふくさ》 楊枝等を賭物とした。当世は勧進的等と呼んで所々に設け、ひたすら銭で争い、専ら博奕の類になるか、とある。

くしゃ【くしゃ】〈何が不足で癇癪の枕言葉〉「げいしや（芸者）、くしや」。また「げいしやをか（買）ふ、くしやをまは（廻）す」という。〔小野篁謔字尽〕

孔雀【くじゃく】〔万物絵本大全調法記・上〕に「孔翠 こうすい／孔雀 くじやく也」。〈異名〉〔世話重宝記・二〕〔書札調法記・六〕に孔雀の異名に、南客 鳳友 越鳥 文禽《ぶんきん》がある。

孔雀花火【くじゃくはなび】 花火製法。〔男女御土産重宝記〕に孔雀花火の製法は、煙硝（十匁）、鉄（十二匁）、硫黄（二匁七分）、灰（三匁七分）の四色を用いる。

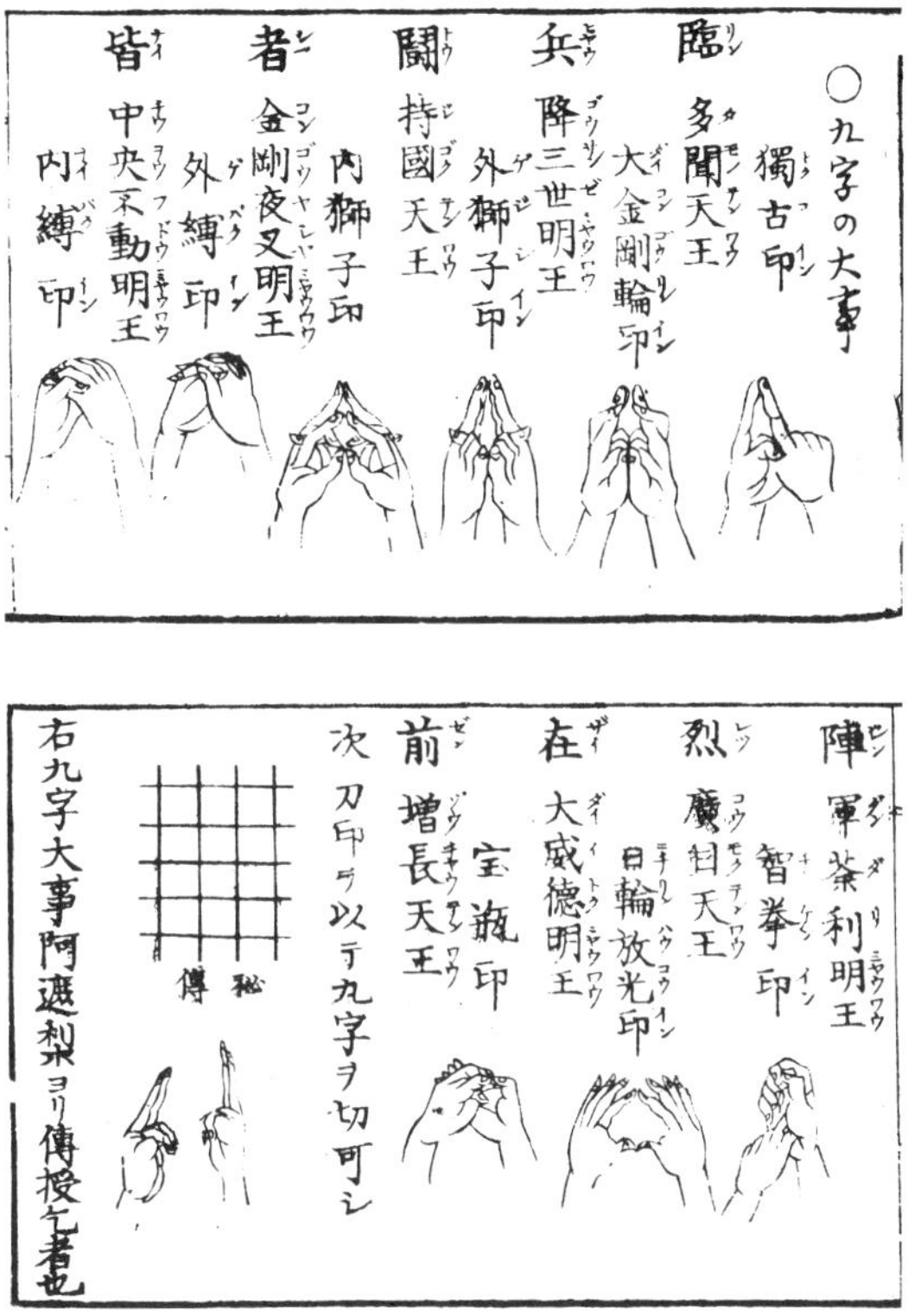

図136 「九事の大事」（新撰咒咀調法記大全）

倶舎宗【ぐしゃしゅう】 八宗*の一。〔農家調宝記・二編〕に倶舎宗は、起立唯識宗ともいう。唐土では道空律師を祖とし、日本では三論宗*の諸師 玄昉等が兼ね伝えた。

九宗【くしゅう】〔改正増補字尽重宝記綱目〕に九宗は、法相（宗）*三論（宗）*倶舎（宗）*成実（宗）*華厳（宗）*天台（宗）*律（宗）*真言（宗）*浄土（宗）*をいう。

蒟醤【くしょう】「ひはつ（蓽撥）」ヲ見ル

九条殿【くじょうどの】 五摂家*の一。〔男重宝記・一〕に九条殿は、家領二千四十三石五斗とある。〔人倫重宝記・一〕には九条殿は庶流（別家の家筋）とある。

鯨蒲鉾【くじらかまぼこ】〔料理調法集・蒲鉾之部〕に鯨蒲鉾は、常の擂身を板へ角に厚さよい程につけて蒸し、上へ干瓢を粉にして入れた黒い擂身を一分半程付け、また蒸す。但し、出す時切り形をする。早く切り置くと切り口に光が失せてよろしくない。

鯨尺【くじらざし】〔里俗節用重宝記・上〕に鯨尺は、番匠《だいく》の曲尺《かねざし》*を四段とし、一段を加えて一尺とする。商人の例に倣う曲尺では一尺二寸五分にあたる。鯨尺で九寸六分は曲尺で一尺二寸である。呉服尺*を鯨尺に直すには九六を掛け、鯨尺を呉服尺に直すには九六で割る。

鯨の事【くじらのこと】〔万物絵本大全調法記・下〕に「鯨げい／くぢら」は、海中の大魚とある。〔農家調宝記・付〕に、○「品類」は五種六品とし、背見鯨、座頭鯨、長須鯨、児鯨（青サギシャレ等の異名がある）、鰯鯨（鰹鯨）、真甲鯨、槌鯨、赤坊鯨、サカマタ（シャチ等の異名がある）、ゴト鯨（シオゴトナイ等の異名がある）、スナメリ鯨等の種類をあげ、その形状の図示と説明がある（図137）。肥前の五嶋 或は平戸で鯨を捕る図もある。○「鯨油」は、除蝗の最上とし五嶋 平戸 熊野 伊予産に及ぶものはない。

上は、肥前国 五嶋 平戸辺の鯨捕りの図。上 長須鯨。下 鰹鯨（鰯鯨）。

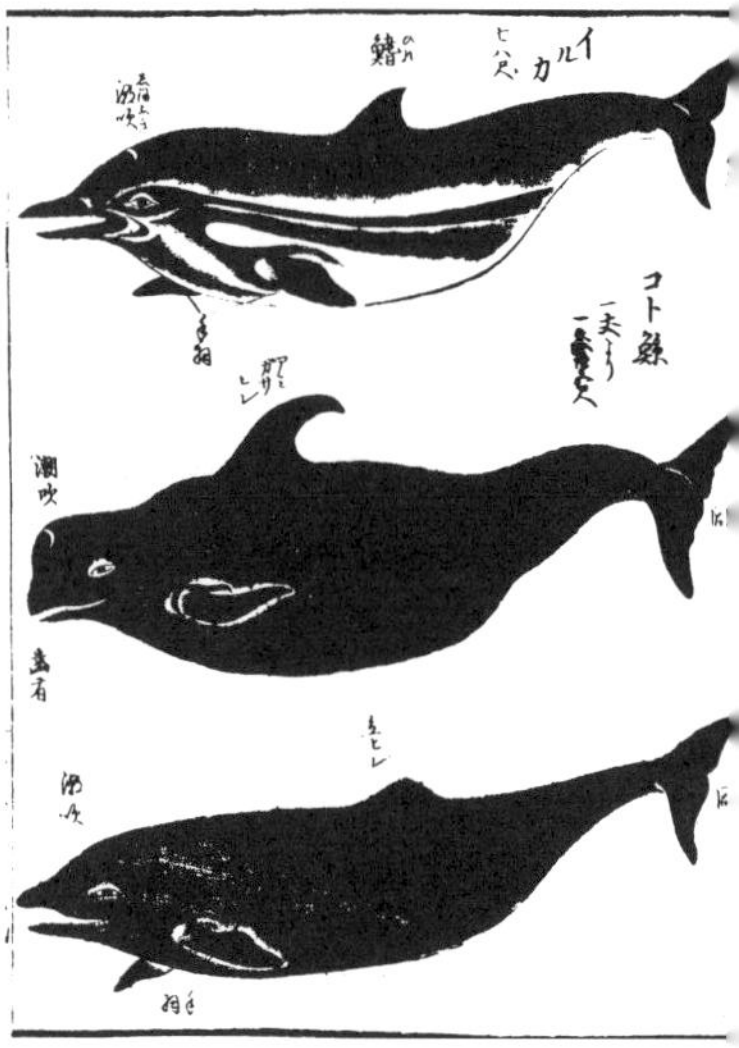

上から イルカ。ゴト鯨。名前不記。

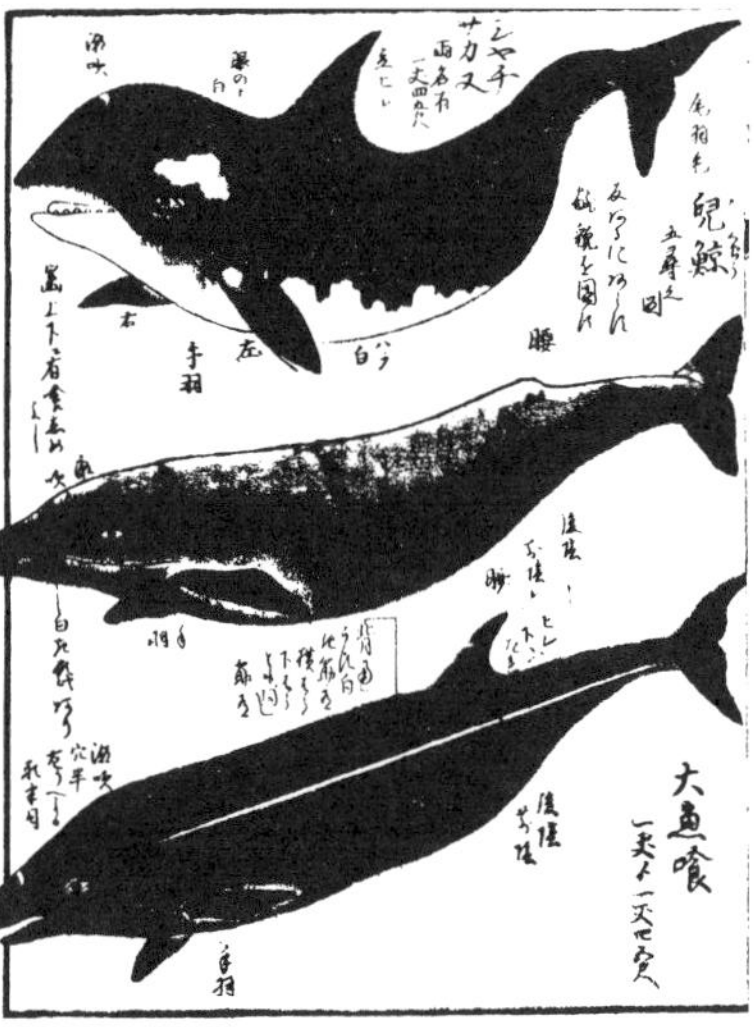

上から シャチ（サカ又）。児鯨。大魚喰。

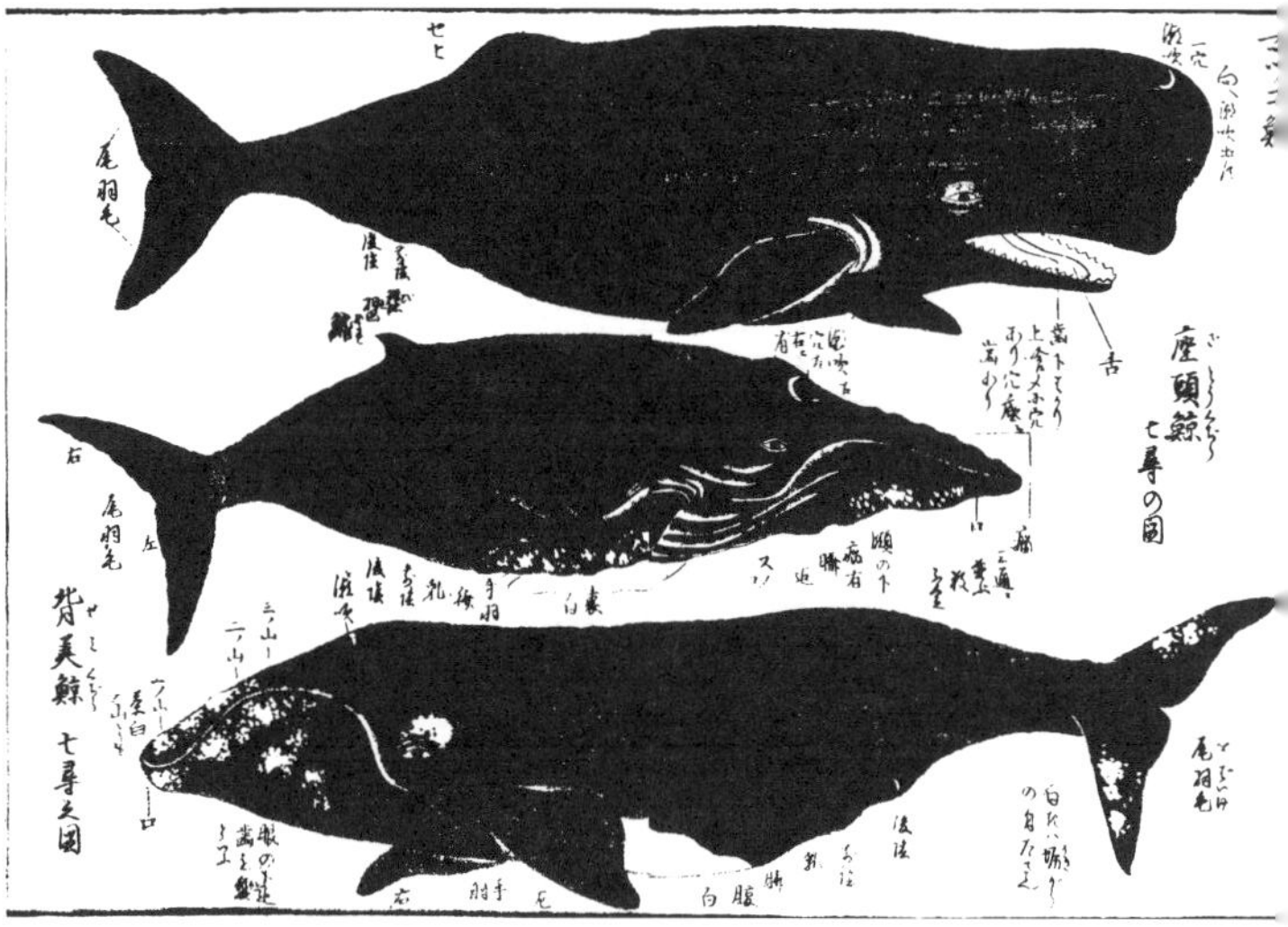

上から マツコ鯨（真甲）。座頭鯨。背美鯨。

図137 「鯨の事」（農家調宝記・付）

一反に鯨油五合（雑魚油は一升余以上）、値段は四斗樽入り銀百目前後、一升に付き銀二匁五分に当る。但し、蝗が大繁殖すると高騰する。「田の虫の事」参照

〈薬性〉〔医道重宝記〕に鯨は平で小毒がある。気を下し陰を補い、頭風によい。多食してはならない。〔永代調法記宝庫・四〕には瘧を落し、虫を殺し、霜腹《しもばら》*によい。〈肉貯え様〉〔諸人重宝記・四〕に、塩一升に水一升を噴かせ、よく冷まし、肉を三日漬け、取り上げて苞《つと》にして置く。そのまま桶に漬け置く方もあり、また糟に漬け 塩を加え 壺に入れて置く方もある。

〈料理〉〔世界万宝調法記・下〕には生鯨をよい程に切り、酒煮にして、次に酒を捨てて味噌へ入れる。塩鯨なら塩出しして同じようにする。塩鯨では色の赤いのは切り除ける。〔料理調法集・汁之部〕に「鯨汁」は、鯨を薄く作り、小糠で揉み洗い、さっと湯煮して中味噌で仕立てる。妻は牛蒡、大根、或は茄子、作意次第に取り合せる。鯨により湯煮して強くなるのもある。湯煮をさっとかけるとよい。

〈料理仕様〉〔諸人重宝記・四〕に鯨は、汁 刺身 吸物 和え物（粕に漬けて）に使う。〔料理調法集・塩魚之部〕には次がある。○「塩漬肉料理」は、厚身 蕪骨 煎殻等、特に尾羽毛《おばけ》がよいという。○「汁」は、薄く切り米の糠でよく揉んで水で洗い常のようにする。但し、これは古風で、現時は糠で揉み 暫く置き湯引し、それより水で晒して用いる。○「刺身」は、前のようにして熱湯に入れ、爆ぜたのを遣う。辛子 山椒味噌 酢味噌 山葵 醤油でもよい。五嶋 大村 唐津辺の品がよく、伊勢もよい。尤も尾羽毛、但し 尾鰭が極みである。○「丼」は、白身を細引に作り清水でよく晒し三盃酢に漬ける。取り合せは白瓜 木茸 茗荷 生姜の類である。○「平皿」は、薄く切り 熱湯に通して引き上げ 青菜と下汁を塩梅して入れ、煮る。花鰹を懸けて出す。○「煎殻」は、一品で上方には常にあるが、江戸近国には稀々にある。風味はよくなく、葱 大根等を入れて煮る。○「蕪骨」は、一品で国産である。暫く水に漬けて刺身の相手、また一品で合酢を懸けてもよい。或は水鉢もの等に見事である。煮染にもよい。○「厚身」は、普通にあるが下品である。葱の白根 また芹 水菜等を入れ、鳥の替り等に遣う。これは俗に身鯨という。

〈食合せ〉〔万用重宝記〕には、鯨に荊芥・甘草・菊の花・蘩蔞は食い合せである。「松前焼鯨」参照

鯨餅【くじらもち】菓子名。鯨餅、上羊羹、下こね物。〔男重宝記・四〕

抉る【くじる】〔色道重宝記〕に、娘が十二三になるといつの間にか色気づき、色事の話を聞いて羨ましく思い、指を開《ぼぼ》に入れることを「くじる」「ゆびくじる」という。誰も教えず、自然に覚えるのは自然のなす業で、決して悪戯《いたずら》と思ってはならない。

葛菓子の事【くずがしのこと】〔菓子調法集〕に次がある。○「葛飯餅」は、飯（百匁）、葛（十匁）をよく搗き伸す。○「葛饅頭薯蕷羹」は、長芋を湯煮して皮を去り、水嚢で濾して置き、煎じ砂糖を見合せて、鍋に入れじわじわと煮立て、長芋を入れて練る。葛（一合）、水（二合五勺）、砂糖（二合五勺）に葛を水で溶いて砂糖を入れ、布で濾し鍋に入れて練る。火は随分強いのがよく、桶に湯を入れてその上に鍋を降ろし、手に水をつけ、薯蕷を丸め包み、濡らした布巾の上に置き、常の餡でも丸めて置く。○「葛焼餅」に次がある。①葛粉・砂糖（各一盃）、水（一盃半）をよく擂り立て濾し、火を細くして練る。次に板の上に豆の粉でも葛の粉でも薄く敷き、その上で練った葛を厚さ五六分程に伸し切って出す時、薄鍋で焦げないように打ち返し焼く。②豆腐の水を絞りよく擂り、葛粉をかたくして団子になる程入れ、厚さ六七分程に押し平め、海鼠程の大きさにして割り、串に立てて焼き下す。よい時分に醤油に砂糖を入れ、三遍程漬けて焙る。〔ちやうほう記〕に、○「葛粉焼」は、葛粉・水（各

一升)、砂糖(一斤)を捏ね合わせて蜜柑程に丸め、鍋に油を少し塗り、切々打ち返し焼く。但し、〔料理調法集・菓子調法集〕には「葛焼餅」*として、「砂糖一升」にして他は同じ方で載る。同種異名か。〔ちやうほう記〕に○「葛の粉餅」は、葛を熱湯で捏ね、白砂糖を入れ、薄く扣い て蒸し菓子に出す。或は 葛を熱湯で捏ね、胡桃の大きさにして内へ山椒味噌を入れ、湯煮して火の上で少し焙り、乾かして出す。〔料理調法集・菓子調法集〕に、○「葛饅頭」は吉野葛一盃、水一盃八分、氷砂糖を煎じ七分程入れて練り立て、葛の粉の上に一ツずつ置き、中へ餡を包み 饅頭に仕立て、敷布の上に置く。水で葛を洗い落し、蒸し立て、改めて敷き、蔓笹の葉で巻く。○「葛巻」は、葛一合。水一合。蜜二十匁。二合でもよい。或は、上葛一盃に砂糖八合。砂糖八合へ、水一盃を入れ、葛の中へ打ち込む。また砂糖を入れた器物へ水一盃を入れ、また打ち込み、水嚢で濾す等加減する。〔里俗節用重宝記・中〕には上々葛(茶椀に一盃粉にして)、水(同一盃)。葛を溶き固め鍋に入れ、火の上で練り、火から降ろして固まらない内に盆に葛粉を薄く振り、その上に取ってよい程ずつ薄々皮に伸べ平め、餡の形を腰高に作り置いて着せる。取り粉は葛で手の平に載せて作る。蒸籠に並べて随分よく蒸かし、時々水を打つと葛の粉が流れて光がよい。

〈即座に葛饅頭を拵る方〉〔料理重法記・下〕には葛粉を粉にして盆の上に篩い置き、餡を思う大きさに丸くして置き、葛粉の上へころばかして衣にし、間を置いて並べ、蒸籠で蒸す。〔料理調法集・菓子調法集〕に、○「葛餅」は葛一升に、水一升五合を入れ、練り上げて麩程に取る。砂糖豆の粉でよい。二盃水でも二盃半水でもよい。

〈葛菓子売り店〉〔江戸町中喰物重法記〕に次がある。○「葛せんべい」は、神田三川丁新道 熊谷長門にある。○「葛煎餅」は五色せんべい、きくらげ、さんせうせんべい等九品とともに京橋銀座町三丁目中程 布袋屋春隅にある。○「横山町元祖御すき屋葛勢せんべい」は、本所みとり町三丁目 めうが屋吉兵衛にある。

医【くすし】〔万物絵本大全調法記・上〕に「医い/くすし。毉い。同」。「いしや(医者)の事」ヲ見ル

くすす【くすす】 大和詞。「くすゝとは、物かげくらきを云」。〔不断重宝記大全〕

長命縷【くすだま】〔重宝記・宝永元序刊〕に、五月五日に五色の糸を肘に掛けると、兵難や悪鬼を避け、疫病を患わないという。これを長命縷《くすだま》という。「端午の事」参照

薬玉【くすだま】「端午の事」「重陽の事」ヲ見ル

薬練【くすね】「つる(弦)の事」ヲ見ル

葛の裏風【くずのうらかぜ】 大和詞。「くずのうらかぜとは、うらみ(恨)を云」。〔不断重宝記大全〕

楠木【くすのき】 薫物香具拵様。〔男女御土産重宝記〕に、楠木の中の黒い所のを小口から刻み、粉にして篩い、白檀*と同事に拵える。

楠陣蚊屋の仕法【くすのきじんがやのしほう】「夏陣の蚊帳」ヲ見ル

楠即効散【くすのきそっこうさん】〔万用重宝記〕に「楠軍薬の秘法」として切り疵、矢疵、打ち疵、湯焼け、鉄火焼け、その他何によらず膿血を止め、一切の痛みを和らげ、即座に奇妙に治す。また腫物疾 肥前田虫胎毒、その他身内に毒気のあるものは膿 悪水を吸い出して癒え、肉を上げ、即効は神のようである。黄檗(五両)、光明丹(一両)、半夏・青木の葉・雄松の緑(各三両)、樟脳・硫黄・唐の土(鉛白)(各二両)を、極く細末(粉)にして一切の疵や痛みに唾で練りつける。頓死や頓病の節に、鼻の穴へ吹き込むと即座に息を引き戻す。口中へ入ると大毒である。

楠正成【くすのきまさしげ】〔大増補万代重宝記〕に楠正成《くすのきまさしげ》は本姓は橘氏。忠義にして勇があり、籌策(計略)の功がある。その城を守り、野《や》に戦う

労は、みな勤王の志からである。人のことごとく知るところである。延元元年（一三三六）、四十三歳没。「楠家《なんけ》壁書《へきしょ》」参照

楠正成軍用の名方【くすのきまさしげぐんようのめいほう】「飢を凌ぐ方」ヲ見ル

楠正行【くすのきまさつら】〔大増補万代重宝記〕に楠正行《まさつら》は正成*の子。年少にして父の風があり、志を継ぎ、励んだが不幸にして高師直・師泰兄弟に河内四条畷の戦に破れ、正平三年（一三四八）に没した。

楠正儀【くすのきまさのり】〔大増補万代重宝記〕に楠正儀《まさのり》は正行*の弟、父兄の業を守り、吉野の宮に候し、しばしば京を窺い、敵軍を破る。その後足利義詮 及び畠山道誓等が大軍を率いて攻め来るのに、正儀は防ぎ戦うこと数日にして退けた。生没年未詳。

楠眼凌ぎの法【くすのきめしのぎのほう】〔大増補万代重宝記〕に「楠眼凌ぎの法」は、戦場で幾夜寝なくても眼が明らかな法で、生きた鼠の両眼を刳り抜き、よく黒焼にして飯粒に練り合せ、紙につけ臍に貼って置くと、数日寝なくても少しも眠くはなく、明らかである。鼠の夜目の見えることが薬性に顕れて奇妙である。

葛の事【くずのこと】〔万物絵本大全調法記・下〕に「葛 かつ／くず／かづら」。〔薬種重宝記・上〕に和草、「葛根 かつこん／くず。洗ひ干し刻み焙る」、「葛粉（かつ） ふん／くずのこ。修治 天花粉*の法の如し」、「葛花 くずの（はな）。晒し乾す」とある。〈薬性〉〔医道重宝記〕に葛粉《くず》は平で毒がない、熱を去り渇《かわき》を止め、胃を開き食を下し酒毒を解す。〔永代調法記宝庫・四〕に葛粉《くずのこ》は大小便通じ、渇きを止め、瘍や腫物、酒の酔いによい。〈料理口伝〉〔料理調法集・口伝之部〕に葛の若葉は、三月を賞翫とし、吸物 取り合せ、また飯にも交ぜ、和物にもよい。〈食合せ〉〔料理調法集・当流献方食物禁戒条々〕葛に田辛螺《たにし》は食い合わせである。

葛菱喰【くずひしくい】〔料理調法集・諸鳥人数分料〕に葛菱喰は、真菱喰*より少し小さく、鴨の代りに遣う時は真鴨*二羽に、口鴨*一羽程に当る。汁にして二十一二人前、煎鳥*にして十七八人前である。脂は真菱喰と同じであるが、少し下品である。

葛味噌【くずみそ】〔ちやうほう記〕に葛《くず》味噌の法は、粳米・味噌（各一升）、葛粉（五合）、胡麻（三合）、糯米（二合）、山椒粉（一合）、胡桃・桃仁・李仁（好次第）を搗き合せて擂る。

くすみたり【くすみたり】五色*の褒め詞。黒い色の物は「くすみたり」と褒める。〔男重宝記・五〕

葛屋の葺き張り【くずやのふきはり】〔万用重宝記〕に、葛屋の谷の雨の漏りそうな葺きようは、杉皮を五六寸、葦に一枚ずつ入れて葺くのがよい。〈紋様〉〔紋絵重宝記・下〕には「くづやにすさき（洲崎）」の意匠がある。〔万用重宝記〕

薬菓子【くすりがし】〔昼夜調法記・正徳四〕に雲林の『済世全書』の薬菓子の方として次の四色が出る。白雪糕*。八仙糕*。白玉糕*。玉露霜*。

薬焦し【くすりこがし】〔万買物調方記〕に「江戸ニテ薬こがし 香煎」は、京橋南四丁目 鸖見玄関、下谷池の端 とちきや、木挽町五丁目 こがしや三郎兵へ にある。

薬包紙法式【くすりつつみがみほうしき】〔医道重宝記・享保八〕に次がある。包紙は、薬箱の蓋を仰退け、その上に包紙を左より右の方へ重ね並べて、押えに卦算（文鎮）や合子を置く。図は順に、①常の包み様。道三家はこれを用いる。②丸薬・散薬の包み様。③半井流。④五雲子流。⑤二枚包は一の紙の面に銘と煎じ様を、喉より一寸五分下げて書く。一貼も銘の下から一寸五分下げる。⑥一枚包は左端を二寸四五分程折り返し、二貼、二服、二包等と書く。⑦極く貴人へ御薬を差し上げるには、二番煎じの事は書かない。貴人の薬には二番煎じはない。人参 生姜 棗等を入れる時等は、謂われを書く。入れない時は書かない。⑧包み形は各図版のように五角に包む。四角に包むのは忌む。人参 棗 生姜、並びに

煎じ様は上に書く。印に医の名があるので、医者名は書かなくてもよい。⑨宛名認め様、女中は「御内儀」、人の媍は「御母儀」、娘は「御息女」、法名のある女は「尼公」。法体の男は「老」、俗の男は「殿」、貴人の男は「様」とも書く。⑩裏の形、封じ目は医者の名、或は表号、又は「寿」「験」等の字を印に彫って押すのがよい。四角なのは用いない。難産や催生《はやめ》の薬、又は胞衣《えな》が下りない時の薬には「封」を、さらに「験」の字を書く。大小便不通の薬等も同じ心得である。⑪極く貴人の上包みの書き様である。大方の貴人には右の方へ押し上げて、名を書いて「様」と書く（図138）。○通治《つうじ》の丸薬・散薬は、包紙の上に銘を書き、裏に能書 飲み法を書く。○遠隔療治する病人に遣わす丸薬 散薬等は包紙の裏に薬の銘を書く。○遠隔地へ調えて遣わす薬は、大包の上をまた包み、封じてまた上書をする。○薬を持って出、病人又は使者に渡す時は、銘を我が方へ向けて左の手に持って口上を述べ、右手へ逆様に取り直し、先様へ渡す。取り直すという心である。○外包《うわづつみ》の紙を取り出すには、外《うえ》より取る。薄紙を剝ぐように、という心である。

薬のつけ縛え【くすりのつけゆわえ】〔骨継療治重宝記・中〕に薬を付けたり、縛《ゆわ》えたりする間は、必ず家を閉《さ》し込め、風の入らない所でする。風が瘡口に入ると破傷風となる。敷貼薬《はりつけぐすり》等は、板の上で芭蕉葉 或は紙を広げて、接骨膏や定痛膏*を押し延べて損じたところに置くとよい。但し、症状により処置法がある。

薬の取り換え【くすりのとりかえ】〔骨継療治重宝記・中〕には、薬を取り換えるのに直に換えるのは悪く、手巾《てぬぐい》を湿し打ち掛け潤し、剝目《へげめ》を逐一剝げるのを取り、洗って薬を換える。留め置かない。或は肉の疱《みずぶくれ》を恐れる。まず薬を伸ばして換えるのが大切で、誤る時は害をなす。

薬の銘作り様【くすりのめいつくりよう】〔医道重宝記〕に、包紙*に薬方の銘を書くのは、その病気の理に適う銘を作る。古来より付け来る銘は書かず、何湯、何飲等と三字か五字で書く。四字は嫌う。次の二十字を銘の頭につけ、下には湯 飲を添え、中には相応の字を挟んで銘とする。頭の

図138「薬包形法式」（医道重宝記・宝永七）

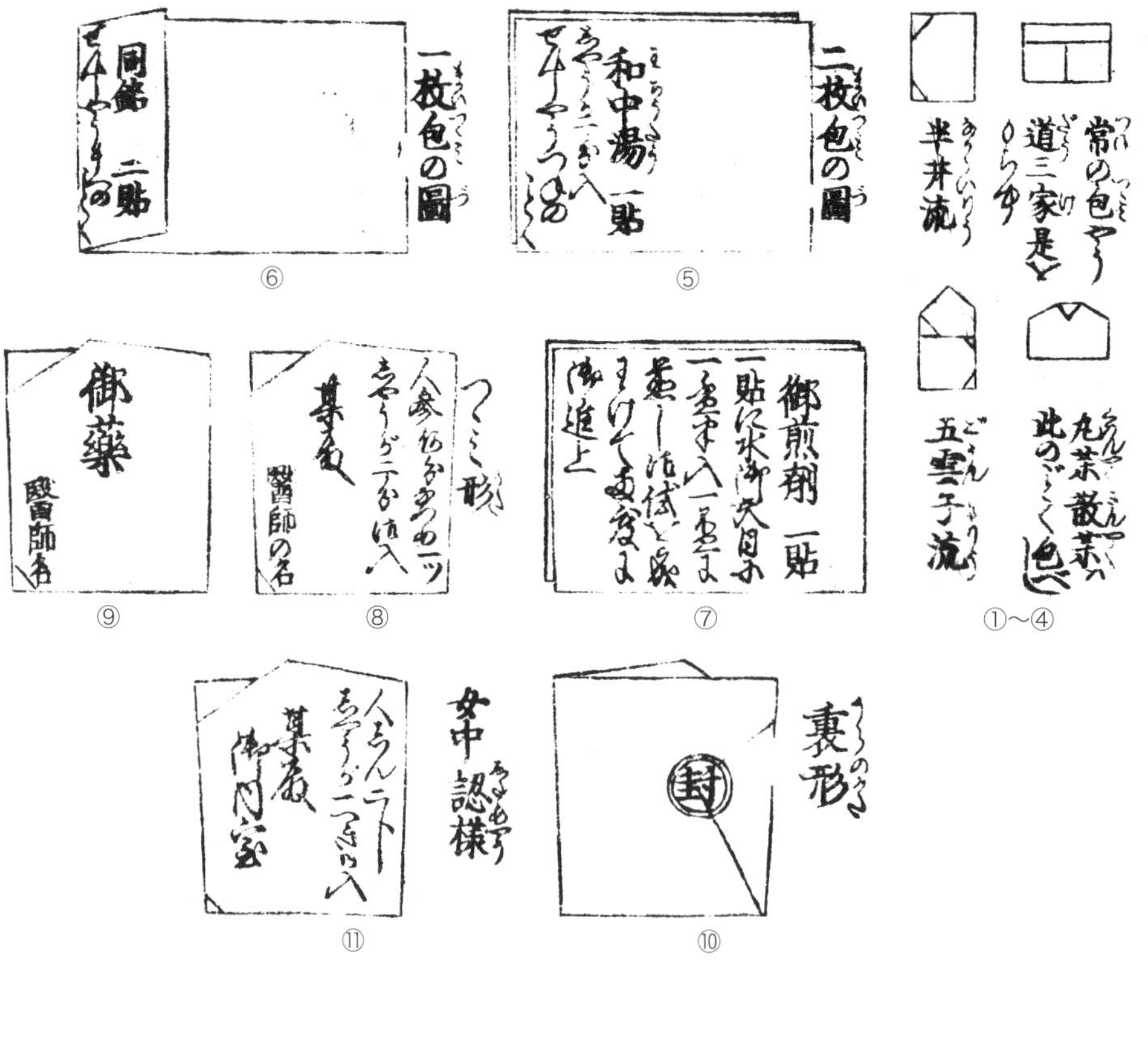

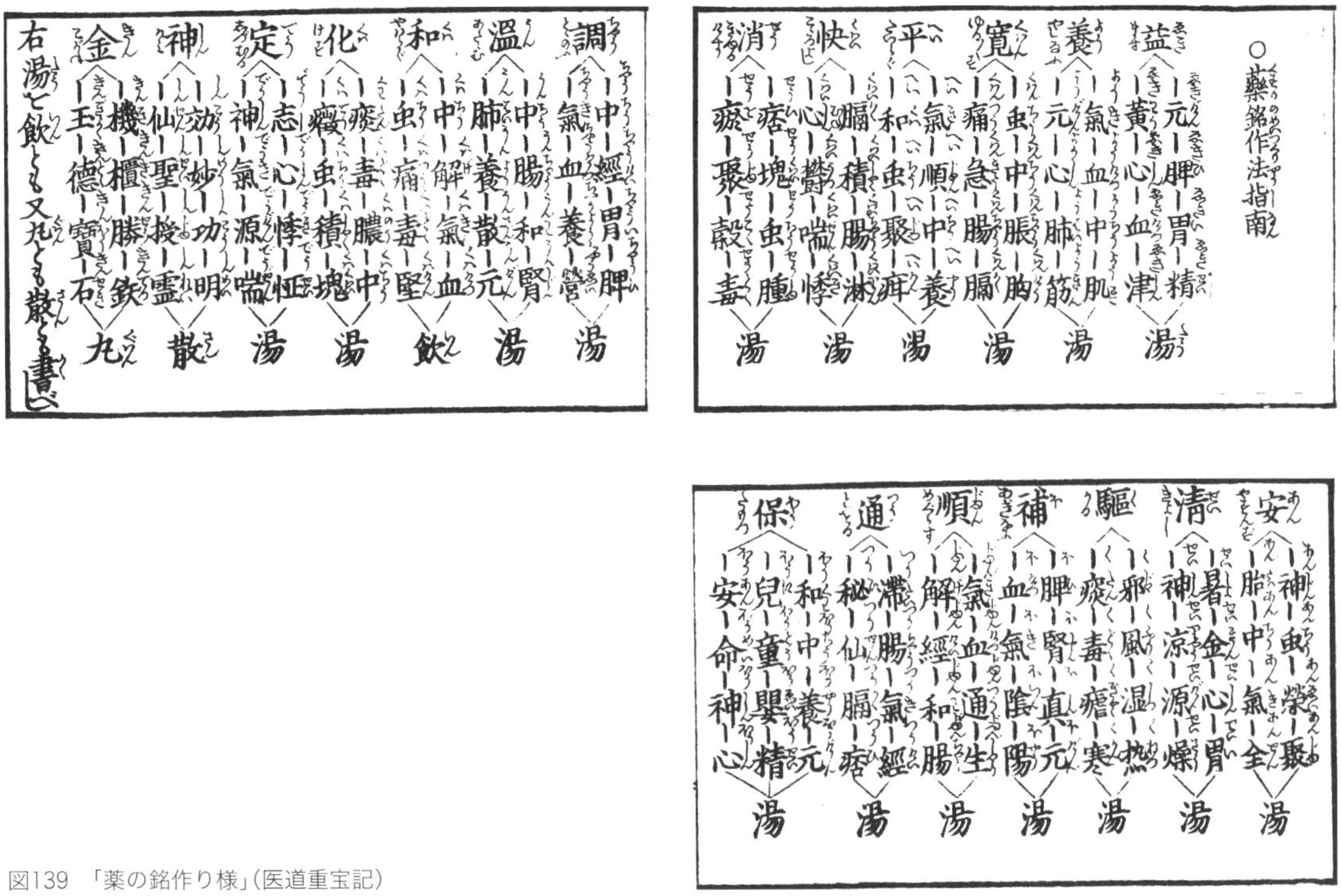
○薬銘作法指南
益 一元一脾一胃一精／一黄一心一血一津 湯
養 一氣一血一中一肌／一元一心一肺一筋 湯
寛 一虫一中一脹一胸／一痛一急一腸一膈 湯
平 一氣一順一中一養／一和一虫一聚一痾 湯
快 一膈一積一腸一淋／一心一欝一喘一悸 湯
消 一痞一塊一虫一腫／一痰一聚一穀一毒 湯
安 一神一虫一祟一聚／一胎一中一氣一全 湯
清 一暑一金一心一胃／一神一涼一源一燥 湯
驅 一邪一風一湿一熱／一痰一毒一瘡一寒 湯
補 一脾一腎一直一元／一血一氣一陰一陽 湯
順 一氣一血一通一生／一解一經一和一腸 湯
通 一滞一腸一氣一經／一秘一仙一膈一痞 湯
保 一和一中一養一元／一兒一童一嬰一精／一安一命一神一心 湯
調 一中一經一胃一脾／一氣一血一養一營 湯
温 一中一腸一和一腎／一肺一養一散一元 湯
和 一中一解一氣一血／一虫一痛一毒一堅 飲
化 一痰一毒一膿一中／一癥一虫一積一塊 湯
定 一志一心一悸一怔／一神一氣一源一喘 湯
神 一効一妙一功一明／一仙一聖一援一靈 散
金 一機一櫃一勝一鉄／一玉一德一寶一石 丸
右湯ト飲とも又丸とも散とも書べし

図139　「薬の銘作り様」（医道重宝記）

二十字は益養寒平快消安清駆補順通保調温和化定神金である。中に挟む字は益では元脾胃精黄心血津で、例えば益元湯のようになる。湯は、飲とも丸とも散とも書く（図139）。

薬の量目【くすりのりょうもく】「合薬秤量の例」ヲ見ル

薬屋【くすりや】 薬種 木薬屋 製薬屋 問屋等を含める。〔万買物調方記〕に次がある。〇「京ニテ木薬屋」は二条通寺町より西へ悉くある。中立売かうぐや播磨。烏丸錦小路上ル ゐづゝや伝右衛門。「京ニテ製薬屋」は御幸町姉小路上ル 遠藤出羽。六角御幸町西へ入 かうぐや八郎兵へ。二条通。「京ニテ人参所・和人参所」は、所・名ナシ。〇「江戸ニテ木薬屋」は日本橋 京橋南北通町。本町通 姫御門通 西窪 所々にある。「江戸ニテ安売」は赤坂一木町 大坂や。「江戸ニテ製薬所」は桐山三了。常盤橋ノ前 遠藤出羽。「江戸ニテ人参問屋」は日本橋北二丁目 いせや孫八郎、松岡伊瀬衛門。「江戸ニテ和人参所」は、所・名ナシ。「江戸ニテ薬種問屋」は本町三丁目 大和や庄兵へ。同所 鰯や。同所 ひのや六右衛門。同所播磨や。〇「大坂ニテ薬種 問屋」は、今橋 道修町 堺筋 御堂の前に悉くある。南に百二十九人、北に二百十人、天満に十五人。米屋町一丁目きのくにや二郎右衛門。「大坂ニテ製薬屋」は御堂の前。「和人参所」は、所・名ナシ。三都の名薬は別項。

薬湯【くすりゆ】〔調法記・四十ゟ〕に薬湯の法は、艾葉・肝木（各十目）を煎じ、据え風呂で洗うとよい。男は疝気、女は帯下 腰膝の痛み、打ち身等によい。

九頭龍権現社【くずりゅうごんげんしゃ】 大坂願所。天王寺南大門の南庚申堂の境内 九頭龍権現社は世に庚申の瘡神と唱え、瘡毒の小児を連れて参詣人が道で草を七色摘みとり、九頭龍権現へ捧げて平癒を祈り、御礼には牛の絵馬、土の牛を奉納する。また庚申の日に九頭龍権現社の前で商う蒟蒻田楽を食うと、どれ程強い頭痛でも平癒すると言い伝え、参詣人は

必ず立ち寄って食うことになった。〔願懸重宝記・初〕

葛料理の事【くずりょうりのこと】〔世界万宝調法記・下〕に、○「葛素麵の方」は水三合程の中へ葛を盃半分程入れよく溶いて鍋へ入れ、弱火に懸けて箸でそろそろ振り立、一沫《ひとあわ》煎じて葛色が変わり粘りが出る時に上げ、人肌に冷まして捏ね、汁を足して捏ね、この加減は手の内に捏ねた葛を一杯入れて下へ流し、索麵のように続いて落ちる程にする。柄杓の底に丸穴を五分余三ツ程開け、捏ねた葛を入れ、鍋に湯をよく立たせ、落し入れる。湯は油断なく滾らかし、ぬるくなると索麵は切れる。鍋の内に索麵が溜まったら先繰りに取り上げその侭水に入れる。

〔男女日用重宝記・下〕に葛素麵の拵え様は、葛の粉を少しぬる湯で黒葛になる程捏ね、手の指の間からたらたら漏り落ちる程にして、汁椀の底に筆軸程の穴を開けて一杯入れ、鍋に湯を強く沸かし、椀の穴から湯の中に通すと索麵になる。湯はぬるいと悪く、汁は澄ましでよい。〔調法記・四十ら〕には葛の中に饂飩粉を少し繫ぎに入れ、薄く捏ね合せて置き、椀の尻にいくつも穴を開け、湯を沸かし椀の穴から垂らす。〔料理調法集・麵類之部〕には極上葛を粉にして絹で篩い、少し水で溶き飯の取り湯の加減に煮て冷まし、粉を捏ねる。加減は引き上げる時糸のようで切れないのがよい。次に柄杓に穴を開け煮え湯へ落し色が変った時水中にあげて洗う。時節により湯でも水でも少し溜め出す。汁は甘汁、煎じ砂糖でもよく、薬味は花鰹、練り辛子、蓼、擂胡桃の類がよい。

〔世界万宝調法記・下〕に、○「葛切」は葛を粉にしてよく篩い、熱湯《にえゆ》でよい加減に捏ね、常の麦切*のように丸盆程に打ち伸べ、切麦のように細く切る。振り粉にも葛の粉をし、湯煮も煮え過ぎない程にそのまま取り上げ、水に入れ二三度も替え麦切のように冷し、また温めるには湯を差す。〔料理調法集・麵類之部〕には葛粉を熱湯で捏ね よく伸べ 打ち切り、湯煮して水で洗う。出し様は葛索麵に同じ。

薬を誤った時【くすりをあやまったとき】〔丸散重宝記〕に傷寒 疫癘 老少 男女を問わず、薬を誤り 壊症となり 脈が沈伏し 人事不省となり 死にそうな時は、七日以後なら奪命散*が最もよく、これは独参湯《どくじんとう》である。新しい水に冷して服する。鼻に汗が出て即刻癒える。

薬を飲む間禁食【くすりをのむあいだきんじょく】〈薬を飲む間禁食〉〔万まじない調宝記〕に薬を飲む間は、茗荷と柘榴は食わないものと知れ、とある。

癖馬を鎮める事【くせうまをしずめること】『日葡辞書』に「Cuxevma.(癖馬)、悪いくせのある馬」。〔馬療調法記〕に諸の癖馬を鎮めるには、たゝらひ(『大和本草・九』に「早蓮艸《たゝらひ》 又鱧腸草とも云。和名たゝらひ、又俗に、たかさぶらうと云。川芎の葉に似て長し。又柳葉の如し。薹《たう》立て、高一二尺あり」)の生なましいのを擂り潰し紙に湿めらし、鞍置馬なら鞅《むながい》につけて吭(喉笛)に押し当てる。乗るのに厳しい馬には糸に湿めらして口を張る。

口舌の符【くぜつのふ】 口舌《くぜつ》は口論である。〔増補咒咀調法記大全〕に、①「口舌事に立る符」。②「一切の口舌をよける符」がある(図140)。

図140 口舌の符

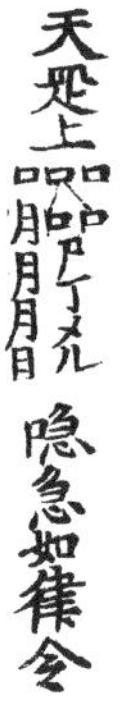

①「口舌事に立る符」(増補咒咀調法記大全)

②「一切の口舌をよける符」(増補咒咀調法記大全)

公宣【くせん】「詔書」ニ同ジ

糞かぶれ【くそかぶれ】〔重宝記・礒部家写本〕に「くそかぶれの薬」には、おばこ(大葉子)の粉をつけるとよい。妙薬であり、木薬屋にある。

具足の事【ぐそくのこと】〔万物絵本大全調法記・上〕に「鎧き/よろひ。又具足 ぐそく也」。〈具足躾方〉〔武家重宝記・三〕に大将に、○「物の具着せ様」は 一に背笠馬上袴、二に濃き直垂、三に佩楯《はいたて》、四に鎧、五に

簸上帯、六に臑当、七に梨子打帽子。〇「武具着せ様」は何処であっても大将を敵の方へ向け、少しも足を後ろへ踏ませないように、間を遠くして介錯する。左籠手《こて》より始め、上帯の後に留めを合す。〇兜の役人は左手の平に据え肘に持つ。同じ肩に打ち懸るように敵の方へ向くように持つのが躾けである。〇具足を三物《みつもの》と言うのは、筒《どう》・冑《かぶと》・袖を揃えたのをいう。筒立に袖を懸け 冑を乗せて忍びの緒で筒立の両方へ出た木に二巻き後ろより前へ巻いて、忍びの緒の罠に掛けて後ろへ回し、取り違えて前へ取り回し、二結びに引き解きに結んで置く。具足空櫃の蓋を仰退けて三物を据えるが、敷布等は敷かない。

〈具足箱〉〔文章指南調法記・四〕に、具足箱の「前《ぜん》」の字は吉凶勝敗が掛り、武士の守護になる字なので、特に法がある。「前」の字は能書によらず、もとより僧 法師 町家の人が書くのを忌む。筋目ある武士の故実に詳しい人に書かす。

〈具足着初め〉〔重宝記永代鏡〕に「具足着初」は「腰の物」*着初吉日に同じ。「具足着初床飾付式三献」等については〔料理調法集・諸祝儀床飾并ニ献立〕に図と献立があり、臣下へも雑煮三献御料理がある（図141）。

〈売り店〉〔万買物調方記〕に、「京ニテ具足屋并着込」大仏五丁目（鍛冶）小嶋山城、御幸町八幡町上ル（威屋）岩井九郎左衛門、同二条上ル町 同伊兵衛、同八幡町上ル 同七郎兵衛ら十一軒。「江戸ニテ具足屋并着込」元佐竹殿前（鍛冶）明珍式部、南鍋町 岩井六右衛門、西かし 同与左衛門ら六軒。「大坂ニテ具足屋」追手筋にしき町 岩井平助、同町 同善六、同町 同吉兵衛、北久太郎一丁目同仁左衛門、同二丁目同藤兵衛ら七軒。

具足餅【ぐそくもち】〈上飾〉〔料理調法集・年中嘉祝之飾〕に、〇「具足鏡餅」は亀甲菱に組む。赤・白各六枚で、花弁《べら》といい、広く薄い煎餅のような餅十二枚。これを月の数に表す。〇「具足餅上飾」は餅一重、桶輪取にする。餅の台には奉書紙を四方へ敷き、餅一重真中に穴を開け、三枝の松を立て、餅の台にしっかり立てる。裏白 杠葉を敷き、熨斗 昆布 榧 搗栗 柿は紙に包み、橙 柑子 穂俵 野老を組みつける。伊勢海老は後へ行くので、武具飾には禁ずる。

〈具足餅〉〔年中重宝記・一〕に、「具足餅」は古くは二十日であったが、承応元年（一六五二）に十一日に改めた。

〔料理調法集・年中嘉祝之飾〕には、鏡餅に弓弦を当て割る真似をし、斧で割る。配る時は焼き、また赤小豆を入れて煮、また雑煮にもする。膳具 向菜高盛 数の子 臘子《からすみ》 鯣 蕨の類 大根の香物、一切を小角に据え、中につける。餅は土器に盛る。略法には、椀に盛り 添え肴は雉子 焼鳥等がある。

図141「具足着初」（料理調法集・諸祝儀床飾并ニ献立）

くそびい【くそびい】 片言。中国で子を抱きかかえて重たいのを、「しとびい子じゃ」という。下賤の詞には「くそびい子じゃ」という。〔不断重宝記大全〕

蜖蛆【くそむし】〔万物絵本大全調法記・下〕に、①「蛣蜣 きつきやう／くそむし／まろむし」。俗に言う、黄金虫である。②「蛆 うじ／さし。又くそむし。夏」。糞中の蛆を言う。

蜖蛆は臭き事を知らず【くそむしはくさきことをしらず】〔世話重宝記・三〕に「蜖蛆《くそむし》は、臭き事を知らず」とある。「蓼食う虫も好きずき」*に同じく、

苦しみを苦とせず却って楽しむ事の譬えとする。

垢胎【くたい】〔女重宝記・三〕に垢胎《くたい》は、懐妊の内、毎月いつものように経水が来て、産をすることをいう。

鶏【くだかけ】大和詞。「くだかけとは、にはとり（鶏*）の事」である。〔不断重宝記大全〕

下し薬【くだしぐすり】〔薬家秘伝妙方調法記〕に「下し薬」がある。①雪の下・土龍・軽粉・木香（各等分）、巴豆（五粒）・とくこ（徳児カ）。必ず煎る。②久しく下すには、木香・訶子を用いる。

降ち【くだち】大和詞。①〔不断重宝記大全〕に「くたちとは、夜のふくる事」。②〔消息調宝記・二〕に「くだちとは、降《くだる》の字、くだる心」とある。転じて、人の趣好のさまざまであることをいう。

管針の事【くだばりのこと】〔鍼灸日用重宝記・一〕に管針は軸一寸、穂一寸八分。また小針は軸は六分、穂一寸二分。長いのは大人に用い、針は少し太い。短いのは小児に、また大人にも用いる。針は少し細い。〔鍼灸重宝記綱目〕には管の寸法は長さ二寸五分、針軸一寸、穂一寸八分、総長二寸八分。針形は大抵よりは少し大きいのがよい。細いのは針の中が萎り 針口が痛む。小児の針は細く軸五分、穂一寸二分、管一寸五分である。〈管針の手法〉〔鍼灸重宝記綱目〕に管針は学び易く、痛まず、精気の弱い病人によい。手法は、左手で管を穴《けつ》の上に当て 針を管に入れて右人差指を中指の後ろに重ね、人差指の腹で管の外へ出た針の軸を弾き下す。窺って弾くと痛むので一気に弾き下す。管は左大指と人差指で中を持ち、中指で肉を押さえ針を弾き下して管を抜き、右人差指と大指で捻り下さずに捻るばかりで、大方の病はよい。針を大いに深く刺すと、却って邪気が沈み 病が愈々増すという。図絵は〔鍼灸日用重宝記・一〕による（図142）。「針（鍼）の事」「打針の事」「撚《ひねり》針の事」参照

果物の事【くだもののこと】〈実を生らす伝〉〔万用重宝記〕に「果物の実をよく生らす」には、月代《さかやき》の剃り毛・油・灰を木の根に埋めると一切の柿 桃 梨子の外、果物は沢山に生る。〈枯れるのを止める伝〉〔調法記・四十七ゟ五十七迄〕に、○「果物の木に虫が入り枯れる」のには、杉を釘に削り虫の穴へ挿し込んで置くと、虫食いは止り、木の枯れることはない。○「俄に枯れる」には、地上三寸、陽（日）に向く所に灸をすると俄に生きる。

〈果物中り〉〔胡正一味重宝記〕に「果物中り」は、胡椒と肉桂とを煎じて用いると効がある。

〈貯え様〉〔里俗節用重宝記・上〕に果物を貯えるには、寒中の潮（汀の潮は辛いので五六丁沖の潮がよい）を壺に貯蔵し、夏の頃から瓜でも茄子で

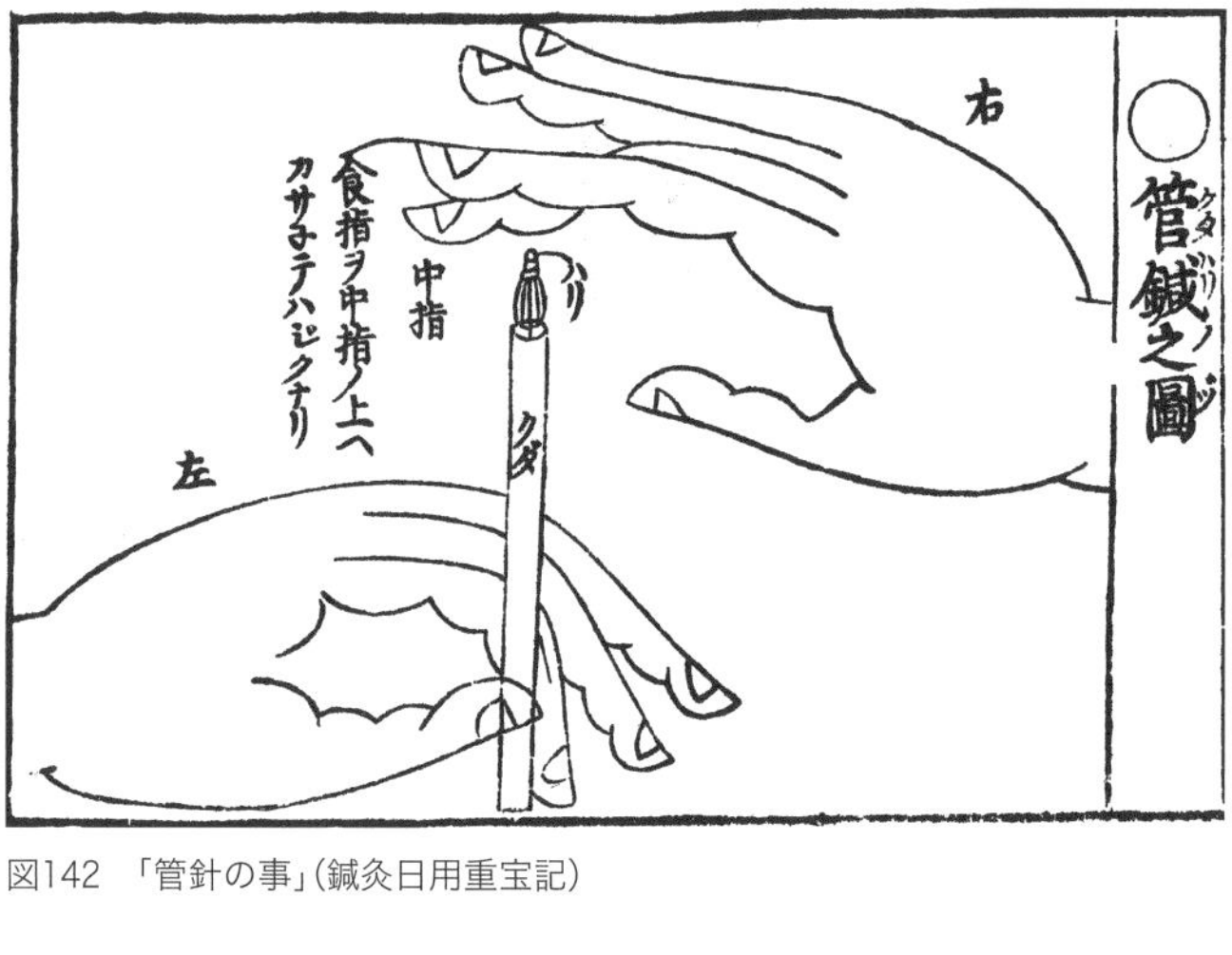

図142 「管針の事」（鍼灸日用重宝記）

も何でも入れて置くと、色も変らず年中用いられる。〔調法記・四十ら〕には十二月寒の水を新しい瓶壺《かめつぼ》に貯めて置き、果物の出る時分に銅の錆を少し入れて果物を浸して置くと、色も変らず新物のようである。〔庶民秘伝重宝記〕には傷のない果物を生渋《きしぶ》に漬けて置くと、渋はその果物に少しも沁むことなく、味わいは何時までもよい。「果物」は本菓子という。「菓子の事」参照

降り月【くだりづき】 大和詞。「くだり月とは、かたぶく影を云」。〔不断重宝記大全〕

下腹【くだりはら】 「痢病」ヲ見ル

下り物【くだりもの】 上方から江戸へ輸送された物品。例えば「下り醤油」と言えば「極上醤油*」をさすように、一般に優品とされた。〔万買物調方記〕に江戸で「下り京菓子屋」は、本町一丁目 桔梗や和泉、同町 土佐掾、山下町 すはまや、新橋南へ一丁目 松屋山城がある。〔江戸流行買物重宝記・肇輯〕に「下り小間物」は、室町二丁メ 木屋九兵衛、池の端仲町 日野屋忠蔵、横山町二丁メ 大坂屋喜三郎、同 近江屋源七、芝神明前 喜多屋孫兵衛ら八軒がある。

鮸【くち】 〔万物絵本大全調法記・下〕に「鮸 ばん／くち」。〈異名〉〔書札調法記・六〕に鮸の異名に、梅魚《ばいぎょ》がある。〈薬性〉〔医道重宝記〕に鮸《くち》は平で毒はなく、中《うち》を補い、気を増す、多食すると瘡を生じ、脾湿を動かす。〔永代調法記宝庫・四〕に「石首《くち》のうを」は淋病、又は腹を止め、食を消し、気を増して、得なしとある。

ぐち【ぐち】 諸国言葉。〔男重宝記・五〕に京で「入物ぐち」「根ぐち」というのを、但馬の方では「入れ物ほうど」「根ほうど」という。「ぐち」「ほうど」は接尾語で、ぐるみ、ごとの意。

口舌の薬【くちしたのくすり】 牛病。〔昼夜重宝記・安永七〕に、○「牛の口舌が渇く」のに効く薬は、赤石脂・肉豆蔲（各等分）を灰に焼き、酒一升で調え和して、服さす。○「牛が草を咬む時口の内が痛む」のに効く薬は、蘿蔔子《だいこんのみ》・麻子（各等分）を擂り砕いて汁一升と胡麻の油三両を相和して用いる。

口鴨【くちがも】 〔料理調法集・諸鳥人数分料〕に口鴨は、渡りがけの鳥は、汁 煎鳥にして三四人前である。脂がのると五六人前、また割鳥の時は口鴨の代りに小鴨一羽半、また口鴨二羽遣う所には小鴨三羽、又その代りにあじ鴨*等遣う時は二羽半位でよい。これもまことによいものである。小鴨と同じ位のものである。脂もまことによい。一名を「口ひろ」という。

口切【くちきり】 〔里俗節用重宝記・中〕に、三月の新茶を、その年十月に初めて壺茶の口を開いて茶を出すのを、茶の口切という。

口塩鱈【くちしおたら】 〔料理調法集・塩魚之部〕に口塩鱈は、水に漬けて塩を出すが、塩が出過ぎると風味が悪く、少し塩の残ったのがよい。○吸物は、皮を剥き薄く筒切りにする。取り合せは丸麦 大根 花鰹。但し、吸口は葱 陳皮 唐辛子。○丼は、賽形に切り酒でよく煮こぼし、また酒と醤油で煮つけ、胡麻油を少し落し、山椒の粉を掛ける。○刺身は、塩を出したのをよい程に毟《むし》り、煎り酒を掛ける。また鱈の子湯引を振るとよい。取合せは見はからいによる。

口取【くちとり】 口取肴。口取肴を略して口取といい、本膳料理で最初に出す酒の肴である。〔懐中料理重宝記〕は「口取」を四季に二種ずつ出している。○春 海鼠細造り。山葵酢。鯛の小串雲丹田楽。○夏 洗い鱸生姜酢。海老鎌倉焼。○秋 半片木海月繊の土器焼。鱲子濁り酒にて。○冬 海月花鰹あさひす。鰤の土器焼。

口取人【くちとりにん】 武家名目。〔武家重宝記・五〕に馬の口取る者を、武家で口取《くちとり》人という。唐では御者という。俗には馬御《まご》という。馬を御するのに声をかけて駓除《はいよ》という駓は、字書に丕走《はいはし》る貌、また馹《しつ》と言えば馬進み、鰯《どう》と言えば留まる、馬御の通辞とある。「礲《とねり》」ともいう。また「圉人《きょじん》」

とも書く。

山梔子の事【くちなしのこと】〔薬種重宝記・下〕に和木、「山梔子《し》くちなし。後 先を去りよく炒る」。〈薬性〉〔医道重宝記〕には「山梔子《さんしし》」は苦く寒、肺熱を清くし 三焦の遊火を瀉し 鬱を開き 淋を通じ 熱を小便より泄《もら》し 吐血 衂血（鼻血）を治し 熱厥の心痛を治す。後先を去り 刻み黒く炒る。〔新撰咒咀調法記大全〕には眩暈*の治方に用い、その稜の多いのをよいとし、七稜九稜あるのを選んで用いるとよい。〈染み物落し様〉〔永代調法記宝庫・三〕に檗 梔子の染み物落し様は、梅干で濯ぐとよい。また黄檗 山梔子の付いたのは梅酢で濯ぐ。〔女用智恵鑑宝織〕には梅の肉を核まで厚く剝いてよく干して置き、必要な時水に浸すと梅酢になるのでこれで洗うとよい。紅絹 紅染めの類を洗う時はもっともよい。

梔子飯【くちなしめし】〔料理調法集・飯之部〕に梔子飯は、梔子を出したのを布で濾し、その水で炊く。

朽蛇【くちなわ】朽蛇《くちなわ》は人家に入り鼠や雀の巣を狙う蛇である。〔万物絵本大全調法記〕に「蛇じや／おろちへみ／くちなは」とある。〈咬れた時〉〔増補咒咀調法記大全〕に蛇《へび》と同じく貝母 雄黄を酒で呑ます。螫《さ》した所に蒜を敷き灸を少しする。山椒を嚙み砕き塗るのもよい。〈蛇を避ける呪〉〔新撰咒咀調法記大全〕に「くちなわを去る呪」として、五月五日午の刻（正午）に「儀方」の二字を書いて柱に逆様に貼るとよい。また小さい瓦等に書いて庭等に置くと二度と来ない。また山林に行く時、念じて行くと、くちなわや蛇は寄りつかない。〔農家調宝記・初編〕に、屋敷（宅地）に蛇《くちなわ》が入らない伝は、小さい木札を拵え「白馬」と書いた札を屋敷の四隅に逆様に立て置くと入ることはない。「へび（蛇）の事」「まむし（蝮）の事」モ見ル

口の事【くちのこと】〈口病〉〔鍼灸重宝記綱目〕は『内経』を引き次がある。○肝が熱する時は口が酸く、心肝が熱する時は苦《にが》く、脾が熱する時は甘く、肺が熱する時は辛く、腎が熱する時は塩辛く、胃の熱は淡い。口が臭いのは内熱、口が乾き口瘡は脾熱による。○口乾は尺沢・大陵・少商・商陽等六点、口噤は頰車・外関・内庭等六点、口眼の斜《ゆが》むのには頰車・水溝・糸竹空・太淵・合谷等八点がある。〈口の薬〉〔薬種日用重宝記授〕に、○「口中薬」は黄栢（三戔）、丁子・破砂・硝石・甘草（各一戔）、龍脳・辰砂・阿仙薬・雄黄（各五分）、目方九匁を極細末（粉）にする。○「口中幷牙歯薬」は、玄参升麻湯*清胃保中湯*がある。〔妙薬調法記〕に口中の爛れには、細辛と黄連を粉にしてつける。〔万用重宝記〕に口中の疼きには、明礬と蜂の巣とを煎じて含む。〔調宝記・文政八写〕に口風の妙薬は、茶の葉の絞り汁を喉へ吹き込む。〔大増補万代重宝記〕に口中が腫れ痛むには、生茄子の皮を黒焼にし砂糖蜜でよく練り合せて含む。一般に歯茎の腫れ等口中一切の薬に用いる。生茄子のない時は茄子の蔕を用いるのもよい。口舌爛れの妙方は、茗荷の根を擂り潰し酢でつける。五倍子の粉をつけるのもよい。〔胡椒一味重宝記〕に口中痛には、胡椒（小）と明礬（大）を粉にして含む。口の腫れは川芎（大）と胡椒（小）を粉にして含む。〔万まじない調宝記〕に口熱で粘るには、常に薄荷煙草を呑む。〔懐中重宝記・慶応四〕に口中一切の痛には、黄檗の粉に硼砂を少し入れて絹で包んで含むか、吹き込むとよい。〈食物禁好〉〔斎民外科調宝記〕に口舌に「好い物」に石榴 梅 熟柿 葛粉 魚鳥 蓼がある。「口臭」「舌の事」モ参照

蝮【くちはみ】「まむし（蝮）の事」ニ同ジ

唇の事【くちびるのこと】唇病。〔鍼灸重宝記綱目〕に『内経』を引き次がある。○脾の栄は唇にあり、唇の動くのは風《かぜ》、乾《かわく》のは燥、裂《さくる》のは熱、掲《そる》のは寒である。○唇が腫れ裂け、或は瘡を生じ、米泔《しろみず》のようなのは瀋《しん》という。脾経の風熱である。○唇が緊《すく》み口の小さくなるのを、緊唇という。○諸症があるが、唇が乾き液《しる》のあるのには下廉に、唇が乾き食の下

らぬのには三間 少商に、唇が動き虫の這うようなのには水溝に、唇の腫れには迎香に、緊唇には虎口に灸する（男は左、女は右）。また承漿に灸三壮をする。〔改補外科調宝記〕に、唇乾き裂け破れ瘡の生じるのには、蘆甘石（火で焙り三匁）、文蛤・黄栢（各一両）、蒼朮（五匁）を、蘆甘石を除いて三味を炒り 赤色の粉とし、片脳（三分）を入れてよく擂り合せ、蠟油で練りつける。

〔増補咒咀調法記大全〕に「唇裂くる大事」は、黄連の粉を生地黄の汁で再々塗る。「唇の腫れ痛む大事」は、石菖と芒硝の粉を、井の花水（仏前に花を手向ける時の水）で薄く溶き、水のようにして再々塗る。新しい水を替えて乾く時塗る。〈損傷〉〔骨継療治重宝記・中〕に、切打跌撲等で唇を傷るのは、まず桑白皮の線（糸）で縫い合わせ、次に封口薬*をつけ、次に散血膏*をつけ、薬が随分落ちないようにする。刃物や石等で上唇が傷り裂けるのは、絹布一条を首筋の後ろより縛り掛け前に廻して縫い合わせ、封口薬を振り掛け、上に散血膏をつける。腫れがなければ散血膏はつけない。下唇なら下頦《おとがい》から絹布を掛け、首筋で縫い合わせて置き、薬は同じように使う。

唇耳鼻の損傷治法【くちびるみみはなのそんしょうじほう】〔骨継療治重宝記・中〕に、唇 耳 鼻を跌き打ち傷《やぶ》り裂けたら、そのまま封口薬*を振り掛けて、その上に散血膏*をつける。

口ひろ【くちひろ】 鳥名。〔料理調法集・諸鳥人数分料〕に「口鴨*、一名口ひろ」。

くちびろ【くちびろ】 片言。〔不断重宝記大全〕に「くちびろは、唇」である。

口米【くちまい】 〔農家調宝記・初編〕に、納高一石に付き何程と定めた貢納額を口米《くちまい》という。一石に三升など、国所により異なる。〔日用調法人家必用〕に、口米とは地方かかりの諸入用に取り立てる米をいう。

履【くつ】 〔万物絵本大全調法記・上〕に「韈 べつ／したぐつ／したふづ。襪 べつ。同」。「鞋 くつ、鞵 かい、同。絲鞋 いとぐつ。草鞋 わらぐつ」。「履 り。烏皮履 □かはぐつ。浅履 あさぐつ」。〔人倫重宝記・四〕に、履《くつ》は三代より始る。木で底を入れたのを舄《せき》《くつ》という。染草で装束したのを靴《か》《くつ》という。趙の武霊王が始めて作り出し、鞠を蹴る時に履いた。

沓掛より追分へ【くつかけよりおいわけへ】 木曾海道*宿駅。一里三丁。本荷四十八文、軽尻三十三文、人足二十三文。この宿は殊に悪く、山野原道である。草津への道がある。浅間山の麓なのでここから末は道に焼石が多い。杣人の架けた橋がある。大笹へ道がある。〔東街道中重宝記・木曾道中重宝記六十九次 享和二〕

沓冠明け様の事【くつかむりあけようのこと】 簡礼書法。〔大増補万代重宝記〕に、冠とは書札の上・天部、沓は下・地部をいう。本文の行取りに対する明け様を、上を一寸明けたら下は五分明けると心得、長短はこの割合とする。

沓冠歌の事【くつかむりかのこと】 〔諸人重宝記・一〕に「沓冠《くつかふり》歌の事」として、かな題に仮名十文字あるのを、五句の冠（上）と沓（下）に共に置いて、折句に入れて詠むことである。例えば「こいたしき ときのふた／こぬ夜はと いかゞはつらき 高砂の 鹿のつまとふ 霧のをちかた」。上手の仕業である。沓冠《くつかんむり》ともいう。

朽木越【くつきごえ】 京師間道*の一。〔万民調宝記〕に八瀬の北から近江に出る道を朽木越という。この道に山城峠があり、山城と近江の境である。この西にも、洛北大原から若狭の小浜に通る道がある。

句作り用捨の事【くづくりようしゃのこと】 連俳用語。〔筆海重宝記〕に「句作用捨の事」として次の八歌がある。○「祝言に、去る 退く 往ぬる 飽く 暇 独《いとまひとり》 再び 嫌う 絶え絶え」。「送り字や 重ね詞に 泣く 涙 鐘の一声 鹿の遠声」。「跡を問ふ つるばみ衣 ふぢ衣 命の消ゆることを嫌はん」。「隙の駒 猿の声 又蛙鳴く やもめ鴉に 追い出しの鐘」。○「新宅に、焚く 火の噂 肝潰す 亡き跡 燃ゆる 倒る 崩る」。○「夢想に、讒言 流人 ゆめと夢

陣に負けのく落川を忌む」。〇「追善に、苦しみ沈み落ち迷う祈禱死にける叶はぬを忌む」。〇「元服に、忌むははげ山かみな月船にてかへるわりまつをせず」。〔筆海重宝記〕には「句作用捨法度」として次の語がある。怪異。乱世。火事。罪科。天災。不順。不忠義。不孝。近代の貴人の官名。今の人の名。伝授事。

くっち【くっち】「てんかん（癲癇）の事」ヲ見ル

轡掛【くつわかけ】「れつもく（裂目）」ニ同ジ

轡の事【くつわのこと】馬の口に咬ませ、手綱をつける金具。〔万物絵本大全調法記・上〕に「銜かん／くつは／くつばみ。馬銜ばかん也」。〔武家重宝記・五〕に「くつわ」は轡銜鑣钀勒などと書く（図143）。馬の口の中の鉄を「勒《ろく》」、口の側にあり口を包む外鉄《そとかね》を「鑣《ろく》」という鏡である。〈名数〉轡は一口《くち》二口、また一掛《かけ》、一鑣《はさみ》と数える。轡の図がある。〈轡所〉〔万買物調方記〕に「京ニテ轡所」大仏五丁目明珍出雲、高倉通高辻下明珍家治。「江戸ニテ轡所」芝露月町一口河内、弓町重次、宇田川町市村五右衛門ら六人がいる。「大坂ニテ轡所」は記載がない。

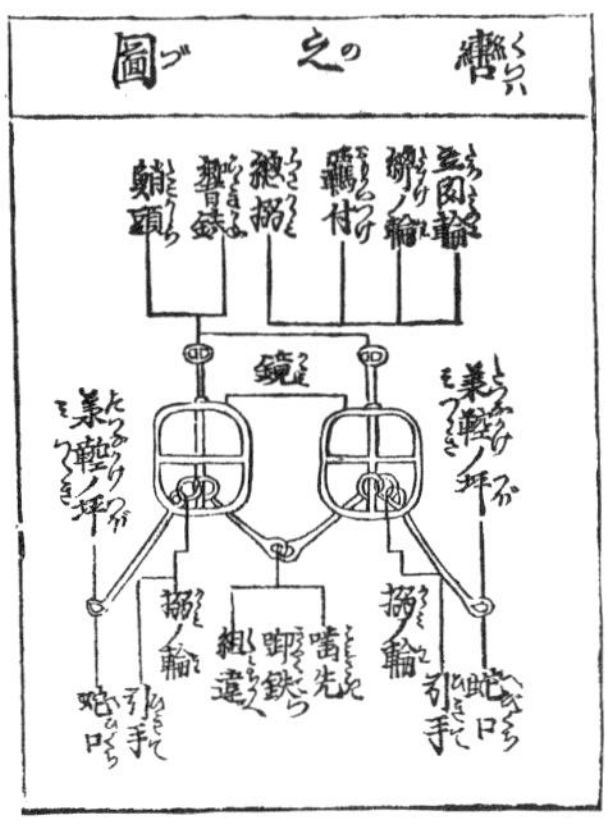

図143「轡の図」（武家重宝記）

句読【くとう】〔大成筆海重宝記〕に句読は、文一章の読み、切りのことをいう。「、（点）」と「。（丸）」。

宮内省【くないしょう】八省*の一。〔万民調宝記〕に宮内省は、宮中百工《く》の司で、卿《かみ》一人。大膳職*。木工《もく》寮*。大炊《おおい》寮*。主殿《とのも》寮*。典薬寮*。掃部《かもん》寮*。正《おお》親《きみ》司*。内膳司*。造酒《みき》司*。采女《うねめ》司*。主水《もんど》司*。弾正台《だんしょうだい》*。左京職*。東市《いちのつかさ》司。右京職*。東宮傅《とうぐうのふ》*。主膳監*。主殿署《しゅでんしょ》*。主馬署《しゅめしょ》*。修理職《しゅりしき》*。勘解由使《かげゆし》。鋳銭司《じゅせんし》*。修理宮城使*。造寺使*。防鴨河使《ぼうこうがし》*。施薬院使*等がある。

婚ぐ【くなぐ】「くなぐ（婚）とは、くなかひ共云。婚礼の事」。〔消息調宝記・二〕

国郡を定む【くにこおりをさだむ】〔農家調宝記・初編〕に次がある。人皇第一代神武天皇（伝説上、B・C六六〇年即位）三十一年に我が国の形が蜻蛉《あきつむし》に似ているとし、秋津嶋と名づけた。第十代（『日本書紀』）崇神天皇の時四道の将軍*を以って夷敵を平治させた。第十三代成務天皇五年諸国の国造を置き県邑に首《かしら》を置いた。第十五代神功皇后の時に五畿*七道*を分け、国の上中下を撰び、田畑の租税の数を定め、国の数三十二国であったが追々に国を分けて名をつけ、嶋を見出して国とし、第五十二代嵯峨天皇の時（八〇九〜八二三）迄に六十六国（六十六州*）に定めた。王都に近い五ケ国は天子の饗膳に備える料として中央とし、畿内と称し、遠方への使いを命ずるために七道*を定めた。

九二四豆腐【くにしどうふ】〔料理調法集・豆腐之部〕に九二四豆腐は、豆腐を大田楽程に切り焼いて、古酒九盃、醬油二盃、水四盃でよく煮る。夕に遣う時は朝から炭火でゆるゆると煮る。

国つ神【くにつかみ】大和詞。「くにつかみとは、地神五代*」である。〔不断重宝記大全〕

工人【くにん】「大工《だいく》」ヲ見ル

愚人夏の虫飛んで火に入る【ぐにんなつのむしとんでひにいる】〔世話重宝記・三〕に『事文類聚』の「愚人の財を貪るは蛾《ひとりむし》の火に赴くが如し」から出たとある。

九年母【くねんぼ】〔万物絵本大全調法記・下〕に「柑 かん。くねんぼの属」とある。〈薬性〉〔医道重宝記〕に柑子《くねんぼ》は実《じつ》にして毒なく、腸胃の熱を去り、渇《かわき》を止め、小便を通ずる。〔永代調法記宝庫・四〕には脾胃を補い気力を増す。酒をば消すが、痰には妨げとなる。〈食合せ〉〔料理調法集・当流献方食物禁戒条々〕には九年母に檳榔子入りの薬を忌む。〔家伝調方記〕に、川鯊《はぜ》に九年母は食合せである。「だいだい（橙）」参照

くの木【くのき】片言。「樟《くすのき》を、くの木」という。〔世話重宝記・三〕

瞿麦【くばく】「なでしこ（撫子）の事」ヲ見ル

首切れ歌【くびきれうた】歌学用語。〔男重宝記・二〕に首切れ歌は、歌に、縁の字や縁の詞のないのを首切《くびきれ》という。腰折《こしおれ》*は這い歩くこともできるが、首の切れたのは命がないので悪い歌とする。

首括り【くびくくり】自縊死とも書く。〔改補外科調宝記〕に自縊死者が朝から暮に至っても胸（心）の下が少しでも暖かな内は蘇生する。まず死人を抱き上げ縄を緩め解き去る。決して急に縄を切り去ってはならず、咽から胸へそろそろ撫で下ろし、初めから病人の後ろより抱いた者が次第に座し、前からは一人が足を随分一所に寄せて肛門が開かないようにして下へ着け、打臥の形にし、次に一人は手を持って病人の口鼻を覆い、また二人で管で両耳を一時に吹き、また一人は髪を強く引き、手を離してはならない。次には手足を少しずつ屈伸させて緩やかに摩《さす》る。甦ったら白粥を与える。〔万用重宝記〕にも首括りの人が身に暖りのある内に、縄を切らずに解き、韮の汁を鼻の穴へ吹き入れ、臍に灸五十程を据えると甦る。縄を切ると癒えない。〔胡椒一味重宝記〕に首括りには、胡椒の粉を鼻の穴へ入れるとよい。〔万家調法呪詛伝授嚢〕に「首括りまた川に流れ水を飲み死んだのを生かす方」は、胸と頭が暖かならば薬で生かす。半夏の粉 又は象牙の粉を鼻の中へ吹き入れる。但し、首括りは縄を俄に解くと死ぬ。肉桂を煎じ少しずつ口の中へ入れるとよい。「溺れ死」参照

くびだま鴫【くびだましぎ】〔料理調法集・諸鳥人数分料〕に「くびだま鴫」は、一ツ焼鳥である。『重訂本草綱目・四十四』には「くびだましぎ二種、大くびしぎ、小くびしぎ」がある。

頸の貼り薬【くびのはりぐすり】〔小児療治調法記〕に頸の貼り薬は、肝胆の風熱が頸筋を軟《な》えさせるのを治す。付子・天南星（各等分）を末（粉）して生姜汁に調え、頸の軟えた所に貼り、防風丸*涼肝丸*を飲ませる。

首骨捽進の治法【くびぼねそっしんのじほう】〔骨継療治重宝記・中〕に、高所より跌き堕ち 首骨の捽進（すっこみいる）するのを治す法。①手巾《てぬぐい》と縄各一条を用い、鴨居の上に掛けて下に垂らし、その先で頦《おとがい》の下を結え、首筋に廻して縛り置き、縄の先は繋ぎ合せ、高さ五六寸程の瓦罌《かめ》に脚を伸べて座らせ、医師は手で骨違いの所を押し治し平に正し、その間は話等して気を紛らかし、不意に瓦罌を脚で蹴飛ばす。骨違えが左なら医師の左手で、右なら右手で抜き出し、その後は接骨膏、定痛膏*をつける。②縄を①のように釣り置き、木枕二箇を竪に並べて腰掛けさせ、不意に後ろから枕を抜き取るのが最も妙である。③患者を床木の上に臥させ、頭を両手で抱え、抜くように両足で両肩を甚だしく踏むと、元のように治る。

駆風触痛湯【くふうしょくつうとう】〔医道療治重宝記〕に駆風触痛湯は、色々の頭痛を治す。麦門冬（二匁）、黄芩（一匁半）、羌活・独活・防風・蒼朮・当帰・川芎・白芷（各一匁）、蔓荊子（八分）、藁本（五分）、細辛・甘草（各三分）に生姜を入れて煎じ服する。一方に、藁本を去り菊花を加える。左が痛むには柴胡・生地黄（各一匁）、紅花・竜胆（各七分）を加える。右が痛むには黄芪（一匁）葛根（八分）を加える等、症状により加減がある。

駆風湯【くふうとう】〔昼夜重宝記・安永七〕に駆風湯は、頭 胸 腹 身が痛み、

手足半身が叶わず、顔が歪み引き攣り、胸鼻が塞り、声重く、嘔吐するのを治す。烏薬・桔梗・白芷・川芎・陳皮・白朮（各三匁）、麻黄・枳殻・甘草（各二匁）、人参（一匁）を煎じて用いる。

公方の事【くぼうのこと】〔男重宝記・一〕に、公方は室町幕府三代将軍鹿苑院足利義満（在職一三六八〜九四）の頃から始る幕府将軍家の称である。公方は必ず征夷将軍（日本武尊に始る）を兼ね、及び淳和院と奨学院の長も兼ね、源氏長者（中院家に伝わる）も兼帯した。義満公の時から万事の作法を天子に一等を下した。公方の御所を御殿中、仮初めの居所も御殿という。御出《ぎょしゅつ》を御成《おなり》、御退《ぎょたい》を還御《かんぎょ》、或は上意 上使 上聞 上覧などと「上」の字をつけていう。公方へ参るのを参勤《さんきん》、死去を御他界という等、色々ある。〔掌中年代重宝記〕に公方号は、百一代後小松院の時、足利義満より始るという。

公方門跡【くぼうもんぜき】〔男重宝記・一〕に公方門跡は、公方*が門跡*に入られることをいう。

久保田より関【くぼたよりせき】伊勢道中宿駅*。参宮後京上り道、津迄戻り関へ出て四里。この辺は皆小松原である。この中 左に、銭掛け松があり、とよくの村という。右に亀山の城が見える。むくもと村 ここから関へは一里ある。これより先は東海道に詳しい。〔東街道中重宝記・寛政三〕

九品浄土【くほんじょうど】〔改正増補字尽重宝記綱目〕に日本の九品《くほん》浄土（極楽浄土）が次のようにある。。上品上生 高野山*。上品中生 天王寺（四天王寺*）。上品下生 賀峯《よしみね》（＝よしむね*）山。中品上生 師子窟。中品中生 金峯山*（吉野）。中品下生 大安寺（南都七大寺の一）。下品上生 熊野山（熊野権現*）。下品中生 東寺*。下品下生 東大寺*。

熊谷稲荷の札【くまがえいなりのふだ】江戸願所。浅草寺町本法寺の熊谷稲荷大明神は霊験著しく、諸人の帰依夥しく、稲荷の宮からは守り札が出る。即ち、毎年九月二十五日より札の切手を出し、十二月朔日よりは御札を出す。この守り札を門戸 又は家内に貼って置くと盗難を避くること疑いがない。また懐中し首に懸けて信心すると道中の剣難 盗賊の難に会うことはない。御縁日は、毎月午の日。〔江戸神仏願懸重宝記〕

熊谷直実送状【くまがえなおざねおくりじょう】〔童学重宝記〕に「熊谷直実送状」が出ていて、平知盛に仕えた熊谷直実が源頼朝*に降り、一の谷の戦（寿永三年［一一八四］二月七日）で平氏と相対して平敦盛（一一八四、十六歳）を討つことになった苦衷を述べ、死骸を送り届け、菩提を弔らうように書き送った寿永三年二月日付 伊賀平内左衛門尉宛の手紙。これに対する「経盛返状」*もある。直実は後に出家して蓮生と称した。武士の心情を吐露しており、経盛返状とともに、寺小屋等の学習教材にされた。ほぼ『源平盛衰記』による。

熊谷より深谷へ【くまがえよりふかやへ】木曾海道宿駅*。二里三十丁。本荷百二十八文、軽尻八十三文、人足六十三文。宿の入口に親父川がある。高城明神の宮がある。忍《おし》の城へ一里、城主阿部豊後守殿、十万石。ここは武蔵国大里郡熊谷郷といい、（熊谷）直実*居城の地である。宿中右方の直実開基の菩提所浄土宗 蓮生山熊谷寺は御朱印五十石、直実の丈一尺余の木像 珠数の外、頼朝公から拝領の幕、法然上人の念珠、直実の乗鞍等がある。石原村、高柳村、新掘《にべ》村、吾妻方村、秩父山の下畠山に重忠宅の跡がある。城のようである。〔東街道中重宝記・木曾道中重宝記六十九次 享和二〕

熊胆【くまのい】「熊の事」ヲ見ル

熊の事【くまのこと】〔万物絵本大全調法記・下〕に「熊 いう／くま」。〔薬種重宝記・下〕に和獣、「熊胆 ゆ［う］たん／くまのい。皮 滓を去り、余薬を合す」。〔万まじない調宝記〕には熊胆《くまのい》*と辰砂に薩摩芋は毒である。〈熊の手〉〔女重宝記・三〕には、子の産まれ兼ねるのには、熊の手で腹

腰を撫で下すと産まれる。〈咬傷〉〔家内重宝記・元禄二〕に熊が咬んだのは、猪や猫とともに、粟をかんでつけるとよい。

熊野権現【くまのごんげん】〔農家調宝記・二編〕に、熊野権現 紀州新宮は若一（にゃくいち）で、伊弉冊本宮 那智共に、日本三所大霊験 熊野大権現と称する。〔年中重宝記・一〕に二月十五日、（京都）聖護院の森で、熊野権現祭がある。

熊本へ久留米よりの道【くまもとへくるめよりのみち】〔家内重宝記・元禄二〕に「久留米より肥後の熊本道」がある。久留米〈二里〉しゆく〈三里〉勢［瀬］高〈三里〉南の関［肥後］〈五里〉山鹿〈六里〉熊本である。

茱萸【ぐみ】〔万物絵本大全調法記・下〕に「胡頽 こたい／ぐみ」。〈薬性〉〔永代調法記宝庫・四〕に茱萸は、噦《しやくり》や腹の下るのを止め、喉脾の薬となり、痰を去る。

組糸【くみいと】〔万物絵本大全調法記・上〕に「絛 たう／くみいと」。〔日用重宝女大学〕に、糸で諸品を作る者を組屋*という。経や巻物の緒の多くは青白黒色の糸を交ぜて組む。その模様から松皮《しょうひ》、啄木《たくぼく》という。〈組糸屋〉〔万買物調方記〕に「京ニテ組糸屋」室町下立売上ル 鷗や宗伝（法橋）、同町 鼠や和泉、小川元誓願寺下ル 近江大掾。東洞院丸太町、寺町三条より下三条寺町より西、二条通、小川一条より上に糸類。この所々に数多ある。「京ニテ道具の組糸師」よしや町一条下ル 菱や六兵へ。「江戸ニテ組糸屋」尾張町一丁目 山崎や吉兵へ、日本橋南一丁目 鷗や・瓶子や・ねずミや。檜物町一丁目 大黒や忠兵へ、南伝馬町三丁目いせや加兵へ、石町 橘屋仁右衛門ら十一名の外、通丁に糸屋が数多ある。「大坂ニテ組糸屋」本町一丁目、高麗橋一丁目、堺筋ノ北、心斎橋にある。

九味羗活湯【くみきょうかつとう】〔医道重宝記〕に九味羗活湯は、春中頃から秋迄の間の傷寒 傷風を治す薬。冬も同じ。羗活・蒼朮（各二戔）、防風・川芎（各一戔半）、白芷・生地黄・横芩（各一戔）、細辛・甘草（各三分）に、生姜 棗を入れて煎じる。汗がなければ紫蘇を加え、汗があれば桂枝 芍薬を加える等、加減もある。

組子【くみこ】「与力同心」ヲ見ル

九味神功散【くみじんこうさん】〔小児療治調法記〕に九味神功散は、「出瘡《でそろう》」*の症が出て、毒気太盛《さかん》に血紅一片 地界を分たず、蚊蚕種《ぶんさんしゅ》のようなのを治す。或は鼻血 便血、或は吐瀉、七日以前の諸症に用いる。黄芪・人参・白芍・紫草・紅花・生地黄・牛房子・前胡・甘草を水で煎じて用いる。熱の甚しいのには黄芩・黄連（各一匁）を加え、退かない時は大黄を加える等諸症により、色々多様に加減がある。

九味清脾湯【くみせいひとう】〔医道重宝記〕に九味清脾湯は、熱多く 寒少なく、口苦がく 咽乾き、大便結し 小便赤く渋り、脈の弦数《さく》なものを治す。青皮・厚朴・白朮・黄芩・半夏・柴胡・茯苓・草果（各一匁）、甘草（三分）に生姜を入れて煎ずる。〔医道療治重宝記〕等には、諸症により加減、補薬がある。

組屋【くみや】〈組屋の始り〉〔人倫重宝記・二〕に、昔 大伴佐堤彦《さでひこ》が遣唐使から帰朝する時、唐人貞効を連れて来、貞効は博多に留まり、組《くみ》を所作とし、所の女に教えてこれを「唐《から》うち」といい西国に広まった。その後 佐堤彦は田那井喜与が国司として筑紫へ下るのに供をし、博多で組打をよくする女を妻に迎え、十年暮して妻を連れて帰京、組を所作として繁昌、豊に暮したことが『小玉』という草紙に見える。組は、三公大臣の冠や烏帽子の紐を始め、武家は鎧や甲の締め緒 馬具や太刀 刀の下げ緒、聖道の修多羅 蜷《にな》結び、町人の印篭 巾着 羽織の胸紐等に用い、なくてはならない職である。京・大坂・江戸に多く、鷗屋は上京に羽を広げ、柳屋は糸も組女も美しいのを並べ、栗鼠屋も鼠屋も付々しく、下京・中京では越路の旅の侍衆が鳫金屋を聞き、有名な天王寺屋は旅亭の

寂しさを慰めるという。

〈組屋〉〔日用重宝女大学〕には、糸で諸品を作るのを組屋《くみや》という。経 巻物の緒の多くは青白色 黒色の糸を交ぜて組む。その模様は松の皮の螺砢《たかひく》に似ているので松皮《しょうひ》、また啄木《たくぼく》ともいう。糸の高低《たかひく》、斑点《まだら》が啄木鳥《たくぼくちょう》の嘴で樹の皮を啄いた跡に似ているのでいうとあり、また高低は啄木の言い誤りともいう。

〈糸物組物〉〔江戸流行買物重宝記・肇輯〕には日本橋通二丁メ 山形屋三郎右衛門、通油町 辻屋新兵衛、番町二丁メ 越後屋喜左衛門、新和泉町 大黒屋佐兵衛、横山町三丁メ 丁子屋直次郎ら十四人がいる。「組糸」モ見ル

久米仙人【くめのせんにん】〔東街道中重宝記・七ざい所巡みちしるべ〕に、畝傍山*の西に久米寺があり、本尊は薬師如来で、久米仙人《くめのせんにん》の建立である。芋洗の芝があり、久米仙人が女の物洗うのを見た所である。近くに益田の池がかすかに残り、池の西に琴ひき原、白鳥《しらとり》の御陵もある。〔女筆調法記・四〕には、久米仙人が物洗う賤女の足の白いのに浮かされて通力を失い、雲間を踏み外して落ちたのもおかしい事、とある（『徒然草・八』世の人の心惑す事、色欲にはしかず）。

粂の平内石【くめのへいないせき】 江戸願所。粂の平内石《へいないせき》は、病気の願いばかりでなく諸願は悉く成就されるので、かくかくのことを願書によく書き、付文《つけぶみ》のようにして、年号を記し、祠の中へ打ち込み、願成就の時には、大望は鳥居を上げ、小願は絵馬を納めるなどして、有名である（図144）。〔江戸神仏願懸重宝記〕

図144「粂の平内石」（江戸神仏願懸重宝記）

来目部【くめぶ】〔武家重宝記・一〕に神武天皇が畝傍山*を切り開き、初めて内裏を造り即位したのを橿原宮*という。武巧に勝れた道臣命《みちおんのみこと》*は配下の軍兵 来目部《くめぶ》［ベトモ］を率い、宇麻志麻治命《うましまじのみこと》は配下の物部《もののぶ》［ベトモ］を率いて、共に内裏の警護に当った。これが物部《もののふ》（＝武士）*の根源となった。

蜘蛛【くも】〔万物絵本大全調法記・下〕に「蜘蛛 ちちう／くも」。〔新撰咒咀調法記大全〕に、〇「蜘蛛にさゝれたるを治る方」は、芋の茎を搗いて汁をつける。〇「毒気にて瘡《くさ》出来たるを治す方」は、葱の葉先の尖った所を取り、蚯蚓を一ツ入れて口を括り気の漏れないようにすると、蚯蚓が化して水になるのを塗る。〔里俗節用重宝記・中〕に蜂 蜘蛛 蛇が螫《さ》した時は、芋の葉を擦りつける。〔新選広益妙薬調法記〕に蜘蛛に咬れた妙薬は、鉄の錆を磨り落し酢で溶きつける。〔懐中重宝記・慶応四〕に蜘蛛の毒で死にそうな時は、猫の涎に解毒を混ぜて飲む。蜘蛛が食い付いた時は、辣韮《らっきょう》を嚙んでつける。〈紋様〉〔紋絵重宝記・下〕には「蜘蛛の巣の丸」の意匠がある。「蜘蛛《ちちゅう》の網《あみ》」ヲ見ル

雲居の月【くもいのつき】 大和詞。「雲ゐの月とは、思ひの外の契り」である。〔不断重宝記大全〕

雲居の橋【くもいのはし】 大和詞。「くもいのはしとは、通ひなきを云」。〔不断重宝記大全〕

雲居遥に鳴神【くもいはるかになるかみ】 大和詞。「くもゐはるかになるかみとは、音に聞く」ことである。〔不断重宝記大全〕

雲隠【くもがくれ】「くもがくれ（雲隠）は、死ぬこと」をいう。〔消息調宝記・二〕

く文字【くもじ】 大和詞。「くき（茎）は、くもじ」という。〔女重宝記・一〕

雲津より松坂【くもづよりまつさか】 伊勢道中宿駅*。二里。宿次はない。雲津川は冬は橋があり、水が増すと舟渡しになる。右に伊賀国の布引山が

見える。三渡リ橋 橋の左に狐の森がある。右に伊賀甲越えの道がある。今村 茶屋が多い。笑い仏の堂がある。大橋があり、長さ 三十間。左に興上寺という寺がある。〔東街道中重宝記・寛政三〕

蜘手【くもて】 鎧*名所。〔武家重宝記・三〕に蜘手は、今は 指物金《さしものかね》とも、合《がっ》当離《たり》ともいう。下にあるのを請筒《うけつつ》という。

蛛手分れ【くもてわかれ】 「鷹の爪」ヲ見ル

雲のいがき【くものいがき】 大和詞。「雲のいがき、あやしき」をいう。〔女筆調法記・三〕

蜘蛛の糸【くものいと】 「くものいと（蜘蛛の糸）は、くものす（蜘蛛の巣）」をいう。〔消息調宝記・二〕

雲上人【くものうえびと】 禁中*に住む人をいう。〔男重宝記・一〕

雲の事【くものこと】 〔万物絵本大全調法記・上〕に「雲 うん／くも。霞 か／あかね。赤雲気 也」。〈異名〉〔書札調法記・六〕に雲の異名に、巫《ふ》雲《うん》 湘《しょう》雲《うん》がある。〈紋様〉〔紋絵重宝記・上〕に亀甲に雲の紋、また雲の字の意匠がある。

〈雲により日和を知る〉〔耕作重宝記〕に次がある。○宵に曇っても雲が切々であれば、降っても大雨にならず必ず照る。○雲が閉じ合い斑《むら》なく曇ると、降る。○雲が厚く静かに降る雨は、長い。雲が厚くても俄に降り雨粒が大であれば、やがて晴天となる。○白雲 黒雲入り乱れ方々へ行き違うと、大風である。○白雲 黒雲によらず雲が切々で一しきりずつ風と共に行くと、風は止まぬ。○白雲が布を映えたようなのは、日和である。○上の雲は南へ行くのに下の雲は北へ行くと、やがて上の雲が行く。○土用*寒の内には雨風があっても少しである。土用の内は浪高く、寒の内は静かである。土用*八専*十方暮*は、天気が悪い。○雲が月に向うと照る。月と共に行くと降る。月の前の浮雲がみずまさ（水増雲 =雨雲の一種）なら、雨である。

〈雲気を見て雨風の吉凶を知る〉〔重宝記・幕末頃写〕には次がある。○秋空に雲が覆い曇っても、風が吹かないと雨は降らない。海雀が多く飛来するのは雨風の証し、下腹の白い鳥の飛来は風が吹き、黒い鳥は雨が降る。○ぬえ（鵼 =とらつぐみ）が夜に一声鳴けば風、二声は雨、三声四声は長閑《のどやか》で雨風はない。○飛蟻が出、魚が水上に踊るのは皆雨風の証しである。○朝霧には雨が降り、夕霧には晴れる。朝六時に風が吹くと雨がある。○西北に黒雲が起るのは雨、夏は雷が夥しい。赤い雲が日の出に出るのは雨、魚鱗のような雲が出るのは雨、降らなければ風が吹く。○黒雲は災いをなす。赤雲は戊の月（十月）に災いをなす。○引雲は雨を生ずる。うわくも（上雲）は大風を生ずる。久しく消えない雲は風が長く、早く消えるのは風が強い。○下り雲は大風を生じ、久しく消えないのは軽い。

〈雲気で年の吉凶を知る〉〔重宝記・幕末頃写〕に次がある。○立春 四方に黄の雲気があると五穀は大いに稔る。青い気は蝗の害がある。黄色の混じるのも同じ。赤い気があると大いに日旱りし、黒い気は洪水がある。○春分の日 東に青い雲があると麦に大いに吉、雲がないと万物は稔らず、疫癘が流行る。晴れ上って雲のないのは万に吉。○立夏の日巳（十時）に東西の方に青い雲 青い気がある年は豊かで、青い気がない年は災いがある。○夏至の日 午（十二時）に南方に赤い気があると百穀に吉、万物大いに稔る。雲がなく日月に光がないと五穀は稔らず、人は疫病に患い死ぬ。○立秋 申（十六時）に西南の方に赤い雲があると粟米の類はよく、雲がない時は万物は稔らず、地震があり、牛馬が煩い多く死ぬのは来年正月に至る。○秋分の日 日の入る時分に西の方に白い気があり、龍 馬の形に似ると麻糸の類によく 大いに豊かであり、この気がないと大いに寒く万物を損い破る。また人民が疫病を煩い来年四月に至る。○冬至の日 北方に青い雲があると来年は大吉、気がないと凶。

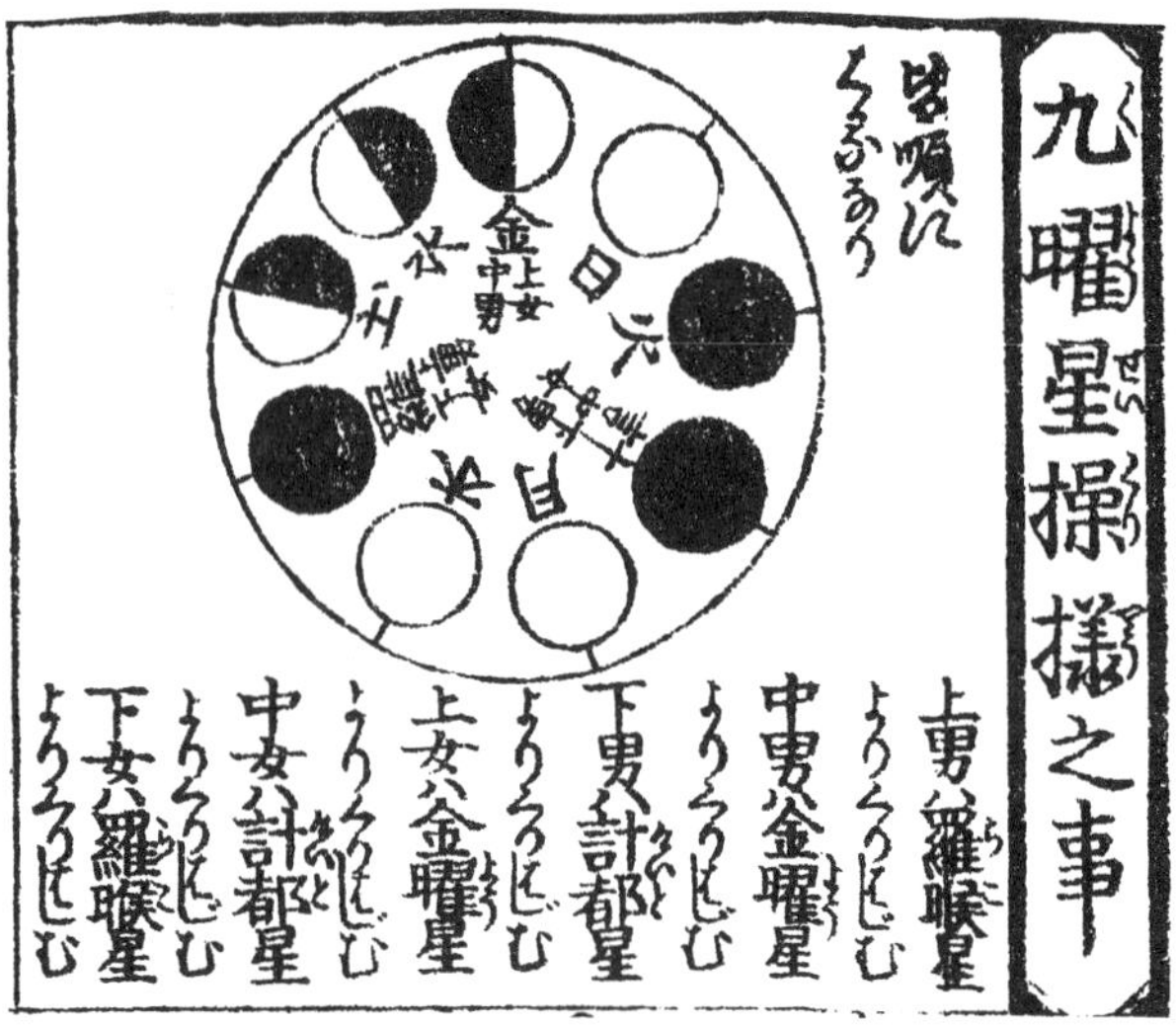

図145 九曜星繰り様 ①〈昼夜/懐要〉両面重宝記・寛延六〉

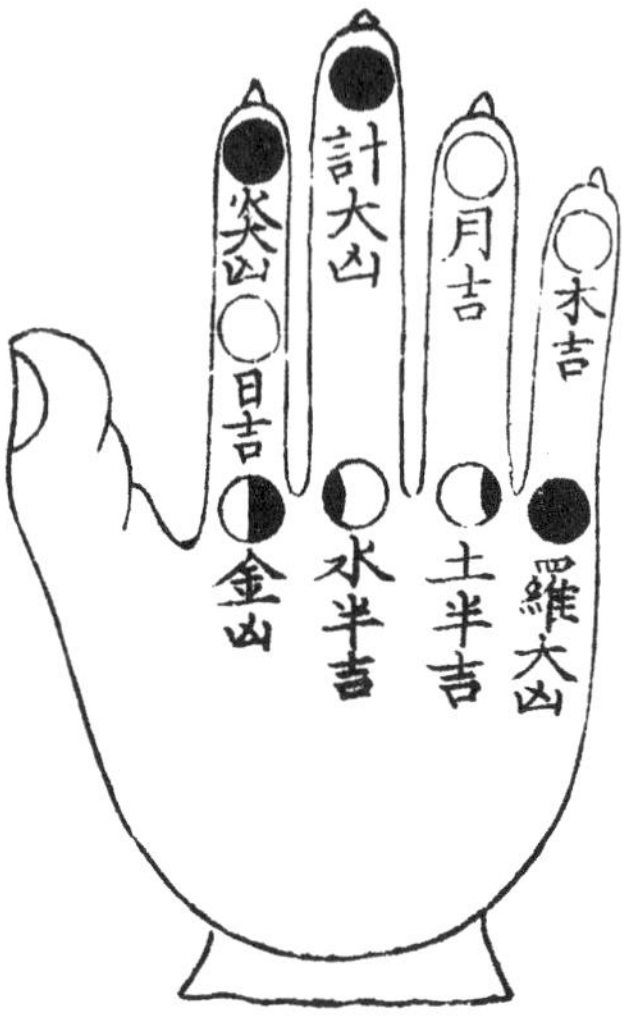

②〈農家調宝記・三編〉

赤い気は日旱り、黒は水、白いと疫病が流行る。黄の気は火災があるが、五穀が田畑に大いに稔る。

雲の衣【くものころも】 大和詞。「雲のころもとは、七夕の事」である。〔不断重宝記大全〕

蜘舞【くもまい】〔人倫重宝記・四〕に、縄の上を渡って戯れをなす芸を蜘《くも》舞《まい》といい、唐土では高絙《こうえん》という。

雲間の月【くもまのつき】 大和詞。「雲まの月とは、心づくしの事」である。〔不断重宝記大全〕

曇草【くもりぐさ】 大和詞。「くもりぐさ、松の事」である。〔不断重宝記大全〕

悔状【くやみじょう】「とむらいじょう（弔状）の事」ヲ見ル

九曜星繰り様【くようせいくりよう】〈昼夜/懐要〉両面重宝記・寛延六〉に九曜星は、羅睺星*土曜星*水曜星*金曜星*日曜星*火曜星*計都星*月曜《がつよう》星*木曜星*の九星をいう。貞享元年（一六八四）甲子より六十年間を上元、延享元年（一七四四）より六十年間を中元、文化元年（一八〇四）より六十年間を下元とし、上元の男・下元の女は羅睺星より、中元の男・上元の女は水曜星より、下元の男・中元の女は計都星より、それぞれ左へ順に年の数程繰り始め、当る星によって善悪を占う。但し、嘉永三年（一八五〇）〔万代重宝記〕等は男女とも羅睺星を一歳と定め、それより二歳三歳と繰って占うとある。図①の○は万ず吉。●は万ず凶。◐（右半分白）左の黒いのは正月より六月までは凶、七月から十二月までは吉。◑（左半分白）右の黒いのは正月より六月までは吉、七月から十二月までは凶。解説にも異動がある。〈年の善悪を知る〉〔金神方位重宝記〕には手に象り、羅（図）土（半吉）水（吉）金（吉）日（吉）火（凶）計（凶）月（半吉）木（半吉）と順に年の数程繰り、当るその年の吉凶を知る。これは清明の秘伝である。〔農家調宝記・三編〕では図②の通りで、相異がある（図145）。

供養施行吉日【くようせぎょうきちにち】〔重宝記永代鏡〕に供養施行吉日は、

春は戌の日。夏は丑の日。秋は辰の日。冬は未の日。

九葉草【くようそう】 草花作り様。九葉草の花は紫色、三月に咲く。肥土に砂を用いる。分植は春がよい。〔昼夜重宝記・安永七〕

九曜餅【くようもち】 菓子名。九曜餅、皆々こね物、糸で切る。〔男重宝記・四〕

位を知る【くらいをしる】 〈謡うたい様〉〔男重宝記・五〕に謡は諸流ともに「位を知りて謡ふ事」を第一とする。例えば、「定家」なら式子内親王の位を分別して気高く美しく謡い、「江口」なら遊女の心持ち、「葵上」等は美しく優なる体に謡う中にも瞋恚の炎の心を込めて謡い、「修羅」は武士の心、「鬘」は女の心、「僧」は僧の心、「大臣」は大臣の心になって謡うのを、位を知るという。

鞍覆【くらおおい】 〔武家重宝記・五〕に鞍覆は、馬に乗らない時に鞍全体を覆って置く獣皮、布の類をいう。蠟虎《らっこ》 豹 虎 毛織等で数寄を凝らしたものが多い。「くらおおい」は鞍把 鞍幭 鞍幪 鞍被などとも書く。〔弓馬重宝記〕には「雨鞍覆」の図がある（図146）。

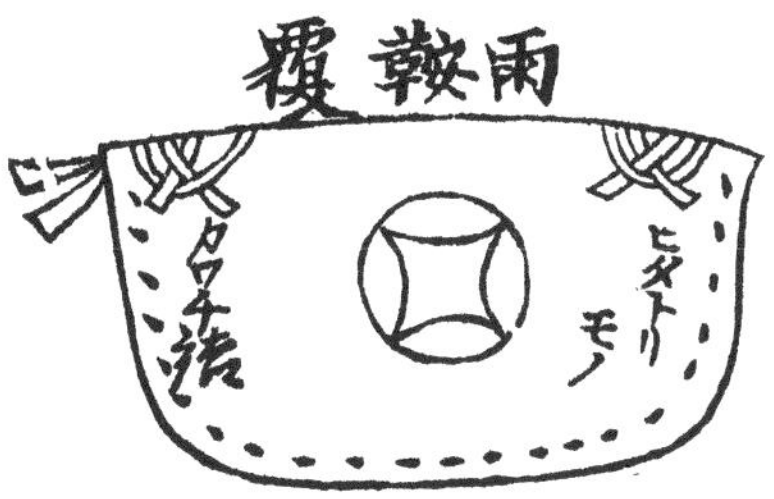

図146 「雨鞍覆」（弓馬重宝記）

倉賀野より高崎へ【くらがのよりたかさきへ】 木曾海道宿駅*。一里十九丁。本荷六十三文、軽尻四十一文、人足三十二文。館林 日光への道がある。烏川は舟渡しであるが舟賃に定額がない。大名方の往来には舟橋の城主から馳走舟が出る。これより左右に杉並木がある。間に橋が二所ある。〔東街道中重宝記・木曾道中重宝記六十九次 享和二〕

海月【くらげ】 海蛇とも書く。〔万物絵本大全調法記・下〕は「水母 すいも／くらげ」。〈異名〉〔書札調法記・六〕に水母の異名に、海月《くらげ》 海蛇《かいじゃ》 石鏡《せききやう》がある。〈薬性〉〔医道重宝記〕に海蛇《くらげ》は温で毒なく、女の労損 癪 帯下を治し、小児の風痰 丹毒にもよい。〈料理仕様〉〔諸人重宝記・四〕に海月は、鱠 和え物 吸物。〈食合せ〉〔料理調法集・当流献方食物禁戒条々〕に、海月に胡麻は食い合わせである。

海月蒲鉾【くらげかまぼこ】 〔料理調法集・蒲鉾之部〕に海月蒲鉾は、煮抜玉子の黄身を合せた擂身に、岩茸をもみ薄味をつけたのを交ぜて板につけ、上の方に丸く拵えた白蒲鉾を入れて蒸す。

倉の事【くらのこと】 蔵とも書く。〔万物絵本大全調法記・上〕に「倉 さう／くら。庫 同。いなくら」。〈蔵の内へ物を納むる吉日〉〔万民重宝改正大ざつ書〕に、丙寅《ひのえ》、丁卯《ひのと》、己巳《つちのと》、の各日。〈蔵へ俵入れ積り〉〔古今増補算法重宝記改成・上〕に、広さ三間、長さ五間、高さ二間の蔵に、俵何程が入るか。計算法は三間、五間、二間を掛けて三十坪となり、一坪に入る積り六十二俵半としてこれを掛け、千八百七十五俵となる。

鞍の事【くらのこと】 〔武家重宝記・五〕に次がある。鞍はシナ三代の間に作り始めた。唐鞍《からくら》 移鞍《うつし》 結鞍《むすび》、韃鞍《たつ》 高麗鞍《こま》など品々ある。また前津輪《まえつわ》 後津輪《しずわ》等いう所がある。鞍の図がある（図147）。鞍に手形をつけることは鎌田兵衛がつけ始めたと『平治物語』に見える。鞍橋《くらぼね》は今言う居木《いぎ》 居敷《いしき》の木である。また柚木《ゆき》に作り 囲《いき》と書くのは共に非である。

〈鞍の受け取り渡し〉 鞍を主人など御前へ持ち出す事は、白橋《しらほね》は前輪を我が方へ向け 後輪《うしろわ》を外へして左の方に掛けて出、常に召すように置く。包鞍《つつみくら》と同前である。塗鞍《ぬりくら》は鞍かさの前輪を外へして持って出る。後輪

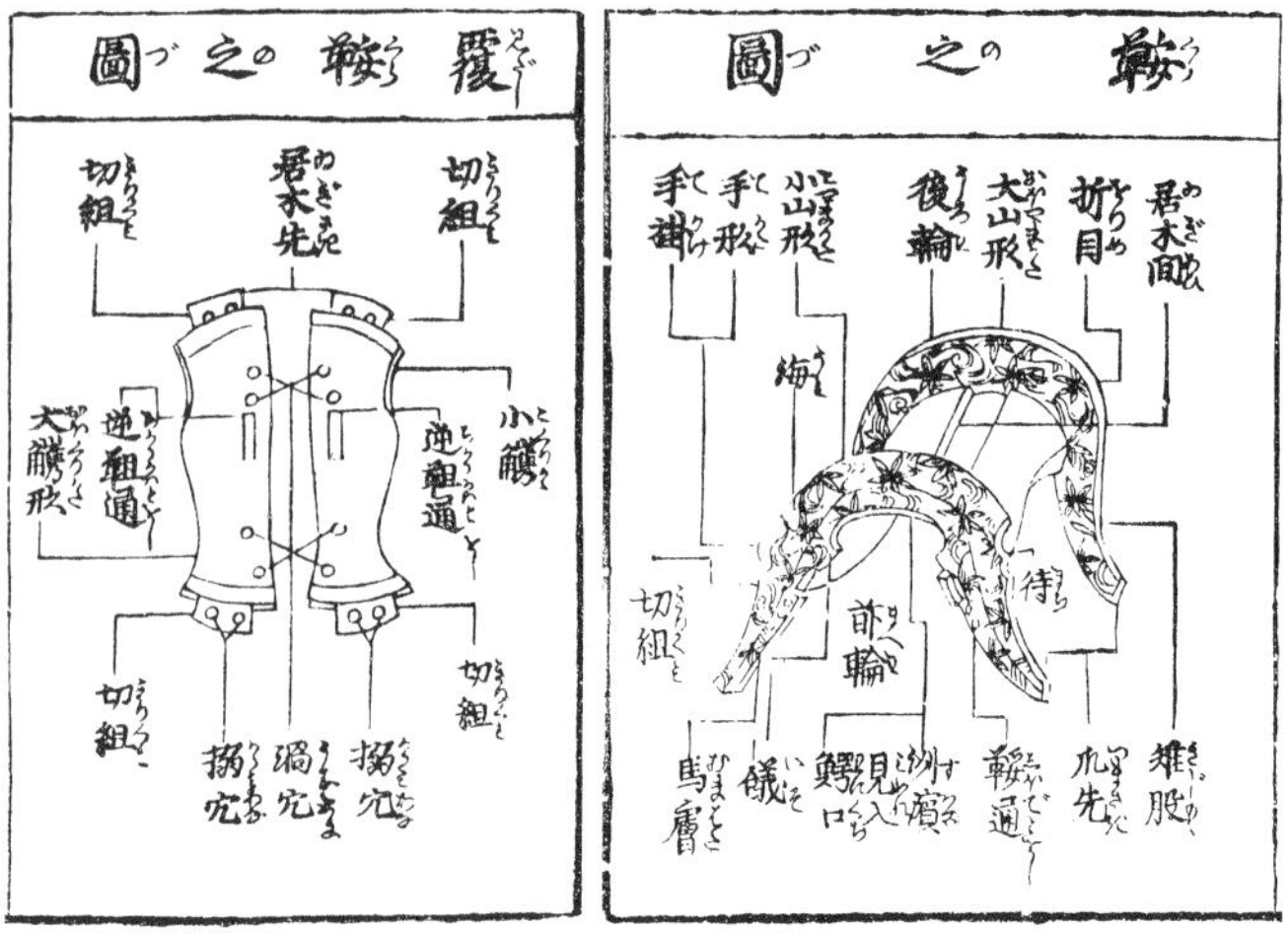

図147 「鞍の図」（武家重宝記）

を我が方へなし前輪に左手を掛け、後輪に右手を掛け両手で抱え持って出、御前で取り直し、召すように左に置く。品がある。白鞍《しらくら》より御前遠くへ置く。鞍を引出物《ひきでもの》にするのも同じである。また鞦《しりがい》を添えた鞍は鞍の内へ押し挟むようにして進ずる。

〔諸礼調法記大全・天〕には次がある。「鞍の請け取り渡し」は、鞍の両の居木を両手で取り、前輪を我が方へなして持ち出、左の膝を付き、左右どちらでも置き口上を述べ、次に鞍を順に押し廻し前輪を請け取り人の右の方へ向わせ、乗り方を見せて渡す。受取人は居木を取り右の方へ直し、前輪を両人の間に向って一礼し、次に始めのように左右の居木を取り、前輪を我が方へなして持って立つ。

〈鞍打ち〉〔万買物調方記〕に「京ニテ鞍打」は新町出水下ル喜多川、東洞院二条上ル町作右衛門、深草松村作之丞、新町夷川上ル（氏名ナシ）。「江戸ニテ鞍打」はかはらけ町切通伊勢因幡、鍛冶橋の河岸勘左衛門、弓町東条伝右衛門、檜物町庄兵衛。「大坂ニテ鞍打」は記載ナシ。

〈鞍置き馬見せ様〉向うばかりを見せる。馬の左へ開きかえる。

〈名数〉鞍は一口、二口と数える。「鞍覆」参照

鞍馬牛蒡【くらまごぼう】〔料理調法集・口伝之部〕に鞍馬牛蒡とは、出所ではなく切形である。三四月に用いても同じ。皮牛蒡を、千鳥昆布のようにする。

鞍馬の事【くらまのこと】京名所。〔東街道中重宝記・七ざい所巡道しるべ〕に京より三里。御堂本尊は毘沙門天王。御前に狩野古法眼筆の僧正天狗の絵がある。大きな太刀がある。比叡山に行く間に八瀬がある。〔年中重宝記〕に、正月初寅の日鞍馬の毘沙門へ諸人参詣。六月二十日鞍馬竹切り。鞍馬寺は本尊は毘沙門天で、大中大夫藤原伊勢人《いせひと》の建立。中頃峯延法師がこの寺に住居の時、山間に大蛇がいて往還の諸人が憂い、峯延法師が護摩を修し、北嶺から大蛇が来る時、毘沙門天の呪を読誦すると、大蛇は忽ちずたずたに切れて死んだ。伊勢人は人夫五十人で静原の山に捨て、そこを大虫《おおむし》の嶽という。竹切ということをするのはこの大蛇を切った有様を真似たものである。九月九日は鞍馬祭り。〔文章指南調法記・一〕に「鞍馬詣文章」がある。「昨日は初寅、快晴に付鞍馬毘沙門天ェ参詣仕り候。初めての道すがら珍敷く就中僧正が谷貴舟社古跡見物、黄昏に及び罷り帰り候。将《はた》異な物乍ら畚颪《ふごおろし》燧石《ひうちいし》野老《ところ》土産の御一笑」とある。

くらめき鴫【くらめきしぎ】〔料理調法集・諸鳥人数分料〕にくらめき鴫は、焼き鳥にして二人前に当てる。脂がのると、汁、煎り鳥にも遣う。

暗闇で文字を読む伝【くらやみでもじをよむでん】〔色道重宝記〕には藤屋伊左衛

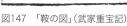

門の伝法があり、暗い座敷へ行き、炬燵の蒲団をまくり、炭団の頭をはり、その火で透かし読む。〔清書重宝記〕には線香の火で読むと妙とある。

倉吉へ岡山よりの道【くらよしへおかやまよりのみち】〔家内重宝記・元禄二〕に、「岡山より伯嗜倉吉道」がある。岡山〈五里〉金川〈四里〉竹谷〈半里〉福わたり［福わたり〈七里〉佐渡川］〈五里〉犬庄〈二里〉新町〈一里〉もも谷〈二里〉おく川〈一里〉さい原〈三里〉あなかも〈四里〉倉吉。

苦参【くらら】〔薬種重宝記・中〕に和草、「苦参 くしん／くらら／まひりぐさ。米泔《しろみず》*に浸し、刻み、焙る」。〈草花作り様〉〔昼夜重宝記・安永七〕に、白茎（＝苦参）の花は白色。土は肥土を用いる。肥しは雨前に小便を注ぐ。分植は時期なし。

苦参餅【くららもち】 菓子名。苦参《くらら》餅、中へ唐黍の粒入り、ながし物。〔男重宝記・四〕

内蔵寮【くらりょう】〔万民調宝記〕に内蔵寮《くらりょう》は中務省*に属し、天子の御蔵である。頭《かみ》一人は金銀珠玉を司る重職。権頭《ごんのかみ》一人は諸寮の中の規模（模範）であるのは大分の蔵の事を司るからであろう。助《すけ》には権ノ助《ごんのすけ》があり、賀茂祭の時 内蔵使を勤める。

喰らわす【くらわす】 卑語。「叩くを くらはす、どやす」。〔女用智恵鑑宝織〕

栗石【くりいし】〈軽重数〉〔古今増補算法重宝記改成・上〕に「一尺四方六方」の重さを、十二貫六百目とある。〔算学調法塵劫記〕には、十三貫目という。

栗形【くりかた】 刀脇差名所。〔武家重宝記・四〕に栗形は、刀の下緒《さげお》*を通す栗の実形の半円の穴で、刀を腰に差した外側（差し表）の木囲口《きのくち》*近くにつける。鵐目《しとどめ》（＝韄韘）は栗形の縁に嵌める金具。

栗毛【くりげ】 馬の毛色。〔武家重宝記・五〕に栗毛《くりげ》は、騟馬《ゆば》とも 涅毛《くりげ》ともいう。柑子《こうじ》栗毛、紅梅《こうばい》栗毛などがある。

栗酒【くりざけ】〔料理調法集・料理酒之部〕に栗酒は、大栗をよく蒸して皮を去り摺り、味醂酒一升の量に 大白砂糖を蜜にして二百目入れ 濾して、二三夜寝かすとよい。

繰〆鐶【くりしめのかん】 鎧*名所。〔武家重宝記・三〕に繰〆鐶は、右の脇の下につける。また左の下の方同じ通りにある。締《わな》の緒は繰〆の本緒《もとお》という。又は根緒《ねお》ともいう。

栗木【くりのき】〈軽重数〉〔古今増補算法重宝記改成・上〕に、一寸四方六方の重みは、十二匁五分とある。

栗の事【くりのこと】〈薬性〉〔医道重宝記〕に栗は温で毒なく、腸胃を厚くし、腎気を補い、腰脚筋骨を強くする。〔永代調法記宝庫・四〕には多食すると気を塞ぐ。〈剝き様〉〔料理重法記〕に薄刃で磨るようにして栗を廻して剝くが、手際の悪い時は木賊《とくさ》で磨ると奇麗になる。〈貯え様〉〔男女日用重宝記・下〕には次がある。①槇の消え炭を粉にして栗に掻き混ぜ壺に入れて置く。②壺等の口から入る程の土器《かわらけ》を底に一ツ伏せ、その上に栗を壺一杯に入れ、口をよく張り土器が割れないように置く。③栗の芽を焼いて赤土と捏ね合わせ桶の肌へ塗り、その上に栗を並べ、その上にまた土を塗り、段々に置き上げ、上は土を厚く塗り、蓋をして置く。取り出したら、また叩きつけて置く。〔永代調法記宝庫・六〕は、〇茶の湯釜の中に並べて入れ蓋をよくして、釜を箱の中に入れて置くと、虫も食わず 皺もよらず 来年まで持つ。〇栗の尻の尖りを火箸で焼いて焦がして置くと芽を出さない。〇大栗を半日程天気に干し、雨が懸らず湿気のない所を掘り、底に摺り糠を一偏敷き、その上に蓼の盛りを採り乾したのを敷いて栗を並べ、幾重も蓼で鮓をしたように重ねてよく押しつけ、上に土を五寸程押しつけ、用いる時取り出し 後を元のように押しつけて置く。〔料理調法集・囲方之部〕は、その他の法として、薪の炭を粉にして栗を胡桃の壺に入れて置くとよい。〈料理〉〔万用重宝記〕に「栗を一尺四方の網に切り 水肴の上に掛ける

伝」があり、大きな栗の荒皮を剝き、糠味噌に二三日漬けて置くとしなやかになるのを包丁で四角に造り、それを小口より庖丁で薄く上から一剝ぎ下から一剝ぎし、段々に包丁を入れ違えて切る。折手本の様になった時、また横よりも同じように切るとよい網になる。水肴に使うと至極見事である。

栗の鳴門焼【くりのなるとやき】 栗の鳴門焼は、冨沢丁南側 和泉屋永馬にある。〔江戸町中喰物重法記〕

栗麩【くりふ】〔料理調法集・麩之部〕に栗麩は、大栗をよく蒸して皮を去り、濾し粉にして生麩に揉み込み、湯煮して遣う。

栗名月【くりめいげつ】「後の名月」ニ同ジ。九月十三夜。

栗飯【くりめし】〔料理調法集・飯之部〕に栗飯は、中栗の小振りなのを、鬼皮を剝き焙り、鍋で焙り、渋皮を取って、米に交ぜて常のように炊く。〔年中重宝記・三〕には、九月九日に栗飯を食い、菊花酒を飲む。

栗餅【くりもち】〔昼夜調法記・正徳四〕に栗餅は、栗を臼ではたき、荒皮を捨て、石臼で挽き、絹篩で篩い、寒晒の糯の粉を三分の一交ぜてばらばらに捏ね、蒸籠でよく蒸し、臼で搗き、小豆でも豆の粉でも取る。〔菓子調法集〕に栗餅は、栗一升を皮を去り、糯三合をよく水に浸し、栗に交ぜて蒸し、よく搗き、そのままでもまた内へ小豆餡を包んで、また外に豆の粉をつけて食する。〈食合せ〉〔料理調法集・当流献方食物禁戒条々〕に栗餅には唐桃（杏）を食い合せてはならない。

繰矢【くりや】 矢数《やかず》（＝射数の多さを競うこと。大矢数*小矢数*）の起らぬ以前に、遠矢をする矢である。羽《は》は鴨の第一の羽で矯《は》ぐ*。根は木鋒《きほう》である。竹は高野竹を賞とする。〔武家重宝記・二〕

九輪草【くりんそう】「保童花」ニ同ジ

苦しき海【くるしきうみ】 大和詞。「くるしきうみとは、せかい（世界）をさして云」。〔不断重宝記大全〕

踝 脚盤の損傷治法【くるぶし あしのひらのそんしょうじほう】〔骨継療治重宝記・中〕に内外の踝骨 左右の脚盤の挫跌《くじき》の損傷は、脚で踏み直し 曳き正し 撫で正し 平正《たいらか》にして接骨膏 定痛膏*をつける。もし脚の頭を跌いて臼《つがい》が出たら曳き合すが、全く直《すぐ》に 或は曲《まがる》にはせず、半ば直に半ば曲にする。直にすると骨の稜《かど》が見えず、曲も同じである。次に竹箍《たけのわ》を膝の蓋骨に入れ、縄で括る。

車先の石【くるまさきのいし】〔年中重宝記・五〕に次がある。京の下嵯峨材木町宝珠院という寺の林内に桜の宮という小社がり、清原真人頼業《よりなり》（＝七代の侍読で文才の誉れは天下に響く）を祭る。亀山院（一二五九～七四）の嵐山行幸の折 宮の前で御車が止まり行かず、これを怪しんで初めて宮のあることを知り、主上は車より降り傍らの石に腰かけて車を遣り過した。石は今に宝珠院の門外にあり、車先《くるまさき》（＝「車折」トモ書ク）の石と号する。諸願ある人はこの社に詣でて社前の小石を拾い家に帰ると願は成就する。その後、始めの石に又一ツ石を添えて社頭に返すと言い習わす。毎月十四日を縁日とし、この頃は諸人の参詣多く、宮居も昔に勝る。俗に、この宮を護道の冥官というのは誤りである。

車火【くるまび】 花火の方。〔男女御土産重宝記〕に車火《くるまび》は灰（三匁五分）、鉄（七匁）、煙硝（十匁）、硫黄（二匁五分）の四色を用いる。

車百合【くるまゆり】 草花作り様。車百合の花は鬱金色である。土は白・赤土に白砂を等分にする。肥しは茶殻の粉を根に置く。分植は二月末より四・五月迄がよい。〔昼夜重宝記・安永七〕

ぐる廻し【ぐるまわし】〈何が不足で癇癪の枕言葉〉「帯、ぐる廻し。ぐる」。〔小野篡譃字尽〕

胡桃【くるみ】〔万物絵本大全調法記・下〕に「胡桃 ことう／くるみ。秋」。〔薬種重宝記・中〕に唐果、「胡桃 ことう／くるみ。肉を用いる」。〈薬性〉〔永代調法記宝庫・四〕に胡桃は小便通じ、痔の薬、疸には毒、風

を動かす。〔ちやうほう記〕に「胡桃皮取り様」は、胡桃を四五日水に浸けて置くと口の目を開く。混皮の取り様は温湯に浸けて置いて取る。〈食合せ〉〔万用重宝記〕には胡桃に鴨、雉子の鳥は、世に類なき食い合せである。

胡桃玉子【くるみたまご】〔料理調法集・鶏卵之部〕に胡桃玉子は、胡桃一合を渋皮を取って擂り、玉子十を割って入れ、煮返し、酒醤油で塩梅し、濾し箱に入れて蒸す。

胡桃豆腐【くるみどうふ】〔料理調法集・豆腐之部〕に胡桃豆腐は、胡桃を温湯に漬け、皮を取り擂って、胡麻豆腐*のようにする。

胡桃麩【くるみふ】〔料理調法集・麩之部〕に胡桃麩は、胡桃の皮を去り二ツに割り、生麩に包み、湯煮して煮しめ、遣う。

𥎞【くるり】〔武家重宝記・二〕に「𥎞《くるり》といふ矢」は、水鳥を射る矢である。根に小さい狩膜がある。図は「矢の事」ニ出ス

呉竹【くれたけ】大和詞。「くれ竹とは、よよ（世々・節々）の契り」である。〔不断重宝記大全〕

紅の遣い様【くれないのつかいよう】〔万物絵本大全調法記・下〕に「紅花 こうくわ／くれなひ。べにのはな」。〈遣い様〉〔家内重法記・元禄二〕に「くれなゐ（紅）の遣ひ様の事」がある。紅二百目を水に浸け、冬は十二日も、夏は五六日も寝せ、その後布の袋に入れ水で六度程生汁を取る。汁が多いと七八度も取り、少ないと四五度も取る。その後、本《ほん》の花を玉四ツにして二日程寝せて後、入れ物一ツへ玉を一ツずつ入れ置き、早稲藁の灰汁を熱湯に煮立て、前の玉二ツへ掛けて玉を崩し、麻布二尺五寸を折り返し袋に縫って崩し玉を入れ、竹の簾の上で揉み出した花汁を前の濾して置いた二ツの玉へ掛け尽くしてまた袋に入れて揉み出し、ぞく布四ツへ皆々つける。但し、花汁一升程の内へ米の酢を茶柄杓三ツ程ずつ入れる（一束おろす灰汁は早稲藁二十把を焚いて灰汁を三升程取る）。三升の灰汁を熱湯に沸かし立てぞく布へ一ツ掛け、絞り出して紅をまた他のぞく布へ掛ける。四ツのぞく布をこのように掛けると、始めのぞくは白くなる。四ツのぞくは皆白地、その紅の上にある黄を取り、脇の入れ物に置き、前の白くなったぞくを紅を入れ、米の酢を加えて染めると、また紅が付く。

○黄を取った後の上々の紅一杯半程に、梅酢を蛤貝に一ツ程差す。梅酢の効《き》き効かないがあり、その加減をよく見るが、酢加減には口伝がある。紅濾《べにこし》の羽二重を籠の上に置き、前のいかにもよい紅を掛けると、紅の少し溜まったのを爪につけて見ると青く笹色になる。○紅濾《べにこし》が新しいと紅が下へ漏れる。一二度も汲み返し掛けると黄ばかり下へ降りる。

○一揚げで篠色紅は二十目も二十五目もある。○梅剝きは二十ばかりを、水でよく洗い、その後熱湯で出すとよい。湯加減は茶碗半分程で酢を取る。

○「紅《くれない》の泡の見様」は、大きい泡の内に、いかにも大きな霞の様な泡が立った時、紅濾《べにこし》へ汲み掛けると紅になる。また霞の様な泡が立たないのは酢が過ぎたためである。その時は素湯を沸かして茶碗半分に差す。まだ霞の泡が立たない時は素湯茶碗に一ツ差す。酢を過す程紅は多い。

暮の往ぬる【くれのいぬる】「くれのいぬる（暮の往）は、日のくるゝ（暮）也」。〔消息調宝記・二〕

呉の母【くれのおも】〔消息調宝記・二〕には「くれのおもは、らつきやうの事」とある。但し、〔万物絵本大全調法記・下〕等のように「くれのをも」は茴香*に同じとするのが普通である。

呉織／呉服【くれはとり】〈大和詞〉〔不断重宝記大全〕には、「くれはとり（呉織）とは、あや（綾）の事」とある。〈菓子名〉〔男重宝記・四〕には、呉服《くれはとり》、上白ながし物、下黄山の芋入り、とある。

呉服宮【くれはのみや】〔農家調宝記・二編〕に次がある。呉服宮《くれはのみや》と穴織宮《あやはのみや》は、

「中紅《ちゅうもみ》染め様」「地紅の遣い様」参照

十町を隔てて摂州にある。ともにわが国に機織《はたおり》の方を教えた百済《くだら》国の女《じょ》巧《ろう》の霊を祀る。

苦楝子【くれんし】〔薬種重宝記・中〕に唐木、「苦楝子 くれんし／ひよとりしやうこ。川楝子。肉を酒に浸し、少し炒る」。

黒【くろ】 大和詞。「なべかま（鍋釜）は、くろ」という。〔女重宝記・一〕

黒和え【くろあえ】〔料理調法集・和物之部〕に黒和えは、黒胡麻を煎りよく擂り、味噌を加え、煎り酒で緩め、湯引き烏賊、打ち牛蒡の類を和える。至って黒くするには、昆布か干瓢の黒焼を粉にして入れる。

黒色手染【くろいろてぞめ】〔染物重宝記・文化八〕に黒色手染は、絹 木綿、何でも手前で染めるには班《むら》が出来て染め兼ねるものであるが、染汁の合せ加減でそれほどでもない。袖口 八掛（裾廻）半衿等の類一丈位迄の物は、木付子（五倍子二十匁）・桃皮（十匁）、水二升を、一升五合に煎じて刷毛で二遍引き、鉄漿《おはぐろ》を一遍引き、また汁を二遍引き、また鉄漿を一遍引く。また汁を二返、鉄漿を一遍引き、水で二返濯ぐとよい。

黒牛【くろうし】「あめうし（黄牛）」ヲ見ル

蔵人【くろうど】〔男重宝記・一〕に蔵人《くろうど》は、殿上の諸事一切を取り仕切った役である。地下《じげ》の諸太夫、六位の蔵人を極官とする。

黒梅を咲す伝【くろうめをさかすでん】〔調法記 四十七ゟ五十七迄〕に白梅の花を黒く咲かす伝として、苦楝《せんだん》の木の株に、白梅の木を継ぐと黒梅の花が咲くのは妙である。

黒柿【くろがき】〔秘伝手染重宝記〕に「くろがき」は、白絹の上に墨にご（豆汁）を交ぜ二度程引き、その上を渋で一度染め、渋も濃いのは悪く三番渋程にして染める。

黒鴨【くろがも】〔料理調法集・諸鳥人数分料〕に黒鴨は、料理に遣うとことに悪いものである。一名、「花ごりやう」ともいう。

黒木の事【くろきのこと】〔日用重宝女大学〕に黒木《くろき》は、都の北の八瀬・大原・鞍馬の里人が山に入り木を伐り、山中に土穴を造り、四方に伐った木を積み、生薪を焚いて燻べ 乾かすので黒木という。それを焚いた後の温もりに、塩菰を敷いて病人が入るのが八瀬の釜風呂である。この黒木を束ねて村の婦《おんな》が頭に戴き、牛馬に荷わせ、京に来て売るのを黒木柴売という。

九六銭【くろくぜに】「ぜに（銭）の事」及び「びた（鐚）」参照

烏芋【くろぐわい】〈薬性〉〔医道重宝記〕に烏芋《くろぐわい》は微寒で毒なく、胃を開き、食を下し、熱を去り、渇を止む。多食すると腹が張り痛む。〔永代調法記宝庫・四〕に黒慈姑《くろぐわい》は、胸の煩れや脾熱を去り、黄疸によく、気を増す。〈料理〉〔里俗節用重宝記・中〕には「黒くわへ」、皮ごと煮て日に干し萎んだ時、醬油色漬けにする。

黒膏【くろこう】〔改補外科調宝記〕に黒膏は、茄子百をよく洗い拭い乾かし臼に入れて搗き爛らし、一夜置いて翌日汁を絞り鍋に入れて煎じ、苦参と忍冬（各十両）を刻み入れ、煎じ渣を濾して去り、また煎じて沈香を粉にして入れる。この薬は金瘡、一切の名の知れぬ腫物、又は白癬の爛れたのを治す。また飲み汁にして諸病によい。○「加減の方」は、疫病には牛膝、下血には薏苡仁、痢病には甘汁、目暈には川芎、痰には榎、喘息には川芎、気違には南天の葉、女の腹血には麻仁、脚気には袋角、一身痺れて冷えるのには荊芥、難産には早稲藁、瘡気の熱が胴へ入るのには梹榔子を、それぞれ煎じ汁で用いる。疝気、腹が痛むには酒で、頓死には蓼の絞り汁で、下り腹には水で用いる。咽喉には湯でも水でも用いる。貼《つけ》薬には軽粉を入れ合せて女は右の手の内に塗り、男は嚢に塗る。一両日の間に下り癒える。

黒胡椒【くろごしょう】〔胡椒一味重宝記〕に考証して次がある。黒胡椒は蓽《ひ》澄茄《ちょうか》、或は嫩胡椒《どんこしょう》というものであろう。殻黒く、青い時に摘み、辛気は薄く、実胡椒のように簇生する。

黒胡麻【くろごま】〔薬種重宝記・中〕に和穀、「胡麻 ごま／黒ごま」。

〈薬性〉〔儉約重宝記〕に、黒胡麻は寿を保つ奇薬である。黒胡麻を食した長寿者の見聞として、常に心下痞鞭（つかえ）、眼目の霞むのに特効がある。〔永代調法記宝庫・四〕には、足の裏に塗ると早道となり、草臥れない。「胡麻」「白胡麻」参照

黒砂糖煎じ様【くろざとうせんじよう】 黒砂糖煎じ様は、水で溶き一夜留め置き、二日目程に釜に入れ、よく煎じる。砂糖水で溶く時は、水嚢でよく濾す。但し、煎じ砂糖は、砂糖一升に水四五合入れて煎じるとよい。〔菓子調法集〕

黒染め直し【くろそめなおし】〔染物重宝記・文化八〕に「黒染め直し」がある。黒の上は染める色がないが、染めたては色が抜ける（但し、暑寒を過ぎると抜けなくなる）。色を抜くと前栽茶 茶ビロード 黒鳶類に大概よい。黒の上品は憲法染* 梹榔子染* 常盤黒*である。黒は弱い物と思われているが、下染めを花色にして染めると随分強い。鉄漿 砥汁 緑磐 どろ染類は大いに地を損ずる。また、下地の色を弁えずに染め直して色上げ、多く黒に染めると弱い。黒暖簾が文字の白い所から損ずるのによって知られる。黒色を藍に染めると大いに地を損ずる。黒色は心易いようであるが、甚だ難儀で黒染の偏数は凡そ二十五遍程懸り、短日や雨天には隙も掛り色もよくない。日柄に猶予がないと黒に限って上りがよくない。

黒棚【くろた／だな】 嫁入道具の一。黒棚は黒漆の棚で、身の回りの品を置く。〔女重宝記・二〕には飾り様が、上棚は右は文箱、大文箱 家箱を並べ、中は硯箱、左は短冊箱。中棚は古今集、万葉集。下棚は右は角盥に渡し金、中には石箱、左には十二組入りの化粧の道具を飾る。図版は〔小笠原諸礼調法記・地〕による（図148）。

黒鯛【くろたい】〔万物絵本大全調法記・下〕に「杉魚 ばうぎよ／くろたひ（黒鯛）」。〈食合せ〉〔万用重宝記〕には黒鯛と渋柿を食い合わせると死ぬ。また黒鯛と滑莧《すべりひゆ》とは孕み女に忌む。三月四月になる子は堕りる。

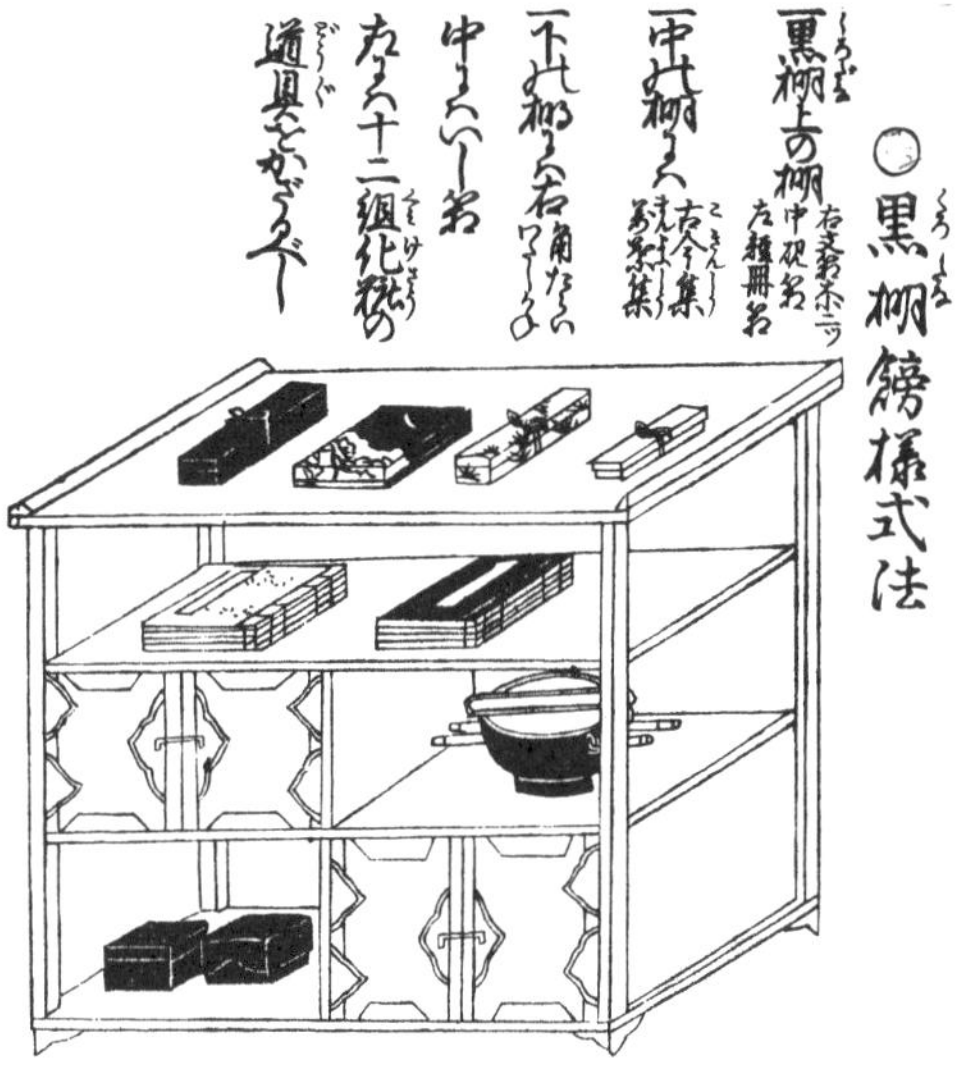

図148 「黒棚」（小笠原諸礼調法記）

黒谷【くろたに】〔改正増補字尽重宝記綱目〕に、黒谷は紫雲山金戒光明寺という。法然上人の開基である。〔年中重宝記・二〕に、六月二十五日黒谷虫払い。

黒茶【くろちゃ】 黒茶は、油煙の墨を二丁程硯で磨り、豆汁《まめのご》を薄く延べて、下染を濃い浅黄に染め、豆汁を薄く延べて墨を少しずつ入れ、何遍も色のよく着くまで染める。色のよい時分に絹張りに掛け、しいし（伸子）を交い、その上に水を再々掛け、四五遍も水ばりをすると、色は落ちない。〔家内重宝記・元禄二〕

黒漬【くろづけ】「塩鰯」ニ同ジ

黒鶴【くろづる】〔料理調法集・諸鳥人数分料〕に黒鶴は、鶴の内では小さい鳥である。料理に遣うと真鴫*二羽半に中る。賞翫する。但し、割り鳥である。

黒鳶色【くろとびいろ】〔秘伝手染重宝記〕に「くろとびいろ」は、渋木（山桃）を二度引き、素鉄で一度染め、よく濯ぎよく乾し、蘇芳をよく煎じ、

五六度引く。湯一升程に明礬を引き、茶三服程入れ一度引き、水で濯ぎ、乾し、張る。

黒鳥【くろとり】 大和詞。〔不断重宝記大全〕に「くろとりとは、う（鵜）の鳥の事」。〔女重宝記・一〕には「わらび（蕨）は、くろとり」とある。

黒癜の事【くろなまずのこと】〔改補外科調宝記〕に癜《なまず》*で、紫（＝黒）癜風《くろなまず》は血の滞りとある。薬は、白粉（五匁）と硫黄（三匁）を粉にし卵白で練り付ける。〔世界万宝調法記〕には生胡桃（三ツ）、巴豆（十粒）の二色をよく擂って用い、付ける時に癜を布の手拭で擂り破って付けると癒える。〔調法記・四十七ゟ五十七迄〕に黒癜治法は、生の知母を酢で擂り卸して付ける。〔万家調法呪詛伝授囊〕に黒癜風《くろなまず》癒す妙方は、青胡桃を横に割り、その切口で七日刷るとよい。「白癜」参照

黒煮【くろに】「蛸の事」の内「蛸の駿河煮」ニ同ジ

黒日【くろび】 暦下段。受死日《じゅしにち》ともいう。〔重宝記永代鏡〕に、暦に●のように記しているので黒日という。極めて悪日で、病人に医師を迎え、又は医師を抱え、鍼灸等は決してしない。この外、万に悪い。正月は戌の日。二月は辰の日。三月は亥の日。四月は巳の日。五月は子の日。六月は午の日。七月は丑の日。八月は未の日。九月は寅の日。十月は申の日。十一月は卯の日。十二月は酉の日。〔永代調法記宝庫・五〕にも大悪日とするが、妖を滅し、邪を除き、魚を捕り、猟をするのは苦しからずとある。

黒紅 地紅 桔梗色洗い【くろべに じべに ききょういろあらい】〔秘伝手染重宝記〕に、黒紅・地紅・桔梗の色洗いは、手前での洗いは出来ない。流れの早い所で、シャボン*を付けて洗うのがよい。芝原に干すとよい。

黒蛇【くろへび】〔万物絵本大全調法記・下〕に「烏蛇 うじや／からすへみ」。〔薬種重宝記・中〕に唐虫、「烏蛇（う）じや／くろへび。骨皮を去り、酒に浸し、炙る」。

黒方【くろほう】 薫物の方。〔男女御土産重宝記〕に黒方は、沈香（二十匁）、丁香（十匁）、甲香・麝香（各二匁）、薫陸（一匁二分）、白檀（五匁五分）、梅の霜（六匁）、焼塩（五匁）、蜜（五十匁）。

黒豆【くろまめ】〔薬種重宝記・上〕に和穀、「大豆 だいづ／くろまめ」。〈薬性〉〔医道重宝記〕に黒豆《くろまめ》は平で毒はなく、中《ちゅう》を調え、気を通じ、水を利し、熱を去り、食を消し、諸毒を消す。〔永代調法記宝庫・四〕に黒大豆《くろまめ》は膝の痛、目の薬、産後の風や中風にもよい。「黒豆は声の薬ぞ常に食え 塩煮にしては腎を補う」。〈漬け様〉〔男女日用重宝記・下〕に「黒豆を赤く漬け様」として、生豆で酢に漬け、同じく梅干を漬け交ぜ、四日程置いて遣う。

黒眼【くろめ】〔料理調法集・口伝之部〕に鯔《ぼら》の小さいのを黒眼《くろめ》、すばしり、という。

黒紋付洗い様【くろもんつきあらいよう】〔秘伝手染重宝記〕に黒紋付洗い様は、シャボン*を紋所へ塗り、温い湯に入れ、他の盥に水を入れ、紋所を抓み出し漬けて置く。次に襟 衽にもシャボン*を付け、前の湯で洗い、その湯を捨て、綺麗な湯で洗い、紋所の所を手拭でよく水気を取り、干す。

黒百合【くろゆり】「こくゆり（黒百合）」ニ同ジ

慈姑【くわい】〔万物絵本大全調法記・下〕に「葧臍 ぼつせい／くはい」。また「慈姑 じこ／おおだか／しろぐはい。夏」。〈剝き様〉〔料理重法記・下〕に「栗 慈姑の剝き様」として、栗でも 慈姑でも 薄刃を当て摺るようにして使い、栗を廻して剝く。手際の出来難い時は木賊《とくさ》で少し摺ると、いかにも奇麗になる。〈薬性〉〔永代調法記宝庫・四〕に慈姑は瘍腫物によく、気を増すが、脚気 痔の毒、歯も損ずる。黒慈姑*は胸の煩れや脾熱を去り、黄疸によく、気を増す。〈食合せ〉〔女重宝記・三〕には懐妊中、慈姑を食うと胎が落ちる。「黒芋《くろぐわい》」「白慈姑《しろぐわい》」モ見ル

加【くわえ】 算盤の用字。〔算学調法塵劫記〕に「加 くわえ／加入」。今あ

る数に余の数を添え入れて、一数にすること。「か（和）」参照

加えの習【くわえのならい】　酒酌の事。〔諸礼調法記大全・地〕に次がある。提子《ひさげ》*で銚子*（本酌）に酒を差し加える。酒は瓶子*から提子に移し、銚子に入れてから杯に注ぐ。加えは本酌*の左と心得るべきであるが、座敷によっては右もよく、貴人を後ろにしないのが肝要である。加えする度に酒は余り多く注がぬものの、銚子に酒が少なくなる程多く加える。決して敷居を隔てて加えてはならず、座敷が詰まれば敷居を隔てて提子ばかりを敷居の内へ入れて加える。持ち様は右で弦を取り、左は大指を縁に掛け、四本の指は提の中程に添えて加える。右手を下に、左手を添えて持ってもよい。但し、〔嫁娶調宝記・二〕には提子の口を銚子に当てることを大いに忌む。

慈姑味噌【くわえみそ】「くわえ」は「くわい（慈姑）」の転訛。〔医術調法記幷料理書〕に「慈姑味噌」は、「くわえ（慈姑）」*を湯で茹でて卸し擂り、味噌に磨り込んだもの。

桑酒の方【くわざけのほう】　桑酒を造る方に、桑*の実を用いる「桑実酒」と、桑の木や根を用いる「桑木酒」とがある。

〈桑実酒〉〔昼夜重宝記・安永七〕桑の実の汁一升、よく熟したのを擂り潰し布で濾し鍋に入れ炭火で沸かし青臭さが去る迄煎じ冷まし、焼酎一升一合（泡盛もよい）を合す。この時白砂糖一盃、焼酎一盃（泡盛もよい）を鍋に入れ、火の上で燗をし白砂糖がよく溶けた時取り上げ、濾して冷まし、桑酒を心のままに混ぜる。〔料理調法集・料理酒之部〕に、①桑の実のよく熟した時分に採り、綺麗に選り、擂って布で濾し、鍋に入れ、炭火で練ると青臭い香が取れ次第に甘味が出る。よく冷まして焼酎でも古酒でもよい程に合せて壺に入れ、土中に埋めて置く。年が経つ程よい。但し、そのまま精したのには白砂糖をよい程合せるとよい。砂糖が嫌なら味醂酒を加えるとよい。合せ加減は桑の実の汁一升に酒二升で、砂糖 味醂酒の類は好きによる。②桑の実一升、焼酎七合、砂糖百五十目を一ツに混ぜて置き、七日目に笊《いかき》へあけ、汁を垂れて取る。〔ちやうほう記〕には、桑の実を陰干にして諸白に浸し、ほとびた時よく擂り、その浸した酒の汁で濾し砂糖を加える。

〈桑木酒〉〔ちやうほう記〕には、桑実酒とは別に桑の木を煎った汁で、常のように諸白に作る。〔万用重宝記〕には、桑の根の皮百目に、白砂糖百六十匁、焼酎一升を、一緒に壺甕の中に入れて造りこみ、三十日目に出来る。

桑染【くわぞめ】〔秘伝手染重宝記〕に「くわぞめ」は、白地の上を桑の根をよく煎じ、十度程も染め、また湯に明礬を入れて引く。

桑名より四日市【くわなよりよっかいち】　東海道*宿駅。三里八丁。本荷二百十四文、軽尻百三十七文、人足百六文。左に城がある。するが町に舟より目付の火を灯す。大嶋、永嶋が見え、海辺に浜の地蔵がある。町の左に春日の社がある。蛤 焼蛤が名物、貝合せの貝も朝鮮に劣らない。矢田町、大福村、安永村、町屋川 土橋百六十間がある。なを村、おぶけ村、富田村。この辺も焼き蛤がある。かき村、朝明川 土橋五十一間、松寺村、とばた村 茶屋がある。持福村 橋がある。はつ村 八幡がある。かいそ川、あくら川 石橋五十九間、釜が渕、四日市川 土橋二十三間ある。〔東街道中重宝記・寛政三〕

桑の蝸牛の油取り様【くわのかたつむりのあぶらとりよう】　諸薬種油取様。〔改補外科調宝記〕に桑の木にいる蝸牛を取り、油に浸して蕩けたのを布で濾す。筋の痛むのによい。一切の腫物の疼《いたみ》を止め、脱肛によい。温めて切々つけると痛みはなく、疵は癒える。

桑の事【くわのこと】〔万物絵本大全調法記・下〕に「桑 さう／くは。春」。〔薬種重宝記・下〕に和木、「桑白皮 さうはくひ／くは。鉄を忌む。赤皮を去り刻み焙る」。

〈桑実薬性〉〔永代調法記宝庫・四〕に桑椹《くわのみ》は五臓を利し、目の薬となる。干し晒し粉にし、丸じて飲む。〈桑根薬性〉〔改補外科調宝記〕桑の根は、癥瘡*の薬。桑根・桑寄性（各一両）、白芷・黄連（各三匁）を煎じ、毎日三度ずつ洗うとよい。〈桑実食合せ〉〔世界万宝調法記・下〕には懐妊中、桑の実と鶏の卵を食うと生れる子は逆子に生れる。「桑酒の方」参照

桑寄性【くわのやどりぎ】〔薬種重宝記・下〕に和木、「桑寄性（さう）きせい／くわのやどりぎ。その侭刻む。火を忌む」。

桑山小粒丸【くわやまこつぶがん】〔世界万宝調法記・中〕に桑山小粒丸は、小児五疳*の妙薬として、苦参（白水*に一夜浸し洗い刻み炒る 十匁）、莪朮（四分）、黄栢（黒焼き 八分）、麻珍（白水に一夜漬け鮫皮で卸す 二分）を細かに粉にし、丸薬●程に糊で丸じ、児の年の数程用いる。小児の諸病によい。〔重宝記・宝永元序刊〕に桑山小粒の薬方は、小児の万病、虫に第一によい。藜蘆（一両 霜にし、或はその侭白水に浸して竹刀で刻む）、苦参（一両 白水に一夜漬ける）、麻珍（三分 三時〔六時間〕程浸し、冷めて鮫皮で卸す）、莪朮（酢に一夜漬け煨して刻む）。

桑山藜蘆丸【くわやまりろがん】〔丸散重宝記〕に桑山藜蘆丸は、小児の虫で、腹張り 胸の高鳴るのに、或は腹痛によい。また大人の鼓脹、血塊によい。調合は、藜蘆・苦参（各十戔）、莪蒁（一戔）、麻陳（三分）、黄栢（八分）を糊で丸ずる。

郡郷村の数【ぐんごうむらのかず】「日本国」〈日本国勢〉ヲ見ル

くんじょ【くんじょ】「人（ひと）くんじょ」ヲ見ル

軍書目【ぐんしょもく】〔改正刪補日夜重宝万暦両面鑑・文化九〕に載る書目。○「和軍書目」は、『本朝通記』『王代一覧』『前々太平記』『前太平記』『保元平治』『源平盛衰記』『東鑑』『北条九代記』『太平記』『三楠実録』『残太平記』『後太平記』『続太平記』『本朝三国志』『越後軍記』『北越太平記』『北国太平記』『甲陽軍鑑』『武田三代記』『北条五代記』『陰徳太平記』『信長記』『織田軍記』『西国太平記』『土佐軍記』『太閤記』『朝鮮太平記』『石田軍記』『大坂物語』『島原記』。○「唐軍書目」は、『十二朝軍談』『武王軍談』『呉越軍談』『戦国策』『漢楚軍談』『両漢記事』『三国志』『同続』『同続後』『南北朝軍談』『唐太宗軍談』『玄宗軍談』『五代史談』『両国志』『宋史軍談』『元明軍談』『明清冠記』『国姓爺忠伝』『台湾軍談』。この外数品、略。

軍陣に用いる品／用いない品【ぐんじんにもちいるしな／もちいないしな】〔料理調法集・祝儀用之巻〕○祝儀に用いる品。鯉 鯛 鱸 鯨 鮒 鱒 鱓 鯔 鰤 雉子 白鳥 雁 鴨 鳴 雲雀 昆布 勝ち栗 大根 海苔 野老 柿 梅干 大根香物 納豆 打ち豆 強飯 くづし汁 すまし汁など四十品がある。○祝儀に用いない品。海老 蟹 鮫 鯰 海月 生海鼠 鰯 塩辛 小魚 小鳥 蒟蒻 菌 梨子 瓜 粥 赤飯。

君臣の薬【くんしんのくすり】薬に、君 臣 佐《さ》使《し》の区別のあることをいう。〔本草綱目・序例〕に、○君は、上薬でよく効き副作用がない。○臣は、中薬でいくらか副作用があるので適度に用いる必要がある。○佐 使は、下薬で副作用が激しく続けて用いてはならない。わが国では君を主薬とし、佐使を補薬と解することが行われている。

軍中に霊煙の気を見て吉凶を知る事【ぐんちゅうにれいえんのきをみてきっきょうをしること】〔重宝記・幕末頃写〕に三十三条ある内から抜粋する。○敵軍の気が林木のように立てば合戦してはならない。その気が吾軍の上にあれば必ず勝つ。気が日の光のように赤いのは大いによい。○気が天上して白いのは「悦気」と名づけ、望む軍には必ず大利を得る。○気が風に乱れず旗が光のようで風上に従うと、敵はその日の合戦に必ず討つ験である（これは敵の気）。○敵軍の上に黄に白く厚く麗しく立つと攻めてはならない。吾上にこの気があれば勝つ。○敵軍の上に気五色の雲があって立ち交わると必ず敗北する。○軍上に赤気があって焔のように天より降る時は必ず大将が討死し、散乱は疑いない。○城の気の上に青烟が立ち、

東へ靡き西へ去来すると、必ず和睦がある。○敵城に気 雲気が立ち 蓮花の開けたようなのは、天道の助けのある所で懸ってはならない。○城中より煙が細長く立つと三日七日の内に火事がある。慎むがよい。○城中より黒煙が中より切れることがあると城中に病が多く流行る。○城中より黒煙の気が巻返すように立つと難儀が出来する。

○気が鎗 鉾 鎌の形をして立つと三日の内に喧嘩がある。軍の上の気が発し 漸々雲や山のようになるのは大将が謀をなす気である。○敵の上の気が黒く 中が赤いと必ず精択をなす。皆討つことは出来ない。○敵の上の気が青くそぞろに散るなら大将は拙くして敗軍する。○雲気の形が牛 馬のようで手 足 頭を垂れるようなのは、敵将が降参する相である。これを「降人の気」という。○雲気の形が龍 虎 火焔 日月、或は山林のようであり、また頭が尖って靡き、気が立って楼門のようなのは大吉である。これは「猛気」といい天道守護の気である。○城の上に気が火焔のように立ち出るなら、主人 軍兵は合戦に勇む。○雲上の気が杵のようで外に向き、内の軍兵が突き出、城の上の雲が両へ恵のような形をするのは、どのように攻めてもその城は落せない。これは諸天の「冥助の気」である。

○城を攻めるのに赤い気が城の上にあり、また黄の色が四方を回らすと、城主は必ず討ち死にする。「降参の気」である。○城の上に煙気が死火の灰のように出て軍の上を覆うと、軍兵は討たれ落城する。これを「落城の気」という。城の上に雲気が一円に立たないのも「散乱の気」と言い、散乱の基いである。○城を攻めに白気があり、城内に回り入ることがあれば、急に攻め破ると大いに利を得る。○雲上に曲蛇の形の気が城外から城中に入れば、三日七日の内に必ず滅亡する。

郡内絹【ぐんないぎぬ】〔絹布重宝記〕に郡内絹は、郡内（山梨県南東部 南北都留）産の絹である。○「郡内絹」の相印は「卩」。練糸で織った物である。湯《ふか》して地入りする。地に菱紋のような小皺《こじわ》があり、白の時は至って麗しく、亀綾の色の浅黒いように見える。染上げは却って光沢《つや》がないが、全体絹の性がよいので品はよい。絹の性は、はしかくしっとりとしていて、引き裂いてみると音は甚だかたい。紋付に染めるには心得がいる。○「郡内太織」は地は艶があって締りがよく、地性も強い。目専太織《めせんふとり》*に次ぐという。幅は目専より余程狭い。帯地にする。

軍馬の六具【ぐんばのろくぐ】 武具。六具*の一。〔武家重宝記・四〕に、馬面《ばめん》、胸懸《むなかけ》（=靹《むながい》*）、馬甲《うまよろい》、鏁手綱《くさりたづな》、鏁脚絆、鉄履《てつぐつ》をいう。

薫陸【くんろく】〔薬種重宝記・中〕に唐木、「薫陸 くんろく／なんばんまつやに。火を忌む、その侭末（粉）す」。一斤は百八十目。〈薫物香具拵様〉〔男女御土産重宝記〕に薫陸は、色は黄にして、十分透いたのがよい。金臼で搗き砕き、粉にして絹で篩う。

け

圭【けい】〔算学調法塵劫記〕に次がある。一圭を粟を以ってする圭 撮 龠合の数は、流俗の鄙談で（例えば〔筆海重宝記〕は粟六粒〔重宝記永代鏡〕は粟十粒等とある）、先王の法制ではなく、一圭とは六十の黍《きび》で、四圭を撮《さつ》とし、五撮を龠《やく／しゃく》とし、十撮を合とするのが正説と『類経附翼』に見えるという。「升の事」参照

京【けい】 大数*の単位。〔改算重宝記〕に万万兆を京という。十京、百京、千京。

桂黄散【けいおうさん】〔改補外科調宝記〕に桂黄散は、白癜*の薬。桂心・硫黄（各等分）を粉にし、酢でつける。

荊芥【けいがい】〔薬種重宝記・中〕に和草、「荊芥 のゝゑ。火を忌む。枝を去り穂を用ゆ」。〈薬性〉〔医道重宝記〕に荊芥は辛く温、風邪を去り、汗を発し、頭目を清くし、咽喉を利し、瘡を治し、瘀を消す。婦人血風

の要薬である。枝を去り、穂ばかりを用いる。

鶏癇【けいかん】 五癇*の一。〔小児療治調法記〕に鶏癇は、驚き跳り、反折《そりかえ》り、手ゆるみ、鶏の叫びをする。これは肺の因である。〔鍼灸重宝記綱目〕に鶏癇は、足の諸陽経の穴、三臨に灸する。

桂肝丸【けいかんがん】 〔小児療治調法記〕に桂肝丸は、小児が睡眠中に小便して自覚のないのを治す。肉桂末（粉）・雄鶏肝（各等分）を搗き、小豆の大きさに丸じ、温水で毎日三度ずつ用いる。

啓関散【けいかんさん】 〔丸散重宝記〕に啓関散は、牛房子・甘草（各等分）を煎じて含む。懸癰で喉の痛みが甚だしく、水食が通じないのに用いる。

鶏冠子【けいかんし】 「鶏頭」ヲ見ル

鶏冠の雄黄【けいかんのおおう】 『譬喩尽』に「松脂《まつやに》を和の琥珀、雄黄を鶏冠と唱ふべしと台命也」とある。〔万用重宝記〕に、「けいかんのおうおう（おふおふ）」の効験がある。尤も「けいくわん」「とつきん」「なんきん」等紛らわしいので、真贋を知るには唾気で拭いて見て色が赤く変わるのが真である。「雄黄」参照。①犬狼牛馬鼠蛇蝮、その他一切の毒虫、獣に螫し咬まれたのには、水で飲み、また傷口に唾でつける。毒気を去り痛みを止め、早速に癒え肉を上げる。②狐・狸、その外獣《けもの》が人に憑いたのを退ける法は、縛って置いて火竹で薫《た》き、ふすべると憑き物を退去させる。③傷寒 時疫、その他一切の流行病の時、不断懐中して流行病には鼻の穴に、病人には手に塗ると、感染することはない。④同様にすると旅行や他国の夜道では、狼・犬・獣類は恐れて近寄らない。

景気付【けいきづけ】 俳諧仕様*の一。〔男重宝記・二〕に貞徳流*宗因流*の後を受けて、今はまた風が変わって、発句も付句も、景気うつりを干要として、句柄巧みに細かにつけることを嫌う。（前句）「杉戸あくればにほふ梅が香」というのに、（貞徳流付句）「鶯の歌の友だち尋ねきて」、（宗因流）「春の夜の闇はあやなし手水鉢」、（此比の景気付）「薄がすみ箒はなさぬ朝ぼらけ」。このような変化である。この頃の発句は「白妙や動けば見ゆる雪の人」「塔三重花に植ゑたる山辺かな」の例示がある。

経渠【けいきょ】 〈経絡要穴 肘手部〉二穴。経渠《けいきょ》は寸口の陥みの中、肺脈の行く所、経金とする。『素註』により針三分、『銅人』により針二分、留ること三呼。禁灸で、灸をすると神明を傷《やぶ》る。瘧、寒熱、胸背中の引き攣り、喉痺、上気し、傷寒、熱病汗出ず、喘息、嘔吐を治す。〔鍼灸重宝記綱目〕

瓊玉膏【けいぎょくこう】 〔丸散重宝記〕に瓊玉《けいぎょく》膏は、精を増し、髄を補い、内を調え、性を養い、百損を補い、万病を除き、五臟*を盈《み》ち溢れさせ、白髪を黒くし、歯を再び生じ、労・病の妙要である。地倉（十六斤）、人参（二十四両）、茯苓（四十八両）を蜜で丸じ、壺に入れてよく封じ、年を経て取り出し、炭の火で練る。

経験方【けいけんほう】 〔丸散重宝記〕に試みて効ある方として、「経験方」が諸症約百五十種ある。大方は個別に掲出している。例えば〔骨継療治重宝記・下〕に跌撲 瘀血 痛み 或は筋骨 疼痛を治す「経験方」として、黄蘗（一両）、半夏（五銭）を粉にして、薑汁を用いて整え、患部に塗り、紙で貼り、乾くと薑汁で潤す、丸一日で取り替える、等とある。

警固【けいご】 武家名目。〔武家重宝記・一〕に警固は、非常を警《いまし》めて、その場を固《かため》る者をいう。

迎香【げいこう】 〔鍼灸重宝記綱目〕に迎香は、緊急*の穴、二穴。鼻の穴の外の造り（脇）へ五分ほどに有る。

京骨【けいこつ】 〈経絡要穴 腿却部〉二穴。京骨《けいこつ》は足の外側大骨の下、小指の本節の後ろ陥みの中にある。針三分、留むること七呼。灸五壮か七壮。頭痛、頸・項《うなじ》・腰・背・足・脛骨の痛み、筋引き攣り、目頭赤く爛れ、白翳、目眩い、瘧、よく驚き、不食、心痛を治す。〔鍼灸重宝記綱目〕

警固の六具【けいごのろくぐ】 六具*の一。〔武家重宝記・四〕に警固の六具は、

「上古の三道具《みつどうぐ》*」と「番所《ばんどころ》の三道具*」を合せていう。江戸時代で言えば、鉄棒《かなぼう》、切角棒《きりこのぼう》、鉄搭《てっとう》、釟棒《つくぼう》、挟股《さすまた》、捻《ひねり》である。

けいさん【けいさん】 片言。「けいさんは、卦算《けさん》」である。〔不断重宝記大全〕

渓山の毛【けいさんのけ】 鷹の名所*。〔武家重宝記・五〕に渓山の毛は、鷹の山廻《さんかい》の毛*の下から両翼の間、下までの溝の毛をいう。

桂枝【けいし】 〔薬種重宝記・中〕に唐木、「桂枝 火を忌む。麁皮を去りきざむ」。〈薬性〉〔医道重宝記〕に桂枝は、辛く熱、汗を発し、皮膚の風邪を治し、手・臂に入る筋を延べる。粗皮《あらかわ》を削り去り、刻む。火を忌む。

京師間道【けいしかんどう】 〔万民調宝記〕に、京師七口《けいししちどう》*の外に、四方から京師に入る道が、今では人馬の往来が止む時なくとして、以下のようにある。龍華越* 志賀山越* 山中越* 唐櫃越* 如意越* 小関《こぜき》越* 滑谷《しるたに》越* 汰石《すべりいし》越* 狼《おおかみ》谷《たに》越* 唐櫃《からひつ》越* 松尾越* 山崎道* 朽木越*がある。この外、洛北大原より若狭の小浜に通る道もあり、間道は数多くある。

鶏子膏【けいしこう】 和蘭陀流膏薬の方*。〔改補外科調宝記〕に鶏子膏は、手足の冷え痺れ、筋気、虚症の腫物によい。てれめんていな（三十匁）・黄蠟・蠟茶の油（各二十匁）、鶏卵の黄身。これ等をよく練り合せ、鍋を下ろして後、没薬を粉にして各二匁ずつ入れ、木綿で濾す。

京師七道【けいししちどう】 〔万民調宝記〕に京師七道《けいししちどう》は、四方より京師に入るのに七道があり、これを七口といい、往古から定め置く所として次がある。東三条口。伏見口。鳥羽口。（七条）丹波口。（北口。丹波ニ越ル）長坂口。鞍馬口。大原口。「京師七口」ともいう。「京師間道」参照

鶏日【けいじつ】 元日の称。〔年中重宝記・一〕に「元日《ぐはんじつ》鶏日《けいじつ》と云ふ」。

桂枝湯【けいしとう】 〔薬種日用重宝記授〕に桂枝湯は、芍薬（大）、桂枝（中）、生姜・甘草（各小）、大戟（二ツ）。風邪熱を上げるのによい。

桂枝茯苓丸【けいしぶくりょうがん】 〔薬種日用重宝記授〕に桂枝茯苓丸は、女の不自由、月役に用いる。桂枝・牡丹皮・桃仁・大黄（各中）、茯苓・芍薬（各大）。

荊積丸【けいしゃくがん】 〔洛中洛外売薬重宝記・上〕に「家伝荊積丸」は、一包八分、半包四分で、以下の二軒にある。①川原町四条下ル丁 いせや庄兵へ。第一に癪、痞え、腹の痛み、食傷に即座に奇妙に治す。②洛東悲田院 亀白堂にある。第一に癪、痞え、虫腹の痛み、食傷、下り腹一切によい。取り次は縄手四条上ル 近江屋平松。

軽重数【けいじゅうすう】 諸物の軽重である。一寸四方六方、或は一尺四方六方の重みを基準とする。〔古今増補算法重宝記改成・上〕等に、金* 銀* 銅* 鉄* 銑* 真鍮* 鉛* 錫* 玉* 唐金* 青石* 土* 砂* 水* 灯油* 檜* 栗木* 栗石* 米一升*等が出る。但し、軽重は産地と製法等によるのか、諸書必ずしも一定しない。

桂心【けいしん】 〔薬種重宝記・中〕に和木、「桂心 けいしん／かつら。火を忌み、麁皮《あらかわ》を去り、刻む」。

経水／経脈／経閉【けいすい／けいみゃく／けいへい】 「がっすい（月水）」ヲ見ル

傾城【けいせい】 「遊女」ヲ見ル。「傾国」トモ言ウ

響声破笛丸【けいせいはてきがん】 〔男重宝記・二〕に響声破笛丸は、連翹・桔梗（各二匁五分）、川芎（一匁五分）、砂仁・柯子（炒、各一匁）、百薬煎（二匁）、薄荷（四匁）、大黄（一匁五分）、甘草（二匁五分）を細末（粉）し、鶏卵の白身で丸じ丸薬を●程にし、寝る時一丸ずつ口に含み飲み下す。謡を多くうたい声が嗄れて出ない時に用いる。

啓蟄【けいちつ】 二十四節*の一。〔重宝記永代鏡〕に二月節、昼四十八刻夜五十二刻。立春*に震い初めた虫が陽気に誘われ、地を啓き、出るゆえに啓蟄という。桃が始めて華き、倉庚（雲雀トモ 鶯トモ）鳴く、鷹化して鳩と為る、等とある。〈耕作〉〔新撰農家重宝記・初編〕に新暦では三月六日（陰暦デハ二月節）。三月に入って追々霜除けを取り除け、麦に肥し、菜種の中打ちをする。○六日頃から麻 荏胡麻 藍 夏大根 紫蘇 蓼 松 杉 檜の種を蒔く。○この頃、薪を伐ると虫喰いが少ない。○十日頃から葡萄

苗の植つけ、挿木をしてよい。茶 漆 栗の実を蒔いてよい。林檎 柿の接木をしてよい。梅 杏 琵琶の挿木をしてよい。

慶長豊臣四天王【けいちょうとよとみしてんのう】 豊臣秀吉*の慶長年間における四大臣下《じんか》。長曾我部元親。軍師真田左ヱ門尉幸村 真田大助幸安。木村長門守重成。後藤又兵衛基次。〔現今児童重宝記〕

鶏頭【けいとう】〔万物絵本大全調法記・下〕に「鶏冠 けいくはん／けいとうげ。秋」。〔薬種重宝記・中〕に和草、「鶏冠子 けいくはんし／けいとうのみ。少し炒る」。〈**草花作り様**〉〔昼夜重宝記・安永七〕に、鶏頭の花は白、赤、朽葉色、紫赤、飛び入りがある。土は真土に肥土に、砂を交ぜて用いる。肥しは、雨前に小便を根廻りへ掛ける。分植は四月に実を蒔き、苗植えをする。

計都星【けいとしょう】 九曜星*の一。〔懐中重宝記・弘化五〕に計都星は、月の十八日 午の時（十二時）に丑寅の方（北東）に祭る。この星に当る人は万事に悪く、災難 口舌が多い。女は特に慎むとよい。正・二・三・六月は病がある。住所について口舌がある。八月は南凶。九月は西凶。十月は盗難 口舌がある。慎むとよい。八方塞り。〔昼夜懐要両面重宝記・寛延六〕には、祭り日は二十九日。火に悪い。来年この星にあたれば、前後三年悪い。特に三・四月を慎む。

経の熱症【けいのねっしょう】「熱症の事」ヲ見ル

競馬【けいば】〔年中重宝記・二〕に、五月五日 競馬《けいば》は京師賀茂の社にある。神官は七日前より潔斎し、馬数は二十疋、黒装束と赤装束に分ち、一二の番《つがい》を定めて、乗り馳せる。勝負の木と言い、馬場の西に楓の木があり、これより北で落ちたり乗り遅れたりするのを負けとする。見物が群集する。昔は五月五日の節、天皇が武徳殿に行幸 六衛府の騎射が 競馬の始めであり、推古天皇の御宇（八八七～八九七）より始り、今は絶えてない。賀茂に残るとある。

迎梅雨【げいばいう】〔年中重宝記・二〕に四月に雨の降るのを、迎梅雨という。俗に、卯の花降《くだ》しとも、卯の花流しともいう。

啓脾丸【けいひがん】〔小児療治調法記〕に啓脾丸は、食を消し、瀉を止め、吐を止め、疳を消し、黄を消し、脹れを消し、腹痛を定め、脾を益し、胃を健やかにする。人参・白朮・白茯苓・山薬炒・連肉（各一両）、山査子・陳皮・沢瀉・炙甘（各五分）を末（粉）として、練蜜で丸じ米湯で用いる。小児の常に傷食を患う者が服するとすぐに癒える。

継父【けいふ】〔農家調宝記・二編〕に次がある。継父《けいふ》《ままちち》は己の父没後、その後家へ入夫したか、或は母が再縁先へ連れて行くかで、血脈のない父である。高貴にはないことであるが、源義経は母常盤が平清盛に具したので、含条に継父清盛と書いた。農家等の心得は、入夫の継父は継母のようにその親類は他人、母に連れられて縁付いた先の継父は養父のように、その続きは皆養方の親類と心得てよい。

軽粉【けいふん】「水銀粉《はらや》の事」ヲ見ル

軽粉膏【けいふんこう】 和蘭陀流膏薬の方。*〔改補外科調宝記〕に軽粉膏は、猪《ぶた》の肉油・松脂・人油・蠟（各十匁）、椰子の油（二十匁）、竜脳（一匁）、軽粉《はらや》（五匁）。これらの練り様は楊梅皮膏*と同じである。軽粉膏は、第一に突き疵、穴疵、その他腫物の毒が深く、内に膿が痞えて取れない時、この薬を入れる。熱が甚だしい時は、胆礬の油を少し加える。古い疵の癒え兼るのに、また痔の痛みによい。瘰癧の穴が深く奥へ薬の入らない時によく、また下疳にもよい。

鶏糞散【けいふんさん】〔改補外科調宝記〕に鶏糞散は小児軟節*の薬。鶏卵殻・蜂房《はちのす》（各焼いて）・黄連・軽粉（各一匁）、巴豆（其の侭 二十粒）を粉にして、胡麻油に入れて煎じ、巴豆を取り出し油と練ってつける。

経閉【けいへい】「がっすい（月水）」ヲ見ル

継母【けいぼ】「嫡母継母の服忌」ヲ見ル

荊防解毒湯【けいぼうげどくとう】〔小児療治調法記〕に荊防解毒湯は、夾疹*の薬。防風・荊芥・酒黄芩・酒黄栢・玄参・牛房子・升麻を、水で煎ずる。

荊防敗毒散【けいぼうはいどくさん】〔改補外科調宝記〕に荊防敗毒散は、癰疽、諸々の瘡毒の初発、悪寒、発熱甚だしく頭痛し、傷寒に似たものを治す。防風・荊芥・羌活・独活・柴胡・前胡・薄荷・連翹・桔梗・枳殻・川芎・茯苓・金銀（各等分）、甘草（少）に、生姜を入れて煎ずる。〔医道重宝記〕には風熱の積毒によるもの、実症のものに用いる。内傷のものには初発でも用いてはならない。

啓明【けいめい】星の名。〔農家調宝記・初〕に啓明は、朝方、日の出る前に見える星。暁明星。金星。

鶏鳴【けいめい】朝の二時をいう。〔新撰咒咀調法記大全〕に、とり（酉鶏）は西方に位し、暮れ六ツ（六時）を司り、昼の納まりで、また始りでもある。鶏は丑（二時）の刻、即ち夜の時八ツに、八声《やこえ》を発するので、鶏明という。

鶏鳴散【けいめいさん】〔骨継療治重宝記・下〕に鶏鳴散は、高所より落下し或は木石に圧されて傷損し、瘀血凝り積み気絶死にそうで煩躁し頭痛する等を治す。瘀血を下し去り折傷を治す。大黄（二両 酒に蒸す）、桃仁（十四粒 皮尖りを去る）を研《す》り細かにし、酒一碗で煎じ、六分になって渣を去り、鶏鳴の時 服する。翌日 瘀血を採り下し癒える。もし、気絶しそうで 物言うことができず 薬を飲まず 急に口を開くには、熱い小便ですすぐと癒える。

京門【けいもん】〈経絡要穴 心腹部〉二穴。京門《けいもん》は、俗に後章門《うしろしょうもん》といい、別に気の兪、気の府ともいう。章門*の後ろ十一枚目の肋骨先、少し凹みのある所にある。灸は三壮、針は三分、留むること七呼。腸《はら》鳴り、小腹《ほがみ》や肩の痛むのを治す。〔鍼灸重宝記綱目〕

契約の違わぬ符守【けいやくのちがわぬふまもり】〔増補咒咀調法記大全〕に「契約違はざる符守」があり、何事でも人と約束した時からこれを懐中すると約束は違わない（図149）。

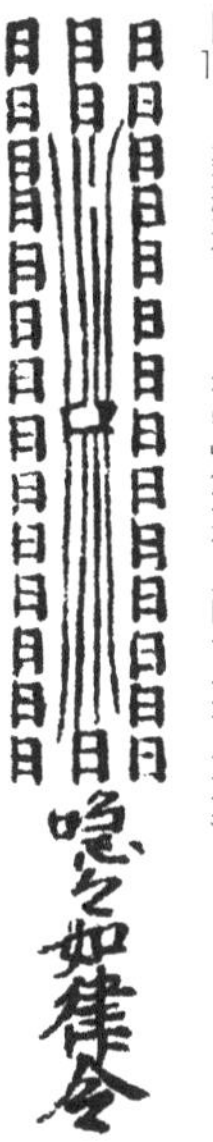

図149 「契約違はざる符守」（増補咒咀調法記大全）

経絡要穴の図【けいらくようけつのず】〔鍼灸重宝記綱目〕に「経絡要穴の図」がある（図150）。

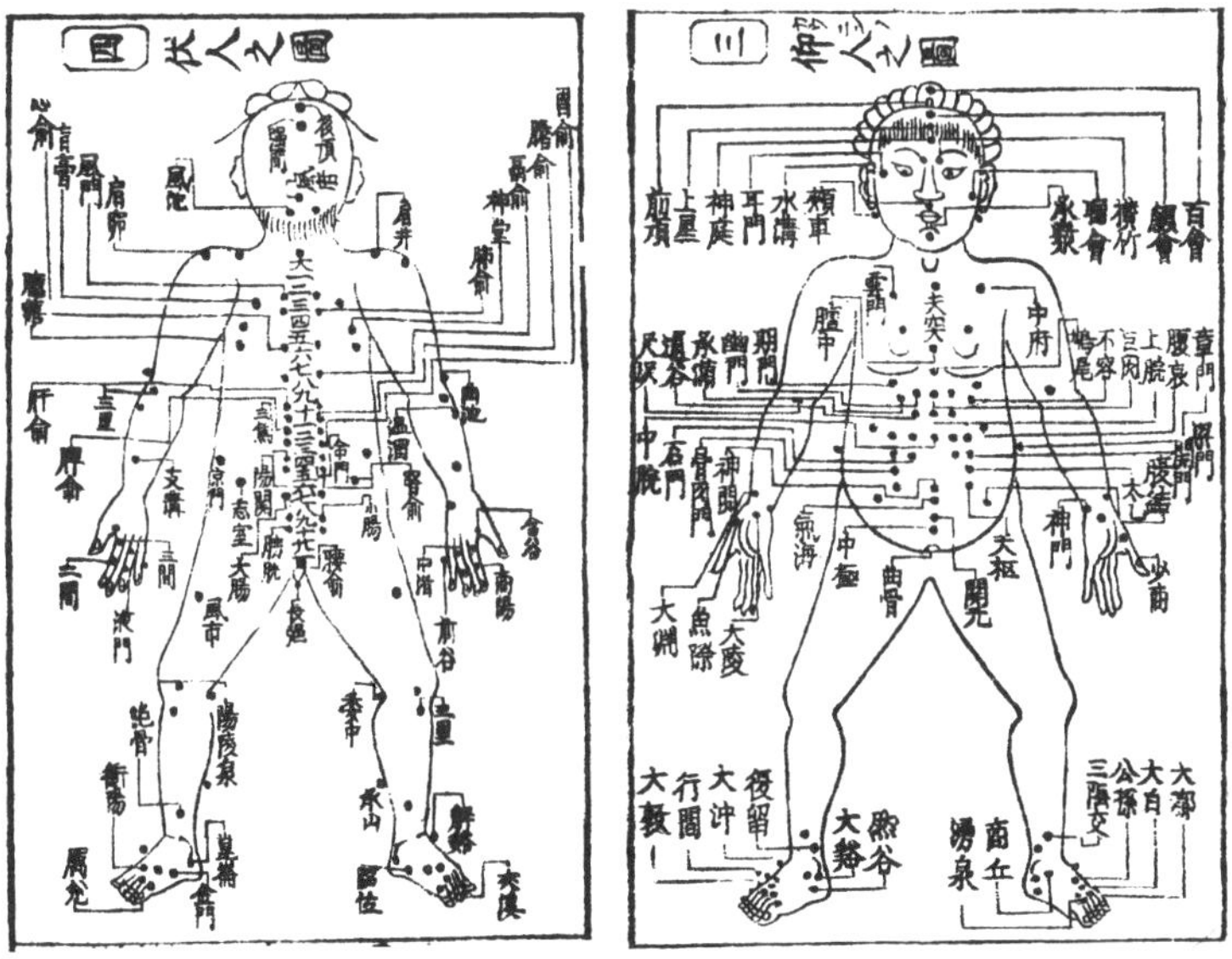

図150 「経絡要穴の図」（鍼灸重宝記綱目）

鶏卵餅【けいらんもち】〔料理調法集・麵類之部〕に鶏卵餅は、糯米の粉六分、粳米の粉四分を極く細かにして水で捏ね、中に砂糖を入れ金柑程に丸めて煮る。敷砂糖を椀盛りにして出すが、敷砂糖なしでもよい。膳の向うは酢菜、香の物、砂糖。また汁で出す時は饂飩に同じ。但し、鶏卵に水団を盛り合わせるのもよい。

けいる【けいる】諸国言葉。来《く》ることを、近江言葉で「けいる」という。〔男重宝記・五〕

鶏蓮膏【けいれんこう】〔改補外科調宝記〕に鶏蓮膏は、鶏蔓《はこべ》・蓮葉・青木葉（各二十匁）を粉にして、胡麻油一升で煎じ滓を去り、油の内に松脂・唐蠟・黄丹（各五両）を入れ、火を緩くして炒り、膏薬に練る。臀癰*便毒*痼発*小児軟節*結核*痰核*につける。

岌哥洛尼【けーぶころにー】〔童蒙単語字尽重宝記〕に岌哥洛尼《けーぶころにー》は英領。広さ二十万坪、民は二十六万七千人。

怪我【けが】〈怪我出血多量〉〔薬家秘伝妙方調法記〕に怪我で血が多く出るには、莪朮*黄連*を使う。〈怪我刀傷による臓腑の損傷〉〔骨継療治重宝記〕に凡そ傷《けが》或は刀傷で、内臓腑を損ずる時は煩悶 崩血の患いがある。もし、骨折があれば二十五味薬*と薑酒を同じく服し接骨薬をつける。骨を打ち砕くなどの重傷は、この服法を用い、湯使の法並に酒を用いて服する。軽い損傷は、薑湯に二十五味薬*を調えて下すと速効がある。

外科【げか】〔医道重宝記〕に示す外科は、「癰疽付諸瘡」「下疳付便毒 楊梅瘡*」「疥瘡」「瘰癧」「損傷付金瘡 破傷風」、また「風毒 風腫 風毒腫」等、体の外表の療治が専門である。〈外科医〉〔万買物調方記〕に「京ニテ外科」西洞院竹屋町上ル 水野慶雲法眼、車屋町二条上ル 山田忠和法橋、中長者町宝町西 大場慶閑法眼、間ノ町二条下ル 松井慶安、堺町二条下ル。「江戸ニテ外科」鷹匠町 佐藤図書。（以下ハ氏名ノミ）関本伯曲、酒井可琢、長生院、望月甫庵、曾谷伯安、坂本養貞、杉本忠恵。「大坂ニテ外科」田辺や橋北へ入（長崎）上田自三、北勘四郎町 杉本玄徳、ときは町 谷村閑入、四けん町 西村市右衛門、付見町七丁目（をらんだ）長崎休意、木引町 鳩野宗也ら九人。

外科医具【げかいぐ】〔江戸流行買物重宝記・肇輯〕には「外科医具《ぐわいりやう》」に六軒がある。京橋（美作□）やしき 本美す屋利吉。同 本美す屋庄兵衛、通脂町 菱屋藤兵衛、十軒店 美す屋藤吉、大伝馬町三丁メ 本美す屋仙右衛門、同二丁メ 住吉屋中右衛門。

穢れ【けがれ】「服忌令」に、「月水《がっすい》」「産穢」「死穢《しえ》」「焼亡」「血荒《ちあれ》」「流れ産（＝小産）」「ふみあわせ（踏合）」ヲ見ル

下脘【げかん】〈経絡要穴 心腹部〉一穴。下脘《げかん》は建里*の下一寸、臍の上二寸にある。臍下より気上り痛み硬く脹り、身は痩せ、泄瀉に水穀物分たず、小便赤く、不食を治す。灸は日々に十四壮より二百壮迄。〔鍼灸日用重宝記・二〕

下関【げかん】〔鍼灸重宝記綱目〕に下関《げかん》は禁灸*の穴。二穴。耳珠《みみたま》の尖りの前、額《ひたい》の竪の髪際の通り、頬骨の下、口を閉《ふせ》ぐと穴がある。

外疳【げかん】〔小児療治調法記〕に外疳《げかん》*は、鼻の下が赤く爛れ、自ら鼻を揉《いら》い、頭に瘡がある。耳を廻って瘡を生じ、瘡蓋《かさぶた》を結ばない。この瘡の爛れの薬には蘭香散*白粉散*がある。

下疳の事【げかんのこと】〔医道重宝記〕に下疳は、色欲が動いても遂《かな》わず、或は交合しても潔からず、玉茎に瘡を生ずる。肝腎の疾熱で小便渋り前陰痛く痒い等の症をなす。柴胡（二匁）、沢瀉・車前子（各一匁五分）、木通・生地黄・当帰（各一匁）、龍胆（五分）を煎ずる外、症状により加減がある。〔改補外科調宝記〕に陰頭 玉茎が腫れ痛み瘡を生ずる下疳には、気血の疾熱による風毒から発する。妙方は、卵の皮・明礬を共に焼き、少量を粉にして捻り掛ける。また石榴（三十匁）、竜脳（五分）、朱砂（五分）を焼き返し、椰子油に豚の髄を見合せて漬け、はらや（水銀粉、

二匁五分）を入れ常のように練る。玉茎が赤く腫れ痛み爛れ膿汁が出て乾かないのには、甘草を煎じて再々洗い羊角の黒焼を粉にし古酒で三匁程ずつ用いる。刺すように痛む時は八正散*を用いる。腎虚して瘡を生じたのは黄栢・蛤粉（各等分）を粉にして塗る。玉茎が強く痛むのには乳香（一匁）を粉にし葱の汁で練り付ける。下疳の洗い薬は、葱白（十本）、甘草（一匁）、黄連（一匁五分）、干山椒を煎じて毎日洗うとよい。薬には雄軽硃砂散*太乙膏*荊防敗毒散*龍胆瀉肝湯*がある外、症状により処方がある。〔好色重宝記・下〕に下疳は、小疵の時に早く治療しないと毒気が内に満ち楊梅瘡*となる。小疵の時に、三年になる芋の茎、三年になる干し菜、忍冬、古い糠味噌を煎じて洗い、その跡へ竹の虫糞・はらや（水銀粉）・伏子（各等分）、丹礬（少）、さるぼ（少）をよく細末（粉）し、繁縷《はこべ》の汁で溶き、早く付けると十人中九人は治る。〔万家調法呪詛伝授嚢〕に「下かんを治す法」は、蛇床子を煎じて洗うとよい。〔重宝綱目女要婦見硯〕は古い干菜を煎じてよく洗い、阿仙薬と竹の虫糞を等分に合せて黒焼きし、粉にして振り掛けるとよい。〔調宝記・文政八写〕には阿煎薬・麒麟竭・黄栢（各一匁）、膩粉《はらや》（少）を紙の上に置いて焙り、粉にして鉄漿《おはぐろ》で付ける。また阿煎薬・竹虫屎（黒焼き＝各等分）を粉にし、古い干菜を煎じて洗い、薬を捻り掛ける。また茶と軽粉とを等分に合せ捻り掛ける。また鹿角（白焼）・黄栢（等分）を合せ胡麻油で溶いて付ける。〔新撰咒咀調法記大全〕には蕎麦殻を水で煎じ、温めて洗う。田螺を黒焼にして付けるのもよい。〔昼夜重宝記・安永七〕に「奇験坊一切（湿気下疳 唐瘡の薬）」として、山帰来（百匁）、当帰・黄連・地黄・人参・杜仲・茯苓・黄芩（各十匁）、甘草・沈香（各二分）。加減には、頭が痛むには川芎、足が冷えるには桂心、これらを細末（粉）し、十五服とし十四日に用いる。煎じ様は、一番は水一杯を入れて七分に煎じ、二番は一杯を半分に煎じ、三番は二杯を半分に煎じて用いる。〔昼夜重宝記・安永七〕に「ゆうけきりう（遊展流カ）の下疳 唐瘡の薬」として次がある。山帰来（四十五匁。十五匁は黒焼、十五匁は香色焼、十五匁は生）、人参（一匁）、牛膝（五分を酒に浸し）、川芎（四匁）、当帰（一匁酒）、茯苓（一匁）、甘草。どれも細末（粉）にして一銭ずつ粉薬にして用いる。呑み汁には、山帰来十匁に水八杯程入れ六杯に煎じ、二番は水五杯を三杯に煎じて呑む。山帰来十匁を一日に呑み、汁一杯に粉薬一匁ずつ用いる。一匁五分ずつ用いてもよい。また崩れ瘡 横根 中風 すじけ 癰疔 労瘵 虫癪 上気《じょうき》 頭痛 打ち身 浮き血 白血 長血 血塊 腰気等にも妙である。〈薬店〉〔洛中洛外売薬重宝記・上〕に、①「下疳薬」は室町綾小路下ル丁下田氏にある。第一に下疳、陰嚢が腫れ痛むのによい。②「請合下疳薬」は竹屋町烏丸西へ入長寿軒にある。「楊梅瘡《ようばいそう》」「陰疫《らやく》」モ見ル

外記【げき】〔万民調宝記〕に外記《げき》は宣旨を書く役である。〔男重宝記・一〕には禁中の筆取の職、とある。

解肌湯【げきとう】〔昼夜重宝記・安永七〕に解肌湯は、風を憎み、頭痛項《うなじ》背中が強張り、腰膝だるく、発熱し、自汗するのを治す。肉桂（一匁）、芍薬（三匁）、香付子（二匁）、甘草（五分）を水で煎ずる。

逆鱗【げきりん】〔世話重宝記・四〕には『韓非子』を引いて、龍の喉の下に一尺程の逆鱗《さかうろこ》があり、これに掛ると人を殺すという。龍は人君の象徴なので、人君の怒りを逆鱗という。〔男重宝記・一〕に天子*の御怒りをいう。

毛切れ【けぎれ】毛切れは、女陰の多毛により、交合時に毛が陰茎に巻き付き、切り傷を生ずるのをいう。〔好色重宝記・下〕には、毛切れしたのには、竹の虫糞、はらや（軽粉）、五倍子の三色を付けるとよいという。

外宮参宮【げくうさんぐう】「内宮外宮参宮」ヲ見ル

外宮遥拝所【げくうようはいしょ】伊勢名所。内宮 荒祭宮《あらまつりのみや》*の西の方の石積み

である。ここで外宮を遥拝し、また内宮の第二 第三 第四 第五の遠方の別宮を拝する。拝して後、石階段を下り、目洗い水の前を通って桜の宮へ行く。〔東街道中重宝記・七ざい所巡道しるべ〕

下血【げけつ】〔鍼灸日用重宝記〕に風寒、湿熱が臓腑に入って腸胃を破り、血を大腸に引いて下血を起こす。腎兪 気海 陽関 関元 三陰交 絶骨に灸をする。〈経験方〉〔医道療治重宝記〕には下血して寒に因み久しく癒えないのには、升麻 干姜に棕櫚灰を加える。〔丸散重宝記〕には下血、腹痛して止まらないのには、地楡 甘草 砂仁を煎じて服すると妙である。〔新撰咒咀調法記大全〕には下血の呪いとして、指鯖《さしさば》の頭を黒焼きにして湯で用いる。梅干の黒焼きを粉にして湯で用いてもよい。〔調宝記・文政八写〕には、木槿《むくげ》の葉の陰干を粉にして、また黒猫の黒焼を湯で用いるとよい。〔懐中重宝記・慶応四〕に下血の薬は、川芎・甘草・阿膠（各三分）、芍薬（六分）、生地黄・当帰・蓬（乾して）（各五分）に上酒一合、水一合を入れ、煎じて用いる。〈下血食物宜禁〉〔世界万宝調法記・下〕に吐血衄血ともに「宜い物」は韮 梔花 大根 芹 独活 山芋 葛粉 零余子 粟 昆布 牛蒡 蕗 大麦 乾柿 枸杞 鹿 烏賊 鱺 鯉 鰻 鳩 海月。「禁物」は酒 麺類 菌《くさびら》 油 蕎麦 糯 柿 芥子 柘榴 梨 棗 瓜 芋 大根 茗荷 酢 小麦 鱠 鰯 鮎 鮒 鮭 鱒 鯛 雉 鶉 猪。

けけれ【けけれ】「けゝれは、こころ（心）也」。〔消息調宝記・二〕

下元【げげん】〔年中重宝記・四〕に下元は、三元《さんげん》*の一で、十一月十五日をいう。〔日用重宝記・二〕は、皆祓をしたが、今日本には上元下元のことは言わないとある。「中元」参照

下弦【げげん】「げんげつ（弦月）」ヲ見ル

血忌日【けこにち】「ちいみび（血忌日）」ニ同ジ

褻衣【けごろも】「けごろも（褻衣）とは、つねにきなれ（常に着馴）たる衣也」。〔消息調宝記・二〕

下戸を上戸となす方【げこをじょうごとなすほう】〔大増補万代重宝記〕に「下戸（酒の呑めぬ人）を上戸となす方」は、小豆の花と葉を一ツにして百日陰干にして細末（粉）にし、片寸匕《ひとさじ》服するとよい。どれほど大酒しても酔わない。葛花を等分加えてもよい。「上戸を下戸にする法」参照

華厳宗【けごんしゅう】八宗*の一。〔農家調宝記・二編〕に華厳《けごん》宗は、三論宗*と同じく、釈尊より第十四祖 龍樹菩薩から出て、唐土では終南山の帝心国師、日本では興福寺の慈訓僧都を祖とする。

袈裟帽子屋【けさぼうしや】「衣 袈裟 帽子屋」ヲ見ル

下剤丸【げざいがん】〔薬種日用重宝記授〕に下剤丸は、硝石（四匁）、巴豆（一匁五分）、大黄（一匁七分）、丁子（五分）、代赭（石五匁）。

袈裟御前【けさごぜん】賢女。〔重宝女訓女今川操文庫〕に次がある。源渡の美貌妻 袈裟に、遠藤武者盛遠は深く横恋慕して年久しかったが、聞き入れられないので、母の衣川を殺すという。袈裟は言い逃れる道がなく、それなら夫渡を殺せ、その後に気懸りなく会うと約束し、髪の髻を切り男の頭に似せて渡の臥所に寝ていた。盛遠は忍び入って害し、首を引き提げて出てよく見ると、渡ではなく袈裟であった。盛遠はこれより発心し文覚上人（鎌倉初期、伝八十歳寂）となり、渡も袈裟の貞烈を感じて薙髪し、俊乗坊重源（建永元年［一二〇六］、八十六歳寂）となった。

牙歯【げし】「歯の諸症」ヲ見ル

夏至【げし】二十四節*の一。〔重宝記永代鏡〕に五月中、昼五十九刻半余夜四十刻余。夏至とはこの頃日輪黄道の北の端を廻り日の長きに至ることからいう。鹿角解《おつ》る、蜩始めて啼く、半夏生ずる。〈耕作〉〔新撰農家重宝記・初編〕に、新暦六月二十二日（陰暦五月の中）。秋豆を蒔く。綿に手入れする。黍 蜀黍を植える。○藍の肥しをし、紅花を摘む。田植はこの月迄とする。

芥子入りかる焼【けしいりかるやき】「けし入かる焼」は、神田紺屋丁 やまし

ろ屋にある。〔江戸町中喰物重法記〕

下食時【げじきどき】　暦下段。〔童女重宝記〕に下食日*歳下食日《さいげじきにち》*が一日の忌であるのに対して、下食時はその当る時ばかりを限定して忌み、この他は障りはないという。この時には湯浴、髪切、草木切などを忌む。

下食日【げじきにち】　「外食」とも書く。暦下段。〔万民重宝大ざつ書改正〕に下食日は、「げしき（下食）物を出さず、俵物など明けて此日食初ぬ事」。正月は未の日。二月は戌の日。三月は辰の日。四月は寅の日。五月は午の日。六月は子の日。七月は申の日。八月は酉の日。九月は巳の日。十月は亥の日。十一月は丑の日。十二月は卯の日。「下食時」「歳下食日」モ見ル

蚰蜒の事【げじげじのこと】　〔万物絵本大全調法記・下〕に「蚰蜒　ゆうゑん／げじげじ」。〔万用重宝記・下〕に「げじげじむし」の採り様は鼠の糞を筵に包み米の白水*を再々掛けて腐らすと皆げじげじになる。

〈蚰蜒駆除〉〔万まじない調宝記〕に「蚰蜒除けの呪い」は、五月五日に「滑」の字を書いて家内の柱に貼って置くとげじげじは出ない。げじげじは「入耳虫《にゅうじむし》」と言い耳に入るが塩を入れると水になる。

〈螫した時〉〔大増補万代重宝記〕にげじげじの螫した妙法は、よい酒を酔う程飲むと奇妙に治る。

〈異名〉〔世話重宝記・四〕に馬蚿《げじげじ》を俗に梶原と異名して憎むのは、梶原（平蔵）景時*は佞臣で人の憎む故、馬蚿に譬えた。景時《げいじ》の音をかり、同音を用いたのである。

外獅子印【げじしいん】　〔新撰咒咀調法記大全〕に外獅子印は真言密教の手による印契の一。「九字の大事」ヲ見ル

芥子饅【けしぬた】　〔料理調法集・和物之部〕に芥子饅は、芥子を擂り隠し味噌を少し加え、豆腐を少し絞って入れるとよい。粕饅、豆の粉饅も芥子を擂り合せる。

罌粟の事【けしのこと】　〔万物絵本大全調法記・下〕に「罌粟　ゑいぞく／けし。芥子けし也。夏」。〔薬種重宝記・下〕に和穀、「罌粟穀　わうぞくこく／けしのから。あと　さきを去り、水に浸し中の筋を去り、上の皮を蜜を注ぎ、焙る。或は醋に煮る事あり」。〈種蒔〉〔年中重宝記・三〕に今夜（八月十五日）罌粟を蒔くと、花盛りして実のなることが多いという（『月令広義』）。〔農家調宝記・初編〕には秋彼岸過　或は八月十五夜の頃罌粟を蒔く。〈薬性〉〔医道重宝記〕には罌粟子《けし》、平で毒なし風を去り熱を除き痰を消し渇《かわき》を潤す。〔永代調法記宝庫・四〕には絞り腹を止め、痰を切る、多食すると気を動かすとある。〈食合せ〉〔料理調法集・当流献方食物禁戒条々〕には芥子に昆布の食い合せを忌む。

〈紋様〉〔紋絵重宝記・下〕に芥子の花に葉の紋様がある。

怪しゅう【けしゅう】　大和詞。「けしゅうは、あやしき（怪）こと」である。〔女用智恵鑑宝織〕

下女【げじょ】　〈何が不足で癇癪の枕言葉〉「下女、ゆき」。〔小野篁謔字尽〕

けじょう【けじょう】　片言。「挙状《きょじゃう》を、けじやう」という。〔世話重宝記・五〕

牙消散【げしょうさん】　〔牛療治調法記〕に牙消散《げしょう》は、甘草・黄連・鬱金・馬牙硝・大黄・朴硝を末（粉）し、毎服一両に、蜜、猪肺（四両）を水で調え頻りに灌ぐ。木舌で口が塞がり鉄条に似て、肚の中は飢痩して水漂のようなのに用いる。

化粧水【けしょうみず】　〔男女御土産重宝記〕に「御化粧水拵様の事」は、寒の内の雪を壺に入れて置き、その雪水一升につき竜脳一匁、麝香五分を入れる。尤も、壺に入れて六月迄蓋をして、その後に使うとよい。香具屋で目替《めがえ》（＝お金と同量目での売買）で売っている。〈売り店〉〔江戸流行買物重宝記・肇輯〕に「化粧水薬」として、本丁二丁メに式亭三馬がいる。

化生を除く符【けしょうをのぞくふ】　〔新撰咒咀調法記大全〕に「諸の化生の類を除く符」は、符を札に書いて死霊、怨霊、その他怪しい物が来た道に立てると、再び来ない（図151）。

図151「化生を除く符」〔新撰咒咀調法記大全〕

毛虱【けじらみ】〔調法記・四十七ゟ五十七迄〕に「毛虱をさる伝」は、灰汁の強い煙草の葉を湯で濡らして擦りつけると虱は赤くなり、悉く死ぬ。〔懐中重宝記・慶応四〕に毛虱の集《たか》るのには、銀杏の皮を去り髪へつける。軽粉《はらや》を擂り込むのもよい。「頭虱」参照

下泄【げせつ】経験方。〔丸散重宝記〕に下泄には、黄連（一戔）、干姜（五分）を細末（粉）にして、温酒で下す。気痢裏急後重にもよい。

懸想文【けそうぶみ】「けさうぶみ（懸想文）とは、恋のふみ也」。〔消息調宝記・二〕

げた【げた】片言。備前・備中の詞に「げな」というのを「げた」という。例えば、「あはう（阿呆）げた」「利口げた」等というのは、阿呆気、利口（根）気である。〔不断重宝記大全〕

外題【げだい】「書物の事」ヲ見ル

蹴出し【けだし】〔武家重宝記・一〕に陣場の前後の廻りを、前の蹴出し、後ろの蹴出しという。「とばり（外張）」参照

獣類の危害【けだものるいのきがい】〈咬傷薬〉〔万用重宝記〕に牛馬鼠蛇、或は一切の獣、毒虫に嚙まれ螫されたのには、鶏冠の雄黄*（松脂）を粉にして水で飲み、疵口に唾でつけると直ちに癒え、肉を上げる。〈獣類の憑いた時〉〔万用重宝記〕に、人に狸狢《むじな》猫又、その外獣類が憑いて何か判らない時は、鹿の角を粉にして膠を水で呑ませると、自然とその品を言う。

化痰清火湯【けたんせいかとう】〔医道重宝記〕に化痰清火湯は、鰽雑に痰があり、火の動かすものを治す。陳皮・半夏・天南星・黄連・黄芩・石膏・知母・山梔子・蒼朮・白朮・芍薬（各等分）、甘草（少）に生姜を入れて煎ずる。痰火の鰽雑*胃の実するものに用いる。或は石膏 知母の二味を去る。虚人 胃寒には用いない。

化蠒丸【けちくがん】〔小児療治調法記〕に化蠒丸《けちくがん》は、肺疳*を治す丸薬である。蕪荑・蘆薈・青黛・白芷梢・川芎・胡黄連・黄連・蝦蟇（煆（激火で焼く））（各一匁）を末（粉）し、猪胆汁に糕《だんご》を浸して丸じ、杏仁の煎湯で、寝る時に用いる。

結差す【けちさす】大和詞。「けちさすとは、碁を打つ時 駄目出す」ことをいう。〔不断重宝記大全〕

下知の仮名【げちのかな】「げぢ」ともいう。連俳用語。発句*の切りになり、物を言いつける命令的な表現。「人なとがめそ」「水うてや」「花よ咲け」などの類。〔俳諧之重宝記〕すり火うち〕には「ゑ」「け」「せ」「て」「ね」「へ」「め」「え」「れ」「よ」「な」「そ」等とある。

化虫丸【けちゅうがん】〔小児療治調法記〕に化虫丸は、疳によって虫を生じ、五心煩熱するものを治す。蕪荑・黄連・神麹（炒）・麦芽（炒）（各等分）を末（粉）とし、麵の糊で黍の大きさに丸じ、空腹に米飲で用いる。また練蜜で菉豆《ぶんどう》の大きさに丸じて蕪荑丸と名づける。十丸から十五丸を米湯で用いる。〔丸散重宝記〕に化虫丸は、腸胃の内に虫を生じ患えをなすのによい。鶴虱・胡粉・苦楝根・梹榔子（各十戔）、蕪荑・使君子（各五分）、白礬（二戔五分）を糊で丸ずる。

下虫丸【げちゅうがん】〔小児療治調法記〕下虫丸は、蚘疳《かいかん》*を治す。新白苦練皮（酒に浸し焙る）・緑色貫衆・木香・桃仁・蕪荑・鶴虱（各一匁）、鶏心檳榔・乾蝦蟇（炙り焦し）（各三匁）、使君（五十箇 煨し焦し肉を取る）、軽粉（五分）を末（粉）とし、麵粉の糊で菉豆の大きさに丸じ、毎服二十丸を天明《よあけ》に清肉汁で用いる。この方に、当帰と黄連 各二匁半を加えて脊疳及び疳労を治すという。

厥【けつ】「脚気の事」ヲ見ル

厥陰兪【けついんのゆ】〈経絡要穴 肩背部〉二穴。厥陰兪《けついんのゆ》は第四椎の下左右へ一寸五分ずつにある。針三分、灸七壮。しゃくり、歯・心痛み、胸満ち、嘔吐、煩れ悶えを主《つかさど》る。即ち、心包絡の兪である。〔鍼灸重宝記綱目〕

血鬱【けつうつ】 六鬱*の一。〔鍼灸重宝記綱目〕に血鬱は、大小便は紅で、紫血を吐き、痛所を移さず、脈は数《さく》 濇である。針灸の穴は膏盲 神道 肝兪 不容 梁門にある。

血暈【けつうん】〔嫁娶調宝記・二〕に血暈は、産み落して後に目暈《めまい》の来ることで、治すにはよい酢と漆器の欠けを天目に入れ、炭火をその中へ入れて、湯気を嗅がす。漆塗の物を火に焚き、煙を嗅がすのもよい。すぐに蘇り正気になる。〔童女重宝記〕に産の時は、小さい青石を焼き、或は堅炭の火に米の酢を掛けて、産屋の内 或は次の間に臭わして置くのがよいが、血暈には産婦の鼻の下で嗅がす。〔丸散重宝記〕に血暈上気で倒れるものは、童便を浸した香付子を酢で煮て用いる。

血癭【けつえい】〔改補外科調宝記〕に血癭《けつえい》は癭*の内、赤いものをいう。

結可【けっか】 書道。〔重宝記・宝永元序刊〕に結可は、筆を撥ねず 緩めず毛先を着けて回す。

結痂【けっか】「ふたづくる（結痂）」ニ同ジ

血海【けっかい】〈経絡要穴 腿脚部〉〔鍼灸重宝記綱目〕には二穴。膝頭の内廉《かど》の上一寸五分にある。即ち、陰陵泉の通りの上にある。針五分。灸三壮。気逆《さかのぼ》り、腹脹り、婦人の帯下を主《つかさど》る。また復溜 三里 気海 丹田 復帯 三陰交に灸をする。

欠画／欠字【けっかく／けつじ】〔大増補万代重宝記〕に次がある。高貴の御人の名を書く時、気をつけ、改める心から、字間を空けること。一字欠字、二字欠字、三字欠字、一行欠字等色々あり、多く欠字する程敬いである。○間欠字は、禁裏 院中 春宮 高位 高官の名前を書く時、一字ずつ間を置くことをいう。また「平生書《へいぜいかき》」と言い、天子の尊号 神号等を書く時は、総行の冠よりは一字上へ引き出して書く。〔日用諸規則重宝記付紙入書状用便〕に「欠字 欠画の事」があり、一字二字 或は一行明けて書くのを欠字*という。文字の内一筆省くのを欠画という。天子の諱*字は必ず欠画するものである。明治維新後はその儀に及ばずとあり、欠画はしなくなった。

結核【けっかく】〔改補外科調宝記〕に結核、痰核*、梅核という三ツの腫物はみな同じで、咽、頸《くび》、項《うなじ》に生じ、赤からず、痛まず、膿まない。もと痰が集り散ぜず、発したものとする。薬方は、加味二陳湯*、鶏蓮膏*を用いる。

月かん餅【げっかんもち】 菓子名。月かん餅、羊羹、山の芋入り。〔男重宝記・四〕

結気【けっき】 経験方。〔丸散重宝記〕に結気は、胸の下硬く、膨満して、食すると吐き戻すのは膈噎《かくいつ》に似ている。思慮の過多にして、気が廻らず、滞るものを結気という。人参（一戔）、陳皮（四戔）を細く末（粉）し、蜜で丸じ、米飲で下す。

血気心腹痛【けっきしんぷくつう】 経験方。血気の心腹痛、或は産後の敗血が心に衝いて死にそうなのには、鬱金を焼いて性を存し、末（粉）して、酢に調えて下す。〔丸散重宝記〕

血気痛【けっきつう】〔丸散重宝記〕に、心（胸）下がさし痛むのには、当帰の末（粉）を酒で服するとよい。倒産子（逆子）の死んだのにも効がある。

血虚【けっきょ】「ちゅうぶ（中風）の事」ヲ見ル。〔小児療治調法記〕に、血虚の補薬には四物湯*に解毒の薬を加える。

結夏【けつげ】〔年中重宝記・二〕に、四月十五日を仏者の結夏《けつげ》という。七月十五日迄で、終りを解夏《かいげ》という。この間九十日、安居《あんご》（＝僧が夏の雨季三ケ月の間寺院等に籠り修行すること）して外に出ない。俗人も花を摘み仏に日参する。

月卿【げっけい】〔男重宝記・一〕に、天子*を龍、天や日に例えることから、公卿《こうきょう》*を月卿という。

月卿／雲客【げっけい／うんかく】〔童子重法字註絵鈔御成敗式目〕に公卿をいう。三位以上を月卿*という。殿上人を雲客《うんかく》*という。

毛付免【けつけめん】〔農家調宝記・初編〕に次がある。毎年、豊凶に随って年限《としぎり》の取米《とりまい》を土高《つちたか》（＝「分米」ニ同ジ）で割ったものが毛付免であり、厘《りん》付《づけ》ともいう。去年にいくつ増し減《おと》ると、比べて見ることである。大きくは、一村の総高 総取米でも見、小さくは一町 一反の高でも見る。例えば、高百三十五石、この反別は九町、一反七斗五升の取《とり》（盛十五）、これは斗代《とだい》*通りの取米六十七石五斗で、高免*五ツである（六十七石五斗を高百三十五石に割る）。当年、検見七合毛で納める時、取米一反五斗二升九合（七合毛へ五分取の七五を掛ける）。九町の取米は四十七石二斗五升である（九町へ反取を掛ける）。毛付免三ツ半である（四十七石二斗五升を高百三十五石に割る）。

闕元【けつげん】灸穴要歌。〔永代調法記宝庫・三〕に「寒積《かんしゃく》と尿《いばり》に血をし、ほがみ（小腹）冷え、疝気虚礼は闕元の穴」。闕元は臍より三寸下、丹田・石門*ともいう。虚症には千壮する。

月建【げっけん】暦下段。〔永代調法記宝庫・五〕に月建は、北斗の剣先の向かう方をいう。正月・日暮《ひぐれ》・酉の時（六時）には、北斗星が寅の方（東北東）に、二月には卯の方（東）に、三月には辰の方（東南東）に建《おざ》すとし、余はこれに準ずる。この星の建す方をその月の支に当てて寅*を正月、卯*を二月、辰*を三月として、余はこれに準ずる。その方角に向って諸事を取り行う時は万事吉、背いてすると禍が必ずある。「おざす（建す）」参照

結構な【けっこうな】五色*の褒め詞。〔男重宝記・五〕に、黄色の物は「けっかう（結構）な」と褒める。

欠字【けつじ】「欠画／欠字」ヲ見ル

血痔【けつじ】〔鍼灸日用重宝記・四〕に血痔は、大便に清血を下すこと止まず、長くなる時はいくつも穴を開け、漏となる。気海 腎兪 大腸 長強 膀胱 三陰交に灸し、腹下り痛むのには承山 復溜に灸する。

血支日【けっしにち】〔鍼灸重宝記綱目〕に「血支」は月神の名で、灸を忌む。正月は丑の日、二月は寅の日、三月は卯の日、以下この順で続く。

血症【けっしょう】〔昼夜調法記・正徳四〕に多くの血症は血熱妄りに行き、血症をなす。尤、寒・虚・実をよく弁え知るべきである。〇吐血は胃から出るもので咳につれて血を出し、唾《つばき》につれて血を出す。〇衂血《はなぢ》は鼻より来る。〇咯《かす》って血の出るのは腎に属する。〇小便血は小腸と膀胱から来る。〇大便血は大腸から来る。〇血症の脈は芤脈*沈 細はよく、浮大はよくない。薬に犀角地黄湯*加減四物湯*があり、病症を考えて療治する。

欠唇欠耳の治法【けっしんけつにのじほう】〔万物絵本大全調法記・上〕に「兎唇 としん／いぐち。欠唇 けつしん、兎欠 とけつ。並同」。〔骨継療治重宝記・中〕に、欠唇 欠耳は、まず麻薬を塗り、剪刀《ひらばり》で少し外側を切り去り、そのまま絹糸で縫い合す。欠耳は二截れにして縫い合わせ、欠唇は三截れとなして縫い合わす。鶏卵の黄身の油で塗り、次に金毛狗脊毛を少し上に薄く振り掛け、次に封口薬*を塗り、翌日茶で軽く洗って粉を振り掛ける。一日に一回取り換え、八日で糸を切り、また末（粉）を振り掛ける。

血疝【けっせん】「べんどく（便毒）」ヲ見ル

厥疝【けっせん】七疝*の一。〔鍼灸日用重宝記・五〕に厥疝は、心痛し、足冷え、食を吐く。

月蝕【げっそく】「がっしょく（月蝕）」ヲ見ル

結痰【けったん】〔丸散重宝記〕に結痰、胸膈が満悶して胸悪く痰水を吐するものには茯苓半夏湯*がよい。半夏（五戔）茯苓（二戔）生姜（七分）を煎

じて服する。

結毒【けつどく】「ようばいそう（楊梅瘡）」参照

けつね【けつね】片言。「けつね、狐きつね」である。〔不断重宝記大全〕

血熱の事【けつねつのこと】〔小児療治調法記〕に血熱は、辰（八時）巳（十時）の時に発《おこ》る。「血熱の症」は「痘瘡の事」ヲ見ル。痘瘡治例三法*の一。

結馬の事【けつばのこと】『日葡辞書』に「Qetba.（結馬）。大便をし兼ぬる馬。ひどい便秘をしている病馬」とある。〔馬療調法記〕には上結・中結・下結があり、脾腹（横腹）が大きく膨《ふく》れ、尻が膨れ、尾を差し病むのは下結。鞘口（陰門）を見て強く引き込み鞘が働かず病むのは上・下結である。牽牛子・瓜蔞根・温石・茶・大黄（各等分）を用いるが、大黄に口伝がある。○腹の大きいのには飼汁に酢を沸かし、また冷まして用いる。常に頻りに病むのは和泉酢で飼う。○腹を繋く嚙み結馬するのは虫の結馬で、桑白皮を煎じた汁で飼う。大結馬なら巴豆の毒を去って三粒を加える。○結馬とうさ（擣剉カ）を、貫き通しとも、呼び薬とも言い、この拵え様は梅干の肉と猪の油を空木の青味の汁で緩く練り、長さ八寸に切り、六寸に皮薬を入れ、三寸を手に持ち、六寸を皆尻《けつ》の中へ入れる。或は竹の寸の中へ塡まる木で腹中へ突き入れ、竹ともに抜く。○大結馬で治し難いのは、皮薬を湯で緩く溶き、水鉄砲を尻の中へ七寸ばかり入れ、二盃ばかり弾き入れる。○結馬で腹のみならず陰嚢《きん》も腫れ、息も臭いのは、治し難い。尻が頻りに結し大熱で苦しむなら、急いで川に引き入れ冷やすのがよい。結馬が治しても病が残るのは腹がよく座らないことにより知る。○「諸結馬の薬」は、牽牛子・熊胆・黄栢（各一両）を粉にして酒か酢で飼う。一筒に一銭ずつ、一度に七筒ずつ用いる。

血痺【けつひ】五痺*の一。〔鍼灸日用重宝記綱目・四〕に血痺は、胸踊り、逆喘し、咽渇き、げっぷが出る。肝兪 膈兪 胆兪 腎兪 曲池 風市等、痺れる処に針を刺し、血を廻らす。

血風瘡【けっぷうそう】〔改補外科調宝記〕に風癬（けっぷうそう＝たむし*）は、もとは風熱鬱火し、血が乾いて生ずる。掻き破り瘡となったのは、たわ汁（瘡瘍の膿汁）が出、内症熱して冷汗が出、寒気だち不食し、身がたるい。風薬はむやみに用いない。薬に、荊防敗毒散*・簡易散*・大馬歯膏*がある。

血崩【けつほう】経験方。〔丸散重宝記〕に婦人の血崩には、益智*を末（粉）して、米飲に塩を入れて下す。

欠盆【けつぼん】〈経絡要穴 心腹部〉二穴。欠盆は肩の下横骨の上廉《かど》の陥みの中、喉の高骨より四寸下左右へ各々四寸ずつ開く所にある。灸三壮。針二分、留むること七呼、深く刺してはならない。或は禁鍼。水腫 積聚 瘰癧 喘急 喉痺 傷寒 胸の中熱する等を治す。〔鍼灸重宝記綱目〕

結脈【けつみゃく】九道の脈*の一。〔医道重宝記〕に結脈は、遅脈*で時に一度《ひとたび》止む。気血痰癪の痛みをなす。〔昼夜調法記・正徳四〕に結脈は、老痰結滞 積聚 寒気を主《つかさど》る。〔昼夜重宝記・安永七〕に結脈は、遅くして切れる脈。気の結ぼれ、滞る人と、積聚を患う人にある。死ぬことはない。口伝。

血脈の中風【けつみゃくのちゅうぶ】「ちゅうぶ（中風）の事」ヲ見ル

血妙紙【けつみょうし】〔洛中洛外売薬重宝記・上〕に血妙紙は、御池新町東へ入町 増田製。一包八文。切り傷、早く血の止まることは妙とある。

決明散【けつめいさん】〔小児療治調法記〕に決明散は「痘後の余症*」で、痘疹が眼に入るのを治す。草決明・赤芍・天花粉*・甘草（各等分）を末（粉）し、食後茶清で調え、用いる。

決明子【けつめいし】〔薬種重宝記・中〕に和草、「決明子 けつめいし／いたちささげ。そのまま卸す。少し炒る」。

血瘤【けつりゅう】〈薬方〉血瘤には、帰脾湯*を用いる。〔改補外科調宝記〕

血淋【けつりん】五淋*の一。〔鍼灸重宝記綱目〕に血淋は、尿は血を結び、

熱して茎が痛む。〔鍼灸日用重宝記・四〕には熱に逢う時は発《おこ》り、甚だしい時は溺血する。色の鮮やかなのは小腸の実熱、溜り血のようなのは腎・膀胱の虚熱である。療治は、「五淋」参照

血瀝【けつれき】「熱瀝」ヲ見ル

けとぎ【けとぎ】片言。〔世話重宝記・四〕に「鶏頭花《けいとうげ》を、けとぎ、けいとぎ」という。

解毒円【げどくえん】〔重宝記・宝永元序刊〕に解毒《げどく》円は、蔓珠沙華・香付子・五倍子（各炒 二百五十目）を細末（粉）し、臘で寒製し、糊餅で丸ずる。第一は解毒、その他一切の急病を治し、万能は数え難く、牛馬猫犬に用いても奇功がある。茯苓手一合を加え、皆丸じ仕舞う時麝香一匁をよく擂り丸薬に塗る。但し、蔓珠沙華とは山慈姑*のこととある（後筆の注ニハ山茱萸ノ事トアル）。この薬は家伝で世に方を出さず、保福寺の喝食に伝える。諸国に売り廻る「道正の解毒円」で名方という。元祖の木下道正は、永平寺開山道元和尚入宋に従い、稲荷大明神の冥助を得、この薬方は今二十八代に当る。

解毒丸【げどくがん】〔万買物調方記〕に「京ニテ解毒丸」は、上京 道正庵にある。

解毒金竜丸【げどくきんりゅうがん】〔洛中洛外売薬重宝記・上〕に解毒金竜丸は、三条通大橋東へ入二丁目 金竜子にある。第一に諸毒を消し、痢病癪痞え腹の痛みによい。

解毒済生湯【げどくさいせいとう】〔改補外科調宝記〕に解毒済生湯は、脱疽*の薬。当帰・川芎・知母・黄栢・天瓜粉・金銀花・遠志・麦門冬・柴胡・黄芩・犀角・茯神（各一匁）。手の指に出るのには甘草・紅花・升麻を加え、足に出るのには牛膝を加える。これ等を煎じ、童便一盃を入れて煎じる。

化毒散【けどくさん】〔小児療治調法記〕に化毒散は「痘後の余症*」で、余毒で翳を生ずるのを治す。当帰・川芎・赤芍・生地黄・防風・葛根・菊花・天花粉*・蟬退（各等分）、谷精草（倍し用いる）を、水で煎じて用いる。赤く腫れて痛むのには、黄連・山梔子を加え、翳には木賊を加える。

解毒寿命丸【げどくじゅみょうがん】〔洛中洛外売薬重宝記・上〕に解毒寿命丸は、出水千本東へ入 とらや源十郎にある。第一に癪、痞え、腹の痛みによい。取り次は、松原御幸町角。江戸 小天馬町三丁め北側に看板がある。大坂 東天満三丁め西側。美濃 垂井大垣の間あら川村。丹波 亀山こんや町西側（いずれも店名なし）がある。

解毒即効丸【げどくそっこうがん】〔洛中洛外売薬重宝記・上〕に解毒即効丸は、小川下立売上ル丁 楽山堂にある。万ず毒消し、霍乱によい。その外、食傷、腹の痛むのによい。

解毒大青湯【げどくたいせいとう】〔改補外科調宝記〕に解毒大青湯は、疔疽*の治療で針か灸をして後、裏《り》に入り胸煩《いき》れ、譫言《たわごと》を言うのに用いる。玄参・桔梗・知母・大青葉・升麻・山梔子・石膏・人中黄*・麦門冬・木通（各一匁）に、竹の葉（十枚）、燈心（二十根）を入れて煎じ用いる。大便が結すれば大黄を加える。

解毒托裏湯【げどくたくりとう】〔小児療治調法記〕に解毒托裏湯は、出瘡《でそろう》*で、初めに稠密《しげく》、蚕種を布くようで、勢の重いのは、表を軽くし、内を涼しくする。桔梗・牛房子・人中黄*・防風・荊芥・酒紅花・当帰尾・蟬退・升麻・葛根・赤芍薬・連翹（各等分）を水で煎じ、人屎《くそ》を焼いて調え、服する。

化毒湯【けどくとう】〔小児療治調法記〕に次がある。出瘡《でそろう》*で、痘が紅点を見《あらわ》し、表甚だ熱するのには急に人参羌活散*を用いるが、紅紫色を兼ねるのには化毒湯を用いる。化毒湯は、紫草・升麻・甘草・蟬退・地骨皮（各等分）を水で煎ずる。初めて出て稠密《しげ》く、勢いの重いものには連翹升麻湯*や化毒湯に、紅花・酒炒の黄芩を加えて用いる。

下毒湯【げどくとう】〔薬種日用重宝記授〕に六物下毒湯として次がある。木通・忍冬（各大＝三十目）、茯苓・川芎・山帰来（各中＝二十目）、大黄（小＝十目）。冷え のぼせによい。

解毒防風湯【げどくぼうふうとう】〔小児療治調法記〕に解毒防風湯は、出瘡《でそろう》*で痘が甚だしく出たのに用いる。防風（一匁）、地骨皮・生黄芪・芍薬・荊芥・牛房子（炒）（各五分）を水で煎じ、或は末（粉）として、温水に調えて服するのもよい。

げな【げな】「げた」ヲ見ル

下人を置く吉凶日【げにんをおくきっきょうび】〔万民重宝改正大ざつ書〕に、○「下人を置く吉日」は、乙酉《きのと》・亥の日。丙申《ひのえ》の日。丁亥《ひのと》の日。戊子《つちのえ》の日。庚午《かのえ》の日。辛未《かのと》の日。壬午《みずのえ》の日。癸未《みずのと》の日。○「下女を置く吉日」は、乙卯《きのと》・丑の日。戊子《つちのえ》・午の日。辛辰《かのと》の日。壬午《みずのえ》・寅の日。癸卯《みずのと》の日がある。〔女用智恵鑑宝織〕には、○「下人を抱える吉日」は、甲子《きのえ》・午の日。乙丑・未の日。丙辰・寅の日。丁卯・未の日。戊子・午の日。戊巳・亥の日。庚子・辰の日。辛未・亥の日。壬寅・午の日。癸卯の日。○「同悪日」は、春は丑（丙）・戌（辛）の日、秋は辰（戊）・未（辛）の日、冬は未（戊）・戌（壬）の日がある。夏は丑（丁）・辰（庚）の〔農家調宝記・三編〕には『長暦』を引いて○「人置吉日」を次の二十五日としている。甲子（春三月は凶）・戌（春は凶）・午の日。乙丑・亥・未の日。丙寅・辰の日。丁卯・丑・未の日。己巳・亥の日。辛未・卯・亥（秋は凶）の日。庚辰（春は凶）・寅・子（春と秋は凶）の日。壬午・寅の日。戊子・午の日。癸巳・卯の日。

下人を呼び戻す呪【げにんをよびもどすまじない】〔増補咒咀調法記大全〕に「下人呼戻し使ひたく思ふ時の呪」は、符を書き常に寝ていた畳の下に字頭を子（北）の方に向けて入れて置くとよい（図152）。走り者（出奔人）にもよい。

図152「下人を呼び戻す呪」（増補咒咀調法記大全）

毛抜【けぬき】〔万買物調方記〕に鍛冶で「京ニテ毛抜」小川竹屋町 けぬき正信玄二郎、二条通観音町に真鍮 毛抜とある。「江戸ニテ毛抜師」日本橋南四丁目うぶけや茂左衛門、浅草九丁目 河内がいる。「大坂ニテ剃刀毛抜」内平野町 播磨守益升、同 河内守広高、折屋町 和泉守弘包、牢之前兼主がいる。

毛抜金【けぬきがね】〔武家重宝記・四〕に、鉄砲*の火挟《ひはさみ》*の本《もと》にあり、はねあがるものを毛抜金という。

けぬきずし【けぬきずし】「御膳けぬきすし」は、へつい河岸櫓下 笹屋喜右衛門にある。〔江戸町中喰物重法記〕

毛生え薬【けはえぐすり】〔万用重宝記〕に髪生え薬には、蓮の葉・真菰（各一両）を黒焼にして胡麻の油と練り、禿げた所を栗の毬《いが》で突き、跡へ付けて置くと髪は奇妙に生える。〔万まじない調宝記〕には昆布の根と狼の糞の黒焼を髪の油で塗ると生える。〔調法記・四十七ゟ五十七迄〕に「生髪の伝（髪なき所に髪生ゆる伝）」として秦椒・白芷・川芎（各十匁）、蔓荊子・零陵香・付子（各五匁）の生を細かに刻み 絹に包み込み、白絞り油（白胡麻油）に二十一日浸した後、一日に三度ずつ付けるとよい。〔文政新刻俗家重宝集〕に毛生えの妙薬は、蚰《げじげじ》の黒焼を胡麻の油で溶き付ける。十歳以下の者には一層奇妙に生える。〔俗家重宝集・後編〕には鼠の糞を黒焼きにし胡麻の油で溶き付ける。〔清書重宝記〕には、はんび（五八草＝蝮の干乾の粉末）に大人参を少々入れて胡麻油で練り塗る。〔重

宝記・儀部家写本〕に禿に毛の生える薬は、五八草を油で付ける。但し、皮目が腐り癒えたのは生えない。皮目に所々によく毛の生えた所があればその毛を抜き、草履の裏で擦り、その跡を酒で厚く剝がして洗い、薬を付け天日によく乾す。〈毛抜けの薬〉〔懐中重宝記・慶応四〕に毛の抜けるのを止める薬は、蛇床子二匁を煎じて置いて、毛に度々付けるのもよい。「禿《はげ》を治す方」参照

下馬落しの伝【げばおとしのでん】〔調法記・幕末頃刊〕に「下馬落しの伝」は、下馬札のある神の鳥居を少し削って懐中していて、これを馬の通る道に置き、歌「鳥居立つここは高間原なれや 今吹き返《かや》せ伊勢の神風」と三遍唱え、そこを退いている。馬がその所へ来ると、必ず人を落すのは妙である。「そこを立ち退け我が身清めん」と唱え、鳥居を取って戻る。

外縛印【げばくいん】〔新撰咒咀調法記大全〕に外縛印は真言密教の手による印契の一。「九字の大事」ヲ見ル

仲臍【けばら】「牛の諸症」の内、「牛の仲臍《ちゅうせい》」ヲ見ル

毛針鼠【けはりねずみ】〔薬種重宝記・上〕に唐獣、「蝟皮 いひ／けはりねずみ。刻み黒く炒りて、遣ふ」。

検非違使【けびいし】〔男重宝記・一〕に検非違使は、公事沙汰（訴訟裁判）を司る役である。

げびかい／げびぞう【げびかい／げびぞう】〔増補新版名代町法記・不断の言葉〕に「げびかいとは、ざしき（座敷）で物食ふ事」。〔増補新版名代廓法記・不断の言葉〕「げびぞうとは、ざしきで物を食ふ事」。

毛伏【けぶせ】〔絹布重宝記〕に毛伏《けぶせ》とは、絹織物の表面のけばを伏せるために葛糊で軽く張ることをいう。

外帛殿【げへいでん】「へいはくでん（幣帛殿）」ニ同ジ

解麻薬【げまやく】〔骨継療治重宝記・下〕に解麻薬《げまやく》は、麻薬を解し去る秘薬である。塩湯 或は塩水を用い、与え服させると立ち所に覚醒する。

蹴鞠の事【けまりのこと】〈始り〉〔人倫重宝記・三〕に次がある。鞠《まり》は唐の黄帝が作り、始めて蹴るより始まった。また戦国の時に始り、兵事にかたどったともいう。我が国では用明天皇の時（在位 五八五～八七）に始り、聖徳太子の幼時の慰みに雲客（月卿）*が作り出したという。『西行記』には備従大納言が清水の舞台で曲鞠を蹴り、『源氏物語』には源氏と柏木中納言に蹴鞠の会があり、源氏の君が老後は鞠を斟酌すべきであるが五十の内はよいという紹介をし、さらに個人の例を出し 人により異なり、殊更のことはないという。鞠は九損一得《くそんいっとく》といい、よく食を消すのを一得とし、その他の九ツは皆損とある。

〈蹴鞠場〉〔諸人重宝記・四〕には鞠場の事がある。○「懸りの事」は、庭を高くし 木の高さは一丈五尺。但し、木の形が見よければ高くても低くてもよい。○「切立《きったて》」は、木と木の間は二丈八尺である。○「網《あみを》張《はる》」は、築地、鰭板《はたいた》（＝塀や壁等の板）、池の端でも、地より一丈五尺に張る。○「懸り植」は、桜（春）柳（夏）楓（秋）松（冬）を植えて四季を象る。○「鞠の人数」は全部十二人。奉行・数あげ・棹持・鞠取・蹴手である。○「蹴様《かかりよう》」は、序・破・急の心持ちでする。また四本の木を蹴る心持にそれぞれ口伝がある。松は木末を払い、柳は木の根を踏むという。桜は花の頃に、楓は枝が脆く、その心遣いを要する。○鞠を蹴るには、「一段三足」と蹴る。三足に足らぬことはなく、また四足に余らぬという子細がある。人から来た鞠をそっと一足受け取り、次に我が鞠を高く蹴上げ、次の足を人の方へそっと蹴掛けて渡す。一足で蹴果《けは》つのは狼藉であり、数を蹴るのも以っての外であるが、四足までは許される。但し、木の下等をを蹴出す時は数を蹴ってもよく、口伝がある。

〈鞠の見物〉〔小笠原諸礼調法記・天〕に「懸りの外」ならば、草履を脱ぎ円座を敷いて座敷の内で見物し、縁よりは見ない。鞠が内へ入ったら扇に据えて投げ出し、手に取って投げ出してはならない。懸りの木と軒

の間を通ってはならない等の心得がある。〔永代調法記宝庫・一〕には鞠が見物の中へ流れて来たら、手で転がして打ち遣る。恭しく持ち出して渡すのは非礼である。

〈蹴鞠会日〉〔年中重宝記・五〕に、○「月次」は六日・二十一日、妙満寺内 中松院。十七日、四条道場内 慶正院。この外に○「毎日蹴鞠の会所」として、衣棚二条下ル町 花房宗純。祇園町 三十郎。車屋町御池上ル町 意休。新町六角下ル町 左近。新町御池上ル町 藤次。四条長刀鉾之町 かこや清兵衛［〔万民調宝記〕は室町にしき上ル町 清兵衛］がある。

〈蹴鞠売り店〉〔買物調方記〕に「京ニテ蹴鞠所并沓」新町六角下ル 竹のや左近、室町四条下ル 同竹庵、新町御池上ル 同藤次、東洞院綾小路上ル 竹や九郎右衛門ら六人がいる。「江戸ニテ蹴鞠所并沓所」京橋南二丁目 亀や六左衛門、石町十間棚 松や又左衛門、同所 竹屋勘兵へ等五人がいる。「大坂ニテまり所并沓」あづち町堺まち 鳫金や庄兵へ、平の町 木村久左衛門、道修町せんだん木がある。〈紋様〉〔紋絵重宝記・上下〕には「鞠ばさみ」に「哥」「菊」等の外、鞠の字の意匠がある。

けまん【けまん】〈何が不足で癇癪の枕言葉〉「損《そん》、けまん」。〔小野篁謳字尽〕

華蔓【けまん】〔万物絵本大全調法記・下〕に「華蔓 けまん」。

〈草花作り様〉〔昼夜重宝記・安永七〕に「けまん」の花は薄色の小輪で、咲く頃は三月である。土は竜胆に同じ。肥しは、茶殻を粉にして野土と赤土に交ぜる。分植は春秋の時分がよい。

検見【けみ】「おおけみ（大検見）」「こけみ（小検見）」「ぶがり（歩刈）」ヲ見ル

毛虫【けむし】〈呪い〉〔新撰咒咀調法記大全〕に毛虫を去る呪いは、細い竹を二三寸に切り、その中へ鯣《するめ》の頭にあるびらびらを入れ、枝に吊る。また蚕蛾を木の根に埋めて置く。魚を洗った水を注いでも虫は奇妙に生じない。〔万まじない調宝記〕に樹木に毛虫が湧く時には、鰻の骨をその木の下で薫べると毛虫は悉く去り、また湧くことはない。

〈螫した治方〉〔薬家秘伝妙方調法記〕に毛虫が螫した時は茴香・木香を煎じて洗う。〔大増補万代重宝記〕は蛇の抜け殻を煎じて洗うとある。

煙返し【けむりがえし】〈銃器具〉〔武家重宝記・四〕に煙返は、鉄砲*で火皿の上筒の方につけた薄金具をいう。〈立花〉〔昼夜重宝記・安永七〕に、仏前では流枝《ながし》*の一の枝を挿すのに口伝があり「煙返し」という。香炉の半ば迄枝の先を出す。神前も同じ。「神前仏前の花」参照

煙比べ【けむりくらべ】 大和詞。「けふり（煙）くらべ、たがひ（互）の思ひ深き」ことをいう。〔不断重宝記大全〕

煙の事【けむりのこと】〈煙咽せ〉〔斎民外科調宝記〕に、煙に咽せ、ふすぼり死にそうな人には、大根の絞り汁を口に注ぎ入れるとよい。火毒が内に入り身熱し、大小便が通じないのには、加味八珍湯*を用いる。〔秘密妙知伝重宝記〕に「煙に巻かれぬ伝」は、生の大根を口に入れて置く。「煙に噎せ死んだ人」には大根を卸し水で飲ます。〔胡椒一味重宝記〕に煙に咽せた時は、藍の汁で胡椒の粉を溶いて飲ます。胡椒を大根の絞り汁で溶いて飲ますのもよい。〔大増補万代重宝記〕に「煙にむせぬ法」は、近火の時 顔を水でぴったり濡らして煙の中に立つと咽せることはない。

〈呪い〉〔重宝記・幕末頃写〕に「煙気を見て吉凶を知る事」は、煙が南向きの家から立って東へ靡くのは大吉、西は凶、南は火災、北は凶。西向きの家から立って南へ靡くのは火災、災難がある。北向きの家から立って四方の角へ靡くのも凶。東向きの家より立って西へ靡くのも凶。慎むべきである。煙気が死火のように棟を包み、その内を鳶や烏が泣き騒ぐと、人の死ぬべき気と知れ。〈紋絵〉〔紋絵重宝記・上〕には、煙と煙の字の意匠がある。「かすみ（霞）」参照

煙の眉【けむりのまゆ】 大和詞。「けふり（煙）のまゆとは、女の作り眉」である。〔不断重宝記大全〕

欅板に墨移り伝【けやきいたにすみうつりでん】〔筆海重宝記〕に欅板に文字を書く時は、まず板に水を流し十分拭きぬぐってから書くとよい。直に書くと木の目に水が入らず、墨色が白ける。

けらし【けらし】 大和詞。「けらしとは、けりと云ふ［に同じ］事」である。〔不断重宝記大全〕

けらつつき【けらつつき】 片言。「啄木鳥《てらつつき》を、けらつつき」という。〔世話重宝記・四〕

鳧【けり】〔料理調法集・諸鳥人数分料〕に鳧《けり》は、春鳧といい親鳧が四五月の時分に出る。八月には子鳧が沢山出るが、この鳥を人々は知らない。店で真鳧と言って売っているが、真鳧とは違うものである。

下痢腹痛【げりふくつう】 経験方。〔丸散重宝記〕に下痢腹痛し、百薬効なく死にそうなのには、延胡索*の末（粉）を米飲で下す。〔秘方重宝記〕には虚人 湿症 咳嗽 下痢腹痛の諸症を兼ねたものを治すとして、白朮・陳皮・茯苓・山茱（各一匁）、厚朴・香付子・木瓜・肉桂（各五分）、半夏・乾姜・木通・甘草（各等分）を煎じて用いる。

下廉【げれん】〈経絡要穴 肘手部〉二穴。下廉《げれん》は上廉を一寸去る。偏歴の通り曲池の下四寸にある。針五分、留むること二呼。灸三壮。泄瀉、労瘵、小腹《ほがみ》痞え、大小便に血交じり、中風、熱風、冷え痺れ、顔色悪しく、痃癖、腹脇痛、乳癰等を治す。〔鍼灸重宝記綱目〕

毛を吹いて疵を求むる【けをふいてきずをもとむる】〔世話重宝記・四〕に『前漢書』を引き、獣の毛を吹いて尋ねると隠れた疵を尋ね出すということより、人の少しの科《とが》あるのを強く吟味すると、後は大きな科を吟味仕出すことになるのをいう。高津内親王の歌に「直木《なおきき》に曲がれる枝もあるものを毛を吹き疵をいふが割なき」（後撰集・雑二）。

剣【けん】〔万物絵本大全調法記・上〕に「剣 けん」。〈紋様〉〔紋絵重宝記・上〕には「違い剣」の紋と、「剣」の字の意匠がある。

乾【けん】 八卦*の一。〔永代必用両面重宝記・寛延四〕*に次がある。図は皆連の象（図153）。戌 亥年一代の卦。守本尊は八幡大菩薩、御縁日は十五日。乾の卦に当る年は大事の年、乾は陽で天、天は円く、堆《うずたか》く万物を恵む故心正しくして日月を信ずれば天の恵みがあり、望みごとが叶う。不信心で驕る心があると天罰を蒙る。八幡を信じるとよい。正・十二月は商いに吉（八卦の本尊*は福徳）。二月は万に吉（同、天医）。三・四月は旅は凶（同、禍）。五月は火事を慎む（同、絶命）。六・七月は病に祟る。神を信じて吉（同、絶対）。八月は祝言に吉（同、生家）。九・十月は忠ある人に加増を得る（同、遊年）。十一月は川を慎む（同、遊魂）。

図153 「乾」（〈永代／必用〉両面重宝記・寛延四）

権【けん】〔農家調宝記・初編〕に権《けん》とは、秤《はかり》を権衡《けんこう》というようなものである。はかりのおもり。

間【けん】〈長さの単位〉〔古今増補算法重宝記改成・上〕に間《けん》は、古くは六尺五寸、今は六尺である。〔算学調法塵劫記〕に間《けん》は六尺五寸、これは里法町間の本間《ほんけん》とする。古えは六尺を用いる。俗にこれを夷間《えびすけん》と、逆の記述がある。〈田数*の単位〉〔算学調法塵劫記〕には一間に品々の数があるが、田数には六尺三寸を本間とする。但し、多くは前記のように六尺五寸、今は六尺である。

減【げん】「減《げんず》」「減去《げんきょ》」は引く事である。「以減《もってげんず》」は今求める数を以って、他の数の内をひくことをいう。「内減《うちげんず》」は今求める数の内で、他の数を引くことをいう。〔算学調法塵劫記〕

健胃丸【けんいがん】〔懐中調宝記・牛村氏写本〕に健胃丸は、良姜（三匁五分）、硝石（三匁）、炉薈（二匁）、薄荷油（一匁）、熊膽（五分）を丸ずる。

見一割声【けんいちわりごえ】 算盤の二桁以上の割算。除数が二桁以上の時、八算*とは別の九九を用いる。〔秘術改撰算学重宝記・嘉永四〕には「見一割声」が以下のようにある。◇見一無頭作九一《けんいちむとうさくきゅうのいち》＝十一から十九迄に割る時用いる。百・千・万の位でも同じである。見一無頭作九一とは、一を見て九と一と二桁に作る意である。例えば、十一の物を十一人に分けるには一沈一進 一一の一と引き掃い、一人に一ずつ当るが、十の物を十一に分けるにはこの通りにはいかぬので、見一無頭作九一と言って、九を一と二桁にして、次に一九の九と引く。即ち、置かれぬ時の手立てである。○帰一倍一《きいちばいいち》＝割りがしらで見一無頭作九一にして目安と見合せ九九の声で引かれるのはよいが引かれぬ時はこの言葉を用いる。一ッを一倍にして帰すと読む。何度でも引かるるまで下へ分けて帰す。一を取って上へ一をあぐる。◇見二無頭作九二（二十一から二十九迄の割る時に用いる。前の例に同じ）。○帰一倍二（前の例に同じ。この外八算*の二の段の割掛けの声を用いる）。◇見三無頭作九三（三十一から三十九迄の割る時に用いる。前の例に同じ）。○帰一倍三（前の例に同じ。この外八算*の三の段の割掛けの声を用いる）。◇見四無頭作九四（四十一から四十九迄の割る時に用いる。前の例に同じ）。○帰一倍四（前の例に同じ。この外八算*の四の段の割掛けの声を用いる）。○見五無頭作九五（五十一から五十九迄の割る時に用いる。前の例に同じ）。○帰一倍五（前の例に同じ。この外八算*の五の段の割掛けの声を用いる）。◇見六無頭作九六（六十一から六十九迄の割る時に用いる。前の例に同じ）。帰一倍六（前の例に同じ。この外八算*の六の段の割掛けの声を用いる）。◇見七無頭作九七（七十一から七十九迄の割る時に用いる。前の例に同じ）。○帰一倍七（前の例に同じ。この外八算*の五の段の割掛けの声を用いる）。◇見八無頭作九八（八十一から八十九迄の割る時に用いる。前の例に同じ）。○帰一倍八（前の例に同じ。この外八算*の八の段の割掛けの声を用いる）。◇見九無頭作九九（九十一から九十九迄の割る時に用いる。前の例に同じ）。○帰一倍九（前の例に同じ。この外八算*の九の段の割掛けの声を用いる）。「亀井算」「八算割声」参照

懸飲【けんいん】 四飲*の症の一。〔鍼灸日用重宝記綱目・五〕に懸飲は、飲んだ水が脇の下に流れ、咳唾に引き出すもの。

眩暈【げんうん】 〈症状〉眩暈は頭くるめき、眼くるめく病。「めまい」ともいう。〔医道重宝記〕には「眩暈 付健忘* 怔忡*」があり、風邪上り痘塞がり 眩暈をなし、或は気虚 失血、或は陰虚 火動は皆この症をなす。心脾虚し耗《へ》り、意思寧《やす》からず、健忘 怔忡をなす。脈は浮を風邪とし、弦で滑を痰とする。健忘 怔忡の脈は大で結である。薬は清暈化痰湯*帰脾湯*がある。〈加減例*〉〔医道重宝記〕には眩暈が風虚によるのには天麻白朮を、風痰には天南星 半夏を、血虚には当帰 川芎を、気虚には人参黄芪を加える。〔薬家秘伝妙方調法記〕に「目まう」には川芎 細辛を与える。〔新撰咒咀調法記大全〕に「眩暈の治方」は山梔子*を黒焼きにし酒で用いる。〔胡椒一味重宝記〕に眩暈《めまい》には胡椒の粉を湯で飲む。〈針灸〉〔鍼灸日用重宝記・四〕は諸眩暈は皆肝に属する。外は風 寒 暑 湿の四気に感じ、内は七情*に傷《やぶ》られ、風邪《ふうじゃ》が上り攻め、痰が塞がって眩暈をなす。四気を感ずる症、風眩は浮脈で汗がある。寒眩は頭が甚だ痛む。暑眩は熱して悶える。湿眩は手足重く滞る。〔鍼灸重宝記綱目〕に針は上星 風池 臨泣 風府 天柱 陽谷等八点、灸は上星 前頂 百会 風門等六穴がある。〈眩暈食物宜禁〉〔世界万宝調法記・下〕に眩暈に「宜い物」は茶 菊葉 大根 芥子 莧 独活。「禁物」は糯 麵類 蕎麦 蕨 油。

げんか【げんか】 片言。「げんくは、玄関*げんくはん」である。〔不断重宝記大全〕

肩外兪【けんがいのゆ】 〈経絡要穴 肩部〉二穴。肩外兪《けんがいのゆ》は肩胛の上廉《かど》陶道穴の傍ら各三寸にある。即ち、曲垣の目当てにつける。『銅人』を引き、針六分、灸三壮。肩痛み痺れ冷えて肘に至るのを治す。〔鍼灸日用重宝

記・二〕

喧嘩内済取扱書付【けんかないさいとりあつかいかきつけ】〔改正数量字尽重宝記・乙〕に「喧嘩内済取扱書付／入置申一札之事」がある。「一 我等儀誰殿江対して 何々之致し方 全く以つて酒狂之上前後忘却仕リ 毛頭申し訳無く御座候。然ル処 既ニ御公訴ニ茂及ぶ可きの処 貴殿方御取扱ニ而御了簡成し下され候段 忝く仕合せ存じ奉り候。然る上ハ向後急度相慎み申す可く候。万一 右躰之儀之れ有り候ハヾ如何様共仰立てらる可く候。其節一言之儀申す間敷く 後日の為 入れ置き申す一札 仍件の如し／年号月日 誰㊞／仲人 誰殿」。

犬癇【けんかん】 五癇*の一。〔小児療治調法記〕に犬癇は、反折《そりかえ》り 上目遣いして 犬の叫びをする。これは肝である。〔鍼灸重宝記綱目〕に反り返り空目で犬の鳴き声をなすのは 肝である。両手の心《うら》、足の大陽、助戸、各三壮する。

玄関の事【げんかんのこと】〔武家重宝記・一〕に、玄は幽玄で 深いことである。奥深い所へもこの門関を通って至るので、玄関という。〈玄関を上がる心得〉〔小笠原流諸礼調法記・天〕に人の方へ行き向い、案内をさせた時、先方の家人が式台に下りて玄関の上に請ずる時、等々《とうとう》の人か、少し貴人か、少し下輩かと言う迄は、玄関の真中を上る。我より遥か高貴の家ならば、少し失する体で右左に片寄って上る。また陪臣として直参の方へ参る時は、式台より前で刀を抜いて家人に持たせ、玄関の片端から失して上るのが現在の様体である。

嫌疑の事【けんぎのこと】〔消息調宝記・二〕に「けんぎ（嫌疑）とは、ほかめ（外目）よりうたがひの事」をいう。〔里俗節用重宝記・中〕には次がある。「嫌疑を避くるの詩／女子年当《まさ》に事時《じじ》を省《せい》すべし。容《ゆる》す莫《なか》れ 外に出て去って遊び 嬉《たのし》むことを。僧房 仏室 最も当《まさ》に忌むべし。親戚 人家亦宜しからず」。

牽牛【けんぎゅう】〔万物絵本大全調法記・上〕に「牽牛 けんぎう／ひこぼし。河鼓星 かこせい。同。秋」。

弦急【げんきゅう】 寸関尺*の脈法。〔鍼灸重宝記綱目〕に弦急は、気が和《か》しない脈である。

げんぎょう【げんぎょう】 片言。〔世話重宝記・四〕に「懸魚《げんぎょ》を、げんぎやう」という。「魚袋《ぎょたい》」参照

肩髃【けんぐう】〈経絡要穴 肩背部〉二穴。肩髃《けんぐう》は肩の先 肩骨と腕骨の番《つがい》め、臂を伸べ上げると肩先に凹む穴のある処。針は八分、留むること三呼。瀉すること五吸。或は一寸 或は六分、留むること六呼。灸は一日に七壮ずつ、十四壮する。もし中風には四十九壮し、多くしてはならない。風病で筋骨に力がなければ灸をする。針は肩臂の熱気を瀉す。肩中熱し、頭回らず、風熱、労咳 遺精 傷寒 手足熱する等を治す。〔鍼灸重宝記綱目〕

原穴【げんけつ】「ゆ（兪）」ヲ見ル

弦月【げんげつ】〔万物絵本大全調法記・上〕に「弦 げん／ゆみはり。弦月 げんげつ也。上弦《じやうげん》は初七 八［日］、下弦は二十二三［日］」とある。〔重宝記永代鏡〕に弦は弓の弦で月に見立て、月始めには弦が上に、月末には弦が下にある。七・八日の月を上弦、二十二・二十三日の月を下弦という。

乾統元宝【けんげんとうぼう】 銭の事*銭占。シナ遼の乾統年間（一一〇一～一一〇）に鋳造された銭。この銭は戌の方（西々北）に納めて置くと、益々繁昌となる。〔万用重宝記〕

肩胛骨の損傷治法【けんこうこつのそんしょうじほう】〔骨継療治重宝記・中〕に肩胛骨の損傷治法に三方がある。①肩胛骨が出たら見計って椅一箇《とこ》を立て患者を後ろに置き、両手を椅に伸ばし手を圏《ひきばち》に留め、次に柔らかな着物を盛って脇の下に下げて置き、一人に握り定《し》めさせ、両人で抜き伸ばし、

次に手首を墜し下し、また着け曲めて手首を着け押し直し平正《たいらか》にし、定痛膏*、接骨膏をつけて置き、絹布で縛る。②肩胛骨辺の脱臼で、手の骨の脱臼は下に、身の骨の脱臼は上に押しやり、或は左か右が脱臼したら、患者を小さい凳《こしかけ》（背のない腰掛）の上に立たせ、舂杵《きね》を用いて脱臼した所に持たせて置き、患部に合せて高さをそれぞれ調節し、一人は手を握り締めて凳を引き抜き、一人は舂臼を握り締め、一人は抱き締めて放し、上から下へ座り落すと臼に入る。③小さい凳を用いない時は二箇の小梯《はしご》を相対させて木の棒を渡し、患者の脇下骨節 蹉跌の所を掛け、身を放ち上から下に落ちると骨節は臼に戻る。

健骨散【けんこつさん】〔小児療治調法記〕に健骨散は、久しく疳の病を患い体が虚して不食し、或は諸々の病後に天柱骨倒を治す。『幼科全書』を引き「天柱骨倒」は項軟*とする。白姜蠶（白殭蠶*カ）を末（粉）し、三歳の児には半匁を薄荷酒で調えて飲ませ、その後に生筋散*を用いる。

げんさん【げんさん】「げんさんとは、坊主の事」。〔増補新版名代町法記・上だん（冗談）の言葉〕

源三位頼政【げんさんみよりまさ】〔大増補万代重宝記〕に源三位頼政は頼光の後裔である。射《しゃ》、和歌をよくし、士林に秀で、治承四年（一一八〇）に平氏を亡ぼそうとして宇治に挙兵したが敗れ、自刃した。歳七十七。

源氏【げんじ】 連俳様式。「源氏六十帖」参照

「扇の芝」参照

源氏洗粉【げんじおあらいこ】〔好色重宝記・下〕に源氏洗粉がある。丁子・白付子・白牽牛子・白芷・白姜蚕・白芨・白茯苓・白蒺藜（各等分）を皂角*の蔓を切り、菉豆（＝緑豆やえなり）*を少し入れて粉にし、朝早く起きて手足を洗うと顔色は白く玉のようで、光沢があり、透き通り、年老いても肌理細かに皺の寄ることはない。

源氏粥【げんじかゆ】〔懐中料理重宝記〕に源氏粥は、白粥を常のように炊いて、蕎麦の下地で薬味を入れ、上より掛ける。

源氏玉子【げんじたまご】〔料理調法集・鶏卵之部〕に源氏玉子は、白身を薄焼にして、蓮根の太いのをよい程に切り湯煮して、外を薄焼玉子できりきりと巻き、巻き留めに白身をつけて火取り、蓮根の片々の小口を擂り身で塞ぎ、一寸火取り、板の上に立てて蓮根の元へ黄身を流し入れ、蒸して切り形をする。

源氏豆腐【げんじどうふ】〔料理調法集・豆腐之部〕に源氏豆腐は、豆腐を小松に切り、水気を去り、吉野葛を細かにして豆腐の両方へつけ、榧の油で揚げ、煮返し、醤油を懸け、擂り生姜等を上置きにして出す。

阮氏万全散【げんしばんぜんさん】〔小児療治調法記〕に痘が出て（「出瘡《でそろう》」*）血疱をなし、半分なお紅点のあるものに阮氏万全散を用いる。防風・人参・蟬蛻（各等分）。毎服四銭、水一盞に薄荷三葉を入れ、六分に煎じて用いる。熱して実するものには升麻を加える。

源氏物語の事【げんじものがたりのこと】〔女重宝記・四〕に、紫式部*が江州石山寺に籠り観音に祈って作った物語という。〔麗玉百人一首吾妻錦〕に「源氏物語哥図」に『源氏物語』は紫式部の所作で、父は越前守為時、母は摂津守為信の女とある。村上天皇第十の姫宮 選子《せんし》内親王が加茂の斎宮に備わった時、珍しい物語もあるかと求めたのにより、上東門院の仰せを受け、式部は石山寺に籠り観世音に祈誓、源氏六十帖《ろくじゅうじょう》*を作って差し上げた。この物語は万ずの道に通じ、詞《ことば》は春の花が梢に匂い、心は秋の月が千里の外隅々まで行き渡るようであるという。〔女用智恵鑑宝織〕には紫式部の『源氏物語』は好色を表に作り、好色を戒めたものとする。〈訓釈〉〔日用重宝記・三〕には『源氏物語』五十巻は紫式部作。諸抄は夥しく、中院通勝卿『岷江入楚』写本五十五巻、北村季吟『湖月抄』六十冊などがある。

〈源氏香の図〉組み香の一。五種の香 各五包、全二十五包を作り、香元

図154 「源氏物語目録 香之図絵抄」（新板／増補）女調法記

がその中から五包を次々に炷《た》き、きき手がきいてその異同を五本の線で図示する。きき手が五炷を皆別種ときいたら図①（五本線）、皆同じときいたら図②（五本線の上を繋ぐ）を、この図形には〔源氏物語〕の巻名がついていて図①は帚木、図②は手習と、図形と巻名を書いて答える。図形は源氏と女性との関係ともいい、〔紋絵重宝記・上〕の「香図」のように文様としても使われている。〔女重宝記・五〕等には「源氏物語香の図」は「帚木」から「手習」迄の「香の図」があり（「桐壺」「夢浮橋」ハナシ）、〔麗玉百人一首吾妻錦〕の「源氏五十四帖引哥香の図」（図）には「引哥」がある。掲図「源氏物語目録 香之図絵抄」は〔新板増補女調法記・五〕による（図154）。

剣術の事【けんじゅつのこと】〔文章指南調法記・五〕に次がある。◯「剣術御励みの由、兵法の要務能き御嗜みニ而感心仕り候。其内刀術は殺伐の品故世上働《ややもすれ》ば顚会齎《あたまうち》に成る事多く御座候。以っての外武術の害ニ而候。堪忍を誠《じつ》とすると申す儀 刀法の奥秘《おくのて》と承り及び候。諸流の甲乙御尋ね下され候。顕然の流派大抵十四流 何れも優劣之無く候…」とあり、次に◯「剣術諸流」として十六流の列挙がある。真陰流。卜伝流（叡山法師）。神子上《みこかみ》流。一刀流。吉岡流。眼流。念流。真心流。戸田流。円明《えんみょう》流（備中国）。無仁《むにん》流（備中国）。関口流（紀州）。柏原流。柳生流。直指《じきし》流。神道《しんとう》流。

懸腫の穴【けんしゅのけつ】灸穴要歌。〔永代調法記宝庫・三〕に「不食して腹脹り 腰膝筋痛み起居《たちい》ならずは 懸腫の穴」。懸腫は足の外踝の上三寸にある。

減食日【げんしょくび】〔永代調法記宝庫・五〕に減食日は、正月は未の日。二月は戌の日。三月は辰の日。四月は寅の日。五月は午の日。六月は子の日。七月は申の日。八月は酉の日。九月は巳の日。十月は亥の日。十一月はの丑日。十二月は卯の日。

源氏六十帖【げんじろくじゅうじょう】　連俳様式。〔正風俳諧日夜重宝二面鏡小筌〕に『源氏物語』の「六十帖」*に合わせたもの。六十句。初折表六句（五句目月）・初裏十二句（七句目月、十一句目花）。二折表十二句（十一句目月）・二折裏十二句（七句目月、十一句目花）。三折表十二句（十一句目月）・三折裏六句（五句目花）。〔筆海重宝記〕には「源氏」ともいい、歌仙*（三十六句）の中の二十四句を二折入れて、六十句としたものとある。

玄参【げんじん】　〔薬種重宝記・中〕に唐草、「玄参　げんしん／をしくさ。火を忌む、そのまま刻む」。〈薬性〉〔医道重宝記〕に玄参《けんじん》は、苦く寒、腎を補い、熱を清くし、骨蒸（虚労内熱の症）燥渇を治し、瘰癧 癰疽を治す。水に浸し、白く強《こわ》い所を去り、刻む。銅・鉄ともに忌み、竹刀で刻む。

玄参升麻湯【げんじんしょうまとう】　〔医道重宝記〕に玄参升麻湯は、舌の上に瘡を生じ、或は舌が腫れて痛むのを治す。玄参・升麻・赤芍薬・桔梗・枳実・黄芩・犀角（各等分）、甘草（少）を、生姜を入れて煎ずる。心脾に熱塞がり、この症のものを治す。〔小児療治調法記〕には斑丹*に、石膏・黄芩・荊芥・芍薬・川芎・当帰を加えて用いる。調合は玄参・升麻・甘草を水で煎ずる。

懸枢【けんすう】　〈経絡要穴　背部〉一穴。懸枢《けんすう》は第十三椎の下、長く伏してとる。『銅人』を引き、針三分、灸三壮。腰背強ばり、靴伸ならず、痞え、不消化、腹下り後ち痛むのを治す。〔鍼灸日用重宝記・三〕

肩井【けんせい】　〈経絡要穴　肩背部〉二穴。肩井《けんせい》は肩の上陥みの中、欽盆の大骨の後ろ一寸半、肩の中央にある。指を三ツ揃えて押して中指の下陥みの中にある。灸五壮、針五分。もし深く刺《はりさ》せば悶え倒れるが、その時は三里に灸をして補う。或は禁鍼。中風息塞がり 涎上り 語らず、腎虚して腰痛み、風労、打ち身、腕・頭・項・尻の痛み、五労七傷、婦人難産、堕胎の後に手足冷え、弱い者に針をすると癒える。日々の灸は七壮から二百壮迄とする。〔鍼灸重宝記綱目〕

肩疽【けんそ】　〔改補外科調宝記〕に肩疽《けんそ》は、重い荷を持つ者に多く生じ、痒くして水が出る。石灰二両を火で赤く炒り、濃い酢を入れ、水銀二匁を加えて掻き混ぜ、鳥の羽で引く。

験胎散【けんたいさん】　〔医道重宝記〕に験胎散は、血の塊か胎児か疑わしい時に用いる。川芎一味を粉にして一匁を艾葉の煎じ汁で用い、腹の内が少し動くのを胎児とする。この方は実人に用い、虚人には良い酢で艾葉を煎じて半盞ばかりを用い、腹中の大いに痛むのを懐妊とする。

巻丹【けんたん】　「鬼百合」ヲ見ル

検地【けんち】　検地は、縄打《なわうち》 或は縄入《なわいれ》ともいう。この検地結果を一村ごとに纏めた台帳を水帳という。〔農家調宝記・初編〕に「大歩《だいぶ》 小歩《しょうぶ》検地の事」は、慶長（一五九六～一六一五）頃の検地は、三百歩を一反《たん》、二百歩を大歩、百歩を小歩、五十歩を半歩とする。これは古代の検地として所々に残っている。今は方六尺を一歩、三十歩を一畝《せ》、十畝を一反、十反を一町《ちょう》とする。〔四民格致重宝記〕に「検地之事」がある。○歩竿の長さは一丈二尺二歩で、一尺ずつに目を盛る。竿は立つ丈の当ての高さに取り、打ち様は肘を脇につけて動かず、腕先ばかりで打つ。但し、歩行を定める。○田畑のどんな願いでも縦横二竿で打ち、縦を先に打たせ、その真中程を十文字になるように横竿を打つ。二竿測りができない時は歩を測り、増歩幾歩と水帳に記すこともある。また縄で打つのもある。○山畠の検地は、登り様は歩積りが多く、降り様に打つ。見分ばかりで歩を積ると大きな相違がが出る。○山林 野原 諸木等の諸状況には念を入れて測量する。
○縄打には偏頗・私欲も出るので、縄組の者（大体は四人一組）に固く誓紙させ、筆取には功者を選び、面積や地主の名 及び上中下を書き、縄打には朝・晩・雨・風の時、或は深田・浅田の所で、段々に打ち様がある。縄打を急ぐと必ず間違いがあるので、大切の検地であり心静かにい

かにも念を入れる。○検地水帳により、末代までも高を結び、年貢役まで係るので、上中下の場所を念入りに見分け、間違いなく正確に縄を入れるのがよい。

肩中俞【けんちゅうのゆ】〈経絡要穴　肩部〉二穴。肩中俞《けんちゅうのゆ》は直に大椎の傍ら二寸陥みの中にある。『素註』を引き、針六分、灸三壮。『銅人』を引き、針三分留むること七呼、灸十壮。咳嗽、上気、唾に血混じり、寒熱、目明らかにならないのを治す。〔鍼灸日用重宝記・二〕

玄猪【げんちょ】「亥の子餅」ヲ見ル

巻繊【けんちん】〔医術調法記幷料理書〕に巻繊《けんちん》は、平湯葉《ゆば》に椎茸、又は人参を刻み味をつけ、油揚とする。蒸すとなおよい。

肩貞【けんてい】〈禁灸の穴*〉〔鍼灸重宝記綱目〕二穴。肩貞《けんてい》は背の肩の下、肘のつけ際の紋《すじ》の端にある。〈肩之部〉〔鍼灸日用重宝記・二〕二穴。凡そ背の膏盲の後ろにある肩曲胛の下臑骨の上の両骨の間にあり、横に肩髃の後へにある。『銅人』を引き、針五分、『素註』を引き、針八分、灸三壮とする。耳鳴り耳聾肩の痛み手足の痺れるのを治す。

見点【けんてん】「でそろう（出瘡）」ヲ見ル

乾統元宝【けんとうげんぽう】銭の事*銭占。〔万用重宝記〕に乾統元宝《けんとうげんぽう》は、シナ遼の乾統元年（一一〇一）に鋳造した銭（図155）。この銭をいぬの方（戌、西々北）に納めて置くと益々繁昌するという。

図155　「乾統元宝」（万用重宝記）

けんによもない【けんによもない】片言。「けんによもないは、けんよ（権輿）もない」である。〔男重宝記・五〕

建仁寺【けんにんじ】京名所。〔東街道中重宝記・七ざい所巡道しるべ〕に禅宗五山の内とある。〔年中重宝記・三〕に七月五日建仁寺開山忌、霊宝が出る。開基源頼家。開山明庵栄西。元久二年（一二〇五）落慶。

けんねじ【けんねじ】片言。「建仁寺《けんにんじ》を、けんねじ、けんねんじ」という。〔世話重宝記・四〕

玄能【げんのう】〔世話重宝記・四〕に、石を割る鉄《くろがね》の鎚を玄能という。『神社考』に出るとして、下野国那須野にある殺生石（これに触れると人は勿論禽獣まで殺す）は、近衛院の官女玉藻前の怨霊といい、玄能和尚が行脚の時杖でこの石を敲いて偈《げ》を示し、野狐を現したという。

拳の事【けんのこと】拳《けん》の数の言い方。〔重宝記・礒部家写本〕に次がある。一は「タニ」。二は「リヤン」。三は「サンナ」。四は「スムコ」。五は「ゴウサイ」。六は「ロマ」。七は「チヱサイ」。八は「パマ」。九は「キウサイ」。十は「トウライ」。

現の証拠【げんのしょうこ】「医者殺し」ヲ見ル

肩背痛【けんぱいつう】〔医道重宝記〕に、肩と背中は手の大陽経が主《つかさど》るが、気が鬱して行《めぐ》らない時は肩背痛を発《おこ》す。薬には、通気防風湯*がある。虚弱内症のものには補中益気湯*、或は八物湯*に黄芪を加えて用いる。

玄番寮【げんばりょう】〔万民調宝記〕に玄番寮《げんばりょう》は治部省*に属し、異国から来る客をもてなし、送迎を司る所である。頭《かみ》一人。

けんびき【けんびき】片言。「痃癖《けんべき》*を、けんびき」という。〔世話重宝記・四〕

巻餅焼【けんぴやき】〔菓子調法集〕に「けんひ焼」は蕎麦粉を蜜で練り、溜りを少し入れ、とろとろに練り、暫く休め、板鍋へ流して焼き、冷まして切る。『日葡辞書』に「Qenbin.（巻餅）小麦粉で作ったボーロ菓子、あるいは、練り粉菓子の一種で、曲がり重なるようにあぶってあ（る）」。

元服の事【げんぷくのこと】男子成人の儀式。十歳位から二十歳位迄に行われるが、家々で凡そ定まっている。〈式法〉〔武家重宝記・一〕には次があ

る。堂上方では種々の習いがあり、武家では前髪を取ることを元服という。諸公太夫には儀式があるが、中人以下は相応の振舞で済む。烏帽子親*と理髪人（月代を剃り髪結う人）を頼み（これを堂上方では加冠という）、一間を定めて三方に白米の上に熨斗 昆布を置いて飾り、それぞれ裃で畏まり居る。元服人は小袖を着、白衣で髪を捌き座敷に出、烏帽子親に一礼して東の方を向く時、理髪人が寄り手順に従い前髪を撫でつけ、整え櫛と鋏を蓋に乗せて退る。その時、烏帽子親が前へ寄り、元服人は両手を付いて俯き、烏帽子親は左で前髪を取り右で鋏み、その前髪を左の袂に治め、元服人には見せないのが烏帽子親の一大事である。櫛で撫で上げて退き、その時新しい盥に湯が出て元服人は月代を揉む。その後は理髪人が剃り調え、後ろの髪を梳き取り仮り結して、元服人は勝手へ入る。髪を結い小袖を裃に着替えて座敷に出、烏帽子親 父親に礼をする。その内に引渡（本膳に杯を三ッ添えた膳部）が出、時宜があり、烏帽子親が盃を取り上げて酒を受け、元服人に差し、元へ戻り、親父へも差し、親父から元服人へ、元へ戻って引渡は治まる。元服人は勝手へ立ち、母親に礼をする。その内に座敷へ振舞が出る。〔料理調法集・銚子提子名所〕に「元服等之祝儀銚子事」として、金銚子 金紙 紅裏 色花 松竹 生の梅 南天などを添える。結び数は長柄十二、渡り七ツ、提子は九ツである。〔重宝綱目女要婦見硯〕に 男は半元服といい十五六歳の頃、額に角《すみ》を入れ、その後前髪をとり幼名《おさなな》も改め替える。女は顔直しといい、眉を取り鉄《か》漿《ね》をつける。これは元服と同じ祝である。筆の親といい、寿命のめでたい老女を頼む。上ツ方では眉払《まゆはらい》 五倍子《ふし》水《みず》、公家方では御歯黒、下々では眉作《まゆつくる》 付《つけ》鉄漿《かね》という。眉は左から作る。

〈元服吉日〉〔昼夜重宝両面雑書増補永暦小筌・慶応二〕に「元服 袴着吉日」は、甲《きのえ》午の日。乙《きのと》巳の日。丙《ひのえ》辰・戌の日。丁《ひのと》丑・未の日。戊《つちのえ》子・午の日。己《つちのと》巳。庚《かのえ》子の日。辛《かのと》亥の日。壬《みずのえ》寅の日。癸《みずのと》卯の日の各日がある。

〈祝儀の事〉〔料理調法集・諸祝儀床飾幷ニ献立〕には「元服床飾」「加冠利髪御規式相済」「元服等之祝儀銚子の事」があり、〔書札調法記〕等には祝儀文の範例文があり、〔諸礼調法記大全・地〕には「然者御賢息様御元服被成候由 珍重（目出度とも書く） 御義奉存候 仍之（已下進物を書く）」とある。

〈進物〉〔進物調法記〕に「元服幷半元服 角入る時」として、裃 羽織 脇差 小柄 提げ緒 巾着 印籠 根付 煙草 煙草入 煙管 手拭 紙類 毛抜 髭鏡 本類 扇子 履物など二十四種がある。「元服吉日」は袴着*のそれと同じ。

げんぶっしゃ【げんぶっしゃ】 片言。「げんぶくしやは、験仏者《けんぶつ》」である。〔不断重宝記大全〕

絹布の数の名【けんぷのかずのな】 絹布の数の名。匹*（疋 ひき。二反を一匹とする）、反*（端＝たん）丈《じょう》*尺*寸*分《ぶ》*釐*（厘＝りん）毫*（毛）忽*がある。〔永代調法記宝庫・首〕

絹布屋【けんぷや】「せんじ（撰糸）」ヲ見ル

肩癖【けんべき】〈療治〉〔鍼灸重宝記綱目〕に肩（痃）癖は肩の痛むこと、或は痰 風湿によるが、多くは気血の痞えによる。ここに針を刺す時の秘伝は、手で肩を押し捻り撫で下し気を開かせて後刺す。深い時は誤ちがあり、もし濫りに刺すと人を殺すので、よく刺すには針を臥して皮肉の間を通し、少しも肉を通してはならない。肩 背中には砭鍼《へんしん》*を用い、撚針《ひねりばり》*を用いてはならない。管《くだ》に入れて弾き下し 皮を破り 気血を抜くと即効がある。針を刺した後をまた管で押すと血が出て邪気が去る。〔文政新刻俗家重宝集〕には古生姜《ひねしょうが》を山葵《わさび》卸《おろし》で卸してそのまま布切に包み、痛む所へ度々搗きつけると即効がある。〔洛中洛外売薬重宝記・上〕「痃癖胸の痛*妙方」は、京三条松木町東へ入ル 多木一水製。一包 三十二文。第一に癪時 気滞りによい。

健忘【けんぼう】〈論治〉〔医道重宝記〕に健忘は、心脾が虚して消耗、意思

安からず、物忘れする事をいう。脈は大にして結とする。薬は帰脾湯*を用いる。加減の例があり、健忘・痰熱には茯神 黄連 牛黄を、心気を補うには遠志 当帰 石菖蒲を加える。〔家内重宝記・元禄二〕には怔忡*驚悸*とともに、胸踊り物忘れ胸騒ぎし、色の悪いのには黄連 遠志 石菖を末（粉）し酒で服する。〔鍼灸日用重宝記・五〕には憂思が過ぎて心胞を損じ、神舎涼しからずして多く物を忘れ、精神の短少な者、痰ある者が忘れる等、心脾の病である。灸穴は膈兪 肝兪 肺兪 神門 大陵 腎兪 三里である。〔大成筆海重宝記〕に健忘《ものわすれ》の薬は、粳米（半合）を粥に炊き、蓮肉細末（粉）（五匁）を交ぜて飲む。

〈健忘食物宜禁〉〔世界万宝調法記・下〕に「宜い物」は 粟 粱 大麦 鯉 生姜 枸杞 五加《うこぎ》 蛎。「禁物」は糯 蕎麦 麵《めんるい》 油 飴 蕨。

〈呪い〉〔増補呪咀調法記大全〕に物忘れしない呪いは、五月五日夜のまだ明けぬ時（〔秘密妙知伝重宝記〕は午〔十二時〕）に、東へ向う桃の枝を採り三寸に切り、衣服の衿に縫い入れて置くと、物忘れをしないという。

憲法染【けんぽうぞめ】「吉岡染」ヲ見ル

健歩丸【けんぽがん】〔丸散重宝記〕に健歩丸は脚気によい。鹿角霜（一分）、黄栢（二分）、防已・蒼朮（各三分）を糊で丸じ、塩湯で下す。〔洛中洛外売薬重宝記・上〕に健歩丸は京の思斎堂にある。疾一切、筋や骨の痛みによい。

弦脈【げんみゃく】 七表の脈*の一。〔医道重宝記〕に弦脈は、押すに撓《たわ》まず、弦を圧す感じである。瘧《おこり》や肝臓を患う人に表れる。

見脈の目付【けんみゃくのめつけ】〔鍼灸日用重宝記・一〕に次がある。見脈は生死を知るのが第一である。見脈のよい人は床につき不食であっても本復する。見脈も腹も悪い人（「腹の諸症」の内「腹の見様」参照）は必ず死ぬ。見脈の目付に次がある。①顔赤く 眼白。②顔青く 眼黄。③眼に光なし。④鼻下に人中（上唇の中央の溝）の跡なし。⑤唇青く 身冷え しびり尿。⑥食物を見て後ろを向く。⑦衣を撫で床を探る。⑧髪竦《すく》み麻のようである。⑨項《うなじ》の筋が伸びる。⑩手の内の皺がない。⑪手足の爪が青黒い。⑫唇が焦がれ腫れて青白い。⑬足の甲 又は裏が腫れる。⑭身重く大便を保たない。⑮眼の瞳が動かない。⑯身が悪臭い。⑰瞖《まかぶら》（瞼）が陥む。⑱眼 鼻 耳 口が黒い。⑲顔青白く譫（たわごと）を言う。⑳両頬が赤く 一切物言わない。㉑口を明け張り 息が竦む。㉒足と膝が腫脹 小便が渋る。㉓頬が久しく赤い。㉔長病で虫が下る。㉕空目を使い 沫《あわ》を吹く。以上の症を一ツでも顕わす時は危く、二三を顕わし腹も共に悪いのは万死である。

玄明粉【げんみょうふん】〔薬種重宝記・中〕に唐石、「玄明粉（げん）みやうふん。芒硝を甘草と同じく煎じ、鼎鑵《ていかん》に升《のぼ》し、煆《や》くときは、玄明粉となる」。

けんもしゃたつ【けんもしゃたつ】〔人倫重宝記・五〕に「占や算のはじまり」に、禅僧が不審の「法問」に何でも答えるというのに、衣屋の手代が「けんもんしゃたつ」とは如何と問い掛けると、禅僧は暫く思案して答えられず逃げ帰った。一座の者がどういうことかと問い掛けると法問ではなく、絹紋紗（平織でよく織り出した紗）を法服にするには裁ち憎いので、「絹紋紗を裁つ事如何」と言ったまでとある。

監物【けんもつ】〔万民調宝記〕に監物《けんもつ》は中務省*に属し、大政官八省*の所々の鍵を預かり出入する役とある。〔男重宝記・一〕には禁中の門々の鍵を司る。出納の管理、監察の役とある。

倹約の事【けんやくのこと】〔日用調法人家必用〕に「倹約の大意」がある。倹約は家内一同和熟し、共に心が揃うのを第一とする。和熟とは、主人を始め家内中が自分の気侭を堪えること。即ち、戒・慎・恐・惧の天命を恐れ慎んで、正しい道を執り守ることである。奉公人には信服させること。その一法は、年季一季の給金が三両相当の人なら三両二歩を、三両二歩相当の人なら四両を取らし、他に行っては在り付けぬようにすると、主人を忝く大切にして励む。給金が過分であれば身形《みなり》も調い、主人の外見

も宜しく、この僅かな出費でその益は多い。しかし、主人がこれを恩に着せると心が離れ、害をなすに至るので、義を失わないようにするのがよい。一家同心して倹を勤める時は、飲食 薪以下の小事に至る迄、一として費えすることなく、常に家内は愉々として、心楽しく賑わい、天の恵みもある。

元祐通宝【げんゆうつうほう】 銭の事*。銭占。〔万用重宝記〕に元祐通宝は、シナ北宋の元祐年間（一〇八六～九三）に鋳造された銭。この銭を持つと無実の難を逃れる（図156）。

図156 「元祐通宝」（万用重宝記）

懸癰【けんよう】〔改補外科調宝記〕に懸癰は、陰前 陰後 喉に出る。足の三陰欠け損じ、湿熱集まり、穀道の前、陰嚢の間に生じ、初めは甚だ痒く、形は松子《まつのみ》のようで、後には蓮子《はすのみ》のようになり、数日して桃李《ももすもも》のように赤く腫れ、火《ほ》めいて破れず、破れてから軽いのは漏《ろう》となり、重い内に潰えて死ぬ。甚しいのは大小便がこの穴から出る。初発で湿熱が滞り痛み、小便の渋るのは活命飲（散）*に大黄を去り用いる。膿まず潰えないのは八物湯（加味四物湯）*、膿んだのは急に針をして玉紅膏*琥珀膏*をつける。十四五日して甚だしく腫れ散り難いのには、托裏消毒散*に穿山甲皂角刺を加え自ずから破る。腫れが高く光り膿んでも破れないのには急に針をする。消毒飲*を食前に用い、朝は六味地黄丸*、昼から十前大補湯*に牡丹皮と沢瀉を加える。血虚の者には四君子湯*に川芎と当帰を加える。長く漏をなす者には八物湯に黄芪と肉桂を加える。誤って寒冷を用いると危い。肛門が爛れ水を出し痛み、或は痒く或は血を出すのには石硫黄（五戔）と氷片（一戔）を末（粉）し、金銀花 蘄艾《きんがい》 花椒 槐花を煎じて洗い、後に石粉薬を塗る。〔丸散重宝記〕には懸癰で喉の痛みが甚だしく水食が通じないのには啓関散*を用いる。風熱で喉の痛むのにもよい。

肩癰【けんよう】 癰*の一種。〔改補外科調宝記〕に肩癰は、肩に出る癰である。

元陽右帰丸【げんようゆうきがん】「真陰左帰丸」ヲ見ル

権輿もない【けんよもない】〔世話重宝記・四〕に『詩経・秦風篇』に出るとして次がある。権《けん》は稱《はかり》の権《おもり》、輿《よ》は車《くるま》の輿《こしき》（＝輻《や》の集る中心の丸）である。稱《はかり》を造るには権《おもり》より始り、車《くるま》をつくるには輿《こしき》より始る。これより物の始めを権輿という。俗に、物の始めも見えないことを「権輿もない」という。

建里【けんり】〈経絡要穴 心腹部〉一穴。建里は中脘の下一寸、臍の上三寸。灸五壮。針一寸二分、或は五分。留むること十呼。腹脹り、身腫れ、心痛、不食を治す。〔鍼灸重宝記綱目〕

懸釐【けんり】〈経絡要穴 頭面部〉二穴。懸釐《けんり》は懸顱《けんろ》の少し下、米咬《こめかみ》の下つらに骨の割れ目のある処にある。灸三壮。針三分、留むること七呼。顔赤く腫れ、偏頭痛、胸煩れ、食欲なく、熱病で汗出ず、眥《まなじり》の赤く痛むのを主《つかさど》る。〔鍼灸重宝記綱目〕

肩窌【けんりょう】〈経絡要穴 肩部〉二穴。肩の外の端、臑骨の上 肘を横に上げ陥みの中にある。『銅人』を引き、針三分、灸三壮。肩重く、肘痛むのを治す。〔鍼灸日用重宝記・二〕

顴窌【けんりょう】 禁灸*の穴。二穴。頬骨の尖りの下はずれの陥みにある。〔鍼灸重宝記綱目〕

兼連之棒【けんれんのぼう】「人喰い馬を鎮むる事」ヲ見ル

懸顱【けんろ】〈経絡要穴 頭面部〉二穴。懸顱《けんろ》は頟《ひたい》の大角の下、頷厭の下、肉の少し高く凸（中高）の処にある。灸三壮。針二三分、留むること三呼。或は七分、留むること七呼。深く針刺す時は耳が聴えなくなる。頭痛、牙歯痛み、顔赤く腫れ、熱病煩れ悶え、洟《すばな》の出るのを治す。〔鍼灸

重宝記綱目〕

賢を賢として色に易えよ【けんをけんとしていろにかえよ】〔女用智恵鑑宝織〕に『論語・学而篇』に「賢を賢として色に易えよ、父母に事えるに能く其力を竭せ」とあるのは、善事を好むのを色を好むようにせよ。夫婦は五倫の一ツで夫婦の道も親しみ深いといっても、秋風が立つように恨みがちな仲となる。心正しく貞女の道を守るならば末遂げて子孫まで栄え繁昌することは、古くから書物に見えるとある。

こ

痼【こ】〔改補外科調宝記〕に腫物の頭がなく、色の紅なのを痼とする。癌*瘭*痼は治し難い。

碁【ご】「囲碁の事」ヲ見ル

鮬魚【こあい】〈薬性〉〔医道重宝記〕に鮬魚《こあい》は、平で毒なく、中《うち》を和《か》し、気を増すとある。『物類称呼』に「鮬《いさゞ》」、北国で「かねたゝき」、京師で「だんぎばう」、京で「目高」「いさゞ」、共に「だんぎばう」と云。俗に「ちりめんざこ」*はこの魚の乾した物である。鮬魚は音読みは「いつぎょ」。

小葵【こあおい】草花作り様。小葵の花は八重、千紫、万葉がある。土は、田土に合せ土*を交ぜて用いる。肥しは塵《ごみ》埃《ほこり》を根廻りに置く。植分は、実を春秋に蒔く。葵*に花以外は同じ。〔昼夜重宝記・安永七〕

五悪趣【ごあくしゅ】地獄。餓鬼。畜生。修羅。人間。〔日時調法通用文則〕

小あたり【こあたり】〔色道重宝記〕に「小あたり」とは、女の手を握って、味な目付きで顔を見、探りを入れることをいう。

木囲口【こいぐち】刀脇差名所。琫とも書く。〔武家重宝記・四〕に鞘の木《こ》口《ぐち》である。

小池の魚を鼬から避ける伝【こいけのうおをいたちからさけるでん】〔諸民秘伝重宝記〕に小池の魚を鼬から避ける伝は、胡椒を紙に包み四方へ立てて置くとよい。瓢簞を吊って置いてもよい。

恋三条【こいさんじょう】〔正風俳諧日夜重宝二面鏡小筌〕に次がある。○心の恋。「ものさしに狂ふ男のたゝかれて」。○詞の恋。「こんにやくかふる人は脂もきれさうに」。○愛着の恋。「露の身は泥のやうなるもの思ひ」。

恋すちょう【こいすちょう】大和詞。「恋すてふとは、恋すると云ふ事」である。〔不断重宝記大全〕

小泉【こいずみ】所名。法隆寺へ一里で、この間に名所の富《とみ》の緒《お》川があり、今はとび川という。岡本寺には五重の塔がある。斑鳩の里は名所で、今は神屋という。聖徳太子の駒塚、三井《みい》の法輪寺に塔がある。〔東街道中重宝記・七ざい所巡道しるべ〕

恋する馬【こいするうま】〔馬医調法記〕に恋する馬は、定めて静かにしていて、いささかの事には臥したようになる。薬には南天を煎じて飼うとよい。妙薬である。

小板蒲鉾【こいたかまぼこ】食い様。〔諸礼調法記大全・天〕に小板蒲鉾の食い様は、当時（＝現在。享和三年頃）のように大板にして切って出すのは略式で、箸を取り直し右で板を持って食うのがよい。食いかけた跡が目立たないように食い切る。

小板玉子【こいたたまご】〔料理調法集・鶏卵之部〕に小板玉子は、煮抜き玉子の殻を取り、竪に二ツに割り黄身を取り、中へ山椒味噌の類を詰め、杉の薄小板につけ、火取りして出す。

濃茶色【こいちゃいろ】〈染め様〉〔家内重宝記・元禄二〕に濃茶は、二三遍染め、その後椿の灰汁を掛ける。〈茶染め惣名〉〔染物重宝記・文化八〕に次の十色を濃茶という。当世茶*。蒲茶。丁子茶。宗伝茶。焦茶。伽羅茶。栗皮茶。百入《ももしお》茶。煤竹茶。朝鮮煤竹茶。「茶色染の事」「金の事」「焦茶煤竹」等参照

濃茶飲み様【こいちゃのみよう】 作法。〔諸礼調法記大全・天〕に次がある。古くは一人一服の作法であったが、中頃から今のようになった。その茶家流の説は、茶菓子を食って手水を使い、座に帰る時勝手から濃茶を持ち出て上客の前に行き、二尺ばかり隔てて服紗*を客の左、茶碗を右に引き分け、下に置いて帰る。その時、上客はまず茶碗の内を窺い見、次に茶の色を見、上客へ召し上がり下さいという時、上客も少し辞退の風情をして飲み、やがて服紗を左、茶碗を右に取り、左の掌《て》に服紗を載せ、その上に茶碗を置き、右手を下にすけ小指で服紗の前に垂れたのを右の中指の頭 大指の腹で拭い、口のついた跡を反けて戴き、右へ渡すなら右手を突き左の手で渡し、左へ渡すなら左手を突いて右手で渡す。受取る人は両手で受け取り、人の呑んだ所を前になし、戴いて呑む。袱紗をすけることは三尺ばかり迄のことで、袱紗は茶碗の熱いのを防ぐためである。各々が飲み終い、貴人へ茶碗を戻すと、貴人は茶碗を取って見物する。その体は左肘を畳に着け、右肘を膝の上に突き、まず茶の跡を嗅ぎ、内を見 外を見底を見、次へ渡す。次も又このようにして、末座より又上座へ戻す。上客は茶碗と袱紗を取り、通いの者に返して礼をいう。その時末座迄各々一度に礼をする。〔里俗節用重宝記・中〕には濃茶は料理が済んで出し、次に薄茶*を出したら煎じ茶は出ない。濃茶は草に、薄茶は真に立てる。濃茶は茶一服を進ずるのが第一なので、加減よく万事を打ち捨て、心ざしを実の茶事とする。「茶の湯茶飲み様」「薄茶」参照

こいつ【こいつ】 片言。「こいつは、是奴《こいつ》」である。〔不断重宝記大全〕

五一色【ごいっしょく】 立花で、水仙、菊、松、蓮《はちす》、杜若の、それぞれ一色のことをいう。〔昼夜重宝記・安永七〕

小出丸【こいでまる】 菓子名。小出丸、ながし物、中へ小豆入り。〔男重宝記・四〕

こいのえぼし【こいのえぼし】 片言。〔不断重宝記大全〕に「こひのゑ〔男重宝記・五〕ハ「よ」ぼし、小結烏帽子《こゆひのゑぼし》」とあり、風流にだてな烏帽子で、必ず小人などが被く物なので、名に愛でて「こひ（恋）のゑぼし」とも言うかとある。〔世話重宝記・四〕には「小結《こゆひ》のゑぼしを、こひのゑぼしといふは悪し」とある。

恋の架け橋【こいのかけはし】〔男女御土産重宝記〕に、恋の架け橋は、野原に捨ててある馬のしゃれこうべ（髑髏）を拾って来て小便をしかけ、この恋が叶えば元の所に捨てると言って大事に隠して置く。恋が叶ったら前に拾った所へ捨てる。奇妙である。

鯉の事【こいのこと】〔万物絵本大全調法・下〕に「鯉 り／こひ」。〈異名〉〔書札調法記・六〕に鯉の異名に、錦鱗 飛魚がある。〈薬性〉〔医道重宝記〕に鯉は平で毒なく、気を下し渇《かわき》を止め、水腫を治し、小便を通ずる。多食すると内熱を生ずる。〔永代調法記宝庫・四〕には脾胃を強くし、黄疸、水腫によい。熱病後 積聚には忌む。頭には毒がある。〔万まじない調宝記〕には鯉の頭は取り分けるとある。魚鳥の頭には毒がある。〈高盛〉〔嫁娶調宝記・一〕には婿方の拵え物に「鮒の高盛」*と共に、打身鯉の高盛がある（図157）。八寸の台の敷輪の上の土器に、皮を引いて平造りにし、丸く高盛りにする。人数に合わせ五ツに拵えて置く。図は中人以下の作法。中人以上は三方でする。

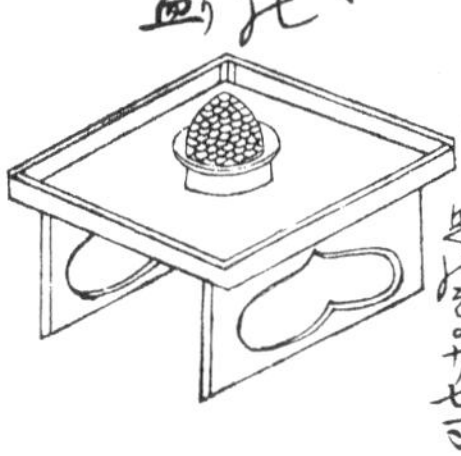

図157 「打身鯉の高盛」（嫁娶調宝記）

〈料理仕様〉〔諸人重宝記・四〕に鯉は、刺身 鱠 汁 鮓 こごり（凝魚）小鳥焼 吸物に使う。〔料理調法集・汁之部〕に、○鯉煎り汁は、まず鯉の胃を取り、胃と細腸をよく叩いて鍋に入れ、狐色に煎ってかすりを取り、酒でも出汁でも鍋を流し捨て、後に出汁を入れて煮る。鯉は三枚に卸し鱗ともに切って入れる。但し、夏は鱗を入れるのは悪い。塩加減である。また胃を擂り酒で延べて別に置き、苦みの加減を吸い合わせて出すのもある。一書に「鯉胃煎り汁」とある。○鯉観世汁は、鯉を卸し小さく切って、豆腐を焙って切り入れ、中味噌で仕立てる。芥子、山椒の類《あん》を懸けて出す。〔料理調法集・饂餅真薯之部〕に、○鯉子沙羅紗は、鯉の身を崩し擂り、子を塩に包み、湯煮して解き、よく水気を絞り、擂り身に交ぜ、板につけ、切り形をして遣う。〔世界万宝調法記・下〕に、○鯉鱠は、子を煎るのは悪く湯煮して水を滑《した》み置く。身はなるだけ細く作り、煎り酒を温めて煎り、酒ばかりで和え、山葵沢山に栗・生姜等を入れ、酢を少し加え、盛る時に子を加える。

〈置き様〉〔男女御土産重宝記〕には鯉の腐らない置き様は、鯉に挽き茶を振り掛けて置くとよい。

〈食い合せ〉〔家内重宝記〕に、鯉に菱を食い合せると咽に瘡を生ずる。〔料理調法集・当流献方食物禁戒条々〕に、○鯉に甘草、一文字（葱）を食い合わせると下血して忽ちに死ぬ。○鯉に胡蘿芙《にんじん》 鶏 紫蘇の葉 小豆 八重生《やえなり》の食い合せを忌む。○鯉の鮓に雀の食い合せを忌む。〔調法記・四十ら〕に、鯉に天門冬 辰沙冬 葵子は差し合い。〔重宝記永代鏡〕に、鯉に胡椒 紫蘇は食い合わせである。〈口伝〉〔料理調法集・秘事之部〕に、鯉・鮒共に、ごみ臭い風味を去るには紙を焼いて冷めた灰の上に置き、卸した身をその上に置くとよい。〈目を損ずる〉〔里俗節用重宝記・上〕に鯉を焼く煙が目に入ると、目が瞑《つぶ》れる。全て魚 干物の油の煙は目を損ずる。

鯉鮒の汁【こいふなのしる】〔世界万法調法記・下〕に、鯉鮒の汁は古酒をひたひたに入れ、酒ばかりで煮る。酒の臭いがなくなった時分に、味噌を立て差して、出汁袋を入れる。味噌が濃過ぎたら取り湯をし、小味がなければ少し醤油を差す。「鯉鮒の凝魚《こごり》」は「夏の凝魚」参照

小鰯膾【こいわしなます】〔世界万宝調法記・下〕に小鰯膾は、田作《たづくり》（＝「鱓《ごまめ》の事」ニ同ジ）より小さい鰯を、尾先を逆様によく扱くと鱗 腸《わた》 頭が取れ、それをよく洗って辛子酢に塩を交ぜて和える。

五音相通の事【ごいんそうつうのこと】〔昼夜重宝／両面雑書 増補永暦小筌・慶応二〕に「五音相通の事」として次表がある（図158）。

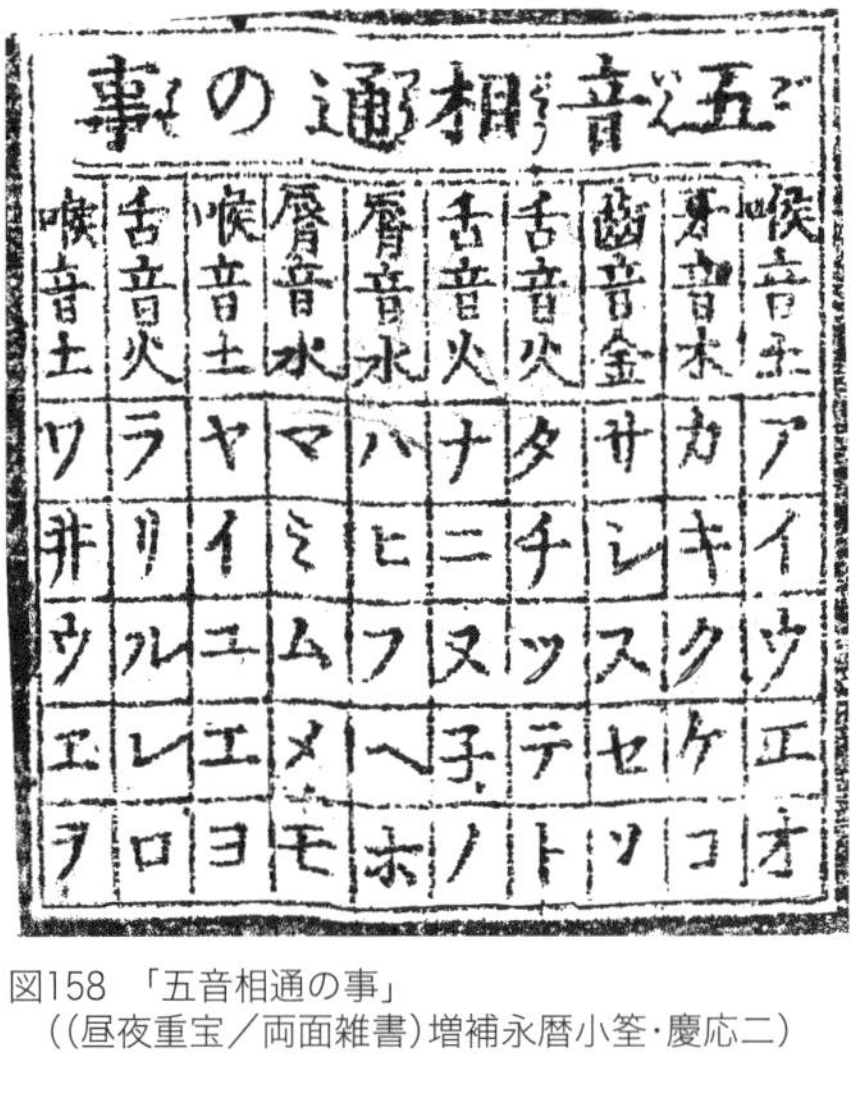
五音《ご》相《さう》通《つう》の事
喉音土	牙音木	歯音金	舌音火	舌音火	唇音水	唇音水	喉音土	舌音火	喉音土
ア	カ	サ	タ	ナ	ハ	マ	ヤ	ラ	ワ
イ	キ	シ	チ	ニ	ヒ	ミ	イ	リ	ヰ
ウ	ク	ス	ツ	ヌ	フ	ム	ユ	ル	ウ
エ	ケ	セ	テ	ネ	ヘ	メ	エ	レ	ヱ
オ	コ	ソ	ト	ノ	ホ	モ	ヨ	ロ	ヲ

図158 「五音相通の事」
（（昼夜重宝／両面雑書）増補永暦小筌・慶応二）

五音の事【ごいんのこと】十二律で、宮《きゅう》*商《しょう》角《かく》*徴《ち》*羽《う》*の五ツの音を言い、これを色々に配する。〔万まじない調宝記〕には五行の音で宮を喉音、商を歯音、角を牙音、徴を舌音、羽を唇音とする。〔鍼灸重宝記綱目〕には五臓の色体*でそれぞれ肝・心・脾・肺・腎が主《つかさど》るとある。〔囃子謡重宝記〕には「五調子*ヲ、宮商角徴羽ノ五音」とし、また「五音謡分の事」があり、五音は祝言 幽玄 恋慕 哀傷 蘭曲の五ツとし、青（地）黄（水）赤

（火）白（風）黒（空）に配する。〔重宝記・幕末頃写〕には「五音の気で吉凶を知る」ことがある。各項に見るように記述に齟齬もある。「閑曲」参照

工【こう】「大工《だいく》の事」ヲ見ル

公【こう】〔男重宝記・一〕に、公・武ともに三位以上をいう。大臣のこと。

孝【こう】〔諸人重宝記・一〕に神代以来、孝を専らとすべきことは古い書物のあちらこちらにあり、最も勤むべき急務である。天照大神は御子忍穂耳尊を慈しみ国を譲り、尊は天照大神を敬った。人代では、親として子を憎まなければ 子も親に不孝をなすことはない。昔よりよく孝行をなす人は 祈らずとも仏神の憐みがあり、卑しい身でも天子から官位を受け、或は国司より禄を貰う。孝は、今日の神事 仏事であり、儒 釈 神道、専ら第一の務めとする。人として子のないのは畜類にも劣る。仏神の咎めを受けるので恐るべきことである。励んでもなお励むべきは孝の心である。〔女筆調法記・四〕には孝は孝行、逆は不孝。孝行な人には天道は幸いを与え、不孝な者には天罰を下す。女は夫の家を我が家として夫婦一体となり、我が父母として孝を尽すを婦人の孝行という。〔里俗節用重宝記・下〕には「孝順」として次がある。○人は貴賤に拘わらず 父母を本にして生れ、朝夕常に介抱 養育されており、一度失えば再びは得ない。これを思えば恩を忘れず、意に逆らわず、孝を尽すべきである。○次に敬うべきは、天より次第する 父に代る兄である。兄に非道があっても弟の道を尽し、礼儀を立てるべきである。○次には夫婦の道を重いとし、「婦人七去」*の法はあるが、妻に親の家がなく帰る所がないか、年頃我と父母を介抱するか、前の貧賤から富貴になれば、大きな不義の外は離縁してはならない。

劫【こう】 唐尺*の事。〔文政新刻金神方位重宝記〕に、劫の寸に中れば損失多く、盗人に会い、人に難を受ける。八卦で、刧は禍害である。

迎【こう】 鍼法。〔医道重宝記〕に迎《げい》とは、例えば、足の三陽の経は頭より起り足に至る。この経に針を刺す時は、針師の指で経脈を摩《さす》り上《のぼ》せて針を刺す経迄至り経気を盛んにさせ、針芒《はりさき》を上へ向けて経脈の進むに逆らい針を刺し、その実《じつ》を抜く。左手で針の孔《あな》を開き早く針を出し、徐《しずか》にこれを押す。迎えて奪う意で、瀉とする。肥え実し硬く痛むものには瀉法を用いる。「随」参照

較【こう】「差」ニ同ジ

嘐【こう】 十字の秘術*の一。疫病 痢病等を病む人の家に行く時、左の手に嘐の字を書いて、日月*の二字を合せて念じると、一切の病を受けないという。〔増補咒咀調法記大全〕

溝【こう】 大数*の単位。万万穣を溝という。十溝、百溝、千溝。〔改算重宝記〕

衡【こう】〔古今増補算法重宝記改正・下〕に衡は軽重を知ることとある。〔童蒙単語字尽重宝記〕に衡につき次がある。○貫（十百文をいう。貫以上を大数という）。百（十十文目をいう）。十銭（一文目をいう。以下少数を用いる）。○両（四文目三分、或は四文目四分、五文目。小判一枚を両とする）。分《ぶ》（＝四分両の一）銖《しゅ》（＝十六分両の一）。○斤《きん》（＝百六十文目、或は百目）とある。

合【ごう】 糧の単位*。〔重宝記永代鏡〕に合は十勺《しゃく》*。

〈合薬秤量〉〔医道重宝記〕に十合は一升である。

強【ごう】 算法用字。「強《がう》」は割り残る数を捨てたことをいう。〔算学調法塵劫記〕

更衣【こうい】〔男重宝記・一〕に更衣は、天子*の寝所に侍した后*以外の女官で、女御*の次位をいう。

香色【こういろ】 絵具製法 礬砂の加減。〔万物絵本大全調法記・上〕に香色《こういろ》は、弁柄《べんから》（＝黄色を帯びた赤色顔料。赤鉄鉱として産出する）と藤黄《しおう》*を等分にして使う。香色は黄色味のかかった薄赤色。

後胤【こういん】〔農家調宝記・二編〕に次がある。己が子・孫・曾孫《ひこ》・

玄孫《やしゃご》迄は続きの名があり、玄孫の子には続きの名もなく、血脈《ちすじ》なので後胤と称する。或は何代の孫《そん》という。

香縁【こうえん】〔ちやうほう記〕に香縁は、煎粉（五匁）、陳皮（一匁）、山椒（五分）である。

紅花【こうか】「紅の花」ヲ見ル

後架【こうか】「後架また香家《かうか》」は、雪隠（閑所*）をいう。〔不断重宝記大全〕

膠芥湯【こうがいとう】〔医道重宝記〕に膠芥湯は、崩漏止まず、小腹《ほがみ》の痛むのを治す。阿膠・川芎・甘草（各一匁）、当帰・艾葉（各三匁）、熟地黄・芍薬（各四匁）を煎ずる。崩漏の発熱には八物湯*を用いる。熱が甚だしいのは干姜を加える。症状により加減がある。

笄の事【こうがいのこと】〔万物絵本大全調法記・上〕に「笄けい／かんざし／かうがい／み〻かき」。**〈継ぐには〉**〔万用重宝記〕に「櫛笄を継ぐには」折れ口両方を斜交いに削り上下に木を当て金挟みを火に焼いて疵を挟むと継げる。その後、椋の葉で磨くとよい。**〈売り店〉**〔江戸流行買物重宝記・肇輯〕に「鼈甲 櫛笄」として横山町一丁メ 村田屋徳兵衛、馬喰町一丁メ 住吉屋伊右衛門、同二丁メ 紅屋弥吉、通油町新道 炭屋彦七、同田馬屋庄助、大門通り升屋定七ら十二軒がある。

笄曲【こうがいわげ】 楴曲とも書く。〔嫁娶調宝記・四〕に御所風の笄曲で、後ろの髱《つと》をかっと出し、前髪を分けて括るのも、括らないのもあり、年配による。若く十八九歳の頃脇を詰め、二十七八歳迄は前髪を括り、三十余歳からは括るのは若過ぎて悪い。当代は笄を差し その上に櫛を差すのが流行で、銀で鳳凰などを仕組む（図159）。

勘え【こうがえ】 大和詞。「こうがへ（勘）とは、人を勘当する事」である。〔不断重宝記大全〕

香藿散【こうかくさん】〔昼夜重宝記・安永七〕に香藿散は、香薷（百目）、厚朴（五十目）、陳皮・茯苓・甘草（三匁）を細末（粉）にする。一包は三分。中暑霍乱吐却腹痛を治す。

図159 「笄曲」（嫁娶調宝記）

首掛【こうがけ】 馬具。馬の頭上に掛ける革をいう。〔武家重宝記・五〕

恒河沙【ごうがしゃ】 大数*の単位。万万極を恒河沙という。十恒河沙、百恒河沙、千恒河沙。〔改算重宝記〕

香葛散【こうかつさん】〔小児療治調法記〕に香葛散《こうかつさん》は、小児が傷寒に食や驚を差し挟み、四時の瘟疫、瘧疾《おこり》を治す。香付子・紫蘇・陳皮・青皮・葛根・甘草に、生姜、葱を入れて水で煎ずる。

香渇湯【こうかつとう】〔昼夜重宝記・安永七〕に傷寒に汗のない時、香渇湯を与え、物を沢山着せて息のはずむようにして汗をかかすとよい。紫蘇・葛根（各二分）、升麻（一分）、陳皮・香付子（各三分）、甘草（少）に、葱の白身・小根ともに三ツ入れて煎じ、服する。

合架風【ごうかふう】〔改補外科調宝記〕に合架風は、両耳の下にぐりぐりを生じ赤く腫れ、口が開かれない症。金の箆で押し開き銜《くわ》えさせ、地黄散*に紫証散*を合せて煎じ、管で口へ注ぎ入れる。

行間【こうかん】〔鍼灸重宝記綱目〕に二穴。足の大指と人差指との間の縫目の間を少し大指の方へよりめにある。針六分。灸三壮。嘔吐、腹下り、陰経茎《へのこ》の中痛み、淋病、婦人経水多く下り止まらないのを治す。〔鍼灸日用重宝記・三〕には「ぎょうかん」と読み解説が微細である。

合歓【ごうかん】「ねむのき（合歓の木）」ヲ見ル

紅丸子【こうがんし】〔小児療治調法記〕に紅丸子は、血膜が水を包み脇の傍らが時々痛み、寒熱を発するのを治す。また、日久しく結《むすぼ》れ癖《かたかい》となるのにも効がある。薬は、三稜（炮）・莪朮（煨）・芫花（醋で炒）・烏梅（炒）・桃仁（皮尖を去）・杏仁（同）（各五匁）、巴豆（霜を取 二十粒）、硃砂（五匁 衣とする）を末（粉）とし、醋糊で菉豆の大きさに丸じ、三五丸ずつ米湯で用いる。〔丸散重宝記〕には寒冷の物に破られて腹痛み 或は癪をなすのに、或は久しく瘧塊をなすのに、或は虫癪で胸や腹の痛むのにもよい。紅丸子はよく塊や癪を砕く。三稜（各醋煮）・莪茈（各醋煮）・陳皮・青皮（各五戔）、干姜（炮）・胡椒（各二戔）を酢糊で丸ずる。久瘧の塊には老瘧飲で送り下す。

行気香蘇散【こうきこうそさん】〔医道重宝記〕に行気香蘇散は、内は生冷の厚味に傷《やぶ》られ、外は風寒湿気に感じ、悪寒 発熱 腹脹り痛むのを治す。紫蘇・陳皮・烏薬・羌活・香付子（各一匁）、川芎・麻黄・枳殻（各七分）、甘草（二分）に生姜を入れて煎じる。

行気散【こうきさん】〔牛療治調法記〕に行気散は、狼独・滑石・牽牛・大戟・大黄・黄芩・黄蓍を末（粉）し、毎服一両に、猪脂（半斤）と朴硝に水一升を和し煎じ温めて潅ぐ。便血は皆牧養の飢え飽きの適正を欠くためである。宿草を消化せず 肚の内が張り、時々蹄を掉《ふる》わすのは肺中の毒熱である。脾虚し 鼻が乾き 水草を喰らわず 声の吼するのを治す。

香橘餅子【こうきつびんす】〔小児療治調法記〕に香橘餅子は、小児の食積滞り、顔は黄で 肌痩せ、腹脹り 飲食少なく、時として心腹痛み 常に吐き返し、腹泄り 肢体の倦怠を治す。青皮・陳皮・神麹・麦芽・白茯苓（各二両）、香付子（炒る）・厚朴・砂仁・山査子・人参・白朮・炙甘草（各一両）、三稜・莪朮（二味煨）、木香・青木香（各五匁）を末（粉）し、練蜜で芡実（蓮実）の大きさに丸じ、一度に一粒ずつ米湯で飲ます。

交脚風病【こうきゃくふうびょう】 牛病。〔牛療治調法記〕に交脚風病は、身体強ばり喉喘が頻りである。烏蛇散*を用いる。

耕牛相法【こうぎゅうそうほう】「牛の事」ヲ見ル

皇居【こうきょ】〔男重宝記・一〕に天子の仮初めの住居を皇居という。「禁中」参照

薨御【こうぎょ】〔男重宝記・一〕に、后皇（后＝きさき）*や宮*内親王*方の死をいう。「崩御」参照

高胸【こうきょう】 馬形名所*。〔武家重宝記・五〕に高胸《こうきょう》は、馬の胸の「)(」の形のある所をいう。また「入海《にっかい》の骨」ともいう。

皇宮【こうぐう】「后」ニ同ジ

香具髪油【こうぐかみあぶら】 髪油売り店。〔江戸流行買物重宝記・肇輯〕に「香具 髪油」として、本両替町 下村山城掾、よし町 よし屋留右衛門、本町二丁メ 玉屋善太郎、住よし町 松本庄右衛門、下谷車坂町 堺屋重兵衛、神田明神下 大和屋惣右衛門、四谷伝馬町三丁目 うの丸喜兵衛ら十九人がいる。

香蔻丸【こうぐがん】〔小児療治調法記〕に香蔻丸《こうぐがん》は疳瀉*を治すとして、黄連（三匁）、肉豆蔻・木香・訶子・砂仁・茯苓（各一匁）を末（粉）し、飯で丸じ米湯で用いる。或は至聖丸*もよい。〔丸散重宝記〕に香蔻丸は、小児の久瀉 疳瀉 飲食が進まず、だんだんと日毎に痩せるものによい。黄連（二戔）、肉豆蔻・木香・砂仁・訶子・茯苓（各一戔）、甘草（三分）を糊で丸ずる。

香具斤目【こうぐきんめ】〔男女御土産重宝記〕に次がある。六朱を一分と定める（以下、同）。四分を一両。十六両を一斤。三十八匁を大の一斤。小の十六両を大の一両。小の三分を大の一分。

香具所【こうぐどころ】〔万買物調方記〕に次がある。「京ニテ香具所」中立売室町東へ入 播磨大掾、四条柳馬場東へ入 伊勢大掾、六角麩屋町東へ入香ぐや八郎兵へ、姉小路寺町西へ入 足立長右衛門。「江戸ニテ香具所」

神田かぢ町一丁目 田中近江、同乗物町 岡備後、本町三丁目 香くや七兵へ。「大坂ニテ香具所」高麗橋両替町 篠村越後、同西へ一丁目 高野河内、新西ばし六兵へ、道修町 五郎助、久宝寺町堺筋 山や作兵へ。

香薫をなす薬【こうくんをなすくすり】〔昼夜調宝記・正徳四〕に口気 遍身共に香薫をなす薬の方は、丁字・木香（各一匁五分）、藿香・苓陵香・甘菘・白豆蔻（各三匁）、白芷・香付子・当帰・桂心・槟榔・益智（各一匁）、麝香（五分）を細末（粉）して練蜜で練り、よく擣き合せ、梧桐子の大きさにして常に五丸ずつ用いると口中から遍身迄 香薫をなす。五日で身は香ばしくなり、十日で衣裳が香ばしくなり、二十日で他人迄その匂いが甚だ薫ずる。〔昼夜調法記・安永七〕の方は量目を一部異にする。

後谿【こうけい】〈経絡要穴 肘手部〉二穴。後谿《こうけい》は前谷の後ろにある。針一分、留むること二呼。灸一壮。治症は前谷に同じ。〔鍼灸重宝記綱目〕

香香【こうこう】大和詞。「香《かう》の物は、かうかう」という。〔女重宝記・一〕

硬黄【こうこう】「字を写す法」*。〔重宝記・宝永元序刊〕に透明な蠟紙で字を写すのを硬黄という。筆使いは、筆を指で廻らさず 腕で廻らす。

轟々【ごうごう】妄書かな遣。「がうごふ、どこもせきこんだけん也」。〔小野篡謔字尽〕

紅黄草【こうこうそう】草花作り様。紅黄草の花は濃い柿色である。土は合せ土*がよく、肥しは魚の洗い汁がよい。植分は二月より毎月種を蒔く。一年切りに限る。〔昼夜重宝記・安永七〕

膏肓兪【こうこうのゆ】〈経絡要穴 肩背部〉〔鍼灸重宝記綱目〕に二穴。膏肓《こうこう》兪《のゆ》は第四椎の下五椎の上に近く、左右へ各三寸ずつ開く処にある。口伝に胛骨《かいがらぼね》の際に一指を側置くほどに点ずる。後に気海、丹田、関元、中極の四穴の内一穴と足の三里に灸して火気《ほとおり》を引き下げてよい。灸は百壮から五百壮迄。虚損 遺精 健忘 上気 発狂を主《つかさ》どる。胸の痞え悶え、胸・背の強ばり、目・気の病等、諸病を治す。〈灸穴要歌〉〔永代調法記宝庫・三〕に「労瘵や咳嗽 上気 膈噎に痰 胸悶え 目には膏肓」、第四の骨の下両方へ三寸ずつ、或は三寸半ともいう。

合谷【ごうこく】〈経絡要穴 肘手部〉二穴。合谷《ごうこく》は手の大指と人差指との岐骨の間凹みの中、押すと肘に応える所にある。針は三分、留むること六呼。灸は三壮。傷寒大いに渇き、発熱 悪寒 頭痛 虫歯 耳聾 喉痺 目昏く顔腫れ 口噤み 腰背中の痛み等を治す。一名を虎口という。〔鍼灸重宝記綱目〕

合谷疔【ごうこくちょう】〔改補外科調宝記〕に合谷疔は、大指と人差指の間に出る瘡である。これは手の陽明の湿毒が滞って発し、初めは固まって泡の如く、或は痒く或は熱する。まず針でかかげ破り血を出し、玉紅膏*をつける。俗に虎口とも、百了ともいう。

黄昏湯【こうこんとう】〔薬家秘伝妙方調法記〕に黄昏湯は、膿が出た後で痛み或はかひそう（疥瘡カ）するのを治す。合歓を煎じて服する。症により加減がある。

孔最【こうさい】〈経絡要穴 肘手部〉二穴。孔最《こうさい》は尺沢を目当てに腕の横筋魚際より七寸の処にある。針三分。灸五壮。熱病の汗が出ず、しゃくり（噦）、肘痛み、手握られず、吐血、咽腫れ、声の出ないのを治す。〔鍼灸重宝記綱目〕

幸崎甚内【こうざきじんない】江戸願所。元禄（一六八八～一七〇三）の昔、幸崎甚内が瘧《おこり》を患い浅草鳥越橋で命を終る時、瘧を患う人が死後に自分に願う者は誓って平癒させると言って空しくなった。その後、鳥越橋に行き、自分の年を記して川へ流し平癒した後に、竹の筒に水を入れて川へ流し、茶を供することが有名になった。〔江戸神仏願懸重宝記〕

耕作季節【こうさくきせつ】「種蒔きの事」「二十四節」ヲ見ル

高札の事【こうさつのこと】『日葡辞書』に「Côsat.（高札）書きつけて道路に出す掟、または、禁令」。〔日用重宝記・一〕に武士は「武家諸法度」の

条目を読んで心得べきであるが、四民ともに無筆でなければ日々御高札《ごこうさつ》の下を通るたびに読んで弁えよとある。〔永代調法記宝庫・一〕の「御高《かう》札《さつ》式目」には「キリシタン禁制」「定」「条々」等六例あるがその一。「定／一忠孝を励まし夫婦兄弟諸親類に睦まじく召仕之者に至る迄憐愍を加ふべし。若し不忠不孝之者あらば重罪為る可き事。一万事に奢り致すべからず。屋作衣服飲食《いんしい》等に及ぶ迄倹約を相守る可き事。／悪心を以て或は偽り 或は無理を申し掛け 或は利欲を構へて人の害をなすべからず。惣じ而家業を勤べき事。一盗賊幷悪党者之有らば訴人に出づべし。急度御褒美下さるべき之事。　付《つけたり》　博奕堅く制禁せしむる事。一喧嘩口論停《ちょう》止《じ》せしむ。自然之有る時 其場江猥りに出で向ふ可からず。又は手負たる物を隠し置くべからざる事。一死罪に行るる之族《やから》之有る刻《きざみ》仰せつけらるゝ輩之外馳せ集り可からざる事。一人売り買い堅く停止せしむ、幷に年季に召仕ふ下人男女共に十ケ年を限るべし。其定を過ぎば罪科たるべき事。付 譜代之家人 又は其所に住み来る輩 他所江相越し在り付き妻子をも所持せしめ 其上科《とが》なき者を呼び返す可からざる事。／右条々相守る可し。違反《ゐぼん》之輩有に於ては厳科に処せらる可き旨 所 仰せ出さるゝ也。／天和弐年五月日　奉行」（一部当字　読み下し）。「せいさつ（制札）の事」参照

小路【こうじ】「しょうじ（小路）」ヲ見ル

柑子【こうじ】〔万物絵本大全調法記・下〕に「柑 かん／くねんぼの属」。〈薬性〉〔医道重宝記〕に柑子《くねんぼ》は寒にして毒はなく、腸胃の熱を去り、渇《かわき》を止め、小便を通ずる。〔永代調法記宝庫・四〕に柑子は、腸胃の熱や渇きを止め、喉の痛みに少し食うとよい。脾胃を冷やし 腹の下るのによい。多く食うと肩癖の毒となる。

麹掛冬造り様【こうじかけふゆつくりよう】〔醸造重宝記・上〕に「本元造り様」*の麹掛は、世間定法の酒造り様の事で、だきを抜く日から、七日過ぎ八日目から掛るのが大法である。冬の元米は二十日三十日を過ぎてもよい。しかし生酒は勿論、長持の酒には二十日ぐらいから多く日数を延べると悪い。生酒にする元はだきを抜き、十日前後麹の元を用いるとよい。掛様の次第には国々所々により違いがあるが、大法は南都（奈良）の格式で、次がある。○元米 一石分（水一石二斗。麹十四貫目）。○添米 一石五斗（水一石三斗。麹十一貫目）。ここで水 石に平し、麹十貫目宛平す。○中米二石五斗（水二石。麹二十五貫目）。ここで水九斗に平し、麹は同断。○留米 五石（水三石五斗。麹五十貫目）。ここで水八斗に平し、麹は同断。○都合十石に留る。水合 八石。麹合 百貫目。蒸の冷まし加減は、○添米は六分冷まし温みを四分つけて入る。○中米は冷まし切って入る。○留米は随分よく冷まし切って入る。他にも詳細があるが省略する。

麹香【こうじこう】酒を造る時の麹の悪香。「酒造の事」〈酒に香りのせぬ造り様〉ヲ見ル

麹酒【こうじざけ】〔料理調法集・料理酒之部〕に麹酒は、上々麹を一夜味醂酒に浸して置き、翌日擂って漉す。

紅絲疔【こうしちょう】疔疽*の一。〔改補外科調宝記〕に紅絲疔は、手足の節の間に発症し、紅い糸のように一筋がある。早く針でその筋のある所まで破り、掻き切り血を取る。取らないと筋が心に入り危い。〔鍼灸重宝記綱目〕には頭手足の間に黄な泡粒を生じ、紫紅の筋があり、針を筋に刺し血水を去る。こうしないと心に入り治し難い。

後室【こうしつ】「後家」ニ同ジ

糀漬【こうじづけ】〔料理調法集・漬物之部〕に糀漬は、何魚でも卸してよい程に切り、塩を強くして、糀に酒と水を等分にしてひたひたにし、魚を漬ける。外には塩を入れなくてよい。

孔子の道【こうしのみち】「じゅどう（儒道）」ヲ見ル

糀味噌の煮様【こうじみそのにょう】〔男女日用重宝記・上〕に糀味噌の煮様は、豆一斗に糀五升も六升も煮る。塩三升。豆を一日緩々と煮て搗き、一夜

置いて翌日塩糀を搗き合せる。「諸白味噌の煮様」参照

こうじむろ【こうじむろ】「こうじむろ（麴室）とは、執深かな事」をいう。〔増補新版名代町法記・上だん（冗談）の言葉〕

好事門を出ず悪事千里を行く【こうじもんをいでずあくじせんりをゆく】〔世話重宝記・四〕に、『北夢瑣言』の「好事不出門、悪事行千里」の語は『稗海』に出るとし、よいことは世間に広まりにくいが、悪い事ならすぐに遠くまで知れ渡る、の意という。

強弱【ごうじゃく】〔算学調法塵劫記〕に算盤で、強《ごう》は割り残る数を捨てたのをいう。弱《じゃく》は割り残る数を一ツに収め入れたのをいう。

香積丸【こうしゃくがん】〔洛中洛外売薬重宝記・上〕に香積丸は、大坂淡路町一丁目 伏見や源右衛門／高瀬川筋松原上ル丁 松寿軒可笑子にある。半包二十四文。取り次に、三条南裏町白川筋西へ入 万や治兵へ、大宮四条上ル丁 木や八兵へ、大坂西横堀新町橋 三嶋屋嘉兵へ がいる。癪、痞え腹、一通りによい。

香砂二陳湯【こうしゃにちんとう】〔医道療治重宝記〕に香砂二陳湯は、生冷の瓜 桃 水菓 海味 魚 鱠等の寒物に傷られて胸中痞え満ずるのを治す。陳皮・香付（各一匁半）、茯苓（一匁）、半夏・砂仁・神曲・甘草（各六分）に姜を入れて煎じ服する。傷食の主薬である。

香砂平胃散【こうしゃへいいさん】〔医道療治重宝記〕に香砂平胃散は、宿食消化せず飲食の倍するのを治す。脾胃の傷《やぶれ》である。香付子・蒼朮・陳皮（各一匁）、枳殻・藿香（各八分）、砂仁（七分）、木香・甘草（各五分）に生姜を入れて煎じ服する。肉食し消化しないのには山査子・草香を加える。米粉や麵食して消化しないのには神麴 麦芽を加える。飲酒の傷《やぶれ》には黄連・葛根・烏梅を加える。この外も症状により加減がある。〔昼夜調法記・正徳四〕等は「香砂」を「きょうしゃ」と読み、調合が異なる。

香砂養胃湯【こうしゃよういとう】〔医道療治重宝記〕に香砂養胃湯は、脾胃和せず、飲食を思わず、口味を知らず、痞悶の舒《の》びないのを治す。白朮（一匁）、香付子・砂仁・蒼朮・厚朴・陳皮・茯苓（各八分）、白豆蔲・人参・木香（各五分）、甘草に、姜・棗を入れ煎じて服する。症状により加減があり、例えば脾胃の冷えには干姜・肉桂を加える。肉食して消化しないのには山査子・草香を加える。米粉や麵食して消化しないのには神曲麦芽を加える等、症状により処方がある。

香砂六君子湯【こうしゃりっくんしとう】〔医道療治重宝記〕に香砂六君子湯は、脾虚し飲食を思わず、食後に飽悶するのを治す。香付子・白朮・茯苓・半夏・陳皮・白豆蔲・厚朴（各一匁）、砂仁・人参・木香・益智・甘草（各五分）に、生姜と棗を入れて煎じて服する。また諸症状により加減、補薬もある。〔医道重宝記〕には、六君子湯*に香付子・縮砂・藿香を加えたものという。

口臭【こうしゅう】〔男女御土産重宝記〕に「口中臭きを治す薬」として、松の木の肥えたのを二匁、生姜を一匁、水を天目に三杯入れて二杯に煎じ、よく冷やして含むとよい。また肥松《こえまつ》を楊枝に使ってもよい。〔丸散重宝記〕は細辛を煎じて含む。〔里俗節用重宝記・上〕は良い酢を沸かして口中を漱ぐと臭みを妙に去る。〔同・下〕は細辛・肉桂・丁子を布に包んで含むと妙である。白根・肉桂・丁子を同じようにして含むのもよい。〔新撰咒咀調法記大全〕に「韮 大蒜 葱を食して口中の臭きを去る呪」とし、紙を口で嚙むとよく、また砂糖を舐めるのもよく、飴を食うのもよく、どれも忽ち臭気を去る。〔調法記・四十七ゟ五十七迄〕は白芷を粉にして食後に水で飲むと次第に去る。〔薬家秘伝妙方調法記〕は川芎を刻み含むと奇妙に去る。〔大増補万代重宝記〕は黄蘗（黒焼）・透き礬砂・甘草を末（粉）して含むとよい。「口の事」「舌の事」モ参照

甲州成【こうしゅうなり】鎧名所*。〔武家重宝記・三〕に甲州成《こうしゅうなり》は、関東具足という。胸を広く作る。

江州鮒鮨【ごうしゅうふなずし】〔料理調法集・鮨之部〕に江州鮒鮨は、寒の内に漬ける。鮒の鰓を取り 腸を抜き 頭も打ち拉ぎ 折敷に塩を沢山入れて鮒に着くだけ押しつけ、次に黒米を強飯にして冷まし、塩を交ぜ、飯の中に鮒を漬ける。始めはなるだけ押しを強くし、二十日程過ぎて常の鮨の加減程に押しを緩め、七十日程経るとよく熟れ、いつ迄も持つ。翌年、夏秋の頃も風味よく、骨も一段と和らかになる。これも押しを緩める時に塩水を蓋の上へ溜める。取り出して後、内の鮒が片側下りにならないようによく押しを置き、また塩水を溜めて置く。

広茂潰堅湯【こうじゅつかいけんとう】〔医道療治重宝記〕に広茂潰堅湯は、中満 腹脹、内に積塊があって石の如く形は盤の大きさ、座臥安からず、二便渋滞し、上気 喘息 通身虚脱するのを治す。半夏（七分）、厚朴・当帰・草豆蔲・黄芩・益智・黄連（各五分）、柴胡・青皮・陳皮・神麹・沢瀉・甘草（各三分）、莪朮・升麻・紅花・呉朱萸に生姜を入れて煎じ、服する。渇するには葛根（四分）を加える。積塊があり、腫脹を生ずるのに用いる。特に熱脹によく、冷脹には大七気湯*を用いる。

香薷の事【こうじゅのこと】〔薬種重宝記・上〕に和草、「香薷（かう）じゆ／なぎなた。陰干にして、茎《くき》を去り刻む。火を忌む」。〈薬性〉〔医道重宝記〕に香薷《かうじゆ》は、辛く温、暑に傷られて小便渋り 霍乱 水腫を治す。煩《いきれ》を除き、気を下し、熱を解す。枝を去り、穂ばかりを用い、火を忌む。〈香薷飲〉〔薬家秘伝妙方調法記〕に香薷飲は、暑熱 或は食傷 霍乱 吐瀉を治す。香薷（三銭）、厚朴・白藊豆（各一銭半 炒る）を、煎じても、末（粉）してもよい。〈香薷散〉〔医道重宝記〕に香薷散は暑熱 霍乱 吐瀉 腹痛を治すとあり、香薷（十匁）、白扁豆（五匁）、厚朴・陳皮・茯苓（各三匁）、黄連（二匁）、甘草（五分）を細末（粉）して白湯や水で用いる。このほか薬効は同じで調合を若干異にするものがあり、例えば〔丸散重宝記〕には香薷（十銭）、厚朴（五戔）、陳皮・茯苓（各三戔）、甘草（三分）を細末（粉）にし、米飲或は白湯で用いる。霍乱で熱のあるのは塩湯で用い、吐するのを徴《しるし》とする。〔永代調法記宝庫・三〕には風邪引き 咳止め薬とある。香薷（百目）、厚朴（五十目）、陳皮・茯苓（各三十目）を細末（粉）して用いる。

孝順【こうじゅん】「孝」ヲ見ル

交衝【こうしょう】「後頂」ニ同ジ

興聖寺【こうしょうじ】 山城名所。禅宗。この辺に観流亭があり、亭の前に亀石がある。宇治七名園の一つ朝日茶園がある。〔東街道中重宝記・七ざい所巡道しるべ〕

岡松寺の痔神【こうしょうじのじしん】 大坂願所。上福嶋 岡松寺の寺内に秋山自雲霊神の石碑があり、五痔*で難渋する人が石碑に立願すると速やかに平愈する。御礼には図版（図160）のように、長さは手拭から何程なりとも白でも紅でも木綿幟を随意に拵え、「秋山自雲霊神／何歳男」と墨黒に書き、碑の前に立てて置く。御縁日は二十日・二十一日。御膳を献ずる。〔願懸重宝記・初篇〕

図160 「岡松寺御札」（願懸重宝記）

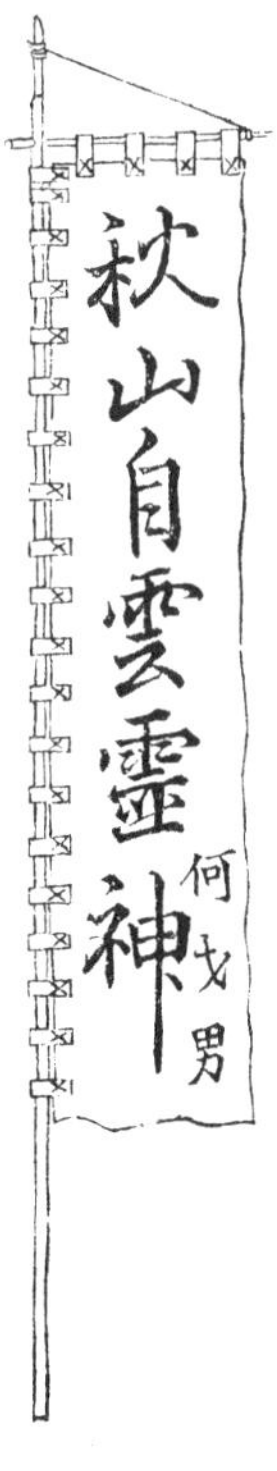

高勝の鐶【こうしょうのかん】 甲冑名所*。上照《こうしょう》とも書き、甲の字を書くのは誤り。鉢の後ろにあり、これに総角《あげまき》を結ぶので高総《こうしょう》の鐶とも書く。或は笠印《かさじるし》の鐶とも書く。〔武家重宝記・三〕

口上／口上書の事【こうじょう／こうじょうがきのこと】〈口上の事〉〔大増補万代重宝記〕に「口上の事」は口上・口演・口述・口達」とあり、「口上之覚」は使者の述べることが長いので自身で書いて持参するか、全

て自身が直に渡す時書くことである。この時「以上」とは書かず、上書は折り懸ける。〈呪い〉〔増補咒咀調法記大全〕には「口上の時の符」があり、釜の注連縄《しめなわ》で書くこと、守にして吉とある（図161）。〈口上書〉〔女筆調法記・一〕に文（手紙）ではなく、使者（年寄・幼い者・物を一向に言わぬ者等）に遣る口上とある。折紙に「口上書」と書いて言うべきことを書く。〔諸礼調法記大全・地〕には「口上書」と書いて密事でないことを書き、奥に先の名、日付の下に我が名を書く。封はせず、時宜により上包をし、紙一枚を縦に真中より折りくるくる巻いて包み、上下を折り、上に「口上書」と書く。

図161「口上の時の符」（増補咒咀調法記大全）

高所から落ちた時【こうしょからおちたとき】〔骨継療治重宝記・中〕に、打身樹木挟圧 高所転落等は、皆四肢五臓を驚動し 必ず悪血が内にあり、胸が悪くなる。清心薬*打血薬《だけつ》等、大小腸を通ずる薬に童便を加えて服すると即効がある。〔同・中〕に高所から墜落し打撃や内傷を治す神効の方は、麝香・水蛭（各一両）を刻み砕き炒り 煙を出す。この二種を研《おろ》して細末（粉）し酒（二銭）で調え、滞る古血を下す。治らなければ再度服すると神効がある。〔改補外科調宝記〕にはまず、てれめんていな*の油を少し温めて注《さ》すか 付けるか、或は牛草の花の油か人油《にんゆ》を温くして付ける。その上に玉子の白身に椰子油を合せ木綿に延べて付け、その上に酢と水と等分に合せて付ける。廻りには花の油を塗り付け、二日目にはてれめんていなを煎じ、玉子の黄身に花の油を合せて付ける。これらの傷には人油がよく、ない時は てれめんていな、うし草の油もよい。てれめんていなは傷を腐らせないためであり、玉子を最初に付けると早く腐りが来る。〔大増補万代重宝記〕には二階より落ち、或は落馬等*した時は、楊梅皮・石灰・饂飩粉（各等分）に合せ、続飯（飯粒糊）で練り、丸じて服する。急なら散薬で水で用いる。〔妙薬調法記・御成敗式目所収〕に高所より転落、或は落馬等して手足など折った時は、直ぐに銅の粉を酒で飲むとよい。〔万家調法呪咀伝授嚢〕に「馬に踏まれ高所より落ちたのによい法」は、大黄・当帰・桃仁を煎じて飲ます。

好色感冒【こうしょくかんぼう】〔好色重宝記・下〕に好色感冒は、風邪を引いたことをいう。ふわふわとして風邪を引くことが多い。軽ければ、香蘇散*又は敗毒散*、夏に暑気を兼ねた感冒には藿香正気散*、咳嗽《がいそう》《せき》があれば参蘇飲*を用いる。病の重い時は医者を頼むとよい。

好色酒醒【こうしょくしゅせい】〔好色重宝記・下〕に好色の座では、興に乗じて大酒することが多い。酔を醒ますには色々の薬が多いが、葛の粉と挽き茶を等分にして水に立てて飲むと、早速に醒める。

好色食傷【こうしょくしょくしょう】〔好色重宝記・下〕に好色の座では、色々の栄耀喰いをするので、食傷し腹の痛むことが多い。平胃散*又は不換金正気散*を用いるとよい。重い時は医者を頼むのがよい。

好色万能飲【こうしょくまんのういん】〔好色重宝記・下〕に、酒をなづけて「好色万能飲」という。遊興の座敷に酒がなければ何の面白いこともないが、大酒すると大毒となる。男が虚症ですぐに淫を漏らすには、ほろ酔い加減で用いると久しく戦う事が出来る。玉子酒*にすると虚症を腎張《じんばり》（精力絶倫）にする。以下の効能もある。男女の口舌を仲直りさせ、無口を口軽にし、顔の皮の薄いのを厚皮にする。酒の力で忍び会い、恋に落し、また邪魔を入れる者にも、仲立を頼む者にも、酒を盛ると事が運ぶ等、好色事万事に用いてよい。「熟地黄」参照

交信【こうしん】〈経絡要穴 腿脚部〉二穴。交信は復溜《ふくる》と相並び付る間に筋

を隔て、復溜は後ろ、交信は前少し上めに点をする。針四分。灸三壮。疝気、気淋《りんびょう》、陰嚢《ふぐり》腫れ、婦人崩漏、陰挺の出るのを治す。〔鍼灸重宝記綱目〕

毫鍼（針）【ごうしん】〔鍼灸日用重宝記・一〕に、毫鍼（針）は長さ一寸六分。寒熱の痛痺が経絡にあるのに用いる。「鍼（針）の事」参照

降真香【ごうしんこう】〔薬種重宝記・上〕には唐木、「降真香 がうしん（かう）／ちとめのき。粉にして金瘡の薬方に入る」。

庚申待【こうしんまち】〔年中重宝記・五〕に次がある。一年に六度庚申を祭り、その夜は眠らないというのは、人が生れてから腹中に三尸虫《さんしちゅう》がいて身を離れず 人を害し、庚申の夜に離れて人の罪を天に密告するからである。上尸は頭にいて目を暗くし 顔に皺を畳み 髪を白くする。中尸は腹にいて五臓を損じ 悪夢をなし 飲食を好む。下尸は足にいて命を奪い精を悩ます。庚申の日、寝らないで三尸の名を呼ぶと、災いを除き 福を来すと、『老子・三尸経』にある。夜半後南に向い再拝して曰う、「上尸又彭俗青色、中尸白色、下尸又彭驕赤色、彭侯子 彭常子 命児子 悉入窈冥之中去離我身」と三遍唱える。三度庚申を守ると三尸は伏し、七度庚申を守ると三尸は滅すると言い伝える。これにより七庚申を守るという。〔調宝記・文政八写〕に「庚申夜詠歌」がある。○「久方の天の八重雲押し分けて下りし君を我ぞ迎える」（新古今集・神祇歌、題詞「猨田彦本文異同アリ）。○「沖中に空ける方なき釣舟は 尼やせんだつ 我やせんだつ」。○「八雲立つ出雲八雲垣つまごみに 八重垣つくる その八重垣を」（古事記・上）。〔女用智恵鑑宝織〕には、三尸虫が抜け出て労瘵（肺結核）を患わせるので、鶏が鳴くまで寝ないで庚申を守るという。『袋草子』には「しやむしは いぬや去るねやわが床を ねたれどねぬぞ ねゝどねたるぞ」（諸本異同ガ多イ）と唱えて寝ると災いを逃れるという。庚申を仏法では青面金剛童子、神道では猿田彦命を崇める。この神は幸神《さいのかみ》とも同祖神ともいい、幸神の音読みで猿田彦の名により申の日を祭る。同祖神を祭る時は四ツ辻に出して祭り、辻占神《つじうらのかみ》として旅行の安全を祈る。七月二十四日の祭りで地蔵祭と混雑する。庚申待は好んですることではなく、舅姑に従い、また若い人々は日々の鬱気を晴すため宮寺等へ濫りに出かけられないので、庚申を守るとなづけて親類 友達の女中が打ち寄り、夜ともに語り慰み 琴 双六 歌加留多等に気を紛らすのだという。〔大増補万代重宝記〕には、庚申を祭るのは万物の濁りを改める日で、酒宴を設け夜もすがら飽食 大酒する教えはなく、この類の思い違いは多く よくよく慎めとある。

荒神除けの守【こうじんよけのまもり】〔増補呪咀調法記大全〕に「荒神除けの守」がある（図162）。

図162「荒神除けの守」（増補呪咀調法記大全）

好事【こうず】「こうず（好事）とは、事ごのみの人」をいう。〔消息調宝記・二〕

困ず【こうず】「こうずとは、くるしむ也。困《こん》と書く」。〔消息調宝記・二〕

迎随【こうずい】〔鍼灸重宝記綱目〕に、針に補瀉*のあることをいう。「虚実の補瀉」参照

上野【こうずけ】上州。〔重宝記永代鏡〕に、碓氷《うすい》 片岡 甘楽《かんら》 多胡 緑野 那波 群馬 吾妻 利根 勢多 佐位 新田 山田 邑楽《おわらぎ》をあげ、城下は高崎 館林 沼田 安中で、一ノ宮は抜崎である。〔万民調宝記〕に居城知行高は、前橋・酒井河内十三万石、伊勢崎・酒井下野二万石、高崎・安藤対馬六万石、小幡・織田内記二万石、七日市・前田宮内一万石、安中・坂倉百介一万

五千石。〔大増補万代重宝記〕には大管、四方三十里。田数二万八千五百三十四町、知行高四十六万八千石。〔重宝記・幕末頃写〕には東西四日、暖気で桑多く、絹綿豊か等とある。熊谷県、栃木県から、今の群馬県にあたる。〈名物〉〔万買物調方記〕には、日野絹、仁田山絹、佐野の白噌苧、布、盆山の石、利根川の鯉などを名物とする。

上野本庄へ小諸より出る道【こうずけほんじょうへこもろよりでるみち】 街道。〔家内重宝記・元禄二〕に「小諸より上野本庄へ出る道」がある。小諸〈二里半〉三まめせ［これより甲州へ行く道がある］・市村・瀬戸・外山［上州の関がある］〈二里〉下の田〈三里半〉富岡〈四里半〉藤岡〈二里半〉本庄である。

黄精枸杞子円【こうせいくはしえん】〔洛中洛外売薬重宝記・上〕に黄精枸杞子円は、西洞院下立売下ル丁 三上清右衛門にある。身を肥やし、精気を強くし、神気を増し、身を潤し、肌をよくし、痛み痺れるのによい。

蒿脊牛相【こうせきぎゅうそう】 牛相。〔牛療治調法記〕に蒿脊牛相は、牛が黄に黒色で背の上に白い一条があり、これを蒿脊牛となづける。大いに吉。

口舌唇の薬【こうぜつしんのやく】〔医道療治重宝記〕に口舌唇の薬には、加味清胃散*がある。

口舌瘡【こうぜつそう】〔改補外科調宝記〕に口舌瘡は口中舌に出る。口舌の病は、或は爛れて瘡を生じ、或は重舌*木舌*となる。その元は七情*の火が動き、五味*（酸い・苦い・甘い・辛い・鹹い）が食に傷《やぶ》られるためで、諸症の説明がある。○舌が裂けて爛れ痛むのには、靫草・車前葉（各等分）を煎じ滓を去り、その汁に白蜜を加え、口に含む。○理由もなく舌から血が夥しく出るのには槐花を粉にして捻り掛けると止まる。○唇が乾き裂け破れ瘡の生ずるのには、蘆甘石（火で炙る三匁）、文蛤・黄栢（各一両）、蒼朮（五匁。後の三味は炒り赤色にする）を末（粉）とし、片脳（三分）を入れよく擂り合せ、蠟油で練りつける。口瘡*木舌*もある。〈食物宜物〉〔改補外科調宝記〕に「口舌に好い物」は石榴 梅 熟柿 葛の粉 魚鳥蓼がある。

香煎【こうせん】〔万買物調方記〕に、「京ニテ香煎屋 こがし」ぎをん町了郭、同井上和泉、同小泉知徳。「江戸ニテ薬こがし かうせん」京橋南四丁目 靏見玄関、下谷池のはた とちきや、木挽町五丁目 こがしや三郎兵へ。香煎は、赤米などを炒って粉にしたものに、蜜柑皮などの香料をを混ぜ、白湯で飲む。

香蟾丸【こうせんがん】〔昼夜重宝記・安永七〕に香蟾丸は、小児の五疳*、くる病、癪、物固まりの病を治す妙薬とする。山査子（六匁）、胡黄連・白朮・白茯苓・甘草・川黄連・猪胆・神麴（炒）（各五匁）、阿魏・史君子・人参・龍胆草（酒洗）・青皮（香油炒）・陳皮（去白）（各三匁）、蘆薈（二匁）、木香（一匁）、乾蟾（五ツ）を猪胆汁で丸じ、緑豆の大きさにして毎服三十丸を飯の取り湯で飲む。〔小児療治調法記〕は疳*を治し、食癪、虫癪を消し、腹脹りの大きいのを治す。三稜・莪朮・青皮・陳皮・檳榔子・神麴（炒）・麦芽麴（炒）・龍胆（練子核を去る）（各五匁）、使君・胡黄連・川黄連（各四匁）、白朮（一両）、木香（二匁）、乾蟾（五箇）、木香を末（粉）とし、乾蟾は酢で煮て膏とし薬に和ぜ、もし乾いたら再び酢糊を加え、麻子の大きさに丸じ、毎服十五丸を清米飲《せいべいいん》で用いる。

攻戦の六具【こうせんのろくぐ】 六具*の一。〔武家重宝記・四〕に、①鉄砲*、竹束《たけたば》、旗*、纏《まとい》、馬印《うまじるし》、大馬印をいう。②鉄砲、竹束、楯、纏、馬印、旗をも攻戦の六具という。①の鉄砲*、竹束、旗、纏《まとい》、馬印《うまじるし》、大馬印の六具の内から、鉄砲と竹束を除き、持楯《もちたて》、蓋楯《かいたて》、旗旗《せいき》《はた》（旌旗）、螺《かい》、太鼓、鐘を加えて物の具*という。

甲疽【こうそ】「だいし（代指）」ヲ見ル

口瘡【こうそう】 口舌瘡*の一。〔改補外科調宝記〕に口瘡には、黄栢（皮を去り一両）と青黛（二匁）を粉にして捻り暫く含み、涎を吐き出すと治る。

生明凡《しょうみょうばん》を口に二刻（四時間）程含ませ、涎を切々と吐き出しても妙に癒える。「小児諸症療治」参照

厚相【こうそう】　人相*の一。〔万法重宝秘伝集〕に厚相の形は強くして福徳がある。この人は心厚く大気で、貴人高人と交わっても心は少しも臆せず、例えば大船に乗ったようで、物に動ずることはない。

香蘇散【こうそさん】　〔医道重宝記〕に香蘇散は、四時の風邪に感じ冒され、頭痛 発熱 寒気のあるのを治す。紫蘇・香付子（各二匁）、陳皮（一匁）、甘草（五分）を生姜と葱白を入れて煎じる。風邪の軽いのは立ちどころに治る。〔昼夜重宝記・安永七〕等には咳嗽には桔梗*五味子*を、胸が痞え塞がるのには桔梗 半夏*を加える。〔重宝記・礒部家写本〕には風薬とあり、瘧疾《おこり》には檳榔子*草菓を加える。

江帥な人【こうそつなひと】　〔世話重宝記・四〕に大江匡房は太宰帥になった博学で、弁舌の立つ学者である。それ故、よく物言う者を、口《くち》の江帥《こうそつ》な人というのは、この匡房よりおこる。「がさつもの」というのは江帥の転語である。

楮苧の事【こうぞのこと】　〔万物絵本大全調法記・下〕に「秋葵 しうき／かうぞ。常に葉を傾けて日に向ふ也。夏」。〔薬種重宝記・上〕に和木、「猪実子 ちよじつし／こうぞ。洗い 砂を淘《ゆ》り 干して炒る」。〈草花作り様〉〔昼夜重宝記・安永七〕に「こうぞ」の花は黄色、また白がある。時により八月にも咲く。土は肥土に砂を交ぜて用いる。肥しは魚の洗い汁、分植は春 秋がよい。〔紙漉重宝記〕には「楮苧 かうぞ／かみくさ」とあり、植えつけは古い根を分け、尺《たけ》を二寸七八分に切り、根本を二寸三四分埋め、西国では九・十月に、上方では正月に植える。古畑 山際 堤等は適せず、新田の岸等に植えるのが一番である。塩気や唐黍を嫌い、肥しは他の作物にする余勢で自然に潤う。株は翌年から五本ずつ五割増しに繁茂し、雨の多い年は伸び過ぎて夏秋の風に痛み、また猪鹿が好んで食う。五年も経つと一間から一間半にもなり、刈り取り 皮を剝ぎ 紙を漉く。初めの芽ぐみは例年十月に切り捨てる。普通は掛け目一貫目に付、代銀三匁二分位である。「真楮苧」「つゝかけ」ともいう。

次は〔紙漉重宝記〕の挿絵の解説も含めての記述である。○冬十月に刈り取り半間《はんげん》に切り揃える。木立を見せて、刈らずに商うこともある。○立木を見て売買するのは剝き取った楮の値段である。五貫目で、例えば銀十匁の価ならば、銀十匁に荒木の掛け目三十貫目を取り、剝き取ると正味五貫目余になる。手間は真木を薪にし、徳分 利口に当る。○蒸し鍋の寸法は二尺六七寸でよい、藁甑。楮苧を二尺五寸から三尺程に切って蒸す。冬の夜等は五鍋も六鍋も蒸す。○薪は皮を剝き取った木を用いる。皮を剝き取り、中の真木が薪になる外は用立はない。○皮を女の片手に握る程ずつ 二三日干すが、風があれば一日で乾く。括り目を解きよく乾かし、その後五貫目ずつ掛け改め抱《たば》にする。○売買は五貫目抱、一駄と言う時は三十貫目である。五貫目で銀九匁、十三匁、二十匁。至って凶年の時は二十八匁位することが稀にある。諸国へ積み出す時は引物《ひけもの》（＝欠陥の値引き品）が多く、東石見の皮は二三割安い。内皮 外皮の剝き様で違う。

○紙を漉く時は一日か一晩 流水へ皮を浸けて置く。持ち返り、薄皮を扱き取る。○薄皮を庖丁で削り黒皮を悉く扱き捨てて（黒皮は「さる皮」*といい塵紙を漉くのに用いる）後、川でよく洗い釜へ入れて煮る。その後腐らかし よく叩き とろろ草*を入れて漉く。楮苧の少ない年は桑の木・葉を製するが、楮苧のようである。○灰汁出しは「さる皮」を削り取った身を 掛け目五貫目を三日で漉くが、上手は二日で漉く。漉き銀《ちん》は八・六匁である。この五貫目を川へ持って行きよく洗い、指し物又は笊籬桶でよく洗い、押さえ石を置き雫を取る。これより釜で煮る。削った身を「そそり」*といい、粘り気が付くように洗う。○再び洗うのは笊籬へ

入れて川水で悪汁灰の類を洗い濯ぎ、その上で雫をよく垂らす。○叩台板。長さ五尺、巾三尺余、厚さ三寸五分、樫桜で作る。叩き棒。長さ三尺、先は四角、元は丸。明日紙を漉く時は前夜に「そそり」を洗い、翌朝に朝飯が煮える間叩けばよい。冬紙はとろろ草*ばかりを入れて叩く。春紙には糊を入れて漉くこともある。

○煮炊は、今まで製して来たのを釜の中へ入れ、円錐形の長棒二本を拵えて立て、根本は楮苧で留める。その上へ蕎麦 饂飩等を茹でるように追々入れ、一時に煮る。煮汁は蕎麦柄を焼いた灰汁で煮、煮るに従って二本の棒で芋を洗うように数遍掻き廻し、棒を引き抜き、その穴より湯廻りよく煮ゆる。片煮のしないように注意するのが大事であり、よく煮えない時は蠟灰一升か石灰を入れると早速煮える。灰を加えると漉いた後で少し赤味を帯びる。半紙漉*紙干*は別項。

公孫【こうそん】〈経絡要穴 腿脚部〉二穴。公孫は足の大指の本節の後ろ一寸、即ち大都の通りにある。針四分。灸三壮。寒瘧《おこり》、不食、頭・顔腫れ、胸煩れ狂い、咽渇き、膽虚するのを治す。〔鍼灸重宝記綱目〕

小謡【こうたい】〔諸人重宝記・二〕に「小謡の事」がある。小謡は序より謡う。序とは、「をとづれは松にこととふ」（祝言部 高砂 春）という所である。但し、序を謡わないでも小謡は返して謡うのがよく、一座に付く人があれば返しからつけて謡う。しかし、聟取 嫁入 舟路の門出等は返さない。謡をうたう時は四季を分別し、春は春、夏は夏、又は祝言 花見 舟遊 月見 歌道の酒宴と、所を分けて謡うのがよい。

皇太后歓子【こうたいごうかんし】〔麗玉百人一首吾妻錦〕に皇太后歓子《こうたいごうかんし》は和国賢女とある。後冷泉院（万寿二～治暦四。一〇二五～一〇六八）の后。容顔古今に勝れ 心ざまも優美で、帝の崩御後は離宮に引き籠り 専ら仏道を修し、最勝王経を書写の折柄 雷電鳴りはためき 御殿に落ちたのに 少しも騒がず 目を閉じ、雷が鎮まって後 机の紙を見ると皆焼けていたが、経の文字は残り 御衣も焦れたが身体は無事であったという。八十二歳没。

皇太后宮【こうたいごうくう】「国母」ニ同ジ

高台寺【こうだいじ】京名所。〔東街道中重宝記・七ざい所巡道しるべ〕に禅宗で、豊臣秀吉公の像がある。〔年中重宝記〕に七月六日 高台寺施餓鬼什物や古画が掛る。九月六日高台寺殿忌 方丈に懺法がある。

〈色茶屋〉〔茶屋諸分調方記〕に「高台寺前」祇園松原南西東側、「洒落事ふりての手招き」する遊女がいた。

行遅【こうち】〔小児療治調法記〕に行遅は、小児の歩くことや髪の生えるのが遅いことをいう。気血が充たないからである。薬に、調元散*加味地黄丸*羚養角散*五加皮散*がある。

光智院子の権現【こうちいんねのごんげん】大坂願所。上福島 岡松寺《こうしょうじ》*の西隣、元三大師堂安置の子《ね》の権現へ五痔*淋病*消渇*を病む人が立願すると忽ち平愈する。腰より下の病 全てを治す。御礼参りには寺中へ頼み、御膳を供える。御縁日は十日、甲子の日。〔願懸重宝記〕

口中【こうちゅう】「口の事」「口臭」ヲ見ル

口中医師【こうちゅういし】〔万買物調方記〕に「京ニテ口中医師」小川元誓願寺上ル 親康喜庵法眼、油小路中立売上ル 野々口古雲、腹帯ノ地蔵 清帯寺栄策、新町通 親康松軒。「江戸ニテ口中医師」伝奏御屋敷近所 本康宗硯、かく町 兼康永見、金元休安、本篤徳順、福山道安。「大坂ニテ口中医師」農人橋東 元康道達、南新町三丁目 兼康三琢。口病等は「口の事」ヲ見ル

口中おさんの方【こうちゅうおさんのかた】江戸願所。西の久保土器町 善長寺（柴土堺町五町目）に、口中おさんの方がある。虫歯の外、口中全ての病を祈ると忽ち平癒する。願懸けの時、本堂の楊枝を借り受け、朝夕口中の痛む処へ宛て、撫でながらおさんの方と信心するとどんな痛みも速やかに平癒する。平癒後は再び楊枝を求めおさんの方へ奉る。「良樹院珊

誉大禅定尼 御縁日／八月八日」。〔江戸神仏願懸重宝記〕

口中文字扱い【こうちゅうもじあつかい】〔囃子謡重宝記〕に「口中文字扱い（開合）」の事として次がある。五十音*のア行ワ行は鼻咽に通ずる。カ行は歯に通ずる。サ行は歯と舌に通ずる。タ行は腭《あぎと》に通ずる。ナ行は鼻と腭に通ずる。ハ行は唇を合せない。マ行は唇を合す。ヤ行は鼻より出る。ラ行は舌を振る（〔諸人重宝記・二〕ではマ行はハ行に同じ）。ア列は歯も舌も開く。イ列は歯を咬み口を開く。ウ列は口を窄め歯を咬む。エ列は舌を出し口を中に開く。オ列は口をしぼむ。

後頂【こうちょう】〈経絡要穴 頭面部〉一穴。後頂《こうちょう》は一名は交衝。百会の後ろ一寸五分、前の髪際より六寸半、枕の当る骨の上つらにある。灸五壮。針二分、三分、四分。項《うなじ》が強ばり、額上痛み、そぞろ寒く、目眩く目見えず、狂走し夜臥さず、癲癇、頭の半ば痛む、等を治す。〔鍼灸重宝記綱目〕

高津社【こうづのやしろ】 大坂名所。〔東街道中重宝記・七ざい所巡道しるべ〕に祭神は仁徳天皇、皇居の地で、古くは境内は六丁四方あったという。高所で眼下に見下ろし佳景である。遠方に名のある山々も見えるので尋ねるとよい。〈色茶屋〉〔茶屋諸分調方記〕には「高津のあな市暗がり峠 登りてみればふり袖と客」とあり、「井」の目印があって二匁払い、一日一夜六匁、一夜は四匁位の遊女がいた。

黄帝【こうてい】 シナ古代の伝説上の帝王。〔永代調法記宝庫・見返〕賛絵に次がある。黄帝、姓は姫、有熊氏と号す。兵を治め蚩尤《しゆう》を戮し天下を掌握した。嘗って、崆峒山の広成子に随い道を求めて国家は大に治まった。臣下の容成は律暦を、隷首は算数を、伶倫は律呂と楽を、蒼頡は文字をそれぞれ作った。この外、民に蚕を教え、海道を開き、井田《せいでん》の法を作り、宮室 衣裳 器用 貨幣 武備 陣法 占法 医道など、全ての事が備わった。鳳凰はその閣に巣《すぐ》い、麒麟は園に遊ぶ聖代の奇瑞があった。在位百年、寿三百歳、実に事物諸道の始祖である。

公田【こうでん】「井田の事」ヲ見ル

香奠【こうでん】 香の代わりに仏前に供える金銭。〔万代重宝記・安政六頃刊〕に「香奠書様」があり、香奠には「進上」と記してはならず「万疋御香奠」のように千疋、或は銀十枚等とその分に応じて書く。また米で遣わす時の折紙は「御香奠米五百俵」、或は三百俵等と記す。

孝頭牛相【こうとうぎゅうそう】 牛相。〔牛療治調法記〕に孝頭牛相《こうとうぎゅうそう》は、牛の頭の上の白いのを孝頭牛と名付け、不吉とする。

勾当内侍【こうとうのないし】〔男重宝記・一〕に勾当内侍《こうとうのないし》は、内侍掌《ないしつかさ》のうち第一位の女性をいう。天子*への取り次の役をする。長橋の局にいるので長橋の局ともいう。「内侍所」参照

広徳寺の門【こうとくじのもん】〈平生ソレよく言う言語〉「どういうもんだ／広徳寺の門だ」ヲ見ル

合渡より美江寺へ【ごうどよりみえじへ】 木曾海道*宿駅。一里六丁。本荷五十四文、軽尻三十六文、人足二十八文。加納領。この宿から岐阜へ二里、右方に道がある。柚木川は徒歩渡り。公月村 本庄村 糸貫川は橋がある。本手村 鯰村 この辺は小村が多い。〔東街道中重宝記・木曾道中重宝記六十九次 享和二〕

功成り名遂げて身退くは天の道【こうなりなとげてみしりぞくはてんのみち】〔世話重宝記・四〕に『前漢書』を引き、漢の疏広は甥の疏受と共に仕え太子の太傅の官に登り、その後年老いて疏受とともに官位俸禄を空《あ》けて故郷に帰る時、「功成り名遂げて身退くは天の道なり」と疏受に語ったという。

項軟【こうなん】〔小児療治調法記〕に項軟《こうなん》は、小児の頸が軟《な》え頭が正しく座らないことをいう。五加皮を末（粉）し酒で調え、頸の骨の上に塗る。薬には健骨散*生筋散*羚養角散*、また頸の貼り薬*がある。

降人の気【こうにんのき】〔重宝記・幕末頃写〕に軍中で雲気の形が牛 馬のよ

うで手 足 頭を垂れるようなのは、敵将が降参する相で「降人の気」という。「軍中に霊煙の気を見て吉凶を知る事」参照

高熱【こうねつ】〔薬家秘伝妙方調法記〕に高熱には、秦艽・明礬をを使う。

鴻巣より熊谷へ【こうのすよりくまがえへ】 木曾海道宿駅*。四里八丁。本荷百九十四文、軽尻百二十八文、人足九十四文。高城大明神大社がある。この宿に大竹 大杉の森がある。勝願寺という大寺は浄土宗十八檀林の一。忍《おし》の城が左に見え二里半。生田へ二里八丁、館林 日光への街道である。箕《み》田《た》村は融大臣五代の孫 源継綱の誕生地で、渡辺源五と号する。中井村、前《まい》砂村、吹上村 茶屋があり、右に忍へ行く道がある。右に山王の祠がある。これから土手の上を通り、右の土手下は沼、左に荒川が見える。久下《くげ》は熊谷次郎が伯母聟 久下次郎直光の住所である。宿を出ると禅寺の等行院があり、御朱院三十石。戸田八丁村、雷電宮村。〔東街道中重宝記・木曾道中重宝記六十九次〕

香の物【こうのもの】 香の物は、野菜を味噌 塩 糟 糀 糠《ぬか》等で漬けた物。食後に湯を飲む時、必ず用いた。〔女用智恵鑑宝織〕には香の物は湯の菜なので湯の中へ入れて食うことはない。同じことなら食わないのがましとある。〔料理調法集・四季献立集〕に、香物（奈良漬瓜、糟漬茄子、同茗荷、味噌漬大根、同なた豆）、同（奈良漬瓜、糟漬守口、同人参、味噌漬蕪、同生姜）、同（糟漬丸瓜、味噌漬若布、浅漬大根）、同（糀漬茄子、糖漬柚子、糸（水）菜漬）等がある。〈鑿子・酸味を防ぐ〉〔昼夜懐要両面重宝記・寛延六〕には香の物を仕込む箱へ糠をよく篩うと鑿子《さし》（＝蛆）は湧かない。〔万用重宝記〕には香の物が酸くなったのには、菊の葉を三枚糠味噌の中へ入れて置くと直る。〈香の物屋〉〔万買物調方記〕に「京ニテ香の物屋」新町竹屋町上ル 万屋安兵へ、同椹木町上ル万屋安兵へ、高倉三条下ル町（氏名ナシ）。「大坂ニテ香の物屋」今橋二丁目 鳥かいや善兵へ、尼崎町、道明寺や。江戸は記載ナシ。

肓兪【こうのゆ】〈経絡要穴 心腹部〉二穴。肓兪《こうのゆ》は商曲の下二寸、臍の真中を左右へ各五分ずつにある。灸五壮。一切の腹痛、疝気、大便乾き、胸先の冷えるのを治す。〔鍼灸日用重宝記・二〕

紅梅【こうばい】〔料理調法集・囲方之部〕に紅梅は、梅干の肉を塩とともによく擂り 梅仁も擂り合せて壺の内へ塗り漬け、蕾や中開きを差して置く。口張りをよくして風の入らないように囲う。玉子の白身を入れてもよい。

紅梅染【こうばいそめ】〔秘伝手染重宝記〕に「かうばいそめ（紅梅染）」は、下地は水で湿し 紅銀目五匁を桃色*の通りに染める。手回しが悪いと斑が付くので心得て染めるのがよい。

紅梅の箸【こうばいのはし】 大和詞。「すぎ（杉）箸（はし）は、かうばい（紅梅）の箸」という。〔女重宝記・一〕

紅梅餅【こうばいもち】〔菓子調法集〕に紅梅餅は、粳米の粉六分に糯米の粉四分を入れ、水でぱらぱらに練り、蒸し上げて紅でよく搗き、丸く竿にして外を紅色で包む。二重紅に仕立てるのもある。紅薬は秘伝とする。

香箱【こうばこ】〔万物絵本大全調法記・上〕に「香盒 かうがう／かうばこ」。〔麗玉百人一首吾妻錦〕に、盆に香箱を据え差し上げる時は、人形は屋台の頭の方を真先へなして持って出、御前に置きざまに取り直し、屋台人形どもを貴人の方へ向く様に置く。〈名物御持来之記〉〔不断重宝記大全〕に「香箱／堆朱布袋」は、尾張殿 紀伊殿 松平陸奥守 堀田下総守がある。

強飯【ごうはん】 片言。「こはいは、強飯 こはいひ」である。白いのは「がうはん」、赤いのは「赤飯《せきはん》」という。〔不断重宝記大全〕

后妃【こうひ】「后」ニ同ジ

喉痺の薬方【こうひのやくほう】 喉痺の即効薬は数多く、主なものを掲出する。〔家内重宝記・元禄二〕に、○急に取り詰めて死にそうな時は、灯心草

を灰に焼き塩と等分に末（粉）にし管で吹き入れる。〇逢砂と同じくして吹くのも妙である。〇急な時は、干膝を焼きその煙を吸う。〇生白礬を塩と当分に末（粉）し吹き入れるのもよく、一切の喉の病に妙である。〔昼夜重宝記・安永七〕には次がある。〇赤蜻蛉*を黒焼にして焼き吹き入れる。〇藜《あかざ》の黒焼*また巴豆一粒に明礬を隠れる程入れ、土器で蒸せて後巴豆を取り捨てて、藜と明礬を細末（粉）して用いると甚だ妙である。〇明礬（焼）・干蕨・丁子・甘草（各等分）を細（末）にして絹に包み含むのは妙薬である。〔薬家秘伝妙方調法記〕は、〇桔梗・薏苡仁・牛蒡子（各等分）を末（粉）し、煎じても粉でもよい。〇秘灸として、男は左女は右の小指の先、爪と肉の間に灸をする。〔筆海重宝記〕は、南天の実を水で飲む（〔調宝記〕は実のない時は葉でもよい）。〇大豆の煮汁を飲む。〇糸瓜《へちま》の根を煎じて飲む。〔里俗節用重宝記〕は、丹礬粉を細かにして砕き、喉が詰まり つも（唾）の飲み込み難いのに吹き込むと破れ潰れる。〔調宝記・文政八写〕は、〇刀豆《なたまめ》を黒焼きにし、粉にして管で吹き込む。〇喉が腫れ塞がる時は、牛蒡でも大根でも急に喉に突っ込んで血を取るのもよい。〔文政新刻俗家重宝集〕は、生大蒜《なまにんにく》を山葵卸《わさびおろし》で卸し、擂鉢で擂って飲むと、そのまま喉腫れは破れ治る。〔諸民秘伝重宝記〕は、急な喉の塞がりには、酒に塩を加え口中に含み、少しずつ飲むと破れずに腫れは次第に治る。〔万代重宝記・安政六頃刊〕は、〇昆布を焼いて食する。〇蜜柑の種を黒焼にして用いる。〔万まじない調宝記〕は、耳の垢を少し〔再々〕飲む。

〈呪い〉〔新撰咒咀調法記大全〕は「喉痺の呪ひ」として「生《しやう》」の字を指で墨をつけず三字書き、この指で押さえて、歌「うのみこのうゑくうことをのうにしてこうのふちへぞちやうど入けり」と三遍詠むと必ず治る。〈喉病食物宜禁〉〔世界万宝調法記〕に「宜い物」は梨 山芋 零余 牛蒡 茆 藕 干蕨。「禁物」は桃 李 餅 生姜大根 蕎麦 茄 胡瓜 諸熱物等がある。

哮病【こうびょう】〔小児療治調法記〕に小児の哮病は、喉に痰が詰まるぜりつきで、乳母が労すると発り、その乳を飲むと嗽する。六君子《りつくんし》湯*に桔梗・杏仁・桑白皮を加えて、母子ともに飲むとよい。

紅餅瘡【こうびょうそう】〔調宝記・文政八写〕「胎毒」ヲ見ル

口風【こうふう】〔調宝記・文政八写〕に口風の妙薬は、茶の葉を絞り 喉へ吹き込むとよい。

興福寺【こうぶくじ】奈良名所。〔東街道中重宝記・七ざい所巡道しるべ〕に興福寺の境内は四丁四方、大伽藍があり中金堂 本尊は丈六の釈迦如来、脇士数多、講堂 本尊は丈六の阿弥陀如来三尊、その他尊像が数多ある。南円堂 本尊丈六の観世音菩薩は三目八臂の尊容。巡礼所。五重の塔がある。周辺 春日社、大仏殿へ行く間に見所、拝所が数多ある。詳しくは案内者に聞くのがよく、とどろきの橋、雲井坂は南都八景*の一。影向の松、いさ川は小さい流れで、奈良の小川という名所で、参詣者はここで手を洗う。

〔年中重宝記〕に、正月十三日、南都興福寺 心経会。四月八日、仏生会、伶人があり 俗に鼻長という。十月六日、南都興福寺で内麻呂忌。十月十日、十六日迄 唯摩会、十六日が大織冠*の御忌日会の為である。興福寺は大織冠の御願ながら、実は子の淡海公の造立である。山階寺《やましなでら》ともいう。大織冠が病悩に犯され今はの時に、百済の尼の法明が自分は大乗《だいじょう》を持す、名を唯摩経といい、経の中に問疾品という所があり これを読誦すると御病は治るというので誦すると未だ終らぬ内に治った。大臣は稽首合掌して、生々世々大乗に帰依を誓った。唯摩会は和銅七年（七一四）に淡海公が興行され 今に絶えることがない。この会は唐国までも聞えているといい、北野天神の詩にも「名は三国に聞え、会は興福に留り、朝《ちょう》の朝たるは、蓋し是の会力」（『公事根源』）とあるという。

香付子【こうぶし】〔薬種重宝記・上〕に和草、「香付子 みくり。鉄を忌む。

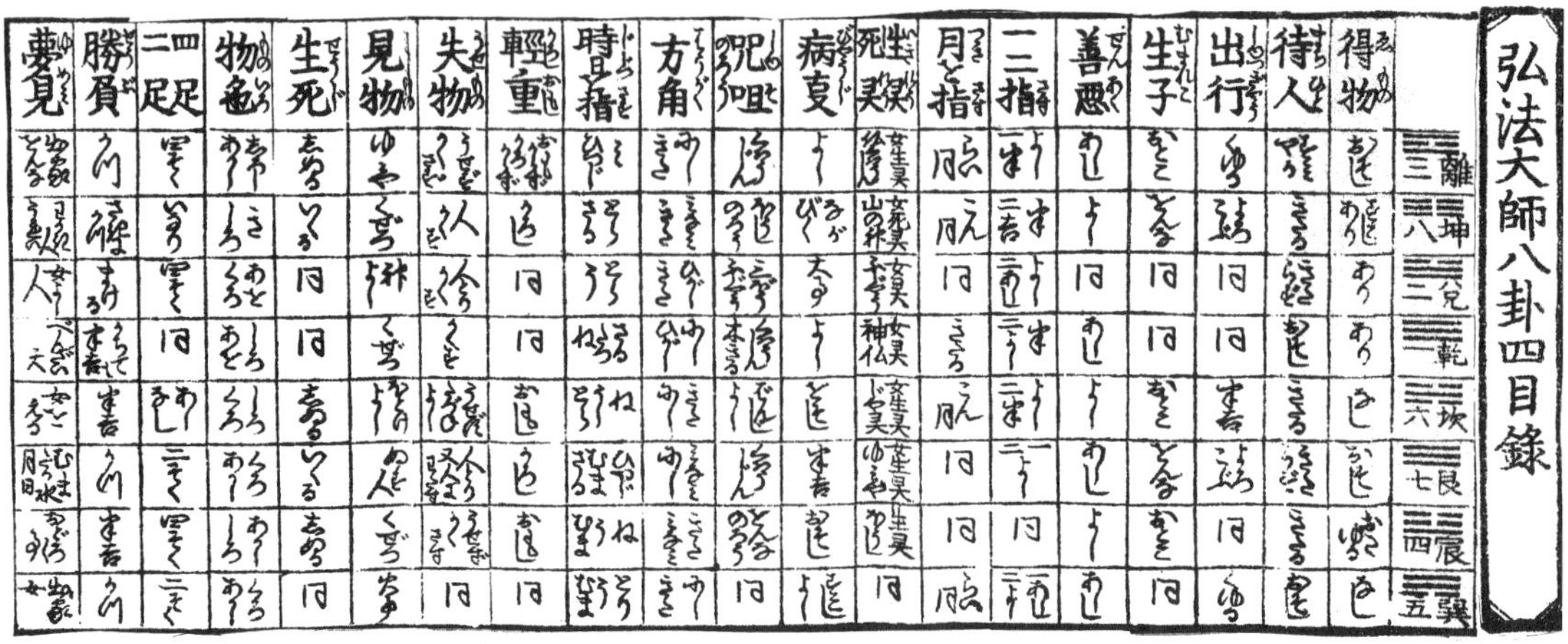

図163　「弘法大師八卦四目録」（昼夜懐要両面重宝記・寛延六）

皮毛を去り、黒く炒る。又童便酒酢で製して炒る」。〈薬性〉〔医道重宝記〕には、甘く苦く温、気を快くし、鬱を開き、痰を消し、表を発する。痛みを止め、宿食（胃に残る不消化の食物）を消し、崩漏を止め、経を調える。石の臼で砕き、鉄を忌む。〈薫物香具拵様〉〔男女御土産重宝記〕には、上の皮を去り、こそげ砕き、粉にしてよしとある。

〈片言〉〔不断重宝記大全〕に「香付子 かうふし」。

好物にて飽食なさる【こうぶつにてぼうじょくなさる】〈女詞遣〉「好きにて参り過すと云を、好物《こうぶつ》にて飽食《ぼうじょく》なさるゝと云は うたてし」。〔女重宝記・一〕

紅粉翠黛【こうふんすいたい】　紅《べに》*頬紅*白粉《おしろい》*翠黛《すいたい》*を言い、どれも顔を彩る具である。〔麗玉百人一首吾妻錦〕

香餅【こうへい】〔万物絵本大全調法記・上〕に「香餅 かうへい。炭団 たんどん也。炭餅 たんへい／炭墼 たんげき。並同」。「たんどん（炭団）」ヲ見ル

孔方【こうほう】〔人倫重宝記・二〕に孔方は、唐土での銭の異名である。〔農家調宝記・初編〕に銭を孔方《こうほう》ともいうことは、孔はあな、方はけた、四角をいうとある。銭の形は丸く、中に四角の穴があるからである。

弘法大師【こうぼうだいし】〔新撰咒咀調法記大全〕に宝亀五年（七八五）誕生、承和二年（八三五）三月二十一日入定。諸々の咒をもって祟りを解すという。〈開帳〉〔年中重宝記・二〕に、六月二十四日、今明両日 東寺弘法大師開帳。

弘法大師八卦四目録【こうぼうだいしはっけしもくろく】〔昼夜懐要両面重宝記・寛延六〕に次がある（図163）。年・月・日・時の四ツを合せて八で割り、残る数を八卦の数に引き合せて占う。例えば三十五歳の人の三月十三日の午刻の「出行（旅立）」を占うには、年の三十五、三月十三日の三と十三、午の九ツ、これを合せ六十となるのを八で割ると四が残り、四の震《しん》の卦の列で「出行（旅立）」を見ると、「よろこぶ」である。他もこれに准ず

る。「弘法大師伝法四目録」「弘法大師秘伝一枚八卦四目録」「真言秘密弘法大師四目録独占」等ともいう。但し、項目や記事に若干の相違がある。

厚朴【こうぼく】〔薬種重宝記・上〕に和木、「厚木 かうぼく／はうのき」。麁皮を去り、刻み姜製して黒く炒る。〈薬性〉〔医道重宝記〕に厚朴《かうぼく》は苦く温、中《うち》を暖め、胃を平らげ、脹れるのを消し、満《ふくれ》を除き、痰を化し、気を下し、食を消し、瀉痢を治す。粗皮《あらかわ》を削り去り 洗い 刻み、生姜の汁を湿り合う程入れて、日に干し、黒くなる程炒る。ほうの木。

河骨の事【こうほねのこと】〔万物絵本大全調法記・下〕に「浮蓬 へいほう／かうほね」。〈草花作り様〉〔昼夜重宝記・安永七〕に河骨《こうぼね》の花は黄色。水草、田地を用いて水を溜める。肥しは塵埃《ごみほこり》、分植は五月がよい。〈立花水揚げ伝〉〔新板秘伝日用重宝記〕には極上の茶か甘草を濃く煎じ、根元から吹き込むと妙とある。唐人参を煎じて用いるのもよい。〔調法記・四十七ゟ五十七迄〕には河骨を切り、茎を指の腹でよく押し和らげて後、水鉄砲で薬を注ぎ揚げる。図版（図164）のように水鉄砲を拵え、根を紙で巻き水で湿し、竹の筒（真鍮、唐銅等も可）にしっかり嵌め込み、薬の漏れないようにして筒の中へ入れ、中の棒で突き上げる。薬は焼明礬を水で攪して用いる。人参・木通・茶を煎じて用いるのもよい。効くと葉裏は一体に黒くなり、幾日たっても枯れることはない。〈紋様〉〔紋絵重宝記・下〕には「こうほね車」（八葉の丸）の意匠がある。

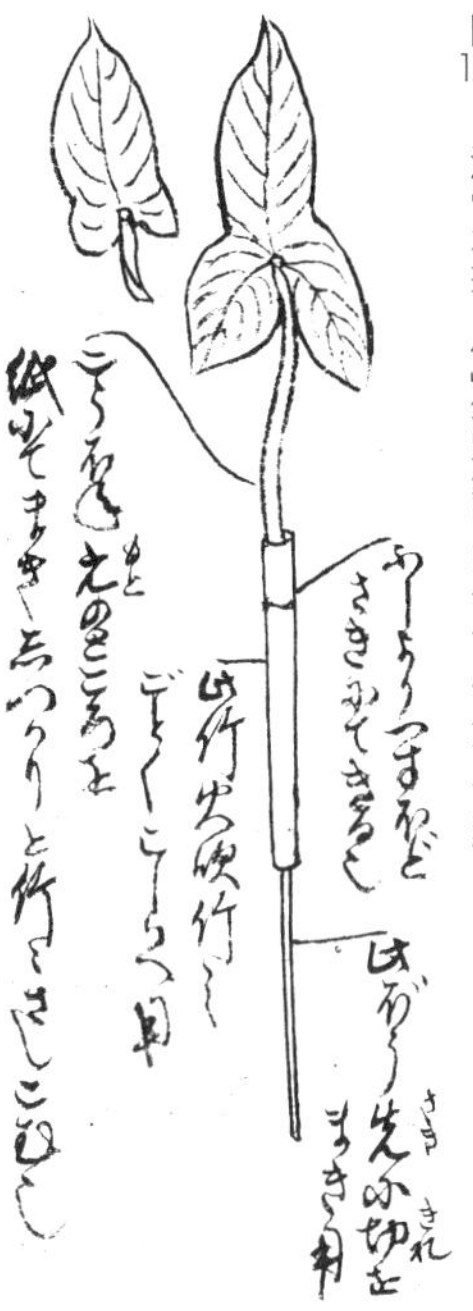
図164 「河骨水揚げ伝」（調法記・四十七ゟ五十七迄）

藁本【こうほん】〔薬種重宝記・上〕に唐草、「藁本 かうほん／うたそ／さはそらん」。蘆頭を去り洗ひ刻み焙る」。〈薬性〉〔医道重宝記〕に気温、寒湿を去り、風邪を退け 太陽の頭痛を治す。全て痛みが巓頂《いただき》にあるのを療ずる。よく洗い 蘆頭を去り 刻み焙る。

ごうま【ごうま】〈何が不足で癇癪の枕言葉〉「工面《くめん》よし、ごうま」。〔小野篡譃字尽〕

紅末子【こうまっし】〔骨継療治重宝記・下〕に紅末子の治症は、大活血丸に同じ（打撲 傷損 骨折 筋砕 四肢痺れ 一切の痛風等を治す）。独活・何首烏・白芷・南星・羌活・当帰・骨砕補・蘇木・牛膝・赤芍薬・紅花・川芎（各二両）、細辛・川烏（製）・桔梗・降真香・楓香・血竭・乳香・没薬（各一両）を末（粉）し、調え下す。好いと思われる際に自然銅製一両を加えるのは骨折に限る。

子生れ兼る呪【こうまれかぬるまじない】〔女重宝記・三〕に子が生れ兼る呪いは、伊勢という字を紙に書いて信心し、水で産婦に呑ませるとそのまま生れる。伊勢の字を分解すると、人尹生《ひとこれうまるる》丸力《はまろがちから》と読むので、神力で生れる理がある。〔増補咒咀調法記大全〕には、「子生れ兼るに呑む符」がある（図165）。

図165 「子生れ兼るに呑む符」（増補咒咀調法記大全）

高慢の心【こうまんのこころ】〔女筆調法記・六〕に高慢の心が多いと身の敵となる。顔姿 芸 利発 福貴 人の寵愛等にふける心が出来たら、身を滅ぼす心の敵と心得て、我が身を人よりも退き、慎むのがよい。

洪脈【こうみゃく】七表の脈*の一。〔医道重宝記〕に、洪脈は挙げ押しとも

に脈は極めて大きく、熱を患う人に表れ、心臓に熱がある。〔昼夜調法記・正徳四〕には、指の下で極めて大きく鼓するものを洪脈といい、火をなし熱をなすという。腸盛んに陰虚の病を主《つかさ》どる。

芤脈【こうみゃく】 七表の脈の一*。〔医道重宝記〕に芤脈は、脈が両辺にあって、中間になく、葱《ねぎ》の中空の感じである。失血、血熱を患う人に表れる。〔昼夜調法記・正徳四〕に芤脈は、上下血を出し、遺精 盗汗を主《つかさど》る。

光明【こうみょう】〈経絡要穴 腿却部〉二穴。光明《こうみょう》は外丘の下一寸にある。灸は五壮か七壮。針は六分、留むること七呼。虚すると萎え痺れ、実すると足・脛熱し痛み、身体とも覚えないのを治す。〔鍼灸重宝記綱目〕

光明皇后【こうみょうこうごう】 和国賢女。〔麗玉百人一首吾妻錦〕に光明皇后は聖武天皇の后。学文に猛く、学館院を建て、また仏乗に心を清まし、多くの仏閣を営建された。仏願を結び、浴室を求め、千人の垢を自ら清めることを誓い、九百九十九人めになって癩病人が来、身は爛れ臭気が漂うのを、后は少しも厭わず病人の望みに任せて膿を吸うと、病人は忽ち大光明を放ち、我は阿閃仏《あしゅくぶつ》であると言って紫雲に乗って去った。これにより阿閃寺を建てられたという。天平宝字四年（七六〇）、六十歳薨御。

光明真言【こうみょうしんごん】 真言陀羅尼の一*。〔続呪咀調法記〕に光明真言は、「おん。あぼきや。べいろしやなう。まかぼだら。まに。はんどま。じんばらはらはりたやうん」と唱える。

孔明馬前の占【こうめいばぜんのうらない】 シナ蜀の孔明が軍中で吉凶を占った遺法で、甚だ験があり、少しでも疑いがあると当らない。〔大増補万代重宝記〕の占い様は、年の上《かみ》より月を起し、月の上より日を起し、日の上より時を起す。例えば、◯「子の年正月二日丑の時（二時）の吉凶」の考え様は、子の所を子年とし、すぐにこれを正月として、又すぐに元日とし、これより左へ元日二日と算《かぞ》えると、二日丑に当る。この丑を直ぐに子の時とし左へ順に子丑と数え丑の時寅に当る。この所で吉凶を知る。◯「寅の年二月三日卯の時（六時）の吉凶」を占うには、寅の所を正月として左へ繰ると二月は卯にあたり、この卯を朔日にして左へ二日三日と数えると三日は巳に当る。この巳を子の時（零時）として子丑寅卯左へ数えると卯の時は申に当り、ここで吉凶を判断する。余はこれに准ずる。

その判断、◯子は、行人は帰らない。財宝を求めて得る。失せ物を尋ねても出難い。訴訟は悪い。◯丑は、行人は帰らない。財宝を求めても妨げがあり、失せ物を尋ねても出難い。官に係ることがある。◯寅は、行人は帰る。財宝を求めて利がある。失せ物は尋ねて出る。官のことは悪い。◯卯は、行人は帰り、宝を得、官のことは悪い。その外はよい。◯辰は、春夏は何事もよく、秋冬は諸事悪い。◯巳は、行人は帰る。財宝を求めて利がある。失せ物は現れる。官の事、その外諸事に悪い。◯午は、行人は帰らない。財宝を求めて利がある。失せ物は家にある。官の事は諸事悪い。◯未は、失せ物は出難い。諸事皆悪い。◯申は、孕み子は男である。失せ物は見えず、財宝を求めて春夏はあり秋冬は悪い。◯酉は、行人は帰る。財宝を求めて利がある。失せ物は現れる。官のことは悪い。商人はよい。◯戌は、行人は帰る。失せ物は現れる。官のことは悪い。功名は遂げる。◯亥は、行人は帰る。財宝を求めて利がある。官のことは悪い。

孔明六曜星善悪の事【こうめいろくようせいぜんあくのこと】 「ろくよう（六曜）」ヲ見ル

紅綿散【こうめんさん】 〔小児療治調法記〕には、発熱《ほとおり》*で驚搐が甚だしく止まないものに、紅綿散に辰砂益元散*を調えて用いる。全蝎（炒）・天麻・麻黄・蟬退・薄荷・甘草・紫草・荊芥（各等分）を水で煎じる。

肛門【こうもん】 〔鍼灸日用重宝記・二〕に肛門の重さは十二両、大《めぐり》は八寸、

徑《わたり》は二寸大半、長は二尺八寸、穀《こく》を受《うく》るのは九升三合八分合の一とある。〈治薬〉〔新選広益妙薬重宝記〕に「肛門腫れ痛むを治す妙薬」は、頭虫《かたつぶり》を擂り爛らして、度々塗ると妙に治す。

膏門【こうもん】〈経絡要穴〉二穴。膏門は十三推の下 左右へ三寸ずつ開く処にある。針五分。灸二壮、或は三十壮。鳩尾《みぞおち》痛み、大便堅く、婦人の乳病を治す。〔鍼灸重宝記綱目〕

膏薬【こうやく】〔昼夜重宝記・安永七〕に膏薬は、細辛・乾姜・胡椒・肉桂・大黄（各七分）を細末（粉）して雷丸の油で練る。年始に無病息災を念じ、屠蘇酒*に入れて飲む。〔薬家秘伝妙方調法記〕に、①膏薬は、椰子・灯蠟（各一両）を練り合せ、唐胡麻の油の葉をよく搯り、その汁で練る。痛みのあるのには、鶏卵の白身を擂り練り合せる。②膏薬は、腫物痛みによい。松脂を何程でも煎じ濾す。五倍子瘤・石菖・黄檗・蒴《そく》藋《ず》・忍冬《すいかずら》・大黄を煎じ絹で濾し、松脂を加減次第に入れる。〈洗い落し方〉〔染物重宝記・文化八〕に膏薬のついたのは酒の糟を水で溶き、よく揉みつけて洗う。〈売り店〉〔万買物調方記〕に「江戸ニテ膏薬屋」は、湯嶋天神前 高室見林、同所 松本見龍、京橋かぢ町一丁目了昭。「大坂ニテ膏薬屋」は、目薬とともに江戸町 笹田閑徳、御堂の前 綿屋太郎兵衛、天満空心町 さるや長右衛門、同所 正直や又右衛門ら八軒がある。

合薬秤量の例【ごうやくはかりめのれい】〔医道重宝記〕に薬の量目の単位がある。○分《ふん》*（＝十釐《り》）。○字《じ》*（＝二分五厘）。○銖《しゅ》*（＝四分）。○銭《せん》*（＝十分）。○分《ぶ》*（＝二匁五分）。○両*（＝十匁）。○斤*（＝百六十目）。○方寸匕《ほうすんひ》*（＝一寸四方の匙に一掬い）。○刀圭《とうけい》*（＝方寸匕の十分の一）。○撮《さつ》*（＝四刀圭）。○勺《しゃく》*（＝十撮）。○合《ごう》*（＝十勺）。○升《しょう》*（＝十合。古方の一升は今の一合半）。○細麻*の如し（丸薬＝胡麻の大きさ）。○大麻子《おおまし》*の大きさ（丸薬＝胡麻三粒の大きさ）。○胡豆《こず》*の大きさ（丸薬＝今の豌豆）。○梧桐子*の大きさ（丸薬＝豆二粒相当）。○弾丸*の大きさ（丸薬＝梧子四十粒相当）。○蜜一斤*（七合を練り沫を去り十二両半になる）等についての量目がある。

高野山【こうやさん】寺名。南山ともいう。寺数は千余あり、総名を金剛峯寺という。知行高は二万二千石。巡拝所は多いが、主な所は女人堂* 一の橋* 中の橋* 御廟の橋* 灯籠堂* 骨堂* 御廟《ごびょう》* 丹生《たんしょう》大明神* 閼伽井* 水手向所* 御社《みやしろ》* 経蔵* 金堂* 中門《ちゅうもん》* 大門《だいもん》*等である。〔東街道中重宝記・七ざい所巡道しるべ〕

厠の事【こうやのこと】片言。〔不断重宝記大全〕に「せんちは、雪隠 せつゐん也。或は後架 又後家《かうか》といふ。中国にては閑所《かんじょ》といふ。然るを、かうやと云は厠《かはや》のかたこと也」。〔世話重宝記・五〕に雪隠《せっちん》を「せんち*」というのは悪い。また後架《こうか》とも「こうや」ともいう。俗説に、「こうや」は高野《こうや》で、高野は殊勝な山で誰も髪を降ろす意というが、卑しい説である。こうやは、厠《かわや》（＝大便所）の転語である。河内《かわち》を「こ（か）うち」と言うのと同じである。

高野へ京／吉野よりの道【こうやへきょう／よしのよりのみち】〈高野へ京よりの道〉〔家内重宝記・元禄二〕に、京から紀州高野道がある。境（堺）〈一里〉茂津〈四里〉三日市〈一里〉清水〈一里〉木目峠〈二里〉橋本〈三里〉紙屋（谷）〈一里〉高野である。京より高野まで二十九里。京より大坂まで十三里。大坂より高野まで十六里。〈高野へ吉野よりの道〉〔家内重宝記・元禄二〕に、吉野より高野への道がある。吉野〈二里〉六田〈三里〉五条〈二里〉橋本〈三里〉紙谷（屋）〈一里〉高野である。

亢癰【こうよう】癰*の一種。〔改補外科調宝記〕に亢癰《こうよう》とは、頭に出る癰*のことである。

合陽【ごうよう】〈経絡要穴 腿却部〉二穴。合陽は委中の下三寸にある。針六分。灸五壮。腰・背強ばり腹に引いて痛み、陰股熱し、脛痛み腫れ、疝気、陰嚢痛み、崩漏、帯下を治す。〔鍼灸重宝記綱目〕

高麗【こうらい】〔万物絵本大全調法記・上〕に「朝鮮 てうせん。高麗 こま

／かうらい也。句驪こうり。同」。

高麗菊【こうらいぎく】「しゅんぎく（春菊）」ヲ見ル

高麗煎餅【こうらいせんべい】〔男女日用重宝記・下〕に高麗煎餅の拵え様は、小麦の粉（量二ツ）と糯の粉（量一ツ）を合せ、砂糖で緩々と捏ねて煎餅焼きの型に油を少し塗って焼く。その上に捏ねた粉を入れて炭の火で焼く。〔昼夜調法記・正徳四〕に白いのは常のように米を搗き、白砂糖をよい加減に入れて搗き合わせ、煎餅を焼くように焼く。黒いのは黒砂糖に饂飩粉を混ぜ、前のように捏ねて焼く。〈売り店〉〔江戸町中喰物重法記〕に「高麗せんへい」は、飯田丁中坂 山本栄蔵にある。

高麗漬物【こうらいつけもの】〔男女日用重宝記・上〕に高麗漬物は、米と糀（各五升）を手《て》叩水《たたきみず》（＝少量の水）に入れて掻き合せ、甘酒に造り甘くなった時塩を五合入れて掻き合わせ、何でも漬物を入れ、その後は蓋置きせず、漬ける物の水をよく取って漬ける。三日も四日も漬け次第である。但し、柚子の青漬の時は胴の銑屑を包んで入れて置くと葉ともに青い。

高麗撫子【こうらいなでしこ】草花作り様。高麗撫子の花は赤色。肥しは茶殻の粉を根に置く。分植は春がよい。〔昼夜重宝記・安永七〕

高麗煮【こうらいに】〔料理調法集・煮物之部〕に高麗煮は、鍋へ塩を振り、鯛を入れ、古酒に白水*を加えひたひたにして、酒気のなくなるまで煮て、飯の取り湯を差し、かげ（醤油）を落し、塩梅する。

高麗橋【こうらいばし】「大坂高麗橋より近辺への道法」ヲ見ル

高麗醤拵え様【こうらいひしおこしらえよう】〔男女日用重宝記・下〕に高麗醤《こうらいひしお》拵え様は、小麦一斗をよく二三度搗いて煮、糯三升五合をよく炒って粉にし、小麦を衣に掛け 寝させ 麴にして水八升を入れ、常のように日に当てて置き、一日に二三度掻き合わす。但し、塩を二合五勺入れる。

香螺膏【こうらこう】〔小児療治調法記〕に香螺膏《こうらこう》は、臍風*が腫れて硬く、盤のように大きいのを治す。田螺（三箇）と麝香（少許）を搗き爛らかし、臍の上につけ暫くしてつけ替えると、腫れ痛みを立ち所に消す。

こうらをはいた【こうらをはいた】「劫《こう》を経《へ》るは、こうらをはいた」という。〔小野篡譃字尽・かまど詞大概〕

骨柳【こうり】「骨柳の事」ヲ見ル

広隆寺【こうりゅうじ】京名所。広隆寺の本尊は薬師如来である。正徳太子堂がある。いさらい（井浚）という名水がある。〔東街道中重宝記・七ざい所巡道しるべ〕

膏淋【こうりん】五淋*の一。〔鍼灸重宝記綱目〕に膏淋は、尿が膏（油）に似ていて油のようである。療治は「五淋」参照

香連丸【こうれんがん】〔小児療治調法記〕に香連丸は、黄連（一両）、呉茱萸（五両）を少し水で交ぜ均え、半日で取り出し、炒り乾かし、茱萸は選り去り、木香（三両）を加えて末（粉）し、酢糊で丸じ米湯で用いる。大小を量って加減する。麻疹が退いて後に余毒が大腸にあり、赤白を問わず裏急後重して昼夜となく頻りで、実するものには三黄丸*、虚するものに香蓮丸で和し、黄芩湯*を以て血を養い気を巡らして治す。

高楼【こうろう】鷹の名所*。〔武家重宝記・五〕に高楼《こうろう》は、鷹の頭の上の少し高めな所をいう。

喉嚨【こうろう】〔鍼灸日用重宝記・二〕に喉嚨《のど》の重さは十二両、広さは二寸、長さは一尺二寸、九節である。

こうろけ【こうろけ】片言。「こうろけは、小土器 こがはらけ」である。〔不断重宝記大全〕

香炉の事【こうろのこと】香炉は香を入れて焼《た》く金物や陶磁製の器。〔万物絵本大全調法記・上〕に「香炉 かうろ／ひとり、香鼎《かうてい》 香猊《かうげい》 香毬《かうきう》 香鴨《かうあう》」。〈異名〉〔書札調法記・六〕に香炉の異名に博山 金鴨 鵲尾《しやくび》 金凫《きんふ》がある。〈香盆受け渡し様〉〔麗玉百人一首吾妻錦〕に、香盆に香炉を添えて受け取り渡し様は、香炉は中、香箱は左、香箸は右に置き、香盆を左手に据

え右手を香炉に添え、引き回し渡す。受け取り様も渡す心得の様にして受け取る。〔幼童諸礼手引草懐中重宝〕には、香炉を左手に載せ右手を添えて渡す。受け取る時も同じ。香の聞き様も同じようにして聞く。

〈香盆飾り付〉〔幼童諸礼手引草懐中重宝〕は、置く所は床の真ん中である。〔聞香重宝記〕には、二重香炉（灰五合）は神前の置物とし、鴨・鴛・獅の香炉は灰六・五合の箸目、四方の箸目の押し様である。〈香炉の火〉〔新板増補女調宝記・四〕に次がある。○香炉の火は炭団《たんどん》*で取り、炭団の焼き様は胡桃の殻と松毬を焼き、薄糊で固め用いる。火味は夏は人肌、冬は手引でよい。○灰の押し様は、菱形に押し、切る所を丁（奇数）に押し、半（偶数）を忌む。○薫物*の時は灰は押さず、銀盤ばかりで焼《た》く。薫物を焼いた後に、沈香*は焼かぬ。○香炉を人前に出す時は、面《おもて》へ香炉の足二ツを向けて置き、一ツは先へなす。○火加減は、始めは少し強く取り、真南蛮《まなばん》等の悪い香を聞き、火相のよくなった時、よい香を聞く。火の強い時は香を銀盤の真中に置かず片隅に置く。衛士籠の時は火の少し強いのもよい。空薫には銀盤を置かない。○香炉に火を取り熱くなり持たれない時は、綺麗な物に水を入れ、香炉を三分ばかり入れて冷やすとよい。〔聞香重宝記〕には香炉の火に楤《たらのき》を四ツに割り白身を去り、灰汁で煮て 鉄砲の薬の墨のように焼き粉にして用いる。香炉の灰には、池の菱の蔓と葉を干して焼いて用いると火は久しく、或は大豆の殻を焼き、或は炒って錠にして用いる等の事がある。〈香炉の灰屋〉〔万買物調方記〕に「京ニテ香炉の灰屋」室町近衛の町 志野流龍田屋がある。〈名物御持来之記〉〔不断重宝記大全〕に「聞香炉」千鳥／紫銅獅子 尾張殿。朝ねかみ 紀伊殿。此世高麗 小堀和泉守。千鳥青地 堀美作守。升屋留山 山本道具とある。

こうろん【こうろん】 片言。「かうろん、香炉 かうろ」である。〔不断重宝記大全〕

行和芍薬湯【こうわしゃくやくとう】〔医道重宝記〕に行和芍薬湯は、赤痢《しゃくり》《あかはら》*、白痢《びゃくり》《なめ》が初めて起り頻りに厠に行き息み、また残るようで少し腹痛むのを治す。芍薬（二匁）、当帰・黄連・黄芩（各一匁）、大黄（七分）、檳榔子・木香・肉桂・甘草（各五分）を煎じ、空き腹に服する。一方に、大黄・肉桂を去り、枳殻を加える。湿熱積滞り廻らず初発の者に用いるが多くは用いない。

香を聞く【こうをきく】〔麗玉百人一首吾妻錦〕に次がある。香は女子の第一に嗜むべきわざである。まず十炷香* 宇治山香* 花月香* 源平香 競馬香 小鳥香* 小草香 郭公香 矢数香等の品があり、その式法や習いがある。一焼《たき》とは言わず、一炷《ちゅう》と言う。よい匂《におい》とはいわず、よい薫《かおり》と言う。香炉*を手に据えて聞き、鼻に当て、手で招いてはならない。香具 十種に用いる物は数多く、常に懐中して空薫《そらだき》等の用を調えるとよい。〔新板増補女調宝記・四〕に香を聞くには、○左の指三ツは、香炉の底にある人差指一ツ脇に外れるように持つ。○香を聞くには、座上より聞き一通り通り、また押し返して一通り、二度ずつ聞く。人数が十人以上の時は一通りで置く。鼻息荒く手に香りを招きかけたり、手を翳す等して聞いてはならず、殊に女中等は見苦しくただ何となくその侭聞くのがよい。○香の後で龍涎香 春日野、その外 薫物*等焼く時は銀盤を替えて焼き、名香を聞いた銀盤で焼いてはならない。○春日野を聞く時は走って飛ぶことがあるので、注意がいる。縁に居ても、内へ入って聞くのがよい。風を忌む。扇も使ってはならない。〔諸礼調法記大全・天〕には人前で香を聞くには、左の掌に載せ右の手で香炉を抱え、膝の上より三寸も持ち上げ、膝の外れに差し出して聞く。鼻息荒く灰を吹き立ててはならず、手で煙を搧い、袖口を覆う等してはならない。○右鼻は丁（偶数）左鼻は半（奇数）にして、右で一度左で一度、また右で一度聞く。○貴人から賜るには香ばかりは戴かないのが故実である。とにかく挨拶

し、次に参らす人が右にいるなら右手で、左なら左手で渡す。貴人へは左の掌に据え、右手を添えて進上する。粗忽にして、銀葉より香を灰の中に落してはならない。

劫を立つ【こうをたつ】 碁より出た言葉。〔男重宝記・三〕に「劫をたつる」とある。劫はお互いに一目《いちもく》の石を取り取られる状態になることをいう。これでは際限がないので一手を他の所に打たないと劫の石は取り返せない規則があり、相手が必ず対応する所に打った後に、劫の石を取る。転じて、相手が必ず対応する箇所を押さえて、目的を達成することをいう。

五運【ごうん】「五行」「有卦無卦」「十二運」ヲ見ル

五液【ごえき／しる】 名数。〔鍼灸重宝記綱目〕に五液は、涙《なみだ》、汗《あせ》、涎《よだれ》、涕《はなしる》、唾《つばき》をいう。五臓の色体*で、それぞれを肝、心、脾、肺、腎が主《つかさど》る。

肥土【こえつち】 草花作り様。〔昼夜重宝記・安永七〕に肥土は諸草に用いてよい。赤土が肥えて黒み、柔らかになったのをいう。

声の事【こえのこと】〈声の薬〉〔男女御土産重宝記〕に声の薬は、①糯米（一合）、生姜（五匁）、氷砂糖（三両）を粉にして蜜で練り常に用いる。吟高くしおらしく声が出る。謡、小謡等にもよい。②桔梗（二匁）、乾姜（一匁）、烏梅・甘草（各五分）を粉にして懐中に嗜み、先々に白湯で用いる。これは生れつきの外、子細あって声の出ないのに用いる。〔男重宝記・二〕に、○謡を多くうたい声が嗄れて出ないのには響声《けいせい》破笛《はてき》丸*を、○咳や痰があって声が出ないのには柯子散*を用いる。○梨の汁一椀を飲むと声の出るのは妙である。○奇妙声の薬は大きな黒豆（五合）、氷砂糖（半斤）に、水一升五合を入れ五合に煎じ詰め、その煎じ汁を再々飲むとよい。どれほど嗄れた声でも前日から飲むと当日役に立つ。○謡で声を遣うには、宵には高く、暁には低く謡うのがよい等とある。〔増補咒咀調法記大全〕に、声が全く出ない時は、蟬脱を粉にし水で呑む。〔調法記・四十五〕に俄に物言う事が出来ず声の嗄れた時は、大根と生姜の擂り絞り汁を等分に合せ、掻き混ぜて呑ますと即座に出る。〔妙薬調法記〕には皂莢の皮実を去り、生大根を一寸程剝ぎ、水一杯を入れ、半分に煎じて飲む。〔重宝記・儀部家写本〕には南天の葉を陰干にして白湯で用いる。

〈声の出し様〉〔囃子謡重宝記〕には声は臍のもとから出し、口の真中で頤《おとがい》を張って謡い、息の切る所は鼻の先で切り、文字を頤で遣い、外へ声を出して謡う。声は声のむいた時に遣い、声を遣った後には熱い湯を飲む等とある。〈浄瑠璃 謡の声〉〔万用重宝記〕に「浄瑠璃 謡の声をよく出す」には、大きい黒豆（五合）に氷砂糖（小半斤）、石菖の根（五十匁）に水一升五合を入れて五合に煎じ、その汁を飲むとどれ程嗄れた声でもこの上もない声が出る。

〈声無くして人を呼ぶ呪い〉〔男女御土産重宝記〕に天南星を酢に浸け陰干して粉にし、紙に塗り呼び出す人の名を書き、その人の家の戸に貼って置くと、夜その人の名を呼んでも他人の耳には入らない。

〈声で病を知る法〉〔鍼灸重宝記綱目〕に「病人の声を聞いて病を知る法」がある。○哭《な》くのは肺の病。○清涕《みずばな》が垂り鼻ひるのは肺の風寒。○歌い涎の多いのは脾の病。○怒り叫び泪の多いのは肝の病。○唾多く呻るのは腎の虚。○喜び笑い戯事を言うのは心の病。○声の軽いのは気の弱り、重く濁るのは風邪の痛み。○声の出ないのは肺の病。声の急なのは神《しん》の衰え。塞がりは痰の仕業。○声の震うのは冷え。咽ぶのは気の不順。喘ぐのは気が急がわしいもの。○欠伸の多いのは気の痞え。このような声を聞き、病を知るのを聞《もん》*といい、聖《せい》という。「五声」ヲ見ル

五右衛門風呂【ごえもんぶろ】「据《すえ》風呂徳用の事」ヲ見ル

牛黄【ごおう】〔薬種重宝記・中〕に唐獣、「牛黄（ご）わう／うしのたま。そのまま研《す》る」。『和漢三才図会・三十七』に牛黄は牛《うし》の玉《たま》といい、牛の胆嚢中に生じた褐色球状の病塊で水中では硬くなる。心・肝・胆等の病

を治すとし、売僧等が霊物となし、或は重価を以て求めるが、その惑いは甚だしい。

牛黄円【ごおうえん】〈処方〉〔昼夜重宝記・安永七〕に牛黄円は、大人・小児の中風 驚癇 卒倒 癲癇の気つけによい。但し、婦人の産前産後に忌む。丁子・白檀・沈香・藿香・蓽発・白朮・桔梗・防風（各一匁）、木香（一匁八分五厘）、羚羊角・茯苓（各一匁二分五厘）、辰砂（一匁五分）、半夏・乾姜・鬱金・訶子・安息香（各九分）、甘草（八分）、雄黄・麝香・竜脳（各六分）を皆細末（粉）にして、まず竜脳 麝香を練蜜で研《す》り調え、薬末（粉）を入れ、石の臼で搗く。竹田の秘方とする。〈名薬所〉〔万買物調方記〕に「京ニテ牛黄円」は、三条室町東へ入 竹田法印、「江戸ニテ牛黄円」は飯田町下鷹匠町 竹田法印にある。

牛黄丸【ごおうがん】〔薬家秘伝妙方調法記〕に牛黄丸は五疳*に用いる。人参・莪朮・山薬（各一分）、丁子・木香（各二分）、黄檗・香付子・檳榔子・芍薬・胡椒・甘草（各小）を粉にして水で丸じ、年の数ほど湯で用いる。

牛黄膏【ごおうこう】〔小児療治調法記〕に牛黄膏に二方がある。①発搐*の薬。熱・傷風が壮熱して渇くのを治す。雄黄・甘草・甜硝・寒水石（生）（各二匁半）、鬱金・菉豆粉・竜脳（各一匁）を末（粉）として蜜に和ぜて膏にし、半皂子の大きさにして食後に薄荷水に蕩かして用いる。②小児の風癇*を治す。牛胆星・黄連（姜炒）・全蝎（洗い炙）・蟬蛻（足を去る）（各二匁半）、姜蚕・白付子・防風・天麻（各一匁半）、木香（一匁）、麝香（五分）を末（粉）とし、蒸した棗の肉で小豆の大きさに丸じ、荊芥 生姜の煎湯に蕩かし、食に遠く用いる。

牛黄散【ごおうさん】〔小児療治調法記〕に牛黄散は、生赤《しょうしゃく》*を治す。鬱金・炙甘草・桔梗・天花粉*・葛根（各等分）を末（粉）とし、薄荷湯に蜜を加え、調えて呑ます。

牛黄清心円【ごおうせいしんえん】〔丸散重宝記〕に牛黄清心円は、〇『医林』を引き、諸風により手足緩み萎えて叶わず、口歪み舌縮み 物が言えず、痰胸に塞がり 胸騒ぎ 物忘れ 癲癇によい。この薬はみな香沈剤で一応の中風表症には用い難い。〇『医監』を引き、俄かに倒れ伏し、口眼引き攣り歪み、手足・胸・背痛み、乱心、歌い、大泣き、驚悸し、虚煩して眠り少なく、喜怒時なく、積熱・吐血・骨蒸（虚労内熱の症）・労症、小児の五疳*等、同様の症例を記して後、一切の怪病壊症に効があるという。羚羊（三匁）、人参焙・神麹（炒）・蒲黄（炒）（各七匁五分）、茯苓（焙）・川芎・柴胡・桔梗（焙）（各七匁五分五厘）、防風・白朮・勺薬（各焙）・黄芩・当帰（酒浸）（各四匁五分）、辰砂（五匁）、犀角（六匁）、雄黄（二匁四分）、山薬（焙二十一匁）、白斂・干姜（各二匁二分五厘）、黄巻（五匁二分三厘）、肉桂・阿膠（五匁二分五厘）、甘草（一匁五分）、竜脳・麝香（各三分）、牛黄（三匁六分）、棗（十匁五分）、麦門冬（四匁五分）、杏仁（三匁七分五厘）、金箔（四十五枚）を細末し、まず竜脳・麝香・棗・麦門冬・杏仁を金箔と蜜で練り和し緩々とし、前薬を入れてよく搗いて調える。〇「加減」一切の気病には薄荷湯で、中風には滴る姜汁湯で、疝気には三和散*で、虫積《ちゅうしゃく》には大七気湯*で、久瘧には七味清脾湯*で、霍乱・吐瀉・四肢厥冷には二陳湯*で、癲病には加味温胆湯で、瘟疫《おんえき》 譫語《せんご》（たわごと）には不換金正気散*で、小児驚風には竹葉湯で、それぞれ用いる。諸病に悉く功があり、命の備え、町家 民間まで常に懐中に蓄え置くとよい。

牛黄奪命散【ごおうだつめいさん】〔小児療治調法記〕に牛黄奪命散は、馬脾風*を治す。白牽牛・黒牽牛（半は生、半は熟頭末（粉）を取り、各五匁）、大黄・檳榔（各一両）を末（粉）とし、三歳の児には一匁を冷漿水*で用いる。涎の多いのには軽分を加え、涎の無いのは蜜を少しばかり加える。

牛黄鎮驚丸【ごおうちんきょうがん】〔小児療治調法記〕に牛黄鎮驚丸は、驚風*が退いて後に用い、調理する。心神を安くし、気血を養い和平にして、

予てから驚風を防ぐ剤である。麦門冬・当帰身（酒で洗）・赤芍薬（煨）・生地黄（酒で洗）・薄荷・木通・黄連（姜炒）・山梔子・辰砂（水飛）・牛黄・天竺黄（三味擂）・竜骨（炭火で焼）（各二匁）、青黛（擂一匁）を末（粉）し、練蜜で菉豆の大きさに丸じ、二十三十丸を淡生姜湯で用いる。

胡黄蓮【こおうれん】〔薬種重宝記・中〕に唐草、「胡黄蓮 こわうれん／たうやく。和には当薬《せんぶり》を用ゆ。和は刻み少し焙る。唐は生で用ゆ」る。『和漢三才図会・九十二末』に、日本の当薬と胡黄連は形状は大いに異なるので、胡黄連と称するのを禁ずるという。当薬は播州三木郡に多くあり、苗の高さは六寸、一根に数茎があり細く淡黄色、地膚草に似て七月に小花が咲き桔梗に似るが、黄色もあり、花のないのもある。気味は大いに苦く、日本では丸 散にして、諸虫 積聚薬に入れて用いる。或は胡黄蓮に代えて用いるが、今の人は用いてはならない。児の衫衣《はだぎ》を黄色に染め、よく蚤虱を避ける。

胡黄連丸【こおうれんがん】〔小児療治調法記〕に胡黄連丸は、肥熱疳*を治す。胡黄連・川連（黄連）（各半両）、硃砂（二匁半）を末（粉）とし、和《ま》ぜ調え、猪胆の内に入れ淡漿を用い、煮鍋の上に杖を渡し、線（糸）で猪胆を釣り鍋の底に着け晒し飯を炊く間程煮て取り出し、蘆薈・麝香（各一分）を擂り入れ、飯で麻子の大きさに丸じ、五七丸から十二十丸を米飲で用いる。一方に青黛（半匁）、蝦蟇（足を去り灰に焼き二匁）を加える。

氷【こおり】〔万物絵本大全調法記・上〕に「氷 へう／ひ／こほり。氷へう、凍たう。同。氷筋（へう）しよ／つらら。雹 はう／あられ」とある。

〈紋様〉〔紋絵重宝記・上〕には陰菱に氷、また氷の字の意匠がある。

氷鮑【こおりあわび】〔料理調法集・貝類之部〕に氷鮑《こおりあわび》は、鮑をしめて貝を離し、上下を平に取り、横縦に切り目を入れて五分四方位の賽形に切り離し、さっと塩湯で仕上げ置き、寒天をよい加減に味醂酒醤油で煮、切り溜へ流し、先の鮑を程よく入れ、冷めて切り形は好み次第にする。但し、寒天の厚さは鮑の少し上へ見える位がよい。

氷蒟蒻【こおりごんにゃく】〔諸人重宝記・四〕に氷蒟蒻《こおりごんにゃく》は、蒟蒻をよく煮てそのまま雪にあてるとよく氷る。氷豆腐も同じでる。〔ちやうほう記〕には蒟蒻を生で籠の内に笹の葉を敷いて付き合わないように並べ、寒夜に三晩程氷らせて、天日に干す。毎日上下廻して氷らす。

氷塩【こおりじお】〔料理調法集・国産之部〕に氷塩《こおりじお》は、塩一升に水一升を入れてよく煎じ返し、熱い内に薄い切溜様の器に入れ、天日に干しつける。但し、夏土用の中、至極よい日和にする。

氷豆腐【こおりどうふ】〔男女日用重宝記・下〕に氷豆腐は、豆腐を四ツに割り、昼は水に漬けて置き、夜には取り上げて氷らせ、七日程このようにして、その後熱い湯を懸けて取り上げ、また水に入れ、前のように夜は氷らせ、また五六日ばかり過ぎて陰干にする。「凝《こごり》豆腐」「氷蒟蒻」参照

氷麩【こおりふ】〔料理調法集・麩之部〕に氷麩《こおりふ》は、生麩に葛粉を揉み込み、湯煮して遣う。

氷餅の事【こおりもちのこと】〔男女日用重宝記・下〕に氷餅は、①糯米の上白を念を入れて粉に砕き、寒の強い晩に温湯で餅に捏ね、湯煎してよい時分に取り上げ、臼で搗く。この湯で搗き延べ適当な箱に流し入れ、翌朝好み次第に切って簀の上に並べ陰干にする。②糯米を常のように蒸かし餅に搗き、水を沢山に掻き入れ緩く搗き練れた時、臼の中に粳米の粉を一二合に篩い入れ合せ、その後浅い箱に入れて延ばし、そのまま一日置き、切って両面へ板をあて、麻糸で巻き吊るして置く。寒の強い時水を懸けて朝迄置き、陰干にする。

〈食う事〉〔重宝記・宝永元序刊〕に六月朔日に氷餅を食うことは、昔諸国で氷室《ひむろ》*の氷を夏炎暑の時取り出して食う名残という。

郡山【こおりやま】 奈良所名。御城がある。小泉へ一里で、この間大道の西山の半腹に八田寺《やたでら》があり金剛山寺《こんごうせんじ》といい、本尊は地蔵尊、諸堂が多い。

〔東街道中重宝記・七ざい所巡道しるべ〕

竈馬【こおろぎ】〔万物絵本大全調法記・下〕に「竈馬 さうば／こをろぎ。又 いとど。秋」。広く、秋に鳴く虫の総称。「きりぎりす」参照

呉音【ごおん】「漢音と呉音」ヲ見ル

久我【こが】久我《こが》は七清花*の一。家領七百石。久我は源氏で、具平親王の男、九条師輔の子孫である。〔男重宝記・一〕

五花【ごか】〔男女重法日用明鑑万々雑書三世相大全〕に「五性と生れ月で吉凶を知る事」*に、五花《ごか》の人は、分別もあり利口発明で諸芸*を習い、受け取りが早い。何事も人に優れるので敬われることがある。女人も利根発明であり、富貴で位に登る生れであるが、人に茶酒を振舞い却って疎まるることがあるので随分慎むのがよい。

五菓【ごか】五菓は、李《すもも》*杏《あんず》*棗《からもも》*桃*栗*。薬品に必用である。〔改正増補字尽重宝記綱目・数量門〕

五雅【ごが】次の五字書をいう。周公の『爾雅』。漢の劉熙の『逸雅』。魏の張揖の『広雅』。漢の孔鮒の『小爾雅』。陸佃の『埤雅』。〔日用重宝記・三〕

五戒【ごかい】五戒は、殺（殺生）。盗（偸盗）。婬（邪淫）。妄（妄語）。酒（飲酒）。〔改正増補字尽重宝記綱目・数量門〕

五疥五癬【ごかいごせん】〔改補外科調宝記〕に五疥五癬は、風湿 内湿が五臓*に毒を包むことから生ずる。また外から染《うつ》ることもある。○「疥」は俗に言う こせがさ、又は湿である。○痒く上皮がぽろぽろと落ちるのは「乾疥」といい、薬は生姜（一両）を切り片ぎ、内に塩と梅干を入れ、紙に包み、焼いて灰となし、人言（砒石）の粉を入れると一擂で治る。○腫れて痛み水の流れるのは「湿疥」という。○細かく痛み痒く色の赤いのは「砂疥《しゃかい》」という。薬に洗薬*疥霊丹*便易散*合掌散*土大黄膏*などがある。

子返し【こがえし】〔古易方位万代調法記〕に、産まれ落ちた子を殺し、また産まぬ先に飲み薬や差し薬で子を流すのを子返《こがえし》、また子間引《こまびき》という。どこでも所により貧乏人が子供の多いのを身代の枷《かせ》（ほだし）と言ってするのであるが、難儀と思わず子を育てるのが親としての心である。慎むべきであり、報いは重い。「子返《こへんず》る」ともいう。「子を産み産まぬ事」参照

古学【こがく】「じゅどう（儒道）」ヲ見ル

五膈【ごかく】五膈は、憂膈、恚膈、気膈、熱膈、寒膈である。〈五膈の薬〉〔調宝記・文政八写〕には塩鰹の頭を洗い水で煎じ、少しずつ用いる。又、やから（矢柄。別名、アカヤガラ）という魚を煮て食すると妙である。「膈」参照

五嶽【ごがく】〈日本の五嶽〉〔改正増補字尽重宝記綱目・数量門〕には金剛宝山（「葛城山」参照）。如意嶽（洛東 如意が嶽）。愛宕山*。比叡山*。高千穂山（『和漢三才図会・八十』に日向国北西部で天孫降臨伝説の地という）。〈中国の五嶽〉〔金神方位重宝記〕には「五嶽真形図」があり、泰山（東岳）。華山（西岳）。衡山（南岳）。恒山（北岳）。嵩山（中岳）。五岳の尊信は舜典に始り和漢ともに久しく、山坂河海を渡るのにこの図を持つと風波の険難を免れ、且つ寿福開運を祈ると奇験がある（図166）。常に身を清浄にして信心敬礼すると諸芸*に進達する。

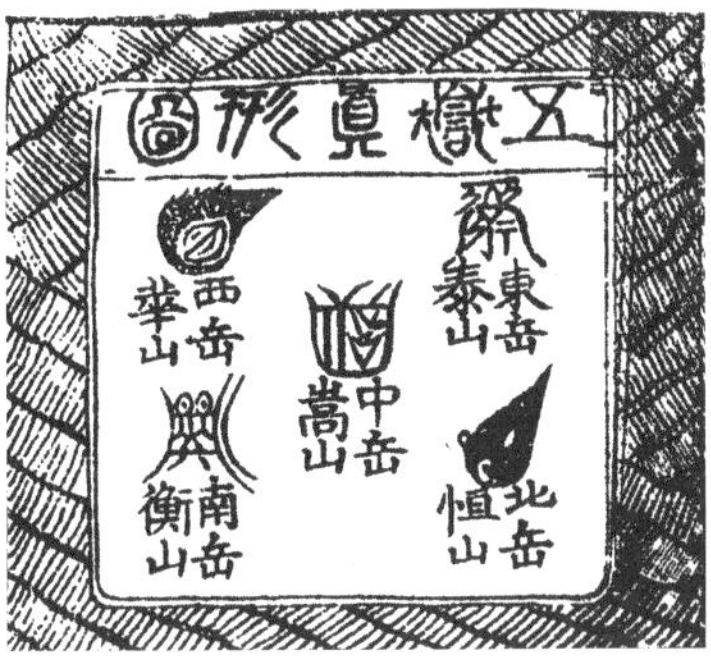

図166 「五嶽真形図」（金神方位重宝記）

小掛の手綱【こがけのたづな】「手綱の事」〈手綱執り様〉ヲ見ル

こがじ【こがじ】片言。「こが路《ぢ》、陸路《くがぢ》」である。〔不断重宝記大全〕

小刀の事【こがたなのこと】〈奉る事〉〔諸礼調法記大全・天〕に「小刀を奉る事」は、貴人の小刀ならば小柄《こづか》（＝小刀の柄）の本のはずれを中指 人差指 大指三ツで抓み、左手を右手首の下に添え 背を貴人に向け 切先《きっさき》（＝刃の先端）を上にして差し上げる。我が小刀の時は、小柄と小刀の区《まち》（＝刃と中子《なかご》の間）との間をさし、裏の方より取って差し上げる。〈小刀見せ様〉〔武家重宝記・一〕に、○「貴人に見せる時」は、柄《つか》を下にして刃を人の左へ当て、左手を柄頭に添えて見せる。○「等輩へ見せる時」は、刃を内へなして片手で切先《きっさき》（＝刃の先端）を持って見せる。〈小刀櫃〉〔武家重宝記・四〕に小刀櫃《こがたなびつ》は笄 櫃《こうがいびつ》或は割 釵《わりかんざし》であるが、今は小刀櫃を用いる。〔万買物調方記〕に「京ニテ剃刀 小刀 鋏鍛治」二条土橋 伯耆守金義、同町 相模守兼守、岩上御池上ル町に橘金高ら六人、都合十六人がいる。「売り店」も多く、小川丸太町下ル 摂津守吉貞、小川竹屋町上ル 吉広、岩上御池下ル 吉村ら四十余軒の外、町名の記載がある。「大坂ニテ剃刀小刀」内平野町 播磨守益升、駕籠屋町 飛騨守益升、南かわや町 豊後守包高、伏見両替町 美濃守盛重、谷町追手南 但馬守橘貞信ら。「刀の事」「太刀の事」「刀脇差の事」「脇差の事」「腰の物」ハ別項

五月【ごがつ】〈異名〉〔改正増補字尽重宝記綱目〕を中心に他の重宝記からも集成すると凡そ以下の通り。五月《さつき》 畏景《いけい》 梅天 梅雨 梅月 夏至 夏五 夏中 夏半 盛夏 仲夏 東井 皐月《こうげつ》《さつき》 景風 午月《ごげつ》《うまのつき》 条景 小巧《しょうこう》 鶉首《じゅんしゅ》 鶉月 南訛 炎天 星月《せいげつ》 蕤賓《ずいひん》 早苗月《さなえづき》（略シテ さつき）田草《たぐさ》月 月不見月《つきみぬつき》 挟雲月《さくも》 雨月 雨飽月《あめあき》 郊井 橘 月《たちばなづき》 星火 茂林 端午 醒賓《すいひん》 芒種 早《はや》月。〈一字異名〉皐《さつき》。〈年中養生〉〔懐中重宝記・弘化五〕等に、五月朔日に枸杞湯を浴すると顔色は潤い、老いない。この月、九毒の日*は夫婦交合を忌む。〔年中重宝記・三〕は五月に韮を食うと力乏しく目を損ずる。〈五月禁食〉〔料理調法集・食物禁戒条々〕に、山椒と韮《にら》を忌む。煮た餅に、固まらぬ梅桃を忌む。鶏に狸、麻に鰍を忌む。沢の溜り水を飲んではならない（魚鼈の精や涎があり飲むと瘕になる）。

五月五日【ごがついつか】「端午の事」参照

五月生れ吉凶【ごがつうまれきっきょう】〔大増補万代重宝記〕に五月生れの人は前生で仏の台座を寄進した功徳で、今世は衣食に縁があり、また手に芸があり、四方から金銀財宝が集まり命が長い。また前生で持戒の僧に酒を盛って破戒させた報いで、父母妻子に離れることがある。よくよく慎むとよい。〔女用智恵鑑宝織〕に五月生れの女は前世で正直なため今世では金銀財宝が多く、仕合せがよい。しかし、前世で継子を憎み 兄弟仲が悪いので子に縁がない。子や下人を憐れむと益々よい。

碁がなる【ごがなる】碁より出た言葉。〔男重宝記・三〕に、愚かな者を「碁がなるといふは 弱きといふ事也」。また「（碁を）うつ」とも言う。

金屑【こがねのすりくず】〔薬種重宝記・下〕に和金、「金屑 きんせつ／こかねのすりくず。練《ねり》たる金を用」いる。

小金虫【こがねむし】稲虫。〔農家調宝記・付録〕に小金虫は、一分位で甲に光がある。羽虫で、昼は稲株に手鞠のように集り、夜は散って茎を食い害をなす。駆除法は松明を作り、黄昏頃から田の畦に灯すと飛んで来て焼け死ぬ。何回もして除く。また油で除く。

五ケの秘歌【ごかのひか】〔麗玉百人一首吾妻錦〕に「五ケの秘歌」として次がある。①柿本人麿「あし曳の山どりの尾のしだりをのながながし世をひとりかもねん」。②喜撰法師「わが庵は都のたつみしかぞすむ世を宇治山と人はいふなり」。③安倍仲麿「天の原ふりさけみればかすがなるみかさの山に出し月かも」。④壬生忠岑「有明のつれなくみへし別れよりあかつきばかりうき物はなし」。⑤権中納言定家「こぬ人をまつほの浦の夕凪にやくやもしほの身もこがれつゝ」。

五加皮散【ごかびさん】　〔小児療治調法記〕に五加皮散は、三歳まで歩けないのを治す。五加皮（二両）、牛膝・木瓜（各五匁）を末（粉）し、一服一匁五分とし、粥《かゆ》飲に調え良い酒二滴を入れて、一日に二度ずつ用いるとよい。

小紙子搗き様【こがみこつきよう】　〔男女日用重宝記・上〕に「小紙子搗き様の事」として、葛糊を固く練り、薄渋で溶き、それで紙を搗く、とある。

「紙子の拵え様」参照

小鴨【こがも】　〔料理調法集・諸鳥人数分料〕に小鴨は、渡りがけの鳥は汁に遣うと三人前ある。煎鳥にして二人前、脂がのると三四人前に遣う。真鴨*一羽の代りには、小鴨四羽の当てであるが、小鴨の方が少し多い。小鴨の分は二月より生け鳥がある。渡りがけの時分には店に囲い鳥（胡麻油を煮返して冷し、塩を入れて密封して囲う）がある。囲い鳥は秋に遣っても脂かよくのっている。脂はまことに白く、鳥の内では上鳥なので、晴れの料理に専ら遣う。

木枯【こがらし】　大和詞。「れんぎ（連木＝すりこぎ）は、こがらし」という。〔女重宝記・二〕

五官【ごかん】　〔里俗節用重宝記・下〕に次がある。耳・目・鼻・口・形（頭身手足）の五ツは、それぞれ聞く、見る、嗅ぐ、物言う物食う、動くのを司る職分ゆえ五官と言い、心の遣い物である。心《しん》*は人身の主となるもので天君といい、五官を司るもので、安楽ならしめ苦しめてはならない。天君の命を受けて五官は官職を勤めるもので、恣《ほしいまま》にしてはならない。

五癇【ごかん】　〔小児療治調法記〕に五癇は五臓に随って治し、各臓には一獣が属する。犬癇*牛癇*鶏癇*猪癇*羊癇*がある。五癇の重いのは死し、病後の甚だしいのもまた死ぬ。治薬にはみな五色丸*五疳保童丸*を用いる。

五疳の治法【ごかんのじほう】　五疳は、肝疳*心疳*肺疳*腎疳*脾疳*をいう。〔鍼灸重宝記綱目〕は五疳ともに肝兪 篏兪 不容 章門に灸をする。〔重宝記・礒部家写本〕には川鰻に大麦の醤油をつけてよく焼き、車前子の根葉をともに土気を去り洗い、六月土用に黒焼きにし鰻につけて与える。肝気鳥目 爛れ目にもよい。また、小児五疳の妙薬として、桑山小粒丸*がある。〈小児五疳薬〉〔調宝記・文政八写〕には黄栢と漆渣を等分に混じ糊で丸じ用いる。疳で目の見えないのには、蝦蟇《ひきがえる》を黒焼にして粉にし、少しずつ湯で用いるとよい。

五疳保童丸【ごかんほどうがん】　〔小児療治調法記〕に五疳保童丸は、五疳*を治す。黄連・白鱔・青皮・五倍子・草竜胆・楝根・蟾頭・青黛・雄黄・夜明砂（炒る）・蘆薈・熊胆・麝香・胡黄連・天漿子（各一分）を末（粉）し、糯米の糊で麻子の大きさに丸じ、一歳の児には毎服一丸を米飲で用いる。一日に三度ずつ。一方に、乾蝸牛を少し炒った一分を加える。

古稀【こき】　七十歳を、古稀という。「年賀の事」ヲ見ル

五気【ごき】　〔童子調宝記大全世話千字文〕に天の五気は、寒暑燥湿風をいう。『書言字考節用集』には「温・涼・寒・燥・湿。寒・暑・燥・湿・風」がある。

〈五音の気を以て吉凶を知る事〉〔重宝記・幕末頃写〕に次がある。宮気*商気*角気*徴気*羽気*。〔鍼灸重宝記綱目〕には温《あたたか》、熱《あつし》、湿《しめり》、燥《かわく》、寒《ひゆる》。五臓の色体*で、それぞれ肝心脾肺腎が主《つかさど》る。

〈五気の論〉〔鍼灸日用重宝記・四〕には「五気の論に云く」として、喜んで虚すれば腎気が乗じ、憂えて虚すれば心気が乗じ、怒って虚すれば肺気が乗じ、悲しんで虚すれば肝気が乗じ、恐れて虚すれば脾気が乗ずるという。これは五臓*の憂えで、丹渓は一身を周流して生命をなすものを気という。「気」「九気の説」「五気」参照

五季【ごき】　〔鍼灸重宝記綱目〕に五季は、春、夏、土用、秋、冬をいう。

「五臓の色体」参照

五鬼【ごき】　〔懐中調宝記・牛村氏写本〕に五鬼は、大凶・悪の方（離命は兌、震・坎命は艮の方）で万事に悪い。門戸を開き 窓等を新規に開くる時

は盗賊の難がある。夫婦の合命は散財を、また争論の事が絶えない。

五畿【ごき】〔重宝記永代鏡〕に山城*大和*河内*和泉*摂津*の五ヶ国をいう。畿内とも中央ともいう。〔大増補万代重宝記〕に、用明天皇の御宇（五八五〜五八七）に五畿を分つという。「七道」参照

五儀【ごぎ】〔童子調宝記大全世話千字文〕に五儀とは聖人、賢人、君子、士人、庸人をいう。

御機嫌悪しき【ごきげんあしき】女の柔かな詞遣。「気《き》の悪きを、御機嫌《ごきげん》あしき」という。〔女重宝記・一〕

御機嫌窺う【ごきげんうかがう】大名衆遣い詞。〔男重宝記・一〕に、「御見廻《みまい》申を、御機嫌《ごきげん》うかがふ」という。

御器の倉【ごきのくら】伊勢名所。「外宮」の記載に、朝夕の御饌《みけ》（＝供物）、并に年中の諸祭に用いる土器を納め置く所とある。〔東街道中重宝記・七ざい所巡道しるべ〕

五逆【ごぎゃく】〔日時調法通用文則〕に五逆は、父・母を殺し、仏身より血を出し、羅漢を殺し、和合僧を破る。

五瘧【ごぎゃく】〔鍼灸日用重宝記・四〕に「瘧《おこり》之論治」として「五瘧あり、瘴瘧 寒瘧*牝瘧 牡瘧」の四ツをあげ、『素問』を引いて、足の太陽・少陽・陽明・太陰・少陰・厥陰の瘧について説明がある。

巨虚【こきょ】灸穴要歌。〔永代調法記宝庫・三〕に「足痛み 伸び屈まらず足固く膝と足との叶はぬは巨虚」。巨虚は足の三里より三寸下の骨の外の大筋との内である。

五経【ごきょう】〔掌中年代重宝記〕に、五経は易経（二）、詩経（二）、書経（二）、春秋（一）、礼記（四）とある。〔日用重宝記・一〕にはもと六経であったが、楽経が絶えて五経となったとある。○『易経』は伏犠の八卦、神農の六十四卦、文王の象の詞、周公旦の爻の辞、孔子が繋辞 及び象 象 説卦 序卦 雑卦 文言等の伝を作り十翼備わり易経の一部とする。○『詩経』は国政の善悪を見るために列国に触れて詩を集め、善の法と悪の懲らすべきものと三百余編を抜き取り、教えにもならない不用なものは除き、孔子が刪略した。その去ったものを逸詩という。○『書経』は唐尭、虞舜、夏禹王、殷湯王、周文王 武王等聖王らの史書 記録を、孔子が正し筆した政道要用の書である。○『礼記』は曲礼三百 威儀三千を悉く載せた聖人の礼法書であるが、秦の始皇の大臣李斯の説により天下の書を焚き捨てたが、特に礼記は散乱していたのを、前漢の儒者戴聖 戴徳の兄弟が訪ねて集め一部としたものである。○『春秋』は魯国の記録である。諸侯は国を争い、君臣 父子は道なく、孔子がこれを見て百王不易の道を説いた書とする。後には五経の註解書も出たとする。

五教【ごきょう】「ごりん（五倫）」ヲ見ル

五行【ごぎょう】〔年中重宝記・六〕には、十幹《じっかん》*の内、甲《きのえ》／乙《きのと》*を木《もく》《き》、丙《ひのえ》／丁《ひのと》*を火《か》《ひ》、戊《つちのえ》／己《つちのと》*を土《ど》《つち》、庚《かのえ》／辛《かのと》*を金《きん》《かね》、壬《みずのえ》／癸《みずのと》*を水《すい》《みず》にあて、五行という。この五行が天にある時は気で形はなく、寒（水の気）暑（火の気）燥（金の気）湿（土の気）風（木の気）の五運*、地にある時は木 火 土 金 水の五行となり象《かたち》が現れる。この気と象とが相感じて万物を生じ万事をなす。〔農家調宝記・三編〕には甲／乙は気の始め、丙／丁は気の壮《さかん》、戊／己は気の化、庚／辛は気の成《なる》、壬癸は気の終《おわり》とする。〔鍼灸重宝記綱目〕には木《き》火《ひ》土《つち》金《かね》水《みず》をいい、五臓の色体*でそれぞれ肝 心 脾 肺 腎が主《つかさど》る。古代中国では、この五要素が天地の間で万物を生起し、流転させるものと考え、木 火 土 金 水の順序を相生《そうじょう》*、水・火・金・木・土の順序を相剋《そうこく》*とする。〔日用重宝記・二〕に「五行の相生」は木は火を生じ、火は土を生じ、土は金を生じ、水は木を生ずる。「五行の相剋」は木は土を剋し、土は水を剋し、水は火を剋し、火は金を剋し、金は木を剋する。この間に生剋制化ということがある。相生の中に剋があり、相剋の中に用がある意で、これらの組み合わせで、男女の相性、有卦無卦、色々な吉凶を

判断する。「気」参照

五行占【ごぎょううらない】〔改正刪補／日夜重宝 万暦両面鑑・慶応二〕に「五行占」が安倍晴明極秘伝の法として次表がある（図167）。年の数（子〜亥を一から十二に数える）・月・日の数を合せて五で割る。例えば、占う人の年が寅年なら三（子丑寅と三ツ目）、占う月が五月なら五、二十五日なら二十五を入れ、合せて三十三になるのを五で割り、残りが三になるのを土の所三に当て、占いの名目を見て方角なら「ひがし／みなみ」、待人なら「き（来）たらず」、望み事なら「をそ（遅）し」を知る。

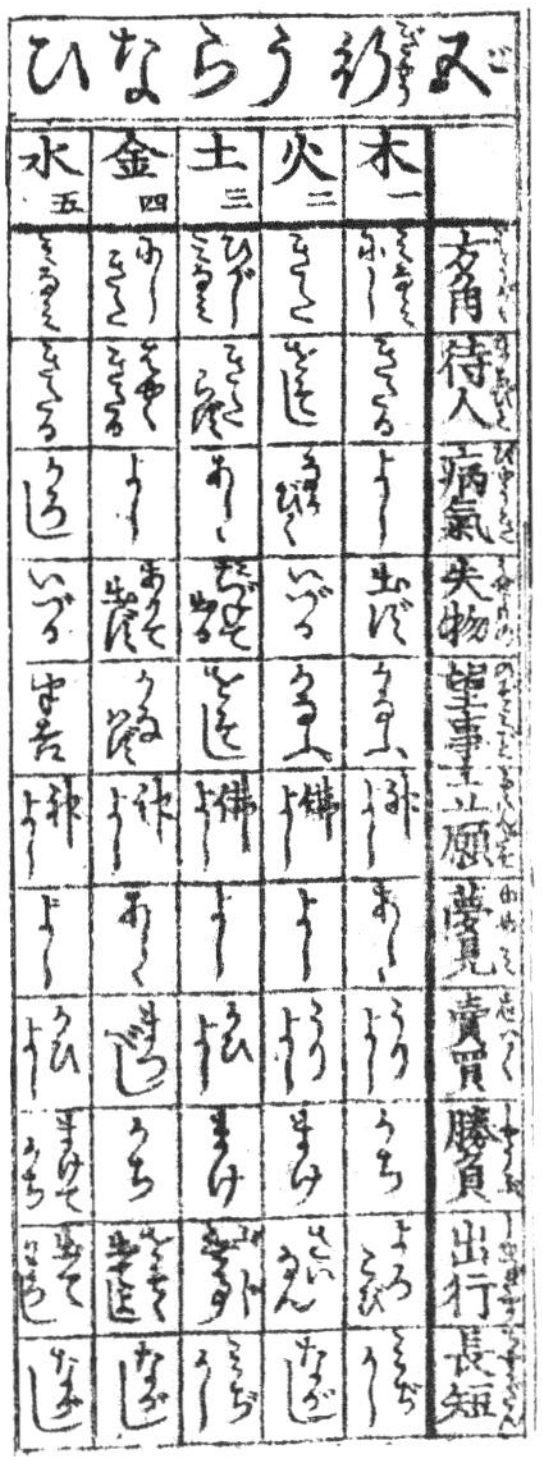

図167 「五行占」（改正刪補／日夜重宝）万暦両面鑑・慶応二）

巨虚下廉【こきょげれん】〈経絡要穴 腿却部〉二穴。巨虚下廉《こきょげれん》は上廉の下三寸にある。針六分、気を得て瀉す。灸三壮から四十九壮まで。中風萎え痺れ、熱風冷湿に足重く痛み、喉痺、唇乾き顔色なく、傷寒、胃熱して食進まず、膿血を下し、胸脇・小腹《ほがみ》痛み、驚狂、乳癰等を治す。〔鍼灸重宝記綱目〕

巨虚上廉【こきょじょうれん】〈経絡要穴 腿却部〉二穴。巨虚上廉《こきょじょうれん》は三里の下三寸にある。針三分か八分。気を得て瀉す。灸三壮か七壮。臓気不足、偏風、脚気、腰・腿・手足痺れ、骨髄冷え痛み、大腸冷え、食化せず、腹下り、労瘵、気上って喘息、傷寒の胃熱を治す。〔鍼灸重宝記綱目〕

孤虚の方【こきょのほう】〔重宝記・宝永元序刊〕に「孤虚の方とて勝負吉凶を知る事」がある。○甲子《きのえ》より十日の間、孤は戌亥（北西）にある。虚は辰巳（南東）にある。○甲戌より十日の間、孤は申酉（西々南）にある。虚は寅卯（東々北）にある。○甲申より十日の間、孤は寅卯にある。虚は申酉にある。○甲寅より十日の間、孤は子丑（北々東）にある。虚は午未（南々西）にある。孤を後ろにあて、虚に敵を置いて向う。博奕の類に勝利を得ないということはない。

狐疑る【こぎる】〔世話重宝記・四〕に『漢書』の註に出るとして次がある。狐は疑いの多い獣で、氷上を渡る時も氷の下に人がいて自分を殺しはしないかと疑い、耳を傾けて聞くという。これより疑い多いことを狐疑という。売り物の値を疑ってねぎるのを、狐疑《こぎ》るというのもこれから始った。

五金【ごきん】〔童子調宝記大全世話千字文〕に五金とは、金《こがね》、銀《しろがね》、銅《あかがね》、鉄《くろがね》、錫《すず》をいう。

枯筋箭【こきんせん】〔改補外科調宝記〕に枯筋箭は、鬱気が肝を破り、筋が外に発するのをいう。初めは赤豆の大きさで、長くなると裂けて筋は頭に走り出て髪が乱れるようになり、又は藁のようになる。多くは胸乳の周りに生ずる。治方は砒霜石を粉にして練り合せ、糸につけて腫物の根に纏い置くと自然に出る。要するに、腫物から筋が出るのをいう。薬は珍珠散*を用いる。

古今餅【こきんもち】菓子名。古今餅《こきんもち》は、上ながし物、中白は小豆入り、もろこしながし物。〔男重宝記・四〕

古今和歌集【こきんわかしゅう】勅撰和歌集*の第一番目。〔消息調宝記・四〕には、『古今和歌集』は醍醐帝 延喜五年（九〇五）の詔により御書元預紀貫之を第一にして、大内記紀友則、前の甲斐目 凡河内躬恒、左衛門府生 壬生忠岑等の撰。二十巻。二本。千九十九首ある。一説にとして、真名序を紀淑望が書き、貫之が賞翫の余りに学んで後から仮名序を書き、

遂に淑望を養子にしたという。「勅撰和歌集」参照

石【こく】〔万物絵本大全調法記・上〕に「石 せき／しやく／いし」。〈糧の単位*〉〔農家調宝記・初編〉に升目の十斗（斗は今は「と」であるが実は「とう」である。石とも斛とも書き、石を書いて通用とする。但し、元来は石の重さ百二十斤を後人が一斛を一石としたとし（夢渓筆談）、量ではないという。石の音は「セキ」で、「コク」は音ではなく訓である。「イシ」とも「コク」とも覚えるとよいいう。

ごく【ごく】俳言の仙傍（訕謗）。「女ヲ ごく」という。〔新成復古日夜重宝俳席両面鑑〕

極【ごく】大数*の単位。万万載（せい）*を極という。十極、百極、千極。〔改算重宝記〕

国阿堂【こくあどう】「しょうぼうじ（正法寺）」ヲ見ル

極煎酒【ごくいりざけ】〈餅菓子〉〔江戸町中喰物重法記〕に「極煎酒」は、金龍山 きゝやうや安兵衛売り出しの餅菓子である。〈煎酒製法〉〔料理調法集・煮出煎酒之部〕に極煎酒は、古味醂酒一升に、鰹節の真中ばかりを削り五十目を入れ、七分に煎じ、常の塩を炒って篩い、醤油で塩梅する。全て焼塩を用いるのは悪く、汁が濁る。「煎酒」「精進煎酒」「早煎酒」参照

穀雨【こくう】二十四節*の一。〔重宝記永代鏡〕に三月中、昼五十四刻半余夜四十五刻余。穀雨とは、春雨はよく百穀を生ずることからいう。萍始めて生ず、鳴鳩 羽を払う、載勝（唐鳥。和名菊頂《きくいただき》）桑に降る等とある。〈耕作〉〔新撰農家重宝記・初編〕に、新暦では四月二十日。この節から早い綿、また麻を蒔いてよい。馬鈴薯 韮 杉苗を植え始めてよい。葡萄の虫を取り除く。〇二十五日頃、綿 隠元豆 藤豆 鉈豆 豇を蒔いてよい。胡麻は小暑の頃までよい。また里芋 生姜を植える。

虚空蔵真言【こくうぞうしんごん】真言陀羅尼*の一。「南無《なふぼ》阿《あ》迦《きく》捨《しや》楬《きや》婆《ば》耶《や》唵《おん》阿《あ》利《りき》迦《く》摩《ま》利《り》暮《ほ》利《り》婆《そ》嚩《わ》賀《か》」と唱える。〔新撰咒咀調法記大全〕

虚空に人の名呼ぶ事【こくうにひとのなよぶこと】〔万物絵本大全調法記・上〕に「虚空 こくう／そら、おほぞら。半天 はんてん／なかぞら」。〔増補咒咀調法記大全〕に「虚空に人の名よぶ事」は、千本の卒塔婆ある戒名を取り集めて墨にし、諸人の名を書いて夜行の時呼ぶと即ち変ずる。また百体の五輪の空大の苔を削って墨にして、衆人の名を書いて家の内に差すとよい。

虚空坊【こくうぼう】〔人倫重宝記・五〕に『ぼろぼろの草紙』（室町物語）に見えるとして次がある。虚空坊《こくうぼう》という者がいて、身の丈七尺八寸 力強く 髪長く 色黒く、一尺八寸の太刀を佩《は》き、蛭巻の八角の棒を横たえ、一尺五寸の高足駄を履き、一人の美女を妻とし、道行三十人 尺八を吹いて諸国を修行して歩く。この虚空坊の流れは僧とも 俗とも 山伏とも見えない。「薦僧《こもぞう》」参照

黒靨疔【こくえんちょう】五疔*の一。〔改補外科調宝記〕に黒靨疔は腎経に発し、耳内胸腹腰脇の肉の柔らかな所に出、初めは泡のようで紫に黒味がある。毒は皮肉に通り難く、痛みは骨に通り、重いのは手足の色が青紫色である。胸躍り、気沈み、瞳は現れ出る。

黒丸子【こくがんし】薬名。〔丸散重宝記〕に黒丸子は、癪気 胸痛 腹痛 霍乱* 吐瀉* 傷食* 五疳* 驚風* 二日酔* 口・喉の渇き、小児の疳虫癖 五疳 驚風等一切の急病にまず用いて胸を開くのがよい。癪で苦い味を嫌う者には黒丸子に限らず、苦い薬は用いない。木香・莪蒁・三稜・大黄・黄連・黄芩・鶴虱（各三匁七分）、雄黄・胡黄連（各二匁五分）、丁子・麝香（各一匁二分）、熊胆（四匁三分）を丸ずる。〔薬種日用重宝記授〕には、沈香（六匁）、黄連・胡黄連（各四匁）、木香（十匁）、合〆皮（八匁この分は黒焼）、〆三十二目（衣は熊胆正味四分）とある。〈売り店〉〔洛中洛外売薬重宝記・上〕に、① 「黒丸子」京都小川通一条上ル丁 菅野喜内にある。癪 痞 疝気 胸の痞 食傷 眩暈 立眩み、小児

五疳*によい。取り次は八軒（御霊の辻子 本間治兵衛、釜座御池下ル 近江屋九兵へ、すわの丁 近江屋新蔵ら）がある。②「黒丸子」六角冨小路東へ入 鳥屋太兵へにある。第一に癪 痞 疝気 腹胸の痛み 食傷食もたれによい。③「同薬」四条通烏丸西へ入丁 藤屋長五郎。④「本家同薬」三条寺町東へ入 後藤存左介にある。癪 痞 疝気 罹病 嘔吐によい。取り次は三軒（三条寺町東へ入、堺筋長堀橋北、鍛冶橋御見付前［各薬店名ナシ］）。⑤「同薬」寺町ゑびす河上ル いせや孫兵へにある。癪 疝気 瘧 癲癇 小児五疳によい。⑥「同薬」三条室町角 かぎや友年にある。癪 痞 おくび 毒消 船や駕籠酔いによい。

五句去【ごくざり】 連俳用語。〔俳諧之重宝記すり火うち〕に「五句隔つ可し」として「衣 同季 竹 田船 夢 涙 月 松 枕 煙 路」の語があり、歌六首にして覚え易くしている。〔大成筆海重宝記〕には「月 松 船 夢 枕 竹 衣 涙 煙 田 同季五句去る」とある。

国司【こくし】〔武家重宝記・一〕に公家より国を領ずるために置いた役名。上代に国造《こくぞう》といい、後に改めて国守《こくしゅ》、また国司《くにつかさ》ともいう。武家より国を領ずるために置いた大名*相当の名目に対する。

小串【こぐし】〈料理〉〔永代調法記宝庫・一〕に、小串の物は挟んで引くのは悪く、串を取って引くのがよい。

〈弓射〉〔弓馬重宝記・下〕に中興より用い、今様（当世風）であり、射芸 射法ではない。或は云う、小串は本的を立てたように串を立て、三尺二寸の的を釣り、又この的の前に七寸の縁座を立てる。或は、射手は二番に分け一番二番の品があり、鳥目（銭）を出す。中興で賤事とし、中絶するという。『日葡辞書』に「Coguxino quai.（小串の会）昔行なわれた、弓矢で的を射る一種の遊び」とある。

小串蒲鉾【こぐしかまぼこ】〔料理調法集・蒲鉾之部〕に小串蒲鉾は、常の擂身を板に厚さ一分半程につけ、焼き上げてきりきりと巻き、巻留めに青串を刺し並べ、串の間を庖丁して遣う。

穀日【こくじつ】 正月八日の称。〔年中重宝記・一〕に正月「八日 穀日《こくじつ》という」。「人日」参照

黒砂瘤【こくしゃりゅう】〔改補外科調宝記〕に黒砂瘤《こくしゃりゅう》は、多くは尻股に出る色黒の瘤*である。針で破り黒粉（麩糊状）を押し出し、三品一条鎗*を針の穴へ挟み入れ、癒え膏薬をつけるとよい。

国守【こくしゅ】 国主とも書く。〔武家重宝記・一〕に禁中より国を領するために置いた職である。上代では国造《こくぞう》といい、後に改めて国守 国司《くにつかさ》という。シナでは諸侯という。後年の大名*に相当の名目である。〔大増補万代重宝記〕に「国主」は、大名*の異名とある。

極上醤油【ごくじょうしょうゆ】〔ちやうほう記〕に「極上醤油の方／下り醤油の方」がある。大豆（一斗三升。味噌の如く煮る。挽き割る）、大麦（一斗三升。炒り挽き割る）、水（二斗六升、土用水）、塩（一斗二升）。これ等を原料に、大略は戸板の上に莫蓙を敷き寝させ 毎日打返し交ぜて花が着く時 水と塩を合せ、水嚢で濾す。四十日目に添えをする。糀（三升）、塩（一升五合）、水（六升）、塩と水とを合せ水嚢で濾し、煎じて冷し合す。七十二日目に籠を立てる。二番は糀（三升）、塩（三升）、水（一斗三升）。水と塩は前のように煎じ冷まして入れる。三十日程でよい。下り醤油は、上方《かみがた》製の極上の醤油で、江戸へ運んだものである。

穀神【こくじん】〔農家調宝記・初編〕に「稲荷大明神」*「大己貴命《おおあなむちのみこと》」*「少《すくな》彦名命《ひこなのみこと》」*など、穀神をもって稼穡《かしょく》の神と思えとある。シナでは后稷《こうしょく》を穀神とする。村の鎮守を始め各々の信仰に任す。

黒神散【こくしんさん】〔丸散重宝記〕に黒神散は、産後悪露《おろ》の止まらないのに、或は胎衣《えな》下らず血気虚し、怔忡（胸騒ぎ）、心腹痛、血迷《けつめい》、血暈《めまいたおれ》、また産後の諸病に妙方である。黒豆（二十戔）、熟地黄・当帰（酒製）・肉桂・乾姜（炮）・甘草炙・芍薬（各四戔）を細末にし、毎服（二戔）を童便と酒とを和して調服する。或は 付子（三戔）、或は 蒲黄（四戔）を加え

たり去ったりする。用いる者で酙酌する。〔骨継療治重宝記〕にも打撲、悪血等に処方がある。

こくぞ【こくぞ】　片言。「こくぞは、虚空蔵」である。〔不断重宝記大全〕

虚空蔵菩薩【こくぞうぼさつ】〔永代必用両面重宝記・寛延四〕に虚空蔵大菩薩は、丑寅年生れの守り本尊で、御縁日は十三日、真言は「南無阿迦捨掲婆耶唵阿利迦摩利暮利娑嚩賀」、卦は艮上連。艮*の卦は、易にも万物の終り始る卦とあり、物の仕舞いをする卦である。身代を改めて、また職を変えてみるのもよい。特に男は元服し又縁を結び、女は眉をおろして愈々よい。親兄弟の口舌を慎むとよい。十三夜の月を信心するとよい。

石代【こくだい】〔四民格致重宝記〕に次がある。一反に付き高一石を、十の盛という。或は十三の盛というのは一石三斗代と知る。十五の盛というのは一石五斗代と知る。これを何石代という。上、中、下により石代に相違がある。「石高合せ」「石盛」参照

石高合せ【こくだかあわせ】〔人倫重宝記・一〕に次がある。「石高」は一反に付き上田は一石五斗、中田は一石二斗、下田は一石である。「日本中石高合」は二千二百五十二万九千二百八十二万石。「田数合」は九千四万七千八百一町。但し、一間四方を一歩（六尺五寸の四方）、三十歩で一畝《ひとせ》、十畝《とせ》を一反、十反を一町という。「石代」「石盛」参照

黒疸【こくたん】「酒疸《しゅだん》」ヲ見ル

穀疸【こくだん】五疸*の一。〔鍼灸日用重宝記・五〕に穀疸は、大食して胃を破り衝鬱して疸となる。食すると腹が張り消化しない。眩暈があり、小便が渋り、身は黄である。

戸口【こぐち】「里《さと》」ヲ見ル

小口作【こぐちづくり】　端の方から順に薄く輪切りにしていくこと。〔料理調法集・口伝之部〕に暑気の時節、鯉や鮒は、小口に作るのがよい。その他の魚、鳥も心得るべきである。「小作り」ともいう。

国土の宝【こくどのたから】〔田畑重宝記・上〕に国土の宝は、第一は天地（五穀成就も天地雨露の恵み）。第二は姓民（五穀*の長の米を田から作り出す）。第三は五常*の礼。下々では五人組。

黒髪梳【こくはっそ】〔万買物調方記〕に「京ニテ黒髪梳」は、富小路三条上ル町にある。これは白髪、赤髪、黄髪を黒くする櫛である。

国分散【こくぶさん】〔万買物調方記〕に「京ニテ国分散」は柳のばゝ堺町間坂若狭にある。「大坂ニテ国分散」は大伝馬町三丁目蓮白にある。

黒付子【こくぶし】　草花作り様。黒付子の花は赤色である。土は肥土に砂を交ぜて用いる。肥しは魚の洗い汁を根廻りに掛ける。分植は春、秋がよい。〔昼夜重宝記・安永七〕

黒付湯【こくぶとう】〔小児療治調法記〕に黒付湯《こくぶとう》は、慢脾風*を治す。黒付子（炮 三匁）、木香（一匁半）、白付子（一匁）、炙甘（五分）に生姜を入れ、水で煎じ匙で下す。

国分延命散【こくぶんえんめいさん】〔洛中洛外売薬重宝記・上〕に国分延命散は、大ぶつ一のはし上ル丁香具や九郎兵へにある。第一にしんしゃく、大むしが食ったのによい。

黒藊豆【こくへんず】　草花作り様。黒藊豆の花は白く、実は黒い。土は真土に肥土、砂を交ぜて用いる。肥《こやし》は雨前に小便を根廻りへ掛ける。分植は四月に実を蒔き、苗植えをする。〔昼夜重宝記・安永七〕

黒末子【こくまっし】〔骨継療治重宝記・下〕に黒末子の治症は大活血丸に同じ（打撲傷損 骨折 筋砕き瘀血 腫痛 四肢痺れ痛み 一切の痛風等の症を治す）。雄鶏毛（焼）・桑炭・老松節（炒って性を存す）・嫩松心・側栢葉（酢で煮る）（各四両）、当帰・牛膝・何首烏・黒豆（製）・骨砕補・熟地黄・羌活・独活・赤芍薬・川芎・白芷（各二両）、細辛・肉桂・川烏（炮）・草烏（製）・木鼈子・南木香・五霊脂・降真香・乳香・没薬・楓香（各一両）、百草霜（なべずみ 五銭）を末（粉）とし、熱酒で調えて下す。好いと思われる際

に自然銅製一両を加えるのは骨折に限る。

五句目【ごくめ】 連俳用語。連句で第四句*に付ける第五句。〔世界万法調法記・中〕には、第三句*が「て」留まりなら「はね（らん留）」字がよく、「て」留でなければここで「て」留めがよい。初折の表には同字を忌む。「て」留まり「はね」字は句の一体なので表道具である。この句で逃したら七句目がよいが、定まった法はなく、あるに任せて用いるのがよい。〔男重宝記・二〕には五句目 六句目はそれほど子細はなく、ただ面《おもて》のうち節くれ立たないように、さらさらとする。

極明膏【こくめいこう】〔洛中洛外売薬重宝記・上〕に極明膏《こくめい》は、車屋町竹や町上ル丁 其月軒にある。一切の腫物痛みによい。

国母【こくも】〔男重宝記・一〕に国母とは天子*の御母をいう。また女院、皇太后宮ともいう。御子が天子*になられたら、何門院という。

穀物を仏法に譬える【こくもつをぶっぽうにたとえる】〔人倫重宝記・一〕に我が朝に仏法渡来後、穀物を仏法に譬えて、種を文殊菩薩、苗を地蔵菩薩、稲を虚空蔵菩薩、穂を普賢菩薩、飯《いい》を観世音菩薩と号し、耕作は毘沙門天が始めたという。

石盛【こくもり】〔農家調宝記・初編〕に次がある。石盛は、田畑の上中下の等級を定め、その一反当りの収穫量を決めること。最初は反別見取り立毛《たちげ》*、一坪の籾を三年の合毛《ごうけ》を平均し、一升の時は一反で籾三石 米に直して一石五斗、これを高（収穫高）に積り十五の盛と定め これより高下を定める。上田一反の籾は三石（但し一坪籾一升）、この米は一石五斗（但し五合摺）、この米の内七斗五升は公納 七斗五升は作徳、これを五公五民*の法という。上田が十五の盛なら二ツずつ下り 中田は十三、下田は十一である。田と畑は六分違いで上畑九ツ、中畑七ツ八分、畑六ツ六分である。「石代」「石高合せ」参照

黒百合【こくゆり】 草花作り様。こくゆり（黒百合）の花は黒紅色。土は合せ土*を用いる。肥《こやし》は茶殻の粉を土に交ぜる。分植は彼岸がよい。〔昼夜重宝記・安永七〕

小倉餅【こくらもち】 菓子名。小倉餅。上しめし物、中羊羹、下うき物。〔男重宝記・四〕

後家【ごけ】 下様の人の妻で、「夫亡くなりてからは、後家《ごけ》といひ、また後室といふ」。〔女重宝記・一〕

固経丸【こけいがん】〔丸散重宝記〕に固経丸は、経水が過多で止まらないのによい。黄芩・亀板・芍薬（各一戔）、黄栢（三分）、香附子（三分五厘）、椿根（七分五厘）を糊で丸ずる。

焦茶煤竹茶【こげちゃすすたけちゃ】〔染物重宝記・文化八〕に焦茶煤竹茶は、桃皮に老葉を入れ、二度干し付けて、石灰水を掛ける。

巨闕【こけつ】〈経絡要穴 心腹部〉一穴。巨闕《こけつ》は肋骨の真中のはずれ蔽骨《へいこつ》より二寸下にある（鳩尾の下一寸）。針は六分、留むること七呼。気を得て瀉す。灸は一日に七壮ずつ七日に四十九壮迄。上気や咳逆、一切の心痛、食傷等を治す。〔鍼灸重宝記綱目〕

苔の事【こけのこと】〈苔を付る方〉〔新撰咒咀調法記大全〕に苔を付けるには、蝸牛《ででむし》を潰して汁を石の上に引いて陰に置き、度々水を掛けるとよい。〔日用調法人家必用〕に「石灯篭 早く苔を生ずる伝」は、挽茶《ひきちゃ》を水で溶き石に塗りつけるとよく苔を生ずる。早く厚苔を付けるには、灯篭を日陰に置いて苔を大剝がしに植えつけ、馬糞を水で溶き度々注ぎ掛けると必ず根を早く生じて取り付く。〈立花 苔の〉〔昼夜調法記・正徳四〕には正*或は副《そえ》*受《うけ》*に苔の体になるものを使う。胴 苔その他あいしらいに、細い苔等を使うとよい。苔の多いのも悪い。曝《ざれしん》も同じ。○「立花 苔に体つくる物」梅松檜柏桜桃栂伊吹。細苔には栢植躑躅がある。

小検見【こけみ】〔四民格致重宝記〕に、大検見*は郡代が、小検見は代官が、それぞれ目付*を加えてする。大検見は在々を一通り廻り、小検見は一村

の内で作毛（＝収穫）の善悪を分かち、小帳（下見帳）に書き載せ、その帳面で取りの加減を考える。小検見は立毛ばかりを見るのではなく、田の広狭も見て広い田は少し引き、狭い田は立相応より多く引く。小検見は村中の田地を一枚々々残らず書き出させて銘々立毛を見定め、引き合うように畝引してよいが、それに付き色々の法がある。

こけら笹巻鮨ほか【こけらささまきずしほか】〔江戸町中喰物重法記〕に、「こけら笹巻ずし 玉子巻」「海苔まきずし ゆば巻」外は、下谷池の端仲町 しき嶋屋勝三郎にある。

こけら鮨【こけらずし】〔料理調法集・鮨之部〕に〔こけら鮨〕は、鯛 鰡 鰤類は卸し身を短冊に作り、小小鯛 鱸 鮎等は片見卸しにして、魚飯も常のように酢 塩加減して桶に飯を敷き、上に魚を隙間なく並べ、押しを掛ける。

小げん【こげん】〈何が不足で癇癪の枕言葉〉「小つぶ（粒）、小げん」。小粒金。一歩金。「大げん」*の対。〔小野篡謔字尽〕

虎口【ここう】①「合谷疔」*の別名。②鍼灸点「合谷」*の一名。

五更【ごこう】〔童子調宝記大全世話千字文〕に五更とは、一更（戌時、二十時）、二更（亥時、二十二時）、三更（子時、零時）、四更（丑時、二時）、五更（寅時、四時）をいう。

五公五民【ごこうごみん】〔農家調宝記・初編〕に収穫量の半分を公納し、半分を作徳とすること。五分取り。国によって四公六民（四分取り）などある。公納のことを斗代《とだい》*取盛《とりもり》という。〔日用調法人家必用〕に「幾公幾民」は、たとへば六公四民とは、出来米の内 六分を年貢に納めさせ 四分を百姓に取らすことをいう。五公五民なら半々にする。余はこれで知るとよい。「こくもり（石盛）」参照

五香散【ごこうさん】五疳*の薬。〔薬家秘伝妙方調法記〕に五香散は、人参・紅花・大黄・丁子・黄芩（各一分）、山梔子・桃仁（各三朱）、山椒（二十粒）。これを細末（粉）にし 絹に包み 熱湯で振り出して用いる。

虎口三関【ここうさんかん】〔小児療治調法記〕に、小児一歳より六歳迄は手の「虎口三関の紋」を見て病の軽重を知る。三歳迄は寿世保元、回春等に、三歳以後医者の一指を以って寸関尺の三部を窺う。男は左手、女は右手の人差指の本節を風関、中節を気関、第三節を命関とする。左右男女の分ちはあるが左右共に診察し左は心肝に、右は肺胃に応ずる。その紋脈が、○風関に無ければ病はなく、あれば病は浅く治し易い。気関にあると重く、命関にあると劇《はげ》しく九死一生である。三関に紋脈が通っていると病は極めて重く必死の症である。○紋脈の色の紫は熱、赤は傷寒、青は驚風、白は疳の病、黒は悪気に当てられる。黄は脾の苦しみ疲れである。淡赤は寒熱の邪気が表にあり、深紅は傷寒痘疹である。○紋脈が乱れるのは病は久しい。細かな時は腹痛み 多く泣き乳食を消化しない。○麁《あら》く直ぐに指に入る様なのは必ず驚風となる。○墨のように黒いのは必死の症である。〔鍼灸重宝記綱目〕に次図と説明がある（図168）。①魚の刺形は驚風 痰熱。②懸針の形は傷風 泄瀉 積熱。③水の字の形は食積 咳嗽 驚風 疳。④乙の字の形は肝の病 驚風。⑤虫の形は肝の虫 大腸穢れ積り。⑥環の形は疳積《かたかい》 吐逆。⑦珠の形は死。⑧乱れた紋《ちすじ》は虫。

図168「虎口三関の図」（鍼灸重宝記綱目）

五香水【ごこうすい】「灌仏」ヲ見ル

五香煎餅／五味煎餅【ごこうせんべい／ごみせんべい】〔江戸町中喰物重法記〕

に「御膳大白五香煎餅／五味煎餅」外雑穀類の煎餅は、紀州様達磨門前 伊藤長十郎にある。

五香湯【ごこうとう】〔昼夜重宝記・安永七〕に五香湯は、小児に専ら用いて毒気 虫気を退け、脾胃を養う良方とする。丁香・木香・沈香・乳香（各五匁）、麝香（一匁五分）。総じて香剤は直に火を忌む故、熱湯で振り出して用いる。もし吐《えず》き乳を余すには藿香（十匁）を加えて麝香を去る。渇するには人参（五匁）を加える。一方に、本方の丁子を去る。〔重宝記・礒部家写本〕に生れ子*に用いる薬とし、木香・乳香・丁香（丁子）・藿香・沈香を振り出して用いる。〔薬種日用重宝記授〕は青葉・半夏・木香・黄芩・葛根・升麻・桔梗・桔実・連翹・紅花・甘草・黄連（各八匁）、大黄（三十匁）。〔万買物調宝記〕に「江戸ニテ五香湯」豊嶋郡王子村 金輪寺。「大坂ニテ五香湯」南渡辺（めいよ）座摩ノ宮、長町三丁目（めいよ）うちわや半左衛門。

蜈蚣毒【ごこうどく】〔改補外科調宝記〕に、舌の上が忽ち腫れて口の外へ出るのを蜈蚣毒という。鶏の雄の血を盃に入れ、舌に浸すと縮む。

小督屋敷【こごうやしき】 京名所。小督は、高倉天皇の中宮 建礼門院の命で入内、宮中一の美人、琴の名手で高倉天皇の寵妃となり、建礼門院の父平清盛の迫害を受けて嵐山渡月橋*辺に隠棲し、その後に尼にされた。小督桜がある。『平家物語・六・小督』『謡・小督』などに描かれる。〔東街道中重宝記・七ざい所巡道しるべ〕

五香連翹湯【ごこうれんぎょうとう】〔医道重宝記〕に五香連翹湯は、諸々の悪瘡 結核《かたまり》 瘰癧《るいれき》を治す。大黄（三匁）、連翹・丁香・升麻・独活・木通・桑寄生・扁竹（各七戔）、木香青・沈香（各半戔）、甘草・乳香・麝香（各少）を煎ずる。悪い物が大便より下るのを限度として薬を止める。気を導き、血を通じ、塞がり滞るのを散ずる方である。気・血実する者の初発に用いるが、膿が潰えてからは与えない。虚する者には初発でも与えない。

〔改補外科調宝記〕には処方を若干異にし、疔疽の薬とする。〔小児療治調法記〕には「痘後の余症」*で、痘癰の毒気が出るべくして出られず、瘍が四肢に発して手腕 膝膑が腫れ痛み、或は頭頚 胸脇が赤く腫れ痛むには消毒飲*或は五香連翹湯を用いる。乳香・木香・沈香・丁香・連翹・射干・升麻・木通・麝香・独活・大黄・桑寄生（各等分）を水で煎ずる。

凍え【こごえ】 凍死救急。〔改補外科調宝記〕に凍死《こごへじに》の者は、手足竦み 口を食い詰める。少し息遣いがあれば火に向け、布袋に熱灰を入れて胸上に置き、冷めると熱いのに取り替える。目を開いた時、酒を温めて用いる。また粥の上湯を用いる。冬期の凍え死にもこの方でよい。〔胡椒一味重宝記〕に寒死《こごえし》には、胡椒（大）と番椒《とうがらし》を煎じて用いる。〈凍えぬ呪〉〔新撰咒咀調法記大全〕に「凍へざる呪ひ」は、胡椒を炒り焦がし、紙に気の抜けないように包み、臍に当てて置く。手足まで凍えず働きがよい。樒《しきみ》の実を生酒に三日浸して陰干にし、手足の凍えた時塗るのもよい。

五穀の事【ごこくのこと】〔改正増補字尽重宝記綱目・数量門〕には、①米。大麦。小麦。大豆。小豆。②黍。菽（豆）。麦。粟。稲。③黍。菽。麻。麦。稲。④粟黍の類。稲糯《うるちもちごめ》の類。豆の類。麻の類。麦の類を示している。通例は②の稲*麦*菽*粟*黍*をいう。〈五穀等種蒔いて虫付かぬ伝〉〔諸民秘伝重宝記〕には極月の雪水を壺に入れ埋め貯えて置き、蒔く時に種を雪水に浸して蒔くと虫は付かない。〈五穀成就日〉〔重宝記永代鏡〕に次に種を蒔くのが吉日である。正・十月は亥の日。二・四・八・十一月は申の日。三・七・十二月は巳の日。五月は子の日。六月は寅の日。九月は卯の日。〈五穀の単位〉〔早算調法記〕には斛（石）*斗*升*合*勺*抄*撮*圭*粟*がある。「糧の単位」参照

児試み【こころみ】「智を試みる」参照

五五三の膳【ごごさんのぜん】〈献立〉〔嫁娶調宝記・二〕に次がある。祝言の夜は「七五三*の膳部」は式正（本式）で上ツ方では出るが、中人以下は

五五三が上である。◇五五三の式正。○本膳の献立。鱠（鯛 鱚子 栄螺 栗 生姜 独活芽 金柑 蜜柑剥き身）。茹物《あえもの》（串鮑 干瓢 剥き胡桃 胡麻和え）。香の物（小皿 奈良漬 子茄子 守口漬）。汁（集め小味噌 大根 串海鼠 くずし 里芋 小椎茸）。差し渡し（一尺二寸白箸紙で包み土器に乗せる）。飯 高盛（高盛の飯は箸を取り食う真似をして余の椀に飯を入れ取り替える。高盛は脇に置き後にまた膳の前に出す）。○二の膳献立。煮物（白魚 玉子で入れ交ぜ固める）。焼物（鱒大切れ 山葵 掛け汁）。小桶（梅干五ツ入 輪の上に土器を置き載せる）。生鴨。汁（清まし 牛蒡 塩松茸 塩茄子 大根 銀杏 なぐき）。○三の膳献立。指身（折板 鯉の子つけ 糸造り 平造り 掻い敷 南天）。真中に小角に小板蒲鉾を七ツ 板を筋交えて切り積み上げる。汁（とろろ海鼠こだたみ 青海苔）。鴫羽盛（四角の台をつける 金銀の箔を羽にも腹にもひらひらとつける 羽を釘でつける 首をつけ腹を前の方へ出す 尾を反らせて後につける 真中には塩鮑を丸く段々に盛り上る 中へは何でも入れる）。○四の膳（大三方に乗）海老の舟盛（伊勢海老を仰のけにして三方に打ちつけ 腹を取り中に身を盛り丸くして高く盛った中は何でもくずを入れる）。○五の膳（大三方に乗）螺の蓬萊盛（大土器に乗 敷輪がある。巻盛に高く盛り上げる。中は何でもくずを入れる）。菓子（三方に乗）大縁高（落雁 饅頭 松の緑 九煎餅 白雪香 鶉餅 算餅。上に色々の糸作り花を挿す）。これが五五三の高盛である。七五三の時は六七の膳一ツ、焼の類を用いる。皆料理方が勤める。本二三の膳等にも金銀の箔を散らす。『当流節用料理大全』には五五三の膳立法式で、本膳に五菜、二の膳に五菜、三の膳に三菜、これに汁や香を副えた配置図がある。◇「通いの次第」。本膳は真中に、二の膳は左に、三の膳は右に、四の膳は二の膳と本膳の真中に、五の膳は三の膳と本膳の真中に、それぞれ据える。菓子は五五三を取って後に据える。もっとも三方一膳である。この五五三の膳は夫婦の前二通りに拵える。◇中人以下は、五五三は式正過ぎるので、常の一汁五菜*ぐらいの料理で済む。しかし、引渡《ひきわたし》*雑煮*等は、いつでも祝儀の軽いか重いかに従いすることである。

児小姓【こごしょう】〔男重宝記・一〕に主君の側近くに仕え、雑用に奉仕する少年を児小姓という。例えば、能登守教経の童の菊王丸、平清盛の三百人の禿の類である。大小姓、中小姓の称がある。「小姓」参照

巨骨【ここつ】〈経絡要穴 肩部〉二穴。巨骨《ここつ》は直に肩髃の上の少し後ろ、ここで肩骨二ツ交わる中である。押すと両骨の間の陥む所である。『銅人』を引き、針一寸半、灸五壮。『素註』には禁針とする。驚風 癲癇 肘痛や、肩臂伸縮ならず及び胸に引き、痛むを治す。〔鍼灸日用重宝記・二〕

虎骨【ここつ】〔薬種重宝記・中〕に唐獣、「虎骨 ここつ／とらのほね。破《わ》りて酒を塗り、焙り、刻み、末（粉）す」。

九重【ここのえ】大和詞。〔不断重宝記大全〕に「ここのへとは、都を云」。〔改正増補字尽重宝記綱目〕に九重《こゝへ》は、一条 二条 三条 四条 五条 六条 七条 八条 九条。即ち九ツの都の町筋をいう。〔新板絵入童子重宝万用字尽教鑑〕は禁中に九重の門がある故に名付けたという。

九重助惣【ここのえすけそう】「九重助惣」は、山下丁北川 佃屋喜太郎にある。〔江戸町中喰物重法記〕

九重豆腐【ここのえどうふ】〔料理調法集・豆腐之部〕に九重豆腐は、豆腐を角に切り、細かに竹を並べ裏表を焼き、水で洗い、鍋に昆布を敷いて豆腐を並べ、また上にも昆布を置き、水六七分 酒二分程、醤油を見計って入れ、四時間程煮て出す。上下に昆布を置くゆえの名である。

九重麩【ここのえふ】〔料理調法集・麩之部〕に九重麩は、生麩に八重成の濾し粉を引き込み、湯煮して遣う。

九重餅【ここのえもち】菓子名。〔男重宝記・四〕に、九重餅、上下 ながし物、中 羊羹である。〔江戸町中喰物重法記〕に「九重餅」「にしき餅」

は、神田明神下通旅籠町一丁目あたらしや五郎兵衛にある。

粉米酢【こごめす】〔ちやうほう記〕に粉米酢は、粉米一升に、糀三合、水二升。粉米をよく磨ぎ、蒸しつけ、堅炭を一ツ入れて立て、手を入れて掻き回し、二十一日で上げ、段々に上水を取り、折々笊で濾す。

子籠【こごもり】〔料理調法集・口伝之部〕に子籠《こごもり》とばかりいう時は、鮭の子籠である。この外は、鮎の子籠、鰡の子籠、鮒の子籠というのがよい。子籠は、塩引の腹中に親魚の卵を塩漬けにして詰め込んだもの。

ここら【ここら】「こゝらは、あまた（数多）を云」。〔消息調宝記・二〕

凝豆腐【こごりどうふ】〔料理調法集・国産之部〕に凝豆腐《こごりどうふ》は、極寒の夜に豆腐をよい程にして湯煮し、簀の上に並べて風吹きに出して氷らせ、翌日熱湯を懸けてよく干し上げる。氷蒟蒻*も同じことである。「氷豆腐」参照

心の師となりて心を師とせざれ【こころのしとなりてこころをしとせざれ】　諺。〔諸人重宝記・一〕に「心の師となりて心を師とせざれ」と古い詞に言い、「後の世の事心に掛け仏の道疎からぬ心憎し」とかいう。とかく心の恣にせず、我が分際をよく弁え知るのがよい。「我よきに人の悪しきがあらばこそ人の悪しきは我が悪しきなり」。

心の注連【こころのしめ】　大和詞。「心のしめとは、神へ心を運ぶ」ことである。〔不断重宝記大全〕

心の月【こころのつき】　大和詞。「心の月とは、清き心」である。〔不断重宝記大全〕

心の水【こころのみず】　大和詞。「心の水とは、さだまらぬ事」である。〔不断重宝記大全〕

児試み【こころみ】「智を試みる」ヲ見ル

五根【ごこん】〈名数〉眼、舌耳《したみみ》、口唇《くちくちびる》、鼻、耳二陰《みみにいん》をいう。〔鍼灸重宝記綱目〕

五根湯【ごこんとう】〔昼夜調法記・正徳四〕に五根湯は、小児の胎毒の気を払い、瘡疥を防ぐ。桃根柳根梅根桑根槐根に、苦参と白芷を加えて、一貼十匁ずつとし、行水の湯の中へ入れ、煎じて洗う。諸々の不祥の気を去る。

五献本膳式【ごこんほんぜんしき】〔諸礼調法記大全・地〕に次がある（図169）。「五献本膳式の事」は、○手懸（のし杉原二枚敷く。酒も常の如く銚子に注いで出す）。○三ツ盃（土器三ツ小角にする）。○初献（昆布・栗。この如く組み立て二人に据える。上の盃で互いに三献飲む）。○二献雑煮（りやうさし・鳥・雑煮。三ツ盃の内二ツ目の盃で互いに三献飲む）。○三献吸物（数の子・鰑・鰭吸物。三ツ盃の内下の土器で互いに三献飲む。已上三々九度。男は座を立つ）。○与〔又は二二。四ヲ忌ム〕献吸物（鮨・のしもみ・鯛。盃は土器一ツ三方に据えて出す。待女郎その外盃を飲ます。この酒が過ぎて女房色を直す。この時飯を出す。男座敷を出る）。○五献の膳（刺身・鳥・海月・鯉の汁・鷹の汁。鱠・和交ぜ・焼鳥・集め汁・飯。貝焼・海老・鯛の汁。酒は燗をする。この時塗り盃を出す。菓子、三方、茶台）。

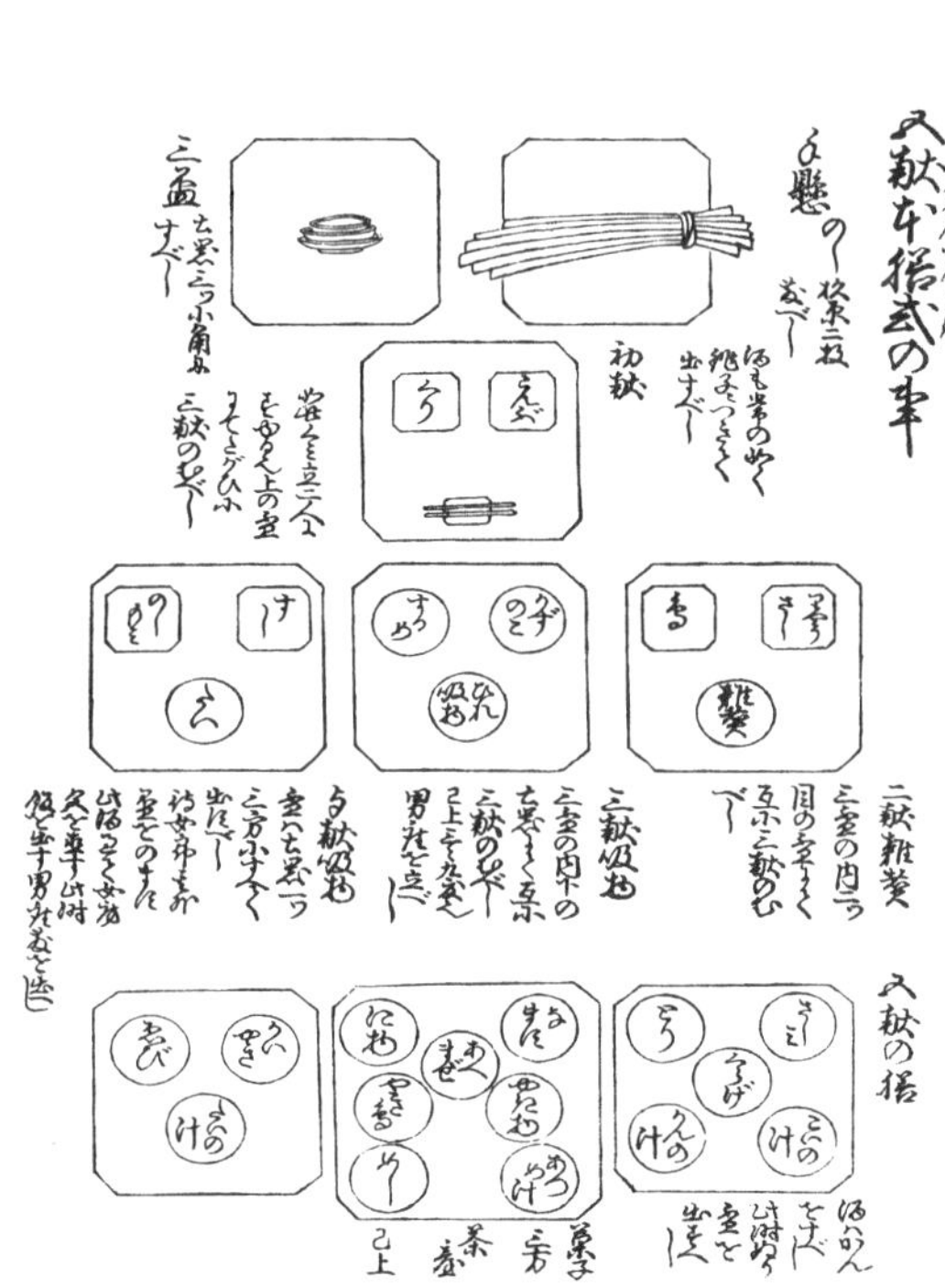

図169　五献本膳式（諸礼調法記大全）

莫蓙【ござ】 御座とも書く。藺草の茎で編んだ敷物。〔女中仕立物調方記〕に夜の物蒲団、御座は無地に赤いもの、両面で、二通り。夫婦の御座は二枚宛合せ四方を天鵞絨 唐織金入緞子 繻子で縁を取り、合せ目も縁を取り、一ツに縫いつける。畳には内と内とを合せて置く。縁の巾は二寸五分か三寸である。客用は一枚宛に縁を取る。

五斎煮【ごさいに】 〔料理調法集・煮物之部〕に五斎煮は、魚を白焼きにして、出汁 溜りで煮る。或説に、塩を辛目にして、菜を五ツ程に向うとよいとする。〔諸人重宝記・四〕には、鯖を白焼きにして、出汁 溜りで煮る。

木陰伐り【こさきり】 〔田畑重宝記・上〕に木陰《こさ》は、百姓の四壁や持林、御公儀林、寺社領、境内の茂り等が、田畑諸作の木下《こさ》になり、所々の百姓が迷惑することである。地方役人は郷廻りの節見分し、伐り透かすように言いつけること。五穀成就が第一であるが、風除け 火防ぎ 道橋の通行などの見分は分明にし、随分百姓のためを考えて行うこと。

被御座成の事【ござなされのこと】 簡礼書法。「被成御座」は上輩に用いる。〔大増補万代重宝記〕

小ざらし餅【こざらしもち】 菓子名。小ざらし餅は、上羊羹、下 こね物。〔男重宝記・四〕

こざるへん【こざるへん】 片言。「小皁扁《こざとへん》を、こざるへん」という。〔世話重宝記・四〕

五山の沙汰【ござんのさた】 〔日用重宝記・四〕等に、京都五山。* 和京の五山。* 鎌倉五山。* 禅宗五山。* 支那（唐）五山。* 天竺五山。* 尼寺五山。* 震旦五山* 等がある。

去死【こし】 甲冑名所。* 冑の鉢際《はちぎわ》、即ち鉢付の上の廻りをいう。腰の字を書かず去死《こし》と書くのは口伝がある。〔武家重宝記・三〕

居士【こじ】 「戒名」ヲ見ル

五志【ごし】 名数。怒《いかる》。喜《よろこぶ》。思《おもい》。憂《うれえ》。恐《おそるる》。〔鍼灸重宝記綱目〕

五痔【ごじ】 痔の症に五痔というが、七痔があるとし、次がある。牡痔《ぼじ》* 牝《ひん》痔《じ》* 脈痔* 腸痔* 気痔* 酒痔* 血痔。* この外 孔痔* 疣痔* 内痔* 外痔* 或は瘻* もある。〔改補外科調宝記〕

輿請取り渡し【こしうけとりわたし】 〔万物絵本大全調法記・上〕に「輿 よ／こし。肩余 けんよ 也」。〔女重宝記・一〕には「のり（乗）物* を、御こし」という。〈輿 請取り渡し〉〔嫁娶調宝記・二〕に輿 請取り渡しの習は、中人以上の嫁取には昔よりあり、婿の輿が台所前へ来る時 輿台に乗せて白貼の屏風を立て請取り方と渡し方の人が出会い 盃を交わし、渡す方から小袖 太刀を下される等のことがある。当風は輿を台所迄掻き寄せて台に乗せ、貝桶は台に乗せながら輿の向こうに飾る。輿台の際《きわ》に筵を敷き、請取り方の家老職の人が出た時、渡し方の家老職は輿の際まで出て「千秋万歳目出度く御輿を渡し奉る」と言い、請取り人は輿に向い屹度礼をして際により戸を開ける真似をして退り、渡し人に向い「千秋万亀目出度く御輿請取り奉る」と言って立ち退くと、御輿を掻き入れる。貝桶は渡す方の人が貝桶際に添って入る時請取り人が出て、互いに礼をして「渡し奉る」「請取り奉る」と言って立ち退き、奥へ掻き込む。昔は長刀も、提灯何でも渡す度に申し立てをして、一色に半時（一時間）も掛った。当流は未だ取り迎えのない前に婿方、舅方の家老が出会い、それぞれ渡し方の内談を決め、長刀を持って来る時は婿方も侍が出て請取り、提灯以下は婿方は足軽が出て請取る。輿入るとばたばたと請取り、渡し済むのが当風である。

小潮【こしお】 小塩とも書く。「しおのみちひ（潮汐の満干）」ヲ見ル

腰折れ【こしおれ】 歌学用語。和歌の第三句（腰の句）と第四句との詠み方が整わない歌をいう。転じて、下手な歌をいう。腰折《こしおれ》は這い歩くこともできるが、首切れ歌* は命がないので、悪い歌である。〔男重宝記・二〕

午時花【ごじか】　草花作り様。午時花《ごじか》の花は赤い。一年限りである。土は肥土に砂を交ぜて用いる。肥しは茶殻の粉。分植は実を採り、春に蒔く。〔昼夜重宝記・安永七〕

五色【ごしき】〔麗玉百人一首吾妻錦〕に、青（木・東）。黄（土・中）。赤（火・南）。白（金・西）。黒（水・北）。この外に、紫鳶色萌黄茶鼠を挙げ、これより調合して濃い薄いで百色にもなる。〈褒め詞〉〔男重宝記・五〕には五色の褒め言葉がある。青色の物は見事な、黄色の物は結構な、赤色の物は美しい、白色の物は華奢な、黒色の物はくすんだと、それぞれ褒める。〈五臓の色体〉〔鍼灸重宝記綱目〕には青、赤、黄、白、黒を言い、五臓の色体*ではそれぞれ肝心脾肺腎が主《つかさど》る。

御四季飴【ごしきあめ】　御四季飴は、芝土橋丸屋丁 田中屋多平次にある。〔江戸町中喰物重法記〕

五色丸【ごしきがん】〔小児療治調法記〕に五色丸は、五癇*を治す。辰砂・珍珠（各五匁）、水銀・黒鉛（水銀と同じく熬 各二両）、雄黄（三両）。これ等を練蜜で麻子の大きさに丸じ、三四丸を金銀薄荷湯で用いる。

五色五疔【ごしきごちょう】「五疔」ニ同ジ

小色紙餅【こしきしもち】　菓子名。小色紙餅、脇こね物、中ながし物、皆ながし物。〔男重宝記・四〕

甑塚大明神【こしきづかだいみょうじん】　大坂願所。天王寺 寺町口縄坂の筋 少し北へ入西側に甑塚《こしきづか》大明神を勧請する。冷え一切、帯下《たいげ》*の病を治す。立願して平癒後、御礼には木綿の幟でも 絵馬でも、心の侭に奉納する。〔願懸重宝記・初〕

小式部内侍【こしきぶのないし】〔女筆調法記・六〕に次がある。和泉式部*と保昌の娘である。和泉式部らが丹後へ下った後に歌合があり、小式部内侍も歌読に定まった。定頼中納言が小式部の局の前に立ち寄り、丹後の母へ教えを乞いに遣った人は帰ったか、心もとない事よと言うと、御簾から半分出て僅かに袖を控え「大江山いくのの道の遠ければ まだふみもみず天の橋立」（百人一首）と詠み書いた。定頼は、思わず 浅ましくこれはとんでもないことと 返事もせず、袖を引き切って逃げた。小式部はこれより歌読みの覚えが世に出た。「和歌威徳伝」モ見ル

五色落鴈【ごしきらくがん】　五色落鴈は、京橋 遠州屋にある。〔江戸町中喰物重法記〕

腰気【こしけ】「たいげ（帯下）」ヲ見ル

護痔膏／散【ごじこう／さん】〔斎民外科調宝記〕に護痔膏（散）は、内痔が外痔になったのに用いる。白芨・石膏・黄連（各三匁）、龍脳（三分）、麝香（各二匁）を粉にして、玉子の白身で膏薬に練り、四方に塗る。

腰越状【こしごえじょう】　源義経が平家を討伐して後、腰越宿まで来たが、梶原景時*の讒言で鎌倉に入ることを許されず、兄頼朝の疑いを解くため、幕府公文所別当大江広元に当てて戦歴の苦衷と、頼朝に二心のないことを訴えた書状。義経含状*とともに寺小屋の教科書として広く流布した。〔童学調宝記〕には「元暦元年（一一八四）六月五日付、〔寺子調法記〕等には元暦二年六月日付等で載る。

濾し粉玉子【こしこたまご】「伊勢粉玉子」ニ同ジ

枯痔散【こじさん】〔斎民外科調宝記〕に護痔膏*で治療したものに枯痔散をつける。白礬（二両）、蟾酥《ひきのあぶら》（二匁）、砒石（一両）、天蓋（焼く 四匁）を合して器物に入れ、二時程（四時間）焼き、冷めた時に粉にし、蜜で練りつける。

越路【こしじ】　大和詞。〔不断重宝記大全〕に「こしぢとは、ふるさとの道」とある。〔消息調宝記・二〕には「こしぢとは、北国《ほっこく》の道也」とある。

輿立つ【こしたつ】　大和詞。〔女用智恵鑑宝織〕に「こしたつは、しうげん（祝言）の事」をいう。「輿請《こしうけ》取り渡し」参照

小舌の薬【こじたのくすり】〔薬家秘伝妙方調法記〕に小舌の薬は、丁子・明

礬（各少）を末（粉）してつける。蜂の巣を焼き締め 酢で溶き 頤の下に塗ると妙である。

五時遁甲の時【ごじとんこうのとき】「遁甲」は方術の一で、人目をくらまし我が身を隠す術である。〔懐中調宝記・牛村氏写本〕には次がある。○甲子《きのえ》より十日の間は、丑寅卯辰巳（二時〜十時）の時。○甲寅より十日の間は、卯辰巳午未申（六時〜十六時）の時。○甲辰より十日の間は、巳午未申酉の（十時〜十八時）の時。○甲午より十日の間は、未申酉戌亥（十四時〜二十二時）の時。○甲申より十日の間は、酉戌亥子丑（十八時〜二時）の時。○甲戌より十日の間は、亥子丑寅卯（二十二時〜六時）の時。

碁指南会所【ごしなんかいしょ】諸芸*洛陽会所の一。〔年中重宝記・五〕に、碁毎日の会所、四条函谷鉾の町 石丸三左門。〔万民調宝記〕には、了頓づし石丸三左門とある。

腰抜け馬【こしぬけうま】〔馬療調法記〕に腰抜け馬には色々あるとし、前脚ばかりを立てて腰を引きずるのもあり、四脚で立ち上り腰を捻りよろけ臥すのもある。尾の本に触って見ると尾に力がない。鞘（陰茎嚢）を抜いた馬は養生しがたい。内薬は、川骨《こうぼね》・赤小豆（各一両）、紫蘇葉（二分）を粉にして酒で朝夕に一度に三筒ずつ、一筒に一銭を入れて飼う。「四足平癒」*を加減し、山椒と瓜蔞根で飼う。背中へ二度も三度も水を掛けて冷やし、腹帯《はるび》を結び 強く鞦《しりがい》を掛け、すがり（小さい網袋）を編んで腹掛に掛ける等して介助する。

腰の痛み【こしのいたみ】〔増補咒咀調法記大全〕に「俄に腰痛む大事」は、延胡索・桂心・当帰を粉にして呑む。煎じてもよい。**〈腰の痛み帯下〉**〔世界万宝調法記・中〕に「腰の痛み帯下」*には、芹を常に食するとよい。〔調宝記・文政八写〕にも芹の常食をよしとし、赤 白帯下（あか血しら血）には三ツ葉の空木《うつぎ》を黒焼にし、空木の煎じ汁で用いる。**〈好色腰痛〉**〔好色重宝記・下〕には「好色腰痛門 腰の痛み」として、好色を大過する時は腰の痛むもの、軽くは補陰湯*を用い、重ければ医者を頼む。**〈腎虚腰痛〉**〔増補咒咀調法記大全〕に「腎虚して腰痛む大事」は、破胡紙を粉にして酒で呑むとよく、杜仲・胡桃の三味を等分に粉にし丸じて飲むのもよい。

腰の物【こしのもの】〔武家重宝記・四〕に刀は、黄帝が首山の銅を採り始めて鋳て刀としたという（洞冥記）。長刀*短刀があり、短刀は和名 能太刀《のたち》、今云う脇指のことであり、唐土では匕首《ひしゅ》の剣という。ある説に、今脇差と小刀と名を唱え違え、今云う脇差は小刀である。九寸五分の鎧通し等として上古の人は平生起臥に小刀となづけて身を離さなかった。昔は名作の刀鍛冶が多く、腰の物は人間《じんかん》に伝わり宝器とし、中でも三条小鍛冶宗近等は有名である。

〈見物仕様〉〔武家重宝記・四〕に「人の腰の物を見物する事」、まず上を見る時は柄《つか》には手を添えない。上をよく見て、次に鎺元《はばきもと》（＝鍔の上下にはめて刀身が抜けないように締めて置く金具）をそっと抜き掛けて見る。もし、中を見よと先の人が言えば、入の字の構えに抜いて見る。中を見る時は、笄 小刀を抜いて見る。見物する間は、物は言わない。抜くのは左手で抜く。貴人の腰の物は鞘へ差して戴き、見る時も貴人に向わないように見る。〔童学重宝記〕に腰の物を見るには、まず拵えを見る、中をばむやみに見ない、見よとあれば刃を上にして少し抜いて見る。

〈腰の物持ち様 拝領の事〉〔諸礼調法記大全・天〕に、○「貴人の腰の物持ち様」は、小袖を召す時御腰の物 鼻紙を持つには、脇差を右に鼻紙を左に持つ。脇差の小尻は我が膝の上に突く。御刀を持つには下げ緒を持ち添え 左手を小尻の方に添える。予ねて紫袱紗を懐中し鞘を絡んで持つ。紫袱紗は何につけても必要で必ず懐中すべきである。○「腰の物拝領」は、小姓衆が持って来たら請け取り謹んで頂戴し、脇差なら陰の方に向い我が脇差を左手で抜き、頂戴したのを右手で差し替え、貴人

の方に向い御礼をいう。御次へ退く時は我が脇差を持って下る。〈着初吉日〉〔重宝記永代鏡〕に「太刀 刀 脇差 具足 着初吉日」として、壬辰《みずのえ》・午・子・寅・申の日。癸酉《みずのと》の日。戊寅《つちのえ》・午・辰・申の日。己卯《つちのと》・巳・酉の日。辛丑《かのと》の日がある。「刀の事」「小刀の事」「太刀の事」「脇差の事」モ見ル

小柴垣【こしばがき】 大和詞。〔不断重宝記大全〕「こしばがきとは、立ち隠れたるを云」。〈伊勢参宮名所〉〔東街道中重宝記・七ざい所巡道しるべ〕に「外宮」での朝廷遥拝所ともいうとある。

腰骨の損断治法【こしぼねのそんだんじほう】 〔骨継療治重宝記・中〕に腰骨が損じ断《き》れたのは、扉を一方を高くして地上に置き、患者を俯向けて手を伸ばし上げ、三人で下方に足を引き伸ばし、医師は手で損じ断れた処を三時（六時間）も押して定痛膏*、接骨膏をつける。渾身の動作は一夜から翌日に至り、患部は痛くなくなり、左右の翻転は自由になる。破血薬*を用いる。

腰巻の毛【こしまきのけ】 「木葉《もくよう》の毛」ヲ見ル

五積【ごしゃく】 〔鍼灸日用重宝記・四〕に五積は、心積*脾積*肺積*肝積*腎積*の五ツの積聚*をいう。

五積交加散【ごしゃくこうかさん】 〔医道療治重宝記〕に五積交加散は、鶴膝風*で寒熱するものの薬。参芪四物湯*に、人参敗毒散*を加えたものである。

五積散【ごしゃくさん】 〔昼夜調法記・正徳四〕に五積散は、陰症の傷寒により、一切の冷えに用いる。蒼朮（一匁五分）、桔梗（一匁二分）、陳皮・麻黄・枳殻（各六分）、白芷・川芎・茯苓・肉桂・芍薬・当帰（各三分）、厚朴・乾姜・半夏（各二分）、甘草（一分）に生姜を入れ水で煎ずる。総身の痛むには乳香・没薬・細辛を加える。腰の痛むには桃仁・茴香を加える。手足の引き攣りには檳榔子・木瓜・牛膝を加える。咳嗽には杏仁・桑白皮を加える。寒疝気には呉茱萸を加える。夏至よりは麻黄を去るとよい。〔医道重宝記〕は寒邪に感じ冒され頭痛み、身疼き、項《うなじ》背中が拘まり引き攣り、悪寒 嘔吐 腹痛を治す。寒湿を治す要方である。蒼朮・桔梗・厚朴・当帰・川芎・陳皮・白芷・半夏・枳殻・白芍薬・茯苓（各一匁）、肉桂・乾姜（各五分）、麻黄（八分）、甘草（三分）に生姜と葱白を入れて煎じる。寒気が少陰・腎を侵し腹・臍が痛み、或は口渇き舌動かし難いものに、冬月寒気甚だしき時風寒の感冒には必ず、また産後の感冒には葱白を去って用いる。〔改補外科調宝記〕には量目を変えて付骨疽*の薬とする。〔小児療治調法記〕には厳寒の寒気にくじかれ、起脹《やまあぐる》*できないのには、寒を散じ表を温めるのがよい。冬三月の寒期、紅斑が初めて見《あらわ》れた時に用いる。蒼朮（一匁）、乾姜（炮）・厚朴（各四分）、白芷・川芎（各三分）、芍薬・茯苓・炙甘・当帰・肉桂・半夏（各二分）、桔梗（一分半）、陳皮（白を去る）、枳殻・麻黄（各一分）。肉桂と枳殻を別に末（粉）し、他を慢《ゆる》火《び》で炒り、色を変えて広げ冷まし、次に二味の末（粉）をを入れて一服とし、水（一盞半）に生姜（三片）を入れて煎じ一盞にし、熱服する。〈牛療治薬〉〔牛療治調法記〕に五積散は、益智・厚朴・白朮・官桂・青皮・陳皮・細辛・芍薬・甘草・肉豆蔲を末（粉）し、毎服二両を、生姜（一両）と酒（一升）で調えて灌ぐ。五臓六腑*を刀で傷《やぶ》られたように、時々鼻内に膿漿があり 毛焦れ 眼に泪があり 口鼻が冷え 舌頭が硬く 腰腹熱し 日暮に脚を定め開き張るものに用いる。

小しゃくなぎ【こしゃくなぎ】 「蟹食鳴」ヲ見ル

五主【ごしゅ】 〔鍼灸重宝記綱目〕に五主は次をいう。筋。血脈《ちすじ》。肌肉《はだえにく》。皮《かわ》毛《け》。骨。

胡臭【こしゅう】 「わきが（腋臭）の薬」ヲ見ル

後拾遺和歌集【ごしゅういわかしゅう】 八代集*の第四。『後拾遺和歌集』は白河院の応徳三年（一〇八六）に、中納言藤原通俊撰。約一二一〇首で、二十巻。〔女重宝記・四〕

五十韻／音【ごじゅういん】〔永代調法記宝庫・首〕に次がある（図170）。アイウエオの五ツを字母とし、その他の四十五字はこの五音から生ずる。縦を行、横を段と言い、この深妙を得る時は文字の音訓、正訛が自ずから明らかになる。片仮名にも平仮名にも書く。〔大増補万代重宝記〕には本朝一切の言語 音声 反切は皆出、和字を学ぶものはまずこれを習得すべきである。ア行は喉音清。カ行は牙音濁。サ行は歯音濁。タ行は舌音濁。ナ行は舌音清。ハ行は唇音軽く濁。マ行は唇音重く濁。ヤ行は喉音清。ラ行は舌音清。ワ行は喉音清。ア段の十字を長ずると皆阿の音を生ずる。牙歯唇とも開く。これを五音の首とし男声《なんせい》と言い 開音 陽声である。他の四段は、歯 合歯開唇、皆女声と言い 合音 陰声である。
〈連俳用語〉〔筆海重宝記〕百韻*の半分である。五十句を連ねる。

図170 「本朝五十韻」（永代調法記宝庫）

五十四帖【ごじゅうしじょう】『源氏物語』五十四巻の名をいう。その巻名は「源氏物語の事」参照。また『源氏物語』そのものを指す。

小舅／小姑【こじゅうと／こじゅうとめ】〔日用重宝記・一〕に、婿養子となるとも、人の妻となるとも同じことで、夫又は妻の実家の兄弟を小舅《こじゅうと》、姉妹を小姑《こじゅうとめ》という。〔女用智恵鑑宝織〕には、小舅 小姑は我が兄弟なので、情け深く睦まじくせよ、とある。

五種香国印【ごしゅこうこくいん】〔薬種日用重宝記授〕に五種香国印の調剤は、木地香（百六十目）、百檀（二十目）、甘松・大茴香・三奈・丁子〔末（粉）〕・安息香（四匁）である。

虎鬚疽【こしゅそ】〔斎民外科調宝記〕に虎鬚疽は唇の下に出る腫物である。龍泉疽《りょうせんそ》（＝上唇の中に出る）とともに、この二種の腫物は任 督の二脈が外邪に侵されて生ずる。虎鬚疽は下唇の真中 承漿の穴に出る。症状 治方は龍泉疽に同じ。虎鬚毒ともある。

御入内【ごじゅだい】〔男重宝記・一〕に后*が初めて内裏へ参られるのを「御《ご》入内《じゅだい》」*という。摂家*清花*の御娘が后になられる。

五種出汁【ごしゅだし】〔料理調法集・煮出煎酒之部〕に五種出汁は、蓼乾・柿皮（各五匁）、大豆（一合）、干し大根・昆布（各四匁）の五品をよく洗い清め、水一升五合を一升程になった時に用いる。

呉茱萸【ごしゅゆ】〔薬種重宝記・中〕に唐果、「呉茱萸 ごしゅゆ／からはじかみ。枝を去り、熱湯に浸し洗ふ、七度にして刻み炒る」。
〈薬性〉〔医道重宝記〕には辛く温、疝気を調え、臍腹《はがみ》の寒痛を治し、中《うち》を温め、気を降し、鬱を開き、食を消し、虫を去る。呑酸《すおくび》を治す。枝を去り、熱湯に浸し、六七度揉み洗い、刻み、乾かし、少し炒る。口を閉じるものには毒がある。からはじかみ。

呉茱萸湯【ごしゅゆとう】〔医道重宝記〕に呉茱萸湯は、疝気で腹中冷え痛み、積気上り逆し、陰嚢が冷えたのに用いる。寒湿に属するものによく、湿

熱気滞のものには用いない。呉茱萸（五分）、川烏頭・細辛（各七分半）、良姜・当帰・肉桂・乾姜（各二分半）を煎じる。

五処【ごしょ】〈経絡要穴 頭面の部〉二穴。五処は曲差より後ろへ五分にある。灸三五壮。針三分、留むること七呼。背強ばり反り返り、癲癇 頭風目眩いを主《つかさど》る。〔鍼灸重宝記綱目〕

小姓【こしょう】 武家名目。〔男重宝記・一〕に小姓は昔は扈従と書いていた。中国の書を引き、随侍《ずいじ》の意と注していて、主君の後《うしろ》に倍従する人をいう。今は小童《しょうどう》をさして児小姓《こごしょう》等といい、能登守教経の童の菊王丸、或は平相国清盛の三百人の禿《かむろ》の類である。今この児小姓によって大小姓、中小姓の唱えがある。今いう小十人等も扈従人《こじゅうにん》であり、この故に御供に従うのである。

五障【ごしょう】〔改正増補字尽重宝記綱目・数量門〕に五障とは女人が持っている五ツの障害で、一は不得作梵天《さぼてん》、二は帝釈、三は魔王、四は転輪聖王《じょうおう》、五は仏神で、これらになれないことをいう。

五帖【ごじょう】「そく（束）」ヲ見ル

五常【ごじょう】〔金持重宝記〕に生《しょう》あるものは、皆父あり子あり兄弟あり夫婦あり、五倫を離れたものはない。人は万物の長で、仁・義・礼・智・信の五ツは天地の常にして、天にあっては五行*といい、人にあっては五常と言い、これを離れて物はない。〔日時調法通用文則〕に父・母・兄・弟・子の守るべき道、即ち義・慈・友・恭・孝とあり、一般には人が行うべき五ツの正しい道として、仁・義・礼・智・信をいう

小将棊【こしょうぎ】〔男重宝記・三〕に小将棊は現在普及の将棊で、竪横各九目、駒数は二十個（両陣で四十個）。〔諸人重宝記・三〕に九×九の枡目に右上から縦横に番号を付けた盤相紋図《ばんあいもんず》に駒を配し、例えば飛車の先の歩を突くのは二ノ七とある歩を二ノ八の所へ突く。また七ノ七とある歩を七ノ六へ突くと角行の道が開く。「大《おお》将棊」「中将棊」参照

碁*将棋*双六*【ごしょうぎすごろく】〔女筆調法記・五〕には男子として、碁*将棋*双六*の勝手を知らないのは無下とある。少しずつ心掛けるとよいが、過ぎると身を滅ぼす。

巨勝子円【こしょうしえん】〔洛中洛外売薬重宝記・上〕に「家秘神仙巨勝子円」は、大坂日本橋堺筋北へ三丁め 若林宗哲にある。大いに腎精を増し、肌を潤し、男女脾胃の弱いのによい。出店は三条室町西南角にある。「神仙巨勝子円」「人参巨勝子円」参照

五掟時事【ごじょうじじ】〔重宝記・宝永元序刊〕に五掟時事がある（図171 翻字）。○「立」は、諸神国土建立の時である。柱建て 棟上げ等によい。○「命」は、諸神衆生愛憐の時である。主人へ目見え、諸神へ願立て祈念始めによい。○「罰」は、衆神怒りの時である。善時に忌む。悪事の方に用いる。神仏に入るのは悪い。○「徳」は、諸神一切衆生に幸いよい事を授ける時である。万によい。○「刑」は、諸神入滅の時である。神仏を祈るにはよくない。入仏 遷宮にはよい。

図171 「五掟時事」（重宝記・宝永元序刊）

	寅卯	巳午	丑未	申酉	亥子
甲／乙	立	命	罰 辰戌	刑	徳
丙／丁	徳	立	命	罰	刑
戊／己	刑	徳	立	命	罰
庚／辛	罰	刑	徳	立	命
壬／癸	命	罰	刑	徳	立

胡椒樹【こしょうじゅ】「びゃくずいこう（白瑞香）」ヲ見ル

五丈殿【ごじょうでん】 伊勢名所。主神司殿《しでん》九丈殿。参道の左方にある。九丈殿の前の大庭を玉串所といい、ここにある榊をひともと榊といい、めぐり榊ともいう。この辺から中のゐ迄を三ツに分けて、内《ない》院、中《ちゅう》院、外《げ》

院という。この辺は外院である。一の殿《でん》ともいう。〔東街道中重宝記・七ざい所巡道しるべ〕

五条通【ごじょうどおり】「京色茶屋独案内」ヲ見ル

胡椒の事【こしょうのこと】〔万物絵本大全調法記・下〕に「胡椒 こせう／まるはじかみ。秋」。〔胡椒一味重宝記〕には中国や西洋の名称を網羅し、例えば蓽澄茄《ひちょうか》、本条《ほんじょう》、木叔《もくしゅく》、味履《すいり》、窟受《くつじゅ》、(蘭)ペープル、ペーペル、ピーペル、(羅甸)ピープル、(唐音)ウ、ショ、が出る。また、胡椒に効のある諸病の名前約八十も出ている。

〈薬性〉〔医道重宝記〕に胡椒は大温、毒なく、気を下し、内を温め、痰を去り、食を消す。多食すると、肺を損じ、目を悪くする。〔胡椒一味重宝記〕には世人が酒を酌むのに鱈魚を食し、胡椒粉を入れるのは、鱈は酒毒を消し、胡椒は鱈の毒を消すからという。また暑月水を飲むのに胡椒粉を入れると水毒を去る等とあり、〔新撰咒咀調法記大全〕に「胡椒を粉にする呪」は、茶碗に粒胡椒を入れ瓢箪で潰すと奇妙とある。

〈経験方〉〔胡椒一味重宝記〕に各種症状に対応して、胡椒の薬としての実際的な処方八十種余の処方がある。大方は諸症に採録している。

五性の事【ごしょうのこと】 五行*の説で、天地自然から人間の生《うま》れ性《しょう》に至る迄、木火土金水のいずれかの本性《ほんしょう》を持つと考えて、五行を五性という。

〈五性魂の数を知る〉〔諸人重宝記・三〕五性*(生年を五行*に配していう)により魂の数を知る歌、「木九《きく》からに火三《かさん》の山に土一《つちひと》つ七《なな》つ金《かね》にて水五《みずいつつ》なり」。これは木性の人は九ツ、火性の人は三ツ、土性の人は一ツ、金性の人は七ツ、水性の人は五ツと、詠んだものである。諸書で読み方は異なるが、数は変らない。

〈五性生れ月吉凶〉〔男女重法 日用明鑑 万々雑書三世相大全〕に「五性と生れ月にて吉凶を知る事」が図版のようにある(図172)。神門《じんもん》*鬼門*絶門*天門*五花《ごか》*五龍《ごりょう》*。金性の人は三月か五月生まれ、この人は神門に当たるという風に、男女を見分けて繰る。

〈五性による地形善悪〉〔重宝記永代鏡〕に次がある。○「木性の地」は、東は低く西の高い地をいう。木性の人は貧、火性の人は富む、土性の人は病む、金性・水性の人は栄える。○「火性の地」は、南は低く北の高い地をいう。木性の人は栄え、火性の人は貧、土性の人は富む、金性の人は亡ぶ、水性の人は患う。○「土性の地」は、中は低く四方は高い地をいう。木性の人は半吉、火性の人は楽、土性の人は貧、金性の人は吉、水性の人病む。○「金性の地」は、西は低く東の高い地をいう。木性の人は没す、火性の人は患い、土性の人は吉、金性の人は貧、水性の人は富む。○「水性の地」は、北は低く南の高い地をいう。木性の人は楽し、火性の人は没す、土性の人は患い、金性の人は栄え、水性の人は貧する。○「無主の地」は、四方は低く中は高い地をいう。五性ともに深く忌むべき地である。

〈五性による家造り吉凶年〉〔懐中調宝記・牛村氏写本〕に「五姓人家造

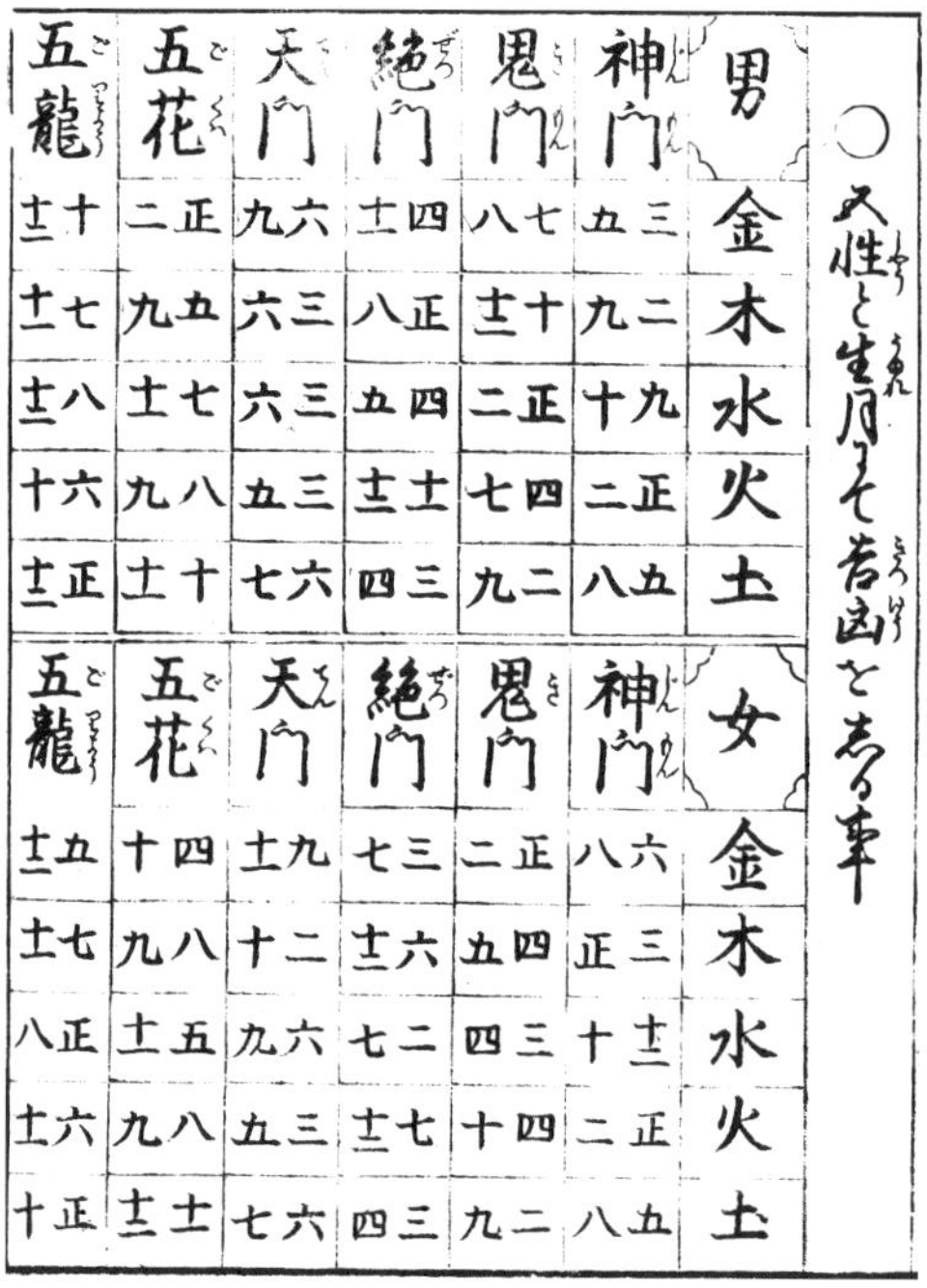

○五性と生月にて吉凶を知る事

男	神門	鬼門	絶門	天門	五花	五龍
金	三 五	七 八	四 十一	六 九	正 二	十 十二
木	二 九	十 十二	正 八	三 六	五 九	七 十二
水	九 十	正 二	四 五	三 六	七 十一	八 十二
火	正 二	四 七	十一 十二	三 五	八 九	六 十
土	五 八	二 九	三 四	六 七	十 十一	正 十二

女	神門	鬼門	絶門	天門	五花	五龍
金	六 八	正 二	三 七	九 十一	四 十	五 十二
木	三 正	四 五	六 十二	二 十	八 九	七 十一
水	十二 十	三 四	二 七	六 九	五 十一	正 八
火	正 二	四 十	七 十二	三 五	八 九	六 十一
土	五 八	二 九	三 四	六 七	十一 十二	正 十

図172 「五性と生れ月にて吉凶を知る事」
((男女重法／日用明鑑)万々雑書三世相大全)

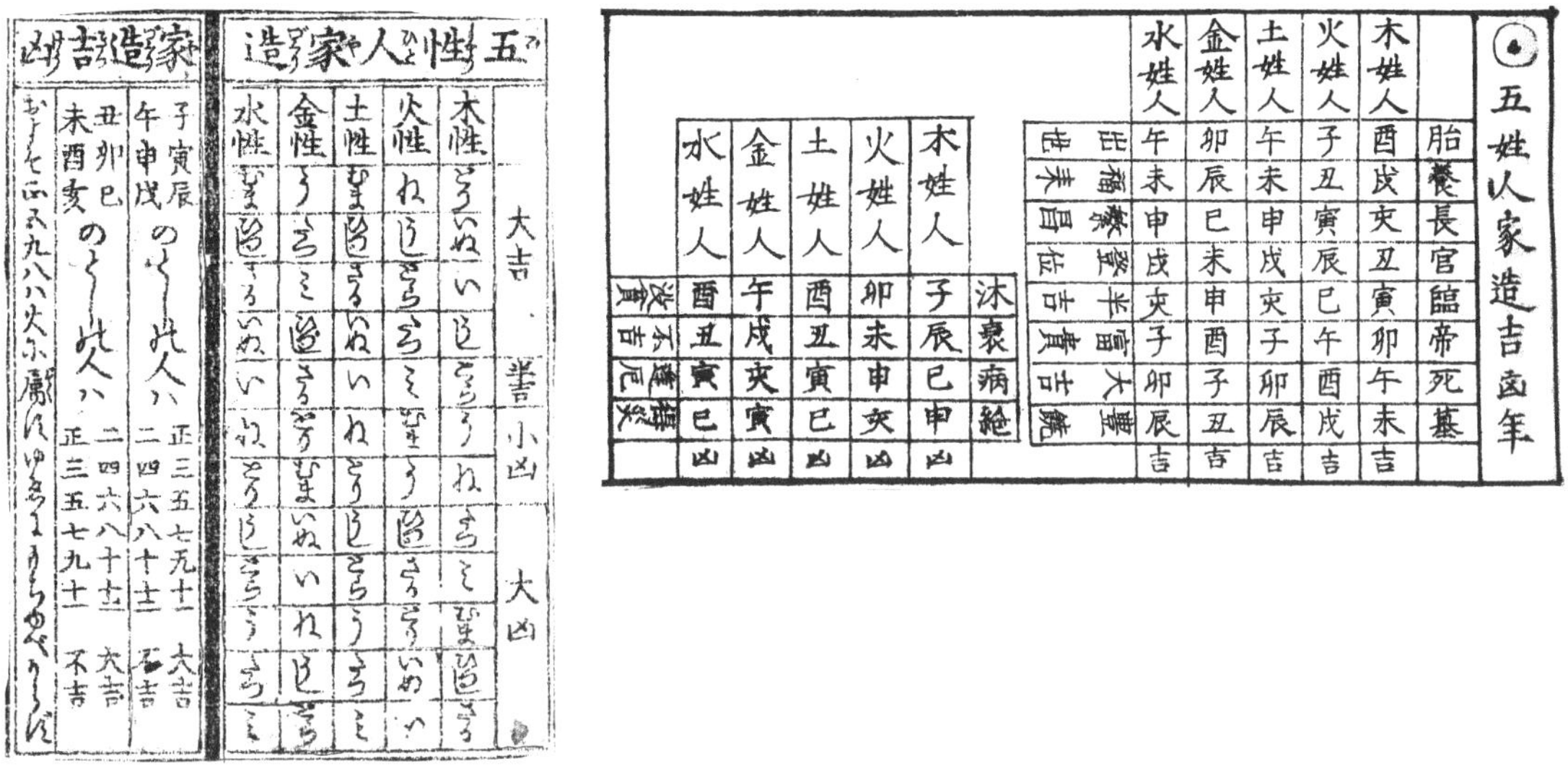

図173 「五性による人家造吉凶年」（右）（懐中調宝記・牛村氏写本）・（左）（〔昼夜重宝／両面雑書〕増補永暦小筌・文政十）

吉凶年」が図版のようにある（図173）。胎*養*長*以下は立項。〔永代日暦重宝記・慶応元写〕には次がある。○「木性の人」は、戌年に家作すれば三年内に宝を得る。子・午の年もよい。○「火性の人」は、丑年に家作すれば二十年内に福が来る。丙・丁の年は悪い。○「土性の人」は、未年に家作すれば大吉。申年もよい。○「金性の人」は、辰・申年に家作すれば六年内に福が来る。○「水性の人」は、子年に家作すれば上々吉。午年の家作は次第々々に吉。〔昼夜重宝両面雑書増補永暦小筌・文政十〕にも「五性人家造」「家造吉凶」がある。正・五・九・八月は火に属する故用いてはならない。

〈五性による商売吉凶〉〔昼夜懐要両面重宝記・寛延六〕と〔重宝記永代鏡〕に次がある。○「木性の人」は、『両面』に水の類、また火で焼いたのはよい。『永代鏡』に魚 米 弓 塩物 竹木はよい、鳥類 金銀銅鉄類 両替等は悪い。○「火性の人」は、『両面』に木の類か、土の類を商うとよい。『永代鏡』に竹 材木 青物 枳殻屋はよい。魚 塩 傘 下駄 蓑、全て水によるものは悪い。○「土性の人」は、『両面』に火で焼いた類か、食物の類がよい。『永代鏡』に鼈甲 土炭 薪 兵具はよい。竹木 五穀 青物 鼓 太鼓の類は悪い。○「金性の人」は、『両面』に水の類か、土で作った物がよい。『永代鏡』に土楽器 金銀 銅 鉄 両替はよい。炭 薪 塩物 刀 包丁 刃物類は悪い。○「水性の人」は、『両面』に金物か木竹の類を商うとよい。『永代鏡』に金銀 銅 鉄類 両替 刃物類はよい。土 石灰 五穀 鍋 釜等は悪い。

〈五性による色合吉凶〉〔染物重宝記・天明五〕に「五性*による色合吉凶」は、木・火・土・金・水の五性は青・黄・赤・白・黒の五色で、人の性により相生相剋の色に吉凶があるとする。着類には構わないものの、柄糸・下げ緒・紙入・手道具の袋類など染物に限らず、塗り物・器財等、我が宝とする物に迄に及ぶとする。○「木性の人」は青・赤・

黒色は吉、白色は凶。○「火性の人」は赤・青・黄色は吉、黒色は凶。○「土性の人」は黄・赤・白色は吉、青色は凶。○「金性の人」は白・黒・黄色は吉、赤色は凶。○「水性の人」は黒・白・青色は吉、黄色は凶。○禁中の人や法師には装束の色により次第があり、士農工商には差別はないものの、衣服染め色の好みにより人品 尊卑も顕れるので疎かにしてはならない。

〈五性による灸を忌む日〉〔諸人重宝記・五〕に「木性の人」は未の日。「火性の人」は戌の日。「土性の人」は辰の日。「金性の人」は丑の日。「水性の人」は辰の日。それぞれ灸を忌む。

○「男の名頭の字」「女の名頭の字」ヲ見ル。「五性相性名頭字尽」「五性名頭の文字」ともいう。

○「五性書判」は、「書判」ヲ見ル

五条天神【ごじょうのてんじん】〔年中重宝記・四〕に五条天神は少彦名尊*（『改正増補字尽重宝記綱目』には洛陽松原西洞院に鎮座とある）で、天下の疫癘を払い守る神といい、節分の夜一年中の疫気を除くために貴賤が参詣する。餅 白朮《おけら》 宝船等を請けて帰る。白朮は湿を払う薬なので、風湿 疫癘を除く意で、神前で受けて帰り 火に焚く。九月九日が祭礼。

胡椒冷汁【こしょうひやじる】「山椒汁」ニ同ジ

胡椒飯【こしょうめし】〔料理調法集・飯之部〕に胡椒飯は、飯一升に、胡椒の粉目方八分を 水加減の時入れて焚く。

御所おこし【ごしょおこし】〔江戸喰物重法記〕次の店がある。①「御所おこし」は、麴丁けたもの店 駿河屋忠七。②「本家御所おこし」は、浅草御蔵前はたご町 玉屋伊織。

五濁【ごじょく】〔日時調法通用文則〕に衆生の五ツのけがれを言う。○劫濁《こうじょく》（＝天災 地変等の起る事）。○見《けん》濁（悪い見解を持つ事）。○煩悩濁（煩悩が盛んになる事）。○衆生濁（果報の衰える事）。○命《みょう》濁（命が短くなる事）。

五如散【ごじょさん】〔牛療治調法記〕に五如《ごじょ》散は、喘急し 水草を思わず 連日厭々と眠るのを治す。意黄・石膏・烏頭（各二両）、寒水石・玄石（各四両）を末（粉）し毎服半両にして用いる。また、猪脂（半斤）、水（二升）・大黄（半両 炒）で煎じ調え灌ぐ。総身発熱し 眼赤く 舌の乾くのは熱が心肺を傷《やぶ》るのに因る。

御所扇子【ごしょせんす】「扇の事」の「扇屋」ヲ見ル

護諸童子神王【ごしょどうじしんのう】大坂願所。〔願懸重宝記・初〕に、玉造口本庄村 観音寺の内東手に、護諸童子神王を勧請する堂があり、小児の驚風 その外諸病平癒の祈願をすると霊験がある。親が子に代り、常に陀羅尼、又は護諸童子乾闥婆神王の御名号を唱え、五色の糸を結び、毎月八月十五日に怠りなく信心を凝らして礼拝し、御供えは御酒・赤菓子、松竹梅 又は赤花がよい。御符陀羅尼結縁で出、小児に戴かす。また疱瘡の加持、安産の祈願を込めて験がある。

御所麩【ごしょふ】〔料理調法集・麩之部〕に御所麩は、生麩に小豆の漉し粉を引き込み、湯煮して遣う。

御所文庫【ごしょぶんこ】「文庫／挿箱」ヲ見ル

御所餅【ごしょもち】〔菓子調法集〕に御所餅は、粳米の粉四分、糯米の粉六分、山の芋を卸して捏ね、小さく丸めて平めに取り、味噌汁でよく煮、取り上げて煎じ、砂糖を懸ける。

拵【こしらえ】刀脇差名所。刀脇差の鞘*鍔*目貫《めぬき》*目釘*等に飾りつけをすること。〔武家重宝記・四〕に拵《こしらえ》は金 銀 赤胴 鉄 四分一《しぶいち》（＝銅三と銀一を混ぜた合金・装飾用）鍍金《めっき》 焼着《やきつけ》の金具、或は無垢熨付《むくのしつけ》等、品々の物好きをいう。

〈拵脇差〉〔万買物調方記〕に「京ニテ拵脇差」油小路二条下ル町に拵脇差があり、油の小路物という。「江戸ニテ拵脇差」立売通にある。「大坂ニテ拵脇差」高麗橋浜 古本久兵へ がいる。

後白河院忌【ごしらかわいんき】〔年中重宝記・一〕に三月十三日、下寺町長

講堂で後白河の法皇忌がある。院廳より御膳を供じ奉る。○大仏三十三間堂蓮花王院で、後白河院の彫像を開帳。

小尻【こじり】 刀脇差名所。〔武家重宝記・四〕に「こじり（小尻）」は、珌瑠鏢などとも書く。鞘の末端。

五心【ごしん】 〔小児療治調法記〕に五心は、胸と、両手・両足の裏の真中である。

五塵【ごじん】 〔改正増補字尽重宝記綱目・数量門〕に五塵は、心の障礙となる五つのけがれをいう。色。声。香。味。触《ふる》。

古人句夷名【こじんくいみょう】 ○白炭＝忠知。○蛇ノ助＝常矩。○高根＝来山。○木枯＝荷兮。○古枯＝言水。○古池＝芭蕉。○菊ノ嵐雪。○二万ノ西鶴。○吉野＝貞室。○骸骨＝鬼貫。○見巡＝其角。○犬＝西行三千風。〔正風俳諧日夜重宝二面鑑〕

御沈香【ごじんこう】 薬方。〔薬種日用重宝記授〕に御沈香は、国印百八十匁、木沈香八匁、白檀十匁、三香十五匁。〆四品合、一両代文。

御新造【ごしんぞう】 〔女重宝記・一 弘化四〕に軽い武家の妻を、御新造という。

五辛の事【ごしんのこと】 〔改正増補字尽重宝記綱目・数量門〕に大蒜《おおびる》。茗葱《のびる》。薤葱《やぶにら》。蘭葱《あららぎ》。興渠《くれのおも》。〔日時調法通用文則〕に大蒜《にんにく》。ひともじ（葱）。韮。あさつき（浅葱）。興渠《こうきょ》。〈雑穢〉〔永代調法記宝庫・首〕に、大蒜《にんにく》茖葱《らっきょう》慈葱《ねぎ》小蒜《ひる》興渠《にら》を食する者は宮寺三日、或は一日を忌む。

御宸筆【ごしんぴつ】 〔男重宝記・二〕に、天子*が自ら書かれたものを御宸筆という。また御宸翰、勅筆ともいう。

護身法大事【ごしんぼうだいじ】 〔新撰咒咀調法記大全〕に次がある。浄三業印*仏部三昧耶印*蓮華部三昧耶印*金剛部三昧耶印*被甲護身印*があり、この護身法は大阿遮梨より直伝を乞うべきものとある（図174）。

ごすい【ごすい】 片言。「日蓮宗の弘通《ぐつう》所を、ごすい」と言っているのは悪い。〔不断重宝記大全〕

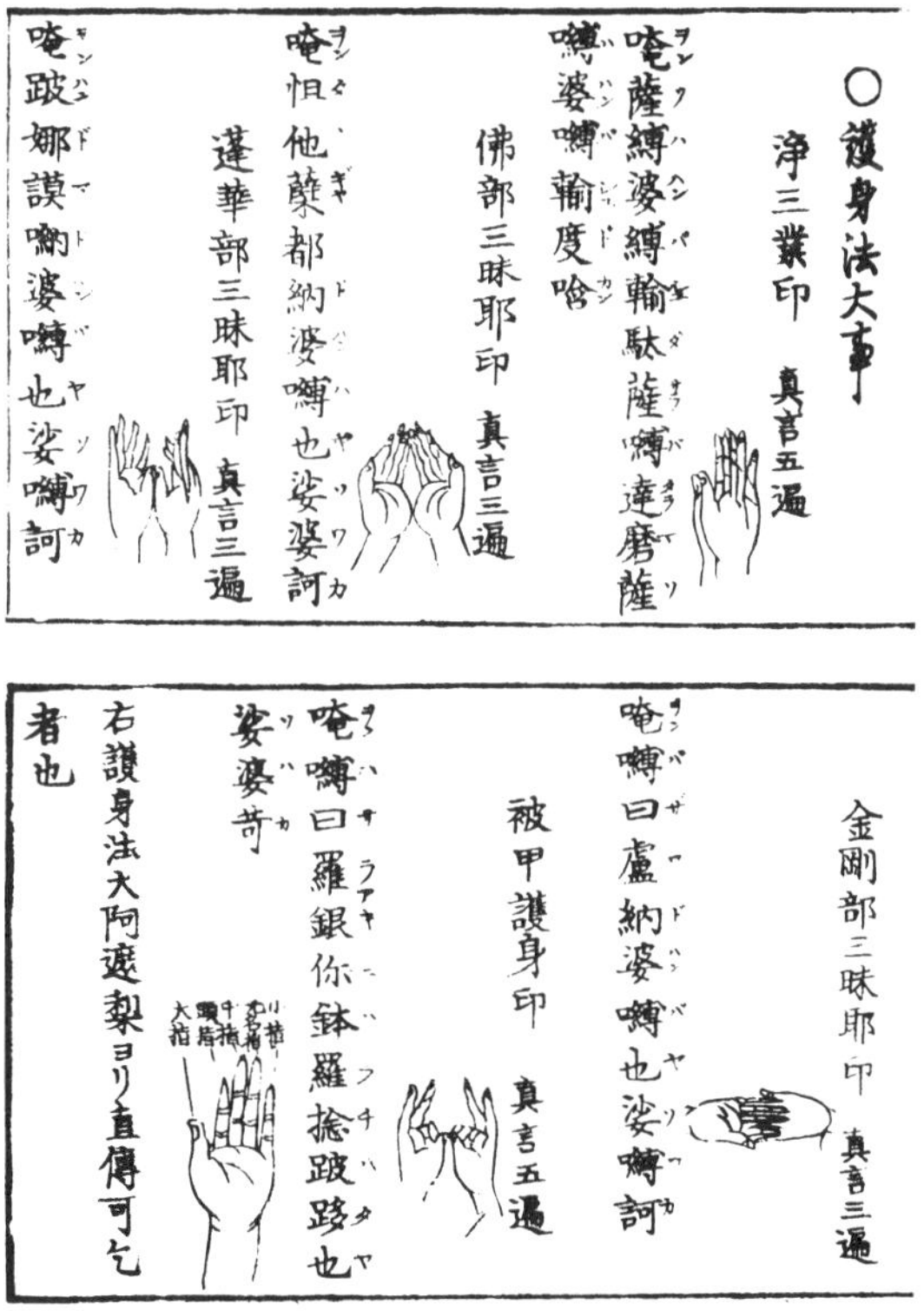

図174「護身法大事」〔新撰咒咀調法記大全〕

五衰【ごすい】 〔日時調法通用文則〕に、天人の五衰と言う事がある。天人が死ぬ時に現れる五ツの死相。『書言字考節用集・十三』に「天人五衰《てんにんのごすい》 身光不現。花鬘萎悴。両腋汗流。体便臭穢。不楽本座」とある。

五枢【ごすう】 〈経絡要穴 心腹部〉二穴。五枢は直に帯脈の下三寸、水道の傍ら一寸半にある。陥みの中 足の少陽帯脈に経の会。『銅人』を引き、針一寸、灸五壮。明下に三壮。痃癖、疝気、小腹《ほがみ》痛み、陰丸腹に入る、赤・白帯下を治す。〔鍼灸日用重宝記・二〕

梢の秋【こずえのあき】 大和詞。「こずへ（梢）の秋とは、九月の事」である。〔女重宝記・五〕

哥斯得里加【こすたりか】 〔童蒙単語字尽重宝記〕に哥斯得里加《こすたりか》は連邦。広さ二万一千八百坪、民は二十一万五千人。

昂子手【ごすて】〔人倫重宝記・二〕に悪筆を昂子手《ごすて》という。唐の（趙）子昂《すごう》は有名な能書なので、これとはかいさま（返様＝はんたい）という意である。

胡豆の大きさ【こずのおおきさ】丸薬量。〔医道重宝記〕に「胡豆の大きさというのは、今の豌豆《えんどう》の大きさ」である。

濃墨の染物【ごずみのそめもの】〔家内重宝記・元禄二〕に濃墨の染物は、ごずみ（濃墨）で染めたままの紋、その他何でも濃墨の染物が雨に逢っても落ちない法。桐の木の実の生々しいのを絹に包み拉《ひし》ぎ、濃墨の上を磨りつける。どれほど雨に逢っても落ちない。

五声【ごせい】病人の声を聞いて腹の中の病を知る。〔鍼灸重宝記綱目・一〕に次がある。○歌をうたい涎《よだれ》の多いのは、脾の病である。○哭《なく》のは、肺の病である。清涕《みずばな》が垂り鼻ひるのは肺に風寒がある。○怒り呼び叫び泪の多いのは、肝の病である。○唾《つばき》多く呻《うな》るのは、腎の虚である。○喜んで笑い譫《たわごと》をいうのは、心の病である。それぞれ、五臓内で五声を出すのである。

五精【ごせい】名数。〔鍼灸重宝記綱目〕に五精は、魂《こん》、神《たましい》、意《こころばせ》、魄《はく》、精《せい》をいう。

虎睛丸【こせいがん】〔小児療治調法記〕に虎睛丸は、癇症*邪気が心に入るのを治す。虎睛（一対炙）・遠志（姜製）・犀角・人参・麦門冬・琥珀・麝香（各一匁）、菖蒲・茯神（各一匁半）、半夏（二匁）、牛胆星（三匁）を末（粉）し、甘草膏で芡実の大きさに丸じ、辰砂を衣とし、一丸ずつ金銀竹葉灯心の煎じ湯で用いる。

御成敗式目【ごせいばいしきもく】御成敗式目（『貞永式目』ともいう）は、征夷大将軍頼経（嘉禄二～寛元二。一二二六～四四）の時、北条泰時が十三人を語らい、貞永元年（一二三二）に評定して建てた書である。「御」は尊んだ語。成敗の「成《なす》」は忠で善をなす者には恩賞を与え、「敗《はい》」は悪があり不忠をなす者には罰を蒙らせる。「式」はのりで法則である。「目」は一々の条目である。その成立から生民の法則となり、身を修め 家を斉え国を治め 天下を平らかにし、善を勧め 悪を懲らしめる教科書となった。江戸時代には「御成敗式目絵鈔」など分りやすく注解して初等教科書にする等、各種の出版があった。〔童子重法字註絵鈔御成敗式目〕

古製八味丸【こせいはちみがん】〔洛中洛外売薬重宝記・上〕に古製八味丸は、寺町竹や町上ル 川端陸奥大条にある。第一に疝気で腹脹り、腰 背の引き攣り、痛むのによい。

こせ瘡【こせがさ】〔改補外科調宝記〕に、「疥は俗に云うこせがさ、また湿と云もの」とある。〈薬〉〔女重宝記・四〕には、硫黄・檳榔子・水銀粉《はらや》（各等分）を粉にし、水で練ってつける。「五疥五癬」モ見ル

小関越【こぜきごえ】〔万民調宝記〕に京師間道*の一で、下粟田の東から北の山の麓に細道があり、三井の麓に出る道である。〔東街道中重宝記・七ざい所巡道しるべ〕に「小関越」に両国寺*がある（山城と近江の境ゆえに号する）。京から三井へ行く近道で、道筋に本関寺《もとせきでら》があり、常念仏の寺は小町が老後に住んだ庵の跡にあり、本尊は大岩に尊像を作りつけている。

五泄【ごせつ】〔鍼灸重宝記綱目〕に五泄の症として次がある。○胃泄《いしゃ》は、胃が虚し 剋化《こなれ》せず 黄色で食物を消化しない。○脾泄は、脾が虚して五臓に分散しないため、腹脹り吐逆《えずき》する。○大腸泄は、大腸に寒邪があり食後に腸が痛む。○小腸泄は、小腸が痛み 膿血を交え下して 小便が繁い。○大瘕泄は、裏急《いきつみ》にして渋り 通じ難い。陰茎《へのこ》の中が痛む。◇針は関元 腹溜 長胸 腹哀 天枢があり、灸には三里 気舎 中脘 大腸小腸兪 脾兪 腎兪があり、各々選んで用いる。

五節句【ごせっく】五節供とも書く。一年五度の節句をいう。節句の前の日を節季と言い、掛売・掛買の決算日である。年末は大節季と言い、一年の総決算日である。〔諸礼調法記大全〕に、人日*（一月七日）、上巳《じょうみ》《じょうし》*（三月三日）、端午*（五月五日）、七夕*（七月七日）、重陽《ちょうよう》*（九月九日）で、陽数に

よって日の神を祝う。但し、人日は元日*に、七夕は盆*に代えたりした。十一月十一日は一陽来復、冬至*をもって祝い、五節句には入れない。日本での始りは寛平二年（八九〇）という。〔年中重宝記・六〕は『簠簋内伝』を引き、五節句の執り行いは巨旦を調伏する儀式という。巨旦は日本より三万里南にある夜叉国の主で悪鬼神、金神*という。常に人を悩まし、日本の仇となるため牛頭天皇が南海から帰る時、八将神*を遣わして打ち平らげさせた。○正月の赤白の鏡餅は巨旦が骨肉、○三月三日の草餅は皮膚、○五月五日の菖蒲は髻《たぶさ》、○七月七日の素麪は筋脈、○九月九日の菊酒は膿血《のうけつ》とする。七夕の鞠は巨旦が首《こうべ》、的は眼を象り、門松を立てて墓標とする。六月朔日より三十日の間は巨旦を調伏し、六月朔日の歯固めを正月の儀式という。

〈五節句異名〉〔書札調法記・五〕では人日に元日を入れて、○元日は、元旦・元正・正朝・初正・三朝・三始・三微・三元・回始・鶏日・鶏旦・青旦・淑節・良時。○上巳は、重三・修禊・執蘭《しゅうらん》・流觴会・曲水宴。初三。○端午は、重五・重午・端五・端陽・地臘・蒲節・艾節。○七夕は、綺節・星会《せいかい》・天孫佳節・巧夕・乞巧夕・乞願夕・穿糸巧夕・河《か》鞍《く》・地記・水精・折木《せつぼく》・黄姑《こうこ》。○重陽は、重九・陽九・九九・菊節・登高・令節・茱萸会《しゅゆかい》・茱節・落帽節・陽数節・菊景・菊天。

〈五節句着服〉〔里俗節用重宝記・下〕に○上巳は、のしめ長袴。○端午は、染め帷子長袴。○七夕・八朔は、白帷子長袴。○重陽は、服紗小袖長袴とある。〈日和見〉〔船乗重宝記〕には節の替る日 早朝東の方が赤いのは、その節の内風雨は順である。

〈五節句の歌〉五節句それぞれの祭事の象徴を歌に詠んだもの。特に定歌はなく、〔麗玉百人一首吾妻錦〕では次の歌がある。人日「春日野のとぶ火の野守出でて見よ 今いくかあらば若菜摘みてん」（古今集・春哥上）。上巳「から人の跡を伝ふる盃の 波にしたがふ今日も来にけり」。端午「あやめ草結ぶ五月の玉かづら 涼しくかかる袖の上かな」。七夕「天の河水陰草の秋風に 靡くを見れば時はきぬらし」（万葉集・二〇一三）。重陽「万代《よろづよ》をつむともつきじ菊の花 長月の今日あらん限りは」（六百番歌合・遅日）。〔童子調宝記〕には別歌がある。正月七種「行て見ぬ人も忍べど春の野に 筐と摘める若菜なりけり」（新古今集・春歌上）。三月上巳「三千とせになるてふ桃の今年より 花咲く春に逢ひにけるかな」（拾遺集・賀）。五月端午「昨日まで余所に思ひしあやめ草 今日我が宿の妻と見るかな」（拾遺集・夏）。七月七日「天の川遠きわたりにあらねども 君が舟出はとしにこそまて」（拾遺集・秋）。九月重陽「我が宿の菊の白露けごとに幾夜積りて淵となるらん」（拾遺集・秋）。

〈五節句の飾〉五節句の祝の飾り物として、〔料理調法集・年中嘉祝之飾〕に各節句の図示がある（図175）。概略は、○人日（図①）は、餅一重、末広扇子熨斗包み、昆布。○上巳は、餅一重、大菱餅十二枚、草餅取り交ぜ、小餅五枚。○端午（図②）は、粽熨斗包み。○七夕は、五色の糸を掛け、香炉、水菓子、短冊色紙に七夕の歌を書き左右に飾る。○重陽は、餅一重、熨斗包みの菊の花、等である。

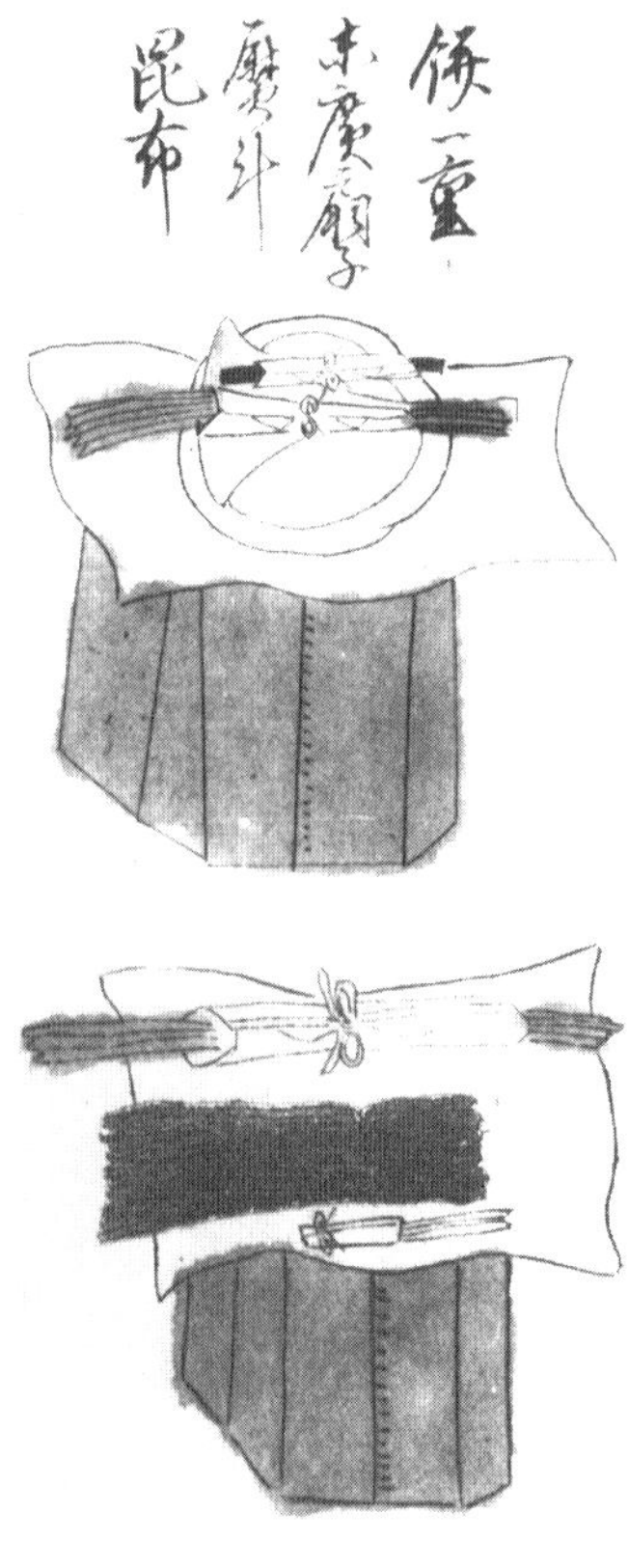

図175 五節句の飾
①人日
②端午

〈五節句の花〉 五節句に一色でも用いる物として〔昼夜調法記・正徳四〕に列挙がある。○元日は、梅花 水仙 金仙花。○上巳は、桃花 柳 萱《かん》草《ぞう》 酴醿《やまぶき》。○端午は、竹 菖蒲 石竹 蓬。○七夕は、桔梗 仙翁花《せんおうげ》 梶の葉 蘆。○重陽は、菊 荻《おぎ》 鶏頭花《けいとうげ》。

五摂家【ごせっけ】〔男重宝記・一〕に、近衛殿* 九条殿* 二条殿* 一条殿* 鷹司殿*を、五摂家という。摂政* 関白*に任ぜらるる家柄である。

牛癖【ごせん】「ぎゅうせん（牛癖）」ニ同ジ

御膳御鮓所【ごぜんおすしどころ】〔江戸町中喰物重法記〕に次がある。①「大坂なにはめいぶつ御膳御鮓所」は芝宇田川町 亀屋九右衛門。②「お満御膳御鮓所」は、日本橋南通四丁目西新道 きいのくにや藤ゑもん。③「御膳御鮓所」は、元飯田町中坂上南側 美濃屋源右衛門。

御膳生蕎麦【ごぜんきそば】「名代青柳御膳生そば」は、てりふり町角 小泉屋利兵衛にある。〔江戸町中喰物重法記〕

御前様【ごぜんさま】「おくさま（奥様）」ニ同ジ

御膳辷る【ごぜんすべる】 女の柔かな詞遣。「もの（物）食いしま（終）うを、御膳《ごぜん》すべる」という。〔女重宝記・一〕

御膳据ゆる【ごぜんすゆる】 女中詞。「飯すゆ（据）るを、御ぜんすゆる」という。〔女寺子調法記・文化三〕

御膳長門鮓【ごぜんながとずし】「御膳御膳長門鮓／鮒こんぶ巻」は、銀座三丁目 鎌倉屋丈右衛門にある。〔江戸町中喰物重法記〕

御膳干温飩所【ごぜんほしうどんどころ】 御膳干温飩所は、佐久間町三町目 金屋長右衛門である。「外ニ出見世御座無く せり売り出し申さず」とある。〔江戸町中喰物重法記〕

御前味噌【ごぜんみそ】〔昼夜重宝記・安永七〕に御前味噌は、大豆一斗を白水*に一夜漬け、その後米を浸《か》すように浸すと上の皮が剝けて取れるのをよく蒸す（煮ると甘味が抜けて悪い）。糀一斗三升（中白米）、塩三升（寒の内より来年迄置くには塩三升三合を入れる）、糯米一升（中白米を強飯に蒸し冷ます）。豆がよく蒸せた時取り出し常のように搗いて、四色を搗き合わせ一夜風に当て、翌日一握りずつ玉にして一日二日程風に当て、その後菜刀で細かに切り 半乾きに干した時、また臼でよく搗く。まだ濡れ気があれば薄く広げて影干しにし、少し乾き目になった時桶へよくよく突っ込み、上に紙を蓋にして置く。塩はこの外には一切入れない。三十日程でよく熟れる。少しずつ切れ切れにもなる。寒の内より来年まで持つ。

御膳味噌色々【ごぜんみそいろいろ】 御膳味噌色々は、神田連雀町 小田原屋吉右衛門にある。「御香物色々」「御ひしほ」「御たまり品々」「御家徳酢品々」もある。〔江戸町中喰物重法記〕

御膳山川白酒【ごぜんやまかわしろざけ】 御膳山川白酒は、浅草雷門前 鈴木主水にある。「諸白名酒品々」もある。〔江戸町中喰物重法記〕

後撰和歌集【ごせんわかしゅう】『後撰和歌集』は、勅撰和歌集*第二番目。村上天皇の詔により天暦五年（九五一）に、蔵人伊尹《これただ》・大中臣能宣・清原元輔・源順・紀時文・坂上望城等撰。二十巻、歌数千三百五十六首。〔消息調宝記・四〕

古相【こそう】 人相*の一。〔万法重宝秘伝集〕に古とは、卑しからずして心吝く 愚痴にして 一切に気遣い絶えず、物事に分別してしかも良い分別もなく、人から疎まるる相である。よくよく慎むがよい。

孤相【こそう】 人相*の一。〔万法重宝秘伝集〕に孤とは仕合せよくなく、妻子に縁なく 一生苦労があって 思う事が絶えない。例えば、雨の中の鷺が友を尋ねるようである。しかし、出家するとよいという。

五蔵円【ごぞうえん】〔洛中洛外売薬重宝記・上〕に五蔵円は、釜座二条下ル丁 虎渓堂にある。男女の五臓六腑*の心気を補し、七気の病を治すこと妙である。

五臓の事【ごぞうのこと】〔鍼灸重宝記綱目〕に内臓の内、肝《かん》心《しん》脾《ひ》肺《はい》腎《じん》を五

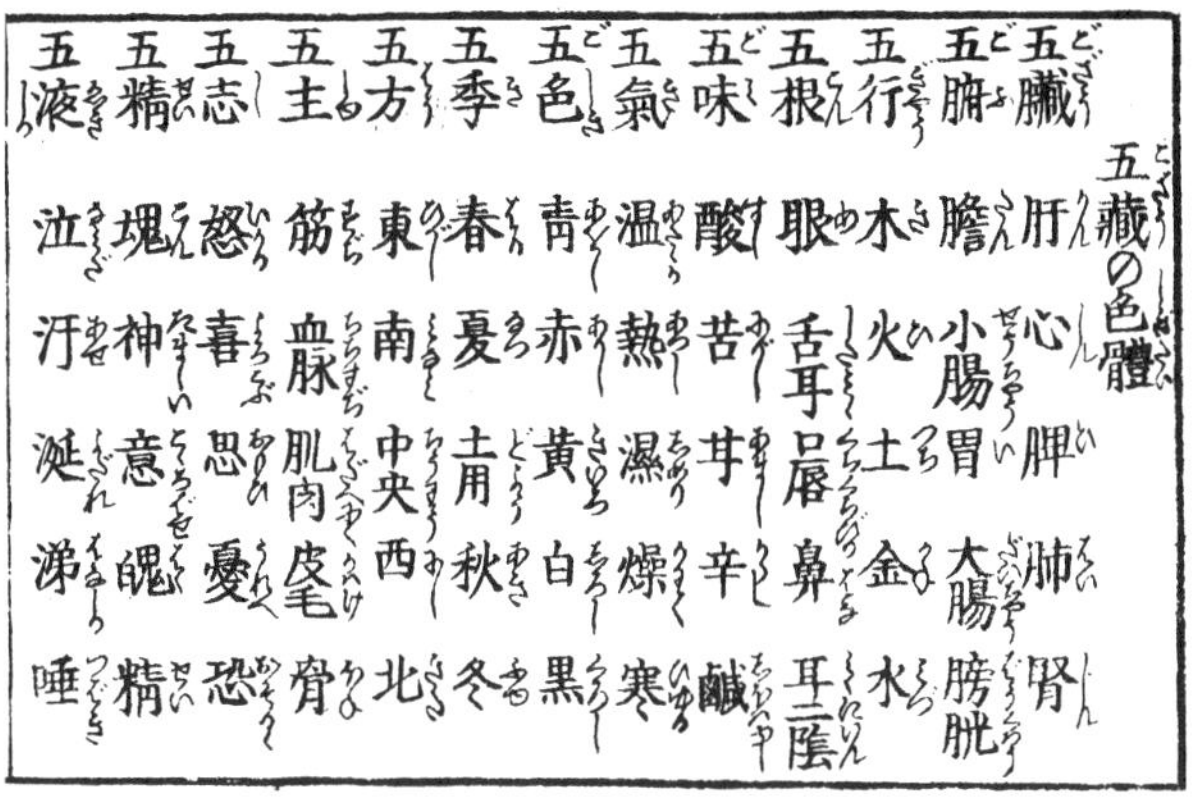

五臓の色體

五臓	五腑	五行	五根	五味	五氣	五色	五季	五方	五主	五志	五精	五液
肝	膽	木	眼	酸	温	青	春	東	筋	怒	魂	泣
心	小腸	火	舌耳	苦	熱	赤	夏	南	血脉	喜	神	汗
脾	胃	土	唇	甘	濕	黄	土用	中央	肌肉	思	意	涎
肺	大腸	金	鼻	辛	燥	白	秋	西	皮毛	憂	魄	涕
腎	膀胱	水	耳陰	鹹	寒	黒	冬	北	骨	恐	精	唾

図176　「五臓の色体」（鍼灸重宝記綱目）

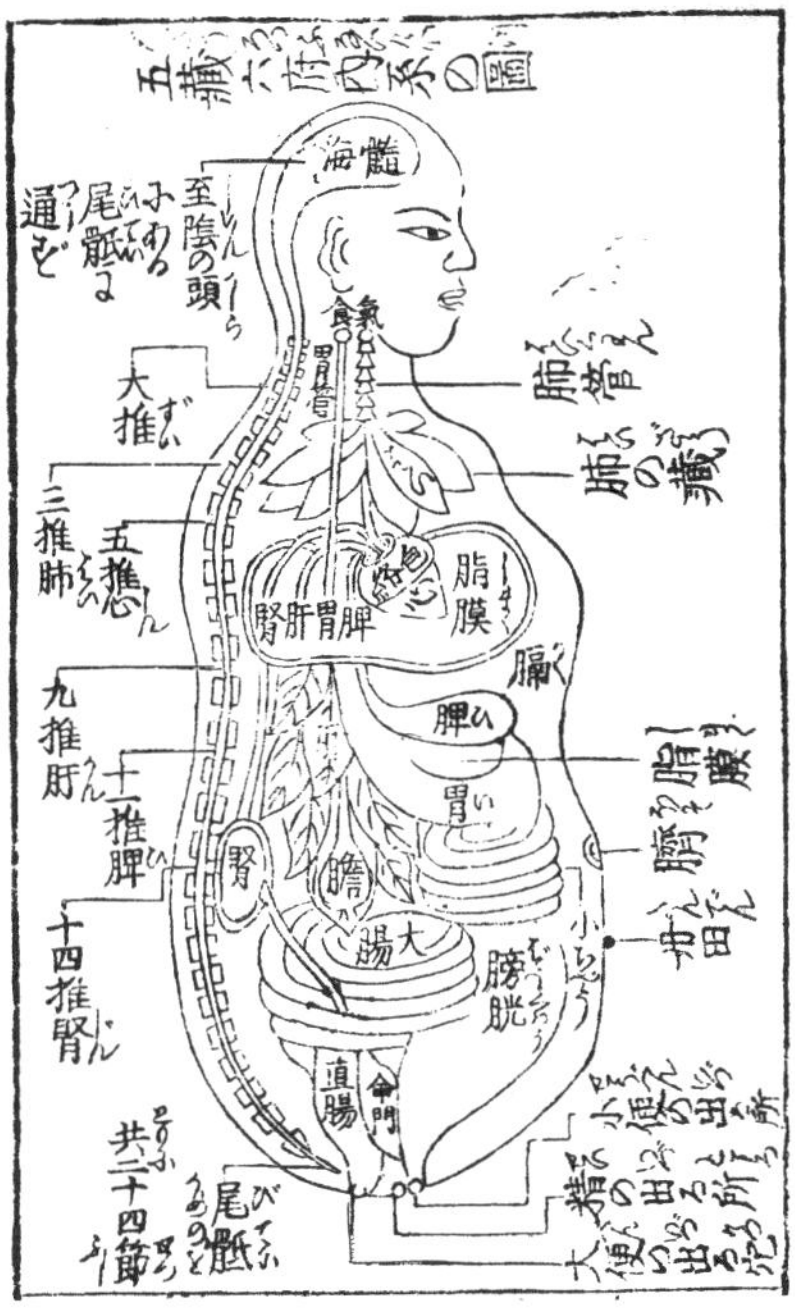

図177　「五臓六腑内経の図」（鍼灸重宝記綱目）

臓という。五臓はその味により、肝は酸《すい》、心は苦《にがい》、脾は甘《あまい》、肺は辛《からい》、腎は鹹《しおからい》をそれぞれを好むにより、病を知る。〔万用重宝記〕に五臓不足の人は、常に蕨*を食すると忽ち治る。「五臓の中風*」「五臓の熱症〔「熱症の事」ヲ見ル〕」「五臓の脈*」については分出した。〈五臓の色体〉〔諸人重宝記・二〕には「五臓の声の事」として載る。○「肝」は五方*は東。四季*は春。五行*は木。色は青。五音*は角。息は目。五音は双調。味は酸い。声は呼ばう。肝がこれを主る。○「心」は南。夏。火。赤。徴。舌。黄鐘。苦い。笑う。心がこれを主る。○「脾」は中央。土用。黄。土。宮。唇。一越。甘い。歌をうたう。脾がこれを主る。○「肺」は西。秋。金。商。鼻。平調。辛い。悲しむ。肺がこれを主る。○「腎」は北。冬。水。黒。羽。盤渉。耳。塩辛い。によう〔呻〕。腎がこれを主る。〔医道重宝記〕等に「五臓の色体」等として載るのは、例えば五液*五根*等を主《つかさど》るものをいう。〈五臓が病む時の面色〉〔鍼灸日用重宝記綱目・一〕五臓*が内に病む時は、青黄赤白黒の五色が面〔顔〕に顕れる。○面色の青いのは腹中の痛み。○赤いのは熱。○黄は脾臓の弱り。○白いのは腹中の寒《ひえ》。○黒いのは腎気の破れである〔図176〕。

五臓六腑内経の図【ごぞうろっぷないけいのず】〔鍼灸重宝記綱目〕に五臓〔肝心脾肺腎の各内臓〕と六腑〔大・小腸胆胃三焦膀胱各内臓〕の説明と略図がある〔図177〕。〔医道重宝記〕にも出る。

五則【ごそく】五則とは、権*衡*度*量*準*を言う。〔童子調宝記大全世話千字文〕

御息文字【ごそくもじ】女中詞。「息才を　ごそくもじ」という。〔重宝女訓女今川操文庫〕

小袖の事【こそでのこと】小袖は袖口の小さい裾長の着物で、平服や肌着であったが、室町時代から模様や色彩を豊かにして晴着となり、江戸時代には絹の綿入*を言うようになった。「女中御所詞」で小袖は呉服という〔麗玉百人一首吾妻錦〕。〈小袖介添〉〔諸礼調法記大全・天〕に小袖は、貴

人を北向きにしては着せない。衿を折り掛け 左へ行き 肩に打ち掛け 左の袖を通させ、その後右の手を通させ、前に廻り 衿先を取り 左右を合せ、帯に中程を取り参らせ、廻されると同時に鼻紙入れを渡す。女中方へは右手からあてがう。〈小袖頂戴〉〔童学重宝記〕に小袖・上下等は畳みながら両手で受け取り戴く。右手を抜き 左に懸け、下になった衿・裾等を摘み立てる。〈積み様〉〔女用智恵鑑宝織〕に木具の台に小袖の積み様は、左手に小袖を持ち下前を上にして二ツに折り、左から右へ並べて積み 袖を一ツずつ折る。嫁取の時は向い小袖として衿と衿とを合せる等作法が多く、斗を置く。但し、初め一ツの袖は二ツ返す。上には熨斗を置く。嫁取の時は向い小袖として衿と衿とを合せる等作法が多く、〔新板増補女調宝記・五〕には色々積み交ぜの図、〔嫁娶調宝記〕には小袖簞笥、〔茶屋諸分調方記〕には小袖櫃の図がある。〈小袖に香を止る法〉〔里俗節用重宝記・上〕に伏籠*の中に香を炊く時、熱い湯気を先に移して後に炊くと香はよく止まる。〈畳み様〉〔小笠原諸礼調法記・天〕に「武士の小袖畳み様」は、小袖上交《うわがえ》（＝両前を合せる時表に出る方）を上にして畳み袖を返して置く。例え幾つあってもこのように畳み、何程も雌鳥羽《めんどりば》（＝左を上右を下）に重ねる。女房衆の小袖は下交《したがえ》（＝両前を合せる時肌に近い方）を上にして畳む。重ねるのも同然である。帷子《かたびら》の畳み様も同じである。小袖を一ツ出すことは昔はなかった。袷一重というのは帷子を添え、小袖一重は袷を添え、それを小袖一重、袷一重という。〈油染み落し様〉〔永代調法記宝庫・三〕に小袖《こそで》等に油の付いた時は、滑石の粉を染み物の上に振りかけ、火熨《ひのし》で何度も撫でると落ちる。但し、木綿は落ち難い。洗い物は水二升に塩一合を入れてよく煮、少し冷ましてから油の付いた所を濯ぐとよい。水を入れるとすぐに塩を一割入れる。〔男女日用重宝記・上〕には小便で洗うとよい。〔万用重宝記〕には蘭という字を水上に三遍書いて洗うと跡形なく落ちる。

〈垢染 墨付落し様〉〔麗玉百人一首吾妻錦〕に小袖万ずの物垢落とし様は、白小豆（〔万用重宝記〕は小豆）を粉にして絹篩で通し、水で揉みたて、上水《うわみず》を零し三度程して底に沈んだ粉を取って天日によく干し、その粉を熱湯の中へ茶一服入れて洗うとよい。またシャボン*（無患子の実の皮）を傍に置いて摺りつけるのもよい。白小袖 又は紙等への墨付は、上下に白紙を置き楊枝の先へ水を少しつけて突くと墨は全て紙に移る。紙は取り替え取り替えして突く。〈黴落し様〉〔染物重宝記・文化八〕に小袖の黴びたのは、甜瓜《かもうり》の汁で洗うとよく、その跡へ枇杷種を細かく粉にして洗うと斑《まだら》は自ずから直る。梅の葉を煎じて洗うのもよい。

こた【こた】 俳言の仙傍（訕謗）。「陰開ヲ こた」という。〔新成復古日夜重宝俳席両面鑑〕

五躰【ごたい】〔日時調法通用文則〕に五躰は、地、水、火、風、空をいう。

五大洲【ごだいしゅう】〔童蒙単語字尽重宝記〕に五大洲は、亜細亜*亜非利加（亜弗利加）*欧羅巴*亜米利加*澳太利*を言う。

ごたいない【ごたいない】「御叮嚀《ごていねい》は、ごたいない」。〔小野篡譃字尽・かまど詞大概〕

五体不具【ごたいふぐ】 雑穢。五体不具は、七日を憚る。身の内から血の出るもの。〔永代調法記宝庫・首〕

五大力菩薩の真像【ごだいりきぼさつのしんぞう】 大坂願所。住吉神宮寺の五大力菩薩の真像は住吉明神の御筆であり、信心あるべきである。廻船渡海の荷物に、「五大力」と書いた提札《さげふだ》を着けて置くと、その荷物が船ともに凶事に会ったということを見聞したことがない。〔願懸重宝記・初〕

御他界【ごたかい】 公方*の御死去をいう。〔男重宝記・一〕

こだたみ仕様【こだたみしよう】〔料理重法記・下〕に「こだゝみの仕様」は、鯛を常のように拵え、中内を遠火で焦げないようにして焙り、薄赤く色の付く時、骨に付いた身を竹箸で落し細かにして、擂鉢でよく擂り、これを加えると味はなおよい。

御達【ごたち】「ごたち（御達）とは、女房《にょうぼう》たち」である。〔消息調宝記・二〕

炬燵の事【こたつのこと】〈炬燵開吉日〉〔年中重宝記・四〕に、十月朔日頃に炉を開く。〔重宝記永代鏡〕には、世上おしなべて十月の節に入り、中の亥の日を炬燵開きの吉日とする。これは冬は水が主《つかさど》り、十月の卦は坤為地で陰の甚だしい月、亥は水に属する。皆火防を表したものという。〈火燵布団〉〔男重宝記・五〕には炬燵の図絵があり、〔女中仕立物調方記〕に火燵布団は、金入り 唐織 繻子 緞子 繻珍、紋 柄 色は望み次第、裏は紅とある。綸子 縮緬 綾島 郡内の類の時は、裏は浅黄 紫羽二重等とある。

木霊【こだま】「こだまは、山谷《やまたに》のひゞき（響）也」。〔消息調宝記・二〕

こだれる【こだれる】〈何が不足で癇癪の枕言葉〉「なげく（嘆）は、こだれる」。〔小野篡譃字尽〕

五疸【ごだん】〔鍼灸日用重宝記・五〕に五疸は、黄疸* 黄汗* 穀疸* 酒疸*（黒疸）労疸*の五種をいう。但し、湿 熱により発るので、必ずしも分別しないでよいという。針は承満 梁門に幾度もし、灸は天枢 気海 胃兪等八点がある。

五痰の事【ごたんのこと】〔鍼灸日用重宝記〕に「東垣が五痰の論」があり、○痰湿が心の経にあると熱痰となり結して、色は紅である。○痰湿が肝の経にあると風痰となり、色は青く淡のようである。○痰湿が脾の経にあると湿痰となり、色は黄である。○痰湿が肺の経にあると気痰となり、色は白く吐き出すと米粒のようである。○痰湿が腎の経にあると寒痰となり、色は黒い。

鯒【こち】〈薬性〉〔永代調法記宝庫・四〕に鯒《こち》は、胃を開き、五臓や人を肥やす薬にも差し合わない。〈料理仕様〉〔諸人重宝記・四〕に鯒は、汁 刺身 熬《い》る。

語遅【ごち】〔小児療治調法記〕に語遅は、小児の物言うことの遅いことで、これは心気不足による。菖蒲丸《しょうぶがん》*で治す。

東風【こちかぜ】舟の詞。「こち風とは、東風《ひがしかぜ》を言う。〔男女御土産重宝記〕

こちたき【こちたき】大和詞。「こちたきとは、ことごとしき事」である。〔不断重宝記大全〕

五智如来【ごちのにょらい】〔改正増補字尽重宝記綱目・数量門〕に五智如来は、大日・宝幢・華開・弥陀・不空成就をいう。

五虫【ごちゅう】〔鍼灸日用重宝記・四〕に『千金方』を引き、五臓*の労する時、熱を生じ、虫を生ずるという。○心虫《むねむし》を蛔虫*。○脾虫を寸白《すんばく》*。○肺虫*は蚕のようである。○肝虫は爛れた杏子《あんず》のようである。○腎虫は寸に切った虫のようである。五虫はよく人を殺す。ある説として、諸虫は皆常に頭を下に向けるが、子の刻（零時）から辰の刻（八時）迄は上に向けるという。「虫の症」参照。〔童子調宝記大全世話千字文〕に五虫は次がある。鱗のある虫（龍を長とする）。羽のある虫（鳳を長とする）。毛のある虫（麟を長とする）。介《こう》のある虫（亀を長とする）。裸虫（人を長とする）。

蠱脹【こちょう】「水腫」「脹満」を見ル

五疔【ごちょう】〔改補外科調宝記〕に五疔は、火焔疔* 紫燕疔* 黄鼓《おうく》疔* 白刃疔* 黒靨《こくえん》疔*をいう。五色五疔ともいう。五臓*より生ずる疔である。薬方は、追疔湯* 大黄升麻湯* 九珍散* 五香連翹湯* 化疔内消散* 解毒大青湯* 束毒金鎑《こ》散* 塞金丹* 提疔錠子* 旋丁散* 青泥丹* 青膏*がある。

後頂【ごちょう】灸穴要歌。〔永代調法記宝庫・三〕に「頭《かしら》重く目廻り暗く風寒をにくむ人には 後頂灸せよ」。後頂は眉の真ん中より上へ九寸五分、三壮する。

五調子【ごちょうし】〔囃子謡重宝記〕に五調子は、双調* 黄鐘* 平調* 盤渉* 壱（一）越調*をいう。「ごいん（五音）の事」モ見ル

小蝶鳴【こちょうしぎ】〔料理調法集・諸鳥人数分料〕に小蝶鳴は、汁などに遣えば二三人前、煎鳥も同じである。脂がのると少し大小がある。焼鳥にも遣うが、料理鳥である。脂がのると実によいもので、秋に脂がのる

と毛は黒くなる。浜鴫である。一名、黒ほた。

胡蝶の夢【こちょうのゆめ】〔世話重宝記・四〕に胡蝶の夢の百年目という事は、『荘子・逍遥篇』に出るとして次がある。荘子の夢に、胡蝶になり百年の間 栩栩然《くくぜん》（＝よろこんで）と飛び巡り 花に戯れ荘子であることを知らず、夢が醒めると蝶であることを知らなかった。物は皆一体であるであることに譬える。『堀川百首』の歌「百とせは花に遊び（宿り）て過してきこの世は蝶の夢にぞありける」（詞花集・雑下）。

忽【こつ】〈小数の単位*〉〔古今増補算法重宝記改成・上〕には絲*の十分の一（一の十万分の一）、十微*をいう。〈通貨銀単位〉〔万家日用調法記〕には量を尺貫法の単位で表示したもの、一絲*の十分の一。〈田数の単位*〉〔永代調法記宝庫・首〕には長さ六分五厘 広さ六厘五毛。〔算学調法塵劫記〕には長さ六分三厘 広さ六分三厘。〈度数〉〔算学調法塵劫記〕に度数は「忽《こつ》」より起る。毫*の十分の一。

菓子【こつう】 唐人世話詞。「くわしを、こつう（菓-子）」という。〔男重宝記・五〕

五通膏【ごつうこう】〔小児療治調法記〕に五通膏は、臍風撮口*を治す。生地黄・生姜・葱白・蘿蔔子・田螺肉（各等分）を搗き爛らし、臍の四方に指の厚さ程につけ置き、二時間ばかりして屁が下に泄して癒える。

国家離別日【こっかりべつにち】 五離日*の一。〔懐中調宝記・牛村氏写本〕に国家離別日は、戊《つちのえ》申、己《つちのと》酉の日で、万に凶とある。〔重宝記永代鏡〕には「国家離日」とあり、万に悪いとある。

国家和合日【こっかわごうにち】 五和合日*の一。〔重宝記永代鏡〕に国家和合日は、戊《つちのえ》亥、己《つちのと》卯の日で、家造り 移徙《わたまし》によい。国調に吉。

骨疳【こつかん】〔小児療治調法記〕に骨疳は、好んで冷える地《ところ》に臥すより起る。六味等分の地黄丸*で腎を補う。

小作り【こづくり】「こぐちづくり（小口作）」ニ同ジ

滑稽の漢和【こっけいのかんわ】「誹諧漢和の法」ヲ見ル

骨砕補【こっさいほ】〔薬種重宝記・中〕に唐草、「骨砕補 こつさいほ／いわはじかみ。鉄を忌む。毛を去り、刻み、焙る」。〈筋骨閃折するを罨う方〉〔骨継療治重宝記・下〕には、骨砕補の根を採り搗き砕き、黄米粥を煮て和《ま》ぜ、傷処を包むとよい。

骨砕散【こっすいさん】 牛療治薬。〔牛療治調法記〕に骨砕《こっすい》散は、発熱して喉の骨が脹れ、涎血が化して膿となり、声音の響くのを治す。没薬（三両三匁）・白芷・陳皮・厚朴・自然銅・痺癬・茴香・当帰・五霊脂・苦練子を末（粉）し、毎服二両を、酒一升に姜三匁を温めて灌ぐ。

骨節【こっせつ】〔骨継療治重宝記・上〕に次がある。人には三百六十五の骨節があり、これを百六十五字で次第する（図178）。まず、鈴骨《れいこつ》の上《かみ》を頭の左右前後と定めるより轅骨《えんこつ》に至る迄四十九字を以て七十二の骨を統《す》ぶる。その伝は、巓中為都顱骨者一、次顱為髏骨者一、髏前為頂威髏骨者一、髏後為脳骨者一、脳左為枕骨者一、等のように次々と続く。以下、省略。

骨槽風【こっそうふう】〔改補外科調宝記〕に骨槽風は、耳の前に出てはびこる瘡である。肝脾《やぶ》が傷れ、厚味を食して膿となる。初めは耳の前、頰面《ほうづら》、首へかけて筋骨が痛み、久しい時は腫れ広がる。寒熱が瘧のように口《くち》食い竦《すく》み 食物を食い難い。初めは腫れた所が硬く、後に口が開《あ》いて癒え難い。膿が潰えると甚だしく臭い。治方は、口を開ける所を温かにし、他は温かにしない。その温かな所に灸を二十壮する。片腮が腫れる時は針を刺し、悪血を出し、腫れた上に清肌玉紅膏*をつける。初発に、まだ膿まず腫れるばかりなのには、清陽散火湯*を用いる。

小槌【こっち】「大槌／小槌」ヲ見ル

こっちょう【こっちょう】 片言。「こつちやうは、骨長《こっちやう》」である。〔不断重宝記大全〕

こっちょうし【こっちょうし】 片言。〔男重宝記・五〕に「こつてうしは、こ

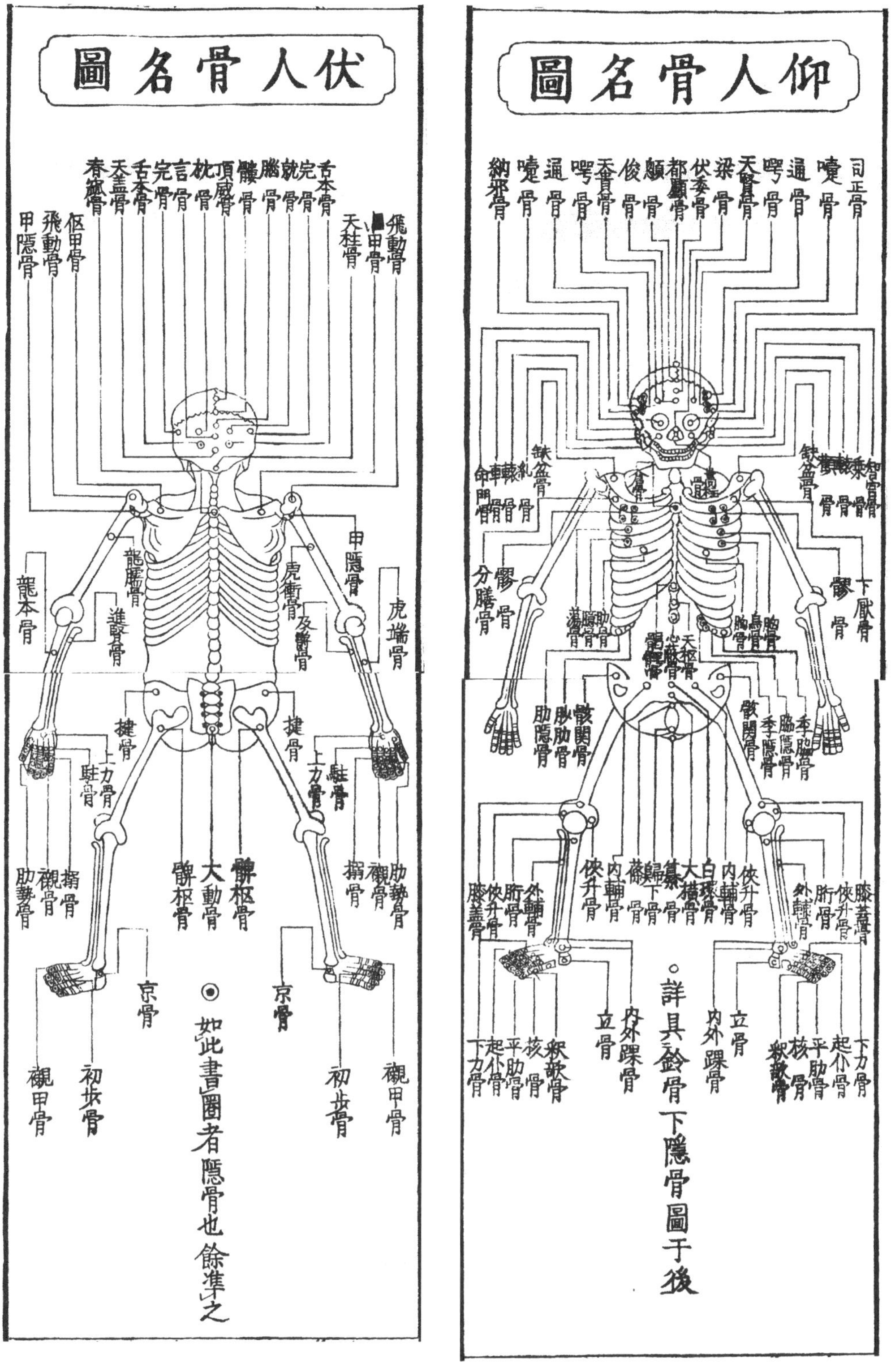

図178 骨節「仰・伏人骨名図」(骨継療治重宝記)

といううし（特牛）」をいう。「こていうし」参照

骨堂【こつどう】　高野山名所。灯籠堂*の西北の方にある。諸人の遺骨を納める堂である。〔東街道中重宝記・七ざい所巡道しるべ〕

骨肉を攧撲する損傷の方【こつにくをてんぼくするそんしょうのほう】〔骨継療治重宝記・下〕に骨肉を攧撲する損傷の方は、酢で肥皂を搗き爛らして厚く罨《おお》い、絹で縛り、便醋《べんさく》の糟《かす》と平胃散*と同じく交ぜて罨う。

こっぱり【こっぱり】〈何が不足で癇癪の枕言葉〉「目、こつぱり」。〔小野篁謔字尽〕

骨痺【こつひ】　五痺*の一。骨痺は、骨が重く行歩が叶わない。肝兪 膈兪 胆兪 腎兪 曲池 風市等、痺れる処に針を刺し、血を廻らす。〔鍼灸日用重宝記綱目・四〕

子壺月【こつぼづき】　難産の秘見。〔永代調法記宝庫・五〕に子壺月とは、胞衣が下り兼ねて手間が入るものであるが、母子ともに生きる。これは四月に孕んで正月に産む時、十月に孕んで七月に産む時に起る。平産はよい。

穴奥町【こっぽりちょう】「京色茶屋独案内」ヲ見ル

骨瘤【こつりゅう】〔改補外科調宝記〕に骨瘤は、色は紫黒で石のように硬い。補中益気湯*に腎を補う薬を加えるとよい。始めて出たのには十六味流気飲*、長いのには蠟丸子を常に用いると自然に縮まり散る。外からは南《なん》星膏《しょうこう》*を用いる。

釬【こて】　鎧*名所。〔武家重宝記・三〕に腕を覆う釬《こて》に次がある。○小田《おだ》篭《こ》手《て》は、小袖をつけず総鎖にして瓢《ふくべ》がある。○毘沙門小手は、小袖を仕付《しつけ》にして置く。○小手脇の金物を額《ひたい》の板《いた》、はずれの板を冠《かむり》の板という。○二の緒を冠の緒とも小手付の緒、手の入る所を家裏《いえうら》という。○鞐《こはぜ》を付けたのを〆《しめ》緒《お》、○大指の上を爪摘《つま》、○臂の上にあるのを臂金《ひじかね》という（図179）。

五帝【ごてい】　漢土上代の五人の帝王。〔和漢年代重宝記〕等は、第一 少昊金天子、第二 顓頊高陽子、第三 帝嚳高辛子、第四 帝尭陶唐氏、第五 帝舜有虞氏。〔日用重宝記・四〕は伏羲、神農、黄帝、唐尭、虞舜とする。

図179 「釬」（武家重宝記）

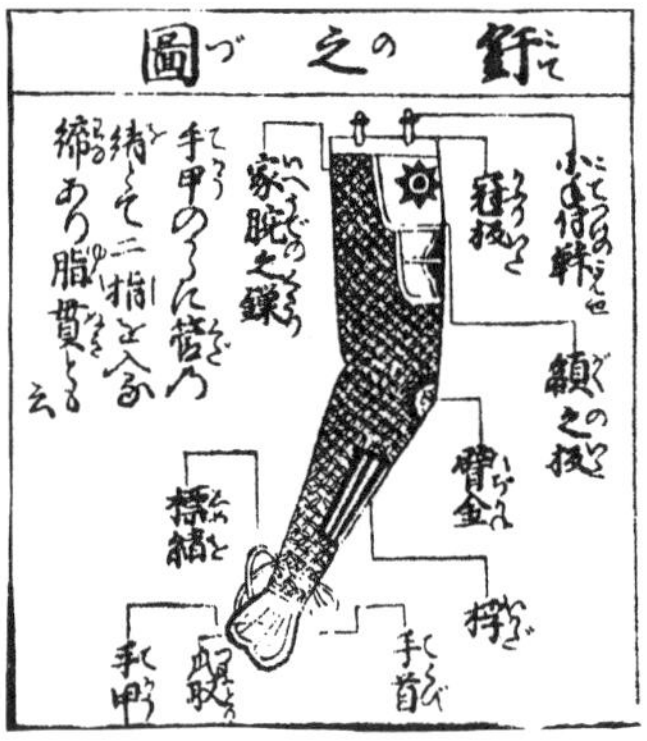

御亭【ごてい】「殿《との》」ヲ見ル

こていうし【こていうし】　片言。〔不断重宝記大全〕に「こていうしは、特牛ことといううし」とある。「こつてうし」参照

小手鞠【こでまり】　草花作り様。小手鞠の花は白色。三月に咲く。土は真土に砂を用いる。肥しは雨前に小便を少し根に注ぐとよい。〔昼夜重宝記・安永七〕

小手療治の伝【こてりょうじのでん】〔諸民秘伝重宝記〕に小手療治の伝は、石《いし》見《み》川《かわ》（石膠）を黒焼にして奈良漬の抜き糟に黒くなる程入れてよく搗き交ぜ、半紙四ツ切の紙上に四五分程厚く塗りつけ、その上にも紙を当てて火でよく焙り、痛む所に当てる。火に焙った方へ焼酎を引き、湯気の立つ方を痛む所へ度々当てる程よい。打ち身・挫きには奇妙によい。尤も手足の挫きにはよく引き伸ばし、揉み、骨の食い違わないようにする。二三枚も拵えて、代り代りに暖め、焼酎を引き当てるのがよい。また焼小手で暖めるのもよい。

古点【こてん】「なしつぼのごにん（梨壺の五人）」ヲ見ル

御殿中【ごてんちゅう】〔男重宝記・一〕に御殿中は、公方*の御所をいう。又、

かりそめに居られる所をも御殿という。

五土【ごど】 砂、田土、合土《あわせつち》*（＝真土・野土・赤土を砂で等分に交ぜて篩う）は万草によい土で、これを五土ともいう。〔昼夜重宝記・安永七〕

梧桐子の大きさ【ごとうしのおおきさ】 丸薬量。「梧桐子の大きさ」というのは、豆二粒にあたる。〔医道重宝記〕

五等親【ごとうしん】 一等親から五等親までをいう。「等親」は親族関係の遠近関係を示す「親等」で、現在は 一（〜五）等親は、ある人又はその妻と、一（〜五）世を隔てる者との関係である。〔開化年中重宝記・明治八〕には次がある。〇一等親 父母。養父母。夫。子。養子。〇二等親 祖父母。嫡・継母。伯叔父姑。兄弟姉妹。夫の父母。妻・妾。姪（兄弟の子）。孫。孫子の婦。〇三等親 曾祖父母。伯叔の婦。夫の姪甥。従父兄弟姉妹（いとこ）。異父兄弟姉妹。夫の祖父母。夫の伯叔父姑。庶子。姪の婦。継父。〇四等親 高祖父母（従祖々父姑）。従祖伯叔父姑。夫の兄弟姉妹。兄弟の妻。再従兄弟姉妹（またいとこ）。外祖父母。舅姨（母方のおじおば）。前夫の子。兄弟の孫。従父兄弟の子。外甥（姉の妹の子）。祖孫（ひまご）。孫の婦。〇五等親 妻の父母。姑子。舅姨の子（母方のいとこ）。玄孫。ヒヒ孫。外孫。女婿。従父母兄弟姉妹 兄弟の子 相呼んで従父となす。長者を兄と言い 少者を弟と言う。従祖々父 姑は祖父の兄弟姉妹を言う。従祖伯叔父姑は 従祖々父の子を言う。即ち、父の従父兄弟姉妹。再従兄弟姉妹は 従祖伯叔父の子を言う。舅姨は 母の兄弟を舅と言い、姉妹を姨と言う。「服忌令」参照

後藤味噌【ごとうみそ】 〔料理調法集・造醸之部〕に後藤味噌は、大豆一斗を煮て、糠一斗五升を蒸し、塩六升の三品を、よく搗き交ぜ桶に入れ、固く封じて風日を見ず、年を経て遣う程よい。後藤又兵衛が創製した味噌という。「五斗味噌」ト八別

五徳【ごとく】 「ごもじ（五文字）」ヲ見ル

言種【ことぐさ】 大和詞。「ことぐさとは、ことのは（言葉）」である。〔不断重宝記大全〕

事立【ことたつ】 大和詞。「ことたつとは、祝言の事」である。〔不断重宝記大全〕

琴の事【ことのこと】 箏とも書く。〈異名〉〔書札調法記・六〕に琴の異名に、桐孫 桐君 響泉《きょうせん》 素桐《そとう》 雲和《うんか》 鳳鳴《ほうめい》がある。〈伝来〉〔女重宝記・四 弘化四〕に次がある（図180）。琴《きん》は楽器の一ツで聖賢が玩び、琴は七弦、瑟《しつ》は二十七弦で、後世秦の蒙恬《もうてん》が箏《こと》を作り十三弦にして弾じた。この法は筑紫の彦山《ひこさん》に渡来し 善導寺で仏事法事に用い 筑紫箏《つくしごと》と呼ぶ。世が移り 法水という人が俗箏《ぞくそう》に変じ、十三組の歌は八橋検校が大内家の盛時に防州山口で作った唱歌を作略して定めたものである。元来、琴瑟の遺風に相違はないが、今専ら盲人 婦女が弾ずるのは筑紫箏の変体である。琴の字が通用するが 実は箏《こと》で、『源氏物語』に「箏《そう》のこと」と所々に見える。琴も行なわれるが女が弾ずるのは稀である。八ツ橋の弟子に北嶋、継山《つぐやま》、佐山、隅山《すみやま》の検校らが出、北嶋の門人生田《いくた》検校が一流を立て、後世に長谷富検校岡の一の門人に山田松黒《しょうこく》が一流を立て、その門人山田検校より愈々盛んに行われ、八ツ橋、生田、継山等の風は衰えた。

〈名称〉箏《こと》は龍に象り、右を龍頭、左を龍尾、平を龍甲、横を龍腹、右

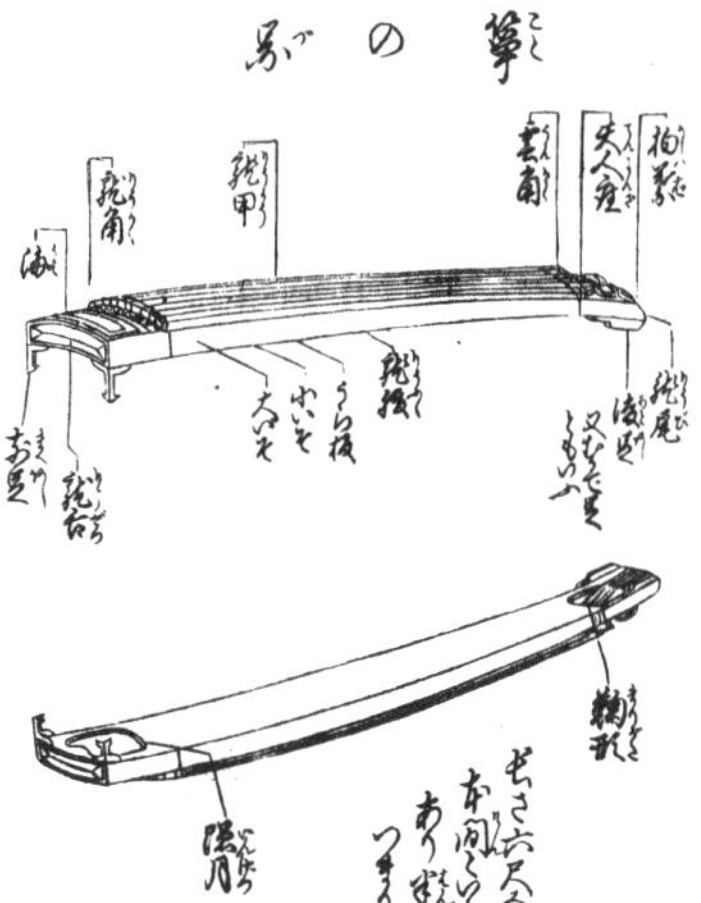

図180　「琴の事」（女重宝記）

の高い処を龍角、前の小口を龍舌、龍角の下を海、箏の底を裏板、龍頭の方裏の穴を隠月《いんげつ》、龍尾の方裏板の穴を鞠形《まりがた》、末の方の高い処を雲角《うんかく》、その下を柏葉《かしわば》、天人座という。龍角と雲角の際《きわ》前後包みの木を四分六分といい、隠月の内に糸の懸る処を関板《せきいた》、鞠形の内糸の当る横木を糸関《いとぜき》、龍頭の方の足を前足、龍尾の方の足を後足《あとあし》、また蜈蚣足《むかであし》ともいう。糸を通す十三の小穴に鳩の目があり、鳩の目の座がある。糸は向こうより一二と数え、十の次十一を斗《と》十二を為《ゐ》十三を巾《きん》という。こまを柱《じ》といい、柱に裏角《うらづの》口角《くちづの》がある。龍角へ渡し糸に敷くのを枕糸といい、真紅 紫などがある。向う前へ総《ふさ》を垂る糸を縮めまく、上に飾り糸を掛く。龍腹に大磯 小磯の名がある。寄せ木の飾りのあるのには長磯 惣角《そうつの》 口角《くちづの》 龍舌を、鼈甲に包むのもある。近頃、山田流に菖蒲箏《あやめごと》がり、紫檀角などの飾りはない。弾じ様(引くこと)は、習って知るのがよい。箏は長さ六尺五寸を本間《けん》という。六尺のもあり、半箏《はんごと》と言い詰ったのもある。

〈琴の次第〉〔諸人重宝記・二〕に勝手を知らない人は爪の挿し様、糸の押さえ様を見習う。大指に挿した爪は前爪、中指に挿したのは向爪、人差し指に挿したのは脇爪という。糸の名は手前から巾・為・斗、それより十〜一である。押さえる糸は四・七・九・八であるが、弾き習いには押さえなくてもよく、爪数ばかりをよく覚えるのがよい。初めは心得た人の調子をよく聞いて糸合せをし、よくあった時十三糸ながら墨をつけて置く。調子は糸の締め 緩めで、合せるのではなく、柱《じ》の立て所で合せるので、柱を外しても墨を印《しるし》に本の所に立てると大方は合う。柱を立て続けにして置くと糸は度々切れ、また伸びる。墨を証拠によく調べ習うのが肝要である。

〈琴の組歌十三組〉〔女筆調法記・五〕に次がある。①ふきぐみ(越殿楽とも)。②梅がえ(千鳥の曲とも)。③心づくし(小車の曲とも)。④ひなづる。⑤うす雪(しののめの曲とも)。⑥雪のあした(葵の曲とも)。⑦雲の上(武蔵の曲とも)。⑧うす衣。⑨きりつぼ。⑩須磨。⑪あかし。⑫末の松。⑬うつせみ。

〈琴所〉〔万買物調宝記〕に「京ニテ琴所」室町一条上ル 今井長門、一条室町西へ入ル 今井播磨、釜座二条上ル 神田近江、室町四条上ル 神田七左衛門、出水通小川ノ角 青木加賀。「江戸」と「大坂」については、「三味線の事」の「琴三味線幷糸」等ヲ見ル

言の葉種【ことのはぐさ】 大和詞。「ことのはぐさとは、ことばのたね(詞種)」である。〔不断重宝記大全〕

小殿原【ことのばら】 大和詞。「ごまめ(鱓)は、ことのばら」という。〔女重宝記・一〕

後鳥羽院【ごとばのいん】 〔年中重宝記〕に、○二月二十二日、賀茂松の下家後鳥羽院御忌を務む。○山崎観音寺の僧侶 水無瀬の御廟で後鳥羽院の御忌。○六月二十二日、水無瀬 後鳥羽院御影開帳幷御宸筆虫払い。『百人一首』「人もをし人もうらめしあぢきなく世をおもふゆゑに物おもふ身は」。又「新三十六歌仙」の一人。在位 八十二代、寿永二〜建久九年(一一八三〜九八)。

琴弾草【ことひきぐさ】 大和詞。「ことひきぐさとは、松の事」である。〔不断重宝記大全〕

寿おぼろ焼【ことぶきおぼろやき】 寿おぼろ焼は、飯田丁片町 金田屋にある。〔江戸町中喰物重法記〕

寿蒲鉾【ことぶきかまぼこ】 〔料理調法集・蒲鉾之部〕に寿蒲鉾は、寄せ菜を入れた青い擂身を、文字の太さ程の厚みに板へつけて蒸し、蒲鉾を段々につけながら入れて蒸す。

言吹伝の松【ことぶきのまつ】 〔囃子謡重宝記〕に橋懸りの二本目の松を「ことぶきの松」という。ワキでも太夫でも祝言を、この松で宣べるので言《こと》吹《ぶ》伝《き》の松という。又、さつ(拶)の松ともいう。これは能をしまい楽屋

へ入る時、一の松（袖返しの松*）を過ぎ二の松迄は少しも気を緩めず、二の松を過ぎると楽屋の心になり、今日は面白くできたという心で「あいさつ松」といい、拶の字を書く。拶の松というのは、悪鬼などの取り付く意である。

碁と法論味噌【ごとほろみそ】〔人倫重宝記・三〕に、ある人の見立てに碁と法論味噌とは、老人めいたものという。

五斗味噌【ごとみそ】〔料理調法集・造醸之部〕に五斗味噌は、大豆一斗をよく煮、小糠一斗をよく蒸し、塩五升、糀一斗、醤油の実一斗、粕一斗。これらを何れもよく摑み合わせ、よく搗いて樽に押しつけて置く。十日程の内に、二三度程搗き合す。「酒塵開《ささじん》」モ見ル。「後藤味噌*」トハ別

子供…【こども…】「小児…」ヲ見ル

小鳥【ことり】〔料理調法集・諸鳥人数分料〕に小鳥は、鳥数は色々あるが、どれも一ツ焼きである。まず料理に遣ってよい鳥である。ほあか、あおし、がら、すずめ等が当る。

小鳥香【ことりこう】十種の代表的組香の一。〔女筆調法記・六〕には、五色の香を聞いてどれとどれが同じ香であるか、五色とも違うかを、五文字の小鳥の名で札入れし当否を競うもの。小鳥の名は、ももちどり（一二同。一番目と二番目の香が同香の時。以下同じように鳥の名がある）。ほととぎす（一二三同）。いしたたき（三四同）。あをしとと（四五同）。きせきれい（一三同）。くろつぐみ（一四同）。かしらたか（一五同）。ひとめとり（二四同）。かわらひわ（二五同）。あさりとり（三五同）。よぶこどり（五色別）。

小鳥汁【ことりじる】〔料理調法集・汁之部〕に小鳥汁は、鶸《ひわ》、鵐《しとど》、頬白等油気のない鳥がよい。霜月より雪中である。

小鳥団子【ことりだんご】〔料理調法集・諸鳥之部〕に小鳥団子は、鶉や鴫の類小鳥は何でも、身を崩し、なるだけ細かに叩き、糯米の粉を等分に合せ、よく擂り交ぜて丸め、湯煮し、煮物等によい。

小鳥南蛮料理【ことりなんばんりょうり】〔料理調法集・諸鳥之部〕に小鳥南蛮料理は、小鳥を骨抜きにして、中に擂り身を詰め、油で揚げ、煮しめる。

小鳥焼【ことりやき】「雀焼」ヲ見ル

小鳥焼鳥【ことりやきとり】〔料理調法集・焼鳥之部〕に小鳥の焼鳥は色々あるが、ほあか、あおし、がら、ひばり等が料理によく、どれも一ツずつ焼く。

小菜【こな】〔料理調法集・口伝之部〕に小菜は、鶯菜*の少し大きなのをいう。

天茄【こなすび】〔万物絵本大全調法記・下〕に「天茄 てんか／こなすび」。〈油取様〉〔改補外科調宝記〕に「小茄子の油取り様」は、細かく刻み干して油に浸し壺に入れ、百日程置き、布で濾し、湯煎して取る。第一熱の腫れを押し散らす。「茄子《なすび》の事」参照

こなにする【こなにする】片言。〔不断重宝記大全〕に、「くだけひしげたるやうのこと」を関東では「こなにする」といい、京では「こんなになる」という。粉料の義かという。

五人組【ごにんぐみ】「五人与」とも書く。〔田畑重宝記・上〕に人別五人組というのは、唐の兵制により我が国の軍事組織に認められ、今は庶民の隣保組織である。五人の内から一人を選んで頭と定め、御用の節は四人を支配する。役人の下部組織としての人別改*等のほか、泰平の世には庶民の相互扶助もした。

こぬか虫【こぬかむし】稲虫。〔農家調宝記・付録〕にこぬか虫は、涌くように生じて稲葉の根を食い、大いに害をなす。色は青白である。長じて羽があり、羅《うすもの》のようである。防虫法は油が一番である。

小寝巻【こねまき】「よぎ（夜着）」ヲ見ル

ごねる【ごねる】卑語。「死ぬるを、ごねる・てこねる」という。〔女用智恵鑑宝織〕

御悩【ごのう】天子*の「御患ひを御悩《ごのふ》」という。〔男重宝記・一〕

近衛殿【このえどの】五摂家*の一。〔男重宝記・一〕に、家領千七百九十七石

とある。〔人倫重宝記・一〕に近衛殿は嫡流とある。

このえ餅【このえもち】 菓子名。このえ餅、上しめし物、下こね物。〔男重宝記・四〕

兄【このかみ】 大和詞。「このかみとは、兄の事」である。〔不断重宝記大全〕

此の君【このきみ】 「このきみは、竹の異名」。〔消息調宝記・二〕

このげた【このげた】 「ほおげた（頬桁）」ヲ見ル

鰶【このしろ】 〔万物絵本大全調法記・下〕に「鰶せい／このしろ」。〈薬性〉〔医道重宝記〕に鱅《このしろ》は温で毒なく、中《うち》を温め気を益す、多食してはならない。〔里俗節用重宝記・上〕に子を育て難く、生れる毎に死ぬ家は、生れる時胞衣《えな》と鰶魚を一所に地中に埋めると、その子は成長する。尤も一生の間 鰶を食わせない。「このしろ」は「子の代」と呪いにし、「東路の室の八嶋に立つ煙 誰かこのしろにつなし焼くらん」の歌には古い物語が多い。駿河で言う「つなし」は小鰭《こはた》、九州では「つなし」、土佐で「はらかたと云う魚は すじこのしろ」という。江戸で云う「鰤魚《こはた》」は「このしろ」の子ではない。

五の膳【ごのぜんの】 「五の膳」は最も丁重な本膳料理。本膳、二の膳、三の膳、与（又は二三。四ヲ忌ム）、五の膳がある。〔諸礼調法記大全・地〕に「五の膳の事」（図181）は、上右から左へ「刺身 搔い敷・こだゝみ〔海鼠湛味〕引て」。「杉焼・精進汁」。「海老・酒浸・貝焼・桜煎・海月・鯛の汁・くゞい（鵠＝白鳥）汁」。「鱠・煮物・和え物・焼物・焼鳥・集め汁・飯」。「鮒・水和え・壺煎・雁の汁・鱸汁」。「五献本膳式」参照

此のたち／此等【このたち／このとう】 諸国言葉。「此《この》様な」というのを関東には「此のたち」といい、中国には「此等《このたう》」という。〔男重宝記・五〕

児手柏【このてがしわ】 大和詞。〔女筆調法記・三〕に「このてがしは、おさなき子の手」。〔不断重宝記大全〕には「この手かしはとは、児の手に似たる葉」とある。

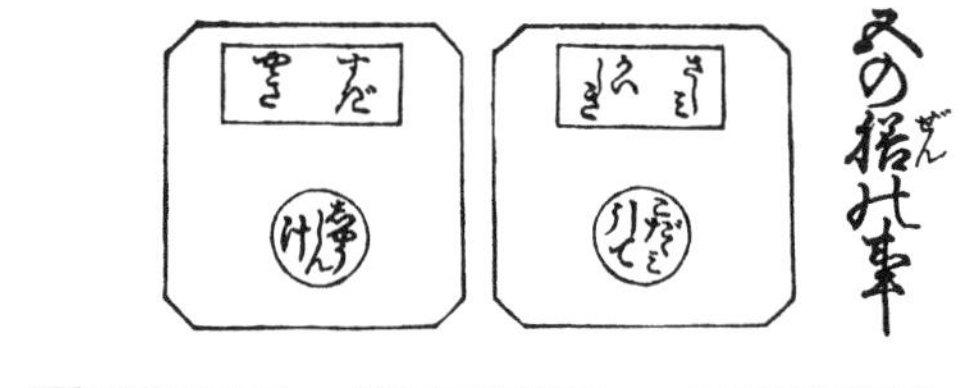

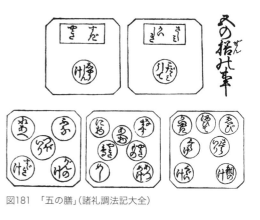

図181 「五の膳」（諸礼調法記大全）

このは【このは】 俳言の仙傍（訕謗）。「陰茎ヲ このは」。〔新成復古日夜重宝俳席両面鑑〕

木の葉【このは】 〔料理調法集・口伝之部〕に鯛の小さなのを、小鯛、はい切、この次を小々鯛、小平家、木の葉ともいう。

木の葉煎餅【このはせんべい】 「木の葉せんべい」は、神田新石丁まつ屋にある。〔江戸町中喰物重法記〕

この華【このはな】 古《こ》の華（蕎麦）は、昌平橋外 遠州屋にある。〔江戸町中喰物重法記〕

果実の事【このみのこと】 〈鳥寄せぬ法〉〔新撰咒咀調法記大全〕に「木の実に鳥を寄せぬ呪ひ」は、髪をかもじ（髢）のように結び樹の上に掛けて置く。尤も死髪は悪い。〈貯え様〉〔料理重法記・上〕に果実の類を色を変ぜず長く貯え様は、十二月の寒の水を新しい甕・壺に入れて置き、果実の出る時分に銅の錆を少し入れて浸して置いて貯える。青梅 枇杷 林檎 棗 葡萄 蓮 真桑瓜等、皆これに貯えるとよい。

このもの【このもの】 片言。「このものは、香物 かうのもの」である。〔不

断重宝記大全〕

海鼠腸蒲鉾【このわたかまぼこ】〔料理調法集・蒲鉾之部〕に海鼠腸《このわた》蒲鉾は、海鼠腸の擂り身を、海丹蒲鉾*のようにこのわた（海鼠腸）を擂り合せて塩梅し、漉して常のようにして造る。但し、玉子を少し入れるとよい。

海鼠腸塩取様【このわたしおとりよう】〔料理調法集・秘事之部〕に海鼠腸《このわた》の塩を取るには、紙を箸に巻いて海鼠腸をかけ、擂鉢の水へ入れると塩は取れる。

五盃酢【ごはいず】〔料理調法集・漬物之部〕に五盃酢は、酒二盃、酢二盃、塩一盃で漬ける。塩魚又は当座塩の魚を漬けて置く。酒浸《さかびて》等に用いる。

琥珀【こはく】〔万物絵本大全調法記・上〕に「琥珀 こはく。虎珀 こはく。同」。〔絹布重宝記〕に「琥珀」は、白着尺地こなしは大概白茶宇*の心持でよい。〈油取り様〉〔改補外科調宝記〕に「琥珀の油取り様」は、よく砕き末（粉）して、畦唐菜の油に合せ鍋に入れ、よく練り水気がないようにして、布で濾して取る。湿を去り、中風 脚気 歯草によい。石淋淋病には茴香を煎じた汁でこの油を少しずつ用いる。帯下 崩漏の止らないのには湯で用いる。産後血の上ったのには少し用いる。鼻の下にも塗る。小便の通じないのには酒で用いる。いずれも二三雫《しずく》である。

琥珀丸【こはくがん】〔丸散重宝記〕に琥珀丸は、婦人血風、虚労、上熱し下冷え、月水調わず、肌肉黄痩し、腹痛み、或は気塊があり、胸に責め痛むのによい。琥珀・当帰・木香・甘草・防風・檳榔（各四戔）、三稜・干姜・肉桂（各五戔）、白朮・柴胡・人参（各二戔）、青皮・呉茱萸・全蝎・附子・草豆蔲・芍薬・黄栢・白芷・天麻（各三戔）、亀板・鼈甲・桃（各六戔）を蜜で丸ずる。

琥珀膏【こはくこう】〔改補外科調宝記〕に琥珀膏に次がある。①懸癰等の練り膏薬。琥珀（一両）、木鼈子・木通・肉桂・当帰・白芷・防風・松脂・朱砂・蓖麻子（各五戔）、丁香・木香（各三戔）、胡麻油（二斤二両）、丹（十四両）。この内、木鼈子・木通・肉桂・当帰・白芷・防風・蓖麻子・丁香・木香を胡麻油に七日浸し、その後煎じて絹でよく濾し、琥珀の粉・松脂・辰砂・丹を油で膏薬に練る。②「和蘭陀流膏薬の方」*で、瘡古傷腫物が膿まずに痛むのによい。長い下疳にも乳癰にも効がある。松脂（四十匁）、鹿の角（白焼 十五匁）、蠟・白粉・鉛の炉滓・銀の炉滓（各二十匁）、杉脂・石榴脂・没薬・琥珀（各三匁）、乳香（五匁）、畦唐菜の油（七十匁）。油を煎じ、松脂・杉脂・琥珀の粉を入れて練り、鍋を降して後、乳香・没薬の粉を入れ蠟で加減を見、布で濾す。この膏薬は瘡、古疵、腫物が膿まず痛むのによい。久しい下疳に良い。乳癰にもよい。③「和蘭陀流膏薬の方 琥珀膏」は、頸《くび》項《うなじ》の瘰癧、及び腋《わき》の下に、初め梅仁のように腫れ塊り、甚だ硬く次第に数珠のように散じて潰れず、或は潰れて濃水堪えず久しく癒えず、遂には漏瘡となるのを治す。琥珀（一両）、木通・桂心・当帰・白芷・防風・松脂・硃砂（研）・丁香・木鼈子（肉）（各五戔）、胡麻油（二斤）、木香（三戔）。まず琥珀・丁香・桂心・木香を硃砂で細末（粉）し、余は荒く刻み、油二斤四両を用いてこの薬を七日浸し、鐺《なべ》に入れ緩火で煎じ、白芷が焦げ黄になった時布で渣を濾し去り、そろそろと丹を一斤入れ、柳の枝で手を止めず掻き交ぜ、黒くなる時一滴を水に落して玉となったら、その時琥珀・丁香・桂心・木香・硃砂を入れ、再び掻き交ぜてよく調え、焼物に入れて置き、用いる時少しばかりを取り、紙に延べて付ける。

琥珀散【こはくさん】〔小児療治調法記〕に琥珀散は、小児の急驚風 慢驚風で涎が流れ、昏冒し、目直視し、搐搦《びくつ》き、腹痛み、驚痫が時々発《おこ》るのを治す。常に服し病根を除く。辰砂（一匁半）、琥珀・牛黄・天麻・乳香・全蝎・蟬蛻・姜蚕（炒）・代赭石（焼）・白付子・牛胆星（各一匁）、麝香（五分）・片脳（一字）を末（粉）にし、三歳の児には一匁を薄荷湯で用いる。慢驚風には付子を加える。〔改補外科調宝記〕には一切の腫物で色が変わらず 腫れが広がり 頭なく、まだ膿にならないのに付ける。大

黄・鬱金・白芷（各一両）、天南星を粉にして大蒜《にんにく》を入れて搗き爛らかし、粉薬を入れてまた搗き、粘ったら酒を少し入れて搗き交ぜ、腫物一杯に付けて紙を蓋にし、後に痛み熱のあるのもないのも薬の乾くまで付けて置く。翌日泡のように腫れ上るのを突き破り、黄水を出して、膏薬を付けると癒える。

琥珀玉子【こはくたまご】「塩辛玉子」ヲ見ル

琥珀練【こはくねり】「伽羅の油」ヲ見ル

小鰭【こはだ】「このしろ（鰶）」ヲ見ル

五八の賀【ごはちのが】四十歳の賀を、音の響きを忌んで、五八の賀という。「年賀の事」ヲ見ル

五八の矩【ごはちのかね】「ますがた（升形）」ニ同ジ

五八草【ごはっそう】五八草は、『譬喩尽』に、干乾した蝮とある。

小林大六【こばやしだいろく】異類異名尽。「林 六。ちいさい林の字に、大きな大の字」。〔小野篁譃字尽〕

碁盤【ごばん】「いご（囲碁）」ヲ見ル

小判魚【こばんうお】魚名。〔新撰咒咀調法記大全〕に小判魚は紀州浦産の魚で、鯒《こち》に似て細く、頭に小判の形状がある。痢病*の治方によい。自分や人のために、前もって漁人《りょうし》や魚屋に頼み、陰干しにして置くとよい（図182）。

図182 「小判魚」（新撰咒咀調法記大全）

枯礬丸（散）【こばんがん】〔改補外科調宝記〕に枯礬丸は、婦人脚了（「婦人の諸症」ヲ見ル）の薬。明礬・石膏（焼く）・黄丹（各等分）の三味を、粉にして用いる。

五脾【ごひ】〔鍼灸日用重宝記・四〕に五脾の症は、筋脾*血脾*肌脾*皮脾*骨脾*をいう。五脾は皆気血の虚で、栄衛渋り、経絡が通じないために起る。寒に会うと急になり、熱に会うと緩まる。肝俞 膈俞 胆俞 腎俞 曲池 風市など痺れる所に針をさし、血を廻らすとよい。

媚茶色【こびちゃいろ】〔永代調法記宝庫・三〕に媚茶（色）は、刈安*を煎じ、緑礬《ろうは》を入れて一遍染めるとよい。〔女用智恵鑑宝織〕に媚茶は、桃皮で二遍染め、その上を桃皮の汁で鉄漿《だしかね》二合、明礬を少し入れて染める。〔秘伝手染重宝記〕に「こびちやいろ」は、白い絹では 渋木（山桃）百目、水二升五合程入れて煎じ、三度引き、水一升に素鉄を三合程入れ、斑無く染め上げ、赤めを望めば手盥に水一杯入れ、石灰と引茶を四五服程入れて掻き回す。濡れが多く斑が付かぬように染める。木綿物も同じ、色上げは二度引き、染めようも同じ。

古筆の事【こひつのこと】〈古筆煤抜き様〉〔万用重宝記〕に古筆の煤の抜き様は、藁の灰汁をよく澄まし、古筆を板に載せ上から灰汁を何返も打つと必ず退く。〈古筆極札印尽〉〔大成筆海重宝記〕等に、○「古筆了佐（表印。裏書印なし。始は札の表に書入なし。後は書入あり）」。○「藤本了因（表印二ツ、裏印一ツあり。表に書入あり、裏書なし）」とその一統や、或は○「真珠庵玄首座宗玄（花押。印。表書あり、裏書なし。押切あり）」ら古筆見三十余人の証記がある。〈古筆目利〉〔万買物調方記〕に「京ニテ古筆目利所」烏丸通中立売上ル 了栄跡了因、同通下立売上 了節跡了珉、油小路下立売上 朝倉茂入、室町三条下ル 古筆勘兵衛、今出川新町金安丁 桜木勘十郎がいる。「江戸ニテ古筆目利所」本郷御弓町 畠山牛庵、谷中臨江庵寺内 ふ屋了因・同 万珉。「大坂ニテ古筆目利所」備後町八丁目 八わた

や三郎兵へ、同治平がいる。

小人【こびと】〈人種〉〔万物絵本大全調法記・上〕に「小人 せうじん／こびと。小人国也。短人国 たんじんこく。同」。〈武家名目〉〔武家重宝記・一〕に万石以上の家の下部《しもべ》*を小人《こびと》といい、それ以下の家では小者《こもの》という。主として、走り使いや運搬に従事する。

五皮湯【ごひとう】〔医道療治重宝記〕に五皮湯は、風湿が脾経に留まり気血凝滞し面目浮腫し四肢腫満し心腹膨張し上気促急するのを治す。大腹皮・茯苓皮・生姜皮・五加皮・地骨皮（各等分）を煎じ服する。一方に、五加皮と地骨皮を去り、陳皮と桑白皮を用いる。風湿腫満を治す方である。熱病後に俄に面目や四肢が浮腫し短気や喘息するには、七味を用いると頓に癒える。

五百羅漢像【ごひゃくらかんのぞう】〔年中重宝記・一〕正月五日の条に、「五百羅漢像 兆伝主一筆　東福寺にかかる」。

御廟【ごびょう】高野山名所。宝形作りの御堂で南向きである。ここは弘法大師御入定の所、奥の院である。この前に万年草（「玉栢 ＝ぎょくはく」）がある。〔東街道中重宝記・七ざい所巡道しるべ〕

小びら【こびら】大和詞。「小鯛《こたい》は、こびら」という。〔女重宝記・一〕

小鰭【こひれ】鎧*名所。〔武家重宝記・三〕に小鰭《こひれ》は、綿齧《わたがみ》*の外へ出た亀甲縫の所をいう。

五腑【ごふ】名数。〔鍼灸重宝記綱目〕に五腑は、胆、小腸、胃、大腸、膀胱をいう。

御符祈禱人の事【ごふうきとうにんのこと】〔人倫重宝記・五〕に次がある。諸病を、御符祈禱で癒す者は世間でいう野巫（薮）医者*という者である。御符祈禱人は、御符祈禱の間は薬を止めさせて己の御符祈禱をし、治れば手柄と見せて威に誇り礼物を厚く請け、死ぬと定命とするのは皆利欲のためで、真実の心ではなくどんな阿呆な神仏でも利勝あるべき道理はない。病の治不治や、薬の理を弁えもせず、御符呪いには理がなくてはならないのに、これを信ずるのはともに愚痴の極まり、等とある。

御符呑み様【ごふうのみよう】〔調法記・四十5〕に御符の呑み様は、盃の中へ書き、早朝汲み立ての水で字を洗い、朝日に向って呑む。

御符守の事【ごふうまもりのこと】〔新撰咒咀調法記大全〕に、○「御符守を造《こしらゆ》る日之事」は、四季によらず月々の庚寅《かのえ》、壬子《みずのえ》、壬寅、壬酉、癸卯《みずのと》、癸酉、丙午《ひのえ》、丙辰、丁酉《ひのと》、戊子《つちのえ》、戊寅、戊辰、戊申、戊午の日に造《こしらえ》るとよく、この外はよくないという。○「同（御符守）開眼の事」は吉日に御符守を造えて清浄の処に置き、身を清め、心も清浄にして、まず合掌（手を合せ拝む）して「天上自在諸天歓喜／符神咒婆婆何太」と唱える。○「同（御符守）加持の事」は開眼の秘文を唱えて後、それぞれの陀羅尼を唱える。また陀羅尼を常に唱える。「真言陀羅尼」*は個別に掲出。

古風六歌仙【こふうろっかせん】〔新成復古日夜重宝俳席両面鑑〕に古風六歌仙として次が出る。○宗祇（種玉庵、自然斎と号す。生涯無宿を楽とする。芭蕉・鬼貫も称賛した。文亀二年［一五〇二］相模湯本に寂。「世にあるもさらに時雨の宿り哉」）。○宗長*。○守武（「四家宗匠伝」参照。「朝顔に今日は見ゆらん我世哉」）。○宗鑑*。「古哲金言」として宗鑑の言が出る。○玄旨（細川氏。藤高、幽斎公と称する。文武の達人。「から立のやがてそのまゝきこく哉」。○紹巴（里村氏。幼くして興福寺に住す。周桂を師とする。後に法橋に任ず。豊臣秀吉の寵を得る。「秋風を迎えてかろき姿哉」）

五福【ごふく】〔童子調宝記大全世話千字文〕に五福は寿・富・康寧《こうねい》（＝患難の無い事）・攸好《ゆうこう》・徳《とく》（＝道を楽しむ）・考終命《こうしゅうめい》（＝順にその正を受く六の如し）である。『譬喩尽』に「同（五福）日本の俗語」には、衣・食・住・奴《おとこ》・婢《おんな》があり、「同（五福）日本の五福神」は恵比須・大黒・弁財天・布袋・毘沙門で、解宝と吉祥天女の二神を入れて七福神として、これを画き掛

物と為し、正月に用いる。

呉服【ごふく】 大和詞。「こそで（小袖*）は、ごふく（呉服）」という。〔女重宝記・一〕

五福化毒丹【ごふくけどくたん】 〔小児療治調法記〕に、五福化毒丹は次の薬。①小児の急驚風 痰熱 搐搦《びくつき》等の症を治す。桔梗（少し炒）・玄参（焙）（各六両）、茯苓（五両）、青黛（炒）・牙硝・人参（各二両）、炙甘草（一両半）、麝香（半匁）、銀箔（八片 衣にする）を、末（粉）として練蜜で丸じ、一両を十二丸とし、一歳の児には一丸を四服に分ち、薄荷湯で用いる。②小児が熱毒を包み、唇腫れ破れ瘡を生じ、歯茎から血を出し、口臭く咽乾き煩燥し、幷痘疹の余毒が解せず、或は頭目身体に多く瘡癤を生ずるのを治す。青黛（二匁）、桔梗・生地黄（酒洗）・大力（少し炒）・赤茯苓・犀角（各五匁）、玄参・朴硝・連翹・粉草（甘草）（各六匁）を末（粉）し、練蜜で竜眼の大きさに丸じ、毎服一丸を薄荷湯で化《とろか》し用いる。もし驚があれば朱砂を衣にする。③「痘後の余症*」で、痘疹の後 余毒を治するのに神効がある。〔改補外科調宝記〕に五福化毒丹は、小児の蘊積 胎毒 諸瘡 癮疹《はしか》 口舌瘡 痰涎 胎瘤の薬とし、玄参・桔梗・茯苓（各二両）、人参（三匁）、竜脳（五分）、辰砂（三匁）、黄連・竜胆・青黛・皂角刺（各一両）、甘草・金箔（二十枚 衣）を粉にし、蜜で豆程に丸じ、一度に二粒ずつ薄荷 灯心湯で用いる。疱瘡の後は生地黄*で用いる。外薬は玉紅膏*を用いる。

呉服尺【ごふくざし】 〔里俗節用重宝記・上〕等には、番匠《だいく》の曲尺《かねざし》*を五段となし一段を加えて一尺とし、即ち曲尺一尺二寸にあたる。呉服尺を曲尺に直すには十二を掛け、呉服尺を鯨尺*に直すには九六を掛ける。〔絹布重宝記〕には、曲尺を用い、羽二重ばかりは呉服尺を用いるとある。

呉服所【ごふくしょ】 〔人倫重宝記・一〕に次がある。呉服所の始りは神武天皇の御代に呉服《くれは》 穴織《あやは》の二人の女が渡来し、絹を織り 御衣を縫い 人に教えてから、衣類の総名を呉服とした。天子の装束は、縫殿寮《ぬいのかみ》*が司り、将軍家の呉服所は京中立売に後藤縫之助、六角通に亀屋永任の両家があり調進する。諸大名の呉服所は京都町中所々にあり、町人の呉服屋は三条通 室町通に、現銀空値なしの絹布棚が軒を並べている。御所染、屋敷風、田舎模様、今時流行る京風染、名代はいやな役者風の染、小袖まで数寄に赤烏帽子等世界は広い。江戸の本町 石町の売れ残りは一ツもない。〔万買物調方記〕に「御呉服所」として、甲府宰相様・尾張大納言様・紀伊大納言様・水戸中納言様、その外御連枝様方幷諸大名衆方の店名が記され、禁裏様・本院御所様の御呉服所の記載もある。「京ニテ巻物呉服所」金襴・今織・唐織・諸々の絹類・染小袖を、室町通下立売より下蜘薬師通迄 十町の間に悉くある。「江戸ニテ巻物呉服所」同じ品々が本町一丁目二丁目、石町一丁目二丁目、御ほりばた通にある。呉服・小袖・下直売は、駿河町 ゐちごや、本町 富山屋、同町 いづぐらや、同町  いゐきにある。「大坂ニテ呉服所」伏見町八丁目より西本町一丁目、高麗橋にある。金襴屋は あづち町二丁目に河内屋がある。〔江戸流行買物重宝記・肇輯〕に、てりふり丁 伊勢屋清左衛門、銀座三丁メ 嶋屋新兵衛、山下町 松坂屋利兵衛、小伝馬町一丁メ 嶋屋吉兵衛ら二十三人がいる。

子腹中で死んだ時【こふくちゅうでしんだとき】 〈子腹中死の薬〉〔里俗節用重宝記・中〕に「子腹にて死たる時薬」は、唐桃実（八分）、香木・陳皮（各五分）、甘草（三分）に生姜と棗を入れて煎じる。芒硝を加えて煎じてもよい。〈呪い〉〔新撰咒咀調法記大全〕に「子腹にて死したるに用る符」を、水で飲ますと必ず蘇る（図183）。

図183 「子腹にて死したるに用る符」〔新撰咒咀調法記大全〕

瘤黒歴瘍【こぶくろなまず】 薬方。〔文政新刻俗家重宝集〕に「瘤黒歴瘍《こぶくろなまず》の奇方」として、土用の内に藜《あかざ》の葉を黒焼きにして石灰と等分に茶碗に入れ、その上へ糯《もちごめ》の粉を少し降り掛け、水を入れて涌《わか》すと甘酒のようになる。強く乾し付け粉にして貯えて置き、用いる時猪口に水を入れ、粉を入れ火で暖め、痣《あざ》の上へ引き、乾けば洗い落してまた引く。このように度々暖めて用い、度重なると次第に薄くなり、治する。

こぶし【こぶし】〔万物絵本大全調法記・下〕に「辛荑 しんい／こぶし」。〔薬種重宝記・下〕に唐木、「辛夷 しんい／こぶし」。〈片言〉〔不断重宝記大全〕に「防已《はうい》 こぶし」。

瘤の事【こぶのこと】〔改補外科調宝記〕に、瘿瘤は「こぶ」のことで、気血の滞《とどこおり》より結《むすぼ》れて出る。○瘿*は、肩・頂《うなじ》に皮ゆるく急でなく垂れ下がるのを言う。○瘤*は、初めは梅《うめ》 李《すもも》大で皮が柔かに光り、次第に盃大になるのを言う。瘿 瘤共に痛みがなくても軽々と切り破ってはならず、切り破ると膿血が止まらず、死ぬ。薬に昆布丸* 海藻散* 蠟礬丸* 南星膏* 帰脾湯* 補中益気湯* 抜薬* 斂瘤膏* 三品一条鎗* 十六味流気飲*がある。〈療治〉〔文政新刻俗家重宝集〕に痰瘤《たんこぶ》弁に悪瘡を治す方は、カマエビ（草葡萄）の葉を陰干にして艾のようにし、痰瘤弁に悪瘡の上へ灸のように据えると妙である。〔調法記・四十七ゟ五十七迄〕は丹礬を紙縒に縒り込み結んで置くと自然と締め寄せ、終には落つる。但し、根の柔かな瘤に限る。上が泡げている痰の根は硬い。〔大増補万代重宝記〕には、○白蛇一両を黒焼にし、檜木の皮一両を合せ天南星を粉にして、少しずつ加え漆で付けると奇妙である。○烏蛇・檳肌（各一匁 黒焼き）、烏賊・はらや（水銀粉）（各少）を擂り合わせ雷丸の油で付ける。〔懐中咒咀調法記〕に、こぶ（こぶいぼ）を取る呪いは、灸を三ッ据え、蓬と桑の灰とを等分に灰汁に垂れ、度々塗るとよい。〔鍼灸重宝記綱目〕に、瘿瘤《こぶ》には天容 翳風 間使 天突（二十一壮）、肩髃（十八壮）、また両耳の後 髪際に灸（七壮）をする。

小文【こぶみ】 書札。江戸時代には、切封*があるので、小文《こぶみ》は用いない。〔不断重宝記大全〕に小文は、奉書紙*、杉原紙*を四ツ切りにした紙に書き、同じ紙で包むものである。

胡粉【ごふん】〔薬種重宝記・中〕に「胡粉 ごふん。唐土 たうのつち」。〈絵具製法 礬砂の加減〉〔万物絵本大全調法記・上〕に胡粉の製法は空《から》磨《すり》（＝水を加えずに鉢で磨り潰すこと）によく磨り、薄膠を入れて捏ね、充分磨って、水を少しずつ入れ筆の当りが柔かになる程に水を加え、火で暖めて用いる。『日葡辞書』に「Gofun.（絵を描くのに使う色彩絵具［顔料］）」。〔物類品隲・一〕に胡粉は牡蠣 或は蛤蚌の類の殻を水飛したものを言う。一名は、白粉、和名は おしろい等とある。

五兵【ごへい】〔童子調宝記大全世話千字文〕五兵は、矛《ぼう》《ほこ》、戟《げき》《ほこ》、弓《きゅう》《ゆみ》、剣《けん》《つるぎ》、戈《か》《ほこ》である。

小平家【こへいけ】〔料理調法集・口伝之部〕に鯛の小さいのを小鯛、はい切、この次を小々鯛、小平家、木の葉ともいう。

五方【ごほう】 名数。〔鍼灸重宝記綱目〕に五方は、東、南、中央、西、北をいう。

五方間色【ごほうかんしょく】〔童子調宝記大全世話千字文〕に五方間色《かんしょく》は、緑《もえぎ》、紅《くれない》、騮《くりいろ》、紫《むらさき》、碧《るりいろ》である。

五宝散【ごほうさん】〔改補外科調宝記〕に五宝散は、楊梅瘡*を治す。乳石（女の乳の乾したもの）・琥珀・珠砂・珍珠（各二匁）、龍脳（一匁）。この九匁の粉薬を二匁ずつにして饂飩粉八匁を入れて又よく擂り合せ、土茯苓一斤に水八盃を入れ、五盃に煎じ五ツに分け、毎日一盃に五宝散の一分を加え、瘡が下にあれば空き腹に用い、上にあれば食後に用いる。十盃程用いると癒える。外からは五倍皮硝の煎じ湯で洗い、生肌散*のような粉薬を捻って太乙膏* 碧玉膏*等をつける。

牛房子【ごぼうし】〔薬種重宝記・中〕に和草、「牛房子 きたきす。少し炒り、搗き砕き用ゆ」る。〈薬性〉〔医道重宝記〕に牛房子（実）は辛く平、瘡毒を消し、風熱 癮疹を除き、咽の痛みを治し、疱瘡の毒を解す。実の軽く虚《うつろ》なのを簸《ひ》（＝禾穀を煽り上げ糠や屑を去る物）で去り洗い、刻み、少し炒る。「大力子《たいりょくし》」「牛房の事」参照

牛房子飲【ごぼうしいん】〔小児療治調法記〕に、「痘後の余症」*で痂《ふた》が落ちて余毒があり、臓腑に聚まるのを覚え、時々熱をなし、腹内が疼痛するのに牛房子飲を用いる。牛房子・前胡・黄連・黄芩・連翹・白付子・玄参・赤芍（各一匁）、羌活・防風・甘草（各五分）を水で煎じ温服する。

牛房子湯【ごぼうしとう】〔医道重宝記〕に牛房子湯は、風熱上《のぼ》り攻め、咽喉腫れ痛み、或は瘡を生じ物言いが出来ないもの、風熱 腫毒のものを治す。牛房子（一匁）、玄参・犀角・升麻・黄芩・木通・桔梗（各一匁）、甘草（五分）を煎ずる。○風痰上《のぼ》り 塞がり 咽の痛むには、二陳湯*に桔梗・荊芥・薄荷を加えて用いる。○虚弱 労倦には、補中益気湯*を用い、桔梗・玄参・黄栢を加える。○相火の亢《たか》ぶるには、四物湯*を用い、知母・黄栢・天花粉*・桔梗・甘草・玄参を加える。〔改補外科調宝記〕は乳癰乳癌 乳疽等が塊り腫れ痛むのには、新旧によらずまだ潰れないのに用いるとよい。陳皮・牛房子・黄芩・山梔子・金銀花・瓜蔞根・皂針・連翹・天瓜粉・桑白皮・甘草・柴胡・青皮に生姜二片、酒一盃を入れ、煎じて用いる。

牛房の事【ごぼうのこと】〔万物絵本大全調法記・下〕に「牛蒡 ごばう／むまふゞき」。〈薬性〉〔医道重宝記〕に牛房は寒で毒なく、腫毒を消し、歯の痛みを止め、風毒（結核性の膿瘍の類）、足の緩《ゆる》まりや弱ったのによい。生で食すると吐かす。〔永代調法記宝庫・四〕には、よく経脈通じ 年寄らず、五臓六腑*の悪物を去る。また、瘍 腫物 歯痛 労瘵 疝気 瘧によい。〈種蒔〉〔農家調宝記・初編〕に六月土用中に牛蒡を蒔く。「牛房子」参照

牛房餅【ごぼうもち】〔昼夜調法記・正徳四〕に牛房餅は、牛蒡（よく煮て細かに裂く）、糯米粉・粳米粉（各五合）を、裂牛蒡と一ツに砂糖を心次第に入れ、常のように捏ね合す。大栗程に厚さは平目にし、蒸籠で蒸し、油でよく揚げる。後に煎じた砂糖か蜜に漬け二三日後に出す。但し、牛蒡は三分の一、粉は多めに合す。また串刺に刺して山椒味噌をつけて焼いたのもよい。〔菓子調法集〕には、①粳米粉・糯米粉（各五合）、白砂糖（五十匁）を捏ね合せ、牛蒡を湯煮して芯《しん》を去り、上皮を剥き薄身ばかりをよく搗き、二ツを臼に入れて牛蒡の見えないように搗き合せ、一寸程にして榧の油で揚げ、煎じ、蜜を掛けて出す。砂糖を掛けてもよい。②牛蒡をよく湯煮して皮を去り、細かに裂き、糯米の粉を熱湯で捏ね、牛蒡と一ツにしてよく搗き交ぜ、小さく丸め、榧の油で揚げ、煎じ砂糖を掛けて出す。

五木【ごぼく】〔童子調宝記大全世話千字文〕に五木は、桑、槐、桃、楮、柳である。

痼発【こほつ】〔改補外科調宝記〕に痼発は、内から毒が出るのではなく天地不正の気、風邪を受けて生ずる。多くは手足の真中の柔らかな肉の深い所、又は腿 腰 臀等に生じ、腫れ広がり 頭なく 寒気だち 発熱し 手足だるく 熕《いき》れ 甚だしく渇く。治方は癰疽の類を考えてする。初めに万霊丹*で汗を出し 表気を散ずる。十日程過ぎても腫が引かず膿となるのには、托裏消毒散*を用いる。つけ薬は癰疽のしかけで生（清）肌玉紅膏*鶏連膏*等をつける。

こぼれ【こぼれ】 俳言の仙傍（訕謗）。「六ヲ こぼれ」という。〔新成復古日夜重宝俳席両面鑑〕

零れ月【こぼれづき】「月の事」〈連俳用語〉ヲ見ル

胡麻【ごま】〈薬性〉〔医道重宝記〕に胡麻は平で毒なく、中《うち》を補い 気を増し 筋骨を強くし 耳目を明らかにし 渇《かわき》を止め 膚を潤す。〈種蒔〉〔農家調

宝記・初編〕に四月末迄に大角豆《ささげ》胡麻荏の類を蒔く。『重訂本草綱目啓蒙・十八』に、「胡麻に黒白黄の品あり。薬用の者は皆黒胡麻なり。粒に大小あり。薩州の者は大なり。黒胡麻を巨勝子と云、故に巨勝子円*には此品を用ゆべし…白胡麻は食用となし搾りて油とす。其しらしぼりと呼ぶは熬《い》らず、日乾して用いる、故に油匠にはほしこと云」。
〈食い合せ〉〔料理調法集・当流献方食物禁戒条々〕胡麻に韮、大蒜《にんにく》の食い合せを忌む。「黒胡麻」「白胡麻」モ見ル

胡麻揚【ごまあげ】〔江戸町中喰物重法記〕に、○「御膳本胡麻揚所」元飯田丁中坂下通り 桔梗屋善兵衛。○「〈嘉〉御胡麻油揚所」芝三嶋町北横町尾張屋嘉左衛門。○「無類本胡摩揚豆腐」牛込寺町赤城入口横町松源寺門前 丸屋治郎兵衛。

胡麻入煎餅【ごまいりせんべい】〔江戸町中喰物重法記〕に、「ごま入せんべい」の外、「けし入せんべい」「かすてらせんべい」「さん椒入せんべい」色々は、神田横大工丁角 鍵屋正寿軒にある。「煎餅色々」参照

胡麻円【ごまえん】〔薬種日用重宝記授〕に胡麻円の調剤には、山薬（四十目）、黄耆（七匁）、白朮・人参・当帰・生地・茯苓（各六匁）、木香・甘草（五匁）を用いる。

こまがえる【こまがえる】大和詞。〔不断重宝記大全〕に「こまがへるとは、若くなる事」。『書言字考節用集・二』に「若反《こまがへる》」とある。

胡麻丸【ごまがん】〔改補外科調宝記〕に胡麻丸は癜《なまず》*の薬。黒胡麻（四両）、防風・石菖・葳霊仙・苦参（各三両）、付子・独活（各一両）、訶首（一両）、甘草（二分）を粉にして丸じ、二匁ずつ用いる。

古升【こます】〈升〉京升制定（慶長年間［一五九六～一六一五］）以前の升。〔永代調法記宝庫・首〕で古升は指渡し五寸、深さ二寸五分。古升法六二五（六十二寸五分）はこの容積をいう。京升*の九合六勺大強に当る。

小松原【こまつばら】馬形名所*。〔武家重宝記・五〕に小松原は、伏兎《ふくと》*と髻《き》甲《こう》*の間をいう。山間《やまあい》*より続いて山辺に比しこの名があるかという。

胡麻豆腐【ごまどうふ】〔料理調法集・豆腐之部〕に胡麻豆腐は、白胡麻一升（但し一通りの白胡麻は飴色故よく吟味する）を一夜水に浸し、翌日擂鉢に入れ水をたらし米を浸すように手でこすると皮が取れる。水を入れ掻き回し上に浮いた皮を流し捨て、よく擂れたら葛一升を入れまた擂る。殻は擂れないので追々水一升五合入れてよく擂り、水嚢で鍋に濾し入れ、粕をよく絞って取り、また水二升を入れる。次に火に懸けて海苔を煮るように練る。脇に重箱のような器に布を湿して敷き置き、練ったのを入れてよく均し、箱ともに水へ入れ二時（四時間）ばかり冷ますとよく固まる。崩れないように出し、切り形は好み次第、湯豆腐の加減でよい。煮過ぎると崩れる。尤も水加減は葛により三升程でよい。十人前には胡麻四合程の分量でよい。

護摩堂万金丹【ごまどうまんきんたん】〔洛中洛外売薬重宝記・上〕に護摩堂万金丹は、上立売浄福寺西へ入栄松軒にある。第一に気つけ、毒消しによい。

駒並めて【こまなめて】〔消息調宝記・二〕に「こまなめては、駒を並べる也」。

駒引草花油取様【こまびきくさはなあぶらとりよう】〔改補外科調宝記〕に駒引草花の油の取り様は、白百合草花《しろゆりのはな》油取様*と同じ。熱を押し散らす。丹毒火傷漆負によい。但し、虚の腫物には用いない。「駒引草」は「すみれ（菫）」*をいう

駒牽銭【こまひきぜに】〔農家調宝記・初編〕に駒牽銭は、人が駒を引く図柄を鋳出した銭である。銭十文ずつの緡《さし》の境目に駒牽銭を加えることがあり、駒牽一文を銭十文ずつに通用したこともあった。十文を一疋、百文を十疋、一貫文を百疋の名がある。金一分（歩）は銭一貫文の定めなので、金一分（歩）も百疋という。今も青銅十疋を金百疋と称する。「ぜに（銭）の事」「びた（鐚）」参照

駒迎【こまむかえ】大和詞。〔不断重宝記大全〕に「こまむかへとは、八月十

五日」である。『日葡辞書』に「Comamucaye.（駒迎へ）毎年〔陰暦〕八月十五日に行われている、日本全国から内裏（Dairi）に対して馬を献上する行事」とある。

胡麻飯【ごまめし】〔料理調法集・飯之部〕に胡麻飯は、黒胡麻*を細かに刻み、飯に振り交ぜる。

鱓の事【ごまめのこと】〔料理調法集・干魚調理之部〕に鱓《ごまめ》の頭と腸を切り取り、焙烙でよく煎り、手で揉み、粉をよく篩い遣う。○「硯蓋」は、味醂酒と醬油をよく煮詰めて蜜のようになった時よく冷まし、鱓を入れて掻き混ぜる。但し、温かみがあると鱓は戻って皺つく。○「鱠」は、鱓を煎り熱い内に湯に漬け、裂いて骨を去り、身を繊に切り、笹掻大根、輪金柑等を取り合せる。○「取肴」は、銅鍋を火に懸けて置き、上々の葛を水で溶き、鱓に煎りながら懸け、焙炉に懸ける。〔ちやうほう記〕には、よく焼き上げ 茶湛煎の中へ焼いた鱓をを荒く刻み入れ、二遍程通し絞り切り、塩を少し入れ酒の肴によい。『物類称呼・二』には、○「ごまめと云者有。是はいはしにてはなし。ひしこの干したる物也」。○「按に、ごまめとは常の称号也。春の始に小殿原 又田つくり等唱《とな》へて祝し侍る。これ稲 梁を植える物、干鰯 干鯷を以てす。故に田つくりの名あり。又素干しと云るは、簀《す》の上に干すを云也」とある。各地の称は、干鰯（相模・越後・津軽）、ひいご（仙台）、かいぶし（加賀）、すぼし・片口（九州）、田つくり（伊賀・伊勢・出雲・奥州の内）。

小間物符帳【こまものふちょう】符帳。*伊《い》（一二）、勢《せ》（三四五）、モ（六）、ノ（七）、ガ（八）、タ（九）、リ（十）と使う。伊勢の二字は一から五で、伊の字は人（一）・尹（二）、勢は生（三）・丸（四）・力（五）に分ける。〔早算調法記〕

小饅【こまん】女の柔かな詞遣。「五リン（厘）饅頭を、小饅」という。〔女重宝記・一〕

込み【こみ】立花。*〔新板増補男重宝記・三〕に込《こ》みは、花瓶の木や草花を留めるために、花瓶の筒の口に挟む小枝をいう。春夏は少し低くして水涼しくし、秋冬は高くする。水際《みずぎは》は春秋は中、夏は高く、冬は低くする等、作法がある。

五味【ごみ】名数。〔鍼灸重宝記綱目〕に五味は、酸《すし》、苦《にがし》、甘《あまし》、辛《からし》、鹹《しおはゆい》をいう。

五味異香散【ごみいこうさん】〔重宝記・儀部家写本〕に人参・白朮・茯苓・陳皮・半夏を五味異香散という。この内人参を去り四味へ、桔梗・神麹・麦芽・青皮・杏仁・桑白皮・五味子・付子を加えて用い、小児百日咳の大妙薬、秘密の伝方とする。

五味子【ごみし】〔薬種重宝記・中〕に和唐草、「五味子（ご）み（し）／さねかずらのみ。鉄を忌む、刻み、酒に浸し、干して炒る」。〈薬性〉〔医道重宝記〕に五味子は酸く温、肺気を斂《おさ》め、腎経を潤し、津を生じ、久嗽を止め、陰を強くし、精を渋らし、熱を除き、渇を解す。枝蔕を去り、刻み、鉄を忌む。嗽薬には生で、補薬には炒って用いる。

五味子散【ごみしさん】〔小児療治調法記〕に五味子散は、夜泣*及び腹痛み、物の祟りのあるのに似たのを治す。当帰・赤芍・白朮・五味子（各五匁）、茯神・陳皮・肉桂・甘草（各二匁半）を水で煎じる。

ごみ汁【ごみじる】〔料理調法集・汁之部〕にごみ汁は、服紗味噌（擂らぬ味噌）一盃に、白水*一盃を合せる。

込み箸【こみばし】〔女用智恵鑑宝織〕に、何でも口にある物を食い終ってから他の物を食うのがよく、口に物がある内に食うのは、込み箸といい嫌う。

小麦が蝶となる【こむぎがちょうとなる】〔世話重宝記・四〕に変ずるものは化し、化すものは変ずる習い、変化の理をいう。「小麦化して蝶となる」事は歴然とある。

小麦の事【こむぎのこと】〈農作〉〔農家調宝記・初〕に小麦は、秋の土用の

頃種を蒔き、夏至の頃刈り、藁は家の葺き草にする。〈挽き様〉〔男女日用重宝記・下〕に小麦の挽き様は、小麦を洗い少し塩をし、噛んで味わい、しなしなとした時挽く。〈薬性〉〔医道重宝記〕には微寒、毒なし、熱を除き、渇《かわき》を止め、小便を通じ、心臓に病ある者によい。〔永代調法記宝庫・四〕にはさらに、唾に血の混じるのによく、女が食して子を孕み易く、骨蒸 労熱の汗を止め、女の帯下《こしけ》を止め、上気して頭痛や目眩いの起り易いのには少量を用い、薬の毒を濯ぐが多食すると胸も塞がり、寒の苗は毒がなく過酒の人や黄疸で目の黄の人に用いてよく、淋病には小麦粉を酒で煎じて用いると奇妙である。

小麦焼【こむぎやき】 小麦焼は、牛込神楽坂 伏見屋にある。〔江戸町中喰物重法記〕

五墓日【ごむにち】 五性（姓）*による五墓日。〔懐中調宝記・牛村氏写本〕に次がある。「人の五命」とは金 木 水 火 土の五姓をいい、これにより病を得る日に善悪がある。墓は塚で人は死後土に埋むので土を忌む。十二支に五行があり、子・亥は水、丑・辰・未・戌は土、寅・卯は木、巳・午は火、申・酉は金であり、この丑・辰・未・戌の土を忌み、五墓日という。五姓ともにあるのでいうのではない。

○金姓の人は酉に当り 酉より数えると五ツ目は丑で土、それ故金姓の人が乙丑の日に煩い付くと死ぬことがあり、死ななくとも長引く。○木姓の人は卯に当り 卯より数えて五ツ目が未で土、それ故木姓の人が癸未の日に煩い付くと死ぬことがある。○水姓の人は子に当り 子より数えて五ツ目が辰で土、それ故水姓の人が壬辰の日に煩い付くと死ぬことがある。○火姓の人は午に当り 午より数えて五ツ目が戌で土、それ故火姓の人が甲戌の日に煩い付くと死ぬことがある。○土姓の人は丙辰の日に煩い付くと死ぬことがあり、丑未辰戌の四支に当り、どこから数えてどこに止る所もなく、これをもって十二支の始めの子から数えて五ツ目が辰で土である。このように五姓共に五ツ目に当るので五墓日という。人の姓によって五墓日を定める時は毎月五墓日がある。暦下段の五墓日は人の姓によるものではない。

〈暦下段〉〔重宝記永代鏡〕に五墓日は、十二運*の中の墓《ぼ》*の運に当る日である。五行みな生死があり葬る所が墓である。店開き、商い初め、その他末の栄えを祝うことには用いない。また葬礼を出さず、土を動かしてはならない。戊《つちのえ》辰の日。壬《みずのえ》辰の日。丙《ひのえ》辰の日。辛《かのと》丑の日。乙《きのと》未の日である。

こむまのはら【こむまのはら】 大和詞。「こむまのはらとは、のち悔しきを云」。〔不断重宝記大全〕

腓返【こむらがえり】 「こぶらがえり」とも書く。〔家伝秘伝妙方調法記〕に「こぶらがへり」に木賊・烏薬がある。〔新選広益妙薬重宝記〕に「転《こむら》筋《がへり》の妙薬」は蜈蚣《むかで》を焼き粉にして豕《ぶた》か牛の脂で溶いてつける。〈呪い〉〔増補咒咀調法記大全〕に木瓜《もっか》*でこぶら（腓）の所を撫でさすると奇妙に治る。木瓜のない時は「木瓜《もつくは》 木瓜 木瓜」と三遍唱えて腓返りの所を摩《さす》るとよい。一説に云、次に念仏を四十八遍唱えるとよい。〔新撰咒咀調法記大全〕にはこれに付加して、男は陰茎を引き、女は乳を左右へ引くのもよく直ちに治す。〔調法記・四十七ゟ五十七迄〕には「こむら返りを治す伝」にも「木瓜《ぼけ》」と三遍唱えて摩ると直る。付加して男は金玉、女は乳を引くと直る。但し、右なら右、左なら左を引く。

濃紫【こむらさき】 大和詞。「こむらさきとは、あひそむ（会初）るを云」。〔不断重宝記大全〕

護命丸【ごめいがん】 〔続約重宝記〕に護命丸は、道明寺・黄精（各一斤）、氷砂糖（二十五匁）、人参（三両）、楮実・茯苓・麦門冬・枸杞・禹余量（各五両目）を細末（粉）して鶏卵大に丸じ、一日に三粒ずつ白湯で用いると飢えを凌ぐ。この方は、岡田某の伝方で飢渇を救う奇薬と聞くが、まだ試みていない、後の経験に待つ、とある。

五明／中啓【ごめい／ちゅうけい】「五明」は扇の異称、「中啓」は末広の一種で畳んでも上部が半開き（中啓）になっているもの。〈売り店〉〔江戸流行買物重宝記・肇輯〕に、本丁一丁メ 御影堂五郎兵衛、同四丁メ 近江屋庄助、日本橋通一丁メ 近江屋藤兵衛、通油町 御影屋七兵衛ら七人がいる。

米会所問屋符牒【こめかいしょとんやふちょう】〔泰平武将年代重宝記・文久元年〕に米会所問屋符牒は、小指から一斗二斗と握る。六斗からは親指より握る。一石より上は手の背中を撫でる。

米相場の事【こめそうばのこと】〈高下を知る法〉〔重宝記永代鏡〕に米相場の事がある。出《で》相場の値段と、年の数と、月の数とを合せて五払いにして、残る数で考える。これは一体の片付《かたつき》を見る法である。毎日の高下はこれに日の数を加え、五払いにする。一ツ残るは高下少し下る方である。但し、二ツ残るは上る。三ツ残るは上って直に下る。四ツ残るは上下なく穏やかである。〈早算用〉例えば米一石に付き六十匁の時、十匁に一斗六升六合六勺とする等の色々の換算表がある。それは〔男女御土産重宝記（元禄十三）〕〔古今増補算宝記改成（正徳五）〕〔算学重宝記（万延元年）〕〔米穀金銭相場重宝記（津北町 本屋佐兵衛板）〕等に記載がある。

〈米価小史〉〔綌約重宝記〕に、何かの心得になるかと出す米価高下の要旨。○顕宗天皇二年（四七八）、稲一斛に銀銭一文。○和銅四年（七一一）、銭一文に米六升（続日本書紀）。○貞観八年（八六六）、白米一升銭四十文、前は二十六文。黒米三十文、前は十八文。この年穀価騰踊、白米一斛七貫二百文、黒米四貫百文。また九年に内外飢饉 穀価騰踊 米一石新銭千四百文、よって始めて官米を米一升新銭八文に売らせ、雲霞の人が買い、俗幣を救う（三代実録）。○寛喜二年（一二三〇）、一斛銭一貫文（百錬抄）。○元亨元年（一三二一）、粟一斗銭三百文（太平記）。○天文九年（一五四〇）、一石六匁三分～五分（『秋斎間語』所引『室町殿日記』）。○弘治三年（一五五七）、米五斗金一両、前代未聞のこと（重編応仁記）。○慶長四年（一五九九）、一石十文替（続草廬雑談）。○楠の米を買い軍餉に、千二百余石を黄金百両で買う（太平記の評）。米の相場に上り下りのあることは昔も同じこと、天保四年（一八三三）の騰踊は五十年来のことであるが、少しの辛抱を心がけ質素倹約して家業に出精せよと言う。

米搗き団子【こめつきだんご】米つき団子は、本所みり丁 舂屋金兵衛にある。〔江戸町中喰物重法記〕

米摘み入【こめつみいり】〔料理調法集・鱧餅真薯之部〕に米摘み入は、摘み入*に合せた身を庖丁の刀背《むね》に細くつけ、真魚箸で塩水の中へ米のようになるよに落し入れ、湯煮する。

米値段生数【こめねだんせいすう】〔重宝記永代鏡〕に米値段生数がある。「一六」「二七」「三八」「四九」「五目」は生数といい、易術 五行の数である。○「一六」とは、一分より上がって二分 三分と気配よく六分まで上り、六分で一旦止まるものである。よって「一六」という。○「二七」とは、二分より三分 四分と七分迄上がれば一旦止まる。「三八」、「四九」もこれに同じである。○「五目」とは五分より上ると、目丁度《めちょうど》で持ち合うものである。いよいよ気配よく六分より匁一分迄も行くと、また九分へ戻るものである。下るのも同じ理である。

米の賀【こめのが】八十八歳を米の賀という。「八十八の賀の事」「年賀の事」ヲ見ル

米の事【こめのこと】〔万物絵本大全調法記・下〕に「粳 かう／うるしね。粳米。秋」「糯 だ／もちのよね。秋」。〈異名〉〔書札調法記・六〕に米の異名に、八木《はちぼく》 粳米《こうべい》 白粲《はくさん》 玉粒《ぎょくりゅう》 雲子《うんし》がある。〈軽重数〉〔改算重宝記〕に、今升一升の重さは三百三十五匁。〔算学調法塵劫記〕は三百八十目。〔童蒙単語字尽重宝記〕は四百五十匁。〈米の性質〉〔綌約重宝記〕に米は粘稠して滞《もた》るる気味があり 糊に煮て用いるが、麦は疎通して粘稠薄く糊にはならない。粘る物が人身に害のあることは枚挙に遑がない。阿

蘭陀人等は常に米を嫌い 麦のみを食するのも、米よりは麦の方が人身を養うによいからである。〈貯え法〉〔万用重宝記〕に、米を十年も二十年も蓄える法は籾《もみ》で囲うと虫は食わない。

〈米商い〉〔米商売相場人重宝記万宝記〕に、米商人の古より第一の心掛けに始り、米相場に関する種々の諸要因、元弘元年（一三三一）より宝暦五年（一七七五）迄の米価大数覚え等詳述があるが、紹介しきれない。〔重宝記永代鏡〕の「米商い心得」の解説は、米は人間を養う基ゆえ、万物の中で米程貴いものはないが、家業にしない人が米相場に掛り、道ならぬ金銀を得ようとして却って先祖からの家督を失う人は万を数える。これは人間の命とする米穀を博奕同前に心得、非分の利を謀るのを天道が罰したのである。家業にしない人は決して米相場をしてはならない。家業にする人の為に米相場の大意を記すと以下の通り。○初相場が旧冬より高い時は、六月迄の相場も上りがちである。また初相場が旧冬より安いと、六月迄下りがちである。○正月八専*に相場が高いと、六月まで高いがちである。○正月壬寅《みずのえ》の日に高いと、年中の壬寅の日は高い。安いのもまた同じである。○丑の日大いに上り下りする時は、次の丑の日も大いに高下がある。○正月始め甲子《きのえ》の日に高いと、六月迄上りがちである。他の月の甲子は始めに高く、終りに下る。○庚申《かのえ》の日は、始め安く終りは上る。また庚申の日に相場が上ると甲子《きのえ》の日には下る。○大将*軍が西へ回ると、米の値は高い。また四・五・六月の丑・寅の日に底値が出ると、必ず上る。○五月二十日頃より盆過ぎまで少しずつ西風が吹く年は、秋の中頃より諸国ともに寒い。米の熟不熟をこれによって知るとよい。

米櫃に虫の付かぬ伝【こめびつにむしのつかぬでん】 米櫃は、日常に使う米を入れて置く上に蓋のある木箱をいう。〔秘密妙知伝重宝記〕に虫の付かぬ伝は、土用入りの日、梅の葉に「暑」の字を書いて米櫃の中に入れて置くと、湧くことはない。

米麸【こめふ】〔料理調法集・麸之部〕に米麸は、生麸 丸麸二十程の量に、粳米の粉を絹篩いにして一合程よく揉み交ぜ、煮酒を少し入れ、薄下汁でよく煮て遣う。

込米【こめまい】〔農家調宝記・初編〕に込米《こめまい》は、江戸等へ廻米になる時、海上遠近により、数日船積みの間に欠の立つ（かんがたつ＝目減りする事）ため、四斗俵に二升三升の余分を定めて納めることをいう。

米屋【こめや】 俳言の仙傍（訕謗）。「亭主ヲ 米や」という。〔新成復古日夜重宝俳席両面鑑〕

菰水鶏【こもくいな】〔料理調法集・諸鳥人数分料〕に菰水鶏《こもくいな》は、一ツ焼のものである。

五目飯【ごもくめし】〔料理調法集・飯之部〕に五目飯は、①ふくめ（覆面）鯛、麸焼《ふのやき》、玉子の織、椎茸の織、糸蕗、薄竹の子の類を、いずれも味をつけて飯の上に盛って出す。②賽形魚、鮑の短冊、青昆布の繊、椎茸の繊、人参の短冊等を、生で米に合せて炊いたのもよい。〔懐中料理重宝記〕に五目飯は、玉子の繊、鮑、海老、椎茸、木茸、竹の子、牛蒡蒟蒻、ぼろぼろ豆腐を細々にて薄味をつけて飯へ交ぜるとある。

五木湯【ごもくゆ／ごもくとう】〔世界万宝調法記・中〕に五木湯は、中風の痺れ、或は半身の遂《かな》わぬのによい。椿、槐樹、楡、柳、桑（各枝等分）を粗く刻み 幾度も煎じて、湯風呂や据え風呂に入れ、常のように浴《ゆあみ》する。〔男女重法日用明鑑万々雑書三世相大全〕には「ごもくとう」とあり、五木は桃、柳、桑、槐、楮をいう。一説に、五木は青木香《しょうもっこう》という。正月一日にこれで湯浴する時は決して病むことはない。

こ文字【こもじ】 内裏仙洞詞。「鯉はこもじ」という。〔女用智恵鑑宝織〕

五文字【ごもじ】 女詞遣。〔消息調宝記・三〕に人の娘を五文字という。その訳は貞・清・美・譜・胎の五ツの徳が備るのをいう。○貞とは操正し

く一生他にまみえず心に少しも曇りのないこと。○清は心潔く少しも貪る心なく里方には薄く夫の親類には厚いこと。○美は容貌《すがたかたち》の優しく麗しいこと。○譜は家の系図の正しいこと。○胎は嫁して子があり、相続連綿すること。これを五徳といい、賀して五文字と称える。〔女寺子調法記・天保十〕に「むすめを、ごもじ」という。

薦僧【こもぞう】〔人倫重宝記・五〕に次がある。虚空坊*が袈裟を掛け 熊谷編笠を深く被り 刀を差し尺八を吹き 背中に薦を荷い修行して歩いたことから薦僧《こもぞう》が始まった。洛陽大仏に本地があり、その上《かみ》は良元 今は詠《えい》月《げつ》といい、詠月の方へつけ届けがなくては薦僧が尺八を吹いて修行することは出来ない。『徒然草・百十五』に、東国の薦僧白梵字《しろぼんじ》が師の敵薦僧いろおし坊を尋ね、津の国宿河原《しゅくかわら》で討ったという記述から、薦僧というと敵討のように思われている。薦僧といえば世を捨てたようで我執深く、袈裟を掛けて仏道を願うようで慳貪らしく、手飯《たはん》を貰うのは甚だぞんざいである。薦僧は歴々の侍で、全て敵を尋ねて歩くためで、手飯の修行ではない。

子持【こもち】下様の呵《かか》*で、「子あれば、子持《こもち》」という。〔女重宝記・一〕

子持串海鼠【こもちくしこ】〔料理調法集・鱧餅真薯之部〕に子持串海鼠《こもちくしこ》は、串海鼠の疵のない太いのを和らかに煮、中をよく透いて摘み入りぐらいに合せた擂り身を詰め、外を簀で巻き締めて蒸し、小口切りにして遣う。但し、また擂り身を串海鼠の外へ付けたのを雪串海鼠という。

子持達磨【こもちだるまのでん】手品。子持達磨は、大達磨の後ろに穴を切り抜いて、数々の子達磨を入れて置き、取り出して見せる。〔清書重宝記〕

こもの【こもの】俳言の仙傍（訕謗）。「汁ヲ こもの」。〔新成復古日夜重宝俳席両面鑑〕

小者【こもの】「こびと（小人）」ヲ見ル

小物成【こものなり】年貢の*「物成」が田畑に対する貢納であるのに対し、「小物成」は土地の用益や、その産物を対象とする。〔新撰農家重宝記・二〕

畠【こもり】大和詞。「こもりとは、はたけの事なり。（歌）〔かた山の賤がこもりに生にけり すぎなまじりのつくつくしかな〕『秘蔵抄』伝大伴家持」〔不断重宝記大全〕

古文字【こもんじ】「古文字《こもんじ》は、唐様《からやう》」をいう。〔小野篡謔字尽・かまど詞大概〕

小紋類値段付【こもんるいねだんづけ】〔男女御土産重宝記〕に「小紋類値段付」が九種ある。○花色・憲法の小紋紋付、二匁二分。○何色でも返し小紋、二匁三分。○茶小紋紋付、二匁二分。○煤竹・鼠・浅黄・薄柿の小紋の類紋付、一匁七分。これらの品で紋なしは三分引き。

小矢数【こやかず】〔弓馬重宝記・中〕に小矢数は、日の出から日の暮迄、日の内ばかりに行う通し矢数をいう。大矢数《おおやかず》*の対。

肥しの事【こやしのこと】肥料である。〈肥しの事〉〔農家調宝記・続録〕には「肥しの事」として金肥《かねこえ》* 内肥《うちこえ》* 地肥《じこえ》* 水肥《みずこえ》* 荒肥《あらこえ》*がある外、国々により小糠、綿実の油糟、醤油糟を肥しとする。また草を刈って養い、九州辺では山柴を刈って苗代や田に鋤き込んで掻き均して用いる。〔昼夜重宝記・安永七〕には「草花作り様」として次の肥しがある。馬糞。下肥《しもごえ》（＝人糞尿）。田作り（干鰯＝うるめ）。溝水土。魚の洗い汁。荏の油。馬便。油土器《かわらけ》。茶殻。藁灰。油糟。塵埃《ごみほこり》。小便。

子安貝【こやすがい】難産の妙薬。〔新板増補女調宝記・三〕に子安貝に催生《はやめ》*を入れて飲むと、平産する。「難産の事」〈臨産対応〉ヲ見ル

子安の地蔵尊【こやすのじぞうそん】大坂願所。天満東寺町竜海寺 子安の地蔵尊は、婦人懐胎に霊験灼《あらた》かなので参詣するとよい。御縁日は二十四日。〔願懸重宝記・初〕

子安の塔【こやすのとう】京名所。清水寺の塔頭。本尊は観世音菩薩。三重の塔がある。〔東街道中重宝記・七ざい所巡道しるべ〕

子安の符【こやすのふ】〔増補咒咀調法記大全〕に「子安の符」に①②があり、水で用いる（図184）。

図184 「子安の符」(増補咒咀調法記大全)

① ②

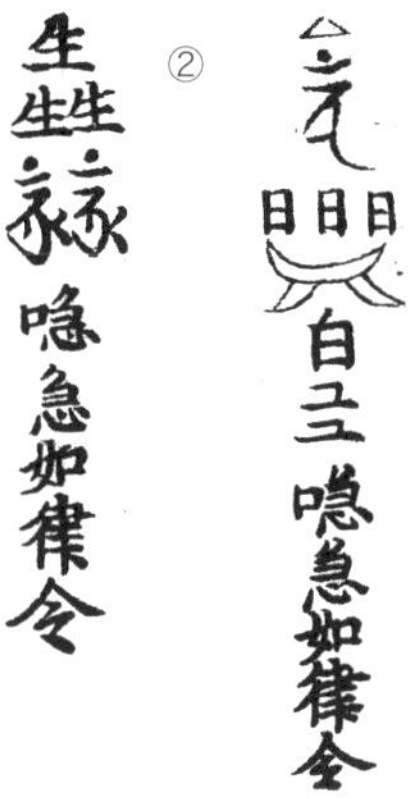

小結の棚【こゆいのたな】〔年中重宝記・五〕に、正月の毬杖《ぎっちょう》(=左義長*)、羽子板、端午の甲《かぶと》、盆の切籠、その他 年中児女の玩物は京四条新町にある。昔、小結の烏帽子を作って売る者が此処にいたので、小結《こゆい》の棚《たな》という。恋の棚というのは誤りである。

子ゆえの闇に迷う【こゆえのやみにまよう】〔世話重宝記・四〕に、「子ゆえの闇に迷う」の詞は、『後撰集・雑一』兼輔の歌「人の親の心は闇にはあらねども 子を思ふ道に迷ひぬるかな」を出所というべきかとある。子を愛する余り理性を失う意。

御遊船【ごゆせん】〔江戸町中喰物重法記〕に次がある。①「御遊船一式御仕出し処」は、浅草並木丁西側中程 松屋権太郎。②北八町堀松屋橋際石川岸舟屋丁 肴屋喜八。これは「家根舟五人乗 一舟 百疋。夜に入 六ツ時(六時)より五ツ時(八時)迄、一匁五分増し。料理は、御吸物・小漬・御硯蓋・御鉢の物・御茶菓子。

こゆみ【こゆみ】片言。「暦《こよみ》を、こゆみ」という。〔世話重宝記・四〕

御油より赤坂【ごゆよりあかさか】東海道宿*駅。十六丁。本荷三十四文、軽尻二十二文、人足十七文。左に高山がある。古城の跡である。この宿には遊女が多い。〔東街道中重宝記・寛政三〕

困陽散火湯【こようさんかとう】〔小児療治調法記〕に出瘡《でそろう》*で、色白く皮の薄いのは気分にあり、内気を補い火を散ずるには困陽散火湯がよい。人参・黄芪・甘草・当帰・升麻・葛根・荊芥・連翹・防風・生地黄・木通を、水で煎ずる。症状により、生地黄を去り、白朮・茯苓を加える方もある。

こよなく【こよなく】「こよなくは、かくべつ(格別)なり」。〔消息調宝記・二〕

暦の事【こよみのこと】〔万物絵本大全調法記・上〕に「暦 れき/こよみ。暦《れき》日《じつ》也」。〔永代調法記宝庫・五〕に、暦は歴と同義、経歴の意で、一年三百六十五日を次第し、春夏秋冬、二十四節*、一月三十日の吉凶を日々に考え、十二ケ月にわたる書とする。暦という字画から、昔 丁林という人が暦を作り始めたというのは俗説の誤りで、暦は唐三王の第一伏羲が作ったという。〔年中重宝記・四〕には、我が朝の暦の始りは二十九代欽明天皇十四年(五二四 =『紀』による)に百済の博士が奉ったと伝え、今の世は十一月朔日に中務省《なかつかさのしょう》から翌年の暦を天子に奉る。民間でも大経師内匠が暦を板行して今日より売り始める。中国の周では十一月を正月として天正月《てんのしょうがつ》、殷では十二月を正月として地正月《ちしょうがつ》、夏では今の正月を正月として人正月《じんしょうがつ》と、それぞれ暦家でいう。〔日用重宝記・二〕に暦は、一年の時節を知らせる耕作の本ゆえ重要であり、和漢ともに濫りにすることは禁制である。冬至を一歳の始めとして冬至迄一年、その次の正月を割って月の大小を定める。○暦の「上段」には、二十四節*、朔望、上弦、土用の入る刻、日月の出没等を書き入れ、○「中段」には、資料により相違はあるが〔諸人重宝記・五〕には十二直*の外、しゃく(赤)日*地火日*天火日*天一天上日*御くし上*半夏生*日食*月食*冬至*を、○「下段」には、吉凶を主に歯固*着衣始*五墓日*往亡日*けこ(血忌)日*十死*凶会《くえ》日*坎《かん》日*復日*重日*ちこ日*等の事項を書き入れるのがほぼ定まっていた。江戸の暦問屋を始め、伊勢暦、三島暦、会津暦等の地方暦は、皆江戸頒暦役所から新暦の下書を賜り彫刻し、校合を請けて、その土地で板行した(図185)。

暦を見て年の吉凶を知る【こよみをみてとしのきっきょうをしる】〔調法記・全七十〕

図185「天保十五年伊勢暦」

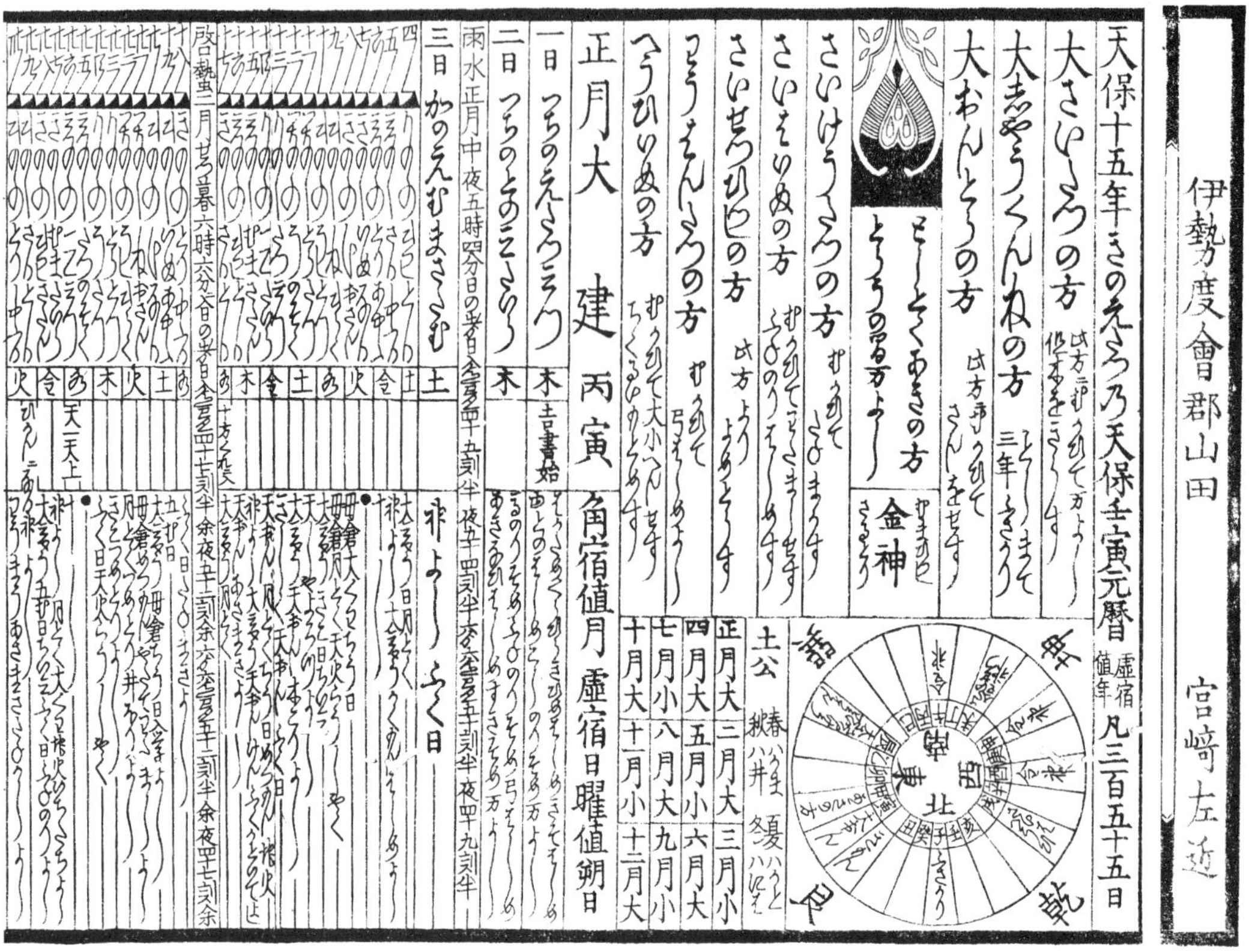

に詩に曰くとして次がある。三木少し風吹き、四木大きく風吹く。火六下って海底の石を拾う、水六上って山木に船を繋ぐ。土多きは人悩み、金多きは兵乱す。例えば、一年の中に何の月でも朔日に甲《きのえ》或は乙《きのと》とある朔日が三月続き、他の月の朔日が皆別の十干*なら、これを三木《さんぼく》という。この年は少し風が吹く。また甲或は乙とある朔日が四月続く年は大風が吹く。火六下ってというのは、丙《ひのえ》或は丁《ひのと》の朔日が六月続くとこの年は海の底の石を拾う程日照りがする。壬《みずのえ》或は癸《みずのと》の朔日が六月続くと山に船を繋ぐ程大水になる。戊《つちのえ》或は己《つちのと》の朔日が多く続く年は、人は悩み口論喧嘩が流行る。〔新撰咒咀調法記大全〕では異同があり、戊《つちのえ》或は己《つちのと》の朔日が多く続けば、病気が流行して死亡が多い。庚《かのえ》或は辛《かのと》の朔日が多く続けば、口論又は喧嘩がある。慎むのがよい。

子良の館【こらのたち】 伊勢名所。「外宮」の記載に、「子良」とは朝夕の御饌《みけ》(=供物)を供え奉る童女をいう。古くは沢山いたので子らというが今は一人、「子等」を「子良」と通じて書くとある。「内宮」では二の鳥居の東、風の宮の橋の前にある。〔東街道中重宝記・七ざい所巡道しるべ〕

こらほど【こらほど】 片言。「こらほど、是程 これほど」である。〔不断重宝記大全〕

五里【ごり】〈経絡要穴 肘手部〉二穴。五里は曲池の上三寸、大筋の真中にあり、肩髃を目当てに取る。禁鍼。灸十壮。驚風、吐血、肘痛み、上気、胸満ち、身ばみ、瘰癧を主《つかさど》る。〈経絡要穴 足厥陰肝経〉二穴。陰廉の下一寸にある。陰包を的にして点をする。針六分。灸五壮。腹中満ち熱して小便の通じないのを治す。〔鍼灸重宝記綱目〕

鮴と雉【ごりときじ】 食い合せ。〔永代調法記宝庫・二〕に、鮴《ごり》と雉《きじ》を食い合わせると、癩病を生ずる。但し、鮴は、はえである。『物類称呼・二』には「杜父魚 かじか。京大坂にて、いしもち。加茂川にて、ごり。〔中略〕下賀茂糺森の茶店にて ごりを調味して、ごり汁と名付売也」とある。

五離日／五離別日【ごりにち／ごりべつにち】　日取吉凶。〔懐中調宝記・牛村氏写本〕に、天地離別日*日月離別日*国家離別日*山河離別日*人民離別日*がある。〔重宝記永代鏡〕にはそれぞれを「離日」と記す。「五和合日」参照

骨柳の事【こりのこと】〈片言〉〔世話重宝記・四〕に「骨柳《こり》を、こうり」という。〈骨柳に飯入れ様〉〔料理重法記・上〕に骨柳（飯行李）に飯を入れるには、炊き立ての未だ熟《う》まぬ飯を入れる。夏日にも饐《す》えることはなく、風味もよい。冷まして詰めると饐える。

五龍【ごりょう】〔男女重法日用明鑑万々雑書三世相大全〕に「五性と生れ月で吉凶を知る事」*に、五龍《ごりよう》の人は、慈悲心があり諸芸*ある生れである。もし芸がなければ商いをして富貴に渡世するのがよく、利根 発明である。人に従い遊覧する生れである。女人は利根でよい夫を持つ生れである。財宝は少ないが夫婦で物事を談合して営み暮らす生れである。良い人に近づいて宝を得る生れである。

御霊祭【ごりょうまつり】〈御霊八所〉〔農家調宝記・二編〕に御霊八所、上御霊四座 下御霊四座。城州早良親王、伊与親王、藤原夫人、藤原広嗣、橘逸成、文室宮田丸、菅丞相、吉備の聖霊とある。〈御霊祭〉〔年中重宝記〕に、七月十八日 御霊祭御出上・下共に。八月十八日上・下御霊祭。桂御霊祭は相撲がある。十一月十八日 御霊御火焚。

五倫【ごりん】〔金持重宝記〕に君臣・父子・夫婦・長幼・朋友の間で守るべき五ツの道。即ちそれぞれ 義・親・別・序・信を五教という。また父・母・兄・弟・子の守るべき道、即ち 義・慈・友・恭・孝をもいう。『書言字孝節用集・十三』に「五倫、（五）品、（五）典、並に仝。君臣、父子、夫婦、兄弟、朋友」。また「五経、又云（五）典。父子ニ信有リ。君臣ニ義有リ。夫婦ニ別有リ。長幼ニ序有リ。朋友ニ信有リ」。「五常」参照

五淋【ごりん】　五痳とも書く。五種の「淋病の事」*。〔鍼灸重宝記綱目〕には五種の淋としながら、熱淋*沙（石）淋*気淋*血淋*膏淋*労淋*の六種をあげる。針は関元 夾渓 三陰交にする。灸は、腎兪 膀胱 小腸 中膠 三陰交にする。炒塩を脐中に填み満て大艾炷を七壮する。〔鍼灸日用重宝記・四〕には気淋 石淋*血淋 膏淋 労淋の五種をあげ、みな熱鬱のなすわざで、腎を尽くして小腸に潤いが少なく、熱が鬱して淋を生ずる。針灸点は、三陰交 関元 夾谿 腎兪があり、薬には五淋散*がある。〔丸散重宝記〕には五痳と書き、気痳・労痳・冷痳（或は血痳）・膏痳・石痳の五種の痳疾とする。痛疼や小便不利に芍薬（一戔）、檳榔（五分）を、水で煎じて服する。

五淋散【ごりんさん】〔医道重宝記〕に五淋散は、気淋 砂（石）淋 血淋 膏淋 労淋 の五淋*病を治す。強く盛んなもの、肺気調わず熱淋をなすものを治す。虚するものには与えない。赤芍薬・山梔子（各十両）、赤茯苓（六両）、当帰・甘草（各五両）、黄芩（三両）に灯心を入れて煎ずる。一方に、生地黄 沢瀉 木通 滑石 車前子を加える。〔医道療治重宝記〕には諸症により加減、補薬がある。

五苓散【ごれいさん】〔医道重宝記〕に五苓散は、暑気に破られ、身熱し煩《いき》れ渇き、心惚れ惚れとし、小便赤く渋り、大便を瀉するものを治す。沢瀉・猪苓（各一匁）、白朮・赤茯苓（各一匁半）、肉桂（五分）を散薬にして、飯の取り湯で服する。多く湯を飲んで汗を出す。或は、生姜 棗を入れて煎ずる。〔医道療治重宝記〕には諸症により、加減補薬が色々ある。汗して後 煩燥し 小便利せず 渇するものを治す。沢瀉（二匁半）、白朮・猪苓・赤茯苓（各一匁）、肉桂（五分）を末（粉）とし清米飲で調服する。或は、姜 棗を入れて煎じ服する。

五霊脂【ごれいし】〔薬種重宝記・中〕に唐鳥《からとり》、「五霊脂（ご）れいし。酒に擂り立て、砂を去り、用る。また炒って烟をつくし用ゆ」る。

こればかし【こればかし】　片言。〔不断重宝記大全〕「こればかしは、是ばかり」。〔世話重宝記・四〕に「是計《こればかり》を、是ばつかし、是ばつかり」という。促音を入れて強意とした。

之を収める／之を去る【これをおさめる／これをさる】〔算学調法塵劫記〕に次がある。「之を収める」とは、不尽を約《たた》み、仮に一数にすることである。「之を去る」とは、その不尽*を捨てることをいう。

之を自す【これをじす】 算盤の用字。〔古今増補算法重宝記改成・上〕に「之を自す」は、同数を掛けることをいう。自乗に同じ。

之を半にす【これをなかばにす】 算盤の用字。〔古今増補算法重宝記改成・上〕に「之を半にす」は、二ツに割ることをいう。折半に同じ。

五労【ごろう】〔鍼灸日用重宝記・五〕に五労とは、志労、思労、憂労、心労、痩労をいう。労とは神気を疲らすことである。血気が破れず、精神が散じなければ十に一は治す。血気が破れ、形体 肌肉を削るように、朝夕に発熱・咳嗽・便泄するのは治せない。針を患門 四花 章門 三里 気海にし、梁門をめぐって幾度も刺すとよい。「五労七傷の熱」参照

五労 七傷 四肢 疼痛の薬【ごろう しちしょう しし とうつうのくすり】 馬の薬。〔昼夜重宝記・安永七〕に馬に人のように五労*七傷*四肢疼痛の病が出るのを治す薬。当帰・桃仁・連堯（各五匁）、漢防已・独活・羌活・防風・甘草（炒）・肉桂・沢瀉・大黄・黄栢（酒浸）（十匁）。これらを末（粉）とし、毎服五匁、酒半盞 水半盞を入れて煎じ、四五度程沸き立たせて熱いのを用いる。

五労七傷の熱【ごろうしちしょうのねつ】 五労*七傷*の熱。一方、『素問 宣明五気論』に、○五労を、五臓 又は五種の疲れとして、①久しく視ると血を傷め心を労す。②久しく臥すと気を傷め肺を労す。③久しく坐すと肉を傷め脾を労す。④久しく立つと骨を傷め腎を労す。⑤久しく行くと筋を傷め肝を労す。○七傷は、五臓や精神を傷める七要因として、①大飽は脾。②大怒は肝。③久しい湿地の坐は腎。④寒飲は肺。⑤憂愁思慮は心。⑥風雨 寒暑は形。⑦大恐は懼節ならざれば志を失う。〈薬方〉〔家内重宝記・元禄二〕に小児の五労 七傷には、破胡紙*を胡麻で煎り焦し胡麻を去り 破胡紙を一味末（粉）して丸服する。〔丸散重宝記〕には無比山薬円*を用いる。〔薬家秘伝妙法調法記〕には「五労七傷に熱有ニは、黄芩 柴胡」を用いる。

ころく【ころく】「ころくは、からす（烏）の鳴き声」をいう。〔消息調宝記・二〕

ごろにゃん【ごろにゃん】 妄書かな遣。「ごろにゃん／たうへんぼく（唐変木）、ばか（馬鹿）なやらう（野郎）だ」。〔小野篁譃字尽〕

胡蘆巴【ころは】〔薬種重宝記・中〕に唐草、「胡蘆巴 ころは／きはちす。炒りて用ゆ」る。

衣 袈裟 帽子屋【ころも けさ ぼうしや】〔万買物調方記〕に「京ニテ衣屋」三条室町衣棚 ちきりや。同通り西東に多い。「同 袈裟所（本山 当山）」烏丸六角下ル 岡田但馬、同町 岡田左兵衛。「同 帽子屋」は、建仁寺町松原下ル 八郎右衛門。「江戸ニテ衣 袈裟 帽子」下谷 坂本弥七、本町二丁目 わくや・ゐづゝや・いせや・大文じや。「大坂ニテ衣 けさや」本町筋、難波橋筋、堺筋。

衣打つ【ころもうつ】 大和詞。「衣うつとは、きぬた（砧）」である。〔不断重宝記大全〕

更衣【ころもがえ】〔年中重宝記・二〕四月朔日に、今日より五月四日迄 袷*を着るので、今日を「衣《ころも》がへ」と言う。五月五日より八月晦日まで衫衣《かたびら》*を着る。九月朔日より八日迄 袷を着る。九月九日よりは又絮 入《わたいり(れ)》*を着る。〔消息調宝記・三〕には「更衣《ころもがへ》」は冬衣を夏衣に引き換える。九月八日迄袷で九日より又冬衣に換える。これは更衣《こうい》と字音に読む。一年に二度ある。また四月朔日より五月四日迄は袷小袖を着る定め故 一日を「ころもがへ」と名付く。綿の入ったものを抜き換える意である。「わたぬき」という名字《みょうじ》を「四月朔日」と書くのもこの意であるが、今は「綿抜」の字を書く。〔女筆調法記・一〕に、卯月一日を「ころもがへ（更

衣）の祝儀」と言い、今日より袷を着る。卯の花によそへて白き衣服を着、これを白重《しろがさね》という。〔四季の衣服〕モ見ル

衣裁つ【ころもたつ】「衣服」「縫針／縫物」ヲ見ル

衣煮鯉【ころもにこい】〔料理調法集・煮物之部〕に衣煮鯉は、鯉の尾の方を、小刀の先で鱗を取り、この鱗を一寸四五分に切り、鯉は三枚に卸し、両様とも味噌汁でよく煮、出す時身の上に鱗を盛って出す。

衣の家【ころものいえ】大和詞。「衣の家とは、かちやう（蚊帳）を云」。〔不断重宝記大全〕

ごろんじゃる【ごろんじゃる】片言。「ごろんじゃる」は、「御らんじある」であろう。中国では「おごんなれ」という。〔不断重宝記大全〕

哥倫比亜【ころんびや】〔童蒙単語字尽重宝記〕に哥倫比亜《ころんびや》は連邦。紐格那答とも書く。広さ四十八万坪、民は二百三十六万三千人。

強飯【こわい】片言。「こはいは、強飯 こはいひ」である。白いのは「がうはん」、赤いのは「赤飯《せきはん》」という。〔不断重宝記大全〕

強供御【こわぐご】大和詞。〔女重宝記・一〕に「せきはん（赤飯）は、こわぐご（強供御）」。〔女寺子調法記・文化三〕は「せきはんをこわまま」。

五和合日【ごわごうにち】日取吉凶。〔重宝記永代鏡〕に五和合日に、天地和合日* 日月和合日* 国家和合日* 山河和合日* 人民和合日*がある。耕作 船乗和合の事によい。「五離日／五離別日」参照

強飯【こわまま】「こわい（強飯）」、又「こわめし（強飯）」ヲ見ル

こわみ【こわみ】〈何が不足で癇癪の枕言葉〉「浄るり、こわみ」。「かたるを、こわみをあぁく」。浄瑠璃を語る。〔小野𥶡譃字尽〕

強飯【こわめし】〔女用智恵鑑宝織〕に強飯《こわめし》（＝おこわ）を食う時は、小角《こかく》（＝折敷の三寸四方の物）、片木（折板で作った平らな盆）、又は盆等に出るのは箸 楊枝等が付いて出るのを手に持ちながら指で摘まんで食う。また品によっては箸で食うこともある。その他、餅 饅頭等も手に摘まんで食うが、時による。

子を産み産まぬ事【こをうみうまぬこと】〈子を持つべき事〉〔女筆調法記・五〕に、夫婦和合により子孫相続き家の栄ゆることは先祖への孝行であり、男は婦を迎え精気を養い、子を持つべきであり、婦は胎内に宿り始めてより産後も養生を尽し、心して養育せよとある。〈子を儲る法〉〔懐中調宝記・牛村氏写本〕には「子求めの薬」として、人参・地黄・当帰・川芎・肉桂・甘草（各等分）を末（粉）にして白湯で飲む。〔薬法重宝記〕には、枝垂れ柳の葉を採り 陰干して粉にした散薬を素湯で婦人に飲まして交合すると子が生れる。また二月の丁亥《ひのとい》の日に桃と杏の花を採り、陰干して戊子《つちのえね》の朝、初めて汲んだ水で飲ますと子のない婦人は懐胎する。〔増補呪咀調法記大全〕（図186）に、①「子を求る法」があり、この符を書いて晦日ごとに心経一千巻 地蔵の咒を千遍唱え、晦日ごとに用いる。②「同 符の事」は、七月《ななつき》迄祈念を専らにする。この大事は弘法大師の相承秘中の深秘で、露顕すると冥罰を被る。天照大神が天の逆鉾を降し 滴り嶋となって以来、万民が出生するものである。③「子を持たざる呪」の符を書いて蚯蚓《みみず》の頭の白いのを黒焼にし、八重山吹を陰干にし、符と一緒に刻み用いると奇妙である。

〈子を産まぬ薬〉〔懐中調宝記・牛村氏写本〕には「子を産まざる薬」として、黄栢・牛膝・桑白皮（各等分）を末（粉）して温酒で服する。〔万家調法呪咀伝授囊〕には「子を産み止まる法」は、鳳仙花の実を産後に呑ますと必ず産み止まる。

〈子を返《へんず》るの大事〉〔増補呪咀調法記大全〕は、酸漿《ほおずき》の根を一束に切って④の符を中へ入れて綿糸で巻き、開（陰門）の内へ入れて抜き差しすると、必ず血になって下る。この符は弟子一人より外は伝不要。但し、四《よ》月《つき》を過ぎては成り難い。これは不仁の第一であり、決して行ってはならない。子を間引くなど甚だ不仁、我が胸に納め置く事。〇「子を養ひ其

子の命の長き短きを知る事」は、洗米を東の高い所に供えて南無八幡大菩薩と二十一遍唱える。長命の子なら烏が来て洗米を食い、短命なら烏は来ない。「夫婦の事」〈夫婦交合禁日〉「懐妊／懐胎の事」モ参照

図186 子を産み生まぬ事

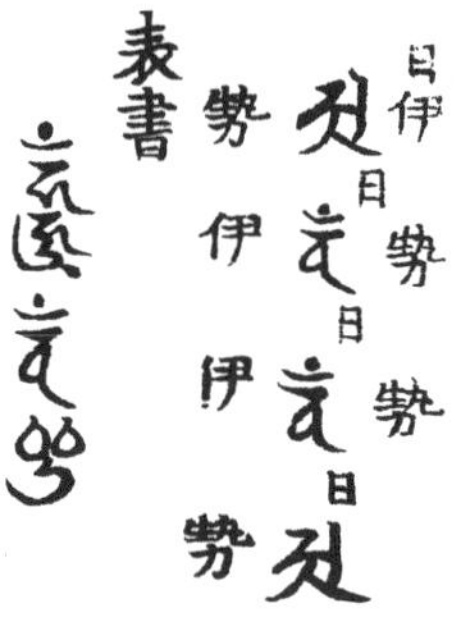

①「子を求る法」（増補咒咀調法記大全）

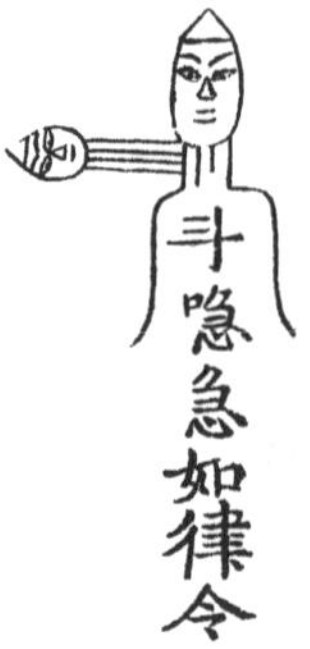

②「同 符」（増補咒咀調法記大全）

③「子を持たざる呪ひ」（増補咒咀調法記大全）

④「子返の大事」（増補咒咀調法記大全）

坤【こん】 八卦*の一。図皆断の象。未申年一代の卦。守本尊は大日如来、御縁日は二十八日。坤の卦に当る年は万事人に従いて吉。坤は陰の卦で、陽に従うのは陰の徳盛んなため主 親 兄弟に従うとよい。驕る心があると悪い。奉公人は主人に不足の心で来る年である。親類か下人に卯（東）の方で口説がある。信心するとよい。正・十二月は移徙、万に吉（八卦の本尊*は、生家）。二月は口説を慎む（同、禍害）。三・四月は旅に出て煩うことがある（同、天医）。五月は火を慎む（同、遊魂）。六・七月は田地を求めて吉（同、遊年）。八月は訴訟事に吉（同、福徳）。九・十月は人の請判をしてはならない（同、絶体）。十一月は海川を慎む（同、絶命）。〔永代／必用両面重宝記・寛延四〕に図（図187）のようにある。

図187「坤」（永代／必用両面重宝記・寛延四）

ごん【ごん】 大和詞。「牛蒡《ごぼう》は、ごん」という。〔女重宝記・一〕

艮【ごん】 八卦*の一。図上連の象。丑寅年一代の卦。守本尊は虚空蔵、御縁日は十三日。艮の卦に当る年は易に万物の終り始る卦とあり、物の仕舞いをする卦。身躰（資産）を改め、また職を変えてみるのもよい。特に男は元服し 縁を結び、女は眉をおろすと増々よい。親兄弟の口説を慎むとよい。十三夜の月を信じるとよい。正・十二月は神を信じて吉（八卦の本尊*は、遊年）。二月は商いに吉（同、遊魂）。三・四月は夫婦に口舌がある（同、絶命）。五月は万事に凶 二十三夜を待つとよい（同、禍害）。六・七月は家屋敷を求めて吉（同、生家）。八月は屋普請をしない（同、絶対）。九・十月は祝言に吉（同、福徳）。十一月は万事し初めて吉（同、天医）。〔永代／必用両面重宝記・寛延四〕に図（図188）のようにある。

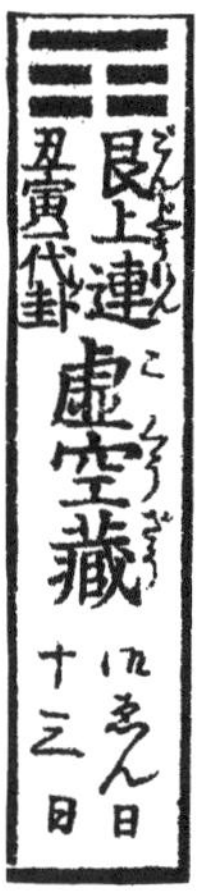

図188「艮」（永代／必用両面重宝記・寛延四）

婚姻【こんいん】「婚礼の事」ヲ見ル

紺菊【こんぎく】草花作り様。紺菊の花は濃い黄である。土は合せ土、*肥しは田作りの粉、また油土器《かわらけ》の粉、また小便を雨前に根廻りに掛ける。分植は秋がよい。〔昼夜重宝記・安永七〕

ごん切【ごんぎり】「こん切（ごんぎり）」とは、鱧を干したのをいう。干鱧*ともいう。挟肴に用いる。〔料理調法集・口伝之部〕

根元【こんげん】女詞遣。「元《もと》よりといふべきを、元来《ぐはんらい》の、根元《こんげん》のといふのはすさまじ」い。〔女重宝記・一〕

魂戸【こんこ】灸穴要歌。〔永代調法記宝庫・三〕に「胸背《せなか》ひとつに痛み捻《ね》じむるぞ 労損 虚礼 魂戸《こんこ》なるべし」。魂戸は背第三の骨の下真ん中より両方へ三寸、にある。

金剛【こんごう】「じょうり」及び「さるがくののう（申楽／猿楽の能）」ヲ見ル

金剛円通丸【こんごうえんつうがん】〔洛中洛外売薬重宝記・上〕に金剛円通丸は、押小路柳馬場 丸鳥堂にある。男女の疾一通り、瘡気《くさけ》、腫物一切によい。取り次は、烏丸六角下ル丁、二条通油小路西へ入、高倉五条下ル丁、寺町仏光寺下ル丁等十二所があるが薬店名はない。

金剛部三昧耶印【こんごうぶさんまやいん】護身法大事の一。*〔新撰咒咀調法記大全〕に次がある。金剛部三昧耶印 真言三返。。唵《をん》嚩《ば》日《ざ》盧《ろ》納《ど》婆《はん》嚩《ば》也《や》婆《そ》嚩《わ》訶《か》。

金剛部日【こんごうぶにち】日取吉凶。〔重宝記永代鏡〕に金剛部日は、仏事仏参に用いて吉日である。

言語道断【ごんごどうだん】〔世話重宝記・四〕に、天台大師が妙法を釈して言うのに、「言語道-断」、「心-行所-滅」というより出た語とする。言語《ごんご》に道《い》うに断《た》えた、と誉めた意である。

権中納言【ごんじゅうなごん】百人一首読曲。〔麗玉百人一首吾妻錦〕に「権中納言」は、「ごんじゅうなごん」と濁る。

言上書【ごんじょうがき】〔不断重宝記大全〕に、目安に対して、当分の数ならぬことを調えて奉行所へ差し出す文書とある。江戸時代になると、書法も 包み方も、目安書*とは区別されるようになった。範例文があり、竪状包みの折りかけは、上より下は長く、折状は常例通りである。

金神七殺の事【こんじんしちせつのこと】「金神の事」ヲ見ル

金神の事【こんじんのこと】〔年中重宝記・六〕には『簠簋内伝』を引き、これより三万里に夜叉国があり、悪鬼神の巨旦が主で金神という。常に人を悩まし日本の仇となるので、牛頭天皇が南海より帰る時、八将神*を遣わし討ち平らげた。巨旦は金性なので金神となづけ、金性の魂が七ツあり、七所で害をなすので金神七殺《しちせつ》といい、この方を犯すと必ず七人を殺し、家に七人いなければ隣を添えて殺すという。五節句*の取り行いは巨旦を調伏する儀式である。〔金神方位重宝記〕に金神は金気の精で、本地は金剛薩埵 愛染明王が同体という。極めて荒神で、家造 転宅 移徙 婚礼等何事も慎むのがよく、強いて犯すと眷族七人を殺すが、遊行日《ゆうこうび》《ゆぎょうにち》間《ま》日《び》があり、その間は用いてよい。

〈金神七殺の方〉甲《きのえ》己《つちのと》の年は、午（南）未（南々西）申（西々南）酉（西）の方。乙《きのと》庚《かのえ》の年は、辰（東々南）巳（南々東［〔諸人重宝記・五〕は戌（西西北）］）の方。丙《ひのえ》辛《かのと》の年は、子（北）丑（北々東）［〔諸人重宝記・五〕は子丑なし］寅（東々北）卯（東）午未の方にあり、世俗に六方金神という。丁《ひのと》壬《みずのえ》の年は、寅卯戌（西々北）亥（北々西）の方。戊《つちのえ》癸《みずのと》の年は、子丑申酉の方。この方へ家を作り堂を建てる人は七人死ぬという。

〈金神 遊行日*〉春（三月をいう。以下同じ）は乙卯《きのと》の日から六日間は東、夏は丙午《ひのえ》の日から六日間は南、秋は辛酉《かのと》の日から六日間は西、冬は壬子《みずのえ》の日から六日間は北に、それぞれ遊ぶ（但し、〔大増補万代重宝記〕には春夏秋冬とも各五日間、また東南西北にあるとする）。○一説に、遊行日といって用い来る日があるのは方位の遊行である。甲寅の日より五日間は巳午の方、

丙寅の日より五日間は申酉の方、戊寅の日より五日間は丑未辰戌の間、庚寅の日より五日間は亥子の方、壬寅の日より五日間は寅卯の方に、それぞれある（但し、〔大増補万代重宝記〕には、順に南西中央北南にある）。〈金神 間日〉春は丑の日、夏は申の日、秋は未の日、冬は酉の日である。よんどころないことがあれば遊行日、間日、方角を考えて用い始める（覚え歌「春は丑夏は申の日秋は未冬は酉の日遊行日なり」）。〈七殺の歳〉十歳 十九歳 二十八歳 三十七歳 四十六歳 五十五歳 六十四歳 七十三歳。この歳の人は男女ともに八方塞がりで大凶の年である。この年に普請 縁談 宅替すると、大病 縁は変り 家は滅ぶかその人は死ぬ。今までの例を見るに疑いはない。〈三月塞りの方位〉春三月は東の方、夏三月は南の方、秋三月は西の方、冬三月は北の方が塞りである。この三月塞りを三月金神ともいい、最も忌むべき方位である。〈月塞りの方位〉正・五・九月は北、二・六・十月は東（〔懐中重宝記・慶応四〕は南）、三・七・十一月は南（〔同〕東）、四・八・十二月は西、がそれぞれ塞りである。〔永代日暦重宝記・慶応元写〕に「月塞方の事」は、正月は丑（北北東）。二月は辰（東東南）。三月は未（南南西）。四月は戌（西西北）。五月は子（北）。六月は卯（東）。七月は午（南）。八月は酉（西）。九月は亥（北北西）。十月は寅（東東北）。十一月は巳（南南諸東）。十二月は申（西西南）である。〈日塞りの方位〉巳・酉・丑の日は西、卯・亥・未の日は東、寅・午・戌の日は南、申・子・辰の日は北、が塞りである。〔永代日暦重宝記・慶応元写〕は、朔日は東方。二日は辰巳（東南）の方。三日は南方。四日は未申（南西）の方。六日は戌亥（西北）の方。七日は北方。八日は丑寅（北東）の方。九日は天。十日は地。〈時塞りの方位〉子の日は子の方、丑の日は丑の方が塞がりで、余はこれに準じる。〈方違えの守〉〔増補咒咀調法記大全〕に、①「金神方《はう》違への守」をよく認め封じ、上包みの表に②のように書き、また裏に③「南無三宝荒神守護」と書いてその方に貼る（図189）。

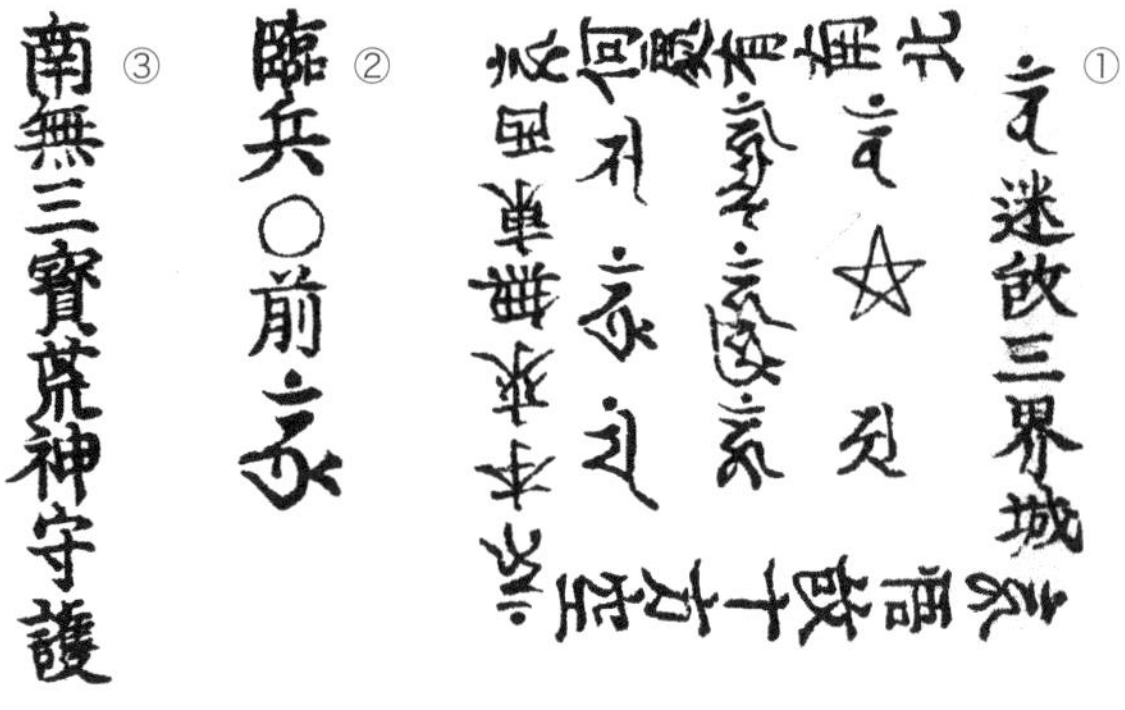

図189 「金神方違えの守」〔増補咒咀調法記大全〕

金精明神【こんせいみょうじん】〔農家調宝記・二編〕に弓削道鏡の霊といい、男根を神体として、金精明神《こんせいみやうじん》という。神明*を汚すものである。

紺染【こんぞめ】〔家内重宝記・元禄二〕に紺染は、藍を八月末九月の頃、葉茎共に刈り、葉を取り茎ばかりを一尋《ひとひろ》一尺の縄で結び、それを一束に水を手桶に一ツ半程入れて一桶程に煎じ、葉を揉み出して染める。色は好み次第に何回も染める。

献立の事【こんだてのこと】 料理の種類、又その取り合せや食卓に出す順序をいう。〈万献立〉〔永代調法記宝庫・六〕には例えば、汁* 雑汁* 鱠* 和物* 煮物* 刺身* 和物《あえもの》* 和雑《あえまぜ》* 魚類精進* 精進酢和え* 吸物魚類精進* 肴魚類精進*が、

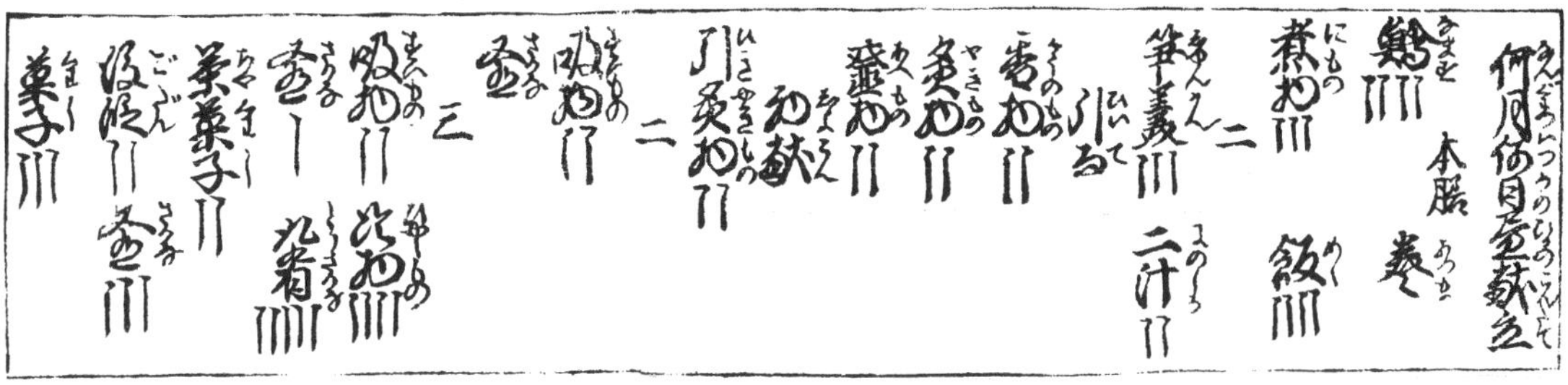

図190　「献立書き様」（〈新板／増補〉男重宝記）

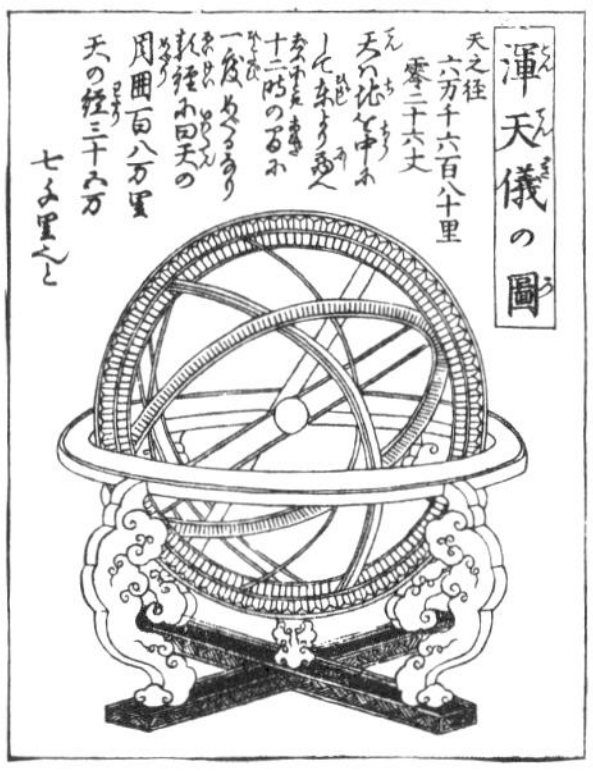

図191　「渾天儀」（万代重宝記）

多く十二月別に何種類も挙っている。

〈献立書き様〉〔新板増補男重宝記・四〕には献立書き様の範例を出し、以下の注を付けている（図190）。○何月何日の昼 夜 斎 非時とそれぞれに従い書く。○食《めし》と書くのは悪く、飯がよい。○本膳のは羹《しる》と書き、あつものというのはしるのことである。○鱠と書く時は魚類のなます、精進なますの時は膾と書き分けるのがよい。○本膳に鱠ばかりつけて出す時は飯《めし》羹《あつもの》の間の上に書き付ける。○香の物を付けて出す時は、飯 鱠の間は右へ寄せて書き付ける。○焼物と書くのは悪く、炙物と書く。○和物《あえもの》と書くのは悪く、韲物と書く。○この外、飯には芳飯 麦飯 菜飯、汁には冷し汁 清汁《すましじる》 薯蕷汁、膾には滑膾《ぬたあえ》 和交《あえまぜ》 差身《さしみ》 杉炙《すぎやき》等の献立が様々あり、書き様がある。

〈献立に用いる字尽〉〔男重宝記・四〕に、○「食物」は、芳飯 焼飯 茶漬 香物 集汁 豆醬《たまり》 浸物《ひたしもの》 鵰交《こがらあえ》 潮煮《うしおに》 煎酒 滋浮《じぶ》 酒浸《さかびて》等約五十八字が出る。○「魚類」は、鯛魚 鱒魚 鮎鮀《あめ》 魚苗鰕《あみ》 文蛤《いたやがい》 魁合《あかがい》 雑喉《ざこ》 栄螺《さざえ》 鰺 鮫鰊 鮓等約九十字。○「鳥類」は、鶴 鴈 鴨 鶉 山鳥 雉子 白鷺 白鳥 鴫 雲雀 雀 白鳥 斑鳩《つちくればと》 鶏等約二十五字が出る。○「精進物」は、蕨 菧 胡麻 冷麵《ひやむぎ》 水《すい》団《とん》 豆粉餅《まめのこもち》 韮 浦公英《たんぽぽ》 若布 木耳《きくらげ》 李《すもも》 白柿《つりがき》 葡萄 糉《ちまき》 法論味噌《ほろみそ》等約百五十字。

滾痰丸【こんたんがん】〔丸散重宝記〕に滾痰丸《こんたんがん》は、実症の痰病に皆用いる。或は、気血充実《みちみつ》る人が敗痰があり 胸郭満ち塞がり 上逆面熱に、或は 志を失い 癲癇狂悖に、或は 夢中に奇怪のことを見るのによい。或る人の言として 咳嗽を止めること妙という。大黄（酒蒸）・黄芩（各十戔）、礞《せいもう》石《せき》（砧煆にて一戔）、沈香（五分）を糊で丸ずる。

渾天儀【こんてんぎ】　天体の運行を測量するのに室内で用いる天球儀。〔万物絵本大全調法記・上〕に「渾儀 こんぎ。渾天儀 こんてんぎ也」。〔万代重宝記・安政六頃刊〕に「渾天儀の図」（図191）があり、天の径六万千六百八十里零二十六丈。天は地を中にして、東から西へ、十二時（二十四

時間）の間に一度廻る。類経に言うとして、天の周囲《めぐり》百八万里、天の経《わたり》三十五万七千里とある。

金堂【こんどう】 高野山名所。甚だ美麗である。十四五間四面、本尊は秘物の薬師如来、脇士《わきだち》は数多ある。〔東街道中重宝記・七ざい所巡道しるべ〕

こん鳥【こんどり】〔料理調法集・諸鳥人数分料〕こん鳥《どり》は、鶴の内ではとても大鳥である。尤も鳥料理にはあまり遣わず、飼鳥には見事な鳥である。一名、袖黒ともいう。

こんなになる【こんなになる】 片言。「くだけひしげたるやうのこと」を、京の詞で「こんなになる」といい、関東では「こなにする」という。粉科の義かという。〔不断重宝記大全〕

蒟蒻の事【こんにゃくのこと】〔万仏絵本大全調法記・下〕に「蒟蒻 こにやく／こんにやく」。〈薬性〉〔医道重宝記〕に蒟蒻は寒で毒があり、渇《かわき》を止め、下血を治し、腫毒を消す。多食してはならず、人に益はない。〔永代調法記宝庫・四〕には冷気のある人が食うと喉を損なうが、よく煮れば腸風、瘀血、痔を去る。また瘍 風毒 腫物や喉気《のどけ》にもよいが、毒がある。〈仕様〉〔料理調法集・秘事之部〕には蒟蒻玉をよく洗い水煮して、藁の籤《ひご》が通る程に煮、皮を取り擂鉢で磨り、早稲藁の灰汁で煮る。〔ちやうほう記〕には蒟蒻玉を湯煮して皮を取り、直ぐ臼に入れよく捏ね合せ、栗殻の濃く強い灰汁で茹でる。湯には石灰を振りかけ、水に入れて置く。〈赤く漬け様〉〔男女日用重宝記・上〕に黒い蒟蒻を紅のように赤く漬け様は、醤油で味噌を溶いて黒蒟蒻を漬けて置くと見事に赤い。〈口伝〉〔料理重法記・下〕に蒟蒻の細作りは、薄刃を平にして薄く削ぎ、細く刻む。〈食合せ〉〔家伝調方記〕に、蒟蒻に黒砂糖を食い合せると毒となる。〔万用重宝記〕には、蒟蒻に胡瓜は懐妊中の女に忌む。

蒟蒻料理【こんにゃくりょうり】〔ちやうほう記〕に蒟蒻料理は、まるやま醤《ひしお》、矢田と言う。大麦（二升五合）、大豆（一升二合五勺、焦げぬようにざっと炒り皮を取る）、小麦（七合五勺、よく摺る）、塩（七合五勺）、水（三升）。水と塩は宵に沸かし、翌日に入れる。

金春【こんぱる】「さるがくののう（申楽／猿楽の能）」ヲ見ル

金毘羅大権現【こんぴらだいごんげん】 大坂願所。〔願懸重宝記・初〕に象頭山金毘羅大権現を信じて海上風波の難、火災を免れることはよく知られている。大坂勧請のあらましは、中の嶋常安町讃州高松侯の御蔵屋敷、天満、高津、生玉、千日法善寺、堀江阿弥陀が池、博労町稲荷社、平野町御霊社内にある。いずれも諸願を掛けると霊験があり、参詣人は常に絶えない。御縁日は九・十日である。〈印文〉〔万用重宝記〕には金毘羅大権現の御印文は盗賊、押込《おしこみ》、火付《ひつけ》等何でも仇をなす者を即座に竦《すくば》らす。霊験灼《あらた》かな法は、「おんひらひらけんびらけんのそわか」と七遍称え観念すると罪人は即座に竦りかえる。疑ってはならない。〔農家調宝記・二編〕には、讃州三輪明神、後に崇徳院の霊を合祀するとある。

紺ビロード【こんびろうど】 染色。〔秘伝手染重宝記〕「こんびろうどう」は、下地を紺に染め、刈安*を三度引き、湯一升に明礬を粉にして入れ、一度引き、水で濯ぐ。

昆布丸【こんぶがん】〔改補外科調宝記〕に昆布丸は、癭*《えい》瘤*《りゅう》の薬。昆布・海松・小麦（各等分）を刻み合せ、酢に三日漬けて乾かし炒り粉にして丸薬とし●程に丸じ、食後に三粒ずつ三度用いる。また、他に麻の実を擂り潰し絹に包み炭火で温め、癭瘤の上をさする。冷めたら温める。

昆布出汁【こんぶだし】〔料理調法集・煮出煎酒之部〕に昆布出汁は、昆布をよく洗い暫く水に浸して置き、昆布一枚に水一升五合程で煮出し、一升程になった時用いる。

昆布の事【こんぶのこと】〔万物絵本大全調法記・下〕に「昆布 こんぶ／ひろめ」。〔書札調法記・六〕に昆布の異名に、綸布《りんふ》がある。〈薬性〉〔医道重宝記〕に昆布は寒で毒なく、癪を破り、水を通じ、悪瘡を治す。多食す

ると痩せる。〔永代調法記宝庫・四〕には多く水道を利し、悪瘡や顔の腫を引かす。また煮て水腫、腫物、瘡によい。油揚は病人に毒である。〈和か煮様〉〔諸民秘伝重宝記〕に「昆布を和か煮様」は、昆布一枚のまま洗わないで水より煮、煮えた時に水でよく洗ってさっと干し、また鮒を包んで煮ると和かなこと妙である。冷やかさずに煮るのが口伝である。

昆布海苔【こんぶのり】 薬性。〔永代調法記宝庫・四〕に昆布海苔は甘く、冷え、毒はない。瘡、腫物、瘀血をよく瀉す。また気をよく下し、食を消し、過食は胸に痞え、腹が張る。

金平糖【こんぺいとう】 「こんぺいとう」は、本郷追分森川宿 まさごや春重にある。〔江戸町中喰物重法記〕

こんべらばあ【こんべらばあ】 妄書かな遣。「こんべらばあ、あくたい（悪態）也。此べらぼうは、と書くべからず」。〔小野篡譃字尽〕

ごんぼ【ごんぼ】 片言。「牛房《ごばう》を、ごんぼ」という。〔世話重宝記・四〕

こんぼん【こんぼん】 片言。「懇望《こんばう》を、こんぼん」という。〔世話重宝記・四〕

混本歌【こんぼんか】 歌学用語。〔男重宝記・二〕には、三十一文字の内、今一句を詠まないのをいうとある。〔諸人重宝記・一〕には、四句で常の歌に一句少ないとある。

権妙【ごんみょう】 妄書かな遣。「ごんみやう、ごてれつ」。ごてごて言う奴のこと。〔小野篡譃字尽〕

昏目【こんもく】 「根目」とも書く。目がくらくなること。〈昏目食物宜禁〉〔世界万法調法記〕「根目に宜い物」は黒豆 黒胡麻 蕗 藕《はす》 萵 牛蒡 零余子 莧 榧 棗 桃 薺 小豆 青海苔 鯉 鯵 田螺 海螺 雲雀 鮞 鮑 雲雀 炒海鼠など。「根目に禁物」は酒 油 姜《はじかみ》 蒜《にんにく》 葱 蕎麦 蕨 韮 栗 山椒 芥子 茄子 胡瓜 五辛 麵類 糯 煎大豆 蓼 茸 鮭 鮎 鮒 鯛 鯖 鰯 鰆 鱧 鯨 蛸 鰹 烏賊 河魚 鴨 山鶏 鳩 鷺 鴫 猪 狸 生芋茎 風呂湯など。「風眼」参照

魂門【こんもん】 〈経絡要穴 肩背部〉二穴。魂門《こんもん》は第九椎の下左右へ三寸ずつ開く処にある。針五分。灸三壮。背より胸に引き痛み、腹鳴り、大小便の調わないのを治す。〔鍼灸重宝記綱目〕

紺屋染茶染めに善し悪し【こんやぞめちゃぞめによしあし】 〔染物重宝記・天明五〕に「紺屋染茶染めに善し悪し」として、憲法小紋、栗梅小紋、緞子反、郡山染、杢《もく》染、墨流し、鳶色小紋の類は豆《まめ》汁気のある小紋と槟榔子*に悪いとする。［〔染物重宝記・文化八〕には 豆汁気を抜いて紋付色々下染して槟榔子によいとある］〇浅黄小紋 鼠小紋は、裏を返すと鳶色類 茶類に大概よい。〇濃茶 薄茶類にならず 下染を濃くすると、江戸納戸茶 前栽茶 真鍮《かな》色茶の類に大概よい。

紺屋の明後日【こんやのあさって】 世話。〔人倫重宝記・二〕に、紺屋が染め上り期限を「明後日」と言って延期することが多かったことから、詐《うそ》をつくことの世話に引かれるようになった。

紺屋の始り【こんやのはじまり】 〔人倫重宝記・二〕に紺屋の始りの一説として、奈良の京に浦津曾根《うらつのそね》という者がいてよく絵を描くので、或る時禁裏に召し蜀江錦《しょくこうのにしき》（＝シナ蜀産の美しい錦）を出し、この模様と少しも違わないように生絹の帳につけて出せと命じると、曾根は家に帰り熟々思案し、やがてこの錦の模様を紙に写して小刀で切り抜き、絹に摺りつけてから、紺掻《こんがき》という物が広まったという。昔の砂牟羅《しゃむろ》、中頃の正平・吉長《よしなが》・友禅染、今の世の遠山・夕暮・ぼかし染は、信夫摺*や蜀江錦にも勝り、次第に紺屋も上手になった。

袞龍衣【こんりょうい】 〔万物絵本大全調法記・上〕に「袞 こん。袞龍衣 こんりやうい。袞龍袍（こんりやう）はう。並同」とあり、掲図がある（図192）。天子の礼服で、赤地の綾に龍に日月火等を縫い取り、模様にしたものが色々ある。

婚礼の事【こんれいのこと】 〈婚礼〉〔女重宝記・二〕に女が夫の家に行くのを和らげて祝言《しゅうげん》 嫁入《よめいり》《よめり》と言い、男文字で婚姻《こんいん》 嫁《か》する 帰《とつ》ぐと言う。祝言の時

図192　「袞龍衣」
（万物絵本大全調法記）

刻は昏《くれ》を本とするので女偏に昏を書いて婚《こん》、男が迎いに出て女が因《よ》って行くので女偏に因を書いて姻《いん》という。女は夫の家で身が終る迄我が家とするので嫁す、また女は父母の家を家とせず夫の家を住家とし、夫の家に帰る意味で帰《とつ》ぐと言う。嫁入してから再び父母の家に帰らないことを死人の出棺に縁をとり、嫁入の輿・乗物を蔀《しとみ》から出し、門火を炊き（=婿の門でも乗物の着く時炊く）塩と灰で打ち出し、必ず帰ることを忌む。嫁入の女は舅姑に孝行を尽し夫を敬い下々を憐れみ帰らない事を心掛ける。〔絵入日用女重宝記・一〕に男女婚礼は和漢ともに礼の重いもので、一生に一度配偶を定め偕老の語らいをなし、子孫を設け、父母に継いで自分も父母となり、代を知る始めを顕す。それを俗習で正・五・九月は犬猫すら出し入れしないもの、三月は桜ざめ、八月は離れ月、十月は神無し月と言い、愚痴の迷いからその期《とき》を誤ってはならない。〔諸礼調法記大全・地〕には婚礼は天地の定礼で、人間一生の三礼の一で大切な礼義、家祖達の日を忘れず、吉日を選び、相方障りのない辰《とき》にすれば、天理に叶い、繁栄の基いとなる。夫婦の縁結びは家相続のためであり、何事にも皆相応を守ることである。

〔嫁娶調宝記・二〕には次がある。〈嫁入道具〉嫁取日の一日前に嫁の道具を遣わすが、それは身代による。長持五棹（夫婦・客の寝道具、小袖等が入る）。小袖箪笥二荷。小葛籠一対（色々入る）。大葛籠一対（蚊帳二張、その他夏の物が入る）。琴箱、三味線箱各一。大衣桁二。大長持二棹（家具重箱等色々取交ぜた道具が入る）。押え二人、町人なら重手代が当り、聟の方で段々に道具を渡し、先に行った女房が飾る。「〔女重宝記・二〕には昔は祝言の夜に諸道具を遣わしたといい、道具次第の記載もある外、上・中・下・下々によって品々あるが、長持一棹の上に葛籠半《かたし》を籠舁《かごかき》を雇い、暗がり紛れにごそごそと遣わすのもある」。

〈嫁の化粧〉親は昼の内に娘を風呂に入れてよく温め、洗い粉で洗い、首周りの毛を剃り、湯から上ると浴衣ながら夜着（掻巻）を着せて一蒸しする。よい時分に化粧を全身にし、べたつくのを杉原紙を柔らげて二度に拭い取り、暫くして白粉のような化粧を薄くし、また杉原紙を揉んで拭い取ると、顔の艶がほっこりと出る。顔の作り様は、時の風俗により、細面《ほそおもて》には額を丸く大きく取り、丸顔には額を小さく取る。眉は杉原紙をよく揉んで鍋墨をつけて置き、絵筆で何遍も引くと薄々と毛が生えたようになる。薄紅を頬先目際に、足手の爪を取りその跡にもつける。装束は上下ともに白い着物、上つ方では薄絹を被るが、中人以下は丸綿帽子を被る。

〈父母の訓え〉父に暇乞に出る時引渡《ひきわたし》（=本膳に盃が三ツ付く膳部）の盃事があり、充分に身を慎み、朝夕夫の命に違うな、嫉妬をするな、女の法義に反かず一度夫を持ったら他に目見えず、夫を親主のように尊び些かも背かず、言葉多くむさと物言うと必ず飽きられると言い聞かす。母の戒めは頭に綿を被らせ手拭を渡す時、夫に父や主のようによく仕えむさとした口をきくな、内の取り回しに心を配り、何事も夫に窺いを立てて我侭にするな、今日よりは舅姑に実の父母と思って孝行を尽くせ、女の道に背き離別して帰れば末代の恥、再び目見ゆることはない、と戒める。幼い時からの守り役姆《かしずき》は糸と針を持って出、父母の御言葉を忘れず、朝素顔を夫に見せるのは見苦しい事、早く起きて髪を結い化粧も手

早にし、少しの怠りから夫にも飽かれ憎まれる物、忘れる時はこの手拭や糸針を見るように、と言い含める。

〈聟方の拵え〉料理方に巧者を雇い勝手を頼む。新しい三方に手掛菓子（祝儀の取菓子）。引渡三方（熨斗七筋、搗栗五ツ、大切れ昆布一切れ、三ツ組の白土器の内に鶴亀松竹の絵を描かす）。燗鍋一対に装束し（口の上に弦に若松と譲り葉の若葉を括りつけ、弦は白い奉書紙で巻き、白元結で十二の括り節をつけて括る。弦の後ろの方には剣形の鴉の尾を三寸六分下げる。松の上に蝶をつけ、男蝶の折り形は本酌、女蝶は加えである）、雑煮（下に焼豆腐大根を敷く。餅を二寸四方程に二重ね、上に串鮑、結び熨斗、蕨昆布搗栗串海鼠餅共七色垂れ味噌で煮る）、向うに小角（飯を盛る三寸四方の折敷）に、左は黒大豆、右は田作（二ツを腹と腹とを合せて置く）。前に耳土器に白箸（長さ一尺二寸舅姑があれば夫婦二膳ずつ拵えて置く）を乗せて置く。八寸の少し足の高い台に輪を敷き土器を乗せ、反り鮒一ツ、また八寸に敷輪土器に伊勢鯉を皮を引き、平作りにして丸く高盛りにする。人数に合わせ五ツ拵えて置く。両夫婦、待女房である。

〈嫁出立乗物習い〉当日の昏合《くれあい》に乗物一挺、脇には被《かずき》で腰元・物縫各一人、下女二人、乗物舁四人、前に白貼の提灯二貼、後に挟み箱二ツ、手代二人が半上下股立ち取りで従い、押え（最後）は少し引き下って一家の内の名ある人二人が紋の提灯二張を灯し従う。聟の方からは人を遣わし先へ走らせ案内をする。侍には別の格式もある。〇乗物の内には前の窓の上に守《まもり》、下に守り刀を袋に入れて置き、先で被る綿帽子を畳んで置き、香炉に伽羅を炊く。装束は上下共白い着物、上掛も同じである。親の門を出る時分一把の藁に火をつけ門火を焚く。聟の門でも乗物の入る時門火を焚く等する。〇台所へ入ると聟が上下《かみしも》で出迎え、乗物に手を掛け、暫く立て置いてから入れる。奥の口で乗物より娘が出ると、先に待っていた女房が出迎え、乗物の戸を開けて守り刀を持ち先へ立ち、次に守を取って持ち、次に娘が出る。待女房が誘い化粧所へ連れて行き一休し、乗物酔を鎮め、先へ来た腰元が湯漬でも出す（宴席では食時をしない）。ここで歯黒額髪等を直す。座敷の拵えが出来たら上下《うえした》の着物上《うわ》掛《かけ》も共に白い着物、丸綿を被らせ、介添が誘い座敷へ誘い出し、嫁は主居（左）の座に着く。待上郎も出る。

〈祝言の座敷〉座敷を一間拵え、床には何でも祝儀の絵を掛ける。本式には福禄寿に鶴亀を描いた絵を用いる。下の卓には祝儀物の香炉、棚のある所には嫁の手道具、その他香炉箱盆等を飾る。次の間の床には琴、三味線箱、双六盤等を飾る［祝言の前日より舅方から諸事の飾り物を知った女房が来て飾りをする］。次の間、また寝間でも、二ツの衣桁に着物を五ツも七ツも掛ける。帯も三筋も五筋も掛ける。

〈饗の膳〉二重左手掛置鳥置鯉をするのは本式の祝儀である。饗の膳を置くことは祝言の夜は恵比寿に進ずる謂れで定まったことであるが、略儀の祝言では飾るに及ばない。しかし、心持ばかりの膳を拵えて、床にでも恵比寿棚にでも並べる。床の前に引渡の三方を置き、一対の飾り燗鍋を口と口とを合せて置く。祝言の間には行灯の燈心を細くして、余り赤くないようにして置く。次の間も同じである。本式正の時は五百八十の小餅の上に大きな鏡餅を七ツ置く。中人以下でも五十八の餅を台に積んで置くのが祝儀である。

〈引渡の座敷〉床には用意した掛物（福禄寿。下に神の御膳を据えることもある）、床前には引渡の三方、燗鍋、真ん中に灯火。待女郎《まちじょうろう》が座に着くと嫁も座に着く。聟は上下《うえした》共に白い着物、花色の紋付の上下、また黒柿色の紋付もある。侍なら身代により子持筋の長上下を着る。それより以下の町人《まちにん》等は半上下である。聟は客居の座（右）に着き、皆無言である。

〈通いの次第〉床前に飾のある燗鍋を通いが二人で持ち、後へ下り、下にいる腰元が出て引渡の三方を持って待女郎の前へ寄る。腰元が下り

待女郎が酌 三方の元まで寄り、待女郎が土器《かわらけ》を取り上げ飲み始め、その盃を嫁へ差す。腰元が寄って三方を取り、嫁の前に置く。酌人が向かうと 介添が土器を取り 嫁に渡し、嫁が取り上げる時本酌を注ぐ。加《くわえ》引《ひき》添《そい》がある故 本酌より帰ると、燗鍋の口へ加えより本酌を二度加え立ち退くと、介添が中《ちゅう》で嫁の盃を取り三方に載せると、腰元は三方を聟の前へ持って行き下に置く。酌が寄り土器を取り上げる時、酒を注ぐ。酌より帰ると加が注ぐ。また酌が三方に向い二加えする。酌も加も下る。腰元が三方を持ち座敷の真中に置き、上の土器を取り下にして、中の土器を上にする。反り鮒を持ち出し、右の方に置く。聟も嫁も箸を取り 食う真似をする。箸を下に置いた時、腰元は三方を持ち聟の前へ置く。酌加が出て、前と同じように酒を注いで帰り、加がまた向い二度加える。少し下ると腰元が寄り三方を持ち嫁の前に置くと、酌人は二人ながら寄り、前のように酒を注ぐ。加も前のようにして後へ控えている時、腰元が寄り三方を真中に置くと、打ち身の鯉を持ち左の方へ置く。置く所は夫婦共に同じである。腰元が三方の前に寄り上の盃を取り下へ重ね、嫁の前へ持って行き置くと、介添が取り上げて渡す。嫁が飲み始め、酌の取り様、加えは前に同じである。少し下ると腰元が寄り三方を聟の前へ持って行き置くと、聟が取り上げ前のように飲む。本酌 加 共に前のようにする。少し下ると腰元が寄り、その三方を持ち 待女郎の前に置く。待女郎が盃を取り上げた時、本酌 加が共に寄り酒を注ぐ。前のように二度加える。女郎が飲み終わると、酌人は少し後へ下って居る。腰元が出て三方を持ち前の飾りのように三方を置き、本酌 加 共に燗鍋の口と口を合せて置く。その内に肴等を取り入れ、酌人も入る。「三盃饗膳献々本式」モ見ル

〈色直し〉婿が立って勝手に入り装束を着替える。白の小袖を脱ぎ、常の袱紗 小袖 半上下を着る。侍なら熨斗目《のしめ》*、町人なら黒でも花色でも紋付に着替える。嫁の方は介添が付き、待女郎も化粧の間に入る。装束を脱ぎ白無垢の上には色小袖、赤い小袖を打掛にする。待女郎も着替える。身代のよい衆は酌人も腰元も皆着替える。嫁は綿帽子なしに前のように出る。

〈三三九献〉座が定まり三膳を持ち出、待女郎共に据わる。箸を取り一口二口食い、箸を下に置くと先の酌人が出て燗鍋を取る。また腰元が出て引渡を持ち待女郎に持って行き置くと、酌人が寄り酒を注ぐ。加が立ち退くと腰元が三方を取り嫁の前に置く。介添が土器を取り 嫁に渡す。酌人が寄り酒を注ぐ。寄り返り二度加えて立ち退く。腰元が寄って三方を持ち、聟の前に置き、酌人が寄り酒を注ぐ。寄り返り二度加え、土器も二度加え、燗鍋を下に置く。聟は土器に載せて置き、上の土器を下へ廻し、また酒を注ぎ、二度加え立ち退くと、腰元が寄り三方を嫁の前へ持って行くと、介添が取り上げ嫁に渡す。酌人が寄り酒を注ぎ、寄り返り二度加え、土器へも二度加える。酌人はまた土器を取り、下のを上へあげ、また嫁が飲み始め下に置くと、腰元が寄り三方を持ち聟の前へ行き、下に置くと酌人が寄って酒を注ぐ。寄り返り二度加え、土器へも二度加える。以上が三三九献である。

〈祝言の夜の盃〉婿も女房も互いに盃を戴くのが法であるが、共に礼はない。侍も歴々の町人も祝言の夜は長柄銚子でする人が多い。通《かよい》も持ち様は変わるが、燗鍋の酌のように加えの次第も継ぎ様も同じである。長柄の銚子は男は縦に、女は横に持つのを習いとする。

〈御厨子棚*黒棚*〉身代《しんだい》（資産）のよい方は飾るが色々に飾り様がある。

〈食事〉この夜男（婿）の前でむさむさと食事するするのは見苦しく、介添の女房が気をつけて化粧所で食事を参らす。

〈隠居へ対面〉夫の両親が隠居している時はその夜の内に夫婦共に参り、嫁より贈り物（立目録）をする。一の座には舅、向かい合わせて姑が並

び、舅と姑の二の座敷に婿と嫁（介添と腰元が後ろにいる）が並ぶ。舅姑の挨拶には、はいはいとばかりで、言葉は多く言わないものである。大方は介添が挨拶をいう。その内に雑煮が出て、嫁も餅を一口二口食い箸を下に置く。引渡を持って出て姑の前に置く時、姑が飲み始め嫁に差すのを介添が土器を取り嫁へ渡すのを取って頂き、酒を受ける。加《くわ》えは三度し、その盃を姑へ返す。姑が受け三度加え、舅へ差す。舅は酒を受け三度加え、嫁へ差す。嫁は盃を取って頂き、酒を三度受ける。舅へ返し、舅は酒を受け三度加えその盃を息子（聟）に差す。聟は酒を受け三度加え、舅へ返す。酒を受け三度加え、姑へ返す。姑は息子（聟）へ差す。聟は盃を頂き、三度加え、お袋（姑）へ返して盃を納める。

〈聟の兄弟対面〉一人一人嫁と盃事があるが、長くなるので嶋台*が出、また押さえ肴があり、座敷の真中に置いたばかりで、挟むことはない。

〈婚礼打ち上げ〉当代は嫁の来た日に、夜になり夫婦連れで舅の方へ行くことがある。本式には三日目に打ち上げとして行く。侍は太刀折紙を持参するが、町人なら樽肴で行く。五種の進物なら鯣十連、昆布百本、鯛一掛、鴨三ツ、樽一荷である。それ以下の軽い者は干鯛一折、樽一荷である。嫁には進物はない。聟は仲人、また身近な一門を一両人連れる。聟の装束は袱紗小袖半上下、士なら熨斗目*を着る。座敷は聟が一の座、次に仲人、一門の人が着く。煙草盆、茶等が出て、舅が熨斗目の着物半上下、嫡子・次男・三男が半上下で出る。仲人の挨拶で聟を引き合せ、次に一門の者が次々に名乗り、段々に引き合せる。舅の家来で家に久しい者が出て太刀折紙を舅の前三尺程に置き、十郎兵衛様御持参と、少し後しさりし声高にいう。舅は太刀の際《きわ》迄摩り寄り、太刀と折紙と一緒に持ち戴いて、脇へ置く。その時、聟は謹んで礼をする。家来の若く健やかな小姓が出て引太刀をする。町人は書付の進物を飾り重手代が出て、十郎兵衛様御持参という時、舅も手をついて、御念入れられ仕合せと礼がある。聟は無言で謹んで礼をする。仲人は心得て挨拶をいう。兄弟への進物がある時は、各人に書きつけ、或は立目録を読み上げ、後で一々礼がある。その内に雑煮を据える。

〈雑煮〉舅が箸を取り、皆が二三口食うと引渡の三方を持って出る。長柄の銚子なら酌人加共に二人出る。舅が仲人に挨拶し、土器を取り上げ酒を注ぐ。本酌が後へ居、帰ると加が寄り酒を加える。また注ぎ、その盃を三方に乗ると小姓が出て聟の前に持って行き、聟は少し摩り出て三方を中《ちゅう》で取り、土器は取り、三方は脇に置き飾る。土器を戴く時舅も礼がある。酒を注ぐ本酌、加えに立った時舅方の心易い人が刀を持って出て座敷の真中で袋から取り出し、聟の前へ持って行き、柄の方を向うへ差し出す。聟は中で受け取り、鞘と柄を持ち、鍔の所を戴く。舅へも挨拶があり、また小脇指を持ち出、前のように聟へ渡す。聟は受け取り頂き、左手で我が脇指を抜き脇に置き、貰った脇指を差す。次に両手をつき、舅の方へさっと礼をする時、本酌が寄り酒を加え、その盃を舅へ戻す。舅の盃を仲人へ差し、その盃を婿より嫡子が年嵩なら嫡子へ差し、その盃を聟へ差す。聟の盃を次男へ、次男より聟へ戻る。また聟より三男へ、三男より聟へ戻す。嫡子より仲人へ戻し、仲人より舅へ戻し納まる。一門へ差すこともある。長くなるので舅で治まることもある。嶋台・押さえ台が出て、その肴を挟む。銚子・土器を引くと雑煮も引く。

〈町人〉町人では舅が盃を差し、自分の脇差を抜いて仲人に渡し、聟へ出す。聟は自分の脇差を抜き、貰った脇差を差す。また兼々の約束で金銀をつける時は立目録で二十貫目、五十貫目、千貫目等色々ある。

○それより下ツ方は、絹一疋（二反）、上下《かみしも》一具、また扇子箱に樽を添えて遣わす軽い事があり、身代により色々あり一概には言い難い。引き続き振る舞い出ることもあり、奥に通り母姑にも会う事がある。

○今の世は奉公人分とて、朝から行き昼から襷を掛けるのもある。五器《ごき》

(わん。食器)さえない人も次第に栄え、嫁取に善美を尽した人も家屋敷を売り払い、分散に会い、太平記読みになり行く末の知れぬ人もある。祝儀取り迎いは粗相でも身過ぎを二六時中真実《まめ》な人が真実の婿である。

〈嫁子里帰り〉嫁の里帰りが三日目にあり、赤飯を蒸し舅の方より知音近付 一家の人々へ配る。嫁は初めての里戻り故、樽肴 付々《つきづき》の腰元 下女端《はした》に迄それぞれに配り物がある。二三日休息して戻ることもあり、部屋住なら四五日、家持なら一両日で戻る。

〈打上げの日〉表の間で式三献が済み、奥の間から使いが来て、舅が先に立ち、聟は後から入り、引渡で盃事がある。一の座に舅 次に聟、向いには姑 次に嫁が座る。舅の挨拶で盃を始め 姑に差し、その盃を聟へ差すと謹んで頂き姑に戻り、次には嫁へ差し 姑に戻り、次に舅へ戻り嫁へ差し 舅へ戻り、盃は納まる。舅の挨拶があり、表で振舞が出て酒盛になる。嫁は後に残る。

〈舅入り〉聟の方へ舅入りがある。士なら太刀 折紙持参、町人なら樽肴、聟の両親 兄弟へもそれぞれの進上物がある。盃事は変わらない。

〔新板増補女調法記・二〕には町風がある。〇「三三九度」。男蝶・女蝶の瓶子を用いる町人の法もある。一番に手掛、二番に土器三方、三番に引渡を出して、次に銚子、加《くわえ》が出る。式三献の三方を嫁聟共に据わる時、座敷に飾ってある瓶子を取り、女蝶の瓶子の酒を銚子に入れ、男蝶の瓶子の酒を加に入れる。男蝶の瓶子は俯けて置き、女蝶の方は仰のけて置く。次に口を差し 式三献に加え、初めの盃を嫁が飲み始め、その盃を聟に差す(加えは三度ずつ)。二度目の盃は聟が飲み始めて嫁に差す(これも加えて三度ずつ)。三度目の盃はまた嫁が飲み始めて聟が飲み納める。いずれも加えて三度ずつである。以上が三三九度で、その時銚子と加は末座に控える。この間に腸入《わたいり》の吸物が出、また聟と嫁が三献ずつ飲んで銚子を控え、次に打身の吸物が出て、また盃三献を飲み、次に雑煮が出、続いて鰭《ひれ》の吸物が出、また三献が済んで皮入の吸物が出、三献飲み納めて銚子と加が入る。次に饗の膳七五三が出るが、聟嫁ともに据わるだけで食わない。この儀式が済んで聟は座敷を立つ。その間に待女郎(新婦の世話役)介添 嫁は互いに盃ごとがある。

〈色直し〉化粧の間に入り下げ髪を上げることもあり、そのまま下げもする。色直しと言い、嫁は聟が遣わした地赤の小袖を着、聟も嫁の土産物の小袖を用いる。婿から嫁への小袖は地赤白無垢一重ね、帯二筋、但しその人の高下による。姑があれば姑から遣わす。嫁から聟へは七色の土産といい、熨斗目*白無垢一重ね・帯・畳紙《たとうがみ》(=鼻紙といい七折に折り)・扇子一本・麻上下を贈る。その他にも土産があり、舅へは太刀・折紙、或は肴代 扇、姑には肴代、或は肴代・綿・麻の類である。この他へも鼻紙の類なりとも残らず贈る。家来へは全体へ青緡(青苧で縒った進物の銭緡)何貫と言って贈る。これは真の祝言で本式である。

〈中人以下の婚礼〉中人以下の婚礼は式法を略し、草《そう》の祝言をする。諸事次第は大方同じであるが、道具や包形《つつみかた》を略する。手掛・土器・三方・引渡を出して、銚子・加の酌二人が出て加え、加えする者は聟を前にして居る。酌は長柄《ながえ》を持ちながら土器の三方を持って聟へ向き、立ち回って嫁の前に置く。介添が盃を取って酒を受け、嫁に渡し、嫁が取って飲み、そっと加えて飲む。長柄は下座へ我が左の方へ廻って立ち、下に座り、加えてまた我が左へ立ち回って三度目を加え嫁が飲んで、次にその盃を聟の方へ持って行く。聟が加えて、また長柄を前のように加えて三度飲み盃を置く。酌は長柄を下に置き、両手で盃を取り、下の二ツの盃を少し脇へ取り退け、始めの飲んだ盃を下に置き、新しい二ツの盃をその上に重ねて置き、また元の座へ三方を直す。次に二度目の盃を聟は前のようにまた加えて三度飲む。加え様、酌の立ち様は始めのようである。その盃を嫁の方へ持って行き、前のようにまた加えて三度飲む。ま

たその盃を一の下に置き、新しい盃を上に置き、元のように上座に置く。三度目の盃を嫁が三度飲んで聟の方へ持って行く。聟が加えて三度飲み、盃を下に置く。その時酌は両手で三方を取り、勝手へ入る。この時手掛、引渡、三方を皆引く。ここで雑煮が出て、三方に塗り盃を二ツ載せて出し、雑煮で嫁・待女郎・介添の盃事がある。この式が済んで嫁は色直しに入る。

〈色直し〉聟はこの間に聟入*することもある（本式は三ツ目と言い三日目に婿入り、嫁は里帰りをする。五日目に舅入がある。草の祝言ではその夜に婿入 舅入共に済む）。色直しが済んで、髪も上げ、眉も落し、帯も仕替えて座敷に出る。この時は待女郎・介添にも膳が据わり、夫婦共に料理に座り、一統の盃事がある。この時は初めの時と違い食うが、男は飯から、女は汁からであり、膳の食い様もある。

〈床入〉料理が済んで床入りになり、介添が働く。枕元に愛染の守を掛け、西枕 嫁は北側に寝させ、銚子、盃を置く。床入の盃は夫婦ともに飲む。床の時分は年寄の女郎がよい。これらは真草共に同じ。

〈婚礼取組吉凶年〉〔金神方位重宝記〕に「夫婦婚礼年齢凶年」は、十三・十六・十九・二十二・二十五・二十八・三十一・三十四・三十七・四十・四十三・四十六・四十九・五十二歳で、五十二歳までの他の歳は吉である。但し、四十五歳は吉凶がない。吉の歳に婚礼すると幸せよく富貴にして子孫も繁盛する。知らずに祝言したら四十五日間交合を慎み、吉日を選んで婚礼し直すとよい。〈婚礼吉凶日〉〔重宝記永代鏡〕に〈吉日〉暦中段。成《なる》*平《たいら》*建《たつ》*定《さだん》*の日、陰陽日*天地和合日*人民《じんみん》和合日*。〈凶日〉暦中段。除《のぞく》*破《やぶる》*、暦下段の往亡日*重日*復日*人民離日*四ヶの悪日*厭日*厭対日*無翹日*。また毎月四・十・十六・二十・二十四・晦日の日、丙子・癸丑・甲寅・乙卯・壬辰・戊戌・丙午・庚申・辛未・癸酉・丙戌・戊卯の日は、婚礼に用いない日である。

〈婚姻祝儀〉〔進物調法記〕に「祝儀品」は、黒棚 貝桶 歌加留多 硯箱 料紙箱 香道具 鏡 櫛箱 畳紙 絹布類 枕屏風 煙草盆 扇子箱入等八十に近い品目がある。

〈婚礼を賀す文〉〔書札調法記・四〕〔文章指南調法記・四〕等に返書とともに範例文がある。前書の一例文に「貴様御儀 御祝言相済御繁昌之初 寔以珍重之御儀ニ而御座候 私儀も追付貴様ニ御似合《あやかり》可申与頼母敷存候」とあり、言換えの語彙もある。

〈婚礼禁句〉〔女寺子調法記〕に婚礼に言わぬ詞。さる、のく、わかるる、はなるる、きるる、うすい、さむる、かえす、やる、あく、おくる、もどす、しまぬ、きらう等の詞は決して使ってはならない。女一代にただ一度の祝儀なので、兼ねてから心得て置くべきことである。「三三九度」参照

芩連二陳湯【ごんれんにちんとう】〔改補外科調宝記〕に芩連二陳湯は、瘰癧*の薬。黄芩・黄連・陳皮・茯苓・半夏・牛房子・甘草・桔梗・連翹・天瓜粉（各二匁）、木香（三分）、夏枯草（二匁）に生姜三片を入れ、煎じて用いる。

崑崙【こんろん】〈経絡要穴 腿却部〉二穴。崑崙《こんろん》は足の外踝の後ろ下 跟骨《きびす》の上大筋の前陥みの中にある。針三分か五分、留むること十呼。灸三壮。妊婦には禁止。腰・尻・脚・陰腫れ痛み、頭・肩・背痛み、目眩い、目痛み、咳喘、鼻血、胞衣下らず、小児の驚癇等を治す。〔鍼灸重宝記綱目〕

さ

差【さ】〔算学調法塵劫記〕に差は、多・少の両数があり、多い数の内から少ない数を引いた残りの数をいう。「較《こう》」ともいう。

搓【さ】十四の鍼法*の一。熱病を治すには、外に向い針を臥せて搓線《させん》（いとすじをくだく）の状のようにする。甚だ緊《きび》しくしてはならない。寒病を治すには、裏に向い臥せ、搓線のようにする。搓《くだく》ともいう。〔鍼灸重宝記綱目〕

菜【さい】〔女用智恵鑑宝織〕に次がある。普通、飯《めし》に副える副食物を菜《さい》と言う。汁《しる》*や吸物《すいもの》*とは区別される。菜の数により膳の据え方がある。菜の引き落しや、菜に掛ける汁の掛け落し等があっても乞い求めてはならない。後になってこのことを話すのはなお卑劣である。一座の中でそんなことがあれば、通い*の人に脇からそっと気をつけるのはよい。菜は左の方から食い始める。菜から菜を食うことを渡り箸*と言い、嫌う。

載【さい】大数*の単位。万万正を載という。十載、百載、千載。〔改算重宝記〕

在【ざい】九字の大事*の一。〔新撰咒咀調法記大全〕に「在《ざい》。日輪放光印。大威徳明王」。

財【ざい】唐尺*の事。〔文政新刻金神方位重宝記〕に財の寸に中れば、その家は宝が集り富貴する。八卦で財は福徳である。

在江【ざいえ】大名衆遣い詞。〔男重宝記・一〕に、大名が江戸に居るのを在江《ざいえ》という。下の人が言う時は「御」の字をつける。

西園寺【さいおんじ】西園寺は七清花*の一。家領六百七十石。〔男重宝記・一〕

西海道【さいかいどう】〔重宝記永代鏡〕に筑前*筑後*豊前*豊後*肥前*肥後*日向*大隅*薩摩*の九ヶ国をいう。

皂角【さいかく】「さいかし（皂莢）」ヲ見ル

犀角【さいかく】〔薬種重宝記・下〕に唐獣、「犀角 さいかく。鮫（鮫の皮）にて研り、火を忌む」。〈薬性〉〔医道重宝記〕に犀角は酸く寒、心を清くし、煩熱を去り、驚を鎮め、邪を避け、毒を解す。吐血・衄血（鼻血）・下血を治し、痘瘡の余毒を治す。白い所を去り、刻む。〔俗家重宝集・後編〕に犀角を粉にする法は、薄い紙に包み少し懐中して搯り砕けば、暫時に粉になるという。

犀角黄連湯【さいかくおうれんとう】〔小児療治調法記〕に、「痘後の余症」*で、牙疳《はくさ》を犀角黄連湯で治す。黄連・犀角（水に磨す）（各一匁）、烏梅（一箇）、木香（二分）を水で煎じ、薬がよく沸き上る時に、犀角水を入れて用いる。

犀角解毒湯【さいかくげどくとう】〔医道重宝記〕に犀角解毒湯は、麻疹が既に出て大小便より血を出し、或は吐血・衄血（鼻血）し大小便が閉じ渋り麻疹が多く出て赤く痛み熱渇するのを治す。犀角・牡丹皮・赤芍薬・黄連・黄芩・黄栢・山梔子（各一匁）、生地黄（五分）を煎じる。麻毒が盛んで実熱のものに用い、虚するもの血が大いに出たものには用いない。血熱により諸血を出すものには四物湯*を用い犀角を加える。脾胃の弱いものには地黄を去る。麻疹《はしか》の初めから終りまで潮熱の退かないものを血虚・血熱とし、四物湯に地黄を去り、紅花・黄芩を加えて用いる。〔小児療治調法記〕に麻疹が既に出て大小便の下血、吐血・衄血、或は二便閉じ渋り、瘡疹稠密、熱渇赤痛するのに用いる。犀角（一匁 無い時は升麻に替える）、生地黄（五分）・牡丹皮・赤芍薬（各一匁）、黄連・黄芩・黄栢・山梔子を水煎し、吐血・衄血には炒り山梔子、童便を加えて交ぜ服する。

犀角散【さいかくさん】〔小児療治調法記〕に犀角散は、客人や異物を見て忤《おびやか》され、驚き泣き熱の壮んなものを治す。天麻・犀角・麦門冬・釣藤・辰砂（各一匁）、鉄粉・雄黄（各半匁）、麝香（少許）を末（粉）し、五分ずつ金銀の煎じ湯で呑ませる。黄土散*もよい。

犀角消毒飲【さいかくしょうどくいん】「しょうどくいん（消毒飲）」ヲ見ル

犀角消毒丸【さいかくしょうどくがん】〔丸散重宝記〕に犀角消毒丸は、癪熱及び痘瘡の余毒、或は風毒、丹毒によい。地黄・防風・犀角・荊芥・当帰（各一戔）、牛蒡子・芍薬・秦艽・桔梗（各七分）、薄荷・黄芩・甘草（各五分）を蜜で丸じ、薄荷湯で下す。

犀角地黄湯【さいかくぢおうとう】〔昼夜重宝記・安永七〕に犀角地黄湯は、血熱ある物及び吐血・衂血《はなぢ》・咳血《かすりち》・咯血等を治す。犀角（一匁）、牡丹皮・赤芍（各一匁五分）、生地黄（二匁）を水煎熟し、茅根汁を入れて服する。○吐血には天門冬・黄芩・山梔子・阿膠を加える。○衂血には黄芩・山梔子・阿膠を加える。○咯血には黄芩・山梔子・麦門冬・黄栢・知母・当帰を加える。○唾血《つばきち》には山梔子・麦門冬・黄栢・知母・当帰・熟地黄を加える。〔小児療治調法記〕に、「痘後の余症*」で発熱《ほとおり》*甚だ盛んで、或は鼻衂《はなぢ》或は大小便に血を下し、一切失血の症には急に犀角地黄湯を用いる。犀角・芍薬・生地黄・牡丹皮（各等分）を煎じ、犀角を鑢《やすり》で細かにし薬汁に入れて用いる。

皂莢【さいかし】〔万物絵本大全調法記〕には「皂莢　さうけう／かわらふぢ、又さいかし。秋」。〔薬種重宝記・下〕に和木、「皂莢　さうけう／さいかし。皮を用ゆ。上の赤き皮を去り、内の白い処を刻み焙り、鉄を忌む」。「皂角子（さう）かくし／さいかしのみ。炒りて砕いて用ゆ」。又「皂角刺（さうかく）り／さいかしのはり、尖《とがり》を去り、刻む」とある。「さいかち」とも。

皂莢飯【さいかちめし】〔料理調法集・飯之部〕にさいかち飯は、さいかち（皂莢）の芽を摘んで菜飯*のようにする。

西行の庵室【さいぎょうのあんしつ】吉野名所。四方正面堂*より二丁程である。この間に苔清水がある。ここから吉野町へ帰る。〔東街道中重宝記・七ざい所巡道しるべ〕

塞金丹【さいきんたん】〔改補外科調宝記〕塞金丹は、疔疽*の薬。明礬（四両）、黄丹（二両）を銀の釵《こうがい》か匙《さじ》で搔いて、火を緩くして炒り、紫色になった時、腫物の廻りを針で破り、唾で練り切々つけ、腫物が乾かないようにする。これで潰れなければ、人言（砒石、一匁）、雄黄・硼砂（各五匁）を粉にしてつけるとよい。十三疔*を治すこと、神妙である。

細工【さいく】〔人倫重宝記・一〕に、一切の器物《うつわもの》を造る匠を細工という。百工の細工は唐土では黄帝の臣下の垂が始め、舜も様々の器物を作り始めた。日本では代々に細工の名人が多い。「こう（工）」ヲ見ル

歳刑神【さいけいじん】八将神*の一。「さいきょうじん（歳刑神）」ともいう。本地は堅牢地神。歳星は水曜星。この方角に向いて種を蒔かず、土を掘り動かすことを忌み、武道を行うには吉方。次の方角である。子の年は卯（東）。丑の年は戌（西西北）。寅の年は巳（南南東）。寅の年は巳（南南東）。卯の年は子（北）。辰の年は辰（東東南）。巳の年は申（西西南）。午の年は午（南）。未の年は丑（北北東）。申の年は寅（東東北）。酉の年は酉（西）。戌の年は未（南南西）。亥の年は亥（北北西）。〔永代調法記宝庫・五〕

柴桂湯【さいけいとう】〔薬種日用重宝記授〕に柴桂湯の方は、柴胡・芍薬（大）、黄芩・半夏・桂枝・生地黄（中）、甘草（小）、大戟（二ツ）。心熱を上げる等によい。

歳下食日【さいげじきにち】暦下段。〔重宝記永代鏡〕に歳下食日《さいげじきにち》は、天狗星という悪星が六十日目に一度ずつ人間界に下り、人の食を奪う日である。子年は丁《ひのと》丑の日。丑年は辛《かのと》寅の日。寅年は丁《ひのと》卯の日。卯年は癸《みずのと》辰の日。辰年は丁巳の日。巳年は丙《ひのえ》午の日。午年は丁未の日。未年は辛《かのえ》申の日。申年は丁酉の日。酉年は丙戌の日。戌年は辛亥の日。亥年は辛子の日である。この日、十干十二支*が相生して、他の悪日に当らない日は障りはない。〔日用重宝万物図解嘉永大雑書三世相〕に「歳下食」の日は、脾胃が和しない日なので大食大酒してはならない、不正の物を食ってはならない、その他は障りがない。一年に六日あるとする。「下食時《げじきじき》」「下食日《げじきにち》」モ見ル

斎月【さいげつ】〔年中重宝記・五〕に、正月・五月・九月（正五九月）*をいう。この月は帝釈が南閻浮提に向い、衆生の善悪を考えて記すと仏経にあるという。「祝月《いわいづき》」ともいう。

柴胡【さいこ】〔薬種重宝記・下〕に和・唐草、「柴胡 さいこ／あまあかな。蘆頭を黒き皮を去り、泔《しろみず》*に洗ひ、刻む。火を忌む」。〈薬性〉〔医道重宝記〕に柴胡は苦く微寒、肝火を瀉し、傷寒、瘧湿、寒熱往来するを治し、肝労を治し、熱の血室に入るのを治す。土気を洗い、蘆頭と黒い皮とを去り刻む。鉄、火ともに忌む。

柴胡葛根湯【さいこかっこんとう】〔改補外科調宝記〕に柴胡葛根湯は、痄腮《ささい》*の薬。柴胡・葛根・天瓜粉・黄芩・桔梗・連翹・石膏・牛房子（各一匁）、升麻（三匁）、甘草（少）を煎じて用いる。

さいこく【さいこく】〈何が不足で癇癪の枕言葉〉「飯《めし》、さいこく／さいこ／さいこぼう」。〔小野篡謔字尽〕

在国【ざいこく】大名衆遣い詞。〔男重宝記・一〕に大名が国に帰って居るのを在国とも在府ともいう。下の人が言う時は「御」の字をつける。

西国船路大坂より【さいごくふなじおおざかより】〔家内重宝記・元禄二〕に「大坂より西国船路」がある。大坂〈一里〉伝法〈二里〉尼が崎〈一里〉鳴尾崎〈二里〉西宮〈一里〉あふき（青木）〈一里〉御影〈一里〉脇の浜〈一里〉神戸〈一里〉兵庫〈二里〉須磨〈一里〉一の谷〈一里〉[これより播磨の内]烏崎〈二里〉明石〈二里〉絵が嶋（崎）〈三里〉高砂〈二里〉福泊〈一里〉飾磨戸（津）〈三里〉なげ（投）石〈一里〉室（室津）〈一里〉那波〈一里〉しやくし（坂越）〈一里〉赤穂〈二里〉おうご嶋（崎）〈二里〉[これより備前の内]大たふ（大多府）〈一里〉たて（盾）〈一里〉やうず泊〈二里〉牛窓〈二里〉よりき嶋〈一里〉犬嶋〈三里〉出崎〈一里〉京上郎（﨟）・塩俵〈一里〉日比〈三里〉下津井〈二里〉むくじ（六口嶋）〈二里〉水嶋〈二里〉三郎石〈二里〉[これより備後の内]白石〈三里〉鞆〈一里〉あぶと（阿部登）〈一里〉塩（汐）屋〈二里〉因島〈一里〉山伏瀬戸〈一里〉和布刈〈二里〉[これより安芸の内]のうち（能地）〈一里〉忠の海〈一里〉高崎〈二里〉上いかり（碇）〈一里〉たうせん（唐船）〈二里〉下いかり（碇）〈一里〉よこ（横）嶋〈三里〉蒲刈〈二里〉青嶋〈二里〉亀がくび（首）〈二里〉からうと〈三里〉丸山〈一里〉[これより周防の内]由良〈三里〉かむろ（家室）〈七里〉上の関―嶋尻〈二里〉いわう（祝）が嶋〈十三里〉[これより豊後の内]とひて〈一里〉たうか〈一里〉くろつ（黒津）嶋〈一里〉むさし（武蔵）〈一里〉あき（安芸）[うつら〈一里〉かくたう]〈一里〉なかい―いき嶋―見崎[これより伊予路豊後路]鞆〈三里〉たし満（田嶋）〈二里〉いけ（弓削）〈二里〉いはき（岩城）〈三里〉はなくり（鼻栗）〈二里〉をかむろ（岡村）〈一里〉みたらひ（御手洗）〈三里〉宮崎〈五里〉ほうてう（北条）〈半里〉かしま（鹿島）〈二里半〉こゝ嶋〈一里〉みたらひ〈四里〉ゆり（由利）〈三里〉青嶋〈三里〉長浜〈三里〉いさき（磯崎）〈五里〉みつく（三机）〈三里〉ふたまど（二窓）〈三里〉御崎がはな〈七里〉佐賀のおはな〈四里〉うわせき（上関）[〈五里〉みさ]〈二里〉[これより豊前小倉道]だうじが瀬〈一里〉さこう（佐合）〈二里〉むろすみ（室積）〈三里〉かさた（笠戸）〈二里〉うつき（卯津木）〈二里〉すくも（粭）〈三里〉向うが嶋〈三里〉はなか（花香）〈二里〉岩屋〈二里〉丸尾（屋）〈三里〉御崎（岬）〈三里〉本山〈五里〉[これより豊前の内]へ（部）崎〈一里〉田の浦〈一里〉下の関〈二里〉大里―田の首〈二里〉小倉〈二里〉若松である。大坂より若松まで道法合、百三十八里半である。[長門の内]下の関〈一里〉伊崎〈一里〉小通り―小もつれ（六連）〈二里〉あゆが嶋〈四里〉。[これより筑前の内]山鹿の御崎（岬）〈七里〉地の嶋〈七里〉あゆの嶋（相の嶋）〈七里〉玄海が嶋〈七里〉姫嶋〈七里〉名護屋〈十三里〉平戸[これより肥前の内]大嶋〈三里〉平戸〈五

里〉下からさき（枯木島）―かしの木〈二里〉牛が頸〈五里〉冬切〈二里〉七ツ釜〈三里〉小瀬戸［〈三里〉こうの（雪の）浦〈十里〉長崎］小瀬戸―松嶋〈十八里〉川嶋（樺嶋）〈十八里〉口の津〈二里〉古城〈二里〉すかは（須川）〈一里〉堂崎〈十里〉川口［肥後の内］す口〈三里〉川尻］［これより薩摩の内］○樺嶋〈十八里〉○おにき嶋（魚貫崎）〈七里〉○阿久根〈八里〉○京泊。ここは千代の入り口で、港。○川泊り。川口悪く、これより三里上に千代の向田と云う所がある。鹿児島への渡しである。

柴胡清肝湯【さいこせいかんとう】 柴胡清肝湯は、鬢疽*瘰癧*耳瘡*などを治す。当帰・芍薬・川芎・生地黄・柴胡・黄芩・山梔子・防風・天瓜粉・牛房子・連翹・甘草（各一匁半）を煎じ、食遠に用いる。〔改補外科調宝記〕

最期日【さいごにち】〔諸人重宝記・五〕に最期日は、旅へ出、陣へ出るにも大悪日である。正・九月は四日。二・十月は三日。三・十一月は二日。四・十二月は朔日。五月は八日。六月は七日。七月は六日。八月は五日の各日である。「大最期日《だいさいごにち》」参照

さいこぼう【さいこぼう】「さいこく」ヲ見ル

柴胡抑肝湯【さいこよくかんとう】〔医道療治重宝記〕に柴胡抑肝湯は、寡婦《やもめ》が独り陰し陽少なく、五欲（『書言字考節用集・十三』に色・声・香・味・触をいう）が心に萌して多く遂《かなわ》ず、これより悪寒・発熱し、全て瘧に似て顔色が時に赤くまた青く、労瘵*のようになるのを治す。この症は尼僧や官女に多い。柴胡・赤芍薬（各二匁半）、青皮（二匁）、牡丹皮（一匁五分）、蒼朮・香付子・山梔子・地骨皮・甘草（各一匁）、神麹（八分）、連尭・生地黄（各五分）、川芎（七分）を煎じて服する。

柴氏【さいし】〔女筆調法記・四〕に「継子の慈愛」*の模範とする。シナ秦の潤父の后妻 柴氏、また斉の義継母などは、我が子に換えて継子を愛しみ、罪科のあるのも理り宥めて、末代に継母の掟、戒めとなった。

再自因【さいじいん】 算盤の用字。同数を二度掛けることをいう。再自乗*と同じ。〔古今増補算法重宝記改成・上〕

再自乗【さいじじょう】 算盤の用字。同数を二度掛けることをいう。再自因*と同じ。〔古今増補算法重宝記改成・上〕

再春丸【さいしゅんがん】〔洛中洛外売薬重宝記・上〕に再春丸は、西洞院花や町角 保寿堂にある。第一に癪、痞え、痢病、食傷、不食、一切腹の痛によい。

宰相【さいしょう】「中将《ちゅうじょう》」ヲ見ル

最上吉日【さいじょうきちにち】 日取吉凶。万ず吉日で、次の日である。正・三月は巳の日。二・九月は午の日。四・十一月は亥の日。五月は辰の日。六月は申の日。七・八月は子の日。十月は未の日。十二月は酉の日。〔重宝記永代鏡〕

塞上方 墜傷 損撲 瘀血内に在り煩悶する者を治す方【さいじょうほう ついしょう そんぼく おけつうちにありはんもんするものをじすほう】〔骨継療治重宝記・下〕に次がある。塞上方、墜傷、損撲などで、瘀血が内にあって煩悶する者を治すには、蒲黄の末（粉）を用い、空腹に熱酒で調えて下す。三銭で癒える。

再進【さいしん】〔女筆調法記・六〕に「飯」の再進《おかわり》を参らすには、盆では取らず 左手で取って、飯をそっと入れて、そのまま差し出すとよい。「汁」を参らすには盆で取る。

細辛【さいしん】〔薬種重宝記・下〕に和・唐草、「細辛 さいしん／ひきのひたいぐさ。洗ひ 蘆頭を去り 刻む、火を忌む」。〈薬性〉〔医道重宝記〕に細辛は辛く温、風寒・湿脾・少陰の頭痛を治し、気を下し、痰を破り、歯の痛むのによく、涙が出るのに竅《きょう》《あな》を利し、関を通ずる。水に一夜浸し、よく洗い、蘆頭を去り刻む、火を忌む。

催生飲【さいせいいん】 難産薬。〔医道重宝記〕に催生飲は、既に産に臨んで産しないのに用いる。はやめぐすり。当帰・川芎・大腹皮・枳殻・白芷

（各三分）を煎じ温めて服する。腰の痛み甚だしく、胎が下へ下り、漿《あけの》水《みず》が破れ出るのを待って服させる。

催生散【さいせいさん】〔昼夜重宝記・安永七〕に催生散に二方がある。①胎を下し、生《せい》を催すのに速効がある。腹痛み 腰痛むのに用いる。当帰・川芎・大腹皮・枳穀・白芷（各等分）を煎じて用いる。②難産并に胞衣の降りないのを治す。白芷（炒）・百草霜《なべずみ》・滑石（各等分）を細末（粉）し、芎帰湯*を煎じ、二三匁を服するとよい。一方に、甘草を少し入れるとよい。

済生湯【さいせいとう】〔薬種日用重宝記授〕に済生湯は、産後 また血の道によい。調合方は、紫蘇（大）、当帰・香付子・川芎（各中）、大服皮・枳実・甘草（各小）。

催生湯【さいせいとう】〔昼夜調法記・正徳四〕に催生湯は、難産の速め薬である。桃仁・赤芍薬・牡丹皮・肉桂・白茯苓（各等分）を水で煎じ、温服する。子が腹中で死んだのには平胃酸に芒硝を加えて用いる。産後産門の閉じないのは気血の虚で、十全大補湯《じっぜんだいふとう》*を用いる。

歳殺神【さいせつじん】暦。八将神*の一。〔永代調法記宝庫・五〕に歳殺神の本地は大威徳明王。歳星は金曜星。この方角からは嫁取をしない。仏事、作善はよい。方角は子の年は未（南南東）。丑の年は辰（東東南）。寅の年は丑（北北東）。卯の年は戌（西西北）。辰の年は未（南南西）。巳の年は辰（東東南）。午の年は丑（北北東）。未の年は戌（西西北）。申の年は未（南南西）。酉の年は辰（東東南）。戌の年は丑（北北東）。亥の年は戌（西西北）。

さいせん【さいせん】片言。宮寺へ捧げる銭は散銭で、「さいせんは わろし、参銭にも非ず」とある。〔不断重宝記大全〕

咲いた桜に何故駒繋ぐ【さいたさくらになぜこまつなぐ】〈平生ソレよく言う言語〉俗謡の歌詞で、例えば『落葉集・七』に「咲いた桜に何故駒繋ぐ、駒が勇めば花が散る」とあり、人口に膾炙した。〔小野篁謔字尽〕

西大寺【さいだいじ】奈良名所。〔東街道中重宝記・七ざい所巡道しるべ〕に本尊は釈迦如来で、諸堂多く、寺内に小寺多く、どの寺でも名物の豊心丹*を売る。この辺の柳は名物である。〔年中重宝記・三〕に八月十八日から二十四日迄、南都西大寺会式、八幡太郎義家忌がある。

祭典【さいてん】〔音信重宝記〕に祭典は、追善法事のことをいう。祀尊、斬衰、斉衰、瓜奠等ともいう。

西塔【さいとう】「比叡山」ヲ見ル

斉藤道三【さいとうどうさん】〔大増補万代重宝記〕に斉藤道三は初め微賎より起り、美濃の国を領し、世に顕れる。その娘を織田信長*に嫁した。弘治二年（一五五六）、六十三歳没。

西塔武蔵坊弁慶最期書捨之一通【さいとうむさしぼうべんけいさいごかきすてのいっつう】〔童学重宝記〕に「西塔武蔵坊弁慶最期書捨之一通」が出ており、武蔵坊弁慶の若年の時に始り、義経に仕えて行動を共にし、高館衣川の合戦に敗れるまでを叙し、文治五年（一一八九）閏四月二十七日付で一命を捨てる遺書で、明日に披見を乞うている。弁慶の武事を義経に合わせてたどり、武家の子弟等に寺小屋の学習書とされて普及した。「弁慶状」ともいう。

災難を払う符【さいなんをはらうふ】〔増補咒咀調法記大全〕には「一切の災難を払ふ符」がある（図193）。

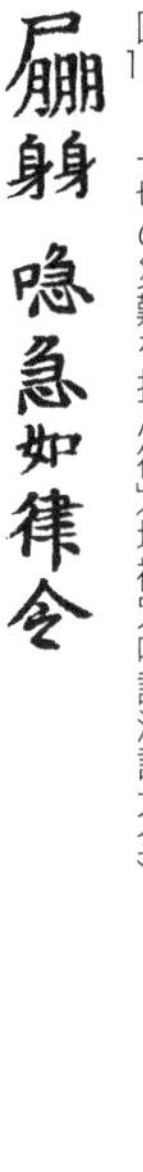

図193「一切の災難を払ふ符」（増補咒咀調法記大全）

賽の目に切る【さいのめにきる】双六より出た言葉。〔男重宝記・三〕に「賽《さい》の目に切る」とある。双六に使うさいころ程の小立方体に切る事。（料理の材料など）

采幣付鐶【さいはいつけのかん】鎧*名所。〔武家重宝記・三〕に采幣付鐶《さいはいつけのかん》は、胸板右の方一の板にある。平士《ひらさむらい》は手拭付《てのごいつけ》という。

歳破神【さいはじん】 暦。八将神*の一。〔永代調法記宝庫・五〕に歳破神は、本地は河伯水神。歳星は土曜星。この方角に向いて土を動かさず、移徙船乗出行をせず、牛馬を迎えない。方角は、子の年は午（南）。丑の年は未（南南西）。寅の年は申（西西南）。卯の年は酉（西）、と順に移って行く。

西馬丹【さいばたん】 〔茶屋諸分調方記〕に「玉茎大になす薬／西馬丹」として、沈香・木香・乳香・没薬・破故紙・菟絲子・茴香・桃仁（各等分）を粉にし水で捏ね、胡桃程に丸じ、一粒ずつ温め酒で飲むと、一月の内に玉茎は太く長くなる。〔続咒咀調法記〕ではこの方を西馬丹《さいばたん》というとある。

在府【ざいふ】 「在国」ヲ見ル

臍風撮口【さいふうさっこう】 〔小児療治調法記〕に次がある。○「臍風」は、臍の緒を切る時、切り口から風冷水湿に侵されて生ずる。或は胎中で熱毒を受け、児の出生の時、臍が硬く直なものである。臍から青筋を出して腹に至り、二叉になり胸に至るのは必ず死ぬ。青筋が初めて発る時、急いで灯心を香湯に浸し、青筋全てを燃やして截り止める。更に中脘*を艾で三火灸し、内には万億丸*を一二粒呑ませて胎毒を去る。○「撮口」は胎気が熱を挟み、風邪が臍に入り、毒が心脾の二経に流れ、舌が強ばり唇が青く口を擦《つぐ》んで泣く声の出ないのをいう。児の歯茎に小泡子が粟粒状にあり、青い綿か布等柔らかな物を温水に浸して手指を包み、軽く擦り破ると口が開き快くなる。甚だしいものは牛黄一分を竹瀝*で調え、滴《したた》らし口中に入れると癒える。薬に五痛膏*・香螺膏*・宣風散*がある。〔嫁娶調宝記・二〕には臍の緒が落ちない内に再々湯を浴びせてはならず、湿が臍より入り臍風撮口になる。そのため白い布を指に巻き、小児の口を洗い、歯茎の内外を擦る。もし粟粒のような白い物が出来た時は摺り潰す。そのまま置くと忽ち死ぬ。臍が落ちて爛れ痛む時は、麝香・五倍子・軽粉を粉にしてつけると乾き治す。〔鍼灸重宝記綱目〕には、生れて七日の内、口中・歯茎・舌の上に粟粒のようなものが出て白泡を吐き、泣いて乳を呑まないのを臍風撮口という。絹を指に巻き、温湯に浸し、そろそろ擦り破り、紅を塗る。こうしないと直に死ぬ。然谷に灸三壮、或は針を三分して血を見《あらわ》すと即座に効く。

柴平湯【さいへいとう】 積聚*の薬の一。〔医道療治重宝記〕に柴平湯は、柴胡・茯苓・半夏・蒼朮・厚朴・陳皮・山査子・青皮・枳殻・神曲・三稜・莪朮（各等分）、甘草（□）に、姜と棗を入れて煎じ服する。

西方寺【さいほうじ】 京名所。西方寺の本尊は阿弥陀如来。ここに来る間の桂川は舟渡しである。〔東街道中重宝記・七ざい所巡道しるべ〕

さいまぐる【さいまぐる】 大和詞。「さいまぐるとは、人をもどく事」である。〔不断重宝記大全〕

さいまち【さいまち】 片言。「さいまちは、さいまつ（歳末）」である。〔男重宝記・五〕

細麻の如し【さいまのごとし】 丸薬量。「細麻の如し」というのは、胡麻の大きさである。〔医道重宝記〕

細脈【さいみゃく】 九道の脈*の一。〔医道重宝記〕に細脈は、線《いとすじ》のようで細い。精が損《へ》り、気血ともに虚す。〔昼夜調法記・正徳四〕に細脈は、血気が衰えて、諸虚労損を主《つかさ》どる。〔昼夜重宝記・安永七〕に細脈は、乱れた糸を探るのに似るという。気の冷えた脈。口伝。

採薬【さいやく】 「薬草を採る日」ヲ見ル

臍癰【さいよう】 〔改補外科調宝記〕に臍癰《さいよう》は、臍の上に瘡が出て、たわ汁（瘡瘍の膿汁）の乾かないのには、枯礬・白竜骨（炒り過して）を粉にして臍の上に塗ると妙である。男子の臍が赤く腫れて長く痛むのには（木香流気飲*を用いて針で口を開け、膿が四五箇月止まらないのには大蒜《にんにく》を敷いて灸をし、五香連翹湯*を用いる。臍下の癰には、紅綿・黄牛《あめうし》糞（各焼き灰にして）・乾胭脂（各等分）を、腫物が湿ったら上に塗り、乾く時は胡

麻油で溶いてつける。

宰領【さいりょう】 武家名目。〔武家重宝記・一〕に宰領の宰《さい》はつかさ、領《りょう》はつかさどるの意。人夫を掌る者をいう。

柴苓湯【さいれいとう】 〔小児療治調法記〕に柴苓湯は、麻疹が既に出て瘧に似たのに用いる。柴胡・黄芩・半夏（減半）・猪苓・沢瀉・白朮・白茯苓・甘草に、生姜と棗を入れ、煎じ服する。

西蓮寺薬【さいれんじぐすり】 〔洛中洛外売薬重宝記・上〕に西蓮寺薬は、中立売北野七本松東へ入（薬店名なし）にある。気つけ、脚気、癲癇、目眩いによい。

座隠【ざいん】 「しゅだん（手談）」ニ同ジ

才有る【ざえある】 「ざへある（才有）とは、芸《げい》のある人」。〔消息調宝記・二〕

さえも【さえも】 俳言の仙傍（訕謗）。「銭ヲ さへも」という。〔新成復古日夜重宝俳席両面鑑〕

蔵王権現【ざおうごんげん】 吉野名所。奥の蔵王権現は吉野第一の参詣所であり、必ず行くとよい。実城寺《じつじょうじ》*の蔵王を拝み、或は吉水院*の辺等から帰る人が多いが、愚かなことである。奥の院へは町から五十丁の上り坂というが、険しくはなく、道幅広く足弱の人も行き易い所である。〔東街道中重宝記・七ざい所巡道しるべ〕

蔵王大権現【ざおうだいごんげん】 吉野名所。御堂は十八間四面、本尊の御丈は二丈八尺の尊像で、三体が並び立つ。開帳は百銭、御堂の前に四本の桜がある。〔東街道中重宝記・七ざい所巡道しるべ〕

小牡鹿【さおしか】 大和詞。〔不断重宝記大全〕に「さをしかとは、たゝずむ（佇）事也」。〔女重宝記・五 弘化四〕には「たゞ鹿《しか》也」とある。

さお竹【さおだけ】 片言。竿を「さほ竹」というのは、京の詞である。重言*でよくない。〔不断重宝記大全〕

棹の歌【さおのうた】 大和詞。「さほの歌とは、舟さす歌（舟歌）」である。〔不断重宝記大全〕

さおひめ【さおひめ】 「じゅくぢおう（熟地黄）」「しょうぢおう（生地黄）」ヲ見ル

竿落鴈【さおらくがん】 菓子名。竿落鴈《さおらくがん》、上ながし物、中羊羹、下しめし物。〔男重宝記・四〕

堺【さかい】 所名。高野山*から堺へ直ぐに行くと、和歌山*回りより十余里近いが、遠くても高野山大門*から矢立の茶屋*への名所を経て、和歌の浦*紀三井寺*等多くの名所や絶景の地の多い堺への道をとるのがよい。堺の妙国寺には日本一の大蘇鉄、高さ二間余、根廻り三間余があり、元は十三本あったという。五重の塔は、白木の見事なものである。この近所にもこれに劣らない松があり、安龍町難波屋には笠松という珍しい大松がある。〔東街道中重宝記・七ざい所巡道しるべ〕

堺伝授【さかいでんじゅ】 歌道相伝（古今伝授）に、宗祇より牡丹花肖柏へ伝えた流を堺伝授という（肖柏は堺に住み没した）。それを南都（奈良）の饅頭屋へ伝えたのを奈良伝授*という。〔男重宝記・二〕

堺の浦の潮干【さかいのうらのしおひ】 〔年中重宝記・一〕の三月三日に、今日は遊ぶ日なので、泉州堺の浦の潮干といい、事寄せて諸人が行き集う。大潮は二十日過である。

境日【さかいび】 〔年中重宝記・二〕に、四月に久しく日照りするのを、俗にさかい日という。春の霖雨と五月の梅雨の境ゆえ、このようにいう。

倒馬に入る【さかうまにいる】 将棊より出た世話。〔諸人重宝記・三〕に「倒《さか》馬《うま》に入る」とは、将棊で王が相手陣（三段目）に入ったことをいう。両方の王がこうなると、なかなか勝負がつかない。転じて、さかさま、あべこべになることをいう。

嵯峨おこし【さがおこし】 「本家京都名物嵯峨おこし」は、久松町 和泉屋求馬にある。〔江戸町中喰物重法記〕

逆髪社【さかかみのやしろ】〔農家調宝記・二編〕に逆髪社《さかかみのやしろ》は、江州逢坂関明神をいう。道祖神である。後に蝉丸の霊を合祀する。「大津より京」ヲ見ル

榊の宮【さかきのみや】〔年中重宝記・五〕に、上京の柳原に榊の宮という所があり、ここは伊勢祭主の宅地で、遥拝所である。今両皇太神宮の社を安置する。傍らに大木の榊があり、毎月朔日、十一日、二十一日の三ケ日祭主が御酒をここに供じ、今に例とする。

逆子【さかご】逆子は分娩で足又は腰が先に出る胎児。〔薬家秘伝妙法調法記〕に「逆さ子生む薬」は、親の口に塩を含み、出た子の手足の裏に塗る。引き入れるとその後に赤牛の糞を母の腹に塗るとやがて生れる。〔増補咒咀調法記大全〕に、①「子逆様に生れるによき符」、②「逆子に生れる呪」がある（図194）。口伝として、逆子には足の裏に塩を塗るとよい。また子の足を洗い、母にも飲ます。また釜の土を赤く焼き、水に点《た》てて飲ますとよい。

図194　逆子
①「子逆様に生れるによき符」（増補咒咀調法記大全）

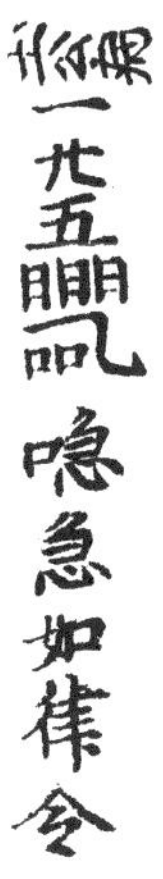

②「逆子に生れる呪」（増補咒咀調法記大全）

嵯峨桜の宮【さがさくらのみや】「くるまさきのいし（車先の石）」ヲ見ル

賢しがり【さかしがり】大和詞。「さかしがりとは、人をもどく人」である。〔不断重宝記大全〕

賢し立人【さかしだつひと】大和詞。「さかしだつ人、賢だてする人」である。〔不断重宝記大全〕

賢ら【さかしら】大和詞。〔不断重宝記大全〕には「さかしら、物をさまたぐる（妨）也」とある。〔女重宝記・五〕には讒言をいうこととある。

盃の事【さかずきのこと】盞・杯・卮とも書く。〔万物絵本大全調法記・上〕に「盃 はい／さかづき。杯 はい。同」。〔茶屋諸分調方記〕に「卮 さかづき。盃 さかづき」。〈異名〉〔書札調法記・六〕に盃の異名に、太白 觥《こう》船《せん》 蕉葉《しょうよう》 虎斑《こはん》がある。〈盃出し様〉〔永代調法記宝庫・一〕等には、給仕（通い）が盃を出すのに尊敬人へは客の方へ寄せて置き、相客がある時はあまり傍へは置かない。客と主人が同輩なら、客の方へ少し寄せて置く。夜の盃は尊敬人の客と燭台の間に置く。

〈盃受け渡し〉〔童学重宝記〕には盃は台ともに取り、台は左に、盃は右の手で取り分け、台を下に置き、左の手の平で盃の糸底へつけて戴く。〔大増補万代重宝記〕に盃を人へ差す時は、同輩以上へは滑《した》みて戴き差す。差す時は我が口の当らない所を取り回して戴き置く。また受取人は盃を取り直し、向うの口の当った方を戴き飲む。盃を取る時は左で盃を取り、右で小角（盃を載せる三寸四方の折敷）を右の方へ直す。飲み上げて、左で小角を向うへ左の方へ直し、右の方に盃を置く。盃を自分で台の上に置くと悪い。但し、時宜による。〔女寺子調法記〕に盃は両手に受けて押し戴き、片手をついて酌を受け、酒を飲み切らない内に、誰様差し上げると言って飲み乾し、盃を差す。〔女用智恵鑑宝織〕には盃は酒を少し残しよく滑み、その滑み口を左の親指の腹で拭い、又は鼻紙を折りながら拭ってもよく、それから人に遣わす。人から受けた盃は久しく控えて置いてはならず、また手に持ちながら長話等してはならない。「盃中を隔つる」と言って、盃を差した人と受けた人の間に酌する人が居て、互いに見えないようにして酌をとるのを忌む。また盃が出たのを見て座を立ち帰ってはならないが、場合による。貴人の居られる座敷では用もないのに再々立ってはならない。

〈酒飲み様〉〔女重宝記・二〕に「常の盃にて酒飲み様の事」として、左膝を敷き右膝を重ねて左へ寄り掛り 左手を着き、右手で盃を取り、そっと戴き差し俯いて飲む。肴は手に受けて鼻紙を折りながら取り出してその中へ入れ、脇に置き、立つ時に持って立つ。自分が飲んだ盃を台の上へ載せてはならず、台の右脇畳の上に置く。酌人が取って台の上に載せ先へ持って行く。酒を強いるにも側に居る女郎衆に向き、御参り候ようにという。女中客の心安い者には直接言ってもよい。肴を挟むには、何でも手の汚れない物を少しばかり挟んで進じ、箸は向うの方へ直して置き、我が方へ直してはならない。

〈遊里での酒盃法〉〔茶屋諸分調方記〕に次がある。山衆（遊女）は着物を着替え化粧し色々な思いをもって座敷に出る。「馴染の客」には、何やかや言って盃を取り上げ、まずその連れに差し、二度目に自分の敵（相方）に差す。回りによっては敵から山衆に差すこともある。「初会の客」には、座敷へ出るとそのまま「ささ（酒）参りませぬか。まずわし飲んであげましょう」と言い、一ツ受けて誰なりとも差すが、心得た男は戴かぬものである。盃の受け渡しに、あい（間）*またあい（又間）*おおあい（大間）*おさえ（押え）*さしめのあい（差目の間）*の作法がある。

酒藤次【さかとうじ】「とじ（杜氏）」ヲ見ル

魚【さかな】魚に関する記事は、「うお（魚）」モ見ル

さがなき【さがなき】大和詞。「さがなきとは、あしき（悪）事也」。〔不断重宝記大全〕

魚積み様【さかなつみよう】「海魚積み様」「川魚積み様」「積み様のこと」ヲ見ル

魚に卵塩の仕様【さかなにたまごしおのしよう】〔料理重法記・下〕に、魚に卵塩の仕様は、極暑に魚を三枚に卸し、大鉢に水を一杯入れて置いて塩を入れる。その後卵を入れて、卵が沈むなら又塩を入れて卵が浮く加減にして、魚を塩にする。「肴の事」モ参照

肴の事【さかなのこと】肴のサカは酒、ナは魚や菜の総称。酒を飲む時に添える食べもの。〔女用智恵鑑宝織〕にさかな（肴）は、何であっても華奢な物を参らすのがよい。手の汚れる物、挟み難い物、皮 実《さね》等ある物はよくない。〈肴挟む体〉〔童学重宝記〕に肴を挟む体は、箸の先を少し上げ目にして、先様が食われる時、自分も頭を下げる。

〈肴を漬ける寒水の塩加減法〉〔調法記・四十五〕には魚 鳥 菓等何でも寒の水に漬けて置く時の塩加減を知るには、水へ鶏卵を一ツ入れると沈むが、塩を次第に入れて鶏卵が自ずから浮き上がる時がよい加減で、この時塩を止めてその水に肴を漬けて置くとよい。精進物は一両年も持つが、魚鳥は久しくは持たない。全て食物を損じない貯蔵法の一ツである。

〈肴の献立〉〔永代調法記宝庫・六〕の「肴の部 魚類精進」には三十九の献立があり、それより例示。○蒟蒻をさっと焙り、大きく切り、胡椒の粉を振る。○烏賊田楽。○茄子を小口に切り、油に浸し焙り、山椒味噌。○鯖の脊腸に、柚の若葉を刻む。○山の芋を焙り、山椒味噌を着けて。○赤鯛に柚の若葉を刻み、酢醤油を掛けて。○鮑田楽は鮑を俎板の上で敲き和らげ田楽程に切り、味噌でも醤油でもつけて、まず初めに焼いて。○極上々の大きい鰹節の皮を去り、よく切れる鉋で削り、焙炉《ほいろ》に掛け、その上に醤油をつけると鼈甲のような艶が出る。○生貝 赤貝 栄螺 常節《とこぶし》の類を柔かく煮るには、大根でよく叩き、その大根を小口切にして、その中へ米糠を少し加えて釜に入れ、一日一夜よく煮る。

魚の塩取り様【さかなのしおとりよう】〔世界万宝調法記・下〕に魚の塩取り様は、鯛や鮭、何魚でも三枚に卸して紙に包み、上を水で濡らし 日陰の湿気のある土に一夜埋めて置く。殊の外辛いのは一昼夜二日も置く。大抵は薄塩程になる。

魚の毒消【さかなのどくけし】〔調宝記 全〕に諸魚の毒消に次がある。○瓢《ふくべ》核《のさね》

を干して粉にし、三分程白湯で用いる。○山梔子や榧の実を刻み湯に振り出して用いる。○陳皮・椎茸を湯に振り出して用いる。○桜の実を陰干にして粉にし白湯で用いる。○桜木の皮を煎じて用いる。〔諸民秘伝重宝記〕には、○鰒《ふぐ》その他の魚毒に中ったら胡麻の油を呑むとよく、また吐き出してもよい。○槐花の粉、龍脳の粉を用いる。○強く苦しむのには金を煎じて呑む。〔万用重宝記〕には、山査子を煎じて呑む。〔懐中重宝記・慶応四〕には、鯣《するめ》を煎じて呑む。〔重宝記永代鏡〕には、梔子《くちなし》を刻み振り出して飲むのもよい、とある。

魚の生干【さかなのなまぼし】〔世界万宝調法記・下〕に魚の生干は、鯛や鰺等何魚でも三枚に卸し、目を抜き、食塩水より辛目に塩を交ぜて一遍洗い、その後で日に干す。

魚の骨が立ったのを抜く方【さかなのほねがたったのをぬくほう】〈喉に立った魚の骨を抜く方〉〔永代調法記宝庫・三〕に魚硬や魚骨が喉に立ったのは、○縮砂を濃く煎じてそろそろと飲むとよい。○艾を酒で飲むのもよい。○半夏と白芷を等分に粉にして水で呑むと骨を吐き出す。〔薬家秘伝妙方調法記〕は○榎の実を粉にして湯で呑む。また煎じてもよい。○象牙を粉にして丸じて呑む。○金盞花の実を二ツ三ツ湯で洗うと直ぐに抜ける。〔新板秘伝日用重宝記〕は蜜柑の黒焼を吹き込むと奇妙に抜ける。〈腹中に立ったのを抜く方〉〔童女重宝記〕腹中に入り或は肉に入って出ないのは、呉茱萸を煎じて飲むとよく、咬んでつけるのもよい。〈呪い〉〔万用重宝記〕は、呪いに「鵜の喉、鵜の喉」と三遍喉を撫でると直ぐに抜ける。〔調法記・四十七ゟ五十七迄〕は、その魚の入った皿を頭に戴き、口中で「あびらうんけんそわか」と三遍唱える。

魚の酔い【さかなのよい】〔胡椒一味重宝記〕に「魚《さかな》に酔ひたる」には、胡椒の粉（大）白砂糖（小）を湯で飲むとよい。また胡椒（小）・山楂（大）を煎じて用いる。〔薬家秘伝妙方調法記〕に「魚に酔い胸を掻く」には、檳榔子を粉にして湯で洗うとよい。桜の花も妙である。

魚符帳【さかなふちょう】符帳。*〔早算調法記〕に、「魚《さかな》イ（一）、ロ《くち》（二）、キ（三）、ヨ（四）、カ（五）、ろ（六）、矢（七）、鉄（八）、へ（九）」と使う。

魚ふわふわ【さかなふわふわ】〔料理調法集・鱧餅真薯之部〕に「魚ふわふわ」は、鯛の擂り身五合程に、玉子三十を黄身ともに入れ、出汁で伸べてどろどろにし、鍋に湯を煮立てて流し入れ、掬って下汁へ移す。

魚屋の始り【さかなやのはじまり】〔人倫重宝記・四〕に魚屋の始りがある。唐で魚を獲ることは大昊伏犠が、蜘蛛を見て網を作り、人に漁を教えた。我が朝では、天照太神の弟蛭子宮《ひるこのみや》が生れて三年の間足が立たず、天の岩楠船に乗せて海に流したので、海辺に育ち釣や漁を業とした。これより漁は今に至り、蛭子《えびす》殿の像は鯛を抱える形とし、堺や兵庫の浦に漁人が多く、西の宮には蛭子殿を勧請して祠を建て、海辺の祖神として崇めている。漁人は毎日網を引き、魚を都や近国に送るので運賃を入れて値段は高くなったが、実は魚屋から重箱に入れて寺方へ葬送の形で納め、消費が多くなったことによるという。

魚を集めて釣る伝【さかなをあつめてつるでん】〔秘密妙知伝重宝記〕に魚を集めて釣る伝は、糠をよく炒り土に固めて川へ入れると、そこばかりに魚が集る。

肴を引く事【さかなをひくこと】食礼。〔諸礼調法記大全・天〕に「肴を引く事」は、魚肉の類は皿に盛って引く。浸し物の類、叩き牛蒡、同じく太煮《ふとに》等の時は重箱引である。次第は、飯器《はち》の品と同じである。書院重箱に入れ足打膳に据え、箸はその前に置き、蓋を常のようにして出し、飯器の蓋を取るようにして脇に置き、上座からかさに引く。冬、冷えて風味の違う物は蓋とも持参し、銘々の前で蓋を取ってもよい。焼鳥蒲鉾等は、足打膳に杉原を敷き、その上に載せて引く。〔大増補万代重宝記〕には、まず手の甲を下へなし、左右の肘を畳に着けて参らすのは事の外

のもてなしである。左の肘を着けずに、敬う心得で参らすのは少し軽い事である。

坂上苅田麻呂【さかのうえのかりたまろ】〔大増補万代重宝記〕に坂上苅田麻呂は坂上田村麻呂*の父。孝謙帝の時（在位 天平勝宝元～天平宝字元、七四九～七五八）、恵美押勝の反逆に高野《こうや》帝の命を受けて押勝の子 訓儒麻呂を射殺した。帝の崩御の時、道鏡の反逆の心を知ってその奸計を告げ、光仁帝は賞して正四位を授け、陸奥鎮守府将軍になった。延暦五年（七八六）、五十九歳没。

坂上田村麻呂【さかのうえのたむらまろ】〔大増補万代重宝記〕に征夷東将軍となり、延暦（七八二～八〇六）大同（八〇六～八一〇）の時、蝦夷を攻め討ち、しばしば功があった。弘仁帝（在位 宝亀元～天応元、七七〇～七八一）に仕えて仲成を殺した。弘仁二年（八一一）、五十四歳没。〔年中重宝記・二〕に、五月二十三日、清水寺 田村丸忌。

坂上【さかのえ】百人一首読曲。〔麗玉百人一首吾妻錦〕に「坂上」は、「さかのえ」と読む。「さかのうえ」と読んではならない。

嵯峨の閻魔堂／釈迦堂【さがのえんまどう／しゃかどう】〔年中重宝記〕に次がある。正月七日、今日より十六日迄、嵯峨閻魔堂念仏始る。正月十五日、嵯峨青涼寺の釈迦堂開帳。五月・九月も同日。二月十五日、嵯峨青涼寺柱松明。三月九日、嵯峨大念仏。三月十九日、嵯峨の釈迦御身拭い。十二月二十日、嵯峨釈迦堂煤祓い 幷ニ開帳。

坂の下より土山【さかのしたよりつちやま】東海道*宿駅。二里半。本荷三百十六文、軽尻二百十文、人足百五十四文。宿の内に小橋が二ツある。町より坂迄の間、左に鈴鹿川を見る。この川は古へは水があちらこちらに分れていたので八十瀬《やそせ》川という。元坂村、岩村 観世音がある。鈴鹿坂八丁は険しい坂であり、鈴鹿大明神は上り口左にあり、みよとり坂の内である。左に田村堂、山中大明神宮、山中 千日村、常念仏堂寺がある。いのはな坂 上り下り坂である。坂下左に松二本がある。ここで鮎を売る。田村川に橋があり、川を渡ると右に鳥居があり、額に正一位田村大明神とあり、五六丁行くと本社がある。この辺は猿引が多く、飴も売る。〔東街道中重宝記・寛政三〕

酒麩【さかふ】〔料理調法集・麩之部〕に酒麩は、生麩を丸麩の大きさ十、饂飩粉三合、寒晒し粳米の粉一合五勺をよく揉み交ぜてよい程に取り、水で洗い出し二升で緩々と炭火で煮出した時、酒醤油で塩梅する。麩を水で洗うことが専一である。

逆睫毛【さかまつげ】療治。〔文政新刻俗家重宝集〕に、眼瞼《まぶた》に眼球に向って毛が生え、眼球を刺す逆睫毛《さかまつげ》の治法は、毛虱*の身の内にある黒い所の腸の血を取り、逆睫毛に細い物で差すとよい。

相模【さがみ】相州。〔重宝記永代鏡〕に、足上《あしがらのかみ》、足下《あしがらのしも》、余綾《よろぎ》、大住《おおすみ》、愛甲《あいこう》、高坐《たかくら》、鎌倉、三浦の八郡がある。城下は小田原、一ノ宮は寒川《さむかわ》である。〔万民調宝記〕に居城知行高は、小田原・大久保加賀十万三千石。〔大増補万代重宝記〕には江ノ嶋が加わる。上管、四方三日、中下国。田数一万四百三十六町、知行高十九万四千二百石。〔重宝記・幕末頃写〕には、地厚く一丈、肥える。山浅く材木なし、ただ海藻、魚、鼈が多い。足柄県と神奈川県から、今の神奈川県の大部分があたる。〈名物〉〔万買物調方記〕に鎌倉細工、紅花、鼠大根（鼠の手に似る）、海老（伊勢海老の如し）、江の嶋の海豚、小田原の海雀、透頂香《ういろうぐすり》、十間坂星下りの梅（日蓮宗珠数に用いる、珠に星が一ツずつある）、大磯の盆山の敷石（五色の石）、秦野の野大根など。

逆茂木【さかもぎ】〔万物絵本大全調法記・上〕に「鹿砦 ろくさひ／さかもぎ。六角砦 ろくかくさい也。六角木 ろくかくもく。同」。

坂本より軽井沢へ【さかもとよりかるいざわへ】木曾海道*宿駅。二里半十六丁。本荷二百十一文、軽尻百三十八文、人足百六文。両宿の間には戦国の頃、

信玄 謙信より感状を得た歴々の末裔が今に多い。江戸からここまで山はなく、宿の出外れから山道で、碓氷峠がこれである。坂本から少し上りに はんねいし〔羽根石〕という大難所がある。箱根が険しいと言ってもこんな所はない。峠に茶屋があり、杓子町に熊野権現社がある。ここは信濃と上野の境である。〔東街道中重宝記・木曾道中重宝記六十九次享和二〕

月代【さかやき】〔掌中年代重宝記〕に月代《さかやき》の始めは、貞永元年（一二三二）鎌倉の執権北条泰時が月代を抜く。信長時代より剃る。〈**小児月代嫌いを直す法**〉〔俗家重宝集・後編〕には風呂屋へ連れて行って月代を剃ると直る。〈**月代を和らげる方**〉〔日用調法人家必用〕に「髭幷ニ月代を和らげる方」は、蜜柑の皮を湯に漬し、その皮でよく揉むとよい。

酒湯引く【さかゆひく】 女の柔かな詞遣。疱瘡に湯を掛けるのを、「さかゆ〔酒湯〕引く」という。〔女重宝記・一〕

坂を登るに息切れぬ伝【さかをのぼるにいききれぬでん】〔諸民秘伝重宝記〕に坂を登るのに息切れせず 草臥れぬ伝は、坂を登る前から心静かに足を外《そと》鰐《わに》（＝膝内彎。O字脚）にしてゆたゆた歩み、鼻で自然と息を引き、口で自然と息を吹き、峠までこうして登ると息切れず草臥れもしない。

さかん【さかん】 四分の一。*〔男重宝記・一〕に「サクハンは主典とて、その官の筆取〔書記〕」である。八省は「録」、諸寮と諸職は「属」、諸司は「令史」、衛府は「志」、諸国は「目」と、それぞれ「さかん」の文字遣が異なる。

鷺【さぎ】〔万物絵本大全調法記・下〕に「鷺 ろ／さぎ」。〈**異名**〉〔書札調法記・六〕に鷺の異名に、属玉《しょくぎょく》 碧継翁《へきけいおう》 絲禽《しきん》 襟雪《きんせつ》がある。〈**薬性**〉〔医道重宝記〕に鷺は平で毒なく、脾気を増し、虚損を補う。〈**料理仕様**〉〔諸人重宝記・四〕に鷺は、汁 串焼き 山椒味噌。〈**食合せ**〉〔料理調法集・当流献方食物禁戒条々〕に鷺に芥子の食い合わせは凶とある。〈**謡曲名**〉〔童学重宝記〕には当流小謡として「鷺」が載る。

三枝【さきくさ】 大和詞。「さきくさとは、ひの木〔檜〕を云」。〔不断重宝記大全〕

鷺草【さぎそう】「さぎやど〔鷺宿〕」ヲ見ル

鷺大明神【さぎだいみょうじん】 大坂願所。大坂土佐堀白子町 雲州松江侯 蔵屋敷の鎮守の稲荷社正一位 鷺大明神は、小児の庖瘡を軽くすると言い諸人が参詣立願し、神前に奉納の竹の皮笠を乞い受けて帰り、随分清浄の所に置いて毎朝信心し拝すると出瘡を軽くし、多くても身命に障りはない。疱瘡の神を祭る時、竹の皮笠も一所に祭り、神酒・洗米・灯明を備え、神をくり済んで後にこの笠と同じような笠を求め図版（図195）のように名と年数を書いて奉納する。また神前に奉納の小児の太鼓を請け、帰って笠同様に祭り、その後太鼓を奉納する者もいる。記憶して置くと、自他共に役立つ。〔願懸重宝記・初編〕

図195 「疱瘡の神に奉納する竹の皮笠」〔願懸重宝記〕

左義長【さぎちょう】 爆竹《さぎちょう》とも書き、「さぎっちやう」ともいう。〔万物絵本大全調法記・上〕に「爆竹 ばくちく／左義長 さぎちやう」。〔年中重宝記・一〕に正月十五日今夕、門松 注連縄などを焼き上ぐる。爆竹の音は陰気の鬱滞を発散し 邪気を驚かす事が多いので、爆竹が始った。左義長 三笈杖と書く説があるが信用しがたいという。〔重宝記・宝永元序

刊〕に、十五日爆竹ということは、西方の深山に山臊《さんそう》という丈一尺ばかりの人がいて、常の人がこれを見ると寒熱を発するが、山臊は竹の燃える音を聞くと恐れて逃げて行くので、「さぎちょう」を竹で作って焼く（『事文類聚』。〔年中重宝記〕ハ「神異経」ヲ出典ニスル）という。また儒仏の優劣を試すため儒書を右に仏書を左に積んで火で焼いてみると左の仏書が焼けなかったので左義長と書く（訳経図記）という。また天災の呪いとも言う。当世は火の用心が厳しく京田舎とも爆竹を焼くことを禁じている。

さぎっちょう【さぎっちょう】 片言。「さぎつちやうは、左儀長《さぎちやう》」である。〔不断重宝記大全〕

先の事を言う【さきのことをいう】 人倫異名*。〔大増補万代重宝記〕に、○「人の家を言う」には、尊家 尊宅 貴家 貴店 御店《おんたな》 御見世 貴館 御住居《おんすまい》 御《ご》住所《じゆうしよ》などという。○「先の人をさして言ふ」には、尊君 貴君 尊前 尊公 貴公 其許《そこもと》 尊家 貴家 貴殿 貴様 貴丈など。○「人の妻を言う」には、内室 内方《ないほう》 内儀 令室 令閨 内政・内證《ないしょう》 奥様 奥方などという。さらに真行草に書いて軽重を表す。「我が事を言う」参照

咲増花【さきますはな】 大和詞。「さきます花、めづらしき事」をいう。〔不断重宝記大全〕

鷺宿【さぎやど】 草花作り様。鷺宿の花は白色。湿気の地を好む。土は肥土を用いる。肥しは馬糞を少しずつ肥土に交ぜ、根の廻りに置く。分植は花の蕾んだ時分がよい。鷺草ともいう。〔昼夜重宝記・安永七〕

左京職【さきょうしき】 〔万民調宝記〕に左京職《さきょうしき》は宮内省*に属し、京中の屋敷、田畠を司る。

左金丸【さきんがん】 〔丸散重宝記〕に左金丸は、肝火壮り、好んで怒り、胸痛み、或は咳嗽《しわぶき》上気し、腹中痛み泄瀉し、眩暈《めまい》、胸悪く、嘔噦《おうえつ》嘔逆、吐血、目赤く、筋引き攣る等によい。黄連（六戔）、呉茱萸（一戔）を丸ずる。

砂金丸【さきんがん】 〔丸散重宝記〕に砂金丸は、鬱気が痛みをなし、時に起り、時に止むのによい。或は、心腹痞え悶え飲食できない者によい。香附子・鬱金（各十戔）、甘草（一戔）を糊で丸ずる。

策【さく】 書物*をいう。「編《へん》」ヲ見ル

さくさく汁【さくさくじる】 〔料理調法集・汁之部〕にさくさく汁は、菜を細々に切り、薄味噌でよい。

さくだ【さくだ】 俳言の仙傍（訕謗）。「百性ヲ さくだ」という。〔新成復古日夜重宝俳席両面鑑〕

朔旦冬至【さくたんとうじ】 〔年中重宝記・四〕に、「十一月朔日が冬至*に当るのを「朔旦冬至」という。二十年に一度あり、めでたい祥瑞とし、その年は主上は南殿に出御があり旬を行われ、公卿は賀表を奉ることなどがある。

さく身【さくみ】 〈何が不足で癇癪の枕言葉〉「けんくは（喧嘩）、さく身」という。〔小野篁謔字尽〕

数脈【さくみゃく】 八要の脈*の一。〔斎民外科調宝記〕に、数脈《さくみやく》は、一息の間に五六度も脈打つ。腑にあり、熱とし燥とする。〔鍼灸重宝記綱目〕に祖脈*の一とし、数《さく》にして力のあるのは熱、ないのは瘡、陰虚とする。

桜麻【さくらあさ】 「さくら麻」は、麻の若葉、六月である。〔消息調宝記・四〕

桜煎【さくらいり】 〔料理調法集・煎物之部〕に桜煎は、蛸の手を小口から極く薄く切り、出汁 醤油でさっと煮る。

桜瓜【さくらうり】 〔料理調法集・和物之部〕に桜瓜は、瓜を細かく角に切り塩揉みして、青豆饅《ぬた》に辛子隠し味噌、花鰹を擂り込み、酢で伸べ濾して下に敷き、瓜を盛って胡桃、栗等を置き合せるのもよい。

桜瓜擬き【さくらうりもどき】 〔料理調法集・和物之部〕に桜瓜擬《さくらうりもどき》は、苣の胴皮を取り薄く切り、又は独活《うど》を短冊に切り、塩揉みして、蓼味噌又は豆

の粉饅《ぬた》にする。

桜木の宮【さくらぎのみや】　吉野名所。桜木の宮は、吉野へ帰る道の傍らにある。前に流れる川を象《きさ》の小河といい、橋を外象《ときさ》の橋という。名所である。十丁程行くと坂があり高滝、化粧の窟《いわや》がある。〔東街道中重宝記・七ざい所巡道しるべ〕

桜木餅【さくらぎもち】　菓子名。桜木餅は、粳《うる》の粉七分、糯《もち》の粉三分、砂糖蜜百目、漉粉《こしこ》を入れ、色を着けて蒸す。〔菓子調法集〕

桜草【さくらそう】　〔万物絵本大全調法記・下〕に「桜草　さくらさう／さくらくさ」。〈草花作り様〉〔昼夜重宝記・安永七〕に桜草の花は薄色、白、黄があり、小輪で三月に咲く。土は肥土《こえつち》に砂を合せて用いる。肥しは茶殻の粉がよい。分植は春秋がよい。

桜田【さくらだ】　大和詞。「さくら田とは、桜の多き所」である。〔不断重宝記大全〕

桜鯛【さくらだい】　〔料理調法集・口伝之部〕に桜鯛とは、三月の言葉である。

桜撫子【さくらなでしこ】　草花作り様。桜撫子の花は薄色である。肥しは茶殻の粉を根に置く。分植は、実を春に蒔き、根は春秋の時分に分ける。〔昼夜重宝記・安永七〕

桜煮蛸【さくらにたこ】　〔料理調法集・煮物之部〕に桜煮蛸は、蛸をよく洗い、生で二ツ程切り掛け、三ツ目に切り離し、酒で煮、焼塩で塩梅する。

桜の事【さくらのこと】　〔万物絵本大全調法記・下〕に「桜　えい／さくら、花。春」。〈花の盛り〉〔年中重宝記・一〕に花の盛りは、立春後七十五日、大様違わずと『徒然草・百六十一』にあるが、今考えるに都鄙の一重桜は立春より六十日を盛りとする。吉野は六十五日、奈良京都の八重桜は一重桜に十日余り遅い。年の寒暖 山上山下 南北の土地により少しずつの遅速がある。仁和寺の桜は洛中よりやや遅く、鞍馬 高雄の桜は仁和寺より遅いようである。また「京の桜」は、三月の初めは清水寺音羽の桜、三月の末は仁和寺御室の桜、土地の東北によって寒暖があり花に遅速がある。洛中の諸人は慢幕を引き、行厨《べんとう》を持って遊宴する。洛陽の繁栄はこの時にあるという。

〈立花* 桜花一色の事〉〔昼夜重宝記・安永七〕に、心《しん》*副《そえ》*受《うけ》*にすると、まずは桜一色という。多く用いる程よく、全部桜でもよく、或は色々の変った花を挿し交ぜたのもよく、続きがなくてもよい。胴苔等を使い、桜の苔と見る。曝《しゃれ》は用いない。一色に使う外、小道具には使わない。桜の一色に万年青《おもと》の前置きをするには口伝がある。

〈紋様〉〔紋絵重宝記〕に、「三ツ花菱」「切くち桜」「糸巻に桜」「花扇」「文箱桜」「花に蝶」「角に花菱」「鷹の羽に花菱」「香の図に桜」「桜に雁金」「陰日向《かげひなた》桜」「山に包み桜」「八やう山桜」「三ツ桜」「糸巻に桜」「香の図に桜」等々の意匠がある。〈花火の方〉〔男女御土産重宝記〕に桜の花火は煙硝（十二匁）、硫黄（二匁五分）、灰（四匁）、鉄（十四匁）の四色を用いる。「はな（花）の事」モ見ル

桜の宮【さくらのみや】　大和詞。〔不断重宝記大全〕に「さくらの宮とは、伊勢の内宮也」とある。〈伊勢参宮名所〉〔東街道中重宝記・七ざい所巡道しるべ〕には、内宮第六の別宮で、大道の左方の石積みにあり、宝殿はなく、一本の桜を御神体と崇《あが》める。

桜花【さくらばな】　大和詞。「さくら花とは、あだなる事を云」。〔不断重宝記大全〕

佐倉へ江戸よりの道【さくらへえどよりのみち】　〔家内重宝記・元禄二〕に江戸より下総佐倉への道筋がある。江戸〈二里三丁〉千住〈一里半〉笠井（関あり）〈二里〉市川〈三里〉舟橋〈三里〉小輪田〈一里〉臼井〈一里〉佐倉である。

桜餅【さくらもち】　菓子名。桜餅、中へ餡入り、この形《なり》に。〔男重宝記・四〕

捜【さぐり】　〔武家重宝記・二〕に、捜《さぐり》とは、塗弦《ぬりつる》にあり、矢の筈《はず》を掛くる

所である。故に、筈溜《はずだまり》という。或る書には、朝は露《つゆ》と言い、昼は玉《たま》と呼び、夜は捜と称える。「つる（弦）」参照

柘榴天神【ざくろてんじん】〔万宝古状大成〕に次がある。菅原道真*は罪なくして配所の露と消え、その霊は比叡山法性坊に至り、天帝の許しを得て帝都を驚かすと言う。その時、朝廷から師を召されても決して参るなと言うのに、法性坊は王土に住みながら勅命に黙過できないと言うと、道真の霊は怒って果子の柘榴を嚙み砕き、妻戸に吐きかけると猛火が燃え上がったので、洒水の印を結ぶと忽ち消えた。焼け残る妻戸は今にある。

拓榴の事【ざくろのこと】石榴とも書く。〔万物絵本大全調法記・下〕に「楉榴じやくりう／ざくろ」。〈異名〉〔書札調法記・六〕に石榴《しゃくろ》の異名に、紅英《こうえい》丹葩《たんは》花林《かりん》玉房《ぎょくぼう》がある。〔薬種重宝記・下〕に和菓子、「石榴皮（せき）りうひ／ざくろのかは。鉄を忌み、泔《しろみず》*に浸し、刻み焙る」。〈薬性〉〔医道重宝記〕に、石榴は温で毒なく、渇《かわき》を止め、虫を去り、痢病腹痛によい。多食すると肺を傷《やぶ》り、歯を損なう。〔永代調法記宝庫・四〕にも精を漏らし、疽の毒となる。〈料理〉〔料理調法集・口伝の部〕に、拓榴は九月十月頃、膾等に置き合せる。

柘榴鼻【ざくろばな】〔新撰咒咀調法記大全〕に「ざくろ鼻を直す伝」として、なもみ（菜耳）の葉を酒で蒸し、また焙り乾かして粉にし飲むとよい。また枇杷の葉と山梔子《くちなし》を粉にして用いるのもよい。柘榴鼻については「肺の諸症」〈肺風〉ヲ見ル

酒揚げ加減の事【さけあげかげんのこと】〔醸造重宝記・下〕に酒揚げ加減の事がある。〇七八九月には留で、六～七日目に揚げるとよい。もし差支えがあっても十日を過ぎると酒の勢が抜け、くせ（癖）が出、持ちも風味も悪くなる。十月になると冷えるので沸き立つのも遅く、その上冬中より正月中に造る酒は揚げる日限が難しいので沸き静まるのを見て風味を見るべきである。一般に冬季になると、五七日では風味なく、七八日十日も過ぎると辛味が出、その後に旨味が出るので、この心得で銘々勝手である。〇生酒で持ち通す酒は、多くは寒三十日、寒後十日十四五日迄に造るとよい。揚げ加減は、南都（奈良）風の酒は留ってから十五六日で辛味の最中世間より早く揚げる。生酒の持ち様は辛味を強くし、風味の軽いのを取る。〇三月中旬から四月中五月に入って造る酒の揚げ加減は、七八九月の格としてよい。勿論、その時の酒の沸き様など状況による。〇五六月に造る酒は留っても四五日の内には沸きが静まる物であるが、日限によらず静まるのを見て揚げる。〇京酒は、一般に風味が甘く濃いのを第一とするので、揚げるのには大分日限を込め、熟せて揚る。

下緒【さげお】刀脇差名所。〔武家重宝記・四〕に下緒は刀の鞘に結びつけて下げる紐である。「降緒」「縟」とも書く。五色の組交《くみまぜ》、花打《はなうち》、貝口《かいのくち》、稾打《ふくろうち》、啄木《たくぼく》等の品がある。

下げ髪【さげがみ】〔嫁娶調宝記・四〕に、武家の御前や奥様方は御祝日は必ず下げ髪である（図196）。長髪《かもじ》を入れて下げる。装束は搔取《かいとり》を上に着け、御祝が済むと下へ下ったのをくるくると手に巻き、上へ取り、笄で差し止める。これを、しんきわげ*という。

図196 「下げ髪」（嫁娶調宝記）

さげすみてみる【さげすみてみる】大和詞。「物を批判してみるを、さげすみてみると云は、下墨」である。番匠が「ろくをみる」といって墨を下げ

て見るのに例えたものである。〔不断重宝記大全〕

酒造の事【さけづくりのこと】〈酒造りの歌〉呪歌。〔万代重宝記・安政六頃刊〕に酒造の歌がある。「なかとみの ふとのりことと いひはらへ あかふいのちも たかためになる」。

〈酒造りの吉悪日〉〔重宝記永代鏡〕に、○「酒を造る吉日」は、正月は子の日。二月は丑の日。三月は寅の日。以下、これに順いよい日とする。又、正・二・五・六月は壬《みずのえ》癸《みずのと》の日。三・四・十一・十二月は丙《ひのえ》丁《ひのと》の日。七・八月は庚《かのえ》辛《かのと》の日。九・十月は戊《つちのえ》己《つちのと》の日。○「凶日」は、大の月は十八・二十一日。小の月は二・三・二十日。暦の中段*の内、閉ずる*破る*除く*の日。〔万民重宝改正大ざつ書〕は子・卯・辰・巳・申・酉・の日が加わり、暦の中段は満《みつ》*平*の日である。〔昼夜重宝両面雑書増補永暦小筌・慶応二〕に、○「酒造 節／切」は次が吉日。春は甲《きのえ》寅・午の日。乙《きのと》卯・未の日。夏は丙《ひのえ》午・辰の日。丁《ひのと》巳・未の日。秋は戊《つちのえ》申・午の日。己《つちのと》酉・巳の日。冬は壬《みずのえ》子・申の日。癸《みずのと》亥・酉の日。

〈酒煮様の事〉〔醸造重宝記・下〕に、○計り水一石一二三升迄に汲む酒煮時分は、一番煮は五月の節より十日前にしてよい。二番煮は一番煮より二十五六七日目に煮てよい。三番から五番は三十日目宛に煮て無事に持つものである。○計り水九斗七八升より一石四斗迄に汲む酒 煮時分は、一番煮は五月の節より四五日前にしてよい。二番煮は一番煮より二十七八日に煮てよい。三番四番は三十日目宛に火を入れて無事に持つ。○計り水八斗七八升より九斗四五升迄に汲む酒 煮時分は、一番煮は五月の節一両日前節を限りにしてよい。二番煮は一番煮より三十日目に煮てよい。三番四番は三十二三日目に煮るとよい。以下は省略。

〈酒と水を分くる伝〉口伝。〔調法記・四十ゟ〕に酒と水を分くる伝は、美濃紙で濾すと、水は残らず下に落ちる。

〈酒に香りのせぬ造り様〉〔醸造重宝記・中〕に酒を造るのに悪香のしない造り様として、「粕香」「麴香」「元米香」「袋香」に留意がある。

◇「粕香のしない酒の造り様」は、蒸の冷まし加減を、○元米（常体の元米で）。○（三日）中米 七分冷まし 温みを一分つけて入れる。○（朔日）添米 六分冷まし 温みを四分つけて入れる。○（五日）留米 九分冷まし 温みを三分つけて入れる。このように中一日を置いて掛ける。掛留て蓋をせず、十時（二十時間）過ぎて初櫂を入れ、その後は朝暮と二度宛入れ、中三日造り桶に置き、留る日から五日目に一緒に打ち寄せ蓋をせず、二三日の間一日に二度ずつ櫂を入れ、沸きが静かになって蓋を半分掛け、静まるのを見届けてから蓋をする。掛留て蓋を早く詰めると悪い香が出るので気をつける。又蒸の冷まし加減が肝要である。

◇「麴香のしない酒の造り様」は、まずその日に出る麴をその日に遣うことを嫌う。留はこれに気付かない所から麴の香があるが、夏物の置酒にはそれほど構うことはなく、後には退く。麴は前日々々に出して置いて遣うと全ての酒によい。

◇「元米の香りのしない酒の造り様」は、「粕香のしない酒の造り様」と同じである。元香の香りは第一に嫌うことである。

◇「袋香のしない酒の造り様」は、悪香は酒袋によるので処理 仕末をよくする。受袋で酒を揚げて後、よく干してから水に漬けてよく踏み出し、二日二夜水に漬けて置き、その内一日に一度宛踏み出し、水を替えて漬けて置く。又 揚げる日の朝早く 又々能々踏み出し 濯ぎ上げ、日の当たらぬ所の竿に掛けて滴を垂らして大方に干し、干し過ぎは悪い。袋を洗うのに踏み出しが足らぬと酒気が残り、これを干すと悪香となる。又これを畳んで積み重ねて冬を越し、或は秋の内でも不始末は悪香となる。又袋に渋をする事は徳があり、事前に袋を炊き出し、よく濯ぎ上げ 干し上げて渋をする。渋は渋屋の生渋を直に買う。これは強く固まらず、袋の目を塞ぐようなこともなく、袋を洗い干し上げるのによく、長持ちが

する。袋の仕末だけで大分の利益を得る。

〈酒造り四五六七月にも風味よく仕様〉四五六七月に、酒を無事に風味よく造る事は、上方には往古よりないことである。南都（奈良）には壺を専ら用い、新酒 寒酒共に造り立て、留米で大桶へ打ち寄らす。西国方は壺があり、東国 北国方は壺が稀であるが、三四五石迄入る桶を壺代りに造るとよい。夏は壺造りがよく、桶では酒に癖が出るので、元米ばかりでも壺で仕立てないと風味に嫌な所が出る。○元米 一石分（本元には水一石二斗。麹十四貫目）。○（例えば朔日）添米 一石二斗（水一石。麹十貫二百目）。ここで石水に平す。○（二日）中米 二石三斗（水一石八斗五升。麹二十五貫三百目）。ここで九斗水に平す。○（三日）留米 三石五斗（水二石三斗五升。麹三十八貫目五百目）。ここで八斗水に平す。○都合八石に留る。水合 六石四斗。麹合 八十八貫目。この通り毎日続けて掛る。蒸の冷まし加減は、○添米は七分冷まし 温みを三分つけに入る。○中米はよく冷まして入る。○留米は随分よく冷し切り、入れる。他に詳しい造り様がある。〔醸造重宝記・中〕

〈酒造りにどれ程大水に汲んでも出来る仕様〉〔醸造重宝記・中〕に、どれ程大水に汲んでも無事に酒の出来る造り様は、元をよくからして掛る。だきを抜くに七日以内に掛けては悪く、八日～十五日位 からしてよい。新酒の時節は本代元《ぼだいもと》*に仕掛けてよい。掛様の格式。○（本代）元米 一石分（水一石一斗。麹十二貫目）。○（朔日）添米 一石（水九斗。麹十貫目）。○（二日）中米 二石（水二石。麹二十二貫目）。○（三日）留米 四石（水四石。麹四十四貫目）。この通り毎日続けて掛る。○都合八石に留る。水合 八石。麹合 八十八貫目。蒸の冷まし加減は、○添米は五分冷まし温みを五分つけて入る。○中米は冷まし切って入れる。○留米は冷まし切りよくよく冷やして入れる。他に詳しい造り様がある。

〈酒を計り水の格より滋《こゆ》く呑める造り様〉〔醸造重宝記・上〕に、計り水の格より滋《こゆ》く呑める酒の造り様は、米の洗い様、麹に花の乗せように方がある。米を八升磨ぎ 桶に入れ水をたっぷりにし 磨ぎ桶の底まで手の廻るようにして掻き廻して水を捨て、後の米を笊に上げ滴《しずく》を垂らして漬桶へ一夜漬けにして置く。何石でも同じである。翌日蒸す時も掛け流しの水もせず、ただ漬け水を抜き捨てるだけである。麹は能々花の付いたのを乗せるのが肝要である。三日居と言い麹室に三日置き、四日目に室から出して、花の付いた麹を用いる。〈仕込様の格式〉○元米 一石分（常体の様でよく、麹で添を掛る）。○添米 二石（朔日）。○中米 四石（三日）。○留米 五石（五日）。このように、中一日宛間を置いて掛る。都合二十石に留る。但し、水は勝手次第、元水の増すのを添の時に引き平す。麹は石に十一貫目宛でよい。蒸の冷まし加減は、○添米は八分冷まし 温み二分つけて入る。○中米は冷まし切って入れる。○留米は猶よく冷まして冷やし切に入れる。この通り留て蓋をせず、十時（二十時間）過ぎて初櫂を入れ、その後は一日に三度宛入れ、中三日造り桶に置き、留の日から五日目に一緒に打ち寄せ、蓋を半分掛けてからも一日に三度宛四五日の間櫂を入れ、沸きが静かになる時分 蓋を七分掛け、沸きが静まるのを見届けて蓋を詰める。

〈酒を計り水の積りより多く垂る造り様〉酒を計り水の積りより多く垂る造り様は、置き酒にはよくなく、前売りの酒に用いる。七八九月中、又は春二月末より三月へ向け造る酒は全てよく沸くので大抵垂る。まず米を吟味するのが肝要で、早稲米の内で酒に悪い米は山城国では高野早稲 源内早稲の二色、大和国でも高野早稲 関東米の二色である。全て新酒時分新米の性はよく、大粒の米は悪く 小粒の米を吟味して酒に入れると垂りが多い。寒冷前から春へかけては早稲米がなくなるので気遣いはないが、米の性に気をつけるのがよい。造り様は、元米をよく枯らして掛る。但し、だきを抜き七日以内に掛けては悪く、八日～十五日程迄

枯らすのがよい。以下、掛様の格式等は省略する。〔醸造重宝記・中〕

〈酒を風味変らず遠国へ遣わす造り用〉〔醸造重宝記・中〕に酒を風味変らず遠国へ遣わす造り用は、大抵は「生酒持ち通す造り様」*に同じであるが、少しの違いがある。元米を生酒の通りに吟味し、苦味《にがみ》が多く渋気の軽いのを用いて造る酒は、夏持ちによく秋迄も確かに持つ。水は七斗一二升迄がよい。他にも詳しい造り様がある。

〈花降りにならぬ酒造り様〉〔醸造重宝記・下〕に酒が花降り（表面に黴の出ること）になる根元は、諸味で長く置き、沸き過ぎると花降りになる。また甘口に薄造りに仕立てた酒も花降りになりやすい。決して花降りにならない法は、辛口に造り立てその内に早く上げて、酒一石に焼酎を四五升宛の積りで諸味の時に揚げて、一日前に入れて掻き廻し、次に揚げて居《おり》を油断なく度々枯れた桶へ入れるとよい。もし花降りになった酒は砂濾しして当座売りにするとよい。但し、久しくすると、特に春夏は直に又々花降りになるので、早く火を入れるとよく澄み久しく持つ。花降りの酒は風味薄くなり性も弱る。

〈本元造り様〉〔醸造重宝記・上〕に、本元《ほんもと》は元来十月の節に入って造る酒をいう。本元は風味滋《こ》く、おとなしい。酒は、十月迄 秋の内には無事に出来ないので新酒の「菊元」*「被《かぶ》り元」*「本代元《ぼだいもと》」*の造り様があり、味は少々薄い。本元の元米は去年の古米がよく上々白々に搗き抜き、掛米も古米がよいが、留米ばかりは九月末十月になると新米がよい。十一月になると皆新米で搗き抜く。白米一石分に水二斗、麹十四貫目が大法であるが、時期により変わる。「本元おろし加減の事」「どうだき入加減の事」等、詳細な造り様がある。

〈本元にて甘口造り様〉〔醸造重宝記・中〕に本元で甘口造り様は、大抵は麹を多く入れるという理解だけでなく心得がいる。○格式。元米 一石分（水一石二斗。麹十六貫目）。○添米 一石五斗（水一石三斗。麹十四貫目）。

ここで石 水 麹を十二貫目に平《なら》す。○中米 二石五斗（水二石。麹三十貫目）。ここで九斗水に平す。○留米 四石（水二石七斗。麹四十八貫目）。勿論八斗水である。都合十三石に留る。但し、八斗水。麹十二貫目宛。水合 十石四斗。麹合 百五十六貫目。掛米石数、斗水は銘々でもよいが、麹は定法十二貫目宛にしてよい。蒸の冷まし加減は、○添米は七分冷まし 温み三分つけて入る。○中米は九分の冷まし 温み一分つけ入る。○留米は冷まし切って入る。○大留米は能々冷ましひやし切って入る。この通りに留めて、朝夕冷える時 勿論冬季には蓋を半分掛けて置き、十時（二十時間）過ぎて初掛を入れ 又蓋を半分掛けて置き三時目毎に櫂を入れるとよい。さて中二日造り桶に置き留めた日から四日目に一緒に打ち寄せ、一日に三度宛櫂を入れ、沸が静かになったら蓋を七分掛け静まるのを見届けて蓋を詰めると甘口がきれいに出来る。

〈本元にて辛口造り様〉〔醸造重宝記・中〕に本元で辛口造り様は、常体からでも出来るが、元米を取る時から心得るといよいよ辛口が出来る。格式。○元米 一石分（水一石二斗。麹十二貫目）。常体の元米より麹は少ない。○添米 一石（水八斗。麹八貫目）。ここで石 水 麹を十貫目に平す。○中米 二石（水一石六斗。麹十六貫目）。ここで九斗水に平す。○留米 四石（水二石七斗。麹四十八貫目）。ここで八斗水に平す。○大留米 四石（水三石二斗。麹十六貫目）。ここで水八斗、麹八貫目に平す。都合八石に留る。水合 六石四斗。麹合 六十四貫目。これは水八斗に麹八貫目宛の格である。掛米石数、斗水は銘々でもよいが、麹は定法石に付き八貫目宛にしてよい。蒸の冷まし加減は、○添米は六分冷まし 温み四分つけて入る。○中米は冷まし切りにして入る。○留米は愈々よく冷まし切って入る。この通りに留めて蓋をせず十時（二十時間）過ぎて初掛を入れ 全く蓋をせず、その後は朝 昼 暮一日に三度宛櫂を入れ、中三日造り桶に置

き、留めた日から五日目に一緒に打ち寄せ、蓋を半分掛けて置き、一日に三度宛四五日の間櫂を入れ、沸が静かになったら蓋を七分掛け静まるのを見届けて蓋を詰めると辛口がきれいに出来る。

酒の事【さけのこと】〈酒異名〉〔音信重宝記〕に酒の異名に竹柴 魯雲 春眠 臘杏 紅霞がある。〈薬性〉〔医道重宝記〕に酒は大熱で毒がある。風寒湿を去り、邪毒を除き、気をめぐらし、血を養い、腸胃を厚くし、皮膚を潤す。過多に飲むと諸病を生じ、命を失う。〔好色重宝記・下〕に酒は一名を好色万能飲*といい、精力剤とする。酒は大熱のもので、燗《かん》して飲むと火に火を添えるに等しいが、冷酒で飲むのは悪く中《あた》る人もいる。酒は好色に用いるが、大酒すると大毒となる。〈貯え様〉〔新撰咒咀調法記大全〕に「久しく貯ふ呪ひ」は藤の実を煎じて入れて置くといつまでも損せず、酢味も四五日で直る。〈酢味を直す伝〉〔諸民秘伝重宝記〕に酒の変わったのを直す呪は、石決明（鮑《あわび》*）の粉を酒の中に入れると忽ち味よく直る。また烏瓜の実を焼き灰にして入れて混ぜると即座に澄んで味もよくなる。酒の変ったのには、酒一升に玉子（一ツ）、石膏・縮砂（各半両）、杏仁（七ツ）を入れ、壺でも樽でも封をして三日咒程置くとよい酒になる。〔俗家重宝集・後編〕には鉛を銭大に打ち平め、二ツ三ツよく焼いて一升の中に入れると忽ち上酒となる。〔増補呪咀調法記大全〕に悪酒を直すのに入れる符がある（図197）。

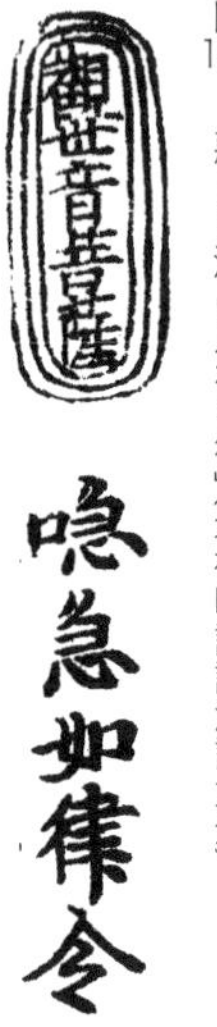

図197「悪しき酒に入れる符」（増補呪詛調法記大全）

〈酒の口開く吉日〉〔重宝記永代鑑〕に甲《きのえ》辰の日。乙《きのと》丑・巳の日。丙申の日。庚子の日。壬子の日。〔続呪詛調法記〕に酒の口開く時の秘事として、「神も知る神も遍く聞し召す 御裳濯川の清き水酒」「神も知る万の神も聞し召す 御裳濯川の清き甘酒」「神も知る神も漏らさず聞し召す 御裳濯川の天の菊酒」の歌を、どれも三遍詠む。

〈酒飲み様〉〔人倫重宝記・四〕には、「酒は百薬の長」と言われ賞味されて来ていることを内外の文献に見渡している。〈作法〉〔新板増補女調宝記・二〕には祝言の時、常の盃で酒飲み様として、左の膝を敷き右の膝を重ねて左へ寄り掛かり左の手を着き、右の手で盃を取りそっと戴き、さし俯いて飲む。肴は手に受けて鼻紙を折りながら取り出し、その中へ入れ脇に置き、立つ時に持って立つ。自分が飲んだ盃は台の上には載せず、台の右の脇 畳の上に置く。酌人が取って台の上に載せ 先へ持って行く。酒を奨めるには、女客で心安い人には直接奨めてもよいが、傍にいる女中方にお飲みになるようにと言うのがよい。肴を挟むには何でも手の汚れない物を少しばかり挟んで、箸を向うの方へ直して奨める。〔女寺子調法記〕に、酒の酌に銚子を持つには右手の指先を揃えて弦《つる》を持ち、左手で蓋《ふた》を軽く押さえて静かに注ぐ。競《きお》い掛っては注がない。銚子に酒のある内に直してはならない。盃は両手に受けて押し戴き、片手を着いて酌を受ける。酒を飲み切らない内に、誰様に差し上げると言って酒を飲み干し、盃を差す。〔女用智恵鑑宝織〕に、酒は静かに注ぎ、大きな盃ならさらさらと注ぎ、昼は九分 夜は八分がよく、零れる程に注ぐのは無礼である。盃を傾けて受ける人があっても銚子の口で押さえてはならない。銚子の替えは酒のある内に、滴《した》む程にならない内に替えに立つ。肴は華奢な物がよく、手の汚れる物、挟み難い物、皮や核のある物はよくない。

〈酔わぬ法〉〔秘伝重宝記〕に酒に酔わない法は、○大酒する前に極上の美濃の枝柿（〔新撰咒咀調法記大全〕には皮を薄く剥いで）を臍に当てて酒を飲むと、酔いに中《あ》てられない。○青柚の皮を薄く剥き陰干して粉にし、葛糊で丸じて用いる。○麦芽を常の如く煎じて飲むとよい。生で嚙んで

もよい。〔里俗節用重宝記・中〕は、酒に酔わぬ薬として栢子仁・麻子仁（各四匁）を合せ、粉にして服する。〔万用重宝記〕は酒に酔わない心得を、生塩を匙に一杯程舌の上に乗せて飲むと、大酒しても酔わない。

〈酒の真人〉〔人倫重宝記・四〕に「酒の真人」は、酒を呑んで酔いも狂いもせず、病者にもならず、公・私の大事も欠かず、酒の害を生じず、妨げとならない人を酒の真人と言う。

〈酔醒し〉〔丸散重宝記〕に酒の酔い醒めや胸が熅《いき》れ悶え咽が渇くのには、葛粉を水に搔き立てて服する。〔男女御土産重宝記〕は、地骨皮（枸杞皮）と葛根を等分にして飲む。〔薬家秘伝妙方調法記〕は、葛の粉、良い茶、豇豆《ささげ》の花を等分に合せて水で用いる。〔里俗節用重宝記・上〕は、平胃散を総目二匁ならば、山査子を二匁、黄蓮を山査子の目方三分の一程入れ、常の如く煎じて用いると二日酔*も醒め 胸中も安らかになる。〔万代重宝記・安政六頃刊〕は、○大きな水梨子の皮を剝ぎ、山葵《わさび》卸でおろして鉢に入れ、汁を絞り出し粕をよく干し、それを又 汁に漬けて干し、これを何度も繰り返し、汁が全部なくなって猶よく日に干し粉にして置く。汲み立ての水でこの粉を一服ずつ立てて飲むと酔いを醒ます。○桜の皮を黒焼きにし、糊に交ぜて丸じ、酔って苦しむ時、三粒飲むと忽ち直る。〔懐中重宝記・慶応四〕には桜の皮を煎じて用いる。〔胡椒一味重宝記〕は、○胡椒を湯で飲むとよい。○鱈に胡椒の粉を入れて肴にする。鱈は酒毒を消し、胡椒は鱈の毒を消すからである。〈酒毒 留陰を除く伝〉〔日用調法人家必用〕に「酒毒を消し 留陰を去る伝」は、○毎朝黒豆十四粒ずつを食前に水で鵜呑みにする。呑み慣れない人は「丸薬豆」と称する小粒を用いる。○酒を多く呑む人は豆腐類を常に食うのがよい。大豆は酒毒を消す効能がある。

〈諸口伝〉〔秘伝重宝記〕は、大酒する人を下戸にする伝として、藪の中の竹の切株に朝露の溜ったのを紙に湿し取り、何も知らせずに野菜の中へ絞り入れて与える。一廻り（七日）程で下戸になる。〔新撰咒咀調法記大全〕は、○酒持ちの悪い陶《とくり》を直す呪は、夏土用の水をその陶に入れて三十日ばかり置いて後に濯ぐとよい。○酒に火が入ったのを消す方 或は煎り酒等に火が入ったのを消す方は、息を詰めて強く吹く。○大きな器に火が入った時は青菜を打ちこみ、又は青菜で叩き払う。〔里俗節用重宝記・上〕は、酒・焼酎を飲んだら湯に入ってはならない。〔調法記・幕末頃刊〕は、○酒を切って飲むには、目方五分の極上々の蟾蜓《なめくじ》に胡麻油を少し入れて火で楊枝を煮固め、蟾蜓一匹を火で焙ると油が浮く。これを楊枝につけて盃の酒を切りそっと飲むと、半分は後に残るのは不思議である。〈手品〉〔清書重宝記〕は、○酒を息に吹くには、細い管を口に銜えて壁に吹く。○盃に酒を山盛りに注ぐには、白蠟を少し縁に塗るとよい。「酒後の咳」は「ふうたん（風痰）」ヲ見ル
〈酒に入れる削り物〉〔諸人重宝記・四〕に酒に入れる削り物は、干鱈 鯣 鮭の開き 干鳥賊 鱚子《きすご》 ふくめ 煎海鼠 串鮑 花鰹 若布 青海苔 六条豆腐がある。〈食合せ〉〔家内重宝記〕に、酒の後に辛子を食い合せると筋骨を緩くし、胡桃を食い合せると頭が疼《うず》き、熟柿を食い合せると胸が痛む。

〈名酒の事〉〔昼夜重宝記・安永七〕に○「名酒の造り様」がある。醴《あま》酒《ざけ》* 浅茅酒* 芋酒* 枸杞五加皮酒《くこうこぎざけ》* 桑酒* 豆淋酒《ずりんしゅ》* 忍冬酒《にんどうしゅ》* 鳩酒《はとざけ》* 葡（蒲）萄酒* 山川酒* 薯蕷《やまのいも》酒* 楊梅《やまもも》酒。* 〈名酒屋〉〔万買物調方記〕に、○「京ニテ名酒屋」東洞院五条下四丁目 小野や深谷酒、下立売室町西へ入 花橘、堀川姉小路上ル とんたや有明、油小路五条 雪酒、御幸町竹屋町下ル かはちや七賢酒、油小路下立売 大明玉霙、高倉三条下ル 万薬酒。○「江戸ニテ名酒屋」南伝馬町一丁目 播磨や七郎兵へ、同所 大和大目、南なべ町 中村清へ、深川大嶋町 三笠酒 伊阿弥新之丞、すき町 あられ酒讃岐や兵介、下まき町 山川酒天満や等六軒。○「大坂ニテ名酒屋」大手筋折屋町林和泉（此家に名酒十三色ある）、今橋二丁目 鳥飼大和（此家に名酒十九色が

ある。値段には高下がある）、久太郎町堺筋 久杉井大和がいる。〔江戸町中喰物重法記〕に名酒屋がある。「末廣酒」（浅草並木町 大和屋いづみ／芝口壱丁目 菊屋長左衛門）。「隅田川」（呉服町一町目南側 奈良屋勝安）。「御膳山川白酒」（浅草雷門前 鈴木主水）。「隅田川諸白」（浅草並木町 山屋半三郎）。「名酒千瓦泉」（新橋加賀町 鹿嶋助五郎）。「名酒品々」（赤坂表伝馬丁一丁目 万屋善兵衛）。「名酒所」（銀座丁一丁目 さゝの屋兵助）。「御名酒所／御薬酒所」（芝神明前梅田製）。

〈酒値段〉〔江戸町中喰物重法記〕に酒値段が出る。○「冨沢町通久松町 海寿屋平兵衛」に、「雹川諸白」は一升に付四匁より五匁八分。「福寿水」は四匁五分より五匁五分。「羽衣酒」は三匁五分より四匁五分。「宝命酒」「南都酒」は六匁より七匁五分。「末広」は四匁より五匁八分。「隅田川」は三匁より三匁五分。「八重菊」は二匁五分より三匁。「玉の井」は二匁より二匁五分。○「南都出店 江戸本町一丁目 瀧田川小三郎」「御薬酒直段」○「山川酒」「五味酒」（代五匁）。「白酒」（二匁半）。「甘口十三種」○むめ酒・龍眼酒・万歳酒（各十匁）。○延命酒・桑酒・保命酒・枸杞酒・蜜柑酒・榧酒・松井酒・梅花酒・菊花酒・紫蘇酒（各七匁五分）。「中辛口五種」○さふ泡もり（十五匁）。○忍冬酒（九匁）。○ぶどう酒（八匁）。○丁子酒（七匁五分）。○肉桂酒（五匁）。「極辛口二十八種」○泡盛（十二匁）。○焼酎・九年酒（七匁五分）。○養老みたらし麦酒・在られ酒・三年酒・白梅九重酒（各五匁）。羽衣・薄衣（各三匁五分）。○隅田川・竜田川・さくら川・末広・田村川・松枝・寉の井・杉の井・玉の井・吉の川・古の花・相生・しらきく・満願寺・薄紅葉など（各三匁）。○生諸白（二匁）など。なお「一升入 桐箱 真田紐付 代一匁八分。五合入箱 一匁三分。備前一升入とくり 六分。五合入 四分。三合入り 三分。白木 縄まき 樽 御望次第とある。

〈酒の染み落し様〉〔麗玉百人一首吾妻錦〕には何でも酒の掛ったのを落すには、豆腐の湯で洗うとよい。〔女中重宝記〕に衣服の酒の染みを洗わずに落すには、藤の花の陰干を絹の上下に敷き、紙を当て強く重しを掛けて置くと少しも残らず落ちる。〔日用調法人家必用〕には、糊入りの紙を水に湿して裏表から二枚ずつ当て、暫く重い押しをして置くと酒気は紙へ吸い取り、色の変り易いものでも染みにはならない。

鮭の事【さけのこと】〔万物絵本大全調法記・下〕に「鮏 せい／さけ。鮭《けい》に作るは非なり」とある。〈薬性〉〔医道重宝記〕に鮭は平で毒なく、気力を増し、虚労を補い、人を肥し、健やかにする。〔永代調法記宝庫・四〕に鮭は身を温め気力を増すが、多食すると腫物を生ずる。

〈料理仕様〉〔諸人重宝記・四〕に鮭は、焼物 鱠 鮨 はららじる（擂豆腐汁）蒲鉾 煎り焼 生火。この外色々。なしもの（塩辛）によい 塩引は肴 酒浸て。乾鮭は水和え 煮和え。色々に遣う。〉〔世界万宝調法記・下〕に、○「鮭の煎り物」は、腸等中の物を皆出して、摘み入れ、薄身に細く造り、半分はそのまま、半分は擂って煎り酒に水を交ぜて煮る。その中へ、前の色々を入れて、鳥濃醬*のように拵える。〔ちやうほう記〕に、○「糠漬」に二法がある。①麹一升、塩五合（当座には三合）、鮭を卸して漬ける。②塩と糠をむらなくよく交ぜ、鮭の魚を卸して紙に包み、擦れ合わないように漬ける。③糠 麹 塩を等分にして漬けて置く。〔ちやうほう記〕に、○「汁」は、鮭の腸をよく擂り 捏ねて一ツに合せ、擂り肉を腹の汁で煮る。また鮭の肉をくろ立にもよい。煮物で煮てもよい。〔料理調法集・漬物之部〕に、○「鮭甘子漬」は、鮭*の子の詰ったのを少しも疵が付かないように袋ともに取り出し、裏表から薄塩を振り、壺へ入れて置く。長く置くには塩を増す。殊の外 塩がきく。〔料理調法集・鮨之部〕に、○「鮭子籠鮨」は、子《こ》籠《ごもり》鮭を塩して二日程置き、尾頭を切り、皮を引き、中白米を強く飯に炊き、食う塩加減にして、次に鮭一尺に糀三合を飯に合せ、鮭を漬け、押しは軽くする。冬は十二三日、

春は七日、夏は五日程でよい。〔ちやうほう記〕に、〇「鮭鮨」に二法がある。①鮭鮨は、鮭の地漬飯に鮨を交ぜて作る。菰すし。②鮭に限らず何魚でも鮓に擂り、強飯を焼いて水で洗い、酒を注ぎ食い塩に少し辛くして菰に包み柱に強く締め付け三日過ぎるとよい。旅等には紙でくるくると巻いて持つ。〈久しく置き様〉〔料理調法集・鮨之部〕に「久しく置く鮭鮨」は、鮭を三枚に卸し、頭も三ツに割り、塩を強くして四日程置き、次に玄米を十分強めに炊き、塩を辛目に合せ、鮭を漬け、押しを掛けて置くと持つ。

差較【さこう】〔算学調法塵劫記〕に差較《さこう》は、多少の両数があって、多い数から少ない数を引いた、残りの数を言う。

鬣甲【さこう】「取髪《とりがみ》」ヲ見ル

雑魚汁【ざこじる】〔料理調法集・汁之部〕に雑魚汁は、雑魚は小鮒海老交じり四ツ手の魚等と、牛蒡大根竹の子、何でも作意次第に、味噌仕立てがよい。

狭衣【さごろも】大和詞。「さごろもとは、夢にも見ぬ」意である。〔不断重宝記大全〕

狭衣の毛【さごろものけ】「尾連《びれん》の毛」ニ同ジ

ささ【ささ】大和詞。①〔女重宝記・二〕に「ささげ（豇）は、さゝ」という。②〔麗玉百人一首吾妻鑑〕に「酒は九こん、又さゝと云」。

佐々【ささ】〈何が不足で癇癪の枕言葉〉「四、さゝき／さゝ」。佐々木氏の紋が四ツ目結いによる。〔小野篡譃字尽〕

痄腮【ささい】〔改補外科調宝記〕に痄腮《ささい》は、腮《おとがい》の腫れで風熱湿痰である。冬の暖かな後に急に寒くなる時多く発《おこ》る。大方は両方の腮が腫れ痛み、寒熱する。柴胡葛根湯*を用い、他には小豆を粉にし卵の白身で溶き塗る。内熱口渇き大小便の通じないのには、四順清涼飲*を用いる。二連湯*や托裏消毒飲（散）*もある。

栄螺【さざい／さざえ】海蛳とも書く。〔万物絵本大全調法記・下〕に「螺らノつび／さざへ」。〈異名〉〔書札調法記・六〕に螺の異名に、海螺《かいら》甲螺《こうら》剸螺《しら》がある。〈薬性〉〔医道重宝記〕に海蛳《さざい》は寒で毒なく、鬱気を散じ、瘰癧を治す。脾胃の弱い者は多食してはならない。〔永代調法記宝庫・四〕にも胃の腑を開き、目の薬、産後の古血を下す。〈刺身仕様〉〔諸人重宝記・四〕には造ってから湯掻き、山葵に酢味噌がよい。〈口伝〉〔料理重法記・下〕には栄螺を生のまま抜く方として、一ツ一ツ糸で括って逆様に吊るして団扇で扇ぐと気抜けし、半ば出る。その時手で引き抜く。〔万用重宝記〕には栄螺、鮑等貝類を小口（断面）切りにするには、貝を酢でよく炊き、出刃包丁を藁の灰汁《あく》で寝刃《ねたば》を合せて切るとよい。また貝ともに切る法として、切ろうとする所に金釘で筋をつけ、丹礬を酢で練ってつけ、二刻（四時間）程してからその筋を切るとよく切れる。〈料理仕様〉〔諸人重宝記・四〕にさゞい（栄螺）は、壺焼にが焼煮物粕漬、色々。

栄螺蒲鉾【さざえかまぼこ】〔料理調法集・蒲鉾之部〕に栄螺蒲鉾は、栄螺を生抜きにして小竹でよく叩き、半日程蒸して一夜置き、また蒸してよく叩き擂り濾して、魚の擂り身と栄螺の腸少しと、玉子の白身多くを擂り合せ、板につけて蒸す。

蜘蛛【ささがに】大和詞。「ささがにとは、くも（蜘蛛）を云」。また「心ぼそき事」をいう。〔不断重宝記大全〕

細蟹姫【ささがにのひめ】大和詞。「ささがにひめ、七夕の事」である。〔不断重宝記大全〕

佐々木【ささき】〈何が不足で癇癪の枕言葉〉「四、さゝき／さゝ」。佐々木氏の紋が四ツ目結いによる。〔小野篡譃字尽〕

ささぎ【ささぎ】片言。「ささぎは、小角豆ささげ」である。〔不断重宝記大全〕

佐々木三郎盛綱【ささきさぶろうもりつな】〔大増補万代重宝記〕に佐々木三郎盛綱は、江州の士で、頼朝の将として勇名が多い。馬を藤戸に馳せて平家を退け（一一八四年）、鳥坂に進めて坂《はん》がくを虜《とりこ》にした。

豇羹【ささげかん】〔菓子調法集〕に豇羹《ささげかん》の製法がある。羊羹と同じで、葛十五匁、赤大角豆《ささげ》一升を煮濾し、上葛粉にして二十三匁程、饂飩粉二十目、太白砂糖二百八十目を煎じ、よく交ぜ合せ、蒸す。

豇豆の事【ささげのこと】 大角豆とも書く。〔万物絵本大全調法記・下〕に、「豇 かう／さゝげ。夏」。〈薬性〉〔医道重宝記〕に豇豆《さゝげ》は平で毒なく、中《うち》を理め、気を増し、渇《かわき》を止め、胃を健やかにし、精を生ずる。〔永代調法記宝庫・四〕には五臓を補い、腎によく、経脈を助ける。常に食するとよい。〈漬け様〉〔男女日用重宝記・下〕に「漬け様」は、少し色どりの物を下に酒の糟を敷き、その上に塩を霜の降った程振りつけ並べ、また塩を降り糟を置きよく押しつけて置く。「豇の塩漬け様」は、若い豇に小豆湯を懸け、塩をたぶたぶとつけ、押しを懸けて置く。〔諸民秘伝重宝記〕に青漬け様は、雪花菜《きらず》五升、塩三升（一書、二升）を揉み合せて風の入らないように蓋をして漬けて置くと生のように青い。〈貯え様〉〔諸人重宝記・四〕に、寒の中の雪を取り塩を辛く入れて煎じ、壺に入れて漬けて置くと来年の夏まで持つ。〔年中重宝記・二〕に六月十五日、吉田小角《ささけ》祭り、西天王《にしてんのう》と号する。〈種蒔〉〔農家調宝記・初編〕に四月末迄に大角豆《ささげ》胡麻 荏の類を蒔く。この頃、氷雨荒れを厭う。「漬大角豆」モ見ル

狭小輿【ささこし】「貴舟《きふね》（布祢）明神」ヲ見ル

酒塵開【ささじん】〈大和詞〉〔女重宝記・一〕に「ごとみそ（五斗味噌*）は、じんだ、さゝぢん」。〈御所言葉〉〔女用智恵鑑宝織〕に「ぬかみそ（糠味噌）はじんだ、さゝじん」。「じんだ（糂粏）」ヲ見ル

笹団子【ささだんご】「笹だんご」は、日本橋木原店 布袋屋藤四郎にある。〔江戸町中喰物重法記〕

小波の国【さざなみのくに】 大和詞。「さゞなみの国、近江の事」。〔不断重宝記大全〕

篠の紋の事【ささのもんのこと】〈紋絵重宝記〉に①丸に篠の紋、並びに字の意匠。②「篠に笛声の文字」の意匠。③「篠の丸松」の意匠がある。

笹巻鮓【ささまきずし】「御膳名物笹巻鮓品々御誂御重箱詰御遣ひ物御望次第」は、日本橋品川町西村屋平兵衛にある。「一夜鮓*」のいつや平七にもある。〔江戸町中喰物重法記〕

私語【ささめごと】 大和詞。「さゝめごととは、ささやく事」である。〔不断重宝記大全〕

細愛男【ささらえおとこ】 大和詞。「さゝらへ男とは、月の名」である。〔不断重宝記大全〕

ささら汁【ささらじる】 菜のさくさく汁*である。薄味噌でよい。〔料理調法集・汁之部〕

篠竜胆【ささりんどう】 草花作り様。〔昼夜重宝記・安永七〕に篠竜胆の花は白 赤 薄色がある。土は合せ土*を用いる。肥しは魚の洗い汁がよい。分植は春、秋がよい。〈紋様〉〔紋絵重宝記・下〕には竜胆の花三輪の意匠がある。

細石【さざれいし】 大和詞。「さゞれ石とは、小石」である。〔不断重宝記大全〕

細水【さざれみず】 大和詞。「さゞれ水とは、少し流るる水」である。〔不断重宝記大全〕

山茶花【さざんか】「つばき さざんか（椿 山茶花）の事」ヲ参照スル

挿木【さしき】〔日用調法人家必用〕に「挿木の秘伝」がある。①赤土を膠でよく練り、削ぎ口に団子のように玉につけて植えると大抵は根を下す。②削ぎ口を中から少し割り、そこへ雪駄の古革を薄くして少し挟んで植える。③生大根を一寸程に切ってそれに枝を挿して植えるのもよい。皆、

挿枝に等分水を上げさせる仕方であるが、暫くの間は毎日水を注ぐのがよい。○挿木にする品は、薔薇の類、梔子、棣棠《やまぶき》、黄梅、蠟梅、石榴、桃、桜、柳、木槿、芙蓉、葡萄、柚柑《ゆずみかん》類、山茶《つばき》類がよく、大抵春分前後をよしとする。挿木になり兼ねるのは「取木《とりき》」にするとよい。「接木の事」参照

座敷芸【ざしきげい】　手品。〔清書重宝記〕に「座敷に月日出る伝」は、箱に火を灯したものを鏡に映し、障子に映すなど、工夫をする。〔調法記・幕末頃刊〕に「座敷を海に見せる伝」は、白大豆《しろまめ》を水に漬けて置いて砕き、その汁と蟾蜍《せんそ》（蜍カ。ひきがえる）・桂倍子《けいぶし》（各一匁）を茶碗に入れて火で溶き、筆で戸か障子板に波形を書き、煙草の煙を吹き掛け扇子で程よく扇ぐと、大海のように見える。

座敷の事【ざしきのこと】　〔幼童諸礼手引草懐中重宝〕に、○「人前に交る心持の事」一間《ひとま》等へ入る時は、その席へ御出の方へ一礼して這入る。人が勧めるからと言って、遠慮なく上座を心掛けるのは田舎人の仕業である。列座するのは主の計らいに極まる。一間等へ引く時、障子等が開けてあればその侭で行くのがよく、閉じてあれば閉じて這入る。狭い席では腰の物の小尻へ手を当てて立居すべきである。○「列座を離れる時」我が座を立って戻る時は、我が座の下に居る方へ同輩迄には辞宜をした上で座る。我より下目の人が下座の時は、その侭座に戻る。但し、初め立つ時は礼儀はいらぬ。「茶の湯座敷の事」参照

刺鯖【さしさば】　〔料理調法集・塩魚之部〕に刺鯖は、能登国産を上品とする。一種、小口から薄く畳んで小皿に盛り、蓼酢を懸けるとよい。また酒花鰹を懸ける。「塩鯖」参照

尺寸法【さしすんぽう】　〔大成筆海重宝記〕に、曲尺《かねざし》*呉服尺*鯨尺*の比較図がある（図198）。

さしながら【さしながら】　「さしながら、さながら也」。〔消息調宝記・二〕

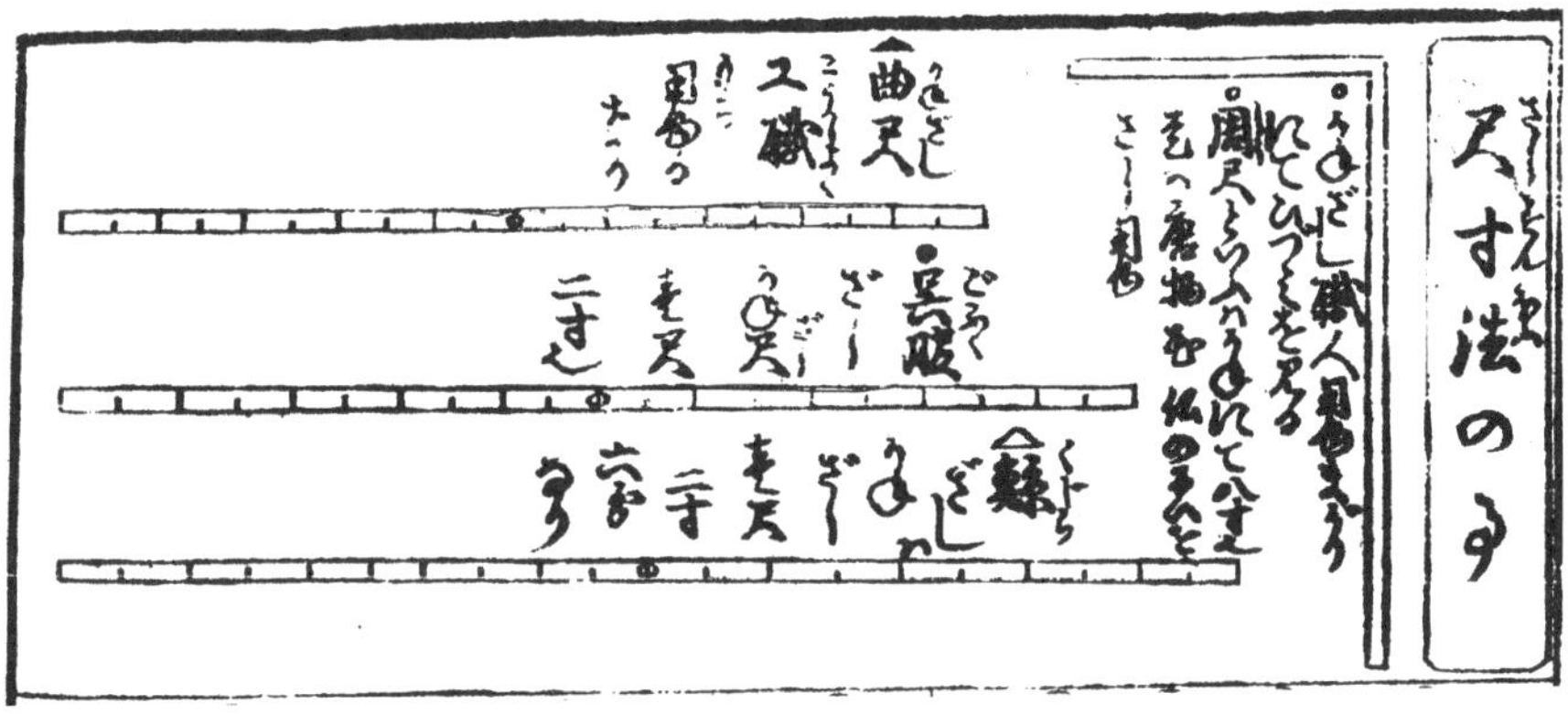

図198　「尺寸法」（大成筆海重宝記）

指貫【さしぬき】　〔万物絵本大全調法記・上〕に「奴袴　ぬこ／さしぬき／のはかま。きぬのかりはかま」とある。

刺身【さしみ】　刺身は、新鮮な魚貝鳥の肉、或は精進として海藻野菜類を薄く細く切って、醤油、酢、煎り酒、辛子味噌等で食べる料理。〔家内重宝記・元禄二〕〔昼夜調法記・正徳四〕〔昼夜重宝記・安永七〕等に

は一年十二ヶ月の献立が、〔嫁娶調宝記・五〕〔懐中重宝記〕〔料理調法集・四季献立〕等には四季の献立がある。〔永代調法記宝庫・六〕により、十二ヶ月の魚・貝・鳥類の刺身と、精進類の刺身を各一例ずつ挙げる。○正月は「茹で鳥 鰤 土筆 煎酒」、「揚げ麩 蒟蒻 椎茸 寒天 固い海苔 角叉」（六献立あり）。○二月は「伊勢海老 身を裂いて 海月 煎り酒」、「麩 蓮 蒟蒻 寒天 木天蓼《またたび》 味噌酢」（六献立あり）。○三月は「鯛 海松食 蓼酢」、「海苔 浅葱《あさつき》 蒟蒻」（六献立あり）。○四月は「真魚鰹 海月 煎酒」、「茄子 ささげ 黒蒟蒻 心太」（九献立あり）。○五月は「鱸 海松食 煎酒」、「蓮 麩 蒟蒻 椎茸 木天蓼 海苔」（六献立あり）。○六月は「鱶 生り節 海松 蓼酢」、「滑莧 茄子 茗荷 海苔」（六献立あり）。○七月は「鰞《いたらがい》 いなだ 辛子味噌」、「茄子 寒天 木天蓼 椎茸」（六献立あり）。○八月は「鮎の白子 干河豚の皮繊に切る 針栗 針生姜 山葵 煎り酒」、「角又 海苔 岩茸 茗荷」（六献立あり）。○九月は「蛸 がざみ 平茸 煎り酒」、「御《お》期《ご》海苔 揚麩 椎茸 蓮 芥子酢」（六献立あり）。○十月は「鯔 赤貝 辛子酢」（六献立あり。精進はなし）。○十一・十二月は「鴨の骨抜き 山葵 煎り酒」、「蓮 麩 寒天 海苔 黒慈姑」（九献立あり）。

差目の間【さしめのあい】 遊里の盃法。〔茶屋諸分調方記〕に「あい（間）」*を頼む人にさらに飲ませようとして、返されること。「あい頼む者に飲ませんと思へば、さしめのあいと言ふて戻すこと」がある。

指物金【さしものかね】 「くもて（蜘手）」ヲ見ル

差矢【さしや】 〔武家重宝記・二〕に差矢《さしや》とは、矢数《やかず》（＝射数の多さを競うこと）をする矢である。篦《の》*は炙り篦にして、羽《は》は鴨の第二の羽で矯《は》ぐ。*軽いのをもってよしとする。「野差矢《のさしや》」は差矢の稽古矢をいう。「芝差矢《しばさしや》」ともいう。〔弓馬重宝記・上〕には次がある。例えば、弓並に貴人、高家、我が所で中った時、我が矢が中ると流れる。次にまた星を仕ると断があれば、とりたてて射流さない。射手を敬うには、右足を後ろへ踏直し、差星《さしぼし》の下の通りを射る。これを差矢という。口伝。

流石な人【さすがなひと】 〔世話重宝記・五〕に『蒙求』を引き次がある。唐の楚孫は常に隠居して人倫遠く山水を好んだ。「我れ隠居せば流れに口漱ぎ 石を枕とせん」と言ったことより出て、隠遁の志があってやさしい人を、流石な人という。

指神の方の事【さすがみのほうのこと】 『倭訓栞』に指神は天一神*というとし、塞りの神で、梵語に阿律智という。今俗に、何事にも差し出る者をいうとある。〔和漢年暦調法記〕には「子《ね》は五ツ、卯辰に戌はまた五ツ、丑は九ツ、寅は十《とう》なり。亥は七ツ、午申は八ツ、酉は十、巳と未とは六ツと知るべし」。指神の方を知るには、子の日なら子から丑寅卯辰と五ツ目、辰（東東南）の方にあると知る。卯の日なら卯から辰巳午未と五ツ目、未（南南西）の方と知る。他はこれに準じる。その方に向って口論、勝負事に悪い。

指手扣手【さすてひくて】 将棊より出た世話。〔諸人重宝記・三〕に指手扣手《さすてひくて》は、将棋の駒を突き扣《ひ》き動かすことをいう。転じて、一挙手一投足、何かにつけて、の意に用いる。

挫精活命丸【ざせいかつみょうがん】 〔洛中洛外売薬重宝記・上〕に挫精活命丸《ざせいかつみょうがん》は、御幸町松原上る坂井氏にある。一包百文。半包五十文。小半包二十四文。この薬はどんな癪でも治せないということはない。

左遷【させん】 「ざれ（左礼）」ヲ見ル

蠍【さそり】 「ぜんかつ（全蝎）」ヲ見ル

左大臣【さだいじん】 〔男重宝記・一〕に左大臣は、諸々の政務を執り行う役である。太政大臣の下、右大臣*の上にある。

時過ぎ【さだすぎ】 「さたすぎ（時過）とは、時におくれ（遅）たる也」。〔消息調宝記・二〕

沙汰する【さたする】 〔世話重宝記・五〕に『杜詩集』の註に出るとして次

がある。沙《すな》を汰《ゆりこ》し、細かなのを去り大きなのを残すように、理非を吟味するのを、沙汰するという。

定【さだん】 十二直*の一。暦中段。〔童女重宝記〕には、斗柄の前の四辰、よく諸客を定む等、何事も吉とある。〔和漢年暦調法記〕等に小吉とし、家造り、移徙、婚礼、元服、売り買い、下人を抱え、土を動かし、祈禱等によい日である。出行、草木を植えること、訴訟事を忌む。

幸【さち】 「さちとは、さいはひ（福）を云」。〔女重宝記・五 弘化四〕

撮【さつ】 〈合薬秤量〉〔医道重宝記〕には一撮は四刀圭《とうけい》*である。十撮を一抄（撮を才とする＝さい）とある。四圭を一撮とする。〈量数〉〔算学調法塵劫記〕に撮《さつ》《さい》（撮を才とする）。一升の千分の一。十抄《しょう》*をいう。

薩／薩埵【さつ／さった】 〔万物絵本大全調法記・上〕に「薩 さつ、菩薩 ぼさつ也。菩提 ぼだい、薩埵 さつたと曰ふ」。

殺害人【さつがいにん】 雑穢。殺害人。切者一日、居物《すえもの》（土壇に据えた刑死人の試し斬り）三十日を忌む。〔永代調法記宝庫・首〕

五月毛【さつきげ】 鷹の名所*。〔武家重宝記・五〕に鷹の母衣《ほろ》*の所、輪毛《わげ》の上に生ずる毛をいう。五月毛に対して、その下弱腰の所を雨覆《あまおおい》という。

さっきに【さっきに】 〔世話重宝記・五〕に「先にを、さっきに」という。促音を入れて強意にする。

撮口【さっこう】 〔丸散重宝記〕に撮口は、小児が口を噤《つぐ》み、舌を竦《すく》んで乳を飲まず、身冷えて泣き叫ぶ。これは大事の症状である。口内上顎に粟粒大のものがあり、これを指に布を巻いて擦り潰し、生甘草をよく煎じて呑ませるとよい。こうしないと治らない。「臍風撮口」モ見ル

殺胡草果散【さつこそうかさん】 〔牛療治調法記〕に殺胡草果《さつこそうか》散は、汀下路《みちばた》瘴（「牛瘴《ぎゅうしょう》の事」参照）を治す。常山（二両）、柴胡（一両）、檳榔・知母・南木香（半両）、細辛（三匁）、草果（五個）を刻み粉にし、塩を少しばかり入れ、生地黄を火に炮《うい》し、香気を聞いて取り出し、良い酒で大碗で煎じ、半分になる時潅ぐ。

さっさ餅【さっさもち】 さっさ餅は、水干の粉を羽二重で篩い、水で捏ね、よく蒸して搗き捏ね、また蒸に懸け、よく冷めるまで捏ね、粽葛*の図版のようにする。砂糖を入れる時は、熊笹に包む時交ぜる。〔菓子調法集〕

ざった【ざった】 諸国言葉。「仕《し》ませなんだといふ事を、中国には、しませざった、いひ（言）ませざった、聞《きき》ませざったといふ」。〔男重宝記・五〕

ざっとう【ざっとう】 〔世話重宝記・五〕に「座頭を、ざっとう」という。「座頭の事」参照

拶の松【さつのまつ】 「ことぶきのまつ（言吹伝の松）」ヲ見ル

薩摩【さつま】 薩州。〔重宝記永代鏡〕には高城《たかぎ》、薩摩、甑嶋、日置、伊佐、阿多、河辺、頴娃《えい》、揖宿《いすき》、給黎《きれい》、谿山《たにやま》、鹿児島、智覧、出水の十四郡をあげ、城下は鹿児島で、一ノ宮は枚聞《ひらきき》である。〔万民調宝記〕には居城知行高は、鹿児島・松平薩摩七十二万九千石。〔大増補万代重宝記〕には、中管、四方三十里。田数五千五百二十一町、知行高三十一万五千二百五十石。〔重宝記・幕末頃写〕に四方二日。小国と言えども唐に隣する故、器用の険悪に備える。桑なく麻の衣服であり、中上国とする。鹿児島県から今の鹿児島県西部薩摩半島と甑嶋列島にあたる。

甘藷【さつまいも】 「琉球芋」ヲ見ル

薩摩酢【さつまず】 〔料理調法集・造醸之部〕に薩摩酢の製法がある。①黒米五升、白米三升を蒸して糀に寝かしよく揉み、水一斗五升を入れ、桶でも壺でも蓋をして時々搔き交ぜ、甘味が変じて酢味が出た時口張りをして土を掘って半分程埋めて置き、凡そ一ケ月程経て絞り用いる。②玄米五升を蒸して糀に寝かし、水一斗で桶でも壺でも仕込む。日々搔き交ぜ、酢味が出た時、布袋に入れ絞り用いる。

里【さと】 〔万物絵本大全調法記・上〕に「村 そん／むら。邑 いう。同。里 り／さと」。〔農家調宝記・初編〕には国の中に郡《こおり》、郡の中に庄があ

り、或は郷《ごう》、又何領と唱え、土地により大小があり異なる。庄郷領の中に里がある。東西六町、南北六町を一里《ひとさと》と定める。〈戸口〉民の戸口は一家を一戸《いっこ》とし、五十戸を一里とし、一里ごとに長《ちょう》一人を置いて検校させる。今は、里を村、長を名主《なぬし》*庄司《しょうや》*という。「村《むら》」「町《まち》」参照

佐渡【さど】　佐州。〔重宝記永代鏡〕には羽茂《はも》、加茂、雑多《ぞうた》の三郡をあげ、一ノ宮は渡津である。〔万民調宝記〕に居城知行高を、御代官・鈴木三郎九郎千石とある。〔大増補万代重宝記〕には中管、四方十八里。田数四千八百七十町、知行高二万五千九十石。〔重宝記・幕末頃写〕には四方三日半、草木の勝地、牛馬は勧貢せず、魚鼈・五穀多く、中上国等とある。相川県から、今の新潟県の佐渡があたる。〈名物〉〔万買物調方記〕に金銀 細辛 黄連 蔓藻 小鵤 御松《みまつ》（日蓮袈裟掛の松と云。珠数に用る）沓など。

里芋の事【さといものこと】　〈種蒔〉〔農家調宝記・初編〕には彼岸過に里芋を伏せる。〈えぐからぬ法〉〔料理重法記・上〕には里芋を生で食してえぐくない法は、芋を右手に持ち 左手に小刀を持って皮を剝き、やはり左手に小刀を持って芋を切って喰うと少しもえぐくない。〈よがり薬〉〔好色重宝記・下〕には里芋を芋卸でおろして後、擂鉢でよく擂り、行う前に指で玉門の穴へにじる。万方にすぐれて奇妙の「よがりぐすり」*である。ある書に、白芋の茎を巻いて行うとあるが、玉門を傷つける等のこともある。

左道【さどう】　「ざれ（左礼）」ヲ見ル

茶道【さどう】　武家名目。〔男重宝記・一〕には茶に徳のあるのを茶道《さどう》というが、今は業とする者をさして茶道という。但し、茶を立つる道を知った人という意であり、諸大名には皆この役がある。「茶《ちゃ》の湯の事」参照

砂糖丸【さとうがん】　吃泥《きつでい》*の薬。〔小児療治調法記〕に砂糖丸は、砂糖に膩粉《にふん》一匁を和ぜ、麻子の大きさに丸じ、米飯《めし》の湯で送り下すと、泥土を瀉して立ち所に治す。

砂糖煎じ様【さとうせんじよう】　〔菓子調法集〕に砂糖煎じ様は、氷砂糖 太白砂糖でも銅鍋に半分程入れ、水を砂糖ぎわより三寸程入れて上げ、炭火で三寸程に煎じて上げ、残らず取る。玉子の白身を少し入れるとよい。精進の時は入れず、そのままでよい。

砂糖チャン膏【さとうちゃんこう】　和蘭陀流膏薬の方。*〔改補外科調宝記〕に砂糖チャン膏の効能は、癰疽が虚になり下《しも》で痛むのに、沈んだ腫物が上へ上るのに、痰で腫れたのに、年久しい打ち身に、瘡毒の塊ったのに、それぞれよい。チャン（百匁）、蠟（五十匁）、麒麟竭（五匁）、杉脂・阿仙薬・鬱金（各三匁）、白砂糖（一匁）、松脂（二十匁）、胡麻油。油とちゃん脂《やに》を一ツに入れて煎じ蕩し、その後に薬を入れて練り、蠟は後に加減を見て入れ、練り上げる。

砂糖漬【さとうづけ】　〔調法記・四十ら〕に砂糖漬は、何でも湯掻いた後砂糖でさわさわと煮立て、白砂糖にまぶして用いる。

砂糖漬梅【さとうづけうめ】　〔料理調法集・漬物之部〕に砂糖漬梅は、大梅百を、塩・灰・水各一升を一ツに合せ、梅を一日一夜漬けて置き、次に塩水でよく洗い水気を去り、太白砂糖三斤、上酒二升を入れ、壺に漬け込み口張りをする。二十日程するとよい。

砂糖漬鰹【さとうづけかつお】　「鰹の事」〈料理仕様〉ヲ見ル

砂糖の事【さとうのこと】　〔万物絵本大全調法記・下〕に「沙糖 さたう。蔗糖しやたう。白糖。氷糖」。また「甘蔗 かんしや／さたうだけ。紫糖」がある。〈砂糖を白くするには〉〔清書重宝記〕には水を少し入れ、一貫目に卵十個を割り、皮ごと入れて煮る。灰汁《あく》は卵の殻に付き絡むのを全て取る。〈甘味を増す〉〔ちやうほう記〕には、砂糖を塩梅に使う時甘味を増すには、黄檗を粉にして絹に包み水中で揉み出し、その汁を砂糖を入れた中へ入れると甘みを甚だ増す。

〈薬性〉〔永代調法記宝庫・四〕には脾胃を和らげ、熱を冷まし、多食すると歯を損ずる。砂糖は鮒と竹の子を嫌う。疳の虫が出て脇が痛む。〔料理調法集・当流献方食物禁戒条々〕には砂糖に竹の子・鮒・海魚。〔懐中重宝記・弘化五〕には砂糖に鮒、蕗《つわぶき》。〔万用重宝記〕には砂糖に李を食い合わすと大毒。
〈和漢砂糖〉〔江戸流行買物重宝記・肇輯〕に大伝馬町一丁メ 伊勢屋㐂平次、浅草茅町三丁メ 佐渡屋藤吉の店がある。

座頭の事【ざとうのこと】〔幼童諸礼手引草懐中重宝〕に次がある。○「座頭を招いて祝儀遊びの時」、平家等を語らせて聞く時は、一句目は何なりとも言って次第に語らせ、二句目は何を聞かせよと好み、三句目は先の勝手に語らせて聞くのが法である。大抵勾当以上の座頭は出家と同じあしらいにする。琴・三味線の類も同じである。○「座頭へ茶を参らす時」、左手で茶台を持ち、右手で座頭の手を持って茶碗を渡す。何でもこのようにする。「琵琶の事」参照

痧毒【さどく】〔秘方重宝記〕に痧毒の症は至って緊急で、発症は中寒*に似る。五体が俄に攣《からま》り、仰っけに反り返り、手足が冷え、脈がなく、忽ち死ぬ。少しも猶予すべきではない。俗に痃癖肩こすという。早くその毒気の集る所を切り 突くなりして血を取るのがよく、遅くなると針を打っても血は出ず 死ぬ。その毒の集る所は紫色で丹毒のようであり、針をして血を出すには外の緩い所を針して取るのが緊急救急の方である。痧毒は天地の間の悪気で、時候によるものであり、地より立つ悪気に中《あた》ると忽ち発《おこ》る。痧式 セイ痧*など種々ある。「痧」は現代ではコレラ、或はハシカという。

讃岐【さぬき】 讃州。〔重宝記永代鏡〕には、大内、寒川、三木、山田、香川、阿野、鵜足、那賀、多度、三野、刈田をあげ、城下は丸亀と高松で、一ノ宮は田村である。〔万民調宝記〕に居城知行高は、高松・松平讃岐十二万石、丸亀・京極備中六万三千石。〔大増補万代重宝記〕には刈田がなく、豊田がある。上管、四方二十里。田数七千九百四十町、知行十七万千八百十石。〔重宝記・幕末頃写〕には東西三日。山川田畠均等し、五穀豊かである。魚貝類多く、名人多出。大中国である。名東県から、今の香川県にあたる。〈名物〉〔万買物調方記〕には、石蛤（浜一所に在り 大師が封じてより蛤の石になったと言い伝える）、忘れ貝（蛤の形をして紋がある）、魚嶋の鯛 鰆、小豆嶋のいりこ、引田のこのわた（海鼠腸）、八嶋の平家蟹、志度の浦の浜松（砂に生ずる草、料理に用る）、円座檀紙。

讃岐塩【さぬきしお】「播《す》り醬」ヲ見ル

札【さね】 鎧*名所。〔武家重宝記・三〕に札《さね》は、甲葉《こうよう》で、図例がある（図199）。鎧を作る鉄 或は革の長方形の板で鱗のように並べ、革や組紐で綴り合せる。さねは「真」とも実とも書く。揺札《ゆるぎさね》一枚札《いちまいさね》がある。

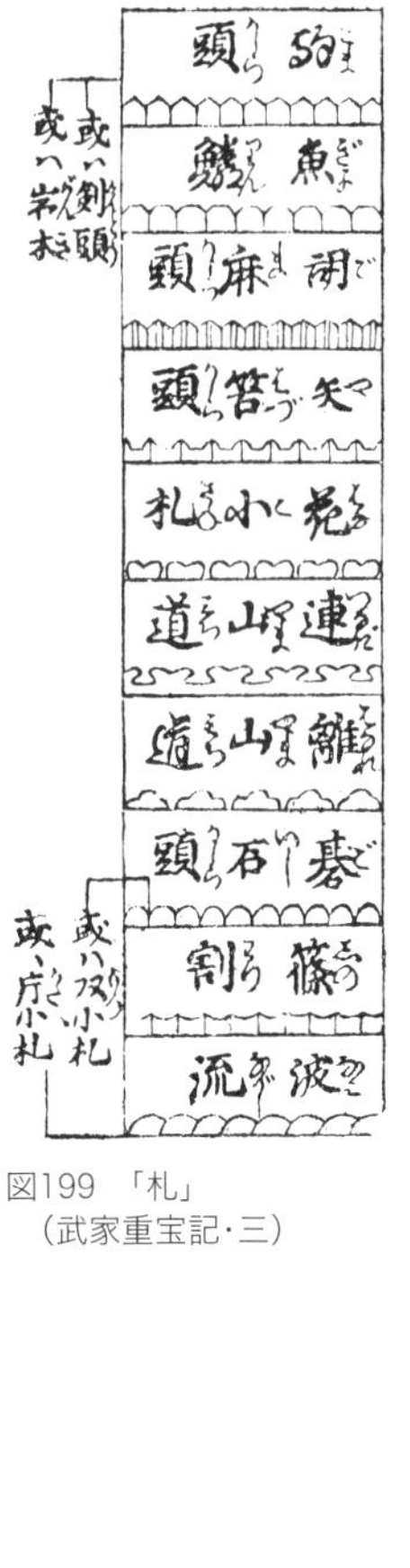
図199 「札」（武家重宝記・三）

真葛【さねかずら】 玄及とも書く。〔万物絵本大全調法記・下〕に「玄及 げんきう／さねかづら。冬」。〔薬種重宝記・中〕に和・唐草、「五味子 ご（み）し／さねかづらのみ。鉄を忌む。刻み、酒に浸し、干して炒る」。〈片言〉〔不断重宝記大全〕に「さねかづらは京の詞なり。大坂にはび（美）人草*」という。

実盛虫【さねもりむし】 稲虫。〔農家調宝記・付録〕に螣《とう》は、俗にいう実盛《さねもり》蝗虫である。茎と葉の気を吸うて害をなす。防ぎ方は、松明《たいまつ》で焼き取り、

また油で除く。

佐野の舟橋【さののふなはし】 大和詞。「さののふなはし、人を恋ふる」意である。〔不断重宝記大全〕

鯖【さば】〔万物絵本大全調法記・下〕に「鯖 せい／さば」。〈薬性〉〔医道重宝記〕に鯖は平にして毒なく、気力を増し、脚を強くし、脚気を治す。〔永代調法記宝庫・四〕には目にもよく、余り毒もないという。〈食合せ〉〔料理調法集・当流献方食物禁戒条々〕には鯖を食い豆の粉を食うのを忌む。また、鯖に十子（十箇の実）の食い合せは、大いに忌む。〔重宝記永代鏡〕には鯖に韮、葱を食い合わせると悪い。〈毒消し〉〔万用重宝記〕に、鯖に中《あた》った毒消しは生姜の汁を飲むとよい。〈料理仕様〉〔諸人重宝記・四〕に鯖は、沖鱠 酢煎り。塩もよい。背腸をなしもの（塩辛）にする。

差配米【さはいごめ】 大和詞。「さはいこめとは、ゆき（雪）の事」である。〔不断重宝記大全〕

さばかり【さばかり】 大和詞。「さばかりとは、これ程と云心」である。〔不断重宝記大全〕

鯖塩辛【さばしおから】〔ちやうほう記〕に鯖塩辛は、鯖を小口切りにして、塩三合に入れ、糀を一合入れる。十月、十一月がよい。

皶鼻【さび】〔万用重宝記〕に皶鼻《さび》は、飲酒やにきびで赤くなった鼻をいう。ざくろ鼻。独活《うど》*に過ぎる薬はない。

早開【さびらき】 作開とも書く。暦下段。〔童女重宝記〕に早開は、初めて早苗を植える日。耕作の祝事とする。

三郎【ざぶろう】〈何が不足で癇癪の枕言葉〉「酒、清三郎。せいざ。ざぶらう」。〔小野篁譃字尽〕

佐保川【さほかわ】 奈良名所。名高い川で転害町《てんがいまち》の北の般若寺の下に橋のある川である。般若寺坂の北の山川を佐保の川というのは誤りである。〔東街道中重宝記・七ざい所巡道しるべ〕

狭間【さま】〔武家重宝記・一〕に狭間は、城郭や城壁に隙間を構えて敵情を見、鉄砲や矢を放つ所。鉄砲の狭間*（○△）、弓矢の狭間*（□）の外、半月や団形もある。

様殿御候申の字高下書き様【さまどのおんそうろうもうしのじこうげかきよう】「様」の字以下も真行草に書き分け、真は上方に、行は同輩に、草は下輩に宛てて書き、それもそれぞれにくずし方により上中下に分つとし、「様」の旁の下に「次」「永」「水」を書いて、〔書札調法記・五〕等に「次」を極々上々とするが、〔大増補万代重宝記〕では真字であり、誤りとする。〔改正増補字尽重宝記〕には昔はみな殿と書き、様と書くのは唐代より始るといい、式正は殿、略儀は様とある。図の極上々、中、下等は相手方の格を示す（図200）。

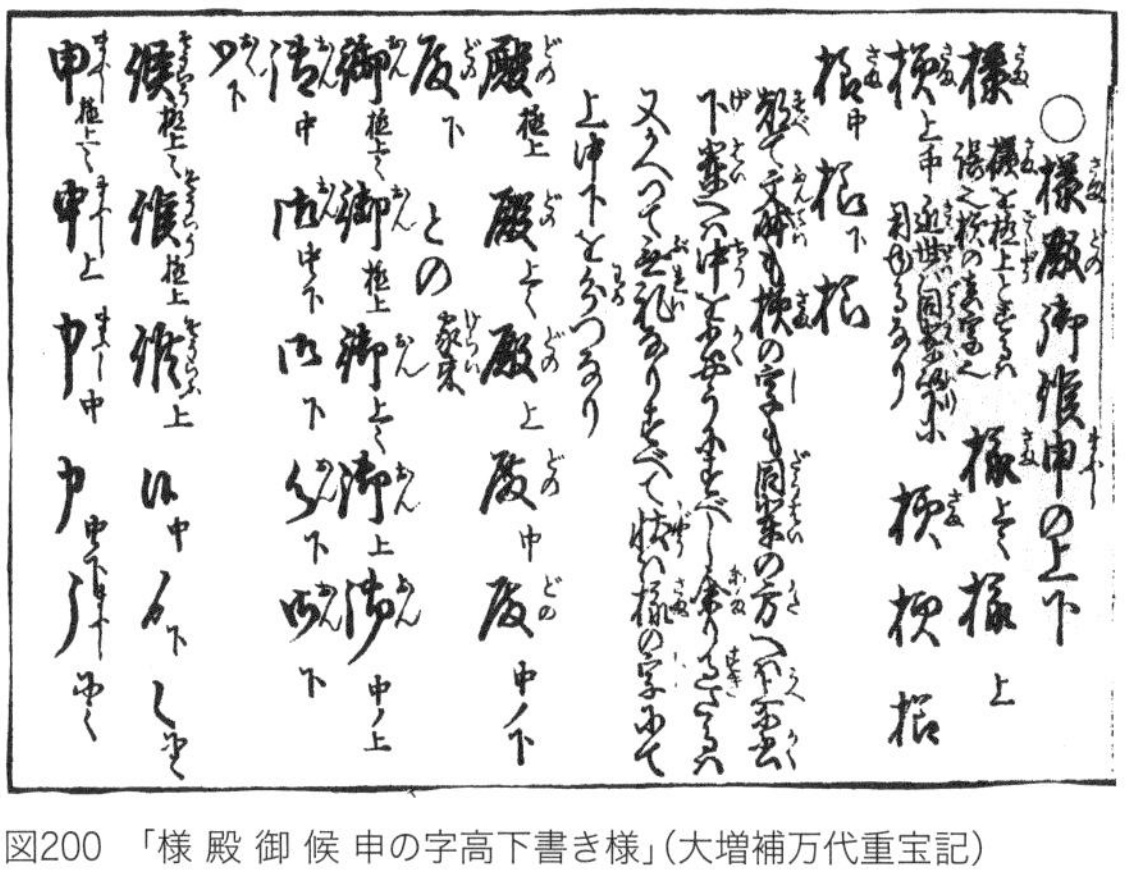

図200 「様 殿 御 候 申の字高下書き様」（大増補万代重宝記）

五月雨の事【さみだれのこと】 五月ごろに降り続く雨。梅雨*。〔田畑重宝記・下〕には暦に「入梅」とはあるが、「梅雨あけ」がないように「五月雨」もないのは、後日のことは知れ難いからである。〔女文翰重宝記〕には「五月雨の文」の範例がある。「おやみなき梅の雨よと 此寂しさいかゞ御入なされ候や。爰元いかふ暮し兼参らせ候まゝ、申かね候へども めづらしき草紙も候はゞ 御借たのみ入参らせ候。源氏 狭衣 うつほ 竹取の類は 此方に持ゐ参らせ候　かしく」。同じく返事。「御文のごとく 晴まもしらぬさみだれの空、いと日永く徒然さ 何方も同じ心に思ひ参らせ候。しかし物の本の事仰下され候 いと安き御事ニ候。希敷《めづらしき》品もござなく候へども 今は昔の物語 故事談 二部御目に入れ候。これも又古めかしくやと存じ候　かしく」。

早緑月【さみどりづき】 大和詞。「さみどり月とは、正月の事」である。〔不断重宝記大全〕

撒発拉【さむはら】 〔童蒙単語字尽重宝記〕に撒発拉《さむはら》は土首分治。撒発拉は、広さ二百七十万坪、民は一百万人。

侍【さむらい】 身分。〔武家重宝記・一〕に、武士を侍《さぶ[む]らひ》ということは、民間を出て公卿の家に「侍《さぶらひ》たり〔高貴ノ人ノ側ニ控エテイル〕」という意味とする。侍は、礼儀作法や躾け方が大事として、「諸侍礼義 躾方」は「三議一統大双紙」（男重宝記・五〕に「当流躾方五十一箇条」が載る）より抜抄した記述がある。その凡そは「着座*」「奉公人心得*」「使者心得*」「太刀刀受け渡し*」「四科*」として立項した。また〔金持重宝記〕に、諺に「侍と金《こがね》は、朽ちても朽ちぬもの」という。「ぶし（武士）」ヲ見ル

鮫【さめ】 〔万物絵本大全調法記・下〕に「鮫 かう／さめ」。〈薬性〉〔永代調法記宝庫・四〕に鮫の魚は狂気を鎮め、五臓を利す、神気 労瘵 血を吐くのによい。

醒が井餅【さめがいもち】 〔万買物調方記〕に「京ニテさめが井餅」は、柳馬場蛸薬師角にある。

醒ヶ井より番馬（場）へ【さめがいよりばんばへ】 木曾海道*宿駅。三十丁。本荷四十八文、軽尻三十三文、人足二十三文。宿はよい。宿中の流れを醒ヶ井の清水といい、水上は大岩の間から湧き出る。一説に、美濃国養老の滝の水が地下を通ってここへ流れ出るともいう。神代の昔、日本武尊が東夷を征伐し還幸の時、毒蛇に足を悩み程経たのを、この清水で冷し熱を冷めさせたので醒ヶ井という。その時腰掛けたという腰掛石があり、玉垣を結い回している。二間四面の薬師堂があり、醒ヶ井餅と小鮎が名物である。宿の右方に大河の石川があり、宿の出離れに湖月が見える。なねくれ村。浅井川 橋がある。石打村。樋口村。垂見村。右へ道があり、前原へ一里である。左方に時宗寺八葉山蓮花寺があり、『太平記』には番馬の辻堂と出る。京の両六波羅合戦に負け鎌倉へ下る時、敵に前後を囲まれ四百三十人余が自害した所で、銘々過去帳に記し、各々辞世歌がある。寺は両方比丘尼寺である。また寺の向うの山に骸骨を埋めた高塚がある。この山を六波羅山という。この塚は元は山下にあったが、所の者や旅人へも仇をするので山上へ引き上げたという。〔東街道中重宝記・木曾道中重宝記六十九次 享和二〕

鮫肌の薬【さめはだのくすり】 〔女重宝記・四〕に鮫肌には、豌豆（五合）、滑石・白付子・白芷・白檀・甘松（各一両）、竜脳（二匁）を粉にして身に塗るとよい。〔新撰咒咀調法記大全〕には「さめ肌を治する方」として、行水の湯の中へ酒を一升入れて二十一日続けて洗うと肌目がよくなり悉く治す。〔懐中重宝記・慶応四〕には「疣 鮫肌を治す妙方」として、薏苡仁を炒り粉にし、一日に一匙ずつ十四日間用いると治る。

鮫屋【さめや】 「つかさめ（柄鮫）」ヲ見ル

佐屋街道【さやかいどう】 「佐屋廻《さやまわ》り」ヲ見ル

清さ【さやけさ】 大和詞。「さやけ（清）さ、月の朝の事」である。〔不断重

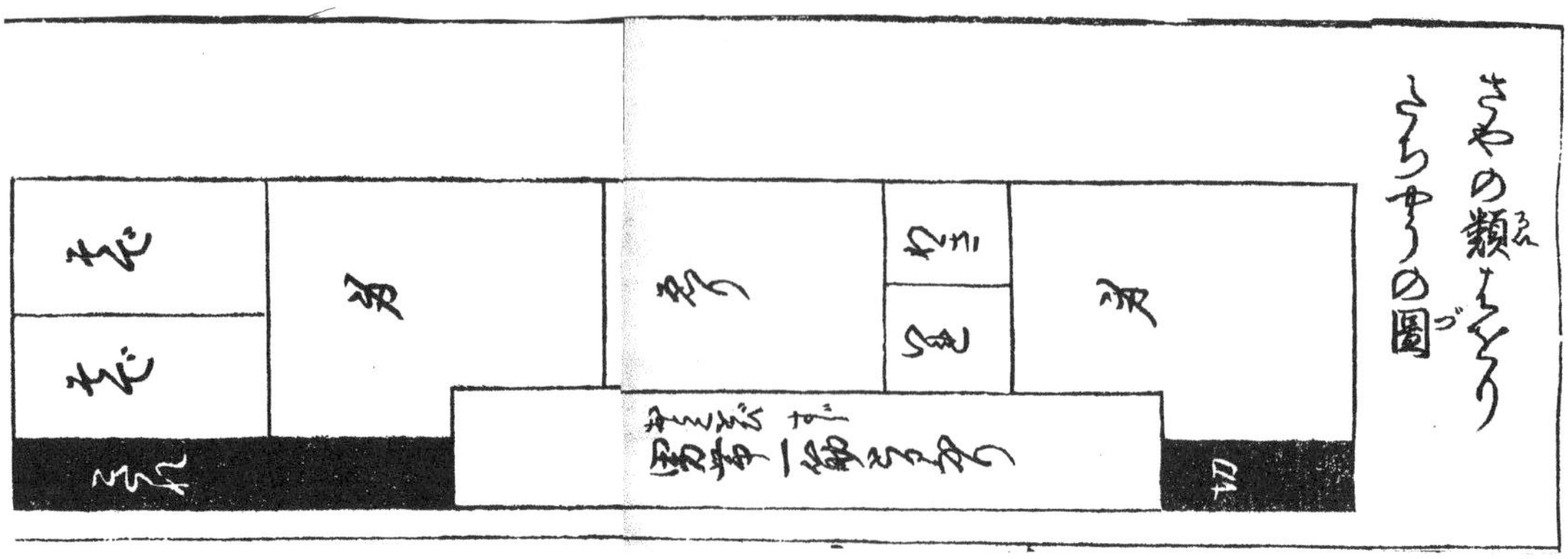

図201　「さやの類 羽織裁ち様の図」〔麗玉百人一首吾妻錦〕

宝記大全〕

鞘の事【さやのこと】〔万物絵本大全調法記・上〕に「鞘 せう／さや。欛は／つか」。〔武家重宝記・四〕に、「さや」は削、鞘、鞞とも書く。鎬《しのぎ》（＝刃と背の間の小高い一線を成した所）のあるのを木刀鞘という。黒塗が普通のことで、この外 摺剝《すりはかし》 刻《きざみ》 鞘鮫鞘 菊封《きくとじ》 縮緬等がある。〈鞘師 鞘塗師〉〔万買物調方記〕に「京ニテ鞘師并鞘塗師」小川二条下ル町、大仏鞘町。「江戸ニテ鞘師」加賀町 兵左衛門、山下町 伝左衛門、南なべ町 平吉ら五軒。「江戸ニテ鞘塗師屋」加賀町 五兵へ、銀町一丁目 甚左衛門、麴町二丁目 四郎右衛門ら五軒。「大坂ニテ鞘師」南新町一丁目 平野長兵へ、鑓屋町 田中市之進。「大坂ニテ鞘塗師」南新町一丁目 多羅尾左京、鑓屋町 伊兵へ がいる。

紗綾の事【さやのこと】 稲妻や菱垣模様を織り出した光沢のある絹織物。〔絹布重宝記〕には、三丈物 金三丈一二尺。八尋 金三丈六七尺。総じて反物とある。「裁ち様」については「縫針／縫物」参照。また〔麗玉百人一首吾妻錦〕には「さやの類 羽織裁ち様の図」がある（図201）。三幅《はば》物羽織、裏表両面裁ち、一丈二尺余、羽織の襟形二寸五分落し、三寸五分の廻し。〈張り様〉〔万用重宝記〕に姫糊を一文ばかり溶き 麩糊三分 白砂糖五分程入れ、よく溶いて布で濾し刷毛で引く。

佐屋廻り【さやまわり】 東海道宿、「宮より桑名」*の海上七里の間で、風波が激しい時、宮から佐屋迄は陸路、佐屋から桑名迄は木曾川を下る。「佐屋街道」ともいう。〔東街道中重宝記・寛政三〕に次がある。○宮より岩塚 二里。本荷百二十文。軽尻八十文。人足六十六文。○岩塚より万場 半里。本荷三十一文。軽尻二十一文。人足十七文。○万場より神守 一里半九丁。本荷百文。軽尻六十四文。人足四十九文。○神守より佐屋 一里半九丁。本荷百文。軽尻六十四文。人足四十九文。○佐屋より桑名 二里。舟賃は、五人乗小舟一人水主 三百五十九文。十二人乗小舟二

人水主五百八十七文。四十人乗四人水主一貫百二十四文。四十七人乗五人水主一貫三百二十一文。六人水主一貫四百八十一文。荷一駄四十九文。長持百十二文。乗物百十二文。丸棒駕八十一文。分持三十三文。人一人三十三文。増水主二百二十九文。「七里舟渡」参照

小夜きぬた【さよきぬた】「小夜きぬた」は、深川中丁越後や万吉にある。〔江戸町中喰物重法記〕

さよころも【さよころも】菓子名。上下みなながし物。〔男重宝記・四〕

細魚【さより】鱵とも書く。〔万物絵本大全調法記・下〕に「鱵しん／さより」。〈異名〉〔書札調法記・六〕に細魚の異名に、針《しん》魚嘴《し》魚がある。〈薬性〉〔医道重宝記〕に鱵《さより》は平で毒なく、これを食うと疫病を逃れる。多食してはならない。〈料理仕様〉〔諸人重宝記・四〕に細魚は、膾なまび（生干）。

沙羅沙和え【さらさあえ】〔料理調法集・和物之部〕に沙羅沙和えは、梅醤《うめひしお》*に紫蘇の葉を細かに刻み入れた沙羅沙梅*で、梨子、草石蚕《ちょろぎ》の類、何でも和える。但し、紅砂糖を加える。

沙羅沙梅【さらさうめ】〔料理調法集・田夫之部〕に沙羅沙梅は、練り上げた梅醤《うめひしお》*に、漬けた紫蘇の葉を去り微塵に刻み、交ぜる。また紫蘇の葉を干して卸し、通しで篩い、練り交ぜたのもよい。〔里俗節用重宝記・下〕に沙羅沙梅の方は、塩漬梅の紫蘇の筋を取り乾し、手刃でよく細かに刻み、打ち伸して刻む。これに紅か蘇芳の紅を入れるとよい。熟した梅干を湯洗いして乾し、竹篦で実を取り、打ち返してよく刻み、前の紫蘇を合せて切り返し、砂糖と合す。〈売所〉〔江戸町中喰物重法記〕に「根本南京さらさ梅所／漬物類品々」は、本店麻布雑式町／出店新橋南鍋町三河屋正種にある。

沙羅紗蒲鉾【さらさかまぼこ】〔料理調法集・蒲鉾之部〕に沙羅紗蒲鉾は、千枚漬、紫蘇をよく洗い芯《しん》を取りよい程に切り、擂身に交ぜて常のように板につけ蒸す。

沙羅沙酢【さらさず】〔料理調法集・煮出煎酒之部〕に沙羅沙酢は、梅香味酢*に紫蘇の葉を細々に刻んで入れたのをいう。

沙羅紗染【さらさぞめ】〔永代調法記宝庫・三〕に沙羅紗染は、麩糊を強く煮て全て糟を去り、何でもその色々の染色の物を練り合せ、紙型に乗せて染めつける。○青色は、藍蠟を摺って麩糊の汁に練り混ぜ、薄い濃いは加減して使う。○黄色は、山梔子《くちなし》の汁を出し合せて使う。但し、念を入れるには鬱金《うこん》を出して使う。○赤色は、蘇木《すおう》を煎じて出し、合せて使う。○紫は、似紫*の汁で合せて使う。○鶯茶は、藍蠟を摺り出し、桃の皮の煎じ汁で加減し、合せて使う。〔秘伝手染重宝記〕に「さらさぞめの事」として、黒柿、浅黄、紫、色々は皆絵具屋にある。望みの色を豆の汁で溶き、竹の簁《とおし》で、打ち様は地は何でも皺の縒らぬようにして、丸刷毛に絵の具をつけ、簁の中で廻しながら斑無く見合わせて、打つ。まず紙で稽古するとよい。

沙羅沙玉子【さらさたまご】〔料理調法集・鶏卵之部〕に沙羅沙玉子は、紅玉子を熱い内に手でよい程に四ツにも五ツにも千切り、焼塩を振って箱に入れ、落し蓋をして鮨のように押し、冷めて取り出し、切り形をする。焼け目はつけない。

沙羅沙豆腐【さらさどうふ】〔料理調法集・豆腐之部〕に沙羅沙豆腐は、義勢豆腐*のようにして、木耳《きくらげ》を繊にして塩煮海松食《みるくい》等を入れ、しめ寄せる。

沙羅沙海松食【さらさみるくい】〔料理調法集・鱧餅真薯之部〕に沙羅沙海松食は、海松食《みるくい》の皮を剝き、小口より薄く切り湯煮して水気を絞り、擂り身に交ぜ板につけて蒸す。

沙羅沙飯【さらさめし】〔倹約重宝記〕に沙羅沙飯は、大根の葉を細かに刻み塩でよく揉み、飯の水の引き際へ散らす。分量は、米一升、割り麦五合、大根葉四合である。干葉飯大根飯芋飯等も糧とするにはこの分量で炊

く。釜から移す時、よく混ぜないと食い憎い。

晒【さらし】 晒し木綿の略。〈**洗い様**〉〔新撰咒咀調法記大全〕に「晒の帷子を洗ふ方」は、夏の夕立の雨を溜めて洗うと、垢が妙に落ちる。〈**積み方**〉〔新板増補女重宝記・五〕に進上物「さらし積み方」の図がある。「積み様の事」参照

晒温麺【さらしうんめん】「白石名物御膳晒温麺」は、小日向水道丁反切橋 津の国屋四郎兵衛にある。温麺は汁で煮たうどん。〔江戸町中喰物重法記〕

晒御温飩所【さらしおうどんどころ】「御膳無類晒御温飩所」は、神田鍋町 伊勢屋九八。〔江戸町中喰物重法記〕

更科団子【さらしなだんご】〔江戸町中喰物重法記〕に二軒がある。①「さらしな団子」は、米沢町二丁目 丸屋宗斎にある。②「さらしなだんご」は、両国米沢丁 津本蘭陵にある。

晒引き割大麦【さらしひきわりおおむぎ】〔江戸町中喰物重法記〕に「御膳晒ひきわり／大むぎ」は、御蔵前はたご丁二丁め 本屋庄次郎にある。

晒平麺【さらしひらめん】〔江戸町中喰物重法記〕に「晒平麺」は、麴丁六丁目北側 美濃屋金助にある。茹で様は、茹で湯を沢山にして湯が立つ所へ入れ、二噴き茹で、水の中へ取る。

更なり【さらなり】 大和詞。「さらなりとは、云ふに及ばぬ心」である。〔不断重宝記大全〕

然らぬ【さらぬ】 大和詞。「さらぬとは、然《しか》らざる也」。〔消息調宝記・二〕

去り嫌い【さりきらい】 連俳用語。前句と付句、また一定の限度内で、同季・同字・類似の語を用いないこと、指合《さしあい》を避けること等、種々複雑である。簡潔には、例えば〔筆海重宝記〕に、〇二句去りの歌、「月日星、木と草と、竹虫と鳥、獣の分、二句去りと知れ」「迄 迚《とても》 扠こそそれも二句嫌う、本《もと》下 陰も同じ隔ぞ」。〇三句去りの歌、「夜 着類《きるい》 述懐 旅に居所 神祇 三句隔てと心得てよし」「山類《さんるい》に仏の教え恋 無常 水辺 上も三句隔てよ」。〇五句去りの歌、「月松や船 夢 枕 竹 衣 泪 煙 田 同季 五句去り」等の説明があり、詳しくは〔俳諧之重宝記すり火うち〕に詞・器財・居処・木・山・生・水辺・聳物・天象・降物・夜分・時節・風体・神祇・釈教・恋・無常・人倫・非人倫等に分けて解説がある。「付合《つけあい》」参照

さりさり【さりさり】 大和詞。「さりさりとは、合点する事」である。〔不断重宝記大全〕

去る【さる】 算法用字。「之を去る」とは、不尽*を捨てることをいう。〔算学調法塵劫記〕

申【さる】 十二支*の一。〔年中重宝記・六〕等から集成する。申《さる》（猿）。〈**月**〉申《さる》は七月、七月は陰気なって自ずから伸びつきる意。〈**時刻**〉申時《しんさる》は昼の七ツ。四時及びこの前後二時間である。〈**方角**〉西南西。〈**異名**〉〔永代調法記宝庫・首〕に申の異名に、涒灘《くんだん》 晡時《はじ》がある。「申の日／月」参照

申楽／猿楽の能【さるがくののう】〈**能の始り**〉〔人倫重宝記・三〕に次がある。桓武天皇の御宇（七八一～八〇六）に日吉《ひよし》社の前で猿三疋が寄り合い 手を叩き 舞い踊ったのは山王権現の示現といい、能はこれを真似たものという。近江 大和にさる楽と言い、観世・今春・金剛・保昌の四座を定めた。近江さるがくは猿の字を書き、大和さるがくは申の字で書き分けた。能は神楽*を学んで神を慰め 国土安全を祈るためにするので、神楽に等しいという意であり、神の字の旁《つくり》を採り申楽という。春二月一日から十四日迄、南都東大寺の楼門の前で薪を焚いて行われる能を薪の能といい、四座の申楽が隔年に能を行うのが遺跡である。四座の申楽は一代に一度勧進能を勤めるのも家例である。〔囃子謡重宝記〕にも申楽と猿楽の字の書き分けがある。〇申楽は もとは春日社に神楽衆*があり、六十楽の調子を司る。伶人は天王寺に伺候百二十楽を司る。いずれも宿神は一体である。神楽のある時勅勘の身となり、神の字の「申」を用いて申楽とする。〇猿楽は 日吉流、近江猿楽とある。

〈四座の系図〉〔囃子謡重宝記〕には次がある。四座の内、○金春は元は公家である。用明天皇の御宇（五八五〜五八七）、大和の長谷川に流れる壺の中に系図を持つ三歳の童子がいて、秦の始皇帝の第二子が故あって流されたものである。用明天皇が養育、氏《うじ》を秦《はだ》と定め、名乗《なのり》を河勝（河に勝る意。水に溺れず成長した）と号し、左大臣に立て、正二位とした。王子聖徳太子（五七四〜六二二）は推古天皇（五九二〜六二八）の摂政となり守屋退治に功があった。河勝の子に氏安がいて、その子に金衣（絶えてない）・金春・満太郎がいた。金春は春日社に仕えるのに先祖のため奏楽寺を建て、門前に金春屋敷があり、天照太神御霊《みすたま》八咫《やた》鏡影を移したと言い伝え、それ故金春の家を円満井《こんぱる》という。大和 山城の間の竹田を知行し、竹田を在名とし、紋は丸の内二ツ鷹の羽で、今の宮王は満太郎の流れである。ある時金春と不和があり、近江へ下り山王の申楽となり日吉太夫と名乗り、金春の形義 謡 節 拍子等まで替えた。金春の許しを得て大和へ帰る時、弟［子］を近江に留め置き金春流日吉太夫と定め、帰ってからは元の満太郎を勤めた。

○観世 保昌は児《ちご》の名で、彼らは伊賀国 服部殿の子である。兄弟は春日の霊夢に春日の神楽衆へ参れとの告げがあって奉仕、それ故名字は服部と名乗り、観世衆をば夕鷺（結崎）という。伊賀の国に在名がある。

○保昌（宝生）をば土肥衆といい、大和国の在名でここを知行とする。観世 保昌の紋は矢筈である。

○金剛も児《ちご》の時 金剛房といい、上野国小畑一統である。坂戸《こんごう》衆といい、大和の坂戸を知行する。割鷹《わりたか》の羽を違えて紋にする。四座はいずれも従四位に至る。四座に藤丸を紋にする事は多武峯 談山大明神の能を始め、大職冠の子に淡海公不比等は藤原の将棟なので、藤丸を毎年の能の恩賞により下される。位は正四位にのぼり、今に至るも正四位である。

〔文章指南調法記・二〕に「薪能見物文章」の範例文がある。「来ル七日より同十四日迄 南都興福寺の芝薪之能ニ而 四座之面々隔年ニ相勤候に妻子を携へ一見之志ニ而御座候。尤 温暖催し候ニ付 幸之序 奈良大和巡行仕リ度候。御閑隙に於ては御同伴希ふ所に候」とある。

猿頭御門【さるがしらごもん】「ばんがきごもん（蕃垣御門）」ヲ見ル

さる皮【さるかわ】〔紙漉重宝記〕にさる皮は、楮苧*の皮を包丁で削る時、扱き捨てる黒皮をいう。こればかりで漉いた塵紙を生苧漉《しょうそずき》という。さる皮を、商人は木皮ともいい、掛け目十貫目に付 代銀十二匁位、高下もある。所の漉き余りは防州岩国、芸州尾形 大竹へ運送して商う。

猿田彦大神【さるだひこのおおかみ】〔農家調宝記・初編〕に、道陸神《どうろくじん》は猿田彦大神とあり、岐《ちまた》の神であり、路傍《みちばた》に青面金剛 庚申塔を祀ることは幾万を知らず、両部神道説から出たものとある。『古事記・中』に、天孫降臨に、天《あまの》八衢《やちまた》に出迎えて先導し、後に伊勢に鎮座した国神《くにつかみ》という。衢《ちまたの》神《かみ》ともいい、後に道祖神に付会され、「さる」の名から庚申信仰と結び付いた。

猿田彦の宮【さるだひこのみや】大坂願所。平野町神明宮の社内に猿田彦の宮がある。小児の疱瘡を軽くなされると言って立願をする。御礼には土細工の猿、鳩の類を献ずる。〔願懸重宝記・初〕

申酉【さるとり】十二支の申*と酉*。申と酉は、死絶。〔日用重宝記・二〕

猿梨【さるなし】〔薬種重宝記・下〕に唐果、「山樝《さ》子 さるなし、核を去り少し炒る」。

申の時生れ【さるのときうまれ】〔大増補万代重宝記〕には申時（十六時）に生れる人は夫婦の縁は初めとは替り、男は後に位の高い妻に縁があり、女は知恵があって富貴の夫に縁がある。ともに栄える。若年の間はあちこち駆け回り苦労が多いが、年寄る程仕合せが直る。〔女用智恵鑑宝織〕で特記する事は、若い間は心に苦労多く煩いもあるが、物事を控え目にして信心があれば、富貴繁盛し、栄華があり、子にも縁がある。

申の年生れ【さるのとしうまれ】〔大増補万代重宝記〕に「申年生れ」の人は次のようにある。一代の守本尊は大日如来*。前生は白帝の子で、北斗の廉貞星より米十五石と金子五貫目を受けて今世に生れる。前生で人を多く殺した報いで今世では目、又は中風の病を煩うことがある。よく善根をなし、前世の因果を払うのがよい。生質は軽々しく、芸能があり、四方から金銀財宝が集り来る。また旅に他国を駆け廻り辛労する事がある。子の縁は育ち難いがよく神仏を祈ればよくなる。命は五十六歳、又は八十三歳で終る。観音は寿命を守り、勢至は福徳を与え、妙見は智恵を授ける。一代の内よく信心するとよい。一説に父母兄弟の力を得難い。女は一生衣食に事欠かず、よく夫に添う。男は常に口舌事絶えず、五十六歳を過ぎて財宝が集り豊かである。
〔女用智恵鑑宝織〕の「女一代八卦」にも次がある。前生は西都国の王子で、人を憐れんだので天から米十五石と金子五貫匁を受けて生れる。前世で人のつま（夫）に心を懸けたので目を煩うか何にても病がある。十分に心を潔くし人の鑑になり嗜むと病も治る。縁付は遅いほどよく、始め夫に疑われ度々口舌があるが、慎むと疑いも晴れる。子は遅い。春夏の生れはよくなく、他国へ行き苦労する。〔日用重宝万物図解嘉永大雑書三世相〕にも申歳の守本尊は大日如来。卦は坤皆断。春夏の生れは福裕、秋冬はよくない。

申の日／月【さるのひ／つき】〈日〉〔家内重宝記・元禄二〕に「日用雑書」として次がある。申の日に釜が鳴るのはよい。耳が鳴るのは口舌がある。犬の長吠は万に凶。乳母を取るに吉。味噌に凶。病は男は軽く女は重い。人神*は腰にある。北が塞がりである。未酉の年の人は屋造りに凶。行方は東・南は病、西は大吉、北は宝を得る。正・五・九月申の日は地福日*。二月申の日は大利日*、又天福日*。二・五・八・十一月申の日は神内*にあり吉。三・六・九・十二月申の日は神外*にあり凶。二・八月申の日は仏神には詣でない。三月申の日は報い日*、また願成就日*。二十一日も報い日。三・七・十一月申の日は如意宝珠日*。四・十一月は衣装を裁ち着ない。また家を買わない。六月申の日は六合日*。七月申の日は千億日*、また外（下）食日*。八月申の日は日運虚日*、また一粒万倍日*。九月申の日は万福日*。
春申の日は屋造りに凶、また屋根を葺かない。夏申の日は土用の間日*。秋申の日は神社華表《とりい》を建てるに吉。仏神加護日*。秋戊《つちのえ》申の日は天赦日*。冬申の日は母倉日*。甲《きのえ》申の日は物裁ちに凶、女は猶凶、また伐（罰）日*。井掘 入学に吉。甲・戊・壬《みずのえ》の申の日は神吉日*。甲・壬の申の日は大明日*。戊・壬の申の日は屋造りに吉。太刀 武具初めて着るに吉。土公は丙申の日は北に、戊申の日は西にある。庚《かのえ》・壬の申の日は北に門を建てるに吉。〔重宝記・宝永元序刊〕に申は猿で、この日は神祭り、馬屋造り牛馬の売り買いによい。仏僧供用にはよくない。
〈月〉〔日用重宝万物図解嘉永大雑書三世相〕に「申《さる》《しん》、七月、涒灘《くんたん》」。申は伸で、のぶるである。この月は陰気自ずからのび来るという意で、神を祭るのによい。その外は万に凶。

左礼【ざれ】〔世話重宝記・五〕に左礼《ざれ》ごとというのは、人の左右では右を本とする。食する時は箸を右に持ち、衣を着る時は衽《えり》を右に返すのによって知るのがよい。それ故、礼に背き戯れることを左礼《ざれ》という。遠流を左遷《させん》といい、道に反くのを左道《さどう》というのもこの意である。

髑髏【されこうべ】手品。〔清書重宝記〕に、「白こふべ」（髑髏を改めた）を作るには、座敷の暗い所へ馬の沓（馬に履かす藁靴）を置いて饂飩の粉、又は菖蒲の粉をふりかける。

曝心【ざれしん】「こけのこと（苔の事）」ヲ見ル

沢蘭【さわあららぎ】「たくらん（沢蘭）」ヲ見ル

沢桔梗【さわききょう】草花作り様。沢桔梗の花は瑠璃色である。土は肥土

に砂を交ぜて用いる。肥しは雨前に小便を根廻りへ掛ける。分植は春、秋がよい。取り木、挿し木にしてよい。野土を加えてよい。〔昼夜重宝記・安永七〕

沢菊【さわぎく】 草花作り様。沢菊の花は薄色である。土は肥土に砂を交ぜ、野土も加えて用いる。肥しは田作りの粉、また雨前に小便を根廻りに掛ける。分植は春がよい。〔昼夜重宝記・安永七〕

醂し柿【さわしがき】 「かき（柿）の事」ヲ見ル

沢辺餅【さわべもち】 菓子名。沢辺餅、上羊羹、下ながし物。〔男重宝記・四〕

さわやけ【さわやけ】 「さはやけとは、もやしの事」である。〔消息調宝記・二〕

鰆【さわら】 〔万物絵本大全調法記・下〕に「馬鮫 ばかう／さはら。鰆」。〈異名〉〔書札調法記・六〕に馬鮫《さわら》の異名に、章鮌《しょうげん》がある。〈薬性〉〔医道重宝記〕に鰆は、性味、能毒はまだよく分らない。小児 病人には忌む。〔永代調法記宝庫・四〕に鰆は、ただ腎を補い気力を増す。傷瘡 積聚 疳の毒である。〈料理仕様〉〔諸人重宝記・四〕に鰆は、ごさいやき（五斎焼）刺身。

三乙承気湯【さんいつじょうきとう】 〔医道療治重宝記〕に三乙承気湯は、消渇* 胃中に熱のあるのを治す。大黄・芒硝・厚朴・枳実・甘草を煎じて服する。

三陰交【さんいんこう】 〈経絡要穴 腿脚部〉〔鍼灸重宝記綱目〕二穴。三陰交《さんいんこう》は内踝の上三寸、骭骨《はぎぼね》の内側骨と筋との間にある。針三分。灸三壮。脾胃虚弱、胸腹脹り満ち、不食、小便通ぜず、陰茎痛み、足痿え、夢に精漏れ、臍の下痛み、経行時に房し羸痩《つかれやせ》、癥瘕、崩漏、産後血下りる事多く目眩いするを治す。俗に、下三里という。〈灸穴要歌〉〔永代調法記宝庫・三〕に「膝痛み 小便渋り 身も重く足冷え 行かぬ 三陰の穴」とある。

山陰道【さんいんどう】 〔重宝記永代鏡〕に、丹波* 丹後* 但馬* 因幡* 伯耆* 出雲* 石見* 隠岐*の八ヶ国である。

産穢【さんえ】 雑穢。〔大増補万代重宝記〕に産穢は父は七日。母は三十五日。遠国にあり、七日を過ぎて聞いたら穢れに及ばない。

三王【さんおう】 〔日用重宝記・四〕に三王は、夏の禹王、殷の湯王、周の分王武王をいう。

三黄丸【さんおうがん】 〔丸散重宝記〕に三黄丸は、消渇*、痩せ疲れて肌肉を生ぜず好んで穀を食するものに、或は大便秘結によい。また湿地に感じて腹内熱し大便秘結するのに、或は食滞腹痛によい。黄芩・黄連（各一戔）、大黄（二戔）を糊で丸ずる。〔小児療治調法記〕には、疹が出る時瀉痢し 清解せず、疹が退いて休息痢となり、赤白を問わず裏急後重くして、昼夜度なく頻りなのは余毒が大腸にあるもので、実なものは三黄丸で治す。黄芩（蒸）・黄連（炒）・大黄（蒸）（各等分）を末（粉）して糊で丸じ、梧桐子の大きさにし、十二十丸ずつ白湯で用いる。大小、虚実を量り、加減する。

三黄散【さんおうさん】 〔斎民外科調宝記〕に三黄散は癜《なまず》*の薬。雄黄・硫黄（各五匁）、黄丹・天南星（各三匁）、蜜陀僧・明礬（各二匁）を粉にし、まず生姜の汁で癜を擦りむき粉薬を生姜の汁に浸して塗る。後には黒く、次の日また塗る。黒みがなくなると癒える。

残花【ざんか】 立花*。〔新板増補男重宝記・三〕に残花は散り残った花をいう。立花には残花は挿さない。祝儀と高人を呼ぶ時には、残花を挿さない。「帰り花」参照

三界【さんがい】 〔改正増補字尽重宝記綱目・数量門〕に三界は、欲界・色界・無色界をいう。

山廻の毛【さんかいのけ】 鷹の名所*。〔武家重宝記・五〕に山廻《さんかい》の毛は、鷹の肩に等しく見える中間の毛をいう。持香《じきょう》の下で、人体の大推にあたる。

山家鵁【さんかごいさぎ】 〔料理調法集・諸鳥人数分料〕に山家鵁《さんかごいさぎ》は、沢山はいない。料理に遣うのにごい（鷺）に替らない。風味のあるものである。背黒鵁*よりも大きい。

三花神祐丸【さんかしんゆうがん】〔丸散重宝記〕に三花神祐丸は、一切の湿熱沈積 痰飲が変じて、諸病となるのを治す。憂え、憤り、思い事があって気鬱し積塊となり、色々な変病となるのに、或は婦人の経閉、赤白の帯下に、或は風熱鬱燥、肢体痲痺、或は痰嗽気血が塞がり宣通《のびとおり》のできないもの等によい。甘遂・大戟・芫花（各五戔）、軽粉（二分）、大黄（十戔）、牽牛子（二十戔）を糊で丸ずる。

参勝日【さんかちび】日取吉凶。〔重宝記永代鏡〕に参勝日は宮建て、出行に吉日。正月は七・十九日。二月は二日。三月は二十三日。四月は十・十五日。五月は十五日。六月は二・十一日。七月は朔・六・十九日。八月は十七・二十四日。九月は二十二・二十三日。十月は四・十五・二十七日。十一月は九・二十七日。十二月は二十・二十五日。

三月【さんがつ】〈異名〉〔改正増補字尽重宝記綱目〕を中心に他の重宝記からも集成する。三月《やよい》 弥生 弥生月《いやおいづき》 季春 帰春 莫春 残春 暮春 晩春《ばんしゅん》《くれのはる》 殿春《でんしゅん》 英春 春帰 春晩 春抄 春惜春《はるおしみづき》 春末《しゅんばつ》 莫々《ばくばく》 暮陽 五陽 中姑 病月《へいげつ》 緑秀 桃月《とうげつ》 花老 蚕月《さんげつ》 花月《かげつ》《はなづき》 清明 穀雨 恵風 禊月《けいげつ》 姑洗《こせん》 重三《ちょうさん》 嘉月 鶯乱啼 鶯時《おうじ》 桃浪 桜《さくら》月《づき》 花見月 夢見月 左無月《さわなし》 五陽 緦麻《しま》 浴沂《よくぎ》 竹秋 季憂《りう》 末の春。〈一字異名〉病《やよい》。

〈植生と禁食〉〔年中重宝記・一〕に、三月に菜蔬 花草 薬草を植え、柑橘類は清明の前後に接ぎ木するとよい。

○「禁食」は小蒜《にんにく》 鶏卵 生薤 獐《くじか》 鹿肉 黄名菜を食わない。古い漬け物を食うと瘡毒 熱病を発し、韮を食うと神を昏ます。魚鼈を食い化しないと宿疾を発する。〔料理調法集・食物禁戒条々〕等に野菜の古い漬物、生薤《なまらっきょう》 蒜 獐《くじか》 鹿肉 鶏卵。魚の肉と麻に苦参を入れた菜。三日の料理は野菜に五菓（一に桃李杏棗栗）を食い合わせず、鳥と獣料理を忌む。

〈年中養生〉〔懐中重宝記・弘化五〕等に次がある。三月二日 桃の葉を晒し干し粉にし一匁を酒で飲むと、肌痛を治す。三日 神日《じんじつ》といい（〔重宝記永代鏡〕）諸々の鱗ある物は食わない。薺《なずな》の花を畳 筵 莫蓙の下に敷くと万の虫を避ける。梅檀の花や葉を布団や蓆《むしろ》の下に敷くと蚤虱を避ける。この日、枸杞湯を浴すると顔色は潤い老いない。十三日 白髪を抜くと長く生えない。十八日 甘い物を食せず、塩辛い物を食うと無病である。春七十二日（土用を除く）、酢味を省き甘味を増して脾気を養うとよい。春は温故、温性の食物は多く食せず、時々麦を食すると涼しくする。衣服を焙《あぶ》って着てはならない。寝る時、熱湯に塩一撮《つまみ》を入れ、膝の下や足を洗って伏すと、風毒や脚気を除く。

三月生れ吉凶【さんがつうまれきっきょう】〔大増補万代重宝記〕に三月に生れる人は、前生で寺より茶碗五十人前を借りて返さず、又老人の衣装を借りて返さない報いで、父母兄弟に早く別れることがある。寺へ家具を上げ、貧しい老人に衣服を与え、因果を払うのがよい。そうしないと身代を一度は破る。〔女用智恵鑑宝織〕はこれに加えて、三月生れの女は、前世で親姑に悪口したので父母に早く離れることがある。今、親姑に孝行を尽し目上の人に言いたい事も堪え慎むと、前生の因果を払い、思いの侭になる。

三箇の悪日【さんがのあくにち】日取吉凶。〔大増補万代重宝記〕に三ケの悪日は滅門、大禍、狼藉をいう。貧窮、飢渴、障碍と言い、三悪神の守る日で、禍《わざわい》の根本とする。万事に用いてはならず、仏事を忌む。○また滅亡日* 闘諍日* 滅衰日*を言い、いずれも宜しくなく、忌み避ける日である。〔懐中調宝記・牛村氏写本〕には三箇の悪日は一切の仏事に深く忌むが、他には軽い凶日とする。「年の三箇」「月の三箇」「日の三箇」「時の三箇」の図示があり、忌むとするのは生年による。一説として、月・日・時の三箇で考えるともある。

さんか鵁【さんかほじろ】〔料理調法集・焼鳥之部〕さんか鵁は、料理に使うには五位鷺に替らない。風味がある。大きさは背黒鵁*より大きい。

山河離別日【さんがりべつにち】五離日*の一。〔懐中重宝記・中村氏写本〕に

「山河離別日」とあり、庚《かのえ》申、辛《かのと》酉の日で、船乗に凶である。〔重宝記永代鏡〕には「山河離日」とあり、万に凶とする。

山河和合日【さんがわごうにち】五和合日の一。*〔重宝記永代鏡〕に「山河和合日」は庚《かのえ》寅の日、辛《かのと》卯の日で、船乗に吉日とする。

三間【さんかん】〈経絡要穴 肘手部〉二穴。三間《さんかん》は手の人差指の本節の後ろ内側、拳を握り人差指の内側ら本節の後ろに出る折目の頭の陥みの中にある。針三分、留むること三呼。灸三壮。喉痺、下歯を虫食い痛み、胸腹痞え、泄瀉、寒熱起り、舌を出し、気喘、不食、傷寒、気熱、身冷え、胸満ち痛む等を治す。少谷ともいう。〔鍼灸重宝記綱目〕

三関【さんかん】〔童子調宝記大全世話千字文〕に三関は都を守るために置かれた関所で、逢坂（近江）、鈴鹿（伊勢）、不破（美濃）をいう。

三韓【さんかん】〔改正増補字尽重宝記綱目・数量門〕に三韓は、漢代の三韓の地（朝鮮半島）に国を建てた新羅《しんら》、高麗《こま》、百済《くだら》をいう。

三羹三麵献立【さんかんさんめんこんだて】〔料理調法集・三羹三麵献建之巻〕に「三羹三麵献立」がある。○湯薬*紙に包み組つけ。湯土器 椿茶匙。○高盛。汁土器。羊羹 三ツ盛 箸台。○高盛。生飯羹鱗形上置 亀足有。○高盛。汁土器 雲前羹 五ツ盛 箸台。○高盛。生飯に及ばず 亀足有。○高盛。汁土器 鼈羹 三ツ盛 箸台。○高盛。生飯に及ばず 上に作り花を挿す。○酔菜。汁土器 蒸し麦 箸台。○摺粉。五段物杉ノ葉 改め敷。○酢菜。汁土器 饂飩 箸台。○切粉。三斗土器土居。○酢菜。汁土器 饅頭三ツ盛 生飯亀足有。「二羹二麵」「一羹一麵」もあり、解説が付く。

参議【さんぎ】〔男重宝記・一〕に参議は、大臣の列座に参じて政務を執り行う。大中納言に次ぐ役である。

参議一統大双紙【さんぎいっとうおおぞうし】侍の日用躾け方の書。義満将軍の時（応安元〜応永元、一三六八〜九四）、今川左京太夫氏頼、小笠原兵庫助長秀、伊勢武蔵守満忠の三人が評定し編集したもので、今の世までも今川流、小笠原流、伊勢流の三流があるが、小笠原流を当流とする。但し、『貞丈雑記・一上・礼法』には長秀一人のみが居て他は居らず、長秀一人の覚書であったのを後人が序文を加えて三家のこととし、「参議一統」としたとある。〔男重宝記・五〕に「当流躾方五十一箇条」、〔武家重宝記・一〕に「諸侍礼儀躾方」として抄出するのは、士農工商全て、男の躾け方として知るべき事として出すのである。

算木式【さんぎしき】〔昼夜重宝／両面雑書増補永暦小筌・慶応二〕に算木式の図がある（図202）。

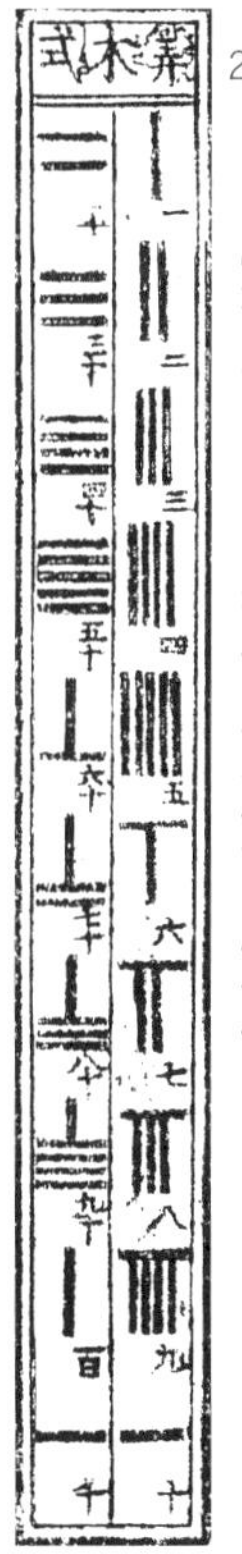

図202 「算木式」（〔昼夜重宝／両面雑書〕増補永暦小筌・慶応二）

三救七施【さんきゅうしちせ】〔商家繁栄農家豊作重宝記・弘化二〕に「満願堂柳意」の言がある。老牛馬放生接待の義は五畿七道の内まず摂州一ノ谷に、続いて大坂四天王寺に一箇所ずつを営み、三救七施の次第を定める。○「三救」①駅馬《しゅくば》往来の苦労を救う。②科《とが》のない牛馬の非命を救う。③長旅で極く難渋する老人或は女子供の歩き疲れを救う。○「七施」①常に白湯茶の接待を施す事。②寒中旅人に粥を施す事。③同じく炊火を施す事。④暑中 暑払いの薬湯を施すこと。⑤道中で足痛の妙薬を施す事。⑥年老いた旅人へ杖を施す事。⑦年々の仏事と年回を調べて置き、板行に摺り 毎年施す事。この外、極く難渋に迫っている人は得と聞き糺した上、大家方へ頼み込み、共に世話すること。一人身の老人が長病し身寄のない人には、貧人を雇い介抱人につけて置くと、両為とある。

三教【さんきょう】〔文章指南調法記・三〕には「神・儒・仏の三教、皆善悪の一理なり」とし、三教ともに勧善懲悪の道で優劣を論じてはなら

ず、縁によってどれでも信ずれば、それぞれに応じ天の冥加があるとする。〔改正増補字尽重宝記綱目・数量門〕には老子・孔子・釈迦の教えをいう。

三鏡宝珠【さんきょうほうじゅ】〔大増補万代重宝記〕には「如意宝珠」とあり、「三鏡宝珠図」の中央は天皇玉女*、右は色星玉女*、左は多願玉女*である（図203）。即ち、日月星の三光、天地人の三才を象り、最上の吉方故暦の上に画いて、その始めを寿く。まずこの明鏡に向いて心明らかに万事を行うのがよいという。〔童女重宝記〕の「三鏡宝珠形」は、右から天星《てんせい》（＝天皇玉女ニ当ル）玉女、色星玉女、多願玉女があり、歳徳神《としとくじん》*に劣らない目出度い星なので、暦の始めに記すとある。

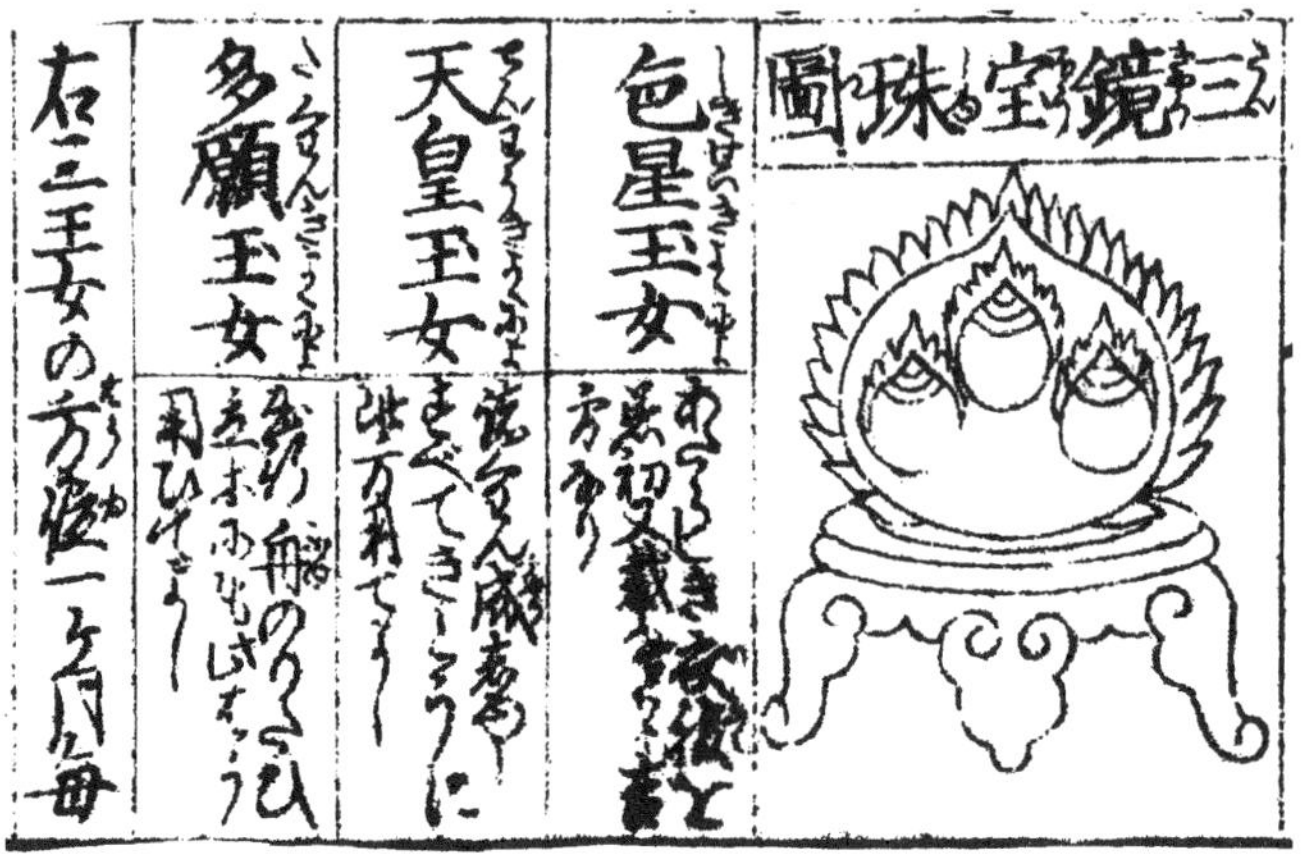

図203 「三鏡宝珠図」（大増補万代重宝記）

山帰来【さんきらい】〔薬種重宝記・下〕に唐草、「山帰来 さんきらい／かてぐさ。皮を去り、刻み焙る」、〔同・上〕に「土茯苓 どぶくれう／かてぐさ。白きを用ゆ」等とある。

参勤【さんきん】大名衆遣い詞。〔男重宝記・一〕に①公方*へ参るを参勤という。②大名が国より江戸へ行くのを参勤という。下の人が言う時は「御」の字をつける。〈悦び文〉〔女中重宝記〕には、参勤悦びの例文がある。

参宮しない年齢【さんぐうしないねんれい】〔諸人重宝記・五〕に次の各年齢の年には参宮しないとある。十。十一。二十。二十六。三十。三十八。四十二・七・九。五十二・三。五十六・八・九。六十。六十四。七十。

三句去【さんくざり】連俳用語。〔大成筆海重宝記〕に「三句去の歌」が二首ある。○「夜 着類《きるい》 述懐 旅に居所 神祇 三句隔つと心得てよし」。○「山類に仏の教え恋 無常 水辺上も三句隔てよ」。〔万民調宝記〕も同様であるが、獣と獣、虫と虫、鳥と鳥、衣類と衣類、雲と雲、植物と植物、木と木、草と草などは三句を隔てるとある。「句数《くかず》」「去《さ》り嫌《きら》い」参照

三家【さんけ】〔改正増補字尽重宝記綱目・数量門〕に三家は、閑院、久我《こが》*、花山院*をいう。太政大臣にまで昇るべき家である。

三景【さんけい】〔童子調宝記大全世話千字文〕に日本三景といわれる勝景の地に、松島（陸奥）、天橋立（丹後）、厳島（安芸）がある。

散血膏【さんけつこう】〔骨継療治重宝記・下〕に散血膏は打撲 傷損 趺磕 刀斧に傷《やぶ》られる等の傷と、虎瘡、豬牛の咬傷を治す。耳草葉・沢蘭葉（少許各々を生で採る）を杵で擣き爛らし冷して敷き、刀斧 斫礚等の傷を括る。皮を破り、肉を損ずるものはまず羊毛餅でつけ、次に散血膏をつける。瘡口《きずぐち》四辺に截血膏を用いてつけ、血が湧き起らないようにする。

散血定痛補損丹【さんけつじょうつうほそんたん】〔骨継療治重宝記・下〕に散血定痛補損丹は、諸々の傷損 腫痛を治す。当帰・川芎・赤芍薬・生芐・白芍薬・牛膝・続断・白芷・杜中製・骨砕補・五加皮・羌活・独活・南

星製・防風（各一両半）、官桂・乳香・没薬（各一両）、南木香・丁皮・角茴（各五銭）を末（粉）にし、酒で調えて服する。

三賢【さんけん】「三蹟《さんせき》」ニ同ジ

三元【さんげん】〔年中重宝記・四〕に、正月十五日を上元《じょうげん》、七月十五日を中元、十月十五日を下元《げげん》とし、三元《さんげん》という。〔日用重宝記・二〕には皆祓《はらえ》をしたが、今日本には上元・下元の事は言わないとある。また「がんじつ（元日）」「人生《にんしょう》上中下元の事」ヲ見ル

蚕繭散【さんけんさん】〔改補外科調宝記〕に蚕繭散は瘰癧*の外治薬とある。蚕繭（三匁）、白朮・信石（各一匁）を共に火で炒り乾かし粉にし、爛れた上につけると三日程して固まり落ちる。

三元の日【さんげんのひ】「がんじつ（元日）」ヲ見ル

珊瑚【さんご】〔万物絵本大全調法記・上〕に「珊瑚 さんご。一名、火樹くわじゆ」。サンゴ虫が死んだ後に残る白・赤・桃色などの石灰質の骨格。山にあるのを琅玕*という。

三光【さんこう】〔万物絵本大全調法記・上〕に「日・月・星は三光也」。〔改正増補字尽重宝記綱目・数量門〕には日・月・星をいい、三辰《さんしん》ともいう。〈三光の和歌〉〔麗玉百人一首吾妻錦〕に「日月星 三光の和歌」として次がある。「天つたひ向ふ朝日のかがみ山 たまたま晴るる光をぞ見る（為家）」。「秋の月なかばの上のなかばにて 光の上に光そひけり（定家。拾遺愚草・秋）」。「大空に正しき星の位持て 治まれる世の程を知るかな（師兼）」。

三皇【さんこう】 シナ上代の三人の皇帝。〔改正増補字尽重宝記綱目〕には伏羲、神農、黄帝をいう。伏羲は八卦を造り伎楽を制する。神農は五穀*を作る。黄帝は衣冠を作る。〔和漢年代重宝記〕等にも、第一太昊伏羲氏、第二炎帝神農氏、第三黄帝有熊氏、とある。〔日用重宝記・四〕には、天皇、地皇、人皇を三皇とする。

三高【さんこう】 馬形名所*。馬の顔の中の溝をいう。〔武家重宝記・五〕に三高は、「三溝」「三行」とも書く。

三業【さんごう】〔改正増補字尽重宝記綱目・数量門〕三業に、身業、意業、口《く》業がある。身体動作、言語表現、心的行為をいう。

三合五行の図【さんごうごぎょうのず】〔懐中調宝記・牛村氏写本〕に三合五行の図がある（図204）。

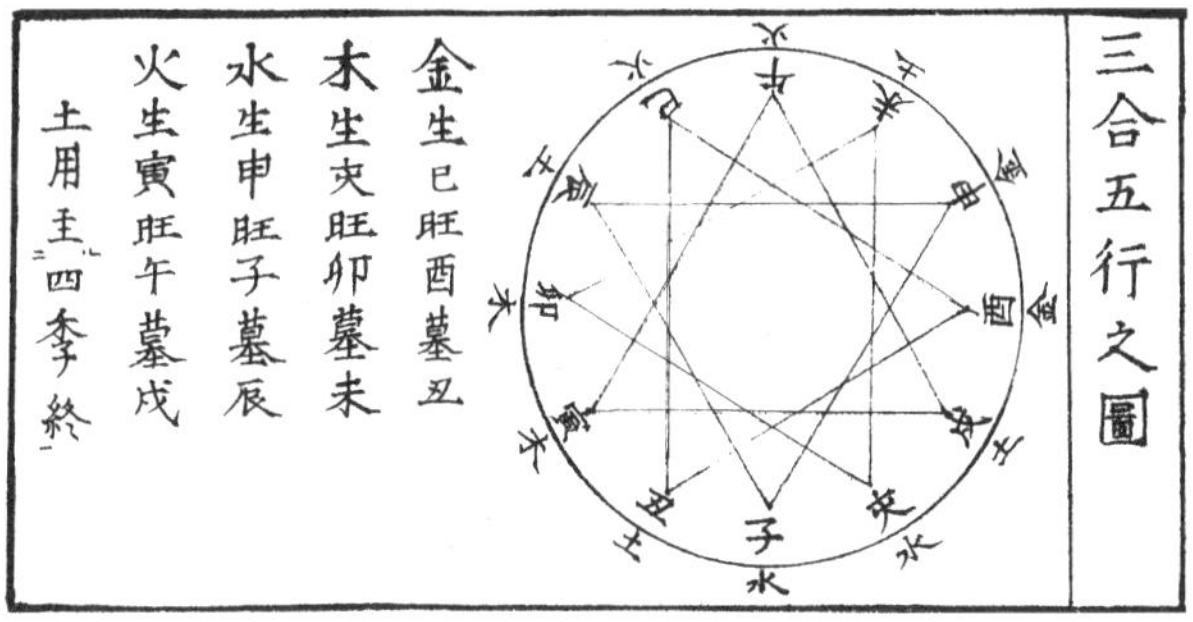

図204 「三合五行の図」（懐中調宝記・牛村氏写本）

三香散【さんこうさん】〔里俗節用重宝記・中〕に三香散は、血の道頭痛によい。婦人の良方で、川帰湯である。香付子・川芎・湯帰（各等分）を粉薬にして白湯で用いて妙である。

三黄湯【さんこうとう】〔万まじない調宝記〕に黄連・黄芩・大黄を三黄湯といい、秘結*の妙薬とする。

山甲内消散【さんこうないしょうさん】〔改補外科調宝記〕に山甲内消散は、下疳*の薬。当帰・大黄（各二匁）、川山甲（炙り三枚）、木鱉子（三）、甘草（少）に酒を加えて煎じ、空腹に用いる。大便が二三度下る。

三光和合日【さんこうわごうにち】〔重宝記永代鏡〕に三光和合日は、新しい鏡を初めて持つのに吉日である。正・二・三月は巳の日。四・五・六月は亥の日。七・八・九月は午の日。十・十一・十二月は子の日。

三国【さんごく】〔改正増補字尽重宝記綱目・数量門〕に三国は、天竺（印度）、真丹（震旦＝シナ）、日本をいう。

三国一悪日【さんごくいちあくにち】日取吉凶。〔重宝記永代鏡〕に三国一悪日は、万事に用いてはならない日である。春は亥の日。夏は巳の日。秋は亥の日。冬は午の日。

三国一吉日【さんごくいちきちにち】日取吉凶。〔重宝記永代鏡〕に三国一吉日は大吉日。万事に用いてよい日である。春は巳の日。夏は亥の日。秋は午の日。冬は戌の日。

三国伝灯仏法由来【さんごくでんとうぶっぽうゆらい】〔万代重宝記・安政六頃刊〕に次がある。シナの周の照王の代に、中天竺の白浄飯《ぼんおう》王の摩耶夫人は、四月八日に後の釈迦文仏を生んだ。その姓は瞿曇《くどん》名は悉多《しった》といい、十九歳で出家し、林岳に入り数年苦行し、終に臘月（十二月）八日暁の明星を看て見性《けんじょう》成仏し、中天竺に出て、初めて説法した。初め華厳より、方等・般若・法華・涅槃に至るまで、演法八万の諸聖経、前後五十年の説があり、五時八教（釈迦一代の教説。又これを整理したものを云）という。滅後に、その教説によって宗が立てられ、倶舎・法相・三論・成実・戒律・華厳・法華・真言・禅周・浄土・涅槃など区々であるが、本原は一如である。仏法が唐土に渡ったのは漢の明帝の朝で、竺法蘭と摂摩騰の二僧が震旦より来て仏教を訳した。日本では欽明帝（五三一〜五三九カ）の代に曇恵と道深の二僧が高麗から来て、初めて経法を開いた。和漢の二帝が名を同じくし、また二僧が化を同じくし、仏法東漸の奇異がここにあるという。

三国無二秘方膏【さんごくむにひほうこう】〔洛中洛外売薬重宝記・上〕に三国無二秘方膏は、押小路東洞院東へ入 小山善兵衛にある。一切の痛みによい。

さんごじ【さんごじ】「珊瑚珠《さんごじゅ》は、さんごじ」。〔小野篡譃字尽・かまど詞大概〕

三才【さんさい】〔万物絵本大全調法記・上〕に「天地人を三才と云」。

山査子【さんさし】〔薬種重宝記・下〕に唐果、「山樝子（さん）さ（し）／さるなし。核を去り、少し炒る」。〈薬性〉〔医道重宝記〕に山査子は甘く平、肉食を消し、飲食を化し、疝気を療じ、痰飲・痞満を治し、小児の痘疹を発し、乳積を消す。湯に浸し和らげ、核を去り刻み用いる。

三薩瓦多【さんさるばどる】〔童蒙単語字尽重宝記〕に三薩《さんさる》瓦多《ばどる》は連邦。広さ九千六百坪、民は三十九万四千人。

三三九度【さんさんくど】婚礼の三三九度は、「婚礼の事」〈三三九献〉「三盃饗膳献々本式」ヲ見ル

三山六海一平地【さんざんろっかいいちへいち】〔農家調宝記・初編〕に三山六海一平地は自然の形勢をいう。世界を十にして、三分通りは山嶽洞谷、六分通りは海川江湖、一分通りは平地で万民の栖み処、田畑、広野である。山多く、海は愈々多いが、これで宜しく乾坤の至妙とある。

三始【さんし】〔万用重宝記〕に三始は、年の始め、月の始め、日の始めをいう。即ち、正月元日の事である。

山慈姑【さんしこ】〔万物絵本大全調法記・下〕に「金燈 きんとう／きつねのかみそり。根を山慈姑《さんしこ》と云」。〔薬種重宝記・下〕に唐草、「山慈姑 さんしこ／とうろうはな。皮を去り焙る」。〈草花作り様〉〔昼夜重宝記・安永七〉に山慈姑の花は紫色。土は合せ土*を用い、肥しは茶殼の粉がよく、分植は秋がよい。

杉脂膏【さんしこう】　和蘭陀流膏薬の方。*〔改補外科調宝記〕に杉脂膏は、蠟・松脂・やぎうの油（各百匁）、杉の油（三十五匁）、てれめんていな（三十匁）、玉乳香（五十匁）。油を煎じ、松脂を入れてとろかし、薬味を入れて練り、蠟で加減を見、乳香は鍋を下して入れる。杉脂膏は一切の金瘡に、古い腫物が癒え兼ねるのが虚症に、悪膿が痞えて痛む時に、筋気脚気に、虚症の者が下《しも》で痛むのに、横根が虚になり癒えかねるのに、古い瘡がこもり痛むのに、癰疽の虚になる等に、それぞれよい。

三四五をふる【さんしごをふる】「まがりがね（曲尺）」ヲ見ル

山梔子【さんしし】「くちなしのこと（山梔子の事）」ヲ見ル

三尿相伝の事【さんしそうでんのこと】〔馬療調法記〕に、虫が出て、俄に虫・すばこ（寸白）*を悩み、魂が乱れて煩うのを、三尿相伝という。鳶・鶏・猫の糞を等分に合せて飼う。また五倍子《ふし》をかね（鉄漿）で飼う。

三七【さんしち】　草花作り様。〔昼夜重宝記・安永七〕に三七の花は薄色。土は肥土に砂を用い、肥しは雨前に小便を少し注ぐ。また肥しは魚の洗い汁を用いる。分植に時期はない。〈薬性〉〔薬種重宝記・下〕に和草、「三七 さんしち／みつよつばぐさ／やまうるし。その侭刻む」。

〈油取様〉〔改補外科調宝記〕に三七の油の取り様は、細かに刻み畦唐菜の油に十四日漬け、煎じて布で濾す。疵熱の腫物、又は穴の開いたのに栓にさしてよい。

三尸虫【さんしちゅう】「こうしんまち（庚申待）」ヲ見ル

三字中略【さんじちゅうりゃく】　賦物の一。*〔重宝記・宝永元序刊〕に三字中略は、三音の語から中の一音を略しても意味のある体言を得るもの。賦物の中、霞を紙。菖蒲を雨。桂を唐など。

三時の和歌【さんじのわか】〔麗玉百人一首吾妻錦〕に、「朝昼夜 三時の和歌」として次がある。「道を聞く友をば知らじ 打群れてあしたに出る人はありとも（後柏原院）」。「蘆がきの影だに見えずなりゆけば 露もひるまの庭の秋草（衣笠内大臣）」。「誰里《たがさと》に夜枯をしてか時鳥 ただここにしも寝たる声する（読人しらず。古今和歌六帖）」。

三車【さんしゃ】〔改正増補字尽重宝記綱目・数量門〕に三車は、羊車、鹿車、牛車をいう。それぞれを、声聞乗《しょうもんじょう》、縁覚乗、菩薩乗にたとえ、いずれも火宅（三界）にある衆生を同一の世界へ導く手段であると解く。

三尺縄【さんじゃくなわ】　馬具。〔武家重宝記・五〕に三尺縄は、馬の頭を纏う縄。馬が不意に驚いて走り、頭から飾りを落させないために使う（図205）。

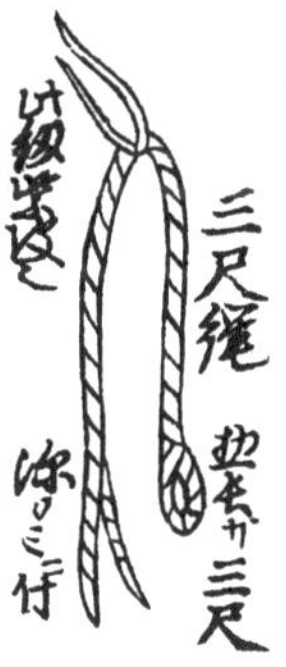

図205「三尺縄」（弓馬重宝記）

三社詫宣【さんじゃのたくせん】〔日時調法通用文則〕に三社詫宣は、（天照皇）太神宮、八幡大菩薩、春日大明神の神託。また、三社詫ともいう。

三重韻【さんじゅういん】「しせい（四声）」ヲ見ル

三重切【さんじゅうぎり】「しゃくはち（尺八）」ニ同ジ

三十三間堂【さんじゅうさんげんどう】〈洛陽三十三間堂〉〔弓馬重宝記・中〕に、或る説として、元来この堂は三十三間の格子に一千一体の観音を安置し、三十三仏の作尊に比すとあるが不審という。『盛衰記』には三十三間堂の事を考えるに、今の堂は六十六間、その昔 鳥羽院の建立とは思われず、代々炎上し建て替えられて、決められない。或る書には、長永元年（長寛二年［一一六四］カ）三月建立 今に蓮花王院とある。京間六十四間一尺八寸、椽《たるき》の高さ一丈六尺、二の椽一丈五尺九寸。その他高さ一丈四尺、椽の巾七尺五寸、闇の高さ一丈七尺五寸。関白秀次公の修補の堂の品とある。三十三間堂は本式の正的から始ったかとし、本式の的は七尺余の弓を杖とし、三十三杖に打ち、その内に家を建て遊芸のために芝射をする。こ

れを世の諺に三十三間的といい、遠矢の多少で勝負を決めた。その後堂に登って矢を放ち、直《すぐ》に通るのを規模（法）とし、始めは五筋七筋であったが今は一万筋にも及ぶ。射法に北矢落ちは忌むと言うが、この堂は北矢落ちである。〔東街道中重宝記〕に［東山 東大路西入るに］三十三間堂は東西に建立、南北に六十六間ある。千手観世音菩薩尊象が堂内に充ち満ちてある。元は一千一体、後に又千体、都合二千一体あるという。

〈武陽浅草三十三間堂〉〔弓馬重宝記・中〕には武陽浅草三十三間堂、人王百十一代（現代の年表は一〇八代）後水尾院の御宇（一六一一～二九）、洛陽の三十三間堂に准ずる一宇があり、通し矢の員数、その時により最上の者を江戸一と称する。正保三年（一六四六）四月服部某 矢数一千三百余、今は五千三百余に及ぶ。近年（元禄八年迄）は鈴木某が江戸一とある。「大矢数《おおやかず》」参照

三十二相美人【さんじゅうにそうびじん】〔女筆調法記・四〕に、女は容貌のよいのを第一とし、それは三十二相悉く相応する事である。〔女用智恵鑑宝織〕に眉目形の麗しい婦人を三十二相の打ち揃った美人と褒めるのは仏経に倣った言い方として次がある。○足下平満（足の裏は平かに奩［香箱］の底の如し）。○千輻輪相（足の裏は丸く大小共に車の輪が並ぶ如し）。○足跟牖相（踵は丸く塵にも汚れない）。○指繊長相（手の指は細やかで長い）。○手足網縵（手の内 足の裏は美しく 紋絵の如し）。○手足軟相（手足の平は高く肉がある）。○七処満相（両手足の形は七処直である）。○鹿王瑞相（股腓の釣り合いがよい）。○前頭馬相（裸になっても不浄が見えない）。○身如師相（姿正しく気高い）。○両腋満相（左右の腋は平らかである）。○臂肘牖相（両肩肘が豊かである）。○手摩膝相（立仰向かず俯さずに手が膝に届く）。○清浄身相（身浄く黄金の肌である）。○皮膚細滑（肌に垢が着かず蚤蚊が止らない）。○獅子相（両頰が窄らず威がある）。○四十歯相（仏は四十枚の歯がある）。○歯蜜相（歯白く間空かず）。○歯斉相（歯の先がよく揃う）。○白牙白相（糸切歯は白く固い）。○広長舌（舌は紅で長く目の下に届く）。○味中上味（口中は甘露の如し）。○梵音相（声が美しい）。○紺色相（目の黒みは紺青の如し）。○牛王睫（睫が長く繁い）。○白毫相（眉の間は白く玉の光がある）。○頂肉髻（頂の肉があり髪際がよい）。○身軟柔（形が正しい）。○金光相（身の艶は方一丈を照らす）。○孔毛生相（身の毛は品よく緑である）。○身毛上靡（毛は右に廻り上へ靡く）。○身端直相（頭から足まで釣り合う）。

三十日諸仏／三十番神【さんじゅうにちしょぶつ／さんじゅうばんじん】三十日諸仏は毎月一日から三十日迄縁のある仏菩薩を配し、三十番神*は天神擁護、王城守後、法華守護、吾国守護、仁王経守護等毎日交替して国家・人民を守護する神を配した。〔年中重宝記・五〕の三十日諸仏と三十番神は次の通り。○朔日 定光仏、熱田大明神。○二日 燃灯仏、諏訪大明神。○三日 多宝仏、広田大明神。○四日 阿閦仏、気比《けひ》大明神。○五日 弥勒菩薩、気多大明神。○六日 二万灯明仏、鹿嶋大明神。○七日 三万灯明神、北野天神。○八日 薬師如来、江文《えぶみの》大明神。○九日 大通智勝仏、貴船大明神。○十日 日月灯明仏、天照皇大神。○十一日 歓喜仏、八幡大明神。○十二日 難勝如来、賀茂大明神。○十三日 虚空蔵菩薩、松尾大明神。○十四日 普賢菩薩、大原太明神。○十五日 阿弥陀仏、春日太明神。○十六日 陀羅尼菩薩、平野大明神。○十七日 龍樹菩薩、大比叡権現。○十八日 観世音菩薩、小比叡権現。○十九日 日光菩薩、聖真子《しょうじんし》権現。○二十日 月光菩薩、客人権現。○二十一日 無尽意菩薩、八王寺権現。○二十二日 施無畏菩薩、稲荷大明神。○二十三日 得大勢至菩薩、住吉大明神。○二十四日 地蔵菩薩、牛頭《ごず》天皇。○二十五日 文殊師利菩薩、赤山大明神。○二十六日 薬上菩薩、建部大明神。○二十七日 盧遮那如来、三上大明神。○二十八日 大日如来、兵主《ひょうず》大明神。○二十九日 薬王菩薩、苗鹿《びょうが》大明神。○三十日 釈迦如来、吉備大明神。

三従の道【さんじゅうのみち】〔改正増補字尽重宝記綱目・数量門〕に三従と

は、婦人が家にあっては父に従い、人に適《ゆ》きては夫に従い、夫が死んでからは子に従うことをいう。〔女筆調法記・四〕に「三従の道」は幼い時は親に従い、盛りの時は夫に従い、老いては子に従うことをいう。三従の内で夫に従うより外に苦しいことはなく、幼い時親に従うことは恩愛の志であり、側める子も顧る。老いて後に子に従うのは、積った恩の報いであるべきことである。ただ、夫に従う理をよく弁えないと年月を送り、添い難い。

三十番神【さんじゅうばんじん】 慈覚大師が『法華経』を書写した時、一箇月三十日間交替して守護した神々。一般に、法華経守護神とする。〔改正増補字尽重宝記綱目〕には「三十番神」として出る。「三十日諸仏／三十番神」ノ諸仏神ヲ見ル

三十六疔【さんじゅうろくちょう】 十三疔*の一。〔改補外科調宝記〕に三十六疔は、黒大豆のようで四方赤く、毎日一ツずつ出て十程になる。三十六程出るものは死ぬ。

三十六方位図【さんじゅうろくほういず】 〔蘭学重宝記〕に三十六方位の絵図がある（図206）。

図206 「三十六方位図」（蘭学重宝記）

三十六歌仙【さんじゅうろっかせん】 〔麗玉百人一首吾妻錦〕には次がある。三十六人の歌仙は、四条大納言公任が古《いにしえ》の名人から歌の聖《ひじり》を選んだのを、その後 覚盛法師が左右に分ち、十八番に番《つが》えたがその歌は区々《まちまち》で定り難い。秘本を写したとする歌仙図十八番左右順は次の通り。柿本人磨×紀貫之。凡河内躬恒×伊勢。中納言家持×山辺赤人。在原業平朝臣×僧正遍昭。素性法師×紀友則。猿丸大夫×小野小町。中納言兼輔×中納言朝忠。権中納言敦忠×藤原高光。源公忠朝臣×壬生忠峯。斎宮女御×大中臣頼基。藤原敏行朝臣×源重之。源宗于朝臣×源信明朝臣。藤原清正×源順。藤原興風×清原元輔。坂上是則×藤原元真。三条院女蔵人左近×藤原仲文。大中臣能宣×壬生忠見。平兼盛×中務。「女歌仙」参照

三種香【さんしゅこう】 薬方。三種香は 木沈香（十匁）、白檀（二十目）、甘松（四匁）、三奈（五匁）、丁子・三香（各二匁）。〔薬種日用重宝記授〕

三種の神器【さんしゅのじんぎ】 「みくさのかみうつわ（三種神器）」ヲ見ル

山茱萸【さんしゅゆ】 〔薬種重宝記・下〕に唐木、「山茱萸（さん）しゆゆ／やまぐみ／さはぐみ。酒に煮て、核を去る」。〈薬性〉〔医道重宝記〕に山《さん》茱萸《しゅゆ》は酸く温、腎を補い、腰膝の痺れ痛むのを止め、精を斂《おさ》め、髄を益し、腎虚 耳鳴りを治す。水で洗い、枝 核を去り、乾かし、酒に浸して蒸し、刻み、焙る。

三旬【さんじゅん】 〔音信重宝記〕に三旬は、三澣 三浣ともいう。上の十日を上旬・上澣・上浣という。中の十日を中旬・中澣・中浣、下の十日を下旬・下澣・下浣という。

三焦【さんしょう】 〔鍼灸重宝記綱目〕に三焦（図207）は、水穀（のみくうもの）の道路、気の終始する所である。上焦は、心の下 下膈にあり、胃の上口に出る。呼吸を行《めぐら》し、栄を導き、水の精気一身に充ち、膚を薫し、毛を潤す。治は膻中にある。中焦は、胃の中脘にあり、臍の上四寸に当る。水穀を腐《くだ》し 熟《うま》し、津液を承け 化して精微し 上肺脈に注ぎ、血とな

す。治は臍の傍らにある。下焦は、膀胱の上に当る。腸を廻って膀胱に注ぎ、滲入《もれい》れし、出して納れない。水穀は常に胃に並び居、糟粕をなしてともに大腸に下る。治は臍の下一寸にある。また三焦は元気の別使とあり、死ぬ者は一元の気がないためである。〈灸穴要歌〉〔永代調法記宝庫・三〕に「背《せな》痛み 身熱し 腹に痛みあり 背《せなか》も腰も強き三焦」。三焦は第十三の骨の下両方へ一寸半ずつにある。「人体図」ヲ見ル

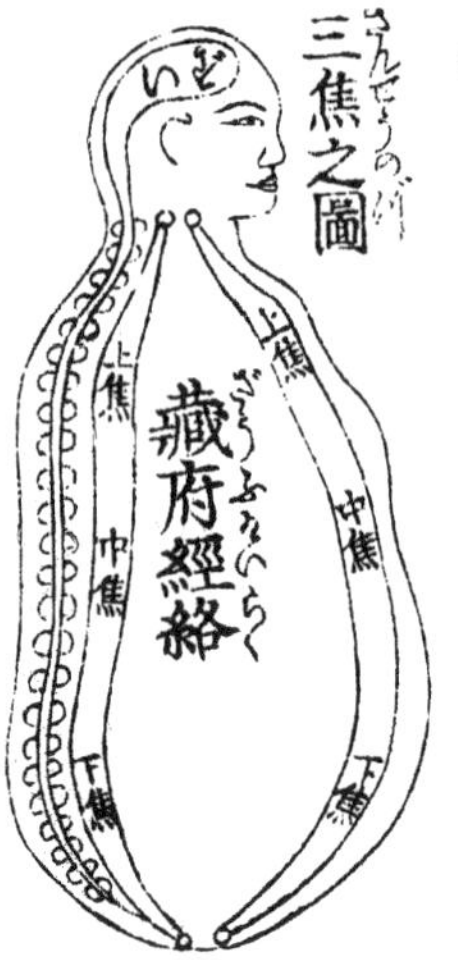

図207 「三焦の図」〔鍼灸重宝記綱目〕

山椒魚【さんしょううお】〔万物絵本大全調法記・下〕に「鯑 てい／さんせういを」。〈料理仕様〉〔諸人重宝記・四〕に「はんざき さんせういをと云」、吸物 串焼き 濃漿、いずれも皮を去り遣う。〔料理調法集・川魚料理之部〕に山椒魚は薬魚で、小児等に食わせるとよいが、形が醜く料理には遣い難い。

三条大橋【さんじょうおおはし】 京名所。六角堂*の北は三条通で、この通を東へ行くと大橋がある。川は加茂川である。京から諸所への道程の積りはこの橋からする。この通の東は大津道*、西は嵯峨*愛宕*への道である。〔東街道中重宝記・七ざい所巡道しるべ〕

山椒汁【さんしょうじる】〔料理調法集・汁之部〕に山椒汁は、木の芽（＝山椒の芽）を擂り、焼味噌で塩梅する。妻《つま》（交＝調理の付け物）は品々。「蓼冷汁」「胡椒冷汁」「山椒冷汁」も皆同じである。

山椒の事【さんしょうのこと】〔万物絵本大全調法記・下〕に「椒 せう／かははじかみ。又 山椒 さんせう」。〈薬性〉〔医道重宝記〕に山椒《さんせう》は温で毒があり、風寒を去り、中《うち》を温め、腫れを消し 湿を去る。多食すると、気を損じ、目を止む。〔永代調法記宝庫・四〕にも久しく食すると気力が減るという。〔万家調法呪詛伝授嚢〕に、○「貯え漬け置く法」は、白水*に塩を合わせて漬けて置くと年を経ても味を損じない。○「山椒に噎せたのを治す法」は、酢を呑むとよく、また舌に塩を塗るのもよく、灰を少し口中に入れると立ち所に治る。

三焦兪【さんしょうのゆ】〈経絡要穴 肩背部〉二穴。三焦兪《さんしょうのゆ》は第十三椎の下左右へ各一寸五分にある。針は三分五分、留むること七呼。灸は一日に三壮五壮。積聚、脹満、不食、頭痛、吐逆、肩背腰はり、小便渋り、腹下り、目眩等を治す。〔鍼灸重宝記綱目〕

山椒餅【さんしょうもち】〔ちやうほう記〕に山椒餅は、糯米の粉一升、味噌五十目（緩く擂り伸べ濾して使う）、山椒（多分に好み次第）。糯米の粉を濾して味噌でぱらぱらする程に捏ねて蒸す。よく蒸けた時取り上げ、板の上で砂糖を擂りつけ、棒で伸す。衣には葛粉を用いる。〔菓子調法集〕には、粳米の粉七分、糯米の粉三分、砂糖蜜百目、溜り少し、山椒の粉少しを入れ、蒸す。

三色干うどん【さんしょくほしうどん】「三色干うどん」その他は、赤坂裏伝馬丁一丁目 山中屋又兵衛にある。進物にするには茹で様の書き付が別にある。〔江戸町中喰物重法記〕

産所の銚子【さんじょのちょうし】〔料理調法集・銚子提子名所〕に「産所銚子の事」として次がある。銀銚子に銀紙一重ね、花も白色で作る。水引は銀 又は白水引で結ぶ。結び数は、長柄は十五、提子は五ツ、亀結びである。一説の、産所では銚子の結び目を表へ見せないというのは俗語なるべく、流義に数を十五に堅目に結ぶのは円満の数である。しかし、表に結ぶのを嫌うなら裏に結び、樽掛にする。産前に包む銚子は逆に包む

のを折り返しにはせず、包み捨てにし、口を塞ぐ事を禁ずる。色直しは、百日 或は食初にあるが、それ迄ないのは如何と近代は夜に祝儀があり、色を直し 嬰児の名もつける。その節は金の銚子 金紙 紅裏 花も色を用いる。百日に至って、猶色直しの儀がある。本式は百日が色直しである。

三所の星【さんじょのほし】〔農家調宝記・初編〕に農家で「三所《さんじょ》の星」というのは、二十八宿の参《しん》（＝からすきぼし）*である。

三所蓬莱【さんしょほうらい】〔改正増補字尽重宝記綱目・数量門〕に三所蓬莱は、富士、熊野、熱田をいう。

三辰【さんしん】「さんこう（三光）」ヲ見ル

三津【さんしん】〔童子調宝記大全世話千字文〕に三津は、坊津（薩摩）、博多津（筑前）、阿濃津（伊勢）をいう。

三親【さんしん】〔農家調宝記・二編〕に三親は、親・子・孫とある。〔日用重宝記・一〕には父・己・子とある。親《しん》は「したしき」意。〔童子調宝記大全世話千字文〕に三親は、夫婦・父子・兄弟とある。

散針【さんしん】「阿是《あぜ》の穴」ニ同ジ

三身【さんじん】〔金持重宝記〕に、「仏《ほとけ》に三身《じん》あり」として次がある。○法《ほっ》身仏《しんぶつ》は、形なく、また説法をしない。○報身仏《ほうしんぶつ》は、浄土で諸々の仏のために通《つう》を現じ、法を説く。○応身仏《おうじんぶつ》は、阿弥陀如来 薬師如来のごとく、類に従い分身無量、釈迦如来のようである。

鑱鍼（針）【ざんしん】〔鍼灸日用重宝記・一〕に鑱鍼（針）は、長さ一寸六分。熱が頭・身にあるのに刺し、陽気を瀉すのに用いる。「鍼（針）の事」参照

三辛散【さんしんさん】〔小児療治調法記〕に三辛散は、解顱*を治す。細辛・肉桂（各五匁）、姜蚕（七匁半）を末（粉）とし、乳汁で調えて付ける。乾くと再びつけ替え、顔が赤いと効がある。

三神湯【さんしんとう】〔洛中洛外売薬重宝記・上〕に三神湯は、東洞院錦上ル丁 文花堂にある。瘡毒、骨の痛み、小児のくさ（瘡）類、胎毒、五痔*、一切によい。取り次は、江戸大伝馬町三丁め 亀屋弥兵へ、大坂長堀橋少東 墨屋庄介、尾張名古屋杉の町 松屋善兵へがある。

三仁湯【さんじんとう】〔改補外科調宝記〕に三仁湯は、胃口癰*で小便通ぜず、不食するのに用いる。薏苡仁（五分）、冬瓜仁（二匁）、桃仁・牡丹皮（各一匁五分）を煎じて用いる。

三途【さんず】〔改正増補字尽重宝記綱目・数量門〕に三途《さんず》は、地獄（道＝火途）。餓鬼（道＝刀途）。畜生（道＝血途）。亡者の行くべき三ツの途《みち》をいう。

三頭【さんず】馬形名所。*三頭《さんず》は、三山骨《みやまほね》とも、三峰《さんぼう》ともいう。骨相が三《さん》行《こう》なので名づける。○両辺の骨の高みを目形《めかた》という。○骨の顕れるのを、今折骨《おりほね》という。汗溝《かんこう》*の上にある。〔武家重宝記・五〕

三豆湯【さんずとう】〔小児療治調法記〕に三豆湯は、隣郷に痘瘡が出た時の予防薬。赤小豆・大黒豆・菉豆（各一盞）、甘草（一両）を煮熟し、煎じ汁を毎日児に飲食させると永く痘瘡は出ない。

三世【さんぜ】〔改正増補字尽重宝記綱目・数量門〕に三世は、過去、未来、現在をいう。

三聖【さんせい】〔改正増補字尽重宝記綱目・数量門〕に三聖は、孔子、老子、顔子をいう。

三精丸【さんせいがん】〈薬名〉〔丸散重宝記〕に三精丸を長く服すると身を軽くし、年を伸べ、精を増し、気力を壮んにする。蒼朮・地骨皮（各一斤）、桑実（二十斤）で、桑実の汁を取り、二味を入れて搗き、蜜を入れてまた搗き、服する。

三聖散【さんせいさん】〔牛療治調法記〕に三聖散は、砒礵・硇砂・黄丹に、乳香を炒り用いる。これ等を末（粉）し丸じ、大麦の大きさにして用いる。頭が腫れるのは苦しく水に破られ、また汗が出て風瘡を発する。眼、また急に頭が腫れて、項《うなじ》の硬いものにも、三聖散を用いる。

三世の書【さんせいのしょ】 医書。〔鍼灸重宝記・一〕に三世の書は、黄帝の『針灸経』、神農の『本草』、岐伯の『脈訣』をいう。『針灸経』は病を去り、『本草』は薬を弁え、『脈訣』は症を察《あき》らかにする。この三術を知って医とする。

三席【さんせき】 〔童子調宝記大全世話千字文〕に三席とは、詩、歌、管弦の座である。

三蹟【さんせき】 〔日用重宝記・四〕に三蹟は、平安時代の三人の能書家をいう。参議（藤原）佐理卿、大納言（藤原）行成卿、小野道風。「四墨《しぼく》」参照

三夕の和歌【さんせきのわか】 〔重宝女訓女今川操文庫〕に三夕の和歌は次をいう。中納言定家卿「見渡せば花も紅葉もなかりけり 蒲の苫屋の秋の夕暮」（新古今集・秋歌上）。西行法師「心なき身にも哀れは知られけり 鴫立つ沢の秋の夕暮」（同）。寂蓮法師「淋しさはその色としもなかりけり 槙たつ山の秋の夕暮」（同）。

三仙丹【さんせんたん】 〔改補外科調宝記〕に三仙丹は、瘰癧*外治の薬である。白凡《はくばん》、黄丹、雄黄（各等分）を粉にして塗るとよい。

産前／産後の事【さんぜん／さんごのこと】 〈産前〉〔永代調法記宝庫・二〕には、夫婦は子孫のあるのを孝の本とし、懐妊産育の慎みは聖人の教えを本とし、天性聡く孝順の子を産むこと、それには魚鳥の類 臭い物 損ねた物を食わず、危い物を見ず、騒がしい事を聞かず、悪い香を嗅がず、瞋《いか》らず、邪なく、人を憐み、不義の行いがなく、常に仏神を敬い、教えの正しい仮名文等を見て慎み、安胎、平産を待つのがよい。〔医道重宝記〕に男の精を女の血が摂《おさ》めると懐胎となる。精が女の血に勝ち気を左の子宮に受けると男子、この逆は女子となる。脈 心脈の動き甚だしく、腎脈がこれを押して絶しないのを妊娠とする。左の脈の沈 実を男とし、右の脈の浮 大を女とする。懐妊*か血の塊かを知るには験胎散*を用いる。産前の諸病には紫蘇和気散（飲）*を用いるが、症状に応じて加減の方は多い。産後は気血必ず虚し、或は悪霊尽きず、或は瘀血めぐらず、諸症をなす。

〈産前用意〉〔女重宝記・三〕に、産に臨み用意し心得置く事は押桶*安神散*独参湯*等、また産に臨む心得*、産後養生の心得等*がある。〔丸散重宝記〕には産前の心痛 悶え煩いには、麻仁（一合）水（二盞）を六分に煎じて服する。〔妙薬調方記〕には「初産は別して大事のものなるぞ 黄菊の花を煎じ飲み置け」とある。〈産前進物〉〔進物調法記〕に熊の手、海馬、子安貝の他、次の産前によい食物類が挙っている。

〈食物宜禁〉〔懐中重宝記・弘化五〕に「産前に宜い物」は土佐節 鯉 烏賊 鱺 海月 雁 大麦 粟 黒豆 黍 人参 大根 苺 薊 枸杞 独活 牛蒡 山芋 芹。「産前に禁物」は昆布 梅 桃 杏 梨 葛粉 麵類 餅 豆 葱 蓮 蒟蒻 菌 貝 蜆 鮎 鮭 鯰 蝦 鴨 鳩 鰈 川魚類 鱗のない魚 辛い物 熱い物等三十二種。

〈呪い〉〔調宝記・文政八写〕に産前の御守に日々「天つ風天の岩戸を押し開き伊勢のいせなり伊勢のいせなり」を唱える。

〈医師〉〔万買物調方記〕に「京ニテ産前産後医師」は、蛸薬師室町東大膳太夫了与、釜ノ座下立売上ル 大膳助了庵、東洞院下立売上ル 一橋甫庵、西洞院綾小路下ル 大政之助、四条長刀鉾ノ町 玄忠法眼。「江戸ニテ産前産後医師」は白かべ町 大膳太夫了庵、赤坂 大膳亮庵。

〈産後〉〔女重宝記・三〕に、二七夜（十四日）は床を離れず、七夜の内生肴を食わず、油揚の類を忌み、楊枝で歯の根をほじらず、飽き・飢えず、隙間風に当り、厠で産門を冷やして風を引かず、泣き 悲しみ 驚き恐れず 精神を尽くさず、熱があれば腰湯は無用、早く髪を洗い、梳《くしけず》り、爪切り、行水は不用。また水で手足を冷やさない。早く男に近づかず、汗をかかず、腋臭ある人に近付かず、遠い道を行かず、力仕事もしない。

〈産後諸薬〉〔医道重宝記〕に、産後は気血が必ず虚し、悪露《おりもの》は尽きず、

瘀血《おけつ》はめぐらず、産後の諸症をなす。脈は、産後は沈 小 滑なのを良とし、実 大 弦 急は悪い。新産には芎帰調栄湯*を、産後の諸病を治すには芎帰調血飲*を加減して用い、発熱眩暈には補中益気湯*を、小産 出血多量 気血虚脱には大服の独参湯*を、蓐労《じょくろう》には十全《じつぜん》大補湯*を用いる。経験方。〔薬家秘伝妙方調法記〕には産後腹の痛むには、厚朴*に乾姜を加える等の方がある。〔丸散重宝記〕に産後の諸病、血暈《ちのみち》 心頭硬く寒熱 腹痛手足の熱するには、延胡索*の末（粉）を温酒で服する。或は血暈上気するには、童便に浸した香付子を酢で煮て用いる。或は産後の風症 金瘡破傷風には、荊芥穂*を少し焙って末（粉）し豆淋酒*で調え服する。中風口噤み、吐瀉等諸症には童便を用いる。

〔永代調法記宝庫・二〕には、○産後に、熱酒（少し）に童便を和《ま》ぜて一盞を用い、暫く目を閉じ 気を鎮め 食気があれば白粥を少しずつ食わす。○床に座布団によりかかり 膝を立て 頭を上げ眠らせる。頻りに眠るなら呼び起し、或は酢を鼻に塗ったり、酢を炭火に掛けてその気を嗅がす。○胸から下まで手でさすり下すと悪血は滞らず、三日すると血暈の病はない。○一月程して魚肉を少しずつ食わせ、二三月の間は寒暑を慎み、髪を梳き足を洗わない。気血の弱い婦人は褥労の症を病む。○初産の時は生れ子の男女を言ってはならず、もし愛憎の気を起こしたら病気になる。産後はいよいよ慎むべきである。○これ以上懐妊を望まない時は、蚕が子を産み掛けて置いた古い紙を黒焼きにして散薬とし酒で飲むと再び孕むことはない。また鳳仙花の実を産後に飲むのもよい。

〈産後食物宜禁〉〔懐中重宝記・弘化五〕に「産後に宜い物」は上々吉は土佐節 古味噌汁が吉。白粥 海月 鯉 葱。七夜過ぎてから飛魚 鱲 貝が吉。「産後に禁物」は茄子 蕨 山椒 小豆 昆布 柿 木の実 芋 瓜 蓼 蕎麦 酒 酢 胡椒 蒟蒻。〈産後見舞〉〔進物調法記〕に「産後の見舞」として牛蒡 梅干 鯉 海月 鰻 炒り子 干鯛 干 魳《かます》 等十品があり、全て産前産後の病気見舞は気配りをし、濫りに贈ってはならない。〈食合せ〉〔万用重宝記〕には産後に串柿を食うと死ぬ。また油揚げの類を忌む。

〈産後血の病〉〔麗玉百人一首吾妻錦〕に、○「産後の血上らぬ薬」として鹿の袋角の粉と川蜷の黒焼を等分にし、鶏の鶏冠の血一滴を入れて続飯に押し混ぜ、奉書紙を一寸四方にしてこの薬をつけ、産婦の額の真ん中、髪の生え際に貼る。胞衣《えな》が下ってから貼り、下らぬ前は悪い。胞衣が下らぬのには、大麦の煎り粉を水に掻き立てて用いる。○「血上り苦しむ」には、三年味噌を白焼《しらやき》にして茶一服程飲むとよい。○「産後の腫気」には馬鞭草*と大根の干葉の古いのを煎じて腰湯にする。〔家内重宝記・元禄二〕に、産後狂乱して口叩くには蘇香円*を童便で呑ます。〔新撰咒咀調法記大全〕に、○「産後血上りして狂乱するを鎮める方」は、香付子（一味）に生姜と棗を入れて煎じ用いる。「血下り止まざる方」は艾葉《もぐさ》にかんとう人参（三七草）を少し入れて用いる。○「産後秘結（便秘）の治方」は、麻の実を粥に煮て用いる。〔文政新刻俗家重宝集〕に、○「産後の狂乱を治す薬」は、鶏の引尾を黒焼きにして茶一服程白湯で用いる。○「産後の後腹痛みを治す薬」は、松茸の石付と芋の茎を味噌汁で用いて治す。○「虫悩《むしかぶり》（＝腹痛）」は、鼈甲を煎じて用いると即座に治す。〔丸散重宝記〕に、○「産後下血して死にそうなのには」、蒲黄二戔を煎じて呑ます。○肺血心には、鬱金を焼いて性を残し、末（粉）して酢で調え下す。○「風症」には、荊芥穂を少し焙り末（粉）して味醂酒に調え、或は童便で下す。○「産後の崩中下血」には、石菖（一戔五分）、酒（二戔）を一戔に煎じ食前に服す。〔重宝記・儀部家写本〕に「産後腹痛み薬」は、一重の槿《むくげ》の花を陰干にして味噌汁で煎じて用いると妙である。〔教訓女大学教草〕に「産後養生」は、産後百日間交合を忌むこと、初立《ういだち》、湯浴み、髪洗い、夏は暑気 冬は寒気を避け、火に当り扇子を扇ぐを忌む等細々とした教えがある。

〔鍼灸重宝記綱目〕に、産後の諸病には期門に灸する外、悪露《おりもの》の止まらないのには気海や開元に、悪露が止まらず腹が傷めば陰交に百壮、気海に灸する。両脇が痛めば石門に五十壮、耳鳴や腰痛には合谷や光明に灸する。血暈には支溝、三里、三陰交に針し、気海に灸をする。俄に口噤み語音の出ないのには、承漿に五壮、血気ともに虚するには血海に百壮、手足が水のように冷えるのには肩井に針五分する。乳汁が通じなければ膻中に灸し、少沢 前谷に針する。乳腫れ痛むのには、足の臨泣に灸する。児の息が乳に当り、悪寒 発熱するのには、百会に灸する。

〈産前産後〉〔麗玉百人一首吾妻錦〕に、○産前産後の目眩いや心悪いのには、益母草一味を黒焼きにして上酒に火を入れて消し、その侭細末（粉）にする。程過ぎると粉になり難い。○産後に血の上がらない薬は、鹿の袋角を粉にし 川蛸の黒焼を等分に 鶏冠の血一雫を入れ、続飯を混ぜ、奉書紙一寸四方につけ、産婦の額の真中 髪の生え際に貼る。胞衣《えな》*が下りてからつけ、前は悪い。○産後に血が上って苦しむのには、三年味噌を白焼きにして茶一服程飲ますとよい。○産後の狂乱には、鶏の引尾を黒焼きにして茶一服程飲ますとよい。○産後の腫気には、馬鞭草と大根の干葉《ひば》の古いのを煎じて、腰湯をするとよい。

〔鍼灸重宝記綱目〕には産前産後の諸症の鍼灸点の解説がある。〔新撰咒咀調法記大全〕に産後秘結の治法は、麻の実を粥で煮て用いる。〔調法記・四十七〕に○産前産後、絶死の時は、温もりのある内に、温石を焼き、酢一合半を病人の鼻の下へ置き、焼き石を酢の中へ入れるとよい。○産前産後、血の道の薬として、蔾・蓬（各百目、黒焼）、小豆（生七十目粉）を湯や水で飲ます。〈胎死*・陰門閉じぬのに〉〔昼夜調法記・正徳四〕に、○子が腹中で死んだのには平胃酸に芒硝を加えて用いる。○産後産門の閉じないのは気血の虚で、十全《じつぜん》大補湯*を用いる。

〔懐中重宝記・慶応四〕には蛇床子を水で煎じて飲ますとよいとする。

〈産後の忌明〉〔重宝綱目女要婦見硯〕に、産後の忌明は男は三十二日目、女は三十三日目に、氏神へ参り初むる。〔進物調法記〕には男子は三十日目 女子は三十一日目とあり、産屋に障りのない、軽い干肴 鯉 鳶魚 苣 蒲公英 山の薯などを進物とする。所により男子の忌明は三十二日目、女子は三十三日目ともある。また「百だれ」といい男は九十一日目、女は百日目で、これを「百日《ももか》の祝《いわい》（＝小児誕生後百日目の祝）」ともいう。柳筥 橘 根松 涎掛 天児《あまがつ》* 括り枕 枕屏風 枕蚊帳 みたらし団子 小莫蓙。祝い事は、所の礼式に従うのがよい。

三草【さんそう】〔新撰農家重宝記・初編〕に麻苧《まお》* 紅花《べにのはな》* 藍《あい》*を、三草という。大いに世益がある。

酸棗仁【さんそうにん】〔薬種重宝記・下〕に唐木、「酸棗仁 さねぶと。殻を去り、少し炒る」。〈薬性〉〔医道重宝記〕に酸棗仁《さんそうにん》は酸く平で、煩心して不眠を治し、虚寒を斂《おさ》め、煩渇を除く。殻を去り、刻む。胆実してよく眠るものには生で用い、胆虚して不眠には炒って用いる。

三族【さんぞく】〔農家調宝記・二編〕に父の兄弟、己の兄弟、我が子の兄弟の男女を、三族という。族は「たぐい」の意。

参内【さんだい】〔男重宝記・一〕に禁中*や内裏へ参るのを、参内という。

三大書【さんだいしょ】〔日用重宝記・三〕に『太平御覧』『冊府元亀』『文苑英華』を三大書といい、各千巻。宗の大宗が名士に集めさせた勅撰。明の時百般の書を一集し、統《す》ぶるに韻を用い、経書子史天文医卜技芸僧家の言まで考索するのに、嚢を探って物を採るようにと儒臣に詔した。書が成って『文献大成』と称したが、まだ不備として儒士大勢が四年を経て、二万二千九百巻、万一千一百本が成った。さらに名を『永楽大典』*と称したものの、巻数が多いため刊布に及ばず、廃したという。

三代将軍【さんだいしょうぐん】「将軍の事」ヲ見ル

攢竹【さんちく】〔鍼灸重宝記綱目〕に攢竹は、「禁灸*の穴」として二穴、両

眉毛の頭を少し中へ入り窪む所にある。〈経絡要穴 頭面部〉〈鍼灸日用重宝記・二〉は別名に始元・員柱・光明とあり、『素註』を引き針三分、留むること六呼、灸三壮。また『銅人』を引き禁灸、針一分、留むること三呼、瀉三吸、徐に針を出す。細い三稜の針で刺し、熱気を宣しく刺す。三度刺すと目は大いに明らかになる。さらに『明堂』を引き、細い三稜の針三分で血を出し、灸一壮をする。効は、物見が明らかならず、涙が出、瞳が痒く、目赤く痛み、瞼がびくめきし、頬痛み、目眩、死に入る病、癲癇、狂乱等を主る。

三虫【さんちゅう】〈鍼灸日用重宝記・四〉に、長虫 赤虫* 蟯虫《ぎょうちゅう》*を、三虫《ちゅう》という。「虫の症」参照

山中を行く時【さんちゅうをいくとき】〈大増補万代重宝記〉に山中を行く時の心得は、深山往来で同行人のある時、足音や声が高いと熊 狼の類は逃げ隠れて出会わない。一人旅等では獣が急に驚いて咬みつくことがあるので、日中はよいが夜中には竹杖の先を割り道を叩きながら行くと、蝮 病犬等も恐れる。人に出会って逃げ場を失った熊 狼 病犬等に出逢っても騒いではならず、蛇や毒虫に近づいて打ち叩いてはならず、逃げ行けばその侭にして置くのがよい。〈道迷わぬ法〉〈俗家重宝集・後編〉に道に迷わない法は、小さい亀を懐中して、三ツ股等で方角が分からない時に這わせてみると、決まって里のある方へ行く。

三朝【さんちょう】「がんじつ（元日）」ヲ見ル

三鳥伝授【さんちょうでんじゅ】〈日時調法通用文則〉に、呼子鳥*、稲負鳥《いなおおせどり》（近世では鶺鴒*〈せきれい〉を云うのが通説）、百千鳥*をいう。古今伝授中の三種の鳥。

三点心【さんてんしん】「点心の事」ヲ見ル

三道【さんどう】〈日用重宝記・四〉に三道は、孔子の儒道*、老子の道家、釈迦の仏道をいう。古今、教えの道はこの三ツの外を出ない。

三都【さんとく】〈日時調法通用文則〉に京、江戸、大坂をいう。三ケ津ともいう。

三徳【さんとく】〈童子調宝記大全世話千字文〉に三徳は、智、仁、勇をいう。

三毒【さんどく】〈改正増補字尽重宝記綱目・数量門〉に三毒は、貪欲、瞋恚、愚痴をいう。

山入【さんにゅう】鷹の名所*。〈武家重宝記・五〉に鷹の頭上、高楼*の後ろ、纈立《きつたて》の毛をいう。

三如来【さんにょらい】〈改正増補字尽重宝記綱目・数量門〉に三如来は、善光寺の阿弥陀、嵯峨の釈迦、因幡堂の薬師をいう。

三年…【さんねん…】〈何が不足で癇癪の枕言葉〉①「みそ（味噌）、三ねん」。②「仕損《しそこな》ふた、三年まいた」。③「不首尾《ふしゅび》、三年をまく」〈小野篁謔字尽〉

三年梅漬【さんねんうめづけ】〈男女日用重宝記・上〉に三年梅漬は、梅百に塩二合五勺で漬けて置き、六月中旬にその塩汁を煎じ冷まして、紫蘇を少し揉んで甕に入れて漬け、口を張って置く。李や木瓜の実の漬け方なども同じである。

三年坂【さんねんざか】京名所。〈東街道中重宝記・七ざい所巡道しるべ〉に、少しの坂である。坂の下の小石橋を轟の橋という。〈茶屋諸分調方記〉に「三年坂下」、東側西側（男見てびらつけるも身過ぎ）とある。

三年塞の方【さんねんふさがりのほう】「大将軍」ヲ見ル

三年三月【さんねんみつき】〈世話重宝記・五〉に、神功皇后は懐胎の身で三韓を滅ぼして帰り、応神天皇を生まれた。前後三年三月めに生れたので、常より長い年月をいう。この時より始った諺である。応神天皇は八幡大神である。

三王【さんのう】〈日用重宝記・四〉に、シナの夏 殷 周を三王とする。夏の禹王、十七主四百三十九年で亡ぶ。殷の湯王、二十八主六百四十四年で亡ぶ。周の武王（姓は姫）、三十九主八百七十三年で亡ぶ。この間に十二国の諸侯大国がある。

三能紅花湯【さんのうこうかとう】〈薬種日用重宝記授〉に三能紅花湯は、唐

三百六十日配當宿支

	正	二	三	四	五	六	七	八	九	十	十一	十二
朔	室	奎	胃	畢	参	鬼	張	角	氐	心	斗	虚
二	壁	婁	昴	觜	井	柳	翼	亢	房	尾	女	危
三	奎	胃	畢	参	鬼	星	軫	氐	心	箕	虚	室
四	婁	昴	觜	井	柳	張	角	房	尾	斗	危	壁
五	胃	畢	参	鬼	星	翼	亢	心	箕	女	室	奎
六	昴	觜	井	柳	張	軫	氐	尾	斗	虚	壁	婁
七	畢	参	鬼	星	翼	角	房	箕	女	危	奎	胃
八	觜	井	柳	張	軫	亢	心	斗	虚	室	婁	昴
九	参	鬼	星	翼	角	氐	尾	女	危	壁	胃	畢
十	井	柳	張	軫	亢	房	箕	虚	室	奎	昴	觜
十一	鬼	星	翼	角	氐	心	斗	危	壁	婁	畢	参
十二	柳	張	軫	亢	房	尾	女	室	奎	胃	觜	井
十三	星	翼	角	氐	心	箕	虚	壁	婁	昴	参	鬼
十四	張	軫	亢	房	尾	斗	危	奎	胃	畢	井	柳
十五	翼	角	氐	心	箕	女	室	婁	昴	觜	鬼	星
十六	軫	亢	房	尾	斗	虚	壁	胃	畢	参	柳	張
十七	角	氐	心	箕	女	危	奎	昴	觜	井	星	翼
十八	亢	房	尾	斗	虚	室	婁	畢	参	鬼	張	軫
十九	氐	心	箕	女	危	壁	胃	觜	井	柳	翼	角
廿	房	尾	斗	虚	室	奎	昴	参	鬼	星	軫	亢
廿一	心	箕	女	危	壁	婁	畢	井	柳	張	角	氐
廿二	尾	斗	虚	室	奎	胃	觜	鬼	星	翼	亢	房
廿三	箕	女	危	壁	婁	昴	参	柳	張	軫	氐	心
廿四	斗	虚	室	奎	胃	畢	井	星	翼	角	房	尾
廿五	女	危	壁	婁	昴	觜	鬼	張	軫	亢	心	箕
廿六	虚	室	奎	胃	畢	参	柳	翼	角	氐	尾	斗
廿七	危	壁	婁	昴	觜	井	星	軫	亢	房	箕	女
廿八	室	奎	胃	畢	参	鬼	張	角	氐	心	斗	虚
廿九	壁	婁	昴	觜	井	柳	翼	亢	房	尾	女	危
晦	奎	胃	畢	参	鬼	星	軫	氐	心	箕	虚	室

室	水	出陣追城願始等吉
壁	土	倉立剛猛行始等吉
奎	木	衣裳求嫁娶等用之
婁	火	四壁構造作嫁娶吉
胃	金	袴着官位嫁娶吉
昴	水	六畜収衣吉種蒔凶
畢	土	神事祭禮日天修吉
觜	水	入學造舎払入等吉
参	火	求財養子取始等吉
井	水	井掘神事種子蒔吉
鬼	木	萬事大吉也
柳	火	棚上剛猛払入吉
星	金	厩造馬乗始療病吉
張	金	出陣弁官宮仕等吉
翼	水	嫁娶結婚納婦出陣吉
軫	木	井掘厠造井始等吉
角	木	着新衣裁衣酒造沐浴吉
亢	火	納牛馬嫁娶結婚吉
氐	火	嫁娶吉
房	水	神事灌頂行法吉
心	火	移従神事軍陣吉
尾	火	合薬軍陣吉裁衣凶
箕	金	地掘裁衣納財等吉
斗	土	着新衣地掘倉立吉
女	木	城邑起兵夜討等吉
虚	土	女宿同断
危	土	壁塗竈屋造出行吉
		此本廿八宿之内牛宿無之異本有

図208 「三百六十日配当図」（懐中調宝記・牛村氏写本）

大黄（二十匁）、山梔子・木通（各五匁）、黄連・升麻・連尭・薊花・甘草（各二匁五分）、紅花（八分）を用いる。

産婆【さんば】 「出産の事」ヲ見ル

三盃【さんばい】 「三盃饗膳献々本式」ヲ見ル

三杯漬【さんばいづけ】 「阿茶羅漬」ニ同ジ

算博士【さんはかせ】 〔万民調宝記〕に算博士は大学寮*に属し、二人。暦を作り、また諸国から天子へ捧げる御調物《みつぎもの》の勘定を司る。

三白散【さんぱくさん】 〔改補外科調宝記〕に三白散《さんぱくさん》は、うるしまけ（漆瘡）の薬とある。胡粉（一両）、石羔・軽粉《はらや》（各三匁）。これ等を粉にして韮の汁でつける。

三筆【さんぴつ】 〔日用重宝記・四〕に我が国の三筆は嵯峨天皇、橘逸勢、空海（弘法大師）とする。別に、流派や時代により三人の能書家を言うことがある。世尊寺流三筆は藤原行成、同行能、同行尹。寛永三筆（京都三筆）は近衛信尹《のぶただ》、本阿弥光悦、松花堂昭乗。黄檗山では隠元、木庵、即非。「三蹟《さんせき》」「四墨《しぼく》」参照

三百六十日配当図【さんびゃくろくじゅうにちはいとうしゅくじ】 〔懐中調宝記・牛村氏写本〕に次の表がある（図208）。

三品一条鎗【さんぴんいちじょうそう】 〔改補外科調宝記〕に三品一条鎗は、黒砂瘤*の薬とある。明礬（三両）、砒霜石（一両五匁）、雄黄（二匁四分）、乳香（二匁三分）。明礬と砒霜を鍋に入れ炭火で煆《い》り烟が去り尽きて、雄黄と乳香を一ツに擂り細かにし糊で糸筋のようにし陰干にし、瘡の孔へ挟み入れ、上へ膏薬をつける。

三部九候【さんぶきゅうこう】 診脈。〔医道重宝記〕に寸関尺*の三部に、それぞれ浮中沈の脈のあることを三部九候という（図209）。○浮は、軽く浮かめて六腑（大腸 小腸 胃 膀胱 三焦 胆）を窺う。病は表にあると知る。○沈は、強く押し沈めて五臓（肺蔵 心臓 肝臓 脾臓 腎臓）を窺う。病は裏にあ

ると知る。○中は、浮ならず沈ならず中にして診る。病は半表半裏にあると知る。「診脈」モ見ル

図209　「三部九候」(医道重宝記)

三部経【さんぶきょう】〔日時調法通用文則〕に三部経は、大無量寿経、観無量寿経、阿弥陀経をいう。

三幅対【さんぷくつい】「掛物の事」ヲ見ル

三幅対掛物箱書の書き様【さんぷくついかけものはこがきのかきよう】〔音信重宝記〕に「三幅対掛物箱書の書き様」は、図版のように記す（図210）。

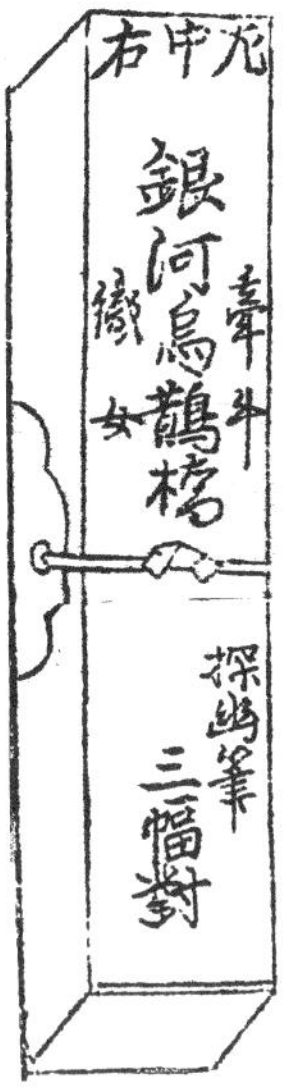

図210　「三幅対掛物箱書の書き様」(音信重宝記)

三伏日【さんぷくにち】暦中段。〔大増補万代重宝記〕に夏至に入り三度目の庚《かのえ》の日を初伏（〔永代調法記宝庫・五〕は六月に入り庚の日、婿・嫁を取らぬ）、四度目の庚の日を中伏（〔同〕、移徙をせず、患いがある）、五度目の庚の日（立秋後の第一庚の日）を末伏（〔同〕、万事悪い）という。庚の金気が夏の火に伏せられるので、この三日を三伏といい慎む。物の種蒔き、病の療治、旅立ち、男女房事和合、相談事を忌む。「九夏三伏《きゅうかさんぷく》」参照

三宝【さんぼう】〔改正増補字尽重宝記綱目・数量門〕に仏宝、法宝、僧宝をいう。仏法でいう三ツの宝。それぞれ、悟りを開いた人と、その教えの内容と、それを受けて修行する集団を、世の宝に喩えた。

三峯【さんぼう】「御山参り」ヲ見ル

三宝院【さんぼういん】〔男重宝記・一〕に三宝院は醍醐にある。法諱、高賢。摂家門跡。当山派修験者の根本道場である。知行、六百五十石。真言宗で東寺の門跡である。

三宝吉日【さんぼうきちにち】日取吉凶。〔重宝記永代鏡〕に三宝吉日は、仏事、心願、祈禱に大吉日とする。壬《みずのえ》午の日。庚《かのえ》寅の日。甲《きのえ》午の日。丁《ひのと》酉の日。己《つちのと》酉の日。〔以上を三宝上吉日という〕。丙《ひのえ》寅の日。丁卯の日。辛《かのと》未の日。庚辰の日。癸《みずのと》酉の日。〔以上を三宝中吉日という〕。庚午の日。丁丑の日。辛巳・亥の日。戊《つちのえ》寅の日。丙午の日。〔以上を三宝下吉日という〕。○壬午の日は釈尊が祇園精舎を建立した日ゆえ、堂塔を建てるのによい日。○庚寅の日は釈尊が王宮を出て檀特山に入った日ゆえ、出家得道によい日。○甲午の日は釈尊が成道した日ゆえ、仏法伝授五重相伝等によい日。○丁酉の日は迦葉尊者に心印を伝えた日。○丁卯の日は妙嚴王悪心を翻し、仏道に帰依した日。○丙寅の日は舎利弗誕生の日、また阿闍世太子が悪心を翻し、仏弟子となった日。○丙寅と丁卯の両日は入戒《じゅかい》するのに吉日とする。

三宝荒神【さんぼうこうじん】〔男女御土産重宝記〕に三宝荒神拝み様は、「本体真如住空／舜静安楽無為者／境智悲利生故／運動去来名荒神」の句文を唱え拝む。また「年を得て身を妨る荒御前払われて千代のとみせよ」の歌を三遍詠むとよい。このように毎日唱えると災いはなく福貴延命になる。「どくうじん（土公神）」モ見ル

三宝荒神呪【さんぼうこうじんじゅ】三宝荒神呪。〔新撰咒咀調法記大全〕に

「真言陀羅尼*の一」として「唵《おん》。欠婆耶《けんばや》欠婆耶《けんばや》。娑婆訶《そはか》」と唱える。

三方三六の矩【さんぽうさんろくののり】 簡礼書法。〔大増補万代重宝記〕に三方三六の矩は、折紙状*の書き方で、紙の端から始めの一筆端作*まで、本文末の恐惶と月日の間、月日と宛名の間を、それぞれ三寸六分の間を明けること。三寸六分を明けるには、右の手を端から伏せ親指の際《きわ》より書きはじめる。人により大小があるので前以て測っておくのがよい。

三宝寺【さんぽうじ】 京名所。三宝寺は嵯峨にある。滝口入道が住んだところである。〔東街道中重宝記・七ざい所巡道しるべ〕

三方据え様【さんぽうすえよう】 三方は、檜薄白板方形の折敷に、三方に円穴の明いた台を取りつけた物。〔女用智恵鑑宝織〕に三方の据え様は、向う様に左手を入れ底を受け、右手の指を縁にそっと掛けて持ち出す。下に置く時は、左手を抜き両手で台を直し、右手で我が衽の褄を取り、後へ少し躙《にじ》り、膝を立てて開き、その立てた膝を着いて、また一方の膝を立て様に立つ。台の内の綴じ目は我が前にする。常の膳も綴じ目があれば客の向うになると心得る。

三峰膳【さんぽうぜん】 〔料理調法集・三羹三麺献立〕に、図版（図211）のように①「真三峰膳」②「略三峰膳」③「四条家古詰三峰膳」④「（庖丁注に出る）三峰膳」がある。『宗五大双紙』には葛粉を染め、三ツの山を作り、垂味噌《たれみそ》をかけて食うというが、よくわからない旨の解説がある。①「真三峰膳」は羹盛り高さ五寸程に杉形に盛り、土器は五斗或は三斗、大重等に盛り、土居に州浜のすかしえり。四季を一季残して盛り、出家はこれを過去 現在 未来と立てる。③「四条家古詰三峰膳」は「サキ（先）山」は下の皮はすいせん（水繊羹）、その上は赤い餡、その次の上に黒い皮、その上に白い餡を置く。「アカキ山」は下に黄の水繊、その上に白い餡、その上に赤い水繊、又その上に赤い餡を置く。「テモト（手元）山」は下に水繊、その上に白い餡、又その上に赤い餡を置く。

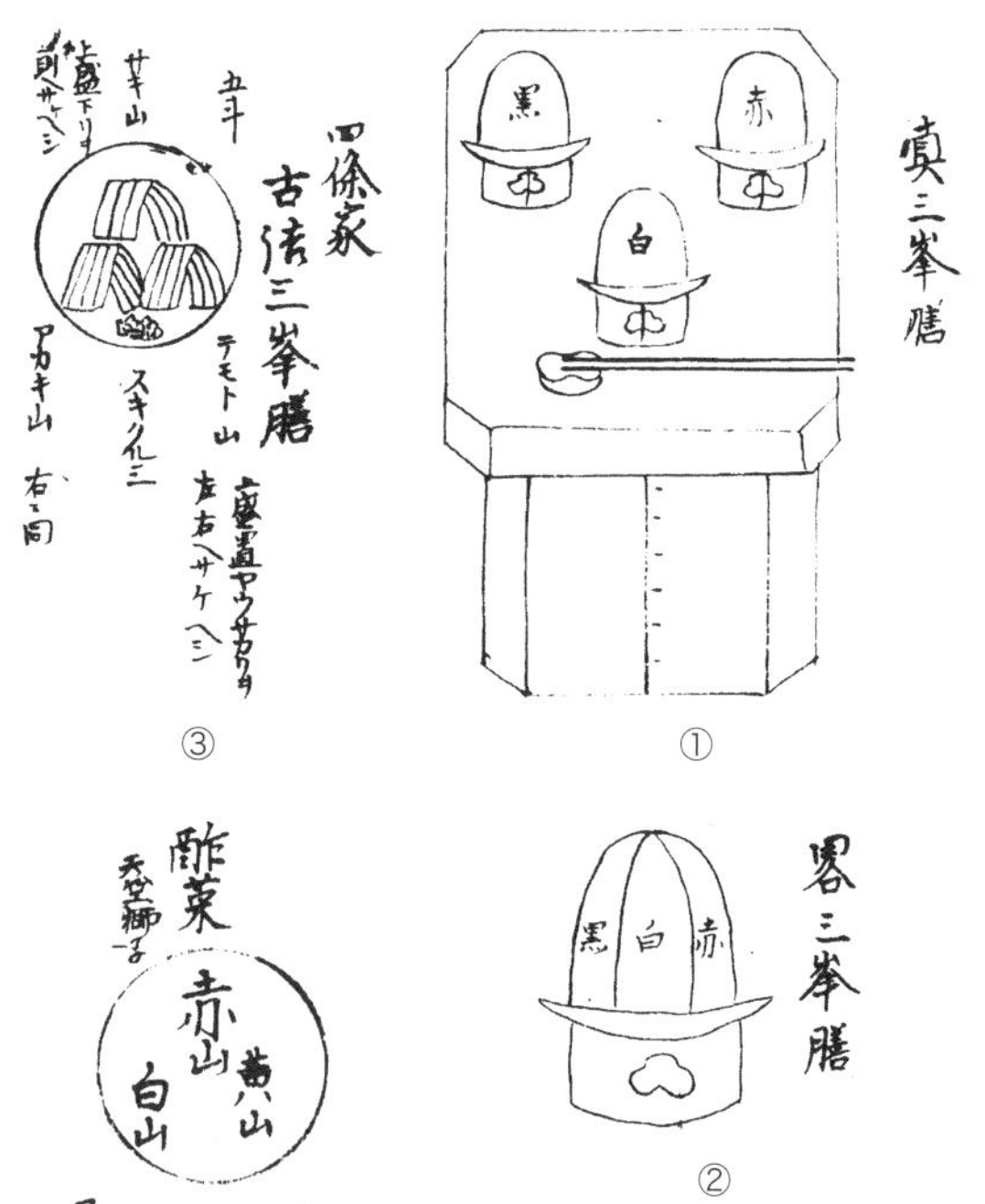

図211 「三峰膳」（料理調法集・三羹三麺献立）

三宝大吉日【さんぽうだいきちにち】 〔諸人重宝記・五〕に、三宝大吉日に祈禱すると心のままになる大吉日とある。壬午《みずのえ》、庚寅《かのえ》、甲子《きのえ》、乙酉《きのと》、丁酉《ひのと》、乙卯《きのと》の各日。

算法要用字【さんぽうようようじ】 算盤に用いる要用文字をいう。因*加《か》*帰《き》*減《げん》実*除《じょ》*商*乗《じょう》*不尽《ふじん》*法*目安《めやす》*零《れい》*など。〔永代調法記・首〕

三補丸【さんほがん】 〔丸散重宝記〕に三補丸は、三焦*ともに火があり、咽が渇き、小便が赤く渋り、大便の秘結するのによく、火邪を瀉し、真陰を助ける良方である。黄芩・黄連・黄栢（各酒製）を糊で丸ずる。

三木【さんぼく】 「暦を見て年の吉凶を知る」ヲ見ル

参負日【さんまけにち】 日取吉凶。〔重宝記永代鏡〕に参負日は悪日で、争論を特に忌む。正月は十・二十一日。二月は八・二十七日。三月は二十五・二十六日。四月は朔・三十日。五月は二十五日。六月は十六日。七月は十・十六・二十一日。八月は三・八日。九月は八・十九・二十六

日。十月は七日。十一月は六日。十二月は十七日。〔大増補万代重宝記〕には異同があり、六月は一日・十四日。七月は七日・十六日・二十一日。九月は八日・十六日・二十五日。十二月は二十日・二十五日とする。

三密宗【さんみつしゅう】「真言宗」ヲ見ル

三味湯【さんみとう】〔薬種日用重宝記授〕に三味湯の方は、藿香、木香（各大）、宿砂（小）。夏の暑当りによい。

三文殊【さんもんじゅ】本朝の三文殊。『書言字考節用集・十三』に、「（山）城州新黒谷（金戒光明寺）、和州安部（崇敬寺）、丹州坊渡（智恩寺）に安置する」。

三門跡【さんもんぜき】「叡山の三門跡*」「三井寺の三門跡*」がある

産屋【さんや】〔昼夜重宝記・安永七〕に次がある。○「産屋に向いて吉い方角」。子・午・卯・酉の日は南に向いて吉。寅・申・巳・亥の日は西北に向いて吉。辰・丑・未の日は東南に向いて吉。○「月により悪しき方」。正・三・五・七・九・十一月はひのえ（丙）、みずのえ（壬）の方に産婦の床を構えると凶。○「月により吉い方」。二・四・六・八・十・十二月はきのえ（甲）、かのえ（庚）方に産婦の床を構えて吉。胞衣を納めるのもこれに同じ。

山薬【さんやく】「やまのいも（山の芋／薯蕷）」ニ同ジ

山野で怪しい物を見分る伝【さんやであやしいものをみわけるでん】〔調法記・全七十〕に「山野で怪人に遭う時狐か狸を知る伝」は、我が左の袖口より覗いて見ると、化物ならば生の貌《かたち》が見える。

三陽五会【さんようごえ】「百会《ひゃくえ》」ニ同ジ

三葉丁字【さんようちょうじ】草花作り様。三葉丁字の花は黄色である。土は合せ土*がよく、肥しは魚の洗い汁がよい。分植は春、秋がよい。〔昼夜重宝記・安永七〕

山陽道【さんようどう】〔重宝記永代鏡〕に山陽道は、播磨*美作*備前*備中*備後*安芸*周防*長門*の八国である。

三陽絡【さんようらく】禁針（鍼）*の穴。一穴。臂の上腕の後ろ四寸、両骨の間陥みにある。〔鍼灸重宝記綱目〕

三夜の暁【さんよのあかつき】片言。〔男重宝記・五〕「さんよ（三夜）の暁《あかつき》は、さんゑ（三会）の暁」である。〔不断重宝記大全〕「あかつき（暁）」とばかりいうべきを、「三夜の暁」というのは、弥勒下生の「三会の暁」をいうかとある。

散乱の気【さんらんのき】〔重宝記・幕末頃写〕軍中に、城の上に雲気が一円に立たないのは「散乱の気」と言い、散乱の基いである。「軍中に霊煙の気を見て吉凶を知る事」参照

三里【さんり】〈経絡要穴 腿却部〉〔鍼灸重宝記綱目〕に二穴、三里《さんり》は骭骨《はぎぼね》の外側、膝の蓋の下三寸、骭骨と筋の間凹みの中にある。足の三里で、俗に上三里ともいう。胃中冷え、胸腹脹り満ち、臓気虚し、真気不足し、産後目眩い、泄瀉、霍乱、大小便通ぜず、胃気不足、痃癖、四肢腫れ、膝骭痛み、脚気、五労七傷、諸病を皆治す。凡そ三十以上の人は三里に灸をしなければ気が上る。また四花 膏肓 百会等に灸をしたら後に三里に灸をして上熱を下す。灸は一日に三壮か七壮、或は一二百壮より五百壮迄。針は五分か八分、留むること十呼、瀉すること七吸。或は一寸、留むること一呼。〈灸穴要歌〉〔永代調法記宝庫・三〕に「曲池より二寸 手先は三里なり 伸び屈みせず 痺るるによし」、また「癪《しゃく》に腫れ 胃の気不足し 食を吐き 腹を痛まば 足の三里ぞ」。目を明らかにし気を廻らす。〔日用重宝童訓古状揃〕に『徒然草』に四十以後の人は身に灸を絶やすべからず（百四十八段、四十以後の人、身に灸を加へて三里を焼かざれば上気の事あり。必ず灸すべし）とあるが、「三里に灸せぬ年」は八・十七・二十六・四十四・五十三・六十二・七十一・八十の各歳。この年に三里に灸すると癒え兼ねて病になるという説もある。

三利【さんり】〔童子調宝記大全世話千字文〕に三利とは、一年の利は穀を、十年の利は樹を、百年の利は徳を種《う》ゆるとある。

酸榴皮【さんりゅうひ】〔薬種重宝記・下〕に酸榴皮は、石榴皮《ざくろ》である。〔薬種重宝記・下〕「せきりゅうひ（石榴皮）」ヲ見ル

三稜【さんりょう】〔薬種重宝記・下〕に和草、「三稜 すけまるすけ」。毛を去り、酢煮し、十分に焙る。〔薬性〕〔医道重宝記〕に三稜《さんりょう》は、苦く甘く、積聚を消し、血結を利し、心腹《むね》の痛むのを止め、撲損《うちみ》の瘀血を消す。製法は皮を削り去り、水に浸し刻み、酢を掛け、干して焙る。

三稜散【さんりょうさん】〔丸散重宝記〕に三稜散は虫癪によい。三稜（三戔）、枳殻・槟榔・青皮・木香・肉桂（各一戔）、干姜（二分）、甘草（一分）を細末（粉）にする。

三稜針【さんりょうしん】「砭鍼《へんしん》」ヲ見ル

三隣亡日【さんりんぼうにち】日取吉凶。〔日用重宝記・五〕に、三隣亡日に縄を結べば火災に祟るといい、門松を立てず、普請の足代を結ばず、よって柱建て、棟上げ、斧初めまで嫌う。正・四・七・十月は亥の日。二・五・八・十一月は寅の日。三・六・九・十二月は午の日とある。〔古易方位万代調法記〕に、三隣亡日は必ず普請 造作をなすこと大凶。棟上げし、縄を結べば、隣家三軒共に火難に遭う。恐れ慎むべき日とある。

三礼【さんれい】〔日時調法通用文則〕に「酒 食 茶」がある。それぞれ飲食の際の礼儀作法をいう。『譬喩尽』には「三礼《れい》食茶書ノ三也」とある。

三論宗【さんろんしゅう】八宗*の一。〔農家調宝記・二編〕に三論宗は、釈尊より第十四祖 龍樹菩薩に出、鳩摩羅什を祖とし、唐土では延興寺の吉蔵和尚、日本では推古天皇三十三年（六二五）に高麗国の恵灌僧正が元興寺*で三論宗門を広めて、始祖とする。

三和散【さんわさん】薬方。〔昼夜調法記・正徳四〕に三和散は、諸々の積聚、痞え、痛みを治す。大腹皮・羗活・紫蘇・木瓜・沈香・檳榔子・木香・陳皮・川芎・白朮（各八分）、甘草（炙 二分）を水で煎じる。大便が結したら枳殻を、食傷には山査子・神麹を加える。〔医道重宝記〕に三和散は、疝気で脚気が上り攻め、肢節痛み、腹痛み、大便の通じないのを治す。或は腹筋引き攣り、大便通ぜず、気の滞りに属するものを治す。津《うる》液《おい》乾き、血虚するものには用いない。沈香・紫蘇・腹皮・羗活（各四分）、木香・白朮・檳榔・陳皮・甘草（各二分）、川芎（一銭二分）、木瓜（一分）に生姜を入れて煎じる。

し

史【し】〔万民調宝記〕に史は、八人いる。太政官（国の政事を司る役）の執筆の意である。

市【し】〔万物絵本大全調法記・上〕に「市し／いち」。〔童蒙単語字尽重宝記〕には「市し。人集りて売買の所を市《いち》という」。

咫【し】度数。〔算学調法塵劫記〕に咫《し》は、八寸をいう。

秄【し】「秄《ちょ》」ニ同ジ

字【じ】〈合薬秤量〉〔医道重宝記〕に、一字とは二分五釐《り》とある。〈金単位〉〔万家日用調法記〕には「金の数の名」として「両・歩・朱・字（但し一分）」がある。金一朱*の四分の一をいう。『書言字考節用集』には「一字、土俗二分五厘を以、一字と為す。合せて一銭と為す義」とある。

四悪十悪【しあくじゅうあく】〔女用智恵鑑宝織〕に四悪十悪は、男女とも四歳違い 十歳違いをいう。例え相性がよくても、この四悪十悪は結婚を慎むのがよい。男の二十歳子年と女の十七歳卯年は、子丑寅卯と四ツ開き四悪といい、また女の卯年から子年迄は十歳開き十悪という。未年と辰年。申年と亥年。午年と卯年。卯年と子年。寅年と巳年。戌年と丑年等。

痔洗い薬【じあらいぐすり】〔改補外科調宝記〕に痔洗い薬は、蜂房・白芷 又

は大腹皮・苦参を煎じ、湯気で漏瘡を薫じ、水の出るのを拭い去り、東に向かう石榴の根の皮を粉にして乾かし捻り掛け、虫を殺して暫くして薬をつけるとよい。

子瘖【しぁん】「懐妊／懐胎の事」ヲ見ル

自安丸【じぁんがん】〔丸散重宝記〕に自安丸は、虫瘧 虫積 腹痛に妙である。楊梅皮・胡椒（各二匁）、苦参・乾膝（各一匁）を糊で丸じる。

思案の二字【しぁんのにじ】〔女筆調法記・六〕に次がある。世話に「案の字百貫」というのは、シナの王範が楊州で七年も学問し、さすがに故郷が恋しくなり帰ろうとする時、師が待て暫しと、思案の二字を教えて帰した。程なく宿に着くと日も暮れ、妻の心はどうかと佇んで見ると、冠を着 鎧をつけた男が鉾を横たえ寂しく番をする様子だった。さては男を入れて我を殺す企みと思い、剣を抜き殺そうと思ったが踏み止まり、学んだ思案の所と思い、試みに突いた杖を投げ掛けると騒いで、何者か、我は夫の留主を守る者、近付くな、と鉾を閃かす声は正しく妻の声だった。よくも案じたことよ、軽はずみをしたらどんなに後悔したことかと互いに名乗り合った。これより案の字は冠して女を書き ひらぎ（平木＝下の木をいう。梨 栗 呆など）とする。即ち、冠を着た女に杖を投げかけたからである。これは学文の徳、師の恩とある。

思案麸【しぁんふ】〔料理調法集・麸之部〕に思案麸は、生麸一升に豆腐小半丁、束芋を卸し、塩を少し入れ、よく擂り交ぜ、湯煮して遣う。

四維【しい】四維とは、艮《うしとら》（東北）。巽《たつみ》（東南）。乾《いぬい》（西北）。坤《ひつじさる》（西南）。維は角《すみ》である。方隅をいう。〔童子調宝記大全世話千字文〕

侍医【じい】〔万民調宝記〕に侍医は宮内省 典薬寮*に属し、天子の御脈を試みる司で、医師は官位令に十人とある。

食器【しいき】唐人世話詞。「ごき（御器）を、食《しい》器《き》と云」。〔男重宝記・五〕

四威儀【しいぎ】〔童子調宝記大全世話千字文〕に四威儀は、行《ゆく》、住《とどまる》、坐《すわる》、臥《ふす》を言う。

四時【しいじ】〔日時調法通用文則〕に四時《しいじ》は、春*夏*秋*冬*をいう。四季に同じ。「四時陰陽に順《したがふ》と云事」は「四気調神大論」ヲ見ル

地板【じいた】〔武家重宝記・四〕に鉄砲*で、火本の総金具の台で毛抜金*の下の地板をいう。これを煙返《けむりかえし》*というのは誤りである。

椎茸【しいたけ】〈薬性〉〔医道重宝記〕に椎茸《しいたけ》は温で毒があり、気を塞ぎ、虫を生ずる。多食してはならず、裏の黒いのは毒がある。〔永代調法記宝庫・四〕に、生は毒、蒸して干し古いのは、大して障らない。〈生に仕様〉〔新撰咒咀調法記大全〕には、器に砂を入れ水を含ませ、干椎茸を植え一夜置くと茎まで柔かく、生のようになる。〈出汁〉〔料理調法集・煮出煎酒之部〕には椎茸は日向を上とする。裏白く虫の付かないのを選び、一升に水三升五合をよく煮立て、澄まして用いる。〈漬け様〉〔世界万宝調法記・下〕に干椎茸を料理に使う時は、前から茶滓・茶の煮汁と煮混ぜて暫く漬けて置くとよく、膨れ裏の赤味が抜けて白くなり、生椎茸のようになるのを取り上げて使うとよい。

椎の実【しいのみ】〈薬性〉〔永代調法記宝庫・四〕に椎の実は温で、諸病に嫌う。目の毒、傷、瘡などに禁物である。〈椎の実飯〉〔料理調法集・飯之部〕に椎の実飯は、椎の実を煎り、皮を去り、米に交ぜて炊く。

日本一両【じいぽんいいりゃん】唐人世話詞。「日本の一両といふ事を、日本一《じいぽんい》、両《りやん》といふ。四匁三分」である。〔男重宝記・五〕

九万引【しいら】「きんざんぎょ（金山魚）」ヲ見ル

塞拉略尼【しーるられおにー】〔童蒙単語字尽重宝記〕に塞拉略尼《しーるられおにー》は英領。広さ二百三十二万坪、民は四万四千五百人。

支飲【しいん】四飲*の症の一。〔鍼灸日用重宝記綱目・五〕に支飲は、咳逆し、物に寄り掛かり息苦しく、腫れたようで臥すことができない症が出る。

至陰【しいん】〈経絡要穴 腿却部〉二穴。至陰《しいん》は足の小指の外側、爪の生え

際の角を一二分去る処にある。灸三壮。針一分か二分、留むること五呼。寒瘧《おこり》に汗が出ず、胸煩れ、足裏熱し、小便利せず、遺精、目痛み翳を生じ、鼻塞がり、頭重く、胸脇痛むのを治す。〔鍼灸重宝記綱目〕

自因【じいん】 算盤の用字。〔算学調法塵劫記〕に、一桁で同数を左右に置いて掛け合すこと。「自乗《じじょう》」参照

慈陰降火湯【じいんごうかとう】 〔医道重宝記〕に慈陰降火湯は、陰虚して火動き、発熱、咳嗽、盗汗《ねあせ》、口乾く等の症を治す。色欲を過ごす人、熱が時を定めて来て盗汗 咳嗽するにはまずこれを用いる。病久しく、脾胃の傷《やぶれ》を受け、元気の衰える人には用いない。当帰（一匁二分）、白芍（一匁三分）、熟地黄・天門・麦門・白朮（各一匁）、生地黄（八分）、陳皮（七分）、黄栢（蜜炒）、知母（各五分）、甘草（炙五分）に、生姜と棗を入れて煎ずる。〔医道療治重宝記〕には、諸症により加減、補薬が詳しくある。

滋陰至宝湯【じいんしほうとう】 〔医道療治重宝記〕に滋陰至宝湯は、婦人諸虚、百損五労、七傷経脈調わず、肢体羸痩するのを治す。専ら経水を調え、血脈を増し、虚労を補い、元気を扶け 脾胃を健やかにし、心肺を養い、咽喉を潤し、頭目を清くし、心慌を定め、神魂を安じ、潮熱を退け、骨蒸を除き、喘嗽を止め、痰涎を化し、盗汗・泄瀉汗を収め、鬱気を開き、胸膈・腹痛を療じ、煩渇を解し、寒熱を散じ、体疼を去る等大いに奇効があるが、悉くは述べられない。当帰・芍薬・白朮・茯苓・陳皮・知母・貝母・香付子・地骨皮・麦門冬（各八分）、薄荷・柴胡・甘草（各三分）。これに煨《わい》（埋火で焼く）した生姜三片を入れて煎じ服する。症状により加減がある。

滋陰大補丸【じいんたいほがん】 〔丸散重宝記〕に滋陰大補丸は、よく腎水を増し、精を強くし、腎虚の腰痛で手足に力なく、形体痩せ疲れたのによい。中年後に常に用いて甚だ功がある。熟地黄（二戔）、牛膝・山薬（各一戔五分）、山茱萸・杜仲・茯苓・巴戟子・五味子・茴香・蓯蓉・遠志（各一戔）、菖蒲・枸杞子（各五分）を棗肉で丸ずる。

滋陰内托散【じいんないたくさん】 〔改補外科調宝記〕に滋陰内托散は、嚢癰*で腫れ痛み 熱が強く 膿の潰えるものの薬。当帰・芍薬・川芎・熟地黄・黄芪（各一匁五分）、皂角刺・沢瀉・穿山甲（各五匁）を煎じて用いる。

寺院の数【じいんのかず】 〈寺院の数〉〔年代重宝記・梅柏堂等板〕に寺院の数は、四十五万九千四十四ケ寺。〔大増補万代重宝記〕には九十五万九千四十二ケ寺、とある。

〈華洛寺院名籍一覧〉〔万代重宝記・安政六頃刊〕に次の一覧がある。「山門寺門天台宗*之部」。「古義新義真言宗*之部」。「臨済曹洞禅宗*之部」。「鎮西西山浄土宗*之部」。「時宗*之部」。「一致勝劣日蓮宗*之部」。「一向門徒之部」。〔一向宗*〕。別に「諸宗兼学之部（諸宗兼学寺院名籍一覧〔華洛〕）*」もある。

四飲の症【しいんのしょう】 〔鍼灸日用重宝記綱目・五〕に四飲の症は、痰飲*懸飲*溢飲*支飲*である。

死運【しうん】 十二運*の一。〔金神方位重宝記〕に死運は、木性は五月（午）、火性は八月（酉）、土・水性は二月（卯）、金性は十一月（子）生れで、心猛く勝負事は弱い。思い事絶えず、信心するとよく、慎むのがよい。〔両面重宝記・寛延六〕に、死運の人は大凶。利根で心静かである。生所、住所を変えるのがよい。出家は財宝に縁がある。「皆人は生るることそ身の宝なれ 死しての後は元の住処に」とある。〔和漢年暦調法記〕は居所を変ると吉。夫婦の縁は定まり難く、妻を失うこともある。しかし、心得よく保養を尽くし 善事をなせば無事に年寄り、苦労も変り 仕合よく子孫もまたよい。〔日用重宝万物図解嘉永大雑書三世相〕には夫婦の縁は互いに睦まじくなく、縁を替えても また同じである。よって互いに慎み、縁を替えてはならない。身上よく金銀に縁があるが、人に忌み嫌われることがある。控え目で、人々と慎ましくすると愈々繁昌する。「しする」ともいう。

死穢【しえ】 〔昼夜重宝記・安永七〕に、居や屋敷の内に死人がある時は、一日の穢れとする。但し、知らなければ穢れはない。〔大増補万代重宝記〕は死人があり、五体は頗る温な気があるといっても、気の絶えたのをもって死とする。

滋栄養衛湯【じえいようえいとう】 〔医道療治重宝記〕に滋栄養衛湯は、身体虚し痩せ、夜常に遺尿・失禁し、また頻尿を治す。白朮・山薬・当帰・芍薬・黄芪（蜜）（各一匁）、人参（八分）、益智・山茱萸・酸棗仁（炒）（各七分）、甘草（四分）を水煎して、温服する。

時疫【じえき】 時疫は、流行り病をいう。〔文政新刻俗家重宝集〕に時疫には、牛蒡を搗き砕き汁を絞り、茶碗に半分ずつ二度程飲んで、茎葉を一握り程火でよく焙り、黄色になった時茶碗に水四盃入れて二杯に煎じ、一度に飲んで汗をかくとよい。〔薬法重宝記〕には、大粒の黒大豆（よく煎り一合）、甘草（一匁）を水で煎じ出し、時々飲むとよい。また茗荷の根と葉を搗き砕き、汁を取り、多く飲むとよい。〔万まじない調宝記〕に時疫の熱が強い時は、芭蕉の根（五匁）を卸し、水一合に交ぜて飲むとよい。〔大増補万代重宝記〕には上品の辰砂（一両）を細末に磨り、蜜で麻子程の丸薬にし、大歳の平旦に一家の人が諸物を食する前に東に向かって各々二十一粒ずつ、嚙まずに呑むと流行り病を除く。

〈呪い〉〔童女重宝記〕に時疫を防ぐには、正月元日に麻子《あさのみ》・小豆（各十四粒）を白湯で飲む。幷に十四粒ずつ二品を井戸の中へ投げ入れる。また降真香（外国産香木による香料）を焼く。小児には常に帯に縫い込んで置く。〔妙薬調方記〕には、「疫癘や流行り病が来たならば、しさう（紫草）と麦を煎じ飲み置け」とある。〔新撰咒咀調法記大全〕は、○正月元日、又は十五日に赤小豆（二十粒）、麻子（七粒）を井戸の中へ入れて置き、この水を飲むと時疫を病むことはない。○擦米《さいべい》を粉にして呑むとよい。病人の見舞、又は介抱に呑んで行くと伝染しない。○左手の平へ右手の中指で「坎」の字を書き、その手を固く握って行くと伝染しない。○時疫を初めて病む人がいたら、その病人の衣服を濯ぎ甑《こしき》の中で蒸すと家内に伝染しない。〔懐中重宝日用早覧 初編〕に流行り病や疫病等は、邪気が往来するのに触れてこの方の体に受くる気縁があると病む。受けない人もあるので、これを逃れるには神随《かんながら》の観念をすると受けない。観念の仕方は何事も「かんながら」として一心不動に勇烈の気を弛めない時は、正気が衝いて邪気を祓い除く。これは日本の神教である。もし受けた時は桜の皮を手で剝ぎ煎じて用いるとよい。塩を一摘みし甘草を少し入れるとなおよい。なまなかの薬は害があるという。

紫円【しえん】 〔丸散重宝記〕に紫円は、小児が胎毒によって秘結し、或は頭瘡 紫斑、或は大人中毒 心腹痛 梅毒 骨疼き痛むものにもよい。代赭石・赤石子（各三戔）、巴豆（二戔四分）、杏仁（四戔）を末（粉）して糊で丸ずる。「紫霜丸」*ともいう。〔薬種日用重宝記授〕の紫円の方は、巴豆（皮を去り 三匁五分）、赤石膏（五匁）、大黄・杏仁（各三匁）、代赭石・丁子（各五分）である。

紫燕疔【しえんちょう】 五疔*の一。〔改補外科調宝記〕に紫燕疔は肝経に発し、手足 腰脇 筋骨の間に出、紫色である。出た翌日破れて血水流れ、三日過ぎて筋を貫き 骨を爛らす。痛みが強く、重いのは眼赤く暗み、指の甲青く、舌強ばり、寝入って驚き譫言《たわごと》をいう。

塩鮑【しおあわび】 〔料理調法集・塩魚之部〕に塩鮑は、塩貝を一両日水に漬けて置き、よい程に料理して遣う。水貝、酢貝の類もある。

塩鰯【しおいわし】 〔料理調法集・塩魚之部〕に塩鰯は、大猪口等でよく洗い引き裂き 大根卸しに酢ばかり懸けて出す。赤鰯、黒漬ともいう。

藤黄【しおう】 絵具製法 礬砂の加減。〔万物絵本大全調法記・上〕に「シワウ（藤黄）」は墨のように磨って使う。『重訂本草綱目啓蒙・十四下』に「雌黄」と混じ易く薬舗では石雌黄と名づけ、「藤黄《シワウ》」と区別する。藤黄

の和産は詳らかならず、舶来は黄赤色の塊で甚だ硬く、磁皿に水を入れて磨すと黄汁が出、画家が用いて黄色を彩る。形は円で長いのは雑じりがなく上品とする。

地黄【じおう】「生地黄《しょうじおう》」、「熟地黄《じゅくじおう》」ヲ見ル。地黄は、一斤につき百八十目である。〈食合せ〉〔万用重宝記〕地黄に大根、根深を食い合わすと、頭髪も白くなる。

塩魚の塩取り様【しおうおのしおとりよう】「塩魚《しおざかな》の事」ヲ見ル

地黄丸【じおうがん】〔小児療治調法記〕に地黄丸は腎疳を治す。熟地黄*（四匁半）、赤茯苓・山茱萸・山薬（炒）・牡丹皮（各三匁）、使君・川芎・練子（焙）（各二匁）を末（粉）して、蜜で練り丸じ、空き腹で用いる。〔洛中洛外売薬重宝記・上〕には、六味地黄丸*八味地黄丸*がある。〈売り店〉〔万買物調方記〕に江戸で「ぢわう丸」は、さめばし野石九右衛門にある。

四応膏【しおうこう】〔改補外科調宝記〕に四応膏は、臁瘡《はばきがさ》*のよく痛むのにつける膏薬。桐油（二両）、黄蠟（七匁）を煎じ、煎り過ぎた石羔・大黄（各七匁）を粉にして掻き交ぜ、渣を去り、膏薬に練る。

地黄散【じおうさん】〔改補外科調宝記〕に地黄散は咽喉の薬。訶首烏（蘆頭を去り二匁）、牡丹皮・仙女喬（根葉共に）・赤芍薬・黄連（各五分）、生地黄汁を粉にし、二匁程ずつを切々茶に掻き混ぜて用いる。

塩鰹【しおがつお】「鰹の事」〈料理仕様〉ヲ見ル

塩釜餅【しおがまもち】菓子名。塩釜餅、上こねもの、中しめし物、小豆入り、下羊羹。〔男重宝記・四〕

塩釜焼【しおがまやき】〔料理調法集・焼物之部〕に塩釜焼は、鯛の大中を常のように洗い、水を取り、一ツずつ西の内紙*か美濃紙*で包み、銅大鍋に塩を厚さ二寸程敷いて、包んだ魚を間を空けて並べ、また塩を一寸程敷いて魚を並べ、このように三通り程重ねて、その上にも塩を一寸程置き、火を強く焚き、上の塩が余程熱くなった時火を引き、鍋を降ろし、上から魚を取り上げ、紙を取り出す。但し、五六寸位の小鯛六七枚は焙烙で焼く。尤も、焙烙の上にも被せて焼く。案外早く火が通るので、用心すべきである。

塩辛【しおから】〈塩辛仕様〉〔料理調法集・塩辛仕様〕に塩辛は、鯛でも鰹でも身を崩しさっと叩き、炒り塩を魚の身の三分の一程交ぜて漬けて置く。○「種類」は、ふくため*当座ふくため*蛤《はまぐり》塩辛*あさり塩辛*切取交ぜうるか*菊塩辛*がある。〔世界万宝調法記・下〕には切鱁《きりうるか》*蜊《あさり》塩辛*福多味*等がある。〔料理調法集・塩魚之部〕に雲丹《うに》は遣い方が多い。その他、からすみ（鱲子）海鼠腸 福多味 小海老 国産塩辛の類はどれも一種遣いの物である。〈味変らぬ伝〉〔諸民秘伝重宝記〕には何魚の塩辛でも白砂糖を少し入れて置くと、いつまでも味は変わらない。〔女用智恵鑑宝織〕には塩から類は、「食物食様*」に留意せよとある。〈売り店〉〔万買物調方記〕に「江戸」で塩辛類は、新右衛門町 三郎兵へがある。「なしもの（鯑鯃）」参照

塩辛玉子【しおからたまご】〔料理調法集・鶏卵之部〕に塩辛玉子は、玉子の新しいのを吟味し、切溜《きりだめ》に塩を一寸程の厚さに敷き均し、玉子は殻のままで塩を穴の開くように押しつけ、その穴へ玉子を黄身の散らないように割り込み、上にもそっと塩を振って置いて一夜留め、翌日取り出し水で洗うと白身は流れ、黄身ばかりが固まるのを賽形等に切り、酒浸し等に取り合せる。琥珀玉子ともいう。

潮替【しおがわり】〔米商売相場人調宝記〕に潮替《しおがわり》は、次の六日とする。毎月一日、六日、十一日、十六日、二十一日、二十六日。

塩海月【しおくらげ】〔料理調法集・塩魚之部〕に塩海月《しおくらげ》は、紅・白・黒の三色がある。皆国産である。山葵《わさび》酢、煎り酒、三盃酢、水の物茄子にもよい。○「茶碗」は、極く細く打ち薄清《うすすま》しで煮、絞って茶碗へ移し、葛

溜りを懸け、又は蕎麦下汁に薬味を入れる。○「吸物」は、紅海月を短冊にも菱にも切って取り合せ、みるふさ（海松房）、もずく（海蘊）の類、山葵を入れてもよい。

塩魚掻き和え【しおざかなかきあえ】〔料理調法集・和物之部〕に塩魚《しおざかな》掻き和えは、塩鯛でも塩鱈でも塩をよい程に出し、刺身のように作り水で洗い、鰹節を薄片に削り一ツに交ぜ、煎り酒に酢を加え、水を少し割り合せて和える。

塩魚の事【しおざかなのこと】〈塩取り様〉〔料理調法集・秘事之部〕に塩魚の塩取り様は、鯛・鮭等 何魚でも三枚に卸し、紙に包み上を水で濡らし、日陰の湿気のある所の土に一夜も二夜も置くと大方薄塩になる。〔ちやうほう記〕に「塩鮭生に仕様」は、そのまま赤土を厚く塗り、土に埋め一夜置くと、生鮭になる。〈塩魚の掻き和え〉〔世界万宝調法記・下〕には塩鯛 塩鱈でもよく塩を出して刺身のように造り、水で洗い鰹節を大きく削って一ツに交ぜ、炒り酒に酢を少し加えて鱠のように和える。○「塩魚料理」語頭に「塩」を冠する以外の料理に、次がある。一夜漬柿《こけら》鮨《ずし》* 掛鯛* 鯨* 口塩鱈* 刺鯖* 鱈ノ子* 焼鯛*。

塩差し【しおさし】〔料理調法集・口伝之部〕に塩差しとは、塩煮して上げた物、塩煮 束芋《つくねいも》の類をいう。また蒸玉子の類に、焼塩を振って出すのをいう。

塩鯖【しおさば】〔料理調法集・塩魚之部〕に塩鯖に次がある。○「甘塩」は、塩の甘いものは至って佳味である。○「一夜酢」は、塩を少し出し、水気を取り、酢にわたし、煎りきらずにしてよい。○「茶椀」は、よく洗い身を取り、中角に切り、湯煮して潮塩梅にし、盛り出す時酢を少し入れる。但し、下汁が濁らないようにする。○「中皿」は、よく洗い三枚に卸し、中身ばかりを切り、焼いて、白く塩の浮いたのを落して、大根の絞り汁を懸けて出す。刺鯖*ともいう。

塩鰆【しおさわら】〔料理調法集・塩魚之部〕に塩鰆《しおさわら》に次がある。○「甘塩」が上品である。さっと塩を出して遣うと生に劣らず、重宝で却ってよい。○「丼」は、塩を少し出し、焼き目をつけ、蒸して胡麻塩を掛ける。取り合せは薯蕷、新生姜等、その他見計い。○「焼物」は、塩の侭大きく身を取り焼いて、湯に通し絞り、練り酒を掛ける。

しおしお【しおしお】大和詞。「しほしほとは、涙を云。（歌）しほしほとまづはながるゝかり初の みるめはあまのすさびなれ共（源氏・明石）」。〔不断重宝記大全〕

塩尻より洗馬へ【しおじりよりせばへ】木曾海道宿駅*。一里三十丁。本荷八十四文、軽尻五十五文、人足四十一文。松本領。西条村 右は松原で今井という。木曾四天王と評判された四郎兼平が出た所である。大小屋《おおこや》村坂がある。大門村 ここから松本道があり、この道から追分へ出るのを松本街道*といい、松本城下へ四里半である。さい木村、大宮村、桔梗が原 昔甲士《こうし》山県三郎兵衛が戦った場である。六十三人の塚がある。〔東街道中重宝記・木曾道中重宝記六十九次 享和二〕

塩瀬服沙地羽二重【しおぜふくさじはぶたえ】〔絹布重宝記〕に塩瀬服沙地羽二重は、至って地性よく、地厚く畦《うね》高く琥珀のような地組である。

塩鯛の事【しおだいのこと】〔料理調法集・塩魚之部〕に塩鯛に次がある。新しいよい塩鯛を白水*に二三日漬け、よく塩の出た時に上げて水でよく洗い、湯煮して遣う。○「味噌吸物」は、よい程に角に切り焼き目をつけ、取り合せは薄草石蚕《ちょろぎ》、擂り芋、紫蘇葉等。○「薄清《すま》し」は、塩出しばかりで湯煮をせず、布巾でよく吹き、毛のように毟《むし》り遣う。取り合せは梅干、榎茸。但し、梅干は塩を出し、榎茸二品を椀へ盛り出す時、鯛を上置きする。○「鉢肴」は、①湯煮して置いたのを大切身にしてよく火取り、味淋酒ばかりで煮浸し、花鰹を沢山かける。但し、煮た上で塩気が不足なら焼塩を入れる。②塩出しばかりで湯煮をせずよく洗い、水気を

取り刺身に造り、生姜酢でする。但し、取合せ次第、生盛の鱠にもよい。

塩筍生に仕様【しおたけのこなまにしよう】〔ちやうほう記〕に塩筍を生に仕様は、砂糖水で茹でて遣う。

塩出しの方【しおだしのほう】〔世界万宝調法記〕に塩出しの方は、何であっても水の中に少し渋を交ぜて置くと格別である。もし、渋がなく急の時は、水の中に柿の葉でも入れて置くとよい。〈塩鳥塩魚〉〔諸民秘伝重宝記〕に、○鳥 魚類を水に浸して置き、その中へ土器《かわらけ》を赤く焼いて二三度も入れると、塩は残らず出る。○塩魚の切り身を大根卸しに包んで暫く置くと、塩はよく抜ける。○松茸を生大根を輪切にして、松茸と一緒に水に浸して置くと、即座に塩が出る。「塩魚《しおざかな》の事」「塩鳥の事」〈塩出し様〉モ見ル

塩漬法【しおづけほう】〔料理調法集・漬物之部〕に塩漬法は、水と塩各一升を煮返し よく冷まし、雪花菜《うのはな》（＝きらず）* 一升を入れて、青物を漬け囲う（貯える）。

四方手【しおて】 馬具。〔武家重宝記・五〕に四方手は、鞍廻りの帯紐である（図212）。鞍・鞦・韅等と書く。捕付《とっつけ》と物付《もっつけ》［前輪・後輪《しずわ》の左右につけ、胸繫《むながい》と尻繫を止める］と二筋があり、これを一搦《ひとからみ》という。

図212 「四方手」（武家重宝記）

潮で炊く飯【しおでたくめし】〔料理調法集・飯之部〕に潮で炊く飯は、菜の葉を釜の底に敷いて飯を敷くと塩気がない。もし菜の葉が焦げたら、菜の葉を厚く敷き、その上に布でも敷くとよい。

塩鳥の事【しおとりのこと】〈塩仕様〉〔料理調法集・諸鳥之部〕に色々の方がある。①鴈 鴨の類の身を卸し、塩をして昆布に巻き、壺に入れて置くといつも生鳥のようである。②鶴 白鳥 鴈 鴨等何鳥でも三ツに卸し、油皮をつけ 胴殻を去り 塩を振り掛け 塩菰に包んで置く。遠路へ遣す時は鳥が擦れ合わないように塩で桶に漬ける。遣う時は油皮付きながら塩を出す。③鴨の新しいのを念を入れて毛を引き、尻を普通より多く切り捨て、腹を抜き、骨に付いた黒血をよく取り、口よりよく切り込みを入れ、腹の内へも塩をよく詰め、次に桶に塩を敷き、その上に鴨を並べ、また塩を振り、鮓詰のように漬める。但し、鳥が摺れ合わないように塩を沢山にするのがよい。④寒の水一升に塩一升を煮返し、一日冷まして桶でも壺でも入れ、鳥を卸し身にして漬け懸け、蓋をして小さい石を上に置く。水より上に鳥が浮かず、腐らないようにする。

〈塩出し様〉〔料理調法集・諸鳥之部〕に塩鳥の塩出し様がある。①何鳥でも身を作り、出汁に酒を合せてひたひたに漬けて置くと、久しく置いても出過ぎはなく、よい程に塩を出す。②前日より鳥の肉へ胡麻油を塗って置き、それへ塩を振り掛けて暫く置き、水で洗い、造る。③塩の強い鳥は菜を沢山に煮出して冷まし、その汁に漬けて置くと早く塩が出る。④遠国より来る塩鳥は毛ごと皮を剝き、卸し身に造り、水に漬け、半ばで水より上げ庖丁を平にして叩き、また水に漬けて塩出しをする。塩の強い鳥は宵に出し、塩を水の中へ少々加える。まだ少し塩気のある時に水より上げ、水気を取り 醬油を少々加え、少しの間置き、出し汁で煮上げて置く。別に清《すま》し汁、或は味噌汁の加減をして置き、岡盛にしてよい。卵蒸し、煎り鳥にもよい。煎り鳥には、味醂酒、醬油出汁を少々加えて煎じ詰め、鍋を降ろし、鳥を入れ、さっと器へ上げて置く。又露ばかり両三度煮詰め、又その度毎に鳥に交ぜ、又絞り煮詰め等するが、煮加減が大事である。粉山椒、付け合には時節の物がよい。

〈手入仕様〉〔料理調法集・諸鳥之部〕は毛鳥でも 卸し身でも、入梅頃より暑中迄の頃、胡麻油を塗り、煎り塩で詰め替えるとよい。

塩名田より八幡へ【しおなだよりやわたへ】　木曾海道*宿駅。二十七丁。本荷三十四文、軽尻二十三文、人足十八文。小諸領で宿中に流れがある。下原ここに経を納めた塚が六十六ある。千曲川 橋がある。長さ二十一間、橋が落ちると筏で越す。『風雅集・春歌上』順徳院「ちくま川春ゆく水は澄みにけり 消えていくかの峯の白雪」。今世瀬村八幡の宿入り口に八幡宮がある。〔東街道中重宝記・木曾道中重宝記六十九次 享和二〕

紫苑【しおに】　諸国詞。「しをん（紫苑）を、しおに」という。撥ねる仮名を「に」と読む。〔男重宝記・五〕

塩の事【しおのこと】　〔万物絵本大全調法記・上〕に「海塩 かいゑん／しほ／うらしほ。しほがま」。〔薬種重宝記・下〕に和水、「食塩 しよくえん／しを、炒る」。〈持ち様*〉〔男女日用重宝記・上〕には、旅へ味噌塩持ち様の事があり、塩は酒で磨り、焼き固めて持つのがよい。〈湿らぬ法〉〔文政新刻俗家重宝集〕は、常の灰の上へ塩笊を置くと暑中でも湿らぬ。〈薬方〉〔懐中重宝日用早覧初編〕は、喰い慣れぬ物で食当りし苦痛するには塩湯を用い、即ち吐いて後に煎り塩を舐めるとよく、全て塩は万事に大益がある。虫刺し、吹き出物、毒水の解毒、飢饉の時、体に塩気があると死なず、草木の根葉を食するのに塩を入れたのは毒に当らないなど、塩は大切の物である。

塩の重てん【しおのじゅうてん】　〔諸礼調法記大全・地〕に「塩《しほ》の重《ぢう》てん」とは、続けて食うことで、嫌う。

潮汐の満干【しおのみちひ】　〔大増補万代重宝記〕には『事文類聚』を引き、潮汐の往来が期に応じて違わないのは天地の至信、一日は子（零時）から午（十二時）迄を陽気とし、午から亥（二十二時）を陰気とし、それぞれに昇り下りがあり、昼夜に一度ずつ陰陽の気に合い、再び昇り、再び下るので、一日の間に潮汐の満干は二度ずつある。○朝に満つるのを潮、夕に満つるのを汐という。〔農家調宝記・二編〕には月の出に満つるのを正摂《せいせつ》、入るに満つるのを反摂《はんせつ》という。

〔永代調法記宝庫・五〕の概要は以下の通り。塩（潮）は月の体に応じて、朔日より七日迄一日に四分ずつ干《ひ》て小塩《こしお》（＝満干差が最も小さい塩）となる。八日より十五日迄一日に四分ずつ満ち十五日に大塩《おおしお》（＝満干差が最も大きい塩。新月 満月の後に起る）となる。十六日より二十二日迄四分ずつ干て、二十三日より晦日迄四分ずつ満つる。○大塩は二十九日～二日と、十四日～十七日の間。朔日と十五日は明け暮れ六ツ（六時）に四分に満ち、昼夜九ツ（十二時）に四分に干る。○中塩《なかしお》（＝大塩と小塩の間、満干差が中位の塩）。三日～六日と、十八日～二十一日の間。三日と、十八日は朝夜五ツ（八時）に二分に満ち昼夜八ツ（二時）に二分に干る。○小塩は七日～九日と、二十二日～二十四日の間。七日と、二十二日は昼夜四ツ（十時）に八分に満ち昼夜七ツ（四時）に八分に干る。○長塩《ながしお》（＝満潮の時間が長い塩）は十日～十三日と、二十五日～二十八日の間。十日と二十五日は昼夜は八ツ（二時）に満ち、夜朝五ツ（八時）に干る。但し、土地や海の形勢で合わない所も多い。

〈潮の湛えの時を知る〉〔船乗重宝記・文政元〕には東都の事として次がある。二巳（十時）。三午（十二時）。一未（十四時）。四申（十六時）。両卯（六時）。三辰（八時）。二巳の二は朔日二日。三午の三は三日～五日。一未の一は六日。四申の四は七日～十日。両卯の両は十一日十二日。三辰の三は十三日～十五日。下十五日も二巳 三午と繰り出す日時である。口伝を記すのであるが、九州でもこれを用いる。〔重宝記永代鏡〕の掲出図「月の出 汐の満干の事」の類は各書にある。月の行度による達算である（図213）。

塩引鮭【しおびきさけ】　〔料理調法集・塩魚之部〕に塩引鮭《さけ》の料理に次がある。○焙烙焼は、塩引き鮭をその侭大賽形に切り、焙烙に入れ酒ばかりで煎り、玉子を割り掻き交ぜ、上に掛けて閉じる。○糀漬は、皮を去り身の

図213 「月の出 汐の満干の事」（重宝記永代鏡）

よい所を細引に造り、糀を酒で溶き、一日程漬けて置き、糀のまま遣う。硯蓋等には搔敷紙か笹の葉に包み盛るとよい。○鮭醤は、身のよい所を庖丁で搔き取り、上々の鮭の粕によく叩き交ぜ、梅醤*のように遣う。取り合せは見計う。塩引子籠、塩引筋子も同様である。

〈塩引き貯え様〉〔料理調法集・囲方之部〕に塩鮭が春になり塩を噴き出し、そのまま置くと腐る。早く白水*で内外をよく洗い、風の吹く所に置くとよい。〈塩引鮭を生のようにする伝〉〔日用調法人家必用〕に「塩引鮭を生のようにする伝」は、大きく切り、骨を鋤いて、大根卸しに一夜漬けて置くと生のようになる。

塩鯷【しおひしご】〔料理調法集・塩魚之部〕に塩鯷《しおひしご》は普通にあるが、仕方はよくない。中鯷の随分新しいのをよく洗い、水気を去り、漬桶に塩俵の菰を押し入れて鯷を入れ、また塩菰を上に覆い軽い押しを置き、二三日を経て遣うと色合いは生のように煌めき、魚は少しもあざ（餒）らず、塩をしかとよく取り、甚だ美味である。（世間の、鯷漬に糀を入れ一日干し、紫蘇の実、生姜、唐辛子等を入れ、押しを強く長く漬けて南蛮漬のようにしたのも風味はよいが、盛った形が魚を押し平めて見苦しい。ここに云う鯷漬と拵え比べてみて、その善悪を知るとよい）。

塩鰤【しおぶり】〔料理調法集・塩魚之部〕に塩鰤《しおぶり》は丹後鰤の上々を遣う。○大黒焼は、鰤をよい程に身取りし、塩を少し出し、五斗土器に味淋酒に鰹出汁を少し入れ、土器で焼き付く程になるまで煮て、その侭出す。○長皿は、塩をよい程に出し、角に身取りし、湯煮して、白酒を掛けて出す。取り合せは柚子 辛子蜜漬 茄子の類がよい。○鉢肴は、塩を出し大きく身取りし、少し焼き、目をつけ、酒は沢山、醬油を少し加え、煮出す。取り合せは大根、頭芋《かしらいも》の類がよい。

塩鰡【しおぼら】〔料理調法集・塩魚之部〕に塩鰡《しおぼら》の遣い方は少ないとし次がある。そのまま畳んで絞り、汁又は酢ばかりを掛けてよい。塩出しをして、吸物等にしても風味はよくない。

塩鱒【しおます】〔料理調法集・塩魚之部〕に塩鱒《しおます》は、塩引鮭*に同じとは言いながら、鮨にするか 又は焼いて湯に通し、懸け塩、卸し生姜、この類だけとある。

塩もろ鯵【しおもろあじ】〔料理調法集・塩魚之部〕に塩もろ鯵は、伊豆・駿河から春の頃甲斐等へ多く来るのが甚だ風味がよい。焼いて蓼酢を懸け、或は薄清《うすすまし》などにもよい。「もろ鯵」は「室味」の変化した語である。

塩焼豆腐【しおやきどうふ】〔料理調法集・豆腐之部〕に塩焼豆腐は、豆腐をよい程に切り形し、塩を強くして置き、酒で洗い、焼く。

しをりつつ【しおりつつ】 百人一首読曲。「かたみに袖をしぼりつゝ」は、

「しをりつゝ」と読む。〔麗玉百人一首吾妻錦〕

しおり山【しおりやま】　大和詞。「しをり山とは、ふじ（富士）の山を云」。〔不断重宝記大全〕

四音【しおん】　「しせい（四声）」ヲ見ル

四恩【しおん】　〔日時調法通用文則〕に四恩は 国王、国土、父母、衆生の恩とある。『易林本節用集』には「四恩《おん》。王宝ノ恩、国土ノ恩、父母《ぶも》ノ恩、衆生ノ恩」。『書言字考節用集・十三』では「(四) 恩。天地、国王、父母、衆生」である。仏語で諸経により異なる。

紫苑【しおん】　〔薬種重宝記・下〕に和草、「紫苑（し）をん／しおに／をにのしこくさ。洗ひ、蘆頭を去り、刻み、焙る」。〈薬性〉〔医道重宝記〕に紫苑は苦く辛い。痰喘 咳逆を、虚労で痰の多いのを、また煩渇膿み血を吐くのを、それぞれ治す。米泔《しろみず》*に浸し、土砂を洗い去り、刻み、酒をそそぎ、乾かし、少し焙る。

〈草花作り様〉〔昼夜重宝記・安永七〕に、紫苑の花は赤、浅黄色。土は合せ土、*肥しは魚の洗い汁を用いる。分植は秋がよい。

紫苑散【しおんさん】　〔改補外科調宝記〕に紫苑散は、肺痿・肺癰の薬。紫苑、知母、貝母（各一匁五分）、人参・桔梗・茯苓（各一匁）、阿膠・甘草（各八分）、五味子（十粒）に、生姜を入れ、煎じ服する。

四花【しか】　四火とも書く。秘伝の穴。〔鍼灸重宝記綱目〕に四穴。髀《しべ》を三筋ばかり結び継ぎ、真中を大椎に宛て 頸に掛けて両端を前に下し、鳩尾で両端を切る。次にその髀の真中を結び喉へ宛て、後ろへ廻し、髀の先の真中に仮の点をつける。また別に口の広さの寸を唇の形に随ってとり、その真中を前の仮り点に横・竪に宛て、両端に点したのが四花の穴である。まず患門*の二穴と四花の横の二穴と合せて、四穴を同じ時に灸する。一穴に二十一壮ずつ毎日灸し、一穴に百五十壮から二百壮に至る。この灸が漸く癒える時、竪の二穴に七壮ずつ毎日灸して、一穴に五十壮から百壮までに至る。後に三里に灸して気を下す。伝屍《でんし》、労咳、骨蒸、虚熱に元気の脱けない先に灸すると必ず効がある。

〔鍼灸日用重宝記・四〕には、○「四花患門の秘伝」があり、「患門」は男は左 女は右の足の大指の頭から膕《ひっかがみ》（＝座る時膝の後ろの屈む所）までの寸を取り、その髀を鼻の頭から項《うなじ》にのぼせて垂らし、髀の尽きる背中の正中《まんなか》に仮に点をする。また別の髀を用いて鼻の下から両吻《くちわき》に寸を取り、その髀を前に仮に点じた所に髀の正中を宛て両端に墨を点ずるのが患門の二穴である。前に仮に点じた背中の点は拭い去る外、秘伝もある。

○『聚英』の四花の穴法」は、病人の口を合せ唇の形に髀を矯めて口の広さの寸を取り、この寸で紙を四方に切り 真中に小孔を開けて置く。次に髀を長く結び継ぎ、足に踏み、前は大指の頭と等しくし跟の真中へ引き、腨《こむら》の真中を肉につけて引き上せ、膕の折目の真中まで寸を取り、その髀を二ツに折り、真中を咽の結喉《けっこう》の尖りに当てて、両端を並べて背中へ垂れて尽きる処に仮点を打ち、前の四角に切った紙の孔を仮点に歪みのないようにし、紙の四ツの角に灸をするのが四花四穴である。

四科【しか】　〔武家重宝記・一〕に侍の四科として、よい四科・悪い四科があるとし、次がある。○「よい四科」は、①正直廉直にして極心（心をこめてする）な人。②奉公に忠を致し 私を省みない人。③弓馬の道に達し 心に勇みある人。④和漢の才芸ある人。○「悪い四科」は、①胡乱猛悪にして欲心深い人。②不奉公で人の品をいうことを好む人。③武芸に拙く臆病な人。④狂言綺語を言い、人を笑わすのを面目とする人。

絲瓜【しか】　〔万物絵本大全調法記・下〕に「絲瓜 しくわ／へちま」。〔薬種重宝記・下〕に「絲瓜《しくは》、和果 へちま」とある。『重訂本草綱目啓蒙・二十四』に「絲瓜 へちま／ながうり（薩州）／とうり（信州）。小なる時は漬物となし食ふべし。成熟する者は皮内の筋絡堅くして食ふべからず…へちまの水は蔓の本地より一二尺に切り瓶中に挿み入れ置けば多く水

出、甚だ清白なり。俗に美人水《びじんすい》と云う。付け方に糸瓜汁と云う」。

四火悪日【しかあくにち】〔懐中調宝記・牛村氏写本〕に図表があり、「四火悪日」正・五・九月は寅午戌は火である。家を造るのは凶とする（図214）。

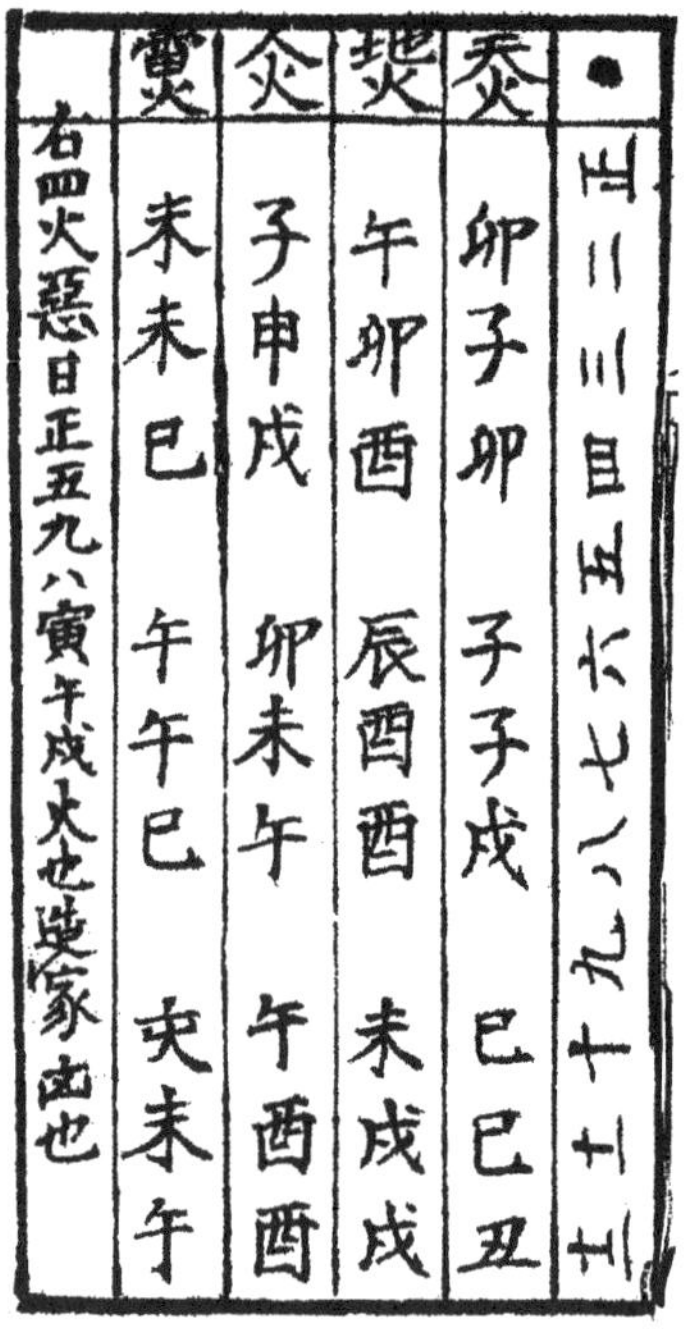

図214 「四火悪日」（懐中調宝記・牛村氏写本）

しがう【しがう】「しがふは、かり（刈）草の末を結ぶ也」。〔消息調宝記・二〕

四角／四角変形【しかく／しかくへんぎょう】「四角」「四角変形」。共に「ひっぽうてんかくず（筆法点画図）」ヲ見ル

四角箸の事【しかくばしのこと】〔甲斐重宝記〕に次がある。甲陽の四角箸については諸説があるが、実は御情より始るという。山中で穀の乏しい所は昼夜家業の間に木箸を削り、町中に広く売り、その価を以って朝夕の助力にせよとの御免によるものという。また、柿などを植えるのも、同じという。

紫霞膏／香【しかこう】〔改補外科調宝記〕に紫霞膏（香）は瘰癧*のほか、諸瘡のまだ膿まないのにつける。松脂（一斤）、緑青（二両）、胡麻油（四両）。まず胡麻油（四両）を銅鍋で煎じ、水に落して散らない時、松脂を入れて煎じ、また緑青を入れて煎じ、白い煙がなくなると膏となる。壺に入れて風を引かないようにし、用いる時は湯の内で和らげてつける。

しかじか【しかじか】大和詞。「しかじかとは、これこれと云ふ心」である。〔不断重宝記大全〕

紫河車【しかしゃ】〔薬種重宝記・下〕に和人、「紫河車（し）かしや／ひとのえな。米酢に一夜浸し、焙る」。

地頭の事【じがしら】謡の事。〔囃子謡重宝記〕に「地頭之事」の図がある（図215）。

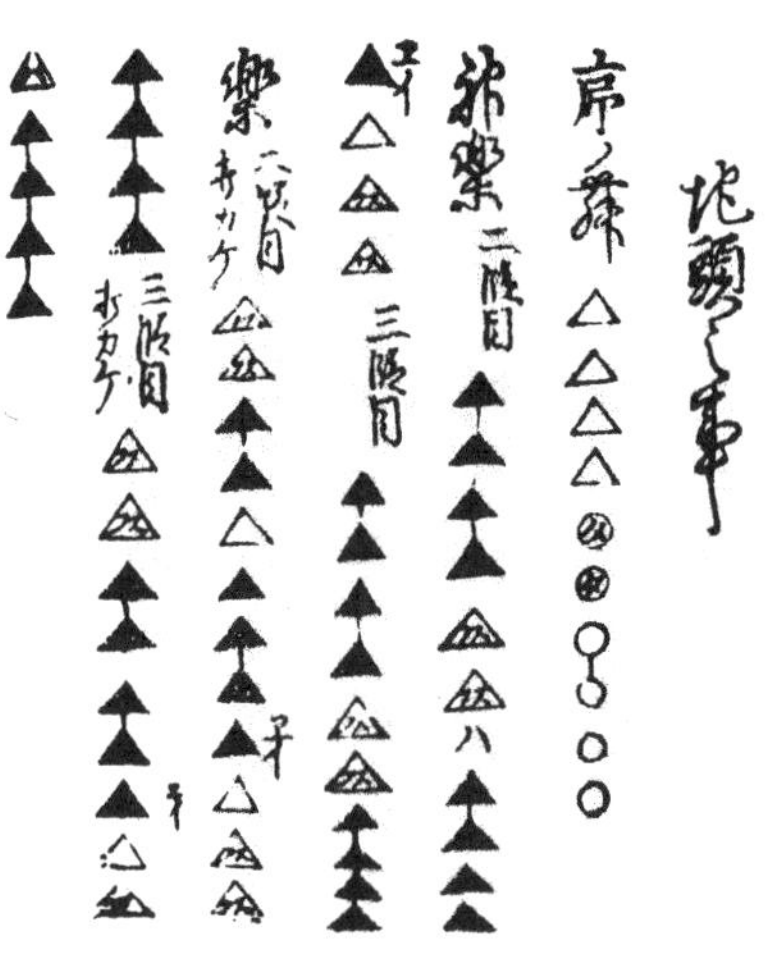

図215 「地頭之事」（囃子謡重宝記）

四家宗匠伝【しかそうでん】〔新成復古日夜重宝 俳席両面鑑〕に「四家宗匠伝」が出る。○守武は伊勢の神主。和漢の英才である。風雅は逍遥院殿（三条西実隆）に学び、宗祇・宗長を友とし、『新撰菟玖波集』に入る。天文九年（一五四〇）『独吟千句・飛梅ノ巻』を著す。俳諧の高祖と崇める。『世中百首』を詠む。これを『伊勢論語』という。文明九年除爵、同十年転一座・薗田長官と号す。同十八年八月八日卒、年七十八歳。宝暦七年（一七五七）の秋、五十鈴川の東 岩井田山に社を営む神祠がある。春に配して「元日や神代の事も思はるゝ」の句がある。○宗因は、元肥後加藤公の重臣。西山二郎豊一という。連歌を昌琢に学び、宗鑑 守武の風を慕う。天性奇才があり、世上に鳴る。寛永中主家改易のことがあり、国を去って貞風を看破し、一流の始祖となった。薙髪して宗因、梅翁という。

また向栄庵、忘吾斎と号す。平生は重頼と交会した。古今俳諧の上手というのは桃青（芭蕉）宗因と言い伝える。天和二年、七十八歳没。談林という。夏に配して「撫子や夏のゝはらの落し種」の句がある。
○芭蕉。「芭蕉の事」参照。○支考は、美濃生まれ、盤子という。東花西花の号があり、獅子庵ともいう。釈子より出て神学を発明する。蕉門の徳を弘めたので、往々 支考の風を慕う者が多く、蕉門の開けたのは偏に支考の働きによる。晩年故国に帰り 俳諧の式を造り、文章を作意する。冬に配して「ひきやぶるきぬのかやからはつしぐれ」。

鹿ぞ住む【しかぞすむ】「うじやまこう（宇治山香）」ヲ見ル

諸所【しかぞすむ】「諸所《しかぞすむ》うけがふて住む也」。〔消息調宝記・四〕

地方支配人心掛【じかたしはいにんこころがけ】〔四民格致重宝記〕に「地方支配人常に心駆（掛）くべき事」として大要次がある。○百姓が何事にも勝手がよくなるように常に工夫すれば年貢は上る。○新田（三年年貢なし）になる場所があれば用水の取り様を考え田に落すこと。用水は一尺四方の樋で百町を潤す。○新開地は土目次第では畑にしてもよいが、田は置き土をしても水さえあればよい田になる。○居屋敷を野畑へ移し、家の跡を田や畑にしてもよく、反歩は大いに増える。○水が不足し日損がちの土地は、他郷の悪水など廃り水があれば替地など出して新堀を立て引くのがよい。或は溜池、沢水流などもよく配慮して築くこと。○水損場は水の入り様を見、或は堤を築く等、その場所相応によく配慮すること。○普請は村の小百姓・大百姓の意見のみならず充分心をつけて詮議すべきこと。○田畑の流失は方々にあるが、柳などを植え、或は乱杭等打って置くと、ゴミや砂を持ち、土溜りとなる。○村中入会の地は我がちになることもあるので、百姓の分限により境を立て、割り持にさせるとよいことが多い。○肥し小屋を作らせ、作の外に縄や筵を織らせ、一日も徒に暮らさないようにすること。○名主は成程の人物を選定すること。博奕打、わやく者、浮薄者、上戸、奢り者、借金のある者などは、村の害悪となる。

四月【しがつ】〔改正増補字尽重宝記綱目〕を中心に他の重宝記からも集成すると凡そ以下の通り。四月《うづき》 卯月 孟夏 首夏 新夏 早夏 立夏 初夏《しょか》 維夏《いか》 清夏 肇夏《じょうか》 清和《せいか》 清至 畏日《いじつ》 仲呂《ちゅうりょ》 六陽《りくよう》 庚伏《こうふく》 夏半《かはん》 槐夏《かいか》 献梅 伏暑 純陽《はつなつ》 朱明 朱夏 蘭池《らんち》 炎鐘 星火《せいか》 正陽《しょうよう》 正月《せいげつ》 梅月《ばいげつ》 卯花月《うのはなづき》 花残月《はなのこりづき》 花名残月 衣更《ころもがえ》 乇《ぼく》 月《げつ》 麦秋 余月《よげつ》 乾月《けんげつ》 常住《とことわ》月 後鳥羽月。〈一字異名〉余《うづき》。
〈植生と養生〉〔年中重宝記・二〕に四月は、黒豆 大豆 赤小豆 胡麻 胡羅蔔《にんじん》等を植える時節。また精気を保養し、六味丸を服用する時節。〔懐中重宝記・弘化五〕等に、（四月）八日は草木を伐らない。枸杞湯を浴すると顔色潤い 老いない。当月 毎朝葱の白根を酒に浸して呑むと薬になる。八ツ目鰻 韮 雉子 鶏肉を食せず、大酒を禁ずる。塩辛い物を食うて吉。
〈四月禁食〉〔料理調法集・食物禁戒条々〕に、魚と鮨・鰻は食い合わせない。雉子と鶏・五辛（大蒜・辣韮・葱・蒜・韮）は食合せない。八日に里の野菜、或は草の葉は和物、浸し物にして食わない。

四月生れ吉凶【しがつうまれきっきょう】〔大増補万代重宝記〕に四月生れの人は、前生で寺の焼けるのに駆けつけ大蔵経七部を出して焼かず、また橋から落ちる老人を助けた功徳で、今世では財宝知行に縁があり、子《ね》丑《うし》の生れは愈々仕合せよく、子も数多あり、年寄る程果報がある。〔女用智恵鑑宝織〕に別に記す事は、四月生れの女は前世で慈悲心があり、貧者に食物 衣類を与え、老人を敬ったので天より財宝を与えられ、よい夫を持つ。しかし、此の世で夫親姑に逆う心があるとよくない。

志賀寺の上人【しがでらのしょうにん】〔女筆調法記・四〕に次がある。近江の志賀寺（崇福寺）で修行し智・行・徳に勝れていたが、京極の御息所が志賀の花見の帰りに、御車の物見から上人と目を見合せたことより晴

れぬ思いとなり、遂に御身に近づき、八十年の行・功を空しくしたという。歌に「初春の初ねの今日の玉ばゝ木手に取るからにゆらぐ玉の緒」。『太平記・三十七』に見える。

絲瓜湯【しかとう】〔小児療治調法記〕に絲瓜湯は、絲瓜*の皮と子（実）を連ねて焼き、性を残し末（粉）とし、毎服一抄《すくい》、時々米湯で調え服する。或は紫草と甘草で調え服すると最もよい。絲瓜湯は痘が出て（「出《で》瘡《そろう》」*）血疱をなし、半分なお紅点のあるものに用いる。

地火日【じかにち】暦中段。〔永代法宝記宝庫・五〕に地火日は、五穀 百果を植えるのは凶、また家造り 竈を作るのを忌む。正月は巳の日、二月は午の日、三月は未の日、四月は申の日と、以下これに準ずる。「天《てん》火《か》日《にち》」参照

地金【じがね】「銅 鉄 地金」ヲ見ル

四箇の悪日【しかのあくにち】〔金神方位重宝記〕には、六・十月の十四日と十六日（十五日説モアル）の四日間で、この日は何事にも大いに悪い。〔重宝記永代鏡〕には壬《みずのえ》子の日、乙《きのと》卯の日、戊《つちのえ》午の日、辛《かのと》酉の日は婚礼に忌むとあり、特に辛酉の日は大悪日とある。

鹿の事【しかのこと】〔万物絵本大全調法記・下〕に「鹿 ろく／か／しか」。〔薬種重宝記・上〕に和獣、「鹿茸 ろくじやう／しかのふくろつの。焙って毛を去り、刻み末（粉）す」。また「鹿角膠 ろくかくけう／しかのつののにかは。鹿角霜、鹿角膠の粉を云」。〈薬性〉〔医道重宝記〕に鹿は温で毒なく、気力を増し、虚を補い、血脈を調え、五臓を強くする。〔永代調法記宝庫・四〕には性力の弱いのを補い、また女の長血 積聚血塊 腰の痛むのによい。秋の末より冬の末（春は好まず）百病を治す。男女筋骨の疼痛を止める。〔女重宝記・三〕に腹の中で子が死んで生れ兼ねるのには、鹿の角の黒焼きを酒で用いるとそのまま生れる。〔昼夜重宝記・安永七〕に、脚気の薬として鹿の袋角と黄栢を粉にして等分に合せ、酔うほど用いてよく、痛む時は綿で包むとよい。また鹿角ばかりを黒焼きにして、薬一服程を空き腹に酒で酔う程三四夜も用いるとよい。〈角細工〉〔諸民秘伝重宝記〕に鹿角を細工に使う伝として、鯔《ぼら》の肉でも骨でも少し入れて煮ると柔かになる。〔調法記・全七十〕は鹿の角 象牙貝類 模様腐らかしの伝として、漆で絵を描き、乾かし、剝き梅に三日ほど浸して置き、取り出してよく磨き洗うと、悉く模様が顕れる。〈歯を損なう〉〔里俗節用重宝記・上〕は鹿を食うと歯を損ずるという。〈鹿汁食合〉〔料理調法集・当流献方食物禁戒条々〕は、鹿汁の上に豆の料理を忌む。〈紋章〉〔紋絵重宝記・下〕には鹿の文字に紅葉を意匠にした紋章がある。

四箇の本寺【しかのほんじ】〔改正増補字尽重宝記綱目・数量門〕に四箇の本寺は、東大寺* 興福寺* 延暦寺（比叡山）* 園城寺（三井寺）* がある。〔日時調法通用文則〕は前記の天台宗の他に、浄土宗の知恩院* 黒谷* 百万遍* 浄花院もあげる。

志賀山越【しがのやまごえ】京師間道*の一。〔万民調宝記〕に京洛の東北の瓜生山将軍地蔵の山から、江州三井寺の麓に出る道をいう。比叡山の麓を越える。

鹿伏す野辺【しかふすのべ】大和詞。「しかふすのべとは、君と寝ばや」という意である。〔不断重宝記大全〕

柵【しがらみ】〔万物絵本大全調法記・上〕に「水柵 すいさく／しがらみ」、また「柵 さく／しがらみ」。〈大和詞〉〔不断重宝記大全〕には「しがらみ、雲 波などに云」とある。

詞花和歌集【しかわかしゅう】八代集*の第六。〔女重宝記・四〕には崇徳院の仰せで天養元年（一一四四）、昭輔《あきすけ》三位撰。約四百十首、十巻。

鹿を逐う者は山を見ず【しかをおうものはやまをみず】〔世話重宝記・五〕に『淮南子』を引き、鹿を逐う猟師は山を見ずと出ている。利欲に目がくれて

眼前の害が判らないのは、猟師は欲心が鹿にあり、向うに大山があるのが目に見えないようだという譬えである。『劉子新論』に、錦を市に売る者があり、これを盗人が多くの人がいる中で盗んだ。奉行が捕らえ、どうして人中で盗んだのか言うのに、錦のあるのを見て、人のいるのを見ないで盗んだと答えた。これも、同じ意味である。

子痫【しかん】「懐妊／懐胎の事」ヲ見ル

二間【じかん】〈経絡要穴 肘手部〉二穴。二間《じかん》は手の人差指の本節の前（爪の方を前とし肘の方を後ろとする）、内側にあり拳を握ると人差指の内側本《もと》節《ふし》の前に折り目の出る折目の頭陥みの中にある。針三分、留むること六呼。灸三壮。喉痺、頤《おとがい》腫れ、肩 背 腕 歯痛み、目黄ばみ 鼻血 口歪み 不食、傷寒の胸満ち痛むのを治す。間谷ともいう。〔鍼灸重宝記綱目〕

自汗【じかん】〔家内重宝記・元禄二〕に自汗、汗の多く出るのには、白朮を末（粉）して服すると妙である。或は小麦と等分にして煎じ服する。〈経験方〉〔丸散重宝記〕には自汗の止まないものに、防風の末（粉、二銭）を浮麦湯で下すと妙である。「汗の事」モ見ル

四木【しき】〔新撰農家重宝記・初編〕に四木は、桑* 楮（楮苧*）漆（漆の事*）茶*をいう。植えると大いに益がある。

四気【しき】〔童子調宝記大全世話千字文〕に四気は次をいう。生（春。温あたたか）。長（夏。熱あつし）。収（秋。涼すずし）。蔵（冬。寒さむし）。

四季【しき】春* 夏* 秋* 冬* 土用*、或は「四季の…」ヲ見ル。「しいじ（四時）」*とも言う。

四器【しき】〔童子調宝記大全世話千字文〕に四器は次をいう。規《き》（円となす。ぶんまわし）。矩《く》（方となす。曲尺）。準《じゅん》（平となす。みずもり）。縄《じょう》（直となす。墨縄）。

死気【しき】〔重宝記・幕末頃写〕に「死気を見て吉凶を知る」とは、死気は軒端を巻き返し、昇ることはなく、必ず庭上に落ちるという。

鴫【しぎ】 鷸とも書く。〔万物絵本大全調法記・下〕に「鷸 いつ／しぎ、また田鳥 でんてう」。〔絵本重宝記・三〕に「鴫 しぎ」。〈薬性〉〔医道重宝記〕に鷸《しぎ》は温で毒なく、虚を補い 中を暖める。〈料理仕様〉〔諸人重宝記・四〕に鴫は、汁 煎り鳥 焼鳥 濃漿 骨抜き。〔料理調法集・諸鳥人数分料〕には、「鴫 四十八鴫品々、三月・四月中、浜鴫・田鴫之分あり」。鴫の種類により料理も多い。「鳥の事」〈鳥料理品々〉参照

四季悪日【しきあくにち】〔永代調法記宝庫・五〕に「四季悪日」は次である。○春は甲子《きのえ》、乙亥《きのと》の日（八龍日）。○夏は丙子《ひのえ》、丁亥《ひのと》の日（七龍日）。○秋は庚子《かのえ》、辛亥《かのと》の日（九虎日）。○冬は壬子《みずのえ》、癸亥《みずのと》の日（六蛇日）である。〔重宝記永代鏡〕は、八龍日* 七鳥日* 九虎日* 六蛇日*をあげ、四季の悪日と云う。

直講【じきこう】〔万民調宝記〕に直講《じきこう》は大学寮*に属し、二人。助教の介をして、書籍を購読する。

信貴山【しぎさん】 所名。龍田*と立野の間の信貴山には毘沙門堂がある。勢屋《や》から三十三丁上り坂で、大和の国中央が眼下に見えて佳景である。〔東街道中重宝記・七ざい所巡道しるべ〕

式三献【しきさんごん】「三三九献」「三三九度」ともいい「祝言の夜の盃」である。「婚礼の事」ヲ見ル。〔童女重宝記〕には一説として次がある。式三献は初献の三ツ土器で三度ずつし三三九度とも言う。雑煮 吸物の上で一ト土器を出し常のようにするともいう。饗の膳の吸物に鮒を用いるのは古礼があり、一ツ吸物という。この上で男が土器を取り、初めて嫁が納め、待女臈は献ばかりを合す。次に、新たに土器で嫁より初めて男が納める。待女臈は同前。次に色直し七五三の上で嫁が呑み男が納める。待女臈は同前。以上、その諸礼の流儀によるべきであるがよく弁えた人に尋ね定めて、ゆるがせにしてはならない。

四季四皇帝の占【しきしこうていのうらない】〔永代必用両面重宝記・寛延四〕に次の

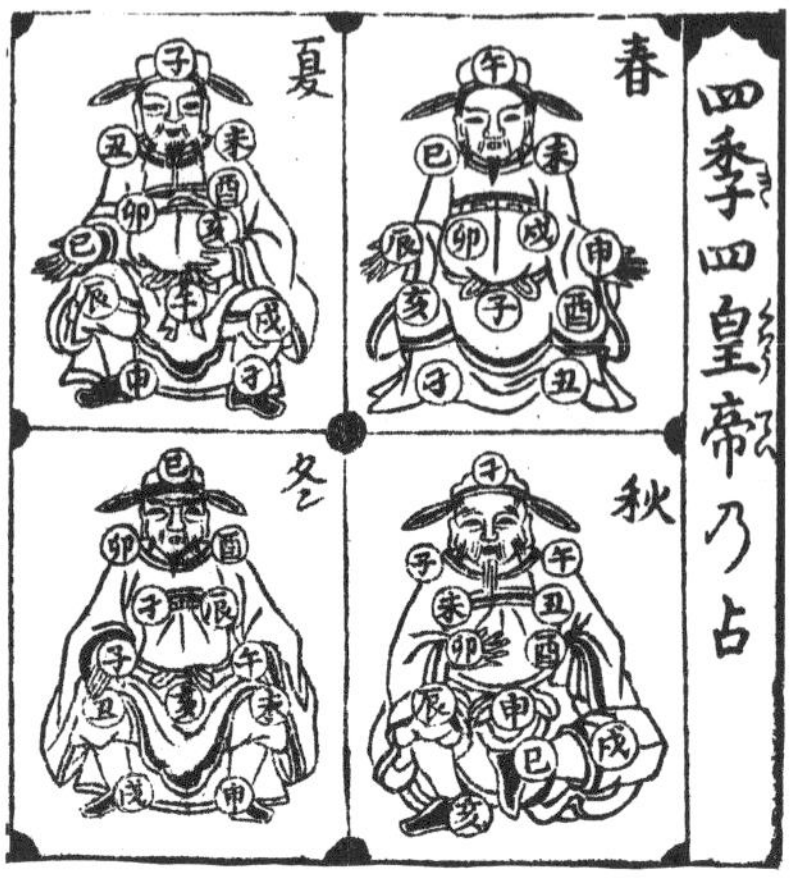

図216 「四季四皇帝の占」〔(永代／必用)両面重宝記〕

皇帝図がある（図216）。○皇帝の頭に当る生れは、富貴な貴人に近づき官位に進み 諸人に敬われ 人の頭をする。着る物は満足 持病はない。女は貴い夫に縁がある。命は長い。○皇帝の肩に当る生れは、心静かで身上よく 万の災難を遁れ運が強いが、若い時は苦労が多い。耕作に縁があり 馬を数多く持つが、親類 兄弟の力を得ず、大人 貴人に引き立てられる。○皇帝の手に当る生れは、万ず細工の芸能があり 物をよく画き、女人は手利きである。物の愛縁があり余所外へ出て人に敬われるが、色を好むことがある。人に用いられることがあり、四方より財宝が集り、年寄る程栄華がある。○皇帝の腹に当る生れは、知行に縁があり 文武両道に達し、或は歌道に志し 笛吹き 歌舞を心がけ、諸芸*があり 富貴する。但し、常に思い事が絶えず、夫妻に口舌事がある。星を祭るとよい。○皇帝の股に当る生れは、富貴で位が高いが、心定まらぬものの人を愍に思う慈悲心がある。男には妻から知行財宝を持って来るか、我より位の高い妻に縁がある。女は大人貴人の妻となる。子孫は愈々繁昌して貴く、四方へ名を顕す。○皇帝の膝に当る生れは、心定まらず 住所に縁無く 日々あちこち駆け廻り 苦労が多い。中年過ぎまで何事も心叶わず手に取るような事も外れ外れになる事が度々であるが、年寄ってからは仕合せよい。この人は親に不孝するが、また孝行しても親の気に合わぬ事がある。常に心持を大事にし慎み 孝行を尽すと年寄って栄華がある。○皇帝の足に当る生れは、親の家屋敷に住むと祟るので 他国へ行くと仕合せがよい。とかく険しい山里を駆け廻り苦労して 親に離れ、後には身上は少しずつよくなる。男も妻も縁が変わり 再縁がある。

色紙の事【しきしのこと】〈寸法〉〔世界万宝調法記・上〕等には、竪は大色紙は六寸四分、小色紙は六寸、横は大 小ともに五寸六分とあり、〔消息調宝記・四〕は小の横を五寸五分、〔重宝記・宝永元序刊〕は小の横を五寸三分、〔重宝女訓女今川操文庫〕は小の横を五寸二分、〔筆海重宝記〕は小の横を四寸五分とする。〈書き様〉〔筆海重宝記〕に季の歌は角かけて、雑の歌は半分かけて書き、短冊も同じとある。〔開化実益現今児童重宝記〕に色紙に詩を書くには、四字 三字 四字 三字と書く。〔重宝綱目女要婦見硯〕には、女懐紙は横四寸六分、竪六寸。男懐紙は歌の所を四行に九・十・九・三字に書き、書き留めの三字は万葉仮名で留める。〔女筆調法記・三〕には色紙 短冊* 懐紙*の書き様は二条家 冷泉家で変り、その他地下《じげ》の宗匠、各々の家々に秘する作法がある。師説に従うのがよいが、女は男のようにそれ程整わなくてもよい。〈折形図〉〔麗玉百人一首吾妻錦〕には「小笠原流折形図」が二種あり、一は「色紙《しきし》中を水引にて結ぶ」。「懐紙の事」「短冊の事」参照

敷島の道【しきしまのみち】 大和詞。「しきしまの道、歌の道」である。〔不断重宝記大全〕

色星玉女【しきせいぎょくにょ】〔大増補万代重宝記〕に次がある。色星玉女は三鏡宝珠*の右にあり、新しい衣服を着初め、また裁ち縫いして息才の方角である。正・十二月は辛《かのと》の日、酉戌（西々北の方）。二・三・五月は丙《ひのえ》の日、己午（南々東の方）。四月は癸《みずのと》の日、子丑（北々東）。六月は、乙《きのと》

の日、卯辰（東々南の方）。七・十月は巽《たつみ》の日、辰巳（東南の方）。八月は乾《いぬい》の日、戌亥（西北の方）。九月は壬《みずのえ》の日、亥子（北々西の方）。十一月は、坤《ひつじさる》の日、未申（南西の方）。

式台【しきだい】〔武家重宝記・一〕に式台は、玄関先の板敷きで、客来の時に主人が客を送って礼式をなす所なので式台という。式第 敷台と書く説がある。

敷栲【しきたえ】 大和詞。「しきたへとは、まくら（枕）を云」。〔不断重宝記大全〕

四気調神大論【しきちょうしんたいろん】〔永代調法記宝庫・二〕に「四気調神大論」の言を按ずるにとして、次がある。○四季。春の三月《みつき》の発陳*は、夜遅く伏し朝早く起き、まず庭等を歩む。○夏の三月の蕃莠*は、夜遅く伏し暁の鶏とともに起きる。○秋の三月の容平*は、夜早く伏し朝早く起きる。○冬の三月の閉蔵*は、夜早く伏し朝遅く起きる。○夜明けに起きる時、左足より起きると一日の災いがない。○唾を妄《むさ》と吐かず、常に含み嚥《の》むとよく精気を留むる。○早起きして常に両手で頭から総身を摩《な》で下すと、顔色を潤し風寒を受けず諸病を去る。○常に晦日・朔日に沐《ゆあみ》し、寅の日に手の爪を取り、午の日に足の爪を取る。○月々の十五日、東へ差した桃花の枝を取り刻み湯で煎じて浴びると、時気・悪気を受けない。○寝るにはまず心を寝させて眼を伏し、膝を屈め横に伏す。仰向けに伏すと口を閉ざす。開くと気を失い、邪気が口から入る。○髪は再々梳《くしけず》ると風を去り、目を明らかにする。○夜常に歯と歯を三十六度叩くとよく、夜道を行くにも同じことをする。これは邪気を去り、歯茎を固める術である。

四季土公神【しきどこうじん】「土公神」ヲ見ル

頻波【しきなみ】 大和詞。「しきなみとは、しきりに立つ波」である。〔不断重宝記大全〕

四季の衣服【しきのいふく】〔諸礼調法記大全・天〕に次がある。袷《あわせ》*は、四月朔日から五月四日迄と、九月朔日から同八日まで着る。帷子《かたびら》*は五月五日から八月晦日まで着る。綿入《わたいれ》*は九月九日から三月晦日まで着る。このほか年頭、節句には、官人は熨斗目《のしめ》*を用いる。九月九日だけは空色の小袖*を本式とする。「ころもがえ（更衣）」モ見ル

四季の異名【しきのいみょう】「一月」・「二月」・「三月」と、各月名デ見ル

四季の旺【しきのおう】〔里俗節用重宝記・中〕に次がある。春は肝木。夏は心火。秋は肺金。冬は腎水。中央は脾土。

四季の上下【しきのかみしも】〔諸礼調法記大全・天〕に四季の上下（裃）は、昔は四季を通して素袍袴《すおうばかま》を着ていたが、天正（一五七三〜九二）の頃、素袍の袖を取って肩衣《かたぎぬ》になった。その色は四季相応の色とし、春三月は柳色（柳の緑に少し黒味のかかったもの）、夏三月は水色（俗にいう素浅黄）、秋三月は鶸色（鶸鳥の胸の色）、冬は黒色である。当世は麻上下《かみしも》を本式として、裏付《うらつけ》上下を略儀とする。「かみしも（上下）の事」参照

四季の人神【しきのじんじん】〔年中重宝記・六〕には人神*（人の魂）が、春は左の脇にあり背では第九の椎に、夏は臍にあり背では五の椎に、秋は右の腕にあり背では三の椎に、冬は腰にあり背では十四の椎に、土用は臂にあり背では十一の椎、章門にあり灸をしない。〔重宝記永代鏡〕には、さらにつけ加えて、立夏夏至には肺臓に、立秋秋分には肝臓に、立冬冬至には腎臓に、十一月十八日には心臓にもあるとする。

四季の相餅【しきのそうもち】 菓子名。四季相餅《そうもち》、上赤ながし物、中黄ながし物、中羊羹、下白ながし。〔男重宝記・四〕

式の籐【しきのとう】「たいへいきゅう（太平弓）」ニ同ジ

四季の平脈【しきのへいみゃく】〔斎民外科調宝記〕に四季の平脈*は、春は微弦*。夏は微洪*。土用は微緩*。秋は微毛。冬は微石とする。〔鍼灸日用重宝記・一〕には、春は微弦、夏は微洪、秋は微浮*、冬は微沈*とある。

「四時《しじ》の逆脈」参照

四基の宮【しきのみや】 大和詞。〔不断重宝記大全〕に「しきの宮とは、住吉の宮」とある。住吉三神（表筒男命［第一本宮］、中筒男命［第二本宮］、底筒男命［第三本宮］に、七世紀以降は神功皇后［第四本宮］を加えて、住吉四社ともいう。「住吉大明神の事」ヲ見ル

式部省【しきぶしょう】 八省*の一。〔万民調宝記〕に式部省は、朱雀門の脇にあり文官の司である。卿《かみ》一人は、内外の文官の名帳、選叙、礼儀、公卿諸官の位記を司る。大輔《たゆう》一人は、読の御師範となる。儒家の中から多才の人を任ずる。大学寮*があり、以下の諸官がある。文章博士《もんじょうはかせ》*直講《じきこう》*音《おん》博士*明法《みょうほう》博士*算《さん》博士*。

式部の神【しきぶのかみ】〔日用重宝記・一〕に『延喜式・神名帳』を引き、吉田・儀御・北野は石清水に合し、式部の神と称する。

鴫焼【しぎやき】〔料理調法集・焼物之部〕に鴫焼は、茄子を輪切りにして油でさっと揚げ、串に刺して焼き乾かし、山椒味噌をつける。醬油つけ焼きにもする。油で揚げず油を塗り、生より焼いたのもよい。

四逆湯【しぎゃくとう】〔医道重宝記〕に四逆湯は、即病太陰の傷寒、自利《くだり》して渇せず、および寒三陰に当たり、脈は沈細にして遅、身痛み手足の冷え上るのを治す。乾姜（五匁）、付子（生一枚）、甘草（炙六匁）の三味を煎ずる。利が止り脈が出なければ人参を用いる等、症により理中湯*を用いる等、補薬が色々ある。

四逆日【しぎゃくにち】 暦中段。〔重宝記永代鏡〕に、七日と申の日は出行に悪い日。八日と酉の日は家に帰るのに悪い日。以上は四逆日といい、悪日である。また納*閉*《おさんとず》の各日も悪い。「四順日《しじゅんにち》」参照

四窮民【しきゅうみん】〔童子調宝記大全世話千字文〕に四窮民は次をいう。鰥《かん》《やもめ》（老いて妻の無い者）。寡《か》《やもめ》（老いて夫の無い者）。孤《こ》《みなしご》（幼くして父の無い者）。独《どく》《ひとりもの》（老いて子の無い者）。

四教【しきょう】〔日時調法通用文則〕に蔵（教）、通（教）、別（教）、因（教）の各教えをいう。釈迦一代の教説を四種に分類整理したもので、天台宗の教判における教義の内容である。他にも教種がある。

持香【じきょう】 鷹の名所*。〔武家重宝記・五〕に持香《じきょう》は、鷹の小頸の所から山廻《さんかい》にいたる肉合《ししあい》をいう。匂い袋のように平目に広く膨れている所をいう。痩せたのは病顕である。

二姜円【じきょうえん】〔丸散重宝記〕に二姜円は、心脾の冷痛をよく治す。胃を暖め痰を消す。『方考』を引いて腹痛、脈の遅いものによいとする。干姜・良姜（各等分）を末（粉）し麵で丸じ、大きさを青桐の実のようにして三十円、食後に橘皮湯で下す。蜜丸でもよい。

四季立花心得【しきりっかこころえ】〔昼夜重宝記・安永七〕に四季立花心得がある。○春は、物事新しく賑やかに挿し顕し、古めいた枝葉を用いず、一瓶の中に競い登る枝があり、色がちに挿す。○夏は、草花がちに青葉茂みの体に挿す。道具を左右へ長く出し、水際《みずぎわ》を寛げ涼しく挿す。重い下草を繁く使ってはならない。○秋は、一瓶物寂しく苔洒落をあしらい、照り葉を用い下草繁く挿す。○冬は、一瓶冬枯れた体に上を軽く下で下草繁く、松伊吹等を挿し囲い、寒疎の心得あるべきである。○「水際」は、春冬は水際低く挿す、夏秋は高く挿す。春冬の寒気の節は、水を臨むに心よからず、夏秋は心よい。

じきりやう【じきりやう】 片言。「食籠《じきろう》を、じきりやう」という。〔世話重宝記・五〕

尻切【しきれ】「しきれ（尻切）は、はきもの（履物）也」。〔消息調宝記・二〕

食籠【じきろう】「重箱」ヲ見ル

時季を受けぬ薬【じきをうけぬくすり】「茗荷」参照

紫金膏【しきんこう】〔骨継療治重宝記・下〕に紫金膏《しきんこう》は、赤く腫れほめき熱するものを治す。芙蓉花葉（二両白花が佳い）を生で採り生地黄を入れ

て同じく搗いて貼る。或は末（粉）とし鶏卵白に蜜を少し入れて和《ま》ぜ調え、擂り爛らし和ぜて付ける。

紫金散【しきんさん】〔改補外科調宝記〕に紫金散は、瘰癧*の久しく癒えないのを治す。枯凡（五匁）、砒霜（一匁）、石胆（五分）を粉にして黄丹（二匁）を入れ、瘡の口の中に捻り入れて上には膏薬を貼る。もし破れない時は灸を二火して唾で粉薬を溶き、瘡の上に塗り膏薬を貼ると根治する。〔俗家重宝集・後編 広告〕に由緒ある家の家伝とし、功能は血の道、頭痛、目眩、のぼせ（上気）、気の付きの外は効能はない。熱い茶 白湯に攪き立てて用いる。劉卜子製、薬種料一貼四十八孔。

紫金錠【しきんじょう】「ぎょくすうたん（玉枢丹）」ヲ見ル

紫金錠子【しきんじょうし】〔小児療治調法記〕に紫金錠子は、急・慢驚風で涎、潮、搐を発し、或は吐瀉し、不食し、神《しん》昏く、気の弱きを治す。人参・白朮・白茯苓・白茯神・赤石（酢で七度煆く）・山薬（炒）・乳香・辰砂（各三匁）、麝香（一匁）を末（粉）し、糕《だんご》（一両）を弾子の大きさに丸じ、金箔を衣とし、一粒を薄荷湯で研《す》り化《とろか》して用いる。

紫金皮散【しきんひさん】〔骨継療治重宝記・下〕に紫金皮散は、打撲、傷損、金・刀・箭・鏃で傷《やぶ》る処の浮腫を治す。紫金皮（酢で炒）・南星・半夏・川当帰・黄蘗（塩炒）・草烏（炮）・川烏（炮）・杜当帰・川芎・烏薬・破古紙・川白芷（塩水炒）・劉寄奴・川牛膝・桑白皮（各等分）を細末（粉）とし、生薑・薄荷汁・水を兼ねて調え、腫れる所 或は傷《やぶ》る所に漬ける。皮が甚だしく熱するには、黄蘗皮・生地黄（半両）を加え、傷口のあるものは封ぜず、周りにつける。

柷【しく】〔万物絵本大全調法記・上〕に「柷しく／梡こう、同。木音也。中に柄があり之を動かして左右に撃せ、以って楽を起す」。「祝《しく》」は「祝《はふ》り」参照

四宮職【しぐうしき】〔万民調宝記〕に四宮職《しぐうしき》は、光仁天皇の御宇（光仁元～天応元、七七〇～七八一）に始まった。中務省*に属し、太皇太后宮職、皇太后宮職、皇后宮職、中宮職の四職をいう。皇后などに関することを扱う。

しくされ【しくされ】卑語。「さうせよをしくされ」。〔女用智恵鑑宝織〕

熟鳥【じくしとり】〔料理調法集・煎物之部〕に、「熟鳥《じくし》あたゝめ」とある。「煎鳥《いりとり》」ニ同ジ。

慈救呪【じくのじゅ】真言陀羅尼*の一。「不動明王真言」ヲ見ル

しくま【しくま】大和詞。「しくまとは、物いはぬ事」である。〔不断重宝記大全〕

四句目【しくめ】連俳用語。連句で第三句*につける第四句。〔俳諧之重宝記すり火うち〕には、かろがろともたれぬように、脇句*の体に似ないのをよしとする。〔世界万法調法記・中〕は、四句目ぶりとて「也」「けり」等の軽い留まりで、安らかなのをよしとする。〔筆海重宝記〕は、四句目はさらりとかろくする。尤も三句目を受けてつける。これは、起承転合とする。

時雨羹【しぐれかん】時雨羹は、小豆の濾し粉に、き（生）砂糖を混ぜ、粳の粉を少し入れてよく揉み、そっくり箱に入れて蒸す。なるだけ砂糖の効くように沢山入れるのがよい。蒸すのに火加減がある。〔菓子調法集〕

時雨露【しぐれのつゆ】菓子名。時雨露《しぐれのつゆ》、上しめし、豆の粉入り、中こね物、下ながし物。〔男重宝記・四〕

時雨餅【しぐれもち】菓子名。小豆濾し粉一升、粳の粉一升、糯の粉五合、砂糖二百四十目を一ツに合せ、手で揉み合わせ、竹通しで濾し、箱に入れて蒸す。〔菓子調法集〕

時雨柳【しぐれやなぎ】立花。*〔調法記・四十七ゟ五十七迄〕に時雨柳《しぐれやなぎ》は、枝垂柳の枝を切り二十四時の間（二日間）陰に置き、後に一時（二時間）余水中に枝を丸に漬け置き、取り出し、柳の緑に剃刀で少しずつ切れ目を入れ、生花に用いる。切れ目から水が流れ出るのは雨のようである。但し、霜月より二月頃まで葉のない時に用いる。

しくろ【しくろ】 片言。「宿老《しゆくろう》を、しくろ」という。〔世話重宝記・五〕

使君子丸【しくんしがん】〔薬種重宝記・下〕に唐草、「使君子 しくんし／からくちなし。尖《とがり》を去り、少し炒る」。〔丸散重宝記〕には小児の腹痛、腹脹、及び食労、発黄、好んで茶・米・炭・土等の物を食うのを治す。使君子（殻を去る 二両）、天南星（姜制）、檳榔子（二両）。この薬を合せて炒る。もし生米を食えば、麦芽一斤を用いて炒る。好んで茶の葉を食えば、茶の葉を用いて炒る。好んで炭土を食えば、炭土を用いて炒る。薬を取って末（粉）とし、蜜で丸じ、毎朝砂糖水で呑み下す。

四君子湯【しくんしとう】〔昼夜重宝記・安永七〕に四君子湯は、諸病の気虚のものを治す。一般に、血を収むる妙方とする。人参・白朮・白茯苓（各二匁）、甘草（五分）に生姜・棗を入れて煎ずる。○吐瀉には 藿香・白豆蔻を加える。○嘔吐には 藿香・砂仁を加える。○泄瀉には 木香・肉豆蔻を加える。○咳嗽には 桑白皮・五味子・杏仁を加える。○孕み女の淋病には 当帰・芍薬を加える。〔医道療治重宝記〕にも諸症により加減 補薬がある。〔小児療治調法記〕は、四君子湯に陳皮・藿香を加えて吐瀉を治す。○発熱《ほとおり》*に四肢強直《すくば》り 挙げ動かせない人には、四君子湯〔分量は異なる〕に川芎・当帰・羌活・独活・天麻・蟬退・全蝎炒・姜蚕炒・木香を加えて用いる。

地下【じげ】〔男重宝記・一〕に地下《じげ》は、禁中*内裏の外で、天子に仕える衆中をいう。御殿の内で仕える衆中を堂上衆《どうしやうしう》*という。

旨槩【しけい】「四知《しち》」ヲ見ル

四芸【しげい】〔童子調宝記大全世話千字文〕に四芸は、琴、碁、書、画をいう。

字形の事【じけいのこと】〔重宝記・宝永元序刊〕に、字の至って肥え過ぎたのは卑しく、甚だ痩せたのは麗しくない。筆先を表してはならない。筆鋒を顕すと手跡が薄く見えるが、角を隠すと字勢が生き生きとしない。一字の形が上が小さく下が大きいのはよくなく、左方が低く右方の高いのもよくない。

治血湯【じけつとう】 金瘡薬方。〔改補外科調宝記〕に、手負《ておい》が反りけづいたら、手足を強く押しつけて、治血湯を用いる。蘆毛馬の糞（乾して粉にし大）、白鶏頭（乾して）、蛇骨（少）を粉にして塗る。湯で用いる。

重籐の弓【しげとうのゆみ】「しそくきゅう（四足弓）」ニ同ジ

四家の甲【しけのよろい】〔武家重宝記・三〕に四家の甲《よろい》は、源氏は黒、平氏は紫、藤氏は萌黄、橘氏は黄色を用いる。もし他家の色を用いるのは相《そう》生《じょう》による。四家は一家の統領がこれを用いる。

時化日【しけび】「二百十日」ヲ見ル

子懸【しけん】「懐妊／懐胎」ヲ見ル

持碁【じご】 碁より出た言葉。〔男重宝記・三〕に「持碁《ぢご》にはなす」とある。両方の地《じ》が同じで勝敗のない碁。即ち、引き分けをいう。

支考【しこう】「しかそうでん（四家宗匠伝）」ヲ見ル

支溝【しこう】〈経絡要穴 肘手部〉二穴。支溝は直に陽池の上三寸、両骨の間陥みの中にある。灸三壮か五壮か十四壮。針二分か三分、留むること七呼。熱病に汗出ず、肩肘痺れ重く、脇痛み、手足挙らず、霍乱、嘔吐、口噤み開かず、胸悶え、心痛、傷寒、疥癬、妊婦脈通ぜず、産後の血暈を治す。〔鍼灸重宝記綱目〕

四行【しこう】〔童子調宝記大全世話千字文〕に四行は、孝、弟、忠、信とある。

侍公【しこう】〔新成復古日夜重宝俳席両面鑑〕侍公は連歌師救済《ぐさい》。永和二年（一三七六）以前没。一説に、永和四年没。足利将軍東山殿（義政）より連俳宗匠免許の始めとする。「出る日は四方の霞になりにけり」。

四鉤日【しこうにち】 日取吉凶。〔重宝記永代鏡〕に四鉤日は大悪日で、万に用いてはならない。人により違いがあり、酉年生れならば酉より四ツ目子の日、子年生れならば子より四ツ目卯の日が、それぞれ四鉤日である。他はこれに准ずる。

地肥【じこえ】〔農家調宝記・続録〕に地肥《じこえ》とは、焼き土、削り土、溝土、壁土、くもし土《つち》（堆肥）をいう。「肥《こや》しの事」参照

地獄の沙汰も銭がする【じごくのさたもぜにがする】〔世話重宝記・二〕に『剪灯録』に出るとして次がある。唐の令狐譔は性正しい人であるが、仏法を信じなかった。隣人の烏老は富貴で欲が深かったが、ある時煩って死に三日目に蘇って言うには、死後迷途で閻魔大王の前で冥官に汝は娑婆では貪欲深かったが、死後妻子どもが銭を僧に施し、様々の仏事をなして喜びに絶えない、よって再び娑婆に放ち返すと言い渡され、夢が醒める心地がして蘇った。令狐譔は聞いて嘲笑い、世の中を見るに貪官汙吏といい、一国を治める奉行は民から賄《まいない》を受けて国の法度を乱す者が多い。富貴な者は銭を出して罪を許され、貧乏人は銭がなく罪科に合う。現世で生死は銭がすることと思っていたが、来世でも生死の境 地獄の沙汰も銭がするのかと言った。

しこためる【しこためる】 卑語。「とるを しこためる、せしめる」。〔女用智恵鑑宝織〕

地骨皮【じこっぴ】〔薬種重宝記・上〕に和木、「地骨皮 くこのね（拘杞の根）を去り、刻み焙る」。〈薬性〉〔医道重宝記〕に地骨皮は苦く寒、肌熱を退け、汗のある骨蒸（虚労内熱の症）によく、陰を強くし、血を涼しくする。土気を洗い去り 刻み焙る。鉄を忌む。

地骨皮散【じこっぴさん】〔小児療治調法記〕に地骨皮散は、虚熱*潮熱*傷食*壮熱*を治す。知母・柴胡・人参・地骨皮・赤茯苓・半夏・甘草（各等分）、これらに生姜を入れ、水で煎じる。

しこらえる【しこらえる】〈何が不足で癇癪の枕言葉〉「拵る（こしらえる）、しこらえる」。〔小野篤謔字尽〕

錣【しころ】 甲冑名所*。〔武家重宝記・三〕に錣《しころ》は、甲冑《よろいかぶと》の鉢から垂れて首周りを覆う物をいう。錏とも錮とも書く。或る書には、頓項《しころ》又は承巾《しころ》ともある。分錣《わりしころ》 饅頭 錏《しころ》 日根野《ひねの》等という形品《ぎょうひん》がある。糸は所々綴じたのを簾懸《すがけ》、繁いのを毛引《けびき》という。毛とは糸のこと、人身の毛の意で、これより糸毛の甲《よろい》等という。甲冑の同じ糸なのを同毛《おなじけ》の冑等という。また何枚冑《なんまいかぶと》というのは錮の板の数でいう。但し、鉢付の板は数の外である。それ故三錏冑《まいかぶと》、五錏冑などいうのに古来枚の字は用いない。或人は、板というので枚かという。分《わ》離錮は三行《こう》四行に分けたものである。割《わり》の字に誤るので辞《ことば》を禁じて下散《げさん》錏と言い習している。

錣草【しころぐさ】「しころぐさ（錣草）とは、いも（芋）のことなり」。〔女用智恵鑑宝織〕

四座【しざ】「さるがくののう（申楽／猿楽の能）」ヲ見ル

地殺日【じさつにち】〔重宝記永代鏡〕に地殺日《じさつにち》は、新しい畳筵を敷く悪日。正・五・九月は丑の日。二・六・十月は辰の日。三・七・十一月は未の日。四・八・十二月は戌の日。

地算【じざん】「算法九九之算 幷ニ 銭相場割…これを地ざんといふ」。〔大成筆海重宝記・寛政九〕

しし【しし】 卑語。「小便するを 用事かなへ（叶え）。又子どもは しし」。〔女用智恵鑑宝織〕

四始【しし】「がんじつ（元日）」ヲ見ル。歳・月・日・時の始めなので元日をいう。

四治黄連丸【しじおうれんがん】〔小児療治調法記〕に四治黄連丸は、五疳*八痢を治す。黄連（一斤を四分する。一分は酒で浸し炒る。一分は生姜の汁で炒る。一分は呉茱萸湯で炒る。一分は益智を用いて炒り、益智を去る）、白芍（酒で煮焙る 四両）、使君（焙る 四両）、木香（二両）。これ等を末（粉）して蒸餅（小麦の蒸し餅）で丸じ、米飲で一日に三度ずつ食前に用いる。但し、猪肉冷水を忌む。

鹿ヶ谷【ししがたに】 京名所。〔東街道中重宝記・七ざい所巡道しるべ〕に、

念仏の道場がある。成経 泰頼 俊寛らが平家を亡ぼす謀略をした所ゆえ「談合谷」ともいう。如意ヶ嶽西麓一帯をいう。〔年中重宝記・三〕に、九月九日鹿ヶ谷天王祭りがある。

骴先【しさき】 鷹の名所。*〔武家重宝記・五〕に骴先《ししさき》は、鷹の嘴の先の小高い所をいう。

梔子清肝湯【ししせいかんとう】〔改補外科調宝記〕に梔子《しし》清肝湯は、脇癰*鬢疽*等の薬とする。牛房子・柴胡・川芎・芍薬・石膏・当帰・黄芩・山梔子・牡丹皮・黄連・甘草。これ等に生姜三片を入れ、煎じ服する。

四七湯【ししちとう】「大七気湯《だいしちきとう》」ヲ見ル

志室【ししつ】〈経絡要穴 肩背部〉二穴。志室《ししつ》は第十四椎の下左右へ三寸ずつ開く処にある。針五分。灸三壮か七壮。陰腫れ痛み、腰・背強ばりすくみ、不消化 遺精 淋病 吐逆、両脇引き攣り痛み、霍乱を治す。〔鍼灸重宝記綱目〕

子死月【ししづき】 難産の秘見。〔永代調法記宝庫・五〕に子死月《ししづき》にあたると、子は死んで母は生きる。これは五月に孕んで二月に産む時、十一月に孕んで八月に産む時、難産すると子は必ず死ぬ。平産はよい。

猪煮【ししに】〔料理調法集・煮物之部〕に猪煮《ししに》は、鴈 鴨の類の身ばかりを、何も加えず酒醤油で煎ったのをいう。

地子日【じしにち】 暦下段。〔重宝記永代鏡〕に地子日《じしにち》は半吉、半凶の日とある。事により吉日となり、また悪日となる。

四時の逆脈【しじのぎゃくみゃく】〔斎民外科調宝記〕に、春夏の脈は沈濇、秋冬は浮大なのを四時の逆脈という。全て脈が弱にして滑なのは、胃の気があり治し易い。病が熱して脈が静かに泄《くだ》り 大脱血し 実なのは病は中にある。脈の虚なのは、病は外にある。脈が濇堅なのは病は治し難い。「四季の平脈」参照

黙【しじま】「しゞま（黙）は、物いはぬ事」である。〔消息調宝記・二〕

蜆の事【しじみのこと】〔万物絵本大全調法記・下〕に「蜆 けん／しゞみ。蜆貝 けんばい。扁螺 へんら。並同」。〈薬性〉〔医道重宝記〕に蜆《しゞみ》は冷で毒なく、熱を去り、胃を開き、渇《かわき》を止め、小便を通じ、湿熱 脚気を治し、酒毒を解す。〔永代調法記宝庫・四〕に蜆貝は黄疸によく、煮汁は行水にして薬となる。〈殻の離れる煮様〉〔日用調法人家必用〕に「蜆の殻のよく離れる煮様」は、汁の中へ米三粒を入れて煮ると離れる。

蜆飯【しじみめし】〔料理調法集・飯之部〕に蜆飯は、蜆を煮た汁で常のように加減して飯を炊く。蜆を少し飯に交ぜたのもよい。

しし虫泣く時の歌【ししむしなくときのうた】「しし虫」は馬追虫をいう。「しし」と鳴くのが「死々」と聞こえるのを忌み、呪い歌を詠んだ。〔大増補万代重宝記〕に「死虫はこゝには鳴きそ しゝらかしかしゝに賤が戸に行きて鳴きをれ」（拾芥抄・上）。

四社【ししゃ】「住吉《すみのえ》」ヲ見ル

寺社方田地売の事【じしゃがたでんちうりのこと】〔田畑重宝記・上〕に、百姓が是非なく田畑を売券に出す時は、寺社方へは売らぬようにすべきである。寺社方へ渡ると什物に入り、耕作商売をせず、また請け返すこともできなくなる。百姓か町人へ売り渡すと、子供の世代には仕合せがよくなって取り返すこともあり、そうでなくても百姓に返るからである。

ししゃく【ししゃく】「ひしやく（柄杓）は、ししやく」。〔小野篤譃字尽・かまど詞大概〕

磁石【じしゃく】〔万物絵本大全調法記・上〕に「磁 じ。磁石 じしやく也。本は慈に作る。黒くして乳なきを玄石《げんせき》とす」。〔薬種重宝記・下〕に唐石、「慈石 じしやく／はりすういし。東流水（川水）に二昼夜煮て砕き末（粉）す」。

治積散【じしゃくさん】〔洛中洛外売薬重宝記・上〕に治積散は、塔の檀幸神町 長尾松寿軒にある。半包二十四文。第一に癪、胸の痞えによい。癪、

痞え、疝気等によい。

使者心得【ししゃこころえ】〔武家重宝記・一〕に使者に行くには、心を鎮めて主人の仰せをよく承り、一言でも不審の事があれば尋ね返し、心を澄まして勤めるのがよい。口移しよりも、御口上の趣きの義と理を違えぬようにし、言葉の変わるのは苦しくない。まず、人を立てて申し入れ、対面があれば中座《なかざ》へ出て、片膝を立て畏まって口上を言う。返事等長くかかる時は、居直っても承るべきで、これも不審があれば尋ね返して義理を確かに心得る。うかうかと人の顔を見守り、座敷を見廻わしてはならない。状があれば文箱より取り出し、上書を上にし名乗を人に参らす。封付は箱ともに参らす。小者 中間は、封付でなくても箱共に出す。使節の侍は、言葉確かに、調子も聞き知る相当な人を用いるのがよい。

四捨五入【ししゃごにゅう】〔農家調宝記・初編〕に四捨五入は、端米《はまい》を計るのに五勺から上は一合とし、四勺から下は捨てる。端永は何毛以下五は一毛とはね上げ、四以下は捨てる。

寺社の数【じしゃのかず】〔日時調法通用文則〕「日本国」〈日本国勢〉ヲ見ル

四衆【ししゅ】〔日時調法通用文則〕に四衆に、比丘、比丘尼、優婆塞、優婆夷がある。仏教に帰依した弟子。「七衆《しちしゅ》」参照

四州【ししゅう】〔改正増補字尽重宝記綱目・数量門〕に四州《しゅう》がある。○東《とう》弗婆提《ほつはだい》、人寿五百歳。○南《なん》 贍部州《せんぶしゅう》、人寿百歳。○西《さい》 瞿耶尼《くやに》、人寿二百五十歳。○北《ほく》 具留州《くるしゅう》、人寿一千歳。これは須弥山《しゅみせん》の*外海の四方にある四ツの国である。東の弗婆提の国と住民の形は半月形。南の贍部州（閻浮提）の国の形は南が狭く北広く、住民の形もこれに似る。諸仏はここだけに生れる。西の瞿耶尼の国と住民の形は円形。北の具留州の国と住民の形は正方形、前世で十善行を修した者だけが生れる楽園である。

四獣【しじゅう】〔童子調宝記大全世話千字文〕に四獣は、朱鳥（南）、玄武（北）、青竜（東）、白虎（西）。これはその形に擬した四方の宿名。俗に四神という。

時宗【じしゅう】宗外*の一。〔農家調宝記・二編〕に遊行派ともいう。一遍上人起立《きりゅう》の一派。藤沢駅に道場を設け諸州を遊行して札《ふだ》を引き、その弟子他阿弥陀仏が継いでこの宗を唱えた。一遍は熊野本宮の法殿に通夜して七言四句の偈《げ》を感得した。六字名号一遍法、十界依正一遍躰、万行離念一遍証、人中上々妙好華。四句の上の字は六十万人となるので「六十万人決定往生《けつじょうおうじょう》」と書いた札を引いて遊行 勧化した。〔日用重宝記・四〕にも一遍宗とも一向無碍宗ともいい、いつからか時宗と書いている。一遍上人は予州 河野七郎通広の次男で、武門から発心し、叡山で受戒、西山の善恵房上人に遇い、念仏門に入り、諸国を遊行し、藤沢に道場を建てたが留らず巡行し、摂州で正応二年（一二八九）五十一歳で寂した。巡行の途中で得た弟子他阿弥陀仏が二世となり、諸国を巡行し、これより代々今に及ぶ。〔年中重宝記・四〕には、十二月二十三日、遊行一遍上人忌がある。

〈華洛寺院名籍一覧〉〔万代重宝記・安政六頃刊〕に「時宗之部」紫雲山、極楽院光勝寺（蛸薬師油小路西）、黄台山金光寺（七条東洞院）、法国寺（五条坂 寺領百三十七石）等十八寺がある。

侍従【じじゅう】〔万民調宝記〕に侍従《じじゅう》は中務省*に属し、八人あり、天子の前に侍り従う。〔男重宝記・一〕に、天子*の近習に仕え、拾遺、補闕の役とある。

四十末社【しじゅうまっしゃ】伊勢名所。「外宮」には四十末社があり、御名は各額に記してある。古くは多く、『外宮儀式帳』には宮の廻りの神は二百余前と載る。乱世の頃は、御遷幸さえ百年も絶えたことがあり、神事も怠り、記録も滅び、末社もその所在を失い、名も忘れられ、遺った名を拾ってこのようであるという。諸末社の地は方々にあり、宮地には少なく、宮地にあるのは遥拝所である。〔東街道中重宝記・七ざい所巡

道しるべ〕

十種香の事【じしゅこうのこと】 十炷香とも書く。〈十種の代表的名香〉〔聞香重宝記〕に「十種之香。太子・蘭奢待・逍遥・三吉野・紅沈・古木・中川・法花・花橘・八橋」とある。〈聞き方〉〔女重宝記・四〕には十種香というのは、香盆に香の名を書いた札《ふだ》と筒とを添えて出すのを、どの香ということを聞き覚えて、札の名を尋ね、筒へ入れる。〔聞香重宝記〕に「十種香」は梅花・緑竹・芙蓉・蘆葉・芭蕉の香を、札十二枚で聞く十種香として解説がある。三色を三包ずつ九包と、別の香を一色を客にし、四種の香を十度香炉に炷いて、十二の札（一・二・三・客の札各三ツ）を入れて香名を嗅ぎ当てる。火本から香を突き出すのを右手で取り、左手に据え、右手で覆って聞く。香炉を畳の上に置いて次の人に渡す時、火本から札筒を出し、一の札を入れ次の人の前に置く。いずれも一の札を入れて次々へ廻す。二番の香が出る時初めと同じと聞く時は又一の札を入れる。三番の時一番に出た香と聞く時は又一の札を入れる。二番に同じと聞く時は二の札を入れる。一、二番とも違うと聞く時は三の札を入れる等の手順の解説がある。〔女筆調法記・六〕には師につき口伝があるという。

〈十炷香の道具師〉〔万買物調方記〕には、四条御旅町 森下長右衛門、寺町三条上ル 梅本薩摩がいる。

地主権現【じしゅごんげん】 京名所。〔年中重宝記・二〕に地主権現は清水寺の本堂の後ろにあり、この前に相向っている石をめくら石という。地主の桜が有名。四月九日は清水地主権現祭。

四順飲【しじゅんいん】〔小児療治調法記〕に四順飲は、痘熱壮んに、或は大便秘するのを治す。当帰・芍薬・甘草・大黄を水で煎ずる。

四順散【しじゅんさん】〔牛療治調法記〕に四順散は、体内苦しく頭を湿地に懸け、口中黄に、角耳冷え、時々身を戦《ふるわ》し、眼中に泪があるのに潅ぐ。調えるのが遅い時は腸を攻め、痩せ損ずる時は薬効がない。茴香・桂花・蒼朮・白朮を末（粉）にし、毎服一両を炒り、塩（一匙）・生姜（一両）と水三升で煎じて潅ぐ。

四順清涼飲【しじゅんせいりょういん】〔改補外科調宝記〕に四順清涼飲は、痄《さ》腮《さい》*で内熱口渇き大小便の通じないのに用いる。当帰・柴胡・白芍薬・地黄・甘草・黄芩（各等分）を煎じて用いる。

四順日【しじゅんにち】 暦中段。〔重宝記永代鏡〕に四順日《しじゅんにち》は次の吉日をいう。暦の中段建《たつ》*の日と寅の日は出行によい日。辰の日は家を離れるのによい日。卯の日は家に帰るのによい日である。満《みつ》*平《たいら》*成《なる》*の各日もよい。

「四逆日《しぎゃくにち》」参照

四書【ししょ】〔文章指南調法記・四〕に解説がある。○『大学』*身を修めるの一句に尽きる。○『論語』*二十篇ともに仁の一字に尽きる。○『孟子』*七篇ながら仁義の二字を言い尽くす。○『中庸』*心術の大事を述べている。以上を四書とし、一章ごとの穿鑿に及ばず、一言一句の肝要を体認すれば一生の受用、不足はない。

ししょう【ししょう】 片言。「殊勝《しゅせう》を、ししやうと云。わろし」。〔不断重宝記大全〕

史生【ししょう】〔万民調宝記〕に史生《ししょう》は二十人いる。諸官中の末々のことまでを書き記す役である。また文使の役である。

四生【ししょう】〔童子調宝記大全世話千字文〕に四生《ししょう》とは、○胎生《たいしやう》（人獣の類）。○卵生《らんしやう》《たまご》（禽鳥の類）。○湿生《しつしやう》（魚蛙の類）。○化生《けしやう》（蚕・蟬の類）を言う。〔改正増補字尽重宝記綱目・数量門〕には四生《しせい》とあり、胎生、卵生、湿生、化《け》生、がある。

四姓【ししょう】〔改正増補字尽重宝記綱目・数量門〕に日本の四姓《ししょう》は、源・平・藤・橘。〔武家重宝記・一〕には、○源氏は人王五十六代清和天皇第六の皇子、貞純親王を祖とする。○平氏は人王五十代桓武天皇、

葛原親王を祖とする。○藤氏は天津児屋根尊の孫、大織官である。○橘氏は敏達天皇の曾孫、葛城親王を祖とする。

自乗【じじょう】 算盤の用字。〔算学調法塵劫記〕に二桁以上の同数を掛け合すことをいう。「之を自す」ともいう。二度掛け合すことを「再自乗」、三度掛け合すことを「三自乗」という。

地正月【じしょうがつ】 〔年中重宝記・四〕に、シナ殷の世に十二月を正月とすることを、暦家で地正月《じしょうがつ》いう。「暦の事」参照

紫証散【ししょうさん】 〔改補外科調宝記〕に紫証散は、牙歯の薬である。紫金皮（皮を去り二両）、荊芥（五匁）、防風（一両）、北辛（二匁）、薄荷・沢瀉（各五匁）を粉にして、荊芥の煎じ汁で用いる。

死証の察視【ししょうのさっし】 〔改補外科調宝記〕に「死症を知る事」として次がある。心の臓は胸、胸と腹との膈皮、胃の腑、小腸、腎臓、膀胱、肺臓、肝臓、胆の腑、左脇下、咽。これらの経の疵の深いのは死ぬ。浅いのは生きることもあるが、多分は死ぬ。〔鍼灸重宝記綱目〕に死証の察視は、顔は赤くして目は白又は青、顔は青くして目は黄又は白、顔は黄で目は青、顔は白で目は黒、顔は黒で目の白いのは皆死ぬ。或は病人の顔・耳・目・鼻・口等の精彩《いろつや》、声・息・大小の排泄等の諸症状により察視する。病人の色が青は藍、赤は赭《につち》、黄は枳実、白は枯骨《しゃれぼね》、黒は炭《すみ》のように精彩がないのは死ぬ。青が翠羽《るりのはね》、赤が鶏冠《とさか》、黄が雌黄、白が豚脂、黒が黒漆のように光沢のあるのは生きる。〔医道重宝記〕には死証に、肝絶*心絶*脾絶*肺絶*腎絶*をあげ、また病人の色の察視を同じように記している。

自称の上下【じしょうのじょうげ】 簡礼書法。〔大増補万代重宝記〕自分のことをいうのに、我等と書くのは下輩へ、拙者や下拙は同輩へ、私は上輩へ、それぞれの言葉とある。

時正の節【じしょうのせつ】 「ひがん（彼岸）」ヲ見ル

四職【ししょく】 武家名目。〔男重宝記・一〕に四職は、相伴の役を受けた山名、一色、京極、赤松の四家をいう。

四所大明神【ししょだいみょうじん】 〔改正増補字尽重宝記綱目・数量門〕に四所大明神は、鹿島の神宮、香取の神宮、平（枚）岡の神宮、伊勢の神宮をいう。

四所遥拝所【ししょようはいしょ】 伊勢名所。四所遥拝所は、五丈殿*のめぐり榊と、洗手所《ちょうずどころ》*の御池《みいけ》の間にある。東西一列に置石があり、別宮を遥拝する所である。〔東街道中重宝記・七ざい所巡道しるべ〕

ししらど【ししらど】 菓子。「ししらど」製法は、白胡麻（一升、一夜水に漬け上皮を揉み落とす）、白砂糖（三合）、白蜜（二合五勺）を練り合せ、大方汁飴の固さ程に練り詰めその後板の上にあげ、上より鍋の蓋で押し平め好み次第に切り出す。〔昼夜重宝記・安永七〕

四神【ししん】 「四獣」ヲ見ル

磁針【じしん】 〔万物絵本大全調法記・上〕に「磁針 じしん。子午針 しごしん。指南針 しなんしん。並に同」。磁石*をいう。「指南車《しなんしゃ》」参照

地震占の歌【じしんうらないのうた】 〔昼夜重宝両面雑書増補永暦小筌・慶応二〕に次がある。地震の歌は、「九（零時・十二時）は病五（八時・十四時）七（四時・十六時）は雨に四ツ（十時・二十二時）ひでり（旱）六ツ（六時・十八時）八ツ（二時・十四時）こそはいつも大風」。「地震の事」参照

四神丸【ししんがん】 〔丸散重宝記〕に四神丸は、脾胃弱く大便自ずから多く、食欲のないのに、或は泄痢腹痛み、或は腎泄夜明けに下ること一二度、年をとって癒えないのによい。破故紙（四戔）、呉茱萸・肉豆蔻（各一戔）、五味子（二戔）を細末（粉）にして、姜八戔を切りもみ棗十枚を入れて爛らかし、姜を去り丸じ、毎服一戔半を汐湯で送りくだす。

慈腎丸【じじんがん】 〔丸散重宝記〕に慈腎丸は、陰虚火動に、足熱し腿膝に力のないのに、小便の不利に、或は美味の物を多食し、淫乱な者が足の

痛むのによい。黄檗（酒浸十戔）、知母（酒浸六戔）、肉桂（五分）を糊で丸ずる。東垣先生の『医按』を引いて、一人小便不利を病むのに、目睛腫れ痛みに、或は皮膚下がり不食等に、諸薬の効のないものによい。

地神五代の事【じじんごだいのこと】〔和漢年代重宝記〕に地神《じじん》五代の事がある。①第一 天照大神（伊弉諾の御子 二十五万歳）。②第二（天《あめの》）忍積耳《おしほみみのみこと》尊〔大神宮の御子 三十万歳とも二十一万歳とも〕。③第三 瓊々杵《ににぎのみこと》尊（忍積耳の御子 三十一万歳）。④第四 彦火々出見《ひこほほでみのみこと》尊（瓊々杵の御子 六十五万七千八百九十二歳）。⑤第五 鸕葺草葺不合《うがやふきあわせずのみこと》尊（彦火々出見の御子 八十三万六千四十二歳 ＝歳数は別書による）。〔諸人重宝記・二〕には第三瓊瓊杵尊が初めて天より降臨 日向国高千穂 槵触《くしふるのたけ》峯に宮居し、これより人代となる神武天皇*の初めであり、地神五代より万物は始ったという。〈年数〉〔日夜懐要両面重宝記〕に地神五代凡そ年数は二百三十三万三千九百五十一年。〔掌中年代重宝記〕には二百三十五万六千九百七十四年になるとあり、神代の昔のことはその詳細は知り難いとある。

滋腎通耳湯【じじんつうにとう】〔医道重宝記〕に滋腎通耳湯は、腎虚して火亢《たか》ぶり、耳聞こえず鳴るのを治す。当帰・芍薬・生地黄・川芎・知母・黄栢・黄芩・香付子・柴胡・白芷（各等分）を煎ずる。中気、虚弱には用いてはならない。

地震の事【じしんのこと】〔重宝記永代鏡〕から抄記する。地体は一大塊で、例えば胡桃子のようで、低い所は河海、高い所は山嶺、平な所は平地で人が住居する。この間に透き間があり、水・火・気の三行が交わり通じて止まらず、偶々この気が地中に閉じ籠り伸びようとして伸びられず、互いに相迫り 怒り 励むゆえ地震となる。地震は、〇堅土の地では気が通じ易く 閉じ籠る事が少ないので 怒激益々甚だしく、一旦発途して地を震い裂するが、気通じ安く 閉じ籠ることが少ないため、地震も少ない。〇火道水脈の多い地に地震が多いのは、水火の気が十分壮んで相激することが甚だしいからである。〇北極近辺の地は寒冷で火道壮んでなく、地震は少ない。〇赤道の下は太陽の気が勝つ所で、地中の水気が常に吸われ 閉じ籠ること少く、地震も少ない。〇地震は多くは晴雨の変り目にある。地震の音が雷のようなのは雨、或は変じて風となる。地震の強いのは晴。これは未発の確論である。

〈地震を避ける呪〉〔新板秘伝日用重宝記〕に「雷 地震を避ける伝」として、男は左 女は右手の上に「目一」の字を指で書いて手を握って、「くはばらくはばら」と何遍も唱えるとよい。

〈雑説〉〔重宝記永代鏡〕には以下の事もある。〇多く、春夏温暖の時節に連日寒く、或は冬寒冷の時節に暖気であれば地震のする予兆である。〇春の地震は草木栄え、夏の地震は五穀を破り、秋の地震は疫病流行し、冬の地震は来年豊作である。〇子（零時）午（十二時）の時の地震は病い。丑（二時）卯（六時）未（十四時）酉（十八時）の時は風。寅（四時）辰（八時）申（十六時）戌（二十時）の時は雨。巳（十時）亥（二十二時）の時は旱《ひでり》。〇昔よりの地震の歌として、「九（零・十二時）の地震は病い、五（八・二十時）七（四・十六時）は雨に四ツ（十・二十二時）旱り、六ツ（六・十八時）八ツ（二・十四時）ない（地震）はいつも大風」とある。〔米商売相場人重宝記〕に相場が高い時地震がすると大いに下る、下値の時は大いに騰る。

〈地震を揺らせる伝〉〔色道重宝記〕に客を座敷へ置いて、只今地震を揺らせてお目に掛けますと云って女房を二階へ連れて上り、直に押し転ばしてえてものを始めると忽ち地震のすること妙である。

〈各地地震〉〔重宝記・礒部家写本〕には次の記述がある。〇天明二年（一七八二）七月十四日夜二時、十五日夜八時、相州 甲州に大地震（家潰れ人死ぬ）。江戸にも六十年来の地震。当所（勢陽）にも同時節に揺れる。〇同五年七月十日夜十二時前 大地震揺る（勢陽）。〇文化元年（一八〇四）八月四・五日 出羽国大地震、その上大水。人大分死ぬとの風聞。

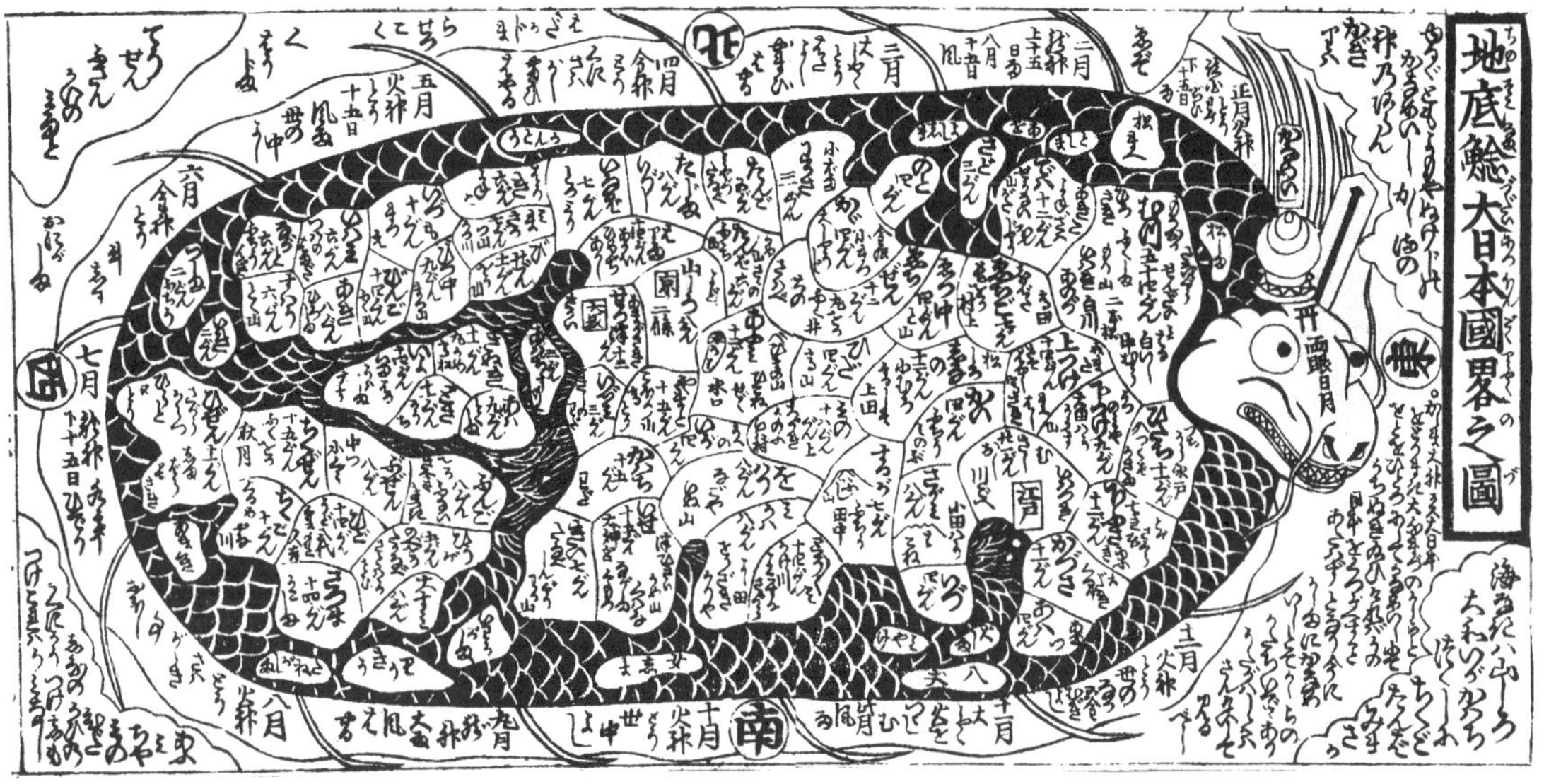

図217　「地底鯰大日本国略之図」（〔文政／改正〕年代重宝記）

〈地震の図〉〔文政/改正年代重宝記〕に「地底鯰《ちのそこ》大日本国略之図」（図217）に「揺るぐともよもや抜けじのかなめいし（要石）鹿島の神のあらん限りは」とあり、鹿島大神宮（日本武神の始）は大日本を取り巻き、大鯰の頭と尾を一ツにして要石で打ち抜かれているので、この日本を覆すことは出来ないという。今に要石といって頭の形が出ている。〔万民重宝/改正大ざつ書・文化十三〕〔年代重宝記・天保十四〕にも同趣の説明がある。〔重宝記永代鏡〕には、世に地震の図といい、鯰の背中に日本図を負わせ、鯰の頭が動くと東国が、尾が動くと西国が地震するという。これは文殊伏龍の説によるもので、論ずるに足りない。但し、或人の説に鯰は雌のみ鰻は雄のみで、鯰は鰻と交わる。地震は大地の変動で至陰の動くもののゆえ、至極して、雌ばかりの鯰を描いて地震の神に象ったものであるという。

慈腎明目湯【じじんめいもくとう】〔医道重宝記〕に慈腎明目湯は、神《しん》を労し、腎虚して血少なく眼痛み物を視ることを欲せず、及び内障《そこひ》・黒華《めはな》（目のかすみ）を見るものを治す。当帰・川芎・芍薬・生地黄・熟地黄（各一匁）、桔梗・人参・山梔子・白芷・黄連・蔓荊子・菊花・甘草（各五分）をよい葉茶と燈心を入れて煎じ、食後に服する。血虚し、火熱に属するものを治す。脾胃の気虚するものには用いない。〔医道療治重宝記〕には諸症により加減がある。

下枝【しずえ】「しづえ、したえだ（下枝）」である。〔消息調宝記・二〕

賤ガ嶽七本鎗【しずがたけしちほんやり】本能寺変（天正十年、一五八二）後、豊臣*秀吉と*柴田勝家ら織田家側との対立が深まり、天正十一年四月二十一日近江賤ガ嶽の戦で、秀吉方が勝家方を破り、全国制覇の基礎を固めた時に勇名を馳せた七人。〔現今児童重宝記〕に、加藤虎之助（清正）。片桐助作（且元）。福島市松（正則）。平野権平（長泰）。脇阪甚内（安治）。糟谷助右ヱ門（武則）。加藤孫市（嘉明）が出る。

静心なく【しずこころなく】　大和詞。「しづ心なくとは、しづまる心なく也」。〔女重宝記・五　弘化四〕

倭文苧環【しずのおだまき】　大和詞。「しづのをだ巻、くりかへし物思ふ」ことである。〔不断重宝記大全〕

静まる【しずまる】　女中詞。「ねるを　おしづまる」。「御静まる」*ともいう。〔重宝女訓女今川操文庫〕

四生【しせい】　「四生《ししょう》」ニ同ジ

四声【しせい】　〔新板増補男重宝記・二〕に、漢字の声調を、○平《ひょう》声《しょう》（声韻共に平らか）○上《じょう》声《しょう》（韻の上り）○去《きょ》声《しょう》（韻の低《さが》り）○入《にっ》声《しょう》（韻の廻り）に分けた総称（図218）。又これより出た声調をいう。例えば、天てん（平字）、目もく（入声字）、茶ちゃ（去声字）、椀わん（上声字）で、入・去・上はみな仄《そく》声《しょう》（即ち平声以外の韻）である。唐土では詩に節をつけて謡うので、平・上・去・入の四声に合わせて詩作する。日本の謡の節 章も四声に漏れない。「絶句」*に図示している。漢詩の作法書『三重韻』に平字 仄字を分けている。「二《に》四《し》不《ふ》同《どう》二《に》六《ろく》対《つい》」参照

図218　「四声」（〔新板／増補〕男重宝記・二）

四星【しせい】　〔重宝記永代鏡〕に十二星の内の吉慶日*活幽日*万徳日*幽微日*を言い、諸事に用いて十倍の勝利を得る日とある。

至聖丸【しせいがん】　〔小児療治調法記〕に至聖丸は、冷疳*疳瀉*を治す。丁香・丁皮（各一匁）、木香・厚朴・使君・陳皮・肉豆蔻（湿り紙に包み煨し）（各二匁）を末（粉）とし、神麹の糊で丸じ、米飲で用いる。

四聖散【しせいさん】　〔小児療治調法記〕に「出《で》瘡《そろう》」*の症が出て快からず、倒《とう》靨《よう》するのを四聖散で治す。紫草・木通（各一匁）、枳殻・甘草（各半匁）を、水で煎ずる。

至聖保命丹【しせいほめいたん】　〔小児療治調法記〕に至聖保命丹は、胎驚*及び驚慢の驚風*を治す。全蝎（十四箇）、白付子・天南星（炮）・姜蚕（炒）・辰砂・麝香・蟬蛻（各一匁）、天麻・防風（各二匁）、金箔（十片）を細末（粉）して粳米の飯で丸じ、一両を四十丸とし、初生の児には半丸を乳汁で蕩かし、一歳の児には一丸を金銀薄荷湯で蕩かし、十歳前後で急候のある者には二丸を薄荷湯で蕩かし、下す。

死生明鏡方【しせいめいきょうほう】　〔重宝記・宝永元序刊〕に次がある。死生を知り、吉凶を定むることは、神聖の医でないとできないが、ある人が呂祖が一枚梅という奇方を伝えている。硃砂・五霊脂（各三銭）、銀硃（一銭五分）、麝香（三分）、草麻仁（五分）、雄黄・芭豆仁（各五銭 不合油）を、黄実の大きさにして印堂（眉間）に貼り赤く色づき、高く腫れて見ゆる時は、病は重いが死なない。色も出ず、腫れもしないのは、病は軽いが死ぬ。奇妙の神方である。

四折骨を挟み縛える法【しせっこつをはさみゆわえるほう】　〔骨継療治重宝記・中〕に足の損傷、四折骨を挟み縛えるには、杉皮か竹の片《へ》いだのを用い、正《おも》と副《そえ》との挟みを用いる。

紫蘇【しそ】　〔万物絵本大全調法記・下〕に「蘇《そ》のら。紫《し》蘇《そ》也」。〔薬種重宝記・下〕に和草、「紫蘇（し）そ／のらえ。茎を去り、刻む、火を忌む」。また「紫蘇子 のらえのみ。少し炒る」。〈薬性〉〔医道重宝記〕に紫蘇は辛く温、風寒を散じ、表を発し、中《うち》を温め、気を廻らし、痰を消す。茎を去り、日に干して揉み砕き、土砂を振い去り、火を忌む。また「紫蘇子」は辛く温、気を下し、痰を去り、咳を止め、喘を定め、寒を除き、腸を潤し、五膈を消す。塵を去り、そのまま用いる。火を忌む。〈料理口伝〉〔料理調法集・口伝之部〕に葉紫蘇 蓼は、三四月を賞翫とする。

紫草【しそう】　〔薬種重宝記・下〕に和草、「紫草 しさう／むらさき、根、

蘆頭を去り、火を忌む」。〈片言〉〔不断重宝記大全〕に「しそうは、紫草」、また「紫蘇しそ」である。「むらさきぐさ（藤の花）」とは別。

四像【しぞう】「四知」ヲ見ル

紫霜丸【しそうがん】〔小児療治調法記〕に紫霜丸は、変蒸*（智恵熱）の薬として、杏仁（皮尖を去る、五十枚）、赤石・代赭石（煆醋に入れ）（各一両）、巴豆（三十粒）を、別々に磨って交ぜ整え、蒸餅（小麦の蒸し餅）を湯に浸し、黍の大きさに丸じ、三歳以下には二三丸、八歳以上には十余丸を、食前に米飲（飯の湯）或は乳汁で送り下す。〔丸散重宝記〕には小児の変蒸の熱の解しないのによく、或は食滞の腹痛 胸通 痰癖 疳癖 実熱の搐搦、また大便の悪臭によい。或は大人の瘡毒 湿毒 痛風 骨疼きによい。俗に紫円という。調合は 代赭石・赤石脂（各一戔）、杏子（五分）、巴豆（三分）を、糊で丸ずる。

紫草化毒湯【しそうけどくとう】〔小児療治調法記〕に紫草化毒湯は、痘が既に出て 或は未だ出ないで、熱塞がり不快なのを治す。紫草（二匁）、陳皮（一匁）、升麻・甘草（各五匁）を水で煎じて用いる。小熱は毒を消すのに消毒飲* 四聖散*を用いるとよい。大熱は小便を利し、五苓散* 導赤散*を用いる。

四草定疼湯【しそうじょうとうとう】〔骨継療治重宝記・下〕に四草定疼湯は、打撲 跌墮 圧磕等の傷《けが》 腫痛を治す。山薄荷・宝塔草・矮金屯葉・雛面藤葉を、生で葉を採り擂って酒で服する。根梗《こんきょう》は煎じて酒で服する。

地蔵真言【じぞうしんごん】真言陀羅尼*の一。〔呪咀調法記〕に地蔵真言は、「唵《おん》。訶々々《かかか》。尾娑摩曳《びさんまゑい》。娑嚩賀《そわか》」と唱える。「地蔵呪《じぞうのじゅ》」「地蔵陀羅尼」ともいう。

地蔵尊の石仏【じぞうそんのせきぶつ】大坂願所。新清水の北手の坂の半途 西側東向きに立つ地蔵尊の石仏に花を供し立願すると、五痔*を患う人は忽ち平癒する。この坂辺には花屋は一軒もないので、寺町で求めて行き、石仏の前の花瓶《はながめ》に差す。〔願懸重宝記・初〕

紫草湯【しそうとう】〔小児療治調法記〕に紫草湯は、「出瘡《でそろう》」*症が出て快からず、及び大便自痢するのを治す。紫草・木香・茯苓・白朮（各一匁）、甘草（半匁）を一服として、糯米（百粒）を入れて、水で煎ずる。「紫草木香湯」ともいう。

紫草透肌湯【しそうとうきとう】〔小児療治調法記〕に紫草透肌湯は、「出瘡《でそろう》」*で痘が出て稠密《しげく》 片《へん》をなし、或は毒 鬱して泄れず、斑点隠れ、肌膚の中にあって出そうで出ないものに用いる。紫草（一匁）、牛房子・防風・荊芥・黄芪（各八分）、升麻・木香（五分）、甘草（三分）に生姜を入れ、水で煎ずる。もし紫色で腹痛するには、蟬退（一匁）を加える。

地蔵咒【じぞうのじゅ】「地蔵真言」ト同ジ

地索麵【じそうめん】「索麵の事」ヲ見ル

四足弓【しそくきゅう】八張弓*の一。〔武家重宝記・二〕に、四足弓は重籐の弓とある（図219）。「繁籐」「滋籐」とも書く。握りより上に地の三十六禽を表して三十六籐ある。握り下には地の二十八宿を表して二十八籐ある。これより籐を色々に略し、村重籐、本《もと》重籐、鏑《かぶら》重籐、末重籐、吹寄《ふきよせ》重籐、箭摺《やすり》重籐、負《おい》重籐、節籠《ふしごめ》重籐、段重籐、匂《におい》重籐、中《ちゅう》重籐、千旦重籐、引両《ひきりょう》重籐、鵺《ぬえ》重籐、白《しら》重籐などが出る。〔弓馬重宝記・下〕にも重籐の弓の事として他に、短重籐、せんだん重籐、香重籐、弓又重籐を出し、古今その品繁多故略するとある。籐《と》は弓の飾りである。数を用いるのではなく、上下の弭《はず》は折れ裂けるのを防ぎ、矢摺は損ずるのを恐れるだけなので、三所の籐の外は用いないという説もある。図②は〔弓馬重宝記・下〕による。「よつあしのゆみ」ともいう。

紙燭の方【しそくのほう】〔里俗節用重宝記・上〕に紙燭《しそく》の方は、樟脳の大きさ三匁程に、唐臘十匁を油を入れて煮て溶かし、その中に紙を浸し漬ける。上を薄様で貼り包むとよい。室内用の照明具。

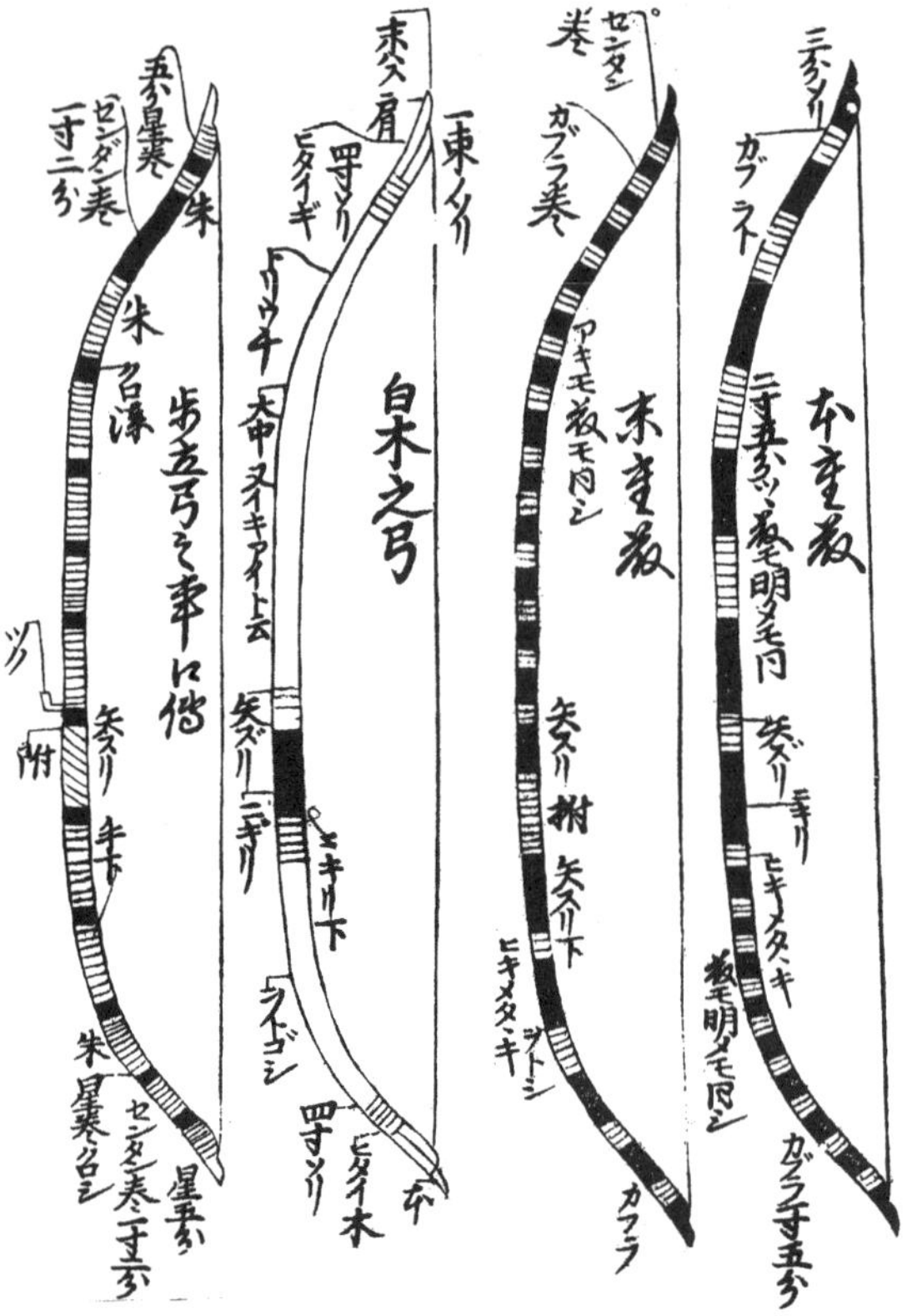

図219　四足弓
①（武家重宝記）
②（弓馬重宝記）

図220　四足の類人に憑いた呪い
①「四足の類人に憑きたる呪ひ」（増補咒咀調法記大全）
②「取り憑いた獣の四ツ足を結ぶ符」（増補咒咀調法記大全）

四足の類人に憑いた呪い【しそくのるいひとにつきたまじない】〔増補咒咀調法記大全〕に「四足の類人に憑きたる呪ひ」①があり、②は取り憑いた獣の四ツ足を結ぶ符である（図220）。

四足平癒【しそくへいゆう】〔馬療調法記〕に大蛛み*挫き*等四足平癒の薬がある。からむしのね（苧麻根）・辛子・土器の粉・塩（土器で炒）（各等分）を擂り交ぜ、酢で粘々延べる。

紫蘇飯【しそめし】〔料理調法集・飯之部〕に紫蘇飯は、紫蘇*の葉を細かに刻みよく汁を絞り、焼塩を加えて置く。菜飯*のように飯に加える。〔懐中料理重宝記〕は、炊き方は枸杞飯*に同じ。焼塩を加える。

紫蘇和気飲【しそわきいん】〔医道重宝記〕に紫蘇和気飲は、産前の諸病に加減して用いる。紫蘇・川芎・陳皮・芍薬・大腹皮・人参・当帰（各等分）、甘草（少）に生姜を入れて煎じる。加減の方は、胎気和せず胸へ上り胸腹が張り痛むには、木香を加える。悪阻《つわり》には茯苓・半夏・砂仁・藿香・神麹・丁子を加える。常に小産*する者は、予てこの薬を服し、地黄・阿膠・黄芩・砂仁・桑寄生・白朮・糯米を加える。七八ケ月前後に顔目が腫れる者は地黄・茯苓・沢瀉・白朮・黄芩・山梔子・麦門冬・厚朴を加える。小便が渋り通じない時は、木通・車前子・滑石を用いる等、十五方がある。〔医道療治重宝記〕には「紫蘇和気散」ともいう。

慈尊院【じそんいん】　和歌山名所。天野から和歌山の御城下に行くには、紀の川を舟で十丁下る。陸路は慈尊院から淡島へ三里、淡島から和歌山へ三里である。彌勒堂 本尊は弥勒菩薩、これは弘法大師御母公御入定の所である。護摩堂 本尊は不動明王、七社明神、大日堂等がある。〔東街道中重宝記・七ざい所巡道しるべ〕

歯朶【しだ】　正月飾り物。〔年中重宝記・一〕に歯朶を「よわいのえだ」と読み、ゆずるという縁をとって用いる。殊に、深山《みやま》にあり、雪霜に萎れないことから祝う。「うらじろ」ともいう。

死胎【したい】「胎死」ヲ見ル

四大【しだい】〔改正増補字尽重宝記綱目・数量門〕に四大は地、水、火、風をいう。万物を構成し、変化させる因となる四ツの元素である。地は堅く物を支持し、水は湿で物を収め、火は熱で物を成熟させ、風は動で物を生長させる物とする。

四大天王【しだいてんのう】「四天王」ヲ見ル

襪【したうず】「したうづは、襪也。したぐつ」である。〔消息調宝記・二〕

下帯初め【したおびそめ】男子が初めて褌を締めること。〔消息調宝記・三〕には男子は九歳で下帯初めをするとあるが、〔進物調法記〕には「下褌《したおび》」はある書に男子八歳より初めて母方の伯叔母から下帯を贈るとある。縮緬 紅絹 白加賀 紅毛綿 紅しぼり等、織り出しがよい。

下地【したじ】女詞遣。「せうゆう（醤油）を、したじ」という。〔女寺子調法記・天保十〕

下々【したじた】女詞遣。「内の者は下々《したじた》といふべきを、家来 又は下人といふは悪しゝ」。〔女重宝記・一〕

舌粲【したしとぎ】「がこうそう（鵝口瘡）」ヲ見ル

仕出し料理【しだしりょうり】〔江戸町中喰物重法記〕に次の店がある。○「仕出御料理」は、麴丁五丁目横丁 森田屋千蔵。○「仕出し即席料理」は、麴丁四丁目 尾張屋文蔵。○「御仕出し料理」は、本所みどり丁四丁目 琴松庵。○「同（御仕出し料理）」は、上野広小路西かわ呑々庵鯉八。

下染【したぞめ】染色。〔染物重宝記・天明五〕に下染とは、二種以上の染料を同時に混用できない時の最初の染色をいい、次の染色を上掛、或は本染という。「下染茶」に、花色に下染をする藍海松茶《あいみるちゃ》* 納戸茶* 千《せん》（仙）斎茶《さいちゃ》* 御召茶、金色茶、茶ビロードがあり、千種《ちくさ》色に下染をする青茶があり、薄浅黄に下染をする鶸茶《ひわちゃ》* 藍媚茶《あいこぶちゃ》*があり、濃い薄浅黄に下染めをする青柳茶《やなぎちゃ》*があり、この十色をいう。「紅類手染」モ見ル

舌付【したつき】舌痘《したつき》とも書き、言葉の不分明をいう。〔文章指南調法記・一〕には手紙形式で、五六歳迄の内に言舌《ごんぜつ》言い回しを教えておくと成人後弁舌爽やかになり、痞・痘・訥を逃れ、利益があると説く。童子の舌痘を矯す術があり、成人にも早口には廻り難いとする。「栗の木の古切り口」。「殿之《とのゝ》御《お》長袴《ながばかま》箱持《ばこもて》」。「御誤《おあやまり》大三《おほみ》御誤《おあやまり》」。「繻子《しゅす》筋《すじ》繻珍《じゅちん》」。「三《み》塗《ぬり》木履《ぼくり》」。「黒革《くろかわ》御脚絆《おきゃはん》」。「摘蓼《つみたで》粒山椒《つぶざんしょう》」。「引櫃《ひつぺぎ》干薑《ほしはぢかみ》」。「伴蘇発保《ばんそぼほ》」。「兵部《ひょうぶ》之坊主屏風」。「羅利留礼呂《らりるれろ》」。

舌に釘打つ【したにくぎうつ】手品。〔清書重宝記〕に舌に釘打つ法は、釘を図の形に作り、舌を横から入れる（図221）。

図221「舌に釘打つ」（清書重宝記）

舌の事【したのこと】〔鍼灸日用重宝記・二〕に舌の重さは十両、長さは七寸、広《めぐり》は二寸半である。〔鍼灸重宝記綱目〕は舌は心の苗で、脾の経絡は舌の本に連なる。ただ舌の下、濂泉の穴は腎経に属するので、心熱すると舌が腫れ瘡を生ずる。心脾が熱を重ねると舌が腫れて物を言わない。虚して風熱を受けると気鬱して重舌*を出す。熱すると舌胎を生ずる。肝が塞がると血を出し、上に鬱熱を貯えると口舌の病を生ずる。舌の緩むには太淵 合谷 内庭 崑崙等七点、強ばるには亜門 二間 少商 然谷等七点、黄なのは魚際を灸点とする。〔医道重宝記〕に舌上の瘡や舌腫れには玄参升麻湯*を用い、〔妙薬調法記〕に舌に物ができた時は青黛と黄蘗を粉にして痛む所にひたすらつけ、〔増補咒咀調法記大全〕に「舌より血の出る大事」は蒲黄を炒り青黛と等分に粉にして水で飲み、舌に塗るのもよく、また「舌の病に飲む」符がある（図222）。

〈損傷治法〉〔骨継療治重宝記・中〕に、○刃物で誤って舌頭《したさき》を切りまだ

切り離れない時は、封口薬*を一日に二三度振り掛けると七八日で癒える。○涎嚢《したのねもと》を刃物等で截るか 石等で打つか 跌くか 墜堕するかして損傷するには、絹糸で縫い合わせ上に散血薬（散血膏*）をつける。七八日で癒え、縫い合わせた糸を切り去り、封口薬を振り掛け、処置する。「口の事」「口舌瘡《こうぜつそう》」モ見ル

図222

「舌の病に飲む符」（増補咒咀調法記大全）

下腹【したばら】 馬形名所*。〔武家重宝記・五〕に下腹は馬の腹の総名である。臍より後《あと》を肚《と》下《が》《ひばらした》、臍の上胸の方を胸寄《むなより》という。

舌腫張【したはれ】 〈舌腫張〉〔丸散重宝記〕に舌が腫張《は》れて口中に満ちるのには、蒲黄（＝がま）*を塗ると妙である。

舌廻り【したまわり】 「舌付」ニ同ジ

四端【したん】 〔童子調宝記大全世話千字文〕に四端とは 惻隠（仁の端）、羞悪（義の端）、辞譲（礼の端）、是非（智の端）である。『孟子・公孫丑上』に出て、それぞれが顕れる端緒である。

紫檀【したん】 〔薬種重宝記・下〕に唐木、「紫檀《たん》、そのまま刻む、火を忌む」。

師檀絶命日【しだんぜつめいにち】 日取吉凶。〔重宝記永代鏡〕に、師は師匠、檀は檀家、絶命は命の絶えることで、この日は寺入り、子弟契約をせず、受戒は殊に忌む。さらには、仏門のことのみならず諸芸*の弟子入り等にも忌む。正月は酉・戌の日。二月は巳・酉の日。三月は戌・午の日。四月は戌の日。五月は未・戌の日。六月は巳・申の日。七月は戌・亥の日。八月は卯・辰の日。九月は戌・亥の日。十月は巳・丑の日。十一月は子・丑の日。十二月は酉・辰の日である。但し、〔諸人重宝記・五〕は、六月は巳・酉の日とある。

四知【しち】 病症を見立てる法。①〔医道重宝記〕等に、四知は望*聞*問*切*とする。病人の形・色を望み見、次に音声を聞き、次に病症・病因を尋ね問い、その後脈を診切してその病を察する。例えば、色の赤いのは腹中の熱、青いのは腹中の痛み、白いのは腹中の冷え、寒 血虚は肺の弱り。黄は脾胃の弱り。黒は腎の気の破れである。声の軽いのは気虚、重く濁るのは風邪。尿の黄なのは熱、清むのは寒。形の痩は虚、肥は実等、詳らかに見聞する。また飲食の多少、二便の通塞、婦人には月経の調否を必ず問う。②〔鍼灸日用重宝記・一〕には神聖工巧《きょう》、望聞問切を、四知 四像 旨綮《しけい》 四妙ともいう。病人の外を望んで病を知ることを神、声を聞いて知ることを聖、委しく問うて原《もと》を知ることを工、脈を窺って知ることを巧という。

歯遅【しち】 〔小児療治調法記〕に歯遅は、小児の歯の生えるのが遅いことで、これは腎の不足による。芎藭散*雄鼠の糞*で治す。

七悪日【しちあくにち】 日取吉凶。〔重宝記永代鏡〕に七悪日は大悪日で、万に用いてはならない。人により違いがあり、酉年生れならば酉より七ツ目の卯の日が七悪日である。他はこれに準ずる。

七月【しちがつ】 〈異名〉〔改正増補字尽重宝記綱目〕を中心に他の重宝記からも集成する。七月《ふづき》 文月《ふみづき》 文披《ふみひろげ》《ふみひらき》（開）月《づき》 孟秋 新秋 初秋 早秋 秋初 首秋 上秋《じょうしゅう》 開秋 肇秋 立秋 蘭秋 蘭月 親月《しんげつ》《おやづき》 相月《そうげつ》 夷則《いそく》 処暑 烹葵《ほうき》 七夕月《たなばたづき》 七夜月《ななよ》 鶉尾《じゅんび》 賓涼 新涼 涼月 女郎花月《おみなえしづき》 素商 初商 商節 爽節 葉落 露降 食瓜。〈一字異名〉相《ふみづき》。

〈七月禁食〉〔年中重宝記・三〕に次がある。七月に蓴《ぬなわ》を食わない、虫がある。韮を食うと目を損ずる。鹿 鯨 菱を食うと気を動かす。茱萸を食うと神気を破る。鴨を食うと人を破る。蜜を多く食うと霍乱する。〔料理調法集・食物禁戒条々〕には他にも、霊芝 鰍を忌み、秋の節に入り五日目に瓜と薊料理を忌む。

〈年中養生〉〔懐中重宝記・弘化五〕等に次がある。○七月七日 菖蒲を採り 酒で方三寸匕服《びふく》すると 年中酒に酔わない（但し、鉄を忌む）。小豆を男は七粒、女は十四粒呑むと無病である。この日、衣類を晒すと虫をなくし、書を晒すと蠹《しみ》はなくなる。○二十二日 浴すると白髪が生えない。朝飯過に浴すれば、足が軽くなる（但し、立秋の日は肌が荒くなる）。○当月 大酒は悪い。茱《ぐみ》と蜜は大いに悪い。○夏は、苦い味の食物を省き 辛いのを増して肺気を養う。夏月 石鉄物類の硬い物を枕として風に当ると目を損ずる。夏至の日から九月迄、一切の食物は一夜を越した物は食わない。水を飲み水を浴びてはならない。○夏は腎水が衰えるので房事を過ごしてはならない。○熱い物を食うと腹中が暖まってよい。○生果物 水冷の物を多食すると、秋は必ず瘧《おこり》や痢病を患う。○衣類・書物・画筆の類は、梅雨より前 天気のよい日によく晒して取り納め、箱に入れ透き間を紙で貼って置くと、梅雨の内に黴を生じない。

七月生れ吉凶【しちがつうまれきっきょう】〔大増補万代重宝記〕に七月生れの人は、前生で主君から施行の銭車十輌を受け取って引き残し、私欲した報いで、今世で思わぬ損をすることがある。身上は思量《おもはか》ゆかず、旅で他国を駆け回り苦労が多く、子の縁も薄い。慈悲善根をなすとよい。〔女用智恵鑑宝織〕七月生れの女にも同様のことを記し、慈悲心があり人を憐れみ、信心すれば末はよい。

七観音院【しちかんのんいん】 京名所。七観音院、ここは下河原といい、この辺に菊水という井がある。〔東街道中重宝記・七ざい所巡道しるべ〕

七気湯【しちきとう】〔医道療治重宝記〕に七気湯は、七情*に傷《やぶ》られ 或は労役 飲食節ならず、満悶 短気するのを治す。半夏（五匁）、人参・肉桂・甘草（各一匁）に生姜を入れて煎じ服す。○七気が心腹へ刺し 痛むのには、延胡索（一匁）、乳香（三分）を加える（加味七気湯という）。婦人には、なお川芎・当帰（一匁）を加える。〔家伝調方記・天保八写〕に七気湯は、三稜・莪蒾・青皮・陳皮・香付子・藿香・桔梗・肉桂・益知（各五分）、甘草（少）。

七去【しちきょ】「婦人七去」ヲ見ル

糸竹腔【しちくこう】 禁灸*の穴。糸竹腔は二穴。眉毛の後ろの陥み 少し中へ入る所にある。〔鍼灸重宝記綱目〕

七句目【しちくめ】 連俳用語。連句で第七句。〔世界万法調法記・中〕に、これ迄に月が出ない時は、ここが月の定座である（秋の月がよいが、他の季でもよい）。功者に譲るのがよい。第三句の後は上の句を賞翫とし、その中にも月の句、また一順の終りに執筆の句があれば、その前句を老分の句と定めている。

七賢【しちけん】〔日時調法通用文則〕に次がある。嵆康、阮籍、阮咸、尚秀、王戎、刘伶、山涛は 西晋の七賢という。尚、周の七賢は、伯夷、叔斉、虞仲、夷逸、朱張、柳下恵、少連をいう（『論語・微子編』）。

七高山【しちこうざん】〔日時調法通用文則〕に、比叡、比良、伊吹、神峯、愛宕、金峰、葛城の 近畿の七高山をいう。

七五起りの事【しちごおこりのこと】〔農家調宝記・初編〕に次がある。その年の合毛《ごうけ》（「当《あた》り合見様《ごうみよう》」参照）へ七五を掛け、すぐに反取《たんどり》を知る。この七五は、上田一反（一升毛）、この籾三石、米にして一石五斗（但し五合摺）、内 七斗五升は公納 七斗五升は作徳。七五はこれより出、五分取* 厘付《りんづけ》*の目安に用いる。反取《たんどり》を七五に割ると合毛である。

七五三の膳【しちごさんのぜん】 七五三は祝儀の膳立法式で、『当流節用料理大全』には本膳に七菜、二の膳に五菜、三の膳に三菜、これに汁や香を副えた配置図がある（図223）。〔女重宝記・二〕に七五三の次第、食い様は、右で箸を取り、飯を取り上げ二箸三箸食い、次に箸を持ちながら右で汁を取り上げ、左へ取り移して汁を吸わずに実を二箸三箸食い、また右へ取り移して下に置き、また食《めし》を二箸食い、前のように汁を取り、実

を食う。三度目には汁を吸うて実を食わずに、本膳の中盛より左角、それより右の角へと食う。〔新板増補女調宝記・二〕に「七五三の次第の事」は箸の取り様は男は右手で逆手に箸を取る。七五三は全て盛り形ばかりで、食うものではない。金紙 銀紙に赤い裏打ちをして十六の折り方があって飾る。例えば、蒲鉾には蜻蛉を飾る類である。或は、三汁十一菜、二汁七菜・五菜の料理は段々食い様があるが、七五三は食ってはならない。

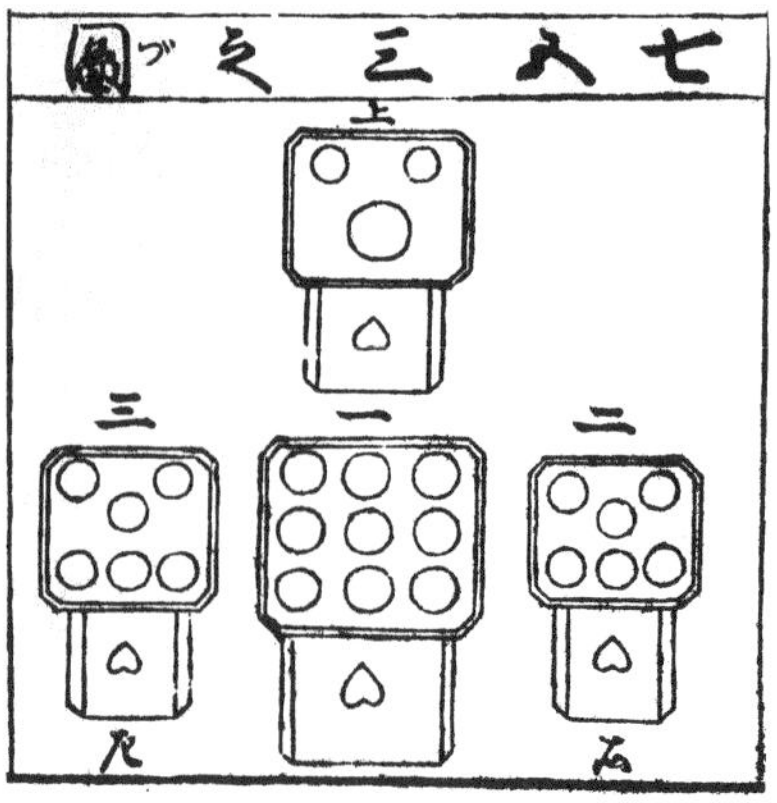
図223 「七五三の膳」
（(新板／増補)女重宝記）

七在所廻り【しちざいしょめぐり】 宝暦十一年（一七六一）刊〔七ざい所巡道しるべ〕は武州忍行田耄翁の編著で、東海道の「四日市より伊勢」、「伊勢より東福寺」「京都より大津」を三編に記す地誌である。編者の住所武州辺では、伊勢参宮をし、大和寺社を廻り高野山へ行き、住吉・天王寺・石清水に詣で、宇治・伏見を見て、京へ上り、三井寺・石山寺を廻って帰るのを七在所廻りと言っていると言うけれども、それがどこを廻るのかは分らないとし、昔から廻った跡を廻るのを七在所廻りと言うと序に書いている。所見本の〔七ざい所巡道しるべ〕は寛政三年（一七九一）刊〔東海道重宝記〕（編者不詳）に合綴されており、本書ではこれに基づいて東海道の案内と共に立項し解説している。

七痔【しちじ】 「五痔《ごじ》」ヲ見ル

七七忌【しちしちき】 「忌辰《きしん》称呼」ヲ見ル

七死の脈【しちしのみゃく】〔医道重宝記〕に七死の脈は、漢方の脈診で弾石《たんせき》* 解索* 雀啄* 屋漏* 蝦遊* 魚翔* 釜沸《ふぼつ》*の七ツの脈で、これらの脈が表れると必ず死ぬという。

七衆【しちしゅ】〔日時調法通用文則〕に仏弟子を七種に分類していう。○沙弥《しゃみ》と沙弥尼（出家の男と女）。○式沙弥尼（小戒を受けた女）。○比丘と比丘尼（具足戒を受けた男と女）。○優婆塞と優婆夷（五戒を受けた男と女）。道俗七衆ともいう。「四衆《ししゅ》」参照

七十二候【しちじゅうにこう】 連俳様式。〔正風俳諧日夜重宝二面鏡小筌〕一年を七十二気候に分けた名目に因むもので七十二句からなる。百韻*の二の折の表・裏を抜いた七十二句の形式。即ち、表八句（七句目月）・裏十四句（九句目月、十三句目花）、二折表十四句（十三句目花）・二折表十四句（九句目月、十三句目花）、名残折表十四句（十三句目花）・名残折裏八句（七句目花）。

七十二点【しちじゅうにてん】 筆道秘伝。〔大増補万代重宝記〕に、永字八法*の展開として七十二点があるとし、その内二十点の図示と解説がある（図224）。○「玉案」、いの字を書く心である。筆を一倍引き出して収める。心せまってはならない。○「構捺」、斜めに筆を筋かえた一文字である。心豊かに頭を巻いても同じである。○「阜法」、心持ち「利刀」に同じ。頭の巻かれる所に思惑がある。注意する。○「宝蓋」、冠の一点、筆先を横にして、一杯に嵌り書く。○「偃柳」、同じものを三ツ並べたように何心なく軽く書く。○「側点」、この一点は秘事である。伝授の旨があり、心を留め、軽々しく思ってはならない。○「抱露」、よく嵌り書くのがよい。その字を抱く気味に思うのがよい。○「利刀」、頭でよく嵌り一杯に思い入れて静かに引き詰む。拮屈にしない。○「邑法」、「利刀」に同じ。但し、この頭は忍び返しの心である。○「笄冠」、

「人偏」の短いもので、心得は同前である。左右持ち合いて書くのがよい。○「鉄柱」、縦に引く一文字である。頭の嵌りが抜けないように確かに引く。○「鱗角」、この打ち付けは筆の首の上に肉があるように書く。もっとも大事の習いとする。○「燕口」、内はよく嵌りて柔らかに引き取る。跡の美しいように書くのがよい。○「釣針」、筆始めをよく嵌り書く。よく筆を詰めて引き廻す。○「玉上（止カ）」、筆の裏表を用い下を丸く廻して少し掲げるようにして収める。○「鳥雛」、筆の裏表を用い、初めの点は表に当り、後の画《かく》は裏に当る心である。○「散水《さんずい》」、いかにも豊かに一画のように三ツ改めて打つ心は悪い。頭の打付けから自然嵌るように書く。○「人偏」、手厚くぼっこりと打ち込み、美しく書く。○「之入《しにゅう》」、左の下で筆結び書き得るようにする。○「門郭」、特に大事の筆法である。格好は整い難い。

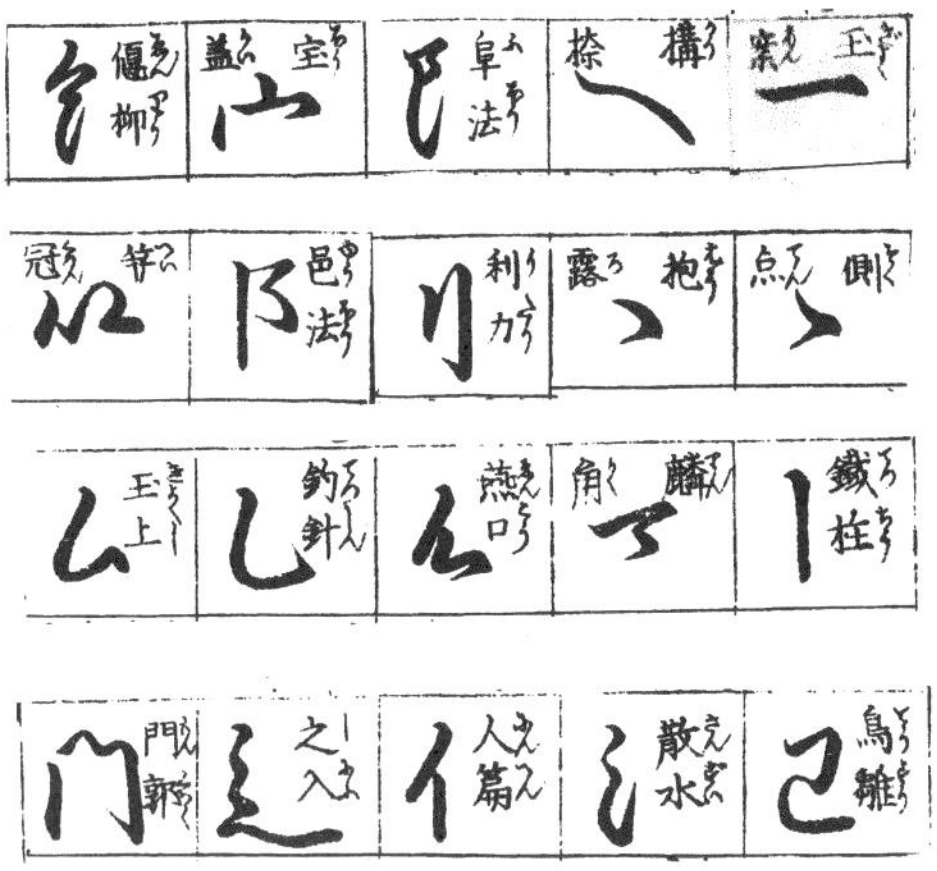

図224　「七十二点」（大増補万代重宝記）

七種の粥【しちしゅのかゆ】〔改正増補字尽重宝記綱目・数量門〕に七種の粥は次をいう。米の粥。小豆の粥。小角豆《ささげ》の粥。黍の粥。粟の粥。菫子《すみれ》の粥。薯蕷《いも》の粥。

七書【しちしょ】〔日用重宝記・三〕に七書は、兵学・軍法の七種の書をいう。『孫子』。『呉子』。『司馬法』。『尉繚子』。『黄石公三略』。『六韜』。『唐太宗（李衛公）問対』。

七傷【しちしょう】〔鍼灸日用重宝記・五〕に七傷は心、肝、脾、肺、腎、並びに内、外の傷《やぶれ》である。或は、五臓*と骨、脈の傷である。傷とは形、容のやぶれる意である。血気が破れず精神が散じなければ、十に一は治す。血気が破れ、形体肌肉を削るように、朝夕に発熱咳嗽便泄するのは治せない。針を、患門 四花 章門 三里 気海にし、梁門をめぐって幾度も刺すとよい。「五労七傷の熱」参照

七情【しちじょう】〔永代調法記宝庫・二〕には喜*怒*憂*思*悲*恐*驚*で、百病を起す気という。〔女文翰重宝記〕には喜*怒*愛*楽《らく》*哀《かなしみ》*悪《にくむ》*欲《よく》*をいう。聖賢はこの七情をよく発し現すことが理に適っているが、凡人は適わない。このことを身につけるのが学問の第一である。

七神庖瘡【しちじんほうそう】〔懐中重宝記・弘化五〕に「七神庖瘡」図があり、次の説明がつく（図225）。この繰り様は熱の初めをその日と定めて繰る。例えば、六日に熱の始めは「大上々吉」である。庖瘡が出兼ねるに

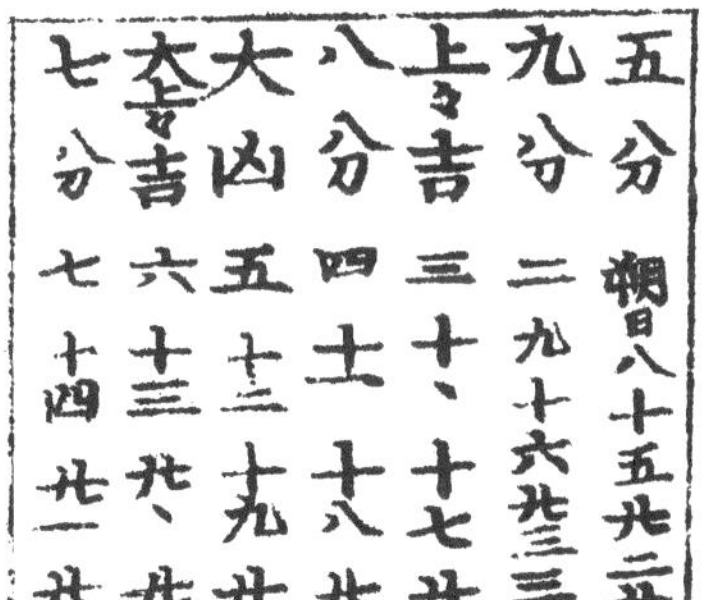

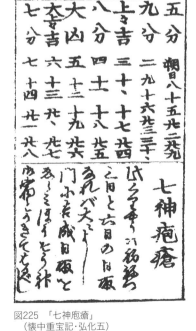

図225　「七神庖瘡」
（懐中重宝記・弘化五）

は、松茸の石突を火で焙り、細末（粉）にして白湯で用いるとよい。また、疱瘡前に南天の葉・皮・実を等分にして煎じ、その湯を度々浴びるとよい。「ほうさう安全湯／江戸本町薬店／いわしや藤右衛門に有」。

七政【しちせい】〔万物絵本大全調法記・上〕に「七政《しつせい》、日月五星也。七曜同。日。月。木星《もくせい》を歳星と曰ふ。火星《かせい》を熒惑《けいわく》と曰ふ。土星を鎮星と曰ふ。金星を太白《たいはく》と曰ふ。水星を辰星《しんせい》と曰ふ」。〔重宝記永代鏡〕に七曜星は、日曜*月曜*、及び木曜*火曜*土曜*金曜*水曜*の五星を言い、暦の大小の下に金曜土曜等とあるその月の朔日に当る星で、それから二日三日と五星の並び順に配当し終り、また初めに戻って繰る。五星は古代政治に重要視した七ツの星の内である。

七星【しちせい】〔日時調法通用文則〕に「七星《せい》。貪狼《とんろう》。巨門《こもん》。禄存《ろくそん》。文曲《ぶんきょく》。廉貞《れんてい》。武曲《ぶきょく》。破軍《はぐん》」。なお「二十八宿《にじゅうはっしゅく》」ヲ見ル。東西南北の各方に七星がある。

七清花【しちせいが】〔人倫重宝記・一〕に、花山院*大炊御門*転法輪三条*西園寺*徳大寺*久我《こが》*今出川*の七家の清花をいう。いずれも藤氏で、九条師輔公の子孫である。花族《かしょく》の君達《きんだち》ともいう。摂家*に次ぐ家柄で、大将・大臣を兼ね、太政大臣迄登れる家格である。

七殺【しちせつ】「金神《こんじん》の七殺の方」ヲ見ル

七殺の歳【しちせつのとし】「金神《こんじん》の事」ヲ見ル

七疝【しちせん】〔鍼灸日用重宝記・五〕に七疝は、疝気の七ツの病症、厥疝*癥疝*寒疝*気疝*盤疝*付疝*盤疝*をいう。

七鳥日【しちちょうにち】日取吉凶。四季悪日*の一。万に忌む。〔重宝記永代鏡〕に七鳥日は、夏の丙子《ひのえね》、丁亥《ひのとい》の日。〔万民重宝改正大ざつ書〕には「七龍日」とある。

七道【しちどう】〔農家調宝記・初編〕に、第五十二代嵯峨天皇（八〇九～八二三）の時に六十六箇国が定まり、王都に近い五箇国を天子の饗膳に備える料として「中央」とし、畿内*と称し、遠方への使いを命ずる七道が定った。東海道*東山道*北陸道*山陰道*山陽道*南海道*西海道*の各道である。〔大増補万代重宝記〕には三十二代用明天皇の時（現在は第三十一代、在位五八五～五八七）畿内を分ち、四十三代元明帝（七〇七～七一五）の時諸国の郡郷の名を定め、五十三代淳和帝（八二三～八三三）の時七道を分けたとある。

七度焼【しちどやき】「金銀焼付幷ニ鍍金の事」ヲ見ル

七難【しちなん】〈七難〉『易林本節用集』に七難は、日月度を失う、時節返逆二十八宿度を失う、大火国を焼く、大木漂没、大風吹殺す、天地国土穴陽炎天、四方賊来とある。『書言字考節用集』に七難は、人衆疾疫、他国侵逼、自界叛逆、星宿変怪、日月薄触、非時風雨、過時風雨がある。

〈七難の日〉〔馬医調法記〕に七難の日は、春は子午、夏は申酉、秋は辰巳、冬は巳未とある。符がある（図226）。

図226「七難の符」〔馬医調法記〕

七難九厄【しちなんくやく】〔年中重宝記・四〕に七難九厄といい、七歳より九歳を加えて六十一歳に至る迄をいう。七歳、十六歳、二十五歳、三十四歳、四十二歳、五十二歳、六十一歳である。（誤算は典拠のまま）九歳を加えるのは九は老陽の数で、陽が極まると陰に変ずる理である。

七難即滅の事【しちなんそくめつのこと】〈七難即滅呪い〉〔調宝記・文政八写〕に、①「蘇民将来子孫家門」。②「御歳徳大善神」がある。門口へ貼って置く。「七福即生の事」参照。〈七難即滅日〉〔重宝記永代鏡〕に立願、或は出家、得道に吉日とする。正月は巳の日。二月は午の日。三月は未の日。四月は申の日。以下は順に従う。「七福即生の事」参照

七盃酢【しちはいず】〔料理調法集・煮出煎酒之部〕に七盃酢は、酒四盃、酢

二盃、塩一盃を合せ、煮返して使う。

七美【しちび】「日本の七美」ヲ見ル

七表の脈【しちひょうのみゃく】〔医道重宝記〕に、陽脈（漢方の脈診で軽く圧して体の表在部位の病変を知る）で、浮《ふ》脈* 芤《こう》脈* 滑脈* 実脈* 弦脈* 緊脈* 洪脈*の七ツの脈をいう。

七福【しちふく】〔改正増補字尽重宝記綱目・数量門〕には「无病 瑞心 身香 衣浄 肥躰 多多 人饒」と二字ずつに区切るが、『易林本節用集』に「无病 端正 身香衣浄 肥躰多々 人饒所説 粛用 自然衣服」とあり、これらは『法苑珠林・三三』による。七種の物が備わることで幸福が得られるという説。

七福神【しちふくじん】「五福」ヲ見ル

七福即生の事【しちふくそくしょうのこと】 七福即生呪い。〔調宝記・文政八写〕に、①「喼喼如律令」。②「□斳乙」 厄病除け、門口へ貼って置く（図227）。七種の幸福が即座に得られること。「七難即滅の事」参照

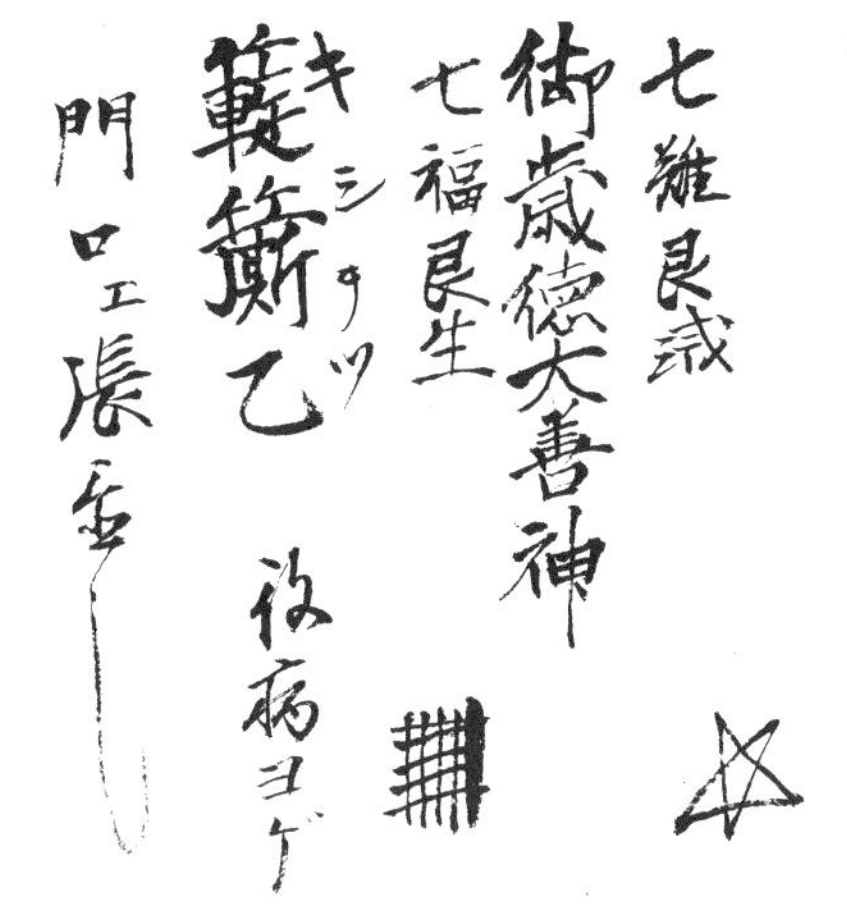

図227 「七福／七難即生の符」（調宝記・文政八写）

七味地黄丸【しちみじおうがん】〔昼夜調法記・正徳四〕に七味地黄丸は六味地黄丸*に肉桂（十匁）を加えたものである。腎水不足し、虚火昇り、口舌に瘡等生じ、奥歯歯茎に膿が生じ爛れ、咽痛み、形痩せて寝汗や発熱のものによい。

七味清脾湯【しちみせいひとう】〔昼夜重宝記・安永七〕に七味清脾湯は、寒冷な物を多食し、脾に滞り、鬱して瘧を発する（これを脾瘧・食瘧という）のを治す。厚朴・青皮・半夏・烏梅・良姜（各一匁）、草果（一匁）、甘草（炙 六分）に、生姜と棗を入れ、水で煎ずる。〔医道療治重宝記〕等では分量が異なり、諸症により加減、補薬がある。

七味煎餅【しちみせんべい】 七味煎餅は、筑土下 和泉屋にある。〔江戸町中喰物重法記〕

七味白朮散【しちみびゃくじゅつさん】〔医道重宝記〕に七味白朮散は、脾胃の気和せず、津液足らず、肌熱し、或は吐瀉し、口の渇くのを治す。人参・白朮・茯苓（各六分）、葛根（一戔）、藿香・木香・甘草（炙 各六分）を煎じる。小児の肌熱し、吐瀉するのを治す。大人にも用いる。気が実し、気が滞り実火に属する者には用いない。

七夜の祝【しちやのいわい】〔嫁娶調宝記・二〕に、赤子が生れてから七日目夜の祝。舅の方より赤飯を蒸し聟の方へ遣わす。七夜の祝に一門の面々は酒肴を送り、祖父母の方よりは樽肴に産着を添えて遣わし、祖父よりは奉書を二枚重ねて太刀目録のように三ツに折り、真中に孫の名を書きつける。七夜より祝の上、名を広める。七夜に産婦は枕を直し、高くする。産婆が来て産婦に行水をさせ、祝の膳を据える。産婆が帰ると身代により銀一枚、二歩、百疋等あり、着物等を添え、また樽肴等を遣わすこともある。首尾による。〔消息調宝記・三〕には祝儀に遣わす文と、返事の文の範例がある。

雌疔【しちょう】 十三疔*の一。〔斎民外科調宝記〕に雌疔《しちょう》は、色は黄で、灸のように蓋を作る。

七曜星【しちょうせい】「しちせい（七政）」ヲ見ル

征にかかる【しちょうにかかる】 碁より出た言葉。〔男重宝記・三〕に碁で「征《しちやう》にかゝる」は、相手の石を両辺じぐざぐに追い、常にあと一手で石を取ることのできる状態をいう。転じて、相手を窮地に追い詰めることをいう。

七曜破軍星剣先早見【しちようはぐんせいけんさきはやみ】〔古易方位万代調法記〕に図表（図228）があり、次の説明がある。この繰り様は、例えば「正月五メ」とあるのは、正月何の日でも子の時（零時）に繰るのならば子の時から五ツ目辰の方へ剣先が向うと知る。また丑の時（二時）に繰るなら五ツ目巳の方に剣先が向うと知る。また「二月六メ」とあるのも、例えば二月の寅の時繰るなら未の方に剣先が向うと知る。

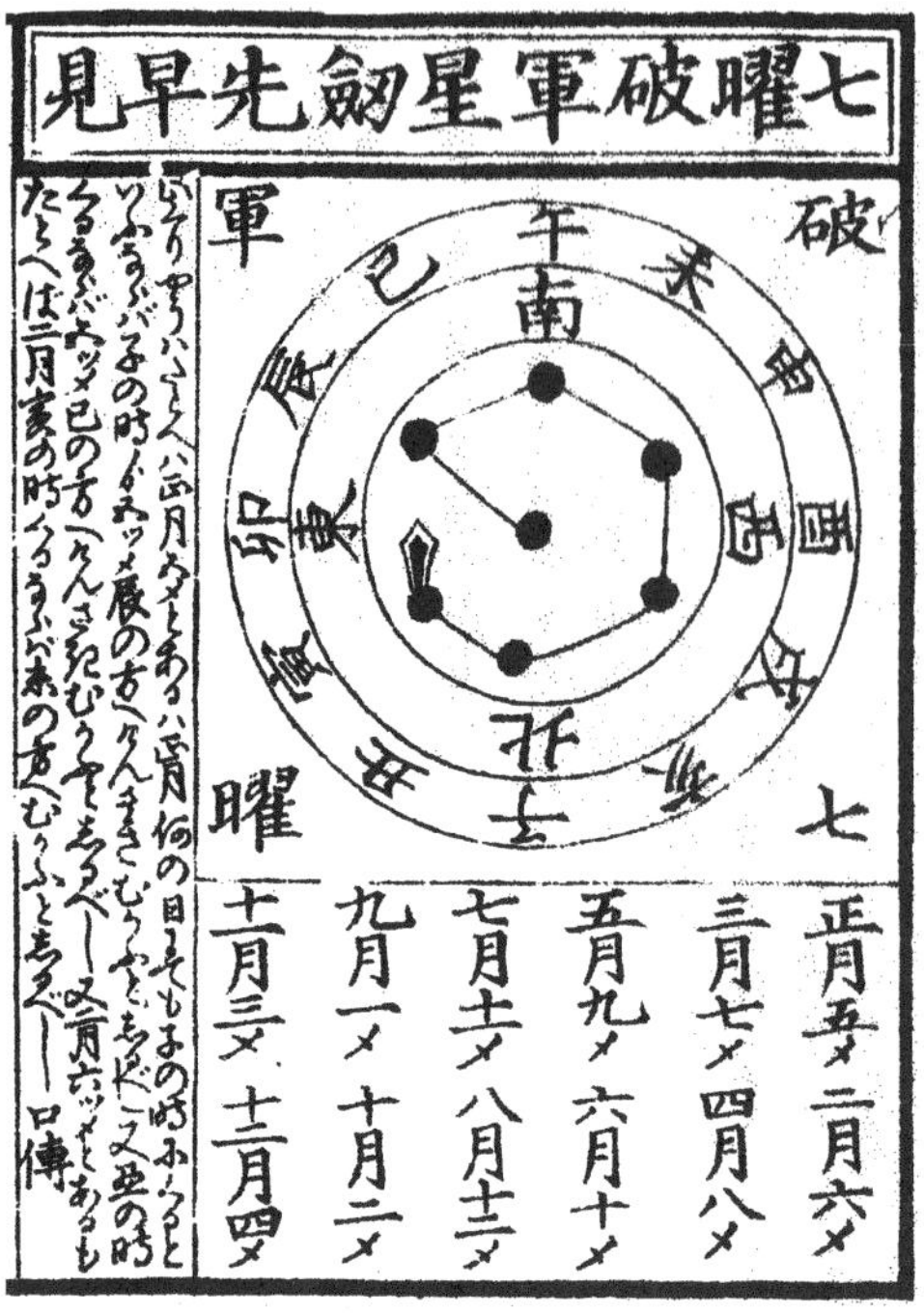

図228 「七曜破軍星剣先早見」（古易／方位）万代調法記

七曜日【しちょうび】 和蘭語。〔蘭学重宝記〕に七曜日がある。日曜日＝ゾンダフ。月曜日＝マーンダフ。火曜日＝ディングスダフ。水曜日＝ウーンスダフ。木曜日＝ドンドルダフ。金曜日＝プレイダフ。土曜日＝サテュルダフ。

七翼の毛【しちよくのけ】 鷹の名所。*〔武家重宝記・五〕に七翼の毛は、鷹の羽交先《はがいさき》に連なる毛をいう。散雪《さんせつ》。風流。折目《おりめ》。霜山《そうさん》。万里《ばんり》。羽校《はくらべ》。長《ちょう》尖《せん》をいう。

七里舟渡【しちりふなわたし】〔家内重宝記・元禄二〕に次がある。桑名より宮へ、七里 舟渡し。◇船中の定。○あぶ（鐙）付［宿場の乗掛馬の両脇につける小荷物］・徒《かち》荷・人（一人）＝各三十五メ。乗掛＝四十メ。壱駄荷＝七十文。駕籠一提＝九十メ。乗物・長持＝百二十四メ。○三人水子＝一貫六十メ。ともの間＝三百七十メ。どうの間＝六百八十四メ。○四人水子＝一貫二百四十八メ。どうの間＝八百十二メ。半分は四百六メ。三ケ一は二百六十八メ。ともの間＝四百三十六メ。半分は二百十八メ。○三十四人乗＝四百八十メ。○五人水子＝一貫四百六十八メ。どうの間＝五百三十六メ。半分は四百六十六メ。三ケ一は三百十二メ。四ケ一は二百二十三メ。ともの間＝五百三十メ。半分は二百六十三メ。○四十七人乗＝六百六十七メ。○六人水子＝一貫六百五十四メ。どうの間＝一貫六十メ。半分は五百三十メ。三ケ一は三百五十二メ。四分一は二百六十三メ。ともの間＝五百九十メ。半分は五百九十三メ。○五十三人乗＝七百四十六メ。○桑名より佐屋へ廻る道。佐屋〈一里半九丁。本駄賃五十三メ・軽尻四十メ・人足三十メ〉かもり〈一里半九丁。同前〉まんば〈二里半九丁。本駄賃七十六メ・軽尻五十七メ・人足四十四メ〉宮。時代による値段の相違などは「宮より桑名」〈桑名舟賃付〉「佐屋廻り」モ見ル

疾【しつ】「ようばいそう（楊梅瘡）」ヲ見ル

湿【しつ】「かいせんそう（疥癬瘡）」ヲ見ル

馹【しつ】 馬子通辞。*馹《しつ》と言うと、馬が進む。〔武家重宝記・五〕

実【じつ】 算盤の用字。〔古今増補算法重宝記改成・上〕に法*を以って、掛

け或は割る数が右にあることをいう。

湿鬱【しつうつ】六鬱*の一。〔鍼灸重宝記綱目〕に湿鬱は、身節走り痛み、曇雨に遇うと発り、脈は濡《じゅ》である。針灸の穴は膏肓 神道 肝兪 不容 梁門にある。

止痛薬【しつうやく】〔骨継療治重宝記・下〕に止痛薬は、当帰・牛膝《ごしつ》・川《せん》芎《きゅう》・淮生芐《わいしょうに》・赤芍薬《しゃくしゃくやく》・白芷《びゃくし》・羌活・独活・杜仲・続断（各一両）、肉桂・八角茴香・乳香・没薬（各五両）、南木香・丁皮・沈香・血竭（各二銭半）を末（粉）にして、老酒で調え服する。

失栄【しつえい】小児腫物。〔改補外科調宝記〕に失栄は思慮の多いことから脾胃を損じ、鬱火が盛んで痰が滞り、多くは咽喉 項《うなじ》に生じ、百死一生の病である。初発は少し腫れて段々に大きくなり、石のように硬くなり、色は変わらず押しても動かず、一年程して疵は痛み、気血衰えて痩せ、後には腫物は紫色斑になり、破れ爛れて血水を出し、昼夜ともに安からぬ症である。薬に、和栄《かえい》散堅丸*化堅破傷膏*がある。

湿疥【しつかい】「疥癬瘡《かいせんそう》」ヲ見ル

十界和歌【じっかいわか】〔女用智恵鑑宝織〕に仏説ではあるが、今日人の身の上に当てるとして次がある。○地獄「燃ゆる火も閉づる氷も消えずして 幾夜迷はん長き夜の夢」。○畜生「水に住み雲井にかける心にも 浮世の網はいかが悲しき」。○修羅「波立ちし心の道の末はまた 苦しき海の底に住むかな」。○餓気「身を責むる餓えの心に堪え兼ねて 子を思ふ道ぞ忘れ果てぬる」。○人道「夢の夜に月日はかなく明け暮れて 又は得難き身とも知らずや」。○天道「玉かけし跡には露を置き替えて 色衰ふる天の羽衣」。○声聞「果てもなく空しき道に消えなまし 鷲のみ山の法《のり》に逢はずは」。○縁覚「奥山に一人浮世は悟りにき 常なき色を風に眺めて」。○菩薩「秋の月もちは一夜を隔てにて かつかつ残る影ぞ拙き」。○仏果「暗かりし雲はさながら晴れつきて また上もなく澄める月かな」。

実花湯【じっかとう】〔薬種日用重宝記授〕に実花湯は、桃花・栄実（各大）、茯苓（中）、枳実・黄連（小）。溜飲下しによい。

失火を消す秘法【しっかをけすひほう】〔俗家重宝集・後編〕に「過ち火を消す秘法」は、鶏と鶩《あひる》の卵を早く火に向って投げ込むと消える。平日から心掛けて置くとよい。

膝関【しっかん】〈経絡要穴 腿脚部〉二穴。膝蓋《ひざのさら》の下に牛の鼻つらのような陥みがあり、その下二寸に点をする。針四分。灸五壮。膝痺れ疼き、咽中の痛むのを治す。〔鍼灸重宝記綱目〕

十干【じっかん】十幹とも書く。〔年中重宝記・六〕には、甲*乙*丙*丁*戊*己*庚*辛*壬*癸*をいう。これを「え（兄）と（弟）」という。このうち甲《きのえ》／乙《きのと》は木、丙《ひのえ》／丁《ひのと》は火、戊《つちのえ》／己《つちのと》は土、庚《かのえ》／辛《かのと》は金、壬《みずのえ》 癸《みずのと》は水で、これを木火土金水の五行*という。「十干異名」は甲 乙 丙 の各項に個別に出した。十干から十二支*を生ずる。

十干生れ年の吉凶【じっかんうまれどしのきっきょう】「甲年生れの吉凶」「乙年生れの吉凶」「丙年生れの吉凶」のように掲出。

十干の人神【じっかんのにんじん】〔年中重宝記・六〕に人神*（人の魂）の在る所といい、灸をしない。甲《きのえ》の日は頭。乙《きのと》の日は喉。丙《ひのえ》の日は唇。丁《ひのと》の日は肩・胸。戊《つちのえ》の日は胸。己《つちのと》の日は腹。庚《かのえ》の日は肝。辛《かのと》の日は股・腰。壬《みずのえ》の日は背。癸《みずのと》の日は頸にある。〔重宝記永代鏡〕には次がある。甲乙の日は頭喉。丙丁の日は肩胸。戊己の日は胸腹。庚辛の日は股。壬癸の日は腋足。

十奇散【じっきさん】〔小児療治調法記〕に十奇散は、痘が出て（「出瘡《でそろう》」*「貫《みず》膿《もる》」*）血気の不足する等に用いる。黄芪・人参・当帰（各二匁）、厚朴・桔梗・川芎・防風・甘草・白芷（各一匁）、桂心（三分）を末（粉）して、毎服一匁 或は二匁を温酒で調え服する。水で煎じて用いるのもよい。内托散*から木香を去ったものである。また十宣散*十補散ともいう。

湿気中満【しっきちゅうまん】 経験方。〔丸散重宝記〕に湿気中満で、足の脛が微腫し小便通せず気急咳嗽には、牽牛子（一戔）と姜製炒の厚朴（五分）を末（粉）して、生姜湯で下す。

昵近衆【じっきんしゅう】 貴人の側近く仕えて雑用をする家。〔世界万宝調法記・上〕に日野、広橋、柳原、勧修寺、飛鳥井、高倉、四条、山科、冷泉、舟橋、竹内（「以上十二人」とあるが、記述は十一人）。また西三条、橋本、梅園、堀川、土御門（以上五人）。

漆喰塗りの土【しっくいぬりのつち】〔万用重宝記〕に次がある。漆喰を塗り叩き土をする極く名法は、常の土と常の木灰とを等分に合せて、麩糊を極めて濃く煎じた汁で固く練り堅め、泉水や走り等、何でも塗る。もし罅《ひび》の入る時は、また練り込むとよく、その後十日程乾かしてから水を入れる。

衄血【じっけつ】「鼻血」ヲ見ル

日月【じつげつ】〔鍼灸日用重宝記・二〕に日月は二穴。足の少陽胆経の穴。直に期門の下五分。灸三壮 又は禁灸。胸の煩れ、苦汁《にがむし》を吐き、脇の痛むのを治す。その他、期門と治法は同じ。〈灸穴要歌〉〔永代調法記宝庫・三〕に「心憂く楽しまれず唾《つばき》多く手足治まらざるは日月」（日月は鳩尾より二寸五分 それより脇へ一寸ずつである）。〈十字の秘術の一*〉〔新撰咒咀調法記大全〕に十字の秘術*の字、天王命勝龍虎喤《こう》（つなし）水の八字を手の内に書いて心に日月の二字を念ずる。諸事障りなく運は強い。

日月五星【じつげつごせい】「しちせい（七星）」ヲ見ル

日月の手綱【じつげつのたづな】「手綱の事」〈手綱執り様〉ヲ見ル

日月離別日【じつげつりべつにち】 五離日*の一。〔懐中調宝記・牛村氏写本〕に「日月離別日」は、丙申《ひのえ》、丁酉《ひのと》の日で、耕作に凶である。〔重宝記永代鏡〕には「日月離日」とあり、万に悪い。

日月和合日【じつげつわごうにち】 五和合日*の一。〔重宝記永代鏡〕に「日月和合日」は、丙寅《ひのえ》、丁卯《ひのと》の日で、耕作に吉日である。

湿気を避ける伝【しっけをさけるでん】〔日用調法人家必用〕に住居向きの湿気を避ける伝は、畳の下に竹の皮を一円に敷く。箪笥等常に置く所の下は、多く敷き入れると心配はない。

執権【しっけん】 武家名目。〔武家重宝記・一〕に執権は大老*の異名とある。

矢籠【しっこ】〔弓馬重宝記・下〕に矢籠《しっこ》は、籠箙《かごえびら》で矢を盛る器である（図229）。中興の作出故 形は一定せず、当世は色々に品形がある。平士の器である。但し、四家の習伝がある。

図229「矢籠」（弓馬重宝記）

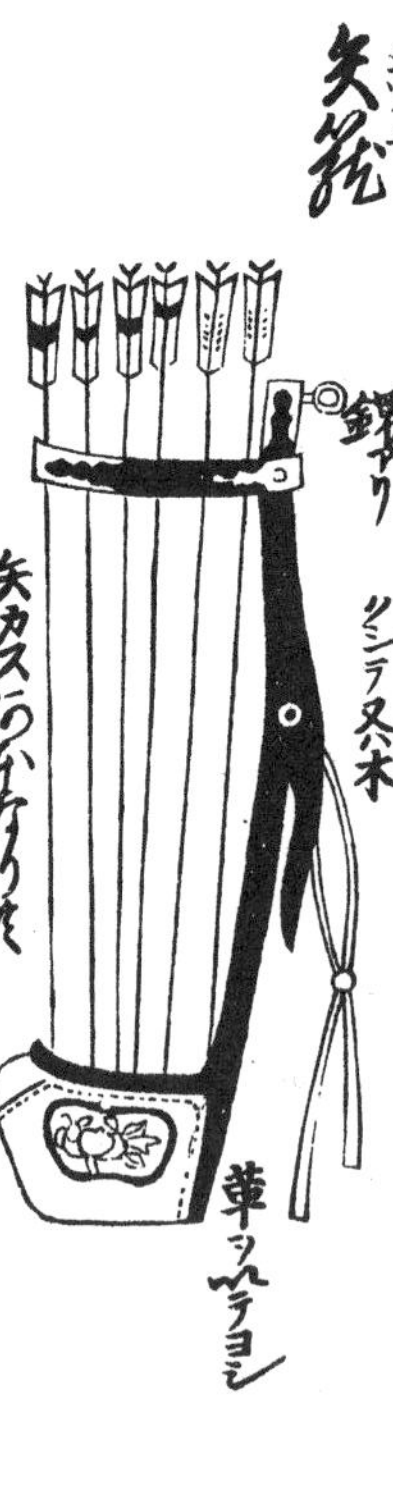

十絞日【じっこうにち】 日取吉凶。〔重宝記永代鏡〕に十絞日《じっこうにち》は大悪日で、万に用いてはならない。人により違いがあり、酉年生れならば酉より第十目午の日が十絞日である。他はこれに準ずる。

実語教【じつごきょう】〔寺子調法記〕等に収録する「実語教」は、経書から格言となる五言九十六句を抜き出し、「山高きが故に貴からず、樹あるを以って貴しと為す。人肥えたるが故に貴からず、智あるを以って貴しと為す」のように口誦しやすく整え、子供向けに勧学 修身の大事を説いたものである。作者には弘法大師が当てられるが未詳である。平安時代には成立していたと思われ、鎌倉時代からは往来ものの一ツとして流布し、江戸時代には注釈書や類書も多く出ていて、『童子教』等と共に寺小屋等の教科書として広く流布した。

執事【しつじ】 武家名目。〔武家重宝記・一〕に執事は、大老*の異名である。

十死日【じっしび】 暦下段。〔重宝記永代鏡〕に十死日《じっしび》は、暦には「十し」と書いてある。大殺日*、天赦日《てんごうにち》ともいい、十が十ながら皆死する大悪日である。善悪共に用いてはならない。葬礼 婚礼 仏事、医師を迎える等堅く忌み避ける。

十宗【じっしゅう】 〔農家調宝記・二編〕に十宗は、八宗*に、浄土宗*と禅宗*を加え、十宗という。

十種の芸能【じっしゅのげいのう】 〔女重宝記・弘化四〕に次がある。◯「男子の十能」は「りくげい（六芸）*」に琴碁・画図・丹青・蹴鞠*を合せていう。◯「女子の十能」は第一は織り紡ぎ、把針の業。二は女筆。和漢の名家の筆意 筆法を得る。三は和歌 俳諧。四は香道。志野流 相阿弥流。五は茶の湯。千家 片桐 古田 小堀遠州 有楽流を随意に学ぶがよい。六に箏曲《こと》。七に画の道。狩野家 土佐家、或は韓絵《からえ》の品々。八に双六。おりは七目《ななめ》に始り乞目《こいめ》の賽に朱を加える迄に至るのがよい。九に韻塞ぎ（詩歌による遊戯）。十に篇突。但し、男女とも分限に応じ奢らず、一芸に傾むかず、程よく心懸けるべきである。

失笑散【しっしょうさん】 〔薬家秘伝妙方調法記〕に失笑散は、産後に腹痛み死にそうなのを治す。蒲黄（炒る）・茘子（各等分）を末（粉）して酢で炒り、膏として湯で用いる。

実城寺【じつじょうじ】 吉野名所。蔵王堂から三丁程である。吉野の皇居の地で、御殿をそのままに造り改めた寺で、甚だ美である。御遊の時の太鼓、笙などがある。〔東街道中重宝記・七ざい所巡道しるべ〕

湿癬【しっせん】 〔改補外科調宝記〕に肥癬疥癢癬*で、虫の這うようにむず痒く、掻くと汁の出るのを湿癬という。薬は明礬・黄連（各五両）、胡粉・黄丹・水銀（各三匁）を粉にして、猪の油（二両）を入れて搗き、水銀の星を去り、錫の器に入れて置いて塗る。

十宣散【じっせんさん】 〔小児療治調法記〕に十宣散《じっせんさん》は、内托散*から木香を去った薬とする。〔改補外科調宝記〕に十宣散は、乳癰 乳癌等の薬にする。人参・当帰・甘草粉（炙）・川芎・黄芪（塩を制し炙る 各二両）、防風・厚朴（生姜の汁に漬けて炙る）・桔梗（炒る 一両）、白芷（五匁）、肉桂（三匁）を粉にし、酒で用いる。「十奇散」「十補散」「内補散」ともいう。

十全大補湯【じつぜんたいふとう】 〔医道重宝記〕に十全大補湯《じつぜんたいふとう》は、気血ともに虚して寒ずるもの、下元《げげん》の気の衰える者を治す。生れつき元気弱く、或は飲食 労倦に傷《やぶ》られ、或は心労甚だしく気血ともに虚し名状しがたい諸症で、内は真の寒にして、外へは仮の熱症を現すものを治す。当帰・川芎・芍薬・人参・黄芪・白朮・茯苓・甘草・熟地黄（各等分）、肉桂（少）に生姜と棗を入れて煎ずる。〔昼夜重宝記・安永七〕には人参・白朮・熟地黄（各二匁）、黄芪（三匁）、茯苓（一匁）、芍薬（炒）・川芎（各八分）、当帰（一匁五分）、甘草（三分）、肉桂（五分）を水で煎ずる。発熱には柴胡を加える。虚労には柴胡・地骨皮・秦艽を加える。手足が痺れ或は痛むには黄芪を去り、陳皮・半夏・秦艽・牛膝・羌活・付子を加える。遺精には山茱萸・山薬・五味子・麦門冬を加える。〔医道療治重宝記〕には諸症により加減、補薬がある。〔小児療治調法記〕には「痘後の余症」*で痂《ふた》が落ちたら、十全大補湯に黄芪・肉桂（各一匁）を加えて用いる。

十全丹【じつぜんたん】 〔小児療治調法記〕に十全丹《じつぜんたん》は、丁奚疳* 哺露疳*を治す薬。青皮・陳皮・莪朮・五霊脂・川芎・白豆蔻・檳榔・蘆薈（各半両）、木香・使君肉・蝦蟇（各一匁）を末（粉）とし、猪丹汁に糕《だんご》を浸し、丸じて用いる。

十仙湯【じっせんとう】 〔医道重宝記〕に「十仙湯」に二法がある。◯中風で半身遂わず身痺れ、或は疝気 脚気 腰膝の痛むのを治す。桃仁（七匁）、白芷・藁本・豨薟（各五匁）、丁子・甘松・白檀（各四匁）、菖蒲根・石菖根・桑白皮（各三匁）を煎じ湯で用いる。◯麻疹《はしか》の後の余毒を治し、熱

毒が去らず、塞がり盛んなものに用いる。少しでも虚するものには与えず、症状により加減の方がある。柴胡・葛根・玄参・黄連・黄芩・山梔子・陳皮・茯苓・枳殻・生地黄（各等分）に生姜を入れて煎ずる。熱毒がまだ去らず塞がり盛んなものに用いる。少しでも虚すれば用いない等、色々な心得を要する。

十全内補散【じっぜんないほさん】〔改補外科調宝記〕に十全内補散《じっぜんないほさん》は、風腫*風毒*風毒腫*の内薬である。膿が出て後に用いる。当帰・人参・黄芪・川芎・白芷・桂心・防風・桔梗・厚朴（各一両）、甘草（五分）。これ等に酒を少し入れて煎じ用いる。

漆瘡【しっそう】〔人倫重宝記・四〕に漆《うるし》は器物を塗るものであるが、近頃は灸穴に漆を差すことが流行り、灸所が爛《ただ》れ瘡《か》ぶれ、漆瘡が出て悩まされる者が多い。定めし塗師屋のなれのはてが野巫医者になって仕出したものかという。「漆の事」ヲ見ル。

実相院【じっそういん】京洛岩倉にある寺院。〔男重宝記・一〕に法諱は義延。宮門跡。知行、四百十二石五斗。円満院、聖護院とともに三井寺の三門跡の一で、天台宗である。三井寺の長吏を代わる代わる勤める。

しったか【しったか】「しったかとは、人をはぐらす事」である。〔増補新版名代町法記・不断の言葉〕

嫉妬【しっと】〈女の嫉妬深いのを治す〉〔女用智恵鑑宝織〕に女子の「嫁入前の教え」*に十三ケ条があり、その四に嫉妬心を決して起してはならず、甚しいと気色 言葉も恐しく凄じくなり、夫に疎まれ見限られる（「婦人七去」参照）とある。また男女共に嫉み心のあるのは常であるが、中でも婦人はこの惑いから家を破り、身を亡ぼすことが多い。昔 嫉み深い女が夫の足に綱をつけて外へ出し、ある時男は 綱を羊の足につけて返すと女は驚き、占者に話すと嫉み深いために羊になったという。女が嘆くのに、妬む心を止めるなら 祈り返してやると誓言させ、夫は程なく帰ってきた。この故事の歌、「引き寄せばただにはよらで春ごまの綱引きするぞ縄絶つと聞く」。

〈薬方〉〔男女御土産重宝記〕に妬ましい女を治すには、○鶯の鳥を煮て食わすと自然と嫉み心が治る。○天門冬（但し、心《しん》を去る）・縮砂・米（少し煎る。各等分）に薏苡仁を少し入れて細かにし、蜜で練り丸じ、常に六七十粒を飯の取り湯で飲ますと嫉妬心は直る。〔大増補万代重宝記〕には、赤黍・薏苡仁（各等分）を丸薬にして常に婦人に呑ますとよい。〔女筆調法記・四〕には「悋気は三毒の邪心」*といい、腹立つ心は外に表れ出て、顔は角々しく恐ろしいものであるが、何事も夫の機嫌のよいように諫める心で留守を守る工夫を説く。〔女用智恵鑑宝織〕にも女は家を治めるのを第一とする者であるから、嫉妬を上手にして諫める大切さを例示している。

湿毒【しつどく】〔家内重宝記・元禄二〕に湿毒で常に普請 諸役を勤め、雨気を厭わず、湿気に侵されたのには全蝎を煎り末（粉）し、麝香を加え、酒で服する。〔秘方重宝記〕に頭瘡 面瘡 疳瘡 楊梅毒瘡を治す法は、湿毒を下す剤として山帰来（大大）、大黄・茯苓（各大）、木通・忍冬・川芎（各中）を用いる。

湿熱を受けぬ呪【しつねつをうけぬまじない】〔万家調法呪詛伝授嚢〕に湿熱を受けぬ呪は、胡椒・山椒・小豆（各七粒）を紅絹の袋に入れ、二布《ふたの》の紐につけて置くとよい。

しつべい【しつべい】〈何が不足で癇癪の枕言葉〉「尻、しつべい。十兵衛をもぢる」。〔小野篁謔字尽〕

七宝【しっぽう】〔改正増補字尽重宝記綱目・数量門〕に七宝は 黄金、白銀、瑠璃、頗利（玻璃）、車渠、馬碯、金剛をいう。

七宝円【しっぽうえん】〔丸散重宝記〕に七宝円は、大便の通じないのに必ず効がある。熱が秘し、脈の数《さく》のものによい。冷秘*に用いてはならない。

大黄（四匁）、木香・枳殻・柴胡・訶子・甘草（各二分）、桃仁（三分）を蜜で丸ずる。

七宝蒲鉾【しっぽうかまぼこ】〔料理調法集・蒲鉾之部〕に七宝蒲鉾は、蒲鉾の山を少し低くつけ、上の左右を刳り落し蒸して、刳った跡へ青擂身をつけて蒸し上げ、切り方形をし、二枚合せる。

十方暮【じっぽうぐれ】暦下段。〔大増補万代重宝記〕に次がある。十干*と十二支*の五行*とが相剋する日である。八専*の裏で、甲申《きのえ》の日より癸巳《みずのと》の日迄、十日間を十方暮という。十干と十二支が暗克して陰陽の気が和合しない日である。例えば、甲（木）申（金）は金剋木、また癸（水）巳（火）は水剋火である。このように八日迄相剋する。ただ丙（火）戌（土）は火生土と相生じ、己（土）丑（土）は土旺土で十日の内に僅かに二日相剋しないが、これも平らな日ではない。陰陽の気和合せず、不和の時候であり、出行を忌み、結納を納めたり、相談事を忌む。十方暮の終りは天一天上*で癸巳の日である。〈日和見〉〔船乗重宝記〕は「十方暮」の日は必ず天気が曇るという。

七宝美髯丹【しっぽうびぜんたん】〔丸散重宝記〕に七宝美髯丹《しっぽうびぜんたん》は、鬚髪《しゅはつ》を黒くし、筋骨を壮んにし、精気を固くし、年を延べ、子を作らせる。何首烏・茯苓（九度蒸し九度晒して）（各一斤）、牛漆・当帰・菟絲子（各八十匁）、破胡紙・黒脂麻（各四十匁）を末（粉）して蜜で丸じ、温酒で下す。

しっぽく味噌【しっぽくみそ】「風流しっぽく味噌」は、赤坂四丁目 桑田屋にある。〔江戸町中喰物重法記〕

疾耳垂【しつみみだれ】「耳の事」ヲ見ル

実脈【じつみゃく】〈七表の脈の一*〉〔医道重宝記〕に実脈は、大きく長く堅く力がある。下痢を主《つかさど》り、熱、嘔、気塞を患う人に表れる。〈馬形名所*〉「まえあし（前脚）」ヲ見ル

湿痢【しつり】経験方。〔丸散重宝記〕に湿痢が日夜何度もあるのを治すには、黄連・呉茱萸（各等分）を焦り、粟飯で丸じ、甘草湯で下す。方は腸風*赤白痢*も同じ。

蒺藜子【しつりし】〔薬種重宝記・下〕に和草、「蒺藜子 しつりし／はまびし。焦るる程炒り、刺《はり》を去」。

しでで【しでで】片言。「神泉苑《しんぜんゑん》を、しでゞ」という。〔世話重宝記・五〕

死出の田長【しでのたおさ】大和詞。「しでの田おさとは、ほとゝぎす（時鳥）を云」。〔不断重宝記大全〕

垂加霊社【しでますれいしゃ】垂加神道を唱えた山崎闇斎（天和二年［一六八二］、六十五歳没）を祀る社。垂加翁は、初め僧より出、儒となり、山崎一流の学風を起し、その後また神道に入り、神儒一致を立て、莫大の勲功があり、没後に京都黒谷金戒光明寺に垂加霊社《しでます》と祀られた。〔日用重宝記・一〕

してやる【してやる】卑語。「物食ふをしてやる」。〔女用智恵鑑宝織〕

私田【しでん】「せいでん（井田）」ヲ見ル

四天王【してんのう】〔改正増補字尽重宝記綱目・数量門〕に東方・持国天、南方・増長天、西方・広目天（雑語主）、北方・多聞天をいう。〔童子重法字註絵鈔〕御成敗式目〕には「四大天王」とある。須弥山の中腹にいて四方を鎮護し仏法を守護する四王天の主。

四天王寺【してんのうじ】〈大坂名所〉〔東街道中重宝記・七ざい所巡道しるべ〕には「天王寺」として載る。大伽藍で、金堂、講堂があり、五重塔は雲水作りといい、他に類がない。石の舞台、蓮池、万代が池、亀井の水、閼伽井の水、影向石、伝法石、礼拝石、七抱え半の大楠、太子堂があり、庚申堂は日本庚申の始めである。この外、諸堂が数多い。西門の前の鳥居は高さ二丈七尺、周りは一丈二尺五寸である。この鳥居の額は日本額の初めで聖徳太子筆といい、それを小野道風が写した額として伝わり有名である。大坂へ行く左方に茶臼山、右方に大坂の清水がある。

〔年中重宝記・二〕に、二月十五日天王寺舞楽、同二十二日摂州天王寺聖霊会、石の舞台で伶人の舞がある。〔重宝記・礒部家写本〕に享和元年（一八〇二）十二月天王寺焼失。

〈大坂願所〉〔願懸重宝記・初篇〕に、大坂四天王寺の諸堂について次がある。○聖徳太子堂へ、縫針を二本納めると婦人は一生懐胎しない。また、他家から納めた針を乞い受けて帰り、信仰すると必ず懐妊する。一子を得たいなら針を受けるがよい。○紙子仏は、評判高く霊験はよく知られる。中でも縫針の道に疎い婦女が信心を込めて紙子を縫い奉ると、追々手利きになる。また、頭痛平癒の祈願を込めると忽ち効がある。毎月十日に怠りなく参詣し、願成就の上は紙子を縫うて奉納する。

○元三大師堂の前 鏡の池の中に鎮座の妙正大明神は、疱瘡を軽く守り、その御守は同所の妙見堂より出るので小児を持つ親は必ず受けて置くとよい。○石神の社は、旅立つ人が首途《かどで》に立願すると道中達者で、少しも足の痛みもなく、また旅中の災難を除く。○大子道の外 北手 牛の宮へ立願すると、全て足の病を平愈する。御礼には土細工の牛、或は牛の絵馬を奉納する。○東門の東 歯堅大明神は、世に歯神《はがみ》という。歯の痛みに立願すると忽ち平愈する。御礼には絵馬を奉納する。○南大門の南庚申堂青面金剛童子を信心すると、利益が多いことが知られ、中でも七庚申を邂怠なく参詣すると小児の疱瘡は軽い。しかし、血の穢れを忌み嫌うので 産後七十五日の忌が過ぎて参詣するのがよい。この間に庚申があれば参詣しない。○庚申堂の境内 九頭龍権現社は、世に庚申の瘡神と唱え、瘡毒の小児を連れて参詣する人が道で草を七色摘んで供えて祈り、平愈の御礼には牛の絵馬か土の牛を奉納する。○庚申の日、門内北手（九頭龍権現社の前）で商う蒟蒻の田楽を食うと、どんなに強い頭痛でも平愈すると言い、参詣者は必ず立ち寄り食う。○西大門の南手に布袋和尚の石像があり、立願すると婦人の乳汁をよく出すのを守る。小児のいる親は必ず常に信心するとよい。

四天の鋲【してんのびょう】甲冑名所。*〔武家重宝記・三〕に四天の鋲は、四所にある故にいう。持国、多聞、広目、増長の威霊をとる意で、口伝がある。また、鋲に添えて四ツの穴があり、装束の穴とも縮《わな》ともいう。

しと【しと】矢音詞遣。*〔武家重宝記・二〕に塀に中った時の矢音は、「しと」という。

地頭【じとう】武家名目。〔男重宝記・一〕に地頭は、一郷、一在所、庄園を支配する者で、鎌倉以前にはこの名称はなく、頼経幼君の時から始る。

持統【じとう】百人一首読曲。「持統天皇」は、「じどう」と二字ともに濁る。〔麗玉百人一首吾妻錦〕

四道の将軍【しどうのしょうぐん】〔農家調宝記・初編〕に第十代（『日本書紀』）崇神天皇の時、四道の将軍を以って夷敵を平治させたとある。『書言字考節用集・十三』に「四道将軍 武渟川別［命］（東方将軍）。丹波道主命（西方将軍）。吉備津彦［命］（南方将軍）。大彦命（北方将軍）」があり。〔武家重宝記・一〕にも同趣の記事がある。

四徳【しとく】〔童子調宝記大全世話千字文〕に四徳とは、元（春・仁）、亨（夏・礼）、利（秋・義）、貞（冬・智）をいう。これは天道流行の序《ついで》である。

地徳日【じとくにち】〔重宝記永代鏡〕に地徳日は、家作 造作に吉日である。正月は巳の日、二月は午の日、三月は未の日で、以下もこの順に従う。

四度解なし【しどけなし】〔世話重宝記・五〕に勘解由使《かげゆし》という官は、諸国の未進を一年に四度ずつ解由《けゆ》し、勘《かんがえ》る。四度の解由を勘えないと、年貢は正しくない。これを四度解なしという。

褥【しとね】茵とも書く。〈座る時に敷く物〉〔女中仕立物調方記〕に、○「冬」には、鏡縁（裏布を折り返し表の縁にした物）で乗物*の蒲団と同じであるが、その内に褥は四角になるように仕立てる。○「袷時分」*には、鏡縁は同じであるが、裏の方の鏡は緋紗綾紅にして決して綿は入れない。

○「単《ひとえ》*夏中」には、鏡縁をつけない。長押《なげし》合鏡の所は畳を見せる。〈大和詞〉〔不断重宝記大全〕に「しとねとは、夜の敷物」とある。

しとびい【しとびい】 片言。〔不断重宝記大全〕に、中国で子を抱きかかえて重たいのを、「しとびい子じゃ」という。下賤の詞には「くそびい子じゃ」という。

蔀戸 妻戸の出入【しとみど つまどのでいり】 〔幼童諸礼手引草懐中重宝〕に次がある。蔀戸《ひとみど》 妻戸の出入は、平人が出入りする所ではないと心得るべきである。これは火灯口《かとうぐち》（壁に設けた火灯形の出入り口）等をいう。

蔀の風【しとみのかぜ】 大和詞。「しとみのかぜとは、夕ざり会はん」との意である。〔不断重宝記大全〕

しどろもどろ【しどろもどろ】 大和詞。「しどろもどろ、みだる（乱）る事を云」。〔不断重宝記大全〕

支那【しな】 唐土、中国、中華、大清《だいしん》ともいう。〔日用重宝記・四〕に次がある。支那は国の名を全ては震旦というが、天子は変り立って姓も変り、国号も改まる。支那に、人の始めを君《きみ》とし、盤古氏といい、天皇・地皇・人皇を三皇とし、伏犠・神農・黄帝・唐尭・虞舜を五帝とし、夏（一説に二〇五〇?～一五五〇? B.C.［西暦を補記した。解説原拠に通算の合わない所のあるのはそのままとした］）、殷（?～一〇二七B.C.）、周（一〇二七～七七一B.C.）を三王とする。夏の禹王十七主 四百三十九年で亡び、殷の湯王二十八主 六百四十四年で亡び、周の武王（姓は姫）三十九主 八百七十三年で亡ぶ。この間に十二国の諸侯大国があり、魯燕斉晋秦楚宋鄭曹陳蔡衛がある。外に呉越、幷に小国に滕薛莒邾許などがある。諸侯の五覇は斉の桓公、晋の文公、楚の荘王、秦の穆公、宋の譲公をいう。周の平王は都を東に遷し東周（七七一～二五六B.C.）という。七雄というのは魏（後に梁と云う）趙韓斉楚燕秦（二二一～二〇六B.C.）である（この時、宋魯衛鄭があるが、七国の威令を受けて無きが如し）。大秦（前秦三五一～三九四。姓は嬴、荘襄王、四十三年）。後秦（三八四～四一七。荘襄の子で実姓は呂、始皇帝より三主四十一年で亡ぶ）。漢（姓は劉、西漢（二〇二B.C.～八A.D.）、また前漢とも云う。高祖より十四主 三百十四年で、王莽が位を掠め国を新とした。十六年の間 漢の中頃衰え、光武が起り新を亡ぼし、東漢が立ち 後漢ともいう。東漢（二五～二二〇。光武より十四主 百九十五年に亡ぶ）。蜀（二二一～二六三。姓は劉、漢の正統とする、二代 四十三年）。魏（二二〇～二六五。姓は曹、五代 四十六年）。呉（二二二～二八〇。姓は孫、四代 四十六年）。三国の世 魏の司馬仲達が裔国を奪う。晋（姓は司馬、西晋［二六五～三一六］の武帝より四代 五十二年に中絶する）。東晋（［三一七～四二〇］元帝より十一代 百三十年に亡ぶ）。宋（四二〇～四七九。姓は劉、武帝より八主 六十年に亡ぶ）。南斉（四七九～五〇二。姓は蕭、高帝より七代 二十三年に亡ぶ）。梁（五〇二～五五七。姓は蕭、武帝より四代 五十六年に亡ぶ）。陳（五五七～五八九。姓は陳、武帝より五主 三十二年に亡ぶ）。隋（五八一～六一八。姓は楊、文帝より四代 三十八年に亡ぶ）。唐（六一八～九〇七。姓は李、高祖より二十代 二百八十九年に亡ぶ）。後梁（九〇七～九二三。姓は朱、太祖より二主 十七年に亡ぶ）。後唐（九二三～九三六。姓は李、荘宗より四主 十三年に亡ぶ）。後晋（九三六～九四六。姓は石、高祖より二主 十一年に亡ぶ）。後漢（九四七～九五〇。姓は劉、高祖より二主 四年に亡ぶ）。後周（九五〇～九六〇。姓は郭、太祖より三主 九年に亡ぶ）。北宋（九六〇～一一二七。姓は銷、九代 百六十七年、金に入り高祖が位に付く）。南宋（一一二七～一二七九。高祖より九主 百五十二年に亡ぶ）。元（一二七一～一三六八。姓は奇渥温、太祖より十四主 百六十二年に亡ぶ）。明（一三六八～一六六二。姓は朱、太祖より十九主 二百七十年に亡ぶ）。清（一六三六～一九一二。姓は愛親覚羅、名は奴児哈、太祖より六主 道光九年。日本の文政十二年［一八二九］に当る）。〔童蒙単語字尽重宝記〕には「支那帝国」とあり、広さ五千万坪、民四億万人、大清とも云う。北京 民百八十万人。南京 民四十万人、（品川海

より）五百五十四里。上海 民十九万人、（品川海より）四百八十六里、広東民百万人、（品川海より）八百二十六里。福州、寧波《にむぽ》民二十五万人。香港 民三万七千五十八人、（品川海より）七百九十四里。「支那之内」には満州・蒙古・朝鮮（高麗）・図伯特《ツベット》がある。〔掌中年代重宝記〕に唐土の広さは東西千里、南北千里余。

しない鳥【しないどり】 大和詞。「しない鳥、鵜の鳥」をいう。〔不断重宝記大全〕

寺内の内【じないのうち】 重言。「じない（寺内）のうち、じない（寺内）の重言*」である。〔男重宝記・五〕

品川より川崎へ【しながわよりかわさきへ】 東海道宿駅*。二里半。本荷百五十八文、軽尻百六文、人足七十八文。右に東海寺、御殿山、品川寺、妙玉寺、海晏寺は紅葉の名所である。さみず川、浜川、御仕置場 鈴が森八幡、池上本門寺が見える。八幡村、大森に和中散*があり、石地蔵、稲荷、貴舟、天神、北・南蒲田等を経て、ぞうしき町、八幡、六郷渡しは舟賃は十四文。この川は玉川で川上は矢口という。新田大明神の宮がある。〔東街道中重宝記・寛政三〕

信濃【しなの】 信州。〔重宝記永代鏡〕には伊奈、諏訪、筑摩、安曇、更科、埴科《はしな》、水内《みなうち》、高井、小県《ちいさがた》、佐久の十郡で、城下は上田、飯山《いいやま》、松代、高遠、松本、小諸、飯田、高嶋で、一ノ宮は諏訪である。〔万民調宝記〕に城知行高を、松代・真田伊豆十万石、飯山・松平遠江四万石、上田・仙石越前五万八千石、松本・水野隼人七万石、高取・松平摂津三万石、高遠・鳥井左京三万二千石、飯田・堀美作二万石、高嶋・諏訪因幡三万二千石、板方・板倉甲斐三万石、伊名・板倉頼母二万石、小室・石川吉十郎二万石とある。〔大増補万代重宝記〕には上管、四方六十五里。田数二万九百九十六町、知行高五十四万八千六百石とある。〔重宝記・幕末頃写〕には南北五日。陰気、深草長ぜず、塩味稀少、地厚一丈、桑麻厚く、帛綿が多い。長野県、筑摩県から、今の長野県があたる。〈名物〉〔万買物調方記〕に小人参、芍薬、小梅、串柿、乾鮑、蕎麦切（当国より始る）、木曾に麻衣、柾、檜皮等の諸材木、諏訪湖の鮒・鰻など。

信濃前司行長【しなののぜんじゆきなが】 「びわ（琵琶）の事」ヲ見ル

信濃飯【しなのめし】 「信濃飯」ハ「大根飯」ニ同ジト云ウ。「大根《だいこん》の事」〈大根飯〉ヲ見ル

指南車【しなんしゃ】 〔世話重宝記・五〕に物を教えることを指南といい、『書言故事』を引き、交趾の南に越裳氏国があり、周の成王に白雉《しろいきじ》を献じたが、使者は帰路に迷った。周公旦は車上に人形を載せ、車がどちらを向いても南を指差す仕掛けを作り、使者を乗せて返らせた。これを指南車という。『十八史略』には黄帝が蚩尤と戦う時指南車を作ったとある。「磁針」参照

死人の事【しにんのこと】 〔占調法記〕に、死人について次の記述がある。〈死人を出す方角〉○死人を出すのによい方角は、春 夏は丑寅の間（北東）、秋は辰巳の間（東南）、冬は未申の間（南西）をそれぞれ吉とする。〈死人が後世に生れる所〉○子の日の死人は閻魔王宮に生れる。○丑の日の死人は弥陀の浄土に生れる。○寅の日の死人は貴人の中に生れる。○卯の日の死人は地獄に堕す。○辰の日の死人は極楽浄土に生れる。○巳の日の死人は八大地獄*に落ち六十劫苦しむ。○午の日の死人は無辺国に生れる。○未の日の死人は即身成仏する。○申の日の死人は威徳自在地に生れる。○酉の日の死人は福徳人に生れる。○亥の日の死人は地獄に生れる。これは心地観経に見えるもので、例え即身成仏とあっても、懇ろに弔うのがよい。善根功徳の第一である。〈死人は生ある物の体を借りて帰って来る〉○子の日の死人は、九日目に赤馬となって西の方から来る。○丑の日の死人は、犬となって申（西々南）の方から来る。○寅の日の死人は、五日目に鳥となって来る。

○卯の日の死人は、馬となって六日目に北の方から来る。○辰の日の死人は、蛇となって二十七日目に西の門から来る。○巳の日の死人は、鼠となって二十五日目に北の方から来る。○午の日の死人は、鳥となって十六日目に東の方から来る。○未の日の死人は、馬となって十一日目に南の方から来る。○申の日の死人は、馬か鳥になって十三日目に西の方から来る。○酉の日の死人は、犬となって三十日目に南の方から来る。○亥の日の死人は、赤い蛇となって三十日目に南の方から来る。これは心地観経に見えるもので、鳥獣になったというのではなく、生類の体を借りて来るもので、その日に来たものがあれば情けをかけるとよい。尤も信心を起こし、疑ってはならない。

〈死人弔いの功徳〉○初七日。不動明王。真言に曰く「なうまく。さんまんた。ばさらたん」。不動の真言を唱える。○二七日。釈迦如来。真言に曰く「なうまくさまんた。ぼだなん」。釈迦の真言を唱える。○三七日。文殊菩薩。真言に曰く「おんあらはしやなう」。文殊の真言を唱える。○四七日。普賢菩薩。真言に曰く「おんさんまやさとばん」。普賢の真言を唱える。○五七日。地蔵菩薩。真言に曰く「おんかかか。ひさんまゑいそはか」。地蔵の真言を唱える。○六七日。彌勒菩薩。真言に曰く「おんばいたれいやあそわか」。彌勒の真言を唱える。○七七日。薬師如来。真言に曰く「おんころころせんたりまたうきそはか」。薬師の真言を唱える。○百ケ日。観世音菩薩。真言に曰く「おんあろりきやそはか」。観音の真言を唱える。○一周忌《むかわり》。勢至菩薩。真言に曰く「おんさんさんさくそはか」。勢至の真言を唱える。○第三年。阿弥陀如来。真言に曰く「おんあみりたていせいからうん」。阿弥陀の真言を唱える。○第七年。阿閦如来。真言に曰く「おんあきしゆびやうん」。阿閦の真言を唱える。○第十三年。大日如来 金剛界。真言に曰く「おんはさら。たどばん」。大日の真言を唱える。○第三十三年。虚空蔵菩薩。真言に曰く「おんばさら。あらたんなうおんたらくそはか」。虚空蔵の真言を唱える。これ等の真言を伝授し七七日の間唱えると功徳深甚にして亡者の成仏は疑いない。

死人へ花を供える事【しにんへはなをそなえること】〔文政新刻俗家重宝集〕に亡者取置きの法がある。死人の骨が堅くなって困る時、その死人の枕元に供えてある花立の水を死人の節々へ注ぐと即座に柔らかくなる。これにより死人へ花一本を供えるのである。

自然銅の方【じねんどうのほう】〔骨継療治重宝記・下〕に自然銅《じねんどう》は、人が打撲傷損するのに研《おろ》し、極細末（粉）にして飛過し、当帰・没薬（各半銭）を用い、酒で調え頻りに服する。なお手で痛む所を摩す。〈束縛敷貼の薬〉〔骨継療治重宝記・中〕に刀斧・鉄磕・閃肭・脱臼のものには、始めから自然銅は用いず、久しくしてから用いる。骨折には用いてよいが、骨折せず砕けないものには用いてはならない。諸薬は皆去る。自然銅を用いる時は、必ず火で煆《やきとお》して服するが、新しく火から出るものは火毒・薬毒も甚だしく、骨を接ぐ効は多いけれども、戒めるのがよい。

士農工商【しのうこうしょう】江戸時代、職業によって人の身分を区分し、各々の称呼を上下階級順に一括して言ったものである。〔男重宝記・一〕には士《し》*農《のう》*工《こう》*商《しょう》*とあり、共に読み書き学問の芸を第一と心得べきとある。「四民」ともいう。

じの仮名【じのかな】〔万民調宝記〕に次の類は皆「じ」文字の仮名遣とある。同↓おなじ。衛士↓ゑじ。呪↓まじなひ。躑躅↓つゝじ。蟷螂↓いほじり。戻↓もじり。富士↓ふじ。生死↓しやうじ。交↓まじはる。障子↓しやうじ。

篠蒲鉾【しのかまぼこ】〔料理調法集・蒲鉾之部〕に篠蒲鉾は、擂身を常のようにして少し和らかめに擂り合せ、竹筒の切り口一寸程なのを節一口つけ、節へさし渡し二分程の丸い穴を開けて擂身を入れ、筒一杯の棒で

板の上に曲がらないように突き出し、板一枚に三本程ずつ突き並べ、焼き上げにも蒸し上げにもして切り形をする。但し、篠の摘み入れもこの仕方でよく、太さはよく揃う。

痔の神【じのかみ】 江戸願所。浅草山谷寺町入口に痔運霊神がある。諸人の知る所で、参拝して痔疾の痛み治癒を祈願すれば、霊験忽ち顕れる。俗に、山谷の痔の神という。〔江戸神仏願懸重宝記〕

しのき【しのき】 〈何が不足で癇癪の枕言葉〉①「ぼうさま（坊様）、しのき」。②「たこ（蛸）、しのき」〔小野篁謔字尽〕

しのきたっぽ【しのきたっぽ】 〈何が不足で癇癪の枕言葉〉「せうじん（精進）肴、しのきたつぽ」。〔小野篁謔字尽〕

絲の事【しのこと】 〈小数の単位*〉〔童蒙単語字尽重宝記〕には毫（毛）*の十分の一。一の一万分の一。十忽。*〈長さの単位〉〔古今増補算法重宝記改成・上〕には絲は毛の十分の一、忽の十倍。〈通貨銀単位〉〔万家日用調法記〕には量を尺貫法の単位で表示したもの。一毛の十分の一。十忽。〈田数*の単位〉〔永代調法記宝庫・首〕には長さ六分五厘 広さ六分五厘。〔算学調法塵劫記〕には六分三厘四方とある。俗に、「絲」を「糸」とする。

痔の事【じのこと】 〔改補外科調宝記〕には痔漏*の症で、肛門の穴の先 或は穴の内で、豆粒ほどに腫れて潰れ膿血の出るもので、度々おこり癒え難い。痔の症は五痔*というが、七痔がある。牡痔《ぼじ》*牝痔《ひんじ》*脈痔*腸痔*気痔*酒痔*血痔*の外、孔痔*疣痔*内痔*外痔*等もある。〈治方〉内痔 外痔ともに、葱の白根を煎じて洗い、内痔は喚痔散*を入れ、護痔散*を蜜でつける。外痔は葱白の煎じ湯で洗い、次に消毒散*を煎じて洗い、次に枯痔散*を蜜で練りつける。塗るたびに湯で洗うとよい。○喚痔散*三匁を唾で練り、肛門に入れると痔は外へ出て外痔になる。その時護痔膏*をつける。但し、玉子の白身で膏薬のように練って四方に塗り、次に枯痔散を痔の上につける。痔が乾いて癒えたら落痔湯*、五痔湯で洗う。〈灸法〉外へ出た痔には艾を棗の大きさで七火すると痔は潰れて癒える。血が走り 或は外へ出て収まらない悪痔で疼き痛むのには霜に当った冬瓜《かもうり》の皮を火でよく焙り粉にし、古酒で一匁程用いる。〈薬方〉〔俗家重宝集・後編〕に、○痔の妙薬として葱の白根を手一束に切って煎じ湿布する。○温灰《ぬくばい》に入れて暖め紙に包んで宛てても妙である。〔女重宝記・四〕に、○古い茶と生姜古根を等分に粉にして振り出して用いる。○蜆の煎じ汁で度々洗うとよい。○小鷺を黒焼し 粉にして湯で用いる。下血にもよい。〔調法記・四十ゟ〕に、○蓮鬚（蓮の花の蘂）を花の開いた時採って陰干にし煎じ三度程飲むと、数年来諸薬を用いて治らないのも根を絶つ。○鶏の糞を水で煎じてつける。○蕎麦粉を水で寒晒にして取り、素地に丸じて用いる。○蕎麦粉を衣に懸け、乾して服する。○牛の皮を黒焼きにして□りゅうを入れ、酒か湯で用いる。○古い橙の種を焼き、煙で痛む所を薫る。〔薬種日用重宝記授〕に「ぢの大妙薬」は、山帰来（百四十匁）、あわや薬（九十五匁）、芍薬・当黄帰・川芎・地黄（各十匁）。これは疝気・疝癪にもよい。〔重宝記・礒部家写本〕に痔の薬秘方は、生姜（十匁摺り）、青海苔（五匁粉）、焼味噌（十五匁）を摺り合せ、温めて痔漏にあてると妙である。○痔の煎薬に、補中益気湯*に秦艽・防風を加え、結すれば紅花を加える。〔諸民必用懐中咒咀調法記〕には痔の妙方に、腫れ痛み下血するには山椒の芽を粉にして服する。木槿《むくげ》の根を煎じて洗うのもよく、花を粉にして塗るのもよい。〔懐中調宝記・牛村氏写本〕に痔の妙薬は、蛞蜒《なめくじ》を黒焼きにして胡麻油で練りつける。○痔の蒸し薬に、忍冬・金銀花・蓮葉・菊花・没薬・檳榔子（各等分）を袋に入れて煎じ、袋ともに蒸す。帯下*には陰門を蒸すと妙である。〔女重宝記・四・弘化四〕には石灰を焼き返し、水で溶きつける等、諸書に記述は多い。〔懐中重宝記・慶応四〕には玉子の油を取り、綿につけて痔の所へ当てて座って居

るとよい。餅類 油類を忌む。
〈おえ痔〉〔薬家秘伝妙方調法記〕に「おゑぢのくすり」は、○蜷 或は鰷《はえ》の頭を黒焼にして紙の油で付ける。○阿仙薬* 丹礬 いがきを唾で付ける。○木鼈子*を粉にして唾で付ける。〔女重宝記・四〕に「おゑ痔のくすり」として、石灰を焼き濾し水で溶き付ける。〈走り痔〉〔薬家秘伝妙方調法記〕に「はしり痔の内薬」は、○猿麻桛を黒焼にして湯で用いる。○藜《あかざ》の実をよく炒って粉にして用いる。〔女重宝記・四〕に「はしり痔の薬」に、棕櫚の皮を黒焼にして湯で用いる。
〈呪い〉〔万まじない調宝記〕に痔を治する方として、茗荷嶽に願を懸け、「痔を治して下され。一生茗荷を絶ち申すべし」と祈誓するとどんな痔でも治する。〔増補咒咀調法記大全〕に「痔に呑まする符」がある（図230）。〈痔食物宜禁〉〔改補外科調宝記〕に「宜い物」は粟 蒲公英 昆布 榧 胡桃 筍 牛房 黒豆 干菜 小豆 青海苔 葱 苺 鱧 鰻 蛸 牛房 鰻 蛸 蛤 鮒 鯛 海鼠腸《このわた》。「禁物」は生菓《くだもの》 酒 麵類 梨 山椒 生姜 茗荷 茄子 胡瓜 蕨 菱 慈 葫 餅 雉 鶏 鶉 猪がある。

図230 「痔に呑まする符」〔増補咒咀調法記大全〕

司の四分【しのしぶん】 四分*の一。〔男重宝記・一〕に隼人司《はいとつかさ》 内膳司《ないぜんつかさ》等の役所の四分《しぶん》*をいう。正《かみ》、佑《じょう》、令史《さかん》と書く四分がある。職掌が少く、スケはない。

篠薄【しのすすき】 大和詞。「しのすゝきとは、ほ（穂）に出たるを云。又恋初めたるを云」。〔不断重宝記大全〕

信田の森【しのだのもり】 大和詞。「しのだのもりとは、うらむる事を云」。〔不断重宝記大全〕

篠垂【しのたれ】 「すじ（筋）」ヲ見ル

篠摘み入【しのつみいれ】 〔料理調法集・鱧餅真薯之部〕に「しの摘入」は、摘み入*に擂り合せたのを、竹の張る程に板に薄く伸して置き、庖丁で篠になるように取り、湯煮する。

東雲【しののめ】 大和詞。「しのゝめとは、明け方を云」。〔不断重宝記大全〕

東雲薄【しののめずすき】 大和詞。「しのゝめすゝき、ほのかに見る心」である。〔不断重宝記大全〕

篠原みそぎだんご【しのはらみそぎだんご】 「加賀国八重湊篠原みそぎだんご」は、湯嶋切通坂上 越中屋平右衛門にある。極暑に遠方へ送っても重詰竹皮に包んでいるので、少しも風味は変らない。〔江戸町中喰物重法記〕

しのび竹【しのびたけ】 片言。「しのび竹は、しのめたけ（百葉竹）」である。〔男重宝記・五〕

忍の緒【しのびのお】 甲冑名所*。〔武家重宝記・三〕に忍の緒には鐶《かん》、締《わな》、三付《つけ》、四付がある。緒は曝《さらし》を用いる。或る書に、四付は長《たけ》七尺九寸をよしとする。三付は七尺二寸である。結び様に口伝がある。また三《み》保《ほ》屋結《のやむすび》というのがあり、利用があるという。鼓の調べを用いるのは常のことである。

忍者【しのびのもの】 〔武家重宝記・一〕に忍者《しのびのもの》は、敵城や敵陣へ忍び入って、密事を知る者をいう。昔から伊賀甲賀にこの道の上手がいて子孫に伝えるという。

忍び文の伝【しのびぶみのでん】 〔諸民秘伝重宝記〕に忍び文の伝は、白大豆の粉と明礬の粉の二色を等分に合せ、我が思う事を書き送る。見様は水に浸して見ると明らかに見える。

信夫摺の始り【しのぶずりのはじまり】 〔人倫重宝記・二〕に奥州信夫の郡にある石は、面《おもて》は平かで捩《もじ》のような紋があり、藍 又は紫等に染めた絹をこの石に摺りつけると染めたように紋が付くのを信夫摺という。奥州の名

物である。紺屋が小紋を作ることはこれから始ったという。異説があり、信夫草の葉茎を絹に摺りつけて捩れた模様を出す事、という。

忍袖餅【しのぶそでもち】菓子名。忍袖餅、上白ながし物、中黄ながし物、中羊羹。丸。〔男重宝記・四〕

しのぶ土【しのぶつち】草花作りによい土。深山《しんざん》の木の葉が落ちて重なった類の物が土になったのをいう。〔昼夜重宝記・安永七〕

忍捩摺【しのぶもじずり】大和詞。「しのぶもぢずりとは、思ひ乱るるを云。（歌）「みちのくのしのぶもぢずり誰ゆへに みだれ初にし我ならなくに」（古今集・恋歌四）」。〔不断重宝記大全〕

忍ぶ餅【しのぶもち】菓子名。忍ぶ餅、角。上ながし物、中羊羹に小豆入り、下ながし物。〔男重宝記・四〕

しのべ竹【しのべだけ】片言。「しのべ竹は、しのめ竹 百葉竹」である。〔不断重宝記大全〕

四の宮【しのみや】〔東街道中重宝記・七ざい所巡道しるべ〕四の宮村に、四の宮川原という小さい川がある。これは仁明天皇（天長十～嘉祥三、八三三～八五〇）第四の宮 仁康親王の旧跡なのでいう。大津の四の宮川原について、蟬丸を延喜（醍醐天皇）第四の宮というのは、これを聞き違えたのであろうという。〔年中重宝記〕に、九月十日 大津の四の宮祭り。

しのわれの事【しのわれのこと】〔馬療調法記〕に「しのわれ（肢の割れカ）」の薬は、瓜蔞根・蘆毛馬ノ血・阿膠を、よく練り合せてまだ固まらない時、赤牛の耳の内の毛に包み、割れた所へ押し込む。堅くなった時は、何度も螺殻で溶いて押し込み、沓を掛けて置く。療治の間は決して乗ってはならない。

芝居見物の事【しばいけんぶつのこと】〔文章指南調法記・二〕に「芝居見物」の文があり、「狂言綺語と申しながら、浄瑠璃 歌舞伎芝居は 太平豊年の器にて御座候。三ケ津 年中間断なく井楼《やぐら》大鼓 朝霧を犯し候事、中んづく春の狂言仕組 役者も秘術を竭し候て見所多く覚え候。浪華の嵐 吾妻の市川 都の大和山は竹本を相加へ、三木一草の名代者《めいぶつ》 神機妙算の芸、男女頤《おとがい》を解き候事鄙賤と雖も侮るべからず（下略）」とある。〔遊里不調法記〕に、芝居を見るなら総稽古 初日を避けて、二日目に欠かさず見に行くもの、とある。

柴かき【しばかき】大和詞。〔不断重宝記大全〕に「しばかきとは、かけどかかれぬ文」とある。掻に書を言い掛ける。

芝摺【しばすり】「くさずり（草摺）」ヲ見ル

柴田勝家【しばたかついえ】〔大増補万代重宝記〕に柴田勝家は織田信長*の将である。信長の命を受けて北国の兵と戦って遂に越後を領し、北陸諸士の首魁となる。信長没後、豊臣秀吉*を殺害しようとして大事をなし、勝たないで却って秀吉に自刃させられた。天正十一年（一五八三）、六十二歳没。〔大増補万代重宝記〕

芝引【しばひき】〔武家重宝記・四〕に芝引《しばひき》は、鉄砲*の台の本、手前の金具をいう。芝摺《しばすり》石突（石突き）と言うのは俗称とある。

しばや【しばや】「芝居《しばゐ》は、しばや」。〔小野䈥譃字尽・かまど詞大概〕

芝矢／芝差矢【しばや／しばさしや】「さしや（差矢）」ヲ見ル

地張煙管【じばりきせる】「地張煙管」は、浅草黒船町 村田小三郎、両国米沢町 村田七右衛門、池の端仲町 住吉屋清三郎、江戸橋四日市 紀伊国屋長太郎、下博労町二丁目 村田吉右衛門、てりふり町 村田万蔵などにある。〔江戸流行買物重宝記・肇輯〕

じばを飛ばす【じばをとばす】〈何が不足で癇癪の枕言葉〉「小便、じばをとば（飛）す」。〔小野䈥譃字尽〕

子煩【しはん】経験方。〔丸散重宝記〕に子煩《しはん》と言い、妊婦に熱があってうつらうつらと煩うのは胎中の子の為である。虚煩の症と見誤って害をなす。知母《ちも》一両を末（粉）にして棗肉《そうにく》で丸じ、人参湯で下す。「懐妊／懐

胎」参照

二礬湯【じはんとう】〔改補外科調宝記〕に二礬湯《じはんとう》は、明礬・緑礬（各四両）、細茶（五匁）、側栢葉（五匁）に水十盃を入れ八分に煎じ収め、他に桐の油を手の内に塗り、前の煎じ汁で薫じ洗う。鵝掌風* 手癒瘡* 肩疽* の薬とする。

しび【しび】片言。「首尾《しゅび》を、しび」という。〔世話重宝記・五〕

じひいっしょ【じひいっしょ】「十死《じっし》一生《いっせい》を、じひいつしよ」という。〔小野篁謔字尽・かまど詞大概〕

地引ずし【じびきずし】「江戸前地引すし」は、中橋広小路 ゑどや十兵衛にある。〔江戸町中喰物重法記〕

死人花【しびとばな】〔万物絵本大全調法記・下〕に「石蒜 せきさん／しびとばな」。俗に、彼岸花という。

耳鼻の擦落を治す方【じびのさつらくをじすほう】耳鼻の擦り落ちたのを治す方として、髪を焼物（壺）に入れ、塩泥で固め、煆過《やきすご》して末（粉）とし、急に交ぜ、擦り落した耳鼻を灰に浸して括り定め、柔らかな絹で縛り定めると効がある。〔骨継療治重宝記・下〕

耳病【じびょう】「耳の事」ヲ見ル

痺【しびれ】「しびり」ともいう。〔薬家秘伝妙方調法記〕に「身のしびる」には桂心と麻黄を用い、「震いわななく」には五倍子と麻黄を加える。〔新撰広益妙薬重宝記〕に「惣身痿痺《しびるる》を治する妙薬」は、原蚕沙（かいこのふん）を袋に入れ、酒に浸し、度々飲むとよい。中風にもよい。〈呪い〉〔万用重宝記〕に「しびり（痺）の呪」は、次第に藁蘂をつけると即座に治る。〔諸民秘伝重宝記〕に「畏って足の痺れるのを直す伝」は、額に小さい塵を唾でつけて置くと早速直る。〔諸民必用懐中咒咀調法記〕に「しびり（痺）きれぬ呪」は、座りながら足の大指を絶えず動かすとよい。〈食物宜禁〉〔家内重宝記・元禄二〕には「しびれ病に宜い物」は粟 黒豆 大根 大蒜 辛子 生姜 葡萄 独活 山椒 鱧 鰻 鳫 黒雌鶏。「禁物」は蕨 蕎麦 麺類 油餅 酢 鮎 海老 鰤 鮒 鯛。「脾証」モ見ル

熟鳥【じぶ】〔料理調法集・煎物之部〕に熟鳥《じぶ》は、鴨 雁でも皮作りにして、下汁は出汁 醤油 酒で塩梅して鳥を入れ、じぶじぶと皮の曲る時がよい。この類はどれも茸類 根深 芹などを取り合す。吸口は山葵 柚 山椒などでする。

しぶい【しぶい】片言。物の夥しいことを、播磨では「しぶい」という。〔不断重宝記大全〕

痓風【しふう】〔家内重宝記・元禄二〕に金瘡 或は産後に風邪を引き込み、熱気のあるのを痓風《しふう》という。○反り返るには、蟬脱を煎り末（粉）して酒で服するとよい。○疵の類には、葱の涎で練り着けると妙である。○臍風* で臍から風を引き込み 口を食い詰め 死にそうなのには、全蝎と蟬脱を末（粉）し、軽粉《はらや》を少し加えて飲むと妙である。

渋柿を甘柿にする法【しぶがきをあまがきにするほう】〈渋柿に接ぎ木〉〔庭木重宝記〕は渋柿に、木練柿や木醂《きざわし》柿等色々接いでよい。〈渋柿を木醂しにする呪い〉〔続咒咀調法記〕は渋柿が沢山生った年、木の根本の周りに錐で穴を揉み開け、黄蘗を釘に削って何回も打ち込んで置くと翌年は味は甘く木醂になる。又『本草』を引いて渋柿に黄蘗を添えて食すると味は甘く木醂となる。〔男女日用重宝記・下〕に渋柿の醂し様は、桶を菰で巻き 湯を熱く沸かし蓋をし 人膚に冷めた時柿を入れ、小刀の先で南無阿弥陀仏と名号を十辺書き、又蓋をして十二時間置くとよい。「渋柿を木に置きながら醂す」には柿の蔕に黄蘗の茎を打つとよい。

緇布冠【しふかん】〔万物絵本大全調法記・上〕に「緇布冠 しふくはん」とある。〔人倫重宝記・一〕に、シナの黄帝が鳥獣に冠角があるのを見て布を黒く塗り、初めて冠を造り、人に着せたのを緇布冠《しふかん》と名づけた。冠

礼の時に初めてつける冠で、進賢冠ともいう。その後、代々に形も名も変わり、日本では聖徳太子が十二階の冠の制を定めた。

地福日【じふくにち】　日取吉凶。地福日は、井戸を掘り、五穀を蒔き、地神を祭るのに吉日である。〔諸人重宝記・五〕には正・五・九月は申の日。二・六・十月は亥（〔重宝記永代鏡〕は巳）の日。三・七・十一月は巳（〔重宝記永代鏡〕は寅）の日。四・八・十二月は辰（〔重宝記永代鏡〕は亥）の日とする。

治部省【じぶしょう】　八省*の一。〔万民調宝記〕に治部省は、異国人が来朝する時は馳走することを司る。卿《かみ》・大輔《たゆう》・少輔《しょうゆう》は各一人、丞《じょう》大小録大小がある。雅楽寮*玄番寮*諸陵《みささぎ》寮*がある。

地不足引【じふそくびき】　〔農家調宝記・初編〕に、山崩れや堤切れ等で一村が変地し、古検の石盛では年貢を納め難いもの、さらには新検を受けて旧高より減ずるものをいう。

渋染【しぶぞめ】　〔庶民秘伝重宝記〕に渋染は、生渋一升に水九升程を入れて盥でよく混ぜ、染める木綿や麻布を水で糊気を洗い落して渋水へ浸し、揉み合せて染め、絞らずに日に干す。渋水が残らぬ迄度々染め、干し上げるとよい色になる。〔里俗節用重宝記・中〕には「渋百敷染」とある。

渋たら【しぶたら】　〈何が不足で癇癪の枕言葉〉「茶、しぶたら」。〔小野篤譃字尽〕

渋付栗【しぶつきくり】　〔料理調法集・口伝之部〕に渋付き栗を用いる事は、栗の出る頃から初冬迄、新栗を賞玩するのである。渋皮の付いたままよく磨き、薄く切る。

持仏堂と姑は置き所がない【じぶつどうとしゅうとめはおきどころがない】　〔世話重宝記・二〕に仏と姑は余りにも貴いので、狭い家の内には置く所がないという意である。これを持仏堂と姑は大した役に立たないものであるが、家内にはなくてはならないものであり、置き所が狭く迷惑すると心得るのは、大変な誤りであるという。

しぶと【しぶと】　片言。「死人《しびと》を、しぶと」という。〔世話重宝記・五〕

渋糊の事【しぶのりのこと】　〈仕様〉〔俗家重宝集・後編〕に渋糊は、蕨の粉（一合）、生渋（二合）、水（一合）を一ツに混ぜ、水嚢（目の細かい篩）で濾し、炭火で用いる。〈渋糊代替〉〔諸民秘伝重宝記〕に渋糊に替えて使う伝として、姫糊（飯粒を水で磨り潰した糊）、又は続飯（飯粒を練り潰した糊）でも三分の一程五倍子《ふし》粉を入れ、よく練って使う。傘や雨障子等を繕うのに甚だよい。〔調法記・全七十〕には、常の米の糊に酢を和して磨《と》ぎ、これで紙を継ぎ、雨障子を貼ると離れない。五倍子を入れてよく練り、紙を継いでもよい。

渋り腹【しぶりはら】　「痢病の事」ヲ見ル

四分【しぶん】　諸官での職掌を、かみ*（カミ＝長官）・すけ*（スケ＝次官）・じょう*（ゼウ＝判官）・さかん*（サクハン＝主典）と四ツに分つのを四分《しぶん》という。大小の権官《ごんかん》（＝正官に准じて任ぜらるる官）もある。役目の少ないのは三分もある。省《しょう》*（＝中務省など八省）諸寮*諸職*諸司*衛府*諸国受領*の四分配当の文字遣いは、それぞれ異なる。〔男重宝記・一〕

十百千万億【しぺいちえんわんじい】　唐人世話詞。〔男重宝記・五〕に「十百千万億を、十《し》百《ぺい》千《ちゑん》万《わん》億《じい》」という。

地紅洗い【じべにあらい】　「黒紅 地紅 桔梗色洗い」ヲ見ル

地紅の遣い様【じべにのつかいよう】　〔家内重宝記・元禄二〕に、「地紅の遣い様」は田舎での紅の遣い様とある。紅《くれない》二百目、寝せ様、黄の取り様、玉の寝せ様、玉四ツに拵え様、入れ物へ玉二ツの入れ様、入れ様、早稲藁二十把から灰汁三升の取り様、又ぞく四ツを一ツずつおろし様は、皆々「中紅《ちゅうもみ》染め様」*に同じである。紅の黄をば取らず、一升二三合に八月酢を茶碗一ツ半分入れる。「地紅《じべに》の遣い様」参照

地辺干【じべぼし】　「稲の事」〈地辺干〉ヲ見ル

西伯利【しべりや】〔童蒙単語字尽重宝記〕に西伯利《しべりや》は魯領《ろしや》。広さ五百六十万坪。民は九百万人。「止百里也」とも書く。

石硯【しへん】唐人世話詞。「すゞりを、石《し》‐硯《へん》といふ。一面《いゝめん》」とある。〔男重宝記・五〕

四方正面堂【しほうしょうめんどう】吉野名所。四方正面堂《しほうしょうめんどう》は、奥の院である。安禅寺より三丁程あり、これより山上へは五里ある。〔東街道中重宝記・七ざい所巡道しるべ〕

至宝丹【しほうたん】〔丸散重宝記〕には『医林』を引き、至宝丹は卒中風で物言うことができず、中悪気絶 及び心肺灼熱に、小児の諸癇急驚風 慢驚風 熱あるものに、風涎 びくつき 怯え 傷寒の狂語 嘔吐に、中風熱の症に、諸病急症に、熱痰の胸に塞がるのに、大酒の酔いを醒ますのに、痘瘡等の熱気強くびくつき等の類症に用いる。犀角・辰砂・雄黄・瑇瑁・琥珀・安息香（酒で煮る）（各三匁）、牛黄（一匁五分）、竜脳・麝香（各七分五厘）、金箔・銀箔（各五片）を蜜で丸ずる。〔重宝記・宝永元序刊〕には半井家秘方として載るが、合薬秤糧に違いがある外、一匁を百粒とし、毎服一丸ずつ用いる。

四方拝【しほうはい】〔年中重宝記・一〕に元朝 寅の時（四時）に、天子が天地四方の山陵を拝するのをいう。常の人も旧年より斎戒沐浴して天地四方の諸神を拝すべきである。〔重宝記・宝永元序刊〕には天子四方拝は、元朝寅時に天子自らがその年の本命星を七遍唱えて天地四方を拝し、年災を祓い、宝祚の延久を祈る。

四方面の花【しほうめんのはな】立花*。心*受《うけ》*流《なが》枝《し》*控《ひかえ》*等立花で、まず面《おもて》を第一として、後ろから見ても見苦しくないように挿す。胴作《どうつくり》*前置《まえおき》*も前後がある。後ろにも通い路があって花の見える所にし、常の所にしてはならない。〔昼夜重宝記・安永七〕

四墨【しぼく】〔日用重宝記・四〕に四人の法親王能書家をいう。○尊円。伏見天皇第六子。天台座主、歌人。青蓮院流*祖。正平十一年（一三五六）、五十九歳薨。○尊道。後伏見天皇第十一子。青蓮院門跡、天台座主。応永十年（一四〇三）、七十二歳薨。○尊鎮。後柏原天皇皇子。青蓮院門跡、天台座主。天文十九年（一五五〇）、四十二歳薨。○尊朝。伏見宮邦輔親王子。青蓮院門跡。慶長二年（一五九七）、四十六歳薨。「三蹟《せんせき》」「三筆《さんぴつ》」参照

絞り湯葉【しぼりゆば】「しぼりゆば／茶巾ゆば（ほか色々）」は、長谷川町一丁目 六条伊兵衛にある。〔江戸町中喰物重法記〕

地本問屋目印【じほんどんやめじるし】〔稗史億説年代記〕に「江戸地本問屋の目印」が図版のようにある（図231）。○当時出版の印。▲草双紙相休の印。○双紙問屋の数を知る歌「△つる つたや 泉市 むら田 山口や 岩戸 ゑの もと 西は村 宮」。

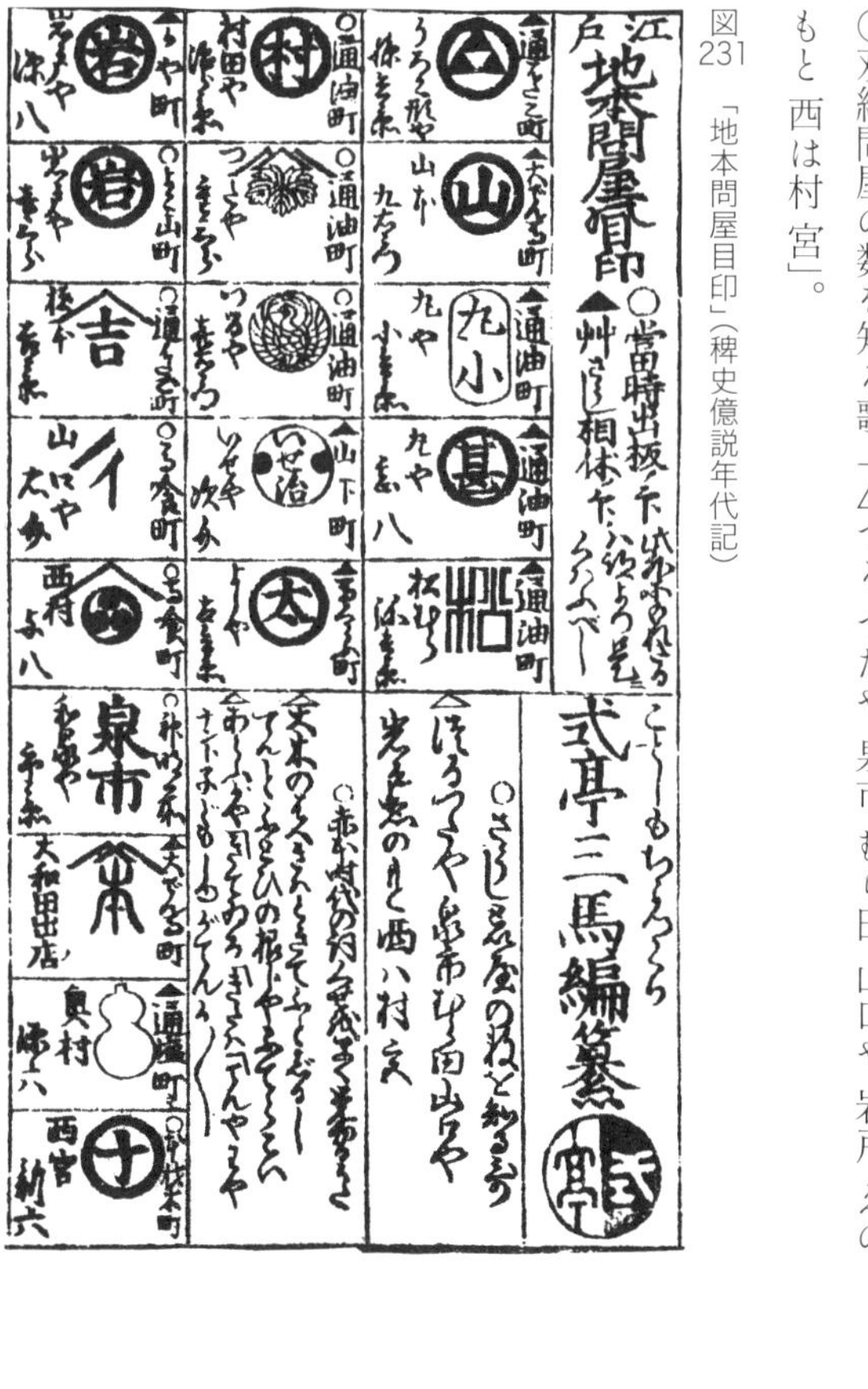

図231「地本問屋目印」（稗史億説年代記）

志摩【しま】志州。〔重宝記永代鏡〕には答志、英虞《あご》の二郡をあげ、城下は鳥羽。一ノ宮は伊射波《いざわ》である。〔万民調宝記〕に居城知行高は、鳥羽・

土井周防七万石とある。〔大増補万代重宝記〕には答志、英虞に甕嶋《かめしま》を加えて、「此内一郡伊勢也」と注記する。下管、下々国、四方半日。田数四千九百十七町、知行高一万七千八百四十石。〔重宝記・幕末頃写〕にも同じ注記をし、海藻が多い。度会県より、今の三重県の志摩半島地方にあたる。〈名物〉〔万買物調方記〕に、真珠貝、胎の貝《いがい》、鶏冠海苔、和布、鳥羽の鯔《なよし》、塩漬の臼、たうしのわきす［答志の湧砂］（盆山に用る五色の砂、海底より湧き出る）。

嶋あじ鴨【しまあじがも】〔料理調法集・諸鳥人数分料〕に、嶋あじ鴨を料理に遣う時は、あじ鴨*同前であるが、嶋あじ鴨は少なく、料理に遣うのは稀である。

四枚金胴【しまいかねのどう】鎧*名所。〔武家重宝記・三〕に四枚金胴《しまいかねのどう》は、四枚を蝶番《ちょうつがい》にしたものをいう。四ツにして物に入れて置き、旅宿に用いる。今いう畳具足《たたみぐそく》である。

私升【します】〔算学調法塵劫記〕に私升《します》は、京升*の四斗を以って、四斗七升とするもの。

しませざった【しませざった】大和詞。「しもせなんだと云事を、中国にはしませせざつた、いひませせざつたと云」。〔不断重宝記大全〕

嶋台【しまだい】「嶋台」は祝い事の席に用いる飾り物である。古くは「すはま*（洲浜）」といい、中世後期から「蓬萊の嶋台」と呼ばれるようになり、常の「嶋台」はただ「蓬萊」*と呼ばれた。従って「洲浜」「蓬萊の嶋台」「蓬萊」「島台」に特に区別はなく、飾り物の変化だけである。〔料理調法集・年中嘉祝之飾〕には「十二月嶋台之飾」がある。○正月台（松 竹 鶴 亀 高砂 難波 西王母）。押（おさえ。若松 木賊 橘）。○付 七日 人日（梅 若竹 親子草 若松 鼓草 駒引草の類）。○三月台（西王台 瀧門）。押（桜 茗荷 蕗）。○五月台（竹生嶋 竹ノ子 柏）。押（杜若 河骨 沢瀉）。○七月台（海藤花 梶）。押（撫子 仙翁［花］）。○八月台（菊 紅葉 栗）。押（金柑 萩 □□）。○十月台 玄猪（若松 菊 竹紅葉）。押（橘 南天 寒菊）。但し、台に菊がある時は、押に南天を禁ずる。言葉の縁が悪いとある。

嶋田より金谷【しまだよりかなや】東海道*宿駅。一里。本荷百七十二文、軽尻百十二文、人足八十一文。この宿より西を嶋田河原という。今は新田となる。向嶋 三間屋に川越問屋がある。大井川は北より流れ下は海へ入る。駿河と遠江の境で海道第一の大河である。南風に水が増し、西風に水が落つる。八間屋に川越問屋がある。肩車 輦台で渡った。〔東街道中重宝記・寛政三〕

嶋田曲【しまだわげ】〔女重宝記・一〕に嶋田曲は笄曲*と共に、町風は京も田舎も普く結う髪型で、七八十年来になる。始めは頭頂に水平に大きく髷を結ったが、後には下げて鬢を張り出し、また輪差を作って元結で中括りし根に収集する等色々変化した。脇詰のやつし嶋田は訳らしく目立ち、高いのは田舎めき、高からず低からず、よく思い量るとよい。投嶋田 大嶋田 中嶋田 下《さ》げ嶋田 しめつけ嶋田 とりあげ嶋田 やつし嶋田などがある。「髪の事」〈女の髪結い様〉モ見ル

島つ鳥【しまつどり】大和詞。「しまつどりとは、鵜の鳥」である。〔不断重宝記大全〕

嶋豆腐【しまどうふ】〔料理調法集・豆腐之部〕に嶋豆腐は、大豆を干して、挽き製する。

嶋原【しまばら】京名所。島原は、［京で唯一の公許の］遊女町である。朱雀野西新屋敷にある。〔東街道中重宝記・七ざい所巡道しるべ〕

しまひこ【しまひこ】大和詞。「しまひことは、諸の菓子の名」。菓子の総称である。〔不断重宝記大全〕

鬼蟹【しまむらがに】鬼蟹《しまむらがに》は毒があり、食してはならない。形は大小があるが、甲に人面の憤怒の形がある。そのために古くから勇士が討ち死にした所ではその霊が化するという。讃州（香川県）八嶋の浦では平家蟹と

いい、賀越〈石川・新潟県〉の海では長田蟹《おさだ》という。皆国々、勇士 戦死の名を呼ぶ。その状《かたち》の怪しいのを見て瘧を落し、また疫病の呪いとする。〔新撰咒咀調法記大全〕

島廻【しまめぐり】「大鷺」ヲ見ル

嶋廻【しまわ】「うらわ〈浦廻〉」ヲ見ル

四満【しまん】〈経絡要穴 心腹部〉二穴。四満《しまん》は直に中注の下一寸にある。灸三壮。積聚、疝気、臍の下の痛み、月水の調わないのを治す。〔鍼灸日用重宝記・二〕

滋味栗の仕様【じみくりのしよう】〔昼夜重宝記・安永七〕に滋味栗の仕様は、栗を皮共に煮え湯に漬け、三日程置いて灰汁を出し、取り上げてよい天気に七日程干し、皮を剥き、渋皮を手で揉むと落ちる。

繁【しみみ】大和詞。「しみみとは、しげき〈繁〉と云ふ心」である。〔不断重宝記大全〕

染み物落し様【しみものおとしよう】着物 書物 畳等に、油・墨・血・渋・染料等が付いたのを落す具体的な方法である。〔家内重宝記〕〔永代調法記宝庫〕〔女用智恵鑑宝織〕〔染物重宝記〕〔万用重宝記〕等にその記載が色々あり、藍染 紅絹染 小袖等その衣服ごとに掲出した。一般的に、万物の染付《しみつき》を洗い落すには、〔諸民秘伝重宝記〕に汚れた所を清水で洗い落し、その後灰汁に漬けて洗うとよく落ちる。〔麗玉百人一首吾妻錦〕には色物の雨漏、際付《きわつき》を早く落すには塩湯で濯ぎ、後は清水で振り濯ぐとよい、等がある。

四脈【しみゃく】〔昼夜調法記・正徳四〕に四脈を祖脈*とするとし、二十四脈の 七表の脈* 八裏の脈* 九道の脈* の祖〈親方〉とするが、この外にも脈は数多い。四脈は 浮脈* 沈脈* 遅脈* 数脈《さく》*とし、一切の脈の祖とする。「脈の事」モ参照

四民【しみん】〔改正増補字尽重宝記綱目・数量門〕に、士人《さむらい》。農人《ものつくり》。工人《たくみ》。商人《あきんど》。「士農工商」ヲ見ル

地村検分の法【じむらけんぶんのほう】〔四民格致重宝記〕に「地村《じむら》検分」の法がある。○川上と川下で総地形の高下を知る。○東が高く西の低い地は早稲満作、西が高く東の低い地は晩稲《おくて》満作、北が高く南の低い地は常に上作、南が高く北の低い地は常に下作である。○用水が多く悪水の吐き口が自由なのを上地とし、これに反するのを下地とする。○商人の多い村、また代物を取る村は少し高くても衰微しない。上田・上地 或は満作であっても、作徳ばかりの村は心得が必要である。○春祭の賑いを見て去年の作を考え、秋祭によってその年の作毛を考える。○寺社の修理 諸勧進 開帳、また屋作等に心をつける。○百姓困窮の村には、医者出家 浪人の類は少く、夫婦の争いが多い。○沼田の地の淤泥《どろ》が、干して重いのは上、軽いのは下である。小石交じりも同じ。○白真土は上田、黒真土は麝香色を上地とする。

四目【しめ】〔武家重宝記・二〕に四目《しめ》は、草鹿《くさじし》〈草叢の鹿に擬して掛けた的〉、丸物〈円形の掛けた的〉を射るのに用いる矢である。一手《ひとて》〈甲矢と乙矢の二本一組の矢〉の四目には、目が二ツある。一手《ひとて》合せて四となる。図ハ「矢の事」ニ出ス

指迷七気湯【しめいしちきとう】「大七気湯《だいしちきとう》」ヲ見ル

しめし【しめし】卑語。「しめしはむつき〈襁褓〉」である。〔女用智恵鑑宝織〕

蘿菌【しめじ】〔薬種重宝記・下〕に「シメジ 蘿菌 くわんきん」。〈薬性〉〔医道重宝記〕に蘿菌《しめぢ》は平で小毒がある。中《ちゅう》を温め 癪《しゃく》を消し 痛みを止め 虫を治す。

標茅が原【しめじがはら】大和詞。〔不断重宝記大全〕に、「しめぢがはら、天地 人の事なり。〈歌〉[只たのめ しめぢがはらのさしもぐさ われ世中にあらん限りは〈沙石・五本〉]」。

注連縄【しめなわ】〔年中重宝記・一〕に、注連縄は正月用物。天照大神が

天岩戸を出られた時、中臣 忌部の両神が、尻久米縄（尻をその侭にして切り揃えない縄＝「しめなわ」の古語）を引いて止めてから始った。七五三に綯うのは、天道は十五数になる意である。左縄に綯うのは天は左旋《させん》する意である。唐にも元日に葦索《いさく》といって注連縄を戸上に掛ける。〔新撰咒咀調法記大全〕に注連縄を張るのは、七五三は祈禱精進の時、一六二一六二は不浄の時、九二四三は産の時である。〈大和詞〉〔不断重宝記大全〕に「しめなわとは、かけ（掛）てたのま（頼）ん」という意である。

霜【しも】「露／霜」ヲ見ル

下総【しもうさ】 総州。〔重宝記永代鏡〕には千葉、印旛、匝差《そうさ》、相馬、結城、猿嶋、海上《うなかみ》、香取、埴生、豊田、葛飾の十一郡。城下は佐倉、結城、古河、関宿。一ノ宮は香取。〔万民調宝記〕には居城知行高を、古河・松平日向と大和田・井上筑後は共に一万二千石、吉井・堀田豊前一万石とある。〔大増補万代重宝記〕には葛飾が加わって十二郡となる。南北三日、大中国。田数三万二千三十八町、知行高三十九万三千三百九十六石。〔重宝記・幕末頃写〕には山海に富むが、禽獣に食味はない。千葉県から、今の千葉県北部と茨城県の南部があたる。〈名物〉〔万買物調方記〕に、三たび栗（一年に三度なると云）、葛西海苔（これを浅草海苔と云）、結城紬、中山の紬嶋がある。

下加茂大明神【しもがもだいみょうじん】 京名所。御本社の傍らから湧き出る水を、糺の清水という。これが加茂川の源である。森を糺の森という。御本地堂がある。〔東街道中重宝記・七ざい所巡道しるべ〕

しもく【しもく】 片言。「しもくは、鐘木 しゅもく」である。〔不断重宝記大全〕

し文字【しもじ】〈百人一首読曲〉「あふことのたえてしなくは」の「し」文字は、上へつけて乙音に読む。〈女中詞〉「し文字」は祝福を言う。〔麗玉百人一首吾妻錦〕

下諏訪より塩尻へ【しもすわよりしおじりへ】 木曾海道宿駅*。三里。本荷百八十四文、軽尻百二十一文、人足八十八文。この宿はよい。甲州府中へ十六里。高嶋領。左の方山際町 高い所があり前に温泉が湧き出て旅人に限らず諸方から湯治する。宿の入口右方、諏訪大明神社は神領五百石。宿より左へ一里半余行き、上諏訪 高嶋の城下 城主は諏訪因幡守殿 三万二千石。この城は山本勘助が縄張して築いた。昔、信玄の頃 武田典厩信繁の居城である。上諏訪大明神は最も大社である。社領千石、祭礼は三月七日、その日鹿を七十五頭供える神事がある。池の長さは七十丁余、横は三十五丁余、鯉 鮒 鰻 腹赤がいる。この池水の末は遠州の天竜川へ落ち、高峰があって瀬のようである。顕仲「諏訪の海の氷の橋はちはやぶる（上の通ひ路は）神の渡りて解るなりけり」（堀河百首）。この辺は日本で地の高い大寒地で、池の氷厚さ三尺余、冬は池の上を馬に高荷を 或は車に置荷をつけて平地のように往来する。春に氷の解ける頃 下諏訪より大蛇が渡って氷を砕くともいう。また初冬の頃 池の上を狐火が渡るのを相図に土人が氷を渡ると決めて怪我はないという。不思議である。下諏訪も大社で道端に鳥居がある。右方に いの字山がある。蜂が嶽、芝見村、四ツ谷村。帰経《ききょう》が原は野原で、昔 観音が大般若経を牛に負わせ その牛の行き止る所に経を込めようと誓い、牛がこの原で止ったので寺を建立して牛伏寺と号し、左の山際にある。経の内、三巻が込める期になって紛失したが、経は諏訪明神の内社に納まっていたので当社の宝物となった。長井坂 左に寺がある。柿沢村。塩尻峠 ここより諏訪の池が見える。土橋がある。〔東街道中重宝記・木曾道中重宝記六十九次 享和二〕

下野【しもつけ】 野州。〔重宝記永代鏡〕には足利、梁田、安蘇、都賀、寒川、那須、河内、塩屋、芳賀の九郡をあげ、城下は宇都宮、烏山、黒羽、太田原で、一ノ宮は二荒である。〔万民調宝記〕に居城知行高は、桜・

戸田山城六万五千石、烏山・永井伊賀二万石、壬生・三浦壱岐二万石、足利・本庄因幡一万石。〔大増補万代重宝記〕には上管、四方三十里。田数二万七千四百六十町、知行高四十六万四千石とある。〔重宝記・幕末頃写〕には東西三日半、山少なく、野深く、土厚く、草木多く、種生百倍、中上国等とある。今の栃木県にあたる。〈名物〉〔万買物調方記〕に宇都宮笠（出家が用いる）、扇、団扇（粗相物）、漆、絹、日光海苔（川にある）、折敷、銅など。

下野【しもつけ】　菓子名。下野、上ながし物、下しめし物。〔男重宝記・四〕

下野草【しもつけぐさ】　草花作り様。下野草《しもつけぐさ》の花は薄色、白である。また薄赤。土は肥土を用いる。肥《こやし》は茶殻の粉。分植は八月の末がよい。〔昼夜重宝記・安永七〕

下野守満快末葉【しもつけのかみみつのりばつよう】　諸氏名字。信濃源氏。西　猪木　大屋　村上　依田　飯沼　夏目　堤　手塚　諏訪　植田　野辺　林　松本　飯田など二十九名字がある。〔筆海重宝記〕

四物調経湯【しもつちょうけいとう】　〔医道療治重宝記〕に四物調経湯は、婦女、或は十五六歳で経脈廻らず、日夜寒熱生じ、手足痲痺し、飲食少なく、頭痛、悪心、嘔吐、腹中結塊中動して痛むのを治す。これは誤って生冷を食し、傷感して起るものである。香付子（一匁二分）、当帰・川芎・芍薬・黄芩・枳穀（各三分）、熟地黄・陳皮・莪朮・三稜・白朮・白芷・茴香・延胡索（各五分）、青皮・沙仁・紅花・甘草（各四分）に、生姜葱を入れ、水煎して服する。症状により加減があるが、これは三五人を治す。経水を調えるには調気養血を与えて数効を得る。

四物湯【しもつとう】　〔医道重宝記〕に四物湯は、諸病血虚のものを治す。当帰・熟地黄（各三匁）、川芎（一匁半）・芍薬（二匁半）を煎ずる。特に婦人の調経、崩漏、産後の諸症、或は金瘡、血の弱いもの等に不可欠とする。血を補い調え、血を生じ、血分へ導く要方とする。上下《かみしも》より血を出すこと多く、元気の大いに虚する者には決して用いない。〔医道療治重宝記〕にも諸症により加減、補薬が詳しくある。〔小児療治調法記〕には麻疹前後に潮熱の退かないもの、幷に血虚 血熱に用いる。当帰・川芎・白芍・熟地黄（血虚には熟、血熱には生を用いる）を水で煎じ、発渇には麦門冬・犀角汁を加え、痰があれば貝母・陳皮を加える等、症状により加減がある。〔童女重宝記〕は産後母乳の出ないものに加減して用いる。〔昼夜重宝記・安永七〕にも当帰・熟地黄（各三匁）、川芎・芍薬（酒炒）（各一匁五分）を水煎で用いる。○経水を調えるには、当帰・川芎・白朮・地黄とし、症状により色々に加減がある。○経水の滞る時は、桃仁・紅花・玄胡索・肉桂を加える。○経水期に先立っては血虚熱があり、黄芩、香付子・黄連・阿膠・知母・黄栢を加える。○経水期を過ぎて来ず痛む時は、桃仁・紅花・香付子・肉桂・莪朮・木通を加える。○経水が来るのに痛む時は、桃仁・紅花・黄連・香付子・延胡索・牡丹皮・莪朮・青皮を加える。

下妻上五郎【しもつまじょうごろう】　異類異名尽。「五郎妻。下につまがあって、上に五郎がある」。〔小野簒譃字尽〕

標【しもと】　〔万物絵本大全調法記・上〕に「笞ち／しもと。杖ぢやう／つえ」。〈諸国片言〉〔不断重宝記大全〕に、「京にて薪柴《たきゞしば》と云を、但馬にてはおとろ共しもと共云。荊棘《をとろ》、標《しもと》、梮（同）詩経ニ出。中国にてはあや木と云也。標《しもと》ゆふかづらき山なんど哥にもよみたり。江戸又大坂には一切の薪《たきゞ》を、まきといへり」。

しもない【しもない】　諸国言葉。「わけもない」ということを、中国では「しもない」、但馬では「つがもない」という。〔不断重宝記大全〕

下の御井【しものみい】　伊勢名所。別宮の御饌《みけ》（供物）を炊《かし》ぐのに下の御井の水を用いる。月読宮遥拝所*の向かいにある。〔東街道中重宝記・七ざい所巡道しるべ〕「上《かみ》の御井《みい》」参照

霜腹【しもばら】〔重宝綱目女要婦見硯〕は「しもばら（霜腹）の痛み」に、梅干の黒焼きを白湯で用いる。『日葡辞書』に「Ximobara, Ximofara, シモバラまたはシモハラ（霜腹）寒さのために具合の悪くなった腹の病気」とある。

霜腫／霜焼の事【しもばれ／しもやけのこと】〈療治〉〔改定外科調宝記〕に、○霜腫（風）は、寒気で気血がめぐらないために発する。久しいのは爛れて熱《ほて》る。葱と茄子の蔕《へた》を煎じて洗うとよい。○霜焼薬は、牡蠣の白焼を髪の油（〔調宝記〕は胡麻の油でも可とする）で溶いてつける。〔秘密妙知伝重宝記〕は土用中蜆貝を煮出して霜焼の出来る所をよく湿布すると冬には出ない。〔家内重宝記・元禄二〕は茄子の木 根 葉 茎を煎じて洗う。○酒の粕を水に浸して洗う。〔女重宝記・四〕は六月六日、十六日、二十六日に野蒜を搗き爛らし日に曝して置き、冬の霜焼に摺り塗るとよい。〔大成筆海重宝記〕は酸漿《ほうずき》を潰し腫れた上に塗ると妙である。酸漿は塩に漬けておく。〔万用重宝記〕は大人・小人共に梅干の肉を摺り潰し鍋墨を少し入れて付ける。〔新撰咒咀調法記大全〕は山薬（山芋を乾して粉にした漢方薬）を塗る。○酢で洗い蓮の花を摺り付ける。〔調法記・四十七ゟ五十七迄〕に、○酢で洗い、蓮根を摺り」。○茄子の蔕の乾したのを葱の白根十本に水一合半を入れ八分に煎じて洗う。○硫黄の饂飩粉を練り付ける。〔諸民必用懐中咒咀調法記〕は里芋を土ながら黒焼きにして胡麻の油で付ける。〔文政新刻俗家重宝集〕は生胡麻を摺って塗る。○麦藁を煎じて洗う。〔調宝記・文政八写〕は鴈《がん》の糞を黒焼きにして酢、或は胡麻の油で練り付ける。〔懐中重宝記・慶応四〕は霜焼の薬は硫黄を胡麻油で溶いて付ける。〔万家調法呪詛伝授嚢〕は蕪を丸なりで焼き、手で二ツに割り、霜腫の所に摺り付ける。何度も付けると自然にまかせて治る。
〈呪い〉〔諸民秘伝重宝記〕は夏土用中大人・小人共に、年々霜焼の出来る所へ、炎天に焼けた瓦を適当に何度も当てるとその冬はよい。○橋の銅擬珠等で撫でてもよい。余りにも焼けたのは注意が必要である。〔童女重宝記〕は霜焼を防ぐ呪いは、五月五日正午に生姜・生葱・艾をよく揉み爛らし、一時（二時間）ばかり耳 手 足等へ摺り付けて置くと冬に心配がない。〔万まじない調宝記〕は蕪の汁に栴檀の実を入れて煎じて洗うとよい。○夏土用の丑の日に小便担桶へ手を浸け、濡れた手を絹で包み一時後に手を洗うと、その冬は霜焼は出ない。

霜降り【しもふり】 指身仕様。〔諸人重宝記・四〕に霜降りは、鯛でも鰹でも卸してよい程に切り、煮え湯に入れ白んだ時上げて冷やして造る。

下人置く吉日【しもべおくきちにち】〔昼夜重宝両面雑書増補永暦小筌〕に下人《しもべ》を置く吉日は、甲子《きのえ》・午の日。乙丑《きのと》・未の日。丙辰《ひのえ》・寅の日。丁卯《ひのと》・未の日。戊《つちのえ》子・午の日。己巳《つちのと》・亥の日。庚子《かのえ》・辰の日。辛未《かのと》・亥の日。壬寅《みずのえ》・午の日。癸巳《みずのと》・卯の日。「小人《こびと》」参照

霜夜【しもよ】「かやりこう（蚊遣香）」ヲ見ル

沙【しゃ】 小数の単位*。繊*の十分の一。一の一億分の一。十塵*をいう。〔童蒙単語字尽重宝記〕。

者【しゃ】 九字の大事の一。〔新撰咒咀調法記大全〕「九字の大事の一」*「者《しゃ》」。内獅子印。金剛夜叉明王。内獅子印。

紗【しゃ】 生絹で軽く薄く織ったもの。うすぎぬ。地に文のあるのを紋紗或は顕紋紗という。〔万物絵本大全調法記・上〕に「紗しや。金紗きんしや、銀条紗ぎんでうしや、がある。羅ら／うすもの」。〔絹布重宝記〕に紗は、常巾、羽織地、肩衣地（金紋紗類もある）。広巾はない。綟子《もじ》*は寄らず、紗は並寄りやすい。糸の遣い方が大変違うためである。不断の取り扱いに心得を要する。

瀉【しゃ】〔丸散重宝記〕に湿や暑気により瀉するには、白朮・車前子（各等分）を末（粉）にし、白湯で三戔を下す。

しゃいもない【しゃいもない】 諸国言葉。「わけもない」ということを、「し

やいもないは 差違」、「しやちもないは 差別」、中国には「しもない」、但馬では「つがもない」という。〔不断重宝記大全〕

瀉黄散【しゃおうさん】〔小児療治調法記〕に、瀉黄散に二法がある。①弄舌*を治す。藿香（七分）、山梔子（一匁）、石膏（五分）、甘草（七分半）、防風（四分）を一服とし、蜜酒に掻き混ぜて炒り 香熟し、水一盞で煎じ半盞になる時、渣を去り用いる。②身熱して 目黄ばみ 腹大きく、口唇に瘡を生じ、眼に偸針を生ずるのを治す。薬種は同じであるが、薬量を各等分とする外、防風を蜜酒で香色に炒るとある。これ等を末（粉）とし温湯で用いる。

砂疥【しゃかい】「疥癬瘡《かいせんそう》」ヲ見ル

蛇籠【じゃかご】〔万物絵本大全調法記・上〕に「石籠 せきろう／じやかご」。〔田畑重宝記・上〕に川除け蛇籠の造り立て様は、八月伐《きり》の竹を九・十月暮迄に造り立て、冬正・二月迄に籠を出し、普請は三分の二通りを済ます。その場所々々に、六・七分通り台籠ばかりを積み立て、上二三分を夏普請で仕立て、春夏の出水を見合せ枠出し等水の中《あた》りを見合せ、八月出水を防ぐのが肝要である。水の状況や場所等により籠の造り様、詰め様に口伝がある。

しゃか汁【しゃかじる】〔料理調法集・汁之部〕にしゃか汁は、青鰯の腸 頭を捨てて洗い、大根でも茗荷でも入れ、出汁だけで仕立てる。

釈迦真言【しゃかしんごん】 真言陀羅尼*の一。〔呪咀調法記〕に釈迦真言は、「曩莫三曼多没駄南嚩《なうまくさんまんだぼたなんばく》」と唱える。

釈迦如来【しゃかにょらい】〔日用重宝記〕に、○釈迦如来は、南天竺浄飯王の子で、母は摩耶夫人。悉佗大子として王位を嗣ぐ身であったのを、十九歳で妻子を捨て、世を遁れ山に入り、阿羅々仙人に仕えて学び、弥陀如来の徳を称し、仏道を開いた。孔子の儒道*、老子の道家、釈迦の仏道を三道といい、古今 教えの道はこの三ツの外には出ない。その後、三国の祖師が諸宗を開き、八宗* 十宗* 宗外*のくさぐさが分れた。○印度釈迦如来は仏道を興起し、方便を以って人を善導に赴かせる。伝え伝えて諸宗に流れ、三国の宗祖は誰も疎《おろか》はないが、末世の僧は不学文盲で、釈迦如来の法を破り、戒を犯し、宗祖の意を取り失う者が多い。

瀉肝丸【しゃかんがん】「瀉青丸《しゃせいがん》」ニ同ジ

蛇眼疔【じゃがんちょう】 十三疔*の一。〔改補外科調宝記〕に蛇眼疔は、瘡の頭は黒く、皮は浮いて小豆のようである。

蛇形弓【じゃぎょうきゅう】 八張弓*の一。〔弓馬重宝記・下〕に蛇形弓は、白木の的弓である。

邪鬼霊鬼の類を除く符【じゃきれいきのるいをのぞくふ】〔増補咒咀調法記大全〕に「邪鬼霊鬼の類除く符」があり、「東方千陀羅道 南方千陀羅道 西方千陀羅道 北方千陀羅道 中央千陀羅道」の文を唱えて不動の真言で加持して符を呑む（図232）。〔筆海重宝記〕には毎月、月の数の日に枸杞の葉を煎じ湯浴みするとよく、邪鬼は入らぬ。〈邪鬼 火災を避くる呪い〉〔新撰咒咀調法記大全〕に「年中の邪鬼 火災を避くる呪」は、大晦日の明け六ツ時（六時）に水を汲み、人に知られないように厠の後ろへ廻り、水を三度撒くとよい。

図232「邪鬼霊鬼の類除く符」（増補咒咀調法記大全）

沙金餅【しゃきんもち】 菓子名。沙金餅、上白、こね物、中 餡に肉桂入り。〔男重宝記・四〕

しゃく【しゃく】「百《ひゃく》は、しゃく」。〔小野篡謔字尽・かまど詞大概〕

勺【しゃく】 夕《しゃく》とも書く。〈糧の単位*〉〔重宝記永代鏡〕に一合の十分の一。十抄（才＝共に「さい」）である。〈合薬秤量〉〔医道重宝記〕に十撮《さつ》を一

勺《しゃく》という。十勺は一合とある。

尺【しゃく】〈長さの単位〉〔古今増補算法重宝記改成・上〕に、「尺は長さの基本的単位」で、丈*の十分の一、寸*の十倍。呉服尺*、鯨尺*も行われたが、曲尺《かねじゃく》*一尺を明治政府は約三十・三糎とした。〈絹布の単位〉〔永代調法記宝庫・首〕に、「絹布の数の単位」は、寸*の十倍、丈*の十分の一。〈脈の取り方〉「寸関尺」ヲ見ル

弱【じゃく】「ごうじゃく（強弱）」ヲ見ル

弱【じゃく】算法用字。〔算学調法塵劫記〕に弱《じゃく》は、割り残る数を一ツに収め入れたことをいう。

癪気薬加減【しゃくきぐすりかげん】〔秘方重宝記〕に、癪気薬加減に三方がある。①茯苓・香付子・陳皮（各四分）、白朮・半夏・枳殻（各二分五厘）、青皮（二分）、黄連・縮砂・山梔子（各五厘）、甘草（小）、生姜入。②香付子・陳皮（各四分）、厚朴・青皮（各一分五厘）、枳殻・肉桂（各二分五厘）、川芎（二分）、青木香（一分）、縮砂・甘草（各小）、生姜入。③香付子（四分）、白朮（三分）、厚朴（二分五厘）、枳殻（一分五厘）、半夏・陳皮（各三分）・茯苓（五分）、青木香・縮砂（各五厘）、甘草、生姜入。

酌加え様【しゃくくわえよう】「銚子の事」又「加えの習」ヲ見ル

赤口【しゃくこう】赤口日。〔大増補万代重宝記〕に「六曜*の第六」で、六月・十二月の朔日を赤口《しゃくこう》日として、以下順に先勝《せんしょう》* 友引《ともびき》* 先負《せんぶ》* 仏滅《ぶつめつ》* 大安《だいあん》*と繰る。悪日である。何事にも用いてはならない。但し、午（十二時）の刻ばかりはよい。「せきこう（赤口）」は別項

赤膏【しゃくこう】〔改補外科調宝記〕に赤膏は、全ての癒え薬に用い、中でも嚢癰が破れて癒えず、気腫や下疳*によい薬。蠟・胡麻油（各二十五匁）、猪《ぶた》油・椰子（各十五匁）を煎じ合わせ、明礬を少し加え、丹は赤くなる程入れ、春夏は堅く、秋冬は柔かく練る。

積治散【しゃくじさん】〔洛中洛外売薬重宝記・上〕に積治散は、新烏丸荒神口下ル丁／勢州松坂本町 山城や市右衛門にある。半包二十四文。第一に癪、痞え、難病の妙薬。

積治湯【しゃくじとう】〔洛中洛外売薬重宝記・上〕に積治湯は、押小路東洞院東へ入 小山や喜兵へ にある。第一に癪、一切の妙薬である。

積聚の事【しゃくじゅのこと】〔医道重宝記〕に積聚で、○積《しゃく》*は気が五臓（肺心肝脾腎）の内に積るのをいい、常の所に発《おこ》り痛みもそこを動かない。○聚《じゅ》は気が六腑（大・小腸胃胆膀胱三焦）に集まるのをいい、発《おこ》る所は上下して留まらず痛みも常の所がない。脈が、実大なのはよく、沈小なのはよくない。薬は大七気湯*加減補中益気湯*がある。〔鍼灸重宝記綱目〕には積に五積［心積（伏梁）*脾積（痞気）*肺積（息賁）*肝積（肥気）*腎積（奔豚）*］の解説がある。積に腹の痛むのと、痛まないで塊があり不食するのがあり、或は咳逆 咳嗽 短気 心痛をなし、腹痛する時はみだりに痛処に刺《はりさ》しはせず、押し柔らげて痛処から一二寸脇に針をする。痛みの強い時、痛処の上に刺すと却って痛みを増し人を殺すことが多い。鍼穴は三里 陰谷 肺兪 脾兪 期門 中脘 気海 関元等十二点がある。〈積聚食物宜禁〉〔世界万宝調法記・下〕に「宜い物」は大麦 牛房 馬《すべり》莧《ひゆ》 生姜 蓮 独活 五加 枸杞 亀 山椒 山芋 海月 大根 樝 天蓼《またたび》 蒲公英 鰻。「禁物」は糯 麵類 油 小麦飴 茄子 罌子 瓜 笋 蓼 菱 芋 芹 昆布 砂糖 諸鳥 生魚 河魚 膾 酢 鯛 生菓子 蕎麦。

尺寸を定むる法【しゃくすんをさだむるほう】〔鍼灸重宝記綱目〕に「尺寸を定むる法」は男は左、女は右手の中指の第二節の上の折り目と下の折り目との間をその人の一寸と定める。中指の人差指の方へ向いた折り目を屈め環《たまき》のようにして取る（図233）。

赤石脂【しゃくせきし】〔薬種重宝記・下〕に唐石、「赤石脂（しゃく）せきし。醋に浸し、焼く事七次《たび》す」る。

積善の家には余慶あり【しゃくぜんのいえにはよけいあり】〔世話重宝記・五〕に

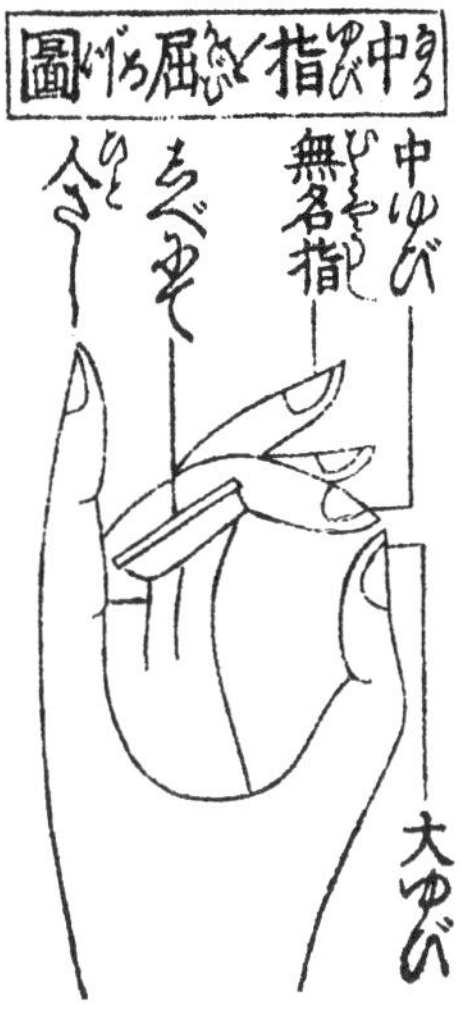

図233「尺寸を定むる法」〔鍼灸重宝記綱目〕

『易』に出るとして、今日善をなし明日も善をなし、これを積んで久しくすると、余りの慶びを子孫に伝えて幸があるという意とある。

尺沢【しゃくたく】〈経絡要穴 肘手部〉二穴。尺沢《しゃくたく》は肘の中 屈伸する横筋の中、中指と薬指との間の通り、押すと筋骨の解け目、動脈の処にある。針灸ともに、肘の中の青筋にあたらないようにする。針三分、留むること三呼。肩 背痛み、中風、小便繁く、よく嚏《はな》ひ、寒熱、痺れ、腕肘引き攣り、嘔吐、口舌乾き、手足腹 俄に腫れ、心通、胸煩れ、労熱、上気、腰背強ばり痛み、肺の積、小児の慢驚風等を治す。〔鍼灸重宝記綱目〕

雀啄【しゃくたく】〈七死の脈の一*〉〔医道重宝記〕に雀啄の脈は、筋肉の上にあって、雀が食を啄ばむように連なり、数は急である。心臓の死脈という。〈六死の脈の一*〉〔斎民外科調宝記〕に雀啄は、脈の連なり来るのは三五であり 鳥の啄ばむようで、切れるのが早く、絶えて又来る。脾臓の気絶である。

赤濁【しゃくだく】「できだく（溺濁）」ヲ見ル

赤虫【しゃくちゅう】九虫の一*。〔鍼灸重宝記綱目〕に赤虫《しゃくちゅう》は、生《なま》の肉のようである。腸の中を鳴らさせる。

弱虫【じゃくちゅう】九虫の一*。〔鍼灸重宝記綱目〕に弱虫《じゃくちゅう》は、瓜の中子《なかご》（中の核）のようである。多く唾を吐かす。

積通丸【しゃくつうがん】〔洛中洛外売薬重宝記・上〕に積通丸《しゃくつうがん》は、室町仏光寺上ル丁 高橋正勝発売。第一に諸の癪、痞の一代根を切る妙方である。

癪痞の薬【しゃくつかえのくすり】〔万用重宝記〕に癪 痞の大秘方として、莪朮（二匁）、三稜（一匁五分）、くまちくそう（一匁五分）の三味を、常の如く煎じて用いる。どんなにむつかしい癪 痞でも忽ちに治る。痞癪にも奇妙である。〔重宝記・儀部家写本〕に痞癪の妙薬として、雪花菜《おから》（きらず）*を焼いて呑むとよいという。枳実丸*がある。「積《しゃく》聚《じゅ》の事」参照

酌取り遣り【しゃくとりやり】〔女用智恵鑑宝織〕に、酌取り遣りの作法がある。○左膝を突いて右膝を少し立て、注ぐ時は右膝をも着く。幾度もこのようにする。○銚子は、折目の所へ詰めて持ち取る。○大きな銚子は右手を爪隠の所へ詰めて持ち、左手は折目の上を持つ。○錫《すず》は右手で細い所を持ち、左手を膨らみへ少し掛ける。○燗鍋は弦の上より小指三四の指とでしっかり持ち、大指と二の指を屈め爪先を合せ不束ならぬようにし、左の大指を蓋に掛け、残りの指は脇へ掛けて注ぐ。左の人差指より紅付指を蓋の上にそっと掛けて注ぐのもよい。客人に覆い掛らぬように注意する。貴人へは少し我が身を鎮める心で注ぐ。

しゃくなぎ鴫【しゃくなぎしぎ】〔料理調法集・諸鳥人数分料〕にしゃくなぎ鴫は、六月中旬から渡り八月中旬、浜鴫 田鴫の内にいる。この鴫の内で大きな鳥である。汁等には六七人前にも遣う。春のしゃくなぎ鴫は、脂の乗ったのもおり、また小さいのもいる。煎鳥にしては五六人前にも遣う。浜鴫である。

石楠花【しゃくなんげ】〔万物絵本大全調法記・下〕に「石楠 せきなん／さくなんげ。又石楠花 しやくなんげ也」。〈片言〉〔世話重宝記・五〕に「赤南花《しゃくなんげ》を、しやくなぎ」という。石南花の葉を黒焼にし酒に入れて腎虚*の薬に用いる。

赤日【しゃくにち】 暦中段。〔諸人重宝記・五〕に赤日《しゃくにち》は、よいことには吉、悪いことには忌む。〔女用智恵鑑宝織〕には、一切の弁舌を以って勤める事に障りがある。

積熱【しゃくねつ】〔小児療治調法記〕に積熱は、頬赤く口に瘡がある。

〈積熱の出血〉〔丸散重宝記〕に「経験方」として、積熱の吐血、衄血（鼻血）、下血、熱痛する血淋に、黄芩一味を煎じ服して癒える。「積聚《しゃくじゅ》の事」参照

積の事【しゃくのこと】〈薬〉〔妙薬調方記〕に積は、蛎の貝殻をよく焼いて粉にして呑むと妙に治まる。〔胡椒一味重宝記〕に癪は 焼塩（大）、胡椒（小）を小豆湯で用いるのは奇方である。〔調法記・四十ら〕は蓼笠を黒焼にして用いるが、性《しょう》が鋭いので多く服すると真気を瀉す。生れつき弱い人が用いると脾胃の元気を損じることがある。性を増すものと心得るのがよい。〔調宝記・文政八写〕に積の妙薬は麻苧殻を黒焼にして用いる。大白を入れてもよい。一日ばかりと、毎日三度ばかりずつ用いる。大いに妙である。〔懐中重宝記・慶応四〕に積の薬は梅花・竜脳（各一分）、麝香（二釐）、阿片（五分）を飯糊で丸じ、一度に二釐 三釐を用いる。〔洛中洛外売薬重宝記・上〕に「しやくの妙薬」は、城州愛宕郡王子山社家 松村氏にある。第一に癪、痞えの妙薬である。「しやくの薬」は下長者町千本東へ入 丸屋小兵へ にある。

〈呪い〉○「一生積虫（積聚*の発作は虫によるとした）の根を切る術」は、〔秘密妙知伝重宝記〕に「彭戸尸 彭常尸 命児尸 悉く窈冥に入って我が身を去って離る」と庚申の夜唱える。まず歯を食い締め 奥歯を三十三度噛み この文をあげ 七ツ（四時）迄唱える。総じて虫の病一切にも妙法で、外の難病でも虫の病と名の付くもので治らない事はなく、平日に信心するとよい。〔万まじない調宝記〕に「積の根を切る呪い」は、盆の苧殻に年と名を書き無言で火屋（火葬場）へ持って行き焼くとよい。〔万用重宝記〕に「積気の呪い」は、白紙で病人の腹を撫で、その紙に縫針を百所立てると即座に奇妙に治る。

尺八【しゃくはち】〔諸人重宝記・二〕に、虚無僧尺八というのは、楽器とする竹を長さ一尺八寸に切る故に尺八という。〔人倫重宝記・五〕に尺八はもと禅の祖 普化和尚が吹いた物で、唐の玄宗は特に好んで吹いた。三重切、竪笛《じゅてき》ともいう。〈売り店〉〔万買物調方記〕に「京ニテ笛 篳篥 尺八」は、室町松原上町 獅子田太兵へ、新町下立売下 指田伝兵衛、五条常楽寺前 林元信にある。「江戸ニテ笛 篳篥 尺八」は、中橋広小路 指田伝竹、南大工町 佐藤太郎左衛門、芝久右衛門町二丁目 笛師久右衛門、本郷 清左衛門にある。「大坂ニテ笛尺八」は、真斎橋筋南にある。

弱半【じゃくはん】 明異名訣。*〔古今増補算法重宝記改正・上〕に四分の一を弱半とする。

赤白諸痢【しゃくびゃくしょり】 経験方。〔丸散重宝記〕に赤白諸痢に三方がある。①赤白痢。日夜何度もするのを治すには、黄連・呉茱萸（各等分）を焦り、細末（粉）にして粟飯で丸じ甘草湯で下す。②赤白諸痢。裏急後重 腹痛のものには、黄連・青木香（各等分）を末（粉）にして蜜で丸じ、空腹に米飲で下す。③赤白痢。裏急 後重 腹痛して小便のよく通じないものには、阿膠（十戔）を水で煎じて膏薬のように練り、黄連（三十戔）、茯苓（二十戔）を末（粉）にして合せ、粟米湯でくだす。「りびょう（痢病）」参照

赤白帯下【しゃくびゃくたいげ】「白血《しらち》長血《ながち》」ヲ見ル

尺脈【しゃくみゃく】「寸関尺《すんぜんしゃく》」ヲ見ル

弱脈【じゃくみゃく】 八裏の脈*の一。〔医道重宝記〕には極めて弱く、爛れた綿のようで、力がない。虚して筋萎え、風熱、自汗を主《つかさど》る。〔昼夜調法記・正徳四〕には陰虚し、陽気衰え、恐怖で汗多いのを主る。

積虫【しゃくむし】「むし（虫）の事」ヲ見ル

借屋請状【しゃくやうけじょう】 家屋貸借で、請人（保証人）が借家人ともども連判で年寄・行事・町中・家主宛に出す保証書。範例文に見るように切支丹や浪人でもなく、法度や借屋賃支払を守らせ、その他諸問題解決の保証をする。〔書札調法記・五〕の範例文がある。「借屋請状之事／一 何之通何之町何屋誰殿御家ニ何屋何右衛門と申す仁借宅仕り居申され候。此仁生国は何之国何村之人ニ而先祖従リ慥ニ存知候仁ニ候故、請人ニ罷り立ち申し候。此仁宗門之儀は代々何宗ニ而 則ち何寺之末寺何之通何町何寺之旦那ニ而御座候。御法度之切支丹宗門、又は武士之浪人ニ而も御座無く候。先《せん》御奉行様従り仰せ出され候二十一ケ条之趣 堅く相守り申す可き事。一 博奕 遊女之宿 其外悪党者ニ一夜之宿致させ申す間敷候事。一 御家何時ニ而も御入用の儀御座候ば 何時成り共明けさせ相渡し申す可く候。万一此仁ニ付御家 御公儀様へ召し上げられ候ば 其代りに請人之家屋敷急度相渡し申す可く候。其時一言の異義申す間敷候。其外如何様之六ケ敷義出来仕リ候共 我等罷り出相済し御町中年寄 五人組御家主へ少しも御難かけ申す間敷候。一 宿賃は何程ニ相定め 毎月之分晦日に相違無く相済まさせ申す可く候。後日の為之請状 件の如し。／年号月日 何之通何の町 請人 何右衛門 判・借り主 何右衛門 判／年寄何左衛門殿・行事 何右衛門殿・御町中参」。〔昼夜重宝記・安永七〕等では請人が家主宛に出す形式もある。

芍薬【しゃくやく】〔万物絵本大全調法記・下〕に「芍薬 しやくやく／かほよぐさ。春」。〈異名〉〔書札調法記・六〕に芍薬の異名に、金腰帯《きんようたい》 酔西《すいせい》施《し》 将軍花 玉瓔珞がある。〔薬種重宝記・下〕に和草、「芍薬 かほよくさ。鉄を忌む。蘆頭を去り、泔《しろみず》（＝米の磨き汁）に浸し 酒製して炒る。赤白とも製は同じ」。〈植替〉〔享保四年大雑書・草木植替重宝記〕に、八月から十月迄がよく、土の拵え様は砂を九分にしてよい。

芍薬散【しゃくやくさん】〔牛療治調法記〕に芍薬散は、芍薬・蒸薬・当帰・細辛・肉桂・竜骨を末（粉）し毎服一両に、酒一升に葱・油・塩を和して調え潅ぐと即効がある。胞虚 胃水、即ち、身を侵し淋病に似て小便の渋るものにこの方を用いる。

芍薬湯【しゃくやくとう】〔医道療治重宝記〕に芍薬湯は、下痢に、赤白（諸痢）* が初めて起り、積滞して巡らず、裏急後重く、頻りに厠に上り去る時少し腹の痛むのを治す。芍薬（二匁）、当帰・黄蓮・黄芩（各一匁）、大黄（七分）、檳榔・木香・肉桂・甘草（各五分）を煎じて、空き腹に服する。症状に応じて加減がある。

赤遊風【しゃくゆうふう】〔鍼灸重宝記綱目〕に赤遊風には、百会 委中に灸する。

借用【しゃくよう】〔女用智恵鑑宝織〕に、物品借用について次がある。人の元へ物を借りに遣わす書状はしないことであるが、品によってはないことではない。書物等は不図言い遣わしても構わないものである。その場合、「御借《かし》被下候はば」「御恩借申上たく」等と書く。借金の証書は「あずかりてがた（預手形）」* という。

噦【しゃくり】「咳逆」「呃逆」とも書く。〔鍼灸重宝記綱目〕に、噦は気逆が上衝して声をなし、また胃火が上衝して逆する。口に従って膈《むね》から起るのは治し易く、臍の下から上がるのは陰火が上衝して治し難い。期門に針し、脾兪 中脘 乳根に灸をする。〔鍼灸日用重宝記・五〕に咳逆とは順じないものの意で、皆気が下ることを得ないために起る。急に乾いた物を食し気が塞がるとよく咳逆を発す。中脘 通谷 不容 小指の先を刺《はりさ》しても癒える。
〈薬〉〔丸散重宝記〕に噦の止まらないのには紫蘇（二戔）・人参（一戔）を煎じて服する。〔世界万宝調宝記〕は刀豆《なたまめ》の実を黒焼きにして白湯で用いると忽ち止まる。〔懐中調宝記・牛村氏写本〕に噦止めの薬は、柿実（三）、蜀椒（十粒）、丁子（五）に水一合を入れ、七分目に煎じて用いる。〔胡椒一味重宝記〕は梅干（小）、胡椒（大）を煎じて用いる。

〔昼夜弁要万宝二面鑑・寛政十二〕は柿の蔕を熱い茶に入れて飲む。〔大増補万代重宝記〕は嚔が出て三五日止まらず、諸薬の効のない時は良姜を煎じ、或は噛んで呑むと直ぐ妙に止まる。また頭の亜門の穴《けつ》を大指で強く押し、一方の手で額の眉の中を、両方とも強く押すと忽ち止まる。〔俗家重宝集・後編〕は釜の下の灰を少し取り白湯で用いると止まる。〈呪い〉〔新撰咒咀調法記大全〕に嚔を止める咒は、○男は左 女は右の手の中に「犬」の字を三遍書く。○舌の上に小刀の先で触らぬように「如是空」と三遍書くとよい。〔懐中重宝記・慶応四〕は清水を茶碗に汲んで、白箸で「如是空」と三度書き箸を茶碗の上に十文字に置き、口隅から飲む。〔新板秘伝日用重宝記〕は口を開けさせ舌の上に「賦」という字を三ツ書き水を三口呑むと奇妙に止まる。〔調法記・四十七ゟ五十七迄〕は、○舌に「水」の字を指で三字書いて唾を呑む。○茶碗に水を汲み指で「水」の字を三字書く真似をして呑ませる。○まだ止らないのには生姜二三片を噛む。〔万用重宝記〕は、茶碗に水を一杯汲み「鯉」という字を三ツ指で書き、三口で飲むと即座に治る。〔庶民秘伝重宝記〕は、○茶碗に茶を汲み上に箸を十文字に渡して置き、四方から回して一息に呑む。○また白砂糖を舐めると止まる。

〈嚔食物宜禁〉〔家内重宝記・元禄二〕に「宜い物」は大麦 大根 生姜 山椒。「禁物」は麺類 蕎麦 芥子 茄子 胡瓜 瓢 真桑 蓼 榧 魚鳥。

石榴疽【じゃくろそ】「せきりゅうそ（石榴疽）」ヲ見ル

じゃこ【じゃこ】片言。「じゃこは、雑魚《ざこ》」である。〔不断重宝記大全〕

麝香【じゃこう】〔万物絵本大全調法記・下〕に「麝 しや。臍《へそ》に香《にほひ》あり、これを麝香《じやかう》といふ」。〔薬種重宝記・下〕に唐獣、「麝香 しやかう／かほりしか。毛と皮を去る、火を忌む」。〔男女御土産重宝記〕に麝香は、赤目に黒く、匂いはなるだけ悪く臭《くさ》いのをよいとする。臭いのは正真で、遠くでは香ばしい匂いとなる。

麝香散【じゃこうさん】〔小児療治調法記〕に麝香散は、鼻疳*が鼻の下に瘡を生ずるのを治す。麝香（半匁）、雄黄・升麻（各二匁半）、枯礬（五匁）を末（粉）して、人乳で調えて付ける。

社日【しゃじつ】「しゃにち」とも読む。暦中段。〔和漢年暦調法記〕に社日は二月と八月にあり、二月と八月の彼岸の中日に近い戊《つちのえ》の日である（春社・秋社）。農人の祭る日で、二月には種を蒔き、八月には刈り納める。婚礼には忌む。この日の深雨は豊年のしるしである。

蛇床【じゃしょう】「やぶじらみ（蛇床）」ヲ見ル

蛇瘴【じゃしょう】「ひょうそ（瘭疽）」ヲ見ル

社稷【しゃしょく】〔日用重宝記・一〕に、『延喜式・神名帳』に載する所は本朝古来の神社で、賀茂・春日などを社稷と称する。国家の最も重要な守り神、土地の神と五穀の神である。『拾芥抄・下本』に伊勢大神宮、石清水を宗廟とし、「社稷事、賀茂 松尾 平野 春日 吉田等の社の事也。凡そ勅願尊崇の霊神の総名也…又勅願の社を社稷と称す」とある。

沙参【しゃじん】〔薬種重宝記・下〕に和・唐草、「沙参 しやじん／とゝぎ。刻み、焙る」。〈薬性〉〔医道重宝記〕には苦く微寒、肺熱を除き、腫を消し、膿を排し、肺痿・肺癰を治す。米泔《しろみず》に浸し、洗い、刻み、焙る。唐ではそのまま刻み、焙る。

瀉心湯【しゃしんとう】〔改補外科調宝記〕に瀉心湯は、鵝口瘡*の薬。黄連を粉にし、蜜と水と合わせて飲み汁にして用いる。

邪祟【じゃすい】〔家内重宝記・元禄二〕に邪祟《じやすい》の方がある。万の憑き物、鬼神の祟り、悪夢、妄見、様々のむさとしたものと交わり、恐ろしい物が目に見えるのには、安息香*を火に焼くと妖物の気を去る。○また、狐の尾でも糞でも火に焼く。○また、糞を灰に焼いて水で服するのもよい。○狐の腸、肝を煮て服するのもよい。

瀉青丸【しゃせいがん】〔丸散重宝記〕に瀉青丸は、肝熱の驚風、搐搦《ひらつき》によい。

哺熱、潮熱が搐して喘し目を少し斜めにして眠る時は睛が現れ、手足が冷え、大便に淡水や黄水を下すのは肺病である。脾を補い心肝を抑えるのがよい。○脾を補うには、益黄散*、心を抑えるには導赤散*、肝を抑えるには瀉青丸がよい。肝の熱脈、洪実によい。羌活・大黄・川芎・山梔子・竜胆・当帰・防風を蜜で丸ずる。〔小児療治調法記〕にも急驚風を治す方に瀉肝丸*があり、涼肝丸ともいう。

沙石淋【しゃせきりん】 五淋*の一。〔鍼灸重宝記綱目〕に沙石淋は、茎中が痛み努力《いきず》む時は沙石のようである。〔鍼灸日用重宝記綱目・四〕には石淋とあり、膀胱の蓄熱で茎の中が痛み、小便は俄に出ない。療治は「五淋」参照。「石淋《せきりん》」モ見ル

車前子【しゃぜんし】 〔万物絵本大全調法記・下〕に「車前 しやぜん／おほばこ」。〔薬種重宝記・下〕に和草、「車前子 しやぜんし／をほばこのみ。日に干して少し焙る」。〈薬性〉〔医道重宝記〕に車前子は淡く寒、水を利し、芽の赤いのを除き、瀉を止め、熱を解し、催生《はやめ》に用いる。水で洗い、土砂を去り、日に干して砕き用いる。

蛇退皮【じゃたいひ】 〔薬種重宝記・下〕に和虫、「蛇脱皮 じやだつひ／へびのきぬ（衣）」。〔改補外科調宝記〕には、耳の内がにわかに痛み虫が這う如く、或は血水が出、或は乾き耐え難いのには、蛇退皮《じゃたいひ》を黒焼きにして、管で耳へ吹き入れるとよい。

しゃだらもない【しゃだらもない】 片言。「差異《しやゐ》もないといふを、しやつしもない、しやだらもない」という。〔世話重宝記・五〕

鯱【しゃちほこ】 「魚虎《しゃちほこ》」とも「鯱」とも書く。鯱は海中の魚で、よく塩水を吹いて雨を降らすので、火災を厭う呪いのために、瓦上に置く。家に、天井 蟇股《かえるまた》 鴨居などと名づけている所は、皆水の縁を取っていて、火災を避ける呪いである。〔武家重宝記・一〕

しゃちもない【しゃちもない】 諸国言葉。「わけもない」ということを、「しやいもないは 差違」、「しやちもないは 差別」、中国には「しもない」、但馬では「つがもない」という。〔不断重宝記大全〕

積塊【しゃっかい】 〔医道重宝記〕に「加減例*」として次がある。積塊が実するには、三稜・莪朮・檳榔子を加える。虚するには枳殻・陳皮・当帰尾を加える。左にあるのを血の塊とし、牡丹皮・延胡索を加える。右にあるのを食積とし、神麹・麦芽・枳殻・山査子を加える。真ん中にあるのを痰気とし、枳実・半夏を加える。塊が脇にあれば、青皮・梹榔子を加える。「積聚《せきじゅ》の事」参照

しゃっしもない【しゃっしもない】 片言。「差異《しやゐ》もないといふを、しやつしもない、しやだらもない」という。〔世話重宝記・五〕

叉手々【しゃでで】 面を被って鬼の真似をする壬生《みぶ》千本の狂言を、唐土では嗔拳《しんけん》といい、日本では叉手々《しやでで》という。〔人倫重宝記・四〕

邪熱発散の法【じゃねつはっさんのほう】 〔調宝記・文政八写〕に邪熱発散の法は、立足の下へ小桶を入れ、桶の湯はなるべく熱くして辛子粉を一握り入れ、足首より下を浸け、上より布団を五枚余も掛けて蒸す。

しやのしやの衣【しゃのしゃのころも】 諸国詞。傀儡子《でくるぼう》を、京童は「しやのしやの衣」という。〔男重宝記・五〕

瀉白散【しゃはくさん】 〔小児療治調法記〕に瀉白散に二方がある。①亀胸*を治す。地骨皮（二匁）、桑白皮（蜜水に掻き和ぜ 黄色に塗る 一匁）、炙甘草（五分）を水で煎じ、黄芩（一匁）を加える。②疹が出る時、咳嗽口乾き、胸が煩するのは毒が心肺にあり、発し尽さないからである。桑白皮（蜜で炙る）、地骨皮・甘草（各等分）、淡竹葉（二十片）、痘心（三十根）を末（粉）し、或は水で煎ずるのもよい。これに天花粉*・連翹・玄参・黄連を加えて用いる。或は、黄連黄仁湯を用いるのもよい。

者人【じゃひと】 「母者人《ははじゃひと》」「兄者人《あにじゃひと》」等言うのは聞きにくい。「者人《じゃひと》」を副えなくても苦しくないことである。「母」「兄」とばかり言うのがよい。

〔世話重宝記・二〕

シャボン【シャボン】〔重訂本草綱目啓蒙・三〕にシャボンは、無患子《むくろじ》の実の皮を洗濯に用いて、垢や油汚れを落とす物を言う。

しゃまだるい【しゃまだるい】 卑語。「もどかしいを しゃまだるい」という。〔女用智恵鑑宝織〕

三味線草【しゃみせんぐさ】「なずな（薺）」ニ同ジ

三味線の事【しゃみせんのこと】〈片言〉〔不断重宝記大全〕に「しゃみせん、三味線 さみせん」。〈由来〉〔人倫重宝記・三〕に三味線は、もと琉球国より渡来、近頃の物である。琉球には蛇が多く人を害するので田畑へも三味線を携え、耕作の片手に引いて脅すという。琉球では蛇皮を用い、日本では鹿皮 又は猫皮を用いて小歌 浄瑠璃に合せて引いた。三味線は楽器の外で淫乱な音とし、良い人の引くものではなく、多くは好色の座敷に出る。三味線の皮は雌猫の八乳の皮で張っているので、好色の男がこの音を好むのは道理である。その上、金花猫といい、古猫は猫又となって女に化けて人を迷わすと唐書にも見えるので、三味線の音が人を蕩かすのは尤もである。蛸と三味線は血を狂わすものとして制せられ、盲目には生業の役であるが目明には無用の芸等とある。〈楽器名称〉〔麗玉百人一首吾妻織〕に出る図（図234）で右から下へ。かいらうび（海老尾 ＝棹の上屈んだ所。海老に似ているのでいう）。いとぐち（糸の巻いた中）。上ごま（かみ駒）。てんじゆ（転手 ＝糸を巻く串）。上さほ（かみ棹）。下棹《しも》。さるを（猿尾 ＝根緒を引き懸けて置く棹の先）。どう（胴）。ばちめん（撥面 ＝撥の当る所）。こま（駒）。ねを（根緒 ＝糸を括りつける所。紙縒 水引等でする）。ねをさき。ばち（撥）。〈三味線唱歌の事〉〔諸人重宝記・二〕に次がある。○「一の糸の唱歌」は、しーき・さーか。○「二の糸の唱歌」は、つーる・とーろ・すーて。○「三の糸の唱歌」は、ちーり・てーれ・たーら。この内「し・つ・ち」とは、ちぶくら（乳脹 ＝棹の下の左右へ脹れた所）の際で押さえ上より引くことをいう。「き・か・る・ろ・て・り・れ・ら」とは、それぞれ前に対して掬うをいう。「さ・と・て」とは、放して上より引くことをいう。「す・た」とは、五寸程下で押さえ上より引くことをいう。唱歌の数はこの十六字があり、空で覚える程早く引き習う。〈三味線所など〉〔万買物調方記〕に次がある。「京ニテ琴三味線師」寺町松原下ル 石村さつま、同松原上ル 石村いなば、同町 山城大掾、同綾小路下ル 柳川吉兵へ、同町 柏や市郎右衛門、七条大宮出羽。「京ニテ三味線の糸屋弁鷹のへを」寺町松原下ル 蕪木和泉、同松原上ル 石村弥兵へ、御幸町松原上ル 石村善兵へ、同仏光寺角 石村彦右衛門、寺町五条上ル 菊屋又兵へ、同高辻上ル 鶴屋藤右衛門。「江戸ニテ琴三味線弁糸」京橋柳町 讃岐、通白銀町 柏や長兵へ、通乗物町 亀屋清左衛門、京橋北一丁目 石村近江、同北二丁目 石村河内、糀町二丁目 橘や長門、源助橋石村山城。「大坂ニテ御琴師 三味線所 同糸」平の町三丁目 石村大和大掾・藤原由清、順慶町心斎橋 信濃。

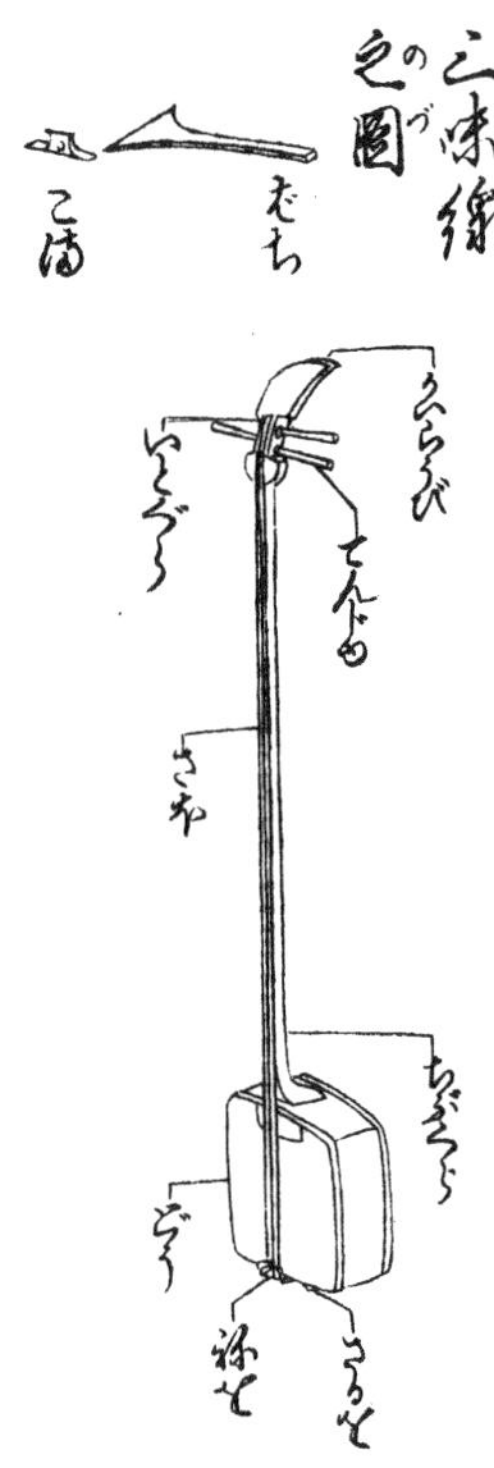

図234 「三味線の図」（女重宝記・弘化四）

暹羅【しゃむ】〔万物絵本大全調法記・上〕に「暹羅 せんら／しゃむろ」。〔童蒙単語字尽重宝記〕に暹羅《しゃむ》は王国。広さ二十九万五千坪、民は三百六十万人。

しゃむせん【しゃむせん】「さみせん（三味線）を、しゃむせん」。〔小野篁謔字尽・かまど詞大概〕

暹羅唐染類値段付【しゃむろからそめるいねだんづけ】〔男女御土産重宝記〕には「暹羅（朱引船時代のシャム）唐染類値段付」が七種ある。○しゃむろ何色にても＝二匁七分。○本唐しゃむろ＝四匁七分。○同大型＝三匁八分。○唐染の類／御所染の類＝二匁六分。これらの品で、地の色桃色＝三匁増し。鬱金＝二匁増し。

しゃ文字【しゃもじ】 大和詞。「しやくし（杓子）は、しやもじ」という。〔女重宝記・一〕

紗綟子【しゃもじ】〔絹布重宝記〕に紗綟子《しゃもじ》は、紗*に似て糸組が違う。取り扱いは紗と同じである。

沙門【しゃもん】〔万物絵本大全調法記・上〕に「僧 そう。法師 ほうし也。比丘 びく。桑門 さうもん。沙門 しやもん。並同」。

車輪膏【しゃりんこう】〔洛中洛外売薬重宝記・上〕に車輪膏《しゃりん》は、間之町五条上ル二丁め 旗氏にある。代十二文。痛みをやわらげ、腫れを散らす。癰疔下疳 横根 その他一切によい。

晒柿【しゃれがき】 染色。〔家内重宝記・元禄二〕「しやれがき」は下染を梅汁で思う色に染め、その上に石灰を水で溶き、それに浸けて置くと、梅の上の赤味が抜けて洒落色になる。下染の濃い薄いで、加減は好き次第になる。〔秘伝手染重宝記〕に「しやれかき」は白絹の上を、豆三合程を水に漬けて豆汁にし、よく濾し、丹石をよく擂り混ぜ、色合加減を見合せ、刷毛で斑無く二度引く。色合は薄く、染は見事である。

洒落に体作る物【しゃれにていつくるもの】 立花*。〔昼夜重宝記・安永七〕に「洒落に体作る物の事」は、松檜樅栂柏柳伊吹 梅もどき 紅葉 椚の十種が挙っていて、この種の類とある。

しやん【しゃん】「思案《しあん》は、しやん」。〔小野篁謔字尽・かまど詞大概〕

しゃんきゃく【しゃんきゃく】 片言。「しやんきやく」は、赤脚《しやくきやく》《あかはだし》である。〔男重宝記・五〕

しゃんしゃん【しゃんしゃん】 妄書かな遣。「しやんしやん、手を打つこと也」。〔小野篁謔字尽〕

上々人【しゃんしゃんじん】 唐人世話詞。「じやうにん（上人）といふ事を、上々人《しやんしやんじん》」という。〔男重宝記・五〕

上々好【しゃんしゃんはう】 唐人世話詞。「うへ（上）もないよいといふことを、上々好《しやんしやんはう》」という。〔男重宝記・五〕

上人客【しゃんじんきゃ】 唐人世話詞。「よい客を、上人客《しやんじんきや》」という。〔男重宝記・五〕

焼香【しゃんひゃん】〈唐人世話詞〉〔男重宝記・五〕に「しやうかう（焼香）するを、焼香《しやんひやん》」という。〈主人の代理で焼香する時〉〔幼童諸礼手引草懐中重宝〕に、主人の代理で焼香する時は、左手でする。香合の蓋を右手で取り、仰向けにして置く。絵のある時は蓋はその侭置く。

朱【しゅ】〈絵具製法 礬砂の加減〉〔万物絵本大全調法記・上〕に朱の製法は、原料の辰砂を少し空磨《からすり》（水を加えずに鉢で磨り潰すこと）にして、薄膠を混ぜてとろりと溶いて、少し火に温めて用いる。〈通貨金単位〉〔万家日用調法記〕銖とも書く。金一両*の十六分の一。一分（歩＝共に「ぶ」と読む）の四分の一。二分五厘。また、四字*をいう。〈合薬秤量〉〔医道重宝記〕には一銖とは四分《ぶ》である。

地楡【じゆ】「のこぎりぐさ（鋸草）」ヲ見ル

銃【じゅう】「鳥嘴銃」ともいう。「鉄砲の事」ヲ見ル

十悪【じゅうあく】 仏語で、身口意の三業《さんごう》によって作る罪悪である。〔改正増補字尽重宝記綱目〕に次がある。殺生。偸盗。邪淫。妄語。綺語。悪口。両舌。貪欲《とんよく》。瞋恚《しんい》。愚痴。

茺蔚子【じゅういし】〔薬種重宝記・下〕に和草、「茺蔚子 じういし／めはじ

き。少し炒る」。

十一月【じゅういちがつ】〈異名〉〔改正増補字尽重宝記綱目〕を中心に他の重宝記からも集成すると凡そ次の通り。十一月《しもつき》 冬至 仲冬 正冬 新陽 陽復 復月 霜天 霜晨 霜朝 霜月《そうげつ》 霜降月《しもふりづき》 霜見月《しもみづき》 霜籠月《しもこもり》 相天 大雪 一陽 日凍《にっとう》 冰壮《ひょうそう》 黄鐘《こうしょう》 雲平 冬半 芸生《うんせい》 風寒《しもつき》 朔易 辜月《こげつ》 鴨月《おうげつ》 千月《せんげつ》 暢月 星紀（記）子月《しげつ》 子《ね》の月 雪見月《ゆきみづき》 神楽月《かぐらづき》 天生月《てんせいげつ》 長寒 朔易《さくえき》《しもつき》 周正 章月 三至。〈一字異名〉辜《ねのつき／しもつき》。

〈十一月禁食〉〔年中重宝記・四〕には十一月に亀鼈《すっぽん》を食うと水病を病む。鴛鴦を食うと悪心《おしん》する。生韮を食うと涕唾多く、古い脯《ほじしし》を食うと悪《むか》心《つき》頭眩 陰痿を患う。生菜を食うと宿疾を発《おこ》す。〔料理調法集・食物禁戒条々〕には他に、生の野菜と海老、蟹、水亀等一切甲のある物を食い合わすと神気を損じ、糸虫を生じる。古い漬物に、焙り魚と川魚を食い合わすと忽ち大病を受けて死ぬ。

〈年中養生〉には等に次がある。○十日十一日に白髪を抜くと長く生えない。○冬至の日は多く物を言わず、一陽正に生ずる。○十一月の節に入ると補薬を用いてよい。○東西の風を防ぐとよい。○当月は一陽来復、陽気の発生する時なので、陰気を抑え 陽気を養い蓄える。これを「扶陽の術」という。○冬至後十日、房事を慎む。精を漏らすと春には必ず瘟疫するという（『素問』）。○午の日に旅立つと二度と家に帰らない。

十一月生れ吉凶【じゅういちがつうまれきっきょう】〔大増補万代重宝記〕に十一月生れの人は、前生で僧に酒肴を盛って破戒させた報いで腹病を患うことがあり、惣領の子に離れることがある。しかし、前生で牛一疋を農人に与えた功徳で中年から仕合せよく、年寄る程家業は繁盛して老い楽となる。〔女用智恵鑑宝織〕に他に記す事は、十一月生れの女は前世で下人を荒く使い、少しの事も大いに折檻したので下人に縁がなく、また下人のことで家を滅ぼすことがある。この世で下々を子のように憐れみ、折々恩を与えると繁盛する。

拾遺和歌集【しゅういわかしゅう】『拾遺和歌集』は勅撰和歌集*第三番目。〔女重宝記・四〕に、長徳年中（九九五～九九九）花山院自撰。歌数千三百五十一首、二十巻。公任撰ともいう。〔消息調宝記・四〕には一条院（六十六代）、長徳年中大納言公任の撰。二十巻。二本。千三百五十一首とある（研究史があり、現在も花山院自撰 或は院の下命による撰者の撰とする等、説がある）。

周栄【しゅうえい】 禁灸*の穴。二穴。天突の下三寸六分、左右へ六寸ずつ開いて、結喉の下四寸にある。〔鍼灸重宝記綱目〕

十王【じゅうおう】〔改正増補字尽重宝記綱目〕に十王は『十王経』に説く冥界の十人の王。秦広王。初江王。宋帝王。五官王。閻魔王。変成《へんじょう》王。泰山（太山）王。平等王。都市王。（五動）転輪王。中有の亡者は初七日に秦広王の疔で罪の裁断を受け、以下七日毎に廻り、七七日に泰山王、百箇日に平等王、一年に都市王、三年に（五動）転輪王に至り、これによって来世での生所が決まるという。

宗外【しゅうがい】〔農家調宝記・二編〕に宗外は、十宗*以外の一向宗* 黄檗宗* 時宗* 日蓮宗*と、その分派の宗をいう。

秋海棠【しゅうかいどう】 草花作り様。〔昼夜重宝記・安永七〕に秋海棠の花は薄色。土は田土に肥土、砂を少し交ぜて用いる。肥しは塵《ごみ》埃《ほこり》を根廻りに置く。分植は四月にし、日影 水付きに植えるとよい。〈水揚げ〉〔調法記・四十七ゟ五十七迄〕には節《ふし》を切り、熱茶に切り口を浸けて後、活け花に用いる。また、秋海棠は竹の花を忌む。水揚げは腐った水に根を浸して置き、その後差すと葉の垂れることはない。〈食合せ〉〔万用重宝記〕に、秋海棠に黒砂糖を食い合わすと頓死する。

十月【じゅうがつ】〈異名〉〔改正増補字尽重宝記綱目〕を中心に他の重宝記からも集成すると凡そ次の通り。十月《かみなづき》 無神月（かみなづき／かみなしづき／かみなかりづき）神去月 孟冬 初冬 新冬 方冬 上冬 早冬 玄冬 玄英 厳冬 立月 吉月《きちげつ》 秦而《しんしょう》 大章 泰正《たいしょう》 応鐘 小春《しょうしゅん／こはる》 小雪《しょうせつ》 梢の秋 盈春 陽月 良月 亥月

坤月 暢月 玄仲 初霜月《はつしもづき》 小六月 始氷 時雨月。〈一字異名〉陽《かみなづき》。

〈十月禁食〉〔年中重宝記・四〕に十月に芋を食うと大いに益がある。山椒を食うと血脉を破る。韮を食うと涕唾が多く、霜に打たれた熟菜を食うと顔色を失う。獐《くじか》を食うと気を動かす。〔料理調法集・食物禁戒条々〕には他に、分け葱に鰍と鹿は食い合わせない。霜の懸った野菜に熊の肉を食い合わせない。

〈年中養生〉〔懐中重宝記・弘化五〕等には次がある。○房事を慎む。○初巳の日に槐《えんじゅ》の実を食えば百病を去り 長生し、神明に通ずる。○猪肉を食うと宿病を発する。○山椒 葱 芋を多く食わない。○冬に薬酒を飲むと春になり病むことはなく、終生続けると無病長寿である。

十月生れ吉凶【じゅうがつうまれきっきょう】〔大増補万代重宝記〕に十月生れの人は、前生で殺生を好んだので今世では父母妻子に早く別れることがあり、また老いて危ういことがある。しかし、前生で僧に油一斗、銭五貫文を施した功徳により衣食に富み、手に芸があって、四方から金銀が集り仕合せがよい。〔女用智恵鑑宝織〕に他に記す事は、十月生れの女は子に縁がなく貧である。一門が度々合力 施与したので衣食の縁がある。神仏を信じ、夫の親類を親しくするとよい。

愁寒【しゅうかん】「労熱《ろうれつ》／愁寒《しゅうかん》の事」ヲ見ル

祝儀に嫌う草木【しゅうぎにきらうくさき】立花。*〔昼夜重宝記・安永七〕に祝儀に嫌う草木として、芥子 河骨 紫竹 紫苑 馬酔木 甘草 茨の花 槿《むくげ》 茶の花 尾草《みそはぎ》 竜胆 荻 梔子 蓮 薄の穂 鎧とおし 曼珠沙華 蒲 木瓜の花 米楊 沈丁花 蓮華躑躅 庭桜 病葉 彼岸桜 槇 鬼薊 鬼百合 薊百合 為朝百合 石榴 葦。この外に、残花* 雑木や雑草等の類を用いてはならず、枝葉の枯れた物、末の止まった物も嫌う。心得が第一である。

秋金焼【しゅうきんやき】「ふやき（麩焼）」ヲ見ル

祝言【しゅうげん】「婚礼の事」ヲ見ル

祝言状【しゅうげんじょう】〔男重宝記・四〕に次がある。竪文* 折文*共に二行目か四行目から書き始める。祝言状や弔状*は短い文体に作り、大方は四行目から極く濃い墨色で、黒白は丁（偶数）に掠《かす》らずに八行か十行に書く（『不断重宝記大全』には墨色は中墨を用いて中墨 薄墨と交互に書き、書留《かきどまり》で改めて上墨を用いるとする）。長い時は二行目から書き調えるが、長文であっても裏面に返さず、片面で書き留める。紙の上下の空き所は同じ空きである。封じ目の墨も濃く書く。猶々書、追而書、重而、又、戻る、去る、帰る、返々、出る等の字を嫌う。祝言状を二三通重ねて送る時、括る紙縒は二重に廻し、左の脇で結ぶ。進物は何であっても二種とし、一種は送らない。数多い時は目録をつける。〔女筆調法記・三〕には、祝言の文は紙一重《かさね》に書く。竪文 横文ともに散らし書である。竪文は表一枚に書いて裏紙は白紙である。「祝儀文の返事」は進物の色分を書いて来たら、「御書付の通り」「御文の如く」とも書き、また「此一折」「此三色」等と書いて来たら その進物の色名を表して「何々下され忝く」「何三色」等と書く。祝言 祝儀 祝の言葉は返事にも書く。

祝言に用いない品【しゅうげんにもちいないしな】〔料理調法集・祝儀用之巻〕には、調の響きの悪い物を不用と心得よとあり、十七例がある。○切目の焼物を用いてはならない。もし用いる時は小串に刺し通す。○崩しの魚と言ってはならない。もし用いる時は摺魚という。○生海鼠は目のない魚故用いない。言葉の響きが悪い。但し、串海鼠は用いる。○鳰の料理も用いない。鳰は子を見て離れない鳥である。○山鳥も用いない。谷を隔て雌雄が居る鳥故である。○鶉 雲雀 鳩も用いない。○白鳥は鵠《くぐい》と名を替えて用いる。○鮫は鱶と名を替えて常の盛り物に用いる。祝言には「たり」と名を替えて用いる事もある。○生鮎 鮭 鱒は年魚として用いない。塩引は用いる。○乾鮭 干鰒は用いる。○鮞《ハララゴ》（鮭の卵塊 又塩漬）も用いない。○梨一ツは出さない。人なしの言葉に響く。二ツ出すのがよい。

○松茸 岩茸は用いるが、他のくさびら（茸）は用いない。○海草に、鹿尾菜《ひじき》 堅海苔 荒和布《あらめ》は用いない。○野菜に、芥子を用いない。○盛翻《もりこぼし》の名を用いない。○水和えを用いない。

祝言に用いる品【しゅうげんにもちいるしな】〔料理調法集・祝儀用之巻〕には八十五品がある。鯉 鮒 鯛 鱸 鯨 鰹 鯵 蛸 烏賊 鰑 鮑 牡蠣 栄螺 蛤 烏帽子貝 海老 海月 鱒・酒塩引 鮭子籠り 鮎白子干 鱧 数の子 熨斗 鱲子《からすみ》 雉子 菱喰 鴨 鴫 小鳥 海松 若布 青海苔 栗 柿 蜜柑 久年母 柚 生姜 大根 里芋 山の芋 根深 茄子 大豆 小豆 胡麻 大麦 小麦 竹の子 おこし（粔）米 竹の子 松茸 梅干 饅頭 羊羹 落雁 餅類 団子 麵類 煎餅 赤飯 強飯等。

祝言の通い【しゅうげんのかよい】〔女筆調法記・六〕に、「祝言の時通ひすべき事」がある。○腰巻（着物の上につけ腕は通さず腰に巻きつける）で、白小袖が本式、略儀は何色でもよい。腰巻の襟と袖を閉じてよい。○髪は下げ髪が本式。○台の膳の据え様は、左手を向こうの狭間より押し入れ手の平に台を載せ右手は台の縁を持つ。御前に持ち出て下に置き、先ず左手を抜き両手で台を据え躙り退きに立つ。○副え通いは盆を持ち、蓋のあるのを右手で取り左手に取り直し、盆の上に三四ツ五ツ盆に置いて帰る。○女中の通いは大体は片手を突くものである。○膳をあぐる時は両手で取り上げて少し後へ退り、膳を下に置き、また左手を狭間へ押し入れ、一方の膝を立て帰る。尚、「婚礼の事」〈通いの次第〉参照

祝言の花【しゅうげんのはな】 相生の心《しん》* 合せ心* 松竹梅（の花）* 二心* 等を挿す。いずれも真の花*である。退き心は嫌う。若松等賑やかに挿し、囲い限ることはなく、枯れた枝葉 或は竹も枯れ止ったのは用いてはならない。その時の作意が肝要である。〔昼夜重宝記・安永七〕

祝言の夜忌み言葉【しゅうげんのよいみことば】〔女重宝記・一〕には十六語例がある。去る。退《の》く。別るる。離るる。切るる。薄い。醒むる。返す。戻す。遣る。送る。飽く。染《し》まぬ。嫌う。無縁。退《しりぞ》く。このような言葉は慎む。

集効丸【しゅうこうがん】〔小児療治調法記〕に集効丸は、小児の虫の痛みを治す。木香・鶴虱（炒る）・檳榔・訶子（煨し核を去る）・蕪荑・付子・乾姜・大黄（一両半）・烏梅（核を去り二匁半）を細末（粉）とし、練蜜で丸じ、陳皮湯 或は湯に酢を加えて用いる。〔丸散重宝記〕には臓腑虚弱、或は甘味を食すること多く蚘虫の動きによる心腹の痛み、腹中煩熱し口涎沫を吐くのに、蚘虫が下部にいて痔により痒く痛むのに、或は小児の虫癪痛によいとする。木香・鶴虱・檳榔・訶子・蕪荑仁・付子・干姜・大黄（各三十匁）、烏梅（五匁）を蜜で丸ずる。

囚獄司【しゅうごくし】〔万民調宝記〕に囚獄司は刑部省*に属し、今の世（元禄五年）の籠（牢）奉行である。今は検非違使に所属している。

十五盛【じゅうごのもり】「こくもり（石盛）」ヲ見ル

重言【じゅうごん】 同じ意味を表す語句を重ねて用いた言葉。〔男重宝記・五〕に「おみこし」は「御輿《みこし》」の重言であるが、「御輿《みこし》」と書く時は重言*ではない。幾つもあるが、若干は立項している。

執金剛神【しゅうこんごうじん】「あうん（阿吽）の二王」ヲ見ル

十五日直【じゅうごんちなおり】〔耕作重宝記〕に十五日直《じゅうごんちなおり》は、十五日が晴天であれば、日和が長く続く。曇っても三日に照る。秋冬は十日余も日和が続く。

重菜【じゅうさい】〔諸礼調法記大全・地〕に喰物作法で、口に食を含み、その口に沢山の菜数を一度に取り込み食うことを重菜《じゅうさい》といい、悪い作法とする。菜はどれも一種ずつ食する。

十三経注疏【じゅうさんぎょうちゅうそ】〔日用重宝記・三〕に十三経注疏は古学に言う十三経の注釈書で、次がある。○孝経 唐の玄宗の御注 一巻。宋の刑昞の正義 三巻。○論語 魏の何晏の集解 十巻。宋の刑昞の正義 十巻。○孟子 漢の趙岐の注 十四巻。宋の孫奭の正義 十六巻。○毛詩 漢の毛

莨の伝。後漢の鄭玄の箋。唐の孔穎達の疏 四十巻。○尚書 漢の孔安国の伝。唐の孔穎達の疏 二十巻。○周易上下経 魏の王弼の注。繋辞より以下韓康伯の注。唐の孔穎達の疏 四十巻。○春秋左氏伝 三十巻 晋の杜預の注。春秋経伝集解と号す。唐の陸徳明の釈文がある。○公羊伝 子夏の門人 名は高、注は漢の何休の十二巻。疏 三十巻。作者の名を著さず、徐彦が撰というがいつの時代の人か不明。○穀梁伝 子夏の門人 名は赤、晋の范甯の集解 十二巻。唐の揚士の勛疏 十二巻。○周礼 漢の鄭玄の注。唐の陸徳明の釈文。唐の賈公彦の疏十二巻。○儀礼 漢の鄭玄彦の注。唐の賈公彦の疏 十二巻。○礼記 漢の鄭玄の注。唐の孔穎達の疏七十巻。○爾雅 周公旦の作と言い伝える。晋の郭璞の注。宋の刑昞の注十巻。孔穎達の五経疏の疏を五経正義という。

秋山自雲霊神【しゅうざんじうんれいじん】 大坂願所。大坂 上福島岡松寺内に秋《しゅう》山《ざん》自雲霊神の石碑があり、五痔*で難渋の人がこの石碑へ立願すると速やかに平癒する。御礼には絵図のような幟を拵えて随分墨黒に書き記して石碑の前に立てて置く（図235）。幟は木綿で白・紅など随意、長さは手拭程よりどれだけになってもよい。御縁日は二十・二十一日、御膳を献ずる。〔願懸重宝記・初〕

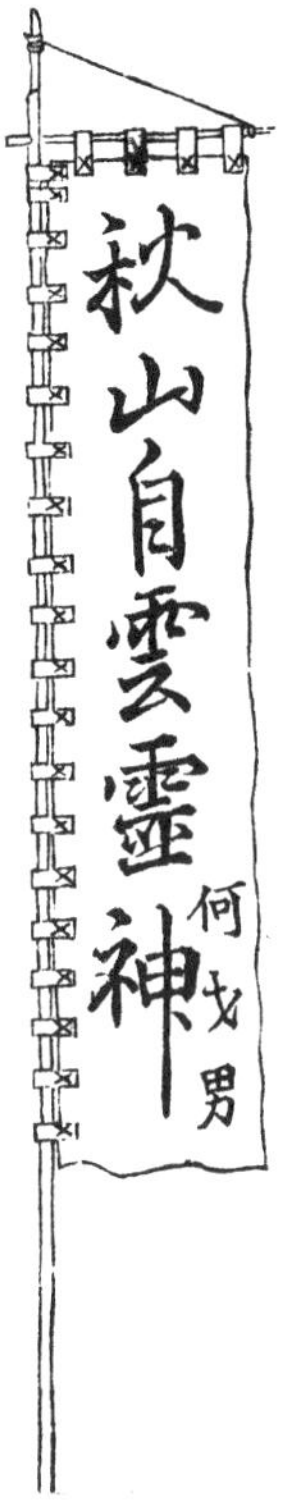

図235 「秋山自雲霊神」（願懸重宝記）

十三代集【じゅうさんだいしゅう】〔女重宝記・四〕に、八代集*に『新勅撰和歌集』*『続《ぞく》後撰和歌集』*『続《ぞく》古今和歌集』*『続《ぞく》拾遺和歌集』*『新後撰和歌集』*を合せて十三代集とする。現代の文学史が、『新勅撰和歌集』以後『新続古今和歌集』迄を十三代集とし、八代集に合せて二十一代集とするのに異なる。読み方も振仮名の通り。

十三疔【じゅうさんちょう】〔斎民外科調宝記〕に十三疔は、麻子疔*石《せき》疔*雄《おう》疔*雎《し》疔*火疔*爛疔*三十六疔*蛇眼疔*塩膚疔*水泉疔*刀鎌《とうれん》疔*浮漚《ふおう》疔*牛狗《ぎゅうこう》疔*とある。〔改補外科調宝記〕薬方は追疔湯*大黄升麻湯*九珍散*五香連翹湯*化疔内消散*解毒大青湯*束毒金箍散*塞金丹*提疔錠子*旋丁散*青泥丹*青膏*がある。

十三仏【じゅうさんぶつ】〔改正増補字尽重宝記綱目〕に十三仏は、死者の法事をする初七日から三十三回忌迄十三回の追善供養に本尊とする仏と菩薩をいう。不動［明王］（初七日）。釈迦［如来］（二七日）。文殊［菩薩］（三七日）。普賢［菩薩］（四七日）。地蔵［菩薩］（五七日）。彌勒［菩薩］（六七日）。薬師［如来］（七七日）。観音［観世音菩薩］（百ヶ日）。勢至［菩薩］（一周忌）。阿弥陀［如来］（三回忌）。阿閦［如来］（七回忌）。大日［如来］（十三回忌）。虚空蔵［菩薩］（三十三回忌）。「死人の事」〈死人弔いの功徳〉参照

朱四【しゅうし】「じゅうし（重四）」とも書く。二ツのさいころが揃って四の目を出すこと。「すごろく（双六）」ヲ見ル

十四経脈動所生病【じゅうしけいみゃくどうしょしょうびょう】〔鍼灸重宝記綱目〕に十四経脈動所生病がある。手の厥陰心包絡の脈*手の少陰の脈*手の少陽三焦の脈*手の太陽の脈*手の太陰の脈*手の陽明の脈*足の厥陰肝の脈*足の少陽胆の脈*足の少陰腎の脈*足の太陽膀胱の脈*足の太陰脾の脈*足の陽明の脈*（以上、十二経の病実する時は瀉し、虚する時は補す。熱する時は疾《はや》くし、寒ずる時は留める。陥る時は灸し実せず、虚しない時は経を以て取る）。督脈*任脈*である（図236）。

十四の鍼法【じゅうしのしんぽう】〔鍼灸重宝記綱目〕に十四の鍼法は、動*退*搓《さ》*進*盤*搖*弾*撚*循*捫*摂*按*爪*切*をいう。

十字の秘術【じゅうじのひじゅつ】〔新撰咒咀調法記大全〕に十字の秘術がある。天*王*命*勝*龍*虎*唴《こう》（つなし）*、水の八字を手の内に書いて心に日月《じつげつ》**の二

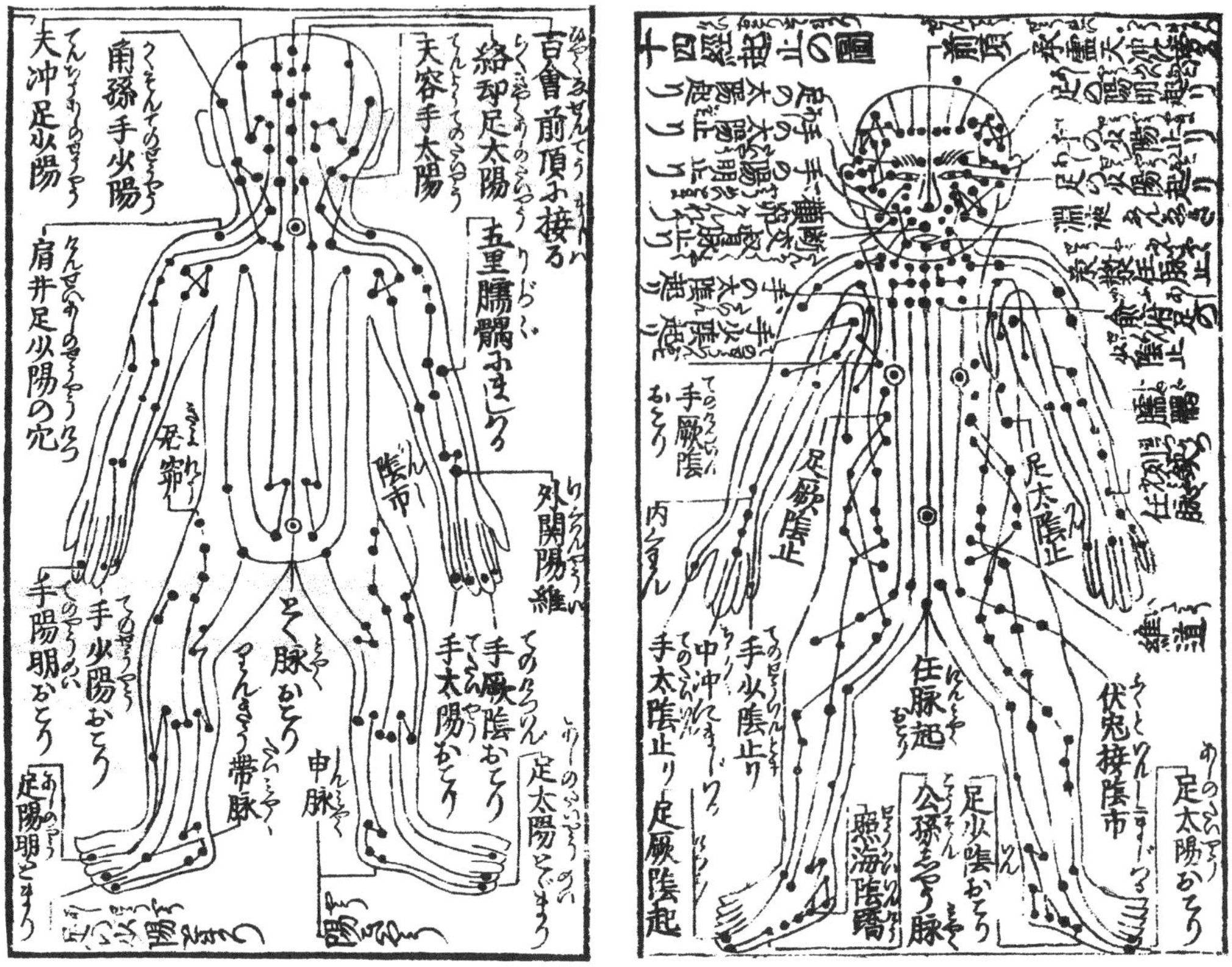

図236　「十四経起り止りの図」（鍼灸重宝記綱目）

字を合せて念ずることをいう。

周尺【しゅうしゃく】〔大成筆海重宝記〕に、周尺と言うのはシナ周代の計測尺で、曲尺《かね》（まがりがね）*で八寸である。これは、唐物花仏の類を差すのに用いる。「唐尺《とうじゃく》の事」参照

十神解毒湯【じゅうじんげどくとう】〔医道重宝記〕に十神解毒湯は、身大いに熱し、痘《いも》がまだ出揃わず、喉が渇き水を欲し、小便が赤く渋るのを治す。実症熱の盛んな者に用いる。当帰尾・生地黄・紅花・牡丹皮・赤芍薬・大腹皮・桔梗・木通・連翹・川芎（各等分）に燈心を入れて煎ずる。〔小児療治調法記〕には「出瘡《でそろう》」*の症で、身が発熱《ほとお》り壮熱し、腮・瞼赤く、毛焦がれ色枯れ、出揃わず、三日以前に痘点煩紅燥渇して水飲を欲し、睡臥安からず、小便赤く渋るのは熱の壮んなもので、これ等をみな治す。当帰尾・生地黄・川芎・赤芍・牡丹皮・桔梗・大腹皮・木通・連翹・紅花に灯心十四根を入れ、水で煎ずる。尚、諸症状により加減が多い。

周身骨節の図【しゅうしんこっせつのず】（図237）「総身寸尺の定め」ヲ見ル

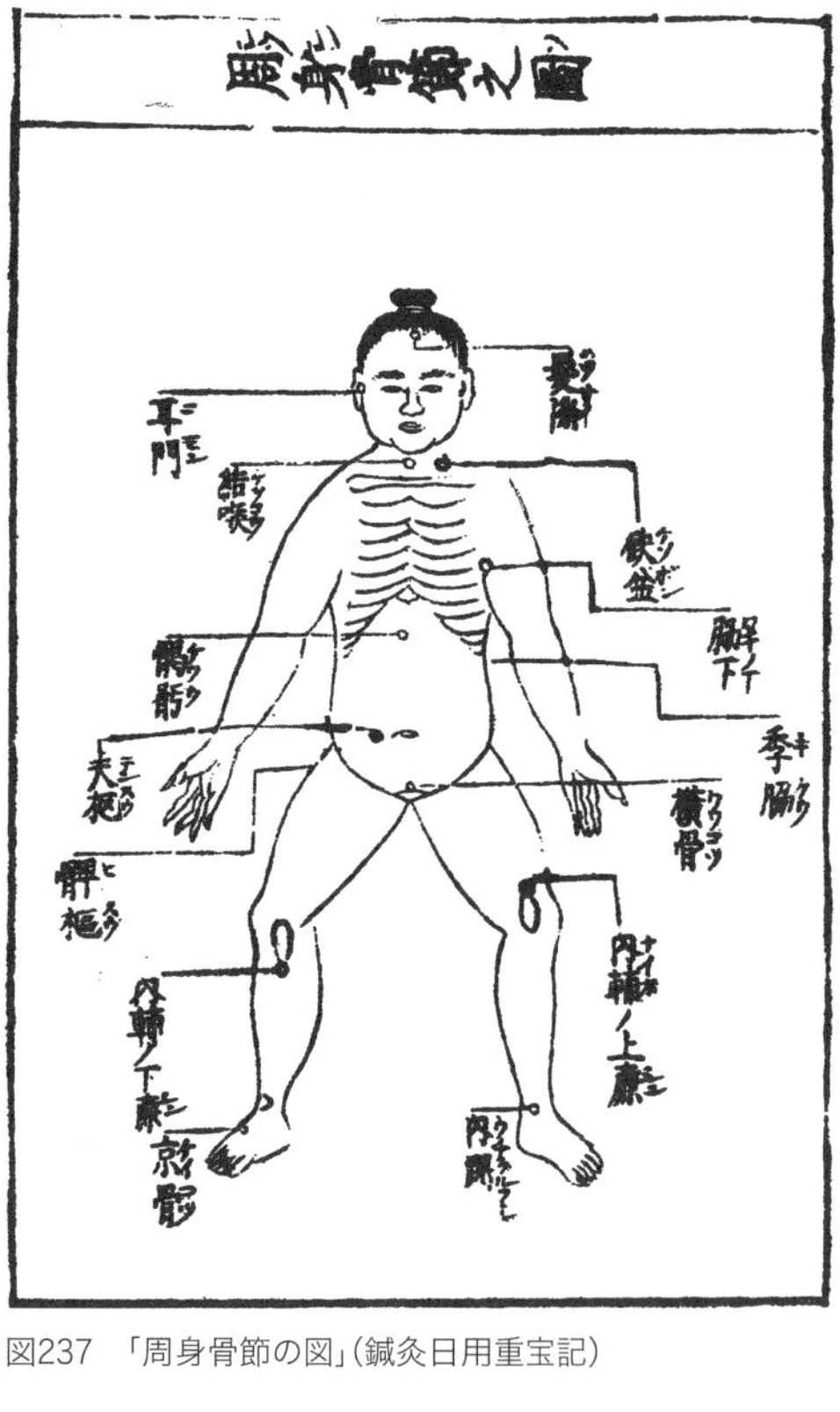

図237　「周身骨節の図」（鍼灸日用重宝記）

十神湯【じゅうじんとう】〔医道重宝記〕に十神湯《じゅうじんとう》は、瘟疫《やくびょう》妄りに起り、或は感冒発熱、憎寒、咳嗽、頭痛、身痛み汗のないものを治す。麻黄・葛根・升麻・川芎・赤杓薬・香付子・紫蘇・陳皮・白芷（各等分）、甘草（少）に、生姜を入れて煎ずる。〔医道療治重宝記〕には、諸症により加減、補薬がある。

重舌【じゅうぜつ】〔鍼灸重宝記綱目〕に重舌は、舌の下に小舌を生ずるものとし、肺兪 脾兪 肝兪 膏盲に灸をする。〔小児療治調法記〕には脾経の実火とし、舌の下に小さい形があり、当帰連翹湯* 千金方*等を用いる。〔丸散重宝記〕は重舌 木舌*に、白蚕《はくきょうさん》（□戔）、黄連（二戔）を末（粉）して擂り塗ると涎が出て癒える。小児の口瘡につけて妙とある。〔小児療治調法記〕に重舌 木舌は、舌下に紫の脈《すじ》があり、三稜針で刺し悪血を出すと癒える。

しゅうぜゑも【しゅうぜゑも】妄書かな遣。「しうぜゑも、しやうざゑもん也。庄左衛門」。〔小野簒謡字尽〕

秋千【しゅうせん】〔俳諧之重宝記すり火うち〕の「しうせんたはふれ（秋千戯れ）」は、ぶらんこ遊び。前漢の武帝の時、後宮で始まるとある。

十善【じゅうぜん】十悪*を作らぬことをいう。〔日時調法通用文則〕

十全大補湯【じゅうぜんだいふとう】「じつぜんだいふとう（十全《じつぜん》大補湯）」ヲ見ル

十大弟子【じゅうだいでし】〔改正増補字尽重宝記綱目〕に釈迦の弟子で上首十人をいう。迦葉《かしょう》（＝頭陀第一）。阿難《あなん》（＝多聞第一）。目犍連《もっけんれん》（＝神通第一）。舎利弗《しゃりほつ》（＝智恵第一）。阿那律（＝天眼第一）。羅睺羅《らごら》（＝密行第一）。優婆離《うばり》（＝持律第一）。須菩提《しゅぼだい》（＝解空第一）。富婁那《ふるな》（＝説法第一）。迦旃延《かせんえん》（＝論義第一）。

拄杖【しゅうちゃん】唐人世話詞。〔男重宝記・五〕に「しゆじやう（拄杖）を、しうちやん（拄杖）」という。〔新板増補男重宝記・五〕には「しうしやう」とある。

舅姑に仕える秘伝【しゅうとしゅうとめにつかえるひでん】夫又は妻の実家の父母を、舅《しゅうと》 姑《しゅうとめ》という。〔女用智恵鑑宝織〕に、諺に「嫁姑の仲良きは匆怪の不思議」といい、十に七八人は仲の良くないものである。しかし、上つ方には憎み僻みは稀で、下つ方には嫁 姑が同じ家にいて互いに心易く思うことから慎みが少なくなり、心の伬を言葉にすることから事は起る。嫁は夫を大切に思えば、愈々舅姑に心をつけ、この理を夫にも言い諭し、孝行を尽して敬うとよい。親も外に出て褒めると睦まじくなり、家の富み栄えることは疑いがない。婿養子となるのも、人の妻となるのも、同じことである。

醜好少年【しゅうとんつう】唐人世話詞。「みにくき若衆を、しうとんつう（醜童子）」という。〔男重宝記・五〕

秋二【しゅうに】「しゅんさん（春三）」ヲ見ル

醜女人【しゅうにいじん】唐人世話詞。「みにくき女を、しうにいじん（醜好女人）」という。〔男重宝記・五〕

十二運【じゅうにうん】十二運の善悪をいう。〔男女重法日用名鑑万々雑書三世相大全〕に胎運* 養運* 長運* 沐《もく》《はい》運* 冠（官）運* 臨運* 帝運*の七運は善運、衰運* 病運* 死運* 墓《ぼ》《む》運* 絶運*の五運は悪運である。五行と十二支を組み合わせて十二年或は一年の運勢に当てるが、江戸時代では一年短期に見ることも多かった。年の繰り様は、木性の十月生れの人は長運、正月生れは臨運である（図238）。

十二月【じゅうにがつ】〈異名〉『改正増補字尽重宝記綱目』を中心に他の重宝記からも集成する。十二月《しわす》 師走《しわす》 師趨《しわす》 極月《ごくげつ》 冷月《れいげつ》 臘月《ろうげつ》 弟月《おとごづき》 乙《おと》月 季冬《きとう》 黄《おう》冬《とう》 大呂《たいりょ》 余月《よげつ》 惜《おしみ》月 除月《じょげつ》 蜡月《さつき》 晩冬《しはしりづき》 暮冬 残冬 深冬 厳冬 厳月 抄冬 隆冬《りゅうとう》 深冬《みふゆ》月 栗烈《りつれつ》 霜蟾《そうせん》 小寒 大寒 苦寒 凋年 鑿氷《さくひょう》 歳晩 歳闌《さいらん》 歳竟《さいきょう》 窮陰 窮月 窮景 急景 雉雊 玄律 春待月《はるまち》 三冬月《みふゆ》 梅初《うめはつ》 梅初月《うめはじめ》 年満月《としみつ》。〈一字異名〉涂《しわす》。〈十二月禁食〉〔料理調法集・食物禁戒条々〕等に、山椒に韮 霜の懸っ

図238「十二運」（男女重法／日用名鑑）万々雑書三世相大全）

た野菜、木の実、鰻蛤鰍甲のある物（蟹亀海老）猪鹿の類の食い合せを忌む。物の筋骨、牛肉の類を食わない。この月のみ芋頭を食うてよく、他月に食うと病を発する。〔重宝記・宝永元序刊〕に、○十二月朔日に搗く餅を河に浸して食うと瘧を煩わない。○「川浸し」*と名づけ十二月朔日に餅を搗いて水神に奉り自らも食するのは、水の恩に報いる祭である。○小児に食わせると水難に会わないという。○十二月八日に粥を食うことを、温椀粥『十二水記』という。

〈年中養生〉〔懐中重宝記・弘化五〕等に次がある。○十二月に胡麻油を貯えて置くといつ迄も損ねず、灯火に点すと目を明らかにし、膏薬に用いてよく、女の髪につけると黒く潤い、虱垢を生じない。当月、塩辛い物を食い腎気を増して大いに吉。○二十四日家内に灯明を照らし捧げて吉。これを虚耗《きょこう》を照らすという。今日終日酒を禁ずる。○大晦日の夜に枸杞湯を浴びると無病長寿で、顔色は潤い若々しい。灯明を分限に応じて多く照らし捧げ、家内睦まじく年を重ねる。門松を立てるのに、午の日は三隣亡といい、飾り縄を疣結びにすることを深く忌み、押して結ぶと火に祟る。大歳の夜に、安息香弁に蒼朮を焚くと、来年に疫病は家に入らない。○冬に、衣類を大いに火に温めて着ると必ず眼病瘡瘍熱病を煩う。汗を出し陽気を泄《もら》してはならない。手足を久しく火に焙ると血を損ずる。早天に出る時は温酒を飲んで寒邪を防ぐとよい。或は、生姜を用いるのもよい。空腹で出ることを忌む。○大雪の中を裸足で歩き、帰って熱湯に浸してはならない（指が腐り落ちる。温湯を使う）。寒気に当って帰り、そのまま熱湯や熱食を禁じ、暫くして服するのがよい。○冬三月は苦味を増して心気を養うのがよく、冬の間に葱を多く食うと病を起す。

十二月生れ吉凶【じゅうにがつうまれきっきょう】〔大増補万代重宝記〕に十二月生れの人は、前生で出家し、隣家の鶏を盗み、また肉食を好んだ報いで子の縁は薄く育ち難い。また、仏前の火を吹き消した報いで目を患う。持戒の僧を供養し物の命を助け善根すれば、仕合せが直る。〔女用智恵鑑宝織〕に十二月生れの女は、他に前世で色深く、親に隠れ人目を忍び男に会ったので目を煩う。夫に疎まれることがある。この世では徒らに身を持たず不義の心なく、慎まないと盲になる。夫一人を大切にすると大いによい。

十二客【じゅうにきゃく】「十二直」ヲ見ル

十二宮【じゅうにきゅう】〔蘭学重宝記〕に、天学家（天文学者）が黄道を十二に分けて十二宮と名付けた。太陽の躔度（赤道を分けて三百六十度とする）を定めるため、記憶しやすいように毎宮を生類に象り、記号を作り代名とした。羊の游牝する頃太陽の躔《めぐ》る宮を白羊宮と名付け、牛の游牝する頃太陽の躔る宮を金牛宮と名付ける根拠とした。太陽が宝瓶宮に躔る時を冬至*とし、獅子宮に躔る時を夏至*とする（図239）。

十二経引経報使の薬【じゅうにけいいんけいほうしのくすり】〔医道療治重宝記〕に次がある。○手少陰心経（黄連 独活 細辛）。○足少陰骨経（独活 肉桂 知母 細辛 塩 酒）。○手太陰肺経（桔梗 升麻 白芷 葱白）。○足太陰脾経（升麻 蒼朮 酒浸葛根 白芍薬）。○手少陽三焦（連翹 柴胡 付子 青皮 地骨皮）。○足少陽胆経（柴胡 上行。青皮 下行）。○手太陽小腸（藁本 羌活 黄栢）。○足太陽膀胱（藁本 羌活 上行。黄栢 下行）。○手陽明大腸（升麻 葛根 上行。白芷 石膏 下行）。○足陽明胃経（葛根 升麻 白芷 上行。石膏 下行）。○手厥陰心胞絡（柴胡 川芎 上行。牡丹皮 青皮 下行）。○足厥陰肝経（柴胡 川芎 上行。青皮 呉茱萸 下行）。

十二経旺分の時【じゅうにけいおうぶんのとき】〔鍼灸重宝記綱目〕に十二経旺分の時は灸を据えて効能のある時刻である。○寅（四時）の時は肺の気。○卯（六時）の時は大腸の気。○辰（八時）の時は胃の気。○巳（十時）の時は脾の気。○午（十二時）の時は心の気。○未（十四時）の時は小腸の気。○申（十六時）の時は膀胱の気。○酉（十八時）の時は腎の気。○戌（二十時）の時は心胞絡の気。○亥（二十二時）の時は三焦の気。○子（零時）の時は胆の気。○丑（二時）の時は肝の気。この旺分の時を考えて灸をすると験《しるし》がある。

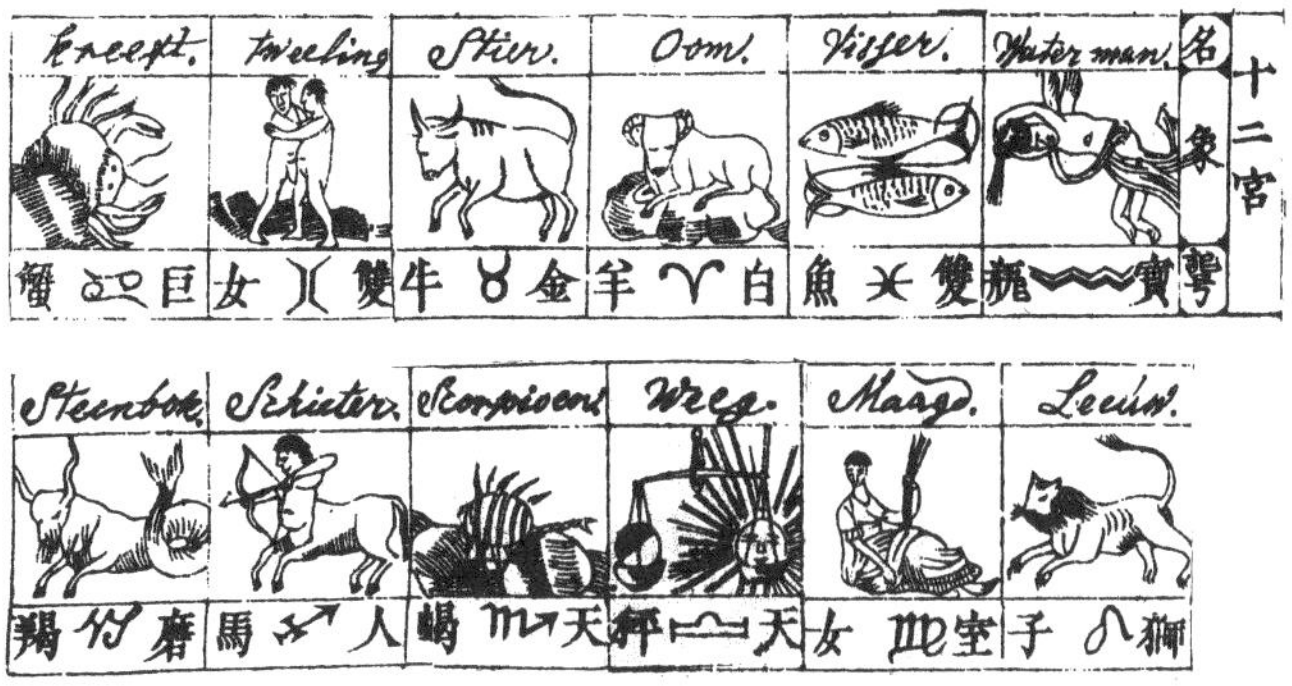

図239 「十二宮」（蘭学重宝記）

十二光仏【じゅうにこうぶつ】〔改正増補字尽重宝記綱目〕は「無量寿経」により阿弥陀如来を号《なづ》け奉るとして、次がある。無量光仏。無辺光仏。無碍光仏。無対光仏。炎王光仏。清浄光仏。歓喜光仏。智恵光仏。不断光仏。難思光仏。無称光仏。超日月光仏。

十二支の事【じゅうにしのこと】〔年中重宝記・六〕に「十二支」は、子《ね》《し》*丑《うし》《ちゅう》*寅《とら》《いん》*卯《う》《ぼう》*辰《たつ》《しん》*巳《み》《し》*午《うま》《ご》*未《ひつじ》《び》*申《さる》《しん》*酉《とり》《ゆう》*戌《いぬ》《じゅつ》*亥《い》《がい》*を、十二支・十二肖・十二時《とき》*ともいう。「十二支異名」は子丑寅…の各項に出した。○「方角」は、十幹（干）の五行により生ずるので亥子は水で北、寅卯は木で東、巳午は火で南、申酉は金で西にそれぞれ位する。丑未辰戌は土で中央を主《つかさど》るが正位がないので、四方の隅に一ツずつ置く。四季に土用のあるのも同じという。〔和漢年暦調法記〕は、戌亥は乾《いぬい》《けん》で西北、丑寅は艮《うしとら》《ごん》で東北、辰巳は巽《たつみ》《そん》で東南、未申は坤《ひつじさる》《こん》で西南とある。〔農家調宝記・三編〕は子丑は幽陰、寅卯は生発、辰巳は長養、午未は高名、申酉は死絶、戌亥は休息とする。日は天を行き、子より亥迄一日一周の間明暗の理にもとづいて説がある。十干*と組み合せ、これ等の理を推してそれぞれの説を立てる。○「十二月」十二支*を月にとり、子を十一月、丑を十二月、寅を正月、卯を二月と以下順にあてる。○「十二時」十二支を十二時にとり、子（零時）丑（二時）寅（四時）卯（六時）辰（八時）巳（十時）午（十二時）未（十四時）申（十六時）酉（十八時）戌（二十時）亥（二十二時）の刻にあてる。

〈十二支生れ年善悪〉〔万民重宝 改正 大ざつ書・文化十三〕に「人の生れ年に

より吉凶の事」がある。○子・卯・寅・戌・亥の年生れは、夏冬は吉、春秋は凶。○丑・酉の年生れは、春秋は凶、夏冬は吉。○辰・申の年生れは、春秋は吉、夏冬は凶。○未・巳・午の年生れは、春夏は吉、秋冬は凶。「子の年生れ」「丑の年生れ」「寅の年生れ」…ヲ見ル

〈十二時生れ時善悪〉〔大増補万代重宝記〕は、次の日時をそれぞれ吉とする。朔・二・九・十日の生れは、子・卯・午・酉の刻。三・四・五日の生れは、丑・未・辰・戌の刻。六・七・八日の生れは、寅・申・巳・亥の刻。十一・十二・十九・二十日の生れは、丑・未・辰・戌の刻。十三・十四・十五日の生れは、寅・申・巳・亥の刻。十六・十七・十八日の生れは、子・卯・午・酉の刻。二十一・二十二・二十九・晦日の生れは、寅・申・巳・亥の刻。二十三・二十四・二十五日の生れは、子・卯・午・酉の刻。二十六・二十七・二十八日の生れは、丑・未・辰・戌の刻。この外〔女用智恵鑑宝織〕にも同様に十二支（子丑寅…）順に記載があり、両書を纏めて掲出した。

〈十二支の人神〉〔年中重宝記・六〕に人神*（人の魂）の在り所には灸をしないとして次がある。○子の日は目・耳。○丑の日は頤・鼻。○寅の日は背・胸。○卯の日は腹・鼻。○辰の日は股・腰。○巳の日は手・舌。○午の日は胸・腹。○未の日は頭・足。○申の日は腰・肩。○酉の日は耳・背。○戌の日は膝・頭。○亥の日は頂・腹・鼻にある。○暦の中段*の、除く*の日は男に忌む、破る*の日は女に忌む。未《ひつじ》の日は灸をしない。

〔重宝記永代鏡〕には次がある。○子の日は目。○丑の日は耳・腰。○寅の日は胸・顔・口。○卯の日は鼻・脛。○辰の日は腰・膝。○巳の日は手・腰・頭。○午の日は臀・腹。○未の日は足・足の裏。○申の日は首・眉・腰・肩。○酉の日は背中・腰。○戌の日は頭・顔・咽。○亥の日は頂・膝・肘。

重日【じゅうにち】 暦下段。〔重宝記永代鏡〕に、重日は皆重畳するゆえ凶事をしてはならない。吉事（婚礼 聟取）にも用いない。大抵は復日*に同じ。毎月、巳《み》亥《い》の日である。〔重宝記・礒部家写本〕には「重日復日」として、種蒔、祝言、薬の飲み始め、火鍼に、忌む。物裁ち、新しい衣裳を着初めるのに吉日とする。

十二調子【じゅうにちょうし】 〔諸人重宝記・二〕に十二調子は次がある。○「月」に当てる時。正月は平調《ひょうじょう》*。二月は勝絶。三月は下無《しもむ》。四月は双調*。五月は鳧鐘《ふしょう》。六月は黄鐘*。七月は鸞鏡。八月は盤渉《ばんしき》*。九月は神仙。十月は上無《かみむ》。十一月は一越《いちこつ》*。十二月は断金。○「十二時」に当てる時。寅の刻（四時）を平調にしてそれより順に繰る。○「四季」を五行に繰る時。春は双調、夏は黄鐘、秋は平調、冬は盤渉、土用は一越。

十二直【じゅうにちょく】 暦中段。〔重宝記永代鏡〕に十二直の説明がある。俗に暦の中断は十二直とも十二客ともいう。客とは外から来て宿る意、直はあたると読みその位にあたる意で、客に同じ意である。十干*は天で星辰、十二直は地で人である。それ故、第一の建は寅の日にあてる。これは人は寅に生まれるという義を取ったものである。覚える法は、正月は寅の月（「十二月《じゅうにがつ》」参照）なので寅の日を建《たつ》とし、卯の日を除《のぞく》とし、辰の日を満《みつ》とし、以下はこれに準ずる。二月は卯の月なので卯の日を建とし、辰の日を除とし、巳の日を満《みつ》とする。毎月節に入る日はおどるとし、それは節に入る前日が満《みつ》なら節に入る日も満である。この中段の覚え方は、「十二直その頭字《かしらじ》を覚ゆべし。たのみたさとやあなおひと なり」と覚える。即ち、建《たつ》* 除《のぞく》* 満《みつ》* 平《たいら》* 定《さだん》* 執《とる》* 破《やぶる》* 危《あやむ》* 成《なる》* 納《おさん》* 開《ひらく》* 閉《とず》*をいう。

十二月善悪【じゅうにつきぜんあく】 「生れ月吉凶」ヲ見ル

十二月の禁物【じゅうにつきのきんもつ】 〔永代調法記宝庫・首〕に十二月《じゅうにつき》の禁物がある。○正月は、生蓼・生葱・梨子・鳥獣肝・鮒頭（内に虫あり害す）。○二月は、蓼実・梨子・兎肉。○三月は、蓼子・百草・小蒜。○四月は、胡葱《あさつき》・大蒜《にんにく》・雉肉。○五月は、煮餅・韮《にら》菜・鶏肉。○六月は、

生菓《なまこのみ》・油《あぶら》膩《あげ》・鴨鴈。○七月は、蓴菜《じゅんさい》・菱実・鴈。○八月は、生姜・胡蒜・蟹。○九月は、新姜《はじかみ》・葵菜《あおいな》・雉。○十月は、山椒・韮菜・猪肉。○十一月は、生韮・鴛鴦・鼠。○十二月は、生椒・牛・猪・蟹・瓶。

十二時出行の占い【じゅうにときしゅつぎょうのうらない】 文化元年〔両面重宝記〕に次のようにある。

	東の方	西の方	南の方	北の方
子ノ時(零時)	吉	酒食に会う	吉	悪し
丑ノ時(二時)	利あらず	吉	悪し	宝を得る
寅ノ時(四時)	宝を得る	宝を得る	宝を得る	宝を得る
卯ノ時(六時)	宝を得る	利あらず	宝を得る	利あらず
辰ノ時(八時)	吉	吉	宝を得る	利あらず
巳ノ時(十時)	利あらず	吉	宝を得る	利あらず
午ノ時(十二時)	利あらず	利あらず	利あらず	宝を得る
未ノ時(十四時)	利あらず	利あらず	宝を得る	宝を得る
申ノ時(十六時)	宝を得る	利あらず	吉	悪し
酉ノ時(十八時)	宝を得る	口舌がある	悪し	悪し
戌ノ時(二十時)	宝を得る	悪し	利あらず	吉
亥ノ時(廿二時)	吉	吉	利あり	吉

十二時の人神【じゅうにときのにんじん】 十二時に、人神*（人の魂）が宿る所を指し、それぞれ灸を避ける。○子（零時）の時は、足。○丑（二時）の時は、頭。○寅（四時）の時は、耳。○卯（六時）の時は、顔。○辰（八時）の時は、頂《いただき》。○巳（十時）の時は、手。○午（十二時）の時は、胸。○未（十四時）の時は、腹。○申（十六時）の時は、心。○酉（十八時）の時は、背。○戌（二十時）の時は、腰。○亥（二十二時）の時は、股。〔鍼灸重宝記綱目〕

十二の手箱【じゅうにのてばこ】〔人倫重宝記・一〕に十二の手箱は、十二面の鏡*を納める箱をいう。

十二面の鏡【じゅうにめんのかがみ】〔人倫重宝記・一〕に十二面の鏡は、唐土の黄帝が、十二支に表し十二面の鏡を初めて鋳出し、子の日には子の鏡、丑の日には丑の鏡と、毎日次第次第に見たということによる。

十能【じゅうのう】 男女の芸能に十能がある。〈男子の十能〉①礼方。小笠原水嶋流の躾方 職原古実。②乱舞 楽管弦。③射術。帯佩、騎射 犬追物の業。④馬術の種々。⑤書法。唐様 俗筆。⑥算数。八算 見一 開平 開立 天元 演段 暦日 推歩（天文学）。以上の六芸《りくげい》*に、琴碁、画図、丹青、蹴鞠の四ツを合せて十種の芸能とする。〈女子の十能〉①織り紡ぎ 把針の業。②女筆。和漢の名家の筆意 筆法を得る。③和歌 俳諧。④香道。志野流 相阿弥流。⑤茶の湯。千家 片桐 古田 小堀遠州 有楽流を随意に学ぶ。⑥箏曲。⑦画の道。狩野家 土佐家 或は韓絵の品々。⑧双六。折り羽七目《ななめ》に始り 乞目《こいめ》の賽に朱を加える迄に至る。⑨韻蓋ぎ（典拠のある詩の韻字を削除しておいて埋めさせ、勝敗を決める遊戯）。⑩篇突（漢字の旁、或は詩句の漢字の旁に、篇をつけて次々に文字を完成し、勝敗を決める遊戯）。〔女重宝記・弘化四〕

十の盛【じゅうのもり】「こくだい（石代）」ヲ見ル

重箱【じゅうばこ】〈重箱出し様〉〔永代調法記宝庫・一〕に重箱・食籠に物を入れて出すには、蓋をせずに出すのがよい。但し、客人からの持たせならば蓋をしたままで出すのがよい。家に入ったものは末座で家（入れ物の箱）を取って上座《かみざ》へ出す。〈饐えぬ法〉〔大増補万代重宝記〕には重箱に肴・菜を詰めて上に梅干三四、また五六を見合せに入れて置くと、重箱の移り香もなく一夜越しても饐《す》え損じない。

十八反【じゅうはちはん】〔医道療治重宝記〕に次がある。十八反《じゅうはちはん》とは、互いに相悪《にく》む薬、もしくは用いて組み合すことのある薬をいう。牛黄は竜骨を悪むが、竜骨は牛黄を得て良とする如くである。互に相反する薬は、必ず大いに忌まねばならず、その害は大きい。○半夏・瓜蔞・貝母・白蘞・白芨は、烏頭・海藻・甘遂・芫花に合うと癒えた病がまた発る。○

甘遂と甘草は反し、○蜜と全蝎は葱に反し、○石決明は雲母に反し、○藜蘆は酒に反し、○人参・芍薬・沙参・玄参・紫参・細辛・苦参・丹参は、皆 藜蘆に反する。誤って合わすと毒になり、人を殺す。

秋分【しゅうぶん】 二十四節*の一。〔重宝記永代鏡〕に秋分は、八月中、昼五十刻余 夜四十九刻半余。秋分は八月の中で、この節は日輪が赤道にあり、昼夜長短なく同じである。○「雷始めて声収まる」とは、陽気が衰え陰気が壮んになり敵することできず、雷の鳴ることはないのをいう。○「蟄虫戸を配す」とは、諸虫類は陰気を恐れて地中に隠れ、穴の口を塞ぐことをいう。○「水始めて涸るる」とは、春夏の満ち溢れた元気が秋の金気に涸れることをいう。また陰陽中分との説明もある。〈耕作〉〔新撰農家重宝記・初編〕に新暦では九月二十三日。早稲を刈る所がある。この頃から十月節迄、小麦を蒔く。○漬菜 水菜 油菜 辛子 苣、神麴 紅花 豌豆 蚕豆 芥子 ほうれん草を蒔いてよい。「春分」「彼岸」参照

十兵衛【じゅうべい】 〈何が不足で癇癪の枕言葉〉「尻、しつべい。十兵衛をもぢる」。〔小野篡譃字尽〕

臭墨【しゅうぼ】 唐人世話詞。「あしきすみ（墨）を、しうぼ（臭墨）」という。〔男重宝記・五〕

十補丸【じゅうほがん】 〔丸散重宝記〕に十補丸は、腎の臓虚冷、顔の色黒く、足冷え、耳聾《し》い、小便不利によい。附子・五味子（各三戔）、山茱萸・山薬・牡丹皮・鹿茸・茯苓・肉桂・沢瀉（各二戔）を蜜で丸ずる。

州牧【しゅうぼく】 〔男重宝記・一〕に州牧は、唐における名目で、我が国の大名に相当する。

十味香薷飲【じゅうみこうじゅいん】 〔医道重宝記〕に十味香薷飲は、暑気が内に伏し、身は倦《くたび》れ、神《たましい》は屈《くぐ》み、頭重く吐瀉するのを治す。黄芪・人参・白朮・茯苓・陳皮・木瓜（各五分）、香薷（一戔）、厚朴・藊豆炒・甘草（各五匁）を煎ずる。陽気を散じ、真陰を導く剤とする。〔医道療治重宝記〕には、諸症により加減、補薬がある。

十味湯【じゅうみとう】 〔永代調法記宝庫・三〕に十味湯は、風邪引き 咳止めの薬。陳皮・半夏・茯苓・香付子・桔梗・前胡・杏仁・桑白・紫蘇子（各等分）、甘草（少）に生姜を入れて煎じる。

羞明【しゅうめい】 〔小児療治調法記〕に「痘後の余症」*で、羞明《しゅうめい》は両目で明《あかり》を見ることができず、暗い所に向って開くことをいう。涼肝明目散*望月砂散*で治す。

渋面【じゅうめん】 俳言の仙傍（訕謗）。「爺ヲ じゆうめん」という。〔新成復古日夜重宝俳席両面鑑〕

什門【じゅうもん】 「日蓮宗」参照

十文字の手綱【じゅうもんじのたづな】 「手綱の事」〈手綱執り様〉ヲ見ル

十夜の法事【じゅうやのほうじ】 〔年中重宝記・四〕に浄土宗の寺々で、十月五日、今日より十五日迄、十夜の法事がある。真如堂での十夜の法事は、十月六日より十六日迄である。

収靨【しゅうよう】 「かせる（収靨）」ヲ見ル

じゅうらく【じゅうらく】 片言。「じうらくは、聚楽《じゅらく》なり。西の京」。〔不断重宝記大全〕

十羅刹女の火焚【じゅうらせつにょのほたき】 十羅刹女は、十羅刹とも十羅刹鬼女ともいう。藍婆・毘藍婆・曲歯・華歯・黒歯・多髪・無厭足・持瓔珞・皐諦・奪一切朱生精気の十人の羅刹女。法華経の受持者を護持する。〔年中重宝記・四〕に、十一月八日十羅刹如のほたき（庭燎）、日連宗の寺々にある。

手炉【しゅうろ】 唐人世話詞。「しゆろ（手炉 ＝手あぶりの火鉢）を、手炉《しうろ》と云」。〔男重宝記・五〕

十六日遊【じゅうろくにちあそび】 「やどい（宿居）」ヲ見ル

十六早割算【じゅうろくはやわりざん】 十六早割算は、古く一斤というは唐目百

六十匁の割である。一退 六二五。二留 一二五。三留 一八二五。四留二五。五留 三一二五。六留 三七五。七留 四三七五。八留単 作五。九留五六二五。十留 六二五。十一留 六八二五。十二留 七五。十三留 八一二五。十四留 八七五。十五留 九三七五。退とは、その桁《けた》をしりぞき次の桁を用いる事。留とは、その桁をそのままその数に作る事。留単とは、その桁の八を五に作る事。

十六味流気飲【じゅうろくみりゅうきいん】〔医道重宝記〕に十六味流気飲は、名も知れぬ諸々の悪瘡 癰疽、或は乳癌を治す。また気鬱して腫物を生じ、或は皮肉の間に核を生ずるものに用いる。人参・黄芪・当帰・川芎・芍薬・檳榔子・肉桂・防風・烏薬・白芷・枳殻・厚朴・木香（各一匁）、紫蘇（一匁半）、桔梗（五分）・甘草（三分）を煎じ、或は青皮を加える。多く服してはならない。〔改補外科調宝記〕にも癭*瘤*の薬として、当帰・川芎・芍薬・白芷・桂枝・人参・黄芪・木香・烏薬・厚朴・枳殻・防風・紫蘇・檳榔子・桔梗・甘草の十六種をあげる。〔小児療治調法記〕には「痘後の余症*」で、顔が赤く、便秘結し、渇嗽し、睡って驚き、尿の赤いのに付子 或は大黄を加えて用いる。先の調剤を各四分とし水で煎ずる。

重和通宝【じゅうわつうほう】 銭の事*銭占。〔万用重宝記〕に「重和通宝」は、シナ北宋重和元年（一一一八）に鋳造された銭（図240）。宋銭中一番美しい銭とされる。この銭を持つ人は目上の人に取り立てられ、奉公人は段々出世する。

図240 「重和通宝」（万用重宝記）

臑会【じゅえ】〈経絡要穴 肘手部〉二穴。臑会《じゅえ》は肩の前廉《かど》 肩の頭を三寸下る処にある。天井《てんせい》を目当てにとる。灸五壮か七壮。針五分か七分、留むること三呼。肘痛み痺れ力なく、癭瘤を主る。臑交ともいう。〔鍼灸重宝記綱目〕

宿紙【しゅくし】「かみやがみ（紙屋紙）」ヲ見ル

縮砂仁【しゅくしゃにん】〔薬種重宝記・下〕に唐草、「縮砂 みかくし。皮を去り、少し炒る」。〈薬性〉〔医道重宝記〕に縮砂仁《しゅくしゃにん》は、辛く温、胃を養い、食を進め、気を下し、痛みを止め、食を化し、酒毒を醒ます。搗き砕き、布の袋に入れ、押し揉んで障子を去り、少し焙る。

宿食【しゅくしょく】〔鍼灸日用重宝記・四〕に、気血虚弱で外《ほか》を風寒 暑湿に破られ、内は労役して飲食の定まら時、宿食（食物不消化で胃中滞留）を患う。内傷 労役 飲食 不節の症は手の内は熱し、手の外は熱しない。外傷風寒の症は手の外は熱し、手の内は熱しない。肺兪 脾兪 肝兪 足三里 天枢 通谷 中脘等に針する。〈宿食内傷食物宜禁〉〔世界万宝調法記・四〕に「宜い物」は大麦 大根 生姜 牛房 山椒 栗 麩。「禁物」は麺 糯 蕎麦 豆腐 瓜 茄 笋 蓼 蕨 鳥魚。

熟地黄【じゅくぢおう】〔薬種重宝記・下〕に和草、「熟地黄 さをひめ。水に沈むを用ゆ。酒に浸し、蒸し、晒すこと九度《たび》す」る。〈薬性〉〔医道重宝記〕に熟地黄《じゅくぢおう》は、甘く微温、腎水を慈《うるお》し、精髄を塡《み》て、血脈を通じ、真陰を補益する。竹刀で刻み用いる。〔好色重宝記・下〕に地黄は腎を補う主薬であるが、生地黄*と酒に蒸した熟地黄は効能が違い、熟地黄は腎を補う。「好色万能飲《こうしょくまんのういん》」参照

叔父母【しゅくふぼ】 父母の弟妹、乙《おと》おじ おば。〔農家調宝記・二編〕

手拳【しゅけん】〔小児療治調法記〕に手を挙げて展びないのは、生れつき肝気が弱く、両脉《すじ》が引き攣り、両手を伸べる力がないためである。治方は、薏苡丸*を用いる。

守護【しゅご】 武家名目。〔武家重宝記・一〕に武家より国を領するのを守護という。地頭というのもこの類である。文治（一一八五～九〇）建久（一一九〇～九九）の頃より始った。禁中より国を領するのを国司*というのに対する。

准后【じゅご】〔男重宝記・一〕に准后《じゅご》は、天子*の寝所に侍した后*以外の女官をいう。

酒後の食合【しゅごのくいあわせ】 食い合せ。〔永代調法記宝庫・二〕に酒後に、辛子 芥菜《からしな》を食うと筋骨を緩くし、胡桃を食うと血を吐き、熟柿を食うと胸が痛む。〔料理調法集・当流献方食物禁戒条々〕に酒後に胡桃 辛子蜜を食い合わせると、忽ち積聚*となる。

朱砂【しゅさ】〔万物絵本大全調法記・上〕に、「硃 しゆ。本は朱に作る。水銀化して朱とす。朱砂」。また「銀朱」とある。

朱座【しゅざ】 朱座は、朱や朱墨の製造販売を許された門閥特権商人。〔万買物調方記〕に次がある。○「京（ニテ朱座）」両替町（又江戸）年寄（又江戸）糸屋源左衛門、同町（又江戸）同市郎右衛門、同町 淀屋源吉、同町 宇野彦三郎。○「江戸（ニテ朱座）」新橋竹川町 淀屋甚太夫、同町（又京）糸屋市郎右衛門、同町（又堺）小田助左衛門、同町（又京）義村源左衛門。「堺（ニテ朱座）」大道筋（又江戸又江［ママ］）角屋勘左衛門、○「大坂（ニテ朱座）」本町一丁目（氏名ナシ）。

酒皶鼻【しゅさび】「肺の諸症」〈肺風〉ヲ見ル

朱子【しゅし】「じゅどう（儒道）」「宋学」ヲ見ル

酒痔【しゅじ】〔鍼灸日用重宝記・四〕に酒痔は、酒を飲む毎に瘡が出て血を流す。気海 腎兪 大腸 長強 膀胱 三陰交に灸をする。

種子丸【しゅしがん】〔洛中洛外売薬重宝記・上〕に種子丸は、すわの丁松原上ル丁 岡野氏にある。常に心遣い多い男女、腎精弱く 子種のない人が用いてよい。

受死日【じゅしにち】「くろび（黒日）」ニ同ジ

珠持の節【しゅじのふし】 馬形名所*。〔武家重宝記・五〕に珠持《しゅじ》の節は、後脚《うしろあし》の中の節《ふし》をいう。また鵞鼻《がはな》の骨という。

硃砂安神丸【しゅしゃあんしんがん】〔丸散重宝記〕に硃砂安神丸は、夢中に驚悸し、心神安からず、心血衰え、火高ぶって煩悶懊悩し、胸中の気乱れ、胸騒ぎ、心下痞え、食《しょく》入れば却って吐く、或は傷寒、汗下吐《かんげど》の後 余熱心胞絡に止まり眠れないものに、或は血虚火動のものに用いる。黄連（三匁）、辰砂（二匁）、地黄（酒）・当帰（酒）（各一匁）、甘草（五分）を、神麴の糊で丸ずる。

硃砂丸【しゅしゃがん】〔小児療治調法記〕に児が生れ 月の内に嘔《は》くのは、まず硃砂丸で下し 後に朱沈煎*を用いる。悪い物が下り嘔くのも止まる。硃砂丸は辰砂・南星・巴豆霜（各半匁）を末（粉）として、麵粉の糊で黍の大きさに丸じ、毎服二丸を薄荷湯で用いる。

朱雀丸【しゅじゃくがん】〔丸散重宝記〕に朱雀丸は、胸苦しく、或は怔忡驚悸し 或は心疾寝入り難く、胸騒ぎの止まないのによい。茯苓（二十匁）、沈香・辰砂（各五匁）を糊で丸じ、人参湯で下す。

朱砂妙香散【しゅしゃげんこうさん】「安神散《あんじんさん》」ニ同ジ

硃砂滾涎丸【しゅしゃこんぜんがん】〔小児療治調法記〕に硃砂滾涎丸《しゅしゃこんぜんがん》は、五癇*を治す。白礬・硃砂・赤石脂・硝石（各等分）を末（粉）して、蒜を擂り膏とし 菉豆の大きさに丸じ、三十丸を食後に荊芥湯で用いる。

硃砂瀼酒丸【しゅしゃじょうぜんがん】〔薬家秘伝妙方調法記〕に硃砂瀼酒丸は、陽・陰癇、身熱し、ひくめき泣いて高声するなど、五癇*を治す。辰砂・明礬・生地黄・しやうせこん・芒硝（各等分）を末（粉）して糊で丸ずる。

しゅしょう【しゅしょう】 片言。「師匠を、しゆしやうと云」。〔不断重宝記大全〕

主人 上々への文【しゅじん うえうえへのふみ】〔女筆調法記・三〕に主人や上々等への文は、随分崇《あがま》えて、文字確かに、仮にも平俗な言葉を使わないと

し、自分同前 又は自分より少し下の方へ遣る言葉の例示もある。先の名もその方へ直に書かず、披露文で召使人の名を書く。誰殿参る、御申上、御披露とも書いて、我が名はいかにも下へ引き下げて墨黒に書く。上々方へ用事 或は訴訟事があって文を捧げたい時憚りがあると思う時は、奥で口利きの女中 又は御局方へ宛て、「此の由よろしく御とりなし頼み参らせ候」「此の由御機嫌の時分御申し上げ下され候はば忝なかるべく候」等とするのがよい。

主人に馬を召さす法【しゅじんにうまをめさすほう】〔武家重宝記・五〕に主人を御馬に召す時は、引き出して、召すように手綱を取って片手で打ち掛け、頭に立ち向かい左の鐙を右手で押さえて召さす。

珠数の事【じゅずのこと】〔万仏絵本大全調法記・上〕に「数珠 すうじゅ／ずゝ。念珠 ねんじゆ。同」。〔日用重宝女大学〕に、念珠屋《じゅず》は京 大坂に多い。常の雑木《ぞうき》、或は菩提樹の実、水晶・琥珀の類で作る。婦人が持つのは、百八箇の内半分は黒檀の顆《つぶ》に水精《すいしょう》を用いる。これを半装束珠数という。近年山伏の用いるのは顆に苛高（「いらたか」があり、苛高珠数）という。これは百万遍の珠数がある。念珠は百八煩悩を止むる説があるが、これは七十二候に十二月と二十四節とを添えて作ったという。

主税寮【しゅぜいりょう】〔万民調宝記〕に主税寮《しゅぜいりょう》は、民部省*に属し、諸国の年貢のことを司る。

手跡能筆【しゅせきのうひつ】〔万買物調方記〕に次がある。○「京ニテ手跡能筆」油小路中立売下ル 佐々木志頭磨、大仏かはら町 堀江治部斎、間の町夷川上ル 北向雲竹。その外洛陽名筆集にある。○「江戸ニテ手跡能筆」岡三左衛門、西久保八幡宮近所 佐々木万次郎。○「大坂ニテ手跡能筆」米屋町又京 平野忠庵、嶋屋町 浅沼宗貞、堀詰 和気仁兵へ、御霊前 白井元東、どぶ池筋 筒井白雲子、南久宝寺町 仁和字屋、高麗橋四丁目 堀治右衛門、井坂安左衛門。

主膳監【しゅぜんかん】〔万民調宝記〕に主膳監《しゅぜんかん》は宮内省*に属し、東宮（皇太子）の御膳司である。

鋳銭司【じゅせんし】〔万民調宝記〕に鋳銭司《じゅぜんし》は宮内省*に属し、銭を鋳る司である。ちゅうせんし。

守銭奴【しゅせんど】〔人倫重宝記・二〕に銭は自由を調えるものであるが、銭をひたすら貪り貯えても使わず、自由を調えず吝い人を守銭奴という。全く貧乏人に同じで、鎗持の類 即ち銭持ち、銭の番太郎 役人である。唐土でも守銭奴《しゅせんぬ》と名づけている。

手談【しゅだん】〔男重宝記・三〕に唐土で碁を打つことを、手談とも、座隠とも、紋楸《もんしゅう》ともいう。

酒疸【しゅだん】五疸*の一。〔鍼灸日用重宝記・五〕に酒疸《しゅだん》は、大酒をする人が風邪を引いて過食の後、酒を絶やさず飲むため胃中に酒熱を蓄え、湿熱と戦い疸となる。眼は黄にして、鼻に瘡を生じ、小便が渋る。久しくすると黒疸となる。

手瘈瘡【しゅちそう】〔斎民外科調宝記〕に鵝掌風*が手の内に出るものをいう。豆粒程あり、痒く湿るのは、ただならない。皂角刺・明礬・軽粉・黄栢・黄連（各等分）を粉にし、胡麻の油で練りつける。〔改補外科調宝記〕には、二礬湯《じはんとう》*を薬とする。

酒中花【しゅちゅうか】口伝。〔諸民秘伝重宝記〕に酒中花の伝として、楤《たら》の木を一二寸に切り、その内を（芯）の太さの棒で突き出し、これを色々の形に拵えて彩り、板に挟んで乾かし上げ、細かに切り、酒興に酒に浮かべると形を現わす。また山吹のでもよい。

朱沈煎【しゅちんせん】〔小児療治調法記〕に、児が生れ月の内に吐くのには、まず硃砂丸*で下し、後に朱沈煎《しゅじんせん》を用いる。悪い物が下り 吐くのも止まる。朱沈煎は硃砂（水飛）・沈香（各二匁）、藿香（三匁）、滑石（五匁）、丁香（十四箇）を末（粉）とし、毎服半匁を新しく汲んだ水一盞の中へ、香

湯を滴《した》で浮かべて花となし薬末（粉）を掬い、油の上に置き、須臾に沈むのを澄まして水を捨て、別に水で空腹に呑ませる。

出火の大小を知る事【しゅっかのだいしょうをしること】〔大増補万代重宝記〕に表（図241）と解説がある。「土。正・五・九月」「風。三・七・十一月」「火。四・八・十二月」「水。二・六・十月」。繰り様は、例えば四月十一日なら四月とある所の火字を朔日と定め、風を二日、水を三日、土を四日と数え、当る十一日は水であり、この日に出火しても忽ち鎮まる。火と風に当る日は大事である。特に失火の用心をするのがよい。

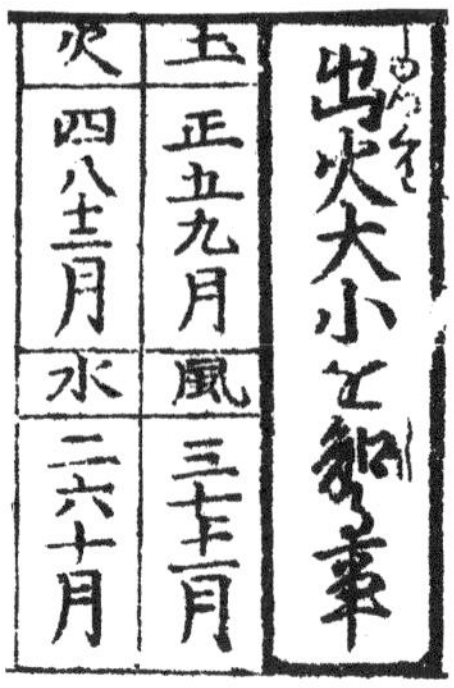

図241「出火の大小を知る事」（大増補万代重宝記）

しゅっきゃく【しゅっきゃく】大和詞。「しゅつきゃくは、失脚《しつきやく》」である。〔不断重宝記大全〕

出行【しゅつぎょう】「旅の事」ヲ見ル

しゅっけ【しゅっけ】片言。「瘡気《かさけ》を湿気《しつけ》といへるを、しゅっけといへるは拙し」。片言に言う者が多い。〔不断重宝記大全〕

出産の事【しゅっさんのこと】〔嫁娶調宝記・二〕〈出産用意〉○「産婆」。懐妊五月目の帯祝の時に産婆を定めるとその後毎月診察して、出産まで益がある。○「産家《うぶや》」。中人以上は産家を建て、中人以下は常の所で産む。産の間には力縄を掛けて置き、産の時破軍（星）に向わないようにする。〔新板増補女重宝記・三〕に、○「産家に忌む物」。畦目返《うのめがえし》、無紋の物、紫段々の物、紅絞、晒、縮《ちぢみ》、緘《しじら》の類。産婦はもとよりこれ等の着物や色を着て入らない。○「産家の出入りを忌む」。腋臭《わきが》、経水・荒忌の服《ぶく》のある人、臭い物を食った人、その他も汚らわしい事のある人は産家に入ってはならない。○「用意の物」。手桶二ツ、匙笥二本、取り上げの時の盥一ツ、湯溜桶一ツ、胞衣を納める押桶（曲物［まげもの盥］にして二ツ、周りに鶴亀松竹の色絵）、臍の緒を切る竹の小刀二本（家に長く居る人が削る）、石一ツ、苧二筋を拵えて置く。○「産屋に向いて吉方」。日では、子・午・卯・酉の日は南に、寅・申・巳・亥の日は西北の間に、辰・戌・丑・未の日は東南の間に向かう。月では、正月から奇数月は丙《ひのえ》南・壬《みずのえ》北の方が凶、偶数月は甲《きのえ》東・庚《かのえ》西の方を凶とする。〈産気付いて〉産の間の畳二三畳を裏返しに敷き、力縄を下げ、産場の用意をする。決して慌てず、静かに腰湯をして何遍も湯を替え、腹を摩り温める。予め白い布を六尺に切って母の襷《たすき》にする。布の二尺手拭二筋も拵えて置く。産婦には再々味噌汁を飲ます。少し腹に産気が付くと腰元は心得て髪を綺麗に取り上げ、歯黒等も差し、化粧もし直す。初産では取り乱し、顔貌も変り、医者等も入れ替るからである。〔重宝記永代鏡〕に産の時吉凶方を、○「産の時向いて吉方」は、正・四・七・八月は未（南々西）、二・十一月は戌（西々北）、三月は丑（北々東）、五月は辰（東々南）、六月は午（南）、九・十月は申（西々南）、十二月は酉（西）の各方である。○「忌む方」は、大陰神*の方、大将軍*の方、歳殺*の方、金神*の方、天一神*の方、月塞*、破軍星*の剣先である。この方に向いて決して産してはならない。〈諸留意〉産は心の苛立ちから難産にもなるので功者だてする人等は産屋に入れてはならない。産が近づくと産湯を沸かし、忍冬の蔓を手一束に切り二三把入れると一代瘡が出来ない。子返りして平産するのに力米を噛ませ、充分に心を鎮めて子安貝*を用い、椅子に藁を敷き産婦を乗せ、まず味噌汁を飲ます。医書には白粥を用いるとあるが、日本の風俗には

味噌汁がよく血を治める。○「生れ子次第」。子が生れると産婦の血が上らぬようにして産婆が後の物を脇へ寄せ、押桶*と小刀を取り寄せ、苧に括り、土器三枚を重ねて、それに押し当て小刀で絶つ。後を紙で包み苧で結びつけて置く。胞衣は押桶に入れ銭十二文、米を少し入れるのもある。また苧一筋、藁五筋、熨斗一筋を入れるのもある。方角を繰り（後述）よい方に地を一尺余掘り、塩水を上へ少しずつ打ち、押桶を埋める。塩水は地神を礼する謂れである。また産をした居間の下に埋めるのもある。補益活血湯*を用い、安神散*独参湯*を用意して置く。血暈*の用意をする。〔新板増補女調宝記・三〕にも押桶、安神散、独参湯、血暈等の用意を言い、産するに臨んでは容易と思って心を鎮めること、子返りするたびに腹が一しきり一しきり痛むが、腰が痛まなければ産はしない。物に取り付き、人に手を引かれ、座敷を静かに歩むと腹の内が寛ぎ子返りし易い。子が生まれる前に破水《はすい》*がある。子返りして子の頭が産門に近付き髪の毛が手に触ったら抱き上げて一拍子に息むとよい。まだ充分に子返りしない先に息むと横産《おうざん》*逆産《ぎゃくざん》*等の難産になる。息むことが早いと、まさかの時に勢《せい》が抜けて産めないこともある。取上婆（助産婦）の掛声に任せて息むのがよい。出産したら安神散を用い、酢を嗅ぎ、目を閉じ、高く物に寄り掛かり、膝を立て、時々胸から腹へ撫で下ろす。長く眠る時はそろそろ起し、白粥を食わす。〔女用智恵鑑宝織〕には下々が産する時は、夫は腰を抱き、湯を沸かし等する故、産は大いに容易になるという。

〈年により産の善し悪し〉〔女重宝記・三〕に、○子・卯・酉・戌・亥の年の女は夏冬はよい、春秋は悪い。○丑・寅の年の女は夏冬はよい、秋は悪い。○辰・申・未の女は春秋はよい、夏冬は悪い。

〈月により生れ子吉凶〉〔女重宝記・三〕に、正・二・四・六・八・九・十・十一月は男はよい、女は悪い。三月は男はよい、女は悪く貧。五月は男は命長く、女は貧。七月は男は貧、女はよい。十二月は男は官につく、女は吉。

〈産の呪い〉〔家伝調方記〕に、孕み女の御祈禱に「三百三の紐を解けり」と書き、柚の種を包んで飲ませると後産は妙に下りる。

〈服忌〉〔新板増補女調宝記・三〕に産の穢れは父は七日、母は三十五日。八日目からは出入、同座、同火（同居）の人は二夜三日を隔てて神に参る。○産流《うみながし》（流産）の穢れは三月迄は月水の穢れ（七日憚る）に同じ。○四五月になれば父は五日、母は十日神事を憚る。〈祝文〉〔女中重宝記〕等に出産の悦び文の範例がある。「安産の事」「難産の事」「生れ子の事」参照。

出仕の装束【しゅっしのしょうぞく】〔里俗節用重宝記・下〕に毎月出仕の装束がある。○正月 朔・二・六日。装束（衣冠・束帯・直衣等を身に付け盛装する事）。三日朝夕、熨斗目*長（裃）。七・十一・十五・二十八日、熨斗目半袴（踝迄の短い袴。肩衣の下に着る）。○二月 朔日、装束。表向き出仕なし。十五・二十八日、服沙（柔かい絹布で表裏二枚同色に縫った物）小袖 半袴。○三月 朔・十五・二十八日、服沙 半袴。御対顔御返答の日 装束。御能日 熨斗目長。御三家御参府御暇の日、服沙 半袴。○四月 朔日、袷熨斗 半袴 足袋は脱ぐ。十五・二十八日、半袴 服沙 袷。外様大名参府御暇の日、袷 服沙 半。○五月 朔、服沙 袷 半。十五・二十八日、染帷子（帷子は裏を着けない一重の衣服。絹以外に限る）。半袴。二十二日、半染帷子。○六月 朔・十五・二十八日、染帷子 半。十六日、長 染帷子。御譜代参府御暇の日、染帷子 半袴。○七月 朔・十五・二十八日、染帷子 半袴。○八月 十五・二十八日、染帷子半袴。○九月 朔日、服沙 袷半。十日、足袋着。十五・二十八日、服沙 小袖 半袴。○十月 朔・十五・二十八日、服沙 半。玄猪の夜、熨斗目 長。二十四日、西の丸ばかり 熨斗目 半袴。○十一月 朔・十五・二十八日、服沙 小袖 半袴。○十二月 朔・十五日、服沙 半。二十八日、熨斗目 半袴。不時御礼（元服 官位 家督 隠居 初御目見）

の日、服沙 小袖 半袴。○二十八日に出仕ある月、正・四・七・十二月、この外は表向き出仕なし。○十五日に表向き出仕のない月は、六・七月。

出陣の祝儀【しゅつじんのしゅうぎ】〈床飾并ニ献立〉〔料理調法集・諸祝儀床飾并ニ献立〕に出陣の規式は、引渡 雑煮 吸物 三献である。引渡は、昆布五切 勝米五ツ 熨斗五本をいずれも一ツずつ放して糊でつける。朴 栢葉を銘々角に改敷して置く。御祝い様は、討って勝って悦昆布と、熨斗より勝米 昆布を祝う。料理には海老類 蛸《かざめ》等は禁物である。〈出陣の銚子〉〔料理調法集・銚子提子名所〕に、金銚子 白紙 紅裏。結び数は長柄二十七、二十八宿を表す。渡り十二、十二支を表す。提子十二、十二月を表す。花は松 栢の類の神木を用いる。但し、二十八宿 二十七結は牛宿を除く、これは故実である。〈出陣の花〉〔昼夜重宝記・安永七〕には、草木共に表を賞翫に用いる。帰り花*を挿す。真の花*にすることはいうまでもない。

出梅【しゅつばい】「つゆ（梅雨）」ヲ見ル

主典【しゅてん】〔男重宝記・一〕に「サクハン（さかん）*は主典《しゅてん》とて、その官の筆とりなり」とある。

主殿署【しゅでんしょ】〔万民調宝記〕に主殿署《しゅでんしょ》は宮内省*に属し、東宮（皇太子）坊の掃除の司である。

儒道【じゅどう】〔諸人重宝記・一〕に、中華（大唐）に孔子が現れて儒道を教えた。これは智・仁・勇の性徳をもって、天性に体認するものである。〔日用重宝記・二〕に孔子の道は、人の人たる道のこの上ない貴い教えであり、公《おおやけ》でも崇敬し、条目の初めには文武の二字がある。文道は即ち孔子の道であり、『孔子家語』には七十二人の弟子 賢者の姓名がある。世々に伝えて漢代に孔子の子孫 孔安国が出、今よりは古学と言われる。孔子・子思・孟子・程明道・程伊川・朱子と道統を立て、漢の毛萇・鄭玄・趙岐・馬融らを古学とし、朱子が宋末に出て朱子学の一派が開け、それより明の王陽明が一流を立てた。孟子の同時代には、荘子・荀子・楊子・墨子と続き、韓非子やその外の諸子が出たが、孔門聖賢の道に違うので異端と称し、これは『近思録・弁異端篇』にみえる。孔子の道は四角で正しく、釈迦の道は円くして方便とある。儒門の書は「四書」*「五経」*「十三経注疏」*などである。

酒毒【しゅどく】〔世界万法調法記・中〕に酒毒は、茄子の葉を陰干にして用いるとよい。

腫毒【しゅどく】経験方。〔丸散重宝記〕に腫毒 癰疽 背瘡ともに、豨薟草の葉を末（粉）して熱酒で下すと妙である。

腫毒 筋骨の腫の薬【しゅどく すじほねのはれのくすり】馬療治薬。〔昼夜重宝記・安永七〕に、馬の諸々の腫毒、並びに筋骨の腫れが大きくなるのを治す薬は、雄黄・川椒・白芨・白蘞・官桂・草烏頭・芸台子・大黄・白芥子・硫黄を末（粉）し、大匙三ツ、麺粉大匙三ツ、酸《す》一椀を以って炒り、熱し 腫痛する所につける。

朱肉拵え様【しゅにくこしらえよう】〔昼夜調法記・正徳四〕に「朱判の朱合せ様（黄檗流相伝）」がある。唐蠟（一匁）、唐胡麻油（十五匁）を煎じ滓をよく去り、本朱（十両）を入れて混ぜ合せ、艾葉《もぐさ》を印肉墨*のようによく揉み合せて和らげ滓を去り、混ぜ合せて遣う。〔筆海重宝記〕の「朱肉拵え様」は、先ず艾《もぐさ》をよく揉み抜き、水に入れてよく煎じ、灰汁を出し白くなる程にして干し乾かし、これに朱を入れて合す。拵え様は、箆麻子油に生姜を片いで入れ、煎ずる。加減は、生姜が油の上になって浮く時、唐蠟を少し入れて火から降し、よく冷ます。朱の多い程色がよい。唐紅を入れる法もある。〔諸民秘伝重宝記〕に蓖麻子の皮を去りよく潰し糊のようになった時、極上の朱を入れて練り交ぜ、白鳥の産毛を浸して置く。又これへ鯉の鱗を粉にして少し入れるとよく、幾年過ぎても変ることはない。

衆人愛敬の守【しゅにんあいきょうのまもり】 「愛敬の符」ヲ見ル

手拈散【しゅねんさん】 〔小児療治調法記〕に手拈散《しゅねんさん》は、収麕時《かせる》*に腹が痛み収麕せず、痛みが中脘にあって熱毒が凝滞し、瘀血が痛みをなすのに用いる。牛房子（二匁）、白芍・山梔子・大黄（各一匁）、紅花（八分）、肉桂（五分）を水で煎ずる。

首尾【しゅび】 連俳様式。歌仙や百韻の、「表」と「名残の裏」だけで構成する。歌仙は十二句で、表六句（五句目花）・裏六句（五句目花）からなる。百韻は十六句で、祝儀とする。〔正風俳諧日夜重宝二面鏡小筌〕

執筆十箇の徳【しゅひつじっこのとく】 〔新成復古日夜重宝俳席両面鑑〕に執筆《しゅひつ》十箇の徳として次が出る。高位昵近。善人知遇。座上為主。愛敬間媒。交時有語。不耕足録。心通神慮。無友有歴。万能第一。自徳仏性。

しゅびん【しゅびん】 片言。「尿瓶《しびん》を、しゅびん」という。〔世話重宝記・五〕

手法の補瀉【しゅほうのほしゃ】 鍼法。〔鍼灸日用重宝記・二〕に○「手法の補」は、まず針鋩《はりのほ》を口に含んで温め、右の肘を向うへはり手先を内へ屈め大指の先を前に向け、病人の出る気《いき》に従い人差指を添えて大指で柔らかに撚り下す。この時の秘文咒は、「五帝上真。六甲玄靈。気付至陰。百蛇閉理」と三遍念じ、針を二三分入れ、五六呼吸止めて、経や病に従い撚り下し、追い退け動揺《うご》かしめ気を至らしめ、手を振るい、針を弾《はじ》き、そろそろと病人の吸気に従って針を出し、針の穴《けつ》（跡）を撫でさすって閉じる。○「手法の瀉」は、針を温めずにその侭用い、右肘を下げて我が前へ引きつけ手先を向うへ向け大指を先へ向け、病人の吸気《ひくいき》に従い大指を添え人差指で撚り刺す。この時の秘文咒は、「帝扶天形護命成霊」と三遍念じ、針を三分入れ、五六呼吸止めて、経に迎い撚り下す。気至って左手で針口を開き病人の出る息に従い針を抜き出し、針跡の穴は閉じない。男女では補瀉はそれぞれ逆となる。

腫満の妙薬【しゅまんのみょうやく】 〔妙薬調方記〕に「瘰中風脚気腫満の妙薬は、鳹甘草煎じ飲むべし」。

しゅみせん汁【しゅみせんじる】 〔料理調法集・汁之部〕にしゅみせん汁は、菜と豆腐をよく細かに切ったのをいう。味噌汁に出汁を加える。

須弥山の図【しゅみせんのず】 〔日用重宝万物図解嘉永大雑書三世相〕に次がある。須弥山の図（図242）は仏説で、世界は須弥山のぐるりにある。日月は山を廻り昼夜の分別《わかち》がある。山の頂に四の峯があり、峯ごとに八天があり合せて三十二天に、帝釈天を合せて三十三天という。案ずるに、地は円《まる》で瓜の如く、南極と北極とは蔕《ほぞ》と蔕《へた》のようである。北は高く斜めでこれにより、北極を巓《いただき》とする。釈尊は天理を知らぬ訳ではないが、天を極楽とし地底を地獄とする説を立てて、日月を横に巡らし、北にある北極を上に置くと、日月は横に廻る同じ理である。これは地獄の説を立てるため好んで品を変えていて、その転説は恭しく広大の仏智を感ずべきである。北は黄に、南は青く、東は白、西は紅《くれない》に蘇命露の山。

濡脈【じゅみゃく】 八裏の脈*の一。〔医道重宝記〕に濡脈《じゅみゃく》は、極めて柔らかく浮細である。元気虚して、力の衰えるのを主《つかさど》る。〔昼夜調法記・正徳四〕には水上の浮帛のようなものといい、亡血陰虚の病とし、中湿自汗を主る。

主馬署【しゅめしょ】 〔万民調宝記〕に主馬署《しゅめしょ》は宮内省*に属し、東宮（皇太子）の御馬奉行である。

樹木の事【じゅもくのこと】 〔四民格致重宝記〕は山岸畑堺野原屋敷近辺等に漆桑茶、その他の植樹を奨励している。〈接木〉〔年中重宝記・二〕には次がある。○二月に、樹木を移し植え接ぐとよい。梨を接ぐには春分の前十日がよい。二月の雨の降る時に万の木の枝を挿す。二月上旬に、諸々の果木等の枝を芋蘿蔔《だいこん》蕪等に挿し、地に埋めると根を植えるのに勝る。○三月に、木を接ぐ。橙《だいだい》橘《みかん》柚仏手柑等は清明（春分後十五日）前後に接ぐとよい。〈実の生る法〉〔俗家重宝集・後編〕には春に果

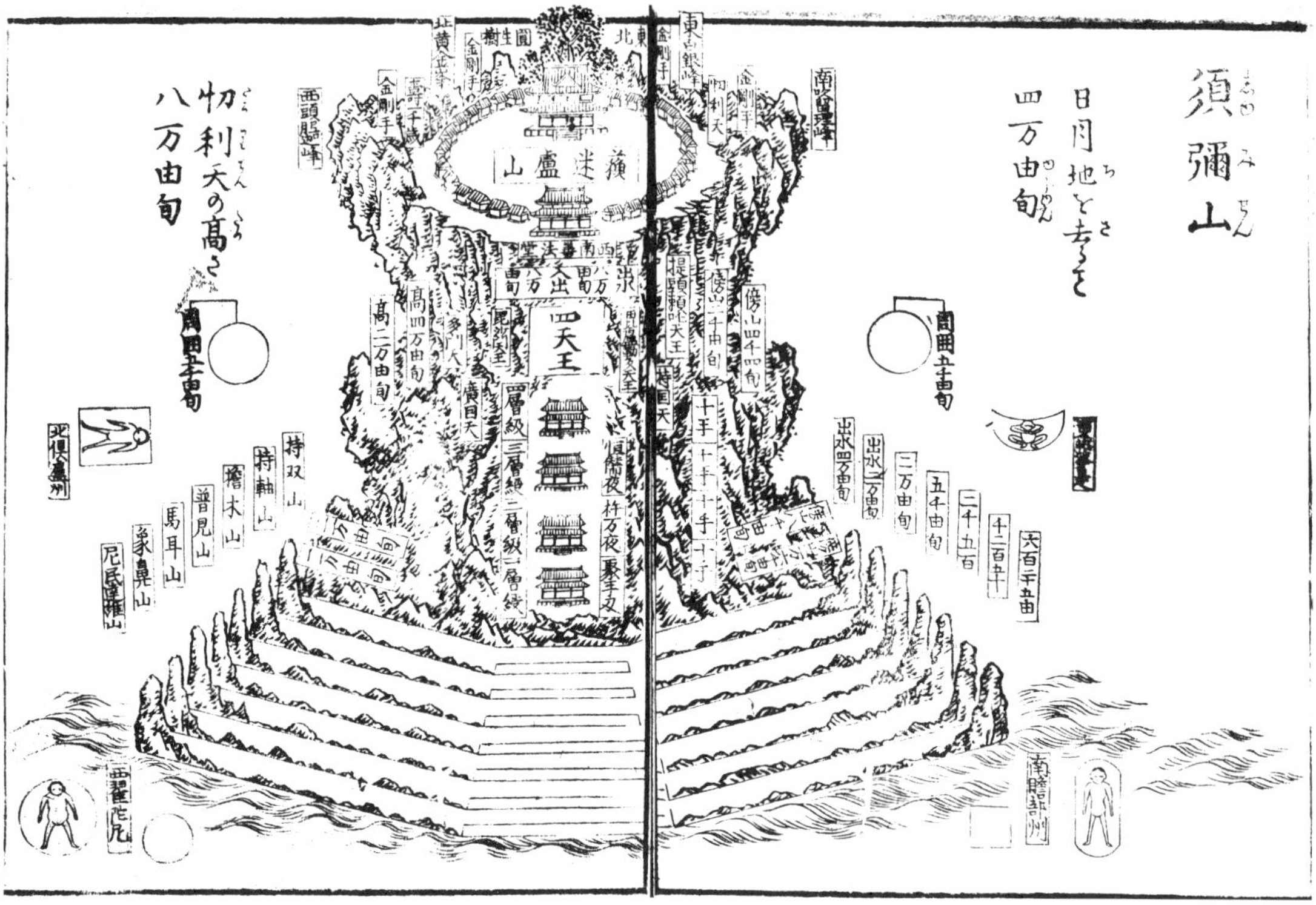

図242 「須弥山の図」(〔日用重宝／万物図解〕嘉永大雑書三世相)

木の根の方を深く掘り、太錐で穴を明け牛蒡根を揉み通し、また元のように土を懸け肥しをして置くと実が生る。渋柿等は渋が抜ける。〔万用重宝記〕は樹木に実を生らすには、月代《さかやき》の剃り毛と油と灰とを木の根に埋めると、柿桃梨南天、その他一切の果物が沢山生る。

〈鳥避け〉〔俗家重宝集・後編〕に樹木に鳥の着かない法は何の木でも、人の落髪を枝に掛けて置くとよい。〈虫除け〉〔万まじない調宝記〕に樹木に虫が着かない法は、節分の夜に鰯を焼き、竹の筒を逆様にして底を上にして穴を明けて糸を通し、焼いた鰯をこの糸で垂れ、逆様のまま木に吊って置くと、翌年は虫が少しも着かない。

〈字尽〉〔童蒙単語字尽重宝記〕に「樹木」一切の字尽がある。松・十八公《まつ》。梅・楳《うめ》。杉・椙《すぎ》等。用字は読み仮名つきである。

腫物の事【しゅもつのこと】〔改補外科調宝記〕に風腫*風毒*風毒腫*など諸腫物は、皮肉骨に上中底の三ツがあるが、特に風毒には浅深がある。初めは傷寒のように寒熱頭痛し形もなく痛み平々と腫れるのには、消毒飲*を加減し一日一夜に五貼ばかりを用いると寒熱が去り、痛みは一所に集り高くなる。愈々加減して内薬を用いると、五七日で寒熱は去り大方腫れは散ずる。もし、中分に毒気が残り痛めば、まず針を刺し血等出すとよい。四五日の内に寒熱が去り腫れは大方散ずる。もし、中分に毒気残り痛むなら、まず針を刺し血等出すとよい。四五日の内に必ず膿む。上が平らかでも色が付いたら押してみて、指の跡が一度に元のようなら膿んでいるので、針を刺して早く膿を抜き、その跡に栓をし、日に三度程栓を抜いて取り替える。杉原紙を引き裂き、その上に粉薬生白散*を捻りかけ、紙縒の先から薬をつけて差す。大方膿を抜いて後、青膏《せい》*等をつけ三日すると、針口は広がり肉は凹むので、その時癒膏薬をつける。膿が出てからは、十全内補散*黄芪人参湯*荊防敗毒散*チャン膏（＝白玉万能膏）赤膏《しゃく》*等がある。

〔鍼灸日用重宝記・五〕に腫物が長く癒えず漏となり膿汁が出るのには、付子を湯に浸し大きく片ぎ厚さ三分程にして瘡の上に敷き灸をする。二三日ずつ間を置いて五六度すると自ずから癒え肉は妙に上る。〔改補外科調宝記〕には腫物に灸針をする方として、濡れ紙を腫物の上に覆い、その佀乾く所を腫物の口と定め、しるし（標）をして蒜《にんにく》の後先を切り、真ん中を厚さ三分にし、腫物の口の上に置き灸をする。五壮ほどで蒜を取り替える。もし大きい腫物で頭が沢山あり一所になったのは、蒜を搗き爛らかして敷き広げ、その上に灸をし、焦げたら敷き替える。一切の癰疽が腫れて大変痛み或は痛まず、或は色が白か紫で腫れ上らず、膿もしないのには、多く灸すると腫物は散るか勢いは弱る。桑枝《そうし》灸《きゅう》*葱熨*の方等がある。風毒には灸は大いに悪い。〔世界万宝調法記・中〕に諸腫物薬として、鮒と山芋を等分に擂り爛らかし、腫物の頭の所を残して貼り付ける。薬の上には杉原紙を引き裂き蓋にする。〔丸散重宝記〕に、○諸腫物で死血があり、或は陰毒が内にあって痛み、或は怒気憂鬱すると大いに痛み、或は虚実寒熱するには遠志の末（粉）三戔に、酒一戔を温めてその上へ入れ、上澄みを呑み、糟は腫物につける。○一切の腫物（癰腫 悪瘡 脇疽 発背）には、善悪に拘わらず、麻仁を末（粉）してつける。〔里俗節用重宝記・上〕に、○腫物の膿を取る法は、瓢箪を口切り、中に絺《くずぬの》に火をつけ、腫物に覆い当てると吸い出す。○腫物の跡を艶よくする法は、胡粉を白蜜で練りつける、白姜蚕を粉にしてつける、野蒜を黒焼きにしてつける等の法がある。〔文政新刻俗家重宝集〕に、一切腫物の奇方として、菫を六月に採り陰干にして根を去り末（粉）して腫れた所へ水で練り付けると、そのまま散る。口が開かなければ中の所を少し残して廻りへつけると、締め寄せて口が開き治す。〔調法記・四十七ゟ五十七迄〕に、①「癰疔幷ニ万腫物治す伝」は、生の牛膝葉・柊の葉（各等分）に擂鉢でよく擂り、酢で溶きつけると実に奇妙、諸々の膏薬に勝る得易い薬である。焼明礬・桃仁（等分）を粉にして乳で溶きつけるのもよい。②「出来所悪く腫物を外へ移す伝」は、萆麻子油と甘草の粉を練り合せ、腫物には押薬につけ、寄せる所に鍼を浅く立て、鍼の口にこの薬をつけて置くと寄る。但し、色が付かない内に移す。〔調法記・全七十〕に「腫物押薬」として、犬山椒の若葉を陰干にして粉にし天南星三分の一を入れ酢で溶いて付ける。〔薬家秘伝妙方調法記〕に一切腫物抜薬として、瓢箪を酢に浸して飯粒糊（続飯）で丸じて差す等、癒え薬、押し薬、絞め薬、散らし薬、痛み止め薬等の薬方がある。

〈呪い〉〔増補咒咀調法記大全〕に、①「腫物に呑む符」。②「腫物の上に書く符」加持には薬師の呪を千遍唱える。③「腫物の口開けたき時呑む符」がある（〔新撰咒咀調法記大全〕には小異がある）。「腫物を治す呪ひ」は歌に「朝日さす夕日輝くからゆむぎ余所へ散らさで此処で枯らさん」と三遍詠み、次に念仏を四十八遍唱える。④の符を腫物の上に男は順に、女は逆に書くと治る（図243）。○諸腫禁好物は「鼻疽禁好物」「口舌好物」のように個別に立項した。

臑兪【じゅゆ】〈経絡要穴〉二穴。臑兪《じゅゆ》は横に肩窌《けんりょう》穴の後ろ、肩曲胛《けんきょくこう》の下臑骨の上にある。手の太陽陽維陽蹻三経の会。『銅人』を引き、針八分、灸三壮。臂痺れ、肩痛みを治す。〔鍼灸日用重宝記・二〕

修羅【しゅら】〔世話重宝記・五〕に、『仏経』は阿修羅と帝釈とが常に権を争うことがあるとし、俗に大石を引く車を修羅というのは、大石《たいしゃく》と帝釈と音が似て、阿修羅帝釈を動かすという意を取るものである。

修理宮城使【しゅりくじょうし】〔万民調宝記〕に修理宮城使《しゅりくじょうし》は宮内省*に属し、禁中内外の修理をする司である。

修理職【しゅりしき】〔万民調宝記〕に修理職《しゅりしき》は宮内省*に属し、内裏の修理造作をする奉行である。

図243 腫物の事

①「腫物に呑む符」（増補咒咀調法記大全）

②「腫物の上に書く符」（増補咒咀調法記大全）

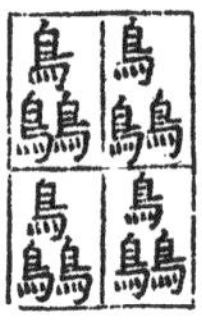

③「腫物の口開けたき時呑む符」（増補咒咀調法記大全）

④「腫物を治す呪」（増補咒咀調法記大全）

図244 「受領小折紙」（不断重法記大全）

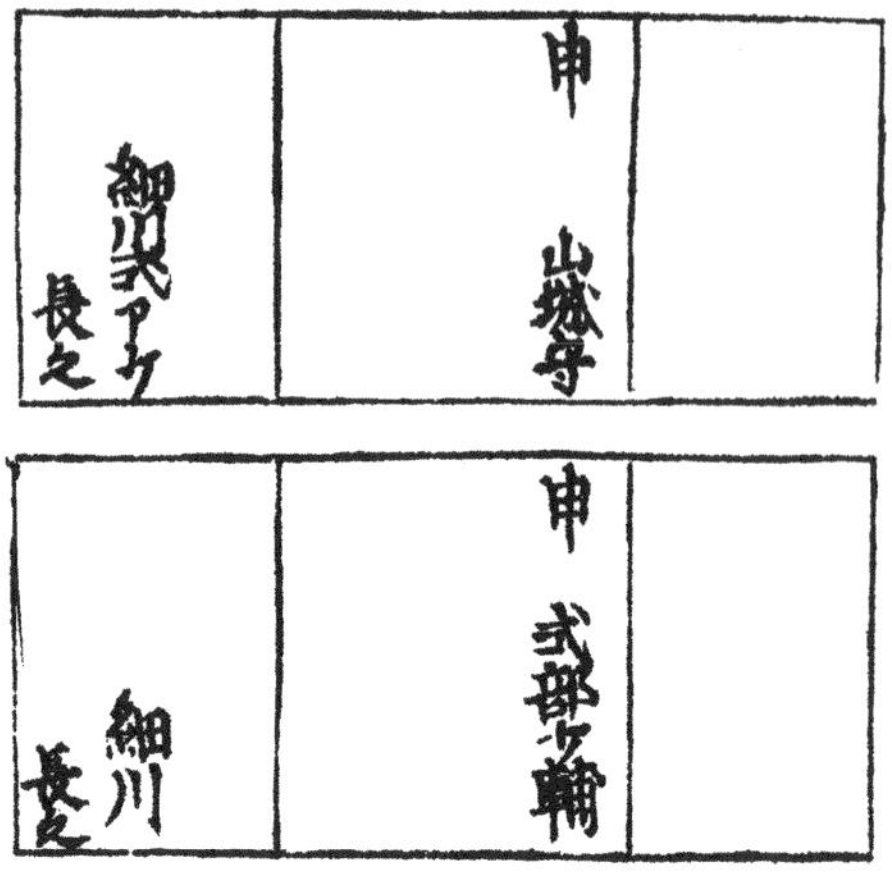

①

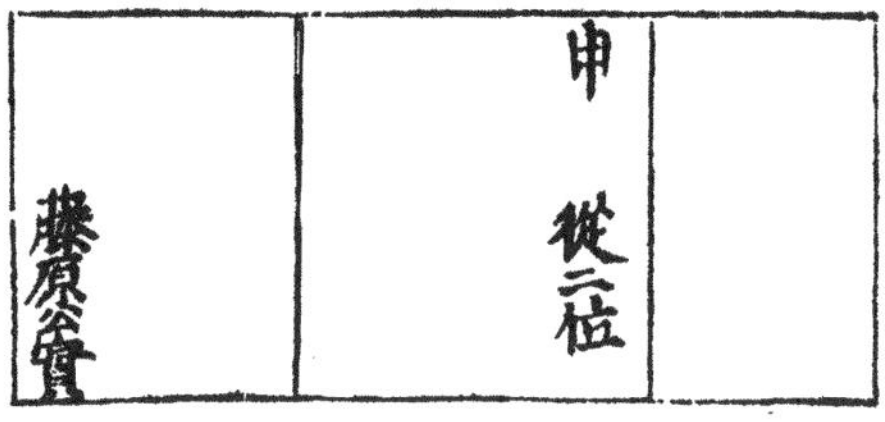

②

受領小折紙【じゅりょうこおりかみ】〔不断重法記大全〕に口伝に言うとして、武家 官位等を申し上ぐる時は図版（図244）のように調え、無冠の人が申し上ぐる時は烏帽子名を書かず、名氏名乗ばかりを調える。図①。図②は公家方小折紙の体で、家々によって大方の家法があるが大体である。「調 献上致され候」と見える。

椶櫚【しゅろ】〔万物絵本大全調法記・下〕に「椶櫚 しうろ／しゅろ」。〔椶櫚皮〕〔薬種重宝記・下〕に和木、「椶櫚皮 しゅろひ／しゅろ。黒焼きにして用ゆ」る。〔紋絵重宝記・下〕に「しゅろふからくさ」の意匠がある。

手炉【しゅろ】〔万物絵本大全調法記・上〕に「手炉 しゅろ／えがうろ」。手炉は手あぶり火鉢。

棕梠竹 浜木綿等【しゅろうちく はまゆうなど】 植替。〔享保四年大雑書・草木植替重宝記〕に棕梠竹 浜木綿 唐桐 茶蘭等の植え替えは、十月より内に入れば十八夜を過ぎて出し、植え替えてよい。

棕櫚箒長く持つ伝【しゅろぼうきながくもつでん】〔日用調法人家必用〕に「棕櫚箒久しく保つ伝」は、最初から中程を細い棕櫚縄で編んで使うと、毛は凝らず、また塩水を吹き掛けて使うと切れは遅い。値段の安いのを用いると損であり、二匁以上のがよい。

循【じゅん】 十四の鍼法の一*。〔鍼灸重宝記綱目〕に循《じゅん》は、針を部分経絡の処に下し、手で循《さす》り、気血を往来させる。『経』に曰くとして、これを推す時は行き、引く時は止まる。

準【じゅん】〔万物絵本大全調法記・上〕に「準 じゅん／さげすみ。垂準也」。〔古今増補算法重宝記改正・下〕に準は平生を知る、とある。

春夏秋冬の説【しゅんかしゅうとうのせつ】 はる（春）*なつ（夏）*あき（秋）*ふゆ（冬）*を見る。

笋羹【じゅんかん】 煮方仕様。〔諸人重宝記・四〕に笋羹《じゅんかん》は竹の子を湯煮し

て色々に切り、鮑 小鳥 蒲鉾 砡珧《たいらき》 玉子 麩焼 蕨 相良布を取り合せ、出汁溜りで煮る。また竹の子の節を抜き、蒲鉾を中へ入れてもよい。

潤肌奇香油【じゅんききこうゆ】〔洛中洛外売薬重宝記・上〕に潤肌奇香油は三軒にある。①江州日野 法橋佐治宗甫。取り次は、三条松木町東 仲や治兵へ。一切の腫物、疔の類によい。②麩屋丁竹屋町下ル 香具屋嘉香兵へ。癜《なまず》、一切の吹出物によい。③五条通東洞院東へ入丁 万屋治郎兵衛。取り次は、小川通三条下ル丁 分銅や市兵へ、松原通東洞院東へ入吉文字や弥右衛門、七条通新町東へ入 絹川屋平四郎、東寺四ツ塚 餅や平七、五条橋下平井町 本屋庄吉等十軒がある。諸々の腫物、疔の類によい。

春菊【しゅんぎく】〔万物絵本大全調法記・下〕に「春菊 しゅんぎく／かうらいぎく」。〈草花作り様〉〔昼夜重宝記・安永七〕に高麗菊の花は黄色、又は端白《はししろ》である。土は肥土・真土・砂を交ぜ、肥しは馬糞を干し粉にして根廻りへ散らす。分植は種を採り、春より毎月蒔くと、順々に花が咲く。古根も三年程ある。〔料理調法集・口伝之部〕には春菊の類を菊菜という。〔紋絵重宝記・下〕に「しゅんきく」に花葉の意匠がある。

潤肌膏【じゅんきこう】〔改補外科調宝記〕に潤肌膏は、頭瘡* 禿瘡（白禿＝しらくも*）の薬。胡麻油（四両）、当帰（五匁）、紫蘇（一匁）を刻み煎じ、薬が乾けば絹で濾し渣を去り、油を再び煎じ 黄蠟（五匁）を入れて練り交ぜ、よく冷えてから用いる。又方、木油（二両）、肥皂肉（八匁）を煎じ、肥皂を取り出し、油ばかり冷ましてつける。

潤気調血湯【じゅんきちょうけつとう】〔洛中洛外売薬重宝記・上〕に「潤気調血湯 ふりだし」は、大坂心斎橋南二丁目／（京）車や丁押小路上ル丁白井福網にある。第一に気上り、積、痞え腹の痛みによい。

順気和中湯【じゅんきわちゅうさん】〔医道重宝記〕に順気和中湯は、嘔吐 反胃 鰽雑《むねやけ》 呑酸《すだく》 噫気《おくび》 噎膈等を治す。陳皮・香付子・山梔子（各一匁）、白朮・茯苓・半夏（各七分）、黄連・神麹（各六分）、枳実（五分）、縮砂・甘草（各三分）に生姜を入れて煎じ、竹瀝*と生姜汁を加える。宿食 痰火のものを治す。血が液《うるお》い乾き、脾胃の虚するものには禁ずる。「順和湯《じゅんわとう》」参照

潤下丸【じゅんげがん】〔丸散重宝記〕に潤下丸は、湿痰 気痰によい。気痰が喘をなし呼吸の急なものに、或は霍乱 吐瀉して痰が甚だしく 湿痰が上へのぼり眩暈をなすものによい。調合は、陳皮（二斤 塩湯で洗う）、甘草（二十戔）を糊で丸ずる。

順血湯【じゅんけつとう】〔薬種日用重宝記授〕に「人参順血湯」は、当帰・芎薬・茯苓（各大）、川芎・黄芩・白朮・生地黄・川骨・人参・桔梗・陳皮・黄芪（各中）、木香・肉桂・紫蘇・黄連・郎姜・甘草・大黄（各小）、丁子・紅花（小々）。

春三【しゅんさん】「春三《しゅんさん》夏六《かろく》秋二《しゅうに》無冬《むとう》」の下略。〔色道重宝記〕に「春三は三ツ、夏六は六ツにて、秋に二ツに、無冬なし、なり」とある。春は三日に一度、夏は六日に一度、秋は二日に一度、冬は全く禁止（無制限の説もある）を性交の度数とする。尚、「秋二」は「秋一」とする書が多い。是は、魚の塩加減に出るという説もある。「男女の交会の事」参照

准三宮【じゅんさんぐう】〔万民調宝記〕に准三宮《じゅんさんぐう》は大臣官位を至極して、これを給う。

荀子【じゅんし】〔日用重宝記・一〕に荀子は、名は況衆、人は尊んで況卿と称する。斉 楚に仕え、濁世の政を見て、書 数万言を著わす。孟子より後の人である。

俊成【しゅんぜい】〔麗玉百人一首吾妻錦〕に藤原俊成卿は、五条三位と号する。正三位権中納言俊忠卿の男。歌道を俊頼朝臣に学ぶ。歌道の奥儀を悉く極めて二条 冷泉両家の元祖となる。勅を受けて『千載和歌集』を選ぶ。定家*は我が子ながら骨髄を得ている、愚老は漸く和歌の皮肉を得

たのみと、常に感じたという。定家とともに近代の歌聖とする。元久元年（一二〇四）十一月三十日、九十一歳で没。

潤燥湯【じゅんそうとう】〔医道療治重宝記〕に潤燥湯は大便閉結して不通を治す。桃仁・紅花・升麻・大黄・麻仁・甘草・当帰（各一匁）、生地黄・熟地黄（各五分）を煎じ、檳榔の末（粉）五分を調え、食前に服す。一方に、紅花・升麻に替えて杏仁・厚朴・黄芩を加える。症により加減がある。発熱には柴胡を、腹痛には木香を、血虚枯燥には当帰・熟地黄・桃仁・紅花を、風燥で閉せば羌活・皂莢を、色虚して閉せば人参・郁李仁を、気実して閉せば檳榔・木香を、痰火で閉せば瓜蔞・竹瀝*をそれぞれ加える。老人には、当帰・熟地黄・生地黄を倍し、人参・麦門冬・郁李仁を加え、桃仁を用いる。産婦には桃仁を去り、当帰・熟地黄を倍し、人参を加える等の加減がある。

順泰丸【じゅんたいがん】〔洛中洛外売薬重宝記・上〕に「順泰丸」は、山科京花山村 千田玄治にある。第一に痞えで胸消え差し込み痛むのによい。むしずが出るのに、また胸の痛むのによい。その他、腹一切何でもよい。

潤腸丸【じゅんちょうがん】〔丸散重宝記〕に潤腸丸は、気秘 実秘ともによい。腸胃を潤し、大便を通ずる。大黄（十匁）、肉桂（一匁）を蜜で丸ずる。

潤肺円【じゅんぱいえん】〔懐中調宝記・牛村氏写本〕に潤肺円は、痰 咳 声を発《だ》す妙薬である。桔梗・薄荷（各十匁）、烏梅（五匁）、甘草（三匁）を末（粉）にし、蜜で練り白湯で用いる。一橋殿御医師石川玄常の家法である。

潤膚錬【じゅんふれん】〔洛中洛外売薬重宝記・上〕に潤膚錬は、大坂伏見堀かごや町筋 加嶋氏にある。半貝二十四文。第一に極寒 風の激しいのに塗ってよい。あかぎれ（皸）、霜腫、ひびによい。

春分【しゅんぶん】二十四節*の一。〔重宝記永代鏡〕に次がある。二月中、昼五十刻余 夜四十九刻半余。春分は昼夜長短なく 陰陽平等である。玄鳥（燕）至るとは、この鳥は陰鳥であるが陽気を慕い北より南へ渡るのをいう。雷の発声は、冬の老陰の気が猶残り少陽の気と空中で相戦うのである。一般に、物種を下ろすには寒温の境の春分の節をよいとし、日輪は天の中道を行き昼夜等分、春を分つ最中《もなか》、等の説明がある。〈耕作〉〔新撰農家重宝記・初編〕に、新暦では三月二十一日。唐茄子 蓼 牛房 胡瓜 夕顔 真桑瓜 西瓜を蒔いてよい。○薩摩芋の種をする。○麦 菜種の中打ちをする。麦の肥しはこの節で止める。○桑の結い立てを解き 肥しをする。○新暦二十五六日頃から苣や薬人参を蒔く。山葵 百合を植える。○薩摩芋苗を地へ植える。蒟蒻芋や長芋を植えてよい。○桐の実を蒔いてよい。「秋分」「彼岸」参照

春蘭【しゅんらん】草花作り様。春蘭の花は白、赤があり、三月に咲く。土は赤土に白砂を交ぜてよい。肥しは蘭*に同じ。分植は秋にする。〔昼夜重宝記・安永七〕

順和湯【じゅんわとう】〔医道療治重宝記〕に順和湯は、嘔吐 反胃 鱛雑 呑酸 痞悶 噫気《おくび》 噎膈 心腹刺し痛み 悪心 痰水を吐くのを治す。陳皮（塩）・香付子・山梔子（各一匁）、白朮（八分）、茯苓・半夏（各七分）、黄連・神麹（各六分）、枳実（五分）、縮砂（三分）、甘草（二分）に生姜を入れ、長流水て煎じ、生姜汁・童便を入れ、竹瀝*を加え温服する。症状により加減がある。「順気和中湯」参照

叙【じょ】〔男重宝記・一〕に、位に昇るを叙という。官に昇るを任ずという。位には昇りやすく、官には昇り難い。

除【じょ】算盤の用字。〔算学調法塵劫記〕に二桁以上で割ることを除《じょ》という。「之を除く」「帰除」ともいう。「帰《き》」参照

黍【しょ】「はかり（秤）の事」の内「衡数 こうすう／はかりめ」ヲ見ル

止余【じよ】「あまり（余）」ニ同ジ

暑中り死【しょあたりし】〔改補外科調宝記〕に暑に中《あた》り死には、温湯で胸腹

を熨《の》し、また洗う。もし路《みち》で急な時は、熱い土を臍の中へ入れて、人にその上へ小便をさせる。甦った時は水を用いてはならない。冷すと、また死ぬ。〈暑気中り〉〔新撰咒咀調法記大全〕に暑気に中らぬ咒は、炎天に道を行く時は艾葉を臍の中へ入れ、その上を下帯で締めて歩くとよい。暑に中らず、霍乱*等の憂いがなくなる。寒中にもよい。〔胡椒一味重宝記〕に暑気中りには、胡椒を酢で炒り煎じて用いるとよい。〔万まじない調宝記〕に夏の旅には、蓼《たで》の葉を一枚口に含み噛んでいると、暑を払うという。

暑当りの薬【しょあたりのくすり】 牛療治薬。〔昼夜調法記・正徳四〕に牛の暑中《あた》りには、漿水*（一升）に塩（一両）を交ぜて飲ませると癒える。〔昼夜重宝記・安永七〕に牛が暑に当り病むのを治す薬は、漿水*・酒（各一升）、塩（一両）、葱（一口切り細切り）を相和して飲ますと癒える。

助胃膏【じょいこう】〔小児療治調法記〕に助胃膏は、小児の脾胃が虚弱で吐瀉が止まず、飲食を思わず久しく瀉し、虚寒を治す。人参・白朮・茯苓・炙甘（各二匁半）、丁香・肉桂・藿香（各三匁）、白豆蔲・木香・山薬・陳皮（各五匁）、肉豆蔲（二箇）、砂仁（二十箇）を末（粉）し、練蜜で弾子の大きさに丸じ、毎服一丸を米湯《めしゆ》で用いる。

初一二一不同【しょいちにいちふどう】 歌学用語。歌の病。*〔男重宝記・二〕に初一二一不同は、一の句の第一字と、二の句の第一字と、同じ仮名を嫌う。

しょいっこくし【しょいっこくし】 片言。「しよ一国師は、聖《せう》一国師」である。〔不断重宝記大全〕

升【しょう】 合薬秤量。〔医道重宝記〕に、一升は十合である。古方の一升は、今（江戸時代）の二合半である。

抄【しょう】 糧の単位。*〔算学調法塵劫記〕に抄《せう》は、十圭《けい》*をいう。一勺の十分の一。

勝【しょう】 十字の秘術*の一。〔増補咒咀調法記大全〕に公事沙汰、市《いち》町《まち》の売買、勝負の時、左の手に「勝」の字を書いて、日月*の二字を合せて念じて勝つことをいう。

頌【しょう】「りくぎ（六義）」ヲ見ル

殤【しょう】〔大増補万代重宝記〕にまだ成人に達しない人の死を「殤《しょう》」という。○年十六歳から十九歳に至る死を「長殤」という。○十二歳から十五歳に至る死を「中殤」という。○八歳から十一歳に至る死を「下殤」という。○七歳から以下は「無服の殤」となし、生れて三月にならないのは「殤」としない。七歳より以下未満とて遠慮三日。

衡【しょう】「はかり（秤）の事」の「衡数こうすう／はかりめ」ヲ見ル

至陽【しよう】〈経絡要穴 肩背部〉一穴。〔医道重宝記〕には、至陽は第七の椎の下、八の椎の上にある。熱病、瘧の汗が出ず、腰・背骨痛み、胃が寒じ不食を治す。針は五分。灸は一日に三壮。〈灸穴要歌〉〔永代調法記宝庫・三〕に「手も足も重く少気に物喰はず背《せなか》強《こわ》ばらば至陽なるべし」、七壮する。〔鍼灸日用重宝記・三〕には諸書の処置を引用している。

じょう【じょう】 四分《しぶん》*の一。〔男重宝記・一〕に「ゼウは判官とて、官の役目をカミ、スケより分けて、ゼウこれをつとむ」とある。八省は「丞」、諸寮は「允」、諸職は「(大小)進」、諸司は「佑」、衛府は「尉」、諸国は「掾」と、それぞれに「じょう」の文字遣が異なる。

丈【じょう】 長さの単位。〔古今増補算法重宝記改成・上〕に丈は、尺*の十倍である。〈絹布の数の単位〉〔永代調法記宝庫・首〕には尺の十倍、端《たん》*の十分の一とある。

乗【じょう】 算盤の用字。〔算学調法塵劫記〕に、二桁以上の法*を掛けることをいう。「相乗」「之を乗ず」ともいう。「因《いん》」参照

常【じょう】 度数。〔算学調法塵劫記〕に常《じょう》は、二尋《じん》*をいう。一丈六尺である。

縄【じょう】〔万物絵本大全調法記・上〕に「縄 ぢう／すみつぼ。墨斗也」。〔古今増補算法重宝記改正・下〕に、縄は端直を知る。

穣【じょう】　大数*の単位。〔改算重宝記〕に、万万秄《ちょ》を穣という。十穣、百穣、千穣。〔算学調法塵劫記〕には「壌」を穣」とするものは誤りとし、「壌」が通行とする。

じよう【じょう】　片言。「自由《じゆう》を、じよう」という。〔世話重宝記・五〕

生あるもの物の見えないのを知る事【しょうあるもののみえないのをしること】〔増補咒咀調法記大全〕に「生《しやう》ある物見えざるを知る事」として次がある。何でも生ある物が見えなくなった時から三ツ目の時の方へ行くと知る。納まる所は九ツめと知る。例えば、子（零時）の時より三ツ目は寅（東々北）の方へ行くと知り、子の時から九ツ目は申（西々南）が納まる所である。

常安町薬師【じょうあんちょうやくし】　大坂願所。常安裏町玉江橋南詰東角 薬師如来は、霊験著しく諸願成就がある。中でも難病の立願は忽ち平愈する。御礼には絵馬なりとも、或は土器《かわらけ》なりとも繋いで奉納する。〔願懸重宝記・初篇〕

正一位五牛大明神【しょういちいごぎゅうだいみょうじん】　大坂願所。中の嶋常安町田辺屋橋の西 阿州徳島侯の御蔵屋敷内鎮守の稲荷榎の社 正一位五牛大明神へ土細工の牛を捧げて、小児の瘡《くさ》を平癒なされよと立願を込めると、どんな瘡毒《そうどく》でも忽ち治る。御礼参にも土の牛、牛の絵馬なりとも奉納する。その余の腫物は図（図245）のような姿を画き榎へ貼って置くと、日ならず平癒する。御礼には絵馬を奉納する。〔願懸重宝記・初〕

図245「正一位五牛大明神奉納図」（願懸重宝記）

正一位鷺大明神【しょういちいさぎだみょうじん】　大坂願所。土佐堀白子町雲州松江侯の御蔵屋敷内鎮守の稲荷の社 正一位鷺大明神は、小児の疱瘡を軽くすると言い、諸人参詣して立願を込め、神前に奉納の竹の皮笠を乞い受けて持って帰り、随分清浄な所に置いて毎朝信心し拝すると、その家の小児は疱瘡を軽くし、例え出ものが多くても身命に恙なく、疑ってはならない。疱瘡の神を祭る時、竹の皮笠も一所に祭り神酒 洗米 灯明を備え、神をくり済んで後右の笠と同じ様な笠を求め、図版のように名と年齢を書き記して奉納する（図246）。また神前に奉納の小児持遊びの太鼓を請けて帰り、笠同様に祭って後、又新しく太鼓を奉納する者もいる。疱瘡は小児の大切なので、この立願を平常記憶しておくと自他の為になる。〔願懸重宝記・初〕

図246「正一位鷺大明神奉納図」（願懸重宝記）

祥雲麩【しょううんふ】　〔料理調法集・麩之部〕に祥雲麩《しょううんふ》は、よい麩を水に醤油を少し塩梅して久しく煮、箸で挟み切る程にして上げて置く。次に油で揚げ、色が付いた時取り上げ、藁か杉の葉を敷いて置き、氷塩、花塩の類を置き合せて出す。

正営【しょうえい】　〈経絡要穴 頭面部〉二穴。正営《しょうえい》は目窓の後ろ一寸にある。針三分。灸五壮。目眩い、頭 項《うなじ》片々痛み、歯齦の痛むのによい。〔鍼

灸重宝記綱目〕

貞永式目【じょうえいしきもく】「御成敗式目」ヲ見ル

瘴疫牛【しょうえきぎゅう】「牛瘴《ぎゅうしょう》の事」参照

生臙脂の具【しょうえんじのぐ】 絵具製法 礬砂の加減。〔万物絵本大全調法記・上〕に生臙脂の製法は、胡粉*の加減に似た物とあり、また熱い湯へ絞り出して使う。原料は、蛤粉に蘇木の煎じ湯を加える。『日葡辞書』に「Xǒyenji.（シナの純粋な深紅色）」とある。

消黄散【しょうおうさん】〔牛療治調法記〕に消黄散は、知母・貝母・黄芩・大黄・甘草・荊芥・枝子・茋蔞・川芎・牙硝・白礬・朴硝・蛇退（蛇の抜け殻）を末（粉）し、毎服二両に、蜜水二升で調え潅ぐ。水草が通ぜず、また大屎が乾き通じないのは蝋烙散*がよい。結喉を患う時は人を見て驚き、喘息は鋸を挽くようで口中に水を流す。秋季にこの症が多く、消黄散を用いる。

生姜【しょうが】〔万物絵本大全調法記・下〕に「薑 きやう／くれの。又はじかみ。春」。〔薬種重宝記・下〕に和菜、「生薑（しやう）きやう／しやうが／はじかみ。洗ひ、慢火に炮す」「生姜皮 はじかみのかは。少し炒る」。〈薬性〉〔医道重宝記〕に生 姜《しやうきやう》は温で毒なく、風寒を除き、嘔《えずき》を止め、咳を治し、痰を去り、胃を開き、毒を消す。〔万用重宝記〕は生姜の汁は野芋の毒を消す。

〈料理〉〔里俗節用重宝記・上〕に生姜の黴びない塩漬け法は、梅酢に漬け、辛子を少し絹布に包み底に入れて置くとよい。〈食合せ〉〔永代調法記宝庫・四〕に薑《はじかみ》は上気を下し、過ぎると気を破り、智恵も減る。九月に食うと目を悪くし、気を動かす。夜は食わない。『同・四』には生姜と兎を食い合わすと霍乱*を起こす。〔女重宝記・二〕は生姜 山葵を食うと肌理《きめ》が悪くなる。〔里俗節用重宝記・上〕には秋後の茄子、八九月の生姜は食うなとあり、また唐辛子の三品を多食すると目を損なう。〔料理調法集・当流献方食物禁戒条々〕には生姜は一切の魚毒を去るが、食い合わす時は毒となることが多く、よく考えよとある。〔女重宝記・三〕には懐妊中に薑を食うと指の多い子を産むとある。

少海【しょうかい】〈経絡要穴 肘手部〉二穴。少海《しょうかい》は肘を屈めて横筋の下はずれ、小指の通りにある。横筋の上の尖りは曲池、下の尖りは少海である。針は二三分、留まること三呼、瀉は五吸。禁灸。歯疼み、項《うなじ》・肘《ひじ》引き攣り、脇の下痛み、手足上らず、目眩 発狂 嘔吐 脳風 頭痛 心痛 吃逆瘰癧等を治す。〔鍼灸重宝記綱目〕

昭海【しょうかい】〈経絡要穴 腿脚部〉二穴。昭海《しょうかい》は足の内踝の前の下一寸にある。針三分。灸三壮か七壮。瘧、疝気、手足に力がなく、陰湿り痒く、月水の調わないのを治す。〔鍼灸重宝記綱目〕

城郭【じょうかく】〔武家重宝記・一〕に城郭は、うちを城といい、外構《ほかかまえ》を郭という。

生姜酒【しょうがざけ】〔料理調法集・料理酒之部〕に生姜酒は、生姜を卸し味噌を少し摺り交ぜ、煎って酒を入れる。味噌を入れず生姜だけでもよい。味噌だけを煎り、酒を入れないものを味噌酒という。

正月【しょうがつ】〈名目由来〉〔年中重宝記・一〕に次がある。一年十二ケ月の初月を一月《いちがつ》と言わず正月《しょうがつ》と言うのは、一年中の始めの月なので「王者正に居る」の意をとり、唐虞の代より起る。初月を正月とすることは、四方に各々三支があり、春は東の方 寅卯辰にあり 寅の月を年の始めとし、又北斗の月建を見て正月を定め、夏《か》の世には斗柄《とへい》寅《とら》により寅の月を正月とする。殷の世に丑に月建をもって丑を正月とするのは今の十二月である。周の世に子に月建をもって子を正月とするのは今の十一月である。我が国は夏の世にしたがい寅の月を正月とする。正月と名付るのは秦の始皇帝は寅月の誕生で、この月をもって専ら政道を行うので「政月《しょうがつ》」といい、政の旁の「文」はかざりゆえ正に改めた（『埃嚢抄』）。

睦月《むつき》というのは貴賤皆睦まじく行き来するので「むつび月」というのを省略した（『奥儀抄』）。〈異名〉〈改正増補字尽重宝記綱目〉を中心に他の重宝記からも集成すると凡そ以下の通り。正月《むつき》 歳首 歳始 新暦 新正 始和《しか》 元会 立春 王（玉）春 発春 新春 上春 首春 芳春 献春 開春 規春 春王 春浅 開端 甫年 甫月 端月《たんげつ》 解凍 睦月（ぼくげつ／むつき／むつみづき／むつまじづき）孟陬 孟陽 孟春 初陽 三陽 三元 肇年《ちょうねん》 夷鐘《いしょう》 条風 蓂朔 青達 青陽 陬月 娵訾《すうし》 大《たい》（太）簇《ぞく》 端陽 雨水 初空月《はつぞらづき》 初春月 花晨 太郎月《たろうづき》 霞初月《かすみぞめつき》 子日月《ねのびつき》 早《さ》緑《みどり》月 暮新月。〈一字異名〉陬（むつき当日）。

〈禁食〉〈料理調法集・食物禁戒条々〉に「正月禁条々」は蓼 生葱 梨子 鮒の頭 鼠茸 韮がある。〈年中養生〉〈懐中重宝記・弘化五〉等に次がある。○正月元朝 九ツ半（午前一時頃）に小豆を七粒男女共に呑むと吉。○山椒酒を呑むと吉。○寅（午前四時）の時屠蘇酒*を呑むと吉。○寅の時自分の小便で腋臭を洗うと必ず治る。○七日 小豆を男は七粒、女は十四粒呑むと年寄る迄無病である。○八日 浴すると災いを逃る。○十日 柚子湯を浴びると歯が固くなる。○甲《きのえ》子の日、白髪を抜くと髭鬢は白くならない。「正月年玉」は「音信物」ヲ見ル

正月生れ吉凶【しょうがつうまれきっきょう】〈大増補万代重宝記〉に正月生れの人は、前生で仏に香花を供養し、また縊死の人を助けたために今世で天道より福徳を下し、身上は繁盛し必ず名を顕すことがある。夫婦の縁は初めは変り、後の縁が定まる。但し、惣領の子は力になり難い。〈女用智恵鑑宝織〉に正月生れの女は他にも、前記の夫のことを記し、もし手掛狂いをしても悋気するのは悪く、全て堪忍して大事にすれば、自然と幸いがある。後は何事も思う侭である。

正月の元旦【しょうがつのがんたん】 重言。「正月の元旦」は、重言*で拙い。〈不断重宝記大全〉

消渇の事【しょうかつのこと】〈医道重宝記〉に「消渇 せうかつ／かはきのやまい」とあり、○上消は、邪熱が肺を燥かし多く水を飲み食少なく大小便は常のようである。○中消は、胃熱し脾陰虚し飲食ともに多く小便は赤い。○下消は、腎虚し水燥き多く水を飲み小便は膏《あぶら》のようで渋る。脈は実で堅大なのはよく、細で浮短なのは悪い。黄連地黄湯*八味丸（地黄丸）*を用いる。〈鍼灸重宝記綱目〉に水溝 金津 曲池 太沖 行間 商丘 然谷 隠白等十一点がある。灸は腎兪 中膂 意舎 小腸 膀胱 関元。針は中膂 意舎 照海 曲池 曲骨。〈薬〉〈妙薬調方記〉には淋病*や消渇なら、蜂の巣に西瓜の種を煎じて飲む。〈呪い〉〈増補呪咀調法記大全〉には「消《せう》渇《かち》之病の符」がある（図247）。〈諸民秘伝重宝記〉に消渇を治す方は女鹿の皮を布団の下に敷いて寝ると治る。〈消渇食物宜禁〉〈世界万宝調法記・下〉に「宜い物」は粟 大麦 葛 馬莧 蒟蒻 飴 山芋 笋 蜜柑 枸杞 芹 韮 莇 牛蒡 大豆 田螺 蛎 鯉。「禁物」は糯 御米 枇杷 楊梅 梨 胡椒 桃 柘榴 胡瓜 姜 胡瓜 麵類 蕨 蕎麦 酒 鮓 鱠 鮒 蛸 鮎 鯛 鰍 鱒 鯖。「奮い気の薬」参照

図247 「消渇之病の符」（増補呪咀調法記大全）

正月八が日の名【しょうがつはちがにちのな】〈重宝記・宝永元序刊〉に、漢の東方朔の占書を引いて次がある。朔日は鶏の日。二日は猪の日。三日は羊の日。四日は狗の日。五日は牛の日。六日は馬の日。七日は人の日（人日*）。八日は穀の日。この八日の内、その日がよければよく、悪ければ悪く不出来という。但し、二日を狗、四日を猪とする書もあり、異同については「人日《じんじつ》」参照

生家日【しょうかにち】 日取吉凶。〈重宝記永代鏡〉に生家日《しょうかにち》は、商い始め、店開き、また家造り造作に吉。正月は亥の日。二月は子の日。三月は丑

の日。以下、順に従う。

城が端【じょうがはな】〔絹布重宝記〕に加賀国の城が端という所から出る絹をいう。至って麁品《そまつ》である。小紋類に用いるとよい。一疋代二十目。京の絹局《ごふくや》（呉服屋）は城賀《じょうが》と呼び、色絵の蒔絵 硯蓋 広蓋類を出す。城端蒔絵という。麁品であるが風流なもので、また愛すべき物である。

小寒【しょうかん】二十四節*の一。〔重宝記永代鏡〕に十二月節。昼四十刻半 夜五十九刻。小寒は、十二月節 地下に二陽生じ、老陰迫り寒気激しく、大寒の前なので小寒といい、愈々寒くなる。雁北に嚮《むか》う、鵲《かささぎ》始めて巣《すく》う。〈耕作〉〔新撰農家重宝記・初編〕に新暦では一月六日。○この日より桑 果物など諸木に肥しをする。一月迄に二三度する。○葡萄の蔓を剪る。○寒中に積んだ土肥は作物に虫が少ない。○寒中の雪水を貯えて置き、全ての種物を漬ける。

傷寒【しょうかん】〔医道重宝記〕に、○冬の寒気に破られ病むのは、正《しょう》傷寒である。○寒が肌肉の間に隠れ伏し春に発するのを温病《おんびょう》といい、○夏に変じて熱病となり、汗の出ないのを傷寒とし、汗の出るのを傷風という。○感冒は風寒の浅いのをいい、全て風邪を引いたという。熱が盛んで脈の浮大なのは吉、沈小なのは凶、既に汗があり脈の沈小なのは吉、浮大は凶。香蘇散* 参蘇飲* 人参敗毒散* 八解散* 九味羌活湯* 升陽発表湯* 升麻葛根湯*等を用いる。〔鍼灸日用重宝記・四〕に、冬甚だ寒い時 房事を過ごして正気を失い、表（熱発 悪寒 身体疼痛 脈浮の症）裏（悪寒せず熱発 汗多く 脈弦沈の症）虚して、寒毒が皮膚に入り 栄衛（血液と生気）に伝い、壮強の人は患わず、繊弱な人は寒毒が着いて病となる。冬中に病むのを傷寒といい、寒毒が骨肉の中に隠れ春の温気と戦い病むのを温病《うんびょう》といい、夏の熱に戦い病むのを熱病といい、医者は全てこれを傷寒という。○傷寒に六経の転変がある。○一日には、足の大陽 膀胱の経にある〔鍼灸重宝記綱目〕にも同趣の解説がありその診療例。頭痛 悪寒 発熱 身の痛む者は、発散する。以下、同）。○二三日には、足の陽明 胃の経にある（目が疼み鼻が乾き眠られないのは解肌する。以上病は表にあり、汗する）。○三四日には、足の少陽 胆の経にある（耳聾 脇痛み 嘔《えずき》して口苦く 寒熱往来し半表半裏にあり、和解〔熱冷し〕する。汗し 吐かし 泄すを忌む）。○四五日には、足の大陰 脾の経にある。○五六日には、足の少陰 腎の経ににある（脈沈 咽乾き 腹満ち 腹泄る。これより裏にに入るとする）。○六七日には、足の厥陰 肝の経にある（口噤み 舌乾き 口渇き 譫語《たわごと》する。手足が冷え煩躁すれば厥陰兪に灸をする）。○七八日には、煩れ満ち 囊《ふぐり》縮まり 脈沈濇は病は足の厥陰にあり、皆下す。熱が冷め 胸脇満ち 譫語は期門に針をし、甘草 芍薬を用いる。もし癒えなければ隠白に針をする。○八日で治らないと、また再伝する。〔鍼灸重宝記綱目〕には次がある。○風邪を避けるには、まず風池 風府に針して桂枝湯 葛根湯を用いる。○汗が出なければ合刻 後谿 陽池 励兌 解谿 風池に、○身熱し喘は三間に、○余熱の尽きぬのは曲池に、○陽明の病 下血 譫語 頭汗は期門に刺《はりさ》す。○太陽 少陽の幷病は 肺兪 肝兪に、頭痛は大椎に、冒悶して結胸のようなのは大椎 肺兪 肝兪に刺す。○煩れ満ち 汗が出なければ風池 本門に取る。汗が出て寒熱すれば五処 攢竹 上脘を取る。○胸煩れよく吐《えずき》すれば、巨関 商丘に取る。○吐《あ》げ 泄《くだ》し 掌《てのひら》 熱し 脈が至らなければ少陰 太谿に灸する。○嘔吐は、病は半表半裏にあり、厥陰に灸五十壮をする。○吃逆 胸脇満ち 譫語を言うのには、期門に刺す。○小腹《ほがみ》満ち腹痛めば、委中 奪命の穴に刺す。○腹痛み 冷え結《かたま》り 久しくして気胸に沖《い》きて死んだら、委中に刺す。○陰証 小便通ぜず、陰囊縮り入り 小腹《ほがみ》痛んで死にそうなのには、石門に灸する。○少陰膿血を下すには、少陰 太谿に灸する。○結胸は胸満ち 堅く痛み、期門 肺兪に刺す。○熱病に汗が出 なければ、商陽 合谷 陽谷 俠谿 厲兌 労宮 腕骨に刺す。○熱病で熱が度なく止まなければ、陥谷に刺す。〈熱〉〔小児療治調法記〕に、○傷寒の熱は、手足が少し冷え、発熱悪寒

し汗なく、顔色青く憂い伸びやかでなく、左の額に青い紋があり、○傷風の熱は手足が少し温かく汗があり、顔赤く光《ひかり》がある。〈経験方〉〔丸散重宝記〕は、○傷寒で汗が下って後、陽毒が散らず咽が痛み初班が出るのには、玄参・升麻・甘草（各等分）を煎じて服する。○傷寒の労復といい、或は癒えてそのまま房事を犯し、或は食を過す等して再発し、大熱して悶乱 既に死にそうなのには、紫の生姜・豆豉《ずし》（＝豆腐）（各等分）を煎じて服する。〔万まじない調宝記〕は根深（葱）の白根二十本を煎じて呑み、後も煮て食うとよい。〔調法記・四十ち〕に傷寒の熱が沈み難しい時、熱を浮かす妙薬は糸瓜の水を茶碗で一杯温めて飲ます。

〈呪い〉〔万用重宝記〕に傷寒には、辰砂を少し振り掛けると奇妙である。

〈傷寒食物宜禁〉〔世界万宝調法記・下〕に「宜い物」は海月 牛房 青海苔 和布 昆布 野老 赤小豆 大麦 炒海鼠《いりこ》 海鼠腸《このわた》 蘿蔔《だいこん》 枸杞 生姜 干梅 烏賊 鮑魚 雁 葱 芹 藕 葛 梨。「禁物」は小麦 炒豆 枇杷 黄瓜 胡瓜 生棗 大根 砂糖 茄子 麵類 餅 飴 蕨 韮 鯵 鯖 鮓 鱠 鯉 兎 猪など二十一種。癒えて後百日は鯉 鮒 兎 猪を食しない。房室は禁止。

上脘【じょうかん】〈鍼灸要穴〉〔鍼灸重宝記綱目〕に一穴。巨闕*の下一寸、臍の上五寸にある。針は八分、まず補し後に瀉する。癲癇 熱病はまず瀉し、後に補して癒える。灸は日々に十四壮より百壮に至り、癒えなければ倍する。腹鳴り痛み食化せず、泄瀉 霍乱 虫積 黄疸等を治す。〈灸穴要歌〉〔永代調法記宝庫・三〕に「嘔吐して不食 腹脹り 気も詰り 驚悸痰痛するは上脘」、血を吐く人は三壮する。一名を、胃脘ともいう。

消疳飲【しょうかんいん】〔医道重宝記〕に消疳飲は、疳の病で身熱し、顔は黄ばみ、腹は大きくなり、青筋が出て痩せ弱ったのを治す。人参・白朮・茯苓（各一匁）、陳皮・青皮・砂仁（各七分）、神麴・胡黄連・黄連（各五分）、甘草（三分）を煎ずる。脾を補い 食を消し 虫を治す方である。初発に用いて病久しく虚の甚だしいのには与えない。〔小児療治調法記〕は小児の疳*疾、身熱し顔は黄色く腹に多く青筋があり、痩せ弱いのを治し、諸疳を治す。人参・白朮・白茯苓・胡黄連・黄連・神麴・青皮・陳皮・砂仁・炙甘を水で煎じ、食傷には山査子を加え、虫のあるのには使君子を加える。

消疳湯【しょうかんとう】〔小児療治調法記〕に消疳湯は、小児の大便の色が疳白《しろ》く、小便が濁り 或は澄み 米泔《しろみず》のようなのを治す。山査子・白芍炒・白茯苓・白朮・沢瀉・黄連（姜炒）（各一匁）、青皮（四分）、甘草（生三分）に生姜と棗を入れて水で煎ずる。

小気【しょうき】〔鍼灸日用重宝記・四〕に小気には、間使 神門 大陵 少中 三里 肺兪 気海等十一点に灸する。

商気【しょうき】〔重宝記・幕末頃写〕に商気は、秋を司る気で平調《ひょうじょう》である。この気の形は、上で横になびき高く立つことはなく、商気という。大凶の気である。

正気散【しょうきさん】〔小児療治調法記〕に正気散《しょうきさん》は、冬三ケ月の寒期、痘の紅斑が初めて見《あらわ》れたのに用いる。厚朴・半夏（各一匁半）、陳皮・藿香・白朮（各半匁）、炙甘草（三分半）に生姜（三片）と棗（一ツ）を入れて、水で煎ずる。

生気散【しょうきさん】〔改補外科調宝記〕に生気散《しょうきさん》は、金瘡、諸腫物、産前産後に用いる気付薬である。蒲黄（少し炒 二両）、人参（二匁）、甘草（三分）を粉にし水でも湯でも用いる。

生肌散【しょうきさん】〔改補外科調宝記〕に生肌散《しょうきさん》に二方がある。①楊梅瘡*（唐瘡）の薬。生肌散《しょうきさん》は象牙の粉（一両）、赤石脂（三匁）、霊天蓋（五分）を粉にして用いる。②内疳*（口の上顎に生ずる瘡）の薬。生肌散は、赤石脂（焼いて、七匁）、竜骨（同、四匁）、血余（髪の毛。同、三匁）、軽分《はらや》（五匁）、竜脳・麝香（各一匁）を粉にして用いる。〔小児療治調法記〕に結痂*の後に斑*が出るのは、余熱が肉分を煎熬《いりへらす》もので、爛れる所につける。地骨

皮・黄連・黄栢・五倍子・甘草・枯礬。共に細末（粉）にして付ける。

将棊倒しに転ける【しょうぎだおしにこける】　将棊より出た世話。〔諸人重宝記・三〕に将棊の駒を間隔をおいて縦に並べ一端を押すと皆倒れて行くことをいう。転じて、次々に総崩れすることや、折り重なって倒れること、また一端の崩れが全体に及ぶことをいう。

正気天香湯【しょうきてんこうとう】〔医道重宝記〕に正気《しょうき》天香湯は、婦人一切の諸気痛みをなし、或は寒熱 差し引きし、眩運 嘔吐等の症を治す。烏薬（一匁半）、香付子（六匁）、陳皮・紫蘇・乾姜（各六分半）に生姜を入れて煎ずる。真気の未だ虚しない人に用いて導き、虚する人には宜くない。

承気湯の用い方【じょうきとうのもちいかた】〔医道療治重宝記〕に、小承気湯*大承気湯*調胃承気湯*加味承気湯*三乙承気湯*など、承気の類は壮盛の人には用いず、虚弱の人に用いる。虚実を弁ぜず用いる時は誤りが多い。

将棊と饅頭【しょうぎとまんじゅう】〔人倫重宝記・三〕に、ある人の見立てに、将棊と饅頭とは少人《しょうじん》めいたものという。

生気の事【しょうきのこと】〈生気日〉〔重宝記永代鏡〕に生気日は、病を療じ 薬を服し 医者を迎えるのによい日である。正月は子の日。二月は丑の日。三月は寅の日。以下これに準じる。〈生気の方〉〔重宝記永代鏡〕に毎月の生気の方は、正・九月は北。二月は艮（東北）。三・七月は南。四・十二月は東。五月は巽（東南）。六・十月は西。八月は坤（西南）。十一月は乾（西北）である。

将棊の事【しょうぎのこと】〔万物絵本大全調法記・上〕に「将棊 しやうぎ。将戯 同」とあり、小将棊盤*の図がある。〈異名〉〔書札調法記・六〕に象棋《しょうぎ》の異名に、棋番 楸枰《しゅうひん》楸局がある。〈始り〉〔男重宝記・三〕には将棊は周の武帝が作り始め、軍陣の備えを教え、臣下の王褒《おうほう》が『将棊経』を作り、司馬温公は『将棊図法』を作った。日本では宗桂 宗古が達者で『詰物棊経』を作った。将棊には数種がある。○大将棊《おおしょうぎ》*（＝竪横各二十五目、馬数《うまかず》三百五十四枚）。○摩訶大々将棊《まかだいだいしょうぎ》*（＝竪横各十九目、馬数百九十二枚）。○大々将棊*（＝竪横各十七目、馬数百九十二枚）。○大将棊《だいしょうぎ》*（＝竪横各十五目、馬数百三十枚）。○中将棊《ちゅうしょうぎ》*（＝竪横各十二目、馬数九十二枚）。○小将《しょうしょう》棊《ぎ》*（＝竪横各九目、馬数四十枚）。このように色々あるが中将棊 小《こ》将《しょう》棊は世に玩ぶが、この外は指し様が分らず、目数 馬数を知るだけとある。〈将棊の詞字〉〔男重宝記・三〕に次がある。成《なる》。張《はる》。突《つく》。咀《つむ》。飛《けいまとび》。王《おう》手《て》。倒馬《さかうま》。替《かゆる》。昇《あがる》。扣《ひく》。指《さす》。二歩《にひょう》。看手《てをみる》。○「将棊より出た世話」は、指手扣手《さすてひくて》*。倒馬《さかうま》に入る*。王手詰にする*。将棊倒に転ける*。しょうことなく（為う事無）ば端の歩を突け*。〈将棊の詩〉「互に玉将を囲んで指し初むる辰《とき》、先ず歩兵《ぶひょう》を突いて還仲人《またちゅうじん》、盤上騎掛荷《のりかけに》無しと雖も、角《かく》-行《ぎょう》馬を替へて金銀を使ふ」とある。〈将棊指毎日の会所〉〔年中重宝記・五〕に衣棚三条了頓のづし いづみ屋市右衛門、四条高倉東へ入町 田代市左衛門。〔男重宝記・三〕には「いづみ屋吉右衛門」「たそいち」が出る。

商丘【しょうきゅう】〈経絡要穴 腿脚部〉二穴。商丘《しょうきゅう》は足の内踝の下少し前、足を張り揚げて跗骨《あしのこう》の上折目の頭筋の骨の間に点をする。針三分。灸三壮。腹脹り、疝気上下に走り、小腹引き痛み、脾積、舌の本強ばり、胃脘痛み、怠惰し臥すことを好み、婦人子なく、小児の慢驚風を治す。〔鍼灸重宝記綱目〕

承泣【じょうきゅう】禁針*禁灸*の穴。二穴。〔鍼灸重宝記綱目〕に承泣《じょうきゅう》は、目より七分下、瞼《まぶた》の少し下に穴がある。

商曲【しょうきょく】〈経絡要穴 心腹部〉二穴。商曲は石関の下一寸、下関の傍らへ五分ずつにある。急五壮。腰痛 積聚 不食を治す。〔鍼灸日用重宝記・二〕

承筋【しょうきん】〈経絡要穴 腿却部 足太陽膀胱経〉二穴。承筋《しょうきん》は腨腸《こむら》の中央の陥み、脛の後ろ合陽の通り、足跟《きびす》より七寸上にある。灸三壮。禁鍼。腰・背痛み、脛痺れ、腨跟《こむらきびす》痛み、鼻血、霍乱、転筋を治す。〔鍼灸重宝

記綱目〕

小金一片【しょうきんいいへん】 唐人世話詞。「金子《きんす》一歩《ぶ》を、小金一片《しやうきんいいへん》」という。〔男重宝記・五〕

生筋散【しょうきんさん】〔小児療治調法記〕に生筋散は項軟*の薬とある。木鱉（六箇）、蓖麻（六十粒）を末（粉）とし、まず頭を抱いて手で頸の上を撫でて熱くし、唾で調えて貼る。

将軍の事【しょうぐんのこと】 武家名目。〔武家重宝記・一〕に将軍とは、諸軍を将《ひき》いるの意。異名を幕府* 幕下* 麾下* 戯下《きか》* 大樹*という。〔掌中年代重宝記〕に将軍の始として、第十代崇神帝の時、四道の将軍*を任じ、東方将軍（武渟河別命）、西方将軍（丹波道主命）、南方将軍（吉備津彦命）、北方将軍（大彦命）とした。清和源氏将軍の祖は 六孫王経基 満仲 頼光 頼信 頼義 義家 為義 義朝。惣追捕使の始は 頼朝とある。〔人倫重宝記・一〕等に征夷将軍は、日本武尊《やまとたけのみこと》より始り文屋綿丸《ぶんやのわたまろ》が任じ、その後木曾義仲が暫く任じ、源頼家、実朝が続いてこれを三代将軍という。その後源頼朝が任ぜられ鎌倉将軍が九代続き、その後源尊氏将軍*が十五代続き、惣見院信長に伝わったが明智光秀に父子ともに殺されて後、太閤秀吉が天下を鎮め、徳川の将軍に伝わり 泰平の世の中になった。将軍家は清和源氏である。

傷血過多の論【しょうけつかたのろん】〔骨継療治重宝記・上〕に二説を引く。①『霊枢』からは、身が傷《やぶ》れ血が多く出、風寒に中り、墜堕する所があるようで四肢が懈惰《ゆるま》り、収まらないのを体堕という。小腹 臍下 三結交（関元の穴）を取る。②『王機微義』からは、打撲 墜堕 金刃の負傷は、有形のもので血肉 筋骨が病を受け、六淫* 七情*の病をなすもので、病が気血にあるものとは異なる。したがって、打撲 墜堕による内損 瘀血 停積と、皮肉外傷による亡血過多とは区別して治する。瘀血のものは攻め下し、亡血のものは補を兼ねて廻らす。傷部の上下 軽重 浅深 及び経絡気血の多少を察し、まず瘀血を除き 経絡を通じ 血を調え 痛を止め、その後気を整え 血を養い 胃の気を補うと効果がある。大黄は瘀血によく、亡血には与えない。巴豆は大黄の代りに用いるが、適薬ではない。

障碍日【しょうげにち】〔重宝記永代鏡〕に障碍日《しょうげにち》は、祈禱するのに悪い日である。正・五・九月は丑の日。二・六・十月は戌の日。三・七・十一月は未の日。四・八・十二月は辰の日。

消下破血湯【しょうげはけつとう】〔骨継療治重宝記・下〕に消下破血湯は、下膈に傷を受けるのを治す。柴胡・川芎・大黄・赤芍薬・当帰・黄芩・五霊脂・桃仁・枳実・梔子・赤牛膝・木通・沢蘭・紅花・蘇木を、生地黄で煎じ、老酒 童便を加え、和《ととの》えて服用する。

将監【しょうげん】〔男重宝記・一〕に将監《しょうげん》は、近衛府の判官（じょう ＝第三等官）である。兵杖を帯し、弓箭を持ち、禁中を守る役。

上元【じょうげん】 三元《さんげん》*の一。〔年中重宝記・四〕に上元は正月十五日をいう。〔日用重宝記・二〕には皆祓をしたが、今 日本には上元 下元（十月十五日）のことは言わないとある。［中元は七月十五日］

上弦【じょうげん】「げんげつ（弦月）」ヲ見ル

聖護院【しょうごいん】〔男重宝記・一〕に聖護院は、本山の下にある。法諱、道祐。宮門跡。知行、千四百三石四斗。円満院、実相院とともに三井寺の一で、天台宗である。三井寺の長吏をかわるがわる勤める。

承光【しょうこう】〈禁灸の穴*〉〔鍼灸重宝記綱目〕に一穴。承光は前の髪際の真中より二寸半上にある。〈経絡要穴 頭面の部〉二穴。曲差の後ろへ二寸。針灸ともに忌む。

上皇【じょうこう】「院の事」ヲ見ル

条口【じょうこう】〈経絡要穴 腿却部〉二穴。条口《じょうこう》は上廉の下二寸にある。針五分か八分。灸三壮。或は禁灸。寒湿に感じ、足萎え、痺れ、腫れ、痛むのを治す。〔鍼灸重宝記綱目〕

勝紅丸【しょうこうがん】〔丸散重宝記〕に勝紅丸は、脾癪気滞り、胸膈満悶し、気促《きしょく》安からず、清水を嘔吐し、男子の酒癪、婦人の血癪、小児の食癪に用いる。寒癪、冷気を治すゆえに、温中丸《うんちゅうがん》*ともいう。陳皮・青皮・莪蒁・三稜・良姜・干姜（各十匁）、香付子（二十匁）を酢糊で丸ずる。冷痰癪には、二陳湯で下す。

称号在名【しょうごうざいみょう】「名字と苗氏の事」ヲ見ル

定業日【じょうごうにち】〔重宝記永代鏡〕に定業日は、病を療じ始めるのに悪日で、次の各日である。春は辰・巳の日。夏は申・酉の日。秋は亥・未の日。冬は卯・辰・巳の日。

生合の毛【しょうごうのけ】鷹の名所*。〔武家重宝記・五〕に生合《しょうごう》の毛は、鷹の息合いに動く毛をいう。

焼香の事【しょうこうのこと】「牌前《はいぜん》焼香の事」ヲ見ル

正五九月【しょうごくがつ】〔世話重宝記・五〕に正・五・九月の三ケ月を、一年の内特に祝月とし、寺社に参詣するのは、帝釈天が宝鏡で須弥山《しゅみせん》*の四大州を毎月照らし、人の善悪を察するからである。この三ケ月は、この南瞻部州を照らす月なので、唐人は死刑を行わないと『琅邪代酔』に『知度論』を引いて書いている。

相国寺【しょうこくじ】京名所。〔東街道中重宝記・七ざい所巡道しるべ〕に相国寺は、禁中*の北にある。禅宗*、五山の内である。〔年中重宝記・二〕に、六月十七日相国寺閣懺法がある。

小五香湯【しょうごこうとう】〔昼夜重宝記・安永七〕に五香湯*に対して、藿香・連翹（各五匁）を小五香湯という。瘡気《くさけ》のあるものによい。

為う事無くば端の歩を突け【しょうことなくばはしのぶをつけ】将棊より出た世話。〔諸人重宝記・三〕に「為う事無くば端の歩を突け」という。転じて、どうにもしようのない時、切羽詰った手段をとることをいう。

上古の三道具【じょうこのみつどうぐ】武具。〔武家重宝記・四〕に上代の寄道《よりどう》具《ぐ》*、鉄杖・吾杖《ごじょう》・鉄搭をいう。今は、鉄杖は鉄棒《かなぼう》、吾杖は切角棒《きりこのぼう》という。

上戸を下戸にする法【じょうごをげこにするほう】〔俗家重宝集・後編〕に「上戸（酒呑み）を下戸にする法」は、鰌を鍋の中に入れて火に掛け、殻煎りにしてのた打ちさせて引き上げ、その後へ酒を入れ燗をして飲ませると再び酒を飲まない。「下戸を上戸となす方」参照

上根【じょうこん】〔男重宝記・二〕に手習で、筆法の書に上根《じょうこん》は千字を習い、中根《ちゅうこん》は*七百字を学び、以下は五百字を学ぶという。

定斎【じょうさい】「延命散」ヲ見ル

小柴胡湯【しょうさいことう】〔医道重宝記〕に小柴胡湯は、傷寒で四五日に寒熱往来し、胸脇塞り脹れ、胸煩《いき》れ、好んで吐し、頭疼《いた》み、耳聾《きこ》えないのを治す。柴胡（二匁半）、黄芩（二匁）、人参・半夏（各八分）、甘草（五分）に生姜と棗を入れて煎ずる。脾胃の気虚しないものには、人参を去る。〔小児療治調法記〕には、炎天の時節に痘が出て（「出瘡《でそろう》」*）熱の甚だしいのに用いるとし、調剤は同じで秤量が異なり、生地黄を加える外、〔医道療治重宝記〕には諸症により加減、補薬がある。

生犀散【しょうさいさん】〔小児療治調法記〕に生犀散《しょうさいさん》は、小児の骨蒸 肌瘦せ 頬赤く 口乾き、日暮れに潮熱し、及び病後に余熱の除かないのを治す。大黄（蒸し焙る）・麦門冬・黄芪・蓁艽・桑白皮・人参・鼈甲（酢で炙る）・茯苓・地骨皮・柴胡・赤芍・枳殻・犀角（各等分）に、青蒿少しを入れて煎ずる。一方に知母があり、痰があるのには半夏を加える。

小産【しょうさん】消産・傷産とも書く。流産をいう。〈心掛け〉〔女重宝記・三〕に懐妊中は、高所の物を手を伸ばして取らず、重い物を持たず、蹟き転ばないようにする。叛くと小産し、腹の内の子が死ぬことがある。〔鍼灸重宝記綱目〕に、小産 胎堕ちして後に手足が水のように厥冷するには肩井に一針するが、刺すのが深いと悶え苦しむ。急に三里に刺す。胎の堕ちやすいのには神闕に灸を長くすると堕ちない。〈呪い〉〔調

法記・全七十〉は、切々に傷産すると癖になるので、そのため傷産後は懐妊五月目に例のように帯をする時、まず半弓の弦を女の左袂より入れ、帯にし、解いて左の袂より出し、平産するまでその座敷に張って置くと平産する。〈服忌〉〔女用智恵鑑宝織〕に、流産《ながれさん》は三ケ月迄は経水七日の忌と同じとある。四五ケ月よりは父は五日、母は十日の忌である。

承山【じょうざん】〈経絡要穴 腿却部〉〔鍼灸重宝記綱目〕に二穴。承山《じょうざん》は合陽の通り腨《こむら》の肉の高く起り止る処の肉の堺の陥みの中にある。立って壁に両手を延べて取りつき 足の指を強く踏み凭れかかると 肉に陥みの出る処である。針は七分か八分、気を得て瀉し、早く針を出す。灸五壮。大便通ぜず、痔腫れ、戦慄《ふるいおののき》、脚気腫れ痛み、霍乱、転筋、不食、傷寒の水結を治す。〈灸穴要歌〉〔永代調法記宝庫・三〕に「脛《はぎ》膨れ痺れ 腰膝筋《すじ》重く伸び屈まれずは 承山の穴」。

常山【じょうざん】〔万物絵本大全調法記・下〕に「蜀漆 しよくしつ／くさぎ。夏」。〔薬種重宝記・下〕に唐草、「常山 じやうざん／山あじさいこくさき。蘆頭を去り洗い、酒に浸し、焙る」。〈薬性〉〔永代調法記宝庫・四〕には、くさぎをば多く食するな損多し、瘧の落ちないのによい。〔料理調法集・口伝之部〕に、常山《じょうざん》とはくさぎのことである。献立には「くさぎ」と書かず「常山」と書くのがよい。五月が賞玩である。

浄三業印【じょうさんごういん】 護身法大事*の一。〔新撰咒咀調法記大全〕に浄三業印 真言五返。「唵薩縛婆縛輸駄薩嚩達磨薩嚩婆嚩輸度唅《をんそははんばしゅださらばたらまそははんばしゅどかん》」。

松子【しょうし】〔万物絵本大全調法記・下〕に「松子 せうし／からまつのみ」。〔薬種重宝記・下〕に唐・和、「松子仁。和は越後に有」。

小路【しょうじ】 道路と道路とを繋ぐ小道。〔女用智恵鑑宝織〕に「京にて辻子《づし》と云。大坂にて小路《せうぢ》と云」。『物類称呼・一』に「小路 こうじ。京都にて称す。江戸にて、横丁《よこちょう》、と云。但し、式部小路《こうぢ》 藪小路《こうぢ》 又 浮世小路《しやうぢ》 など呼ぶ有。大坂及伊勢松坂にて、○「辻子《ずし》 京にていふ。江戸大坂ともに、ろぢといふ」とある。

上巳【じょうし】「じょうみ（上巳）」ヲ見ル

生地黄湯【しょうじおうとう】〔小児療治調法記〕に生地黄湯は、胎黄*を治す。生地黄・赤芍・川芎・当帰・瓜蔞仁（各等分）の四味を水で煎じ、子母共に呑むとよい。

定志丸【じょうしがん】〔小児療治調法記〕に定志丸《じょうしがん》は、驚風が退いて後、神志（精神）の定まらないのを治す。琥珀・茯神・遠志（甘草湯にほとばす）・人参・酸棗仁（炒）・天麻・白付子・天門冬・炙甘（各等分）を末（粉）とし、練蜜で皂子の大きさに丸じ、辰砂を衣とし灯心 薄荷の煎じ湯で用いる。

成実宗【じょうじつしゅう】 八宗*の一。〔農家調宝記・二編〕に成実宗《じょうじつ》は、釈尊より十九祖の弟子跋摩三蔵を祖とし、唐土では楊立寺の善無畏三蔵を祖とし、日本には元明帝和銅三年（七一〇）に渡来し、三論宗*の諸師が兼学し、一宗は立たない。

請慈板【しょうじのいた】 鎧*名所。〔武家重宝記・三〕に請 慈板《しょうじのいた》は綿噛《わたがみ》*の端、平生に連なり帯ぶる所である。

障子襖の出入【しょうじふすまのでいり】〔童学重宝記〕に障子の出入は、敷居の傍に座り左手を畳に突いて右手で開ける。内へ入ってまた同じようにして閉める。襖も同じ。

生赤【しょうしゃく】〔小児療治調法記〕に生 赤《しょうしゃく》は、初生の児がその月の内に肌膚に丹を塗るようなのをいう。まず牛黄散*で裏《り》を押し、次に藍葉散*を身に塗り、乳母は清涼飲子*三服を呑むとよい。

消積丸【しょうしゃくがん】〔小児療治調法記〕に消積丸は、腹痛み、口中の息温かく、顔色は黄で、目に精彩なく 白目がちに多く睡り、不食し大便酸臭いのに、腹痛の下し薬として用いる。丁香（九粒）・砂仁（十二箇）・巴豆（三箇 皮・心・膜・油を去る）。これらを細末（粉）とし麵糊で

黍の大きさに丸じ、三歳以上には三・五丸、三歳以下は一・二丸を、温水で下す。

上寿【じょうじゅ】 上寿は、百二十歳をいう。「年賀の事」ヲ見ル

上州【じょうしゅう】 「こうずけ（上野）」ニ同ジ

上州絹の事【じょうしゅうぎぬのこと】 上州絹は「紋絹」に同じであるが、〔絹布重宝記〕に次の種類がある。○「上州紗綾」は、大体京紗綾*に同じであるが、紋柄は少し大きく紋の足が伸びている。全体に絹面卑しく、白みも冴《さ》えない。しかし、京紗綾同様十反揃えにして献上に用いる。上州には八尋はない。○「上州飛紗綾」は、紋柄は蟠龍《はんりょう》（地上にわだかまり未だ上天しない龍）に限る。稀に似寄り紋もある。一巾に二ツ付き、一反に六所ある。○「上州斜子《ななこ》紗綾」は、丈巾（上州）は飛紗綾*同様で糸太く、斜子《ななこ》*の織ったものである。生糸で織りおろし、練って染め張りするゆえに斜子とは大きく変わって絹の光沢《つや》がない。斜子は練り糸で織るので、地に光沢《つや》があり、至って麗しい。○「上州二巾《ふたはば》縮緬」は、全二尺四寸巾で、全体 野物《やすもの》である。地の薄に糸の縷《より》が強いので、ざんぐりとして絞《しぼ》が高い。頭巾地に多く潰すので、無地は黒 媚茶 紺 御納戸茶に染める。紅類は少しも遣わず、粗品の小紋羽織にする。染付のよい物である。概して縮緬類は湯熨斗《ゆのし》で張ることはないが、白縮緬 生け物は白張にしてその上を湯熨斗にする。小紋地、同羽織地、染模様の抱帯地等は手糊をして、その上を染めると地厚はほっとりとなる。○「上州無紋紗綾」は、全て（上州）飛紗綾*と同じく紋柄のない絹である。黒紗綾の張り様は難しい。白羽二重には白砂糖を用いて張り、黒紗綾は黒砂糖を入れて張る。○「上州綟子《もじ》」は、上州絽と同じこなし（扱い）である。○「上州絽」は、諸事 京絽《ろ》*と同様であるが粗品である。目の透き 塩梅に気をつけるとよい。京絽程すっぱりとせず、遣い方は生物《いけもの》にもなり、無地に紋羽織に仕入れる。丈も京絽と万事大体同事である。「日野絹」モ見ル

生熟地黄丸【しょうじゅくじおうがん】 〔小児療治調法記〕に生熟地黄丸は、肝疳*を治す。生地黄・熟地黄（各五匁）、川芎・赤茯苓・黄連・杏仁・半夏・天麻・甘草・当帰・枳殻・地骨皮（各二匁半）、黒豆（四十五粒）を末（粉）とし、練蜜で丸じ用いる。『医統』には、当帰二匁、他は各二匁半、生姜、黒豆十五粒を入れて、水で煎じて用いるとある。

生熟地黄湯【しょうじゅくじおうとう】 〔医道重宝記〕に生熟地黄湯は、疳で目閉じ開かず 目の内に朦霧のあるのを治す。生地黄・熟地黄（各三匁）、川芎・当帰・赤茯苓・地骨皮・天麻・半夏・枳殻・杏仁・黄連（各一匁半）・甘草（七分半）を、生姜・黒豆（十粒）を入れて煎ずる。寒熱上に実し、病の長くないのを治す。脾胃の虚する者、或は肝腎の不足のものには用いない。小児の疳疾は大人の労症と同じなので、元気が大いに虚しない時に早く治すべきである。虚が極まり症が変ずると名医でも治し難い。疳を治すには脾を補うを先とし、兼ねて癪を消し、虫を治す。四君子湯*六君子湯*等を用いる等、加減の方がある。

消腫膏【しょうしゅこう】 〔骨継療治重宝記・下〕に消腫膏は、胸脇跌堕 打撲損傷 腫痛、或は筋を動かし骨折を治す。芙蓉葉・紫金皮（各五両）、白芷・当帰・骨砕補・独活・何首烏・南星（各三両）、橙橘葉・赤芍薬（各二両）、石菖蒲・肉桂（各五両）を粉にし、熱酒と薑汁で調え、熱に任せて腫れを縛り、葱汁と茶清で調え和《ま》ぜ、温めて縛る。筋を動かし骨を折るには、山樟子 葉毛 銀藤皮、及び葉各五両を加え、前に同じく末（粉）し、酒で調え暖かにしてつけ、縛る。

昌俊の宮【しょうじゅんのみや】 「せいもんばらいのやしろ（誓文祓の社）」ヲ見ル

小暑【しょうしょ】 二十四節*の一。〔重宝記永代鏡〕に六月節、昼五十九刻半夜四十刻半。小暑とは大暑*の前なのでいう。温気至る、蟋蟀《きりぎりす》 壁に居る、鷹 始めて摯つ、等。〈耕作〉〔新撰農家重宝記・初編〕に新暦七月七日。

藍を刈り、蕎麦 大根 大蒜《にんにく》を蒔いてよい。辣韮を根分けし、肥しは小便がよい。○諸木の植替えは立冬の頃まで悪い。桑 楮に肥しをする。○麻苧《からむし》を刈り水に浸す。畳の藺、菅《すげ》を刈り干す。○牛蒡を蒔いてよい。

傷暑【しょうしょ】「中暑《ちゅうしょ》」ヲ見ル

上所【じょうしょ】「かきどまり（書留り）」ヲ見ル

詔書【じょうしょ】〔男重宝記・一〕に詔書《じょうしょ》は、勅*を受けて文を書くことをいう。綸旨《りんし》、公宣《くせん》、宣命《せんみょう》、位記《いき》等ともいう。

少商【しょうしょう】〈経絡要穴 肘手部〉二穴。少商は手の大指の内側 爪の生え際を一分程去る所にある。針は一分、留むること三呼、瀉は五吸。禁灸である。頷腫れ、喉痺、胸の下満ち、汗出て寒く、痎瘧、腹脹、不食、指痛み、掌熱し、小児の乳鵝等を治す。〔鍼灸重宝記綱目〕

少将【しょうしょう】〈官位〉〔男重宝記・一〕に少将に左と右がある。中将の下にあり、任務は中将に同じ。〈妄書かな遣〉〔小野篁謳字尽〕に、「しやふせう（少将）、けはひ（化粧）坂」。少将は化粧坂（鎌倉七口の一）にいた遊女。曾我五郎の恋人として江戸時代の作品で流布する。

承漿【じょうしょう】〈経絡要穴 頭面部〉一穴。承漿《じょうしょう》は下唇の赤い肉の少し下陥《くぼみ》の中にあり、口を開いて点をする。針三分、気を得て瀉し、留むること三呼、気を得て静かに出す。灸は一日に七壮ずつ七日に四十九壮する。中風、口・眼歪み顔腫れ、口歯の類、或は虫歯等によい。男子の疝気、女子の瘕聚を主《つかさど》る。懸漿ともいう。〔鍼灸重宝記綱目〕

正傷寒【しょうしょうかん】「傷寒」ヲ見ル

小茸丸【しょうじょうがん】〔小児療治調法記〕に小茸丸《しょうじょうがん》は、小児が胎中で熱を受け、総身の筋《すじ》の軟《な》えるのを治す。鹿茸・蓯蓉・牛膝・木瓜・兎糸・熟地黄・当帰・天麻・杜仲・青塩（各等分）を末（粉）とし、練蜜で丸じ、塩湯と温酒で蕩かして用いる。

小承気湯【しょうじょうきとう】〔医道重宝記〕に小承気湯は、傷寒*で腹脹りふくれ、時を定めて熱を生じ、狂言《たわごと》し、喘するのを治す。大黄（七匁）、厚朴・枳実（各三匁半）に、生姜と棗を入れて煎じる。諸症により加減、補薬の方もある。〔小児療治調法記〕には「痘後の余症」*で、熱の盛んなものによい。

清浄五種香【しょうじょうごしゅこう】「仏前焼香の方」ヲ見ル

惺々散【しょうじょうさん】〔医道重宝記〕に惺々散《しょうじょうさん》は、痘瘡等発熱の始め疑わしい時、生れ付き虚弱な者に用いる。方は、四君子湯*に、桔梗・細辛・瓜蔞根を加えて生姜と薄荷を入れて煎ずる。〔小児療治調法記〕は外に風寒を感じ、痰嗽・発熱するのを治す。人参・白朮・白茯苓・甘草・桔梗・蔞根・細辛・薄荷を水で煎ずる。また発熱*で驚を発し 空目遣いし 頭は後ろに向い身の反り返るのは、肝木で風を以って生ずるもので、先の調合に蟬退と全蝎を加えて治す。〔童女重宝記〕には「せいせいさん」と読んで、小児の風邪引き、鼻塞り、痰咳、発熱等に用いる。人参・白朮・茯苓・桔梗・細辛・薄荷・天花粉*・甘草を煎じて用いる。

小乗の数【しょうじょうのすう】〔算学調法塵劫記〕に、十万を億*とし、十億を兆*とし、十兆を京《けい》*とするのを「小乗《しょうじょう》の数」という。「大乗《だいじょう》の数」「たいすう（大数）」参照

瀟湘八景【しょうしょうはっけい】唐の瀟水と湘水付近の八佳景で、〔万民調宝記〕には詩歌があるがここでは歌を出す。○瀟湘夜雨《しょうしょうのよるのあめ》 和歌「舟よする浪に声なき夜の雨を苦よりくぐる雫にぞしる」。○洞庭秋月《どうていのあきのつき》 和歌「秋にすむ水すさまじく小夜ふけて月をひたせる沖つしら浪」。○遠寺《えんじの》晩鐘《ばんしょう》 和歌「暮かゝる霧よりつたふ鐘の音に遠方人《をちかた》は道急ぐなり」。○遠浦帰帆《えんほのきはん》 和歌「風むかふ雲のうき浪たつとみて釣せぬさきに帰る舟人」。○山市晴嵐《さんしのせいらん》 和歌「松たかき里より上の峯はれて嵐にしづむ山もとの雲」。○漁村夕照《ぎょそんのせきしょう》 和歌「浪の色は入日の跡に猶見えて磯際くらき木がくれの宿」。○江天暮雪《こうてんのぼせつ》 和歌「蘆の葉にかゝれる雪も深き江の汀《みぎは》の色は夕べ

ともなし」。○平沙落雁《へいさのらくがん》和歌「まづあさる蘆辺の友にさそはれて空行く雁もまたくだるなり」。近江八景*等はこれにならう。

傷食【しょうしょく】「しょくしょう／しょうしょく（食傷／傷食）」ヲ見ル

傷食散【しょうしょくさん】〔医道療治重宝記〕に傷食散は、小児の傷食 腹痛 脹満 宿食（胃中に不消化食物のある事）を消化せず、或は面色が黄ばみ、目に精のないのを治す。この薬は胃の気をよく調和し 乳哺を消化する。山査子・神麹・砂仁・麦芽・白朮・陳皮・青皮・甘草に姜を入れて煎じ服する。寒を受けて痛めば霍香・呉茱萸を、熱があれば黄芩を加える。小児の傷食の主方である。

消食清鬱湯【しょうしょくせいうつとう】〔医道重宝記〕に消食清鬱湯は、饍雑*に悶え乱れ、胸悪く 発熱し 頭の痛むのを治す。陳皮・半夏・茯苓・神麹・川芎・麦芽・山梔子・山査子・黄連・蒼朮・藿香・香付子・枳殻（各等分）、甘草（少）に生姜を入れて煎ずる。

精進煎酒【しょうじんいりざけ】〔諸人重宝記・四〕に「精進の煎酒」は豆腐を田楽程に切って焙り、梅干や干蕪等を刻み入れ、古酒で煎ずる。〔料理調法集・煮出煎酒之部〕には、①古酒に醤油ばかりで煮返し よい程に煮詰める。干し蕪を刻み入れるのもよい。②古酒一升（甘く濃い酒がよい）、昆布二枚、勝栗一合を砕いて梅干二十に水一升を入れ合せ、炭火でゆるゆる煎じ、元の酒一升になる時がよい。塩梅には醤油を差す。〔昼夜重宝記・安永七〕には干瓢を加えた仕様があり、〔ちやうほう記〕には酒五合、奈良漬半分、醤油少を材料にした仕様もある。〈煎酒加え物〉〔里俗節用重宝記・中〕には柚子の酢を少し加えるのもよく、また煮返した上酢 或は生酢でも大根の絞り汁を合せ砂糖をよい程合せるのもよい。「煎酒《いりざけ》」「極煎酒《ごくいりざけ》」「早煎酒」参照

精進煮物【しょうじんにもの】〔永代調法記宝庫・六〕に正月の精進煮物に次がある。①精進の煮物に山芋をよく擂り入れ、はり牛蒡を入れて掻き混ぜ、翌朝匙で一掬いずつ油揚にする。取り合せは何でも一種入れる。②豆腐に擂胡麻を掻き混ぜ、湯煮して葛溜を懸け、胡桃生姜を上に置く。

正心の事【しょうしんのこと】立花*。小とも書く。〔新板増補男重宝記・三〕に、中央で花形の中心となる心《しん》*に、正（小）がある。○「正挿し様」は、心の一の枝より下三分 五分 一寸、心の大小による。心の枝へ正の梢が高く上ると花形が悪い。心の半分より高く立て、多くは心の後ろから立てるが、稀に前からも立て、竹は水際に節を出す。○正心は真ん中、花形の中央に立て、歪んだものは悪い。○「正心退《しょうしんのき》」と言って心に歪みの在る所を見立てる。その矯め所は込み際より上一尺三四寸位が通法である。正心に戻りの枝がある時は枝の勢《せい》が花瓶の上に載らないことを嫌う。正心退を強く歪め、添えの方へおもえ傾き受けの上へ戻りがないことである。

漿水【しょうすい】〔改補外科調宝記〕に漿水《しょうすい》は、地を掘って黄土《へなつち》をとり、水に掻き混ぜ、少し居させた上水《うわみず》をいう。菌《くさびら》の毒中《あた》り等に飲ますとよい。

正垂散【しょうすいさん】〔洛中洛外売薬重宝記・上〕に正垂散《しょうすい》は、黒門通四条上ル丁 中井重改にある。大人 小人とも腎精を増し、下部を暖め、性分を強くする薬である。

松蘂散【しょうずいさん】〔小児療治調法記〕に松蘂《しょうずい》散は、亀背*を治す。松花・枳殻・防已・独活・大黄・前胡・麻黄・肉桂（少許）を末（粉）とし、米飲《めしのゆ》で用いる。

小数の単位【しょうすうのたんい】〔古今増補算法重宝記改成〕には、一、分《ふん》*釐《りん》［厘《り》］*毫《もう》*（毛もう）絲《し》*忽《こつ》*微《び》*纖《せん》*沙《しゃ》*塵《じん》*埃《あい》*渺《びょう》*漠《ばく》*。各、十分の一ずつ減る。〔算学調法塵劫記〕には、漠の下に糢糊《ばくこ》・逡巡《しゅんじゅん》・須臾《しゅゆ》・瞬息《しゅんそく》・弾指《たんし》・刹那《せつな》・六徳《ろくとく》・虚《こ》・空《くう》・清《しょう》・浄《じょう》等がある。本《もと》は釈氏の説から出る譬喩とある。〔算学重宝記〕にも「小数の名」として次がある。両《りょう》・文《もん》・分・厘（釐、り。りんトモ）・毫《ごう》（毛もうトモ）・絲（糸トモ）・忽・微・纖・沙・塵・埃がある。「大数」参照

升数の名【しょうすうのな】「かてのたんい（糧の単位）」ヲ見ル

小僧【しょうすぇん】 唐人世話詞。「小僧《こぞう》といふを、小僧《しやうすゑん》」という。〔男重宝記・五〕

上星【じょうせい】〈経絡要穴 頭面部〉一穴。上星《じょうせい》は神庭*の後ろ五分、鼻筋の通り前の髪際より一寸上、陥中《くぼみ》である。針の刺しは三四分、留めること六呼。灸は五壮。頭痛、顔腫れ、鼻血、吐血、目眩い等を治す。一名を神堂という。〔鍼灸重宝記綱目〕

接脊骨【しょうせきこつ】 馬形名所。* 桂川《けいせん》ともいう。〔武家重宝記・五〕に接《しょう》脊骨《せきこつ》は、三頭《さんず》*は高み、桂川は凹《くぼみ》である。「三の峯流れておつる桂川 小舟のともに結ぶうたかた」。

小雪【しょうせつ】 二十四節*の一。〔重宝記永代鏡〕に十月中、昼四十一刻五半余 夜五十八刻余。小雪とは、雨が寒気に凝り結んで雪となり、大雪の前なのでいう。虹蔵《かく》れて見えず、天［陽］騰《のぼ》り地［陰］降《くだ》る、草木枯れて根に帰り冬の景色を現す。〈耕作〉〔新撰農家重宝記・初編〕に、新暦では十一月二十三日。この節迄に竹を切る。蜜柑や九年母の覆いをする。

傷折科【しょうせつか】「せいこつか（正骨科）」ニ同ジ

正舌散【しょうぜつさん】〔丸散重宝記〕に正舌《しょうぜつ》散は、中風で舌の本が強張《こわば》り、物の言い難いのに妙方である。蝎梢（一分）、茯苓（一戔）、竜脳・薄荷（各二戔）を細末にし、毎服に温酒で下す。

松葱膏【しょうそうこう】〔骨継療治重宝記・下〕に松葱《しょうそう》膏は、傷損を治す。松香・葱連根葉（炒り熱す）を杵で搗き膏にして焙り、熱して傷部を縛る。まず生薑を擦り爛らし、炒り熱して罨い、暫くしてこの薬をつけると腫れを退け、痛みを止める。

装束師【しょうぞくし】〔万買物調方記〕に、「京ニテ装束師」中立売西洞院下ル 豊田志磨、烏丸下立売上ル 高田出雲、同一条上ル町 牧田和泉、上立売大宮東ヲ上ル 北小路中西宗雲、油小路一条上ル町 木村庄兵へ。「江戸ニテ御冠烏帽子幷装束」日本橋南二丁目 前羽孫兵へ、同三丁目 山城守重正。大坂は記載ナシ。

小続命湯【しょうぞくめいとう】〔医道重宝記〕に小続命湯は中風で半身叶わず、口眼歪み、言語渋り、身痺れ、筋攣り、骨節いきれ痛むのを治す。防風（一匁五分）、麻黄・防已・桂枝・黄芩・杏仁・芍薬・川芎・人参（各一匁）、付子・甘草（各五分）に生姜と棗を入れて煎じる。一方に、当帰と石膏を加える。中風の初発発汗はなく、邪気表実のものを治す。類中のものには用いない。〔医道療治重宝記〕には諸症により加減がある。

生苧漉【しょうそずき】〔紙漉重宝記〕に生苧漉《しょうそずき》は、「さる皮」*ばかりで漉いた塵紙をいう。

拯損膏【じょうそんこう】〔骨継療治重宝記・下〕に拯《じょうそん》損膏は、諸の傷損を治す。天花粉*・芙蓉葉・紫金皮・赤芍薬・南星・独活・当帰・白芷（各一両）、牡丹皮（三銭）を末（粉）とし、薑汁で調え、熱して付ける。疼痛の甚だしいのには乳香と没薬を少し加える。

傷損の脈法【しょうそんのみゃくほう】〔骨継療治重宝記・上〕に傷損の脈法に『脈経』から五説を引く。〇高所から顚仆《ころびたお》し内に血があり腹が脹り満ち脈の堅強な者は生き、小弱な者は死ぬ。〇金瘡の出血が甚だ多く脈の虚細沈少な者は生き、数《さく》実浮大な者は死ぬ。〇砍瘡《きりきず》で出血が一石あり、脈の大な者は二十日で死ぬ。砍刺で出血の止まらない者は脈が止まる。脈の大きな者は七日で死に、滑細な者は生きる。〇破傷の脈が、瘀血停積で堅強実ならば生き、虚細渋は死ぬ。〇亡血過多で虚細渋ならば生き、堅強実なのは死ぬ。皆、脈と病とが相応じないためである。

招提寺【しょうだいじ】 奈良名所。大伽藍である。金堂 本尊は丈六の釈迦如来、講堂 本尊は丈六の御勒菩薩、五重の塔、戒壇、大釣鐘は朝鮮より来たという。その他、諸堂が多い。楼門の唐招提寺の額は孝謙天皇の

宸筆である。醍醐水という井がある。この寺は天平宝字三年（七五九）創立のまま火災はなく、作り替えもないという。西の京へは十丁ある。〔東街道中重宝記・七ざい所巡道しるべ〕

上池院【じょうちいん】「あか（啞科）」ヲ見ル

生地黄【しょうぢおう】〔薬種重宝記・下〕に和・唐草、「生地黄 さをひめ。泔《しろみず》*で洗い刻み、酒に浸し焙る」。一斤は百八十目である。〈薬性〉〔医道重宝記〕に生地黄は甘く微寒。血を涼しくし、陰を補い、瘀血を去り新血を生じ、骨蒸（虚労内熱の症）・煩労を治す。水に浸し十分に洗い、刻み、乾かし、酒に浸し、日に干して焙る。銅・鉄ともに忌む。

松竹梅の花【しょうちくばいのはな】立花。*〔昼夜重宝記・安永七〕に三瓶対《さんぺいつい》の花で、中を松、左を梅、右を竹に挿すことをいう。また、一瓶《へい》の中で、心《しん》*を松、副《そえ》*を竹、受《うけ》*を梅にしたのもいう。

定中湯【じょうちゅうとう】〔小児療治調法記〕に定中湯は、収靨《かせる》*の症で、異功散*に肉豆蔻*を加えて効かないものを治す。真黄土 真正黄色の一大塊を碗に入れて百沸湯に泡《ほとば》し蓋をし、暫くして出して用いる。もし、冷めたら傾けて盞中に入れ、外は熱湯で盪かす。盞二盃に朱砂の末（粉）（五分）に雄黄末（粉）（一分）を和《ま》ぜ、黄土湯に少し砂糖を加えて用い、二服で止める。また、煩燥 悶乱 発渇するものには、定中湯に龍脳（五厘）を加え、牛房子湯*に交ぜて服する。

小腸の事【しょうちょうのこと】〔鍼灸重宝記綱目〕に小腸は、重さ二斤十四両、長さ三丈二尺、周り二寸半、径八分余。左に廻り畳み積み十六曲、穀を盛れば二斗四升、水は六升三合余。小腸の上口は臍の上二寸にあり幽門といい、即ち胃の下口で、飲食物はこれより入る。下口は臍の上一寸、水分の穴、即ち大腸の上口で闌門ともいう。後ろは背につき、前は臍の上につく。ここで清濁を分ち、水液は膀胱に入り、滓穢は大腸に入る。受盛の管で化物《けもつ》を出し大小便を分つ（図248）。

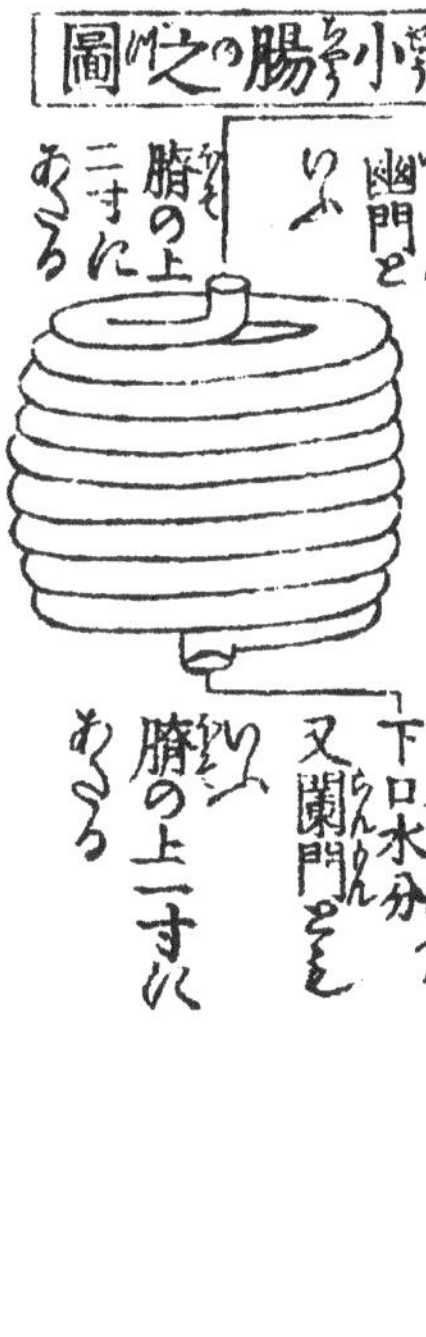

図248「小腸の事」（鍼灸重宝記綱目）

小腸兪【しょうちょうのゆ】〈経絡要穴 肩背部〉二穴。小腸兪《しょうちょうのゆ》は第十八椎の下左右へ各一寸五分ずつ開く処にある。灸は一日に三壮。針は三分、留むること六呼。中暑 小便赤く、淋瀝 遺溺 泄痢 膿血 五痔*頭痛 帯下等を治す。〔鍼灸重宝記綱目〕

定痛膏【じょうつうこう】〔骨継療治重宝記・下〕に定痛膏は、打撲、傷損、筋を動かし骨節趺磕、木石圧傷、赤く腫れ痛むのを治す。芙蓉葉（二両）、紫金皮・独活・南星生・白芷（各五銭）を末（粉）にし、生に採る。馬藍菜と墨斗菜（各一両）を加え杵で搗き極く爛らし末（粉）に和《ま》ぜ、一緒に生葱汁と老酒も和《ま》ぜ炒り温め縛るとよい。症状により処方がある。

定痛散【じょうつうさん】〔医道重宝記〕に定痛散は、虫食歯の甚だ痛いのを治す。当帰・生地黄・細辛・干姜・白芷・連翹・黄連・山椒・苦参・桔梗・烏梅（各等分）、甘草（少）を煎じ、まず口に含み口漱ぎ後に呑み下す。腸胃の中に湿熱があって虫歯を病むものを治す。上歯茎は胃経の別れ廻る所、下歯は太陽経の絡脈である。全て牙歯の病は上下を分って治す。虚弱の者には用いない。

定痛接骨紫金丹【じょうつうせっこつしきんたん】〔骨継療治重宝記・下〕に定痛接骨紫金丹は、麝香・没薬・紅娘子（各一銭半）、烏薬・地龍（土を去る）・茴香・陳皮・青皮（各二銭半）、川烏・草烏（炮各一両）、五霊脂（皮を去る）・木鼈子（殻を去り）（各半両）、穀牽牛（五分生で用ゆ）・骨砕補・葳

霊仙・金毛狗脊・防風（蘆を去る）・自然銅（酢に七度淬《にら》ぐ）（各五銭）、禹余糧（四銭砕く）を細末（粉）とし、酢糊で桐子の大きさに丸じ、毎服十丸から二十丸を温酒で送り下す。病が上なら食後に、下なら食前に服する。

定痛当帰散【じょうつうとうきさん】〔骨継療治重宝記・下〕に定痛当帰散は、諸々の傷《けが》の腫れ痛むのを治す。当帰・川芎・赤芍薬・白芍薬・熟苄・羌活・独活・牛膝・続断・白芷・杜中（各二両）、川烏（炮）・乳香・没薬・肉桂（各一両）、南木香・角茴・丁皮（各五両）を末（粉）にして、酒で調え服する。

笙作【しょうづくり】〔万買物調方記〕に「京ニテ笙作」は、松原富小路東へ入 山本藤右衛門がいる。

少【しょうてきん】 唐人世話詞。少いということを、「少《しやうてきん》」という。〔男重宝記・五〕

小土吉日【しょうどきちにち】 日取吉凶。〔重宝記永代鏡〕に、四季ともに天赦日*を始めとして、その後六日間を小土吉日と言い、吉日とする。

消毒飲【しょうどくいん】〈痘後の諸症治薬〉〔医道重宝記〕に消毒飲は、①痘が収靨《（か）》*せて後余毒の諸症を治す。牛蒡子（四匁）、荊芥・甘草（各一匁）、防風（五分）を煎ずる。熱毒 瘡毒を治すには、黄芩と犀角を加えて用いる。これを犀角消毒飲*という。症状に応じて加減がある。②麻疹が発症して、一日でまた引っ込むのは、風寒に触れて麻毒が内を攻めるためである。急いでこの方を用いるとよい。或は麻疹が退いて後風寒に感じたのにもよい。〔小児療治調法記〕には痘疹 出瘡《でそろう》*の前後、或は出てから熱の解せないものに、急に三四服を進めると神効がある。牛房子（炒三匁）、荊芥（一匁）、防風・生甘草（各半匁）を水で煎じ、犀角の末（粉）を加えると最も妙である。

〈癰疽の薬〉〔改補外科調宝記〕に消毒飲は癰疽の内薬として、①防風・荊芥・羌活・独活・柴胡・薄荷・連翹（膿のある者には去る）、桔梗（下にあるのは去る）、枳穀・川芎・白茯苓・前胡・金銀花・甘草に、生姜（三片）と棗（一ッ）を入れて煎じて用いる。大便の結には亡硝・大黄を加え、熱が甚だしく痛みの強いのには、黄芩・黄連・乳香を加える等諸症に応じて加減がある。②消毒飲に、牛蒡子・荊芥・甘草（各二戔）の調合の方もある。

生禿烏雲油【しょうとくううんゆ】〔昼夜重宝記・安永七〕に生禿烏雲油は、禿げた跡に髪を生やす薬。秦椒・白芷・川芎（各十匁）、蔓荊子・零陵香・付子（各五匁）を生で細かに刻み、絹に包み、白絞り油（白胡麻種子精製の上質油）に二十一日浸して置き、一日に三度ずつ禿げた跡、或は髪のない所に塗る。この油の掛った跡はどこでも髪が生えるので、無用の所には雫でも掛らないように用いる。

消毒散【しょうどくさん】〔斎民外科調宝記〕に消毒散は、枯痔散*で治療したものに用いる。連翹・金銀花・忍冬・防風・荊芥・厚朴・黄連・防已・黄芩・甘草（各等分）を煎じて洗う。

消毒定中散【しょうどくじょうちゅうさん】〔骨継療治重宝記・下〕に消毒定中散は、趺撲 腫痛を治す。無名異・木耳・大黄（各炒各五両）を末（粉）とし、蜜水に調えて塗る。もし、内に瘀血があれば砭《いしばり》で去り、付ける。腐った処はさらに当帰膏をつけると最もよい。

聖徳太子の事【しょうとくたいしのこと】 聖徳太子は、用明天皇の第二皇子、おばの推古天皇の摂政として内外の政治を整備し、特に仏教興隆に尽力。また『先代旧事本紀』などを撰し（〔日用重宝記・二〕）、推古十一年には冠位十二階を制して冠を絹で縫い、聖徳太子を冠師の祖とする（〔人倫重宝記・二〕）。推古三十年（六二二）四十九歳没。

〈聖徳太子堂〉〔願懸重宝記・初〕には、四天王寺 聖徳太子堂へ縫針を二本納めると婦人は一生懐胎しない。また他家から納めた太子堂の針を乞い請けて帰り信仰すると懐妊は疑いなく、針を請けるとよい。

〔年中重宝記〕に、正月二十二日太秦聖徳太子堂法事。二月二十二日太秦広隆寺聖徳太子会式。八月二十二日太秦聖徳太子開帳幷会式。

浄土宗【じょうどしゅう】〔年中重宝記・四〕に次がある。十宗*の一。釈尊の後、世親菩薩より出て菩提流支三蔵を祖とし、唐土には曇鸞 道綽 善導大師が出、日本では法然上人を祖とする。順徳帝の建暦二年（一二一二）に入寂、追々諡《おくりな》号を賜い、文化年中（一八〇四～一八）六百年忌迄に円光東漸 恵成 弘覚大師と称する。〔日用重宝記・四〕に、浄土宗は念仏宗、他心宗ともいう。観経 双観経 阿弥陀経 往生論等を用い、これを三経一論という。馬鳴 菩薩 龍樹 天親らが出、シナの教祖は天竺の流支三蔵がシナに入り、魏の南台洛下永寧寺に住して経論を多く訳し、曇鸞 道綽（聖道 浄土二ツを立つ）善導（捨身 往生を説く）はシナの祖師である。本朝では法然上人が祖で、『撰択集《せんちゃくしゅう》』を著わし、『一枚起請』を以って俗に説く。寂して円光大師と諡があり、五百年遠忌に東漸、五百五十年忌に慧成、文化八年（一八一一）六百年忌に弘覚の増諡があり、円光 東漸 慧成 弘覚大師と称する。四宗六派に分かれたが、皆盛んに行われている。〈華洛寺院名籍一覧〉〔万代重宝記・安政五頃刊〕に「鎮西 西山浄土宗之部」は華頂山 大谷山智恩院（洛東真葛原北 寺領六百八十三石余）。鎮西四箇本寺の一、紫雲山金戒光明寺（洛東新黒谷 寺領百三十石余）。鎮西四箇本寺の一、長徳山智恩寺（洛東神楽岡北田中村 寺領三十石余）。西山派四箇本寺の一、聖衆来迎山禅林寺（洛東 寺領四十三石余）等、二十四ケ寺がある。

少納言【しょうなごん】〔万民調宝記〕に少納言は三人で、天子の仰せを下へ通ずる役。〔男重宝記・一〕には鈴、印判を司る役とある。

盛に【じょうに】片言。物の多いことを「じやうに」というのは、「盛」の字かとある。〔不断重宝記大全〕

性に忌む日【しょうにいむひ】暦下段。〔永代調法記宝庫・五〕に、性《しょう》に忌む日は次の通りである。木性は未の日。火性は戌の日。土・水性は辰の日。金性は丑の日。

小児科【しょうにか】〔小児療治調法記〕に次がある。〇小児の病を治すことは古人も皆難しく、その症状を問うことができないので唖科という。小児は脈の浮 沈も定まらないので、「腮《あぎと》の色を診る」*「面部形色（顔色の事）*」「虎口三関」*の紋理を診て、病症を診察する。〇「小児必死の悪症」は、眼の内に赤筋が生じ瞳を貫き、顋門《ひよめき》が腫れ上りまた陥り、爪染み黒く、鼻乾き、腹大きく青筋が出、泣き声が鴉が急に泣くようであり、ぽかっと口を開いて舌を出し、歯切りし、目見詰めて瞳が働かず、口気急にして泣きもせず、口中長虫を吐き出す。これらの小児は必至の悪症で、十人に一人も生きるものはない。〔昼夜調法記・正徳四〕には「小児脈の次第（虎口三関）」「小児の病を見る次第」（後記）がある。

〈小児医師〉〔万買物調方記〕に「京ニテ小児医師」高倉竹屋町上ル 山科利安法印、三条油小路西 村上友銓法印、釜ノ座御池上ル 人見慶安法印、同三条上ル 飯田友益法橋、綾小路堺町東 藤江孝庵がいる。「大坂ニテ小児医師」望月仲庵、同栄庵がいる。「江戸ニテ小児医師」望月仲庵、同栄庵がいる。

〈小児科宜禁〉〔世界万宝調法記・下〕に次がある。〇「児食物宜禁」で「宜い物」和布汁 牛蒡 藕 山芋 零余子 干鯛 薊 鴈。「禁物」栗 烏芋 糯米小・大麦 瓜 胡瓜 茄子 蕎麦 酒 醬 笋 菌 飴 砂糖 芋 鳥 酸い味物 諸果類 塩辛い物 諸魚。〇「小児疳症に宜い物」大麦 粟 麩 大根 莧 牛蒡 蒲公《たんぽぽ》 芹 榧 葛粉 覆盆《いちご》 五茄 枸杞 鰻 田螺。「禁物」糯 麵類 油 飴 砂糖 茄子 瓜 蕨 笋 五辛 酒 菌。〇「痘瘡に宜い物」粟 葛 大根 馬莧 蒲公 牛蒡 枸杞 芽針《つばな》 海月 独活 鯆 田螺。「禁物」糯 麵類 蕎麦 豆腐 御米 油 砂糖 瓜 五辛 笋 茄子 山芋 蝦 菌 蛤 鯛 生菓 鱧 鮎。〇「小児痘瘡穢気」腋下狐臭の氣。行遠労汗の氣。硫黄蚊烟の氣。誤って頭髪を焼く氣。葱 蒜 韮などの氣。酔酒葷腥の氣。房中淫液の氣。溝糞濁悪の氣。吹滅燈燭の氣。柴煙 魚骨の氣。

煎炒油烟の気。闍香燥穢の気。○「小児痘瘡禁忌」生人往来（見慣れぬ人の往来、出産の房室、臨喪など穢気ある所から来る人を忌む）。罵詈呼び怒り。頭の梳《くしけず》りに対して。痒きを掻くことに対して。地を掃かず。荒言を言わず。飲食・歌楽をしないこと。僧道師巫の房に入らないこと。これらの穢気や禁忌を慎み守ると重い症は軽くなり、守らないと重くなる。

小児丸【しょうにがん】〔薬種日用重宝記授〕に小児丸は、通じ粉・唐大黄（各三匁五分）、巴豆（七分）を丸薬にする。

小児諸症鍼灸【しょうにしょしょうしんきゅう】〔永代調法記宝庫・二〕に〈小児諸灸の要歌〉要訳すると、○解顖《げしん》とは臍の上下五分ずつぞ。○顖癇《しんかん》は旋毛の内、風癇は眉の中より一寸。○癲癇は悪い病ぞ早くせよ。鳩尾の下の一寸。○瘧《おこり》には足の大指の其の次の外の陥みに灸を三火せよ。○癇眼は手の陥みにある。大指と次の指との元の雁《かり》股《また》。○下り腹が止り兼ぬるには臍の下二寸 三寸に灸する。○水腫には臍より上の一寸ぞ。なお夏瘦に奇妙。○臍が腫れたら臍より地迄立ちて取れ。それを背中へ宛《あてが》え。○急驚は風眉の真中より上へ七寸なるぞ。早く灸せよ。○乳を吐けば灸を三火せよ。両の乳の中より下の一寸。○雀《とり》目《め》には手の大指の中の節折れ。目の内の角に三火せよ。○洟《すすばな》を垂るるのは肺の冷え、眉より上の五寸に灸せよ。○脱肛に血を下し腹の痛むのには、百会《ひゃくえ》亀の尾に灸を三火せよ。○四五歳迄物を言わぬのには、五の椎の下の左右の五寸に灸せよ。○痘瘡《いもはしか》が眼に入ったら大椎の下を左右へ一寸半ずつ、○不食して疲れて瘦せるのには、十二の椎の左右へ五寸ぞ。〈諸病鍼灸法〉〔鍼灸重宝記綱目〕○初生児が乳を呑まないのには、承漿 頬車 璇璣に針する。○尻の穴のないのには、三稜針で刺し穿つが、深く刺してはならない。○夜啼きには、百会に灸三壮、中脘に針をする。○大便が通じないのには、大腸俞 神闕に灸する。○小便の通じないのには、関元 石門 中曲に針する。○脱肛には、長強（亀尾）に三壮、臍中に三壮、或は年の数程し、久しく癒えないのには百会に七壮灸する。○脱肛 瀉血には、亀尾に一壮する。○四五歳まで話せないのには、心俞に三壮する。○眥《まなじり》の赤いのには、大指 小指の間後ろ一寸半に三壮する。○肩腫れ偏墜は関元に三壮、大敦に七壮する。○はれもの（瘍腫）で奮い寒いのには少海に、○頭中の瘡には陽輔 太沖に灸する。○遍身（総身）に瘡を生ずれば、曲池 合刻 三里 絶骨 膝眼に十四壮する。○初生児に病がなければ、濫りに針灸をしてはならない。その痛みに堪え難く、五臓を動かし却って病を生ずる。

小児諸症療治【しょうにしょしょうりょうじ】〈口頭瘡《あくち》〉〔改補外科調宝記〕に「頭瘡」は、瘡亀の甲を灰に焼き軽粉《はらや》を加えてつける。〔増補咒咀調法記大全〕に「小児あくち（口頭瘡）」は、貝母を粉にし蜜で溶き塗る。〈頭の瘡〉〔俗家重宝集・後編〕に「小児の頭の瘡」を治す薬は、雪の下を黒焼きにして伊勢白粉を交ぜ、胡麻の油で練りつける。「瘡《くさ》」には胡粉を唾で溶きつける。〔万家調法呪詛伝授嚢〕に「頭の瘡の薬」は、伊勢白粉と蕎麦粉を胡麻油で溶きつけると忽ち治る。しかし、無理に直すと悪く、苦しくない所なら用いてはならない。〈頭の吹出〉〔懐中重宝記・慶応四〕に「小児の頭の吹出」は豆腐湯で毛を洗い乾いた時、丁子・肉桂・檳榔子（各五匁）を末（粉）にして胡麻油で溶いて付ける。〈頭瘡の呪い〉〔新撰咒咀調法記大全〕に「頭瘡の呪」は編笠を頭に被せて水を何度も掛ける。但し、瘡の呪いは事によると内攻するので、ただ服薬して追い出すのが一番である。〔調法記・四十七ゟ五十七迄〕には杓の柄を癉のある子に持たせ、その柄に灸を幾つも据える。〈陰茎陰嚢腫〉〔改補外科調宝記〕に「陰茎陰嚢腫」は、○外腎《へのこ》が腫れるのは牡蠣（二匁）、乾地竜（一匁）を粉にして唾で溶き付ける。○腫れて熱があれば蚯蚓の糞を甘草の汁で溶いて付ける。○陰嚢《へのこ》が爛れて大きく腫れ、退かないのには硼砂（二分）を水で擂って付ける。また蟬脱を水

で煎じて洗う。○夜昼となく腫れるのには古い杉の木の節を灰にして白粉を加え、卵の白身で練り付ける。〔丸散重宝記〕には、葱と川椒《せんしょう》を煎じて洗い暖め、生地黄の末（粉）を唾で付ける。熱があれば鶏卵の白身で練り付ける。〔童女重宝記〕に小児陰嚢腫痛には、蚯蚓を干し粉にして唾で溶いて付ける。また天花粉*（一匁）、甘草（一分五厘）を水で煎じ酒を少し入れて飲む。〔諸民秘伝重宝記〕に「ちんぽう（陰茎）」の腫れを治すには、火吹竹でちんぽうを女の子に吹かせると治る。

〈小児淋病〉〔世界万宝調法記・中〕に小児淋病は軽石を粉にして用いる。

〈髪を黒くする方〉〔懐中重宝記・慶応四〕に子供の髪を黒くするには、うこぎ（五加皮）を煎じ度々洗うとよい。〈髪生え薬〉〔調法記・四十七ゟ五十七迄〕に「小児逆子の跡髪を生《はや》す伝」は、鼠の赤子を捕って黒焼にし、胡麻油で溶いて付けると妙に生える。また蝮の黒焼を酢で練りつけ紙に延べ、七日ばかり付けると忽ち生える。

〈月触瘡〉〔丸散重宝記〕に小児の月触瘡は、耳の後ろに生ずる瘡で、月初に出来 月の中に盛り 月の終りに癒える。黄連の末（粉）を付けると妙である。

〈引きつけ［痙攣］薬〉〔調宝記・文政八写〕に痙攣には、頭虱の油気のないのを二三疋、毎月初めに飲むとよい。〔懐中重宝記・慶応四〕に小児が虫で引きつけたのは、牛黄を白湯で用いる。

〈驚風〉〔丸散重宝記〕に、①小児驚風（脳膜炎の類）には牛黄と大豆ばかりを末（粉）して蜜丸に和して服する。②小児驚風の後、睛《ひとみ》が正しくないのには阿膠・人参（各等分）に煎じて服する。〔小児療治調法記〕に驚風の熱は顔の色青紅く、額の真中に青い紋があり、手の真中に汗があり、時々驚惕《おどろき》し、手の脈絡は少し動いて発熱する。〈疳の虫を取る〉〔調法記・四十七ゟ五十七迄〕には、よい天気の巳の時（十時）に白胡麻の油を手の甲 指の額《ひたい》に塗り、日輪に向い手を合せて我が口の中で読む歌、「小松掻き分け出る月 その下影にとるぞ疳の虫」を詠み、一時（二時間）を過ぎると白髪のような虫が多く出る。これを眼に入らないように直に取る。又法、夜明砂を粉にして猪の肉の汁で飲ますと胎毒を下し、諸々の疳の病を治す〔新撰児咀調法記大全〕には「小児五疳*の児」とある。

〈口舌瘡*〉〔改補外科調宝記〕に口の端の瘡には檳榔子を擂り砕き軽粉《はらや》を入れて付ける。瘡が出て腐り久しく癒えないのには葵の根を擂って付ける。口中に瘡が出て乳を呑み兼ねるのには、密陀僧の粉を酢で溶き、足の土踏まずに付ける。〔童女重宝記〕に口吻の瘡には、釜底の墨を採り酒で溶き付ける。〔調法記・四十ゟ〕に口瘡の薬は古い茶袋に黄栢を少し入れて黒焼きにし胡麻油で付ける。〔丸散重宝記〕に口舌に瘡を生じ痛むのには、天南星の末（粉）を酢に調え、男は左 女は右の足の裏につけると妙である。〔丸散重宝記〕には細辛の末（粉）を酢で調え臍の上に付ける。〔鍼灸重宝記綱目〕に「口瘡」は上脘 中脘 下脘に灸する。「舌瘡」が出て乳を呑まないのには明礬を粉にして鶏卵に入れ、酢の中に置き、足の土踏まずに七日付けると癒える。

〈小児五疳*の薬〉〔新撰児咀調法記大全〕には夜明砂を粉にして猪の肉の汁で飲ますと胎毒を下し諸々の疳の病を治す。〔懐中調宝記・牛村氏写本〕に五疳の妙方薬は、黒い疣蟇の腸を出し、腹の中へ紅花を詰めて黒焼（一匁）・熊胆（三分）・人参（一分五厘）を芥子粒位に丸ずる。〔調法記・四十七ゟ五十七迄〕に、合歓皮と車前子を酒に浸して置き、後に黒焼にし鰻の焼いたのに付けて食すると大いに効験がある。

〈呃逆〉〔教訓女大学教草〕に呃逆《しゃくり》が止まらないのには生姜二三片を嚙むとよい。また皂莢の殻を粉にして鼻の穴に吹き入れると嚔《くさめ》が出て止む。

〈咳〉〔童女重宝記〕に小児の咳嗽《せき》が出て止まないのには、蜂房《はちのす》を焼いて粉にし二分五厘ずつ飯の取り湯で用いるとよい。〔調宝記・文政八写〕に小児の「うわ咳」には卵を掻き混ぜ、破竹一節で焼く。大人の痰にも

よい。

〈小児心腹痛〉〔小児療治調法記〕には、総じて積痛、食痛、寒、虫痛があるが、大同小異とある。○虫痛は、顔白く口中に沫清水《むしず》が出て、痛み詰めではなく、時として痛む。これは児が元々弱く、胃が寒冷な時虫が動いて痛むものである。○虫痛は癇と似るが、目は斜がまず手が搐《びくつ》かないものであり、安虫散*を用いる。○腹痛を治すには、炙甘草・乾姜（各二匁）、伏龍丸（二両）、人参・茯苓・白朮・百草霜《なべずみ》（各半匁）を末（粉）にして粥で丸じ、陳皮湯で呑ます。○蚘虫《かいちゅう》の痛を治すには、陳皮・半夏・茯苓・練根・甘草を水で煎じて用いる。

〈泄瀉嘔吐〉〔秘方重宝記〕に、小児が泄瀉嘔吐し食進まず黙々として口渇し煩うには、茯苓・厚朴・甘草・白朮（各大）、陳皮・半夏・葛根（各中）を煎じて用いる。○「虫窒」には狼毒を加えて用いる。

〈大小便結〉〔家内重宝記・元禄二〕に小児の大小便の結するものには、甘遂《にわそ》を末（粉）し、蜜で服する。臍に塗るのもよい。〔小児療治調法記〕には生まれ落ちて大便をしないのには、まず葱の尖《さき》を肛門に入る程入れ、次に牛黄散*で硃砂丸*を送り下す。〔丸散重宝記〕に、○小児の秘結には猪苓の末（粉）を卵白で掻き混ぜ煮て服する。○小便不通には延胡索と川楝子（等分）を末（粉）し、酒或は白湯で用いる。〔男女御土産重宝記〕に「渋柿を食い結する」には、白砂糖を水で溶いて飲ます。

〈痢病〉〔童女重宝記〕に小児の痢病には粥の中に干柿の霜を入れて再び煮立て食わす。乳母も食する。小鮒一匹を黒焼にし白湯で用いる。また赤小豆を粥にして酒で溶いて何度も足の裏に塗るのもよい。

〈乳〉〔家内重宝記・元禄二〕に小児が乳を飲まない時は甘草を煎じて飲ます。韮の汁を絞り出して飲ますと古血を吐き出して病はない。〔増補咒咀調法記大全〕に乳を余すには、莪朮と緑豆を煎じ乳を交ぜて飲ます。牛黄を少し入れてもよい。柿の種を蔕と共に焼き粉にして湯で飲ますのもよい。

〈泥土を食するに〉〔丸散重宝記〕には小児が好んで泥土を食うには、軽分一分を砂糖で和し丸じ米飲で下す。〔調法記・四十七ゟ五十七迄〕に土砂や陶器《かわらけ》等を食うには、青い胡桃の皮を陰干して細末（粉）し、水糊で練り丸薬にして五七粒ずつ白湯で飲ますと妙に治る。

〈銭を吐き出す〉〔万家調法呪詛伝授嚢〕に小児が銭を呑んだのを出す法は、木賊《とくさ》を粉にして呑ますとよい。

〈夏沸瘡〉〔里俗節用重宝記・中〕に小児の頭の夏沸瘡《なつぶし》は束子類をよく拭い、葛酸漿を揉み潰し、葉共に汁を塗るとよく癒える。

〈歯痛〉〔童女重宝記〕に急に歯が痛むには、苦竹《にがたけ》を焙り瀝《あぶら》を採って歯に塗る。また黄連の粉を痛む歯に付ける。虫歯には石灰を粉にして砂糖で丸じ痛む歯の空《うろ》に入れる。山椒（五十粒）・巴豆（一粒）を飯糊で丸じ布に包み虫歯の穴を塞ぐ。痛みの強いのには乾姜（一両）・雄黄（三戔）を粉にし塗ると忽ち止む。歯痛の諸薬が効かないのには、甘草一味を濃く煎じて含み度々嗽《くちすす》ぐと三五日で癒える。山椒を煎じて嗽いでもよい。

〈身の痒いのには〉〔妙薬調法記〕に子供の身の痒いのには、生姜を砕き布に包み撫でると直に止む。

〈虫薬〉〔万まじない調宝記〕に子供の虫には海人草《まくり》を用いると妙とある。〔重宝記・儀部家写本〕は「小児虫薬 諸々の虫に吉」として、はせん（馬銭＝マチン）・あいろ（各等分）を飯粒で丸じ、小児には小粒にして五痔*によい。〔懐中重宝記・慶応四〕は虫の薬に、木香・莪朮・檳榔子・苦辛・仙人草・胡黄連（各四匁）、三稜（二匁）、黄檗・黄檗（炒る）（各三匁）、黄檗（黒焼き二匁）を、○これ位に丸じ、一日に三度、食前に二十五粒ずつ用いると爪の間から虫が出る。

〈虫封じ呪い〉〔秘密妙知伝重宝記〕は小児の虫を封じるに、「秋風は冬の始に吹く物ぞ 木草も枯れる虫も静まる」「秋過ぎて冬の始は十月よ 霜枯れたれば虫も静まる」。この歌を青い木の葉に書いて、その子の名と年を記し、竹の筒に入れて栓を

して高い所の住に打ちつけて置く。〔調法記・四十七ゟ五十七迄〕はこの二首を唱えながら、腹をさすると虫腹を妙に治す。

〈夜泣き薬〉〔家内重宝記・元禄二〕に夜泣きには、○前胡を末（粉）し蜜で丸じて飲ます。○五加皮を末（粉）し臍に塗る。〔懐中重宝記・慶応四〕に夜泣きには牛黄（二匁）・辰砂（一分）を蜂蜜で溶いて用いる。〔永代調法記宝庫・二〕には、○灯心を焼灰にして乳の上につけて飲ませる。○辰砂一字をこの焼灰に加えてよく研り粉にし白蜜で練り、小児が寝入った時口中に入れるとよい。○辰砂で甲寅《こういん》《きのえとら》の二字を書き小児の寝る上に貼ると止む。〈夜泣き呪い〉〔諸民秘伝重宝記〕に夜泣は天南星の粉を掌《てのひら》に薄く貼りつけて置くと必ず止る。〔調法記・四十七ゟ五十七迄〕には、「天皇皇 地皇皇」と六字を紙に書き竈の床に貼って置くと止まる。また、青木香を粉にして白湯で用いるのもよい。哥「あし原や千原の里の昼狐昼は鳴く共夜はな鳴きぞ」。また哥「人夜は鳴く共昼はな鳴きぞよみがへるなりけいなりとのへ」。この二哥を詠み詠み男子は左、女子は右の耳に吹き入れる。夜泣きが止るのは妙である。〔日用調法人家必用〕に「小児夜啼の呪」は、当人の臍の下へ「田」の字を書いて置くと止む。○小川町屋鋪辻番所の脇にある井戸へ茶湯をすすめると夜啼きは止む。〔万用重宝記〕には「夜泣きとはただ盛り立てよ」と書いて寝さす上に貼って置くと奇妙である。○子供を寝入らす呪いは子の顔に「山」という字を三ツ指で書くと、どれ程喧しくてもよく寝入る。

〈夜尿〉〔調法記・四十七ゟ五十七迄〕は小児夜尿を治すに、○薔薇の根を刻み二匁を煎じて毎夜用いる。○赤豆の葉を搯り 汁を飲ませる。○益知《やくち》を散薬にして塩湯で、○萆薢《ところ》を粉にして塩湯で、○鶏の腸を黒焼にして白湯で用いる。○柿の蔕四匁に水一合半を入れ、一合に煎じ七日間用いる。○寝小便*した所に半紙一折を置き、寝莫蓙を敷いて寝させ、これを黒焼きにして甘草五分を入れて飲ますとその夜から止る。〔万用重宝記〕は子供の夜尿《よばり》に、男の子には鳩の雄鳥、女の子には雌鳥の糞を煎じて飲ますと奇妙である。

〈諸症〉〔改補外科調宝記〕には次の小児諸症の列挙もある。○「疱瘡の痕」。胡粉（二両）に軽粉（一匁）を擂り交ぜ、猪《ぶた》の油で練り合せて付けると痕はない。○「陰瘡 耳瘡 爛れ 瘭疽」。火で焼くようなのは馬の骨を灰に焼いて油で付ける。○「耳垂れ」。膿血が出て痛むのには五倍子（煎り乾かし二両）、全蝎（黒焼一両）を粉にして耳の内へ捻り込む。○「小児瘰癧」。楡白皮を生で搗き泥のようにして再々付けかえる。○「臍の爛」。杏仁の皮を去り擂り爛らかして付ける。生れ子の臍が合わないのには黄柏と明礬を粉にして付ける。臍が腫れるのには荊芥の煎じ湯で洗い、葱を包み焼きにして火毒を冷まし、薄く剝ぎ 或は搗き爛らして付ける。○「咽の腫」。杏仁を黒く焙り爛らかし含ませる。○「膿瘡」。身の内が湿り乾かないのには黄柏の粉に明礬を少し入れて付ける。○「頤の腫」。黄柏の粉を水で練り足の土踏まずに付ける。○「小児瘡」。瘡を生じ全身顔が火で焼くようなのには粟を粉にして蜜で練り癒える迄付ける。○「遅髪」。香薷（二匁）に水一盃を入れ三分の一に煎じ詰め、家猪の油を入れて渣を去り汁を付ける。○「口鼻の爛」。口鼻の湿り爛れるのには草烏頭を灰に焼き、射（麝）香を等分に入れて付ける。○「睾丸の腫」。土竜《うごろもち》の糞を薄荷の煎じ汁で練って付ける。○「口噤み」。食事が出来ず死にそうなのには、蛇の脱殻《ぬけがら》を灰に焼き口中を拭い清めて付ける。○「唇の腫」。桑の木の汁を塗る。○「重舌 鵝口」。重舌は物云わぬ事、鵝口は口裏の瘡である。煙硝と竹瀝*とを付ける。また馬牙硝を舌下に付ける。○「脱肛」。久しく癒えないのには黄色の瓜蔞《からすうり》*一ツの中へ明礬五匁を入れ、口を封じて黒焼きにし粉にして糊で丸じ、飯の取り湯で二十粒ずつ用いると癒える。

○「禿瘡」「しらくぼ」。白水*で洗い清め 葱を搗き爛らかし 羚羊角の粉

に蜜を入れてよく練り交ぜて付ける。○「歯疳《はぐさ》」。胆礬（一匁）を香色に煎り麝香を少し摺って入れ、歯茎につけると妙である。○「梅《とう》瘡《がさ》」。梅瘡が口中に出 全身に広がるのには、土《と》草薢《そうがい》を粉にして乳で用いる。一月程で癒える。「小児痘疔」*もある。

〔丸散重宝記〕に単独に出る小児諸症。○「気痳」。小児の気痳*には白芷を酢に浸し焙り末（粉）して 木通と甘草の煎じ湯で一戔を下す。三戔めで効がある。○「潮熱」。小児の潮熱（体温の差し引き）往来し自汗盗汗があるのには、胡黄連と柴胡を等分に末（粉）にして蜜で丸じ、酒と白湯で下す。○「潮熱 骨蒸」で不食し痩せるのは、秦艽・甘草（各等分）を煎じて服する。○「涎れ」。小児の涎は多くは脾熱である。犀角を末（粉）して米飲で下す。

小児初生の心得【しょうにしょせいのこころえ】〈小児初生の調法〉〔小児療治調法記〕に次がある。○初浴《うぶゆ》（益母草 忍冬の煎じ汁、或は「寿世保元」に五根湯*を浴する）と臍帯の事（臍の緒は刀で断らず、綿絹の類で包み咬み断るか、竹刀で児の足の裏の長さ程に断る。但し、初浴を終ってから断るが、その前に断ると断り口から水気が腹に入り臍風*を生ずる）が終ったら、口中舌下 顎上両頬をよく見て細小の白泡や悪汁があれば指で包み拭い取る。もし、咽に入ると舌病 喉病など種々の病を生ずる。○生れてまだ泣き声のしない内に、真綿 或は絹等で指を巻き包み、黄連と甘草を等分に濃く煎じた汁にその指を浸し、小児の舌の上にある古血や穢物を全て拭い去る。もし、泣き声がして腹中に呑み込んだら、煎じた汁を口中に注ぎ込むと暫くして悪い沫を吐き出す。その後に乳を呑ますと痘《もがさ》は出ない。水飛した辰砂を白蜜で練り 小豆大にして、生れて三日間一日に一粒ずつ乳で呑ますと痘や胎毒を免れる。○初生十五日間は頭を立てて抱いて外出せず、襁褓《むつき》の類に包んで臥せて置くと驚癇の類の病はない。○乳と食と一時に混ぜて与えると疳《かん》 癖《かたかい》 痞《つかえ》 癪の病を起すことがある。○産着《うぶぎ》は富貴の家でも新しい物を用いず、七八十歳の人の古い衣物を縫い改めて産着にすると病はなく長命である。○初生後四五ケ月は乳ばかり呑ませ、六ケ月を過ぎて始めて稀粥《ゆるがゆ》を食わせる。二三歳以前に葷腥《なまぐさ》い物を与えると病が多い。臓腑が盛んになってから魚肉を食わせるのがよく、五歳を過ぎて食わすと愈々よい。

〔永代調法記宝庫・二〕には次がある。○小児初生の時 臍の緒の落ちたのを取り、新しい土器《かわらけ》に入れて炭火で四方を囲い黒焼にし、煙が去ったら地上に紙を敷いて移し、茶碗で覆い 火気を冷まし 研《きし》って粉にし、また辰砂をよく研り粉にして水飛し、黒焼の目が三分あれば辰砂の粉一分五厘、黒焼が二分あれば辰砂一分を入れてよく擂り合せ、生地黄と当帰を七分ずつ常の如くに煎じて、黒焼と辰砂を溶いて児の腮《あぎと》に塗り、乳房にもつけ、児にも飲ませ、一日中に残らず飲み尽くさすと、胎毒の悪物は大便より下り、終生疱瘡をせず、その他諸々の病を妙に退れる。○水飛の辰砂を蜜で練って置き、生れ児が声を上げない前に飲ませると、胎毒を下し痘瘡《いもはしか》を軽くする。○生れ児に湯を浴びせる時、児の背中を大事にする。風邪《ふうじゃ》を引かせると癇疾《かんしつ》となる。○生れ児は三五月の内は繃縛に寝させ、頭を立てて抱き起こしてはならず、驚癇を病む。

〈育児心掛け〉〔嫁娶調宝記・二〕に次がある。○生れ児の繦褓や衣服を夜に入る迄外に干してはならず、また火に焙ってそのまま着せると丹毒を煩う。○授乳で、児が寝入ったらそっと乳首を外す。乳母の寝入った鼻息が顖門《おどり》（＝ひよめき）に掛ると病が出る。○小児には小豆の枕がよい。粟の枕を拵え、昼寝等する時は腹の上に置くとよい。上の軽い時は驚き、驚風を起すことがままある。○春夏の日がよく風もない日には、小児を日に干すと無病息災になる。成長してからは、ちょこちょこ歩かすと次第に達者になる。○小児当歳の暮方、二歳の頃より乳ばかり飲ませると、脾胃が悴《かし》けて悪いので、まず冷え粥を少しずつ食わせ、白粥を食わ

せ、後は飯ばかり食わせ、汁ばかり吸わせ、このようにして養う時は息災で、成長後迄諸病は出ない。〔調法記・四十七ゟ五十七迄〕に、○小児には、瓢箪 又は瓶《かめ》等で直ぐに水を飲ませてはならない。もし、誤って飲ませると訥《どもり》になる。○小児に月を指さしてはならない。月蝕瘡*を生ずる。〔秘密妙知伝重宝記〕に子供の命数を知るには、白米に大豆・小豆をよく洗い屋根上にあげ、命があれば直に鳥が拾い、命がない時は拾うことがない。

〈小児の病を見る次第〉〔小児療治調法記〕に次がある。○「両眼を見る」。眼は五臓六腑 神気の集まる所なので、精光がなく、黒睛に運転《はたらき》の気がなく、睫《またたき》に蜂望がなく、魚の目猫の眼の形に似るのは死ぬ。重篤で苦しく見えても、眼に神気があれば生きる症である。○「風熱」は顔が赤く、心臓の病である。○「腎臓の破れ」は顔に黒気を生じ、命は亡ぶ。○「肝臓病」は顔が青く、驚風である。○「脾虚の怯し疳積」は顔は黄で、欠伸を多くする。○「肺の虚寒」は顔が白く、「肺の熱」は粘い涎を流し血を喀《は》く。○「胃の虚・実」は吐瀉して昏睡し、睛を露《あらわ》す者は胃の虚、露さない者は胃の実熱である。○「胃の冷え」は青白い物を吐瀉し、穀が蕩けない。宜しく下す。○「胃の熱毒」は身熱し水を飲み、赤く黄な物を瀉す。○「傷食」は乳の蕩けない物である。○「内熱」は欠伸して多く眠る。○「傷風」は欠伸が多く気が熱する。

〔昼夜調法記・正徳四〕には次がある。○物言うのに日数が遅いのは心気の不足。○年長迄歩かず、歯の生えないのは腎の不足。○清んだ涎を垂れるのは肺寒。○盗汗《ねあせ》は五臓の虚熱。○腫れて丹毒を生ずるのは肺熱。○土を食うのは脾疳。○項《うなじ》が強《こわ》ばり竦むのは肝風。○髪が久しく生えないのは腎の衰え。○心《むね》を痛み水を吐くのは虫の痛み。○奥歯の嚙み鳴らしの甚しいのは驚を発する。○涎沫《よだれ》を垂れて泣くのは虫の痛み。○うかうかとよく睡りひたと嚔ひるのは瘡疹。○吐瀉してよく睡り瞳を現すのは虚熱、瞳を現さぬのは胃の実熱。○粘い涎を垂れ、血を吐くのは肺熱。○糞が青く白く消化しないのは胃の冷え。○吐瀉して乳の溶けないのは食傷。○頭を振り 眼を捻って見るのは肝の風熱。○涙が多く 明りを嫌がるのは三焦の積熱。〔里俗節用重宝記・中〕には三歳以内で、人差し指の本の節に紋があるのは治し易い、中節の紋は重い、三節を越える紋は治し難いとある。

〔永代調法記宝庫・二〕には次がある。○「臍風撮口*」は、舌強ばり 唇青く 口を噤み 乳を飲まず 泣く事がならず、歯茎を見て粟粒のような物が出来ていたら、柔かい青い木綿の布を指に巻いて温湯に浸し、口を開けそろそろと破る。甚しいのには牛黄一分を竹瀝《たけのあぶら》*で練って注ぐと癒える。胎内で風邪の熱を受けた病である。遅いと必ず死ぬ。○「驚風*」は甚だしく奥歯を嚙み鳴らす。○「虫の痛み」は涎を垂れて泣く。また、胸が痛み水を吐く。○「痘疹《いもはしか》」はうかうかと寝入り、ひたと鼻ひる。○「脾疳」は土を好んで食う。○「心気の不足」は物言う事の日数が遅い。○「腎の不足」は成人する迄歩まない。○「腎の衰え」は髪が久しく生えない。○「冷えて痛」は胸が痛み水を吐かない。○「五臓の虚熱」は寝汗を搔く。○「食傷」は吐瀉して乳が溶けない。○「変蒸」は智恵熱*で、気血が長じて三十二日目ごと、熱《ほとお》る度に智恵が勝る。智恵熱が多い程よく、痘《いも》を軽くする。熱が甚だしく泣き煩えば薬を用いる。○「乳を飲まぬ」のは生れ出て児の口を拭わないため穢物が腹に入り腹脹が満し、乳を飲まない。茯苓丸*で下す。○「乳を余す」のは莪朮と緑豆を煎じ、乳を交ぜて飲ます。また、柿の種・蔕ともに焼き、粉にして湯で飲ます（〔万家調法呪詛伝授嚢〕）。

〈育児心得〉〔里俗節用重宝記・中〕に「小児育る心得」がある。愛に溺れて食物を弁えもなく与え、心の侭に育てるのを第一にすると、十二三歳迄も愛に誇り、後には役立たずとなる。小児は、親の教えにより初め

て物言い、礼儀、人の道を学び覚えるもので、愛する内にも心得が要る。人は教えによりよく知を発し、人の道にも入るもので、幼少より筆を取らせ、その気根程に奨め、『六喩衍義』『五常五倫の辧』の仮名本を常々読み聞かせるとよい。朝早く起き、二十四五歳迄に諸芸*を習い覚えないと万事行き着かぬ。富貴は生れによるが、志は学ばぬ愚より一生を惑い後悔する。皆親が教えないのと、子の柔弱なためと心得るがよい。例え相続を求めても、賢い人は養子の心を見て取り愛し育てた父の愚を察し、恥ずかしいことである。生得の良い所を挙げて愛せず、一ツでも悪い事に心をつけて油断なく戒めるのが、子を愛する第一の徳である。

〈小児祝言の品〉〔料理調法集・祝儀用之巻〕には三十六品がある。鯛 鱒 鱸 鮒 鯨 蛤 烏賊 田作り 鶴 鷺 白鳥 雉子 鴨 昆布 大根 蕪菜 牛蒡 麩 梅 干栗等。

小児斜差の穴【しょうにすじかいのけつ】〔永代調法記宝庫・二〕に小児の諸病に灸する斜差《すじかい》の穴は、背中の第九椎の下左右各一寸五分ずつ、次に十一椎の下左右各一寸五分ずつ、それぞれ開いて点をする。男は九の左と十一の右、女は九の右と十一の左に一穴ずつ据える。小児の諸病に全てよい。

小児胎毒【しょうにたいどく】〔改補外科調宝記〕に小児遺毒《たいどく》（はすね・とうがさ）は、小児の父母が楊梅瘡《とうがさ》*を煩い、その毒を子に伝えた瘡である。初めは赤く斑に粒々と出、甚だしいのは爛れる。内薬は、荊防敗毒散*を用い、外薬は玉紅膏*を用いる。〔秘密妙知伝重宝記〕に小児胎毒の一生の根切りは、その子が生まれてまだ海人草《まくり》を呑ませない先に青酸漿《ほうずき》と蕗の根とをよく煎じて飲ますと胎毒の心配はない。〔調法記・四十七ら五十七迄〕に小児胎毒を治す伝は、生の胡麻を嚙み爛らし絹に包み児に吸わせると胎毒は下る。〔薬種日用重宝記授〕等は、加味五香湯*を用いる。

小児胎瘤【しょうにたいりゅう】〔改補外科調宝記〕に小児胎瘤は、頭上や胸乳の間に生じて腫れ起り、大きいのは饅頭、小さいのは梅李《すもも》のようで、皆胎毒の瘀血が滞りこの症となる。治方は、針で刺して破り、小豆のような黒い血が出る時は治し易い。薬は五福化毒丹*を用いる。

小児痘疔【しょうにとうちょう】〔改補外科調宝記〕に小児痘疔は、疱瘡の毒が心肝の二経に滞り、初発時には紫色のものがちょぼちょぼと出て、翌日黒く変じて見える。毒の浅いものは浮んで高く潤いがあり、毒の深いものは窪んで色が焦がれて見える。起る時は結痂《ふたづくる》*前後で、身暖かに痂が潤い声の澄むのはよく、脇腹腰に出て身熱し面色焦がれ声の嗄れるのは悪い。治方は、まず針で痘疔を刺し破り太乙膏*をつける。内薬は鼠粘糸湯*を用い、癒えて後は八珍湯*を用いる。

小児痘風瘡【しょうにとうふうそう】〔改補外科調宝記〕に小児痘風瘡は、小児の疱瘡の毒が残り、肌膚《はだえ》に熱を留め、外より風邪を引いてこの症となる。まず細かな瘡を起し、痒くなり、次第々々に一所に寄る。たわ汁（瘡瘍の膿汁）が出ては痂《ふた》づくり、痒いこと甚だしい。治方は、まず葱を煎じて洗い、麦銭散*を塗るとよい。他に、加味升麻葛根湯*がある。

小児痘癰【しょうにとうよう】〔改補外科調宝記〕に小児痘癰は、疱瘡の滞りで、痘癰はもと不足して脾肺の二経に留まり、手足胸背中に滞り、腫れ広がるものである。大きさは李《すもも》のようである。この症は多くは痂が収まって後に起る。身乾かず、涼しいのをよしとする。薬に保元湯*太乙膏*がある。

小児軟節【しょうになんせつ】「軟節《はすね》」ヲ見ル

小児の脈【しょうにのみゃく】「ここうさんかん（虎口三関）」ヲ見ル

小児百日咳【しょうにひゃくにっせき】〈治法〉〔諸民秘伝重宝記〕に「小児百日咳治法」は、香付子・陳皮・三稜・青皮・乾姜・良姜（各等分）を、一貼の目方を二三歳は四五分、四五歳は六七分、十歳位は一匁、水は小児の分量に従い、煎じ用いてよい。〔日用調法人家必用〕に「小児百日咳の呪」

は、「雀の千足」と称して雀千羽分の足を一器《ひとうつわ》で黒焼きにしたのを細末（粉）にして耳掻二ツ程呑ますと必ず止む。これは売薬にはなく、御鷹方で製薬するものがある。〔重宝記・礒部家写本〕は百日咳の大妙薬として、五味異香散*から人参を去り、四味に桔梗・神麹・麦芽・青皮・杏仁・桑白皮・五味子・付子を加える。秘密の伝方である。〔胡椒一味重宝記〕に小児の百日咳は、胡椒（大）・陳皮（中）を煎じて用いる。〔懐中重宝記・慶応〕に子供の百日咳は、胡桃を煎じて用いる。「五味異香散」モ見ル

小児葡萄疫【しょうにぶどうえき】〔改補外科調宝記〕に小児葡萄疫は、四季の不正の気を受け皮膚に滞って散ぜず、腫物となる。大小異なり、色青く紫黒斑《まだら》で、葡萄のようで出所定まらず、後胃に伝え、牙の根より血が出る。まず灸をして太乙膏*をつける。薬には、羚羊角散*・胃脾湯*がある。

醸乳の法【じょうにゅうのほう】児が胎中で熱を受け、生れ落ちて顔赤く眼閉じ、大小便が通ぜず、乳を呑むことが出来ない時は、猪苓・沢瀉（炙る）・赤茯苓・生地黄・天花粉*を、一服三匁を水で煎じ、乳を絞り捨て、空き腹にこの薬を呑ませ暫くして後に、乳を呑ませるとよい。〔小児療治調法記〕

少年【しょうねん】唐人世話詞。「若衆《わかしゆ》をば、童《とん》子《つう》と云ふ。又少年《じやうねん》と云」。〔男重宝記・五〕

消膿飲【しょうのういん】〔改補外科調宝記〕に消膿飲は、肺痿 肺癰の薬とある。天南星（一匁）、生地黄・知母・貝母・阿膠・川芎・白芨・白芷・桑白皮・甘草（各五分）、天門冬・射干・桔梗・薄荷・杏仁・半夏・紫蘇・防風（各七分半）に、生姜（七片）と烏梅（一ッ）を入れ煎じて用いる。

樟脳貯え様【しょうのうたくわえよう】樟脳を壺に入れて口をよく貼り、俯けにして置くと、何時まで置いても減ることはない。〔新撰咒咀調法記大全〕

商の事【しょうのこと】〔万物絵本大全調法記・上〕に「商 しやう／あきびと」とあり、四民*階級の第四（〔男重宝記・二〕）である。中国では子貢《しこう》が貨殖《かしょく》（＝資産増加）のために商いをするのに道を学んだといい、商人は学問して心卑しくないように心に絹を着せよとある。「商人《あきびと》」モ見ル

〈五行の音〉〔万まじない調宝記〕に商は、金に配し歯に触れて発する声である（〔同〕前歯で唱えるサ行の字）。〈謡分け〉〔囃子謡重宝記〕に商は、喉で出す息なので平調、秋の調子である。又「五音謡分の事／幽玄 黄水」とし、花山に入り日を暮らし荒林に至って面白く、我が家に帰るのを忘れるのに似ている。ただゆらゆらとした心である。しかし、長々しいことではなく、ただ心を強くするのを本とする。

〈五音の気で吉凶を知る〉〔重宝記・幕末頃写〕に商気は秋を司る気で平調である。この気の形は上で高く立とうとして横になびく、大凶の気である。〈算盤の用字〉〔古今増補算法重宝記改成・上〕に商は、割って表わす数、又は開き表した数をいう。見商《けんしょう》 得商《うるしょう》ともいう。

省の四分【しょうのしぶん】〔男重宝記・二〕に中務省・式部省など八省*の四分は、卿《きょう》《かみ》（大／小）・輔《たゆう》《すけ》・丞《じょう》・録《さかん》である。

上の字をつける【じょうのじをつける】〔男重宝記・一〕に、公方*家には上意、上使、上聞、上覧など、「上」の字をつけていう。

上の村【じょうのむら】「土地の善悪見様」ヲ見ル

庄野より亀山【しょうのよりかめやま】東海道*宿駅。二里。本荷百二十八文、軽尻八十一文、人足六十二文。ここで焼米を小さい俵に入れて売る。名物である。八王子権現の社がある。泉川 仮橋七十間がある。泉村、をた、海善寺村、川合村 橋がある。左に道があり、神戸へ行く。わだの村、坂がある。〔東街道中重宝記・寛政三〕

商売往来【しょうばいおうらい】〔万家日用調法記〕に商売は応神天皇の時に始り、その後推古天皇の時に聖徳太子が民屋の者に万ずの商売を教えたとある。その時商い神には蛭子尊を祭れと言われてより、今商家には恵比

寿を敬う。また大黒は大己貴命《おおあなむちのみこと》で、米穀薬草を教えた祖とある。『商売往来』は冒頭の「凡そ商売に持ち扱ふ文字 員数 取遣之日記 證文 注文 受取質入 算用帳 目録 仕切之覚」とあり、終りには商人心得の言葉も入れた商売に必要とする諸文字の学習書である。元禄六年（一六九三）の堀観中（流水）『商売往来』が出てから、『農業往来』等各種の専書も出版されている。

椒梅湯【しょうばいとう】〔医道療治重宝記〕に椒梅湯《しょうばいとう》は、心或は腹が、時に痛み時に止み、顔白く唇の赤いものを治す。これは、胃口に虫があり、痛みをなすのである。烏梅・胡椒・檳榔・枳実・木香・香付子・砂仁・金鈴子・厚朴・干姜・甘草に、生姜を入れて煎じ服する。虫による心、腹痛を治す。

商売の守／符【しょうばいのまもり／ふ】〔増補咒咀調法記大全〕に次がある（図249）。①「商売の時の守」。この符の上に②梵字、裏書に梵字③を認める。④「商売の時の守」は商いする内に掛ける。⑤「商売の時の符」。

小麦湯【しょうばくとう】小麦湯は水痘*の薬。滑石・甘草・地骨皮（各一分）、人参・麻黄・大黄・知母・羌活・葶藶（各二分）、小麦（七粒）を入れ水で煎ずる。〔小児療治調法記〕

状箱括り様【じょうばこくくりよう】〔不断重宝記大全〕に状箱の括り様は、○常礼の状箱は三重廻し、○祝言状*は二重廻しで左の方で結ぶ。○弔状*は四重廻しで右の方で結ぶ。

小半【しょうはん】明異名訣*。〔古今増補算法重宝記改正・上〕に、三分の一を小半とする。

相伴【しょうばん】〈武家名目〉〔男重宝記・一〕に相は儐《ひん》で客あしらいをすること。伴は陪で倍《はんべり》従《したがう》することである。垣下《えんか》ともいう。昔は、山名・一色・京極・赤松の四家を四職*と名づけ、その他大名の中でも器量ある者を選び、御相伴衆に加えた。〈伴食〉〔童学重宝記〕に相伴は、客人同座に呼ばれることなので、遅く行ってはならない。正客が立たない前に立ってはならない、等とある。

青皮【しょうひ】〔薬種重宝記・下〕に、和・唐果「青皮 あをき蜜柑の皮。水に浸し白身を去り 刻み焙る」。〈薬性〉〔医道重宝記〕に青皮《しやうひ》は苦く温、気滞を散じ、結積を破り、食を下し、痰を消し、肝を平らげ、脾を安んずる。水に浸し、蒂と内の白身を去り、刻み焙る。青い蜜柑の皮。

青皮散【しょうひさん】〔牛療治調法記〕に青皮散は、青皮・陳皮・芍薬・細辛・茴香・白朮・桂花・肉桂・甘草を末（粉）し、毎服半両に、生姜（一両半）を和し水一升を煎じて潅ぐ。水が臓を破ると忽ち苦しみ（困々）、腸（糞）は蕩滑して瀉《くだ》る。喘急し 黄色く痩せ 毛の長いのは、冷気を伝えて膀胱に入る。

図249 商売の守／符

①「商売の時の守」（増補咒咀調法記大全）

②「符の上の梵字」（増補咒咀調法記大全）

③「裏書の梵字」（増補咒咀調法記大全）

④「（商売の時の）守」（増補咒咀調法記大全）

⑤「（商売の時の）符」（増補咒咀調法記大全）

消痞湯【しょうひとう】〔医道療治重宝記〕に消痞湯は、中気虚弱して痞となるのを治す。飲食 痰癪が痞となり、また湿熱が甚だしく痞となるのを治す。人参・白朮・茯苓・陳皮・半夏・厚朴・枳実・黄連・砂仁・沢瀉に生姜を入れ、煎じて服する。これは痞満*を治す主方である。

少府【しょうふ】〈経絡要穴 肘手部〉二穴。少府は掌の内 小指と薬指とを屈め両指の頭の当る間にある。針二分。灸三壮か七壮。胸煩れ 息少なく、人を恐れ、手の中熱し、肘痺れ、脇引き攣り、胸痛み、陰痒く痛み、小便の通じないのを治す。〔鍼灸重宝記綱目〕

承扶【しょうふ】〈経絡要穴 腿却部〉二穴。承扶は尻の下、股陰の上、横筋の真中にある。針七分、灸三壮。或は禁灸。腰と背を相引いて痛み、久しい痔、尻腫れ大便堅く、小便の通じないのを治す。〔鍼灸重宝記綱目〕

小歩【しょうぶ】「けんち（検地）」ヲ見ル

菖蒲【しょうぶ】〔万物絵本大全調法記・下〕に「菖 しやう／あやめ。石菖蒲。夏」。〔薬種重宝記・下〕に和草、「菖蒲 しやうぶ／いはあやめ／せきしやう。鉄を忌む、皮を去り、刻み焙る」。「艾 菖蒲を軒に挟む事」については、「端午の事」ヲ見ル

傷風【しょうふう】「傷寒《しょうかん》」ヲ見ル

消風散【しょうふうさん】〔小児療治調法記〕に消風散は、中地風*の薬。荊芥・羌活・甘草・人参・茯苓・防風・姜蚕・川芎・藿香・蟬蛻（各二両）、陳皮・厚朴（各半両）を細末（粉）にする。この消風散（二匁）と蟬蛻（二匁）を末（粉）にして、三服に分ち、酒・生姜・薄荷の汁四五滴を湯に入れて調え、二三服で醒める。

菖蒲丸【しょうぶがん】〔小児療治調法記〕に菖蒲丸は、小児の物言いの遅いのを治す。菖蒲・人参・麦門・川芎・遠志・当帰・乳香・辰砂（研各一匁）を末（粉）し、練蜜で丸じ、粳米飲（うるごめの湯）で用いる。

浄福寺納豆【じょうふくじなっとう】〔料理調法集・造醸之部〕に浄福寺納豆は、大豆一斗を煮、小麦一斗を炒り 挽き割り、麹に寝かしよく花がついた時、日に干し石臼で挽き割り 絹で篩い粉にし、塩三升と水七升を煎じ冷まし、粉を捏ね 桶に押しを掛けて置く。毎月二度（一書三度）ずつ搗き、夏土用中に製し、十一月上旬 山椒百二十目を細末にして交ぜ合せる。〔ちやうほう記〕には、黒豆一升を味噌のように煮る。小麦一升を炒って挽き割る。一ツに掻き交ぜ、寝せて干し、石臼で挽き、さなぎを干して又よく挽き粉にする。水七合に塩三合を 一時（二時間）程煮て冷ます。この三品の粉を練り搗き、毎月一度ずつ 毎日干し夕方仕舞い桶に入れるのを、十一月迄する。山椒の粉を入れて、また搗き仕舞い舐めて塩梅のよい時、木の葉の形に拵える。陰暦六月に京都、浄土宗の浄福寺で製した。

勝負事に運強き呪【しょうぶごとにうんつよきまじない】〔万用重宝記〕に勝負事に運の強い呪いは、紙で幣を切り、懐中すると妙である。

菖蒲散【しょうぶさん】〔牛療治調法記〕に菖蒲散は、菖蒲・白芷・知母・貝母・文蛤《はまぐり》・甘草・川大黄・瓜蔞子（からすうりの実）を末（粉）し、毎服三両に白礬（一両）・蜜（四両）を水一升で調えて灌ぐ。肺の病を得ると、眼瞳黄ばみ、起き臥し頭を墻に抵《あ》て、喘気多く 転筋《こぶらがえり》する。また蹶張《つまずきふんばる》するものに用いる。

菖蒲酢【しょうぶす】〔料理調法集・造醸之部〕に菖蒲酢は、酒・水（各一升）、白餅（十文取位一ツ）の三品を壺に入れ、よい酢三盃、菖蒲の根の茎ばかりを壺に入れ、口張りして風が入らないようにして日に晒す。夏秋は半月、冬春は一月余で熟する。尤も、用いる時の分量に従い、水酒等分に跡へ入れて置くと久しく尽きることはない。俗に「万年酢」という。また、餅は二三ケ月に新しいのを入れるとよい。「和泉酢」モ見ル

生仏【しょうぶつ】「びわ（琵琶）の事」ヲ見ル

浄府湯【じょうふとう】〔小児療治調法記〕に浄府湯は、小児の一切の癖塊《かたまり》で

発熱し、口乾き小便赤く、或は洞瀉するのを治す。柴胡・茯苓・猪苓・沢瀉・山査・三稜・莪朮（二味酢で炒）（各一匁）、黄芩・人参・半夏（各八分）、胡黄連・甘草（各三分）に、生姜と棗を入れて煎ずる。

勝負に射負けた者【しょうぶにいまけたもの】〔弓馬重宝記・上〕に勝負が決まって射負けた衆中は、鳥目《ちょうもく》（＝銭）二銭ずつ持ち出し、我が矢の弭《はず》の本に置いて帰る。その後に射勝った人が出て取る。鳥目集めは種の役である。懸銭の事はその時の定めにより何程でも掛けてよい。眠り落*は二人前ずつ出す。その訳は矢代一ツなので矢一筋を勢子二筋と見るので、二人前である。口伝。

勝負的銭の事【しょうぶまとぜにのこと】〔弓馬重宝記・中〕に「勝負的銭の事」として次がある。筈かけ＝一銭。ぢ＝二銭。山＝三銭。両ぢ＝四銭。おすか＝五銭。二山＝六銭。おすかの字＝七銭。三山＝八銭。くくり＝十銭。二くくり＝二十銭。一丁＝百銭。そうかう＝二十銭。あり明＝十五銭。或は云う、東山殿（義政公）の代迄は、筈銭は金銭 銀銭を懸けた、今以ってなるまいものでもない。

しょうぶわけ【しょうぶわけ】片言。「しやうぶわけは、所務分」である。〔不断重宝記大全〕

常平五銖【じょうへいごちゅう】銭の事*。銭占。〔万用重宝記〕に「常平五銖」は、シナ北斉高洋天保四年（五五三）に鋳造された銭（図250）。この銭〔ヲ持ツ人〕は物の頭になる人で、敬われる。

図250「常平五銖」（万用重宝記）

消癖湯【しょうへきとう】〔医道重宝記〕に消癖湯は小児の癖疾*、発熱して口乾き、小便の赤いのを治す。人参・白朮・半夏・茯苓・柴胡・黄芩・猪苓・沢瀉・三稜・莪朮・胡黄連・麦門冬・山査子（各等分）、甘草（少）を生姜と棗を入れて煎ずる。病が久しく、脾胃虚する者には用いない。なお症状により加減がある。

小便の事【しょうべんのこと】〈小便閉〉〔医道重宝記〕に小便閉は寒熱が膀胱に宿り気が閉じて通じないもので、諸虚 失血色々ある。脈は浮弦 濇（滑ならず渋る）。薬は八正散*がある。○「小便が渋る」時、滞りを通じ穴を利するには瞿麦・車前子・木通・滑石を用いる。○「小便の赤い」時は、黄蘗と知母を、湿には猪苓・沢瀉・茯苓を、虚には麦門冬を加える。〔新撰咒咀調法記大全〕は小便閉には、冬葵子三合を水四合で一合に煎じて用いる。粉にしてもよい。蝸牛《ででむし》と巴豆三ツを搗き交ぜ、臍の下へ貼るのもよい。〔文政新刻俗家重宝集〕は甘草を粉にして糊で臍の中へ付紙で貼って置くと通ずる。〔俗家重宝集・後編〕は鶏卵の白身ばかりを呑むと即座に通ずる。〔庶民秘伝重宝記〕は田螺の身を摺り潰し臍に貼る。岩緑青に甘草を十分の一加え、続飯（飯粒糊）に押し交ぜて臍に貼っても通ずる。

〔調宝記・文政八写〕は○菅を煎じて腰湯にする。○沈香（四匁）、甘草（三匁）を煎じて用いる。○枇杷の葉を煎じて用いる。○文蛤貝《はまぐり》のよく曝れたのを粉にして陰茎の口に入れ、女は紙につけて貼る。〔大増補万代重宝記〕は箒木の実一合を末（粉）にして用いる。〔家伝調方記・天保八写〕は○山蒟蒻（天南星）の根を足の裏に付ける。○蜂の巣（雨に懸らぬ所）と甘草（各等分）を煎じて用いる。〔万家調法呪詛伝授嚢〕は、○地膚子《ほうきぎのみ》一合を末（粉）にして白湯《さゆ》で用いるのは妙法とある。

〈小便不通の呪い〉〔日用調法人家必用〕に小便が通じない時の呪いは、○田螺を擂り潰して塩を交ぜ臍に入れる。○足の裏に紙へ付けて貼る。○一

説に、田螺を丸のまま仰向けて人の往来の繁い地に埋めて置く。

〈小便頻〉〔医道重宝記〕に「加減の例」は小便の頻《しげき》が虚熱によれば黄檗・茯苓を用い、虚寒によれば益智・蓮肉・五味子を加える。〔調宝記・文政八写〕は鼬の黒焼きを粉にして白湯で用いる。〔新撰咒咀調法記大全〕は香付子を粉にして酒で呑む。〔女用智恵鑑宝織〕は小便の垂れるのに、はこし（和蘭莧）・茴香（等分）を粉にし白湯で用いる。〔妙薬調方記〕に年寄の小便の繁い冷え症には、鹿のたけり（陰茎）を酒で飲む。

〈小便堪え〉〔諸民秘伝重宝記〕に青松葉をよく揉んで臍の上に宛てて置くと妙に堪えられる。

〈小便血〉〔調法記・四十七〕に小便より血が下る時は、白芷と当帰を粉にして呑ますとよい。小児には升麻一味を煎じて呑ます。〔小児療治調法記〕は小便の諸症に十神解毒湯*を加減して用いる。

〈灸法〉〔鍼灸日用重宝記・四〕に小便が黄ばみ赤いのは、陰谷 大谿 腎兪 気海 膀胱兪に、小便が血のようなのには大陵関元に灸をする。「大小便秘結」モ見ル

しょうほうがんぽう【しょうほうがんぽう】 銭占*（銭の事）。〔万用重宝記〕に掲出図版（図251）のように「しやうほうくわんほう」と読んでいる。鋳湊い銭か、この銭は参考文献に見出し難い。この銭を持つと物事に不足がないという。

正法寺【しょうぼうじ】 正法寺は洛東にあり、時宗で霊前《りょうぜん》といい、丸山安養寺*双林寺*はこの寺の末派である。本堂 本尊は阿弥陀如来、歯仏《はぶつ》と称する名高い尊像である。国阿堂は国阿上人（伊勢参宮不浄除に参る）の開基である。洛中洛外が見えて佳景の所である。〔東街道中重宝記・七ざい所巡道しるべ〕

升麻【しょうま】〔薬種重宝記・下〕に和・唐草、「升麻、とりのあしくさ／うたかくさ。泔（米の磨ぎ汁）に浸し皮を去り火を忌む」。〈薬性〉〔医道重宝記〕に升麻《せうま》は、微寒、胃を清くし、毒を消し、歯の痛み、口中の瘡を療じ、陽明の風邪を散じ、下り陥る気を升《のぼ》し引き上げ、及び斑疹を治す。米泔《しろみず》*に浸し、粗皮《あらかわ》と毛とを去り、刻む。火を忌む。
〈草花作り様〉〔昼夜重宝記・安永七〕に升麻の花は白色、三月に咲く。肥土に砂を用いる。分植は秋がよい。鳥足ともいう。

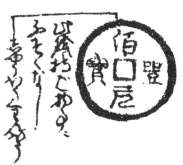

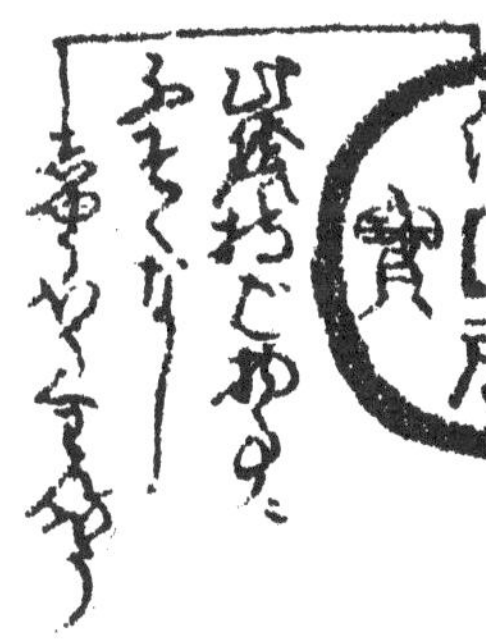
図251「しょうほうがんぽう」（万用重宝記）

升麻葛根湯【しょうまかっこんとう】〔医道重宝記〕に升麻葛根湯は、傷寒、目痛み、鼻乾き眠られず、汗なくして悪寒発熱するものを治す。また風寒の感冒で口の乾くもの、或は瘡疹の疑似に宜い。葛根（三匁）、升麻・芍薬・甘草（各二匁）に生姜を入れて煎じる。〔医道療治重宝記〕には諸症により加減、補薬がある。〔改補外科調宝記〕は丹毒のほか痘瘡、夜啼きにも用いるとし、升麻・葛根・芍薬・柴胡・黄芩・山梔子・甘草・木通（各等分）に生姜を入れて煎じ用いる。〔小児療治調法記〕に結痂《ふたづくる》*で痂が乾いて半辺は惹き起こし、半辺は着いて落ちることができないのは、辛熱の薬を用い過ぎで、熱を肌表に留めているもので、升麻葛根湯に防風・荊芥・蟬退・連翹を加えて去れば、即ち落ちる。

升麻解毒湯【しょうまげどくとう】〔改補外科調宝記〕に升麻解毒湯は、楊梅瘡*を治す。骨疼き久しく癒えないのにも、皮肉の破れ爛れにも、咽の損ね

たのにもよい。皂角刺・升麻（各四匁）、上白土茯苓（一斤）。これに顔面に出るのには百芷、咽の内に出るのには桔梗、胸腹に出るのには白芍薬、肩背に出るのには羌活、下部に出るのには牛膝を、それぞれ一匁ずつ加える。水八盃を四盃に煎じ、四ツに分けて一日に四度、皆用いる。飲む時、胡麻油を三匙程入れて用いる。瘡が上にあれば食後に、下にあれば食前に用いる。瘡が甚だしいのには十服ほど用いてもよい。

升麻滲湿湯【しょうまじんしつとう】〔医道重宝記〕に升麻滲湿湯は、経水が調わず帯下の赤・白を共に治す。また、血虚し湿痰を兼ねるものを治す。帯下の久しく癒えず虚するものには用いない。当帰・川芎・芍薬・生地黄・白朮・茯苓・蒼朮・陳皮・香付子・砂仁・半夏（各一匁）、乾姜（七分）、黄栢・知母・柴胡・升麻（各五分）、甘草（三分）を、生姜と棗を入れて煎ずる。

升麻湯【しょうまとう】〔医道療治重法記〕に升麻湯は、桃生毒《とうせいどく》を治す。桃生毒は肋下が忽ち腫れ上り、椀の大きさの癰節を数刻の間に生じるものである。升麻を末（粉）し、冷水で三二匁を調え、しきりに服する。もし洞泄《とうせつ》すれば、葱を根髭ともに数茎を加えると腫を消す。宜しく平胃散*を煎服して調補する。兼ねて白粥を進めるとよい。

升麻鱉甲湯【しょうまべっこうとう】〔小児療治調法記〕に升麻鱉甲湯は、陰症の斑*に用いる。升麻・川芎・川椒・鱉甲・雄黄・甘草を水で煎ずる。

升麻和気飲【しょうまわきいん】〔医道療治重法記〕に升麻和気飲は、疥瘡《ひぜんがさ》*が手足に生じて浮腫し、痛み痒く寒熱があり、前陰の辺が湿り痒いのを治す。升麻・葛根・白芷・陳皮・蒼朮・桔梗（各一匁）、当季・半夏・茯苓・乾姜・枳穀・大黄（各九分）、芍薬（七分）、甘草（五分）に生姜を入れて煎ずる。虚人にはよくない。

小満【しょうまん】二十四節*の一。〔重宝記永代鏡〕に四月中、昼五十八刻半夜四十一刻余。小満とは、純陽の気が天地に満ち始めることからいう。苦菜生じ、靡草枯れる。麦秋等という。〈耕作〉〔新撰農家重宝記・初編〕に新暦では五月二十一日。中稲《なかて》田植の始め。○葡萄の肥し（小糠に水を入れる）、茶の肥しをする。

承満【しょうまん】〈経絡要穴 心腹部〉〔鍼灸重宝記綱目〕に二穴、承満は不容の下一寸、上脘の両傍らへ各二寸（一に、三寸）にある。針三分。灸三壮か五壮。腸鳴り、腹脹り、上気、喘逆、飲食下らず、肩で息し、唾血を治す。〈灸穴要歌〉〔永代調法記宝庫・三〕に「腹膨れ 上気し 喘ぎ 膈の気と唾に血ある人は 承満」とある。

昌満丸【しょうまんがん】〔懐中調宝記・牛村氏写本〕に昌満丸は、小児が胎にある時、母が急に驚怖し邪が心に乗り舌本が通ぜず、四五歳になるまで猶言語の通じないのを治す。人参・石菖蒲・麦門冬・遠志・川芎・当帰（各三匁）、乳香・辰砂（各一匁）を末（粉）となし、蜜で練って麻子大に丸じ、毎服十丸を米で飲み下す。

上巳【じょうみ】五節句*の一。〔年中重宝記・一〕に三月三日、今日を上巳《じやうし》という。古《いにしえ》は三月初めの巳の日は三日に当ったので上巳《じょうみ》と名づけた。魏《ぎ》より以後は三日を用いて巳《み》の日によらなかった。俗に、節句として祝い日とする。〔諸礼調法記大全・天〕に「上巳《じやうみ》」は三月三日の称、桃の花酒*を飲み、万病を除く。また若い艾を採って大きな丸薬にして三五粒呑むと、悪気を除くという。艾の餅（草餅）を食うのはこの例により、桃の花は銚子に水引で括りつける。雛遊び曲水の宴*の行事がある。「上巳の花」は桃の類 山吹 柳 萱草《わすれぐさ》。〈異名〉〔書札調法記・五〕に上巳の異名に、重三《ちょうさん》 修禊 執蘭 流觴会 曲水宴 初三などがある。「ひひなまつりのこと（雛祭の事）」モ見ル

生脈散【しょうみゃくさん】〔医道重宝記〕に生脈散は、暑気に中《あた》り、急に目眩い、息の絶えるのを治す。麦門冬・人参（各三戔）、五味子（十五粒）を煎じる。精神乏しく気虚し、脚の弱い者には、或は黄栢を少し加えて用いる。

定免【じょうめん】〔農家調宝記・初編〕に次がある。五ケ年程の物成《ものなり》（年貢）*を平均して何程ずつに当ると積り、免幾つを定式《じょうしき》に納めるので定免という。三年五年とその年限があり、この内に水損 旱損等があっても三分以上の損毛でなければ破免に立たない。定免はその村の斗代《とだい》通りの取《とり》石《こく》より減少の高《たか》で請くることが多く、これは引定免《ひけじょうめん》という。〇「定免御請一札之事／何国何郡何村田方御取箇の儀、当何年より来る何年迄五ケ年の間 上中下新田共延べ口入惣納め辻四斗入り何百俵宛之定免御請仕り候。然る上は水損 旱損 風損 氷雨損類等御座候共 三分一通り以下之損耗は破免相願ひ申す間鋪く候。其為 御請証文仍而件の如し／年号月日／何国何郡何村　百姓代 誰印・組頭 誰印・名主 誰印」。

正面石摺の伝【しょうめんいしずりのでん】〔諸民秘伝重宝記〕に正面石摺の伝は、白礬の粉（大）、白芨の粉（中）、鉄の銑屑（少し）の三味を酢で溶き合わせ、我が思う文字を書き 干し上げて後、その上から刷毛で墨を引くと石摺のように文字は白くなる。

青面金剛童子【しょうめんこんごうどうじ】 大坂願所。天王寺南大門の南庚申堂青面金剛童子を信心すれば、利益《りやく》の多いことは諸人によく知られている。中にも七庚申を怠りなく参詣すると、小児の痘瘡は軽い。しかし、血の汚れを忌み嫌われるので、婦人は産後七十五日の忌が過ぎて参詣するのがよい。〔願懸重宝記・初〕

焼亡【じょうもう】 雑穢。〔永代調法記宝庫・首〕に焼亡は、火難の穢れである。七日を忌む。

青木香【しょうもくこう】 「五木湯（ごもくとう／ごもくゆ）」ヲ見ル

章門【しょうもん】〈経絡要穴〉〔鍼灸重宝記綱目〕に二穴、章門は臍の上二寸を左右へ九寸ずつ、横臥して上の足を屈め、下の足を伸べて肘の尖りの当る所の肋《あばら》の端にある。針は六分か八分、留むること六呼。灸は百壮から五百壮迄。腹鳴り食化せず、胸脇痛み臥せられず、煩熱口乾く等、また腹脹れ背強ばり、肩腕挙らず、四支がだるい等を治す。〈灸穴要歌〉〔永代調法記宝庫・三〕に「腹もはり 脇に積《しゃく》あり 足だるく 疳気に痩せば 章門の穴」とある。

証文【しょうもん】 「手形証文」ヲ見ル

庄屋【しょうや】 庄司とも書く。代官・郡代の下の里*村*の長（役人）。〔田畑重宝記・上〕には次がある。庄屋は村を治め、年貢も取り立てる役なので権威がなくては示しが立ち難い。庄屋の堕弱な村では御用も不足し、小事も大事になる。しかし庄屋と百姓は元来は同じ百姓であり、結局庄屋が権威を振る舞うので妬みや出入が起り、正しい律義者でも争いになる。庄屋を定る時 偏頗な指名によると後日村に憤りが出来し 騒動が起るので、入れ札（投票）制がよいが、これも村長が馴れ合い、拵え札もするので、入札の沙汰をせず村へ突然行き、一人別に札を取ると拵え札もなく、誠の者へ札が落ちる。関西は世襲制が多かった。〔四民格致重宝記〕に名主《なぬし》には、わやく（枉惑）心や、博打打ち等は選ばないようにする。村の害になる。関西では「なぬし（名主）」*という。

生愈膏【しょうゆこう】〔洛中洛外売薬重宝記・上〕に生愈膏は、蛸薬師麩屋丁 加藤氏にある。半貝八文。疔、瘰疽、根太、血の出来物につけてよい。その他、痔、脱肛にもよい。

醤油の事【しょうゆのこと】〈異名〉〔料理調法集・口伝之部〕に、醤油を「かげ」と云い、また「ぎん」とも云う。〈薬性〉〔医道重宝記〕に醤油《しょうゆ》は、冷にして毒なく、熱を除き 大便を通じ 一切の毒を消す。多食すると痰を生じ 気を動かす。〔永代調法記宝庫・四〕は、一寸口に含んで口中の瘡を治す。〈貯え様〉〔男女日用重宝記〕に貯え様は、樽に入れさわさわと煎じつめて置く。後に火を入れてもよい。〔ちやうほう記〕は醤油一升に、赤く干した唐辛子凡そ十を入れて暫く煮立て、貯えて置くと黴を生じない。〔家伝調方記〕は味の変った時に、干大根に干瓢を巻いて入

れるとよい。〈味を直す〉〔日用調法人家必用〕に「醤油 変わり目で味のよくないのを直す伝」は、味噌を少し加えて使うと味がよくなる。醤油は始めに樽から出してざっと煮立てよく冷まし、元のように樽へ入れて置いて使うとよい。第一黴が出ず、特に浸し物 香の物等に掛けると生醤油と違い老人小人の腹具合を損じない。一説に、節倹には煮立てする時一樽へ塩一升、味醂酒一合を入れて使うと味がよく徳用になる。

〈醸造法〉各種醤油は個別に立項した。〔男女日用重宝記・下〕に、○「醤油の造り様」は、大豆二升を生煎りにして挽き割り皮を去り、小麦一斗を生煎りにし二ツ割にし、大麦二升を生煎りにし、細かに挽き割る。塩七升、水二斗一升を入れて冷まし ころも（衣）にかくる。また麦・大豆・塩各一斗、水二斗五升を前のように造る。○「出汁入ずの醤油」は、大麦一斗をよく搗き炒り挽き割る。大豆一斗をよく煮て麦の粉を合せ糀に寝さす。塩九升に水一斗八升を入れて煎じ一夜冷まし、右の糀と掻き合わせ、他に糀五升を入れる。五十日程後に白米一升五合、水一斗三升を入れ、粥に煮てこの醤油に入れ、五六日掻いて後、口を包み二十日程して開ける。○「二番醤油の造り様」は、麴三升・塩三升五合・白米一升に水一斗を入れて粥にし、掻いて後にあくる。粥には塩と米ばかりである。○「久しく持つ造り様」は、大豆一斗をよく煮 大麦一斗を細かく挽き割り むろ（蒸室）にかけて寝させ、塩一斗を常のように煎じ合せ、家の内の人の歩く所に置き、再々常に掻き混ぜる。又この内に添えをかけるように元を仕込み五十日か五十五日目に、上白米・塩五合に水一斗を常のように粥に煮てよく冷まし元に入れ掻き合わせ、十五日か二十日程過ぎて後、酢をた（沸）てて汲み取る。大体七十五日でよい。日には当てない。

〔料理調法集・造醸之部〕には四法がある。①小麦一斗を炒り挽き割り、大豆一斗、煮塩一斗。小麦の挽き割りと大豆を交ぜて寝かし麴とし、三品を桶に入れ、水二斗五升を入れて掻き混ぜ、始め一ケ月ばかりは度々掻き交ぜ、それより朝夕三度程ずつ掻き交ぜ、向い月と言い十二三ケ月で醸成する。一ケ年程経て布の袋に入れて絞る。②大豆一石、大麦一石、小麦五斗（一書に「升」）、糀五升、塩一石、水二石五斗。大麦も小麦も炒って挽き割り、大豆を煮て交ぜ麴に寝かして後、七八日干し、塩水をさっと煎じて仕込む時、米糀を入れて仕込む。一日に十度程ずつ掻き交ぜるとよい。③大麦一斗を二三日水に漬けて置き、笊へ上げ、よく水を掛けて蒸す。大豆五升を炒り皮を去り挽き割り粉を篩い蒸した麦に掛けて寝させ、水一斗五升、塩七升五合をさっと煎じ仕込んで、七日程一日に三度程ずつ掻き交ぜる。④大麦一斗二升を炒り挽き割り、大豆一斗を煮て糀にし、塩一斗、水二斗で仕込む。〔同・造醸之部〕には、飴醤油* 溜醤油* 醤油実* 鯷《ひしこ》醤油* 鰯溜* 正木醤油*がある。

〔ちやうほう記〕に、○「極上醤油の方／下り醤油の方（上方から江戸下り）」は、大豆一斗三升を味噌のように煮る、大麦一斗三升を炒って挽き割る、水二斗六升は土用水、塩を一斗六升。この口伝の大意は、大麦を挽き割り細かなのを別にし、煮た豆類を挽き割り、交ぜ合せ冷まし人肌になった時、戸板四枚の上に莫蓙を敷き寝さす。戸板の四所に枕をして段々に重ね、毎日取り出し上下打ち返し、又寝させ斑なく花をつける。水と塩を合せ水嚢で濾す。四十日目で添えをする。糀三升、塩一升五合、水六升。塩と水を合せて水嚢で濾し 冷まし 合せる。七十二日目に簀を立てる。○「二番醤油」は、糀三升、塩三升、水一斗三升。水と塩は前のように煎じ冷まし入れる。三十日程でよい。この口伝の大意は糀と水とをよく煮熟して冷まし塩を入れる。

〈手前醤油の法〉〔万用重宝記〕に手前で醤油を造る法として、豆五升、麦五升、麴三升の割合で、豆は炊き、麦は煎り、この三色を花の付くほど寝させ、その後日に干し、それに塩三升、水八升を入れて造り込

む。毎日掻き廻し、七十五日目で醤油になる。〈早醤油の法〉〔ちやうほう記〕には古酒一升、塩三合を、七八分に醤油の替りに遣う。酒は少な目でもよい。〈倍に遣う法〉〔秘密妙知伝重宝記〕に一升の醤油を二升に遣う法は、水一升に塩一合、豆一升を入れ、よく煮て擂り潰し、また醤油と煎じ濾して遣うと奇妙である。〈醤油粕〉〔農家調宝記・続〕に醤油粕は肥しにする。〈売り店〉〔江戸町中喰物重法記〕には、平川町一丁目万弥佐平が「上醤油色々」を、茶と共に売っている。

醤油実【しょうゆみ】〔料理調法集・造醸之部〕に醤油実は、実麦を極精にして一升、内三合を煎り さっと挽き割り、残り七合は一夜水に浸して置き、黒豆一升を煎って二ツに割り皮を去り、水に浸した麦と交ぜて蒸し、挽き割った麦粉を掛け、糀に寝かし、塩四合 水一升で煮返し、冷まして仕込む。壺に入れ二十日程口張りをして置く。その後取り出し、毎日三五度ずつ掻き交ぜる。

商陽【しょうよう】〈経絡要穴 肘手部〉二穴。商陽は手の人差指の内側（親指の方）爪の甲の角を一分程去る処にある。針一分、留むること一呼。灸三壮。胸の中に気満ち、喘咳起り、熱病で汗が出ず、耳鳴り聞こえず、頤《おとがい》腫れ、歯肩 背の痛み等、目が青く眩むのに灸三壮をする。目が左なら、右にする。〔鍼灸重宝記綱目〕

衝陽【しょうよう】「趺《ふ》陽《よう》」ヲ見ル

逍遙散【しょうようさん】〔医道療治重宝記〕に逍遙散は、血虚、労倦、五心煩熱、肢体痛み、頭目昏重等があり、頬赤く、口喉燥き、発熱、盗汗、食少なく、臥すことを好み、寒熱瘧のようにし、陰虚労嗽し、肌体瘦せ疲れ、次第に骨蒸（虚労内熱の症状）となるのを治す。当帰・芍薬・茯苓・白朮・柴胡（各一匁）、甘草（五分）に生姜を入れて煎じ服する。諸症により加減、補薬がある。

升陽散火湯【しょうようさんかとう】〔医道重宝記〕に升陽散火湯は、冷えた物を多く食し、陽気伸びず、一身悉く熱し肌を焼くようなのを治す。柴胡（三匁）、升麻・葛根・独活・羌活・人参・白芍（各五戔）、防風（二戔半）、生甘草・炙甘草（各三戔）に生姜を入れて煎ずる。多く服すると真陰を耗し、燥熱を増す。〔昼夜重宝記・安永七年〕では、升麻・葛根・独活・羌活・人参・芍薬（各一匁）、柴胡（八匁）、防風（三匁、炙る）、甘草（三匁、生）に生姜入れて煎ずる。

升陽除湿湯【しょうようじょしつとう】〔昼夜重宝記・安永七年〕に升陽除湿湯は、大腸に湿熱があり 脱肛するのを治す。大腸に瀉熱があっても虚するものには用いてはならない。柴胡・升麻・防風・猪苓・沢瀉・蒼朮・陳皮・神麹・麦芽（各等分）、甘草（少）を水で煎ずる。

常用丹【じょうようたん】〔洛中洛外売薬重宝記・上〕に常用丹は、寺町二条下ル丁 片岡大石にある。代二十四文。大人小児が用いて五臓六腑の津液を廻らし、胆の病を治す。心腎を補い、気血を妙に廻らす。

升陽発表湯【しょうようはっぴょうとう】〔医道重宝記〕に升陽発表湯は、冬月の正傷寒、頭痛、発熱、悪寒、身痛み、項《うなじ》の強ばり、脈は浮緊で汗の出ないのを治す。太陽の経の証である。麻黄・杏仁・桂枝・甘草・川芎・白芷・羌活・防風・甘草に、生姜と棗を入れて煎じる。汗が出ると薬を止める。

少陽病【しょうようびょう】〔鍼灸日用重宝記・二〕に東垣が云うとして次がある。少陽の頭痛は、風寒は上を破り、邪は外《ほか》に従い入る。奮い寒く頭痛 身痛み 悪感がする。療治は風池 風府に針をする。

升陽補陰湯【しょうようほいんとう】〔昼夜重宝記・安永七〕に升陽補陰湯は、脱肛を治す。人参・当帰（各一匁）、黄芪・黄栢（各三分）を水で煎じ服する。

升陽補気湯【しょうようほきとう】〔医道重宝記〕に升陽補気湯は、飲食が定まらず、飢え、飽き、骨折り、胃の気足らず、手足だるく、食後に昏み悶え、手足の裏に熱のあるのを治す。厚朴（五分）、升麻・羌活・独活・防

風・白芍・沢瀉・甘草（各一戔）、生地黄（一匁五分）、柴胡（二匁五分）に生姜と棗を入れて煎ずる。脾湿の気が下に溜り伸び発することが出来ず、困《くる》しみ倦み煩《いき》れ、熱する諸症を治す。多く服すると元気を損ずる。〔昼夜重宝記・安永七〕は、大酒を飲み嘔吐し、心の煩《いき》れ、胸の塞がり、不食、小便の通じないのを治す。厚朴（三分）、升麻・羌活・独活・防風・白芍薬・沢瀉（各五分）・甘草（一分）、生地黄（七分五厘）、柴胡（一匁五分）に生姜を入れて水で煎ずる（処方ガ異ナル）。〔医道療治重宝記〕には諸症により加減、補薬がある。

じょうり【じょうり】〔世話重宝記・五〕に「草履を じやうりといふは、わるし」。「金剛《こんがう》（藺 藁等で作った形の大きい草履）」というのは、叡山の安然《あんねん》上人（承和八年［八四一］生。没年不詳）が作って売ってからの名である。「こんご」というのは悪い。〔小野篤譃字尽・かまど詞大概〕に「草履《ざうり》は、ぜうり」。

鐘離春【しょうりしゅん】〔女用智恵鑑宝織〕に次がある。シナ斉の宣王の后。無塩邑の百姓の娘で、世に比類ない醜女であったが、ある時后宮の掃除役に召し出され、彼女の言葉を聞くと皆諫めの言葉で、宣王は大いに感じ、即ち后となして斉の国は大いに治まった。古歌「姿《かたち》こそ深山隠れの朽木なれ 心を花になさばなりなむ」（古今集・雑上）。姿形は醜くても、心さえ賢ければ、君子は捨て置かぬ例話とする。

勝利の秘文【しょうりのひぶん】〔秘密妙智伝重宝記〕に勝利の秘文がある。「此文字ヲ懐中スル時ハ、善来テ悪事災難ヲ免ル、」とある（図252）。

図252 「勝利の秘文」（秘密妙智伝重宝記）

聖霊の送火【しょうりょうのおくりび】〔年中重宝記・三〕に七月十六日、今宵、毎年東山浄土寺村、慈照寺村の人、四百余の松明を灯し、大文字を浄土寺山の上、如意山に照らす。俗に、聖霊の送り火と言い、皆施餓鬼の意で盂蘭盆会の一事である。伝に、この大文字は弘法大師の筆画という。古く、浄土寺の本尊阿弥陀が一時光りを放つのを弘法が拝し、見聞の輩に生極楽《しょうごくらく》の縁となすと、この光を呪して大の一字とし、方十丈の筆画を山上に残し、今に至る。山上に登って見ると大文字の筆画の中に山谷があり 高低等しからず 地勢に従い 小石で大文字の記しとする。山上では莫大で大の字の筆画はなく、麓から見るとその筆勢は凡人の及ぶ所ではない。松が崎舟岡山に妙法の二字を灯す。また洛中の家々から麻木《あさき》に火を灯し賀茂川に出て送り火をする。

聖霊祭【しょうりょうまつり】〔年中重宝記・三〕に七月十三日宵から十六日迄、家々に聖霊祭と言い、種々の供物を供えて亡き人の魂を迎えてもてなす。昔は一年に二回、年の暮にも祭ったが、今は七月だけとなった。また前には「生見玉《いきみたま》*」の祭があった。

聖霊虫【しょうりょうむし】〔万物絵本大全調法記・下〕に「蟟蚸 けいれき／はたはた／しやうりやうむし。秋」。

浄瑠璃【じょうるり】〈何が不足で癇癪の枕言葉〉〔小野篤譃字尽〕「湯屋、浄瑠璃／たろく」。「人形操機《あやつりからくり》」ヲ見ル

浄瑠璃草紙屋【じょうるりそうしゃ】浄瑠璃本や草紙等の慰み本を製作、売買する本屋。〔万買物調方記〕に「京ニテ浄瑠璃草紙屋」二条通寺町西へ入 山本九左衛門、同町南側 鶴屋喜右衛門、麩屋町六角下ル 八文字屋八左衛門。「江戸ニテ浄瑠璃草紙屋」大伝馬町三丁目 山本九左衛門、同所▲や三左衛門、長谷川町横町 松会三四郎、通油町 鶴屋喜右衛門、同所山形屋市郎右衛門。「大坂ニテ浄瑠璃太夫本屋」上久宝寺町 作本屋久兵衛、南谷町 同八兵衛、平野町 伊勢屋五兵衛、御堂の前 嶋や弥兵衛、真斎橋安堂寺町 あきたや大野木市兵衛、高麗橋 山本九左衛門ら十軒の外に、御堂の前にある。

承霊【しょうれい】〈経絡要穴 頭面部〉二穴。承霊は目の上直に髪際に入ること四寸。灸五壮。禁鍼。頭痛み、そぞろ寒く、喘息を主《つかさど》る。〔鍼灸重宝記綱目〕

常礼【じょうれい】簡礼書法。常礼は常の状文の書簡礼である。竪文 折文ともに口二行置いて三行目から筆を立てる。〔不断重宝記大全〕

上廉【じょうれん】〈経絡要穴 肘手部〉二穴。上廉《じょうれん》は手の三里の下一寸、曲池の下三寸にある。針五分。灸五壮。小便渋り黄赤く、胸痛み、中風半身遂わず、骨髄冷え、手足痺れ、喘息、脳風頭痛を治す。〔鍼灸重宝記綱目〕

青蓮院【しょうれんいん】〔男重宝記・一〕に、青蓮院は粟田口にある。法諱、尊。宮門跡。知行、千三百三十二石余。天台宗で、山門の座主を兼ね、「叡山の三門跡」*の一。

麦蕈【しょうろ】「麦蕈《せうろ》 松茸《まつたけ》*と同じ」。〔医道重宝記〕

重六かく【じょうろくかく】双六より出た言葉。〔男重宝記・三〕に「重六《ぢやうろく》かく」とある。双六で振った二ツのさいころに、揃って六の目が出ること。あぐらを掻いて座る。

諸気鬱症【しょきうつしょう】「気」ヲ見ル

暑気の事【しょきのこと】〈暑気に中らぬ伝〉〔調法記・全七十〕に炎天の道を行くには、艾葉を臍の中へ入れ、その上に下帯を締めて歩むとよい。暑気に中《あた》らず、霍乱*をせず、腹は痛まない。〈暑気薬〉〔懐中重宝記・慶応四〕に暑気を凌ぐ薬は、葛粉・胡椒の粉・白砂糖（各等分）を水で飲む。暑気中りには、干姜・蒼朮・陳皮（各十匁）、甘草（五匁）を末（粉）にして白湯で用いる。〈加減*例〉〔医道重宝記〕には暑気には香薷・白扁豆・厚朴を加える。〔調宝記・文政八写〕には「あつけの薬」として胡瓜を二ツに割り、腹・臍・足裏を撫でると妙によい。〔諸民必用懐中咒咀調法記〕には「あつけの入らぬ呪ひ」として、艾を当てて置くとよい。〈暑気見舞〉〔進物調法記〕には音信物*の六月に「暑気見舞」の品を載せるが、〔音信重宝記〕には「四季の音物」の夏に同じながら「暑気見舞」として下記等三十数品を載せている。枕蚊帳 布蒲団 簾 砂糖類 水香 真桑瓜 西瓜 団扇 焼酎 日傘 蛍籠 日傘 冷麦 葛切 帷類 藺草 蒲筵 蝿叩き 干瓜 蚊遣り香 芭蕉布 新干瓢 子供腹当 薄頭巾。

諸虚／虚労【しょきょ／きょろう】〔医道重宝記〕に次がある。○諸虚は、体が生れながらに弱く、或は寒暑や労役等に傷《やぶ》られ、或は色欲を過ごして真気を損ない、その症状をなすもの。○虚労は、喜び 怒り 恐れ 驚く等の七傷（七情*カ）により五臓（肺・心・肝・脾・胃）を傷《やぶ》るもの。脈は、気虚は細緩で力なく、血虚は大数《さく》で力がない。虚労の脈は浮大、或は弦数《さく》である。薬には、四君子湯* 六君子湯* 四物湯* 八物湯* 十全《じつぜん》大補湯* 慈陰降火湯* 加味逍遥散* 帰脾湯* 独参湯*がある。

食鬱【しょくうつ】六鬱*の一。〔鍼灸重宝記綱目〕に食鬱は噯気《おくび》、呑酸、胸腹痞え悶え痛み不食、右脈が盛んである。針灸の穴は膏肓 神道 肝兪 不容梁門にある。

触穢【じょくえ】「ふみあわせ（踏合）」ニ同ジ

食塩【しょくえん】「しお（塩）の事」ヲ見ル

食癇【しょくかん】癲癇*の一。〔鍼灸重宝記綱目〕に食癇は、手足搐搦《びくめき》し反り返り大声し食を吐く。鳩尾の上五分に灸三壮をする。

食瘧【しょくぎゃく】「七味清脾湯」ヲ見ル

織女【しょくじょ】〔万物絵本大全調法記・上〕に、「織女 しよくぢよ／たなばたつめ。秋」。〈人物〉「機女 きぢよ／はたをり。織婦 しよくふ。織女（しよく）ぢよ。並同」とある。

食傷／傷食【しょくしょう／しょうしょく】「食傷」とも「傷食」ともいう。◇「食傷」として次の解説がある。〔昼夜調法記・正徳四〕に、○食傷 気口の脈は緊盛、食を消化しないので、浮 滑で疾《はや》い。○飲食を飽く程す

れば、消化し難く腸胃はそのため傷《やぶ》られる。○腹痛み吐瀉するには、平胃散*を用いる。○宿食消化せず飲食を倍するのは、脾胃が傷られる。〔童女重宝記〕に、○一切の食傷は食物の食い過ぎ、腹脹り痛むには、大麦の麸を炒り香ばしくして一匁程 白湯で用いる。麦芽を煎じて用いるのもよい。○魚肉に中《あた》ったのには、山摣を水で煮て食し、汁を飲むとよい。大豆を煮て汁を飲むのもよい。〔新撰咒咀調法記大全〕は「食傷の奇方」に、羅石草（川にある蛭藻）を陰干にし石臼で挽き、粉にして用いる。鉄気を忌む。升麻（十匁）・槟榔子（一匁）を粉にして湯で用いる。〔懐中重宝記・慶応四〕に食傷の薬は、升麻（三匁）、槟榔子（三分）を水で煎じて用いる。〔懐中調宝記・牛村氏写本〕に「食傷の薬」は、益知・藿香・木香（各等分）を振り出しで用いる。〔胡椒一味重宝記〕には胡椒の粉を湯で用いる。〔里俗節用重宝記・上〕に食傷は粥を食うてはならず、茶漬や湯漬がよい。〈食傷内傷食物宜禁〉〔家内重宝記・元禄二〕に「宜い物」は大麦 粟 大根 生姜 山椒 牛蒡 麸。「禁物」は麵類 糯 蕎麦 豆腐 瓜 茄子 竹の子 蓼 蕨 魚 鳥。

◇「傷食」として次の解説がある。〔医道重宝記〕に飲食を飽く迄するると消化し難く、腸胃が傷られ、腹痛み、吐瀉の諸症をなし、食積となる。或は胸 腹飽き悶えて舒《のび》ず痞満をなす。脈は気口の脈、緊 盛なのを傷食とし、食を消化しないと浮滑になり疾《はや》い。薬は、平胃散* 香砂平胃散* 葛花解醒湯* 藿香正気散* 六君子湯*等がある。〔鍼灸重宝記綱目〕には「傷食 しょくだたり（食穢）」とあり、飲食停滞《もたれとどこおり》する時は脾胃傷れて腹痛み吐瀉し、或は悪寒 発熱 頭痛して傷寒のようである。外傷は左の脈が盛んで手の背熱し、鼻塞がり、頭の角痛み、身疼《いた》む。内傷は右の脈が盛んで手の中熱し、額《ひたい》の真中が痛み、腹が痛み不食する。脾兪 三里に灸し、梁門 天枢 通谷 中脘に針をする。〈傷食熱 撥搐〉〔小児療治調法記〕に傷食の熱は瞼が腫れ、右額に青い紋があり、身熱し頭 額 腹がもっとも酷い。夜は熱し 昼は冷め 顔は黄ばみ、或は吐痢し 腹が痛む。傷食の撥搐は身温かに多く睡り唾し、或は吐して不食する。搐を定め 搐が退いて白餅子を用い、後に安神丸*を用いる。

食せずとも飢えぬ法【しょくせずともうえぬほう】〔調法記・全七十〕に食わなくても飢えない法は、胡麻油・唐棗（皮核を去る）（各一升）、寒晒餅米（一升）を粉にして、蜜で丸薬○これ程に丸じ、一日に三粒ずつ用いる。また飢えた時黄蠟を少し食うと、よく飢えを凌ぐ。

燭台の事【しょくだいのこと】 蠟燭*を灯す台。〔万物絵本大全調法記・上〕に「燭台 しょくだい。燭奴 しょくど／燭架 しょくか」とある。〔茶屋諸分調方記〕に図絵がある（図253）。〔小笠原諸礼調法記・天〕に燭台を持って出る時は、心切掛《しんきりかけ》（＝燭剪掛）の下を左で持ち、その下に右を添え、心切掛を末座に向け、足二ツを上座に向わせ、心壺を末座の方へ置く。

図253 ①「燭台」（万物絵本大全調法記）
②（茶屋諸分調方記）

心を切るには燭台が一ツ二ツ迄の時は蠟燭を下に降ろさずに切る。心を深く切ってはならない。貴人の御前に燭台が一ツの時は別に手燭に蠟燭を灯して来て心を切る。これは不意の備えである。立て替える時は勝手から手燭に蠟燭を灯して来て立て替える。これを左手に抜き持ち、燭台の蠟燭を右手で抜き、左に持ったのを燭台に差し替え、右に持った燃《とぼし》差《さし》を手燭に差して勝手に入る。

食穢り【しょくだたり】「しょくしょう／しょうしょく（食傷／傷食）」ニ同ジ

食痞え【しょくつかえ】〔諸民秘伝重宝記〕に胸に食の痞えたのを治す伝は、塩を少し箸に着けて舐めるとよい。

食熱【しょくねつ】〔小児療治調法記〕に食熱は、吐背に先ず熱する。

職の四分【しょくのしぶん】〔男重宝記・一〕に諸職といい、寮の下にある役所。大膳職 修理職などという。下の四分《しぶん》は、大夫《だいぶ》、亮《すけ》、［大小］進《しん》、属《さかん》と書く。

所求必得日【しょくひっとくにち】日取吉凶。〔重宝記永代鏡〕に所求必得日は、求る所は必ず得る日で、望み事に吉日。春は戌の日。夏は酉の日。秋は辰の日。冬は卯の日。

濇脈【しょくみゃく】〈八要の脈*〉〔医道重宝記〕に濇脈は、細にして遅く、竹の皮を削るようである。精涸れ、血滞るのを主《つかさど》る。多くは痺すとある。〔斎民外科調宝記〕には、小刀で軽く竹の皮を削るようで、細かに遅く来て、気多く血は少く、或は五虚とある。〔昼夜調法記・正徳四〕には、盗汗 心痛 不仁も主るとある。

食物宜禁【しょくもつぎきん】病気により、摂取して宜い食物と、禁食とをいう。病名ごとに、その宜禁を掲出した。

食物の毒中り【しょくもつのどくあたり】色々の草木の根や魚鳥獣の食い煩いである。〔文政新刻俗家重宝集〕に「食物の毒に当る奇薬」として、煎った塩を舐め、また温い湯で掻き立てて呑むとよい。草木の毒に中《あた》った時は尚よい。〔薬法重宝記〕には他にも次がある。①一切の食物の毒に中って胸苦しく腹脹り痛むには苦参を水でよく煎じて呑み合せ、吐き出す（『本草綱目』）。②大麦の粉を香ばしく炒って白湯で度々飲む（『農政全書』）。③口鼻より血が出て悶え苦しむには葱を刻み、一合水でよく煎じて冷やして置き、血が止まる迄何度も用いる（『衛生易簡』）。④毒に中り煩うには大粒の黒大豆を水で煎じて何度も用いる。魚に中ったのには愈々よい（『千金方』）。⑤毒に中り煩うには、黍 小豆の黒焼を粉にして蛤貝に一ツ程ずつ水で用いる。獣の毒中《どくあた》りには愈々よい（『千金方』）。

〔万家調法呪詛伝授嚢〕には、○諸魚の中毒には鯣《するめ》を水で煎じた汁を服する。また甋瓜《かもうり》の葉汁、紫蘇の葉汁、黒豆の煎じを服するのもよい。○蛸のと（魚）に中ったのには、布海苔を湯に浸して服する。○鰒に中ったのには鯣の汁を服する。焙って食うのもよい。青砥の磨ぎ水を多く呑むのもよい。〔万用重宝記〕に一切の食物に中った時は、その食物を黒焼にして飲むと忽ちに治る。よく心得るがよい。〔里俗節用重宝記・中〕にも年経て食毒の滞りにはその時食した物を黒焼にして飲むとある。「食傷／傷食」「喰い合せの禁物」等参照。〔改補外科調宝記〕〔医道療治重宝記〕等の原因別の中毒《どくあたり》や食合せは個別に立項した。

〔調宝記・文政八写〕に、食傷并毒消しには羅石草のほか、升麻・檳榔子を粉にして湯で用いる。〔胡椒一味重宝記〕に諸毒を消すには甘草（中）・胡椒（大）・黒大豆（小）を煎じて服する。〔懐中重宝記・慶応四〕は毒消には人糞の汁を飲むとよい。万ずの毒を妙に消す。〔万用重宝記〕は毒消しは多いが、諸々の毒を消すには生姜の汁を飲んで消すのがよい。〈呪い〉〔諸民秘伝重宝記〕は「平生諸毒を除き 犬獣の難を除く伝」に「姑蘇啄摩耶啄」の句を毎朝東に向って三遍唱え、一遍毎に一度ずつ唾を吐くと奇妙である。「毒中り」参照

食礼【しょくれい】〔大増補万代重宝記〕に『礼記』を引き、礼は飲食に始る

というのは真である。人に食礼のない時は、心のままに貪り喰らい禽獣に異なることなく、かつ喰い物は身を養う本と言っても節度のない時は却って身を損なう具となる。今は小笠原流の食礼を用いるとし、「膳据え様」*「飯食い様」*「飯をつぎ様」*「汁をつぐ」*等の礼法を挙げている。

蓐労【じょくろう】〔医道重宝記〕に蓐労《じょくろう》は、産後気血大いに虚し、忌《いみ》の内身を慎まず、戒めを守らず、発熱し汗が出て手足が痛み、難しい病気となるものの称とある。十全《じっぜん》大補湯*を用いて加減する。

諸芸【しょげい】 身につけるべき学問 武芸 技能 技芸、さらには遊芸等広い範囲の修行ごとをいう。〔男重宝記・一〕には、諸芸は若い時は我が芸を人に誇るのみで身のためにならず、ただ物読み学文だけが老後の役にも立つとある。〔年中重宝記・五〕や〔万民調宝記〕には連歌* 俳諧* 謡* 立花* 蹴鞠* 碁* 将棊* 楊弓*等を洛陽の諸芸としてあげ、その会日も示している。〔女重宝記・一〕には女中の嗜んでよい芸、知らなくてもよい芸等あるが、「女中諸芸」参照。〔童子調宝記〕には諸芸修行の歌、「好き気根器用の水に比ぶれば好きこそ物の上手なりけれ」「池水に暫しが程は振り消えて氷る方より積もる白雪」とあり、教訓的解説がある。

諸侯【しょこう】〔男重宝記・一〕に諸侯は、我が国の大名相当の唐における名目。

諸国受領の四分【しょこくじゅりょうのしぶん】〔男重宝記・一〕に諸国受領の四《し》分《ぶん》がある。諸国は受領のことで、四分は守《かみ》、介《すけ》、掾《じょう》、目《さかん》と書く。

助言【じょごん】 碁より出た言葉。〔男重宝記・三〕に、「人の助言《じょごん》をいふ」とある。〔日葡辞書〕に「言葉による援助。たとえば、忠告など。例「Goxôguini jogon surua」碁将棋に助言するは喧嘩の基ぢや。碁や将棋の勝負事で、片一方のために話をしたり、割りこんだりするのは、喧嘩のもとである」。

如在【じょさい】〔世話重宝記・五〕に『論語』に「神《しん》を祭ること、神在《いま》すが如し」とあり、神を祭るには神の目前にあるが如くして疎かにしてはならないという意である。俗に、取り違えて疎かにすることを如在にするというのは誤りである。如在にするとは疎略にせぬことである。〔片言〕〔男重宝記・五〕には如在は『論語』に出る字で、いますが如しと読み、神仏が目の前におわすが如しという意味であり、従って不沙汰にせぬことを如在にするというべきを、如在なくするというのは誤りとある。

所司【しょし】「おおばん（大番）」ヲ見ル

諸氏【しょし】 諸氏名字。佐々木・加地・伊佐・山中・木村・大原・白井・田中・南部・桃井・渋川・平井・長江・堀部・青山・山田・黒田・渡部・安部・大宅・黒沢・大鳥・荒川・毛利・三谷・村主《すぐり》・金子・平山・寺田・赤松・池田・大岡・津田・織田・中村・木下・羽柴・三田村・赤尾・桑原・森・浅井ら百二十五名字が出ている。〔筆海重宝記〕

女子【じょし】「おんな（女）…」「にょし（女子）…」ヲ見ル

所司代【しょしだい】 武家名目。〔男重宝記・一〕に昔は探題といい、北条の頃南北の両六波羅を京都の探題といい、今言う所司代である。〔武家重宝記・一〕には昔は探題といい、遠境の政所である。永仁三年（一二九五）、初めて鎮西探題として北条兼時を筑前に、中国探題として北条久時を長門に置いた。

除湿胃苓湯【じょしついりょうとう】〔改補外科調宝記〕に除湿胃苓湯は、丹毒*の爛れ痛むのに用いる。防風・蒼朮・白朮・茯苓・陳皮・厚朴・山梔子・猪苓・木通・沢瀉・滑石・薄荷・甘草（各等分）に灯心を加え、煎じて用いる。

諸事の事【しょじのこと】 重言。「万事《ばんじ》の事といふは重言*」で、「諸事の事と云も重言」である。〔世話重宝記・一〕

書尺【しょしゃく】「文鎮」ヲ見ル

除積円【じょしゃくえん】〔洛中洛外売薬重宝記・上〕に除積円は、車屋町ゑ

びす川上ル 文会堂にある。癪、痞え、腹一通りによい。

書写の消えぬ法【しょしゃのきえぬほう】〔男重宝記・二〕に石や木に物を書きつけて後世まで消えない法は、亀の尿を墨に入れて書くとよい。亀の尿は物を柔らげて石や木の中へ通る。亀の尿とは亀の精汁で、亀を漆塗りの折敷の上に置いて鏡を見せると、己が妻かと思って精汁を出すのを取り溜めて用いる。また、蒼耳《なもみ》*の自然汁、大力子《たいりょくし》（悪実*）の汁を用いるという説もある。

諸宗兼学寺院名籍一覧（華洛）【しょしゅうけんがくじいんめいせきいちらん（からく）】〔万代重宝記・安政五頃刊〕に「華洛寺院名籍一覧」があり「諸宗兼学之部」には五十一ケ寺がある。その抄出。○東山泉湧寺（洛東大仏殿の巽、寺領六百八十一石。戒律 真言 禅 法相）。○般若三昧院（今出川千本の東、寺領百五十石。天台 真言 戒律 浄土、四宗四ケの本寺）。○小倉山華台寺二尊教院（葛の郡北嵯峨、寺領百二十石。台密 浄律の四宗四ケの本寺）。○日本盧山天台講寺（寺町広小路北、寺領五十七石、台密 浄 律四ケの本寺）。○遣迎院（寺町広小路北、寺領五十三石、台密 浄律四ケの本寺）。○医王山剛福寺金蔵院（乙訓郡上久世、台密 浄律）。○万祥山大通寺遍照院（八条の西、寺領二百八十三石。三論 真言 戒律）。○朝日嶽白雲寺（洛西愛宕山、寺領五百八十石。天台 真言）。○太秦興隆寺（太秦村、寺領六百石。三論 真言）。○音羽山清水寺（洛東八坂村、寺領百三十四石。法相 真言）。○五台山清涼寺（洛西小倉山東、寺領九十七石。真言 浄土）。

処暑【しょしょ】二十四節*の一。〔重宝記永代鏡〕に七月中、昼五十四刻半余 夜四十五刻余。処暑とは老陽日々に衰えて秋陰の気増長し、暑気の退かんとするのをいう。鷹即ち鳥を祭る、天地始めて粛す、等とある。〈耕作〉〔新撰農家重宝記・初編〕に新暦は八月二十三日。大葱の苗を取り、雨を待って植える。蕎麦 油菜を蒔いてよい。晩蒔《おそまき》の麻を刈る。

女書【じょしょ】〔女筆調法記・五〕に「女書の事、明の太宗の后、漢の曹大家、唐の鄭氏などの作也」として、次の列挙がある。『女誡』『女訓抄』『鏡草』『女四書』『列女伝』『本朝女鑑』『女庭訓』『女教訓』。女訓書として訓釈本がよく読まれた。

書状と手紙の端作【しょじょうとてがみのはしづくり】〔農家調宝記・三編〕に、他国への文通を書状といい、近い文通を手紙*という。○端作《はしづくり》*で、主人・親への書状は「一筆啓上奉り候」、返状は「尊翰下し置かれ有難く拝見奉り候」と書く。手紙は「剪紙を以って啓上奉り候」、返事は「尊書下し置かれ（後ハ同ジ）」と書く。○年始状だけは書状は「改年之御慶」と直に書き、手紙は「御慶申納候」と書き出す。返事は書状は「貴札拝見仕候 仰せの如く改年之」と書き、直に「仰せの如く御慶」と書いてもよい。○書留*は「右之段申し上げ奉り度く愚札を以って此の如く御座候 猶後音之時を期し奉り候 恐惶謹言」、返状は「右尊報申上げ奉り度く此の如く御座候（後は同じ）」。手紙は「右之段申上げ奉り度く斯の如く御座候 以上」、返事は「右御請け申上げ奉り度く（後ハ同ジ）」等の法がある。

書状の事【しょじょうのこと】〔農家調宝記・三編〕に○「書状と手紙」は、他国との文通を書状、近い所への文通を手紙*という。〈異名〉〔書札調法記・五〕に、○「書札（人の方の書状を云ふ）」。海寵 海《かい》墨《ぼく》 恵札 飛緘《ひしん》 台箚《たいさつ》 台翰 尊翰 琅翰 雲箋 郇雲《しゅんうん》 来字《らいじ》 朶雲《だうん》 藻翰《そうかん》 翰墨 翰牘 奇翰 手海 芳書 来教 教字 承諭 示海 貽海《いかい》 示諭 華札 五雲 賜教。○「愚札（我が方の書札を云ふ）」。濡削《じゅさく》 晋記《しんき》 短札 片札 手訥《しゅとつ》 柔訥 柔素 柔襞《じゅうへき》 尺牋《せきせん》 尺素 尺書 蕪牘《ぶとく》 手槧《しゅさん》 手海 短記 寸毫《すんごう》 嗣音《しおん》。〈書法〉〔世界万宝調法記・上〕に次がある。○「折紙料紙の寸法」は地《じ》下《げ》の侍より六位迄は杉原紙《すぎはらがみ》*である。書状の丈《たけ》を二ツ折にして五寸。五位は五寸五分。四品は五寸七分。三位は六寸二分。但し、捻り文*折紙*より二分短い。○「書き様寸法」は紙の端より発端の行迄三寸六分（凡そ

手を伏せた巾）。恐惶と月日の間は三寸六分。月日より宛所迄の間三寸六分で、これを三所三六のかね（矩）という。特に貴人の方へは宛所は日付より二寸八分である。或る説に端の残りは笏《しゃく》一ツ程置くという。横手ばかりとも、四指程置くという説もあるが、皆古法である。当世は紙の長短広狭に従って口二行程を置くのがよい。○「日付」は文章より一字下げて書く。○「判」は日付の下に置く。我が名は日付の前である。○「宛名」は文章と同じ頭（高さ）に書く。○「墨継」は黒白 黒白と書く。第二行目に四字かすりのないように書く。その他も墨の黒白が並ばないように書く。貴人の名、又は肝要の事などの所では濃く継ぐ。「候哉」「二付」等で墨を継がない。○捻り文*結び文*がある。○「封じ様」は折目へ宛名が掛らないように封ずる。我が名は掛ってもよい。糊付は糊を少しつけて心易く離れるようにする。○「上書《うわがき》*」は古法は脇付*がない。表に名乗、裏に我が名を書く。当世は脇付をして表に我が名を書く。医者や出家等は表に実名、裏に庵号を書く。また裏に「より」「まいる」「自」「従」等を書くのは無用である。

〈筆立て様〉〔男重宝記・四〕に次がある。○常の状文は竪文*折文*共に、三行目より書き始めるのが常礼である。上下は上を一寸程残すと、下は七八分程残す。紙の大小により残し様があるがこの例による。○目録、注文、受取、請状、借状の類は二行より書き始める。上下の空きは同じ。○箇条書、覚、条々等は一行目より書き始める。箇条書は一ツ書より引き詰めて書く。また五分、七分、一寸に書く事も、時の恰好よく書く事もある。制札等の例である。○墨継*は黒白と並べて書く。貴人の名、先方を敬うべき所では闕字*にする。薄墨の行でも敬う字なら墨を継ぐ。○書留《かきどまり》*には上中下の別がある。○月日付は、竪文は本文より一寸下り、折文は半字下りに書く。但し、紙の恰好、文字の大小に応じて調える。○宛名の位置は、上位は日付より一字上りに、同輩は同じ高さに、下輩は一字下りに書く。格により高下の品がある。○宛名*に名字を書かないのを昔は敬いとしたが、今は普通に書く。二字名字を一字書くのは敬いで、我が名を一字書くのは無礼である。○端作*脇付*書留《かきどまり》にも上中下の別がある。○袖書*（猶々書）は、竪文 折文共に、本文より一字半下げ三行書き、余ったら本文の間へ書き入れる。

〔重宝記・宝永元序刊〕にも書状を調える方がある。○料紙書状を貴人へは長く高く整えてはならない。杉原等の料紙で貴人へ奉るには二ツ折して次のように用いる。平侍六位輩迄は四寸五分より五寸迄。五位の面々は五寸五分。四位は五寸七分。三位は六寸二分。一位二位は各別である。下輩へは定法より長くてもよい。○「料紙上下寸法」。四寸五分から五寸迄の料紙には上五分半、下三分半程置いて書く。○「捻文」。折書状よりは二三分程短いのを第一とする。上下共に竪文は短いのがよく、上は九分程、下は四分程置いて書く。○「太刀目録」捻文の料紙の寸法と大方同じであるが、二三分程広いのがよい。○「高檀紙にて太刀目録」。平人が調えるのは控える。但し、平侍でも先祖に歴々の人があり人も知れば、六位同事に檀紙相応の料紙に書く。○「捻文 折紙」。共に巻の大きいのは無礼である。六位や平侍等は広さは九分には分けない。○「捻文 結文の奥の折り様」。一寸二分置いて折る。下輩は広く折り出す。○「捻文発端 月日の間の寸法」。同国越しの状には、裏に月日付を書く。○親等の所へ送る文は、「此の方無事に御座候」とか「異なる儀御座無く候」とか、早速見て安堵《あんど》するように書いてやるのが礼の習いである。

〔不断重宝記大全〕から補える事は次の通り。それぞれに認め方や範例文が出、解説もある。○感状《かんじょう》（＝賞状。竪文 折文があり、共に年号年月干支日よみ等書く）は、上で一寸残せば下は八分程残す。○御内書《ごないしょ》（＝将軍の直判のある書状）は竪文 折文共に、四行半より草字で書き（請は行字、宛所

に脇付なし）、上下の残し様は前に同じ。○御奉書《ごほうしょ》*（＝上意を受けて側用人等の下す公文書）は竪文 折文共に、三行半より書き、上下の残し様は前に同じ。○御内書、御奉書の御請文は二行半より書き、上下の残し様は前に同じ。請文には人体により大 中 小奉書を用いる。○言上は二行半より書き、上下の残し様は前に同じ。○目安（竪ばかり）○謹上 ○過書《かしょ》（＝通行証明書。近代は大方折を用い、年号月日の下に名を書き、書判か印判をする）大上包は目安*の体である。○知行（竪文 折文共。口伝に云う、家の例により千石、或は万石より竪文を用いるのもある。折文より竪文を用いるのが上である）大高 中高 小高と心得る。○祝言 弔文は竪文 折文共に二行、四行より書き、上下の残し様は同じにする。二行、四行とする訳は文体が短いために四行とし、少し長くすることがあれば二行より調える。折紙なら長文でも片表で書き留める。〈封じ様〉は「封字目」*をみる。

〈書き様心掛け〉〔消息調宝記・二〕に文を書く心掛けは、○心を鎮め、書き送る事を残さないように書くのが第一である。同じ事をくどく書かないこと。○用事の文通は特に約やかに、用の便ずるのを肝要とする。○漢字を交えて書く時は、宛字は書かず、知らないことは仮名で書く。○入り組んだ用向きは一々詳らかに、対面して言葉で述べるに増して、人の聞き入れ易いように書く。○文才の働きがあり、和文を風雅に書く人は別段のことであり、それには歌書 物語 和漢の文 故事を学び 腹中に貯える事であるが、これは論外として、諸用を書くのに差仕えがなければ心に掛けさえすれば誰にも易い事である。〔重宝女訓女今川操文庫〕女の文は惣じて二枚重ねであるが、祝言と悔み状は重なるのを忌み一枚である。名前や品物等は上を仮名、下を漢字に書く。例えば「きん子 たしかにうけ取 まいらせそうろう／よし枝／まつ江さま」等。一字仮名は漢字で書く。世・夜《よ》。歯・葉《は》。乳・地《ち》など。

〈敬う書面〉〔農家調宝記・三編〕には字を略さずに書き、端作《はしづくり》*と書留*には「候」の字を書き、中《なか》の文段には「」［くずし字］を書いても書留には「候」の字を書くのが法である。呈出書等は全て「候」の字ばかりを書く。「御」の字は一行の留りには書かないが、是非なく書く時は「」の字である。宛名は主親は先の苗字なく誰様と書き、この方の名は細字で苗字ともに書く。据判も小振に据える。脇付*は「参人々御中」、返状は 尊答 尊報 尊酬などと書く。手紙等ならば上書はこの通りで、奥には名を書かない。在方の人、時候の安否を書き、次に「私儀無異に罷り在り候状 憚り乍ら貴意安く…」等と書く。これは本文に書いてはならず、猶々書*に先の家内へ伝言を書き、その次にこの趣きを書く。書状に名を書く時は月日の一行前へ書き、月日の下へ書判 名乗をする。連名の書状は幾人連印を据えても筆末の者の名を月日の一行前へ書く。月日の下は主人の判である。書状の上書はいつも筆頭を先へ順に書く。

〈女中文書き様〉〔女用智恵鑑宝織〕には、○女文はいかにも易しく、言葉は声（音）に使わず 読み（訓）に使うこと。昨日《さくじつ》今日《こんにち》は声、「きのう」「きょう」は読みである。○墨継はいかにも濃く書くのが敬いであるが、余り濃いのは卑しいので程を見合せる。○文字下りは区切りよく書き、例えば「さかな（魚）」「御座候」「色々」等の語は二行に渡らずに書き、また墨継ぎをせず続けて書く。点、引き捨て、撥ね等は長く書かない。○貴人の名前、或は第一に言い遣ること等は墨を継ぐ。○易しく書くからと言って余りに子細なのは物識りだてで見苦しく、また今様の流行り言葉等は全く書かないようにする。○懇ろな言葉を書くのは、差し向いに言うよりも筆に書くとよいものの、挨拶よりも文で睦まじいのは偽りが外に現れて心根が拙く、遊女めくので、慎むのがよい。○文の作法は様々あり、女中文には余り細かに正さずともよいが、留意点は祝儀文には尚々書を念頃にする。婚礼文・弔い文には尚々書を決してせず、或は愈々、返す返す、等の重ね言葉を忌む。○遠国へ遣る文は封じ目を解い

ても、先の名も我が名も切れないようにする。○敬いの方へは披露文*にする。○弔い文は、墨薄く掠り、第二行目に四字掠りがあり、文体は短く、重ね言葉がなく、〆がない。返事はしないものである。〈文に歌を書く事〉〔諸人重宝記・二〕に、人の方から中程に書いて来たら中、末なら末、端書*なら端に書いて返歌する。古哥等を書いて贈って来たら、また相応の故人の歌を返しにも用いる。返歌は贈答といい、「おくりこたうる」と読む。貴人のは御尊答といい、御贈答といってもよいか。〈進じ様〉〔諸礼調法記大全・天〕に書状進じ様は、左手に持ち字頭を我が方にして参らす。但し、主人より位の下輩から来た状なら、主人の名書を取らぬようにして参らす。文箱に入ったのも蓋を明け文ばかり参らすとよい。但し、封をつけた文箱ならそのまま出す。書状及び硯箱を参らす図がある。〈書札請取り渡し〉〔幼童諸礼手引草懐中重宝〕に一礼が済んで懐中より右手で表書きを相手に向けて渡す。それを裏返して両手で受け取る。それより両方へ引き別れる。尤も受け取り、懐中して別れるのもよく、その侭持って立つのもよい。〈書状請取手形〉〔書札調法記・五〕に範例文がある。「書状請取手形／大坂誰殿より上り申候金子入之書状壱通并渋紙壱ツ 苞苴壱ツ 相届慥請取申候 以上／月日（請取には年号を書いてはならなず、月日ばかりを書く）／誰判（書き判をする）／誰殿参」。なお、書状の言葉字の遣い方に貴人・同輩・下輩の別の挙例がある。〈書状括り様〉〔不断重宝記大全〕に書状を二三通重ねて括る時は、左の脇に一重廻しに括る。三通より多く括る時は二重廻しに括る。祝言の時は二三通でも二重廻しに括る。弔状*は半（奇数）に廻し、右の脇で結ぶ。〈火中する時〉〔幼童諸礼手引草懐中重宝〕に、主人が書状を火中致せよとある時は、御前で引き裂き、次へ持ち出して、火中する。〈書札の詞〉〔書札調法記・五〕には「書翰便略」、〔永代調法記宝庫・二〕には「書札之詞」等の外、書札用字が色々ある。

諸職往来【しょしょくおうらい】〔筆海重宝記〕にも収録があり、冒頭に「夫れ士農工商は国家之至宝、日用万物調達之本源也」とあり、士・農・工・商それぞれに必要基本的な用語用字の学習書となっている。作者は大坂の寺田正晴で、他に〔新編／類聚 女文翰重宝記〕等の編著があり、文熈堂 寺田与右衛門として、享保（一七一六～三六）～寛保（一七四一～四四）頃に本屋営業がある。

助数詞【じょすうし】〔書札調法記・五〕には「何々の詞づかひ」として出るが、ここでは助数詞として出す。○「衣服類」冠＝一錺《かざり》。烏帽子・頭巾・綿帽子＝一頭《かしら》。装束＝一領《くだり》、また一対。直衣《ひたたれ》・狩衣＝一具。立付《たち》《つけ》・肩衣・袴・裃＝一領とも一具とも。呉服・小袖＝一重《ひとかさね》。袷・単《ひとえ》物《もの》・羽織・道服・雨合羽・被衣《かずき》・布子・夜着《よぎ》・蒲団・枕の類＝一ツ二ツ。蚊帳＝一張《はり》。帯＝一筋。革袴＝一襲《くだり》。足袋＝一足《そく》。綿＝一把。実綿《さねわた》＝一斤。金襴・薄衣《うすぎぬ》・鈍子・紗綾・天鵝絨《びろうど》の類＝一巻《まき》。羅紗・羅背板・猩々皮の類＝何間。毛氈＝一枚。羽二重・郡内嶋・紬・曝・木綿布子の類＝一疋。半分を一端《たん》（反）とも半疋ともいう。○「武具類」冑＝一刎《はね》。鎧・具足＝一領。太刀・刀・脇差＝一腰《こし》。剣《つるぎ》・長刀＝一振《ふり》。目貫＝一具。鎗＝一筋《すじ》、また一本。鉄砲＝一挺《ちょう》。弓＝一張《ちょう》。弦・矢＝一筋。靫《うつぼ》＝一穂《ほ》。鞍・鐙・轡・切付の類＝一口、或は何疋分。泥障《あおり》・力革・胸懸《むなかけ》・鞦《しりがい》・大総《おおふさ》の類＝一懸《かけ》。手綱・腹帯＝一筋。策《むち》＝一本。○「芸能・器具類」鞠《まり》＝一丸《まる》、或は一顆《か》。沓＝一足。琴・皷＝一丁《ちょう》。琵琶・硯・碁盤・将棋盤の類＝一面。笛＝一管《かん》。太鼓＝一から（幹・柄）。筆＝一対。墨＝一挺。机＝一脚。掛物＝一幅《ふく》。書状・手形・目録・請状＝一通。○「香具類」伽羅＝一斤。香＝一炷《しゅ》。薫物＝一壺《つぼ》。香炉＝一ツ。香盆＝一枚。○「薬類」薬＝一服。粉薬《こぐすり》

＝一包《つゝみ》。丸薬＝一粒《りゅう》。練薬《ねりやく》＝一剤《ざい》。○「家具類」屏風＝一双《そう》。舟＝一艘《そう》。車＝一輌《りょう》。盃台＝一面。銚子＝一枝《えだ》。行器《ほかい》＝一対。数珠＝一連《れん》。葛籠・樽＝一荷《か》。重箱＝一組。長持＝一棹《さお》。扇＝一本。団扇《うちわ》＝一柄《へい》。経＝一部。書物＝一部、一冊、一巻《かん》。○「鳥類」鷹＝一居《もと》。大鷹＝一本《もと》。鷹の鳥（雉子《きじ》に限る事は、外は鷹の鴈《がん》・鴨《かも》と言う）・鷹の雲雀＝一竿（七ツより多いのを言い、七ツより少ないのを一串と言う）。鴈・白鳥・鴨・鶏・雉子の類＝一番《つがい》と言う（一説に一番は祝言の時ばかりに用い、常は一羽二羽と言う）。鶉・鴫・雀・雲雀・鶫・鳩・魚豹《かわせみ》・時鳥・鶯・鵯・四十雀《しじゅうがら》・鵙・家鴨などの類＝一羽二羽という。○「魚類」鯛＝一折。鯉・鮒・鱸・鰡・鮎・鮊・鰯・鯖・鰺の類＝一ツという。文鰩魚《とびうお》・魳《かます》・鰭《うるめ》・干鱧の類＝何枚という。鰤・鰻・鱧・雪魚《たら》・鱒・鰆の類＝何本と言う。鯣・串貝＝一連。串海鼠《くしこ》＝一桁《けた》。蛸＝一盃《はい》。指《さし》鯖《さば》＝何指《さし》。○「獣類」鹿＝一頭《かしら》。獫《たかいぬ》（鷹狩の犬）＝一牙《げ》（＝一疋の事）。兎＝一耳《みみ》（二ツの事、一ツを片耳と言う）。○「乗せ物 入れ物」台に乗せたのは＝一折《おり》。籠に入れたのは＝一籠《こ》・一筐《きょう》。曲物《まげもの》に入れたのは＝一曲《まげ》。〔永代調法記宝庫・二〕〔改正増補字尽重宝記綱目〕には「数量門」があり、各品物の助数詞及び名数がある。助数詞は前者には、一声《せい》＝鼓《つづみ》・音《こえ》。一俵＝五穀《ごこく》*。一両＝薬《くすり》・金《かね》。一部＝書《ふみ》・経《きょう》。一枚＝金・銀・長持二ツ。一口＝鞍《くら》・轡《くつわ》。後者には、一搏《いっぱく》＝紙百束。一[illegible]《けん》＝十把。一舳《しん》＝二十枚。一世《いっせ》＝三十年。一紀＝十二年。一琲＝玉一貫。一人《ひとり》・二人《ふたり》・三人《みたり》四人《よたり》・五人《いつたり》。六《ろくにん》以上ハ皆「にん」という。一鎰《いちいつ》＝二十四両等とある。

如聖湯【じょせいとう】〔小児療治調法記〕に如聖湯《じょせい》は、痘が出て（「出瘡《でそろう》」*）咽にむせんで利せず、また破傷風等の薬とする。桔梗（二匁）、甘草（一匁）。一方に、牛房子・麦門冬（各二匁）を加える。水で煎ずる。

書厨【しょちゅう】〔万物絵本大全調法記・上〕に「橱 ちう。厨子 づし 也。書厨 しよちう 也」。書物棚である。

女中疵瑕物語【じょちゅうしがものがたり】〔女重宝記・一〕に、女中方の欠点や粗《あら》について列挙し、それを嗜み慎み、努力すべきこととする。親に孝行の事。姑に不孝の事。夫を敬う事。継子を憎む事。色深き事。悋気深き事。大口言う事。男交わりする事。大酒呑む事。大食くう事。煙草のむ事。小唄歌う事。食物にさもしい事。芝居好きの事。朝寝の事。欲深い事。悋い事。慳貪な事。人ごと言う事。言葉の多い事。腹を立てる事。燻り（ふくれっつら）な事。人の物を貶す事。笑顔の事。自慢顔の事。肩脱ぐ事。力業の事。片意地の事。大欠伸の事。大笑いの事。この外宜しい事、宜しくない事を選び弁え、朝夕心掛けて嗜むこととある。

女中諸芸【じょちゅうしょげい】〔女重宝記・二〕には、女中についての諸芸*のあらましの書きつけがある。○「嗜んでよい芸」。手書き。歌詠み。歌学すること。源氏・伊勢物語、百人一首・古今・万葉の義理を知ること。裁ち縫い。績み紡ぎ。機織ること。絵描き。花結び。琴を弾じ、盤上のこと。香を聞き、茶の湯、連歌、俳諧すること。立花*。綿摘み髪結い様。躾け方知ること。また中より下の女中方はこの外にも芸がある、世帯方始末の仕様。内の治め様が第一の芸である。○「知らずとも苦しからぬ芸」。算盤。秤目。料理方。三味線。博奕業。小唄（商売人の女はこの限りに非ず）。饂飩・双六は女めき、蕎麦切・碁は男めくが、仮にも女に似合わぬ芸を習ってはならない。〔女用智恵鑑宝織〕に「女中の翫ぶべき書」は、『伊勢物語』『源氏物語』『栄華物語』『狭衣物語』『枕草紙』『徒然草』『土佐日記』『無名抄』『うつぼ物語』等があり、『伊勢物語』『百人一首』『徒然草』等は誰も所持すべきものとある。

諸天総呪【しょてんそうじゅ】真言陀羅尼*の一。「唵《おん》嚕《ろ》迦《きゃ》嚕《ろ》迦《きゃ》 佉《きゃ》羅《ら》耶《や》 娑《そ》婆《は》賀《か》（東方）降三世夜叉明王（南方）軍荼利夜叉明王（西方）大威徳夜叉明王（北方）金剛夜叉明王（中央）大聖不動明王」と唱える。〔新撰咒咀調法記大全〕

初登山手習教訓書【しょとうざんてならいきょうくんしょ】〔童学重宝記〕所収の

「初登山手習教訓書」は、手習いの重要さを武芸事に譬えて面白がらせ、順々に説いて努力すべきことを教えている。①寺子屋入門は合戦の出立ちに同じ、師匠は大将軍、硯・墨・紙・筆は武具、卓机は城郭。②文字を一字々々習い覚えることは、一人で城郭に乗り込み敵を亡ぼす以上の一大事である。③手本は敵に向かうのに同じ、武器の筆で習い取り所領を知行する。④才智芸能に優れた者は諸人に尊敬され、金銀米銭は願わずして蔵に満ちる。⑤疎学はその身のみならず師匠や父母の恥辱、宝の山に登りながら金玉を得ず、臆病で合戦の場を逃れ身の立ち所をなくすのと同じ、等と説く。早く、江戸初期慶安二年（一六四九）板があり、武家の子弟のみならず、広く寺小屋等の教材にされた。

暑毒【しょどく】〔家内重宝記・元禄二〕に暑毒は、夏の暑に中《あ》てられ吐瀉し、腹渋り痛み、或は瘧のように奮うのは、雄黄を練蜜で丸じ服する。また夏の道中の歩行の暑に中った時は、桂心と茯苓を末（粉）し丸じ服する。咽の渇く時は蜜で服する。水もよい。

書博士【しょはかせ】〔万民調宝記〕に書博士は大学寮*に属し、二人。手跡を教える官である。

序破急【じょはきゅう】〔男重宝記・二〕に謡に、序破急ということは、初めは静かに謡い出し、中ごろははっきりと謡い、終りは早く謡うことをいう。

しょはん【しょはん】片言。物のはじめを「しょはん」というのは「初番」の字かというが、「初般」の字がよいかとある。〔不断重宝記大全〕

初伏【しょふく】「さんぷくにち（三伏日）」ヲ見ル

書法【しょほう】「脇付」「書留り」「様殿御候申の字高下書き様」ヲ見ル

暑木植替【しょぼくうえかえ】〔享保四年大雑書・草木植替重宝記〕に、青木犬梓要《かなめ》梓《もち》桂心榊椎多羅樹柘植鼠持木犀木斛柊水木の類は二月から四月迄と、又八月から九月迄がよい。指し芽は二月から四月迄がよい。「寒木植替《かんぼくうえかえ》」参照

渚鳴【しょめい】歌学用語。歌の病。*〔男重宝記・二〕に渚鳴は、上の句の終りと下の句の終りと、同字を嫌う。

書物朱引の歌【しょもつしゅびきのうた】〔大成筆海重宝記〕に書物の朱引について次の二首がある。○（書物の朱引の歌）「右所《ところ》、中は人の名、左をば官の朱引きと予ねて知るべし」。○（二ツ朱引の歌）「二ツ引く、中の朱引きは物の本、左二ツは年号ぞかし」。

書物の事【しょもつのこと】〔万物絵本大全調法記・上〕に、①「書《しょ》／ほん／ふみ。本同。巻《くはん》。軸《ぢく》。冊子《さうし》」。②「簿《ぼ》、帳《ちやう》也。簿籍《ぼせき》。簿書《ぼしょ》。簿帳（ぼ）ちやう。並に同」。③「裱《へう》。裱紙《ひやうし》なり。褾《へう》同。籤《せん》（俗に外題《げだい》）」とある。④「帙《ちつ》。帙子《ぢす》也。袠《ぢつ》。同。文皮《ぶんひ》（又、文巻《ふまき》）」（図254）。〔童女重宝記〕に次がある。書物を「ふみ（文）」というのは倭語《やまとことば》の「ふくみ（含）」を略したもので、万のことをこの内に含んでいるという意である。昔は、物の本*と言っても今のようにはなく竹の編《へん》*であり、後漢の世に蔡倫《さいりん》が紙を作り、蒙恬《もうてん》が筆を作り、紙筆で書き写して綴じた。唐代より板に彫って容易になり、これを梓《あずさ》に行《おこな》うという。梓は木の王なのでよい木に用いるという意である。書物を学んで万事に通じることを知る（図255）。

〈書物防虫〉〔年中重宝記・二〕に六月土用中に虫干するとあり、『居家必用』を引き書物に芸香《うんこう》（今の七里香）を入れて置くと虫を避ける。芸香の葉は銀杏に似ていて俗に誤って書物の間に入れた。麝香 樟脳等を入れてもよい。〔諸民秘伝重宝記〕は○書物の間に朝顔の葉を紙に包んで入れて置くのもよい。○葉煙草を紙に包んで入れて置くのも尤も妙である。○折々書物を出して風を入れるのは何よりも妙である。〔名物重宝説〕は○書籍は第一虫干をよくし、手入れを忽せにしてはならない。○表紙共に明けることはよくなく、折れが出来る。○唾を指先に湿して紙

図254　書物の事

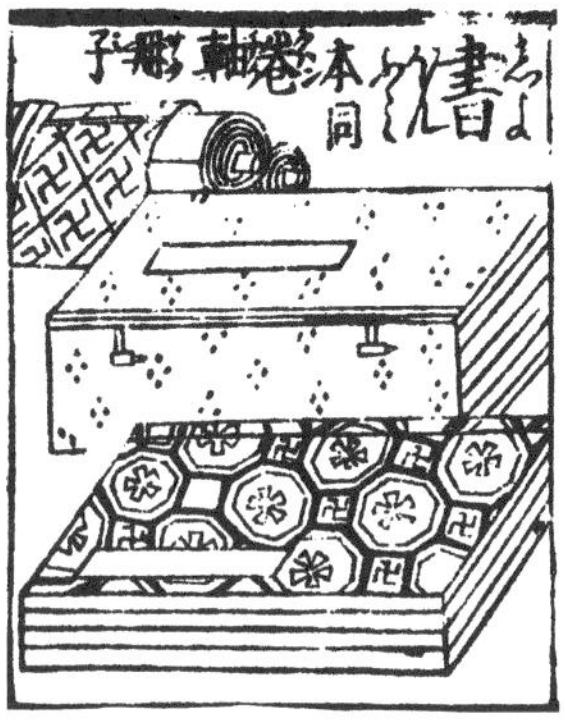
①「書」（万物絵本大全調法記）

②「簿」（万物絵本大全調法記）

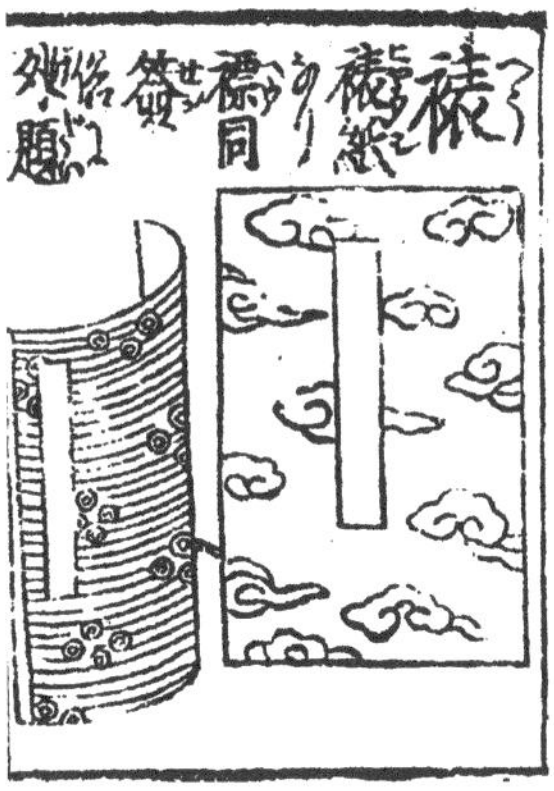
③「裱紙」（万物絵本大全調法記）

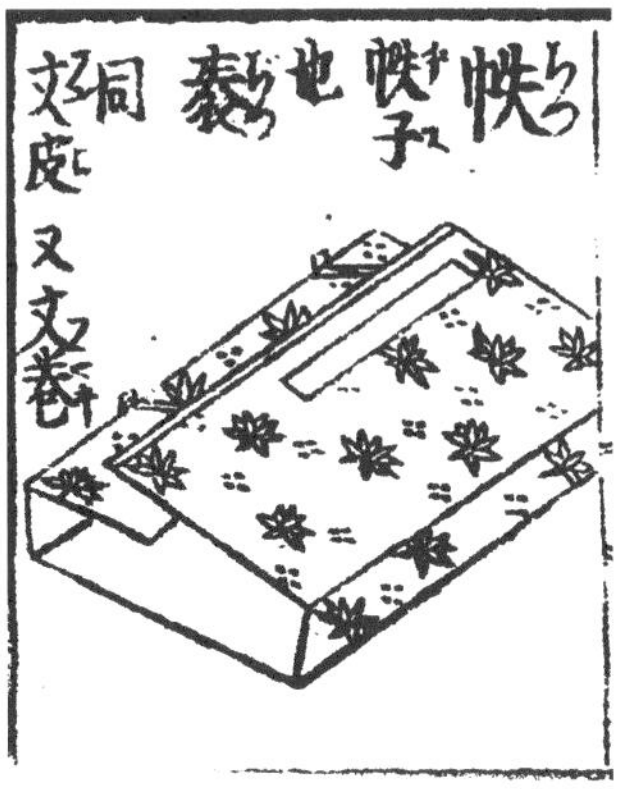
④「帙」（万物絵本大全調法記）

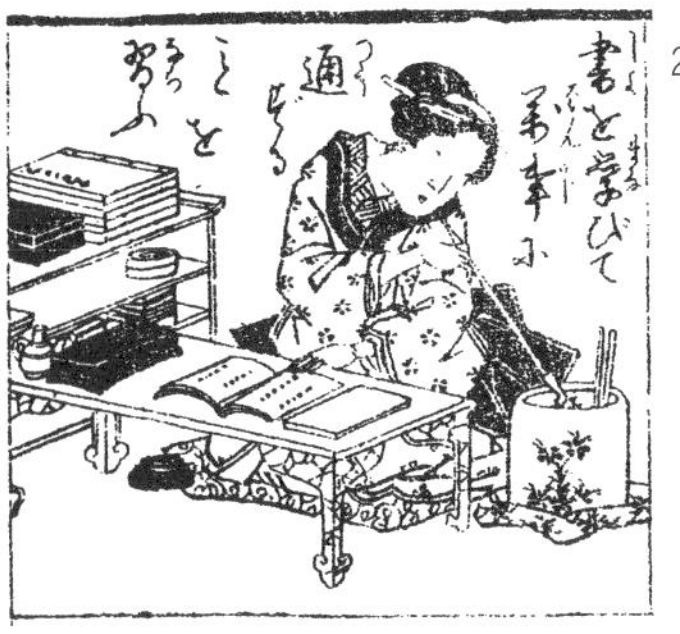
図255　「書を学びて万事に通ずることを学ぶ」（教訓女大学教草）

を明けるのも、読みかけに紙を折るのもしてはならない。〇甚しくは、本を立ちながら扱うのは慎むべきである。

〈人前で書物を見る事〉〔幼童諸礼手引草 懐中重宝〕には先方で書物を出された時は、初巻を一二枚見て、また中程の巻を二三枚開いて見て差し置く。篤と見たい書物なら借用して見るべきである。

〈書物類の貸借 進め様〉〔開化実益現今児童重宝記〕に書物の標題を手前の方へ向けて両手でそっと持ち出し、進める時に一旦下に置き、右の手で右の隅を持ち字頭を我が方へ廻して、両手で進めるとよい。〔諸礼調法記大全・地〕には書物の借用状、返状の書き方が言い換えの言葉と共に文例がある。借用状は時候挨拶を書いて、「然れば先日御約束申上げ候哥書、御秘蔵之品には御座候得共、暫く拝借仕リ度候。苦しからず候ハヾ此の者江渡シ遣しなし下され候ハヾ忝く存じ奉候」。返状は時候を書いて、「先日御恩借の歌書永々仰留《きょうりゅう》（留め置く事）仕り、御蔭により緩々拝見千万忝く存じ奉り候。即ち五冊持たせ返上仕り候。慥に御落手成し下さる可く候」。なお又「苦しからず候ハヾ此の跡六之巻より猶又拝借できれば忝く存じます等と書く。

〈書物の符帳*〉〔早算調法記〕に次がある。ヲ（一）。コ（二）。ソ（三）。ト（四）。ノ（五）。ホ（六）。モ（七）。ヨ（八）。ロ（九）。オ（十）。と使う。「本の事」参照

除夜【じょや】「せいぼ（歳暮）」ヲ見ル。「除夕」トモ言ウ

諸薬通用禁物【しょやくつうようきんもつ】〔家内重宝記・元禄二〕に「諸薬通用禁物の分」として次の品々がある。麵類 油揚 くさびら（菌）生菓子 生青物 諸肉 辛子 莧 ひともじ（葱）蒜 韮 胡瓜 生魚 餅 酢 飴 鯖 鮨 鱠 川魚 犬猪。

薯蕷【じょよ】「山の芋／薯蕷」ヲ見ル

薯蕷羹【じょよかん】〔料理調法集・菓子調法集〕に薯蕷羹は、「山の芋」*を

煮濾し一升、饂飩粉を合せ、氷砂糖百八十目を煎じてよく交ぜ合せ、蒸し立て露を取り置く。また蒸し薯の濾し粉と、生芋をとろろのように擂り立てたのも、等分に合せる。

薯蕷繊【じょよせん】〔昼夜重宝記・安永七〕に薯蕷繊は、「山の芋」*の皮を取り山葵卸でおろしよく擂り、白砂糖三分の一を交ぜ、匙でよい加減に千切り、油で揚げる。焼塩をかけるとよい。

薯蕷卵【じょよたまご】〔料理調法集・鶏卵之部〕に薯蕷卵は、卵の白身に薯蕷（「山の芋」*）を卸し、三分の一交ぜて、よく掻き交ぜ、箱蒸しにしたもの。

薯蕷麩【じょよふ】〔料理調法集・麩之部〕に薯蕷麩は、生麩の嵩《かさ》半分程、薯蕷（「山の芋」*）の濾し粉を揉み込み、よい程に丸く取り、湯をよく滾《たぎ》らせて入れ、蓋をせず、麩が付き合わないように大鍋で二泡程湯煮して下汁へ入れる。火は緩い方がよい。

薯蕷巻味噌【じょよまきみそ】〔料理調法集・調製味噌之部〕に薯蕷巻味噌は、濾し粉芋へ葛粉、同返しに入れ、濾し味噌 葛粉、同返しに合せ、砂糖かえのし、合わせて巻き、蒸す。

薯蕷饅頭【じょよまんじゅう】〔菓子調法集〕に薯蕷饅頭は、長芋（「山の芋」*）を湯煮して皮を取り、水嚢で濾し百五十匁に、生の山の芋を卸し五十匁を交ぜ合せ、よい加減にして、中へ小豆の濾し餡を包み、少し蒸す。

薯蕷飯【じょよめし】〔料理調法集・飯之部〕に薯蕷飯は、薯蕷（「山の芋」*）をあられ（霰）に切り、水で晒し、米に交ぜて炊く。

薯蕷麵【じょよめん】〔料理調法集・麵類之部〕に薯蕷麵は、糯米の粉六分、粳米の粉四分、「山の芋」*を卸し捏ね、玉小さくして伸べ少し切り、煮加減は浮き上る時がよい。汁は饂飩に同じ。薬味は鰹、焼味噌、陳皮、唐辛子、山椒の粉等がよい。〔ちやうほう記〕には、糯米の粉を細かにして山の芋で捏ね、細かく切り、湯煮して饂飩のようにして出す。

薯蕷餅【じょよもち】〔菓子調法集〕に薯蕷餅は、寒晒餅の粉八分、「山の芋」*二分卸し、擂鉢でよく擂り、餅の粉を捏ね、水を入れ、よい加減にして、大きさは好き次第に丸め湯煮をし、餅が浮き上がる時水に上げ、また山の芋を粉にしてまぶし、その上に砂糖をかける。

書林【しょりん】書物*を出版し販売する店で専門店もあった。書肆とも本屋とも 物の本屋ともいい、古本屋*も兼業した。〔万買物調方記〕には次のようにある。○「京ニテ書林 物之本屋」小川一条下ル（歌書）林白水、二条通車屋町（内外）村上平楽寺、同衣の棚（儒医）風月、同東洞院（同）武村市兵衛、同富小路（禅）田原仁左衛門、寺町泉式部前（真言）前川権兵へ、同五条（同）中野小左衛門、同町（法花）中野五郎左衛門、五条高倉 西村九郎右衛門、二条御幸町 金や長兵へ。この外二条通、五条の東西、寺町通の南北にある。「京古本屋」一条通の東西、堀川南北にある。○「江戸ニテ書林 物之本屋」日本橋南二丁目 中野仁兵へ、芝神明前 中野佐太郎、京橋南三丁目 林文蔵、神田かぢ町 秋田や常知、通乗物町 中野孫三郎ら二軒、通白銀町 村上又三郎、通石町に中村五兵衛ら三軒、川瀬石町横丁 いせや清兵へ ら三軒、左内町横町 近江屋三左衛門ら五軒、青物町 伏見屋兵左衛門ら三軒、都合十八町に二十九軒の外、下谷池の端に多い。〔江戸流行買物重宝記・肇輯〕には「新故（古）書籍」に次がある。日本橋通一丁目 須原屋茂兵衛、同二丁目 山城屋佐兵衛、本石丁十軒店 英大助、小石川伝通院前 鳫金屋清兵衛、横山町一丁目 出雲寺万次郎、浅草茅町一丁目 須原屋伊八、同福井丁一丁目 山崎屋清七、芝神明前 岡田屋嘉七。○〔万買物調方記〟〕に「大坂ニテ書林幷古本屋」高麗橋一丁目に村上清三郎・藤屋弥兵へ・吉野や五兵へ ら四軒、平野町 本屋五兵へ、四軒町に平野屋五兵へ 帯屋甚右衛門、思案橋上に本屋八郎兵へ、呉服町に深江や太郎兵へ、御堂の前に本や庄太郎、ひなや八兵へ、北浜や七郎兵へ、

ふし見町に池田や三郎右衛門、淡路町に村上嘉兵へ、心斎橋に本や清左衛門・河内屋吉兵へ・本屋九兵へ・あきたや大野木市兵衛へ・本や太兵へ、秋田や長兵へ ら九軒を含め、都合九町に二十九軒がある。「古本屋」参照

女郎の御子【じょろうのおこ】 御所言葉。「娘は ひめごぜ（姫御前）、女郎の御子」。〔女用智恵鑑宝織〕

しょんぐゎち【しょんぐゎち】 片言。「しょんぐはちは、正月と云」のがよい。〔不断重宝記大全〕

白和え【しらあえ】〔料理調法集・和物之部〕に白和えは、豆腐の水をよく絞り、擂り、芥子に白味噌を少し加え、煎粉、人参、蒟蒻の類で味をつけ和える。また、時により鯛、鱸等の白子を湯煮して、酒、塩を加えて和えるのも白和えという。

白糸【しらいと】 大和詞。「しんこ（糝粉）は、しらいと（白糸）」という。〔女重宝記・一〕

白糸餅【しらいともち】「しら糸もち」は、日本橋通三丁目 大杉屋和作にある。〔江戸町中喰物重法記〕

白魚料理【しらうおりょうり】〈料理仕様〉〔諸人重宝記・四〕に白魚は、汁 刺身 蒲鉾 煮物 熬り物にする。茄子と煮る。〈白魚鮨〉〔料理調法集・鮨之部〕に白魚の新しいのを、一日一夜塩をして押しを懸けずに置き、翌日この塩水で洗い水気を去り、飯は常より強めにして白魚と揉み交ぜ、桶に漬け、なるだけ押しを重く懸ける。但し、長くは持たない。〈白魚飯〉〔料理調法集・飯之部〕に白魚をよく洗い、五分切りにして少し塩を振って置き、湯煮して、飯に交ぜて出す。また、白魚を煮染めて交ぜたのもよい。

白扇【しらおうぎ】 大和詞。「しらあふぎとは、な（慣）れて悔しき」意である。〔不断重宝記大全〕

しらかい【しらかい】 片言。「しらかいは、飡飯 しらかゆ」である。〔不断重宝記大全〕

白髪の事【しらがのこと】〈薬方〉〔新撰咒咀調法記大全〕に白髪《しらが》にならぬ油の方として、胡桃（九ツ）・榧（七ツ）・側白葉《このてがしわ》を細末（粉）にし、胡麻油（五合）の内へ浸し入れ、七日で梳き油にするとよい。〈白髪染〉〔女用智恵鑑宝織〕に白髪を黒くするには、黒大豆を酢で煎じて鬢水に使うとよい。〔清書重宝記〕に「白げを染る薬」は、真菰の穂を黒焼にし、油煙と胡麻油でよく練って付ける。〔調法記・四十ゟ〕に「白髪染薬」は、極上油煙墨に白蠟を交ぜて火でよく練り合す。〔調法記・四十七ゟ五十七迄〕に「白髪を黒くする伝」は、○百薬煎（六匁）、緑礬（二匁）を粉にし、酢を沸かし髪に塗り、菜の葉で包み、次に酸漿草で洗うと黒くなる。○黒大豆を酢で煎じて鬢水に使う。○透き石榴の皮を煎じて鬢水に使う。どれも黒くなる。

〈再生法〉〔里俗節用重宝記・上〕には、白髪を抜いた跡へ姜の絞り汁を塗ると黒く生える。

〈呪い〉〔調法記・四十ゟ〕に白髪を抜き黒髪を生やす伝として、次の日の早朝、東に向かって白髪を一筋抜くと一筋黒髪が生えるのは妙である。正月四日・十七日。二月八日・二十日。三月八日・十日・十三日。四月二日・十六日・十八日・十九日。五月十六日・二十日。六月四日・十七日・二十四日。七月三日・四日・十八日。八月十五日・十九日・二十日。九月二日・四日・十九日。十月七日・十二日・二十二日。十一月十五日・十七日・二十日。十二月七日・十六日・二十日。

白紙【しらかみ】「かみ（紙）の事」ヲ見ル

白川石売【しらかわいしうり】〔日用重宝女大学〕に、白川石売がある。京の粟田 北白川の山の土中は、皆白石である。村人が農作の暇に石工《いしきり》をなし、需《もとめ》により斫《き》り取り、里の女が馬に荷わせて売る。

白皮鯛【しらかわだい】〔料理調法集・口伝之部〕に「白皮鯛とは、甘鯛のこと」である。

白川橋【しらかわばし】京名所。この川は白川で、川より東を粟田口（東海道山科へ通ず）といい、付近の山を粟田山という。〔東街道中重宝記・七ざい所巡道しるべ〕

白川へ村上よりの道【しらかわへむらかみよりのみち】〔家内重宝記・元禄二〕に「越後村上より奥州白川への道」がある。村上〈二里二十七丁〉平村〈二里七丁〉黒川〈三十二丁〉中条〈三里〉加治〈一里〉いすまき〈二里〉山内〈一里〉赤谷〈一里半〉綱木〈一里十丁〉あしや〈一里〉湯口〈二里〉津川〈一里〉天満〈一里半〉竹（作）山〈一里半〉やちた〈一里半〉白坂〈一里半〉野尻〈一里半〉野沢〈三里半〉片門〈一里半〉板外〈一里半〉高久〈一里〉若松〈二里〉赤井〈一里半〉原〈二里五丁〉赤洲（須）〈一里〉ふくら〈一里〉見世〈二里〉勢至堂〈二里〉長浜〈一里〉牧の内〈一里半〉小屋〈一里半〉井手〈一里半〉白川である。

白川焼【しらかわやき】①「白川焼」は、柳原新ばし靍屋柳黛子にある。②「御膳白川焼」は、三河町二丁目篠原平三郎にある。〔江戸町中喰物重法記〕

白菊【しらぎく】大和詞。「しらぎくとは、うつろひやすき（移安）を云」。〔不断重宝記大全〕

白木に虫の付くを防ぐ【しらきにむしのつくをふせ】白木に虫のつく時は干し鰻で拭くとよく、虫の付くことは決してない。〔秘密妙知伝重宝記〕

白禿の薬【しらくものくすり】「しらくぼ」とも言う。〔斎民外科調宝記〕に、久しく治らず髪が落ち、肥癬瘡のように白い皮があり 痂《かさぶた》を作り瘡が頭に満ち 孔《あな》から膿が出て細かな虫を生じ 痛痒く癒え難いのには、潤肌膏*をつける。また、木油（二両）、肥皂肉（八匁）を煎じ、肥皂を取り出し、冷まして油だけをつける。〔世界万宝調法記・中〕は小児の白禿は、髪を剃り、白蜜・豆腐の湯（等分）に入れ、熱くして糸瓜を茹でよく洗い、大黄・榠樝子・木香・莪朮（各二匁）、明礬（一匁）を粉にして、大風子の油で練り合せ布に包み擦りつけ、その上に蒟蒻糊を紙で貼りつけ三日ずつ置き、このようにして三度貼り替え、四度目にはそのまま置くと妙に癒える。〔永代調法記宝庫・三〕は鼠糞（黒焼粉）と白粉《おしろい》（少）を胡麻油で溶いて付ける。〔妙薬調法記〕は梅干の実を去り、松脂の粉、餅米の粉を等分にしてよく擂り合せ、よい酢で溶き付けるとよい。〔筆海重宝記〕は白絞の油（白胡麻から精製した油）と水を等分にして毎日塗り替える。〔重宝綱目女要婦見硯〕は「白くぼの薬」に、梅檀の実をおろし、蕪を黒焼きにして付ける。〔薬法重宝記〕は耳白の貝を焼き、灰にして雷丸（竹苓）の油でつける。〔新撰咒咀調法記大全〕は「白禿の治方」に、○卵の白実に酢を混ぜてつける。○「白禿にて髪の生えぬ治方」は、麻の実を炒り潰し汁を飲むのもよい。○桃の皮を煎じて塗り、また豚の油でつける。〔文政新刻俗家重宝記〕には熊笹の葉を黒焼きにして胡麻の油でつける。〔調宝記・文政八写〕には 鼹《もぐら》の生き血をつけるのは大妙薬とある。〔丸散重宝記〕には漆負*の方と同じとする。治方は他にも色々ある。「小児諸症療治」〈諸症〉参照

白鷺【しらさぎ】「せせり鷺」ヲ見ル

白須賀より二河【しらすがよりふたがわ】東海道*宿駅。一里半。本荷九十四文、軽尻六十三文、人足四十六文。猿が馬場 茶屋があり、柏餅が名物である。堺川、一里山 茶屋がある。二河入口に土橋がある。〔東街道中重宝記・寛政三〕

白珠【しらたま】〔万物絵本大全調法記・上〕に「珠 じゆ／しらたま。又、貝のたま」。「真珠」ヲ見ル

白玉の造り様【しらたまのつくりよう】〔万用重法記〕に白玉の造り様は、粳米一升を強飯にして糀一升と合し、水一升五合に入れると二三日目に甘酒になる。その時、粳米の強飯を五合、熱湯《あつゆ》五合、豆殻の灰を少し絹布に

包んで入れて掻き廻し、蓋をして置くと四五日目に酒になる。辛味の付かぬ時は樽を湯に炊き、その樽に熱湯を詰め、その酒の中に漬けると上々酒となる。これは他に類酒がない。

白玉餅【しらたまもち】〔江戸町中喰物重法記〕に次がある。○「しら玉もち」は、伊勢丁木戸ぎわ 大和や弥次郎にある。○「長崎名物あん入白玉」は、牛込肴町 真猿屋八兵衛にある。○「元祖しら玉もち」は、日本橋せともの丁角 福嶋や和泉にある。○「御膳しら玉餅」は、下谷上野町二丁目ほていや長吉にある。

白血長血【しらちながち】〔女重宝記・四〕等に「白血長血」には鶴の塩したのを黒焼きにして白湯で用いるとよい。〔万用重宝記〕には鯰《なまず》の魚を食すると忽ち治る。〔調宝記・文政八写〕に、○「腰痛 帯下《こしけ》」には芹を常に食するとよい。○「赤白帯下 しら血／なが血」は三ツ葉の空木《うつぎ》を黒焼きにし空木の煎じ汁で用いるとよい。○罌粟花を陰干し粉にして用い、或は煎じても用いる。○鶏冠花《けいとうばな》を煎じて用い、白血には白を、長血には赤を用いる。○燈心を大豆程に丸じ酢で用いると妙である。〈呪い〉〔新撰咒咀調法記大全〕に「しら血 長血を直す咒」があり、この符を呑むとよい（図256）。婦人の赤白帯下である。「女の符／守」「帯下《たいげ》」「長血《ながち》」参照

図256 「しら血 長血を直す咒」（新撰咒咀調法記大全）

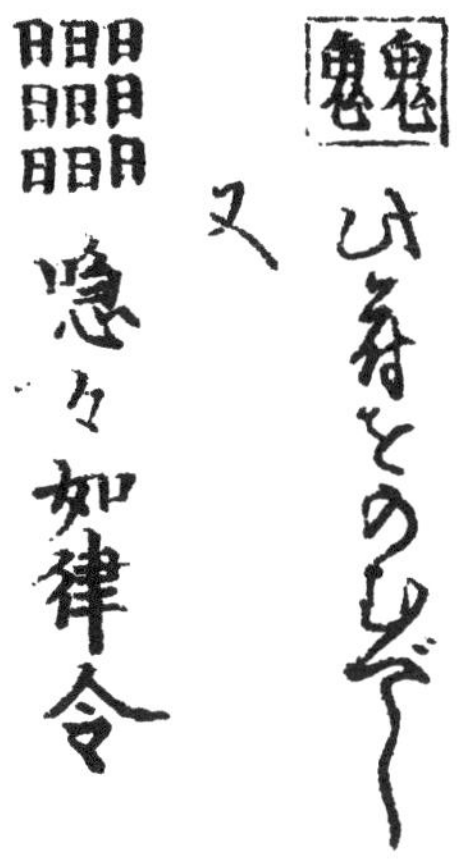

白浪【しらなみ】 大和詞。「しらなみとは、ぬす（盗）人を云」。〔不断重宝記大全〕

白煮汁【しらにじる】〔料理調法集・汁之部〕に白煮汁は、鶴 鴈 鴨 白鳥 菱食等を大作りにして、銀杏 大根 芽独活を入れて煮る。

知らぬ顔の半兵衛【しらぬかおのはんべえ】〈平生ソレよく言う言語〉知らぬ顔をして少しも取り合わないことを、知らぬ顔の半兵衛という。冷淡さを人名にして呼んだ。〔小野篡譃字尽〕

知らねえの閻魔様【しらねえのえんまさま】〈平生ソレよく言う言語〉何もかも知っていながら、白黒の判別をしないことを、知らねえの閻魔様という。「知らぬ顔の半兵衛」*のもじり。〔小野篡譃字尽〕

白張【しらはり】「いけもの（生物）」ヲ見ル

白藤餅【しらふじもち】 菓子名。白藤餅、皆しめし物、中小豆粒入り。〔男重宝記・四〕

白干小鰷【しらぼしこはや】〔料理調法集・干魚調理之部〕に白干小鰷《こはや》ただ一種に、酒塩 又は合せ酢を掛けるとよい。俗にいう「ちりめんざこ」である。

虱の事【しらみのこと】 虱は白色で、皮膚の血を吸い、跡が付き極めて痒い。〔万物絵本大全調法記・下〕に「虱しつ／しらみ、蝨しつ。同」。〔万用重宝記〕には、着類の虱、頭虱、毛虱等をあげ、虱紐*もある。虱が湧かず染《うつ》らない至極の名方は、烏頭・百部根・牽牛子を等分にして煎じ、その汁で毛虱等は洗い、着類には糊を汁で溶きつけると湧き染ることはない。○牛馬の虱もこの汁で洗うと忽ち去る。○水銀を少し水で煎じた水に漬け、後日に干して着ると染らず、湧かない。○根絶やしするには、水銀を少し器《かわらけ》に入れ、炬燵の中によく火を熾して載せ、煙草の粉を二三両程掛けて燻べ、その上へ虱の付いた着類を掛けて煙が少しも出ないようにして、一時間ばかり置くと残らず死ぬ。〔秘密妙知伝重宝記〕に虱失せ薬は、朝顔の種にみずかね（水銀）を少し入れて懐中するとよい。〔大増補万代重宝記〕には牽牛《あさがお》の花の実を肌襦袢の

両袂に入れて置くと虱は染らず、染った後でも去る。蚤も同じ。百部・秦艽を粉にして香を炊くようにして燻べると虱は悉く去る。この二味を酒に煎じて洗うのもよい。〔新板秘伝日用重宝記〕にも水銀で薫べる方がある。〔万家調法呪詛伝授囊〕に身虱を去る法は、白鳥の羽の茎に水銀を入れて下帯に結びつけて置くと、虱は悉く死ぬ。「頭虱」「陰毛虱」「蚤《のみ》の事」参照

虱紐【しらみひも】 除虱薬。〔諸民秘伝重宝記〕には草烏頭・百部根・百芷（和もの）（各四両）を刻み、水五升を入れて二升に煎じ詰め、滓を去り、煎じ汁が残らぬように木綿一反に浸し、日に干し上げる。次に棗の肉で水銀三両を練り交ぜ、その中へ木綿一反に付く分量の柔らかい糊を入れてよく練り交ぜ、一反に残さず引く。乾かぬ内によい程に裁ち分けて、紐に縒《よじ》って置く。〔薬種日用重宝記授〕には「虱失せ紐」として、水銀八十目入、木綿二丈四尺定め（裁ち筋二尺定、巾は十一に切る）である。〈売弘所〉〔万用重宝記・上〕には「懐中虱紐売弘所」として、京東山六条上の数珠屋町筋間之町角 紙なべ屋茂兵衛（同書の板元）がある。

白雪【しらゆき】 大和詞。「しらゆき（白雪）とは、きへはて（消果）ばやと云ふ心」である。〔不断重宝記大全〕

紫蘭【しらん】 草花作り様。〔昼夜重宝記・安永七〕に紫蘭の花は紫色で、四月に咲く。土は白と赤土に、白砂を等分にするとよい。分植は八月がよい。異名は「うすけい」*。

鞦【しりがい】 尾から鞍に懸け渡す組紐。〔万物絵本大全調法記・上〕に「鞦しう／しりがい。緻しりがい。同」。〔武家重宝記・五〕に「しりがい」は「緧」「鞧」とも書く（図257）。馬の鞍から尾の間をはさむ紐である。

しりけん【しりけん】 片言。〔世話重宝記・五〕に「手裏鉤《しゅりけん》を、しりけん」という。〔小野篁譃字尽・かまど詞大概〕にも「手裏剣《しゅりけん》は、しりけん」。

退き【しりぞき】 算法用字。〔算学調法塵劫記〕に「退《しりぞき》」は、下へしりぞきさげることをいう。

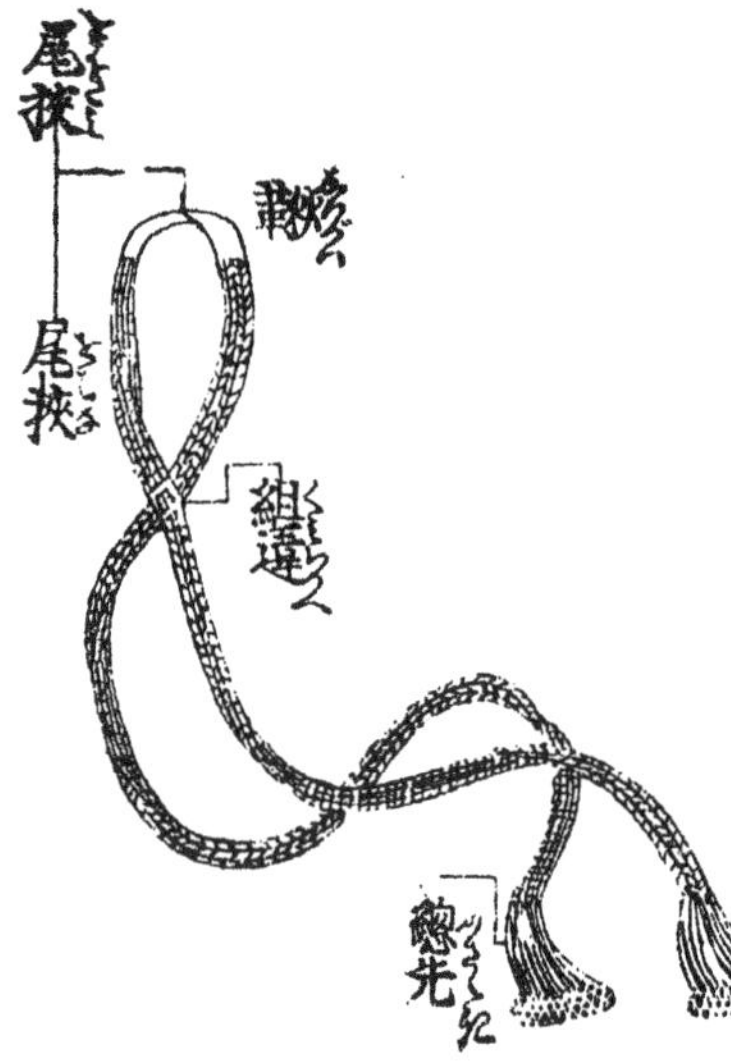

図257 「鞦」〈武家重宝記〉

地立【じりつ】 「接骨の諸薬」〈接骨神効無比類験の方〉①ヲ見ル

持律宗【じりつしゅう】 「律宗」ヲ見ル

尻捻りあぐる【しりひねりあぐる】 卑語。「ゐど（居処）つめ（抓）るをしりひねりあぐる」。〔女用智恵鑑宝織〕

臀臏の損傷治法【しりぶたのそんしょうじほう】 〔骨継療治重宝記・中〕に、臀臏の左右を跌いて骨が抜け出るのには、右なら左に、左なら右に入れ、足で踏み込み押し、平生《たいらか》にして薬を用いる。跌きが内方なら患者の脚を盤《わだかまち》させ、肩先を押し医師の膝で押し込む。一時痛むとも妨げはない。押し直し平正《たいらか》にして接骨膏、定痛膏*をつけてただ仰臥させる。動かすと後に損ずる憂いがある。

脂瘤【しりゅう】 こぶの一種。〔改補外科調宝記〕に脂瘤は紅色、針で破り、脂粉（麩糊状）を採り出し癒え膏薬を付ける。茄子のように垂れ下がり根の細いのには抜薬を蔕に付ける。茄子の落ちるのを待ち、斂瘤膏《れんりゅうこう》*を付けて出血を防ぐ。

地龍散【じりょうさん】 牛療治薬。〔牛療治調法記〕に地龍散は、四時《しいじ》の牛の

瘴（「牛瘴《ぎゅうしょう》の事」参照）を治す。冷《ひえ》や熱《ねつ》、或は春の瘴に急に用いる。蒼朮・川芎（各三匁）、川烏（煨す）・麻黄・大黄（各二匁）、甘草（七匁）、当帰・藿香・地龍・白茯苓・滑石・姜蚕（各一匁）、白朮・薄荷・荊芥・山梔・陳皮・青皮・香付子・紫蘇・芍薬（各五匁）、羌活（二両）・黄芩を末（粉）し、水で煎じ、川鬱金を少し加えると至って効がある。

死霊の憑いた時の呪い【しりょうのついたときのまじない】〔増補咒咀調法記大全〕に、「死霊蛇になりて来たり又は病人に憑いて退かざる時の呪」は、竹の皮を蛇の長さに切り、二ツに割り、一方には光明真言*を十一遍、一方には十遍書く。次にこの竹の皮に蛇を包み、左縄で三所括る。次に光明真言を二十一遍唱え、また次に訶利帝の真言を二十一遍唱える。次に病人の生れた家の方に向けて蛇を逆様に埋めて置くと、二度と来ない。

子淋【しりん】「懐妊／懐胎の事」ヲ見ル

汁飴【しるあめ】〔昼夜調法記・正徳四〕に汁飴は、大麦一升を洗い笊へ上げ二日程置き、また水で洗い上げ、何度も同じことをして白い根が出て固まったのを毎日洗い解き、二寸ばかり芽を作り出た時猶よく洗い、干して水気のないようにして臼で大方に搗く。下白の糯米三升を水に漬け、常の強飯に蒸し、熱い内に前の萌やしを入れ、煮え湯をひたひたに入れ、木綿袋に入れて絞り、また水嚢で濾し釜で煮る。練り加減は始めに細かな泡、後に大きな泡が立った時がよい。

〔菓子調法集〕には、①糯米一升を飯にし、糀五合を、甘過ぎれば四合にもし、水五升を入れ、夏は一夜置いて布に入れて絞り、鍋で練る。練り加減等は好き次第にする。②小麦一升を萌やしに拵え、糯米一石（升ヵ）をさっと搗き、水に二日浸して蒸し、蒸桶に入れて置き、熱湯を蒸し飯にひたひたに入れ、手引湯（長い間手を入れられぬ湯）になる時分に萌やしを交ぜ、桶に蒸して少しの間置き、汁を絞り水嚢で濾し、また布袋で濾し、釜に入れて煎じる。寒の内も米麦はこの積りである。

しるき糊【しるきのり】「姫糊拵え様」ヲ見ル

汁粉餅【しるこもち】〔料理調法集・麺類之部〕に汁粉餅は、熨斗餅《のしもち》を大短冊或は色紙に切り、小豆の絞り粉に砂糖を入れ、煮掛けて出す。膳の向うは酢菜、香の物、砂糖をつけて出す。「千歳餅」ニ同ジ

記餅【しるしもち】記餅《しるしもち》は、下板橋平尾丁 川越屋忠兵衛にある。〔江戸町中喰物重法記〕

滑谷越【しるたにごえ】京師間道*の一。〔万民調宝記〕に滑谷越《しるたにごえ》は、清水山の南大仏殿の東にある。山科を過ぎ近江の大津へ出る道である。古くは東国に通う者は五条橋からこの道を順道としたが、今（元禄五年）では三条橋から下粟田口を過ぎ大津へ出る大津海道で、これは近世のことである。汁谷越とも書く。

汁の事【しるのこと】〈汁・菜・吸物〉主食の飯《めし》*にあてるものが汁である。副食にあてる菜《さい》*、酒肴にあてる吸物《すいもの》*とは区別される。四季の献立として、〔料理献立・十二月汁の分〕が〔家内重宝記〕〔昼夜重宝記〕〔料理調法集・汁の部〕等に色々記されているが、〔永代調法記宝庫・六〕には次がある。正月は「鶴 独活 榎茸 根深」の外八献立。二月は「小鮎 根芋」の外四献立。三月は「焼小鯵 独活 椎茸 茗荷茸」の外五献立。四月は「塩鶴 茄子 椎茸」の外八献立。五月は「五位鷺 牛蒡 茄子 茸」の外八献立。六月は「焼鮎 茸 大根 茗荷 雲雀」の外八献立。七月は「鷺 蕪菜 茸」の外五献立。八月は「鴨 卸し大根 しめじ」の外八献立。九月は「塩鱈 松茸 焼豆腐」の外八献立。十月は「雁 蕪菜」の外八献立。十一月は「白魚 鱈 酒炒り菜」の外四献立。十二月は「一塩鱒 大根極薄く片身切り」の外五献立。

〈汁の塩辛いのを直し様〉〔男女日用重宝記・下〕に汁*が塩辛い時は、飯を袋に入れ、汁の内に入れて煮出すと甘くなる。〔男女御土産重宝記〕に汁の塩の辛い時直し様は、飯 砂糖 搗栗の粉でも汁の中へ入れるとよい。

〈汁替え様〉〔諸礼調法記大全・天〕に汁*の替え様は、盆を左右に捧げて出、「飯つぎ様*」の飯器《ひつ》と同じ所に盆を前に置いて控えて居て、飯器が一遍回った後で汁を替える。その次第は左右の膝を着き、左右の手で盆を差し出す時、汁の椀を出されるのを両手で盆に受けて下に置き、汁椀の蓋を取り盆の縁に掛け俯け退く。至極高貴の方へは台所から外《ほか》の替えの椀に汁を盛り出す。御前に至り諸膝を着き、汁の蓋を右手に取り露を切り、盆の前の縁に掛け俯けて置き、両手で差し出す。〔女寺子調法記〕は汁は盆で替える。客が汁椀の蓋をせずに出せば持っている盆は下に置き、客の椀の蓋を取って盆の縁に俯けに載せ勝手に入る。もし蓋の上に肴があり取り難い時はその侭持って入り、勝手で別の蓋をして持ち出、客の前で椀の蓋を取り、縁に載せて出す。蓋はまた勝手に持ち入る。汁の減った方を決して再々覗き回ってはならない。

〈汁注ぎ様〉〔諸礼調法記大全・天〕に汁注ぎ様は、冷汁等は提子《ひさげ》に注ぐ。蓋をせずに箸を一膳汁に入れ、右の大指で提子の弦に持ち添えて注ぐ。注ぐ時は左右の膝をつき、左の手で箸を取り廻して注ぐ。逆もある。

〈汁の色々〉集め汁*　鮟鱇汁*　従弟煮《いとこに》汁*　右衛門五郎汁*　兎汁*　鶉汁*　蕪菜《かぶらな》汁*　からげ汁*　観世汁*　雉子擂汁*　鯨汁*　鯉煎汁*　鯉観世汁*　小鳥汁*　ごみ汁*　さくさく汁*　雑煮汁*　ささら汁*　山椒汁*　しやか汁*　しゆみせん汁*　白煮汁*　じんぶ汁*　酢煎汁*　鯛鰒擬《たいふぐもどき》*　叩き汁*　狸汁*　鶴汁*　豆腐汁*　鰌汁*　どぶ汁*　鳥汁　薯蕷《とろろ》汁*　納豆汁*　畳汁*〔海鼠料理〕南蛮汁*　辛螺《にし》辛味《からみ》汁*　人参汁*　根深汁*　ばくち汁*　繁縷《はこべ》汁*　鳩汁*　はらら汁*　醤《ひしお》汁*　冷汁《ひやじる》*　笛巻汁*　河豚魚《ふぐとう》汁*　鮒汁*　芳飯《ほうはん》汁*　貉《むじな》汁*　柳川に鞠*　山蔭汁*　蓬汁*　ろよほ汁*。

四礼【しれい】　四礼は、冠、婚、葬、祭を言う。〔童子調宝記大全世話千字文〕

四苓散【しれいさん】〔小児療治調法記〕に四苓散は、白朮・猪苓・赤茯苓・沢瀉を調合し、生姜を入れ水で煎ずる。○発熱《ほとおり》*に身痛み吐瀉するものには四苓散に柴胡・羌活・砂仁・藿香を加え、○小便が泔《しろみず》*のようなもの、或は小便の通じないのには車前・木通を加えて用いる。○発熱して吐瀉止まず身熱し口渇くのには、四苓散に黄連・淡竹の葉を加えて用いる。

白【しろ】〈何が不足で癇癪の枕言葉〉「南鐐、しろ」。南鐐は二朱銀をいう。〔小野篡謔字尽〕

城跡山【しろあとやま】　伏見名所。城跡山は桃の木が夥しくあり、花盛りは甚だ美景である。〔東街道中重宝記・七ざい所巡道しるべ〕

白い【しろい】〈何が不足で癇癪の枕言葉〉「いた（至）らぬ、しろ（白）い」。未熟の意。〔小野篡謔字尽〕

白板に物書き滲まぬ事【しろいたにものかきにじまぬこと】〔男女御土産重宝記〕に白板に物を書いて滲まない法は、耳の垢を少し入れて墨に擂り交ぜる。なお「板に物を書く」モ見ル

白糸割符所付【しろいとわっぷところづけ】〔万買物調方記〕に「白糸割符所付」に次がある。○二十丸　後藤縫殿助。○八丸　茶屋四郎二郎・同新四郎・亀や栄任・三嶋祐徳・上柳彦兵へ。○百丸　京・江戸・長崎。○五十丸　大坂。○百二十丸　堺。○二十丸　対馬。○十丸半　筑前。○十丸　肥前平戸。○五丸　肥前佐賀・筑後。○一丸半　小倉。

白犬萩【しろいぬはぎ】　草花作り様。白犬萩の花は白色である。土は野土に肥土を交ぜる。肥しは、雨の前に小便を根に注ぐ。分植は春、秋がよい。〔昼夜重宝記・安永七〕

白い物を洗うには【しろいものをあらうには】〔増補呪咀調法記大全〕に白い衣服を洗い垢を落すには、大根の煮汁で洗うとよい。菖蒲を粉にし、水に入れて洗うと光沢《つや》を出し、真っ白になる。〈茶　漆の着いた時〉〔麗玉百人一首吾妻錦〕に、○白い物に「茶」の着いた時は、飯の取り湯で洗う。○漆の着いた時は、味噌汁を熱くして洗う。○墨が白小袖や紙等に着いた時は、上下に白紙を置き楊枝の先へ水を少し着けて突くとよい。墨は悉く紙に移る。紙を取り替え取り替えして突けば落ちる。○黄

栢 梔子の着いたのは梅の酢で濯ぐ。（梅は盛りの時に採り、剝いて肉ともに干し、入用の時水に浸して梅酢にする）。○白絹の垢は大根の絞り汁で洗う等がある。

白魚【しらうお】 銀魚とも書く。〔万物絵本大全調法記・下〕に「麺条 めんでう／しろを」。〈異名〉〔書札調法記・六〕に異名を麺条 銀魚《ぎんぎょ》。〈薬性〉〔医道重宝記〕に銀魚《しろうお》は平で毒はなく、胃を補い、脾を健やかにし、水を利し、肺を潤す。〔永代調法記宝庫・四〕には疽に悪く、虫瘡の毒、腹も下るという。〈菓子〉〔江戸町中喰物重法記〕に「御しやうじん白うを」は、西ノ久保新下谷丁 今井儀左衛門にある。御菓子で、滾《たぎ》った湯を三度取り替えて漬けて置くと白魚となり、二三日漬けて置くとなお大きくなる。煮てはならず、湯煎にして、吸物にも水肴にも甚だよい。

じろうじん【じろうじん】「寿老人《じゅろうじん》は、じろうじん」という。〔小野篁謔字尽・かまど詞大概〕

次郎の落し子【じろうのおとしご】〔茶屋諸分調方記〕に床入*の一ツに次がある。床に入ってからは、急かず騒がず、芝居話、行きもしない茶屋へ行った話、見もしない学文話、歌学の噂、連歌話、前句付の話、前句の次第、小笠原一流、その外何事も知らずに嫌なことを言う人、これらの客はどこかで赤恥をかいて、異名を「次郎の落し子」という。何事によらず知った顔はいらぬものである。中実をいう。

痔漏の事【じろうのこと】〔医道重宝記〕に痔漏は、辛・熱の物を多く食し、色欲を過ごし、憂え思いに傷《やぶ》られ、外に風熱・湿燥に侵されて起る。肛門辺に瘡を生じて破れないのを痔、膿血の出るのを漏とする。沈脈*で小実なのはよく、浮脈*・洪脈*で軟弱なのは治し難い。薬に、秦艽羌活湯*・秦艽防風湯*があり、痔漏久しく癒えず、また老人の気の弱い者、薬の間違いには四君子湯*を用いる等、諸症による加減がある。

〔改補外科調宝記〕に痔瘻は、男女小児ともに湿熱を積み、或は魚肉好味、酒色を過して起る。女人は経水が乱れて後に起り、小児は多くは胎熱*を受けて起る。或は血脈廻らず、風湿 食毒 七情*の気が滞り、肛門に集まって痔漏となる。痔漏が極めて疼き痛む時は橄欖（黒焼 一匁）、熊胆（五分）、龍脳（三分）を粉にし、まず冬瓜《かもうり》*の皮の煎じ湯で痔を洗い、粉薬を付けると効がある。

〔鍼灸重宝記綱目〕には「痔漏 いぼぢ あなぢ」とあり、尻の穴に瘡を生じて傷《やぶ》れず、或は傷れても少く、癒え易いのを痔という。瘡が潰えて竅を作り 膿血が出て癒え難いのを 漏という。灸は、百会 気海 腎兪 大腸兪 長強 膀胱兪 三陰交にする。針は、秩辺 委中 陽輔に、血痔には承山 復溜に、腫れ痛むのには飛陽に、漏《あなじ》には長強 商丘 承扶にする。

〈薬法〉〔家内重宝記・元禄二〕は「疣痔」「走り痔」共に、黄連を酒で煮て丸じ服するとよい。また小豆を酢で煮て干し服すると血の下るのを治す。痔漏が腫れ痛む時は、山椒の芽を末（粉）して水で服する。

〔増補咒咀調法記大全〕に「痔漏の大事」として三項目がある。①腫れ痛み下血する時は、山椒の芽を粉にして服する。②槿《むくげ》の根を煎じて洗い、また花を粉にして塗る。③柳の枝を煎じて洗い、その後灸をする。但し、味噌を敷き、強く熱い時取る。気根次第にする。〔大増補万代重宝記〕に「痔漏の方」は、荊芥を水で煎じ毎日洗う。○無花果の葉を焼いて痔を燻べる。○槐《えんじゅ》の花を陰干にして茶のように煮て平日用いる。○蜆の汁、蛸の茹で汁で洗うのもよい。

白瓜【しろうり】 越瓜とも書く。〔女用智恵鑑宝織〕に「京にあさうり、大坂に越瓜《しろうり》」という。〈薬性〉〔医道重宝記〕に越瓜は寒で毒なく、熱を去り、渇《かわき》を止め、小便を通じ、酒毒を消す。多食してはならない。〔永代調法記宝庫・四〕には幼児には禁じ、熱発する人は食うとよい。〈漬け様〉〔ちやうほう記〕に、①盛んな時のを二ツに割り、中を刳り塩をたっぷりと詰め、よい天気に朝から晩まで干し、その夜桶に並べ、強

く押しを掛けて置く。水が上ったら取り、瓜はまた一日干し、また桶に並べ、塩水の取り置きでざっと二折り程煮、よく冷まし、上より押しを掛けて置くと、至極風味がよい。塩を出しても遣いよい。②砂漬は、砂・塩（各一升）で、白瓜十を漬ける。

〈貯え様〉〔料理重法記・下〕に白瓜を翌年迄青く置き様は、赤土（一斗）塩（六升五合）で、赤土を打ち砕き篩い塩と一緒に合せて置き、白瓜を二ツ割りにして中ごみ（塵）をよく掠《さら》え、土に漬けて置くと、翌年迄色は変わらない。〔永代調法記宝庫・六〕は四ツに割り、瓜実を取り洗い風に乾かし、豆腐の糟に塩を少し入れて握り団子になる程にして、糟を一重振り、その上に擦れ合わないように並べ、このように次第にして、風を引かないように蓋をして置くといつまでも持つ。〔ちやうほう記〕は雪菜《きらず》*・塩（等分）に白瓜を漬け、中を捨てる。「あさうり」ともいう。

白帷子洗い様【しろかたびらあらいよう】〔秘伝手染重宝記〕に「白かたびら（帷子）*洗い様」に、白は白水*（米の磨ぎ汁）で襟、その外染《し》み垢《あか》の付く所をシャボン*を塗って洗い、水でよく濯ぐ。

白銀【しろがね】〔万物絵本大全調法記・上〕に「銀匠 ぎんしやう／しろかねさいく。銀工 ぎんこう、同」。〔万買物調方記〕に「京ニテ白銀細工幷拵脇差」として、油小路二条下ル町、此所に拵え脇差があり、これを油の小路物というとあり、「目貫幷色付」「鞘師幷鞘塗師」などと続く。「江戸ニテ銀細工幷拵脇差」に塩留町通備前丁 松村五左衛門、新橋竹川町 長六、白銀町一丁目、神田さるき町、山城かし山下町、同南なべ町、すきや橋通かゞ町、その外少々方々にあるとし、以下「拵脇差」と続く。「大坂ニテ白銀細工」は上町に多い。

銀屑【しろがねのすりくず】〔薬種重宝記・下〕に和金、「銀屑 ぎんせつ／しろかねのすりくず。銀箔を用」いる。

白絹の垢落とし様【しろぎぬのあかおとしよう】〔染物重宝記・文化八〕に白絹の垢は、大根の絞り汁で洗う。甚だ白くはぜる。

四六漬【しろくづけ】「きりつけさば（切漬鯖）」ニ同ジ

白慈姑【しろぐわい】「おもだか（沢瀉）」ヲ見ル

白膏【しろこう】〔改補外科調宝記〕に白膏は、瘡気《かさけ》、癜、悪瘡、火傷、その他万の癒え薬である。蠟・猪油・椰子・胡麻油。赤膏《しやくこう》*のように煎じ合せ、軽粉（五匁）、胡麻（二十匁）を粉にして加減を見合せて入れる。〔洛中洛外売薬重宝記・上〕に「白かうやくは」は、五条橋東へ入丁丁子屋文蔵にある。第一に瘡《くさ》の類、一切の雁瘡、脛巾《はばき》瘡によい。

白子草【しろこぐさ】大和詞。「しろこぐさとは、いも（芋）の事」をいう。〔不断重宝記大全〕

白胡椒【しろごしょう】〔胡椒一味重宝記〕に考証して次のようにいう。白胡椒は、常に用いる胡椒。当世通用の胡椒の白い殻である。

白小薗【しろこその】草花作り様。白小薗《しろこその》の花は白色である。土は肥土に砂を交ぜて用いる。肥しは、茶殻の粉を根に注ぐ。分植は春、秋がよい。〔昼夜重宝記・安永七〕

白胡麻【しろごま】〔永代調法記宝庫・四〕に、白胡麻は肌を潤し 虚労を治し 血筋を通じ風を去る。諸薬に嫌い、脾胃の毒であり、歯を損ずる。「胡麻」「黒胡麻」参照

白子餅【しろこもち】菓子名。白子餅、角、氷砂糖でながし物。〔男重宝記・四〕

白子より上野【しろこよりうえの】伊勢道中宿駅*。一里半。本荷八十六文、軽尻五十九文、人足四十三文。右に白子観音堂（「七ざい所巡道しるべ」には子安観世音）があり、内に名木不断桜がある。いそ山 右に八幡宮がある。へつぼ村 この辺から紺屋染物形を売り出す。〔東街道中重宝記・寛政三〕

四郎左【しろざ】〈何が不足で癇癪の枕言葉〉「鼻、しろざ（四郎左）」。〔小野𥶡譃字尽〕

白酒造り様【しろざけつくりよう】〔男女日用重宝記・下〕に白酒造り様は、上

白米一升を搗いて飯に炊き、極上酒一升を入れて置いて、二三日して擂鉢で擂り布で濾す。飲み口は甘く、後には酔う程になる。〔ちやうほう記〕には白強飯を蒸かしてよく冷まし、生諸白で練り、朝仕込み二晩置き、三日目に七ツ鉢で生諸白を差しながらよく擂る。麻の袋で濾し、一夜留め置き、翌日から飲む。〔諸民秘伝重宝記〕に白酒の伝は、餅米一升を強飯にしてよく冷まし、糀（五合）、生酒（一升）、味淋酒・焼酎（各二合五酌）を正月五日頃に仕込み、二月二十日頃に上澄《うわずみ》の酒を除けて石臼で挽き、退けて置いた上澄の酒で臼の台を洗い、挽いた酒を水嚢で濾し、もし余り濃過ぎたら味淋で延べるとよい。三月節句時分に遣う。〈俄白酒〉〔日用調法人家必用〕に「俄白酒造る伝」は、長芋を茹でて擂り潰し、味醂酒で溶くと白酒のように飲まれる。

白地染の心得【しろじそめのこころえ】〔染物重宝記・文化八〕に「白地心得の事」がある。○つかねり（絹を炊く所）・灰汁のまわらぬ所・糸段（織り斑）は、手織絹又はふとり（太織）紬にあるが、練り直さないとどんな色に染めても地に艶《つや》がなく斑《むら》となる。○練物や釜擦れは、棒で返す時釜の肌へ擦れたもので、地の薄い物にはなく、羽二重・龍門・紗綾の類にある。白地で見えず、染め張りして後に汁が溜ったように斑が見える。地の厚い物は下げ練りにしないと斑の付くことがある。注意がいる。○唐紗綾・唐縮緬の類で、筬《おさ》の油気や蠟気のある物、又は手数の入った物は、白水*（米の磨ぎ汁）に一日一夜漬けて何遍も押し返しよく揉んで水で濯ぐ。○毛伏《けぶせ》・裏引・吟出張《ぎんではり》は大方糊気があり、また地の強《こわ》い物は水に漬けて揉むとよい。○越後縮《ちじみ》・近江晒・真岡《もうか》木綿・晒木綿の類は一反に酢一升、水五合を入れて一日程漬けてよく揉み、何遍も濯ぎ、茶類に染めると至極よい。藍類はこれに及ばない。○山繭紬・緯《ぬき》紬・手織紬は、練物屋で蒸《ふ》かすのがよい。○木綿は、水に漬け糊気を落してから炊く。常に使わぬ釜で炊くと鉄気《かなけ》がうつり斑となる。炊いて後に水で濯ぐと悪く、染める時走って斑となる。（安永五年板とは若干の異同がある）

白荳蔲【しろずく】「びゃくずく（白荳蔲）」ヲ見ル

白酢の事【しろずのこと】〔男女日用重宝記・下〕に次がある。○「白酢の作り様」は、黒豆二升を飯に炊き、少し温かな内に水三升、糀一合を入れて掻き合わせ、菰を厚く蓋にして、三日目に二度掻き合わせ、又よく蓋をして置くと七日目より使える。使う時絞り、その糟を元へ入れ、硬くなる時は水を少し入れて掻き合わせ、薄くなる時は米五合程を飯に炊き、水と糀に少しずつ合せ、前のようにする。○「白酢八月酢」は、高麗流である。米一升、糀五合に、渋柿五合もとろとろと腐らかして入れ、布で通して使う。二番には白水*を沸かして入れる。青しとしを加える。○白酢の悪くなったのには、一斗の内に上々の酢を二杯程入れ、七日程置くとよくなる。○「白酢試しの酢」は、酒・酢・水（各一升）を壺に入れて置くと二十日の内に酢になる。この酢を量一ツ取れば、その量で酒半分、水半分合せにして入れる。こうすると酢の絶えることはない。「万年酢」という上々の酢である。〔料理調法集・煮出煎酒之部〕には、芥子を擂り、白味噌少しと豆腐を絞り入れて擂り合せ、酢で延べ、煮返し、酒塩で塩梅する。遣い方により砂糖を加えることもある。

白染めの事【しろぞめのこと】〔染物重宝記・文化八〕に「色上げ染直し白の分」として次がある。○白の上は何色にも染まるというが、白無垢白帷子を染めると、染《しみ》や斑《むら》が見えるものである。下染は茶や鳶色類がよい。濃茶や薄茶類は悪い。但し、白地の善し悪しによる。

白茶宇【しろちゃう】〔絹布重宝記〕に白茶宇は練糸で織り、糸性は常の茶宇とは少し変わったように見える。花色小紋、憲法小紋等にして、御大名方の裃《かみしも》に遣う。染め様は難しく暇が入り一月も掛る。まず小紋形を糊置固めをして二十日ばかりも置いて染めに掛る。上京の染屋がよく呑み込んでいる。元来、茶宇はインド チャウル産で、多くは縦筋の小模様、

地は厚く滑美の絹織物である。近世初期に輸入されたが、その後京都でも織り出した。

白茶飯【しろちゃめし】〔料理調法集・飯之部〕に白茶飯は、初昔（その年最初に摘んだ葉から作った抹茶）の上茶をさっと煎じ、水嚢で漉し、茶を絞り細かに割り、塩を加え、茶飯*のように飯に交ぜる。

白鳥甲【しろとりかぶと】草花作り様。白鳥甲《しろとりかぶと》の花は白色である。土は合せ土*、肥しは魚の洗い汁を用いる。分植は春、秋がよい。〔昼夜重宝記・安永七〕

白癜【しろなまず】〔改補外科調宝記〕に癜*で、白癜は気の滞りとある。薬は硫黄・軽粉・杏仁（各等分）を粉にして生姜の汁で付ける。桂黄散*を用いる。〔世界万宝調法記〕は白癜に、硫黄（一匁）、丹礬（七分）を粉にして酢で練り用いる。〔諸民必用懐中咒咀調法記〕は硫黄を生姜の汁で溶き付ける。付ける時、癜を布の手拭で擂り破って付けると癒える。〔薬家秘伝妙方調法記〕は細々と白癜があるのには、荊芥を用いる。「黒癜の事」参照

白煮豆腐【しろにとうふ】〔料理調法集・煮物之部〕に白煮豆腐は、豆腐を大形に切り、糯米の白水*に塩を少し入れて久しく煮、浮き上った時器に盛り、山葵味噌、或は芥子味噌、山椒味噌等を懸けて出す。

しろのけ【しろのけ】片言。〔不断重宝記大全〕に「おしのける」というを、中国方では「しろのけ」「しろのく」等という。また「おんのける」ともいう。

しろぼうき【しろぼうき】「しゅろ箒《ぼうき》は、しろぼうき」。〔小野篁謔字尽・かまど詞大概〕

白水【しろみず】米の磨ぎ汁。「白泔水」「泔水」「泔」とも書く。〔男重宝記・二〕は紙が古く墨が着かない時は、白泔水《しろみず》を入れて墨を磨って書くとし、諸書には薬種の調合、また魚肉の塩出しや柔か煮 或は衣服の洗濯に用いる。肥料にも利便がある。

白味噌の事【しろみそのこと】〔料理調法集・造醸之部〕には白味噌に五製法がある。①大豆一斗、糀二升、塩二升五合。大豆をよく煮、熱い内に仕込む。十日程経て遣う。②大豆一斗を煮て、塩二升、糀一斗、上白米飯三升を搗き合せ、早く用いる時は温かなのを搗き合す。③常の古味噌一升、糀一升、米三合を飯にして、一ツに搗き合せ、二三日程置くと白味噌になる。④上大豆六升を煮て、糀六升六合、塩一升二合、夏は塩を増す。また大豆一斗、糀一斗五升、塩三升。どれも常の味噌より麹を多く入れて日数が少ない。⑤秘方として、諸白の粕一斗、大豆五升を煮て、塩一升七合五勺を揉み、糀五升を一ツによく搗き合せて仕込む。日数が経る程よく、次第に色白くなる。凡そ、五六年は風味が変わらず置かれる。〈白味噌屋〉〔万買物調方記〕に「京ニテ白味噌屋」河原町三条上ル沢屋、高倉三条下ル丁にある。「江戸ニテ白味噌屋」京橋いなば町 三武屋。「大坂ニテ白味噌屋」高麗橋 関東屋、道頓堀 いづみ屋善兵へ、天満七丁目五貫屋がある。

白無垢【しろむく】〈下着〉〔諸礼調法記大全・天〕に白無垢（白小袖）は、無官の者の服ではなく、諸大夫以上の者の下着とある。三位以上の下着は白綾（白地綾絹の小袖物）を用いる。〈洗張り仕様〉〔里俗節用重宝記・下〕に洗張りは、細かな粉糊に水仙か百合の根を擦り合せ糊として張る。光沢は甚だよい。葛糊 又は粉糊に砂糖を少し入れる法もあるが、しだれて少し色が変わる。〈襟洗い様〉〔大増補万代重宝記〕に白無垢は、覇《サ》王樹《ボテン》の卸し汁で洗うとよい。また菖蒲の干したのを細末にして湯の中へ入れ掻き交ぜて洗うと垢はよく落ちて白くなる。但し、菖蒲は鉄を忌む。

白蒸飯積り【しろむしめしつもり】〔進物調法記〕に白蒸し飯の百軒分は、一軒に一升ずつの見積り方。餅米一石。但し、黒豆一合を七八重に振りかけるとよい。多少はその時の見合わせによる。「赤飯」「強供御《こわぐご》」参照

白鑞【しろめ】〔里俗節用重宝記・上〕白鑞《しろめ》は、鍋釜*の漏りを止める薬である。鉛一斤と唐錫十両とを噴き沸し和すると、白鑞になる。

しろもくない【しろもくない】〈何が不足で癇癪の枕言葉〉「面白くない、しろもくない」という。語幹の倒語。〔小野篡譃字尽〕

白物【しろもの】女詞遣。「しほ（塩）を、しろもの」という。〔女寺子調法記・天保十〕

白百合草花の事【しろゆりのはなのこと】〔改補外科調宝記〕に次がある。○「油取様」白百合草花《しろゆりのはな》の油とり様は、花の蘂《しべ》だけを畦唐菜の油につけて腐る迄置き、日に干し、その後湯煎《ゆせん》にして取る。水気のないように取り、畦唐菜の油のない時は、生しめの胡麻油を用いる。○「油性」この油の性は温で筋気《すじけ》によい。また難産の時に温めて臍の周り、小腹《ほがみ》に塗りつけると生まれる。他に、中風、女の乳腫れ、小児の臍が痛むのによい。

白世根大明神【しろよねだいみょうじん】「稲荷の社」①ヲ見ル

師走【しわす】〔永代日暦重宝記・慶応元写〕に、日本で十二月*を師走ということは、昔は十二月に諸家において仏名を修したので、僧・善智識・導師が暇なく走り歩いたために、師走という。

咳【しわぶき】「咳嗽《がいそう》」ヲ見ル

皺を伸ばし色を白くする【しわをのばしいろをしろくする】〔秘方重宝記〕に、皺を伸ばし色の黒いのを白くするには、甜瓜《まくわうり》（真桑爪*の実と皮を去り三両）・杏仁（一両）・猪の油を搗き交ぜて毎夜顔に塗ると効があり、顔には何の皺もなくなる。

字を写す法【じをうつすほう】〔重宝記・宝永元序刊〕に字を写す法として、臨《りん》*摹《ぼ》*嚮搨《きょうとう》*硬黄《こうこう》*がある。

参【しん】〔万物絵本大全調法記・上〕に「参しん／からすきぼし。参星しんせいは、西方七星之一也」。〔農家調宝記・初編〕に、農家で「三所《さんじょ》の星」というのは二十八宿の参《しん》である。

神【しん】病症を見立てる法。「ぼう（望）」ヲ見ル

進【しん】十四の鍼法*の一。〔鍼灸重宝記綱目〕に進とは気を得ず、男は外、女は内、及び春夏秋冬、各々進退の理がある。

震【しん】八卦*の一。〔永代必用両面重宝記・寛延四〕に次がある。図は下連の象（図258）。卯年一代の卦。守本尊は文殊菩薩、御縁日は二十五日。震下連と言い大事の年である。易に震は雷とあり、いかずちである。この卦の年は心正しくして信心あればよい事が出来、世上に名を響かせ雷のように驚かすが、不信心であると又人を驚かす程の悪事が出来する。正・十二月は商いに吉（八卦の本尊*は遊魂）。二月は刀脇差を求めて吉（同、遊年）。三・四月は旅立ちは凶（同、絶対）。五月は望みが叶う。火事に祟る（同、生家）。六・七月は病い事に祟る（同、禍害）。八月は公事沙汰を慎む（同、絶命）。九・十月は万に吉（同、天医）。十一月は移徙に吉（同、福徳）。

図258 「震」（〈永代／必用〉両面重宝記・寛延四）

仭【じん】度数。〔算学調法塵劫記〕に仭は、四勺を言う。「ひろ」*。

陣【じん】九字の大事の一。〔新撰咒咀調法記大全〕「九字の大事」*の一「陣」。軍荼利《ぐんだり》明王。内縛印*。

腎【じん】「腎蔵の事」ヲ見ル

塵【じん】小数の単位*。〔童蒙単語字尽重宝記〕に塵は沙*の十分の一。十埃*をいう。一の十億分の一。

新秋山【しんあきやま】菓子名。新秋山、中へ山の芋入り、はた羊羹。〔男重宝記・四〕

新池に水溜る法【しんいけにみずためるほう】〔俗家重宝集・後編〕に新池に水溜

る法は、馬の骨を少し池の底へ置くと水を保つ。

神異膏【しんいこう】 和蘭陀流膏薬の方。*〔改補外科調宝記〕に神異膏は、癰疽瘡毒に用いて大効能があり、瘡瘍を治す第一の良方である。露蜂房(児多者 一両)、蛇蛻(塩水で洗い炙り半両)、玄参(半両)、黄芪(三両)、男子髪(玉子の丸さ)、杏仁(皮尖を去り 一両)、黄丹(十二両)、胡麻の油(二斤)。まず玄参・杏仁・黄芪を油に入れ、煎じて黒くなるのを窺い、蜂房・蛇蛻・乱髪を入れ、再び煎じて黒くなる時濯いで渣を去り、そろそろと丹を入れ、ゆる火で煎じ、柳の枝で手を止めず掻き交ぜ、水に滴《し》たで、手で捻るのに堅くなく軟くないのをよしとする。

辛夷清肺散【しんいせいはいさん】〔改補外科調宝記〕に辛夷清肺散は、一切の鼻の病によい。辛夷(六分)、山梔子・黄芩・麦門冬・百合・石膏・知母・枇杷葉・升麻・甘草(各四分)に生姜を入れて煎じ、用いる。

新院【しんいん】〔男重宝記・一〕に新院は、既に院が*おられて、当今*が出家し髪飾されることをいう。前の院を本院という。

真陰左帰丸【しんいんさきがん】〔洛中洛外売薬重宝記・上〕に真陰左帰丸は、元陽右帰丸とともに、大坂堂嶋渡辺橋一丁目 村田忠蔵にある。功能は共に、第一に大いに腎精を増し、脾胃を養い、根気を強くし、胸を透かし、妙とする。取り次は、平野町三丁目 丹波や六兵へ、七条米会所 いせや市兵へ である。

顖会【しんえ】〔鍼灸重宝記綱目〕に顖会《しんえ》は一穴。上星*の後ろ一寸、髪際《かみのはえぎわ》より二寸上。灸二三壮 或は二七壮。針は禁穴。脳虚冷 或は酒食を過して脳痛み割れるようで、頭ふらつき 顔青く、鼻血、顔赤く俄に腫れ、頭皮腫れて白屑《しらくぼ》を生じ、鼻塞がり臭いを聞かず、驚悸* 目眩み 人が分らない等を治す。〈灸穴要歌〉〔永代調法記宝庫・三〕に「頭《かしら》皆冷えつ痛みつ白屑や目眩 顔髪腫れば顖会」。顖会は眉の真中より上へ五寸、三壮する。

心黄頭黄病【しんおうずおうびょう】〔牛療治調法記〕に心黄頭黄病《しんおうずおうびょう》は、牛の毛が焦れて水草を食うのをいう。白芷・大黄(各半両)を末(粉)し、鶏卵(二箇)、酒(一升)、菜の実の汁(三合)を相和し潅ぐと即効がある。

神怪散【しんかいさん】〔牛療治調法記〕に神怪散は、母牛が産気づいた時に下し薬として用いる。穿山甲・大戟・滑石・海金砂(各等分)を末(粉)して半両ずつ、水一升・猪油《ぶたあぶら》(四両)・灰汁で同じく煎じ、練り詰めて用いる。或は、香油(白絞り=白胡麻の油)で溶いて産孔(門)に入れると暫くの間に生れるのは神のようである。

参花散【じんかさん】〔小児療治調法記〕に参花散は、咳嗽 発熱 気喘を治す。人参・天花粉*(各等分)を末(粉)し、蜜水で調えて用いる。

心疳【しんかん】〔鍼灸重宝記綱目〕に心疳は、顔赤く 身熱し 咽《のど》渇き 小便赤く 鼻の下爛れ 腹脹り 口瘡虚し 驚く等の症があり、肝兪 簸兪 不容 章門に灸する。〔小児療治調法記〕に心疳は、驚癇*とも言い、同様の症状を記し、薬には茯神丸* 龍胆丸* 安神丸* 化虫丸* 肥児丸*がある。〔薬家秘伝妙方調法記〕の「心臓の疳」の症も、大便赤く 咽が腫れて痛み 眼に涙があり 頤が肩に下る等同様のことがある。○薬は、竜胆・黄芩(各一分)、黄連(二分)、黄蘗(一匁)、甘草を粉にし、丸じて湯で用いる。○下し薬は、炒り粉(黒焼)・黄芩・牽牛子(各二分)、巴豆(五粒)、甘草(少)を丸じて湯で用いる。○振り薬は、紅花・沈香・丁子・人参(各二分)、肉桂(一分)を刻み、絹に包み熱い湯で振り出して用いる。

顖陥【しんかん】〔小児療治調法記〕に顖陥《しんかん》は、始め臓腑に熱があるため渇いて水漿を飲み泄痢を患い、長い時は血気が虚弱して脳髄を充《みつ》ることができないために顖《おどり》が陥り、坑《あな》のようになるのを言う。薬は当帰散*を用いる。一方に、黄狗《おうく》の頭骨を、黄色に焙り末(粉)とし、鶏卵の汁で調え、顖につけるとよい。

腎疳【じんかん】〔鍼灸重宝記綱目〕に腎疳は、体痩せ身に瘡疥《かさくさ》があり寒熱し、雀目《とりめ》、手足冷え、嚢湿《ふぐり》り、水を好み、声が軽い等の症があり、肝兪

簸僉不容章門に灸する。〔小児療治調法記〕に腎疳は急疳とも言い、脳が熱し、肌は削ったようで、手足は氷のようで、腹痛み滑泄《くだ》り、歯腫れ歯茎が現れる。地黄丸*が効く。〔薬家秘伝妙方調法記〕は腎臓の疳として顔色は黒く、小便は濁って繁く、大便は黒く、湯水を好む。声が嗄れて痰を吐き、羅（陰経）が腫れ穴の締ることがあり、夜泣する者がある。身は痩せ骨ばかりになり、必ずこせがさ（雁瘡）をかく。○散薬は、鶏頭の実・けいめいし（決明子カ）・莪朮（各三分）、黄檗（一分）、甘草（少）を振り出して用いる。○下し薬は、巴豆（五両）、大黄・木香・丁子（各二分）、桃仁（一分）、牽牛子・甘草（各小）を丸じて湯で用いる。○振り薬は、人参・木香・羌活・茯苓・香付子・白朮・芍薬・縮砂・丁子（各等分）、甘草（少）を刻み、絹に包み熱湯で振り出して用いる。

参芪飲【じんぎいん】「保元湯《ほげんとう》」ニ同ジ

壬癸円【しんきえん】〔洛中洛外売薬重宝記・上〕に壬癸円は、四条小橋西へ入 山内三亭にある。第一に腎薬、精・気・血を増し、陽気を盛んにし、産前産後、血の道、産労、虚労、小児五疳*、かたかい、虫労、疳労、大人小児大病後足の立ち難いのを治す。また、淋病、消渇等、気の固（神経衰弱）、手足冷寒、気の耐え難いのによい。

神麹【しんぎく】〔薬種重宝記・下〕に和穀、「神麹 しんきく／くすりのかうじ。刻み炒る、古きを用いる」。〈薬性〉〔医道重宝記〕に神麹《しんぎく》は甘く温、水穀の宿食（不消化で胃にある食物）を化し、脾胃を健やかにし、結を破り、痰を追い、中《うち》を調え、気を下す。そのまま砕き炒り用いる。神麹は古いのが効があると言い、陳麹ともいう。

神麹散【しんぎくさん】〔薬家秘伝妙方調法記〕に神麹散は、腹薬とする。人参・甘草（各少し焙る、五分）、神麹・香薷（各少し焙る、一両）、葛粉（一両）、米嚢花［罌子花］（一匁白水*に一夜浸し少し焙る）。これらを細末（粉）にして、飯の取り湯に塩を入れて用いる。

参芪四物湯【じんぎしもつとう】〔斎民外科調宝記〕に参芪四物湯は、鶴膝風*の薬とする。芍薬・川芎・熟地黄・人参・黄芪・白朮・香付子・牛膝・杜仲・防風・羌活・当帰・甘草・付子に、生姜二片を入れて煎じ、用いる。寒熱するものには五積交加散*を用いる。

参帰芍薬湯【しんきしゃくやくとう】〔医道重宝記〕に参帰芍薬湯は、痢が長く止まないものを治す。当帰（二匁）、茯苓・芍薬・白朮（各一戔半）、砂仁（七分）、山薬・人参・陳皮（各一匁）、甘草（五分）に、烏梅・燈草・蓮肉を加えて煎ずる。気が陥り、或は虚脱するのには別に治す。〔医道療治重宝記〕には諸症により加減、補薬がある。

参芪湯【じんぎとう】〔医道重宝記〕に参芪湯に二方がある。①自汗 盗汗《ねあせ》を治す。気血を調え理め、汗を斂《おさ》める方である。熟地黄・当帰・人参・黄芪・白朮・茯苓（各一匁）、甘草（二分）、白芍・牡蠣・酸棗仁（各一匁）、陳皮（七分）、烏梅（二分）、浮小麦（三分）に棗を入れて煎ずる。②気虚して遺溺《いにょう》するのを治す。人参・陳皮・黄芪・茯苓・当帰・塾地黄・白朮（各一匁）、益智（八分）、升麻・肉桂（各五分）、甘草（三分）に生姜と棗を入れて煎ずる。〔医道療治重宝記〕には「参耆湯」とあり、空心に服するとし、症状により加減がある。

腎虚【じんきょ】〈症〉腎*は精を蔵しており、その水（腎水）が枯渇して虚する症。腎張《じんばり》（精力絶倫）の対。〔続咒咀調法記〕に、○「腎精を強く固くする方」は、蓮肉・龍骨・益智（各等分）を粉にして飲む。酒と猪の油で丸じて飲むのもよい。○「腎虚して眼眩むによき方」は、蜀椒・沈香（各等分）を粉にし丸じて用いる。〔増補咒咀調法記大全〕に、○腎虚して腰が痛むのには破胡紙*を粉にし酒で呑む。また、杜仲・胡桃の三味を等分に丸じて呑むとよい。○心腎虚して精を覚えず漏らし、或は夢に漏らすには、菟苓蓮を粉にして丸じ呑むとよい。〔万用重宝記〕には次がある。①腎を強くし 気血を廻らし 頑丈にするには、石南花の葉を黒焼

にし酒に入れて用いる。無病の人が用いると淫水が盛んになり、女は夫を思う事十倍し、心乱るるのは妙である。②蜂の巣を煎じて用いると十女に会っても少しも弱らない。③龍眼肉・薩摩の黒胡麻・黄精（各等分）を細末（粉）にして蜂蜜で練り一日に三度二週間用いると、腎の衰え眼霞み 胸塞がりの外、四百四病によい。④腎虚には胡麻を常に用いるとよく、気・血・心を増し、肌を潤し、頭髪の薬となる。⑤腎の不足 気の衰えには、山蕷《やまのいも》*を擂り卸し、黄連を少し入れ、鶏卵を等分に入れて飲むと腎精を増し、力が付き 頑丈になる。〔丸散重宝記〕に、○腎虚し小便乱れ頻繁なのには、益智（塩を掻き混ぜ煎る）・烏薬（各等分）を末（粉）して山薬（やまのいも）*粉に酒を入れて丸じ、空き腹に塩湯で用いる。○腎虚し脚が萎え脚気を療治して癒えないのには、杜仲を酒と水を等分にし煎じて服する。〈売り薬〉〔万まじない調宝記〕には腎薬の司は、大和地黄村のを三ツ山と言い 名高い。〔洛中洛外売薬重宝記・上〕には「腎精益薬之部」があり、「一粒金丹」（金屋歳林軒）、「壮元丹」（近江屋源兵衛）、「補腎丹」（安田や忠兵衛）、「人参三臓円」（大坂 法橋吉野屋五運）等四十八種は、個別に立項した。

しんきょう【しんきょう】〈何が不足で癇癪の枕言葉〉「芝居、しんきやう」。〔小野簒譃字尽〕

秦艽【じんきょう】〔薬種重宝記・下〕に和草、「秦艽 じんけう／とかりくさ／はかりくさ。蘆頭を去り、洗い、刻み、焙る」。〈薬性〉〔医道重宝記〕に秦艽は微寒、風邪を去り、湿を除き、血を養い、筋を伸べ、肢節の風痛を治し、骨蒸（虚労内熱の症）を治す。米泔《しろみず》*に浸し 裂《ひきさ》いて、中の土砂を洗い去り刻む。火を忌む。

秦艽羌活湯【じんきょうきょうかつとう】〔医道重宝記〕に秦艽羌活湯は、痔漏が塊をなし、或は垂れ下り 頻りに痒いのを治す。羌活（一匁二分）、秦艽・黄芪（各一戔）、防風・升麻・麻黄・柴胡・甘草（各五分）、藁本・細辛・紅花（各少）を煎じて服する。

真行草の事【しんぎょうそうのこと】〈書体三体〉〔男重宝記・二〕に東坡が曰くとして、真は立つが如く、行は行くが如く、草は走るが如しという。また、真を以って骨とし、行を以って肉とし、草を以って皮とするという。〈手習い〉〔重宝記・宝永元序刊〕には、草書の千字を書するのは 行書の十字を書するに当り、行書の十字は真書の一字にも当らない。これからすれば草書は安く 真書は難いと言えるが、行書 草書も真の心を失わずに書くことが肝要という。まず行字を習うのは、物の中様《ちゅうよう》だからである。点を略さず 筆体を行に書いたのは行真といい、点を略して草字と書き交え行筆を使ったのは行の草という。このため通用稽古のためによい。些か行の字型を習い学んで後に、草をも真をも学ぶ。真は行草に通ぜず、草もまた真行に通じ難い。真は一々に点を引き放して書く。草は点も字も連続して書く。真字の字画の多いのは細く、少ないのは 太く肥やして書く。〈筆取〉〔寺子調法記〕に真は、水限《みずきり》より一寸に取り、行は水限より二寸に取り、草は水限より三寸に取る。〈手法〉〔永代調法記宝庫・巻之首〕に、◇「真字に用ゆる手法」が図版のようにある（図259）。○「虚」。手の指が掌心《たなごころ》に近い程の間をいう。○「円」。手の背中の円《まる》いことを要する。○「正」。筆管の正《せい》に直《ちょく》なのをいう。○「緊」。人差指の去らないのをいう。◇「行草に用ゆる手法」が図版のようにある。①「卵掌」。卵を掌の内に握った心を用いるのでいう。②「満月」。月の象のように丸く開けるのでいう。③「通色」。筆を持った心はなく心でしっかと締めるのでいう。④「接木」。親指の頭で人差指をしっかりと接木のように締めるのでいう。⑤「規肉」。此所を人差指で挟み中指の頭の肉を軸に当てるのでいう。⑥「爪揃」。三本の爪先を揃える。「筆の事」〈筆の取り方〉モ見ル

図259　真行草の事
①「真字に用ゆる手法」（永代調法記宝庫）

②「行草に用ゆる手法」（永代調法記宝庫）

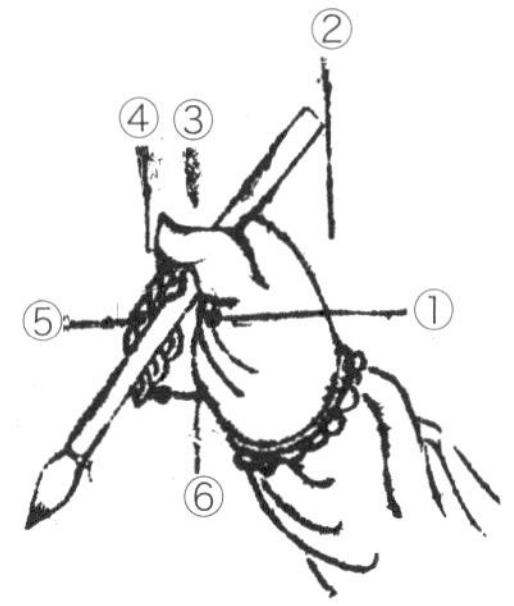

参姜湯【じんきょうとう】〔女重宝記・三 弘化四〕に参姜湯は、人参（一匁）を刻み、生姜（一分五厘）を天目に一杯入れ六七分に煎じる。妊婦が産み落して気を失った時に、少しばかり用いると正気づく。原則、人参ばかりは独参湯*という。

秦艽湯【じんきょうとう】〔昼夜調法記・正徳四〕に秦艽湯は、諸々の痔漏を治す。黄栢（三分）、黄芩尾・黄連・山梔子（各二分）、秦艽・桃仁（各一分）、檳榔子（二匁）を煎じて用いる。血の下るには生地黄を、大便の結するには大黄・枳実・厚朴を加える。〔小児療治調法記〕に「でそろう（出瘡）」*の「火裏の苗痘」*の症で六七日、熱の退かないのを治す。秦艽酒で洗い炙る。水で煎じて用いる。熱は直に退く。

秦艽防風湯【じんきょうぼうふうとう】〔医道重宝記〕に秦艽防風湯は、痔漏で毎日大便の時痛むのを治す。秦艽・防風・当帰・白朮（各一匁半）、沢瀉・甘草（各六分）、黄栢（五分）、大黄・陳皮（各三分）、柴胡・升麻（各三分）、桃仁（三十個）、紅花（少）を煎ずる。

神曲という薬【しんきょくというくすり】〔年中重宝記・二〕に六月六日、この日は神曲という薬を製する日である。医者は知っている筈である。

仁義礼智信【じんぎれいちしん】〔女用智恵鑑宝織〕に「仁義礼智信」の五ツは、男女の常にして一ツ離れても人の道は行われないとして次がある。○仁は、心和らぎ物を憐れむ。○義は、欲を離れ義理を立つる。○礼は、作法で正しく人を敬う。○智は、物の善悪を悟り愚かならぬことをいう。○信は、偽りなく実《まこと》あることである。特に女は心和らぎ人に従うのが道である。下《しも》を憐み、身持正しく、偽りのないことである。「四書」参照

しんきわげ【しんきわげ】〔嫁娶調宝記・四〕にしんきわげは、下げ髪*を上へ取り上げ、中から笄を差し分け押しつける。堂上方 武家方ともに十六から二十二、三歳頃迄の髪型である。若い上臈は常にもする（図260）。

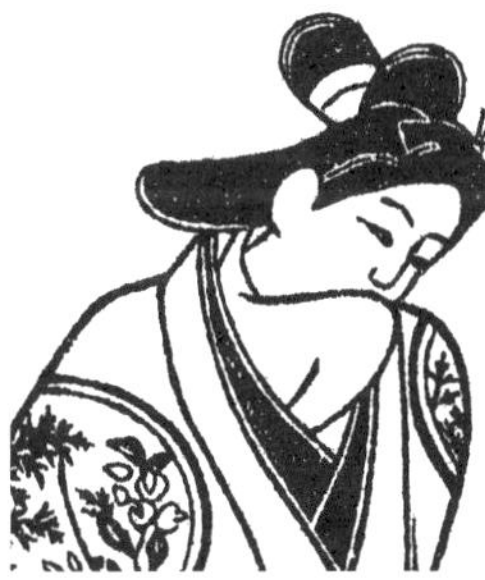

図260　「しんきわげ」（嫁娶調宝記）

神宮皇后【じんぐうこうごう】〔麗玉百人一首吾妻錦〕に、神宮皇后は和国賢女。仲哀天皇の后。気長足姫《おきながたらしひめ》という。智恵賢く計策《はかりごと》に極めて巧みである。天皇と共に熊襲を討つ時、天皇は軍中で崩御、皇后は武内大臣と謀り熊襲を平らげ天皇の讐を報じた。それより三韓へ渡り攻め従えた。帰朝後に応神天皇八幡大神を産んだ。今御香宮香椎大明神と奉る。現在は架空の説話とするのが通説である。

親句疎句【しんくそく】〔俳諧之重宝記すり火うち〕に、五七五とある言葉の所、五音連声を親句と言う。○親句は、例えば「我笛に-人の笠かす-雪夜哉」。句と句とが共通する母音 又は子音を有する音で連接しているのをいう。三句共に密接な関連をもって文意が切れず、語法的に続くのを「正の親句」という。○疎句は、例えば「駒とめて-軒に手をのす-菖蒲哉」のように、音声も意味も切れているが、情趣的に連なっているのをいう。これ

にも「正の疎句」がある。時によりそれぞれに好悪があるが常には嫌う。

新黒谷【しんくろたに】 京名所。浄土宗 四箇の本寺*の内である。円光大子（法然）が比叡山西塔の黒谷を出た時、祈願によりここに紫雲が立ったので紫雲山金戒光明寺と号する。本堂 本尊は円光大師。阿弥陀堂、輪蔵、浄土橋は蓮池に掛けた石橋、熊谷堂は蓮生法師の庵の跡、勢至堂は円光大師の墓所、堂の前に熊谷石塔 敦盛石塔 三重の塔、本尊文殊菩薩は日本三文殊*の内である。この塔に少し離れて寺があり、寺内の紫雲石は真如堂*から来たものという。この辺から如意宝山、俗に大文字山が見える。〔東街道中重宝記・七ざい所巡道しるべ〕

辛苦忘れ草【しんくわすれぐさ】〔烟草一式重宝記〕に、「たばこは、しんく忘れ草とは実《げに》むべなるかな」とある。

しんぐゎち【しんぐゎち】 片言。「四月を、しんぐわち」という。〔世話重宝記・五〕

真君妙頂散【しんくんみょうちょうさん】〔改補外科調宝記〕に真君妙頂散は、肺風 粉刺 酒皶鼻の薬。硫黄・蕎麦粉・小麦粉（各一斤）、付子（五両）を粉にして、一同に捏ね合せ 押し平め 陰干にして油で練り、内薬は黄芩清肺湯（黄芩清肺散*）を煎じて用いる。

新家【しんけ】 近世、慶長（一五九六〜）以後に独立し、一家をなした公家。元服時に叙爵従五位下侍従に任じ、それより従四位上下迄叙し、左近衛次将に任じ、この上の昇進は定まらない。〔世界万宝調法記・上〕に松殿 薮内 堀川 樋口 冷泉《れんぜい》下 日野西 藤谷 平松 櫛笥 東園 花園 七条 梅園 千種 塩小路 裏辻 岩倉 倉橋（以上十九家）。また、野宮《ののみや》 大宮 押小路 伏原 裏松 勘解由小路《かでのこうじ》 武者小路 梅渓 池尻 田向 桂 山本 交野 薗池 芝山 長谷《ながたに》 町尻 若江 亀谷 葛岡 愛宕《をたぎ》 東久世 佐々木 小沢 町口 滋岡 風早 中川 細野（以上二十九家）。

人迎【じんげい】〈脈〉〔斎民外科調宝記〕に人迎は、左手の寸《すん》*と関《かん》*の間にある。風寒 暑湿 燥火の外邪を窺う。緊で盛んなのは外から来る邪である。気口*と相応して大小等しいのを平人無病の脈とする。〈禁灸穴〉〔鍼灸重宝記綱目〕には、人迎二穴、喉の尖骨《とがりほね》の旁《わき》へ一寸五分ずつ開いて動脈のある所にある。

神闕【しんけつ】〈経絡要穴 心腹部〉一穴。神闕《しんけつ》は臍の真中にある。禁針で、もし針刺すと臍中に悪い瘍を生じ、死ぬ。灸も軽い病には濫りにしてはならず、急症重病には塩か味噌を敷いてする。中風卒倒して蘇生せず、或は久しく冷えて泄痢止まず、また水腫、脹満、小児の驚風、癲癇、脱肛等を治す。灸を百壮すれば甦るが それでも甦らなければまた百壮する。〔鍼灸重宝記綱目〕

唇血【しんけつ】 経験方。〔丸散重宝記〕に唇から出る血には、荊芥・辰砂を末（粉）して陳皮湯に童便を加えて服する。

進賢冠【しんけんかん】「しふかん（緇布冠）」ヲ見ル

沈香【じんこう】〔薬種重宝記・上〕に唐木、「沈香 ちんかう／かほりき。火を忌む。土朽《くさり》を削り去り、刻む。斤目は一斤につき二百十匁」。〈薬性〉〔医道重宝記〕に沈香《ぢんかう》は辛く微温、気を降し、胃を温め、邪を追い、腐りを削り去り、そのまま刻む。火を忌む。〈薫物香具〉〔男女御土産重宝記〕には色の黒いのを上とする。風をひかぬのを専らとする。また、沈《じん》の悪いのは薫物の気で匂いが悪く、梅花合せは半分粉にしてよい。その他の薫物は縦短く刻むとよい。〈売り店〉〔万買物調方記〕「京ニテ沈香 伽羅屋」二条二王門町 服部九左衛門。「堺ニテ伽羅 沈香所」大道すぢ雀や。

沈香降気湯【じんこうごうきとう】〔医道重宝記〕に沈香降気湯は、陰陽塞がり滞って気が上り下りせず、胸膈《むね》痞え 塞《ふさが》り、心腹《むねはら》脹《は》り 痛むのを治す。香付子（炒 七戔半）、沈香（六分）、砂仁（一戔半）、甘草（五分）に塩を少し入れ煎ずる。脾気傷《やぶ》れ、血虚する者には用いない。

神功散【しんこうさん】〔医道重宝記〕に神功散は、痘《いも》（「痘瘡の事」参照）が既に出て、毒気甚だしく総身赤く血走り 境目《さかいめ》が分らなくなり、或は吐血 衄血《はなぢ》 吐瀉を治す。痘毒が甚だしく、熱の盛んなものに用いる。黄芪・人参・芍薬・生地黄・紫草・紅花・牛蒡子（各等分）、前胡・甘草（各半分）を煎ずる。

沈香天麻湯【じんこうてんまとう】〔医道療治重宝記〕に沈香天麻湯は、恐懼により癇病を発し、搐搦、痰涎声があり、目には白精多く、項背の強ばること一刻（二時間）ばかり、脈が沈微にして急なのを治す。醒めて後、皂衣（黒服）の人を見ると即発する。多く、犀角・牛王・龍脳・麝香などの鎮め薬を服し、四年余この症が猶あり、また行歩 動作 神思 愚に帰り、痴のようなのが添えば、灸を両蹻に二七壮し、次の薬を服する。羗活（五匁）、独活（四匁）、天麻・防風・半夏・付子（各三匁）、沈香・益智・川烏頭（各二匁）、当帰・姜蚕・甘草各（一匁）に生姜を入れて煎じ服する。症状により、種々加減がある。

診候の術【しんこうのじゅつ】〔鍼灸日用重宝記・一〕に診候の術とは、脈を窺い、病の虚実を弁え、陰陽寒熱を正し、生死吉凶を定めることをいう。

神効明目湯【しんこうみょうもくとう】〔薬家秘伝妙方調法記〕に神効明目湯は、目が渋り、瞼は赤く爛れ痛み、或は逆睫毛《さかまつげ》*の生ずるのを治す。細辛（二分）、甘草（二戔）、蔓荊子（半戔）、防風（一戔）、かつちん（一戔半）、或は黄芪（一戔）を合せ、煎じ用る。

新古今和歌集【しんこきんわかしゅう】八代集*の第八。〔女重宝記・四〕に『新古今和歌集』は、後鳥羽院の仰せにより元久三年（一二〇六）に、源通具・藤原有家・（同）雅経・（同）定家・（同）家隆等撰。かな序は後京極良経公、真名序は藤原親経。歌数は約一九八〇首、二十巻。

新後撰和歌集【しんごせんわかしゅう】十三代集*の第十三。〔女重宝記・四〕に『新後撰和歌集』は、後宇多院の仰せにより嘉元年中（一三〇三～〇六）に二条為世撰。二十巻。

枕骨【しんこつ】「竅陰」〈経絡要穴 頭面部〉ニ同ジ

人骨名【じんこつめい】「骨節《こっせつ》」ヲ見ル

真言宗【しんごんしゅう】八宗*の一。〔農家調宝記・二編〕に、三密宗 瑜伽宗とも言う。三論宗*と同じく、釈尊より第十四祖龍樹菩薩より出て、南天竺の龍智菩薩を祖とし、不空金剛 善無畏三蔵等が継ぎ、唐土では一行阿闍梨、日本では桓武天皇の延暦年中（七八二～八〇六）に空海が入唐して宗門を伝来し、金剛峯寺（高野山）*を開き、始祖となる。〈華洛寺院名籍一覧〉〔万代重宝記・安政五頃刊〕に「古義新義真言宗之部」に、古儀の本寺 東寺*（九条大宮の西）、深雪山醍醐寺（宇治郡笠取山の麓、寺領四千石）。新義の本山 東山智積院*（洛東大仏殿の南、寺領五百石）、高尾山神護国祚寺（高尾村の麓、寺領二百二十石）、安楽寿院（竹田の里、寺領五百石）等七十二ケ寺がある。

真言陀羅尼【しんごんだらに】仏教。〔新撰咒咀調法記大全〕に真言陀羅尼は、口で呪する根幹となるもの、即ち加持*である。短いものを真言、長いものを陀羅尼と言って使い分ける事があるが、本質的な区別はない。不動明王真言* 釈迦真言* 文殊真言* 普賢真言* 地蔵真言* 弥勒真言* 薬師真言* 観音真言* 勢至真言* 弥陀真言* 阿閦真言* 大日真言（胎蔵界）* 大日真言（金剛界）* 虚空蔵真言* 光明真言* 般若心経* 愛染真言* 訶利帝母真言* 三宝荒神呪* 諸天総呪* 一切如来真言等*がある（図261）。

真言秘密弘法大師四目録独占【しんごんひみつこうぼうだいしもくろくひとりうらない】「弘法大師四目録」ヲ見ル

人歳四品【じんさいしひん】〔童子調宝記大全世話千字文〕に人歳四品は、小（六歳以上）、少（十六歳以上）、壮（三十歳以上）、老（五十歳以上）とする。

しんし【しんし】片言。「しんしは、簇 しいし」である。「しんし」は京の詞、田舎は「しいし」である。〔不断重宝記大全〕

図261「真言陀羅尼」（新撰咒咀調法記大全）

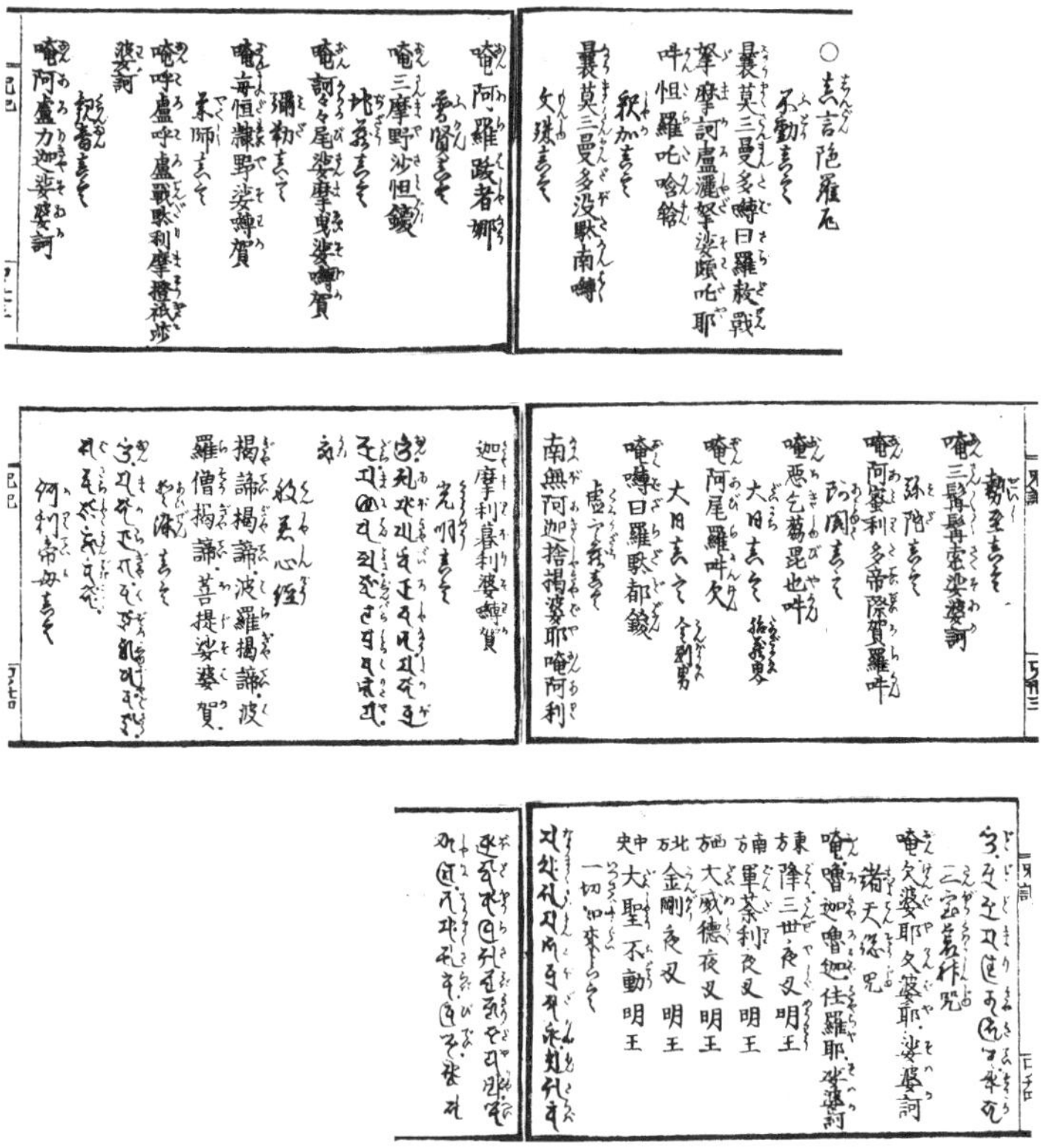

信士【しんじ】「信士」「信女」共ニ「戒名」ヲ見ル

じんじく【じんじく】 片言。「物のよく成りたる事を、じんじくしたと云は純熟」である。〔不断重宝記大全〕

真治膏【しんじこう】〔薬種日用重宝記授〕に真治膏は、巴豆の末（粉）（二匁）、半夏の末（粉）（一匁）、仁べ（一枚）。墨を入れて炊き、美濃紙に抽く。

人日【じんじつ】〔年中重宝記・一〕に正月七日、人日《にんじつ》という。五節句*の始めで、「春の七草《なゝくさ》*」の菜粥を食う。赤白の鏡餅*を搗く等とある。〔年中重宝記・一〕は、『黒本本節用集』と同じく「人日《じんじつ》 正月七日也。正月一日を鶏と曰ふ。二日を狗と曰ふ。三日を猪と曰ふ。四日を羊と曰ふ。五日を牛と曰ふ。六日を馬と曰ふ。七日を人と曰ふ。歳時記に見える」とあるが、〔諸礼調法記大全〕に「七日を人日と云は、朔日 鶏日。二日 猪の日。三日 羊の日。四日 狗の日。五日 牛の日。六日 馬の日。七日 人の日。かるがゆへに謂へり。八日を穀《こく》日と云。七種《なゝくさ》*の粥を食う事は中華《もろこし》の風にして、本朝延喜十一年（九一一）に始る」とあり、猪・羊・狗の日が前後相違する。若菜の節句ともいう。

神日【じんじつ】〔重宝記永代鏡〕に神日は、三月三日をいう。

神事のほうこ【じんじのほうこ】 重言。「神事のほうこ」は鉾で重言*である。〔男重宝記・五〕

辰砂【しんしゃ】〈薬種〉〔薬種重宝記・下〕に唐名、「辰砂 しんしや／いのうちのあかいし。水飛して用ゆ。火を忌む」。〈斤目〉〔算学重宝記・嘉永四年〕には、辰砂・光明・朱丹の三種は一両は四匁ずつ、とある。

辰砂益元散【しんしゃえきげんさん】〔小児療治調法記〕に辰砂益元散は、痘の熱毒甚だ盛んなもの、狂言《うわごと》を言い、引飲《かわき》を治す。滑石（水飛 六両）、甘草（末粉 一両）、辰砂（三匁）を交ぜ調え、小児には一匁、大人には二匁を、灯心湯で用いる。驚搐が甚だしく止まないのには、紅綿散*を以って辰砂益元散を調える等加減がある。

心積【しんしゃく】 五積の一*。〔鍼灸重宝記綱目〕に心積は伏梁といい、臍の上に発り、胸中に横たえ腹熱し、顔赤く胸いきれ、咽渇き不食し、痩せて吐血する。〔薬家秘伝妙方調法記〕では犀角に丁香を加えるという。

腎積【じんしゃく】 五積の一*。〔鍼灸重宝記綱目〕に腎積を奔豚《ほんとん》と言い、小腹《ほがみ》にあり、発る時は胸に上り、顔黒く、飢える時は顕れ、飽く時は隠れる。腰痛み、骨冷え、目昏く、口乾く。気海に灸を百壮する。〔薬家秘伝妙方調法記〕には陳皮に呉茱萸を加えるとする。

神積円【しんしゃくえん】〔洛中洛外売薬重宝記・上〕に「家伝神積円」は、松

原通麩屋丁角 大角光龍軒にある。十六文。第一に男女の五積*、虫一切によい。取り次は、大坂平野町御霊筋東へ入 花月堂、同江戸堀北詰三丁め松風堂である。

辰砂膏【しんしゃこう】〔小児療治調法記〕に辰砂膏は、噤風*の薬である。辰砂・硼砂・牙硝（各一匁半）、玄明粉（二匁）、全蝎・真珠（各一匁）、麝香（一字）を末（粉）として油紙に包むと自然と膏になる。豆粒程に乳汁で調え、乳頭の上に付けて吸わせ、又は金銀薄荷湯で用いる。潮熱があれば甘草湯で用いる。

神社祭礼の銚子【じんじゃさいれいのちょうし】〔料理調法集・銚子提子名所〕に「神社祭礼銚子事」として次がある。銚子は金或は銀、紙は白紙一重である。結び数は長柄は十五、渡りは十二、提子は十二。花は松竹梅を用いる。逆に猫足等を包み、余りの紙端は切らない。但し、銚子提子に留の尾をつけ、紙一重ねで図版（図262）のように拵え、長柄折目の下、提子蔓に包み添える。

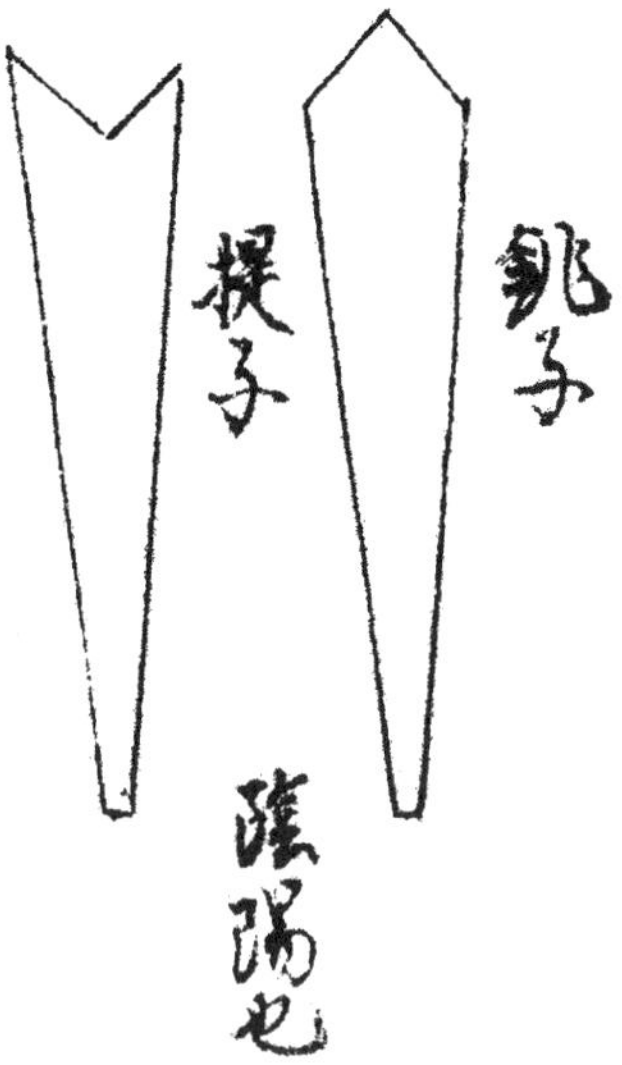

図262 「神社祭礼の銚子」（料理調法集・銚子提子名所）

辰砂散【しんしゃさん】〔重宝記・宝永元序刊〕に徳本家の秘方、血の道の妙方に、辰砂散がある。麒麟竭・蒲黄・人参（各一匁半）、沈香・辰砂（各二匁）を加える。丹散とし、何でも用いる。

辰砂妙香散【しんしゃみょうこうさん】「安神散《あんじんさん》」ニ同ジ

神社を造る吉日【じんじゃをつくるきちじつ】〔重宝記永代鏡〕に「神社幷瑞垣を造る吉日」は、甲子《きのえ》・午の日。乙《きのと》酉の日。丙《ひのえ》辰の日。壬《みずのえ》午の日。癸《みずのと》酉の日。

新酒【しんしゅ】「菊元」「被《かぶ》り元」「本代元《ぼだいもと》」「甘口 新酒造り様」「辛口 新酒造り様」ヲ見ル

真珠【しんじゅ】〔薬種重宝記・下〕に和介、「真珠 しんじゅ／かいのたま。豆を四五粒入れ、豆の皮切る程妙。豆を去りて末（粉）す」。〔日用重宝女大学〕に我が国では伊勢真珠と言い、鮑《あわび》より出るのを上とし、蛤・蜊《あさり》・赤貝から出る珠は下である。

信州紬【しんしゅうつむぎ】〔絹布重宝記〕に信州産の紬は、結城紬*に似るが野品である。しかし、器用な絹で沢山に織り出し、幅も狭く、染め上げにも大分の違いがある。

心中の事【しんじゅうのこと】相愛の男女が、或は遊里での客と遊女の駆け引きも含め、相手に自分の愛は真実で偽りのないことを示す証しをすること。軽い物から相対死まであり、具体的には誓紙を書く（起請文）、髪切り、爪放し、指切り、入れ墨、心中死（駆け引きを越える）迄ある。〔茶屋諸分調方記〕には遊里の沙汰を次のように言う。〇「誓紙」を書くことを大事そうに言う人もあるが、それ程むつかしいことではない。書いてよければ書いてよく、思い思いの楽しみにするのがよい。但し、そんなことはせずに稼ぐのがよい。〇「髪切り爪放し指切り」は、例えば髪の切り賃は五六十匁の損になるように、そんなことはしない方がよい。〇「心中死」は、周囲に許されない恋ではあるが、親不孝また親方への損、死んで花は咲かず、長生きして人に笑われても、末の恋を結ぶのが上々吉、無類の思案である。

神寿丸【しんじゅがん】〔洛中洛外売薬重宝記・上〕に神寿丸は、寺町仏光寺上ル丁 都栄軒にある。第一に積、痞え、腹の痛み、癇積、痰積、疝積、

気積、一切によい。

参朱丸【じんしゅがん】〔洛中洛外売薬重宝記・上〕に参朱丸《じんしゅがん》は、癇を治すのに大いに効がある。人参・蛤粉・朱砂を末（粉）とし、猪（豚）の心血で梧子の大きさに丸じ、三十丸ずつ、金銀湯で用いる。

珍珠散【しんじゅさん】〔改補外科調宝記〕に珍珠散《しんじゅさん》は、枯筋箭*が癒え落ちてから付ける。紅花（五分）、珍珠（一匁）、軽粉《はらや》（一両）を粉にして用いる。

参朮肥児丸【しんじゅつひにがん】〔医道重宝記〕に参朮肥児丸は、疳を消し、食を化し、癖《かたかい》を治し、熱を去り、肝を押さえ、脾を補ない、食を進め、虫を治し、肌膚を潤し、元気を養う。人参・黄連・山査子・神麹・麦芽（各三匁半）、白朮・茯苓・甘草（各三匁）、胡黄連（五匁）、史君子（四匁）、蘆薈（二匁半）を極く細末（粉）にし、糊で丸ずる。丸数は児の大小を見て加減する。

糝薯【しんじょ】〔料理調法集・鱧餅真薯之部〕に、薯蕷《やまのいも》*を卸してよく擂り、魚の擂り身を薯蕷の五分の一程入れ、玉子の白身を加え、出汁で伸べ、水嚢で裏濾しにして、箱でも鉢でも入れて蒸す。掬いでも切り形でも好みによる。流し糝薯*腸し糝薯*腸糝薯*がある。

進上書【しんじょうがき】「謹上書」①ヲ見ル

人正月【じんしょうがつ】〔年中重宝記・四〕に人正月《じんしょうがつ》は、シナ夏の世に、今の一月を正月とすることをいう。「暦《こよみ》の事」参照

真仁膏【しんじんこう】〔洛中洛外売薬重宝記・上〕に真仁膏は、猪熊仏光寺下ル丁片山弥右衛門にある。半貝十文。一切の諸瘡、腫物につけてよい。

真心痛【しんしんつう】〔鍼灸日用重宝記・四〕に真心痛は、寒邪が甚だしく心臓を傷《やぶ》り、痛みが激しく手足青く、肘膝を過ぐると半日で死ぬ。押さえて痛むのは虚、押さえて痛まないのは実とする。大谿 然谷 尺沢 行間 神門 湧泉等九穴に鍼する。

心腎の虚【しんじんのきょ】〔増補咒咀調法記大全〕に「心腎虚して精覚えず漏らし 或は夢に漏らす大事」は、兎苓蓮《とりょうれん》を粉にし、丸じて飲むとよい。〔万まじない調宝記〕は心腎の虚を補い血を納むるには、鯛も熱にはよい物でないという。

真人の事【しんじんのこと】〔人倫重宝記・四〕に『老子経』に出るとして、○真人《しんじん》は徳もなく、智もなく、功もなく、名もないという。○「酒の真人」*は、酔い狂いもせず、病人にもならず、公私の大事も欠かぬ。生半可な上戸が酒の害を生じ妨げになるが、この意味を弁えて理解すれば、酒はよからぬものとは片づけられない。

真人養臓湯【しんじんようぞうとう】〔医道重宝記〕に真人養臓湯は、痢病が久しく癒えず、赤白の瀉すべきものが尽き 或はまだ尽きず、虚寒し 脱肛するのを治す。人参・当帰（各六匁）、肉桂（八匁）、木香（二両四戔）、訶子（一両二戔）、甘草（炙）・芍薬（炒）（各一両六戔）、粟殻（蜜炒）（三両六戔）、白朮（六戔）、肉豆蔲（麺煨）（半両）に、生姜・棗を入れて煎ずる。元気虚脱し、自ら収められず、圊（後架）に行き後には 後重《しりおも》減ずるものを治す。初痢 積滞の者には決して用いない。〔昼夜重宝記・安永七〕の調剤は、芍薬（一匁六分）、当帰・人参・白朮・肉豆蔲・木香（各六分）、罌粟殻（蜜で炙り）（三匁）、訶子（一匁二分）、甘草（炙）（三分）である。

真頭痛【しんずつう】「ずつう（頭痛）の事」ヲ見ル

信石の毒【しんせきのどく】〔斎民外科調宝記〕に信石（砒石＝砒霜石*ともいう）の毒を用い、肉食《にくじき》して中《あた》ったのは治しやすく、酒が中ったのは治し難い。もし、胸腹の間にあって苦しむ時は、急に胆礬（硫酸銅の鉱物。吐剤・除虫剤とする）を磨り、水で注ぐと吐き、腹中にあれば下す。黄丹・甘草・青黛・煙硝・緑豆粉《ぶんどうのこ》を粉にして下す。腹痛には、黄丹・緑豆粉を一倍にして水で下す。

心絶【しんぜつ】死証*の一。〔医道重宝記〕に心絶は、肩で息し 直視して瞳は動かず、手足の裏が腫れて紋なく、熱もないのに妄語し、口を張り舌

青く、毛髪は乾き竪《た》ち、麻のようである。

腎絶【じんぜつ】 死証*の一。〔医道重宝記〕に腎絶は、歯が枯れ熟豆《にまめ》のようで、耳目口鼻に黒色が起り、腰が重く痛み折れるようで、冷汗が出て流れず、大小便が通ぜず、声が出ず、顔に精彩がなく土色で、食を受けつけず物言わず、着物の縫目を撫で床を探り空を摑む等し、大骨は枯藁し大肉は陥り下し動作は益々衰え、胸中気満ち喘息便りなく益々衰え、目は人を見ない等の症があるのは皆死ぬ。

神泉苑【しんぜんえん】 京名所。法成就の池という。有名な池で、二条の御城の南にある。〔東街道中重宝記・七ざい所巡道しるべ〕

神仙何首烏円【しんせんかしゅうえん】 〔洛中洛外売薬重宝記・上〕に神仙何首烏円は、七条大宮東へ入雑賀氏にある。癰疽、瘰癧、痔漏、一切の腫毒によい。

神仙金寿円【しんせんきんじゅえん】 〔洛中洛外売薬重宝記・上〕に神仙金寿円は、油小路御前通角回生軒にある。目眩い、立ち眩み、気の尽き、頭痛によい。

神仙坎坤丹【しんせんけんこんたん】 〔洛中洛外売薬重宝記・上〕に神仙坎坤丹は、烏丸二条上ル丁堺屋五兵衛にある。第一に脾胃を調え、腎水を増す奇妙の薬である。

神仙黒子散【しんせんこくしさん】 〔小児療治調法記〕に神仙黒子散は、変蒸*に用いる。変蒸は傷寒*と似た所があるので、その症を明らかにしなければならない。上唇の中に白泡子のあるのが変蒸である。麻黄（節を去る）・大黄・杏仁（皮共に）を焼いて性を残し、末（粉）とし、一服を一字にして水で煎じて飲ませ、温暖の所に児を抱き、少し汗があり冷えると効がある。

神仙巨勝子円【しんせんこしょうしえん】 〔丸散重宝記〕に神仙巨勝子円は、『奇効良方 虚損門』を引いて、魂を安んじ、気を静かにし、顔貌の色を麗しくし、命を延べ、骨髄《はね》を堅くし、精を増し、虚を補い、筋肉を盛んにし、肌膚《はだえ》を潤し、白髪を再び黒くし、歯を再び生じ、耳目を総明にし、心力の倦むことなく、行歩は飛ぶようにする。長く服用すると寒暑に痛まず、百病を除く神方である。調合は巨勝（酒に浸し九蒸 牛膝酒）・巴戟・天門冬・山薬・熟地黄・肉桂・酸棗仁・覆盆子を蜜丸する。〔昼夜重宝記・安永七〕にも同様の効能を記し、調合は巨勝子（焙一両。但し、黒胡麻）、生地黄・熟地黄・何首烏・枸杞子・菟絲子・五味子・酸棗仁・破胡子・栢子仁・覆盆子・鶏頭実・広木香・連蘂・巴戟・牛膝（酒浸）・肉蓯蓉（酒浸五日）・天門冬・肉桂・人参・茯苓・猪実・韮子・天雄（焙 皮臍去る 付子二代）・連肉・続髄子・山薬（一両）を蜜で練り丸ずる。秋・冬は棗の肉を入れるとよく、久しく服する場合は天雄を去り、鹿茸を用いる。〔洛中洛外売薬重宝記・上〕に神仙巨勝子円は、四条堀川西へ入丁太鼓庵宗貞と、二条新町小西伊兵衛にある。第一に腎精を増し、肌を潤し、鬱気を散じ、胸を透かす。

神仙散【しんせんさん】 〔丸散重宝記〕に神仙散は、胎前、産後、血の道、頭痛、諸々の眩暈《めまい》によい。調合は茜根《せいこん》・紫檀（各十戔）、桑白・升麻・白檀・木香・青木香・人参・川芎・沈香・白朮（各三戔）、黄連・大黄（各二戔）、丁子（一戔一分）、白芷・肉桂・胡椒（各一戔）、辰砂・麝香（各五分）を細末（粉）して用いる。〔重宝記・宝永元序刊〕は洛陽大膳亮家伝とし、この薬は故あって竜女から伝えられた奇妙の方とし、紫檀・鬱金・人参・茜根・干姜（炒る）・黄檗（炒る）・木香・浦黄（炒る）・川芎・胡椒（各一匁）、甘草（少炒る）を調合し塩湯で用いる。産の前後に用い、諸病を治す。

神仙釣骨丹【しんせんちょうこつたん】 〔改補外科調宝記〕に神仙釣骨丹は、魚鳥等の硬い骨が喉に立った時の薬。辰砂・丁香（各一匁）、血蝎・磁石・竜骨（各五匁）を粉にし、黄蠟（三匁）入れて丸じ、辰砂を衣とし、一粒

ずつ酢で用いる。吐する時は、矮荷《いか》か桐油を煎じ、酢で用い、後に濃茶を用いる。

神仙天寿円【しんせんてんじゅえん】〔洛中洛外売薬重宝記・上〕に「家伝神仙天寿円」は、四条烏丸東へ入 登春軒にある。第一に五臓を調え、気を増し、血を補うこと妙である。

神仙侼身香【しんせんふしんこう】〔調法記・四十七ゟ五十七迄〕に神仙侼身香の功能は、汗疣を治し、暑気を去り、風邪を避け、肌を潤し、血を廻らし、湿気を去り、痒がりを治す。青木香・麻黄根・香付子（炒る）・甘松・藿香・零陵香（各二匁）を粉にして晒布の袋に入れ、陽を浴びて後、身を打つ。

神前仏前の花【しんぜんぶつぜんのはな】 立花*。〔昼夜重宝記・安永七〕に神前仏前の花。○仏前の三具足（香炉・花瓶・燭台）の花は、心《しん》の長《たけ》は花瓶の高さの一長半 或は二長程であるが、見合せ次第である。三重の若松がよく、右長左短といい、外の方は長い枝を使い、内へは短く出す。受けを手向《たむけ》の枝といい、仏の面像に構わないように、一瓶の中で見事なものを挿す。心の枝が仏に当り構う時は一の枝を切ることがある。この時の挿し様に口伝がある。流枝《ながし》*を煙返しといい 香炉の半ば迄流しの先を出す。○神前の花も同じ心得で、神前では受《うけ》*を影向《ようごう》の枝という。神前仏前共に、雑木雑草を挿してはならない。

神仙万応丸【しんせんまんのうがん】〔洛中洛外売薬重宝記・上〕に神仙万応丸は、油小路あやの小路下ル 三星や善兵へ にある。第一に気つけ、気の尽き、立ち処に効をみる。

神仙万応膏【しんせんまんのうこう】〔洛中洛外売薬重宝記・上〕に神仙万応膏は、本家 日暮通下立売上ル中程／出店 二条小川東入丁 大津八丁にある。この膏薬は一切の痛所につけて灸代とする。万ずの出来物、腫れ物は立ち所に効く。

参蘇飲【じんそいん】〔医道重宝記〕に参蘇飲《じんそいん》は、四時の感冒による発熱、頭痛、或は咳嗽し 声重く痰のあるもの、労倦の人、妊婦の感冒などによい。陳皮・茯苓（各一匁半）、紫蘇・半夏・桔梗・前胡・葛根（各一匁）、枳殻（九分）、甘草（五分）、人参・木香（各五分）に、生姜と棗を入れて煎じる。感冒 痰咳の妙剤であるが、肺の虚咳 労嗽等には命を縮める。〔医道療治重宝記〕には諸症により加減、補薬がある。

心臓の事【しんぞうのこと】〔鍼灸重宝記綱目〕に心臓の重さは十二両、背骨の第五椎に付く。形は尖円でまだ開かない蓮華のようである。半ば肺の八葉の間へ入り、肺管の下、膈膜の上にあり、臓中に常に血を生じ、精汁を盛ること三合、神《たましい》を宿し、中に七ツの孔竅《あな》があり、天真の気を導き、上《かみ》は舌に通じ、四ツの系《つり》があり、四臓に通ずる（図263）。君主の官で神明を出し、衆理を備え、万事に応ずる。諸臓は皆心神の命旨《みことのり》を受ける。

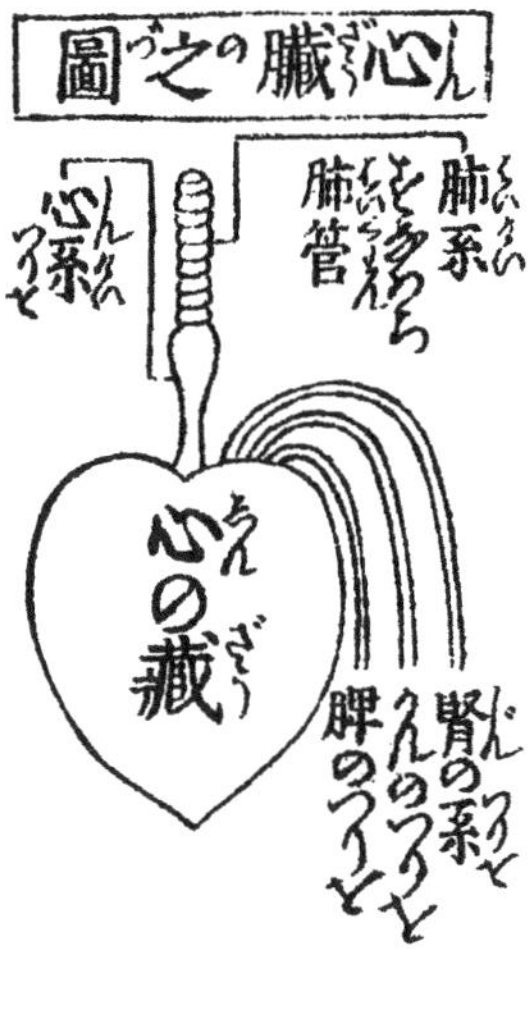

図263「心臓の図」（鍼灸重宝記綱目）

〈五臓の色脈症候虚実〉心は脈を蔵して神《たましい》を舎《やど》し、血脈、暑を主《つかさど》る。南の方君火に属し、夏に旺し、脈は鉤《つりばり》のようで洪、外候は舌にあり、声は笑う、臭は焦がれ、味は苦く、汁は汗、色は赤、志は喜、経は手の少陰、府は小腸、変動は憂である。癪は伏梁臂のようで臍に連なる。心気の盛んな時は胸内が痛み、脇支え満ち 脇下が痛み、膺背《むねせなか》 髆《かたのこう》脾の間が痛み、両臂の内が痛み、喜んで笑い、休まない。宜しく瀉し、不足する時は胸

腹大いに脇下と腰背と相引いて痛む。怔仲《むねおどり》驚悸《おどろき》恍惚、顔色少なく、舌本が強り、好んで憂悲する。〈心熱〉〔鍼灸日用重宝記・五〕心が熱すると脈が熱し、胸が煩れ、心痛し、手の中が熱する。

〈心の脈〉〔鍼灸日用重宝記・二〕に心脈は医者の右手の人差指の下の脈をいう。〔斎民外科調宝記〕に心脈は浮 大で、散なのを平脈とする。

〈寿保按摩法〉〔医道重宝記〕に心蔵の煩いを去る按摩*は、平かに座して両手で共に拳《こぶし》とし力を出して左右へ相突くのを各々六度する。「心痛の事」参照

腎蔵の事【じんぞうのこと】〔鍼灸重宝記綱目〕に腎臓の重さは一斤一両、背の第十四椎につく。形は石の卵のようで胃の下両傍にあり、色は黒紫である。腎はもと水の蔵で、左は陰水《いんみず》右は陽火《ようひ》とする。人が生を受ける時はまず二腎を生じ、ここで左腎の水が肝木を生じ、肝木が心火を生ずる。右腎の火が脾土を生じ、脾土が肺金を生ずるゆえ五臓*の根元である。作強の官で伎巧を出す。父母の腎精より子を生ずるゆえ 骨髄を主《つかさど》り、一身の力を出す（図264）。○「五臓の色脈症候虚実」腎は精を蔵《かく》して志《こころざし》を舎《やど》し、骨髄と歯と寒とを主《つかさど》る。北方の水に属し冬に旺し、脈は石のようで沈、外候は耳にあり、色は黒く、味は鹹《しおはゆ》く、志は恐れ、声は呻り、臭いは腐臭、液《しる》は唾《つばき》、変動は慄《おのの》く。○腎の経は足の少陰、府は膀胱、癪は賁豚 臍の下にある。○腎気が盛んな時は腹が脹り泄《くだ》り、小便は黄に渋り、体は腫れ、喘咳 汗が出て風を憎み、面《おもて》と目は黒い。これらを宜しく瀉する。不足すると厥し、腰背が冷え、胸の内が痛み、耳鳴りの甚だしい時は聞こえない。歯が動き 腰背が痛み 唾血し 足の裏が熱して痛みよく恐る。○腎の中風は、腰痛み 折り反り出来ず 顔黒くうそ腫れ 骨節痺れ痛み 疼き 耳鳴りし 声は濁る。

〈腎の脈〉〔鍼灸日用重宝記・二〕に腎脈は、医者の右手の無名指《くすりゆび》の下の脈をいう。〔斎民外科調宝記〕に腎の脈は沈 軟で、滑なのを平脈とする。

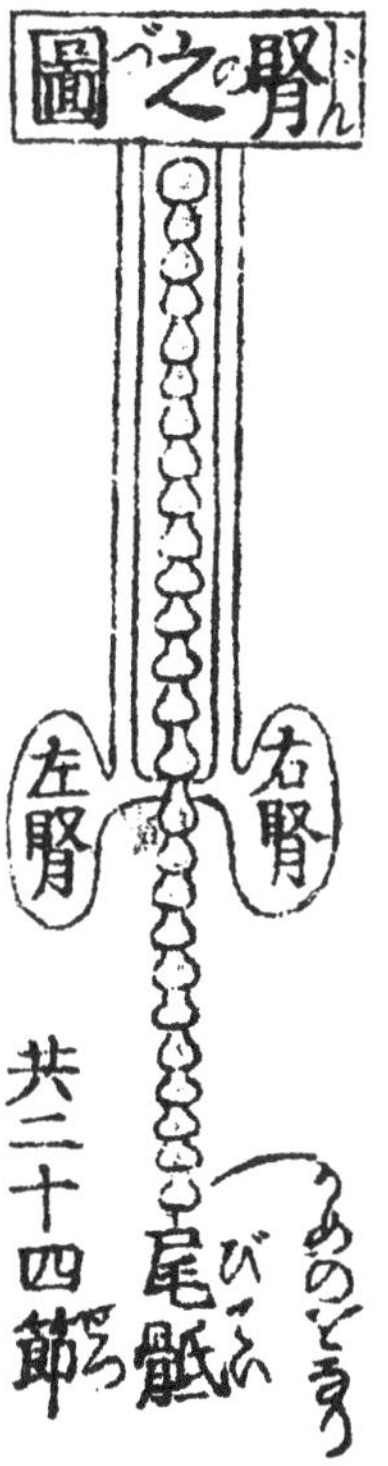

図264「腎の図」（鍼灸重宝記綱目）

〈寿保按摩法〉〔医道重宝記〕腎臓の病を治す按摩*は、平かに座して両手を上げ、耳の左右より脇へ十五度引く。〈療治〉〔家内重宝記・元禄二〕に腎を養い血を温めるには、茯苓・没薬（等分）に末（粉）して丸じ、服する。〈切除〉〔改補外科調宝記〕に腎臓を切った時は、水のような血が出る。疵は腰の三ツ指にある。〈腎熱〉〔鍼灸日用重宝記・五〕に腎が熱すると骨髄が熱し、骨の中を虫が食うようで、起きて居られない。

〈腎の平症〉〔小児療治調法記〕には腎は耳と骫《しり》が冷えて平症なのをよしとし、熱のある時は腎に邪があるので、一般には黄栢・木通・茯苓・猪苓の属を用いる。「五臓の事」〈五臓の色体〉参照

親族九族【しんぞくきゅうぞく】「ぶくきりょう（服忌令）」ヲ見ル

新蕎麦粉拵え様【しんそばここしらえよう】〔里俗節用重宝記・中〕に「新蕎麦粉拵え様」は、殻のまま蕎麦粒を白水*に少し漬け、湿りのある影の地面に細藁を少し置いて赤土砂を薄々振り、上に蕎麦を置き、上に柔かな菰筵を掛けて風が入らないように寝かせ、芽を張る時取り出して砂のないようにし、一日さっと乾かし、挽いて皮がないと蕎麦は青みの色が出て、匂は新蕎麦のようである。

糂汰【じんだ】〔料理調法集・造醸之部〕に糂汰は、大豆二斗を煮て、糠二斗、塩一斗を一ツに搗き合せ、桶に仕込み、年を経て用いる。また当用には糯米の糠を醤油酒で捏ね、熟れる時に遣う。〈御所言葉〉〔女用智恵鑑宝織〕に「ぬかみそ（糠味噌）はじんだ、さゝじん」。

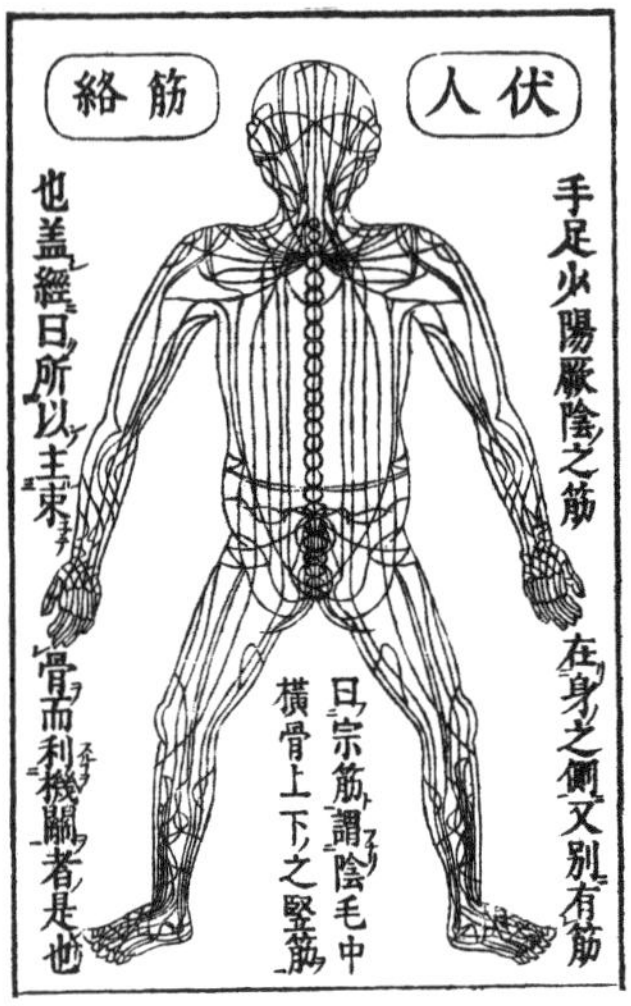

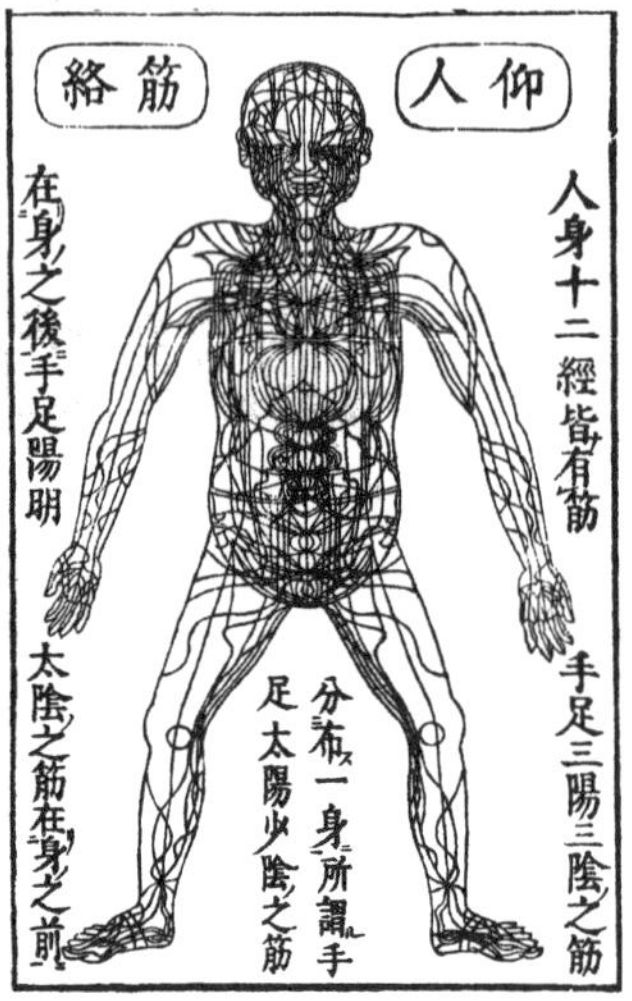

「周身筋絡の図」（骨継療治調法記）

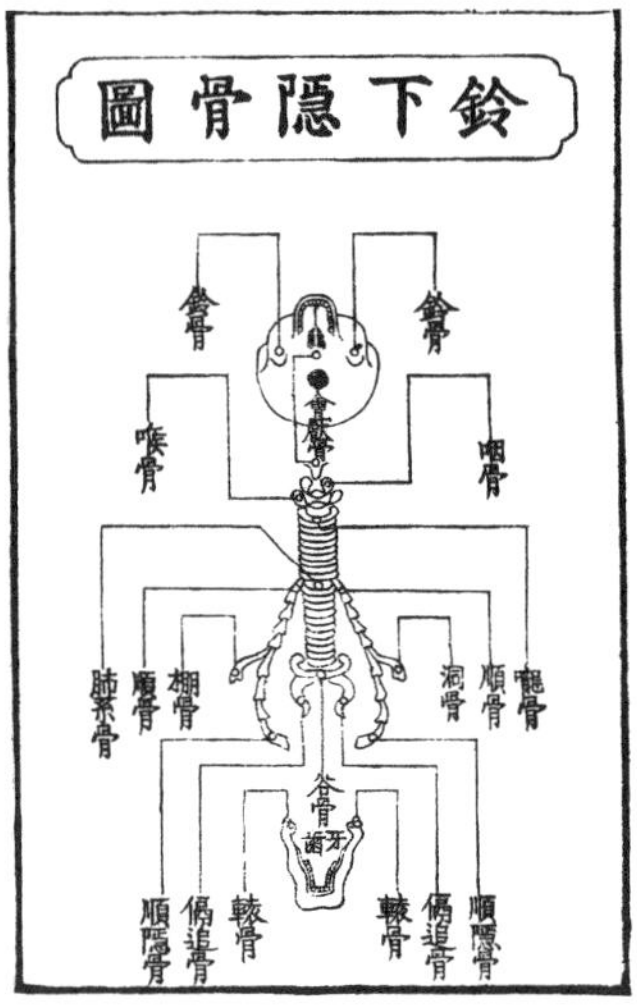

図265 人体図 「鈴下隠骨図」（骨継療治調法記）

じんだい【じんだい】〈何が不足で癇癪の枕言葉〉「汁《しる》、じんだい」。〔小野篁譃字尽〕

深代寺蕎麦粉【じんだいじそばこ】〔江戸町中喰物重法記〕に、〇「深代寺そば粉」は、堀江丁一丁目 升屋。糀丁けたもの店 上総屋勘太郎。四ツ谷坂丁 伊勢屋茂衛門にある。〇「深代寺蕎麦」は、北多摩の神代村の深代寺、及びその近辺で作っていた蕎麦。潔白ですぐれて軽く好味。

人体図【じんたいず】〔鍼灸重宝記綱目〕等に諸人体図が出る。内臓や頭手足の部分図は各項目に分出した。五臓六腑内経の図*。三焦*の図。周身尺寸の図（「冬の事」参照）。禁針禁灸の図*。十四経起り止りの図（「十四経脈動《じゅうしけいみゃくどう》所生病《しょしょびょう》」参照）。経絡要穴の図*。〔鍼灸日用重宝記・一〕には「周身骨節《こっせつ》の図*」がある。〔骨継療治調法記〕に人骨名図（「骨節」参照）、鈴下隠骨図、周身筋絡の図（図265）などがある。

神代分国【じんだいぶんこく】〔大成筆海重宝記〕に次がある。①磤馭盧嶋《おのころしま》（＝大地の開けぬ間伊邪那岐 伊邪那美の二神が暫く鎮座の島）。②淡路洲（二神遭合大八洲を生む）。③大八洲《おおやしま》（＝日本一洲の名）。④伊予二名洲《ふたなしま》（＝後に分けて四国となる）。⑤筑紫《つくし》（＝後に九国となる。西海道）。⑥億岐国 佐渡国（旧事記に熊襲国という）。⑦大洲（伊豆大島）。⑨吉備洲（今備前国海中にある）。⑩越《こし》洲《しま》（＝北陸五ヶ国、今加賀と能登二ヶ国を加え北陸道七ヶ国である）。

新宅の事【しんたくのこと】〈贈り物〉〔消息調宝記・三〕に「新宅祝儀の贈り物」は水に縁のある物をよしとする。火の縁ある物は一切禁ずる。家は火災を恐れるので、文章 口上、或は道具を遣わすのにも忘れてはならない。〈嫌物〉〔俳諧之重宝記すり火うち〕に俳諧で新宅に嫌物は、跡も無・零落・根絶・焼餅・焼野・崩るる・倒る・焦るる・煙・炙る・燃る、等。耳にした火の噂は遠慮する。〈新宅消息の言葉〉〔音信重宝記〕に「御作事相調ひ近々御家移成され候…」「御新宅御普請相済御移徙成され候…」。或は、卜居・移坐・新室など。返事などは「膝をいる計」等とも書く。

晋太郎【しんたろう】〔小野篡謔字尽・何が不足で癇癪の枕言葉〕に「銭、しんた郎、しんた」。「銭の事」参照

震旦【しんだん】「シナ（支那）」ヲ見ル

参胆丸【しんたんがん】〔洛中洛外売薬重宝記・上〕に参胆丸は、室町丸太町上ル丁 松岡氏にある。小包二十四文。取り次は今出川堀川東へ入 大和や三郎兵へ。下立売大宮西へ入 小泉や茂兵へ。江戸本町川岸常盤橋前安兵へ。大坂堂嶋五丁目 和泉や㐂右衛門。伏見村上町 竹や七兵へ。癪、痞え、食傷、二日酔、吐脚、腹の痛、腹一切によい。

新短尺餅【しんたんじゃくもち】菓子名。新短尺餅、上黄ながし物、中羊羹、下白ながし物。〔男重宝記・四〕

震旦の五山【しんだんのござん】〔万民調宝記〕に震旦（シナ）の五山がある。経山寺《きんさん》（余杭県の北に有）。育王寺《いおう》（明州）。天童寺（明州）。霊隠寺《りんいん》（浙西の伴安府に有）。浄慈寺《じんず》（銭塘県南屏山）。

陣中に用いない品【じんちゅうにもちいないしな】〔料理調法集・祝儀用之巻〕に陣中に用いない品が十六品ある。海老 蟹 鮫 鯰 海月 生海鼠 鰯 塩辛 小魚 小鳥 蒟蒻 菌 梨 瓜 粥 赤飯。

陣中の扇【じんちゅうのおうぎ】〔弓馬重宝記・下〕に『兵書』を引き「扇の事」がある。骨数十二本 又は八本、七本。長さ一尺二寸八分 或は一尺二寸、一尺八分。四家の習い品形紋様があり、裏表に色々の絵を書く。九曜 七曜 生年 八卦、或は周易の本卦の彫り入れは古法である。緒は鞭結びである。扇は唐土の黄帝の代に五明が始めたが、代々品形は変化した。また舜帝の代に始るともいう。『日本紀』には神功帝が三韓征伐の時、蝙蝠の羽を見て工《たく》んだといい、その頃から「騎兵一己の六具*」の内で重器である。また城殿と言う者が編むともいい、兵家に品多く、法も種々である。一説として、上将軍は裏表共に金で日を描き、骨は将軍木（ぬるでの木）を用い、十二本並べて、巾は一寸二分である。中将軍は裏表共に銀で日を描き、骨は将軍木 或は竹を用いて十本並べ、巾は一寸である。小将軍は裏表共に銀で日を描き、骨は竹を用いて八本、畳んで巾は八分である。図がある（図266）。

図266 「陣中の扇」（弓馬重宝記）

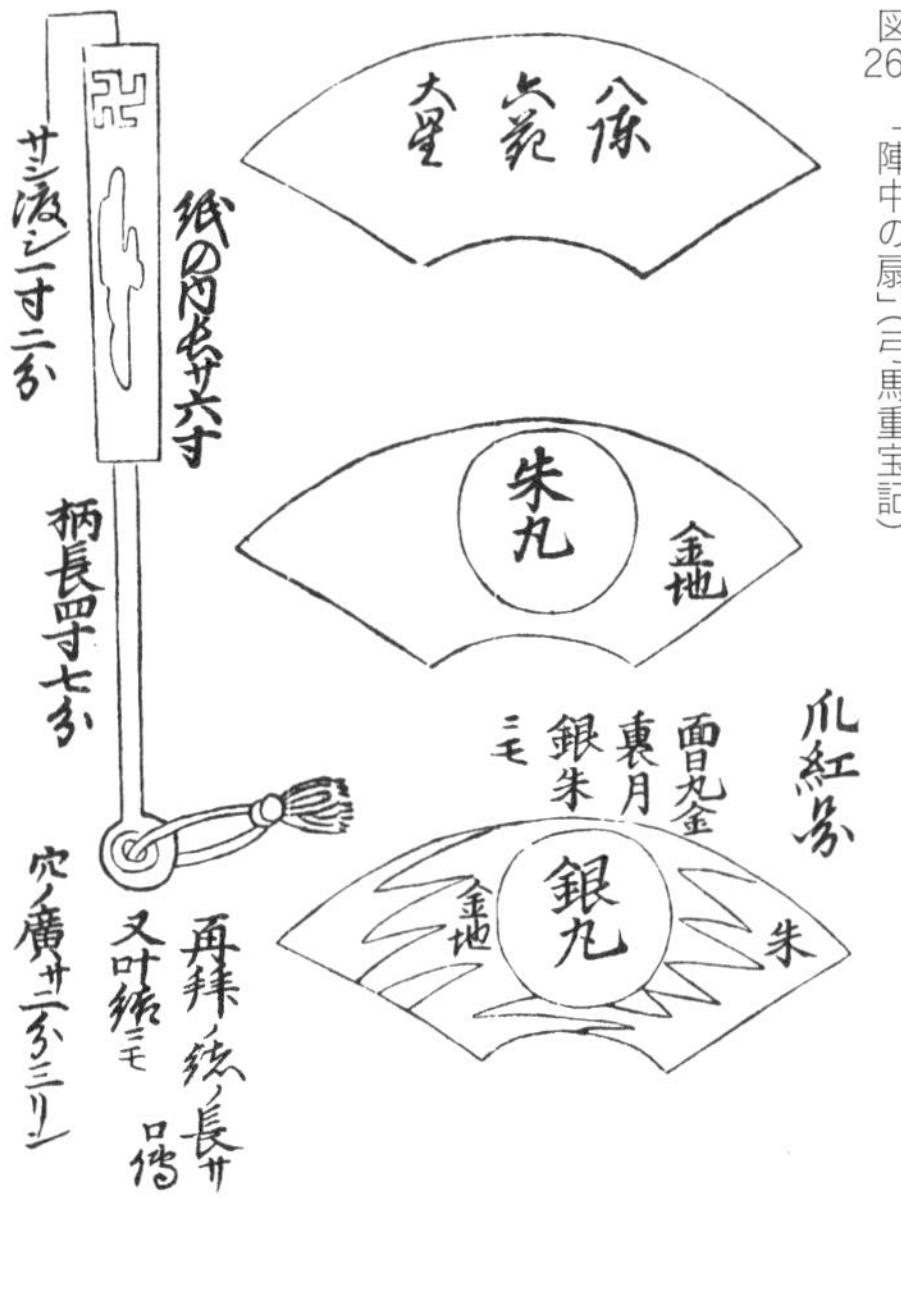

身柱の穴【しんちゅうのけつ】「身柱《ちりけ》」ヲ見ル

真鍮の事【しんちゅうのこと】〈軽重数〉一寸四方六方の重みは、〔古今増補算法重宝記改成・上〕には五十八匁、〔重宝記永代鏡〕には六十九匁とある。〈腐らしの伝〉〔新板秘伝日用重宝記〕に「赤銅 真鍮腐らしの伝」として、硫黄 松脂 丹礬 鼠糞を入れ、梅酢で擂り合せて塗る。下絵は漆で書く。〔万法重宝秘伝集〕にも丹礬・鼠糞（各一匁）、塩水で練り、その内へ真鍮でも赤銅でも埋めて置くと腐る。文字や絵を出したい時はよく磨き、何でも石漆《せしめうるし》（＝いしうるし*）で書いて埋めて置くと漆のない所だけが腐る。〈銀色にする法〉〔里俗節用重宝記・上〕に「真鍮を銀色にする法」は、酢 梅酢 石榴酢 柚酢を一所に交ぜて砥の粉に交ぜて磨くと銀色になる。〈錆取り様の伝〉〔新板秘伝日用重宝記〕に「唐金 銅《あかがね》 真鍮の錆取り様

の伝」は、米糊の強いのを金物の上につけて紙を貼り、日に干して紙を取り去る。〔日用重宝記〕に唐金、胴も同じである。

〈売り店〉〔江戸流行買物重宝記・肇輯〕に「真鍮金具」は通油町 炭屋平兵衛、大門通 中嶋屋新七ら三軒、通油町横丁 釘屋四郎兵衛、下新掘伊坂安兵衛等、都合十二軒がある。

新勅撰和歌集【しんちょくせんしゅう】 十三代集*の第九。〔女重宝記・四〕に『新勅撰和歌集』は、後堀川院の仰せで貞永元年（一二三二）藤原定家撰。二十巻。

心痛の事【しんつうのこと】 〔医道重宝記〕に心痛は、○痰 食中に鬱《うつ》し、七情*の結滞により心（胸）の痛みをなす。○内外の邪気が心を侵し大いに痛み手足が冷え節に至るのは、真心痛*と言い必ず死に、療治はできない。寸口*にあるのは心痛である。脈の沈 弦 細 動は皆痛みの症で、薬には清熱解鬱湯* 椒梅湯*がある。〔丸散重宝記〕に寒疝 中悪 産後の心痛、全て九種の心痛には肉桂の末（粉）を白湯で用いる。〔鍼灸重宝記綱目〕には九種の心痛（虫痛 疰痛 風痛 悸痛 食痛 飲痛 寒痛 熱痛 去来痛）がある。厥心痛は寒邪が心絡に宿る。真心痛は寒邪が心蔵を破り 痛み甚だしく 手足青く 臂膝を過ぐるのは半日で死ぬ。胸中が刺すように痛み 手足冷え 唇青く 脈の沈なのには大谿に、胸中満ち膨れ 息遠く 缺盆より引き攣り痛み死にそうなのには行間 尺沢に、胸痞え 死にそうなのには然谷 湧泉に、刺《はりさ》す。針は神門 健里 大都 太白、中脘に選んで、灸は厲兌 鬲兪 肺兪 大谿 中脘 下脘 三里にする。

〈心腹痛食物宜禁〉〔家内重宝記・元禄二〕に「宜い物」は粟 大根 生姜 茗荷 韮 葱 牛蒡 山芋 豆 大蒜 酢 鯛 鮭 鮎 鯖 牡蠣 烏賊。「禁物」は餅 麵類 蕎麦 飴 棗 柿 梨 慈姑 菱 蓼 瓜 竹の子 茄子 蕨 小麦 砂糖 生菓子 甜瓜 甜瓜 真桑。〔鍼灸日用重宝記・四〕とは異同がある。「心臓の事」参照

神庭【しんてい】 〈経絡要穴 頭面部〉一穴。神庭《しんてい》は額の真中、前の髪際より五分上にある。灸二三壮、或は二七壮する。狂乱 癲癇 驚風 天吊《そらめ》 角弓反張《かえりそり》、舌を出し人事を知らず 眩暈 頭痛 寒熱濁涕《すすばな》止まず涙が出 驚悸 怔忡 不眠嘔吐等を治す。禁鍼の穴である。〔鍼灸重宝記綱目〕

新点【しんてん】 「なしつぼのごにん（梨壺の五人）」ヲ見ル

顖塡【しんてん】 〔小児療治調法記〕に顖塡《しんてん》は顖門《おどり》の腫れ起《あが》るのをいう。脾臓は肌肉を主《つかさど》るが、乳食を常に背き飢え 或は飽き過ごさせると寒・熱が臓腑を調えず、その気が上り顖が腫れ起り毛髪を黄にして自汗がある。寒気が上逆して腫れ起る時は堅硬《かた》く、寒を温める。熱気が上逆して腫れ起る時は、柔軟《やわらか》く熱を冷ます。また、肝が壮んで風熱が代り代り攻むる時も顖門の腫れることがある。治方に、防風・栢子仁・百芨を末（粉）し、乳汁で顖の上に塗ると十日で癒える。薬に大連翹飲*がある。

新田【しんでん】 〈何が不足で癇癪の枕言葉〉「男、しんでん」。〔小野簒譃字尽〕

神道【しんとう】 〈経絡要穴 肩背部〉〔医道重宝記〕に一穴。神道《しんとう》は第五椎の上にある。頭痛み目昏《くら》く、腰 背骨攣《ひきつ》り強ばり、寒熱往来 熱喘 瘧 驚風を治す。針は禁穴。或は五分。灸は一日に七壮より七々壮に至る。なお、〔鍼灸重宝記・三〕には諸書の処置を引用している。〈灸穴要歌〉〔永代調法記宝庫・三〕に「頭痛病み 身に虚熱して愁へあり 日交ぜ震ふは神道をせよ」。七壮する。

しんどう【しんどう】 片言。「辛労《しんろう》を、しんどう」という。〔世話重宝記・五〕

神堂【しんどう】 〈経絡要穴 肩背部〉〔鍼灸重宝記綱目〕に二穴。神堂《しんどう》は第五椎の下 左右へ三寸ずつ開く処にある。針三分か五分。灸五壮か三壮。腰・背強ばり、悪寒、発熱、胸・腹満ち、気攻め上る等を治す。〈灸穴要歌〉〔永代調法記宝庫・三〕に「俯仰せず 肩胸 背《せなか》 腰痛み 気の逆上は神堂をせよ」。

神頭【じんどう】 〔武家重宝記・二〕に神頭《じんどう》は、鏑矢*の一種とある。羽《は》*は雉子を用いる。或は 三鳥揃《みとりそろえ》といい、一羽《ひとは》は鷹、一羽は雉、一羽を染羽《そめば》に

して、羽を刈らずにそのまま用いる。○数《かず》神頭。○一手《ひとて》（甲矢と乙矢の二本一組の矢）神頭がある。図ハ「矢の事」ニ出ス

神道の事【しんとうのこと】　日本風俗《ならわし》。〔諸人重宝記・二〕に次がある。天竺（印度）には仏が戒《かい》定《じょう》恵《え》の三学を法として三世因果の道を説き、中華（唐）には孔子が出て儒道を教え智仁勇の性徳を体認する。儒仏は共に善道にしてその国の風俗の教化であるが、渡来して盛んに学ばれている。神道《しんとう》は我が日本《ひのもと》の風俗《ならわし》である。我が葦原国は小国でも人の心は聡く、しかも神の苗裔であり、神道のいみじきことは神秘と言い、神職の口訣伝授等を言い聞かせる人は稀であるが、神国の証には幼稚より壮老に至る迄神明の徳用を仰ぎ尊む。「唯一神道」と「両部習合神道」（中世以来真言宗で唱えられた神仏習合の神道説。「両部神道」*）の二義がある。

〈神道会釈〉〔文章指南調法記・三〕には、神道は吾が国の大道で神秘は説き難いが、面々の国々の俗《ならわし》で神拝すれば習熟する。神社参拝は伊勢を始め氏神でも「吐《と》（＝水）普《ほ》（＝火）加身《かみ》（＝木）依美《えみ》（＝金）多女《ため》（＝土）」の八ツの詞を唱える。これは短く覚え易く万悪消滅衆福長来の祓いで、朝ごとに唱えると必ず冥加がある。『中臣祓』等は長く読み習っても、いずれは忘れる等とある。

〔日用重宝記・二〕に「唯一神道」は神代の風義をありのままに称え、神事《かんわざ》は偏に伊勢の神風《しんぷう》を本とし、仮にも儒仏の詞を借らず、諸々の忌み汚れをたて祓えを勤め、正直明理に至り、謹んで安座修行加持工夫して、神位に至る。唯一宗源の神道というのは、上古天児屋根命より鎌足公へ伝え、純一で他事を交えないものであり、卜部家に習い伝え来ている。〔金持重宝記〕には太職冠の曰くとして、吾唯一神道は天地をもって書籍とし、日月をもって証明とし、これは即ち純一無雑の密意である。ために儒仏道三教を要しない。

じんない水鶏【じんないくいな】〔料理調法集・諸鳥人数分料〕に「じんない水鶏《くいな》」は冬に多い鳥で、冬の内は焼鳥が多いのでそんなには用いない。風味は悪くない。料理に遣い、薬鳥である。鷭《ばん》（モズ）より少し大きい。

じんない鶫【じんないつぐみ】〔料理調法集・諸鳥人数分料〕に「じんない鶫《つぐみ》」は、真鶫*同前である。

真如堂【しんにょどう】　京名所。〔東街道中重宝記・七ざい所巡道しるべ〕に、真如堂の本尊阿弥陀如来は名高い尊像である。〔年中重宝記・四〕に、十月六日から十六日迄、真如堂十夜の法事がある。

神農【しんのう】〔金持重宝記〕に神農は、シナ古代の伝説上の帝王。伏羲*の後を継いで火の徳を有し、炎帝という。初めて民に耕作を教え、市を立てて商売を教え、草木を舐めて医薬を教えた。

親王【しんのう】〔男重宝記・一〕は当今*が御事のある時の用意に、皇子の中から選んで、親王の宣旨があり立てられる。后腹の親王は三品（位）に、他は四品に叙し、それより昇進される。五品はなく、五品は無品という。親王の子は公家衆なみに奉公される。〔人倫重宝記・一〕にも親王とは、天子の皇子の内に御世を継がせる方を春宮《とうぐう》と言い、東宮とも書き、また太子とも儲君《ちょくん》ともいう。后腹の中から選ぶ。「内親王」「法親王」参照

神応丸【しんのうがん】〔丸散重宝記〕に神応丸は、小児の急慢驚風邪熱驚啼心痞、顔黄ばみ頬赤く壮熱によい。『丹渓』を引き、慢驚は脾胃によるもので温補によく、参朮湯で下す。『正伝』を引き、傷食発搐して身温かくよく眠るもの、或は吐いて食のできない者は、平胃散*で下す。『明鑑』を引き、夜啼き、驚啼、邪熱、心に乗じ搐するものによい。調合は、麦門冬・芒硝・茯苓・山薬・寒水石（各五戔）・辰砂（十戔）・竜脳（五分）、甘草（三分）を蜜で丸ずる。

神納丸【しんのうがん】〔洛中洛外売薬重宝記・上〕に神納丸は、寺町今出川下ル二丁目香具屋太兵へにある。取り次に、寺町今出川上ル筋かい橋

平野屋嘉兵へがいる。第一に癪、痞え、腹一切の妙薬である。

神農丸【しんのうがん】〔洛中洛外売薬重宝記・上〕に神農丸は、四条堀川東へ入 太鞁庵宗貞にある。虫、癪、食傷、霍乱、疝気、頭痛等によい。

神農補腎円【しんのうほじんえん】〔洛中洛外売薬重宝記・上〕に神農補腎円は、寺之内大宮西へ入 香具や与兵へにある。心気を補い、脾胃を調え、肌を潤し、腎水を増す妙薬である。

心の事【しんのこと】 立花*。芯・真とも書く。〔昼夜調法記・正徳四〕に心《しん》は立花で中心に据える木や草花をいう。合《あわ》せ心《しん》*受け上りの心*苔の心*正(小)心*竹の心*二心《にしん》*等があり、心の高さ、枝ぶり、材料等色々に作法がある。最初に立て、挿し方は込《こみ》*の真ん中より向こうへ挿す。例えば、一間床での高さは五尺から六尺迄であり、枝振りによって高下がある。一の枝から梢の間の長《たけ》が高いのは高く下ると悪く、茎も又同じ配慮をする。心を挿すには込みの真中に挿さず、中より向うへ寄せて差す。品々の具をより出すので、心は前へ寄るか真中の時は挿し塞ぐ。受《うけ》*流枝《ながし》*の茎の太い物を使う時は、心《しん》を副《そえ》*の方へ寄せて立てる等あり、他はなぞらえて知る。

疹の事【しんのこと】〔小児療治調法記〕に麻疹《はしか》*で、疹は発熱の始めは傷寒に似るが、ただ疹子は咳嗽、噴嚏《はなひり》、鼻水を流し、瞼《まぶた》腫れ、涙が出て、顔浮腫し、両腮赤く、胸悪く、乾嘔《からえずき》する。風寒を避け、葷腥厚味を戒め、薬で表散し、皮膚を通腸し、腠理を開き疹毒を出易くする。①疹の初発の時は、欠伸 発熱 悪寒 咳嗽 噴嚏 流涕 頭眩する者は升麻葛根湯*を用いる。②疹が出る時咳嗽し、口乾き、心の煩するのは、毒が心肺にあって発し尽さないからである。瀉白散*に天花粉*・連翹・玄参・黄連を加えて用いる。また、黄連杏仁湯*を用いる。③疹が大腸にあり鬱し解しない時は、平胃散*に葛根・連翹を加えて用いる。④疹が出て瀉痢しながら清解《せいげ》を経ず、休息痢となるのは余毒が大腸にあり、実するものには三黄丸*で、虚するものには香連丸*で和し、黄芩湯*で治す。⑤疹子が没して後に余熱が内を攻め、独り言 妄語 神昏 喪志する者は死ぬ。始終、升麻葛根湯*を主とし、或は消毒飲*黄連解毒湯*を、症状に従い用いる。なお魚腥 葱 蒜を忌む。

心の中風【しんのちゅうぶ】「ちゅうぶ（中風）の事」ヲ見ル

腎の中風【じんのちゅうぶ】「ちゅうぶ（中風）の事」ヲ見ル

真の花【しんのはな】 立花*。〔昼夜重宝記・安永七〕に「真の花の事」は、心《しん》*は三重《じゅう》の若松がよく、二重の松は略儀である。副《そえ》*は竹、又は柳、若檜葉山吹 連翹等のしなえた類がよい。心隠《しんかくし》はの一の枝より一寸程下に挿し、禿松《かぶろまつ》等がよい。細長い類は全て直心《すぐしん》の時は悪い。真の花は専ら祝儀の時にし、相生心《あいおいのしん》*、合心《あわせしん》*も真の花である。この時は正《しょうしん》を隠《かくし》という。〔男重宝記・三〕に真の花に、右長左短ということがあり、右副左受《みぎそえひだりうけ》の出る方である。対《つい》の時は、今一方の花を左長右短に挿す。仏壇では仏の顔を前から拝するのに障らないように枝を出し、床《とこ》では懸物に障らないように立てる。

心兪【しんのゆ】〈経絡要穴 背二行部〉〔鍼灸日用重宝記・三〕に心兪《しんのゆ》は五椎の下 左右へ一寸五分ずつにある。『銅人』を引き、針三分留むること七呼、気を得て即ち瀉す。灸をしてはならない。『明堂』を引き、灸三壮。『資生』を引き、刺して心に中ると一日で死ぬ。妄りに針をしてはならない。『千金』を引き、中風 心急には灸百壮、緩急をはかるとよい等とある。中風 半身遂わず、心気乱れ、驚癇、吐血、黄疸、鼻血、目昏く、嘔吐、丹毒、健忘、小児の心気が不足して語らないのを治す。

腎兪【じんのゆ】〈経絡要穴 肩背部〉〔鍼灸重宝記綱目〕に二穴。腎兪《じんのゆ》は十四椎の下 左右へ各一寸五分ずつ開く処、臍に平《ひと》しい。灸は一日に三壮。針は三分、留むること七呼。針刺して腎に当ると嚏《はなひ》りして六日に死ぬ。多食しても痩せ、顔黄黒く、腹鳴り四肢だるく、腹下り、食化せず、身

浮き腫れる等を治す。〈灸穴要歌〉〔永代調法記宝庫・三〕に「労瘵や色なく痩せて腰痛み 起き伏しならず 積《しゃく》 冷えば腎」。

しんば【しんば】〈何が不足で癇癪の枕言葉〉「ば丶、しんば」。〔小野簒譃字尽〕

針博士【しんはかせ】〔万民調宝記〕に針博士《しんはかせ》は宮内省典薬寮*に属し、針の療治を司る。

新長谷寺【しんはせでら】 京名所。本尊は観世音菩薩。これは和州長谷の観音の御作である。洛陽三十三所第五番、真如堂の北西にある。〔東街道中重宝記・七ざい所巡道しるべ〕

人馬平安散【じんばへいあんさん】〔里俗節用重宝記・中〕に人馬平安散は、唐から来る粉薬で、近年は日本にも多い。引風邪 頭痛 鬱気 悪気に中る流行《はやり》病など、早速鼻によく嗅ぎ入れ、くさめが出ると発散する。毒中に螫されたのに塗りつける。

心痞【しんひ】 心臓の痞である。痞は癪痞*を見る。〈心痞《しんひ》食物宜禁〉〔世界万宝調法記・下〕に「宜い物」は大根 生姜 莧 薺 山椒。「禁物」は糯 麵類 蕎麦 飴 黄瓜《きうり》 瓢《ひさご》 鯛 鮒 鮎。

参下【しんひゃ】 唐人世話詞。「寺《てら》を出る事を、参下《しんひゃ》」という。〔男重宝記・五〕

唇風【しんふう】〔改補外科調宝記〕に唇風は、陽明 胃火上り責め、下唇に瘡を生ずる。初めは痒く、腫れ上り、破れ、水を流し、痛まず、癒えがたい。薬には銅粉丸*、内薬には荊防敗毒散*を用いる。

心腹諸痛【しんふくしょつう】〔家内重宝記・元禄二〕に心腹痛、俄に胸痛むには丁子を末（粉）し酒で服す。肉桂の末（粉）も甚だ妙、胸腹痛み死にそうなのには延胡索*の末（粉）を酒で服すると甚だ妙である。〔丸散重宝記〕は心腹諸痛に、蒲黄と五霊子を等分に末（粉）にして用いる。〈心腹痛食物宜禁〉〔世界万宝調法記・下〕に「宜い物」は、粟 大根 生姜 茗荷 韮 葱白 山芋 牛蒡 大豆 大蒜 酢 鯛 飴 鮭 鯖 牡蠣 烏賊 鴈。「禁物」は糯 餅 麵類 蕎麦 飴 棗 柿 梨 慈姑 菱 蓼 瓜 竹の子 茄子 蕨 小麦 砂糖 生菓子 甜瓜 甜瓜 真桑。

じんぶ汁【じんぶじる】〔料理調法集・汁之部〕に「じんぶ汁」は、茄子を二ツに割り、皮目に細かく切れ目を入れ、味噌汁に仕立て、出汁を加え、吸い口には芥子や青山椒がよい。

神仏加護日【しんぶつかごび】「ぶつじんかごび（仏神加護日）」ヲ見ル

神仏造作吉凶日【しんぶつぞうさくきっきょうにち】〔諸人重宝記・五〕に神仏造作吉凶日がある。○「吉日」二日。三日。十日。十一日。十八日。十九日。二十九日。また春三月は寅の日。夏三月は午の日。秋三月は申の日。冬三月は子の日。○「忌日」春は己午《つちのと》の日。夏は巳の日。秋は庚子《かのえ》の日。冬は壬子《みずのえ》の日。

神仏へ詣らぬ日【しんぶつへまいらぬひ】〔万民重宝改正大ざつ書〕に「神仏へ詣《まい》らぬ日」は、○正月 九月は巳の日。○二月 五月は辰の日。○三月 十二月は酉の日。○六月は寅の日。○七月は未の日。○八月は戌の日。○十月は亥の日。○十一月は子の日。〔重宝記永代鏡〕には、○正月 十二月は酉の日。○二月 八月は申の日。○三月 七月は未の日。○四月 五月は辰の日。○六月は寅の日。○九月 十月は巳の日。○十一月は子の日。

神仏立願日【しんぶつりゅうがんにち】〔昼夜重宝両面雑書増補永暦小筌・慶応二〕に「神仏立願日」は、○正月 四月 七月 十月は丑・未・辰・戌の日。○二月 五月 八月 十一月は子・午・卯・酉の日。○三月 六月 九月 十二月は寅・申・巳・亥の日。

神仏を信ずる心得【しんぶつをしんずるこころえ】〔里俗節用重宝記・下〕に神仏に仕え信ずる念があれば、理を弁えた後に行うのがよいとある。まず、我が仏壇 我が氏神を尊敬して、他を求めないのが正法である。人の心は懈怠 弛むのが性で、眼前の利益を求めるなど正法に非ずと、理を究むべきである。

参付湯【じんぷとう】「独参湯《どくしんとう》」ヲ見ル

腎 膀胱 腰の間の積聚 風邪を去る按摩【じん ぼうこう こしのあいだのしゃくじゅ ふうじゃをさるあんま】 寿保按摩法。〔医道重宝記〕に腎 膀胱 腰の間の積聚 風邪を去る按摩*は、足の前後を持ち左右へ越す事二三十度もするとよい。

神方油【しんほうゆ】〔洛中洛外売薬重宝記・上〕に神方油《しんほうゆ》は、堺町二条上ル丁白木や兵右衛門にある。第一に切り傷、打ち傷、突き傷、皸《あかぎれ》によい。

心包絡【しんほうらく】〔鍼灸重宝記綱目〕に心包絡は、心臓*を包む膜とある（図267）。心の下横膜の上、竪膜の下にある。形は細い筋膜があり、糸筋のようである。心肺と連なる位 相火《そうか》で、所は檀中に当る。臣使の官で喜楽を出す。心臓は神《たましい》を蔵する臓腑の主君であり、細い筋膜で臓の外を包み纏い、心臓の衛《まもり》となる。君火を相《たすけ》るゆえに相火という。また、手の厥陰 君火に代り事を行うゆえに、手心主《てのしんしゅ》ともいう。

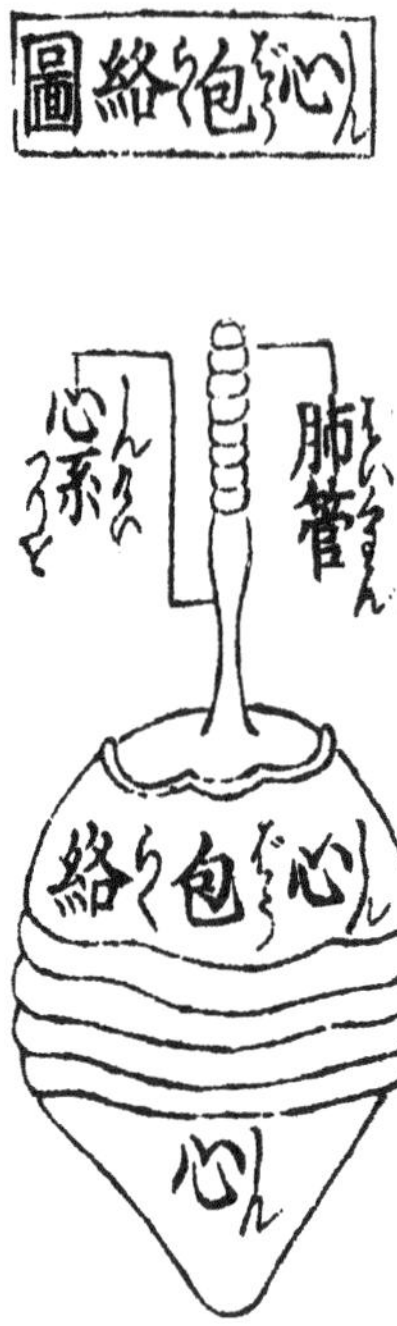

図267 「心包絡」（鍼灸重宝記綱目）

新米【しんまい】 片言。「しん米」は米でなくては言うべきではないのを、荒布や煙草のようなもの迄も新しいのを新米というのは、当らぬ詞である。〔不断重宝記大全〕

しんまいしかぬる【しんまいしかぬる】 片言。「進退《しんたい》しかぬるといふを、しんまいしかぬる」という。〔世話重宝記・五〕

新升【しんます】「いまます（今升）」ヲ見ル

新町【しんまち】〔東街道中重宝記〕に「大坂しんまち これは遊女町」である。七町からなり、揚屋が美麗である。その町名を『澪標』から記すと、東西の通り筋 瓢箪町（南組）、その南を佐渡嶋町（南組）その南を吉原町（北組）、北の上みを新京橋町（北組）、下もを新堀町（北組）、その西を九軒町（南組）、その西を佐渡屋町（南組）とある。

新町より倉賀野へ【しんまちよりくらがのへ】 木曾海道宿駅*。一里半。本荷六十九文、軽尻四十六文、人足三十四文。玉村、砂原新田に川がある。中の嶋村 この辺から沼田 前橋 足利 世良田へ近く、岐れ道がある。岩鼻村、新田村は前橋領分 ここから館林へ四里半である。〔東街道中重宝記・木曾道中重宝記六十九次享和二〕

心脈【しんみゃく】 六脈*の一。〔鍼灸日用重宝記・一〕に心脈は、医者の右手の食指《ひとさしゆび》の下でとる脈をいう。

申脈【しんみゃく】〈経絡要穴 腿却部〉二穴。申脈《しんみゃく》は外踝の下五分 陥みの中にある。針三分、留ること七呼。灸三壮。或は禁灸。目眩、腰足痛み冷え痺れ、癲癇が昼に起る等を治す。〔鍼灸重宝記綱目〕

診脈【しんみゃく】〔斎民外科調宝記〕に脈を診るには、常に平旦（朝）にする。陰気動かず、陽気散ぜず、食物未だ進まず、経脈未だ盛んにならず、気血未だ乱れず、絡脈が整うので、病のある脈を試みるのによい。〔昼夜調法記・正徳四〕には男は左手、女は右手で診る。脈は気血の虚実を知る所である。気は一身の陽気が表を廻って人を守護し、外を主《つかさど》る。血は陰で裏を流れて内を主る。気血少なく減少したのを虚といい、気血に余りがあるのを実という。虚実ともに病の脈で、平脈は無病の脈である。〔医道重宝記〕は、医者の中指を病人の腕首にある高骨のもとに当てて関部とし、左手は肝胆、右手は脾胃を診る。人差指の当る所を寸部とし、左手は心 小腸、右手は肺 大腸を診る。薬指の当る所を尺部とし、左手は腎 膀胱、右手は命門 三焦を診る。この「寸関尺」*の三部に各々浮 中沈の三ツがあり「三部九候」*という。浮は軽く浮かめて六腑（大腸 小腸

胆胃三焦膀胱）を診る。病は表にある。沈は強く押し沈めて五臓（肺心肝脾腎）を診る。病は裏にある。中は浮ならず沈ならず中にして診る。病は半表半裏にある。

〔鍼灸重宝記綱目〕は、脈を浮けて取るのに、指の腹に浮かみ通るのは気の往来である。これを押してみて力があり大なのは気の実《つよき》、力なく弱いのは気の虚《へり》で、これを「衛《え》をうかがう」*という。指を少し押し沈めて取るのに底に力があるのは血の実《じつ》、力なく渋り弱いのは血の虚《きょ》で、これを「栄《えい》をうかがう」*という。医者の一息（呼吸）の間に脈が四ツ動《うつ》のが平脈である。「脈の事」参照

腎脈【じんみゃく】 六脈*の一。〔鍼灸日用重宝記・一〕に腎脈は、医者の右手の無名指《くすりゆび》の下でとる脈をいう。

人民離別日【じんみんりべつにち】 五離日*の一。〔懐中調宝記・牛村氏写本〕に人民離別日《じんみんりべつにち》は、壬申《みずのえ》、癸酉《みずのえ》の日で、この日は和合凶で、婚礼に大凶日とする。〔重宝記永代鏡〕には「人民《じんみん》離日」とあり婚礼嫁取和合相談に忌む。

人民和合日【じんみんわごうにち】 五和合日*の一。〔重宝記永代鏡〕に人民和合《じんみんわごう》日《にち》は、壬寅《みずのえ》、癸卯《みずのと》の日で、この日は婚礼婿取養子するに吉日とする。

神武天皇【じんむてんのう】 「人皇略伝記」「日本国」ヲ見ル

神明【しんめい】 〔諸人重宝記・一〕に神明《しんめい》とは、天地万物の主君で形もなく目にも見えないが、その働きは天地を開《ひら》けて破らず、山海を生産《あれま》し、春夏秋冬雨風草木を年々に変えることなく時を違えず取り行うのは主君神明の仕業で、天御中主尊《あめみなかぬしのみこと》と名づける。太古に、清陽《すみあきらか》な物が棚引き登るのを天となし、重陰《かさなりにご》る物を縮めて地となしてより、天地が定まった。その中に葦牙《あしかび》の現れるように神となったのが国常立尊《くにとこたちのみこと》で、次々に神々を生んだ。「天地人の事」参照

進物の事【しんもつのこと】 祝言の進物。〔男重宝記・四〕に進物は何であっても二種とし、一種は送らないものである。進物の数が多い時は別に目録を添える。目録の通り「進上」と書く。○「折紙認め様」奉書引き合せを横折にして三ツに畳んで書く。三折の初折に「進上」と書き、中折に目録色だてを書く。鳥と魚を並べ、鳥を先に、次に魚、次に精進物を書き、樽は後である。以上は、進上の字より、少し下げて書く。名は奥の折の末に書く。太刀、馬等を進上するには、一腰、一疋という下に、刀の銘、馬の毛色を書く。このほか書札の法は色々ある。〈簡礼書法〉〔大増補万代重宝記〕は他へ進物等を送る書状に物数を書く時は、鯛一、鮭一尺、雉子二のように書く。返事も同じ。一折と書く時は数は書かない。目録のある時は、目録の通りと書く。数八ツより一折と書く。〈進物包み様〉〔女筆調法記・三〕に「余所へ進物万包み様品々」として熨斗の図*がある。〈進物工巧〉〔進物調法記〕に、工巧とは各種音信物の届けに工夫配慮する事である。○生魚が飛び跳ねるのには、紙を濡らして目に貼る。○川魚の類は、水を少し器物に入れて魚が縁へ当らないようにする。○飼鳥をそのまま遣すには擂餌《すりえ》の分量を記して送る。○草花は朝早く露の内に手折り、苳を濡れ紙で包むと長く続く。○煙草を遠方へ送るには油紙で堅く包む。桐箱に入れるのもよい。○生魚塩魚の鱗を拭くには、大根の切小口で磨ると痛まない。○音信物は受取る家の用を考えて送る。勿論、金銀銭の費えを省き互いに倹約を第一とし、受ける方と遣す方の同意があるとよい。到来物が重なると甚だ困る。○仏事なら切手類がよい。祝儀なら絹布類がよい。これを参考に類推する。「音信物《いんしんもの》の事」参照

神門【しんもん】 「じんもん」とも読む。〈経絡要穴 肘手部 二穴〉〔鍼灸重宝記綱目〕に神門《しんもん》は、小指の後ろの通り腕の横筋の中にある。即ち掌の後ろの尖骨の下、手の外踝の上両骨の間、拳を握り力むと陥む処である。針三分、留むること七呼。灸七壮。瘧、胸煩れ水を好み、不食、心痛、手の肘冷え、掌中熱し、目黄ばみ、嘔血、嘔吐、上気声が出ず、健

忘、癲癇等を治す。〈吉凶〉〔男女重法日用明鑑万々雑書三世相大全〕に「五性と生れ月で吉凶を知る事」*に、「神門」*に当たる人は山伏の類、出家か医者か、或は頭《かしら》となる人である。衣装に縁はあるが財宝はなく、財宝を持った人に近づき諂い回ることがあっても財宝はない。例え、宝を求むることがあっても、やがて滅びる。固く慎み信心するのがよい。

人門【じんもん】「鬼門の事」ヲ見ル

新薮の植え様【しんやぶのうえよう】〔四民格致重宝記〕に関東で新薮を植えるには、古来竹を中程から切って植えることが多い。多くは枯れるが、例え根が着いていても竹の子は遅く生じて少ない。末を伐らないと多く着いて、竹の子も早く生じ茂る。接ぎ木等もこの心得である。

心癰【しんよう】〔改補外科調宝記〕に心癰の症は、両乳の真中に出て豆粒のようである。三四日に起り、早く療治しないと腹に入り、十日の間に死ぬ。外へ出たのは治し易いが、内へ出たのは治し難い。小便の渋るのには清心散*、大便の結するのには内固清心散*を用いる。

新羅刑部少輔義光末葉【しんらぎょうぶしょうゆうよしみつばつよう】諸氏名字。甲斐 信濃 阿波 安芸 武蔵 美濃等の源氏。逸見《へんみ》 武田 安田 加賀美 田井 秋山 二宮 藤崎 新田 高畠 上野 山中 増田 木曾 一条 甘利 伊沢 吉田 小松 岩崎 石橋 青木 深沢 大桑 大嶋 佐竹 山本 金沢 稲毛 小早川ら七十八名字が出ている。〔筆海重宝記〕

親鸞【しんらん】〔日用重宝記・四〕に親鸞は法然上人*の門、師命で在家往生を導くために、肉食妻帯で一派の宗門（浄土真宗）を開いた。親鸞は藤原姓有範の子で、奥方は摂政右大臣兼実の息女 玉日前《たまひのまえ》で、夫婦で宗旨を弘めた。男女の子息は早世 或は他の嗣《よつぎ》となり、末女覚信尼は父上人の坊舎を譲り受け、さらに本願寺を造立した。親鸞の次男 善鸞の男如信上人は尼の甥で、覚信尼の譲りを受けた。伝え伝えて賢如上人に至り、その子教如上人の脈目《すじめ》を西本願寺、弟准如上人の脈目を東本願寺と分ち、東西両門跡となった。祖師の門人二十四輩は各諸州に寺を開き、一身田高田派 専修寺派 仏光寺派の諸派に分れた。弘長二年（一二六二）、九十歳寂。〔年中重宝記・四〕に、十一月二十二日は親鸞上人忌、報恩講*とある。

神竜院【じんりゅういん】京名所。本尊は虚空蔵菩薩。ここは兼好法師が住んだ跡である。〔東街道中重宝記・七ざい所巡道しるべ〕

新りうき餅【しんりゅうきもち】菓子名。新りうき餅、上しめし物、下羊羹、山の芋入り。〔男重宝記・四〕

参苓内托散【じんりょうないたくさん】〔斎民外科調宝記〕に参苓内托散は、鬢疽になって固く潰れず、或は潰れて治まらず、久しく気血ともに虚し、身冷え 脈細く不食し痩せるのに用いる。当帰・芍薬・川芎・熟地黄・黄芪・陳皮・白朮・山薬・茯苓・人参・甘草・肉桂・付子・牡丹皮・地骨皮に生姜を入れ、煎じて用いる。

参苓白朮散【じんりょうびゃくじゅつさん】〔医道重宝記〕に参苓白朮散は、脾胃虚にして飲食進まず、嘔吐 瀉痢するのを治す。人参・白朮・茯苓・山薬・白扁豆（各一匁）、桔梗・蓮肉・縮砂・薏苡仁（各七分）、甘草（五分）を煎ずる。大病の後に用いて脾胃を保養するとよい。〔小児療治調法記〕には、小児の脾虚の泄瀉を治す。人参・白朮・茯苓・山薬（炒）・炙甘（各二匁）、白扁豆（炒一匁半）、蓮肉・砂仁・桔梗・薏苡仁（炒）（各一匁）を末（粉）とし、棗湯で二匁ずつ用いる。但し、児の年の数に応じ、或は半匁、一匁ずつ用いる。

人倫安楽天下泰平【じんりんあんらくてんかたいへい】「てんかたいへい（天下泰平）」ヲ見ル

人倫異名【じんりんいみょう】「人倫」は、人・我・身・友・父・母・誰など人間を表す語彙をいう。〈連俳式目〉〔俳諧之重宝記すり火うち〕に「人倫類 二

句去」から抄出する。祖父、父母、夫婦、親、亭主、姉、吾妹子、妻、花嫁、媒、友、殿、若者、息子、夜盗、鷹匠、傾城、禿、恋の君、密夫《まおとこ》、芸者、役者、野郎、若衆、牢人、郎等、馬士、舟人、海士、町人、商人、職人など。「非人倫《ひじんりん》」参照

〈異名〉人の間柄での色々な言い方。〔大増補万代重宝記〕には、○「人の父を言う」には、令父・尊父などは至って崇めていう言葉で、その内に御の字がこもっているが、ただそれだけでは無礼のようなので御令父様・御尊父様と書くが、それは俗にまかせてよい。○「先の人を言う」には、尊公様・尊前様と書くのは我より上輩の人へ遣う文字なので、その下に上と記し、其方《そのかた》と書くのを下とする。○「此方《このかた》を言う」には、私《わたくし》下拙《げせつ》等と卑下したのを上と記し、不佞 小子等と記したのは我目下に遣る文章に書くことなので、その下へ下と記す。次に「人の家」*「我が家」*「人の妻」*「我が身」*を言う説明が続く。

〔書札調法記・六〕「世話難字尽・人倫門」に、狼狽者《うろたえもの》、佐在《くせもの》・辟者《くせもの》、白徒《しろうと》、破家者《ばかもの》・馬鹿者《ばかもの》、牙人・牙婆（男ト女ノすあい）、侏儒《いっすんぼうし》、傅御《おとな》（家老）、博徒《ばくちうち》、恍惚子《おぼこ》、寝徒者《ねだれもの》、唐気者《うつけもの》・空気《うつけもの》、鈍魯意人《とろい》、桑門《よすてびと》、神仙《いきぼとけ》、自在者《わがままもの》、放屁気《へこき》、強者《すねもの》等、百四十余語が出ている。

親類書の法【しんるいがきのほう】〔文章指南調法記・四〕に「親類書の法」があり、士分の奉公には軽い奉公人の請状同前（「奉公の事」参照）に太切とある。一行に「一 父 大高伊予守家老当時隠居仕り卜入と号し候土肥官太兵衛」と、同じく端書をつけて順に伯父・兄・甥従弟と続け、最後に「右之通り相違御座無く候 以上／建武三年丑三月／本国生国共江州和迩丑ニ二十五歳／土肥宅右衛門㊞花押」とある。即ち、本人との続き柄、端書*にその人の職掌・身分や年齢を書きつける。

親類の事【しんるいのこと】〔農家調宝記・二編〕に「親類の事」がある。祖父母・父母・妻・惣領・嫁・次男・三男・娘孫・孫女《まごむすめ》・兄弟・姉妹・伯父・叔父・伯母・叔母・甥・姪・従弟・従弟女《いとこめ》。これを親類といい、順もこの通りに出す。近い続きを先へ立てるので、伯父は弟より重いけれども弟を先へ出す。女子は先に出生しても男子の次に立てる。男子がなく女子へ婿を取ったら惣領の所へ婿養子、その次に娶合《めあわ》せた女子を出す。これは家督に立つので次男・三男より上に出す。他家にある兄、惣領に立たぬ兄は、末に出す。孫は軽いけれども家に付いたものゆえ、兄より上に出す。全て義理による。

陽暦旧暦の対照【しんれききゅうれきのたいしょう】〔新撰農家重宝記・初編〕に「陽暦《しんれき》と旧暦の対照表」がある（図268）。○旧暦は月を目宛にしていて毎月十五日は必ず満月であるが、農家に必要な春分 秋分等の日は年々一定しないので暦を見ないと知り難い。○陽暦は太陽を目宛にしていて春分 秋分 夏至 冬至 八十八夜 二百十日等毎年同日で便利である。一年を三百六十五日として大小の気節は変ることはないが、四年目ごとに一日の余分があり、通例二月は二十八日であるのに、四年目ごとに二十九日の月がある。この年は春分 秋分 冬至等にも一日の違いがある。

新暦の始め【しんれきのはじめ】〔開化調宝記〕に、明治五年十二月三日を明治六年一月一日と定める。皇祖神武天皇紀元より二千五百三十三年に当る。西洋の一千八百七十三年である。神武天皇の御祭は毎年四月七日である。

心漏【しんろう】〔改補外科調宝記〕に、心癰*で心（胸）の上に穴が明き常にたわ汁（瘡瘍の膿汁）を出すのを心漏《しんろう》という。鹿茸（毛を去り炙る）、付子（毛を去り包み焼き）、塩化石（各等分）を粉にし、棗肉で丸じ空き腹に服する。

新六歌仙【しんろっかせん】〔重宝女訓女今川操文庫〕に「新六歌仙」として次をいう。後京極摂政太政大臣。前大僧正慈鎮。皇太皇宮太夫俊成。権中納言定家。従三位家隆。西行法師。「六歌仙」参照

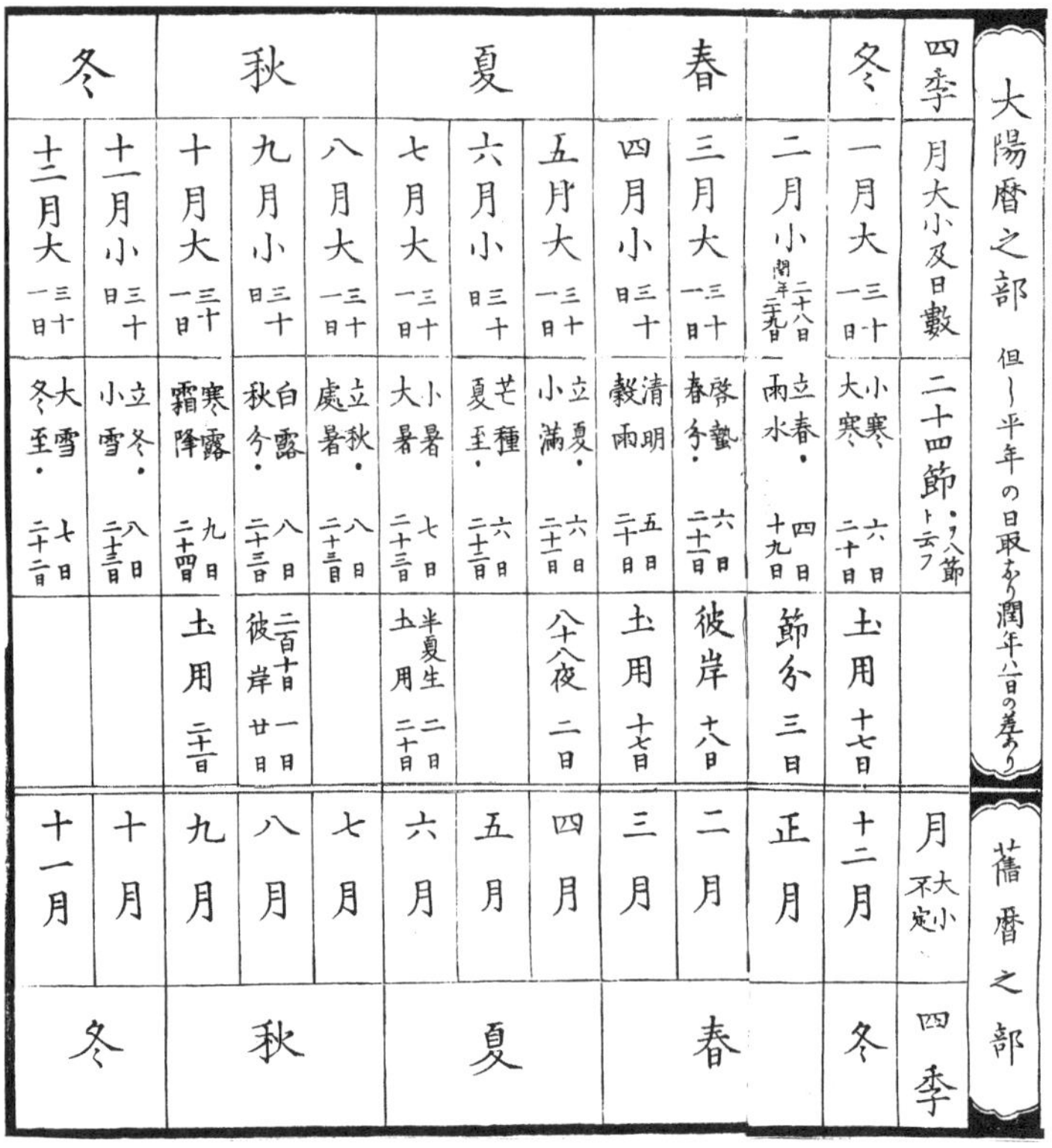

大陽暦之部 但し平年の日取なり閏年は一日の差あり
四季
月大小及日數
二十四節 ・ヲ八節ト云フ
冬
一月大 三十一日
小寒 六日
大寒 二十日
土用 十七日
春
二月小 二十八日 閏年二十九日
立春・四日
雨水 十九日
節分 三日
三月大 三十一日
啓蟄 六日
春分・二十一日
彼岸 十八日
四月小 三十日
清明 五日
穀雨 二十日
土用 十七日
夏
五月大 三十一日
立夏・六日
小満 二十一日
八十八夜 二日
六月小 三十日
芒種 六日
夏至・二十一日
七月大 三十一日
小暑 七日
大暑 二十三日
半夏生 二日
土用 二十日
秋
八月大 三十一日
立秋・八日
処暑 二十三日
九月小 三十日
白露 八日
秋分・二十三日
二百十日 一日
彼岸 廿日
十月大 三十一日
寒露 九日
霜降 二十四日
土用 二十一日
冬
十一月小 三十日
立冬・八日
小雪 二十三日
十二月大 三十一日
大雪 七日
冬至・二十二日
舊暦之部
四季
月 大小不定
冬
十二月
春
正月
二月
三月
夏
四月
五月
六月
秋
七月
八月
九月
冬
十月
十一月

図268「陽暦と旧暦の対照表」(新撰農家重宝記)

す

洲【す】〔万物絵本大全調法記・上〕に「洲 しう/す。水中にあるを洲と云。小洲を渚《しょ》と云う。なぎさ」。

牙婆【すあい】〔万物絵本大全調法記・上〕に「牙婆 がば/すあひ。女儈ぢよかい。同」。〔日用重宝女大学〕に「牙《げ》婆《ば》といへるは、すあひをんななるべし」。「すあひ」と言い、呉服物又は小間物の品々を持ち旅屋や問屋に行き、男に近づき売買することもなく、男は色ある女に引かれ、女は遊女心で卑しい。

酢和え【すあえ】〔懐中料理重宝記〕の「精進」に「四季酢和え」が二種ずつ出るのを一種を次に出す。○春。長芋・岩茸・焼麩・生姜・栗。○夏。大根・木耳・油揚・生姜・青酢。○秋。大根・豆腐・青菜・木耳・生姜・金柑・早炒酒。○冬。ゆのかわ大根・紫蘇の実・胡桃・枝柿・生姜・芥子酢。

窶飴蒲鉾【すあめかまぼこ】〔料理調法集・蒲鉾之部〕に窶飴《すあめ》蒲鉾は、常の擂身を苞蒲鉾*のようにして、中に竹籤《たけひご》を多く刺し込んで蒸し、竹籤を抜いて切形をする。

水【すい】十字の秘術*の一。案内を知らぬ家、酒宴の席、水の変わり等に、左の手に「水」の字を書いて、日月*の二字を合せて念じると障りはない。〔増補咒咀調法記大全〕

随【ずい】鍼灸法。〔医道重宝記〕に随とは、例えば足の三陽の経ならば、針師の指でその経を摩《さす》り下ろして針を刺す穴まで至り、針芒《はりさき》を下へ向けて経脈の後にしたがって刺し、その虚を救う。左手で針の穴を閉じて徐《しずか》に針を出し、早くこれを押す。済《すく》う意で補とする。虚し疲れ気弱く痺れ痒いものには、補法を用いる。「迎《こう》」参照

頭維【ずい】〈禁灸の穴*〉二穴。頭維《ずい》は額の角の髪際の少し後ろを押して見て、骨の割れ目、応えるところである。〈経絡要穴 頭面部〉には、二穴、額の角の髪際より入ること四分、神庭の左右へ各々四寸五分。針五分三分。禁灸。頭痛、目抜けるように痛み、目風物を見るのに明らかにならないのを治す。〔鍼灸重宝記綱目〕

衰運【すいうん】十二運*の一。〔金神方位重宝記〕に衰運は、木性は三月(辰の日)、火性は六月(未の日)、土・水性は十二月(丑の日)、金性は九月(戌の日)の各生れで、出家はよく、在家は悪い。望み事絶えず、万ず損をする事がある。〔両面重宝記・寛延六〕に、この運の人は悪く、心賢

く短気である。始めは栄え、後に衰える。もし始めが悪いと後は栄える。「一盛り花の都に住みたれど 今は憂き身の哀れなりけり」。〔和漢年暦調法記〕に衰運生れは、万ず 心のままになりがたい。夫婦の縁薄く度々替る。氏神、その外 神仏を信心するとよい。〔日用重宝 万物図解嘉永大雑書三世相〕に衰運は夫婦の縁は度々替るが、旅や他国して多く家に居ない人ならばよい。夫婦は一所には住み難い運である。子は五人である。何事も心のままにならず苦労が多いが、老いてはよい。「おとろう」ともいう。

吹雲散【すいうんさん】〔小児療治調法記〕に吹雲《すいうん》散は、「痘後の余症」*で余毒が眼に入り翳を生じ、或は紅く或は白く腫れ痛むのを治す。黄丹（水飛一匁）、軽粉（水銀二分）、龍脳（一厘）を末（粉）し、鵝管で耳に吹き入れる。左眼の患いには右耳に、右眼の時は左耳に、日夜に三度ずつする。兼ねて痘瘡後の眼薬、化毒散*決明散*撥雲散*退翳散*蟬菊散*を飲む。遅いと癒え難い。一方に黄丹・軽分（各一匁）を末（粉）とし、同じようにして効がある。また雄黄・麝香を少し加え、最も妙である。

西瓜【すいか】〈薬性〉〔医道重宝記〕に西瓜は、寒にして毒なく熱を去り、渇《かわき》を止め、内を寛《ゆる》くし気を下し、小便を通じ酒毒を消す。〈食合せ〉〔調法記・四十ゟ〕は「西瓜と油で揚げた餅団子」は脾を損じ、また西瓜と蕎麦切を同食すると腹脹り石のように硬くなり、痛みは堪えられず、吐瀉しないと死ぬ。〔料理調法集・当流献方食物禁戒条々〕は西瓜を食い和中散*との飲み合わせは大毒であり、〔家伝調方記〕は霍乱*となるという。〔万まじない調宝記〕は水に沈む西瓜は毒があるとする。〈西瓜中り〉〔万用重宝記〕は西瓜に中った時は、唐辛子を煎じて飲むと奇妙、〔胡椒一味重宝記〕には胡椒湯を飲むとよいとある。

水花【すいか】〔万物絵本大全調法記・上〕に「浮石 ふせき／かろいし。水花 すいくは、同」。

垂加神道【すいかしんとう】「しでますれいしゃ（垂加霊社）」ヲ見ル

忍冬【すいかずら】「金銀《きんぎん》花《か》」ヲ見ル

水気【すいき】「すいしゅ（水腫）」ヲ見ル

水銀合【すいぎんあわせ】〔薬種日用重宝記授〕に水銀合《すいぎんあわせ》は、水銀六匁八分、錫三匁二分、合せて十匁。錫を湯気にして後に水銀を入れ、よく混ぜて垂らし、薬研に水を入れよくよく押し合せる。

髄筋の事【ずいきんのこと】〔骨継療治重宝記・上〕に「髄説」として次がある。髄は骨髄または神経で、色は白く柔らかく形は丸く性は寒湿である。臓のように常に動く。髄から筋が二十筋出る。目、瞼、鬢先、歯の根、舌、下顎《あぎ》、耳、胸、腹へ各二筋通り、これより又上下左右に分れる。〈金瘡*の一〉〔改補外科調宝記〕に「髄筋の疵」には四種ある。①髄筋の突き疵。②半分切った疵。③皆切った疵。④竪に割った疵。それぞれ症状は異なるが、どれも痛み 深く頭の髄に通り 気を失い死ぬこともある大事の疵である。○突き疵の養生には、痛みを和らげ膿を吸う薬を遣う。髄筋の底まで届く薬として、てれめんていな・松脂・土龍の油（各八匁）は、童女等弱い者によい。○強い者ならば、蠟（六匁）・ちやん（八匁）を柔らかに練って貼《つけ》る。○突疵が深く強いものには蜜の澱《おり》ばかり、又は蚓《みみず》の油・てれめんていな（少）を合せて貼る。○小麦粉（八匁）、てれめんていな・麻仁油（各一両六匁）、鶏のあぶら・大麦の粉（各四匁）を煎じ、饂飩粉を少し入れて煎じ、後に玉子の黄身一ツを加えて貼る。○薬で痛みが止まず膿も出ない時は、平針で口を髄筋が竪に見える程開くとよい。外にも症状により治方がある。

水溝【すいこう】〈経絡要穴 頭面部〉一穴。水溝は一名を人中《にんじゅう》という。鼻柱の下、俗にいう鼻の溝の中にある。灸三壮。針三四分、留むること五六呼。気を得て瀉す。消渇、水腫、癲癇、狂乱、中風、中悪、黄疸を治す。〔鍼灸重宝記綱目〕

吹喉散【すいこうさん】〔改補外科調宝記〕に吹喉《すいこう》散は、咽喉の腫れ痛み、喉

痺によい。蟾礬・白礬・小豆・芒硝・龍脳・辰砂を粉にして管で咽へ吹き入れる。

水瀉【すいしゃ】〔小児療治調法記〕に小児の水瀉《すいしゃ》《みずくだり》は、五倍子*で治す。五倍子を末（粉）し、古い酢で調え、熬（乾し煎る）して膏とし、臍の上に貼《つ》けると止む。一方に、益元散*に白朮の末（粉）一両を加えて毎服一二匁を米湯で用いると、小児の水瀉に特効がある。

水腫【すいしゅ】〔医道重宝記〕に水腫は、腎を水とし脾土《ひど》を堤とするので、脾腎が虚する時に発《おこ》る。総身 顔 目 手足が皆浮いて腫れるのを水腫とし、腹ばかりが大きく鼓のようで、顔目手足が腫れないのは脹満*、蠱脹《こちょう》ともいう。脈の洪大なのはよく、微細なのは悪い。薬に分消湯*補中治湿湯*がある。〔鍼灸重宝記綱目〕に「水腫／はれやまひ」は、水腫の本は腎、末は肺にあり、皆水の積りで、水病は下腫れ腹大きく、上は喘急をなし臥せられない。先に腹が腫れて後に手足が腫れるのは治るが、逆の発症は治らない。肉が堅く掌《てのひら》の平らなのも治らない。灸は膈兪 肝兪 胆兪 通谷 石関 天枢 水分等十点、針は胃倉 合谷 石門 水溝 三里等八点があり、さらに諸症により針灸点がある。

〈治方〉〔薬家秘伝妙方調法記〕には桑白皮 木通を、〔新撰咒咀調法記大全〕には蓖麻子を搗いて臍につける。また、鯉の百五十目以上の大きさのを切り、冬瓜 葱と同じく煮て食うとよい。〔秘方重宝記〕に「水気を下し留飲を治す方」に、茯苓・白朮・桂枝・麦門冬・川芎（各等分）、大黄（小）、甘草・粳米・石膏（各加減）がある。〔新選広益妙薬重宝記〕に「水気の妙薬」は、茅根と山扁豆に水二合を入れて煎じ、度々服すると小便が通じてよくなる。また、接骨木を煎じて用いる。〔懐中重宝記・慶応四〕に、熱が強く渇き 湯水を好み 胸先へ痞え息だわしく出るのに用いる薬は、防巳・蒼朮・茯苓（八分）、桂子（五分）・竹節（一匁）、石膏（一匁五分）に水一合を入れて八勺に煎じ、一日に三服ずつ用いる。

〈水腫禁好物〉〔世界万宝調法記〕に「宜い物」は小麦 商陸《やまごぼう》 黒豆 葛 独活 大根 蒲公英 繁縷 粟 昆布 鱸 鯉 鱧 狗。「禁物」は塩 麺類 罌粟 蕨 紫菜 菌《くさびら》 蝦。「水気」ともいう。「脹満《ちょうまん》」参照

水精【すいしょう】〔万物絵本大全調法記・上〕に「水精 すいしやう／みづとるたま。水晶 すいしやう。水玉 すいぎよく。並ニ同。又びいどろ」。

水晶羹【すいしょうかん】菓子名。玉水羹*と同じ。蒸し箱へ紙を敷き蒸し上げる。二盃水でよい。吉野葛一盃を水一盃半で煎じ、氷砂糖三分、粉三分を練り、五分宛追々入れ交ぜ合せ、水嚢で濾し、蒸籠に紙を敷いて蒸し立て、露を取って置く。〔菓子調法集〕

水晶餅【すいしょうもち】菓子名。上葛一盃に砂糖八合を用いる。砂糖八合の上へ水一盃を入れ、葛の中へ打ち込む。また、砂糖を入れた器物に水一盃を入れ、また打ち込み、水嚢で濾し、これを三ツに分け、内一ツを葛餅に練り上げ 擂鉢で擂り、二ツ分の葛水を少しずつ入れて擂り上げ、箱に紙を敷いて蒸す。砂糖幷水を少しずつ増してもよい。〔菓子調法集〕

随心院【ずいしんいん】〔男重宝記・一〕に随心院は、小野にある摂家門跡。知行、六百十二石余。真言宗で東寺の門跡。

彗星【すいせい】〔万物絵本大全調法記・上〕に「彗 せい／ずい／はゞきぼし。彗星 すいせい 也」。孛星《はいせい》*と合せ彗孛《すいはい》*と称し、偶々天に現れるのを乱や火災の兆しとした。「星を見て吉凶を知る事 〇彗星」「天火／天光」「綿星《わたぼし》」参照

水疝【すいせん】〔改補外科調宝記〕に水疝は囊癰*からなる。皮の色光り、熱なく赤くなく腫れ痛み、時により陰囊の内に水が集るのは針で水気を去る。薬は十全《じつぜん》大補湯*に山薬・山茱萸・牡丹皮・沢瀉を加える。付け薬は太乙膏*鶏連膏*等がよい。

水泉【すいせん】〈経絡要穴 腿脚部〉二穴。水泉は大谿の下一寸ばかり内踝の後ろの下にある。針 四分。灸 五壮。目遠く見えず、小便渋り、婦人

の月水通ぜず、通ずる時は鳩尾《みぞおち》の悶え痛むのを治す。〔鍼灸重宝記綱目〕

水瞻【すいせん】〔料理調法集・麵類之部〕に水瞻は、葛粉を水で溶き、一滴爪の上に乗る加減にして、鍋に薄味よく入れ、煮え湯の上に置き、色の替った時鍋とも湯の中に入れよく煮て上げ、水に入れ移し冷まして切り、水を溜め出す。汁は煮抜き、薬味は葛索麵*に同じ。猪口に砂糖を入れて出す。水繊とも書く。

水仙花の事【すいせんかのこと】〈異名〉〔書札調法記・六〕に水仙の異名に、金盞《きんさん》 銀台 単葉《たんよう》がある。〈草花作り様〉〔昼夜重宝記・安永七〕に水仙花の花は白、中黄である。土は真土、肥しは真土に藁灰を交ぜて根に置く。下肥（人の糞尿）馬糞を交ぜてもよく、寝させて用いる。分植は六月土用中がよい。〈口伝〉〔調法記四十七ゟ五十七迄〕に「赤い水仙の花咲す口伝」は、水仙の根の玉を二ツに割り、中に朱を膠で練り入れて元のように合せて植えて置くと翌年から赤い花が咲く。〈立花〉「水仙の一色のこと」がある。心は葉を高く上げ 花を副《そえ》*、また花を高く使うこともある。副《そえ》* 受《うけ》* 流枝《ながし》* 控枝《ひかえ》*とも皆葉を使う。花を本に隠し、脇へ長く出して挿さない。花数や葉数に時期や作法により習いがある。胴に射干《やかん》*の葉を用いることもある。一色ではなく、常の花に使うのに口伝があり、前置には寒菊 金仙花 欵冬苔《ふきのとう》から用いる。

水仙散【すいせんさん】〔骨継療治重宝記・下〕に水仙散は、打撲や墜損で悪血が胸を責め 悶乱し 疼痛するのを治す。未だ伸びない荷葉を陰干しにして一味を末（粉）にし、食前に童子の熱小便を一小盞で調え三銭下す。悪物を利下するのを度とする。

水泉疔【すいせんちょう】 十三疔*の一。〔改補外科調宝記〕に水泉疔は、大きさは銭《ぜに》のようで、中に銭穴がある。頭は白く、内は黒い。

水仙ながし【すいせんながし】 菓子名。水仙ながし、みな羊羹、山の芋、菊様に切り入る。〔男重宝記・四〕

翠黛【すいたい】 みどりの黛。〔麗玉百人一首吾妻錦〕に次がある。唐土では秦の始皇の時、宮中の官女が眉を描いたという。神功皇后が三韓を従えた時、新羅国を褒め、眉は柳のように細々とし、遠山に霞の掛った様とある。あまり化粧の華々しいのは遊女や浮かれ女のようで卑しく、当世風でなく、土佐絵を見る様ですげない。仰山に作ったのも心まで知られて浅ましく、人の様を見て我が鏡にせよと言う。心も姿も向上にありたいものである。

吸い出し薬【すいだしぐすり】〔調宝記・文政八写〕に吸い出し薬は、青木葉の葉を火に掛けて、裏のあま皮を吸い出し、薬に用いる。

水中御菓子【すいちゅうおかし】「水中御菓子」の白玉餅、浮ふしんこ、葛巻、源平水玉餅などは、小日向水道丁反切橋 津の国屋四郎兵衛にある。〔江戸町中喰物重法記〕

水中で息を継ぐ【すいちゅうでいきをつぐ】 手品。〔清書重宝記〕に水の中で息を継ぐには、細い竹の節を抜いて口に銜え、上へ出して息を吹く。

水中より火を出す【すいちゅうよりひをだす】 手品。〔清書重宝記〕に水中より火を出すには、丼に水を注ぎ、その縁の方に臘で線香をつけ、紙の端に硫黄をつけ、線香に火をつけて移す。

吸螺田螺【すいつぶたにし】〔料理調法集・口伝之部〕に「すいつぶ田にし」とは、田螺の底を切り、湯煮したものである。

水痘【すいとう】〔小児療治調法記〕に水痘は、正痘に似て二三日で身熱が出、初め出る時は赤小豆大で、皮薄く結痂し中心円暈は更に少ない。害はなく、外症は両眼《めのひかり》 水のようである。小麦湯*を用いる。

水道【すいどう】 鷹の名所*。〔武家重宝記・五〕に水道は、鷹の胸間《むなあい》をいう。

水毒【すいどく】〔胡椒一味重宝記〕に、暑月に水をよく飲む者は、水中に胡椒の粉を入れて飲むと、水毒を去る。

水団【すいとん】〔料理調法集・麵類之部〕に水団は、葛粉を薄く練った葛

でよく捏ねて打ち伸べ、巾三分 長さ三寸ばかりに切り、味噌に出汁を加え煮上げ、置くのには青味を入れるとよい。但し、湯煮して汁に入れる。膳の向う、花鰹、また香の物もつける。

水難の呪い【すいなんのまじない】〔永代調法記宝庫・三〕に水を飲んで死んだのには、皂角《さいかし》（[皂莢]*）を粉にして綿で包み、肛門に入れるとよい。又よい酢を半盞程鼻に入れると甦生《よみがえ》る。〈呪い〉〔万まじない調宝記〕には、水に向い指先で「土」の字を書くと、海川の水難がない。

すいば【すいば】 将軍家女房詞。〔女用智恵鑑宝織〕に「杉原《すぎはら》をば、すいは（ば）」という。『伊京集』に「杉原《すいばら》、本朝播州杉原村より始て之を出す。故に名づけて（杉原）と曰ふ」。「杉原紙《すぎはらがみ》」参照

彗孛【すいはい】〔日用重宝記・二〕に彗孛《すいはい》は彗星*と孛星*で、彗は長く、孛は丸く囲んで見える。古くは「けいぼつ」と読んだが、後には「すいはい」と読む。地の火気 土気をさし挟み、天に突き昇る形をなすが、百日を過ぎず消滅する。天に現れるのを乱や火災の前兆とした。明和六年（一七六九）に現れて九年には大火が、九十年には旱魃があった。滅多に現れない。

水飛餅【すいひもち】〔昼夜調法記・正徳四〕に水飛餅は、上白の糯米を水にほとばか（潤）し 擂鉢で擂り 木綿袋に入れ 水の中で揉み出し、上澄の水を捨て日に干し、寒晒の粉のように拵える。寒晒の粉でも水飛に拵えるが、色は少し悪い。

水瓶【すいひん】 唐人世話詞。「水滴《みづいれ》を、水瓶《すいひん》」という。〔男重宝記・五〕

水分【すいぶん】〈経絡要穴 心腹部〉〔鍼灸重宝記綱目〕に一穴、水分《すいぶん》は下脘*の下一寸、臍の上一寸にある。穴は小腸の下口に当り、ここで清濁別れ、水液は膀胱に、渣滓は大腸に入るので水分という。針五分、留むること三呼。水腫に針をすると水つき即死する。水病には灸四十九壮より四百壮に至るのがよい。水腫、脹満、小便通ぜず転筋、不食、腰骨強ばり、腸鳴り等を治す。〈灸穴要歌〉〔永代調法記宝庫・三〕に「水腫にて臍の回りも腫れ痛み 胸せき腹も鳴るは水分」。七壮より多くしない。

吸物【すいもの】〔懐中料理重宝記〕に吸物は酒の肴にあてるもので、汁《しる》*菜《さい》*とは区別する。献立には上品な物を選び、味噌、澄し、うしお（塩）の味つけがあり、淡泊なのをよしとする。吸物献立は諸書にあり、魚・貝・鳥・豆腐・蒲鉾・葛・山菜等を用いており、〔永代調法記宝庫・七〕の「吸物 魚類精進」四十五献立から数例を示すと、「梅干 海苔 岩茸」「白魚何でも一種」「蜆 黒豆」「鯔薄身 根深五分に切り」「小鯛 焼いてそのまま 山椒」「鮞《はららご》 菜」「塩鳥 芋茎 山椒」がある。〔嫁娶調宝記・五〕には滋味噌の吸物（子籠の鮒 たちあらめ つぶ 山椒）、薄味噌の吸物（小海老 初茸の塩漬 柚の皮）、薄醤油の吸物（白水母 独活芽 嫁菜）、持塩の汁 殻の内に酢味噌吸物（蛤 殻を擦り入る）がある。

〈吸物食い様〉〔女用智恵鑑宝織〕に、初献には汁を吸い 後に身を食い、二献目は身を食い 後に汁を吸う。三献目は初献に同じ。小漬《こづけ》（湯漬飯）といい吸物を出して後に飯を出すことがある、その時は食う。〔永代調法記宝庫・一〕に吸物を吸うことは、箸を取り直し 箸を持ちながら椀を右に取り上げ 左に移し、まず躬《み》を喰い、次に汁を吸う。汁を先に吸うてはならない。〈吸物幷脇の物〉〔諸礼調法記大全・天〕に吸物はいつも二の汁と引き代える。脇を取る事は初献の吸物が出たらその侭脇を取る。〔茶屋諸分調方記〕には吸物椀の絵がある。

水曜星【すいようしょう】 七曜星*の一。〔重宝記永代鏡〕に水曜は水に属す、半吉、辰星《しんせい》と名づく。この日は、入学 出行 移徙 火防《ひぶせ》 家固《やがた》め 屋敷祭り仏事等によい。この星は、冬七十二日を主《つかさど》る。昼見えると水の災が多い。この星に生まれる人は智恵があっても病が多い。また財物に尽き妨げがあるが、財宝には縁がある。〈九曜星*の一〉〔（昼夜／懐要）両面重宝記・寛延六〕に、祭り日二十一日。水曜星に当る年は淫欲に口舌が

ある。また海川を慎むのがよい。水損する年である。春秋は大事である。〔懐中重宝記・弘化五〕には月の二十一日戌の時（二十時）中の方（西々南）に祭る。この星に当る人は信心あれば家内外に財宝を求め、悦びがあり商いの道もよい。但し、海川に用心し、二三月の水難は子供に気遣いがいる。四五月には口舌が、六七月には水難がある。女の世話をしない。午（南）の方が塞りである。

酢煎【すいり】〔料理調法集・煎物之部〕に酢煎は、鰺や鯖の類を卸して薄塩を振り懸けて置き、出汁塩懸けを少し落して、魚の塩を洗い入れ、煮立て、出す時酢を差す。

酢煎汁【すいりじる】〔料理調法集・汁之部〕に酢煎汁は、味噌を濃くして根芋を茎ともに入れ、よく煮える時、鮒の鮨の頭を切り入れる。

水練の法【すいれんのほう】〔万法重宝秘伝集〕に水練は、話ばかりでは用に立たず、度々川へ入り手を使い覚える事が肝心である。川へ落ちたら狼狽えずに随分水を掻き、口へ水を入れないようにし、入った水は口へ溜め、息の出入りを止め、水を掻いて顔を水の上に出し、水を吐き捨てるとその後は水を飲むことはない。

瑞典【すうぇーでん】〔童蒙単語字尽重宝記〕に瑞典《すうぇーでん》は王国。瑞丁とも書く。広さ十七万一百坪、民は三百八十五万七千人。士篤恒《すとっくほるむ》民は十三万三千三百六十一人、（品川海より）五千四百十一里。

枢機がある【すうきがある】片言。〔不断重宝記大全〕に「物のゆかりがましき」を「すうきがある」というのは大坂辺の詞で、枢機の字かという。〔男重宝記・五〕に「筋目《すじめ》」ということを、京大坂辺の詞に「枢機《すうき》」という。

珠数【すうそお】唐人世話詞。「ずゞ（珠数）を、珠数《すうそを》」という。〔男重宝記・五〕

蘇丹【すーだん】〔童蒙単語字尽重宝記〕に蘇丹《すーだん》は小王酋長。広さ百九十万坪、民一千四百万人。

数量門【すうりょうもん】「助数詞」参照

端士【すうゐつるらんど】〔童蒙単語字尽重宝記〕に端士《すうゐつるらんど》は端西《ずうゑいす》とも云う。連邦。広さ一万六千坪、民は二百五十万五百人。

末摘花【すえつむはな】大和詞。「するつむ花、くれなゐ（紅の花）の事」である。〔不断重宝記大全〕

末の松山【すえのまつやま】大和詞。「するの松山とは、涙の色薄き」をいう。又「するの松山波越すとは、契りの変る事」をいう。〔不断重宝記大全〕

末広酒【すえひろざけ】①「末広酒」は、浅草並木町大和屋いづみにある。②「◈末広酒」は芝口一丁河岸菊屋長左衛門にある。〔喰物重法記〕

据風呂徳用の事【すえぶろとくようのこと】〔日用調法人家必用〕に「居風呂徳用向心得」がある。○大坂風呂（或は、五右衛門風呂と云）が徳用第一であるが、手入れが要る。○鉄砲風呂が次に徳用であるが、鉄造りのため水から沸かし立てる迄は薪を入れて焼《た》くので沸きが早く、湯となってからは銅鉄《あかがね》砲のように炭火にして冷めないようにして置く。○並《なみ》の二口の焼《たき》風呂にすれば、上口の上に二重棚のように水の通いをつけた造りの釜が近年あり、至って早く沸き徳用である。火勢を強く早く沸かす時は、古い提灯を釜口に押し当てて煽ると忽ちよく燃える。

饐える事【すえること】〔年中重宝記・二〕に、暑気が甚だしく飯等饐《す》える（腐って酸っぱくなること）には、莧《ひゆ》の葉を飯の上に覆うと一宿を過ぎても饐えない。魚肉は饂飩粉を捏ねて、その中に包み油の中に入れて置くと久しく損じない。

周防【すおう】防州。〔重宝記永代鏡〕には大島 玖珂 都濃 佐波 吉敷 熊毛の六郡をあげ、城下は岩国 徳山で、一ノ宮は玉祖である。〔万民調宝記〕に居城知行高は、徳山・毛利日向五万石。〔大増補万代重宝記〕には上管、四方二十里。田数七千六百七十町、知行高十六万四千四百二十石とある。〔重宝記・幕末頃写〕には東西三日。草は密し、鱗甲の類多く、他国に土産にする。鯖は有名である。中上国である。今の山口県の東部

に当る。〈名物〉〔万買物調方記〕に山城半紙（本座）、杉原、鳥の子、蒟蒻玉、漆、鹿の皮、鮎、山口の結い鹿野の子、紫染め、小荷駄の荷鞍（諸大名乗替に求める）、香積寺の三重韻、湯田の二月竹の子など。

蘇芳の木から紅を出し色よく染むる法【すおうのきからべにをだしいろよくそむるほう】 蘇芳の木から即座に紅を出し何でも色よく染むる法は、蘇芳の木を削り水に入れその中へ石灰と干し紅を少し合せ掻き回すと、何でも本紅に勝る色に染まる。しかし、褪めるのも早い。〔万用重宝記〕

素袍の積り【すおうのつもり】 素襖とも書く。直垂《ひたたれ》（＝平安時代は上中流の常服であったが委細不明。鎌倉時代後は角襟・垂頸・胸紐二本、袖下に露という紐が垂れている）から変化し室町時代から用いた。江戸時代は下級武士の常服や礼服となった。麻布で作り家紋を付け、長袴をつけ、腰紐を使った。略式は半袴を用いた。〔麗玉百人一首吾妻錦〕に「素袍の積り」は、上三丈三尺、下二丈四尺。外に四尺五寸紐。二尺七寸五分ずつ六幅《の》。下四尺ずつ六幅。襟は上より出る。合せて五丈七尺。

絓糸練り様【すがいとねりよう】 絓糸《すがいと》練り様は、「絹の練り様」ニ同ジ。〔女用知恵鑑宝織〕に絓糸は、生糸一本を撚《より》を掛けず、そのまま用いる場合に絓（菅）糸という。

酢蠣【すかき】 〔料理調法集・貝類之部〕に酢蠣は、蠣をさっと湯煮して直ぐに酢へとり、塩を少し加えて、出す時溜り酢は別に拵えて懸けるとよい。酢蠣には中小蠣がよい。

透し百合【すかしゆり】 草花作り様。〔昼夜重宝記・安永七〕に透《すか》し百合の花は紅色である。土は白・赤土に白砂と等分にする。肥しは、茶殻の粉を夏中根に置く。分植は春秋共によい。「透し百合品々」に次の種類があり、土・肥しは腐植土と赤土を三升、砂を四升、よく合せて植える。花の後に茶殻粉を寝廻りに置くのもよい。湿気地を嫌い乾燥地がよい。分植は二月、八月。○たもと百合（種は稀で、薩摩から出る故に薩摩百合ともいう）花は白色。○金沢百合 薄紅色。○朝日百合 薄紅色。○黄透し 黄色。○佐渡百合 黄赤色。○越後百合 黄赤色。○最上百合 黄赤色。○秋透し 黄赤色。○加賀透し 薄紅色。○黒百合 黒色。○唐子百合 赤色。○朝鮮百合 赤色。○かど川百合 白色。○高麗百合 鹿の子百合*に同じ。○都百合 黄赤色。

姿の虫【すがたのむし】 大和詞。「すがたのむし、狸の事」である。〔不断重宝記大全〕

菅原【すがはら】 奈良所名。菅家の先祖がここに住んでいて氏とした。天神の宮、菅原寺があり喜光寺といい、本尊は阿弥陀如来である。伏見の里もこの辺にあり、菅原とともに名所である。蓬萊村の田中には大きな塚があり、上の小さい祠は新田部《にいたべ》親王の塚である。この東に蓬萊の丸山といい老松の茂った小山があり、廻りに大きな池がある。これは垂仁天皇の御陵であろうという。招提寺へ一丁である。〔東街道中重宝記・七ざい所巡道しるべ〕

菅原道真【すがはらのみちざね】 〔日用重宝記・三〕に菅原是善卿（儒家）の男道真は、仁明帝の承和十二年（八四五）二月に誕生し、人となり聡明、才智は和漢に優れる。延喜帝に仕え、右大臣に任ぜられ、讒言により昌泰四年（九〇一）正月二十日筑紫大宰府に左遷され、延喜三年（九〇三）二月二十五日に配所で五十九歳で没した。正暦四年（九九三）五月に正一位大政大臣 贈官。天慶三年（九四〇）七月に神託があり、今の北野に遷宮。筆道ごとは三筆*三蹟*には入らないが、何人が始めた事か、当世は手習子は尊像を掛けて毎月二十五日に祭りをする。歌道 連俳に尊信するのは理由があるが、筆道の守護神とするのは受け入れられない。

数奇【すき】 俳言の仙傍（訕謗）。「家ヲ すき」。〔新成復古日夜重宝俳席両面鑑〕「北野天満宮の事」モ見ル

杉 榁類植替え【すぎ むろるいうえかえ】 〔庭木重宝記〕に杉 榁 白槇 伊吹などの

類の植替えは、二月から四月迄、また八月から九月迄にするとよい。挿し芽は二月より四月迄がよい。

梳油【すきあぶら】〔里俗節用重宝記・上〕に梳油は、髪を梳くのに用いる油。胡麻油（一合）、生蠟（六匁）［四月より八月迄は二匁増し］を、柔かに炭で煮る。炭団ならなおよい。生蠟の匂は水でよく煮ると取れる。

好き嫌いを直す【すききらいをなおす】〔秘密妙知伝重宝記〕に物の好き嫌いを直すには、仏の送り団子（七月十五に搗く）を食わせると直る。

杉算【すぎざん】「すぎなりざん（杉形算）」「ひょうすぎざん（俵杉算）」ヲ見ル

鋤初【すきぞめ】暦下段。〔年中重宝記・一〕に鋤初は、農家耕作の始めで、正月二日である。「ひめはじめ（飛馬始）」参照

杉形算【すぎなりざん】〔万家日用調法記〕に杉形算《すぎなりざん》は、俵物の類を積む時、一番下の数で総数を求める問題。例えば、下の数八俵、上の留りを一俵の総俵数を問う。答え、三十六俵。右に八俵と置き、また左に八俵と置き、これに一を加えて九俵となり、これを掛けると七十二俵となり、二で割ると三十六俵となる。何程でも一俵増しに掛け合せ、二で割ると総数を知る。

旋索【すきなわ】馬具。〔武家重宝記・五〕に旋索《すきなわ》は、靶《はなかい》*の両脇から頤《おとがい》の下にわたる索《なわ》をいい、鉄の環《かん》につける。

すぎのもと【すぎのもと】大和詞。「すぎのもととは、来ても見よかしと云」意である。〔不断重宝記大全〕

杉原紙【すぎはらがみ】元来は、平安時代に近衛家の荘園であった播磨国杉原荘から楮《こうぞ》を原料に作られた紙とされるが、〔大増補万代重宝記〕には同所で鎌倉時代に作り出されたと言い、後には諸国で作られ、薄く柔かい紙で手紙を書くのに用いるようになったとある。〔紙漉重宝記〕には杉原紙の大きさは、縦一尺一寸 横一尺五寸とある。「椙原紙」とも書き、米糊を入れて漉いたので「糊入《のりいれ》」とも言われ、「すいば」*とも言う。「奉書紙」*より劣弱とも言う。「紙漉の事」参照

杉焼【すぎやき】〔料理調法集・焼物之部〕に杉焼は、杉で箱を作り、薄練り味噌を入れ、調えて置いた貝を入れ、蓋をして金銅《かなどう》の上で炙り焼く。

銑【ずく】銑《ずく》は、銑鉄（不純物の多い高炭素の鉄）の俗称。一寸四方六方の重みを、〔古今増補算法重宝記改成・上〕は「銑《ぐず》（なべがね［鍋鉄］トアル）」五十匁。〔算学調法塵劫記〕は「生鉄《ずく》」四十九匁とある。

宿世【すぐせ】大和詞。〔不断重宝記大全〕には「すぐせとは、よよ（世世）の契り」。〔女筆調法記・三〕には「夫婦の契り」とある。

巣口【すくち】〔武家重宝記・四〕に巣口《すくち》は、鉄砲*で玉の抜け出る所である。巣口で筋のあるのを柑子《こうじ》口といい、これは丸筒に多い。「透口」「直口」とも書く。

少彦名命【すくなひこなのみこと】〔農家調宝記・初編〕に少彦名命《すくなひこなのみこと》は、神代に大己貴命《おおあなむちのみこと》*とともに国作りの功が大きい神とし、穀神とする。農家に最も崇敬すべき神である。京の五条天神*、紀州の淡島《あわじしま》、和州の金峯山、甲州・武州の御嶽の神社等は少彦名を祀る。

すくも焼く【すくもやく】「すくも焼」とは、難波の浦に蘆の根を掘って焼くことである。〔消息調宝記・四〕

すけ【すけ】四分《しぶん》*の一。〔男重宝記・一〕に「スケは次官とて、カミの役に代わる」。八省は「（大小）輔」、諸寮は「助」、諸職は「亮」。衛府は「佐」、諸国は「介」と、それぞれ「スケ」の文字遣が異なる。諸司には、スケはない。

すけゑむ【すけえむ】〈何が不足で癇癪の枕言葉〉「よき事、すけゑむ」。〔小野篡譃字尽〕

すけしろ【すけしろ】〈何が不足で癇癪の枕言葉〉「わるき事、すけしろ」。〔小野篡譃字尽〕

助惣麩の焼【すけそうふのやき】「助惣麩《すけそうふ》の焼《やき》」は、糀町三丁目 橘屋佐兵衛に

ある。〔江戸町中喰物重法記〕

すげみたるに【すげみたるに】 大和詞。〔不断重宝記大全〕に「すげみたるに、老人の口もと」とある。〔消息調宝記・二〕には「すげみたるくちとは、らうじんのくちもと也」とある。

すける【すける】 片言。〔不断重宝記大全〕に「物をすへる」は「置すゆる」である。〔男重宝記・五〕に膳を据えるということを中国では「すける」という

ずこう【ずこう】 〔薬種日用重宝記授〕に「ずかう（頭香カ）」は、白檀（五匁八分）、丁子（四分）、三奈（二分）、龍脳（五厘）。細末（粉）にする。

すごく【すごく】 俳言の仙傍（訕謗）。「わるいヲ すごく」という。〔新成復古日夜重宝俳席両面鑑〕

すこよか【すこよか】 「すこよかは、すこやか也」。〔消息調宝記・二〕

双六と饂飩【すごろくとうどん】 ある人の見立てに、双六と饂飩とは女めいたものという。〔人倫重宝記・三〕

双六の事【すごろくのこと】 〈始り〉〔人倫重宝記・三〕に双六は、シナの曹子建が作り始めて唐の世に盛行し、玄宗と楊貴妃が双六を打ち、玄宗が重《じゅう》四《し》*を乞うと采が盤上に出たので喜び、重四に緋位を授けて采の目に朱を入れたことから重四を朱四《しゅじ》と唱えてきていると『紀聞譚』にある。日本への伝来は不明であるが『源氏物語・若菜下』に双六を打つ度に采の目を乞うことがあり、今も双六に打ち込むと覚えず徒言《あだごと》を言う等とある。〈双六盤〉〔万物絵本大全調法記・上〕に「六采《りくさい》、双六也。すぐろく。骰《とう》采《さい》也。筒《どう》骰子《とうし》投子。並、同」とある（図269）。〔男重宝記・三〕に双六は阿育王が作り始めたと『兼名苑』にあるとし、局《ばん》の法は四季を表して昔は厚さ四寸に八方を表して広さ八寸に作り、十二月に当て、長さ一尺二寸に立《たて》に十二の目を盛る。天地人の三才に象り、横に三段を分け、陰陽の二義に擬えて内外の二陣をなし、一月に象って黒白三十の石、日月に擬えて二ツの賽がある。（勝負は黒白に分れ十五石ずつを自陣に並べ、筒に入れた二ツの賽を振り出し、目の数に従って石を進め、敵陣に入れ終った方を勝とする。但し、石数や遊び方は色々ある）玄宗皇帝が重三重四を五位の蔵人にして目に朱を差してより朱三朱四と唱える。日本では専ら女の玩びとする。〈双六遊び〉〔男重宝記・三〕に、○「双六の種類」毘沙門双六。七《なな》双六。一二五六双六。双六石抓《いしはじき》。柳下端《やなぎおりは》。無木賽《むきさい》等がある。○「手慰み」には、十六目石《むさし》。十不足《とうにたらず》。百五減《ひゃくごげん》。郎等打《ろうどううち》。盗人隠《ぬすびとかくし》。有哉立《ありやたて》。島《しま》立《たて》。左々立《ささたて》。下半打《しもはんたち》。投壺《とおなげ》。虎子渡《とらのこわたし》。三十二十之継子立《ままこだて》がある。〈双六の詞字〉〔男重宝記・三〕○「双六に遣う字」朱三《しゅざん》。朱四《しゅじ》。重一《でっち》。重二《じゅうに》。重五《でつく》。重六《じょうろく》。五四《ぐし》。芇《おめ》。重目《ちょうめ》。淀《よどむ》。殿（後《おくれ》）。蒸《むし》。欠《かく》。下端《おりは》。筒《どう》。簺《さい》。局《ばん》。○「双六から出た詞」「小者を二才といふより重一《でっち》*といふ名出《いで》たり」「簺《さい》の目に切《きる》*」「筒《どう》が弱ひ」*「重五《でつくり》とした」*「重六《ちやうろく》かく」*がある。〈双六の詩〉〔男重宝記・三〕に次の「双六の詩」がある。○助言面《じょごんつら》を撐《は》って怒堪《いかりた》え難し。殿《おくれ》を打って方–々石乱れ参《まじ》る。簺《さい》は筒《どう》–中《ちゅう》に在って砕《くだけ》んと思ふや否や。彼は朱四《しゅじ》と呼び我は朱–三。

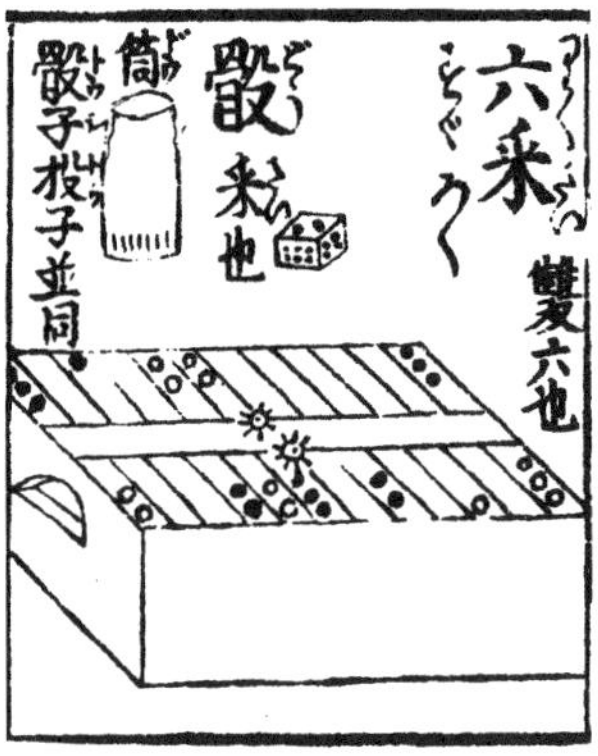

図269 「双六」
（万物絵本大全調法記）

すさび【すさび】 大和詞。「すさびとは、手すさび」である。〔不断重宝記大全〕

すさめぬ【すさめぬ】 「すさめぬは、いつくしまぬ也」。〔消息調宝記・二〕

筋【すじ】 甲冑名所*。〔武家重宝記・三〕に筋は繁いのをよしとする。大形は六十二間といい、また別に垂れた筋を篠垂《しのたれ》という。銀で二方 四方 八方へ作っていて二方白《にほうしろ》 四方白 八方白などいう。或は、金の筋冑を八方白とする。銀の筋冑を四方白という伝もある。今、しなだれというのは誤りである。

辻子【ずし】 道路と道路とを繋ぐ小道。〔女用智恵鑑宝織〕に「京にて辻子《づし》と云、大坂にて小路《しょうじ》と云」。『物類称呼・一』に「辻子《づし》 京にていふ。江戸大坂ともに、ろぢといふ」。「しょうじ（小路）」参照

斜差の穴【すじかいのけつ】〔鍼灸日用重宝記・五〕に斜差《すじかい》の穴は、背の太陽経の二行の通り 第九椎の下（肝兪）左右各二寸、十一推の下（脾兪）左右各二寸に点をし、この左右の四穴を皆用いず、ただ一穴ずつ用いて筋交いに点をおろす。男子は九椎の左一穴と十一椎の右一穴の二穴を、女子は九椎の右一穴と十一椎の左一穴の二穴に灸する。小児は甘い物を好み 中焦 脾臓が破れ易いので、脾兪を用いる。また小児の諸症は多く胎毒で脾肺を傷《やぶ》るので、肝兪を用いる。四穴を用いず二穴を用いるのは、気力脆く灸火の熱いのに耐えられないからである。

筋鴨【すじがも】「ほむらき鴨」ヲ見ル

筋生姜【すじしょうが】 草花作り様。筋生姜《すじしょうが》の花は白色である。土は合せ土*を用いる。肥しは魚の洗い汁がよい。分植は秋にする。〔昼夜重宝記・安永七〕

鮨の事【すしのこと】〔料理調法集・鮨之部〕に美濃漬鮎* 江州鮒鮨* 仙台鮭鮨* 久しく置く鮭鮨* 当座鮨* 一夜鮨* 巻鮨* こけら鮨* 沖鮨* 饅頭鮨* 鮒早鮨* 白魚鮨* 鯛鮨* 鮭子籠鮨* 水本漬*がある。〈すし所〉〔江戸町中喰物重法記〕は「すし所」がある。①「◎御膳すし所」は、新よし原あげ屋丁 太田屋与兵衛。②「名代御鮓所」は、赤坂伝馬丁二丁目 吉野屋藤右衛門。

筋引き攣るには【すじひきつるには】 加減例*。〔医道重宝記〕に筋が引き攣《つ》るのが寒によれば木香と呉茱萸を用い、筋脈を緩《ゆすぶ》るのには 木瓜と薏苡仁を加える。

酢引く【すしひく】〔世話重宝記・五〕に酢引《すしひ》くというのは、昔嵯峨天皇の嵯峨行幸で、供御《ぐご》を参られた時、その役でもない人が差し出て、御膳の鮓を引いたことがあった。これより、物に差し出て恥辱を取ることを言う。

筋骨痛むに【すじほねいたむに】〔妙薬調方記〕に筋骨が痛む時は、藤の根を煎じ度々飲むと妙である。〔続咒咀調法記〕に筋骨が痛み、手足のだるいのには、松の節《ふし》を粉にして酒で毎日飲むとよい。〔大増補万代重宝記〕に筋骨 手 足の痛むのには、天南星と蒼朮を煎じて服すると妙である。辛子の実を擂って痛む所へ塗るのもよい。

鮓屋幷ニ飯鮓【すしやならびにいいすし】 江戸で「鮓や幷ニ飯すし」は、舟町横町 近江屋、同所 するがや がある。〔万買物調方記〕

図書寮【ずしょりょう】〔万民調宝記〕に図書寮は中務省*に属し、御経・仏像・万の図・紙・筆・墨等を司る。頭《かみ》一人で書物・筆・墨・紙等の奉行である。

塗顖の法【ずしんのほう】〔小児療治調法記〕に塗顖《ずしん》の法は、生後百日内外の児の発搐*を治す法である。麝香・蜈蚣・牛黄・青黛（各一字）、全蝎・薄荷葉（各半匁）を末（粉）し熟棗の肉で膏とし、新しい綿に塗り伸べ 顖《おどり》の上に貼り、四方を一指ばかり出し、火の上に指を炙り、頻りに熨す。

数珠【ずず】〔万物絵本大全調法記・上〕に「数珠 そうじゆ／ずゞ。念珠 ねんじゆ。同」。「ずゞたま（薏苡仁）」*とは別である。

煤納め【すすおさめ】〔料理調法集・年中嘉祝之飾〕に「すゝ納 十二月。すゝ納の祝 雑煮 三献」であるが、家々により家例がある。「煤取り」「煤掃き」「煤払い」等とも言い、十二月十三日に行うのが慣例である。

煤落し【すすおとし】〈煤落し〉〔重宝記・礒部家写本〕に煤落しは、山の炭（一升）、石炭（五合）、菖蒲（五勺）を水三升に入れ、一升に煎じ、絹 古

紙 掛字などは板に熨し刷毛で引く。その掛字の上に布を掛け、上から水を流すとよい。〈煤気を落とす伝〉〔諸民秘伝重宝記〕に塗物*又は紙類の煤気を落す伝は、糯藁の灰汁を湯に沸かし布切を浸して洗うとよく落ちる。水が乾いた時に油で拭うと光沢が出て新品のようになる。表具物紙地 絹地でも刷毛で灰汁をそろそろと掛けると煤気は残らず落ちる。

鈴鴨【すずがも】〔料理調法集・諸鳥人数分料〕に鈴鴨を料理に遣う時は、羽白霜降鴨*と同じくらいであるが、それよりは風味が少しよい。晴《はれ》には用いない。一名、鈴羽白ともいう。

鱸【すずき】〔万物絵本大全調法記・下〕に「鱸 ろ／すずき」。〈異名〉〔書札調法記・六〕に鱸の異名に、蓴鱸《せんろ》 四鰓魚《しさいぎょ》がある。〈魚名〉〔料理調法集・口伝之部〕に鱸の小さいのを はね、はぐろ、せいご、銀魚という。〈薬性〉〔医道重宝記〕に鱸は平で小毒があり、腸胃を和し、筋骨を養い、水気《すいき》を治し、多食すると病いを生ずる。〔永代調法記宝庫・四〕にも鱸は諸病に大した障りはない、過食すると腫物や瘡が出る。〈料理仕様〉〔諸人重宝記・四〕に鱸は、刺身 汁 焼く 鱠、その他に遣う。

煤け花【すすけばな】 大和詞。「すゝけ花とは、松の事」である。〔不断重宝記大全〕

生絹【すずし】〔万物絵本大全調法記・上〕に「綃 せう／すゝし。生絹 せいけん也。ねりきぬ」。「絹の事」「撰糸《せんじ》」参照

涼しき道【すずしきみち】 大和詞。「すゞしきみち、ごくらく（極楽）を云」。〔不断重宝記大全〕

煤竹色【すすたけいろ】 染色。〔家内重宝記・元禄二〕に煤竹は、下地を鼠に染めて上を桃皮の煎じ汁で染める。色を濃くしたい時は、下染を濃くして上染を何度もする。干す時に絞ると斑《むら》になる。〔万用重宝記〕に煤竹色は丹石《にいし》五両に豆の汁で溶き立て麩糊を少し加え、二遍染める。

錫の事【すずのこと】〈軽重数〉〔古今増補算法重宝記改成・上〕は「一寸四方六方の重み」を五十三匁、〔重宝記永代鏡〕は六十三匁とする。〈磨き方〉〔新撰咒咀調法記大全〕に、○「錫の道具磨き方」古く色の変わった器物は稲苗の陰干で磨くと器に斑なく新しい色が出る。○「錫の陶《とくり》の醫《えくぼ》を直す方」は、醫の入った徳利へ小豆を入れて水を入れて置くと小豆が膨れるのにつれて醫を押し出す。但し、分量を考えず余り小豆を多く入れると徳利を破る。〈酒入れ〉〔女重宝記・二〕に錫製の酒入れで酌は錫の底を両手で抱えて注ぐ。〈錫道具師〉〔万買物調方記〕に「京ニテ錫道具師」新町二条上ル 菊田美作、同町二三丁に多い、五条塩釜の丁麤屋茂右衛門。「江戸ニテ錫道具師」駿河町二丁目 錫や久左衛門、同所理右衛門、下谷池の端 清右衛門、西紺屋町 九左衛門。「大坂ニテ錫道具師」堺筋（氏名ナシ）。〈中次錫鉢〉〔江戸流行買物重宝記・肇輯〕に、数奇屋河岸に錫屋勇左衛門、同所 錫屋九左衛門ら四人がいる。

すずのみこ【すずのみこ】 大和詞。「すゞのみこ、猿の事」である。〔不断重宝記大全〕

鈴羽白【すずはじろ】「鈴鴨《すずかも》」ヲ見ル

鈴引き鳴らす時【すずひきならすとき】〔調宝記・文政八写〕に「鈴引き鳴らす時」に、「引ならす大山もとの五鈴川 八百万代の罪は残らじ」と念ずる。

進め【すすめ】 算盤の用字。〔算学調法塵劫記〕に「進《すゝめ》」は、上へ進みあげることをいう。二桁上げるを二位進めという類である。

雀小弓【すずめこゆみ】〔弓馬重宝記・下〕に雀小弓は、揚弓雀の小弓と類して、二物共に遊興の器物である。或る書に云うとして、雀小弓 楊弓*は公家の翫びで武家のものではない。延長五年（九二七）四月上旬、弾正親王 内裏清涼殿の東の廂で初めて小弓があった。また言う、田舎に雀を括って目標《めためし》に二尺七寸の弓で勝負をし、賭物《かけもの》の興をする。遊射なので貴賤に通じ、武射には用いない。〔紋絵重宝記・下〕には雀に小弓の意匠がある。

雀鴫【すずめしぎ】〔料理調法集・諸鳥人数分量〕に雀鴫は、一ツ焼鳥によい。脂が乗ったら煎り鳥にもよい。春に多い。

雀鮓【すずめずし】〔万買物調方記〕に、「大坂ニテすゞめずし、福しますしや」がある。雀鮓は、福島名物で、江鮒《えぶな》を背開きにして潮に浸して乾かし、飯を詰めて雀のように脹らませた鮓である。

雀の色時【すずめのいろどき】大和詞。「すずめの色時、くれかた（暮方）の時分」である。〔不断重宝記大全〕

雀の事【すずめのこと】〔万物絵本大全調法記・下〕に「雀 じやく／すゞめ」。〈異名〉〔書札調法記・六〕に雀の異名に、黄口《こうこう》 籬雀《りじやく》がある。〈薬性〉〔医道重宝記〕に雀は温で毒なく、気を増し、陽を壮《さかん》にし、腰 膝を暖め、小便を縮め、精を増し、虚を補う。女の崩漏《ながち》 帯下《こしけ》によい。多食すると気を動かす。〔永代調法記宝庫・四〕に雀は冬の三月は薬である（他の月に食うてはよくない）、腰 膝を温め、精を増す。雀は数多の能毒がある中に、子のない人が食すると孕む。〈料理仕様〉〔諸人重宝記・四〕に雀は汁、また焼いて遣う。この外の小鳥同前である。〈食合せ〉〔世界万宝調法記・下〕は、懐妊中雀を食い酒を飲むと、生れる子は淫乱になる。〔女重宝記・三〕は懐妊中に、雀と醬を食い合わすと生まれる子は痣《あざ》を生ずる。〔料理調法集・当流献方食物禁戒条々〕等は、雀に李・白朮の食い合せを忌む。女は大いに忌む。

雀焼【すずめやき】〔料理調法集・焼物之部〕に雀焼は、小鮒を開いて焼き、山椒醬油 又は山椒味噌等に漬ける。小鯔《こいな》、眼張《めばる》も遣う。小鳥焼ともいう。

硯の事【すずりのこと】〔万物絵本大全調法記・上〕に「硯 けんこう／すゞりきり」。〈異名〉〔書札調法記・六〕に硯の異名に、墨鶴 尾海《びかい》 墨洞《ぼくとう》 墨淵がある。〔茶屋諸分調方記〕に硯箱の絵があり、〔寺子調法記〕には筆二管《じく》・墨一挺・硯・水入・筆一管・小刀二本が、一式として出る。〈由来〉〔女寺子調法記〕に硯は、文殊菩薩の眼に象っており、仮にも硯の表に物を書いてはならない。墨の溜りを海（水を入れる所）というのも、菩薩の智恵の海に例えた（『僻案抄』）。「よき人にたゞすりいりて親しめよ悪しき友には黒く染まるな」。〈墨磨り様〉〔男重宝記・二〕に硯の柔かいのは墨は弱く磨り、堅いのは力を入れて磨る。〔寺子調法記〕は、○親・師匠の前、或は公の前では、すみ違えに磨る。○右文字（普通に書く文字）は朋友・同輩の中では磯（硯の水を入れぬ所）で磨る。○左文字（鏡に映った形の裏返しに見える文字）は流人 或は死人等の前で海で磨る。〈硯取扱〉〔重宝記・宝永元序刊〕に硯は毎日濯ぐ。殊に夏は墨は硯面に留り筆が泥む。〔庶民秘伝重宝記〕に、○硯墨が粘り文字が書き難い時は耳垢を少し入れて墨に磨り交ぜて書くとよい。濡れた木に書いても滲まぬ。○硯水 又は水油の類が極寒に氷らぬ伝は、器物の中へ胡椒粒を五六粒入れて置くとよい。〈硯の墨を落す伝〉〔新板秘伝日用重宝記〕に墨の付いた時は、白朮を煎じて濯ぐ。半夏を掛け含み水で洗うのもよい。〔万用重宝記〕に硯の墨が付いたのは糊か続飯（飯粒糊）で洗う。〈硯箱を召す〉〔女筆調法記・六〕に硯箱の召し様は、両手で持って出、御前で蓋を取り、水を少し入れて墨を薄く磨り、引き直して参らす。〔小笠原諸礼調法記・天〕に「硯に紙を添えて持って出る」には、紙の折目を我が左にして硯箱の上に置いて出、御前で下に置き、上の紙を取って我が右の方に置き、硯箱の蓋を取って左に仰向けて置き、硯箱を両手で押し直して退く。蓋の甲に蒔絵があれば俯伏せて置く（墨の付くを避ける）。取って帰る時は紙を箱の下にして持って帰る（一書には、持ち出す時もこの法がある）。〈硯名物持来〉〔万民調宝記〕に高麗 尾張殿、丸硯東山殿御物 松平加賀守、りとう 小堀和泉守がある。〈硯屋〉〔万買物調方記〕に「京ニテ硯屋」寺町錦上ル 中村石見、二条柳馬場西へ入る町、この外寺町二条より五条の間 町毎にある。「江戸ニテ硯屋」南伝馬一丁目 中村石見、日本橋南四丁目 豊前守信次、京橋南二

丁目 中村主馬、日本橋北二丁目 中村忠兵衛。「大坂ニテ硯屋」堺筋にある。「墨の事」参照

硯蓋【すずりぶた】 硯箱の蓋に模《かたど》って作った食器で、口取《くちとり》*や菓子等を盛り合せる。或は、その料理をいう。多く、祝儀の席などに用いる。〔万代重宝記・安政六頃刊〕に、「硯蓋 冬の部／同 精進の部」がある。○雪輪くずし 水引昆布 蕗の頭（砂糖煮） 慈姑 苧環蓮根。○壺焼栄螺 諸子鮠 竹の子 生椎茸 もやし 生姜。○柚饅頭 柚味噌 柚昆布。○寄せ胡麻 雪輪麩 木耳作り山桃 巻酢蕪。

すずろ【すずろ】 「すゞろとは、おもひ（思）もかけぬ也」。〔消息調宝記・二〕

頭瘡【ずそう】 〔改補外科調宝記〕に「かみがさ」ともいい、小児に多くくさの類とし、頭上に瘡ができたのには黄連（五匁）、蛇床子（二匁）、五倍子（一匁）、軽粉（五分）を粉にして胡麻油で練り、荊芥を葱の煎じ汁で洗ってから薬を付ける。湿り爛れたのには燕の巣の土と黄檗を粉にして付ける。長く癒えず膿があるのには 荊防敗毒散*を、潰えて後腫れ赤く膿の白いのには 六君子湯*に川芎・桔梗・当帰を加えて用いる。清震湯*もある。〔丸散重宝記〕には漆負（漆の事*）の方に同じとする。〔日用調法人家必用〕に「頭瘡で髪の凝った時」は、笹の葉を水に浸し櫛にその水をつけて解かす。

すそく【すそく】 〈何が不足で痼癪の枕言葉〉「足、すそく（素足）」。〔小野篡譃字尽〕

さそり【すそり】 〔女重宝記・五 弘化四〕に「さそりとは、蜂の事」。また「全蝎《ぜんかつ》」ヲ見ル

裔を洗る【すそをする】 馬形名所*。馬の足を洗うことを裔《すそ》をするという。四《す》足洗《そする》、と書くのがよい。〔武家重宝記・五〕

集く【すだく】 大和詞。〔不断重宝記大全〕に「すだく、あつまる（集）」をいう。〔消息調宝記・四〕には「すたく 鳰鳥潜《にほとりすた》くとも、集《すた》くとも書く」。

また、「すだく」は喘息*の別名である。

すだち玉子【すだちたまご】 〔料理調法集・鶏卵之部〕に「すだち玉子」は、玉子を割ったのを一合に、豆の粉を蜆貝に一杯程の分量で入れ、竹串五六本でよく掻き立て、泡立ったのを鉢に入れて蒸す。

頭陀坊主【ずだぼうず】 牛相。牛の角の間に乱れ毛の起っているのを、頭陀坊主と名づける。〔牛療治調法記〕

すだま【すだま】 「おに（鬼）」ヲ見ル

ずちょう【ずちょう】 片言。「ずちやうは、仕丁《してう》」である。〔不断重宝記大全〕

頭痛少陰【ずつうしょういん】 経験方。〔丸散重宝記〕にどこともなく脳の内が痛み耐え難いものに、細辛を用いると神効がある。

頭痛の事【ずつうのこと】 〈症状〉〔医道重宝記〕は風寒や暑湿に侵され、或は気血の虚弱により、気逆上して頭痛を起す。後には、常に起り頭風《ずふう》となる。○偏頭痛は、痛みが片辺《かたえ》にあるのをいう。○真頭痛《しんずつう》は、脳内が悉く痛み手足が冷え、節《ふし》に至るものをいい、薬効はなく必ず死ぬ。○浮脈*滑脈*はよく、短脈 濇脈*は治し難い。薬に夏白朮天麻湯* 川芎茶調散* 加味調中益気湯*等があり、症状によって加減をする。〔鍼灸重宝記綱目〕は、○風寒の頭痛は、鼻が塞がり悪寒 発熱する。○湿の頭痛は、頭が重い。○食滞の頭痛は、額《ひたい》の真中が痛む。○左辺の頭痛は気虚、右辺の頭痛は血虚によるもので、夜に痛みが甚だしい。○眉輪の骨が痛むのは痰火である。○真頭痛は、痛みが脳天の底に通って甚だしく、手足が冷え臂膝の上まで登るのは半日で死ぬ。一般には百会 風池 合谷 曲池 京骨 衝陽 三里等十二穴があり、頭重く鼻の塞がるのは百会に、目眩き頭の皮の腫れるのは前頂に、項《うなじ》強ばり悪寒するのは後頂に針をする。〔鍼灸日用重宝記・四〕にも、○頭風*は風雨の時節に痛む。○頭痛は時ならず常に痛む。○厥頭痛《けつずつう》は虚して風寒に侵され、湿陽経に伝えて邪の脳に登り痛む。○真頭痛は頭の真ん中の通り底に通じて甚だ痛むもの

で、朝夕を待たず死ぬ。〔鍼灸重宝記綱目〕と同じく八点の鍼灸点があり、具体的には頭強ばり痛む時は頬車・肩井等四穴、頭半分が痛む時は頭維 通谷等四穴、頭風には上星 前頂等八穴、脳が痛む時は脳空 少海等五穴、酒後の頭痛には印堂 三里等三穴、頭風の眩暈には合谷 豊隆等四穴がある。頭風で顔目の赤いのは通里 解谿の二穴に刺すと忽ち治す。〈薬方〉〔永代調法記宝庫・三〕に気鬱して頭痛する時は、香付子と川芎を粉にして常に服する。特に、女人が気鬱して頭痛する時は必ず用いる。〔大増補万代重宝記〕に頭痛の奇方は、仰向けに寝て大根の絞汁を鼻へ注ぐ。首の付け際 瘂門へ灸をする。〔胡椒一味重宝記〕は頭痛に、胡椒の粉を大根汁で溶き、鼻へ吹き入れる。〔懐中重宝記・慶応四〕は頭痛の薬に、蒲黄・五霊脂（各一両）を末（粉）にして白湯で用いる。若布を煎じて髪を洗うのもよい。〔増補咒咀調法記大全〕は「諸のかしら痛む大事」に、黄芩一味を酒に浸し、粉にして茶の上澄みで飲む。〔筆海重宝記〕は当帰（二匁）を刻み、酒一合を入れて七分に煎じ詰めて用いると奇妙である。〔万用重宝記〕は盥に水を汲んで足を冷やすか、さらに三里に灸を三火すると忽ち和らぐ。〔妙薬調方記〕は頭痛に、焼明礬を粉にして鼻へ吹き込むと妙である。

〈加減例*〉〔医道重宝記〕には症例により加減がある。○首筋辺の痛むのには川芎・羌活・蔓荊子、○気鬱の頭痛には川芎・白芷・香付子、○頭風には細辛・薄荷・荊芥・防風を、○両鬢痛には柴胡・黄芩・川芎を、○額正中痛には升麻・葛根・石膏・白芷を、○頭頂痛には藁本・細辛を、○左一方痛には柴胡・生地黄・川芎を、○右一方が痛むのには黄芪・葛根・白芷を、○血虚の頭痛には当帰・川芎・地黄を、○気虚の頭痛には人参・黄芪・天麻を、○気鬱の頭痛には川芎・白芷・香付子を、○風熱の頭痛には荊芥 薄荷を、○湿熱の頭痛には蒼朮・黄芩を加える等、十五例がある。

〈頭痛呪い〉〔諸民秘伝重宝記〕に頭痛の根を切る伝に、○申《さる》の年 申の月（七月）申の日 申の時（十六時）申の方（西西南）に向かい、新しい擂鉢を俯けに頭に被り、その底へ灸を七火据えると再び起らない。○毎年夏土用中の丑の日、子供手遊びの擂鉢を俯けて頭に頂き、炎天に出て擂鉢の底に灸三火を据える。〔万用重宝記〕は盥に水を汲んで置き、足を冷やしそのまま三里に灸を三火据えると忽ち治る。〔万まじない調宝記〕は正月十五日の小豆粥を一生絶ち、不動明王を信心するとよい。

〈頭痛食物宜禁〉〔家内重宝記・元禄二〕に「宜い物」は茶 独活 葱 大根 生姜 山椒 山芋 葛 辛子 茗荷 海月 牡蠣 鮹。「禁物」は蕎麦 麺類 油 餅 豆腐 栗 梨 李 竹の子 慈姑 竹の子 蕨 鮎 鮒 鱒 鯖 鯨 烏賊 蟹 鱧 兎。

すっきと【すっきと】片言。「すつきとは、透すきと」である。〔不断重宝記大全〕

ずっきん【ずっきん】片言。「づつきんは、頭巾 づきん」である。〔不断重宝記大全〕

酢漬【すづけ】〔ちやうほう記〕に酢漬は、蘘荷 生姜 紫蘇 山桃 竹の子 山椒 青豆 人参 独活 牛蒡等を漬けるには、生酢一升に塩三合である。他にも梅干 昆布 黒豆 牛蒡 人参 山芋 串柿 刀豆 蓮根等二十三種も同じである。

すつとう【すつとう】「おおあかがしら（大赤頭）」ヲ見ル

ずつなき【ずつなき】片言。「術《じゅつ》なきを、づゝなき」という。〔世話重宝記・五〕

鼈の事【すっぽんのこと】鱉《すっぽん》は泥亀とも書く。〈薬性〉〔医道重宝記〕に鼈は平で毒なく、気を増し不足を補い血熱を去り 陰虚を補う。〔料理調法集・川魚料理之部〕に泥亀は常の通り料理酒で茹でて汁をこぼし、その後に味醂酒と醤油で煮る。〔女重宝記・三〕は懐妊中に鱉を食うと項《うなじ》の短い子を産む。〈食合せ〉〔調法記・四十ち〕に鼈は薄荷 馬歯莧《すべりひゆ》 玉子 芥子《からし》 家鴨 莧 兎 猪が差し合いである。〔永代調法記宝庫・二〕には鱉《どうがめ》と莧を食い合わせると鼈瘕《べっか》（＝腹にいる虫）を生ずる。〈食中り〉〔斎民外科調宝

記〕には鱉《かめ》に中ったら、生豆豉《しょうずし》一合を汲立ての水半椀に浸し、汁を用いると癒える。〔胡椒一味重宝記〕は鼈を食し毒に中ったら胡椒（大）を葡萄の汁で飲むとよい。「かめ（亀）の事」参照

崇徳院【すとくいん】〔年中重宝記・三〕に、二月二十六日、東山親勝寺で崇徳天皇の御忌、並びに震影が掛かる。**〈百人一首読曲〉**〔麗玉百人一首吾妻錦〕に「崇徳院」は、「しゅとく」と読んではならず「すとく」と読む。百人一首歌は、「瀬をはやみ岩に堰かるる瀧川の 割れても末にあはんとぞ思ふ」。

砂【すな】〔万物絵本大全調法記・上〕に、「砂 いさご／すなご」。**〈軽重数〉**〔古今増補算法重宝記改成・上〕は一尺四方六方の重みを十二貫四百目、〔算学調法塵劫記〕には一升の重さを六百七十二匁とする。

酢菜【すな】〔料理調法集・口伝之部〕に酢菜とは、酢和えの物をいう。

沙敷【すなざしき】 菓子名。沙敷《すなざしき》、ながし物、小豆入り。〔男重宝記・四〕

砂地の畑【すなちのはたけ】〔農家調宝記・続録〕に砂地の畑は、塵芥等を貯わえて置き、よく腐ったのを片端から鍬で切り、掻き砕き、竹の篩で通し、少しも木杭等のないようにして、年々畑へ入れるとよい。その後も肥しを入れてよく保ち、作物にも効く。大坂から泉州堺迄の海手、木津・難波・住吉・大和川辺は往昔は海砂であったが、大坂で捨てる塵芥を日々運び、山と積み貯えて腐らかし、粉とし、畑に入れ、野菜 綿 藍などを作り、他に増り、見事で多く金を稼ぐ。

砂の物【すなのもの】 立花*。〔男重宝記・三〕に砂鉢に椙《かぶ》を立てる「砂の物」は立花をやつしたもので、立花の心《こころ》で鉢に椙を活け、心《しん》*を挿す（図270）。一椙砂《ひとかぶすな》の時は、鉢の中ずみに立てて向いから心を立て出す。二椙砂の時は心の方と受《うけ》*と二ツである。椙の体は木口切《こぐちきり》（端から輪切り）と引つ削ぎ、或は自然曝《ざれ》等で、両方同じようではない。椙二ツの間は立てに分けて水が通り、立花の二心《にしん》の心《こころ》である。捨椙《すてかぶ》と言い、他に椙を活けるのは釣合の弱い方へのあしらいであるため定式はなく、釣合がよければなくてもよい。心が横へ長いのは太く逞しいのがよく、椙が太過ぎる時は細い心も使う。二椙には正心胴《しょうじんどう》のあしらい、前置も両方にあるが同じ物は挿さない。前置は左は草か花の類、右は木がよい。胴作《どうづくり》は立花に変って細い物をあしらい、椙の風景を鮮やかに見せる。受《うけ》* 副《そえ》* 流枝《ながし》*等は立花と同じである。

〈拵え様〉〔昼夜重宝記・安永七〕に「砂の物拵え様」は、鉢の底に下《げ》す板《いた》（底板）を切り合せ、込《こみ》*は立花のように拵え、長い鉢の縁から三四分下で切り、別々にして置く。心《しん》また椙を、下す水板に鎹《かすがい》或は釘で打ちつけ、その外大道具は皆釘づけがよい。鉢へ入れ、込《こみ》を並べ詰めて、小道具を挿し、次に白砂を蒔く。両方釣り合せ、軽い方の水際に二三分の高さに切り、椙を置く。これを椙止めという。

図270 「砂の物」（（新板／増補）男重宝記）

脛【すね】 卑語。「足を、すね」という。〔女用智恵鑑宝織〕

臑当【すねあて】 鎧名所*。〔武家重宝記・三〕に臑当《すねあて》は、篠金物《しのかなもの》があり、十王頭《おうがしら》というのがある。篠金物は七八九十二三間にして、二重鏁《くさり》で繋ぐ。鉸具摺《かぐすり》には馬皮毛《ばひけ》織を用いる（図271）。

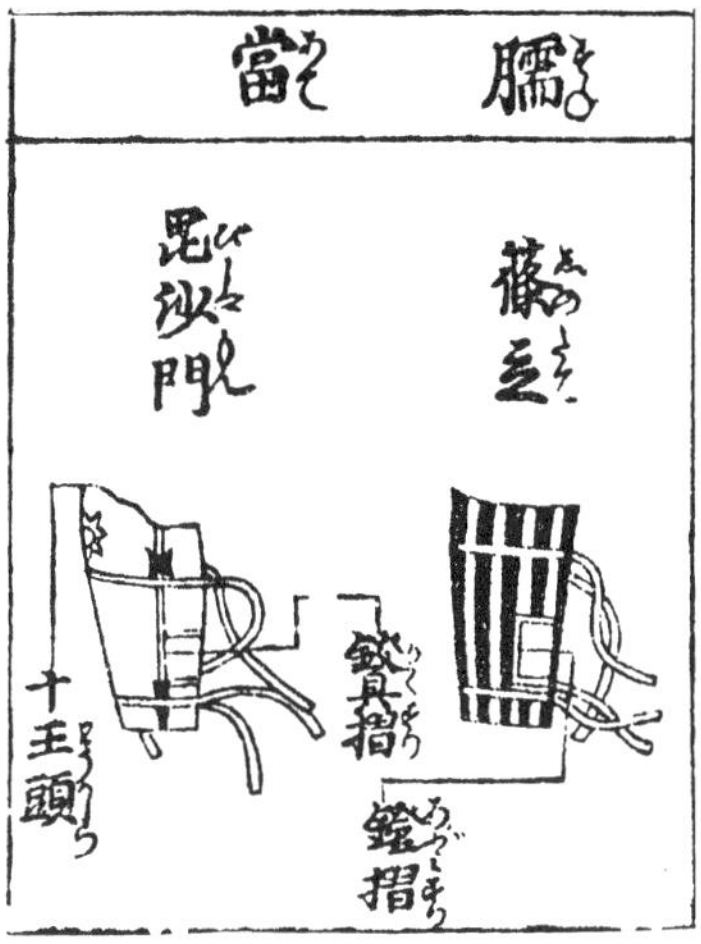

図271 「臑当」(武家重宝記)

臑瘡の薬【すねくさのくすり】〔新撰咒咀調法記大全〕に臑瘡《すねくさ》の薬方は、鴈の糞を焼き胡麻の油で溶き付けるとよい。また藍の花(大)・軽粉(少)を摺り合せ、塩湯で瘡を洗い付けるとよい。〔調宝記・文政八写〕は津葉《つわ》蕗《ぶき》の葉を火で焙り、揉み蓋にして置くと、水が流れ出て癒える。大好薬である。

ずの仮名【ずのかな】〔万民調宝記〕に「ず」文字の仮名遣いがある。次の類である。数＝かず。木末＝ほずゑ。楉＝ずはえ。礎＝いしずへ。不堪＝たへず。主計＝かずへ。

酢の事【すのこと】 醸造法は時期により八月酢* 土用酢*があり、種類も色々あるが、それは個別に立項した。〈製法〉〔男女日用重宝記・下〕には、水三升、米二升、麹五合。飯を強飯より柔かに炊いて冷まし、桶を藁菰で巻き天日の当る所に掘り据え、まず底へ糀を振り、その上に飯を五分の厚さに広げて置き、又糀を振り、上を小蓋で堅く押し付け、又その上に同じように飯と糀を置き小蓋で押し付け、飯と糀をあり次第に同じように段々に押し付け、小蓋の上から三升の水を入れ、渋紙で蓋をして縄で二重回し、男結びに結んで置く。結び目に男という字を三遍書き、その桶の内に熾炭《おこしずみ》二ツ、雉子の羽二羽、藁二本で結い入れる呪いがある。桶を据える時日の差す方へ人が立って、人影がさすと悪い。又一方に、水五升五合、糀一升も八合も、よく砕いて入れる。〔料理調法集・醸造之部〕は白米一升を蒸し冷まし、糀六合。蒸した飯を桶に一遍置き、その上に糀を振り、又飯を入れよく押し付け、蓋をして飯と糀が浮かないようにして水三升を入れ、桶を菰で包んで置き、二十一日すると出来る。煎り置くと二三年持つ。〈酢各種〉〔料理調法集・煮出煎酒之部〕に、青酢* 合酢* 柿酢* 沙羅沙酢* 七盃酢* 白酢* 道明寺酢* 南蛮酢* 柚香酢* 吉野酢* 腸《わた》酢*がある。〔万代重宝記・安政六頃刊〕「酢の部」には、○葡萄酢 玉子酢 芥子酢。○三盃酢 柿酢 代々酢。○蓼酢 胡麻酢 青梅酢。○煎酒酢 蜜柑酢 練酒酢がある。〈貯え様〉〔新撰咒咀調法記大全〕は、上々の酢・酒・水の各一合を徳利へ入れ、よく口を締めて日の当る所に十四五日置いて取り出し吸って試みる。水が多いと味が薄いので、味がよくなった時他の器に入れて使う。元の徳利の底に厚紙のような溜《たまり》があるのは、酢の元なので決して洗ってはならない。この上に酒と水を等分に入れ、同じようにする。米三粒を入れるのは咒いである。〈黴防ぐ法〉〔新撰咒咀重宝記〕に黴を防ぐは、塩を煎り少し入れて置くと夏日でも黴は生えず、貯えられる。〈直し様〉〔男女日用重宝記・下〕は変質して悪くなったのは、一斗の内に上々の酢を二杯程入れ、七日程置くとよくなる。〈薬性〉〔医道重宝記〕に酢は温で毒なく、水気《すいき》を散じ、邪毒を殺し、魚肉及び菜草の毒を消す。〔永代調法記宝庫・四〕は多食すると筋骨胃の腑歯を損ずる。〈食合せ〉〔重宝記永代鏡〕等には酢に茯苓 丹参を食い合わせると悪い。「しろず(白酢)の事」参照

ずば【ずば】 矢音詞遣*。獣に中った時の矢音は、「づは」という。〔武家重宝記・二〕

州走【すばしり】〔料理調法集・口伝之部〕に、鯔《ぼら》の小さいのを黒眼《くろめ》、すば

しり（州走）という。

州浜【すはま】〈糕〉〔菓子調法集〕に州浜は、黄な粉を水飴と水で練り固め、少し乾して切り形をする。〈糕売店〉〔万物買物調方記〕に江戸の「州浜餅屋」に、室町松本町 すはまやがある。〈紋所〉〔紋絵重宝記・上〕に州浜台*を上から見て意匠したもの。

州浜台【すはまだい】〈州浜台〉〔料理調法集・木具寸法〕に飾り物として「蓬萊丸洲浜」について、「長三尺五寸、横一尺三寸、縁一寸、足十文字足、鷹爪足にして又三ツ足、高二寸七分」とある。州浜は歌会 節会などの飾り物で、州のある海浜の風景に似せて作った台に、山水 花鳥等を取り合せて意匠したもの（図272）。「しまだい（嶋台）」「蓬萊」参照〈四季献立〉〔料理調法集・四季献立集〕に「州浜台」として、それぞれ三例あるのを一例ずつを抄出する。○「春」大板蒲鉾 塩焼鱒 味噌漬たいらぎ。○「夏」巻水蒲鉾 色付焼鱧 味噌煮鮑。○「秋」錦蒲鉾 塩さし海老 焼鳥鴫。○「冬」櫛形蒲鉾 味噌酢鯡魴 焼鳥雉子。

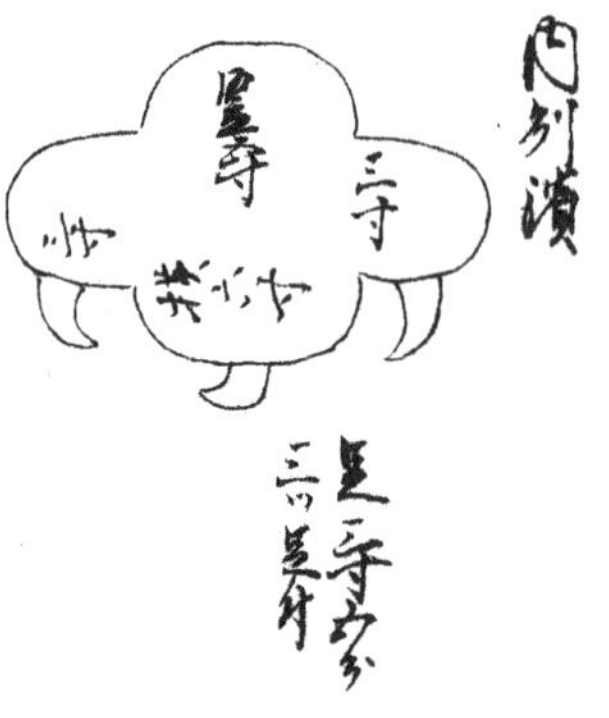
図272 「州浜台」（料理調法集・木具寸法）

須原より野尻へ【すはらよりのじりへ】木曾海道*宿駅。一里三十丁。本荷百十八文、軽尻七十四文、人足五十六文。名古屋領。伊奈川村 伊奈川に大きな板の架け橋があり 左の谷から大河が流れ、小坂である。今井村 丸山という城山は今井四郎兼平の居城である。林村 大嶋村 戸野村、長野村 禅寺天長院がある。弓矢村 坂があり、関山という山があり、難所である。昔は関所であり、架け橋があり、下は大河で 岨の方は欄干付きである。〔東街道中重宝記・木曾道中重宝記六十九次 享和二〕

昴【すばる】〔万物絵本大全調法記・上〕に「昴 ばう／すばる。昴星 ばうせい、旄頭星 ばうとせい。同。又 西方之宿也」。〔農家調宝記・初編〕に農家で、「六連《むつつれ》の星」というのは二十八宿の昴である。

頭風【ずふう】〔鍼灸日用重宝記・四〕に頭風は、風雨の時節に発《おこ》るものを言い、時ならず発るのを頭痛*という。頭風には上星 前頂 百会 陽谷等八点、頭風で顔目の赤いのは通里 解谿の二穴に刺すと忽ち効がある。頭風の眩暈には合谷 豊隆 解谿 風池に灸する。〔増補咒咀調法記大全〕に「頭風に呑む符」がある（図273）。

図273 「頭風に呑む符」（増補咒咀調法記大全）

直袋【すぶくろ】「ひきはだ（皺文）」ヲ見ル

全て【すべて】大和詞。「すべてとは、惣別と云ふ心」である。〔不断重宝記大全〕

すべらかし【すべらかし】女髪結い様。〔嫁娶調宝記・四〕にすべらかしは、上臈の髪の結い様で、中宮 女御 准后が祝日に結う（図274）。これには三段があり、大すべらかし、中すべらかし、小すべらかしがあり、長髢《かもじ》を三段に継ぎ下げる。すべらかしの時は、十二単、緋袴、檜扇の装束である。

皇【すべらき】大和詞。「すべらき、みかど（帝）の御事」である。〔不断重宝記大全〕

汰石越【すべりいしごえ】京師間道*の一。滑石越、濘石越とも書く。東山蓮花王院の南から山科西の山村に出る道である。〔万民調宝記〕

図274 「すべらかし」
（嫁娶調宝記）

馬歯莧【すべりひゆ】〔万物絵本大全調法記・下〕に「馬莧 ばけん／むまびゆ／すべりひゆ」。〈薬性〉〔医道重宝記〕に馬歯莧《すべりひゆ》は寒で毒なく、血を散じ腫《はれ》を消し、大便を通じ毒を消す。淋病、帯下《こしけ》によい。多食すると害がある。〔永代調法記宝庫・四〕には、癌や腫物の薬となり、命を延べ、年寄らぬ。

洲干鯵【すぼしあじ】〔料理調法集・干魚調理之部〕に洲干鯵《すぼしあじ》は、一品の物で、焼いて手で握ると、身と骨とが離れる。長皿、向付《むこうづけ》等によい。

須磨の浦【すまのうら】 本朝勝景。歌枕。〔麗玉百人一首吾妻錦〕に播磨国須磨の海岸をいう。「須磨の蜑の塩焼くけふり風をいたみ 思はぬ方にたなびきにけり」（古今集・恋四）の歌を挙げて、千鳥の飛ぶ須磨海岸の風景画がある。

須磨野餅【すまのもち】 菓子名。須磨野餅、上 赤白餡入り、両方共にへら跡着けて。〔男重宝記・四〕

酢饅頭【すまんじゅう】〔菓子調法集〕に酢饅頭は、胡麻餡を求肥に包み、清水米をつける。〔江戸町中喰物重法記〕に酢饅頭は、江戸十軒店 金沢丹後掾にある。

角入れの祝い【すみいれのいわい】「かどいれ」ともいう。〔嫁娶調宝記・三〕に「すみ入の祝」として次がある。男子が十五・六歳になると、元服*前に、四季に限らず吉日良辰を選び、一門を呼び角《かど》を入れる。その日の「玉女の方」*へ向い、角入《かど》翁が髪を解き 顔の恰好を見合せ 櫛で前髪を分け 刈り括りにして、角を立て月代《さかやき》を剃る。まず小さく角《かど》を入れて髪を結い 前髪等もよい加減に切り 装束を改め 上下《かみしも》を着せ、両親の前へ出熨斗昆布を慎んで戴き、振舞の上盃を差し、脇指等を 侍ならば刀 印籠 巾着等を取らすこともある。時宜を見合せて祖父母等へ礼に遣る。角《かど》を入れ四五日も経って角を抜くが、初めは殊の外痛むので酒を飲ませ、手拭でよく凝り抜き、次第に角を大きくして行く。抜いた当座、跡へ白粉を擦り込むとよく、程なく生え止る。「進物祝儀」は「元服の事」ニ同ジ

墨色五行筆法【すみいろごぎょうひっぽう】〔懐中調宝記・牛村氏写本〕に「墨色五行筆法」が図版（図275）のようにある。

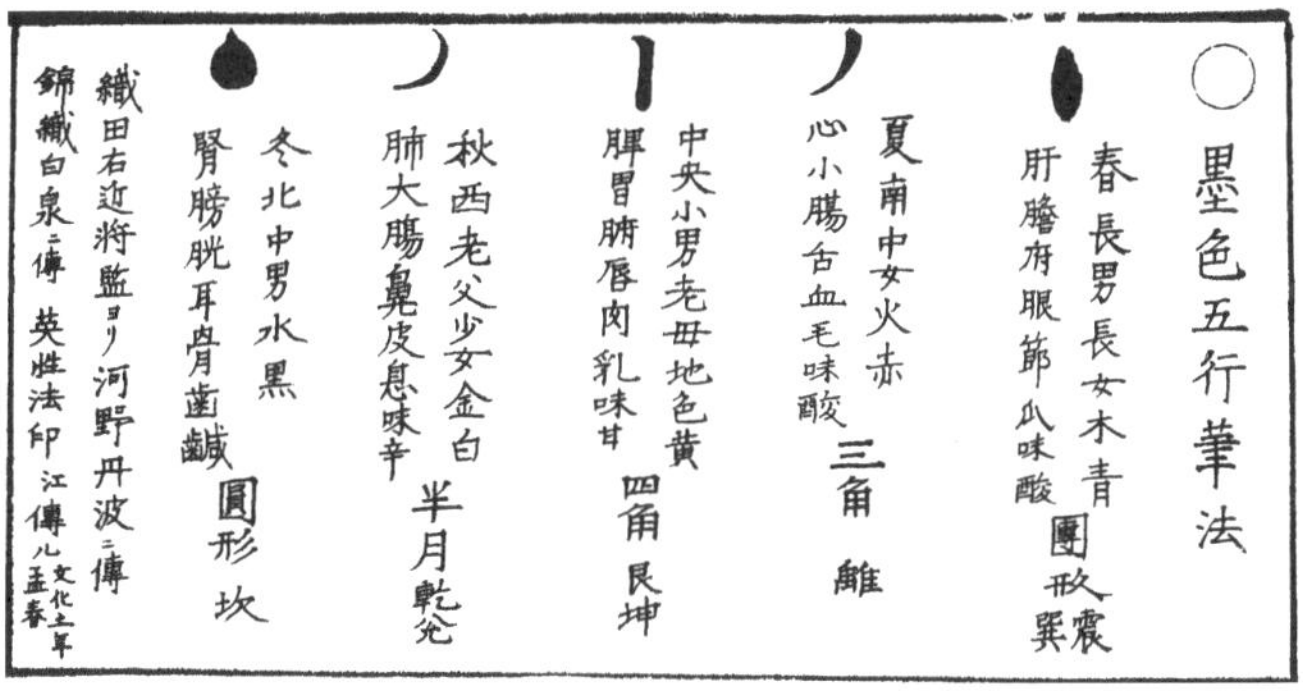
墨色五行筆法
春 長男長女木青
肝膽府眼節爪味酸
圓形 震巽
夏南中女火赤
心小腸舌血毛味酸
三角 離
中央小男老母地色黄
脾胃脣肉乳味甘
四角 艮坤
秋西老父少女金白
肺大腸鼻皮息味辛
半月 乾兌
冬北中男水黒
腎膀胱耳骨歯鹹
圓形 坎
織田右近将監ヨリ河野丹波ニ傳
錦織白泉ニ傳 英性法印

図275 「墨色五行筆法」（懐中調宝記・牛村氏写本）

墨印肉【すみいんにく】 「印肉墨《いんにくすみ》」ヲ見ル

墨落し様【すみおとしよう】 染み物。〔男女日用重宝記・上〕に墨落し様は、白朮《びゃくじゅつ》*を煎じて濯ぐとよい。〔女用智恵鑑宝織〕は半夏*（和草 カラスビシャク）、又は米酢の煎じ汁で洗うと落ちる。〔永代調法記宝庫・三〕に小袖等に墨の付いた時は、上下に紙を当てて楊枝の先に水をつけて突っつくと、上下の紙に墨が移って落ちる。紙に移ったり、破れたりしたら、その都度紙を取り替えて突っつく。〔女中重宝記〕は墨の付いたのは、飯粒を擦りつける。〔秘伝手染重宝記〕に「すりすみおとしやう」は、白《しろ》蕣《あさがお》の実を細かにして飯に振り掛け、墨の付いた所へ塗り、銜《くくみ》水で地が縒らないように落し、また楊枝の先でも落す。

炭魁【すみかしら】 〔年中重宝記・一〕に炭魁《すみかしら》は、年始に門松*に副える炭をいう。炭を除夜に戸内に立てると、年中の邪悪を避けるという（『本草綱目』）。

炭窯【すみがま】 大和詞。「すみがまとは、こがるる（焦）を云」。〔不断重宝記大全〕

墨染【すみぞめ】 大和詞。「すみぞめとは、夕暮れを云」。〔不断重宝記大全〕

墨染寺【すみぞめてら】 伏見名所。伏見深草墨染寺に墨染桜があり、名木である。〔東街道中重宝記・七ざい所巡道しるべ〕

墨田川【すみだがわ】 〈酒〉〔江戸町中喰物重法記〕に「墨田川」（酒銘）は、呉服町一町目南側 奈良屋勝安にある。〈小謡〉〔童学重宝記〕に「すみだ川」（謡題名）がある。

隅田川煎餅【すみだがわせんべい】 「隅田川勢無べい」は、両国米沢丁二丁目加賀屋仁兵衛にある。〔江戸町中喰物重法記〕

隅田川諸白【すみだがわもろはく】 「隅田川諸白」（酒銘）は、浅草並木町 山屋半三郎にある。〔江戸町中喰物重法記〕

墨継ぎの事【すみつぎのこと】 簡礼書法。〔大増補万代重宝記〕に書状の書き方は、発端に書いた墨で次の行を三分の一程、文言の切れないように枯れ筆で書き、三分の二の所から墨を染めて書く。三行目も黒く書き、奥まで濃く薄く書く。被露状等の極めて敬う方へは一字々々墨継ぎをする。少しもかすれた所のないように書く。貴人高位の御名等は、必ず筆を染めて書き、決して薄墨、枯れ筆等で書いてはならず、一字白一字黒、四字白四字黒を深く忌む。〔不断重宝記〕は「被仰」等と書く時は「仰」より墨を改め、返り字の被・為・依・就等の字では例え墨を継ぐ所でも継がない。但し、書状書き出しの時は中墨を用いる。〔永代調法記宝庫・二〕は、人・寺・国・所・月日付の名等は墨を改め、同じ墨色で書く。貴人の名、大事の事は墨濃く書き継ぐ。また状の行の上一字は薄くて二字目を墨継ぎし、また行の下一字になって墨継ぎ等はしない。二行目の始りに貴人高位の事があれば墨を継ぎ、この時は三行目の始りを墨薄く書き出す。我が身の上、私・我等・拙者の類は、墨は継がない。〔諸礼調法記大全・地〕に、助字や疑問の字、候・哉・歟・之・由等一字を切り離して墨を継いではならず、また次行の上へ上げてはならない。

墨付きよくする伝【すみつきよくするでん】 〔秘密妙知伝重宝記〕に墨書きするのに墨付きをよくする法がある。○絹 木綿の類は、薄く霧を吹き、書くとよい。○欅板は、水を流しよく拭き取るとよい。○塗り板 箔置の物は、綿で拭いて書くとよい。○総じて滲む物には、酢か明礬を入れるとよい。○油紙には、鉄漿《おはぐろ》を入れて墨に磨って書く。

墨流し写し染め【すみながしうつしぞめ】 〔秘伝手染重宝記〕に「墨流し」するには、白羽二重 白加賀 黄八丈 浅黄鬱金 鼠桃色の類、その他唐縞に藍糊入の類によい。黒色は常の墨に松脂を細かにして白いご（豆汁）の中へ入れ、黄色は紫黄、赤は朱、浅黄はあいろ（藍色、藍花で拵え絵具屋にある）の色々に松脂を少しずつ入れて水で溶き、手盥でも四角の箱でも白水*を一杯入れ、二分程片下りにして、墨が望みなら筆によく付け水の中に落し、竹の先を細く丸く削り頭の油を付け、墨の中をちょっと突き、又前

のように落し竹で隙間なく手早く段々に色々を入れる。扇で風を少しずつ当てると衣類は異形に見事な体に出来る。絹でも紙でも皺の縒らぬ様に付けてさっと上げて干す。地に糊気があると際ついて悪い。〔諸民秘伝重宝記〕は絹晒紙に写し染めするには、広い物に水を入れて置き、墨に松脂の粉を少し入れて磨り交ぜ、筆に墨を付けて左手に持ち、右手に竹箸の先細いのを持ち、次に筆の墨を水につけ、右手の竹箸で浮かぶ墨の中を突くと墨は開く。また墨を付けて何度もし、模様を直したい時は水の上を手で仰ぐと墨は流れ寄り、また摸様を一所へ寄せたら、竹箸に鼻の油を付けて水の中の墨の周りに付けると墨は中へ寄る。よい時分に浸して写し染める。どの絵具でも松脂を入れる。もっとも一度々々に上水を入れる。〔清書重宝記〕に「墨流しの伝」は、煙草（骨を焼く）、松脂（少）、焼明礬を、墨又は紅に入れてよく混ぜ、水に入れて細い竹に油を少し付けて中を突き、上に紙を置く。

墨流餅【すみながしもち】 菓子名。墨流餅、上ながし物、下くろこね物、山芋二本入り。〔男重宝記・四〕

墨煮烏賊【すみにいか】 〔料理調法集・煮物之部〕に墨煮烏賊は、烏賊を常のように洗い骨を去り皮を剝き、腹の墨の袋を破れないように取って細く作り湯でさっと煮上げて置き、次に墨を袋から出し、酒醤で塩梅し、烏賊を入れて煮る。

隅に目を持つ【すみにめをもつ】 碁より出た言葉。〔男重宝記・三〕に「隅に目をもちてゐる」は、一隅に生きる目のあること。転じて、一定の地盤の存在することをいう。

住吉【すみのえ】 「住吉《すみのえ》、日、江《え》、枝《え》、吉《え》と通ず」。〔消息調宝記・四〕

炭の薫炉に入る【すみのくんろにいる】 世話。〔童子調宝記〕に「炭の薫炉に入る」とは、端方人（正しい人）と交わるのは、例えば炭が薫炉に入ると化して灰となっても、その香は滅しないのと同じである。即ち、心懸けて正しい人を選び、友とすることが肝要という意。

炭の事【すみのこと】 〈炭の撥ねる時〉〔諸民秘伝重宝記〕に炭火の撥ねるのを止むる法は、塩を少し入れるとよい。強く撥ねる炭は水で洗って乾かして焚くと撥ねず、炭も手につかない。〈炭の保ち方〉〔日用調法人家必用〕に炭保ちのよい伝は、俵の侭上から水を多く掛けて遣う。格別、たち遅く手にも付かずよい。夏から秋の始め迄に買い置くと余程益がある。

墨の事【すみのこと】 〔万物絵本大全調法記・上〕に「墨ぼく／す。松煙《せうゑん》、油煙《ゆえん》墨あり。秘閣《ひっかく》（＝墨掛け）」。〈異名〉〔書札調法記・六〕に墨の異名に、松艘《しょうゆ》 玄雲 偃池《えんち》 松心 麝媒がある。〈始り〉〔人倫重宝記・二〕に墨の始りは『事物紀原』を引き、唐の皇帝の時代に始る。〈用い方〉〔重宝記・宝永元序刊〕には稽古墨は藤代《ふじしろ》墨（紀州藤代産）がよく、唐紙には唐墨がよいとし、「墨保存法」は艾《もぐさ》をよく揉んで墨を包み、夏通油に入れる時は石灰に入れて置くと蒸せずによい。〔男重宝記・二〕に墨はよくよく綿に包んで保存し、新しい藺《い》で包んで所持する。朽ちたら石鍋の湯で洗い膠を塗り、干して用いる。〈墨洗い落とし〉〔女重宝記・四〕に墨の付いた時は、半夏*白朮*の煎じ汁、或は米の酢の煎じたもの、どれで洗っても落ちる。また、含み水で洗い、小野小町の歌「まかなくに何を種とて浮き草の波のうねうね生ひ茂るらん」（謡・草紙洗小町）を三返唱えるのは落ちる呪いである。〔染物重宝記・文化八〕には飯粒を続飯《そくい》（続飯糊）にして擦りつけ含み水で洗うとよい。〈紋様〉〔紋絵重宝記・上〕には墨と、墨の字の意匠がある。「寒中に墨の氷らぬ伝」「硯の事」参照

角山餅【すみやまもち】 菓子名。角山餅、皆ながし物。〔男重宝記・四〕

すみやれ【すみやれ】 菓子名。すみやれ、羊羹白、ながし物。〔男重宝記・四〕

住吉膏【すみよしこう】 〔洛中洛外売薬重宝記・上〕に住吉膏は、祇園新地新橋橋本町 清重にある。第一に癰、下疳、横根、一切によい。

図276 「住吉神社」（女用智恵鑑宝織）

住吉雑書【すみよしざっしょ】 「衣裳裁つ日吉図」ヲ見ル

住吉大明神の事【すみよしだいみょうじんのこと】 〔万物絵本大全調法記・上〕に住吉大明神は、玉津嶋大明神 人麿大明神とともに和歌三神の一*とある。〈大坂名所〉〔東街道中重宝記・七ざい所巡道しるべ〕に住吉神社と近辺のことがある。一の神殿は御本社（表筒男《うわづつお》）、二の神殿（中筒男《なかづつお》）、三の神殿（底筒男《そこづつお》）の住吉三神に、四の神殿（神功皇后）を合せて住吉四社という。正面通りに石の反り橋、他に無類の橋がある。この辺の前の大道から淡路島が見える。神社の南に数多くの末社、石の舞台、蓮池、さざれ石、御供の田、この外にも見所が多い。北の方に神宮寺があり、薬師堂、阿弥陀堂、釈迦堂、観世音堂、塔二基の外 拝み所が多い。神宮寺より西に嶋津の誕生石、大江の岸という所があり、その西に影向《ようごう》の松、北東の方十丁程に万代が池がある。住吉の茶屋から三十丁程行くと往来の左右に松並木があり、三丁程左に岸の姫松、五丁程で海辺である。これらの委細が〔女用智恵鑑宝織〕の口絵にある（図276）。住吉と天王寺の間に天下茶店《てんがちゃや》がある。天王寺へは一里である。

〈大坂願所〉〔願懸重宝記・初〕に住吉大明神の神馬は、常に本社の傍らにいる。歯ぎしりをする人がこの馬の飼料の白豆を三粒請けて帰って食うと、その夜から止む。〈住吉参詣〉〔文章指南調法記・二〕に「住吉参詣」往復文の範例があり、その往文に「明日は非番の若徒《わかもの》共申し合せて、（大坂）高麗橋*下より楼船《やかたぶね》に乗し、住吉へ参詣、奉幣相済み次第堺の潮干見物仕る可くと存じ候。万国一統の干潟にて候得共、就中泉州堺の津賞翫仕候得ば、御公達御誘引申し度候」とある。〔年中重宝記〕に、五月二十九日 住吉御田植、六月三十日 摂州住吉御祓、九月十三日 摂州住吉市がある。

〈大和詞〉〔不断重宝記大全〕に「すみよしとは、松も久しきなり。（歌）我見ても久しくなりぬ住吉の岸の姫松いくよへぬらん」（伊勢・百十七）。

菫【すみれ】〔万物絵本大全調法記・下〕に「菫菜 きんさい／すみれ。又すまひとり」。〈草花作り様〉〔昼夜重宝記・安永七〕に菫の花は紫色、小輪。また薄紫もあり、三月に花咲く。土は肥土《こえつち》に野土を少し合せるとよい。肥しと分植は福寿草*に同じ。『重訂本草綱目啓蒙・十二』に「紫花地丁 スミレ（和名鈔）、ヒトヨグサ（古歌）、コマヒキグサ（筑後）」とある。

すめな【すめな】片言。「すめな、素面すめん」。〔不断重宝記大全〕

相撲【すもう】〔人倫重宝記・三〕に相撲は、シナでは角觝《かくてい》とも膂力《りょりょく》ともいい、六国《りくこく》の時代に始り、戦国時代に武を好んで興り、秦の二世皇帝は殊に好み、甘泉宮で興行した。日本では垂仁天皇の時に、大和に当麻蹶《たいまのけ》速《はや》、出雲に野見宿祢《のみのすくね》の大力がいて、帝へ召し組み合わせて相撲を取らせたことから始った。その時は、野見が蹴速を取って脇骨や腰骨を折り、殺した。これより久しく廃絶していたのを相撲に法を定め、力を用いず手の術と骨とを持って、非力の小男が勝つことを知るようになり、また流行り出した。亭子院の幼少時、殿中で相撲を取り 高欄に打ちつけ 欄干が折れたまま 近頃迄あったと『大鏡』にある（日本古典文学大系『大鏡』の補注に岩瀬本の引用がある）。また、惟高《これたか》（文徳天皇第一子 母は紀名虎の娘静子）と惟仁《これひと》（〔清和天皇〕第二子母は染殿后）の位争いに左兵衛佐 名虎が禁庭で相撲を取ったこともある。相撲は血気盛んの年若い者が好んで打撲骨違いを起し、年寄ってからは土用・八専に病身になる。扶持を望むなら別であるが、慰みには不要である。「すまひとり（相撲取）」は「すみれ（菫）」参照

す文字【すもじ】〈大和詞〉〔女重宝記・一〕に「すし（鮨）は、すもじ」。〔万家重宝女用花鳥文章〕に「すもじ、推すいりやうの事」。〔女用智恵鑑宝織〕に「すもじは、墨」。

李【すもも】〔万物絵本大全調法記・下〕に「李 り／すもも」。〈異名〉〔書札調法記・六〕に李の異名に、来禽《らいり》 沈朱実《ちんしゅじつ》がある。〈食合せ〉〔永代調法記宝庫・四〕に李を多食すると虚熱が差し、雀 蜜の食い合せを嫌う。〔重宝記永代鏡〕には李に砂糖 蒼朮 白朮を食い合わせると悪く、李を食って清気散を呑むのは悪い。〔万用重宝記〕には李に卵は食い合せである。〔万まじない調宝記〕には水に浮く李には毒があるという。

巣守【すもり】大和詞。「すもりとは、鳥のかへら（孵化）ぬ玉子」をいう。〔不断重宝記大全〕

据ゆる【すゆる】片言。「物をすへる（据）」は「置すゆる」である。中国では「すける」という。〔不断重宝記大全〕

摺【すり】〔日用調法人家必用〕に「何分摺《なんぶすり》 例へば、五合摺《すり》と云は、籾一升すりて米五合を得る也。余はこれに准じて知るべし」。米を精白することを言う。

摺揚豆腐【すりあげどうふ】〔料理調法集・豆腐之部〕に摺揚豆腐《すりあげどうふ》は、豆腐一丁を水を絞り、束芋《つくねいも》一ツを卸し、豆腐に擂り合せ、摘み入れのように取り上げる。

摺り込み紋【すりこみもん】〔調法記・四十5〕に摺り込み紋は、上々に水飛した藍蠟を水で溶き、鉄漿《はぐろ》を一雫落し、これで形があれば紋を摺り込むか、又書いてもよい。よく干して後に大豆十粒を水に浸けて摺り、布で絞った汁《ご》で紋の上を一遍とめると、洗っても剝げない。又書いた上を桐の実の生々しいのを絹で包んで摺りつけると、洗っても剝げない。

摺箔の事【すりはくのこと】〔永代調法記宝庫・三〕に「摺箔押し様の事」がある。土佐布海苔《ふのり》を湯を熱く沸かして練り、極めて細い布で絞り出し、一夜でも泡の消える迄置く。また姫糊*を二色に練り、一色は固く練り布海苔を少し入れ、一色は薄く練り布海苔で練り合せ、篦で掬い上げたらたらと落ちる程に練り合せ、箔を置く時、小袖の表を畳に貼りつけ、形を当て上からまず固糊を刷毛で引き、次に形を取って箔を押す。畳は床固く刺し近江表がよい。次に摺箔に息を吹き掛けて箔の端がひらひ

らとする所を、先を細く拵えた箸で挟み取り、押し切れのある所へ付け、繰り綿で押し付ける。糊がよく乾いた時は上から布目が見える。その時、柳か桜の板の肌をよく削った上に摺箔を置き、猪の牙で刷る。前の合せた糊は布でよく濾す。形を付ける前に形を水中に浸し、取り上げ布で形の水をよく湿し取り、次に形を当て指で押さえて糊を引く。一遍糊を引き、また水に形を浸し、板に形を押し付け、刷毛で糊を落し、水でよく流し落し、前のように湿しを取る。これを何度もする。〔秘伝手染重宝記〕に「すりはく」は糊加減ばかりとあり、堅い姫糊に麩糊を濾し、この糊を麩糊で溶き、形を望みに彫らせ水に湿し、よく水気を取り、柔らかな刷毛にこの糊を置く。ほそかね（細鉄）と言っても、素人には成り難いことである。

磨針山【すりはりやま】 大和詞。「すりはり山とは、かなはぬ事を云」。〔不断重宝記大全〕

擂り醤【すりひしお】〔料理調法集・口伝之部〕に擂《す》り醤《ひしお》或は讃岐塩というのも、魚鳥を当座塩にする名とある。

擦り剝き傷の薬【すりむききずのくすり】〔懐中重宝記・慶応四〕に擦《す》り剝《む》き傷の薬は、南天の葉をその侭筋を取り粉にして付けると、不思議に癒える。また玉子の白身を付けて置くのもよい。

豆淋酒【ずりんしゅ】 製法。〔昼夜重宝記・安永七〕に豆淋酒の造り様は、焙烙か鍋かを炭火に懸けて随分熱く焼いてから、黒豆を三合入れて半分は皮切れ、半分は温まるばかりの時上げてよく冷まし、好い酒二升に漬けて置き、七日過ぎて豆を濾し捨てる。豆を直かに火にかけると炒り過ぎて悪い。〔料理調法集・料理酒之部〕に豆淋酒は、黒豆一升を煎り冷まし、酒一升五合を入れて漬けて置き、豆の和らかになった時がよい。

駿河【するが】 駿州。〔重宝記永代鏡〕には志多、有度《うど》、益頭《ましず》、安倍、廬原《いおはら》、富士、駿河の七郡をあげ、城下は沼津、府中、田中で、一ノ宮は仙元《せんげん》である。〔万民調宝記〕に居城知行高は、田中・大田摂津五万石。〔大増補万代重宝記〕には上管、大中国。東西二日半。田数一万九百六十二町、知行高十七万二千二百石。〔重宝記・幕末頃写〕には山・原・野・里皆均等、海を抱え山を帯び、肥え、産多く、大中国とある。今の静岡県中央部があたる。〈名物〉〔万買物調方記〕に安倍川紙子、久能の蜜柑、三保の松露、富士苔（山中の谷川にある）、大井川の茱、香炉の灰、瀬戸の染め飯、宇津の山の十団子、善徳寺の酢、興津の鯛・白子干、蒲原の藍鮫、府中の籠細工などがある。

弦かじり【ずるかじり】〈何が不足で癇癪の枕言葉〉「三味せん引、づるかぢり」。〔小野𥶡譃字尽〕

駿河煮【するがに】〔料理調法集・煮物之部〕に駿河煮は、魚を白焼きにして出汁溜りに酢を加え、よく煮る。

するする【するする】 大和詞。①〔不断重宝記大全〕に「するするとは、急ぐ心」。②〔女重宝記・一〕に「するめ（鯣）は、するする」。

鯣【するめ】〔料理調法集・干魚調理之部〕に鯣は水に漬ける。品によっては直に遣う。掻き鯣は、水に漬けるに及ばない。○「肴」巻いて熱灰に入れ暫くして出し、灰をよく拭き、切って遣う。湯煮してもよい。○「硯蓋」*掻き鯣を照り煮にして芥子を振る。鯣を水に漬け置き、葛溜で煮る。〈和らか仕様〉〔ちやうほう記〕に鯣を和らか仕様は、湿った藁に包み、四五十枚も重ね、静かに叩くと綿のようになる。

素礼【すれい】〔諸礼調法記大全・上〕に素礼《すれい》は礼義の始めで、高貴 人君の前に出て拝謁する法である。その次第は、貴人の御座の間の次で扇を抜き、貴人の面前に出 左膝を着き 同じく手を着き、右膝はうけて右手をその上に置き 後へ押し込むようにして右膝を引き、それに続けて左膝を引き 左手は後へ残らぬように引く。左右の手の人差指の頭と頭と擦れ合う程にして、腰より背骨 左右の手 両肘 皆一ツに伏し屈む体にして、

安らかに目立たないように貴人の膝を目付けにして、謹んで拝礼をする。

諏訪へ上田より出る道【すわへうえだよりでるみち】 街道。〔家内重宝記・元禄二〕に信州上田より諏訪へ出る道として、次がある。上田〈二里〉岩下〈三里〉丸子《まりこ》〈二里〉長窪〈五里半〉下の諏訪〈二里〉上の諏訪、である。

酢を乞う【すをこう】〔世話重宝記・五〕に『論語』に始るとし、次がある。微生高は廉直な人という評判があった。ある人が酢を貰い乞うのになく、隣で貰って与えたが、これを孔子が聞いて恩を売るものだ、直でないと謗った。無ければ無いと言えばよいものを、隣で貰ってくれとも言わないのを、貰ってやるのはこちらから人に助力するものである。全て先に構わず、こちらから仕掛けることを「酢を乞う」という。

寸【すん】 長さの単位。〔古今増補算法重宝記改成・上〕に、寸は尺*の十分の一。分*の十倍。〈絹布の数の単位〉〔永代調法記宝庫・首〕にも分の十倍、尺の十分の一とある。

寸陰方【すんいんほう】 よがり薬*。〔続咒咀調法記〕に寸陰方《すんいんほう》は女が男を思う薬である。蛇床子・狗骨の灰（赤犬の骨の黒焼）・肉桂（各等分）を粉にして、交合の時唾で練り、玉茎に塗り、玉門へ入れて行うと、女が男を思うことは千重《せんじゅう》万重である。

寸関尺【すんかんしゃく】〈診脈〉〔医道重宝記〕に、医者が中指を病人の右の腕首にある高骨に宛てた所を関部、人差指の当る所を寸部、薬指の当る所を尺部という。この部位は左腕も同じ。○関部は右は胃と脾を、左は胆と肝を主《つかさど》る。○寸部は右は大腸と肺を、左は小腸と心を主る。○尺部は右は三焦と金門を、左は膀胱と腎を主どる。〔斎民外科調宝記〕の説明は左右を分けず、○寸口は陽、上部とし、天に法《のっと》り心肺とし、上焦に応ずる。心胸から頭までの間にある病を主る。○関脈は陰陽の中に居て人に法り、肝脾とし、中焦に応ずる。胸から臍のまでの間にある病を窺う。○尺脈は陰、下部とし、地に法り、腎命門とし、下焦に応ずる。臍から足までの間にある病を主《つかさど》る。男の尺脈は常に弱く寸脈は盛んであるが、女はこの逆である。男は女脈を得るを不足とし、女は男脈を得るを大過とする。

〈脈法〉〔鍼灸重宝記綱目〕に小児三歳以後は、医者の大指ばかりで児の寸関尺を診る。脈数は呼吸の間に六七回なのを常脈とし、これより数多いのを熱とし、少ないのを寒とする。二歳より内でも寒熱虚実を察し、十二三歳より以後は大人扱いになる。浮数《ふさく》*虚濡《きょなん》*緊弦*弦急*牢実*沈細*緩小沈細*沈遅*沈実*単細《ひとえにさい》*が寸関尺の脈法である。「三部九候《さんぶきゅうこう》」参照

寸口【すんこう】「寸関尺」ヲ見ル。「寸部」とも「寸脈」とも言う。

ずんば【ずんば】 矢音詞遣*。人に中った時の矢音は、「づんば」という。〔武家重宝記・二〕

寸白【すんばく】 九虫*の一。〈症状〉〔鍼灸重宝記綱目〕に脾虫を寸白《すんばく》虫、白虫といい、長さ一寸、動く時は腹が痛み腫れ集まり、清水《なまつばき》を吐き、上り下り起り醒めがある。心臓を破る時は死ぬ。針に三陰交 太白 天枢等十二点がある。〔鍼灸日用重宝記・四〕は多く子孫を生じ、甚だしいのは長さ数丈に至るという。〈療治〉〔薬家秘伝妙方調法記〕は寸白に三稜・胡椒等の処方がある。〔世界万宝調法記・中〕は寸白薬に膠を梅酢で溶いて痛む所に付ける。〔増補咒咀調法記大全〕は寸白《すばく》を下す秘事に、蕪荑・檳榔子・霍乱を粉にし五百日間服すると外の虫も殺し、妙に下す。〔新撰咒咀調法記大全〕は、かたし（椿油）を酢で溶いて陰囊へ塗るとよい。二時（四時間）程強く沁むが、一代根を切る。また、蜂の巣を焙り粉にし一匁を酒で飲むと虫は死んで出る。〔胡椒一味重宝記〕は川芎（小）、甘草（小）、胡椒（大）を煎じて用いる。〔懐中重宝記・慶応四〕は大蒜に味噌を付け、よい程に焼き、毎日五ツ六ツ食うとよい。また、蒟蒻の煎じ汁で痛む所を洗う。必ず食ってはならない。〔万家調法呪詛伝授囊〕は蛮椒《とうがらし》を擂り、痛む所へ付ける。また阿膠を梅酢で溶き痛む所へつける。

せ

畝【せ】　田数*の単位。〔永代調法記宝庫・首〕には三十歩をいい、三十歩とは三十坪である。一反の十分の一。〔算盤調法記・文政元序〕には「古は三十六歩、今は三十歩」とある。

正【せい】　大数*の単位。万万澗*を正という。十正、百正、千正。〔改算重宝記〕

聖【せい】　病症を見立てる法。「もん（聞）」ヲ見ル

鮏【せい】　「さけ（鮭）の事」ヲ見ル

清胃散【せいいさん】　〔医道重宝記〕に清胃散は、胃の熱で唇が裂け、或は口中に瘡を生じ 歯痛み 歯茎腫れ、或は膿み爛れて痛むのを治す。石膏・生地黄・当帰・黄連・升麻・防風・牡丹皮・荊芥（各等分）を煎じる。歯の痛み、胃熱に属するものを治す。火の有余には涼膈散*を用いる。〔改補外科調宝記〕は眼丹*の薬とし、黄芩・生地黄・黄連・牡丹皮・升麻・石膏を煎じる。

征夷将軍【せいいしょうぐん】　「将軍の事」「公方の事」ヲ見ル

清胃保中湯【せいいほちゅうとう】　〔医道重宝記〕に清胃保中湯は、虚弱な者が歯痛で堪えられないのを治す。補中益気湯*に生地黄・黄連・牡丹皮を加えた方である。

清胃養脾湯【せいいようひとう】　〔小児療治調法記〕に清胃養脾湯は、小児吃泥*の薬で、泥土を愛し喰らうのは脾臓に疳を生じ、脾熱の致す所である。黄芩・陳皮・白朮・茯苓・石膏・甘草（各等分）を水で煎じて呑ませる。

清鬱豁痰湯【せいうつかったんとう】　〔医道重宝記〕に清鬱豁痰湯は、胃の中に熱があり、膈《むね》の上に痰があって、清水《きみず》を嘔吐するのを治す。噯気《おくび》や呑酸の薬。陳皮・半夏・茯苓・黄連・蒼朮・川芎・山梔子・縮砂・神麹・木香・香付子・山査子（各等分）、甘草（少々）に生姜を入れて煎ずる。宿食を消し、湿熱を去り、痰を化する剤である。胃寒のものには禁ずる。

清暈化痰湯【せいうんけたんとう】　〔医道重宝記〕に清暈化痰湯は、強く実なもので風痰が上り攻めて、眩暈*するのを治す。もし、虚証の眩暈に用いると忽ち危うい。陳皮・半夏・茯苓（各一匁半）、枳実（一匁）、黄芩・川芎（酒、各八匁）、白芷・羌活（各七分）、防風・細辛・天南星（各六分）、甘草（三分）に生姜を入れて煎ずる。〔昼夜重宝記・安永七〕に清暈化痰湯は、眩暈の主方とする。処方を異にし、陳皮・半夏・茯苓（各一匁五分）、川芎・黄芩（酒炒 各八分）、白芷・羌活（各七分）、南星・防風・細辛（各六分）、枳実（一匁）、甘草（二分）に生姜を入れ、水で煎ずる。熱があるのには黄連を加える。気虚には人参・白朮を加える。血虚には川芎を倍し、当帰を加える。

青塩散【せいえんさん】　牛療治薬。〔牛療治調法記〕に青塩散は、雷丸・青塩（一両）、白礬（二両四匁）、鉛粉・百歩・皂角・草果・苦参・五味子・天仙子・金釵章を末（粉）し、毎服一両には塩（二両）に水二升で調え灌ぐ。蜏黨《ダニ》*を生ずるのに用る。

青黄散【せいおうさん】　〔改補外科調宝記〕に青黄散は癜《なまず》*の薬で、黒癜 白癜ともに用いる。青塊《たんばん》・黄硫《いおう》・明礬・大黄（各等分）を粉にする。まず風呂に入り、癜は胡桃の木の皮を束ねて擦り剝き、粉薬をつける。

西王母餅【せいおうぼもち】　菓子名。西王母餅、桃なり（形）、砂糖入り、梅花餅*と同じ。青と赤とがある。〔男重宝記・四〕

清花【せいが】　〔男重宝記・一〕に清花は、花族の君達ともいい、七家があり七清花*という。皆 藤氏である。

清火安神湯【せいかあんしんとう】　〔医道療治重宝記〕に清火安神湯は、驚悸怔忡 心神の慌乱するのを治す。当帰（一匁三分）、生地黄・麦門冬・酸棗仁（炒各一匁）、芍薬・黄芩・黄連（各八分）、川芎・山梔子・遠志（各七分）、甘草（二分）に、生姜を入れて煎じ服す。案ずるに、怔忡を治す主方である。

青海蒲鉾【せいがいかまぼこ】　〔料理調法集・蒲鉾之部〕に青海《せいがい》蒲鉾は、白・

青の巻蒲鉾を細かく拵え、竪に二ツに割り、板に数状つけ並べて青巌のように蒲鉾をつけて蒸す。

精滑【せいかつ】〔鍼灸重宝記綱目〕に精滑は、夢遺*によらず精のおのずから出るのをいう。「遺精」参照

清花門跡【せいがもんぜき】〔男重宝記・一〕に清花門跡は、清花*の御子が、門跡の寺に入ったことをいう。

清肝解鬱湯【せいかんかいうつとう】〔改補外科調宝記〕に清肝解鬱湯は、乳癌*の症で湿するのによい。陳皮・白芍薬・川芎・当帰・生地黄・半夏・香付子（各八分）、青皮・遠志・茯神・貝母・蘇葉・桔梗（各六分）、甘草・山梔子・木通（各四分）に、生姜三片を入れて煎ずる。

精眼散【せいがんさん】〔洛中洛外売薬重宝記・上〕に精眼散は、麩屋丁四条下ル丁巴流軒山本氏にある。眼洗い薬。

清閑寺【せいかんじ】京名所。高倉院の御陵、小督の局の墓がある。東山清閑寺山の内町にある。〔東街道中重宝記・七ざい所巡道しるべ〕

誓願寺【せいがんじ】京名所。〔東街道中重宝記・七ざい所巡道しるべ〕に、本尊は阿弥陀如来、春日の作で名高い尊像である。六字の額は一遍上人筆で、これも名高い額である。未開紅という梅がある。〔年中重宝記〕に二月中頃、庭に紅梅の名木があり、未だ開かない時、その色は紅《くれない》なので未開紅という。洛中の人は詩を賦し 歌を詠じ 枝に掛ける。近世にまた一木を加えるという。六月二十四日は誓願寺の虫払い。今、新京極通三条下る 桜之町にある。「せんがんじ」は片言。

清肝養血湯【せいかんようけつとう】〔改補外科調宝記〕に清肝養血湯は、鬢疽*で頭痛し、顔 頬腫れ、或は瘡が潰えず、或は膿んで元気虚弱の人に用いる。地黄・陳皮・当帰・芍薬・川芎・茯苓・白朮・半夏・貝母・柴胡・人参・甘草・牡丹皮・山梔子に生姜三片を入れ煎じ用いる。

生気【せいき】八宅八命*の占。〔懐中調宝記・牛村氏写本〕に生気は、大吉方で万事に用いてよい。門を構え 神棚 土蔵 居間、特に竈の口を向ける時は大に財宝を得る。夫婦の合命もまた大吉である。

怔悸【せいき】神経病の一種。〔世界万宝調法記・下〕に怔悸 食物宜禁がある。「宜い物」は生姜 山椒 牛蒡 五加《うこぎ》 蛎 鯉。「禁物」は糯 麺類 蕎麦 飴 砂糖 生菓子 鮒 蛸 鶏 雉子《きじ》 栗など。

生肌玉紅膏【せいきぎょくこうこう】〔改補外科調宝記〕に「和蘭流膏薬之方」として出る。生肌玉紅膏は、専ら癰疽 発背、諸々の潰《ついえ》爛れ打ち身打ち傷に用いる。既に膿が潰れ膿を流す時にまず甘草湯を用い、また甚だしい者は猪蹄湯で傷を洗い 柔らかな絹で拭い取り、膏を手の内に擦り塗り、新しい爛れに擦りつけ、太乙膏で蓋とする。内 補脾の緩薬を兼ね 服する時は腐肉は早く脱し、新肉が速やかに生じ、瘡口は自ずから収まる。外科収斂薬中の神薬である。白芷（五戔）、甘草（一両二戔）、当帰・白占（各二両）、軽粉《はらや》・爪児血竭《かじけつじつ》（各四戔）、紫草（二戔）、麻油（一斤）。まず当帰・甘草・白芷・紫草を油に三日浸し、火に強く熬《あぶ》り色が変わる時に絹で濾し、また油を鍋に入れ交ぜ煎じ血竭化し尽して、次に白占を入れ弱火で化し、四ツに分けて水に入れ、茶碗四ツにして、軽粉《はらや》一銭ずつを交ぜて用いる。

清肌玉紅膏【せいきぎょくこうこう】〔改補外科調宝記〕に清肌玉紅膏は、骨槽風*（耳の前に出てはびこる瘡）の薬である。白芷（五匁）、甘草（一両）、当帰・白占（各二両）、乱髪・軽粉（各四匁）。まず白芷・甘草・当帰・紫草の四味を胡麻油に浸し、二日後に煎じて薬を濾し去り、清い油に残る三味を入れ蠟を加えて練る。

精気根の薬【せいきこんのくすり】〔妙薬調方記〕に「れんにく（蓮肉）*を炒りて常々食すれば、せい（精）気を増して（根）の妙薬」となる。

筮気の伝授【ぜいきのでんじゅ】〔米商売相場人調宝記〕に筮気《ぜいき》の極妙伝がある。寅（四時）の上刻に起き 身を浄め 衣服を改め 北に向い 香を焚いて、

乾元亨利貞を百八十遍誦して手を合せ 天神地祇に誓い、人生の勝負の徴を示し給えと祈り、香を焚いて目を閉じてまた乾元亨利貞を三遍唱え、目を開いて見る時、清く焼け 直に一筋に立ち昇るのを吉とし、中途より二筋三筋になるのは不吉とする。

惺芎散【せいきゅうさん】〔小児療治調法記〕に惺芎散は、小児が変蒸*で発熱し、或は咳嗽、痰涎、鼻塞り、声の重いのを治す。茯苓・白朮・人参・甘草・桔梗・細辛・川芎（各等分）を水で煎ずる。

逝去【せいきょ】大名衆遣い詞。〔男重宝記・一〕に公方《くぼう》・将軍の死を「他《た》界《かい》とも、又は薨去《こうきょ》とも、逝去《せいきょ》」ともいう。下の人が言う時は「御」の字をつける。

清金散【せいきんさん】〔小児療治調法記〕に清金散は、「痘後の余症*」で余毒が脾肺にあり、咳嗽を発するのによい。陳皮・半夏（各中）、貝母・天花粉*・麦門冬・桔梗（各上）、山梔子（炒）・黄芩（各等分）、甘草（生下）を水で煎ずる。

清月餅【せいげつもち】菓子名。清月餅、ながし物、白ささげ、山の芋入り。〔男重宝記・四〕

せいご【せいご】〔料理調法集・口伝之部〕に鱸《すずき》の小さいのを、はね、はぐら、せいごともいう。また銀魚ともいう。

青膏【せいこう】〔改補外科調宝記〕に青膏に二方がある。①「癰疽」の治方として青膏の方は、唐蠟（十両）、青煙草（揉み出し汁を入れる）、胡麻油（白絞り）、甘草粉・鹿角粉（各二両）。まず蠟を焼き物に入れ、炭火でとろりと炊き、よく溶けた時甘草を入れ、その後に鹿角粉を入れ、胡麻油を入れて練り合わせ、竹篦で一滴水の中へ落して煮え加減を見、玉となるのをよしとする。秋冬は全体に濃く練り、膿を寄せて腐らせる時は丹礬・軽粉を加えて付ける等加減の方もある。②「諸流家伝膏薬」の一ツとして青膏《せいこう》がある。唐蠟（百目）、白胡麻油（百二十目）、家猪油《ぶたのあぶら》・椰子（各四十目）、青莨菪（絞り汁二升。茎を去り揉む）。まず油を銅鍋に入れてよく煎じ、次に青莨菪の汁を入れて煎じ、水気のない時に臘を入れて漉し、渣を去り、貯えて用いる。一切の腫物に始めから終り迄用いる。傷に付けてもよく、万ずの痛み痒みを止める。

せいかう餅【せいこうもち】菓子名。せいかう餅、上下中 羊羹、ながし物。まく道餅。〔男重宝記・四〕

生剋【せいこく】〔農家調宝記・三編〕に次がある。五行の性《しょう》を繰り相生*相剋*の善悪を唱えるが、生剋《せいこく》はもと自然の理を言うもので『河図洛書』に始るとする。例えば、男木性で女が金性なら金剋木で、女の金が男の木を切り倒す理を剋するという。しかし、六十甲子を五行に配当すると木・火・土・金・水にそれぞれに六品があり、例えば、男が松柏の木で女が海中の金 或は金箔の金なら、切り倒すことはさておき剋する手段もない。理は剋するであるが、五行の生剋と人の性に受けた五行の生剋とは意味が少し異なる。〈生剋制化〉〔日用重宝記・二〕に「生剋制化」ということがあり、生剋化は知り易く、制の字は明らめ難い。相生の中に剋があり、相剋の中に用がある義という。

正骨医学書目【せいこついがくしょもく】〔骨継療治重宝記・上〕に、正骨科*の医学でよく熟読すべき書として以下がある。『正骨続断方』『得効方正骨秘論』『古今医統正骨科』『正体類要』『瘍科準縄傷損門』、中でも『正体類要』がもっともよいという。

正骨科【せいこつか】傷折科を正骨ともいい、骨継療治のことである。正骨の専門の始祖は杭州の田馬騎というが、正骨科で妙術を極めた人は日本にも中国にもなく、医者も少ない。〔骨継療治重宝記・上〕

正骨科用薬之口訣【せいこつかようやくのくけつ】〔骨継療治重宝記・中〕に「正骨科*用薬之口訣」として骨継療治用薬の事がある。①打撲 墜堕 物による圧迫等は皆、四肢 五臓を驚き動かす故、必ず悪血が内にあり専ら胸

が悪い。まず清心薬*打血薬の大小腸を通ずる薬を服し、童便を加えると即効がある。清心薬に大小腸を通利する薬を加えて服すると自然に通じ、悶煩《いきれもだえ》がなく、悪い血が胸を汚すこともない。次に止痛薬を服すると止む。②攧撲 刀石等諸般の重傷にはまず清心薬を服し、次に澄んだ小便を服し、三度去血の薬を服する。或は傷を受け 血が滞らなければ傷口から出し、或は滞って内にあれば薬を用い、大腸に追い入れる時は泄《くだ》る。或は転け落ち 木に圧され 悪血の積まないものは四肢に追い散らし、臓腑や上胸に滞るものは口中より吐き出させ、中胸に滞れば大腸に入れる。泄り出るとまず急に救い、次に止痛薬*を服し、二十五味薬*に加減して用いる。③薬は皆湯使による。まず清心の薬を煎じ、後に童便一盞を加えて用い、痛みを止める。重傷には薑湯 燈心湯を用い、また二十五味薬*を用いる。薄荷湯もよい。④傷《けが》 或は刀傷で内臓腑を損ずる時は、煩悶 崩血の患いがある。骨折には二十五味薬*と薑酒を同じく服し、接骨の薬をつける。重症は前の法を酒で服用する。軽損傷は薑湯を用い、二十五味薬*を調えて下すと即効がある。

⑤打撲 傷損 骨を折り脱臼するものは、何首烏散*を用いる。発熱 体実する人は踈風敗毒散*を用いる。悪寒があり体の弱い人は五積交加散*を用い、後に黄白黒紅四味の末（粉）を補損丹 活血丹*等で治す。⑥骨折 脱臼には、瘀血を下す薬と大便を通ずる薬を用いてはならない。ただ風を踈《すか》し気を順《めぐら》し 血を調え 痛みを鎮め 損ねを補うのみである。⑦打撲 砍磕（石による打ち傷）高所より跌堕し、瘀血が胸を攻め上り、言語（物言う事）のできないものは、独聖散《どくせいさん》（＝不明、或は独勝散*ニ同ジカ）と破血薬*を用いる。瘀血を下し去るとよく物言う。次に症に応じて治す。⑧打撲 跌堕して脇下を破り瘀血が滞り、痛み忍び難いものは、まず破血薬と独聖散を用い、次に復元活血湯*で調え理める。

⑨打撲 跌堕 皮肉を損じ破り 紫黒色なのは、まず破血薬 独聖散を用い、次に清上瘀血湯*また破血湯で下す。

⑩打撲 損傷 悪血汁を吐くものは、まず独聖散を用い、次に百合散、次に生料四物湯《しょうりょうしもつとう》に、硬骨 牛乳根を加減して調え理める。⑪打撲 刀斧 砍磕等により皮を破り肉を損じて出血多く 頭目の眩暈するものは、まず川当帰《せんとうき》・大川芎《だいせんきゅう》を水に煎じて服する。次に白芍薬・熟地黄・続断・防風・荊芥・独活・南星を加え調えて服する。酒を用いてはならない。もし出血が少なく内に瘀血のあるのは、生料四物湯一半をもって独聖散一半を加え、水に煎じて服する。まだ皮肉を傷《やぶ》らないのは、上碗に酒を加え和《ととの》えて服する。⑫打撲 刀斧 砍磕等の傷が風に傷られて痛みが忍び難く、歯先を食い閉め 曲み反り返る者は、生南星・防風（各末粉す 等分）を米泔《しろみず》*に調え、患部に塗る。また熱酒・童便（各半）を調えて頻りに進めると三服で甦る。次に踈風敗毒散を用いて治す。⑬刀斧 跌磕で陰嚢の皮を傷《やぶ》るのは、まず独聖散を服し、次に止痛薬を服する。もし内に滞る血があれば破血薬*を用いる。⑭刀斧で腹の皮を傷《やぶ》り腸が出るのは、まず清心の薬に童便を加えて服する。次に独聖散を用い、次に止痛の薬を用いる。もし出血過多なら、まず当帰・川芎を水で煎じて服し、次に白芍薬・熟地黄・羌活・独活・防風・荊芥・白芷・続断を加え水で煎じ、乳香・没薬の粉を和え服する。総じて損傷の薬の中に乳香・没薬を欠いてはならない。この薬は極めてよく血を散らし、痛を止める。

⑮刀斧 跌磕 閃肭 脱臼には初めから自然銅を用いてはならず、久しくして後に用いる。骨折には用いてよく、骨折せず骨の砕けないものには用いてはならない。自然銅は必ず火を用い煆《やきとお》してから服する。但し、その骨を接ぐ効はあるが、銅の火毒と金毒との相乗副作用に注意が要る。⑯堕傷で内に瘀血のあるのは必ず腹が脹り満ち痛み、或は胸脇が満ちる。破血薬 清心の薬を用いると自然に癒える。痛みの止まないのには独聖散を服すると効験がある。さらに止まないのには止痛の薬を服すると大効

がある。⑰刃傷や高所より跌堕して皮肉破損し出血過多には、疼《いた》みを止め 補を兼ねるを先にし、当帰補血湯*がよい。皮肉が破れて損じないのは、瘀血の停積として治す。まず独聖散を、次に破血の薬を用い、症により加減する。続けてまだ痛みの止まないのには痛みを止める薬を用いる。胸膈の疼痛は開（芥）心草 雪裏開 蘇木を酒に煎じ、童便を入れて調え服すると効がある。単に蘇木を酒で煎じ 童便に調えて服するのもよい。

⑱刀斧 金刃 打撲 高所より跌堕して皮肉を破損し 重傷の治療は、破傷部の真ん中に封口薬* 或は補肌散を振り掛け、四辺《ぐるり》に截血膏*を貼り占め、新血を止める。秘伝である。⑲損傷を治す妙は気血を補うことにある。それを、ただ速効を求めて自然銅を用いると、恐らく痼疾となる。始め傷れた時は蘇木で血を活し、黄連の火を降し白朮の中を和《ととの》えるには、童便で煎じ服する。下にある瘀血は下して補《おぎない》托《あげ》し、上にあるものは韮汁を飲むか粥に混ぜて食うとよい。決して冷水を飲んではならない。血が寒《ひえ》ると塊り、一条《ひとすじ》の血でも心《むね》に入ると即死する。

⑳老人が落馬して腰が痛み 動かれないのには、蘇木・人参・黄芪・川芎・当帰・陳皮・甘草を煎じて服する。次に前の薬を以って紅黒黄白の四の末（粉）で、補損 丹活 血丹を調えて下す。㉑杖打 閃肭 疼痛は皆滞血の証なので、破血の薬で下す。痛みが堪えられないのは血を傷《やぶ》るからである。清心の薬がよい。さらに止まぬ時は独聖散を用いると大効がある。㉒刀斧 打撲 砍磕 跌断で血管から血が出るようなのは、経を傷《やぶ》るからである。封口薬*を振り掛け手で厳しく押すと、暫くして止む。止血散を振り掛けるのもよい。もし腫れ痛めば葱を搗いて炒り、熱して縛《くく》る。㉓損《け》傷《が》で大小便の通じないのには決して損薬を服してはならない。損薬を熱し 又酒を用いると、渋り秘《とじ》るのは愈々甚だしくなる。患者の虚 実を考え、実する者には破血の薬を用い 木通を加え、もし尚まだ通じなければ芒消を加える。虚する者には、四物湯*で枳穀・麻仁・桃仁の腸を滑にする類を加える。虚人の下すことのならない者には四物湯*に穿山甲を加える。㉔損《け》傷《が》薬を服する時は、冷えた物や魚牛肉を食ってはならない。極く冷えた物はもっとも悪い。もし牛肉を食う時は痛みは治らない。瘟猪肉 猪母肉はもっとも食ってはならず、甚だ忌む。

㉕損《け》傷《が》には草薬を服してはならず、服すると生ずる骨は必ず大きくなり、臼《つがい》に入らない。君臣の薬*を兼ね服する時は、必ず気血を温め 補薬を加えて同じく煎ずる。㉖損《け》傷《が》の薬は必ず熱してよく気血を生じ、以って骨を接ぐ。さらに火で炙《あぶ》るのを忌む。もし敷薬《つけぐすり》で効がなければ服薬も効がない。㉗敷貼《つけ》る薬等の草薬を用いる時は、皆必ず時に臨み 新鮮な物を生に採って用いると効がある。もし遠路で尋ね求めるのに便りのない時は末（粉）にして用いる。研《おろ》し末（粉）にすると生で採るものより劣る。もし草薬を尋ねる所がなければ、君臣の薬を用いて接ぎ縛る。㉘損《け》傷《が》薬に酒を用いるものは、紅白を問わず 灰汁《あく》の酒を忌む。重い損傷には酒を用いてはならず、却って気を承け起こし 腹脹り 胸満つる。切に記憶すべきである。やや鎮まるようなのは酒水を用いて煎じ、或は湯を酒に浸すのがよい。㉙打傷が両脇 両胸 両肚 両肋にあるのは、却って通気通血 清心の薬を用い、また患者の虚 実を考え、虚する者は通薬に補薬を兼ね 緩めて用いる。

㉚通薬を用いて却って通じないものは、後に順気の薬を用いる。腹 肚が全く膨脹《ふくれはれ》がなくて安きことを得るのは、血がなすのではなく気が閉じて通じないのである。もし腹 肚に血の作《わざ》があれば一度は通じて下り、また順気の薬をもって兼ねる。近くは胸膈 肚腹厳しく悶えず、気が順にして、後に損《け》傷《が》の薬を用いる。㉛酔い臥して床下に跌き 胛背（貝殻骨）が疼痛し 屈伸しがたく 損薬も効のないのは、黒豆酒を服すると数日で癒える。豆はよく気を下す。㉜小児が床より跌き墜ちたのには、蘿蔔子を煎じ服すると癒える。気をめぐらすからである。㉝用薬を調作《ととのえなす》

法は、頭脳《かしらななずき》の上を除き、薬水で洗ってはならない。恐らくは破傷風となる。その余は、熟した油を加え、薬水と同じく風を避けて洗う。痛みを止め調える時もまず熟酒を用い、草烏を擂り一二戔を服する。調える時に気が絶えたら蘇合香丸*を用いて蘇生する。まだ蘇生しない時は、黒豆・防風・甘草・黄連を煎じて冷やし服する。或は苡草《おおばこ》を水に擂り服するとよい。塩を用いて解いてはならない。もし吐いたら生薑汁を加える。人には虚実があり一律に施してはならず、必ず症状をにより対処すべきである。

整骨麻薬【せいこつまやく】〔骨継療治重宝記・下〕に整骨麻薬は、骨を整える時の麻酔薬である。草烏（三銭半）、当帰・白芷（各二銭半）を末（粉）にし、五分を服するごとに熱い酒で調え下すと痺れて痛むことはない。その後、手で法の通りに整え治める。

誓言の事【せいごんのこと】神かけて誓う誓約の文言をいう。〔人倫重宝記・二〕には身分により次がある。○侍は八幡《やわた》八幡宮を武家の祖神とするので誓言は「弓矢八幡」。○出家は「猛火《みょうか》に荼毘《だび》せらるる法もあれ」。○職人は「今のむ煙草が三毒*となれ」。○町人は「大《だい》誓文」。○傾城は「誓文くされ」。○禿子共は「誓文見しやりかったい」等がある。

セイ痧【せいさ】〔秘方重宝記〕にセイ痧は、総身に少し火傷したようにさらさらした痣のような物が出来、だんだん全身に広がり、その瘡を強く押すと痛まず、和かに障ると針を立てたように疼き耐えがたい。これは痧毒*の表症で早治を要する。

正載じゃ【せいさいじゃ】〔世話重宝記・五〕に正載というのは、次第に、千より万、万より億、億より兆、兆より京、京より秭《し》、秭より垓、垓より壌、壌より溝、溝より澗、澗より正、正より載を生ずる。算法が積って正載に至る時は、地も載せることはできない。これより物の至極を「正載じゃ」という。

制札の事【せいさつのこと】『日葡辞書』に「Xeisat.（制札）ある事を禁止する旨を書きつけて、公然と人目につく所に立てる板、あるいは、公示」とある。〔改正増補字尽重宝記綱目〕に次がある。〈制札寸法〉制札の板は竪板を用い、横板は略儀である。寸法は図の通り（図277）。〈書法〉○「禁制」の字は板の端から一寸八分置いて書き出し、高さは「一」と事書《ことがき》の間から書き出す。○「所付」は禁制の左のはずれの通りに書く。所の右のはずれとすれよう心持である。○「一」の字と事書との間は、大抵は一の長さ程というが、一より少し広いのもよい。○「事」の字は上から読み続かないように書く。○「右状々事」は「禁制」と同じ頭に書く。○「状如件」は半（奇数）になるように書く。○「年号」は、右状々に一字下げで書く。○「名書」は官を書き、次に氏 朝臣を書く。無官の人は名字だけを書く。○「ケ条の事」大抵三ケ条を法とするが、場合による。○「禁制」とある所を「法度」「掟」「定」とも書くことがある。制札による。この外に下馬の札の書法は特に口訣 伝授の習いがあり、体用、止むる点、入点、また額 或は絵馬等の書法は上《かみ》への高下に従い 文字の大小 平字《ひらじ》に使い、また札の広狭により習い 皆口伝があり、名師につきよく伝授 相承するのがよい。

〔不断重宝記大全〕に制札に、釘を打つ時は「武運長久 国土安穏」と打ち、大工に心得のない時は教える。制札は書くとは言わず調えるといい、板を削るとは言わず拵えるという。紫の硯并黒竹《くろちく》の筆では書かず、北向きに居て書かない。板の高さを一尺二寸を定法とするのは、十二月、十二支*十二運*に表すのである。横巾は箇条の多少による。制札を打つ高さは、地より一間一尺で、諸人の手が届かないようにしたものである。

「こうさつ（高札）の事」参照

清三郎【せいざぶろう】〈何が不足で癇癪の枕言葉〉「酒、清三郎。せいざ。ざぶらう」。〔小野篡譃字尽〕

図277 制札の事

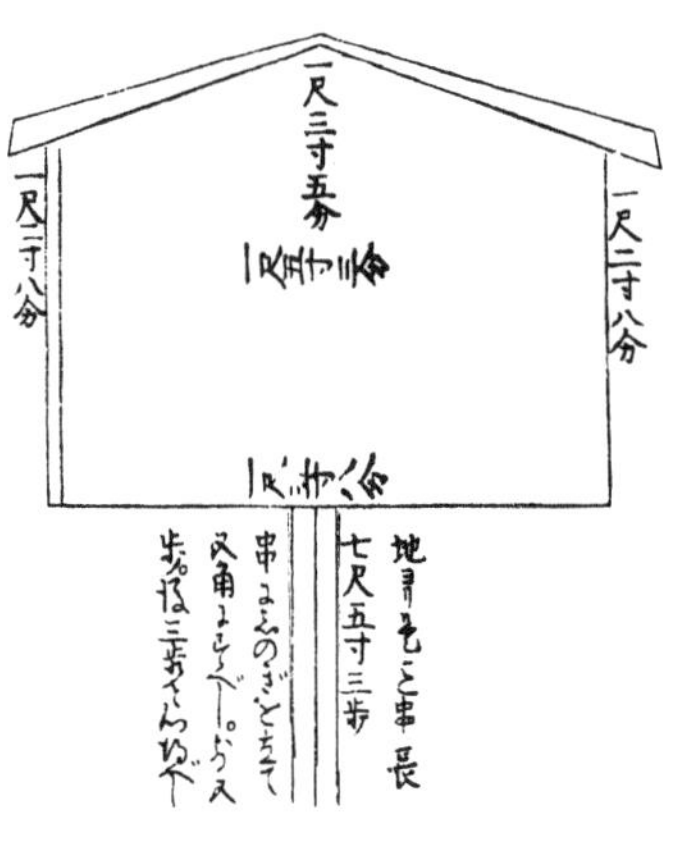

「制札の寸法」（改正増補字尽重宝記綱目）

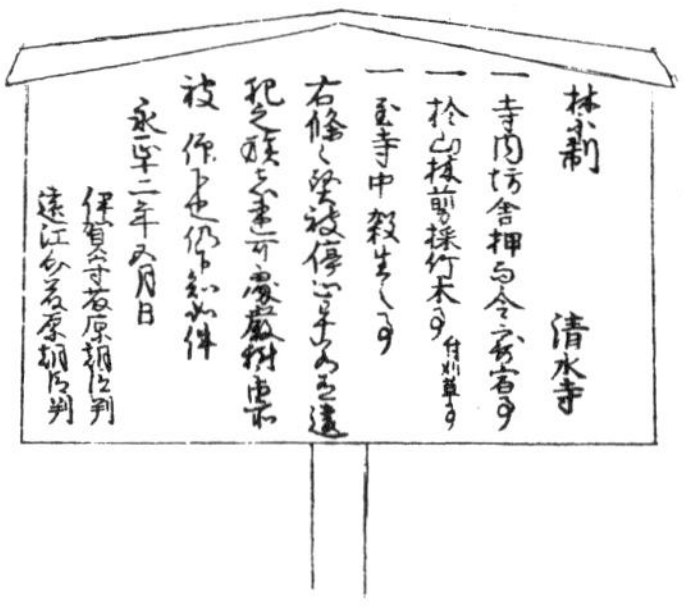

「制札の書法」（改正増補字尽重宝記綱目）

姓氏【せいし】 姓《せい》《うじ》と、氏《し》《うじ》の分かちがある。○「姓」はその祖考（亡父）のよって出た所を統べるもので百世も変らないものである。○「氏」はその子孫によって分かれたもので数世で変ずるものである。姓は源平藤橘の四姓に分かれて末代迄変わらないが、氏は末々に分かれてその流れは多く、例えば源姓の内では新田氏足利氏畠山氏等のようである。〔武家重宝記・一〕

勢至真言【せいししんごん】 真言陀羅尼*の一。「唵三髯髯索娑婆訶《おんさんさんさくそあか》」と唱える。〔新撰咒咀調法記大全〕

清地退火湯【せいじたいかとう】〔小児療治調法記〕に清地退火湯は、出瘡《でそろう》*の症で、火裏の苗痘*を治す。柴胡（一匁五分）、地骨皮（一匁）、地膚子（九分）、紫草・葛根（各八分）、牛房子（七分）、連翹（六分）、当帰（五分）、木通（三分）、蟬退（二分）に、生姜一片を入れ、水で煎ずる。熱が引かない時は再び一剤を呑ませる。

清湿化痰湯【せいしつけたんとう】〔医道療治重宝記〕に清湿化痰湯は、周身四肢骨節走中疼痛し、胸背に牽引《ひきつけ》するのを治す。また、寒熱喘咳煩悶し、或は腫塊をなし痛んで転側しがたく、或は四肢麻痺不仁し、或は背心一点が氷が冷えるように脈滑する。即ちこれは湿痰が経絡に流注し関節を利せないためである。天南星・半夏・陳皮・茯苓・蒼朮・羌活・黄芩・白芷・白芥子（各一匁）。木香（五分別）、甘草（三分）を煎じ、竹瀝*と生姜汁を入れて服する。各症状により加減の方がある。〔薬種日用重宝記授〕

勢至菩薩【せいしぼさつ】〔永代必用両面重宝記・寛延四〕に勢至菩薩は徳大勢至ともいう。午年生れの守り本尊で、御縁日は二十三日、真言は「唵三髯髯索娑婆訶」、卦は離中断。離*の卦は心明らかになり、貪欲執着に離れ易く、思わず法心を起こし、また仮初めのことに縁を切り、後悔することが多い。これは心が明らかにならないためで万ず慎み、二十三夜を信じるとよい。

清寿庵【せいじゅあん】「清寿庵 御料理所」は、南品川本宿中程 橋手前にある。〔江戸町中喰物重法記〕

青州白丸子【せいしゅうはくがんし】〔丸散重宝記〕に青州白丸子は、寒痰の急病に、小児咳嗽に、吐痰をしないものに、或は慢驚風に、中風で痰涎の胸に塞がるのによい。癲癇の妙方で、湿痰の眩暈によい。半夏（七匁）、南星・附子（各三匁）、川芎烏頭（五分）を糊で丸ずる。

勢州焼【せいしゅうやき】「鍋焼」ヲ見ル

正寿散【せいじゅさん】〔洛中洛外売薬重宝記・上〕に「家伝名方正寿散」は、西六条仏具や町七条上ル二丁目 梅園堂にある。第一に癪、痞え、産前産後、血の道不順に奇妙である。

せいしゅぼさつ【せいしゅぼさつ】 片言。「せいしゅぼさつは、勢至菩薩」である。〔不断重宝記大全〕

清種油【せいしゅゆ】〔洛中洛外売薬重宝記・上〕に清種油は、建仁寺町四条下ル町 川嶋利兵へ にある。十六文。第一に切り傷、火傷によい。

清上瘀血湯【せいじょうおけつとう】〔骨継療治重宝記・下〕に清上瘀血湯は、上膈に傷を受けるのを治す。羌活・独活・連翹・桔梗・枳殻・赤芍薬・当帰・梔子・黄芩・甘草・川芎・桃仁・紅花・蘇木・大黄を、生地黄で煎じ老酒と童便を加え和《ととの》えて服する。

清正公大神祇【せいしょうこうだいじんぎ】大坂願所。天満東寺町栗東寺の西妙福寺 清正公大神祇は、近頃霊験著しく諸願成就しないことはない。御礼には図のような蛇の目の御紋に神号と願主の姓名を墨黒に記して奉納する（図278）。御縁日は二十四日である。〔江戸願懸重宝記・初〕

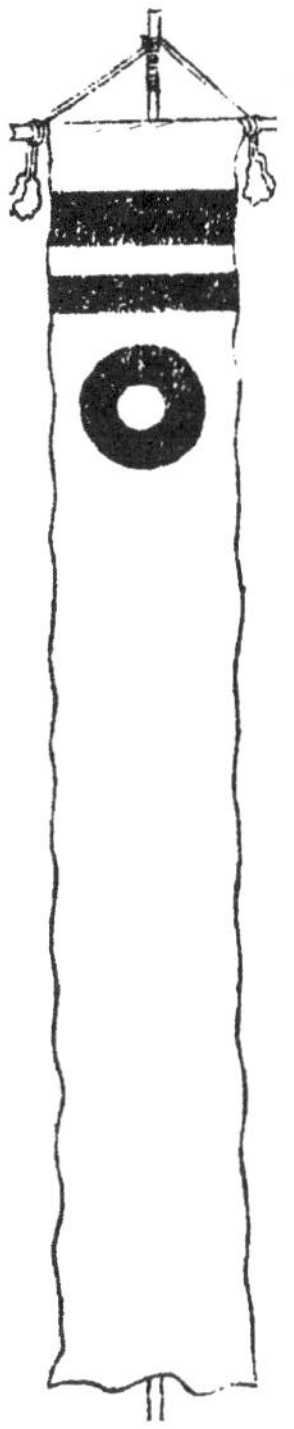

図278「清正公大神祇」（江戸願懸重宝記）

清少納言【せいしょうなごん】〔麗玉百人一首吾妻錦〕に次がある。肥後守元輔の娘で、元輔は清原姓なので清少納言という。一条院の皇后に仕え、生質爽やか、才学は世を越えていた。ある年の冬、雪がひどく降り積った朝、主上が紫閣に出御あり、香爐峯の雪はいかにと群卿に尋ねられ、答える人はいなかった。傍にいた清少納言はつっと立って御簾を巻き上げた所、帝は甚だ叡感されたという。これは白楽天の詩「香爐峯の雪は簾を撥《かか》げて看る」による営為で、人々は博学宏才の頓知に舌を巻いたという（枕草子・一二六）。『百人一首』に「夜をこめて鳥のそら音《ね》はかるともよにあふさかの関はゆるさじ」。

清上防風湯【せいじょうぼうふうとう】〔医道重宝記〕に清上防風湯は、上焦（「三《さん》焦《しょう》」参照）の火を清くし、頭顔に瘡を生じ、風熱で腫れ痛むのを治す。防風（一匁）、薄荷・山梔子・黄連・枳殻・荊芥（各五分）、連翹・白芷・桔梗（各八分）、川芎・黄芩（各七分）、甘草（三分）を煎じ、食後に服する。

清暑益気湯【せいしょえききとう】〔医道重宝記〕に清暑益気湯は、長夏の湿熱に感じ、手足だるく、心気短く、動作ものうく、身熱し、気高ぶり、心の煩《いきれ》を治す。人参・白朮・陳皮・神麹・沢瀉（各五分）、黄芪・蒼朮（各一戔半）、升麻（一匁）、麦門冬・当帰・青皮・葛根（各三分）、五味子（九粒）、黄栢（酒三分）、甘草（三分）を煎ずる。諸症により加減補薬がある。

正女は二夫に目見えず【せいじょはじふにまみえず】「忠臣は二君に仕えず」ヲ見ル

清心化痰湯【せいしんけたんとう】〔医道療治重宝記〕に清心化痰湯は、精神が安定せず、喜《この》んで笑い、常ならず言語錯乱し、妄りに見妄りに言い、高きに上り罵言するのを治す。天南星・半夏・陳皮・茯苓・黄連・当帰・生地黄・川芎・人参・酸棗仁（炒）・菖蒲（各一匁）、甘草（二分）に姜を入れ、煎じ、服す。按ずるに、一切の癲疾を治す主方である。

生神散【せいしんさん】〔医道療治重宝記〕に生神散は、産前産後の気沈み、眩暈を治す。蒲黄（炒大一匁）、人参（中三分）、甘草（小一分）を末（粉）にし、白湯で用いる。〔丸散重宝記〕には産後の気つけとし、蒲黄（一戔）、人参（五分）、甘草（二分）を細末（粉）にして、白湯で用いる。

清心散【せいしんさん】〔改補外科調宝記〕に両乳房の間に心癰が出て小便の渋るものには清心散がよいとし、遠志・赤茯苓・赤芍薬・生地黄・麦門冬・知母・甘草（各等分）を生姜湯に入れて煎ずる。〔丸散重宝記〕は舌強張《こわば》り、物言うことのできないのによい。青黛・蓬砂（各二戔）、竜脳（三分）、牛黄（二分）、薄荷（三戔）を細末（粉）にする。

清心湯【せいしんとう】〔医道重宝記〕に清心湯は、遺精*夢遺*を治す。心動き、火したがって遺精するのを治す。腎虚し肺気の衰えるのには効かない。黄連・生地黄・当帰・人参・遠志・茯神・酸棗仁・蓮肉（各等分）、甘草（少）を煎ずる。

清震湯【せいしんとう】〔改補外科調宝記〕に清震湯は、頭瘡*の薬とある。升麻・蒼朮（各一両）、蓮葉（一葉）を煎じ、緩々と用いる。

生津補血湯【せいしんほけつとう】〔医道療治重宝記〕に生津補血湯は、年少の人が膈《かく》噎《いつ》を病み、胃脘血燥し 燗するため、便が閉塞して食が下らないのを治す。当帰・芍薬・生地黄・熟地黄・茯苓（各一匁）、枳実・陳皮・黄連・紫蘇子・貝母（各三分）、砂仁・沈香（各五分）を姜と棗で水煎し、竹瀝*で沈香を磨し、同服する。症状により加減がある。

清心薬【せいしんやく】〔骨継療治重宝記・下〕に清心薬は、打撲 傷損 骨折 脱臼 刀斧斫磕等の傷、及び肚皮傷《やぶ》れ腸の出るのを治す。牡丹皮・当帰・川芎・赤芍薬・生地黄・黄芩・黄連・連翹・梔子・桃仁・甘草を灯心草と薄荷で煎じ童便を入れて調え服する。

清心抑胆湯【せいしんよくたんとう】〔昼夜重宝記・安永七〕は清心抑胆湯は、癇は気血の虚に属し、痰火を兼ねる症を治す。当帰・芍薬・白朮・半夏・陳皮・茯苓・枳実・竹茹・菖蒲・黄連・香付子（各一匁）、川芎・麦門冬（各四匁）、甘草（少）、生姜を入れて水で煎ずる。怔忡《むなさわぎ》 健忘 驚悸《おどろき》 狂気等、痰火を兼ねるものに皆用いる。〔薬種日用重宝記授〕にも癇は気血が虚し、痰火を兼ねるものを治すとある。当帰・芍薬・白朮・茯苓・陳皮・半夏・香付子・枳実・竹茹・菖蒲・黄連（各一匁）、川芎・人参・遠志・甘草・麦門冬（各四分）に生姜を入れて煎ずる。

清心連子飲【せいしんれんじいん】〔医道療治重宝記〕に清心連子飲は、心中煩燥し、思慮憂愁 抑鬱して小便が赤濁するのを治す。或は沙漠《しゃばく》があり夜の夢に遺精し 遺瀝渋り痛み小便赤く、或は酒色を過度し 上盛んに下虚し、心火上炎し肺金がその剋を受けて口苦く咽渇き 漸々消渇となり、四支倦怠し、男子の五淋、婦人の赤白、五心煩熱するのに用いる。薬性は温 平である。心を清《すず》しくし神を養うと、よく精を秘して大いに奇効がある。蓮肉・人参（各二匁五分）、黄芪（蜜）・赤茯苓（各二匁）、麦門冬・地骨皮・黄芩・車前子（各一匁半）、甘草（一匁）に、灯心（五根）と生姜（二片）を入れて煎じ服する。症状により加減がある。老人 壮人によらず、気弱く常に余瀝があり、不快の者が服し、久しくすると験《しるし》がある。

清水寺【せいすいじ】 京名所。〔東街道中重宝記・七ざい所巡道しるべ〕山号寺号を音羽山《おとわやま》清水寺《せいすじ》という。惣門を入ると馬駐《うまとどめ》、しがま塚がある。本堂 本尊は観世音菩薩。巡礼所である。前に舞台があり、甚だ高く、有名。奥の院 本尊は観世音菩薩。ここから石階段を下りると音羽の滝がある。地主《じしゅ》権現*は本堂の後ろにあり、相向いの石をめくら石という。地主の桜 三重塔 田村堂（五月二十三日田村丸忌）朝倉堂 犀門がある。手洗水《ちょうずみず》梟の水という名水がある。成就院の庭は甚だ美である。清水寺の上の山は音羽山である。〔年中重宝記〕に次がある。正月三十日 清水本式の連歌（毎月）。三月初め 清水寺音羽桜が盛り。四月九日 清水地主権現祭。七月十日 清水寺千日参り。十一月二十八日 清水寺行叡忌。

星図八等形【せいずはっとうけい】〔蘭学重宝記〕には図版のようにある（図279）。

図279 「星図八等形」（蘭学重宝記）

惺々散【せいせいさん】 「しょうじょうさん（惺々散）」ヲ見ル

正摂【せいせつ】 「潮汐の満干」*で、月の出に潮が満つるのを正摂《せいせつ》、入るのに満つるのを反摂《はんせつ》という。〔農家調宝記・二編〕

清相【せいそう】 人相*の一。〔万法重宝秘伝集〕に清とは心清く 魂高く 秀でて、悪しきに交わっても染まらず、玉や蓮華のようである。事に臨んで過不及なく、中を受けた相で、これは聖人賢人の相である。

正体医【せいたいい】 〔骨継療治重宝記・上〕に次がある。『医方選要・折傷門論』に、筋骨を損折 腸を出し 胃を傷《やぶ》るには、その接 縛 縫 補の法をする専門の者がいるとあり、『外科正宗・跌撲門論』には骨節を跌断する大損等の症には専門があり、 接骨 札縛するとある。これらからすると、唐土にも日本のように正体医は稀のようである。今の外科者流は正骨科*に暗いのは是非もない。必ず外科道を明らかにし、古賢の外科書を究め、傍ら紅毛《オランダ》南蛮流にも及ぶべきとある。

青黛円【せいたいえん】 〔丸散重宝記〕に次がある。『正伝』を引き青黛円は、急驚風、痰熱の搐搦《ひらつき》によい。瘡の余毒が口歯に攻め登り、黒血が出、痛み、或は癘毒《かったい》、驚燥、頬赤く、 口舌に瘡を生じ、夜 臥すに安まらず、譫語煩渇し、頭面身体に瘡癧を生ずる等によい。或は疳の虫で目の白くなるのを治す。玄参（四匁）、桔梗・人参・馬牙硝・茯苓（各二匁）、青黛（一匁）、麝香（五厘）、甘草（一分）を蜜で丸じ、銀箔を五枚入れて搗き調え十二円にし、金箔の衣を着せて用いる。一歳の子には一円を四等分し薄荷湯で下す。瘡疹が口歯に攻め登り血が出、息気の者には生地黄の自然汁で一円を下す。熱疳 肌肉 黄痩、雀目で夜目の見えないものには陳粟米の泔水で下す。

怔忡【せいちゅう】 「胸騒ぎ」ヲ見ル

征虫散【せいちゅうさん】 〔丸散重宝記〕に征虫散は、諸々の冷虫 嘔吐 心腹痛によい。良姜（七戔）、厚朴（十戔）、丁子（五戔）、莪蒁・陳皮（各三戔）を末（粉）にして白湯で用いる。

青泥散【せいでいさん】 〔改補外科調宝記〕に青泥散は、丹毒《くさ》*の薬。鹿角と青麻を粉にし、水で付ける。青泥散は、腫物の寒熱を試みるのにもつけてみるとよい。

青泥丹【せいでいたん】 〔改補外科調宝記〕に青泥丹は、疔疽*の薬。鹿角・青麻（各等分）を粉にし練って付ける。この薬は疔疽、その他腫物 寒熱を見る時につける。膏薬は太乙膏*万能膏等がよい。

井田の事【せいでんのこと】 〔農家調宝記・初編〕にシナの聖賢（周 文王）の定めた古法で、日本には神功皇后が三韓征伐後、井田の図法を伝えた。その概略は、田九百畝（畝）を井地《せいち》として方面になし、中へ井の字を書くと囲のようになる。中の百畝を公田とし 周りの八百畝を農夫八家に一畝ずつ分ち与えて私田*とする。八家が組合い 公田を作り その穀を貢とし、八家の私田は各自の作徳とする。年貢の緩やかなことはこの上なく、古今の良法として『孟子』にも井地の説がある。和漢ともに今は公田はなく、皆私田で、私田から税賦を納める。

制日【せいにち】 日取吉凶。〔重宝記永代鏡〕に制日《せいにち》は下《しも》を制する悪日で、万事に用いてはならない。甲戌《きのえ》・辰の日。乙丑《きのと》・未の日。丙申《ひのえ》の日。丁酉《ひのと》の日。戊子《つちのえ》の日。己亥《つちのと》の日。庚寅《かのえ》の日。辛卯《かのと》の日。壬午《みずのえ》の日。癸巳《みずのと》の日。

清寧元宝【せいねいげんぽう】 銭の事*銭占。〔万用重宝記〕に清寧元宝は、シナ遼の道宗の清寧元年（一〇五五）に鋳造された銭（図280）。この銭を神前に納めて置けば子孫が栄える。

図280 「清寧元宝」
（万用重宝記）

菥蓂湯【せいねいとう】〔医道療治重宝記〕に菥蓂湯《せいねいとう》は、諸毒を散じ、蠱毒（害毒）を治す。黒豆・菥蓂・甘草（各等分）を、毎七匁に水二盞を入れ八分に煎じ、温服する。〈菥蓂〉〔薬種重宝記・下〕に和草、「菥蓂 せいねい／みのはくさ。蘆頭を去り、刻み、焙る」。

清熱解鬱湯【せいねつけうつとう】〔医道療治重宝記〕に清熱解鬱湯は、多く気鬱によって日久しく蘊積し、熱となる心痛*を治す。山梔子（二匁半）、川芎・枳穀（各一匁）、蒼朮・黄連（各七分）、陳皮・干姜炒（各五分）、甘草（三分）に、生姜を入れて煎じ服する。服して後、大半日飲食を戒める。或は香付子を加えるのもよい。また、心通を止める捷法である。

清熱除湿湯【せいねつじょしつとう】〔医道重宝記〕に清熱除湿湯は、五疸（黄疸・穀疸・酒疸・黄胖疸・女労疸）の内、湿熱が脾に鬱蒸するものを治す。脾胃が虚寒して黄色を発するのには理中湯*を、諸病の後に黄色を発するのには四君子湯*に沈皮・黄芪・白扁豆を加えて、諸失血後に黄色を発するのには十全《じつぜん》大補湯*を用いる。山梔子・黄連・黄芩・茵陳・猪苓・沢瀉・蒼朮・青皮・竜胆（各等分）を煎ずる。〔医道療治重宝記〕には、諸症により加減、補薬がある。

清肺飲【せいはいいん】〔小児療治調法記〕に清肺飲は、麻黄（一匁五分）、麦門冬（二匁）、知母・天花粉*・荊芥（各一匁）、柯子・菖蒲（各八分）、桔梗（二匁）を水で煎じ、竹瀝*と生姜汁を加えて用いる。発熱《ほとおり》*が甚だ盛んで、或は鼻血、或は大小便に血を下し一切失血の症には急に犀角地黄湯*を用いる。

清肺丸【せいはいがん】〔丸散重宝記〕に次がある。脾虚 痰喘 気急で眠ることを得ず、久しく嗽の止まらないのは労（肺病）となる。或は咽に瘡を生ずるのは皆難治の症である。まず、清肺丸を用いると一切の咳嗽*、上焦、痰の盛んなのによい。黄芩（一戔五分）、黄蘗・茯苓・陳皮・貝母・桑白皮（各一戔）、当帰・天門冬・麦門冬・山梔子・杏仁（各七分）、五味子（五分）、甘草（三分）、白朮・芍薬・地黄（各一戔）を糊で丸ずる。

清肺湯【せいはいとう】〔医道重宝記〕に清肺湯は、痰が盛んで咳嗽*の止まらないのを治す。陳皮・茯苓・桔梗・貝母・桑白皮（各一匁）、黄芩（一匁半）、杏仁・天門冬・麦門冬・山梔子・当帰（各七分）、五味子（七粒）、甘草（二分）に生姜と棗を入れて煎ずる。痰を消し熱を去る剤で、陰火衝き上り肺を傷《やぶ》るのには用いないない。諸症により加減、補薬がある。〔医道療治重宝記〕では痰火 咳嗽 面目赤く身熱し紅痰を吐くのを治す。茯苓・陳皮・当帰・生地黄・芍薬・天門冬・麦門冬・黄芩・山梔子・紫苑・阿膠・桑白皮（各等分）、天草（減半）、烏梅（一個）に棗を入れて煎じ服する。症状により加減がある。〔小児療治調法記〕には肺疳を治すとある。桑白皮（五匁）、紫蘇・前胡・黄芩・当帰・炙甘・天門冬・連翹・防風・赤茯苓・生地黄・桔梗（各二匁半）。毎服二匁、水を一戔入れ、煎じて用いる。

生白散【せいはくさん】〔改補外科調宝記〕に生白散は、膿を去り破る。瓜（大生。但し膿を払うには焼く）、光明朱の二味を合すと、色は深紅のようである。針《はり》の跡の尖に捻り掛け、また膿の腫物には膏薬の下に捻り掛けるとよい。症状により加減がある。「しょうはくさん」ともいう。

醒脾散【せいひさん】〔医道重宝記〕に醒脾散は、小児の吐瀉止まず慢驚風となり、脾くたびれ黙々として食しないのを治す。人参・白朮・茯苓・木香・全蝎・白付子・天麻・丁字（各等分）、甘草（少）に、生姜と棗を入れて煎ずる。脾を補い 驚を治し 食を進める方で、虚 実甚だしいものにはよくない。〔小児療治調法記〕に醒脾散は、丁字を姜蚕とし、しかも一方に天麻・姜蚕を去り、南星（炮）・半夏・陳倉米（二百粒）を加えると効があるという。

清風散【せいふうさん】〔小児療治調法記〕に清風散は、「痘後の余症」*で「中地風」*等を治す。荊芥・羌活・甘草・人参・茯苓・防風・姜蚕・川

芎・藿香・蟬蛻（各二両）、陳皮・厚朴（各半両）を、細末（粉）する。

清風漬【せいふうづけ】〔調宝記・文政八写〕に清風漬は、糀（一升）、辛子（三合 赤くして用いる）、寸《き》（＝酒 茶碗に二盃半）、溜り（三盃 よく目ばかりする）で漬ける。茄子・松茸はそのまま二日位漬ける。大根は一日干して漬ける。新竹は湯取りし水気を干して漬ける。

歳暮【せいぼ】〔年中重宝記・四〕に、十二月三十日を言う。○夜に入り祇園神前で大般若経転読、同じく子の刻（零時）に拝殿で削掛《けずりかけ》神事。○今夜を除夜とも除夕とも言う。昔は今夜は亡き人の魂祭をしたが今は絶えてない。しかし、今夜は礼服を着、酒食を先祖の霊前に供えて歳暮の礼儀をし、心静かに平旦《あけぼの》を待つ。今宵は家内に多く灯明を神に供える。○荒神を祭り、日本では奥津彦神・奥津姫神の二神を竃神とする（唐土では十二月八日に顓頊氏の子祝融を竃の神とする）。○寺僧は檀那の歳暮に納豆 煎茶を持って東西に走る。○商人は一年の「掛乞い」*に提灯 秤《はかり》を携え夜半過る迄走り歩き、暁方よりはさすがに音はなくなる。〔重宝記・宝永元序刊〕にも大晦日の夜は古は玉まつる（魂祭）ことをし、僧を迎え、仏名を行い、或は経を読ませ、東西に走るので師走という説がある。また、物を教える師も事忙しく走り回るので言うとある。

〈祝儀進物〉〔進物調法記〕に、歳の暮の進物は定まった事はない。商人は家業の代物《しろもの》を、職人は家の細工物を配る。その外に、生魚 塩魚 干魚 鳥類 青物類 干物類 世帯道具 女中の化粧用物 書物類、何によらず勝手重宝になる品を配るのを考えるとよい。余は十月～十二月の部を見合せる。〔音信重宝記〕には、牛蒡 煎海鼠 鰤 串貝 箒 杉杓子 切炭 金杓子 若水桶 屠蘇袋が出ている。〈歳暮に遣す状〉〔書札調法記・三〕の範例文、（貴所へ）「歳暮の御祝儀として、相替らず鰤二本進上仕り候。押し詰め候而 殊の外取り込み候故、明春緩々尊意得可く候」。（下へ返事）「終暦の御祝 御肴給り幾久しく悦び候。押し詰め候而 同事取り込み候。年内余日無く候条 春永に御目に掛るべく候」。〈祝儀膳〉〔料理調法集・年中嘉祝之飾〕に歳暮の祝は雑煮 三献。引渡に及ばず。膳部は分限による。正月十四日・六日も同じ格好である。

晴明【せいめい】〈二十四節*の一〉〔重宝記永代鏡〕に三月節。昼五十二刻半 夜四十七刻半。春陽弥々壮んにして天長閑に晴れ渡ることから晴明（「清明」とも）という。桐初めて華咲く。田鼠《うごろもち》化して鴽《うずら》と為る。虹始めて見る等。〈耕作〉〔新撰農家重宝記・初編〕に新暦では四月五日。四月に入ると養蚕の仕度をする。唐黍 畑稲《おかぼ》 唐胡麻 蔓菜 生姜 芋類を蒔いてよい。葡萄の蔓を伏せ、また挿木してよい。慈姑《くわい》を植えてよい。○五日頃から西瓜 冬瓜を植えてよい。牛蒡 葉人参を蒔いてよい。諸木の接木してよい。○十日頃から鉈豆 春蕎麦 豇豆を蒔いてよい。○十七日頃から蜜柑 金柑 柚 橙 久年母類を接木してよい。杉 檜の苗を植える。〈経絡要穴 頭面部〉〔鍼灸重宝記綱目〕二穴。晴明は目頭一分程外目《のき》と鼻との間の窪みにある。針一分。禁灸。目遠く見えず、悪風涙が出、努肉、鳥目を治す。

清明流【せいめいりゅう】「安倍清明の事」ヲ見ル

せいめきめ【せいめきめ】片言。「聖命《せいめい》貴命《きめい》を、せいめきめ」という。〔世話重宝記・五〕

誓文祓の社【せいもんばらいのやしろ】京名所。〔年中重宝記・四〕に十月二十日、今日四条祇園御旅所 昌俊《しょうじゅん》の宮に諸商人が参詣して一年中の誓文を払う。昌俊の宮は官者殿という神で祇恩の末社である。義経を討つと偽って誓言した昌俊を神に祝うと言うのは俗説である。神は正直にして邪ならず、世人が惑うのは浅ましい事である。〔人倫重宝記・二〕京四条の祇園御旅所の官者殿に、毎年十月二十日の恵比寿講*に、諸商人が商いで立てた年中の誓文を祓うために参詣する。その謂れは昔堀川の御所で空誓文を立てた土佐坊正（昌）俊を斎い込めた社で、空誓文の罰を守

る誓いの神故に言い、今日を誓文祓という。空誓文を守る神ならこの神は嘘吐きの元祖の神であるが、空誓文を守るという誓いも神の嘘であろう、心もとない事である。相住の悪王子殿は、訳もない事を言っても諸人が参詣して今日程賽銭が溜れば黙ってござれと、官者に意見されたとある。

製薬屋【せいやくや】「薬屋」ヲ見ル

西洋暦【せいようごよみ】〔童蒙単語字尽重宝記〕に次がある。西洋暦には閏月はなく、四年目に閏日がある。平年は第二月は日数二十八日で四年目に二十九日があり、これが閏日である。第四・六・九・十一月は三十日、この余の月は三十一日、第十二月の二十五日は「ケルスダク」という。

清陽散火湯【せいようさんかとう】〔改補外科調宝記〕に清陽散火湯は、骨槽風*の薬。升麻・白芷・黄芩・牛房子・連翹・石膏・防風・当帰・荊芥・甘草・白叱黎に生姜を入れて煎じ用いる。

西洋酒【せいようしゅ】〔童蒙単語字尽重宝記〕に西洋酒がある。三鞭酒《さんはんしゅ》。利《り》久《きう》酒。ビール酒。蒲萄《ぶどう》酒。フランテイ酒。桜《さくら》酒。オールタム酒。ホーハ酒。ジン酒。ゼネーフル酒。サンパンビール酒。セリ酒。ホクトメーテン（これは酒の善悪を見分ける薬）。

西洋砲【せいようほう】「ひや（火矢）の事」ヲ見ル

西洋文字書法【せいようもじしょほう】〔蘭学重宝記〕に西洋の文字は鵞の羽翮を削って書く。「ペン子《シ》」という。○「筆にする法」は、翮の毛を削り去り、図版（図281）の甲のように両方から剪り、次にその一尖を截って乙のようにし、割れ目を入れ、次に又一段削って丙のようにし、後面より見て丁のようにする。削るのに巧拙がある。○「ペン子メス」は、鵞の筆を削る小刀で舶来が多い。漢名を修鵞毛筆的刀という。○「運筆法」は図版のように三指で単鉤のように持ち 筆頭を一寸ばかり出して書く。○「インキ」は、西洋墨で、小さい玻瓈壜に納れ 机上に置き 筆先を浸けて用いる。その小壜を「インキポット」という。炭汁の製法は『植学啓蒙』に出る。

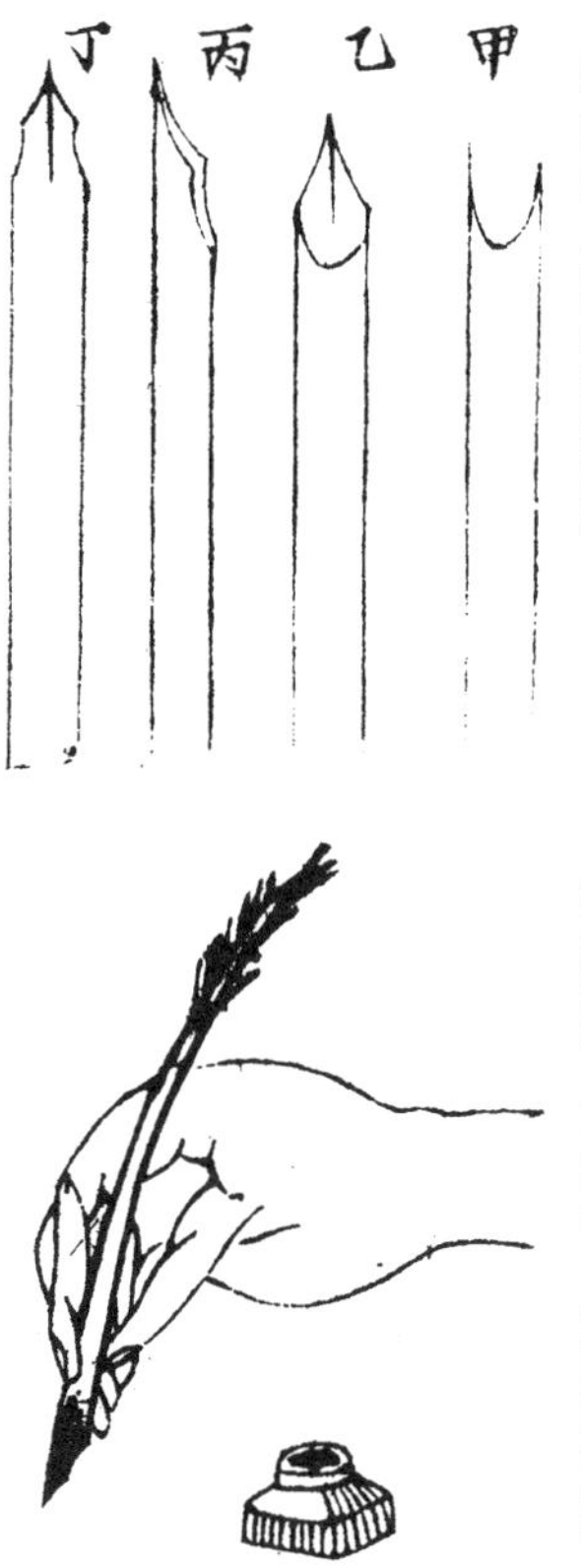

図281 西洋文字書法 ①「筆にする法」（蘭学重宝記） ②「運筆法とインキポット」（蘭学重宝記）

せいらい【せいらい】片言。物の長じたのを何でも「せいらい」というのは、「精霊《せいれい》」ということである。〔不断重宝記大全〕

成頼【せいらい】〔世話重宝記・五〕に、昔 成頼《なるより》という人は鼓《つづみ》の名人で並ぶ者がなかった。今に芸の詳しい者を成頼《せいらい》ということは、この人に始る。

青蘭【せいらん】草花作り様。青蘭の花は瑠璃色。土は白赤土に白砂を交ぜて用いる。肥しは茶殻を粉にして、少しずつ根に置くとよい。分植は春、秋がよい。〔昼夜重宝記・安永七〕

清涼飲子【せいりょういんし】〔小児療治調法記〕に清涼飲子は、生赤*（初生児がその月内に肌膚に丹を塗るような病）を治す。当帰・大黄・赤芍（各等分）を水で煎ずる。

清涼散【せいりょうさん】〔医道重宝記〕に清涼散は、一切の実火で咽喉が腫れ痛み 或は塞がり瘡を生ずるのを治す。虚火には用いない。桔梗（三匁）、山梔子・連翹・黄芩・防風・枳穀・黄連・当帰・生地黄（各一匁）、薄荷（五分）、甘草（三分）に燈心と細茶を入れ煎ずる。

清涼寺【せいりょうじ】京名所。〔東街道中重宝記・七ざい所巡道しるべ〕に

清涼《しやうりやうじ》寺の御堂本尊は釈迦如来、毘首羯磨天の作、三国伝来の尊像である。開帳には金一分が要る。池は八宗論の池といい、名木の棺懸松《かんかけまつ》がある。仁王門の額愛宕山は小野道風筆。京から来た人はこの嵯峨町に宿を借り荷物を預けて、あんどの橋 油掛地蔵へ行くのもよい。〔年中重宝記〕に正・五・九月の十五日 嵯峨清涼寺《せいりやうじ》の釈迦開帳。二月十五日 嵯峨清涼寺柱松明がある。

生理を安んずる【せいりをやすんずる】〔里俗節用重宝記・中〕に貴賤貧富を論ずることなく、人々には我に当った所作があり、これは我が生涯について定まった道理であるので生理という。このことに落ち着いて外を求めないのを、各々、生理を安んずるという。

青霊【せいれい】〈経絡要穴 肘手の部〉二穴。青霊《せいれい》は肘の上三寸、腕を伸べ上げてとる。灸三壮 七壮。目黄ばみ、頭痛、肩肘痛み遂わないのを治す。禁鍼。〔鍼灸重宝記綱目〕

聖霊丹【せいれいたん】〔骨継療治重宝記・下〕に聖霊丹は、一切の打撲 損傷 及び傷《やぶ》れ挫き、疼痛の堪え難いものに服する。乳香（五銭）、烏梅（核を去り五箇）、白米（一抛）、萵苣子（一 大盞で炒って二両八戔を取る）を細末（粉）とし、練蜜で和《ととの》え、弾子大に丸じ、毎服一丸を細かに嚙み、熱酒で飲み下す。食後一服時に痛みが止まなければ、再び服する。

蒸籠蕎麦【せいろうそば】「せい路ふそば」は、糀町五丁目 山田屋にある。〔江戸町中喰物重法記〕

蒸籠箱の伝【せいろうばこのでん】 手品。〔清書重宝記〕に蒸籠箱の伝は、前の板の中をよく彫り、板が寝起きするようにして間に物を入れる。大きな物を出すには箱の中から出た切《きれ》に包み、その物を入る時 一緒に入れて出す。手品は手の早いのを第一とする。

清和源氏【せいわげんじ】〔筆海重宝記〕に、清和天皇から出た源氏とある。清和天皇の第六皇子 貞純親王（延喜十六年［九一六］四十四歳没）の長子経基（応和元年＝九六一没、亨年不詳）が元祖。経基は六孫王と称し、鎮守府将軍となり 源姓が与えられたのに始まる。その子 多田（源）満仲公（長徳三年［九九七］八十六歳没）が摂津多田荘に土着、武士団の棟梁としての地位を確立した。〔掌中年代重宝記〕には「清和源氏将軍の祖」として、六孫王経基。満仲。頼光。頼信。頼義。義家。為義。義朝 がいる。四姓*の一。

清和源氏新田足利末葉【せいわげんじにったあしかがばつよう】 諸氏名字。新田 足利 細川 村上 畠山 矢田 今川 本田 一色 上野 今井 中沢 鳥山 太田 桃井 岩松 村田 額田 江田ら四十八名字が出ている。〔筆海重宝記〕

清和餅【せいわもち】 菓子名。清和餅、皆ながし物。〔男重宝記・四〕

日爾日【ぜおるじや】〔童蒙単語字尽重宝記〕に日爾日《ぜおるじや》は、魯領《ろしや》。広さ一万二千八百坪。民は三十万人。

世界【せかい】〔掌中年代重宝記〕に「世界の大きさは」、東西一万六千里、南北も同じとある。〔童蒙単語字尽重宝記〕には五大州*と凡そ七十余国（分出）を掲げて領土の広さと人口、別名等がある。個別に立項。

ぜかす【ぜかす】〈何が不足で癇癪の枕言葉〉「止《や》める、ぜかす」。〔小野篁譃字尽〕

咳【せき】「がいそう（咳嗽）」ヲ見ル

堰【せき】〔四民格致重宝記〕に川を築き切り、その余り水を用水に取るのを堰という。よく築くと、常とは違い、十年余も耐える。堰の築き切りは、皆萱羽口に仕立てるのがよい。初めは まず榎か小楢か水に強い木で一重敷き並べその上に竹を並べる。次に枝木で築き立て、それより萱で仕立てる。萱は羽口をよく揃え横に竹で押縁《おしぶち》する。

積【せき】 算法用字。〔古今増補算法重宝記改成・上〕には、縦と横を掛け合わせた数をいう。〈坪数〉〔算学調法塵劫記〕には平坪《ひらつぼ》 立坪《たてつぼ》等いうに同じ。全て囲みの内の坪数をいう。

石葦【せきい】〔万物絵本大全調法記・下〕に「石韋 せきい／いはのかは／又 ひとつば」。〔薬種重宝記・下〕に和草、「石葦《い》、いしがしは、毛を去り、少し焙る」。

関板【せきいた】 弓の事* 張弓名所。〔武家重宝記・二〕に関板《せきいた》は弓の弦*を掛けた内側上下の両端に板片をつけた、下の所。上を額木《ひたいぎ》*という。

石印の彫り様【せきいんのほりよう】〔諸民秘伝重宝記〕に石印の彫り様がある。蠟石のよいのを面を思う寸法に砥石で磨ぎ、これを紙に押すと跡がつく。この中に彫る文字を朱で書き、石に糊をつけ朱で書いた上に貼りつけて猪の牙で静かに摺りつけると、左文字（鏡に裏返しに映った形の文字）にはっきりと着く。それより紙を捲り取り、これを尖った小刀で彫る。まず大概に彫り、文字の恰好を見るには鏡を下に置き映して見ると右文字に見え、悪い所は思うように直す。彫り上って押して見て、自然と古くなり、欠けたようになるのが大事である。彫るには錐のような尖った物がよい。丁寧に念を入れて彫る。

石瘻【せきえい】〔改補外科調宝記〕に石瘻は、瘻*の内、固くして動かないのをいう。

関ヶ原より今須へ【せきがはらよりいまずへ】 木曾海道*宿駅。一里。本荷四十八文、軽尻三十三文、人足二十三文。左方に古城の跡、右方は関ヶ原で慶長年中（一五九六～一六一五）合戦の首塚がある。大関村 左側に不破の関屋の板庇の跡が町中にある。小関村は南にある。関川という河橋があり、右方に峠があり、東は松尾山である。墨木という橋 川がある。山中村は町家数多く、常盤御前*の石塔がある。また、常盤宿ともいう。〔東街道中重宝記・木曾道中重宝記六十九次 享和二〕

関川【せきがわ】 大和詞。「関川とは、逢坂の関」である。逢坂の関は「大津より京」参照。〔不断重宝記大全〕

石関【せきかん】〈経絡要穴 心腹部〉二穴。石関《せきかん》は陰都*の下一寸にある。針一寸。灸三壮。嘔吐、しゃくり、腹痛み、気淋、大小便通ぜず、胸下堅く満ち、背強ばり、目赤く、女の血塊を治す。〔鍼灸重宝記綱目〕

脊疳【せきかん】〔小児療治調法記〕に脊疳《せきかん》は、虫が背骨を食らい、十指に皆鋸の歯のように瘡を生じ、爪を頻りに咬み、身熱し疲れ痩せ、下痢するのをいう。薬は大蘆薈丸*で治す。

石闕【せきけつ】 灸穴要歌。〔永代調法記宝庫・三〕に「唾吐き 大便結し 孕まずし（て）瘀血痛まば 石闕をせよ」。石闕は鳩尾《みずおち》*の下の一寸脇へ五分、その下へ三寸にある。

石膏【せきこう】〔薬種重宝記・下〕に唐石、「石膏（せきこう）／しらいし。甘草水に浸し、水飛す」る。〔医道重宝記〕に石膏《せきこう》は大寒、胃火を瀉し、消渇を治し、肌を解し、三焦の熱、皮膚の熱燥を治し、陽明の頭痛を治す。火でよく焼き、甘草水で水飛して乾かし、用いる。

赤口の事【せきこうのこと】〔懐中調宝記・牛村氏写本〕に、○「赤口日《せきこう》」の事は、赤口神と言い一切弁舌を以って勤めることに障りをなす神の主領日で、公事沙汰 訴訟 契約 売買を始めるのに凶日とある。正・九月は四・十二・二十・二十八日。二・十月は三・十一・十九・二十七日。三・十一月は二・十・十八・二十六日。四・十二月は朔・九・十七・二十五日。五月は八・十六・二十四日。六月は七・十五・二十三日。七月は六・十四・二十二・晦日。八月は五・十三・二十一日・二十九日。○「赤口時」は凶。甲乙の日は丑（二時）の時。丙丁の日は申（十六時）の時。戊己の日は亥（二十二時）の時。庚辛の日は寅（四時）の時。壬癸の日は巳（十時）の時。「しゃくこう（赤口）」は別項。

石斛【せきこく】〔万物絵本大全調法記・下〕に「石斛 せきごく／いはぐすり」。〔薬種重宝記・下〕に和草、「石斛 せきこく／すくないこのくすね。茎を用い、酒に浸し焙る」。

赤小豆湯【せきしょうずとう】〔医道療治重宝記〕に赤小豆湯《せきしょうずとう》は、年少の血熱

が遂に瘡疥を生じ 変じて腫満となり、或は煩し、或は渇するのを治す。小豆（炒）・当帰・商陸・沢瀉・連薨・赤芍薬・防已・猪苓・桑白皮に姜を入れて煎じ、食遠に服す。症状により加減がある。

石菖蒲【せきしょうぶ】〔薬種重宝記・下〕に和草、「石菖蒲（せき）しやうぶ／いはあやめ。鉄を忌む。皮を去り刻み焙る」。

関所の事【せきしょのこと】交通の要所に設置し、外敵の侵入や通行人、通過物を検査し、通過には関所手形を要した。特に「入鉄砲 出女」といい、武器の江戸への持ち込みと大名家族の江戸脱出の監視は厳重を極めた。〔改正数量字尽重宝記〕に「諸国御関所」は、○相州 箱根・根府川・仙石原・矢倉沢・川村・谷ヶ村 ＝大久保加賀守。○遠州 今切（新居）＝松平伊豆守。気賀 ＝近藤縫之助。○上州 碓氷・横川 ＝板倉伊予守。川俣 ＝松平下総守。杢橋 ＝松平右京亮。五料・実正・福島・大渡 ＝松平大和守。○信州 福島・熱川 ＝山村甚兵衛。清内路 ＝堀大和守。波合・帯川・心川・小野川 ＝知久千馬佐。○下総 関宿 ＝久世隠岐守。○江州 簗瀬 ＝井伊掃部頭。剣熊 ＝松平甲斐守。○越後 関川・鉢崎・市振 ＝榊原武部大輔。虫川・山口 ＝松平日向守。

〈御関所手形〉〔改正数量字尽重宝記〕に「差上申一札之事／一 此者何人従何国何方迄罷通候間 御関所無相違被為遊御通可被下候 為後日一札仍如件／年号月日／何町誰店 誰㊞／何御関所 御役人衆中様」の範例文がある。

赤舌の事【せきぜつのこと】〈赤舌日〉〔重宝記永代鏡〕に赤舌神《せきぜつ》は大歳神の居所の西門の番神で、衆生を悩乱する荒神ゆえ恐れ慎む。万事、願い事の叶わない悪日とする。赤舌神の主《つかさど》る日は、赤口日*と同じように嫌う。赤舌日は、正・七月は三日。二・八月は二日。三・九月は一日。四・十月は六日。五・十一月は五日。六・十二月は四日。この日よりそれぞれ六日目毎に回ってくる。〈赤舌の時〉〔懐中調宝記・牛村氏写本〕に「赤舌の時」は凶で次がある。甲 乙《きのえきのと》の日は未（十四時）の時。丙 丁《ひのえひのと》の日は酉（十八時）の時。戊 己《つちのえつちのと》の日は子（零時）の時。庚 辛《かのえかのと》の日は卯（六時）の時。壬 癸《みずのえみずのと》の日は午（十二時）の時。

石疽【せきそ】〔改補外科調宝記〕に石疽は、寒気の毒が骨髄に伏し、その腫物と皮肉と同じようで、火《ほ》めき痛み硬いのは石のようである。厚味を好んで房労と酒飲の後に水等を浴び、その邪湿が内に入り、痰又は瘀血に転じ 腫物となる。石疽は足の裏表に出、また尻 股等にも出る。尻に出るのは内托羌活湯*を用い、内股膝に腫れ 広がり ぐりぐりのあるのには内托芪柴湯*、股の外にあれば内托酒煎湯*、行歩する時大いに痛むのには黄連消毒散*を用いる。労役食傷で股が一面に腫れるのには補中益気湯*がよい。股の上の一切の寒湿瘡には鳩の糞を焼き 粉にし 乾かして塗る。火《ほ》めいて痛めば黄丹を少し加え、桐油で練って付ける。五十余歳の男の例は、石疽で足の表から裏に腐り破り痛みが甚だしく、一年で癒えながらも癒えた口から筋のようなものが出て一年半で悉く快気したのは、薬はチャン膏（＝白玉万能膏*）に薫陸の粉を押し合せて付け、また膏薬を付ける度ごとに丁子・肉桂の油を交ぜ温めて付けて平癒した。

せきだ【せきだ】〔小野簒謔字尽・かまど詞大概〕に「雪駄《せった》を、せきだ」。「せちだのこと（雪駄の事）」参照

石竹【せきちく】〔万物絵本大全調法記・下〕に「石竹 せきちく／なでしこ／とこなつ」。〈草花作り様〉〔昼夜重宝記・安永七〕に石竹の花は白、赤、薄色、浅黄、朽葉、飛び入り、咲分け、その他少しの違いが色々ある。尤も、八重 一重である。肥しは溝土を上げて干し、粉にし、砂を少し交ぜ、根廻りへ用いるとよい。分植は種を採り、春より毎月蒔くと順々に花が咲く。古根も三年程ある。〈種蒔き〉〔享保四年大雑書・草木植替重宝記〕に種は六月から八月迄に蒔くとよい。尤も各月の夜に蒔くとよく生える。土と砂を等分にするとよく、泔《しろず》*をかけるとよい。「なで

しこ（撫子）の事」参照

脊柱【せきちゅう】〈経絡要穴 背の寸法〉一穴。脊柱は第十一椎の下十二椎の上の間。『銅人』を引いて、針五分気を得て即ち瀉す。禁灸で、誤ってここに灸をすると傴僂《せむし》となる。癲癇 黄疸 五痔* 便血 温病 積聚 下痢 腹満ち不食 小児の脱肛を治す。『素問』を引いて、刺して髄に中ると傴僂となる。針を慎む。〔鍼灸日用重宝記・三〕

石疔【せきちょう】十三疔*の一。〔改補外科調宝記〕に石疔は甚だ硬く、色黒く、豆のようである。

関の明神【せきのみょうじん】〔年中重宝記〕五月五日、江州 関の明神祭。九月二十四日、江州 関清水大明神祭。「逆髪社（さかかみのやしろ）」とも言う。

赤飯【せきはん】〈赤飯積り〉〔音信重宝記〕に、「蒸物積り／赤飯／百軒分一軒に付一升宛」として次がある。「糯米七斗、粳米三斗、小豆三斗」。〈食い様〉〔永代調法記宝庫・一〕に赤飯を食うには、箸を取り直し赤飯を挟み左の手へ取り移し握って食う。胡麻塩は箸で食う。赤飯を塩につけて食うのも、また箸で深く挟んで口へ入れるのも悪い。「こわい（強飯）」「強供御《こわぐご》」「白蒸飯《しろむしめし》積り」参照

石筆屋【せきひつや】〔万買物調方記〕に「江戸ニテ石筆屋」は南伝馬町一丁目に十左衛門がいる。「ふで（筆）の事」参照

せきもり【せきもり】大和詞。①〔不断重宝記大全〕に「せきもりとは、すきもり」。

［せカ］きを守る人」。②〔女重宝記・一〕には「いかき（笊籬）は、せ

石門【せきもん】〈経絡要穴〉〔鍼灸重宝記綱目〕に一穴。石門は一名を丹田。臍の下二寸にある。灸一日に七壮より二百壮まで。針五六分、留むること七呼。或は八分、留むること三呼。気を得て即ち瀉す。婦人がこの穴に針灸をすると一生懐妊しない。傷寒、小便赤く通ぜず、泄瀉止まず、腹痛み、血淋 吐血 積塊 疝気 不食 水腫 血塊 崩血を治す。〈灸穴要歌〉〔永代調法記宝庫・三〕に「腹固く上気血を吐き疝積《せんしゃく》と産後の悪露冷えは石門」。女には忌む。

赤遊風丹【せきゆうふうたん】経験方。〔丸散重宝記〕に赤遊風丹（＝遊走丹毒カ）がだんだんに腫れて大きくなるものには、五味子の末（粉）を熱酒で下すとよい。

関より坂の下【せきよりさかのした】東海道宿駅*。一里半六丁。本荷百六十二文、軽尻百六文、人足七十八文。昔の鈴鹿の関の跡ゆえ関という。この間山坂が多い。左に地蔵堂があり、関の地蔵堂と言って名高い。ここから大坂へかぶと（加太）越といい、四里近道がある。ここで火縄を売る。出離れに伊賀 大和への岐れ道がある。右に筆捨山、同松がある。沓掛村茶屋がある。名物のところ（野老）鮓を売る。ところ（野老）は四季共に売る。焼け地蔵、村坂がある。〔東街道中重宝記・寛政三〕

石榴疽【せきりゅうそ】〔改補外科調法記〕に石榴疽《せきりうそ》《じゃくろそ》は、肘《ひじ》の尖り一寸程上に生ずる。初めは粟粒のようなのが一ツ出来、次第に大きく根差し、色赤く腫れ堅く石のようになり、後には皮が破れて石榴の皮を剥いたように赤く、粒々が幾つも出、折々たわ汁（膿汁）が流れ出て癒え難い。初めは寒気立ち瘧のように奮える。初発の時に灸を二十壮程するとよい。まだ膿まないのには荊防敗毒散*を用いて汗を出して毒を散ずる。膿が潰れて治まらないのには、菊花清燥湯*を用いる。つけ薬は玉紅膏*等がよい。

石榴皮【せきりゅうひ】「ざくろ（石榴）の事」ヲ見ル

脊梁【せきりょう】〔万物絵本大全調法記・上〕に「背 はい／せ／せなか／そびら。脊梁 せきりやう。同」。〈馬形名所*〉〔武家重宝記・五〕に「脊《せき》梁《りやう》は鞍下」とある。今言う、居敷《いしき》 乗敷《のりしき》である。

石淋【せきりん】「沙石淋《しゃせきりん》」ヲ見ル

鶺鴒【せきれい】〔万物絵本大全調法記・下〕に「鶺鴒 せきれい／にはくなぶり／いしたゝき」。〈鶺鴒之台〉〔料理調法集・木具寸法〕に「鶺鴒之

台」は長二尺横一尺二寸五分足高一尺六分、但し、三ツ足。橘若松の作り花を立てる。下草 熊笹かくし等。「鵜鴿」は長四寸七分 高二寸七分など。

せくいみ【せくいみ】〔消息調宝記・二〕に「せくいみ（節供忌）は、しやうじん（精進）の事」。「せちみ（節忌）」*トモ

背黒鵁【せぐろごいさぎ】〔料理調法集・諸鳥人数分料〕に背黒鵁《せぐろごいさぎ》は、汁にして四五人前、煎鳥にして三四人前迄遣う。夏に焼鳥がない時は焼鳥にも遣う。五人前当てである。この鳥は三月末から四月に水呑鵁といって出て、四月から五～八月迄出る。

ぜけず【ぜけず】〈何が不足で癇癪の枕言葉〉「無い事、ぜけず」。「できぬ事、ぜけぬ」。〔小野篤謔字尽〕

ぜける【ぜける】〈何が不足で癇癪の枕言葉〉「あ（有）る事、ぜける」。有る、居るの意。〔小野篤謔字尽〕

列卒【せこ】 武家名目。〔武家重宝記・一〕に列卒《せこ》は、今は俗に勢子《せこ》と書く。狩猟で鳥獣を駆りたて、逃げ出すのを防ぎ止める人夫である。

勢子縄【せこなわ】 大和詞。〔不断重宝記大全〕に「せこなは（勢子縄）とは、しし（猪鹿獣）狩に縄引く人」。〔消息調宝記・二〕に「せこなひとは、しゝがり（猪狩）になはひく（縄引）人を云」。

せこをふかす【せこをふかす】〈何が不足で癇癪の枕言葉〉「大便、せこをふかす」。〔小野篤謔字尽〕

石漆【せしめうるし】「せしめうるしは」は、「石漆」「瀬占漆」「瀬〆漆」とも書く。漆木から掻き取ったままの漆液。強い粘着力、接着力がある。『重訂本草綱目啓蒙・三十一』に、「奥州 羽州 野州より出るをセシメ漆と云。力強くして上品なり。物を接ぐに用ゆ」る。「石漆《いしうるし》の事」ヲ見ル

せしめる【せしめる】 卑語。「とるを しこためる、せしめる」。〔女用智恵鑑宝織〕

瀬々【せぜ】 大和詞。〔女重宝記・五 弘化四〕には「せゞ（瀬々）とは、川の瀬ごとに也」。〈瀬々の岩波〉〔不断重宝記大全〕に「せゞのいはなみとは、湧き返り物思ふ」意である。

膳所【ぜぜ】〔東街道中重宝記・七ざい所巡道しるべ〕に、御城があり、勢田の橋*へは十丁である。粟津*が原は名所で、兼平の塚がある。

細流【せせらぎ】 大和詞。「せせらぎとは、そろそろと流るる水」である。〔不断重宝記大全〕

せせり鷺【せせりさぎ】〔料理調法集・諸鳥人数分料〕にせせり鷺は、黄足鷺*と大体前じとある。汁、煎鳥、焼鳥にして三四人前当てである。一名、白鷺、又、ふくらという。〔永代調法記宝庫・四〕に白鷺は、脾胃を調え、気力を増す。また寝汗を止める。

世尊寺【せそんじ】 吉野名所。吉野の世尊寺は、本尊は阿弥陀如来で、日本の木像の初めである。大きな釣鐘がある。〔東街道中重宝記・七ざい所巡道しるべ〕

勢多絡【せたからげ】「急がば回れ」ヲ見ル

虐【せたぐる】「はたる」ヲ見ル

勢田の橋【せたのはし】〔東街道中重宝記・七ざい所巡道しるべ〕に勢田の橋は、大橋九十六間、小橋三十六間。石山へ十三丁の道は、川に沿って行く。この間に地蔵堂、薬師堂、蛍谷、川に身投げ石がある。〈蛍見〉〔年中重宝記・五〕に、毎年五月節前に宇治川、また江州勢田両所の蛍見。勢田は石山の麓に蛍谷という所があり 数万の蛍が湧き出て、川下の入道が関、鹿飛び等に特に多い。一夜々々に流れに従って下り、宇治に至る。〈近江八景の一〉*〔麗玉百人一首吾妻錦〕勢田夕照。和歌「露しぐれもる山遠く過ぎ来つつ夕日の渡る勢田の長橋」。

勢田の蛍【せたのほたる】「宇治川の蛍」ヲ見ル

雪駄の事【せちだのこと】〔世話重宝記・五〕に雪駄《せちだ》を、「せきだ」*というの

は悪く、「せった」というのも悪い。雪駄は昔は無く、京の人が作らせて履いたのを太閤秀吉の時の茶人 利休が世に広めて流行り出した。籜《たけのかわ》は自然と般若の文字があるもので笠等には用いたが、足に履く物にはしなかった。末の世に古風を失ったものはこれに限らない。〔人倫重宝記・四〕に、雪駄《せちだ》は唐土にはなく日本製で、茶の湯者 千利休が作らせて履いてから世に広まったという。〔日用調法人家必用〕に「雪駄《せった》水を踏みてのびざる伝」は、用いぬ前に灯《ともし》油《あぶら》を沢山塗り、乾かしてから用いるとよい。

節忌【せちみ】 大和詞。〔不断重宝記大全〕に「せちみとは、精進の事」である。「せくいみ（節供)」*トモ

刹利首陀【せちりしゅだ】 〔消息調宝記・二〕に「せちり（刹利）すだ（首陀）とは、天竺*にて、王の孫《そん》と乞食を並べて云」。刹利は天竺では婆羅門とともに王族 士族の階級。首陀は首陀羅で最下位の階級。

切【せつ】 〔鍼灸日用重宝記・一〕は、脈を確かにして臓腑の病を弁え生死を知ることを、「切」とも「巧」ともいう。〈十四の鍼法*の一〉〔鍼灸重宝記綱目〕に針を下そうとして、まず大指の甲《つめ》で針をするところの穴を按《お》し、左右の気血を伸べ散じて、後に刺す。これは栄衛*を破らないためである。「四知《しち》」参照

摂【せつ】 十四の鍼法*の一。針を刺す時、気渋り滞れば経絡に随い上り、大指の甲《つめ》で上下にその気血を切《たしか》にすれば自ずから通じめぐる。〔鍼灸重宝記綱目〕

癤【せつ】 〔改補外科調法記〕に癤は、瘤《こぶ》のような腫物である。潤《わたり》は一寸から二寸。癤は癰*疽*よりは軽い。

絶運【ぜつうん】 十二運*の一。〔金神方位重宝記〕に絶運は、木性は七月（申）、火性は十月（亥）、土・水性は四月（巳）、金性は正月（寅）生れで、心短気で悪しく、とかく人に従うとよい。信心するのがよい。〔両面重宝記・寛延六年〕に、絶運の人は大凶、心猛く気短く物好みあるゆえ、親の跡を絶やす生れである。他国に住んでよい。「雨霰都の花は散り果てて梢に父と母と残りけり」とある。〔和漢年暦調法記〕に夫婦仲は悪く、常に口舌事多く、末に難ある生れである。始めはよくても後は悪い。荒神、その外仏神を信心して随分善事をなせば災い変じて吉事となる。「たやす」ともいう。

舌厭／横【ぜつおう】 「瘂門」ニ同ジ

折角【せっかく】 〔世話重宝記・五〕に『漢書』『蒙求』に出るとして次がある。漢の朱雲は、五鹿充宗と易を論じて、しきりに五鹿を謗った。これを時の人が、朱雲 五鹿が角を折ると言ったことから、折角という詞が始った。

雪花糕【せっかこう】 雪花糕は、寒天五本に蜜一斤、水一升を入れて煮、水嚢で濾し、冷ます。〔菓子調法集〕

折檻【せっかん】 〔世話重宝記・五〕に『漢書』『蒙求』に出るとして次がある。漢の朱雲は、成帝を強く諫めたので、成帝が怒って殿上から朱雲を追い下ろす時、朱雲は御殿の檻《おばしま》（てすり）に取り付いて下りず、遂に檻は折れた。これより人を諫めることを折檻という。「説諫」とも書く。

薛己【せっき】 薛己《せっき》はシナ明 呉県の人。字は新甫、号は立斎。初め瘍医《ようい》（外科医の通称）を本とし、後には内科となる。正徳（一五〇六～二一）の時、御医となる。官は南京院判、嘉靖中・院使に進む。〔日用重宝記・四〕には、『仁外科発揮・四巻』『痘疹撮要・二巻』『薛己十六種・六十四巻』の作が出る。

節季／節句【せっき／せっく】 「五節句」ヲ見ル

節切【せつぎり】 〔増補昼夜両面雑書増補永暦小筌・文政十〕に、節切《せつぎり》とは、例えば当二月の節 正月十八日に当たれば、正月十九日を二月朔日として二月の干支《えと》に引き合わせて見る。

絶句【ぜっく】 漢詩の一体。〔新板増補男重宝記・二〕に次がある。題の心を言い起す起句、起句を受けて作る承句、承句の心を転じる転句、詩の心を統べ合す合（結）句の四句からなるもので、一句が五言の五言絶句と七言の七言絶句の二体がある。各々四声*の平字《ひょうじ》仄字《そくじ》を置く座が決まっていて、五言なら各句の五字目、七言なら七字目に韻字を踏み、三重韻*の中の平字を用いる。但し、三句目の承は仄字を用いる。凡てその作り方は図示（図282）の通り（◑は平字仄字任意、○は平字、●は仄字を置く所である）。五言・七言共に平起り仄起りがあり、起句（第一句）の第二字目で平起り仄起りを定める。図示の五言は平起り、七言は仄起りである。
「律詩」参照

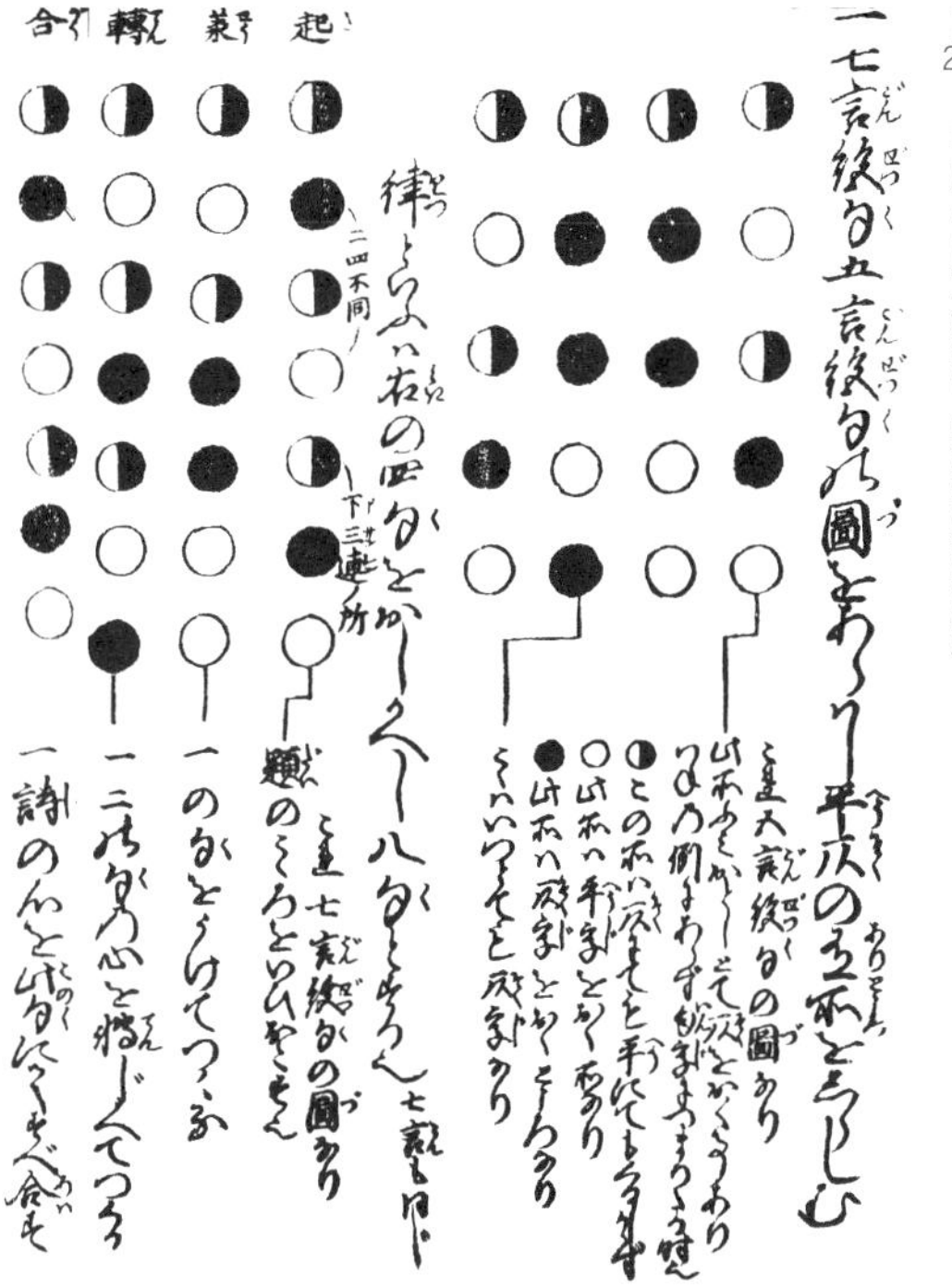

図282「平仄の図」（新板／増補）男重宝記

摂家【せっけ】〔男重宝記・二〕に摂家とは摂政家の略である。摂政の官は、女帝や幼帝が自ら政務を執られない時、天子*に代って政務を司る。摂家は皆藤原氏で、五摂家*がある。〔人倫重宝記・一〕に五家には高下はなく、摂政*・関白*の職は、五家をめぐって任ぜられる。

截血膏【せっけつこう】〔骨継療治重宝記・下〕に截血膏《せっけつこう》は、刀斧の傷、斫磕等の傷を治す。よく血を化し、瘀を破り、腫れを退け、痛みを止める。天花粉*（三両）、薑黄・赤芍薬・白芷（各一両）を末（粉）にし茶の上澄みで調え傷口の周《ぐる》りにつける。もし刀斧で頭面を傷つけ血の止らないのには、急にこの末（粉）を同じように整え、頸筋の上に塗る。手を傷つける時は臂の周りに、足の時は腿の上に、各処それぞれの傷口の周りに塗る。さらに症状によって処方がある。

石決明【せっけつめい】「あわび（鮑）の事」ヲ見ル

摂家門跡【せっけもんぜき】〔男重宝記・一〕に摂家門跡は、摂家*の御子が門跡*の寺に入られることをいう。

絶骨【ぜっこつ】〈経絡要穴 腿却部〉二穴。絶骨は足の外踝の真中の通り踝の上三寸、動脈の中にある。針六分、留むること七呼。灸三壮か七壮。痔 脚気 虚労 吃逆 喉痺 脳疽 下血 鼻血、腹脹り満ち、胃熱して不食し、筋骨引き攣り痛み、腹下り、項《うなじ》強ばり、鼻乾き、大小便渋り、中風で手足の遂《かな》わぬのを治す。〔鍼灸重宝記綱目〕

接骨散【せっこつさん】〔骨継療治重宝記・下〕に接骨散に二方がある。①没薬・乳香（各五銭）、自然銅（一両酢に淬ぐ）、滑石（二両）、竜骨（三銭）、赤石脂・白石脂（各二銭）、麝香（後少許を入る）を細末（粉）にし、好酢に浸し入れて煮、乾くのを窺い炒り、燥《かわかす》を度とする。服する際に麝香を少し入れ、小茶匙をかかげ舌上に置き温酒で下す。病が上なら食後に、下なら食前に服する。骨が接いで尚痛めば竜骨 石脂を去り、多く服してよい。②乳香・没薬・蘇木・降真節・川烏（皮尖を去る）・松明節・自然銅（米酢に淬各一両）、地龍（土麻油を去り炒る）、血竭（三銭）、留骨（半両生で用ゆ）、水蛭（油で炒る半両）、土狗（十箇油に浸し炒る）を細末（粉）と

し、毎服五銭を酒で調えて下す。病が上にあれば食後に、下にあれば食前に服する。

接骨仙方【せっこつせんぽう】〔骨継療治重宝記・下〕に接骨仙方に二方がある。①人骨（小児の物 尤佳 煆一両）・乳香（二銭）・喜紅絹（一尺煆て 性を存す）を、末（粉）とし毎服一銭を温酒で下す。②小児骨（煆 一両）・乳香（五銭）・白麵（三銭 炒）を末（粉）とし、無根水で調え梧桐子大に丸じ、毎服三十丸を熱酒で飲み下す。

接骨丹【せっこつたん】〔骨継療治重宝記・下〕に接骨丹に二方がある。骨を挫き臼《つがい》の出たのを治す。①敷貼薬。天南星・木鼈子（各四両）、没薬・乳香（各半両）、官桂（一両 細末粉にし）、生薑（一斤 皮を去り卸し自然汁を取る）。これらに米酢を少し入れて饂飩粉の糊で調え、紙上に広げ、傷部に貼け、絹帛で縛り、竹篦で挫き骨を挟み定め、麻縄で纏う。②南星（生 四両）、木鼈子・紫金皮・芙蓉葉・独活・白芷・官桂・松香・楓香（各一両）、小麦麵（二両）、乳香・没薬（各五銭）を末（粉）にして米酢と生薑の汁（各少許）を酒を入れて調え、油紙の上に伸ばし、挟み縛る。冬月は熱くして、夏月は温めて縛る。〔骨継療治重宝記・下〕

接骨の諸薬【せっこつのしょやく】〈接骨の薬〉〔骨継療治重宝記・下〕にはまず接骨によい無名異（三両）を末（粉）にする。次に丁香・乳香・檀香・沈香・木香の五香（各半銭）を末（粉）とし、鉄の銚《なべ》を焼き紅にして、五香の三分の一を入れ、煙の起る時無名異を入れ、溶けるのに合わせて火を引く。これを同じく三度して火毒を出し、骨砕補の毛を去り、一斤を生薑と等分に搗き爛らして碗に入れて覆い、発熱《ほめく》のを待って五分の一を取り、小葱九茎を鬚は続け、蔕は去り、沙盆（焼物）に入れて擂り、汁に先の無名異の末（粉）二銭を調え、老酒（古酒）で搗き服する。滓は患部に覆いつけると癒える。年老い 気の衰えた者は、再度拵えて多く酒を飲み、酒の力で助けるのを妙とする。「にわとこ（接骨）」参照

〈接骨神効無比類験の方〉〔骨継療治重宝記・下〕に四方がある。①銭の三銭目の物一百箇（銭厚く字草を連ぬる物）を鉄線で穿ち定め、活桑木一根で銭を紅に焼き、まだ煎じない米酢を大碗一ツに塩を入れず、焼いた銭を淬《にら》ぎ酢の中に落す。銅銭を取って末（粉）にし 酢で洗い 灰を去り晒し乾かし 極細の末（粉）とし、再び黒雄鶏一隻を清湯に煮熟して肉を去り、骨一副を酢で酥《そ》（＝酒 ちちざけ）に焙り末（粉）とし、乳香・没薬（各一両）を入れ、銅銭の末（粉）と一処に調え、毎服一字《じ》服する。臨機に患者の髪の頂上にあるもので洗い 垢を去り 灰に焼いて薬中に入れ 無灰酒に調えて服する。吐かなければ一服、吐けば再服し、もし痛みが止めば再服しない。必ず、折る骨を挟み 縛り 正しくし、楊樹皮で肉糊と外の粗皮を削り去り貼《つ》ける。咽《のど》に下り痛まず、五七日でよく運動する。生涯荸薺《ぼっさい》を忌む。地栗《じりつ》と名づける。②五珠銭（酢で淬ぎ 一両二銭）・黒鶏骨（三両）を用い、研《す》り下ろし細かにして調え、病が下にあれば毎服四銭を疎服する。病が上にあれば二銭半を頻りに服する。③食後の一方に、乳香 没薬がある。④潔古の方として、酢に半両銭を淬ぎ、蘇木・定粉・南鵬砂（各一銭）を末（粉）にして一服とし、当帰酒で三服する。痛が止んでからは服しない。

〈接骨等の補薬〉〔骨継療治重宝記・中〕接骨等の薬を付けて疼痛の止まらないものには、乳香・没薬・楓香・白芷・肉桂・南星・独活等の薬味を、各々少し薬の中に量り加えて付ける。その肉を温暖にして疼き痛むなら、即ち止まる。但し、刀斧傷の類には肉桂・南星・独活を去る。薬の取り替えは手拭を湿して潤して捲り、又薬を伸ばして替える等の処置法がある。

泄瀉の事【せっしゃのこと】〔医道重宝記〕に泄瀉は下り腹とある。風寒 暑湿による泄瀉、多くは飲食を過ごし脾胃を傷《やぶ》って発す。脈は浮を風とし、遅を寒とする。脈の微なものは暑に傷られ、緩は湿、大抵沈細は治し易

く、洪大なものは治し難い。薬には胃苓湯* 胃風湯* 参苓白朮散《じんりょうびゃくじゅつ》* 補中益気湯* 理中湯*等がある。〈加減例*〉〔医道重宝記〕に八例があり、それぞれを加える。①泄瀉が湿熱による時は蒼朮・黄連。②湿には茯苓・蒼朮・沢瀉・猪苓。③食には蒼朮・神麴・縮砂・山査子。④水瀉には滑石。⑤脾胃の虚には白朮・産薬・茯苓・人参。⑥腎瀉には呉茱萸・五味子。⑦久しく瀉し元気の脱するには柯子・肉豆蔲・烏梅・益智・連肉。⑧寒には乾姜。〔鍼灸重宝記綱目〕には五泄*をあげ、各症により針灸を選び用いる。〔秘密妙知伝重宝記〕に「痢病 降り腹」には、柿の蔕と芍薬の根を黒焼きにして飲む。〔秘方重宝記〕に泄瀉の甚だしいのは人参・白朮・茯苓・半夏・陳皮・香付子・縮砂（各等分）、甘草（小）を煎じて用いる。〈泄瀉食物宜禁〉〔家内重宝記・元禄二〕に「宜い物」は麸 蒸し棗、山椒 生姜。久しく止らないのには鶉 鶏 鯉 狗。「禁物」は麵類 蕎麦 菘菜 瓜 柑子 梨 莧 鮎 田螺。また久しく止らないのには五倍子を末（粉）し丸じて服する。水ばかり下るのには枯礬を加え丸じて服する。

摂政【せっしょう】〔万民調宝記〕に摂政《せっしょう》は、『説文』に「摂」は惣録とあり「政」は正とあるとし、この職は天下の政道の正しきを兼ね惣《すぶ》る意とある。〔男重宝記・一〕には女帝 幼帝が自ら政務を執られない時、天子*に代わって政務を掌る役とある。

雪消散【せっしょうさん】〔小児療治調法記〕に雪消散は木舌*を治す。朴硝（五匁）、真紫雪（二分）、塩（半分）を末（粉）し、白湯に竹瀝*二三点を入れて調えつける。津を呑んでも妨げはない。一方に、小児の木舌が口に塞がり満ちるのを治すには、紫雪（二匁）、竹瀝*（半合）を擂り調え、頻りに付けると癒える。

殺生石【せっしょうせき】「げんのう（玄能）」ヲ見ル

折傷の治方【せっしょうのじほう】身体を損傷 打撲して出血が止まず、また内に瘀血が停積するもの等の治方。〔家内重宝記・元禄二〕に、落馬 墜堕打撲、或は骨砕け筋の切れたもの等に地黄を擂り砕いて汁を絞り出し、酒に入れて服する。また、大黄を末（粉）して生姜の汁で塗る。半夏を厚末（粉）して水で塗るのもよい。〔医道療治重宝記〕には導滞湯*を薬とする。〔骨継療治重宝記・上〕は治療は早くするのがよく、外の出血は敷貼の薬を用いて血を散じる等とある。〔骨継療治重宝記・下〕は水蛭を新しい瓦の上で焙り乾かし細末（粉）とし、一銭を熱い酒で調えて下す。食間に痛めば、更に一服すると痛みは止まる。また、接骨薬で封じ挟み定めて置くとよくなる。

折針を抜く法【せっしんをぬくほう】〔鍼灸重宝記綱目〕に、針が折れて肉中から出ない時は、壮鼠《こねずみ》の肝と脳を搗き爛らかし、針口の上に塗るとよい。また象牙を粉にし水に溶いて貼るとよい。もし針口が癒えて合う時は、平針で割開《つきあ》け、薬を付けるとよい。

雪駄【せった】大和詞。〔不断重宝記大全〕「せつたとは、下男《をとこ》の事」である。「せちだ（雪駄）の事」モ見ル

舌胎散【ぜつたいさん】〔牛療治調法記〕に舌胎散は、瘴（「牛瘴の事」参照）の後を治す。枳殻（炒）・木香・香付子・甘草（炙）を末（粉）にし、酒で調えて下す。

雪中で酒の燗をする伝【せっちゅうでさけのかんをするでん】〔清書重宝記〕に雪中で酒の燗をする伝は、本山石灰を雪の下に入れて置き、酒をその上に乗せる。

雪隠【せっちん】「かんじょ（閑所）」「厠《こうや》の事」「せんち」参照

厠虫【せっちんむし】〔増補咒咀調法記大全〕に「厠《せっちん》の虫、あが（上）らざる呪い」は、「あら玉の卯月八日の吉日にかみさげ虫をせいばいぞする」の歌を厠の辺に貼って置くとよい。

摂津【せっつ】摂州。〔重宝記永代鏡〕には住吉、西成《にしなり》、東成、豊嶋《としま》、鬼原《おにはら》、百済《くだら》、嶋上《しまのかみ》、嶋下、河辺、八部《やたべ》、武庫、有馬、能勢《のせ》の十三郡をあげ、

城下は高槻、大坂、尼崎にあり、一ノ宮は住吉である。〔万民調宝記〕には居城知行高は、尼崎・青山播磨四万八千石、三田・九鬼長門三万六千石、高槻・長井近江三万六千石、瓜生・阿部伊予一万六千石。〔大増補万代重宝記〕には上管、南北百余里、田数一万六千五百三十七町、知行高二十九万九千九百二石。〔重宝記・幕末頃写〕には皇城に接し、西に海、南に野を擁する等五穀先熟し、魚も著繁、大上国である。今の、大阪府西北部と兵庫県の南東部があたる。

〈名物〉〔万買物調方記〕に二丁分弱の記載は山城*に次いで多い。天満の宮の前大根。川崎の嶋木綿。野里川に嶋村蟹（嶋村という人がここで戦死して幽霊に出、甲がその人の顔に似る）。京橋網嶋のあみ。今橋の戸障子。道修谷の円（延）命散*（定斎薬と云。根本也）。〇平野町の傘・双六の石・賽。安土町の厨子・仏壇・唐物細工に切り皮細工。久宝寺町に紙子。阿波座堀の石灰（蜆貝の灰）。津村の木綿の織帯・織足袋。難波橋筋の文台・重箱（粗相物）。高津の瓦。玉造の畳張り。天王寺の鋸・蕪。住吉の御払い団子・水仙花。難波の干瓢。今宮の千成瓢箪。遠里小野の油。桜町の鉄砲。中浜に掛硯・机・算盤・天秤。尼崎に餅貝・蛤。西の宮の水恵《え》曽《そ》（魚）。御影の飛び石。兵庫に素乾の小鰯。須磨の濁酒。勝尾寺の氷餅。能勢の網蚊帳（外より勝る 藁で編む）。池田に呉羽 綾羽の御衣。名塩の鳥の子紙。有馬の竹細工品々。伊丹酒。三嶋江の大根（勝れて太く 雑煮に用いる）ほか。

雪庭花【せっていか】 草花作り様。〔昼夜重宝記・安永七〕に雪庭花《せっていか》の花は黄色。土は合せ土*を用いる。分植は春、秋がよい。「前庭花」「日光黄菅」とも言う。

折棟日【せっとうにち】 〔重宝記永代鏡〕に折棟日は、家作に悪日である。正・二月は卯の日。三・四月は巳の日。五・六月は未の日。七・八月は酉の日。九・十月は亥の日。十一・十二月は丑の日である。

切羽【せっぱ】 刀脇差名所。〔武家重宝記・四〕に切羽は、鐔*の両面の中心部につける刀身を貫く穴のある楕円形の薄い金具である。大刻《きざみ》 小刻 菊切廻《きりまわし》 蛤歯 胡麻殻 縄目等がある。二枚重ね、三枚重ねもある。

折半【せっぱん】 算盤の用字。〔古今増補算法重宝記改成・上〕に折半は、二ツに割ることをいう。

ぜっひ【ぜっひ】 片言。〔世話重宝記・五〕に「是非《ぜひ》を、ぜっひ」という。促音を入れて強意とする。

節分の事【せつぶんのこと】 暦中段。〔大増補万代重宝記〕に次がある。節分は立春に入る前日で、冬の陰気が終り春の陽気が来る境で、除夜*ともいう。今夜、豆を打ち悪鬼を払うのを追儺《ついな》*という。禁中では節分の季節に拘わらず、大晦日の夜に行う。昔は陰陽寮で祭文を読み、上卿以下これを追う。恐ろしい面を被《かず》き、盾矛《たてほこ》を持ち、四門を守り、殿上人は桃の弓、蓬（〔年中重宝記・四〕は葦）の矢で御殿から射払う。これ等を模して豆を打ち鬼を払うようになったのかという。追儺のことは『周礼』『論語』にも見える。按ずるに、陰気を鬼とし陽気を福とし、大豆は壮健の義に表し、節分の夜に打って陰気を退け、陽気を迎える意かという。詳しくは〔年中重宝記・四〕に『公事根源抄』『埃嚢抄』を引いて解説があり、また節分の夜に厄払*宝船*を敷くことも出ている。

〈節分夜呪〉〔万用重宝記〕に「年越・節分の夜」米一合二勺、閏年は一合三勺を秤で掛けて見ると、明年の米の高値々が知れるという。又、煎豆を正月から十二月迄、閏年があれば十三を、順々に並べて置き、正月の豆から焼いて焼灰になるのは皆日照り、黒焦げになるのは雨降り、灰の形がなく跡ばかりになるのは風が吹くと占う、奇妙である。この外、節分の夜に神農を祭り、人相を見て、年中の有様を見る。

節分の守護札【せつぶんのまもりふだ】 江戸願所。浅草寺の観音堂で毎年追難《ついな》*の払いがあり、年中の災いを払って後、節分般若の札を宝前から出す。諸

人はこれを乞い請けて門戸に貼り、厄災を免れる。また難産の時、札の「分」の一字を切り抜いて水で飲ますと、忽ち平産するという（図283）。〔江戸神仏願懸重宝記〕

図283「節分の守護札」（江戸神仏願懸重宝記）

節分の夜氏神年詣り【せつぶんのようじがみとしまいり】 大坂願所。毎年節分の夜、氏神へ年詣りの時、文銭一文と小児の年数程豆を包み、本社の雨垂落へ埋め、この豆に芽の出る迄疱瘡が出ないように、もし出ても随分軽く身命に凶事のないように守らせよと、口の中で祈願して下向すると、小児の疱瘡は極めて軽い。〔願懸重宝記・初〕

摂補消腫膏【せっほしょうしゅこう】 〔骨継療治重宝記・下〕に摂補消腫膏は、打撲 傷損 刀斧傷等の外治薬である。耳草葉・雪裏開・水圹葉・烏苞葉・紫金皮を粉にし、鶏卵白に桐油を少しばかり入れて調え、付ける。

舌本【ぜっぽん】 「風府」「廉泉」ニ同ジ

絶脈【ぜつみゃく】 「脈の事」「絶脈」参照

絶命【ぜつめい】 八宅八命*の占。〔懐中調宝記・牛村氏写本〕に絶命は大凶の方で、諸事に悪い。土蔵 竃 神仏の檀を設けるのも凶。夫婦の合命は至極よいが、常に病難が絶えず、負け勝ちのある合命である。

絶門【ぜつもん】 〔男女重法日用明鑑万々雑書三世相大全〕に「五性と生れ月で吉凶を知る事」*に、絶門は年寄ってから鰥夫《やもお》となる生れであり、父母兄弟に縁がない。一代の内に、肉骨を破る程の禍があり、もしなければ口舌事があり、自ら人に託言をする程の事がある。女人は夫婦仲に口舌があり、短命である。産前産後の病を慎むのがよく、子に縁が少ない。女の子はあるが我家に育ち難く、他家へ遣るとよい。

瀬戸肩衝【せとかたつき】 〔不断重宝記大全・茶湯名物御持来之記〕に「瀬戸肩衝」の「筒井」は尾張殿、「あさぢ」は松平加賀守、「中川」も同、「山内」は松平土佐守など、八種がある。

瀬戸物の事【せとものこと】 〈焼き画〉〔清書重宝記〕に瀬戸物焼き画の伝として、絵具に硼砂を少し入れ、麩糊に溶いて書き、二重窯で焼くとよい。〈焼き継ぎ〉〔清書重宝記〕には、瀬戸物焼き継ぎ伝は、唐の土（十匁）・硼砂（一匁）を麩糊でよく磨り練り、また上を白いビードロの粉を化粧して焼く。〔諸民秘伝重宝記〕には、白いビードロを粉にして卵の白身に交ぜ合わせて搗き、火の上で炙り焼きにするとよい。蕨の粉に卵を交ぜて即座に遣ってもよい。「焼物継ぎ様」参照〈穴明け〉〔俗家重宝記〕に、瀬戸物に穴を明ける法は、明ける所に灸を三火（一書ニ七火）据え、錐で揉み明ける。また蛞蝓《なめくじ》を捕って細い竹の串に刺して日に干し固め、この蛞蝓で揉み明けると自由に穴が明く。

瀬戸物符帳【せとものふちょう】 瀬戸物の符帳。*〔早算調法記〕に次がある。分《ふん》（一）。厘《りん》（二）。メ《かん》（三）。斤《きん》（四）。両《りょう》（五）。間《けん》（六）。丈《じょう》（七）。尺《しゃく》（八）。寸《すん》（九）と使う。

せな【せな】 大和詞。「せなとは、男の事」である。〔不断重宝記大全〕

背中の事【せなかのこと】 〔万物絵本大全調法記・上〕に「背はい／せ／せなか／そひら。脊梁《せきりやう》 同」。〈灸の分寸を定むる法〉〔医道重宝記〕に背骨の寸は、大椎*より下長強（尾骨）の終り迄二十一節の長さ三尺を用いる。「横の寸」には両乳の間を八寸として用いる。〔鍼灸日用重宝記・三〕に肥えた人は分明に測り難いので、大椎より二十一節までの寸をとり三尺とし、上の七節は一節一寸四分一厘ずつ合せて九寸八分七厘、中の七節は一節一寸六分一厘ずつ合せて一尺一寸二分七厘、下の七節は一節一寸二分六厘ずつ合せて八寸八分二厘。合せて四厘の不足はほこりである。横の寸は両乳の間を八寸とするが、乳房が垂れて測り難いのは右

手の腕首の折目より中指の末までの寸をとり八寸として用いる。〈背中痛むを治方〉〔新撰咒咀調法記大全〕には羌活を水で煎じて用いる。また独活を酒と水で煎じ用いる。また膃肭臍《おっとせい》を酒の付焼にし細末（粉）とし丸じて用いる。

銭瘡／癬瘡【ぜにがさ】「たむし（風癬）」ヲ見ル

ぜにこうやく【ぜにこうやく】〔洛中洛外売薬重宝記・上〕に「ぜにかうやく」は、川原町竹や町上る日野や清右衛門にある。万の痛み、痃癖によい。

銭相場【ぜにそうば】 銭売買。例えば、〔改算重宝記〕では銭一貫《かん》*文に付き銀十二匁の時、一匁は何程か。答え、八十文。解は、九百六十文（＝一貫文の代銀）を十二匁で割って八十文を知る。この銭相場割は宝暦（一七五一～六四）明和（一七六四～七二）迄の相場で、享和（一八〇一～〇四）文化（一八〇四～一八）の頃は、銭一貫文に付き銀九匁で、一匁は百十文六六とあり、変動による相場割早見一覧が二ツ出ている。このような年々、地域の相場割付は〔男女御土産重宝記・元禄十三〕〔古今増補算法重宝記改成上・正徳五〕〔秘術改撰算学重宝記・弘化三〕〔書状算数万代早見重宝記〕等の外、〔米穀金銭重宝記〕には津地方の銭相場早見一覧も出ている。「きんぎんそうば（金銀相場）」参照

銭の事【ぜにのこと】〈始り〉〔人倫重宝記・二〕に『事物紀原』を引き、銭を作り始めたのは尭帝（シナ太古伝説上の聖王）、また湯王（商〔殷《いん》〕の初代王。仁徳厚く、B.C. 十八世紀頃、夏の傑王を滅し天子となる）の七年に天下が旱したので、また禹王（黄河の大洪水を治め舜の禅譲により夏王朝を開いた聖天子）の五年に洪水したので、彼らは銭を鋳て民の困窮を救ったという。銭は昔から皆銅銭で、鉄銭は漢の公孫述より始る。周の景王（二五八～二六三）の時大銭《たいせん》を鋳て、差し渡し一寸二分、重さ十二銖、文《もん》を初めて「宝貨」とつけた。魏の孝文帝の太和《たいか》十九年（四九五）に銭を鋳、文には「太和五銖」とつけた。孝荘王の永安二年（五二九）に揚福が鋳た銭には「永安五銖」と初めて年号を文にした。唐の武徳四年（六二一）七月十日に「開元通宝」の銭を鋳て初めて「通宝」を文にした。貨泉又は貨布は王莽（B.C. 四五～A.C. 二三）の銭であり、「乾封《けんほう》泉宝」は高宗の乾封年中（六六六・七）の銭であり、「乾元重宝」は唐の粛宗の乾元年中（七五八・九）の銭である。「天福元宝」は晋の天福三年（九三八）十一月に鋳た銭である。「光天元宝」「咸康元宝」*「通正元宝」「天漢元宝」「乾徳元宝」は皆三国の時、蜀（前蜀九〇七～九二五。後蜀九三四～九六五）の世の銭である。宋（九六〇～）の世から改元ごとに銭の文を鋳変えた。

○「文字と年号」。銭の文に年号をつけるのは孝文帝（四七一～四九九）より、「宝」の字は周の景王より、「通」の字は唐の高祖（九三六～九四七）より、「重」の字は唐の粛宗（七五六～七六二）より、「元」の字は晋の高祖（九三六～九四六）より始った。○「開元通宝」。武徳四年（六二一）唐の高祖鋳造の銭の縵の初月《みかづき》は文徳皇后の爪跡という。○「難産の薬」。布泉の二字のある銭は煎じてその汁を飲むと難産を易くするという。

○「銭の数」。唐の世には九十を百文とし、昭宗の時は八百五十文を一貫とし、漢の隠帝の時は七十七文を百と定め、梁の武帝の時は八十文を百文とする。日本で「銭百を九十六文」にするのは天文年中上杉則政の家来長尾景春入道より定まる。これは二ツに割り三ツに割るのに都合がよいからである。後出〈銭の単位〉参照

〈日本の鋳銭〉日本では持統天皇八年（六九四）三月二日に鋳銭司を置いて、初めて銀銭・銅銭を鋳させた。天武天皇の時（六七三～六八六）に銀銭を止めて銅銭ばかりを用いて今に至る。天平宝字三年（七五九）三月にも銭を鋳て、古銭 新銭の差別を定めた。日本へ異朝から初めて銭が渡ったのは、後宇多院（一二七四～八七）の承治三年（建治一二七七カ）である。〔万代重宝記・安政六頃刊〕には「本朝鋳銭《いせん》之図」が三十一あり、古銭価を示している（図284）。

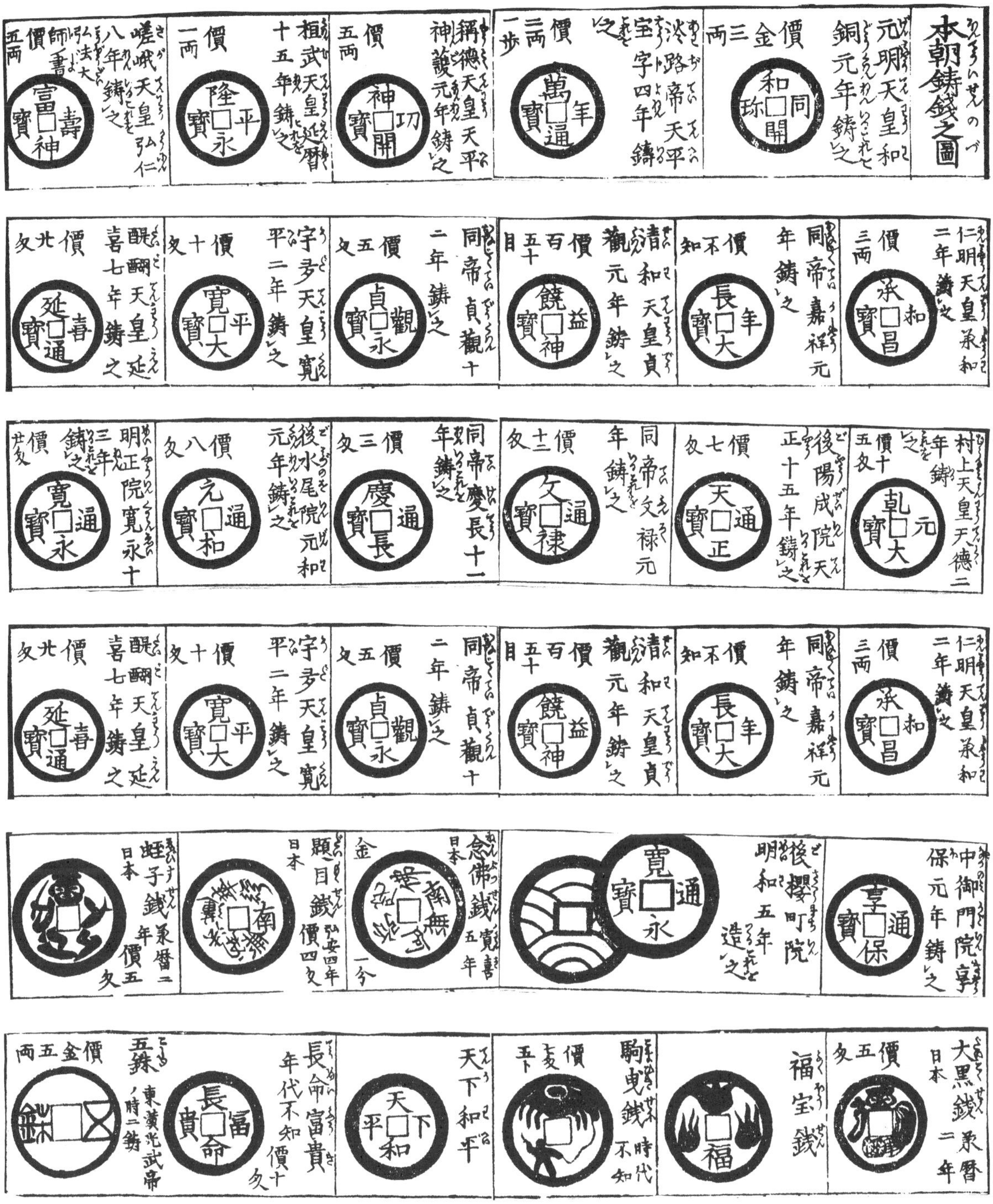

図284　「本朝鋳銭之図」(万代重宝記)

〈銭の単位〉〔算学調法塵劫記〕に次がある。貫（九百六十文を一貫文という）。百（九十六文を一百文という）。匹《ひき》*（十文を一匹・疋という）。銭《せん》（＝一文を一銭という。一銭とは一文目の意。十文の目方が十文目あることよりいう）。また「永銭九六百《くろくびゃく》之説」には永楽銭*（応永〔一三九四～〕から慶長〔～一六一五〕に通用）に鐚*（錏びた＝悪銭）を取り交ぜて遣い毎々争論になった。この頃新金が始り、小判一両を永楽銭一貫文に換えるのが常例となったのが永銭《えいせん》の始めである。その交換の口銭に永百文（二十五文）に付き一文ずつ省いたので鐚銭も同じく百文に付き永一文の価四文を省いて通用としたのが九六百の始めである（異説もあり、「錏《びた》」参照）。〔慶長十三年（一六〇八）に、幕府は永楽銭一文に鐚銭四文の通用と定めた〕〔古今増補算法重宝記開成〕に銭貨の単位、一文、十文、百文、一貫《かん》*文がある。

〈銭差し〉〔万物絵本大全調法記〕（図285）には「銭 せん／ぜに。ぜにさし」とある。銭の穴に差し通して束ねる紐である。〈銭箱〉〔茶屋諸分調方記〕に銭を入れて置く銭箱の図がある。〈紋絵〉〔紋絵重宝記〕には「寛永通宝」の摸様と「錢」の字の異匠がある。

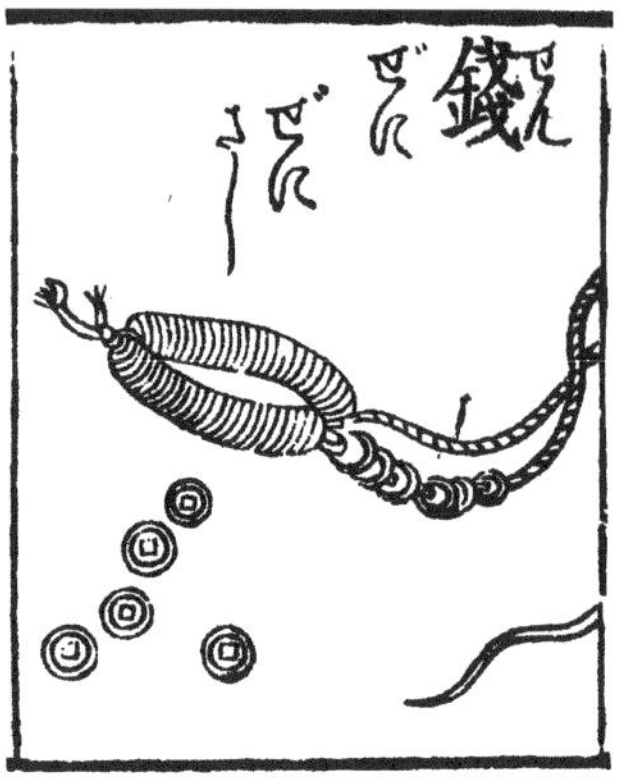
図285 「銭差し」（万物絵本大全調法記）

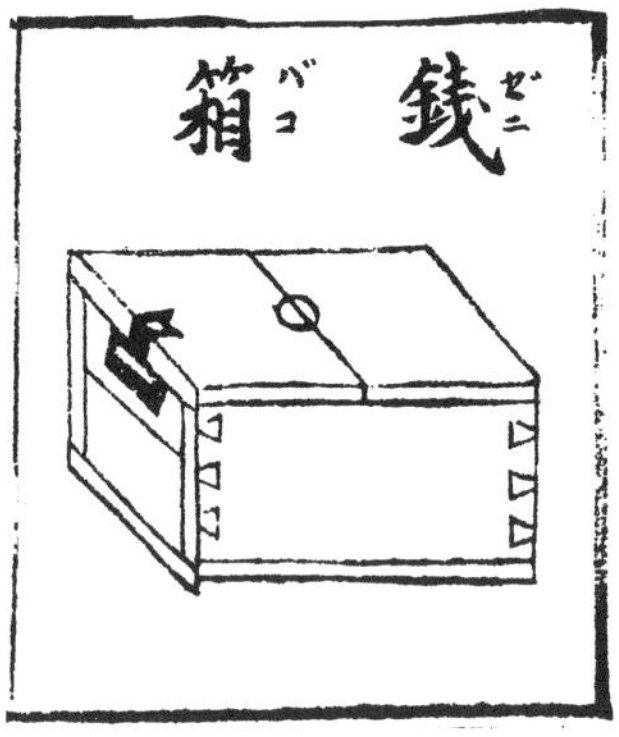

「銭箱」（茶屋諸分調方記）

〈銭異名〉〔人倫重宝記・二〕に銭の異名を唐土では孔方《こうほう》*鵝眼《ががん》鳥目《ちょうもく》等といい、日本ではお足*という。〔書札調法記・六〕に銭の異名に、鵞《が》目《もく》青趺《せいふ》宝輪 阿楮《あちょ》家兄《かけい》足伯《そくはく》、〔音信重宝記〕には阿賭 天竜もある。〔男重宝記・五〕に「諸国詞」として中国では「銭《せん》をぜに」という。撥ねる仮名を「に」と読むことは苦しくないという。〔小野簒譃字尽・何が不足で癇癪の枕言葉〕に「しん太らう／しんた、銭」。また「寛永通宝。青銅《せいどう》孔方《こうほう》。阿堵《あど》物《ぶつ》。びた（鐚）。青蚨《せいふ》銭《せん》。泉《せん》。しん太郎」。また「銭は、ぜね」等様々ある。

〈銭の力〉〔金持重宝記〕には、金は何物にも優れて万能であり、銭さえ多く持てば名を流し、命も奪い、いかなる顔も笑わせ、艶書も要らず叶わぬ恋も叶い、無知無学でも崇敬され、無芸無能も一夜に上手になる等、自由を調えるもの、とある。

〈銭の喉詰り〉〔御成敗式目・妙薬調法記〕に「銭が喉に詰り 或は呑み込む」には、炭火を突き砕き粉にし一匁を酒で飲むとよい。常の炭は悪く、火に落し粉にしたのがよい。〔諸民必用懐中咒咀調法記〕に「銭を呑みて出ざるには」、よい磁石を糸で吊り口中へ入れて引き出す。また木賊《とくさ》を粉にして呑ますとよい。〈銭手品〉〔清書重宝記〕に「銭を水に浮かす伝」は、銭の裏を荒砥で薄く磨り、白臘を塗る。

〈銭占〉〔万用重宝記〕に「妙術智恵之巻」として次の銭を所有することで占う。右上から下へ。「嘉定通宝」*「元祐通宝」*「洦豊元宝」*「永楽通宝」*「咸康元宝」*「和銅珍開」*「大邑元宝」*「重和通宝」*「大観通宝」*「常平五銖」*「清寧元宝」*「乹統元宝」*がある（図286）。「銭相場」参照

ぜね【ぜね】「銭《ぜに》は、ぜね」。〔小野簒譃字尽・かまど詞大概〕

塞内岡比【せねがんぴー】〔童蒙単語字尽重宝記〕に塞内岡比《せねがんびー》は列君分拠。広さ二十五万坪、民は記載なし。

狭物【せばもの】 大和詞。「せばものとは、小さき魚を云」。〔不断重宝記大全〕

洗馬より本山へ【せばよりもとやまへ】 木曾海道宿駅*。三十丁。本荷三十六文、軽尻二十三文、人足十八文。松本領。両方細道、宿中の小沢川には土

図286「銭占」（万用重宝記）

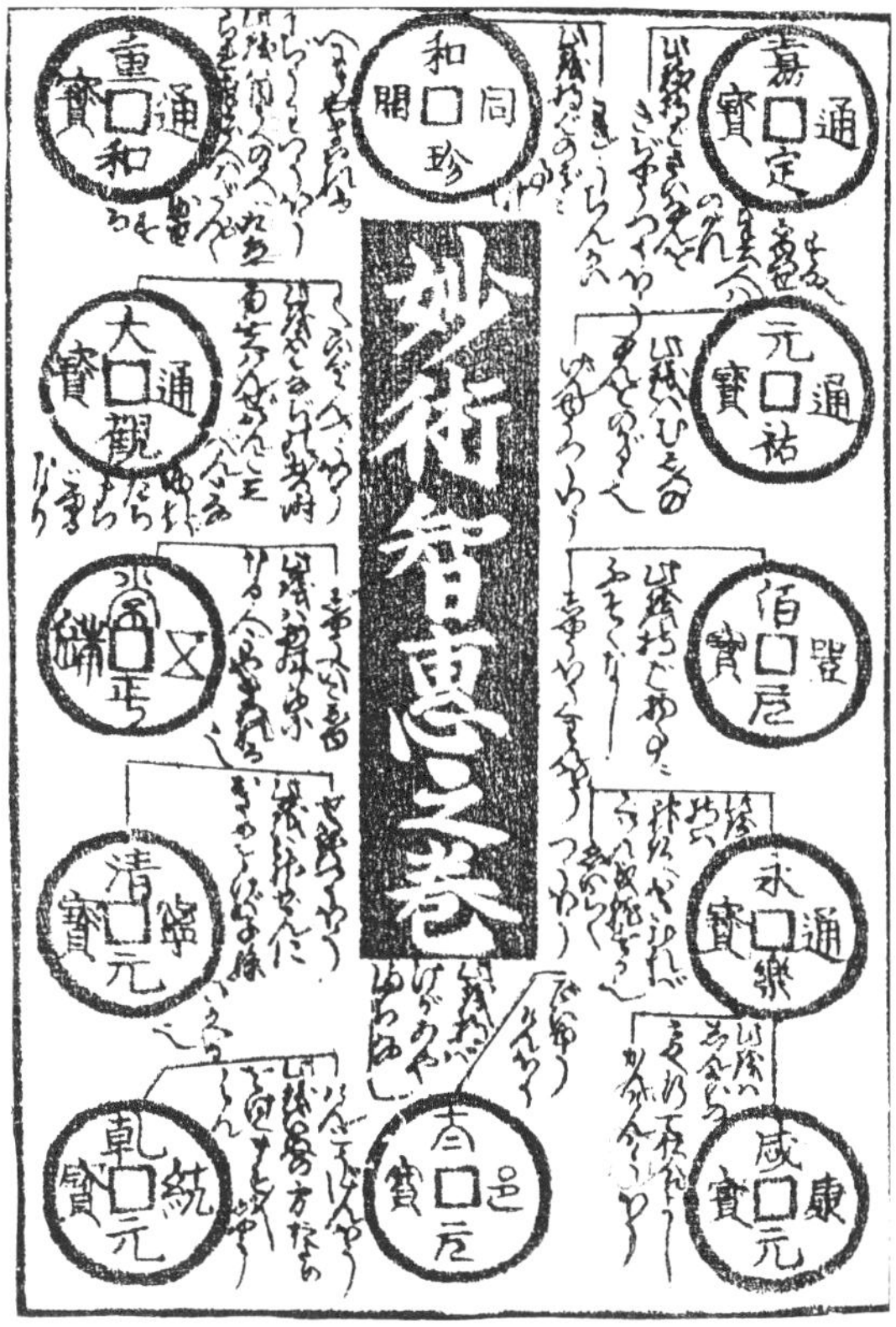

橋がある。植部村 ここから善光寺道*がある。〔東街道中重宝記・木曾道中重宝記六十九次 享和二〕

せび【せび】 片言。「せびは、蟬 せみ」である。〔不断重宝記大全〕

畝引の事【せびきのこと】 上田一町五反があり、一反六斗の斗代*ではこの取《とり》米《まい》は九石である。当年検見坪刈して、毛《け》（＝収穫量）が米にして七石五斗あり一石五斗不足するのを、反別《たんべつ》何程とし、これを当年の引《ひけ》と立てる。七石五斗を反取六斗で割ると、一町二反五畝となるのは有米《ありまい》の反別である。一町五反から引くと残り二反五畝となるのがこの検見の畝引《せびき》である。〔農家調宝記・初編〕

せぶる【せぶる】 〈何が不足で痼癪の枕言葉〉「寝《ね》る、せぶる」。〔小野篡譃字尽〕

世平弓【せへいきゅう】 八張弓*の一。世平弓は御上洛の時、又は神事に用いる弓である。袋に入れるのに口伝がある。〔弓馬重宝記・下〕

背骨の事【せぼねのこと】 〔骨継療治重宝記・上〕に、背骨《せぼね》は二十一節ある。一番《つがい》の広い所は肋骨*が取り付いている。年久しくなると、七節ずつに一椎々の低みから分れ離れ、後には一節ずつ低みから離れる。十四五の椎の間に背骨屈伸の所がある。全て椎の形は子母環《いれこ》のように、上の椎より下の椎へ臍を垂れて入り組んでいる。仰ぐ時は臍は下椎の中へ入り、俯す時は臍が出る。〈背骨損傷治法〉〔骨継療治重宝記・中〕に背骨の挫きは手で整頓《なお》さず、軟らかな縄を脚より結わえて吊り上げ下に墜《おと》すと、身は真直ぐになり骨は自ずから窠《つがい》に帰《い》る。接骨膏、定痛膏*、補肉膏をつけて、桑皮一片を薬の上に放在《のばしお》き、その上に杉皮二片か三片を安在《ならべお》いて、軟らかな物で纏い 挟み 定めて骨を曲らせない。〈背部の大椎を定る法〉〔鍼灸日用重宝記・三〕に背骨《せきこつ》は二十一椎である。その第一椎上の穴を大椎と云い、大椎より上に項骨と言い小椎三があり、合せて二十四節あるが、この三椎は数えない。大椎より二十一の椎迄を寸をとり三尺とする。上の七節は一節一寸四分一厘ずつ、中の七節は一節一寸六分一厘ずつ、下の七節は一節一寸二分六厘ずつである。不足分ははこりである。

蟬が滝【せみがたき】 吉野名所。仏《ほとけ》が峯の坂の北の方、左にある。段々に落ちる滝で、上の滝は蟬の形に似ている。この辺に夏箕《なつみ》川があり、名所である。〔東街道中重宝記・七ざい所巡道しるべ〕

蟬鯣【せみするめ】 「焙炉《ほいろ》の料理」の内「焙炉鯣」ヲ見ル

蟬の羽衣【せみのはごろも】 大和詞。「せみのは衣とは、薄き夏衣」をいう。〔不断重宝記大全〕

蟬蛻【せみのもぬけ】 〔万物絵本大全調法記・下〕に「蟬 せん／せみ。総名也。秋」。〔薬種重宝記・下〕に和虫、「蟬蛻 せんせい／せみのもぬけ。洗い頭足を去り 焙る」。

是妙膏【ぜみょうこう】〔洛中洛外売薬重宝記・上〕に是妙膏は、二条川端三条上ル二丁目 芳時館にある。諸々の腫物に塗ると痛みを和らげ、毒気を去る。取り次は、衣棚丸太町上ル丁、江戸神田三河町二丁目、大坂心斎橋筋過書町（どこも薬店名なし）である。

傴僂【せむし】〔万物絵本大全調法記・上〕に「駝背 だはい／せむし。痀背 だはい／鉈子 だし。並同」。〔鍼灸日用重宝記・四〕に傴僂《せむし》には、風池 肺兪に灸する。「きはい（亀背）」参照

ぜめ【ぜめ】〈何が不足で癪癪の枕言葉〉「ぜめ、拙者《せっしゃ》」。〔小野篁謔字尽〕

施薬院使【せやくいんし】〔万民調宝記〕に施薬院使は宮内省*に属し、薬を施し病人を養生する所で、使は医師規模の官である。

芹【せり】 春の七草*の一。〔万物絵本大全調法記・下〕に「芹 きん／せり。春」。〈異名〉〔書札調法記・六〕に芹の異名に、水斳《すいしん》 水英がある。〈薬性〉〔医道重宝記〕に芹《せり》は平で毒がなく、血を保ち、精を養い、熱を去り、石薬の毒を消す。黄疸 及び帯下《こしけ》、崩漏《ながち》によい。赤い芹は、人を害し食ってはならない。〔永代調法記宝庫・四〕にも気力を増し、身を肥す。三 八月は食禁、また酢を加えると歯の毒となる。〔万用重宝記〕に芹は、精気の薬で冬の時節に用いると気や腎を増す。芹に中った時は杏仁の煎じ汁の実で消す。〈食合せ〉〔料理調法集・当流献方食物禁戒条々〕に芹に薊草の食い合せを忌む。〈作り様〉〔昼夜重宝記・安永七〕に芹の花は中白色。土は合せ土*、肥しは魚の洗い汁がよく、分植は秋にする。

ぜり【ぜり】「ぜり」は喘息*の別名。

芹摘む【せりつむ】 大和詞。「せりつむとは、恋をするを云」。〔不断重宝記大全〕

芹菜摘む【せりなつむ】 大和詞。「せりなつむとは、及ばぬ恋を云」。〔不断重宝記大全〕

せろつぽん【せろつぽん】 片言。「大根汁《だいこんしる》の繊蘿蔔《せんろふ》を、せろつぽん」という。〔世話重宝記・三〕

扇【せん】〔万物絵本大全調法記・上〕に①「扉 ひ／とびら。扇 せん。同」。②「扇 せん／あふぎ。摺扇 しうせん。団扇 だんせん／うちは」。「扇の事」参照

銭【せん】〔医道重宝記〕に合薬秤量として、一銭とは十分《ぷん》とある。また「銭《ぜに》の事」参照

繊【せん】 小数の単位*。繊は微*の十分の一。十沙*をいう。一の千万分の一。〔童蒙単語字尽重宝記〕。

簽【せん】〔万物絵本大全調法記・上〕に「簽 せん。俗に、外題 げだい」。

前【ぜん】 九字の大事の一。〔新撰咒咀調法記大全〕「九字の大事」*の一「前《ぜん》」。増長天王。宝瓶印。

撚【ぜん】 十四の鍼法*の一。撚は、手指で針を捻り、左を外とし、右を内とする。女はこれに反する。〔鍼灸重宝記綱目〕

仙遺糧湯【せんいりょうとう】〔改補外科調宝記〕に仙遺糧湯は、楊梅瘡*を治す。瘡毒 又は風毒に誤って軽粉水銀を飲んで筋引き攣り、骨疼き 肉破れ 行歩できないのにも用いる。土茯苓（一斤）、防風・木通・薏苡仁・白茯苓・防已・金銀花・木皮・蘚皮・皂角刺（各五匁）、白芥子（四匁）、当帰を煎じて用いる。瘡毒が癒えて塊になり 瘫のようになったら、この薬を粉にして蜜で丸じ、又は酒に浸して用いる。生物《なまもの》 魚鳥 茶酒、また房事を忌む。一月余りで潰える。

仙院／仙洞【せんいん／せんどう】 院*の御所を、仙院 仙洞という。〔男重宝記・一〕

川烏散【せんうさん】〔小児療治調法記〕に川烏散は、脾風*を治す。川烏頭（生 一匁）、全蝎・木香（各五分）に生姜を入れ、水で煎ずる。嘔吐するものには丁香を加える。

川烏頭【せんうず】〔医道重宝記〕に川烏頭は、辛く熱があり風邪が骨に

入ったのを除き、積聚を破り 腹臍の寒え痛むのを治し、風痺 血痺 半身の叶わないのを治す。甘草に一夜浸し、炮（包み焙り）して刻み用いる。〈中毒治法〉〔斎民外科調宝記〕には川烏頭 付子の毒に中《あた》り、心《むね》が熱《いき》れ 渇き 悶えの甚だしい時は、頭は砕けるように痛み、総身黒くなって死ぬ。文豆 又は黒豆を煎じ冷まし、水のようにして用いる。或は防風、甘草を煎じ冷まして用いる。急な時は大変冷たい水を沢山飲ませ吐かせて下す。

千億日【せんおくにち】〔諸人重宝記・五〕に千億日《せんおくにち》は、人に物を出さぬ日である。正月は寅の日。二月は卯の日。三月は辰の日。以下はこれに准ずる。

喘欬【ぜんかい】経験方。〔丸散重宝記〕に喘欬（喘息*）で、嗽血 吐血 喘急して脈に力のない人には、人参末（粉）三戔を鶏卵白で調え、五更（午前三時〜五時）に服し、仰向きに伏さすとよい。ただ一服で癒える。

蟬花散【せんかさん】〔小児療治調法記〕に蟬花散は、夜泣*が止まず、その症状が物の祟りのようなのを治す。蟬退七箇を、下方の半分を切って細末（粉）とし、薄荷湯によい酒を少し加え、食後に飲ます。古人の妙法は測り難い。

千瓦泉【せんがせん】「名酒千瓦泉」は、新橋加賀町 鹿嶋助五郎にある。〔江戸町中喰物重法記〕

全蝎【ぜんかつ】〔薬種重宝記・下〕に「さそり、全蠍《ぜんかつ》」。〈薬性〉〔医道重宝記〕に全蝎《ぜんかつ》は辛く平で、風痰を退け、口眼のゆがみ、中風の諸症、小児の驚癇 搐《びくつ》くのを治す。水で洗い足と尾を去り、刻み、焙る。

洗肝散【せんかんさん】〔医道重宝記〕に洗肝散は、風熱が上《のぼ》り攻め、俄に赤く腫れ痛み、しばつき、涙の多いのを治す。肝熱を去り、風毒を除く方である。また病み目を治す。血虚 労倦の者には用いてはならない。山梔子・当帰・川芎・薄荷・羌活・防風・大黄（各等分）、甘草（少）を煎ずる。

洗眼散【せんがんさん】〔医道重宝記〕に洗眼散は、諸々の眼病を治す洗薬である。当帰・黄連（各一匁）、赤芍薬・防風（各五分）、杏仁（三分）を刻み絹に包み 熱湯でよく振り出して洗う。

せんがんじ【せんがんじ】片言。〔不断重宝記大全〕「せんぐはんじは、誓願《せいぐはん》寺《じ》」。〔男重宝記・五〕にも「せんぐはんじは、誓願寺《せいぐはんじ》」とある。

せんがんひ餅【せんがんひもち】菓子名。せんがんひ餅、皆 ながし物、白羊羹、白ささげ入り。〔男重宝記・四〕

洗肝明目散【せんかんめいもくさん】〔医道療治重宝記〕に洗肝明目散は、一切の風熱、眼目の赤く腫れ痛むのを治す。当帰・川芎・赤芍薬・生地黄・黄連・黄芩・山梔子・石膏・連翹・防風・荊芥・薄荷・蒺藜子・羌活・蔓荊子・菊花・桔梗・草決明・甘草・を煎じて、食後に服する。症により加減の方もある。

璇璣【せんき】〈経絡要穴 心腹部〉〔鍼灸重宝記綱目〕に一穴。璇璣《せんき》は、天突の下一寸にある。灸五壮。針三分。胸の骨痛み煩れ、喉痺、咽の腫れるのを主《つかさど》る。〈灸穴要歌〉〔永代調法記宝庫・三〕に「胸脇も満ち塞がりて 息早く 咽《のど》鳴り 嘔《えず》きするは璇璣ぞ」。璇璣は咽の骨より四寸下、三壮する。

蟬菊散【せんぎくさん】〔小児療治調法記〕に蟬菊散は、「痘後の余症*」で斑瘡が眼に入り、或は病後に翳障を生ずるのを治す。蟬退・白菊花（各等分）を水で煎じ、毎服二匁、蜜を少し入れ、乳食後に与えるとよい。

疝気の事【せんきのこと】大腸 小腸 腰部 陰嚢等が痛むのを疝気という。〔医道重宝記〕は内に湿熱があり 外の寒気を受けて病を起し、多くは厥陰経にあるという。脈の牢急なのはよく、弱急なのは悪い。疝気で腹中が冷えて痛み、積気が上り逆し、陰嚢が冷えるのには呉茱萸湯*を用いる。疝気で脚気が上り攻め 肢節痛み 腹痛み 大便の通じないのには三和散*を用いる。津液《うるおい》乾き 血虚するのには用いない。寒湿の疝気、また冬月寒

気によって起るのには五積散*を用いる。本方には延胡索を加える。〔鍼灸日用重宝記・五〕に疝気の病は、湿 熱 痰 癪が流下し、或は寒鬱 食積 死血により発《おこ》る。よく肝経と腎経とを絶する。七疝*の症の他、症状に対して灸点が示されている。〔家内重宝記・元禄二〕に、①草烏頭と呉茱萸を煎じて服すると、二十年来の疝気を治す。②艾葉と香付子を酢で丸服するとよい。③蜜柑の核を炒り末（粉）し酒で服するのもよく、丸服もよい。〔男女御土産重宝記〕は梔子・沈香・南天（各五分）を常のように煎じて用いる。〔俗家重宝集〕に疝気の奇方として椿の葉を陰干にして刻み、一貼二匁ずつにして、煎じて用いる。〔俗家重宝集・後編〕は烏瓜の根を細末（粉）にして酒で呑む。〔胡椒一味重宝記〕は胡椒を酒で煮詰め、大茴香（大）を入れて煎じて用いる。

〔調法記・四十ら〕には、①秘伝として虎杖・川芎・車前子・桑根（北にさす紫色の根）を煎じて用いる。②極秘は、蒟蒻芋を上酒に一日一夜浸し、粉にして酒で飲ます。〔調法記・四十七ら五七迄〕は、①接骨木《にわとこ》・甘草（少）一盃半を一盃に煎じて用いる。どれほど強い疝気もすぐに治る。②譲り葉（十匁）、椹木・木香・檳榔子（各五匁）、甘草（二匁）を常のように煎じて用いる。疝気の外 腹痛 虫症にも効能がある。③延胡索・胡椒（各一匁）を酒に二盃入れ一盃に煎じて用いる。腹筋の痛みを治す。④山茶葉（二十枚）、硫黄（三匁）を煎じて用いる。また陰嚢へ差し込み、痛むのには辛子を酢で溶いてつける。⑤南天の葉を煎じて洗うのもよい。⑥茴香を塩と合わせて炒り、熱い内に布に包み痛い所に載せる。⑦七月十五日の早天に汲み立てた水で饂飩粉を粒に〇程に丸じて呑む。〔万まじない調宝記〕は、桃花（一両）、木通（二両）を各々刻み七服に分け、常のように煎じて用いると妙とある。

〔新撰咒咀重法記大全〕に「疝気 腹筋はり痛むを治方」が別に、〇益母草・忍冬（各等分）を水で煎じて用いる。〇烏藕を丸じ金箔を衣にかけて用いる方もある。〔薬法重宝記〕は、疝気で陰嚢の腫れ痛むのには馬鞭草を搗き爛らかして付ける。〔薬家秘伝妙方調法記〕は、「疝気の脹満」には檳榔子・大黄・桑白皮がある。〔妙薬調方記〕は、「疝気にて腰など痛む時」は橙《だいだい》の皮を煎じて飲む。〔万用重宝記〕は、〇「腰気 疝気で悩む」に ひね（晩稲）のぜんまい（薇）を食わすと立ち直る。〇「疝気 風毒 中風の症の病」に牛蒡を常に食して気血を増す。目の薬ともある。〔懐中重宝記・慶応四〕に「疝気寸白の薬」は、①木槵子《むくろじ》三ツを水で丸飲みにする。②大蒜《にんにく》を味噌に包み よい程に焼いて朝五ツずつ食うとよい。③槇の実の皮（四匁）、甘草（二分）、大黄（三分）に水四合を入れて二合に煎じて飲む。④帚木の実を煎じて用いる。⑤疝気で陰嚢が腫れたのには南天の葉を煎じて洗う。

〈呪い〉〔増補咒咀調法記大全〕に「あたたら（疝）に呑む」は名符とある（図287）。〔万用重宝記〕には陳《ひ》ねた橙で痛む所を撫でると妙。〔諸民必用懐中咒咀調法記〕には糸瓜《へちま》に我が生年月誕生日 名前 年齢を書いて箱に納め、御酒燈明をあげて拝むとある。

図287 「あたたらに呑む」（増補咒咀調法記大全）

〈疝気食物宜禁〉〔世界万宝調法記・下〕に「宜い物」は黄粱 小豆 葱白 芥 山椒 胡桃 牛房 苣 蒲公 莧 姜 烏賊 田螺 海月 蛎 鰻 大根。「禁物」は稗 蕎麦 油 御米 糯 豆腐 麪類 茄子 瓜 蓼 蕨 菌《くさびら》 林檎 楊梅 鮒 鱒 雉 猪。

〈薬店〉〔万買物調方記〕に「江戸ニテ疝気の薬」は浅草とある。〔洛中洛外売薬重宝記・上〕には京西洞院丸太町上ル町 湖月堂の品は一切の疝気 男女五積に用いて吉とあり、一条通宝町西へ入ル山田寿生軒には第一疝気で腰股足の痛むのに吉とあるほか、「古製八味丸」（川端陸奥大

掾)、「無名散」(香具や善四郎)も疝気に効能があるとする。

川芎【せんきゅう】〔薬種重宝記・下〕に唐・和草、「川芎 をふなぐさ。火を忌む、蘆頭を去り 刻む」。〈薬性〉〔医道重宝記〕には辛く温、血を養い、経を調え、頭痛 面風を治し、鬱を開き、血中の気を廻らす。蘆頭を去り、刻み、熱湯に浸し、二三度掻き立てて洗い、日に干して用いる。唐(殼)はそのまま刻み用いる。おんなかずら、おんなぐさ。斤目は一斤につき百八十匁である。

喘急【ぜんきゅう】加減*例。〔医道重宝記〕に喘急(喘息*)で、風寒が表にあれば麻黄・杏仁を、痰には半夏・紫蘇子を、肺気を瀉するには桑白皮・枳実を、虚には人参・阿膠・五味子を加える。

喘急【ぜんきゅう】「喘息」ヲ見ル

川芎茶調散【せんきゅうちゃちょうさん】〔医道重宝記〕に川芎茶調散は、諸風上《のぼ》りせめ、目昏く頭痛し、鼻塞がり、声の重いのを治す。また風邪の未だ悉く去らず、なお上部に留まり ただ頭痛するのにも用いる。気血 虚弱には風気があってもこの方は用いない。薄荷(四匁)、荊芥・川芎(各二匁)、羗活・白芷(各一匁)、細辛・甘草(各五分)、防風(一匁三分)に、よい葉茶(二匁)を入れて煎ずる。或は前の八味を散薬にして、煎茶の薄いので用いるのもよい。

千金散【せんきんさん】「家伝秘方千金散」は、五条東洞院東へ入ル 万や治郎兵へにある。一服十六文。第一虫、癪、痞え、腹の痛み、下り腹、霍乱、食傷、寝冷えによい。〔洛中洛外売薬重宝記・上〕

千金消癖丸【せんきんしょうへきがん】〔小児療治調法記〕に千金消癖丸は、小児の癖疾*、積塊《かたまり》を治すのに特効がある。蘆薈・阿魏《きしり》(糊となす)・青黛・木香・厚朴・檳榔・陳皮(白みを去る)・炙甘(各一匁)、使君・胡黄連・山査子・香付子・三稜・莪朮(二味酢で炒 各二匁)、人参・白朮・茯苓(各三匁)、麦芽(炒)・神麴(炒)・水紅花子(少炒 各四匁)を末(粉)し、阿魏(一匁)を水に擂り、麺粉に和《ま》ぜ、糊とし、菉豆の大きさに丸じ、米飲白湯で用いる。

千金丹【せんきんたん】〔丸散重宝記〕に千金丹は、諸々の腫物 癰疽 発背 便毒 下疳瘡 赤腫 癮疹 丹瘤によく、一切の毒を消す。労瘵*虫を下し、小児の五疳*、或は孤狸毒 鼠悪菌 河豚の毒 疫死、或は鳥獣の毒を妙に解す。山慈姑(二十匁)、五倍子(三十匁)、続髄子(十匁)、大戟(十五匁)、麝香(三匁)を糊で丸ずる。

千金内托散【せんきんないたくさん】〔医道重宝記〕に千金内托散は、癰疽 或は癰節《ねぶた》の類の口の開かぬもの、又は既に膿の潰れたものを治す。人参・黄芪・当帰(各二匁)、川芎・防風・桔梗・厚朴・白芷・肉桂(各一匁)、甘草(五分)を煎じ、或は粉薬にして酒で用いる。癰疽が潰え広がり深く腐るのには用いない。

千金方【せんぎんほう】〔小児療治調法記〕に千金《せんぎん》方は、重舌*を治す。①竹瀝*青と黄栢末(粉)を和《ま》ぜ調え、舌の上に、時となく付ける。②蒲黄を塗る。③胆礬を擂り細かにして付ける。④百草の霜 芒硝 滑石を末(粉)として酒で調えて付ける。

戦具【せんぐ】〈武具〉六具*の一。〔武家重宝記・四〕に戦具は戦場の六具*をいう。

遷宮吉日【せんぐうきちじつ】〔重宝記永代鏡〕に遷宮吉日は、丙《ひのえ》酉の日。戊《つちのえ》午の日。庚《かのえ》午・子の日。

宣下官【せんげのかん】宣下により臨時に任命される官職。〔万民調宝記〕には宣下官《せんげのかん》が挙っている。検非違使。別当(長官)。藤氏の長者。源氏の長者。奨学院別当(源氏の学文所)。淳和院別当(同)。学館院別当(橘氏の学問所)。内豎所《ないじゅどころ》別当(宮中の行事に使われる少年の事務を司る)。内教坊別当(女の舞楽人の居所)。内膳別当(御膳を調える所)。御厨子所別当(御膳酒肴の類を設くる所)。大歌所別当(今様 又は神楽等の歌を習う所)。記録所(諸々

の訴訟を記録する所）。楽所別当（諸々の楽所 舞台等のことを司る）。大学別当（大学寮で天下の文才覚者の集る所）。蔵人所（蔵人の集会する所）。五位の蔵人三人（天下の知務を奉行する所）。六位の蔵人（地下の諸太夫はこれを以って極官とする）。非蔵人（殿上の掃除等をし殿上で大臣に使われる役である）。出納（蔵人所の出し納れを司る）。小舎人《ことねり》（殿上で殿上人に使われる役である）。雑色《ぞうしき》（蔵人所雑色である）。所衆《ところのしゅう》（司どり不詳）、滝口（所の名）。諸国守（山城国大和国等の国守をいい、権守《ごんのかみ》がある）。陸奥・出羽・按察使府（地方行政監察および民情視察の官で、府はその国の将軍の府をいう）がある。

前胡【ぜんご】〔薬種重宝記・下〕に和草、「前胡 うだなみつばぐさ。蘆頭を去り、洗ひ、刻む」。〈薬性〉〔医道重宝記〕に前胡《ぜんご》は微寒で、嗽を安くし、痰を消し、肺熱を清くし、風邪《ふうじゃ》を散ずる。土気を洗い、蘆頭を去り、刻む。火を忌む。

線香【せんこう】〔万物絵本大全調法記・上〕に「線香 せんかう。炷香 しゆかう 也。線香台」。〈線香屋〉〔万買物調方記〕に「大坂ニテせんかうや」は信西橋あんどうじ丁 肥後掾。その外、諸方にある。

遷幸【せんこう】天子*が他へ遷られることをいう。〔男重宝記・一〕

善光寺道【ぜんこうじみち】〈京より〉木曾街道*の洗馬《せば》*から松本道を通る。〔東街道中重宝記・木曾道中重宝記六十九次 享和二〕に次がある。洗馬〈一里半。本馬六十六文。軽尻三十七文。以下この順〉江原〈一里半。四十九文。三十二文〉村井〈一里半。七十二文。四十七文〉松本〈一里。五十三文。三十四文〉岡田〈一里半。百文。六十四文〉刈谷原〈一里十丁。五十九文。三十八文〉会田〈三里。百五十六文。百四文〉青柳〈一里十一丁。五十九文。三十八文〉麻績（おみそ）〈三里。百六十五文。百十二文〉稲荷山〈三里。本百二十文。七十四文〉丹波嶋〈一里十二丁。五十四文。三十六文〉善光寺。善光寺本堂は東西十八間、南北三十間。〈妙義通り〉中仙道*安中*から信州追分を通る。〔木曾道中重宝記〕に以下のようにある。江戸より追分迄三十八里余、本馬合一貫六百六十九文。中仙道 安中〈一里〉妙義山〈一里半〉中がたけ〈一里半。峠〉うるしがや〈一里半。峠〉ねごや〈二里〉初とや〈一里半。峠〉まくい〈三里半〉追分〈三里。本馬百四十文〉こむろ〈三里。本馬百二十文〉うんの〈二里。本馬七十八文〉上田〈三里半。本馬百二十二文〉さかき〈一里半。本馬六十九文〉とくら〈一里半。本馬六十五文〉やしろ〈三里。本馬百二十文〉丹波嶋〈一里。本馬四十三文〉善光寺。江戸より善光寺迄、道法凡そ五十七里十八丁。

せんごく【せんごく】 俳言の仙傍（訕謗）。「よいヲ せんごく」。〔新成復古日夜重宝俳席両面鑑〕

前谷【ぜんこく】〈経絡要穴 肘手部〉二穴。前谷《ぜんこく》は手の小指の外側、本節の前にある。拳を握ると小指の本節の前後に出る前の折目が前谷、後ろの折目が後谿《こうけい》である。針一分、留むること三呼。灸一壮か三壮。熱病に汗が出ず、瘧、癲癇、耳鳴り、喉痺、頸項《うなじ》頬腫れ、鼻塞がり、咳嗽、吐血、肘痛み、産後に乳のないのを治す。〔鍼灸重宝記綱目〕

膳越【ぜんごし】食礼。〔諸礼調法記大全・地〕に膳越は、膳の向うの物を箸を延ばして挟むのを言い、嫌う。

千斎茶【せんさいちゃ／せんざいちゃ】染色。仙斎茶とも書く。〔染物重宝記〕に千斎茶は、鶯の羽の色に茶色の加わった暗翠色である。下染茶*には桃皮一片を干し、湯を沸かし、老葉を粉にして入れるとよい。

前栽茶色【せんざいちゃいろ】染色。〔秘伝手染重宝記〕に「せんざい茶いろ」は、下地は藍で空色に染め、渋木（山桃）百目、水二升五合程入れ、空色の上へ三度引く。酢 鉄三合程に水七合程入れ、一度留に水でよく濯ぎ乾す。木綿の色上げも同じである。

千歳餅【せんざいもち】「千歳餅《ちとせもち》」ヲ見ル

千載和歌集【せんざいわかしゅう】〔女重宝記・四〕に『千載和歌集』は八代

集*の第七。後白河院の仰せで文治三年（一一八七）に藤原俊成撰。歌数、一二八八首、二十巻。

穿山甲【せんざんこう】〔万物絵本大全調法記・下〕に「鯪 りよう／鯪鯉 れうり也。穿山甲 せんざんかう 同」。〔薬種重宝記・下〕に「穿《せん》山甲 唐魚醋に浸し焙る」。

撰糸【せんじ】〔絹布重宝記〕に撰糸は、生絹《きぎぬ》の総名をいう。羽二重も生絹の時は羽二重撰糸といい、また生絹の時は加賀撰糸 美濃撰糸などのようにいう。これは糸性の細吟甚だしく、精撰したものゆえ撰糸という。〈撰糸屋〉〔万買物調方記〕に「京ニテせんじ 絹類」日野羽二重 御池通柳馬場より烏丸迄。「江戸ニテ右之品々」日本橋南通町。「同 帯 きれや」は日本橋北三丁目、新乗物町 富ざわ町。「大坂ニテ絹布屋」四十三人。尼崎町 年寄喜左衛門、舟こし町 同五郎兵へ、新右衛門町 富ざわ町、がある。

銭氏安神丸【せんしあんじんがん】〔小児療治調法記〕に銭氏安神丸は、邪熱驚啼 心痞*を治す。麦門冬・馬牙硝・白茯苓・山薬・炙甘・寒水（石各五分）、硃砂（一両）、龍脳（一字）を末（粉）し、練蜜で芡実の大きさに丸じ、半丸ずつ砂糖水に蕩かして用いる。〔丸散重宝記〕にも同様の症状の薬とし、麦門冬・芳硝・茯苓・茯苓・山薬・寒水石（各五戔）、辰砂（十戔）、龍脳（五分）とする。

せんじ観音【せんじかんのん】 片言。「せんじ観音は、千手観音」である。〔不断重宝記大全〕

煎じ茶染め【せんじちゃぞめ】 染色。〔秘伝手染重宝記〕に「せんじちやそめ」は、常の茶葉を随分色濃く煎じ三度程引き、豆三合程を水に漬けてよく磨った豆汁に、墨を鼠色になる程一度斑無く染めると、替った色になる。

銭氏通用散【せんしつうようさん】〔改補外科調宝記〕に銭氏通用散は、丹毒*の薬。朴硝・辰砂・藍葉・浮萍・水苔（各等分）を搗き交ぜ、その汁を塗る。又方は、朴硝（一両）、大黄（五匁）を粉にして水で練りつける。

銭氏白朮散【せんしびゃくじゅつさん】「びゃくじゅつさん（白朮散）」ヲ見ル

膊肢風病【せんしふうびょう】 牛病。〔牛療治調法記〕に、膊肢風病は、前脚は縄を纏うようで、総身は木硬《かた》く、柴に似る。「麻黄散」*を用いる。

千字文【せんじもん】 千字文は、シナの小学手習本であるが、我が国でも漢字手習の手本とされた。南朝梁の周興嗣次韻。四字句が二百五十句からなる。「天地玄黄、宇宙洪洗、日月盈昃」から始り、人倫道徳など万般にわたる。〔童蒙単語字尽重宝記〕

仙癪の薬【せんしゃくのくすり】〔調法記・四十ち〕に、〇「仙癪《せんしゃく》下し」は、大黄・川芎（一両）、三角子（二匁）を細末（粉）にして用いる。〇「仙癪の妙薬」は、香付子・川芎（一匁）、橘活（四五粒）、人参（少し）、毛蓼。これらを水十杯に煎じ、空き腹に呑ますとよい。〈売り店〉〔洛中洛外売薬重宝記・上〕に「せんしやく丸」冨小路竹や町下ル丁（薬店名不記）。第一に疝癪の妙薬である。疝気、寸白によい。取り次は、大坂本町二丁め難波橋筋東へ入（薬店名不記）、同堂嶋中一丁目め 立花や伊兵へ。

禅宗【ぜんしゅう】 十宗*の一。〔日用重宝記・四〕に仏心宗ともいい、釈尊より二十八祖 達磨尊者を祖とし、唐土では二祖恵可大師より六祖恵能大師迄伝え、これより諸師となる。日本には舒明帝の朝（六二九～六四一）に渡来、嵯峨帝の朝（八〇九～八二三）にも渡来したが行われず、後鳥羽院の朝（一一八三～九八）に道元禅師が入唐していて、唐土の道澄和尚を伴って来て、道元は越前国永平寺を開いて東家を弘め、道澄は頼朝の命で鎌倉に建長寺を開き西家を弘めた。これより大いに行われ曹洞（宗）臨済（宗）の諸派が立った。

〈華洛寺院名籍一覧〉〔万代重宝記・安政六頃刊〕に「臨済 曹洞禅宗之部」に臨済派 瑞龍山 太平興国南禅禅寺（洛西粟田山の北、寺領千六百九十九石余）。南禅寺付庸 大梅山長福寺（洛西梅津村 寺領三百六十石）。曹洞派 仏徳山興聖宝林寺

（宇治離宮の南）。雄徳山神応寺（寺領二百石）等五山も含み五十三ケ寺。

禅宗五山【ぜんしゅうござん】『扶桑五山記』の「日本禅院諸山座位次事、五山之上 南禅寺*（為勅願皇居之間故）。五山第一 天竜寺*／建長寺。第二 相国寺／円覚寺。第三 建仁寺*／寿福寺。第四 東福寺／浄智寺。第五 万寿寺／浄妙寺」（前ニ記スハ京、後ハ鎌倉ノ五山）

禅宗の西【ぜんしゅうのせい】片言。「禅宗のせいとは、西堂」である。〔不断重宝記大全〕

千手観音【せんじゅかんのん】千手観世音大菩薩は、子年生れの守り本尊で、御縁日は十七日、真言は「唵阿盧力迦娑婆訶」、卦は坎中連。坎*の卦は北に水を司る企卦で、水が下るように身上は下り立身し難い。十七夜を信心するとよい。〔永代必用両面重宝記・寛延四〕など。

仙授補順円【せんじゅほじゅんえん】〔洛中洛外売薬重宝記・上〕に「和気先生伝仙授補順円 農登斎」は、醒井高辻上ル丁 白木や喜右衛門にある。第一に腎精を増し、食を勧め、眼精を明らかにすること妙である。

先勝日【せんしょうにち】六曜*の第一。正月・七月の朔日を先勝日として、以下順に友引《ともびき》 先負《せんぶ》* 仏滅《ぶつめつ》* 大安《だいあん》* 赤口《しゃくこう》*と順に繰る。諸事を早くすることに利があり、故に「せんかち」いう。八ツ時（十四時）から暮六ツ時（十八時）迄は悪い。〔大増補万代重宝記〕

戦場の六具【せんじょうのろくぐ】六具*の一。〔武家重宝記・四〕に戦場の六具は、肩著《かたぼ》。涎懸《よだれかけ》。鏁袴《くさりはかま》。臑巻《すねあて》。弓射袖《ゆみいそで》。草鞋《わらじ》。これを戦具*という。

全身【ぜんしん】「総身《そうみ》…」ヲ見ル

泉水の練り土【せんすいのねりつち】〔享保四年大雑書・草木植替重宝記〕に泉水の練り土の伝は、石灰に粉土を等分に混ぜ合せ、水一升に塩四合ずつ入れて、土を練り合せよく搗くとよい。練りつけて敲くのは悪く、上を油でしごくのがよい。幾年でも損じない。

膳据え様【ぜんすえよう】食礼。膳を持ち出る者を公家では給仕（給仕人*）といい、武家では通《かよい》（＝通いの事*）という。〔大増補万代重宝記〕に膳据え様は、先ず腰を据え 腹を振り出し、左右の臂を柔らかにし、左手で膳の左の縁《ふち》をしっかり取り、右手は縁へそっと副えるばかりにして、膳を高く差し上げ、膳の下より三尺ばかり向うを見る。膳を据える事は、右足で踏み止り 左足は少し引き蹲い、右足は立ち 左膝頭を畳に着ける。その時、右膝を着きさまに膳を下に置き、一二寸押し込み、少し客の左膝の方へ筋交うように据え、左右の手を畳につけ 膝に引き上げ 下座に向って立つ。

扇子で物を参らす【せんすでものをまいらす】〔大増補万代重宝記〕に扇子に物を据えて参らす時は、先を人に向けて出してはならず、少し隅に掛けて出す。右手で要《かなめ》を持ち、左手で端《つま》を持って出す。受け取り方もそのまま受け取る。

扇子屋【せんすや】「扇の事」*のうち「扇屋」ヲ見ル

践祚【せんそ】〔男重宝記・一〕に践祚《せんそ》は、御代を継がれる皇子が、内々に御位を継がれることをいう。

先祖【せんぞ】〔農家調宝記・二編〕に、己が父・祖父《じい》・曾祖父《ひいじい》・高祖父《たかじい》迄は続きの名があり、高祖父の父には続きの名がなく、それより以前は何代でも先祖と称する。

癬瘡【せんそう】「たむし（風癬）」ヲ見ル

喘嗽【ぜんそう】「ふうたん（風痰）」ヲ見ル

浅草寺【せんそうじ】「金龍山《きんりゅうざん》の仁王草」ヲ見ル

喘息【ぜんそく】ぜんきゅう（喘急）ともいう。〔鍼灸日用重宝記・五〕に「喘急の論治」があり、『奇効良方』を引き、風寒 暑湿の邪気が肺を侵し 胸痞えて、七情*の気が五臓*を破り鬱して痰を生じ、脾に湿を受け 水気が肺に乗じ、肺が虚し 風邪が肺癰を生じ、脾腎ともに虚し 体が弱いため 一身の痰を収めて養わず、それぞれ喘する。諸喘は、皆熱で、熱

は陽、陽は進み忙しいことを主《つかさど》る。諸虚百損、五労七傷、失精の症、上喘、喘満、乾嘔《からえずき》、痰涎等の針灸穴があり、喘息には中脘 期門 上廉がある。〔鍼灸重宝記綱目〕にも「喘促 ぜり／すだき」とある外、次がある。肺虚寒の喘。肺実熱の喘。水気が肺に乗じる喘。気が滞り肺が脹る喘。気《いき》の急がしい喘。胃虚の喘。陰虚気虚痰喘。その病を受ける事は同じでない。灸は、中府 雲門 天府 華蓋 肺兪、針は中脘 期門 章門 肺兪にする。〈治方〉〔家内重宝記・元禄二〕に喘息の持病には、杏仁一味を童便に半日浸し、再々童便を替え、その後火の上に置いて焙り、薄荷と等分にして蜜で煎じ服す。〔新撰咒咀調法記大全〕には三方がある。①韮を搗き汁を二三合用いるとよい。②干姜三十目を酒二合半に浸し、その汁を一合ずつ用いるとよい。③生の茅の根を刻み、水で濃く煎じ、食後に用いる。〈喘急食物宜禁〉〔世界万宝調法記・下〕に「宜い物」は大麦 葛粉 生姜 栗 五加 枸杞 牛房 欵冬 海月 蛎 鯉 鮑 胡麻。「禁物」は生菓子 麵類 油 蕨 胡椒 鮒 鱸 雉 雲雀。

蟬退／蟬蛻【せんたい／せんぜい】〔薬種重宝記・下〕に和虫、「蟬蛻 せんぜい／せみのもぬけ。洗い、頭足を去り、焙る」。〈薬性〉〔医道重宝記〕に蟬退《せんたい》は、塩はゆく寒、頭風、眩運を治し、皮膚の風熱を除き、痘疹の痒いのを治し、驚熱を除く。米泔《しろみず》*の湯に浸し、土気をよく洗い、頭・足・翅を去り、刻み焙る。

仙台桔梗【せんだいききょう】草花作り様。仙台桔梗の花は、白に紺飛び入りがある。土は肥土に砂を交ぜて用いる。肥しは雨前に小便を根廻りへ掛ける。分植は春、秋がよい。〔昼夜重宝記・安永七〕

仙台子籠鮭【せんだいこごもりざけ】〔料理調法集・国産之部〕に仙台《せんだい》子《こ》籠鮭《ごもりざけ》の仕様は、水一斗に塩八升を入れ、八升に煎じ詰め、桶に上げると上が氷のようになる時、底に下りる塩を取り、水ばかりを桶に入れてよく冷ます。鮭は、その侭上を塩でよく磨き、粘りを取り、腹にも塩一合程しの（小竹）で差し込む。前の塩水へ川におるように泳がせ、塩水を魚の上までたぶたぶと溜める。当分遣うには六日程塩水に漬け、六日程日陰に干して遣う。長く置くには塩水に八日程漬けて日陰に干す。但し、逆様に吊るし、塩水は何本でも分量を見合せる。

仙台鮭鮨【せんだいさけずし】〔料理調法集・鮨之部〕に仙台鮭鮨は、鮭を三枚に卸し一日一夜塩して、翌日その塩水でよく洗い、次に上白米を常の飯より少し強目に炊き、米五升に糀一升五合の積りに交ぜ合せ、酒五合を入れ、魚が擦れ合わないように飯を沢山にして漬ける。押しは常の鮨の加減にする。蓋の上に塩水に酒酢を少し加えて溜める。鮨は乾いたら風味はよくない。取り出した後は、また塩水を溜めて置く。〔世界万宝調法記・下〕に仙台一流鮭之鮓は、鮭を三枚に卸し、一昼夜塩押して翌日鮨に漬ける。この塩水でよく洗い、上白米を常の食より強めにし、米五升に粕一升二合の積りで混ぜ合せ、酒五合に食粕を合せ、魚が擦れ合わないように食沢山に漬ける。重しは大方常の鮨の加減がよい。重しの上へ塩水に酒を少し加えて溜めて置き、乾くと味が悪くなる。ひず（氷頭）も入れる。取り出してからは重しをし、また前の塩水を溜める。

仙台萩【せんだいはぎ】草花作り様。仙台萩の花は黄色である。土は野土に肥土を交ぜる。肥しは雨の前に小便を根に注ぐ。分植は春、秋がよい。〔昼夜重宝記・安永七〕

仙台干飯【せんだいほしい】〔料理調法集・国産之部〕に仙台干飯は、糯米を極上白にして、寒の中に水で洗い桶に入れ、毎日水を入れ替え十四五日も漬けて置いて晒し、次によく蒸して陰干にし挽き割り、三段に篩う。

仙台道【せんだいみち】〔家内重宝記・元禄二〕には、江戸から仙台に至る道筋がある。江戸〈二里半〉千住〈二里三丁〉草加〈二里半〉越ヶ谷〈三里〉粕壁〈一里〉杉本（戸）〈一里半〉幸手《さって》〈二里三丁〉栗橋「坂東太郎がある。栗橋の渡り。川の西を栗橋、東を中田川という」〈二里〉中

田〈一里半〉古河〈一里〉野木〈一里〉ままた（飯田）〈一里〉小山〈一里半〉新田〈一里半〉小金井〈一里半〉石橋〈一里半〉雀宮〈二里〉宇津（都）の宮［日光山の道〈三里六丁〉とくちう（徳二良）〈二里〉大沢〈二里〉日光］〈二里〉白沢〈一里半〉氏家〈二里〉狐川〈三里〉作山〈一里半〉大田原〈三里十丁〉鍋掛〈三里〉蘆野〈三里十丁〉白板〈一里半〉白川〈一里〉根田［出口に阿武隈川があり、向いの向寺町から半里程行くと山形、二本松、米沢、長沼方の城下へ分れる道がある］根田〈二十六丁〉小田川〈十五丁〉太田川〈二十一丁〉踏瀬〈十六丁〉大和久〈十七丁〉矢吹〈三十一丁〉くろ（久米）石〈二十一丁〉笠石〈一里十丁〉須加川〈一里半〉佐々川〈三十丁〉日出山〈九丁〉小田原〈十六丁〉郡山〈二十五丁〉福原〈二十三丁〉日和田〈二十四丁〉高倉〈一里七丁〉本宮〈一里十三丁〉杉田〈一里四丁〉二本松〈一里〉八丁目〈一里半〉根子町〈一里半〉福嶋［是より米沢へ行く道がある。福嶋〈一里〉佐々木野〈一里〉庭坂〈二里〉季平〈二里〉板谷〈二里半〉大沢〈二里半〉米沢］。福嶋〈一里半〉瀬上［是から出羽庄内、鶴岡へ行く道がある］〈一里半〉桑折〈一里〉藤田〈一里半〉貝田〈十八丁〉越江〈一里半〉斉川〈一里半〉白石〈一里半〉苅（葛）田宮〈一里半〉金ヶ瀬〈一里〉大川原〈一里〉舟廻り〈一里〉槻木〈二里〉岩沼〈二里〉増田〈半里〉中田〈一里〉中町〈一里〉仙台。

洗濯の事【せんだくのこと】 洗濯心得。〔染物重宝記・天明五〕に次がある。○洗濯に、灰汁を沸かして何色でも一ツに振りつけ、日向に出して置くと日の当った所は曝《しや》れて斑《まだら》となり、そこから破れる。○藍類と茶類は別々にしないと移って斑となる。また白、浅黄も別々にする。○染《しみ》のある物は含み水で落し、後の灰汁に浸ける。○紋のある物は、紋を摘んで水に濡らした後に灰汁に浸けると、紋ははぜてよい。○紅、紅鬱金、黄鬱金、黄枯茶、桑茶、黄蘗の類は水に濡らして日に干す。風に当てると色は抜ける。但し、黄蘗、千振、桃皮、刈安*に灰汁と明礬をかけた黄色は、日や風に当てても色は損じない。**〈洗濯せぬ日〉**〔懐中重宝記・慶応四〕に洗濯をしない日は、癸《みずのと》の日、凶会日《くえにち》*。大人小児ともに忌む。

旃陀羅【せんだら】「せんだら（旃陀羅）は、天竺に云 ゑたのこと」。〔消息調宝記・二〕

栴檀【せんだん】〔万物絵本大全調法記・下〕に「楝 れん／あふち。又、せんだん（栴檀）。夏」。

千団子【せんだんご】〔年中重宝記・二〕に江州三井寺 護法明神祭 鬼子母神に、願のある者は団子を千粒拵えて供物とする。参詣の童女が貰って帰る。俗に、千団子という。京では、樵町二条下ル丁 安珍寺でこれを修する。

せんち【せんちむしのこと】〈片言〉〔不断重宝記大全〕に「せんちは、雪隠 せつゐん也。或は、後架*又後家《かうか》といふ」。

厠虫の事【せんちむしのこと】**〈厠虫の上らぬ呪い〉**〔万家調法呪詛伝授嚢〕に「厠《せんち》虫《むし》の上らざる呪いは、「あら玉の（『世事百談・三』ハちはやぶる）卯月八日も吉日よ かみさけむしを成敗にする」の歌を紙に書き、せんちの下へ逆様に貼って置くと登ることはない。『守貞謾稿・三』に「厠俗に雪隠と云。京坂、俗は常に訛て せんちと云もあり」。『和漢三才・五十三』に「今年より卯月八日は吉日よ 尾長くそ虫せいばいぞする」等、小異のある歌が俗伝した。

センチメートル【せんちめーとる】「度量考」ヲ見ル

煎茶の事【せんちゃのこと】**〈煎茶落し様〉**〔秘伝手染重宝記〕は「せんちやおとし」について、煎茶の掛ったのは落し兼ねるもので、掛った所をその侭乾かない内に、大きさを見立て豆腐を半丁でも一丁でも崩して水で煮立て、下へ一度敷き茶の掛った所を載せ、上にも豆腐の冷めない内に手回しよく、冷める迄斑無く置くと抜ける。

〈煎茶所〉〔江戸町中喰物重法記〕に「宇治信楽 安部川上 諸国御煎茶所」は、両国

薬研堀不動前 井筒屋利助。

船中の難を免れる法【せんちゅうのなんをまぬがれるほう】〔万まじない調宝記〕に船中の難を免れる法がある。①舟に乗る前に小便をし、泡が立たない時は水難と知る。これは水難のみならず大変の兆し、慎むとよい。②舟に乗る前に舟の際《きわ》に股を広げ俯いて股から船中を見て、船乗でも乗合客でも顔面に疵が見えるか、或は一眼の人か、或は何でも怪しい事が見えたら乗ってはならない。必ず決まって難舟する。③舟に乗る前に橋を渡る時、延命十句観世音経を十八返唱えると、奇妙に水難を逃れる。④舟に乗る時足の大指で舟に向い、「賦」の字を書き、左右の手を猪の目に組み舟中を見て、人が見えない時は怪しいことがある。

銭仲陽【せんちゅうよう】〔小児療治調法記〕に銭仲陽は、抱竜丸*に天麻を加えたものとある。一方に、牛黄（五分）、珍珠・琥珀（各一匁）を加え、甘草の煎湯を練り詰め膏として丸じ、金箔十片を衣として用いる。驚風百病を治して大いに効がある。

尖頭【せんちょう】唐人世話詞。「筆《ふで》を、尖《せん》-頭《てう》と云。一枝《いつ》」とある。〔男重宝記・五〕

前頂【ぜんちょう】〔鍼灸重宝記綱目〕に一穴。前頂は顖《しん》会《え》の後ろ一寸半、前の髪の生え際より三寸半上骨の間 陥みの中にある。灸三壮。針一分、或は四分。頭風、顔赤く腫れ、水腫、癲癇、目眩い、小児驚風、腫れ痛む等を主《つかさど》る。〈灸穴要歌〉〔永代調法記宝庫・三〕に「頭風病み 目廻り首皮《かうべ》も腫れ 小児の癲癇 前頂をせよ」。前頂は眉の真中より上へ六寸、三壮する。

穿腸散【せんちょうさん】〔牛療治調法記〕に穿腸散は、大戟・牽牛・大黄・黄芩・滑石・黄芪を末（粉）し、毎服半両に朴硝（三両）・猪脂（半斤）・水（一升）で和し調え潅ぐと即効がある。草は気を破り、脾胃は和せず、気が出て雷のようで、心は忽乱《ほれほれ》し、毛は焦れ、糞は硬く、口が渋り、舌の赤いのは脾の本病で、穿腸散を用いる。

旋丁散【せんちょうさん】〔改補外科調宝記〕に旋丁散は、巴豆仁（五分）、白姜散・軽粉・硼砂（各二匁五分）を粉にして用いる。旋丁散は疔瘡が手足に生じ、勢いの低いのにはまず良い酢で練り、疔の上に塗り紙を蓋にして置く。内薬には内托消毒散（托裏消毒散カ）*等を用いると疔は自ずから出る。

仙伝海上方【せんでんかいじょうほう】〔牛療治調法記〕に仙伝海上方は、芍薬・牡丹・黄連・重折・花折硃・雄黄・斑毛（出炮）・射香・砂・猪牙・皂角・黒蜂・地竜・胡東野椒根・鶏屎・膝・牛蒡子根・八瓜金竜。これ等を末（粉）し、鼻の穴へ吹き入れ、良い酒を注ぎ、涎が出ると効果ある。

仙伝白竜香【せんでんはくりゅうこう】〔洛中洛外売薬重宝記・上〕に目薬として次がある。①「仙伝白竜香」大坂伏見堀かごや町 大津屋利右衛門にあり、一切の眼病、目縁《まぶち》に塗って妙とし、その他下疳 痔 火傷に塗ってよい。京中の取り次店 寺町姉小路上ル丁 尾張や清助、大仏南門前あん丁 松井氏、等十二軒がある。②「仙伝白竜香」大坂江戸堀五丁目 福島吉右衛門にあり、功能あぶら薬、一切の眼病によい。京中の取り次店 室町二条上ル丁 亀や市右衛門、四条御幸町角 尾張屋嘉兵へ、等七軒がある。

仙洞【せんとう】「仙洞院」ともいう。「仙院」ニ同ジ

旋頭歌【せんどうか】歌学用語。〔男重宝記・二〕に「旋頭歌《せんどうか》といふは三十一文字に今一句を加えて詠むをいふ」とある。〔諸人重宝記・一〕には常の歌の五句に一句多く六句あるものとし、五・七・五・七・七・七音、五・七・七・五・七音、五・七・五・五・七・七音、五・七・七・五・七・七音等の例歌をあげている。六句の首尾相応し 理《ことわり》よく叶えば、子細はない。

洗頭日【せんとうにち】〔男女重法日用明鑑万々雑書三世相大全〕に洗頭日は、三日・四日・八日・九日・十日・十一日・十三日・十四日・十五日・二十二日・

二十三日・二十六日・二十七日、幷に申日・酉日。毎月に頭を洗い、物忌をするのによい。

前に【ぜんに】 諸国詞。〔男重宝記・五〕に「以前といふを、中国には前《ぜん》に」という。「いんぜ／いんぜん」参照

千日榎大明神【せんにちえのきだいみょうじん】 大坂願所。千日墓所火屋《ひや》（火葬場）の傍らに 榎の大樹があり、参詣人は常に絶えず、身内の痛みある人の立願に痛む所を図版（図288）のように描いて持って行き榎に貼って置き、信心を凝らし日参すると日ならずして平癒する。御礼には絵馬を奉納する。このような立願は浪花北辺の者は上福島天神社内 榎大明神、又は曾根崎露の天神（お初天神）の内 榎大明神へ立願するといずれも霊験は同じである。〔願懸重宝記・初〕

図288 「千日榎大明神立願符」（願懸重宝記）

千日紅【せんにちこう】 「まんにちこう（万日講）」ヲ見ル

千日に刈る萱が一時に滅ぶ【せんにちにかるかやがいっときにほろぶ】 〔世話重宝記・五〕に、「千日に刈る萱が一時に滅ぶ」の詞は『簠簋抄』に出るより始るとして次がある。昔 安部清明が入唐し、伯道のもとで三年三月の間萱を刈って仏閣を建て、赤栴檀で文殊菩薩を作り本尊とした。その後帰朝の時、伯道は清明に三ツの戒めを言い渡した。一には七人の子をなすとも妻には心を許すな、二は大酒、三は片論《かたろん》、この三ツを必ず守れという。日本に帰り 大和国宇陀郡に居住し、伯道の戒めに違い、弟子の道満と口論して討たれた。この時、大唐荊山に建立した文殊堂は一時に焼け滅びたという。

千日の寺【せんにのてら】 大坂名所。墓所で、火葬場がある。ここへ来た日は、神社は憚るのがよい。賑やかな所で大抵の人は行く所である。〔東街道中重宝記・七ざい所巡道しるべ〕

仙人【せんにん】 〔万物絵本大全調法記・上〕に「仙 せん／やまびと。仙人《せんにん》也。僊 せん 同。又 羽客 うかく」。〈薫物の方〉〔男女御土産重宝記〕に仙人は、沈香（二両）、丁子（三分）、丁香（二朱）、白檀（一分）、薫陸（二朱）、甘松（一朱半）、麝香（二匁）、梅の霜（五匁）、焼塩（五匁）、蜜（五十匁）、〔新板増補女調法記・四〕等とは量目が異なる」。

仙人丸【せんにんがん】 〔調法記・四十ゟ〕に仙人丸は、疝気* 虫痞えの妙薬とある。仙人草を一夜酢に浸し、搗いて丸薬になる程蕎麦粉を入れ、衣に金箔を掛け、◯程に丸じ、二粒ずつ用いる。仙人草は、『重訂本草啓蒙・十六』には「詳ならず。和名の仙人草は救荒本草の大蓼也」。〔薬種重宝記・下〕に唐草。和の「ニハクチクサ」を云うは、非とある。

仙人膏【せんにんこう】 〔改補外科調宝記〕に仙人膏は、癰疽*の薬である。松脂（十両）、甘草粉（胡麻油に浸けて煎じ布で濾し糟を去る）、鹿茸（二両）、仙人草の汁を、まず松脂を焼物に入れ仙人草の汁でよくよく湯煎にし、太絹で濾し糟を去り、松脂の正真を又焼物に入れて蕩かし、胡麻油で練り合わせ、竹篦で水の内へ入れて加減を見、よい時上げて冷ます時鹿茸粉を入れてよく掻き混ぜて固め、また仙人草の汁で膏薬が青くなるまで洗う。

仙人味妙丸【せんにんみみょうがん】 〔洛中洛外売薬重宝記・上〕に仙人味妙丸は、冨小路松原上ル丁 大沢梅軒にある。万ず気つけ、毒消しによい。

仙翁花【せんのうけ】 草花作り様。仙翁花《せんのうけ》の花は赤 白である。土は合せ土*を用いる。分植は三、九月の節に、樹下に植えるとよい。〔昼夜重宝記・

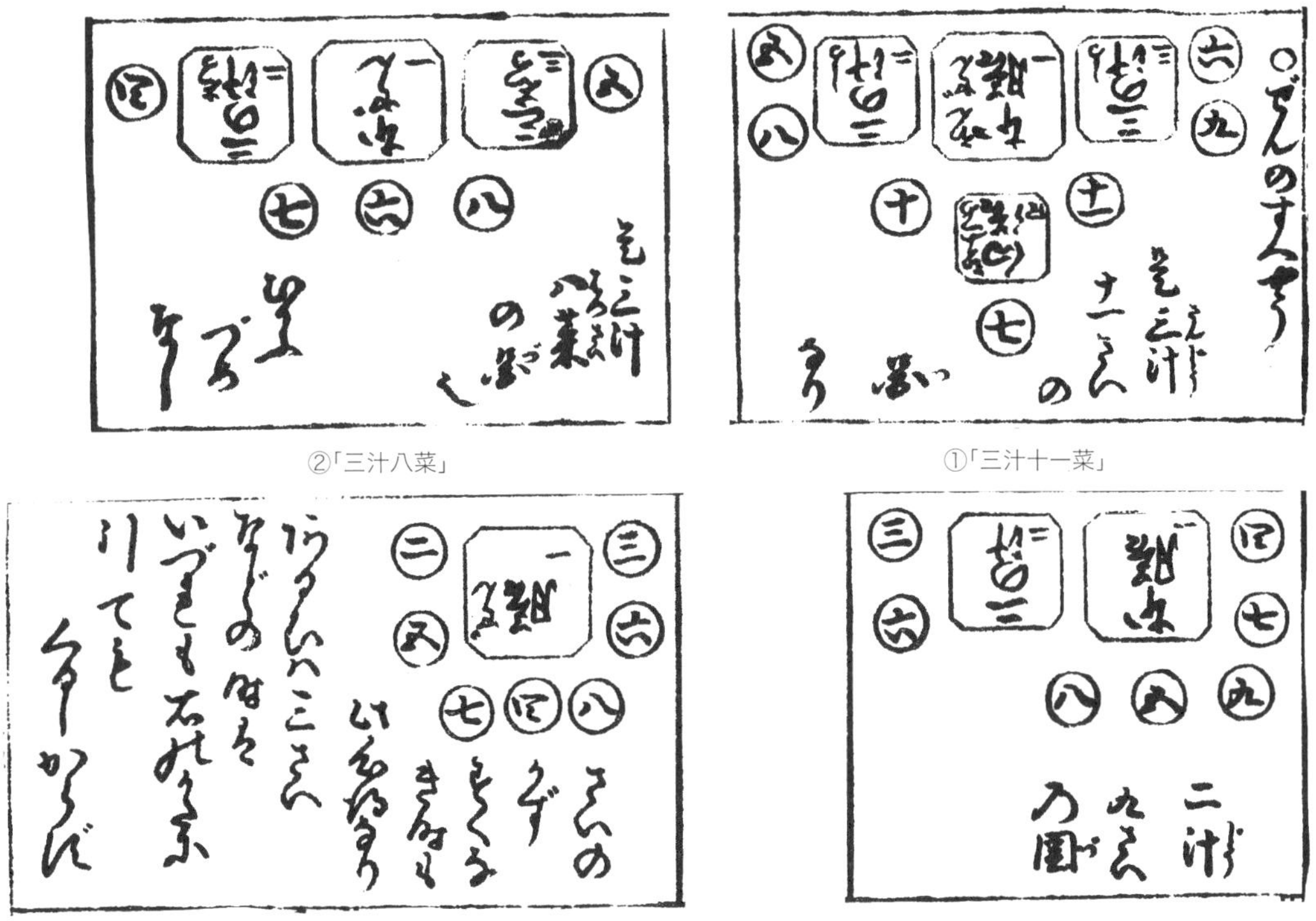

②「三汁八菜」

①「三汁十一菜」

④「一汁八菜」

③「二汁九菜」

図289　「膳の据え様」（女用智恵鑑宝織）

安永七〕

膳の事【ぜんのこと】〔童学重宝記〕に座敷に膳を持って出るには、右の大指を縁に掛け 左手は膳の左の縁にあしらいに添えて持ち、目八分の高さに持つ。〔大成筆海重宝記〕に膳を据えるのを上げると言い、降ろすのを下げると言う。膳の下げ様は、膳より少し間を置き、跪き両手で引き出し、初め持ち出したように持ち固めて立つ。立ち居振舞をしとやかにするのが第一である。

〔永代調法記宝庫・二〕に○「亭主方心得」は、座席での一礼が済むと勝手へ入り、膳部をよく見て膳を持ち出し、次第々々に据える。心安い客には給仕と互い違いに据える。膳の次には香の物を出し、次に引出物、次に飯継を出し、汁を二遍程替えて中酒を出し、肴は見合せに出す。飯を深く強いてはならない。客に酒を勧める二遍目の所へ 亭主が肴を持って出るのがよい。○「給仕人心得」は、客の前へ行き左膝を着き右膝を着く時に、膳を下に置く。次には少し退《しさ》り 客の方を後ろにしないように開いて立つ。貴人が二人の時は一時に膳を持って出、同じように見合わせて据える。膳を上げるには膳に少し筋交う心持ちで膳を引き出すようにして、帰る方向に開き膝を立て、脇差しの小尻を気遣いして立つ。〔諸礼調法記大全・天〕には客が膳に向うには、真向きに座るのは悪く、少しすみ（隅）かくるように座る。

〈膳の据え様〉〔女用智恵鑑宝織〕に①「三汁十一菜」②「三汁八菜」③「二汁九菜」④「一汁八菜」（菜の数の少ない時もこの心得。或は三菜等の時はいずれも右の方に引いてもよい）の図がある（図289）。

〈盛り様〉〔万代重宝記・安政六頃刊〕の「二汁七菜の盛り様」。○鱠（みる貝・白髪うど・若紫蘇・金柑）。○汁（海老つみ入・榎茸・貝わりな）。○香の物。○平《ひら》（花だい・生椎茸・色紙長芋・やわら蕪・嫁菜）。○飯。○濃醤《こくしょう》（合せがれい・千鳥慈姑《くわい》・八重なり）。○猪口（糸烏賊・蓮根・青海苔和え）。○

汁（鱚・小梅干）。○小焼物（鮎並《なめ》切り身・山吹炙）。○刺身（鯉薄作り・三嶋海苔・九年母）。○焼物（鯛）。◇「一汁五菜の盛り様」○鱠（霜ふりすずき・岩茸・猩々海苔・防風）。○汁（魚擂り身・百合の根・叩き紫蘇）。○香の物。○平（鱚吉野打ち・せん川たけ・夏独活短冊）。○飯。○猪口（鮑才切・隠元豆・柚味噌和え）。○焼物（鯛）。

〈食い様〉〔女用智恵鑑宝織〕に、○上座するのも辞退するのも過ぎると無礼、その座を見合せて一応は辞退する。○膳の箸は人より遅く取って、早く置くのがよい。但し、少しの違いで極端にならないようにする。○魚料理には骨のないようにするのが馳走である。骨のある物は骨のない所を食い、骨を選り出さない。食い終った料理に骨や固い物、嫌いな物があったら蓋のある器の内へ入れて蓋をして置く。食い荒らしたままは見苦しい。箸は鼻紙で拭って置く。○飯椀の内から余所目を使わない。○膳の中へ雫《しずく》をこぼすのは無礼であり、常日頃から心掛けて置く。○菜は左の方より食い始め、「渡り箸」*「犬食い」*を嫌い、度々の挨拶も、一時に爽やかに言うのも悪い。口中に食のある内に挨拶されるのも迷惑、大口に食い含みながら物言うのも見苦しく、反対に余り気にして壺口になるのも初心である。鱠の汁を吸わず、けん（つけ合せ）は決して食わない。○それぞれの膳の汁は、その膳についた菜を食い、他の菜は食わない。○味噌の物、塩辛の類、汁の垂れる物、箸の汚れる物、食い憎い物、挟み難い物、歯音の高い物は配慮すべきである。「箸」「飯の事」〈食い様〉参照

千利休【せんのりきゅう】〔人倫重宝記・三〕に略伝がある。泉州堺出身の茶の湯者、師は武野紹鷗*。千宗易とも千阿弥とも名乗り、太閤秀吉が大徳寺の古渓に命じて利休居士の号を授けさせた。自らは抛筌斎と号した。秀吉の下で随一出頭の茶匠として仕えたが、政治にも介入、最後は自刃させられた。弟子に古田織部*がいる。天正十九年（一五九一）、七十歳没。

船場煮【せんばに】〔料理調法集・煮物之部〕に船場煮は、概ね塩梅は潮煮*のようである。多くは塩魚を用い、大根等を加えて煮る。

宣風散【せんぷうさん】〔小児療治調法記〕に、宣風散に次がある。①初生の子が臍風撮口*で泣く事が多く、乳を呑まず、口に白い沫を出すのを治す。全蝎*（二十箇。頭尾完全なのを酒で炙り末（粉）とする）、麝香（一字＝研り粉にし二分五厘）を和ぜ均えて細末（粉）し、一度に半字ずつ金銀の煎じ湯で調え呑ます。②急驚風*搐搦《びくつき》の定まらないのを治す。檳榔（三枚）、陳皮・甘草（各五匁）、黒牽牛（四両。半は生 半は炒る）を末（粉）して、蜜湯で二三歳の児には五分、四五歳の児には一匁、食前に用いる。③起脹《やまあぐる》*に用いる。類症に気怯きものには①に木香一匁を加え、蜜湯で調えて服する。まず黒糞を下し、次に褐糞を下して後、四君子に厚朴・木香を加え、陳米（古米）湯で用いる。胃を和し、やや久しくして糞は黄になり、瘡は自ずから出、透る。

旋覆【せんぷく】〔万物絵本大全調法記・下〕に「旋覆 せんぷく／おぐるま。夏」。〔薬種重宝記・下〕に和草、「旋覆花 をぐるまのはな。蕊《しべ》 殻 皮 蔕と実を去り、巳（十時）から午（十二時）まで蒸す」。

先負日【せんぶにち】六曜*の第三。〔大増補万代重宝記〕には、三月・九月の朔日を先負日《せんぶにち》として、以下順に仏滅《ぶつめつ》* 大安《だいあん》* 赤口《しゃくこう》* 先勝《せんしょう》* 友引《ともびき》*と順に繰る。朝から午（十二時）の刻迄は悪く、午から酉（十八時）迄はよい。静かなことによい。

千振【せんぶり】「胡黄蓮《こおうれん》」ヲ見ル

煎餅色々【せんべいいろいろ】〈製法〉〔菓子調法集〕に上粉一合、蜜十五匁を暫く練り合せて休めて置き、焼く。〈煎餅屋〉〔江戸町中喰物重法記〕には次の店がある。○「せんべい色々」として、小日向水道丁 摂津国屋四郎兵衛・さかい丁人形丁 瀬川菊之丞。○「煎餅色々」として、赤坂きのくに坂下 三好屋備後、小日

向水道丁 摂津国や四郎兵衛、さかい丁人形丁 瀬川菊之丞等。○「うすゆきせんべい」は、尾張町一丁目 いせや治郎兵衛とその出店。○「御すき屋葛せんべい」は、本所みとり町 めうがや吉兵衛。○「葛煎餅」ほか色々が、京橋銀座町の布袋屋春隅。「柚香御煎餅」は、本郷三丁目肴店 嘉井田治助。○「羽衣煎餅」は、両国米沢町一丁目 金英堂甘谷。○「大白細工せんべい所」は、南伝馬町一丁目 万屋弥五郎。「大和勢んせい／御所落雁／五色せんべい」は、南鍋町一丁目 賀茂や喜兵衛。○「大せんべい」等二十種の外色々、「右御重詰 折詰品々 御望次第箱詰差上申候／東叡山池端茅町二丁 福松屋久米右衛門」。○「七味せんべい」は、筑土下 和泉屋。○「八けいせんべい」として、村松丁 村井千賀喜、麹丁貝坂 三川屋など。○「味そせんべい」は、麹丁貝坂 山田屋。○「つまみせんべい／宝せんべい／まめいりせんべい」等は、本銀町 藤屋佐兵衛にある。この外にも尚数種がある。

煎餅玉子【せんべいたまご】〔料理調法集・鶏卵之部〕に煎餅玉子は、玉子を割って塩と砂糖を少し入れて搔き混ぜ、布で濾して焼鍋に薄く流し、皮を剝いた白胡麻を少し振り、焦げないように焼いて丸く切り、焙炉《ほいろ》に掛ける。

仙方延寿丹【せんぽうえんじゅたん】〔洛中洛外売薬重宝記・上〕に仙方延寿丹は、寺町五条上ル丁 田中宗悦にある。第一に大いに腎を増し、精気を強くする。中風 又は気血不順によい。取り次は、一条黒門角 田中屋金助等五軒。江戸本町一丁目。尾州名古屋。大坂高麗橋一丁目。勢州山田下八日市の地もある。

前朴散【ぜんぼくさん】〔小児療治調法記〕に前朴散《ぜんぼくさん》は、心腹の結気、嘔噦《えずき》、泄瀉、或は腹脹り時に痛み、或は驚を発するのを治す。前胡・白朮・人参・陳皮・良姜・藿香・炙甘・厚朴（各等分）を水で煎じ、腹の空いた時に飲ませる。

狗脊【ぜんまい】〈薬性〉〔医道重宝記〕に狗脊《ぜんまい》は、平で毒なく、腰や背中の痛み、強張り、筋引き攣り緩まり、寒湿の痺れによい。〔薬種重宝記・中〕に「狗脊くせき、和草 ぜんまい／いぬわらび」。

宣命【せんみょう】「詔書《じゅうしょ》」ニ同ジ

全滅悪増日【ぜんめつあくぞうにち】日取吉凶。〔重宝記永代鏡〕に全滅悪増日《ぜんめつあくぞうにち》は万に悪日で、殊に仏事に忌む。正月は七・二十一日。二月は四・十九日。三月は朔・二十五日。四月は九・二十五日。五月は十五・十九日。六月は七・二十五日。七月は十九・二十三日。八月は六・二十五日。九月は六・二十日。十月は十四・二十五日。十一月は九・十二日。十二月は十六日。

先文字【せんもじ】女中詞。〔重宝女訓女今川操文庫〕に「せんころを せんもじ」。〔万家重宝女用花鳥文章〕に「せんもじ、先 せんじつといふ事」とある。

洗薬【せんやく】「あらいぐすり（洗薬）」ヲ見ル

煎薬荊葉散【せんやくけいようさん】〔骨継療治重宝記・下〕に煎薬荊葉散は、高所より墜下、又は一切の傷《やぶ》れ、挫き、筋骨瘀血、結聚疼痛を治す。頑荊葉（一両）、白芷・細辛（苗を去る）・蔓荊子・桂心・川芎・丁皮・防風（蘆を去る）・羌活（各半両）を一服となし、塩半匙を入れ、根を連ねる葱（五茎）、漿水*五升を煎じて三升を取り、滓を去り、通手《つうしゅ》痛む処を淋《そそ》ぎ洗う。冷えたら取り替え、風を避ける所で洗うとよい。

泉涌寺【せんゆうじ】京名所。〔東街道中重宝記・七ざい所巡道しるべ〕に、禁中様の寺で肉付の仏牙があり、観音堂は楊貴妃観音と称する。この境内の戒光寺の丈六の釈迦如来は唐仏である。清水がある。〔年中重宝記〕に、正月二十八日 泉涌寺舎利会。二月九日 今日より十五日迄泉涌寺舎利開帳、涅槃像を掛る。三月八日 泉涌寺開山忌。九月八日 泉涌寺舎利会。十二月十四日、今日から十六日迄 泉涌寺仏名会。

千里安行散【せんりあんぎょうさん】〔洛中洛外売薬重宝記・上〕に千里安行散

は、東洞院五条下ル三丁目 森彦三郎にある。火傷、血止め、灸のかぶれによい。取り次に、江戸大伝馬町三丁め 大和や大右衛門がいる。

千里飛行散【せんりひこうさん】〔万用重宝記〕に千里飛行散を用いると、どれ程足の弱い人でも旅に少しも足の痛むことはない。足の熱を冷まし、熱《ほめ》きを去り、挫きを治し、脚気、筋違え、草鞋食い、鼻緒ずれ、足豆等の大名方である。草烏頭・細辛・防風・生半夏を細末（粉）にして朝出立に水で練り、足裏より足首迄よく塗り、草鞋を水に湿して履く。不思議の珍宝で、これは鎌倉の権五郎景政の軍薬であり、その後楠正成が用い、軍功は数え難い。

膳椀の色【ぜんわんのいろ】〔里俗節用重宝記・下〕に黒椀は祝儀の時に、朱塗は精進に用いる。木具 浅黄椀は式正の膳具である。箸は紙包みにしてつける。掛け流しの膳ではないので箸の清めである。粗末な物でも、新しい物を第一と用いるのをよい心掛けとし、木地を掛け流しに用いるのは式正の至極である。

そ

疽【そ】〔改補外科調宝記〕に伝に曰くとして次がある。疽は堅く痛みが強く、潤《わたり》は五寸から一尺に至り、沈み潰れる。臓より根を差して発る。疽の皮は厚く深く沈み 潰れ、体表に出るのを外発とし、腸胃に伏するのを内疽とする。脈は沈数《ちんさく》である。食物宜禁は、丹毒*瘡毒*等に同じ。陽症*と陰症*がある。「癰疽《ひょうそ》」参照

そいつ【そいつ】片言。「そいつは、其奴《そいつ》」である。〔不断重宝記大全〕

爪【そう】十四の鍼法*の一。〔鍼灸重宝記綱目〕に爪《そう》は、針を下して左手の大指の爪で重く穴の上に抓《つめ》し、気血を散ずることをいう。準がある。

壮【そう】〔鍼灸日用重宝記・一〕に灸をする数を壮という。灸一火を一壮《そう》と言うのは、壮人を以って法とするからである。老小羸弱は力を見て数を減らすという古人の説である。小児の灸は、麦の大きさにする。

僧【そう】〔万物絵本大全調法記・上〕に「僧 そう。法師 ほうし也。比丘 びく。桑門 さうもん。沙門 しやもん。並同」。

相位弓【そういきゅう】八張弓*の一。〔弓馬重宝記・下〕に相位弓は、草鹿 丸物を射、弓吹きよせ重籐《しげとう》である。

葱熨の方【そういのほう】〔改補外科調宝記〕に葱熨《そうい》の方は、搗き爛らかして炙《あぶ》り熱くし、布木綿に包み、腫物の上を頻りに熨《の》し、冷めたら取り替えて当てる。流注 結核 骨癰 鶴膝風の症を治す。まず蒜《にんにく》を敷き灸をしても、余毒のまだ散じない内に用い、熨して気血を廻らす。又は打ち身、挫きにもよい。痛みを止め、腫れを引かし、血を散ずる良方である。

宗因流【そういんりゅう】俳人・連歌師の西山宗因（天和二年〔一六八二〕七十八歳没）の俳諧仕様*。〔男重宝記・二〕に貞徳流*の後を受け、大坂天満宮で宗因流を起し、これが当流談林新風として諸国に広がった。（前句）「杉戸あくればにほふ梅が香」というに、（貞徳流付句）「鶯の歌の友だち尋ねきて」。（宗因流）「春の夜の闇はあやなし手水鉢」。（此比の景気付）「薄がすみ箒はなさぬ朝ぼらけ」。このような変化がある。「しかそうでん（四家宗匠伝）」参照

草烏散【そううさん】〔骨継療治重宝記・下〕に草烏散は、骨節を損ない臼《つがい》に戻らないものを治すのにまず用いて麻《しび》らし、その後手で整頓《なお》す。白芷・川芎・木鼈子《もくべつし》・猪牙・皂角・烏薬・半夏・紫金皮・杜当帰《とうとうき》・川烏（各二銭）、舶上茴香・草烏（各一銭）、木香（半両）を細末（粉）し、諸骨折、臼を出るものは服するごとに一銭好い酒で調えて下すと、麻《しび》れ痛む処は分らなくなる。或は刀で裂き開き、或は骨鋒《さき》を剪り去るものに用い、手で整頓して骨筋を元に戻す。板を用いて端正に挟み縛り定め、その後に医治する。箭鏃《やじり》が骨に入り、出ないものにもこの薬を用いて治す。

草烏頭【そううず】〔薬種重宝記・下〕に和草、「草烏頭（さう）うづ／いぶ

す。黒豆にて煮熟してその毒を去る」。〈油取様〉〔改補外科調宝記〕に草烏頭の油取り様は、粉にして畦唐菜の油に浸し薬の精が出た時湯煎にして取る。性は大温ゆえ、寒より生じた腫物 癰疽 風毒、又は手足が冷えて伸べ屈めの成り難いのに塗るとよい。

草果【そうか】〔薬種重宝記・下〕に和草、「草果（さう）くは／さううつと。皮を去り 刻み焙る」。〈薬性〉〔医道重宝記〕に草果《そうか》は辛く温、瘧疾を治し 瘴瘟を避け 痰を消し 食を化し 嘔吐を止め 酒毒を解す。麪に包み炮《うい》して殻を去り、刻んで用いる。

宋学【そうがく】シナ宋代（九六〇～一二七九）に体系づけられた新儒学。朱子学。〔日用重宝記・三〕に宋学には、四書と詩経は朱子の注、易は程朱伝義、書経は宋の蔡沈の注、春秋は胡安国の伝、礼記は陳澔の集説を用いる。孝経は大義の除貫の注を読み、古文孝経を用いない。朱子小学四巻、朱氏 呂祖鎌の近思録四巻、この類を専ら用いる。

僧鴨【そうがも】〔料理調法集・諸鳥人数分料〕に僧鴨は、渡りがけの鳥は汁には七八人前、脂がのると九人十人前、煎鳥には七八人前迄も遣う。また割鳥にして、小鴨四羽で僧鴨一羽の当て、あじ鴨*三羽で僧鴨一羽の当て、鷺鴨一羽と小鴨一羽で僧鴨一羽の当てである。真鴨の割で違うことはない。脂は赤く、晴れの料理には遣い難い。鳥の位も鷺鴨より下である。初鴨の時分はよいことにも遣う。一名を軽鴨ともいう。

宗鑑【そうかん】〔新成復古日夜重宝俳席両面鑑〕「古風六歌仙」に出る。○「略歴」宗鑑は近江の人。支那氏。山崎に住す。足利家の臣。晩年讃岐琴弾に住す。天文二年（一五三三）に、癰を病み死す。「渋柿は已が手染か村紅葉」。〔正風俳諧日夜重宝二面鏡小筌〕に「古哲金言」として宗鑑の言が出る。○宗鑑の歌に曰く、「俳諧は上手三人 下手二人 柱一本擂粉木の音」。○「来ぬは上、来ても帰るは中の上、二夜泊りは下々の下の客」。

象眼【ぞうがん】「鐙《あぶみ》」「鍔《つば》」ヲ見ル

疎肝湯【そうかんとう】〔薬種日用重宝記授〕に疎肝湯は、柴胡・当帰・桃仁・枳実・青皮・芍薬・連羌・紅花・川芎を用いる。痰によい。

惣曲輪【そうくるわ】「まる（丸）の事」ヲ見ル

蒼頡【そうけつ】〔女重宝記・四〕に蒼頡は、黄帝の臣で鳥の足跡を見て文字を作り出したという。これより、手を少し書くことを鳥の足跡を学ぶといい、〔人倫重宝記・二〕には悪筆を鳥の足形という。「文字の事」参照

象牙の事【ぞうげのこと】〔万物絵本大全調法記・下〕に「象 ざう／きざ」。〈薬種〉〔薬種重宝記・下〕に唐獣、「象牙 ざうげ／きざ。擂りて粉を用ゆ」る。〈模様腐らかし〉〔調法記・全七十〕に象牙・鹿の角・貝類模様腐らかしの伝は、漆で絵を描き、乾かし、剝き梅の酢に三日程浸して置いて取り出しよく磨き洗うと、悉く模様が顕れる。〈色替りを直す法〉〔俗家重宝集・後編〕に象牙の色替りを直す法は、○根付《ねつけ》の類の色が替ったら梅を煮た汁で洗うと元のようになる。○芭蕉の茎を割りその中へ一夜挟んで置くのもよい。○象牙の箸の先の色が悪くなったら一夜芭蕉の根に差し込んで置くと元のようになる。〈買物〉〔江戸流行買物重宝記・肇輯〕に「唐木 象牙」として、本石町十軒店 唐木屋七兵衛、南伝馬町二丁メ 松葉屋久兵衛、本町四丁メ 三河屋茂七、室町三丁メ 木屋左衛門、神田久左衛門町 尾張屋栄助がいる。「角《つの》象牙類の加工」参照

宋郊【そうこう】〔民家豊饒重宝記〕に宋郊は震旦の人。大雨が頻りに降った日に軒場に多くの蟻が集まり、漲る雨水に流れて死にそうなのを、竹を編んで橋にして救った。その善根の広大さにより、程なく高官に昇り、長寿を得た。

霜降【そうこう】二十四節*の一。〔重宝記永代鏡〕に九月中、昼四十五刻半余 夜五十四刻余。霜降とは九月の中は陰気壮んで露 霜となって降《くだ》ることからいう。豺（山犬）乃ち獣を祭る、草木黄ばみ落つ、蟄虫咸《みな》俯す等とある。〈耕作〉〔新撰農家重宝記・初編〕に新暦では十月二十四日。○

この頃大麦を蒔くのを上時《じょうじ》と言い、小雪*の頃蒔くのを下時《げじ》とする。この頃小麦を蒔く所もある。〇十四五日の内に里芋 馬鈴薯 百合 生姜を掘り納める。甘柿を剝いて乾す。

象香油【ぞうこうゆ】〔洛中洛外売薬重宝記・上〕に象香油は、京釜座三条上ル東側 林宝軒にある。半貝十六文。第一に瘡《くさ》 臁瘡《はばきがさ》につけて膿を出す。男女一切の腫物につけてよい。

相剋【そうこく】五行陰陽説。五行*の運行により、一ツが他の一ツに剋つ原理。相剋して相互関係は大凶である。〔諸人重宝記・三〕に、木は土に剋ち（「木剋土」）、火は金に剋ち（「火剋金」。以下同）、土は水に剋ち、金は木に剋ち、水は火に剋つ。また人の生年を五行にあて、男女の性が合わず不縁とした。即ち、木・土・水・火・金に対し、土・水・火・金・木は大凶とする。例えば、〔農家調宝記・二〕には男木性 女金性なら「金剋木」で、女の金は男の木を切り倒す理で剋する。しかし、六十甲子《かっし》を五行に配当して六品《しな》の木（＝火・土・金・水）があり、男が松柏の木性の時、女が海中か金箔の金なら切り倒す手段はなく、理は剋しても妨げにはならない。このような細説を知るべきであるという。「相生《そうしょう》」「比和」「男女相性《だんじょあいしょう》」参照

捜骨解毒丸【そうこつげどくがん】〔懐中調宝記・牛村氏写本〕に捜骨解毒丸は、捜毒*の薬。山梔子霜・塩梅霜・大黄（酒制）（各二匁）、旧茶・大姜黄・海人草（各四匁）、軽粉（一匁。虚人は五分。焼いて用いる）を末（粉）にし糊で丸じ、赤小豆大にし、毎服二十粒、一日に三度宛 七日、十四日用いる。七日用いても涎の出るのは止む。歯に当るのを忌み、もし歯・咽が痛めば、仙遺糧*湯を用いる。

造作／家作【ぞうさく／やづくり】〔諸人重宝記・五〕に次がある。造作は神仏に用い、家作*は人の為に取る。いずれも主の年によって忌む日がある。子年の人は酉の日を忌む。丑年の人は寅の日を忌む。寅年の人は巳・未の日を忌む。卯年の人は午の日を忌む。辰年の人は巳・亥の日を忌む。巳年の人は辰・戌の日を忌む。午年の人は卯・酉の日を忌む。未年の人は寅・申の日を忌む。申年の人は丑 未の日を忌む。酉年の人は寅 申の日を忌む。戌年の人は巳 亥の日を忌む。亥年の人はの辰 戌の日を忌む。

嘈雑【そうざつ】〔医道重宝記〕に「嘈雑《そうざつ》 むねのかくをいふ」とある。脈の弦 滑なのを、胸中に留飲があるとし、嘈雑はこれより起る。症状は飢えに似て飢えず、痛むに似て痛まず、悶え悩んで安からず、胃中に痰があり、火が動かして病をなす。薬は、消食清鬱湯*、化痰清火湯*、二陳湯*を用いる。「膈《かく》」モ見ル

桑枝灸の法【そうしきゅうのほう】〔改補外科調宝記〕に桑枝灸《そうしきゅう》の法は、桑の木の枝を火に燃やし、火焔を吹きしめし 火を消し、燃え杭を腫物の上へ押し当て 灸に用いる。一日に三四五度据えて、瘀肉《おにく》が爛れたら置く。腐肉が去って後、新肉の居り上がるのが遅い時は腫物の四方に灸をするとよい。この灸は発背《ほっぱい》といい、背中に出た腫物の膿が潰えず、さらに下疳 流注 瘰癧 臁瘡が長く癒えない腫物、まだ未だ潰えず、或は既に潰えたものによい。

造寺使【ぞうじし】〔万民調宝記〕に造寺使は宮内省*に属し、寺造営の奉行の号である。

草紙問屋の数を知る歌【そうしどいやのかずをしるうた】〔稗史億説年代記〕に草紙問屋の数を知る歌がある。「つるつたや泉市むら田 山口や岩戸 ゑのもと 西は村宮」。鶴屋喜右衛門・蔦屋重三郎・和泉屋市右衛門・村田治郎兵衛。山口屋忠介。岩戸屋源八・榎本吉兵衛・西村与八・西宮新六。

草紙錦絵【そうしにしきえ】〔江戸流行買物重宝記・肇輯〕に、草紙錦絵売り屋がある。芝神明前 和泉屋市兵衛。馬喰労町二丁目 山口屋藤兵衛。同森屋次兵衛。親父橋 山本平吉。芝三嶋町 佐野屋喜兵衛。南伝馬町一丁目 蔦屋吉蔵。同二丁め 辻安兵衛。人形町 上州屋重蔵。

掃除の匂いを止める法【そうじのにおいをとめるほう】〔文政新刻俗家重宝集〕に掃除の匂いを止める法は、何の紙でも水に浸して濡れた侭、匂いの来る方の鴨居に貼ると即妙である。

総社六社【そうしゃろくしょ】「ろくしゃみょうじん（六社明神）」ヲ見ル

蒼朮【そうじゅつ】〔万物絵本大全調法記・下〕に「蒼朮 さうじゆつ／をけら」。〔薬種重宝記・下〕に和・唐草、「蒼朮 さうじゆつ／あかをけら。泔《しろみず》*に一夜浸し 刻み焙る」。《薬性》〔医道重宝記〕に蒼朮は苦《にが》く甘く温、脾を健やかにし、湿を燥かし、汗を発し、邪を散じ、痰を消し、気を下し、瘴気を除き、瘟疫を避ける。米泔に三日浸し、毎日水を替えてよく洗い、刻み乾かし焙る。〔消息調宝記・二〕に「をけらは うけらとも云て、薬草の白朮也」。〔年中重宝記・四〕に、節分*の夜は五条の天神に参り、餅 白朮《おけら》をうけて帰る。白朮は湿を払う薬である。風湿 疫癘を除く心で、神前でうけて帰り、火に焚く。

早順散【そうじゅんさん】〔洛中洛外売薬重宝記・上〕に早順散は、醒ヶ井通仏光寺下ル丁 花屋市兵衛にある。小包二十四文。打ち身、骨接ぎ、墜堕、打撲、寝違え等によい。

相生【そうしょう】五行陰陽説。〔諸人重宝記・三〕五行*の運行によって、一ツが他の一ツを生じ、相互の関係で大吉とする。木は火を生じ（「木生火」。以下同）、火は土を生じ、土は金を生じ、金は水を生じ、水は木を生ずる。また人の生年を五行にあて、男女の性が合うとして縁談等を定めた。即ち、木・火・土・金・水に対し、火・土・金・水・木を大吉とする。「男女相性《だんじょあいしょう》」ヲ見ル。「相剋」「比和」参照

双調【そうじょう】〔囃子謡重宝記〕に双調は目出度い調子、則ち三月の調子とある。方角では東、人の臓では肝臓である。その色は青く、味は酢味、木性である。眼に通ずる調子である。《四季五行に当てる時》〔諸人重宝記・二〕には「春・木、喉の声」とある。

相乗【そうじょう】算盤の用字。〔算学重宝記〕に相乗は、掛けることをいう。

雑汁【ぞうじる】〔永代調法記宝庫・六〕に「雑汁の分」として、「刺し鯖 大茄子輪切りに」。「鯨 独活 茗荷 蕗」。「海老 ずいき（芋茎） 山椒」。「塩鰡 菠薐草」。「栗 生姜 茗荷の子 椎茸 海苔 藜（冷し汁）」。「赤貝 小芋 青物」。「干し菜 海苔」。「蛤剝き身 大根卸して」。「山芋 蕗 茗荷 和布」等、十四献立がある。

瘙疹【そうしん】〔家内重宝記・元禄二〕に瘙疹《そうしん》は、かざぼろし*が出 身体痒く、田虫 銭瘡には苦参を末（粉）し、皂角*を煎じて粘らかして、その汁で丸じ服する。

壮腎丹【そうじんたん】〔続咒咀調法記〕に壮腎丹は、男の腎精の衰えを強く補う薬。丁子・付子・良香・肉桂・山茱萸・かうり・明礬（各等分）を粉にし、水で練り、木患子程に丸じ、飯前に三粒ずつ 温酒で飲む。腎精気力を増す。妻のない男は軽はずみに呑んではならない。

雑炊【ぞうすい】〔料理調法集・飯之部〕に雑炊は、薄味噌で仕立てるとよい。飯を洗って煮返し、菜或は葱の類を一種入れる。

三途川の老婆【そうずがわのろうば】江戸願所。金竜山浅草寺奥山の左の方 三途川の老婆の木像は、至って古代のもので前歯が二ツ損じていて、この木像に歯痛の外 口中の病の願懸けをして平癒しないことはない。願望成就の時は、楊枝を供するという。〔江戸神仏願懸重宝記〕

草豆蔲【そうずく】〔薬種重宝記・下〕に唐草、「草豆蔲（さう）づく／つく。麺に包み、煨（埋み火で焼く）して皮を去る」。

草豆蔲丸【そうずくがん】〔丸散重宝記〕に草豆蔲丸《そうずくがん》は、寒が脾胃に止まり痛をなすのに、或は心痛 胸の痛みに、或は熱で胸痛み 寒熱の心痛に、久《きゅう》病鬱《びょううつ》に用いる。草豆蔲・沢瀉・半夏（各十匁）、陳皮・山茱萸・人参・黄芪・殭蚕・益智（各八匁）、当帰・青皮（各六匁）、麦牙（十五匁）、神麹・柴胡・姜《きやうそう》（各四匁）、桃仁（三匁五分）を糊で丸ずる。

藻井【そうせい】〔万物絵本大全調法記・上〕に「藻井 さうせい。天井 てんじやう也」。「天井の事」ヲ見ル

早々【そうそう】 妄書かな遣。「さうそふ、おあひさう（御愛相）もございません」。「お」をつけて「御早々」ともいう。失礼致しましたの意。〔小野篁謔字尽〕

葬送に忌む日【そうそうにいむひ】〔占調法記〕に毎月次の七日は葬礼を忌むとある。見合わせるのがよい。一日。三日。十三日。二十三日。八日。十八日。二十八日。〔永代日暦重宝記・慶応元写〕には、正・二・三月は午の日。四・五・六月は未の日。七・八・九月は酉の日。十・十一・十二月は戌の日。これを天衰日という。野辺送りは決してしない。

捜損尋痛丸【そうそんじんつうがん】〔骨継療治重宝記・下〕に捜損尋痛丸はよく骨を接ぐ。全身疼痛し、久しく損じて骨に及び、金刃傷のようなのは後で使う。乳香・没薬・茴香（炒る）（各二銭）、肉桂（三銭）、葷薑（炒る）・丁皮・独活（炒る）・草烏（炒り黄色にする）・赤芍薬（炒る）・石粘藤（炒る）・白芷（各五銭）、当帰・川芎・薏苡仁（炒る。筋絶 脈絶は多くこの一味を加う）（各一両）、骨砕補。以上を末（粉）とし 蜜で丸じ、生薑を用い細かに嚼み 温酒で飲み下す。もし末（粉）とし薑酒で調えて服するのもよく、酒に浸して飲むのもよい。折傷には薬を用いる。偏身の頑麻には、正に薬を用るのがよい。接骨には草烏一匕を加え、多くは熱酒で調えて服する。人の老弱虚実を量り加減して用いる。もしその人の麻《しびれ》が解しない時は、大烏豆の濃い煎じ汁を用いて解く。豆がない時は淡煎濃豉もよい。吐く時は薑汁を用いる。

痩胎散【そうたいさん】〔嫁娶調宝記・二〕に次がある。胎児が肥えて太ると必ず難産になり産み兼ねるので、痩胎散を三月目に毎日服すると胎を約めて産み易い。枳穀（五匁）・香付子（三匁）・甘草（一匁五分）を香色に炒り、いかにも細かく細末（粉）にして、朝腹に薄茶二服程ずつ熱い湯で用いる。寝る時にも用いる。ほそり薬ともいう。

奏達／奏聞【そうだつ／そうもん】〔男重宝記・一〕に、下より天子*へ申し上げることを、奏達とも奏聞ともいう。

宗旦煮鮹【そうたんにどじょう】〔料理調法集・煮物之部〕に宗旦《そうたん》煮鮹《にどじょう》は、小さい鮹を、潰し玉子と薄澄まして煮、酒を加えて塩梅する。

相煖熱【そうだんねつ】〔年中重宝記・一〕に一月十四日、今宵 京童どもが門外に火を焚いて終夜遊ぶことがある。これを唐土では相煖熱《そうだんねつ》と言うと『呉地記』に見える。また、昔は綱引《つなひき》ということもあった。

宗長【そうちょう】〔新成復古日夜重宝俳席両面鑑〕の「古風六歌仙」に出る。宗長は駿河丸子に住し、釣月庵と号し、常に牛を愛した。天文中（一五三二～五五）の連歌の大家。享禄四年（一五三二）、丸子に没した。「春去りぬ 花の心や黒牡丹」。〔正風俳諧日夜重宝二面鏡小筌〕に古哲金言として宗長の言が出ていて、「上手の付方は他人と仲良しのようである。下手は親類の仲が悪いようである。芭蕉も他人との仲良いのがよいと言っている」とある。

相伝枯茶【そうでんからちゃ】 枯茶色で、相伝茶ともいう。〔万用重宝記〕に相伝枯茶は下染を梅で三遍染め、その上を石灰（少し）に明礬（三匁）を水に掻き立てて染める。上の留めには桃皮の煎じ汁に鉄漿《だしかね》を少し入れて染める。その上を刷毛で水を一遍引くとよい。

曹洞宗【そうとうしゅう】「禅宗」参照

僧道を遠ざくるの詩【そうどうをとおざくるし】〔里俗節用重宝記・中〕に「僧道を遠ざくるの詩」として次がある。「僧尼 道士 人家に到る、女子出《いで》て茶に侍ら教《しむ》ることを休《や》めよ、説法 講談 都《すべ》て聴くこと莫《なか》れ、恐くは情意を生じ歪斜あらん」。

騒動き【そうどき】〔消息調宝記・二〕に、「さうどきとは、忙しく物騒がしき也」。

瘡毒【そうどく】〔調法記・全七十〕に瘡毒の薬に三方がある。①山帰来・

鹿の角・柳木の甘皮・黄皮の香・葛の香・拈竹の皮（各二匁）、甘草（少し）を粉にして飯糊で丸じ、一日に二匁ずつ七日間用い、八日目の朝に「瘡毒下し薬」一匁五分を用いる。②山帰来・唐木通・丁香（各二分）、軽粉・牛膝・大黄（各三分）、甘草（一分）を細末（粉）にして丸じ、三日の内に用いる。③山荘（一匁）、巴豆（皮を取り油を取り用いる一匁）、梅干（七ツを黒焼にして）を丸じて日々に呑まし、瘡毒を下す。止まり兼ねる時は白粥を冷まして食わすとよい。

〈瘡毒の奇法〉〔懐中調宝記・牛村氏写本〕には二方がある。①カロメル（五分）、鷹目硫黄（二匁五分）、龍脳（七分）、唐大黄（一両目）を極く細末（粉）にし、薬の総目方程極上の白砂糖を加味して一回りに白湯で服する。禁物は酢の物、油類。②捜骨解毒丸*は奇薬。

〈瘡毒禁好物〉〔改補外科調宝記〕に「好い物」は大麦 小豆 昆布 柿 蜜柑 胡瓜 苺 山の芋 葛の粉 砂糖 梅干 葱 鯛 海月 鮒 鰻 鶉 白鳥 牛蒡 若布等四十余種。「禁物」は麺類 蕪 酒 豆腐 栗 梨 梅 林檎 山桃 茄子 豌豆 雨 鱸 蛸 鮎 雉 鴨 兎 猪等七十余種。

雑煮【ぞうに】〔年中重宝記・一〕に雑煮は、正月の歯固《はがため》*鏡餅《かがみもち》*を煮て食うことをいう。〔嫁娶調宝記・一〕には祝膳として餅を二寸四方ほど二重、下には焼豆腐 大根を敷き、上には串鮑 結び熨斗 蕨 昆布 勝ち栗 串海鼠《くしこ》を餅とともに七種、垂れ味噌で煮る。〔料理調法集・麺類之部〕は中味噌でも清まし汁でも、餅を短冊 或は色紙形に切り、串海鼠 串鮑 山の芋 里芋 結び芹 くく立菜 昆布 花鰹の類を入れる。味噌は垂れ味噌がよい。膳の向うは数の子 梅干 香の物等をつけて出す。〈食い様〉〔女重宝記・二〕は取り上げないでそのまま食い、汁を吸う時は取り上げて吸う。

葱乳湯【そうにゅうとう】〔小児療治調法記〕に葱乳湯は、不乳飲の薬とある。葱白一寸を四ツに裂き、乳汁小半盞を銀石の器に入れて、少しの間煎じ、四次《たび》呑ませると立ち所に効がある。

壮熱【そうねつ】〔小児療治調法記〕に壮熱は、一向に止まない熱である。

象の重さを量る事【ぞうのおもさをはかること】〔早割算法重宝記〕に象を舟に乗せて水の跡の付く所を記し、象を下ろして、次に物を跡の付く所まで積んで、それを量れば象の重さを知る。

僧の官位／職／通号【そうのかんい／しょく／つうごう】〔万民調宝記〕に次がある。○「僧官位」伝燈法師《ほっし》。伝灯大法師。法橋《ほっきょう》。法眼《ほうげん》。法印。○「官」と云うのは、律師・僧都・僧正。これを俗官に比すると、法橋・法眼・律師は五位の殿上人に、法印・僧都は四位の殿上人に、権《ごんの》僧正は参議に、正僧正《しょうそうじょう》は中納言に、大僧正は大納言に、諸寺の三綱社官僧は地下四位諸大夫に、それぞれ准ずる。三綱《さんこう》は［寺主《じしゅ》（＝住寺）、上座（＝法事以下寺役を司る）、都維那《ついな》（＝寺院内の諸事を司る）をいう。○「職」僧官位の外にある。已講《いこう》（＝興福寺の維摩会、薬師寺の最勝会、大極殿の御斎会の講師を勤め上げた者）。内供《ないぐ》（＝宮中の御斎会や清涼殿で夜居の勤めをする者）。検校《けんぎょう》（＝寺務の監督職）。別当《べっとう》（＝寺の法務等を司る者）。阿闍梨《あじゃり》（＝弟子の教授・軌範職）。阿口《あこ》。○行事《ぎょうじ》（＝法会行事の執行役）。勾当《こうどう》（＝別当の下で寺務を司る者）。公文《くもん》（＝所司と言い、領地等の文書を取り扱う者）。座主《ざす》（＝多く天台の司をいう。寺務統括の貫主）。長者《ちょうじゃ》（＝真言での司）。○「僧通号」沙門（＝出家）、大徳（＝高僧）、長老、上人、和尚等は、皆通号である。

桑白皮【そうはくひ】〔薬種重宝記・下〕に和木、「桑白皮 さうはくひ／くは。鉄を忌む、赤皮を去り、刻み、焙る」。〈薬性〉〔医道重宝記〕に桑白皮《そうはくひ》は甘く寒、肺の火邪を瀉し、嗽を止め、喘を定め、痰を消す。日に干して槌で打ち和らげ、細く引き裂くと、粗皮《あらかわ》は皆落つる。引き裂いたのを縄に絢い、刻む。鉄を忌む。

走馬牙疳の薬【そうばげかんのくすり】〔小児療治調法記〕に走馬牙疳の薬は「痘後の余症」*で、牙疳《はくさ》が臭く、爛れるのを治す。黄連（一両）、白朋砂（一匁）、胆礬（三分）、龍脳（五厘）を細末（粉）とし、牙疳の上につける。

一方は、人参・梅干を焼き、性を残したのをつける。

走馬散【そうばさん】〔骨継療治重宝記・下〕に走馬散は、折傷を治し骨節を接ぐ。栢葉・荷葉・皂角（共に生で用いる）・骨砕補（毛を去る）（各等分）を末（粉）とし、まず折傷部を測り定め、元の部位に戻し、薑汁で薬を調え糊のようにして紙に伸ばし、骨の断れた所に貼り、杉の木片で挟み、縄で縛り固定する。三五日後開いて見て温かな葱湯で洗って後、再び薬を貼り挟み、七日経て痛めば再び没薬を加える。

雑箸【ぞうばし】〔（増補／新版）名代町法記・上だん（冗談）の言葉〕に、「ぞうばし（雑箸）とは、一度切のこと」をいう。

相場割【そうばわり】「永楽通宝」ヲ見ル

宗廟【そうびょう】〔日用重宝記・一〕に宗廟とは、伊勢外宮 豊受太神、同内宮 天照太神、石清水八幡太神 応神天皇をいう。我が国に生れる人は伊勢両宮御神の末裔であり、帰化人も含め、この国土で世渡りするものは崇め信じよ、とある。

捜風解毒湯【そうふうげどくとう】〔医道重宝記〕に捜風解毒湯は、楊梅瘡*を治す。或は水銀粉《はらや》の入った薬を服して筋骨が引き攣り痛み、身節《みふし》の叶わないものを治す。土茯苓（七匁）、薏苡仁・金銀花・防風・木瓜・木通・白鮮皮（各五分）・皂角子（四分）を煎ずる。気虚には人参を加える。下疳を病むものも楊梅瘡の予防とする。

喪服【そうふく】〔日用重宝記・一〕に「支那《もろこし》の古《いにしえ》喪服《そうふく》」として、次がある。斬衰《ざんさい》は二十五ヶ月。齊衰《しさい》は十三ヶ月。大功《たいこう》は九ヶ月。小功は五ヶ月。緦《し》麻《ば》は三ヶ月の喪服五等。今早布《はやぬの》と称する地の荒い単《ひとえ》の服を着て喪にこもる日数の間は、用事の外出にも脱がない。斬衰の服は竪 幾升《いくよみ》（＝織機の筬の目）とそれぞれと定めがあり、重い程地は荒く、軽くなると地は今の八講布（越中産の麻布で、宮中の法華八講会で僧侶に与えられた布）のようになる。服によって喪の軽重が知られるようにしたものである。我が国では白衣を喪服とし、藤衣《ふじころも》*という。「ふぢ衣はつるゝ糸は侘び人の涙の玉のをとぞなりける」（古今集・哀傷歌）。

臓腑の説【ぞうふのせつ】〔鍼灸日用重宝記・二〕は『霊枢骨度篇』から引用、「週（周）身臓腑之説」として次がある。○肝。重さ四斤四両、左三葉 右四葉。魂《たましい》を蔵《かく》すのを主《つかさど》る。○心《しん》。重さ十二両、中に七孔 三毛がある。精汁三合を盛り、神《たましい》を蔵すのを主る。○碑。重さ二斤三両、扁広は三寸、長さ五寸。散膏半斤。血を裹《つつ》むのを主り、五臓を温め魂《こん》を蔵すのを主る。○肺。重さ三斤三両、六葉に両耳で凡そ八葉。魂《はく》《たましい》を蔵すのを主る。○腎。両枚あり、重さ一斤一両、志《こころざし》を蔵すのを主る。○胆。肝の短葉の間にあり、重さ三両三銖。精汁三合を盛る。○胃。重さ二斤十四両、紆曲履伸 長二尺六寸、大《めぐり》は一尺五寸、徑《わたり》は五寸。穀は二斗、水は一斗五升を盛る。○小腸。重さ二斤十四両、長さ三丈二尺、広《めぐり》は二寸半、径は八分。少半は左に廻り畳み、畳み積みは十六曲。穀は二斗四升、水は六升三合、合の大半を盛る。○大腸。重さ二斤十二両、長さ二丈一尺、広《めぐり》は四寸、径は一寸。臍に当って右に廻り畳み十六曲を積む。穀は一斗、水は一升半を盛る。○膀胱。重さ九両二銖、縦の広さ九寸、尿九升九合を盛る。口の広さ二寸半。唇より歯迄長さ九分、歯より以後会《え》厭《えん》に至るまで深さ三寸半、広《めぐり》五合を容《い》るる。○舌。重さ十両、長さ七寸、広《めぐり》は二寸半。○咽門。重さ十両、広《めぐり》二寸半。胃に至り長さ一尺六寸。○喉嚨。重さ十二両、広さ二寸、長さ一尺二寸、九節。○肛門。重さ十二両、大《めぐり》は八寸、径は二寸大半、長さ二尺八寸。穀は九升三合八分合の一を盛る。

相馬百官【そうまひゃっかん】「あずまひゃっかん（東百官）」ニ同ジ

総身痛むを治す【そうみいたむをなおす】「人の身惣体痛むを癒す事」には、羗活と松の節を粉にして、酒で煎じて飲むとよい。〔新撰咒咀調法記大全〕

総身寸尺の定め【そうみすんしゃくのさだめ】〔鍼灸日用重宝記・一〕には『骨度

篇』を引いて次がある。○「頭竪横分寸を定むる事」。竪の寸は前の髪の生際《はえぎわ》から項《うなじ》の髪の生際迄の寸を取って一尺二寸とし、十二折を一寸とする。髪の生際が分明でない人は両眉の真ん中から巓《いただき》を経て大椎*迄の長さをとり一尺八寸とし十八に折り一寸とする。前の髪際は眉の真中より二寸五分と定め、大椎より三寸五分を後ろの髪際と定める。横の寸は眉から耳の上角の通りを引き廻し鉢巻のようにして寸をとり二尺六寸とし、二十六に折り一寸とする。又内眥《まがしら》から外眥《まじり》迄の横幅の寸を取って一寸とする。○髪際より頤迄の長さ一尺（十二に折り一寸とする。以下、同じ）。○耳の前、耳門に当って広さ一尺三寸。○耳の後ろ脘骨に当って広さ九寸。○頬先から頬先迄広さ七寸。○喉の高骨結喉より欽盆迄四寸。○鈌盆より髑骬迄九寸。○髑骬より天枢迄八寸。○天枢より横骨迄六寸半。○両乳の間広さ九寸半。○胸の囲り四尺五寸（丸みの事）。○腰の周り四尺二寸。○脇の下より季脇迄一尺二寸。○大椎より長強迄三尺（背骨は全て二十四節〔二十一節とも〕）。○肩より肘迄一尺七寸。○肘より腕首（腕肱）迄一尺二寸。○腕首より中指の本節迄四寸。○中指の本節より指《ゆび》頭《さき》迄四寸半。○腰の前横骨より股の内輔《うちかまち》の上廉《かど》迄一尺八寸。○内輔の上廉より下廉迄三寸半。○内輔の下廉より内踝迄一尺三寸。○膝より内踝迄一尺六寸。○内踝より地迄三寸。○足の掌《うら》の長さ一尺二寸。○足の広さ四寸とある。「灸の事」ヲ見ル

索麺豆腐【そうめんどうふ】〔料理調法集・豆腐之部〕に索麺豆腐は、豆腐の水気を取りよく擂り、毛水嚢で何回も濾して練り、美濃紙を巾三四寸に切ってこの紙へ豆腐を薄く伸し付け、また美濃紙を懸けて豆腐を付け、このように五遍程は重ね、上にも美濃紙を付け、蒸して紙を離し、細く切る。但し、擂る時玉子の白身を加えると別してよい。

索麺の事【そうめんのこと】〈起源〉〔人倫重宝記・四〕に索麺は唐の魏の世に始り、湯餅《とうへい》という。日本では麵索《むぎなわ》という。索に似ていて「なわ」と読むからである。〈異名〉〔書札調法記・六〕に索麺の異名に、索餅《さくべい》がある。〔年中重宝記・三〕には『十節記』を引き、七月七日の節句には、禁中でも内膳司より索麺を調進し、俗民も食う。唐の高辛氏の子が七月七日に死に、その霊が鬼神となり人に瘧病《おこり》を病ませたので、存日にいつも麦餅《そうめん》を好んだので命日に麦餅で霊を祭り、後人がこの日に麦餅を食う。

〈油取り様〉〔料理重法記・上〕に索麺の油の取り様は、索麺を茹でさま熱《に》え上った時、杉原か奉書紙を一枚入れると油は全てこの紙へ吸い取り、油臭いことはない。〔万まじない調宝記〕は灯心を括って入れて茹でるとよいとする。

〈食い様〉〔女重宝記・二〕に、索麺の食い様は、汁を置きながら一箸二箸索麺を椀から掬い入れて、汁を取り揚げて食う。その後は汁を手に持ち掬い入れてもよい。汁を替えたら、始めは汁を下に置き掬い入れ、取り揚げて食う。饂飩も同じであるが、蕎麦切等も男のように汁をかけては食わず、索麺のように食う。薬味も臭みのある物等を汁へ決して入れてはならない。〈索麺中りに〉〔胡椒一味重宝記〕には、胡椒を煎じて用いる。〔調法記・四十ゟ〕には、大根の絞り汁を茶碗八分目に取り、剃刀砥の粉を少し用いる。〔重宝記永代鏡〕には素麺・冷麦に中ったら、真桑瓜を食うとよい。なければ白瓜でもよい。〈食禁〉〔万まじない調宝記〕には、熱を動かし、気を塞ぐ病人等は食ってはならない。

〈索麺屋〉〔万買物調方記〕に「京ニテ索麺屋」夷川堺町上ル丁、下立売堀川西、麩屋町むさし町 木曾屋、六条ノ寺内等先々所々にある。「江戸ニテ索麺屋」堀江町通、籠索麺 湯嶋天神前。「大坂ニテ索麺屋」安堂寺町四丁目 二郎兵へ、木挽町 上々 対馬、瓦町又米屋町五丁目等がある。

〈神明の不思議〉〔浅原村神社仏閣名所手鑑調法記〕は、索麺業職へ氏神の不思議秘伝があり、産業相伝を請け、好味、諸病差し合いなく、大食しても中らず、土産に調法とする。〔日用重宝女大学〕に索麺は諸国に名物

があるが、洛《みやこ》の船橋《ふなはし》と堺町二条にあるのを殊によしとし、これを地索麵《じそうめん》という。唐にいう湯餅が日本の索麵である。「煮麵《にゅうめん》」参照

草木花の事【そうもくかのこと】〈草木字尽〉〔改正増補字尽重宝記綱目〕には、イロハ順に分類して読み仮名をつけ、別名を記し、適宜注記もする。凡そ千数百種が載る。〈立花の草木拵え様〉〔昼夜重宝記・安永七〕に全て立花*の草木は、朝影 夕影に切るのがよい。そのまま本《もと》を焼いて水に浸し再々水を替える。春冬は久しく堪え、夏中秋の初め迄は手入れが悪いと直に損ずる。なお続けて若干の個別の花についても拵え様がある。〈花の取り渡し〉〔新板増補男重宝記・三〕に花の取り渡しは、木の花は花を上にして、草花は花を下へして、茎の強い花は横たえて、元を持ち左の手を寄せて見せたり、差し出したりする。

〈生花水揚げ伝〉〔調法記・四十ゟ〕に、青葉の藿香（一匁）・蓮肉（半匁）・人参（五分）を粉にして水で溶き、花の切り口につけて活けるとよい。又人参を煎じ出してよく冷まし、その水に活けると何でもよく水を揚げる。花筒に硫黄を入れて活けると蕾は悉く花開き、花は妙に栄える。

〈草木差合い嫌う物〉〔昼夜重宝記・安永七〕に、草木に差し合い嫌うものに次がある。○竹に、柳 薄 南天 直苔《すぐごけ》 藤。○南天に、薄 柳 竹 万年青 梅もどき 水木。○城梅に、いのこ柳。○牡丹に、芍薬 芥子。○万年青に、万の赤い実。例示の外にもあるが、それは推量して知れとある。垂れ物の赤い実の類は一瓶に一ツである。

喪門牛相【そうもんぎゅうそう】 牛相。〔牛療治調法記〕に、黒牛*の頭が白く、尾の白いのを喪門牛と名付ける。不吉とする。

瘡瘉膏【そうゆこう】〔洛中洛外売薬重宝記・上〕に瘡瘉膏は、押小路東洞院東へ入ル光田栄寿軒にある。第一に切り傷に妙である。

瘡瘍【そうよう】〔鍼灸重宝記綱目〕に瘡瘍は、「かさはれもの」とし、『内経』を引いて諸痛 痒 瘡 瘍は皆心火に属し、心は血を主《つかさど》り気を廻らす。気血凝り滞り、心火の熱を夾み、癰疽の類を生ずる。大にして高く起るのを癰、平らで内に発するのを疽、頭のある小瘡《こまがさ》は癤《せつ》といい、瘡は総名である。この病は、多くは魚肉厚味を食し、安座して身を使わず、色欲を過して水減り火盛んになり、熱毒が内に攻め、気血を煎熬《いりごが》してなる。各症の療治は個別に掲出している。

草履【ぞうり】「草屨」とも「屝《ひ》《ぞうり》」とも書く。〔人倫重宝記・四〕に草履は、黄帝の臣に於則《おそく》という者がいて、始めて作り出したという。

倉廩散【そうりんさん】〔医道重宝記〕に倉廩《そうりん》散は、痢病で熱が退かず風邪熱毒のあるものを治す。疫痢*の主薬である。人参敗毒散*に黄連と陳倉米（古米）を加えたものを倉廩散という。表邪を発散する剤で、表症のないものには用いない。

双林寺【そうりんじ】 京名所。双林寺は丸山にあり、安養寺*と同じく時宗で妻帯し、貸座敷も同然。本尊は薬師如来。寺内に、平判官康頼入道の庵の跡と墓がある。また西行法師、頓阿法師の墓もある。〔東街道中重宝記・七ざい所巡道しるべ〕

葬礼【そうれい】〔男重宝記・一〕に葬礼を、葬送とも荼毘《だび》とも書く。「香奠として鳥目百疋仏前に呈じ候」等と書く。

滄浪君【そうろうくん】 狼の異名を、滄浪君《そうろうくん》という。〔書札調法記・六〕

候の字【そうろうのじ】 簡礼書法。〔大増補万代重宝記〕端作等*初めに使う候また留《とめ》の候の字は正字を使い略体字は使わない。候の字はなるだけ下に書くようにするが、仕方のない時は之の字を入れて書く。候の字の高下は真行草に書き分け、真は上方に行は同輩に草は下輩に宛てて書き、それもそれぞれにくずし方により上中下を分つ。「様 殿 御 候 申の字高下書き様」ヲ見ル

臓六かく【ぞうろくかく】〔世話重宝記・三〕に『祖庭事苑』に出るとし、亀が池を出て甲を晒していたのを野干（狐）が喰おうとすると、亀甲の内

に頭尾両手両足を蔵《かく》して出さず、野干は怒って捨てて去った。この六所を蔵すのをいう。俗に、人が手足を引き入れて座するのを蔵六かくというのは亀が六所を蔵すのに似ているのでいう。「かく」というのは組んだ形か。

副【そえ】 添とも書く。立花。*〔新板増補男重宝記・三〕に心《しん》*の茎を隠すために使う木や草花で、心の一の枝より下方、茎の後ろからの歪みの方へ出すが、心にぴったりではなく、退く心《こころ》があって、それでいてまた退かぬように立てるのがよい。

添書【そえがき】〔農家調宝記・三編〕に、主たる送り文に添えて追加の文言を半切紙（「判紙*」の杉原を半分に切り書状にした紙）に書いて送ることをいう。祝事には添書をし、仏事にはしない。「袖書」参照

背向【そがい】「背向《そがひ》すぢかひ也」。〔消息調宝記・四〕

曾我状と返状【そがじょうとへんじょう】〔童学重宝記〕に次がある。建久四年（一一九三）五月晦日付で、平三景時（梶原）より曾我太郎宛の往信と、六月五日付の返信。往信は、今月二十八日の夜富士野の狩場の御陣で、曾我十郎祐成と五郎時宗兄弟が父の敵工藤祐経らを殺害 誅戮したが、兄弟の兄小次郎 弟禅師房にも同心の噂があるので召し進ぜよという執達。返信は、小次郎は京都居住につき御使者を以って召されよ、禅師房は流人、行方知らず、召し進んずるに及ばず、等と答えている。武士の生き方を寺小屋等の教材にしたもの。

踈肝湯【そかんとう】〔医道重宝記〕に肝癪は踈肝湯で治す。肝癪は、左脇下が痛み、或は怒ってこの症をなし、或は物に撃たれて痛む。黄連（呉茱萸。煎じ汁に浸し炙る 二匁）、柴胡・当帰（各一匁半）、青皮・桃仁・枳殻（各一匁）、川芎・芍薬（各七分）、紅花（五分）の九味を煎ずる。右脇の痛む時は、姜黄・桂心・陳皮・甘草を加えて十三味に生姜を入れて煎ずる。肝積 瘀血、或は怒によって痛む実証のものに用い、肝腎の虚には用いない。〔医道療治重宝記〕には「踈肝飲」とある。

束【そく】〈合薬秤量〉〔医道療治重宝記〕に、其の草一束《そく》というのは、三両とある。〈紙数〉〔紙漉重宝記〕には、半紙一折二十枚ずつの間に藁を入れて、石州では十折を一束といい、都では五帖という。

疎句【そく】「親句疎句《しんくそく》」ヲ見ル

粟【ぞく】糧の単位。*〔重宝記永代鏡〕に粟は、一勺の万分の一である。

賊【ぞく】稲虫。〔農家調宝記・付録〕に賊《ぞく》は、殻虫《からむし》*に似て小さいのをいうかとある。稲 粟等の節を食うため、枯れ穂となる。

即位【そくい】〔男重宝記・一〕に即位は、践祚*の後、紫宸殿へ出御になり、天下の人々に知らせられ、位につかれることをいう。

足掛【そくかけ】〈何が不足で癇癪の枕言葉〉「てかけ（妾）、そくかけ」。「あしかけ」を音読にした。〔小野篡譃字尽〕

続古今和歌集【ぞくこきんわかしゅう】 十三代集*の第十一。〔女重宝記・四〕に『続《ぞく》古今和歌集』は、嵯峨院の文永二年（一二六五）に（『続後撰和歌集』に）重ねて九条基家・藤原為家・藤原行家・藤原光俊等が撰した。二十巻。

続後撰和歌集【ぞくごせんわかしゅう】 十三代集*の第十。〔女重宝記・四〕に『続《ぞく》後撰和歌集』は、嵯峨院の仰せで建長二年（一二五〇）二条為家撰。二十巻。

束骨【そくこつ】〈経絡要穴 腿却部〉二穴。束骨は足の小指の外側本節の後ろ、赤白肉の間の陥みの中にある。灸三壮。針三分、留むること三呼。腰・背・脚・頭・項《うなじ》痛み、耳聾、悪寒、目眩い、身熱し、肌肉動き、目頭赤く爛れ、泄瀉、痔、瘧、癲癇、癰疔を治す。〔鍼灸重宝記綱目〕

息災日【そくさいにち】 日取吉凶。〔重宝記永代鏡〕に息災日は、延命日*長寿日*と同じく、病を療じ、薬を飲み、鍼灸、臍の緒を切る等するのに吉日。春は巳の日。夏は申の日。秋は辰の日。冬は酉の日。

続拾遺和歌集【ぞくしゅういわかしゅう】 十三代集*の第十二。〔女重宝記・四〕

に『続《ぞく》拾遺和歌集』は、亀山院の仰せで建治年中（一二七五～七八）に二条為氏撰。二十巻。

続髄子【ぞくずいし】〔薬種重宝記・上〕に和草、「続随子 ぞくずいし、いはつ」。〔新撰咒咀調法記大全〕に「続髄子」を和名は「こはを」という。『和漢三才図会』には「賊随子 千金子／拒冬」等とあり、広くは「ホルト草」として知られる。青苗を生じ一茎が直に立ち伸び、末の葉の間より又二三茎に分かれ出、四五月の頃細かな花を開き 青い殻のある実を結ぶ。七八月実を取り 殻を去り 紙に包み、押して油を取る。

即席味噌【そくせきみそ】〔調宝記・文政八写〕に即席味噌は、水一升、塩二合半、味噌二十匁を煮て絞る。この絞り汁へ砂糖蜜を少々入れ、再び煮立てる。

即席料理【そくせきりょうり】 即席料理は、本石町三丁目 浮無瀬《うかむせ》にある。〔江戸町中喰物重法記〕

俗相【ぞくそう】 人相*の一。〔万法重宝秘伝集〕に俗とは、下賤のことである。心が濁って卑しい営みをする相である。例え衣食があっても用いることが出来ない。しかし、心は律儀である。

束毒金箍散【そくどくきんこさん】〔改補外科調宝記〕に束毒金箍散は、疔疽*の治療で針か灸をして後、余毒も散じて腫れるのに付ける。鬱金・白芨・白斂・白芷・大黄（各四両）、黄栢（二両）、軽粉（五匁）、葈豆（一両）を細末（粉）にし、酢で練り、四方に塗る。夏は蜜で練り塗る。

束縛敷貼の法【そくばくふちょうのほう】〔骨継療治重宝記・中〕に束縛《そくばく》敷貼《ふちょう》の用薬法がある。束縛は春・秋は三日、夏は二日、冬は四日とする。括る所は薬水で浸して洗い、旧薬を去り、損傷部は動かさない。洗い終わるとなお前の膏薬を貼《つけ》る。ただ束縛は必ず杉皮を浸して柔らげ、麁皮《あらかわ》を去り青《あおみ》ばかりを用い 手指大の片《へげ》にして正挟《おもはさみ》とし、竹片《たけへげ》を副挟《そえはさみ》とし、まばらに並べ回し、細縄で三度括る。括る時は損傷部の高低 遠近 緊《きびしさ》 寛《ゆるやかさ》を考え、気血を続けめぐらす。二三日に一度薬を換え貼けるが、括るのは必ず一箇月である。薬の次には傷《やぶれ》を補う好い膏を貼ける。また必ず杉皮で挟んで損傷部を堅固にし、骨が老いたら挟まない。その杉皮は肉の上に貼け、薬は杉皮の上に敷《つ》け、紙覆を薬の上に竹片は紙覆の上に挟み置いて括る。挟みを用いるのに、薬を紙に伸ばし、両端を平らにし、前《さき》に薄く打ち掛け、四方の高低を等しくして肉に隙間なく付くよう配慮する。

息賁【そくふん】「肺の諸症」〈肺積〉ヲ見ル

促脈【そくみゃく】 九道の脈*の一。〔医道重宝記〕に促脈は、数《かず》があって時に一度《ひとたび》止む。気 血 痰 食が滞る。〔昼夜調法記・正徳四〕に促は数脈《さくみゃく》で、時に一度止んで復来るのを促という。気結・癰疽・狂・怒りをなす。〔昼夜重宝記・安永七〕に促は陽脈で、早くして切れる。また積の人にあり、治し難い。

即妙袋【そくみょうたい】〔万買物調方記〕に京で名薬所の内、即妙袋《そくめうたい》は、蛸薬師柳ノ馬場東 藤田寿松軒にある。

即愈膏【そくゆこう】〔洛中洛外売薬重宝記・上〕に即愈膏は、押小路柳馬場東へ入丁丸鳥堂にある。切り傷、鼻緒擦れ、一切によい。

粟癰【ぞくよう】 癰*の一種。〔改補外科調宝記〕に粟癰は、崩《ぼう》の下、或は股のつけ際に出る癰である。

束癰の事【そくようのこと】〈癰*の一種〉〔改補外科調宝記〕に束癰は膝の辺、又は外股に出る癰*である。〈馬療治薬〉〔馬療調法記〕に「そくやう（束癰カ）」は、総身にほろし（痱子）のように出て、人の拳や鶏卵大の硬いもの、また小さいものもある。窘《きん》 鞘口 唇が疱瘡して面の内は硬く、例えば皮の伸びた渡り薬はかうかい薬を繋く飼い、川へ引き入れ総身をよく冷やす。付薬は、犬蓼（黒焼）と接骨木《こもうつぎ》の葉を擂り、小茶碗へ皮薬（十銭程）を入れ、又 せせなき（細流）の水で浸々緩め 腫れた所へつけると三刻（六時間）内に必ず治る。

踈経活血湯【そけいかっけつとう】〔医道療治重宝記〕に踈経活血湯は次の症に用いる。全身が走り痛み刺すようで、左足の痛みが甚だしい（左は血に属する）。多くは酒色損傷に因り 筋脈空虚し、風寒疾熱を蒙り内に感じその熱が寒を包む時は痛み 筋絡を破る。それゆえ昼は軽く、夜は重い。宜しく経を踈《すか》し 血を活し 湿を行《めぐ》らすとよい。これは白虎歴節風（「痛風の事」参照）ではない。調剤は 芍薬（一匁半）、当帰（一匁二分）、生地黄・蒼朮・牛膝・陳皮・葳霊仙・桃仁（各一匁）、龍胆（八分）、茯苓（七分）、川芎・防已・羌活・防風・白芷（各六分）、甘草（四分）に姜を入れて煎じ服する。症状により加減がある。中風の人が周身、或は手足が痛み、上下の加味を用いて奇効がある。

蘇解散【そげさん】〔小児療治調法記〕に蘇解散は、発熱《ほとおり》*で頭が疼み、身熱し、腰 腹皆痛むのに用いる。吐瀉 咳嗽の起るのは症重く、急に敗毒散を与え、熱が甚しければ犀角を磨り交ぜて飲ますとよい。紫蘇・葛根・防風・荊芥・白芷・蟬退・紫草・升麻・木通・牛房子・甘草（各等分）に、灯心を七根入れて水で煎ずる。夏は香薷を加え、冬は麻黄を加える。

削抜き【そげぬき】「とげぬきのこと（刺抜きの事）」ヲ見ル

そこ【そこ】 大和詞。「そことは、人をさげしみ云」ことである。〔消息調宝記・二〕

蘇香円【そこうえん】〔丸散重宝記〕に蘇香円は、専らよく気を廻らし、痰を化し、並びに伝屍 骨蒸（虚労内熱の症）諸煩 労瘵 卒暴 心痛 鬼魅 瘴瘧 痢疾や、小児の驚風によい。一切の卒死にまずこの薬方を用いて蘇（生き返）るのを待って他薬を用いるとよい。気つけの大功である。沈香・丁子・青木香・白檀・蓽撥・安息（酒で膏にする）・辰砂・犀角・香付子・白朮・訶子・麝香（各八匁）、竜脳・蘇香・薫陸（各四匁）を細末にし、蘇油に蜜を入れて練り、のち諸薬を入れて搗き調える。○老人や小児には、酒で送り下す。○中風で痰涎が上に塞がり 喉の内に声がして悶え煩うのには、青州白丸子に合し 姜汁で送り下す。○中風で鬼神を見るような者には、白湯で送り下す。○脚気 心をつくには、蓽麻を用いて和し丸じ、搗き爛らかして足の裏に貼る。○心腹絞痛、俄に痛み胸張り嘔吐するには、生姜湯で下す。○傷風咳嗽には、姜葱の汁に白湯で下す。○肺結核 霍乱 吐瀉 赤白痢 月閉 痃癖 産婦の中風 小児吐瀉驚疳には、姜葱湯で下す。○飛尸 遯尸 風尸 沈尸（いずれも鬼毒による難病）注尸（精神錯乱寒温不覚昏癡する）を治す。等々。

蘇香合円【そこうごうえん】〔重宝記・宝永元序刊〕には次がある。日本では上池院の先祖士仏がよく調合して多く人の急を救い、第一に小児（唖科）に応ずるので上池院を唖科*という。訶子・香付子・白朮・白檀・沈香・蘇合油・安息香（各一匁）、烏犀角（一匁上々）、蓽撥（心を去る）・木香・薫陸（但し、乳香を用る）・辰砂・丁香・麝香・龍脳（各二分）、白蜜（生）。尚、これについて製法が新旧ある。中古の法は安息は細かに擂り 酒で和らげ 一夜置き緩々としたのを 酒共に入れる。当代はこれを嫌い、三五日以前酒にそのまま擂らずに一夜浸してよく乾し 細かに擂り 品々の薬末（粉）を掻き合わせ 蜜を二分に分け そのまま蘇香油を入れ また火でよく煎じ臭みが消えた時、また分けて置いた蜜を薬末（粉）に入れて大概搗き合わせ、そのまま蘇香油蜜を入れてまた搗き合わせ、その日は煎った香をよい程入れる等のことがある。

蘇合香円【そごうこうえん】〔医道重宝記〕に蘇合香円は、諸々の急病、痰涎、塞がりの盛んなものを治す。卒中風 或は小児の急驚風痰の塞がりを治す。諸々の急症の気付に用いる。多服し 久しく用いてはならない。沈香・安息香・麝香・柯子・木香・蓽撥・蘇合油・白朮・白檀・薫陸・丁子・龍脳（各十匁）、辰砂・犀角（各五匁）を、安息香と蘇合油の外十二味を極く細末（粉）にし、安息香を良い酒で溶き、蘇合油を入れてよく練り合せ、また蜜を入れて緩く溶き、十二味の粉薬を入れて丸ずる。

蘇合香丸【そごうこうがん】〔世界万宝調法記・中〕に蘇合香丸は、諸々の急病、痰涎塞がり盛んなものを治す。人参・黄連・神麹・麦芽・山査子（各二匁半）、白朮・茯苓・甘草（各二匁）、胡黄連（五匁）、史君子（四匁）、蘆会（二匁五分）を極く細末（粉）にし、糊で丸ずる。丸数は児の大小を見て加減する。

十河額【そごうびたい】〔世話重宝記・三〕に十河額は、武家の十河殿の家中の頭付《かしらつき》より出た名という。額を深く剃り込み、広くしたものである。

底抜け箱【そこぬけばこ】手品。〔清書重宝記〕に底抜け箱は二重箱で、中の箱の底が回り寝たり起きたりする仕掛けである。中の箱を横にすると、入った物は底の枠の内にあり、底ごとに返すと出る。

内障【そこひ】〔薬家秘伝妙方調法記〕に内障《そこひ》には、石斛に川芎を加えて用いる。〔調宝記・文政八写〕には菱草《まこも》（黒焼）・上野砥（各等分）をよく擂り合せて差す。〔丸散重宝記〕に久しい内障には、車前子・地黄・麦門冬（各等分）を蜜で丸ずる。

底豆の妙方【そこまめのみょうほう】〔世界万宝調法記・中〕に底豆の妙方は、鯨の髭を粉にして続飯に押し混ぜて付けるとよい。紙を蓋にして置く。膿めば早く突くとそのまま痛みを止め癒える。〔新撰咒咀調法記大全〕はさらに、川芎を黒焼きにして糊に混ぜてつけるのもよい。〔里俗節用重宝記・上〕は底豆には紙を四重に折り、酢に浸して豆に被せ、上から焼き金をして柚子の種を生・黒・黄を等分に合せて糊で付けるとよい。

蘇子降気湯【そしこうきとう】〔医道療治重宝記〕に蘇子降気湯は、虚陽《きょよう》が上り攻め、上盛ん下虚し、痰涎が壅塞するのを治す。紫蘇子・半夏（各五匁）、肉桂・陳皮・当帰・前胡・厚朴・甘草（各三匁）。虚陽上り攻め喘促咳嗽し、鼻血の止まらぬのを治す。水腫 脹満 痰涎が危急で絶えそうな時に与えて奇効があるが、心・体が困乏の者は治せない。

疎邪実表湯【そじゃじっぴょうとう】〔医道重宝記〕に疎邪実表湯は、冬月の正傷風、頭疼《いた》み、発熱 風を悪み、項《うなじ》強ばり、脈は浮緩し、汗が出るのを治す。太陽の経の傷風である。桂枝・芍薬・甘草・防風・川芎・羌活・白朮に、生姜・棗を入れて煎じる。汗が止まないのには黄芪を加える等、補薬の方もある。

訴訟の守／符【そしょうのまもり／ふ】〔増補咒咀調法記大全〕に「訴訟の時の守符」。〔新撰咒咀調法記大全〕の「訴訟ごとに持つ符」は少異があるが同じものであろう。この符を持っている時は勝利を得るという（図290）。

図290「訴訟の時の守符」（増補咒咀調法記大全）

そそくり【そそくり】大和詞。「そゝくりとは、手あそびの事」である。〔不断重宝記大全〕

楮苧煮炊き【そそりにたき】〔紙漉重宝記〕に、楮苧《こうぞ》の皮を包丁で削り取った実をそそり（楮苧）という。五貫目を川へ持って行ってよく洗い、桶に入れて石で押さえ、雫を垂らし取り、これより釜で煮る。煮炊は釜の中へ入れ、円錐形の長棒二本を拵えて立て、根本は楮苧で留まる。その上へ蕎麦 饂飩等を茹でるように追々入れ一時に煮る。煮汁は蕎麦柄を焼いた灰の灰汁で煮、煮るに従って二本の棒で芋を洗うように数遍掻き廻してから棒を引き抜くと、その穴より湯が廻りよく煮ゆる。片煮のしないようにするのが大事である。よく煮えない時は蠟灰一升か石灰を入れると早速煮える。灰を加えると漉いた後で少し赤味を帯びる。（三日で漉き賃は銀六匁。上手は二日で漉く）〇再び洗うのは、笊籬へ入れて川水で悪汁灰の類を洗い濯ぎ、その上で雫をよく垂らす。「楮苧《こうぞ》の事」参照

そぞろ【そぞろ】大和詞。「そぞろとは、心ならずと云事」である。〔不断重宝記大全〕

曾田井縮緬【そたいちりめん】 「美濃《みの》縮緬」ヲ見ル

そっくい【そっくい】 片言。「そく飯《いゐ》を、そつくゐ」という。〔世話重宝記・二〕

卒厥の薬【そっけつのくすり】 卒厥とは頓死のことである。〔家内重宝記・元禄二〕に、人が物に驚き死に入り、或は理由もなく頓死するには、○梁《うつはり》の上の埃を鼻の内へ吹き入れるとよい。○雄黄の末（粉）を吹き入れるのも妙である。○犀角・麝香・辰砂を湯で服するのもよい。これは常の気付にもよい。

即功紙【そっこうし】 〔洛中洛外売薬重宝記・上〕に頭痛・鎮痛・清涼等に、薬を塗布して患部に貼る紙を、即功紙という。次の四店にある。①仏光寺通麩屋丁西へ入ル 菱屋甚兵へ。②東洞院二条下ル丁 村田祐信。③寺町今出川上ル五丁目 橘屋市郎兵へ。④衣棚通二条下ル丁 寺嶋氏。取り次は京都で二百ケ所余とある。

即効油【そっこうゆ】 〔洛中洛外売薬重宝記・上〕に即効油は、西洞院三条下ル丁 筒や清兵へ にある。一貝、十二文。第一に瘭疽、指の痛み、痔、一切の切り傷、打ち傷につけてよい。

率谷【そっこく】 〈経絡要穴 頭面部〉二穴。率谷《そっこく》は耳の上、髪際を竪に入ること一寸五分、少し三分程前へよせめに点ずる。針三分。灸三壮。痰気、胸痛み、頭脳痛み、酒風、皮膚腫れ、胃冷え、煩れ、悶え、嘔吐を治す。〔鍼灸重宝記綱目〕

卒中風【そっちゅうぶ】 〔鍼灸重宝記綱目〕に卒中風は、卒《にわか》に倒れて起る。もし、口開き、手広がり、眼塞がり、遺尿し、髪立ち、沫《あわ》を吐き、頭を揺り直視し、声は鼾の如く、汗が玉のように出て、顔の青いのは死証である。中風には、神闕 風池 百会 曲池 翳風 風市 環跳 肩髃に皆針灸し、風を踈《すか》して気を導くのを第一とする。卒中風の針は、天府 少商 申脈 人中にする。いずれの中風でも腹に塊があり、刺《はりさ》すと必ず鎮まる。〔調法記・四十ら〕に卒中の薬は、粽櫚の木の末の若い所（十目）、甘草（五目）を、散薬でも煎薬でも用いる。「中風の事」ヲ見ル

袖【そで】 鎧名所。〔武家重宝記・三〕に袖《そで》は、大袖・中袖・小袖がある。一の上を冠《かむり》の板、次を経《きょうじょ》如の板といい、その次から一の板、二の板、三の板等という。下の外れの際《きわ》を菱縫《ひしない》の板という。上の金物を校概の金物、大袖をつける締《わな》の金物を胡頽《くみ》という（図291）。

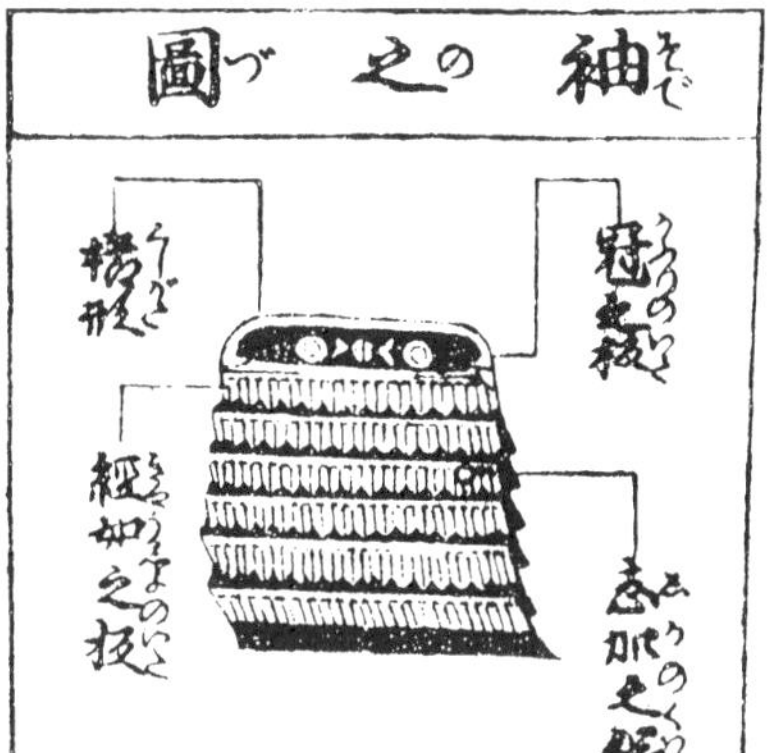

図291 「袖の図」（武家重宝記）

袖返しの松【そでかえしのまつ】 〔囃子謡重宝記〕に、橋懸りのシテ柱の際《きわ》の一本目の松を、袖返しの松という。ワキは、ここでワキ能の時、四段目の頭に付 袖返しということにして、舞台へ入ることから袖返しの松という。御戒《ぎょかい》の松、玉階《ぎょっかい》の松ともいう。

袖書【そでがき】 簡礼書法。〔大増補万代重宝記〕には端書《はしがき》とも、猶々書《なおなおがき》ともいい、本文より一字半下げて三行に書く追伸である。余れば本文の間へも書き掛ける。近代の常の状には袖書のない時は粗略とするが、貴人宛や本式の時には書かない。多くは懇意の仲にある者に用いる。書く時には、本文より一字下げて、少し細く枯れた筆で書く。古法には上げて書く。歴々方には本文は祐筆に書かせ、袖書は自分で書かれる場合もある。〔諸礼調法記大全〕には婚礼と悔状には袖書をしない。上輩へは本

字より二字ばかり下げ、三行に細密に書くが、それでも余る時は本行の間へ二行か四行程書き入れる。下輩へは本行より高く書き、中輩へは同じ高さに書き、貴人は本行を祐筆に書かせ自筆で判形し袖書をする。

袖黒【そでぐろ】「こん鳥」ヲ見ル

蘇鉄【そてつ】〔万物絵本大全調法記・下〕に「鉄蕉 てつせう／そてつ」。**〈囲い様〉**〔享保四年大雑書・草木植替重宝記〕は雪霜の寒さを厭い、蘇鉄は九月から包み回すとよい。**〈紋様〉**〔紋絵重宝記・下〕に蘇鉄の絵柄、「そてつのまる」の紋がある。

袖香餅【そでのかもち】菓子名。袖香餅、角、上下白、うき物、中山の芋入り、下一通小豆入り。〔男重宝記・四〕

袖の柵【そでのしがらみ】大和詞。「袖のしがらみとは、涙を云」。〔不断重宝記大全〕

袖の御室【そでのみむろ】大和詞。「袖のみむろとは、神のいます所」である。〔不断重宝記大全〕

袖枕【そでまくら】大和詞。「袖まくらとは、手まくら」である。〔不断重宝記大全〕

祖伝檳榔丸【そでんびんろうがん】〔小児療治調法記〕に祖伝檳榔丸は、疳疾の積塊、腹大きく、虫ある等の症を治す。檳榔子（一両）、三稜（煨し毛を去り酢で炒）・莪朮（酢で炒）・青皮・陳皮・雷丸・乾漆（炒）・麦芽麵・神麹・山査子（各五匁）、鶴虱（略炒）・胡黄連・炙甘草（各三匁）、蕪荑（二匁半）、木香・良姜（各二匁 壁土に拌ぜて炒）、砂仁（一匁）を末（粉）し、酢糊で丸じ、空腹に淡い姜湯で用いる。

衣通姫【そとおりひめ】和国賢女。〔麗玉百人一首吾妻錦〕に允恭天皇后、世に類のない美人で、玉の肌は衣の外へ透き通るので衣通姫という。尤も婦徳正しく、ある時、帝が姫を伴い和歌の浦への行幸で俄に波風荒く船を覆しそうな時、姫は船端に立ち、「日の本は天つ日嗣の詔《みことのり》 我が大君の国と知らずや」と詠じたのに、波風は忽ち鎮った。今玉津島明神と崇めるのはこの姫君である。『古事記』『日本書紀』に出る伝説上の女性。「和歌威徳伝」「和歌三神」参照

そとつもり【そとつもり】大和詞。「そとつもりとは、雲の事」である。〔不断重宝記大全〕

外の浜透百合【そとのはますかしゆり】草花作り様。「外の浜透百合《すかしゆり》」の花は黄色朽葉色である。土は合せ土*を用いる。肥しは茶殻の粉を根廻りに置く。分植は春がよい。〔昼夜重宝記・安永七〕

備の六具【そなえのろくぐ】武具。六具の一*。幕、旗、床几、楯、螺《かい》、太鼓をいう。〔武家重宝記・四〕

そなたしんだい【そなたしんだい】片言。「そなた次第を、そなたしんだい、又そなたほうだい」という。〔世話重宝記・三〕

そなたほうだい【そなたほうだい】「そなたしんだい」ヲ見ル

鼠粘子湯【そねんしとう】〔改補外科調宝記〕に鼠粘子湯は、鬢疽*小児痘疔*の薬。鼠粘子・桔梗・当帰・甘草・芍薬・地骨皮・連翹・玄参・防風・天瓜粉・木通・大黄を、煎じ服する。但し、鼠粘子がなく牛房子を加える調合もある。

園の雪【そののゆき】〔料理調法集・鶏卵之部〕に園の雪は、泡雪玉子*の中へ梅花を入れる。梅花のない時節には、囲い梅花でも、漬け梅花でもよい。

薗辺友【そのべのとも】菓子名。薗辺友、上うき物、中羊羹、下ながし物、山芋入り。〔男重宝記・四〕

そばかすの薬【そばかすのくすり】〔妙薬重宝記〕に「面皰《にきび》*やら雀斑《そばかす》多く出る時は玉子の皮の粉にて洗へよ」とある。〔大増補万代重宝記〕に「雀斑の妙薬」は、桃花・冬瓜仁《かもうり》（各等分）を、末（粉）にし蜜で溶いて付ける。また蕪《かぶら》の実を擂り爛らして付ける。

蕎麦切豆腐【そばきりどうふ】「ひの出蕎麦切とふふ」は、筋違御門外亀屋次兵

にある。〔江戸町中喰物重法記〕

蕎麦切糠漬【そばきりぬかづけ】〔ちやうほう記〕に蕎麦切糠漬に二法がある。①伊勢糊で練ると切れることはなく、風味がよい。②大豆を水に浸し石臼で挽き、その粉で蕎麦を練るのもよい。

蘇発散【そはっさん】〔小児療治調法記〕に蘇発散は、発熱《ほとおり》*により傷風 傷食 咳嗽 嘔吐するものに用いる。紫蘇・陳皮・半夏・蒼朮・厚朴・白茯苓・羌活・枳殻・神麹（各等分）に、生姜を入れて水で煎ずる。

蕎麦の事【そばのこと】〔万物絵本大全調法記・下〕に「蕎 けう／そば」。〈農作〉〔農家調宝記・初〕に、六月土用過ぎに種を蒔き、九月中に刈る。霜を厭う。〈薬性〉〔医道重宝記〕に蕎麦は寒で毒なく、風熱を去り 積滞を化し 気を下し 腸胃を実する。〈貯え様〉〔料理調法集・秘事之部〕に「蕎麦粉古き直し様」は、蕎麦粉を紙袋に入れたまま土中に埋めて置くと古い香りを去る。

〈蕎麦切打ち方〉〔世界万宝調法記・下〕は蕎麦粉をよくよく吟味して捏ね、熱湯《にえゆ》を少し落しぱらぱらするように捏ね合せ、その後水で捏ね、打ち様は常のようにして、よく茹立った時桶に水を入れさっと洗い、笊に上げ、桶の湯でも白湯でも入れて笊を直に上に置き、また上から熱湯をかけ、始め入れた湯と後に上から掛けた湯の湯気で蒸すと滑りが退き、乾きがよい。秘伝として蕎麦粉を常のように練り、玉に丸め厚さ五分程に平め、打ち粉に小糠を篩い掛けると、手に着かず伸びがよい。常のように茹でると小糠は落ち、臭いも残らない。大方、打ち粉での湯粘りは小糠で、二三遍手洗いするとよい。〔料理調法集・麵類之部〕は蕎麦粉を飯の取り湯、又は豆腐の擂り水で捏ね、或は玉子の白身で捏ね、打ち切り、湯煮して二泡程沸いて水を少し入れ、上げてよく洗い蒸籠に入れ、湯を掛け蓋をして水気のないように蒸し、乾かして出すとよい。汁や出汁に、醬油 味醂酒を加えて塩梅する。薬味は花鰹 焼海苔 法論味噌 唐辛子 陳皮 根深 鹿茸 山葵 卸し大根で取り合す。また猪口に大根の絞り汁に塩を少し加えて出す。古蕎麦を打つ時、山芋を卸し蓼の葉を擂り入れて捏ねて打つと、新蕎麦の風味が出る。

〈蕎麦切茹で持ち様〉〔世界万宝調法記・下〕に茹で湯一荷程の中に砂糖を少し包み五ツ入れ、常のように茹で上げ、ぬる湯で洗い笊へ上げ水を掛け、物に入れて置くと少しも損じない。食べる時に湯を掛け、常のように仕立てて少しも違いはない。〔料理重法記・下〕に蕎麦を打ち一日置いても損ねない法は、蕎麦粉を捏ねる時大豆の豆汁《ごじる》を少し入れて打つとよい。〔ちやうほう記〕に蕎麦寝粉（古びること）に成るのをよく仕様は、〔蕎〕麦一升に玉子二ツを入れて捏ねる。豆腐を入れてもよい。豆を浸し擂って捏ねてもよい。稗 粟も粉にして捏ね蕎麦切のようにして出す。

〈食い様〉〔諸民秘伝重宝記〕に蕎麦を食して腹の張らない法は、食前或は大食後に しぶき（蕺 ＝どくだみ）の皮の粉を呑むとよい。素麵*饂飩*に同じであるが、〔女重宝記・二〕は男のように汁を懸けず、汁へは辛味 臭味等は決して入れない。〔日用重宝女大学〕に蕎麦切は、蘿蔔《だいこん》汁を和して食う。胡桃の実を入れる所もあるのは毒消である。

〈食中り〉〔胡椒一味重宝記〕に蕎麦毒《そばあたり》は胡椒を酒で煎り用いる。〔万用重宝記〕には濃い茶を呑むのが薬とある。〈食合せ〉〔丸散重宝記〕に蕎《そ》麦麵《ばきり》を食し、胃・脘（胃の腑）・心に中《あた》り、大いに痛み 諸薬を受け付けず吐き 大便が通じない時は、延胡索《えんごさく》の末（粉）を温酒で調えて呑むと通じ治まる。〔里俗節用重宝記・上〕は蕎麦に、獣《けもの》 梅 韮 茸類 海栗《うに》は食い合せとある。荒目 熨斗の類がよく解する。〔調宝記・文政八写〕は蕎麦と田螺は食い合わせである。〔懐中重宝記・弘化五〕に、蕎麦切に雉子鳥 猪 西瓜 薩摩芋も食い合わせとある。〔家伝調方記〕は蕎麦に鶏を食い合せると大便が詰まる。〔日用重宝女大学〕は蕎麦切に呉桃《くるみ》を入れるのを、毒消という。「手打蕎麦の事」参照

蕎麦飯【そばめし】〔料理調法集・飯之部〕に蕎麦飯は、新蕎麦の皮を取り去ったのを粒のまま水に浸して置き、湯煮して笊に上げ、水を掛けて洗い、湯取のようにした米に交ぜ甑で蒸し上げる。蕎麦一升に米一升程を見合わせる。〔懐中料理重宝記〕には、新蕎麦のよい実を麦の加減に潤《しめら》かし、飯を強《こわ》く炊き交ぜ、甑で蒸す。

鼠尾草【そびそう】〔薬種重宝記・上〕に「鼠尾《そび》草 みそはぎ」。〔重宝記・儀部家写本〕に鼠尾草《そびそう》は田舎の井戸端に沢山あり、春に若葉の出た時採り陰干にして置く。毒鼠に食われた時はこれを煎じて用いないと甚だ痛み、終には死ぬ。生葉がある時は葉を揉み汁を出して付けるとよい。また、陰干にしたのを刻み常のように煎じて用いると何病にも甚だ妙に効がある。

踈風敗毒散【そふうはいどくさん】〔骨継療治調法記・下〕に踈風敗毒散は、打撲諸損、筋を動かし、骨折 跌磕 堕傷を治す。当帰・川芎・白芍薬・熟地黄・羗活・独活・桔梗・枳殻・柴胡・白茯苓・白芷・甘草・紫蘇・陳皮・香付を生薑と生地黄で煎じ、酒を入れて和え、服する。

祖父母【そふぼ】〔農家調宝記・二編〕に祖父母は父母の父母をいう。じじ、ばば。

蘇民書札【そみかくだ】大和詞。「そみかくだとは、山ぶし（伏）の事。蘇民《そみ》書札《かくだ》と書く也」。〔消息調宝記・二〕

祖脈【そみゃく】〔鍼灸重宝記綱目〕に祖脈は、浮脈* 沈脈* 遅脈* 数脈*をいう。脈の祖《おや》なので祖脈という。「診脈」参照

蘇命散【そめいさん】〔懐中調宝記・牛村氏写本〕に蘇命散は、婦人の諸病、産前産後共によい。男女共に、全ての奇病に効がある。当帰・生地黄・川芎・檳榔子・木香（各七匁）、白茯苓・白朮・砂参・黄芩・黄連・大黄・肉桂・川骨・丁子・香付子・甘草（各五匁）。〔薬種日用重宝記授〕に蘇命散は、芍薬・木通・茯苓（各二十目）、当帰・川芎・地黄・白朮・川骨・香付子・陳皮（各十匁）の十味を先に入れる。紫蘇・大黄（各五匁）、丁子（二匁五分）、宿砂・唐蒼朮・唐人参・甘草（各二匁）、黄芩・白芷・良姜（各一匁五分）、黄連・肉桂（各一匁）、木香・紅花（各五分）の十四味は後に入れる。

蘇迷盧の山【そめいろのやま】大和詞。「そめいろの山《やま》とは、しゆみせん（須弥山）の梵語」である。〔消息調宝記・二〕

染草【そめくさ】「絵具《えのぐ》染草」ヲ見ル

染斑／染色損じ【そめむら／そめいろそんじ】〈染斑〉〔万用重宝記〕に染斑《そめむら》をなくすには、絹 布 木綿 何でも染め地を湯に浸し、よく絞って染め汁をその分量程入れて置いて、糊を着類にずんぶりと入れて染める。染め汁の少ないのは必ず斑が出来る。染め汁はたっぷりと多いのがよい。〈染色損じ〉〔染物重宝記・天明五〕に「染色損ずる大事」は、本桔梗・紅藤・紅梅・桃色・藍藤・紅鬱金・花田色の類は、灰汁気が移ると色を損ずる。○紅染と濃茶とを一緒に置くと、両方ともに色が抜ける。紅は酢を遣い、濃茶は灰汁を遣うからである。酢と灰汁は大いに忌む。○茶類に酢・酒・柑類の汁が掛ると色が変る。また帯下が汗染み 雨に濡れた所は、色上げしても見える。

染物の洗い【そめもののあらい】〔調法記・全七十〕には「染物を洗う伝」は、鹿子《かのこ》等に物が染みたのは流れ川で洗う。白羽二重、白帷子等は木槿《むくげ》の葉を揉んで洗うとよい。染み物はよく落ち、葉の青味は付かない。**〈染物の臭を消す〉**〔染物重宝記・天明五〕に何色でも臭があり、別して黒色に臭があるが、夜風に一夜あてると臭は去る。

染物万値段付【そめものよろずねだんづけ】〔男女御土産重宝記〕に、「京江戸御染物万値段付の事。但し、色揚代ともに」が六十余種ある。例えば、檳榔子紋付（下染念入れて）四匁三分。同無地三匁五分。同紋付色上二匁六分。同無地色上一匁九分。藍海松茶紋付二匁五分。南蛮茶（唐茶）紋付二匁八分。黒鳶紋付二匁。遠州茶紋付三匁五分。海松茶紋付一匁七分。

瑠璃紺紋付四匁七分。紺花色紋付三匁七分。空色紋付二匁。浅黄紋付一匁二分。「小紋類」「暹羅《しゃむろ》」「帷子」「上下《かみしも》」「色類」の各染値段参照

そ文字【そもじ】　女詞遣。「そなたを、そもじ」という。〔女寺子調法記・天保十〕

征矢【そや】〔武家重宝記・二〕に征矢は、征行の矢である。弓一張《ちょう》に征矢三十隻《せき》とする。図ハ「矢の事」ニ出ス

痄やみ【ぞやみ】「ほとおり（痘発熱）」ヲ見ル

空【そら】〔万物絵本大全調法記・上〕に「虚空 こくう／そら／おほぞら。半天 はんてん／なかぞら」。

空誓文【そらぜいもん】「誓文《せいもん》祓《はらい》の社《やしろ》」ヲ見ル

空薫を身に止める【そらだきをみにとめる】〔女用智恵鑑宝織〕に空薫《そらだき》（＝何処からともなく匂う芳香）を身に止めるには、ほのかにするのがよく、甚だしいのは悪い。匂袋等もあまりしたるきは、却ってうるさい。

空手【そらで】　空手《そらで》は神経痛等の手をいう。〔調法記・四十七ゟ五十七迄〕に「空手を直す伝」として、古綿を火に入れ、その煙で燻べると忽ち止む。

蚕豆【そらまめ】〔万物絵本大全調法記・下〕に「蠶豆 さんづ／そらまめ」。〈薬性〉〔医道重宝記〕に蚕豆《そらまめ》は平で毒なく、胃を快くし、臓腑を和す。

空行く月【そらゆくつき】　大和詞。「空ゆく月とは、めぐり逢はん」という意である。〔不断重宝記大全〕

剃り髪【そりかみ】〈髪髲〉〔薬種重宝記・上〕に和人、「髪髲 はつひ／そりかみ。男子二十歳已上、顔の色紅白、無病の者の頂心《いただき》の剃り髪」である。苦参《くしん》を水に浸し、その水に一夜剃り髪を浸し、瓶《つぼ》に入れて焼き、赤くして冷し、研《す》って薬に入れる。〈乱髪〉〔同・中〕に和人、「乱髪 らんはつ／そりかみ。皂莢の煎じ汁にて洗ひ、黒焼きにして用ゆ」る。

そり鴫【そりしぎ】〔料理調法集・諸鳥人数分料〕にそり鴫は、尾白鴫*同前のものであるが、脂がのると風味がよい。

反り出す【そりだす】〈何が不足で癇癪の枕言葉〉「帰るは、そり出す」。〔小野篁謔字尽〕

そりの花【そりのはな】　大和詞。「そりの花とは、せんおうけ（＝せんのうけ仙翁花*）の事」である。〔不断重宝記大全〕

素窌【そりょう】〈禁灸*の穴〉一穴。素窌は鼻柱の尖り、押すと骨肉の割れ目である。〈経絡要穴 頭面部〉に、針一分、鼻内の息肉（鼻茸）鼻塞がりを治す。喘息を治す。〔鍼灸重宝記綱目〕

索麵【ぞろ】　大和詞。〔女重宝記・一〕に「そうめん（索麵）は、ぞろ」という。「索麵の事」参照

算盤の事【そろばんのこと】〈算盤初学〉〔算学重宝記・嘉永四〕等に次がある。まず名目を会得すること。算盤に向う時、右方を下《しも》とし、左方を上《かみ》とする。上の段 天と、下の段 地の中の隔てを横梁《おうりょう》と言い、〆《かん》・百・十・分を目盛と言う。全て上《かみ》の段の粒（顆）は一ツがどれも五の位《くらい》であり、五算という。下《しも》の段は一ツがどれも一で五粒詰ると上の一ツをおろして下の五ツを下げる。下の五ツと上の五算を寄せると十の数であり、故に天地が詰ると払い、上《かみ》へ一を置く。また割る時は、左より右へ割って行き、掛ける時は右から左へ掛けてゆく。実《じつ》*と唱え、法《ほう》*と呼ぶのは、左右のことである。右に何かの高《たか》をいくらと置くのを実と言い、左に目安《めやす》と言い、いくらに割る、いくらに掛けると言って、その数を左に置くのを法《ほう》と言う。例えば、二の段で二に割ると言って二を左に置くのが法である（図292）。〈算盤の用字〉帰*（一桁で割る）除*（二桁以上で割る）。因*乗*は掛けるのに用いる。零*令下《か》*の三字は共に算盤の粒を飛んで数のないことをいう。併《へい》*折半*積《せき》*不尽*の用字もある。〈算盤師〉〔万買物調方記〕に「京ニテそろばん師」山科片茶町 今村長蔵、寺町椹木丁下ル 夷や又左衛門。「大坂ニテそろばん師」堺筋 堺や市右衛門、同通。また心斎橋筋 御堂前とある。江戸に算盤屋はない。〈売

り店〉〔江戸流行買物重宝記・肇輯〕に「算木算盤」として室町三丁メに大坂屋市右衛門がいる。

〈算盤で数を指す法〉〔万用重宝記〕に「算盤で物の数や人の年を少しも間違いなく指す法」は、算盤に一二五と置いて人に渡し、これにその人の年をかけさせて、手前へそのままに取り、それに下から八を掛けると、向うの人の年数ばかり残り、知れる。「見一割声《けんいちわりごえ》」「くくのこえ（九九の声）」参照

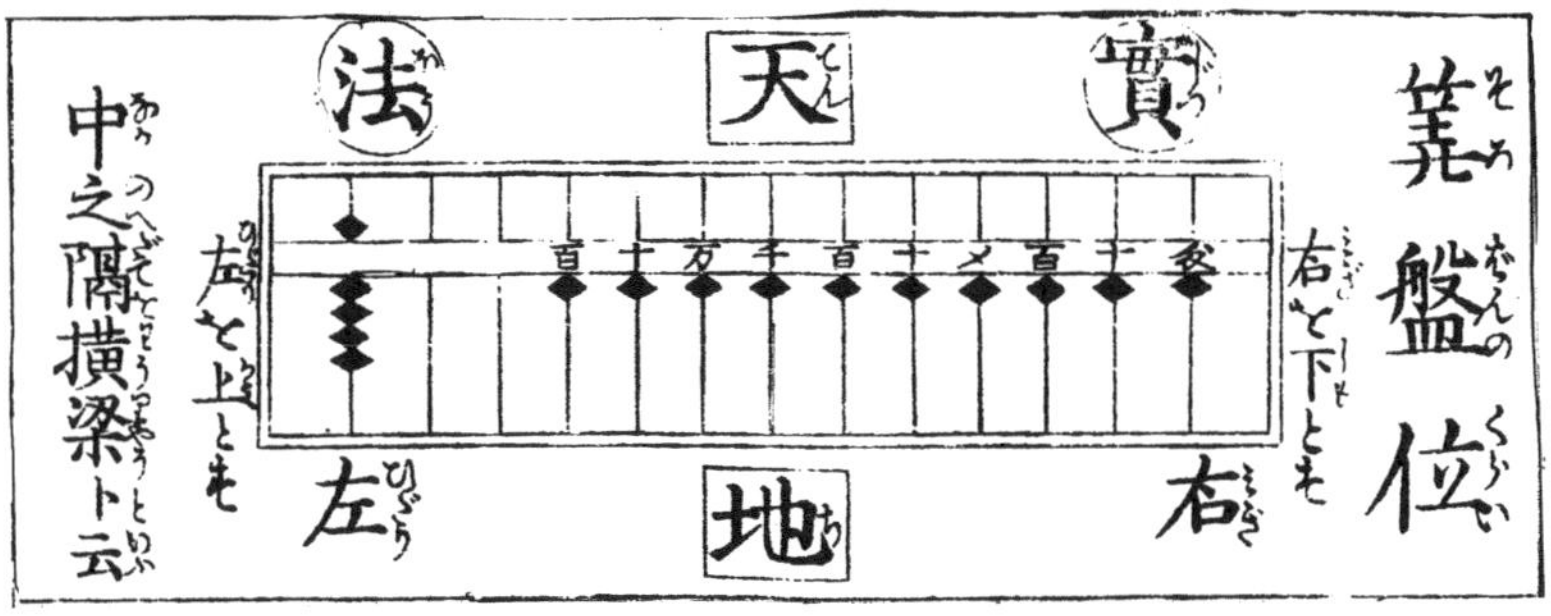

図292 「算盤の事」（武家重宝記）

揃ゆる【そろゆる】 女中詞。「髪ゆふを、そろゆる」という。〔女寺子調法記・文化三〕

岨の掛橋【そわ／そばのかけはし】 大和詞。〔不断重宝記大全〕に「そは（岨）のかけはしとは、文（踏ヲ言イ掛ケル）かよ（通）ふ事」をいう。〔消息調宝記・二〕には、「そばのかけはし（岨掛橋）とは文かよふ事を云」。

巽【そん】 八卦*の一。〔永代必用両面重宝記・寛延四〕に次がある。図は下断の象（図293）。辰巳年一代の卦。守本尊は普賢菩薩、御縁日は二十四日。巽の卦は易に順といい、順はしたがうと読む。この卦に当たる年は、目高い人に従い下人は敬いをなし子は親に孝をなし弟は兄に順うと益々天の恵み深く、何事も心の侭に叶う。慎まぬと天理に違い、大いに悪い。特に女は、男に順わないと悪くなる。正・十二月は運命が弱い（八卦の本尊*は絶命）。二月は喧嘩口論を慎む（同、絶対）。三・四月は旅商いに吉（同、遊年）。五月は万に吉（同、福徳）。六・七月は万に吉（同、天医）。八月は言い事に祟る（同、遊魂）。九・十月は主親の勘気に祟る（同、禍害）。十一月は住所定まらず信心して吉（同、生家）。

図293 「巽」（永代／必用両面重宝記・寛延四）

尊称【そんしょう】 「先の人を言う」「様殿御候申の字高下書き様」等参照

損傷の事【そんしょうのこと】 〔医道重宝記〕に物に撲《うた》れ、或は高所から落ちて皮は破れず内損するのをみな損傷という。血が出ないので瘀血《おけつ》となる。脈は（損傷で内に瘀血があり腹張れるもので）、堅強は吉、小弱は凶である。薬は導滞湯*加味四物湯*を用いる。〔鍼灸重宝記綱目〕は堕墜損傷すれば瘀血《おけつ》が腹中に留まり、腹満ち、大小便通ぜず、胸腹に攻め上げ、悶乱し

て死ぬ者があるので瀉する。皮が破れ血が出たのは補う。足の内踝の下、然骨の前を刺して血を出す。止まらなければ大敦から血を取る。足跗《あしのこう》の上の動脈の処三毛《みつげ》の穴《けつ》に針をして血を出す。右なら左に、左なら右に刺す。大衝 崑崙にも針して血を取る。灸はよくない。

〈損傷不治の症〉〔骨継療治重宝記・中〕に「損傷十不治の症」として出るが、十はない。①攧撲 損傷、或は傷《やぶれ》を受け、肺に入るものは十四日は過せない。②左脇の下が傷れ内に通るもの。③腸が破れ断《き》れるもの。一半は治せるが、全く断れたのは治せない。④小腹《ほがみ》の下内《しもうち》を傷るもの、症候が繁く多いもの。⑤脈が実 重《ちょう》でないもの。⑥老人で左股を圧され砕くもの。⑦陰嚢を傷破《やぶ》るもの。⑧血が出て尽きるもの。⑨肩の内耳の後ろが破れて内に通るもの。皆必ずしも薬を用いない。

そんだ【そんだ】〈諸国言葉遣〉それよと言うのを関東の言葉で「そんだ」といい、何ぞと言うのを「あんだ」といい、「なんだ」と撥ねるのはよくない。〔男重宝記・五〕

損田【そんだ】 定田の盛石《もりこく》、年貢の定めに対し、それに下回る収穫となることをいう。〔地方調法記・下〕に損田《そんだ》に次の要因がある。検地詰りか、算筆違いか、負高《せおいたか》あるか、石代《こくだい》の定まる時は上地で後に下地になるか、色々厄介の下地が収穫がなくなったのに取箇《とりか》（＝年貢）の免されない等がある。「徳田《とくだ》」*の対。

そんなこと【そんなこと】 片言。「其様《そのやう》な事を、そんな事」という。〔世話重宝記・三〕

編著者略歴

長友千代治（ながとも・ちよじ）

昭和11年宮崎市生まれ。35年佐賀大学卒業、45年大阪市立大学大学院博士課程修了。大阪府立図書館司書、愛知県立大学・京都府立大学・佛教大学教授を歴任。

著書に、『近世貸本屋の研究』（昭和57年）、『近世上方作家・書肆研究』（平成6年）、『近世上方浄瑠璃本の研究』（平成11年）、『江戸時代の書物と読書』（平成13年。以上東京堂出版）、『江戸時代の図書流通』（思文閣出版、平成14年）、『江戸庶民の読書と学び』（勉誠出版、平成29年）など。編書に、『重宝記資料集成』全45巻別巻総索引（臨川書店、平成16～21年）など。

江《え》戸《ど》時《じ》代《だい》生《せい》活《かつ》文《ぶん》化《か》事《じ》典《てん》
——重宝記が伝える江戸の智恵
上巻　あ～さ行

（平成二十九年度日本学術振興会科学研究費補助金「研究成果公開促進費」助成出版）

編著者　長友千代治
発行者　池嶋洋次
発行所　勉誠出版㈱
〒101-0051 東京都千代田区神田神保町三―一〇―二
電話　〇三―五二一五―九〇二一㈹

二〇一八年二月二十日　初版発行
二〇一八年五月二十五日　第二刷発行

印刷 製本　太平印刷社

【二冊揃】　ISBN978-4-585-20062-8　C1000

江戸庶民の読書と学び

当時の啓蒙書や教養書、版元・貸本屋の記録など、人びとの読書と学びの痕跡を残す諸資料の博捜により、近世における教養形成・書物流通の実情を描き出す。

長友千代治 著・本体四八〇〇円（＋税）

鍬形蕙斎画 近世職人尽絵詞
江戸の職人と風俗を読み解く

松平定信旧蔵にかかる名品全篇をフルカラーで掲載し、文学・歴史・美術史・民俗学など諸分野の協力による詳細な絵解・注釈・論考を収載。近世文化研究における基礎資料。

大高洋司・大久保純一・小島道裕 編・本体一五〇〇〇円（＋税）

訓蒙図彙
江戸のイラスト辞典

江戸時代に作られたわが国最初の絵入り百科辞典、解説も新たに復刊。約八〇〇〇の語彙と約一五〇〇点の図を収録、日本語・日本文学、風俗史、博物学史の有力資料。

小林祥次郎 編・本体一五〇〇〇円（＋税）

秋里籬島と近世中後期の上方出版界

上方出版界の大ベストセラー、『都名所図会』。その作者秋里籬島の伝記・著作を多角的に検討し、変動期の上方における文化的状況と文芸形成の動態を明らかにする。

藤川玲満 著・本体八五〇〇円（＋税）

◉毎月の行事〔年中重宝記〕

正月	元日。若水、屠蘇酒、四方拝、元日節会、蓬莱、大服、歯固、雑煮、門松、歯朶楪、注連縄。
	二日。飛馬初、水懸。七日。七種并ニ若菜。
	十日。十日夷。
	十五日。上元、爆竹《さぎちょう》、小豆粥。
	二十日。初顔祝(女鏡台の祝鏡餅を開く)。
二月	彼岸(二月の中の節、春分より三日目)、初午日。
三月	三日。上巳、節句、草餅、雛遊び。
四月	朔日。五月四日迄袷を着る。
	八日。灌仏。十五日。仏者の結夏(七月十五日迄)。
五月	五日。端午粽、艾葉を採り薬を調練する、単衣を着る。
	十三日。竹酔(迷)日。
	梅雨(芒種後壬日を入梅、小暑後壬日を出梅とする)。
六月	朔日。氷室。
	この月。虫払い(土用干し)、九夏三伏。
七月	七日。節句、七夕。
	十三日。今宵より十六日まで聖霊祭。これより前、生玉の祝儀(親へ蓮の飯、樽肴を贈る)。
	十五日。中元。十六日。聖霊の送り火。
	この月も虫払い。
八月	朔日。八朔(たのみの朔日)の祝儀。
	彼岸(中より一日前)。
	十五日。仲秋(明月)。
九月	朔日。今日より八日迄袷を着る。
	九日。重陽、栗飯を食い菊花酒を飲む。今日より綿入を着る。
	十三日。名月。
十月	朔日。炉を開く。
	五日。今日より十五日まで浄土宗の寺々で十夜の法事。
	十五日。下元。
	二十日。夷講。
十一月	朔日。明年の暦を天皇に奉り、民間にも大経師暦を今日より売り出す。
	二十一日。二十八日迄報恩講。
	当月諸社民間で火焼《ほたき》。
十二月	煤掃き、餅搗き、節季候等、取り集めた事が多い。
	三十日。除夜、歳暮の礼、禁中追儺、商人は掛乞いに夜半過ぎ迄走り歩く。

◉江戸時代年号表

年号	西暦
文禄 1-4	1592-1595
慶長 1-19	1596-1614
元和 1-9	1615-1623
寛永 1-20	1624-1643
正保 1-4	1644-1647
慶安 1-4	1648-1651
承応 1-3	1652-1654
明暦 1-3	1655-1657
万治 1-3	1658-1660
寛文 1-12	1661-1672
延宝 1-8	1673-1680
天和 1-3	1681-1683
貞享 1-4	1684-1687
元禄 1-16	1688-1703
宝永 1-7	1704-1710
正徳 1-5	1711-1715
享保 1-20	1716-1735
元文 1-5	1736-1740
寛保 1-3	1741-1743
延享 1-4	1744-1747
寛延 1-3	1748-1750
宝暦 1-13	1751-1763
明和 1-8	1764-1771
安永 1-9	1772-1780
天明 1-8	1781-1788
寛政 1-12	1789-1800
享和 1-3	1801-1803
文化 1-14	1804-1817
文政 1-12	1818-1829
天保 1-14	1830-1843
弘化 1-4	1844-1847
嘉永 1-6	1848-1853
安政 1-6	1854-1859
万延 1-1	1860-1860
文久 1-3	1861-1863
元治 1-1	1864-1864
慶応 1-3	1865-1867
明治 1-44	1868-1911